Xistory stands for
eXtra Intensive story for
the University Entrance Examination.

대한민국 No.1 수능 기출문제집

2026

1등급

전국연합 모의고사
고1 국어

★ 최신 고1 모의고사 12회
2028 수능 예시문항 1회 [13회]

▲ 최신 3개년 고1 전국연합 12회 + 2028 수능 예시문항 수록

▲ 3, 6, 9, 10월 순서로 최신 학력평가 우선 배치

▲ 모의고사 회차별 문법·어휘 완성 TEST

▲ 어휘 실력 보충을 위한 「어휘 총정리」

▲ '단서 + 발상', '왜 틀렸나'로 고난도 문제 완벽 분석

▲ 지문, 정답 및 매력적인 오답 입체 첨삭 해설

▲ 독서, 언어(문법), 전 문항 동영상 강의 QR코드

수경출판사

Believe in yourself!
Have faith in your abilities!
Without a humble but reasonable
confidence in your own powers,
you cannot be successful or happy.

송 민 지
서울대 의류학과 2025년 입학
인천 국제고 졸

"수능 국어 정답의 근거는
지문 속에 존재해!"

■ 국어, 고득점을 원한다면 편견부터 버리자!

국어 과목과 관련해 학생들이 가장 많이 하는 오해 중 하나는 타고난 언어 감각이 있어야 국어 시험에서 고득점을 받을 수 있다고 여기는 것이 아닐까 싶어. 하지만 이는 명백하게 사실이 아니야. 단순히 언어 감각에만 의존해서는 수능 국어에서 결코 고득점을 기대할 수 없기 때문이지.

수능 국어에서 정답의 근거는 언제나 '지문 속'에 존재해. 그래서 지문을 읽고 문제를 풀 때는 논리적이고 체계적인 접근이 중요해. 그렇다면 이를 위해선 평소에 어떤 방식으로 공부를 해나가는 것이 필요할까? 바로 문제의 모든 선택지마다 정답·오답의 근거를 빠짐없이 찾아보는 훈련이 필요해. 이러한 훈련이 쌓이다 보면 출제자의 시선에서 지문의 구조를 논리적으로 파악하고, 이를 바탕으로 문제를 막힘 없이 정확하게 풀어나가는 것이 가능해지기 때문이야.

이러한 분석적 공부를 해나가는 과정에서 자이스토리 교재가 정말 많은 도움이 되었어. 자이스토리 기출문제집은 단순히 문제를 많이 풀게만 하는 교재가 아니라, 문제를 통해 배울 수 있는 모든 것들을 수험생이 빠짐없이 얻어갈 수 있게끔 해주는 교재였거든.

■ 분석적 공부로 출제자의 시선을 깨닫다!

앞에서 말한 분석적 공부를 위해서 나는 기출문제를 풀고 나면, 문제의 모든 선택지를 분석하면서 각각의 정답·오답 근거를 색색의 형광펜으로 표시하는 방식으로 공부했어. 정답을 맞혔는지 아닌지 자체는 중요하지 않으므로, 왜 이 선지는 정답이고 나머지 선지는 오답인지 그 이유를 명확히 파악하는 데 초점을 맞춘 거지. 출제자의 시선 체화를 목표로 삼는 거야!

그러다 보니 어느 순간, 지문을 읽을 때 '아, 여기서 문제가 출제되겠구나!' 하는 예측이 가능해지는 때가 오더라. 지문에서 문제 출제로 이어질 수 있는 중요한 지점이 자연스럽게 파악되기 시작한 거야. 덤으로 지문 독해에 점점 속도도 붙게 되었지. 국어 공부가 단순한 '읽기' 수준을 넘어서 '분석적으로 읽고 생각하기' 단계에 이르는 순간이었어.

■ 기출문제, 세 번은 풀어야 온전한 내 것이 된다!

나는 최신 기출문제는 한 세트를 총 세 번 반복해서 푸는 방식으로 공부했어. 이때 세 번 모두 문제 풀이의 목표와 접근 방식은 다르게 설정했어.

첫 번째로 풀 때는 세트마다 시간을 재면서 문제 풀이에 집중했어. 문제 풀이 속도를 점검하면서 시간 관리 감각을 익히기 위해서였지. 두 번째로 풀 때는 시간을 재지 않고 지문의 세부 내용을 꼼꼼히 분석하는 데 집중했어. 지문에서 내가 얻어갈 수 있는 지식을 빠짐없이 흡수하고, 출제자의 시선을 체화하기 위한 과정이었지. 마지막 세 번째로 풀 때는 다시금 시간을 재면서 문제 풀이에 임했어. 앞선 두 번의 풀이 과정에서 배우고 연습한 것들을 내가 얼마나 잘 소화했는지 확인하는 단계였지.

이렇게 세 번의 풀이를 주요 기출문제마다 꾸준히 반복하자 문제 풀이 속도는 물론, 정확성과 효율성 측면에서 뚜렷한 발전을 체감할 수 있었어.

■ 남과의 비교는 금물, 매일의 주인공은 '나'니까!

수험 생활을 할 때 가장 경계해야 하는 태도는 남들과 나를 끊임없이 비교하는 것이라고 생각해. 누구나 한 번쯤은 '내가 남들보다 뒤처진 게 아닐까'라는 생각을 해본 적이 있을 거야. 나 역시 그런 고민에서 자유롭지는 않았어.

하지만 그럴 때마다 남과의 비교에서 벗어나 오로지 나 자신에게만 집중하려고 더욱 노력했어. 지금 내가 보내고 있는 이 시간은 남과 경쟁하는 것이 아니라, 나 자신을 성장시키기 위한 과정이라고 끊임없이 되뇌었지. 그렇게 생각을 바꾸고 나니, 매일 작은 목표들을 하나씩 성취해 나가는 과정 자체가 내게 아주 큰 위로와 힘이 되기 시작했어. 우리 모두 남들의 걸음과 속도에 흔들리지 말고, 매 순간을 항상 자신을 위해서 사용하자!

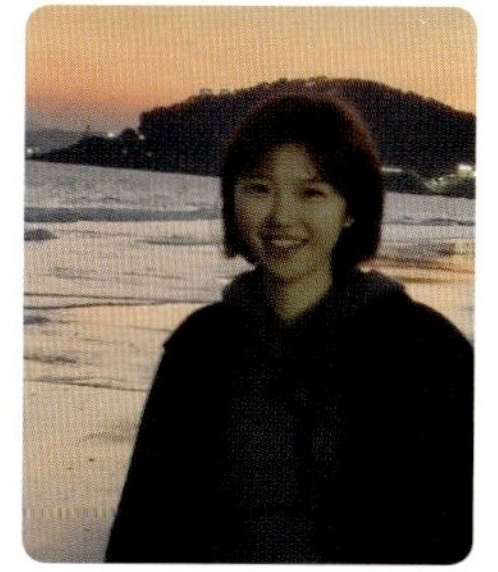

My Story Xi Story [전국연합 모의고사 고1 국어]

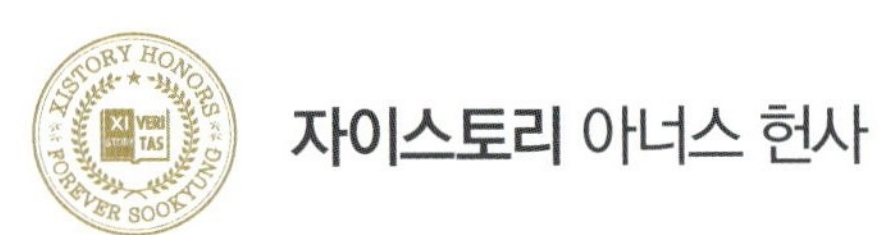

DREAMS COME TRUE

물이 강줄기를 따라 흐르는 것은
그것이 물의 흐름을 가장 쉽게 하는 자연의 순리이기 때문입니다.
최소 저항의 길이라는 이 길을
우리는 세상을 살아가면서 끊임없이 부딪히고, 또 이쪽저쪽 재며 갈등합니다.
순리대로 힘들이지 않고 가면 되는 길인 것 같지만 꼭 그렇지만은 않은가 봅니다.
모두가 으레 밟고 지나가는 이 길이 때로는 버거운 짐이라 느껴져
어떻게든 거슬러 보려고 하지만 바로 이 길만이 최소 저항의 길인 것입니다.

가장 자유로워야 할, 그리고 무한한 가능성을 알맞게 빚어나가야 할 나이에
여러 가지 족쇄에 얽매여 날개를 움츠러뜨린
이 땅의 수많은 수험생들 여러분,
내 앞에 놓인 이 길을 어차피 지나가야 하는 거라면
저 멀고 높은 곳을 목표로 삼아 한 번 멋지게 이뤄보는 것은 어떤가요?
현재가 불안한 사람일수록 앞날을 알고 싶어합니다.
그러나 미래를 아는 사람은 이 세상에 단 한 사람도 없습니다.
그런데 100%는 아니지만 조금이나마
미래를 알 수 있는 방법이 하나 있습니다.

그것은 자신의 현재를 살펴보는 것입니다.
현재에 충실한 것이 곧 내가 꿈꾸는 미래를 만들어 가는 것입니다.
내일을 염려하지 말고 오늘에 충실하면 됩니다.
스스로를 신뢰하고 긍정적인 사고로 전환하면 꿈꾸던 미래가 현실이 됩니다.
더 나은 내일을 위해 고전 분투하는 수험생들을 위해
오늘날의 교육 환경 모두를 개선하는 것은 역부족이지만,
뜻을 모으고, 머리를 맞대고, 마음의 정성을 쏟아
오로지 공부만을 위한 공부가 아닌 편안한 마음으로 볼 수 있는 교재,
노력한 만큼 뿌듯한 결과를 안겨줄 수 있는 교재를
만들어 드리기 위해 꾸준히 노력하겠습니다.

이 땅의 수험생 여러분께 진심으로 경의를 표합니다!!

수경출판사 임직원 올림

국어 실력은 실전 감각이 좌우합니다.

국어 실력을 탄탄하게 다지고 싶다면
국어 영역을 제대로 이해하고 있는지 스스로 점검해 보십시오.

독서는 어느 문단을 집중해서 읽으면 좋을지,
문학은 어떤 경향의 작품이 출제되는지,
문법은 문제가 어떤 유형으로 구성되어 나오는지
각 영역의 특성을 알고 있어야 비로소 국어 영역을 이해했다고 말할 수 있습니다.

자이스토리가 국어 영역이 무엇인지 한눈에 파악할 수 있도록
최근 3개년 전국연합학력평가와
2028학년도 수능 예시문항을 고스란히 모았습니다.

시간을 정확히 지켜 문제를 풀어보십시오.
그러고 나서 해설편에서 맞은 이유와 틀린 이유를 꼼꼼히 확인하십시오.

자이스토리는 지문을 자세히 분석하여 필요한 개념을 콕 집어내고
선택지의 근거를 한눈에 체크할 수 있도록 학습 요소를 곳곳에 배치해 두었습니다.
무엇을 묻는 문제인지 설명해 주고 정답인 이유와 오답인 이유를
꼼꼼하고 친절하게 해설해 두었습니다.
해설을 잘 활용하면 국어 1등급에 빨리 도달할 수 있습니다.

〈자이스토리〉와 함께 국어 1등급을 향해 갑시다!

– 대한민국 No.1 수능 문제집 자이스토리 –

내신＋수능 1등급 완성 학습 계획표 [13일]

★ 최근 3개년 학력평가를 그대로 수록하였습니다.

★ 실전처럼 정해진 시간에 맞춰 꾸준히 풀면 국어 1등급을 받을 수 있습니다.

Day	회차 및 쪽수	틀린 문제 / 헷갈리는 문제 번호 적기	날짜	복습 날짜
1	**01** 회 – 10~29p – 문법·어휘 완성 TEST		월　일	월　일
2	**02** 회 – 30~49p – 문법·어휘 완성 TEST		월　일	월　일
3	**03** 회 – 50~69p – 문법·어휘 완성 TEST		월　일	월　일
4	**04** 회 – 72~91p – 문법·어휘 완성 TEST		월　일	월　일
5	**05** 회 – 92~111p – 문법·어휘 완성 TEST		월　일	월　일
6	**06** 회 – 112~131p – 문법·어휘 완성 TEST		월　일	월　일
7	**07** 회 – 134~153p – 문법·어휘 완성 TEST		월　일	월　일
8	**08** 회 – 154~173p – 문법·어휘 완성 TEST		월　일	월　일
9	**09** 회 – 174~193p – 문법·어휘 완성 TEST		월　일	월　일
10	**10** 회 – 196~216p – 문법·어휘 완성 TEST		월　일	월　일
11	**11** 회 – 217~236p – 문법·어휘 완성 TEST		월　일	월　일
12	**12** 회 – 237~256p – 문법·어휘 완성 TEST		월　일	월　일
13	**13** 회 – 258~277p – 문법·어휘 완성 TEST		월　일	월　일

- 나는 ＿＿＿＿＿＿＿＿＿ 대학교 ＿＿＿＿＿＿＿＿＿ 학과 ＿＿＿＿＿＿ 학번이 된다.

- **磨斧作針** (마부작침) – 도끼를 갈아 바늘을 만든다. (아무리 어려운 일이라도 끈기 있게 노력하면 이룰 수 있음을 비유하는 말)

🍀 집필진 · 감수진 선생님들

🌸 자이스토리는 내신 + 수능 준비를 가장 효과적으로
할 수 있도록 수능, 모의평가, 학력평가 기출문제를
개념별, 유형별, 난이도별로 수록하였습니다.
그리고 명강의로 소문난 학교·학원 선생님들께서 명쾌한
해설을 입체 첨삭으로 집필하셨습니다.

[집필진]

공보윤 화성 와우고등학교	**이동훈** 청주 단재고등학교	**최슬지** 서울 영등포여자고등학교
권하라 서울 대일외국어고등학교	**이세영** 수원 수일고등학교	**최용창** 남양주 심석고등학교
노승연 서울 수명고등학교	**제민지** 부산 해운대고등학교	**최정현** 남양주 오남고등학교
문지혜 서울 정신여자고등학교	**조연원** 서울 정신여자고등학교	**최혜민** 서울 미림여자정보과학고등학교
배지은 서울 창동고등학교	**최보라** 과천 과천고등학교	

[특별 감수진]

강지수 부산 해운대수수수능국어	**박윤선** 광주 규장각국어학원	**장병권** 일산 임경미국어학원
김경민 서울 갈무리국어학원	**석정환** 제천 메이킷입시연구소학원	**황은경** 남양주 덕소고등학교

[감수진]

가유림 안산 이레국어논술	**박청명** 울진 청명한국어교습소	**임효윤** 인천 인천외국어고등학교
강신석 양평 우리동네국어쌤	**박태순** 서울 참좋은학원	**장수정** 대구 대구남산고등학교
강연구 춘천 페르마학원	**박현규** 서울 영훈고등학교	**장창수** 대전 바로이학원
강채원 인천 신송고등학교	**박현정** 대구 더나은국어교습소	**정다운** 인천 갈루아수학학원
곽동훈 서울 (송파)곽동훈국어	**배성현** 인천 국어논술자신감	**정지윤** 안양 (평촌)봉쌤국어학원
곽승협 울산 지렛대국어학원	**백단비** 서울 (목동)한얼국어논술학원	**정현진** 파주 제니스학원
구찬미 의정부 맨투맨학원	**백승수** 서울 올빼국어	**조민수** 대전 둔산마스터학원
권민서 서울 연하늘국어학원	**송예림** 남양주 청학고등학교	**조민지** 춘천 밍쌤국어전문학원
김가연 서울 (강북)아이비학원	**신창근** 고양 (일산)대세국어학원	**조상경** 파주 운정고등학교
김낙광 부산 직관과통찰국어	**안보람** 서울 보람국어	**조상미** 대전 탑앤성진학원
김상언 마산 양덕여자중학교	**안혜지** 부산 다이나믹학원	**조영숙** 서울 책속에서길을묻다독서토론논술교습소
김성옥 울산 신정고등학교	**엄다혜** 인천 (송도)국어의정원	
김세하 부산 한솔플러스영수학원	**우영미** 인천 (송도)자이하버뷰국어	**차장우** 부산 차쌤국어
김용호 울산 호빵국어논술학원	**유성철** 부산 HQ영수학원	**채옥희** 광주 본국어
김윤정 남양주 그윤정국어	**유시준** 서울 깡수학과학국어학원	**최강** 대전 미담국어논술학원
김정은 부산 한양학원(사하점)	**윤재식** 시흥 아이비스국어학원	**최성진** 서울 대치SKY3.0학원
김지영 서울 쎈아카데미	**이대건** 서울 (대치)메이드세이노학원	**최소형** 하남 꿈자락국어
김현 서귀포 서울탑텐학원	**이석호** 군포 이석호국어학원	**최인호** 서울 우신고등학교
김혜리 안양 안양여자고등학교	**이성룡** 광주 고려중학교	**최진옥** 군포 옥샘국어학원
김효성 천안 천안고등학교	**이수영** 부산 부일외국어고등학교	**최한나** 부산 해운대고등학교
박경희 내선 효이박성희국어선분학원	**이승준** 창원 한일여자고등학교	**최현애** 화성 플랜A입시학원
박동민 인천 역전타에듀학원	**이신주** 인천 불사조학원	**하성협** 화성 청계중학교
박상준 부산 필(必)통(通)국어학원	**이우진** 화성 병점고등학교	**한광희** 세종 한쌤국어
박신혜 천안 천안서울학원	**이은정** 광주 (수완)날개달기국어학원	**한다희** 남양주 청학고등학교
박영민 고양 이지베스트학원	**이정숙** 서울 아이비에듀	**한지운** 서울 한서고등학교
박용희 서울 봄봄국어	**이홍진** 서울 대일외국어고등학교	**허호정** 남양주 일등급국영수학원
박유진 화성 파란국어전문학원	**임수민** 파주 해원국어학원	**홍정의** 남양주 광동고등학교
박종문 파주 (운정)원플러스학원	**임진화** 철원 가우스학원	

🍀 차 례

등급컷

I 3월 전국연합

1회 [2025년 3월 시행]
· 나의점수 : (   )

등급	원점수	표준점수
1	84	135
2	76	126
3	67	116
4	58	106
5	48	95
6	39	85
7	30	74
8	21	64

2회 [2024년 3월 시행]
· 나의점수 : (   )

등급	원점수	표준점수
1	91	131
2	85	125
3	77	117
4	67	107
5	55	95
6	44	84
7	34	74
8	24	64

3회 [2023년 3월 시행]
· 나의점수 : (   )

등급	원점수	표준점수
1	95	131
2	89	125
3	81	117
4	70	107
5	58	95
6	47	84
7	36	74
8	25	63

II 6월 전국연합

4회 [2025년 6월 시행]
· 나의점수 : (   )

등급	원점수	표준점수
1	86	136
2	76	127
3	65	116
4	54	105
5	42	93
6	31	83
7	23	75
8	16	68

5회 [2024년 6월 시행]
· 나의점수 : (   )

등급	원점수	표준점수
1	87	134
2	79	126
3	69	117
4	58	106
5	45	94
6	33	82
7	23	73
8	18	68

6회 [2023년 6월 시행]
· 나의점수 : (   )

등급	원점수	표준점수
1	87	136
2	78	127
3	68	116
4	57	105
5	46	94
6	36	84
7	27	74
8	21	68

III 9월 전국연합

7회 [2025년 9월 시행]
· 나의점수 : (   )

등급	원점수	표준점수
1	81	136
2	72	126
3	62	116
4	52	105
5	41	93
6	31	83
7	23	74
8	18	69

8회 [2024년 9월 시행]
· 나의점수 : (   )

등급	원점수	표준점수
1	87	136
2	78	127
3	67	117
4	55	105
5	42	93
6	31	82
7	23	75
8	18	70

9회 [2023년 9월 시행]
· 나의점수 : (   )

등급	원점수	표준점수
1	84	135
2	76	127
3	65	116
4	54	105
5	41	93
6	30	82
7	22	74
8	18	70

IV 10월 전국연합

10회 [2024년 10월 시행]
· 나의점수 : (   )

등급	원점수	표준점수
1	89	136
2	80	128
3	68	117
4	55	105
5	40	92
6	29	82
7	22	76
8	15	70

11회 [2023년 12월 시행]
· 나의점수 : (   )

등급	원점수	표준점수
1	88	134
2	80	127
3	69	117
4	56	106
5	41	92
6	29	82
7	20	74
8	17	71

12회 [2022년 11월 시행]
· 나의점수 : (   )

등급	원점수	표준점수
1	88	134
2	80	126
3	70	117
4	59	107
5	45	94
6	33	82
7	23	73
8	17	67

13회 [2028학년도 수능 예시문항] 나의점수 : (   )

❖ 자신의 점수를 기록하고, 해당 등급에 check 하면서 자신의 위치를 전국 단위로 비교해 보세요.

❖ 등급컷 구분 원점수는 실제 점수와 약간의 차이가 있을 수 있습니다.

🍀 내신+수능 **1등급**을 위한 최고의 실전 모의고사

1 최신 3개년 학력평가 기출 – 12회+2028 수능 예시문항

최신 3개년 학력평가를 월별로 구분해서 집중 학습할 수 있도록 수록하였습니다.

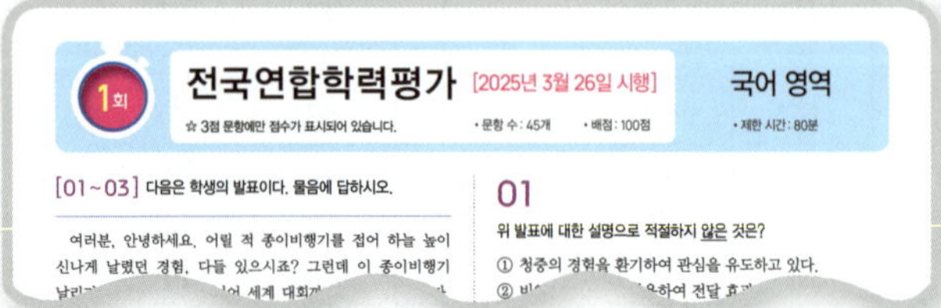

2 언어(문법)·어휘 완성 TEST

회차별 모의고사에서 출제된 문법 개념과 어휘들을 활용하여 추가 문제를 구성하여 수록하였습니다.

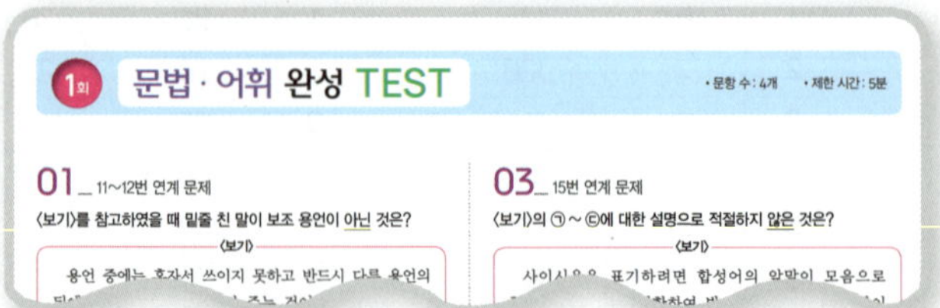

3 최신 3개년 어휘 총정리

이 책에 수록된 지문과 문제의 핵심 어휘를 총정리해 두었습니다. 문제를 풀다가 모르는 어휘가 있다면 어휘 총정리에서 뜻을 확인하고 익혀 두면 어휘력이 상승할 것입니다.

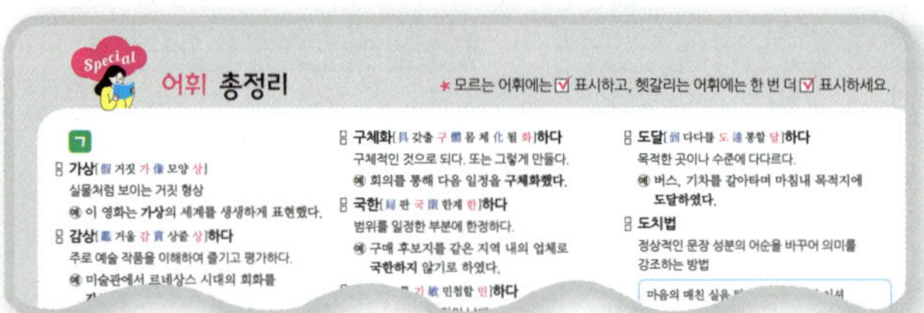

4 독서·언어(문법) 문항 동영상 강의 제공

앞으로의 학력평가·수능의 출제 방향을 가늠하고 대비할 수 있도록 최신 3개년 학력평가 언어(문법) 전 문제와 독서 전 지문과 문제에 해당하는 동영상 강의를 QR 코드로 제공합니다.

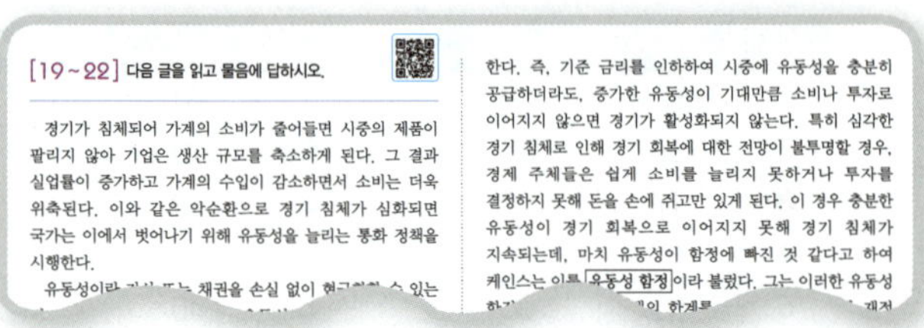

[문학] --- 〈입체 첨삭 해설〉

＊시

1 화자, 중심 대상
시의 화자, 중심 대상에 표시했습니다.

2 상황, 정서, 태도
화자가 처해 있는 상황과 그 상황에서 화자가 느끼는 정서를 비롯해 화자의 태도를 알 수 있는 부분에 표시했습니다.

3 표현상 특징
주제를 효과적으로 전달하기 위해 사용된 표현상 특징이 드러난 부분에 표시했습니다.

독해 공식
각 갈래별로 반드시 확인해야 하는 확인 요소를 제시했습니다.

■ 글쓴이

■ 제목의 의미

■ 주제

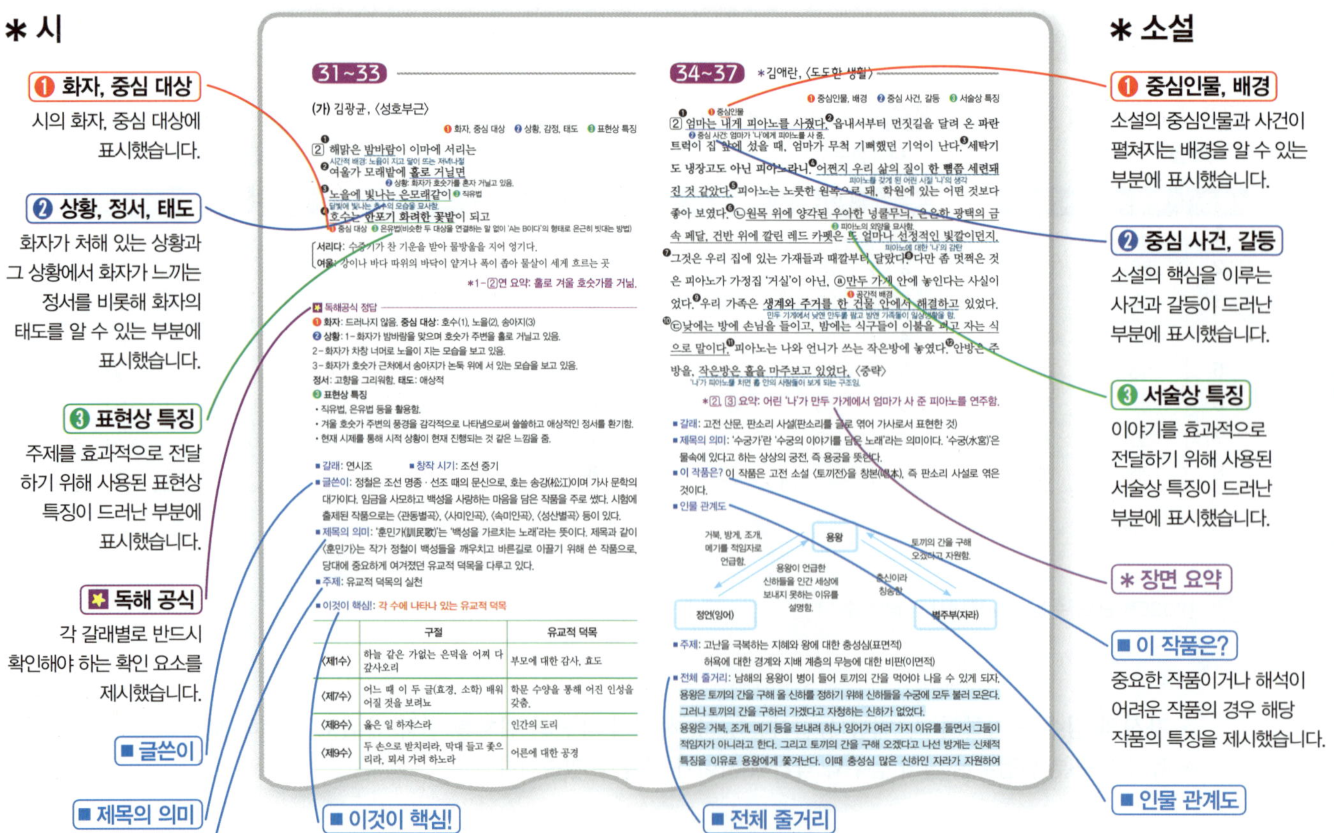

＊소설

1 중심인물, 배경
소설의 중심인물과 사건이 펼쳐지는 배경을 알 수 있는 부분에 표시했습니다.

2 중심 사건, 갈등
소설의 핵심을 이루는 사건과 갈등이 드러난 부분에 표시했습니다.

3 서술상 특징
이야기를 효과적으로 전달하기 위해 사용된 서술상 특징이 드러난 부분에 표시했습니다.

＊장면 요약

■ 이 작품은?
중요한 작품이거나 해석이 어려운 작품의 경우 해당 작품의 특징을 제시했습니다.

■ 인물 관계도

■ 이것이 핵심!
해당 작품에서 가장 중심이 되는 내용을 한눈에 볼 수 있게 제시했습니다.

■ 전체 줄거리
작품 전체의 줄거리를 제시하여 작품을 효과적으로 이해할 수 있게 했습니다. 또한 지문 수록 부분을 표시하였습니다.

[독서·화법·작문·문법] ············· 〈입체 첨삭 해설〉

왼쪽 설명

글 전체 핵심어
지문 전체의 핵심어를 표시했습니다.

글 전체 중심 문장
글 전체에서 가장 핵심이 되는 중심 문장을 알려 줍니다.

지문 어휘
지문을 이해하는 데 도움이 되도록 어휘를 쉽게 풀었습니다.

문단 요약
각 문단의 핵심 내용을 요약하여 전체적인 지문의 구조를 파악할 수 있습니다.

지문 이해도
지문의 내용을 한눈에 알아볼 수 있도록 정리했습니다.

내용 풀이
출제 요소에 해석을 달아 어려운 내용도 쉽게 이해할 수 있고 문제의 근거도 한눈에 파악하게 했습니다.

지문 내용과 구조
지문의 내용과 주제 등을 스스로 공부할 수 있도록 정리했습니다. 또 지문의 내용을 시각적으로 구조화하여 쉽게 이해할 수 있도록 했습니다.

매력 오답
매력적 오답을 선택한 이유와 해결책을 제시했습니다.

위쪽 설명

글의 제목
지문의 내용을 한눈에 알 수 있는 글의 제목을 제시하였습니다.

가운데 예시 지면

16~21

(가) 국가의 통치 방법에 대한 관중의 견해

출제   글 전체 핵심어   글 전체 중심 문장

① 관중은 춘추 시대 제(齊)나라의 재상으로 군주인 환공을 도와 약소국이던 제나라를 부강한 국가로 성장시켰다. 관중이 생각한 이상적인 국가의 모습과 국가를 통치하는 방법은 《관자》를 통해 살펴볼 수 있다. 그는 자신이 살던 현실의 문제에 실리적으로 ⓐ 대처하고 정치적인 분열을 적극적으로 막아 나라의 부강과 백성의 평안을 이루고자 하였다.
관중이 생각한 통치의 방법 / 관중이 생각한 통치의 목적

[실리적]: 실제로 이익이 되는

* ①문단 요약: 관중이 생각한 통치 방법과 목적

④ 관중은 권세를 가진 군주는 부강한 나라를 이루는 통치, 즉 패업(霸業)을 위한 통치를 펼쳐야 한다고 주장하고, 법을 통한 통치의 중요성을 강조하였다. 이때 군주는 능력 있는 신하를 공정하게 등용하되 신하들이 군주의 권세를 넘보거나 법질서를 혼란스럽게 하지 못하도록 자신의 권세를 신하에게 위임하며 백성의 경제적 안정을 위한 정책들을 시행해야 한다고 보았다. 이러한 관중의 사상은 [백성들의 경제적 안정을 기반으로 부강한 나라를 이루기 위해 법을 통한 통치를 도모한 것으로 평가]할 수 있다.

* ④문단 요약: 국가의 통치 방법에 대한 관중의 견해와 그 의의

■ 전체 지문 이해도
플랫폼 사용자의 가격 결정의 예

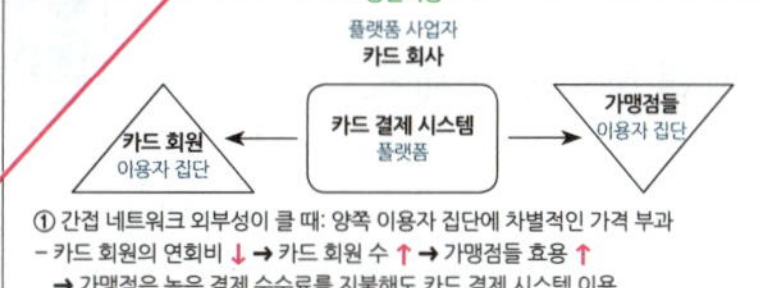

① 간접 네트워크 외부성이 클 때: 양쪽 이용자 집단에 차별적인 가격 부과
 – 카드 회원의 연회비 ↑ → 카드 회원 수 ↑ → 가맹점들 효용 ↑
 → 가맹점은 높은 결제 수수료를 지불해도 카드 결제 시스템 이용
② 카드 회원의 수요의 가격탄력성이 높을 때
 – 카드 회원의 연회비 ↓ → 카드 회원 수 ↑

■ 지문 내용과 구조

①문단	**관중이 생각한 통치 방법과 목적** 현실 문제의 실리적 해결 → 나라의 부강과 백성의 평안
②문단	**실리적 관점에서 법의 필요성을 강조한 관중** – 백성: 국가 경제의 근본, 군주: 법을 만들 수 있는 천부적 자격을 지님. – 법의 목적: 백성들의 윤택한 삶 → 부강한 나라의 실현
③문단	**군주가 '패(霸)'를 실천해야 하는 이유: 군주가 '패'를 실천함.** 군주의 권세를 인정하게 됨. → 군주가 국가를 다스릴 수 있음.
④문단	**국가의 통치 방법에 대한 관중의 견해와 그 의의** – 군주는 패업을 위한 통치(= 부강한 나라를 이루는 통치)를 펼쳐야 함. – 의의: 백성들의 경제적 안정을 기반으로 부강한 나라를 이루고자 법을 위한 통치를 도모함.

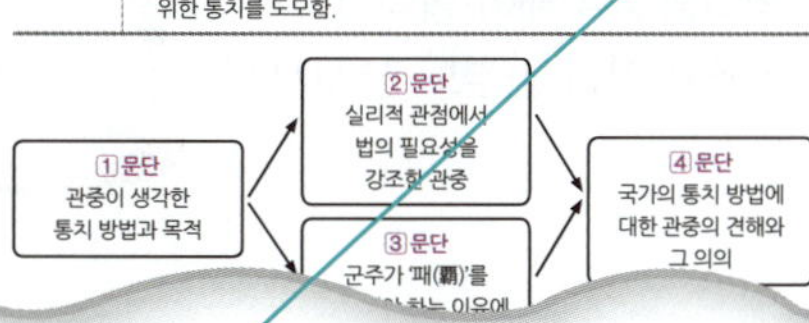

26 정답 ① * 내용 파악 + 추론하기 ········· [정답률 45%]

① 45% ② 11% ③ 16% ④ 17% ⑤ 9%

ⓐ~ⓒ을 이해한 내용으로 가장 적절한 것은?
① '테이프', ① '헤드', ① '상태 기록기'

왜 틀렸나?
ⓐ~ⓒ의 특징과 역할을 윗글의 전체적인 내용을 통해 파악해야 하기 때문에 틀린 학생들이 많았다. ⓐ~ⓒ이 제시된 2문단의 내용과 함께 튜링 기계의 작동 규칙과 작동 사례를 설명한 3, 4문단의 내용도 꼼꼼하게 파악해야 한다.

단서+해결
단서 율곡은 치세를 만드는 군주와 난세를 만드는 군주의 유형과 통치 방법을 나누어 설명했다.
발상 • 왕도: 군주의 인격 완성 → 백성의 도덕적 교화를 이루어 냄.
 • 패도: 군주의 인격이 완성되지 않음. → 백성의 도덕적 교화를 이루어 내지 못함.
 • 왕도와 패도는 태평한 시대의 치세를 만드는 통치 방법이다.
해결 율곡은 군주의 인격 완성 여부에 따라 군주의 통치 방법이 왕도와 패도로 구분된다고 보았다.

왜 정답?
④ 율곡은 ④와 달리 군주의 인격 완성 여부에 따라 치세와 난세가 구분된다고 보았군.
'왕도'와 '패도'가 구분됨.

(나) ②문단 ④문장 왕도는 군주의 인격 완성을 통해 백성의 도덕적 교화까지 이루어 내고, 패도는 군주의 인격이 완성되지 않아 백성의 도덕적 교화까지는 이루어지지 않았어도 백성의 경제적 안정은 이루어 내는 것이다.

율곡은 군주의 유형을 크게 치세를 만드는 군주와 난세를 만드는 군주로 나누었고, 그 중 치세를 만드는 군주의 통치 방법을 군주의 인격 완성 여부에 따라 '왕도'와 '패도'로 구분하였다.

왜 오답?
군주만이 권한을 가져야 함.
② 관중과 ④는 모두 국가를 다스릴 수 있는 권한이 오로지 군주에게 있어야 함을 강조했다고 볼 수 있겠군.
권력을 신하에게 위임하면 안 된다고 봄.

(가) ④문단 ②문장 이때 군주는 ~ 자신의 권세를 신하에게 위임하지 말아야 하며 ~
〈보기〉 ④ ~ ②문장 그리고 법을 통해 통치할 수 있는 권한은 군주만이 갖고 있어야 권력을 유지할 수 있다.

④에서는 법을 위해 통치할 수 있는 권한은 오직 군주만이 갖고 있어야 한다고 했고, 관중 또한 국가를 다스릴 수 있는 권한인 권세가 군주에게 있어야 한다고 볼 수 있다.

매력 오답
선택지의 표현과 (가)의 표현이 달라 헷갈린 학생들이 많았다. (가)에서 관중은 '군주는' 자신의 권세를 신하에게 위임하지 말아야 한다고 보았다고 했다. 이는 '국가를 다스릴 수 있는 권한이 오로지 군주에게 있어야 한다는 것이다.

배경지식

〈시험에서 자주 출제되는 다의어와 동음이의어〉

길1 「명」
(1) 사람이나 동물 또는 자동차 따위가 지나갈 수 있게 땅 위에 낸 일정한 너비의 공간
 예 길이 울퉁불퉁해서 자전거를 타기가 힘들었다.
(2) 걷거나 탈것을 타고 어느 곳으로 가는 노정

오른쪽 설명

문제 유형 분석
문제 유형을 제시하여 수능형 문제 유형을 쉽게 파악할 수 있도록 했습니다.

정답률

선택률
학생들이 많이 헷갈렸던 선지를 밝혀주기 위하여 선지별 선택률을 수록하였습니다.

왜 틀렸나
학생들이 많이 틀린 이유를 분석했습니다.

단서+발상
단서 문제 풀이의 핵심이 되는 단서를 꼭 짚어 설명합니다.
발상 핵심 단서와 문제를 구체적으로 연결합니다.
적용 문제의 답을 얻기 위해 적용해야 할 내용입니다.
해결 단서를 적용하여 문제를 해결합니다.

왜 정답?
정답이 되는 이유와 다른 오답과의 차이점을 알기 쉽게 설명하여 문제 풀이의 핵심을 파악할 수 있도록 했습니다.

근거
정답과 오답을 가르는 근거가 되는 부분을 제시했습니다.

아래쪽 설명

매력 오답
매력적 오답을 선택한 이유와 해결책을 제시했습니다.

왜 오답?
오답 풀이를 통해 틀린 문제에 대한 이해뿐만 아니라 선택지 출제 원리까지 터득할 수 있습니다.

배경지식
알아두면 도움이 되는 배경지식을 제시했습니다.

QR코드
언어(문법), 독서 동영상 강의

🍀 전국연합학력평가 고1 국어 활용법+α

❶ 3, 6, 9, 10월별 문제 구성과 학습 전략을 파악!

- 국어 모의고사의 문제 구성을 파악해서 실제 시험에 대비하세요.
- 3, 6, 9, 10월별 모의고사의 난이도를 파악하고 학습 전략을 세워 보세요.

❷ 학력평가 시험 전에 실제 시험과 동일하게!

- 3, 6, 9, 10월에 치르게 될 학력평가를 대비해서 실전과 동일한 조건으로, 80분 동안 45문항 모의고사를 풀어 보세요.
- 쉬운 문제부터 먼저 해결하기, 헷갈리는 문제는 표시해 두었다가 마지막에 다시 보기, 지문을 구조화해서 요약하며 읽기 등 자신만의 문제 접근 방법과 시간 배분 방식을 만들어 나가세요.
- 실제 시험처럼 시작 전 가벼운 긴장감을 가지고 어떻게 문제를 풀어 나갈지 생각하며 전략을 쌓아 가세요.

> 2028학년도 수능 예시문항을 미리 풀어 보면 수능 문제 유형에 익숙해져서 실제 시험에 잘 대비할 수 있습니다.

❸ QR코드로 제공하는 독서·언어(문법) 해설 강의

- 교재에 수록된 모든 독서·언어(문법) 문제의 해설 강의를 QR코드를 통해 제공합니다.
- 문제를 풀고 채점한 후 핸드폰으로 QR코드를 찍으면, 해당 문제의 해설 강의로 연결됩니다.
- 친절하고 자세한 해설 강의를 활용해서 언어(문법)·독서 문제를 해결해 보세요.

❹ 언어(문법)·어휘 완성 TEST로 개념 마무리

- 문제 풀이만으로는 부족한 언어(문법) 개념 정리를 리뷰 테스트를 통해 다시 한번 이해하고 넘어갈 수 있으므로, 모든 회차를 푼 후에 꼭 언어(문법)·어휘 완성 TEST로 마무리하세요.

❺ 어휘 총정리

- 국어 모의고사에서 어휘 문제는 고난도 문제가 아님에도 정답률이 낮은 문제입니다. 영어 단어를 외우는 것처럼 국어도 모르는 단어의 사전적 의미를 공부해야 합니다.
- 어휘 총정리에 제시된 어휘 풀이를 활용해 소홀하기 쉬운 국어 어휘 공부도 놓치지 마세요.

❻ 쉽게 이해되는 입체 첨삭 해설로 다시는 틀리지 말자!

- 정답만 맞는지, 틀렸는지 보지 말고, 틀린 문제나 찍어서 맞은 문제 등은 꼭 다시 푸세요.
- 맞힌 문제도 해설을 읽으면서 자신이 맞게 이해하고 정답을 고른 것인지 확인하세요.
- 지문 근거를 확인하며 문제의 핵심을 파악하고, 출제자의 의도를 이해하세요.
- '왜 정답'과 '왜 오답', 정답과 오답에 대한 첨삭 해설을 보며 자신의 이해도를 점검하세요.

*3월 전국연합학력평가

[회별 45문항, 제한 시간 80분]

★ 최근 연도부터 차례대로 수록하였습니다.

1회 **모의고사** — 2025년 시행

2회 **모의고사** — 2024년 시행

3회 **모의고사** — 2023년 시행

출제 범위	중학교 전 범위	
난이도	**하**: 13~14문항 **중**: 22~23문항	**상**: 2~3문항 **최상**: 4~5문항

3월 대비 학습 전략

중학교 과정에서 학습한 내용을 바탕으로 학력평가가 출제되기 때문에 지문과 문제는 비교적 쉬운 편이다. 지문과 문제를 정확히 읽고 선택지의 정오를 판단하는 습관을 들여야 한다.

영역별 문제 출제 경향

영역	문제	출제 경향
화법과 작문 (10문항)	1~10번	• 학생의 발표와 한 편의 글을 작성하기 위한 학생들의 대화가 지문으로 출제된다. • 대화를 바탕으로 쓴 글과 작문 상황에 맞게 쓴 글이 출제된다.
문법 (5문항)	11~15번	• 음운 변동, 단어의 품사와 의미 관계 등을 묻는 문제가 출제된다.
독서 (15문항)	16~45번 사이	• 인문, 사회, 과학, 기술, 예술 영역 가운데 보통 3개 영역의 지문이 골고루 출제된다.
문학 (15문항)		• 현대시, 고전 시가, 현대 소설, 고전 소설 지문이 골고루 출제된다.

[01~03] 다음은 학생의 발표이다. 물음에 답하시오.

여러분, 안녕하세요. 어릴 적 종이비행기를 접어 하늘 높이 신나게 날렸던 경험, 다들 있으시죠? 그런데 이 종이비행기 날리기가 단순한 놀이를 넘어 세계 대회까지 열린다고 합니다. (자료 1을 제시하며) 바로 이 비행기가 세계 종이비행기 대회 오래 날리기 종목에서 29.2초의 신기록을 세운 주인공인데요. 오늘은 이 세계 1등 종이비행기의 비밀을 파헤쳐 어떻게 접어야 비행기를 더 오래 날릴 수 있는지 알아보겠습니다.

첫 번째 비밀은, (자료 1을 가리키며) 이렇게 날개 면적을 넓히는 것입니다. 그 이유는 날개 면적이 넓을수록 양력이 커지기 때문인데요. 양력은 종이비행기가 공중에 뜰 수 있게 하는 힘으로, 비행기의 날개 윗면과 아랫면을 지나는 공기 흐름의 압력 차 때문에 만들어집니다. 날개 면적이 넓으면 날개와 접촉하는 공기량이 많아져 더 큰 양력이 생기는데, 이로 인해 종이비행기가 공중에 더 오래 떠 있을 수 있습니다.

두 번째 비밀은, 날개의 모양과 각도에 있습니다. 종이 비행기가 오래 날려면 공기 소용돌이 현상을 줄여야 하는데, (자료 1을 가리키며) 이렇게 날개 끝부분을 위로 접으면 소용돌이가 줄어들어 좌우 균형을 더 잘 유지할 수 있습니다. 그리고 (양팔을 벌려 Y자 모양을 취하며) 날개를 이렇게 살짝 들어 올려 접는 게 좋습니다. (자료 2를 가리키며) 날개가 수평선에서 위로 들린 각을 상반각이라 하는데, 종이비행기의 상반각은 이렇게 약 16°가 적합합니다. 그래야 비행 중 기울거나 흔들리는 현상이 줄어 더 오래 날 수 있거든요.

종이비행기를 오래 날리고 싶다면 꼭 기억해 주세요. 날개 면적을 넓혀 양력을 크게 하고, 날개 끝을 위로 접고 상반각을 적절하게 만들어 비행기의 균형을 유지하는 게 중요합니다. 아, 질문이 있군요. (청중의 질문을 듣고) 종이비행기 날리기 대회에 다른 종목은 없느냐고요? 멀리 날리기 종목과 곡예 비행 종목 등이 있습니다. 멀리 날리기용 비행기는 날개를 길고 좁게 접어 앞부분이 뾰족한 형태가 많은데, 이는 비행을 방해하는 힘인 항력을 줄여 비행 거리를 늘립니다. 그리고 곡예용 비행기를 접을 때는 좌우 날개의 모양에 다양한 변화를 주어서 공중에서 방향 전환이나 회전을 쉽게 하도록 합니다.

오늘 발표 내용을 참고해서 나만의 종이비행기를 만들어 끝없는 상상력과 도전 정신을 펼쳐 보세요. 다음 세계 종이 비행기 대회에서 1등을 차지하는 주인공이 여러분이 될지도 모르니까요. 그럼 발표 마치겠습니다. 감사합니다!

01

위 발표에 대한 설명으로 적절하지 <u>않은</u> 것은?

① 청중의 경험을 환기하여 관심을 유도하고 있다.
② 비언어적 표현을 활용하여 전달 효과를 높이고 있다.
③ 질문을 던져 청중의 내용 이해 정도를 점검하고 있다.
④ 청중이 궁금해 하는 점에 대해 추가 정보를 제시하고 있다.
⑤ 청중에게 발표에서 얻은 정보를 활용할 것을 권유하고 있다.

02

다음은 발표자가 제시한 자료이다. 발표자의 자료 활용에 대한 설명으로 가장 적절한 것은?

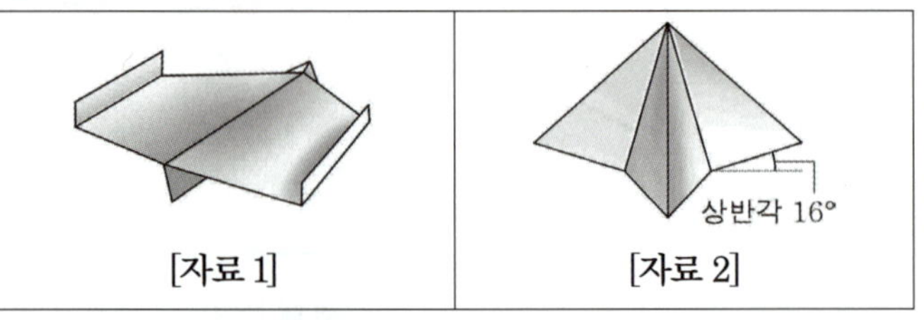

① [자료 1]을 활용하여 비행시간을 늘릴 수 있는 방법을 제시하고 있다.
② [자료 1]을 활용하여 비행 안정성을 높일 수 있는 종이의 두께를 보여 주고 있다.
③ [자료 2]를 활용하여 날개의 방향에 따른 공기 흐름의 압력 차이를 설명하고 있다.
④ [자료 2]를 활용하여 비행 속도에 영향을 미치는 날개 각도의 중요성을 강조하고 있다.
⑤ [자료 1]과 [자료 2]를 활용하여 날개의 길이와 비행 거리의 관계를 언급하고 있다.

03

다음은 발표를 들으며 학생이 정리한 내용의 일부이다. ㄱ~ㅁ 중 적절하지 <u>않은</u> 것은?

○ 오래 날리기용 종이비행기
　– 날개를 넓게 만들기 → 양력 증가 ·················· ㄱ
　– 날개 끝을 위로 접기 → 양력 감소 ·················· ㄴ
　– 날개의 상반각을 적절히 설정 → 균형 유지 ··············· ㄷ
○ 멀리 날리기용 종이비행기
　– 날개를 길고 좁게 접기 → 항력 감소 ··················· ㄹ
○ 곡예용 종이비행기
　– 날개 모양을 다양하게 접기 → 방향 전환, 회전 용이 · ㅁ

① ㄱ　　② ㄴ　　③ ㄷ　　④ ㄹ　　⑤ ㅁ

[04~07] (가)는 또래 상담부 학생들의 회의이고, (나)는 (가)를 바탕으로 '동아리 부장'이 쓴 초고이다. 물음에 답하시오.

(가) 동아리 부장: 오늘은 학생들의 고민에 대해 조언하는 글을 동아리 소식지에 싣기 위해 회의하기로 했잖아. 누리집에 올라온 사연 중 학생들이 공감할 내용에는 무엇이 있을까?

부원 1: 나는 '진로를 찾는 과정이 어렵고 막막해요.'라는 고민에 공감이 되더라고. 진로를 어떻게 찾아야 할지 소개해 주면 어떨까.

부원 2: 좋은 생각인 것 같아. 나도 '내 희망 진로가 뭘까?'라고 생각하면 막연하게 느껴지더라. 어떤 직업들이 있는지도, 어떻게 준비해야 할지도 잘 모르겠고.

부원 3: 혹시 '커리어넷' 들어 봤어? 난 우리 반 담임 선생님을 통해서 알게 되었는데 다양한 진로와 관련된 정보들이 많더라고. 무료로 진로 검사를 받아볼 수도 있고.

부원 1: 나는 선배들을 통해 '어디가'라는 진학 관련 누리집을 알게 되었는데 거기에도 도움이 되는 정보들이 꽤 많아.

동아리 부장: 정리하면, 진로나 진학과 관련된 정보는 '커리어넷'과 '어디가'를 참고하면 된다는 거구나. 친구들이 두 누리집을 활용할 수 있도록 소개해 주면 좋겠다.

부원 2: 나는 '공부해도 제자리걸음인 것 같아 불안해요.'라는 고민이 눈에 띄더라. 뭔가를 성취하기 전에는 정체기가 와 힘들다던데, 나도 1학년 때 그런 시기를 겪었어.

부원 1: 그래? 조금 더 자세하게 말해 줄래?

부원 2: 목표를 크게 세워 노력해 보았지만 잘 안 되어서 지치더라고. 그래서 하루에 할 수 있는 만큼으로 목표를 작게 쪼개 보았어. 매일 작은 성취감을 느끼며 꾸준히 노력하다 보니 어느 순간 내 실력도 목표한 만큼 늘어 있더라.

부원 3: 네 경험을 다른 친구들에게도 소개해 주면 좋겠다.

동아리 부장: 진로, 학업 이외에 다룰 만한 사연이 또 있을까? 친구 관계와 관련된 고민도 많던데, 이에 대해 다뤄 보는 것은 어떻게 생각해?

부원 3: 그럼 '친했던 친구와 사이가 멀어져서 속상해요.'라는 고민을 다루면 좋겠어. 어떤 조언을 해 줄까?

부원 1: 왜 친구와 사이가 멀어졌는지 상황을 먼저 되짚어 본 다음에 진솔한 대화를 나눠 봐야 할 것 같아.

부원 2: 내 생각에 이미 멀어진 친구와 진솔한 대화를 하는 건 어려운 일인 것 같은데.

부원 3: 친구를 비난하지 않고 자신의 감정을 표현하면 가능할 것 같아. 친구와 관계가 멀어져서 속상하고, 친구의 생각도 듣고 싶다고 대화를 시작하는 거지.　　[A]

부원 2: 그렇구나. 멀어진 친구와 대화하는 것이 어렵겠다고 생각했는데 네 말대로 하면 어렵지 않게 서로의 마음을 열고 대화를 시작할 수 있겠다. 대화할 때 참고할 만한 좋은 방법은 없을까?

부원 1: 대화할 때는 공감하며 듣는 태도가 중요해. 친구의 말을 주의 깊게 듣고, 친구의 말에 공감하고 있다는 걸 표현해 주면 좋을 것 같아.

동아리 부장: 논의해 보니 학생들이 정말 다양한 고민을 하고 있다는 걸 느꼈어. 그럼 내가 학생들이 이해하기 편하게 오늘 논의한 고민의 순서대로 소제목을 달아 글을 구성해 볼게. 혹시 추가로 넣을 만한 내용이 있을까?

부원 3: 우리 동아리에 상담을 신청하는 방법도 알려 주면 좋겠어. 아직 어떻게 신청하는지 모르는 친구들도 많더라고.

동아리 부장: 좋아. 다음 회의 때는 내가 쓴 글을 읽고 같이 고쳐 보자.

(나)　　　　답답한 고민, 시원하게 풀어 드려요!

　설렘으로 가득 찼던 3월도 거의 지나고 4월이 다가오고 있습니다. 또래 상담부 부원들이 이번 달에 선정된 사연 세 가지를 소개하고 그에 대해 조언해 드리고자 합니다.

1. 진로를 찾는 과정이 어렵고 막막해요.

　자신의 적성이나 흥미가 무엇인지 잘 몰라서 어떤 진로를 선택해야 할지 막연한 경우가 많습니다. 그럴 때는 〈커리어넷〉에 접속하여 진로 심리 검사를 받아 보고, 검사 결과를 참고하여 직업 관련 정보를 추가로 탐색해 보면 좋아요. 그리고 해당 진로를 준비하기 위해 필요한 진학 정보는 〈어디가〉에 있으니 접속해 보면 도움이 될 거예요.

2. 공부해도 제자리걸음인 것 같아 불안해요.

　'동트기 전 새벽이 제일 어둡다.'라는 말을 들어 본 적 있나요? 무엇인가를 성취하기 전에는 때때로 마음처럼 되지 않는 정체기가 찾아온다고 합니다. 사연의 주인공 또한 동트기 직전의, 가장 어둡고 추운 정체기 상황일 수 있어요. 당장 변화가 느껴지지 않아 답답하다면 목표를 작게 쪼개서 매일 작은 성취감을 느껴 보는 것은 어떨까요? 꾸준히 노력하다 보면 자신도 모르는 사이에 성장해 있을 거예요.

3. 친했던 친구와 사이가 멀어져서 속상해요.

　관계를 회복하려면 왜 친구와 사이가 멀어졌는지 상황을 차분히 되짚어 본 후에 친구와 진솔한 대화를 나누어 보는 게 좋습니다. 친구에게 먼저 다가가서 "너와 관계가 멀어져서 속상해. 네 생각은 어떤지 말해 주면 좋겠어."라며 대화를 시작해 보세요. 이야기를 들을 때는 친구의 말을 경청하고 그 말에 공감하고 있음을 표현해 주세요. 내가 먼저 손을 내밀면 친구도 그 손을 마주 잡아 줄 거예요.

　학교생활을 하다 보면 '왜 나만 이렇게 힘들지?' 싶은 순간들이 있죠. 그렇지만 우리는 모두 '흔들리며 피어나는 꽃'이랍니다. 언제든지 도움이 필요하면 3층 또래 상담부 동아리실이나 또래 상담부 누리집에 상담을 신청해 주세요.

04

'동아리 부장'의 말하기에 대한 설명으로 적절하지 <u>않은</u> 것은?

① 회의 참여자에게 회의의 목적을 상기시키고 있다.
② 회의 참여자의 발언 내용을 요약해 정리하고 있다.
③ 회의 참여자에게 이어서 논의할 내용을 제안하고 있다.
④ 회의의 결과에 대한 회의 참여자의 소감을 묻고 있다.
⑤ 다음 회의의 화제를 예고하며 회의를 마무리하고 있다.

05

[A]에 나타난 회의 참여자의 말하기에 대한 설명으로 가장 적절한 것은?

① '부원 1'은 '부원 3'의 질문에 답변하며 상대방이 잘못 알고 있는 사실을 정정하고 있다.
② '부원 2'는 '부원 1'이 언급한 해결책이 다른 상황에 더 적절하게 적용된다고 지적하고 있다.
③ '부원 3'은 '부원 2'의 의견에 수긍하며 자신의 의견이 지닌 한계를 극복할 방법을 제안하고 있다.
④ '부원 2'는 '부원 3'의 설명을 듣고 자신의 기존 생각이 바뀌게 되었음을 언급하고 있다.
⑤ '부원 1'은 '부원 2'의 질문에 대해 객관적인 자료를 바탕으로 답변하고 있다.

06

(가)에서 언급된 회의 내용을 바탕으로 '동아리 부장'이 세운 글쓰기 계획 중 (나)에 반영되지 <u>않은</u> 것은?

① 회의 내용 순서에 따라 글을 구성하고 고민 내용을 소제목으로 제시해야겠어.
② 동아리 부원의 진로 탐색 경험과 유사한 또 다른 사연을 추가로 수집해 제시해야겠어.
③ 학습의 어려움을 극복한 동아리 부원의 발언을 관용 표현을 활용하여 제시해야겠어.
④ 멀어진 친구와의 관계를 회복하기 위해 대화를 시작하는 방법을 예를 들어 제시해야겠어.
⑤ 고민이 있는 학생들이 또래 상담부의 도움을 받을 수 있는 방법을 제시해야겠어.

07

다음은 (나)를 보완하기 위해 추가로 수집한 자료이다. 자료의 활용 방안으로 가장 적절한 것은? [3점]

> [신문 칼럼]
>
> 새로운 사람, 사건, 지식 등이 우연히 삶의 방향을 설정하는 데 도움을 주는 경우가 있다. 익숙한 것들에서 벗어나 새로운 것에 관심을 가지면 여러 가지 시도를 할 수 있게 되고 그 과정에서 자신의 삶의 방향을 선택하는 기회가 찾아올 수 있다.

① 호기심을 가지고 다양한 경험을 하다 보면 자신과 맞는 진로를 선택할 기회를 우연히 얻을 수 있다는 내용을 추가한다.
② 진로를 선택할 때 다양한 매체를 통해 새로운 정보를 얻는 것보다 실제 경험을 쌓는 것이 중요하다는 내용을 추가한다.
③ 자신의 공부 방법에 대한 믿음을 갖고 끈기 있게 노력하다 보면 좋은 기회를 얻을 수 있을 것이라는 내용을 추가한다.
④ 학습 과정에서 우연히 겪는 정체기를 극복하려면 수립한 계획을 철저히 실행하는 것이 효과적이라는 내용을 추가한다.
⑤ 친구와의 관계 회복을 위해서는 진솔한 대화를 시도하고 친구의 입장에 공감하는 태도가 중요하다는 내용을 추가한다.

[08 ~ 10] 다음은 작문 상황과 이를 바탕으로 학생이 작성한 초고이다. 물음에 답하시오.

[작문 상황]
자신의 경험을 바탕으로 정서를 표현하는 글을 쓴다.

[학생의 초고]
어린 시절의 추억이 가득한 동네를 떠나 이사 준비를 하며 거실 한구석에 있던 '은재의 성장 일지'를 발견했다. 끄트머리가 누렇게 변한 책자를 펼쳐 보니 나의 어렸을 적 사진과 함께, 엄마의 메모가 눈에 띄었다. '유치원 등원 첫날, 씩씩하게 손 흔드는 은재, 언제 저렇게 컸나…….' 한 글자씩 눌러 적은 메모에서 엄마가 하루하루 커 가는 나를 얼마나 아끼고 사랑하는지가 느껴져 눈물이 핑 돌았다.

그때 내 수첩이 떠올랐다. 방에 가서 '2022년'이라고 적힌, 중학생 때 쓴 수첩을 집어 들었다. 펼쳐 본 수첩 속 달력에는 매일의 주요한 일정이 빼곡히 적혀 있었다. 학년이 올라갈수록 스스로 챙겨야 할 일정이 많아지다 보니 처음에는 쏟아지는 일정에 압도되는 듯한 느낌을 받을 때도 있었다. '오늘, 도서관 책 반납' 같은 간단한 일정부터 여행 같은 긴 일정까지 하나하나 메모로 써 놓고 보면 앞으로의 일정들을 모두 잘 해낼 수 있을 것 같은 자신감이 샘솟고는 했었다.

일상 속 소중한 추억도 짤막한 메모로 남아 있었다. 3월의 어느 날에 적힌 '우쿨렐레 연습, 손가락이 아파, 힘들어.'라는 메모를 보고는 음악 수행평가를 위해 잠 못 이루고 손가락이 퉁퉁 부르틀 때까지 우쿨렐레 연주를 연습했던 기억이 떠올랐다. 그리고 5월의 어느 날에 적힌 '우쿨렐레 완벽, 기분 최고!'라는 메모를 보고는 수많은 연습 끝에 곡을 완벽히 연주했을 때의 뿌듯함이 되살아났다. 이렇게 내 삶을 차곡차곡 쌓아 둔 추억의 서랍장을 열어, 발전해 온 나의 모습을 되돌아보니 나 자신이 기특하게 여겨졌다.

수첩 속 페이지를 넘기다 보니 '민재랑 싸웠다, 민재는 왜 그랬지? 속상해…, 내 잘못도 있지…'라는 메모가 눈에 띄었다. 동생과 다툰 후 동생이 나의 입장을 전혀 이해하지 않는 것 같아 실망스러운 마음으로 썼던 메모였다. 그때 메모를 적으면서, 나는 동생의 입장을 헤아려 볼 수 있었고, 내 감정에만 매몰되지는 않았는지 되돌아 보며 마음이 차분해지는 기분을 느꼈다. 파도처럼 요동치던 나의 마음은, 메모를 하며 햇살에 반짝이는 푸른 물결같이 잔잔해질 수 있었던 것이다.

책장 한 칸을 차지한 수첩들에 적힌 메모에는 하루하루 나아지는 나의 모습들이 가득 차 있다. 지금도 메모들은 계속해서 쌓이고 있다.

08

'학생의 초고'에 활용된 글쓰기 방식으로 적절하지 <u>않은</u> 것은?

① 일화를 제시하여 독자의 흥미를 유발하고 있다.
② 직유법을 사용하여 내면 심리를 묘사하고 있다.
③ 감정을 이입하여 자연과의 일체감을 드러내고 있다.
④ 의태어를 사용하여 경험을 생생하게 드러내고 있다.
⑤ 색채어를 사용하여 소재를 감각적으로 표현하고 있다.

09

다음은 학생이 초고를 쓰기 전에 구상한 내용을 정리한 것이다. ㄱ~ㅁ 중 '학생의 초고'에 반영되지 <u>않은</u> 것은?

1) 처음
　○ 엄마의 메모를 발견함. ……………………………… ㄱ
2) 중간
　○ 메모를 통해 일정을 계획했던 일.
　→ 일정을 잘 다룰 수 있을 것 같은 자신감이 생김. ……… ㄴ
　○ 메모를 통해 추억을 되돌아 본 일. …………………… ㄷ
　→ 연습으로 발전해 온 나에게 기특함을 느낌. …………… ㄹ
　○ 메모를 통해 감정을 추슬렀던 일.
　→ 내 감정을 헤아려 준 동생에게 고마움을 느낌. ……… ㅁ
3) 끝
　○ 나의 모습을 간직한 메모가 쌓이고 있음.

① ㄱ　　② ㄴ　　③ ㄷ　　④ ㄹ　　⑤ ㅁ

10

〈보기〉는 '학생의 초고'를 읽은 선생님의 조언이다. 이를 반영하여 초고에 추가할 내용으로 가장 적절한 것은? [3점]

〈보기〉

선생님: 글이 마무리되지 않은 느낌이 들어. 마지막 문단의 맥락을 고려해서 메모가 나에게 주는 의미가 잘 드러나도록 의인법을 사용한 문장을 추가하면 좋겠어.

① 메모는 나를 과거로 데려다주는 타임머신이다.
② 메모하는 습관을 유지해서 더 좋은 사람이 되어야겠다.
③ 메모는 도란도란 이야기하며 함께 커 가는 내 삶의 소중한 짝꿍이다.
④ 메모는 언제나 내가 나아가야 할 방향을 환하게 밝혀 주는 등대이다.
⑤ 메모는 밝게 웃으며 상상의 세계로 나를 이끌어 주는 친절한 안내원이다.

본용언은 문장의 주어를 주되게 서술하는 용언이고, 보조 용언은 본용언의 의미를 보충하는 용언이다. 보조 용언은 홀로 서술어로 쓰일 수 없으며, 본용언의 뒤에 위치하여 본용언만으로는 나타내기 어려운 의미를 덧붙인다.

ㄱ. 나는 그녀의 그림을 보고 싶다.
ㄴ. 그녀가 사과를 한번 먹어 보다.

위에서 ㄱ의 '보다'와 ㄴ의 '먹다'는 주어의 특정한 행위를 주되게 서술하는 본용언이고, ㄱ의 '싶다'는 희망의 의미를 덧붙이는, ㄴ의 '보다'는 시도의 의미를 덧붙이는 보조 용언이다. '보다'는 본용언과 보조 용언으로 모두 쓰일 수 있는 용언으로, 문장에서 그 쓰임을 잘 구별해서 이해해야 전달하고자 하는 의미를 정확하게 파악할 수 있다.

본용언과 보조 용언은 위의 예에서 알 수 있듯이 의미를 기준으로 구별할 수 있으며, 다음과 같은 방법으로도 구별할 수 있다. 본용언과 보조 용언 사이에는 다른 문장 성분을 넣거나, 행위나 작용의 선후 관계를 나타내는 연결 어미인 '–아서/어서', '–고서'를 붙이면 문장의 흐름이 자연스럽지 않다. 예를 들어 ㄴ의 '먹어 보다'에 '먹어 아주 보다'와 같이 부사어를 넣거나 '먹어서 보다'나 '먹고서 보다'와 같이 연결 어미를 붙이면 보조 용언을 통하여 전달하고자 하는 의미가 제대로 파악되지 않는다.

11

윗글을 통해 알 수 있는 내용으로 적절한 것은?

① 보조 용언만으로 서술어를 구성할 수 있다.
② 보조 용언의 바로 앞에 부사어가 올 수 있다.
③ 보조 용언은 본용언의 의미를 대체할 수 있다.
④ 보조 용언은 본용언 앞에 위치하여 의미를 덧붙인다.
⑤ 본용언과 보조 용언으로 모두 쓰이는 용언이 존재한다.

12

윗글을 참고하여 ㉠~㉤을 이해한 것으로 적절하지 <u>않은</u> 것은?

> ○ 거리에 많은 사람들이 ㉠ <u>오고 가다</u>.
> ○ 이번 생일에는 선물을 ㉡ <u>받고 싶다</u>.
> ○ 새로운 가수의 노래를 ㉢ <u>들어 보다</u>.
> ○ 친구가 아프니까 곁에 ㉣ <u>남아 주다</u>.
> ○ 날씨가 더워서 창문을 ㉤ <u>열어 놓다</u>.

① ㉠의 '가다'는 본용언에 진행의 의미를 덧붙이므로 보조 용언으로 볼 수 있군.
② ㉡의 '싶다'는 본용언에 희망의 의미를 덧붙이므로 보조 용언으로 볼 수 있군.
③ ㉢의 '보다'는 본용언에 시도의 의미를 덧붙이므로 보조 용언으로 볼 수 있군.
④ ㉣에서 '남아'를 '남아서'로 바꾸어 쓰면 자연스럽지 않으므로 ㉣의 '주다'는 보조 용언으로 볼 수 있군.
⑤ ㉤에서 '열어'와 '놓다' 사이에 '아주'를 넣으면 자연스럽지 않으므로 ㉤의 '놓다'는 보조 용언으로 볼 수 있군.

13

〈보기〉에서 제시된 단어의 의미 자질을 분석한 결과로 적절하지 <u>않은</u> 것은?

> **〈보기〉**
>
> 의미 자질이란 하나의 단어를 이루는 의미 구성 요소를 말한다. 대립되는 의미 자질은 [+], [−]의 형식으로 표현할 수 있다. 의미 자질을 분석하면 의미 관계 파악이 가능하다.
> 상하 관계에서 하의어는 상의어보다 구체적인 의미를 가지므로, 상의어의 의미 자질을 모두 가지며 상의어보다 의미 자질이 하나 이상 많다. 반의 관계에 있는 단어들은 하나의 의미 자질만 대립되고 나머지 의미 자질은 동일하다.
>
> | 단어 | 의미 자질 |
> | --- | --- |
> | 사람 | [+인간] |
> | 여자 | [+인간], [+여성] |
> | 숙녀 | [+인간], [+여성], [+성숙] |
> | 신사 | [+인간], [−여성], [+성숙] |
> | 소녀 | [+인간], [+여성], [−성인] |

① '사람'의 의미 자질이 '숙녀'의 의미 자질에 포함되므로 '사람'은 '숙녀'의 상의어이다.
② '여자'의 의미 자질은 '사람'의 의미 자질에 [+여성]을 더 갖고 있으므로 '여자'는 '사람'의 하의어이다.
③ '소녀'는 '여자'보다 구체적인 의미를 가지므로 의미 자질의 개수가 '여자'보다 많다.
④ '신사'는 '숙녀'와 하나의 의미 자질만 대립을 이루고, 나머지 의미 자질은 같으므로 '숙녀'와 반의 관계에 있다.
⑤ '소녀'는 '사람'과 두 개의 의미 자질이 대립을 이루므로 '사람'과 상하 관계에 있다.

14

〈보기〉의 밑줄 친 단어에 대한 설명으로 적절하지 <u>않은</u> 것은?

① ㄱ: '자기'는 '동생'을 나타내는 재귀 대명사이다.
② ㄴ: '저'는 '막내'를 나타내는 재귀 대명사이다.
③ ㄷ: '저희'는 '아이들'을 나타내는 재귀 대명사이다.
④ ㄹ: '당신'은 '할머니'를 나타내는 재귀 대명사이다.
⑤ ㅁ: '스스로'는 '선배들'을 나타내는 재귀 대명사처럼 쓰인다.

15

〈보기〉의 선생님이 제시한 '학습 과제'를 탐구한 내용으로 적절하지 <u>않은</u> 것은? [3점]

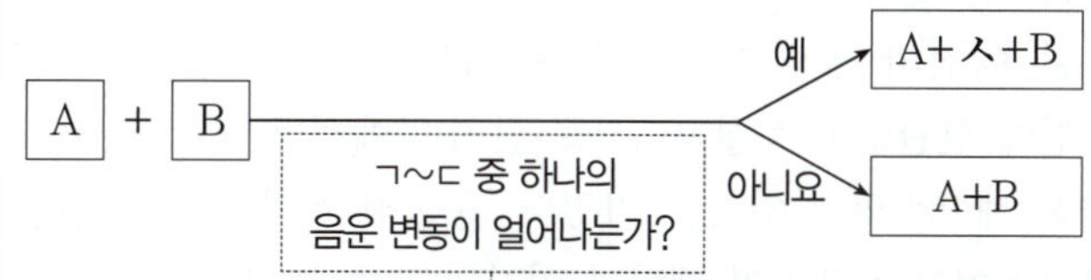

■ **학습 과제**: a~e에 들어갈 올바른 표기를 탐구해 보자.

① a: ㄱ에 해당하므로 '빗길'로 표기해야겠군.
② b: ㄱ에 해당하므로 '윗쪽'으로 표기해야겠군.
③ c: ㄴ에 해당하므로 '콧날'로 표기해야겠군.
④ d: ㄴ에 해당하므로 '잇몸'으로 표기해야겠군.
⑤ e: ㄷ에 해당하므로 '뱃일'로 표기해야겠군.

(가) 공리주의는 공리의 실천을 통한 ㉮ 최대 행복의 원리를 중시한다. 공리란 이익과 효용을 뜻하는 것으로 공리주의에서 행복이란 공리를 극대화하는 것, 즉 고통을 피하고 쾌락을 추구하는 것이다. 여기서 행복은 개인의 쾌락만이 아니라 개인의 행위와 관련된 사회 구성원의 쾌락도 고려하는 것을 의미한다.

밀 이전의 공리주의는 모든 쾌락이 측정 가능하고 그 원천에 상관없이 동질적이므로 단지 양에서만 차이가 난다는 양적 쾌락주의의 입장을 가졌다. 동물적 욕망에서 비롯하는 감각적이고 육체적인 쾌락과 인간의 고등 정신 능력인 지성, 도덕 감정, 상상력 등에서 비롯하는 정신적 쾌락이 본질적으로 동일하다고 본 것이다. 그런데 이에 따르면 상대적으로 쉽게 쾌락을 향유할 수 있는 동물이 가장 행복한 존재가 될 수 있기에 천박한 돼지의 철학이라는 비판을 받았다. 또한 최대 행복의 추구가 인간의 이기심이라는 본성과 ⓐ 상충할 수 있어 실현 가능성이 떨어진다는 비판도 있었다. 이에 ㉠ 밀은 공리주의에 대해 제기되는 문제점을 해결하면서 공리주의 이론을 발전시켰다.

밀은 쾌락은 본래부터 질적 차이가 있다고 보는 질적 쾌락주의를 주장하였다. 그에 의하면 감각적이고 육체적인 쾌락은 저급 쾌락이고, 정신적 쾌락은 고급 쾌락이다. 고급 쾌락은 저급 쾌락보다 더 바람직하고 가치 있는 우월성을 지닌다. 동물과 달리 인간은 고급 쾌락의 추구를 통해 인간의 품위를 높일 수 있고 이에 어긋나는 것은 본질적으로 인간 행복의 구성 요소가 될 수 없다.

밀 이전의 공리주의는 최대 행복 추구와 이기심이 상충할 때 법률, 여론 등과 같은 외적 제재가 개인의 이기적 본성을 ⓑ 제어할 수 있다는 입장을 드러냈다. 하지만 밀은 이것이 근본적인 해결책이 아니라고 생각했다. 밀에 따르면 외적 제재가 최대 행복의 원리에 부합하는 행동을 하게 할 수는 있지만, 자발적으로 그러한 행동을 하도록 이끄는 힘은 아니라고 생각했다. 그는 내적 제재인 양심을 강조했는데, 양심은 우리의 마음 안에서 형성되는 일종의 도덕적 의무감으로 이를 어기면 내면에 고통을 준다. 양심은 구성원들과 일체감을 이루고자 하는 타고난 사회적 감정에 토대를 두고, 교육과 외적 제재 등의 후천적인 경험을 통해 ⓒ 함양된다. 이를 통해 비로소 인간은 자기 이익 지향성을 극복하고 최대 행복의 원리에 따르는 삶을 실현할 수 있다고 보았다.

밀은 외적 제재와 내적 제재를 통해 최대 행복의 원리를 실현하여 사회 구성원의 후생을 높일 수 있다고 보았고, 그러한 점에서 공리주의가 인간 윤리의 타당한 기준이 될 수 있음을 강조하였다.

(나) 인간의 이기적 욕망을 ⓓ 충족하기에 한 사회가 갖고 있는 자원은 유한하다. 경제학자들은 인간이 합리적인 선택을 통해 개인의 이익을 극대화하는 존재로 보고, 합리적 소비 과정을 이해하기 위하여 효용 이론을 제시하였다.

효용이란 의사 결정자가 어떤 행동의 결과로 얻는 주관적인 기쁨이나 만족감으로, 경제학자들은 효용을 극대화하는 것이 합리적인 소비라고 보았다. 그리고 합리적인 소비 과정을 한계 효용 체감의 법칙과 한계 효용 균등의 법칙을 활용하여 설명하였다. 한계 효용이란 재화에 대한 소비를 한 단위씩 늘릴 때 추가되는 효용을 말한다. 그런데 한계 효용은 소비하는 재화의 수량이 증가함에 따라 점차 감소하는 양상을 보이는데 이를 한계 효용 체감의 법칙이라 한다.

[A]
일반적으로 소비자는 재화를 선택하여 소비할 때 총효용을 극대화하려는 경향을 보인다. 예를 들어 은우가 1개에 각각 1,000원인 튀김과 초밥을 한 개씩 추가로 소비하는 상황을 가정해 보자. 은우의 튀김과 초밥에 대한 한계 효용은 아래의 표와 같다.

〈튀김과 초밥의 한계 효용〉

번째	1	2	3	4	5
튀김	16	8	4	2	1
초밥	5	4	3	2	1

만약 은우가 5,000원의 예산을 지출할 때, 모든 선택 가능한 대안에 대해 각각의 총효용을 계산해 보면 은우는 튀김 3개와 초밥 2개를 선택할 것이다. 이러한 선택을 할 때 은우가 얻을 수 있는 총효용이 37로 가장 크기 때문이다. 이때 5,000원으로 효용을 극대화하는 지점인 튀김 3개와 초밥 2개의 한계 효용이 4로 일치한다. 위의 상황과 같이 경제학자들은 각 상품의 화폐 단위당 한계 효용이 동일한 지점에서 소비하는 것이 한정된 예산에서 효용을 극대화할 수 있는 선택 방법이라고 보았고, 이를 ㉯ 한계 효용 균등의 법칙이라고 정의하였다. 한계 효용 균등의 법칙은 한정된 재화로 최대의 만족을 얻기 위한 선택의 문제를 설명하는 방법으로, 여러 상품의 한계 효용이 균등해지는 지점은 개인이 효용의 수치를 어떻게 매기느냐에 따라 달라진다.

재화를 합리적으로 소비하는 경향을 설명하는 효용 이론은 정부의 정책 결정에 합리적 근거를 제공하기도 한다. 한계 효용 체감의 법칙에 따르면 저소득층이 추가적으로 얻는 소득 10,000원의 효용은 고소득층이 추가적으로 얻는 소득 10,000원의 효용보다 더 큰 효용을 ⓔ 창출한다. 이때 고소득층의 소득 10,000원을 세금으로 걷어 저소득층에게 배분하면 고소득층의 효용 감소분보다 저소득층의 효용 증가분이 더 커져 사회 전체의 효용이 증가한다. 대부분의 국가는 이러한 경제학적 원리에 의거하여 소득이 증가함에 따라 높은 세율을 적용하는 누진적 소득세를 부과하고 있다. 이는 누진적 소득세로 얻은 재정 수입을 통해 사회 전체의 효용을 높이려는 의도라고 할 수 있다.

16

(가)와 (나)의 공통점으로 가장 적절한 것은?

① 효율적으로 재화를 선택하는 방법을 서술하고 있다.
② 정부가 정책을 시행하는 일반적인 과정을 설명하고 있다.
③ 도덕적 판단 기준으로서 쾌락의 유효성을 강조하고 있다.
④ 인간의 자기 이익 지향성을 고찰한 이론을 소개하고 있다.
⑤ 개인의 선택을 방해하는 여론 형성 조건을 제시하고 있다.

17

㉠과 같이 평가할 수 있는 이유로 가장 적절한 것은?

① 쾌락의 개념을 수정하고 그것의 효용을 계량화하여 이론을 체계화하였기 때문이다.
② 쾌락의 질적 차이와 내적 제재를 연구하여 최대 행복의 실현 가능성을 높였기 때문이다.
③ 쾌락의 원천들을 밝히고 그것의 동일성을 규명하여 쾌락의 개념을 정교화하였기 때문이다.
④ 쾌락의 경험이 인간의 동물적 욕망 추구에 미치는 영향을 분석하여 제도화하였기 때문이다.
⑤ 저급 쾌락의 개념을 거부하고 고급 쾌락의 개념을 도입하면서 새로운 학문을 개척하였기 때문이다.

18

[A]를 바탕으로 〈보기〉를 이해한 내용으로 적절하지 <u>않은</u> 것은? [3점]

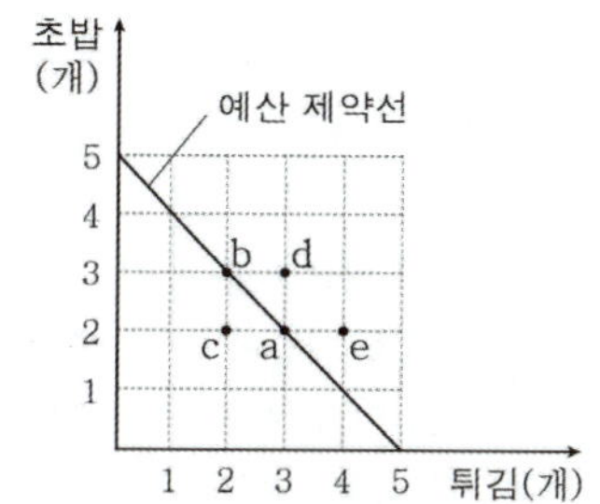

① a는 5,000원의 예산으로 총효용을 극대화할 수 있는 소비 선택 지점이다.
② 소비 선택 지점이 a에서 b로 달라지면 동일한 예산에서 총효용이 작아진다.
③ 소비 선택 지점이 b에서 c로 달라지면 1,000원을 덜 소비하고 총효용이 작아진다.
④ 소비 선택 지점이 c에서 a로 달라지면 1,000원을 더 소비하고 총효용이 커진다.
⑤ d, e 모두 6,000원의 예산으로 가능한 소비 선택 지점으로서 e는 d보다 총효용이 크다.

19

㉮와 ㉯에 대한 설명으로 적절하지 <u>않은</u> 것은?

① ㉮는 교육적 경험을 쌓아 실행될 수 있다.
② ㉯는 개인에 따라 한계 효용이 균등해지는 지점이 달라진다.
③ ㉮는 의사 결정의 판단 근거가 개인의 이익이고, ㉯는 의사 결정의 판단 근거가 사회의 이익이다.
④ ㉮는 윤리적 판단의 기준으로, ㉯는 소비 선택의 기준으로 쓰일 수 있다.
⑤ ㉮와 ㉯는 모두 이익의 극대화를 목표로 하고 있다.

20

(가)의 '밀[Ⓐ]'과 (나)의 '경제학자[Ⓑ]'의 입장에서 〈보기〉를 이해한 반응으로 적절하지 <u>않은</u> 것은?

① Ⓐ는 기부 행위를 고등 정신 능력을 발휘해 인간의 품위를 높일 수 있는 행위로 보겠군.

② Ⓑ는 한계 효용 체감의 법칙에 따라 기부자와 기부하지 않은 자가 같은 금액으로 얻을 수 있는 효용이 다르다고 보겠군.

③ Ⓐ는 기부하지 않은 자의 행동을 양심을 위반한 행동으로, Ⓑ는 기부하지 않은 자가 참가자들의 예상 행동에 따른 효용을 비교해 보고 합리적인 선택을 했을 것으로 이해하겠군.

④ Ⓐ는 이타적인 마음을 동료를 자신과 같이 여기는 사회적 감정으로, Ⓑ는 자부심을 기부의 결과로 얻는 주관적인 만족감으로 이해하겠군.

⑤ Ⓐ는 최대 행복을 추구하는 것이, Ⓑ는 누진적 소득세를 도입하는 것이 구성원 전체의 효용을 높인다는 점에서 개인이 기부하는 행위와 공통점이 있다고 보겠군.

21

ⓐ~ⓔ의 사전적 의미로 적절하지 <u>않은</u> 것은?

① ⓐ: 맞지 아니하고 서로 어긋남.
② ⓑ: 감정, 충동, 생각 따위를 막거나 누름.
③ ⓒ: 능력이나 품성 따위를 길러 쌓거나 갖춤.
④ ⓓ: 일정한 분량을 채워 모자람이 없게 함.
⑤ ⓔ: 안에서 밖으로 밀어 내보냄.

[22~25] 다음 글을 읽고 물음에 답하시오.

황씨는 바빴다. 필목* 잇맷음이 나는 대로 손수 둘러메고 장돌뱅이로 나섰다. 대전, 광천, 홍성, 화성, 청라, 남포, 웅천…… 인근에 장이 서는 대로 매장치기를 했다. 그 무렵 한철은 그럭저럭 나가고도 남은 돈이 있게 되기도 했었다.

"그 조시*로만 나갔더래면 시방은 흰목 젖혀 가매 살아 볼 텐디…… 그 방정맞은 놈으 까시미롱!" 방금 한 소리지만 소창직* 직조 공장은 잘돼 나갔었다. 봉당에 들인 공장이 초협해 헛간마저 털어 늘여 가며 쏠락쏠락 재미가 들랑거렸다. 오래잖아 선출이한테 빚으로 쓴 돈도 이자부터 본전까지 깨끗이 밑 닦을 수 있으리라 싶은 판세로 돼 있던 거였다. 그리 돼 가는 판에다 대고 누가 그 사업이 기울어지리라고 생각이나 해봤겠느냐 말이다. 가만히 앉아 있는데 인근 읍내에 공업 단지라는 것이 생긴다더란 소문이 왔다. 측량을 끝냈다더라더니 벌써 탱크같이 생긴 것들이 내를 메워 가고 있었다. 공장이 두어 채 서고 이어 사람이 달린다는 기별이 잇달았다. ㉠직공으로 부리던 열다섯 명의 계집애들이 들고일어났다. 공임을 배로 올려 주든가 새로 선 공장으로 가게 놓아주든가 하라는 것이었다. 노임을 배로 인상해 가며까지 버틸 만한 사업은 아니었다. 또 노임을 배로 올린대도 직공들은 '장래성' '희망성' 따위가 전혀 없다면서 무슨 핑계로든 빠져나갈 눈치를 보이고 있었다. 이틀 동안 쟁의도 벌어졌었으나 속수무책이었다. 그 계집애들 입에서 그만두겠다는 말이 나왔을 때는 이미 들어갈 자리를 미리 마련해 놓은 뒤였던 것이다. 새로 생긴 제과 공장과 전기 기구 조립 공장은 첫 달 임금부터가 황씨네 소창직 공장의 두 달치 품삯에 맞먹고 있었다. 인건비의 앙등으로 치명상을 입을 줄은 더구나 예측할 수도 없던 일이었다. 직공들이 장래의 희망성이 없다는 말에만,

"흐이망성? 첫 미쳐두 곱게들 못 미치구…… 지집년덜이 알 실을 때가 돼야서 시집이나 갓버리면 구만인디. 시집가서두 블어다 서방 공대 헐라간디? 그러구 무에던지 배워 두면 지술이지 지술이 워디 따루 있을깨미……" 해 가며 그렇게 무심했던 것이 탈이라면 탈이랄 것이었다.

그런데 그런 치명적인 상처가 미처 아물기도 전이었다. 황씨로서 정말 뜻하지 않은 팔매가 또 한 번 날아와 그의 뒤통수를 갈겨 버린 것이다. 결정타였다. 그건 자기네가 앉아서 손으로 일하고 있던 사이 세상은 기계로 기계를 만들며 일하고 있는 걸 모른 체한 결과였다.

카시미론*의 물결이 쥐구멍 같은 벽촌에도 회오리쳐 대기 시작했던 것이다. 무엇이든 새로운 물건이 나왔을 때 그 물자의 효용에 현혹되는 촌사람들의 안목은 무서운 것이었다. 카시미론의 위력도 날로 그랬다. 어느덧 황씨네 기계들도 거미줄을 쓰는 날이 잦아졌다. 젖먹이 어린애의

기저귀감으로밖엔 쓰임새가 없는 백소창이나 한 장 토막에 두서너 필 내는 정도의 어처구니없는 사태로 급전된 것이었다. 황씨는 문을 닫지 않으려고 발버둥 쳐 보기도 했지만 도리 없었다.

"쬐끔 늦었던 겨, 다 시절 돌아가는 걸 보아 가메 눈치로 허야는 것을." 황씨는 비로소 유행이란 것에 관심을 갖게 된 것이다. 크게 밑진 것도 없고 번 것도 없이, 그러나 들인 시설비는 한 푼 못 건진 채 세상 물정에 어두웠음이나 한탄하며 조용히 문을 닫게 되었다.

[중략 부분의 줄거리] 소창직 직조 사업을 실패하게 된 황씨는, 암소를 키워 선출이에게 빚을 갚기로 한다. 황씨와 선출이는 함께 지극정성으로 암소를 키우고, 그 암소가 송아지를 배게 된다. 황씨 집에서 모든 일이 잘 되기를 바라는 고사가 있던 날. 황씨의 아내 고랏댁은 무심코 술지게미를 소 여물통에 놓아둔다. 이것을 맛본 암소는 광으로 들어가서 술독을 몽땅 비워 버린다.

고랏댁이 두 눈을 뒤집어쓰며 소란 떠는 바람에 황씨가 뛰어나왔고 이어 선출이와 수송이, 곽서방, 철호가 머슴방에서 뛰쳐나왔다. 외양간이 비워져 있는 걸 발견한 것도 양순이였다. "얼라, 엄니 소 워디 갔댜?" "소?" 사람들은 광을 버리고 외양간 앞으로 몰려 법석거리기 시작했다. "소가?" "소여……" "큰일 났네." "소 쥑이겠는디." 그들은 같은 순간에 각기 한마디씩 내뱉으며 대문 밖으로 내달았다. 그들은 한결같이 도둑이 들었다기보다 술지게미로 목을 축인 소가 거나해지자 계속 술내가 풍기는 광을 곁에 두고 더 참질 못해 고삐 줄을 끊었는지 풀었는지 하고 나와 대가리와 뿔로 비벼 광으로 들어가곤 술 한 독을 다 먹어 치운 것으로 추측한 것이다. 고랏댁 가늠으론 쌀 한 말을 담아 거르면 보통 막걸리 엿 말이 났다. 그러니까 소는 줄잡아 막걸리 너 말 가웃치를 단숨에 먹어 치운 셈이었다.

선출이와 황씨는 눈이 뒤집혀 있었다. 아니 간이 뒤집혔는지도 모를 일이었다. 소는 황씨네 밭마당 가 우물 도랑 건너 타작마당에서 주정하는 중이었다. 주정이 아니라 속에서 난 불을 끄는 꼴이었다. 펄펄 뛰다 나뒹굴고 비칠거려 일어났다 대가리를 처박고 엉덩춤이 한창인가 하면 무릎을 꿇다 모로 나자빠져 버둥대곤 했는데 사람들은 그저 한갓 장승이 달리 없었다. 선출이와 황씨가 뛰어들며 고삐를 잡으려 했을 때 사람들은 하나같이 그 두 사람을 붙잡고 늘어졌다. 위험한 일이기 때문이었다. 얼마나 그랬나 소가 탈진해 버리자 황씨는 내 소 살리라고 울부짖기에도 지쳐 두 다리를 뻗고 주저앉았고, 선출이는 푸닥거리 끝난 뒤 떡 못 얻어먹은 사람마냥 싱거운 얼굴에 허수아비 옷 벗겨 입힌 등신이 돼 있었다. 속으로 황씨가 생시 아니 몽유 중이기를 바랄 즈음 선출은 차라리 사람 죽는 꼴을 봄이 낫겠단 생각을 하고 난 뒤의 일이지만. 모두들 넋 나가 하는 사이 누군가가 소리 질렀다.

"짚토매 점 가져와. 소 얼어 죽겠다."

누군가가 짚누리를 헐고 짚 몇 단을 가져왔다. 이윽고 마당 한복판엔 때 아닌 모닥불이 화룽화룽 타올랐다. 또 누군가는 먹은 걸 토악질시켜 게워 내도록 해야 산다고 양순이에게 맷돌에 녹두를 타 오도록 재촉했다. 부랴부랴 맷돌에 녹쌀 낸 녹두가루를 밍근한 물에 타서 소 주둥이에 한 대야나 들어갔지만 워낙 의식 불명인 판이라 시간이 가도 별 효과가 없었다. 이런 경우엔 수의가 박사래도 소용없겠단 소리만이 잦아질 무렵 소는 잠이 들어 버렸다. 깊은 잠이었다. 아주 실신한 게라고 사람들은 말했다.

날씨는 섣달 날씨였고 얼어 달아나는 바람은 삼경을 넘었는데 소가 어른인 마당 한가운데선 불티만이 하늘 높이로 치솟고 치솟곤 했다.

그리고 거기서 그만이었다. 아무런 보람이 없었다. 암소는 제 한 몸만 믿고 걸었던 기대와 희망을 헌 명에 벗어던지듯 하고 결국 가죽만 남기게 된 것이었다.

"배신을 해도 유만부동이다. 이 괘씸한 놈아, 이 괘씸한 놈……"

황씨가 소에게 달려들어 덜미를 꼬집어 뜯으며 혀를 깨무는 뒤에서, 고랏댁은 어서 날이 새어 소 배를 가르고 태중의 새끼를 꺼내면 푹신 고아 남편 몸보신이나 시키리란 생각과 함께 모닥불에 짚단을 더 얹었다.

밤이 깊어 가면서 ⓛ <u>마을 사람들</u>은 모두 속으로 죽은 고기는 반값이니 몇 근 사두면 그믐 대목까지 곰국을 내먹겠다고 치부하면서도 겉으론 하늘 아래 이 동네 서고 소가 술 취해 죽었다는 건 듣고 보기 처음이라고 탄식이 거듭이었다.

— 이문구, 〈암소〉

* 필목: 필로 된 무명천
* 조시: 무엇이 처음 시작됨.
* 소창직: 무명실로 만든 면직물
* 카시미론: 캐시미어의 감촉을 재현한 저가 합성 섬유

22

윗글에 대한 설명으로 가장 적절한 것은?

① 서술자가 전해 들은 사건을 객관적으로 전달하고 있다.
② 서술자가 사건뿐만 아니라 인물의 심리를 서술하고 있다.
③ 주인공이 회상을 통해 자신의 경험을 직접 전달하고 있다.
④ 이야기 안의 서술자가 인물에 대한 생각을 드러내고 있다.
⑤ 장면마다 서술자를 바꿔 사건을 입체적으로 보여 주고 있다.

23

윗글을 읽고 알 수 있는 내용으로 적절하지 <u>않은</u> 것은?

① 황씨는 소창직 직조 사업이 어려워지자 매장치기를 했다.
② 촌사람들은 카시미론이라는 새로운 물건에 마음을 빼앗겼다.
③ 고랏댁은 암소가 송아지를 배고 있다는 사실을 알고 있었다.
④ 양순이는 외양간에서 암소가 사라진 것을 처음 발견했다.
⑤ 선출이는 암소가 술에 취해 날뛰는 것을 제지하지 못했다.

24

㉠과 ㉡에 대한 이해로 가장 적절한 것은?

① ㉠은 ㉡과 달리 자신의 이익을 관철하기 위해 의도적으로 갈등을 조성하고 있다.
② ㉡은 ㉠과 달리 자신들의 경제적 이익을 목적으로 서로 협력하는 모습을 보이고 있다.
③ ㉠은 인정에 호소하는 방법을 통해, ㉡은 알고 있는 지식을 활용하는 방법을 통해 상황의 반전을 꾀하고 있다.
④ ㉠은 현재의 상황에 대한 기대감이, ㉡은 당면한 상황에 대한 죄책감이 동기가 되어 특정 행위를 행하고 있다.
⑤ ㉠과 ㉡은 모두 자신들의 노력이 수포로 돌아가자 겉과 속이 다른 모습을 보이고 있다.

25

윗글의 서사 전개 과정을 〈보기〉와 같이 도식화할 때, [A], [B]를 비교한 내용으로 적절하지 <u>않은</u> 것은? [3점]

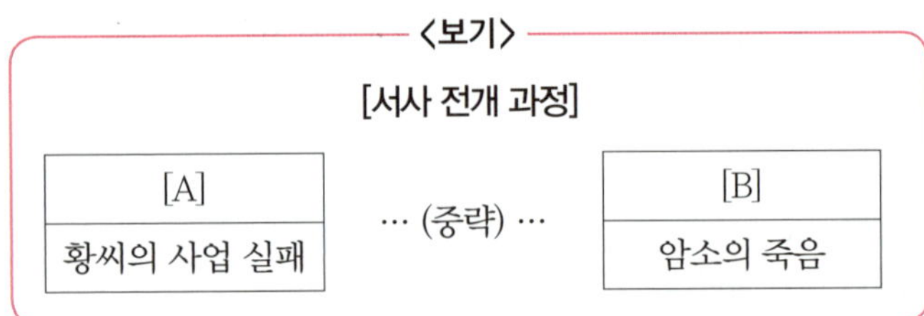

① [A]는 사회의 변화로 말미암아 일어난 사건이고, [B]는 개인의 실수로 일어난 사건이다.
② [A]는 사건에 대한 중심인물의 회한이, [B]는 사건에 대한 중심인물의 원망이 나타나 있다.
③ [A]는 장기적으로 일어난 사건의 과정이, [B]는 단기적으로 일어난 사건의 과정이 나타나 있다.
④ [A]는 문제 상황에 대한 중심인물의, [B]는 문제를 해결하려는 주변 인물의 행동이 나타나 있다.
⑤ [A]는 세태에 대한 중심인물의 관심을, [B]는 공동체에 대한 중심인물의 반감을 불러일으키고 있다.

[26~29] 다음 글을 읽고 물음에 답하시오.

(가) 떨리는 손으로 풀죽은 김밥을
　　입에 쑤셔넣고 있는 동안에도
　　기차는 여름 들판을 내 눈에 밀어넣었다.
　　㉠ 연둣빛 벼들이 눈동자를 찔렀다.
　　들판은 왜 저리도 푸른가.
　　아니다. 푸르다는 말은 적당치 않다.
　　초록은 동색이라지만
　　연두는 내게 좀 다른 종족으로 여겨진다.
　　거기엔 아직 고개 숙이지 않은
　　출렁거림, 또는 수런거림 같은 게 남아 있다.
　　저 순연한* 벼포기들.
　　그런데 **내 안은 왜 이리 어두운가.**
　　㉡ 나를 빛바래게 하려고 쏟아지는 저 햇빛도
　　결국 어두워지면 빛바랠 거라고 중얼거리며
　　김밥을 네 개째 삼키는 순간
　　갑자기 **울음**이 터져나왔다. 그것이 마치
　　감정이 몸에 돌기 위한 최소조건이라도 되는 듯.
　　눈에 즙처럼 괴는 연두.
　　그래. 저 빛에 나도 두고 온 게 있지.
　　기차는 여름 들판 사이로 오후를 달린다.

　　　　　　　　　　　　　　　- 나희덕, 〈연두에 울다〉

* 순연한: 다른 것이 조금도 섞이지 않은, 온전한

(나) 어느 사이에 나는 아내도 없고, 또,
　　아내와 같이 살던 집도 없어지고,
　　그리고 살뜰한 부모며 동생들과도 멀리 떨어져서,
　　㉢ 그 어느 바람 세인 쓸쓸한 거리 끝에 헤매이었다.
　　바로 날도 저물어서,
　　바람은 더욱 세게 불고, 추위는 점점 더해 오는데,
　　나는 어느 목수네 집 헌 샅을 깐,
　　한 방에 들어서 쥔을 붙이었다*.
　　이리하여 나는 이 습내 나는 춥고, 누긋한 방에서,
　　㉣ 낮이나 밤이나 나는 나 혼자도 너무 많은 것같이 생각하며,
　　딜옹배기에 북덕불*이라도 담겨 오면,
　　이것을 안고 손을 쬐며 재 우에 뜻없이 글자를 쓰기도 하며,
　　또 문밖에 나가지두 않고 자리에 누워서,
　　머리에 손깍지벼개를 하고 굴기도 하면서,
　　㉤ 나는 내 슬픔이며 어리석음이며를 소처럼 연하여 쌔김질하는 것이었다.
　　내 가슴이 꽉 메어 올 적이며,
　　내 눈에 뜨거운 것이 핑 괴일 적이며,

또 내 스스로 화끈 낯이 붉도록 부끄러울 적이며,

나는 내 슬픔과 어리석음에 눌리어 죽을 수밖에 없는 것을 느끼는 것이었다.

그러나 잠시 뒤에 나는 고개를 들어,

허연 문창을 바라보든가 또 눈을 떠서 높은 천장을 쳐다보는 것인데,

이때 나는 내 뜻이며 힘으로, **나를 이끌어 가는** 것이 힘든 일인 것을 생각하고,

이것들보다 **더 크고, 높은 것**이 있어서, 나를 마음대로 굴려 가는 것을 생각하는 것인데,

이렇게 하여 여러 날이 지나는 동안에,

내 어지러운 마음에는 슬픔이며, 한탄이며, 가라앉을 것은 차츰 앙금이 되어 가라앉고,

외로운 생각만이 드는 때쯤 해서는,

더러 나줏손에 쌀랑쌀랑 싸락눈이 와서 문창을 치기도 하는 때도 있는데,

나는 이런 저녁에는 화로를 더욱 다가 끼며, 무릎을 꿇어 보며,

어느 먼 산 뒷옆에 바우섶에 따로 외로이 서서,

어두워 오는데 하이야니 눈을 맞을, 그 마른 잎새에는,

쌀랑쌀랑 소리도 나며 눈을 맞을,

그 드물다는 **굳고 정한 갈매나무**라는 나무를 생각하는 것이었다.

– 백석, 〈남신의주 유동 박시봉방〉

* **귀을 붙이었다:** 주인집에 세 들었다.
* **북덕불:** 짚이나 풀 따위가 뒤섞여 엉클어진 뭉텅이에 피운 불

26

(가)와 (나)의 표현상 공통점으로 가장 적절한 것은?

① 수미상관을 사용하여 주제 의식을 강조하고 있다.
② 시행을 명사로 마무리하여 시적 여운을 남기고 있다.
③ 소재의 나열을 통해 역동적 분위기를 강화하고 있다.
④ 계절적 이미지를 활용하여 시적 상황을 부각하고 있다.
⑤ 말을 건네는 방식을 사용하여 친밀감을 나타내고 있다.

27

(가)의 '기차[A]'와 (나)의 '방[B]'에 대한 설명으로 가장 적절한 것은?

① A는 B와 달리 화자가 과거의 아픔을 떠올리는 공간이다.
② B는 A와 달리 화자가 이상적으로 생각하는 공간이다.
③ A는 화자가 애상감을, B는 자족감을 느끼는 공간이다.
④ A는 화자가 즐거움을, B는 고독감을 느끼는 공간이다.
⑤ A와 B는 모두 화자가 내적 갈등을 경험하는 공간이다.

28

시상의 흐름을 고려하여 ㉠~㉫을 이해한 내용으로 적절하지 않은 것은?

① ㉠: 연둣빛 벼들이 눈에 들어온 상황을 표현하고 있다.
② ㉡: 햇빛이 자신을 성숙하게 만드는 상황을 표현하고 있다.
③ ㉢: 가족들과 떨어진 채 방황하는 상황을 표현하고 있다.
④ ㉣: 자기 한 몸도 감당하기 어려운 상황을 표현하고 있다.
⑤ ㉤: 자신의 지난 삶을 성찰하고 있는 상황을 표현하고 있다.

29

〈보기〉를 바탕으로 (가), (나)를 감상한 내용으로 적절하지 않은 것은? [3점]

〈보기〉

(가)의 화자는 투병으로 생기를 잃은, (나)의 화자는 객지에서 홀로 힘겨워 하는 처지에 놓여 있다. (가)와 (나)의 화자는 유사한 정서적 변화를 경험하게 된다. 무기력한 화자가 자신의 현실을 절망적으로 인식하다가, 특정한 계기로 정서적 변화를 경험하고 긍정적인 심리 상태에 이른다. 이 과정에서 특정 대상의 속성에 주목하는 모습을 보이기도 한다.

① (가)의 '떨리는 손으로 풀죽은 김밥'을 먹는 것에서, (나)의 '문밖에 나가지두 않고 자리에 누워' 있는 것에서 화자의 무기력한 모습을 엿볼 수 있군.
② (가)의 '들판은 왜 저리도 푸른가'에서, (나)의 '바람은 더욱 세게' 분다는 것에서 자신과 대비되는 특정 대상의 속성에 주목하는 화자의 모습을 확인할 수 있군.
③ (가)의 '내 안은 왜 이리 어두운가'에서, (나)의 '내 슬픔과 어리석음에 눌리어 죽을 수밖에 없는 것'에서 화자가 자신이 처한 현실을 절망적으로 인식하고 있음을 알 수 있군.
④ (가)의 '감정이 몸에 돌기 위한 최소조건'으로서 '울음'이 터진 것에서, (나)의 '나를 이끌어 가는' 운명으로서 '더 크고, 높은 것'을 인식한 것에서 정서적 변화의 계기를 알 수 있군.
⑤ (가)의 '그래. 저 빛에 나도 두고 온 게 있지'에서 생명력 회복에 대한 화자의 바람을, (나)의 '굳고 정한 갈매나무'를 생각하는 것에서 화자의 현실 극복 의지를 엿볼 수 있군.

식물은 광합성을 통하여 생장에 필요한 포도당을 생산한다. 광합성의 과정은 대부분의 식물이 동일한데, 식물이 서식하는 환경에 따라 그 효율은 크게 달라질 수 있다. 그래서 어떤 식물들은 일반적인 식물과 다른 방식으로 광합성을 하도록 진화하였다. 그렇다면 이들의 광합성 방식은 일반적인 식물과 어떤 차이가 있을까?

일반적인 식물의 광합성은 잎에 있는 엽육 세포에서 주로 일어난다. 광합성의 과정은 ㉠ 명반응과 ㉡ 암반응이라는 두 단계로 이루어져 있다. 명반응은 빛 에너지로 물을 분해하여 암반응에 필요한 화학 에너지를 생성하는 단계로, 이 과정에서 부산물로 산소가 발생한다. 명반응으로 발생하는 화학 에너지는 빛의 세기가 강할수록 많이 생성되는데, 일정 수준 이상으로 빛의 세기가 강해져도 생산량이 더 증가하지는 않는다. 명반응 과정에서 발생하는 산소는 포도당을 생성하는 데 불필요한 요소이기 때문에, 식물은 잎 뒤에 주로 분포되어 있는 기공을 열어 산소를 배출한다. 기공은 산소를 배출할 때뿐만 아니라 암반응에 필요한 이산화 탄소를 흡수하거나 체내의 수분을 배출해야 할 때에도 열린다.

암반응은 명반응에서 생성된 화학 에너지와 기공을 통해 흡수한 이산화 탄소를 이용하여 포도당을 생성하고, 부산물로 물이 생기는 단계이다. 암반응 과정은 캘빈 회로를 통하여 진행되는데 대기로부터 흡수된 이산화 탄소는 RuBP와 결합하며, 이 결합은 루비스코라는 촉매를 통하여 촉진된다. 이 결합으로 3개의 탄소가 결합한 3탄당이 형성되고, 3탄당은 화학적 변환 과정을 거쳐 포도당을 생성하며, 포도당 생성에 쓰이고 남은 화합물은 RuBP로 재생되어 이산화 탄소와 결합되는 과정이 다시 진행된다. 이러한 순환 과정을 캘빈 회로라고 하는데, 캘빈 회로로 포도당이 생성되려면 일정 수준 이상의 이산화 탄소 농도, 적정한 온도 등의 환경이 갖추어져야 한다. 그렇지 않으면 RuBP가 이산화 탄소와 결합하는 비율이 낮아져 포도당 생산의 효율이 떨어진다. 지구상 대부분의 식물은 이와 같은 과정으로 광합성을 하며, 이산화 탄소와 RuBP가 결합하여 생성되는 첫 화합물이 3탄당임을 고려하여 C3 식물이라고 부른다.

그런데 ㉢ C3 식물은 기온이 높거나 건조할 때 광합성의 효율이 저하되는 한계가 있다. 기온이 높거나 날씨가 건조할 때 기공을 열면 체내의 수분이 지나치게 배출되므로 식물은 기공을 열지 않는다. 이로 인해 포도당의 생산이 어려워지면 식물은 잘 생장하지 못한다. 가령 이상 기후 현상으로 인하여 고온의 기후가 지속되는 상황이 발생하면 위와 같은 문제가 심화될 수 있으며, C3 식물이자 대표적인 식량 작물인 쌀과 밀 등의 생산량이 감소하는 문제로 이어질 수 있다. 이에 따라 C3 식물과 다른 방식으로 광합성을 하여 고온에서도 잘 자랄 수 있는 C4 식물에 대한 연구가 활발히 진행되고 있다.

옥수수, 조, 수수 등 고온의 열대 지방에서도 잘 자라도록 진화한 C4 식물은 두 개의 공간에서 광합성이 진행된다는 특징이 있다. 첫 번째 공간인 엽육 세포는 C3 식물과 같은 방식으로 명반응이 일어나는 곳이자, 암반응의 첫 번째 단계로 탄소를 저장하는 역할을 하는 곳이다. 이 식물의 엽육 세포에는 이산화 탄소와 결합하는 역할을 하는 PEP가 존재한다. PEP와 이산화 탄소가 결합되면 4개의 탄소가 포함된 화합물인 4탄당이 형성되는데, C4 식물은 이를 고려하여 붙여진 이름이다. 4탄당은 엽육 세포에 저장되어 있다가 유관속초 세포라는 두 번째 공간으로 이동한 후 분해되어 포도당 생성에 필요한 이산화 탄소를 배출한다. 그리고 배출된 이산화 탄소는 유관속초 세포 속에 농축되었다가 캘빈 회로를 통하여 포도당을 형성하는 데 쓰이는데, C3 식물과 C4 식물의 캘빈 회로의 작동 방식은 동일하다. 이러한 방식으로 C4 식물은 유관속초 세포 속의 이산화 탄소 농도를 높게 유지함으로써 C3 식물에 비해 높은 광합성 효율을 보인다.

C4 식물의 비율은 전체 생물량의 5%에 불과하다. 그러나 이들의 광합성량은 전체 광합성량의 23%에 달한다. 이러한 C4 식물에 대한 연구는 미래에 발생할 수 있는 기후 위기에 대응하는 중요한 열쇠가 될 수 있을 것으로 기대된다.

30

윗글을 읽고 답할 수 있는 질문으로 적절하지 <u>않은</u> 것은?

① 식물이 광합성을 하는 목적은?
② C3 식물과 C4 식물의 이름에 담긴 의미는?
③ C4 식물의 광합성 방식이 진화되는 과정은?
④ C4 식물에 대한 연구가 필요한 까닭은?
⑤ C4 식물이 C3 식물보다 광합성 효율이 높은 이유는?

31

㉠과 ㉡에 대한 설명으로 가장 적절한 것은?

① ㉠은 ㉡과 달리 이산화 탄소를 필요로 한다.
② ㉡은 ㉠과 달리 산소를 활용한 물의 분해가 진행된다.
③ ㉠은 산소가, ㉡은 물이 반응의 부산물로 생성된다.
④ ㉠은 물을, ㉡은 RuBP를 재생하는 반응이 일어난다.
⑤ ㉠과 ㉡은 모두 빛의 세기가 강해질수록 반응이 활성화된다.

32

ⓒ의 원인을 추론한 내용으로 가장 적절한 것은?

① 광합성에 필요한 빛 에너지가 적어지기 때문이다.
② 대기 중 이산화 탄소의 농도가 옅어지기 때문이다.
③ 기공을 통하여 배출되는 산소의 양이 늘어나기 때문이다.
④ 광합성에 사용되는 탄소보다 저장되는 탄소가 더 많아지기 때문이다.
⑤ 캘빈 회로에 사용될 수 있는 이산화 탄소의 양이 줄어들기 때문이다.

33

〈보기〉는 'C3 식물'과 'C4 식물'의 광합성 과정을 나타낸 것이다. a~c에 대한 설명으로 적절하지 않은 것은? [3점]

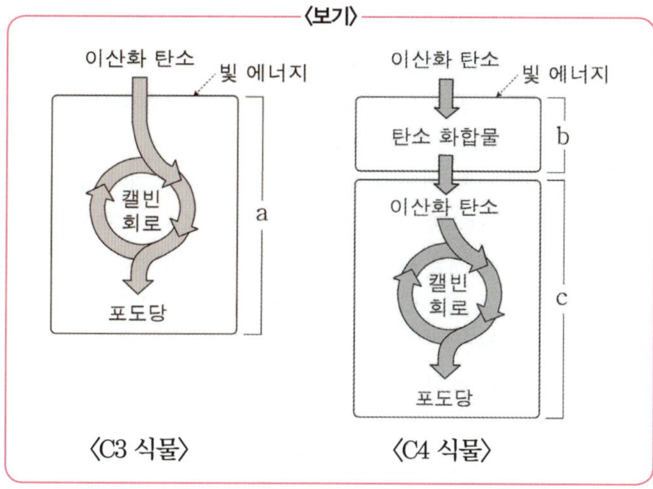

① a와 b는 엽육 세포에서, c는 유관속초 세포에서 일어나는 반응이다.
② a에서는 3탄당이, c에서는 b에서 이동한 4탄당이 포도당 생성에 기여한다.
③ a와 b에서는 빛 에너지를 활용하여 화학 에너지를 생성하는 반응이 진행된다.
④ a의 캘빈 회로에서는 RuBP가, c의 캘빈 회로에서는 PEP가 이산화 탄소와 결합한다.
⑤ a와 c에서는 포도당을 생성하는 데 필요한 화합물을 만들 때 루비스코라는 촉매가 필요하다.

[34~38] 다음 글을 읽고 물음에 답하시오.

법질서 아래에서는 관계의 종류에 따라 적용해야 할 법의 분야가 달라지는데, 법의 대표적인 두 분야는 형사법과 민사법이다. 형사법은 국가와 범죄자 간의 법률관계를 규율하며 민사법은 개인과 개인 혹은 개인으로 인정되는 법인*과의 관계에 적용된다.

형사법의 목적은 사회 질서 유지 및 범죄 처벌로, 공익을 위해 국가가 범죄자에게 형벌을 가한다. 여기서 형벌은 생명, 자유, 명예, 재산 등에 관한 기본권을 박탈하는 것을 내용으로 한다. 민사법은 개인 간 분쟁 해결 및 개인의 권리 보호를 목적으로 한다. 사건 당사자들이 평등한 관계임을 전제하고 손해와 이익을 조정하여 당사자 사이의 수평적 균형 관계를 회복시키고자 하는 것이다. 그러므로 소송이 진행될 때, 형사법과 민사법의 소송 당사자와 소송 내용은 ⓐ 상이할 수밖에 없다.

형사 소송의 당사자는 검사와 피고인으로, 공익의 대표자인 검사가 범죄 혐의가 있는 자를 피고인으로 기소하며 소송이 시작된다. 이때 기소란 검사가 특정 형사 사건에 대하여 법원에 심판을 요구하는 일이다. 피고인의 유죄 입증은 검사가 담당하고, 피고인은 변호인을 통하여 반박할 수 있다. 법원은 검사의 입증과 피고인의 반박을 토대로 피고인의 범죄 성립 여부 및 잘못의 정도를 따진 후 그에 합당한 벌을 내린다. 이때 어떤 두 사람이 같은 종류의 범죄로 기소되었더라도 범죄 동기와 정황, 피고인과 피해자의 합의 여부 등을 ⓑ 고려하여 형량이 결정되므로 두 사람의 최종 선고형은 달라질 수 있다. 그리고 검사가 피고인을 기소하면 소송이 시작되는 것이 원칙이다. 하지만 예외적으로 피해자가 처벌을 원하지 않으면 국가가 나서 규율하지 않기로 정한 폭행죄, 모욕죄 등의 경우에는 소송이 진행되지 않을 수 있다.

민사 소송의 당사자는 원고와 피고로, 피해자라고 주장하며 소송을 제기한 개인이 원고가 되고, 가해자로 지목된 상대방은 피고가 된다. 이때 각 당사자는 모두 소송 대리인인 변호인을 쓸 수 있다. 민사 소송의 당사자들은 자신에게 유리한 법규를 근거로 하여 자신에게 책임이 없다는 사실을 입증해야 한다. 만약 입증해야 하는 사실을 입증하지 못하는 경우 법원은 해당 당사자에게 불리하게 판단할 수밖에 없다. 민사 소송은 형사 소송과 달리 두 당사자가 손해와 이익을 ⓒ 적절하게 타협하면 바로 소송이 종결된다.

형사법과 민사법은 서로 다른 분야인 만큼 하나의 사건이더라도 그중 한 분야에서만, 또는 두 분야 모두에서 문제가 될 수도 있다. 만약 갑이 을에게 맞아 갑이 다쳤다는 하나의 사건이 있다고 가정해 보자. 이때 검사가 법원에 을을 상해죄라는 법규로 처벌해 달라는 형사 소송을 제기할 수도 있고, 갑이 을에게 치료비와 위자료를 청구하는 민사 소송을 제기할 수도 있다. 하지만 하나의 사건이라 하더라도 똑같은 결론이 ⓓ 도출되지 않을 수 있다. 소송마다 입증해야 하는 사실 관계가 다를 수 있을 뿐만 아니라 입증의 정도도 다르기 때문이다.

　형사 소송은 '법관으로 하여금 합리적인 의심을 할 여지가 없을 정도'의 강한 입증을 요구한다. 즉, 증거가 기소 내용이 진실하다고 확신하게 하는 증명력이 부족하다면 피고인에게 유죄의 의심이 간다고 하더라도 피고인의 이익으로 판단한다. 이는 무죄추정의 원칙, 즉 형사 소송법 제275조의2에서 '피고인은 유죄의 판결이 확정될 때까지는 무죄로 추정된다.'라는 법규를 근거로 하기 때문이다. 따라서 형사 소송에서는 100을 기준으로 검사의 유죄 입증 정도가 51이라면 유죄가 될 수 없다. ㉠'열 사람의 범인을 놓치는 한이 있더라도 한 사람의 죄 없는 자를 벌해서는 안 된다.'라는 법언은 이를 뒷받침한다. 그래서 흉악한 범죄를 범한 혐의로 중형을 선고받은 피고인이 상급심에서 무죄를 선고받기도 하는데, 여기서 무죄는 반드시 피고인의 결백을 의미하지는 않는다. 반면, 민사 소송에서는 '통상인이라면 의심을 품지 않을 정도'의 입증을 요구한다. 이는 '어떤 사실이 있었다는 점을 인정할 수 있는 개연성을 증명하는 정도'로 해석된다. 결국 법원은 원고와 피고의 증거를 바탕으로 ㉡신뢰할 만한 증거를 누가 더 많이 제시하는가를 기준으로 판단한다. 만일 원고와 피고의 입증 정도가 51 대 49라면 원고의 손을 들어 주게 된다.

＊법인: 법률상 권리와 의무의 주체가 될 수 있는 사단과 재단

34

윗글에서 사용된 설명 방식으로 적절하지 <u>않은</u> 것은?

① 용어의 개념을 설명하여 내용에 대한 이해를 돕고 있다.
② 규범 내용을 인용하여 특정 원칙에 대해 설명하고 있다.
③ 문제 상황을 가정하여 서로 다른 분야에 적용하고 있다.
④ 예외적 조건을 제시하여 원칙과 다른 경우를 소개하고 있다.
⑤ 서로 다른 견해를 절충하여 현실적인 대책을 제시하고 있다.

35

윗글을 이해한 내용으로 적절하지 <u>않은</u> 것은?

① 형사법에서는 형벌을 가함으로써 사회 질서가 유지되도록 하고자 한다.
② 민사법에서는 당사자들이 타협을 하면 수평적 균형 관계가 회복된 것으로 간주한다.
③ 형사 소송은 검사의 기소로 시작하며 피해자가 변호인을 통하여 소송의 당사자로 참여한다.
④ 형사 소송에서의 최종 선고형에는 범죄의 종류 외에도 피고인의 상황이 영향을 미칠 수 있다.
⑤ 민사 소송에서는 특정 사실이 있었을 개연성을 증명하는 증거를 많이 제출하는 당사자가 유리할 수 있다.

36

㉠의 의미를 추론한 것으로 가장 적절한 것은?

① 피고인과 피해자의 타협이 이루어지기 전까지는 피고인을 무죄로 간주해야 한다는 것이겠군.
② 재판 과정에서 개인의 재산상 피해가 발생하더라도 국가는 사회 질서 유지를 우선시해야 한다는 것이겠군.
③ 잘못된 행위를 하더라도 그 행위와 관련된 법규가 없다면 검사가 해당 내용으로 기소할 수 없다는 것이겠군.
④ 재판에서 피고인은 자신에게 불리한 사실과 관련한 질문에 답하지 않을 수 있는 권리를 지니고 있다는 것이겠군.
⑤ 범죄 사실이 확실하게 입증되지 않았음에도 처벌을 받아 개인의 기본권이 침해되는 경우를 방지하기 위한 것이겠군.

37

〈보기〉의 ㄱ과 ㄴ은 동일한 사건을 바탕으로 제기된 소송이다. 윗글을 바탕으로 〈보기〉를 이해할 때, 적절하지 <u>않은</u> 것은? [3점]

〈보기〉

ㄱ. 운전 중이던 A는 도로에 쓰러져 있던 B를 밟고 지나갔으나, 이를 인지하지 못하였다. 검사는 A가 주의 의무를 위반하는 과실을 범해 B를 밟았다고 판단하고 A를 기소했다. 하지만 구조가 복잡하여 도로 환경이 열악했던 점 등을 고려하면, 주의 의무 위반으로 인해 사고가 났음을 인정하기 어렵다며 무죄가 선고되어 확정되었다.

ㄴ. 이후 B는 A가 가입한 보험사에 손해 배상 민사 소송을 제기했다. 보험사는 A의 형사 소송 판결을 증거로 제출하며 이 사건은 손해 배상 면책 사유에 해당한다고 맞섰다. 하지만 법원은 A가 도로에 사람이 다닐 가능성을 염두에 두어 안전하게 운행할 의무가 있었고, 제출한 증거로는 해당 사실을 입증하기에 부족하여 B에게 보험금을 지급하라고 판결하였다.

① ㄱ은 피고인의 범죄 사실을 규명하여 처벌하기 위한 소송에, ㄴ은 피고와 원고 간의 분쟁을 해결하기 위한 소송에 해당되겠군.
② ㄱ에서 A의 주의 의무 위반 여부와 ㄴ에서 A의 안전하게 운행할 의무 위반 여부를 판단할 때 입증해야 하는 사실 관계가 동일하지 않을 수 있었겠군.
③ ㄱ에서는 A의 유죄를 입증할 만한 증거의 증명력이 부족했을 것으로, ㄴ에서는 B가 통상인이 의심을 품지 않을 정도의 입증을 한 것으로 볼 수 있겠군.
④ ㄱ에서는 도로에 쓰러져 있던 B의 과실이 크다는 것이 피고인에게 유리하게 작용했고, ㄴ에서는 A가 도로의 보행자를 인지하지 못했다는 것이 원고에게 유리하게 작용했겠군.
⑤ ㄱ에서는 법관이 열악한 도로 환경을 근거로 A의 유죄에 대해 합리적인 의심을 품었지만, ㄴ에서는 도로에 사람이 다닐 가능성을 근거로 피고의 법적 책임을 인정한 것이겠군.

38

문맥상 ⓐ~ⓔ와 바꿔 쓰기에 적절하지 <u>않은</u> 것은?

① ⓐ: 서로 다를
② ⓑ: 따져
③ ⓒ: 견주어
④ ⓓ: 나오지
⑤ ⓔ: 믿을

[39~42] 다음 글을 읽고 물음에 답하시오.

(가) 산수간(山水間) 바위 아래 **띠집***을 짓노라 하니
  그 모른 남들은 ⊙ <u>웃는다</u> 한다마는
  어리고 향암*의 뜻에는 내 분(分)인가 하노라 〈제1수〉

  보리밥 풋나물을 알맞게 먹은 후에
  바위 끝 물가에 슬카지 노니노라
  그 남은 여남은 일이야 부럴 줄이 있으랴 〈제2수〉

  내 **성이 게**으르더니 **하늘**이 알으실사
  인간 만사(人間萬事)를 한 일도 아니 맡겨
  다만당 다툴 이 없는 **강산을 지키라 하시도다** 〈제5수〉
  – 윤선도, 〈만흥(漫興)〉

* 띠집: 풀의 일종인 띠로 지붕을 이은 집
* 향암: 시골에 사는 견문이 좁고 어리석은 사람

(나) 모계위가 한여름에 들에 나가 김을 매다가 틈이 나자 우뚝 서 있었다. 밭두둑 사이에 큰 나무가 있었다. 아침에 그늘이 서쪽으로 지자, 사람들이 다투어 그 아래로 가고, 얼마 뒤에 해가 옮겨 가자 모두들 떠들썩하게 동편으로 몰려갔다. 뒤처져 온 이들 중에는 신발을 잃거나 발꿈치를 상한 자도 계속 이어졌다.

계위를 돌아보고는 꾸짖는 자가 있었다.

"저번에 그대는 동편에 있더니 이제 그대는 서편에 있군요. 군자라는 이가 진정 이다지도 지조가 없는지요?"

계위는 기가 막혀 ⊙ <u>웃으며</u>, 세 번의 질문에도 대꾸하지 않았고, 말하던 자가 비로소 움찔하더니 얼마 있다 말하였다.

"내가 지나쳤군요. 그대의 자리는 종일토록 변하지 않았습니다. 내가 내 자리를 정하지 못한 것을 도리어 그대의 정해진 자리를 의심하였으니, 내가 참으로 망령된 사람입니다. 그렇지만 여름에 베옷 입고 겨울에 털옷 입으며, 비 오면 도롱이 입고 볕 나면 가리는 천성은 성인도 고치려 하지 않았습니다. 공자님께서도 사람은 새, 짐승과는 함께 살 수 없고 사람과 함께해야 한다고 말하지 않으셨습니까? 우리는 이런 사람이 아닌가요? 그대는 이제 항상 사람들과 떨어져서 혼자 있고, 또 그것을 지켜 꼼짝 않는데, 도리를 알고 때를 안다는 사람도 진정 그러합니까?"

계위가 말했다.

"그렇군요. 저는 농부인데 어찌 도를 알겠습니까? 그래도 저는 일찍이 서유자에게 농사에 대해 들은 적이 있습니다. 봄에 밭 갈고 여름에 김매다 가을에 이르면 수확을 한다고 하니, 나는 이것으로 때를 따라가는 것이라 생각합니다. 무릇 비 오고 가물고 바람 불고 볕이 내리쬐는 것은 하늘에 달린 것이고, **밭 갈고 씨 뿌리**고 김매고 뿌리를 북돋는 것은 나에게 달린 것입니다. 나는 내가 할 수 있는 것을 다하고 하늘에서 이루어 주는 것을 받아들입니다. 내 힘을 [A] 다 쓰고 내 일이 이미 갖추어지면, 나는 안으로 마음속에 거리끼는 것이 없고, 밖으로 외물에 휘둘리는 것이 없습니다. 해하지도 않고 탐하지도 않아 이해관계에도 불꽃이 튀지 않으니, 물에 파도가 일지 않는 것처럼 담담하고 물이 사방으로 통하여 막히지 않는 것처럼 트입니다. 이렇게 되면 시원한 바람을 맞으며 사탕수수 즙을 마시는 것 같으니 높은 평상에 얼음을 쌓아 놓는다고 해도 내 상쾌함을 알기에는 부족할 것입니다. 홀로 나무 그늘에 구구히 얽매이겠습니까?

저는 하늘의 때를 기다리는데, 사람들은 혹 서로 다른 사람과 시간을 다툽니다. 저는 마음속에 그늘이 있는데, 사람들은 모두 나무 그늘로 들어갑니다. 사람들이 나와 달리한 것이지, 내가 어찌 사람들을 떠나기를 좋아했겠습니까? 그렇다 해도 **눈과 얼음 속에서** 솜옷을 입고 있는 자도 **여우 담비 털옷을 덮어 주면 사양하지 않**는 법입니다. 내가 그늘을 싫어하여 도망쳤다고 하면 그것도 인정(人情)이 아닐 것입니다.

그대는 어찌 생각해 보지 않으십니까? 그대가 이 그늘로 들어갔을 적에 과연 조용하고 넉넉하게 노닐며 태연하게 스스로 얻은 것이었습니까? 아니면 **다른 사람과 다툰** 다음에야 그늘에 들 수 있었습니까? 그렇지 않았다면 그 누가 무릎을 부딪치면서 발을 뻗지 못하게 하였습니까? 그 누가 그대의 팔을 움츠려서 펴지 못하게 하였습니까? 그 누가 그대에게 한 발자국 남짓한 자리를 마음대로 차지하지 못하게 하여, 마치 철창 속에 갇힌 원숭이처럼 답답하게 하였습니까? 그 누가 그대와 사람이 서로 꺼리게 하여 도적을 보듯 흘겨보며 행여 한 사람이라도 나가서 내 자리를 너르게 하여 주기를 바라게 하였습니까? 이렇게 하여 **그늘에 들어가는 것**은 차라리 뜨거운 **햇볕 아래 홀로 서 있는 것만도 못**합니다. 그대는 말하지 마십시오. 저는 다시 김을 매야겠습니다."

물어봤던 사람이 머리를 숙였고 부끄러운 낯빛이었다.
  – 홍석주, 〈전간대(田間對)〉

39

(가)와 (나)의 공통점으로 가장 적절한 것은?

① 설의적 표현을 활용하여 삶의 태도를 강조하고 있다.
② 반어적 표현을 활용하여 인식의 변화를 드러내고 있다.
③ 점층적 표현을 활용하여 부정적인 상황을 부각하고 있다.
④ 과장적 표현을 활용하여 상황의 해학성을 보여 주고 있다.
⑤ 대조적 표현을 활용하여 자연 친화적 태도를 나타내고 있다.

40

㉠, ㉡에 대한 이해로 가장 적절한 것은?

① ㉠에는 줏대 없는 행위에 대한, ㉡에는 염치없는 말에 대한 비판적 태도가 담겨 있다.
② ㉠에는 일반적이지 않은 행위에 대한, ㉡에는 원망하는 말에 대한 비하의 의도가 담겨 있다.
③ ㉠에는 공감할 수 없는 행위에 대한, ㉡에는 이치에 맞지 않는 말에 대한 부정적 태도가 담겨 있다.
④ ㉠에는 자신을 평가하는 행위에 대한, ㉡에는 자신을 조롱하는 말에 대한 냉소적 태도가 담겨 있다.
⑤ ㉠에는 열등감을 숨기려는 행위에 대한, ㉡에는 선입견을 지니고 있는 말에 대한 질책의 의도가 담겨 있다.

41

(나)의 [A]에 나타난 '모계위'의 생각을 이해한 내용으로 가장 적절한 것은?

① 순리에 따라 자신의 일을 다하여 외부 상황에 연연할 필요가 없다고 여기고 있군.
② 자신에게 유리한 상황을 조성하려면 다른 사람들과 함께해야 한다고 여기고 있군.
③ 하늘의 도움을 받으려면 절기에 맞추어 남들보다 더 농사일에 힘써야 한다고 여기고 있군.
④ 적절한 때를 알고 행동하면 자신의 의지에 따라 주변 환경을 변화시킬 수 있다고 여기고 있군.
⑤ 다른 사람들과 관계를 원만하게 이어가 마음속에 거리끼는 것이 없도록 해야 한다고 여기고 있군.

42

<보기>를 바탕으로 (가)와 (나)를 이해한 내용으로 적절하지 <u>않은</u> 것은? [3점]

> ─── 〈보기〉 ───
>
> (가)와 (나)에서는 분수에 맞는 삶의 태도를 지향하는 모습이 나타나 있다. (가)의 화자는 자연에서 삶을 영위하는 것이 떳떳한 일이라 여기며 소박한 생활에 만족감을 느끼고 있다. 그리고 (나)의 모계위는 자신의 삶의 방식을 지키는 것이 중요한 일이라 여기며 자신의 이익을 위해 다른 사람을 해하는 상황을 비판적으로 인식하고 있다.

① (가)의 화자가 자연에서 '띠집'을 짓고 사는 것과 (나)의 모계위가 때에 따라 '밭 갈고 씨 뿌리'는 것에서 분수에 맞는 삶의 태도를 엿볼 수 있군.
② (가)의 화자가 '보리밥 풋나물을 알맞게 먹'으며 '그 남은 여남은 일'을 부러워하지 않는 것에서 자연에서의 소박한 삶에 대해 만족하고 있음을 알 수 있군.
③ (가)의 화자가 '하늘'이 자신의 '성이 게으'름을 알고 '강산을 지키라 하'였다는 것에서 자연 속에서 지내는 삶을 떳떳한 일로 생각하고 있음을 알 수 있군.
④ (나)의 모계위가 '눈과 얼음 속에서'는 '여우 담비 털옷을 덮어 주면 사양하지 않'을 것이라고 이야기한 것에서 타인과 다른 삶의 방식을 지향하고 있음을 알 수 있군.
⑤ (나)의 모계위가 '다른 사람과 다'투며 '그늘에 들어가는 것'은 '햇볕 아래 홀로 서 있는 것만도 못'하다고 말한 것에서 타인을 해하는 삶의 태도를 경계하고 있음을 알 수 있군.

[앞부분의 줄거리] 제후국인 남만국이 명나라 변방을 침범하자, 천자는 이를 해결하기 위해 서경을 남만국에 안무사로 파견한다. 서경이 사신으로 떠난 후 남만국에 잡혀 돌아오지 않자 그의 아들 서천흥은 아버지를 구하고 국난을 해결하기 위해 대원수로 출정한다. 이때 남만 태자는 섬으로 유배된 서경을 극진히 대접한다.

어느 날 태자가 근심하는 빛이 얼굴에 가득하여 말했다.

"그사이에 부왕께서 명나라와 전쟁하셨는데, 우리의 장수와 군사들이 죽은 것이 이루 셀 수가 없다 하나이다. 듣자니 명나라 장수 가운데 대원수는 공의 아드님이란 말이 있나이다. 부왕께서 이를 아시고 대인을 군중에 데려다 볼모로 삼아 아드님으로 하여금 귀순케 하고자 하시나이다. 그래서 소자에게 대인을 군중으로 데려오라고 명하셨지만, 아무리 **부왕의 명**이라도 소자가 이를 차마 행하지 못하오리다. 소자가 심복으로 하여금 천리마 두 필을 준비하게 하였사오니, 산골짜기의 좁은 길로 남모르게 **명나라 진영으로 가옵소서.** 그 후에 부왕의 목숨을 구하여 만국이 아주 망하게 하지 마소서."

서 안무사가 위로하여 말했다.

"내 어찌 그대의 인정 어린 마음을 잊으랴."

그러고는 작별하였다. 곧바로 천리마를 타고 종자와 함께 명나라 진영을 향하였다.

이때 서 원수가 길협을 놓아 보낸 뒤로 또 싸우러 나아가 **적장 수십 명을 죽이며 승승장구**하여 **잃었던 고을들을 회복**하고 남만국의 수만 병사들을 죽이니, 위엄이 만국에서 크게 떨쳤다. 만왕은 군영의 문을 닫고 서 안무사 잡아 오기를 기다렸다.

서 원수가 여러 날 싸움을 돋우었지만 만왕이 끝내 안전한 곳에 들어앉아서 나오지 않으니, 달리 어떻게 할 도리가 없어 승전한 표문(表文)*을 천자에게 보낸 뒤 여러 장수들과 묘책을 의논하고 있었다. 갑자기 비밀스레 한 병사가 들어와 고했다.

"군영 바깥문 밖에 우리나라 사람 한 명과 만국 사람 한 명이 와 서찰 한 통을 전해 달라고 하기에 바치옵니다."

서 원수가 그 서찰을 떼어 보니, 서찰은 이러하다.

'나는 다른 사람이 아니라 만왕의 명으로 십여 년 동안 만국에서 치욕을 감내하던 안무사 서경이라. 도움을 준 사람이 있어서 목숨을 보전하여 달아나 왔나니, 오신 대원수는 뉘신지 몰라도 바삐 만나 보기를 바라오.'

서 원수가 서찰을 다 읽고 나서 마음이 떨리고 정신이 아득하였지만 바삐 군영의 문밖까지 나아가 맞으니, 서 안무사의 머리가 백발이었고 모습이 수척하였으나 뚜렷한 부친이었다. 서 원수가 부친을 한 번 부르고는 몹시 슬프고 가슴 아파 정신이 혼미하여 까무러쳤다. 서 안무사가 서 원수를 보니 사신으로 떠날 때에는 6세 어린아이였거늘

지금은 엄연한 대장이니 어찌 알아보리오. 서 안무사는 서 원수가 아버지라고 부르는 소리를 따라 역시 통곡하였다. 그리고 서 원수를 안아 보니 호흡이 멎었는지라 크게 놀라 주물렀다. 이윽고 서 원수가 눈을 뜨니, 서 안무사가 어루만져 위로하며 말했다.

"살아서 서로 만났으니 기쁘기 그지없다만, 이롭지 못한 시름과 슬픔을 드러내지 말거라."

모든 장수들이 또한 위로하며 축하하는 소리가 떠들썩하였다. 서 원수가 조용히 부친을 모시고서 서로 그간의 고난과 재앙을 슬퍼하며 근심스럽게 말했다.

(중략)

이때 남만의 태자가 서 안무사를 보낸 뒤 곧 승상과 의논하였다.

[A]
"아무 때라도 아군이 반드시 패할 것이오. 서 원수는 장수로서의 지략이 손무, 오기와 제갈량에 버금가오. 까마귀가 모인 것 같은 병졸로서 어찌 당할 수 있으리오. 이 때문에 서 안무사를 살려 보내어 은혜를 끼친 것이라오. 대왕께서 만일 봉변을 당하실지라도 서 안무사는 인자하고 후덕한 어른이요, 서 원수는 충성하고 효성스러운 군자이니, 필시 구하여 줄 것이오. 경(卿)과 함께 나아가 부왕께 귀순하시도록 간하여 보사이다."

그러고서 명나라의 군영을 향해 떠났는데, 도중에 패잔군을 만나 만왕이 사로잡혔다는 소식을 듣고 태자가 목 놓아 슬프게 울며 말했다.

"부왕께서 내 말을 듣지 않으시더니, 이 봉변을 당하신 것은 국운이 불행함이로다."

급히 길을 재촉해 명나라 군영에 다다르자, 태자가 윗옷 한쪽을 벗고 등에 형장을 진 채로 손가락을 깨물어 항복 문서를 쓰고서 통곡하였다. 명나라의 선봉 군대가 태자를 잡아 중군(中軍)에 아뢰니, 서 원수가 명을 내려 '태자를 진중으로 들이라.' 하였다. 태자가 코를 땅에 대고 엉금엉금 무릎으로 기어가 항복 문서를 올렸다. 서 원수가 항복 문서를 받고는 태자가 부친 서 안무사를 후하게 대접한 은혜를 생각하니 어찌 감격하지 않으리오. 군사에게 명하여 큰 칼과 옥새를 빼앗고 장막 안으로 불러올리니, 태자가 두 번 절하며 말했다.

"부왕의 죄는 마땅히 면치 못하려니와 **부왕의 본심**이 아니라 간신의 충동질에 말미암은 것이니, 원수는 다시 살려 주는 은혜를 내리고자 천자께 아뢰어 부왕의 목숨을 살려 주시면, 대대로 황제의 은혜에 감사하고 원수의 덕을 잊지 않으리다."

이렇게 말하며 눈물이 얼굴에 가득하였다. 서 원수가 태자를 보니, 언사가 부드럽고 온화한 데다 기상이 활달하여 아닌 게 아니라 정말로 천승(千乘)*의 국왕다움이 외모에 나타나는지라 아무렇지 아니한 듯이 말했다.

　　"만왕의 죄악은 천벌을 면하기 어렵고, 내가 또한 남만의
　씨 하나라도 남기지 않아 후세 사람의 근심이 없도록 하려
　했었는데, 그대를 보니 하늘이 오히려 남만에게 복을
　주심이로다. 내 어찌 하늘의 뜻을 거역할 것이며, 가친
[B] (家親)*께서 십여 년 동안 그대의 은혜를 많이 입었으니,
　당연히 천자께 아뢰어 만왕의 목숨을 구할 것이로다.
　그리고 즉시 군대를 돌이킬 것이니, 그대는 어진 사람을
　얻어 남만의 백성을 살피고 어루만져 다른 근심이 없게
　할지어다."

　　태자가 거듭거듭 절하며 고마워하고 마음속으로 칭송
하였다.
　　'내 서 안무사가 오늘날에 제일로 알았더니, 그 아들은
젊었는데도 풍채가 갑절이나 더 낫도다.'
　　서 원수가 표문을 올렸으니, 만왕을 사로잡고 남만의
태자가 귀순해 왔는데 태자는 인자한 데다 효성스러워 가히
남만의 왕이 됨 직하나 만왕은 용렬한 데다 어리석어 비록
죄를 용서할지언정 다시 나랏일을 맡게 할 수 없으리니,
태자를 봉하여 대대로 **천자의 은혜를 감사하도록 하게
하자**고 아뢴 것으로 황제의 명을 기다렸다.

— 작자 미상, 〈쌍주기연〉

＊표문: 마음에 품은 생각을 적어서 임금에게 올리는 글
＊천승: 제후(諸侯)가 다스리는 나라를 이르는 말
＊가친: 남에게 자기 아버지를 높여 이르는 말

43

윗글을 이해한 내용으로 적절하지 <u>않은</u> 것은?

① 서 안무사는 재회 전에 서 원수에게 서찰을 먼저 보냈다.
② 서 안무사는 서 원수를 보자마자 자신의 아들임을
　알아차렸다.
③ 서 원수는 만왕을 잡기 전에 승전한 표문을 천자께
　보냈다.
④ 태자는 패잔군으로부터 부왕이 사로잡혔다는 소식을
　들었다.
⑤ 태자는 항복 문서를 직접 작성하여 서 원수에게 올렸다.

44

[A]와 [B]에 대한 설명으로 가장 적절한 것은?

① [A]는 [B]와 달리 객관적 근거를 들어 현실에 대한 기존의
　판단이 바뀐 과정을 언급하고 있다.
② [B]는 [A]와 달리 초월적 권위를 명분으로 삼아 자신의
　생각이 바뀌게 된 이유를 언급하고 있다.
③ [A]는 신의에 어긋난 행동을, [B]는 사회적 지위에
　어울리는 행동을 할 것을 상대에게 요구하고 있다.
④ [A]는 타인의 힘을 빌려, [B]는 자신의 역량으로 자신이
　처한 문제 상황을 해결하려는 의지를 밝히고 있다.
⑤ [A]와 [B]는 모두 자신의 신분을 내세우는 방법을
　활용하여 상대의 행동 변화를 촉구하고 있다.

45

〈보기〉를 바탕으로 윗글을 감상한 내용으로 적절하지 <u>않은</u> 것은?

[3점]

〈보기〉

　　〈쌍주기연〉은 서천흥이 천자 중심의 위계 질서를 회복하고
충효의 가치를 구현하는 내용의 영웅 소설이다. 이 작품의
인물들은 전형적인 영웅 소설과는 다른 행동 양상을
보이기도 한다. 이를테면, 영웅과 적대국 인물이 충효의
가치를 각자의 방식으로 구현하는 것, 적대국 인물이 영웅의
효 실천에 일조하는 것, 위기 상황에서 적대국 인물 간의
현실 대응 태도가 다른 것 등이다.

① 태자가 서 안무사를 볼모로 삼으라는 '부왕의 명'을 거역한
　것에서 적대국 인물 간의 현실 대응이 다름을 알 수 있군.
② 태자가 서 안무사를 '명나라 진영으로 가'도록 풀어 준
　것에서 적대국 인물이 영웅의 효 실천에 일조함을 확인할
　수 있군.
③ 서 원수가 '적장 수십 명을 죽이며 승승장구'하고 '잃었던
　고을들을 회복'하는 것에서 영웅적 활약상을 알 수 있군.
④ 태자가 '부왕의 본심'을 서 원수에게 전한 것이 결정적
　원인이 되어 부왕의 목숨을 구하고 나라가 망하지 않게 한
　것에서 충효를 실천하려는 모습을 알 수 있군.
⑤ 서 원수가 태자를 만왕으로 봉하여 '천자의 은혜를
　감사하도록 하게 하자'고 아뢴 것에서 천자와 제후 간의
　위계 질서를 회복하려는 의도를 알 수 있군.

01_ 11~12번 연계 문제

〈보기〉를 참고하였을 때 밑줄 친 말이 보조 용언이 <u>아닌</u> 것은?

―〈보기〉―

용언 중에는 혼자서 쓰이지 못하고 반드시 다른 용언의 뒤에 붙어서 의미를 더하여 주는 것이 있다. 이를 보조 용언이라고 한다.

① 언니가 책을 가져다가 <u>주었다</u>.
② 친구의 숙제를 대신 해 <u>주었다</u>.
③ 상대가 불쌍해서 한 번 용서해 <u>주었다</u>.
④ 몸이 아픈 동생에게 밥을 먹여 <u>주었다</u>.
⑤ 바쁘다고 해서 편지를 대신 부쳐 <u>주었다</u>.

02_ 14번 연계 문제

〈보기〉의 ㉠~㉢ 중, 사람·사물·장소의 이름을 대신하여 가리키는 단어가 <u>아닌</u> 것은?

―〈보기〉―

도깨비는 부잣집 문 앞에서 둘째 아들을 세워 놓고,
"여보게, ㉠ 자네는 ㉡ 거기서 기다리고 있게. ㉢ 나는 들어가서 딸의 혼을 꾀어 올 테니."
하고는 ㉣ 그 집으로 들어갔다.
둘째 아들이 잠시 기다리고 있는데, 도깨비가 금방 나왔다.
"딸의 혼은 어떻게 했나?"
"㉤ 여기 있네. 지금 이렇게 손에 꼭 쥐고 있지 않은가?"

① ㉠　　② ㉡　　③ ㉢　　④ ㉣　　⑤ ㉤

03_ 15번 연계 문제

〈보기〉의 ㉠~㉢에 대한 설명으로 적절하지 <u>않은</u> 것은?

―〈보기〉―

사이시옷을 표기하려면 합성어의 앞말이 모음으로 끝나고 두 단어가 결합하여 발생하는 음운론적 현상이 다음 중 하나에 해당하여야 한다. 첫째, ㉠뒷말의 첫소리가 된소리로 바뀌는 경우, 둘째, ㉡뒷말의 첫소리 'ㄴ, ㅁ' 앞에서 'ㄴ' 소리가 덧나는 경우, 셋째, ㉢뒷말의 첫소리 모음 앞에서 'ㄴㄴ' 소리가 덧나는 경우에 사이시옷을 표기할 수 있다.

① '동짓달'은 '동지'와 '달'이 결합하면서 뒷말의 첫소리가 된소리로 바뀌므로 ㉠에 해당하겠군.
② '막냇동생'은 '막내'와 '동생'이 결합하면서 뒷말의 첫소리가 된소리로 바뀌므로 ㉠에 해당하겠군.
③ '잇몸'은 '이'와 '몸'이 결합하면서 'ㄴ' 소리가 덧나므로 ㉡에 해당하겠군.
④ '뒷일'은 '뒤'와 '일'이 결합하면서 뒷말의 첫소리 모음 앞에서 'ㄴㄴ' 소리가 덧나므로 ㉢에 해당하겠군.
⑤ '첫여름'은 '첫'과 '여름'이 결합하면서 뒷말의 첫소리 모음 앞에서 'ㄴㄴ' 소리가 덧나므로 ㉢에 해당하겠군.

04_ 34~38번 연계

밑줄 친 단어 중 ㉠과 가장 유사한 의미로 쓰인 것은?

―〈보기〉―

피고인의 유죄 입증은 검사가 담당하고, 피고인은 변호인을 통하여 반박할 수 있다. 법원은 검사의 입증과 피고인의 반박을 토대로 피고인의 범죄 성립 여부 및 잘못의 정도를 따진 후 그에 합당한 벌을 ㉠ <u>내린다</u>.

① 누나와 나는 이삿짐 트럭에서 짐을 <u>내렸다</u>.
② 그는 스스로 이 문제에 대해 해답을 <u>내렸다</u>.
③ 그녀는 머리를 앞으로 <u>내린</u> 채 오고 있었다.
④ 우리는 서울역에서 <u>내려</u> 전철을 타고 집에 갔다.
⑤ 차에서 <u>내린</u> 사람들은 곧장 지하철역으로 걸어갔다.

[01~03] 다음은 학생의 발표이다. 물음에 답하시오.

안녕하세요. 여러분, 체험 활동 때 방문했던 트릭 아트 체험관 기억나시나요? (고개를 끄덕이며) 네, 많이 기억하시는군요. 저는 특히 외나무다리 트릭 아트가 인상 깊었습니다. 바닥에 그려진 그림 위에 섰을 때 실제로 절벽 아래로 떨어질 것처럼 아슬아슬한 느낌이 들었던 기억이 아직도 생생합니다. 그래서 트릭 아트에 대해 관심이 생겨 오늘 발표를 하게 되었습니다.

트릭 아트란 주로 착시 현상을 활용하여 관람자에게 재미나 색다른 시각적 경험을 제공하는 예술 장르입니다. (㉠ 자료를 제시하며) 여기를 보시겠습니다. 여러분, 이 그림은 무엇을 그린 것일까요? (대답을 듣고) 네, 토끼라는 대답도, 오리라는 대답도 있네요. 이 그림에는 두 동물의 이미지가 중첩되어 있기 때문에 토끼로도, 오리로도 보입니다. (그림의 오른쪽 부분을 가리키며) 이쪽 둥근 부분에 시선을 두면 토끼로 보이고, (왼쪽 부분을 가리키며) 이쪽 길쭉한 부분에 시선을 두면 오리로 보입니다. 이 그림은 보는 사람의 시선에 따라 이미지가 다르게 보이는 착시 현상을 활용하여 관람자에게 일상에서 접해 보지 못했던 색다른 시각적 경험을 제공하고 있습니다.

아, 질문이 있군요. (ⓐ 질문을 듣고) 네, 눈은 외부의 시각 정보를 뇌에 전달하고, 뇌는 개인의 경험이나 지식에 비추어 이를 해석하고 판단합니다. 그런데 이 과정에서 시각 정보가 불분명하거나 해석에 혼선이 생길 때 착시 현상이 일어나게 됩니다. 방금 보셨던 그림은 이미지를 중첩시켜 불분명한 시각 정보를 제공함으로써 착시 현상이 발생한 것이라고 할 수 있습니다.

자, 이해되셨나요? (대답을 듣고) 네, 그러면 이번에는 착시 현상을 활용하여 바닥에 그린 그림이 입체적으로 보이는 트릭 아트를 보여 드리겠습니다. (㉡ 자료를 가리키며) 이 횡단보도는 표지선 아래에 음영을 넣어 입체적으로 보입니다. 바닥에 그려진 것이지만 공중에 떠 있는 듯한 착시 현상을 일으키고 있는 것입니다. 그래서 운전자의 시각에서 볼 때 실제로 장애물이 있는 것 같은 느낌이 들도록 함으로써 자연스럽게 감속을 유도하여 교통사고를 예방하는 데 유용합니다.

이외에도 트릭 아트는 건물 외벽, 광고판, 관광지의 포토존 등에서 다양하게 활용되고 있습니다. 제가 말씀드린 내용 이외에 트릭 아트에 대해 더 알고 싶으신 분은 도서관에 있는 관련 책들을 찾아보거나 제가 보여 드리는 트릭 아트 누리집에 들어가 보시기 바랍니다. 이상, 발표를 마치겠습니다.

01

위 발표에 대한 설명으로 적절하지 <u>않은</u> 것은?

① 청중과 공유하고 있는 경험을 언급하여 주의를 환기하고 있다.
② 화제와 관련된 역사적 일화를 소개하여 청중의 호기심을 자극하고 있다.
③ 청중의 반응을 확인하면서 발표 내용에 대한 이해 여부를 점검하고 있다.
④ 비언어적 표현을 사용하여 청중이 설명 대상에 집중하도록 유도하고 있다.
⑤ 청중에게 정보를 추가로 탐색할 수 있는 방법을 안내하며 발표를 마무리하고 있다.

02

다음은 발표자가 제시한 자료이다. 발표자의 자료 활용에 대한 이해로 가장 적절한 것은?

① ㉠을 통해 착시 현상의 방해 요인을, ㉡을 통해 착시 현상의 발생 과정을 설명하고 있다.
② ㉠을 통해 트릭 아트의 전시 환경을, ㉡을 통해 착시 현상의 이해 방법을 설명하고 있다.
③ ㉠을 통해 트릭 아트의 긍정적 효과를, ㉡을 통해 트릭 아트의 부정적 효과를 설명하고 있다.
④ ㉠을 통해 트릭 아트의 사회적 의의를, ㉡을 통해 트릭 아트의 예술적 의의를 설명하고 있다.
⑤ ㉠을 통해 착시 현상의 시각적 효과를, ㉡을 통해 트릭 아트의 실용적 기능을 설명하고 있다.

03

위 발표의 흐름을 고려할 때, ⓐ의 내용으로 가장 적절한 것은?

① 트릭 아트의 종류에는 어떤 것이 있나요?
② 착시 현상이 발생하는 이유는 무엇인가요?
③ 트릭 아트의 대표 작품에는 어떤 것이 있나요?
④ 트릭 아트를 만들 때는 착시 현상만 활용하나요?
⑤ 착시에 영향을 주는 또 다른 요인은 무엇이 있나요?

[04 ~ 07] (가)는 '활동 1'에 따라 실시한 독서 토론이고, (나)는 '활동 2'에 따라 '하연'이 작성한 초고이다. 물음에 답하시오.

[활동지]

○ **활동 1:** 1970년대 소설인 〈자전거 도둑〉을 읽고, 아래의 주제로 독서 토론을 해 보자.

　[주제] 자전거를 들고 간 수남의 행동은 정당한가?

○ **활동 2:** 토론 내용을 바탕으로 주장하는 글을 써 보자.

(가) 지현: 먼저 소설의 상황에 대해 말해 볼게. 바람이 세게 부는 어느 날, 수남은 배달을 갔어. 배달을 끝내고 돌아가려는데 한 신사가 수남에게 너의 자전거가 바람에 넘어져 자신의 자동차에 흠집을 냈다고 말했지. 신사는 잘 보이지도 않는 흠집을 찾아 보상금을 요구해. 신사는 보상할 때까지 자전거를 묶어 두겠다고 하고 떠나버리는데 수남은 고민하다가 자전거를 들고 도망가 버렸어. 과연 수남의 행동은 정당할까?

민준: 수남의 행동은 정당하다고 봐. 바람 때문에 자전거가 넘어져 흠집이 난 거잖아? 천재지변으로 인한 손해는 책임질 의무가 없으니까, 수남이 피해를 보상할 책임은 없어.

하연: 하지만 바람이 세게 불었다면 수남이 자전거를 잘 묶었어야 해. 자전거가 쓰러질 거라고 예상할 수 있었으니 자전거를 관리하지 않은 수남에게 보상해야 할 책임이 있어.

지현: 둘의 입장이 다르구나. 왜 그렇게 생각하는지 소설 내용을 근거로 이야기해 보는 게 어때?

민준: '바람이 유난해서'라는 구절이 나오니 예상치 못한 천재지변에 해당한다고 생각했어. 그런데 자전거가 쓰러질 걸 예상할 수 있었다고? 소설에는 그걸 알 수 있는 단서가 없어.

하연: 바람이 유난해서 수남이 배달할 물건을 꼼꼼하게 묶는 장면이 있어. 상황이 심상치 않다고 느낀 거지. 그런데도 자전거는 잘 안 묶어 두었잖아.

지현: 정리하면, 민준은 예상치 못한 천재지변으로 생긴 손해니까 수남에게 보상할 책임이 없고, 하연은 수남이 피해를 예측할 수 있었음에도 대처가 없었기에 보상할 책임이 있다고 보는 거구나.

하연: 그래, 맞아.

지현: 그러면 수남의 책임 여부 말고 다른 쟁점은 없을까?

하연: 보상에 대한 합의 여부로도 행동이 정당한지 판단해 볼 수 있어. 합의가 이뤄졌는데 수남이 보상금을 주지 않고 자전거를 들고 도망간 건 정당하지 않아.

민준: 합의가 이뤄진 건 아니야. 신사는 보상금을 요구하고 수남이 동의하기 전에 가 버렸잖아. 일방적으로 제안하고 갔는데 합의라고 볼 수 없지. 그렇기 때문에 수남이 자전거를 가져간 건 문제가 없어.

하연: 일방적 제안은 아닌 거 같아. 신사는 수남이 울어서 보상금을 반으로 줄여 주잖아. 그리고 수남이 잘못했다는 대답도 해. 신사는 수남의 처지를 고려해 줬고, 수남도 잘못을 인정했으니 합의가 이뤄진 거야.

민준: 신사가 수남의 처지를 고려한 것이라고 보기는 어려워. 부유한 어른이 잘 보이지도 않는 흠집을 일부러 찾아서 배달원 소년에게 5천 원이라는 당시로서는 엄청 큰돈을 요구했어. 이것은 일반적인 상식에 비추어 볼 때 지나치게 매정한 행동이야.

지현: 같은 소설을 읽고도 상황을 보는 시각이 이렇게 다를 수 있다는 것이 흥미롭다. 독서 토론의 주제로 '활동 2'를 진행해 보면 어떨까?

(나) 수남의 행동은 정당하지 않다. 수남은 신사의 자동차에 난 흠집을 보상해야 할 책임이 있기 때문이다. 바람으로 인한 예상치 못한 천재지변이라서 책임이 없다는 주장도 있지만 이는 옳지 않다. 수남은 배달 물건은 꼼꼼하게 묶었지만, 자전거에는 아무런 조치를 취하지 않았다. 피해를 예상할 수 있었음에도 불구하고 적절하게 대처하지 않았기 때문에 책임이 있다. 실제로 태풍에 의해 주택 유리창이 떨어져 주차된 차가 파손되었을 때 예보를 듣고도 시설물 관리에 소홀한 주택 소유자가 그 파손에 대해 책임을 진 사례가 있다.

다음으로 신사와 수남은 보상에 합의했다고 볼 수 있기 때문에 수남의 행동은 정당하지 않다. 신사가 일방적으로 제안하고 떠났다면 합의가 이뤄지지 않았겠지만, 신사는 수남의 상황을 고려하여 보상금을 줄여 주었다. 또한 수남이 자신의 잘못을 인정하는 말을 했기 때문에 합의는 이루어진 것으로 보아야 한다. 물론 1970년대 배달원 소년의 입장에서 5천 원이 큰돈으로 느껴질 수 있지만 신사와 합의가 이루어졌으므로 금액에 상관없이 수남은 신사에게 보상금을 지급해야 한다.

수남은 도둑이 되어 버렸다. 자신의 잘못에 대한 책임을 지지 않고 합의된 것도 수행하지 않았다. 제목에서 말하는 '자전거 도둑'은 아이러니하게도 자신의 자전거를 자신이 훔친 수남인 것이다.

04

(가)의 독서 토론에서 '지현'의 역할에 대한 설명으로 적절하지 <u>않은</u> 것은?

① 소설 내용을 제시한 후 토론 주제를 언급하고 있다.
② 소설의 내용을 근거로 발언하도록 요청하고 있다.
③ 토론자들이 언급한 주장과 근거를 정리하고 있다.
④ 토론자들의 발언이 사실에 부합하는지 판단하고 있다.
⑤ 토론자들이 다른 쟁점에 대해 논의해 보도록 유도하고 있다.

05

[A]의 발화에 대한 설명으로 가장 적절한 것은?

① 민준은 하연의 주장에 일반적인 상식을 들어 반박하고 있다.
② 민준은 하연의 말에서 이해되지 않는 부분을 질문하고 있다.
③ 민준은 하연이 고려해야 하는 시대적 정보를 나열하고 있다.
④ 하연은 민준이 사용한 단어의 중의성에 대해 지적하고 있다.
⑤ 하연은 민준이 이해하지 못한 자신의 발언을 부연하고 있다.

06

(가)를 바탕으로 '하연'이 세운 '활동 2'의 글쓰기 계획 중 (나)에 반영되지 <u>않은</u> 것은? [3점]

① 토론 쟁점에 대한 나의 주장을 토론에서 다룬 순서대로 서술해야겠어.
② 토론 주제와 관련된 수남의 고민을 소설 속 구절에서 찾아 언급해야겠어.
③ 토론에서 언급된 상대방의 주장을 반박하면서 나의 주장을 강화해야겠어.
④ 토론에서 언급하지 않았던 새로운 사례를 찾아 나의 주장을 뒷받침해야겠어.
⑤ 토론에서 내세운 나의 주장을 바탕으로 제목에 담겨 있는 의미를 밝혀야겠어.

07

〈보기〉의 자료를 활용하여 (나)의 초고를 보완하고자 할 때 그 내용으로 가장 적절한 것은?

〈보기〉

[법률 전문가의 뉴스 인터뷰]

"보상의 의무를 다하지 않았을 때, 상대방에게 물건이 담보로 잡히는 경우가 있습니다. 형법 제323조에 따르면, 타인에게 담보로 제공된 물건은 타인이 물건을 점유하게 되거나 타인이 물건에 대한 권리를 갖게 됩니다. 이때 해당 물건을 가져가거나 숨겨 타인이 보상받을 수 있는 권리 등을 행사할 수 없게 한다면 권리행사 방해로 처벌받을 수 있습니다."

① 수남이 자전거를 가져간 행위는 신사의 권리행사를 방해하는 것이므로 법적인 처벌을 받을 수 있다는 내용을 추가한다.
② 수남이 잘못을 인정한 행위는 신사의 권리행사를 방해하는 것이므로 법적인 처벌을 받을 수 있다는 내용을 추가한다.
③ 수남의 자전거가 담보로 잡힌 것은 신사의 권리행사를 방해하는 것이므로 법적인 처벌을 받을 수 있다는 내용을 추가한다.
④ 수남이 자신의 자전거를 묶어둔 행위는 신사의 권리행사를 방해하는 것이므로 법적인 처벌을 받을 수 있다는 내용을 추가한다.
⑤ 신사가 수남에게 보상금을 요구한 행위는 수남의 권리행사를 방해하는 것이므로 법적인 처벌을 받을 수 있다는 내용을 추가한다.

[08 ~ 10] 다음은 작문 상황에 따라 쓴 학생의 초고이다. 물음에 답하시오.

[작문 상황] 자신의 경험을 바탕으로 정서를 표현하는 글을 쓴다.

[초고]

우리 할머니 댁은 남쪽 바다의 작은 섬에 있다. 내가 어렸을 때 우리 가족은 연휴나 방학이 되면 매번 할머니 댁을 방문했다. 나는 할머니 댁이 있는 섬에 가면 바다에서 헤엄을 치거나 바위틈에서 고둥과 게를 잡기도 했고 산에서 신나게 쌀 포대로 눈썰매를 타기도 했다. 그렇지만 무엇보다 가장 기억에 남는 것은 할머니와 함께 보냈던 시간이다.

할머니 댁은 섬 서쪽 바닷가의 큰 등대 근처에 있었다. 검정 바위로 만들어진 거북이 조각상이 새하얀 등대를 이고 있어서 동생과 나는 그 등대를 '거북이 등대'라고 불렀다. 아버지 차를 타고 가다가 거북이 등대가 환하게 웃으며 나를 반기면 할머니 댁에 가까워진 것이라서 할머니를 곧 뵙는다는 생각에 마음이 설레곤 했다. 할머니는 늘 우리를 마중 나오셨고, 나는 반가운 마음에 한달음에 뛰어가서 할머니 품에 안겼었다.

할머니는 마당 텃밭에서 옥수수를 기르셨다. 늦봄에 할머니 댁에 가면 할머니와 같이 옥수수 씨를 뿌렸고, 여름 방학에는 점점 자라는 옥수수에 물 주는 일을 도와드렸다. 그러다 참지 못하고 옥수수 껍질을 살짝 열어서 얼마나 익었는지 들여다보다가 할머니께 꾸중을 듣기도 했다. 꾸중을 듣고 시무룩해 있는 나에게 할머니는, "뭐든지 다 때가 있고 시간이 필요한 법이란다. 기다릴 줄 알아야 해."라며 토닥여 주셨다. 나는 익어 가는 옥수수를 보며 기다림의 소중함을 깨달았다. 늦여름에는 연두색 옥수수수염이 점점 갈색빛으로 물들며 옥수수가 여물었다. 가을에는 기다림의 결실인 샛노란 옥수수를 수확하며 나는 한 뼘 더 성장했다.

할머니께서 끓여 주신 갈칫국을 먹었던 기억도 있다. 서울에서 갈치로 만든 음식을 먹다 보면 갈칫국을 끓여 주시던 할머니 생각이 나서 할머니가 그리워진다. 갈칫국은 양념장을 넣어 칼칼하게 졸인 갈치조림과 달리 갈치, 늙은 호박, 배추를 넣어서 맵지 않도록 맑게 끓인 요리이다. 내가 갈칫국이 먹고 싶다고 하면 할머니는 이른 새벽부터 어시장에서 싱싱한 갈치를 사 오셔서 갈칫국을 해 주셨다. 할머니의 갈칫국에서는 시원하면서도 구수한 맛이 났다. 지금도 그 맛이 혀끝에 맴돈다. 갈칫국을 맛있게 먹는 나를 흐뭇하게 바라보시던 할머니를 떠올리면 마음이 포근하고 따뜻해진다.

지금은 어렸을 때만큼 할머니를 자주 뵈러 가지 못해 할머니와의 추억이 더욱 소중하게 다가온다.

08

초고에서 활용한 글쓰기 방식으로 적절하지 _않은_ 것은?

① 의인법을 통해 대상과의 친밀감을 표현하고 있다.
② 계절의 흐름에 따른 대상의 변화를 나타내고 있다.
③ 의성어를 사용하여 대상을 생생하게 나타내고 있다.
④ 다른 대상과의 대비를 통해 차이점을 강조하고 있다.
⑤ 색채어를 활용하여 대상을 감각적으로 표현하고 있다.

09

다음은 글을 쓰기 전 학생이 구상한 내용이다. 초고에 반영되지 _않은_ 것은?

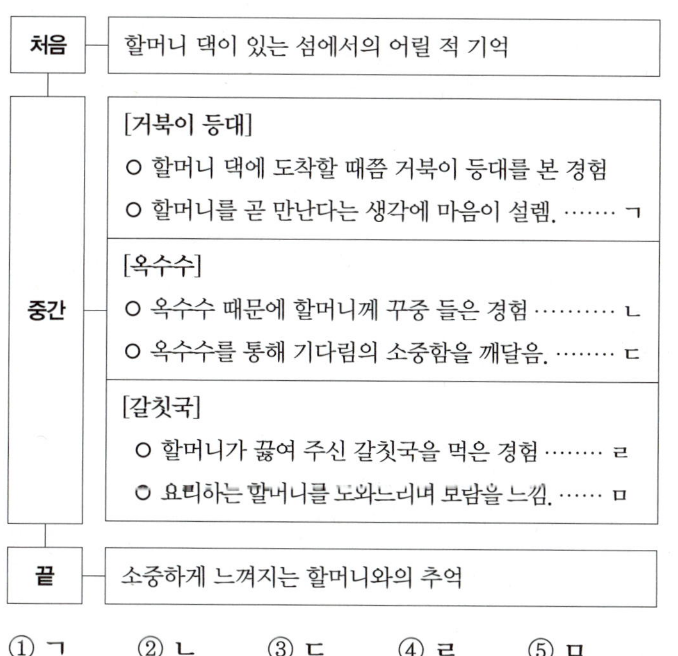

① ㄱ 　② ㄴ 　③ ㄷ 　④ ㄹ 　⑤ ㅁ

10

〈보기〉는 초고를 읽은 선생님의 조언이다. 이를 반영하여 초고에 추가할 내용으로 가장 적절한 것은? [3점]

> ──〈보기〉──
>
> **선생님:** 글이 마무리되지 않은 느낌이 들어. 글의 마지막에 할머니와의 추억이 너에게 주는 의미를 직유법을 사용하여 표현한 문장을 추가하면 더 좋겠어.

① 할머니 댁이 있는 섬의 풍경은 그림같이 아름다웠다. 그 풍경을 언제쯤 다시 볼 수 있을까.
② 섬에서 자란 나는 푸른 바다를 늘 그리워한다. 윤슬이 넘실거리는 바다는 내 마음의 고향이다.
③ 할머니와 함께한 시간이 그리워진다. 이번 방학에는 아버지께 말씀드려 할머니를 뵈러 가야겠다.
④ 할머니 손길로 익어 가는 옥수수처럼 나는 할머니의 사랑으로 물들었다. 할머니의 따뜻한 보살핌은 나를 채운 온기였다.
⑤ 할머니의 넘치는 사랑 덕분에 나의 어린 시절이 찬란하게 빛난다. 소중한 시간을 내게 선물해 주신 할머니께 감사드린다.

[11 ~ 12] 다음 글을 읽고 물음에 답하시오.

단어를 구성하는 요소에는 어근과 접사가 있다. 어근은 단어를 구성하는 요소 중 실질적인 의미를 나타내는 부분이며, 접사는 어근과 결합하여 어근에 특정한 의미를 더하거나 어근의 의미를 제한하는 부분이다. 접사는 어근의 앞에 위치하는 접두사와 어근 뒤에 위치하는 접미사로 나뉘는데, 항상 다른 말과 결합하여 쓰이기에 홀로 쓰이지 못함을 나타내는 붙임표(-)를 붙인다. 예를 들어 '햇-, 덧-, 들-'과 같은 말은 접두사이고, '-지기, -음, -게'와 같은 말은 접미사이다.

단어는 그 짜임에 따라 단일어와 복합어로 구분된다. 단일어는 하나의 어근으로만 이루어진 단어를 이르는 말이다. 그리고 복합어는 어근과 어근의 결합으로 이루어진 합성어와, 어근과 접사의 결합으로 이루어진 파생어를 아울러 이르는 말이다. 기령 '밤'이니 '문'과 같이 하나의 어근으로만 이루어진 단어는 단일어이며, 어근 '밤', '문'이 각각 또 다른 어근과 결합한 '밤나무', '자동문'은 합성어이다. 또한 어근 '밤'과 접두사 '햇-'이 결합한 '햇밤', 어근 '문'과 접미사 '-지기'가 결합한 '문지기'는 파생어이다.

　복합어는 어근과 어근으로 이루어진 합성어나 어근과 접사로 이루어진 파생어에 어근이나 접사가 다시 결합하여 형성되기도 한다. 이와 같은 복잡한 짜임의 단어를 이해할 때 활용되는 방법으로 직접 구성 성분 분석이 있다. 직접 구성 성분 분석은 단어를 둘로 나누는 방법으로, 나뉜 두 부분 중 하나가 접사일 경우 그 단어를 파생어로 보고, 두 부분 모두 접사가 아닐 경우 합성어로 본다.

[A]

　가령 단어 '코웃음'은 직접 구성 성분을 '코'와 '웃음'으로 보기에 합성어로 분류한다. 이는 '코'가 어근이며, '웃음'이 어근 '웃-'과 접미사 '-음'으로 이루어진 파생어임을 고려한 것이다. 물론 '코웃음'의 직접 구성 성분을 '코웃-'과 '-음'으로 분석할 수도 있다. 그러나 '코웃-'은 존재하지 않고 '코'와 '웃음'만 존재하며, 의미상으로도 '코+웃음'의 분석이 자연스럽기에 직접 구성 성분을 '코'와 '웃음'으로 분석한다. 이처럼 직접 구성 성분 분석은 단어의 짜임을 체계적으로 이해하는 데에 도움이 된다.

11

윗글에 대한 이해로 적절하지 <u>않은</u> 것은?

① 단일어는 하나의 어근으로만 이루어진다.
② 합성어나 파생어는 모두 복합어에 포함된다.
③ 접사는 홀로 쓰이지 못하기에 붙임표(-)를 붙인다.
④ 복합어는 접사가 어근과 결합하는 위치에 따라 둘로 나뉜다.
⑤ 접사는 어근과 결합하여 어근에 특정한 의미를 더하거나 어근의 의미를 제한한다.

12

[A]를 참고할 때, 〈보기〉의 ㉠에 해당하는 짜임을 가진 단어로 가장 적절한 것은? [3점]

〈보기〉

　'가재의 집게발'에서 '집게발'은 아래와 같이 ㉠ 직접 구성 성분이 '[어근+접사]+어근'으로 분석되는 합성어이다.

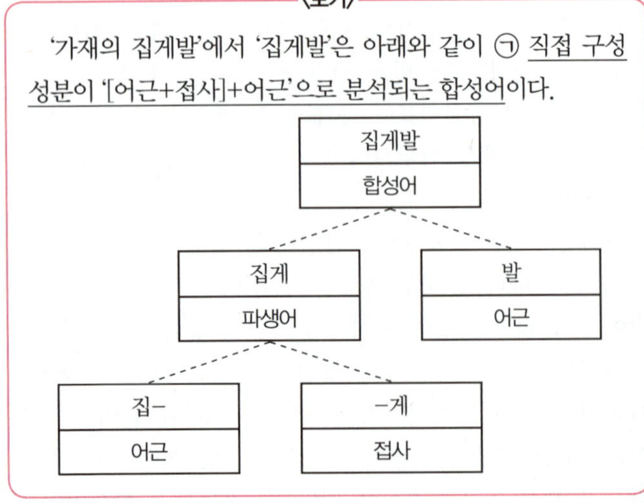

① 볶음밥　　② 덧버선　　③ 문단속
④ 들고양이　　⑤ 창고지기

13

〈보기〉는 수업의 일부이다. '학습 활동'의 결과로 가장 적절한 것은?

〈보기〉

선생님: 단어를 발음할 때, 어떤 음운이 앞이나 뒤의 음운의 영향으로 바뀌어 달라지는 경우가 있습니다. 그 결과, 조음 방법만 바뀌거나 조음 방법과 조음 위치가 모두 바뀝니다. 아래 자료를 참고해 '학습 활동'을 수행해 봅시다.

조음 방법 ＼ 조음 위치	입술소리	잇몸소리	센입천장소리	여린입천장소리
파열음	ㅂ	ㄷ		ㄱ
파찰음			ㅈ	
비음	ㅁ	ㄴ		ㅇ
유음		ㄹ		

영향의 방향	음운이 바뀌는 양상	
달 님 (앞 음운의 영향)	달님[달림]	조음 방법의 변화
작 문 (뒤 음운의 영향)	작문[장문]	조음 방법의 변화
해돋이 (뒤 음운의 영향)	해돋이[해도지]	조음 방법과 조음 위치의 변화

[학습 활동]

　뒤 음운의 영향을 받아서 앞 음운이 조음 방법만 바뀌는 단어를 ㄱ ～ ㄹ에서 골라 보자.

> ㄱ. 난로[날로]　　ㄴ. 맏이[마지]
> ㄷ. 실내[실래]　　ㄹ. 톱날[톰날]

① ㄱ, ㄴ　　② ㄱ, ㄹ　　③ ㄴ, ㄷ
④ ㄴ, ㄹ　　⑤ ㄷ, ㄹ

14

〈보기〉의 '탐구 과제'를 수행한 결과로 적절하지 <u>않은</u> 것은?

━━━〈보기〉━━━

[탐구 과제]

　'작다/적다' 중 적절한 말이 무엇인지 온라인 사전에서 '작다'를 검색한 결과를 근거로 하여 말해 보자.

ㄱ. 민수는 진서에 비해 말수가 (작다 / 적다).
ㄴ. 키가 커서 작년에 구매한 옷이 (작다 / 적다).
ㄷ. 오늘 일은 지난번에 비해 규모가 (작다 / 적다).
ㄹ. 그는 큰일을 하기에는 그릇이 아직 (작다 / 적다).
ㅁ. 백일장 대회의 신청 인원이 여전히 (작다 / 적다).

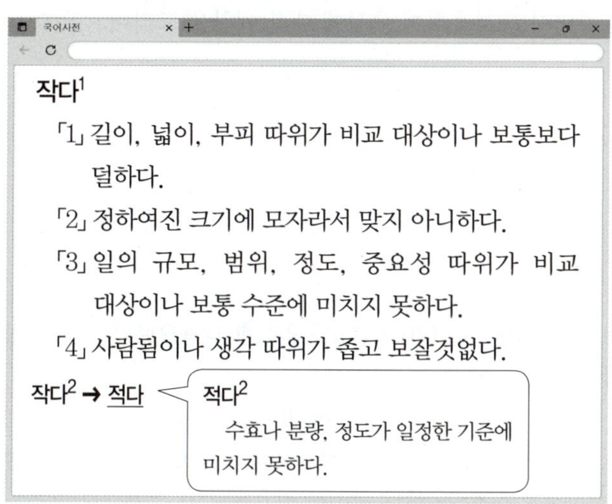

* →: 'a → b'는 a를 b로 바꿔 써야 함을 나타냄.

① ㄱ: '작다¹'의 「1」을 고려할 때 '작다'가 맞겠군.
② ㄴ: '작다¹'의 「2」를 고려할 때 '작다'가 맞겠군.
③ ㄷ: '작다¹'의 「3」을 고려할 때 '작다'가 맞겠군.
④ ㄹ: '작다¹'의 「4」를 고려할 때 '작다'가 맞겠군.
⑤ ㅁ: '작다¹', '작다²'와 '적다²'를 고려할 때 '적다'가 맞겠군.

15

〈보기〉의 '학습 자료'를 바탕으로 '학습 과제'를 수행한 결과로 적절하지 <u>않은</u> 것은?

━━━〈보기〉━━━

[학습 자료]
• 직접 인용: 원래의 말이나 글을 그대로 큰따옴표(" ")에 넣어 인용하는 것. 조사 '라고'를 사용함.
• 간접 인용: 인용된 말이나 글을 자신의 관점에서 다시 서술하여 표현하는 것. 조사 '고'를 사용함.

[학습 과제]

　밑줄 친 부분에 주목하여 직접 인용을 간접 인용으로 바꾸어 보자.

ㄱ. 지아가 "꽃이 벌써 <u>폈구나!</u>"라고 했다.
　→ 지아가 꽃이 벌써 <u>폈다</u>고 했다.
ㄴ. 지아가 "버스가 벌써 <u>갔어요.</u>"라고 했다.
　→ 지아가 버스가 벌써 <u>갔다</u>고 했다.
ㄷ. 나는 어제 지아에게 "<u>내일</u> 보자."라고 했다.
　→ 나는 어제 지아에게 오늘 보자고 했다.
ㄹ. 전학을 간 지아는 "<u>이</u> 학교가 좋다."라고 했다.
　→ 전학을 간 지아는 <u>그</u> 학교가 좋다고 했다.
ㅁ. 지아는 나에게 "민지가 <u>너를</u> 불렀다."라고 했다.
　→ 지아는 나에게 민지가 <u>자기를</u> 불렀다고 했다.

① ㄱ　　② ㄴ　　③ ㄷ　　④ ㄹ　　⑤ ㅁ

(가) 잠깐 초록을 본 마음이 돌아가지 않는다.
　　초록에 붙잡힌 마음이
　　초록에 붙어 바람에 세차게 흔들리는 마음이
　　종일 떨어지지 않는다
　　여리고 연하지만 불길처럼 이글이글 휘어지는 초록
　　땅에 박힌 심지에서 끝없이 솟구치는 초록
　　나무들이 온몸의 진액을 다 쏟아내는 초록
　　ⓐ 지금 저 초록 아래에서는
　　얼마나 많은 잔뿌리들이 발끝에 힘주고 있을까
　　초록은 수많은 수직선 사이에 있다
　　수직선들을 조금씩 지우며 번져가고 있다
　　직선과 사각에 **밀려 꺼졌다가는 다시 살아나고 있다**
　　흙이란 흙은 도로와 건물로 모조리 딱딱하게 덮인 줄
알았는데
　　이렇게 많은 초록이 **갑자기 일어날 줄은 몰랐다**
　　아무렇게나 버려지고 잘리고 갇힌 것들이
　　자투리땅에서 이렇게 크게 세상을 덮을 줄은 몰랐다
　┌ 콘크리트 갈라진 틈에서도 솟아나고 있는
　│ 저 저돌적인 고요
[A]│ 단단하고 건조한 것들에게 옮겨 붙고 있는
　└ 저 촉촉한 불길

　　　　　　　　　　　　　　　　　– 김기택, 〈초록이 세상을 덮는다〉

(나) 어져 내 일이야 무슨 일 하다 하고
　　굳은 이 다 빠지고 **검던 털**이 희었네
　　어우와 소장불노력하고 노대에 도상비로다*　　〈제1수〉

　　셋 넷 다섯 어제인 듯 열 스물 얼핏 지나
　　서른 마흔 한 일 없이 쉰 예순 넘는단 말인가
　　장부의 허다 사업을 못 다 하고 늙었느냐　　〈제2수〉

　　생원이 무엇인가 **급제도 헛일**이니
　　밭 갈고 논 매더면 설마한들 배고프리
　　이제야 아무리 애달픈들 몸이 늙어 못하올쇠　　〈제3수〉

　　너희는 젊었느냐 나는 **이미 늙었구나**
　　젊다 하고 믿지 마라 나도 일찍 젊었더니
　　젊어서 흐느적흐느적하다가 늙어지면 거짓 것이*　　〈제4수〉

　　ⓑ 재산인들 부디 말며 과갑인들 마다 할까
　　재산이 유수하고 과갑은 재천하니*
　　하오면 못할 이 없기는 착한 일인가 하노라　　〈제5수〉

　　내 몸이 못하고서 너희더러 하라기는
　　내 못하여 애달프니 너희나 하여라
　　청년의 아니하면 늙은 후 또 내 되리　　〈제6수〉

　　　　　　　　　　　　　　　　　– 김약련, 〈두암육가〉

* 소장불노력하고 노대에 도상비로다: 젊어서 노력하지 않고, 늙어서
　상심과 슬픔뿐이로다.
* 거짓 것이: 거짓말처럼 허망한 것이
* 재산이 유수하고 과갑은 재천하니: 재산은 운수가 있어야 하고 과거
　급제는 하늘에 달렸으니

16

(가)와 (나)의 표현상 공통점으로 가장 적절한 것은?

① 대조적 표현을 활용하여 주제 의식을 부각하고 있다.
② 일부 시행을 명사로 마무리하여 여운을 남기고 있다.
③ 수미상관의 기법을 활용하여 리듬감을 조성하고 있다.
④ 명령적 어조를 사용하여 화자의 의지를 표출하고 있다.
⑤ 감탄사를 사용하여 대상에 대한 예찬을 드러내고 있다.

17

**〈보기〉를 바탕으로 (가)와 (나)를 감상한 내용으로 적절하지 않은
것은? [3점]**

> ────〈보기〉────
>
> 　사물을 바라보거나 삶을 되돌아보며 사색하는 경험을 통해
> 깨달음을 얻을 수 있다. (가)의 화자는 도시 공간에서 마주한
> '초록'에 사로잡혀 초록을 들여다보며 그것이 지닌 생명력을
> 깨닫고, 이에 대한 감탄과 놀라움을 드러낸다. (나)의 화자는
> 자신의 백발을 바라보며 현재의 처지를 한탄하는 데 그치지
> 않고 지난 삶을 돌아보며 깨달은 바를 젊은이에게 전달하고
> 있다.

① (가)의 '잠깐 초록을 본' 것과 (나)의 '검던 털'이 하얘진
　모습을 본 것은 사색을 시작하는 계기가 되는군.
② (가)의 '초록에 붙잡힌 마음'은 '초록'에 매료된 심리를,
　(나)의 '밭 갈고 논 매더면 설마한들 배고프리'는 넉넉지
　않은 현실을 초래한 지난 삶에 대한 아쉬움을 나타내고
　있군.
③ (가)의 '수직선들을 조금씩 지우며'를 통해 '초록'이 도시
　공간과 균형을 이루기를, (나)의 '늙은 후 또 내 되리'를
　통해 젊은이가 과오를 저지르지 않기를 바라고 있군.
④ (가)의 '밀려 꺼졌다가는 다시 살아나고 있'는 것에서
　'초록'의 끈질긴 생명력을, (나)의 '급제도 헛일'에서
　출세를 위한 삶이 전부가 아님을 깨닫고 있군.
⑤ (가)의 '갑자기 일어날 줄은 몰랐다'는 '초록'의 새로운
　모습을 발견한 놀라움을, (나)의 '이미 늙었구나'는 현재의
　처지에 대한 탄식을 드러내고 있군.

18

[A]에 대한 설명으로 가장 적절한 것은?

① 지시 표현을 사용하여 대상에 대한 화자의 심리적 거부감을 나타내고 있다.
② 유사한 문장 구조를 반복하여 대상이 갖는 역동적 이미지를 나타내고 있다.
③ 점층적인 표현을 사용하여 대상에 대한 화자의 태도 변화를 드러내고 있다.
④ 하나의 문장을 두 개의 시행으로 나누어 대상의 순환 과정을 제시하고 있다.
⑤ 모순된 표현을 활용하여 대상과 자신을 동일시하는 화자의 모습을 드러내고 있다.

19

(나)에 대한 이해로 적절하지 <u>않은</u> 것은?

① 〈제1수〉의 '어져 내 일이야'에 담긴 한탄은, 〈제2수〉의 '장부의 허다 사업'을 못 다 한 데서 비롯되는군.
② 〈제1수〉의 '노대에 도상비로다'에 담긴 애상감은, 〈제4수〉의 '늙어지면 거짓 것이'로 이어지는군.
③ 〈제2수〉의 '서른 마흔 한 일 없이'에 담긴 반성은, 〈제4수〉의 '젊어서 흐느적흐느적'하지 말라는 당부로 나타나는군.
④ 〈제3수〉의 '이제야 아무리 애달픈들'과 〈제6수〉의 '내 못하여 애달프니'에는 세월의 무상감에서 벗어나고자 하는 심리가 드러나는군.
⑤ 〈제5수〉의 '하오면 못할 이 없기는 착한 일'은, 〈제6수〉의 '너희더러 하라'에서 권유하는 내용이겠군.

20

시상의 흐름을 고려하여 ㉠과 ㉡을 비교한 내용으로 가장 적절한 것은?

① ㉠에는 대상을 향한 화자의 애정이, ㉡에는 청자를 향한 화자의 원망이 나타나 있다.
② ㉠에는 대상과 화자 사이의 이질감이, ㉡에는 대상에 대한 화자의 거부감이 드러나 있다.
③ ㉠에는 감춰진 진실에 대한 화자의 회의가, ㉡에는 화자의 현재 상황에 대한 의문이 나타나 있다.
④ ㉠에는 힘의 근원에 대한 화자의 상상이, ㉡에는 뜻대로 되지 않는 삶에 대한 화자의 인식이 드러나 있다.
⑤ ㉠에는 문제의 원인에 대한 화자의 성찰이, ㉡에는 예상치 못한 결과를 수용하는 화자의 모습이 나타나 있다.

[21~24] 다음 글을 읽고 물음에 답하시오.

20세기 초 유럽에서 일어난 과학 문명의 발전은 현실을 이루는 법칙을 하나씩 부정하였다. 절대적이라고 믿어 왔던 시공간마저 상대적인 것으로 밝혀지면서, 사람들은 기존에 당연시되어 온 인식에 의문을 품었다. 이는 서양의 회화에도 영향을 미쳐 큐비즘이라는 새로운 미술 양식을 탄생시켰다.

큐비즘은 대상의 사실적 재현에 집중했던 전통 회화와 달리, 대상의 본질을 구현하기 위해 그 근원적 형태를 그려 내는 것을 목표로 삼았다. 이를 위해 대상의 본질과 관련 없는 세부적 묘사를 배제하고 구와 원기둥 등의 기하학적 형태로 대상을 단순화하여 질감과 부피감을 부각하였다. 색채 또한 본질 구현에 있어 부차적인 것으로 판단하여 몇 가지 색으로 제한하였다.

또한 큐비즘은 하나의 시점으로는 대상의 한쪽 형태밖에 표현할 수 없다고 생각하여, 하나의 시점에서 대상을 보고 표현하는 원근법을 거부하였다. 그리고 대상의 전체 형태를 표현하기 위해 다중 시점을 적용하였는데, 이는 여러 시점에서 관찰한 대상을 한 화면에 그려 내고자 한 기법이다. 예를 들어, 한 인물을 그릴 때 얼굴의 정면과 측면을 동시에 표현함으로써 대상의 전체 형태를 관람자들에게 보여 주는 것이다. 이렇게 큐비즘은 사실적 재현에서 벗어나 대상의 근원적 형태를 표현하려 하였으며, 관람자들에게 새로운 미적 인식을 환기하였다.

대상의 형태를 더 다양한 시점으로 보여 주려는 시도는 다중 시점의 극단화로 치달았는데, 이 시기의 큐비즘을 ⓐ 분석적 큐비즘이라고 일컫는다. 분석적 큐비즘은 대상을 여러 시점으로 해체하여 작은 격자 형태로 쪼개어 표현했고, 색채 또한 대상의 고유색이 아닌 무채색으로 한정하였다. 해체 정도가 심해짐에 따라 대상은 부피감이 사라질 정도로 완전히 분해되었다. 이로 인해 관람자는 대상이 무엇인지조차 알아볼 수 없게 되었고, 제목이나 삽입된 문자를 통해서만 대상이 무엇인지 추측할 수 있게 되었다.

㉠대상이 극단적으로 해체되어 형태를 파악하지 못하게 된 문제를 해결하기 위해, 큐비즘은 화면 안으로 실제 대상 혹은 대상의 특성을 잘 드러내는 화면 밖의 재료들을 끌어들였다. 이것을 ⓑ 종합적 큐비즘이라고 일컫는다. 종합적 큐비즘의 특징을 보여 주는 대표적 기법으로는 '파피에 콜레'가 있다. 이는 화면에 신문이나 벽지 등의 실제 종이를 오려 붙여 대상의 특성을 표현하는 기법이다. 예를 들어, 나무 탁자의 질감을 표현하기 위해 화면에 나뭇결무늬의 종이를 직접 붙였다. 화면에 붙인 종이의 색으로 인해 색채도 다시 살아났다.

큐비즘은 대상의 근원적 형태를 화면에 구현하기 위해 대상을 표현하는 새로운 방법을 모색하였다. 큐비즘이 대상의 형태를 실제에서 해방한 것은 회화 예술에 무한한 표현의 가능성을 가져다주었다. 이는 표현 대상을 보이는 세계에 한정하지 않는 현대 추상 회화의 탄생에 직접적인 영향을 미쳤다.

21

윗글에서 알 수 있는 내용으로 적절하지 <u>않은</u> 것은?

① 큐비즘이 사용한 표현 기법
② 큐비즘이 등장한 시대적 배경
③ 큐비즘에 대한 다른 화가들의 논쟁
④ 큐비즘의 작품 경향이 변화된 양상
⑤ 큐비즘이 현대 추상 회화에 미친 영향

22

㉠을 이해한 내용으로 가장 적절한 것은?

① 대상의 본질을 화면에 구현하기 위해 다중 시점에 집착한 결과이겠군.
② 인식의 절대적 기준을 제시하기 위해 대상의 변화를 무시한 결과이겠군.
③ 화면의 공간을 사실적으로 표현하기 위해 대상의 형태를 희생한 결과이겠군.
④ 기하학적 형태에서 탈피하기 위해 대상의 정면과 측면을 동시에 표현한 결과이겠군.
⑤ 관람자들에게 새로운 미적 인식을 환기하기 위해 대상을 있는 그대로 재현한 결과이겠군.

23

ⓐ와 ⓑ에 대한 설명으로 가장 적절한 것은?

① ⓐ는 ⓑ와 달리 고유색을 통해 대상을 그려 낸다.
② ⓐ는 ⓑ와 달리 삽입된 문자로만 대상을 드러낸다.
③ ⓑ는 ⓐ와 달리 작은 격자 형태로 대상을 해체한다.
④ ⓑ는 ⓐ와 달리 화면 밖의 재료를 활용해 대상을 표현한다.
⑤ ⓐ와 ⓑ는 모두 질감과 부피감을 살려서 대상을 형상화한다.

24

윗글을 바탕으로 〈보기〉의 작품을 감상한 내용으로 적절하지 <u>않은</u> 것은? [3점]

<보기>

브라크의 〈에스타크의 집들〉은 집과 나무를 그린 풍경화이다. 그런데 회화 속 풍경은 실제와 다르다. 집에 당연히 있어야 할 문이 생략되어 있으며, 집들은 부피감이 두드러지는 입방체 형태로 단순화되어 있다. 그림자의 방향은 일관성 없이 다양하게 표현되어 광원이 하나가 아님을 알 수 있다. 그리고 집과 나무는 모두 황토색과 초록색, 회색으로 칠해져 있다. 큐비즘의 시작을 알린 이 풍경화는 처음 공개되었을 때 평론가로부터 "작은 입방체(cube)를 그렸다."라는 비판을 받았는데, 이는 '큐비즘(Cubism)'이라는 명칭의 기원이 되었다.

① 집이 입방체 형태로 단순화된 것은 대상의 근원적 형태를 드러내기 위한 것이겠군.
② 풍경의 모습이 실제와 다른 것은 관찰한 대상이 무엇인지 추측할 수 없도록 하기 위한 것이겠군.
③ 그림자의 방향이 일관성 없이 다양하게 표현된 것은 하나의 시점을 강제하는 원근법을 거부한 것이겠군.
④ 집에 당연히 있어야 할 문이 없는 것은 세부적 묘사는 대상의 본질과 관련이 없다는 생각을 반영한 것이겠군.
⑤ 색이 황토색, 초록색, 회색으로 제한된 것은 색채는 본질을 구현하는 데 부차적인 요소라는 생각에 근거한 것이겠군.

[25~28] 다음 글을 읽고 물음에 답하시오.

[앞부분 줄거리] 설렁탕집 주인 '달평 씨'는 선행은 아무도 모르게 해야 한다는 신념을 가진 인물이다. 그러나 우연히 신문 기자들에 의해 선행이 과장되어 세상에 알려지면서 달평 씨는 대중들의 시선을 의식하게 되고, 본래 자신의 모습을 잃어버리는 첫 번째 죽음을 맞게 된다.

그러나 어쩐 일인지 세상 사람들의 관심은 달평 씨에게서 자꾸 멀어져가고 있었다. 그것을 눈치 못 챌 매스컴들이 아니었다. 달평 씨의 미담이 **세상 사람들에게 알려지는 기회가 부쩍 줄어들었다.**

그러나 달평 씨는 거기서 물러설 위인이 아니었다. **그가 입을 더 크게 벌렸다.**

"나는 전과잡니다. 용서 못 받을 죄를 수없이 지고도 뻔뻔스럽게 살아온 흉악무도한 죄인입니다."

달평 씨는 듣기에 **끔찍한 지난날 자기의 악행**을 요목요목 들추어 만천하에 공개하기 시작했다. 치한, 사기, 모리배, 폭력…… 등등, 그는 초빙되어 간 그 강단에 서서 꾸벅꾸벅 조는 사람들의 머리를 들게 하고 그 쳐든 얼굴에 공포를 끼얹었다. 그다음에 그가 보여 주는 연기는 참회하는 자의 흐느낌과 손수건을 적시는 눈물이었다. 그리고 그는 결론짓곤 했다.

"여러분은 이제 내가 어째서 내 식구의 배를 굶겨 가면서 나보다 못사는 사람, 나보다 불우한 이웃을 위하는 일에 몸을 던졌는가를 아시게 되었을 겁니다."

청중들이 떠나갈 듯 박수를 치며 고개를 크게 주억거렸다.

"어머니, 그게 사실입니까? 아버지가 신문에 난 것처럼 그렇게 나쁜 죄를 많이 진 분입니까?"

달평 씨의 아들딸이 숨 가쁘게 달려와 어머니의 얼굴을 쳐다보았다. 그들은 그제야 어머니의 얼굴에 전에는 전혀 볼 수 없었던 그늘이 깔려 있음을 발견했다. 그네의 입에서 나온 대답 역시 전과는 달리 남편이 밖에서 한 말을 부정하는 것이었다.

"아니다, 느 아버진 결코 그렇게 나쁜 짓을 할 어른이 아니다."

"그럼, 뭡니까? 아버진 왜 당신의 입으로 그런 말을 하시는 겁니까?"

그러나 달평 씨의 부인은 더 대답하지 않고, 신문을 보고 부쩍 늘어난, 얼굴이 험악한 사람들의 식당 방문을 맞기 위해 일어서고 있었을 뿐이다. 어떻든 달평 씨의 그러한 ㉠**폭탄선언**으로 인해 세상 사람들은 **다시 달평 씨를 입에 올리기 시작했던 것이다.** 얼굴이 험악하게 생긴 사람들이 찾아와 손을 벌리기 시작했고 그들이 만든 무슨 **친선 단체의 회장직 감투**가 여지없이 **달평 씨에게 씌워**지기도 했다.

그러나 날 샌 원수 없고 밤 지난 은혜 없다고 세상 사람들은 모든 걸 너무나 쉽게 잊었다. 세상 사람들은 달평 씨를 다시 그들의 관심 밖으로 내동댕이쳤다. 보은식당의 종업원들은 식당 안에서 나폴레옹처럼 초조하게 서성거리는 달평 씨의 모습을 더욱 자주 보게 되었다.

"오늘 A 주간 신문 기자가 왔다 갔지?"

어느 날 밖에 나갔다 들어온 달평 씨가 그의 부인한테 물었다.

"예, 왔었어요."

"와서 뭘 물읍데까?"

"당신이 정말 옛날에 그런 나쁜 짓을 한 사실이 있느냐고 묻더군요?"

"그래서?"

"모른다고 했지요, 제가 잘 모르는 일이기 때문에……."

후우 가슴이라도 쓸어내릴 듯 숨을 내쉬던 달평 씨가 손가락을 동그랗게 해 보이며 물었다.

"그래, 얼마나 쥐여 보냈소?"

"아무것도요, 마침 돈이 집에 하나도 없어서."

"뭐라구? 그래, 그 사람을 빈손으로 보냈단 말이야?"

"아무래도 식당 문을 닫아야 할까 봐요. 지난 기 세금도 아직……."

"뭐야? 도대체 여편네가 장살 어떻게 하길래 그따위 소릴 하는 거야?"

그러나 달평 씨의 부인은 사자처럼 포효하는 남편한테 맞서 대들지 않았다. 언제나처럼 조용한 얼굴로 식당에 찾아온 손님을 맞았을 뿐이다.

이때 식당에 와 있던 달평 씨의 **아들딸들**이 어머니 대신 우, 하고 일어섰던 것이다.

"아버지, 도대체 왜 이러시는 거예요?"

"아버지, 지금 우리 집 형편이 어떻게 돌아가고 있는지 아시고나 계신 겁니까?"

"아빠, 아빠보다 열 배, 아니 백 배, 천 배, 만 배도 더 잘사는 사람들도 못하는 일을 아빠가 어떻게 하신다고 그러시는 거예요? **아빠, 오른손이 하는 일을 왼손이 모르게 하라는 말 생각 안 나세요?**"

"아버지, 제발 정신 좀 차리세요!"

자식들이 내쏟는 그 공박에 속수무책으로 멍청히 듣고만 있던 달평 씨가 벌떡 일어나 종업원들도 다 있는 그 자리에서 ㉡**폭탄선언**을 한 것이 바로 그때였다.

그것은 정말 대형 폭탄이었다. 어쩌면 달평 씨가 가진 마지막 카드였을 것이다.

"내 이 말은 더 있다가 하려 했었지만…… 기왕 아무 때고 알아야 할 일…… 올 것은 빨리 오는 게 피차……."

여느 때와 달리 말까지 더듬어 대는 달평 씨의 목소리는 사뭇 비장한 느낌까지 드는 것이었다. 종업원들까지 숨을 죽였다.

"너희 셋은 모두 내 핏줄이 아냐. 기철이 넌 호남선 기차간에서 주웠고, 기수 넌 서울역 광장에 버려진 걸 주워온 거고, 애숙이 넌 파주 양갈보촌이 네 고향이지. 물론 남들한테야 저기 있는 느덜 어머니 배 속으로 난 것처럼 연극을 해왔다만……."

　얼굴이 하얗게 질린 달평 씨의 세 남매가 서로 얼굴을 마주본 다음 황황히 눈길을 피하며, 구원이라도 청하듯 카운터에 앉은 그들 어머니 쪽으로 고개를 돌렸다.
　그때 달평 씨의 부인이 이제까지 그 누구도 보지 못했던 분연한 얼굴 표정으로 일어섰던 것이다. 그네가 소리쳤다.
　"여보, 이젠 당신 자식들까지 팔아먹을 작정이에요?"
　가속으로 무너져 내려 더 어찌할 길 없는 남편의 그 두 번째 죽음의 순간에 이처럼 거연히 부르짖고 일어선 **그네의 외침**은 우리의 **달평 씨를 다시 한번 살려 낼 오직 한 가닥의 빛**이었던 것이다.

– 전상국, 〈달평 씨의 두 번째 죽음〉

25

윗글에 대한 설명으로 적절하지 <u>않은</u> 것은?

① 공간적 배경을 통해 인물의 심리를 암시하고 있다.
② 비유적 표현을 통해 인물의 행동을 묘사하고 있다.
③ 대화를 통해 인물들 간의 갈등 상황을 드러내고 있다.
④ 시간의 흐름에 따라 사건을 순차적으로 전개하고 있다.
⑤ 서술자가 작중 상황에 대해 자신의 생각을 드러내고 있다.

26

윗글을 이해한 내용으로 가장 적절한 것은?

① 청중들은 달평 씨의 강연을 듣고 나서 심드렁해 했다.
② 달평 씨의 아들딸은 어머니의 발언으로 인해 아버지를 이해하게 되었다.
③ 종업원들은 달평 씨에게 경제적 어려움을 호소하며 도움을 요청했다.
④ 달평 씨는 A 주간 신문 기자를 만나 새로운 선행을 알릴 수 있었다.
⑤ 달평 씨의 부인은 어려워진 식당 운영에 대해 화를 내는 남편에게 맞서 대들지 않았다.

27

〈보기〉를 참고하여 윗글을 감상한 내용으로 적절하지 <u>않은</u> 것은?

[3점]

〈보기〉

　이 작품은 주인공인 '달평 씨'가 대중의 시선을 지나치게 의식하게 되면서 몰락해 가는 과정을 그리고 있다. 순수한 의도로 선행을 베풀어 오던 달평 씨는 언론에 의해 유명세를 치르게 된 후 그것에 중독되어, 자극적인 정보에만 반응하는 대중과 언론의 관심을 끌기 위해 보여 주기식 선행을 베풀고 거짓을 지어낸다. 그러한 허위의식으로 인해 그는 점점 자신의 정체성을 잃어가고, 끝내 가족까지 파탄에 이르게 한다.

① '세상 사람들에게 알려지는 기회가 부쩍 줄어들'자 '입을 더 크게 벌'리는 달평 씨의 모습에서 대중의 관심을 얻고자 하는 인물의 욕심이 드러나는군.
② '끔찍한 지난날 자기의 악행'을 공개하자 '다시 달평 씨를 입에 올리기 시작'하는 사람들을 통해 자극적인 정보에만 반응하는 대중들의 모습을 보여 주는군.
③ '달평 씨에게 씌워'진 '친선 단체의 회장직 감투'를 거부하지 않은 것은 불우한 사람들까지도 철저하게 속이려는 달평 씨의 허위의식을 보여 주는군.
④ '오른손이 하는 일을 왼손이 모르게 하라는 말 생각 안 나'느냐고 묻는 '아들딸들'의 말을 통해 달평 씨가 보여 주기식 선행을 베풀고 있음이 드러나는군.
⑤ '달평 씨를 다시 한번 살려 낼 오직 한 가닥의 빛'인 '그네의 외침'은 달평 씨가 더 이상 파탄의 길로 가지 않도록 하는 아내의 저항이겠군.

28

㉠, ㉡을 이해한 내용으로 가장 적절한 것은?

① ㉠은 사건의 초점을 다른 인물로 전환시키려는 행위이다.
② ㉡은 다른 인물들이 과거에 벌인 일들을 폭로하는 행위이다.
③ ㉠은 상대의 입장을 이해하기 위한, ㉡은 상대의 의심을 피하기 위한 행위이다.
④ ㉡은 ㉠으로 인해 발생한 사건의 전말을 드러내려는 행위이다.
⑤ ㉠과 ㉡은 모두 반향을 일으켜 자신이 처한 상황을 바꾸어 보려는 행위이다.

[29~32] 다음 글을 읽고 물음에 답하시오.

춘풍 아내 곁에 앉아 하는 말이

[A]
"마오 마오 그리 마오. 청루미색* 좋아 마오. 자고로 이런 사람이 어찌 망하지 않을까? 내 말을 자세히 들어보소. 미나리골 박화진이라는 이는 청루미색 즐기다가 나중에는 굶어 죽고, 남산 밑에 이 패두는 소년 시절 부자였으나 주색에 빠져 다니다가 늙어서는 상거지 되고, 모시전골 김 부자는 술 잘 먹기 유명하여 누룩 장수가 도망을 다니기로 장안에 유명터니 수만금을 다 없애고 끝내 똥 장수가 되었다니, 이것으로 두고 볼지라도 청루잡기 잡된 마음 부디부디 좋아 마소."

춘풍이 대답하되,

[B]
"자네 내 말 들어보게. 그 말이 다 옳다 하되, 이 앞집 매갈쇠는 한잔 술도 못 먹어도 돈 한 푼 못 모으고, 비우고개 이도명은 오십이 다 되도록 주색을 몰랐으되 남의 집만 평생 살고, 탁골 사는 먹돌이는 투전 잡기 몰랐으되 수천 금 다 없애고 나중에는 굶어 죽었으니, 이런 일을 두고 볼지라도 주색잡기* 안 한다고 잘 사는 바 없느니라. 내 말 자네 들어보게. 술 잘 먹던 이태백은 호사스런 술잔으로 매일 장취 놀았으되 한림학사 다 지내고 투전에 으뜸인 원두표는 잡기를 방탕히 하여 소년부터 유명했으나 나중에 잘되어서 정승 벼슬 하였으니, 이로 두고 볼진대 주색잡기 좋아하기는 장부의 할 바라. 나도 이리 노닐다가 나중에 일품 정승 되어 후세에 전하리라."

아내의 말을 아니 듣고 수틀리면 때리기와 전곡 남용 일삼으니 이런 변이 또 있을까? 이리저리 놀고 나니 집안 형용 볼 것 없다.

㉠"다 내 몸에 정해진 일이요, 내 이제야 허물을 뉘우치고 책망하는 마음이 절로 난다."

아내에게 지성으로 비는 말이

"노여워 말고 슬퍼 마소. 내 마음에 자책하여 가끔 말하기를, '오늘의 옳음과 어제의 잘못을 깨달았노라'고 한다오. 지난 일은 고사하고 가난하여 못 살겠네. 어이 하여 살잔 말인고? 오늘부터 집안의 모든 일을 자네에게 맡기나니 마음대로 치산하여 의식이 염려 없게 하여 주오."

춘풍 아내 이른 말이,

㉡"부모 유산 수만금을 청루 중에 다 들이밀고 이 지경이 되었는데 이후에는 더욱 근심이 많을 것이니, 약간 돈냥이나 있다 한들 그 무엇이 남겠소?"

춘풍이 대답하되,

"자네 하는 말이 나를 별로 못 믿겠거든 이후로는 주색잡기 아니하기로 결단하는 각서를 써서 줌세."

[중략 부분 줄거리] 춘풍 아내가 열심히 품을 팔아 집안을 일으키자 춘풍은 다시 교만해지고, 아내의 만류에도 호조에서 이천 냥을 빌려 평양으로 장사를 떠나게 된다. 춘풍이 평양에서 기생 추월의 유혹에 넘어가 장사는 하지 않고 재물을 모두 탕진한 채 추월의 하인이 되었다는 소식을 듣고 춘풍의 아내가 통곡한다.

이리 한참 울다가 도로 풀고 생각하되,

'우리 가장 경성으로 데려다가 호조 돈 이천 냥을 한 푼 없이 다 갚은 후에 의식 염려 아니하고 부부 둘이 화락하여 백 년 동락하여 보자. 평생의 한이로다.'

마침 그때 김 승지 댁이 있으되 승지는 이미 죽고, 맏자제가 문장을 잘해 소년 급제하여 한림 옥당 다 지내고 도승지를 지낸 고로, 작년에 평양 감사 두 번째 물망에 있다가 올해 평양 감사 하려고 도모한단 말을 사환 편에 들었것다. 승지 댁이 가난하여 아침저녁으로 국록을 타서 많은 식구들이 사는 중에 그 댁에 노부인 있다는 말을 듣고, 바느질품을 얻으려고 그 댁에 들어가니, 후원 별당 깊은 곳에 도승지의 모부인이 누웠는데 형편이 가난키로 식사도 부족하고 의복도 초췌하다. 춘풍 아내 생각하되,

'이 댁에 붙어서 우리 가장 살려내고 추월에게 복수도 할까.'

하고 바느질, 길쌈 힘써 일해 얻은 돈냥 다 들여서 승지 댁 부인에게 아침저녁으로 진지를 올리고, 노부인께 맛난 차담상을 특별히 간간이 차려드리거늘, 부인이 감지덕지 치사하며 하는 말이,

"이 은혜를 어찌할꼬?"

주야로 유념하니, 하루는 춘풍의 처더러 이르는 말이,

㉢"내 들으니 네가 집안이 기울어서 바느질품으로 산다 하던데, 날마다 차담상을 차려 때때로 들여오니 먹기는 좋으나 불안하도다."

춘풍 아내 여쭈되,

"소녀가 혼자 먹기 어렵기로 마누라님 전에 드렸는데 칭찬을 받사오니 오히려 감사하여이다."

대부인이 이 말을 듣고 춘풍의 처를 못내 기특히 생각하더라. 하루는 도승지가 대부인 전에 문안하고 여쭈되,

"요사이는 어머님 기후가 좋으신지 화기가 얼굴에 가득하옵니다."

대부인 하는 말씀이,

"기특한 일 보았도다. 앞집 춘풍의 지어미가 좋은 차담상을 일 차려오니 내 기운이 절로 나고 정성에 감격하는구나."

승지가 이 말을 듣고 춘풍의 처를 귀하게 보아 매일 사랑하시더니, 천만 의외로 김 승지가 평양 감사가 되었구나. 춘풍 아내, 부인 진에 문안하고 여쭈되,

"승지 대감, 평양 감사 하였사오니 이런 경사 어디 있사오리까?"

부인이 이른 말이,
ⓔ "나도 평양으로 내려 갈 제, 너도 함께 따라가서 춘풍이나 찾아보아라."
하니 춘풍 아내 여쭈되,
"소녀는 고사하옵고 오라비가 있사오니 비장*으로 데려가 주시길 바라나이다."
대부인이 이른 말이,
ⓜ "네 청이야 아니 듣겠느냐? 그리하라."
허락하고 감사에게 그 말을 하니 감사도 허락하고,
"회계 비장 하라."
하니 좋을시고, 좋을시고. 춘풍의 아내 없던 오라비를 보낼쏜가? 제가 손수 가려고 여자 의복 벗어놓고 남자 의복 치장한다.

– 작자 미상, 〈이춘풍전〉

* 청루미색: 기생집의 아름다운 기녀
* 주색잡기: 술과 여자와 노름을 아울러 이르는 말
* 비장: 감사를 따라다니며 일을 돕는 무관 벼슬

29

윗글을 이해한 내용으로 적절하지 <u>않은</u> 것은?

① 춘풍은 호조 돈 이천 냥을 빌려 평양으로 떠났다.
② 춘풍 아내는 바느질품을 팔며 생계를 이었다.
③ 춘풍 아내는 춘풍의 잘못에도 가정의 화목을 바라고 있다.
④ 도승지는 평양 감사직을 연이어 두 번 맡게 되었다.
⑤ 대부인은 도승지에게 춘풍 아내의 정성을 칭찬하였다.

30

[A], [B]에 대한 설명으로 가장 적절한 것은?

① [A]는 권위를 내세워 행위의 당위성을 강조하고 있다.
② [B]는 상대의 주장을 수용하여 태도에 변화를 보이고 있다.
③ [A]는 [B]의 내용을 예측하여 반박의 여지를 차단하고 있다.
④ [B]는 [A]의 반례를 들어서 자신의 행동을 합리화하고 있다.
⑤ [A]와 [B]는 모두 영웅의 행적을 주장의 근거로 삼고 있다.

31

㉠~㉤을 이해한 내용으로 적절하지 <u>않은</u> 것은?

① ㉠: 다른 사람의 잘못을 자신의 탓으로 여기고 있다.
② ㉡: 앞으로의 상황이 악화될 것을 염려하고 있다.
③ ㉢: 상대방의 호의를 부담스럽게 생각하고 있다.
④ ㉣: 상대의 처지를 고려해 동행을 권유하고 있다.
⑤ ㉤: 신의를 바탕으로 요청을 흔쾌히 수락하고 있다.

32

〈보기〉를 바탕으로 윗글을 감상한 내용으로 적절하지 <u>않은</u> 것은?

[3점]

<보기>

이 작품은 남편이 저지른 일을 아내가 수습하는 서사가 중심이 된다. 춘풍은 가장이지만 경제관념 없이 현실적 쾌락만을 추구하며 자신이 초래한 문제를 해결하려 하지 않는다. 반면, 춘풍 아내는 적극적으로 현실의 문제를 해결하려는 의지를 갖고 주도면밀하게 목적을 달성한다. 이러한 두 인물의 대비되는 특징으로 인해 무능한 가장의 모습과 주체적인 아내의 역할 및 능력이 부각된다.

① 춘풍이 가난을 불평하며 아내에게 집안일에 대한 모든 권리를 넘기는 것에서 무책임한 가장의 모습을 엿볼 수 있군.
② 춘풍이 전곡을 남용하고 주색잡기에 빠져 있는 것에서 경제 관념 없이 현실적 쾌락을 추구하는 모습을 엿볼 수 있군.
③ 춘풍 아내가 사환에게 정보를 얻고 김 승지 댁 대부인에게 의도적으로 접근한 것에서 주도면밀한 모습을 엿볼 수 있군.
④ 춘풍 아내가 춘풍을 구하기 위해 비장의 지위를 획득하고 남장을 하는 것에서 적극적인 문제 해결 의지를 엿볼 수 있군.
⑤ 춘풍이 각서를 쓰고, 춘풍 아내가 차담상을 차리는 것에서 신분 상승을 통해 목적을 달성하려는 의도를 엿볼 수 있군.

(가) 기원전 3세기경 중국의 전국시대 말기는 침략과 정벌의 전쟁이 빈번하게 벌어지는 혼란의 시대였다. 이와 동시에 국가의 혼란을 해결하기 위한 길을 ⓐ모색한 여러 사상들이 융성한 시대이기도 했다.

이 시대에 활동했던 순자는 사회의 혼란과 무질서를 악(惡)이라고 규정하고 악은 온전히 인간의 성(性)에게서 비롯된 것으로 파악한다. 성이란 인간이 태어나면서부터 지니고 있는 동물적인 경향성을 일컫는 말로 욕망과 감정의 형태로 드러난다. 이 중에서 이익을 좋아하고 그것을 얻으려고 하는 인간의 성이 악을 초래한다고 보았다. 사회적 자원과 재화는 한정적인데 사람들이 모두 이기적인 욕망을 그대로 좇게 되면 그들 사이에 다툼과 쟁탈이 일어나게 된다는 것이다.

하지만 그는 인간이 성뿐만이 아니라 심(心)도 타고났기에 인간다워질 수 있고, 성에서 비롯한 사회 문제의 해결도 가능하다고 보았다. 심은 인간의 인지 능력을 뜻하는데, 인간의 감각 기관이 가져온 정보를 종합해서 인식하고 판단한다. 즉, 심은 성이 합리적인지 판단하여 성을 통제한다. 이러한 심의 작용을 통해 인간은 배우며 실천할 수 있는데, 이와 같은 인간의 의식적이고 후천적인 노력 또는 그것의 산물을 위(僞)라고 한다.

순자는 성을 변화시키는 위의 역할을 강조했는데, 특히 위의 핵심으로서 예(禮)를 언급하고 그것을 실천할 것을 주문한다. 예란 위를 ⓑ축적하여 완전한 인격체가 된 성인(聖人)이 일찍이 사회의 혼란을 우려해 만든 일체의 사회적 규범을 말한다. 이는 개인의 도덕 규범이자 나라를 다스리는 규범으로, 개인의 모든 행위의 기준이자 사회의 위계 질서를 나누는 기준이 된다. 예의 가장 중요한 기능은 ㉠신분적 차이를 구분해서 직분을 정하는 것인데 이는 인간의 욕망 추구를 긍정하되 그 적절한 기준과 한계를 설정함을 의미한다. 사회 구성원이 자신의 위치에 맞게끔 욕망을 추구하게 함으로써 다툼과 쟁탈이 없는 안정된 사회를 만들 수 있다고 생각했기 때문이다.

이때 순자는 군주 를 예의 근본으로 규정하고 그의 역할을 중시한다. 군주는 계승되어 온 예의 공통된 원칙을 지키고, 당대의 요구에 맞춰 예를 제정해야 한다. 구체적으로 군주는 백성들의 직분을 정해 주고 그들을 가르쳐 예의 길로 인도하는 역할을 수행한다. 이를 통해 백성들의 성은 교화되고 질서와 조화를 이룬 선(善)한 사회에 다다를 수 있다.

순자는 당대의 사상가들과 달리 사회 문제의 원인을 외적 상황에서 찾지 않고 인간의 타고난 성향에서 찾음으로써 인간 사회를 바라보는 새로운 관점을 제시하였다. 그러한 점에서 순자는 인간의 후천적 노력을 바탕으로 한 인간과 사회의 변화 가능성을 ⓒ신뢰한 사상가라 할 수 있다.

(나) 홉스가 살던 17세기는 종교 전쟁과 내전을 겪으며 혼란스러웠다. 이에 왕의 권력은 신으로부터 부여받은 것이라는 왕권신수설에 많은 사람들은 의문을 품게 되었다. 이러한 상황에서 홉스는 사회적 혼란을 해결하고자 신이 아닌 인간에 대한 탐구를 시작한다.

홉스는 국가 성립 과정을 설명하기 위해 국가가 성립하기 이전의 집단적 삶인 자연 상태를 가정한다. 그는 인간을 자기 보존을 추구하는 존재로 규정한다. 또한 인간은 자연 상태에서 누구나 절대적인 자유를 행사할 수 있는 권리를 지니는데, 이를 자연권이라고 말한다. 자연 상태에서 인간은 자기 보존을 위해 자신의 이익만을 추구하면서 끊임없이 싸우게 되는데 그는 전쟁과도 같은 이 상황을 '만인에 대한 만인의 투쟁'이라 ⓓ명명한다. 하지만 이 상황에서 인간이 느끼는 죽음에 대한 공포는 평화와 안전을 바라게 하는 감정을 유발하기도 한다.

이때 인간의 이성은 평화로운 상태로 나아가기 위한 최선의 법칙을 발견하는데 홉스는 이를 자연법이라 일컫는다. 자연법의 가장 근본적인 원칙은 평화를 추구하고 따르라는 것이다. 그리고 이를 위해 인간의 이성은 자연 상태에서 가졌던 권리의 상당 부분을 포기하고 그것을 양도하는 ㉡사회 계약이 필요함을 깨닫는다.

개인이 자기 보존을 위해 자발적으로 동의한 사회 계약은 두 단계에 걸쳐 이루어진다. 첫 번째 단계에서 개인과 개인은 상호 적대적인 행위를 중지하고자 자연권의 대부분을 포기하는 계약을 맺는다. 그런데 이 계약은 누군가가 이를 위반할 경우에 그것을 제재할 수단이 없다는 한계가 있어 쉽게 파기될 수 있다. 이 계약의 불안정성을 해소하고 실효성을 보장하기 위해서는 계약 위반을 제재할 강제력과 그것을 집행할 수 있는 힘의 소유자를 세우는 일이 필요하다. 이에 개인은 계약 위반을 제재할 공동의 힘을 지닌 통치자 와 두 번째 단계의 계약을 맺고 자신들의 권리를 그에게 양도한다.

이러한 계약의 과정을 거치며 '리바이어던'이라 불리는 국가가 탄생한다. 리바이어던은 본래 성서에 등장하는 무적의 힘을 가진 바다 괴물의 이름으로, 홉스는 이를 통해 계약으로 탄생한 국가의 강력한 공적 권력을 강조한 것이다. 통치자는 국가 권력의 실질적인 행사 주체로서 국가에 대한 복종을 요구하는 대신에 개인을 위험으로부터 보호하는 책무를 갖는다. 그는 강력한 처벌에 대한 규정을 만들고 개인들이 이에 따르게 함으로써 그들의 안전을 보장한다. 통치자가 개인들로부터 위임받은 권리를 정당하게 행사하여 개인들 간의 투쟁을 해소함으로써 비로소 평화로운 사회가 ⓔ구현된다.

홉스의 사회 계약론은 인간의 본성에 대한 통찰을 바탕으로 국가가 성립하게 되는 과정을 제시하고 있다. 특히 국가가 지닌 힘의 원천을 신이 아닌 자유로운 개인들에게서 찾고 있다는 점에서 근대 주권 국가의 토대를 마련했다고 할 수 있다.

33

(가)와 (나)의 공통점으로 가장 적절한 것은?

① 인간 중심적인 시각에서 벗어나 사회 현상을 분석하고 있다.
② 현실을 개선하려는 사상가의 견해와 그 의의를 제시하고 있다.
③ 종교적인 믿음을 바탕으로 성립된 권력의 개념을 밝히고 있다.
④ 국가와 국가 간의 전쟁이 야기한 사상의 탄압 양상을 설명하고 있다.
⑤ 시대적 상황의 변화에 따라 달라진 지도자의 위상을 통시적으로 설명하고 있다.

34

(가)의 군주와 (나)의 통치자에 대한 이해로 적절하지 <u>않은</u> 것은?

① 군주는 사회 구성원의 내면의 변화를 전제로 질서와 조화를 이룬 선한 사회를 만든다.
② 통치자는 신으로부터 부여받은 권리를 정당하게 행사함으로써 평화로운 사회를 만든다.
③ 군주는 백성을 사회적 위치에 맞게 행동하도록 인도하고, 통치자는 개인들의 상호 적대적인 행위의 중지를 요구한다.
④ 군주는 예를 바탕으로 한 교화를 통해, 통치자는 강력한 공적 권력을 바탕으로 한 처벌을 통해 사회의 질서를 도모한다.
⑤ 군주와 통치자는 모두 나라를 다스리는 지도자로서 사회적 역할을 이행해야 할 책무를 갖는다.

35

㉠에 대한 설명으로 가장 적절한 것은?

① 개인의 욕망보다 사회의 요구를 강조하여 심의 부작용을 막기 위한 것이다.
② 인간의 성과 심의 차이를 구분하여 새로운 도덕적 기준을 세우기 위한 것이다.
③ 사회 구성원이 심을 체득하게 하여 혼란한 사회적 상황을 해결하기 위한 것이다.
④ 개인의 도덕 규범과 나라의 통치 규범을 구분하여 사회 문제의 원인을 찾기 위한 것이다.
⑤ 한정적인 사회적 자원과 재화를 적절하게 분배하여 사회의 안정성을 추구하기 위한 것이다.

36

㉡을 이해한 내용으로 적절하지 <u>않은</u> 것은?

① 만인에 대한 만인의 투쟁 상황에서 벗어나기 위해 맺은 것이다.
② 자유를 향유할 수 있는 권리의 포기는 자발적인 동의하에 이루어진다.
③ 개인은 첫 번째 단계의 계약을 맺음으로써 공동의 힘을 제재할 수 있다.
④ 첫 번째 단계의 계약은 두 번째 단계의 계약과 달리 위반할 경우 제재 수단이 없다.
⑤ 두 번째 단계의 계약은 첫 번째 단계의 계약과 달리 개인의 권리 양도가 이루어진다.

37

(가)의 '순자'와 (나)의 '홉스'의 입장에서 〈보기〉의 상황을 이해한 내용으로 적절하지 <u>않은</u> 것은? [3점]

〈보기〉

생물학자인 개릿 하딘은 공유지에서의 자유가 초래하는 혼란한 상황을 '공유지의 비극'이라 일컬었다. 그는 한 목초지에서 벌어지는 상황을 예로 들어 이를 설명하였다.

모두가 사용할 수 있는 목초지가 있다. 한 목동은 자신의 이익을 극대화하는 방법으로 가능한 한 많은 소 떼들을 목초지에 풀어 놓는다. 다른 목동들도 같은 방법을 취하게 되고 결국 목초지는 황폐화된다.

① 순자는 목동들이 '위'를 행하였다면 목초지의 황폐화를 막을 수 있었을 것이라고 생각하겠군.
② 홉스는 목동들이 처한 상황을 자기 보존을 추구하는 욕망이 발현된 '자연 상태'라고 생각하겠군.
③ 순자는 완전한 인격체가 만든 규범이, 홉스는 강력한 국가의 개입이 필요한 상황이라고 생각하겠군.
④ 순자는 '성'을 그대로 좇는 모습으로, 홉스는 '자연권'을 행사하는 모습으로 목동들의 이기적 행동을 이해하겠군.
⑤ 순자와 홉스는 모두 목동들이 공포를 느끼게 되면 문제 상황에 대한 합리적 판단 능력을 갖게 될 것이라고 생각하겠군.

38

ⓐ~ⓔ의 사전적 의미로 적절하지 <u>않은</u> 것은?

① ⓐ: 일이나 사건 따위를 해결할 수 있는 방법이나 실마리를 더듬어 찾음.
② ⓑ: 지식, 경험, 자금 따위를 모아서 쌓음.
③ ⓒ: 자기의 주장을 굽혀 남의 의견을 좇음.
④ ⓓ: 사람, 사물, 사건 등의 대상에 이름을 지어 붙임.
⑤ ⓔ: 어떤 내용이 구체적인 사실로 나타나게 함.

　사계절이 뚜렷한 곳에서 자라는 나무는 매해 하나씩 나이테를 만들기 때문에 나이테를 세면 나무의 나이를 알 수 있다. 그렇다면 나이테는 단순히 나무의 나이를 알기 위해서만 활용되는 것일까? 그렇지 않다. 나이테는 현재 남아 있는 다양한 목제 유물들이 언제 만들어졌는지 그 제작 연도를 ⓐ규명하는 데도 활용되고 있다.

　나무의 나이테는 위치에 따라 크게 심재, 변재로 구분된다. 심재는 나무의 성장 초기에 형성된 안쪽 부분으로 생장이 거의 멈추면서 진액이 내부에 갇혀 색깔이 어둡게 변한 부분이다. 변재는 심재의 끝부터 껍질인 수피 전까지의 바깥 부분으로 물과 영양분을 공급하는 생장 세포가 활성화되어 있어 밝은 색상을 띠는 부분이다. 나무의 나이는 이 심재와 변재의 나이테 수를 합한 것이 된다.

　그런데 나무의 나이테 너비를 살펴보면 매해 그 너비가 동일하지 않다. 그 이유는 '제한 요소의 법칙'에 의해서 나무의 생장량이 결정되기 때문이다. 나무가 생장하기 위해서는 물, 빛, 온도, 이산화 탄소 등의 다양한 환경 요소가 필요한데 환경 요소들은 해마다 다르기 때문에 나이테의 너비도 변하게 된다. 그렇다고 모든 환경 요소가 나이테의 너비 변화에 영향을 주는 것은 아니다. 여러 환경 요소 중에서 가장 부족한 요소가 나이테의 너비 변화에 가장 큰 영향을 주게 되는데 이것이 바로 제한 요소의 법칙이다.

　나무가 가장 부족한 요소에 모든 생물학적 활동을 맞추는 것은 안전하게 생장하기 위한 전략이다. 만일 나무의 생장이 가장 풍족한 요소를 기준으로 이뤄진다면 생장에 필요한 생물학적 활동을 제한하는 요소가 많아져 ⓑ고사할 위험이 높아지게 될 것이기 때문이다. 제한 요소의 법칙은 모든 나무의 생장에 예외 없이 적용되며, 그 결과로 동일한 수종이 유사한 생장 환경에서 자라면 나이테의 너비 변화 패턴이 유사하다. 하지만 수종이 같더라도 지역이 다르면 생장 환경이 다르기 때문에 나이테의 너비 변화 패턴은 달라지게 된다.

　나이테를 활용하여 목제 유물에 사용된 나무의 벌채* 연도나 환경 조건을 추정하는 것을 연륜 연대 측정이라 하는데 이를 위해서는 나이테의 너비 변화 패턴을 그래프로 나타낸 ㉠연륜 연대기가 있어야 한다. 수천 년 살 수 있는 나무는 많지 않으나 아래 〈그림〉과 같은 방법으로 수천 년에 달하는 연륜 연대기 작성은 가능하다.

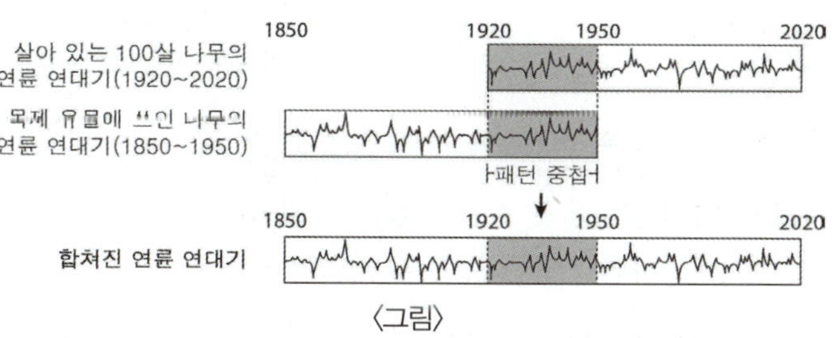

〈그림〉

　살아 있는 나무에서 나이테 너비를 ⓒ측정하면 정확한 연도가 부여된 연륜 연대기를 작성할 수 있다. 다음으로 오래지 않은 과거에 제작된 목제 유물의 나이테로 연륜 연대기를 작성하여 이미 작성된 연륜 연대기와 비교하면 패턴이 겹치는 기간을 확인할 수 있다. 그 기간은 지금 살아 있는 나무와 과거 유물에 사용된 나무가 함께 생장하던 기간이 된다. 이러한 방법으로 보다 과거의 목제 유물로 작성된 연륜 연대기와 패턴 비교를 반복하면 수백, 수천 년에 달하는 나무의 연륜 연대기 작성이 가능해진다. 이렇게 작성된 장기간의 연륜 연대기를 표준 연대기라 하는데 우리나라는 현재 소나무, 참나무, 느티나무의 표준 연대기를 ⓓ보유하고 있다. 연륜 연대 측정은 이 표준 연대기와 목제 유물의 나이테로 작성한 유물 연대기의 패턴을 비교함으로써 진행되고 그 방법은 다음과 같다.

　먼저 목제 유물의 나이테에 변재가 있는지 확인해야 한다. 나무를 가공할 때는 벌레가 먹거나 쉽게 썩는 변재의 일부 또는 전체가 잘려 나가기도 하는데 만일 유물의 나이테에 변재가 없는 경우에는 벌채 연도를 추정할 수 없게 된다.

　변재의 존재 여부를 확인한 후에는 목제 유물의 각 부분에서 나이테를 채취해 패턴이 중첩되는 부분을 비교하여 유물 연대기를 만든 다음, 비교 대상으로 사용할 표준 연대기를 정해야 한다. 이때 유물 연대기와 표준 연대기의 상관도를 나타내는 t값과 일치도를 나타내는 G값을 고려해야 하는데 100년 이상의 기간을 상호 비교할 때 t값은 3.5 이상, G값은 65% 이상의 값을 가져야 통계적으로 유의성이 있는 것으로 ⓔ간주된다.

[A]

　표준 연대기를 정한 후에는 유물 연대기와 표준 연대기의 패턴을 비교하여 중첩되는 부분의 시작 나이테의 연도부터 마지막 나이테의 연도를 확정하여 절대 연도를 부여한다. 유물의 나이테가 변재를 완전하게 갖고 있을 경우에는 마지막 나이테의 절대 연도가 벌채 연도가 된다. 하지만 변재의 바깥쪽 나이테 일부가 잘려 나갔다면 마지막 나이테의 절대 연도에 잘려 나간 변재 나이테 수를 더한 값이 벌채 연도가 되는데 이때는 수령별 평균 변재 나이테 수를 참고한다. 비슷한 수령의 나무가 갖는 평균 변재 나이테 수에서 유물에 남아 있는 변재 나이테 수를 빼, 나무를 가공할 때 잘라 낸 변재 나이테 수를 구한다. 그리고 이를 마지막 나이테의 절대 연도에 더해 벌채 연도를 확정한다. 그 다음, 벌채한 후 가공할 때까지 나무를 건조하는 일반적인 기간인 1~2년을 더해 목제 유물의 제작 연도를 추정한다.

* 벌채: 나무를 베어 냄.

39

윗글에서 사용된 전개 방식으로 적절하지 <u>않은</u> 것은?

① 자문자답의 방식으로 화제를 제시하고 있다.
② 대상의 특성을 관련 개념을 통해 설명하고 있다.
③ 일정한 기준에 따라 대상을 나누어 설명하고 있다.
④ 어려운 개념을 친숙한 대상에 빗대어 설명하고 있다.
⑤ 반대 상황을 가정하여 현상에 대한 이해를 돕고 있다.

40

윗글에서 알 수 있는 내용으로 가장 적절한 것은?

① 심재는 생장이 거의 멈춘 나이테로 수피에 인접하여 있다.
② 변재는 생장 세포에 있는 진액으로 인해 밝은 색상을 띤다.
③ 나무의 수령은 변재 나이테의 개수로 파악할 수 있다.
④ 나이테의 너비는 가장 풍족한 환경 요소로 결정된다.
⑤ 심재 나이테만 남아 있다면 연륜 연대 측정은 불가하다.

41

㉠에 대한 설명으로 적절하지 <u>않은</u> 것은?

① 동일한 수종이라도 환경이 다르면 패턴이 달라진다.
② 패턴 비교를 반복하면 장기간의 연대기 작성이 가능하다.
③ 나이테의 너비가 일정하면 패턴 분석의 대상이 될 수 없다.
④ 제한 요소의 법칙에 따라 나무가 생장한 결과를 보여 준다.
⑤ 현재 국내에는 3종의 나무에 대한 표준 연대기가 존재한다.

42

[A]를 바탕으로 〈보기〉의 '연륜 연대 측정 자료'를 이해한 내용으로 적절하지 <u>않은</u> 것은? [3점]

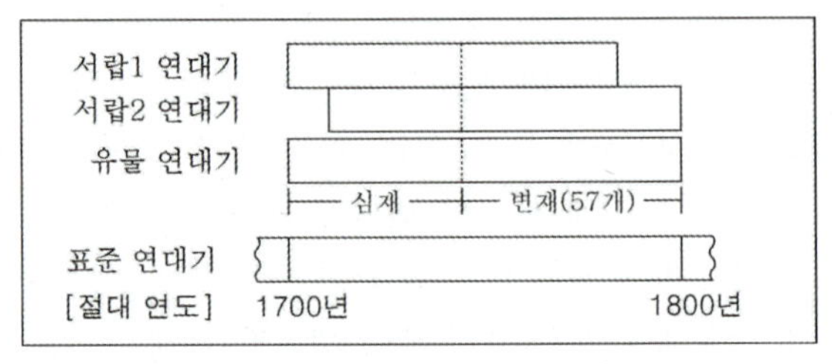

〈보기〉

[소나무 서랍장에 대한 연륜 연대 측정]

Ⅰ. 측정 참고 자료
 ○ 두 곳의 서랍에서 같은 나무의 나이테를 채취하였고, 이 중 서랍2에서는 좁은 나이테 모양으로 보아 바깥쪽 나이테가 거의 수피에 근접한 것을 확인하였음.
 ○ 서랍1, 2 연대기의 패턴을 비교하여 유물 연대기를 작성한 후 표준 연대기와 비교하여 절대 연도를 부여함.

Ⅱ. 유의성 및 수령별 평균 변재 나이테 수 자료

표준 연대기	t값	G값	평균 변재 나이테 수	
			수령 100년	수령 150년
a산 소나무	3.7	69%	60개	77개
b산 소나무	3.2	60%	58개	65개

Ⅲ. 소나무 서랍장 유물 연대기 및 절대 연도 부여 자료

① t값과 G값을 고려할 때 표준 연대기는 a산 소나무의 연대기가 사용되었을 것이다.
② 유물 연대기와 표준 연대기의 패턴이 중첩되는 기간은 1700년부터 1800년까지일 것이다.
③ 마지막 나이테의 절대 연도를 고려할 때 서랍장에 사용된 나무의 벌채 연도는 1802년일 것이다.
④ 비슷한 수령의 소나무가 갖는 평균 변재 나이테 수를 참고하면 가공할 때 잘려 나간 변재 나이테 수는 3개일 것이다.
⑤ 벌채한 나무의 건조 기간을 고려하면 서랍장의 제작 연도는 1804년에서 1805년 사이일 것이다.

43

ⓐ~ⓔ를 바꿔 쓴 것으로 적절하지 <u>않은</u> 것은?

① ⓐ: 밝히는
② ⓑ: 말라 죽을
③ ⓒ: 헤아리면
④ ⓓ: 가지고
⑤ ⓔ: 여겨진다

[앞부분 줄거리] 동물원의 코끼리들이 도심으로 탈출했다. 근처 선거 유세장에서는 정치인이 부상을 당하였고, 일대는 쑥대밭이 되었다. 조련사는 유세를 방해하기 위해 일부러 코끼리를 풀어 준 혐의로 경찰서에 붙잡혀 와 조사를 받는다. 참고인 자격의 의사와 아들의 면회를 온 어머니도 함께 있다.

조련사: 정말인데. 코끼리들은 공연하면서 많이 우는데. 답답하다고 우는데. 슬퍼서 우는데. 난 다 알고 있었는데. 코끼리들이 며칠 전서부터 도망갈 조짐을 보인 것도 알았는데. 도망가려고 의논하는 소릴 들었는데. 그리고 그날은 공원에 갈 때 다른 날과 다르게 빨리 걸었는데. 난 눈치를 챘는데. 오늘이구나. 다른 조련사들이 나한테 다 맡기고 매점에 갔을 때, 코끼리들이 주위를 살피기 시작했는데. 거위들이 꽥꽥댈 때 서로 눈을 마주쳤는데. 나도 코끼리랑 눈이 마주쳤지만 휘파람을 불었는데. 못 본 척 휘파람만 불었는데. 도망가라고. 가서 가족들 애인들 만나라고 일부러 못 본 척했는데.

어머니: 겁을 많이 먹었어요. 두려우면 말이 많아져요.

어머니가 손수건을 꺼내 조련사를 닦아 주려 하나 조련사가 피한다.

의사: (조련사에게) 도망치지 마세요. 선생님은 지금 또 다른 거짓말을 만들고 그리로 도망가는 겁니다. 용기를 내서 직면하세요. 직면이 무슨 뜻인 줄 아시죠? 정정당당하게 직접 부딪치는 거예요. 지금이 가장 중요한 순간입니다.

조련사가 외면한다.

형사: (담배를 비벼 끄고) 야, 인마! 나 똑바로 쳐다봐. 너 아까 시인했지? 시켜서 했다고. 그들이 널 1년 전부터 코끼리 조련에 투입했잖아.

조련사가 외면한다.

어머니: 있는 그대로 말씀드려. 넌 그저 착한 마음에 코끼리들을 풀어주고 싶었잖아. 네가 그랬잖니? 동물들이 밧줄에 묶여 있는 것 보면 마음이 아프다고. 꼭 네가 묶인 것처럼 마음이 아프다고. 왜 말을 못 해? 왜 그렇게 말을 못 해?

조련사는 자신의 말이 받아들여지지 않는 것에 대해 너무 답답하다. 그는 발을 구르고 팔을 휘두르고 고개를 흔들며 몸으로 그 답답함을 호소한다.

조련사: 진짜 그랬는데. 왜 내 말을 안 믿는데.
형사: (소리를 지른다) 가만히 앉아!
의사: 직면하기 힘들어서 그런 겁니다. / **어머니:** 애야, 정신 차려.

(중략)

조련사: (꽤 지쳐 있다) 내가 했는데. 다 내가 했는데.
형사: (조련사의 어깨를 두드리며) 그만, 그만. 진정해. 거기까지. 잘했어. 오후에 기자단이 오면 나한테 했던 말을 그대로 하면 돼. 그러면 모든 일이 마무리되는 거야. 어마어마한 음모가 드러나는 거지. 걱정 마. 넌 가벼운 문책을 받는데 그치도록 손써 줄게.

이때, 친절한 노크 소리. 느닷없이 코끼리가 들어온다. 코끼리는 오로지 조련사에게만 보인다. 따라서 조련사와 코끼리의 대화는 아무도 들을 수 없다.

조련사: 삼코!

코끼리가 조련사에게 다가와 그를 일으켜 세운 후 가슴에 번호표를 달아준다.

코끼리: 57621번째 코끼리가 된 걸 축하해.

코끼리가 조련사의 목에 화환을 걸어 준다. 코끼리가 조련사를 형사가 있는 쪽으로 보낸다. 이때부터 말하는 사람에게만 차례로 조명이 비춰진다. 조련사에게 조명이 비춰질 때마다 그는 조금씩 코끼리로 변해 있다.

형사: (조련사에게) 넌 톱기사로 다뤄질 거야. 다른 얘긴 집어치우고 유세장 얘기만 해. 어떻게 유세장으로 코끼리를 유인했는지. 고생했다. 배고프지? 좀 이따 따뜻한 국밥이라도 먹자. 기자 회견 때는 김창건 의원 이름을 분명히 말해. 그래야 네 혐의가 쉽게 풀릴 테니까.

조련사가 편안한 미소를 지으며 오른손을 올려 이마에 경례를 붙인다. 조련사가 어둠으로 사라지면 어둠 속에 있던 코끼리가 그에게 조끼를 입힌다. 코끼리가 그를 의사에게 보낸다.

의사: 고백한 내용, 모두 녹음했어요. 코끼리를 사랑할 순 있지만 그건 병이에요. 병을 고치는 건 문제점을 인정하는 데서 출발하죠. 선생님의 인정은 정말 용감한 일입니다. 고비를 넘기셨어요. 선생님께도 곧 진짜 애인이 생길 수 있습니다. 코끼리가 아닌 진짜 여자.

조련사가 행복한 미소를 지으며 감사의 인사를 정중하게 한다. 조련사가 어둠으로 사라지면 코끼리가 그에게 화려한 벨벳 모자를 씌운다. 코끼리가 그를 어머니에게 보낸다.

어머니: 어쩌겠니. 순진하기만 한 걸. 그렇게 생겨 먹은 걸.
　　　 인생 뭐 있니? 생긴 대로 사는 거지. 그래도 넌 여전히
　　　 착하고 멋지다. 그럼, 누구 아들인데. 누가 너처럼 용감할
　　　 수 있니? 그래, 다 풀어 줘. 다 초원으로 데리고 가. 개구리도
　　　 코끼리도, 엄마도 아빠도 다, 다 데리고 가. 사람들이 나중엔
　　　 알 거야. 네가 얼마나 좋은 일을 했는지. 혹시 아니? 노벨
　　　 평화상이라도 줄지.

　조련사가 어머니를 살짝 포옹했다 푼다. 조련사가 어둠으로
사라지면 코끼리가 그에게 커다란 코가 붙어 있는 머리를
씌워 준다. 어느새 조련사는 코끼리와 똑같은 형상을 갖췄다.
조명이 서서히 무대 전체를 비춘다. 형사, 의사, 어머니는
자신의 의지가 관철된 듯, 결의에 찬 박수를 친다. 박수
소리가 점점 커져 우레 같은 박수 소리가 된다. 마치
서커스를 보려고 몰려든 관중의 박수 소리처럼. 조련사와
코끼리는 형사, 의사, 어머니 사이를 돌며 쇼를 시작한다.

– 이미경, 〈그게 아닌데〉

44

윗글을 이해한 내용으로 적절하지 <u>않은</u> 것은?

① 조련사는 코끼리들이 동물원에서 탈출하려는 모습을
　보고도 방관했다고 말했다.
② 형사는 조련사에게 배후 세력의 지시를 받았다는 것을
　인정하라고 다그쳤다.
③ 어머니는 조련사가 한 행동의 원인을 조련사의 심리나
　성품에서 찾았다.
④ 의사는 조련사의 말과 행동을 병과 연관 지어 해석했다.
⑤ 형사, 의사, 어머니는 서로 의견을 교환하며 조련사를
　설득할 방법을 모색했다.

45

〈보기〉를 바탕으로 윗글을 감상한 내용으로 적절하지 <u>않은</u> 것은?

[3점]

<보기>

　이 작품은 사람들 사이의 소통 단절의 문제를 조련사가
코끼리로 변해 가는 과정을 통해 상징적으로 나타낸다.
조련사는 상대가 자신만의 논리를 일방적으로 강요하는 것에
답답함과 무력감을 느낀다. 결국 조련사는 자기 생각을
버리고 타인의 의지에 맞추어 순응하는 수동적인 처지가
된다. 조련사가 코끼리가 되는 결말은 그가 회복 불가능한
단절 상황에 놓이게 되었음을 의미한다.

① 조련사가 어머니의 손길을 피하고, 의사와 형사의 말을
　외면하는 것에서 소통이 단절된 상황을 엿볼 수 있군.
② 조련사가 꽤 지쳐 있는 상태에서 자신이 했다는 말을
　반복하는 것에서 소통이 어려운 상황에 대한 자포자기의
　심정을 엿볼 수 있군.
③ 조련사가 코끼리로 조금씩 변하면서 형사, 의사의 말에
　미소를 짓는 것에서 소통이 단절된 상황에서 벗어났음을
　엿볼 수 있군.
④ 조련사가 코끼리의 형상을 갖춘 뒤 형사, 의사, 어머니가
　결의에 찬 박수를 치는 것에서 자신들의 의지가 관철된
　만족감을 엿볼 수 있군.
⑤ 조련사가 코끼리가 되어 형사, 의사, 어머니 사이를 돌며
　쇼를 하는 것에서 동물원의 코끼리와 다를 바 없는
　수동적인 처지로 전락했음을 엿볼 수 있군.

2회 **문법·어휘 완성 TEST**

• 문항 수: 4개　　• 제한 시간: 5분

01_ 11~12번 연계 문제

㉠~㉢의 예로 적절하지 <u>않은</u> 것은?

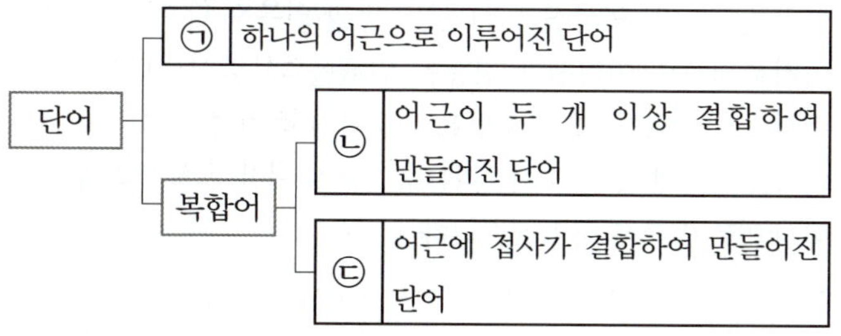

	㉠	㉡	㉢
①	놀다	삶아먹다	치솟다
②	먹다	촛불	베개
③	굴	김밥	풋사과
④	치다	강물	지우개
⑤	쇠고기	휘돌다	잔디

02_ 13번 연계 문제

〈보기〉는 국어의 자음을 분류한 표이다. 이를 바탕으로 할 때, 조음 위치와 조음 방법이 모두 바뀌는 음운 변동이 일어난 것은?

〈보기〉

조음 방법		조음 위치	입술 소리	잇몸 소리	센입천장 소리	여린입천장 소리	목청 소리
안울림 소리	파열음	예사소리	ㅂ	ㄷ		ㄱ	
		거센소리	ㅍ	ㅌ		ㅋ	
		된소리	ㅃ	ㄸ		ㄲ	
	파찰음	예사소리			ㅈ		
		거센소리			ㅊ		
		된소리			ㅉ		
	마찰음	예사소리		ㅅ			ㅎ
		된소리		ㅆ			
울림 소리	비음		ㅁ	ㄴ		ㅇ	
	유음			ㄹ			

① 잡념[잠념]　　　　② 항로[항노]
③ 병뚜껑[병뚜껑]　　④ 줄넘기[줄럼끼]
⑤ 해돋이[해도지]

03_ 15번 연계 문제

〈보기〉의 설명을 참고할 때, ⓐ와 ⓑ에 들어갈 말로 적절하게 짝지어진 것은?

〈보기〉

　직접 인용은 원래의 말이나 글을 그대로 큰따옴표(" ")에 넣어 인용하는 것이다. 간접 인용은 인용된 말이나 글을 자신의 관점에서 다시 서술하여 표현하는 것이다.

　직접 인용을 간접 인용으로 바꿀 때 인용절의 종결 표현, 지시 표현, 높임 표현, 시간 표현 등이 달라질 수 있다.

직접 인용	조카가 어제 나에게 "내일 집에 계세요?"라고 물었다.
간접 인용	조카가 어제 나에게 (ⓐ) 집에 (ⓑ) 물었다.

	ⓐ	ⓑ			ⓐ	ⓑ
①	내일	계시냐고		②	내일	있냐고
③	오늘	계시냐고		④	오늘	있으시냐고
⑤	오늘	있냐고				

04_ 33~38번 연계

문맥상 ⓐ의 의미와 가장 가까운 것은?

　홉스는 국가 성립 과정을 설명하기 위해 국가가 성립하기 이전의 집단적 삶인 자연 상태를 가정한다. 그는 인간을 자기 보존을 추구하는 존재로 규정한다. 또한 인간은 자연 상태에서 누구나 절대적인 자유를 행사할 수 있는 권리를 ⓐ<u>지니는데</u>, 이를 자연권이라고 말한다.

① 그는 국내외적으로 큰 영향력을 <u>지니고</u> 있다.
② 나는 돌아가신 할아버지의 유언을 마음에 <u>지니고</u> 산다.
③ 그녀는 생일 선물로 받은 목걸이를 늘 몸에 <u>지니고</u> 다닌다.
④ 그는 계약을 성사시킬 책임을 <u>지니고</u> 출장을 떠났다.
⑤ 오랜만에 찾아간 고향은 예전 모습을 그대로 <u>지니고</u> 있었다.

[01~03] 다음은 학생의 발표이다. 물음에 답하시오.

안녕하세요? 여러분, 병풍이 무엇인지 알고 계신가요? (청중의 반응을 살피며) 네, 고개를 끄덕이는 분들이 많으시네요. 최근 한 휴대폰 제조사에서 여러 번 접을 수 있는 병풍의 특징을 적용한 '병풍폰'을 개발한다는 기사를 보았습니다. 저는 이 기사를 보고 호기심이 생겨 전통 공예품 중 병풍에 대해 조사하여 발표하게 되었습니다.

'병풍'은 바람을 막는다는 의미를 지니는데, 바람을 막는 기능 외에 무엇을 가리는 용도로도 사용되는 소품입니다. (㉠ 자료를 제시하며) 병풍은 이렇게 펼치고 접을 수 있는 구조적 특징이 있어 공간을 효율적으로 사용할 수 있도록 하는 장점이 있습니다. 병풍을 펼쳐 공간을 분리하거나, 접어서 공간을 확장하여 사용할 수 있기 때문입니다. 이러한 구조적 특징으로 인해 야외나 다른 공간으로 병풍을 옮겨 사용하기 편리하고, 접었을 때 보관하기에도 용이합니다.

병풍은 공간을 꾸며 상황에 맞는 분위기를 조성하는 장식적 특징도 있습니다. 이러한 특징은 병풍에 그림을 넣는 데서 두드러지게 나타나는데, 병풍에는 상징적인 의미를 지닌 그림들을 사용하는 경우가 많습니다. 장수를 기원할 때는 십장생을, 선비의 지조를 강조하고자 할 때는 사군자를 그린 그림을 사용하기도 하였습니다. (㉡ 자료를 제시하며) 지금 보시는 이 병풍에는 꽃과 새가 그려져 있는데, 결혼식 때 신랑 신부의 행복과 부귀영화를 기원하는 상징적 의미를 담은 것입니다. 꽃과 새를 화려하게 그려 넣어 장식함으로써 결혼식의 경사스러운 분위기를 조성하는 데 사용합니다.

(㉢ 자료를 제시하며) 여러분, 이 병풍에는 어떤 특징이 있을까요? (청중의 대답을 듣고) 네, 맞습니다. 이 병풍은 글자와 그림이 어우러져 있는 '문자도 병풍'입니다. 문자도 병풍은 유교의 주요 덕목을 나타내는 글자를 그린 병풍입니다. 보시는 것처럼 '효'라는 한자와 다양한 소재들이 어우러져 있는데요, 각 소재들은 효자와 관련된 이야기에 등장하는 것들입니다. 이 중에서 가장 크게 보이는 잉어를 예로 들자면, 추운 겨울에 물고기를 드시고 싶어 하는 부모님을 위해 얼음을 깨고 물고기를 잡은 효자의 설화와 관련이 있습니다. 이러한 문자도 병풍은 집안을 장식하고 유교적 덕목을 되새기기 위한 용도로 사용되었습니다.

병풍은 우리 선조들의 생활 속에서 꾸준하게 사랑받아 온, 실용성과 예술성을 겸비한 생활용품입니다. 앞으로 여러분께서도 어디선가 병풍을 접했을 때 관심 있게 살펴봐 주시기 바랍니다. 그리고 발표 내용을 떠올리면서 병풍에 담긴 의미를 생각해 보고, 그 아름다움도 느껴 보시면 좋을 것 같습니다. 이상으로 발표를 마치겠습니다.

01

위 발표에 대한 설명으로 적절하지 <u>않은</u> 것은?

① 발표 소재를 선정한 계기를 언급하며 발표를 시작하고 있다.
② 다른 대상과 대비하여 발표 소재의 장점을 강조하고 있다.
③ 구체적인 예를 들어 발표 내용에 대한 이해를 돕고 있다.
④ 질문을 던지는 방식을 활용하여 청중과 상호작용하고 있다.
⑤ 발표 소재에 대한 관심을 당부하며 발표를 마무리하고 있다.

02

다음은 발표자가 제시한 자료이다. 발표자의 자료 활용에 대한 이해로 적절하지 <u>않은</u> 것은?

[자료 1]	[자료 2]	[자료 3]

① ㉠에서 [자료 1]을 활용하여, 펼치고 접을 수 있어 공간 활용의 효율성을 높이는 병풍의 구조적 특징을 설명하였다.
② ㉠에서 [자료 1]을 활용하여, 실내외 공간에 따라 그림이나 글자를 선택할 수 있는 병풍의 다양성을 설명하였다.
③ ㉡에서 [자료 2]를 활용하여, 기원하는 바를 그림에 담아 표현하는 병풍의 상징성을 설명하였다.
④ ㉡에서 [자료 2]를 활용하여, 공간을 꾸며 상황에 맞는 분위기를 조성하는 병풍의 장식적 특징을 설명하였다.
⑤ ㉢에서 [자료 3]을 활용하여, 글자와 그림을 통해 유교적 덕목을 되새길 수 있는 병풍의 용도를 설명하였다.

03

다음은 발표를 듣고 학생이 보인 반응이다. 이를 이해한 내용으로 가장 적절한 것은?

> 얼마 전 카페에서 전체를 접고 펼 수 있는 구조로 된 창문을 보았어. 날씨가 나쁠 때는 펼쳐서 외부와 차단하고, 날씨가 좋을 때는 접어서 공간을 확장하여 사용하고 있었어. 발표 내용을 듣고 그 창문이 공간을 분리하고 확장하는 병풍의 구조적 특징과 유사하다고 생각하게 되었어. 박물관에서나 볼 수 있는 옛날 물건이라고만 생각했던 병풍이 가지는 현대적 가치를 생각해 보는 기회가 되었어.

① 자신의 경험과 관련지어 발표 소재에 대해 새롭게 인식하고 있다.
② 발표 내용이 발표 주제에 부합하는지 객관적으로 분석하고 있다.
③ 발표를 듣기 전에 지녔던 의문을 발표 내용을 통해 해소하고 있다.
④ 발표 내용 중 사실과 의견을 구분하여 선별적으로 수용하고 있다.
⑤ 배경지식을 활용하여 발표자의 견해를 비판적으로 평가하고 있다.

[04~07] (가)는 생태 환경 동아리의 회의이고, (나)는 이를 바탕으로 작성한 안내문의 초고이다. 물음에 답하시오.

(가) 동아리 회장: 지난 회의에서 우리 학교 학생들을 대상으로 반려 식물 키우기 캠페인을 하기로 결정했는데요, 오늘은 캠페인을 어떻게, 어떤 내용으로 진행할지에 대해 협의해 보겠습니다. 좋은 의견이 있으면 말씀해 주시기 바랍니다.

부원 1: 이번 캠페인을 통해 많은 학생들이 반려 식물을 키워 보는 경험을 하는 것이 가장 중요하다고 생각합니다. 그렇게 하려면 학생들에게 반려 식물 모종을 나누어 주고 직접 키워 보도록 해야 할 것 같습니다.

부원 2: 저도 같은 생각입니다. 다만 우리 학교 학생들에게 나누어 줄 모종을 충분히 준비할 수 있을까요?

부원 1: 예전에 동아리 담당 선생님께서 학교에 생태 교육 예산이 있다고 말씀하신 것을 들은 적이 있는데, 혹시 그 예산으로 반려 식물 모종을 준비할 수 있지 않을까요?

동아리 회장: 저도 그 이야기를 들어서 여쭈어보았더니 선생님께서 그 예산으로 300개 정도의 모종을 준비해 주실 수 있다고 말씀하셨고, 학생들이 키우기 좋은 반려 식물 세 가지도 추천해 주셨습니다.

부원 1: 반가운 소식이네요. 그런데 모종의 수가 우리 학교 학생 수의 절반밖에 되지 않아 걱정입니다.

부원 2: 그래도 300명이나 되는 학생들이 반려 식물을 키우는 경험을 할 수 있고 반려 식물 키우기를 원치 않는 학생들도 있을 테니, 모종 300개로도 캠페인을 진행하는 데 무리가 없을 것 같습니다. ⎤[A]

부원 1: 말씀을 들어 보니 모종 수는 문제가 되지 않겠네요.

동아리 회장: 그런데 캠페인이 모종 나누어 주기만으로 끝나면 안 될 것 같습니다. 나누어 줄 식물의 이름, 특징, 키우는 방법에 대한 정보도 함께 제공해야 하지 않을까요?

부원 1: 좋은 의견이네요.

부원 2: 저도 같은 생각입니다. 정보를 제공하면 반려 식물을 더 잘 키우는 데 도움이 될 수 있을 것입니다.

동아리 회장: 반려 식물 모종 나누기와 함께 반려 식물과 관련한 정보를 제공해 주자는 의견에 모두 공감하는 것 같은데요, 반려 식물에 대한 정보를 담은 안내문을 만들어 모종과 함께 나누어 주면 어떨까요?

부원 2: 좋은 생각입니다. 모종 나누기 행사 전에 안내문을 학교 게시판에 게시하면 캠페인의 홍보 효과도 얻을 수 있을 것 같아요.

동아리 회장: 그렇네요. 그럼 안내문에는 어떤 내용을 어떤 순서로 제시할지 한 분씩 의견을 말씀해 주시기 바랍니다.

부원 1: 먼저 반려 식물은 무엇인지, 반려 식물을 키우면 어떤 효과가 있는지 밝히면 좋겠어요. 그러면 학생들이 캠페인에 더 많은 관심을 가질 것 같습니다.

부원 2: 그다음에 모종 나누기 행사를 안내하고, 반려 식물의 이름, 특징, 키우는 방법 등을 제시했으면 합니다.

부원 1: 하지만 안내문의 제한된 공간에 반려 식물을 키우는 방법까지 제시하는 것은 어렵지 않을까요? 나누어 주려는 반려 식물이 세 가지나 되는데, 이 세 가지 식물을 키우는 방법을 모두 안내하는 것은 무리일 것 같습니다. ⎤[B]

동아리 회장: 음, 각각의 반려 식물을 키우는 방법을 안내하는 홈페이지를 QR 코드로 연결해 두면 어떨까요?

부원 1: 그러면 학생들이 스마트 기기를 이용해 반려 식물을 키우는 방법을 확인할 수 있어 매우 유용하겠네요.

부원 2: 그리고 반려 식물을 키우며 수시로 생기는 궁금증을 해결할 수 있게 우리 동아리 블로그를 안내해도 좋겠어요.

부원 1: 좋은 의견입니다. 고양이를 애지중지 키우는 사람을 뜻하는 '냥집사'처럼, 식물을 키우며 기쁨을 찾는 사람들이라는 의미로 '식집사'라는 용어를 쓰면 학생들이 더 흥미를 느낄 수 있지 않을까요?

동아리 회장: 재미있겠는데요. 그럼 지금까지의 회의 내용을 바탕으로 안내문을 작성해 보도록 합시다.

(나)

반려 식물을 키우는 '식집사'가 되어 보세요!

▶ 반려 식물이란?
생활공간에서 정서적으로 교감하는 식물을 일컫는 말이에요.

▶ 반려 식물을 키우면?
생명을 키우는 성취감, 정서 안정, 공기 정화의 효과가 있어요.

▶ 반려 식물 모종 나누기 행사를 한다고요?
☞ 〈3월 23일 하교 시간, 본관 앞〉에서, 원하는 모종을 하나씩 나누어 드려요. (300개 한정)

〈유칼립투스〉　　〈아이비〉　　〈칼라데아〉

은은한 향기가　　물만 주면　　풍성한 잎이
주는 마음의 평화　잘 자라는　전하는 싱그러운
　　　　　　공기 청정기　　생명감

▶ 반려 식물은 어떻게 키우나요?
반려 식물을 키우는 방법을 QR 코드로 확인하세요.

〈유칼립투스〉　　〈아이비〉　　〈칼라데아〉

▶ 반려 식물을 키우면서 궁금증이 생기면?
우리 동아리 블로그(blog.com/eco△△△)를 찾아 주세요.

생태 환경 동아리 '푸른누리'

04

(가)의 '동아리 회장'의 말하기 방식으로 적절하지 <u>않은</u> 것은?

① 지난 회의 내용을 환기하며 협의할 내용을 밝히고 있다.
② 의문의 형식을 활용하여 자신의 견해를 제안하고 있다.
③ 서로 공감한 내용을 바탕으로 새로운 의견을 제시하고 있다.
④ 논의된 내용을 구체화할 수 있는 발언을 유도하고 있다.
⑤ 회의 내용을 전체적으로 요약하며 회의를 마무리하고 있다.

05

[A], [B]에 대한 설명으로 가장 적절한 것은?

① [A]는 미래의 상황을 예측하는, [B]는 과거의 상황을 환기하는 발화이다.
② [A]는 상대의 의견을 보완하는, [B]는 상대의 의견을 뒷받침하는 발화이다.
③ [A]는 상대의 우려를 해소하는, [B]는 상대의 견해에 우려를 드러내는 발화이다.
④ [A]는 문제 해결의 방법을 요구하는, [B]는 문제 해결의 결과에 주목하는 발화이다.
⑤ [A]는 상대와 자신의 견해 차이를 확인하는, [B]는 상대와 자신의 공통된 견해를 확인하는 발화이다.

06

(가)의 내용이 (나)에 반영된 양상으로 적절하지 <u>않은</u> 것은?

① (가)에서 반려 식물 모종 나누기 행사를 안내하자는 의견에 따라, (나)에서 행사의 일시와 장소를 밝히고 있다.
② (가)에서 반려 식물과 관련한 정보를 제공하자는 의견에 따라, (나)에서 반려 식물의 이름, 특징 등을 제시하고 있다.
③ (가)에서 학생들이 캠페인에 적극적으로 동참하도록 촉구하자는 의견에 따라, (나)에서 캠페인의 취지를 설명하고 있다.
④ (가)에서 반려 식물을 키우며 생기는 궁금증을 해결하게 돕자는 의견에 따라, (나)에서 동아리 블로그를 소개하고 있다.
⑤ (가)에서 학생들이 흥미를 느낄 수 있도록 '식집사'라는 용어를 쓰자는 의견에 따라, (나)의 제목에서 해당 용어를 사용하고 있다.

07

(나)의 성격을 고려할 때, 〈보기〉의 자료를 활용하여 (나)를 보완하는 방안으로 가장 적절한 것은? [3점]

─〈보기〉─

[신문 자료]
　최근 반려 동물과 식물에 대한 관심이 커지면서 이와 관련한 문제점이 나타나고 있다. 반려 동물의 경우 이미 동물 학대, 동물 유기 등이 사회적 문제로 부각되고 있으며, 최근에는 반려 식물과 관련한 문제도 증가하고 있다. 반려 식물은 반려 동물에 비해 존재감이 미약해 관리를 소홀히 하여 생명을 잃는 경우가 많고, 버려지는 사례도 점점 늘고 있다.

① 반려 식물을 키우기 쉬운 이유를 밝히며 지속적인 관심과 노력이 필요하다는 점을 강조해야겠어.
② 반려 식물에 대한 관심이 부족한 점을 지적하며 반려 식물을 구입할 수 있는 방법에 대한 내용을 추가해야겠어.
③ 반려 식물의 유기를 금지하는 규정이 마련되어 있지 않은 점을 강조하며 이를 제정해야 한다는 내용을 추가해야겠어.
④ 반려 동물과 구별되는 반려 식물의 장점을 언급하며 반려 식물을 키우는 사람이 많아지고 있다는 점을 강조해야겠어.
⑤ 반려 식물이 생명을 지닌 존재임을 언급하며 정성을 기울여 반려 식물을 키워 줄 것을 권유하는 문구를 추가해야겠어.

[08~10] 다음은 작문 상황에 따라 쓴 학생의 초고이다. 물음에 답하시오.

[작문 상황]

일상의 체험을 바탕으로 수필을 써 학급 문집에 싣고자 함.

[초고]

우리 집 마당 구석에 있는 창고에는 낡고 작은 배달용 오토바이가 한 대 서 있다. 아버지는 이 오토바이를 오랜 친구처럼 여기신다. 틈틈이 먼지를 털고, 경적을 빠방 울리기도 하고, 시동도 부르릉 걸어 보시고, 해진 안장을 툭툭 치며 환하게 웃으신다.

야트막한 언덕에 자리한 우리 학교는 인자한 미소를 띤 고목들이 오랜 전통을 말해 준다. 운동장을 발밑에 두고 중고등학교 건물이 다정히 서 있는데, 교실 유리창으로 내려다보이는 옛 시가지의 한적한 플라타너스 길은 운치가 있고 아름답다.

중학교에 갓 입학했을 때 늦잠을 자는 바람에 아버지의 등 뒤에 꼭 붙어서 오토바이로 급히 등교한 적이 있었다. 아버지는 교문에서 조금 떨어진 골목 모퉁이에서 나를 내려 주셨다. 식당 일로 분주한 아침이지만, 내가 교문에 들어설 때까지 플라타너스 가로수 옆에 서 계시다가 어서 들어가라는 손짓을 보내시고 "부릉부릉 부루릉" 소리를 내며 돌아서셨다. 그 소리가 여느 오토바이의 것과는 조금 달라서였을까, 옆을 지나치던 학생들은 재미있다는 표정으로 돌아보았다. 하지만 지금까지도 나는 아버지의 오토바이 소리를, 고요와 평안을 할퀴지 않는 따뜻하고 부드러운 소리로 기억하고 있다.

중학교 때 점심시간이 끝나 갈 무렵 운동장 옆 산책길을 걷다가 아버지의 오토바이 소리를 들은 적이 있었다. 우리 오토바이만의 음색이 내 마음속에 반가운 파문을 일으켰다. 저쪽 관공서 근처에 배달을 다녀오시나 보다. 매일 한두 번은 학교 교문 앞도 지나시나 보다. 아버지는 이 길을 지나실 때마다 과연 무슨 생각을 하실까 상상해 보았다. 그날 이후

아버지의 오토바이가 교문을 지나 플라타너스 가로수 길로 향하는 오르막을 오를 때 들려왔던 그 소리는 왠지 내 어깨를 다독다독하는 인사말처럼 느껴졌다. '오후도 즐겁게!', '아빠, 지나간다.', '오늘 화창하구나!'……

아버지의 모습에서, 아버지의 오토바이 소리에서 든든한 힘을 얻어서 그런지 내겐 누군가의 마음을 더 깊이 헤아려 보는 상상력이 생긴 것 같다. 친구들과 놀다가 늦게 귀가할 때 아버지께서 내게 보내시는 "으흠" 헛기침 소리에서 '너무 늦었구나. 씻고 일찍 자렴.' 하는 깊은 사랑의 마음을 헤아릴 수도 있게 되었다.

내가 고등학생이 된 새봄. 아버지께서는 이제 오토바이 배달을 그만두셨다. 조금은 아쉽기도 하다.

08

윗글에서 활용한 글쓰기 방법으로 적절하지 <u>않은</u> 것은?

① 중심 소재를 대하는 인물의 행동을 나열하며 시작한다.
② 의성어를 사용하여 중심 소재에 대한 인상을 부각한다.
③ 색채어를 사용하여 다양한 공간을 사실적으로 묘사한다.
④ 의인법을 사용하여 자연물에서 느끼는 친밀감을 나타낸다.
⑤ 구체적 일화를 제시하여 중심 소재에 대한 정서를 드러낸다.

09

다음은 글을 쓰기 전에 학생이 떠올린 생각을 메모한 것이다. ㄱ~ㅁ 중 초고에 반영되지 <u>않은</u> 것은? [3점]

> • 처음
>   · 낡고 작은 오토바이를 친구처럼 여기시는 아버지 … ㄱ
>
> • 중간
>   · 아름다운 플라타너스 길이 내려다보이는 우리 학교
>   ……………………………………………… ㄴ
>   · 오토바이에 나를 태워 학교에 데려다주셨던 아버지
>   ……………………………………………… ㄷ
>   · 학교 산책길에서 들었던 아버지의 오토바이 소리
>   · 힘든 오토바이 배달로 늘 고단해 하시던 아버지 …… ㄹ
>   · 오토바이 소리에 담긴 아버지의 마음에 대한 나의 상상
>
> • 끝
>   · 누군가의 마음을 더 깊이 헤아려 볼 수 있게 된 나 … ㅁ

① ㄱ　　② ㄴ　　③ ㄷ　　④ ㄹ　　⑤ ㅁ

10

〈보기〉는 초고를 읽은 선생님의 조언이다. 이를 반영하여 초고에 추가할 내용으로 가장 적절한 것은?

① 다정한 인사처럼 들렸던 아버지의 오토바이 소리를 더 이상 들을 수 없게 되어서.
② 이제 고등학교 신입생이 되어 학교생활을 새롭게 시작해야 한다는 부담감이 생겨서.
③ 아버지의 오토바이를 타고 함께 등교하는 소소한 즐거움을 더 이상 느낄 수 없어서.
④ 교문 앞을 지나 플라타너스 가로수 길을 오가시던 아버지의 모습을 더 이상 볼 수 없어서.
⑤ 중학교를 졸업하여 친구들과 함께했던 추억의 서랍장을 이제는 열어 볼 수 없을 것 같아서.

[11~12] 다음 글을 읽고 물음에 답하시오.

용언은 문장에서 다양한 형태로 활용하면서 주로 서술어의 역할을 하는 단어로, 동사와 형용사가 있다. 용언이 활용할 때 형태가 변하지 않는 부분을 어간이라고 하고, 형태가 변하는 부분을 어미라고 한다.

어간이나 어미는 문장에서 홀로 쓰일 수 없고, 어간 뒤에 어미가 결합하여 용언을 이룬다. 가령 '먹다'는 어간 '먹-'의 뒤에 어미 '-고', '-어'가 각각 결합하여 '먹고', '먹어'와 같이 활용한다. 그런데 일부 용언에서는 활용할 때 어간의 일부가 탈락하기도 한다. '노는'은 어간 '놀-'과 어미 '-는'이 결합하면서 'ㄹ'이 탈락한 경우이고, '커'는 어간 '크-'와 어미 '-어'가 결합하면서 'ㅡ'가 탈락한 경우이다.

어미는 크게 어말 어미와 선어말 어미로 구분된다. 어말 어미는 단어의 끝에 오는 어미이며, 선어말 어미는 어말 어미 앞에 오는 어미이다. '가다'의 활용형인 '가신다', '가겠고', '가셨던'을 어간, 선어말 어미, 어말 어미로 분석하면 아래와 같다.

활용형	어간	어미		어말 어미
		선어말 어미		어말 어미
가신다		-시-	-ㄴ-	-다
가겠고	가-		-겠-	-고
가셨던		-시-	-었-	-던

어말 어미는 기능에 따라 종결 어미, 연결 어미, 전성 어미로 구분된다. 종결 어미는 '가신다'의 '-다'와 같이 문장을 종결하는 어미이고, 연결 어미는 '가겠고'의 '-고'와 같이 앞뒤의 말을 연결하는 어미이다. 그리고 전성 어미는 '가셨던'의 '-던'과 같이 용언이 다른 품사처럼 쓰이게 하는 어미이다. '-던'이나 '-(으)ㄴ', '-는', '-(으)ㄹ' 등은 용언이 관형사처럼, '-게', '-도록' 등은 용언이 부사처럼, '-(으)ㅁ', '-기' 등은 용언이 명사처럼 쓰이게 한다.

선어말 어미는 높임이나 시제 등을 나타낼 때 쓰인다. 활용할 때 어말 어미처럼 반드시 나타나지는 않지만, 한 용언에서 서로 다른 선어말 어미가 동시에 쓰이기도 한다. 위에서 '가신다', '가셨던'의 '-시-'는 높임을 나타내는 선어말 어미로, 문장의 주체를 높이는 기능을 한다. 그리고 '가신다', '가겠고', '가셨던'의 '-ㄴ-', '-겠-', '-었-'은 시제를 나타내는 선어말 어미로, 각각 현재, 미래, 과거 시제를 나타내는 기능을 한다.

11

윗글을 통해 알 수 있는 내용으로 적절한 것은?

① 용언은 어간의 앞뒤에 어미가 결합한 단어이다.
② 어간은 단독으로 쓰여 하나의 용언을 이룰 수 있다.
③ 어미는 용언이 활용할 때 형태가 유지되는 부분이다.
④ 어말 어미는 용언이 활용할 때 나타나지 않을 수 있다.
⑤ 선어말 어미는 한 용언에 두 개가 동시에 쓰일 수 있다.

12

윗글을 바탕으로 〈보기〉의 ㄱ~ㅁ의 밑줄 친 부분을 탐구한 내용으로 적절하지 <u>않은</u> 것은?

① ㄱ: 어간 '알-'에 어미 '-니'가 결합하면서 'ㄹ'이 탈락하였다.
② ㄴ: 어간 '맛있-'에 종결 어미 '-구나'가 결합하여 문장을 종결하고 있다.
③ ㄷ: 어간 '높-'에 연결 어미 '-고'가 결합하여 앞뒤의 말을 연결하고 있다.
④ ㄹ: 어간 '뜨-'에 전성 어미 '-는'이 결합하면서 용언이 부사처럼 쓰이고 있다.
⑤ ㅁ: 어간 '먹-'과 어말 어미 '-다' 사이에 선어말 어미 '-었-'이 결합하여 과거 시제를 나타내고 있다.

13

<보기>의 '학습 과제'를 바르게 수행하였다고 할 때, ㉠에 들어갈 단어로 적절한 것은? [3점]

─────〈보기〉─────

[학습 자료]

음운은 단어의 뜻을 구별해 주는 소리의 가장 작은 단위이다. 특정 언어에서 어떤 소리가 음운인지 아닌지는 최소 대립쌍을 통해 확인할 수 있다. 최소 대립쌍이란, 다른 모든 소리는 같고 단 하나의 소리 차이로 의미가 구별되는 단어의 쌍을 말한다. 예를 들어, 최소 대립쌍 '감'과 '잠'은 [ㄱ]과 [ㅈ]의 차이로 인해 의미가 구별되므로 'ㄱ'과 'ㅈ'은 서로 다른 음운이다.

[학습 과제]

앞사람이 말한 단어와 최소 대립쌍인 단어를 말해 보자.

① 꿀　　② 답　　③ 둘　　④ 말　　⑤ 풀

14

다음 '탐구 학습지' 활동의 결과로 적절하지 <u>않은</u> 것은?

[탐구 학습지]

1. 문장의 중의성
   • 하나의 문장이 둘 이상의 의미로 해석되는 것

2. 중의성 해소 방법
   • 어순 변경, 쉼표나 조사 추가, 상황 설명 추가 등

3. 중의성 해소하기
－ 과제: 빈칸에 적절한 말 넣기

ㄱ. (조사 추가) ··· a
   • **중의적 문장**: 관객들이 다 도착하지 않았다.
   • **전달 의도**: (관객 중 일부가 도착하지 않음.) ············ b
   • **수정 문장**: 관객들이 다는 도착하지 않았다.

ㄴ. (어순 변경) ··· c
   • **중의적 문장**: 우리는 어제 전학 온 친구와 만났다.
   • **전달 의도**: (전학 온 친구와 만난 때가 어제임.) ············· d
   • **수정 문장** : 우리는 전학 온 친구와 어제 만났다.

ㄷ. 상황 설명 추가
   • **중의적 문장**: 민우는 나와 윤서를 불렀다.
   • **전달 의도**: '나와 윤서'를 부른 사람이 '민우'임.
   • **수정 문장**: (민우는 나와 둘이서 윤서를 불렀다.) ······ e
   ⋮

① a　　② b　　③ c　　④ d　　⑤ e

15

밑줄 친 부분이 <보기>의 ㉠, ㉡에 해당하는 예로 적절하지 <u>않은</u> 것은?

─────〈보기〉─────

'위 － 아래'나 '앞 － 뒤'는 방향상 대립하는 반의어이다. '위 － 아래'나 '앞 － 뒤'가 단독으로 쓰이거나 다른 단어와 결합해서 쓰일 때, 문맥에 따라서 ㉠ '위'나 '앞'이 '우월함'의 의미를, ㉡ '아래'나 '뒤'가 '열등함'의 의미를 갖거나 강화하기도 한다.

① ㉠: 그가 머리 쓰는 게 너보다 한 수 <u>위</u>다.
② ㉠: 이 회사의 기술 수준은 다른 곳에 <u>앞선다</u>.
③ ㉡: 이번 행사는 치밀한 계획 <u>아래</u> 진행되었다.
④ ㉡: 그녀는 남에게 <u>뒤떨어지지</u> 않고자 노력했다.
⑤ ㉡: 우리 팀의 승률이 조금씩 <u>뒷걸음질</u> 치고 있다.

[16~18] 다음 글을 읽고 물음에 답하시오.

(가) ㉠ 밭둑에서 나는 바람과 놀고
　　　할머니는 메밀밭에서
　　　메밀을 꺾고 계셨습니다.

　　　늦여름의 하늘빛이 메밀꽃 위에 빛나고
　　　메밀꽃 사이사이로 할머니는 가끔
　　　나와 바람의 장난을 살피시었습니다.

　　　해마다 밭둑에서 자라고
　　　아주 커서도 덜 자란 나는
　　　늘 그러했습니다만

　　　할머니는 저승으로 가버리시고
　　　나도 벌써 몇 년인가
　　　그 일은 까맣게 잊어버린 후

오늘 저녁 멍석을 펴고
마당에 누우니

온 하늘 가득
별로 피어 있는 어릴 적 **메밀꽃**

할머니는 나를 두고 메밀밭만 저승까지 가져가시어
날마다 저녁이면 메밀밭을 매시며
메밀꽃 사이사이로 **나를 살피고** 계셨습니다.

– 이성선, 〈고향의 천정(天井) 1〉

(나) 밥물 눈금을 찾지 못해 질거나 된 밥을 먹는 날들이
있더니
　이제는 그도 좀 익숙해져서 손마디나 손등,
　손가락 주름을 눈금으로 쓸 줄도 알게 되었다
　촘촘한 손등 주름 따라 **밥맛을 조금씩 달리해본다**
　손등 중앙까지 올라온 수위를 중지의 마디를 따라
오르내리다 보면
　물꼬를 트기도 하고 막기도 하면서
　논에 물을 보러 가던 할아버지 생각도 나고,
　저녁때가 되면 한 끼라도 아껴보자
　친구 집에 마실을 가던 소년의 저녁도 떠오른다
　한 그릇으로 두 그릇 세 그릇이 되어라 밥국을 끓이던
　ⓒ **문현동**
　　가난한 지붕들이 내 손가락 마디에는 있다
　　일찍 철이 들어서 슬픈 귓속으로
　　봉지쌀 탈탈 터는 소리라도 들려올 듯,
　　얼굴보다 먼저 **늙은 손**이긴 해도
　　전기밥솥에는 없는 눈금을 내 손은 가졌다.

– 손택수, 〈밥물 눈금〉

16

(가)와 (나)에 대한 설명으로 가장 적절한 것은?

① (가)는 (나)와 달리 설의법을 통해 화자의 의지를 표현하고
있다.
② (나)는 (가)와 달리 청각적 심상을 통해 화자의 정서를
부각하고 있다.
③ (가)는 격정적 어조를, (나)는 단정적 어조를 통해 화자의
기대감을 드러내고 있다.
④ (가)는 상승의 이미지를, (나)는 하강의 이미지를 통해
대상의 역동성을 강조하고 있다.
⑤ (가)와 (나)는 모두 계절감을 드러내는 시어를 통해 대상의
변화 양상을 나타내고 있다.

17

㉠과 ㉡을 비교한 내용으로 가장 적절한 것은?

① ㉠은 화자가 벗어나려는, ㉡은 화자가 지향하는 공간이다.
② ㉠은 화자가 이질감을, ㉡은 화자가 동질감을 느끼는
공간이다.
③ ㉠은 화자의 슬픔이, ㉡은 화자의 그리움이 해소되는
공간이다.
④ ㉠은 화자의 동심이 허용되는, ㉡은 화자의 성숙함이
요구되는 공간이다.
⑤ ㉠은 화자가 경험한 적 없는 가상의, ㉡은 화자의 경험이
축적된 현실의 공간이다.

18

〈보기〉를 바탕으로 (가), (나)를 감상한 내용으로 적절하지 <u>않은</u> 것은?
[3점]

─〈보기〉─

　과거의 경험에 대한 기억은 어떤 계기를 통해 되살아나
현재의 삶에 영향을 미칠 수 있다. (가)의 화자는 할머니와의
기억을 통해 과거와 현재를 연결하며 깨달음과 정서적
충만감을 얻고 있다. 한편 (나)의 화자는 일상적 행위의
반복 속에서 유년의 기억을 되살리고, 그 기억을 현재와
연결하며 자신의 현재 모습을 긍정하게 된다.

① (가)의 화자는 별이 가득한 '하늘'을 보며, 자신이 여전히
'나를 살피'시는 할머니의 사랑 속에 있음을 깨닫고 있군.
② (나)의 화자는 유년의 기억을 통해 '전기밥솥에는 없는
눈금'을 지닌 '늙은 손'을 긍정하며 자기 위안을 얻고 있군.
③ (가)의 '커서도 덜 자'랐다는 것과 (나)의 '밥맛을 조금씩
달리'하는 것은 현재의 화자에게 정서적 충만감을 주는군.
④ (가)에서 '마당에 누'워 하늘을 보는 행위와 (나)에서
'손가락 주름'으로 '밥물'을 맞추는 행위는 회상의 계기가
되는군.
⑤ (가)의 화자가 '별'에서 '메밀꽃'을 떠올리는 것과 (나)의
화자가 '가난한 지붕들이 내 손가락 마디에는 있다'고
생각하는 것은 기억이 현재의 삶에 영향을 미치고 있음을
보여 주는군.

[19~22] 다음 글을 읽고 물음에 답하시오.

경기가 침체되어 가계의 소비가 줄어들면 시중의 제품이 팔리지 않아 기업은 생산 규모를 축소하게 된다. 그 결과 실업률이 증가하고 가계의 수입이 감소하면서 소비는 더욱 위축된다. 이와 같은 악순환으로 경기 침체가 심화되면 국가는 이에서 벗어나기 위해 유동성을 늘리는 통화 정책을 시행한다.

유동성이란 자산 또는 채권을 손실 없이 현금화할 수 있는 정도로, 현금과 같은 화폐는 유동성이 높은 자산인 반면 토지나 건물과 같은 부동산은 유동성이 낮은 자산이다. 이처럼 유동성은 자산의 성격을 나타내는 용어이지만, 흔히 시중에 유통되는 화폐의 양, 즉 통화량을 나타내는 말로도 사용된다. 가령 시중에 통화량이 지나치게 많을 때 '유동성이 넘쳐 난다'고 표현하고, 반대로 통화량이 줄어들 때 '유동성이 감소한다'고 표현한다. 유동성이 넘쳐 날 경우 시중에 화폐가 흔해지는 상황이므로 화폐의 가치는 떨어지게 된다.

유동성은 금리와 밀접한 관련이 있기 때문에 국가는 정책적으로 금리를 올리고 내림으로써 유동성을 조절할 수 있다. 이때 금리는 예금이나 빌려준 돈에 붙는 이자율로, 이는 기준 금리와 시중 금리 등으로 구분된다. 기준 금리는 국가가 정책적인 차원에서 결정하는 금리로, 한 나라의 금융 및 통화 정책의 주체인 중앙은행에 의해 결정된다. 반면 시중 금리는 기준 금리의 영향을 받아 중앙은행 이외의 시중 은행이 세우는 표준적인 금리로, 가계나 기업의 금융 거래에 영향을 미친다. 가령 시중 금리가 내려가면 예금을 통한 이자 수익과 대출에 따른 이자 부담이 줄어 가계나 기업에서는 예금을 인출하거나 대출을 받으려는 경향성이 늘어난다. 그 결과 시중의 유동성이 증가하게 된다. 반대로 시중 금리가 올라가면 이자 수익과 대출 이자 부담이 모두 늘어나기 때문에 유동성이 감소하게 된다.

이와 같은 금리와 유동성의 관계를 고려하여, 중앙은행은 기준 금리를 조절하는 통화 정책을 통해 경기를 안정시키려고 한다. 만일 경기가 침체되면 중앙은행은 기준 금리를 인하하는 정책을 도입하여 시중 금리를 낮추도록 유도한다. 그 결과 유동성이 증가하여 가계의 소비가 늘고 주식이나 부동산에 대한 투자가 확대된다. 또한 기업의 생산과 고용이 늘고 다양한 분야에 대한 투자가 확대되어 물가가 상승하고 경기가 전반적으로 활성화된다. 반대로 경기가 과열되어 자산 가격이나 물가가 지나치게 오르면 중앙은행은 기준 금리를 인상하는 정책을 통해 유동성을 감소시킨다. 그 결과 기준 금리를 인하할 때와 반대의 현상이 나타나 자산 가격이 하락하고 물가가 안정되어 과열된 경기가 진정된다.

그러나 중앙은행이 경기 활성화를 위해 통화 정책을 시행했음에도 불구하고 애초에 의도한 결과가 나타나지 않기도 한다. 즉, 기준 금리를 인하하여 시중에 유동성을 충분히 공급하더라도, 증가한 유동성이 기대만큼 소비나 투자로 이어지지 않으면 경기가 활성화되지 않는다. 특히 심각한 경기 침체로 인해 경기 회복에 대한 전망이 불투명할 경우, 경제 주체들은 쉽게 소비를 늘리지 못하거나 투자를 결정하지 못해 돈을 손에 쥐고만 있게 된다. 이 경우 충분한 유동성이 경기 회복으로 이어지지 못해 경기 침체가 지속되는데, 마치 유동성이 함정에 빠진 것 같다고 하여 케인스는 이를 유동성 함정 이라 불렀다. 그는 이러한 유동성 함정을 통해 통화 정책의 한계를 설명하면서, 정부가 재정 지출을 확대하여 소비와 투자를 유도하는 정책을 시행하는 것이 중요하다고 역설하였다.

19

윗글을 통해 알 수 있는 내용이 <u>아닌</u> 것은?

① 중앙은행이 하는 역할
② 유동성이 높은 자산의 예
③ 기준 금리와 시중 금리의 관계
④ 경기 침체로 인해 나타나는 현상
⑤ 유동성에 대한 케인스 주장의 한계

20

윗글을 바탕으로 할 때, ⟨보기⟩의 ㄱ~ㄷ에 들어갈 말로 적절한 것은?

⟨보기⟩

국가의 통화 정책이 정상적으로 작동될 때, 중앙은행이 기준 금리를 (ㄱ) 시중의 유동성이 (ㄴ)하며, 화폐의 가치가 (ㄷ)한다.

	ㄱ	ㄴ	ㄷ
①	내리면	증가	하락
②	내리면	증가	상승
③	내리면	감소	상승
④	올리면	증가	상승
⑤	올리면	감소	하락

21

유동성 함정 에 대해 이해한 내용으로 가장 적절한 것은?

① 시중에 유동성이 충분히 공급되더라도 경기 침체가 지속되는 상황을 의미한다.
② 시중 금리의 상승으로 유동성이 감소하여 물가가 하락하는 상황을 의미한다.
③ 기업의 생산과 가계의 소비가 줄어들어 유동성이 넘쳐 나는 상황을 의미한다.
④ 경기 과열로 인해 유동성이 높은 자산에 대한 선호가 늘어나는 상황을 의미한다.
⑤ 유동성이 감소하여 경기 회복에 대한 전망이 긍정적으로 바뀌는 상황을 의미한다.

22

윗글을 바탕으로 경제 주체들이 〈보기〉의 신문 기사를 읽고 보일 수 있는 반응으로 적절하지 않은 것은? [3점]

─〈보기〉─

금융 당국 '빅스텝' 단행

금융 당국은 오늘 '빅스텝'을 단행하였다. 빅스텝이란 기준 금리를 한 번에 0.5%p 인상하는 것을 의미한다. 이처럼 금리를 큰 폭으로 인상한 것은 과도하게 증가한 유동성으로 인해 물가가 지나치게 상승하고 부동산, 주식 등의 자산 가격이 폭등했기 때문이다.

① **투자자**: 부동산의 가격이 하락할 수 있으니, 당분간 부동산 투자를 미루고 시장 상황을 지켜봐야겠군.
② **소비자**: 위축된 소비 심리가 회복되어 지금보다 물가가 오를 수 있으니, 자동차 구매 시기를 앞당겨야겠군.
③ **기업인**: 대출을 통해 자금을 확보하는 것이 부담스러워질 수 있으니, 공장을 확장하려던 계획을 보류해야겠군.
④ **공장장**: 당분간 우리 공장에서 생산한 부품에 대한 수요가 줄 수 있으니, 재고가 늘어날 것에 대비해야겠군.
⑤ **은행원**: 시중 은행에 저축하려는 사람들이 늘어날 수 있으니, 다양한 상품을 개발하여 고객을 유치해야겠군.

[23~27] 다음 글을 읽고 물음에 답하시오.

(가) 나는 이럴망정 외방의 늙은 종이
　　공물 바치고 돌아갈 때 하는 일 다 보았네
　　㉠ 우리 댁(宅) 살림이 예부터 이렇던가
　　전민(田民)*이 많단 말이 일국에 소문이 났는데
　　먹고 입으며 드나드는 종이 백여 명이 넘는데도
　　무슨 일 하느라 텃밭을 묵혔는가
　　농장이 없다던가 호미 연장 못 가졌나
　　날마다 무엇하려 밥 먹고 다니면서
　　열 나무 정자 아래 **낮잠만** 자는가
　　아이들 탓이던가
　　㉡ 우리 댁 종의 버릇 보노라면 이상하다
　　소 먹이는 아이들이 상마름을 능욕하고
　　오고 가는 어리석은 손님이 큰 양반을 기롱*한다
　　㉢ 그릇된 재산 모아 다른 꾀로 제 일하니
　　큰 집의 많은 일을 뉘라서 힘써 할까
　　곡식 창고 비었거든 창고지기인들 어찌하며
　　세간이 흩어지니 질그릇인들 어찌할까
　　내 잘못된 줄 내 몰라도 남 잘못된 줄 모르겠는가
　　㉣ 풀어헤치거니 맺히거니, 헐뜯거니 돕거니
　　하루 열두 때 어수선을 핀 것인가

　　　　　　　　(중략)

　　크게 기운 집에 상전님 혼자 앉아
　　명령을 뉘 들으며 논의를 뉘와 할까
　　낮 시름 밤 근심 혼자 맡아 계시거니
　　옥 같은 얼굴이 편하실 적 몇 날인가
　　이 집 이리 되기 뉘 탓이라 할 것인가
　　㉤ 생각 없는 종의 일은 묻지도 아니하려니와
　　돌이켜 생각하니 상전님 탓이로다
　　내 상전 그르다 하기에는 종의 죄 많건마는
　　그렇다 세상 보며 민망하여 여쭙니다
　　새끼 꼬는 일 멈추시고 내 말씀 들으소서
　┌ 집일을 고치려거든 종들을 휘어잡고
[A] 종들을 휘어잡으려거든 상벌을 밝히시고
　└ 상벌을 밝히시려거든 어른 종을 믿으소서
　　진실로 이리 하시면 가도(家道)* 절로 일 겁니다
　　　　　　　　　　　　　　　　　　　 － 이원익, 〈고공답주인가〉

* 전민: 농사짓는 일을 생업으로 삼는 사람
* 기롱: 남을 속이거나 비웃으며 놀림.
* 가도: 집안에서 마땅히 지켜야 할 도덕적 규범

(나) "사람답게 살아라."라는 말은 소설가 김정한이 평생을 두고 자주 한 말이다. 나는 그의 문장 가운데 다음의 구절을 좋아한다. "어딜 가도 산이 있고 들이 있고 그리고 인간이 살았다. 인간이 사는 곳에는 으레 나뭇가리가 있고 그 곁에는 코흘리개들이 놀곤 하였다. 조국이란 것이 점점 가슴에 느껴졌다." 이 명료한 문장을 읽고 있으면 사람이 떼를 이루어 사는 세상의 풍경이 한눈에 들어오는 것만 같다. 그것도 느리고 큰 자연과 더불어. 사람의 생활이라는 것도 눈에 들어오는 문장이다.

[B]   이래저래 만나게 되는 사람들과 이런저런 사연으로 이별을 경험하게 된 사람들, 그리고 그들의 눈물과 사랑을 하고있는 저 뜨거운 가슴도 짐작을 하게 된다. 조각돌처럼 까다롭고 별난 사람도 있고, 몽돌처럼 둥글둥글한 사람도 있고, 조각을 한 듯 잘생긴 사람도 있고, 마음에 태풍이 지나가는 사람도 있고, 마음에 4월의 봄볕이 내리는 사람도 있다. 그들 모두 하나의 무리를 이루고 사는 것이 이 세상 아닌가 싶은 생각이 드는 것이다.

(중략)

나는 가끔 생각하기를 마당이 있는 집이 내게 있다면 주변의 돌들을 모아서 돌탑을 쌓고 싶다고 소망한다. 그리고 나의 아이들과 아내에게도 돌탑을 하나씩 쌓을 것을 부탁하고 싶다. 산사에 올라가다 보면 길가나 바위 위에 누군가 쌓아 올린 돌탑들처럼 나의 작은 마당 한쪽 한쪽에 돌탑을 쌓아 놓고 싶은 것이다. 아래에는 큰 돌이 필요하고 위를 향해 쌓아 갈수록 보다 작은 돌들이 필요할 것이다. 그리고 각각의 장소에서 구해온 돌들은 각각의 크기와 모양과 빛깔을 지니고 있을 것이다. 반듯한 것도 있고 움푹 팬 것도 있을 것이다. 마치 여러 종류의 꽃과 풀들이 자라나서 하나의 화단을 이루듯이 그 돌들은 서로 **업고 업혀서** 하나의 탑을 이룰 것이다.

그런데 돌탑을 쌓아 본 사람은 돌탑을 쌓는 데에는 **잔돌**이 필요하다는 것을 알 것이다. 불안하게 **기우뚱하는** 돌탑의 층을 바로잡아 주려면 이 잔돌을 괴는 일이 무엇보다 필요하다. 잔돌을 굄으로써 **탑은 한 층 한 층 수평**을 이루게 된다. 못생긴 나무도 숲을 이루는 한 나무요, 쓸모없는 나무는 없다는 말이 있듯이 보잘것없고 작은 잔돌이라도 탑을 올리는 데에는 꼭 필요하다. 돌탑을 쌓아 올리면서 배우는 것 가운데 하나는 이 잔돌의 소중함을 아는 일이다.

사람 사는 세상도 다를 바 없다. 잔돌 같은 사람이 필요하다. 의견이 맞지 않아 다툴 때 그 대화의 매정한 분위기를 무너뜨려 주는 사람이 우리 주변에는 더러 있다. 잔돌처럼 작용해 의견이 다른 사람들의 의견과 의견의 대립을 풀어 주는 사람이 있다. 이런 부드러운 개입의 고마움을 우리는 간혹 잊고사는 것이 아닐까 싶다.

봄 산이 봄 산인 이유는 새잎이 돋고 꽃이 거기에 있기 때문이다. 수많은 꽃은 자기의 존재감을 주장하지 않는다. 그냥 스스로의 생명력으로 피어나 봄 산의 아름다움을 이룬다. 이 세세하고 능동적인 존재의 움직임을 보살폈으면 한다. 돌탑에 다시 비유하자면 잔돌과 같은 그 무엇이기 때문이다.

– 문태준, 〈돌탑과 잔돌〉

23

(가)와 (나)의 공통점으로 가장 적절한 것은?

① 부재하는 대상에 대한 그리움을 표현하고 있다.
② 순수한 자연 세계에 대한 동경을 나타내고 있다.
③ 부정적 현실에 대한 냉소적 태도를 드러내고 있다.
④ 현실이나 세상에 대해 통찰한 내용을 전달하고 있다.
⑤ 자신이 처한 상황에 순응하는 태도를 보여 주고 있다.

24

[A]와 [B]에 대한 설명으로 가장 적절한 것은?

① [A]는 [B]와 달리 대조적 의미를 지닌 구절을 활용하여 대상의 속성을 드러내고 있다.
② [B]는 [A]와 달리 자연물에 글쓴이의 감정을 이입하여 표현의 효과를 높이고 있다.
③ [A]는 반어법을 활용하여, [B]는 역설법을 활용하여 주제 의식을 강조하고 있다.
④ [A]와 [B]는 모두 유사한 문장 구조를 반복하여 전달 의도를 강조하고 있다.
⑤ [A]와 [B]는 모두 말을 건네는 어투를 사용하여 청자의 행동 변화를 호소하고 있다.

25

(나)의 글쓴이에 대한 이해로 적절한 것만을 고른 것은?

> ㄱ. 자연과 대비되는 인간의 유한성을 자각한다.
> ㄴ. 사람들이 서로 더불어 사는 세상을 긍정한다.
> ㄷ. 주장을 굽히지 않는 삶을 살았던 자신을 반성한다.
> ㄹ. 세상에는 갈등을 중재할 사람이 필요하다고 생각한다.

① ㄱ, ㄴ   ② ㄱ, ㄷ   ③ ㄴ, ㄷ
④ ㄴ, ㄹ   ⑤ ㄷ, ㄹ

26

<보기>를 참고할 때 (가)의 ㉠~㉤에 대한 이해로 적절하지 <u>않은</u> 것은?

〈고공답주인가〉는 고공(종)이 상전에게 답을 하는 형식을 통해 국가 경영을 집안 다스리는 일에 빗대어 표현하고 있다. 이 작품에서 상전은 왕, 종은 신하를 가리키는데, 화자는 임진왜란으로 인해 나라가 황폐해지고 위계질서가 무너진 상황에서 당파 싸움만 일삼으며 재물을 탐하는 신하들을 비판하고 있다. 그리고 국가를 경영하는 왕으로서의 책임을 강조하고 있다.

① ㉠: 나라가 황폐해진 상황이 예전부터 지금까지 이어지고 있다는 것을 드러내고 있다.
② ㉡: 상하의 위계질서가 무너져 신하들의 기강이 해이해진 상황을 나타내고 있다.
③ ㉢: 나라를 돌보는 일을 외면한 채 부정한 방법으로 재물을 탐하는 신하들의 모습을 드러내고 있다.
④ ㉣: 시도 때도 없는 당파 싸움으로 인해 혼란스러운 조정의 모습을 나타내고 있다.
⑤ ㉤: 나라가 어지러워진 책임이 신하뿐만 아니라 왕에게도 있다는 인식을 드러내고 있다.

27

<보기>를 바탕으로 (가), (나)를 감상한 내용으로 적절하지 <u>않은</u> 것은? [3점]

전체는 구성 요소들의 집합체이다. 그러므로 전체를 이루는 구성 요소들은 그 자체로는 두드러지지 않을지라도 전체를 위해 없어서는 안 되는 존재이다. 그리고 다양성을 지닌 구성 요소들은 각각의 역할을 능동적으로 수행할 때 존재의 의미를 획득하게 되고 전체는 조화로운 모습을 이루게 된다.

① (가)의 '가도'가 바로 선 집안은 구성 요소들이 어우러져 조화로운 모습을 갖춘 전체를 의미한다고 볼 수 있겠군.
② (나)의 '탑'이 '수평을 이루게' 하는 '잔돌'은 두드러지지 않지만 전체를 위해 없어서는 안 될 구성 요소로 볼 수 있겠군.
③ (가)의 '낮잠만 자'는 종과 달리 (나)의 '스스로' 핀 꽃은 능동적으로 존재의 의미를 획득한 구성 요소로 볼 수 있겠군.
④ (가)의 '먹고 입으며 드나드는'과 (나)의 '서로 업고 업혀서'는 다양성을 지닌 존재들의 필요성을 강조한 것으로 볼 수 있겠군.
⑤ (가)의 '크게 기운 집'은 구성 요소들이 역할을 제대로 수행하지 않은 결과로, (나)의 '기우뚱하는 돌탑'은 필요한 구성 요소들이 제대로 갖추어지지 않은 결과로 볼 수 있겠군.

[28~33] 다음 글을 읽고 물음에 답하시오.

(가) 19세기에 분트는 인간의 정신세계가 의식으로 이루어져 있다고 보고, 실험을 통해 인간의 정신 현상과 행동을 설명하는 실험심리학을 주창하였다. 이때 의식이란 깨어 있는 상태에서 자신이나 세계를 인식하는 모든 정신 작용을 의미한다. 그러나 프로이트는 정신 질환을 겪는 환자들을 치료하면서 인간에게 의식과는 다른 무의식 세계가 있다는 것을 발견하였다. 이에 그는 인간을 무의식의 지배를 받는 비합리적 존재로 간주하고, 정신분석이론을 통해 인간의 정신세계를 ⓐ규명하려 하였다.

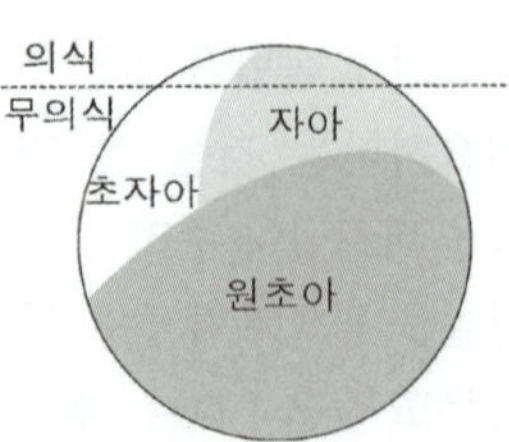

프로이트에 의하면 인간의 정신세계 중 의식이 차지하는 영역은 빙산의 일각일 뿐, 무의식이 정신세계의 대부분을 차지한다. 그는 무의식의 심연에는 '원초아'가, 무의식에서 의식에 걸쳐 '자아'와 '초자아'가 존재한다고 보았다. 원초아는 성적 에너지를 바탕으로 본능적인 욕구를 충족하려는 선천적 정신 요소이다. 반면 자아는 외적 상황으로 인해 충족되지 못하고 지연되거나 좌절된 원초아의 욕구를 사회적으로 용인될 수 있는 방법으로 충족하려는 정신 요소이다. 마지막으로 초자아는 도덕률에 따라 원초아의 욕구를 억제하고 양심에 따라 행동하도록 하는 정신 요소로, 어린 시절 부모의 종교나 가치관 등을 내재화하는 과정에서 후천적으로 발달한다.

이러한 원초아, 자아, 초자아는 역동적으로 상호작용하면서 개인의 성격을 형성한다. 가령, 원초아가 강할 때는 본능적인 욕구에 집착하는 충동적인 성격이, 초자아가 강할 때는 엄격하게 도덕을 지키려는 원칙주의적 성격이 나타난다. 자아는 원초아와 초자아의 요구 사이에서 이를 조정하는 역할을 하기 때문에, 정신적 균형을 이루기 위해서는 자아의 발달이 중요하다. 만일 자아가 제 역할을 하지 못하면 정신 요소의 균형이 깨져 불안감이 생기는데, 자아는 이를 해소하기 위해 무의식적으로 방어기제를 사용하게 된다. 대표적인 방어기제로는 억압이나 승화 등이 있다. 억압은 자아가 수용하기 힘든 욕구를 무의식 속으로 억누르는 것을, 승화는 그러한 욕구를 예술과 같이 가치 있는 활동으로 ⓑ 전환하는 것을 의미한다. 개인마다 습관적으로 사용하는 방어기제가 다르기 때문에 어떤 방어 기제를 사용하느냐 또한 개인의 성격 형성에 영향을 미친다.

프로이트는 어린 시절에 해소되지 않은 원초아의 욕구나 정신 요소 간의 갈등은 성인이 된 후에도 지속적으로 영향을 주기 때문에, 이 시기에 부모와의 상호작용 경험이 성격 형성에 큰 영향을 준다고 설명하였다. 특히 그는 성인의 정신 질환을 어린 시절의 심리적 갈등이 재현된 것으로 보고, 이를 치유하기 위해서는 무의식에 내재되어 있는 과거의 상처를 의식의 세계로 끌어내는 과정이 필요하다고 주장하였다. 이러한 프로이트의 이론은 기존의 이론에서 ⓒ 간과한 무의식에 대한 탐구를 통해 인간 이해에 대한 지평을 넓혔다는 평을 받고 있다.

(나) 융은 프로이트의 정신분석이론에 반기를 들고, 분석심리학을 주장하였다. 무의식을 단지 의식에서 수용할 수 없는 원초적 욕구나 해결되지 못한 갈등의 창고로만 본 프로이트와 달리, 융은 무의식을 인간이 잠재적 가능성을 실현할 때 필요한 창조적인 에너지의 샘으로 보았다는 점에서, 그의 분석심리학은 프로이트의 이론과 구별된다.

융은 정신세계의 가장 바깥쪽에는 의식이, 그 안쪽에는 개인 무의식이, 그리고 맨 안쪽에는 집단 무의식이 순서대로 자리잡고 있다고 보았다. 의식은

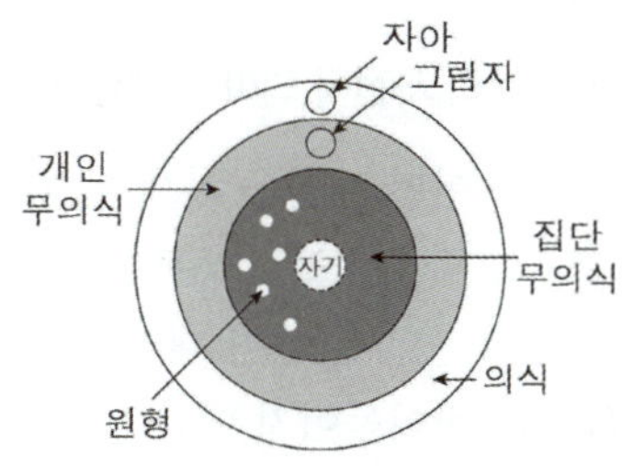

생각이나 감정, 기억과 같이 인간이 직접 인식할 수 있는 영역으로, 여기에는 '자아'가 존재한다. 자아는 의식을 지배하는 동시에 무의식과 교류하며 이를 조정하는 역할을 한다. 개인 무의식은 의식에 의해 ⓓ 배제된 생각이나 감정, 기억 등이 존재하는 영역이다. 이곳에 존재하는 '그림자'는 자아에 의해 억압된 '또 하나의 나'라고 할 수 있다.

마지막으로 집단 무의식은 태어날 때부터 누구나 가지고 있는 원초적이며 보편적인 무의식이다. 거기에는 진화를 통해 축적되어 온 인류의 경험이 '원형'의 형태로 존재한다. 가령 어두운 상황에서 누구나 공포심을 느끼는 것이 원형에 해당한다.

융에 따르면 집단 무의식의 가장 안쪽에는 '자기'가 존재한다. 이는 정신세계에 내재하는 개인의 근원적인 모습이라고 할 수 있다. 융은 자아가 성찰을 통해 무의식의 심연에 존재하는 자기를 발견하면, 인간은 비로소 타인과 구별되는 고유한 존재가 된다고 보고 이를 개별화라고 불렀다. 이는 의식에 존재하는 자아가 무의식과 끊임없이 상호작용하며 무의식의 영역을 의식으로 통합하는 과정, 즉 ⊙ 무의식을 의식화하는 과정을 통해 이루어진다. 이 과정에서 자아는 자신의 또 다른 모습인 그림자와 ⓔ 대면하게 되고, 집단 무의식에 존재하는 여러 원형들을 발견하게 된다. 결국 자아가 무의식의 심연에 존재하는 자기를 찾아가는 과정은 정신세계를 구성하는 자아와 그림자, 그리고 여러 원형들이 대립에서 벗어나 하나의 정신으로 통합되면서 정신적 균형을 이루는 과정이라 할 수 있다. 이러한 과정에서 개인은 내면의 성숙을 이루며 자신의 정체성을 찾게 된다.

28

(가), (나)의 공통점으로 가장 적절한 것은?

① 인간의 무의식을 주장한 이론에 대한 상반된 평가를 제시하고 있다.

② 기존과 다른 관점에서 인간의 정신세계를 설명한 이론을 소개하고 있다.

③ 인간의 무의식을 설명한 이론이 등장하게 된 역사적 사건을 소개하고 있다.

④ 인간의 정신 질환을 분류하고 각각의 특징을 설명한 이론을 제시하고 있다.

⑤ 인간의 정신세계를 설명한 이론이 다른 학문 영역에 미친 영향을 분석하고 있다.

29

(가)의 내용과 일치하지 <u>않는</u> 것은?

① 분트는 인간의 정신세계가 의식으로만 구성되어 있다고 보았다.
② 프로이트는 인간을 무의식의 지배를 받는 비합리적 존재로 여겼다.
③ 프로이트는 원초아가 강할 때 본능적인 욕구에 집착하는 성격이 나타난다고 생각했다.
④ 프로이트는 세 가지 정신 요소들이 상호작용하면서 개인의 성격이 형성된다고 보았다.
⑤ 프로이트는 의식적으로 사용하는 방어기제와 무의식적으로 사용하는 방어기제를 구분하였다.

30

(가)의 '프로이트'와 (나)의 '융'의 관점에서 〈보기〉를 이해한 내용으로 적절하지 <u>않은</u> 것은? [3점]

〈보기〉

[헤르만 헤세의 연보]

• 1877: 기독교인다운 엄격한 생활을 중시하는 경건주의 집안에서 태어남. ················· ㉮
• 1881~1886: 자유분방한 기질로 인해 엄한 아버지의 교육 방식에 반항하며 불안감을 느낌. ········· ㉯
• 1904~1913: 잠재된 문학적 재능을 발휘하여 왕성하게 작품 창작을 하며 불안에서 벗어남. ········· ㉰
• 1916~1919: 아버지의 죽음을 접하고 심한 우울증을 경험함. ················· ㉱
• 1945~1962: 성찰적 글쓰기 활동 속에서 심리적 안정감을 느끼며 여생을 보냄. ········· ㉲
• 1962: 몬타뇰라에서 죽음.

① ㉮: 프로이트는 엄격한 집안 분위기가 헤세의 초자아가 발달하는 데 영향을 주었다고 보겠군.
② ㉯: 프로이트는 헤세의 불안감을 원초아와 초자아의 요구를 자아가 제대로 조정하지 못한 결과라고 보겠군.
③ ㉰: 프로이트는 헤세의 왕성한 창작 활동을 승화로, 융은 이를 무의식의 창조적 에너지가 발현된 것으로 보겠군.
④ ㉱: 프로이트는 헤세의 우울증을 유년기의 불안이 재현된 것으로, 융은 이를 자아와 그림자가 통합된 것으로 보겠군.
⑤ ㉲: 융은 헤세가 성찰하는 글쓰기 활동을 통해 자기를 발견하는 과정에서 심리적 안정감을 느낀 것으로 보겠군.

31

(가)의 정신분석이론과 (나)의 분석심리학에서 모두 동의하는 진술로 가장 적절한 것은?

① 자아는 의식과 무의식의 세계에 걸쳐서 존재한다.
② 무의식은 성적 에너지로만 이루어진 정신 요소이다.
③ 무의식은 개인의 경험을 초월해 원형의 형태로 유전된다.
④ 무의식에는 자아에 의해 억압된 열등한 자아가 존재한다.
⑤ 정신적 균형을 이루기 위해서는 자아의 역할이 중요하다.

32

㉠을 이해한 내용으로 가장 적절한 것은?

① 의식의 확장을 통해 타인과의 경계를 허무는 과정이다.
② 자신의 근원적인 모습을 찾아 나가는 개별화의 과정이다.
③ 의식에 의해 발견된 무의식의 욕구가 억눌리는 과정이다.
④ 무의식이 의식에서 분화되어 정체성이 실현되는 과정이다.
⑤ 과거의 경험들을 반복함으로써 성격이 형성되는 과정이다.

33

ⓐ~ⓔ의 사전적 의미로 적절하지 <u>않은</u> 것은?

① ⓐ: 어떤 사실을 자세히 따져서 바로 밝힘.
② ⓑ: 주기적으로 자꾸 되풀이하여 돎.
③ ⓒ: 큰 관심 없이 대강 보아 넘김.
④ ⓓ: 받아들이지 아니하고 물리쳐 제외함.
⑤ ⓔ: 서로 얼굴을 마주 보고 대함.

[34 ~ 37] 다음 글을 읽고 물음에 답하시오.

[앞부분 줄거리] 국민학교 2학년생인 '나'는 걸구대(궐기대회)가 열릴때마다 멧돼지를 서너 마리씩 미국 대통령이나 유엔 사무총장과 같은 외국 귀인들에게 보낸다는 것을 알고 의아해 한다.

어린 소견에 도무지 알다가도 모를 노릇이었다. 그런 식으로 마구 보내 주다가는 오래지 않아 나라 안의 멧돼지는 깡그리 씨가 마를 판이었다. 그렇잖아도 가뜩이나 육고기가 부족한 가난뱅이 나라에서 서양 부자 나라의 지체 높은 양반들한테 뭣 때문에 툭하면 그 귀한 멧돼지들을 보낸단 말인가. 또 보낸다면 그 멀고 먼 나라까지 무슨 수로, 그리고 어떤 모양으로 그 짐승들을 보낸단 말인가.

멧돼지 보내기가 몇 번이나 되풀이된 다음, 마지막 순서로 혈서 쓰기가 시작되었다. 검정색 학생복 차림의 피 끓는 청년 학도들이 차례차례 연단에 올라 손가락을 깨물어 하얀 천 위에다 붉게 혈서를 쓰고 있었다. 그쯤에서 진력이 날 대로 나버린 급우 녀석들이 나를 향해 자꾸만 눈짓을 보내왔다. 엎어지면 코 닿을 자리에 집이 있는 내가 몇몇 친한 녀석들을 데리고 몰래 광장을 빠져나와 걸구대가 끝날 때까지 우리 식당에서 즐거운 시간을 함께 보낸 적이 종종 있었던 까닭이었다. 녀석들과 함께 걸구대에서 막 도망쳐 나오려는 순간이었다. 바로 그때 새롭게 연단에 오른 청년의 모습이 내 발목을 꽉 붙잡았다. 그보다 앞서 혈서를 쓴 학생들과 달리 그는 학생복 차림이 아니었다. 검정물로 염색한 군복을 걸친 그 헙수룩한 모습이 먼빛으로 봐도 어쩐지 많이 눈에 익어 보였다. 잠시 후에 열 손가락을 모조리 깨물어 혈서를 쓴, 참으로 보기 드문 열혈 애국 청년이 등장했음을 걸구대 사회자가 확성기를 통해 널리 알렸다. 곧이어 '북진통일'이라고 대문짝만 하게 적힌 혈서가 청중에게 공개되었다. 치솟는 박수갈채로 역전 광장이 갑자기 떠나갈 듯 요란해졌다. 설마 그럴 리가 있겠느냐고, 혹시 내가 잘못 봤을지도 모른다고 생각하면서 나는 고개를 저었다. 나는 몇몇 급우들과 함께 슬며시 광장을 벗어나고 말았다.

내가 결코 잘못 본 게 아니라는 사실이 이윽고 밝혀졌다. 창권이 형은 열 손가락에 빨갛게 핏물이 밴 붕대를 친친 감은 채 식당에 돌아옴으로써 어머니와 나를 기절초풍케 만들었다. 너무도 어처구니가 없는 나머지 어머니는 형이 돌아오면 퍼부으려고 잔뜩 별러서 장만했던 욕바가지를 꺼내들 엄두조차 못 낼 정도였다. 아프지 않더냐는 내 걱정에 형은 마치 남의 살점 얘기하듯 심상하게 대꾸했다.

"괭기찮어. 어째피 남어도는 피니깨."

그 혈서 사건 이후부터 창권이 형은 자기 몸 안에 들끓는 더운 피를 덜어내기 위해 이따금 주먹으로 자신의 코쭝배기를 후려쳐 일부러 코피를 쏟아 내야 하는 수고를 더 이상 할 필요가 없게 되었다. 그리고 어머니 말마따나 형은 정말 우리 식당에서

아무짝에도 쓸모없는 인간으로 완전히 바뀌어 버렸다. 역전 광장에서는 사흘이 멀다 하고 크고 작은 걸구대가 잇달아 벌어졌다. 덕분에 형의 상처 난 손가락들은 좀체 아물 새가 **없었다**. 걸구대 때마다 단골로 혈서를 쓰는 열혈 애국 청년 노릇에 워낙 바쁘다 보니 식당 안에 진드근히 붙어 있을 겨를도 없었다. 어머니는 결국 역마살이 뻗쳐 하고많은 날들을 밖으로만 나대는 형의 발을 묶어 식당 안에 주저앉히려는 노력을 포기할 지경에 이르렀다. 형은 어느덧 장국밥을 전문으로 하는 식당의 허드재비 심부름꾼에서 당당한 손님으로 격이 달라져 있었다.

중요한 일로 높은 사람들을 만나러 간다며 아침 일찍 집을 나선 창권이 형이 해 질 녘에 다따가* 고등학생으로 변해 돌아왔다. 그동안 형의 변모는 너무나 급격해서 그러잖아도 눈알이 팽팽 돌 지경이었는데, 방금 새로 사 입은 **빳빳한** 학생복에 어엿이 어느 학교의 교표까지 붙인 학생모 차림은 상상을 뛰어넘는 것이라서 어머니와 나는 다시 한번 할 말을 잃고 말았다.

"일트레면은 가짜배기 나이롱 고등과 학생인 심이지."

언제 학교에 들어갔었느냐는 내 물음에 형은 천연덕스레 대꾸하고 나서 한바탕 히히거렸다. 가짜 대학생 이야기는 더러 들어봤어도 가짜 고등학생은 형이 처음이었다.

"핵교도 안 댕기는 반거충이 청년이 단골 혈서가란 속내가 알려지는 날이면 넘들 보기에도 모냥이 숭칙허다고, 날더러 당분간 **고등과 학생 숭내를 내고** 댕기란다."

형은 모자에 붙은 교호에 호호 입김을 불어 소맷부리로 정성스레 광을 내기 시작했다. 안 그래도 새것임을 만천하에 광고하듯 ㉠ 너무 번뜩여서 오히려 탈인 그 금빛의 교표를 형은 내친김에 아예 순금제로 바꿔 놓을 작정인 듯 시간 가는 줄 모르고 일삼아 닦고 또 닦아 댔다. 나는 국민학교 졸업이 학력의 전부인 형을 한동안 물끄러미 바라보았다. 가정 형편이 어려워 어릴 때부터 남의집살이로 잔뼈를 굵혀 나온 형은 자신을 진짜배기 고등학생으로 착각하고 있는 기색이었다.

"요담번 궐기대회 때부텀 나가 맥아더 원수에게 보내는 멧세지 낭독까장 맡어서 허기로 결정이 나뿌렀다."

형은 교표 닦기를 끝마친 후 호주머니에서 피난민 시체로부터 선사 받은 금장의 회중시계를 꺼내어 더욱더 공력을 들여 삐까번쩍 광을 내기 시작했다. 정말 갈수록 태산이었다. 형은 걸구대에서 자신이 맡은 역할이 단골 혈서가 노릇 말고 다른 중요한 것이 더 있음을 자랑스레 밝히는 중이었다. 나는 멧돼지를 멧세지라 잘못 발음한 형의 실수를 부득이 지적하지 않을 수 없있다. 하지민 무식힌 가짜 고등힉생은, 멧돼지가 아니리고, 꼬부랑말로 **멧세지가** 맞다고 턱도 없는 우김질을 끝까지 계속했다.

(중략)

창권이 형의 마지막 활약상은 그리 오래 지속되지 못했다. 그날도 형은 군산으로 원정을 떠나 적성중립국 감시위원들의 추방을 요구하는 **시위대의 선두에 섰다.** 시위 분위기가 무르익자 형은 그만 흥분을 가누지 못하고 미군 부대 철조망을 타 넘는 만용을 부렸다. 바로 그때 경비병들이 송아지만 한 셰퍼드들을 풀어놓았다. 형은 셰퍼드들의 집중 공격을 받아 엉덩이 살점이 뭉텅 뜯겨 나가고 왼쪽 발뒤꿈치의 인대가 끊어지는 **중상을 입었다.** 형이 병원에서 퇴원할 때는 이미 한쪽 다리를 저는 불구의 몸으로 변해 있었다.

퇴원한 뒤에도 창권이 형은 한동안 우리 집에 계속 머물렀다. 형의 그 가짜배기 애국 학도 행각을 애초부터 꼴같잖게 여기던 어머니는 쩔쑥쩔쑥 기우뚱거리는 걸음걸이로 하릴없이 식당 안팎을 서성이는 먼촌붙이 조카를 눈엣가시로 알고 노골적으로 박대했다. 우리 식당에 빌붙어 눈칫밥이나 축내며 지내던 어느 날, 형은 마침내 시골집으로 돌아갈 결심을 굳혔다.

떠나기 전날 밤, 창권이 형은 보퉁이를 다 꾸린 다음 크게 선심이라도 쓰는 척하면서 내게 금장 회중시계를 만져 볼 기회를 딱 한 차례 허락했다. 행여 닳기라도 할까 봐 오래 구경시키는 것마저도 꺼려 하던 그 귀물 단지를 형이 내 손에 통째로 맡긴 것은 그때가 처음이자 마지막이었다. 피난민 시체로부터 받은 선물이라고 주장하던 그 **회중시계**가 내 작은 손바닥 위에 제법 묵직한 중량감으로 올라앉아 있었다. 등잔불 그늘 안에서도 말갛고 은은한 광휘를 발산하는 금시계를 일삼아 들여다보고 있자니 마치 형의 금빛 찬란하던 한때를 그것이 째깍째깍 증언하는 듯한 느낌이 언뜻 들었다. 전쟁 기간을 통틀어 형의 수중에 남겨진 **유일한 전리품**이었다.

"형이 옳았어."

회중시계를 되돌려 주면서 형의 호의에 대한 답례 삼아 뭔가 형에게 위로가 될 적당한 말을 찾느라 나는 복잡한 머릿속을 한참이나 뒤장질하지 않으면 안 되었다.

"멧돼지가 아니었어. 멧세지가 맞는 말이여."

내 말에 아무런 대꾸 없이 형은 그저 보일락말락 미소만 시부저기 흘리고 있을 따름이었다.

– 윤흥길, 〈아이젠하워에게 보내는 멧돼지〉

＊다따가: 난데없이 갑자기

34

윗글에 대한 설명으로 가장 적절한 것은?

① 이야기 내부 인물이 중심인물의 행동과 그에 대한 자신의 생각을 서술하고 있다.

② 이야기 내부 인물이 인물과 인물 사이의 갈등을 해소하는 과정을 보여 주고 있다.

③ 이야기 내부 인물이 과거와 현재를 반복적으로 교차하며 자신의 경험을 전달하고 있다.

④ 이야기 외부 서술자가 특정 소재와 관련된 인물의 내면 심리를 묘사하고 있다.

⑤ 이야기 외부 서술자가 서로 다른 공간에서 동시에 일어나는 사건들을 나열하고 있다.

35

윗글을 읽고 알 수 있는 내용이 <u>아닌</u> 것은?

① '나'는 궐기대회가 끝나기 전 친구들과 도중에 나온 적이 있었다.

② '나'는 창권이 형이 궐기대회에서 혈서를 쓴 사실을 어머니를 통해 전해 들었다.

③ 창권이 형은 열혈 애국 청년 노릇으로 바빠지게 되자 식당 심부름꾼으로 일할 겨를이 없었다.

④ 창권이 형은 퇴원 후 어머니에게 노골적인 박대를 받던 끝에 고향으로 돌아갈 결심을 했다.

⑤ 어머니는 창권이 형이 궐기대회에서 박수갈채를 받으며 애국 학도로 행세하는 것을 못마땅하게 여겼다.

36

⊙에 대한 이해로 가장 적절한 것은?

① 빛나는 교표로는 오히려 창권이 형의 능청스러운 성격을 은폐하기 어려움을 의미한다.
② 교표가 빛이 날수록 오히려 창권이 형이 자신의 행동을 부끄럽게 생각할 수 있음을 의미한다.
③ 번뜩이는 교표로 인해 궐기대회에서 창권이 형이 맡는 역할이 오히려 축소될 수 있음을 의미한다.
④ 교표를 정성스럽게 닦는 행위 때문에 오히려 창권이 형이 불안감을 더 크게 느끼게 됨을 의미한다.
⑤ 지나치게 새것으로 보이는 교표 때문에 오히려 창권이 형의 학력 위조가 쉽게 탄로 날 수 있음을 의미한다.

37

〈보기〉를 바탕으로 윗글을 감상한 내용으로 적절하지 <u>않은</u> 것은?

[3점]

〈보기〉

이 작품은 6·25 전쟁으로 인해 혼란해진 사회를 배경으로 한다. 창권이 형은 궐기대회에서 애국 학도로 활약하게 되는 과정에서 권력층에 편승하는 모습을 보인다. 정치적 목적을 위해 대중을 기만하는 권력층에 이용당하다 결국 몰락하게 되는 창권이 형을 통해 어리석은 인물이 가진 욕망의 허망함을 풍자하고 있다. 그리고 궐기대회에서 벌어지는 일을 제대로 이해하지 못하는 어린 '나'를 통해 궐기대회가 희화화된다.

① '멧세지'를 보내는 것을 '멧돼지 보내기'로 오해한 '나'를 통해 궐기대회가 희화화되는군.
② '좀체 아물 새가 없'는 '손가락들'은 표면적으로는 애국심의 증거이지만 이면적으로는 창권이 형이 권력층에 이용당하는 인물임을 엿볼 수 있게 하는군.
③ '고등과 학생 숭내를 내고 댕기'라고 지시하는 것에서 자신들의 목적을 위해 대중을 속이는 권력층의 부정적 면모가 드러나는군.
④ '시위대의 선두에 섰'다가 '중상을 입'은 비극을 통해 권력층에 편승하려는 창권이 형의 부질없는 욕망이 풍자되고 있군.
⑤ '유일한 전리품'이었던 '회중시계'는 전쟁 시기에 애국 학도로서의 신념을 지키지 못한 창권이 형의 고뇌를 상징하는군.

[38~42] 다음 글을 읽고 물음에 답하시오.

맑고 화창한 날 밖에서 스마트폰 화면이 잘 보이지 않았던 경험이 한 번쯤은 있을 것이다. 이는 화면에 반사된 햇빛이 화면에서 나오는 빛과 많이 ⓐ <u>혼재될수록</u> 야외 시인성이 저하되기 때문이다. 야외 시인성이란, 빛이 밝은 야외에서 대상을 명확하게 인식할 수 있는 성질을 의미한다. 그렇다면 스마트폰에는 야외 시인성 개선을 위해 어떠한 기술이 적용되어 있을까?

⊙ 스마트폰 화면의 명암비가 높으면 우리는 화면에 표현된 이미지를 선명하다고 인식한다. 명암비는 가장 밝은 색과 가장 어두운 색을 화면이 얼마나 잘 표현하는지를 나타내는 수치로, 흰색을 표현할 때의 휘도를 검은색을 표현할 때의 휘도로 나눈 값이다. 여기서 휘도는 화면에서 나오는 빛이 사람의 눈에 얼마나 들어오는지를 나타내는 양이다. 가령, 흰색을 표현할 때의 휘도가 $2,000\,cd/m^2$이고 검은색을 표현할 때의 휘도가 $2\,cd/m^2$인 스마트폰의 명암비는 1,000이다.

명암비는 휘도를 측정하는 환경에 따라 암실 명암비와 명실 명암비로 구분된다. 암실 명암비는 햇빛과 같은 외부광 없이 오로지 화면에서 나오는 빛만을 인식할 수 있는 조건에서의 명암비를, 명실 명암비는 외부광이 ⓑ <u>존재하는</u> 조건에서의 명암비를 의미한다. 스마트폰의 야외 시인성을 높이기 위해서는 명실 명암비를 높여야 한다. 이를 위해 화면에서 흰색을 표현할 때의 휘도를 높이는 방법과 검은색을 표현할 때의 휘도를 낮추는 방법을 사용할 수 있다.

그런데 스마트폰에 흔히 사용되는 OLED는 흰색을 표현할 때의 휘도를 높이는 데 한계가 있다. OLED는 화면의 내부에 있는 기판*에서 빛을 내는 소자로, 빨간색, 초록색, 파란색 빛을 조합하여 다양한 색을 ⓒ <u>구현한다.</u> 이렇게 OLED가 색을 표현할 때, 출력되는 빛의 세기를 높이면 해당 색의 휘도가 높아진다. 그러나 강한 세기의 빛을 출력할수록 OLED의 수명이 ⓓ <u>단축되는</u> 문제가 있다. 이러한 이유로 OLED 스마트폰에는 편광판과 위상지연필름을 활용하여, 외부광의 반사로 높아진, 검은색을 표현할 때의 휘도를 낮추는 기술이 적용되고 있다.

〈그림〉은 OLED 스마트폰에 적용된 편광판의 원리를 나타낸 것이다. 일반적으로 빛은 진행하는 방향에 수직인 모든 방향으로 진동하며

〈그림〉

나아간다. 빛이 편광판을 통과하면 그중 편광판의 투과축과 평행한 방향으로 진동하며 나아가는 선형 편광만 남고, 투과축의 수직 방향으로 진동하는 빛은 차단된다. 이러한 과정에서 편광판을 통과한 빛의 세기는 감소하게 된다.

  이러한 원리를 이용해 OLED 스마트폰에서 야외 시인성을 높이는 기술을 설명하면 다음과 같다. 먼저 스마트폰 화면 안으로 들어오는 외부광은 편광판을 거치면서 일부가 차단되고 투과축과 평행한 방향으로 진동하는 선형 편광만 남게 된다. 그런 다음 이 선형 편광은 위상지연필름을 지나면서 회전하며 나아가는 빛인 [A] 원형 편광으로 편광의 형태가 바뀐다. 이 원형 편광은 스마트폰 화면의 내부 기판에 반사된 뒤, 다시 위상지연필름을 통과하며 선형 편광으로 바뀐다. 그런데 이 선형 편광의 진동 방향은 외부광이 처음 편광판을 통과했을 때 남은 선형 편광의 진동 방향과 수직을 이루게 되어 편광판에 가로막히게 된다. 그 결과 기판에 반사된 외부광은 화면 밖으로 빠져나가지 못하게 된다.

  이와 같은 기술은 OLED 스마트폰의 야외 시인성을 높이는 데에는 매우 효과적이지만, 편광판을 사용할 수밖에 없기 때문에 스마트폰 화면이 일정 수준의 명암비를 유지하기 위해서는 ⓛ OLED가 내는 빛의 세기를 높게 유지해야 한다는 단점이 존재한다. 그리고 외부광이 화면의 외부 표면에 반사되어 나타나는 야외 시인성의 저하도 ⓔ 방지하지 못한다. 최근에는 이러한 문제점들을 개선하기 위한 연구가 다양한 분야에서 이루어지고 있다.

* **기판**: 전기 회로가 편성되어 있는 판

38

윗글에서 알 수 있는 내용으로 가장 적절한 것은?

① 햇빛은 진행하는 방향에 수직인 모든 방향으로 진동한다.
② OLED는 네 가지의 색을 조합하여 다양한 색을 구현한다.
③ 사람의 눈에 들어오는 빛의 양이 많으면 휘도는 낮아진다.
④ 야외 시인성은 사물 간의 크기 차이를 비교하는 기준이다.
⑤ OLED는 화면의 외부 표면에 반사되는 외부광을 차단한다.

39

㉠에 대한 설명으로 적절하지 <u>않은</u> 것은?

① 명실 명암비를 높이면 야외 시인성이 높아지게 된다.
② 흰색을 표현할 때의 휘도가 낮아질수록 암실 명암비가 높아진다.
③ 휘도를 측정하는 환경에 따라 명실 명암비와 암실 명암비로 나뉜다.
④ 흰색을 표현할 때의 휘도를 검은색을 표현할 때의 휘도로 나눈 값이다.
⑤ 화면에 반사된 외부광이 눈에 많이 들어올수록 명실 명암비가 낮아진다.

40

ⓛ의 이유를 추론한 것으로 가장 적절한 것은?

① OLED가 내는 빛의 휘도를 조절할 수 없기 때문이다.
② OLED가 내는 빛이 강할수록 수명이 길어지기 때문이다.
③ OLED가 내는 빛 중 일부가 편광판에서 차단되기 때문이다.
④ OLED가 내는 빛이 약하면 명암비 계산이 어렵기 때문이다.
⑤ OLED가 내는 빛의 세기를 높이는 데 한계가 있기 때문이다.

41

〈보기〉는 [A]의 과정을 나타낸 그림이다. 윗글을 바탕으로 〈보기〉를 이해한 내용으로 적절하지 <u>않은</u> 것은? [3점]

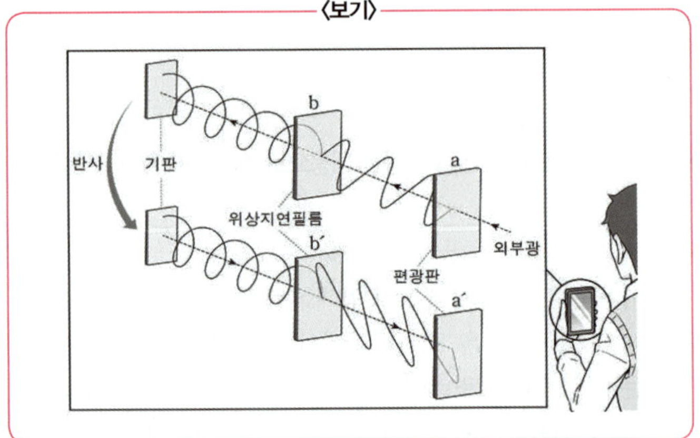

① 외부광은 a를 거치면서 투과축과 평행한 방향으로 진동하는 빛만 남게 된다.
② a를 거쳐 b로 나아가는 빛은 진행 방향에 수직인 방향으로 진동한다.
③ b를 거친 빛은 기판에 의해 a를 거쳐 b로 나아가는 빛과 같은 형태의 편광으로 바뀌게 된다.
④ b′를 거친 빛의 진동 방향은 a를 거쳐 b로 나아가는 빛의 진동 방향과 수직을 이룬다.
⑤ b′를 거친 빛은 진동 방향이 a′의 투과축과 수직을 이루므로 화면 밖으로 빠져나가지 못하게 된다.

42

문맥상 ⓐ~ⓔ와 바꾸어 쓰기에 적절하지 <u>않은</u> 것은?

① ⓐ: 뒤섞일수록   ② ⓑ: 있는
③ ⓒ: 고른다   ④ ⓓ: 줄어드는
⑤ ⓔ: 막지

[43~45] 다음 글을 읽고 물음에 답하시오.

[앞부분 줄거리] 전생에 부부였던 남해 용왕의 딸과 동해 용왕의 아들은 각각 금방울과 해룡으로 환생한다. 해룡은 피란 도중에 부모와 헤어져 장삼과 변 씨의 집에서 자라게 된다.

어느 추운 겨울날, 눈보라가 내리치는 밤에 변 씨는 소룡과 함께 따뜻한 방에서 자고 해룡에게는 방아질을 시켰다. 해룡은 어쩔 수 없이 밤새도록 방아를 찧었는데, 얇은 홑옷만 입은 아이가 어찌 추위를 견딜 수 있겠는가? 추위를 이기지 못해 잠깐 쉬려고 제 방에 들어가니, 눈보라가 방 안에까지 들이치고 덮을 것이 하나도 없었다. 해룡이 몸을 잔뜩 웅크리고 엎드려있는데, 갑자기 방 안이 대낮처럼 밝아지고 여름처럼 더워져 온몸에 땀이 났다. 놀라고 또 이상해 바로 일어나 밖을 자세히 살펴보니, 아직 날이 밝지 않았는데 하얀 눈이 뜰에 가득했다. 방앗간에 나가 보니 밤에 못다 찧은 것이 다 찧어져 그릇에 담겨 있었다. 해룡이 더욱 놀라고 괴이하게 여겨 방으로 돌아오니 방 안은 여전히 밝고 더웠다.

아무리 생각해도 이상해 방 안을 두루 살펴보니, 침상 위에 예전에 없었던 북만 한 방울 같은 것이 놓여 있었다. 해룡이 잡으려 했으나, 방울이 이리 미끈 달아나고 저리 미끈 달아나며 요리 구르고 저리 굴러 잡히지 않았다. 더욱 놀라고 신통해서 자세히 보니, 금빛이 방 안에 가득하고, 방울이 움직일 때마다 향취가 가득히 퍼져 코를 찔렀다. 이에 해룡은 생각했다.

'이것은 반드시 무슨 까닭이 있어서 일어난 일일 테니, 좀 더 두고 지켜봐야겠다.'

해룡은 마음속으로 기뻐하며 자리에 누웠다. 그동안 굶주림과 추위에 시달린 몸이 따뜻해지니, 마음이 절로 놓여 아침 늦도록 곤히 잠을 잤다. 이때 변 씨 모자는 추위 잠을 자지 못하고 떨며 앉아 있다가 날이 밝자마자 밖으로 나와보니, 눈이 쌓여 온 집 안을 뒤덮었고 찬바람이 얼굴을 깎듯이 세차게 불어 몸을 움직이는 것마저 어려웠다. 이에 변 씨는 생각했다.

'해룡이 틀림없이 얼어 죽었겠구나.'

해룡을 불러도 대답이 없자, 해룡이 얼어 죽었으리라 생각하고 눈을 헤치고 나와 문틈으로 방 안을 엿보았다. 그랬더니 해룡이 벌거벗은 채 깊이 잠들어 있는데 놀라서 깨우려다가 자세히 살펴보니 하얀 눈이 온 세상 가득 쌓여 있는데, 오직 해룡이 자고 있는 사랑채 위에는 눈이 한 점도 없고 더운 기운이 연기처럼 일어나고 있었다. 이것이 어찌 된 일인지 알 수가 없었다.

변 씨가 놀라 소룡에게 이런 상황을 이야기했다.

"매우 이상한 일이니, 해룡의 거동을 두고 보자꾸나."

문득 해룡이 놀라 잠에서 깨어 내당으로 들어가 변 씨에게 문안을 올린 뒤 비를 잡고 눈을 쓸려 하는데, 갑자기 한 줄기 광풍이 일어나며 반 시간도 채 안 되어 눈을 다 쓸어버리고는 그쳤다. 해룡은 이미 짐작하고 있었으나, 변 씨는 그 까닭을 전혀 알지 못해 더욱 신통히 여기며 마음속으로 생각했다.

'분명 해룡이 요술을 부려 사람을 속인 것이로다. 만약 해룡을 집에 오래 두었다가는 큰 화를 당하리라.'

변 씨는 어떻게든 해룡을 죽여 없앨 생각으로 이리저리 궁리하다가, 한 가지 계교를 생각해 내고는 해룡을 불러 말했다.

[A] "가군*이 돌아가신 뒤 우리 가산이 점점 줄어들게 된 것은 너 또한 잘 알 것이다. 구호동에 우리 집 논밭이 있는데, 근래에는 호환이 자주 일어나 사람을 다치게 해 농사를 짓지 못하고 묵혀둔 지 벌써 수십여 년이 되었구나. 이제 그 땅을 다 일구어 너를 장가보내고 우리도 네 덕에 잘살게 된다면, 어찌 기쁘지 않겠느냐? 다만 너를 그 위험한 곳에 보내면, 혹시 후회할 일이 생길까 걱정이구나."

해룡이 기꺼이 허락하고 농기구를 챙겨 구호동으로 가려 하니, 변 씨가 짐짓 말리는 체했다. 이에 해룡이 웃으며 말했다.

"사람의 목숨은 하늘에 달려 있으니, 어찌 짐승에게 해를 당하겠나이까?"

해룡이 가벼운 발걸음으로 집을 나서자, 변 씨가 문밖에까지 나와 당부하며 말했다. / "쉬이 잘 다녀오너라."

해룡이 공손하게 대답하고 구호동으로 들어가 보니, 사면이 절벽으로 둘러싸여 있고 그 사이에 작은 들판이 하나 있는데, 초목이 아주 무성했다. 해룡이 등나무 넝쿨을 붙들고 들어가니, 오직 호랑이와 표범, 승냥이와 이리의 자취뿐이요, 인적은 아예 없었다. 해룡은 조금도 두려워하지 않고 옷을 벗은 뒤 잠깐 쉬었다. 해가 서산으로 넘어가려 할 무렵 자리에서 일어나 밭을 두어 이랑 갈고 있는데, 갑자기 바람이 거세게 불고 모래가 날리면서 산꼭대기에서 이마가 흰 칡범이 주홍색 입을 벌리고 달려들었다. 해룡이 정신을 바짝 차리고 손으로 호랑이를 내리치려 할 때, 또 서쪽에서 큰 호랑이가 벽력같은 소리를 지르며 달려들어 해룡이 매우 위급한 상황에 처하게 되었다. 그순간 갑자기 등 뒤에서 금방울이 달려와 두 호랑이를 한 번씩 들이받았다. 호랑이들이 소리를 지르며 달려들었으나, 금방울이 나는 듯이 뛰어서 연달아 호랑이를 들이받으니 두 호랑이가 동시에 거꾸러졌다.

해룡이 달려들어 호랑이 두 마리를 다 죽이고 돌아보니, 금방울이 번개같이 굴러다니며 한 시간도 채 안 되어 그 넓은 밭을 다 갈아 버렸다. 해룡은 기특하게 여기며 금방울에게 거듭거듭 사례했다. 해룡이 죽은 호랑이를 끌고 산을 내려오면서 돌아보니, 금방울은 어디로 갔는지 사라지고 없었다.

한편, 변 씨는 해룡을 구호동 사지에 보내고 생각했다.

'해룡은 반드시 호랑이에게 물려 죽었을 것이다.'

변 씨가 집 안팎을 들락날락하며 매우 기뻐하고 있는데, 문득 밖에서 사람들이 요란하게 떠드는 소리가 들려와 급히 나아가 보니, 해룡이 큰 호랑이 두 마리를 끌고 왔다. 변 씨는 크게 놀랐지만 무사히 잘 다녀온 것을 칭찬했다. 또한 큰 호랑이를 잡은 것을 기뻐하는 체하며 해룡에게 말했다.

"일찍 들어가 쉬어라."

해룡이 변 씨의 칭찬에 감사드리고 제 방으로 들어가 보니, 방울이 먼저 와 있었다.

* 가군: 남에게 자기 남편을 이르는 말

– 작자 미상, 〈금방울전〉

43

윗글의 내용에 대한 이해로 적절하지 <u>않은</u> 것은?

① 변 씨는 소룡에게 잠자는 해룡을 깨우라고 지시했다.
② 변 씨는 해룡을 도운 것이 금방울이라는 것을 몰랐다.
③ 해룡은 밤에 방아질을 하다가 추워 방 안으로 들어갔다.
④ 해룡은 방 안에서 움직이는 금방울을 보고 신통해 했다.
⑤ 금방울은 구호동에서 사라진 후 해룡보다 먼저 방에
　도착했다.

44

[A]에 대한 설명으로 가장 적절한 것은?

① 지난 일의 책임을 상대방에게 전가하며 태도 변화를
　촉구하고 있다.
② 상대방으로 인한 자신의 손해를 언급하며 요청 사항을
　전달하고 있다.
③ 상대방의 역할에 대해 의문을 제기하며 자신의 입장을
　수정하고 있다.
④ 자신이 제안한 바가 서로에게 이익이 됨을 근거로 상대방을
　설득하고 있다.
⑤ 상대방이 취하려는 행위를 만류하기 위해 상대방과 자신의
　관계를 언급하고 있다.

45

〈보기〉는 윗글의 서사 구조를 도식화한 것이다. ㄱ~ㄹ에 대한
설명으로 적절하지 <u>않은</u> 것은? [3점]

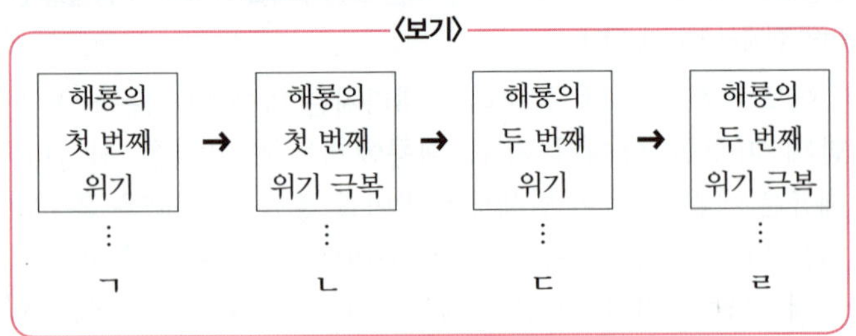

① ㄱ은 집에서 얼어 죽게 될, ㄷ은 구호동에서 짐승에게
　해를 입게 될 상황이다.
② ㄱ과 ㄷ은 모두 해룡에게 수행하기 어려운 과제가
　주어지는 상황이다.
③ ㄴ은 장차 해룡에게 화를 입을 것을 염려한 변 씨가 ㄷ을
　계획하는 계기가 된다.
④ ㄴ과 ㄹ은 신이한 능력을 지닌 금방울에 의해 주도적으로
　진행된다.
⑤ ㄱ~ㄹ의 과정에서 해룡은 겉과 속이 다르게 자신을
　대하는 변 씨의 이중성을 눈치채고 반발하게 된다.

3회 문법·어휘 완성 TEST

• 문항 수: 4개　　• 제한 시간: 5분

01 _ 11~12번 연계 문제

〈보기〉의 ㄱ~ㄷ에 대한 설명으로 적절하지 <u>않은</u> 것은?

[보기]

　　용언이 활용할 때 형태가 변하지 않는 부분을 어간, 형태가 변하는 부분을 어미라고 한다. 어미는 단어 속 위치에 따라 용언의 끝에 쓰이는 어말 어미와 어말 어미의 앞에 오는 선어말 어미로 나뉜다. 어말 어미에는 문장을 마무리하는 종결 어미와 앞뒤 문장을 이어주는 연결 어미, 그리고 용언을 마치 다른 품사처럼 쓰이도록 하는 전성 어미가 있다. 또 선어말 어미는 높임을 나타내는 선어말 어미와 시제를 나타내는 선어말 어미 등이 있다.

ㄱ. 선생님께서 언제 <u>오시니</u>?

ㄴ. 어제 <u>읽었던</u> 책이 <u>생각난다</u>.

ㄷ. 날이 <u>흐리고</u> 비가 많이 <u>내리는</u> 계절이다.

① ㄱ: 어간 '오-'에 높임을 나타내는 선어말 어미 '-시-'와 종결 어미 '-니'가 결합하였다.

② ㄴ: 어간 '읽-'에 과거 시제를 나타내는 선어말 어미 '-었-'과 연결 어미 '-던'이 결합하였다.

③ ㄴ: 어간 '생각나-'에 현재 시제를 나타내는 선어말 어미 '-ㄴ-'과 종결 어미 '-다'가 결합하였다.

④ ㄷ: 어간 '흐리-'에 연결 어미 '-고'가 결합하여 앞뒤 문장을 연결하고 있다.

⑤ ㄷ: 어간 '내리-'에 전성 어미 '-는'이 결합하여 관형사처럼 쓰이게 하고 있다.

02 _ 13번 연계 문제

〈보기〉의 [A]에 들어갈 단어로 적절한 것은?

[보기]

　　음운은 단어의 뜻을 구별해 주는 소리의 가장 작은 단위이다. 특정 언어에서 어떤 소리가 음운인지 아닌지는 최소 대립쌍을 통해 확인할 수 있다. 최소 대립쌍이란, 다른 모든 소리는 같고 단 하나의 소리 차이로 의미가 구별되는 단어의 쌍을 말한다. 예를 들어 최소 대립쌍 '낮'과 '[A]'는 [ㅈ]과 [ㄴ]의 차이로 인해 의미가 구별되므로 'ㅈ'과 'ㄴ'은 서로 다른 음운이다.

① 남　　② 달　　③ 난　　④ 짠　　⑤ 잠

03 _ 14번 연계 문제

〈보기〉에 대한 설명으로 적절하지 <u>않은</u> 것은?

[보기]

1. **문장의 중의성**: 하나의 문장이 둘 이상의 의미로 해석되는 것

2. **중의성 해소 방법**: 어순 변경, 쉼표나 조사 추가, 상황 설명 추가 등

3. **중의성 해소하기**

ㄱ. 상냥한 친구의 동생을 보았다.
　　ㄱ-1. 친구의 상냥한 동생을 보았다.
　　ㄱ-2. 상냥한 친구의, 동생을 보았다.

ㄴ. 나는 숙제를 다 하지 못했다.
　　ㄴ-1. 나는 숙제를 하나도 하지 못했다.
　　ㄴ-2. 나는 숙제를 다는 하지 못했다.

ㄷ. 진희가 철수와 나에게 선물을 주었다.
　　ㄷ-1. 진희가 혼자서 철수와 나에게 선물을 주었다.
　　ㄷ-2. 진희가 철수와 둘이서 나에게 선물을 주었다.

① ㄱ-1은 '친구의 동생'이 상냥하다는 의미를 전달하기 위해 어순을 변경하였다.

② ㄱ-2는 '친구'가 상냥하다는 의미를 전달하기 위해 쉼표를 추가하였다.

③ ㄴ-1은 숙제를 하나도 하지 못했다는 의미를 전달하기 위해 상황 설명을 추가하였다.

④ ㄴ-2는 숙제의 일부를 하지 못했다는 의미를 전달하기 위해 조사를 추가하였다.

⑤ ㄷ-1은 '진희'와 '철수'가 같이 '나'에게 선물을 주었다는 의미를 전달하기 위해 상황 설명을 추가하였다.

04 _ 19~22번 연계 문제

문맥상 의미가 ㉠과 가장 유사한 것은?

　　경기가 과열되어 자산 가격이나 물가가 지나치게 ㉠ <u>오르면</u> 중앙은행은 기준 금리를 인상하는 정책을 통해 유동성을 감소시킨다.

① 허생은 드디어 관식에 <u>올랐다</u>.

② 이야기를 듣고 부아가 치밀어 <u>올랐다</u>.

③ 산 정상에 <u>오르면</u> 성취감이 느껴진다.

④ 작년에 비해서 대학 등록금이 많이 <u>올랐다</u>.

⑤ 삽시간에 불길이 <u>올라서</u> 옆집까지 옮겨붙었다.

TNT

서울대학교 테니스 동아리

젊음의 열정을 터트리자! TNT

TNT는 경영대에서 창립되어 현재 20년이 넘는 전통을 자랑하는 테니스 동아리입니다. 저희는 입학과 졸업을 같이 하고픈 따뜻한 동아리이며, 졸업 이후에도 선배님들과의 교류를 꾸준히 이어나가고 있는 열정적인 동아리이기도 합니다. 그리고 경영대에 속한 동아리이지만 단과대나 나이, 성별 등을 불문하여 다양한 사람들과 테니스를 즐길 수 있습니다.

TNT는 매주 토요일에 정모를 통해서 그룹 개인지도를 진행하며, 평일 중 하루의 스쿨을 선택해 평일 레슨 또한 받을 수 있습니다. 그리고 학장배 테니스 대회, 동아리 교류전, 홈커밍 등의 행사를 통해 자신의 실력을 드러내고 인적 네트워크의 폭을 확장해 나갈 수 있습니다.

동아리에 들어오시려고 할 때 테니스가 처음이라 어려워하는 마음이 들 수 있지만, 걱정하지 마십시오. 열정이 있다면 실력이 어떠하든, 운동신경이 어떠하든 같이 즐겁게 추억을 남기며 운동할 수 있도록 도와드릴 것이라 약속합니다.

나의 몸의 리듬을 익히고, 같은 팀 동료와 호흡을 맞추며, 공에 열정을 담는 경험을 하며, 나의 폭발적인 잠재력을 일깨울 수 있는 동아리인 TNT에 여러분을 초대합니다.

★6월 전국연합학력평가

[회별 45문항, 제한 시간 80분]

★ 최근 연도부터 차례대로 수록하였습니다.

4회 모의고사 — 2025년 시행

5회 모의고사 — 2024년 시행

6회 모의고사 — 2023년 시행

출제 범위	고1 6월 수준	
난이도	**하**: 11~12문항　　**중**: 15~16문항 **상**: 8~9문항　　**최상**: 7~8문항	

6월 대비 학습 전략

3월에 비해 지문의 소재가 다양해지고, 길이도 늘어난다. 또한 문제 역시 점차 까다롭게 출제된다. 그러므로 평소 다양한 소재의 지문을 접함으로써 낯선 지문에 대한 거부감을 줄여야 한다.

영역별 문제 출제 경향

영역	문제	출제 경향
화법과 작문 (10문항)	1~10번	• 학생의 발표와 특정 화제에 대한 의견을 나누기 위해 학생들이 주고받는 대화가 지문으로 출제된다. • 대화를 바탕으로 쓴 글과 작문 상황에 맞게 쓴 글이 출제된다. 고난도 문항이 출제되기도 한다.
문법 (5문항)	11~15번	• 음운 변동, 단어의 짜임, 문장 구조, 문법 요소 등을 묻는 문제가 비교적 까다롭게 출제된다.
독서 (15문항)	16~45번 사이	• 사회 영역에서는 주로 법을 다룬 지문이 출제된다. 낯선 내용을 어려운 어휘로 설명하기 때문에, 정답률이 낮은 경우가 많다.
문학 (15문항)		• 산문 지문의 내용이 복잡해지고 다양한 인물이 등장하기 때문에 인물 간의 관계와 중심 사건에 주목하여 지문을 읽어야 한다.

[01~03] 다음은 수업 중 학생의 발표이다. 물음에 답하시오.

안녕하세요, ○○○입니다. 여름철은 물놀이나 캠핑 같은 야외 활동이 활발한 시기입니다. 이 시기에는 자외선 강도가 높아지므로 피부 보호에 특히 신경 써야 하는데요, 그래서 오늘은 자외선이 피부에 미치는 영향과 피부를 보호하는 자외선 차단제에 대해 알아보겠습니다.

(㉠ 자료를 가리키며) 자외선은 파장의 길이에 따라 UVC, UVB, UVA 세 가지로 나뉘는데요, UVC는 파장이 가장 짧고 오존층에 의해 차단되기 때문에 지표면에는 거의 도달하지 않습니다. UVB는 오존층에 의해 대부분 차단되어 지표면에는 적은 양이 도달하고, 유리를 통과하지 못해서 실내에서는 영향이 작습니다. 피부 진피층까지 침투하지는 않지만 에너지가 강해 화상이나, 심하면 피부암을 일으킬 수 있습니다. 다음으로 UVA는 UVB와 달리 대부분 오존층을 통과해 지표면에 도달하는 양이 가장 많습니다. 유리를 통과할 수 있고 사계절 내내 피부에 영향을 미치기 때문에 생활 자외선이라고 불리기도 합니다. 파장이 가장 길어 피부 진피층까지 깊게 침투하고, 오랜 기간 노출 시에는 피부 노화를 촉진할 수 있습니다. 이러한 자외선으로부터 피부를 보호하는 데 도움이 되는 것이 자외선 차단제입니다.

그런데 여러분, 혹시 자외선 차단제에서 SPF와 PA 표시를 본 적 있나요? (청중의 반응을 살피며) 네, 이 표시들은 각각 UVB와 UVA 차단 정도를 나타내는 지표인데요, SPF는 UVB 차단 정도를 SPF15, SPF30처럼 숫자로 표기한 것이고, PA는 UVA 차단 정도를 PA+, PA++, PA+++와 같은 형식으로 표시한 것입니다.

자외선 차단제는 차단 원리에 따라 화학적 차단제와 물리적 차단제로 나눌 수 있습니다. 화학적 차단제는 (㉡ 자료를 가리키며) 피부에 도달하는 자외선을 제품에 포함된 유기 성분이 흡수하여 열에너지로 변환해 피부를 보호하는 원리인데요, 투명하게 발리고 물리적 차단제보다 차단력이 좋은 편이지만, 바르자마자 효과가 나타나지는 않습니다. 또한 변환된 열에너지가 피부로 전달되므로 민감한 피부에는 자극적일 수 있습니다.

물리적 차단제는 (㉢ 자료를 가리키며) 제품에 포함된 무기 성분이 피부 표면에서 자외선을 물리적으로 반사해 피부를 보호하는 원리입니다. 화학적 차단제보다 피부에 오래 남아 유지력이 좋고, 바르는 즉시 효과가 나타납니다. 하지만 불투명한 성분이 있어서 많이 바르면 피부가 하얗게 들떠 보이는 단점이 있습니다.

여러분, 오늘 제 발표가 실생활에 도움이 되었으면 좋겠습니다. 자신의 피부 특성과 활동 환경에 맞는 자외선 차단제를 꾸준히 사용하여 자외선으로부터 피부 건강을 지키기 바랍니다.

01

위 발표자의 말하기 방식으로 가장 적절한 것은?

① 청중의 이해를 돕기 위해 설명 대상의 장단점을 말하고 있다.
② 청중과 소통하기 위해 청중이 질문한 내용에 답변하고 있다.
③ 청중의 요청에 따라 발표 중간에 내용을 요약하며 말하고 있다.
④ 청중의 실천을 유도하기 위해 전문가의 견해를 인용하고 있다.
⑤ 청중에게 질문을 던져 발표 내용의 이해 여부를 점검하고 있다.

02

다음은 발표자가 제시한 자료이다. 발표자의 시각 자료 활용에 대한 설명으로 적절하지 **않은** 것은?

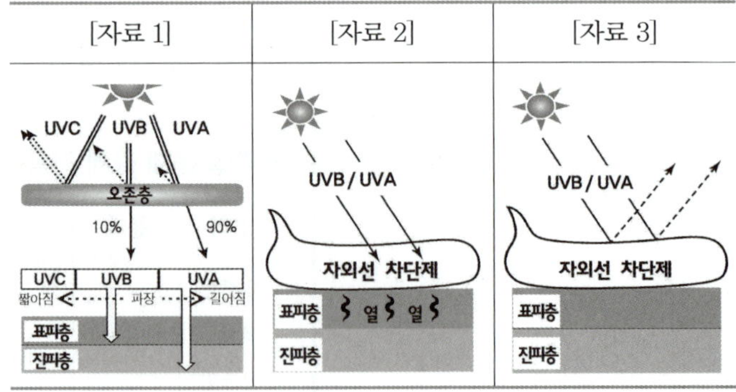

① 자외선의 파장 길이에 따라 피부 침투 정도가 달라진다는 것을 설명하기 위해 [자료 1]을 ㉠에 제시하였다.
② 자외선 종류별로 오존층 투과 정도가 다르다는 것을 보여주기 위해 [자료 1]을 ㉠에 제시하였다.
③ 유기 성분이 피부 표면에서 자외선을 흡수하여 차단하는 원리를 보여주기 위해 [자료 2]를 ㉡에 제시하였다.
④ 자외선 차단제를 바르면 민감한 피부에 자극적일 수 있다는 것을 설명하기 위해 [자료 2]를 ㉢에 제시하였다.
⑤ 무기 성분이 피부 표면에서 자외선을 반사하여 차단하는 원리를 보여주기 위해 [자료 3]을 ㉢에 제시하였다.

03

발표 내용을 바탕으로 할 때, 〈보기〉에 나타난 학생의 반응에 대한 이해로 적절하지 <u>않은</u> 것은?

〈보기〉

학생 1: 자외선 차단 제품의 SPF와 PA가 차단 정도를 나타내는 지표라는 건 알고 있었지만, 각각 다른 자외선을 차단하는 표시라는 것을 오늘 처음 알았어. 그런데 SPF 수치와 PA 등급에 따라 자외선 차단 효과가 얼마나 차이가 나는지 궁금해. 한번 알아봐야겠어.

학생 2: 자외선 차단제는 한 번만 발라서는 안 된다는 말을 들은 적이 있어. 차단제의 유형에 따라 몇 시간 주기로 발라야 하는지도 발표 내용에 포함되었으면 좋았을 텐데.

학생 3: 자외선 차단제를 바른 후 얼굴이 하얗게 떠 보였던 적이 있었는데, 물리적 차단제를 사용했었나 봐. 물리적 차단제는 피부에 오래 남아 있다고 하니까, 야외 활동 후나 잠자리에 들기 전에 꼼꼼히 씻어내야겠어.

---

① '학생 1'은 발표 내용과 관련하여 추가적인 정보를 탐색하려 하고 있다.
② '학생 2'는 자신이 알고 싶은 정보가 발표에서 다루어지지 않았음을 아쉬워하고 있다.
③ '학생 3'은 발표에서 알게 된 정보를 통해 이전에 자신이 겪었던 특정 상황의 원인을 추론하고 있다.
④ '학생 1'과 '학생 2'는 모두, 발표와 관련하여 자신이 알고 있던 정보를 떠올리고 있다.
⑤ '학생 1'과 '학생 3'은 모두, 발표 내용을 통해 새롭게 알게 된 정보의 신뢰성을 평가하고 있다.

[04~07] (가)는 교지 편집부 학생들의 대화이고, (나)는 이를 바탕으로 '학생 1'이 작성한 초고이다. 물음에 답하시오.

(가) 학생 1: 얘들아, 지난 회의 때 이번 교지 기획 기사로 우리가 자주 먹는 식품을 다루기로 했잖아. 구체적으로 어떤 식품에 대해 알아보는 것이 좋을까?

학생 2: 생각해 봤는데, 제로 칼로리 식품에 대해 글을 써 보면 어떨까 해. 요즘 유행하는 제로 칼로리 식품은 설탕 대신 인공감미료를 넣어서 열량을 낮춘 거래. [A]

학생 3: 그렇구나. 친구들이 관심을 가질 만하면서 실생활에도 유용할 것 같아. 기획 기사 소재로 알맞겠다.

학생 1: 그럼 어떤 내용으로 구성하면 좋을까?

학생 2: ㉠ <u>제로 칼로리 식품이라고 해서 모두 열량이 0kcal인 것은 아니라는 걸 알려주면 좋겠어.</u> 나도 제로 칼로리 식품에 대해 알아보기 전까지는 열량이 아예 없어서 제로 칼로리 식품이라고 하는 줄 알았거든.

학생 3: ㉡ <u>그리고 설탕 대신 인공감미료를 넣은 식품이 열량이 낮은 이유도 함께 알려주면 좋을 것 같아.</u>

학생 1: 그러려면 먼저 제로 칼로리 식품에 쓰이는 인공감미료가 무엇인지 알려줘야 하지 않을까? 친구들이 인공감미료는 생소해할 것 같아.

학생 3: 그래. 제로 칼로리 식품의 열량이 낮은 이유를 설명할 때 인공감미료에 대한 정보도 함께 제시하는 것이 좋겠어.

학생 2: ㉢ <u>그리고 열량 정보 외에 제로 칼로리 식품에 대해 사람들이 잘못 생각하고 있는 다른 내용도 포함하자.</u>

학생 1: 그게 뭔데?

학생 2: 많은 사람이 제로 칼로리 식품은 설탕이 안 들어 있어서 마음 놓고 먹어도 문제가 되지 않는 식품이라고 생각하는 것 말이야.

학생 3: 맞아. 내 동생도 다이어트 한다며 제로 칼로리 음료와 과자를 너무 즐겨 먹어. 그러더니 요즘은 과일이 맛이 없다며 단 음식이 생각날 땐 제로 칼로리 식품을 찾더라. [B]

학생 2: 인공감미료에 익숙해지면 자연의 단맛에 무감각해진다더라. ㉣ <u>인공감미료가 첨가된 제로 칼로리 식품을 자주 섭취하다 보면 더 강한 단맛을 찾게 될 수 있다는 얘기도 하면 좋겠어.</u>

학생 1: 인공감미료의 단맛에 익숙해져 웬만해선 단맛을 잘 느끼지 못하는 단맛 중독 상태 말이지?

학생 3: 맞아. 이런 내용도 알려주면 좋겠어. 그리고 ㉤ <u>제로 칼로리 식품을 소비하면서 고려할 점도 함께 언급하자.</u>

학생 1: 그럼 내가 먼저 초고를 작성해 볼게.

(나) 열량에 대한 부담 없이 맛있는 음식을 즐기며 건강을 관리하려는 사람들이 늘면서 최근 제로 칼로리 식품이 인기를 끌고 있다. 제로 칼로리 식품은 설탕 대신 인공감미료를 사용함으로써 단맛을 내면서도 열량은 낮춘 제품을 가리킨다. 제로 칼로리라는 명칭 때문에 실제 열량 또한 '0'이라고 생각할 수 있지만, 우리나라 식품의약품안전처의 열량 표시 기준상 식품 100ml당 열량이 4kcal 미만이면 0kcal로 표기할 수 있어 제로 칼로리 식품의 실제 열량은 0kcal라기보다 매우 낮은 편이라고 보는 것이 적절하다. [C]

제로 칼로리 식품에 사용되는 인공감미료는 음식에 단맛을 내기 위해 화학적으로 합성한 감미료로, 설탕보다 훨씬 강한 단맛을 지니고 있다. 인공감미료 중, 제로 칼로리 음료에 쓰이는 수크랄로스의 단맛 강도는 설탕보다 600배나 높다. 이처럼 강한 단맛인데도, 인공감미료를 사용한 제품의 열량이 낮은 이유는 무엇일까? 에너지를 만들기 위해 포도당으로 분해되어 체내에 흡수되는 설탕과 달리, 인공감미료는 체내에서 에너지로 변환되지 않거나 다른 구조로 변형되지 않은 상태로 배설된다. 수크랄로스의 경우, 우리 몸이 당 분자로 인식하지 못해 85%는 위장관에 흡수되지 않은 채 배설되고 일부 흡수된 양도 소변을 통해 빠르게 배출된다. 이와 같은 인공감미료의 특성으로 인해 제로 칼로리 식품의 생산이 가능한 것이다.

그렇다면 인공감미료로 단맛을 낸 제로 칼로리 식품은 마음 놓고 섭취해도 좋은 것일까? 전문가들은 열량 부담 없이 단맛을 즐길 수 있는 인공감미료의 장점이 인체에 부정적 영향을 미칠 수도 있다고 경고한다. 우리 몸은 단맛을 에너지가 들어오는 것으로 여겨 왔기 때문에 단맛과 열량의 불일치는 신체 대사 활동에 혼란을 줄 수 있다. 또, 인공감미료가 첨가된 제로 칼로리 식품의 잦은 섭취는 단맛에 대한 감각을 둔화시켜 더 강한 단맛을 찾는 단맛 중독 상태를 유발할 수 있다.

제로 칼로리 식품은 열량 섭취를 줄이고 싶거나 혈당을 관리해야 하는 사람들에게 하나의 대안이 될 수도 있다. 하지만 인공감미료가 첨가된 제로 칼로리 식품을 지나치게 섭취할 경우 인체에 부정적 영향이 있을 수 있으므로 주의를 기울여야 한다. 인공감미료가 건강에 미치는 영향은 개인의 건강 상태 및 섭취 정도에 따라 다르므로 이 점을 고려하여 제로 칼로리 식품을 이용하는 지혜가 필요하다.

04

[A], [B]에 대한 설명으로 적절하지 않은 것은?

① [A]의 '학생 1'은 지난 시간의 논의 내용을 환기하며 대화 참여자의 의견을 묻고 있다.
② [A]의 '학생 2'는 예상 독자의 배경지식을 언급하며 자신의 제안을 뒷받침하고 있다.
③ [A]의 '학생 3'은 제안의 적절성을 평가하며 대화 참여자의 제안에 동의하고 있다.
④ [B]의 '학생 2'는 일반적 인식을 언급하며 대화 참여자의 질문에 답변하고 있다.
⑤ [B]의 '학생 3'은 주변 사례를 이야기하며 직전 발화에 호응하고 있다.

05

(나)에 활용된 글쓰기 방식으로 가장 적절한 것은?

① 대표적인 인공감미료의 성분 구조를 분석하여 서술하였다.
② 설탕과 대조되는 인공감미료의 특성을 예를 들어 서술하였다.
③ 제로 칼로리 식품 섭취로 인한 문제의 해결 과정을 단계별로 서술하였다.
④ 제로 칼로리 식품 섭취가 인체에 미치는 영향을 유추의 방식으로 서술하였다.
⑤ 단맛에 대한 감각의 민감도 변화를 설탕과 인공감미료 섭취 상황을 비교하여 서술하였다.

06

다음은 (가)의 ㉠ ~ ㉤을 바탕으로 '학생 1'이 작성한 메모이다. 메모의 내용이 (나)에 반영된 양상으로 적절하지 않은 것은? [3점]

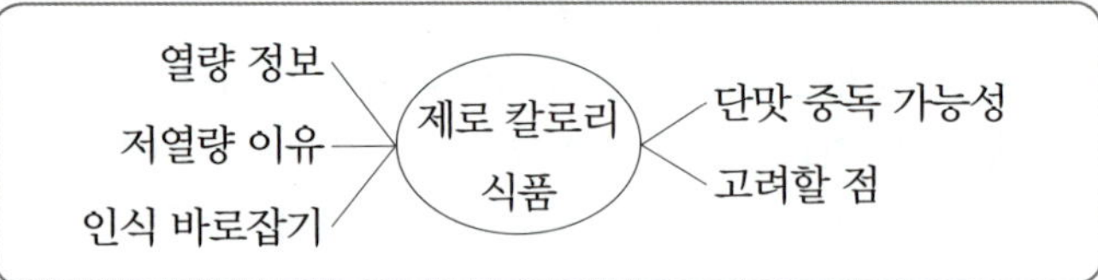

① ㉠을 바탕으로 작성된 메모의 '열량 정보'는, 식품의약품안전처의 열량 표시 기준과 함께 (나)에 반영되었다.
② ㉡을 바탕으로 작성된 메모의 '저열량 이유'는, 인공감미료가 에너지로 변환되지 않거나 구조 변형 없이 배설된다는 내용으로 (나)에 반영되었다.
③ ㉢을 바탕으로 작성된 메모의 '인식 바로잡기'는, 인공감미료를 마음 놓고 섭취했을 때 인체에 미칠 수 있는 문제점을 설명하는 것으로 (나)에 반영되었다.
④ ㉣을 바탕으로 작성된 메모의 '단맛 중독 가능성'은, 단맛과 열량의 불일치가 단맛에 대한 감각을 둔화시키는 원인이라는 내용으로 (나)에 반영되었다.
⑤ ㉤을 바탕으로 작성된 메모의 '고려할 점'은, 개인의 건강 상태를 감안하여 제로 칼로리 식품을 적절하게 이용해야 한다는 내용으로 (나)에 반영되었다.

07

[C]가 〈보기〉를 고쳐 쓴 것이라고 할 때, 그 과정에서 반영된 의견으로 가장 적절한 것은?

〈보기〉

최근 인기를 끌고 있는 제로 칼로리 식품은 설탕 대신 인공감미료를 사용해 단맛을 내면서도 열량은 낮춘 제품을 가리킨다. 제로 칼로리라는 명칭 때문에 실제 열량 또한 '0'이라고 생각할 수 있지만, 우리나라의 식품 열량 표시 기준상 식품 100ml당 열량이 4kcal 미만이면 0kcal로 표기할 수 있어 열량을 '0'에 가깝게 낮춘 제품들을 제로 칼로리 식품으로 표시한다.

① 독자가 제로 칼로리 식품의 유행 현상을 이해할 수 있도록 유행의 배경을 추가하면 좋겠어.
② 독자가 제재에 관심을 가질 수 있도록 제로 칼로리 식품으로 불리는 이유를 제시하면 좋겠어.
③ 독자가 실제 식품을 소비할 때 참고할 수 있도록 제로 칼로리 식품의 종류를 제시하면 좋겠어.
④ 제로 칼로리 식품이 주목받고 있다는 점을 뒷받침할 수 있도록 식품의 소비 증가량을 추가하면 좋겠어.
⑤ 제로 칼로리 식품과 인공감미료의 연관성이 드러나도록 인공 감미료가 단맛을 내는 원리를 제시하면 좋겠어.

[작문 상황]

신문 독자란에 청소년 미디어 리터러시 교육의 중요성을 주장하는 글을 쓰려 함.

[초고]

우리는 수많은 정보의 홍수 속에 살고 있다. 다양한 매체를 통해 쏟아지는 정보들 속에서 진실을 찾고, 허위 정보를 걸러내며, 책임감 있게 정보를 생산하는 능력이 중요해진 시점이다. 특히 10대 청소년들의 미디어 이용이 모바일 기기를 중심으로 급증하고 있고, 1인 미디어 시대가 열려 청소년들도 쉽게 정보를 생산하고 공유할 수 있게 되었다. 이로 인해 거짓 정보, 폭력·음란물 등 유해 콘텐츠에 노출될 가능성이 있을 뿐만 아니라 청소년에 의한 유해 콘텐츠 생산 사례도 발생하고 있다.

이에 따라 디지털 시대의 청소년이 갖춰야 할 역량으로 미디어 리터러시가 부각되고 있다. 미디어 리터러시는 단순히 미디어를 이용하는 기술적 능력을 넘어서 미디어 메시지를 비판적으로 해석하는 능력, 미디어가 개인과 사회에 미치는 영향력을 평가하는 능력, 책임감 있게 미디어 콘텐츠를 생산하는 능력을 포함하는 개념이다.

그런데 청소년미디어센터의 조사 결과, 학교에서 미디어 리터러시 교육을 받았다고 응답한 청소년은 74.8%였지만 미디어 리터러시에 대해 잘 알고 있다고 응답한 청소년은 20.1%에 불과했다. 또한 한국언론진흥재단의 조사에 따르면, 청소년 대상 미디어 리터러시 교육에 대해 알고 있다고 응답한 학부모가 10% 미만이었다고 한다. 이는 실효성 있는 청소년 미디어 리터러시 교육이 필요하다는 것과, 청소년 미디어 리터러시 교육에 대한 학부모의 인식 제고가 시급하다는 것을 보여준다.

그렇다면 어떻게 해야 미디어 리터러시 교육을 효과적으로 실행할 수 있을까? 우선 정부는 체계적인 교육 정책을 마련해야 하며, 학교는 체험 및 실습 위주의 프로그램을 통해 학생들에게 실질적인 경험을 제공해야 한다. 그리고 지역 사회는 지역 방송국, 도서관, 비영리 단체 등 지역 자원과 연계한 프로그램 운영을 통해 다양한 미디어 리터러시 교육을 시행해야 한다.

청소년 미디어 리터러시 교육은 미디어를 통해 전달되는 정보를 비판적으로 분석하고 평가할 수 있는 능력과 미디어를 활용하여 자신의 의견을 효과적으로 표현할 수 있는 능력을 향상시킬 수 있다. 나아가 민주 사회의 건강한 시민으로 성장하는 데에도 기여할 수 있다. [A]

08

'학생의 초고'에 반영된 글쓰기 계획으로 적절하지 <u>않은</u> 것은?

① 미디어 리터러시의 개념을 세분화하여 제시해야겠어.
② 미디어 리터러시 교육이 중요하게 된 사회적 상황을 언급해야겠어.
③ 미디어 리터러시 교육에 대한 인식 수준을 드러내는 설문 결과를 인용해야겠어.
④ 미디어 리터러시 교육의 성공적인 실행 방안을 기존의 정책과 비교하여 제시해야겠어.
⑤ 미디어 리터러시 교육을 통해 청소년이 얻을 수 있는 긍정적인 효과를 언급해야겠어.

09

〈보기〉는 초고를 보완하기 위해 추가로 수집한 자료이다. 자료의 활용 방안으로 적절하지 <u>않은</u> 것은? [3점]

〈보기〉

ㄱ. 통계 자료

ㄱ-1. OECD 회원국 청소년 조사

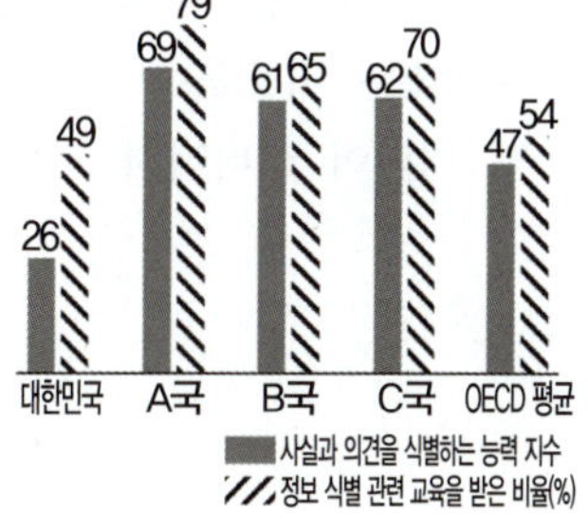

ㄱ-2. 국내 청소년 대상 설문 조사

항목	있다	없다
온라인 동영상 플랫폼 이용 시, 의도치 않게 폭력적 영상을 접한 경험	43.3%	56.7%
온라인 동영상 플랫폼 이용 시, 의도치 않게 선정적 영상을 접한 경험	38.7%	61.3%

ㄴ. 전문가 인터뷰

"○○국 미디어 리터러시 교육의 특별한 점은 정부의 정책적 지원 속에 학교 밖에서도 다양한 교육 활동이 이루어진다는 것입니다. 방과 후 프로그램이나 지역 미디어 센터, 도서관을 포함한 다양한 기관에서 미디어 리터러시 역량 강화 프로그램을 제공합니다. 정부는 교육이 원활히 진행될 수 있도록 필요한 재정과 인력을 아낌없이 지원하고 있습니다. 학교 밖에서 활발하게 진행되고 있는 미디어 리터러시 교육과 인식 제고 프로그램은 ○○국 청소년의 미디어 리터러시 역량에 긍정적 영향을 미치고 있습니다."

ㄷ. 신문 기사

△△교육청은 학부모를 대상으로 미디어 리터러시 교육을 실시했다. 교육 후, 청소년 미디어 리터러시 교육의 필요성에 대한 설문 조사에서 전체 응답자의 85%는 필요하다고 응답했다. 그동안 자녀의 온라인 동영상 플랫폼 이용을 막연하게 걱정했다는 학부모들은, 미디어 과의존·과몰입을 피하고 위험한 콘텐츠 이용을 자제할 수 있는 자율적이고 안전한 미디어 이용 능력을 기르는 교육이 필요하다는 의견을 제시했다.

① ㄱ-1을 활용하여, 사실과 의견을 식별하는 한국 청소년들의 능력 지수가 교육을 받은 비율에 비해 낮다는 내용을 마련하고, 이를 3문단에 추가해 실효성 있는 미디어 리터러시 교육의 필요성을 뒷받침한다.

② ㄱ-2를 활용하여, 청소년이 미디어 이용 시 유해 콘텐츠에 의도치 않게 노출될 수 있다는 내용의 근거를 마련하고, 이를 1문단에 추가해 미디어 리터러시의 중요성을 부각한다.

③ ㄷ을 활용하여, 학부모 대상 미디어 리터러시 교육 후 청소년에게 필요한 교육 내용에 대한 학부모들의 요구가 구체화되었다는 내용을 마련하고, 이를 3문단에 추가해 청소년 미디어 리터러시 교육에 대한 학부모 인식 제고의 중요성을 부각한다.

④ ㄱ-1과 ㄴ을 활용하여, 정보 식별 관련 교육을 받은 비율의 정도와 정부의 적극적 지원이 미디어 리터러시 역량에 긍정적 영향을 미친다는 내용을 마련하고, 이를 4문단에 추가해 미디어 리터러시 교육을 위한 정부의 체계적 정책 수립의 필요성을 뒷받침한다.

⑤ ㄴ과 ㄷ을 활용하여, 외국의 다양한 미디어 리터러시 교육 프로그램을 적용한 우리나라의 미디어 리터러시 교육이 학부모에게 효과적이었다는 내용을 마련하고, 이를 4문단에 추가해 학교 밖 미디어 리터러시 교육의 중요성을 강조한다.

10

〈보기〉를 반영하여 [A]를 작성한다고 할 때, 가장 적절한 것은?

───〈보기〉───

　청소년 미디어 리터러시 교육의 필요성을 한 번 더 강조한 후, 이를 위해 여러 교육 주체들이 함께 힘써야 한다는 내용으로 글을 마무리한다.

① 청소년 대상 미디어 리터러시 교육이 성공적으로 이루어지기 위해서는 교육기관이 힘을 써야 한다. 지금부터 실천한다면, 내일은 더 나은 미래가 될 것이다.

② 청소년들이 디지털 시대의 책임감 있는 시민으로 성장하는 데 미디어 리터러시 교육은 필수적이다. 미디어 리터러시 교육이 성공적으로 이루어지도록 정부, 교육기관, 지역 사회가 힘을 모아야 할 때이다.

③ 미디어 리터러시 교육은 단순히 청소년만을 위한 교육이 아니라, 우리 사회 전체를 건강하게 만들기 위한 투자이다. 따라서 청소년들의 건강한 미디어 활용을 위한 미디어 리터러시 교육 방안을 모색해야 한다.

④ 미디어 리터러시는 오늘날 청소년들이 정보의 홍수 속에서 길을 잃지 않도록 돕는 나침반과도 같다. 청소년들은 비판적으로 사고하고 책임감 있게 정보를 생산하며, 사회에 긍정적인 영향을 미치는 건강한 시민으로 성장해야 한다.

⑤ 청소년들이 디지털 시대의 인재로 성장할 수 있도록 사회의 관심과 노력이 필요하다. 넘쳐나는 미디어 콘텐츠 속에서 정보를 비판적으로 해석하고 창의적으로 활용할 수 있는 능력은 사회의 건강한 발전을 위해 매우 중요하기 때문이다.

[11~12] 다음 글을 읽고 물음에 답하시오.

　문장은 주어와 서술어 관계가 한 번만 나타나는 홑문장과 주어와 서술어 관계가 두 번 이상 나타나는 겹문장으로 나뉜다. 겹문장은 다시 문장의 짜임새에 따라 안은문장과 이어진문장으로 나뉜다. 안은문장은 안긴문장을 하나의 문장 성분으로 안고 있는 문장을 말하고, 이어진문장은 둘 이상의 문장이 연결 어미에 의하여 결합된 문장을 말한다.

　안은문장에서 안긴문장은 명사절, 부사절, 인용절, 서술절, 관형사절이 있다. 명사절은 안긴문장의 서술어 어간에 명사형 어미 '-(으)ㅁ', '-기'가 붙어서 만들어지고, 조사와 결합하여 안은문장에서 주어, 목적어, 부사어 등의 기능을 한다. 부사절은 안긴문장의 서술어 어간에 부사형 어미 '-게', '-도록' 등이 붙어서 만들어지고, 안은문장에서 부사어 기능을 한다. 인용절은 서술어에 인용의 부사격 조사 '고', '라고'가 붙어서 만들어지고, 말이나 생각을 인용하는 기능을 한다. 서술절은 다른 절과 달리 조사나 어미 등 문법적 표지 없이 안은문장에서 서술어 기능을 하는데, 서술절을 안은문장은 '주어+(주어+서술어)'로 구성된다. 예를 들어 '토끼는 앞발이 짧다.'에서 '앞발이 짧다.'가 서술절에 해당한다. 관형사절은 안긴문장의 서술어 어간에 관형사형 어미 '-(으)ㄴ', '-는', '-(으)ㄹ', '-던'이 붙어서 만들어지고, 안은문장에서 관형어 기능을 한다.

　그런데 관형사절을 안은문장에서 관형사절이 절이 아닌 것처럼 보일 때가 있다. 예를 들어, '그녀는 **빨간** 사과를 샀다.'는 '사과가 빨갛다.'라는 문장이 관형사절로 안긴 것으로, ㉠ 관형사절의 주어가 생략된 문장이다. 안긴문장에서 '빨간'의 주어가 되는 대상은 '사과'인데 그것이 안은문장에서 꾸밈을 받는 대상인 '사과'와 동일하기 때문에 안긴문장의 주어인 '사과가'가 생략된 것이다. 그러다 보니 '빨간'만 남게 되어서 관형사절인 안긴문장이 절이 아닌 것처럼 보이는 것이다.

11

윗글을 바탕으로 〈보기〉를 이해한 내용으로 적절하지 <u>않은</u> 것은?

〈보기〉

⊙ 영수는 학교에 빨리 가기를 원하고 있다.
ⓒ 우리 집 정원에 드디어 라일락이 피었다.
ⓒ 하늘이 눈이 부시게 푸르다.
ⓐ 그녀가 좋아하는 식당은 인기가 많다.
ⓜ 영희가 바닷가에 놀러 가자고 했다.

① ⊙에는 조사 '에'와 결합해 부사어 기능을 하는 명사절이 있다.
② ⓒ에는 주어와 서술어의 관계가 한 번만 나타나 있다.
③ ⓒ에는 어미 '-게'가 붙어서 만들어진 부사절이 있다.
④ ⓐ에는 관형사절과 서술절이 모두 나타나 있다.
⑤ ⓜ에는 조사 '고'를 사용해 다른 사람의 말을 인용하는 인용절이 있다.

12

㉮에 해당하는 예로 적절한 것은?

① 내가 살던 마을에 함박눈이 펑펑 내렸다.
② 아버지는 손짓으로 운동하는 딸을 불렀다.
③ 내일 날씨가 화창하면 공원에 산책하러 가자.
④ 그는 하굣길에 학교 앞 서점에서 새 책을 샀다.
⑤ 우리 회사가 새로 개발한 제품이 소비자의 호응을 얻었다.

13

〈보기〉의 ⊙에 해당하는 단어로 적절한 것은?

〈보기〉

복합어 중에는 어근과 접사로 이루어진 파생어에 어근이나 접사가 다시 결합하여 형성된 것이 있다. 예컨대, 복합어 '놀이터'는 어근 '놀-'과 접사 '-이'가 결합한 파생어 '놀이'에 어근 '터'가 다시 결합하여 형성되었다. 따라서 '놀이터'는 ⊙ '(어근+접사)+어근'의 구조로 된 단어이다.

① 맺음말
② 눈물샘
③ 옷걸이
④ 가위질
⑤ 헛걸음

14

〈보기〉를 바탕으로 음운 변동 사례에 대해 이해한 내용으로 적절하지 <u>않은</u> 것은?

〈보기〉

국어의 음운 변동은 한 음운이 다른 음운으로 바뀌는 교체, 한 음운이 없어지는 탈락, 새로운 음운이 생기는 첨가, 두 음운이 합쳐져 다른 음운으로 바뀌는 축약으로 분류할 수 있다. 그런데 음운 변동은 음운 환경에 따라 두 가지 이상이 함께 나타나기도 한다. '색연필[생년필]'은 첨가와 교체가 일어났고, '넓죽하다[넙쭈카다]'는 탈락, 교체, 축약이 일어났다.

① '밥값[밥깝]'은 교체와 탈락이 일어났군.
② '닳고[달코]'는 탈락과 축약이 일어났군.
③ '물약[물략]'은 첨가와 교체가 일어났군.
④ '닫힌[다친]'은 축약과 교체가 일어났군.
⑤ '삯일[상닐]'은 탈락, 첨가, 교체가 일어났군.

15

〈보기〉를 바탕으로 ⊙~ⓜ을 탐구한 내용으로 적절하지 <u>않은</u> 것은? [3점]

〈보기〉

문장은 주어가 동작을 제힘으로 하는 능동문과 다른 주체에 의해 동작이 이루어지거나 영향을 받는 피동문으로 나눌 수 있다. 피동문은 피동 접미사 '-이-, -히-, -리-, -기-'가 결합된 피동사를 쓰거나 피동의 뜻을 나타내는 '-아지다/-어지다'를 써서 실현되는데, 이러한 문법 요소가 중복으로 나타난 이중 피동은 바람직한 표현이 아니므로 주의가 필요하다. 한편 능동문이 피동문으로, 피동문이 능동문으로 바뀔 때는 문장 성분이 달라지기도 한다.

⊙ 그는 미술 시간에 그림을 그렸다.
ⓒ 온 세상이 눈에 덮였다.
ⓒ 음식이 사람들에 의해 버려졌다.
ⓐ 토끼가 사냥꾼에게 잡혔다.
ⓜ 그날의 교훈이 모두의 가슴에 깊이 새겨졌다.

① ⊙은 주어가 동작을 제힘으로 하는 것을 표현한 문장이다.
② ⓒ은 피동 접미사 '-이-'를 사용하여 주어가 영향을 받는 것을 표현한 피동문이다.
③ ⓒ을 능동문으로 바꾸면 문장의 주어가 목적어로 바뀐다.
④ ⓐ을 능동문으로 바꾸면 문장의 부사어가 주어로 바뀐다.
⑤ ⓜ은 피동 접미사 '-기-'가 붙은 피동사에 '-어지다'가 결합한 이중 피동 표현이다.

(가) 시민이란 법에 보장된 일정한 권리와 의무를 지닌 자유롭고 평등한 사람으로서, 정치에 참여할 수 있는 권한과 자격을 가진 사회 구성원이다. 시민에 관한 논의는 고대 그리스에서 시작하여, 로마를 거쳐 근대에 이르기까지 다양한 사상을 바탕으로 이루어져 왔다. 그중 자유주의와 공화주의는 시민의 자유와 권리, 의무의 근거를 설명하는 대표적인 사상이다.

자유주의는 무엇보다 개인의 자유와 권리를 중시하는 사상으로, 자연권 사상을 바탕으로 발전하였다. 자연권이란 인간이 태어나면서부터 가지는 선천적인 권리로서 천부 인권이라고도 한다. 자유주의에서는 이러한 자연권이 시대나 장소에 상관없이 모든 인간에게 보편적으로 내재해 있으며, 개인의 자유와 권리를 보장하는 근거라고 보았다.

자유주의는 국가보다 개인을 우선한다는 개인주의를 바탕으로 한다. 자유주의자들은 개인들이 모여 국가를 형성한다고 보았기 때문이다. 개인을 중시하는 자유주의 관점은 시민의 의무에 관한 견해에서도 잘 드러난다. 자유주의에서는 개인의 권리와 의무가 충돌할 때, 권리를 우선시한다. 또 불가피하게 개인의 권리를 제약하거나 개인에게 어떤 의무를 부과하려면, 반드시 시민들의 자발적 동의를 얻어야 한다고 본다.

자유주의자들은 '소극적 자유'를 중시했는데, 이는 외부의 부당한 압력이나 강제에서 벗어난 상태를 의미한다. 이러한 소극적 자유는 국가와 타인에게 구속당하지 않고 행동할 수 있는 사적 영역을 보장함으로써 실현될 수 있으며, 간섭이 없는 상태인 방임으로서의 자유를 의미하기도 한다.

한편, 일부 자유주의 사상가들은 소극적 자유와 함께 '적극적 자유'를 주장하였다. 적극적 자유란 자신의 의지에 따라 스스로가 원하는 삶을 능동적으로 실현할 수 있는 자유를 의미한다. 외부 간섭의 부재에 만족하지 않고, 가치 있는 삶과 자기실현을 위한 자율적 삶을 중시하는 것이다. 적극적 자유를 지지한 사상가들은 대체로 개인의 지적, 신체적, 사회적 능력의 신장을 위한 국가의 개입이 정당하다고 보았다.

자유주의는 현대 사회에서 모든 개인이 자유와 권리를 바탕으로 자신의 삶을 선택하고, 각자의 양심과 이성에 따라 자유롭게 살아가는 주체적 시민이 되도록 하는 데 기여하였다.

(나) 공화주의는 자유주의와 달리 시민의 권리는 자연적으로 주어진 것이 아니라 시민들의 능동적이고 자발적인 참여로써 성취해야 하는 정치적 결과물이며, 공동체의 의무와 결합되어 있다고 본다. 또한 자유를 중요한 가치로 삼지만, 개인의 우선성을 강조했던 자유주의에 비해 공익을 위해 개인의 자유가 제한될 수도 있다고 했다. 즉, 자신이 속한 공동체에서 맡은 역할을 책임 있게 수행하며, 공동선에 관심을 가지는 사람을 이상적인 시민으로 여긴다.

이러한 공화주의는 크게 두 가지 관점으로 분류할 수 있다. 아리스토텔레스의 영향을 받은 아테네 전통의 시민적 공화주의와 마키아벨리의 영향을 받은 로마 전통의 신로마 공화주의이다. ⊙ 시민적 공화주의자들은 인간의 타고난 사회성을 강조하면서, 인간이 국가 안에서만 도덕적 존재로 살아갈 수 있다고 보았다. 그리고 정치 참여란 시민의 의무이자 자유를 행사하는 것으로서, 그 자체가 목적이라고 주장하였다. 정치 참여가 덕성을 함양하는 일이자 윤리적 자기실현이라고 보았기 때문이다. 따라서 그들은 개인의 권리나 이익보다 시민의 정치적 의무를 더 우선시하였고, 이런 의무는 개인이 선택하거나 거부할 수 없다고 보았다.

ⓒ 신로마 공화주의자들 또한 시민적 공화주의자와 마찬가지로 정치 참여와 같은 시민의 의무를 강조하였다. 그러나 그들은 정치 참여의 근거를 인간의 자연적 사회성이나 윤리적 자기실현에서 찾지 않았다. 그들에 따르면, 정치 참여는 그 자체로 목적이 아니라 외세와 폭정으로부터 시민의 자유를 지키기 위한 수단이기 때문이다. 그들은 이를 실현하기 위해 비지배로서의 자유를 제시하였다.

비지배 자유의 핵심은 타인의 자의적인 지배에서 벗어나는 것이다. 즉 자유주의에서 말하는 간섭의 부재에서 그치는 것이 아니라, 타인에게 사적으로 종속되지 않는 상태를 지향한다. 그들은 공공의 법으로써 이러한 자유가 가능하다고 보았다. 이에 따르면, 공화국의 법은 시민의 참여 속에서 공동의 결정으로 만들어진다. 그리고 공화국의 시민은 자신이 만든 법에 따라 자신의 의지에 복종함으로써 정치적 자유를 누릴 수 있다. 이러한 이유로 그들은 자유의 근거를 자연권에서 찾는 자유주의자들과 달리, 시민들 스스로가 심의하고 제정한 헌법에서 찾는다.

한편, 공화주의에서 말하는 시민의 자유와 권리는 자치와 자율적 시민이라는 민주주의의 이상과 부합하여 오늘날 개인과 사회, 개인과 국가의 관계 형성에 영향을 끼치고 있다.

16

(가)와 (나)에 대한 설명으로 가장 적절한 것은?

① (가)는 자유주의의, (나)는 공화주의의 시대에 따른 변천 과정을 설명하고 있다.

② (가)는 자유주의가, (나)는 공화주의가 등장하게 된 사회적 배경에 관해 설명하고 있다.

③ (가)는 자유주의가, (나)는 공화주의가 현대 사회에서 지니는 의의에 대해 설명하고 있다.

④ (가)는 자유주의가, (나)는 공화주의가 지니고 있는 한계를 구체적 사례를 통해 설명하고 있다.

⑤ (가)는 자유주의의, (나)는 공화주의의 사상적 토대를 마련한 특정 철학자들에 관해 설명하고 있다.

17

(가)와 (나)를 이해한 내용으로 적절하지 <u>않은</u> 것은?

① 자유주의에서는 개인주의 사상을 토대로 의무보다 권리를 우선시한다.

② 자유주의에서 시민의 권리인 자유는 외부의 부당한 압력이 배제되어야 누릴 수 있다.

③ 공화주의에서 권리는 시민의 의무를 책임 있게 수행함으로써 얻을 수 있다.

④ 자유주의와 공화주의에서 의무는 모두 개인의 자유 의지에 따라 선택할 수 있다.

⑤ 자유주의와 공화주의에서 시민이 누려야 할 자유의 바탕이 되는 근거는 서로 다르다.

18

〈보기〉의 입장에서, (가)의 '적극적 자유를 지지한 사상가'에게 제기할 수 있는 비판으로 가장 적절한 것은?

① 자유는 개인이 공동선을 추구함으로써 실현될 수 있다는 것을 모르고 있다.

② 자유는 공익에 해를 끼치지 않는 한도 내에서만 허용된다는 점을 모르고 있다.

③ 자유는 시민이 만들어 가는 것이 아니라 천부의 자연권에서 나오는 것임을 모르고 있다.

④ 좋은 의도의 합리적인 국가 간섭이 소극적 자유를 실현시킬 수 있다는 것을 모르고 있다.

⑤ 국가의 개입을 정당화하여 개인의 자유와 권리를 침해할 여지가 있다는 것을 모르고 있다.

19

㉠, ㉡에 대한 이해로 가장 적절한 것은?

① ㉠은 인간이 도덕적 존재로 살아가기 위해서는 공공의 법이 필요하다고 보았다.

② ㉠은 시민의 정치 참여는 개인의 자유를 제한하는 것이 아니라 자유를 행사하는 것으로 보았다.

③ ㉡은 인간의 본질적 특성인 사회성을 정치 참여의 근거로 보았다.

④ ㉡은 자유를 보장하기 위해서는 법으로 인간의 행위를 제한할 필요가 없다고 보았다.

⑤ ㉠과 ㉡은 모두, 윤리와 정치를 구분하지 않고 정치 참여의 목적을 윤리적 덕목을 함양하는 데 있다고 보았다.

20

윗글을 바탕으로 〈보기〉의 상황에 대해 반응한 것으로 적절하지 <u>않은</u> 것은? [3점]

① 공화주의자들은 구청 측의 주장이 개인의 적극적 자유를 침해했다고 판단하겠군.

② 공화주의자들은 구청 측의 주장을 받아들인 법원의 결정을 합리적 판단이라 생각하겠군.

③ 공화주의자들은 A를 공동선에 관심을 가지는 이상적 시민상과는 거리가 먼 사람으로 판단하겠군.

④ 자유주의자들은 A가 사유 재산에 대한 권리를 침해받고 있으므로 A의 소송 제기를 정낭한 요구라고 생각하겠군.

⑤ 자유주의자들은 A 소유의 토지 일부를 생활도로로 사용하려면 A의 자발적 동의를 반드시 얻어야 한다고 주장하겠군.

  17세의 고등학생이 부모의 동의 없이 60만 원의 다이어트 식품을 할부로 구매하여 절반 정도 복용을 했지만, 효과가 없자 결국 계약을 취소하기로 했다. 하지만 판매업자는 미성년자에 의한 계약이라도 사용한 만큼의 대금은 지불해야 하므로 이미 지급한 20만 원에 추가로 10만 원을 더 지불하라고 요구했다. ㉠ 만약 계약이 취소되었고 학생이 복용하고 남은 다이어트 식품을 반환했다면, 판매업자와 학생의 법적 책임은 어떻게 될까?

  최근 10대들의 상품 구매력이 갈수록 높아지고 있는 현상과 맞물려 부모 동의 없이 행한 미성년자의 계약 취소에 대한 분쟁이 끊이지 않고 있다. 민법 제5조에 의하면 19세 미만의 미성년자는 원칙적으로 부모와 같은 법정 대리인의 동의가 없으면 계약 등의 법률행위를 할 수 없으며, 만약 동의 없이 계약했다면 체결한 계약은 일단 유효하지만, 법적으로 정해진 해약 기간이 지났더라도 법정 대리인은 상품을 계약한 미성년자의 동의 없이 계약을 취소할 수 있다. 이는 미성년자가 성인과 달리 사회적인 경험과 지식, 판단 능력 등이 부족하기 때문에 자신의 미성숙한 행위로 스스로에게 불리한 법률행위를 하는 것을 방지함으로써 미성년자를 보호하기 위한 제도이다.

[A]
  문제는 앞서 든 사례와 같이 구매한 물건을 사용하다가 중도에 취소를 요구하는 경우인데, 이때는 어떻게 되는 것일까? 일반적으로 계약을 취소한다는 것은 계약 이전의 상태로 원상회복함을 의미한다. 즉, 처음부터 계약을 맺지 않았던 것이 되기 때문에, 판매업자는 이미 받은 대금을 반환하고 상품 구매자는 그 상품을 반환해야 한다. 이때 상품을 이미 사용한 경우라면, 구매자는 사용한 만큼의 이익에 상당하는 금액을 반환하면 된다.

  그런데 민법 제141조는, 미성년자가 법정 대리인의 동의 없이 구매한 상품의 계약을 취소하는 경우 '대금의 반환 의무 범위는 받은 이익이 현존하는 한도에서만 책임이 있는' 것으로 명시하고 있다. 이를 구체적으로 설명하자면, 생활 필수품에 해당하는 상품을 구매 계약한 경우에는 실질적으로 미성년자가 그것을 소비함으로써 현존 이익이 발생했으므로 사용한 만큼의 대금을 반환할 의무가 있다. 하지만 다이어트 식품과 같이 생활필수품이 아닌 상품을 구매한 경우는 사용한 만큼에 상당하는 대금을 반환할 필요가 없다. 오히려 계약 취소에 따라 계약 이전의 상태로 되돌아가므로, 미성년 소비자는 구매한 상품을 반환하고 이미 지급한 대금에 대해서는 반환을 요구할 수 있다.

  그런데 미성년자라는 이유로 임의로 계약을 취소하면 미성년자와 거래한 판매업자가 손해를 입을 수도 있으므로 이를 보호하기 위한 제도도 마련되어 있다. 먼저 미성년자가 판매업자를 속여 자신이 미성년자가 아니라고 믿게 했거나,

법정 대리인이 동의한 것처럼 믿게 했을 때는 취소권을 행사할 수 없는 '취소권 행사의 배제'가 있다. 또한 미성년자와 거래한 판매업자는 1개월 이상의 기간을 정하여 미성년자의 법정 대리인에게 계약을 취소할 것인지에 대한 확답을 촉구할 수 있는 '확답을 촉구할 권리'가 있다. 이때 그 기간 내에 미성년자의 법정 대리인이 확답을 발송하지 아니하면 그 행위를 추인*한 것으로 ⓐ 본다. 다음으로 판매업자는 미성년자의 법정 대리인의 추인이 있기 전까지 먼저 계약 의사를 철회할 수 있는 '철회권'이 있다. 다만, 판매업자가 계약 당시에 상품 구매자의 신분이 미성년자임을 알았다면 철회권을 행사할 수 없다.

  한편, ㉡ 민법 제5조에서는 미성년자가 법정 대리인의 동의 없이 단독으로 할 수 있는 계약도 명시하고 있다. 예를 들어 철도나 버스와 같은 대중교통 이용, 김밥과 과자 같은 간단한 식음료의 구입 등 일상적인 거래는 법정 대리인의 동의 없이 자유롭게 행할 수 있다.

*추인: 민법상 불완전한 법률행위를 사후에 보충하여 유효하게 만드는 일방적 의사표시

21

윗글을 이해한 내용으로 적절하지 <u>않은</u> 것은?

① 계약의 취소는 거래 자체가 무효화됨을 의미한다.
② 미성년자와 거래한 판매업자는 일정한 조건이 충족되면 먼저 계약 취소를 요구할 수 있다.
③ 미성년자가 맺은 계약을 유지하려는 법정 대리인은 판매업자의 확답 촉구에 대해 응답해야만 한다.
④ 미성년자가 부모 동의 없이 거래한 상품 계약의 취소는 법적으로 정해진 해약 기간에 영향을 받지 않는다.
⑤ 미성년자가 부모 동의 없이 계약한 상품을 사용 도중 취소하면 상품의 성격에 따라 대금 반환 의무의 여부가 달라질 수 있다.

22

[A]를 바탕으로 ㉠에 대한 법적 판단으로 가장 적절한 것은?

① 학생은 판매업자에게 지불한 20만 원은 돌려받을 수 있지만, 판매업자가 추가로 요구한 10만 원은 지불해야 한다.
② 학생은 판매업자에게 지불한 20만 원은 돌려받을 수 없지만, 판매업자가 추가로 요구한 10만 원은 지불하지 않아도 된다.
③ 학생은 판매업자에게 지불한 20만 원을 돌려받을 수 있고, 판매업자가 추가로 요구한 10만 원은 지불하지 않아도 된다.
④ 판매업자는 학생에게 이미 받은 20만 원 외에 추가로 10만 원을 더 받을 수 있다.
⑤ 판매업자는 학생에게 계약 당시 체결한 다이어트 식품 대금 60만 원을 모두 받을 수 있다.

23

㉡의 이유를 추론한 내용으로 가장 적절한 것은?

① 미성년자가 특별히 보호받을 필요가 없는 계약이기 때문이다.
② 미성년자가 경제적 이익을 취할 수 있는 계약이기 때문이다.
③ 미성년자가 상대방과 암묵적으로 합의한 계약이기 때문이다.
④ 미성년자와 거래한 상대방이 경제적 손해를 보지 않는 계약이기 때문이다.
⑤ 미성년자와 거래한 상대방이 법률적 불이익을 당하지 않는 계약이기 때문이다.

24

윗글을 바탕으로 〈보기〉를 이해한 내용으로 적절하지 <u>않은</u> 것은?
[3점]

───〈보기〉───

갑(17세)은 부모의 동의를 얻지 않고, 을(17세)은 부모의 동의서를 위조하여 판매자 병으로부터 고가의 노트북을 구매하였다. 거래 당시 병은 갑과 을이 모두 미성년자임을 알고 있었고, 을의 동의서가 위조된 사실은 알지 못했다. 며칠 후 갑과 을의 부모는 갑과 을이 자신들의 동의 없이 노트북을 구매한 사실을 알게 되었다.

① 갑의 부모는 갑의 의사와 무관하게 노트북 구매 계약을 취소할 수 있겠군.
② 을과 을의 부모는 노트북 구매 계약을 취소할 수 없겠군.
③ 갑과 을이 병과 체결한 노트북 구매 계약은 일단 유효하겠군.
④ 병은 갑과 체결한 계약에 대해 철회권을 행사할 수 없겠군.
⑤ 병은 갑과 을에게 노트북 구매 계약의 취소 여부에 대한 확답을 촉구할 수 있겠군.

25

ⓐ와 문맥상 의미가 가장 가까운 것은?

① 그는 매사를 부정적으로 <u>보는</u> 경향이 있다.
② 그녀는 여전히 부모님의 눈치를 <u>보고</u> 있다.
③ 나는 친구가 추천한 책을 감명 깊게 <u>보았다</u>.
④ 선생님은 지금 병원에서 환자를 <u>보고</u> 계십니다.
⑤ 노부모는 하루빨리 손자를 <u>보고</u> 싶으신 모양이다.

[26~28] 다음 글을 읽고 물음에 답하시오.

[앞부분의 줄거리] 명나라 시절 홍 시랑과 부인 양 씨 사이에서 태어난 계월은 남장을 한 채 길러진다. 이후 장사랑의 난으로 부모와 헤어진 계월은 여공에게 구출된 뒤, 이름을 평국이라 고치고, 여공의 아들 보국과 함께 수학하여 과거에 장원급제를 한다. 이후 오랑캐가 침략하자, 평국(계월)은 원수, 보국은 중군장이 되어 이를 평정한다. 이후 평국이 여자임이 밝혀지지만, 천자는 그녀를 벌하지 않고 보국과의 결혼을 중매한다.

이때 남관장이 장계를 올리거늘, 천자가 급히 뜯어 보았다. '오왕과 초왕이 반역하여 지금 황성을 침범하려고 합니다. 오왕은 구덕지로 대원수를 삼고 초왕은 장맹길로 선봉을 삼아, 장수 천여 명과 군사 십만을 거느리고 쳐들어왔습니다. 호주 북쪽 지방의 십여 성으로부터 항복을 받고, 형주자사 이왕태를 베고, 마구 쳐들어오고 있습니다. 소장의 힘으로는 방비할 길이 없어서 소식을 올립니다. 원컨대 황상은 어진 명장을 보내셔서 적을 막아 주십시오.'

천자가 깜짝 놀라 조정의 모든 신하들과 의논했다. 우승상 정영태가 말했다.

㉠ "이 도적은 좌승상 평국을 보내 막아야 합니다. 급히 평국을 부르십시오."

천자가 듣고 지긋이 생각하다가 말했다.

㉡ "평국이 전일에는 세상에 나왔기에 불렀지만, 지금은 규중에 머물러 있는 여자인지라 차마 불러낼 수 없도다. 어찌 전쟁터로 보내리오?"

신하들이 말했다.

"평국이 지금 규중에 있으나, 이름이 조야(朝野)*에 있고 또한 작록(爵祿)*을 거두지 않았으니, 어찌 규중에 있다 하여 거리끼겠습니까?"

천자가 마지못해 급히 평국을 불러냈다. 이때 평국이 규중에서 홀로 지내면서 날마다 시녀들과 함께 장기와 바둑으로 세월을 보내고 있었다. 사관(辭官)이 와서 천자가 부르는 명령을 전하자, 평국이 깜짝 놀라, 급히 여자 옷을 벗고 조복*으로 갈아입은 후에 사관을 따라 들어가 천자 앞에 엎드렸다. 천자가 매우 기뻐하며 말했다.

"네가 규중에 머문 후로는 오래 보지 못하여 밤낮으로 보고 싶더니, 이제 경을 보니 매우 기쁘도다. 내가 덕이 없어 지금 오나라와 초나라 양국이 반역하여, 호주 북쪽 지방을 쳐서 항복을 받고 남관을 헤치고 황성을 침범한다고 하니, 경은 나아와 나라와 조정을 편안하게 지키도록 하라."

평국이 엎드려 아뢰었다.

"신첩이 외람되게 폐하를 속이고 높은 공후(公侯) 작록을 영화롭게 지내기가 황공합니다. 신첩의 죄를 용서하시고 이처럼 사랑하시니, ㉢ 신첩이 비록 어리석으나 힘을 다해 성은을 만분의 일이나 갚고자 합니다. 폐하는 근심치 마소서."

천자가 매우 기뻐하며 즉시 천병만마(千兵萬馬)를 뽑아 모으도록 했다. 삼남원에 진을 치고 원수가 친히 붓을 잡아 보국에게 전령하기를, '적병이 급하니 중군은 급히 대령하여 군령을 어기지 말라' 했거늘, 보국이 전령을 보고 분함을 이기지 못하여 부모께 여쭈었다.

"계월이 또 소자를 중군으로 부리려 하니, 이런 일이 어디 있습니까?"

여공이 말했다.

"전일에 너에게 무엇이라 이르더냐? 계월을 괄시하다가 이런 일을 당하니, 어찌 그르다 하리요? 국사가 매우 중하니, 어떻게 해 볼 수가 없다."

여공이 보국에게 바삐 가라고 재촉했다.

보국이 할 수 없어 갑주를 갖추고 진중에 나아가 원수 앞에 엎드리니, 홍 원수가 분부했다.

"만일 명령을 거역하는 자가 있으면, 군법을 시행할 것이다."

보국이 두려워하며 중군 처소로 돌아와 명령 내리기를 기다렸다.

홍 원수가 장수들에게 각각의 임무를 정하고 추구월 갑자일에 행군했다. 십일 월 초일 일에 남관에 당도하여 삼일 동안 군사를 머물게 하고, 즉시 떠나 오일에 천촉산을 지나 영경루에 다다랐다. 적병이 평원광야에 진을 쳤는데, 굳세기가 철통같았다.

원수가 적진을 대하여 진을 치고 명령했다.

"장령을 어기는 자가 있으면, 세워 두고 벨 것이다."

호령이 서릿발 같았다. 모든 장수들과 군졸들이 두려워하며 어찌할 줄을 몰라 했다. 보국 또한 매우 조심했다.

이튿날 원수가 중군에게 분부했다.

"오늘은 중군이 나가 싸우라."

중군이 명령에 순종하여 말에 올라 삼 척 장검을 들고, 적진을 가리키며 외쳤다.

"나는 명나라 중군대장 보국이다. 대원수의 명을 받아 너희 머리를 베려 하니, 너희는 바삐 나와 칼을 받으라."

적장 운평이 이 소리 듣고 대로하여 말을 몰고 나와 싸웠다. 세 번을 채 겨루지도 못해서 보국의 칼이 빛나더니, 그 순간 운평의 머리가 말 아래로 떨어졌다. 적장 운경이 운평의 죽음을 보고, 분을 내며 말을 몰아 달려들었다. 보국이 승리의 기세가 등등하여 창검을 높이 들고 싸웠다. 두어 차례 겨루기도 전에 보국이 칼을 날려 칼을 들고 있는 운경의 팔을 치니, 운경이 미처 손을 놀리지 못하고 칼을 든 채 말 아래로 떨어졌다. 보국이 운경의 머리를 베어 들고 본진으로 돌아오고 있었다. 그때 적장 구덕지가 크게 노하여 장검을 높이 들고 말을 몰아 고함치며 달려들었고, 또 난데없는 적병들이 사방에서 달려 들었다.

보국이 매우 다급하여 피하고자 했으나, 한순간에 적들이 함성을 지르며 보국을 천여 겹 에워쌌다. 사세가 위급하매 보국이 하늘을 우러러 탄식했다. 이때 원수가 장대에서 북을 치다가 보국의 위급함을 보고, 급히 말을 몰아 장검을 높이

들고 좌충우돌하여 적진을 헤치고 들어가 구덕지의 머리를 베어 들고 보국을 구해 낸 후, 몸을 날려 적진 속을 헤집고 다녔다. ㉣ 동에 번쩍하더니 어느 새 서쪽에 있는 적장을 베고, 남쪽으로 가는 듯하더니 어느 새 북쪽에 있는 장수를 베고, 좌충우돌하여 적장 오십여 명과 군사 천여 명을 한 칼로 쓸어버리고 본진으로 돌아왔다.

보국이 원수 보기를 부끄러워하니, 원수가 보국을 꾸짖으며 조롱했다.

㉤ "저러하고 평일에 남자라 칭하리요? 나를 업신여기더니 이제도 그러할까?"

원수가 장대에 앉아 구덕지의 머리를 함에 넣어 황성으로 보냈다.

– 작자 미상, 〈홍계월전〉

*조야: 조정과 민간을 통틀어 이르는 말
*작록: 관직과 직위, 그에 따라 받는 녹봉을 아울러 이르는 말
*조복: 관원이 조정에 나아가 하례할 때에 입던 예복

26

윗글에 대한 설명으로 가장 적절한 것은?

① 고사를 활용하여 인물 간 갈등 양상을 제시하고 있다.
② 시간의 역전적 구성을 통해 사건의 인과 관계를 드러내고 있다.
③ 서술자가 직접 개입하여 상황에 대한 독자의 판단을 유도하고 있다.
④ 인물의 활약상을 구체적으로 묘사하여 상황의 긴박함을 고조하고 있다.
⑤ 현실적 공간과 비현실적 공간의 교차를 통해 환상적 분위기를 조성하고 있다.

27

윗글의 인물에 대한 이해로 적절하지 <u>않은</u> 것은?

① '남관장'은 반란군의 규모와 위세를 구체적으로 언급하면서 조정에 다급하게 도움을 요청하고 있다.
② '천자'는 반란이 일어난 원인을 자신의 부덕함으로 돌리면서 평국에게 반란을 진압하도록 명을 내리고 있다.
③ '평국'은 자신의 죄를 용서한 천자에게 감사해 하며 은혜를 갚으려 하고 있다.
④ '여공'은 사적인 일보다 공적인 일을 중시하면서 보국이 계월의 명령을 따라야 한다고 판단하고 있다.
⑤ '보국'은 계월의 지시를 두둔하는 여공의 말에 불만을 표출하고 있다.

28

〈보기〉를 바탕으로 ㉠~㉤을 감상한 내용으로 적절하지 <u>않은</u> 것은?

[3점]

─〈보기〉─

　〈홍계월전〉에서 주인공 계월은 자신이 지닌 우월한 능력을 사회적으로 인정받아 여러 문제를 해결하는데, 이는 기존 여성 영웅 소설의 주인공이 남성의 권위에서 벗어나지 못했던 한계를 탈피한 것이다. 특히 계월이 국가에 충성하는 신하이자 국난을 극복하는 영웅으로 그려지는 것은 여성도 삶의 주체로 사회적 자아를 실현할 수 있는 존재임을 보여 주고 있다. 또한 여성의 사회 진출이 제한되었던 당대 남성 중심의 사회적 현실과 제도에 대한 비판도 담고 있다. 한편 이 작품에 등장하는 남성들은 조선시대의 통념적인 남성 상과는 달리 권위적이지 않으며 나약한 모습으로도 그려 지고 있다.

① ㉠은 계월이 여성임을 알고 있으면서도 정영태가 장수로서의 그녀의 능력을 인정하는 장면으로, 남성의 권위를 내세우는 조선시대의 통념적인 남성상과는 다른 모습으로 볼 수 있군.

② ㉡은 전쟁터에 계월이 출정해야 한다는 제안에 천자가 망설이는 장면으로, 여성의 사회 진출에 대한 당대 사회의 인식이 드러난 것으로 볼 수 있군.

③ ㉢은 계월이 나라를 구하기 위해 천자의 명령을 따르는 장면으로, 국가에 충성하는 신하이자 국난을 극복하는 주체로서 사회적 자아를 실현하고자 하는 여성의 모습 으로 볼 수 있군.

④ ㉣은 원수 계월이 위기에 처한 중군장 보국을 구한 후 적진을 평정하는 장면으로, 여성 영웅이 우월한 능력으로 당면한 문제를 해결하는 모습으로 볼 수 있군.

⑤ ㉤은 여자라는 이유로 전쟁터에서 자신을 무시한 보국을 계월이 조롱하는 장면으로, 남성 중심의 사회 제도에 대한 비판 의식을 담고 있다고 볼 수 있군.

[29~33] 다음 글을 읽고 물음에 답하시오.

　지진은 지구 내부에서 일어나는 지각 변동으로 인해 땅이 ⓐ 흔들리는 현상이다. 이때 지각 부분에서 방출된 에너지는 파동의 형태로 전달되는데, 이를 지진파라고 한다. 대표적인 지진파로는 P파와 S파가 있다.

[A] 　P파는 에너지가 전달되는 파동의 진행 방향이 매질*의 진동 방향과 같은 지진파로, 매질이 압축과 팽창을 반복 하면서 전달되며 관측소에 가장 먼저 도착한다. P파의 전파 속도는 초속 약 6~8km이지만, 진폭은 작아 지진 피해는 비교적 작은 편이다. 반면에 S파는 파동의 진행

방향이 매질의 진동 방향과 수직인 지진파로, 전파 속도는 초속 약 3~4km로 P파보다 느리지만 진폭이 비교적 커서 지진 피해 정도는 훨씬 크게 나타난다. 두 지진파가 관측 소에 도착하는 시간의 차이를 PS시라고 하는데 진원에서 멀어질수록 PS시는 커진다. ㉠ PS시를 활용하면 지진 발생 시 다른 지역의 지진 피해를 조금이나마 줄일 수 있다.

　P파와 S파가 통과할 수 있는 매질에는 차이가 있다. P파는 고체, 액체, 기체를 모두 통과하는 반면, S파는 고체만 통과할 수 있다. 따라서 액체 상태인 외핵을 통과할 수 없으므로, S파가 도착하지 못하는 S파 암영대가 생긴다. P파는 맨틀과 외핵, 외핵과 내핵과 같이 상태가 ⓑ 다르 거나 같은 상태라도 밀도가 다른 매질의 경계면을 지날 때 굴절이 일어나는데, 이로 인해 P파 역시 암영대가 생긴다. 또 지진파의 전달 속도는 매질의 밀도가 높아지면 빨라지고 밀도가 낮아지면 느려진다.

　한편 지진 발생 시 건물 붕괴로 인한 피해를 줄이기 위해 지진에 저항할 수 있도록 건물을 설계하는 것을 내진설계 라고 하는데, 내진구조, 제진구조, 면진구조의 세 유형이 있다. 내진구조는 강한 지진파에도 건축물이 붕괴되지 않게 철근 콘크리트 등을 보강하여 기둥과 벽 자체를 튼튼하게 짓는 것이다. 내진벽과 같은 부자재를 설치하여 강한 흔들림에도 무너지지 않고 버티는 내구성이 높아지도록 건물을 짓는 것이다. 이는 단순히 건물의 내구력만을 높인 것이라 지진 발생 시 건물이 무너지지 않더라도 건물 구조에 심각한 손상이 생길 수 있다.

　이에 비해 제진구조는 제진 장치가 땅으로부터 건물에 전달되는 진동을 감지하고, 건물의 흔들림 방향과 반대 방향으로 건물을 지지하여 건물의 붕괴를 ⓒ 막는 구조이다. 철제 빔과 같은 장치로 건물에 X자 등의 제진 장치를 보강 하여 건물 전체를 보호하는 것이다. 현재 대부분의 고층 건물은 이러한 방식을 사용하여, 내진구조에 비해 상대적으로 더 안전하다고 볼 수 있다.

　앞선 두 구조가 건물이 지진력을 버티는 데 초점을 두었 다면, 면진구조는 건물에 전달되는 지진력 자체를 줄이는 데 중점을 둔다. 파동의 에너지는 주기가 짧을수록 크기 때문에 면진구조는 지진파의 파장을 길게 바꾸어 충격을 감소 시킨다. 보통 지면 위에 바로 건물을 세우는 것과 달리 면진구조는 건물과 땅 사이에 고무 스프링과 댐퍼, 베어링 등을 설치해 흔들림이 건물로 전해지는 것을 막는 방식이다. 건물 자체와 지면을 떨어뜨리면 진동이 ⓓ 줄어들어 전달되기 때문에 아주 강한 지진이 ⓔ 일어나더라도 건물 내부에 있는 구조물이 쓰러지지 않기 때문에 지진에 대비할 수 있는 효과 적인 공법으로 평가받고 있다.

*매질: 어떤 물리적 작용을 한 곳에서 다른 곳으로 전하여 주는 매개물 로, 고체, 액체, 기체 등이 있음.

29

윗글에 대한 이해로 적절하지 <u>않은</u> 것은?

① P파는 진폭이 작아 S파보다 지진 피해가 작은 편이다.
② 지진파는 매질의 밀도에 따라 전달 속도가 달라진다.
③ P파 암영대는 지진파가 외핵을 통과하지 못해 생긴다.
④ P파는 통과할 수 있지만, S파는 통과할 수 없는 매질이 있다.
⑤ P파와 달리 S파는 파동의 진행 방향과 매질의 진동 방향이 서로 다르다.

30

[A]를 참고하여 〈보기〉를 이해한 것으로 적절하지 <u>않은</u> 것은? [3점]

〈보기〉

진원에서 발생한 지진이 세 관측소에서 관측되었다. 관측소 1에는 P파만 도착하였고, 관측소 2와 관측소 3에는 P파와 S파가 모두 도착하였다. 그런데 관측소 2에는 P파와 S파가 한 번씩 도착한 반면, 관측소 3에는 P파와 S파가 두 번씩 도착하였다. 이 중, C를 지난 P파와 S파가 B만 지난 P파와 S파보다 먼저 도착하였다.

(단, 그림은 가상의 땅속을 나타낸 것이다.)

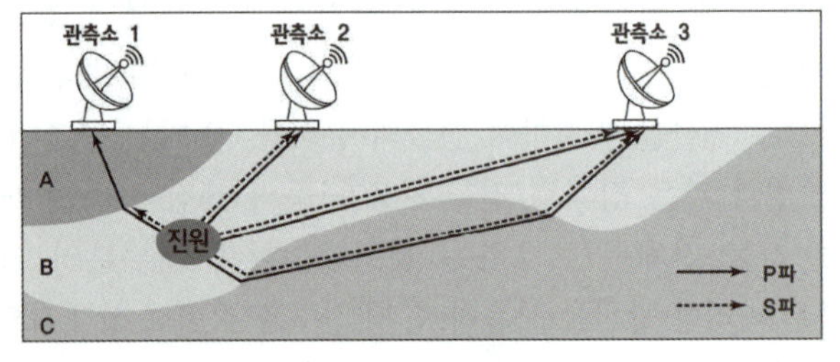

① 관측소 2에는 P파가 S파보다 먼저 도착했겠군.
② 관측소 1에 도착한 지진파는 관측소 2에 도착한 지진파와 달리 상태는 동일하지만 밀도가 다른 두 매질을 지나왔겠군.
③ 관측소 2에 도착한 지진파의 PS시보다 관측소 3에 도착한 지진파 중 B만 지난 지진파의 PS시가 더 크게 나타났겠군.
④ 관측소 3과 달리 관측소 1에 S파가 도착하지 않은 것은 관측소 1과 관측소 3으로 가는 경로의 매질의 상태가 다르기 때문이겠군.
⑤ 관측소 3에 도착한 지진파 중 C를 지난 지진파가 B만 지난 지진파보다 먼저 도착한 것은 C의 매질 밀도가 B보다 높기 때문이겠군.

31

㉠의 이유를 추론한 내용으로 가장 적절한 것은?

① P파와 S파의 진폭을 추정할 수 있어 지진의 강도를 예상할 수 있기 때문에
② 지진파가 통과하는 매질의 밀도를 확인하여 매질의 진동 방향을 예상할 수 있기 때문에
③ 지진파가 도착하지 않는 암영대를 예측하여 피해가 적을 장소를 예측할 수 있기 때문에
④ P파와 S파가 도착한 시간을 통해 추후 지진 발생 시점과 진원의 위치를 예측할 수 있기 때문에
⑤ PS시를 측정한 지역보다 진원으로부터 먼 지역에서는 P파 탐지 후 S파 도착 전에 지진에 대비할 수 있기 때문에

32

〈보기〉의 (가)~(다)는 내진설계의 각 구조를 도식화한 것이다. 윗글을 바탕으로 〈보기〉를 이해한 내용으로 가장 적절한 것은?

〈보기〉

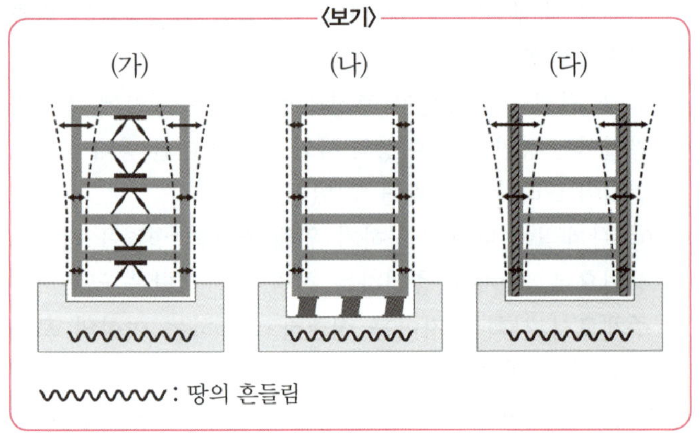

① (가)는 (나)보다 건물에 전달되는 지진력을 더 줄일 수 있다.
② (나)는 (다)와 달리 지진파의 파장을 짧게 바꾸어 지진력을 줄인다.
③ (다)는 (나)보다 지진 발생 시 건물 구조가 받는 손상이 상대적으로 적다.
④ (가)는 건물의 진동 방향과 같은 방향으로, (나)는 건물의 진동 방향과 반대 방향으로 건물을 지지한다.
⑤ (나)는 건물 아래에 설치된 구조물에 의해, (다)는 건물 자체의 내구력에 의해 건물이 보호된다.

33

문맥상 ⓐ~ⓔ와 바꿔 쓰기에 적절하지 <u>않은</u> 것은?

① ⓐ: 진동(震動)하는
② ⓑ: 상이(相異)하거나
③ ⓒ: 보완(補完)하는
④ ⓓ: 완화(緩和)되어
⑤ ⓔ: 발생(發生)하더라도

  아버지와 **나**는 십여 년 전까지 **돼지축사**로 쓰였다는, **낡은 베니어판 문 다섯 개가 나란히 붙어 있는 건물에서 살고 있다.** 쪽마루도 없는데다 처마마저 참새 꼬리처럼 짧아 아침이면 이슬에 젖은 신발을 신고 학교에 가야 한다. 며칠 전 주인아주머니는 누런 갱지에 '빈 방 있음'이라고 써 3호실 문짝에 붙여 놓았다. 그 방 앞을 지나던 나는 열린 문틈으로 안을 들여다 보았다. 벽에는 얼룩과 곰팡이와 낙서가 가득했고, 들뜬 황갈색 비닐 장판 위로는 뽀얀 먼지가 살얼음처럼 깔려 있었다. 비스듬하게 세워진 낡은 캐비닛 뒤쪽 벽에는 쥐가 들락거릴 정도의 작고 새까만 구멍이 뚫려 있는데, 구멍 주위로 자잘한 시멘트 가루와 흙덩이가 흩어져 있어 마치 상처 부위에 엉겨붙은 피딱지처럼 보였다. 총알에 맞아 쿨럭쿨럭 피를 쏟아내는 심장을 본 것 같은 섬뜩함이 가슴을 오그라뜨렸다.

[A]
  그 방에 살던 파키스탄 청년 알리는 도둑질을 하고 마을을 떠났다. 강풍이 불던 날 밤의 어둠과 소란을 틈타 한방을 쓰던 비재 아저씨의 ㉠<u>돈</u>을 훔쳐 달아난 것이다. 비재 아저씨는 송금비용을 아끼려고 벽에 구멍을 파서 돈을 숨겨놓았다고 한다. 그날 밤 알리가 돈을 꺼낼 때 나던 조심스런 부스럭거림을 아저씨는 왜 듣지 못했을까. 하긴, 이틀 연속 철야근무에 특근까지 했으니 그럴 만도 하다. 게다가 그날따라 2호실 방글라데시 아주머니의 갓난아기는 밤새 잠을 자지 않고 보챘고, 저녁 내내 텔레비전 앞에서 시끄럽게 떠들던 1호실 미얀마 아저씨들은 나중엔 취한 목소리로 노래를 불러대기까지 했다. 밤에 일하는 5호실의 러시아 아가씨 마리나는 아예 집에 들어오지도 않았다. 4호실에서 사는 아버지와 나만이 일찌감치 불을 끄고 어둠 속에 누워 있었다. 하지만 우리들 역시 머릿속으로는 매우 혼란스러운 생각, 집 나간 어머니 생각에 빠져 있어서 누군가 돈을 훔치느라 바스락대는 소리를 들을 수 없었다.
  사실 알리는 비재 아저씨 아들의 생명을 훔쳐 도망간 거나 다름없다. 아저씨는 막내아들의 심장수술 비용을 마련하려고 여기 왔으니까. 이 마을에선 불행이 너무나 흔해 발에 차일 지경이다. 그래서 웬만한 일에는 누구도 신경 쓰지 않는다. 하지만 비재 아저씨가 그날 새벽에 내지른 절망과 분노에 찬 비명 소리는 한동안 잊지 않을 것 같다.

(중략)

  "안녕?" 창문에 매달린 코끼리는 여전히 말이 없다. 무심한 눈길로 먼 곳을 쳐다볼 뿐. 일곱 개의 코를 가진, 퍼체우라*에 은사루 화려하게 **수놓인** 그 코끼리는 원래 인도 신들의 왕 인드라를 태우는 구름이었다고 한다. "그래서요?" 창문에 퍼체우라를 달다가 그 이야기를 들은 나는 흥분해서 아버지를 재촉했다. "어느 날 창조주 브라마가 '세계의 알'을 깨뜨리면서 코끼리의 격이 낮아져 그만 우주를 떠받치는

기둥이 되었단다." 나는 눈을 질끈 감았다. 아버지는 슬쩍 내 안색을 살폈다. "어차피 그건 힌두교 신화일 뿐이야. 신이 깨뜨린 알이란 없어." 순간 못대가리에서 미끄러져 엇나간 망치가 아버지의 손톱을 찧었다. 손톱 끝에 침을 바르고 통증을 참던 아버지는 떨어진 못을 찾으려고 두 손을 뻗어 바닥을 더듬었다. 문득 아버지가 ㉡<u>코끼리</u>처럼 여겨졌다. 구름보다 높은 히말라야에서 태어나 이곳, 후미진 공장지대에서 살아가고 있으니……
  어디선가 ㉢<u>노랫소리</u>가 들려온다. 가늘게 떨리는 그 목소리 주인은 2호실 토야 엄마다. 모레니에 절로 세이데세, 모레니에 절로 세이데세, 날 그곳으로 데려다주세요, 날 그곳으로 데려다 주세요…… 지난봄에 단속반을 피해 뒷산으로 도망치다가 발목을 삐어 결국 잡히고 만 토야 아빠는 스리랑카로 추방된 뒤 돌아오지 못하고 있다. **혼자 남은 토야 엄마는 집에서 기계부품에 나사를 꿰어 버는 푼돈으로** 연명하는 눈치다. 훌둘리아 푸자 토레 게노 펠레라코 헬라거리, 탈 모르넷 아게 슈두 바레크 피레아쇼크, 기도꽃을 꺾어 왜 그냥 버렸을까, 사랑하는 사람이 죽기 전에 다시 돌아오세요…… 갑자기 어머니 생각이 난다. ㉣<u>신 김치와</u> 미역국 냄새, 연한 레몬로션 냄새, 그리고 뭐라고 이름 붙일 수 없지만 스르르 잠이 오게 하는 신비한 살내까지. 지난봄에 어머니가 남기고 간 냄새는 한동안 방 안 어딘가에 남아 미풍이 불 때마다 언뜻언뜻 맡아졌다. 하지만 이제 방 안에선 그 냄새가 나지 않는다. 퀴퀴한 홀아비 냄새와 지독한 곰팡내가 진동할 뿐이다.
  환기를 시키려고 퍼체우라를 젖힌다. 노란 햇빛이 반대편 벽에 있는 히말라야 ㉤<u>달력</u> 사진에 내려앉아 너울댄다. 투명하고 생생한 햇빛, 푸른 티크나무 숲, 눈 덮인 안나푸르나, 잔잔하게 물결치는 페와호, 그리고 사탕수수를 빨아먹으며 환하게 웃는 아이들…… 아버지는 해마다 똑같은 달력을 사 온다. 아버지가 그 사진을 보면서 기쁨을 얻듯이 나도 그렇게 되기를 바라는 걸까? 하지만 내 눈엔 오후 빛을 받은 히말라야가 금으로 씌운 어금니처럼 보일 뿐이다. 햇빛에 녹아내리기 직전의 노란 바닐라 아이스크림이거나. 달력에서는 여전히 검고 굵은 동그라미가 소용돌이치고 있다. 마음이 편치 않다. 요즘엔 이상하게도 입에서 아무 말이나 튀어나온다. 학교에서 내내 긴장하다가 집에 돌아오면 모든 게 귀찮고, 무엇보다 화가 난다. 오늘은 소영이 오빠가 친구들을 데리고 쉬는 시간마다 우리 교실로 내려왔다. 나는 화장실에 숨어 있다가 수업이 시작된 뒤에야 교실로 들어갈 수 있었다. 겁이 나서가 아니었다. 일대일이라면 자신 있었다. 하지만 한꺼번에 덤벼들이 귀 집듯 나를 짓밟는다면, 앞으로 나를 볼 때마다 누구든 그 장면을 떠올릴 것이다. 그것만은 정말 견디기 힘들 것 같았다.
  아기 손바닥만큼 작아진 빛은 퍼체우라가 흔들릴 때마다 놀란 듯 부르르 떤다. 갑자기 잠이 몰려온다. 아버지처럼 고향

가는 꿈이라도 꿀 수 있다면 좋겠다. 밤마다 아버지는 낡은 춤바를 입고 고향 마을로 찾아가는 **꿈**을 꾼다. 노란 유채꽃 언덕 너머 보이는 눈부신 설산과 낯익은 황토 집, 정다운 마을 사람들이 있는 곳으로. 꿈에서 아버지는 가녀린 퉁게꽃과 붉은 비저꽃이 흐드러진 고향집 마당으로 들어서서는 가족과 친지에 둘러싸여 달과 바트, 더르가리(야채 반찬), 물소고기에 토마토 양념을 발라 구운 첼라를 실컷 먹는다고 했다. 하지만 다음날 공항에서 비행기에 오르려고 하면 누군가 아버지 앞을 가로막으며 거칠게 끌어낸다고 했다. "난 **한국으로 돌아가야** 돼. 거기 내 **가족이 있어**. 제발, 보내줘. 일자리도, 이웃도, 내 청춘도 거기 두고 왔단 말이야. 제발……!" 잠꼬대 끝에 몸을 벌떡 일으키는 아버지는 매번 황급히 사방을 둘러본다. 그러고는 땀으로 흥건해진 속옷을 벗으며 어둠 속에서 긴 안도의 숨을 내쉰다.

그렇지만 나보다는 낫겠지. 난…… **태어난 곳은 있지만 고향이 없다**. 한국에 네팔 대사관이 없어 아버지는 혼인신고를 못했다. 그래서 내겐 호적도 없고 국적도 없다. **학교에서조차 청강생일 뿐**이다. 살아 있지만 태어난 적이 없다고 되어 있는 아이……

– 김재영, 〈코끼리〉

*퍼체우라: 네팔 남자들이 몸에 걸치는 직사각형의 천

34

윗글을 이해한 내용으로 가장 적절한 것은?

① '비재 아저씨'는 자신의 돈을 훔쳐 달아난 '알리'의 처지를 이해하고 있다.

② '나'는 마을에 불행이 잦아 사람들이 웬만한 일에는 무신경하다고 여기고 있다.

③ '아버지'는 힌두교 신화에 대한 '나'의 반응을 못마땅해하고 있다.

④ '토야 엄마'는 스리랑카로 추방된 '남편'을 무책임하다고 생각하고 있다.

⑤ '아버지'는 고향에 돌아가지 못하고 한국에서 살아야만 하는 현실에 절망하고 있다.

35

[A]에 대한 설명으로 적절하지 **않은** 것은?

① 특정 사건이 지닌 의미를 서술자가 제시하고 있다.

② 특정 사건의 전말을 서술자가 요약적으로 설명하고 있다.

③ 특정 사건을 일으킨 인물의 내적 동기를 서술자가 분석하여 제시하고 있다.

④ 특정 사건이 발생한 시점에 주변에서 벌어진 여러 정황을 나열하고 있다.

⑤ 특정 사건의 피해자가 보인 행동에 대한 서술자의 심리적 반응을 보여 주고 있다.

36

㉠~㉤에 대한 이해로 가장 적절한 것은?

① ㉠: 경제적으로 풍족해지고 싶은 비재 아저씨의 물질적 욕망이 담긴 소재이다.

② ㉡: 아버지의 현재 삶과 대조되는 것으로 아버지에 대한 '나'의 안타까운 심정을 대변하는 소재이다.

③ ㉢: 부재하는 가족에 대한 '나'의 그리움의 정서를 유발하는 소재이다.

④ ㉣: 어머니가 떠난 이후 방치된 가정의 모습을 표상하는 것으로 아버지에게 쓸쓸함을 느끼게 하는 소재이다.

⑤ ㉤: 아버지가 고향에 대해 느끼는 감정에 '나'가 공감하게 되는 소재이다.

37

〈보기〉를 바탕으로 윗글을 감상한 내용으로 적절하지 **않은** 것은?

[3점]

〈보기〉

〈코끼리〉는 더 나은 삶을 꿈꾸며 고향을 떠나 한국으로 온 이주 노동자들이 차별 속에서 힘겹게 살아가는 모습을 이주 노동자 2세인 '나'의 시각을 통해 사실적으로 묘사하고 있는 작품이다. 이들은 열악한 주거 환경과 궁핍한 경제적 상황 속에서 사회적, 정서적으로 고립된 삶을 살아간다. 특히 네팔인 아버지와 조선족 어머니 사이에서 태어나 편견과 정체성의 혼란 속에서 소외감을 느끼는 '나'의 모습은 이주 노동자 2세가 마주하는 현실을 드러내고 있다. 또한, 이주 노동자가 겪는 문제가 다음 세대에 이어질 수도 있음을 보여 준다.

① '아버지'와 '나'가 '돼지축사'를 개조한, '낡은 베니어판 문 다섯 개가 나란히 붙어 있는 건물에서 살고 있'는 것은 이주 노동자들의 열악한 삶을 사실적으로 보여 주는 것이군.

② '혼자 남은 토야 엄마'가 '집에서 기계부품에 나사를 꿰어 버는 푼돈으로' 생계를 이어가는 모습은 궁핍한 경제적 상황 속에서 살아가는 이주 노동자의 현실을 보여 주는 것이군.

③ 아버지가 '꿈'에서 '가족이 있어' '한국으로 돌아가야' 한다는 것은 이주 노동자들이 받는 차별과 그 아픔이 다음 세대에게 이어진 현실을 보여 주는 것이군.

④ '나'가 '태어난 곳은 있지만 고향이 없다'라고 생각하는 것은 이주 노동자 2세가 이방인으로서 느끼는 정체성의 혼란을 보여 주는 것이군.

⑤ '나'가 '학교에서조차' 자신의 존재를 인정받을 수 없는 '청강생일 뿐'이라고 인식하는 것은 이주 노동자 2세가 느끼는 소외감과 정서적 고립을 보여 주는 것이군.

(가) 천지인간 만물 중에 무상(無常)할 손 이내 사정
　　못 할러라 못 할러라 빈집 살림 못 할러라
　　얽었으나 검었으나 부부밖에 또 있는가
　　견우직녀성도 둘이 서로 마주 섰고
　　용천검 태아검도 둘이 서로 짝이 되고
　　날짐승 길버러지 다 각각 짝이 있건만
　　전생(前生) 차생(此生) 무슨 죄로 우리 둘이 부부되어
　　검은 머리 백발 되고 희던 몸이 황금 되고
　　자손이 많고 영화를 누리며 백년해로 살자 했더니
　　하느님도 무정하고 가운(家運)이 불행하여
　　조물(造物)이 시기하고 귀신조차 사정(私情) 없다
　　말 잘하고 인물 좋고 활 잘 쏘고 키 훨씬 큰
　　다정한 우리 낭군 사랑하던 우리 낭군
　　무슨 나이 그리 많아 청산의 외로운 혼이 된단 말인가
　　삼생 연분 아니런가 **사주팔자 그러한가**
　　이미 부부 되었으면 죽지 말고 살았거나
　　그리 죽자 할 작시면 만나지나 말았거나
　　부질없는 이 내 심사 어느 누가 위로하리
　　심회(心懷)로다 심회로다 바다같이 깊은 수심(愁心)
　　태산같이 높은 심회 상사(相思)로다 상사로다
　　상사하던 우리 낭군 어이 그리 못 오는가
　　병들어 누워 인간사 끊어졌으니 못 오는가
　　약수(弱水) ⓐ 삼천 리가 둘러져 있어 못 오는가
　　만리장성이 가려서 못 오는가
　　　　　　　　　　(중략)
　　동쪽 창에 돋은 달이 서쪽 창으로 지거든 오시려나
　　병풍에 그린 황계(黃鷄) 새벽 즈음에 **날 새라고 꼬꼬**
　　울거든 오시려나
　　금강산 상상봉(上上峰)이 평지 되어 물 밀어 배 둥둥
　　뜨거든 오시려나
　　어이 그리 못 오는가 무슨 일로 못 오는가
　　가슴 속에 불이 나서 풀과 나무 다 타 간다
　　눈물이 비가 되어 붙은 불을 끄련마는
　　한숨이 바람 되어 점점 불어
　　구곡간장(九曲肝腸) 썩은 물이 눈으로 솟아날 제
　　구년지수(九年之水) 되었구나 **한강**지수(漢江之水)
　　되었구나

　　　　　　　　　　　－ 작자 미상, 〈청춘과부가(靑春寡婦歌)〉

(나)　　**갈까 보다 말까 보다** 임을 따라 아니 갈 수 없네
　　오늘 가고 내일 가고 모레 가고 글피 가고 하루 이틀
　　사흘 나흘 곱잡아 여드레 ⓑ **팔십 리**를 다 못 갈지라도
　　임을 따라서 아니 갈 수 없네 천가지 만가지 **창과 칼,
　　도끼까지 닥친다 할지라도 임을 따라 아니 갈 수 없네**
　　나무라도 **은행나무**는 음양을 분하여 마주 섰고 돌이라도
　　망부석은 암수를 따라서 마주 섰는데
　　이 내 팔자는 왜 그리 주책없어 간 곳마다 있어야 할
　　임 없어 나 못 살겠네

　　　　　　　　　　　－ 작자 미상, 사설시조

(다) 오늘은 당신이 가르쳐 준 태백산맥 속의 소광리 소나무
숲에서 이 엽서를 띄웁니다. 아침 햇살에 빛나는 소나무 숲에
들어서니 당신이 사람보다 나무를 더 사랑하는 까닭을 알 것
같습니다. 200년, 300년, 더러는 500년의 풍상(風霜)을 겪은
소나무들이 골짜기에 가득합니다. 그 긴 세월을 온전히 바위
위에서 버티어 온 것에 이르러서는 차라리 경이였습니다.
바쁘게 뛰어다니는 우리들과는 달리 오직 **'신발 한 켤레의
토지'**에 서서 이처럼 **우람**할 수 있다는 것이 충격이고 경이
였습니다. 생각하면 소나무보다 훨씬 더 많은 것을 소비하면
서도 무엇 하나 변변히 이루어 내지 못하고 있는 나에게 소광리의
솔숲은 마치 회초리를 들고 기다리는 엄한 스승 같았습니다.
　어젯밤 별 한 개 쳐다볼 때마다 100원씩 내라던 당신의
말이 생각납니다. 오늘은 소나무 한 그루 만져볼 때마다 돈을
내야겠지요. 사실 서울에서는 그보다 못한 것을 그보다 비싼
값을 치르며 살아가고 있다는 생각이 듭니다. 언젠가 경복궁
복원 공사 현장에 가 본 적이 있습니다. 일제가 파괴하고
변형시킨 조선 정궁의 기본 궁제(宮制)를 되찾는 일이 당연
하다고 생각하였습니다. 그러나 막상 오늘 이곳 소광리
소나무 숲에 와서는 그러한 생각을 반성하게 됩니다. 경복
궁의 복원에 소요되는 나무가 원목으로 200만 재, 11톤
트럭으로 500대라는 엄청난 양이라고 합니다. 소나무가
없어져 가고 있는 지금에 와서도 기어이 소나무로 복원
한다는 것이 무리한 고집이라고 생각됩니다. 수많은
소나무들이 베어져 눕혀진 광경이라니 감히 상상할 수가
없습니다. 그것은 이를테면 고난에 찬 몇 백만 년의 세월을
잘라 내는 것이나 마찬가지입니다.
　　　　　　　　　　(중략)
　나는 문득 당신이 진정 사랑하는 것이 소나무가 아니라
소나무 같은 '사람'이라는 생각이 들었습니다. 메마른 땅을
지키고 있는 수많은 사람들이란 생각이 들었습니다. 문득
지금쯤 서울 거리의 자동차 속에 앉아 있을 당신을
생각했습니다. 그리고 외딴섬에 갇혀 목말라 하는 남산의
소나무들을 생각했습니다. 남산의 소나무가 이제는 더 이상
살아남기를 포기하고 자손들이나 기르겠다는 체념으로

무수한 솔방울을 달고 있다는 당신의 이야기는 우리를 슬프게 합니다. 더구나 그 솔방울들이 싹을 키울 땅마저 황폐해 버렸다는 사실이 우리를 더욱 암담하게 합니다. 그러나 그보다 더 무서운 것이 아카시아와 활엽수의 침습(侵襲)이라니 놀라지 않을 수 없습니다. 척박한 땅을 겨우겨우 가꾸어 놓으면 이내 다른 경쟁수들이 쳐들어와 소나무를 몰아내고 만다는 것입니다. 무한 경쟁의 비정한 논리가 뻗어 오지 않는 곳이 없습니다.

　나는 마치 꾸중 듣고 집 나오는 아이처럼 산을 나왔습니다. **솔방울 한 개**를 주워 들고 내려오면서 생각하였습니다. 거인에게 잡아먹힌 소년이 솔방울을 손에 쥐고 있었기 때문에 다시 소생했다는 신화를 생각하였습니다. 당신이 나무를 사랑한다면 솔방울도 사랑해야 합니다. 무수한 솔방울들의 끈질긴 저력을 신뢰해야 합니다.

– 신영복, 〈당신이 나무를 더 사랑하는 까닭〉

38

(가)~(다)에 대한 설명으로 가장 적절한 것은?

① (가)는 계절 변화를 통해 과거와 현재의 대비되는 상황을 드러내고 있다.

② (나)는 점층적 표현을 통해 대상에 대한 예찬의 태도를 드러내고 있다.

③ (다)는 묻고 답하는 방식으로 글을 전개하여 독자의 깨달음을 유도하고 있다.

④ (가)와 (나)는 모두, 열거의 방식을 활용하여 화자의 정서를 강조하고 있다.

⑤ (나)와 (다)는 모두, 시간의 흐름에 따른 공간의 변화를 통해 역동적 분위기를 드러내고 있다.

39

ⓐ, ⓑ에 대한 이해로 가장 적절한 것은?

① ⓐ는 임의 마음을 확인하고 싶은 화자의 바람을 의미한다.

② ⓑ는 임과의 물리적 거리로 인한 화자의 절망감을 의미한다.

③ ⓐ는 화자가 가야 할 험난한 여정을, ⓑ는 임이 가야 할 시련의 길을 의미한다.

④ ⓐ는 임에 대한 화자의 심리적 거리감을, ⓑ는 화자에 대한 임의 심리적 거리감을 강조한다.

⑤ ⓐ는 화자와 임 사이의 단절된 정도를, ⓑ는 화자가 감내해야 할 고난의 정도를 강조한다.

40

〈보기〉를 참고하여 (가)와 (나)를 감상한 내용으로 적절하지 <u>않은</u> 것은?

─〈보기〉─

　사랑하는 대상과의 이별 상황을 노래하고 있는 시에서, 시적 화자가 이에 대처하는 양상은 다양하게 나타난다. 시적 화자는 이별이라는 현실을 부정하거나, 이를 극복하기 위해 적극적이고 능동적인 태도를 보이기도 한다. 또한 이별의 현실에 체념, 원망, 자책과 같이 소극적이고 수동적인 태도를 보이기도 한다. 그리고 이별에 대처하는 이러한 양상은 복합적으로도 나타난다.

① (가)의 '조물이 시기하고 귀신조차 사정 없다'에는 임과 사별한 이유를 외부 요인으로 돌리는 화자의 원망이 나타나 있군.

② (가)의 '어이 그리 못 오는가 무슨 일로 못 오는가'에는 임과 사별했다는 상황을 받아들이기 힘들어 하는 화자의 애절한 정서가 담겨 있군.

③ (가)의 '사주팔자 그러한가'와 (나)의 '이 내 팔자는 왜 그리 주책없어'에는 모두, 이별의 원인을 자신에게서 찾는 화자의 자책이 나타나 있군.

④ (나)의 '갈까 보다 말까 보다'에는 이별에 대처하는 화자의 복합적인 태도가 드러나 있군.

⑤ (나)의 '창과 칼, 도끼까지 닥친다 할지라도 임을 따라 아니 갈 수 없네'에는 임과의 이별을 거부하겠다는 화자의 적극적 의지가 드러나 있군.

41

(다)의 '나'와 '당신'에 대한 이해로 적절하지 <u>않은</u> 것은?

① '나'는 인간이 이기적인 태도로 자연을 대한다고 여기고 있다.

② '나'는 인간 세상만이 아니라 자연에도 무한 경쟁의 논리가 적용되고 있다고 생각하고 있다.

③ '당신'은 '나'가 소광리 소나무 숲에서 바람직한 삶의 태도를 깨닫는 계기를 마련해 주었다.

④ '나'와 '당신'은 모두, 살아남기를 포기한 남산의 소나무에 대한 인식의 변화를 드러내고 있다.

⑤ '나'와 '당신'은 모두, 대가를 치르며 감상하고 싶을 정도로 자연이 지닌 가치가 높다고 평가하고 있다.

42

〈보기〉를 참고하여 (가)~(다)를 감상한 내용으로 적절하지 <u>않은</u> 것은? [3점]

─〈보기〉─

　문학 작품에서 작가는 정서나 사상을 직접적으로 드러내기보다는 특정 사물이나 상황을 통해 간접적으로 돌려 말하는 경우가 많다. 이때 특정 사물이나 상황은 화자나 글쓴이의 처지와 동일시되거나 대조되어 정서를 심화시키는 대상으로 쓰인다. 또한 화자나 글쓴이가 어떤 감정이나 생각을 떠올리도록 매개하기도 한다.

① (가)에서 '병풍에 그린 황계'가 '날 새라고 꼬꼬' 운다는 실현 불가능한 상황을 설정한 것은 임이 다시는 돌아올 수 없다는 화자의 비극적인 인식을 드러내려는 의도로 볼 수 있군.

② (가)에서 '구곡간장 썩은 물'이 '눈으로 솟아' '구년'이나 흐르고 '한강'이 되었다는 과장된 상황을 설정한 것은 오지 않는 임에 대한 화자의 슬픔을 부각하려는 의도로 볼 수 있군.

③ (가)의 '견우직녀성'은 화자의 처지와 동일한, (나)의 '은행나무'는 화자의 처지와 대조되는 대상으로, 임의 부재로 인한 화자의 상실감을 심화하려는 의도로 설정한 사물로 볼 수 있군.

④ (다)의 '신발 한 켤레의 토지'만을 차지한 채 '우람'하게 서 있는 '소나무들'은 필요 이상의 많은 소비를 하며 살아온 글쓴이 자신의 삶을 반성하게 하는 사물로 볼 수 있군.

⑤ (다)의 '솔방울 한 개'는 글쓴이에게 황폐해지고 척박해진 환경에서도 희망을 품고 살아야 함을 환기하는 사물로 볼 수 있군.

[43~45] 다음 글을 읽고 물음에 답하시오.

(가) 상한 갈대라도 하늘 아래선
　　한 계절 넉넉히 흔들리거니
　　뿌리 깊으면야
　　밑둥 잘리어도 새순은 돋거니
　　충분히 흔들리자 상한 영혼이여
　　충분히 흔들리며 고통에게로 가자

　　뿌리 없이 흔들리는 부평초 잎이라도
　　물 고이면 꽃은 피거니
　　이 세상 어디서나 개울은 흐르고
　　이 세상 어디서나 등불은 켜지듯
　　가자 고통이여 살 맞대고 가자
　　외롭기로 작정하면 어딘들 못 가랴
　　가기로 목숨 걸면 지는 해가 문제랴

　　고통과 설움의 땅 훨훨 지나서
　　뿌리 깊은 벌판에 서자
　　두 팔로 막아도 바람은 불듯
　　영원한 눈물이란 없느니라
　　영원한 비탄이란 없느니라
　　캄캄한 밤이라도 하늘 아래선
　　마주 잡을 ⊙ 손 하나 오고 있거니

　　　　　　　　　　　　　－ 고정희, 〈상한 영혼을 위하여〉

(나) 눈먼 ⓒ 손으로 / 나는 삶을 만져 보았네.
　　그건 가시투성이였어.

　　가시투성이 삶의 온몸을 만지며
　　나는 미소지었지.
　　이토록 가시가 많으니
　　곧 장미꽃이 피겠구나 하고.

　　장미꽃이 피어난다 해도
　　어찌 가시의 고통을 잊을 수 있을까
　　해도
　　장미꽃이 피기만 한다면
　　어찌 가시의 고통을 버리지 못하리오

　　눈먼 손으로 / 삶을 어루만지며
　　나는 가시투성이를 지나
　　장미꽃을 기다렸네.

　　그의 몸에는 많은 가시가
　　돋아 있었지만, 그러나,
　　나는 한 송이의 장미꽃도 보지 못하였네.

　　그러니, 그대, 이제 말해주오,
　　삶은 가시장미인가 장미가시인가
　　아니면 장미의 가시인가, 또는
　　장미와 가시인가를.

　　　　　　　　　　　　　－ 김승희, 〈장미와 가시〉

43

(가)와 (나)에 대한 설명으로 가장 적절한 것은?

① (가)와 (나)는 모두, 공간의 이동에 따라 시상을 입체적으로 전개하고 있다.
② (가)와 (나)는 모두, 설의적 표현을 사용하여 작품의 주제 의식을 강조하고 있다.
③ (가)와 (나)는 모두, 음성 상징어를 활용하여 시적 상황을 생동감 있게 드러내고 있다.
④ (가)는 명령형 문장을, (나)는 청유형 문장을 통해 시적 분위기를 고조시키고 있다.
⑤ (가)는 시각적 이미지를, (나)는 후각적 이미지를 통해 대상의 속성을 구체화하고 있다.

44

㉠과 ㉡에 대한 이해로 가장 적절한 것은?

① ㉠과 ㉡은 모두, 화자에게 동정심을 유발하는 대상이다.
② ㉠과 ㉡은 모두, 화자가 부정적 현실을 극복하게 한 계기이다.
③ ㉠은 화자를 발전적으로 변화시키려는 존재이고, ㉡은 화자를 현실에 만족하게 하는 매개체이다.
④ ㉠은 화자가 친밀감을 느끼는 대상이고, ㉡은 화자가 경외감을 느끼는 대상이다.
⑤ ㉠은 화자에게 도움이 될 연대의 대상이고, ㉡은 화자가 삶의 본질을 생각하게 하는 매개체이다.

45

〈보기〉를 바탕으로 (가)와 (나)를 감상한 내용으로 적절하지 <u>않은</u> 것은? [3점]

〈보기〉

(가)와 (나)는 모두, 자연물을 통해 삶의 고통과 희망을 형상화하고 있는 작품이다. (가)는 연약하지만 강한 생명력을 지닌 '갈대'와 '부평초'를 통해, 삶의 시련에 굴하지 않고 고통을 직접적으로 대면해 극복하고자 하는 굳센 의지와 희망을 노래하고 있다. (나)는 아름답지만 가시가 있는 '장미'를 통해 인고의 세월을 견디며 기대했던 희망이 실현되지 않을 때의 상실감과, 고통과 희망이 공존하는 삶을 살아가는 인간의 내면적 갈등을 노래하고 있다.

① (가)의 '밑둥 잘리어도 새순은 돋'는 모습은 연약하지만 강한 생명력을 지닌 존재를 구체적으로 형상화한 것이군.
② (가)의 '고통이여 살 맞대고 가자'는 고통을 피하지 않고 직접적으로 대면하여 극복하고자 하는 의지를 드러낸 것이군.
③ (나)의 '장미꽃이 피기만 한다면 / 어찌 가시의 고통을 버리지 못하리오'는 기대했던 희망이 실현되지 않을 때의 상실감을 노래한 것이군.
④ (나)의 '삶은 가시장미인가 장미가시인가'는 고통과 희망이 공존하는 삶을 살아가는 인간의 내면적 갈등을 드러낸 것이군.
⑤ (가)의 '뿌리 없이 흔들리는'과 (나)의 '가시가 많으니'는 모두, 삶의 고통을 겪고 있는 존재의 모습을 상징하는군.

 **4회** ## 문법 · 어휘 완성 TEST
• 문항 수 : 4개   • 제한 시간 : 5분

01 _ 11~12번 연계 문제

〈보기〉의 ㉠~㉤에 대한 이해로 적절하지 <u>않은</u> 것은?

〈보기〉
- 민서는 ㉠ 키가 크다.
- 우리는 여행을 ㉡ 기분 좋게 떠났다.
- 바다가 ㉢ 눈이 시리도록 몹시 푸르다.
- 강아지가 ㉣ 주인이 돌아오기를 기다린다.
- 선재가 민채에게 ㉤ 어디로 가냐고 물었다.

① ㉠은 주어 '민서'의 상태를 서술하는 역할을 하므로 서술절로 안긴문장이다.
② ㉡은 서술어 '떠났다'를 수식하고 있으므로 부사절로 안긴문장이다.
③ ㉢은 뒤에 오는 부사 '몹시'를 수식하고 있으므로 관형절로 안긴문장이다.
④ ㉣은 서술어 '기다린다'의 목적어 역할을 하므로 명사절로 안긴문장이다.
⑤ ㉤은 '고'를 사용하여 선재의 말을 인용하고 있으므로 인용절로 안긴문장이다.

02 _ 13번 연계 문제

〈보기〉의 밑줄 친 부분과 같은 구성을 나타내는 단어로 가장 적절한 것은?

〈보기〉
합성어는 '산길', '뛰놀다'와 같이 어근과 어근이 결합한 단어이다. 이와 달리 파생어는 어근과 접사가 결합한 단어이다. 파생어는 '풋사과'와 같이 접두사와 어근이 결합한 단어와 '잠보'와 같이 <u>어근과 접미사가 결합한 단어</u>로 구분할 수 있다.

① 군소리
② 볶음밥
③ 싸움꾼
④ 눈그늘
⑤ 치솟다

03 _ 14번 연계 문제

〈보기〉는 음운 변동에 대한 설명이다. ㉠~㉣의 예로 적절한 것은?

〈보기〉
음운 변동에는 한 음운이 다른 음운으로 바뀌는 현상인 ㉠ '교체', 있던 음운이 없어지는 현상인 ㉡ '탈락', 없던 음운이 새로 생기는 현상인 ㉢ '첨가', 두 음운이 하나의 음운으로 합쳐지는 현상인 ㉣ '축약'이 있다.

	㉠	㉡	㉢	㉣
①	촛불	좋은	박하	닭
②	옷	몫	솜이불	앉다
③	옷	촛불	가랑잎	맏형
④	닭	소나무	촛불	좋다
⑤	꽃	앉다	솜이불	국화

04 _ 29~33번 연계 문제

〈보기〉의 ⓐ~ⓔ가 사용된 문장으로 적절하지 <u>않은</u> 것은?

〈보기〉
한편 지진 발생 시 건물 붕괴로 인한 피해를 줄이기 위해 지진에 ⓐ 저항할 수 있도록 건물을 ⓑ 설계하는 것을 내진설계라고 하는데, 내진구조, 제진구조, 면진구조의 세 유형이 있다. 내진구조는 강한 지진파에도 건축물이 ⓒ 붕괴되지 않게 철근 콘크리트 등을 ⓓ 보강하여 기둥과 벽 자체를 튼튼하게 짓는 것이다. 내진벽과 같은 부자재를 ⓔ 설치하여 강한 흔들림에도 무너지지 않고 버티는 내구성이 높아지도록 건물을 짓는 것이다.

① ⓐ : 적군이 끈질기게 <u>저항하여</u> 피해가 만만치 않았다.
② ⓑ : 이 집은 우리 할아버지께서 직접 <u>설계하고</u> 지으셨다.
③ ⓒ : 장마철에는 시설물이 <u>붕괴되는</u> 사고가 종종 일어난다.
④ ⓓ : 지난주에 빠진 수업을 오늘 <u>보강하고자</u> 마음먹었다.
⑤ ⓔ : 운동장에 새로 조명탑을 <u>설치하는</u> 공사가 한창이다.

[01~03] 다음은 학생의 발표이다. 물음에 답하시오.

지난주 화재 대피 훈련 때 비상구를 찾는 방법에 대해 배웠습니다. 잘 기억하고 있나요? (청중의 반응을 확인하며) 잘 기억하고 있네요. 그런데 치솟는 불길과 짙은 연기 등으로 인해 비상구를 찾을 수 없을 때는 어떻게 해야 할까요? 이런 의문이 생겨 조사한 '피난 기구'에 대해 발표하겠습니다. 피난 기구는 피난 시설 중 하나로 화재 시 사람들을 안전한 장소로 피난시킬 수 있는 기구를 말합니다.

먼저 설명할 피난 기구는 '완강기'입니다. ([자료 1]을 제시하며) 이것은 완강기를 설치한 모습입니다. 완강기는 화재 시 높은 층에서 땅으로 내려올 수 있게 만든 비상용 기구입니다. 화재가 발생하면 먼저 화면과 같이 연결 고리를 지지대에 걸어 고정하고 로프릴을 밖으로 던집니다. 그다음 여기 보이는 가슴벨트를 겨드랑이 밑에 걸고 단단히 조인 후 건물 밖으로 몸을 내밀어 내려갑니다. 연결 고리 바로 아래에 속도 조절기가 보이죠? 이것이 일정한 속도로 내려가게 해 주니 무서워하지 않아도 됩니다. 한 사람이 탈출한 후 올라온 로프릴을 다시 던지면 가슴벨트가 올라와 다음 사람이 이용할 수 있습니다. 그런데 구조나 사용 방법은 완강기와 동일하지만 반복해서 사용할 수 없는 '간이 완강기'도 있습니다. 보관함에 완강기의 종류가 적혀 있으니 잘 보고 사용해야 합니다.

다음 피난 기구는 '구조대'입니다. 구조대는 특수한 섬유로 만든 긴 터널로, 화재 발생 시 지상까지 이어져 피난할 수 있는 기구입니다. ([자료 2]를 제시하며) 화면에 보이는 그림은 경사식 구조대로, 평소에는 접어서 함에 보관하다가 설치를 하면 이런 형태가 됩니다. 구조대는 다른 피난 기구와 달리 건물 밖에 있는 사람이 설치를 도와줘야 한다는 특징이 있습니다. 화재가 발생하면 보관함을 열어 구조대를 밖으로 던지고 건물 밖에 있는 사람이 구조대를 땅에 고정시켜 화면과 같이 터널 모양이 되도록 만듭니다. 그다음 양팔과 다리로 속도를 조절하며 안전하게 탈출하면 됩니다.

이러한 피난 기구들은 건물의 목적이나 높이에 따라 설치할 수 있는 종류가 법으로 정해져 있는데, 그중 건물 구조에 적합한 것을 일정 수량 이상으로 설치해야 합니다. 화재 상황에서 안전하게 대피할 수 있도록 평소에 피난 기구 위치에 관심을 가지고, 사용 방법을 숙지하기 바랍니다.

01

위 발표에 반영된 학생의 말하기 계획으로 적절한 것은?

① 발표 대상과 관련된 법률을 인용하여 청중에게 정보의 중요성을 강조해야겠어.
② 발표에 활용한 자료의 출처를 밝혀 발표 내용에 대한 청중의 신뢰를 얻어야겠어.
③ 청중과 공유하고 있는 내용을 언급하며 발표 제재를 선정하게 된 계기를 밝혀야겠어.
④ 질문에 대한 반응을 확인하며 청중이 발표의 중심 내용에 대해 이해한 정도를 점검해야겠어.
⑤ 도입부에서 발표 내용의 순서를 제시하여 청중이 발표 내용을 예측하며 들을 수 있게 해야겠어.

02

다음은 위 발표에서 제시한 자료이다. 자료 활용에 대한 설명으로 적절하지 <u>않은</u> 것은?

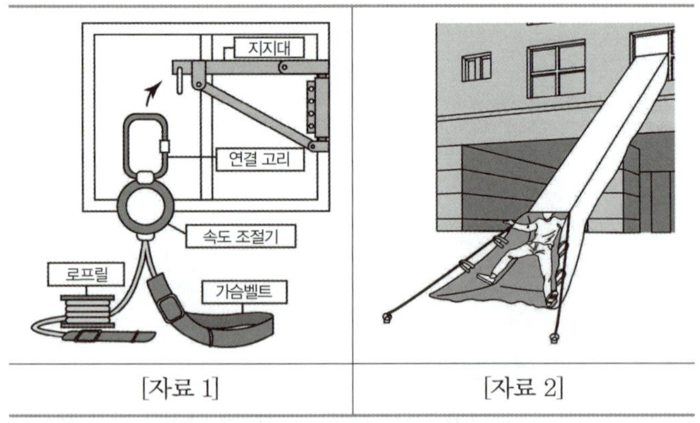

① [자료 1]을 활용하여 화재가 발생했을 때 완강기를 사용하는 과정을 설명하고 있다.
② [자료 1]을 활용하여 사용자가 내려올 때 일정한 속도를 유지해 주는 장치를 설명하고 있다.
③ [자료 1]을 활용하여 간이 완강기와 완강기의 구조적 차이를 설명하고 있다.
④ [자료 2]를 활용하여 구조대를 이용해 건물에서 탈출하는 방법을 설명하고 있다.
⑤ [자료 2]를 활용하여 건물 외부에 구조대를 설치했을 때의 모양을 설명하고 있다.

03

발표 내용을 바탕으로 할 때, 〈보기〉에 나타난 학생들의 반응에 대한 이해로 적절하지 <u>않은</u> 것은?

> 학생 1: 유치원생들이 천으로 된 터널을 타고 내려오는 것을 보고 그게 무엇인지 궁금했는데, 발표를 듣고 구조대라는 것을 알게 되어 의미가 있었어. 그런데 구조대 종류도 다양할 것 같으니 찾아봐야겠어.
>
> 학생 2: 간이 완강기에도 속도 조절기가 있어 천천히 내려올 수 있겠네. 그런데 몸을 밖으로 내밀어 내려오는 부분에 대한 내용은 너무 간략해서 아쉬웠어.
>
> 학생 3: 평소 피난 기구를 볼 때 불이 나면 사용할 것이라는 추측만 했는데 이번 발표를 계기로 사용법을 알아 두어야겠어. 그리고 피난 기구 외에 다른 피난 시설들을 더 알아보고 자주 가는 건물에서 그 위치를 확인해 두어야겠어.

① 학생 1은 자신의 경험을 떠올려 발표 내용에 대해 긍정적인 반응을 보이고 있다.

② 학생 2는 발표자가 설명한 내용 중 구체적인 정보가 부족했던 부분에 대해 아쉬움을 표현하고 있다.

③ 학생 3은 발표자가 당부한 내용과 관련하여 자신이 실천할 사항을 생각하고 있다.

④ 학생 1과 학생 3은 더 알고 싶은 내용에 대해 추가 조사를 하겠다는 계획을 밝히고 있다.

⑤ 학생 2와 학생 3은 발표자가 언급하지 않은 내용을 추론하며 듣고 있다.

[04~07] (가)는 학생들의 대화이고, (나)는 대화를 바탕으로 작성한 연설문의 초고이다. 물음에 답하시오.

(가) 학생 1: 내가 이번 학생회 선거에 부회장 후보로 출마하게 되었는데, 공약을 세우는 데 도움이 필요해 모여달라고 했어. 혹시 학교 생활을 하면서 불편을 느껴 개선했으면 좋겠다고 생각한 것 있니?

학생 2: 평소에 친구들 사이에서 제일 많이 나온 이야기는 자판기 설치야.

학생 1: 조금 더 자세히 이야기해 줄래?

학생 2: 우리 학교에는 매점이 있지만, 매점이 문을 닫는 시간에는 이용을 할 수 없어. 늦게까지 남아서 공부를 하는 친구들은 매점 운영 시간이 아니더라도 언제나 이용할 수 있는 자판기가 있으면 좋겠다고 했어. [A]

학생 3: 자판기 설치를 공약으로 세우려면 선생님과 사전에 논의가 필요하지 않아? 자판기 구입이나 설치 장소 등 여러 문제가 해결되어야 한다고 생각해. 학생회가 자체적으로 할 수 있는 범위를 벗어난 것 같아.

학생 1: 실현할 수 있다면 좋은 공약이 될 것 같아. 내가 알기에도 자판기 설치에 관심을 갖는 학생들이 많거든. 이건 설치 가능 여부를 알아보고 선생님과도 이야기를 해 볼게.

학생 2: 학생들이 특별실을 쉽게 빌릴 수 있게 하는 방법이 필요한 것 같아. 다른 반 친구들과 탐구 활동을 할 때 사용할 수 있는 곳을 찾기 위해 여러 선생님께 여쭤보러 다닌 적이 있는데, 그때 정말 불편했어. 친구들도 사용할 수 있는 곳을 찾기 위해 여러 선생님을 찾아가야 하는 게 불편하다고 했어. [B]

학생 3: 맞아. 특히 행사 직전에는 특별실 담당 선생님께 가서 여쭤봐도 이미 다른 학생들이 특별실을 빌린 경우가 많았어. 온라인을 활용해 해결하면 좋지 않을까?

학생 1: 괜찮은 생각이야. 선생님들과 상의해 볼게. 그런데 그것과 관련해서 나도 의견이 있어. 지금 우리 학교의 온라인 소통망이 학교 누리집 외에도 여러 종류가 있는데, 그것을 하나로 모으면 좋지 않을까?

학생 3: 맞아. 어떤 온라인 소통망은 가입을 해야만 보이는 것도 있어서 불편하다는 이야기가 학생들 사이에서 조금씩 나오고 있었어. 그런데 소통망들을 하나로 모은다는 건 어떻게 하겠다는 거야? 구체적으로 설명해 줘.

학생 1: 학교 누리집에 온라인 학생회를 만들면 어떨까 해. 운영 중인 여러 소통망을 일원화하는 거지. 그리고 조금 전에 이야기한 특별실 사용 예약도 온라인 학생회에서 받으려고 해. 그러면 학생 활동과 관련된 내용을 한 곳에 정리할 수 있을 것 같아.

학생 2: 좋은 생각이야.

학생 1: 긍정적으로 이야기해줘서 고마워. 그럼 이것도 공약에 넣어 볼게.

학생 3: 그리고 나는 점심 시간이 너무 짧다고 생각해. 차례를 기다려 급식을 먹은 뒤 휴식을 취하거나 다른 활동을 하기에는 시간이 너무 부족해.

학생 2: 나도 공감해. 하지만 점심 시간을 늘리면 다른 시간이 줄어들거나 하교 시간이 더 늦춰져야 해. 일과 시간을 조정하는 것은 쉽지 않을 거야.

학생 3: 교지편집부에서 실시한 설문 조사에서 63%의 학생들이 점심 시간을 늘리면 좋겠다고 했어. 많은 학생들이 원하니 우선 공약으로 제시해보는 게 어때?

학생 1: 좋은 의견 고마워. 하지만 일과 조정은 쉽지 않으니 내가 지킬 수 있는 공약만 제시하는 걸로 할게. 그럼 지금까지 나온 의견을 정리하고, 실현 가능 여부를 선생님들께 여쭤본 뒤 연설문을 써 볼게.

학생 2, 3: 그래.

(나) ┌─────────────── ㉠ ───────────────┐ 안녕하십니까. 학생회
부회장 후보, 기호 '가' ○○○입니다. 이번 선거에 출마하며
학생 여러분들에게 세 가지를 약속하겠습니다.

　첫째, 온라인 소통망을 일원화하겠습니다. 필요한 정보를
확인하기 위해 학생회에서 운영 중인 여러 소통망을
찾아보아야 했던 것을 온라인 학생회로 일원화하겠습니다.
한 곳에서 학생회 활동과 학교 생활의 정보를 찾아볼 수 있게
하여 여러분의 시간을 아낄 수 있도록 돕겠습니다.

　둘째, 특별실 사용 예약제를 실시하겠습니다. 모둠 및
동아리 활동 장소를 찾기 위해 여러 선생님을 찾아다녀야
했던 것을 사용 가능한 특별실을 온라인에서 확인하고 사용
신청 및 승인을 받을 수 있게 하겠습니다. 개설 방법과 관리
문제 등에 큰 어려움이 없음을 이미 선생님께 확인
받았습니다.

　셋째, 간식 자판기를 설치하겠습니다. 우리 학교는 현재
매점 운영 시간에만 간식을 구매할 수 있어 늦게까지
공부하는 학생들은 많은 불편을 느낍니다. 그런데 우리 지역
학교의 50% 이상은 이미 간식 자판기를 설치하여 운영하고
있습니다. 제가 부회장이 되면 간식 자판기를 설치하여 많은
학생들이 느끼는 불편을 해결하도록 하겠습니다.

　여러분의 한 표 한 표가 모여 더 나은 △△고를 만들 수
있습니다. 그 한 표를 저에게 주신다면 먼저 다가가고 △△고
학생을 위해 발로 뛰는 부회장이 되겠습니다. 기호 '가'
○○○이었습니다. 감사합니다.

04

(가)의 '학생 1'에 대한 이해로 적절하지 <u>않은</u> 것은?

① 상대의 요청에 대한 구체적인 방법을 설명하고 있다.
② 대화의 목적을 제시하며 상대의 발언을 이끌어내고 있다.
③ 상대의 발언을 재진술하며 추가적인 정보를 요청하고
　 있다.
④ 자신이 알고 있는 정보를 제시하며 상대의 의견에 대해
　 동의하고 있다.
⑤ 상대의 의견에 긍정적인 반응을 보이며 자신의 생각을
　 덧붙이고 있다.

05

[A], [B]에 대한 설명으로 적절하지 <u>않은</u> 것은?

① [A]에서 '학생 2'는 제안과 관련된 현재의 상황을 들어
　 제안의 필요성을 드러내고 있다.
② [A]에서 '학생 3'은 제안이 실현되었을 때 발생할 수 있는
　 문제 상황을 제시하고 있다.
③ [B]에서 '학생 2'는 자신의 경험을 근거로 들어 제안의
　 필요성을 드러내고 있다.
④ [B]에서 '학생 3'은 상대가 제시한 문제를 해결하기 위한
　 방안을 제시하고 있다.
⑤ [A], [B]에서 '학생 2'는 모두 타인의 의견을 들어 자신의
　 주장을 뒷받침하는 근거로 활용하고 있다.

06

(가)를 바탕으로 세운 아래의 작문 계획 중 (나)에 반영되지 <u>않은</u>
것은? [3점]

○ 첫째 공약을 제시할 때, 대화에서 논의하지 않았던
　 기대효과를 제시해야겠어. ─────────── ①
○ 둘째 공약을 제시할 때, 대화에서 언급된 방법에 대한
　 구체적인 이용 방법을 제시해야겠어. ─────── ②
○ 둘째 공약을 제시할 때, 대화 후 선생님과 논의한 내용을
　 활용하여 실현 가능한 공약임을 제시해야 겠어. ── ③
○ 셋째 공약을 제시할 때, 대화에서 제시된 자판기와
　 관련하여 그 종류를 명확하게 제시해야겠어. ─── ④
○ 셋째 공약을 제시할 때, 대화에서 언급된 친구들의 관심에
　 관한 설문 결과를 활용해 친구들의 요구가 반영된
　 공약임을 제시해야겠어. ──────────── ⑤

07

다음 조언에 따라 ㉠에 들어갈 내용을 작성한다고 할 때, 가장
적절한 것은?

　먼저 제시할 공약의 특징을 활용하여 어떤 특징을 가진
후보인지를 대구의 형식을 사용하여 유권자에게 깊은 인상을
심어주는 것이 좋을 것 같아. 또 공약을 반드시 지킨다는
내용을 언급한다면 신뢰를 줄 수 있을 거야.

① 경청하는 후보, 실천하는 후보. 투명한 학생회 활동을
　 하겠습니다.
② 행복한 학교 생활을 돕는 후보. 우리가 겪은 불편함은 제
　 손으로 해결하겠습니다.
③ 오프라인에서 온라인까지, 새로움을 보여줄 후보. 열린
　 소통을 보여드리겠습니다.
④ 불편을 개선하는 후보, 학교를 바꾸는 후보. 확실히 지킬
　 수 있는 공약만 말씀드립니다.
⑤ 학생을 위한 학생회, 학생과 함께하는 학생회. 항상
　 학생들의 이야기를 귀담아 듣겠습니다.

[08 ~ 10] 다음은 작문 상황과 이를 바탕으로 학생이 작성한 초고이다. 물음에 답하시오.

[작문 상황]

학생들에게 급식 도우미의 날 행사를 제안하고 의견을 수렴하려고 한다.

[학생의 초고]

□□고 학생 여러분, 학생회장 ○○○입니다. 요즘 급식실 이용 규칙을 지키지 않는 학생들이 많아 급식실 이용이 불편하다는 의견들이 학생자치회에 여러 차례 들어왔습니다.

그래서 학생자치회에서는 학생들이 급식실에서 어떤 규칙을 지키지 않는지 일주일 동안 관찰해 본 결과 크게 네 가지 문제점을 확인할 수 있었습니다. 첫째, 급식실에서 새치기를 하는 학생들이 있었습니다. 둘째, 배식을 받을 때 주의를 기울이지 않는 학생들이 많았습니다. 이 때문에 배식이 제때 이뤄지지 않아 배식 시간이 지연되기도 했습니다. 셋째, 잔반을 국그릇에 모아서 깔끔하게 처리하기로 약속했는데 그것을 지키지 않는 학생들이 많았습니다. 그래서 잔반을 버리는 시간이 오래 걸려 친구들에게 불편을 주기도 했습니다. 넷째, 잔반을 버린 후 식판을 차곡차곡 쌓지 않았습니다. 그래서 어지럽게 쌓인 식판들이 쓰러져 바닥이 엉망이 되기도 했습니다.

학생자치회에서도 이런 상황이 문제라고 판단하여, 이 문제들을 해결하기 위한 방안을 의논해 보았습니다. 그래서 협의한 것이 '급식 도우미의 날' 행사를 진행해 보자는 것입니다. 급식 도우미의 날이란 반마다 돌아가면서 줄서기 지도, 배식, 잔반 처리 돕기, 식판 정리하기 등의 활동을 해 보는 날을 말합니다. '백 번 듣는 것보다 한 번 보는 것이 더 낫다.'라는 말이 있습니다. 우리 학생들이 급식 도우미 역할을 직접 해 본다면, 급식실 이용 규칙을 지키는 것의 중요성을 깨닫게 되어 여러 가지 문제점이 자연스럽게 개선될 것이라고 생각합니다.

[가] 급식 도우미의 날 행사는 학생자치회에서 의결하여 2학기부터 실시하고자 합니다. 이에 대해 궁금한 점이 있다면 학생자치회로 연락해 주시기 바랍니다. 학생 여러분의 적극적인 관심을 부탁드립니다.

08

윗글에서 활용한 글쓰기 전략으로 적절하지 <u>않은</u> 것은?

① 행사의 세부 활동을 나열한다.
② 관용 표현으로 행사의 의도를 강조한다.
③ 관찰한 결과를 중요도 순으로 제시한다.
④ 문제 상황을 인지하게 된 계기를 제시한다.
⑤ 규칙을 어기는 행동이 문제가 되는 이유를 설명한다.

09

〈보기〉는 초고를 보완하기 위해 추가로 수집한 자료들이다. 자료의 활용 방안으로 적절하지 <u>않은</u> 것은? [3점]

〈보기〉

ㄱ. 학생 대상 설문 조사 결과

○ 급식실 이용시 가장 불편했던 점은 무엇인가요?

내용	비율(%)
새치기하는 친구들	42.5
잔반을 버릴 때 시간이 오래 걸림	15.5
장난치는 친구들 때문에 배식 시간이 지연됨	14.5
식판을 아무렇게나 쌓고 가는 친구들	13
기타	14.5

ㄴ. ○○ 선생님 인터뷰

"식판을 쌓을 때 모양대로 겹치지 않으니 식판이 쓰러져 큰 소리가 나거나 식판이 찌그러지기도 합니다. 그러면 친구들도 매우 놀라고, 세척도 불편해집니다. 게다가 달마다 구부러진 식판을 파악해서 새것을 사야 합니다. 식판 수거와 확인, 구입 같은 일에 힘과 시간을 많이 뺏기게 되면 급식 준비에 쏟을 힘과 시간이 모자랄 수 있습니다. 그러면 학생들에게 피해가 간다는 것을 알아주면 좋겠습니다."

ㄷ. 다른 지역의 학교 신문 기사

우리 학교는 다른 학교와 급식 시간 모습이 다르다. 학생들이 돌아가며 배식과 잔반 처리에 참여하고 있기 때문이다. 이렇게 배식과 잔반 처리 봉사활동에 학생들이 참여한 지 6개월이 지났다. 2~3일이라는 짧은 기간 동안 참여하여 부담이 적고, 봉사 시간으로 인정도 받아 학생들도 좋은 반응을 보였다. 조리사님들은 학생들이 이 활동을 하면서 배식을 받는 모습이나 잔반을 처리하는 모습이 눈에 띄게 좋아졌다고 칭찬했다.

① ㄱ을 2문단에 활용하여, 새치기 문제 때문에 불편함을 느끼는 학생들이 가장 많음을 수치로 제시한다.
② ㄱ을 2문단에 활용하여, 배식받을 때 주의를 기울이지 않는 사례로 장난치는 친구들이 있다는 내용을 추가한다.
③ ㄷ을 3문단에 활용하여, 학생자치회에서 기대한 효과가 충분히 나타날 수 있음을 다른 학교의 사례를 들어 뒷받침한다.
④ ㄱ과 ㄴ을 2문단에 활용하여, 가지런하지 못한 식판 수거 상태 문제를 제기한 부분에, 학생들에게 불편을 끼치고 급식 운영에 어려움을 준다는 내용을 추가하여 보완한다.
⑤ ㄴ과 ㄷ을 3문단에 활용하여, 급식 도우미의 날 행사를 처음 도입할 때 도우미 학생들이 겪을 어려움과 이를 해결할 수 있는 방안을 추가한다.

10

〈보기〉는 선생님의 조언에 따라 [가]를 고쳐 쓴 것이다. 선생님이 했을 조언으로 가장 적절한 것은?

① 어떤 일을 의결할 때는 시행 이후 예상되는 성과를 제시해 주는 것이 좋아. 그러니 급식 도우미의 날 시행으로 예상되는 성과로 내용을 고치면 좋겠구나.
② 어떤 일을 의결할 때는 먼저 학생들의 의견을 모아보는 것이 좋아. 그러니 의견을 수렴할 내용과 수렴 방법에 관해 설명하면서 참여를 부탁하는 내용으로 고치면 좋겠구나.
③ 전달 효과를 높이기 위해서는 비유적인 표현을 쓰는 것이 좋아. 그러니 행사의 취지를 잘 전달할 수 있는 문구로 대체하면서 참여를 독려하는 비유적 표현을 추가하면 좋겠구나.
④ 전달 효과를 높이려면 필요한 정보를 분류해서 정리하는 것이 좋아. 그러니 학생들이 궁금해 할 행사의 시기, 급식 도우미 역할과 순서, 활동 기간 등에 대해 자세히 제시하면 좋겠구나.
⑤ 학생들의 적극적인 참여를 이끌려면 문제 해결을 위한 정보를 다양하게 제공하는 것이 좋아. 그러니 학생자치회에서 논의했던 다양한 방법들을 공유하는 것으로 고치면 좋겠구나.

[11~12] 다음 글을 읽고 물음에 답하시오.

  문장에서 주어가 자기 힘으로 동작이나 행위를 하는 것을 능동, 주어가 다른 주체에 의해 동작이나 행위를 당하는 것을 피동이라 한다. 그리고 능동이 표현된 문장은 능동문, 피동이 표현된 문장은 피동문이라고 한다.

  피동문을 형성하는 방법에는 여러 가지가 있다. 우선 용언 어간에 피동 접미사 '-이-', '-히-', '-리-', '-기-'를 결합하여 새로운 피동사를 파생하는 방법이 있다. 다음으로 연결 어미를 이용하여 구성된 '-아/어지다', '-게 되다'를 어간에 결합하는 방법이나 일부 명사 뒤에 '-되다'를 붙이는 방법도 있다. 이러한 문법 요소를 활용하여 피동의 의미를 나타내는 것을 피동 표현이라고 한다.

  피동 표현을 사용하여 능동문을 피동문으로 만들면, 일반적으로 능동문의 목적어는 피동문의 주어가 되고 능동문의 주어는 피동문의 부사어가 된다. 그런데 피동문에 대응하는 능동문을 상정하기 어려운 경우도 있다. 가령 '날씨가 풀렸다.'라는 문장은 피동문의 서술어가 동작이나 행위가 아니라 자연적인 상태 변화를 나타낸다. 따라서 '(누가) 날씨를 풀었다.'처럼 행위의 주체를 설정하기 어렵기 때문에 능동문으로 만들면 어색하게 느껴지는 것이다.

  피동 표현은 행위의 대상에 초점을 맞추어 표현하기에 행위의 주체가 강조되지 않는다. 따라서 행위의 주체를 모르거나 설정하기 어려울 때, 행위의 주체를 의도적으로 숨기고자 할 때, 객관적인 느낌을 주고자 할 때 등에 사용한다. 한편, 피동의 문법 요소를 두 번 결합한 이중 피동을 사용하는 경우도 있다. 이는 어색한 표현인 경우가 많으므로 주의해야 한다.

11

윗글을 통해 알 수 있는 내용으로 적절하지 <u>않은</u> 것은?

① 피동 표현을 사용하면 행위의 대상보다 행위의 주체가 강조된다.
② 객관적인 느낌을 전달하려는 의도로 피동 표현을 사용할 수 있다.
③ 주어가 다른 주체에 의해 어떤 행위를 당하는 것을 피동이라 한다.
④ 행위의 주체를 모르거나 설정하기 어려울 때 피동 표현을 사용할 수 있다.
⑤ 피동 접미사 이외의 문법 요소를 활용하여 피동의 의미를 나타낼 수 있다.

12

윗글을 바탕으로 〈보기〉를 탐구한 결과로 적절하지 <u>않은</u> 것은? [3점]

─〈보기〉─

ㄱ. 아버지가 아들을 안았다. ➡ 아들이 아버지에게 안겼다.

ㄴ. 조사 결과 화재의 원인은 누전으로 파악됩니다.

ㄷ. 더위가 꺾였다. ➡ (누가) 더위를 꺾었다.

ㄹ. 이번 패배는 그의 실책으로 보여진다.

① ㄱ에서는 능동문을 피동문으로 바꿀 때 능동문의 주어가 피동문의 부사어가 되었군.

② ㄴ에서는 명사 뒤에 '-되다'를 결합하여 피동의 의미를 표현했군.

③ ㄷ에서는 서술어가 자연적인 상태의 변화를 나타내어 피동문에 대응하는 능동문을 상정하기 힘들군.

④ ㄹ에서는 피동 접미사가 두 번 결합한 이중 피동이 쓰였군.

⑤ ㄱ과 ㄷ에서는 모두 피동 접미사로 피동의 의미를 표현했군.

13

〈보기〉를 바탕으로 탐구한 내용으로 적절하지 <u>않은</u> 것은?

─〈보기〉─

○ 동사와 형용사의 특징

▶동사는 선어말 어미 '-는-/-ㄴ-'의 결합으로, 형용사는 기본형으로 현재 시제를 나타냄.

▶관형사형 어미 '-(으)ㄴ'이 결합했을 때, 동사는 과거 시제를 나타내지만, 형용사는 현재 시제를 나타냄.

① '감이 떫다.'에서는 기본형으로 현재 시제를 나타내고 있기 때문에 '떫다'는 형용사이군.

② '책을 읽는다.'에서는 선어말 어미 '-는-'이 결합하여 현재 시제를 나타내고 있기 때문에 '읽다'는 동사이군.

③ '친구와 논다.'에서는 선어말 어미 '-ㄴ-'이 결합하여 현재 시제를 나타내고 있기 때문에 '놀다'는 동사이군.

④ '집에 간 사람'에서는 관형사형 어미 '-(으)ㄴ'이 결합하여 과거 시제를 나타내고 있기 때문에 '가다'는 동사이군.

⑤ '우리가 이긴 시합'에서는 관형사형 어미 '-(으)ㄴ'이 결합하여 현재 시제를 나타내고 있기 때문에 '이기다'는 형용사이군.

14

〈보기〉의 학습 활동을 수행한 결과로 적절한 것은?

─〈보기〉─

[학습 활동] ㉠과 ㉡에 들어갈 알맞은 사례를 찾아 보자.

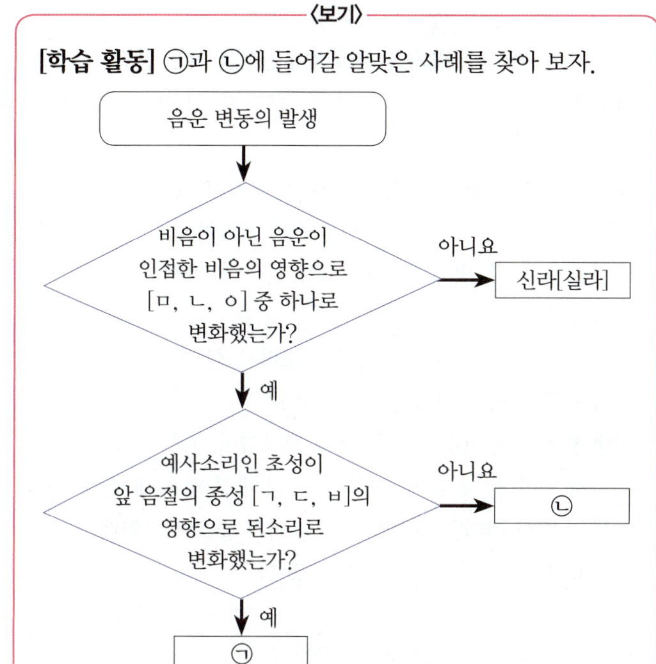

	㉠	㉡
①	옷맵시[온맵씨]	꽃말[꼰말]
②	덮개[덥깨]	묵념[뭉념]
③	부엌문[부엉문]	앞날[암날]
④	광안리[광알리]	권력가[궐력까]
⑤	귓속말[귄쏭말]	습득물[습뜽물]

15

〈보기〉의 ㉠~㉎에 대한 설명으로 적절하지 <u>않은</u> 것은?

① ㉠은 화자와 청자를 모두 포함한다.
② ㉡은 이전에 화자와 청자가 한 약속을 가리킨다.
③ ㉣은 ㉢에 대한 답인 학교 앞 정류장을 가리킨다.
④ ㉤은 아직 정해지지 않은 대상을 가리킨다.
⑤ ㉥은 약속 시간인 내일 12시를 의미하며, ㉦과 같은 대상을 가리킨다.

[16~20] 다음 글을 읽고 물음에 답하시오.

(가) 흔히 예술이라고 하면 고상한 소재를 활용하여 아름다움이나 만족감을 주는 특별한 작품이나 행위를 떠올린다. 하지만 현대 예술에서는 고상함을 찾기 힘든 일상적 소재를 활용하기도 하고 추함이나 불쾌감을 전달하기도 한다. 이러한 경향에 큰 영향을 준 것이 바로 아방가르드이다. 아방가르드는 주력 부대가 전진할 수 있도록 새로운 길을 개척하는 병사를 일컫는 말에서 유래한 예술 용어로, 예술에 대한 기존의 통념에 저항하고 새로운 예술의 모습을 제시하는 혁신적인 예술 운동이다.

아방가르드의 탄생은 '예술이란 무엇인가'라는 물음과 관련이 있다. 근대 이전까지의 예술은 독립적인 영역으로 인정받지 못했으며 집단의 종교적 목적이나, 왕이나 귀족 개인의 세속적 목적을 충족시키기 위한 종속적인 수단이었다. 예술가 또한 종교나 궁정에 소속된 일개 기술자에 불과하다고 인식되었다. 반면 근대의 예술은 그 자체로 아름다움이나 만족감 등 고유한 미적 체험을 줄 수 있는 독립적인 영역으로 인식되었고, 예술가도 특별한 재능을 바탕으로 작품을 창작하는 주체로 인정받게 되었다. 하지만 권위 있는 비평가들에게 작품의 아름다움을 인정받기 위해, 예술가들은 예술적 전통과 관습이라는 당대의 미학적 기준을 철저히 따를 수밖에 없었다. 당대의 미학적 기준은 예술을 고유의 영역으로 독립시켰지만, 오히려 전통과 관습에 종속되게 한 채 새로움을 잃게 만들었다. 아방가르드는 이러한 미학적 기준에 저항하고, 새로운 예술의 기준을 제시하면서 예술의 자율성을 확립하기 위해 탄생하였다.

아방가르드의 관점에서 예술가는 전통이나 관습에 적극적으로 저항하면서 새로운 미래나 방향성을 제시하는 주체라고 볼 수 있다. 새로운 예술의 모습을 제시하기 위해, 아방가르드 예술가들은 추하고 난해한 그림을 그리거나 알아들을 수 없는 말로 된 시를 낭송하는 등 의도적으로 당대의 미학적 기준에 저항하였다. 또한 변기, 자전거 바퀴 등 일상적인 소재들을 창작에 활용하거나, 예술 활동이 특별하고 독창적인 일이라는 통념을 깨기 위해 일상적 활동을 활용하여 예술과 일상의 구분을 무너뜨렸다. 아울러 새로운 기술이나 매체를 적극적으로 예술 활동에 적용하였으며, 특별한 재능을 가진 사람만이 예술을 완성한다는 통념에서 벗어나 관객이 작품에 참여하거나 작품을 수정할 수 있게 하여 예술가와 관객의 경계를 파괴하였다.

예술계는 아방가르드가 제시한 예술을 처음에는 거부했지만 이후 새로운 경향으로 인정하였고, 이를 바탕으로 한 수많은 사조와 작품들이 주류 예술로 편입되었다. 그런데 ㉠ <u>이러한 변화가 역설적이게도 아방가르드의 본질을 상실하게 만들어</u> 아방가르드 운동은 쇠퇴하였다. 하지만 새로움과 저항이라는 가치로 예술의 새로운 모습을 제시한다는 아방가르드의 본질은 후대의 다양한 예술 분야에 큰 영향을 미쳤다.

(나) 기술 발달과 아방가르드 예술의 영향으로 등장한 비디오 아트는 비디오 카메라로 촬영한 영상을 텔레비전과 같은 대중 매체를 활용해 상영하는 방식에 기반한 미술의 한 갈래이다.

비디오 아트는 미술이 대중문화에 위축되어 그 역할과 위상이 흔들리자 그 대안으로 제시되었다. 1960년대 미국을 중심으로 한 텔레비전의 보급은 대중문화의 확산을 가져왔다. 하지만 텔레비전에서 방영되는 영상은 국가나 기업에 의해 일방적으로 편성된 것이었다. 그 내용은 국가의 이념이나 상업적 가치, 흥미 위주로 구성되었으며, 대중들은 이러한 일방적인 메시지를 수동적으로 받아들일 수밖에 없었다. 이러한 상황에서 가정용 비디오 카메라의 보급은 누구나 저렴한 비용으로 손쉽게 영상을 촬영하고 배포하는 것을 가능케 했다. 이는 메시지를 일방적으로 수용했던 대중을 메시지를 적극적으로 생산하고 소통하는 주체로 변화시켰다. 이런 맥락에서 탄생한 비디오 아트는 텔레비전이라는 새로운 매체와 새로운 표현 방식을 통해 기존 예술에서 흔히 볼 수 없었던 대중문화에 대한 저항, 시공간적 제약으로부터의 자유, 창작자와 관람객의 상호 소통을 지향한다.

비디오 아트의 유형은 형태를 기준으로 비디오 영상과 설치 비디오로 나뉜다. 비디오 영상은 맥락 없는 이미지, 빈 화면 등의 실험적 이미지나 비판적 내용을 담아 만든 영상 자체를 의미한다. 설치 비디오는 영상을 텔레비전 등 다양한 사물이나 장치와 결합하여 제작한 설치물이다. 설치 비디오에는 예술가가 텔레비전의 일방 소통적 특성을 비판하기 위해 기계 장치로 텔레비전의 기능을 자의적으로 왜곡하여 변형된 화면을 보여주는 것이 있다. 또 예술가가 다양한 장비를 활용하여 작품이 관람객의 행동이나 주위의 환경에 따라 반응하여 변하도록 만든 것도 있다.

이처럼 비디오 아트는 대중문화에 대한 저항과, 작품이 이미 완결된 것이라는 고정관념에서 벗어나 언제든지 우연한 사건의 개입으로 변화될 수 있다는 것을 보여주었다. 이는 관람객의 역할을 단순한 감상자에서 예술 작품 완성의 주체로 변화시켰다는 점에서 예술의 새로운 모습을 보여 주었다는 의의가 있다.

16

(가), (나)에 대한 설명으로 가장 적절한 것은?

① (가)는 중심 개념을 바라보는 여러 학자들의 견해를 제시하고 있다.
② (나)는 중심 개념의 의의와 한계를 분석하고 있다.
③ (가)와 (나)는 모두 중심 개념의 변화 과정을 제시하고 있다.
④ (가)와 (나)는 모두 중심 개념을 정의하고 그 등장 배경을 밝히고 있다.
⑤ (가)와 (나)는 모두 중심 개념의 하위 유형 구분 기준을 명시하고 관련 사례를 제시하고 있다.

17

(가)를 이해한 내용으로 적절하지 <u>않은</u> 것은?

① 근대 이전의 예술가는 기술자에 불과하다고 인식되었다.
② 근대에는 예술과 예술가에 대한 인식의 변화가 일어났다.
③ 아방가르드라는 용어는 예술이 아닌 다른 분야에서 유래하였다.
④ 근대 이전의 예술은 예술가의 세속적 목적을 충족시키기 위해 이루어졌다.
⑤ 근대의 예술가들이 전통을 따랐던 이유는 작품의 아름다움을 비평가들에게 인정받기 위해서였다.

18

㉠의 이유를 추론한 것으로 가장 적절한 것은?

① 아방가르드가 주류 예술에 편입되어 더 이상 새로운 예술이 아니게 되었기 때문이다.
② 아방가르드 운동의 쇠퇴로 인해 이를 뛰어넘는 새로운 예술이 등장하였기 때문이다.
③ 아방가르드를 바탕으로 한 작품들이 등장하면서 기존의 주류 예술을 보완한 사조들을 형성하게 되었기 때문이다.
④ 아방가르드가 추구하는 예술가의 모습이 기존의 주류 예술계에서 인식하는 예술가의 모습과 같지 않기 때문이다.
⑤ 아방가르드가 제시하고 있는 예술의 방향성이 기존의 주류 예술계가 요구하는 미학적 기준에 부합하지 않기 때문이다.

19

비디오 아트 를 이해한 내용으로 적절하지 <u>않은</u> 것은?

① 대중문화로 인해 미술의 역할과 위상이 흔들리자 그 대안으로 제시된 장르이다.
② 손쉽게 촬영할 수 있는 기기를 통해 창작자와 관람객의 상호 소통을 지향하는 예술이다.
③ 대중문화의 확산을 일으킨 매체를 활용하여 대중문화에 대한 저항을 표현하는 예술이다.
④ 기술의 발달로 인한 변화를 활용하여 시공간적 제약으로부디의 자유를 추구하는 예술이다.
⑤ 메시지의 생산과 수용 과정에서 이루어졌던 국가와 대중의 기존 역할이 서로 전환되는 예술이다.

20

윗글을 바탕으로 〈보기〉의 ⓐ, ⓑ를 이해한 내용으로 가장 적절한 것은? [3점]

〈보기〉

○ 무대 공연을 위해 만들어진 백남준의 ⓐ 〈TV 첼로〉는 1971년에 제작된, 첼로에 텔레비전 세 대를 결합한 형태의 작품이다. 이 작품에서 출력되는 영상은 첼리스트의 즉흥 연주나 행동에 반응하여 변형된다.

○ 백남준의 ⓑ 〈닉슨〉은 텔레비전 두 대에 변조 장치를 결합한 작품으로, 화면에 계속 등장하는 닉슨 대통령의 얼굴을 여러 형태로 일그러뜨려 희화화한 이미지를 관객에게 보여준다.

① 설치 비디오 유형에 해당하는 ⓐ는, 새로운 매체를 예술 활동에 적용했다는 점에서 새로운 예술의 모습을 제시하였다고 볼 수 있겠군.

② 텔레비전 기능의 자의적 조정을 보여주는 ⓐ는, 기존 예술에서 보였던 예술가와 관객 사이의 경계를 파괴하려 하였다고 볼 수 있겠군.

③ 비디오 영상 유형에 해당하는 ⓑ는, 예술에 대한 기존 통념에 저항함으로써 새로운 예술의 모습을 제시하였다고 볼 수 있겠군.

④ 작품에 언제든 우연한 사건이 개입되어 변할 수 있다는 것을 보여주는 ⓑ는, 일상적인 소재를 활용하여 예술의 소재에 대한 기존 관점의 문제점을 드러냈다고 볼 수 있겠군.

⑤ 실험적 이미지를 활용한 ⓐ와 ⓑ는, 일상적 활동을 예술에 적용하여 기존의 예술적 전통을 발전시킴으로써 새로운 예술의 모습을 제시하였다고 볼 수 있겠군.

[21~25] 다음 글을 읽고 물음에 답하시오.

　최근 인구 증가와 기후변화로 전 세계적인 물 부족 현상이 발생하고 있다. 지구상에 존재하는 물의 대부분은 해수이며 염분이 없는 물인 담수는 전체의 약 2.5%이다. 담수 중에서도 빙하, 지하수 등을 제외하면 인간이 손쉽게 활용할 수 있는 것은 물의 총량 중 극히 일부에 지나지 않는다. 따라서 해수를 담수로 ⓐ 만드는 여러 가지 기술이 연구되어 왔다.

　1세대 해수 담수화 기술로는 다단 증발법이 있다. 이는 물의 상변화* 원리를 활용한 것으로, 가열된 해수를 수증기로 변화시켜 응축함으로써 담수를 얻는 방법이다. 일반적으로 다단 증발법을 적용한 해수 담수화 설비는 해수 가열기, 진공 유지 장치, 직렬로 연결된 여러 개의 증발기 등으로 구성된다.

　해수는 증발기 내부의 냉각관을 통과하여 해수 가열기 내부로 이동한다. 해수 가열기는 고온의 증기로 해수의 온도를 해수의 끓는점인 110℃ 이상까지 높이는 역할을 하며, 가열된 해수는 앞서 통과한 증발기들의 하부를 역순으로 통과한다. 이때 증발기들의 내부는 진공 유지 장치에 의해 대기압보다 훨씬 낮은 압력을 유지하고 있다. 해수의 끓는점은 대기압이 낮을수록 낮아지기 때문에 증발기로 진입한 해수는 순간적으로 끓어올라 수증기로 바뀌게 된다. 생성된 수증기에 포함된 미량의 해수는 필터를 통과하며 제거되어 순수한 수증기가 되고 설비 밖으로 빠져나간다. 순수한 수증기는 증발기 상부의 냉각관과 만나서 응축되어 담수가 된다. 해수는 증발기들을 거칠수록 염분 농도는 높아지고 온도는 계속 낮아진다. 하지만 증발기들의 내부 압력 또한 설비 끝으로 갈수록 더 낮아지기 때문에 마지막 증발기까지 담수가 계속 생성된다. 다단 증발법은 해수를 끓여 수증기만 얻는 방식이므로 해수의 수질 조건에 큰 영향을 받지 않으며 담수를 대량으로 생산할 수 있다는 장점이 있지만, 에너지 소비량이 매우 많다는 단점이 있다.

　2세대 해수 담수화 기술인 역삼투법은 다단 증발법의 대안으로 제시된 기술로, 반투막을 이용하여 해수에서 담수를 얻는 방법이다. 같은 양의 담수와 해수 사이에 물 분자만 통과할 수 있는 반투막을 설치하면 염도가 낮은 담수에서 염도가 높은 해수 방향으로 물 분자가 옮겨 가는 삼투 현상이 일어나며, 이때 담수에 작용하는 힘을 삼투압이라고 한다. 위와 같은 조건에서 압력 펌프를 사용하여 삼투압보다 더 큰 압력을 해수에 가하면 오히려 반대로 해수에 있는 물 분자가 반투막을 거쳐 담수 방향으로 이동하며 담수가 생성되는데, 이를 역삼투법이라고 한다. 역삼투법은 반투막의 오염 정도가 심해짐에 따라 담수 생성 효율이 저하되므로 반투막과 맞닿는 해수의 수질 조건이 매우 중요하다. 따라서 해수에 섞인 이물질을 제거하는 전처리 과정이 필수적이라고 할 수 있다. 역삼투법은 다단 증발법에 비해 담수 생성 효율은 높고 에너지 소비량은 적지만, 삼투압보다 높은 압력을 얻기 위해 여전히 에너지를 많이 소비한다는 문제가 있다.

　해수 담수화 기술은 에너지 소모량이 적은 방식으로 발전해 왔으며, 에너지원 확보가 어려운 지역을 위한 해수 담수화 설비에 대한 요구도 점차 커지고 있다. 이를 위해 세계 각국에서도 많은 연구 비용을 투자하여 신재생 에너지를 활용한 차세대 해수 담수화 기술을 상용화하기 위해 노력하고 있다.

*상변화: 물질이 온도와 압력에 따라 기체, 액체, 고체로 변하는 현상

21

윗글을 통해 답을 찾을 수 <u>없는</u> 질문은?

① 다단 증발법의 장점은 무엇인가?
② 물 부족 현상의 원인은 무엇인가?
③ 해수 담수화 기술은 어떤 방식으로 발전해 왔는가?
④ 해수 속 이물질을 제거하는 과정은 어떻게 이루어지는가?
⑤ 인간이 쉽게 활용할 수 없는 물은 어떤 상태로 존재하는가?

22

〈보기〉는 다단 증발법 을 적용한 설비의 구조이다. 윗글을 바탕으로 〈보기〉를 이해한 내용으로 적절하지 <u>않은</u> 것은?

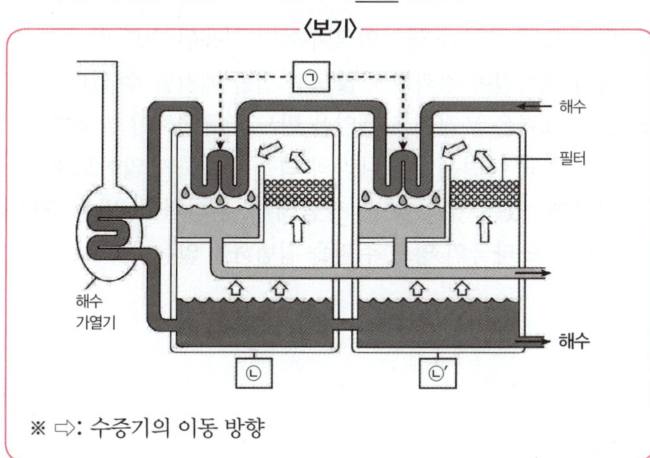

① 해수의 염분 농도는 ㉡보다 ㉡′에서 더 높다.
② ㉡과 ㉡′에서 생성된 담수는 설비 밖으로 빠져나온다.
③ 해수 가열기에서 온도가 끓는점보다 더 높아진 해수는 ㉡으로 이동한다.
④ ㉡과 ㉡′에서 생성된 수증기는 필터에 의해 해수가 제거된 상태로 ㉠과 만나 응축된다.
⑤ 내부 압력이 같은 ㉡과 ㉡′은 대기압보다 낮은 내부 압력을 유지하고 있으므로 해수를 순간적으로 끓어오르게 한다.

23

역삼투법 에 대한 설명으로 적절하지 <u>않은</u> 것은?

① 다단 증발법보다 담수 생성 효율이 높은 기술이다.
② 에너지 소비 측면에서 다단 증발법보다 더 발전된 기술이다.
③ 다단 증발법보다 전처리 과정이 더 중요한 역할을 하는 기술이다.
④ 삼투압보다 더 큰 압력을 해수에 가하여 담수를 생성하는 기술이다.
⑤ 염분만 통과할 수 있는 반투막의 성질을 이용하여 해수에서 담수를 분리하는 기술이다.

24

윗글을 참고하여 〈보기〉의 ㉮를 이해한 내용으로 적절하지 <u>않은</u> 것은? [3점]

〈보기〉

㉮ '막 증류법'의 대표적인 방식은 고온의 해수와 저온의 담수 사이에 소수성*을 띤 다공성* 막을 설치하여 온도 차이에 의해 해수에서 증발된 수증기만 막을 통과하도록 해 담수를 얻는 것이다. 이 방식은 해수의 온도를 50 ～ 70℃로 높이는 것을 제외하면 압력 등 다른 요소를 변화시키지 않아도 되기에 1, 2세대 해수 담수화 기술에 비해 에너지 소비량이 적어 소규모의 신재생 에너지 설비로도 담수를 생산할 수 있다. 하지만 막이 물과 맞닿기 때문에 막이 오염되지 않도록 관리하는 것이 중요하다.

*소수성: 물과 친화력이 적은 성질
*다공성: 물질의 내부나 표면에 작은 구멍이 많이 있는 성질

① 압력을 변화시키지 않아도 된다는 점에서 다단 증발법과 유사하군.
② 역삼투법과 달리 물의 상변화를 이용하여 담수를 생성하고 있군.
③ 막의 오염을 관리하는 것이 매우 중요하다는 점에서 역삼투법과 유사하군.
④ 다단 증발법과 달리 해수의 온도를 끓는점 이상까지 높이지 않아도 되겠군.
⑤ 다단 증발법과 역삼투법에 비해 에너지원 확보가 어려운 지역에 설치하기 유리하겠군.

25

문맥상 의미가 ⓐ와 가장 가까운 것은?

① 새 학년을 맞아 동아리를 <u>만들었다</u>.
② 경기 규칙을 새롭게 <u>만드는</u> 일은 어렵다.
③ 시를 소설로 <u>만드는</u> 과정은 매우 흥미롭다.
④ 생일 선물로 친구에게 줄 케이크를 <u>만드는</u> 중이다.
⑤ 송진을 채취하기 위해 소나무에 칼로 흠집을 <u>만들었다</u>.

[26 ~ 30] 다음 글을 읽고 물음에 답하시오.

법의 효력이란 사회 규범으로서의 법이 타당성과 실효성을 바탕으로 그 목적과 내용대로 실현되는 힘을 의미한다. 이때 타당성이란 법이 구속력을 가질 수 있는 정당한 자격을 말한다. 국민과 법이 추구하는 정의가 서로 같고, ⓐ <u>적법한</u> 절차에 의해서 법이 제정된 경우에는 타당성이 있다고 할 수 있다. 실효성이란 법이 현실로 지켜져 실현되게 하는 강제력을 의미한다. 실효성이 없는 법은 법을 이행하도록 하는 실제적인 힘이 없기 때문에 공동체의 법으로서 효력이 없다. ㉠ <u>법은 이러한 타당성과 실효성을 모두 갖추어야 효력을 발휘하며</u>, 효력을 갖춘 법이 미치는 범위는 시간, 사람, 장소로 구분할 수 있다.

법의 시간적 효력은 법의 부칙에 별도로 규정된 시행일로부터 발생한다. 만약 시행일을 규정하지 않은 경우에는 법을 공포*한 날로부터 20일이 ⓑ <u>경과</u>되면 법의 효력이 자동적으로 발생한다. 규정된 폐지일이 지나거나, 폐지일 이전에 법 자체가 폐지되면 법의 효력은 소멸한다. 폐지일이 규정되지 않은 경우에는 구법의 내용과 상충되는 신법이 시행되었을 때 구법의 효력이 소멸된다. 법의 효력은 시행 후에 발생한 사항에만 적용되며 ⓒ <u>시행</u> 이전에 발생한 사항에 대해서는 적용되지 않는다. 왜냐하면 법을 ⓓ <u>소급</u>해서 적용할 경우 이미 신법 시행 이전에 적법하게 취득한 권리를 침해하여 사회적 혼란을 일으킬 수 있기 때문이다. 그러나 신법이 시행될 때 이전에 발생한 사건에 대한 구법의 시간적 효력이 남아 있는 경우 예외적으로 신법을 소급하여 적용할 수 있다.

법의 인적 효력은 한 사람에게 어느 나라의 법을 적용하느냐에 관한 문제로, 속인주의와 속지주의 중 어떤 원칙을 선택하느냐에 따라 효력이 미치는 범위가 달라진다. 속인주의란 그 나라의 국적을 가진 사람이 어느 장소에 있든지 관계 없이 국적국의 법을 적용하는 원칙이다. 예를 들어 우리나라 사람이 외국에서 죄를 지은 경우 속인주의에 따르면 우리나라 법의 적용을 받게 된다. 그런데 외국에 있는 우리나라 사람이

불법적인 행위를 한 상황에서 속인주의를 적용한다면 다른 나라의 영토 주권을 침범하여 문제가 발생할 수 있다. 이러한 한계는 속지주의로 보완할 수 있다. 속지주의란 자국의 영역 내에 있는 모든 사람에 대하여 내·외국인을 불문하고 자국법을 적용한다는 원칙이다. 가령 외국인이 우리나라에서 범죄를 저질렀을 때, 속지주의에 따르면 우리나라 법의 적용을 받게 된다. 그런데 주한 외교 사절은 기본적으로 우리나라의 법을 준수해야 하지만, ⓔ <u>면책</u> 특권 때문에 예외적으로 법의 효력이 발생하지 않는다.

법의 장소적 효력은 법이 어떤 공간에 적용되느냐에 관한 문제이다. 국가의 법은 원칙적으로 그 국가의 주권이 미치는 전체 영역인 영토, 영해, 영공에 걸쳐 적용되는데, 예외적으로 도시계획법 중 일부 조항처럼 특정 지역에만 적용되는 법도 있다.

*공포: 이미 확정된 법률, 조약, 명령 따위를 일반 국민에게 널리 알리는 일

26

윗글의 내용과 일치하는 것은?

① 법의 효력은 국가 영역의 일부에만 적용될 수도 있다.
② 법의 폐지일이 경과하지 않으면 법을 폐지할 수 없다.
③ 법의 효력은 부칙에 시행일을 반드시 규정해야 발생한다.
④ 주한 외교 사절은 우리나라의 법을 준수하지 않아도 된다.
⑤ 외국에 있는 우리나라 사람에게 우리나라 법을 적용하더라도 타국의 영토 주권을 침범하지 않는다.

27

㉠의 이유로 가장 적절한 것은?

① 법이 타당성만 있고 실효성이 없으면, 법의 제정 과정에서 절차적 정당성을 가질 수 없기 때문에
② 법이 타당성만 있고 실효성이 없으면, 법 위반 행위를 금지하는 정당한 자격을 갖출 수 없기 때문에
③ 법이 실효성만 있고 타당성이 없으면, 해당 법의 실현을 위한 강제력을 가질 수 없기 때문에
④ 법이 실효성만 있고 타당성이 없으면, 법이 추구하는 정의를 국민으로부터 인정받을 수 없기 때문에
⑤ 법이 타당성과 실효성을 모두 갖추더라도, 법을 실제적으로 이행하도록 하는 힘을 국민들에게 인정받지 못하기 때문에

28

윗글을 참고할 때, 〈보기〉의 ㉮ ~ ㉰에 들어갈 수 있는 말을 바르게 짝지은 것은?

> ───〈보기〉───
>
> 음주가 허용된 나라인 A국 국민 ○○씨가 음주가 금지된 B국에서 음주를 한 경우, ㉮ 에 따르면 ㉯ 의 법을 적용해야 하고, 이에 따르면 ○○씨는 ㉰ .
>
> *단, ○○씨는 A국에서 B국으로 파견된 외교 사절은 아님.

	㉮	㉯	㉰
①	속지주의	A국	처벌받을 것이다
②	속지주의	B국	처벌받을 것이다
③	속지주의	B국	처벌받지 않을 것이다
④	속인주의	A국	처벌받을 것이다
⑤	속인주의	B국	처벌받지 않을 것이다

29

윗글을 바탕으로 〈보기〉를 이해한 내용으로 적절하지 않은 것은?

[3점]

> ───〈보기〉───
>
> △△기업은 2010년 1월부터 2월까지 가격 담합을 했다는 혐의로 2016년 6월에 조사를 받기 시작했다. 1990년 1월에 제정된 관련법은 별도의 폐지 시기를 규정하지 않았는데, 이에 따르면 과징금은 '위법 행위 종료일부터 5년'까지 부과할 수 있다. 그런데 이 법이 개정되어 2012년 2월 1일에 공포된 후 2월 10일부터 시행되었다. 과징금을 부과할 수 있는 기간은 '위법 행위에 대한 조사 개시일로부터 5년'으로 변경되었고, 효력을 현재까지 계속 유지하고 있다.

① 구법의 효력은 개정된 법의 시행일로부터 소멸했겠군.

② 개정된 법에 따르면 △△기업에 대한 과징금은 2021년 7월에는 부과할 수 없겠군.

③ △△기업에 과징금이 부과되었다면 개정된 법을 소급하여 적용한 것으로 볼 수 있겠군.

④ 개정된 법이 공포된 시점에는 △△기업의 담합 행위에 대한 구법의 효력이 존재했겠군.

⑤ 법이 개정되지 않았더라도 2016년 6월에 △△기업에 대해 과징금 처분을 내릴 수 있었겠군.

30

ⓐ~ⓔ의 사전적 의미로 적절하지 않은 것은?

① ⓐ: 법규에 맞음.

② ⓑ: 시간이 지나감.

③ ⓒ: 어려운 점을 무릅쓰고 행함.

④ ⓓ: 과거에까지 거슬러 올라가서 미치게 함.

⑤ ⓔ: 책임이나 책망을 면함.

[31~34] 다음 글을 읽고 물음에 답하시오.

[앞부분 줄거리] 왕언의 딸 왕시는 홍관 땅의 김유령을 만나 혼인을 했지만 나라의 늙은 신하에 의해 이별하게 되었다.

김유령이 무릎을 꿇고 대답하였다.

"제 나이 스무 살 되었을 때 아내를 얻었는데, **나라의 노신하가 궁녀로 들이니** 늘 서러워하며 지내고 있습니다. 세상일도 잊은 채, 다만 아내의 소식이나 한번 듣고 싶어 그것만을 희망하고 살고 있었습니다. 그런데 어느날 꿈에 선할아버님께서 이르시기를, '어찌 화산도사를 찾아가 보지 않는가? 그 도사가 못할 일이 없으니 네가 가보면 소원을 이룰 수 있으리라. 갈 때 돈 일만 관을 가져가라.'라고 하셨습니다. 그래서 꿈에서 깨어나자마자 돈을 장만하여 가지고 이렇게 온 것입니다."

그러자 도사가 말했다.

"네 아내를 도로 밖으로 내어다 살고자 하느냐? 네 뜻을 자세히 말해라."

김유령이 말했다.

"도로 내어다 살기야 바랄 수 있겠습니까? 그저 나와 하루만이라도 만나보아 서로 말이나 나누었으면 합니다."

도사가 그 말을 듣고 말했다.

"네 뜻을 바로 말하지 않는구나. 하루만 보고 헤어지면 더욱 슬플 것이다. 그러니 어떻게 해주었으면 좋겠다고 사실대로 다 말해라."

그러자 김유령이 다시 대답하였다.

"함께 살기야 어찌 바라지 않을까마는 불가능할 일이라 차마 말씀드리지 못할 뿐입니다. 만약 함께 살게만 해주신다면 제가 두엄을 지고 다니는 사람이 되리 힌다 해도 원망하지 않겠습니다."

(중략)

"접때 이 땅에 오라고 하시던 사람인데 다시 왔습니다."

그러자 도사가 대답하였다.

"네가 인간 세계에 태어나서도 착실한 사람이므로
월궁도사가 너에게 알려준 것이다. 그래서 그대의 일이
이루어지도록 정으로 가르침으로써 **그대가 선간(仙間)에서
저지른 일이 잘못되었다**하고 인간 세상에서 일 년만 좋은
일을 하면 선간에서 전에 지은 죄를 없애주려고 그대의
말을 들으려 했더니, 그대 무엇 때문에 짐승을 살게 하였단
말인가? 비록 하늘이 생겨나게 했으나 뱀이란 모질어
죄없는 사람이며 불쌍한 짐승을 다 잡아먹느니라. 또 남의
것을 빼앗고 죄없는 사람을 죽이는 도적을 어째서
살려주었느냐? 불쌍한 것을 구제하라 하였지 그런 것들을
살려내라 하더냐? 이 두 가지 일을 또 저질렀으니 삼 년간
조심하고 사 년 만에 오너라. 그때 보자."

[A]

이러고는 간데없이 사라졌다. 김유령이 애닯고 민망해
집에 와서 문을 닫고는 들어앉아 조심하여 **그릇된 일을 전혀
하지 않았다.** 그렇게 행실을 삼가고 있다가 사 년 만에
화산으로 들어갔다. 그제서야 도사는 김유령이를 보고
이렇게 말했다.

[B]

"네 뜻이 보통이 아니로다. 돌이 굳지만 모래 될 때가 있고
쇠가 굳다 하나 녹을 때가 있으되 너는 돌이나 쇠보다도 더욱
굳은 사람이로다. 네게 이루어질 게 있으리라. 네 돈을 내라."

김유령이 돈을 내어 바치니 그 도사가 동쪽으로 그중의
일백을 던지니 이윽고 푸른 옷 입은 사람이 오는 것이었다.
다시 서쪽으로 일백을 던지자 이윽고 흰 옷 입은 사람이 오고
또 일백을 북쪽으로 던지니 검은 옷 입은 사람이 오고
나머지를 공중에다 던지자 이윽고 쇠머리 쓴 사람과 용의
몸을 지닌 사람과 귀밑머리가 단정한 사람 등이 오는
것이었다. 도사가 그중 검은 옷 입은 사람더러 말했다.

"유령이를 죽여 대령하고, 궁궐에 가 왕시도 죽이고 오라."

그러자 그 검은 옷 입은 사람이 즉시 유령이를 죽여
대령하고 왕시도 죽이고 와서는 보고하였다.

"왕시를 죽이고 왔습니다."

그러자 이번에는 푸른 옷 입은 사람더러 말했다.

"유령이를 살려내라."

그러자 살려내는 것이었다. 도사가 김유령더러 말했다.

"네 집에 가서 들어보아라. 왕시가 죽었다며 장례를 치를
것이다. 담당 관리를 내어 석 달 만에 묻으면 네 소원이
이루어질 것이지만, 석 달 안에 묻지 못하면 네 소원이
이루어지지 못할 것이니라. 그러니 빨리 가라."

유령이 청원하였다.

"집이 두 달 걸리니 어찌하면 좋겠습니까?"

그러자 그 도사가 사람을 불러 이렇게 일렀다.

"김유령이로 하여금 그 집에 들어가도록 하여라."

이윽고 서쪽으로부터 구름이 일고 천둥치며 하늘과 땅이
자욱하게 어두워졌다가 밝아지는 것이었다. 살펴보니 **어느
결에 자기 집에 도착해 있었다.** 들어보니 왕시가 죽었다며
장례 담당 관원을 내어 묻으려고 하였다.

김유령이 장례 담당 관원에게 소청하여 스무 날 내에
묻었다. 김유령이 생각하니, 도사 말이 자신의 소원을 이룰
수 있다고 해서 기쁘기는 하나 그 시신을 묻고 보니 슬픈
심사가 더욱 그지없었다. 다시 화산으로 즉시 가서 도사에게
왕시를 묻었다고 아뢰려고 하였다.

화산에 가니 마침 그 도사가 월궁도사를 만나러 간 지
열흘이 넘도록 오지 않고 있었다. 매우 민망하여 음식을 먹지
않은 지 이레가 되어 기운과 정신이 아주 없었다. 도사를
모시고 다니는 아이더러 그 서러운 사정을 말하니, 그 아이도
도무지 어디에 들어가 있는지 몰라 더욱 민망해 하고 있었다.

이윽고 천지가 자욱하고 천둥치고 바람불고 비내리고
어두워져 심사가 더욱 아득하여 어쩔 줄을 몰랐다. 그러더니
문득 날도 밝아지고 바람도 그치고 비도 개면서 도사가
내려오는 것이었다.

김유령이 나아가 뵙고, 왕시 묻은 일을 말하였다. 그러자
도사가 조그만 종이에 주사(朱砂)를 갈아서 부적을 써서
공중으로 치올리니 이윽고 도끼 가진 것과 괭이 가진 귀신이
모두 오는 것이었다. 또 동방에서 내치니 이윽고 푸른 옷
입은 사람이 왔다.

도사가 그 푸른 옷 입은 사람에게 말했다.

"저 귀신을 데리고 왕시의 무덤을 파내 화산 밑에다가 두고
와라."

그러자 푸른 옷 입은 놈이 그 귀신을 데리고 갔다. 이윽고
북방의 검은 옷 입은 사람더러 말했다.

"옛집에 가서 무빙 등 왕시를 알던 종들을 다 잡아다가
유희국에다가 두어라."

그러자 하직하고 가는 것이었다. 도사가 김유령더러
말했다.

"이제야 **그대의 소원이 이루어질 것**이다. 내려가라. 다만
왕시의 종들을 다 잡아온 것은 행여 일이 생기면 네가
잘못될 것이므로 죽여온 것이니 서러워 말라."

– 작자 미상, 〈왕시전〉

31

윗글의 서술상 특징으로 가장 적절한 것은?

① 인물 간의 대화를 중심으로 사건을 전개하고 있다.
② 현재와 과거의 교차 서술로 주제를 부각하고 있다.
③ 인물의 외양 묘사로 성격의 변화를 드러내고 있다.
④ 서술자가 개입하여 인물의 행동에 대해 평가하고 있다.
⑤ 인물의 심리를 서술하여 인물 간의 갈등을 표출하고 있다.

32

윗글에 대한 이해로 적절하지 <u>않은</u> 것은?

① 김유령은 도사에게 처음부터 숨김없이 소원을 말하였다.
② 도사는 김유령에게 소원을 이루기 위한 과업을 제시하였다.
③ 김유령은 담당 관원에게 소청하여 왕시의 시신을 스무 날 안에 묻었다.
④ 김유령은 왕시의 시신을 묻고 난 이후 도사에게 이를 알리기 위해 화산으로 갔다.
⑤ 도사는 검은 옷 입은 사람에게 무빙 등 왕시를 알던 종들을 유희국으로 데려가게 했다.

33

[A]와 [B]에 대한 이해로 가장 적절한 것은?

① [A]에는 상대를 회유하려는 의도가, [B]에는 상대를 조롱하려는 의도가 드러난다.
② [A]에는 상대의 행동을 질책하는 태도가, [B]에는 상대의 성품을 칭찬하는 태도가 드러난다.
③ [A]에서는 다른 이의 조언을 바탕으로, [B]에서는 자신의 경험을 바탕으로 의사 결정을 하고 있다.
④ [A]와 [B]에는 모두 상대의 미래에 대한 불안한 마음이 드러난다.
⑤ [A]와 [B]에서는 모두 과거의 사건을 근거로 들어 문제 해결을 유보하고 있다.

34

〈보기〉를 바탕으로 윗글을 감상한 내용으로 적절하지 <u>않은</u> 것은? [3점]

〈보기〉

　〈왕시전〉은 여인을 향한 남성의 애틋한 사랑을 그린 작품이다. 혼인한 남녀 주인공이 외부의 힘에 의해 헤어질 수밖에 없었지만, 이를 극복하고 재회하는 행복한 결말을 맞이한다. 그 과정에서 초월적 존재의 힘을 빌려 문제를 해결하거나 남자 주인공이 원래 신선계의 존재였다고 설정하는 등의 전기적(傳奇的) 요소가 나타난다.

① '나라의 노신하가 궁녀로 들이니'라고 김유령이 말하는 장면에서, 외부의 힘에 의해 남녀 주인공이 헤어지게 되었음을 알 수 있겠군.
② '그대가 선간에서 저지른 일이 잘못되었다'라고 도사가 말하는 장면에서, 주인공이 전생에 신선계의 인물이었음을 알 수 있겠군.
③ '그릇된 일을 전혀 하지 않았다'라는 장면에서, 왕시에 대한 김유령의 애틋한 사랑을 알 수 있겠군.
④ '어느 결에 자기 집에 도착해 있었다'라는 장면에서, 김유령이 부리는 도술이 초월적 존재의 힘을 빌린 것임을 알 수 있겠군.
⑤ '그대의 소원이 이루어질 것'이라고 도사가 말하는 장면에서, 남녀 주인공이 다시 만나는 행복한 결말을 암시하고 있음을 알 수 있겠군.

[35~39] 다음 글을 읽고 물음에 답하시오.

(가) 강호에 봄이 드니 **미친 흥이 절로** 난다
　　시냇가 막걸리에 쏘가리 안주로다
　　이 몸이 한가한 것도 역시 임금의 은혜로다

　　⊙ 강호에 여름이 드니 초당에 일이 없다
　　미더운 강 물결이 보내는 것은 바람이로다
　　이 몸이 서늘한 것도 역시 임금의 은혜로다

　　강호에 가을이 드니 고기마다 살쪄 있다
　　조그마한 배에 그물 실어 흐르게 던져두고
　　이 몸이 **소일하는 것**도 역시 임금의 은혜로다

　　강호에 겨울이 드니 눈 깊이 자가 넘다
　　삿갓 비껴쓰고 **도롱이로 옷을 삼아**
　　이 몸이 춥지 않은 것도 역시 임금의 은혜로다

　　　　　　　　　　　　　　　　　 － 맹사성, 〈강호사시가〉

(나) 이보게 이웃 사람들아 **산수구경 가자**꾸나
　　산책은 오늘하고 목욕은 내일하세
　　아침에 나물캐고 저녁에 낚시하세
　　ⓛ 이제 막 익은 술을 갈건으로 걸러놓고
　　꽃나무 가지 꺾어 잔을 세면서 먹으리라
　　화풍(和風)이 문득 불어 시내를 건너오니
　　청향(淸香)은 잔에 지고 낙홍(落紅)은 옷에 진다
　　술독이 비었으면 나에게 아뢰어라
　　아이를 시켜서 주가(酒家)에서 술을 사서
　　어른은 막대 짚고 아이는 술을 메고
　　미음완보(微吟緩步)*하여 시냇가에 혼자 앉아
　　모래밭 맑은 물에 잔 씻어 술을 부어
　　맑은 물 굽어보니 떠오는 것이 도화(桃花)로다

무릉(武陵)이 가깝구나 저 산이 그곳인가
소나무 사이 좁은 길에 진달래 꽃을 붙들고
산봉우리에 급히 올라 구름에 앉아보니
수많은 마을이 곳곳에 벌여있네
노을빛은 비단을 펼쳐 놓은 듯
ⓒ 엊그제 검은 들판에 봄빛이 넘치는구나
공명도 날 꺼리고 **부귀**도 날 꺼리니
청풍명월(淸風明月) 외에 어떤 **벗**이 있사올고
단표누항(簞瓢陋巷)*에 허튼 생각 아니하니
아모타 백년행락(百年行樂)*이 ⓐ 이만하면 어떠한가

– 정극인, 〈상춘곡〉

* 미음완보(微吟緩步): 나직이 시를 읊조리며 천천히 걸음.
* 단표누항(簞瓢陋巷): 소박하고 청빈한 생활
* 백년행락(百年行樂): 한평생 즐겁게 지냄.

(다) 이번 겨울은 소대한 추위를 모두 천안 삼거리 마른 능수버들 아래 맞았다. ⓔ 일이 있어 충청도 진천(鎭川)으로 가던 날에 모두 소대한이 들었던 것이다. 나는 공교로이 타관 길에서 이런 이름 있는 날의 추위를 떨어가며 절기라는 것의 신묘한 것을 두고두고 생각하였다. 며칠내 마치 봄날같이 땅이 **슬슬** 녹고 바람이 푹석하니 불다가도 저녁결에나 밤사이 날새가 갑자기 차지는가 하면 으레이 다음날은 대한이 **으등등**해서 왔다. 그동안만 해도 제법 **봄비가 풋나물 내음새를 피우며** 내리고 땅이 눅눅하니 밈*이 들고 해서 ⓜ 이제는 분명히 봄인가고 했는데 간밤 또 갑자기 바람결이 차지고 눈발이 날리고 하더니 아침은 또 쌩쌩하니 날새가 매찬데 아니나 다를까 입춘이 온 것이었다. 나는 실상 해보다 달이 좋고 아침보다 저녁이 좋은 것같이 양력보다는 음력이 좋은데 생각하면 오고가는 절기며 들고 나는 밀물이 우리 생활과 얼마나 신비롭게 얼키었는가.

절기가 뜰 적마다 나는 고향의 하늘과 땅과 사람과 눈과 비와 바람과 꽃 들을 생각하는데 자연이 시골이 아름답듯이 세월도 시골이 아름답고 사람의 생활도 절대로 시골이 아름다울 것 같다.

(중략)

이런 고향에서는 이번 입춘에도 몇 번이나 '보리 연자 갔다가 얼어 죽었다'는 말을 하며 입춘이 지나도 추위는 가지 않는다고 할 것인가. 해도 입춘만 넘으면 양지바른 둔덕에는 머리칼풀의 속움이 트는 것이다. 그러기에 입춘만 들면 한겨울내 친했던 창애와 설매*와 발구며 꿩, 노루, 토끼에 멧돼지며 매, 멧새, 출출이 들과 떠나는 것이 섭섭해서 소년의 마음은 흐리었던 것이다. 높고 무섭고 쓸쓸하고 슬픈 겨울이나 그래도 가깝고 정답고 즐겁고 흥성흥성해서 좋은 겨울이 그만 입춘이 와서 가버리는 것이라고 **소년은 슬펐던 것이다.**

그런 소년도 이제는 어느덧 가고 외투와 장갑과 마스크를 벗기가 가까워서 서글픈 마음이 없듯이 겨울이 가서 **슬퍼하는 슬픔도 가버렸다.** 입춘이 오기 전에 벌써 내 설매도 노루도 멧새도 다 가버린 것이다.

입춘이 드는 날 나는 공일무휴(空日無休)의 오피스에 지각을 하는 길에서 겨울이 가는 것을 섭섭히 여기지 못했으나 봄이 오는 것을 즐거이 여기지는 않았다. 봄의 그 현란한 낭만과 미(美) 앞에 내 육체와 정신이 얼마나 약하고 가난할 것인가. 입춘이 와서 봄이 오면 나는 어쩐지 까닭 모를 패부(敗負)*의 그 읍울(悒鬱)*을 느끼어야 할 것을 생각하면 나는 차라리 ⓑ 입춘이 없는 세월 속에 있고 싶다.

– 백석, 〈입춘〉

* 밈: 미음. 봄철이나 가을철에 생나무의 껍질과 나무속 사이에 생기는 물기가 많고 진득진득한 물질
* 설매: 썰매의 평북, 함경 방언
* 패부(敗負): 패배
* 읍울(悒鬱): 걱정스러워 마음이 답답함.

35

(가)~(다)에 대한 설명으로 가장 적절한 것은?

① (가)는 상승과 하강의 이미지를 활용하여 주제를 강조하고 있다.
② (나)는 청유형 어미를 반복하여 청자가 경계해야 할 삶의 모습을 제시하고 있다.
③ (다)는 소재의 나열을 통해 글쓴이가 과거에 느꼈던 계절 변화에 대한 인식을 드러내고 있다.
④ (가)와 (나)는 모두 대상에 감정을 이입하여 화자의 심리적 변화를 간접적으로 드러내고 있다.
⑤ (나)와 (다)는 모두 공간의 대비를 통해 화자가 지향하는 삶의 태도를 부각하고 있다.

36

㉠~㉤에 대한 설명으로 적절하지 <u>않은</u> 것은?

① ㉠: 여름날 한가한 초당의 모습이 드러나 있다.
② ㉡: 자연과 동화되고 싶은 화자의 바람이 드러나 있다.
③ ㉢: 변화된 들판을 보며 감탄하는 화자의 모습이 드러나 있다.
④ ㉣: 타지에서 소대한을 맞이한 글쓴이의 상황이 드러나 있다.
⑤ ㉤: 절기가 신묘하다고 생각하게 된 글쓴이의 경험이 드러나 있다.

37

<보기>를 참고하여 (가), (나)를 감상한 내용으로 적절하지 <u>않은</u> 것은? [3점]

―――――〈보기〉―――――

　시조나 가사 중에는 자연을 이상적인 공간으로 표현하는 작품들이 있다. 이런 작품에서 화자는 자연을 즐기며 자연과의 친밀감을 표현한다. 또한 자연 속 소박한 삶의 모습을 보여주는데, 이러한 삶이 임금의 은혜임을 표현하기도 한다.

① (가)에는 가을의 풍요로움 속에서 '소일하는 것'이 임금의 은혜 덕분이라는 생각이 드러나 있군.
② (나)에는 '청풍명월'을 '벗'이라고 말하는 것에서 자연과의 친밀감이 드러나 있군.
③ (가)에는 봄에 '미친 흥이 절로' 난다는 것에서, (나)에는 '산수구경 가자'라고 제안하는 것에서 자연을 즐기려는 모습이 드러나 있군.
④ (가)에는 추운 겨울에 '도롱이로 옷을 삼아' 입는 모습에서, (나)에는 '아침에 나물 캐고 저녁에 낚시하'는 모습에서 소박한 삶이 드러나 있군.
⑤ (가)에는 여름의 '미더운 강 물결'을 바라보는 모습에서, (나)에는 '공명'과 '부귀'도 자신을 꺼린다는 것에서 이상적인 공간으로 가고 싶어하는 마음이 드러나 있군.

38

<보기>를 바탕으로 (다)를 이해한 내용으로 적절하지 <u>않은</u> 것은?

―――――〈보기〉―――――

　〈입춘〉은 절기의 변화에 따른 다양한 생각들을 형식에 구애받지 않고 자유롭게 쓴 작품이다. 글쓴이는 감각적 표현을 통해 절기의 모습을 드러내고 있으며, 음성상징어를 활용하여 절기의 변화를 생생하게 나타내고 있다. 또한 자신을 객관화하여 어린 시절에 느꼈던 감정을 표현하기도 하고, 어른이 되어 어린 시절에 느꼈던 감정을 느끼지 못하는 것에 대한 안타까움을 드러내기도 한다.

① '슬슬', '으등등'과 같이 음성상징어를 활용하여 절기의 변화를 생생하게 표현하고 있다.
② '봄비가 풋나물 내음새를 피우며'를 통해 봄의 모습을 감각적으로 표현하고 있다.
③ '절기가 뜰 적마다' 고향을 생각하는 모습을 통해 절기의 변화에 따라 고향에 대한 생각이 바뀌는 것을 표현하고 있다.
④ '소년은 슬펐던 것이다'와 같이 자신을 객관화하여 어린 시절에 느꼈던 감정을 표현하고 있다.
⑤ '슬퍼하는 슬픔도 가버렸다'를 통해 어린 시절의 감정을 느낄 수 없게 된 안타까움을 표현하고 있다.

39

ⓐ와 ⓑ에 대한 이해로 가장 적절한 것은?

① ⓐ에는 과거에 대한 화자의 동경이, ⓑ에는 미래에 대한 글쓴이의 소망이 드러나 있다.
② ⓐ에는 화자 자신의 행위에 대한 아쉬움이, ⓑ에는 대상에 대한 글쓴이의 거부감이 드러나 있다.
③ ⓐ에는 대상의 부재로 인한 화자의 외로움이, ⓑ에는 대상을 맞이하는 글쓴이의 즐거움이 드러나 있다.
④ ⓐ에는 현재 상황에 대한 화자의 만족감이, ⓑ에는 현재 상황에 대한 글쓴이의 답답함이 드러나 있다.
⑤ ⓐ에는 자신이 결정할 수 없는 것에 대한 화자의 절망이, ⓑ에는 자신이 결정한 것에 대한 글쓴이의 후회가 드러나 있다.

[40~42] 다음 글을 읽고 물음에 답하시오.

　여기 동남향으로 후미진 골짜기에 억새와 솔가지로 덮은 움막이 하나 보인다. 양동욱 내외가 들어있다.

　동욱 내외는 이 지리산 공비 소탕이 완료되던 다음해 봄에 여기를 찾아들어 막을 매고 밭을 일구기 시작했다.

　피난살이를 부산에서 했다. **아무리 버둥거려봐도 살 수가 없었다.** 살아갈 재간이 없었다. 무슨 짓이든 못할 게 없겠으나 할 짓이, 할 일이 없었다.

　약만 쓰면 살릴 줄 뻔히 알면서도 그렇지 못해 아이까지 죽였다.

　영선고개 판잣집마저 헐리게 되자 별 작정도 없이 그만 떠버렸다.

　진주에서 몇 달 동안 살았다.

　목수나 미장이 뒷일꾼으로도 다녀봤다. 한 달에도 며칠, 그나마도 작자가 달아 품삯은 고사하고라도 제 몫에 돌아오지도 않았다.

　그의 아내가 양은그릇을 받아 이고 장사로도 나서봤다. 주로 촌마을을 찾아다녔다. 본전도 더 깎지 않고는 팔리지 않았다.

　할 일이 없었다. 살아갈 수가 없었다.

　산청으로 들어갔다.

　여기서는 더 할 일이 없었다.

　"여보, ㉠ <u>두더지가 땅 밖에 나오면 죽세 마련이라오. 우리 그만 깊숙이 산골로 들어가서 밭농사나 짓자요……."</u>

　이래서 돈푼 될 것은 모조리 팔았다.

　밀가루 두 포대와 감자씨 반 말을 사고 우거지 한 꾸러미를 바꿨다.

괭이, 호미, 톱, 낫 이런 연모와 함께 된장 몇 사발, 소금 두 뒷박 그밖에 석유 한 병, 사기 호롱 한 개를 꾸려서 산청을 뒤로 하고 산골로 접어들었다.

십 리도 넘게 들어갔다. 동욱의 걸음이 뜬다.

누구나 그래도 다 살아가는데 누구나 다 사는 세상에서 나만 살지 못하고 이렇게 무인 산골로 쫓겨가다니―하니 동욱은 어떤 패배감 같은 설움이 치밀어 목이 메인다. 그럴수록 뒤따라오는 그의 아내가 측은하기도 하고 미덥기도 했다.

ⓛ "어쩔까, 산골은 어디 없이 매 한가지가 아니겠나?"

하고 동욱이 골짜기를 두리번거리자

"매 한가질 바야 더 들어가요. 길이 막히는 데까지 가 보자요!"

해는 벌써 한나절이 가까왔다. 어느 산구비로 희부옇게 강물이 보였다. 먼발치로 강만 바라보고 무작정 걸었다. 벼랑을 끼고 얼마를 돌아나가자 강은 발밑으로 흐르고 있었다. 물이 밭은 강이었다. 강을 건넜다. 있는 듯 없는 듯한 오솔길을 따라 산기슭을 돌고 몇 등을 넘어 골짜구니로 들어섰다. 들어갈수록 질펀한 골짜기였다. 길 옆에 오지그릇 조각들이 보였다.

"동네였나부지?"

"그런가 봐요!"

하잘것 없는 이 **오지그릇 조각들**이 이 날 이 두 내외에게는 먼 조상의 무덤이나 찾은 것처럼 **가슴이 설레고 반가**왔다.

[중략 줄거리] 산골 생활에 적응해 나가던 부부는 자신들에게 집을 지어 준 박 노인과 함께 살아가기를 바란다. 박 노인은, 과거에 자신을 배신했지만 가엾은 처지가 된 윤 생원을 거두어 부부를 찾아와 함께 생활해 나간다.

한 이틀 쉬더니 윤 생원은 괭이를 들고 나선다. 놀자니 온 전신이 근질거린다고 한다.

그런가 하면, 눈이 덮이기 전에 거름을 한 번 먹여야 한다고, 아직 차지도 않은 뒷간에다 물을 타서 보리밭에 퍼내기도 한다. 박 노인도 놀기 심심하다면서 산으로 올라가 나무를 베곤 한다.

정월달도 그럭저럭 넘어가고 이월 초순 어느날 밤이었다. 저녁을 먹고 나서 그대로 담배를 피우면서 박 노인이

"벌써 진달래가 폈데!"

그러자 동욱 아내가

"곧 나물이 돋겠네, 좋아라."

"나물은 역시 야산이 빨라. 여기는 산이 깊어서……."

동욱이

ⓒ "그럼 감자씨도 널까?"

하자 박 노인이

"씨는 넉넉한지?"

동욱 아내가

"잔 것만 가려서 두어 말 돼요!"

그러자 윤 생원이 불쑥

"돼지는 언제 살끼요?"

하자, 박 노인은 비로소 생각이 난 듯

"세 전에 누가 구시(구유*) 두 개 파달라 카는데, **구시 두 개 파**면 돼지새끼 한 자우 사질까?"

그러자 윤 생원이 또

"안되면 도끼자루하고 도리깨 살도 다 내지."

"나도 **산나물 나면 여 내다 보**탤래."

이러고 난 한 열흘 뒤에 동욱과 윤 생원은 새로 일군 밭부터 골을 치기 시작한다. 삽에다 칡새끼를 걸어 동욱이가 당기고 윤 생원이 삽질을 했다. 서 마지기 턱이나 씨를 넣었다. 꼬박 사흘이 걸렸다. 감자갈이를 마치고 동욱과 윤 생원은 박 노인을 따라 **산에서 구유감을 굴려 내**렸다. 며칠째 꽃바람이 불기 시작하자 산은 날로 물기가 어리기 시작한다.

닭이 품자리를 찾는다. 알은 딱 열 일곱 개밖에 낳지 않았다.

동욱 내외는 뜰 옆 양지쪽에서 닭을 품기면서 그의 아내가

"여보, 아무래도 방을 한 간 더 달아야 해요!"

"뭐하게 방은 또……."

"윤 생원 말요……."

ⓓ 동욱은 그의 아내의 입을 바라본다.

명숙이 엄마를 데리고 올까고―.

동욱은 비로소 말뜻을 알아차리고 **씨익 웃으**면서

"올까?"

"오다뿐이겠오. 인제 나이 서른 일곱인데, 아이를 달고 그게 어데 사는 게라고!"

"그렇게 됐으면 좋긴 하겠는데……."

"윤 생원도 알고 보니 당신보다도 세 살 위인 마흔 둘입디다. ⓔ 마흔 둘이면 한창인데 이 산속에서 어떻게 홀애비로 늙겠오."

― 오영수, 〈메아리〉

* 구유: 마소의 먹이를 담아 주는 그릇

40

윗글에 대한 설명으로 적절한 것은?

① 동욱의 아내는 장사를 나서 봤지만 손해를 보았다.

② 동욱은 도시에서 느낀 패배감을 아내의 탓으로 돌렸다.

③ 동욱 내외는 아무런 준비도 없이 산골 생활을 시작했다.

④ 동욱은 박 노인과 함께 진주에서 뒷일꾼으로 일을 다녔다.

⑤ 동욱은 명숙이 엄마가 올 것을 확신하고 미리 방을 마련해 놓았다.

41

㉠~㉤에 대한 이해로 적절하지 <u>않은</u> 것은?

① ㉠: 절망적인 상황을 벗어나고자 하는 심정이 드러나 있다.

② ㉡: 정착할 곳을 찾아가는 상황을 조금 더 견뎌주기를 바라는 심정이 드러나 있다.

③ ㉢: 봄철 농사일에 대한 기대감이 드러나 있다.

④ ㉣: 상대가 말하려 하는 내용에 대한 궁금함이 드러나 있다.

⑤ ㉤: 윤 생원의 처지를 걱정하는 모습이 드러나 있다.

42

〈보기〉를 바탕으로 윗글을 감상한 내용으로 적절하지 <u>않은</u> 것은?

[3점]

〈보기〉

　〈메아리〉에서는 삶의 의욕을 잃어가던 인물들이 '산속'에서 서로 협력하는 과정이 나타난다. 이를 통해 작가는 인물들이 공동체를 형성해 나가며 인간다운 삶을 회복하는 모습을 보여준다. 산속은 정신적 위안과 안정을 주는 공간으로, 삶의 애환을 지닌 인물들이 과거에 겪은 상처를 딛고 살아가게 해준다. 아울러 산속은 혼란한 도시와 대비되어 인물들에게 물질적 안정을 주고 일상적인 삶을 가능하게 하는 동시에 새로운 구성원을 품을 수 있는 열린 공간으로 제시된다.

---

① '아무리 버둥거려봐도 살 수가 없었'던 피난살이와 '할 일이 없'어 살 수 없던 도시는 동욱 부부가 삶의 의욕을 잃었던 원인이라고 할 수 있겠군.

② 동욱 내외가 '오지그릇 조각들'을 보면서 '가슴이 설레고 반가'워하는 장면에서 산속이 정신적 위안과 물질적 안정을 주는 공간임을 알 수 있겠군.

③ 돼지를 기르고 싶다는 윤 생원의 말에 '구시 두 개 파'겠다거나 '산나물 나면 여 내다 보'태겠다고 대답하는 장면에서 서로를 도우며 살아가는 인물들의 모습을 확인할 수 있겠군.

④ 박 노인이 윤 생원과 함께 '산에서 구유감을 굴려 내'리는 장면에서 과거의 상처를 딛고 살아가는 공동체의 모습을 확인할 수 있겠군.

⑤ 윤 생원을 생각하며 '명숙이 엄마를 데리고' 오겠다는 아내와 '씨익 웃으'며 기대하는 동욱의 모습에서 산속이 새로운 인물을 품을 수 있는 열린 공간으로 제시되어 있다고 할 수 있겠군.

[43~45] 다음 글을 읽고 물음에 답하시오.

(가) 모밀묵이 먹고 싶다.
　　그 싱겁고 구수하고
　　못나고도 소박하게 점잖은
　　촌 잔칫날 팔모상에 올라
　　새사돈을 대접하는 것.
　　그것은 저문 봄날 해질 무렵에
　　허전한 마음이
　　마음을 달래는
　　쓸쓸한 식욕이 꿈꾸는 음식.
　　또한 인생의 참뜻을 짐작한 자의
　　너그럽고 넉넉한
　　눈물이 갈구하는 쓸쓸한 식성.
　　아버지와 아들이 겸상을 하고
　　손과 주인이 겸상을 하고
　　산나물을
　　곁들여 놓고
　　어수룩한 산기슭의 허술한 물방아처럼
　　슬금슬금 세상 얘기를 하며
　　먹는 음식.
　　그리고 마디가 굵은 사투리로
　　은은하게 서로 사랑하며 어여삐 여기며
　　그렇게 **이웃끼리**
　　이 세상을 건느고
　　저승을 갈 때,
　　보이소 아는 양반 앙인기요
　　보이소 웃마을 이생원 앙인기요
　　서로 불러 길을 가며 쉬며 그 **마지막 주막에서**
　　걸걸한 막걸리 잔을 나눌 때
　　절로 젓가락이 가는
　　쓸쓸한 식욕.

　　　　　　　　　　　　　　– 박목월, 〈적막한 식욕〉

(나) 아픈 몸 일으켜 혼자 찬밥을 먹는다
　　찬밥 속에 서릿발이 목을 쑤신다
　　부엌에는 각종 전기 제품이 있어
　　일 분만 단추를 눌러도 ㉠ 따끈한 밥이 되는 세상
　　찬밥을 먹기도 쉽지 않지만
　　오늘 혼자 찬밥을 먹는다
　　가족에겐 ㉡ 따스한 밥 지어 먹이고
　　찬밥을 먹넌 사람
　　이 빠진 그릇에 찬밥 훑어
　　누가 남긴 무 조각에 생선 가시를 핥고
　　몸에서는 제일 따스한 사랑을 뿜던 그녀

깊은 밤에도
혼자 달그락거리던 그 손이 그리워
나 오늘 아픈 몸 일으켜 찬밥을 먹는다
집집마다 신을 보낼 수 없어
신 대신 보냈다는 설도 있지만
홀로 먹는 찬밥 속에서 그녀를 만난다
나 오늘
세상의 찬밥이 되어

– 문정희, 〈찬밥〉

43

(가)와 (나)의 공통점으로 가장 적절한 것은?

① 수미상관의 형태로 구조적 안정감을 부여하고 있다.
② 청자를 겉으로 드러내어 화자의 상황을 구체화하고 있다.
③ 촉각적 심상의 대비를 통해 화자의 정서를 드러내고 있다.
④ 명사로 시행을 종결하여 시적 대상의 의미를 부각하고 있다.
⑤ 향토적 분위기가 드러나는 표현을 활용하여 주제를 강조하고 있다.

44

㉠, ㉡에 대한 설명으로 가장 적절한 것은?

① ㉠은 어려운 상황 속 화자의 이상을 실현해 주는 것이다.
② ㉡은 시적 대상의 희생 없이 편리하게 지을 수 있는 것이다.
③ ㉠은 ㉡과 달리 화자의 아픈 마음을 치유해 주는 것이다.
④ ㉡은 ㉠과 달리 시적 대상의 가치 있는 사랑을 느끼게 하는 것이다.
⑤ ㉠은 과거의 기억 속에, ㉡은 현재의 생활 속에 존재하는 것이다.

45

〈보기〉를 바탕으로 윗글을 감상한 내용으로 적절하지 <u>않은</u> 것은?

[3점]

문학에서 음식은 일상적 삶의 모습을 보여주거나 정서를 환기하는 소재로 활용된다. (가)에는 모밀묵을 매개로 형상화된 삶의 모습을 떠올리며 인생의 허전함과 쓸쓸함을 달래고 싶은 화자의 정서가 드러난다. (나)에는 화자가 아플 때 혼자 찬밥을 먹었던 경험에서 어머니의 희생적 삶을 깨닫고 어머니를 그리워하는 정서가 드러난다.

① (가)에서 모밀묵은 '촌 잔칫날' '새사돈'을 대접하는 음식으로 소박한 속성을 지닌 것이지만 귀한 사람에게도 내놓을 수 있는 음식이겠군.
② (가)에서 '슬금슬금 세상 얘기를 하며' 모밀묵을 함께 먹는 모습을 통해 타인과의 관계 속에서 허전함을 달래고 싶은 화자의 정서를 드러낸 것으로 볼 수 있겠군.
③ (가)에서 '이웃끼리' '저승'에 갈 때 '마지막 주막에서' 메밀묵을 먹는 것을 통해 현실에서 느낀 쓸쓸함을 화자가 극복하였음을 보여주고 있군.
④ (나)에서 '누가 남긴 무 조각에 생선 가시를 핥'는 모습을 회상하며 어머니가 보여줬던 희생적 삶을 깨닫고 있군.
⑤ (나)에서 '아픈 몸 일으켜 찬밥을 먹는' 모습을 통해 어머니를 그리워하는 화자의 정서를 드러내고 있군.

5회 문법·어휘 완성 TEST

• 문항 수 : 4개   • 제한 시간 : 5분

01 _ 11~12번 연계 문제

〈보기〉를 참고하여 ㉠~㉣에 대해 탐구한 결과로 적절하지 <u>않은</u> 것은?

―〈보기〉―

문장은 동작이나 행위를 하는 주체가 누구인지에 따라 능동문과 피동문으로 나뉜다. 주어가 동작이나 행위를 제힘으로 하는 것을 나타내면 능동문이라고 하고, 주어가 다른 주체의 의해서 동작이나 행위를 당하는 것을 나타내면 피동문이라고 한다.

	능동문	피동문
㉠	눈이 온 세상을 덮었다.	온 세상이 눈에 덮였다.
㉡	사냥꾼이 토끼를 잡았다.	토끼가 사냥꾼에게 잡혔다.
㉢	낙엽이 바람에 난다.	낙엽이 바람에 날린다.
㉣	해당 사례 없음.	날씨가 풀렸다.

① ㉠의 피동문은 능동문에 비해 동작이나 행위의 대상을 강조한다.
② ㉡의 피동문은 행위의 주체가 중요하지 않으므로 행위의 주체를 드러내지 않았다.
③ ㉢의 피동문은 자동사에 피동 접미사가 붙어 만들어진 피동사가 쓰였다.
④ ㉣의 피동문은 행위의 주체를 상정하기 어려우므로 피동문에 대응되는 능동문이 없다.
⑤ ㉠과 ㉡은 모두 능동문의 주어가 피동문에서 부사어로 나타난다.

02 _ 14번 연계 문제

〈보기〉에서 선생님이 예로 든 음운 변동이 모두 일어나는 것은?

―〈보기〉―

선생님: 음운이 바뀌는 모든 현상을 '음운 변동'이라고 합니다. 예를 들어, '빛'을 발음할 때는 '빛'의 받침인 'ㅊ'이 [ㄷ]으로 교체되어 [빈]으로 발음합니다. 그리고 '국밥'을 발음할 때는 '밥'의 초성 'ㅂ'이 [ㅃ]으로 교체되어 [국빱]으로 발음합니다.

① 물놀이   ② 시냇물   ③ 앉거나
④ 읽는다   ⑤ 부엌도

03 _ 13번 연계 문제

〈보기〉를 바탕으로 ㉠~㉤을 이해한 내용으로 적절하지 <u>않은</u> 것은?

―〈보기〉―

'동사'는 동작이나 작용을 나타내는 단어이고, '형용사'는 성질이나 상태를 나타내는 단어이다. 동사와 형용사는 활용하는 양상이 다르다. 일반적으로 동사 어간에는 현재 시제 선어말 어미 '-ㄴ-/-는-', 현재 시제의 관형사형 어미 '-는', 명령형 어미 '-아라/-어라', 청유형 어미 '-자' 등이 붙을 수 있지만, 형용사 어간에는 붙을 수 없다.

㉠ *올해도 우리 모두 <u>새롭자</u>.
㉡ 신체가 <u>튼튼해야</u> 공부도 잘할 수 있다.
㉢ 내 발에는 아버지의 신발이 무척 <u>컸다</u>.
㉣ 나는 그를 태어나서 처음 <u>보는</u> 것처럼 느꼈다.
㉤ 나는 밖으로 나와서야 날씨가 추운 것을 <u>알았다</u>.
※ *는 비문법적인 문장임을 나타냄.

① ㉠의 '새롭자'는 어간 '새롭-'에 청유형 어미 '-자'가 붙을 수 없으므로 형용사이다.
② ㉡의 '튼튼해야'는 성질이나 상태를 나타내므로 형용사이다.
③ ㉢의 '컸다'는 어간 '크-'에 현재 시제 선어말 어미 '-ㄴ-'이 붙을 수 있으므로 동사이다.
④ ㉣의 '보는'은 어간 '보-'에 현재 시제의 관형사형 어미 '-는'이 붙을 수 있으므로 동사이다.
⑤ ㉤의 '알았다'는 동작이나 작용을 나타내므로 동사이다.

04 _ 16~20번 연계 문제

문맥상 ⓐ와 바꾸어 쓰기에 가장 적절한 것은?

비디오 아트의 유형은 형태를 기준으로 비디오 영상과 설치 비디오로 ⓐ <u>나뉜다</u>. 비디오 영상은 맥락 없는 이미지, 빈 화면 등의 실험적 이미지나 비판적 내용을 담아 만든 영상 자체를 의미한다. 설치 비디오는 영상을 텔레비전 등 다양한 사물이나 장치와 결합하여 제작한 설치물이다.

① 분간된다   ② 분류된다   ③ 분배된다
④ 분석된다   ⑤ 분열된다

[01~03] 다음은 학생의 발표이다. 물음에 답하시오.

(화면 1) 역사 동아리 친구들과 고분 답사를 갔다가 화면에서 보시는 도자기 조각 같은 것을 발견했습니다. 알고 보니 화단 장식물 파편이었는데, 만약 진짜 문화재라면 어떻게 행동해야 하는지 궁금했습니다. 혹시 여러분 중에 이런 경우에 어떻게 해야 하는지 아시는 분 있나요? (반응을 확인하고) 대부분 잘 모르시는 것 같군요. 자료 조사를 하면서 '매장 문화재 발견 신고 제도'가 마련되어 있음을 알게 되었는데, 저는 오늘 이에 대해 발표해 볼까 합니다.

땅속이나 수중, 건조물 등에 묻혀 있던 유형의 문화재를 매장 문화재라고 합니다. (화면 2) 일반적으로 이런 문화재는 화면과 같이 문화재청이나 학술 단체 등 전문 기관의 발굴 조사를 통해 세상에 나옵니다. 그런데 최근에는 매장 문화재의 발견 양상이 다양해졌고, 특히 일상생활이나 여가 활동 중에 문화재를 발견하는 경우가 늘고 있다고 합니다. (화면 3) 왼쪽에 보시는 것은 텃밭에서 농사를 짓다가 발견한 청동기 시대의 돌도끼, 오른쪽에 보시는 것은 등산 중에 발견한 백제의 기와입니다.

(화면 4) 이런 현실을 반영해 만들어진 매장 문화재 발견 신고 제도의 절차를 화면으로 보고 계시는데요, 어떤 단계들이 있는지 함께 살펴봅시다. 우선 매장 문화재를 발견하게 되면 7일 이내에 관할 지방 자치 단체나 경찰서로 신고를 해야 합니다. 신고를 받은 기관은 발견 신고서를 문화재청으로 제출하고, 해당 물건의 소유자를 찾기 위해 90일간 공고를 해야 합니다. 다음으로 문화재청은 해당 물건이 문화재인지 확인하기 위해 예비 감정 평가를 실시하고, 필요에 따라 발견 지역에 대한 현장 조사도 진행합니다.

문화재로 판명되었는데도 정당한 소유자가 나타나지 않으면 국가에 귀속시켜 보관·관리하게 됩니다. 국가는 귀속된 문화재의 가치를 최종 감정하여 신고자에게 보상금을 지급하며, 이 신고로 인근에 발굴 조사가 이루어졌다면 포상금도 지급할 수 있습니다.

(화면 5) 주의할 점도 정리해 보았는데요, 화면에 붉게 표시한 부분들에 특히 유의해야 합니다. 발견이란 우연한 기회에 드러난 문화재를 찾은 것을 말합니다. 따라서 땅속에 묻혀 있는 것을 일부러 파내어 신고하는 것은 범죄 행위인 도굴에 해당됩니다. 또한 발견하고도 신고하지 않는 경우에는 은닉죄 등이 적용되어 처벌을 받게 된다는 것도 기억해야 합니다.

매장 문화재 발견 신고는 소중한 문화재를 보호하는 데 힘이 됩니다. 그리고 무엇보다 일반 국민의 신고로 우리 문화재를 지키고 남길 수 있다는 데도 큰 의미가 있습니다. 여러분도 주변 사물들과 문화재에 더 많은 주의를 기울였으면 합니다. 끝까지 들어주셔서 감사합니다.

01

위 발표에 활용된 말하기 방식으로 적절하지 <u>않은</u> 것은?

① 발표 주제를 선정하게 된 동기를 밝히며 발표를 시작하고 있다.
② 발표 내용과 관련된 질문을 하여 청중의 관심을 유도하고 있다.
③ 구체적인 예를 활용하여 발표 내용을 효과적으로 전달하고 있다.
④ 발표 주제와 관련된 용어의 개념을 설명하여 청중의 이해를 돕고 있다.
⑤ 발표 내용을 친숙한 소재에 빗대어 표현하여 청중의 흥미를 유발하고 있다.

02

위 발표에서 자료를 활용한 방식에 대한 설명으로 가장 적절한 것은?

① 자신이 발굴한 문화재를 소개하기 위해 '화면 1'에 발견한 것의 실물 사진을 제시하였다.
② 일반적으로 매장 문화재가 세상에 나오는 상황을 보여 주기 위해 '화면 2'에 문화재청의 발굴 조사 장면을 제시하였다.
③ 발견된 문화재의 시대적 층위를 부각하기 위해 '화면 3'에 고대와 근대의 문화재를 대비하여 제시하였다.
④ 제도를 세부적으로 파악할 수 있도록 하기 위해 '화면 4'에 감정 평가의 세부 단계들을 정리하여 제시하였다.
⑤ 주의할 점을 부각하여 전하기 위해 '화면 5'에 제도 운영의 핵심 취지 부분에 강조 표시를 해서 제시하였다.

03

위 발표를 들은 학생이 〈보기〉와 같이 반응했다고 할 때, 이에 대한 설명으로 가장 적절한 것은?

① 자신이 직접 당사자가 되었던 경험과 관련지어 발표 내용에 공감하고 있군.
② 발표를 듣기 전에 지니고 있었던 의문을 발표 내용을 통해 해소하고 있군.
③ 발표의 내용을 구조적으로 파악하여 전체 내용을 간략하게 정리하고 있군.
④ 발표의 내용이 발표 목적에 부합하고 있는지를 객관적으로 분석하고 있군.
⑤ 발표 내용 중에서 사실과 다른 부분을 판단하며 비판적으로 평가하고 있군.

[04~07] (가)는 학교 홈페이지에 게시된 글이고, (나)는 (가)를 게시한 후에 열린 회의이다. 물음에 답하시오.

(가) ○○고등학교 학생 여러분, 안녕하세요. ○○고등학교 학생회입니다. 학교 공간을 사용자 중심의 공간으로 만들자는 취지에서 학교 공간 개선에 대한 논의를 진행하고 있습니다. 그 일환으로 실시된 우리 학교 공간 중 개선이 필요한 장소에 대한 온라인 투표가 여러분들의 협조 덕분에 잘 마무리되었습니다. 그 결과를 공유하고, 구체적인 개선 방안에 대한 설문 조사를 안내하기 위해 글을 쓰게 되었습니다.

투표 실시 전에 안내가 된 것처럼, 학생들이 가장 개선이 필요하다고 생각하는 학교 공간을 학생들의 의견을 적극적으로 반영하여 정비하겠다고 학교 측과 사전에 협의가 되었습니다. 전교생 중 90%가 투표에 참여했고, 그중 83%가 화장실 공간 개선을 요구하였습니다. 이에 화장실 공간 개선에 대한 구체적인 의견을 수렴하기 위해 설문 조사를 실시하고자 합니다.

오늘부터 일주일간 진행되는 설문 조사는 크게 두 가지 항목으로 이루어져 있습니다. 첫 번째로 여러분들이 생각하는 우리 학교 화장실의 문제점과 여기에 대한 해결 방안을 제안해 주십시오. 두 번째로 첨부 파일에 있는 우리 학교 각 층 화장실 도면을 참고하여 화장실의 구체적인 공간 구성에 대한 의견도 제시해 주시기 바랍니다.

학교 공간 디자인 전문가의 힘도 빌려야 하겠지만, 더 중요한 것은 학생 여러분의 의견입니다. '손이 많으면 일도 쉽다.'라는 말이 있습니다. 무슨 일이나 여러 사람이 힘을 합하면 쉽게 잘 이룰 수 있다는 이 말처럼 우리가 원하는 학교 화장실을 만들기 위해서 학생 여러분의 많은 관심과 적극적인 참여가 필요합니다.

ㄱ

(나) 선생님: 많은 학생들이 요구했던 화장실 공간 개선에 대한 회의를 시작하겠습니다. 설문 조사 기간이 일주일이었지요? 회의를 통해 화장실 개선에 대한 설문 조사 결과를 살피고, 학교 공간 디자인 전문가에게 전달할 내용들을 정리해 봅시다. 학생들은 개선이 필요한 점이 무엇이라고 이야기했는지 말해 볼까요?

학생 1: 네, 설문 조사 결과 여러 학생이 가장 불편함을 느꼈던 부분은 화장실 환기가 잘 되지 않는다는 점이었습니다. 습기가 빠지지 않아 눅눅하다는 의견, 공기 정화가 잘 되지 않는다는 의견 등이 나왔습니다.

학생 2: 맞습니다. 또 세면대 이용이 불편하다는 의견도 많았습니다. 세면대 개수가 부족하고 높이가 모두 같기에 본인의 키에 맞지 않아 불편함을 느낀다고 하였습니다.

선생님: 그렇군요. 정리하자면 학생들이 생각하는 우리 학교 화장실의 문제점은 화장실의 환기가 제대로 되지 않는다는 것과 세면대 개수와 높이에 문제가 있다는 것이네요. 그렇다면 학생들은 이러한 문제점에 대해 어떤 해결 방안을 제시하였나요?

학생 1: 화장실 환기 문제를 해결하기 위한 방안으로는, 낡고 오래되어 여닫기 힘든 창문을 교체해 달라는 의견이 있었습니다. 또한 환풍기를 추가로 설치하고 공기 정화 장치를 새롭게 설치했으면 좋겠다는 의견도 있었습니다.

학생 2: 공기 정화 장치를 설치하자는 것은 좋은 의견이네요. [A] 세면대에 대한 해결 방안으로, 먼저 학생들은 세면대가 지금보다 더 많았으면 좋겠다고 답했습니다. 또한 두 세 가지 정도의 다양한 높이로 되어 있다면 자신의 키에 맞게 사용할 수 있어서 좋을 것 같다고 하였습니다.

선생님: 그렇군요. 학생들이 생각하는 해결 방안을 잘 들었습니다. 참, 학생들에게 우리 학교 각 층 화장실의 도면도 제시했다고 알고 있는데, 이와 관련된 의견이 있었나요?

학생 2: 네, 우리 학교 1층 화장실의 도면을 참고하여
의견을 낸 학생들이 있었습니다. 다른 층에 비해 1층
화장실의 내부 공간이 여유로우니 여기에 탈의 공간을
만들어 체육복을 갈아입을 수 있도록 하면 좋겠다는
의견이 있었습니다. 저도 이 의견에 동의합니다.
학생 1: 이미 체육관 앞에 탈의 공간이 따로 있으니 탈의
공간보다는 그곳에 세면대를 더 두면 어떨까요? 저도 1층
화장실을 이용할 때 불편을 겪은 적이 있었기 때문에,
세면대를 두는 것이 넓은 공간을 잘 활용하는 방안이 될
것 같습니다.
선생님: 학교 도면이 복잡해서 잘 파악했을지 걱정이 좀
되었는데, 잘 이해하고 좋은 의견을 내어 주었네요. 그
외에 다른 의견들은 없었나요?
학생 1: 화장실 벽면에 학생들의 추천을 받아 그림이나 글귀를
부착하자는 의견도 있었습니다.
선생님: 여러 의견이 나왔네요. 이 의견들이 충분히 고려되어야
하므로 회의 내용을 학교 측과 학교 공간 디자인 전문가에게
전달하겠습니다. 그럼 다음 회의에는 학교 공간 디자인
전문가도 함께 모셔서 구체적인 시안을 바탕으로 화장실
공간 디자인을 검토하도록 합시다.

04

(가)를 이해한 내용으로 적절하지 않은 것은?

① 예상 독자를 명시한 후 글을 쓴 이유를 드러내고 있다.
② 사전 협의 내용을 밝히며 이후 진행될 과정을 제시하고
있다.
③ 온라인 투표 결과를 수치로 나타내어 독자와 결과를 공유하고
있다.
④ 설문 항목을 안내하고 설문 참여 시에 주의할 점을 덧붙이고
있다.
⑤ 관용 표현의 의미를 풀어 설명하여 독자의 참여를 유도하고
있다.

05

**〈조건〉에 따라 ㉠에 마지막 문장을 추가한다고 할 때 가장 적절한
것은?**

〈조건〉
• 서두에 제시된 학교 공간 개선의 취지를 다시 강조할 것
• 비유적 표현을 활용하여 맥락에 맞게 마무리할 것

① 전문가도 인정하는 새로운 공간이 가득한 우리 학교는
사랑입니다.
② 편안하고 쾌적한 공원 같은 우리 학교 공간을 여러분에게
소개합니다.
③ 사용자인 우리의 편의를 두루 고려한 내 집 같은 학교
공간을 함께 만듭시다.
④ 공간을 바라보는 틀에 박힌 생각에서 벗어나 우리 학교를
새롭게 바꾸어 봅시다.
⑤ 학생도 선생님도 만족하며 사용하는 학교 공간을 우리의
노력으로 만들어 봅시다.

06

(나)의 '선생님'에 대한 설명으로 적절하지 않은 것은? [3점]

① (가)에서 언급한 설문 조사 기간을 확인하고, 회의에서
논의해야 할 사항을 안내하고 있다.
② (가)에서 제시한 첫 번째 설문 항목과 관련하여 설문
조사의 결과를 모아 온 학생들의 발화를 정리하고 있다.
③ (가)에서 두 번째로 제시한 설문 항목과 관련하여 조사
결과에 대해 질문하고 있다.
④ (가)에서 언급한 설문 참고 자료를 잘 파악했는지 점검한
후 학생의 설명에 대한 자신의 이해가 적절한지 확인하고
있다.
⑤ (가)에서 언급한 관련 분야 전문가가 다음 회의 참여자임을
밝히며 다음 회의를 예고하고 있다.

07

[A], [B]에 대한 설명으로 가장 적절한 것은?

① [A]: '학생 1'은 '학생 2'의 발언과 달리 전달할 내용을
제시한 후 자신의 의견을 덧붙이고 있다.
② [A]: '학생 2'는 '학생 1'의 발언을 구체화하며 자신의
견해를 수정하고 있다.
③ [A]: '학생 2'는 '학생 1'의 발언의 일부를 긍정하며
추가적인 정보 제공을 요청하고 있다.
④ [B]: '학생 1'은 '학생 2'의 발언과 달리 조사한 내용을
말하고 그에 동의하고 있다.
⑤ [B]: '학생 1'은 '학생 2'의 발언 내용과는 다른 의견을
자신의 경험을 바탕으로 제안하고 있다.

[08~10] 다음을 읽고 물음에 답하시오.

[작문 상황]
- **작문 목적:** 새롭게 주목받는 직업에 대한 정보를 전달하는 글을 씀.
- **예상 독자:** 우리 학교 학생들

[학생의 초고]

최근 도시 경관을 아름답게 해 주고 소음과 미세 먼지를 줄이는 데에 효과가 있는 생활권 도시림이 주목받으면서, 이를 구성하는 가로수와 조경수 등을 체계적으로 관리하는 '나무의사'라는 직업이 관심을 끌고 있습니다.

나무의사는 나무의 병해충을 예방하거나 진료하는 전문가를 일컫습니다. 몇몇 나라는 우리보다 먼저 나무의사와 유사한 제도를 시행하고 있었고, 우리나라는 2018년부터 '나무의사 자격 제도'를 두어 아파트 단지나 공원, 학교 등에 있는 생활권 수목의 치료를 나무의사가 맡도록 하고 있습니다.

이전에는 '생활권 수목 병해충 방제 사업' 대부분을 비전문가가 실행하여 여러 가지 부작용이 발생했습니다. 이런 부작용을 해소하고 관리의 전문성을 더욱 강화할 필요성이 제기되면서 이 제도를 도입했다고 합니다. 특히 생활권 도시림이 해마다 증가하고 있는 것도 중요한 이유 중 하나입니다.

나무의사가 되려면 자격시험에 응시해야 하는데, 응시를 위해서는 일정한 자격 조건을 갖추어야 합니다. 수목 진료 관련 석박사 학위를 소지하고 있거나, 산림 및 농업 분야 특성화고를 졸업한 후 3년 이상의 경력이 필요합니다. 자격시험에서 1차 시험은 필기시험이고, 2차 시험은 수목 및 병해충의 분류와 약제 처리, 외과 수술로 이루어져 있습니다. 여러 단계에 거쳐 정교하게 생명을 다루어야 하기에 실제 합격률은 저조한 편이라고 합니다.

이 제도가 전면 시행되는 2023년부터는 나무의사가 없이는 나무병원을 운영할 수 없기 때문에 나무의사에 대한 수요는 계속 늘 것으로 보입니다. 자격증의 공신력도 높은 편이라서 자격증을 취득하면 관련 분야에 진출하기가 쉬워집니다. ㉠ 나무가 내뿜는 피톤치드가 우리 몸을 건강하게 하기에 나무를 잘 가꾸고 지켜야 우리의 삶이 윤택해집니다. 새로운 시대 상황에서 나무의사가 주목받는 것처럼 여러분도 사회의 변화에 관심을 갖고 다양하게 직업을 탐색했으면 좋겠습니다.

08

학생이 글을 쓰기 전에 떠올린 생각 중 글에 반영된 것은?

> ㄱ. 나무의사 제도 도입의 이유를 언급해야겠어.
> ㄴ. 나무의사 총인원의 연간 증가율을 객관적 수치로 제시해야겠어.
> ㄷ. 나무의사 자격증의 공신력이 과거에 비해 높아진 이유를 제시해야겠어.
> ㄹ. 나무의사 자격 제도에 응시할 수 있는 요건을 구체적으로 언급해야겠어.

① ㄱ, ㄴ ② ㄱ, ㄹ ③ ㄴ, ㄷ ④ ㄴ, ㄹ ⑤ ㄷ, ㄹ

09

〈보기〉는 초고를 보완하기 위해 수집한 자료들이다. 자료의 활용 방안으로 적절하지 <u>않은</u> 것은? [3점]

(나) 나무의사 김○○ 씨 인터뷰

예전부터 '나무의사'와 유사한 제도를 운영하고 있는 나라들이 있습니다. 중국의 '수예사(樹藝師)', 일본의 '수목의(樹木醫)'라는 제도가 대표적입니다. 나무는 여러 오염 물질의 정화, 온실가스 저감, 홍수나 산사태 방비 등의 기능을 합니다. 그래서 이를 관리할 나무의사의 역할이 중요해졌습니다. 나무의사의 필요성이 커지는 만큼 자격시험 응시생도 꾸준히 늘고 있으나 4회의 시험 동안 최종 합격률 평균은 응시생 대비 8% 수준에 불과합니다.

(다) 신문 기사

산림청이 실시한 '생활권 수목 병해충 관리 실태 조사' 결과에 따르면 비전문가에 의한 수목 방제 사례가 90% 이상이었다. 그로 인해 살포된 농약 중 69%는 부적절하게 사용됐고, 독한 농약과 해당 수목에 알맞지 않은 약제를 살포한 것은 78%에 달하는 것으로 나타나 시민들의 건강과 산림 자원에 위협이 되고 있다. 특히 가로수 방제용 약제 중 발암 물질을 함유하고 있는 것도 있어 전문가의 손길이 필요하다.

① (가)를 3문단에서 활용하여, 생활권 수목이 증가하고 있음을 뒷받침하는 근거로 제시한다.
② (나)를 2문단에서 활용하여, 나무의사와 유사한 제도를 이미 운영하고 있는 나라들이 있다는 내용을 뒷받침하는 근거로 제시한다.
③ (나)를 4문단에서 활용하여, 나무의사 자격시험 합격률이 저조하다는 내용을 뒷받침하기 위해 구체적인 수치를 제시한다.
④ (다)를 3문단에서 활용하여, 비전문가가 수목을 치료하는 현황과 그 부작용의 사례를 제시한다.
⑤ (다)를 5문단에서 활용하여, 나무의사가 없이는 나무병원을 운영할 수 없기 때문에 나무의사에 대한 수요가 증가한다는 근거로 제시한다.

10

〈보기〉는 선생님의 조언에 따라 ㉠을 수정한 것이다. 선생님이 조언했음 직한 내용으로 가장 적절한 것은?

─〈보기〉─

  자연환경 보호와 삶의 질 향상이 중시되는 시대이므로, 생활권 수목에 대한 관리 대책도 과거와는 달라져야 합니다. 거대한 산소 공장인 나무와 숲을 살리는 나무의사라는 전문 인력이 그 무엇보다 필요한 때입니다.

① 오늘날 나무의사의 역할이 과거와는 어떻게 달라졌는지를 알려 주면 좋겠구나.
② 국가적 차원에서 나무의사를 관리해야 전문성이 향상된다는 것을 강조하면 좋겠구나.
③ 나무의사가 등장하게 된 사회적 배경을 바탕으로 하여 나무의사의 역할을 강조하면 좋겠구나.
④ 나무의사라는 직업에 대한 소개이니, 나무의사가 되어서 하는 구체적인 업무들을 소개하면 좋겠구나.
⑤ 나무의사가 가로수와 조경수를 잘 관리해서 인간이 자연으로 부터 얻을 수 있는 혜택을 구체화하면 좋겠구나.

[11~12] 다음 글을 읽고 물음에 답하시오.

  보조사는 앞말에 붙어 특별한 뜻을 더해 주는 기능을 한다. 격조사가 문법적 관계를 나타내 주는 것과 달리, 보조사는 앞말에 결합되어 의미를 첨가하는 기능을 한다.

  ㄱ. 소설만 읽지 말고 시도 읽어라.
  ㄴ. 소설만을 읽지 말고 시도 읽어라.

  위의 ㄱ에서 '만'은 앞 체언에 '한정'의 의미를 더해 주고 있으며, '도'는 앞 체언에 '역시, 또한'의 의미를 더해 주고 있다. 한편 ㄴ의 '만을'에서 확인할 수 있듯이, 보조사와 격조사가 함께 나타날 수 있다. 이때 문법적 관계는 격 조사가 담당하고 보조사는 앞말에 특정한 의미를 더해 주는 기능을 한다.
  보조사의 다른 특징은 결합할 수 있는 앞말이 체언에 국한되지 않고, 부사, 어미 등의 뒤에도 결합할 수 있다는 것이다. 또한 '격 조사+보조사' 혹은 '보조사+보조사'의 형태로도 결합할 수 있고, 격 조사 자리에 보조사가 나타날 수도 있다.

  한편 ⓐ 보조사 중에서 ⓑ 의존 명사 또는 어미와 그 형태가 동일한 경우가 있어 헷갈릴 수 있다.

  ㄱ. 나는 나대로 계획이 있다.
[A] ㄴ. 네가 아는 대로 말해라.

  위 ㄱ에서 '대로'는 대명사 '나'에 결합되었기 때문에 보조사로, ㄴ에서 '대로'는 관형어의 수식을 받기 때문에 의존 명사로 본다.

11

윗글을 참고하여 〈보기〉의 ㉠~㉢을 이해한 것으로 적절하지 않은 것은? [3점]

─〈보기〉─

㉠ 라면마저도 품절됐네.
㉡ 형도 동생만을 믿었다.
㉢ 그는 아침에만 운동했다.

① ㉠: 격 조사 뒤에 '역시, 또한'의 의미를 더해 주는 보조사가 덧붙고 있다.
② ㉡: 주격 조사 자리에 '도'라는 보조사가 나타나고 있다.
③ ㉡: 보조사 '만'과 격 조사 '을'이 함께 나타나고 있다.
④ ㉢: '에'는 체언에 결합하여 문법적 관계를 나타낸다.
⑤ ㉢: '만'은 보조사가 결합할 수 있는 앞말이 체언에 국한되지 않음을 보여 준다.

12

[오류 문항으로 선택지를 변형하여 수록함.]

[A]에서 설명하는 ⓐ, ⓑ의 예에 해당하는 것은?

① ⓐ: 배 아픈 데<u>만큼</u>은 이 약이 잘 듣는다.
　ⓑ: 너는 먹을 <u>만큼</u>만 먹어라.
② ⓐ: 그는 그냥 서 있을 <u>뿐</u>이다.
　ⓑ: 날 알아주는 사람은 너<u>뿐</u>이다.
③ ⓐ: 그녀는 뛸 <u>듯</u>이 기뻐했다.
　ⓑ: 사람마다 생김새가 다르<u>듯</u>이 생각도 다르다.
④ ⓐ: 나는 사과<u>든지</u> 배든지 아무거나 좋다.
　ⓑ: 노래를 부르<u>든지</u> 춤을 추든지 해라.
⑤ ⓐ: 불규칙한 식습관은 건강에 좋<u>지</u> 않다.
　ⓑ: 친구를 만난 <u>지</u>도 꽤 오래되었다.

13

〈보기〉의 [활동]을 수행한 결과로 적절하지 <u>않은</u> 것은?

---〈보기〉---

[활동] 제시된 단어의 발음을 [자료]와 연결해 보자.

신라, 칼날, 생산량, 물난리, 불놀이

[자료]

㉠ 'ㄹ'의 앞에서 'ㄴ'이 [ㄹ]로 발음되는 경우
㉡ 'ㄹ'의 뒤에서 'ㄴ'이 [ㄹ]로 발음되는 경우
㉢ 'ㄴ'의 뒤에서 'ㄹ'이 [ㄴ]으로 발음되는 경우

---

① '신라'는 ㉠에 따라 [실라]로 발음하는군.
② '칼날'은 ㉡에 따라 [칼랄]로 발음하는군.
③ '생산량'은 ㉢에 따라 [생산냥]으로 발음하는군.
④ '물난리'는 ㉠, ㉡에 따라 [물랄리]로 발음하는군.
⑤ '불놀이'는 ㉡, ㉢에 따라 [불로리]로 발음하는군.

14

밑줄 친 ㉠의 예로 적절한 것은?

> 　우리말의 문장 유형은 평서문, 의문문, 명령문, 청유문, 감탄문으로 나뉘는데, 대개 특정한 종결 어미를 통해 실현된다. 그런데 경우에 따라 ㉠ <u>동일한 형태의 종결 어미가 서로 다른 문장 유형을 실현</u>하기도 한다.

① -니　┌ 너는 무엇을 먹었니?
　　　└ 아버님은 어디 갔다 오시니?
② -ㄹ게　┌ 오늘은 내가 먼저 나갈게.
　　　　└ 내가 나중에 다시 전화할게.
③ -구나　┌ 그것 참 그럴듯한 생각이구나.
　　　　└ 올해도 과일이 많이 열리겠구나.
④ -ㅂ시다　┌ 지금부터 함께 청소를 합시다.
　　　　　└ 밥을 먹고 공원에 놀러 갑시다.
⑤ -어라　┌ 늦을 것 같으니까 어서 씻어라.
　　　　└ 그 사람을 몹시도 만나고 싶어라.

15

〈보기〉는 '사전 활용하기 학습 자료'의 일부이다. 이에 대해 탐구한 내용으로 적절하지 <u>않은</u> 것은?

---〈보기〉---

갈다[1] 〔동〕 갈아[가라] 가니[가니]
【…을, …을 …으로】 이미 있는 사물을 다른 것으로 바꾸다.
　¶ 컴퓨터의 부속품을 좋은 것으로 갈았다.

갈다[2] 〔동〕 갈아[가라] 가니[가니]
①【…을】 날카롭게 날을 세우거나 표면을 매끄럽게 하기 위하여 다른 물건에 대고 문지르다.
　¶ 옥돌을 갈아 구슬을 만든다.
②【…을】 잘게 부수기 위하여 단단한 물건에 대고 문지르거나 단단한 물건 사이에 넣어 으깨다.
　¶ 무를 강판에 갈아 즙을 낸다.

갈다[3] 〔동〕 갈아[가라] 가니[가니]
①【…을】 쟁기나 트랙터 따위의 농기구나 농기계로 땅을 파서 뒤집다.
　¶ 논을 갈다.
②【…을】 주로 밭작물의 씨앗을 심어 가꾸다.
　¶ 밭에 보리를 갈다.

---

① '갈다[1]', '갈다[2]', '갈다[3]'은 동음이의어이군.
② '갈다[3]'은 여러 가지 뜻을 가지므로 다의어이군.
③ '갈다[2]-②'의 용례로 '무딘 칼을 날카롭게 갈다.'를 추가할 수 있겠군.
④ '갈다[1]'은 '갈다[2]', '갈다[3]'과 달리 부사어를 요구할 수도 있는 동사로군.
⑤ '갈다[1]', '갈다[2]', '갈다[3]'은 '갈-'에 '-니'가 결합할 때 표기와 발음이 같군.

상담 이론이자 상담 기법인 '현실요법'에서는 인간의 다섯 가지 기본 욕구를 제시하고 있다. 이 이론에서는 개인의 모든 행동은 기본 욕구를 충족시키기 위해서 그 자신이 선택하는 것이라 보았다. 만약 이러한 선택으로 문제가 발생한다면 다섯 가지 기본 욕구를 실현 가능한 수준으로 타협하고 조절해 새로운 선택을 할 필요가 있다고 ⓐ 제안했다.

다섯 가지 기본 욕구 중 첫째는 '생존의 욕구'로, 자신의 삶을 유지하려는 생물학적인 속성이다. 사회적 규칙이나 상식을 지키려는 욕구이며, 생존에 필요한 것을 아끼고 모으려는 욕구이기도 하다. 이 욕구가 강한 사람은 건강과 안전을 중시하는 편이다. 둘째는 '사랑의 욕구'로, 사랑하고 나누며 함께하고자 하는 욕구이다. 이 욕구가 강한 사람은 타인을 잘 돕고, 사랑을 주는 만큼 받는 것도 중요하게 여기기에 인간관계에서 힘들어하기도 한다. 셋째는 '힘의 욕구'로, 경쟁하여 성취하고 인정받고 싶어 하는 욕구이다. 이 욕구가 강한 사람은 직장에서의 성공과 명예를 중시하고 높은 사회적 지위에 ⓑ 도달하기 위해 노력한다. 또한 자기가 옳게 여기는 것에 대한 의지가 있어 자기주장이 강하며 타인에게 지시하는 일에 능하다. 넷째는 '자유의 욕구'로, 무언가에 얽매이지 않고 벗어나고 싶어 하는 욕구이다. 이 욕구가 강한 사람은 상대방을 구속하는 것, 자신을 구속시키는 것을 싫어한다. 그래서 상대방에게 대체로 관대하고, 혼자 하는 것을 좋아하며, 사람들과 적정한 거리를 유지하는 것을 편하게 여긴다. 다섯째는 '즐거움의 욕구'로, 새로운 것을 배우고 놀이를 통해 즐기고 싶어 하는 욕구이다. 이 욕구가 강한 사람은 취미 생활을 즐기며, 잘 웃고 긍정적 태도를 취한다. 또한 호기심이 많기에 배우는 것을 좋아한다.

현실요법에서는 이 다섯 가지 욕구들의 강도가 개인마다 달라 행동 양상이 다양하게 나타나고, 여러 가지 갈등을 겪을 수도 있다고 보았다. 현실요법은 우선 내담자*가 자신의 욕구를 들여다볼 수 있도록 한 다음, 약한 욕구를 북돋아 주거나 강한 욕구들 사이에서 타협과 조절을 하여 새로운 선택을 하도록 이끄는 단계를 밟는다. 예를 들어 사랑의 욕구가 강하고 힘의 욕구가 약한 사람이 타인의 부탁에 불편함을 느끼면서도 거절하지 못해 괴로워한다고 가정해 보자. 이 경우 현실요법에서는 ㉠ <u>힘의 욕구를 북돋아 자기주장을 표현할 수 있도록 도울 수 있다.</u> 또 자유의 욕구와 힘의 욕구 모두가 강한 사람은 자신이 ⓒ <u>선호하는</u> 것을 우선시하고 이것이 방해받으면 불편해하며 주변 사람들과 갈등을 일으킬 수 있다. 이 경우 힘의 욕구를 조절하도록 이끌 수 있는데, 타인과의 사소한 의견 충돌 상황에서 자기주장을 강조하기보다는 타인의 마음을 헤아리고 그 의견을 ⓓ <u>겸허하게</u> 수용하는 연습을 하게 할 수 있다.

현실요법은 타인의 욕구 충족을 방해하지 않으면서 효과적인 선택을 통해 자신의 욕구를 충족시키려 한다. 이는 내담자가 외부 요인에 의해 통제되는 존재가 아니라 스스로 자신의 욕구를 조절할 수 있는 주체라고 보는 관점을 기반으로 한다. 현재 현실요법은 상담 분야에서 호응을 얻어 심리 상담에 널리 ⓔ <u>활용</u>되고 있다.

* 내담자: 상담실 따위에 자발적으로 찾아와서 이야기하는 사람

16

윗글에 대한 설명으로 가장 적절한 것은?

① 이론의 주요 개념을 밝히고 그 이론의 구체적 적용 사례를 들고 있다.
② 이론을 소개하고 장점을 밝힌 후 그 이론이 지닌 한계를 덧붙이고 있다.
③ 이론이 등장하게 된 사회적 배경과 이론이 발전하는 과정을 드러내고 있다.
④ 하나의 이론과 다른 관점의 이론을 대조하여 둘의 차이점을 부각하고 있다.
⑤ 이론의 주요 개념을 여러 유형으로 나눈 다음 추가할 새로운 유형을 소개하고 있다.

17

윗글의 내용과 일치하지 <u>않는</u> 것은?

① 약한 욕구를 강한 욕구로 대체해야 갈등에서 벗어날 수 있다.
② 개인이 지닌 욕구들의 강도에 따라 다양한 행동 양상이 나타난다.
③ 현실요법에서는 내담자는 외부 요인에 의해 통제되는 존재가 아니라고 본다.
④ 현실요법에 따르면 인간은 기본 욕구를 충족시키기 위해 스스로 행동을 선택한다.
⑤ 현실요법은 기본 욕구들을 실현 가능한 수준으로 타협하는 것이 가능하다고 본다.

18

㉠의 구체적인 방법으로 가장 적절한 것은?

① 자신과 다른 의견을 경청하는 연습을 하도록 이끈다.
② 부탁을 거절하거나 자신의 불편함을 표출하도록 이끈다.
③ 혼자 어디론가 떠나거나 혼자만의 시간을 갖도록 권한다.
④ 타인과 약속을 잘 지킬 수 있는 원칙을 만들도록 권한다.
⑤ 사람들과 어울려 새로운 취미 생활을 즐길 수 있도록 권한다.

① A는 '즐거움의 욕구'보다 '힘의 욕구'가 더 강하다고 할 수 있겠군.
② B는 '힘의 욕구'가 '생존의 욕구'보다 더 약하다고 할 수 있겠군.
③ A는 B보다 '힘의 욕구'가 더 약하다고 할 수 있겠군.
④ A와 B는 모두 '자유의 욕구'가 매우 강하다고 할 수 있겠군.
⑤ A는 '사랑의 욕구'가 '즐거움의 욕구'보다 강하지만, B는 '즐거움의 욕구'가 '사랑의 욕구'보다 강하다고 할 수 있겠군.

19

윗글을 바탕으로 〈보기〉를 이해한 내용으로 적절하지 <u>않은</u> 것은?

[3점]

〈보기〉

A, B 학생의 욕구 강도 프로파일
(5점: 매우 강하다, 4점: 강하다, 3점: 보통이다,
2점: 약하다, 1점: 매우 약하다)

다섯 가지 기본 욕구 측정 항목		욕구 강도	
		A	B
(가)	• 남의 지시와 잔소리를 싫어한다. • 자신의 방식대로 살고 싶다. ⋮	5	5
(나)	• 다른 사람의 잘못을 잘 짚어 준다. • 내 분야에서 최고가 되고 싶다. ⋮	4	1
(다)	• 친구를 위한 일에 기꺼이 시간을 낸다. • 친절을 베푸는 것을 좋아한다. ⋮	5	1
(라)	• 큰 소리로 웃는 것을 좋아한다. • 여가 활동으로 알찬 휴일을 보낸다. ⋮	1	3
(마)	• 균형 잡힌 식생활을 하려고 노력한다. • 저축을 중요하게 생각한다. ⋮	2	5

20

ⓐ~ⓔ의 사전적 의미로 적절하지 <u>않은</u> 것은?

① ⓐ: 안이나 의견으로 내놓음.
② ⓑ: 사람이나 동식물 따위가 자라서 점점 커짐.
③ ⓒ: 여럿 가운데서 특별히 가려서 좋아함.
④ ⓓ: 스스로 자신을 낮추고 비우는 태도가 있음.
⑤ ⓔ: 충분히 잘 이용함.

[21~25] 다음 글을 읽고 물음에 답하시오.

　물이 담긴 욕조의 마개를 빼면 물이 배수구 주변에서 회전하며 소용돌이를 일으킨다. 배수구에서 멀리 떨어져 있으면 빨려 들어가는 속도의 크기가 0에 가깝고, 배수구 중앙에 가까울수록 속도가 빨라진다. 원운동을 하는 물체의 이동 거리, 즉 호의 길이가 시간에 따라 변하는 비율을 원주속도라고 한다. 욕조의 소용돌이 중심과 가장 가까운 부분에서 최대 원주속도가 나오고, 소용돌이 중심에서 멀어져 반지름이 커짐에 따라 원주속도가 감소한다. 이 소용돌이를 '자유 소용돌이'라 하는데, 배수구로 들어간 물은 물체의 자유낙하처럼 중력의 영향 아래 물 자체의 에너지로 운동을 유지한다.

이와 달리 컵 속의 물을 숟가락으로 강하게 휘젓거나 컵의 중심선을 회전축으로 하여 컵과 물을 함께 회전시키는 상황을 생각해 보자. 이때 원심력 등이 작용해 중심의 물 입자들이 컵 가장자리로 쏠려 컵 중앙에 있는 물의 압력이 낮아지면서 ㉠ 가운데가 오목한 소용돌이가 만들어진다. 회전이 충분히 안정되면 물 전체의 회전 속도, 즉 회전하는 물체의 단위 시간당 각도 변화 비율인 ㉡ 각속도가 똑같아져 마치 팽이가 돌듯이 물 전체가 고체처럼 회전한다. 이때 물은 팽이의 회전과 같이 회전 중심은 원주속도가 0이 되고 중심에서 멀어질수록 반지름에 비례하여 원주속도가 증가하는 분포를 보인다. 이 소용돌이를 '강제 소용돌이'라 하는데, 용기 안의 물이 회전 운동을 유지하려면 에너지를 외부에서 인위적으로 제공해야 한다.

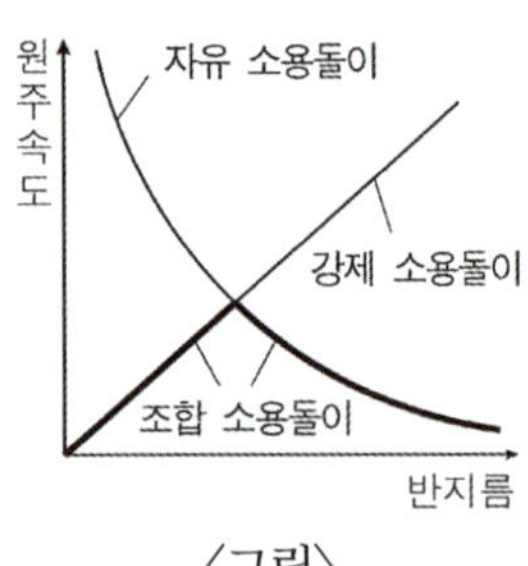

숟가락으로 컵 안에 강제 소용돌이를 만든 후 숟가락을 빼고 일정한 시간 동안 관찰하면 가운데에는 강제 소용돌이, 주변에는 자유 소용돌이가 발생한다. 〈그림〉에서 보는 것처럼 이를 '랭킨의 조합 소용돌이'라고 한다. 이는 전체를 강제로 회전시킨 힘을 제거했을 때 바깥쪽에서는 원주속도가 서서히 떨어지고, 중심에서는 원주속도가 유지되는 상태의 소용돌이다. 조합 소용돌이에서는 소용돌이 중심에서 원주속도가 최소가 되고, 강제 소용돌이에서 자유 소용돌이로 전환되는 점에서 원주속도가 최대가 된다. 조합 소용돌이의 예로 ㉢ 태풍의 소용돌이를 들 수 있다.

이러한 원리를 적용한 분체 분리기는 기체나 액체의 흐름으로 분진 등 혼합물을 분리하는 장치이다. 혼합물에 작용하는 원심력도 이용하기 때문에 원심 분리기, 공기의 흐름이 기상 현상의 사이클론과 비슷해서 사이클론 분리기라고도 한다. 그 예로 쓰레기용 필터가 없는 가정용, 산업용 ㉣ 사이클론식 청소기를 들 수 있다. 원통 아래에 원추 모양의 통을 붙이고 원추 아래에 혼합물 상자를 두는데, 내부 중앙에는 별도의 작은 원통인 내통이 있다. 혼합물을 함유한 공기를 원통부 가장자리를 따라 소용돌이를 만들어 시계 방향으로 흘려보내면, 혼합물은 원통부와 원추부 벽면에 충돌하여 떨어져 바닥에 쌓인다. 유입된 공기는 아래쪽 원추부로 향할수록 원주속도를 증가시키는 자유 소용돌이를 만들고, 원추부 아래쪽에서는 강해진 자유 소용돌이가 돌면서 강제 소용돌이를 만들어 낸다. 강제 소용돌이는 용기 중앙의 내통에서 혼합물이 없는 공기로 흐르게 되어 반시계 방향으로 돌며 배기된다.

21

윗글의 내용과 일치하지 <u>않는</u> 것은?

① 자연에서 발생하는 소용돌이는 모두 자유 소용돌이이다.
② 배수구에서 멀어지면 원운동을 하는 물의 속도는 느려진다.
③ 강제 소용돌이는 고체처럼 회전하고 회전 중심의 속도는 0이다.
④ 분체 분리기는 자유 소용돌이로 강제 소용돌이를 만들어 낼 수 있는 기계 장치이다.
⑤ 용기 안의 강제 소용돌이는 외부에서 가해지는 힘이 있어야 운동을 유지할 수 있다.

22

㉠에 대한 설명으로 적절한 것은?

① 물이 회전할 때 원심력과 압력은 서로 관련이 없다.
② 컵 중앙 부분으로 갈수록 물 입자의 양이 많아진다.
③ 컵 반지름이 클수록 물을 회전시키는 에너지 크기는 작아진다.
④ 컵 속에서 회전하는 물의 압력이 커진 부분은 수면이 높아진다.
⑤ 외부 에너지를 더 가하더라도 회전 중심의 수면 높이는 변화가 없다.

23

㉡을 통해 알 수 있는 것은?

① 각속도가 시간이 지남에 따라 점점 빨라지겠군.
② 단위 시간당 각도가 변하는 비율이 수시로 달라지겠군.
③ 각속도는 회전 중심에서 가깝든 멀든 상관없이 일정하겠군.
④ 강제 소용돌이의 수면 어느 지점에서나 원주속도는 항상 같겠군.
⑤ 강제 소용돌이는 자유 소용돌이와 같은 원주속도 분포를 보이겠군.

24

윗글을 바탕으로 ⓒ을 이해할 때, 〈보기〉의 ⓐ~ⓒ에 들어갈 말로 적절한 것은?

태풍 중심 부분은 '태풍의 눈'이라 하고 (ⓐ)의 중심에 해당한다. 강제 소용돌이와 자유 소용돌이의 경계층에 해당하는 부분은 '태풍의 벽'이라고 하여 바람이 (ⓑ). 이는 윗글 〈그림〉의 (ⓒ)에 해당한다.

	ⓐ	ⓑ	ⓒ
①	자유 소용돌이	강하다	자유 소용돌이와 강제 소용돌이의 교차점
②	자유 소용돌이	약하다	반지름이 가장 큰 자유 소용돌이의 지점
③	강제 소용돌이	강하다	반지름이 가장 작은 자유 소용돌이의 지점
④	강제 소용돌이	약하다	반지름이 가장 큰 강제 소용돌이의 지점
⑤	강제 소용돌이	강하다	자유 소용돌이와 강제 소용돌이의 교차점

25

〈보기〉는 ⓔ의 구조를 그림으로 나타낸 것이다. 윗글을 읽은 학생의 반응으로 적절하지 <u>않은</u> 것은? [3점]

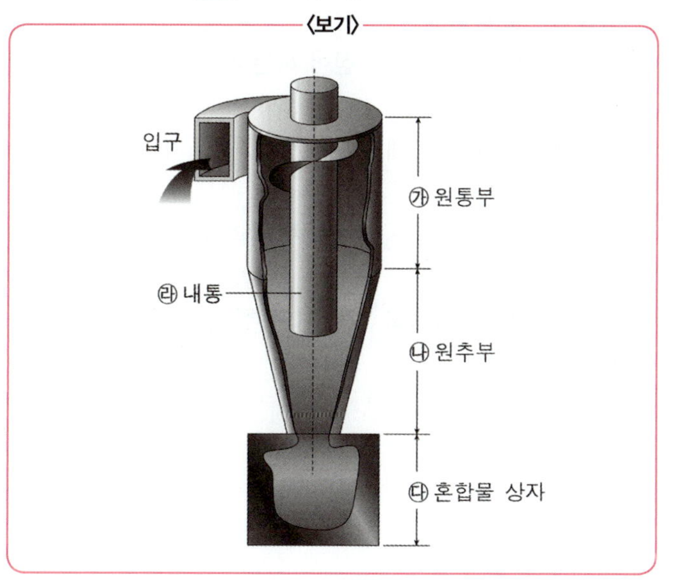

① ㉮에서는 소용돌이가 시계 방향으로 돌아 혼합물에 원심력이 작용하겠군.

② ㉮보다 ㉯에서 소용돌이의 원주속도가 상대적으로 빠르겠군.

③ ㉰에 모인 쓰레기나 혼합물이 ㉣ 내부에서 도는 소용돌이를 통해 외부로 배출되겠군.

④ ㉣의 반지름이 커지면 ㉣에서 반시계 방향으로 도는 소용돌이의 원주속도는 빨라지겠군.

⑤ 산업용으로 돌조각을 분리한다면 ㉮와 ㉯에 충격이나 마모에 강한 소재를 써야겠군.

[26~28] 다음 글을 읽고 물음에 답하시오.

[앞부분의 줄거리] '나'는 취재 차 중앙아시아로 향하면서 강제 이주된 고려인 동포들의 삶을 목격한다. 또한 한국을 그리며 '말 배우는 아이'라는 글을 쓴 고려인 '류다'를 만나길 희망한다. 알마아타에 도착한 '나'는 인근 우슈토베 지역을 여행하며 고려인 '미하일'로부터 류다가 이식쿨 호수 근처에 살고 있음을 듣게 된다.

"여기 사람들이 말하는데, 그 호수 밑에 옛날 도시가 가라앉아 있다고 그렇게 말합니다."

내가 그 호수에 관심을 보이자 미하일이 말했다. 그는 드물게도 서울 동숭동에 있는 해외동포교육원의 초청을 받아 어느새 한국에도 갔다 왔다고 했는데, **우리말을 꽤 정확하게 구사하고** 있었다. 그의 말에 나는 더욱 흥미를 갖지 않을 수 없었다.

"호수 밑에……"

나는 음료수와 함께 나온 깡통 맥주를 한 모금 마시며 그 먼 호수를 머릿속에 그렸다. 미하일의 말에 의하면 키르기스말로 이식쿨의 이식은 뜨겁다는 뜻이며, 쿨은 호수라고 했다. 또, 이식쿨의 물은 위는 민물, 아래는 짠물이며, 이에 비교되어 발하슈호수는 한쪽이 민물, 다른 쪽이 짠물로서, 서로 차이를 보인다는 것이었다. 그리고 키르기스스탄의 소설가 아이트마토프가 쓴 《하얀 배》라는 소설까지 들먹거렸다. 부모가 이혼하는 바람에 그 호숫가의 할아버지 집으로 와 살고 있는 한 소년이 호수를 떠가는 **하얀 배**를 보면서, 커다란 물고기가 되어 **배를 따라가기를 꿈꾸는** 이야기라는 것이었다. 그의 말을 들으면서 나는 나대로 학교 시절에 읽은 독일 소설가 슈토름의 소설 《이멘 호수》를 떠올리고도 있었다.

㉠ "하얀 배라……"

신비하고 아름다운 광경이 내 머리를 자극했다.

그러던 나는 한글 선생이나 미하일 누구에게랄 것 없이 그곳까지 가볼 수는 없느냐고 조심스럽게 물었다. 미하일이 들려주는 이야기는 모두 그 호수를 향한 내 마음을 한층 북돋우기에 부족함이 없는 것이었다.

그러나 미하일에 의하면, 알마아타에서 호수까지는 직선거리는 그리 멀지 않지만 천산 산맥이 가로막혀 있어서 서남쪽 고갯길이 뚫린 곳으로 빙 돌아가야 하기 때문에 상당히 멀다는 것이었다.

ⓛ "꼭 거길 가봤으면 하는데……무슨 방법이 없었을까요?"
나는 한글 선생과 미하일을 번갈아 쳐다보며 간청하다시피 했다. 내 말에 미하일은 한참 동안 생각을 하는 듯하다가 마침내 자기도 이 기회에 비탈리를 찾아가서 한번 만날 겸 같이 가보자고 말했다. 알마아타로 가서 차편을 알아보자는 것이었다. 이렇게 되어 나는 정말 뜻하지 않게 그 호수를 향하여 떠나게 된 것이었다.

우슈토베에의 여행에서 얻은 것은 적지 않은 셈이었다. 다른 것은 그렇다 치더라도 무엇보다 우리 동포들의 무덤을 보았고, 그들이 저 1937년에 내동댕이쳐 버려졌던 처절한 삶의 뿌리를 내리기 위해 **광야에 파놓은 갈대 움막집의 흔적**을 보았다. 오늘날 그곳에 문을 연 한글학교도 보았다. ⓒ 그러나 무엇보다도 내 가슴을 뛰게 한 것은 새로운 세계, 산속의 호수를 향해 가게 된 것이었다.

(중략)

그 호수를 보겠다고 해서, 카라가지나무와 주다나무와 미루나무와 버드나무를 이정표로 달려왔고, 드디어 보았다. 그러나……

나는 머리에 '그러나'가 꼬리표처럼 따라붙는 것을 어쩌지 못했다. 서울에서의 문제들은 서울에 가서의 일이다. ⓔ 나는 그 꼬리표를 떼어내려고 머리를 흔들었다. 그러나……

그때였다. 유원지의 돌 축대를 바라보던 나는 거기 웬 나무가 한 그루 우뚝 서 있는 것을 보았다. 들어올 때는 눈에 띄지 않은 까닭을 알 수 없었다. 아니다. 그 나무만 서 있었다면 그냥 스쳐 지나갔을지도 모른다. 그러니까 나는 그 나무만을 본 것이 아니라 그 옆에 서 있는 한 여자를 함께 본 것이었다. 젊고 환한 얼굴이 나무 그늘에 묻혀 있었다.

"류다!"
미하일이 소리쳤다. 우리는 돌 축대를 올라가 그 나무 아래로 걸음을 옮겼다. 서로 몇 마디의 러시아말이 오가고 난 뒤 내가 소개되었다.

"안녕하십니까."
맑은 눈동자가 나를 바라보았다. 순간, 나는 너무나 **또렷한 우리말**에 놀라지 않을 수 없었다. 중앙아시아에서 처음 들어 보는 또렷한 우리말이었다. 그리고 그 말 뒤에 '이 말은 우리 민족 말입니다'하는 말이 소리 없이 뒤따르고 있음도 또렷이 느낄 수 있었다.

"아, 안녕하십니까."
ⓜ 나는 엉겁결에 똑같이 따라하고 말았다. 그와 함께 나는 그 단순한 인사말이 왜 그렇게 깊은 울림으로 온몸을 떨리게 하는지 형언할 수 없는 감동에 휩싸였다. ⓐ 개양귀비 꽃밭이 수런거리고, 숲 속의 들고양이들이 귀를 쫑긋거리고, 커다란

까마귀들이 전나무 가지를 치고 날았으며, 사막쥐들이 이리 뛰고 저리 뛰고, 돌소금이 하얗게 깔린 사막으로 큰바람이 이는 광경이 눈에 어른거렸다. 천산에서 빙하가 우르르르 무너지는 소리가 들린다고도 생각되었다.

나는 호수 건너 눈 덮인 천산을 바라보았다. '그러나'라고 미진했던 마음이 그녀의 "안녕하십니까"에 눈 녹듯 스러지는 듯 싶었다. 건너편의 천산이 내게 "안녕하십니까"의 새로운 의미를 배워 주고 있다고 받아들여졌다. **멀리 동방의 조상 나라**를 동경하며 하얀 배를 그리는 모습이 거기 있음을 알 수 있었다.

그녀가 그 그늘에 서 있던 나무가 바로 러시아말로 '키파리스'인 사이프러스였다. 스타니슬라브는 그 나무가 본래 중앙아시아에는 없는 나무로서 그루지야에나 가야 많다고 설명해 주었다. 아마도 유원지가 북적거리던 시절, 무슨 기념으로 심은 나무일 것이라고도 했다.

그날 그녀를 만나서 이야기를 나눈 시간은 매우 짧을 수밖에 없었다. 우리는 곧 알마아타로 돌아가야 했고, 또 내가 그녀와 오랫동안 함께 있어야 할 이유도 특별히 없는 것이었다. 그러나 나는 그 어느 때보다도 많은 느낌을 받았다.
ⓑ 키르기스스탄의 사이프러스나무 아래 우리 민족의 말인 "안녕하십니까"의 의미를 전혀 새롭게 말하는 처녀가 있었다. 나는 돌아오는 차 안에서도 내내 그 모습이 머리에서 떠나지를 않았다. 그리고 그 나무 아래서 호수를 바라보았을 때 물에 비치던 하얀 만년설의 산봉우리를 눈에 그렸다. 그리고 그것이 바로 하얀 배의 또 다른 모습이라고 깨달은 나는 입속으로 가만히 "안녕하십니까"를 되뇌었다.

– 윤후명, 〈하얀 배〉

26

㉠~㉤에 대한 이해로 적절하지 <u>않은</u> 것은?

① ㉠: 이식쿨 호수와 관련된 이야기를 듣고 흥미를 느끼고 있음이 드러난다.
② ㉡: 이식쿨 호수에 가고 싶어 하는 간절한 마음을 확인할 수 있다.
③ ㉢: 계획에 없었던 새로운 여정에 대한 기대감과 설렘이 나타난다.
④ ㉣: 이식쿨 호수만을 생각하며 달려왔던 것을 반성하는 마음이 드러난다.
⑤ ㉤: 놀라움에 자신도 생각지 못한 반응이 나타났음을 확인할 수 있다.

27

ⓐ와 ⓑ에 대한 설명으로 가장 적절한 것은?

① ⓐ는 상상 속 장면을 활용하여, ⓑ는 과거 회상을 활용하여 인물의 내면 상황을 드러내고 있다.

② ⓐ는 내적 독백을 사용하여, ⓑ는 구어체를 사용하여 인물 사이의 대립 양상을 제시하고 있다.

③ ⓐ는 전해 들은 이야기를 통해, ⓑ는 직접 경험한 사건을 통해 인물의 성격을 구체적으로 보여 주고 있다.

④ ⓐ는 외부 세계를 묘사하여, ⓑ는 인물 간의 대화를 서술하여 인물이 처한 상황을 객관적으로 전달하고 있다.

⑤ ⓐ는 앞으로 일어날 일들을 제시하여, ⓑ는 이전에 일어난 일들을 제시하여 인물의 심리 변화 과정을 나타내고 있다.

28

〈보기〉를 바탕으로 윗글을 감상한 내용으로 적절하지 <u>않은</u> 것은?

[3점]

> ───〈보기〉───
>
> 이 작품에서 '하얀 배'는 외부 세계에 대한 동경을 상징하는 것으로, 중앙아시아 동포들의 고국에 대한 그리움을 서정적으로 드러내는 기능을 한다. '나'는 하얀 배를 그리는 소년과 류다를 연결지어 이해하면서, 류다를 포함한 중앙아시아 동포들이 시련이 연속되는 삶 속에서도 언어를 통해 민족의 정체성을 잃지 않으려는 모습에 주목한다.

① '호수 밑에 옛날 도시'는 소년이 '하얀 배'를 타고 가고자 하는 동경의 공간으로 '나'가 지향하는 곳이군.

② 미하일이 '우리말을 꽤 정확하게 구사하'는 것은 민족의 정체성을 잃지 않으려는 동포들의 모습으로 볼 수 있군.

③ '광야에 파놓은 갈대 움막집의 흔적'은 중앙아시아 동포들이 겪었던 시련을 증명하는 것이겠군.

④ '나'는 류다의 '너무나 또렷한 우리말'에서 동포들의 고국에 대한 그리움을 읽어 내고 있군.

⑤ '나'는 '멀리 동방의 조상 나라'를 꿈꾸는 류다와 '배를 따라가기를 꿈꾸는' 소년을 연관지었군.

[29~32] 다음 글을 읽고 물음에 답하시오.

㉠ 황성에 병란(兵亂)이 일어났고, 살기(殺氣)가 등등하며, 천자는 피신한 모양이라. 국진은 재빨리 방으로 들어와 무장을 갖추고, 머리에 황금 투구를 쓰고, 몸에 풍운갑을 입고, 좌수에 절륜도와 우수에 청학선, 이런 식으로 무장을 갖추자 잠시도 지체없이 말에 뛰어오르리라.

그리하여 국진은 필마단기(匹馬單騎)*로 나는 듯이 달렸고, 달리면서도 자기의 중대한 임무를 잊지 않은 터라. 그의 빛나는 준마는 순식간에 그를 황성으로 옮겨 주니, 그의 마음과 몸과 말은 실로 혼연일체가 된 듯하더라.

아니나 다르랴, 그가 읽은 천기는 정확하였으니, 달마국의 수십만 대군은 명나라 군을 무찔러 없애고, 이 때 황성으로 쳐들어와 황성의 운명은 경각에 달하였으니, 국진은 즉시 궐내로 들어가 어전에 꿇어 엎드려 가로되,

[A] "소신이 중임을 맡아 원방(遠方)에 갔사와 폐하께 근심을 끼쳤사오니 이것은 모두가 신의 죄인 줄로 아뢰오. 적병을 파한 후에 죄를 당하여지이다."

하고 아뢰더라.

절망한 천자는 그것이 누군가 처음에는 잘 모르시는 듯하다가 장국진이라는 것을 아시자 놀라시며, 계하로 뛰어내려가 그의 손을 잡고 반가워서 어쩔 줄을 몰라 하시며,

[B] "경이 있었으면 무슨 근심을 하리오. 경은 힘을 다하여 사직(社稷)을 안보(安保)하고 짐의 근심을 덜라."

하고는 눈물을 뿌리며 애걸하듯이 하교하시더라.

적은 어느새 도성에 다다르고 도성의 백성들은 아우성치니, 이는 지옥을 상상하게 하더라. 그것은 도무지 구할 도리가 없는 완전한 파멸을 보는 듯하더라. 이것을 어느 누구의 힘으로 구원하여 밝은 빛을 뿌려 터인가.

국진은 다시 말에 오르자, **한 손에 절륜도, 또 한 손에 청학선을 흔들며** 성문을 빠져나가 물밀 듯 밀려드는 수십만 ㉡ 적군의 진영으로 비호처럼 달리더라. 그의 절륜도가 닿는 곳마다 번갯불이 번쩍 일더니 적장과 적 군사는 **추풍낙엽같이** 쓰러지니, 적군에게는 전혀 예상하지 못한 일대 혼란이 일더라. 그들의 시체는 산을 이루고 피가 바다를 이루면서 물러가니라.

[중략 부분의 줄거리] 국진은 달마국을 정벌하기로 결심하고 이를 위해 전장으로 떠난다. 달마국은 천원국과 합력하여 국진을 대적한다.

결국 국진이 병을 얻어 누운 것도 당연한 이치일 터라. 이것은 전투 중에 치명적인 일로, 국진은 군중에 엄명을 내려 진문을 굳게 닫게 히고 이 이려운 지경을 이찌 구힐 것인지 궁리에 궁리를 더하더라. 적은 몇 번이고 도전하니, 이쪽의 진 앞에서 호통을 지르곤 하더라. 그러나 국진의 진에서 아무런 답이 없자 백운도사와 오금도사는 장국진에게 중대한 곡절이 있음을 의심하기 시작하더라.

며칠이 지나도 국진의 **신병은** 조금도 **차도가** 없으니, 이 위급함을 무엇으로 해결하여야 한단 말인가.

이 때 어려서부터 닦아 온 천문지리가 누구보다 능통한 이 부인이 천기를 보고 있던 터라, 남편의 이런 사실을 깨닫고는 놀라움을 금치 못하더라. 더욱이 옆에 있던 유 부인 역시 남편의 위험에 애통해 하니, 장 승상이나 왕씨도 이 소식을 듣고 달려와 올 따름이더라. 육도삼략과 손오병법에도 능통한 이 부인은 생각 끝에 결연히 일어서더니, ⓒ 달마국 전장으로 달려가 병을 앓는 남편을 구하고 이 싸움을 결단 지으리라 결심하더라.

이 부인은 즉시 남장을 하고 머리에 용인 투구를 쓰고, 몸에 청사 전포를 입고, 왼손에 비린도, 오른손에 홀기를 들고는, 시부모와 유 부인과 주위 사람들에게 이별을 고하고 필마단기로 달마국을 향하여 ⓔ 길을 떠나리라. 유 부인은 멀리 전송을 나와 이 부인의 전도를 근심하며, 봉서 한 통과 바늘 한 쌍을 유 부인의 품속에서 내어 주더라.

그리고 이 부인에게 말하되,

"이것을 가지고 동정호 물 건널 제 물에 던지면 용왕 부인이 청할 것이니, 들어가 보옵소서. 동정호 용왕은 첩의 전생 부모이니 부모가 보오면 반가워할 터요, 이제 **가장 좋은 선약(仙藥)을 얻어** 가야 승상의 목숨을 구할 것이오. 다음은 선녀 한 쌍을 얻어 가야 천원 왕과 달마 왕을 잡으리라."

하니, 이 부인은 그것을 받아 가지고 질풍처럼 달리더라.

동정호에 왔을 때 이 부인은 유 부인이 시킨 대로 하여 ⓜ 용궁에 인도되어 들어가자, 용왕 내외가 반가워하며 만년주(萬年酒)를 권하더라. 그리고는 유 부인의 말대로 선약과 선녀 한 쌍을 이 부인에게 내리시며,

"천원 왕과 달마 왕은 욕이나 뵙되 죽이지는 마옵소서. 두 사람은 천상 선관으로 인간에 적거(謫居)*하였으니, 만일 죽이면 일후에 원(怨)이 되리라."

하고 교시하더라.

또한 용왕 부인은 선녀들에게 분부하여 **이 부인을** 잘 **모시고 가서 공을 이루라고 특별히 당부하더라.**

이렇게 하여 이 부인은 용궁에서 나와 전장으로 질풍같이 달려가니, 마음이 든든하기만 하더라.

이때 명나라 진영은 **적병들에 의해 완전히 포위되고** 있었으며, 진문은 열지 않고 굳게 닫혀 있었으니, 적병은 이것을 깨칠 속셈으로 그 준비에 분주하더라. 명나라 군의 운명은 경각에 있음이더라.

이를 본 이 부인은 잠시도 지체할 여유가 없으니, 투구를 고쳐 쓰고, 비린도를 높이 들어 만리청총의 고삐를 바싹 쥐어 잡고, 좌우에 따라온 선녀들은 앞에 서서 길을 인도하라고 분부하고 즉시 급하게 채찍질을 하니, 만리 청총마는 화살처럼 적의 포위를 일직선으로 밟아 넘어서며 명나라 진문으로 향하여 달리더라.

적병들은 이 돌발적인 사태를 만나 몹시 어리둥절할 뿐이더라. 난데없이 천지에 소나기가 퍼붓고 **번갯불과 천둥이 무섭게 진동하니** 어느 누구든 공포 속에서 **정신을 잃는** 것은 당연한 일이라, 적병들이라고 해서 무섭지 않으랴. 그들은 이 사태를 운명에 맡길 뿐이더라.

– 작자 미상, 〈장국진전(張國振傳)〉

*필마단기 : 혼자 한 필의 말을 탐. 또는 그렇게 하는 사람
*적거: 귀양살이를 하고 있음.

29

윗글의 서술상 특징으로 적절한 것은?

① 연속되는 대화를 활용해 인물 간의 갈등을 고조시키고 있다.
② 과거와 현재의 빈번한 교체로 인물의 내력을 소개하고 있다.
③ 한 인물의 동일한 행위를 반복함으로써 사건의 전환을 예고하고 있다.
④ 서술자의 개입을 통해 작중 상황에 대한 주관적 판단을 제시하고 있다.
⑤ 특정 인물의 외양이나 행동을 과장되게 표현하여 인물을 희화화하고 있다.

30

㉠~㉤을 중심으로 윗글을 이해한 내용으로 적절하지 <u>않은</u> 것은?

① ㉠에서의 병란은 국진이 자신의 중대한 임무를 수행하기 위해 이동하는 계기가 된다.
② ㉡에서 국진은 고통에 시달리는 도성의 백성들을 구원하기 위해 적병과 맞서 싸운다.
③ ㉢에서 국진에게 일어나는 일은 이 부인이 남장을 결심하는 원인이 된다.
④ ㉣에서 이 부인은 미래를 예측하여 위기에 대비할 수 있는 방법을 국진에게 알려 주고 있다.
⑤ ㉤에서 용왕 내외는 적장의 전생 신분을 밝힘으로써 앞날을 경계하고 있다.

31

[A], [B]에 대한 설명으로 가장 적절한 것은?

① [A]는 자신의 실망감을 우회적으로 표현하고 있고, [B]는 상대에 대한 원망을 직설적으로 표현하고 있다.
② [A]는 자신의 목적을 달성하기 위해 거짓으로 말하고 있고, [B]는 상대의 질문에 답하기 위해 사건 내용을 밝히고 있다.
③ [A]는 자신의 손해를 줄이기 위해 상대의 요청을 거절하고 있고, [B]는 상대의 손해를 줄이기 위해 상대를 설득하고 있다.
④ [A]는 상대에 대한 호감을 바탕으로 상대를 격려하고 있고, [B]는 사건 해결을 위해 상대에게 용기를 북돋워 주고 있다.
⑤ [A]는 상대의 근심을 덜기 위해 그 원인을 자신의 탓으로 돌리고 있고, [B]는 상대에 대한 믿음을 바탕으로 명령하고 있다.

32

〈보기〉를 바탕으로 윗글을 감상한 내용으로 적절하지 <u>않은</u> 것은? [3점]

> ───〈보기〉───
>
> 이 작품은 장국진이라는 영웅의 일생을 다룬 영웅소설이다. 주인공의 영웅적 활약과 더불어 여성 영웅의 활약도 중요하게 나타나고, 이들은 위기 상황에서 주변 인물이나 초월적 존재의 도움으로 위기를 극복해 간다. 이 과정에서 초월적 세계와 현실 세계의 상호 작용, 남성과 여성의 상호 작용을 통해 영웅성이 강화되고 있다.

① 국진이 말에 올라 '한 손에 절륜도, 또 한 손에 청학선을 흔들며' 수십만 적군을 '추풍낙엽같이 쓰러'뜨리는 데에서, 주인공의 영웅적 활약상을 확인할 수 있다.
② 전투 중 '신병은 조금도 차도가 없'는 국진이 '적병들에 의해 완전히 포위'된 장면에서, 영웅이 처한 위기 상황을 확인할 수 있다.
③ '가장 좋은 선약(仙藥)을 얻어' 국진의 병을 구하려는 데에서, 초월적 존재의 도움으로 위기를 극복해 나간다는 점을 확인할 수 있다.
④ 용왕 부인이 선녀들에게 '이 부인을 잘 모시고 가서 공을 이루라고 특별히 당부하'는 장면에서, 초월적 세계와 현실 세계의 상호 작용을 확인할 수 있다.
⑤ 이 부인이 국진을 구하기 위해 '번갯불과 천둥이 무섭게 진동'하여 '공포 속에서 정신을 잃는' 상황을 이겨 내는 데에서, 남성과 여성의 상호 작용을 확인할 수 있다.

(가)

옥설이 차갑게 대나무를 누르고	玉屑寒堆壓
얼음같이 둥근 달 휘영청 밝도다	氷輪迴映徹
여기서 알겠노라 **굳건한 그 절개**를	從知苦節堅
더욱이 깨닫노라 **깨끗한 그 빈 마음**	轉覺虛心潔

― 이황, 〈설월죽(雪月竹)〉

(나) ㉠ 모첨(茅簷)*의 달이 진 제 첫 잠을 얼핏 깨여
　반벽 잔등(半壁殘燈)을 의지 삼아 누었으니
　일야(一夜) 매화가 발하니 **님이신가 하노라** 〈제1수〉

　아마도 이 벗님이 풍운(風韻)*이 그지없다
　옥골 빙혼(玉骨氷魂)*이 냉담도 하는구나
　풍편(風便)*의 그윽한 향기는 세한 불개(歲寒不改)* 하구나 〈제2수〉

　천기(天機)도 묘할시고 네 먼저 춘휘(春暉)*로다
　한 가지 꺾어 내어 이 소식 전(傳)차 하니
　님께서 너를 보시고 반기실까 하노라 〈제3수〉

㉡ 님이 너를 보고 반기실까 아니실까
　기년(幾年)* 화류(花柳)의 ⓐ 취한 잠 못 깨었는가
　두어라 다 각각 정이니 나와 늙자 하노라 〈제4수〉

― 권섭, 〈매화(梅花)〉

* 모첨: 초가지붕의 처마
* 풍운: 풍류와 운치를 아울러 이르는 말
* 옥골 빙혼: 매화의 별칭. '옥골'은 고결한 풍채를, '빙혼'은 얼음과 같이 맑고 깨끗한 넋을 의미함.
* 풍편: 바람결
* 세한 불개: 매우 심한 한겨울의 추위에도 바뀌지 않음.
* 춘휘: 봄의 따뜻한 햇빛
* 기년: 몇 해

(다) 휴전이 되던 해 음력 정월 초순께, 해가 설핏한 강 나루터에 아버지와 나는 서 있었다. 작은증조부께 세배를 드리러 가는 길이었다. 강만 건너면 바로 작은댁인데, 배가 강 건너편에 있었다. 아버지가 입에 두 손을 나팔처럼 모아 대고 강 건너에다 소리를 지르셨다.

"사공―, 강 건너 주시오."

건너편 강 언덕 위에 뱃사공의 오두막집이 납작하게 엎드려 있었다. **노랗게 식은 햇살**에 동그마니 드러난 외딴집, 지붕 위로 하얀 연기가 저녁 강바람에 산란하게 흩어지고 있었다. 그 오두막집 삽짝 앞에 능수버들나무가 맨 몸뚱이로 비스듬히 서 있었다. 둥치에 비해서 가지가 부실한 것으로 보아 고목인 듯싶었다. 나루터의 세월이 느껴졌다.

　　강심만 남기고 강은 얼어붙어 있었고, 해가 넘어가는 쪽 컴컴한 산기슭에는 적설이 쌓여서 **하얗게 번쩍거렸다.** 나루터의 마른 갈대는 '서걱서걱' 아픈 소리를 내면서 언 몸을 회리바람에 부대끼고 있었다. 마침내 해는 서산으로 떨어지고 갈대는 더 **아픈 소리를 신음처럼** 질렀다.

　　나룻배는 건너오지 않았다. 나는 ⓒ <u>뱃사공이 나오나 하고 추워서 발을 동동거리며</u> 사공네 오두막집 삽짝을 바라보고 있었다. 아버지는 팔짱을 끼고 부동의 자세로 사공 집 삽짝 앞의 **버드나무 등치처럼 꿈쩍도** 않으셨다. '사공ㅡ, 강 건너 주시오.' 나는 아버지가 그 소리를 한 번 더 질러 주시기를 바랐다. 그러나 아버지는 **두 번 다시 그 소리를 지르지** 않으셨다. 그걸 아버지는 치사(恥事)*로 여기신 것일까. 사공은 분명히 ⓑ **따뜻한 방** 안에서 방문의 쪽유리를 통해서 건너편 나루터에 우리 부자가 하얗게 서 있는 것을 보았을 것이다. 그러나 도선의 효율성과 사공의 존재가치를 높이기 위해서 나루터에 ⓓ <u>선객이 더 모일 때를 기다렸기 쉽다.</u> 그게 사공의 도선 방침일지는 모르지만 엄동설한에 서 있는 사람에 대한 옳은 처사는 아니다. 이 점이 아버지는 못마땅하셨으리라. 힘겨운 시대를 견뎌 내신 아버지의 완강함과 사공의 존재가치 간의 이념적 대치였다.

　　아버지는 주루막을 지고 계셨다. 주루막 안에는 정성 들여 ⓔ <u>한지에 싼 육적(肉炙)과 술 항아리에 용수를 질러서 뜬, 제주(祭酒)로 쓸 술이 한 병</u> 들어 있었다. 작은증조부께 올릴 세의(歲儀)다. 엄동설한 저문 강변에 세의를 지고 **꿋꿋하게** 서 계시던 분의 모습이 보인다.

– 목성균, 〈세한도(歲寒圖)〉

---

* 치사: 행동이나 말 따위가 쩨쩨하고 남부끄러움.

33

(가)～(다)의 공통점으로 가장 적절한 것은?

① 설의적 표현으로 대상이 지닌 속성을 강조하고 있다.
② 명암의 대비를 통해 작품의 주제를 형상화하고 있다.
③ 구체적 사물이나 상황을 통해 내면적 가치를 발견하고 있다.
④ 직유법을 활용하여 대상의 외양을 구체적으로 묘사하고 있다.
⑤ 풍자적 기법으로 사회 현실에 대한 비판 의식을 보여 주고 있다.

34

〈보기〉를 참고하여 (가)와 (나)를 감상한 내용으로 적절하지 <u>않은</u> 것은? [3점]

① (가)의 화자는 '옥설'에 눌려도 푸름을 유지하는 대나무를 통해 '굳건한' 지조를 떠올리고 있군.
② (가)의 화자는 대나무의 속이 빈 속성을 긍정적으로 인식하여 대나무를 내면이 '깨끗한' 인품에 비유하고 있군.
③ (나)의 화자는 '옥골 빙혼(玉骨氷魂)'의 자태를 가진 매화를 '님'으로 착각한 것을 깨닫고 서러워하고 있군.
④ (나)의 화자는 추운 계절에도 굴하지 않고 '그윽한 향기'를 풍기는 매화의 강인함을 예찬하고 있군.
⑤ (나)의 화자는 '춘휘(春暉)'를 먼저 느끼게 해 준 매화의 소식을 '님'에게 전달하고 싶은 소망을 드러내고 있군.

35

㉠～㉤에 대한 설명으로 적절하지 <u>않은</u> 것은?

① ㉠: 매화를 발견할 당시 화자의 상황과 시간적 배경이 드러나 있다.
② ㉡: 매화를 대할 임의 반응이 어떠할지를 궁금해하는 마음이 드러나 있다.
③ ㉢: 아버지와 대비되는 글쓴이의 행동에서 추위에서 벗어나고 싶어 하는 마음이 드러나 있다.
④ ㉣: 선객들의 모습을 비판적으로 바라보는 아버지의 생각이 드러나 있다.
⑤ ㉤: 작은댁에 세배하러 가면서 준비한 음식으로 아버지의 정성이 드러나 있다.

36

〈보기〉를 바탕으로 (다)를 감상한 내용으로 적절하지 <u>않은</u> 것은?

(다)의 제목이기도 한 '세한도'는, 한겨울 풍경을 통해 선비의 지조를 드러낸 추사 김정희의 그림이다. (다)의 글쓴이는 혹독하게 추운 겨울에 뜻을 굽히지 않던 아버지의 모습에서 선비적 면모를 발견하고 이날의 경험을 회화적으로 형상화하고 있다. 글쓴이는 아버지가 사공의 처사를 부당하게 여겼고 이에 맞서는 의미로 추위를 견디며 꿋꿋이 서 있었다고 본 것이다.

① '노랗게 식은 햇살'과 '하얗게 번쩍거'리는 '적설'을 통해 매섭게 추운 겨울 강가를 회화적으로 형상화하고 있군.
② '아픈 소리를 신음처럼' 지르는 '갈대'는 사공의 부당한 처사에 맞서려는 글쓴이의 내면을 표상하고 있군.
③ 글쓴이는 '버드나무 둥치처럼 꿈쩍도 않'는 아버지의 모습에서 지조를 지키려는 선비적 면모를 발견하고 있군.
④ '두 번 다시 그 소리를 지르지 않'는 모습을 통해 자신의 뜻을 꺾지 않으려는 아버지의 태도를 드러내고 있군.
⑤ '엄동설한 저문 강변'에서 '꿋꿋하게 서' 있던 아버지의 모습은 추사의 그림 '세한도'의 이미지와 연결되는군.

37

ⓐ와 ⓑ를 이해한 내용으로 가장 적절한 것은?

① ⓐ에는 임이 처한 상황에 대한 연민이, ⓑ에는 사공이 처한 상황에 대한 추측이 담겨 있다.
② ⓐ에는 화자가 지향하는 행동이, ⓑ에는 글쓴이가 지향하는 공간의 속성이 구체화되고 있다.
③ ⓐ에는 돌아오지 않는 임에 대한 원망이, ⓑ에는 곧 돌아올 사공에 대한 기대감이 내포되어 있다.
④ ⓐ에는 자신의 처지에 대해 자조하는 태도가, ⓑ에는 사공의 몰인정함에 대해 비판하는 태도가 드러나 있다.
⑤ ⓐ에는 화자의 처지와 대비되는 임의 모습이, ⓑ에는 글쓴이가 있는 공간과 대비되는 공간이 제시되어 있다.

어떤 안건을 대하는 집단 구성원들의 생각은 각기 다르므로, 상이한 생각들을 집단적 합의에 이르게 하는 의사 결정 과정이 필요하다. 공공 선택 이론은 이처럼 집단을 구성하는 개인의 의사가 집단의 의사로 통합되는 과정을 다룬다. 직접 민주주의하에서의 의사 결정 방법으로 단순 과반수제, 최적 다수결제, 점수 투표제, 보르다(Borda) 투표제 등이 있다.

㉠ 단순 과반수제는 투표자의 과반수가 지지하는 안건이 채택되는 다수결 제도이다. 효율적으로 의사 결정이 이루어져 많이 사용되고 있으나, 각 투표자는 찬반 여부를 표시할 뿐 투표 결과에는 선호 강도가 드러나지 않아 안건 채택 시 사회 전체의 후생*이 감소할 가능성이 있다. 이는 다수의 횡포에 의해 소수의 이익이 침해되는 상황이 발생할 수 있음을 의미한다. 또한 어떤 대안들을 먼저 비교하는가에 따라 그 결과가 달라지는 ⓐ '투표의 역설' 현상이 나타날 수 있다. 예를 들어, 갑, 을, 병 세 사람이 사는 마을에 정부에서 병원, 학교, 경찰서 중 하나를 지어 줄 테니 투표를 통해 선택하라고 제안하였고, 이때 세 사람의 선호 순위가 다음 〈표〉와 같다고 하자. 세 가지 대안을 동시에 투표에 부치면 하나의 대안으로 결정되지 않는다. 그래서 먼저 병원, 학교, 경찰서 중 두 대안을 선정하여 다수결로 결정한 후 남은 한 가지 대안과 다수결로 승자를 결정하면 최종적으로 하나의 대안이 결정된다. 즉, 비교하는 대안의 순서에 따라 〈표〉의 투표 결과는 달라지게 된다.

선호순위 투표자	1순위	2순위	3순위
갑	병원	학교	경찰서
을	학교	경찰서	병원
병	경찰서	병원	학교

〈표〉

[A]
최적 다수결제는 투표에 따르는 총비용이 최소화되는 지점을 산정한 후, 안건의 찬성자 수가 그 이상이 될 때 안건이 통과되는 제도이다. 이때의 총비용은 의사 결정 비용과 외부 비용의 합으로 결정된다. 의사 결정 비용은 투표자들의 동의를 구하는 데 드는 시간과 노력에 따른 비용을 의미하며, 찬성표의 비율이 높을수록 증가한다. 외부 비용은 어떤 안건이 통과됨에 따라 그 안건에 반대하였던 사람들이 느끼는 부담을 의미하며, 찬성표의 비율이 높아질수록 낮아지며 모든 사람이 찬성할 경우에는 0이 된다. 안건 통과에 필요한 투표자 수가 증가할수록 의사 결정 비용이 증가하므로 의사 결정 비용 곡선은 우상향한다. 이와 달리 외부 비용은 감소하므로 외부 비용 곡선은 우하향하며, 두 곡선을 합한 총비용 곡선은 U자 형태로 나타난다. 이때 총비용이 최소화되는 곳이 최적 다수결제에서의 안건 통과의 기준이 되는 최적 다수 지점이 된다. 이 제도는 의사 결정 과정을 이론적으로 명쾌하게 설명할 수 있지만, 최적 다수결의 기준을 정하는 데 시간을 지나치게 소비하게 된다는 단점이 있다.

ⓛ <u>점수 투표제</u>는 각 투표자에게 일정한 점수를 주고 각 투표자가 자신의 선호에 따라 각 대안에 대하여 주어진 점수를 배분하여 투표하는 제도로, 합산하여 가장 많은 점수를 얻은 대안이 선택된다. 투표자의 선호 강도에 따라 점수를 배분하므로 투표자의 선호 강도가 잘 반영된다. 소수의 의견도 투표 결과에 잘 반영되며, 투표의 역설이 나타나지 않는다는 장점이 있다. 하지만 전략적 행동에 취약하여 투표 결과가 불규칙하게 바뀔 수 있다는 단점이 있다. 전략적 행위란 어떤 투표자가 다른 투표자의 투표 성향을 예측하고 자신의 행동을 이에 맞춰 변화시킴으로써 자기가 원하는 것을 얻으려 하는 태도를 뜻한다. 이 행위는 어떤 투표 제도에서든 나타날 수 있으나, 점수 투표제에서 나타날 가능성이 높다.

ⓒ <u>보르다 투표제</u>는 n개의 대안이 있을 때 가장 선호하는 대안부터 순서대로 n, (n−1), …, 1점을 주고, 합산하여 가장 높은 점수를 받은 대안을 선택하는 투표 방식으로, 점수 투표제와 달리 오로지 순서에 의해서만 선호 강도를 표시한다. 이 제도하에서는 일부에게 선호도가 아주 높은 대안보다는 투표자 모두에게 어느 정도 차선이 될 수 있는 ⓑ <u>중도의 대안이 채택될 가능성이 높으며</u>, 점수 투표제와 마찬가지로 투표의 역설이 발생하지 않는다.

* **후생**: 사회 구성원들의 복지 수준

38

윗글에 대한 이해로 적절하지 <u>않은</u> 것은?

① 어떤 투표제에서든 투표자의 전략적 행위가 나타날 수 있다.
② 보르다 투표제에서는 가장 선호하지 않는 대안에 0점을 부여한다.
③ 단순 과반수제에서는 채택된 대안으로 인해 사회의 후생이 감소되기도 한다.
④ 점수 투표제는 최적 다수결제와 달리 대안에 대한 선호 강도를 표시할 수 있다.
⑤ 최적 다수결제는 단순 과반수제와 달리 안건 통과의 기준이 안건에 따라 달라질 수 있다.

39

ⓐ와 관련하여 〈표〉를 이해한 것으로 적절하지 <u>않은</u> 것은?

① '병원'과 '학교'를 먼저 비교할 경우, '병원'과 '경찰서'의 다수결 승자가 최종의 대안으로 결정된다.
② '학교'와 '경찰서'를 먼저 비교할 경우, '갑'과 '을'이 '학교'에 투표하여 최종적으로 '학교'가 결정된다.
③ '병원'과 '학교'를 먼저 비교하는지, '학교'와 '경찰서'를 먼저 비교하는지에 따라 투표의 결과가 달라진다.
④ '병원', '학교', '경찰서'를 동시에 투표에 부치면, 모두 한 표씩 얻어 어떤 대안도 과반수가 되지 않는다.
⑤ 대안에 대한 '갑', '을', '병' 세 사람의 선호 순위는 바뀌지 않아도, 투표의 결과가 바뀌는 현상이 나타난다.

40

ⓑ의 이유로 가장 적절한 것은?

① 주어진 점수를 투표자가 임의대로 배분할 수 있기 때문이다.
② 투표자는 중도의 대안에 관해서만 자신의 의사를 표현할 수 있기 때문이다.
③ 점수 투표제와 달리 투표자의 전략적 행동을 유발하여 투표 결과를 조작할 수 있기 때문이다.
④ 일부에게만 선호도가 높은 대안이 다수에게 선호도가 매우 낮으면 점수 합산 면에서 불리하기 때문이다.
⑤ 순서로만 선호 강도를 표시할 경우, 모든 투표자에게 선호도가 가장 높은 대안이라도 최종 승자가 아닐 수 있기 때문이다.

41

〈보기〉가 [A]의 각 비용들에 대한 그래프라고 할 때, 이에 대한 이해로 적절하지 <u>않은</u> 것은?

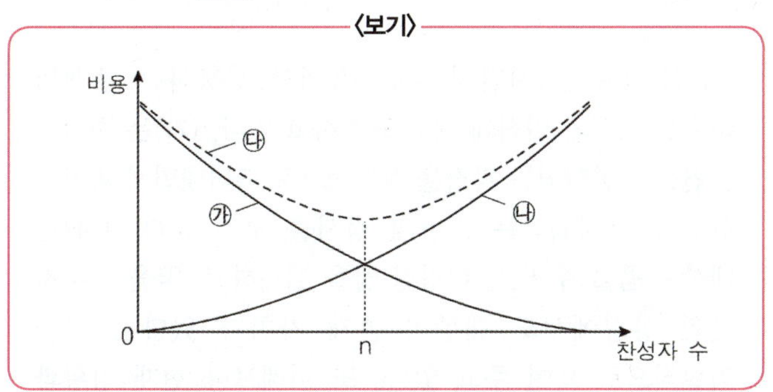

① ㉮는 외부 비용으로, 반대하는 투표자 수가 많아질수록 그 값이 커진다.
② ㉯는 의사 결정 비용으로, 투표 참가자들을 설득하는 데 드는 시간과 노력이 적을수록 그 값이 작아진다.
③ ㉰는 총비용으로, ㉮와 ㉯를 합한 값이 최소가 되는 지점 n이 최적 다수 지점이 된다.
④ 투표에 참가하는 모든 사람이 찬성하면 ㉮의 값은 0이 된다.
⑤ 안건 통과에 필요한 투표자가 많아지게 되면 ㉯는 이동하지만 ㉮는 이동하지 않는다.

42

대안 Ⅰ～Ⅲ에 대한 투표자 A～E의 선호 강도가 〈보기〉와 같다고 할 때, ㉠～㉢을 통해 채택될 대안으로 적절한 것은? [3점]

〈보기〉

대안 \ 투표자	A	B	C	D	E
Ⅰ	3	1	1	3	1
Ⅱ	1	7	6	2	5
Ⅲ	6	2	3	5	4

(단, 표 안의 수치가 높을수록 더 많이 선호함을 나타내며, 투표에 미치는 외부적인 요인과 투표자들의 전략적 행동은 없다고 가정한다.)

	㉠	㉡	㉢
①	Ⅰ	Ⅲ	Ⅱ
②	Ⅱ	Ⅱ	Ⅱ
③	Ⅱ	Ⅱ	Ⅲ
④	Ⅲ	Ⅰ	Ⅲ
⑤	Ⅲ	Ⅱ	Ⅱ

2023.6 6회

[43～45] 다음 글을 읽고 물음에 답하시오.

(가) 여기저기서 단풍잎 같은 슬픈 가을이 뚝뚝 떨어진다. 단풍잎 떨어져 나온 자리마다 봄을 마련해 놓고 나뭇가지 위에 하늘이 펼쳐 있다. 가만히 ㉠ 하늘을 들여다보려면 **눈썹에 파란 물감**이 든다. 두 손으로 따뜻한 볼을 쓸어보면 손바닥에도 파란 물감이 묻어난다. 다시 손바닥을 들여다본다. 손금에는 **맑은 강물**이 흐르고, 맑은 강물이 흐르고, 강물 속에는 사랑처럼 슬픈 얼굴—아름다운 순이(順伊)의 얼굴이 어린다. 소년(少年)은 황홀히 눈을 감아 본다. 그래도 맑은 강물은 흘러 사랑처럼 슬픈 얼굴—아름다운 순이(順伊)의 얼굴은 어린다.

– 윤동주, 〈소년(少年)〉

(나) 자라면 뭐가 되고 싶니
　의자가 되고 싶니
　누군가의 **책상**이 되고 싶니
　밟으면 삐걱 소리가 나는 계단도 있겠지
　그 계단을 따라 올라가는 다락방
　별빛이 들고 나는 창문들도 있구나
　누군가 그 창문을 통해 바다를
　생각할지도 몰라
　수평선을 넘어가는 목선을 그리워할지도 몰라
　㉡ 바다를 보는 게 꿈이라면
　배가 되고 싶겠구나
　어쩌면 그 무엇도 되지 못하고
　아궁이 속 장작으로 눈을 감을지도 모르지
　잊지 마렴 한 줌 재가 되었지만
　넌 그때도 하늘을 날고 있는 거야
　누군가의 **몸**을 데워주고 난 뒤
　춤을 추듯 피어오르는 거야
　하지만, 지금은
　다만 네 잎사귀를 스치고 가는
　저 **바람 소리**를 들어보렴
　너는 지금 바람을 만나고 있구나
　바람의 춤을 따라 흔들리고 있구나
　지금이 바로 너로구나

– 손택수, 〈나무의 꿈〉

(가), (나)의 표현상 특징으로 가장 적절한 것은?

① (가)는 (나)와 달리 반어적 표현을 통해 시적 긴장을 고조시키고 있다.

② (나)는 (가)와 달리 동일한 종결 어미의 반복으로 운율감을 형성하고 있다.

③ (가)와 (나) 모두 대상을 의인화하여 화자의 연민을 드러내고 있다.

④ (가)와 (나) 모두 시어의 연쇄적 활용을 통해 시상을 발전시켜 나가고 있다.

⑤ (가)와 (나) 모두 시선의 이동을 통해 장소가 지닌 의미를 다양하게 제시하고 있다.

44

㉠, ㉡에 대한 이해로 가장 적절한 것은?

① ㉠은 '소년(少年)'의 정서를 환기하는 기능을 하고 있다.

② ㉠은 '소년(少年)'이 거부하고자 하는 세계를 상징하고 있다.

③ ㉠은 '소년(少年)'이 자신의 한계를 인식하는 계기가 되고 있다.

④ ㉡은 '너'가 처한 긍정적 상황을 드러내는 역할을 한다.

⑤ ㉡은 '너'의 성찰이 이루어진 이후의 모습을 표상하고 있다.

45

〈보기〉를 참고하여 (가)와 (나)를 감상한 내용으로 적절하지 <u>않은</u> 것은? [3점]

〈보기〉

(가), (나)는 시간의 흐름 속에서 성장하는 존재의 순수한 정서와 인식에 대해 표현하고 있다. (가)는 소년이 자연물에 동화되는 과정을 감각적으로 드러내면서 과거의 사랑을 그리워하는 소년의 정서를 보여 준다. (나)는 대상이 품을 수 있는 다양한 꿈을 제시하고, 꿈을 이루지 못한 상황에서도 대상이 존재 가치가 있다는 것을 역설적으로 보여 주고 있다. 또 미래보다 현재 상황과 모습에 주목하는 자세를 강조하며 마무리한다.

① (가)의 '파란 물감이 든' 눈썹은 '소년(少年)'이 자연물에 동화되는 것을 감각적으로 표현하는군.

② (가)의 '맑은 강물'에 어린 얼굴에는 '순이(順伊)'에 대한 '소년(少年)'의 그리움이 투영되어 있군.

③ (나)의 '의자', '책상', '한 줌 재' 등은 대상이 품을 수 있는 다양한 꿈을 보여 주는군.

④ (나)의 '장작'은 꿈을 이루지 못한 상황에서도 '몸을 데워' 줄 수 있다는 존재 가치에 대한 역설적 인식을 보여 주는군.

⑤ (나)의 '바람 소리'는 대상에게 '지금'의 상황과 모습을 주목하게 하는 계기가 될 수 있겠군.

01 _ 13번 연계 문제

〈보기〉의 (가)에 들어갈 말로 가장 적절한 것은?

─〈보기〉─

선생님: 어떤 음운이 주위에 있는 다른 음운의 영향을 받아 그것과 동일한 음운으로 바뀌거나, 조음 위치 또는 조음 방법이 그것과 같은 음운으로 바뀌는 현상을 동화라고 합니다. 동화에는 아래와 같은 유형이 있습니다.

> ㉠ 'ㄹ'의 앞에서 'ㄴ'이 [ㄹ]로 발음되는 경우
> ㉡ 'ㄹ'의 뒤에서 'ㄴ'이 [ㄹ]로 발음되는 경우
> ㉢ 'ㄴ'의 뒤에서 'ㄹ'이 [ㄴ]으로 발음되는 경우

학생: ＿＿＿＿＿＿＿ (가) ＿＿＿＿＿＿＿

① ㉠에는 '신라, 불놀이, 칼날'이 해당합니다.
② ㉠에는 '불놀이, 겨울눈, 달님'이 해당합니다.
③ ㉡에는 '신라, 칼날, 달님'이 해당합니다.
④ ㉡에는 '칼날, 하늘나라, 설날'이 해당합니다.
⑤ ㉢에는 '불놀이, 생산량, 난리통'이 해당합니다.

02 _ 14번 연계 문제

〈보기〉의 ㉠~㉤에 대한 설명으로 적절하지 **않은** 것은?

─〈보기〉─

친구 1: ㉠ 내일 같이 나랑 주꾸미 먹으러 가지 않을래?
친구 2: 그래 좋아. ㉡ 근데 우리 버스 타고 어디 가는 거니?
승객: ㉢ 좀 내립시다.
친구 1: 네, 비켜드릴게요. (친구 2에게) 우리도 금방 내려.
친구 2: 아, 맞다. 내일 서울에 비 많이 온대.
친구 1: 그래? ㉣ 내일 우산 꼭 챙겨서 나와야겠다.
친구 2: (친구 1에게) 어, 여기 자리 생겼다. ㉤ 어서 와서 앉아.

① ㉠은 의문문의 형식을 취하고 있지만, 청유의 의도가 있는 문장이다.
② ㉡은 의문문의 형식을 취하고 있으며, 상대방에게 대답이나 설명을 요구하는 화자의 의도를 담고 있는 문장이다.
③ ㉢은 청유문의 형식을 취하고 있지만, 상대에게 어떠한 행동을 요구하는 문장이다.
④ ㉣은 평서문의 형식을 취하고 있지만, 상대에게 어떠한 행동을 권유하는 화자의 의도를 담고 있는 문장이다.
⑤ ㉤은 명령문의 형식을 취하고 있으며, 상대에게 어떠한 행동을 지시하는 문장이다.

03 _ 12번 연계 문제

다음의 (가)에 들어갈 말로 적절하지 **않은** 것은?

─〈보기〉─

선생님: 지금까지 보조사의 개념 및 특성을 공부했지요? 그럼, 다음 자료에서 보조사를 찾고, 보조사의 특징을 정리해 보세요.

> ㉠ 빨리도 왔네.
> ㉡ 새싹이 돋는군요.
> ㉢ 매일 철수는 늦는다.
> ㉣ 너마저도 나를 떠나는구나.
> ㉤ 이곳에서는 수영하면 절대 안 된다.

학생: ＿＿＿＿＿＿＿ (가) ＿＿＿＿＿＿＿

① ㉠처럼 보조사 '도'는 체언이 아닌 부사 뒤에도 결합할 수 있습니다.
② ㉡처럼 보조사 '요'는 종결 어미 뒤에 자유롭게 결합할 수 있습니다.
③ ㉢처럼 보조사 '는'은 주격 조사 자리에 대신 나타나기도 합니다.
④ ㉣처럼 보조사 '마저'와 '도'는 결합하여 '보조사+보조사'의 형태로 나타나기도 합니다.
⑤ ㉤에서 보조사 '에서는'은 '한정'의 의미로 부사어 자리에 쓰여 문법적 관계를 보여줍니다.

04 _ 16~20번 연계 문제

〈보기〉의 ⓐ와 가장 유사한 의미로 쓰인 것은?

─〈보기〉─

　어떤 안건을 대하는 집단 구성원들의 생각은 각기 다르므로, 상이한 생각들을 집단적 합의에 ⓐ 이르게 하는 의사 결정 과정이 필요하다. 공공 선택 이론은 이처럼 집단을 구성하는 개인의 의사가 집단의 의사로 통합되는 과정을 다룬다. 직접 민주주의하에서의 의사 결정 방법으로 단순 과반수제, 최적 다수결제, 점수 투표제, 보르다(Borda) 투표제 등이 있다.

① 이를 도루묵이라고 <u>이른다</u>.
② 그는 여느 때보다 <u>이르게</u> 학교에 도착했다.
③ 그의 음악성이 완숙의 단계에 <u>이르게</u> 되었다.
④ 옛말에 <u>이르기를</u> 부자는 망해도 삼 년은 간다고 했다.
⑤ 전쟁이 끝난 뒤 아들은 서로 소식도 모른 채 오늘에 <u>이르게</u> 되었다.

Caffe人 (카페인)

서울대학교 커피 동아리

잠 쫓기 위해 마시던 커피,
이제 맛과 향을 즐겨 보아요!

2007년 3월, 국내 최초의 커피 동아리로 태어났습니다.

카페인(Caffe人)에는 커피와 디저트의 강렬한 유혹을 뿌리치지 않은 사람들이 모여 있습니다.

때문에 커피를 사랑하고 아침에 만든 갓 볶은 커피의 향기를 알고 있다면 누구나 카페인에 들어올 수 있습니다.

모든 단과대에 걸쳐 많은 학생들이 모여 있고, 대학원생도 가입 가능합니다.

동아리의 주된 활동으로는 커피 모임, 커피 교육 등이 있습니다.

커피 모임은 서울의 유명한 카페들을 찾아다니는 활동입니다.

한 학기에 한 두번씩 커피 교육을 진행하고, 평소에는 동아리방에서 커피를 직접 내려 마실 수도 있습니다.

3월 초에 열리는 동소제에 오셔서 자세한 사항을 물어보세요!

★9월 전국연합학력평가

[회별 45문항, 제한 시간 80분]

★ 최근 연도부터 차례대로 수록하였습니다.

7회　모의고사 — 2025년 시행

8회　모의고사 — 2024년 시행

9회　모의고사 — 2023년 시행

출제 범위	고1 9월 수준	
난이도	**하**: 6~7문항　　**중**: 17~18문항 **상**: 12~13문항　　**최상**: 6~7문항	

9월 대비 학습 전략

　독서 영역에서 난해하거나, 정보량이 아주 많은 지문이 종종 출제된다. 또한 문법 문제도 점점 까다롭게 출제되기 시작한다. 평소 헷갈렸던 문법 개념 등을 미리 정리해 두고, 구체적인 사례와 연결하여 익혀 두면 도움이 된다.

영역별 문제 출제 경향

영역	문제	출제 경향
화법과 작문 (10문항)	1~10번	• 종종 내용 일치 여부를 세심하게 따져야 하는 선택지가 출제되기도 하므로 주의해야 한다. • 자료 활용 방안의 적절성을 묻는 문제의 선택지가 까다롭게 출제된다.
문법 (5문항)	11~15번	• 구체적인 예문이나 단어를 제시하고, 이에 대한 문법적 분석을 요구하는 문제가 고난도로 출제된다.
독서 (15문항)	16~45번 사이	• 지문에서 핵심어와 관련해 다양한 개념을 나열해 가며 설명한 경우, 이를 구체적 사례나 상황에 적용하여 푸는 〈보기〉 문제가 까다롭게 출제된다.
문학 (15문항)		• 시와 소설 모두 〈보기〉를 바탕으로 지문의 내용을 이해할 수 있는지 묻는 문제가 고난도로 출제된다.

[01~03] 다음은 수업 중 학생의 발표이다. 물음에 답하시오.

여러분은 얼마 전 체험 학습을 갔던 전통 마을에서 본 담장이 기억나시나요? 저는 그때 보았던 담장의 문양이 인상 깊어 담장에 관심이 생겼습니다. 그래서 담장의 종류에 대해 조사해 보았어요.

담장의 종류에는 여러 가지가 있는데요, 담장을 만들 때 사용되는 재료에 따라 담장의 종류가 구분되기도 합니다. 먼저 돌로 만든 담장에는 사고석 담장이 있습니다. (㉠ 자료 제시) 보시는 것처럼 사고석 담장은 맨 아래에 길게 다듬어 만든 돌인 장대석을 2~3단 놓고, 그 위에 사고석을 규칙적으로 쌓아 올립니다. 사고석은 한 변이 15~18cm가량 되는 정육면체 모양으로 가공한 돌을 말하는데요, 이렇게 돌을 가공하는 것은 비용이 많이 들기 때문에 사고석 담장은 주로 궁궐이나 부유한 집에 사용되었습니다. 그리고 기와로 지붕을 얹어 격식을 높이기도 했어요. 또한 단조로움을 피하기 위해 사고석 담장에 꽃이나 십장생 등의 문양을 넣어 꽃담으로 만들기도 했는데요, 꽃담은 여성들이 생활하는 공간에서 주로 볼 수 있었습니다.

돌로 만든 또 다른 담장으로는 가공하지 않은 자연 그대로의 막돌을 쌓아 올린 자연석 담장이 있습니다. (㉡ 자료 제시) 보시는 것처럼 자연석 담장은 크기가 다른 비정형의 돌을 하나씩 쌓아 올리는 방식으로 만들었는데요, 이때 쉽게 무너지는 것을 방지하기 위해 이렇게 직선보다는 곡선으로 이어 나가는 방식을 택했어요. 자연석 담장은 주변에서 쉽게 구할 수 있는 돌을 쌓아 만들었기 때문에 서민들의 살림 집에서 흔히 볼 수 있었습니다. 담장을 쌓은 후에는 짚이나 갈대로 담장 위에 지붕을 올리기도 했어요.

담장의 재료로는 돌뿐만 아니라 흙도 사용되었는데요, 흙으로만 쌓은 담장은 습기에 약하기 때문에 기와를 섞어 담장의 강도를 높이기도 했어요. (㉢ 자료 제시) 이 담장이 바로 기와와 흙을 섞어 쌓은 와편 담장인데요, 반원통형 모양의 수키와나 평평하고 넓적한 암키와를 흙과 번갈아 층을 이루면서 반복하여 쌓으면 다양한 문양을 자유롭게 만들어 낼 수 있었습니다. 이러한 와편 담장은 상대적으로 기와를 구하기 쉬웠던 사찰이나 양반의 살림집 등에서 많이 사용되었어요.

그렇다면 (자료 제시) 전통 마을 체험 학습 때 봤던 이 담장은 무슨 담장일까요? (대답을 듣고) 네, 맞습니다. 방금 설명한 와편 담장이지요. 학교 도서관에도 담장에 관한 책이 있으니 관심이 있으신 분들은 한번 읽어 보시기 바랍니다. 이상으로 발표를 마치겠습니다.

01

위 발표자의 말하기 방식으로 가장 적절한 것은?

① 도입부에서 발표 소재를 선정한 계기를 언급하고 있다.
② 발표에 활용한 자료의 출처를 밝혀 신뢰성을 확보하고 있다.
③ 발표 순서를 안내하여 청중이 내용을 예측하도록 하고 있다.
④ 대상을 일상적 소재에 빗대어 표현하여 청중의 이해를 돕고 있다.
⑤ 발표 내용을 통해 얻을 수 있는 효용을 제시하며 발표를 마무리하고 있다.

02

다음은 발표자가 제시한 자료이다. 발표자의 자료 활용에 대한 설명으로 적절하지 <u>않은</u> 것은?

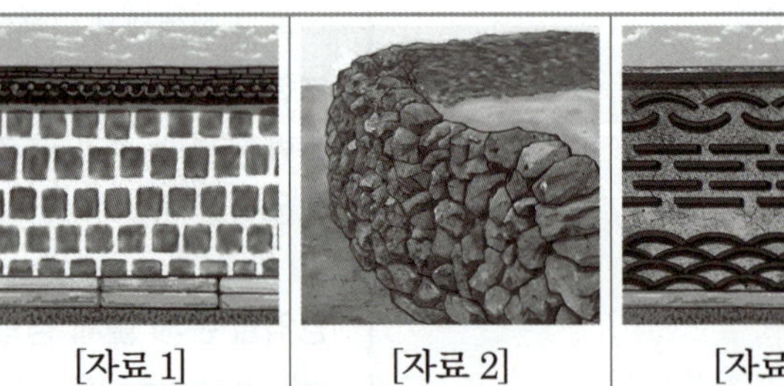

① 가공된 돌을 규칙적으로 쌓은 담장의 형태를 보여 주기 위해 ㉠에 [자료 1]을 활용하였다.
② 기와로 지붕을 얹어 격식을 높인 담장의 형태를 보여 주기 위해 ㉠에 [자료 1]을 활용하였다.
③ 정형화되지 않은 자연석을 이용하여 만든 담장의 모습을 보여 주기 위해 ㉡에 [자료 2]를 활용하였다.
④ 담장을 만들 때 곡선 형태로 이어 나가는 것이 어려운 이유를 설명하기 위해 ㉡에 [자료 2]를 활용하였다.
⑤ 담장의 재료로 돌 이외에 흙과 기와도 쓰였다는 것을 설명하기 위해 ㉢에 [자료 3]을 활용하였다.

03

발표 내용을 바탕으로 할 때, 〈보기〉에 나타난 학생의 반응에 대한 이해로 적절하지 <u>않은</u> 것은?

학생 1: 담장에 대해 알게 되어 유익했어. 할머니 댁에서 본 담장을 떠올리며 들었더니 이해가 잘되더라. 어떤 종류의 담장이 더 있는지 알아보러 도서관에 가 봐야지.

학생 2: 같이 가자. 난 꽃담에 대한 자료를 더 찾아봐야겠어. 꽃담에 어떻게 문양을 넣었는지 궁금하거든. 발표에서 그 방법을 알려 주면 좋았을 텐데 말이야.

학생 1: 나는 이번 발표를 듣고 와편 담장도 기와를 활용해서 꽃담의 꽃 문양과 같이 특정한 문양을 만들어 낼 수 있겠다고 생각했어.

학생 2: 맞아. 그런데 나는 기와가 장식용으로만 쓰인다고 알고 있었는데 그렇지 않네. 기와가 담장의 강도를 높이는 실용적인 역할도 한다는 점이 흥미로웠어.

① '학생 1'은 자신의 경험이 발표 내용을 이해하는 데 도움이 되었음을 언급하고 있다.

② '학생 2'는 발표에서 알게 된 내용을 통해 자신의 배경지식을 수정하고 있다.

③ '학생 1'과 '학생 2'는 모두, 발표 내용과 관련된 추가 정보를 탐색하려 하고 있다.

④ '학생 1'과 달리, '학생 2'는 제시된 정보가 부족한 것에 대해 아쉬워하고 있다.

⑤ '학생 1'은 발표 내용을 활용하여 '학생 2'의 궁금증을 해소해 주고 있다.

[04~07]

(가)는 학생회 학생들의 대화이고, (나)는 이를 바탕으로 '학생 1'이 작성한 건의문이다. 물음에 답하시오.

(가) 학생 1: 얘들아, 학생회 누리집 게시판에 올라온 게시글 봤어? 건강 행복 행사 운영에 관한 글 말이야. 조회 수도 높고 공감하는 댓글도 많이 달렸던데.

학생 2: ㉠ <u>응, 작년 건강 행복 행사에서 아쉬웠던 점과 올해 행사에 대해 바라는 점을 쓴 글 말하는 거지?</u>

학생 1: 맞아. 그 글에 나온 인근 학교 사례처럼 우리 학교 행사에서도 올해는 다양한 프로그램을 운영하면 좋겠더라.

학생 3: 그러려면 작년처럼 하루만 행사를 해서는 안 될 것 같지 않아?

학생 1: 그럼 올해에는 행사 기간을 늘려 달라고 학교에 건의를 해 보자. 행사 기간은 한 주 정도면 괜찮지 않을까?

학생 2: 좋은 생각이야. 그럼 언제쯤 하는 게 좋을까?

학생 3: 체육 대회가 포함된 주에 하는 건 어때? 시기적으로 학생들이 자신의 체력이나 건강 상태에 관심을 가지기 좋을 것 같아서.

학생 2: 그게 좋겠다. ㉡ <u>그런데 기간이 늘어나는 만큼 추가할 프로그램도 함께 제안해야 설득력이 높아지지 않을까?</u>

학생 1: 그러자. 프로그램은 어떤 게 좋을까?

학생 3: 직접 체험할 수 있는 프로그램을 원하는 학생들이 많으니, 자신의 건강 상태를 확인할 수 있는 체험 부스 운영을 제안해 보는 건 어때?

학생 2: 그거 괜찮다. ㉢ <u>체험 부스를 운영하면 더 많은 학생이 건강에 관심을 갖게 되는 효과도 있을 것 같아.</u>

학생 1: 그래. 그리고 요즘 학생들은 온라인 소통이 활발하니 자신만의 운동 방법이나 추천할 만한 걷기 코스 등을 학교 SNS에 소개하는 활동도 제안해 볼까?

학생 2: ㉣ <u>아, 네 말을 듣고 생각이 났는데, 소개하는 글에 댓글로 운동 인증 사진을 공유하게 하는 것도 좋을 것 같아.</u>

학생 3: 그러자. 행사 기간에는 학교 급식에도 변화가 있었으면 좋겠어. 건강에 좋은 식재료와 조리법을 활용한 급식을 제공하는 '건강 급식의 날' 운영을 제안하는 건 어때?

학생 2: 좋은 생각이야. 그런데 전교생을 대상으로 하는 프로그램인 만큼 더 많은 학생이 행사에 공감할 수 있도록 건강 급식의 취지에 대한 안내가 잘 이루어져야 할 것 같아.

학생 1: 응, 좋아. 건의문에 더 추가하고 싶은 내용 있어?

학생 3: 신체 건강뿐만 아니라 심리 건강에 대한 프로그램도 제안하는 것은 어떨까? 내 주변에 학업이나 친구 관계로 힘들어하는 친구들이 있거든.

학생 2: ㉤ <u>예전에 '마음 해우소'라는 강연을 들은 적이 있는데, 불안한 마음을 안정시키는 데에 도움이 되었어.</u> 그런 강연도 제안하면 좋을 것 같아.

학생 1: 흥미롭겠다. 강연 외에도 추가할 만한 프로그램이나 자료가 있는지 찾아보고 글에 반영할게.

학생 3: 응, 그리고 건강 행복 행사가 주간으로 운영되었을 때의 기대 효과와 행사의 의의도 글에 포함하면 좋을 것 같아.

학생 1: 응, 그럼 지금까지 이야기한 내용을 정리해서 건의문의 초고를 작성해 볼게. 글을 다 쓰면 같이 검토해 보자.

학생 2, 3: 그래, 좋아.

(나) 교장 선생님, 안녕하세요. 저는 학생회장 이□□입니다. 학생들을 위해 늘 애써 주시는 교장 선생님께 감사의 말씀을 드립니다.

최근 학생회 누리집 게시판에 작년 우리 학교의 건강 행복 행사가 학생들이 참여할 만한 프로그램이 적어 아쉬웠다는 글이 올라왔습니다. 이 글에 많은 학생들이 댓글을 달며 높은 관심을 보였습니다.

이에 학생회에서는 다양한 프로그램이 진행될 수 있도록 건강 행복 행사의 기간을 늘려 주간으로 운영해 주시기를 건의드립니다. 시기적으로는 학생들이 건강에 관심을 갖기 좋은 체육대회가 포함된 주가 적합하다고 생각합니다. 그리고 행사 기간이 늘어난 만큼 다양한 프로그램이 운영되기를 희망합니다. 구체적으로는 신체 건강과 관련하여 '체성분 분석', '폐활량 측정' 등을 주제로 하는 건강 체험 부스 설치, SNS를 활용한 건강 활동 소개 및 공유, 건강에 좋은 식재료와 조리법을 활용한 '건강 급식의 날' 운영 등이 좋겠습니다. 그리고 심리 건강을 위해 청소년 심리 전문가 강연, 명상 프로그램이나 마음 치유 캠프 등도 운영해 주시면 좋겠습니다.

건강 행복 행사가 주간으로 운영되면 더 많은 학생이 프로그램에 참여할 수 있을 것입니다. 또한 학생들이 올바른 식습관도 갖추어 나갈 수 있고, 자신의 몸 상태에 관심을 가지며 활기차게 학교생활을 할 수 있을 것입니다. 그리고 심리 건강 프로그램을 통해 불안감과 우울감 등으로 힘들어하는 학생들이 심리적 안정과 치유의 효과도 얻을 수 있을 것입니다.

학생들은 바쁜 학교생활 속에서 몸과 마음을 돌볼 수 있는 기회가 필요합니다. 건강 행복 행사는 학생들에게 이러한 기회를 제공하는 오아시스가 될 것입니다. 저희의 건의 사항을 행사 운영에 반영해 주시길 부탁드립니다. 감사합니다.

04

다음은 학생회 누리집 게시판에 올라온 게시글 이다. (가)의 대화에서, 게시글의 내용을 바탕으로 이루어진 논의에 대한 설명으로 가장 적절한 것은?

① 행사의 일정을 학생들에게 안내하기 위해 SNS를 활용하는 방안에 대하여 논의하였다.
② 다양한 프로그램을 제안하기 위해 작년 행사 프로그램으로 운영되었던 강연에 대하여 논의하였다.
③ 인근 학교의 건강 행사 프로그램 사례를 알아보기 위해 관련 정보를 수집하는 방법에 대하여 논의하였다.
④ 행사에 대한 학생들의 관심을 유도하기 위해 전교생이 참여하는 프로그램의 장단점에 대하여 논의하였다.
⑤ 학생들이 건강 관련 프로그램을 직접 체험할 수 있도록 하기 위해 체험 부스를 운영하는 것에 대하여 논의하였다.

05

(가)의 ㉠~㉤에 대한 설명으로 적절하지 <u>않은</u> 것은?

① ㉠: 상대가 언급한 것과 자신이 떠올린 것이 일치하는지 확인하고 있다.
② ㉡: 상대가 제시한 방안의 실현 가능성에 의문을 제기하고 있다.
③ ㉢: 상대가 제시한 방안에 따른 긍정적 효과를 언급하고 있다.
④ ㉣: 상대가 제시한 방안에 대해 추가적인 제안을 덧붙이고 있다.
⑤ ㉤: 상대의 발언과 관련하여 자신의 경험을 사례로 제시하고 있다.

06

다음은 (가)의 대화 상황에서 '학생 1'이 작성한 메모의 일부이다. ⓐ~ⓔ가 (나)에 반영된 양상을 이해한 것으로 적절하지 <u>않은</u> 것은? [3점]

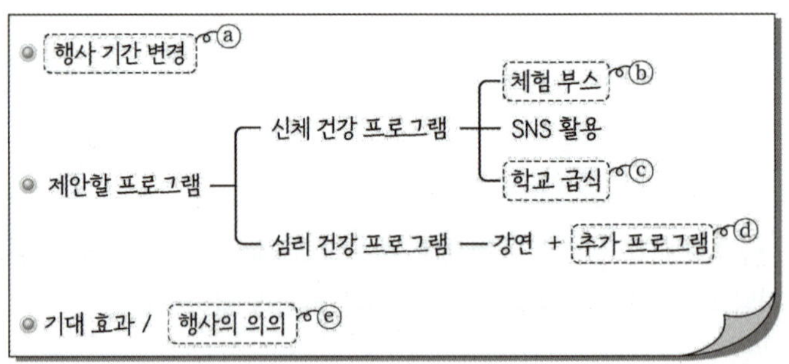

① ⓐ는 체육 대회가 있는 주에 행사를 주간으로 운영해 달라고 건의하는 것으로 (나)에 반영되었다.
② ⓑ는 건강 체험 부스의 구체적 체험 주제를 제시하는 것으로 (나)에 반영되었다.
③ ⓒ는 건강에 좋은 식재료와 조리법에 대한 학생들의 요구를 고려한 '건강 급식의 날'을 제안하는 것으로 (나)에 반영되었다.
④ ⓓ는 명상 프로그램이나 마음 치유 캠프의 운영을 제안하는 것으로 (나)에 반영되었다.
⑤ ⓔ는 행사가 학생들에게 몸과 마음을 돌볼 기회를 제공할 수 있음을 비유적 표현을 통해 제시하는 것으로 (나)에 반영되었다.

07

〈보기〉는 (나)의 4문단의 초고이다. 4문단에 반영된 수정 사항으로 적절하지 <u>않은</u> 것은?

〈보기〉

　건강 행복 행사의 기간이 늘어나면 더 많은 학생이 프로그램에 참여할 수 있을 것입니다. 그래서 저도 건강 행복 행사가 정말 기대됩니다. 또한 학생들이 자신의 몸 상태에 관심을 가지며 활기차게 학교생활을 할 수 있을 것입니다. 심리 건강 프로그램을 통해 심리적 안정과 치유의 효과도 얻을 수 있을 것입니다.

① 변경되기를 희망하는 행사 기간을 더 구체적으로 드러낸다.
② 행사에 대한 개인적 기대감이 드러난 부분을 삭제한다.
③ 행사의 프로그램을 통해 얻을 수 있는 효과를 추가한다.
④ 심리 건강 프로그램의 효과를 보여 주는 근거 자료를 함께 제시한다.
⑤ 마지막 문장과 그 앞 문장의 연결이 자연스러워지도록 적절한 연결 표현을 추가한다.

[08 ~ 10] 다음은 작문 상황과 이를 바탕으로 학생이 작성한 초고의 일부이다. 물음에 답하시오.

[작문 상황]

　새로운 산업으로 주목받는 '푸드테크'에 대한 정보를 전달하는 글을 교지에 싣고자 함.

[학생의 초고]

　푸드테크(FoodTech)란 식품과 기술의 합성어로, 식품의 생산, 유통, 소비에 이르는 전 과정에 첨단 기술을 활용하는 것을 의미한다. 최근 푸드테크 산업이 활성화되고 있는데, 푸드테크는 우리의 삶에 어떤 영향을 끼칠까?

　먼저, 환경적 측면에서 푸드테크는 온실가스 배출량 감소에 기여할 수 있다. 동물들이 내뿜는 온실가스로 인해 축산업이 지구 온난화의 주요 원인 중 하나로 지적받고 있는 상황에서, 콩이나 밀 등을 원료로 육류의 맛과 질감을 비슷하게 구현해낸 '식물성 대체육' 기술은 주목할 만한 대안이 되고 있다. 또한 식품 제조 과정에서 발생하는 부산물이 그냥 버려질 때 많은 양의 온실가스가 배출되는데, 이러한 부산물을 가공하여 다른 식품이나 원료 등을 새롭게 만들어 내는 '푸드 업사이클링' 기술을 통해 온실가스 배출을 줄일 수 있다.

　다음으로 식량 문제 측면에서 푸드테크는 식량 공급의 안정화를 통해 식량 부족 문제 해결의 대안이 될 수 있다. '스마트팜'은 농작물에 최적화된 온도, 습도, 토양 등을 자동으로 유지하고 원격으로 관리할 수 있는 기술을 바탕으로, 계절이나 장소에 상관없이 농작물을 안정적으로 생산할 수 있게 해 준다. 특히 기상 이변으로 농작물 생산이 위협받고 있는 요즘, 스마트팜 관련 기술이 더욱 주목받고 있다. 또한 정보 통신 기술을 활용하여 식품의 생산부터 유통, 소비의 모든 단계에서 수요와 공급을 예측하는 '스마트 푸드체인'은 생산된 식품이 소비자에게 도달할 때까지 불필요하게 버려지는 식품의 양을 줄임으로써 결과적으로 식량 공급을 안정화하는 효과를 낼 수 있다.

　마지막으로 삶의 질 측면에서 푸드테크는 첨단 공학 기술을 바탕으로 삶의 편리성을 향상시켜 준다. 로봇 산업이 발전함에 따라 '서빙 로봇'이나 '조리 로봇' 등 식품 관련 로봇도 다양하게 개발되었는데, 이러한 로봇의 도입은 특히 학교 급식실과 같은 대량 조리 현장에서 노동의 효율성과 안정성을 높이는 역할을 하고 있다. 한편 AI와 빅데이터에 기반하여 개발된 '식이 설계 알고리즘'은 소비자의 연령, 건강 상태, 음식 선호도 등을 분석하여 맞춤형 식단 추천이 가능하다.

[A]

08

'학생의 초고'에 활용된 글쓰기 방식으로 적절하지 <u>않은</u> 것은?

① 푸드테크의 개념을 정의하여 용어의 의미를 밝혔다.
② 푸드테크가 활용되고 있는 사례를 제시하며 설명하였다.
③ 푸드테크가 발전해 온 과정을 단계별로 분석하여 서술하였다.
④ 푸드테크에 따른 기대 효과를 여러 측면으로 나누어 설명하였다.
⑤ 푸드테크가 우리 삶에 끼치는 영향을 묻고 답하는 방식으로 서술하였다.

09

〈보기〉는 학생이 초고를 보완하기 위해 추가로 수집한 자료이다. 자료 활용 방안으로 적절하지 <u>않은</u> 것은? [3점]

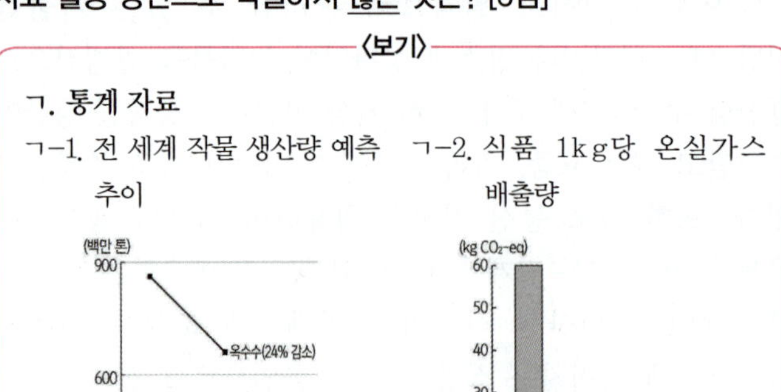

ㄴ. 전문가 인터뷰

　"대체육에는 식물성 대체육 외에 배양육도 있습니다. 배양육은 동물이나 생선 등의 근육으로부터 소량의 세포를 추출한 뒤 체외에서 조직을 배양해 만드는 새로운 형태의 육류로, 기존의 일반적 육류와 유사한 맛을 낼 수 있습니다. 또한 온실가스 배출량이 소고기를 생산할 때 배출되는 온실가스 양의 약 3분의 1 정도로 알려져 있어 친환경 미래 식품으로 주목받고 있습니다."

ㄷ. 신문 기사

　2023년 80억 명을 넘긴 전 세계 인구가 2050년에 약 97억 명에 이를 것으로 전망되면서 2050년에는 지금보다 두 배 이상의 식량이 필요할 것으로 예측된다. 한편 평균 수명이 늘어남에 따라 고령 인구에 대한 대책이 요구되는 상황에서 '식이 설계 알고리즘'이 주목받고 있다. 고령자나 환자 등 특별한 영양 공급이 필요한 소비자들은 질병, 식습관, 영양 상태를 체계적으로 분석하는 알고리즘을 통해 최적의 식단을 제공받을 수 있다.

① ㄱ-1을 활용하여, 전 세계 작물 생산량의 감소 추이를, 버려지는 식품의 양을 줄이기 위해 스마트 푸드체인 기술을 활용하려면 식량 공급 안정화가 선행되어야 함을 보여 주는 근거로, 3문단에 제시한다.

② ㄴ을 활용하여, 배양육에 대한 내용을, 식물성 대체육 이외에 기존의 일반적 육류를 대체할 새로운 육류 생산 방법의 사례로, 2문단에 추가한다.

③ ㄷ을 활용하여, 특정 소비자들의 특성을 분석하여 최적의 식단을 제공할 수 있다는 내용을, 식이 설계 알고리즘이 활용되는 구체적 예시로, 4문단에 추가한다.

④ ㄱ-1과 ㄷ을 활용하여, 인구 증가에 따라 필요한 식량의 양은 증가하고 있지만 작물 생산량은 감소하고 있다는 내용을, 식량 부족 문제 해결의 대안으로서 푸드테크가 주목받는 이유로, 3문단에 제시한다.

⑤ ㄱ-2와 ㄴ을 활용하여, 기존의 일반적 육류와 대체육을 생산할 때 발생하는 온실가스 배출량의 차이를, 대체육이 온실가스 배출 감축에 효과적이라는 내용의 근거로, 2문단에 제시한다.

10

다음은 학생이 초고를 작성하며 떠올린 생각이다. 이를 고려할 때 [A]에 들어갈 내용으로 가장 적절한 것은?

> 마지막 문단에는 푸드테크의 발전 전망을 밝히고, 독자들의 관심을 촉구하는 내용을 써야겠어.

① 푸드테크는 식품에 대한 기존의 인식을 바꾸며 친환경적 식품에 대한 관심을 높였다. 우리도 푸드테크에 관심을 가지고 친환경적 식습관을 실천해 보면 어떨까?

② 미래 식품 산업의 핵심 분야로 푸드테크가 급속하게 성장하고 있다. 관련 기술 개발을 위한 제도적 지원을 강화하여 이러한 변화에 발맞추어 나가야 하지 않을까?

③ 식품에 기술을 적용한 푸드테크는 식품 안전성 측면에서 우려가 된다. 푸드테크의 발전 과정에서 초래될 수 있는 문제를 고려하여 이를 개선하려는 노력이 필요하지 않을까?

④ 푸드테크는 첨단 기술이 발전함에 따라 더욱 성장할 것으로 보인다. 푸드테크가 우리 삶에 가져올 긍정적 영향에 주목하여 우리도 푸드테크에 더 관심을 가져야 하지 않을까?

⑤ 푸드테크에 대한 소비자의 기대가 커지면서 푸드테크를 활용한 개인 맞춤형 서비스가 더욱 발전하고 있다. 식품 업체도 소비자의 요구에 맞는 식품 생산에 집중해야 하지 않을까?

[11~12] 다음 글을 읽고 물음에 답하시오.

　음운 변동은 음운 변동의 결과가 표기에 반영되는 경우와 반영되지 않는 경우가 있다. 음운 변동의 결과가 표기에 반영되는 경우에는 유음 탈락이 있다. 유음 탈락은 특정 음운 환경에서 유음 'ㄹ'이 탈락하는 음운 현상으로, 다른 탈락 현상에 비하여 적용되는 환경이 더 다양하다는 특징을 갖는다.

　먼저, 'ㄹ'로 끝나는 용언의 어간 뒤에 'ㄴ, ㅂ, ㅅ'으로 시작하는 어미가 결합하거나 어미 '-오'가 결합할 때 유음이 규칙적으로 탈락한다. 예를 들면, '알다'의 어간 '알-'에 'ㄴ, ㅂ, ㅅ'으로 시작하는 어미가 결합할 때 '아는', '압시다', '아신다'와 같이 'ㄹ'이 탈락한 형태로 나타나고 '팔다'의 어간 '팔-'에 어미 '-오'가 결합할 때 '파오'와 같이 'ㄹ'이 규칙적으로 탈락하는 현상이 일어난다.

　단어의 형성 과정에서 어근과 어근이 결합한 합성어나 어근과 접사가 결합한 파생어가 형성될 때 'ㄴ, ㄷ, ㅅ, ㅈ' 앞에서 유음이 탈락하는 예도 있다. 이 경우, '버드나무'나 '바느질'과 같은 사례에서 확인할 수 있는 것처럼 'ㄹ'이 탈락한다. 그러나 '발등', '철새'와 같은 단어에서는 'ㄹ'이 탈락하지 않는 것처럼 단어의 형성 과정에서의 유음 탈락은 동일한 음운 환경에 놓여 있다 하더라도 항상 일어나는 것은 아니다.

음운 변동의 결과가 표기에 반영되지 않는 경우로는 'ㅎ' 탈락과 거센소리되기 현상을 들 수 있다. 먼저, 'ㅎ' 탈락은 'ㅎ'으로 끝나는 용언의 어간 뒤에 모음으로 시작하는 형식 형태소가 결합할 때 받침 'ㅎ'이 탈락하는 현상으로, '낳아[나아]', '쌓이다[싸이다]'와 같이 'ㅎ'의 탈락이 일어난다. 'ㅎ' 탈락은 '많아[마나]'와 같이 'ㅎ'이 겹받침의 일부에 있을 때 뒤 음절과 연음되는 환경에서도 일어난다. 또한, 거센소리되기 현상은 'ㅎ'과 예사소리 'ㄱ, ㄷ, ㅂ, ㅈ'이 만나 거센소리인 'ㅋ, ㅌ, ㅍ, ㅊ'으로 축약되는 현상으로, '법학[버팍]', '좋지[조치]'와 같은 예에서 확인할 수 있다.

11

윗글을 이해한 내용으로 적절한 것은?

① 유음 탈락은 동일한 음운 환경에서 필수적으로 일어나는 현상이다.
② 유음 탈락은 용언의 활용 과정이나 단어의 형성 과정에서 일어날 수 있다.
③ 'ㄹ'로 끝나는 용언의 어간이 모음으로 시작하는 어미와 결합하는 경우에는 'ㄹ'이 탈락하지 않는다.
④ 'ㅎ'의 탈락은 'ㅎ'으로 끝나는 용언의 어간 뒤에 자음으로 시작하는 어미가 결합하는 경우에 일어난다.
⑤ 'ㅎ'이 탈락하는지, 'ㅎ'과 다른 자음이 만나 축약되는지에 따라 음운 변동 결과의 표기 반영 여부가 달라진다.

12

윗글을 바탕으로 〈자료〉를 탐구한 내용으로 적절하지 <u>않은</u> 것은?

① ⓐ는 '살다'의 어간 '살–'에 'ㄴ'으로 시작하는 어미가 결합하여 'ㄹ'이 탈락하는 경우에 해당하는군.
② ⓑ는 '말다'의 어간 '말–'에 어미 '–오'가 결합하여 'ㄹ'이 탈락하는 경우에 해당하는군.
③ ⓒ는 두 개의 어근인 '활'과 '살'이 결합할 때 'ㅅ' 앞에서 'ㄹ'이 탈락하는 경우에 해당하는군.
④ ⓓ가 [조은]으로 발음되는 것은 'ㅎ'으로 끝나는 용언의 어간 뒤에 모음으로 시작하는 어미가 결합했기 때문이겠군.
⑤ ⓔ가 [구콰]로 발음되는 것은 예사소리 'ㄱ'과 'ㅎ'이 만나 축약되었기 때문이겠군.

13

〈학습 활동〉을 수행한 결과로 적절하지 <u>않은</u> 것은?

시제 \ 품사	동사	형용사
과거	-(으)ㄴ, -던	-던
현재	-는	-(으)ㄴ
미래	-(으)ㄹ	-(으)ㄹ

위 표는 시제별로 다르게 나타나는 동사와 형용사의 관형사형 어미를 보여 준다. 이를 바탕으로 다음 [자료]의 용언을 활용하여 시제에 맞게 문장을 만들어 보자.

[자료]

	시제	문장
①	과거	내가 <u>잔</u> 곳은 그 방이 아니다.
②	과거	<u>푸르던</u> 하늘이 지금은 뿌옇다.
③	현재	우리 교실은 <u>깨끗한</u> 상태이다.
④	현재	오늘 <u>읽은</u> 책은 참 흥미롭네.
⑤	미래	아홉 시에 <u>떠날</u> 기차를 타자.

14

〈보기〉의 '탐구 과정'에 따라 ㉮~㉰에 들어갈 예로 적절하지 <u>않은</u> 것은? [3점]

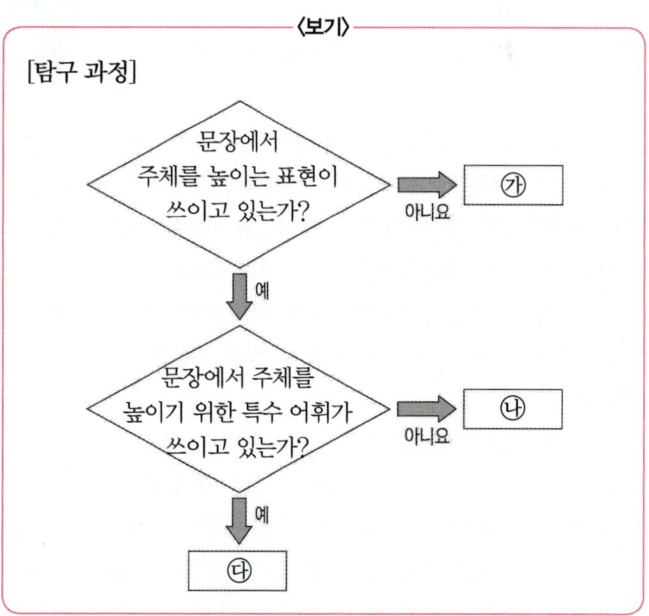

① ㉮: 형은 고모를 뵙고 많은 이야기를 나누었다.
② ㉮: 그는 산책을 하기 위해서 공원에 갔습니다.
③ ㉯: 아버지, 옷을 따뜻하게 갖춰 입으셔야 해요.
④ ㉯: 동생은 그때 선생님께 편지를 쓰고 있었어요.
⑤ ㉰: 할머니께서는 어느 방에서 주무시니?

15

〈보기〉를 통해 중세 국어의 특징을 탐구한 내용으로 적절하지 <u>않은</u> 것은?

① '부톄'를 보니 현대 국어와 달리 주격 조사 'ㅣ'가 쓰였음을 알 수 있군.
② '안ᄌᆞ시니'를 보니 현대 국어와 달리 이어 적기를 하였음을 알 수 있군.
③ '보미'를 보니 현대 국어와 달리 관형격 조사 '의'가 쓰였음을 알 수 있군.
④ '뛰노니'를 보니 현대 국어와 달리 어두자음군이 존재하였음을 알 수 있군.
⑤ '뫼헤'를 보니 현대 국어와 달리 'ㅎ' 종성 체언이 사용되었음을 알 수 있군.

[16~21] 다음 글을 읽고 물음에 답하시오.

(가) 샤프츠베리는 근대 미학의 기초를 마련한 인물로 ⓐ <u>간주된다</u>. 그의 미학은 초월적 신의 존재가 모든 것에 우선한다는 형이상학적 전제를 바탕으로 한다. 온 우주가 신의 피조물이라고 보았던 샤프츠베리는 우주의 속성인 질서, 균형, 조화를 지닌 대상을 아름답다고 여겼으며 그가 생각하는 미는 대상 속에 실재하는 형식적 성질로부터 기인하는 것이었다.

샤프츠베리가 가지고 있는 또 다른 형이상학적 전제는 미의 위계성이다. 그는 대상이 지닌 형성력을 기준으로 미를 3등급으로 나누었다. 모든 것을 만들 수 있는 형성력을 지닌 존재인 신을 가장 높은 등급으로 보았고, 신에 의해서 형성되어 예술품과 같은 아름다운 것도 형성할 수 있는 인간을 그다음 등급으로, 예술품과 같이 형성된 결과물에 해당하는 물질적 대상은 가장 낮은 등급으로 보았다. 그는 하위 등급은 언제나 상위 등급으로부터 기인한다고 강조하면서, 물질적 대상보다는 인간이, 인간보다는 신이 더 아름답다고 말했다.

그렇다면 샤프츠베리는 미적 경험에 있어서 인간이 어떻게 미를 감지한다고 보았을까? 샤프츠베리는 이를 설명하기 위해 인간이 신으로부터 받은 자연적 본능인 '취미'를 제시한다. ⓐ <u>취미</u>는 미를 감각하는 하나의 독립적인 내감이자 미를 판단하는 능력으로서, 감각 기관이 대상의 맛, 색깔 등을 즉각적으로 감지하는 것처럼 취미도 대상을 접하는 순간 즉각적으로 미를 판단해 낸다는 것이다. 그런데 취미는 자연적 본능임에도 문화권이나 사람에 따라 미적 판단이 달라질 수 있다. 샤프츠베리는 그 이유를 본능이 왜곡되기 때문이라고 보았다. 취미는 본능이므로 인간의 노력으로 새롭게 얻을 수는 없지만, 사회적 영향에 따라 ⓑ <u>발현되는</u> 양상이 달라질 수 있다는 것이다. 따라서 취미가 제대로 발현되기 위해서는 교육이나 계발이 필요하다고 보았다.

한편 취미의 반응이 즉각적이라는 점은 미적 판단이 우리의 이익과 무관한 것임을 시사하는데 이와 관련하여 샤프츠베리는 무관심성이라는 개념을 제시했다. 무관심성이란 대상에 대해 무신경한 태도를 취하는 것이 아니라 사적 욕망으로부터 벗어나는 것을 의미한다. 이는 미적 경험의 주체인 인간이 대상의 도구적 가치에 주목하거나 대상에 대한 소유욕을 갖는 것에서 벗어나 대상 그 자체가 지닌 미적 성질, 즉 내재적 가치에 주목해야 대상의 아름다움을 관조할 수 있다는 점을 강조한 것이다.

(나) 존 듀이는 인간을 자연의 일부이자 환경과 긴밀하게 연결되는 유기체로 보았다. 그래서 경험의 주체인 인간은 환경과 같은 경험 대상에 적응할 뿐만 아니라 그 대상을 자신에게 적응시키는 과정을 반복하며 경험을 생성한다고 보았다.

듀이는 어떤 경험의 시작부터 의도된 목적이 ⓒ <u>달성되는</u> 완결에 이르기까지, 경험을 이루는 행위들이 온전하게 이어지는 경험을 '하나의 경험'이라고 하였다. 듀이는 이렇게 경험을 이루는 각 행위가 서로 긴밀히 연결되어 경험이 완결되면 하나로 통합된 단일체가 된다고 말했다. '하나의 경험'이 단일체가 될 수 있는 것은 ⓛ <u>질성</u>으로 묶여 있기 때문이다. 질성이란 경험 주체가 어떠한 경험 상황에서 직접 포착하는 것으로, 경험 상황만이 가진 고유하며 독특한 성질을 의미한다. 가령, 가족과 함께 식사를 한 후 자신이 포착한 그 식사의 지배적인 특징이 풍성함이었다면 풍성함이 그 식사의 질성이 된다. 만약 다른 가족 구성원에게는 우아함이 지배적인 특징이었다면 우아함이 그 식사의 질성이 된다. 이와 같이 질성은 경험 주체가 경험 대상과 상호 작용한 결과로 나타나기에 같은 경험에 대해서도 주체마다 ⓓ <u>상이</u>하게 나타날 수 있다.

또한 듀이는 예술도 '하나의 경험'이라는 차원에서 설명하고자 했다. 그는 창작 행위가 '하나의 경험'이 되려면 창작자가 작품을 창작하는 과정에서 스스로가 감상자로서의 관점을 지녀야 한다고 보았다. 이는 자신의 행위가 의도한 목적을 향하여 제대로 수행되고 있는지 감상을 통해 지속적으로 판단하며, 끊임없이 행위를 선택하고 결정함으로써 작품을 완성해야 한다는 것을 의미한다. 또한 듀이는 창작자가 기술적 정교함이 아니라 자신의 작품을 통해 감상자가 어떠한 경험을 갖게 될 것인가에 더 주목해야 한다고 보았다.

한편 듀이는 감상자의 미적 경험에서 감상 행위가 '하나의 경험'이 되려면 감상자도 창작자가 작품을 실제로 만드는 행위에 견줄 만한 자기만의 경험을 창조해야 한다고 보았다. 창작자가 자신의 의도대로 작품을 완성하기 위해 노력한 것처럼, 감상자도 연습이나 수련을 통해 길러진 자신의 관점과 관심에 따라 작품을 감상해야 한다는 것이다. 따라서 듀이의 관점에서 예술 작품의 의미와 가치는 고정되어 있지 않고 그것을 ⓔ 대면하는 감상자의 문화적, 시대적 배경 등에 따라 달라질 수 있다.

16

(가), (나)에 대한 설명으로 가장 적절한 것은?

① (가)는 미적 경험에 대한 특정 철학자의 견해가 변화해 온 과정을 시간의 흐름에 따라 설명하고 있다.

② (나)는 특정 철학자의 견해가 비판을 받는 이유를 미적 경험에 대한 구체적 사례를 들어 설명하고 있다.

③ (가)는 (나)와 달리, 미적 경험에 대한 특정 철학자의 견해를 긍정적 측면과 부정적 측면으로 구분하여 설명하고 있다.

④ (나)는 (가)와 달리, 특정 철학자가 제시한 미적 경험에 관한 개념이 어떤 역사적 배경을 지니고 있는지 설명하고 있다.

⑤ (가)와 (나)는 모두, 미적 경험의 과정에 특정 철학자의 견해가 어떻게 적용되는지 설명하고 있다.

17

윗글에 대한 이해로 적절하지 <u>않은</u> 것은?

① (가): 샤프츠베리는 인간을 신의 피조물이자, 예술품을 만들 수 있는 존재로 본다.

② (가): 샤프츠베리는 취미가 지속적인 교육과 계발을 통해 얻을 수 있는 것이라고 본다.

③ (나): 듀이는 경험의 주체인 인간을 환경과 긴밀하게 연결되는 유기체로 본다.

④ (나): 듀이는 의도한 목적이 달성되는 완결에 이르지 못한 경험은 '하나의 경험'이 아니라고 본다.

⑤ (나): 듀이는 기술적 정교함만으로는 '하나의 경험'으로서의 창작 행위가 성립될 수 없다고 본다.

18

무관심성 을 바탕으로 대상의 가치를 판단한 사례로 가장 적절한 것은?

① 별을 보고, 별의 탄생 원리를 밝혀 학문적 성취를 이루고자 하는 것

② 바다를 보고, 물결이 끝없이 이어져 있는 바다의 광활함에 감탄하는 것

③ 은행나무를 보고, 은행잎이 노랗게 물든 것도 모른 채 그 옆을 무심히 지나가는 것

④ 조각상을 보고, 좋아하는 작가의 작품이라는 것을 알게 되어 이를 소장하고자 하는 것

⑤ 꽃을 보고, 그 꽃이 연인에게 사랑을 전달하기에 적합한 아름다움을 가지고 있다고 여기는 것

19

㉠과 ㉡을 이해한 내용으로 가장 적절한 것은?

① ㉠은 미를 객관적으로 감지하는 수단이고, ㉡은 객관적으로 파악된 미적 대상의 특성이다.

② ㉠은 미를 감지하는 독립적인 능력이고, ㉡은 경험 대상과의 상호 작용을 통해 나타나는 성질이다.

③ ㉠은 주체가 대상의 특성을 판단한 결과이고, ㉡은 경험 대상이 주체의 특성을 만들어 낸 결과이다.

④ ㉠은 초월적인 존재가 부여하는 특성이고, ㉡은 경험 주체의 경험이 의도한 목적에서 벗어나지 않게 해 주는 수단이다.

⑤ ㉠은 미적 대상을 감각할 때 즉각적으로 발현되는 능력이고, ㉡은 미적 대상을 창작하는 과정에서 습득하게 되는 능력이다.

20

(가), (나)를 이해한 학생이 〈보기〉의 ⓐ에 대해 보인 반응으로 적절하지 <u>않은</u> 것은? [3점]

　　라파엘로는 토론을 바탕으로 한 지식 탐구의 중요성을 드러내기 위해 ⓐ '아테네 학당'이라는 그림을 창작하였다. 그는 책을 들고 탐구하는 모습, 토론에 열중하는 모습 등 실존했던 철학자들을 다양한 모습으로 묘사하였는데, 한 사람 한 사람을 그릴 때마다 이 묘사가 지식 탐구의 중요성을 드러내기에 적합한지를 고려하면서 창작하였다. 또한 건축물과 인물들을 완벽한 대칭과 비례에 따라 균형 있게 구성하였고, 감상자가 공간의 깊이감과 현실감을 느끼도록 원근법을 사용하였다. 이 작품을 감상한 사람들은 원근법을 통해 실제 그 공간 속에 있는 듯한 현실감을 느낀다고 평가하였다. 한편, 그림 속 일부 인물들은 분명하게 식별이 안 되어 인물들의 정체에 대해 다양한 해석과 논쟁이 발생하기도 하였다.

① 샤프츠베리는 대칭과 비례에 따라 건축물과 인물을 균형 있게 배치한 ⓐ의 형식적 구성이 우주의 속성을 드러낸다고 보아 아름답다고 판단하겠군.

② 듀이는 라파엘로가 ⓐ에 원근법을 사용하여 감상자에게 현실감이 느껴지도록 의도했다는 점에서, 창작자가 감상자를 고려한 '하나의 경험'으로서의 창작 행위를 한 것으로 보겠군.

③ 듀이는 라파엘로가 지식 탐구의 중요성을 드러내기에 적합한지 고려하며 ⓐ의 각 인물을 그려 나간 것을, 창작자 스스로가 감상자로서의 관점에서 행위를 선택하고 결정해 나간 과정으로 보겠군.

④ 샤프츠베리는 ⓐ를 자신이 생각하는 미의 위계 중 가장 낮은 등급에 해당하는 대상으로 보고, 듀이는 ⓐ를 감상자에 의해 그 작품의 의미가 재창조될 수 있는 대상으로 보겠군.

⑤ ⓐ의 인물에 대한 다양한 해석과 논쟁에 대해 샤프츠베리는 취미가 왜곡되어 나타난 결과로 보고, 듀이는 감상자만의 관점에 따라 작품을 감상하는 연습이 부족해서 나타난 결과로 보겠군.

21

문맥상 ⓐ~ⓔ와 바꿔 쓰기에 적절하지 <u>않은</u> 것은?

① ⓐ: 여겨진다　　　　② ⓑ: 나타나는

③ ⓒ: 세워지는　　　　④ ⓓ: 서로 다르게

⑤ ⓔ: 마주하는

　　건축법에서 건축물의 건축은 공공복리를 저해할 수 있는 위험한 행위로 간주된다. 그래서 허가 요건에 맞춘 설계로 최소한의 안전이 보장되었다고 판단되는 경우에 한해 건축 금지가 해제되어 건축이 가능해진다.

　　건축 행위는 건축물을 건축할 수 있는 땅인 대지 위에서 이루어진다. 원칙적으로 하나의 대지는 하나의 지번을 가지며, 이것이 건축 허가의 단위가 된다. 일반적으로 건축은 신축, 증축, 개축, 재축, 이전의 다섯 가지 유형으로 나뉜다.

　　신축이란 건축물이 없는 대지에 새로 건축물을 축조하는 것을 말한다. 신축에서 건축물을 축조하려는 대지는 처음부터 건축물이 존재하지 않는 나대지일 수도 있고, 기존 건축물이 건축주의 자발적 의지에 의해 인위적으로 부서지는 해체나 천재지변으로 인해 부서지는 멸실로 인해 전부 소실된 대지일 수도 있다. 전부 소실된 경우 새로 축조한 건축물의 규모가 개축이나 재축에 해당하면 신축으로 보지 않는다. 한편, 주된 용도의 건축물을 이용 및 관리하는 데 필요한 부속 용도의 건축물만 존재하는 대지 내에서 이 부속건축물과는 별도로 주된 건축물을 새로 짓는 경우도 신축에 해당한다.

　　증축 은 기존 건축물이 있는 대지에서 건축물의 규모를 늘려 짓는 것을 말하며, 건축물의 규모에는 건축면적, 연면적, 층수, 높이가 포함된다. 건축면적은 일반적으로 지상층 중 가장 넓은 층의 면적을, 연면적은 각 층 바닥면적의 총합을 의미한다. 증축에는 지하층의 바닥면적을 증가시키는 경우, 바닥면적의 증감 없이 높이만 증가시키는 경우, 주된 건축물이 있는 대지에 부속건축물이나 다른 주된 건축물을 축조하는 경우 등이 있다. 기존 지하층을 둘러싼 지표면을 깎아서 그 층이 지상에 노출되게 하는 것도 건축물의 높이가 증가한 경우이므로 증축에 속한다. 또한 한 층의 층고가 상당히 높아 중간층을 만들어 사용하는 경우도 증축에 해당한다. 한편 냉난방, 급수 등 건축물의 기능을 안정적으로 유지하기 위해 설치하는 건축물의 설비는 건축물로 보지 않으므로 설비 설치는 증축에 해당하지 않는다.

　　㉠ 개축은 기존 건축물의 전부 또는 일부를 해체하고 그 대지에 건축물의 규모가 종전 규모 범위 이하인 건축물을 다시 축조하는 것이다. 이때 일부를 해체한다는 것은 내력벽*, 기둥, 보*, 지붕틀 중 셋 이상을 해체하는 것을 말한다. 같은 대지 안에서 건축물의 위치를 이동하거나 구조를 변경하는 것은 개축에 해당하나, 한 대지에 여러 동이 있는 경우 개별 건축물 단위로 개축 해당 여부를 판단하므로 동수를 늘려서 축조하는 경우는 개축에 해당하지 않는다.

ⓛ 재축이란 기존 건축물의 전부 또는 일부가 멸실된 경우 그 대지에 건축물을 다시 축조하는 것이다. 이때 연면적의 합계, 즉 그 대지에 존재하는 모든 건축물의 연면적의 합이 종전 규모 이하여야 하며, 동수, 층수, 높이 중 어느 하나는 종전 규모를 초과하는 것이 가능하다.

이전이란 도시 개발 계획, 주변 환경의 변화, 안전 문제, 설계와 다른 배치 등의 사유로 건축물의 주요구조부를 해체하지 않고 같은 대지의 다른 위치로 ⓐ 옮기는 것이다. 주요구조부는 철거 시 건축물의 안전성에 결정적 위해가 되는 구조 부분인 내력벽, 기둥, 보, 바닥, 지붕틀, 주계단을 말하며, 최하층 바닥, 옥외 계단 등은 주요구조부에서 제외된다. 일체식 구조인 철근콘크리트조 건축물과 달리 조립식 구조인 목조 건축물은 최하층 바닥 등을 제외한 상층부의 구조체를 들어 올려서 이전할 수 있다.

* 내력벽: 구조물의 하중을 견디어 내기 위하여 만든 벽
* 보: 기둥 위에서 지붕의 무게를 전달해 주는 건축 재료

22

윗글을 통해 알 수 있는 내용으로 적절하지 <u>않은</u> 것은?

① 건축물의 건축은 설계상 최소한의 안전이 보장되도록 허가 요건을 준수한 경우에 한해 허가된다.
② 나대지에 신축하는 것은 기존에 건축물이 존재하지 않던 대지에 새로운 건축물을 축조하는 행위이다.
③ 건축물의 내력벽을 해체하는 것이 옥외 계단을 해체하는 것보다 건축물의 안전에 더 중대한 영향을 미친다.
④ 철근콘크리트조 건축물이 설계와 다르게 배치되었을 경우에 상층부의 구조체를 들어 이전하는 것이 가능하다.
⑤ 자연재해로 인해 기존 건축물이 전부 소실된 대지에 층수와 높이를 증가시킨 새로운 건축물을 축조하는 것은 신축에 해당한다.

23

<u>증축</u> 에 대해 이해한 내용으로 적절하지 <u>않은</u> 것은?

① 중간층을 만들어 건축물의 연면적을 늘린 것은 증축에 해당하겠군.
② 건축물의 옥상에 물 공급을 위한 물탱크를 설치하는 것은 증축에 해당하지 않겠군.
③ 건축면적은 그대로 유지하면서 지하층의 바닥면적만 증가시킨 것은 증축에 해당하지 않겠군.
④ 부속건축물만 있는 대지에 주된 용도의 건축물을 별도로 축조하는 것은 증축에 해당하지 않겠군.
⑤ 지하층이 존재하는 건축물 주변의 지표면을 깎아 지하층을 지상에 드러나게 한 것은 증축에 해당하겠군.

24

㉠과 ㉡을 비교하여 이해한 내용으로 가장 적절한 것은?

① ㉠은 ㉡과 달리, 건축주의 자발적 의지로 기존 건축물이 소실된 상황에서 건축물을 다시 축조하는 것이다.
② ㉠은 ㉡과 달리, 한 대지에 있는 여러 동의 건축물이 모두 소실되었을 때 일부 동만 다시 축조하는 것이 가능하다.
③ ㉡은 ㉠과 달리, 기존 건축물이 존재하던 대지와 동일한 대지 내에서 이루어진다.
④ ㉡은 ㉠과 달리, 한 건축물의 일부만 소실된 경우 건축물의 연면적을 종전과 같게 다시 축조하는 것이 가능하다.
⑤ ㉠과 ㉡은 모두, 건축물의 높이를 기존 건축물보다 낮게 바꾸는 것이 불가능하다.

25

윗글을 바탕으로 〈보기〉를 이해한 내용으로 적절하지 <u>않은</u> 것은?

[3점]

─〈보기〉─

○ A는 건축물을 새로 짓기로 결심하고 자신이 오래전부터 소유하던, 각 층의 바닥면적이 500㎡인 3층짜리 건축물을 모두 부수었다. 그리고 기존 건축물이 있던 대지에 건축물의 높이와 층별 바닥면적이 기존과 동일하면서 각 층의 층고만 높인 2층짜리 건축물을 새로 축조하였다.
○ B는 한 대지 내에 연면적이 각 400㎡이면서 형태가 동일한 2개 동의 상가 건축물을 소유하고 있었다. B는 이를 모두 부수고 그 대지에 새로운 상가 건축물을 짓는 방안을 검토하고 있었으나 지진이 발생해 기존 건축물이 모두 붕괴되었다.

① A가 층고를 기존 건축물보다 높여 지은 것은 건축물의 규모를 늘려 지은 것이므로 증축에 해당한다.
② A가 새로 지은 건축물을 관리하기 위해 같은 대지 안에 경비실을 추가로 짓는 것은 증축에 해당한다.
③ B가 지진 발생 전에 기존 건축물을 전부 부수고 각 층 바닥면적의 총합이 900㎡인 1개 동의 건축물을 축조했다면, 이는 신축에 해당한다.
④ B가 붕괴된 기존의 건축물을 연면적의 합계가 700㎡인 건축물로 재축한다면, 층수와 높이가 종전 규모 범위 이하인 3개동으로 축조할 수 있다.
⑤ B가 지진 발생 전에 기존 건축물을 모두 해체하고 개축했다면, 같은 대지 내에서 기존 건축물과 다른 위치에 새로운 건축물을 축조하는 것이 가능했을 것이다.

26

@와 문맥상 의미가 가장 가까운 것은?

① 우리는 행사를 위해 물건을 강당으로 <u>옮겼다</u>.
② 나는 남의 말을 다른 이에게 <u>옮기는</u> 것을 경계하였다.
③ 그는 역사적 사건을 그림으로 <u>옮겨서</u> 후대에 전하였다.
④ 그녀는 준비해 온 계획을 실행에 <u>옮기고자</u> 결심하였다.
⑤ 동생은 방향을 바꾸어 반대편으로 발걸음을 <u>옮겨</u> 갔다.

[27 ~ 30] 다음 글을 읽고 물음에 답하시오. 

진화론자들은 생존에 유리한 방향으로 우연히 돌연변이가 발생한 유전자가 후대에 전해지는 자연선택 과정의 누적으로, 오늘날 생태계의 생명체들이 현재와 같은 모습을 띠게 되었다고 본다. 그런데 우리의 눈과 같이 고차원적인 생체 기관도 우연의 산물이라고 보기는 어렵다며 의문을 제기하는 이들도 있다. 이에 대해 진화생물학자 리처드 도킨스는 생명체의 진화 과정을 '불가능 산'에 오르는 것에 비유하면서, 불가능 산의 최정점에 있다고 여겨지는 우리의 눈은 깎아지른 절벽을 단숨에 뛰어오르는 우연으로 그곳에 이른 게 아니라, 완만한 비탈을 천천히 오르는 우연의 누적으로 그곳에 이른 것이라 말한다.

눈의 진화 과정에서 시작 단계에 해당하는 불가능 산의 밑자락에는 빛의 존재 여부만 희미하게 감지하는 세포를 지닌, 일부 단세포 생물의 피부나 거머리의 피부가 자리한다. 그 뒤에 이어지는 오르막에서는 빛의 광자를 포획하고 그 충격을 신경 자극으로 변환하는 일을 담당하는 광세포가 점차 늘어나는 경향이 나타난다. 그러나 광세포 그 자체는 동물에게 빛의 유무만을 알려 주므로 빛의 방향과 주변 대상의 형태까지 감지하려면 한쪽 면에는 암막이 있는 광세포가 필요하다. 광세포가 투명하면 모든 방향에서 빛이 들어와 어느 쪽에서 빛이 오는지 알 수 없기 때문이다. 그래서 광세포로 이루어진 평면을 활처럼 구부려서 그 곡면의 뒤쪽에는 암막이 있게 만든 오목한 눈이 등장하게 되는데, 대합이나 갯지렁이 등의 눈이 이 유형에 속한다. 그러나 오목한 눈의 망막에도 대상을 분별할 수 있는 하나의 상이 형성되지는 못한다.

오목한 눈에 돌고래의 상이 맺히는 상황을 생각해 보자. 셀 수 없이 다양한 방향에서 무수히 많은 빛이 동시에 들어오면 오목한 망막은 〈그림 1〉과 같이 무수히 많은 돌고래 상으로 뒤덮여 결국 하나의 상을 파악해 내지 못하게 된다. 그래서 〈그림 2〉와 같이 상하가 뒤바뀐 도립상이긴 하지만 단 하나의 온전한 돌고래 상만 망막에 맺힐 수 있을 때까지 빛의 유입구를 계속 좁혀 나가며 불가능 산을 오르는 긴 여정이 시작되었다.

그 결과 전복이나 고동의 눈처럼 빛의 유입구가 매우 좁아진 눈과 앵무조개의 눈처럼 완전한 바늘구멍 눈이 나타나게 된다.

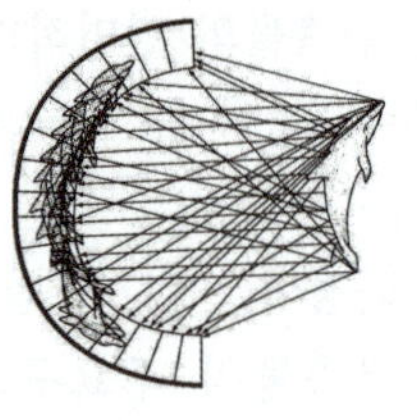 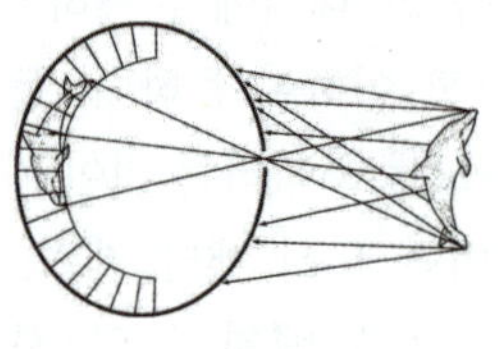

그러나 하나의 상만 맺힐 만큼 빛 유입구가 좁아지면 빛의 유입량이 부족해 아주 밝을 때만 대상을 볼 수 있다. 또한 빛은 파동처럼 움직이며 서로 간섭을 일으켜 상이 흐릿해지는 회절 현상을 보이는데, 빛의 유입구가 좁을수록 그 정도가 심화된다. 그래서 유입구를 더 넓게 하는 것도, 좁게 하는 것도 선택하기 어려운 진퇴양난의 상황이 발생한다. 바늘구멍 눈의 이러한 상황을, 두 장점을 동시에 취할 수 없는 상황이 흔히 다뤄지는 경제학의 특성을 본떠 광자 경제학 이라 일컫는다.

빛은 하나의 투명 물질에서 다른 투명 물질로 들어갈 때 굴절되는데, 볼록 렌즈 모양의 투명 물질은 빛의 굴절을 통해 물체의 상을 더 선명하게 만들어 준다. 그래서 광자 경제학의 난제를 해결하기 위한 대안으로, 빛의 유입구를 더 넓힌 뒤에 투명한 볼록 렌즈인 수정체를 그 뒤에 끼워 넣은 수정체 눈이 나타났다. 수정체를 거친 빛도 도립상을 이루는 것은 여전하지만, 빛의 유입량이 늘어 아주 밝지 않아도 망막에 선명한 상이 맺힐 수 있게 되었다. 일반적으로 척추동물은 불가능 산의 아주 높은 곳에 자리하고 있는 수정체 눈을 가지는데, 어류나 파충류 등은 수정체의 위치를 이동하는 방법으로, 조류나 포유류는 수정체의 두께를 조절하는 방법으로 빛의 굴절률을 조절하여 대상과의 거리에 맞게 초점을 맞춘다.

27

윗글을 읽은 방법으로 가장 적절한 것은?

① 오늘날의 생태계에서 발견이 되는 눈의 유형과 발견이 되지 않는 눈의 유형을 비교하며 읽었다.
② 여러 가지 눈의 유형별 차이점에 주목하여 각 유형의 눈이 나타나게 된 원인을 파악하며 읽었다.
③ 광세포와 빛의 관계를 중심으로 생명체의 눈이 불가능 산의 최정점에 오를 수 없는 이유를 추측하며 읽었다.
④ 고차원적 생체 기관은 우연의 산물이 아니라고 보는 사람들이 제시한 눈의 진화 과정에서 논리적 모순을 찾아내며 읽었다.
⑤ 다양한 생물 종의 눈이 고차원적 눈의 유형으로 수렴해 가는 원리를 시간의 흐름에 따라 순차적으로 이해하며 읽었다.

28

윗글에 대한 이해로 적절하지 <u>않은</u> 것은?

① 진화론자들은 생존에 유리한 돌연변이의 발생이 누적되어 생명체가 현재의 모습에 이르게 되었다고 본다.

② 리처드 도킨스는 새로운 유형의 눈이 나타나는 진화의 과정을 완만한 비탈을 천천히 오르는 것에 비유했다.

③ 눈의 진화의 시작 단계에 있는 생물은 빛의 존재를 감지할 수 있는 피부를 통해 빛의 유무만 파악할 수 있다.

④ 앵무조개의 눈은 갯지렁이의 눈과 달리 바라보고 있는 대상의 모습이 망막에 하나의 상으로 맺힌다.

⑤ 포유류의 눈은 어류의 눈과 달리 빛의 유입량을 늘리기 위해 수정체의 두께를 변화시켜 빛의 굴절률을 조절한다.

29

□광자 경제학□을 중심으로 윗글에 대해 이해한 내용으로 적절하지 <u>않은</u> 것은?

① 파동처럼 움직이면서 서로 간섭을 일으키는 빛의 속성은 바늘구멍 눈의 빛 유입구를 더 넓히지 못하게 만드는 원인이 된다.

② 빛이 투명한 물질을 통과할 때 굴절되는 성질은 바늘구멍 눈의 빛 유입구를 더 넓히기도, 좁히기도 곤란한 문제 상황을 해결할 수 있게 한다.

③ 바늘구멍 눈으로, 아주 밝지 않은 곳에서 대상을 볼 수 있는 것과 대상을 단 하나의 상으로 파악할 수 있는 것을 동시에 충족시키기는 어렵다.

④ 수정체는 바늘구멍 눈의 빛 유입구를 넓혔을 때 얻게 되는 이점과 바늘구멍 눈의 빛 유입구를 좁혔을 때 얻게 되는 이점을 동시에 취할 수 있게 해 준다.

⑤ 여러 방향에서 동시에 많은 빛이 유입될 때 일시에 많은 상이 맺히는 현상은 아주 밝지 않아도 대상을 볼 수 있도록 바늘구멍 눈의 빛 유입구를 조절하는 데 제약이 된다.

30

윗글을 바탕으로 〈보기〉에 대해 보인 반응으로 적절하지 <u>않은</u> 것은? [3점]

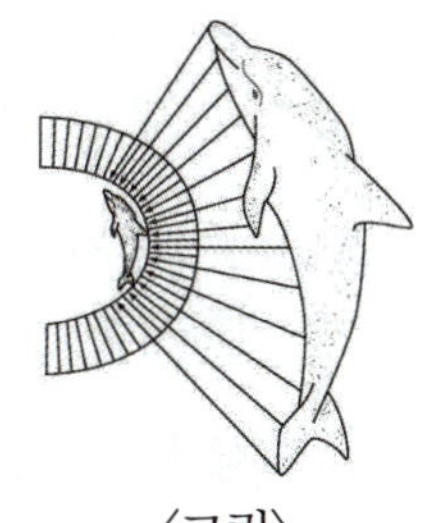

〈보기〉

곤충이나 갑각류에게서 흔히 나타나는 연립상 겹눈은 오목한 눈의 원리를 변형하여 적용하고, 바늘구멍 눈의 원리도 적용하여 상하가 뒤바뀌지 않은 정립상을 만든다. 이 눈은 〈그림〉처럼 오목한 그릇 모양의 뒷면, 즉 볼록한 표면에 광세포가 바깥쪽을 향하도록 배치되어 있고, 길쭉한 관들이 방사형으로 빽빽하게 모여 있다. 각각의 관은 아주 좁은 빛 유입구를 가진 낱눈으로, 일직선상에 있는 관측 대상의 작은 일부분에 해당하는 빛만 망막에 맺힌다. 각 낱눈에는 투명한 볼록 렌즈가 달려 있고 광세포로 이루어진 망막도 있으나 각 망막에 맺힌 상은 무시되고 낱눈을 통해 들어온 빛의 양만 기록된다. 이렇게 빛의 분리 공급을 통해 각 낱눈에 들어온 빛이 모두 합쳐지면 최종적으로는 하나의 온전한 전체 상을 인식할 수 있게 된다.

〈그림〉

① 연립상 겹눈이 빛의 유무를 넘어 관측 대상의 형태까지 파악할 수 있는 것으로 보아 연립상 겹눈의 광세포는 투명하지 않겠군.

② 연립상 겹눈은 그릇 모양의 볼록한 표면에 광세포가 배치되어 있어서 오목한 눈에 비해 더 많은 양의 빛이 망막에 닿게 되겠군.

③ 연립상 겹눈으로 분리 공급된 빛을 통해 최종적으로 인식되는 관측 대상의 전체 상은 실제 관측 대상의 모습과 상하 방향이 일치하겠군.

④ 연립상 겹눈의 각 낱눈은 관측 대상의 작은 일부분만 감지한다는 점에서 관측 대상의 전체 형상을 감지할 수 있는 바늘구멍 눈과는 차이가 있겠군.

⑤ 연립상 겹눈을 구성하는 각 낱눈의 망막에 맺힌 관측 대상의 각 상은 수정체 눈의 망막에 맺힌 관측 대상의 상과 마찬가지로 모두 상하가 전복되어 있겠군.

(가) 나는 바다로 가는 길로 걸어간다. 노오란 호박꽃이 많이 핀 돌담을 끼고 황혼이 있다.

돌담을 돌아가면 — 바다가 소리쳐 부른다. 바다 소리에 내가 젖는다. 내가 젖는다.

물방울이 **생활**처럼 **차다**. 몸에 스며든다. 요새는 모든 것이 ㉠ 짙은 커피처럼 너무도 쓰다.

나는 **고향**에 가고 싶다. 고향의 숲이, 언덕이, 들이, 시내가 그립다. 어릴 적 기억이 ㉡ 파도처럼 달려든다.

바다가 **어머니**라면 — 하고 나는 생각해 본다. 바다의 **품**에 안기고 싶다. 안기어 ㉢ 날개같이 보드러운 물결을 쓰고 맘 편히 쉬고 싶다.

수평선 아득히 아물거리는 은색의 향수. 나는 **찢어진 추억의 천막을 깁**는다, 여기 **모래벌**에 주저앉아 —

– 장만영, 〈향수〉

(나) 꽃 사이 타오르는 햇살을 향하여
　㉣ 고요히 돌아가는 해바라기처럼
　높고 아름다운 하늘을 받들어
　그 속에 맑은 넋을 살게 하라.

　가시밭길을 넘어 그윽히 **웃**는 한 송이 꽃은
　눈물의 이슬을 받아 핀다 하노니
　깊고 거룩한 세상을 우러르기에
　삼가 육신의 괴로움도 달게 받으라.

　괴로움에 짐짓 웃을 양이면
　슬픔도 오히려 아름다운 것이
　고난을 **사랑**하는 이에게만이
　마음 나라의 **원광**은 떠오르노라.

　푸른 하늘로 푸른 하늘로
　㉤ 항시 날아오르는 노고지리같이
　맑고 아름다운 하늘을 받들어
　그 속에 높은 넋을 살게 하라.

– 조지훈, 〈마음의 태양〉

31

(가)와 (나)의 공통점으로 가장 적절한 것은?

① 명령형 어조를 사용하여 시적 의미를 강조하고 있다.
② 동일한 시구를 반복하여 시적 분위기를 고조하고 있다.
③ 일부 시행을 명사형으로 종결하여 여운을 남기고 있다.
④ 색채어의 대비를 통해 대상을 선명하게 제시하고 있다.
⑤ 수미상관 기법을 활용하여 구조적 안정감을 부여하고 있다.

32

㉠~㉤에 대한 이해로 적절하지 않은 것은?

① ㉠: 일상의 삶에서 받는 느낌을 미각적 이미지로 표현하여 화자가 삶에서 느끼는 고단함을 나타내고 있다.
② ㉡: 기억이 걷잡을 수 없이 떠오르는 상황을 역동적 이미지로 표현하여 고향에 대한 화자의 그리움을 나타내고 있다.
③ ㉢: 물결에서 연상되는 느낌을 촉각적 이미지로 표현하여 고향으로 돌아갈 수 있으리라는 화자의 기대를 나타내고 있다.
④ ㉣: 햇살을 향하는 대상의 모습을 시각적 이미지로 표현하여 하늘에 대한 화자의 동경을 나타내고 있다.
⑤ ㉤: 하늘로 나아가는 대상의 모습을 상승적 이미지로 표현하여 화자가 지향하는 가치를 추구해 나가는 마음을 나타내고 있다.

33

〈보기〉를 참고하여 (가), (나)를 감상한 내용으로 적절하지 않은 것은? [3점]

〈보기〉

시에는 상황에 대한 화자의 인식이 반영되어 있다. 화자가 자신이 처한 상황이 부정적이라고 인식하는 것은 그러한 상황을 극복하고 싶은 화자의 의지를 드러내는 방법이 되기도 한다. (가)의 화자는 바닷가에서 과거의 긍정적 기억을 떠올리면서 삶의 상처를 치유하고자 한다. 한편 (나)의 화자는 자연물의 모습을 제시하고, 그들처럼 삶의 고통을 받아들이면서 숭고한 태도로 살겠다고 스스로 다짐하는 모습을 보여 준다.

① (가)에서 '생활'이 '차다'고 느끼는 것과 (나)에서 '괴로움'과 '슬픔'을 언급하는 것은 화자가 자신이 처한 상황이 부정적이라고 인식하고 있음을 나타낸 것이라고 할 수 있겠군.
② (가)에서 바다를 보며 '고향'의 모습과 '어머니'의 '품'을 떠올리는 것은 현재 화자가 있는 공간을 통해 과거의 긍정적 기억이 환기된 것이라고 할 수 있겠군.
③ (가)에서 '모래벌'에 앉아서 '찢어진 추억의 천막을 깁'는 것은 화자가 추억을 되새기면서 현재의 상처를 치유하는 과정을 의미하는 것이라고 할 수 있겠군.
④ (나)에서 '웃'으며 '가시밭길을 넘'은 후에야 '눈물의 이슬'을 받을 수 있다고 인식하는 것은 숭고한 태도로 살고자 하는 화자의 의지가 반영된 것이라고 할 수 있겠군.
⑤ (나)에서 '고난'을 '사랑'해야 '원광'이 떠오를 수 있다는 것은 고통을 수용해야 부정적인 상황을 극복할 수 있다는 화자의 인식을 나타낸 것이라고 할 수 있겠군.

[A] 아내와 동행할 수는 없다고 나는 생각을 굳혔다. 그녀의 지적처럼 설사 어떤 비난을 당하는 한이 있더라도 말이다. 숙부의 갑작스런 죽음이 무엇을 뜻하는가를 비로소 깨달았던 것이다. 적어도 나에게 있어서 그 죽음은 일찍이 내가 속해 있었던 한 세계의 완전한 종언(終焉)을 의미하는 것이었다. 이제 내가 장사 치를 것은 한 사내의 시신이 아니라 그것과 연루된 나의 어둡고 치욕스러운 과거였다. 그러므로 지금까지 한사코 담을 쌓고 은폐해 왔던 그 세계를 마지막 순간에 내 아내에게 열어 보일 수는 없다고 나는 생각했다.

"뭘 챙긴다구 그래? 내 양말이나 몇 켤레 내주구려. 돈 좀 하구……." / 불쑥 나는 말했다.

예상했던 일이다. 가방을 챙기던 아내의 동작이 딱 멎었다. 아무 말 없이 그녀는 한동안 내 얼굴을 똑바로 쳐다보았다. 당신이란 사람은 정말 이해할 수가 없노라는 그런 눈빛이었다. 처가는 월남 가족이었다. 고향도 친지도 다 버리고 온 **실향민**이란 의식이 언제나 강한 사람들이었고, 그래서 그런 것에 대한 **관심과 집착**도 **별난** 데가 있었다. 하지만 ㉠ 나는 그렇지 못했다. 고향이나 친지, 심지어는 나의 가계(家系)에 이르기까지 거의 한 번도 속을 털어놓고 **이야기한 적이 없**는 사람이었다. 그 세계는 이를테면 내 아내에게 있어서는 철저하게 닫혀 있는 세계였는데, 그 앞에서 ㉡ 그녀는 종종 그런 눈빛으로 나를 바라보곤 했던 것이다.

숙부는 그 세계에 속해 있는 마지막 한 사람인 셈이었다. 아내로서는 지금까지 단 한 번도 상면해 본 적이 없는 그런 인물이었다. 그녀가 간직하고 있는 결혼 사진첩에도 그의 얼굴은 없다. 어머니의 당부에도 불구하고 우리의 결혼을 알리지 않았었다. 이번에는 그쪽에서 사정이 있었던 것이다. 그러므로 이제 와서 새삼스레, 그것도 사자(死者)의 얼굴을 내 아내에게 보여 줄 수는 없다고 나는 거듭 생각을 다졌다.

"나 혼자 다녀오는 것이 좋겠소. 당신까지 무리할 건 없어. 내가 그쪽에 **발길을 들여놓**는 일도 어차피 이번으로 **마지막**이 될 테니깐……."

[중략 부분의 줄거리] 고향과 연을 끊은 채 살아가던 '나'는 삼촌의 장례를 치르기 위해 고향으로 향하면서 과거를 떠올린다. 어린 시절 '나'의 가족은, 사상운동을 하다 전쟁 직전 종적을 감춘 아버지로 인해 마을 사람들로부터 수모를 당한다. 가슴에 부상을 입고 전쟁에서 돌아온 삼촌은 파편 제거 수술에 실패하여 상처를 안은 채 살아간다.

살아생전에 내가 고인을 마지막 본 것은 7~8년 전의 일이 된다. 내 어머니의 장례 때 참석지 못했던 그는 어느 날 불쑥, 그것도 내 직장으로 찾아왔던 것이다. 첫 모습에서 나는 그가 이제 막 출감(出監)하는 길임을 알아볼 수 있었다. 내가 들은 바로는 그때가 네 번째의 출감에 해당했다. 철 지난 옷을

후줄근하게 걸친 그는 꼭 그 차림에 어울리는 표정을 하고 내게 말했다.

"형수님께서 운명하셨단 소식은 저 안에서 들었네. 지금이라도 무덤이나마 찾아봤으마 하는데, 자네 그럴 만한 짬을 낼 수 있겠는가?"

[B] 두말없이 나는 앞장섰다. 서둘면 퇴근 시간 전에 돌아올 수 있겠다고 어림했지만 물론 그렇게는 되지 않았다. 근교 라고는 해도 우리가 묘소에 닿은 것은 해가 설핏한 때였다. 내 어머니의 봉분에는 잔디가 제법 깊고 넓게 뿌리를 내리고 있었다. 그는 지석 앞에다 2홉들이 소주 한 병과 쥐치포 몇 쪽을 호주머니에서 꺼내 놓았다. 그러고는 허리를 꺾고 무릎을 꿇은 채 오래도록 일어나지 않았다. 혼신의 힘을 다해 오열을 참고 있음이 분명했다. 그러나 끝내는 땅바닥에 얼굴을 박은 채 그는 신음 같은 울음소리를 냈다.

"자네 아버님 제살랑 5월 중 적당한 날을 택해 모시도록 하소. 가급적이면 중순 이전이 좋겠네."

돌아오는 차 중에서 그는 불쑥 말했다. 나는 멍하니 얼굴을 쳐다보았다. 그때까지도 나는 아버지의 제사를 모시고 있지 않았기 때문이다. 그것은 내 어머니의 줄기찬 희망 때문이었다. 6·25 한 해 전에 영영 행방을 감추어 버린 아버지가 세상 어딘가에 아직도 살아 계시리란 희망을 내 어머니는 마지막 순간까지도 포기하지 않고 있었던 것이다.

㉢ 해마다 주인 없는 생일상만을 차려 왔던 일을 생각하고 나는 다음 말을 기다렸다. 그러나 그는 어둠이 얇게 깔리기 시작한 창밖 거리만을 내다볼 뿐 더 이상 말이 없었다. 버스 에서 내리는 길로 그는 곧장 서울역으로 가 버렸다. 내 집 으로 모시마고 나는 물론 말했지만 그는 단지 이렇게 대꾸 했을 따름이었다.

"도리가 아닌 줄은 알지마는 어쩌겠노. 나야 워낙 그런 사람 아닝가? 빈 껍데기만 남아서 넝마매로 굴러댕긴다 뿐이지, **진짜 모습은 진작에 끝난** 거네. 인제사 생각하마, 기왕 **한 구덩이 묻히지 못한 것만 원통**할 따름이제…… 자네 집사람한테는 날 만났단 얘기도 하지 마소."

나는 더 이상 그를 잡지 않았고, 그런다고 돌아설 사람도 아니었다. 그날 밤 내내 잠을 설치면서 나는 그가 남긴 말을 곰곰 되씹었다. 적어도 한 가지 사실만은 분명했다. 그는, ㉣ 삼촌은 내 아버지의 죽음을 목격했던 것이다. ……어쩌면 그의 **가슴에 남아 있는 상흔**과도 관계가 있는 건지 모른다고 까지 나는 생각했다. 비로소 나는 그를 좀 이해할 수 있을 것 같았다. 제대를 하고 돌아온 삼촌의 모습, 눅눅한 골방에 드러누워 누에처럼 보내던 생활, 재수술을 거부하며 그가 내뱉었던 말들, 궂은 날이면 육신의 어딘가가 아프다면서 오밤중에도 곧잘 끙끙 앓던 일, 그리고 또 갈수록 말수가 줄어든 대신 뿌리기 점점 더 깊이 느껴지던 기침 소리 등등…… 그랬다. 옛날과는 생판 모습이 달라져 버린 그 삼촌에게서 나는 문득문득 어딘가로 종적을 감추어 버린 ㉤ 내 아버지의 모습을 발견하곤 했던 것이다.

– 이동하, 〈파편〉

34

[A]와 [B]의 서술상 특징에 대한 설명으로 가장 적절한 것은?

① [A]는 이야기를 전달하는 방식으로, [B]는 이야기를 전해 듣는 방식으로 인물이 처한 상황을 나타내고 있다.

② [A]는 과거를 회상하는 진술을 통해, [B]는 상황을 가정하는 진술을 통해 사건 해결의 실마리를 제시하고 있다.

③ [A]는 요약적 서술을 통해, [B]는 의식의 흐름에 따른 서술을 통해 서술자의 내적 갈등이 해소되는 양상을 보여 주고 있다.

④ [A]는 시간의 흐름에 따라 사건이 변화하는 추이를, [B]는 공간의 이동에 따라 변화하는 인물 간의 관계를 보여 주고 있다.

⑤ [A]는 내면의 서술을 통해 서술자가 특정 판단을 내린 이유를, [B]는 행동의 묘사를 통해 관찰 대상의 심리를 드러내고 있다.

35

㉠~㉢에 대한 이해로 적절하지 <u>않은</u> 것은?

① ㉠: '나'가 처가의 상황을 이해하지 못했던 자신의 행동을 성찰하고 있음을 드러낸다.

② ㉡: 아내가 '나'의 행동을 이해하지 못하는 일이 반복되어 왔음을 나타낸다.

③ ㉢: '나'의 어머니가 남편이 살아 있다는 희망을 가지고 살아왔음을 알려 준다.

④ ㉣: 삼촌이 '나'에게 아버지의 제사 시기를 알려 줄 수 있었던 이유를 짐작하게 한다.

⑤ ㉤: '나'가 변해 버린 삼촌의 모습을 통해 종적을 감춘 아버지를 떠올렸음을 보여 준다.

36

<u>한 세계</u>에 대해 이해한 내용으로 적절하지 <u>않은</u> 것은?

① '나'가 삼촌과 함께 속해 있다고 생각하는 세계이다.

② '나'가 아내에게 털어놓지 못하고 은폐해 왔던 과거이다.

③ '나'가 아버지의 행적으로 인해 겪었던 치욕스러운 시간이다.

④ '나'가 어머니의 죽음을 계기로 벗어나고 싶어 하는 과거이다.

⑤ '나'가 삼촌의 장례에 아내와 동행하지 않으려는 이유가 되는 시간이다.

37

<보기>를 참고하여 윗글을 감상한 내용으로 적절하지 <u>않은</u> 것은?

[3점]

<보기>

〈파편〉은 전쟁의 상처와 아픔을 다양한 인물을 통해 다각도로 제시하고 있다. 작품에는 전쟁의 폭력성으로 인해 신체적, 정신적 상처를 입고 무기력하게 사는 인물, 정신적 상처를 입고 자기 안에 갇혀 부정적 기억을 외면하려는 인물, 고향과 가족을 잃고 살아가는 인물이 등장한다. 이를 통해 전쟁은 종전 후에도 인물의 삶에 지속적으로 영향을 미치는 비극적인 사건임을 보여 주고 있다.

① 가슴에 파편이 박힌 채 전쟁에서 돌아온 삼촌의 '가슴에 남아 있는 상흔'은 전쟁의 폭력성을 보여 주는 것이겠군.

② '실향민'인 처가가 고향과 친지에 대해 '관심과 집착'이 '별난' 것은 전쟁으로 고향과 가족을 잃은 아픔을 보여 주는 것이겠군.

③ '나'가 아내에게 자신의 가계에 대해 '이야기한 적이 없'이 살아온 것은 '나'가 정신적 상처로 인해 자기 안에 갇혀 살아가는 모습을 보여 주는 것이겠군.

④ '나'가 삼촌의 장례를 치르는 것을 '마지막'으로 더 이상 고향에 '발길을 들여놓'지 않으려는 것은 전쟁의 상처가 '나'의 삶에 지속적으로 영향을 미치고 있음을 보여 주는 것이겠군.

⑤ 삼촌이 '진짜 모습은 진작에 끝났다'며 '한 구덩이 묻히지 못한 것만 원통'하다고 말하는 것은 무기력한 삶에서 벗어나기 위해 전쟁의 기억을 외면하는 모습을 보여 주는 것이겠군.

(가) 방초 우거진 시냇가에 **몇 간 초가** 지어 두고
　　아침저녁 듣는 소리 새 울음뿐이로다
　　시경(詩經) 서경(書經) 기대어 누워 사립문을 닫았으니
　　산과 시내 새로운데 구름 안개만 잠겨 있다
　　늘어진 푸른 솔은 늙을 줄을 모르거든
　　가늘게 시냇물은 주야를 흘러간다
　　담쟁이 풀 깊은 곳에 찾을 이 뉘 있으며
　　비바람 부는 ㉠ 세상에 명성은 내 몰라라
　　화창한 바람 건듯 불어 산중에 봄이 드니
　　온갖 꽃이 가득 피고 나비들이 넘놀 적에
　　경치가 무궁하여 눈앞에 벌어지니
　　허다히 듣는 소리 반가이 보는 빛을
　　이른들 다 이르며 뉘라서 그려 내리
　　ⓐ 길고 긴 골짜기에 굴레 벗은 몸이 되어
　　꽃 핀 아침 달 뜬 저녁 **마음껏 노닐**다가
　　붉은 벼랑 구름 속에 이슬 맞고 자란 꽃을
　　일없이 노닐면서 아침저녁 사랑하다가
　　붉은 채소를 익게 삶아 아침저녁 요기하니
　　노순(鱸蓴)* 같은 맛이구나 팔진미를 아랑곳 하겠는가
　　　　　　　　　　　(중략)
　　부귀를 다 잊으니 평생에 할 일 없어
　　청려장을 손에 들고 돌길에서 서성이니
　　버들에 바람 불고 솔 잣나무 달 비칠 때
　　마음속이 담담하니 해마(害馬)도 간 데 없다
　　연비어약(鳶飛魚躍)*을 때때로 살펴보니
　　가을 달 봄바람이 갈수록 흥이로다
　　단사표음(簞食瓢飮)*을 먹으나 못 먹으나
　　겨울 **갖옷** 여름 **갈옷** 입으나 못 입으나
　　ⓑ 빚 없는 청풍명월과 백년해로 하리라
　　　　　　　　　　　　　　　　－ 김기홍, 〈채미가〉

* 노순(鱸蓴): 농어회와 순채나물국
* 연비어약(鳶飛魚躍): 솔개가 날아가고 물고기가 뛰어놂.
* 단사표음(簞食瓢飮): 대나무로 만든 밥그릇에 담은 밥과 표주박에 든
　물이라는 뜻으로, 소박한 생활을 이르는 말

(나) 을미년(1595) 봄, 내가 처음으로 농사를 짓기 위해 **두어
이랑의 밭**을 마련했다. 밭은 신벌리에 있었다. 이웃의 농부
에게 밭이 어떠냐고 물었더니 이렇게 대답했다.
　"**참 좋은 밭입니다.** 어떤 곡식을 심어도 잘 자랄 땅이지요.
습하지도 않고 메마르지도 않아 수해나 가뭄이 들어도 별
영향이 없을걸요. 전에 이곳에 농사를 지은 사람은 수확이
많았지요. 요즘은 농사를 짓지 않는 사람이 많아 버려둔 지
5~6년 됐지만 말입니다."

나는 비옥했지만 오랫동안 버려졌다는 그 땅이 아까워
개간해 보기로 마음을 먹고 아주 단단한 농기구와 노련한
농사꾼 몇을 구해 황소 두어 마리를 끌고 밭으로 갔다.
　3월 17일 무렵이었는데, 밭에는 잡초와 가시덤불이 우거져
한 치의 빈틈도 없었다. **뿌리가 서로 뒤엉켜** 아무리 날카로운
농기구라고 해도 쉽게 끊어낼 수 없을 정도였다. 괜히 힘만
쓰고 밭은 개간하지 못하는 것이 아닌가 하는 후회와 걱정이
슬며시 들었다. 하지만 이미 시작한 일이라 중간에 그만둘
수도 없었다. 쟁기 하나에, 황소 두 마리를 부려 한 사람은
쟁기질을 하고, 두 사람이 양쪽에서 고삐를 끌면서 밭을
개간하기 시작했다.
　처음에는 무딘 도구로 단단한 돌을 깎는 것처럼 매우
어려웠다. 그러나 시간이 지날수록 밭을 일구면서 조금씩
앞으로 나아갈 수 있었다. 보습이 닿는 곳마다, 물살이 거셀
때 물속의 돌이 서로 부대끼며 내는 소리처럼, 우르릉 쾅쾅
하는 소리가 났다.
　잡초의 **뿌리를 끊**고 난 뒤 일군 밭을 보니 굳은 흙덩이가
겹겹이 쌓여 있어 마치 전쟁에서 패배한 굳세고 사나운
군사들이 분을 참지 못하고 머리를 풀어 헤친 채 화를 내는
것 같았다. 그러나 밭을 점점 더 개간해 가자, **얽혔던 것**이
풀어지고 **단단한 흙**도 부서져 예전의 밭 모양을 갖추게
되었고, 힘도 조금씩 덜 들게 되었다. 일하던 사람들도
피곤을 덜 느끼고 개간한 밭을 보며 기뻐했다. 이렇게 계속
개간을 하면 수레 가득 조를 수확해 담을 수도 있고,
망태기에 곡식을 채울 수도 있을 것이라는 생각이 들었다.
그런 생각을 하자 마음이 점점 기쁨으로 차 오르기 시작했다.
　이 일을 하다가 문득 깨달은 것이 있다. 사람의 **마음속에도
좋은 밭**이 하나씩 있다. 그 밭이 바로 측은지심, 수오지심,
사양지심, 시비지심이다. 그리고 거기에 심는 ㉡ 씨앗이
인(仁), 의(義), 예(禮), 지(智)이다. 그 밭은 평평하여 험하지
않고 비옥해서 작물이 잘 자란다. 그래서 처음에는 아무도 그
땅을 버리지 않는다.
　그러나 ㉢ 살면서 사심이 생겨 이랑이 올라오고, 욕심이
생겨 좋은 곡식을 해치면, 밭이 황폐해지고, 나고 자라는
자연의 이치도 멈춘다.
　하지만 그 본질은 사라지는 게 아니다. 진실로 밭을 일구
려는 사람이 ⓓ 안회의 사물(四勿)*을 황소로 삼고, 증자의
삼성(三省)*을 쟁기로 삼아 개간하기 어려운 땅을 일구기
시작하여, 한 번 이겨 낸 뒤에는 느긋한 여유가 생긴다.
그 결과 예전과 같은 밭을 일구어 낼 수 있을 것이다. 좋은
곡식이 왜 자라지 않을까 걱정만 하고 있을 필요는 없다.
내 밭이 황폐해져 개간할 수 없다고 생각한다면 이것은
스스로를 포기한 것일 뿐이다. ⓔ 밭을 황폐하게 하는 것도
자신이요, 개간해 내는 것도 자신이다. 나는 여태껏 개간하지
않는다면 몰라도 개간하는 일 자체가 불가능한 경우를 본 적이
없다.
　　　　　　　　　　　　　　　　－ 정온, 〈기황전설〉

* 사물(四勿): '예의에 맞지 않는 것이면 보지 말며, 듣지 말며, 말하지
　말며, 행동하지 말라.'라는 안회의 말
* 삼성(三省): '나는 날마다 세 가지를 반성한다. 남에게 최선을 다했는
　가, 친구와 신의 있게 지냈는가, 배운 것을 익혔는가.'라는 증자의 말

38

(가), (나)에 대한 설명으로 가장 적절한 것은?

① (가)는 자연물에 감정을 이입하여 대상에 대한 정서를 드러내고 있다.

② (나)는 불가능한 상황을 가정하여 주제 의식을 드러내고 있다.

③ (가)는 (나)와 달리, 설의적 표현을 사용하여 삶에 대한 긍정적 인식을 드러내고 있다.

④ (나)는 (가)와 달리, 영탄적 표현을 사용하여 대상에 대한 경외감을 드러내고 있다.

⑤ (가)와 (나)는 모두, 음성 상징어를 활용하여 공간에서 느껴지는 현장감을 드러내고 있다.

39

㉠과 ㉡에 대한 이해로 가장 적절한 것은?

① ㉠은 화자의 기대에 부합하는 대상이고, ㉡은 글쓴이가 그 속성을 예찬하는 대상이다.

② ㉠은 화자의 시련을 부각하는 대상이고, ㉡은 글쓴이가 소망하는 바가 달라지게 만든 대상이다.

③ ㉠은 화자가 이해하고자 하는 대상이고, ㉡은 글쓴이가 사람이라면 누구나 갖고 있다고 여기는 대상이다.

④ ㉠은 화자가 마음으로부터 경계하는 대상이고, ㉡은 글쓴이가 물질적 여유를 위한 수단으로 삼는 대상이다.

⑤ ㉠은 화자가 거리를 두려는 대상이고, ㉡은 글쓴이가 각각의 사람들이 자신의 내면에서 키워 나가기를 바라는 대상이다.

40

ⓐ~ⓔ에 대해 이해한 내용으로 적절하지 <u>않은</u> 것은?

① ⓐ: 자연 속에 지내며 무언가에 얽매이지 않고 자유로운 상황에 놓이게 되었다는 의미가 담겨 있다.

② ⓑ: 돈이 없어도 누릴 수 있는 자연의 아름다움을 평생토록 누리겠다는 의미가 담겨 있다.

③ ⓒ: 마음이 황폐해지면 사심과 욕심으로 인해 결국 마음의 밭이 사라지게 된다는 의미가 담겨 있다.

④ ⓓ: 안회와 증자의 말을 교훈 삼아 마음의 밭을 일굴 때 처음의 어려움을 이겨 내면 할 수 있다는 마음이 생긴다는 의미가 담겨 있다.

⑤ ⓔ: 자신의 내면이 어떻게 가꾸어질지는 스스로의 마음가짐에 달려 있다는 의미가 담겨 있다.

41

〈보기〉를 참고하여 (가), (나)를 감상한 내용으로 적절하지 <u>않은</u> 것은? [3점]

〈보기〉

　문학 작품에는 삶에 대한 태도가 담겨 있다. (가)의 화자는 자연의 아름다움을 구체적으로 드러내며 가난함 속에서도 세속적 욕망에 초탈하여 유유자적하는 삶의 모습을 노래하고 있다. (나)의 글쓴이는 밭을 일구게 된 과정과 힘써 노력한 경험을 제시하며 이를 통해 깨우친 삶의 이치를 전달하고 있다.

① (가)에서는 아침과 저녁으로 '마음껏 노닐'면서 '부귀를 다 잊'었다고 말하는 것을 통해 유유자적하며 세속적 욕망에 초탈한 삶을 살아가는 모습을 나타내고 있군.

② (가)에서는 '온갖 꽃이 가득 피'어 '나비들이 넘놀'고 있는 경치를 바라보며 다 이를 수 없고 누구도 그려 낼 수 없다고 말하는 것을 통해 자연의 아름다움을 표현하고 있군.

③ (가)에서는 '몇 간 초가'에서 '붉은 채소'를 먹고 지내면서도 겨울의 '갖옷'과 여름의 '갈옷'을 마련하고자 힘쓰는 모습을 통해 가난한 환경을 이겨 내려는 삶의 태도를 드러내고 있군.

④ (나)에서는 '뿌리가 서로 뒤엉켜' 있는 밭을 '뿌리를 끊'은 뒤 '얽혔던 것'을 풀고 '단단한 흙'도 부수어 개간하는 과정을 통해 밭을 일구어나가는 노력을 보여 주고 있군.

⑤ (나)에서는 '두어 이랑의 밭'을 일구며 깨달은 경험을 통해 우리가 각자 갖고 있는 '마음속'의 '좋은 밭' 또한 황폐해지지 않도록 잘 일구어야 한다는 삶의 이치를 전달하고 있군.

서 공자는 부모 생각이 더욱 간절해졌다. 모친의 행적을 찾고 부친의 소식을 남방에 가 자세히 듣고자 하여 산을 넘고 물을 건너 길을 가려 하였다. 왕 공자가 말리며 말했다.

"형은 다만 공부에 힘써 과거에 급제하면 자연 알 것이니, 어찌 작정한 방향도 없이 세월을 헛되이 보낼 수 있으리오."

왕 공자가 권유하여 떠나지 못하게 하니, 서 공자가 그대로 머물러 있었다.

이때, 서 공자가 구슬을 넣은 비단 주머니가 해어진 것을 보고서 석파에게 그 비단 주머니를 보여 주며 똑같이 하나를 새로 지어 달라고 하니, 석파가 말했다.

"이것을 지어 무엇 하시려 하느뇨?"

서 공자가 눈물을 흘리며 구슬에 관한 내력을 말하니, 석파 또한 왕 소저의 구슬에 관한 이야기를 알고 있어서 놀라며 말했다.

"그 구슬을 조금 구경하사이다."

서 공자가 구슬을 내어 보이니, 고운 빛이 눈부시게 밝았고 웅(雄) 글자가 뚜렷하였다. 인하여 구슬을 가지고 안채로 들어가 부인 유 씨에게 이 곡절을 고하였다. 이때 부인 유 씨는 혜란 소저가 점점 나이 들어가며 장성하는데 구슬이 있는 곳을 알지 못해 밤낮으로 걱정하였다. 그러던 차에 석파의 말을 듣고 몹시 놀라며 기뻐하여 구슬을 받아 보니, 웅 글자도 뚜렷이 있고 혜란 소저의 구슬과도 신통히 같았다. 부인 유 씨가 왕 공자를 불러 그 까닭을 이르니, 왕 공자도 구슬을 보고 손뼉을 치며 크게 웃으며 말했다.

"어찌 이와 같은 신통한 일이 고금에 또 있으리까?"

부인 유 씨가 마음 가득히 아주 기뻐하며 말했다.

"이 구슬의 자웅(雌雄)을 가지고 가서 서 공자에게 그 내력을 일러주고 혼인하기로 정하여 멀지 아니한 가까운 장래에 혼례를 행하도록 하라."

왕 공자가 자웅의 구슬 을 가지고 사랑채에 나아가 서 공자를 향해 말했다.

"형은 만일 자(雌) 글자가 쓰인 구슬이 있으면 그곳에 정혼하려 하느냐?"

서 공자가 어떠한 곡절인지도 모르고 웃으며 말했다.

"형은 지나치게 조롱하지 말라. 소제(小弟)도 미덥지 아니한 일인 줄 알지만, 부모님께서 주신 물건이니 버리지 못할 것이라서 몸에 지니고 있었도다. 마침 구슬을 넣은 비단 주머니가 해졌기 때문에 석파에게 고쳐 달라고 하였더니, 실없는 석파가 널리 퍼뜨려 형에게 조롱을 받음이로다."

왕 공자가 구슬 자웅을 내어 놓고 말했다.

"다름 아니라 나에게 누이동생이 있는데 나이가 열다섯 살이로다. 누이동생이 태어날 때 꿈꾼 이야기가 이상하였지만 자 글자가 쓰인 구슬을 얻었도다. 그래서 지금까지 웅 글자가 쓰인 구슬을 가지고 있는 이를 찾느라 성혼하시지 못하였도다. 그랬는데 누가 형에게 이 구슬이 있을 줄 생각했으랴. 누이동생은 비록 배운 것이 없으나 사람됨이 영민하고 지혜로워 군자의 아내는 감당할 것이니, 형은 쾌히 허락하라."

서 공자도 또한 신기하게 여기며 고마워하여 말했다.

[A] "형의 은혜를 여러 해 입었고 또 아름다운 숙녀를 용렬하고 어리석은 사람의 배우자로 정해 진(秦)나라와 진(晉)나라의 왕실이 혼인을 맺고 지낸 것처럼 아주 가까운 정의(情誼)를 맺고자 하시니 어찌 사양하리오만, 소제(小弟)는 이 세상의 죄인이나이다. 부모의 생사를 모르는데, 다만 혼인하려는 마음을 생각할 수 있으리오. 구슬은 소제 또한 부모님으로부터 받은 것이라 신기하오나, **부모님의 소식을 듣기 전에는 혼인하려는** 마음을 두지 않으리이다. 형은 다시 말을 하지 마소서."

왕 공자가 말했다.

"형의 말은 사리에 맞지 않도다. 자친(慈親)의 소식을 모르니 실로 사람의 자식으로서 뼈에 사무치게 고통스러운 일이나, 형이 장가를 들지 않으면 조상 대대의 제사는 어찌하려는 것이오. 마땅히 **서둘러 장가**를 든 후라도 부모 소식을 알아봄이 옳은 데다 또 **조상에게 죄인되는 것**도 면할지니 거듭거듭 생각해 보라."

[중략 부분의 줄거리] 서 공자와 왕 공자는 과거에 합격하고 천자의 허락으로 서 공자와 왕혜란이 혼인한다. 이후 서 공자는 남만으로 출정하는 한편, 제왕이 왕혜란을 흠모해 납치하려 한다.

차설. 제왕은 **무뢰배를 보내어 왕 씨를 데려**다가 후원의 깊은 별당에 들이고서 매우 기뻐하고 즐거워하여 들어가 소저를 보았다. 지난번 여자의 옷으로 갈아입고 유명 승상의 집에 가서 보았던 왕 소저가 아니니, 크게 놀라 물었다.

"그대는 누구이뇨?"

월향이 도적에게 잡혀서 이곳에 도착해 제왕을 보니 분한 마음이 격렬히 일어나는지라 바로 칼을 들어 두 조각을 내고 싶었으나 억지로 참으면서 큰 소리로 말했다.

[B] "나는 서 원수의 부인의 시비 월향이오. 우리 부인이 비록 여자이시나, 모든 일을 헤아리시는 것이 귀신같다오. 환관이 친히 와 사내종들에게 술 먹이는 것을 보고 그날 밤에 변고가 있을 줄 짐작하시고, 나를 대신 있게 한 뒤에 부인은 몸을 피하셨나이다. 제왕은 당당한 만승천자(萬乘天子)의 금지옥엽(金枝玉葉)이요 천승군왕(千乘君王)이거늘, 어찌 차마 이같이 어질지 못하고 의롭지 못한 일을 자행하시나이까? 일반 백성의 범상한 여자라도 그렇게 하지 못하려든, 군부(君父)의 명을 꾸며 만들고 불측한 마음을 품어서 감히 조정의 경상가(卿相家) 부인을 밝은 대낮에 도적하고자 했으니 어찌 처벌이 없으리오. 죄는 개인의 사사로운 사정으로 봐주는 것이 없나니, 옛날 진(秦)나라 상앙(商鞅)은 태자가 법을 범하자 그 스승까지 형벌하였나니, 제왕은 어찌 몸을 보전하려 하오."

말을 다 마쳤는데, 아름다운 목소리가 비분강개하여 기운이 추상같았다. 제왕이 한편으로는 왕 소저를 잃은 것을 분하게 여기고 다른 한편으로는 월향의 꾸짖음에 크게 화를 내었다. 그래서 궁노(宮奴)에게 명하여 월향을 잡아매어 죽이고자 하였지만, 월향이 **조금도 겁내지** 아니하고 말했다.

"나는 주인을 위하여 **죽으려 하**나니 빨리 죽이소서."

— 작자 미상, 〈쌍주기연〉

2025.9
7회

42

윗글을 이해한 내용으로 적절하지 <u>않은</u> 것은?

① 서 공자는 부친의 소식을 알기 위해 남방으로 가고자 하였다.

② 왕 공자는 떠나려는 서 공자를 말리며 공부에 힘쓸 것을 권유했다.

③ 제왕은 납치해 온 대상이 왕혜란이 아니라는 사실에 분함을 느꼈다.

④ 왕혜란은 자신에게 변고가 일어날 것을 짐작하여 미리 몸을 피하였다.

⑤ 부인 유 씨는 서 공자에게 과거에 합격하는 대로 혼인할 것을 제안했다.

43

[A], [B]에 대한 이해로 가장 적절한 것은?

① [A]에서는 상대에게 받은 은혜를 고마워하며 상대의 제안을 흔쾌히 받아들이고 있다.

② [B]에서는 상대의 신분을 언급하며 상대의 지위에 맞지 않는 비도덕적인 행동을 질책하고 있다.

③ [B]에서는 상대에게 행동의 이유를 물으며 상대의 행동으로 인해 자신이 입게 될 피해를 염려하고 있다.

④ [A]와 [B]에서는 모두 자신이 처한 문제 상황을 언급하며 문제 해결을 위해 상대에게 도움을 요청하고 있다.

⑤ [A]와 [B] 모두 고사를 인용하여, [A]에서는 상대를 설득하고 있고, [B]에서는 상대에 대한 두려움을 나타내고 있다.

44

<u>자웅의 구술</u>과 관련한 설명으로 적절하지 <u>않은</u> 것은?

① 부인 유 씨가 딸의 혼사를 추진하지 않고 기다려 온 계기가 되는 소재이다.

② 왕 공자가 서 공자에게 왕혜란에 대한 과거 내력을 알리는 계기가 되는 소재이다.

③ 서 공자와 왕혜란이 태어날 때부터 서로의 배필로 정해져 있음을 보여 주는 소재이다.

④ 서 공자가 자신의 정혼 상대로 왕혜란을 만나게 될 것이라고 확신하게 만드는 소재이다.

⑤ 왕 공자가 자신의 누이와 서 공자가 서로 인연임을 우연히 알아차리도록 만드는 소재이다.

45

〈보기〉를 참고하여 윗글을 감상한 내용으로 적절하지 <u>않은</u> 것은?

[3점]

① 석파가 부인 유 씨에게 '곡절을 고하'여 왕혜란의 혼례를 추진하는 데 영향을 주는 것으로 보아 보조 인물이 중심 인물의 애정 서사에 도움을 주고 있음을 알 수 있군.

② 서 공자가 '부모님의 소식을 듣기 전에는 혼인하'지 않으려는 것으로 보아 중심인물이 부모에 대한 효라는 당대의 보편적 가치를 수호하고 있음을 알 수 있군.

③ 왕 공자가 '서둘러 장가'를 들어 '조상에게 죄인되는 것'을 면하라고 하는 것으로 보아 보조 인물이 보편적 가치에 얽매이지 않고 사건 전개에 능동적으로 개입하고 있음을 알 수 있군.

④ 제왕이 '무뢰배를 보내어 왕 씨를 데려'가려 하는 것으로 보아 악인형 인물이 여성의 절개라는 당대의 보편적 가치를 훼손하려 하고 있음을 알 수 있군.

⑤ 월향이 '조금도 겁내지' 않고 '죽으려 하'는 것으로 보아 보조 인물이 악인형 인물과의 대립 상황에서도 주인에 대한 충성을 다하여 주제 의식을 형상화하는 데 기여하고 있음을 알 수 있군.

01 _ 13번 연계 문제

〈보기〉의 ㉠~㉤에 대한 설명으로 적절하지 <u>않은</u> 것은?

─〈보기〉─

시간을 표현하는 방법 중 시제는 화자가 말하는 시점인 발화시와 동작이나 사건이 일어나는 시점인 사건시의 관계에 따라 과거 시제, 현재 시제, 미래 시제로 나뉜다. 동작상은 발화시를 기준으로 동작이 일어나고 있는 모습을 표현한 것인데, 동작이 진행되고 있음을 표현하는 진행상과 동작이 이미 완결되었음을 표현하는 완료상으로 나뉜다.

민지: 진수야, 뭐해?

진수: 나 예전 졸업 앨범을 좀 ㉠ <u>보고 있어</u>.

민지: 아, 너 햇님 중학교를 ㉡ <u>졸업했구나</u>?

진수: 응, 맞아. 네가 지금 들고 있는 가방, 새로 ㉢ <u>산</u> 거야?

민지: 응. 예전 가방은 동생 ㉣ <u>줘 버렸어</u>.

진수: 나도 새 학기에 매고 ㉤ <u>다닐</u> 가방을 사려고 했는데.

① ㉠: '-고 있어'는 동작이 진행되고 있음을 나타낸다.
② ㉡: '-았-'은 사건시가 발화시보다 앞선다는 것을 나타낸다.
③ ㉢: '-ㄴ'은 발화시와 사건시가 일치함을 나타낸다.
④ ㉣: '-어 버렸어'는 동작이 이미 완결되었음을 나타낸다.
⑤ ㉤: '-ㄹ'은 발화시보다 사건시가 나중임을 나타낸다.

02 _ 14번 연계 문제

〈보기〉의 ㉠~㉢이 모두 실현된 문장은?

─〈보기〉─

㉠ <u>주체 높임법</u>은 문장의 주어인 서술의 주체에 대하여 높임의 태도를 나타내는 방법이다. ㉡ <u>객체 높임법</u>은 문장의 목적어나 부사어가 지시하는 대상, 곧 서술의 객체에 대하여 높임의 태도를 나타내는 방법이다. 주체 높임과 객체 높임의 대상은 문장에서 표면적으로 드러나기도 하고 생략되기도 한다. 한편, ㉢ <u>상대 높임법</u>은 화자가 청자인 상대방에 대하여 높이거나 낮추는 태도를 나타내는 방법이다. 한 문장 안에서도 다양한 높임법이 쓰일 수 있다.

① 현규야, 선생님께서 오라고 하셔.
② 민주가 선생님을 뵙고 싶어 한다.
③ 사장님께서는 오늘 식사를 하지 않으셨다.
④ 선생님, 오늘 저희 어머니께서 학교를 방문하십니다.
⑤ 어머니, 아버지께서 할아버지께 신문을 드리라고 하셨어요.

03 _ 15번 연계 문제

〈보기〉의 ㉠~㉤에 나타난 중세 국어의 특징을 현대 국어와 비교하여 이해한 내용으로 적절하지 <u>않은</u> 것은?

─〈보기〉─

海東 六龍이 ᄂᆞᄅᆞ샤 일마다 天福이시니 ㉠ <u>古聖이</u> 同符ᄒ시니. (제1장)

㉡ <u>불휘</u> 기픈 남ᄀᆞᆫ ᄇᆞᄅᆞ매 아니 ㉢ <u>뮐씨</u>, 곶 됴코 ㉣ <u>여름</u> 하ᄂᆞ니. ㉤ <u>시미</u> 기픈 므른 ᄀᆞᄆᆞ래 아니 그츨씨, 내히 이러 바ᄅᆞ래 가ᄂᆞ니. (제2장)

[현대어 풀이]

海東(해동) 六龍(육룡)이 나[飛]시어 일마다 하늘의 복을 받으시니. 古聖(고성)과 同符(동부)ᄒ시니.

뿌리가 깊은 나무는 바람에 아니 움직이므로 꽃이 좋고 열매가 많으니. 샘이 깊은 물은 가뭄에 아니 그치므로 내[川]가 이루어져 바다에 가느니

① ㉠: 조사 '이'는 체언에 붙어 문장의 주어가 됨을 나타낸다.
② ㉡: 현대 국어의 '가'에 해당하는 주격 조사가 나타나지 않았다.
③ ㉢: 현대 국어에는 쓰이지 않는 어휘가 사용되었다.
④ ㉣: 현대 국어의 '여름'과 단어의 의미가 서로 다르다.
⑤ ㉤: 한 음절의 종성을 다음 자의 초성에 옮겨 표기하였다.

04 _ 27~30번 연계 문제

다음 중 밑줄 친 부분이 @와 가장 유사한 의미로 쓰인 것은?

또한 빛은 파동처럼 움직이며 서로 간섭을 @ <u>일으켜</u> 상이 흐릿해지는 회절 현상을 보이는데, 빛의 유입구가 좁을수록 그 정도가 심화된다.

① 엄마가 넘어진 아이를 <u>일으켰다</u>.
② 그 남자는 옷깃을 <u>일으켜</u> 세웠다.
③ 트럭 한 대가 먼지를 <u>일으키면서</u> 지나갔다.
④ 멀리서 들려오는 새소리가 쓸쓸한 마음을 <u>일으킨다</u>.
⑤ 그는 망해 가던 가업을 이어받아 성공적으로 <u>일으켰다</u>.

전국연합학력평가 [2024년 9월 4일 시행]

8회

☆ 3점 문항에만 점수가 표시되어 있습니다.

• 문항 수: 45개   • 배점: 100점   • 제한 시간: 80분

국어 영역

[01 ~ 03] 다음은 학생의 발표이다. 물음에 답하시오.

안녕하세요? 이번 수행 과제는 '민속 문화재 소개하기'인데요, 저는 장승에 대해 발표하려고 합니다. 여러분, 장승을 보신 적 있나요? (청중의 반응을 살피고) 대부분 보셨군요. 장승은 지역이나 제작 이유에 따라 여러 이름으로 불리지만 이번 발표에서는 장승으로 통칭하겠습니다.

장승은 마을 입구에 세운 사람 머리 모양의 기둥을 이르는 말로, 주로 나무로 만듭니다. (자료 1을 제시하며) 보시는 것처럼 일반적으로 장승은 이렇게 남녀 쌍으로 세우는데요, 남자 장승에는 관모를 씌우지만 여자 장승에는 씌우지 않기 때문에 보통 관모의 유무로 남녀 장승을 구별할 수 있습니다.

그렇다면 우리 조상들은 왜 장승을 만들었을까요? 장승이 질병이나 재앙을 막는 마을의 수호신 역할을 한다고 믿었기 때문입니다. 자료를 보시면 큰 장승과 작은 장승이 함께 모여 있지요? 이는 장승을 신성하게 여겨 오래되어 낡고 키가 줄어든 장승들도 함부로 버리지 않고 새로 깎은 것과 함께 남겨 두었기 때문입니다. 또한 장승에는 마을 간의 경계를 표시하거나, 다른 지역까지의 거리나 방향을 알려 주는 실용적인 기능도 있었습니다. 가장 오른쪽 장승을 보시면 아래쪽에 '서울 칠십 리'라고 적혀 있는데, 이를 통해 장승의 이정표 기능을 확인할 수 있습니다.

장승은 나무뿐만 아니라 돌로도 만드는데요, 나무 장승은 북쪽인 경기나 충청 지방에, 돌 장승은 남쪽 지방에 주로 분포합니다. (자료 2를 제시하며) 얼굴을 연구하는 ○○○ 교수는 장승의 얼굴이 지역에 따라 북방형 얼굴과 남방형 얼굴로 나뉜다고 해석했는데요, 북쪽 지방에 분포하는 나무 장승에는 자료의 위쪽에서 보시는 것처럼 긴 얼굴과 뾰족한 눈매의 북방형 얼굴의 특징이, 남쪽 지방에 분포하는 돌 장승에는 자료의 아래쪽에서 보시는 것처럼 동글동글한 인상의 남방형 얼굴의 특징이 드러난다는 것입니다. 제주도의 명물인 동글동글한 인상의 돌하르방은 대표적인 남방형 얼굴의 돌 장승이라고 할 수 있겠습니다.

지금까지 장승의 역할과 특징에 대해 말씀드렸습니다. 제 발표가 여러분이 장승에 관심을 두는 계기가 되기를 바랍니다. 이상으로 발표를 마치겠습니다.

01

위 발표자의 말하기 방식으로 가장 적절한 것은?

① 청중의 질문에 답을 하며 화제 선정의 이유를 밝히고 있다.

② 청중의 이해도를 점검하며 발표 내용을 추가로 제시하고 있다.

③ 발표 순서를 안내하여 청중이 발표 내용을 예측하도록 하고 있다.

④ 전문가의 견해를 제시하여 발표 내용의 신뢰성을 확보하고 있다.

⑤ 발표에 소개한 자료의 출처를 안내하며 발표를 마무리하고 있다.

02

다음은 발표자가 제시한 자료이다. 발표자의 자료 활용에 대한 설명으로 적절하지 <u>않은</u> 것은?

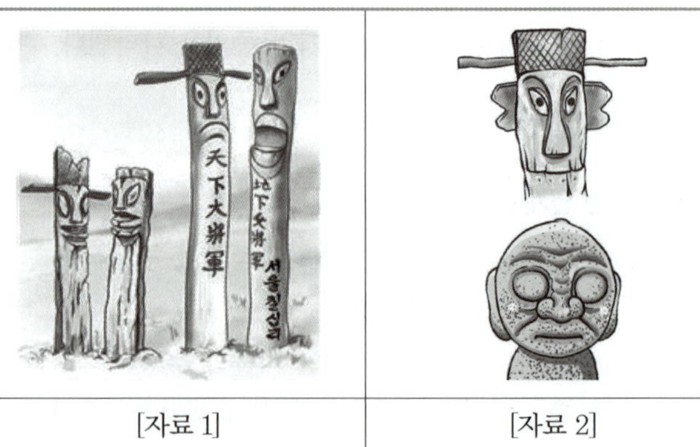

① 관모의 유무로 남자 장승과 여자 장승을 구별할 수 있음을 보여 주기 위해 [자료 1]을 제시하였다.

② 장승을 신성하게 여겨 오래된 장승도 버리지 않았음을 설명하기 위해 [자료 1]을 제시하였다.

③ 장승이 다른 지역까지의 거리를 알려 주는 이정표의 기능을 했음을 보여 주기 위해 [자료 1]을 제시하였다.

④ 장승의 얼굴 유형으로 인해 장승을 만드는 재료가 달라졌음을 보여 주기 위해 [자료 2]를 제시하였다.

⑤ 나무 장승에는 북방형 얼굴, 돌 장승에는 남방형 얼굴의 특징이 드러남을 설명하기 위해 [자료 2]를 제시하였다.

03

발표 내용을 바탕으로 할 때, 〈보기〉에 나타난 학생들의 반응에 대한 이해로 적절하지 <u>않은</u> 것은?

―――――――〈보기〉―――――――

학생 1: 장승은 사찰 입구에도 세워진 것으로 알고 있는데 어떤 이유로 세워졌는지 궁금해. 장승에 관한 책을 찾아 읽어 봐야지.

학생 2: 장승이 여러 이름으로 불린다는 내용에 대한 설명이 부족해서 아쉬웠어. 이와 관련된 내용을 국립 민속박물관 누리집에서 찾아봐야겠어.

학생 3: 장승에는 나무 장승만 있는 줄 알았는데 돌 장승도 있다는 것을 알게 되어 유익했어. 특히 제주도의 돌하르방이 돌 장승의 예라니 신기해.

① '학생 1'은 발표에서 언급되지 않은 내용을 궁금해하고 있다.

② '학생 2'는 발표에서 설명이 충분하지 못했던 점을 아쉬워하고 있다.

③ '학생 3'은 발표를 통해 새로운 정보를 알게 된 것을 긍정적으로 여기고 있다.

④ '학생 1'과 '학생 2'는 모두 발표 내용과 관련하여 추가적인 정보 탐색을 계획하고 있다.

⑤ '학생 1'과 '학생 3'은 모두 배경지식을 바탕으로 발표 내용의 정확성을 점검하고 있다.

[04 ~ 07]

(가)는 반대 신문식 토론의 일부이고, (나)는 청중으로 참여한 학생이 '토론 후 과제'에 따라 쓴 초고이다. 물음에 답하시오.

(가) 사회자: 오늘 토론의 논제는 '드론 실명제 적용 대상 드론의 범위를 확대해야 한다.'입니다. 먼저 찬성 측 입론해 주십시오.

찬성 1: 저희는 드론 실명제 적용 대상 드론의 범위를 확대해야 한다고 생각합니다. 한국소비자보호원에서 드론 사용 경험이 있는 소비자 463명을 대상으로 조사한 자료에 따르면 사용자의 20.5%가 안전사고를 일으킨 적이 있다고 합니다. 현재 시행 중인 드론 실명제에서는 비사업용 드론의 경우 최대이륙중량 2kg을 초과하는 드론에 대해서만 기체 신고를 의무화하고 있습니다. 그렇기 때문에 2kg 이하의 소형 드론이 사생활을 침해하거나 소음 공해, 안전사고 등을 일으켜도 소유주를 알 수 없다는 문제가 있습니다. 이와 비슷한 이유로 미국과 중국, 독일, 호주 등의 국가에서는 250g을 초과하는 드론을 신고하도록 규정하여 문제가 발생하였을 경우 책임 소재를 분명히 하고 있습니다. 따라서 우리나라도 드론 실명제 적용 대상을 최대이륙중량이 250g을 초과하는 소형 드론까지로 확대한다면 사고 처리나 피해 보상을 비교적 원활히 할 수 있을 것입니다.

사회자: 이어서 반대 측에서 반대 신문해 주십시오.

반대 2: 최대이륙중량이 250g을 초과하는 소형 드론까지 드론 실명제 적용 대상을 확대해야 한다고 말씀하셨는데, 이 경우 학교 내에서 사용하는 드론이나 일부 완구용 드론도 신고 대상에 포함될 수 있을 것입니다. 이 방안이 실현 가능하다고 생각하시나요? [A]

찬성 1: 다른 사람에게 피해를 줄 가능성이 있는 드론을 신고해야 한다는 것이지, 교내에서만 사용하는 드론이나 위험도가 낮은 완구용 드론까지 신고해야 한다는 것은 아닙니다.

반대 2: 조사 대상 드론 사용자의 20.5%가 안전사고를 일으켰다고 하셨는데, 언급하신 자료는 2kg 이하 소형 드론 사용자만을 대상으로 조사한 자료가 아니지 않나요?

찬성 1: 네, 맞습니다. 하지만 드론 실명제의 조종 자격 차등화 규정에 따르면 2kg 이하의 드론은 자격을 취득하지 않아도 조종할 수 있어, 2kg 이하 소형 드론 사용자만을 대상으로 조사할 경우 오히려 안전사고 발생 비율이 올라갈 가능성이 높습니다. [B]

사회자: 이어서 반대 측 입론해 주십시오.

토론 후 과제: 토론 내용을 참고하여 드론 실명제에 대한 자신의 생각을 글로 써보기

(나) 학생의 초고

소유주를 알 수 없는 소형 드론으로 인해 많은 사회적 문제가 발생하고 있다. 그래서 관련 규정을 강화한 드론 실명제가 최근 도입되어 시행되고 있다. 현행 드론 실명제에서는 비사업용의 경우 최대이륙중량 2kg이 넘는 드론에 대해서 기체 신고를 의무화하고, 드론 중량에 따라 조종 자격을 차등화하고 있다. 자체중량이 12kg을 초과하는 드론에만 신고 의무가 부과되었던 이전과 비교하면 기체 신고 기준이 대폭 강화된 것이다. 그럼에도 불구하고 여전히 미등록 소형 드론으로 인한 사생활 침해 및 안전사고가 끊이지 않아 사고 처리나 피해 보상 과정에서 많은 문제가 발생하고 있다.

이러한 문제를 해결하기 위해 다른 나라의 사례처럼 최대이륙중량의 기준을 250g까지 낮춰 드론 실명제 적용 대상 드론의 범위를 확대하자는 의견이 제기되고 있다. 하지만 관련 법이 바뀐 지 얼마 되지 않아서 다시 법을 개정한다면 소요되는 행정적 비용도 크고, 새로운 기준에 따라 수많은 소형 드론의 등록 여부를 다시 확인해야 한다는 점에서 실효성이 떨어진다.

따라서 신고 대상 드론의 범위를 확대하기보다는 정부나 지방 자치 단체에서 성숙한 드론 문화 정착을 위한 계획을 수립하고 캠페인 등 홍보 활동을 시행하여 현재의 제도가 잘 자리잡을 수 있도록 해야 한다. 또한 사용자들이 사전 교육 이수와 자격증 취득을 철저히 하고, 타인을 배려하며 안전하게 드론을 사용하기 위해 노력하는 것이 더 효과적이라고 생각한다.

우리나라에서도 드론 산업의 시장 규모가 점차 확대될 것이다. 그러면 우리는 배달이나 응급 구조 등의 다양한 분야에서 드론을 널리 사용하게 될 것이다. 드론의 일상화로 우리의 삶이 더욱 편리하고 윤택해지기를 기대해 본다.

04

(가)의 '찬성 1'의 입론에 대한 설명으로 가장 적절한 것은?

① 구체적 사례를 제시하여 현 제도의 목적을 언급하고 있다.
② 통계 자료를 제시하여 제도 개선의 필요성을 드러내고 있다.
③ 문제의 원인을 분류하여 문제 상황의 다양성을 강조하고 있다.
④ 새로운 쟁점을 추가하여 제도 개선 과정의 정당성을 주장하고 있다.
⑤ 두 제도의 장단점을 비교하여 현 제도의 문제점을 설명하고 있다.

05

[A], [B]에 대한 이해로 적절하지 <u>않은</u> 것은? [3점]

① [A]의 반대 2는 상대측의 의견을 통해 추론한 내용을 제시하며 상대측 의견의 실현 가능성에 의문을 제기하고 있다.
② [A]의 찬성 1은 상대측이 잘못 이해한 내용을 바로잡으며 상대측의 질문 내용이 논제에서 벗어났음을 지적하고 있다.
③ [B]의 반대 2는 상대측이 제시한 자료의 적절성을 평가하며 문제를 제기하고 있다.
④ [B]의 찬성 1은 상대측의 문제 제기를 인정하면서도 자신이 제시한 근거가 타당성이 있음을 강조하고 있다.
⑤ [A]와 [B]의 반대 2는 모두 상대측의 발언 일부를 재진술한 후 자신의 질문에 응답하기를 바라고 있다.

06

(가)를 바탕으로 (나)를 쓰기 위한 작문 계획으로 가장 적절한 것은?

[1문단]
○ 토론에서 언급된, 기체 신고 기준과 조종 자격 차등화에 대한 내용을 바탕으로 현행 드론 실명제 규정을 소개해야겠어. ·················· ①

[2문단]
○ 토론에서 언급되지 않은, 다른 나라의 기체 신고 기준을 제시하며 우리나라의 기체 신고 기준과 비교해야겠어. ②
○ 토론에서 언급된, 드론 실명제 개정 시 얻을 수 있는 긍정적 효과를 제시한 후 제도 개정 시 발생하는 행정적 비용에 대한 내용을 추가해야겠어. ·················· ③

[3문단]
○ 토론에서 언급되지 않은, 성숙한 드론 문화를 정착시킬 수 있는 방안을 제도의 개정과 개인의 실천 의지로 구분하여 제시해야겠어. ·················· ④

[4문단]
○ 토론에서 언급된, 드론 산업의 발전 가능성과 전망을 제시하며 드론 활용 분야에 대한 구체적인 예시를 추가해야겠어. ·················· ⑤

07

〈보기〉는 선생님의 조언을 듣고 (나)의 마지막 문단을 고쳐 쓴 것이다. 선생님이 조언한 내용으로 가장 적절한 것은?

─────〈보기〉─────

적절한 규정과 함께 성숙한 드론 문화가 우리 사회에 안정적으로 자리 잡으면 관련 산업이 더욱 발전할 것이다. 그러면 우리는 배달이나 응급 구조 등의 다양한 분야에서 드론을 널리 사용하게 될 것이다. 드론의 일상화로 우리의 삶이 더욱 편리하고 윤택해지기를 기대해 본다.

① 드론 산업의 시장 규모에 대한 내용을 삭제하고, 드론 관련 산업이 발전해 온 과정을 추가하면 어떨까?
② 드론이 창출할 수 있는 경제적 효과에 대한 내용을 삭제하고, 드론 관련 산업이 발전해 온 과정을 추가하면 어떨까?
③ 드론 산업의 시장 규모에 대한 내용을 삭제하고, 드론 관련 산업이 더욱 발전하기 위한 전제 조건을 추가하면 어떨까?
④ 드론이 창출할 수 있는 경제적 효과에 대한 내용을 삭제하고, 성숙한 드론 문화 정착을 위한 조건을 추가하면 어떨까?
⑤ 드론 산업의 시장 규모에 대한 내용을 삭제하고, 성숙한 드론 문화의 정착을 위해 보완해야 하는 상세 규정을 추가하면 어떨까?

[작문 상황]

학교 신문의 기고란에 청소년의 눈 건강과 관련된 글을 쓰려고 함.

[초고]

제목: [A]

우리는 눈을 통해 외부에서 들어오는 대부분의 정보를 받아들인다. 이렇게 눈은 일상생활의 많은 활동에 영향을 미치는 주요 감각기관이기 때문에 건강한 눈 상태를 유지하는 것은 매우 중요하다.

그런데 성장기에 이미 시력 이상 상태에 놓인 청소년의 비율은 매우 높은 편이다. 실제로 전국의 학생들을 대상으로 이루어지는 학생 건강검사의 2022년 표본 통계에 따르면, 우리나라 전체 고등학교 1학년 학생 중 시력 이상 상태에 해당하는 학생이 약 73%에 달할 만큼 심각한 것으로 나타났다.

시력 이상 상태인 청소년의 대부분은 일반적으로 굴절 이상으로 인해 먼 곳이 잘 보이지 않는 특징을 지닌다. 이러한 시력 이상 상태를 근시라고 하는데 근시 정도가 심해진 것을 고도 근시라고 한다. 고도 근시의 경우 원래 동그란 모양인 안구의 길이가 앞뒤로 점점 길어지면서 망막과 시신경이 약해지고, 이로 인해 다양한 안질환이 발생할 확률이 높아진다. 특히 근시는 신체 성장이 멈출 때까지 진행되는데, 일찍 시작된 근시일수록 고도 근시에 도달할 가능성이 높다.

그렇다면 청소년기에 눈 건강을 지키기 위해 우리는 평소 어떤 노력을 기울여야 할까? 안과 전문의들의 권고에 따르면, 눈 건강을 위해 청소년은 하루 6시간 이상의 숙면을 취해야 하고, 디지털 기기를 장시간 집중적으로 볼 때는 중간중간에 적절히 눈의 피로를 풀어 주어야 한다. 그리고 정기적인 안과 검진을 통해 시력을 점검하여 적절히 교정하는 등 세심하게 눈 건강을 살피는 노력이 필요하다.

08

'작문 상황'을 고려하여 구상한 글쓰기 내용으로, 초고에 반영되지 않은 것은?

① 눈 건강이 중요한 이유
② 청소년기 시력 이상 현황의 심각성
③ 청소년기 시력 이상의 일반적 특징
④ 청소년기 시력 이상의 종류별 발생 원인
⑤ 고도 근시와 안질환 발생 확률 간의 관계

09

다음은 초고를 읽은 편집부장의 조언이다. 이를 반영하여 [A]를 작성한다고 할 때, 가장 적절한 것은?

> 요즘 청소년들의 눈 건강 문제가 심각하다는 것과 독자에게 당부하는 바가 잘 드러나는 제목으로 쓰는 게 좋겠어.

① 근시의 잠재적 위험성, 어떻게 눈을 지켜야 할까
② 청소년 시력 이상 적신호, 일상 속 실천으로 눈 건강을 지키자
③ 우리의 일상을 책임지는 감각기관, 소중한 내 눈을 보호하자
④ 청소년 근시 그대로 방치하면, 안질환 발생 위험성 높아진다
⑤ 우리의 눈 건강을 지키는 방법, 일찍 자고 눈의 피로를 풀어주자

2024.9

8회

10

〈보기〉는 학생이 초고를 보완하기 위해 추가로 수집한 자료이다. 자료의 활용 방안으로 적절하지 않은 것은? [3점]

─〈보기〉─

ㄱ. 통계 자료

ㄱ-1. 연도별 시력 이상 학생 비율

단위(%)

연도\학년	2016	2019	2022
초4	47.62	46.62	54.46
중1	67.67	65.56	65.24
고1	74.1	74.48	72.92

ㄱ-2. 시력 이상 고1 학생 중 교정 비율(2022년)

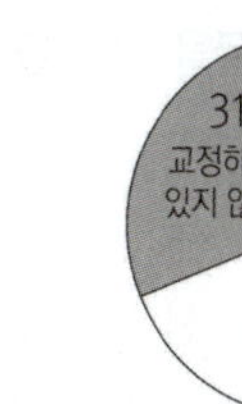

ㄴ. 전문가 인터뷰 자료

"청소년기는 안구 성장이 일어나는 시기로, 시력 교정이 필요한데도 시력 교정을 하지 않으면 시력이 더 저하될 수 있습니다. 그리고 근시가 고도 근시로 진행되면 녹내장, 근시성 황반변성 등 실명을 유발할 수 있는 안질환 발생 위험도 증가할 수 있습니다."

ㄷ. 신문 기사

최근 디지털 기기 사용이 증가하면서 현대인들의 눈 건강이 위기에 처해 있다. 스마트폰이나 모니터를 근거리에서 오랜 시간 집중적으로 볼 경우, 눈의 초점을 정확하게 맺는 기능이 떨어져 순간적으로 시력이 저하되고 눈이 피로해지며 시야가 흐려진다. 청소년의 근시 비율이 급증한 것 역시 디지털 기기를 오랜 시간 사용한 것에 따른 부작용을 주요 요인으로 볼 수 있다.

① ㄱ-1을 활용하여, 학년이 높아질수록 시력 이상 상태인 학생 비율이 높아진다는 내용을, 청소년 눈 건강 문제의 심각성을 뒷받침하는 근거로 2문단에 추가한다.
② ㄴ을 활용하여, 고도 근시가 유발할 수 있는 안질환의 종류를, 고도 근시의 위험성을 구체화하는 내용으로 3문단에 추가한다.
③ ㄷ을 활용하여, 디지털 기기를 근거리에서 오래 보는 것이 눈 건강에 악영향을 끼친다는 내용을, 디지털 기기를 장시간 집중적으로 볼 때는 적절히 눈의 피로를 풀어 주어야 한다는 내용을 뒷받침하는 근거로 4문단에 제시한다.
④ ㄱ-2와 ㄴ을 활용하여, 시력이 더 저하될 수 있음에도 시력 교정을 하지 않는 학생들이 30%가 넘는다는 내용을, 정기적인 안과 검진을 통한 시력의 점검 및 교정 노력의 필요성을 부각하는 자료로 4문단에 제시한다.
⑤ ㄴ과 ㄷ을 활용하여, 안구 성장이 진행되고 있는 청소년의 근시 비율이 급증하고 있다는 내용을, 일찍 시작된 근시일수록 고도 근시에 도달할 가능성이 높다는 내용을 뒷받침하는 근거로 3문단에 제시한다.

[11~12] 다음 글을 읽고 물음에 답하시오.

우리가 활용하는 사전은 수록 대상과 제시 방법을 미리 규정하여 표제어를 선정한다. ≪표준국어대사전≫의 경우 표준어뿐만 아니라 흔히 쓰는 비표준어도 수록 대상으로 하고 있으며 일반어와 전문어, 고유 명사까지도 수록하고 있다. 또한 사전에는 단어 이하의 단위만 수록하는 것이 원칙이지만 전문어와 고유 명사의 경우 구까지도 수록하고 있다.

[A] ≪표준국어대사전≫의 표제어 표기는 한글만 사용하는 것이 원칙이다. 'TV'나 '4계절'처럼 일상 속에서 관용적으로 로마자나 숫자로 표기하는 것도 '티브이'나 '사계절'과 같이 한글로 표기하여 자모 순서에 따라 제시한다. '큰아버지'와 같은 합성어나 '(머리를) 빗기다'와 같은 파생어는 붙임표(-)로 분석하여 '큰-아버지'나 '빗-기다'와 같이 제시한다. 또한 '짓밟히다'처럼 접두사 '짓-'과 피동 접사 '-히-'가 동시에 결합했을 때는 피동 접사 '-히-' 앞에 붙임표를 한 번만 제시한다. 하지만 '삶'처럼 파생어여도 '살-+-ㅁ'과 같이 분석되어 구성 성분이 음절로 나누어지지 않을 때는 붙임표를 따로 제시하지 않는다.

한글 맞춤법에 띄어 쓰는 것이 원칙이나 붙여 쓰는 것도 허용한 전문어나 고유 명사는 '^' 기호를 사용하여 표시하고 있다. 또 접사와 어미처럼 자립적으로 쓰이지 않고 반드시 다른 말과 결합해야 하는 표제어는 결합하는 부분에 '-'를 붙여 표시하고 있다. 비표준어 표제어의 경우 '→' 기호를 활용하여 표준어의 뜻풀이를 참고하도록 안내하고 있다.

표제어는 가나다순으로 배열하고 있으며, 자모의 순서는 초성의 경우 'ㄱ, ㄲ, ㄴ, ㄷ, ㄸ, ㄹ, ㅁ, ㅂ, ㅃ, ㅅ, ㅆ, ㅇ, ㅈ, ㅉ, ㅊ, ㅋ, ㅌ, ㅍ, ㅎ', 중성의 경우 'ㅏ, ㅐ, ㅑ, ㅒ, ㅓ, ㅔ, ㅕ, ㅖ, ㅗ, ㅘ, ㅙ, ㅚ, ㅛ, ㅜ, ㅝ, ㅞ, ㅟ, ㅠ, ㅡ, ㅢ, ㅣ'의 순서로 배열하고 있고, 종성은 초성의 배열 순서를 따른다. 동음이의어의 경우는 어휘 형태, 문법 형태 순서로 배열한다. 이때, 어휘 형태는 명사, 대명사, 수사, 동사, 형용사, 관형사, 부사, 감탄사, 어근의 순서로, 문법 형태는 어미, 접사의 순서로 배열한다.

11

[A]를 바탕으로 추론한 내용으로 적절하지 <u>않은</u> 것은?

① '1월'과 '9월'은 사전에 한글로 표기되므로 '1월'보다 '9월'이 먼저 제시된다.
② '새해'는 '새'와 '해'가 합쳐진 단어이므로 '새-해'로 표기한다.
③ '비웃음'은 '비웃다'에 접사 '-음'이 결합한 단어이므로 '비웃-음'으로 표기한다.
④ '뒤집히다'는 접두사 '뒤-'와 피동 접사 '-히-'가 동시에 결합하고 있으므로 '뒤-집히다'로 표기한다.
⑤ '기쁨'은 '기쁘-+-ㅁ'과 같이 분석되어 구성 성분이 음절로 나누어지지 않으므로 '기쁨'으로 표기한다.

12

<보기>는 표제어를 순서 없이 나열한 자료이다. 윗글을 참고했을 때, 이에 대한 이해로 적절하지 <u>않은</u> 것은?

─── <보기> ───

윗어른 「명사」 → 웃어른
왠지 「부사」 왜 그런지 모르게. 또는 뚜렷한 이유도 없이
이 「명사」 『언어』 한글 자모 'ㅣ'의 이름
─이 「어미」 하게할 자리에 쓰여, 상태의 서술이나 느낌을 나타내는 종결 어미
─이─ 「접사」 '사동'의 뜻을 더하는 접미사
이상^결정 『화학』 결정면이 모두 같은 크기와 모양으로 된 배열을 가진 가상적 결정

① '윗어른'은 비표준어이지만 사람들이 흔히 쓰고 있어서 표제어로 선정되었겠군.
② '왠지', '윗어른', '이상^결정'의 순서로 사전에 배열되어 있겠군.
③ 접사 '─이─'는 명사 '이'와 어미 '─이' 사이에 수록되어 있겠군.
④ 어미 '─이'와 접사 '─이─'는 반드시 다른 말과 결합해야만 쓰일 수 있겠군.
⑤ '이상^결정'을 보니 전문어의 경우 둘 이상의 단어가 모인 말도 표제어로 실려 있겠군.

13

<보기>의 활동을 모든 학생이 바르게 수행했을 때, '학생 2'가 쓴 단어로 적절한 것은?

─── <보기> ───

음운 변동에는 어떤 음운이 다른 음운으로 바뀌는 교체, 있던 음운이 없어지는 탈락, 두 음운이 합쳐져 새로운 하나의 음운으로 줄어드는 축약, 없던 음운이 새로 생기는 첨가가 있다.

[활동]
앞 학생이 제시한 단어에서 일어나지 않는 음운 변동이 일어나는 단어를 쓰시오.

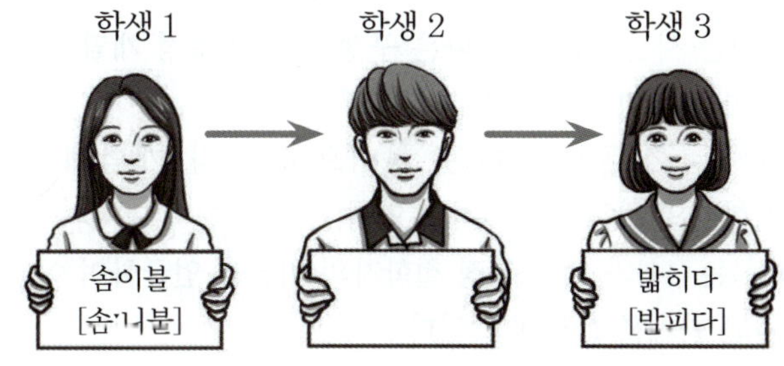

① 삯일[상닐]   ② 옷맵시[온맵씨]
③ 겉핥기[거탈끼]   ④ 색연필[생년필]
⑤ 넓죽하다[넙쭈카다]

14

<학습 활동>을 수행한 결과로 적절하지 <u>않은</u> 것은? [3점]

─── <학습 활동> ───

직접 인용을 간접 인용으로 바꿀 때는 인용 조사, 인용절의 종결 어미, 대명사, 시간 표현, 높임 표현 등에서 변화가 생길 수 있다. 다음 직접 인용 문장을 간접 인용 문장으로 바꿀 때 어떤 변화가 생길지 분석해 보자.

ㄱ. 그는 나에게 "당신은 제 책을 보셨습니까?"라고 물었다.
ㄴ. 나는 어제 그에게 "그녀는 내일 도착합니다."라고 말했다.

① ㄱ은 인용절의 높임 표현이 바뀐다.
② ㄴ은 인용절의 시간 표현이 바뀐다.
③ ㄱ은 ㄴ과 달리 인용절의 대명사가 바뀐다.
④ ㄴ은 ㄱ과 달리 인용절의 종결 어미가 바뀐다.
⑤ ㄱ과 ㄴ은 모두 인용절에 연결된 인용 조사가 바뀐다.

15

<보기>의 ㉠, ㉡에 들어갈 내용으로 적절한 것은?

─── <보기> ───

선생님: 중세국어에서 조사와 결합하면 'ㆆ'이 나타나는 체언이 있는데 이를 'ㆆ' 종성 체언이라고 해요. 'ㆆ' 종성 체언 뒤에 어떤 조사가 결합하는지에 따라 'ㆆ'의 실현 양상이 달라지는데, [자료 1]을 참고하여 [자료 2]의 빈칸을 채워 볼까요?

[자료 1]

결합하는 조사	'ㆆ'의 실현 양상
관형격 조사 'ㅅ'	'ㆆ'은 나타나지 않는다.
모음으로 시작하는 조사	'ㆆ'은 뒤따르는 모음에 이어 적는다.
'ㄱ' 또는 'ㄷ'으로 시작하는 조사	'ㆆ'은 뒤따르는 'ㄱ', 'ㄷ'과 어울려 'ㅋ', 'ㅌ'으로 나타난다.

[자료 2]

예 1 [내ㆆ+이] 이러 → [   ] 이러 (냇물이 이루어져)
예 2 부텻 [우ㆆ+과] → 부텻 [   ] (부처의 위와)

학생: [자료 1]을 보면 [자료 2]의 예 1 은 (㉠)라고 써야 하고, 예 2 는 (㉡)라고 써야 합니다.
선생님: 네, 맞아요.

	㉠	㉡
①	내히	우콰
②	내히	우과
③	내이	우콰
④	내이	우과
⑤	내히	웋과

[16 ~ 20] 다음 글을 읽고 물음에 답하시오.

(가) 하이데거는 인간을 자신의 존재 의미에 대한 물음을 제기할 수 있는 '현존재'라고 정의하고 삶의 실존적 의미를 탐구했다. 하이데거에 따르면 현존재는 정해진 운명에 따라 살아가는 것이 아니라 살아가는 동안 계속해서 무언가가 될 수 있는 가능성을 바탕으로 자신의 존재 이유를 스스로 만들어 나갈 수 있다.

그런데 현존재는 자신이 속한 사회가 요구하는 체제에 따라 살아가기 때문에, 자기 자신의 고유성을 드러내는 본래적 삶을 살지 않고 세상이 시키는 대로 살게 되곤 한다. 하이데거는 이를 현존재가 익명의 타인들인 ㉠'세인(世人)'으로서 존재하며 비본래적인 삶을 살아가는 것이라고 보았다. 세인은 특정한 누군가가 아닌 익명성을 지닌 모든 타인이기에, 세인의 일원이 된 현존재는 자신의 고유성을 잃고 살아가게 되는 것이다.

그렇다면 비본래적 삶에서 해방되어 본래적 삶으로 나아가려면 어떻게 해야 할까? 이에 대해 하이데거는 삶이 유한하다는 인식, 즉 죽음에 대한 인식이 필요하다고 강조하였다. 하이데거에게 죽음은 현존재가 반드시 맞이하게 된다는 점에서 확실성을 가지며, 삶의 일부분으로서 '아직 오지 않음'의 상태로 존재한다. 다시 말해, 죽음은 현존재 외부에 있는 사건이 아니라 현존재 자체에 내재해 있는 것이다. 또한 죽음은 다른 누군가가 대신해 줄 수 없는, 나 스스로만이 경험할 수 있는 고유한 것이기에 대체불가능성을 지닌다. 따라서 죽음이야말로 다른 사람과 구별되는 나의 가장 고유한 가능성이며, 나의 죽음을 적극적으로 대면할 때 자신의 진정한 개인적 삶을 인식하고 본래적 삶을 살아가는 계기를 마련할 수 있는 것이다.

하지만 죽음을 적극적으로 대면하지 않고 단순히 내가 죽는다는 사실을 아는 것으로 그칠 때는 본래적 삶을 살아갈 수 없다. 자신이 죽는다는 사실을 인식하면 현존재는 불안을 느끼게 되고, 그로부터 벗어나기 위해 스스로를 세인으로 전락시켜 자신의 죽음을 은폐하기 때문이다. 그리하여 타인의 죽음을 보면서도 자신의 고유한 죽음에 대해서는 잘 실감하지 못하고, 오히려 죽음이 자신과는 무관한 사건이라고 외면하며 죽음의 확실성을 부정하게 된다. 하이데거는 죽음에 대한 이러한 회피와 무관심이 현존재를 자신의 가장 고유한 가능성으로부터 멀어지게 한다고 보았다.

따라서 하이데거는 삶의 변화를 위해, 죽음이 주는 불안으로부터 달아나지 않고 죽음을 대면하여 선취할 것을 요구하였다. 죽음은 아직 오지 않았지만, 죽음이라는 가능성 앞에 미리 자신을 세워봄으로써 과거의 비본래적 삶을 반성해야 한다는 것이다. 이러한 하이데거의 관점은 자신의 존재 의미를 스스로 결정하며 살아가겠다는 새로운 결단을 통한 실존적 삶을 제시했다는 점에서 의미를 지닌다.

(나) 사르트르는 인생을 하나의 긴 기대라고 정의하였다. 인간은 존재하는 한 무엇인가를 기대하고, 그런 기대를 넘어 다시 기대를 갖게 되는 실존적 존재 방식을 취한다는 것이다. 그리고 인간은 그러한 기대를 실현하기 위해 현재의 자신을 부정하고 미래를 향해 새로운 자신을 만들어 나갈 수 있는 자유를 가진 존재라고 보았다.

하지만 삶을 의미 있게 형성해 나가는 기대와 자유는 예기치 않은 순간에 필연적으로 다가오는 죽음과 동시에 중지되므로 죽음은 나의 존재 방식인 기대를 차단하는 것이며, 이는 곧 나의 사라짐을 뜻한다. 이와 관련하여 사르트르는 죽음을 나와 관련 없이, 외부에서 우연히 나에게 찾아오는 하나의 사실일 뿐이라고 보고, 이를 '죽음의 우연성'이라고 하였다. 이 같은 단순한 사실로서의 죽음은 삶의 일부분으로 존재하는 것이 아니며, 모든 기대와 가능성을 무의미하게 만드는 것이다.

무언가에 의미를 부여하는 주체인 '나'가 사라지면 자신의 죽음에 의미를 부여하는 것도 불가능해진다. 따라서 죽은 나의 삶이나 죽음에 의미를 부여할 수 있는 자는 나 자신이 아니라, 나와 마찬가지로 자유를 가지고 살아가는 또 다른 주체인 ㉡타자이다. 가령 어떤 청년이 한 권의 책을 쓰고 갑자기 죽었다고 하자. 이때 그의 죽음이나 그가 남긴 책에 대해서는 철저히 타자에 의해서만 그 의미가 부여된다. 이렇듯 사르트르는 자신의 죽음의 의미를 스스로 결정할 수 없다는 점에서 죽음이 나라는 존재에 속한 것이 아니라고 보았다. 그리고 죽음은 그 자체로서는 삶에서 의미를 지닐 수 없기 때문에 삶과 단절된 상태라고 주장하는 등 죽음은 삶에서 실감될 수 없는 것임을 강조하였다.

이러한 사르트르의 견해는 죽음을 지나치게 타자 중심적인 관점에서 바라보았다는 점에서 비판을 받기도 하지만 다른 사람의 죽음을 받아들이는 '나'에게는 좋은 위로가 될 수 있다. 고인의 삶은 타자인 나의 시선에서 재구성되므로, 이를 통해 고인과의 기억을 긍정적으로 승화시켜 상실의 아픔을 극복할 수 있기 때문이다. 결국 사르트르에게 실존적 삶을 논하는 데 있어 중요한 것은 죽음에 대한 인식이 아니라 현재의 삶을 주체적으로 살아가는 태도이다. 여기서 주체적 태도란 내게 주어진 자유를 발휘하여 스스로 선택을 내리며 그에 대해 후회나 변명 없이 책임을 지는 것을 말한다. 이처럼 사르트르의 관점은 인간이 죽음에 연연하지 않고 자기 자신의 실존적 의미를 스스로 정립해 나갈 수 있게 하는 것이라고 볼 수 있다.

16

(가), (나)에 대한 설명으로 가장 적절한 것은?

① (가)는 시간의 흐름에 따른 구성을 통해 특정 개념의 의미 변화를 설명하고 있다.

② (나)는 질문에 답하는 형식으로 특정 개념에 대한 철학자의 견해를 제시하고 있다.

③ (가)는 (나)와 달리 특정 철학자의 이론을 언급하며 이론이 지닌 한계를 드러내고 있다.

④ (나)는 (가)와 달리 역사적 인물의 삶을 분석하며 철학자의 주장을 입증하고 있다.

⑤ (가)와 (나)는 모두, 특정 개념에 대한 설명을 바탕으로 철학자의 관점에 대해 의미를 부여하고 있다.

17

(가)의 현존재 에 대한 이해로 적절하지 <u>않은</u> 것은?

① 현존재는 자신이 죽는다는 사실을 인식하면 불안을 느끼게 된다.
② 현존재는 삶이 유한하다는 것을 인식하기 위해 죽음을 은폐하지 않고 본래적 삶을 살아간다.
③ 현존재는 세상이 원하는 기준에 맞추어 살아갈 때 고유성을 상실하고 비본래적 삶을 살게 된다.
④ 현존재는 죽음의 대체불가능성을 적극적으로 대면할 때 자신의 진정한 개인적 삶을 인식할 수 있다.
⑤ 현존재는 정해진 운명에 따라 살아가는 것이 아니라 자신의 존재 이유를 스스로 만들어 갈 수 있다.

18

(가)와 (나)를 바탕으로 ㉠과 ㉡을 비교하여 이해한 내용으로 가장 적절한 것은?

① ㉠은 죽음의 확실성을 부정하는 존재이고, ㉡은 죽음의 우연성을 부정하는 존재이다.
② ㉠은 자신의 죽음을 외면하는 존재이고, ㉡은 타인의 죽음에 의미를 부여할 수 있는 존재이다.
③ ㉠은 다른 사람과 구별되어 살아가는 존재이고, ㉡은 다른 사람과 단절되어 살아가는 존재이다.
④ ㉠은 익명성으로부터 벗어나 살아가는 존재이고, ㉡은 주체성으로부터 벗어나 살아가는 존재이다.
⑤ ㉠은 자신의 삶에서 새로운 결단을 실현하는 존재이고, ㉡은 자신의 삶에서 기대를 실현하는 존재이다.

19

(나)의 사르트르의 관점에서 〈보기〉의 야스퍼스를 비판한다고 가정했을 때, 그 내용으로 가장 적절한 것은?

〈보기〉

야스퍼스는 '죽음은 나와 함께 변한다.'라고 말하며 죽음에 대한 태도가 고정적이지 않다고 주장했다. 자신의 죽음을 어떻게 받아들이느냐에 따라 죽음은 보편적이고 객관적인 사실일 수도 있고, 주관적인 의미를 지닌 것일 수도 있다는 것이다. 이때 전자의 경우는 죽음을 모든 것을 무의미하게 만들어 버리는 허망한 종말로서 인식하는 데 그치지만, 후자의 경우는 자신의 태도에 따라 죽음의 의미를 판단하며 참다운 자기 자신으로서 실존할 수 있게 된다.

① 죽음은 삶의 일부분이 아니므로 인간은 자신의 죽음을 맞이해야만 실존적 의미를 지닐 수 있다.
② 죽음은 나와 상관없이 찾아오는 우연한 사실이므로 인간은 자신의 죽음의 의미를 판단할 수 없다.
③ 인간은 자유를 발휘하며 살아갈 수 있으므로 자신의 관점에서 자신의 죽음을 해석하여 실존할 수 있다.
④ 죽음은 나의 사라짐을 의미하므로 인간은 자신의 죽음의 의미를 찾지 못해 실존적 삶을 살아갈 수 없다.
⑤ 인간은 각자의 기대에 따라 무언가에 의미를 부여하며 살아가므로 자신의 죽음을 주관적인 의미로만 인식할 수 있다.

20

다음은 학생이 작성한 일기이다. (가)의 하이데거와 (나)의 사르트르의 입장에서 이를 분석한 내용으로 적절하지 <u>않은</u> 것은? [3점]

2024. 09. ○○. 날씨 맑음 ☼

오늘은 오랜만에 영화를 보고 왔는데, 주인공이 인생의 유한성을 깨달은 이후부터 삶에 최선을 다하는 모습이 무척 인상 깊었다. 사실 인생의 유한성에 대해 생각해 본 적이 없었는데, 내 삶에 끝이 있다고 생각하니 별 고민 없이 다른 사람들을 따라 무심코 선택했던 일들을 돌아보게 된다. 이제는 내가 진정으로 원하는 내 삶의 모습을 생각해 봐야지. 내가 좋아하면서 가치도 있는 일이 뭐가 있을까⋯⋯. 그래, 좋은 소설을 쓰면 내가 세상을 떠난 후에도 사람들이 내 삶을 가치 있게 기억해 줄 테니 훌륭한 작가가 되어야겠다! 그리고 이 다짐을 지키기 위해 내 삶의 마지막 순간을 항상 떠올리며 최선을 다해 살아가야겠다.

① 하이데거는 '인생의 유한성에 대해 생각해 본 적이 없었'던 것을 현존재가 비본래적 삶에서 해방되지 않은 상태라고 보겠군.
② 하이데거는 '별 고민 없이 다른 사람들을 따라 무심코 선택했던 일들을 돌아보'는 것을 현존재가 세인으로 존재했던 삶을 반성하는 자세라고 여기겠군.
③ 사르트르는 '내가 세상을 떠난 후에도 사람들이 내 삶을 가치 있게 기억해' 주는 것에 대해 나의 삶이 타자에 의해 재구성되는 것으로 해석하겠군.
④ 하이데거와 사르트르는 모두, '내가 진정으로 원하는 내 삶의 모습'에 대해 고민하는 것을 삶의 실존적 의미를 찾아가는 과정으로 판단하겠군.
⑤ 하이데거와 사르트르는 모두, '내 삶의 마지막 순간을 항상 떠올리며 최선을 다'하겠다는 태도가 주체적인 삶을 살아가는데 필요하다는 점에 대해 동의하겠군.

인터넷의 발달로 데이터 저장 및 분석 과정이 인터넷상에서 ⓐ 이루어지고 있으며 그에 따라 개인정보와 같은 민감한 데이터는 암호화되어 인터넷 서버에 저장된다. 그런데 현재 널리 사용되는 공개키 암호화 방식으로 암호화된 데이터는 통계 처리를 위한 연산을 수행하기 위해서 원래 데이터로 복원하는 복호화 과정을 거친 후 연산을 수행하고 그 결과를 다시 암호화해야 한다. 하지만 이 과정에서 비밀키나 민감한 개인정보가 유출되는 일이 생길 수 있다. 그래서 암호화된 데이터를 복호화하지 않고 암호화된 상태로 안전하게 연산을 수행할 수 있는 동형암호가 등장하였다.

동형암호는 동형성을 기반으로 하는데, 동형성이란 데이터를 암호화한 상태에서 특정 연산을 수행했을 때 나오는 결과가 암호화하지 않은 상태에서 같은 연산을 수행하고 암호화를 한 결과와 같은 것을 ⓑ 말한다. 이때 연산의 횟수에 제한 없이 특정한 한 종류의 연산에만 동형성을 갖는 암호를 부분 동형암호, 연산의 종류와 관계없이 특정 횟수까지만 동형성을 갖는 암호를 제한적 동형암호라고 하며, 횟수에 제한 없이 컴퓨터의 주된 연산인 덧셈, 곱셈에 동형성을 갖는 암호를 완전 동형암호라고 한다.

완전 동형암호는 암호화에 사용하는 원리에 따라 격자 기반, CRT(Chinese Remainder Theorem) 기반 등으로 ⓒ 나뉜다. 그중 ㉠ 격자 기반 완전 동형암호는 수학계에서 답을 찾기 어렵다고 알려진 격자 문제를 응용하여 만들어졌다. 이 방식은 원문 데이터를 비트* 단위로 변환하고 각각의 비트를 개별적으로 암호화한다. 암호키 p와 임의의 정수를 곱한 수를 원문에 더하면 암호문이 만들어지는데, 이 과정에서 무작위로 오룻값을 추가하여 안전성을 높인다. 그래서 암호문의 연산을 반복할수록 오룻값이 커지게 되며, 특히 곱셈 연산을 수행할수록 오룻값이 급격하게 커지기 때문에 일정 횟수 이상 수행하면 원문 복호화가 불가능하다.

따라서 연산을 지속적으로 수행하기 위해서는 오룻값이 한계치에 ⓓ 이른 암호문은 │부트스트래핑│ 과정을 반드시 거쳐야 한다. 일정 횟수의 덧셈과 곱셈 연산을 수행하여 암호문에 오룻값이 누적되면, 다른 암호키로 해당 암호문과 암호키 p를 암호화한다. 그리고 복호화 회로를 통해 기존의 암호키 p에 의한 이전 암호문을 복호화하면 그동안의 연산 과정에서 누적된 오룻값이 제거된 새로운 암호문이 ⓔ 만들어진다. 이때 새로운 암호문이 만들어지면서 오룻값이 추가되지만 그 크기가 기존의 누적된 것보다 작아서 적절하게 부트스트래핑 과정을 수행한다면 지속적인 연산이 가능하다.

이 방식은 원문을 비트 단위로 변환하여 각 비트별로 암호화하기 때문에 원문에 비해 암호문의 값이 10~100배가량 커져서 데이터의 저장 공간이 많이 필요하다. 그리고 개별 비트 단위로 암호문의 연산과 부트스트래핑 과정을 거쳐야 하기 때문에 연산 속도가 느리다.

[A]

그래서 최근에는 효율성을 개선한 ㉡ CRT 기반 완전 동형암호가 등장하였다. 이 방식은 하나의 원문을 특정한 정수인 암호키로 나눈 나머지 값을 암호문으로 이용하고, 이 나머지 값에서 원문을 복호화하는 방법이다. 이때 암호키의 개수는 임의로 설정할 수 있으며 각각의 원문마다 암호키의 개수만큼 암호문이 만들어진다. 암호키가 두 개일 때 정수로 된 원문 A와 B를 덧셈 연산한 결과가 동형성을 갖는 원리를 간단히 알아보자. 우선 서로소*인 임의의 정수 p와 q를 암호키로 정하고 정수로 된 원문 A와 B를 각각의 암호키로 나눈 나머지 값을 구하면 A_p, A_q와 B_p, B_q가 되는데 이 나머지 값이 원문 A와 B의 암호문이 된다. 그리고 〈그림〉처럼 각 원문을 동일한 암호키로 나눈 나머지 값인 A_p와 B_p, A_q와 B_q끼리 서로 덧셈 연산을 수행한다. 만약 연산 수행의 결괏값이 암호키와 같거나 암호키보다 크면 한 번 더 암호키로 나누어 나머지 값을 구한다. 그러면 연산 수행의 결괏값인 A_p+B_p, A_q+B_q가 원문 A와 B를 직접 덧셈 연산한 결괏값을 암호키 p와 q로 나눈 나머지 값인 $(A+B)_p$, $(A+B)_q$와 같다. 그리고 원문을 각 암호키로 나누었을 때의 나머지 값과 각 암호키를 알면 원문을 복호화할 수 있다.

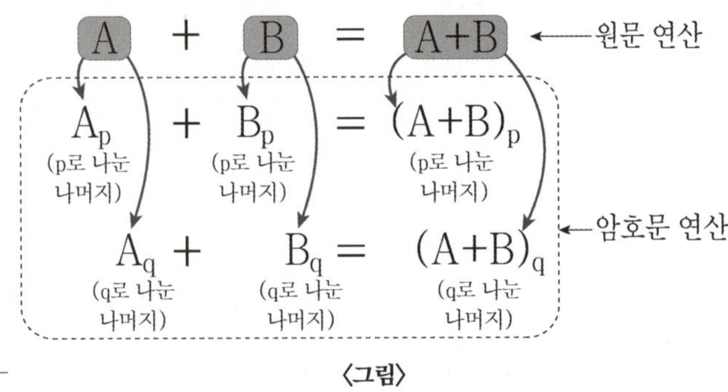

〈그림〉

이 방식 또한 안전성을 위해서 암호키의 개수를 늘려 계산이 복잡하고 무작위로 오룻값을 추가하기 때문에 부트스트래핑 과정이 필요하다. 하지만 데이터를 정수 단위로 암호화하기 때문에 비트 단위로 암호화하는 격자 기반의 방식보다 더 많은 데이터를 저장할 수 있다. 또한 CRT 방식은 원문보다 작은 나머지 값으로 연산을 수행하기 때문에 격자 기반의 방식에 비해 연산 값이 상대적으로 작아 연산 속도가 빠르고, 격자 기반의 방식과 달리 병렬적으로 연산을 수행할 수 있다.

*비트: 정보량의 최소 기본 단위. 1비트는 이진수 체계(0, 1)의 한 자리
*서로소: 여러 개의 수 사이에 1 이외의 공약수가 없음을 이르는 말

21

윗글의 내용과 일치하지 <u>않는</u> 것은?

① 제한적 동형암호는 컴퓨터의 특정한 한 종류의 연산에만 동형성을 갖는 암호이다.

② 격자 기반 완전 동형암호는 수학적으로 답을 찾기 어려운 문제를 응용하여 만들어졌다.

③ 공개키 방식으로 암호화된 데이터를 연산하기 위해서는 원래의 데이터로 복호화해야 한다.

④ CRT 기반 완전 동형암호는 원문을 특정한 정수로 나눈 나머지 값을 암호문으로 사용한다.

⑤ 격자 기반 완전 동형암호는 암호키와 임의의 정수를 곱한 수를 원문에 더해서 암호문을 만든다.

22

부트스트래핑 에 대해 이해한 내용으로 적절하지 <u>않은</u> 것은?

① 부트스트래핑은 동일한 암호문을 연산할 때 덧셈 연산보다 곱셈 연산을 많이 수행할수록 더 빨리 시작된다.

② 부트스트래핑은 암호문의 연산 과정에서 오룻값이 한계치에 이르렀을 때 진행된다.

③ 부트스트래핑에 사용되는 암호키는 이전 암호화에 사용된 암호키와 다르다.

④ 부트스트래핑의 과정을 거치면 이전 암호화된 암호문이 복호화된다.

⑤ 부트스트래핑의 결과로 생성된 새로운 암호문에는 오룻값이 없다.

23

㉠과 ㉡을 비교하여 이해한 내용으로 적절하지 <u>않은</u> 것은?

① ㉠은 ㉡과 달리 비트 단위로 암호문 연산을 수행한다.

② ㉠은 ㉡과 달리 원문을 암호화했을 때 암호문의 값이 원문보다 커진다.

③ ㉡은 ㉠과 달리 암호문에 오룻값을 추가하여 안전성을 높인다.

④ ㉡은 ㉠과 달리 데이터를 병렬적으로 연산하는 것이 가능하다.

⑤ ㉠과 ㉡은 모두 암호문을 연산하는 횟수에 제한이 없다.

24

[A]를 바탕으로 〈보기〉를 이해한 내용으로 가장 적절한 것은? [3점]

① ㉮에서 원문 연산의 결괏값을 암호키로 암호화하면 5, 4가 된다.

② ㉯에서 각 원문을 암호화한 암호키의 개수는 총 4개이다.

③ ㉰에서 만들어진 암호문을 연산한 결괏값은 암호키로 다시 나눌 필요가 없다.

④ ㉱에서 암호키를 알면 나머지 값을 몰라도 원문 27과 15를 복호화할 수 있다.

⑤ ㉮~㉰의 과정을 통해 만들어진 연산 결괏값은 암호문과 달리 정수이다.

25

문맥상 ⓐ~ⓔ와 바꾸어 쓰기에 가장 적절한 것은?

① ⓐ: 달성(達成)되고

② ⓑ: 제시(提示)한다

③ ⓒ: 분리(分離)된다

④ ⓓ: 도달(到達)한

⑤ ⓔ: 결성(結成)된다

[26 ~ 28] 다음 글을 읽고 물음에 답하시오.

(가) **거미란 놈**이 흉한 심보로 병원 뒤뜰 난간과 꽃밭 사이 사람발이 잘 닿지 않는 곳에 그물을 쳐 놓았다. 옥외 요양을 받는 젊은 사나이가 누워서 치어다보기 **바르게**―

나비가 한 마리 **꽃밭**에 **날아**들다 **그물**에 걸리었다. 노오란 **날개를 파득거려도** 파득거려도 나비는 **자꾸** 감기우기만 한다. 거미가 **쏜살같이** 가더니 끝없는 끝없는 실을 뽑아 나비의 온몸을 감아 버린다. **사나이는** 긴 **한숨을 쉬**었다.

나이보담 무수한 고생 끝에 때를 잃고 병을 얻은 이 사나이를 위로할 말이―**거미줄을 헝클어 버리는** 것밖에 위로의 말이 없었다.

― 윤동주, 〈위로〉

(나) 누가 와서 나를 부른다면
　　내 보여 주리라
　　저 얼은 들판 위에 내리는 달빛을.
　　얼은 들판을 걸어가는 한 그림자를
　　지금까지 **내 생각해 온 것**은 모두 **무엇**인가.
　　친구 몇몇 친구 몇몇 그들에게는
　　이제 내 것 가운데 그중 외로움이 아닌 길을
　　보여 주게 되리.
　　오랫동안 네 여며온 고의춤*에 남은 것은 무엇인가.
　　두 팔 들고 **얼음을 밟**으며
　　갑자기 **구름 개인 들판을 걸어**갈 때
　　헐벗은 옷 **가득히** 받는 **달빛** 달빛.

― 황동규, 〈달밤〉

* 고의춤: 고의나 바지의 허리를 접어서 여민 사이

26

(가)와 (나)의 공통점으로 가장 적절한 것은?

① 동일한 시어를 반복하여 시적 의미를 강조하고 있다.
② 명사로 시상을 마무리하여 시적 여운을 드러내고 있다.
③ 반어적 표현을 활용하여 화자의 태도를 부각하고 있다.
④ 영탄적 어조를 통해 시적 대상의 속성을 예찬하고 있다.
⑤ 공감각적 심상을 이용하여 애상적 분위기를 조성하고 있다.

27

(가), (나)의 시어에 대한 이해로 적절하지 <u>않은</u> 것은?

① (가)에서 '바르게'를 활용하여 사나이가 누워 있는 곳이 거미가 쳐 놓은 그물을 쳐다보기에 좋은 위치임을 나타내고 있군.
② (가)에서 '자꾸'를 활용하여 거미가 쳐 놓은 그물에 걸려 계속해서 감기기만 하는 나비의 힘든 상황을 그려 내고 있군.
③ (가)에서 '쏜살같이'를 활용하여 나비를 감기 위해 매우 빠르게 움직이는 거미의 행동을 강조하고 있군.
④ (나)에서 '이제'를 활용하여 친구 몇몇과의 만남으로 인해 외로움이 아닌 길이 시작되었음을 드러내고 있군.
⑤ (나)에서 '가득히'를 활용하여 달빛이 화자의 헐벗은 옷을 환히 비추는 상황을 드러내고 있군.

28

〈보기〉를 바탕으로 (가), (나)를 감상한 내용으로 적절하지 <u>않은</u> 것은? [3점]

〈보기〉

　　(가)와 (나)는 각각 일제 강점기와 1950년대의 부정적 현실을 배경으로 한다. 모두 자연물을 활용하고 있다는 공통점이 있지만, 화자가 현실에 대응하는 태도는 다르다. (가)는 암울한 현실에서 무기력한 우리 민족의 상황을 표현하며 이를 위로하는 화자의 행동을, (나)는 질문을 통해 자신을 성찰하고 자연물의 속성을 내면화하여 순수한 삶을 살고자 하는 화자의 자세를 드러내고 있다.

① (가)에서 '나비'가 '꽃밭'으로 '날아'드는 것은 일제 강점기의 암울한 현실에 대응하려는 화자의 의지를 드러낸 것이겠군.
② (가)에서 '한숨을 쉬'는 '사나이'를 위해 '거미줄을 헝클어 버리는' 것은 무기력한 우리 민족의 상황을 위로하는 화자의 행동을 드러낸 것이겠군.
③ (나)에서 '달빛'을 '받'으며 '구름 개인 들판을 걸어'가는 것은 달의 밝은 이미지를 내면화하여 순수한 삶을 살겠다는 화자의 자세를 드러낸 것이겠군.
④ (나)에서 '내 생각해 온 것'이 '무엇'인지를 물으며 자기 내면을 들여다보는 것은 질문을 통해 자신의 삶을 성찰하는 화자의 모습을 드러낸 것이겠군.
⑤ (가)에서 '거미란 놈'의 '그물'에 걸려 '나비'가 '날개를 파득거'리는 것과 (나)에서 화자가 '얼은 들판을 걸어가'며 '얼음을 밟'는 것은 모두 자연물을 활용하여 부정적 현실을 드러낸 것이겠군.

　지금 그 자식들은 저희들이 나고 자란, 저희들의 탯자리인 집이 수몰이 되건 말건 관심이 없다. **수몰 보상금을 나눠 가진** 뒤에는 **제 어미가 어찌 살든 내려와 보지도 않는다.** 이제 물이 들어차면 덕님은 순천의 막내딸년 집으로 가기로 되어 있긴 하지만, 시부모와 영감 산소를 지척에 두고 떠나야 하는 심정은 천 갈래 만 갈래로 찢어지는 것만 같았다. 그러나 그 심정 누가 알아주랴. 평생을 살면서 영감 죽을 때 **빼고는** 이렇게 애통해 본 적이 없었다. 설이 가까워 오건만 어느 자식이 내려온다는 기별도 없다. 혼자서 설을 쇠어야 하나, 아니면 오라는 소리는 없어도 어느 자식 집으로 쇠러 가야 하나, 팔십 노구가 그저 거추장스러울 뿐이다.

[A]
⌈　생전에 사람 기척도 없던 집에 오늘은 무슨 방송국에서 촬영을 왔었다. 수몰민들이 마지막 설 준비하는 것을 촬영한다고 했다. 사진 박히는 건 질색이지만 그쪽에서 하도 마지막 설 준비하는 기분이 어떠냐고 물어대싸서, 그만 울음을 터뜨리고 말았다. 그랬더니 방송국에서 나온 젊은 처자가 하는 말이, 왜 눈물을 흘리지 않고 우시냐고 물었다.

　"눈물이 보타부러서 그러는개비."
　"할머니 이제 금방 하신 말씀 한 번만 더 해보세요."
　그래서 또 쑥스럽지만,
　"눈물이 보타부렸어."
　처자가 깔깔대며 웃었다. 설 준비하는 흉내를 내라는데 솥에 넣고 끓일 것이 없어서 물이라도 붓고 불을 땠더니,
⌊불 때는 것이 무슨 구경거리라고 또 사진을 박았다.

[중략 부분의 줄거리] 만수는 남도의 한 수몰 예정지에 살면서 월남전에 함께 참전했던 대석을 부른다. 뚝방 동네에 살던 대석은 수몰 예정지에 사업거리가 있다는 만수의 말을 듣고 어린 아들 명호를 데리고 만수를 찾아가고 세 사람은 동네를 돌아다닌다.

　명호의 노랫가락 덕분인지 그날 밤새 달빛조차 그득했다. 그득한 달빛 아래 그들이 모은 고물들은 내일 새벽 광주의 고물상으로 반출이 될 거였다. 문짝을 떼어 내느라 힘을 쓸 때 처음에는 용기가 나지 않다가 나중에는 우지끈 소리에도 흥이 났다. 땀이 비 오듯 쏟아졌다. 두 사나이가 그렇게 고물을 주워 담는 동안 반지 남편 칠환이는 짐승 수집에 나서고 있는 참이었다. 칠환이는 작년까지 경기도 광주의 가구 공장에 다녔다. 그곳에서 아내인 반지를 만났다. 두 사람은 열심히 살아 보려고 했으나 칠환이 사고를 당했다. 술을 머고 오토바이를 타고 퇴근을 하다 오토바이와 함께 전봇대에 부딪혀 칠환은 장애인이 되고 말았다. 행복과 불행은 늘 칠환에게 교대로 왔다. 아내를 만나자 사고를 당했고, 사고를 당하자 고향 집이 수몰 지구가 되었으니 보상금을 타 가라는 연락이 온 것이다. 집이라고 해 봤자

　이미 폐가가 된 지 오래인 집으로 내려와 보상금을 타서 제 병원비로 다 써 버린 칠환은, 이제 **남이 버리고 간 집**에 제가 들어가 살고 있다. 그러나 그 집은 기름 보일러로 개조한 집이라 칠환네는 기름 살 돈이 없어 고생을 하고 있는 중이었다. 요즘 마을 주변에는 떠난 사람들이 버리고 간 짐승들이 심심찮게 돌아다니고 있었다. 그 짐승들을 물막이 공사하는 인부들이 더러는 키우기도 하고 더러는 잡아먹기도 하는 모양이었다. 오늘 칠환은 그 **짐승들을 잡아다가 팔아서 돈을 마련**해 볼 생각인 것이다. 그러나 낮에는 용기가 없어 밤에 도둑고양이처럼 살금살금 동네를 돌아다니고 있는 중이었다. 값나가는 **소나 개**는 이미 처분을 하고 떠난 뒤여서 동네는 값 안 나가는 **고양이나 염소와 닭들의 세상이 되어 있었다.** 이왕이면 염소를 잡으려고 칠환이 막 동네 고샅길을 거슬러 올라가고 있는데 어디선가 우지끈, 하고 집 무너지는 소리가 났다. 집에 대한 철거 공사는 이주가 완전히 이루어진 후에 한다고 했는데 벌써부터 철거 공사가 시작되었는가 싶어 가슴이 철렁 내려앉았다. 그러나 소리가 났으므로 본능적으로 몸을 숨겼다. 몸을 숨기고 고개만 내밀어 바라본즉 저쪽에서도 뭔가 불길했던지, 두 명의 사나이가 담 너머로 고개를 내밀어 사방을 살피고 있는 중이다. 작은 머리통이 하나 더 나오는 것을 보니 사람 수는 세 명인 것이 분명했다.

　"누구시오?"
　㉠ "집쥔이오."
　칠환이 목소리를 가다듬어 점잖게 말했다. 왜 제 입에서 집주인이란 말이 나왔는지는 알 수 없었다. 그러나 생각건대 임기응변, 그것은 막다른 길에 접어든 인생에 있어서는 항상 최대의 무기가 아닐 수 없었다. 칠환의 대답이 끝나기도 전에 저쪽에서 고개를 쑥 집어넣어 버렸다. 아마 대책을 모의하는 모양이다. 대책을 모의해야 할 만한 상황인 것이 저자들이 필시 그리 떳떳한 일을 도모하는 자들은 아닐 거라는 확신이 들면서 칠환의 머릿속에 재미있는 생각 하나가 휙 지나갔다.

　㉡ "누가 이 야심한 밤에 남의 빈집을 털고 있는 거요?"
　그때 다시 고개들이 연달아 쑥쑥 나왔다. 작은 머리통은 나오지 않는 걸 보니 그놈은 겁이 좀 많은 모양이다.
　㉢ "우리는 수자원공사에서 나온 직원이오."
　칠환은 찔끔했다. 그러나 다시 목소리를 가다듬어,
　㉣ "아직 집을 완전히 비우지도 않았는데 철거를 하다니요. 그것은 사유재산에 대한 침해가 된다는 것을 아시오, 모르시오."
　최대한 머리를 짜내 구사한 말이긴 하지만 여간 떨리는 게 아니다. 그러나 절대로 떨고 있는 표시를 내면 안 된다. 지쪽에서 응답이 돌아왔다.
　"여보시오, 집주인이란 자가 어째 몸을 숨기는 거요. 당신의 재산에 손을 대고 있는 자 앞에 떳떳하게 나와 보시오."
　"그럼 나도 묻겠소. 당신들이야말로 고개만 내밀고 있는 이유가 뭐요?"

"우리야 집주인인 당신이 무서워서 이러는 것 아니오."

"그렇다면 협상을 하십시다. 집주인 허락도 없이 남의 재산에 손을 댔으니 **손댄 물건값**을 나에게 쳐주면 없던 일로 하리다."

다시 머리 둘이 쏙 들어갔다. 머리가 언제 다시 나오려나, 칠환은 침을 꼴깍 삼키며 기다렸는데, 느닷없이 건장한 두 사나이가 제 앞에 쑥 나타났다. 칠환은 그만 생포된 짐승같이 바들바들 떨며 그 자리에서 꼼짝도 할 수가 없었다.

ⓜ "겁내지 마시오. 우리는 고물 장수들이오. 당신은 뭐 하는 사람이오?"

"주민이오. 아내와 아이가 기름이 없어 냉골에서 떨고 있어요. 짐승들을 본 적 있소?"

"사람은 없고 사방에 고양이 새끼들이던데 고양이 잡으러 나왔소?"

"그래라우."

난데없이 본토박이 말이 불쑥 튀어나왔다.

"우리도 일은 대충 끝냈으니 **어디 한번 고양이나 잡아 봅시다.**"

"이왕이면 염소를 잡아 주시오."

그렇게 해서 오밤중에 버려진 짐승들에 대한 사냥이 시작되었다. 겨울 달밤에 벌이는 짐승 쫓기는 명호한테도 신나는 놀이가 아닐 수 없었다.

– 공선옥, 〈먼 바다〉

29

윗글에 대한 이해로 적절하지 <u>않은</u> 것은?

① '덕님'은 살던 집을 떠나야 하는 상황을 슬퍼하고 있다.
② '두 사나이'가 동네에서 뜯은 문짝은 고물상으로 옮겨질 것이다.
③ '칠환'은 가구 공장에서 작업 중 사고를 당해 장애를 입었다.
④ '칠환'은 고향 집에 대한 보상금을 자신의 병원비로 모두 사용하였다.
⑤ '명호'는 버려진 짐승들을 쫓는 달밤의 사냥에 동참하였다.

30

㉠~㉤에 대해 이해한 내용으로 적절하지 <u>않은</u> 것은?

① ㉠: 예상치 못한 상황에 임기응변으로 대처하고 있다.
② ㉡: 상대방이 떳떳한 일을 하는 사람들이 아닐 것이라는 확신이 담겨 있다.
③ ㉢: 위기를 모면하기 위해 자신들의 정체를 속이고 있다.
④ ㉣: 자신에게 유리하게 진행되는 상황에 자신감을 얻어 상대방의 행동을 지적하고 있다.
⑤ ㉤: 떨고 있는 상대방을 안심시키기 위한 의도가 담겨 있다.

31

[A]에 대한 이해로 가장 적절한 것은?

① 덕님과 논쟁하는 방송국 사람의 모습을 통해 언론의 비인간적인 속성을 부각한다.
② 덕님의 생활을 관찰하는 방송국 사람의 모습을 통해 수몰민의 실상을 폭로하려는 언론의 의도를 드러낸다.
③ 덕님의 상황에 공감하지 못하고 촬영하는 방송국 사람의 모습을 통해 타인의 고통에 무관심한 언론의 면모를 드러낸다.
④ 방송국 사람을 이용하여 자신의 처지를 알리려는 덕님의 모습을 통해 어려운 상황을 극복하려는 수몰민의 의지를 부각한다.
⑤ 방송국 사람의 요구를 순순히 들어주는 덕님의 모습을 통해 보상금을 받기 위해 애쓰는 수몰민의 이중적인 태도를 드러낸다.

32

〈보기〉를 바탕으로 윗글을 감상한 내용으로 적절하지 <u>않은</u> 것은?

[3점]

<보기>

이 작품은 수몰 예정지에 사는 수몰민들의 모습을 통해 개발 난민이 겪는 현실을 보여 준다. 수몰 예정지인 마을에서는 생계 유지 문제로 주민들 사이에 갈등이 일어나기도 하고 보상금으로 인해 가족 공동체의 붕괴가 가속화되기도 한다. 또한 빈집이 늘어난 마을에 주민들의 눈을 피해 들어온 외지인과 아직 떠나지 못한 주민이 문제를 일으키기도 한다. 한편 수몰 예정지에서 유랑하는 이들끼리의 연대를 통해 어려운 이들이 서로 돕는 따뜻한 모습을 보여 주기도 한다.

① 덕님의 자식들이 '수몰 보상금을 나눠 가진' 후 '제 어미가 어찌 살든 내려와 보지도 않'는 모습을 통해 개발 과정에서 가족 공동체가 붕괴되는 모습을 보여 주고 있군.
② 칠환이 '남이 버리고 간 집'에 살면서 '짐승들을 잡아다가 팔아서 돈을 마련'하려는 모습을 통해 삶의 기반을 잃고 유랑하는 이의 비참한 현실을 보여 주고 있군.
③ 사람들이 '소나 개'를 처분하고 떠나 '고양이나 염소와 닭들의 세상이 되어 있'는 마을의 모습을 통해 주민들이 떠나 빈집이 늘어난 수몰 예정지의 상황을 보여 주고 있군.
④ 칠환이 두 사나이에게 '손댄 물건값'을 치르라고 말하는 모습을 통해 보상금을 노린 외지인과 생계 유지를 위해 자신의 재산을 지키려는 주민 사이의 갈등을 보여 주고 있군.
⑤ 두 사나이가 칠환의 이야기를 듣고 나서 경계를 풀고 그를 도와 '어디 한번 고양이나 잡아' 보자고 제안하는 모습을 통해 유랑하는 이들끼리 연대하는 모습을 보여 주고 있군.

　형법은 범죄와 형벌을 규정한 법률로 어떤 행위가 형법상 범죄 행위로 성립하려면 '구성 요건 해당성', '위법성', '책임'이라는 세 가지 요건을 순차적으로 모두 충족해야 한다.

　첫 번째 성립 요건인 구성 요건 해당성은 어떤 행위에 대한 구체적인 사실이 형법상 규정된 범죄의 유형에 해당하는 것을 말한다. 이때 구성 요건으로 행위와 결과를 요구하는 경우에는 구성 요건상 행위와 결과 간에 인과관계가 인정되어야 한다. 두 번째 성립 요건인 위법성은 전체 법질서에 위배된다는 가치 판단으로, 어떤 행위가 구성 요건에 해당하는 행위이면 일반적으로 위법성이 추정된다. 하지만 구성 요건에 해당하는 행위이더라도 예외적으로 위법성을 소멸시키는 사유인 위법성 조각 사유에 해당한다면 범죄가 성립하지 않는다. 예를 들어 범죄의 구성 요건에 해당하는 타인에 대한 폭력이 형법에 규정된 위법성 조각 사유 중 하나인 정당방위에 해당한다면 위법성이 조각되어 범죄라고 볼 수 없다는 것이다. 세 번째 성립 요건인 책임은 행위자에 대해 사회적 비난이 가능하다는 성질을 의미한다. 어떤 행위가 구성 요건에 해당하는 위법한 행위라도 행위자에 대한 사회적 비난이 가능하지 않다면 범죄가 되지 않는다. 이때 행위자에 대한 책임을 물을 수 없는 사유인 책임 조각 사유 역시 형법에 규정되어 있는데 그 예로 강요된 행위가 있다.

　형법에서 다루는 범죄는 '고의범'과 '과실범'으로 나눌 수 있다. 고의범은 행위자가 죄를 범할 의사를 가지고 저지르는 범죄로, 범죄 사실의 발생 가능성에 대한 인식이 있음은 물론 나아가 범죄 사실이 발생할 위험을 용인하는 마음속의 의사를 가지고 행동하는 '미필적 고의'에 의한 범죄 역시 고의범에 포함하고 있다. 형법에서 다루는 범죄는 고의범이 대부분이지만, 실수로 타인의 생명과 신체를 침해하는 사례가 많아지면서 죄를 범할 의사는 없지만 부주의로 타인에게 상처를 입히는 등의 과실로 인한 범죄인 과실범에 대해서도 특별한 규정을 두어 처벌하고 있다.

　과실은 결과 발생의 위험성에 대한 인식의 유무와 형법상의 과실범 규정에 따라 그 유형을 나눌 수 있다. 먼저 인식의 유무에 따라 과실의 유형을 나누면 '인식 없는 과실'과 '인식 있는 과실'로 나눌 수 있다. 자동차 운전을 하면서 통화를 하다가 정지신호를 보지 못하고 통과하던 중 교통사고를 ⓐ 일으킨 경우, 운전 중 통화 행위가 사고를 발생시킬 수 있는 위험한 행동이라고 인식하지 못하였다면 운전자의 행위는 인식 없는 과실에 해당한다. 그러나 운전 중 통화 행위가 사고를 발생시킬 수 있는 위험한 행동이라고 인식했지만 주의해서 운전하면 교통사고는 발생하지 않을 것이라고 생각하면서 계속 통화를 하던 중 교통사고를 일으켰다면 운전자의 행위는 인식 있는 과실에 해당한다고 볼 수

있다. 두 과실은 형법상 취급에는 차이가 없고 과실범의 성립 여부에 영향을 주지 않는다. 하지만 ㉮ 두 과실을 구분함으로써 인식 있는 과실을 미필적 고의와 구별할 수 있다.

　다음으로 과실은 형법상의 과실범 규정에 따라 ㉠ '통상의 과실', ㉡ '업무상 과실', ㉢ '중과실'로 나눌 수 있는데, 이들은 법정형에 차이가 있다. 업무상 과실은 업무가 계속적·반복적인 수행을 요건으로 하기 때문에 결과 발생에 대한 예견가능성이 높다고 할 수 있으므로 일반인에게 통상적으로 요구되는 주의의무를 위반하는 통상의 과실에 비해 상대적으로 무겁게 처벌한다. 이 경우 업무는 결과 발생 야기 행위의 내용이어야 하며 이와 무관한 업무를 수행하던 중 발생한 결과에 대해서는 업무상 과실을 인정할 수 없다. 중과실은 통상의 과실에 비해 주의의무를 현저히 태만히 한 경우, 즉 극히 근소한 주의만 기울였더라도 결과의 발생을 예견할 수 있었다는 점에서 통상의 과실에 비해 상대적으로 무겁게 처벌한다.

33

윗글의 내용에 대한 이해로 적절하지 않은 것은?

① 협박에 의해 강요된 행위였다면 위법성이 조각되어 범죄로 볼 수 없다.

② 어떤 행위에 대한 결과가 없더라도 그 행위만으로도 구성 요건에 해당할 수 있다.

③ 어떤 행위가 형법에 규정된 범죄 행위의 유형에 속하지 않는다면 범죄로 볼 수 없다.

④ 어떤 행위가 형법상 범죄로 성립하기 위해서는 범죄 성립의 세 가지 요건을 순차적으로 모두 충족해야 한다.

⑤ 범죄의 구성 요건으로 행위와 결과를 요구하는 경우, 구성 요건상 행위와 결과는 인과관계가 인정되어야 한다.

34

㉮의 이유를 추론한 내용으로 가장 적절한 것은?

① 고의는 과실보다 부주의로 인해 죄를 범할 가능성이 상대적으로 낮기 때문이다.

② 과실은 행위의 위험성에 대한 인식 유무에 따라 서로 다른 유형으로 나뉘기 때문이다.

③ 결과 발생의 위험성에 대한 인식 유무가 고의와 과실을 나누는 중요한 기준이기 때문이다.

④ 고의와 과실은 범죄 사실의 발생 가능성에 대한 인식 유무와 그 결과를 용인하는 의사 유무 모두에 차이가 있기 때문이다.

⑤ 행위자가 자기 행위로 인하여 발생할 위험을 용인하는 의사의 유무에 따라 그 행위가 고의와 과실로 구별되기 때문이다.

㉠~㉢에 대한 설명으로 적절하지 <u>않은</u> 것은?

① ㉠과 ㉡은 업무로 인한 결과 발생 가능성을 얼마만큼 예견했는가에 따라 법정형이 달라진다.
② ㉠과 ㉢은 주의의무에 대한 태만의 정도 차이를 기준으로 나눈다.
③ ㉡은 계속적이고 반복적인 수행으로 인해 결과 발생에 대한 예견가능성이 ㉠에 비해 상대적으로 높다.
④ ㉢은 조금만 주의를 기울여도 결과의 발생을 피할 수 있다는 점에서 ㉠에 비해 상대적으로 무겁게 처벌한다.
⑤ ㉠~㉢은 형법상 과실 행위를 세분화한 것으로 법정형에 차이가 있다.

36

윗글을 참고했을 때, <보기>의 판결문에 대한 반응으로 적절하지 <u>않은</u> 것은? [3점]

―――〈보기〉―――

A 씨(견주)는 자신의 의류 매장에서 반려견을 키우고 있었다. A 씨는 ○월 ○일 11시에 자신의 매장에서 환불을 요구하는 손님과 다툼을 벌였고, 그 과정에서 A 씨의 반려견이 밖으로 나갔다. 이때 지나가던 B 씨에게 A 씨의 반려견이 달려들었고, B 씨는 A 씨의 반려견에게 물려 상해를 입게 되었다. A 씨의 과실 여부를 판단하는 재판 과정에서, A 씨는 자신의 반려견이 매장 밖으로 나가 타인에게 해를 끼칠 **수도** 있겠다고 생각했지만 손님과의 **다툼**으로 어쩔 수 없었던 상황이었다고 호소했다. 이에 대한 판결은 다음과 같다.

[판결문] 피고인(A 씨)은 피고인이 운영하는 의류 매장에서 견주로서 반려견에게 목줄을 채우지 않은 채 풀어놓고 출입문의 잠금 상태를 소홀히 한 과실로 피해자(B 씨)에게 상세 불명의 신체 부위에 상처를 입게 하였으므로 피고인을 벌금 150만 원에 처한다.

① A 씨가 반려견에 대한 관리를 소홀히 한 사실에 대해 A 씨에 대한 사회적 비난이 가능하다고 판단한 것이겠군.
② A 씨가 반려견에 대한 관리를 소홀히 하면 타인에게 해를 끼칠 수 있다고 인식한 점은 과실범의 성립 여부에 영향을 미쳤겠군.
③ A 씨가 손님과의 다툼으로 반려견에 대한 관리를 소홀히 할 수밖에 없었다고 주장하는 부분에 대해 책임 조각 사유로 인정하지 않았겠군.
④ A 씨가 반려견에 대한 관리를 소홀히 하였고 그로 인해 B 씨가 상해를 입게 된 점을 형법상 규정된 범죄 유형에 해당한다고 판단한 것이겠군.
⑤ A 씨가 반려견에 대한 관리 소홀로 타인을 다치게 하여 벌금형을 받은 점은 구성 요건에 해당하는 행위에 위법성이 있다고 판단한 것이겠군.

37

ⓐ와 문맥상 의미가 가장 가까운 것은?

① 동생이 학교에서 말썽을 <u>일으켰다</u>.
② 말이 먼지를 <u>일으키며</u> 달려가고 있다.
③ 그는 넘어지자마자 재빨리 몸을 <u>일으켰다</u>.
④ 선풍기는 전기를 동력으로 삼아 바람을 <u>일으킨다</u>.
⑤ 우리는 무너진 집안을 <u>일으키기</u> 위해 열심히 노력했다.

[38 ~ 42] 다음 글을 읽고 물음에 답하시오.

(가) 장마 가뭄에 피해 입은 백성이 관찰사 가을 순행 기다림은
　　　가을걷이 부족함을 채워줄까 해서인데 지나는 곳마다
　　죄를 묻는 폐단 있네
　　　무논 재해도 감췄는데 목화밭이야 거론할까
　　　백 묘(畝)나 되는 벌건 땅에 백지징세 하는구나
　　　인자한 우리 임금 곡식 한 묶음도 모래 덮일까 염려하는데
　　　불쌍한 백성 논밭 에다 좁은 길 넓히란다
　　　각읍 관리 독촉하니 채찍 몽둥이 낭자하다
　　　허다한 관인들이 대호(大戶) 소호(小戶)에 분담시켜
　　　사방(四方) 부근 십 리 안에 닭과 개가 멸종하네
　　　부자는 괜찮지만 가련한 이 가난한 자로다
　　　해는 기울고 이정*은 저녁밥 재촉할 때
　　　텅 빈 부엌 에서 우는 아낙 발 구르며 하는 말이
　　　방아품에 얻은 양식 한두 되 있건마는
　　　채소도 있건마는 그릇은 누구에게 빌릴꼬
　　　앞뒷집 돌아보니 섣달그믐에 시루 빌리는 격이로다
　　　한 마을 닭과 개 다 먹어 치우고 집집마다 또 거둔단
　　말인가
　　　대호(大戶)에는 한 냥 넘고 소호(小戶)에도 육칠 전이라
　　　이 놀이 다시 하면 이 백성 **못 살겠**네
　　　낙토(樂土)에서 태어난 사람 태평성대 좋다 하여
　　　편안히 지내더니 하릴없이 떠도네

한 사람의 호사(豪奢)가 몇 사람의 난리 되고
집과 논밭 다 팔고서 어디로 가잔 말인고
비나이다 비나이다 하느님께 비나이다
우리 임금님 어진 마음 밝은 촛불 되게 하시어 비추소서
비추소서
소문에 들리기를 아전 향원(鄕員) 벌한다기에
간악한 이 벌하는가 여겼더니 음식과 도로(道路)
탓하는구나
노예 차출 무슨 일인고 순령수의 권세로다
음식은 넘쳐나고 **뇌물**은 공공연히 오고 가니
좋을시고 좋을시고 상평통보 좋을시고
많이 주면 무사하고 적게 주면 트집 잡네
춘당대(春塘臺)*에 치는 장막 오목대(梧木臺)에 무슨 일인고
참람(僭濫)한* 과거장서 재주 겨루는 유생(儒生)들아
오십삼 주* 시예향(詩禮鄕)에 의로운 선비 하나 없단 말인가
먹을 복 좋은 우리 순상* 출세운 좋은 우리 순상
들어오시면 육조판서 나가시면 팔도 관찰사
공명도 거룩하고 부귀도 그지없다
망극하도다 나라 은혜여 감격스럽도다 임금님 은혜여
한 토막 절개라도 있다면 온 힘을 다해 은혜에 보답하리라
배은망덕하게 되면 **자손에게 화가 미치리라**

        – 작자 미상, 〈합강정가(合江亭歌)〉

* 이정: 조선 시대에 지방 행정 조직의 최말단인 이(里)의 책임자
* 춘당대: 서울 창경궁 안에 있는 대(臺)로 옛날에 과거를 실시하던 곳
* 참람한: 분수에 넘쳐 너무 지나친.
* 오십삼 주: 조선 시대에 전라도가 53주였음.
* 순상: 조선 시대에 지방의 군무(軍務)를 순찰하던 일을 맡아보던 벼슬.
각 도의 관찰사가 겸임하였음.

(나) 돌아가리 돌아가리 말뿐이오 갈 이 없어
전원이 거칠어지니 아니 가고 어찌할까
초당 에 청풍명월(淸風明月)이 나명들명 기다리나니

        〈효빈가〉

농암*에 올라 보니 노안(老眼)이 오히려 밝구나
인사(人事) 변한다고 산천 이야 변할 것인가
바위 앞 물과 언덕이 어제 본 듯하구나

        〈농암가〉

공명(功名)이 끝이 있을까 수명도 하늘이 정한 것이라
금서 띠*에 굽은 허리에 팔십 넘어 만난 ㉠ 봄이 그 몇
해오
해마다 오늘 같은 날이 역시 임금님 은혜로다

        〈생일가〉

        – 이현보, 〈귀전록(歸田錄)〉

* 농암: 경북 안동 예안의 분강(汾江) 가에 있는 바위 이름
* 금서 띠: 1품 또는 2품 관원의 조복에 두르던 금이나 물소
뿔로 만든 띠

(다) 나는 긴 ㉡ 여름 동안 별로 할 일이 없어서 늘 연못가 에 나가 고기들이 입을 뻐끔거리며 노는 모양을 구경하곤 했다. 그러던 어느 날 이웃에 사는 사람이 나에게 대나무를 베어다가 낚싯대를 만들어 주고 또 바늘을 굽혀 낚시를 실에 달아 주었다. 그동안 서울 생활에 바빠 일찍이 낚시 놓는 법도 알지 못했던 나는, 이웃 사람이 나를 위하여 낚싯대를 만들어 준 것만으로도 감사할 뿐이었다. 그래서 그 낚싯대를 물에 던져 넣은 뒤에 온종일을 기다려 보았다. 그러나 고기가 한 마리도 물리지 않았다.

        (중략)

나는 그 사람이 가르쳐 주는 방법대로 낚싯대를 드리워 한참 만에 서너 마리의 고기를 낚아 올릴 수가 있었다. 그 사람은 또 말하기를,

"ⓐ 고기 잡는 방법은 그렇게 하면 잘 되었네만 ⓑ 고기 잡는 묘리는 아직 깨닫지 못하였네." 하였다.

그는 나의 낚싯대를 빼앗아 가지고 물속에 던져 넣었다. 그는 내가 낚던 낚싯대와 내가 쓰던 미끼와 내가 앉았던 자리를 그대로 이용하였으나 그가 잡아 올리는 물고기는 마치 기다리기라도 한 듯이 낚싯대를 던져 넣기가 바쁘게 딸려 올라왔다. 광주리에서 건져 내는 것 같았고, 소반에 올려놓은 것을 세는 것 같았다. 나는 감탄하면서 말하였다.

"참으로 솜씨가 좋기도 하네. 자네, 그 묘한 솜씨를 좀 가르쳐 주겠나."

"잡는 방법이야 가르쳐 줄 수 있지만 묘한 솜씨야 가르쳐 줄 수 있겠나. 만일 가르쳐 줄 수 있다면 그것은 묘수라고 할 수 없지. 그러나 내가 자네에게 말할 수 있는 것은, 곧 자네가 내가 가르쳐 준 대로 아침이나 저녁이나 이 낚싯대를 물속에 드리워 놓고 정신을 집중하여 열흘이고 한 달이고 그 방법을 익힌다면 그 묘법을 터득할 수 있다는 것일세. 그렇게 되면 손은 알맞게 움직일 수 있고, 마음은 스스로 묘법을 이해하게 될 것일세. 그럼으로써 지금까지 얻을 수 없는 것과, 또 지금까지 깨닫지 못하던 오묘한 이치와, 한 가지는 깨달았지만 그 나머지 두세 가지 깨닫지 못한 것과, 아무것도 모르고 오히려 의혹만 많아지는 것과, 또 환하게 깨달았지만 그 깨달은 까닭은 모르는 것들을 모두 얻을 수 있을 것일세. 그러나 이런 것을 다 얻게 되면 내가 어떻게 거기에 간여할 수 있겠는가? 내가 자네에게 할 수 있는 말은 오직 이것뿐일세."

나는 낚싯대를 받아 물속에 던져 넣으면서 스스로 한탄하였다.

"참으로 그대의 말이 훌륭하다. 이러한 방법을 가지고 미루어 이용한다면 그것이 어찌 낚시 **놓**는 데만 응용되겠는가? 옛사람이 말하기를 '작은 것을 가지고 큰 것을 깨우칠 수 있다'고 하였는데 바로 이를 두고 한 말 아닌가?"

        – 남구만, 〈조설(釣說)〉

38

(가)~(다)에 대한 설명으로 가장 적절한 것은?

① (가)와 (나)는 자연물에 인격을 부여하여 화자의 정서를 강조하고 있다.
② (가)와 (다)는 색채 대비를 활용하여 대상의 특징을 드러내고 있다.
③ (나)와 (다)는 대상을 다양한 관점에서 묘사하여 장면을 구체화하고 있다.
④ (가)~(다)는 모두 대화의 형식을 사용하여 주제를 부각하고 있다.
⑤ (가)~(다)는 모두 의문의 방식을 활용하여 상황에 대한 인식을 드러내고 있다.

39

<보기>를 바탕으로 (가)~(다)를 감상한 내용으로 적절하지 <u>않은</u> 것은?

① (가)의 논밭 은 지배층을 위해 길로 넓혀진다는 점에서 백성들이 빼앗긴 삶의 터전을 의미하는 공간이라고 할 수 있다.
② (가)의 텅 빈 부엌 은 방아품으로 얻은 양식을 담을 그릇조차 없는 곳이라는 점에서 아낙이 자신의 처지에 슬픔을 느끼는 공간이라고 할 수 있다.
③ (나)의 초당 은 화자가 청풍명월과 어울릴 수 있는 곳으로 여긴다는 점에서 화자가 지향하는 공간이라고 할 수 있다.
④ (나)의 산천 은 인사로 인해 변해 버린다는 점에서 변함없는 자연에 대한 화자의 소망을 투영한 공간이라고 할 수 있다.
⑤ (다)의 연못가 는 '나'가 낚시의 경험을 통해 깨달음을 얻는다는 점에서 글쓴이의 배움이 확장되는 공간이라고 할 수 있다.

40

㉠과 ㉡에 대한 이해로 가장 적절한 것은?

① ㉠은 화자가 임금님의 은혜에 감사를 느끼는 시간이고, ㉡은 글쓴이가 새로운 것을 시도하는 시간이다.
② ㉠은 화자가 인생의 덧없음을 느끼는 시간이고, ㉡은 글쓴이가 이웃의 친절에 고마움을 느끼는 시간이다.
③ ㉠은 화자가 내적 갈등을 해결하는 시간이고, ㉡은 글쓴이가 자신의 삶의 가치를 새롭게 인식하게 되는 시간이다.
④ ㉠은 화자가 한 해를 또 맞이하는 슬픔을 나타내는 시간이고, ㉡은 글쓴이가 자신의 지나온 삶을 반성하는 시간이다.
⑤ ㉠은 화자가 공명을 추구하던 시절을 의미하는 시간이고, ㉡은 글쓴이가 대상과의 교감을 통해 과거의 상황을 추억하는 시간이다.

41

<보기>를 참고하여 (가)를 감상한 내용으로 적절하지 <u>않은</u> 것은?

[3점]

① '이 놀이'를 '다시' 하게 되면 백성들이 '못 살겠'다고 한 것은 지배 계층의 유흥을 위해 수탈을 당하는 백성들의 현실을 드러낸다고 볼 수 있겠군.
② 백성들이 '집과 논밭'을 '다 팔고서' 떠나는 것은 가렴주구로 인해 유랑의 길을 떠나야 하는 백성들의 고통스러운 현실을 드러낸다고 볼 수 있겠군.
③ '뇌물'을 '많이 주면 무사하고 적게 주면 트집'이 잡히는 것은 관리들이 뇌물을 받으며 부정을 저지르는 것에 대한 비판을 드러낸다고 볼 수 있겠군.
④ '유생'들이 '과거장'에서 '재주'를 '겨루는' 것은 의로운 선비가 되기 위해 과거에 통과하기를 바라는 유생들의 기대를 드러낸다고 볼 수 있겠군.
⑤ '배은망덕'하면 '자손에게 화가 미치리라'라는 것은 임금에 대한 은혜를 잊지 말라는, 관찰사를 향한 경고를 드러낸다고 볼 수 있겠군.

42

(다)의 ⓐ, ⓑ에 대한 설명으로 적절하지 <u>않은</u> 것은?

① ⓐ는 누군가의 가르침을 통해 습득할 수 있다.
② ⓑ를 터득하면 다른 사람이 간여하지 않아도 된다.
③ ⓐ에 집중하기 위해서는 ⓑ에 대한 의혹에서 벗어나야 한다.
④ ⓐ를 꾸준히 반복하여 익힌다면 마음은 스스로 ⓑ를 이해하게 된다.
⑤ ⓑ를 알게 된 후에는 ⓐ만 알고 있을 때보다 더 많은 수확을 거둘 수 있다.

[43 ~ 45] 다음 글을 읽고 물음에 답하시오.

"도련님은 어디서 온 누구십니까? 지금 어디를 가시는 길인지 물어봐도 될까요?"

"네, 저는 하늘 옥황 문왕성 문 도령입니다. 지금 아랫마을 거무 선생님께 글공부 가는 길이오."

자청비가 문 도령을 찬찬히 살펴보는데 인물이 단정하고 눈빛이 깊은 것이 마음에 들었다. 게다가 거무 선생께 글공부를 간다 하니 같이 글공부하러 가고 싶은 생각이 불쑥 솟아났다.

"도련님, 우리 집에도 나와 닮은 남동생이 있는데 마침 거무 선생께 글공부하러 가고 싶어 합니다. 이름은 **자청 도령**이라 하니 같이 벗하여 가는 것이 어떻겠습니까?"

조금이라도 자청비와 더 있고 싶은 문 도령은 선선히 그러겠다고 대답하고는 자청비를 따라갔다. 자청비는 문 도령을 집 앞 골목에 세워 놓고, 부모님 방으로 달려갔다.

"아버님, 어머님, 저도 다른 선비들처럼 글공부하러 가고 싶습니다."

대감이 펄쩍 뛰었다.

"계집아이가 글을 배워 무엇에 쓴단 말인고?"

어머니도 자청비의 손을 잡으며 달랬다.

"시집갈 나이가 다 되었는데 밖으로 나돌아다니면 안 좋은 소문만 난다. 그러니 그냥 집에서 살림이나 배우는 게 좋을 것 같다."

자청비가 차분하게 부모님을 설득했다.

"아버님, 어머님, 늘그막에 딸자식 하나 얻었는데 내일이라도 아버님 어머님이 세상을 떠나면 기일 제사 때 축지방*은 누가 쓸 겁니까?"

그 말끝에 부모님이 뭐라 대답을 못 하고 있는데 자청비는 계속해서 말을 이었다.

"나에게 오라비가 있습니까? 형제가 있습니까? 그저 집안에 자식이라곤 나 하나밖에 없는데, 여자라도 배워 놓으면 다 써먹을 데가 있습니다. 저라도 공부를 해서 축지방이나 쓰게 해 주세요."

자청비의 말을 들은 대감은 마음이 움직였다.

"듣고 보니 그럴듯한 말이구나. 늘그막에 귀한 딸자식 하나 얻었더니 부모 기일 제사까지 벌써부터 챙기려고 마음을 쓰니 기특하구나. 그렇다면 거무 선생께 가서 글공부하도록 하거라."

부모님께 허락을 받은 자청비는 방으로 들어가 입고 있던 옷을 벗어 두고 남자 옷으로 갈아입었다. 그러고는 책을 한 아름 안고, 붓도 몇 자루 감아쥐고는 부모님께 이별 인사를 드리는 둥 마는 둥 하고 밖으로 뛰쳐나갔다.

골목에 나가 보니 문 도령이 서성이며 기다리고 있었다. 자청비는 시침을 뚝 떼고 다가가 인사를 했다.

"처음 뵙겠습니다. 저는 자청 도령인데 누님한테 말씀 잘 들었습니다."

"예, 저는 하늘 옥황 문왕성 문 도령이오."

문 도령은 자청 도령을 위아래로 훑어보며 고개를 갸웃했다.

'아무리 남매지간이라고 하여도 이렇게 닮을 수가 있는가? 자청 도령도 곱상하니 아가씨라고 해도 믿겠구나.'

문 도령과 자청 도령은 나란히 아랫마을 거무 선생에게 갔다.

[중략 부분의 줄거리] 자청 도령이 자청비임을 알게 된 문 도령은 자청비와 결혼을 한다. 한편, 이들을 시기한 하늘 무리들이 문 도령을 죽이고, 군졸들을 보내 자청비를 강제로 데려가려고 하자 자청비는 매미, 등에, 봉황새를 죽은 문 도령이 있는 방에 걸어 둔다.

"저 위에 보면 **우리 낭군이 깔고 앉았던 방석**이 있습니다. 그걸 내려서 깔고 앉아 보십시오. 그것이 조금 무겁긴 하지만 사나이라면 그 정도는 거뜬히 들 수 있어야 하지 않겠습니까? 그리하면 제가 스스로 가겠습니다."

선반 위에 놓인 무쇠 방석을 가리키며 말하자 군졸들이 달려들어 방석을 내리려 하였다. 그러나 어찌나 무거운지 꼼짝도 하지 않았다.

"문 도령이 이렇게 힘센 장수였구나. 아무래도 소문대로 보통 인물이 아니로군. 잘못하다가는 무슨 변이라도 당하는 게 아닌지 모르겠어."

군졸들은 겁이 나서 누구도 선뜻 나서려고 하지 않았다. 그러자 군졸들을 이끌고 온 우두머리가 문 도령이 누워 있는 방을 쳐다보며 한마디 했다.

"이놈들아, 걱정들 하지 마라. 그래봐야 죽은 목숨 아니냐? 죽은 목숨 아무 소용 없다."

"맞는 말이로구나. 제아무리 잘난 문 도령이라도 이미 죽은 목숨인데 어떻게 할 수 있겠는가."

그런데 죽은 줄 알았던 문 도령이 코를 골며 자는 소리가 들렸다. 주얼재열 **매미**, **등에**가 나는 소리, **봉황새** 꺽꺽 부리 벌리는 소리가 코 고는 소리로 들렸던 것이었다.

"어이? 이거 무슨 소리인가?"

“문 도령이 코 골며 자는 소리 같은데. 문 도령은 죽은 것이
아닌가?”

그때 방 밖에 서 있던 머슴이 자청비가 시킨 대로 손을 한
번 탁 쳤다. 그러자 화들짝 놀란 군졸들이 겁을 집어먹고
앞다투어 도망쳐 버렸다. 위기를 모면한 자청비는 죽은
남편을 살려 내기 위해 서천꽃밭으로 들어가 갖가지 꽃을
얻어 왔다. 자청비가 가져온 살살이꽃, 피살이꽃, 도환생꽃을
남편의 시체 위에 뿌리자 문 도령이 기지개를 켜며 일어나
앉았다.

“아, 잘 잤다! 그런데 무슨 일인가? 주변이 왜 이처럼
어지럽소?”

자청비는 그 사이에 있었던 일을 소상히 일러 주었다.

“아, 그러니까 부인 덕에 내가 이리 살아났구려.”

문 도령은 또 한 번 자청비의 기지에 감탄하며 부인의 손을
꼭 잡았다.

하늘 옥황 천자국에 큰 사변이 일어났다. 검은 무리가 난을
일으켜 천자국이 큰 혼란에 빠지게 된 것이다. 옥황상제
천지왕은 여기저기 방을 붙이도록 했다.

“이 난을 평정하는 자에게 하늘 옥황의 땅 한 조각 물 한
조각을 갈라 주겠노라.”

자청비는 문 도령과 함께 서천꽃밭에서 가져온 수레멸망
악심꽃을 들고 천자국으로 갔다. 수레멸망악심꽃은 뿌리면
뿌리는 대로 많은 사람이 죽는 꽃이었다. 천지왕은 난을
평정하기 위해 왔다는 문 도령과 자청비에게 임무를 맡겼다.
전장으로 가 보니 삼만 명의 군사들이 칼을 치고 활을 받으며
치열하게 싸우고 있었다. 자청비는 천자국 병사들을
철수시키고는 수레멸망악심꽃을 동서로 뿌려댔다. 그러자
난을 일으킨 군사들이 건삼밭의 늙은 삼 쓰러지듯 동서로
즐비하게 쓰러지며 숨이 끊어져 버렸다. 곧 난은 평정되고
천자국이 평온해졌다. 천지왕은 크게 기뻐하며 둘의 공을
치하했다.

“내 너희들에게 하늘나라에 있는 기름진 땅을 갈라
주겠으니 잘 맡아 다스리도록 하여라.”

그러나 자청비는 이를 사양하고 인간 세상에 내려가 살고자
하니 대신 씨앗을 달라고 청을 드렸다.

“하늘님아, 하늘나라 기름진 땅 대신 **제주 땅에 내려가서
심을 오곡의 씨앗을 내려** 주십시오. 제주 백성들 농사짓고
살게 해 주겠습니다.”

천지왕은 자청비를 기특하게 여기고 인간을 널리 이롭게
하라며 **여러 곡식**을 내려 주었다.

– 작자 미상, ≪세경본풀이≫

*축지방: 제사 때 읽어 천지의 신령께 고하는 글을 적은 종이 조각

43

윗글에 대한 설명으로 가장 적절한 것은?

① 비현실적 요소를 통해 인물의 비범한 능력을 드러내고 있다.
② 꿈과 현실을 교차하여 앞으로 일어날 사건을 암시하고 있다.
③ 비유적 표현을 사용하여 인물의 심리적 갈등을 드러내고 있다.
④ 공간적 배경에 대한 묘사를 통해 낭만적 분위기를 형성
   하고 있다.
⑤ 서술자가 직접적으로 개입하여 인물을 주관적으로 평가
   하고 있다.

44

윗글에 대한 이해로 적절하지 <u>않은</u> 것은?

① 자청비는 문 도령에게 자청 도령을 만날 것을 제안했다.
② 대감은 부모의 제사를 걱정하는 자청비를 기특하게 여겼다.
③ 군졸들은 문 도령이 살아 있다고 생각해 겁을 먹고 도망쳤다.
④ 난을 일으킨 군사들은 자청비가 뿌린 꽃에 의해 숨이 끊어졌다.
⑤ 천지왕은 천자국의 난을 평정하기 위해 자청비를 찾아가
   도움을 구했다.

45

⟨보기⟩를 참고하여 윗글을 감상한 내용으로 적절하지 <u>않은</u> 것은? [3점]

─ ⟨보기⟩ ─

> ≪세경본풀이≫는 자청비가 농사를 관장하는 '세경신'이
> 되기까지의 과정을 담은 제주도 서사무가이다. 이 과정에서
> 자청비는 여성이라는 이유로 사회적 제약을 받거나, 여러
> 난관에 봉착한다. 그때마다 자청비는 거짓말이나 속임수를
> 사용하여 상대와 동질성을 이뤄 상대방의 수용을 얻기도
> 하고, 상황을 미리 조작하여 자신의 불리한 상황을 반전
> 시키기도 한다. 또한, 유인책을 사용해 상대를 함정에 빠뜨려
> 목적을 달성하기도 한다.

① 자청비가 '자청 도령' 행세를 한 것은 문 도령과의
   동질성을 획득하기 위한 속임수로 볼 수 있겠군.
② 자청비가 '계집아이가 글을 배워 무엇에' 쓰냐며
   부모로부터 글공부를 제지당하는 것은 자청비가 받는
   사회적 제약으로 볼 수 있겠군.
③ 자청비가 무쇠 방석을 '우리 낭군이 깔고 앉았던
   방석'이라고 말한 것은 상대방을 함정에 빠뜨려 자신의
   편으로 만들기 위한 유인책으로 볼 수 있겠군.
④ 자청비가 '매미', '등에', '봉황새', 박수 소리를 이용한 것은
   문 도령이 살아 있는 것처럼 상황을 미리 조작하여 자신의
   불리한 상황을 반전시키기 위한 것으로 볼 수 있겠군.
⑤ 자청비가 천지왕에게 '제주 땅에 내려가서 심을 오곡의
   씨앗을 내려' 달라고 요청하여 '여러 곡식'을 받는 것은
   자청비가 지닌 세경신으로서의 면모로 볼 수 있겠군.

01 _ 13번 연계 문제

〈보기〉의 설명을 참고할 때, ⓐ~ⓔ에 대한 설명으로 적절하지 <u>않</u>은 것은?

〈 보기 〉

음운 변동에는 한 음운이 다른 음운으로 바뀌는 교체, 있던 음운이 없어지는 탈락, 없던 음운이 새로 더해지는 첨가, 두 음운이 합쳐져 하나의 음운으로 줄어드는 축약이 있다.

ⓐ: 굳이 [구지]   ⓑ: 옷만 [온만]   ⓒ: 물약 [물략]

ⓓ: 값도 [갑또]   ⓔ: 핥는 [할른]

① ⓐ는 교체가 한 번 일어난다.

② ⓑ는 교체가 한 번 일어난다.

③ ⓒ는 교체와 첨가가 각각 한 번씩 일어난다.

④ ⓓ는 교체와 탈락이 각각 한 번씩 일어난다.

⑤ ⓔ는 교체와 탈락이 각각 한 번씩 일어난다.

02 _ 14번 연계 문제

〈보기〉의 학습 과제를 수행한 결과로 적절하지 <u>않은</u> 것은?

〈보기〉

[학습 내용] 말이나 글을 그대로 큰따옴표나 작은따옴표에 넣어 인용하는 것을 직접 인용이라고 하고, 인용된 말이나 글을 자신의 관점에서 다시 서술하여 표현한 것을 간접 인용이라고 한다.

[학습 과제] 다음 직접 인용 문장을 간접 인용 문장으로 바꿀 때 어떤 변화가 생길지 분석해 보자.

영미가 어제 나에게 "내일 여기에서 나랑 같이 저녁을 먹자."라고 말했다.

① 직접 인용 문장에서 쓰인 조사 '라고'가 간접 인용 문장에서 '고'로 달라진다.

② 직접 인용 문장에서 쓰인 시간 표현 '내일'이 간접 인용 문장에서 '오늘'로 달라진다.

③ 직접 인용 문장에서 쓰인 지시 표현 '여기'가 간접 인용 문장에서 '거기'로 달라진다.

④ 직접 인용 문장에서 쓰인 대명사 '나'가 간접 인용 문장에서 '자기'로 달라진다.

⑤ 직접 인용절의 종결 어미 '-자'가 간접 인용절에서 '-는다'로 달라진다.

03 _ 15번 연계 문제

〈보기〉를 참고할 때, ㉠~㉢에 들어갈 내용으로 적절한 것은?

〈보기〉

중세 국어에는 조사와 결합하면 'ㅎ'이 나타나는 체언이 있는데, 이를 'ㅎ' 종성 체언이라고 한다. 'ㅎ' 종성 체언이 모음으로 시작하는 조사와 결합하면 'ㅎ'을 뒤따르는 모음에 이어 적고, 'ㄱ'이나 'ㄷ'으로 시작하는 조사와 결합하면 'ㅎ'은 뒤따르는 'ㄱ', 'ㄷ'과 어울려 'ㅋ', 'ㅌ'으로 나타난다. 한편, 관형격 조사 'ㅅ'과 결합하는 경우에는 'ㅎ'이 나타나지 않는다.

• [돌ㅎ+ㅅ] 비느리니 ➡ ____㉠____ 비느리니 (돌의 비늘이니)

• [돌ㅎ+과] 흘글 ➡ ____㉡____ 흘글 (돌과 흙을)

• [돌ㅎ+애] 드르시니 ➡ ____㉢____ 드르시니 (돌에 들어오시니)

	㉠	㉡	㉢
①	돌	돌과	돌애
②	돌	돌콰	돌해
③	돐	돌과	돌애
④	돐	돌콰	돌애
⑤	돐	돌콰	돌해

04 _ 16~20번 연계 문제

ⓐ~ⓔ의 사전적 의미로 적절하지 <u>않은</u> 것은?

하이데거는 삶의 변화를 위해, 죽음이 주는 불안으로부터 달아나지 않고 죽음을 ⓐ 대면하여 선취할 것을 ⓑ 요구하였다. 죽음은 아직 오지 않았지만, 죽음이라는 가능성 앞에 미리 자신을 세워봄으로써 과거의 비본래적 삶을 ⓒ 반성해야 한다는 것이다. 이러한 하이데거의 관점은 자신의 존재 의미를 스스로 결정하며 살아가겠다는 새로운 ⓓ 결단을 통한 실존적 삶을 ⓔ 제시했다는 점에서 의미를 지닌다.

① ⓐ: 서로 얼굴을 마주 보고 대함.

② ⓑ: 어떤 행위를 할 것을 청함.

③ ⓒ: 깨어 정신을 차림.

④ ⓓ: 결정적인 판단이나 단정

⑤ ⓔ: 어떠한 의사를 말이나 글로 나타내어 보임.

전국연합학력평가 [2023년 9월 6일 시행]   국어 영역

☆ 3점 문항에만 점수가 표시되어 있습니다.   • 문항 수 : 45개   • 배점 : 100점   • 제한 시간 : 80분

[01 ~ 03] 다음은 학생의 발표이다. 물음에 답하시오.

안녕하세요? '생활 속 전통문화'에 대한 발표를 맡은 ○○○입니다. 저는 지난주에 매듭 팔찌를 만들며 우리 전통 매듭이 참 아름답다고 생각하여 전통 매듭에 대해 조사해 보았습니다. 그래서 오늘은 제가 △△전통문화 연구소 누리집의 자료를 통해 알게 된 내용을 여러분과 나누고 싶어서 발표를 준비했습니다.

우리나라에서는 옛날부터 매듭을 생활 속에서 장식의 용도로 많이 사용했습니다. 고구려 벽화의 초상화 속 실내 장식에서도, 조선 시대 여성들이 사용하던 노리개의 장식에서도 매듭을 발견할 수 있습니다.

그렇다면 우리나라의 전통 매듭에는 어떤 것들이 있을까요? (자료 1을 제시하며) 먼저 이 자료를 보시죠. 옷을 여미는 부분에 매듭이 보이시나요? 이것이 연봉매듭입니다. 연봉은 연꽃 봉오리라는 뜻으로, 자료의 아래에 있는 그림처럼 매듭의 생김새가 연봉을 닮았다고 해서 붙은 이름이에요. 연꽃은 번영의 상징으로 여겨져 온 만큼, 연봉매듭에는 자손의 번창과 풍년을 기원하는 의미가 담겨 있습니다. 매듭은 보통 장식을 위해 사용되었는데 이 매듭은 단추와 같은 역할을 하여 실용적인 목적으로 사용되었기에 단추매듭이라 부르기도 합니다.

다음으로는 가지방석매듭을 소개하겠습니다. 이 매듭은 주머니나 선추를 장식하기 위한 목적으로 많이 사용되었는데요, (자료 2를 제시하며) 선추는 이렇게 부채의 고리나 자루에 매다는 장식품을 이르는 말입니다. 잠시 자료의 왼쪽 아래에 있는 매듭을 보시죠. 이 매듭의 이름은 생쪽매듭이에요. 작은 원이 세 개 있는 모양이 생강과 비슷해서 붙은 이름입니다. 생쪽매듭은 많은 매듭법의 기본이 되는데요, 가지방석매듭도 이 생쪽매듭을 중심으로 하여 원 모양으로 줄줄이 이어 나가 방석 모양처럼 크게 엮어 만든 매듭입니다. 그래서 이 매듭에는 좋은 일을 줄줄이 이어 간다는 의미가 있고, 그것이 열매가 잘 맺히는 가지를 연상시킨다고 해서 가지방석매듭이라는 이름이 붙게 되었습니다.

지금까지 우리나라의 전통 매듭에 대해 알아보았습니다. 조사를 하며 주변을 살펴보니 팔찌뿐 아니라 다양한 장신구에도 전통 매듭이 활용된 것을 발견할 수 있었습니다. 여러분도 전통 매듭의 의미를 떠올리며, 우리 주변의 전통 매듭에 관심을 가져 보면 어떨까요? 이상으로 발표를 마치겠습니다.

01

위 발표자의 말하기 방식으로 적절하지 <u>않은</u> 것은?

① 자신의 경험을 언급하며 화제를 선정한 이유를 밝히고 있다.
② 청중에게 질문을 하여 발표 내용에 대한 관심을 유도하고 있다.
③ 참고한 자료의 출처를 밝혀 발표 내용의 신뢰성을 높이고 있다.
④ 발표 중간중간에 단어의 뜻을 설명하여 청중의 이해를 돕고 있다.
⑤ 발표 내용에 대한 청중의 이해도를 점검하며 발표를 마무리하고 있다.

02

다음은 발표자가 제시한 자료이다. 발표자의 자료 활용에 대한 설명으로 적절하지 <u>않은</u> 것은?

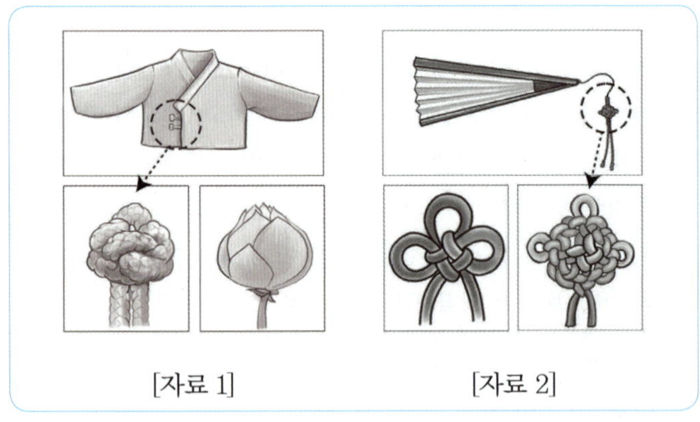

① 연봉매듭이라는 명칭이 붙은 이유를 설명하기 위해 [자료1]을 활용하였다.
② 연봉매듭이 단추의 용도로 사용되었다는 것을 설명하기 위해 [자료1]을 활용하였다.
③ 가지방석매듭이 생쪽매듭을 기본으로 한다는 것을 설명하기 위해 [자료 2]를 활용하였다.
④ 가지방석매듭이 실용적인 목적으로 사용되었다는 것을 보여주기 위해 [자료2]를 활용하였다.
⑤ 좋은 일을 줄줄이 이어 간다는 의미가 담긴 가지방석매듭의 모양을 보여 주기 위해 [자료2]를 활용하였다.

03

〈보기〉는 위 발표를 들은 학생들의 반응이다. 학생들의 반응을 이해한 내용으로 가장 적절한 것은?

<보기>

학생 1: 매듭을 단추의 용도로 사용한 것에서 조상들의 지혜를 느꼈어. 나도 매듭이 일상생활에서 응용된 다른 사례를 찾아봐야겠어.

학생 2: 나는 그동안 무언가를 묶거나 고정하는 데에만 매듭을 사용했는데, 다양한 물건을 아름답게 장식하는 용도로도 쓸 수 있다는 것을 알게 되었어.

학생 3: 얼마 전 전통 매듭 전시회를 다녀왔었어. 그때 본 노리개에 둥근 모양의 매듭이 달려 있었는데, 가지방석 매듭과는 다른 모양이었어. 무슨 매듭이었는지 궁금해.

① '학생 1'은 발표 내용에 제시된 정보를 사실과 의견으로 구분하고 있다.

② '학생 2'는 자료의 정확성을 판단하며 발표 내용을 비판적으로 수용하고 있다.

③ '학생3'은 발표에서 누락된 부분이 있다는 점을 지적하고 있다.

④ '학생1'과 '학생2'는 모두 발표에서 직접적으로 언급하지 않은 내용을 추론하고 있다.

⑤ '학생2'와 '학생3'은 모두 발표 내용과 관련 있는 자신의 경험을 떠올리고 있다.

[04~07]

(가)는 동아리 학생들이 나눈 대화의 일부이고, (나)는 이를 참고하여 '학생 2'가 구청 누리집에 올린 글이다. 물음에 답하시오.

(가) 학생 1: 지난번 논의에서 올해도 학교 축제 때 동아리 행사로 우리가 창작한 동화를 각색하여 소강당에서 공연하기로 했잖아. 오늘은 우리 동아리 행사에 마을 주민의 참여를 높일 수 있는 방법을 이야기해 보자.

학생 2: 지난해 축제 만족도 조사에서 마을 주민의 참여도와 만족도가 높았던 프로그램을 보면 주로 어린이가 직접 체험할 수 있는 활동이었어. 우리도 이번 동아리 행사에 그런 체험 활동을 추가하면 어떨까?

학생 3: 좋은 생각이야. 그런데 무엇을 하면 좋을까?

학생 2: 이번 공연인 '아기 나무의 꿈'은 나무가 자라면서 바라본 우리 마을에 대한 이야기잖아. 공연을 관람한 [A] 어린이들이 나무를 소재로 그림을 그리는 건 어때?

학생 3: 그러자. 그런데 소강당에는 책상이 없잖아. 어린이들이 그림을 그리기가 불편할 것 같으니 장소를 바꿨으면 좋겠어.

학생 2: 공연 장소를 공용 교실로 옮기는 것은 어떨까? 거기는 공간이 넓어서 무대 설치가 가능하고, 책상과 의자가 있어서 그림을 그리기에 편할 것 같아.

학생 3: 그거 괜찮겠다.

학생 1: 그러면 이번 우리 동아리 행사에서는 연극 공연과 그림 그리기 체험 활동을 하기로 하고, 장소는 공용 교실로 변경하는 것으로 하자. 그런데 홍보는 어떻게 하지?

학생 3: 작년에 우리 학교 누리집에만 홍보했더니 우리가 예상했던 것보다 주민들의 참여가 저조했어. 그래서 이번에는 구청 누리집의 '△△구 알리미'에도 우리 행사를 홍보했으면 좋겠어.

학생 1: 맞아. 요즘에는 마을 주민이 참여하는 학교 행사가 많아서 그런지 구청 누리집에 학교 행사를 많이 [B] 홍보하더라고.

학생 2: 좋은 생각이야. 홍보 글은 내가 써 볼게. 글에 작품명, 공연 일시, 장소와 같은 공연 정보가 포함되어야겠지? 그리고 마을 주민의 관심을 끌 수 있는 내용도 넣으면 좋겠어.

학생 3: 그러면 우리 동아리가 했던 활동 중 우리 마을과 관련된 활동을 소개하자.

학생 1: 그래. 그리고 마을과 관련된 활동을 소개하면서 이번 공연 내용도 함께 소개해 줬으면 좋겠어.

학생 3: 동아리 행사 신청 방법도 안내해야겠지?

학생 2: 응, 알았어. 신청 방법도 함께 정리해 볼게.

학생 3: 그래. 그리고 이번에 추가된 체험 활동과 어린이들에게 줄 책 선물에 대한 안내도 부탁해.

학생 2: 그렇게 할게. 다음 모임까지 초고를 작성해 볼게.

학생 1: 다음에는 함께 글을 검토하기로 하고, 오늘은 여기까지 하자.

(나) 안녕하세요? □□고등학교 동화 창작 동아리 '꿈그리기'에서 연극 '아기 나무의 꿈'을 무대에 올립니다. 공연 일시는 10월 12일(목) 오전 11시이고, 장소는 학교 공용 교실입니다.

저희 동아리는 마을에 대한 관심을 높이기 위해 우리 마을을 소재로 동화를 창작하고, 마을 어린이들을 대상으로 매년 공연을 해 왔습니다. 이번 공연은 저희 동아리 학생들이 창작한 동화 '아기 나무의 꿈'을 각색한 것으로, 우리 마을의 보호수인 느티나무가 400년 전 처음 뿌리를 내리고 지금까지 살면서 바라본 우리 마을의 이야기입니다.

공연이 끝난 후에는 어린이들이 그림을 그리면서 자유롭게 상상의 나래를 펼칠 수 있도록 '나무'를 소재로 그림을 그리는 시간을 마련했습니다. 또한 공연을 관람한 모든 어린이에게 저희 동아리에서 발간한 동화책 '아기 나무의 꿈'을 선물로 드립니다.

참가 신청 기간은 9월 11일(월)부터 9월 30일(토)까지이며, 신청은 온라인(http://○○.hs.kr/)으로만 가능합니다. 신청서 작성 시 관람을 희망하는 어린이와 보호자의 정보를 기입해 주시기 바랍니다.

　저희 동아리에서는 우리 마을에 대한 애정을 듬뿍 담아 이번 행사를 준비했습니다. 이 행사는 어린이들이 자신이 살고 있는 마을에 대한 관심을 가지게 되는 계기가 될 것입니다. 주민 여러분의 많은 참여를 부탁드립니다. 감사합니다.

04

'학생 1'에 대한 설명으로 적절하지 <u>않은</u> 것은?

① 지난 논의에서 결정된 사항을 환기하며 화제를 제시하고 있다.
② 대화의 내용을 정리하며 자신의 이해가 맞는지 질문하고 있다.
③ 자신이 아는 내용을 바탕으로 대화 참가자의 의견에 동의하고 있다.
④ 대화 참가자의 의견을 듣고 그 의견에 덧붙일 내용을 언급하고 있다.
⑤ 다음 모임에서 논의할 내용을 제시하며 대화를 마무리하고 있다.

05

[A], [B]에 대한 이해로 적절하지 <u>않은</u> 것은? [3점]

① [A]에서 '학생 2'는 만족도 조사 결과를 언급하며 어린이 대상 체험 활동을 진행할 것을 제안하고 있다.
② [A]에서 '학생 3'은 체험 활동을 하기에 불편하다는 점을 언급하며 공연 장소의 변경을 제안하고 있다.
③ [A]에서 '학생 2'는 공간적 특성을 근거로 들어 공용 교실 활용을 문제 해결 방안으로 제시하고 있다.
④ [B]에서 '학생 3'은 기존 홍보 방식의 문제를 지적하며 학교 누리집 대신 '△△구 알리미'를 활용하는 방안을 제시하고 있다.
⑤ [B]에서 '학생 2'는 홍보하는 글에 들어갈 공연 정보를 나열하고, 마을 주민의 관심을 높일 수 있는 내용을 추가할 것을 제안하고 있다.

06

'학생 2'가 (가)를 바탕으로 (나)를 작성했다고 할 때, (나)에 반영된 내용으로 적절하지 <u>않은</u> 것은?

① 어린이들에게 줄 선물에 대해 안내하기로 한 논의 내용을 반영하여 우리 동아리에서 발간한 창작 동화 '아기 나무의 꿈'을 선물한다는 점을 알려 준다.
② 이번 공연 내용을 소개하기로 한 논의 내용을 반영하여 공연 내용이 마을의 보호수인 느티나무와 그 나무가 바라본 우리 마을의 이야기임을 설명한다.
③ 이번에 추가된 체험 활동에 대해 안내하기로 한 논의 내용을 반영하여 그림 그리기 체험 활동으로 인해 공연 대상이 마을 어린이들로 정해졌다는 점을 알려 준다.
④ 동아리 행사 신청 방법을 안내하기로 한 논의 내용을 반영하여 신청 기간과 온라인 주소를 알려 주고, 어린이와 보호자의 정보를 신청서에 기입해야 함을 알려 준다.
⑤ 우리 동아리가 했던 활동 중 마을과 관련된 활동을 알려 주기로 한 논의 내용을 반영하여 그동안 마을을 소재로 동화를 창작하고, 매년 공연을 해 왔다는 점을 소개한다.

07

〈보기〉는 (나)의 마지막 문단의 초고이다. 〈보기〉를 고쳐 쓰기 위해 친구들이 조언한 내용으로 가장 적절한 것은?

> ─〈보기〉─
>
> 　저희 동아리에서는 우리 마을에 대한 애정을 듬뿍 담아 이번 행사를 준비했습니다. 다른 동아리에서도 마을 주민이 참여할 수 있는 다양한 행사를 준비했다고 합니다. 주민 여러분의 많은 참여를 부탁드립니다. 감사합니다.

① 다른 동아리 관련 내용은 삭제하고, 행사의 의의를 추가하는 건 어때?
② 다른 동아리 관련 내용은 삭제하고, 행사의 일정을 추가하는 건 어때?
③ 다른 동아리 관련 내용은 삭제하고, 행사 참여에 대한 당부의 말을 추가하는 건 어때?
④ 우리 동아리의 행사 준비 내용은 삭제하고, 행사의 의의를 추가하는 건 어때?
⑤ 우리 동아리의 행사 준비 내용은 삭제하고, 행사 참여에 대한 당부의 말을 추가하는 건 어때?

[08 ~ 10] 다음은 교지에 싣기 위해 학생이 작성한 초고이다. 물음에 답하시오.

우리가 사 먹는 과일과 채소는 품목별로 등급 규격의 항목 기준에 따라 특, 상, 보통으로 분류된다. 이러한 농산물 등급 규격은 농산물의 상품성 향상과 유통 효율을 위하여 도입되었다. 그런데 등급 규격의 항목이 주로 크기, 모양 등 농산물의 외관과 관련되어 있어, 맛이나 영양에는 별다른 문제가 없는 농산물이 등급 외로 분류되는 경우가 생겨난다. 이러한 '등급 외 농산물'은 우리에게 '못난이 농산물'이라는 이름으로 잘 알려져 있다.

등급 외로 분류된 농산물은 일반적인 유통 과정에 따라 거래되지 못한다. 잼, 주스 등으로 가공이 가능한 품목의 경우에는 헐값에라도 거래되지만, 가공이 어려운 품목들은 끝내 거래되지 못하고 폐기되고 만다. 등급 외 농산물은 맛과 영양, 가격 면에서 볼 때 소비 시장에서 충분히 경쟁력이 있음에도 유통 과정에서 소외되어 버려지고 있는 것이다.

등급 외 농산물이 판매되지 못할 경우 농산물 생산에 사용된 물, 비료, 노동력 등의 자원은 낭비가 되고, 폐기 과정에서도 비용이 들어 농가에 경제적 손해가 발생한다. 또한 등급 외 농산물은 환경 문제도 야기한다. 매립된 폐기 농산물은 썩는 과정에서 지구 온난화를 일으키는 메탄을 발생시키는데, 소비가 가능한 등급 외 농산물까지 불필요하게 폐기되어 이러한 환경 문제를 더욱 악화시키고 있다.

등급 외 농산물로 인한 문제를 해결하기 위해서는 등급 외 농산물 구매 활성화 방안을 마련하여 적극적인 소비가 이루어질 수 있도록 해야 한다. 등급 외 농산물을 소비하는 것은 환경에도 긍정적 영향을 끼치고, 농가와 소비자 모두에게 도움을 줄 수 있다. [A]

08

다음은 초고를 작성하기 전에 학생이 떠올린 생각이다. ㉠~㉤ 중, 학생의 초고에 반영되지 <u>않은</u> 것은?

- 등급 외 농산물의 가공 가능 여부에 따른 처리 방식의 차이를 제시해야겠어. ·················· ㉠
- 등급 외 농산물의 구매 활성화 방안을 실천하는 데 따르는 문제점을 제시해야겠어. ·················· ㉡
- 농산물 등급 규격 항목과 관련지어 등급 외 농산물이 발생하는 이유를 제시해야겠어. ·················· ㉢
- 등급 외 농산물 폐기로 인한 문제를 경제적 손해와 환경 문제의 측면에서 제시해야겠어. ·················· ㉣
- 예상 독자의 이해를 도울 수 있도록 등급 외 농산물을 일컫는 다른 명칭을 제시해야겠어. ·················· ㉤

① ㉠　　② ㉡　　③ ㉢　　④ ㉣　　⑤ ㉤

09

〈보기〉는 초고를 보완하기 위해 추가로 수집한 자료이다. 자료 활용 방안으로 적절하지 <u>않은</u> 것은? [3점]

〈보기〉

ㄱ. '등급 외 농산물' 구매 관련 소비자 설문 조사

ㄱ-1. 구매 의사

구매 경험이 있는 사람		구매 경험이 없는 사람	
재구매 의사 있음	95.5%	구매 의사 있음	65.3%
재구매 의사 없음	0.9%	구매 의사 없음	32.6%
기타	3.6%	기타	2.1%

ㄱ-2. 구매 활성화 방안

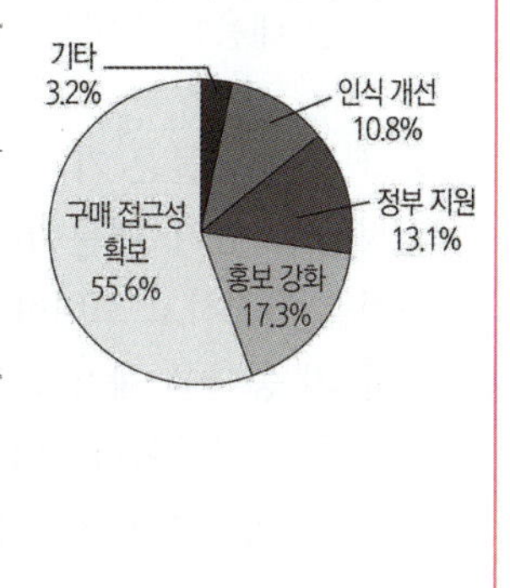

ㄴ. 신문 기사

애호박이 등급 규격의 항목 기준에 따라 특 등급을 받으려면 처음과 끝의 굵기가 비슷하고 구부러진 것이 없어야 한다. 그래서 어린 애호박에 비닐을 씌워 상품성을 높인다. 맛과 무관하게 모양을 위해 매년 수억 개가 사용되는 이 비닐은 대부분 복합 플라스틱으로, 사실상 재활용이 불가능하여 환경 면에서 문제가 되고 있다.

ㄷ. 전문가 인터뷰

"한 해 동안 등급 외로 판정되어 버려지는 농산물의 생산액은 약 3조 2천억 원이나 되는데, 그 과정에서 발생하는 손해를 고스란히 농민들이 부담합니다. 소비자들이 등급 외 농산물을 주변에서 쉽게 구매할 수 있다면 아깝게 버려지는 농산물이 줄어들 것입니다."

① ㄱ-1을 활용하여, 등급 외 농산물 구매에 대해 소비자들이 긍정적으로 인식하고 있다는 내용을 등급 외 농산물이 경쟁력이 있다는 내용의 근거 자료로 2문단에 제시한다.

② ㄴ을 활용하여, 등급 외 농산물과 관련하여 발생하는 환경 문제가 폐기 과정뿐만 아니라 생산 과정에서도 일어날 수 있다는 내용을 3문단에 추가한다.

③ ㄷ을 활용하여, 한 해 동안 버려지는 등급 외 농산물의 생산액을 등급 외 농산물로 인한 농가의 경제적 손해가 크다는 내용을 뒷받침하는 구체적인 수치 자료로 3문단에 제시한다.

④ ㄱ-1과 ㄴ을 활용하여, 등급 외 농산물로 인한 농가의 손해를 줄이기 위한 노력이 등급 외 농산물에 대한 소비자들의 구매 의사로 이어지고 있다는 내용을 4문단에 추가한다.

⑤ ㄱ-2와 ㄷ을 활용하여, 등급 외 농산물 구매 접근성을 확보하는 것이 필요하다는 내용을 등급 외 농산물 구매 활성화 방안의 구체적 내용으로 4문단에 제시한다.

10

다음은 초고를 읽은 교지 편집부 학생의 조언이다. 이를 반영하여 [A]를 작성한다고 할 때, 가장 적절한 것은?

> "등급 외 농산물 소비가 농가와 소비자에게 도움이 되는 이유를 각각의 측면에서 밝히고, 등급 외 농산물 소비를 권유하는 내용으로 마무리하는 것이 좋겠어."

① 등급 외 농산물은 가격이 저렴하면서도 맛과 영양 면에서 인정받고 있기 때문이다. 이제 등급 외 농산물이 갖는 가치를 인정하고 소비하려는 태도를 갖자.

② 등급 외 농산물 폐기로 인해 발생하는 손해가 농민들에게 돌아가기 때문이다. 이제 농가 소득 증대에 기여할 수 있도록 등급 외 농산물의 가공 활용 방법에 대해 고민해야 할 때이다.

③ 등급 외 농산물 소비를 통해 환경 문제를 해결하는 데 소비자가 기여할 수 있기 때문이다. 이제 등급 외 농산물 소비를 통해 환경 문제를 개선하는 데 동참하는 자세를 가져 보자.

④ 농가는 등급 외 농산물로 인한 경제적 손해를 줄일 수 있고 소비자는 농산물을 저렴하게 구입할 수 있기 때문이다. 이제 농가와 소비자 모두를 위해 등급 외 농산물 소비에 동참해 보자.

⑤ 소비자는 맛과 영양을 갖춘 등급 외 농산물을 쉽게 구할 수 있고, 농가는 등급 외 농산물의 생산을 줄일 수 있기 때문이다. 이제 등급 외 농산물의 판매 경로를 다양화할 필요가 있다.

[11~12] 다음 글을 읽고 물음에 답하시오.

말을 글자로 적을 때 사람마다 다르게 적는다면 그 뜻을 제대로 파악하지 못할 수 있다. 이런 혼란을 피하고 효율적으로 의사소통하기 위해 제정한 것이 '한글 맞춤법'이다. 한글 맞춤법 총칙 제1항은 '한글 맞춤법은 표준어를 소리대로 적되, 어법에 맞도록 함을 원칙으로 한다.'이다. 소리대로 적는다는 것은 발음 그대로 적는다는 것이다. 그런데 소리대로 적는다는 원칙이 적용되기 어려운 경우가 있어 어법에 맞도록 한다는 또 하나의 원칙이 붙었다. 예를 들어 체언과 조사가 결합한 '잎이', '잎만'을 발음대로 적으면 '이피', '임만'인데, 사람들이 다르게 적힌 형태를 보고 그 의미를 파악하기 위해 '잎'이라는 본래 형태를 떠올려야 하는

어려움이 생긴다. 따라서 형태를 '잎'으로 고정하여 적을 필요가 있는 것이다. 그리고 '먹어', '먹는'처럼 용언의 어간과 어미도 구별하여 적는다. 즉 어법에 맞도록 적는다는 것은 형태소의 본모양을 밝혀 적는 것을 말한다. 그런데 어근과 접미사, 용언과 용언이 결합하여 하나의 단어로 쓰일 때는 형태소의 본모양을 밝혀 적기도 하고 소리대로 적기도 한다.

㉠ 그는 <u>웃음</u>을 지으며 <u>마감</u> 시간을 확인했다.
㉡ 방에 <u>들어간</u> 그는 <u>사라진</u> 의자를 발견했다.

㉠에서 '웃음(웃+음)'은 접미사 '음/ㅁ'이 비교적 여러 어근에 결합하고 결합한 후에도 어근의 본래 뜻이 유지되므로 형태소의 본모양을 밝혀 적었다. 이와 달리 '마감(막+암)'은 접미사 '암'이 일부 어근에만 결합하기 때문에 소리대로 적었다. ㉡에서 '들어간'은 앞말인 '들어'에 '들다'의 뜻이 유지되고 있어 형태소의 본모양을 밝혀 적었지만, '사라진'은 앞말이 본뜻에서 멀어져 그 의미가 유지되지 않아 소리대로 적었다.

[A] 　한편, 의미를 정확하게 전달하기 위해서는 띄어쓰기를 바르게 하는 것도 중요하다. 예를 들어 '지'는 어미 '(으)ㄴ지, (으)ㄹ지'의 일부일 때는 띄어 쓰지 않지만, 시간의 경과를 나타낼 때는 앞말과 띄어 쓴다. 또한 어떤 일을 시험 삼아 시도함을 나타내거나 어떤 행동이나 상태를 강조하는 뜻을 나타낼 때는 '한번'이라고 쓰지만, '번'이 일의 횟수를 나타낼 때는 '한 번', '두 번'처럼 띄어 쓴다.

11

〈보기〉의 ⓐ~ⓔ를 이해한 내용으로 적절하지 <u>않은</u> 것은?

> ─〈보기〉─
> • 풀이 ⓐ <u>쓰러진</u> 사이로 ⓑ <u>작은</u> 꽃이 ⓒ <u>마중</u>을 나왔다.
> • ⓓ <u>끝이</u> 보이지 않았지만 나는 그 ⓔ <u>믿음</u>을 잃지 않았다.

① ⓐ: 앞말이 '쓸다'라는 본뜻에서 멀어져서 소리대로 적은 것이겠군.

② ⓑ: 용언의 어간 '작ー'과 어미 'ー은'이 구별되도록 형태소의 본모양을 밝혀 적은 것이겠군.

③ ⓒ: 접미사 'ー웅'이 여러 어근에 널리 결합하지 못하고 일부 어근에만 결합해서 소리대로 적은 것이겠군.

④ ⓓ: '끝'이라는 체언의 의미가 쉽게 파악되도록 형태소의 본 모양을 밝혀 적은 것이겠군.

⑤ ⓔ: 어근에 접미사 'ー음'이 결합한 후에 어근의 본래 뜻이 유지되지 않아서 형태소의 본모양을 밝혀 적은 것이겠군.

12

[A]를 참고할 때, 밑줄 친 부분의 띄어쓰기가 적절하지 <u>않은</u> 것은?

① 동네 인심 <u>한번</u> 고약하구나.
② 그를 <u>만난 지</u>도 꽤 오래되었다.
③ 무엇부터 해야 <u>할 지</u>를 모르겠다.
④ 견우와 직녀는 일 년에 <u>한 번</u> 만난다.
⑤ 얼마나 <u>부지런한지</u> 세 명 몫의 일을 해낸다.

13

다음은 수업 장면의 일부이다. ⓐ와 ⓑ에 들어갈 말로 적절한 것은?
[3점]

> 선생님: 음운의 변동에는 어떤 음운이 다른 음운으로 바뀌는 교체, 두 음운이 합쳐져 하나가 되는 축약, 원래 있던 한 음운이 없어지는 탈락, 없던 음운이 추가되는 첨가의 유형이 있습니다. 이러한 음운의 변동은 한 단어에서 두 가지 이상이 함께 나타나기도 합니다. 또한 음운의 변동 결과가 표기에 반영되기도 하고, 음운의 변동 후에 음운의 개수가 달라지기도 합니다. 그러면 다음 자료에 나타난 음운의 변동을 탐구해 봅시다.
>
> | 국밥[국빱], 굳히다[구치다], 급행열차[그팽녈차] |
>
> 위 자료를 '국밥', 그리고 '굳히다, 급행열차'로 나눈다면, 그 기준은 무엇일까요?
>
> 학생: (ⓐ   )를 기준으로 나누었습니다.
>
> 선생님: 맞습니다. 그럼, '굳히다'와 '급행열차'에 공통으로 나타나는 음운의 변동은 무엇일까요?
>
> 학생: (ⓑ   )입니다.
>
> 선생님: 네, 맞습니다.

	ⓐ	ⓑ
①	음운의 변동이 두 가지 이상 일어났는지	축약
②	음운의 변동이 두 가지 이상 일어났는지	교체
③	음운의 변동 결과 음운의 개수가 줄었는지	탈락
④	음운의 변동 결과 음운의 개수가 줄었는지	교체
⑤	음운의 변동 결과가 표기에 반영되었는지	축약

14

〈학습 활동〉을 수행한 결과로 적절하지 <u>않은</u> 것은?

> ─〈학습 활동〉─
>
> 시제는 말하는 때인 발화시를 기준으로 동작이나 상태가 일어난 때인 사건시와의 선후 관계를 따져 과거 시제, 현재 시제, 미래 시제로 나뉘며, 선어말 어미나 관형사형 어미, 부사어 등을 통해 실현된다. 다음 자료를 분석해 보자.
>
> ㄱ. 창밖에는 눈이 내린다.
> ㄴ. 곧 강연을 시작하겠습니다.
> ㄷ. 이것은 그가 내일 입을 옷이다.
> ㄹ. 내가 만든 빵을 형이 맛있게 먹더라.

① ㄱ은 사건시와 발화시가 일치한다.
② ㄴ은 사건시가 발화시보다 앞선다.
③ ㄴ과 ㄷ 모두 부사어를 활용한 시간 표현이 나타난다.
④ ㄷ과 ㄹ 모두 관형사형 어미를 활용한 시간 표현이 나타난다.
⑤ ㄱ, ㄴ, ㄹ 모두 선어말 어미를 활용한 시간 표현이 나타난다.

15

다음은 '사전 활용하기' 학습 활동을 위한 자료이다. 이에 대한 이해로 적절하지 <u>않은</u> 것은?

> **바르다**[1] 동 【…을 …에】【…을 …으로】
> ① 풀칠한 종이나 헝겊 따위를 다른 물건의 표면에 고루 붙이다.
> ¶ 아이들 방을 예쁜 벽지로 발랐다.
> ② 차지게 이긴 흙 따위를 다른 물체의 표면에 고르게 덧붙이다.
> ¶ 흙을 벽에 바르다.
>
> **바르다**[2] 형
> ① 겉으로 보기에 비뚤어지거나 굽은 데가 없다.
> ¶ 길이 바르다.
> ② 말이나 행동 따위가 사회적인 규범이나 사리에 어긋나지 아니하고 들어맞다.
> ¶ 그는 인사성이 바른 사람이다.

① '바르다[1]'과 '바르다[2]'는 사전에 각각 다른 표제어로 등재되는 동음이의어이다.
② '바르다[1]'과 '바르다[2]'는 모두 여러 가지 의미가 있는 다의어이다.
③ '바르다[1]'은 '바르다[2]'와 달리 주어 이외의 다른 문장 성분을 필요로 한다.
④ '바르다[1]'은 동작이나 작용을 나타내는 말이고, '바르다[2]'는 성질이나 상태를 나타내는 말이다.
⑤ '바르다[2]' ①의 예로 '마음가짐이 바르다.'를 추가할 수 있다.

[16~20] 다음 글을 읽고 물음에 답하시오.

(가) 구렁에 서 있는 나무 우뚝하기도 하구나
　　　풍상(風霜)을 실컷 겪고 **독야청청(獨也靑靑)**하구나
　　　져근덧 베지 말고 두면 **동량재(棟梁材)*** 되겠구나
　　　　　　　　　　　　　　　　　〈제1수(소나무[松])〉

　　　꼬리치고 휘파람 불며 기염(氣焰)*도 **황홀**하구나
　　　이 뫼에 들어온 지 몇 해나 되었나니
　　　진실로 네 잠깐 떠나면 **호리종횡(狐狸縱橫)***하겠구나
　　　　　　　　　　　　　　　　　〈제11수(호랑이[虎])〉

　　　㉠ 오리마 적표마*들이 관단 노태*와 같겠느냐
　　　바람에 슬피 울며 네 굽을 허위치니
　　　아무리 **천리지(千里志)*** 있은들 알 이 없어 서러워라
　　　　　　　　　　　　　　　　　〈제15수(말[馬])〉
　　　　　　　　　　　　　　　　　 – 권섭, 〈십육영(十六詠)〉

*동량재: 기둥과 들보로 쓸 만한 재목. 한 집안이나 나라를 떠받치는 중
대한 일을 맡을 만한 인재를 이르기도 함.
*기염: 불꽃처럼 대단한 기세
*호리종횡: 여우와 살쾡이가 이리저리 날뜀. 여우와 살쾡이는 도량이 좁고
간사한 사람을 비유적으로 이르는 말이기도 함.
*오리마 적표마: 오리마는 온몸의 털이 검은 말, 적표마는 붉은색을 가진
명마
*관단 노태: 관단과 노태로 모두 걸음이 느린 말을 의미함.
*천리지: 천리를 달리고자 하는 뜻

(나) 북방 이십여 주에 경성이 문호인데
　　　군사 백성 다스리기를 나에게 맡기시니
　　　망극한 임금의 은혜 갚을 길이 어렵구나
　　　㉡ 서생의 일은 글쓰기인가 여겼더니
　　　늙은이의 변방 부임 진실로 뜻밖이로다
　　　임금께 절하고 칼을 짚고 돌아서니
　　　만 리 밖 국경에 내 한 몸 다 잊었다
　　　홍인문 내달아 녹양평에 말 갈아타고
　　　은하수 옛길을 다시 지나간단 말이냐
　　┌ 회양 옛 사실* 소문만 들었더니
　　│ 대궐을 홀로 떠나는 적객*은 무슨 죄인가
[A]│ 높고 험한 철령을 험하단 말 전혀 마오
　　└ 세상살이에 비하면 평지인가 여기노라
　　　눈물을 거두고 두어 걸음 돌아서니
　　　서울이 어디요 대궐이 가렸도다
　　　안변 북쪽은 저쯤에 오랑캐 땅인데
　　　오랑캐를 정벌하여 천 리 밖 몰아내니
　　　윤관 김종서의 큰 공적 초목이 다 알도다
　　　용흥강 건너와 정평부 잠깐 지나
　　　만세교 앞에 두고 낙민루에 올라앉아
　　　옥저*의 산하 하나하나 돌아보니

천년의 풍패*에 상서로운 기운 어제인 듯하구나
함관령 저문 날에 말은 어찌 병들었는가
㉢ 모래바람 자욱한데 갈 길이 멀었구나
홍원 옛 고을의 천관도를 바라보고
대문령 넘어서 청해진에 들어오니
함경도의 요해지요 남북의 요충지라
충신과 정예 병사 무기를 늘어놓고
강한 활과 쇠뇌로 요충지를 지키는 듯
태평세월 백 년 동안 전쟁을 잊으니
철통같은 방어를 일러 무엇하리오
　　　　　　　　　　　　– 조우인, 〈출새곡(出塞曲)〉

*회양 옛 사실: 중국 한나라 무제(武帝) 때 급장유(汲長孺)가 회양 태수로
　선정을 베풀었던 일
*적객: 귀양살이를 하는 사람. 여기서는 임금 곁을 떠나 경성 판관으로
　부임하는 자신의 신세를 말함.
*옥저: 함경도 함흥 일대에 위치했던 고대 국가
*풍패: 천 년 전 한나라를 건국한 유방의 고향에 빗대어 조선을 건국한
　이성계의 고향인 함흥을 가리킴.

(다) 태안사 가는 길에 물이, 보성강 물이 있습니다. 그 물길
이 끝나는 지점이 태안사 들어가는 입구지요. 아닙니다, 물길
은 끝나지 않고 다만 태안사 들어가는 입구가 그 물길의 중간
에나 있을 따름이지요. ㉣ 물길이 끝났다고 슬퍼할 필요는 없
습니다, 곧이어 숲이, 숲길이 시작될 테니까요.
　　┌ 여름 숲도 좋지만 겨울 숲은 또 나름대로 외로워서 좋습니다.
　　│ 높아서 좋습니다. 야위어서 좋습니다. 여름 숲의 무성함,
　　│ 풍성함, 윤택함에 한동안 외로움을 잊고 살았습니다. 외롭지
[B]│ 않을 때는 외롭지 않아서 좋았고 외로울 때는 또 외로워서
　　│ 좋았습니다. 올해는 유난히 눈이 안 내리는 겨울입니다.
　　└ 높고 푸른 하늘이 외로운 나무 끝에 펼쳐져 있습니다.
　　　　　　　　　　　　　　　(중략)
　　거기에서 그 노인을 보았습니다. 노인은 절 부엌에서
나오는 음식을 고양이에게 먹이고 있었습니다. 내가 빙긋
웃자 노인의 얼굴이 한순간 붉어졌습니다. 노인은 소년의
얼굴을 가졌더군요. 아닙니다. 아기의 얼굴이었습니다. 절
사람들이 다 싫어하는 도둑고양이를 아기 얼굴을 가진
태안사 불목하니* 그 노인이 혼자 숨어서 돌보고 있었습니다.
사람들이 많이 모여 있으면 다람쥐처럼 어딘가로 숨어 버리는
그를 보러 나는 태안사에 가곤 합니다. 고양이, 해탈이는 잘
크고 있는지도 궁금하고요. 절 사람들은 노인을 이 처사라고
불렀습니다. 내가 그를 보면 바짝 반가워하는데도 그는
반가운 내색을 할 줄 모릅니다. 내가 그와 헤어지는 게 못내
섭섭해 작별 인사가 길어지는데도 그는 그저 가라고 손짓
한번 해 주고 그만입니다. 그것이 처음에는 굉장히 서운했는데
이제 그 조차 익숙해졌습니다.

　태안사 가는 길은 참 좋습니다. 물이 있고 곧이어 숲이 있고 해탈이가 있고 다람쥐보다 더 빠르게 달릴 줄 아는 그가 있기 때문입니다. 나는 그와 어떤 특별한 말을 주고받은 적도 없습니다. 그래도 그는 나에게 커다란 위로가 됩니다. 그는 내 속의 부처가 되었습니다. 그는 아마 그것도 모를 테지요. 자신이 누군가의 마음속에 들어가 커다란 위로가 되고 부처가 되었다는 사실을. 나는 또한 누군가의 가슴속에 들어가 위로가 되고 부처가 될 수는 없을까요. 좀 더 가난해지고 좀 더 외로워지면 그럴 수 있을는지요. 하기사 태안사의 그는 가난과 외로움조차도 스스로 느끼지 않는 그저 '그'일 따름이었습니다. ⓜ 가난과 외로움조차도 때로는 거추장스런 장신구일 수도 있겠습니다.

– 공선옥, 〈태안사 가는 길에서〉

* 불목하니: 절에서 밥을 짓고 물을 긷는 일을 맡아서 하는 사람

16

(가)~(다)에 대한 설명으로 가장 적절한 것은?

① (가)와 (나)는 모두 영탄적 어조를 통해 화자의 정서를 강조 하고 있다.
② (가)와 (다)는 모두 시간적 표현을 활용하여 대상에 대한 인식 변화를 제시하고 있다.
③ (나)와 (다)는 모두 계절적 배경을 제시하여 분위기를 환기하고 있다.
④ (가)~(다)는 모두 불가능한 상황을 설정하여 주제 의식을 드러내고 있다.
⑤ (가)~(다)는 모두 반어적 표현을 사용하여 대상이 지닌 의미를 부각하고 있다.

17

[A]와 [B]에 대한 설명으로 가장 적절한 것은?

① [A]와 [B]에는 모두 자연의 섭리에 담긴 가치가 나타난다.
② [A]와 [B]에는 모두 변화하는 자연에서 얻는 즐거움이 나타난다.
③ [A]에는 이상적 세계를 동경하는 삶이, [B]에는 자연에 동화되는 삶이 나타난다.
④ [A]에는 자연을 보며 떠올린 삶의 고단함이, [B]에는 자연에서 느끼는 만족감이 나타난다.
⑤ [A]에는 자연물에서 연상된 대상에 대한 경외감이, [B]에는 자연을 거닐며 느끼는 쓸쓸함이 나타난다.

18

〈보기〉를 참고하여 (가)를 감상한 내용으로 적절하지 <u>않은</u> 것은?

① 〈제1수〉에서 '풍상'을 이겨낸 소나무를 '독야청청'한 모습으로 그리며 소나무의 지조 있는 모습을 드러내고 있군.
② 〈제1수〉에서 '베지' 않으면 '동량재'가 될 수 있다고 한 것은 인재가 되기 위해서 시련을 겪어야만 하는 현실에 대한 한탄을 드러낸 것이군.
③ 〈제11수〉에서 호랑이의 기세를 '황홀'하다고 표현하며 호랑이의 위엄 있는 모습을 그리고 있군.
④ 〈제11수〉에서 호랑이가 사라지면 '호리종횡'할 것이라고 한 것은 소인배들이 힘을 얻게 될 수도 있는 현실에 대한 우려를 표현한 것이군.
⑤ 〈제15수〉에서 '천리지'를 알아주는 이가 없다고 한 것은 인재가 뜻을 펼칠 수 없는 안타까운 현실을 드러낸 것이군.

19

〈보기〉를 바탕으로 (나), (다)를 이해한 내용으로 적절하지 <u>않은</u> 것은? [3점]

① (나): 화자는 경성으로 떠나면서 관원의 임무를 맡게 된 것을 임금의 은혜로 여기고 있군.
② (나): 화자는 낙민루에 올라 산하를 둘러보며 자연에서 느껴지는 기운에 감탄하고 있군.
③ (나): 화자는 청해진에서 전쟁이 없어 오랑캐를 방어하는 일을 잊고 있는 병사들의 모습을 비판하고 있군.
④ (다): 글쓴이는 태안사에서 고양이에게 먹이를 주는 노인의 모습을 따뜻한 시선으로 바라보고 있군.
⑤ (다): 글쓴이는 태안사에서 만난 노인처럼 자신도 다른 사람들에게 위로가 되는 존재가 되고 싶어 하고 있군.

20

㉠~㉤에 대한 설명으로 적절하지 **않은** 것은?

① ㉠: 오리마와 적표마가 뛰어난 능력을 지닌 존재라는 화자의 인식을 드러내고 있다.

② ㉡: 화자가 자신이 변방의 임무를 맡을 것이라고 예상하지 못했음을 드러내고 있다.

③ ㉢: 모래바람으로 인해 부임지로 가는 길이 험난할 것이라는 걱정을 드러내고 있다.

④ ㉣: 물길이 끝나더라도 숲길이 시작된다는 것을 긍정적으로 여기고 있음을 드러내고 있다.

⑤ ㉤: 가난과 외로움을 느끼며 살아가야 했던 노인의 삶에 대한 연민을 드러내고 있다.

[21~26] 다음 글을 읽고 물음에 답하시오.

(가) '세계'는 그것을 대면한 각 인식 주체들에 의해 다양하게 드러난다. 가장 일차적이고 일반적인 세계는 우리가 경험하는 현실 세계이며, 인식 주체들은 각자가 지닌 조건에 따라 현실 세계를 다양하게 인식한다. 한 예로, 각 인식 주체는 서로 다른 가시 및 가청 범위를 가지며, 이러한 신체적 지각의 차이에 따라 그들이 경험하는 세계에 대한 인식도 각기 달라진다. 또한 인식 주체는 일상 언어를 바탕으로 현실 세계를 인식한다. 예를 들어 연속된 시간을 시, 분으로 표현하는 것처럼 일상 언어는 연속된 세계를 분절하여 인식하게 만든다.

그런데 신체적 지각이나 일상 언어는 고정적이지 않다. 운동선수처럼 반복적 수련을 하거나 안경 등의 도구를 이용하면 인식 주체들이 지닌 조건은 ⓐ 달라질 수 있으며, 새로 도입된 낯선 언어가 시간이 흐르면서 일상 언어로 자리 잡기도 한다.

인식 주체들에 의해 드러나는 각각의 세계는 세계 전체를 이루는 여러 얼굴이라 할 수 있다. 인식 주체들의 인식 조건은 다양하므로 각각의 인식틀에 따라 저마다의 얼굴, 즉 각각의 존재면이 드러나게 된다. 그런 의미에서 회화 예술은 세계의 다양한 존재면 을 드러내는 작업이다.

의식 수준이 성장함에 따라 인간은 점차 현실 세계의 현상 너머에 있는 형이상학적인 것을 갈망하게 되었다. 이런 경향은 현대회화에도 영향을 ⓑ 끼쳤으며, 회화에서 현실 세계를 다루는 양상에도 변화가 나타났다. 현대회화의 존재적 특징은 과학과의 비교를 통해 분명해진다. 과학은 존재면이 비교적 일의적이며, 한 존재면을 수직으로 파고들어 그 면을 심층적으로 드러낸다. 예를 들어 생물학은 종, 개체, 기관, 세포, 유전자 등 무수한 면들을 드러내나, 이 면들은 넓게 보면 같은 면의 객관적 심층이다. 그러나 현대회화는 여러 존재면을 수평적으로 드러낸다. 예를 들어

입체주의나 표현주의 현대회화를 보면, 하나의 그림 위에 일상의 현실 세계와 상상에 의한 가능 세계가 혼재해 있음을 알 수 있다. 현실 세계의 실재를 있는 그대로 재현하고자 했던 ㉠ 전통회화와 달리 ㉡ 현대회화는 변형과 과장을 통해 실재와는 다른 방식으로 세계들을 조합해 나간 것이다. 이러한 현대회화의 추상성은 처음에는 혁신적이었으나 점차 보편적인 것이 되었다.

추상의 강도가 더해질수록 현대회화는 실재의 재현에서 더욱 ⓒ 멀어져, 실재가 아닌 화가의 내면을 표현하는 것으로 인식되었다. 내면은 상상의 영역이기에, 전통회화와 달리 현대회화로는 현실 세계의 존재면을 드러내기 어렵다는 인식도 생겨났다. 그러나 현대회화의 추상성에 대해 실재는 배제한 채 내면만 표현한 것이라고 이분법적으로 이해하는 것은 적절하지 않다. 상상의 대부분은 현실의 경험에서 ⓓ 비롯되며, 내면의 추상적 영역 또한 객관적 실재의 외면을 이질적으로 변형시켜 존재를 다양하게 드러내는, 세계의 무수한 존재면 중 하나이기 때문이다. 회화를 통해 접하는 다양한 가능 세계와의 만남은 우리를 현실 세계에 더 가까이 다가가게 해 준다.

(나) 회화는 캔버스 위에 물감으로 색과 형태를 드러낸 가시적 존재지만, 회화의 의미가 창작자의 주관이나 감상자의 주관에 따라 다양하게 형성된다는 점에서 비가시적 존재이기도 하다. 이렇듯 회화는 가시적이면서 동시에 비가시적인 독특한 존재 방식을 갖는다.

전통회화는 회화의 가시적 속성을 통해 객관적 세계의 외면을 사실적으로 재현하는 데 주목했다. 이에 반해 현대회화는 회화의 가시적 속성을 통해 화가의 비가시적 내면을 드러내는 데 치중한다. 현대회화는 화가들이 자신만의 관념적 세계를 가시화한 결과물로서, 회화 속에서 객관적 실재는 주관화된다. 현대회화의 화가들은 현실에서 목격하는 일상의 모습이 비대칭적이고 혼란스럽더라도 임의로 대칭을 만들거나 현실을 조작하는 등의 방법으로 비현실적 허구를 표현해 내고자 했다. 이렇게 예술을 통해 현실이 추상화되는 과정에서 예술은 객관적 현실로부터 점차 멀어져 가는 경향을 보였다.

이러한 ㉮ 예술과 현실의 분리는 회화뿐 아니라 음악에서도 나타난다. 음악에 사용되는 음은 현실의 무한한 소리 중 극히 일부이며, 일상에서 들을 수 있는 일반적 소리와 달리 균질적이고 세련되며 인위적인 배열을 ⓔ 따른다. 이렇게 음악도 일상 현실과 거리를 두며 그 정체성을 확보해 왔다.

그런데 이러한 예술의 흐름에 대항하여 새로운 시도를 하는 예술가들도 있었다. 화가이자 음악가였던 루솔로는 일상 현실의 기계 소리를 소음이 아닌 음악적 표현 대상으로 삼아, 소음 기계를 악기로 만들었다. 작곡가 바레즈는 분절된 몇 개의 음만을 표현할 수 있는 일반적 악기와 달리, 사이렌이 음과 음 사이의 분절되지 않은 무한한 음을 낼 수 있는 일상적 사물이라는 점에 주목하여 사이렌으로 음악을 표현했다.

또한 작곡가 셰페르는 사람의 소리, 기계 소리, 자연음 등을 '음향 오브제'로 활용하는 '구체음악'을 창시하기도 하였다.

게르노트 뵈메는 예술의 영역을 일상적 삶으로 확장하려는 이러한 노력을 '확장된 미학'이라 일컬었다. 뵈메는 예술의 미적 경험이 일상적인 맥락에서 분리되어 예술가라는 특별한 존재에 의해 창조되는 특정한 미적 대상에만 국한된다고 보는 기존의 미학을 비판하며, 예술이 창작되고 수용되는 미적 경험이 일상적 현실로까지 확장되어야 한다고 보았다.

21

(가)와 (나)에 대한 설명으로 가장 적절한 것은?

① (가)는 인식 주체가 인식의 한계를 극복하는 과정을, (나)는 인식의 한계가 예술 이해에 미친 영향을 설명하고 있다.
② (가)는 현대회화의 추상성을 이분법적으로 이해해야 하는 이유를, (나)는 회화가 비가시적 내면을 드러내는 원리를 분석하고 있다.
③ (가)는 세계에 대한 인식을 바탕으로 회화 예술을 이해하는 관점을, (나)는 예술과 현실의 관계에 대한 상반된 인식을 제시하고 있다.
④ (가)는 인간의 의식 수준의 성장에 따른 현실 세계의 변화 양상을, (나)는 일상으로부터 분리되어 가는 예술의 흐름을 언급하고 있다.
⑤ (가)는 현대회화가 세계를 추상적으로 드러내는 방식을, (나)는 현실 세계에 의해 회화와 음악이 변화하게 되는 계기를 밝히고 있다.

22

(가)를 바탕으로 존재면과 관련하여 추론한 내용으로 적절하지 않은 것은?

① 하나의 회화 작품을 함께 감상하더라도 각 감상자가 지닌 인식틀에 따라 서로 다른 존재면을 인식하게 될 수 있겠구나.
② 새로 개발된 기술을 지칭하는 용어가 일상 언어로서의 지위를 갖게 되면 그 언어로 지각되는 존재면도 달라질 수 있겠구나.
③ 형이상학적인 것에 대한 갈망으로 인해 회화에 나타난 현실 세계의 존재면이 추상적 방향으로 변하는 경향을 띠게 되었겠구나.
④ 개개의 과학 학문은 하나의 존재면이 서로 관련이 없는 여러 존재면들로 구성되어 있을 때 그 학문의 심층이 드러나게 되겠구나.
⑤ 입체주의 화가의 회화에서는 현실 세계의 존재면과 가능 세계의 존재면이 수평적으로 혼재해 있는 모습을 발견할 수 있겠구나.

23

(가)와 (나)를 바탕으로 ㉠과 ㉡을 비교하여 이해한 내용으로 가장 적절한 것은?

① ㉠과 ㉡은 모두 현실 세계의 존재면을 드러내기 어렵다는 한계를 갖는다.
② ㉠과 ㉡은 모두 현실 세계의 사실적 재현을 통해 화가의 내면 세계를 드러내는 데 치중했다.
③ ㉠은 ㉡과 달리 다양한 가능 세계와의 만남을 통해 현실 세계에 더 가까이 다가가게 해 준다.
④ ㉡은 ㉠과 달리 가시적 속성과 비가시적 속성을 동시에 가지는 독특한 존재 방식을 취한다.
⑤ ㉡은 ㉠과 달리 현실 세계의 객관적 외면을 의도적으로 변형시킴으로써 현실 세계의 얼굴을 다양하게 드러낸다.

24

(가), (나)와 관련지어 〈보기〉에 대해 보인 반응으로 적절하지 않은 것은? [3점]

〈보기〉

최근 한 의과 대학에서 구스타프 클림트의 대표적 표현주의 작품인 《키스》에 대한 연구 결과를 발표했다. 연구진은 이 회화 속 남녀의 의상에 한 사람의 생명체가 완성되기까지의 순차적 세포분열 과정이 과장된 크기와 다양한 색으로 변형되어 그려져 있음에 주목했다. 그리고 이를 통해 클림트가 당시 현미경 기술의 비약적 발전에 따른 생물학적 탐구에 대한 성과를 토대로 삶과 죽음, 생명에 대한 자신의 깊은 관심을 드러냈다고 밝혔다.

① (가): 생명체가 완성되기까지의 세포분열 과정을 밝혀낸 생물학적 지식이 드러내는 현실 세계는 클림트의 회화에 비해 일의적인 성격을 갖는다고 볼 수 있겠군.
② (가): 현미경 기술의 발전으로 세포분열 과정을 직접 관찰할 수 있게 된 것은 인식 주체가 지닌 조건이 달라져 현실 세계가 새롭게 지각된 사례에 해당한다고 볼 수 있겠군.
③ (가): 클림트의 회화에서 세포분열 과정이 현실과 다르게 변형되어 그려진 것에서 실재와는 다른 방식으로 세계를 조합하는 현대회화의 추상성이 드러난다고 볼 수 있겠군.
④ (나): 클림트의 회화는 색과 형태를 가진다는 점에서는 가시적이지만 세포분열 과정이라는 생물학적 탐구를 다루고 있다는 점에서는 비가시적 속성을 가진다고 볼 수 있겠군.
⑤ (나): 클림트의 회화에서 삶과 죽음, 생명에 대한 화가의 관심이 드러난다고 본 연구 결과는 회화가 화가의 관념적 세계를 표현한 결과라는 인식이 반영된 것이라 볼 수 있겠군.

25

㉠와 관련하여 (나)에 언급된 인물들에 대해 파악한 내용으로 적절하지 <u>않은</u> 것은?

① 현대회화 화가들은 일상의 비대칭성과 혼란스러움을 조작하여 그린 예술 작품을 통해 현실을 비현실적으로 추상화하고자 했다.

② 루솔로는 일상의 기계 소음에서 음악에 사용되는 음의 인위적인 배열을 추구함으로써 예술과 현실의 대립을 극복하고자 했다.

③ 바레즈는 일반 악기와 달리 두 음 사이의 무한한 음을 표현할 수 있는 도구를 이용해 일상 현실을 예술로 표현하고자 했다.

④ 셰페르는 기존 음악의 정체성과는 거리가 먼 일상의 소리를 음향 오브제로 활용하는 새로운 예술 장르를 창시하였다.

⑤ 게르노트 뵈메는 미적 대상의 창작과 수용에 따르는 미적 경험이 일상 현실로까지 확장되어야 한다고 여겼다.

26

문맥상 ⓐ~ⓔ와 바꾸어 쓰기에 가장 적절한 것은?

① ⓐ: 치환(置換)될
② ⓑ: 부과(賦課)했으며
③ ⓒ: 심화(深化)되어
④ ⓓ: 시작(始作)되며
⑤ ⓔ: 추종(追從)한다

[27~29] 다음 글을 읽고 물음에 답하시오.

(가) **어메야,**
　복(福)이 따로 있나.
　뚝심 세고
　부지런하면 사는거지,
　하늘이 물을 대는 **천수답(天水畓)**＊
　그 논의 벼이삭.

　니 말이 정말이데,
　엄첩구나＊
　내 새끼야,
　팔자가 따로 있나
　본심 가지고
　부지런하면 사는거지.

어메야,
누군 한 평생 / 만년을 사나.
허둥거리지 않고 / **제 길로 가면 그만이지.**

오냐, / 내 새끼야,
니 말이 엄첩구나. / 잘 살고 못 살고가 어딨노.
제 길 가면 그만이지.
수런거리는 감잎 사이로
별떨기 빛나는 밤하늘.
그 하늘의 깊이.

– 박목월, 〈천수답(天水畓)〉

＊ 천수답: 빗물에 의하여서만 벼를 심어 재배할 수 있는 논
＊ 엄첩구나: '대견하구나'의 경상도 방언

(나) 쬐그만 것이
　노랗게 노랗게
　전력을 다해 샛노랗게 피어 있다 ⎤[A]

　아무 곳도 넘보지 않는다
　다만 혼자
　주어진 한계 그 안에서 아슬아슬
　한치의 틈도 없이 끝까지 ⎤[B]

　바위 새를 비집거나 잡초 속이거나
　씨 뿌려진 그 자리가 바로 내 자리
　터를 잡고 ⎤[C]

　물을 길어 올리는 실뿌리
　어둠을 힘껏 밀어내는 떡잎
　그리고 그것들이 한데 어울려
　열심히 열심히 한 댓새 ⎤[D]

　세상에 그밖에는 할 일이 없어서
　아주 노랗게 노랗게만 피는 꽃
　피어선 질 수밖에 없는 꽃 ⎤[E]

　쬐그만 것이지만 **그 크기는**
　어떤 자로서도 잴 수 없다
　아 민들레!
　그래봤자
　혼자 가는 자의 **헛된 꿈**
　하지만 헛되어도 좋은 꿈 아니냐
　한 댓새를 짐짓 영원인 양하고
　보라 저기 민들레는 피어 있다

– 이형기, 〈민들레꽃〉

27

(가)와 (나)의 공통점으로 가장 적절한 것은?

① 동일한 시어를 반복하여 시적 의미를 강조하고 있다.
② 공감각적 이미지를 통해 대상의 속성을 나타내고 있다.
③ 명령형 어조를 활용하여 화자의 정서를 부각하고 있다.
④ 음성 상징어를 활용하여 대상의 상황을 드러내고 있다.
⑤ 수미상관의 방식을 통해 구조적 안정감을 부여하고 있다.

28

[A]~[E]에 대한 이해로 적절하지 <u>않은</u> 것은?

① [A]에는 작지만 온 힘을 다해 선명한 빛깔로 피어 있는 민들레의 모습이 나타나 있다.
② [B]에는 다른 공간은 욕심내지 않고 주어진 한계 안에서 홀로 애쓰는 민들레의 모습이 나타나 있다.
③ [C]에는 씨가 뿌려진 비좁은 곳을 자신의 자리로 받아들이고 터를 잡는 민들레의 모습이 나타나 있다.
④ [D]에는 강한 의지와 생명력으로 꽃을 피우기 위해 노력하는 민들레의 모습이 나타나 있다.
⑤ [E]에는 꽃을 피웠지만 세상에서 자신이 할 일을 찾기 위해 결국 질 수밖에 없는 민들레의 모습이 나타나 있다.

29

〈보기〉를 바탕으로 (가), (나)를 감상한 내용으로 적절하지 <u>않은</u> 것은?
[3점]

〈보기〉

시에는 삶을 대하는 가치 있는 태도가 담겨 있다. (가)에는 인간의 유한성에 대한 인식을 바탕으로, 열악한 농토를 하늘이 내린 축복의 땅이라 여기며 달관의 자세로 살아가려는 소신과 그에 대한 지지가 드러나 있다. (나)에는 민들레를 소멸될 수밖에 없는 운명에 좌절하지 않고 허무에 맞서는 존재로 바라보는 시선과 민들레의 내적 가치에 대한 긍정적 인식이 드러나 있다.

---

① (가)에서 '천수답'을 일구는 삶을 '제 길'이라고 여기는 것은 달관의 자세로 살아가려는 소신을 드러낸 것이겠군.
② (가)에서 '니 말이 정말이데', '니 말이 엄첩구나'라고 하는 것은 '어메'가 '내 새끼'에게 보내는 지지를 드러낸 것이겠군.
③ (가)에서 '누군 한 평생 / 만년을 사'냐고 말하는 것은 인간이 유한한 존재라는 인식을 드러낸 것이겠군.
④ (나)에서 '그 크기는 / 어떤 자로서도 잴 수 없다'고 하는 것은 민들레의 내적 가치에 대한 긍정적 인식을 드러낸 것이겠군.
⑤ (나)에서 '댓새를 짐짓 영원인 양하'는 모습을 '헛된 꿈'이라고 하는 것은 민들레를 소멸될 수밖에 없는 운명에 맞서는 존재로 바라보는 시선을 드러낸 것이겠군.

[30 ~ 33] 다음 글을 읽고 물음에 답하시오.

매매 계약, 유언 등과 같은 법률행위가 법률효과를 발생시키려면 성립요건과 효력요건을 갖추어야 한다. 성립요건은 법률행위가 성립되기 위한 요건으로, 성립요건을 갖추지 못한 경우 법률행위가 불성립했다고 한다. 효력요건은 이미 성립한 법률행위가 효력을 발생하는 데 필요한 요건으로, 이를 갖추어 효력을 발생시켰을 때 법률행위가 유효하다고 한다.

그런데 법률행위는 성립하였지만, 효력요건이 불충분하여 그 법률행위가 성립한 당시부터 법률상 당연히 그 효력이 발생하지 않는 경우 그 법률행위는 무효가 된다. ㉠ 법률행위의 무효는 무효 사유가 존재한다면 특정인의 무효 주장이 없이도 그 법률행위가 처음부터 효력이 없는 것이 되며, 기간이 경과해도 무효라는 사실은 변하지 않는다.

한편 ㉡ 법률행위의 취소는 법률행위로서 일단 효력이 발생하였다가 어떤 사유가 있어 그 법률행위가 성립한 당시로 소급하여 효력을 잃게 되는 경우를 말한다. 법률행위의 취소가 확정되면 법률상의 효력이 무효와 같아지지만, 취소 사유가 존재하더라도 취소권을 가진 특정인이 취소를 주장할 때만 그 법률행위의 효력이 없어질 수 있다는 점에서 무효와 차이가 있다. 또한 취소권은 일정한 기간이 경과하면 소멸되고, 취소권이 소멸된 법률행위는 결국 유효한 것으로 확정된다.

　무효인 법률행위에서는 아무런 효력도 생기지 않으며, 법적으로는 아무것도 없는 것이라 보기 때문에 소급하여 유효로 할 수 있는 대상이 없는 상태라 할 수 있다. 그래서 무효인 법률행위, 즉 무효행위는 다른 법률행위로 전환을 하기도 하고, 추인함으로써 그때부터 새로운 법률행위가 되게 만들기도 한다. 무효는 이미 성립된 법률행위를 전제로 하기 때문에 이러한 전환이나 추인이 가능한 것이며, 만약 법률행위가 불성립했다면 전환이나 추인은 할 수 없다. 무효행위를 전환한다는 것은 무효인 법률행위가 다른 법률행위로서의 효력요건은 갖추고 있을 때, 그 법률행위로서의 효력을 인정하는 것을 말한다. 이때 전환을 위해서는 당사자가 무효임을 알았더라면, 그 법률행위가 아니라 처음부터 다른 법률행위를 했을 것이라고 인정되어야 한다. 무효행위의 전환의 예로는, 징계해고로서 효력요건을 갖추지 못해 무효가 된 법률행위가 징계휴직으로서의 효력요건은 갖추고 있을 때 징계휴직으로 전환하여 법률행위가 유효가 되는 경우를 들 수 있다.

　무효행위를 추인한다는 것은 무효가 된 법률행위가 갖추지 못했던 효력요건을 추후에 보충하여 새로운 법률행위로서의 효력을 인정하는 것을 말한다. ㉮ 무효행위를 추인하면 그 무효행위가 처음 성립한 때로 소급하여 유효한 것이 되는 것이 아니라 추인한 때부터 새로운 법률행위를 한 것으로 본다. 민법은 원칙적으로 무효행위의 추인을 인정하지 않지만, 무효 원인이 소멸한 상태이고 당사자가 기존 법률행위가 무효임을 알고 추인한 경우에 한해서는 추인을 인정하고 있다.

　법률행위가 무효가 되면 그 법률행위에 따른 법률효과도 생기지 않으므로 무효행위를 근거로 하는 청구권도 부인된다. 따라서 해당 법률행위에 따라 채무가 있는 경우 상대방이 청구권을 행사할 수 없으므로 채무를 이행할 필요가 없다. 만약 이미 채무가 이행된 경우라면 수령자는 해당 이득을 반환해야 하는 부당이득 반환의무를 진다. 무효는 시간이 흘러도 그대로 유지되지만, 부당이득의 반환청구권은 소멸시효가 있으므로 영구적으로 주장할 수 있는 것은 아니다.

30

윗글의 내용과 일치하지 <u>않는</u> 것은?

① 법률행위가 불성립한 경우에도 법률행위의 전환이나 추인을 할 수 있다.
② 성립요건과 효력요건을 모두 갖추어야 법률행위는 법률효과를 발생시킬 수 있다.
③ 법률행위가 효력을 발생시켰더라도 어떤 사유가 있어 그 효력을 잃게 되기도 한다.
④ 법률행위가 무효가 되면 해당 법률행위에 따른 채무가 발생한 경우라도 그 채무를 이행할 필요가 없다.
⑤ 법률행위가 무효라는 사실이 그대로 유지되더라도 부당이득의 반환청구권을 영구적으로 주장할 수 있는 것은 아니다.

31

㉠, ㉡에 대한 이해로 적절하지 <u>않은</u> 것은?

① ㉠은 효력요건이 불충분하여 법률상 당연히 효력이 발생하지 않는 경우이다.
② ㉡은 취소 사유가 존재하더라도 법률행위의 효력이 발생하는 경우가 있다.
③ ㉠과 ㉡은 모두 법률행위가 성립한 것을 전제로 한다.
④ ㉡은 ㉠과 달리 법률행위의 효력 유무에 변화를 줄 수 있는 기한이 존재한다.
⑤ ㉡은 ㉠과 달리 특정인의 주장이 없어도 법률행위의 효력이 없어질 수 있다.

32

윗글을 바탕으로 〈보기〉의 ⓐ와 ⓑ에 대해 이해한 내용으로 가장 적절한 것은? [3점]

〈보기〉

　갑은 자신의 유언을 법적으로 인정받고자 ⓐ '비밀증서에 의한 유언'의 형태로 유언증서를 남겼다. 하지만 갑의 사망 후 이 유언증서는 봉인상의 확정일자를 받아야 한다는 조건을 충족하지 않아 무효임이 밝혀졌다. 이에 대해 법원에서는 해당 유언증서가 다른 형태의 유언증서인 ⓑ '자필서명에 의한 유언'의 조건은 모두 충족하고 있으며 갑이 자신의 유언 증서가 무효임을 알았다면 이러한 형태의 유언증서를 남겼을 것이라 보아, '자필서명에 의한 유언'으로서는 유효하다고 판단했다.

① ⓐ가 무효가 되면서 ⓑ의 성립요건도 불충분하게 된 것이군.
② ⓐ는 효력요건을 갖추지 못했지만 ⓑ는 효력요건을 갖추고 있군.
③ ⓐ의 부족한 효력요건이 추후에 보충되어 ⓑ가 유효하게 된 것이군.
④ ⓐ는 ⓑ로 바뀌면서 무효 원인이 소멸되어 다시 효력을 가지게 되는군.
⑤ ⓐ의 효력이 발생하려면 ⓑ가 무효임을 당사자가 알았다는 조건이 충족되어야 하는군.

33

㉮의 이유를 추론한 내용으로 가장 적절한 것은?

① 법률행위를 추인할 때 추인의 조건을 갖춘 상태라면 이를 소급하여 유효한 것으로 만들 수도 있기 때문이다.

② 추인으로 인해 무효행위의 유효요건이 보충되면서 새로운 법률행위로서 효력을 발생시킬 필요가 없어졌기 때문이다.

③ 무효인 법률행위는 법적으로 아무것도 없는 것이어서 소급해서 추인할 수 있는 대상 자체가 없는 상태이기 때문이다.

④ 무효인 법률행위가 성립한 때를 정확하게 증명할 수 없다면 추인을 통해 유효하게 된 시점도 특정할 수 없기 때문이다.

⑤ 무효인 법률행위는 원칙적으로 추인할 수 없도록 법률상으로 정해 놓은 것이어서 추인을 통해 유효한 것이 될 수는 없기 때문이다.

[34 ~ 38] 다음 글을 읽고 물음에 답하시오.

디지털 이미지 워터마킹은 디지털 이미지에 저작권자나 배급자의 서명, 마크 등의 특정 정보를 다른 사람들이 인식하지 못하도록 삽입하는 것을 말한다. 이때 삽입된 정보를 디지털 워터마크라고 하며, 이것은 디지털 이미지의 무단 배포, 무단 복사 등이 발생했을 때 저작권을 주장하거나 원본 이미지의 훼손 여부를 검증하기 위한 수단으로 활용된다.

[A]
디지털 이미지 워터마킹은 이미지의 공간 영역 활용 방식과 주파수 영역 활용 방식으로 나눌 수 있는데, 공간 영역 활용 방식으로는 LSB(Least Significant Bit) 치환 방법이 있다. 흑백 원본 이미지에 흑백 워터마크 이미지를 삽입하는 과정을 통해 그 원리를 살펴보자. 흑백 이미지를 구성하는 한 픽셀*의 색상은 밝기에 따라 0~255까지의 정숫값을 가지는데 0은 검은색, 255는 흰색을 나타낸다. 이를 컴퓨터가 처리하는 데이터의 기본 단위인 8비트*로 나타내면 각각의 픽셀은 검은색인 ⬛0 0 0 0 0 0 0 0⬛부터 흰색인 ⬛1 1 1 1 1 1 1 1⬛까지 총 256가지의 값 중 하나를 갖게 되며, 그 숫자가 클수록 흰색에 가깝다. 이때 각 픽셀은 8비트의 데이터 중 왼쪽에 위치하는 상위 비트가 바뀔수록 그에 해당하는 정숫값의 변화가 크기 때문에 색상의 변화를 육안으로 인식하기 쉽고, 오른쪽 하위 비트가 바뀔수록 색상의 변화를 육안으로 인식하기

어렵다. LSB는 색상 변화에 가장 영향을 적게 주는 오른쪽 마지막 최하위 비트를 ㉠ 말한다. LSB 치환 과정에서는 원본 이미지에 시각적인 변화를 주지 않기 위해 워터마크 이미지의 픽셀 데이터를 원본 이미지의 각 픽셀의 LSB에 하나씩 나누어 숨긴다.

이때 원본 이미지 각 픽셀의 8개의 비트 중 LSB에만 데이터를 삽입하기 때문에 워터마크 이미지의 한 픽셀 데이터를 삽입하기 위해서는 원본 이미지의 픽셀 8개가 필요하다. 결국 원본 이미지의 픽셀 수는 최대로 삽입 가능한 비트 수와 같기 때문에 원본 이미지의 픽셀 수가 워터마크 이미지의 전체 비트 수보다 적다면 워터마크 이미지의 데이터 일부는 삽입할 수 없게 된다. 그리고 원본 이미지의 픽셀 수가 워터마크 이미지의 전체 비트 수보다 많을수록 원본 이미지에 시각적 변화가 적게 나타난다. 이 방법은 많은 양의 데이터를 빠르고 간단하게 삽입할 수 있으며, 원본 이미지의 각 픽셀에서 LSB만 변경하기 때문에 시각적으로 색상이나 감도의 변화를 감지하기 어렵다. 그러나 워터마크가 삽입된 이미지의 LSB를 인위적으로 조작하는 경우 워터마크가 쉽게 제거될 수 있다는 단점이 있다.

주파수 영역을 활용하는 방식으로는 DCT(Discrete Cosine Transform)를 이용하는 방법 이 주로 쓰인다. DCT는 이미지 데이터를 공간값에서 주파숫값으로 바꾸는 과정이다. 이미지에 DCT를 적용하면 주변 픽셀과 색상이나 밝기 차이가 적은 픽셀은 낮은 주파숫값으로, 경계선 등 주변 픽셀과 색상이나 밝기 차이가 큰 픽셀은 높은 주파숫값으로 나타난다. 원본 이미지를 일정한 크기의 여러 블록으로 나누고 블록별로 각 픽셀의 색상값을 DCT 수식에 따라 변환하면 주파숫값 분포 표를 얻을 수 있다. 주파숫값 분포표에는 좌측 상단으로 갈수록 낮은 주파숫값, 우측 하단으로 갈수록 높은 주파숫값이 분포하게 되는데 이미지의 색상이나 밝기에 따라 각 주파숫 값이 분포하는 영역의 비율은 다르게 나타난다. 이때 워터마크 이미지의 픽셀의 색상값을 주파숫값 형태로 삽입한 후 다시 역변환 수식에 따라 변환하면, 어느 주파숫값에 삽입하든 워터마크가 원본 이미지의 전 영역에 걸쳐 고르게 분산된 형태로 삽입된다.

인간의 시각은 낮은 주파수 성분의 변화에는 민감하나 높은 주파수 성분의 변화에는 둔감하기 때문에 높은 주파숫값이 분포하는 영역에 워터마크를 삽입하면 원본 이미지의 시각적인 변화를 최소화할 수 있다. 그러나 JPEG와 같은 방식의 압축 이미지 알고리즘은 높은 주파수 성분의 요소를 제거하여 이미지를 압축하기 때문에 높은 주파숫값이 분포하는 영역에 워터마크를 삽입하면 이미지 압축과 같은 과정에서 워터마크가 삭제될 수 있다. 그래서 워터마크를 삽입할 때는 낮은 주파숫값이 분포하는 영역과 높은 주파숫값이 분포하는 영역의 경계면에 해당하는 특정 주파숫값 영역을 중심으로 워터마크 정보를 삽입한다.

이 방법은 이미지의 왜곡이 적어 시각적으로 원본 이미지와의 차이를 식별하기 어렵다. 또한 삽입할 데이터를 이미지 영역에 골고루 분산시키기 때문에 변형의 과정을 거쳐도 LSB 치환 방법에 비해 워터마크가 상대적으로 쉽게 제거되지 않는다. 그러나 데이터 삽입이 가능한 주파숫값의 개수가 원본 이미지의 픽셀 수보다는 훨씬 적기 때문에, 삽입할 수 있는 데이터의 양이 LSB 치환 방법보다 상대적으로 적다. 그리고 픽셀의 개수가 같은 이미지라 하더라도 이미지의 색상이나 밝기에 따라 각 주파숫값이 분포하는 영역의 비율이 달라지기 때문에 이미지에 따라 삽입할 수 있는 데이터의 양이 달라질 수 있다.

* **픽셀**: 작은 점의 행과 열로 이루어져 있는 화면의 작은 점 각각을 이르는 말

* **비트**: 2진 기수법 표기의 기본 단위. 2진 기수법에서는 모든 수를 0과 1로만 표기하는데 이 0 또는 1이 각각 하나의 비트가 된다.

34

윗글을 통해 답을 찾을 수 <u>없는</u> 질문은?

① 디지털 워터마크의 용도는 무엇인가?
② 디지털 이미지 워터마킹의 개념은 무엇인가?
③ 디지털 이미지 워터마킹 기술의 전망은 어떠한가?
④ 디지털 이미지 워터마크를 삽입하는 원리는 무엇인가?
⑤ 디지털 이미지 워터마킹의 방식에는 어떤 것들이 있는가?

35

윗글에 대해 이해한 내용으로 적절하지 <u>않은</u> 것은?

① LSB 치환 방법은 DCT를 이용하는 방법에 비해 상대적으로 쉽게 워터마크가 제거되지 않는다.
② LSB 치환 방법은 DCT를 이용하는 방법에 비해 동일한 원본 이미지에 삽입할 수 있는 데이터의 양이 많다.
③ DCT를 적용하기 위해서는 원본 이미지를 여러 개의 블록으로 분할하고 블록 단위로 변환을 수행해야 한다.
④ JPEG 압축 방식은 이미지에서 주변 픽셀과 색상이나 밝기 차이가 큰 픽셀을 제거하는 방식으로 이루어진다.
⑤ DCT를 이용하는 방법은 원본 이미지의 색상이나 밝기에 따라 삽입할 수 있는 데이터의 양이 달라질 수 있다.

36

[A]를 바탕으로 〈보기〉를 이해한 내용으로 적절하지 <u>않은</u> 것은? [3점]

〈보기〉

다음은 LSB 치환 방법을 통해 흑백 이미지에 또 다른 흑백 이미지를 워터마크로 삽입하는 과정을 도식화하여 나타낸 것이다.

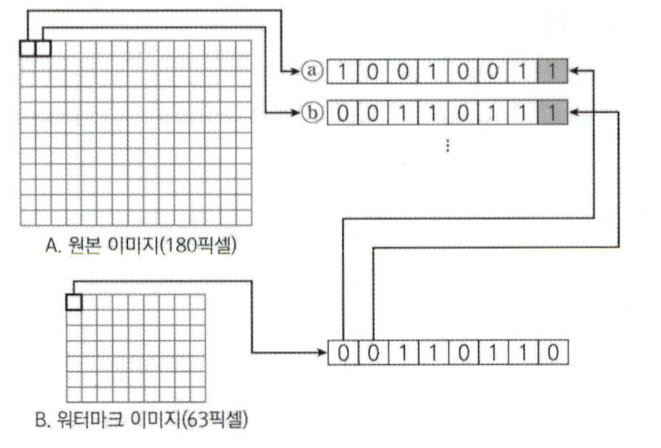

① A에 최대로 삽입 가능한 비트 수는 180이다.
② B의 전체 데이터 중 일부 비트는 A에 삽입할 수 없다.
③ B의 픽셀 수가 더 많아지면 A의 시각적인 변화는 줄어든다.
④ ⓐ 픽셀의 색상이 ⓑ 픽셀의 색상에 비해 더 흰색에 가깝다.
⑤ ⓐ 픽셀과 ⓑ 픽셀에 데이터가 삽입되면 LSB가 모두 1에서 0으로 바뀌게 된다.

37

DCT(Discrete Cosine Transform)를 이용하는 방법에 대한 이해를 바탕으로 〈보기〉의 ㉮~㉰에 대해 보인 반응으로 가장 적절한 것은?

〈보기〉

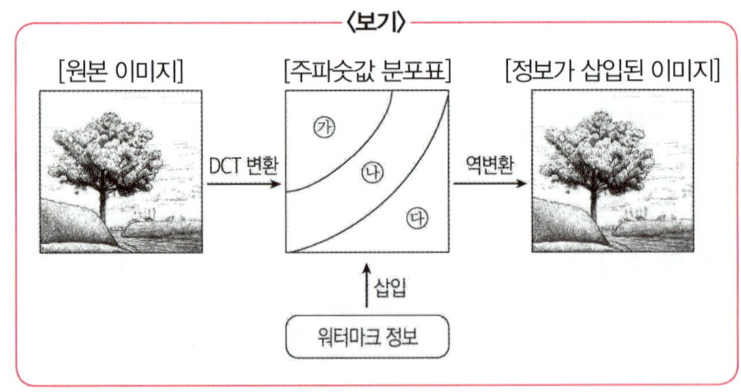

① ㉮는 ㉯보다 원본 이미지에서 주변 픽셀과 색상이나 밝기 차이가 더 큰 부분이겠군.
② ㉮에 워터마크를 삽입하면 ㉰에 삽입하는 것보다 역변환 후 원본 이미지의 시각적 변화가 더 크겠군.
③ ㉯에 삽입된 워터마크가 ㉰에 삽입된 워터마크보다 JPEG와 같은 방식의 압축에 의해 더 쉽게 제거되겠군.
④ ㉰에 삽입된 워터마크가 ㉮에 삽입된 워터마크보다 역변환 후 전체 이미지에 더 고르게 분산되겠군.
⑤ ㉮, ㉯, ㉰ 영역은 원본 이미지와 상관없이 항상 일정한 비율로 나타나겠군.

38

문맥상 ⓐ과 가장 가까운 의미로 쓰인 것은?

① 북극은 지구 자전축의 북쪽 끝을 말한다.
② 선생님은 그 작가에 대해 항상 좋게 말했다.
③ 난 내 생각을 다른 사람에게 솔직하게 말한다.
④ 친구에게 동생이 오면 문을 열어 달라고 말했다.
⑤ 그녀에게 약속 장소를 말하지 않은 것이 생각난다.

[39 ~ 42] 다음 글을 읽고 물음에 답하시오.

선봉장 원이정이 내달아 양주 자사 양운을 맞아 싸우다가 사로잡힌 바 되니, 또 도원수 양경이 내달아 적을 상대하더니 물러나며 두어 번 싸우는 척하다가 실수하여 사로잡히는 체하고 적진으로 들어갔다. 황제는 그 연유를 알지 못하고 경황실색하며 이렇게 물었다.

"하신(下臣) 중 누가 대적하리요?"

좌우의 모두가 일제히 아뢰었다.

"이제 형세가 곤궁하오니 마땅히 항복하기만 같지 못하옵니다."

천자가 크게 분하여 대답하지 않고 좌우를 돌아보며 말하기를,

"누가 능히 흉적을 소멸하고 짐의 분을 덜겠는가?"

그러나 하신의 모든 무리가 거의 다 양경의 세력에 들었는지라 누가 대적하겠는가? 급함이 경각에 달리게 되었다.

태자비가 이 시랑 댁에서 조정에서 모시러 오기를 기다리며 밤낮으로 국가 소식을 탐지하였는데 하루는 피난하는 백성이 길을 막고 울었다. 태자비가 소애를 시켜 위로하며 백성에게 물으니 백성이 말하기를,

"양경의 동족(同族)인 황주, 익주, 서주, 강주, 성주, 형주 도읍이 다 반역하여 **조정을 침노**하였는데, 천자께서 몸소 공격하시다가 도적에게 패하여 거의 죽게 되셨으니 백성이 당하지 못하여 피난하나이다."

태자비가 듣고 하늘을 우러러 탄식하며 말하기를,

"전쟁터에는 나라를 일으켜 세울 신하가 없고 양경 같은 소인이 있어 백성을 다 없어지게 하고 임금을 해치니 어찌 통한치 아니하리오. 황상이 이제 친행(親行)하신다 하니 그 흉적의 세력을 어찌 당하리오. **내 비록 여자이나** 한번 소리쳐 역적을 깨뜨리고 백성을 건지며 **임금을 구원**하리라."

(중략)

태자비가 분기충천하여 천조검을 높이 들고 말하기를,

"너희는 어떤 도적이기에 성질이 억세게 고집스럽고 사납기가 그지없어 우리 황상을 이리도 핍박하는가? 나는 성제(聖帝)의 명을 받아 주 씨 강산을 구하러 왔으니 나를 대적할 이 있거든 모두 나와 승부를 겨루자."

하는 소리 진동하니 양주 자사 양운이 소리에 응답하여 크게 소리쳐 말하기를,

[A] "이제 주 씨의 부조(父祖)가 덕망을 잃어 천하 백성이 도탄에 들어 눈을 뜨지 못함을 차마 보지 못하여 주 씨를 들어 내쳐서 만민을 건지고자 하나니, 너는 어떠한 사람이기에 시절 돌아감을 알지 못하고 우리로 하여금 대공을 세우지 못하게 하는가?"

태자비가 대답하여 말하기를,

[B] "자고로 신하는 그 위를 범하지 못하나니, 너희가 주씨의 녹을 먹었으나 임금의 은혜를 갚기는커녕 도리어 이리 하느냐. 옥체를 빌린 임금의 마음은 하해와 같으니 어찌 하늘의 벌이 없겠는가? 급히 항복하면 죄를 용서하려니와, 끝내 하늘 뜻에 순종하지 않으면 아득히 살아날 길이 없는 곳으로 나아가게 하리니 급히 결단하라."

양운이 노하여 달려들거늘, 태자비가 맞아 싸워 두 합에 태자비의 칼이 번뜩하더니 양주 자사 양운의 머리를 베어 칼 끝에 꿰어 들고 재주를 자랑하며 쳐들어갔다. 적진에서 양운의 죽음을 보고 또 한 장수가 내닫거늘,

태자비가 바라보니 신장이 구 척이고 얼굴은 수묵을 갈아 뿌린 듯하고 눈은 커서 세 치 닷 푼이나 되었다. 창검이 엄숙하여 청천(靑天)의 번개 같으니 이는 황주 자사였다.

태자비가 크게 꾸짖어 말하기를,

"이런 도적이 시정에 있으나 무엇에 쓸 수 있겠는가? 너와 더불어 대적함이 욕되나 위국충신이 있는 고로 마지못해 다투니 급히 결단하라."

황주 자사가 크게 노하여 달려들어 태자비와 싸우기를 20여 합이나 승부를 가리지 못했다.

이때에 천자가 대상(臺上)에서 바라보니 난데없는 장군이 필마(匹馬)로 들어와 적장을 모두 죽이는 것이었다. 이를 보고 의아한 중에 안심되어 말씀하시기를,

"밝으신 하늘이 주 씨 강산을 보전케 하시도다."

이어 기뻐하며 일월기(日月旗)를 둘러 접응하였다.

태자비가 황주 자사와 싸우기를 30여 합에 결단하지 못하였는데, 문득 태자비가 입은 전포(戰袍)의 용두(龍頭)에서 청황룡이 엎드려 있다가 붉은 기운을 토하니, 삼태호총마가 귀를 세우는 가운데 안개가 자욱하여 양진을 분별하지 못하였다. 그런데 문득 태자비의 몸이 공중에 솟구치더니 칼을 들어 황주 자사의 목을 베어 말 아래로 내리치니 누가 감히 당하리오. 태자비가 드디어 **모든 역적을 함몰**시키고 군사는 놓아 보내니, 적진에 잡혀갔던 양경과 원이정의 몸이 살아와서 태자비를 보고 칭송하며 말하기를,

"우리들은 대국 도원수와 선봉장이나 재주가 없어 적진에 잡혀 죽게 되었더니 장군의 은혜를 입어 **목숨을 보전**하고 흉적을 격파하였으니 은혜 난망(難忘)이로소이다."

태자비가 한 꾀를 생각하고 이렇게 말하였다.

"정말 몰랐습니다."

그러고는 양경을 데리고 천자 계신 곳에 가서 육도 자사의 머리를 올리니 천자가 크게 기뻐하시며 자리에서 내려와 태자비의 손을 잡으시고 말씀하시었다.

"장군의 충성은 무엇보다도 크니 금수강산으로도 갚지 못하리라."

태자비가 엎드려 아뢰었다.

"폐하의 홍복(洪福)이라, 신이 무슨 공이 있겠습니까?"

천자가 매우 칭찬하자, 태자비가 다시 여쭈어 아뢰었다.

"이제 육도 자사가 죽고 자리가 비었으니 엎드려 바라옵건대 폐하께서는 여섯 자사를 정하여 각각 모든 병사를 다스리게 하옵소서."

이에 천자가 이를 따랐다.

이어 태자비가 천자를 모시고 황성에 올라왔는데, 남쪽 성문 위에 천자가 전좌한 뒤, 태자비가 황상에게 이렇게 아뢰었다.

"또한 성 안에 육도 자사의 남은 무리가 무수하오니 다시 성에 들어가 반적(叛賊)을 다 없앤 후 환궁하겠습니다."

천자가 크게 놀라 그대로 윤허하시니, 태자비가 즉시 차환 등을 호령하여, 양경과 원이정을 잡아들이라는 소리가 천지를 진동하였다.

– 작자 미상, 〈정각록〉

39

윗글에 대한 설명으로 가장 적절한 것은?

① 서술자가 직접 개입하여 인물을 희화화하고 있다.
② 역순행적 구성을 통해 사건의 인과 관계를 밝히고 있다.
③ 전기적 요소를 활용하여 비현실적인 장면을 부각하고 있다.
④ 공간을 환상적으로 묘사하여 인물의 내적 갈등을 보여 주고 있다.
⑤ 장면에 따라 서술자를 달리하여 사건을 입체적으로 드러내고 있다.

40

윗글에 대한 이해로 적절하지 <u>않은</u> 것은?

① 도원수 양경은 적과 싸우는 척하다 일부러 적진에 잡혀갔다.
② 하신의 무리들은 전장의 형세를 이유로 천자의 항복을 만류했다.
③ 태자비는 이 시랑 댁에서 지내며 나라의 상황을 알기 위해 노력하였다.
④ 천자는 전장에 말을 타고 나타난 장군이 태자비임을 알아보지 못했다.
⑤ 태자비는 천자에게 반적을 없앤 후 환궁하겠다는 의사를 밝혔다.

41

[A]와 [B]에 대한 설명으로 가장 적절한 것은?

① [A]와 [B]는 모두 자신의 처지를 하소연하며 상대의 동정심을 불러일으키고 있다.
② [A]는 [B]와 달리 실행을 위한 방안을 요구하며 상대의 제안을 수용하지 않고 있다.
③ [B]는 [A]와 달리 상대의 의도를 추측하며 자신이 해야 할 일을 계획하고 있다.
④ [A]는 성인의 말을 인용하여, [B]는 역사적 사실에 빗대어 자신이 처한 상황을 드러내고 있다.
⑤ [A]는 자신의 행동이 정당함을 말하며, [B]는 상대가 지켜야 할 태도의 당위성을 내세우며 상대의 행동을 비판하고 있다.

42

〈보기〉를 바탕으로 윗글을 감상한 내용으로 적절하지 <u>않은</u> 것은?

[3점]

〈보기〉

> 〈정각록〉은 여성 영웅 소설로, 주인공 정 소저는 백성들에게 인정을 베풀어야 한다는 신념을 지니고, 유교 이념을 구현하기 위해 신하로서의 도리를 다하는 인물로 그려진다. 태자비가 된 정 소저는 국가 위기를 초래하는 반역 세력을 숙청함으로써 현 체제를 유지하고 국가 질서를 수호하려고 한다. 이처럼 이 작품은 여성을 영웅적 인물로 설정하여 국가적 위기를 해결하는 주체적인 인물로 그려 내고 있다.

① 태자비가 양경과 원이정의 '목숨을 보전'해 주는 것에서, 정 소저는 백성들에게 인정을 베풀어야 한다는 신념을 지니고 있는 인물로 볼 수 있겠군.
② 태자비가 '조정을 침노'한 반역 무리를 응징하려고 하는 것에서, 정 소저는 현 체제를 유지하고 국가 질서를 수호하고자 한다고 볼 수 있겠군.
③ 태자비가 전장에 나가 '모든 역적을 함몰시'킨 것에서, 정 소저는 국가적 위기를 해결할 수 있는 영웅적 능력을 지니고 있는 인물로 볼 수 있겠군.
④ 태자비가 '내 비록 여자이'지만 적진에 나서 싸우겠다고 말하는 것에서, 정 소저는 주체적으로 판단하고 행동하는 여성으로 볼 수 있겠군.
⑤ 태자비가 '임금을 구원'하기 위해 전장에 직접 나가 싸우는 것에서, 정 소저는 유교 이념을 구현하기 위해 신하로서의 도리를 다하려 한다고 볼 수 있겠군.

[43 ~ 45] 다음 글을 읽고 물음에 답하시오.

녀석에게 고향을 배워 주겠노라 약속해 놓고도 막상 그것을 생각해 보려 하니 막연하기만 했다. 생각의 실마리가 쉽게 잡히지 않았다. 어머니가 돌아가신 후로 20년 가까운 세월 동안 한 번도 발걸음을 한 일이 없는 동백골이었다. 하나 같이 기억이 희미했다. 제법 감동 같은 걸 싣고 떠오르는 일이 없었다. 생각난 것은 내 배앓이의 시초가 됐던 학교 잡부금과 꾀배에 관한 것뿐이었다. 그러나 그것은 다시 기억을 더듬어 낼 필요가 없는 것이었다. 그것은 간밤에 이미 확인이 끝난 일이었다. 다른 것을 찾아내야 했다. 훈이 녀석을 위해서도 좀 더 행복스런 고향을 찾아내야 했다. 나는 바다를 내려다보며 그 바다와 상관하여 기억을 더듬기 시작했다.

동백골에서도 바다는 멀지 않았다. 바닷가 산비탈에 밭농사를 짓고 있어 그곳 사람들도 바다에는 무척들 익숙했다. 그러나 나는 아직도 그 바다가 어떤 식으로 내 어린 시절과 상관되고 있었는지, 또 그것에 대해 무슨 말을 할 수 있을지 마땅한 생각이 떠오르지 않았다. 모든 게 뿌옇게 멀기만 했다. 아름아름 어떤 기억이 떠오를 듯하다가도 ⓐ 화산 마을 앞 넓은 바다가 눈앞으로 다가오면 그것에 가려 기억 속의 것은 금세 희미하게 멀어져 버리곤 했다.

그럭저럭하다가 나는 결국 방으로 들어가 몸을 기대고 누워 버렸다. 하지만 누워서도 다시 생각을 계속했다. 다행히 눈앞에서 나를 간섭해 오는 바다가 없으니 이젠 생각이 훨씬 쉬운 것 같았다. ⓑ 동백골 앞바다가 좀 더 선명하게 떠올랐다. 이윽고 한 가지 행복스런 정경이 멀리서부터 천천히 뇌리 속으로 비춰 들어왔다. 그것은 참으로 **행복스런 추억**이었다.

바다가 있었다. 여름의 바다는 유난히 넓고 푸르게 반짝거렸다. 바다에 발뿌리를 내려 뻗은 산줄기는 어디라 할 것 없이 울창한 녹음으로 푸르게 뒤덮여 있었다. 산비탈은 대부분 밭갈이가 되어 있고, 고구마나 수수나 콩이나 목화 같은 것을 심은 여름 밭가리 가운데는 다섯 마지기 남짓한 우리 집 밭뙈기도 끼여 있었다. 어머니는 여름 한철을 대개 그 다섯 마지기 여름 밭갈이로 보냈다. 아침만 되면 어머니는 김매기를 나가면서 밭머리로 나를 데려다 놓았다. 밭머리에는 푸나무꾼들이 산을 오르내리며 쉬어 가는 지게터가 있었다. 그리고 그곳엔 옛날부터 주인 없는 무덤이 하나 누워 있었다. 나는 언제나 그 인적에 씻겨 윤이 돋을 만큼 반들거리는 무덤가의 잔디밭 지게터에서 어머니를 기다리며 지냈다. 나중에 마을 사람들의 이야기를 들어 안 일이지만, 나는 내 기억의 한참 전부터도 여름이면 늘상 그 밭머리의 지게터에서 하루 해를 지내곤 했댔다. 그리고 그 시기엔 어머니가 나를 업어다 쇠고삐처럼 허리에 띠를 감아 매어 놓곤 했댔다. 걸핏하면 아무 데나 기어가 흙덩이를 집어 먹고 나무 가시 같은 데에 얼굴을 자주 할퀴여 댔기 때문이라고. 어떤 때 사람들이 지게터를 지나가다 보면 나는 온몸에 오줌과 똥을 짓이겨 바른 채 배가 고파 울고 있거나, 울음을 울다울다 제풀에 지쳐 더운 뙤약볕 아래 잠이 들어 있는 것을 볼 때가 많았다고.

[중략 줄거리] '나'의 고향 이야기를 들은 훈이는 '나'에게 고향을 찾아가지 않는 이유를 묻는다. 당황한 '나'는 그날 밤 심한 배앓이를 한다. 다음날 '나'는 차분하게 가라앉은 기분을 느끼며 기태에게 이제 화산 마을에서 떠나 서울로 가겠다고 말한다.

"**악마구리 속**이라도 할 수 없지. **나를 그토록 폐허로 만든 곳**이 서울이라면 내 병도 아마 그 서울 쪽에 뿌리가 있을테니까. 뿌리를 뽑고 싶으면 싫더라도 그 뿌리가 내려진 곳으로 돌아가는 게 정직한 태돌 테구."

"아서…… 자네 생각이 어떤 건지 모르지만, 난 아무래도 자넬 다시 서울로는 돌아가게 하고 싶지 않아. 내 집이 혹 불편해져서 그런다면 더 할 말이 없지만, 그렇더라도 서울보단 차라리 동백골이나 한번 들어가 지내보는 게 어떨까도 싶고……"

"동백골 쪽도 생각해 보지 않은 건 아니었어. 그것도 뭐 새삼스런 기대가 생겨서 그랬던 건 아니구. 기대 같은 걸로 말한다면 그건 오히려 정반대의 생각에서였다고 할까. 난 사실 지금도 그 동백골이 어떤 곳이었던가를 깡그리 잊고 있던 건 아니거든. 그런데 거기 너무 오래 발을 끊고 지내다 보니 어릴 적 일들이 **터무니없는 요술을 부리려 들더**구만. 그럴듯한 요술로 나를 마구 속이려 든단 말일세. 내 눈으로 다시 가서 사실을 확인해 두고 싶기도 했어. 더 이상 내게 요술을 부릴 수 없도록. 하지만 아직도 내게는 용기가 훨씬 모자란 것 같아. 고향이 어떻게 **나를 두렵게 하**더라도 그 현실을 현실대로 **정직하게 맞부딪쳐** 들어갈 수 있는 내 용기가 말일세. 당분간은 그 동백골 한 곳이라도 나를 속이게 놔두는 것이 나을 듯싶더구만. 그래야 또 자네 말대로 그 악마구리 속 같은 서울 살이를 버텨 나가기가 나을 듯싶기도 하고……"

"서울이란 할 수가 없군. 자넨 이제 진짜 서울 사람이 다되어 버린 것 같다니까……"

기태는 아직도 곧이들리지 않는 듯 허허 웃었다.

그러나 나는 이제 아무 새로운 느낌도 없었다. 어이없어하는 기태를 향해 담담하게 대답했다.

"하지만 뭐 서울에 무슨 새삼스런 기대가 있어선 물론 아니야. 그게 이를테면 유일하게 정직한 나의 삶이라는 것이겠고, 서울은 실상 그런 내 하나밖에 없는 **소중한 삶의 터전**인 셈이니까……"

"병은 고칠 작정이 아니군."

기태는 그제서야 겨우 기가 꺾이기 시작했다. 그가 비로소 정색을 하며 혼잣말처럼 중얼거렸다. 그러자 나는 마지막으로 좀 더 지껄였다.

"할 수 없는 일이지. 이제 와서 알게 된 일이지만, 그건 맘대로 되는 일이 아닌 것 같거든. 살아오느라고 이 몰골로 폐허가 다 되었는데 좀 어려운 일이 아니지 않어. 이런 식으로는 어림도 없는 일이야. 난 단념했어. 그리고 이제부턴 그런 걸 불편스럽게 여기거나 부끄러워하지도 않을 것 같애. 나에겐 그 밖에 남은 게 없거든. 어떻게 보면 나는 그 많은 증세들 때문에, 그것을 건강 삼아 지금까지 살아왔던 것 같기도 하구. 고칠 수도 없고 굳이 고치려고 하지도 않겠어. 마음에 들진 않지만 이게 살아 있는 **내 진짜 얼굴**이거든. 그렇다면 난 다시 서울을 찾아 들어가는 것이 새삼스럽게 두려워질 일도 아니겠고, 자 그럼……"

– 이청준, 〈귀향 연습〉

43

윗글에 대한 이해로 적절하지 <u>않은</u> 것은?

① '나'는 어머니가 돌아가신 후에는 동백골에 가지 않았다.
② '나'는 훈이에게 행복스러운 고향 이야기를 들려주기 위해 고민했다.
③ 어머니는 여름 한철을 대개 산비탈에 있는 밭을 가는 일로 보냈다.
④ 기태는 서울 살이를 버려 보겠다는 '나'의 선택을 지지했다.
⑤ 기태는 '나'의 병을 고치기 위해 서울보다는 동백골에서 지내보는 것을 권했다.

44

㉠과 ㉡에 대한 설명으로 가장 적절한 것은?

① '나'는 ㉠과 ㉡에서의 경험을 동일시하고 있다.
② ㉠을 바라보면서 ㉡에서의 '나'의 행동을 후회한다.
③ ㉠에서 벗어난 뒤 ㉡에 관한 '나'의 기억이 선명해진다.
④ ㉠을 떠나면서 ㉡에서 '나'가 생각했던 의문이 해소된다.
⑤ '나'는 ㉠에서의 일을 잊기 위해 ㉡에서의 일을 떠올린다.

45

〈보기〉를 바탕으로 윗글을 감상한 내용으로 적절하지 <u>않은</u> 것은?

[3점]

① 서울에서의 생활을 '악마구리 속'이라고 표현하는 것으로 보아, '나'가 도시 생활에 적응하는 데 어려움을 느꼈을 것이라고 볼 수 있군.
② 고향이 '나를 두렵게 하'여 '정직하게 맞부딪'칠 용기가 모자란다고 말하는 것으로 보아, '나'는 고향에 대한 환상을 깨려 한다고 볼 수 있군.
③ 동백골에서의 어린 시절 일들이 '터무니없는 요술을 부리려 들더'라고 표현하는 것으로 보아, '나'는 고향의 이미지를 왜곡하고 있었음을 깨달았다고 볼 수 있군.
④ 동백골은 '행복스런 추억'이 있는 공간으로, 서울은 '나를 그토록 폐허로 만든 곳'으로 여겼던 것으로 보아, '나'는 고향을 서울과 대립된 공간으로 인식했다고 볼 수 있군.
⑤ 서울을 '소중한 삶의 터전'으로 여기고 마음에 들지 않더라도 '내 진짜 얼굴'을 받아들이겠다고 말하는 것으로 보아, '나'는 현실에 대한 긍정성을 회복하려 한다고 볼 수 있군.

01 _ 13번 연계 문제

〈보기〉의 ⓐ, ⓑ에 들어갈 말로 가장 적절한 것은?

---〈보기〉---

　음운의 변동에는 어떤 음운이 다른 음운으로 바뀌는 교체, 두 음운이 합쳐져 하나가 되는 축약, 원래 있던 한 음운이 없어지는 탈락, 없던 음운이 추가되는 첨가의 유형이 있다. 이러한 음운의 변동은 한 단어에서 두 가지 이상이 함께 나타나기도 한다.

> 밝히다[발키다]　묻히다[무치다]　색연필[생년필]

　위 단어들의 음운 변동을 살펴보면, '밝히다'와 '묻히다'에 공통으로 나타나는 음운의 변동은 (　ⓐ 　)(이)다. 이때 '색연필'에 나타나는 음운의 변동이 동일하게 일어나는 단어의 예시에는 (　ⓑ 　)이/가 있다.

	ⓐ	ⓑ
①	축약	물난리[물랄리]
②	교체	솜이불[솜니불]
③	첨가	직행열차[지캥녈차]
④	축약	밤윷[밤뉻]
⑤	탈락	콩엿[콩녇]

02 _ 14번 연계 문제

〈보기〉에 대한 설명으로 적절하지 <u>않은</u> 것은?

---〈보기〉---

　시제는 말하는 때인 발화시를 기준으로 동작이나 상태가 일어난 때인 사건시와의 선후 관계를 따져 과거 시제, 현재 시제, 미래 시제로 나뉘며, '-ㄴ/는-', '-았/었-'과 같은 선어말 어미나 '-ㄴ', '-ㄹ'과 같은 관형사형 어미, 부사어 등을 통해 실현된다.

　ㄱ. 어제 네가 물어봐서 놀랐어.
　ㄴ. 어머니께서 모레쯤 서울에 도착하시겠다.
　ㄷ. 나는 준비한 것을 모두 보여주었다.
　ㄹ. 나는 비가 내리는 거리를 바라본다.

① ㄹ은 사건시와 발화시가 일치한다.
② ㄱ과 ㄷ은 사건시가 발화시보다 앞선다.
③ ㄱ과 ㄴ 모두 부사어를 활용한 시간 표현이 나타난다.
④ ㄱ~ㄹ 모두 선어말 어미를 활용한 시간 표현이 나타난다.
⑤ ㄱ과 ㄹ 모두 관형사형 어미를 활용한 시간 표현이 나타난다.

03 _ 15번 연계 문제

다음은 '사전 활용하기' 학습 활동을 위한 자료이다. 이에 대한 이해로 적절하지 <u>않은</u> 것은?

부르다[1] 동

【…을】

① 말이나 행동 따위로 다른 사람의 주의를 끌거나 오라고 하다.
　¶ 어머니가 아이를 손짓하여 부른다.
② 이름이나 명단을 소리 내어 읽으며 대상을 확인하다.
　¶ 선생님께서 영수의 이름을 불렀다.

부르다[2] 형

① 먹은 것이 많아 속이 꽉 찬 느낌이 들다.
　¶ 배가 부르도록 실컷 먹었다.
② 불룩하게 부풀어 있다.
　¶ 임신한 지 다섯 달쯤 지나니 제법 배가 부르다.

---

① '부르다[1]'과 '부르다[2]'는 동음이의 관계이다.
② '부르다[1]'과 '부르다[2]' 모두 동작이나 작용을 나타내는 말이다.
③ '부르다[1]'의 ①의 예로 '그녀는 자기를 부르는 소리를 듣고도 모른 척하였다.'를 추가할 수 있다.
④ '부르다[1]'은 '부르다[2]'와 달리 주어 이외의 다른 문장 성분을 필요로 한다.
⑤ '부르다[1]'과 '부르다[2]'은 '부르-'에 '-어'가 결합할 때 표기와 발음이 같다.

04 _ 34~38번 연계 문제

문맥상 의미가 ㉠과 가장 유사한 것은?

---〈보기〉---

　이때 워터마크 이미지의 픽셀의 색상값을 주파숫값 형태로 삽입한 후 다시 역변환 수식에 따라 변환하면, 어느 주파숫값에 삽입하든 워터마크가 원본 이미지의 전 영역에 걸쳐 ㉠<u>고르게</u> 분산된 형태로 삽입된다.

① 울퉁불퉁한 곳을 흙으로 메워 판판하게 <u>고른다</u>.
② 다섯 후보의 지지율은 <u>고른</u> 분포를 보이고 있다.
③ 그는 세차게 달린 후 가쁜 숨을 <u>고르고</u> 있는 중이다.
④ 나는 정확한 설명을 하기 위해 적당한 단어를 <u>골랐다</u>.
⑤ 사고 싶은 물건을 모두 <u>고른</u> 사람은 이쪽에다가 놓으세요.

KUAAA

고려대학교 천문 동아리

우리 같이 별 보러 가지 않을래?

매달 정기 관측회를 떠나고 싶은 사람!
망원경이 없지만 별을 보고 싶은 사람!
사진기가 없지만 사진 찍고 싶은 사람!
이 중 하나라도 해당되는 사람, **KUAAA**로 초대합니다!

KUAAA(Korea University Amateur Astronomical Association)는 별 보기를 좋아하는 아마추어들을 위한 동아리입니다. 학술연구분과 소속인 **KUAAA**에서는 천문과 관련된 배경지식이 없더라도 세미나를 통해 기초 지식부터 알려드리니 부담 없이 오세요!

KUAAA에 오신다면 맨눈으로 별자리를 찾는 법, 별이나 성운 사진을 멋지게 찍는 법을 배우게 될 것이고, 매달 도시 밖으로 떠나는 1박 2일 정기 관측회, 당일치기로 떠나는 비정기 관측회 등 즐거운 친목 도모 활동까지 모두 경험하실 수 있습니다!

*10월 전국연합학력평가

[회별 45문항, 제한 시간 80분]

★ 최근 연도부터 차례대로 수록하였습니다.

10회 **모의고사** ― 2024년 시행

11회 **모의고사** ― 2023년 시행

12회 **모의고사** ― 2022년 시행

출제 범위	고1 10월 수준	
난이도	**하**: 13~14문항 **중**: 13~14문항	**상**: 9~10문항 **최상**: 6~7문항

10월 대비 학습 전략

1학년 마지막 학력평가이므로 지문, 문제가 모두 어렵게 출제된다. 한 해 동안 학습한 내용을 바탕으로 침착하게 지문을 읽고 문제를 푸는 연습을 해야 한다.

영역별 문제 출제 경향

영역	문제	출제 경향
화법과 작문 (10문항)	1~10번	• 지문에 나타나는 말하기 방식의 특징을 판단하는 문제 유형이 반복적으로 출제된다. • 학생들의 대화와 연계된 글의 내용 구성을 파악하는 문제가 까다롭게 출제된다.
문법 (5문항)	11~15번	• 한 지문이나 문제 안에서 다양한 문법 개념을 다루고, 이에 대한 종합적인 판단이 필요한 문제들이 출제된다.
독서 (15문항)	16~45번 사이	• (가), (나) 복합 지문은 두 글의 내용상 연결 고리를 바탕으로, 정보 간 관계를 파악하는 문제가 까다롭게 출제된다.
문학 (15문항)		• 상대적으로 낯설고 길이가 긴 편인 작품들이 지문으로 구성되면서 작품 이해의 난이도가 높게 출제된다.

[01~03] 다음은 학생들을 대상으로 한 강연이다. 물음에 답하시오.

안녕하세요? 문화 해설사 ○○○입니다. 조선 시대의 궁궐에서 간판의 역할을 하던 것은 무엇일까요? 조선의 궁궐에서는 건물이나 문의 이름을 나무에 새겨 처마 등에 걸어 간판처럼 활용했는데, 이를 현판이라고 합니다. 그 밖에 시문, 왕의 명령, 건물을 세운 과정 등도 현판에 기록하여 걸기도 했습니다.

현판은 건물의 위상과 성격에 따라 테두리와 봉의 유무를 달리하여 제작했기에, 궁궐 안 여러 건물의 위상과 가치를 유추할 수 있는 단서가 됩니다. (㉠ 자료 제시) 이 현판은 테두리가 없는 널판 형태의 '편현판'이라고 합니다. 수라간 같이 위계가 낮은 곳에는 주로 이렇게 간소한 현판을 걸었습니다. (㉡ 자료 제시) 지금 보시는 현판은 편현판과 달리 테두리가 있죠? 테두리는 글씨가 쓰인 바탕판 목재를 뒤틀리지 않게 해 주는 역할을 합니다. 이러한 현판은 대체로 편현판이 걸린 건물보다 조금 더 위계가 높은 건물에 걸었습니다. (㉢ 자료 제시) 이번에 보시는 현판은 테두리에 봉이 더해진 형태입니다. 장식적 요소인 봉 덕분에 화려함이 돋보이죠? 용이나 봉황, 구름 등을 봉에 조각하여 현판에 상징적 의미를 담기도 했습니다. 봉이 있는 현판은 주로 궁궐의 정문, 임금의 집무실인 편전과 같은 중요한 곳에 걸어 그 위상을 더욱 높여 주었습니다.

현판에 글씨를 쓰는 방법은 가로로 쓰는 '횡서'와 세로로 쓰는 '종서'로 나뉩니다. 조선시대에는 당시의 보편적인 방식에 따라 오른쪽에서 왼쪽으로 글씨를 적는 '우횡서' 현판이 많았습니다. 처음에 보셨던 현판의 글자가 비교적 읽기 쉬우니, 다시 한번 보여 드리겠습니다. (㉣ 자료 제시) 이 현판의 가장 오른쪽 글자인 '사(四)'부터 왼쪽 방향으로 읽으면 '사성문'입니다. 그럼 이러한 글씨는 누가 썼을까요? 현판의 글씨는 서사관에 임명된 신하나 당대의 명필가 등이 주로 썼으나, 임금이나 세자가 직접 쓴 경우도 있었습니다. (㉤ 자료 제시) 아까 보여 드린 봉이 있는 현판을 다시 보시죠. 이것은 창덕궁 양화당의 현판입니다. 《창덕궁영건도감의궤》에 따르면 이 현판의 글씨는 조선의 제23대 왕 순조가 쓴 것입니다.

우리나라 궁궐 현판은 유네스코 세계 기록 유산에 등재될 정도로 세계적으로도 그 가치를 인정받았습니다. 오늘 강연을 통해 여러분도 현판에 대해 알게 되었으니 다음에 궁궐을 방문하게 되면 현판을 살펴보는 기회도 가져 보시기 바랍니다. 이상으로 강연을 마치겠습니다.

01

위 강연자의 말하기 방식으로 가장 적절한 것은?

① 청중의 요청에 따라 강연 내용에 변화를 주고 있다.
② 도입부에서 질문을 하여 청중의 관심을 유발하고 있다.
③ 화제와 관련된 전망을 제시하며 강연을 마무리하고 있다.
④ 강연의 순서를 안내하여 청중이 내용을 예측하게 하고 있다.
⑤ 청중과 공유하는 경험을 들어 화제의 중요성을 환기하고 있다.

02

다음은 강연자가 보여 준 자료이다. 강연자의 자료 활용에 대한 설명으로 적절하지 <u>않은</u> 것은?

[자료 1]	四星門
[자료 2]	洌泉門
[자료 3]	養和堂

① 궁궐에서 주로 위계가 낮은 곳에 걸리는 간소한 현판을 보여 주기 위해 ㉠에 [자료 1]을 활용하였다.
② 현판의 바탕판 목재를 뒤틀리지 않게 해 주는 부분을 보여 주기 위해 ㉡에 [자료 2]를 활용하였다.
③ 현판의 테두리에 더해진 장식적 요소를 설명하기 위해 ㉢에 [자료 3]을 활용하였다.
④ 우횡서 방식으로 쓰인 현판을 설명하기 위해 ㉣에 [자료 1]을 활용하였다.
⑤ 임금의 임명을 받은 신하가 쓴 현판을 보여 주기 위해 ㉤에 [자료 3]을 활용하였다.

03

강연 내용을 참고할 때, 〈보기〉에 제시된 학생의 반응을 이해한 내용으로 적절하지 <u>않은</u> 것은?

───────〈보기〉───────

학생 1: 강연에서 현판에 세로로 글씨를 쓰는 방법도 있다고 했는데, 그러한 현판은 어떻게 읽는지 궁금해. 박물관 자료집을 찾아봐야겠어.

학생 2: 우리 현판이 유네스코 세계 기록 유산에 등재된 사실을 알게 되어 뿌듯해. 봉이 있는 현판에 상징적 의미가 있다고 했는데 구체적인 의미를 검색해 봐야겠어.

학생 3: 건물의 이름만 현판으로 새긴다고 알고 있었는데 시문과 왕의 명령도 현판에 적었다는 걸 알게 되었어. 하지만 그런 내용에 대해 자세한 설명은 없어서 아쉬웠어.

① 학생 1은 강연 내용과 관련한 궁금증을 제시하고 있다.
② 학생 2는 강연에서 새롭게 알게 된 사실과 관련한 긍정적인 반응을 보이고 있다.
③ 학생 3은 강연에서 만족스럽지 않은 부분을 언급하고 있다.
④ 학생 1과 학생 2는 강연 내용과 관련한 추가 자료를 탐색할 것을 계획하고 있다.
⑤ 학생 1과 학생 3은 강연을 통해 자신의 배경지식을 수정하고 있다.

[04 ~ 07] (가)는 심리 탐구 동아리 학생들의 대화이고, (나)는 이를 바탕으로 '학생 1'이 작성한 초고이다. 물음에 답하시오.

(가) 학생 1: 지난 시간에 우리가 청소년기 심리적 특성 중에 또래 압력에 대해 교지에 글을 쓰기로 한 것 기억나지? 어떤 내용으로 글을 쓸지 이야기해 보자.

학생 2: 또래 압력이 무엇인지 모르는 학생이 많을 테니, 개념을 밝히면서 글을 시작하는 게 좋겠어.

학생 3: 그래. 그 다음에는 또래 압력이 청소년기에 두드러지게 나타난다는 특징을 언급하면 좋을 것 같아.

학생 1: 좋아. 또래 압력의 개념과 특징을 소개하자는 거네. 또래 압력의 기능도 다루면 좋겠는데 어떤 것이 있을까?

학생 3: 내가 조사해 보니, 또래 압력이 긍정적인 생각과 행동을 하게 하는 방향으로 형성되면 청소년의 문제 행동을 개선할 수 있대.

학생 2: 맞아. 나도 봤는데, 긍정적인 또래 압력이 효과적으로 작용할 경우 문제 행동을 개선할 뿐만 아니라, 바람직한 행동을 하게 할 수도 있다고 해. [A]

학생 3: 그리고 내가 읽은 책에서는, 또래 압력이 학교 안은 물론 학교 밖에서의 청소년 문화에도 바람직한 영향을 줄 수 있다고 설명하고 있었어.

학생 1: 또래 압력이 청소년의 문화에 영향을 준다는 것이지?

학생 3: 응, 맞아. 그런데 또래 압력의 기능을 학생들이 이해하기 쉽게 하려면 구체적인 사례를 들어야 할 것 같아.

학생 2: 해외에서 청소년들이 주도한 건강 캠페인이, 같은 청소년들 사이에서 큰 반응을 얻었던 사례가 있어.

학생 3: 누리 소통망에서 진행되는 다회용 포장 용기 사용 캠페인에 청소년들이 많이 참여하잖아. 그걸 보고 청소년들 사이에서 다회용 포장 용기를 사용하는 분위기가 확산되고 있다는 기사를 봤어. [B]

학생 2: 나도 비슷한 기사를 봤어. 그리고 학교에서 찾을 수 있는 사례도 추가하면 어때?

학생 3: 학생 주도 프로젝트 봉사 활동을 할 때면 친구들 사이에서도 봉사에 적극적으로 참여하는 분위기가 형성되곤 하잖아. 이것도 긍정적인 또래 압력이라고 생각해.

학생 1: 그래. 너희들 의견 반영해서 초고를 써 볼게. 너희는 내일까지 참고 자료를 정리해서 보내 줘. 다음 시간에는 초고를 함께 검토해 보자.

학생 2, 3: 알았어.

(나) 또래 압력이란 또래 친구들 사이의 사회적 압력을 말한다. 이는 또래 친구들 사이에 형성된 분위기나 보이지 않는 규칙으로, 개인으로 하여금 어떤 생각이나 행동을 하게 하는 힘이다. 청소년기는 어른이 아닌 또래 친구들에게서 생각과 행동의 기준을 찾으려는 경향이 강하므로 다른 연령에 비해 또래 압력이 두드러지게 나타난다.

　연구에 따르면, 청소년은 어른들의 지도보다 또래 친구들의 판단에 민감하게 반응하므로 학생 자치 법정과 같이 또래 압력이 작용하는 방식이 행동 개선을 보다 효과적으로 이끌어 낼 수 있다고 한다. 또한, 또래 압력은 청소년 문화에 긍정적 영향을 줄 수 있다. 예를 들어, 최근 누리 소통망에서 다회용 포장 용기 사용 캠페인에 참여하는 또래들의 모습에 영향을 받아, 음식을 포장해 갈 때 다회용 용기를 사용하는 모습을 자신의 누리 소통망에 게시물로 올리는 청소년들이 늘어났다.

　학교 안에서도 이러한 사례를 찾을 수 있다. 교내의 학생 주도 프로젝트 봉사 활동과 멘토 멘티 학습 활동은 학생들의 긍정적 학교생활을 이끄는 또래 압력의 대표적인 예이다.

　⊙ <u>또래 압력은 건강한 청소년 문화를 만들어 가는 데 중요한 역할을 할 수 있다는 점에서 의의가 있다.</u>

04

(가)의 '학생 1'에 대한 설명으로 가장 적절한 것은?

① 대화 참여자에게 다음 시간의 활동을 예고하고 있다.
② 대화 참여자의 발언에 대해 반대 의견을 제시하고 있다.
③ 대화 참여자의 발언에 대한 자세한 설명을 요청하고 있다.
④ 대화 참여자의 의견을 절충해 새로운 대안을 제시하고 있다.
⑤ 대화 참여자에게 대화에 적극적으로 참여할 것을 요구하고 있다.

05

[A], [B]에 대한 설명으로 가장 적절한 것은?

① [A]에서 '학생 2'는 '학생 3'이 발언한 내용에 추가적인 내용을 덧붙이고 있다.
② [A]에서 '학생 3'은 '학생 2'가 발언한 내용의 한계점을 지적하고 있다.
③ [B]에서 '학생 2'는 '학생 3'이 발언한 내용을 수용하여 자신의 견해를 수정하고 있다.
④ [B]에서 '학생 3'은 '학생 2'가 발언한 내용을 재진술한 후 상대의 의견에 공감을 드러내고 있다.
⑤ [A], [B] 모두에서 '학생 2'는 '학생 3'이 발언한 내용을 요약하면서 대화를 이어가고 있다.

06

다음은 '학생 1'이 (가)의 대화 내용과 자신이 글을 쓰기 위해 떠올린 생각을 작성한 메모이다. ⓐ~ⓔ가 (나)에 반영된 양상으로 적절하지 <u>않은</u> 것은? [3점]

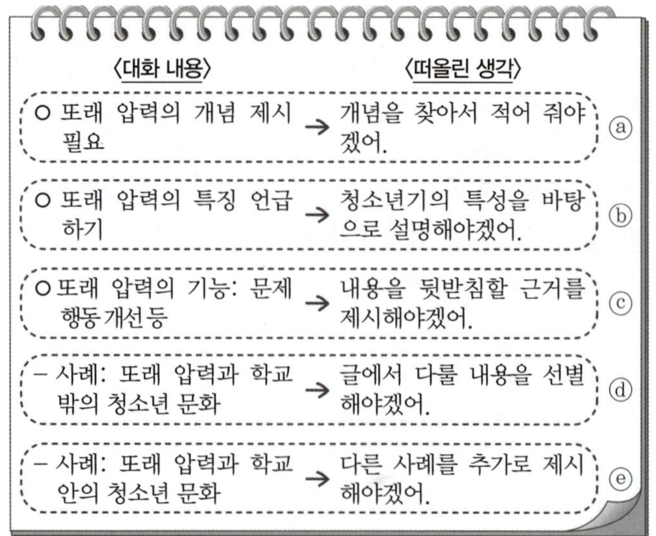

① '학생 2'의 발화를 토대로 작성된 ⓐ는, 또래 친구들 사이의 사회적 압력이라는 내용으로 (나)에 반영되었다.
② '학생 3'의 발화를 토대로 작성된 ⓑ는, 청소년기의 특성을 연령별로 유형화하는 내용으로 (나)에 반영되었다.
③ '학생 2', '학생 3'의 발화를 토대로 작성된 ⓒ는, 학생 자치 법정과 같은 방식이 청소년의 행동 개선을 효과적으로 이끈다는 연구 내용으로 제시되어 (나)에 반영되었다.
④ '학생 2', '학생 3'의 발화를 토대로 작성된 ⓓ는, 해외에서의 건강 캠페인에 대한 내용을 제외하는 방식으로 (나)에 반영되었다.
⑤ '학생 2', '학생 3'의 발화를 토대로 작성된 ⓔ는, 멘토 멘티 학습 활동의 사례를 내용에 추가하여 (나)에 반영되었다.

07

〈보기〉는 (나)의 ㉠을 고쳐 쓴 것이다. 〈보기〉에 반영된 수정 계획으로 가장 적절한 것은?

〈보기〉

또래 압력은 청소년들이 주체가 되어 서로 긍정적 영향을 주고받으면서 만들어 가는 것으로, 건강한 청소년 문화의 꽃을 피우게 한다는 점에서 의의가 있다.

① 또래 압력이 개인의 노력을 통해 바뀔 수 있다는 내용으로 수정하고, 구체적인 실천 방안을 나열해야겠군.
② 또래 압력이 우리의 학교생활과 관련된 문제임을 강조하는 내용으로 수정하고, 우리 학교 사례를 나열해야겠군.
③ 또래 압력에 대한 인식 개선이 필요하다는 내용을 추가하고, 비유적 표현을 활용하여 또래 압력의 효과를 강조해야겠군.
④ 또래 압력이 청소년들이 주체적으로 형성하는 것이라는 내용을 추가하고, 비유적 표현을 활용하여 또래 압력의 의의를 부각해야겠군.
⑤ 또래 압력이 긍정적으로 형성되려면 청소년의 주체적 행동이 필요하다는 내용을 추가하고, 이를 위한 학교 안팎의 지원책이 필요함을 비유적 표현을 활용하여 제시해야겠군.

[08 ~ 10] 다음은 작문 상황과 이를 바탕으로 학생이 작성한 초고이다. 물음에 답하시오.

[작문 상황] 염화물계 제설제 사용 문제와 관련된 글을 작성하여 지역 신문에 기고하려고 함.

[초고]

　겨울이 되면 도로에 쌓인 눈과 얼음을 녹이기 위해 제설제가 뿌려지는데, 이때 염화 나트륨이나 염화 칼슘 등의 염화물계 제설제가 주로 사용된다. 그런데 이와 같은 염화물계 제설제의 성분이 토양에 축적되면 가로수가 말라 죽는 등의 문제가 발생할 수 있고, 하천으로 유입되면 수중 생태계에도 악영향을 미칠 수 있다. 최근 이상 기후로 폭설이 내리는 날이 늘어나면서 제설제 사용량이 점점 증가하고, 이로 인한 문제도 날로 심각해지고 있다.

　제설제를 많이 사용하게 되는 이유는 다양하다. 첫째, 빗자루나 삽으로 눈을 치우는 방식의 제설이 잘 실행되지 않기 때문이다. 골목길이나 건물 앞 등 눈을 직접 치우는 방식의 제설이 가능한 경우에도 빠르고 편리하다는 이유로 제설제를 사용하는 경우가 많다. 둘째, 제설제의 적정한 사용량에 대한 인식이 부족하기 때문이다. 제설제를 많이 뿌릴수록 더 효과가 좋을 것이라는 생각 때문에 필요 이상으로 많은 제설제를 사용하기도 한다. 셋째, 기존 도로가 제설제를 사용하지 않으면 제설이 어렵게 만들어진 경우가 많기 때문이다. 도로의 여유 폭이 충분치 않아 중장비에 의한 제설 작업이 어렵고, 다른 제설 방식을 고려한 설비도 부족하여 제설제에 의존할 수밖에 없는 것이다.

　그렇다면 제설제 사용을 줄이기 위한 방법에는 무엇이 있을까? 우선, 골목길이나 건물 앞처럼 빗자루나 삽으로 눈을 치울 수 있는 곳은 조금 번거롭더라도 지역 주민들이 직접 눈을 치우려고 노력할 필요가 있다. 또한 지자체에서는 적설량이나 기온 등의 상황을 고려한 제설제의 적정 사용량을 적극적으로 안내함으로써 지역 주민들의 인식을 개선해야 한다. 마지막으로, 정부에서는 제설제를 사용하지 않는 방식의 제설 작업이 가능하도록 장기적인 대책을 세워 도로를 만들어야 한다.

[A]

08

학생의 초고에 활용된 글쓰기 전략으로 가장 적절한 것은?

① 문제 상황에 대한 상반된 견해를 비교하고 있다.
② 인용한 자료의 출처를 밝혀 신뢰성을 높이고 있다.
③ 생소한 용어의 어원을 밝혀 독자의 이해를 돕고 있다.
④ 묻고 답하는 방식을 통해 문제의 해결 방안을 제시하고 있다.
⑤ 예상되는 반론을 언급하여 글 내용에 공정성을 부여하고 있다.

09

〈보기〉는 선생님의 조언에 따라 [A]를 작성한 것이다. 선생님의 조언으로 가장 적절한 것은?

〈보기〉

　폭설이 내리면 제설 효과가 좋은 제설제 사용이 필요한 것도 사실이다. 그러나 제설제는 부작용이 있으므로 제설제를 꼭 필요한 경우에 적정한 양만큼 사용하도록 모두가 노력해야 한다.

① 제설제 사용이 불가피함을 언급한 뒤, 신속한 제설 작업의 중요성을 제시하며 글을 마무리하자.
② 기후 변화를 막기 위한 실천이 중요함을 언급한 뒤, 제설제 사용을 줄여야 함을 강조하며 글을 마무리하자.
③ 폭설로 인한 피해의 심각성을 제시한 뒤, 폭설이 내리는 원인에 대한 연구가 필요함을 강조하며 글을 마무리하자.
④ 제설제 사용에 따른 문제점을 제시한 뒤, 염화물계 제설제를 다른 제설제로 대체할 필요성을 강조하며 글을 마무리하자.
⑤ 제설제 사용을 피할 수 없는 현실을 언급한 뒤, 제설제의 적절한 사용을 위한 노력이 필요함을 제시하며 글을 마무리하자.

10

〈보기〉는 초고를 보완하기 위해 추가로 수집한 자료이다. 자료의 활용 방안으로 적절하지 <u>않은</u> 것은? [3점]

〈보기〉

[자료 1] ○○시 제설제 사용 관련 통계 자료

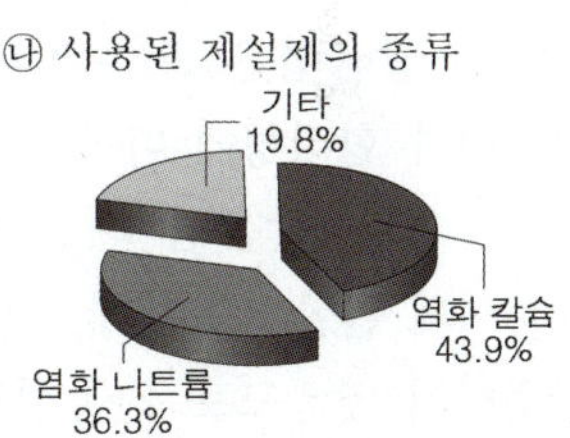

[자료 2] 신문 기사

　□□시가 동절기 제설 종합 대책의 시행에 들어갔다. □□시는 최근 제설 취약 구간 열세 곳에 센서로 작동하는 도로 열선을 설치했다. 제설제 사용을 최소화하면서 신속한 제설을 하는 효과가 기대된다. 또한 □□시는 지역 주민들로 자율 방재단을 구성해 골목길 눈 쓸기 활동을 실시했다.

[자료 3] 전문가 인터뷰

　"염화물계 제설제를 과도하게 사용하면 도로가 손상되고 자동차나 철제 구조물이 부식될 수 있습니다. 제설제가 뿌려진 후에는 도로뿐 아니라 차량 하부 등도 살수 장비로 세척해야 합니다. 제설 기계 장비 사용이 가능하도록 중앙 분리대 주변과 갓길 등을 넓혀 도로의 여유 폭을 확보하는 설계를 하는 것도 중요합니다."

① [자료 1-㉮]를 활용하여, ○○시 제설제 사용량 변화 추이를, 최근 들어 제설제의 사용량이 증가하고 있다는 내용의 근거로 제시해야겠어.

② [자료 2]를 활용하여, 지역 자율 방재단의 제설 활동을, 지역 주민들이 빗자루나 삽을 활용해 눈을 치우는 노력의 구체적 사례로 제시해야겠어.

③ [자료 3]을 활용하여, 제설제 사용 이후 대처에 대한 전문가 의견을, 제설제의 적정한 사용량에 대한 시민들의 인식 부족 문제를 보여 주는 자료로 제시해야겠어.

④ [자료 1-㉯]와 [자료 3]을 활용하여, 주로 사용되는 제설제의 성분이 도로 등에 미치는 영향을, 염화물계 제설제가 유발하는 문제로 추가해야겠어.

⑤ [자료 2]와 [자료 3]을 활용하여, 도로 열선 설치와 도로 여유 폭 확보에 대한 내용을, 제설제 사용이 아닌 다른 방식의 제설이 가능하도록 도로를 만드는 방안을 구체화하는 자료로 제시해야겠어.

[11 ~ 12] 다음 글을 읽고 물음에 답하시오.

표준 발음법은 한글의 표기와 발음이 일치하지 않는 경우에 올바른 발음을 알려 주는 역할을 한다. 한글은 말소리를 기호로 나타낸 표음 문자이므로 '마음', '하늘'처럼 소리대로 적는 것이 원칙이지만 어법에 맞도록 한다는 원칙도 더하여 두고 있기 때문에 표기와 발음이 일치하지 않는 경우가 생긴다. 이때 표준 발음법이 표기와 발음의 간극을 좁혀 줄 수 있다.

표준 발음법은 표준어의 실제 발음을 따르되, 국어의 전통성과 합리성에 따라 정함을 원칙으로 한다고 규정되어 있다. 표준 발음법 해설에 따르면 이때 실제 발음이란 표준어의 현실 발음인데, 실제 발음을 모두 표준 발음으로는 인정하지 않으므로 전통성과 합리성이라는 기준이 제시된 것이다. 먼저 전통성을 고려한다는 것은 발음상의 관습을 감안한다는 의미이다. 예컨대 '눈[雪]'과 '눈[眼]' 같은 모음의 장단의 경우, 과거의 언중은 모음의 장단을 통해 두 단어의 의미를 변별할 수 있었으나 오늘날의 언중은 모음의 장단으로 의미를 구분하지 못하는 경우가 많다. 그럼에도 불구하고 모음의 장단이 이전부터 오랜 기간 구별되어 왔으며 단어의 의미 변별에도 중요한 역할을 해 왔다는 관습을 고려하여 표준 발음법에 모음의 장단에 대해 세부적으로 규정을 해 두었다. 또한 오늘날에는 실제 발음에서 'ㅔ'와 'ㅐ'를 명확하게 구별하지 못하는 경우가 대부분이지만, 두 모음이 오랜 기간 별개의 단모음으로서 그 지위가 확고했고 여전히 구별하는 사람들이 남아 있기 때문에 이러한 전통을 감안하여 두 모음을 다르게 발음하도록 규정하고 있다.

다음으로 합리성을 고려한다는 것은 국어의 발음 규칙과 관련된다. 가령 '닭이'의 경우 겹받침을 가진 체언은 뒤에 모음으로 시작하는 조사가 결합할 때 겹받침 중 하나를 연음해야 하므로 [달기]로 발음하는 것이 합리적이다. 그런데 실제 발음에서는 [다기]로 발음하는 경우가 많다. 그러나 [다기]로 발음하는 것은 합리성이 떨어지기 때문에 표준 발음으로 인정하지 않는 것이다.

표준 발음법에서는 자음과 모음, 음의 길이, 발음 원칙 등을 다루고 있지만 모든 표준 발음에 대해 다루지는 않는다. 소리대로 적는 단어들은 발음과 표기가 일치하므로 그 발음을 다루지 않아도 되기 때문이다. 음운 변동의 경우도, 발음이 표기에 반영되지 않는 음운 변동에 대해서만 표준 발음법에서 다루고 있다. 예를 들어 '서라(서-+-어라)[서라]'와 '국물[궁물]'의 경우 모두 음운 변동이 일어났지만, '서라[서라]'와 같이 두 모음이 이어질 때 하나의 모음이 탈락하는 '모음 탈락'에 대해서는 표준 발음법에서 다루지 않는 반면에 '국물[궁물]'과 같이 파열음이 비음의 영향을 받아 비음으로 교체되는 '비음화'에 대해서는 표준 발음법에서 다루고 있다. '모음 탈락'의 결과는 표기에 반영되는 반면, '비음화'의 결과는 표기에 반영되지 않기 때문이다.

11

윗글의 내용에 대한 이해로 적절하지 <u>않은</u> 것은?

① 표준 발음법은 한글의 표기와 발음이 일치하지 않는 경우 올바른 발음을 알려 준다.

② 표준 발음법에서 표준어의 실제 발음 중 일부는 표준 발음으로 인정하지 않는다.

③ 표준 발음법에서는 국어의 전통성을 고려하여 모음의 장단에 대해 세부적으로 규정하고 있다.

④ 표준 발음법에서는 오늘날 실제 발음에서 'ㅔ'와 'ㅐ'가 명확히 구별됨을 고려하여 두 모음을 다르게 발음하도록 규정하고 있다.

⑤ 표준 발음법에서는 국어의 합리성을 고려할 때 '닭이'를 [다기]로 발음하는 것이 합리성이 떨어지므로 표준 발음으로 인정하지 않는다.

12

윗글을 읽고 〈보기〉의 탐구 활동을 수행한 결과로 적절한 것은? [3점]

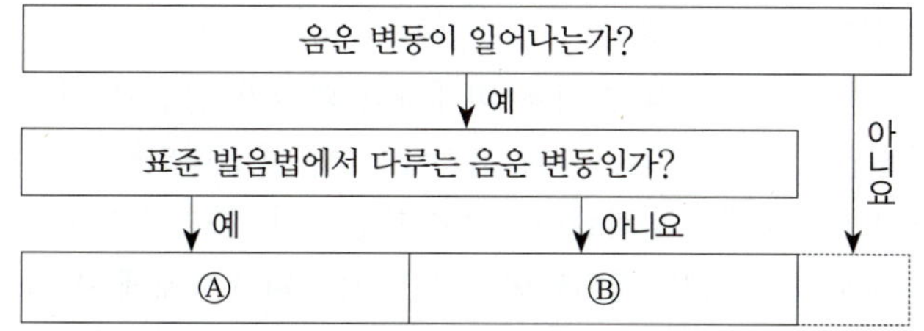

① ㄱ의 '나가서'와 ㄴ의 '펴서'에 나타난 음운 변동의 결과는 표기에 반영되었으니 Ⓐ에 해당하겠군.

② ㄱ의 '높푸른'과 ㄴ의 '바빠'에 나타난 음운 변동의 결과는 표기에 반영되었으니 Ⓑ에 해당하겠군.

③ ㄱ의 '같이'와 ㄷ의 '얻기'에 나타난 음운 변동의 결과는 표기에 반영되지 않으니 Ⓐ에 해당하겠군.

④ ㄴ의 '원래'와 ㄷ의 '반드시'에 나타난 음운 변동의 결과는 표기에 반영되지 않으니 Ⓐ에 해당하겠군.

⑤ ㄴ의 '답한'과 ㄷ의 '삶'에 나타난 음운 변동의 결과는 표기에 반영되지 않으니 Ⓑ에 해당하겠군.

13

〈보기〉의 ㉠~㉤에 사용된 문법 요소를 분석한 내용으로 적절한 것은?

	문장	주체 높임			객체 높임	
		격조사	특수 어휘	선어말 어미	격조사	특수 어휘
①	㉠	○	×	○	×	○
②	㉡	×	×	○	○	×
③	㉢	×	×	×	○	○
④	㉣	×	×	×	×	○
⑤	㉤	○	○	×	×	×

14

〈보기〉의 선생님의 설명을 바탕으로 ㉠~㉤에 대해 학생이 발표한 내용으로 적절하지 <u>않은</u> 것은?

① ㉠은 관형사형 어미 '-ㄹ'을 통해 발화시를 기준으로 사건시가 나중인 시제를 나타냅니다.

② ㉡은 시간 부사어로, 발화시를 기준으로 사건시가 나중인 시제를 나타냅니다.

③ ㉢은 선어말 어미 '-ㄴ-'을 통해 발화시와 사건시가 일치하는 시제를 나타냅니다.

④ ㉣은 선어말 어미 '-었-'을 통해 발화시를 기준으로 사건시가 앞선 시제를 나타냅니다.

⑤ ㉤은 관형사형 어미 '-ㄴ'을 통해 발화시와 사건시가 일치하는 시제를 나타냅니다.

〈보기〉를 바탕으로 중세 국어의 특징을 탐구한 내용으로 적절하지 <u>않은</u> 것은?

〈보기〉

解叔謙(해숙겸)의 어미 病(병)ᄒ앳거늘 **바ᄆ**ᆡ 뜰 가온ᄃᆡ 머리 **조ᅀᅡ** 비더니 虛空(허공)애셔 닐오ᄃᆡ 丁公藤(정공등)ᄋ로 수을 **비저** 머그면 됴ᄒ리라 ᄒ야늘 **醫員(의원)ᄃ려** 무르니 다 모ᄅ거늘 두루 가 얻더니 ᄒ 한아비 나모 버히거늘 므스게 ᄡᆯ다 무른대 **對答(대답)**호ᄃᆡ 丁公藤(정공등)이라 ᄒ야늘 절ᄒ고 울며 얻니논 **ᄠᅳ들** 니른대

[현대어 풀이]

해 숙겸의 어미 병들었기에 밤에 뜰 가운데 머리 조아려 빌더니, 허공에서 이르되, "정공등으로 술 빚어 먹으면 나으리라." 하기에, 의사한테 물으니 다 모르므로 두루 가서 얻으러 다니는데, 한 할아비가 나무 베기에 "무엇에 쓸 것인가?" 물으니, 대답하되, "정공등이다." 하기에 절하고 울며 얻으러 다니는 뜻을 말하니까

---

① '바ᄆᆡ'를 보니 현대 국어와 달리 체언과 조사가 결합할 때 모음 조화를 따르지 않았음을 알 수 있군.
② '조ᅀᅡ'를 보니 현대 국어와 달리 'ㅿ'이 표기에 사용되었음을 알 수 있군.
③ '비저'를 보니 현대 국어와 달리 이어 적기를 하였음을 알 수 있군.
④ '醫員(의원)ᄃ려'를 보니 현대 국어와 다른 형태의 부사격 조사가 쓰였음을 알 수 있군.
⑤ 'ᄠᅳ들'을 보니 현대 국어와 달리 어두 자음군이 쓰였음을 알 수 있군.

[16~21] 다음 글을 읽고 물음에 답하시오.

(가) 민법에서 불법행위는 가해자의 고의 또는 과실로 인한 위법행위로 피해자에게 손해를 가하는 행위로 규정된다. 이때 고의는 자신의 행위가 타인에게 손해를 가할 것임을 알고도 의도적으로 실행한 것을, 과실은 자신의 행위가 타인에게 손해를 가할 것이라고 예상하지 못한 상태에서 실행한 것을 말한다. 여기서 과실은 정상적으로 요구되는 의무인 주의 의무를 다하지 못한 것을 의미하며, 정상적으로 요구된다는 것은 사회적인 통념상 보편적인 사람인 '사회 평균인'을 기준으로 한다는 것을 뜻한다. 즉, 일반적인 개인의 능력이나 사정 등은 고려하지 않는다는 것이다. 그리고 손해는 불법행위 전후에 따른 피해자의 이익 상태의 차이를 의미한다.

우리나라는 민법에서 피해자가 입은 손해는 가해자가 배상하도록 규정하고 있다. 이는 그 손해가 가해자의 불법행위에 의한 것이므로 원래 상태에 가장 가까운 상태로 회복시켜야 한다고 본 것이다. 이러한 점에서 일반적으로 법적 정의가 구현된 것으로 받아들여진다. 피해자가 손해를 배상받으려면 가해자의 고의나 과실은 피해자가 입증해야 하고, 이를 법원에서 인정했을 때 가해자는 피해자가 입은 손해에 대해 금전적으로 배상해야 한다.

그런데 피해자의 손해에 피해자의 과실이 관련된 것으로 인정된 경우도 있다. 이때 고의에 의한 불법행위라면 손해배상에서 피해자의 과실은 고려하지 않는다. 하지만 가해자의 과실에 의한 불법행위라면, 가해자는 피해자에게 손해를 가할 의도가 없었고, 피해자 본인의 과실도 일정 부분 있으므로 피해자의 과실을 고려하지 않는 것은 부당하다고 할 수 있다. 가해자가 자신의 과실이 아닌 부분에 대한 책임을 지게 되기 때문이다. 이러한 시각에서는 피해자의 손해를 원래 상태에 가장 가까운 상태로 회복하는 것만이 아니라 가해자와 피해자 각각의 과실에 따른 책임을 고려해 손해에 대한 부담을 배분하는 것까지를 법적 정의를 구현한 것으로 본다. 이를 법적 정의의 관점에서는 배분적 정의라고 일컫는다.

우리나라는 피해자가 입은 손해에 피해자의 과실도 관련된 것으로 인정된 경우에는 '과실상계'를 적용한다. 과실상계는 가해자가 지급해야 할 손해배상액 중에서 피해자의 과실에 해당하는 만큼을 감액하는 것을 의미한다. 이때 피해자의 과실에 대해 판단할 때도 '사회 평균인'을 기준으로 한다. ㉠ 이는 과실상계를 공정하게 적용하기 위한 것으로 볼 수 있다.

(나) 불법행위가 여러 명의 가해자에 의해 발생한 경우는 공동불법행위라고 규정한다. 공동불법행위가 가해자들의 고의 없이 과실만에 의해 발생했고 그 손해에 피해자의 과실도 있다고 인정될 때는, 가해자들이 부담해야 할 손해배상액에서 피해자의 과실에 해당하는 만큼을 감액할 수 있다. 그런데 공동불법행위는 가해자 각각의 과실이 피해자가 입은 손해에 미친 영향이 서로 다를 수 있다. 이때 피해자의 손해를 가해자가 부담하는 방식이 다양하게 적용될 수 있다.

우리나라는 원칙적으로 공동불법행위로 인해 피해자가 입은 손해는 가해자들이 연대하여 배상해야 한다는 민법 규정을 적용한다. 여기서 연대하여 배상한다는 것은, 손해배상액 전체를 가해자들이 함께 책임지는 방식을 의미한다. 이는 과실이 경미한 가해자라도 본인 외의 다른 가해자에게 경제적 능력이 전혀 없다면 단독으로 손해배상액 전체를 책임져야 할 수 있다는 의미이다. 대신 피해자의 입장에서는 자신이 입은 손해를 원래의 상태에 가장 가까운 상태로 회복할 가능성이 크다는 장점이 있다. Ⓐ 이 방식에 따르면, 손해배상액은 가해자 각각이 피해자가 입은 손해에 영향을

미친 정도에 관계없이 가해자들이 공동으로 책임진다. 예를 들어, 피해자 갑이 가해자 을과 병의 공동불법행위로 100만 원의 손해를 입었을 때 갑, 을, 병의 과실이 각각 10%, 30%, 60% 인정되면, 을과 병은 갑의 전체 손해액 중에서 10%만큼 감액된 금액을 공동으로 배상해야 한다. 이때 법원에서는 과실의 비율만 판단하고 각자가 실제 배상할 금액을 지정해 주지는 않기 때문에, 을과 병은 법원이 판단한 과실의 비율을 기준으로 ⓐ 삼아 각자가 배상할 금액을 합의하여 정하게 된다. 만약 병이 파산 등의 이유로 경제적 능력이 전혀 없다면, 을이 연대책임자라는 이유로 90만 원을 모두 배상하게 될 수 있다.

하지만 손해배상액에 대한 책임을 연대하는 방식을 적용하는 것이 적절하지 않은 경우도 있을 수 있다. 독립적으로 일어난 여러 불법행위가 우연한 이유로 하나의 손해를 일으켜 공동불법행위가 되는 때도 있는데, 과실이 가장 적은 사람인데도 손해배상액 전액을 배상하게 된다면 특히 부당하다고 여겨질 수 있기 때문이다. 우리나라는 자신이 부담해야 할 손해배상액보다 더 많은 금액을 실제로 배상한 경우, 초과 부담한 만큼의 금액을 다른 가해자들에게 청구할 수 있는 권리를 인정하고 있다. 하지만 청구를 받은 가해자가 경제적 능력이 전혀 없으면 청구한 금액을 돌려받기 어려울 수 있다.

이를 고려해 판례에서는 예외적으로 연대 배상 방식이 아닌, 가해자가 자신의 과실만큼만 개별적으로 배상하게 하는 방식을 취하기도 한다. ⓑ 이 방식은 가해자들 사이에 공모 행위가 없다는 것을 전제로, 손해배상액이 거액이고, 가해자 각각의 과실이 손해에 끼친 영향의 차이를 비교적 명확하게 비교할 수 있는 경우에 법원의 판단으로 적용될 수 있다. 이 방식에 따르면, 법원이 피해자의 과실과 가해자 각자의 과실을 개별적으로 비교해 가해자가 실제 배상할 금액을 지정한다. 예를 들어 법원이 피해자와 가해자 1의 과실 비율을 1:1, 피해자와 가해자 2의 과실 비율을 1:3이라고 판단해 가해자 1, 2 각각의 실제 배상 금액을 지정할 수 있는 것이다. 이 방식에 따를 경우 피해자 입장에서는 가해자 각각에게 손해배상을 청구해야 한다는 어려움이 존재한다. 하지만 자신의 과실에 대한 책임만 부담하면 된다는 점에서 이것이 가해자에게는 정당한 방식이라고 여겨질 수 있다.

16

(가), (나)에 대한 설명으로 가장 적절한 것은?

① (가)는 우리나라의 불법행위와 관련된 법률 규정이 등장하게 된 배경을 밝히고 발전해 온 과정을 소개하고 있다.
② (가)는 우리나라의 불법행위와 관련된 법률 규정이 적용되는 사례를 열거하고 각각에 적용된 구체적인 조항을 제시하고 있다.
③ (나)는 불법행위에 영향을 끼치는 원인을 분류하고 각 원인에 대한 해결 방안을 모색하고 있다.
④ (나)는 불법행위의 개념과 법률의 이론적 배경을 제시하고 이에 대한 다양한 학자들의 법률적 이론을 분석하고 있다.
⑤ (가)와 (나)는 모두 불법행위와 관련된 법률 규정을 밝히고 그 규정이 적용되는 양상을 다루고 있다.

17

윗글의 내용과 일치하지 <u>않는</u> 것은?

① 민법에서는 불법행위 전후에 따른 피해자의 이익 상태의 차이를 손해라고 한다.
② 민법에서는 피해자가 손해를 배상받으려면 가해자의 고의나 과실은 법원이 입증하도록 규정하고 있다.
③ 민법에 따르면 가해자는 피해자가 입은 손해를 금전적으로 배상해야 한다.
④ 공동불법행위 중에는 독립적으로 일어난 여러 불법행위가 우연한 이유로 하나의 손해를 일으켜 발생하는 경우가 있다.
⑤ 공동불법행위에서 가해자가 부담해야 할 금액을 초과해 배상했을 때 초과한 금액을 다른 가해자에게 청구할 수 있는 경우가 있다.

18

배분적 정의 의 관점에서, ⓐ와 ⓑ를 평가한 내용으로 가장 적절한 것은?

① 과실 여부를 판단할 때 사회 평균인을 기준으로 한다는 점에서, ⓐ를 ⓑ보다 정당한 것으로 평가하겠군.
② 피해자의 과실이 있는 경우 가해자가 피해자의 손해를 예상했다면 피해자와 책임을 나눈다는 점에서, ⓐ를 ⓑ보다 정당한 것으로 평가하겠군.
③ 가해자의 입장에서는 자신의 과실에 대한 책임만 부담하면 된다는 점에서, ⓑ를 ⓐ보다 정당한 것으로 평가하겠군.
④ 피해자가 여럿이고 가해자가 단독일 경우 가해자가 손해 배상액을 가가이 피해자에게 배분한다는 점에서, ⓑ를 ⓐ보다 정당한 것으로 평가하겠군.
⑤ 피해자의 입장에서는 가해자가 적을수록 자신이 받을 손해 배상액이 늘어난다는 점에서, ⓐ와 ⓑ를 모두 정당한 것으로 평가하겠군.

19

⑦의 이유로 가장 적절한 것은?

① 가해자와 피해자가 서로에게 동일한 금액을 배상하는 것이 공평하기 때문이다.
② 과실상계 여부를 판단할 때 가해자와 피해자의 과실 비율이 동일해야 하기 때문이다.
③ 과실상계는 피해자가 이미 지급 받은 손해배상액의 액수를 고려하여 적용되기 때문이다.
④ 과실상계를 적용할 때 동일한 기준으로 가해자와 피해자의 과실에 대해 판단하기 때문이다.
⑤ 피해자의 과실에 적용된 과실상계가 피해자가 받을 전체 손해배상액을 증액시키기 때문이다.

20

〈보기〉는 (가), (나)의 내용을 학습하기 위한 자료의 일부이다. (가), (나)를 읽은 학생의 〈보기〉에 대한 반응으로 적절하지 <u>않은</u> 것은? [3점]

―――――〈보기〉―――――

[가상의 상황]

○ 사건 당사자: A 법인, B 사, C 씨

○ 사건 내용

– A 법인은 부주의로 인해 오류가 있는 경제 보고서를 작성했다. B 사는 이 보고서를 근거로 한 투자 상품을 C 씨에게 판매했는데, 이 과정에서 B 사는 투자 유의 사항을 제대로 설명하지 않았다. 그리고 C 씨는 잘못된 판단으로 성급하게 투자를 결정하여 10만 원의 손해를 입었다. C 씨는 자신의 손해가 A 법인과 B 사 때문임을 주장했다.

[판결 결과]

법원은 이 사건이 A 법인과 B 사의 과실만에 의해 발생한 공동불법행위라고 판단하며 C 씨의 과실도 인정함. 법원은 A 법인, B 사, C 씨의 과실 비율만 각각 30%, 60%, 10%로 판단하고 A 법인, B 사 각자가 실제 배상할 금액은 지정해 주지 않음. (단, 다른 상황은 고려하지 않음.)

① A 법인에 고의가 없다고 판결한 것은, A 법인의 부주의는 C 씨에게 손해를 가할 것임을 의도한 것은 아니라고 본 것이겠군.
② A 법인과 B 사의 과실에 대해 법원이 지정한 비율은, A 법인과 B 사 각자가 배상할 금액을 합의하여 정하는 기준이 될 수 있겠군.
③ A 법인의 과실이 B 사보다 작다고 판결한 것은, B 사가 파산하여 경제적 능력이 없더라도 A 법인이 단독으로 책임질 필요가 없다고 본 것이겠군.
④ A 법인과 B 사가 실제 배상할 금액을 법원이 지정해 주지 않은 것은, C 씨가 입은 손해를 A 법인과 B 사가 연대하여 배상해야 한다고 본 것이겠군.
⑤ C 씨의 과실을 인정한다고 판결한 것은, C 씨가 투자를 할 때 투자자에게 정상적으로 요구되는 의무를 제대로 지키지 않은 것이라고 본 것이겠군.

21

밑줄 친 부분의 문맥적 의미가 ⓐ와 가장 유사한 것은?

① 나는 그를 제자로 <u>삼을</u> 것이다.
② 비단은 명주실을 <u>삼아서</u> 만든다.
③ 나는 요즘 취미 <u>삼아</u> 그림을 배우고 있다.
④ 그는 시골에서 자연을 벗 <u>삼아</u> 살고 있다.
⑤ 그는 근면을 신조로 <u>삼아</u> 최선을 다해 살았다.

[22~26] 다음 글을 읽고 물음에 답하시오.

도덕 심리학의 중심축을 형성해 온 콜버그의 인지 발달 이론에서는 도덕적 이해를 지식 구조, 즉 인지의 발달에 의한 것으로 보고, 도덕적 이해가 자동적으로 도덕적 행동을 이끌 것이라고 생각했다. 그런데 과연 도덕적 이해가 도덕적 행동을 보장할 수 있을까? 그렇지 않다고 생각할 수 있다. 도덕적으로 옳은 행동인 줄 알면서도 행하지 않는 경우가 많기 때문이다. 블라지는 콜버그의 이론에 의문을 제기하며, 왜 어떤 사람은 도덕적 이해가 행동으로 나타나고 어떤 사람은 그렇지 않은지에 관심을 기울였다. 블라지는 콜버그와 마찬가지로 도덕적 이해가 중요하다고 보았지만, 콜버그와 달리 도덕적 이해가 자아와 통합되는 과정을 거쳐야 도덕적 행동으로 이어진다고 보았다. 그는 이 과정에서 나타나는 자아의 능동적 역할을 강조하며, 도덕적 행동을 이끌기 위한 '도덕적 자아 모델'을 제시하였다.

[도덕적 자아 모델]은 ⑦ 도덕적 이해로부터 ⓒ 도덕적 행동으로 이어지는 과정에 초점을 맞춘 모델이다. 이 모델에서는 도덕적 행동을 이끄는 데 있어 자아가 핵심적 역할을 한다고 보았다. 기존의 학자들이 자아가 무엇인지에 대한 개념적 정의에 관심을 두었다면, 블라지는 전체로서의 자아를 능동적으로 구성하는 방식으로 자아를 설명하는 것이 보다 적절하다고 보았다. 자아는 고정불변의 상태가 아니라 구성 방식에 따라 달리 나타날 수 있는데, 개인마다 다른 자아 구성의 방식에 따라 자아의 여러 특징들은 중심적인 것, 주변적인 것 등으로 위계가 정해진다. 예를 들어 어떤 사람은 자아를 구성하는 데 '친절'이나 '우정'을 '경쟁'보다 중심적 위치에, 어떤 사람은 주변적 위치에 놓을 수 있다. 블라지는 자아에 대한 이러한 견해를 통해, 인간은 선천적인 기질에 따라 살아가는 수동적인 존재가 아니라는 점을 강조한다.

도덕적 자아 모델에서는, 도덕적 이해가 도덕적 행동으로 나타날 수 있게 하는 심리적 요소로 '도덕적 정체성', '도덕적 책임감', '자아 일관성'을 강조하고 있는데, 이들은 자아 모델의 세 가지 핵심 구성 요소라고 할 수 있다. 도덕적 정체성은 도덕적 이해에 바탕을 두고 있어, 해야 할 행동의 방향을 일러 준다. 도덕적 책임감과 자아 일관성은 그 방향으로 나아갈 수 있는 추동력을 제공하여 도덕적 행동을 이끈다.

  도덕적 자아 모델의 첫 번째 구성 요소인 도덕적 정체성은 도덕성을 자아의 중심에 두는 것, 즉 도덕성과 자아를 통합하는 것을 통해 정체성이 형성된 것이다. ‘도덕성’은 선악에 대한 보편적인 인식을, ‘정체성’은 본질적인 자아를 의미한다. 이때 도덕성이 자아의 중심이 되는 정도, 즉 도덕적 통합의 정도는 사람마다 다를 수 있다. 도덕적 통합은 ‘끊임없이 주의를 요하는, 부서지기 쉬운 것’이기에 본능적인 충동을 ⓐ 억제하려는, 의도적이고 지속적인 노력이 필요하다. 블라지는 도덕성을 자아의 중심에 두는 사람일수록, 자신의 도덕적 이상에 부합하는 삶을 ⓑ 추구하며 도덕적 이해를 행동으로 옮길 가능성이 높다고 보았다. 이러한 주장은 도덕적 이해가 도덕적 행동으로 나타나기 위해서는 도덕성을 자아의 중심에 둘 수 있도록 해야 한다는 것인데, 이때 도덕성을 자아의 중심에 두려면 도덕적 이해뿐만 아니라 도덕적인 사람이 되는 것에 대한 관심도 필요하다.

  두 번째 구성 요소인 도덕적 책임감은, 어떤 행동이 도덕적으로 옳은지에 대한 판단과 더불어 그런 행동을 할 도덕적 의무가 있다는 것을 깨닫는 것이다. 도덕적 책임감은 도덕성이 자아와 통합된 결과로 나타나는데, 도덕적 책임감은 반드시 도덕적 행동으로 나타내야 하는 스스로에 대한 욕구이며, 외부의 기대나 요구에 의해 ⓒ 부여되는 것이 아니라 자아가 스스로에게 요구하는 엄중한 의무에 의해 생기게 되는 것이다.

  세 번째 구성 요소인 자아 일관성은, 자신의 자아의식과 일치해서 살아가고자 하는 인간의 경향성을 의미한다. 블라지에 의하면, 자아 일관성은 단지 본능적인 경향성이나 자기 충족 욕구에 ⓓ 의한 것이 아니다. 자신의 도덕적 이상과 일치된 행동을 하려는 자아 일관성은 도덕적 정체성에서 나오며, 도덕적 책임감으로부터 도덕적 행동으로의 전환은 자아 일관성에 의해 뒷받침된다. 자신의 판단에 따라 행동하지 않는 것이 자아의 균열을 ⓔ 의미하기 때문이다. 자아의 여러 특징들 중 선(善), 정의, 공평 등과 같은 도덕적 범주를 자아의 중심에 둘 때, 자신의 도덕적 정체성과 일치된 행동을 하고자 하는 자아 일관성은 도덕적 행동을 이끄는 추동력이 된다.

22

윗글의 내용과 일치하지 <u>않는</u> 것은?

① 콜버그는, 도덕적 행동을 이끌어 내는 데 지식 구조의 발달이 필요하다고 보았다.
② 콜버그는, 도덕적으로 옳은 줄 알면서도 행동하지 않는 이유를 인지 발달 이론을 통해 설명하였다.
③ 블라지는, 도덕성과 자아의 통합으로 형성된 정체성은 도덕적 이해에 바탕을 두고 있다고 보았다.

④ 블라지는, 자아는 고정된 것이 아니며 자아의 특징들은 서로 다른 위계를 가질 수 있다고 간주하였다.
⑤ 콜버그와 블라지는 모두, 도덕적으로 옳은 행동이 무엇인지를 아는 것이 도덕적 행동을 이끌어 내는 데 중요하다고 보았다.

23

〈보기〉는 학자들이 나눈 가상 대화의 일부이다. [A]에 들어갈 내용으로 가장 적절한 것은?

① 도덕적 책임감에서 비롯된 것으로, 자신의 행동이 도덕적으로 옳은지 판단하려는 욕구입니다.
② 도덕적 정체성에서 비롯된 것으로, 자신의 선천적 기질에 따라 살아가려는 욕구입니다.
③ 도덕적 정체성에서 비롯된 것으로, 자신의 도덕적 이상과 자신의 행위를 일치시키려는 욕구입니다.
④ 본능적인 경향성에서 비롯된 것으로, 자신의 사고와 일치된 행동으로 자아의 균열을 막으려는 욕구입니다.
⑤ 본능적인 경향성에서 비롯된 것으로, 자신의 판단에 따른 행동으로 심리적 불쾌감을 줄이려는 욕구입니다.

24

‘블라지’의 견해를 바탕으로 ㉠과 ㉡에 대해 보인 반응으로 가장 적절한 것은?

① ㉠에 기반을 두지 않아도 ㉡이라고 평가할 만한 행위가 있겠군.
② ㉠이 ㉡으로 이어지기 위해서는 자아에서 선악에 대한 보편적 인식을 분리시켜야 하겠군.
③ ㉡이 ㉠으로 돌아가기 위해서는 자신의 자아의식에 따라 판단하려는 노력이 필요하겠군.
④ 다른 사람과의 경쟁이 중요한 것임을 아는 ㉠만 있으면, 경쟁에서 이기겠다는 ㉡으로 나아갈 추동력이 생기겠군.
⑤ 불우 이웃을 돕는 것이 옳은 행동임을 아는 ㉠이, 불우 이웃을 돕는 ㉡으로 이어지려면 자아의 능동성이 중요하겠군.

25

〈보기〉는 윗글의 이해를 위한 학습지의 일부이다. 활동 과제를 수행한 내용으로 적절하지 <u>않은</u> 것은? [3점]

─────〈보기〉─────

[활동 과제]
다음 사례를 바탕으로 도덕적 자아 모델을 탐구해 보자.
○ A: 성실성은 없지만 평소 주변 사람들의 어려움을 살피고 배려함.
○ B: 정직하게 살겠다는 자신과의 약속을 반드시 지켜야 할 의무로 생각하고 실천함.
○ C: 정직하게 살겠다는 다짐을 지키려는 노력을 지속하지 못하고 본능적으로 거짓말을 반복함.
○ D: 교사가 제시한 실천 과제에 따라 도덕적으로 바람직한 행동을 일상에서 생활화함.

① A는, 자아를 구성하는 데 있어 '배려'를 '성실'보다 더 중심적 위치에 놓았겠군.
② B는, 자아가 스스로에게 요구하는 엄중한 의무에 의해 자신과의 약속을 반드시 지킬 의무가 있다고 생각했겠군.
③ C는, 도덕적 통합을 위해 필요한, 본능적인 충동을 억제하려는 지속적인 노력을 하지 않아 거짓말을 반복한 것이겠군.
④ D는, 외부의 요구에 의해 도덕적 책임감이 부여되어 바람직한 행동을 생활화했겠군.
⑤ B는 C보다, '정직'이라는 도덕적 범주를 자아와 통합한 정도가 더 높을 수 있겠군.

26

문맥상 @~@와 바꾸어 쓰기에 적절하지 <u>않은</u> 것은?

① @: 억누르려는
② ⓑ: 넘보며
③ ⓒ: 주어지는
④ ⓓ: 말미암은
⑤ ⓔ: 뜻하기

구조물은 부재를 바탕으로 구성되는데, 외부에서 작용하는 힘인 하중을 받는다. 구조물은 하중에 의해 파손되어 영구적으로 변형될 수 있으므로, 구조물을 설계할 때는 부재에 가해질 하중과 부재의 허용하중을 계산해야 한다. 허용하중은 구조물의 안전을 위해 부재에 허용되는 하중의 최댓값인데, 구조물의 안전을 위해서는 부재에 가해질 하중보다 부재의 허용하중을 더 크게 설계해야 한다.

하중에는 부재의 단면에 수직 방향으로 작용하는 수직하중이 있다. 수직하중은 부재를 수축시키는 방향으로 작용하는 힘과 부재를 늘리는 방향으로 작용하는 힘을 말하며, 이를 각각 압축하중과 인장하중이라고 한다. 일반적으로 부재는 압축하중보다 인장하중에 더 취약한 경우가 많다. 따라서 구조물을 설계할 때 인장하중에 대한 허용하중은 중요한 요소로 다뤄진다. 인장하중에 대한 허용하중을 계산하기 위해서는 부재의 단면에 작용하는 허용응력을 먼저 계산해야 한다. 응력은 하중에 의해 부재의 단면에 나타나는 힘으로, 하중을 단면의 면적으로 나누어 구한다. 허용응력은 부재의 안전을 위해 부재에 허용되는 응력의 최댓값으로, 인장하중에 대한 허용응력을 구할 때는 부재를 구성하는 재료의 다양한 물리적 성질을 파악해야 한다. 이를 위해 인장 시험을 시행한다. 인장 시험은 시편*에 가하는 인장하중을 일정 크기만큼 점진적으로 늘리는 방식으로 진행하는데, 인장하중의 변화에 따라 시편의 늘어난 길이를 측정한다.

구조물에 널리 사용되는 금속인 연강을 대상으로 인장 시험을 한다고 해 보자. 시편에 인장하중이 점진적으로 가해지면 시편의 단면에는 인장하중에 의한 응력이 나타나고, 시편의 최초 길이에 대해 늘어난 길이의 비율인 변형률을 구할 수 있다. 연강의 응력과 변형률의 관계에서는 크게 탄성 구간, 소성변형 구간, 변형경화 구간, 네킹 구간이 나타나는 것이 일반적이다. 먼저 탄성 구간에서는 인장하중을 점진적으로 증가시킬 때 응력이 증가함에 따라 시편의 변형률이 증가하며, 응력과 시편의 변형률은 비례 관계이다. 이 구간은 재료의 탄성이 작용하는 구간이므로, 만약 이 구간에서 시편에 가해진 인장하중을 제거한다고 가정하면, 시편은 탄성에 의해 원래의 길이로 되돌아가게 된다. 탄성의 정도는 탄성계수로 나타낸다. 탄성계수는 재료마다 다른 고유한 값으로 탄성계수가 작은 재료일수록 탄성이 크다. 이후 탄성 구간을 넘어서는 인장하중이 가해지면 소성변형 구간이 시작된다. 소성변형 구간이 시작되는 지점에서 시편은 탄성을 잃는다. 이는 소성변형 구간에서 시편의 결정 구조 및 원자의 결합 상태에 변형이 일어나, 시편에 영구적인 변형이 생겼음을 의미한다. 소성변형 구간이 시작되는 지점의 응력을 항복응력이라고 하며, 소성변형 구간에서는 시편의 변형률이 급격하게 증가한다. 소성변형 구간이 끝나면 변형경화 구간이 나타난다. 이 구간에서는 응력이 증가함에 따라 시편의 변형률이 증가하고, 응력이 계속 증가하여 극한응력을 넘으면 네킹 구간에 진입한다. 네킹 구간에서는 시편의 변형률이 계속 증가하다가 시편이 완전히 끊어지는 파단 현상이 발생한다.

이처럼 연강의 인장 시험에서는 네 개의 구간과 항복응력 및 극한응력이 뚜렷하게 나타난다. 이는 인장하중이 가해졌을 때, 연강이 가늘고 길게 늘어나는 성질을 가진 재료인 연성 재료이기 때문이다. 반면에, 취성 재료는 가늘고 길게 늘어나는 성질이 거의 없어, 탄성 구간을 넘어서는 인장하중이 가해졌을 때 거의 늘어나지 않고 끊어지는 재료이다. 취성 재료는 항복응력과 소성변형 구간이 뚜렷하지 않고 대체로 극한응력이 뚜렷하다. 유리는 대표적인 취성 재료로, 연성이 거의 없어서 탄성 구간을 넘어서는 인장하중이 가해졌을 때 거의 늘어나지 않고 파단되어 영구적 변형이 일어난다.

부재가 하중에 의해 파손되어 영구적으로 변형되는 것을 예방하기 위해, 재료의 특성에 따라 먼저 허용응력을 산출해야 한다. 일반적으로 연성 재료는 항복응력을, 취성 재료는 극한응력을 각각 안전계수로 나누어 허용응력을 구한다. 이때 안전계수는 부재가 하중에 의해 파손되어 영구적으로 변형되지 않도록 하는 역할을 한다. 안전계수는 허용응력을 항복응력이나 극한응력보다 낮추기 위해 1을 초과하는 값으로 결정되며 ㉠ 안전계수가 클수록 허용응력은 낮아진다. 허용응력을 구한 후에는 허용응력에 부재의 단면의 면적을 곱하여 허용하중을 산출할 수 있다. 이는 부재의 단면의 면적에 따라 허용하중이 달라질 수 있음을 의미한다.

* 시편: 역학적 시험을 하기 위하여 만든 일정한 형상과 치수의 재료

27

윗글을 이해한 내용으로 적절하지 않은 것은?

① 유리는 탄성 구간을 넘어서는 인장하중이 가해졌을 때 거의 늘어나지 않는다.
② 구조물을 설계할 때는 부재에 가해질 하중과 허용하중을 계산할 필요가 있다.
③ 탄성계수는 재료마다 다른 고유한 값이며, 탄성계수가 작은 재료일수록 탄성이 크다.
④ 수직하중은 부재의 단면에 수직 방향으로 작용하는 힘으로, 압축하중과 인장하중으로 구분된다.
⑤ 부재는 인장하중보다 압축하중에 취약한 경우가 많으므로 인장하중은 구조물 설계 시 중요하게 고려되는 요소이다.

28

<보기>는 인장 시험 에 대해 학생이 정리한 내용이다. ⓐ~ⓔ에 들어갈 내용으로 적절하지 않은 것은?

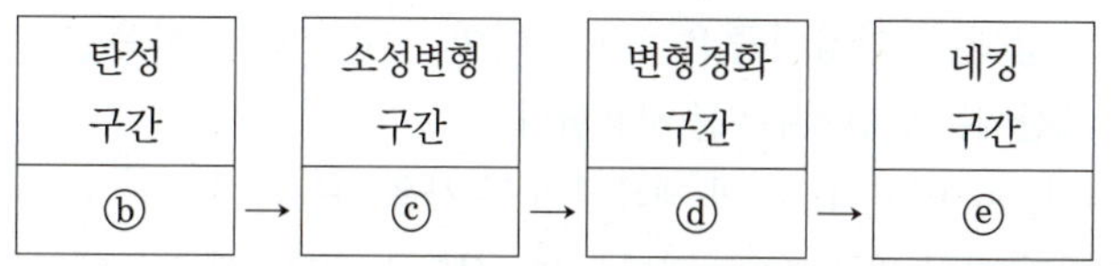

① ⓐ: 연강의 다양한 물리적 성질을 파악한다.
② ⓑ: 연강 시편에 가해진 인장하중을 제거한다면 시편의 길이가 원래의 길이로 되돌아가게 된다.
③ ⓒ: 연강 시편이 탄성을 잃으며 시편의 변형률은 급격하게 증가한다.
④ ⓓ: 응력이 증가하여 연강 시편에 파단 현상이 발생한다.
⑤ ⓔ: 연강 시편의 변형률이 계속 증가하다가 시편이 완전히 끊어진다.

29

㉠의 이유로 가장 적절한 것은?

① 안전계수가 항복응력이나 극한응력보다 커야 하기 때문이다.
② 항복응력이나 극한응력이 커질수록 안전계수는 작아지기 때문이다.
③ 허용응력은 항복응력이나 극한응력을 안전계수로 나눈 값이기 때문이다.
④ 항복응력이나 극한응력에 따라 안전계수를 다르게 계산할 수 있기 때문이다.
⑤ 허용응력과 항복응력을 안전계수로 나눈 값이 극한응력과 비례하기 때문이다.

30

〈보기〉는 윗글의 내용을 이해하기 위한 학습 자료의 일부이다. 학생의 반응으로 적절하지 <u>않은</u> 것은? [3점]

항복응력이 140㎫*, 극한응력이 150㎫인 연성 재료 A와 항복응력이 뚜렷하지 않고 극한응력이 100㎫인 취성 재료 B가 있다. 갑은 부재 ㄱ의 제작에 재료 A를, 부재 ㄴ의 제작에 재료 B를 사용하는 설계 시안을 다음과 같이 구성하였다. 이때 현재 시점에서 ㄱ, ㄴ에 가해질 것으로 예상되는 인장하중은 300N이며, ㄱ, ㄴ의 허용응력 계산에는 안전계수 2를 사용한다.
(단, A, B는 ㄱ, ㄴ의 제작에 모두 사용 가능하며, ㄱ, ㄴ은 각각 단일 재료로 제작한다. 다른 상황은 고려하지 않는다.)

부재	허용응력(MPa)	단면의 면적(mm^2)	허용하중(N)
ㄱ	70	10	700
ㄴ	50	5	250

* MPa: 응력의 단위

① ㄱ은 ㄴ보다 부재에 허용되는 하중의 최댓값이 크게 설계되어 있군.

② ㄱ과 ㄴ의 허용응력을 구하기 위해 A는 항복응력을, B는 극한응력을 안전계수로 나누었군.

③ ㄱ은 예상되는 인장하중에 의한 응력이 A의 항복응력보다 작으므로, ㄱ의 결정 구조 및 원자의 결합 상태에 변형이 생기지 않겠군.

④ ㄴ은 단면의 면적을 변경하지 않고 재료를 A로 교체하면, 허용하중이 인장하중보다 작아지므로 안전을 담보할 수 없겠군.

⑤ ㄱ과 ㄴ에 가해질 인장하중이 예상보다 2배로 커질 경우, ㄱ은 ㄴ과 달리 단면의 면적을 늘리지 않더라도 영구적 변형이 일어나지 않겠군.

[31~33] 다음 글을 읽고 물음에 답하시오.

(가) 가지마다 파아란 하늘을
　　바뜰었다.
　　파릇한 새순이 꽃보다 고웁다.

　　청송(靑松)이래도 가을 되면
　　홀 홀 낙엽(落葉) 진다 하느니,

　　봄마다 새로 젊은
　　자랑이 사랑웁다.

　　낮에 **햇볕** 입고
　　밤에 별이 소올솔 내리는
　　이슬 마시고,

　　파릇한 새 순이
　　여름으로 자란다.

　　　　　　　　　　　　－ 박두진, 〈낙엽송(落葉松)〉

(나) 1
나는 불을 끈다.
꿈꾸는 시간을 위해 나는 불을 끈다.　　　　　[A]
메마른 껍질로 둘러진 현실의 울타리 안에는
한 포기 풀도 자라지 못하는 가뭄의 뜰이 있고,

불모(不毛)의 뜰에서는 뿌리도 타는 목마름과
비틀어진 가지에 마른 나뭇잎들이 보스라지고 있다.　　[B]
나는 불을 끈다.
꿈꾸는 시간을 위하여 나는 불을 끈다.

2
불을 끈 시간의 끝에서
가뭄에 마른 현실의 시체에 꽃이 달리는　　[C]
찬란한 화재(火災)를 위해 지피는 **불길**은
거인(巨人)처럼 치솟아 꿈 속을 밝힌다.

요원(遙遠)의 그슬린 **검은 잿터미 위**에서
푸른 바다가 번져가고　　[D]
싱그러운 냄새가 뿜어 삼월(三月)의 뜰을 만드는
삼월의 사상(思想)을 위하여.

3
나는 불을 끈다.
꿈꾸는 시간을 위해 나는 **지하층계**를 딛고 내려간다.　　[E]
가는 물줄기는 **어느 샘**에 뿌리를 박고
질적질적 땅을 적시고 있다.

마른 뿌리는 가는 물줄기에 주둥이를 박고
지금 목을 축이고 있다.　　[F]
나는 불을 끈다.
불을 켜는 시간을 위해 나는 불을 끈다.

　　　　　　　　　　　　－ 박남수, 〈소등(消燈)〉

31

(가)와 (나)의 공통점으로 가장 적절한 것은?

① 감탄사를 사용하여 애상적 정서를 표현하고 있다.
② 동일한 연을 반복하여 주제 의식을 강조하고 있다.
③ 명령형 어조를 사용하여 시적 분위기를 고조시키고 있다.
④ 색채 이미지를 활용하여 대상을 감각적으로 나타내고 있다.
⑤ 경어체를 사용하여 대상에 대한 예찬적 태도를 드러내고 있다.

32

[A]~[F]에 대한 이해로 적절하지 <u>않은</u> 것은?

① [A]에서 '울타리 안'의 상황은, [B]에서 '나뭇잎들이 보스라지'는 모습으로 구체화된다.
② [B]에서 '불을 끈다'는 화자의 행위에는, [C]에서 '불을 끈 시간의 끝'에서의 상황을 마주하려는 의도가 담겨 있다.
③ [D]에서 '그슬린' 대상은, [C]의 불을 '지피는' 행위와 관련된다.
④ [E]에서 다른 대상과 상생하는 '물줄기'는, [F]에서 다른 대상에게 의지하는 '물줄기'로 전환된다.
⑤ [F]에 나타난 '뿌리'의 모습은, [B]에서 '뿌리'가 처한 상황과 대비된다.

33

〈보기〉를 바탕으로 (가), (나)를 감상한 내용으로 적절하지 <u>않은</u> 것은? [3점]

〈보기〉

(가)와 (나)에는 모두 소멸이 생성으로 이어진다는 인식이 드러난다. (가)의 화자는 계절의 변화라는 자연의 질서에 따라 죽음, 탄생, 성장을 반복하는 생명의 모습을 드러낸다. (나)의 화자는 척박한 현실이 생명력 있는 세계로 전환되기를 소망하며, 생명력 회복에 대한 지향을 드러낸다.

① (가)의 '파릇한 새 순'이 '여름으로 자란다'는 것에 계절의 변화에 따라 달라지는 생명의 모습이 드러나 있군.
② (나)의 '가뭄에 마른 현실'에 '불길'이 '거인처럼 치솟'는다는 것에 화자가 현실의 척박함을 인식하게 된 계기가 나타나 있군.
③ (나)의 '싱그러운 냄새가 뿜어' 만드는 '삼월의 뜰'에 화자가 지향하는 생명력 있는 세계가 형상화되어 있군.
④ (가)의 '홀 홀 낙엽'지는 청송이 '봄마다 새로 젊'다는 것에, (나)의 '검은 잿더미 위'에 '푸른 바다가 번져'간다는 것에 모두 소멸 이후 생성이 이어진다는 인식이 드러나 있군.
⑤ (가)의 '햇볕'을 입고 '이슬'을 마시는 것에 생명의 성장을 위한 과정이, (나)의 '지하층계'를 내려가 '어느 샘'을 인식하는 것에 화자의 의식에 내재된 생명력 회복에 대한 바람이 드러나 있군.

(가) ㉠ 저기 가는 저 노농(老農)아 이내 농가(農歌) 살펴 듣소
　　　나라의 믿는 근본 우리 백성 그 아니며
　　　우리 백성 믿는 근본 이내 **농사** 아니겠나
　　　크고도 저 큰 사업 **천하 대본** 이뿐이라
　　　밭이랑에 좋은 씨앗 일궈 묵힐 자리 살펴
　　　농사 준비 이 **모춘(暮春)**에 때 지키기 급선무라
　　　　　　　　　　　(중략)
　　　묻노라 나라 조세 하은주(夏殷周)*와 어떠한고
　　　공법(貢法) 조법(助法) 조세제는 하은(夏殷) 때에 끼친
　　법이라
　　　주 나라 철법(徹法)은 십일지세(什一之稅) 그 아닌가
　　　이렇듯 끼친 제도 역대 성조 본을 받아
　　　가볍게 부과함은 이웃까지 좋을시고
　　　어찌하여 권세부려 세금 고하 못 정하니
　　　더할 세금 무슨 일인고 가렴(苛斂)은 어이 할꼬
　　　여러 나라 어디인고 길쌈 허탕 오늘이라
　　　봄엔 새 실 먼저 팔고 여름 곡식 다시 내니
　　　중엄하다 저 조세를 어찌 아니 두려울까
　　　아아 농부들아 농사 때를 놓치게 되면
　　　이내 중세(重稅) 어이 할꼬 번거롭다 사양 마오
　　　이 사이 저 사이에 섞어 핀 저 악초(惡草)를
　　　어찌하여 용서할까 모든 뿌리 제거하세
　　　제거 못 하면 어이 하리 송인 알묘(宋人揠苗) 이 때문이라
　　　상한 새싹 물론이요 뿌린 씨와 자라는 씨에 가정(苛政)이라
　　　금년에 못 다 하면 명년 제초 누가 할꼬
　　　새싹 나와도 안 여무니 악초의 탓 그 아닌가
　　　묘(苗) 논에 있는 가라지 간신과 어떠하며
　　　조 밭에 있는 쭉정이 오랑캐와 어떠한고
　　　㉡ 풍우 뒤에 저 황충(蝗虫)* 도적떼처럼 생기는구나
　　　빼어난 저 큰 벼는 군자처럼 곤고(困苦)하다*
　　　이내 농부 아니라면 우리 군자 기를손가
　　　하자꾸나 이내 농사 더욱 바삐 하자꾸나
　　　세금도 내려니와 현인 보필 않을 손가
　　　소인 쫓고 군자 등용 왕실의 큰 **정치라**
　　　악초 제거 좋은 벼 재배 전가(田家)의 급무로다
　　　아아 저 농부야 다시 힘써 하자꾸나
　　　　　　　　　　　　　　　　　　　　　 － 정해정, 〈민농가〉

*하은주: 고대 중국의 세 국가인 하, 은, 주를 일컫는 말
*황충: 메뚜기 / *곤고하다: 형편이나 처지 따위가 딱하고 어렵다.

(나) 비옹(否翁)이 정원을 거닐고 있는데, 패랭이를 쓰고
동달이를 입은 어떤 사람이 지나가고 있었다. 걸음을 멈추고
그와 이야기를 나누었는데, 갑자기 어떤 ⓐ 객이 이르러 깜짝
놀라 말했다.
　　"이 사람은 광주(廣州)의 무두장이 거복(巨福)입니다. 그대는
　어찌하여 이 사람과 마주 앉아 있습니까?"
　　그러자 거복이 발끈 노하여 말했다.
　　"무두장이도 사람일 뿐입니다. ㉢ 어찌하여 마주 앉지 못한단
　말입니까?"
　　비옹이 말했다.

"무두장이는 살생을 업으로 삼으니, 군자가 무두장이를
어질게 여기지 않는다."
거복이 말했다.
"사냥하여 사슴 잡는 것을 호방하게 여기는 것, 낚시질하여
물고기 잡는 것을 고아(高雅)하게 여기는 것, 벼슬하여 사람을
죽여 영예로워지는 것, 도축하여 소를 죽여 배불리 먹는 것, 이
모두 살생한다는 점은 똑같습니다."
비옹이 또한 발끈 노하여 말했다.
"네가 감히 벼슬아치가 되고자 하느냐? 사냥하고 낚시하고
벼슬하면서 죽이는 것은 모두 자기의 뜻으로 살생하는 것이다.
너는 남의 지시를 받아 도축하여 가축을 괴롭혀서 돈을
구하면서도 오히려 비루하지 않다고 여기느냐?"
거복이 피식 웃으며 말했다.
"소인은 어리석고 우둔하니, 벼슬하는 일을 어디에서
들었겠습니까? 소인이 일찍이 재상과 이웃이 되어 재상을
뵈었습니다. 어떤 ⓑ 객이 왔는데, 재상의 키가 작은데도 그
객은 키가 크다고 말했으며, 재상의 허리가 굽었는데도 그 객은
곧다고 말했습니다. 이 객이 가고 나서 얼마 지나지 않아 다시
왔는데, 객의 이름이 이미 황지(黃紙)*에 적혀 있었습니다.
한편, 재상의 키가 작은데 다른 ⓒ 객은 키가 작다고 말했고,
재상의 허리가 굽었는데 그 객은 굽었다고 말했습니다. 그 객이
가고 난 뒤, 재상은 이전에 왔던 객을 급히 불러와 귀에 대고
속삭였습니다. 얼마 지나지 않아 '키가 작다', '허리가
굽었다'라고 말했던 객은 이미 형벌을 받아 죽었다는 말이
들렸고, 귓속말을 들었던 객이 다시 왔는데 이미 관복을 입고
있었습니다. 그러니 다른 이의 지시를 받는 것도 똑같고, 다른
이를 죽여서 무언가를 구하는 것도 똑같습니다. 다만 작은 것을
작다 하고 굽은 것을 굽었다고 말한 사람을 가축을 괴롭히는
것에 비견할 수는 없겠으나, 높은 벼슬과 많은 재물이 서로
얼마만큼 거리가 있는지는 잘 모르겠습니다."
비옹이 멍해져 억지로 응답했다.
"네가 비교한 것에는 여전히 차이점이 있다. ㉣ 너는 손으로
흉기를 잡아 똥이 신발을 더럽히고 피가 옷소매를 적신다.
벼슬하는 자의 경우엔 이런 것이 있느냐?"
거복이 또 피식 웃으며 말했다.
"옹께서 분간하시는 것이 과연 이처럼 보잘것없군요. 남의
작은 키를 크다고 하고 남의 굽은 허리를 곧다고 하여 이름이
적힌 종이를 누렇게 물들이는 것이 똥에 더럽혀진 신발에
가깝지 않습니까. 또 작은 키를 작다 하고 굽은 허리를
굽었다고 한 사람을 죽여, 입은 옷을 붉게 물들이는 것이 어찌
피에 젖은 옷소매와 다르겠습니까. **법을 교묘히 엮고 형벌을
멋대로 사용하는 것**은 또 어떻습니까. 저는 저의 도끼를
휘두르는 자이니, 소인의 어리석음과 우둔함은 단지 고향
이웃들에게만 알려질 뿐입니다. 옹께서는 선비이신데, 사실의
정밀함을 궁구하지 않은 채 단지 대략적인 것만 논하고,
마음보의 세밀함은 살피지 않은 채 단지 드러난 현상만 갖고
말씀하시어, ㉤ 낡은 풍속에 부화뇌동해서 세상 사람을
두려워하는 자를 두려워하고 세상 사람이 업신여기는 자를
업신여기시는군요. 아, 개탄스럽지 않겠습니까."
비옹이 이에 말문이 막혀 조용히 인사하고, 읍하고 문에서
전송해주었다.
　　　　　　　　　　　　　　　　　　 － 유희, 〈박장대(剝匠對)〉

*황지: 과거 급제자의 성명을 기록하는 데 사용된 누런색 종이

34

(가)와 (나)에 대한 설명으로 가장 적절한 것은?

① (가)와 달리 (나)는 사물에 인격을 부여하여 대상을 생동감 있게 표현하고 있다.
② (나)와 달리 (가)는 음성 상징어를 활용하여 대상의 속성을 드러내고 있다.
③ (나)와 달리 (가)는 열거와 연쇄의 방식을 통해 자신의 주장을 뒷받침하고 있다.
④ (가)와 (나)는 모두 물음의 형식을 통해 상황에 대한 판단을 드러내고 있다.
⑤ (가)와 (나)는 모두 원경에서 근경으로 시선을 옮기며 심리 변화를 드러내고 있다.

35

㉠~㉤에 대한 이해로 적절하지 <u>않은</u> 것은?

① ㉠: 청자를 부르며 말을 건네는 모습이 드러난다.
② ㉡: 부정적 상황을 유발하는 자연물이 드러난다.
③ ㉢: 자신을 무시하는 상대의 발언에 대한 분한 감정이 드러난다.
④ ㉣: 상대의 처지가 자신처럼 열악하다는 인식이 드러난다.
⑤ ㉤: 남에게 동조하는 상대의 태도를 지적하는 모습이 드러난다.

36

ⓐ~ⓒ에 대한 이해로 가장 적절한 것은?

① ⓐ는 ⓒ로 인하여 예상하지 못한 상황에 처하게 된다.
② ⓑ는 ⓒ의 기대에 부합하는 행동을 하려고 노력한다.
③ ⓒ는 ⓑ를 이용하여 자신의 목적을 달성하려고 한다.
④ ⓐ와 ⓑ는 자신이 처한 상황을 모면하기 위해 다른 인물의 행동을 지지한다.
⑤ ⓑ와 ⓒ는 동일한 대상에 대한 상반된 평가를 함으로써 서로 다른 상황에 처한다.

37

<보기>를 바탕으로 (가), (나)를 감상한 내용으로 적절하지 <u>않은</u> 것은? [3점]

<보기>

(가)와 (나)는 비판의 주체 또는 대상으로 등장하는 사대부를 통해, 조선 후기 사회의 문제 상황을 바라보는 사대부 작가의 의식 세계를 형상화하고 있다. (가)의 화자인 사대부는 농부의 삶을 가치 있게 바라보며 농부가 해야 할 일을 강조함과 동시에 정치 현실을 농사의 상황에 빗대어 비판하는 주체로 나타난다. (나)의 등장인물인 사대부는 무두장이의 삶을 낮추어 보는 위선적 태도를 보여 주는 인물로 그려져 비판의 대상이 된다.

① (가)의 '밭이랑에 좋은 씨앗 일궈 묵힐 자리 살'피고 '모춘'에 '때'를 '지키'라는 것에서 시기에 맞게 농부가 해야 할 일을 강조하는 화자인 사대부의 모습을 확인할 수 있군.
② (가)의 농부에게 '악초'를 '제거'하는 것과 '소인'을 '쫓'는 '정치'의 필요성을 함께 말하는 것에서 농사의 상황에 빗대어 정치 현실을 비판하는 화자인 사대부의 태도를 확인할 수 있군.
③ (나)의 '무두장이는 살생을 업으로 삼'는다는 비웅의 말에 대해 '모두 살생한다는 점'에서 '똑같'다고 거복이 반론하는 것에서 등장인물인 사대부의 위선적 태도를 비판하는 사대부 작가의 의식을 확인할 수 있군.
④ (가)의 화자인 사대부가 '더할 세금 무슨 일'이냐고 하는 것과, (나)에서 거복이 '법을 교묘히 엮고 형벌을 멋대로 사용하는 것'에 대해 등장인물인 사대부에게 말하는 것에서 당대 백성들의 어려움에 대한 사대부 작가의 인식을 확인할 수 있군.
⑤ (가)의 화자인 사대부가 '농사'를 '천하 대본'이라고 하는 것에서 농부의 삶을 가치 있게 보는 모습을, (나)의 등장인물인 사대부가 '네가 감히 벼슬아치가 되고자 하느냐'고 하는 것에서 신분 상승을 꾀하는 무두장이의 삶을 낮추어 보는 모습을 확인할 수 있군.

“아니, 작은 것 한 장도 못 되는 돈 갖고 이 바닥에서 독채 전세를 얻겠다고?”

그러더니 다시 한바탕 해소라도 발작한 것같이 급하게 웃었다. 거금 구십만원을 작은 것 한 장도 안 된다니, 이 노인이 귀가 좀 어두운가 해서 나는 다시 목청을 돋우어 구십만원을 강조했다.

그래도 노인은 탁하고 급한 웃음을 멎을 척도 안 했다. 사무실 앞에 **승용차가 나란히 두 대가 멎**더니 부인들과 신사들이 섞인 한 떼가 안으로 들이닥쳤다. 이곳도 결코 파리 날리는 한가한 곳이 아니었던 것이다.

“사모님, 지금 보신 **그 땅** 눈 꽉 감고 잡아놓으십시다. 글쎄 문제없다니까요. 중도금 치르기 전에 평당 오천원 띠기는 누워서 떡 먹기라니까요.”

젊은 신사들이 부인들을 꾀고 노인도 합세했다.

“우리하고 손잡고 이 바닥에서 큰돈 잡은 사모님네들 숱합니다, 숱해.”

나는 그들에게 완전히 잊혀졌다. 영아 기저귀를 갈아주고 다시 업고 나올 때까지 아무도 거들떠보지 않았다. 나는 다시 버스를 타고 이 아름다운 신흥 주택가에 앙심을 품고 떠났다.

그 다음날은 수유리 쪽으로, 그 다음날은 망우리 쪽으로, 그 다음날은 갈현동 쪽으로 다녀봤지만 어디서고 구십만원 짜리 독채 전세는 구경도 못 하고 다만 구십만원의 가치를 좀더 분명히 알아온 데 불과했다.

결국 우린 의논을 다시 해서 독채는 아니더라도 안집으로부터 뚝 떨어진 부엌도 따로 있고 출입문도 따로 있어 독립된 오붓한 생활을 할 수 있는 전세방을 구하기로 합의했다. 어차피 전셋집도 못 되는 전세방을 구할 바에야 구태여 교통이 불편한 변두리로 갈 게 뭐냐고 도심에 가까운 주택가를 돌기 시작했다. 구십만원짜리 전세방을 구한단 소리에 복덕방 영감의 반응은 괜찮았다. 사뭇 굽실대기까지 했다. 그 바람에 나도 좀 배짱을 부렸다. 방이 깨끗하고 널찍해야 된다느니, 부엌에 상하수도 시설이 갖춰져야 한다느니, 그리고 남편이 하던 소리도 했다. 정원이 있는 양옥집이어야 하고 주인집에 전화가 있어야 한다고 말이다. 나는 남편이 나한테 그런 소리를 했을 때 그 철딱서니 없음이 딱하고 한심해 대꾸도 안 했었는데 거드름을 부리고 싶은 나머지 ㉠그 소리까지 했다.

그런데 재수 나쁘게도 **첫번째 본 집**에서 등에 업힌 영아를 트집잡았다. 아무리 뚝 떨어진 방이지만 갓난애가 딸린 집은 싫다는 거였다. 주인여자는 외눈 하나 까딱 안 하고 ㉡그런 소리를 하며 우리 영아를 냉랭하게 쏘아보았다. 세상에 이럴 수가— 나는 그 여자의 시선에 못된 주술이라도 걸려 있어 우리 영아가 곧 어떻게 되는 것 같아 허둥지둥 그 집을 뛰쳐나왔다. 세상에, 겨우 생후 일 년밖에 안 된 천사 같은 것을 그런 독사 같은 눈으로 노려보다니, 정말 재수 옴 붙은 날이었다.

애는 무조건 싫다니, 그럼 **셋방살이 신세가 무슨 대역죄**라고 단종수술이라도 하란 말인가.

그러나 그 다음에 본 집도, 또 그 다음에 본 집도 아이를 꺼리기는 마찬가지였다. 마당에 기저귀 널어놓는 것 보기 싫다는 둥, 걸음마 타면 잔디를 망쳐놓을 거라는 둥, 꽃을 딸 거라는 둥, 멋대로 트집들을 잡았다. 어떤 점잖은 중년 부인은

“쯧쯧, 미련도 하지. 아이는 집 장만부터 하고 낳아야지 어쩌자고 아이부터 낳았수?”

㉢ 그 여자 말을 들으니 집 장만하기 전에 아기를 낳는다는 일이 사생아를 낳는 일보다 훨씬 더 부끄러운 일로 여겨졌다. 나는 수치심으로 온몸이 불화로처럼 달아올랐다.

[중략 줄거리] 복덕방 영감은 애를 데리고 다니면 집을 얻기 힘들 것이라고 하고, 남편은 친정에 영아를 맡기고 둘이서 집을 알아보자고 한다.

“잔디 밟지 마세요.” 주인여자가 맑고 차가운 목소리로 주의를 주고 먼저 현관으로 들어가더니 뒤란으로 난 **셋방**의 부엌문을 안에서 열어주었다. 부엌도 방도 넓고 정결하고 밝았다. 방의 벽지도 고급이었고 부엌의 상하수도 시설도 갖추어져 있었다. 여자가 다시 식구를 물었다. 남편이 **냉큼 두 내외뿐**이라고 하자 여자는,

“젊은 두 내외 믿을 수 있나요. 언제 애가 생길지. 그렇지만 어린애가 생기면 방은 당장 옮기실 각오하셔야 돼요.”

하고 못을 박았다. 나는 가슴이 마구 두방망이질하는 걸 느꼈다. 영아도 영아였지만 나는 지금 몸에 이상을 느끼고 있는 중이었다. 어머니의 해몽에 의하면 아들이 틀림없다는 용꿈까지 꾼 뒤였고, 나도 낳는 김에 아주 아들 하나 더 낳고 그만둘 셈이었다. 그런데 이 여자는 남의 **배까지 흘끔흘끔** 보며 이런 **야박한 소리**를 거침없이 하는 것이었다. 나는 집에 대한 정나미까지 뚝 떨어지고 말았다. 그래도 남편은 이 집을 얻기를 고집했고, 언제나 그렇듯이 일은 남편 고집대로 되고 말았다.

“영아는 이사 가는 날 내가 당당히 안고 들어갈 테니 당신은 조금도 걱정 말라구. 제년이 어쩔 거야, 내 새끼 내가 끼고 들어 가는데.”

이렇게 ㉣ 큰소리를 탕탕 치고는 정작 이사 가는 날은 딴소리를 했다.

“여보, 장모님 기력도 예전 같으시잖은데 이삿짐 거들어 주십사기도 뭣하니, 여보, 집에서 편히 영아나 좀 봐주십사고 합시다.”

이삿짐을 대충 정리하고 밤에 영아를 데리러 나서려는데 남편은 또 ㉤ 딴소리를 했다.

“여보, 이 다음 공일까지만 영아를 외할머니한테 두어 둡시다. 이 기회에 아주 젖을 떼게. 돌이 넘도록 젖을 빨린다는 건 무식하고 야만적이야. 더군다나 임신 초기에 젖을 그대로 빨린다는 건 애에게도 해롭고 모체에게도 해롭고 태아에게도 해롭고 그야말로 백해무익이라는 거야.”

고대하던 다음 일요일, 나는 일찍부터 **친정 나들이**를 서둘렀다. 남편도 순순히 따라나섰다. 집을 비우려면 뒤란으로 난 부엌문을 안에서 잠그고 주인집 마루를 지나 현관으로 나가야 한다. 주인여자가 괜히 샐쭉하며 동부인해서 정답게 어디를 가느냐고 했다.

“네, 이 사람 외식도 좀 시키고 쇼핑도 좀 하려구요.”

"어머머, 재미가 깨가 쏟아지셔."

"그럼요, 아이 없을 때 실컷 재미 봐야지 언제 봅니까."

오늘은 꼭 영아를 데려오고야 말겠다던 남편의 수작이 이랬다. 나는 가슴이 막히는 듯한 **절망감을 느**꼈다.

일 주일 동안에 영아는 많이 여위었다.

목이 상큼하고 눈은 더 크고 슬퍼 보였다. 어머니도 많이 수척해지신 것 같았다. 올케의 기색도 안 좋았다.

– 박완서, 〈서글픈 순방(巡房)〉

38

윗글에 대한 설명으로 가장 적절한 것은?

① 여러 인물의 내적 독백을 나열하여 주제를 드러내고 있다.
② 과거와 현재를 반복적으로 교차하여 갈등 해소의 실마리를 제시하고 있다.
③ 외부 이야기 속에 내부 이야기를 삽입하여 이야기의 신뢰도를 높이고 있다.
④ 작품 내부의 서술자가 자신이 겪은 사건을 진술하며 주관적 판단을 드러내고 있다.
⑤ 인물의 표정 변화와 내면 변화를 반대로 서술하여 그 인물의 특성을 부각하고 있다.

39

㉠~㉤에 대한 이해로 적절하지 <u>않은</u> 것은?

① ㉠은 '나'의 태도가 과거와 달라졌음을 보여 준다.
② ㉡은 '나'의 상황에 '주인여자'가 공감한다는 내용을 담고 있다.
③ ㉢은 '나'가 자신의 상황을 돌아보며 수치심을 느끼게 한다.
④ ㉣은 '나'의 걱정과 관련해 '남편'이 앞으로 무엇을 하겠다는 것인지를 언급한다.
⑤ ㉤은 '나'의 바람과 '남편'의 생각이 다름을 보여 준다.

40

〈보기〉에 따라 윗글을 이해한 내용으로 가장 적절한 것은?

〈보기〉

선생님: 이 작품에는 '구십만원'을 둘러싼 인물들의 다양한 행동이 드러나 있습니다. 행동의 이유에 주목하여 작품을 읽어 봅시다.

① '복덕방 영감'이 '나'에게 굽실거리는 이유는 '복덕방 영감'이 '구십만원'의 가치에 대해 오해를 하고 있었기 때문이에요.
② '나'가 '남편'과 의논하여 구하는 집의 조건을 변경한 이유는 '구십만원'의 가치에 대한 인식이 바뀌었기 때문이에요.
③ '노인'이 웃음을 터뜨린 이유는 '구십만원'의 가치에 대한 '나'의 인식을 이용하여 이득을 볼 수 있으리라 생각했기 때문이에요.
④ '나'가 '노인'에게 '목청을 돋우어' '구십만원'을 강조한 이유는 '구십만원'의 가치에 대한 생각이 서로 일치함을 확인했기 때문이에요.
⑤ '나'가 '신흥 주택가'를 떠나 사흘 동안 세 지역을 다닌 이유는 '복덕방 영감'으로부터 '구십만원'의 가치라면 전세방을 구할 수 있다는 말을 들었기 때문이에요.

41

〈보기〉를 참고하여 윗글을 감상한 내용으로 적절하지 <u>않은</u> 것은? [3점]

〈보기〉

이 작품에서는 주거 공간이 정착의 수단이자 물질주의적 욕망의 대상으로 그려지고 있다. 부동산으로 부(富)를 축적하던 1970년대의 세태 속에서 가족의 터전을 찾는 인물들은 경제적 여유를 지닌 이들에 의해 삶의 방식을 간섭받는다. 이 과정에서 경제적 격차를 실감하며 현실의 부당함을 인식하게 되는 인물들은 부에 가치를 두는 정도에 따라 각기 다른 현실 대응 방식을 보여 준다.

① '승용차가 나란히 두 대가 멎'은 후 거기서 내린 젊은 신사들이 '그 땅'에 대해 말하는 부분에서, 부동산을 부의 축적 수단으로 인식하던 세태를 짐작할 수 있군.
② '나'가 '첫번째 본 집'을 나와서 '셋방살이 신세가 무슨 대역죄'냐고 생각하는 부분에서, 주거 공간을 얻는 과정에서 마주한 현실이 부당하다고 느끼는 것을 짐작할 수 있군.
③ 주인여자가 '배까지 흘끔흘끔' 보면서 하는 말을 '나'가 '야박한 소리'라고 생각하는 부분에서, 경제적 여유를 지닌 이들에 의해 삶의 방식을 간섭받는 모습을 확인할 수 있군.
④ 남편이 '셋방'의 상태와 시설을 보고 주인여자의 말에 '냉큼 두 내외뿐'이라고 하는 부분에서, 대상의 물질적 조건을 고려하여 살 곳을 선택하는 현실 대응 방식을 확인할 수 있군.
⑤ '나'가 '친정 나들이'를 갈 때 주인여자에게 남편이 하는 말을 듣고 '절망감을 느'끼는 부분에서, 경제적 격차를 인지하지 못하고 가족의 정착만을 중시했던 태도를 후회하는 것을 확인할 수 있군.

[앞부분 줄거리] 정 소저는 계모 박 씨의 모함을 의심 없이 받아들인 아버지 정공 때문에 위기에 처하고, 집에서 나와 숨어 다니던 중 도적을 만나 강물에 몸을 던진다. 이때, 정혼자 조무(용홍)와 동생 조성이 정 소저를 우연히 발견하여 구출한다.

소저가 매우 놀라며 말하였다.

"내가 외가로 가지 않고 구차하게 길가에서 분주하게 다닌 것은 조숙모에게 부끄럽고, 아버지의 허물을 드러내고 싶지 않아서였다. 뜻밖에 저 공자들을 만나니 내가 차마 사실을 말하여 부끄러움을 더하겠는가? 은인의 덕이 산과 바다 같으나 차마 근본을 아뢰게 되어 저 집에서 우리 집의 허물을 알게 되면 매우 부끄럽게 될 것이다. 모름지기 너는 다만 대답하기를 내가 타향에서 떠돌아다니다가 서울의 친척을 찾으러 왔다가 도적을 만나 물에 빠져 죽을 뻔했다고 말하여라. 조 공자가 이미 우리가 여자인 줄을 알았으니 남녀는 구별이 있는 것이다. 생명을 구해준 은혜에 몸소 사례하지 못함을 아뢰어라."

벽난과 춘앵이 굳이 근본을 이르지 말라는 소저의 말을 듣고 나와서 상의하여 말하였다.

"이제 하늘이 도와주셔서 조 공자를 만났으나 어찌 차마 좋은 기회를 놓치게 되면 우리 주인과 노비는 어디에 의지하며 소저의 백년가약을 어느 날 이루겠는가? 우리들이 가만히 사실을 아뢰어 조 공자가 일을 처리하는 것을 보아야겠구나." 이에 조 공자의 안전에 나가 말하였다.

"우리 소저께서는 타향에서 떠돌아다니시다 친척을 찾으러 왔다가 도적을 만나 물에 빠져 죽게 되었습니다. 은인께서 생명을 구해준 은혜를 입어 남은 목숨을 [A] 회생하게 되었습니다. 우리 소저께서 은혜는 태산 같사오나 몸소 사례치 못함을 아뢰라 하셨습니다."

조 공자들이 크게 아쉬워하고 섭섭해 하며 어떻게 일을 처리할까를 마음속 깊이 생각하고 주저하고 있었다. 두 명의 시비가 다시 머리를 조아리며 말하였다.

"소저께서 차마 상공께 근본을 바로 고하지 못하여 이리하였습니다만, 저희들이야 상공을 만나 사실대로 고하지 아니하겠습니까? 더욱 대공자는 저희들의 주군(主君)이시고 은인이시니 어찌 숨기는 죄를 더하며 주인의 평생을 매몰되게 하겠습니까? 저희의 주인은 정참정의 딸로 외가에서 조 공자와 정혼하였습니다. 그러나 소저가 본댁으로 돌아오신 후에 가내에 어질지 못한 사람이 있어서 수많은 방법으로 정참정을 보채고 소저를 재해에 빠지게 하였습니다. 마침내는 소저를 정참정 부인의 사촌인 박수관의 후실로 위협하고 명령하여 시집보내려 하였습니다. 그래서 소저가 외가로 가시고자 하나 석공 어르신께서 성품이 엄숙하셔서 반드시 정공과 더불어 큰 사단을 일으키실 것이라 생각하였습니다. 일의 형세가

매우 난처하여 남장으로 바꿔 입고 강가의 이평장 부인은 소저의 고모이신데, 그 분을 찾아가 의지하고자 하셨습니다. 그러나 이평장 부인이 이사를 가신 지 수일이 지났고 가신 곳을 모르기 때문에 강변에서 방황하시다가 따르는 도적을 만나서 소저께서 억울하고 원통하게도 강물에 몸을 던졌습니다. 상공께서 저희의 목숨을 살려주신 은혜를 만나 주인과 노비 세 사람이 살아나니 이 은덕은 분골쇄신하더라도 다 갚지 못할 것입니다."

두 공자가 이 말을 들으니 참혹함은 말할 것도 없고 정 소저의 굳은 절개와 아름다운 행동은 깊이 사람을 감동시킬 만하였다. 또한 그 계모 박 씨가 자애롭지 못해 이 변을 일으킴을 짐작하고 사람의 마음이 자연스럽게 측은하였다. 정 소저의 절행이 빼어나 자기를 위하여 온갖 고생이 이 지경에 미쳤음에 감복하고 하물며 평생의 아름다운 배필과 하늘이 정한 연분이 심상치 않다는 것을 알았다. 용홍 공자의 두 눈에는 가을 물처럼 고운 광채가 어리었다. 용홍이 말하였다.

"소저의 수많은 고초와 슬픈 한이 이 조생을 위함이니 어찌 감사하지 않겠는가? 너희들은 우리가 집에 들어가 일을 처리할 사이에 소저를 보호하라."

(중략)

석공이 소저의 얼굴을 쓰다듬으며 길게 탄식하며 말하였다.

"일이 이미 여기에 이르렀으니 설마 어찌하겠느냐? 손녀가 어린 나이에 효성과 절개와 지혜가 모두 갖추어졌으니 완고한 아비와 어리석은 어미의 흉계에서 벗어나 목숨을 보전하여 명철보신(明哲保身)한 것이다. 부모가 낳아준 몸을 보전하고 죽은 어미의 남긴 가르침을 이으니 네 아비가 흙과 나무 같은 마음을 지니고 있다고 하더라도 성혼한 후에 서로 만나서 부녀가 상봉하는 [B] 즐거움을 얻는다면 어찌 너를 책망하며 혼인을 한 것을 그르다고 하겠느냐? 모든 일에는 원래의 계획을 변경할 때와 임기응변의 방법이 있다. 이제 조 상국이 밖에 와서는 너와의 혼인을 완전하게 정하고 너의 뜻을 알려고 하니 어찌 고상하지 못한 모습으로 사양하느냐? 내가 네 부모를 대신하여 혼인을 관장할 것이다. 너에게 혼인을 묻는 말이 아니니 너는 다시 이상한 말을 내지 마라."

소저가 조 상국이 왔다는 말을 듣고 더욱 불안하고 놀라며 부끄러워 옥 같은 얼굴이 발그스레해졌다. 눈썹을 나직하게 낮추고 또 아뢰었다.

"소녀의 도리로 차마 아버지를 속이고 혼인을 못 하겠습니다. 조 상국은 당세(當世)의 군자이십니다. 원컨대 조부께서는 손녀의 보잘 것 없는 마음을 살피시어 뜻을 이루게 해 주십시오."

그런 후에 조모와 삼촌의 안부와 동생의 무사함을 묻고는 슬프고 참혹하여 눈물을 흘릴 뿐이었다. 석공이 밖으로 나와 조공을 보고 손녀와 묻고 대답한 말을 일일이 전하고는 탄식하며 말하였다.

"손녀의 마음이 금석(金石)같아서 저의 용렬하고 어리석은
말로 알아듣도록 타이를 방법이 없으니 어찌하겠습니까?"
조공이 무릎을 치며 몹시 탄복하고 칭찬하며 말하였다.
"정 소저의 일과 행동은 여자 중에 군자입니다. 이것은 다
현형(賢兄)의 높은 교훈에 힘입은 것입니다. 제가 이와
같은 며느리를 얻으니 어찌 아버지의 어질지 못함을 한탄
하겠습니까? 이것은 신부와 의논할 말이 아니니 현형이
혼인을 관장하십시오."
석공이 이 말을 옳게 여겨 다시 소저에게 묻지 않고 혼례를
준비하였다. 석 학사 부인이 나오고 석공 부인이 정 공자와
함께 나와 소저를 보았는데 서로 붙들고 매우 오열함을
이기지 못하였다. 소저는 그리워하던 아우를 만나니 반갑고
기쁜 뜻이 서로 뒤섞여 일어났다.

– 작자 미상, 〈현몽쌍룡기〉

42

윗글에 대한 설명으로 가장 적절한 것은?

① 과장된 상황을 설정하여 해학성을 유발하고 있다.
② 비유법을 사용하여 인물의 외양을 표현하고 있다.
③ 배경 묘사를 통해 인물의 성격 변화를 암시하고 있다.
④ 꿈과 현실을 교차하여 사건을 입체적으로 구성하고 있다.
⑤ 전기적 요소를 활용하여 비현실적인 장면을 부각하고 있다.

43

윗글의 내용에 대한 이해로 적절하지 않은 것은?

① 벽난과 춘앵은 정 소저가 조 공자와 정혼한 인물임을 밝혔다.
② 정 소저는 이평장 부인이 이사해 살고 있는 곳으로 찾아갔다.
③ 조 공자는 정 소저를 보호할 것을 명령했다.
④ 석공은 조 상국이 정 소저의 뜻을 알려고 한다고 말했다.
⑤ 석공 부인이 정 공자와 함께 나와 정 소저를 보았다.

44

[A]와 [B]에 대한 이해로 가장 적절한 것은?

① [A]는 [B]와 달리 상대의 행동에 변화를 촉구하고 있다.
② [B]는 [A]와 달리 상대에게 다른 인물의 말을 전하고
있다.
③ [A]와 [B]는 모두 상대의 의도에 의문을 제기하고 있다.
④ [A]와 [B]는 모두 상대가 처한 어려움에 대해 공감하고
있다.
⑤ [A]와 [B]는 모두 과거에 일어난 일을 상대에게 언급하고
있다.

45

〈보기〉를 참고하여 윗글을 감상한 내용으로 적절하지 않은 것은? [3점]

────〈보기〉────

〈현몽쌍룡기〉는 가부장적 사회를 살아가는 여성의 삶을
담고 있다. 이 작품 속 여성 인물은 친정 식구들로 인해
혼사가 지연되는 등의 고난을 겪음에도 당대 여성에게
요구되던 덕목을 지킬 뿐 아니라 자식으로서의 도리를
지키고, 친정 가문의 일원으로서의 소속감을 유지하기 위해
애쓴다. 이러한 점에서 이 작품은 당시 여성 독자층의 큰
공감을 얻을 수 있었다는 의의를 지닌다.

① 정 소저가 친정 가문의 허물을 조 공자가 알게 되면
부끄러울 것이라고 생각하는 것에서 친정 가문의 일원
으로서 소속감을 지니고 있음을 알 수 있군.
② 가내의 어질지 못한 인물로 인해 정 소저가 죽을 위기를
겪었다는 것에서 고난이 친정 식구로부터 비롯되었음을
알 수 있군.
③ 두 공자가 정 소저의 사연을 듣고 굳은 절개에 감동받았다는
것에서 정 소저가 당대에 요구되던 여성의 덕목을 갖춘
인물임을 알 수 있군.
④ 정 소저가 아버지를 속인 채로는 혼인하지 못하겠다는
것에서 자식으로서의 도리를 따르고자 함을 알 수 있군.
⑤ 조공이 정 소저를 군자라고 칭하며 혼인을 진행하려는
것에서 정 소저가 가부장적 사회에서도 혼사를 주관할 수
있는 권리를 인정받았음을 알 수 있군.

01 _ 13번 연계 문제

밑줄 친 부분 중 ㉠에 의한 높임 표현이 나타나지 않은 것은?

> 주체 높임법은 서술의 주체에 해당하는 문장의 주어를 높이는 방법이고, 객체 높임법은 서술의 객체에 해당하는 목적어나 부사어가 지시하는 대상을 높이는 방법이다. 이러한 높임을 실현하기 위해서는 선어말 어미, 조사, ㉠특수 어휘를 사용한다.

① 아버지께서 일찍 주무신다.
② 어머니께서 고기를 잡수신다.
③ 우리 할머니께 선물을 드리자.
④ 제사를 모시는 것은 힘든 일이다.
⑤ 우리 할머니께서는 고향에 계신다.

02 _ 14번 연계 문제

〈보기〉의 ㉠~㉢을 이해한 내용으로 적절하지 않은 것은?

> ───〈보기〉───
> ㉠ 어제 눈이 많이 내렸다.
> ㉡ 수연이는 교내 백일장 대회에 참가할 것이다.
> ㉢ 지금 떠나면 저녁이 되어서야 도착하겠다.

① ㉠은 선어말 어미 '-었-'을 활용하고 있다.
② ㉠은 사건시가 발화시보다 앞서는 시제이다.
③ ㉡의 시제는 사건시와 발화시가 일치한다.
④ ㉡은 관형사형 어미 '-(으)ㄹ'과 의존 명사 '것'을 결합하여 활용하고 있다.
⑤ ㉢은 추측을 나타내고 있다.

03 _ 15번 연계 문제

〈보기〉의 ㉠~㉢을 탐구한 내용으로 적절하지 않은 것은?

> ───〈보기〉───
> 海東(해동) 六龍(육룡)이 ㉠ᄂᆞᄅᆞ샤 일마다 天福(천복)이시니
> ㉡古聖(고성)이 同符(동부)ᄒᆞ시니   〈제1장〉
> 불휘 기픈 남ᄀᆞᆫ ᄇᆞᄅᆞ매 아니 ㉢뮐쎄 곶 됴코 여름 하ᄂᆞ니
> ᄉᆡ미 ㉣ 기픈 므른 ᄀᆞᄆᆞ래 아니 그츨쎄 내히 이러 ㉤바ᄅᆞ래 가ᄂᆞ니   〈제2장〉

[현대어 풀이]

> 해동의 여섯 용이 나(飛)시어 일마다 하늘의 복을 받으시니,
> 중국의 옛 성왕과 딱 들어맞으시니.   〈제1장〉
>
> 뿌리 깊은 나무는 바람에 아니 움직이므로, 꽃이 좋고 열매가 많으니.
> 샘이 깊은 물은 가뭄에 그치지 아니하므로, 내가 이루어져 바다에 가느니.   〈제2장〉

	탐구 대상	비교 대상	탐구한 내용
①	㉠의 '-샤-'	'나(飛)시어'의 '-시-'	'-샤-'는 문장의 주체를 높이는 선어말 어미이다.
②	㉡의 '이'	'성왕과'의 '과'	'이'는 앞말이 다른 것과 비교하는 대상임을 표시하는 조사이다.
③	㉢의 '-ㄹ쎄'	'움직이므로'의 '-므로'	'-ㄹ쎄'는 앞말이 뒤에 오는 내용과 인과관계로 연결됨을 나타낸다.
④	㉣의 '-은'	'깊은'의 '-은'	'-은'은 앞말이 뒤에 오는 말을 수식함을 나타낸다.
⑤	㉤의 '래'	'바다에'의 '에'	'래'는 앞말이 진행 방향의 부사어임을 나타내는 조사이다.

04 _ 27~30번 연계 문제

ⓐ~ⓔ의 사전적 의미로 적절하지 않은 것은?

> 구조물은 부재를 바탕으로 ⓐ 구성되는데, 외부에서 ⓑ 작용하는 힘인 하중을 받는다. 구조물은 하중에 의해 ⓒ 파손되어 ⓓ 영구적으로 ⓔ 변형될 수 있으므로, 구조물을 설계할 때는 부재에 가해질 하중과 부재의 허용하중을 계산해야 한다.

① ⓐ: 몇 가지 부분이나 요소들을 모아서 일정한 전체를 짜 이룸.
② ⓑ: 어떠한 물리적 원인이나 대상이 다른 대상이나 원인에 기여함.
③ ⓒ: 깨어져 못 쓰게 됨. 또는 깨뜨려 못 쓰게 함.
④ ⓓ: 일정한 기간에 한정되어 있는 것
⑤ ⓔ: 모양이나 형태가 달라지거나 달라지게 함.

[01~03] 다음은 학생의 발표이다. 물음에 답하시오.

안녕하세요? 생활 속 과학 원리에 대한 발표를 맡은 ○○○입니다. (사진 제시) 이 사진 기억나시나요? 지난 체험 학습 단체 사진인데요, 혹시 뒤에 보이는 곳이 경사제 방파제라는 것을 알고 계셨나요? 저는 오늘 이 경사제 방파제에 대해 소개하고자 합니다.

얼마 전 과학 시간에 파도에 대해 배웠던 것 기억나시나요? 파도는 바람이나 조석 간만의 차 등의 원인으로 발생합니다. (영상 제시) 보시는 것처럼 바람이 많이 불어 바닷물에 계속 에너지가 전달되어 만들어진 큰 파도는 수심이 얕은 해안에 가까워질수록 더 높아집니다. 그래서 방파제를 설치하여 파도로부터 내항을 보호합니다. (그림 제시) 이 그림은 경사제 방파제의 단면을 도식화한 것인데요, 지반 위에 사다리꼴로 사석을 놓고 그 위에 콘크리트 둑을 올려 외항과 내항을 분리한 것이 보이시죠? 아까 보신 영상에서처럼 파도가 밀려오면 경사제 방파제가 내항을 보호할 수 있습니다.

(그림의 왼쪽 부분을 가리키며) 주목할 만한 점은 내항과 달리 여기 외항 쪽 경사면에는 여러 개의 블록들이 쌓여 있다는 것입니다. 이 블록은 테트라포드로, 이 테트라포드들을 방파제 경사면에 쌓으면 방파제만 있을 때보다 방파제로 들이치는 파도 에너지를 분산시킬 수 있습니다. (표 제시) 테트라포드가 있으면 없을 때보다 파도의 높이가 반으로 줄어드는 것을 표에서 확인할 수 있는데요, 그렇다면 이렇게 테트라포드가 파도 에너지를 분산시킬 수 있는 이유는 무엇일까요?

그 답은 바로 테트라포드의 구조에 있습니다. 아까 보여 드렸던 그림을 다시 보며 설명드리겠습니다. (그림 제시) 테트라포드는 네 개의 다리라는 의미인데요, 그림의 오른쪽 아래에 있는 테트라포드를 보시면 다리가 4개인 것을 확인하실 수 있습니다. 뒤에 있는 분들도 잘 보이시나요? (청중의 대답을 듣고) 네, 그러면 확대해 드리겠습니다. (그림을 확대하며) 이제는 잘 보이시죠? 이 테트라포드의 다리 사이의 각은 어디를 재더라도 약 109.5도로 동일합니다. 그래서 테트라포드의 다리를 맞물려 경사면에 쉽게 쌓을 수 있는데요, 이렇게 테트라포드를 맞물려 쌓으면 경사면에 굴곡이 생기는데 여기에 부딪힌 파도는 부서지고, 부서진 파도는 맞물린 테트라포드 사이의 틈새로 흐르게 되면서 방파제를 치는 파도의 에너지가 분산됩니다.

파도 에너지를 분산시키는 방파제의 종류는 많지만, 경사제 방파제는 약한 지반에도 설치가 용이하다는 장점이 있어 가장 흔히 사용되고 있습니다. 하지만 경사제 방파제에 쌓인 테트라포드 사이의 틈새는 꽤 크고 깊어 매우 위험합니다. 그래서 테트라포드 위에 올라가는 것은 금지되어 있으니 이 점에 유의하시기 바랍니다. 이상으로 발표를 마치겠습니다.

01

위 발표자의 말하기 방식에 대한 설명으로 가장 적절한 것은?

① 발표를 하게 된 소감을 밝히며 발표를 시작하고 있다.
② 청중에게 바라는 바를 언급하며 발표를 마무리하고 있다.
③ 자료의 출처를 언급하여 발표 내용의 신뢰성을 높이고 있다.
④ 발표 중간에 청중의 질문을 받으며 청중과 상호 작용하고 있다.
⑤ 청중의 이해 정도를 확인한 후 이어질 발표 순서를 안내하고 있다.

02

다음은 발표자가 발표를 준비하며 참고한 '그림' 자료이다. 발표자의 자료 활용에 대한 계획 중 발표에 반영된 것으로 적절하지 <u>않은</u> 것은?

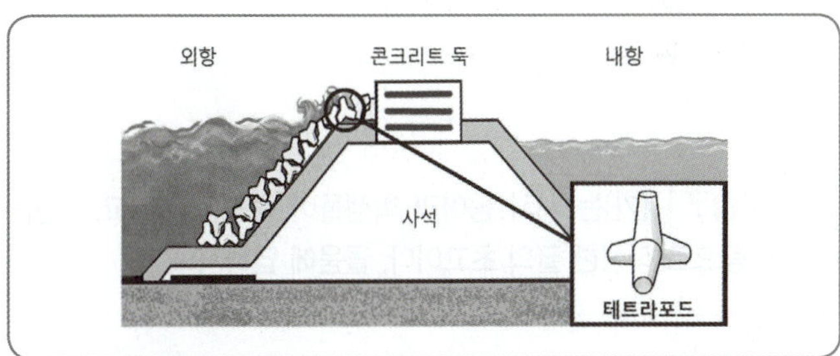

① 경사제 방파제에 대한 관심을 유발하기 위해 청중이 경사제 방파제의 실제 모습을 환기할 수 있는 사진을 추가로 제시해야겠어.
② 경사제 방파제의 필요성을 강조하기 위해 해안으로 가까워질수록 높아지는 파도의 움직임이 담긴 영상을 추가로 제시해야겠어.
③ 경사제 방파제의 설치 용이성을 설명하기 위해 경사제 방파제의 단면을 도식화한 그림의 특정 부분을 가리키며 제시해야겠어.
④ 테트라포드의 기능을 효과적으로 보여 주기 위해 테트라포드의 유무에 따른 파도 높이 차를 비교한 표를 추가로 제시해야겠어.
⑤ 테트라포드의 구조가 잘 보이지 않을 수 있는 청중을 위해 그림의 크기를 조절하여 제시해야겠어.

03

〈보기〉는 위 발표를 들은 학생들의 반응이다. 학생의 반응을 이해한
내용으로 가장 적절한 것은?

① 학생 1은 평소에 가지고 있던 궁금증이 해소되었다는
점에서 발표 내용을 긍정적으로 평가하고 있다.
② 학생 2는 자신이 알고 있던 사실과 발표 내용을 비교하며
발표에서 다룬 정보의 문제점을 제시하고 있다.
③ 학생 1과 학생 2는 모두, 자신의 경험을 바탕으로 발표
내용의 유용성을 점검하고 있다.
④ 학생 1과 학생 3은 모두, 발표 내용과 관련하여 추가적인
정보를 탐색하려 하고 있다.
⑤ 학생 2와 학생 3은 모두, 발표에서 직접적으로 언급되지
않은 내용을 추론하고 있다.

[04~07] (가)는 시사 동아리 학생들이 나눈 대화이고, (나)는
이를 바탕으로 작성한 글의 초고이다. 물음에 답하시오.

(가) 학생 1: ㉠ 지난 시간에 교지에 실을 글의 주제에 대해
찾아보기로 했잖아. 의견을 공유해 볼까?
학생 2: 우리 학교 학생들이 관심을 가질 만한 사회 문제를
다루기로 했지?   ⎤
학생 3: 이분법적 사고에 대해 다루어 보는 건 어때? 얼마   [A]
전에 이분법적 사고가 사회 갈등을 부추긴다는 기사를
읽었는데 인상적이었어.   ⎦
학생 1: ㉡ 이분법적 사고? 좀 더 자세히 이야기해 줄래?
학생 3: 이분법적 사고는 어떤 대상이나 현상을 둘로만 나누어
한정하여 사고한다는 뜻이래. 이러한 사고방식이 누군가를
배제하거나 차별하게 만들 수도 있다고 하더라고.
학생 2: 그래? 이분법적 사고가 차별을 만드는 구체적인
상황을 이야기해 주면 좋겠어.

학생 3: 요즘 성격 유형 검사가 유행이잖아. 특정 성격   ⎤
유형에 대한 편견 때문에 차별받는다고 느끼는 사람들이
많아졌대.   ⎥
학생 1: 혹시 성격을 내향형이나 외향형같이 둘로 나누는 [B]
것이 문제가 되는 거야? 그게 꼭 나쁜 점만 있는 건 아니
잖아.   ⎦
학생 3: 성격 유형을 나누는 것 자체는 문제가 아니야. 서로를
더 잘 이해하기 위한 하나의 방법이니까. 하지만 사람의
성격을 둘 중의 하나로만 보고 특정 유형에 대해 가치판단을
내리거나 차별하는 것은 문제인 거지.
학생 2: 상황에 따라 외향성과 내향성이 드러나는 정도가 다를
수 있는데, 둘 중 하나의 성격만 가진 것으로 판단하고
차별하는 것이 문제라는 거지? 이런 현상을 보여 주는 예가
더 있을까? ㉢ 우리에게 익숙한 것 위주로 이야기해 보자.
학생 1: 성공 아니면 실패, 두 가지 극단적인 방향으로만 삶을
평가하는 것이 대표적인 예라고 생각해.
학생 3: 그것뿐 아니라 세대나 이념 등 우리 사회의 많은
부분에서 이런 현상을 찾아볼 수 있어.
학생 2: 맞아. 단순히 나이만을 기준으로 세대를 나누고, 한
세대의 특징을 일반화해서 개인을 판단하고 희화화하는
모습이 많이 보이더라. ㉣ 그럼 오늘 이야기한 내용을
바탕으로 글을 한번 써 볼까?
학생 3: 좋아. ㉤ 다음 시간에는 개요를 작성해야 하니 필요한
자료를 각자 수집해 오자. 그러면 내가 개요를 바탕으로
초고를 써 볼게. 검토 부탁해.
학생 1, 2: 알았어.

(나) 요즘 성격 유형 검사에 대한 사람들의 관심이 높아지면서
성격 유형 검사에 과몰입하는 사람이 늘고 있다. 이들은 성격
유형의 지표에 따라 성격을 양분하여 일반화하기도 하는데,
이러한 이분법적 사고 방식은 바람직하지 않다. 이분법적
사고란, 어떤 대상이나 현상을 둘로만 나누어 한정하여
사고하는 것을 말한다. 이러한 이분법적 사고에 매몰되면
다양한 사회 문제가 나타날 수 있다.

이분법적 사고에 매몰되면 첫째, 자기가 속한 집단에 대한
인식이 자신의 자아상에 부정적인 영향을 미칠 수 있다. 사회
심리학자 헨리 타이펠은 인간의 사회적 정체성은 자기
인식에 지대한 영향을 미친다고 보았다. 이는 이분법적
사고에 의해 형성된, 특정 집단에 대한 고정관념이 자기
자신에게로 향하여 본인의 역량에 영향을 미칠 수 있다는
말이다. 예를 들어, '저는 내향형이라 발표를 못해요.', '저는
외향형이라 집중하는 게 힘들어요.'와 같이 자신의 성격
유형을 일종의 행동 양식으로 받아들이고 스스로 한계를 정하여
성장하고 발전할 수 있는 기회를 놓칠 수도 있는 것이다.

둘째, 다른 집단에 대한 편견과 고정관념이 사회적 갈등으로 이어질 수 있다. 즉, 자신이 속하지 않은 다른 집단을 자신과 경계 짓고 '틀린' 것으로 판단하는 편협한 생각이 그 집단에 대한 차별과 혐오로 이어질 수 있다는 것이다. 예를 들어 특정 세대를, 조직에 잘 융화되지 못하고 본인의 주관만 내세우며 사회성이 결여된 주체로 묘사하여 희화화하는 경우가 있다. 이는 개인의 특성을 집단 전체의 특성으로 단순화하고 특정 세대에 대한 부정적인 감정을 부추기는 것이다.

인간은 누구나 대상을 양분해서 사고하는 경향을 어느 정도 가지고 있다. 하지만 선이 아니면 악, 아름다움이 아니면 추함 등 두 가지 극단적인 방향으로만 세상을 판단하는 것은 다양성을 추구하는 사회가 지향할 방식으로 바람직하지 않다. 따라서 우리는 이러한 이분법적 사고를 경계하고, 다름을 인정하는 자세를 가져야 한다.

04

대화의 흐름을 고려할 때, ㉠~㉤에 대한 이해로 적절하지 <u>않은</u> 것은?

① ㉠: 대화 참여자에게 지난 활동의 대화 내용을 환기하고 있다.
② ㉡: 대화 참여자에게 발언 내용에 대해 추가 설명을 요청하고 있다.
③ ㉢: 대화 참여자에게 앞으로 진행될 대화 내용의 범위를 한정하고 있다.
④ ㉣: 대화 참여자에게 자신이 제안한 내용에 대한 동의 여부를 재차 확인하고 있다.
⑤ ㉤: 대화 참여자에게 다음 활동을 예고하며 준비 사항을 안내하고 있다.

05

[A], [B]에 대한 설명으로 가장 적절한 것은?

① [A]의 학생 2는 대화 상대에게 자신의 의견을 여러 개 제시한 후 선택을 요구하고 있다.
② [A]의 학생 3은 대화 상대가 발언한 내용과 관련하여 자신의 경험을 제시하고 있다.
③ [B]의 학생 3은 대화 상대에게 사회적 통념을 제시하며 공감을 유도하고 있다.
④ [B]의 학생 1은 대화 상대가 제기한 의문을 해소하기 위한 방안을 제안하고 있다.
⑤ [A]의 학생 3과 [B]의 학생 1은 모두, 대화 상대의 의견을 수용하여 자신의 견해를 수정하고 있다.

06

다음은 '학생 3'이 (가)를 바탕으로 세운 글쓰기 계획이다. (나)에 반영된 내용으로 적절하지 <u>않은</u> 것은? [3점]

1문단
• (가)에서 언급한, 성격 유형 검사와 관련된 사회 현상을 보여준 후 우리의 입장을 제시해야겠어. .... ①
• (가)에서 언급한, 이분법적 사고의 개념을 제시하고 이분법적 사고로 인해 다양한 사회 문제가 발생할 수 있음을 밝혀야겠어. .... ②

2문단
• (가)에서 언급하지 않은, 전문가의 견해를 추가하여 이분법적 사고가 개인에게 미치는 영향을 부각해야 겠어. .... ③

3문단
• (가)에서 언급한, 세대를 나누는 기준을 제시하여 이분법적 사고의 문제점을 부각해야겠어. .... ④

4문단
• (가)에서 언급하지 않은, 이분법적 사고에 대한 새로운 예를 제시한 후 우리의 입장을 한 번 더 강조하여 마무리 해야겠어. .... ⑤

07

〈보기〉에 제시된 학생들의 조언에 따라 (나)의 제목을 작성한 것으로 가장 적절한 것은?

〈보기〉

학생 1: 제재의 특성을 드러내는 표제와 부제를 붙여보자.
학생 2: 부제에는 친구들의 관심을 끌 수 있도록 비유적인 표현을 사용하는 게 좋겠어.

① 두 개의 틀 안에 갇힌 사람들
  – 이분법적 사고로 인한 부정적인 자아상
② 성격 유형 검사의 장점과 단점
  – 색안경을 벗으면 사람이 보입니다
③ 세대 차이로 빚어진 사회적 갈등
  – '우리'와 '그들', 서로에게 붙이는 또 다른 이름표
④ 이분법적 사고, 무엇이 문제인가
  – '내가 평가하는 나'와 '남이 평가하는 나'
⑤ 편견과 차별을 만드는 이분법적 사고
  – 흑 아니면 백으로만 칠해지는 세상

[작문 상황]
○ 지역 신문에 우리 지역의 생활체육 활성화를 주장하는
글을 쓰고자 함.

[학생의 초고]

생활체육이란 개인이 자발적으로 여가를 이용해 건강 증진
등의 목적으로 참여하는 체육 활동을 말한다. 최근 통계에
따르면 우리나라 국민들의 생활체육 참여율은 꾸준히 증가
하고 있다. 우리 지역의 생활체육 참여율도 꾸준히 증가하고
있지만, 우리나라 국민의 생활체육 참여율에 비해서는
여전히 생활체육 참여가 활성화되지 못하고 있다.

우리 지역에서 주민들의 생활체육 참여가 활성화되지 못한
원인으로는 먼저, 주민들 대다수가 쉽게 이용할 수 있는 공공
체육 시설이 부족하다는 것이다. 우리 지역에는 공공 체육
시설이 있지만 생활 근거지와 멀리 떨어진 외곽에 위치하여
대다수의 주민들에게 접근성이 떨어진다. 다음으로 주민들의
참여를 유도할 수 있는 프로그램 수가 부족하다는 것이다.
우리 지역 공공 체육 시설에서 운영하는 프로그램은 탁구와
축구 강좌 외에는 없으며, 운영 시간도 낮 시간대에 한정되어
있다. 마지막으로, 우리 지역은 생활체육을 활성화하기 위한
실질적인 홍보가 이루어지지 못하고 있다는 것이다. 생활체육
시설 이용 방법이나 프로그램 정보는 주로 공공 체육 시설
누리집으로만 홍보되고 있고, 그마저도 관리가 잘 안 되고 있다.

그렇다면 우리 지역 주민들의 생활체육 참여를 활성화하기
위해서는 어떻게 해야 할까? 첫째, 주민들의 접근성을 높일
수 있는 체육 시설을 확충해야 한다. 생활 근거지 주변에
공공 체육 시설을 증설하거나 주민들이 이전에 이용하지
못했던 시설을 생활체육 시설로 개방하면 기존 시설 이용에
제한받던 주민들의 생활체육 참여를 확대할 수 있다. 둘째,
주민들의 수요를 조사하여 그에 맞는 다양한 프로그램을
개설하여 주민들에게 생활체육 참여 기회를 제공해야 한다.
마지막으로, 주민들의 생활체육 참여를 끌어낼 수 있도록
효과적인 홍보 활동을 실시해야 한다. 주민들의 연령층을
고려해 지역 신문이나 누리 소통망 등 여러 매체를 활용하여
생활체육 관련 정보를 다양하게 접할 수 있도록 해야 한다.

[A]

08 학생의 초고에 활용된 글쓰기 전략으로 적절하지 않은 것은?

① 주요 개념에 대한 정의를 제시한다.
② 문제의 원인을 다양한 측면에서 제시한다.
③ 예상되는 독자의 반론에 대한 답변을 미리 제시한다.
④ 자문자답의 방식을 통해 문제의 해결 방안을 제시한다.
⑤ 순서를 나타내는 표지를 사용하여 문제의 해결 방안을
   제시한다.

09

〈보기〉는 초고를 보완하기 위해 추가로 수집한 자료이다. 자료의
활용 방안으로 적절하지 않은 것은? [3점]

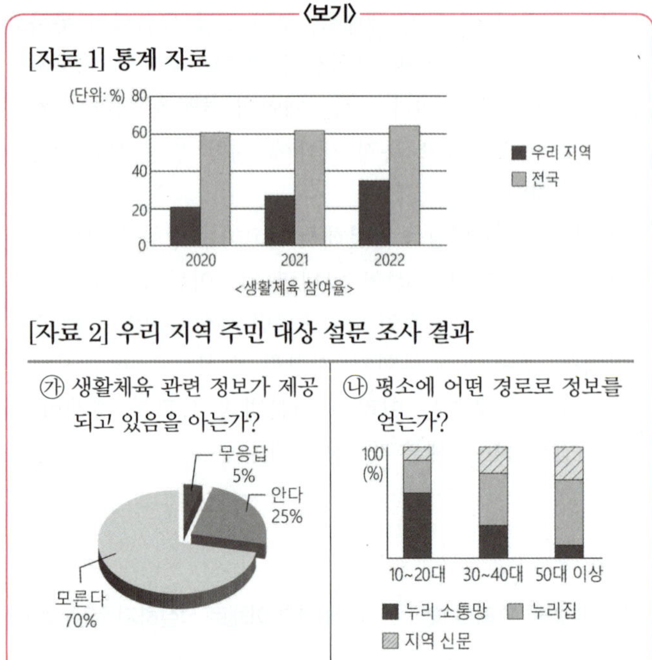

[자료 3] 다른 지역 신문 기사
　　○○시는 최근 선수 훈련용 경기장을 지역 주민에게
개방하면서 주민들의 큰 호응을 얻고 있다. 특히 ○○시는 누리
소통망을 통해 경기장 이용 인증 사진 올리기 이벤트를 함께
진행하여 누리 소통망 사용에 익숙한 청소년층의 생활체육
참여율을 높였다. △△△교수는 "시민들의 생활체육 참여율이
증가하는 추세를 유지하기 위해서는 다양한 종목을 개설하는
동시에 프로그램의 운영 시간대도 확대해야 한다."라고 말했다.

① [자료 1]을 활용하여 우리나라 국민의 생활체육 참여율에
   비해 지역 주민들의 생활체육 참여가 활성화되지 못하고
   있다는 사실에 대한 구체적 근거로 제시한다.
② [자료 2-㉮]를 활용하여 생활체육을 활성화하기 위한
   실질적인 홍보가 이루어지지 못하고 있다는 내용을
   뒷받침하는 근거로 제시한다.
③ [자료 3]을 활용하여 선수 훈련용 경기장을 주민에게
   개방한 다른 지역의 사례를 주민들이 이전에 이용하지
   못했던 시설을 생활체육 시설로 개방한 사례로 제시한다.
④ [자료 1]과 [자료 3]을 활용하여 주민들의 생활체육
   참여율의 증가 추세를 유지하기 위해서는 다양한
   프로그램을 개설하는 것뿐만 아니라 프로그램 운영
   시간대도 확대해야 한다는 내용을 추가로 제시한다.
⑤ [자료 2-㉯]와 [자료 3]을 활용하여 누리 소통망을 활용한
   경기장 이용 인증 이벤트를 주민 수요에 맞는 다양한
   프로그램을 개설한 사례로 제시한다.

10

〈보기〉는 선생님의 조언에 따라 [A]를 작성한 것이다. [A]를 작성할 때 반영한 선생님의 조언으로 가장 적절한 것은?

① 생활체육 활성화를 위해 해야 할 일을 주체별로 제시하며 글을 마무리하자.
② 생활체육에 참여할 때 유의할 점과 올바른 생활체육 참여 방법을 언급하며 글을 마무리하자.
③ 생활체육의 유래를 제시하고 앞으로 변화하게 될 생활체육의 미래를 언급하며 글을 마무리하자.
④ 생활체육의 참여를 통해 얻을 수 있는 기대 효과를 개인과 사회 차원으로 나눠 제시하며 글을 마무리하자.
⑤ 생활체육의 활성화가 갖는 사회적 의의를 나타내고 생활체육 참여의 장애 요인을 언급하며 글을 마무리하자.

[11 ~ 12] 다음 글을 읽고 물음에 답하시오.

　　한글 맞춤법 총칙 제1항은 '한글 맞춤법은 표준어를 소리대로 적되, 어법에 맞도록 함을 원칙으로 한다.'이다. 이는 한글 맞춤법의 대원칙을 밝히는 조항으로, 한글 맞춤법은 이 조항에 따라 표준어를 표음 문자인 한글로 올바르게 적는 방법이다.

　　먼저 '표준어를 소리대로 적는다'는 원칙은 한글 맞춤법이 표준어를 대상으로 한다는 뜻이 담겨 있다. 그리고 '소리대로' 적는다는 것은 표준어를 적을 때 발음에 따라 적는다는 뜻이다. 이는 자음이나 모음과 같은 음소를 조합하여 다양한 말소리를 그대로 기호로 나타낼 수 있는 표음 문자인 한글의 기본 기능에 충실한 원칙이다. 이를테면 [나무]라고 소리 나는 표준어는 'ㄴ'과 'ㅏ'로 조합된 한 음절과 'ㅁ'과 'ㅜ'로 조합된 한 음절을 그대로 '나무'로 적는 것이다.

　　그런데 '표준어를 소리대로 적는다'는 원칙만으로 충분하지 않은 경우가 있다. 그래서 '어법에 맞도록 한다'는 원칙을 제시한다. 예를 들어 체언 '빛'에 다양한 조사가 결합한 형태를 소리 나는 대로 적으면, '비치', '빋또', '빈만' 등이 된다. 하지만 이렇게 적으면 '빛'이라는 하나의 말이 여러 가지로 표기되어 실질 형태소의 본 모양과 형식 형태소의 본 모양이 무엇인지, 둘의 경계가 어디인지를 알아보기가 어렵다. 이와 달리 실질 형태소와 형식 형태소를 구분해서 어법에 맞도록 '빛이', '빛도', '빛만' 등으로 적으면 의미와 기능을 나타내는 각각의 형태소의 모양이 일관되게 고정되어서 뜻을 파악하기가 쉽고 독서의 능률도 향상된다. 이렇게 체언과 조사를 구분해서 표준어를 표기하는 원칙은 한글 맞춤법 제14항에서 자세히 밝히고 있는데, 이는 용언의 어간 뒤에 어미가 결합할 때도 동일하게 적용되는 경우가 있다. 한글 맞춤법 제15항에 따르면, '먹어서'는 [머거서]로 발음되지만 실질 형태소인 어간 '먹-'과 형식 형태소인 어미 '-어서'를 구별하여 적는다.

　　한편 한글 맞춤법에서는 단어의 일부분이 줄어든 준말의 표기 방법을 따로 규정하고 있다. 한글 맞춤법 제32항에서는 어근이나 어간에서 끝음절의 모음이 줄어들고 자음만 남는 경우 자음을 앞 음절의 받침으로 적는다는 것을 다루고 있다. 그 예로 '어제저녁'이 줄어들어 '엊저녁'으로도 적는 경우를 들 수 있다. '어제저녁'의 준말의 발음인 [얻쩌녁]을 소리 나는 대로 적으면 그 원래 뜻을 파악하기 어렵다. 그래서 '어제저녁'과의 형태적 연관성이 드러나도록 '엊저녁'으로 표기하는 것이다. 이는 표준어를 소리대로 적는다는 원칙만으로 충분하지 않은 경우, 어법에 맞도록 표기한 것이라 할 수 있다.

11

윗글을 이해한 내용으로 적절하지 <u>않은</u> 것은?

① '부엌'은 각 음절을 소리 나는 대로 표기한 경우이다.
② 한글은 음소를 조합하여 다양한 말소리를 기호로 나타낼 수 있다.
③ '모이'는 'ㅁ'과 'ㅗ'로 조합된 한 음절과 'ㅣ'로 된 한 음절을 소리 나는 대로 적은 것이다.
④ '웃으면'은 실질 형태소와 형식 형태소의 경계가 드러나도록 어법에 맞게 표기한 경우이다.
⑤ '갈비탕을 시켜 먹었다'와 '갈비탕을 식혀 먹었다'를 소리 나는 대로 적으면 의미의 구별이 어려운 경우가 생길 수 있다.

12

윗글을 바탕으로 〈보기〉의 ㉠~㉤을 '탐구 과정'에 따라 분류할 때, [A]에 들어갈 예만을 고른 것은? [3점]

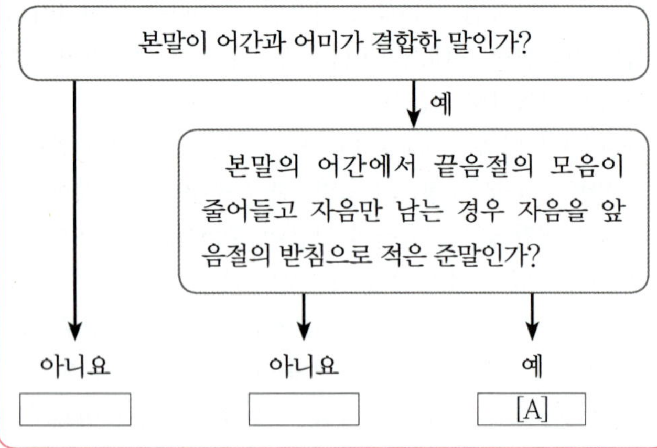

① ㉠, ㉡   ② ㉠, ㉣   ③ ㉡, ㉢
④ ㉢, ㉣   ⑤ ㉣, ㉤

13

〈보기〉를 바탕으로 음운 변동을 바르게 분석한 것은?

〈보기〉

음운의 변동은 어떤 음운이 다른 음운으로 바뀌는 교체, 어떤 음운이 없어지는 탈락, 새로운 음운이 생기는 첨가, 두 음운이 하나의 음운으로 합쳐지는 축약이 있다. 또한 음운 변동에 따라 음운의 개수가 변하기도 한다.

	단어	음운 변동 종류	음운 개수 변화
①	삵살이[삭싸치]	교체, 탈락	늘어남
②	넓히다[널피다]	탈락, 첨가	늘어남
③	교육열[교ː융녈]	교체, 첨가	줄어듦
④	해맑다[해막따]	교체, 탈락	줄어듦
⑤	국화꽃[구콰꼳]	탈락, 축약	줄어듦

14

〈보기〉의 ㄱ~ㄷ에 대한 설명으로 옳지 않은 것은?

〈보기〉

주체 높임은 문장의 주체를 높이는 것으로, 선어말 어미나 조사, 특수 어휘 등을 통해 실현된다. 또한 주체의 신체 부분, 소유물, 생각 등을 높여 주체를 간접적으로 높이기도 한다. 그리고 객체 높임은 목적어나 부사어가 지시하는 대상, 즉 문장의 객체를 높이는 것으로, 조사나 특수 어휘를 통해 실현된다. 또한 상대 높임은 청자를 높이거나 낮추는 것으로, 주로 종결 어미를 통해 실현된다.

ㄱ. (어머니가 아들에게) 범서야, 할아버지께 과일 좀 갖다 드려라.
ㄴ. (아들이 아버지에게) 아버지, 할머니는 제가 모시러 가겠습니다.
ㄷ. (동생이 언니에게) 언니, 어머니가 우리에 대한 걱정이 많으셔.

① ㄱ은 종결 어미 '-어라'를 사용하여 청자인 '범서'를 낮추고 있다.
② ㄱ은 격 조사 '께'를 사용하여 문장의 주체인 '할아버지'를 높이고 있다.
③ ㄴ은 종결 어미 '-습니다'를 사용하여 청자인 '아버지'를 높이고 있다.
④ ㄴ은 특수 어휘 '모시다'를 사용하여 문장의 객체인 '할머니'를 높이고 있다.
⑤ ㄷ은 선어말 어미 '-으시-'를 사용하여 '어머니'의 생각인 '걱정'을 높여 주체를 간접적으로 높이고 있다.

〈보기〉를 바탕으로 중세 국어의 특징을 탐구한 내용으로 적절하지 <u>않은</u> 것은?

─〈보기〉─

녜 小學(소학)애 사룸 그르쵸되 믈 쓰리고 쓸며 應(응)ᄒ며 對(되)ᄒ며【應(응)은 블러든 되답홈이오 對(되)ᄂᆞᆫ 무러든 되답홈이라】나ᅀᆞ며 므르ᄂᆞᆫ 졀ᄎᆞ와 어버이롤 ᄉᆞ랑ᄒ며 얼운을 공경ᄒ며 스승을 존되ᄒ며 벋을 親(친)히 홀 道(도)로써 ᄒ니 다 뼈 몸표 닷ᄀ며 집을 ᄀᆞ즉기ᄒ며 나라홀 다ᄉᆞ리며 天下(텬하)룰 平(평)히 홀 근본을 ᄒᆞᄂᆞᆫ 배니

[현대어 풀이]

옛날 소학에 사람을 가르치되, 물을 뿌리고 쓸며, 응하며 대하며【응은 부르거든 대답하는 것이요, 대는 묻거든 대답하는 것이다.】 나아가며 물러나는 절차와, 어버이를 사랑하며 어른을 공경하며 스승을 존대하며 벗을 친히 할 도로써 하니, 다 그로써 몸을 닦으며 집을 가지런히 하며 나라를 다스리며 천하를 평히 할 근본을 하는 바이니

① '녜'를 보니 현대 국어와 달리 두음법칙이 적용되었음을 알 수 있군.
② '쓰리고'와 '쓸며'를 보니 현대 국어와 달리 초성에 서로 다른 두 개의 자음이 함께 쓰였음을 알 수 있군.
③ '어버이롤'을 보니 현대 국어와 달리 목적격 조사 '롤'이 쓰였음을 알 수 있군.
④ 'ᄉᆞ랑ᄒ며'를 보니 현대 국어와 달리 'ㆍ'가 표기에 사용되었음을 알 수 있군.
⑤ '나라홀'을 보니 현대 국어와 달리 'ㅎ'을 끝소리로 가진 체언이 있었음을 알 수 있군.

[16~21] 다음 글을 읽고 물음에 답하시오.

(가) 18세기 말 산업 혁명 이후 과학과 기술의 진보로 똑같은 물건을 대량으로 생산하는 것이 가능해졌다. 이에 따라 건축에서도 철근과 콘크리트를 활용하여 기둥과 벽을 최소화하면서 건축물을 대량 생산할 수 있다는 인식이 생기게 되었다. 이 시기의 건축가들은 이전 시대와 달리 장식적인 요소가 제거된 합리적이고 기능적인 건축물에 가치를 부여하게 되었다. 이러한 변화는 건축의 활동 영역을 도시 계획 디자인, 산업 디자인 등으로 확대시키며, 모더니즘 건축의 형성에 영향을 미쳤다.

모더니즘 건축가 미스 반데어로에는 건축이 본연의 모습을 잃고 현 시대에 어울리지 않는 형태를 ⓐ 답습하는 것에 대해 비판하며 ㉠ "간결한 것이 풍부하다."라고 주장했다. 그는 기능적으로 필요한 공간 이외에는 불필요하다고 생각했기 때문에 장식과 기능을 철저하게 분리하고 장식을 공간 구성에서 원칙적으로 배제해야 한다고 말한다. 또한 그는 폐쇄적인 구조를 지양하고 공간을 기능적으로 활용할 수 있도록 칸막이를 자유롭게 이동할 수 있게 하여 유연성 있는 공간을 구축하였다.

또 다른 건축가 르코르뷔지에는 기능적인 것은 그 자체로 미적인 것이라고 주장하며, 주택을 거주를 위한 기계라고 정의하였다. 그는 항공 기능의 최적화를 실현한 비행기 디자인처럼 건축물도 그 목적에 ⓑ 부합하도록 기능적으로 최적화되어야 하며 현란한 장식이나 예술적 감상을 위한 건축물을 지양해야 한다고 말한다. 또한 도시를 계획하는 일에도 관심이 많았던 그는 사람보다는 자동차를 중심으로 도시 공간을 구획해야 한다고 주장했다. 이는 격자 구조의 도로망으로 도시 공간을 구획하면 치안과 위생이라는 도시의 기능을 이상적으로 ⓒ 구현하면서 동시에 미적으로 이상적인 도시가 된다고 생각했기 때문이다. 그에게 있어 근대화란 효율적인 교통 체계를 위해 도시를 인위적으로 정돈하는 것을 의미한다.

(나) 20세기 초에는 이성적 존재인 인간이 모든 문제를 합리적으로 해결할 수 있다는 모더니즘이 지배적이었다. 그러나 합리성에는 한계가 있음이 곧 밝혀졌고, 이로부터 벗어나야 한다는 생각이 포스트모더니즘으로 발전하게 되었다. 이에 영향을 받은 푸코, 벤투리, 추미 등은 합리성과 효율성을 우선시하는 기존의 시스템을 비판하고, 기계적이고 무미건조한 양식 대신에 개별성과 자율성을 중시하는 모습을 보였다.

철학자 푸코는 근대화로 인한 도시의 구획을 권력과 관련지어 비판했다. 그는 18세기부터 형성되기 시작한 격자 구조의 도시 공간은 위생학적 측면에서 전염병에 대처하기 위한 기능을 하기도 하지만 권력이 작동하는 그물망으로도 ⓓ 작용한다고 주장했다. 전염병 환자에 대한 감시는 결국 발병 요소를 근원적으로 통제해야 한다는 의식으로 이어져, 발병 가능성이 있는 모든 존재에 대한 감시로 확대된다는 것이다.

포스트모더니즘 건축가 벤투리는 ㉡ "간결한 것은 지루하다."라며 모더니즘 건축의 흐름에 저항했다. 모더니즘 건축이 명료성을 내세웠다면 그는 모호성을 새로운 기준으로 제시하며 형태를 기능에 가두는 것을 거부했다. 그는 건축물의 모든 부분이 단일한 기능으로 명료하게 설명될 수 없으며, 오히려 다양한 측면에서 설명될 수도 있어 그 기능이 매우 모호할 수 있다고 주장했다. 벤투리에게 모더니즘 건축은 미적인 것을 기능적인 것에 제약하는 것에 불과했다. 그래서 그는 모더니즘의 공간에서는 공간의 미적 차원이 소멸되어 획일적인 공간만이 남게 된다고 주장했다.

건축가 추미는 기존의 모더니즘 건축이 지나치게 금욕적이라고 비판했다. 모더니즘 건축에서 장식적인 요소는 낭비로 취급받으며 무의미한 부분으로 간주된다. 하지만 추미는 이렇게 무의미하다고 생각되는 낭비야말로 모더니즘 건축의 획일화로부터 ⓔ 해방될 수 있는 탈출구라고 주장했다. 추미는 모더니즘 건축의 금욕주의에서 벗어나는 방법을, 시각적 화려함을 추구하는 낭비의 부활에서 찾았다. 그에게 있어 포스트모더니즘의 건축은 낭비의 미덕을 실현하는 유희의 건축이다.

16

(가)와 (나)에 대한 설명으로 가장 적절한 것은?

① (가)와 달리 (나)는 특정 시기의 건축에 대한 상반된 관점을 제시하여 절충 방안을 모색하고 있다.
② (나)와 달리 (가)는 특정 시기의 건축에 대한 관점이 기술의 발전에 미친 영향을 인과적으로 밝히고 있다.
③ (가)와 (나)는 모두, 특정 시기의 건축에 대한 관점을 시대순으로 나열하여 한계를 도출하고 있다.
④ (가)와 (나)는 모두, 특정 시기의 건축에 대한 관점을 소개하며 각 관점이 지닌 특성을 설명하고 있다.
⑤ (가)와 (나)는 모두, 특정 시기의 건축에 대한 관점을 유형별로 나누면서 그 분류 기준의 문제점을 설명하고 있다.

17

윗글에 대한 이해로 가장 적절한 것은?

① 포스트모더니즘 건축과 달리 모더니즘 건축은 개별성을 중시한다.
② 포스트모더니즘 건축은 효율성의 중시를 통해 합리성의 문제를 해결하려 한다.
③ 모더니즘 건축은 명료성을 추구하는 반면 포스트모더니즘 건축은 모호성을 추구한다.
④ 모더니즘 건축은 건축의 영역에서 도시 계획 디자인과 산업 디자인의 영역을 제외한다.
⑤ 모더니즘 건축과 달리 포스트모더니즘 건축은 철근과 콘크리트 등의 재료를 주로 사용한다.

[18~19] 윗글과 〈보기〉를 바탕으로 18번과 19번의 물음에 답하시오.

〈보기〉

[자료 1]

　○○시는 인구 밀도가 높아 거리가 혼잡하고 비위생적이었다. 건축가 A는 ○○시의 위생 환경을 개선하기 위하여 교통 체계 중심의 ㉮ 격자 구조의 도로망을 연결하고 주거 지역과 업무 지역을 멀리 떨어뜨려 구분하는 도시 설계안을 구안했다.

[자료 2]

　건축가 B는 기능과 상관없는 구조물이나 장식적인 것들을 배제하고 실내에는 이동 가능한 칸막이가 설치된 주택을 설계했다. 하지만 건축가 C는 이러한 주택을 주거 기능과 경제적 효율성만 추구한 ㉯ 단순한 형태의 건물이라고 비판했다. 이에 그는 벽 장식이나 화려한 마감재와 같이 건축가의 미적 가치가 반영된 주택을 설계했다.

18

다음은 윗글을 읽은 학생이 〈보기〉를 이해한 내용을 정리한 것이다. 적절하지 <u>않은</u> 것은?

[자료 1]	푸코는 격자 구조의 도시 공간에는 위생학적 기능이 없다고 생각하므로, 건축가 A의 도시 설계안을 부정적으로 바라보겠군. ······················· ①
	르코르뷔지에는 사람보다는 차를 중심으로 도시를 공간화해야 한다고 생각하므로, 건축가 A의 도시 설계안을 긍정적으로 바라보겠군. ·························· ②
[자료 2]	벤투리는 모더니즘 건축의 흐름에 저항하므로, 건축가 B가 설계한 주택을 부정적으로 바라보겠군. ············ ③
	미스 반데어로에는 폐쇄적인 구조를 지양하고 공간을 기능적으로 활용해야 한다고 생각하므로, 건축가 B가 설계한 주택을 긍정적으로 바라보겠군. ················· ④
	추미는 시각적 화려함을 추구하는 낭비의 미덕을 중시하므로, 건축가 C가 설계한 주택을 긍정적으로 바라보겠군. ··· ⑤

19

윗글을 바탕으로 〈보기〉에 대해 보인 반응으로 적절하지 <u>않은</u> 것은? [3점]

① 미스 반데어로에는 [자료 2]의 ㉯가 장식과 기능을 분리하여 불필요한 부분을 배제한 건물이라고 생각하겠군.
② 르코르뷔지에는 [자료 1]의 ㉮가 도시의 기능적 측면과 미적인 측면을 모두 이상적으로 구현할 수 있다고 판단하겠군.
③ 푸코는 [자료 1]의 ㉮가 권력이 작동하는 그물망으로 작용할 수 있다고 주장하겠군.
④ 벤투리는 [자료 2]의 ㉯가 미적 차원이 소멸되어 획일적인 공간만 남았다고 판단하겠군.
⑤ 추미는 [자료 2]의 ㉯가 금욕주의에서 벗어나 유희의 건축이 실현되었다고 판단하겠군.

20

㉠과 ㉡에 담긴 의미를 추론한 내용으로 가장 적절한 것은?

① ㉠에는 본연의 모습에서 벗어난 공간에 대한 긍정이, ㉡에는 공간의 본질이 변화하는 것에 대한 부정이 담겨 있다.
② ㉠에는 공간의 독립성을 강조하고자 하는 건축가의 판단이, ㉡에는 공간의 보편성을 강조하고자 하는 건축가의 판단이 담겨 있다.
③ ㉠에는 합리적이고 기능적인 건축물에 가치를 부여하는 태도가, ㉡에는 기계적이고 무미건조한 건축물을 거부하는 태도가 담겨 있다.
④ ㉠에는 시대와 상관없는 절대적 공간을 추구해야 한다는 의미가, ㉡에는 시대의 요구를 충족하는 공간을 추구해야 한다는 의미가 담겨 있다.
⑤ ㉠에는 공간이 공간 그 자체로서 심미적 가치를 보존할 수 있다는 인식이, ㉡에는 공간이 그 자체로서 효율적 가치를 보존할 수 있다는 인식이 담겨 있다.

21

ⓐ~ⓔ의 사전적 의미로 적절하지 <u>않은</u> 것은?

① ⓐ: 예로부터 해 오던 방식이나 수법을 좇아 그대로 행함.
② ⓑ: 둘 이상의 소식이나 기구 따위를 하나로 합침.
③ ⓒ: 어떤 내용을 구체적인 사실로 나타나게 함.
④ ⓓ: 어떠한 현상을 일으키거나 영향을 미침.
⑤ ⓔ: 구속이나 억압, 부담 따위에서 벗어나게 함.

최근 해양에서 얻을 수 있는 재생 에너지원에 대한 관심이 커지면서 해양 온도차 발전이 주목받고 있다. 해양에서는 태양열을 흡수한 정도에 따라, 수심이 얕은 표층수와 수심이 깊은 심층수 사이에 온도 차이가 발생한다. 일반적으로 해양 온도차 발전은 약 20℃를 유지하는 표층수로 냉매를 가열하고, 약 4℃를 유지하는 심층수로 냉매를 냉각하는 과정을 반복하여 전력을 생산한다. 이 과정에서 냉매는 발전 설비를 순환하면서 열전달을 통해 기화와 액화를 반복한다. 이때 열전달이란 고온부의 열에너지가 저온부로 전달되는 현상으로, 열전달량은 열을 전달하는 면적과 온도 차이에 비례한다.

발전 설비는 냉매 펌프, 기화기, 터빈, 응축기 등의 기기로 구성된다. 이 기기들은 냉매가 이동할 수 있는 배관으로 연결되어 있고, 냉매는 이 배관을 따라 기기들을 순차적으로 지나며 순환한다. 냉매 펌프는 배관에 일정한 압력을 가하여 액체 상태의 냉매를 기화기 입구 쪽으로 이동시킨다. 기화기의 내부에는 냉매가 이동하는 다수의 배관이 있으며, 기화기 양옆에는 표층수가 이동하는 취수관과 배수관이 있다. 기화기 입구로 들어온 냉매가 다수의 배관을 따라 기화기 내부를 이동할 때, 취수관을 통해 기화기 내부로 유입된 고온의 표층수와 열전달이 일어난다. 이때 열전달을 마친 표층수는 배수관을 통해 바깥으로 배출되며, 냉매는 가열되어 액체와 기체가 혼합된 상태로 기화기 출구 쪽에 설치된 노즐로 이동한다. 노즐은 좁은 구멍을 통해, 기화기 출구에서 터빈으로 이어진 배관으로 냉매를 내뿜는 역할을 한다. 냉매는 노즐을 통과할 때 속도가 증가하여 냉매의 내부 압력은 감소한다. 내부 압력이 감소한 냉매는 끓는점이 낮아져 모두 기체 상태가 되어 배관을 따라 터빈으로 이동한다.

터빈은 회전식 기계 장치로, 회전하는 날개가 회전축에 부착되어 있다. 배관을 이동한 냉매가 터빈의 내부 공간으로 유입될 때 냉매는 열에너지가 운동 에너지로 전환되면서 부피가 급격히 팽창하며 회전 날개를 움직인다. 이때 냉매가 회전 날개를 움직이며 발생한 회전 날개의 운동 에너지는 회전축과 연결된 발전기를 구동시키면서 전기 에너지를 생산한다. 이 과정에서 회전 날개를 움직이며 기체 상태를 유지할 에너지를 상실한 냉매는 온도가 떨어져 액체와 기체가 혼합된 상태가 되어 배관을 통해 응축기로 이동한다.

응축기의 내부에는 기화기와 마찬가지로 냉매가 이동하는 다수의 배관이 있으며, 응축기 양옆에는 심층수가 이동하는 취수관과 배수관이 있다. 응축기 입구로 들어온 냉매가 다수의 배관을 따라 응축기 내부를 이동할 때, 취수관을 통해 응축기 내부로 유입된 저온의 심층수와 열전달이 일어난다. 이때 열전달을 마친 심층수는 배수관을 통해 바깥으로 배출되며, 냉매는 냉각되어 액체 상태로 노즐이 없는 응축기 출구를 지나, 냉매 펌프를 거쳐 다시 기화기로 이동한다.

해양 온도차 발전은 바닷물의 온도 차이를 이용하므로 환경 오염을 일으키지 않으며, 재생 에너지원 중 경제적 가치가 높은 것으로 평가받고 있다. 특히, 우리나라 동해는 수심이 깊고 난류가 흘러들어서 해양 온도차 발전에 유리하다고 평가받기 때문에 앞으로 우리나라 전력 수급의 한 축을 담당할 수 있을 것으로 기대된다.

22

윗글의 내용과 일치하지 <u>않는</u> 것은?

① 해양 온도차 발전은 재생 에너지원의 하나로 최근 주목받고 있다.
② 노즐은 냉매가 좁은 공간으로 지나가게 하여 속도를 감소시키는 역할을 한다.
③ 기화기와 응축기 양옆에는 바닷물이 드나드는 취수관과 배수관이 연결되어 있다.
④ 해양에서는 태양열을 흡수한 정도에 따라 표층수와 심층수 사이에 온도 차이가 발생한다.
⑤ 우리나라 동해는 수심이 깊고 난류가 흘러들어서 해양 온도차 발전에 유리하다고 평가받는다.

 〈보기〉는 윗글의 내용을 냉매의 이동을 중심으로 도식화한 것이다. 윗글을 참고하여 23번과 24번의 물음에 답하시오.

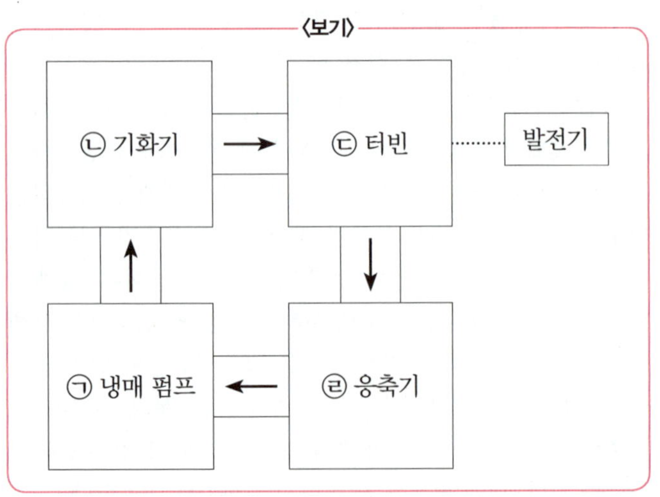

23

윗글을 참고하여 〈보기〉의 ㉠~㉣에 대해 이해한 내용으로 적절하지 <u>않은</u> 것은? [3점]

① ㉠은 배관에 일정한 압력을 가하여 냉매를 ㉡으로 이동시킨다.
② ㉡의 취수관을 통해 들어오는 해수의 온도는 ㉣의 취수관을 통해 들어오는 해수의 온도보다 낮다.
③ ㉢의 내부 공간으로 유입될 때 냉매는 부피가 급격히 팽창한다.
④ ㉢의 회전 날개에서 발생한 운동 에너지는 발전기를 구동시켜 전기 에너지를 생산한다.
⑤ ㉣과 달리 ㉡은 냉매가 이동하는 출구 쪽에 노즐이 설치되어 있다.

24

윗글을 바탕으로 〈보기〉에 대해 보인 반응으로 적절하지 <u>않은</u> 것은?

① ㉠을 지나는 냉매는 액체 상태이겠군.
② ㉡을 나와 ㉢으로 이동하는 냉매는 기체 상태이겠군.
③ ㉡으로 유입되는 냉매의 온도는 ㉢으로 유입되는 냉매의 온도보다 더 높겠군.
④ ㉢에서 나갈 때 냉매는 액체와 기체가 혼합된 상태이겠군.
⑤ ㉣로 들어올 때보다 나갈 때의 냉매의 온도가 더 낮겠군.

25

윗글을 읽은 학생이 〈보기〉와 같이 메모했을 때, ㉮~㉰에 들어갈 말로 적절한 것은?

〈보기〉

해양 온도차 발전 설비에서는 해수와 냉매 사이의 온도 차이가 (㉮) 해수와 냉매 사이의 열을 전달하는 면적이 (㉯) 열 전달량이 (㉰), 발전 효율은 높아진다.

	㉮	㉯	㉰
①	클수록	넓을수록	많아지고
②	클수록	넓을수록	적어지고
③	클수록	좁을수록	적어지고
④	작을수록	좁을수록	적어지고
⑤	작을수록	넓을수록	많아지고

원가회계 란 정확한 원가나 수익을 측정하고 분석하는 경영 관리 활동 중 하나이다. 여기서 원가란 기업이 제품을 만들기 위해 재료를 구입하거나 서비스를 얻기 위해 소비된 경제적 가치를 화폐액으로 측정한 것으로, 기업의 입장에서는 원가가 항목별로 얼마나 소비되었는지를 알아야 기업을 경영하는 데 필요한 의사 결정을 할 수 있다. 그래서 기업은 원가를 항목별로 분류하여 집계하고 분석하기 위해 원가회계를 활용한다.

먼저 원가회계에서는 원가를 크게 제조원가와 비제조원가로 나눈다. 제조원가는 재료비, 인건비, 기계 설비 대여비, 공장 임차료 등과 같이, 기업이 재료를 구입하고 제품을 만드는 활동에서 소요된 모든 비용이다. 비제조원가는 광고비나 운반비 등과 같이, 생산된 제품을 판매하고 관리하는 활동에서 소요된 모든 비용으로, 제조원가를 제외한 모든 원가이다. 일반적으로 제조원가와 비제조원가의 합에 예상 수익을 더한 것이 판매가격이 된다. 원가회계에서는 제조원가를 계산할 때 단위당 제조원가를 기준으로 한다. 여기서 단위당 제조원가는 특정 기간에 생산된 제품 한 개의 제조원가를 의미하는 것으로, 발생한 제조원가의 총액을 총생산량으로 ⓐ 나누어 구한다.

한편 원가회계에서는 원가행태에 따라 원가를 분류하기도 한다. 원가행태란 조업도의 변화에 따라, 발생한 원가의 총액이 일정한 방식으로 변화하는 움직임을 의미한다. 이때 조업도란 기업이 자원을 최대한 투입하여 생산할 수 있는 규모에서, 현재 어느 정도를 생산하고 있는가를 의미하는 것이다. 조업도는 주로 생산량으로 나타낼 수 있는데, 예를 들어 조업도가 80%라면, 기업이 최대로 생산할 수 있는 총생산량의 80%를 생산하고 있다는 뜻이다. 일반적으로 조업도와 기업의 수익은 비례할 것이라 예측하기 쉽지만, 경우에 따라서는 비용이 추가로 지출될 수 있어 오히려 단위당 제조원가의 변화를 예측하기 어려울 수 있다. 그래서 원가회계에서는 조업도의 변화에 따른 원가의 움직임을 유효하게 적용할 수 있는 조업도의 범위를 임의로 정하고, 그 범위 안의 원가행태를 분석한다.

이러한 원가행태에 따라 원가를 분류하면 고정원가, 변동원가, 혼합원가로 나눌 수 있다. 먼저 고정원가는 조업도의 변화와 상관없이 원가의 총액이 일정하게 발생하는 것으로, 기계 설비 대여비, 공장 임차료 등을 들 수 있다. 예를 들어 제과점이 빵을 만들기 위해 일정 금액을 지불하고 공장을 1년간 빌렸다면, 임차료로 발생한 원가의 총액은 빵을 생산하지 않아도 일정하다. 또한 빵 생산량이 늘거나 줄어도 임차료로 발생한 원가의 총액은 항상 일정하다. 따라서 빵 하나를 생산하는 데 필요한 단위당 임차료는 조업도가 증가할수록 오히려 감소한다.

다음으로 변동원가는 조업도의 변화에 따라 원가의 총액이 비례적으로 증가하거나 감소하는 것으로, 대표적인 예로 제품의 재료비를 들 수 있다. 가령 제과점에서 빵 생산량을 늘리면 그만큼 밀가루 구입비도 늘어나므로, 밀가루 구입비로 발생한 원가의 총액은 조업도의 증가에 따라 비례하여 증가한다. 따라서 빵 하나를 생산하는 데 필요한 단위당 밀가루 구입비는 조업도의 증감과 상관없이 동일하다.

마지막으로 혼합원가는 고정원가와 변동원가의 합으로, 전기 요금이 대표적인 예이다. 전기 요금은 사용량과 관계없이 발생하는 기본요금과 사용량에 따라 발생하는 추가 요금으로 이루어져 있어 고정원가와 변동원가의 특성을 모두 가진다. 그래서 전기 요금으로 발생한 원가의 총액은 조업도의 증가에 따라 비례하여 증가하고, 단위당 전기 요금은 조업도가 증가할수록 감소한다.

이러한 고정원가, 변동원가, 혼합원가를 활용하여 기업은 효율적으로 경영 관리 활동을 할 수 있다. 가령 ㉠ 기계 설비 대여비에 투자한 비용이 커서 고정원가 비중이 변동원가보다 높은 기업은 조업도를 높이는 데 집중하면 기업의 수익을 높이는 데 효과적이다.

26

윗글을 읽고, 답을 찾을 수 없는 질문은?

① 원가의 개념은 무엇인가?

② 변동원가의 예로 들 수 있는 것은 무엇인가?

③ 비제조원가를 줄일 수 있는 구체적인 방법은 무엇인가?

④ 기업이 원가 정보를 파악하여 얻을 수 있는 효과는 무엇인가?

⑤ 기업이 판매가격을 책정하는 데 고려할 수 있는 요소는 무엇인가?

27

원가회계 에 대한 설명으로 적절하지 않은 것은?

① 원가회계에서는 단위당 제조원가를 기준으로 제조원가를 계산한다.

② 원가회계에서는 원가를 원가행태에 따라 제조원가와 비제조원가로 나눈다.

③ 기업은 원가를 항목별로 분류하여 집계하고 분석하기 위해 원가 회계를 활용한다.

④ 원가회계는 정확한 원가나 수익을 측정하고 분석하는 경영 관리 활동 중 하나이다.

⑤ 원가회계는 조업도의 변화에 따른 원가의 움직임을 유효하게 적용할 수 있는 조업도의 범위를 임의로 정한다.

28

〈보기〉는 윗글을 이해하기 위한 학습지의 일부이다. 윗글을 바탕으로 〈보기〉에 대해 보인 반응으로 적절하지 <u>않은</u> 것은? [3점]

───〈보기〉───

　A 회사는 나무 의자 제조를 위해 무인 자동화 기계 설비를 대여하고 2023년 1월부터 1년간 공장을 임차하여 근로자 없이 공장을 가동하였다. 이 회사는 2023년 1월부터 3월까지 의자를 1200개 생산하였고, 지역 신문에 광고를 실어 매달 생산한 의자를 모두 해당 월에 판매하였다. 다음은 이 회사의 2023년 1월부터 3월까지의 원가 분석 자료이다.

월 항목	1월	2월	3월
의자 생산량	200개	400개	600개
목재 구입비(개당)	5만 원	5만 원	5만 원
공장 임차료	100만 원	100만 원	100만 원
기계 설비 대여비	10만 원	10만 원	10만 원
공장 전기 요금	15만 원	25만 원	35만 원
광고비	1만 원	1만 원	1만 원

(단, 제시된 항목 외에 다른 비용은 발생하지 않았고, 조업도는 생산량으로 나타냄.)

① 1월부터 3월까지 비제조원가는 매달 동일하군.
② 목재 구입비로 발생한 원가의 총액은 3월이 가장 높군.
③ 단위당 공장 전기 요금은 2월에 비하여 3월에 증가하는군.
④ 1월부터 3월까지 발생한 변동원가의 비중은 고정원가의 비중보다 높군.
⑤ 4월에 생산량이 없더라도 공장 임차료로 발생한 원가의 총액은 변하지 않겠군.

29

㉠의 이유를 추론한 내용으로 가장 적절한 것은?

① 기계 설비 대여비 원가의 총액이 제품의 생산량이 늘어날수록 줄어들기 때문이겠군.
② 기계 설비 대여비 원가의 총액이 단계별로 증가해야 기업의 수익을 높일 수 있기 때문이겠군.
③ 조업도를 높이면 단위당 기계 설비 대여비가 감소하여 기업의 수익을 높이는 데 효과적이기 때문이겠군.
④ 단위당 기계 설비 대여비가 증가함에 따라 조업도가 증가하여 판매 가격을 올리는 데 효과적이기 때문이겠군.
⑤ 조업도를 높이면 기계 설비 대여비 원가의 총액이 비례적으로 증가해서 제품의 판매가격이 오르기 때문이겠군.

30

밑줄 친 부분의 문맥적 의미가 ⓐ와 가장 유사한 것은?

① 20을 5로 <u>나누면</u> 4가 된다.
② 나와 내 동생은 피를 <u>나눈</u> 형제이다.
③ 나는 고향 친구와 이야기를 <u>나누었다</u>.
④ 나는 아내와 모든 즐거움을 <u>나누며</u> 살았다.
⑤ 그들은 물건을 불량품과 정품으로 <u>나누는</u> 작업을 한다.

[31~34] 다음 글을 읽고 물음에 답하시오.

　까막개[黑浦]의 밤은 추위도 모르고 깊어만 갔다.

　북술이는 동무들과 맞잡고 둥당의 노래를 부를 때는 아무 시름도 없이 즐겁기만 했다. 그러나 혼자서 이 노래를 읊조리면 얼굴 모습조차 기억 속에 더듬기 어려운 어머니의 옛이야기처럼 서러움이 꿀컥 치밀었다. 둘레를 돌면서도 북술이의 눈은 이따금 ㉠ 갯가로 옮겨졌고, 그럴 때마다 용바우의 믿음직한 목소리가 귓전을 어루만져 슬픔을 가라앉히곤 했다.

　갯가에서는 막걸리를 나누는 참이었는지 한참 잦았던 징소리가 이번에는 더 세차게 마을을 스쳐서는 뒷주봉에 메아리를 울렸다.

　'한아부지가 기다릴라.'

　아쉬운 생각도 없지 않았지만 노래 중간에서 뺑소니를 쳐 나온 북술이의 걸음은 집에 가까울수록 무거워만졌다.

　당산 밑 낭떠러지에 등을 대고 다가붙은 갯집 큰방에는 불빛도 보이지 않았다. 정지와 큰방과 마루를 둘러싼 앞마당은 그대로 행길이자 갯가였다.

　"인자사 와……."

　굴뚝 뒤로 우거진 동백(冬柏)나무 그림자에서 불쑥 튀어나오는 소리였다.

　"아이고 놀랐재라우, 누고……."

　"나야, 나."

　용바우의 크고 벌어진 어깨가 북술이 앞으로 다가왔다.

　"난 또 누구라고, 갯가에서 벌써 왔는지라우."

　"안 갔재라, 내일이 유왕님[龍王] 고사 모시는 날이랑이께."

　"응, 그랴."

　북술이는 깜빡 잊었던 용왕제(龍王祭)가 생각났다.

　"그렇께로 술도 고기도 못 먹고 정히 한다이께."

　까막개 사람들은 바다와 싸우면서 바다를 의지하고 살아왔다. 폭풍우를 만나면 바다가 적이었고, 고요하게 잠자는 날이면 바다보다 다사로운 벗은 없었다.

이 섬에서는 일 년의 넉 달은 농사가 살려 주고 나머지 여덟 달은 바다가 키워 주어 미역과 자반과 생선으로 목숨을 이었다.

그들은 바다에서 나서 바다에서 죽었다. 용바우 아버지도 그랬고, 북술이 아버지도 그러했다. 원수인 바다에 끝없는 저주를 보내면서 바다에 대한 지성은 그들의 신앙이었다.

그러기에 가장 허물없고 깨끗한 젊은이들이 해마다 정초에는 용왕제 집사(執事)로 뽑혔다. 용바우도 금년에는 이 정성스러운 일에 한몫 들었다.

용바우는 열다섯에 첫 배를 탔다. 털보영감으로 통하는 안선달과 두 살 맏이이지만 알이 작기에 대추씨라는 별명을 가진 두칠이 틈에 끼여 북술이 할아버지 박영감과 함께 칠산(七山) 바다에서 연평(延坪) 앞개까지 올리훑는 조기잡이로 시작된 뱃길이 어느새 십 년이 흘렀다.

세월은 박영감의 등에서 살점을 앗아 가고, 머리빛을 갈아 내고, 이마에 밭이랑 같은 주름을 박아 가는 사이에 용바우는 제법 소금섬 두 가마씩을 단숨에 지고 발판을 나는 듯이 뱃전으로 오르내리게 되었다. 간물에 절은 검붉은 얼굴은 윤기를 띠었고 이글이글 타는 화경 같은 눈동자는 박영감의 가슴속 빈 구석을 채워 주었다.

용바우에게 북술이는 거리낌도 수줍음도 없었다. 나이야 먹어가든 말든 그대로 장난이요 반말이었다. 그러던 북술이가 어느덧 용바우 앞에서 옷고름을 물지 않으면 앞섶을 만지작거리는 버릇이 생겼다.

박영감은 박영감대로 용바우에 대한 속셈을 했고 용바우는 어느새 북술이가 제 물건처럼 소중해졌다. 북술이도 노상 용바우가 싫지는 않았다.

[중략 부분 줄거리] 출어를 나간 용바우는 돌아오지 않고, 북술은 곱슬머리 청년의 구애를 받는다.

새벽에 진통이 시작하였다는 인실이 어머니가 해 질 무렵에 어린애가 걸린 대로 죽었다는 소문이 온 마을에 퍼졌다. 다물도(多物島)에 배를 가지고 갔던 인실이 아버지가 의사를 모시고 돌아온 것은 이미 운명한 뒤였다.

북술이는 송기 벗기러 갔을 때의 손가락 자리가 종시 솟아나지 않던 인실이 어머니의 다리가 자꾸만 눈앞에 어른거렸다. 나도 시집을 가면 저러랴 싶으니 등골이 오싹했다.

'의사가 있는 육지에 가 살아야지.'

북술이의 마음은 자꾸만 육지로 줄달음쳤다.

곱슬머리가 사흘째 찾아왔다.

"긴차쿠가 내일 저녁 목포로 떠나, 꼭 같이 가지?"

"그리제리우!"

북술이의 눈망울은 안개보다 깊었다.

"내일 저녁 해 떨어지문 곧……." / "야."

"까막바위로 와." / "가지라우."

곱슬머리에게 승낙을 하고 난 북술이의 마음은 한곬으로 정해졌다. 육지에 가서 자리만 잡으면 할아버지도 모시자는 곱슬머리의 눈동자에는 진정이 고였다고 생각되었다.

자기를 아껴 주는 사람이면 다 고마웠다. 북술이의 머리에는 언제인가 한 번 보았던 육지의 화려한 모습이 그물코처럼 연달아 떠올랐다. 기차를 타고 자꾸자꾸 가고만 싶었다. 곱게 생겼다는 어머니의 얼굴도 그려 보았다. 그럴수록 북술이의 머릿속은 엉클어져 뜬눈으로 밤을 새웠다.

집을 나선 북술이는 끝내 까막바위로 나갔다.

해는 수평선에 가라앉았다. 어둠이 밀물처럼 스며들었다.

뗌마*가 까막바위에 와 닿았다. 그러나 북술이는 보이지 않았다. 곱슬머리는 북술이가 자기를 놀라게 하려고 숨었나 싶었다. 몇 차례나 바위를 돌았다. 아무리 돌아도 북술이의 모습은 찾을 길 없었다.

곱슬머리는 뗌마를 나루터로 돌렸다. 그러나 마을 어느 구석에도 북술이의 그림자는 찾아볼 수 없었다. 건착선 에서는 연달아 고동이 울려 왔다. 뗌마가 갯가에서 사라진 후 얼마 안 되어 건 착선은 앞개를 떠났다.

ⓛ 까막바위에 선 북술이의 눈앞에는 고래등 같은 용바우가 가로막고 섰다. 할아버지의 꿀대를 파고 솟구치는 가래침 소리가 목덜미를 잡았다. 다음 용왕당과 나루터와 갯벌이 머릿속이 비좁게 감돌았다.

'그랴문 씨집도 안 가구 큰애기로 늙으라제.'

용바우의 황소 같은 목소리가 어깻죽지를 붙잡았다.

뗌마의 물 가르는 소리가 점점 까막바위로 가까워 왔다.

북술이는 갑자기 마을 쪽으로 쏜살같이 달아났다. 용바우가 내일 틀림없이 연락선으로 돌아올 것만 같았다.

까막개의 아낙네들은 그리다가 목마르고, 기다리다 지쳐서 쓰러지면서도 바다와 더불어 살았다.　　　　－ 전광용, 〈흑산도〉

* 뗌마: 돛이 없는 작은 배

31

윗글의 서술상 특징으로 가장 적절한 것은?

① 서술자가 인물의 내면을 드러내어 독자의 이해를 돕고 있다.

② 서술자가 관찰자의 입장에서 사건을 전달함으로써 객관성을 높이고 있다.

③ 서술자가 사건을 이야기 속에서 전달하다가 이야기 밖에서 전달하고 있다.

④ 시간의 흐름에 따라 서술자를 달리하여 사건에 대한 다양한 관점을 제시하고 있다.

⑤ 등장인물로 설정된 서술자가 자신의 관점에서 다른 인물들에 대한 견해를 제시하고 있다.

32

윗글에 대한 이해로 적절하지 <u>않은</u> 것은?

① 용바우는 열다섯 살에 첫 배를 탔다.
② 북술이는 인실이 어머니와 송기를 벗기러 갔었다.
③ 박영감은 용바우와 함께 바다로 나가 조기잡이를 했다.
④ 용바우는 북술이를 보기 위해 고사도 가지 않고 그녀를 기다렸다.
⑤ 북술이는 할아버지가 자신을 기다릴 것이라는 생각에 아쉬움을 뒤로 하고 집으로 향했다.

33

㉠과 ㉡에 대한 이해로 가장 적절한 것은?

① ㉠은 인물이 기억을 잃는, ㉡은 인물이 기억을 되찾는 공간이다.
② ㉠은 ㉡과 달리, 인물이 대상의 부재 이유를 깨닫는 공간이다.
③ ㉡은 ㉠과 달리, 인물이 예상치 못한 타인과 마주치는 공간이다.
④ ㉠과 ㉡은 모두, 인물이 타인을 관찰하기 위해 몸을 숨긴 공간이다.
⑤ ㉠과 ㉡은 모두, 인물이 자신을 소중하게 생각하는 대상을 떠올리는 공간이다.

34

〈보기〉를 참고하여 윗글을 감상한 내용으로 적절하지 <u>않은</u> 것은?　　　　　　　　　　　　　　　　　[3점]

─〈보기〉─

　이 작품에서 바다와 섬은 섬사람들의 삶에 절대적 영향을 미친다. 섬사람들은 바다와 섬에 대해 양면적인 태도를 보이는데, 그들은 삶의 터전이자 시련을 주는 바다와 대립하면서도 바다를 숭배한다. 또한 열악한 환경인 섬에서 벗어나고 싶어 하면서도, 그 안에서 서로를 의지하며 섬사람의 운명에 순응하는 삶을 이어가고자 한다.

① 까막개 사람들이 바다에서 나는 것들로 목숨을 이어 가면서도 바다로 인하여 목숨을 잃게 되는 것에서, 삶의 터전이자 시련의 공간인 바다의 모습을 확인할 수 있군.
② 까막개 사람들이 바다를 저주하면서도 허물없고 깨끗한 젊은이들을 뽑아 용왕제를 준비하는 것에서, 바다와 대립하면서도 바다를 숭배하는 섬사람들의 모습을 확인할 수 있군.

③ 북술이가 인실이 어머니의 죽음에 대한 소문을 듣고 의사가 있는 육지에서 살고 싶어 하는 것에서, 열악한 환경인 섬에서 벗어나고 싶어하는 섬사람의 모습을 확인할 수 있군.
④ 북술이가 곱슬머리가 할아버지를 모시자고 한 제안에 진정성을 느끼는 것에서, 섬 안에서 서로 의지하며 살아가는 섬사람들의 모습을 확인할 수 있군.
⑤ 북술이가 용바우가 돌아올 것만 같다고 느끼며 마을로 향하는 것에서, 섬사람의 운명에 순응하는 삶을 선택한 섬사람의 모습을 확인할 수 있군.

[35~38] 다음 글을 읽고 물음에 답하시오.

(가) 산 너머 저 부자님 곡식 두고 자랑마오
　　　입고 벗고 먹고 굶기 그 무엇이 관계(關係)한가
　　　부세(浮世)에 좋은 영광 과거(科擧)밖에 또 있는가
　　　하물며 모인 사람 한결같이 하는 말이
　　　일 년에 대소과(大小科)는 평생 끽착(喫着)* 못 다 하리
　　　규중(閨中)에 어리석은 부녀(婦女) 그 말을 믿었더니
　　　벼슬길에 못 올라서 귀향은 무슨 일인가
　　　지은 죄 없건마는 노하시니 천은(天恩)일세
　　　머나먼 변방 길에 가네 오네 빚이로다
　　　팔고 남은 적은 밭을 또 한 자리 판단 말인가
　　　이제는 **남은 전지(田地) 역농(力農)이나 하자 하니**
　　　어릴 때 엇나간 임을 내 어이 길들이리
　　　　　　　　　　　(중략)
　　　아무 마을 아무 댁은 자기 가장(家長) 자랑 말이
　　　아기 때 스승 따라 천자문과 유합(類合)을 배우더니
　　　가난에 놀랐는지 책을 묶어 시렁에 얹고
　　　괭이 메고 호미 쥐어 논 매고 밭을 가꿔
　　　여름에 수고하여 가을에 타작하니
　　　집안 식구 배 불리고 환곡 세금 걱정없네
　　　이 아니 신선인가 과거(科擧)하여 무엇하리
　　　나도 ㉠그 말 들어 갑자기 깨달으니
　　　글공부 하던 허비(虛費) 과거 보던 이 비용을
　　　다 두어 전지(田地)사고 부경부엽(夫耕婦饁)*하였다면
　　　저 부인 저 남편을 설마한들 못 미치겠는가
　　　부질없는 이 말씀을 시원히 하자한들
　　　있느니 없는 말씀 들으시기 싫으신지
　　　마루 위 문 안으로 들이시지 않으시니
　　　초당의 손님 가고 고요히 계실 때에
　　　손자딸 옆에 끼고 부엌 웃문(門)을 여니
　　　천황씨(天皇氏) 벗님 가장(家長) 찬 장판 위에 앉아
　　　무슨 사업(事業) 또 하시려 책장을 펴 씨름 하네
　　　문 밖에 권농차사(勸農差使)* 문관이라 두려웠는지
　　　차지(次知)*는 두고 가오 내일 부디 바치소서

그는 좋게 마감하나 저 아이 소리 듣소
어제 아침 먹은 후에 다시 입을 못 데우니
분별없는 제 마음에 두고 아니 주는 듯이
저런 일 생각하니 그 누구 탓이 된다 하리
책 덮고 돌아앉아 나에게 하는 말씀
인황씨(人皇氏) 몇 대 손자 수인씨(燧人氏)*되었던지
절로 맺은 나무 열매 먹고 좋게 살던 것을
수인씨(燧人氏) 다사(多事)하여 교인화식(敎人火食)*
하였구나
우리 부부 굶는 일은 그 탓이 수인씨(燧人氏)요
구만리 높은 위에 옥황상제 앉아 계셔
천하 사람 부귀 빈천 마련하여 주었으니
굶는 탓 물으련들 어이하여 올라가리
탓 물어 무엇하리 하늘만 기다리오
구태여 저 상제님이 무록인(無祿人)*을 내었을까
나도 ⓛ 이 말 듣고 말하여 무익하오
문 닫고 돌이켜 생각하니 오냐 어이하리
세상에 굶고 벗고 글 하다가
과거(科擧)도 못한 사람 많으니라

– 순천 김 씨, 〈노부탄(老婦歎)〉

*꺽착: 의복과 음식을 아울러 이르는 말
*부경부엽: 남편은 밭 갈고, 아내는 점심을 내감.
*권농차사: 조선 시대에 농사를 장려하던 직책
*차지: 세금 통지서
*수인씨: 중국 전설상의 황제
*교인화식: 불로 음식을 조리하는 방법을 가르침.
*무록인: 녹봉이 없던 벼슬아치

(나) 지리산은 혹 두류산이라고도 부른다. 지리산의 발단이 북쪽의 백두산에서부터 시작되는데 꽃봉오리 같은 산봉우리와 꽃받침같이 아름다운 계곡이 끊이지 않고 이어져 내려와 대방군에까지 이르게 된다. ⓐ 그 산이 수 천리에 이었고 십여 고을에 걸쳐 있으므로 한 달 정도를 돌아다녀야 그 끝간 데를 알 수 있다. 옛 노인들 사이에 서로 전해오는 얘기에 "지리산 안에 청학동이 있는데 그곳으로 가는 길이 매우 좁아서 겨우 한 사람이 다닐 만하다. 머리를 숙이고 엎드려서 몇 리쯤 가다 보면 이내 확 트인 넓은 땅을 만나게 되는데 사방의 땅이 모두 기름져서 곡식을 뿌리고 심어서 기르기에 알맞다. 그러나 ⓑ 그곳에는 오직 청학(靑鶴)만이 살고 있기 때문에 청학동이라 부르게 된 것이다. 그곳은 옛날에 속세를 등진 사람이 살았던 곳이라서 아직도 가시덤불로 덮인 빈터에 허물어진 담장과 구덩이가 남아 있다."라는 말이 있다.

옛날에 내가 당형(堂兄)인 최 상국(相國)과 함께 옷을 걷어 부치고 속세를 떠나 평생 은둔하려는 데 뜻을 두고 있었다. 그래서 둘이서 이 골짜기를 찾아가기로 약속하고는 대통발에 송아지 두세 마리를 싣고 **청학동으로 들어가 살**며 속세와 절연하고자 했다. 드디어 **화엄사에서 출발**하여 화개현에 이르러 신흥사에서 묵었는데, 지나는 곳마다 선경이 아닌 곳이 없었다. 바위들이 아름다움을 자랑하고 골짜기마다 물이 다투어 흐르며 대나무 울타리와 띠로 이은 집들이 복숭아꽃과 살구꽃 사이로 어른거리니 ⓒ 마치 인간 세상이 아닌 듯했다. 그러나 사람들이 말하는 청학동은 끝내 찾을 수가 없어서 다음과 같은 **시를 바위에 남겨두었다.**

(중략)

어제 서재에서 우연히 오류선생(五柳先生)의 문집을 보게 되었는데 그 안에 〈도원기(桃源記)〉가 있기에 그것을 반복해서 읽었다. 그 글의 내용은 대략 이러했다. ⓓ 진(秦)나라 사람들이 전란을 싫어해서 처자식을 이끌고 지세가 깊고 험준한 곳을 찾아들었다가 산이 겹겹이 쌓여 있고, 시내가 어지럽게 흘러내려 나무꾼들조차도 찾을 수 없는 산골을 발견하여 거기에서 살았다. 진(晉)나라 태원 연간에 한 어부가 요행히 그곳에 찾아들었다가 갑자기 돌아가는 길을 잊어버리고 다시는 되돌아가지 못하였다.

훗날에 그곳의 경치를 채색으로 그리고 노래를 지어 그곳의 아름다움을 전하여 도원을 신선 세계라 여기게 되었다. 그러므로 그곳은 신선의 마차를 타고 다니며 장수하는 사람들이 영원히 살아갈 만한 곳이었다. 아마도 내가 도원기를 미숙하게 읽었기 때문일 것이니 ⓔ 실제로는 청학동과 다름이 없는 곳이리라.
어떻게 하면 유자기(劉子驥)*와 같은 고상한 선비를 만나 나도 한번 **그곳을 찾을 수 있을까?**

– 이인로, 〈청학동기(靑鶴洞記)〉

*유자기: 진나라 남양의 선비, 도원을 찾으려 했지만 결국 찾지 못했다고 함.

35

(가)와 (나)의 공통점으로 가장 적절한 것은?

① 명암의 대비를 통해 대상에 대한 인식을 드러내고 있다.
② 반어적 표현을 통해 대상에 대한 감정을 드러내고 있다.
③ 연쇄의 방식을 통해 공간의 변화 과정을 드러내고 있다.
④ 명령형 어미를 통해 상황에 대한 정서를 드러내고 있다.
⑤ 물음의 방식을 통해 대상에 대한 태도를 드러내고 있다.

36

⊙과 ⓛ에 대한 이해로 가장 적절한 것은?

① ⊙과 ⓛ은 모두, 시적 화자가 자신감을 얻는 계기로 작용하고 있다.
② ⊙과 ⓛ은 모두, 시적 화자가 상대의 행동을 오해하는 계기로 작용하고 있다.
③ ⊙과 ⓛ은 모두, 시적 화자가 상대에 대한 신뢰를 회복하는 계기로 작용하고 있다.
④ ⊙은 시적 화자가 상대를 부러워하는 계기로, ⓛ은 시적 화자가 상대를 위로하는 계기로 작용하고 있다.
⑤ ⊙은 시적 화자가 자신의 지난날을 되돌아 보는 계기로, ⓛ은 시적 화자가 상대와의 대화를 단념하는 계기로 작용하고 있다.

37

ⓐ~ⓔ에 대한 설명으로 적절하지 <u>않은</u> 것은?

① ⓐ: 북쪽 백두산에서부터 시작되어 이어진 지리산의 광대한 범위를 확인할 수 있다.
② ⓑ: 청학동이라는 이름으로 불리게 된 유래를 알 수 있다.
③ ⓒ: 청학동을 찾아가는 중에 마주한 자연 풍경에 대한 감상을 확인할 수 있다.
④ ⓓ: 진나라 사람들이 청학동에 살게 된 이유를 확인할 수 있다.
⑤ ⓔ: 도원과 청학동을 동일한 성격의 공간으로 인식하고 있음을 알 수 있다.

38

〈보기〉를 바탕으로 (가)와 (나)를 감상한 내용으로 적절하지 <u>않은</u> 것은? [3점]

<보기>

　(가)와 (나)는 부정적 상황에 대응하는 과정에서 기대가 좌절되었던 작가의 경험이 서로 다른 모습으로 형상화되고 있다. (가)에는 남편의 출세로 영화를 얻으려던 기대가 좌절되자 무능한 남편을 설득하다 실패한 작가가 현실을 수용했던 경험이, (나)에는 속세와 단절된 이상적 공간을 찾는 데 실패한 작가가 좌절된 기대를 포기하지 않았던 경험이 나타난다.

① (가)의 '벼슬길에 못 올라서 귀향은 무슨 일인가'에서 남편의 출세로 영화를 얻으려던 기대가 좌절된 작가의 경험을 엿볼 수 있군.
② (가)의 '머나먼 변방 길에 가네 오네 빚'이라며 '남은 전지 역농이나 하자 하'는 것에서 부정적 상황에 대응하는 작가의 경험을 엿볼 수 있군.
③ (나)의 '청학동으로 들어가 살'고자 '화엄사에서 출발'한 것에서 속세와 단절된 이상적 공간을 찾으려 했던 작가의 경험을 엿볼 수 있군.
④ (가)의 '규중에 어리석은 부녀 그 말을 믿었더니'에서 남편을 설득하는 데 실패한 작가의 모습을, (나)의 '시를 바위에 남기는 모습에서 이상적 공간을 찾는 데 실패한 작가의 모습을 엿볼 수 있군.
⑤ (가)의 '문 닫고 돌이켜 생각하니 오냐 어이하리'에서 기대가 좌절된 현실을 수용하는 작가의 모습을, (나)의 '어떻게 하면' '그곳을 찾을 수 있을'지 생각하는 것에서 기대를 포기하지 않는 작가의 모습을 엿볼 수 있군.

[39~41] 다음 글을 읽고 물음에 답하시오.

(가) ⊙ 이 투박한 대지에 발은 붙였어도
　　흰 구름 이는 머리는 항상 하늘을 향하고 사는 산

　　언제나 숭고할 수 있는 푸른 산이
　　그 **푸른 산**이 오늘은 무척 **부러워**

　　ⓛ 하늘과 땅이 비롯하던 날 그 아득한 날 밤부터
　　저 산맥 위로는 푸른 별이 넘나들었고

　　골짝에는 양 떼처럼 **흰 구름**이 몰려오고 가고
　　때로는 **늙은 산 수려**한 **이마를 쓰다듬**거니

　　고산식물들을 품에 안고 길러낸다는 너그러운 산
　　정초한 꽃그늘에 자고 또 이는 구름과 구름

　　내 몸이 가벼이 **흰 구름이 되는 날**은
　　강 너머 저 **푸른 산 이마를 어루만지리**……

　　　　　　　　　　　　　　　　　　－ 신석정, 〈청산백운도〉

(나) 새로 핀 꽃에서 어머니를 만나네
　　나에게는 어린아이가 많다네
　　꽃들이 옷 입는 법을
　　새로 가르쳐 주면
　　새 옷 입고 사운사운 시를 쓰겠네

　　이 도시가 악어들의 이빨로 가득해도
　　이만하면 살 만하다네
　　ⓒ 우리는 모두 고향을 버리고 온 새
　　그래도 혼자가 아니라네
　　ⓔ 아침이 또 찾아왔잖아
　　새 길이 내 앞에 누워 있잖아
　　고통과 쓸쓸함이 따라다니지만
　　부드러운 비가 어깨를 감싸 주는 날도 있지
　　새로 또 꽃은 피어
　　눈부시게 옷 입는 법을 가르쳐 주고
　　새들은 풀잎 같은 혀로 **시 짓는 법을 들려주**네
　　나무들은 몸으로 춤을 보여 주네

　　아무래도 나는 사랑을 앓고 있는 것 같네
　　ⓜ 악어들이 검은 입을 벌린 이 도시
　　왜 자꾸 새 옷을 차려입고 싶은지
　　왜 자꾸 사운사운 시를 짓고 싶은지

　　　　　　　　　　　　　　　– 문정희, 〈새 옷 입는 법〉

39

(가)와 (나)에 대한 설명으로 가장 적절한 것은?

① (가)는 (나)와 달리, 음성상징어를 통해 시적 의미를 강조하고 있다.

② (나)는 (가)와 달리, 역설적인 표현을 통해 주제 의식을 부각하고 있다.

③ (나)는 (가)와 달리, 유사한 문장 구조의 반복을 통해 시상을 마무리하고 있다.

④ (가)와 (나)는 모두, 청각적 심상을 통해 대상의 특성을 드러내고 있다.

⑤ (가)와 (나)는 모두, 말을 건네는 방식을 통해 청자에 대한 친근감을 표현하고 있다.

40

㉠～㉤의 의미로 적절하지 않은 것은?

① ㉠: '머리'와 '발'의 대비를 통해 '산'이 지향하는 공간을 보여 준다.

② ㉡: '아득한'을 통해 '푸른 별'이 넘나드는 움직임이 오래전부터 지속되었음을 보여 준다.

③ ㉢: '모두'를 통해 '우리'의 상황이 동일함을 드러낸다.

④ ㉣: '또'를 통해 '아침'이 와도 변하지 않는 일상의 한계를 보여 준다.

⑤ ㉤: '검은'을 통해 '도시'에 대한 부정적 인식을 드러낸다.

41

〈보기〉를 바탕으로 (가)와 (나)를 감상한 내용으로 적절하지 않은 것은? [3점]

> ───〈보기〉───
>
> 　시에서는 화자가 자연을 긍정적으로 인식하고 지향하는 모습이 다양하게 형상화된다. (가)에서 화자는 자연을 불변성과 포용력을 지닌 존재로 인식하며, 동경하는 자연과 어우러지는 날을 희망한다. (나)에서 화자는 자연을 모성을 지닌 존재로 인식하며, 이러한 자연으로부터 배운 삶의 방식을 험난한 현실에서 실현하기를 희망한다.

① (가)에서는 '언제나 숭고할 수 있는 푸른 산'이 '고산식물들을 품에 안고 길러낸다'는 것에서 자연을 불변성과 포용력을 지닌 존재로 여기는 화자의 인식을 확인할 수 있군.

② (가)에서는 '푸른 산'을 '부러워'하는 '내'가 '흰 구름이 되는 날'에 '푸른 산'의 '이마를 어루만지'겠다는 것에서 동경하는 자연과 어우러지고 싶은 화자의 희망을 확인할 수 있군.

③ (나)에서는 '새로 핀 꽃에서 어머니를 만'난다는 것에서 자연을 모성을 지닌 존재로 여기는 화자의 인식을 확인할 수 있군.

④ (나)에서는 '새들'이 '시 짓는 법을 들려주'는 것과 '나무들'이 '몸으로 춤을 보여 주'는 것에서 자연으로부터 배운 삶의 방식을 험난한 현실에서 실현하고 있는 화자의 모습을 확인할 수 있군.

⑤ (가)에서는 '흰 구름'이 '쓰다듬'는 '늙은 산'의 '이마'를 '수려'하다고 한 것에서, (나)에서는 '어깨를 감싸 주는' '비'를 '부드'럽다고 한 것에서 자연을 긍정적으로 인식하는 화자의 모습을 확인할 수 있군.

이날 부마가 장신부적을 써서 부모와 승상 부부와 육개 처첩과 비복 등을 각각 한 장씩 맡겨 옷깃 속에 감추어 어려운 일을 면하게 하고 외당에 거하여 천명을 기다리더라.

이튿날 양처상과 사일보 등이 위조 서간을 만들어 천자께 드려 왈,

"신 등이 임호은의 간정을 잡았사오니 폐하는 바삐 호은의 부자를 잡게 하소서."

상이 그 서간을 보시니, 임호은의 글씨와 박지근의 필적이라. 글의 사연이 나라를 비방하여 찬역코자 하는 글이어늘, 상이 남필에 익노하사 왈,

"바삐 준일 부자를 잡아들여라."

하시니, 양처상 등이 수명하고 우림장군(羽林將軍) 호연수(胡連洙)를 불러 왈, / "그대는 우림군 삼백을 거느려 임호은의 집을 둘러싸고 호은의 머리를 베어 오라."

호연수가 청령하고 갑옷을 갖추고 군사를 거느려 임부를 둘러싸고 연수가 큰 칼을 들고 바로 각로 부자에게 달려들어 베고자 하였더니, 홀연 공중에서 철갑 입은 신장이 내려와 방천극을 들어 칼을 막으며 꾸짖어 왈,

"군명이 아무리 엄혹한들 네 어찌 이렇듯 방자하리오. 각로 부자는 송국 출신이어늘 네 감히 충신을 해치려 하는다."

언파에 연수를 잡아 문밖에 내치고 문득 간 데 없는지라. 연수가 황급하여 칼을 던지고 땅에 엎드려 애걸 왈,

"황명이 급하오니 바라건대 각로 부자는 어명을 순종 하소서."

각로 부자가 왈,

[A] "신자가 되어 어찌 군명을 거역하리오. 그대는 우리 부자의 몸을 결박하라."

연수가 바야흐로 각로 부자를 결박하여 돌아와 황상께 임준일 잡아 온 사연을 주달하온데, 천자가 승정전(承政殿)에 어좌하시고 형구를 갖춘 후 각로 부자를 잡아들여 계하에 꿇리고 수죄 왈,

"짐이 너의 부자를 박대함이 없거늘 무엇이 부족하여 찬역을 도모하느뇨. 이실직고(以實直告)하라."

임 부마가 고두 주 왈, / "신의 부자가 다만 군상만 아옵고 충성을 다하여 성은을 만분지일이나 갚고자 하였더니, 이렇듯 죄상이 나타났사오니 무슨 말씀을 주달하오리까."

상이 크게 꾸짖어 가라사대,

"가난한 도적이 무엇을 발명코자 하느뇨."

하시고, 좌우를 호령하여 각로 부자를 올려 매고 치라 하신데, 집장무사(執杖武士)가 힘을 다하여 칠새, 삼백여 장을 치되 각로 부자는 조금도 상하는 곳이 없고 형장 소리만 산천이 뒤덮는 듯하니, 상이 더욱 대로하사 집장을 갈아 엄히 칠새, 팔백여 장에 이르도록 집장 소리만 날 뿐이요, 각로 부자는 조금도 상하는 데 없는지라.

 절도에 유배된 임호은은 천기를 살펴 천자에게 향하던 중 금화산 유수 선생에게 갑옷과 보검 등을 얻는다.

임 부마가 정신을 차려 동정을 살펴보니, 호진 장졸이 모두 연석에 향하였으니, 부마가 들어오는 줄 알지 못하고 풍류소리와 살벌지성(殺罰之聲)* 이 낭자하더라.

부마가 몸을 솟아 연석에 들어가니, 천자가 호왕과 빈주 분좌하시고 호왕의 등 뒤에 여덟 장수가 창검을 들고 섰으니, 살기가 등등하고 천자를 모신 세 장수는 얼굴이 백지장 같아 병기를 잡지 못하였으며, 황상의 용안이 사상이 되어 일신을 안정치 못하시거늘, 부마가 바로 짓치고자 하다가 적의 동정을 보려 하고 몸을 날려 천자 뒤에 은신하고 살피니, 이윽고 달세통, 장운간이 여복을 장속하고 각각 비수를 들고 들어와 호왕께 검무를 청하거늘, 호왕이 쾌히 허하니 양장이 연석에서 검무하는지라.

임 부마가 벽력도를 들고 급히 내달아 달세통, 장운간을 각각 발길로 차서 던지니, 양인이 비수를 던지고 거꾸러져 피를 토하거늘, 부마가 전포로 천자를 가리우며 봉안을 높이 떠 호왕을 보며 꾸짖어 왈,

"무도한 오랑캐 감히 만승천자를 해코자 하니 어찌 살려 하느뇨."

하고, 벽력도를 한 번 들어 치니, 한 줄 화광이 일어나며 호왕의 시위(侍衛) 팔장(八將)의 머리 일시에 내려지는지라.

호왕이 천자를 해하려 하더니 불의에 신장이 내려와 양장을 차서 거꾸러뜨리고, 팔장의 머리 베임을 보고 혼비백산(魂飛魄散)하여 면색(面色)이 여토(如土)하여 동인 듯이 앉았거늘, 부마가 호왕을 베고자 하나 행여 천자의 옥체 상할까 하여 천자를 옆에 끼고 몸을 날려 나올새, 벽력도를 들고 좌우충돌하니 칼이 이는 곳에 호진 장졸의 머리 추풍낙엽 같으니, 감히 막을 자가 없는지라.

부마가 천자를 옆에 끼고 성을 넘어와 마상에 뫼시고 복지 통곡 왈,

"폐하는 용체를 진중하소서. 소신 임호은이 이에 왔나이다."

천자가 호왕의 간계에 빠져 사지에 들었으매 죽기만 바라시더니, 뜻밖에 신장이 내려와 호장 벰을 보시매 아무런 줄 모르시더니, 임호은 삼자를 들으시고 경희하여 반향이나 어린 듯하시다가 정신을 진정하사 왈,

"짐이 지금 호진에 있느냐. 아까 짐을 옆에 끼고 나온 장수 진실로 경이렷다."

언흘에 통곡하시거늘, 부마가 돈수 통곡 왈,

"소신 임호은이 불충하와 폐하 이렇듯 욕을 당하심이로소이다."

천자가 부마의 손을 잡으시고 낙루 왈,

"짐이 불명하여 경의 충성을 알지 못하고 간신의 꾀에 빠져 경으로 하여금 해외에 고초하게 하니, 이제 백번 뉘우치나 미치지 못하는지라. 어찌 용히 짐의 위태함을 알아 이렇듯 짐의 목숨을 구하뇨."

부마가 천자를 위로 왈, / "폐하는 옥체를 진중하옵소서. 신이 적소에서 천기를 보온즉 폐하의 주성이 운무에 싸였기로 주야 배도하여* 이르렀삽더니, 폐하의 이렇듯 하심은 신의 불충이로소이다. 그러나 신이 죄인으로 폐하의 부르시는 명이 없사오니, 신의 죄가 더욱 중하여이다."

상이 위유하사 왈,

[B]
"짐이 불명하여* 간신의 참언을 살피지 못하니, 어찌 하늘이 벌하지 아니시리오. 용담호구에 들었거늘 경의 충성으로 독행만리(獨行萬里)하여 사지에 있던 임금을 구하니, 경의 충성은 고금에 쌍이 없으리로다."

하시며 추회(追悔)하시거늘*, 부마가 다시 주 왈,

"이는 간신의 무리 폐하의 성총을 가리움이요, 또한 신의 운명이오니 어찌 폐하의 과실이리까. 신하가 되어 군부의 위급함을 구함은 상사이옵거늘, 어찌 과도히 응대하시나이까."

인하여 황상을 모셔 대진으로 돌아올새, 일진 장졸이 부마의 용맹함을 보고 희열 왈,

"임 부마가 와 계시니, 아 등의 성명은 보전하리라."

하고 만세를 부르니, 그 소리 원근에 진동하더라.

– 작자 미상, 〈임호은전〉

* 살벌지성: 음악의 곡조가 거칠고 급하여 무시무시한 느낌을 주는 소리

* 배도하다: 이틀에 갈 길을 하루에 걷다.

* 불명하다: 사리에 어둡다.　　* 추회하다: 지난간 일을 후회하다.

42

윗글에 대한 설명으로 가장 적절한 것은?

① 언어유희를 통해 인물의 성격을 비판하고 있다.

② 인물의 희화화를 통해 해학성을 드러내고 있다.

③ 꿈과 현실을 교차 서술하여 사건의 실마리를 밝히고 있다.

④ 시간의 역전을 통해 사건을 새로운 국면으로 전환하고 있다.

⑤ 비유적 표현을 사용하여 인물이 처한 상황을 드러내고 있다.

43

윗글에 대한 이해로 적절하지 <u>않은</u> 것은?

① 임호은은 천기를 읽어 천자의 위험을 예측했다.

② 양처상은 호연수에게 임호은을 죽이라고 명령했다.

③ 임호은은 천자의 몸이 상할까 걱정하며 호왕을 베었다.

④ 호연수는 공중에서 내려온 신상에 의해 문밖으로 내쳐졌다.

⑤ 호진의 장졸들은 임호은이 성에 침입한 것을 눈치채지 못했다.

44

[A]와 [B]에 대한 설명으로 가장 적절한 것은?

① [A]는 자신의 신념을 밝히며 상대에게 조언하고 있고, [B]는 자신의 잘못을 변명하며 상대를 탓하고 있다.

② [A]는 미래를 예측하여 상대의 배려를 기대하고 있고, [B]는 과거를 회상하며 상대의 용서를 바라고 있다.

③ [A]는 상대의 능력을 무시하며 상대를 비난하고 있고, [B]는 자신의 능력을 과시하며 상대의 문제를 해결하고 있다.

④ [A]는 자신이 입을 피해를 언급하며 상대를 설득하고 있고, [B]는 자신이 얻을 이익을 설명하며 상대의 이해를 구하고 있다.

⑤ [A]는 복종의 당위성을 인정하며 상대의 요구를 수용하고 있고, [B]는 자신의 행동을 후회하며 상대의 능력을 인정하고 있다.

45

〈보기〉를 바탕으로 윗글을 감상한 내용으로 적절하지 <u>않은</u> 것은? [3점]

〈보기〉

이 작품은 천상계에서 하강한 주인공이 고난과 행운을 반복적으로 경험하며 유교적 가치를 실현하는 영웅 소설이다. 주인공은 윤리적으로 타락한 신하들의 모함으로 겪는 고난을 비범한 능력으로 견디며 충신의 소임을 다한다. 이후 주인공은 국가적 위기 상황을 절대적인 힘을 사용하여 해결하며, 천자로부터 신하로서의 명예를 회복하고 사람들에게 영웅으로 인정받는다.

① 양처상과 사일보가 천자께 드리는 서간을 위조한 점에서, 윤리적으로 타락한 인물의 모습을 확인할 수 있겠군.

② 임 부마가 집장무사가 힘을 다해 치는 장을 맞고도 조금도 상하는 곳이 없다는 점에서, 비범한 능력으로 고난을 견디는 인물의 모습을 확인할 수 있겠군.

③ 임 부마가 한 번 들어 치면 화광이 일어나는 벽력도로 적들을 물리치며 천자를 구하는 것에서, 국가적 위기 상황에서 절대적인 힘을 발휘하는 인물의 모습을 확인할 수 있겠군.

④ 임 부마가 달세통과 장운간을 물리치고 전포로 천자를 가리며 호왕을 꾸짖는 것에서, 천자로부터 신하로서의 명예를 회복한 인물의 모습을 확인할 수 있겠군.

⑤ 일진 장졸이 부마의 용맹함을 보고 희열하며 만세를 부르는 것에서, 사람들에게 영웅으로 인정받는 인물의 모습을 확인할 수 있겠군.

01 _ 11~12번 연계 문제

〈보기 1〉을 참고하여 〈보기 2〉를 탐구한 내용으로 적절하지 <u>않은</u> 것은?

──〈보기 1〉──

　한글 맞춤법 총칙 제1항은 '한글 맞춤법은 표준어를 소리대로 적되, 어법에 맞도록 함을 원칙으로 한다.'이다. '소리대로' 적는다는 것은 표준어를 적을 때 발음에 따라 적는다는 뜻이다. 그런데 체언 '빛'에 다양한 조사가 결합한 형태를 소리 나는 대로 적으면 '비치', '빋또', '빈만' 등이 된다. 이처럼 '표준어를 소리대로 적는다'는 원칙만으로 충분하지 않은 경우가 있다. 그래서 '어법에 맞도록 한다'는 원칙을 제시한다. 체언에 조사가 결합하거나 용언의 어간 뒤에 어미가 결합하는 경우 등에서 실질 형태소와 형식 형태소를 구분해서 적는 것이다. 어법에 맞도록 적으면 단어의 뜻을 파악하기가 쉬워진다.

──〈보기 2〉──

　오늘은 아버지께서 맛있는 떡볶이를 만들어 주셨다.

① '오늘은'은 소리대로 적은 형태와 어법에 맞게 적은 형태가 다르다.
② '아버지'는 표음 문자인 한글의 기본 기능에 따라 적은 경우이다.
③ '맛있는'을 어법에 맞게 표기한 이유는 의미를 쉽게 파악할 수 있도록 하기 위함이다.
④ '떡볶이'는 각 음절을 소리 나는 대로 표기한 경우이다.
⑤ '만들어'는 실질 형태소와 형식 형태소의 경계가 드러 나도록 표기한 경우이다.

02 _ 13번 연계 문제

〈보기〉를 참고하여 음운의 변동에 대해 이해한 내용으로 적절하지 <u>않은</u> 것은?

──〈보기〉──

　음운의 변동에는 한 음운이 다른 음운으로 바뀌는 '교체', 원래 있던 음운이 없어지는 '탈락', 두 개의 음운이 하나로 합쳐지는 '축약', 없던 음운이 새로 생기는 '첨가'가 있다.

① '법학[버팍]'은 축약이 일어난 것이군.
② '감다[감:따]'는 첨가가 일어난 것이군.
③ '놓치다[논치다]'는 교체가 일어난 것이군.
④ '여닫이[여:다지]'는 교체가 일어난 것이군.
⑤ '직행열차[지캥녈차]'는 축약과 첨가가 일어난 것이군.

03 _ 14번 연계 문제

〈보기〉의 ㉮, ㉯에 들어갈 말로 적절한 것은?

──〈보기〉──

　높임 표현은 서술의 주체를 높이는 주체 높임, 청자를 높이거나 낮추는 상대 높임, 서술의 객체를 높이는 객체 높임으로 나뉘는데, 어휘, 조사, 선어말 어미, 종결 어미 등으로 실현된다.
　ㄱ. (언니가 동생에게) 지수야, 가서 아빠 좀 모시고 와.
　ㄴ. (아들이 어머니에게) 어머니, 할머니께서 부르십니다.
　ㄷ. (선생님이 학생에게) 성적표는 부모님께 꼭 드리십시오.
　ㄱ과 ㄷ은 모두 (　㉮　)를 사용하여 문장의 객체를 높이고 있고, ㄴ과 ㄷ은 모두 (　㉯　)를 사용하여 청자를 높이고 있다.

	㉮	㉯
①	격 조사	종결 어미
②	격 조사	선어말 어미
③	특수 어휘	종결 어미
④	특수 어휘	선어말 어미
⑤	선어말 어미	격 조사

04 _ 22~25번 연계

문맥상 의미가 ㉠과 가장 유사한 것은?

　기화기 입구로 들어온 냉매가 다수의 배관을 따라 기화기 내부를 이동할 때, 취수관을 통해 기화기 내부로 유입된 고온의 표층수와 열전달이 ㉠<u>일어난다</u>. 이때 열전달을 마친 표층수는 배수관을 통해 바깥으로 배출되며, 냉매는 가열되어 액체와 기체가 혼합된 상태로 기화기 출구 쪽에 설치된 노즐로 이동한다.

① 나는 언제나 아침 일찍 <u>일어난다</u>.
② 꺼져 가던 불꽃이 다시 <u>일어난다</u>.
③ 학생들이 축제 문제를 들고 <u>일어났다</u>.
④ 큰 소리에 나도 모르게 벌떡 <u>일어났다</u>.
⑤ 건조한 봄철에는 산불이 자주 <u>일어난다</u>.

[01~03] 다음은 강연이다. 물음에 답하시오.

안녕하세요? 식품 안전 연구소의 ○○○입니다. 여러분은 식품을 구매할 때 식품 포장지에서 어떤 정보를 주로 보시나요? (청중의 대답을 듣고) 네, 주로 영양 성분을 보시는군요. 하지만 식품 포장지에는 영양 성분 외에도 유익한 정보가 많이 있습니다. 오늘은 식품 포장지의 표시사항에 대해 알려드리겠습니다.

(㉠ 자료 제시) 지금 보시는 화면은 식품을 구매할 때 통상적으로 보게 되는 주표시면입니다. 이렇게 주표시면에는 제품명과 내용량 및 열량, 그리고 상표 등이 표시돼 있습니다. 특히 여기에서 눈여겨볼 부분이 있는데요. 제품명에 '향' 자가 보이시나요? 제품명에 특정 맛이나 향이 표시되어 있고 그 맛이나 향을 내기 위한 원재료로 합성 향료만을 사용했기 때문에 보시는 것처럼 '복숭아향'이라고 적혀 있습니다. 그리고 합성 향료가 첨가되었다는 문구도 제품명 주위에서 확인할 수 있습니다.

그럼 다음 화면을 보시죠. (㉡ 자료 제시) 이 화면은 다른 식품의 주표시면인데, 여기에서는 어떤 정보를 알 수 있을까요? 제품명을 보고 소고기만으로 만든 식품이라고 생각하시는 분들이 많을 텐데요. 아래쪽을 보시면, 소고기와 함께 돼지고기도 일부 포함되어 있음을 알 수 있습니다. 이 식품과 같이 식육 가공품은 가장 많이 사용한 식육의 종류를 제품명으로 사용할 수 있는데요. 이런 경우에는 식품에 포함된 모든 식육의 종류와 함량이 주표시면에 표시되어 있으니 꼭 확인해 보세요.

(㉢ 자료 제시) 이 화면은 앞서 보신 식품 포장지의 다른 면을 확대한 것입니다. 여기에는 식품유형, 원재료명, 유통기한, 주의사항 등 다양한 정보가 있는데요. 이렇게 표시사항을 한데 모아 표시한 면을 정보 표시면이라고 합니다. 이 중 일부만 살펴보겠습니다. 여기 바탕색과 다르게 표시된 부분이 보이시죠? 이곳은 알레르기 표시란인데요. 알레르기 유발물질의 양과 관계없이 원재료로 사용된 모든 알레르기 유발물질이 표시됩니다. 또한 식품에 사용된 원재료가 아니어도 알레르기 유발물질이 식품을 제조하는 과정에서 불가피하게 섞여 들어갈 우려가 있을 수 있습니다. 이 경우에는 화면에서 보시는 것처럼 알레르기 유발 물질이 혼입될 수 있다는 의미의 주의사항 문구가 쓰여 있으니 특정 알레르기가 있는 분들은 유의해서 살펴보시기 바랍니다.

마지막으로 날짜 표시에 대해 알려드리겠습니다. 여기 원재료명 아래 유통기한이 표시되어 있는데요. 관련 법률이 개정되어 앞으로는 식품을 유통할 수 있는 기한인 유통기한 대신 소비기한이 표시됩니다. 소비기한은 식품에 표시된 보관 방법을 준수했을 때 식품을 섭취해도 안전에 이상이 없는 기한을 말합니다. 그러니 식품에 표시된 보관 방법에 신경 쓰시면 도움이 될 것입니다.

여러분, 건강하고 안전한 식생활을 위해 식품 포장지의 정보를 꼼꼼히 확인하여 자신에게 적합한 식품을 잘 구매하시기 바랍니다. 이상으로 강연을 마치겠습니다.

01

위 강연자의 말하기 방식으로 가장 적절한 것은?

① 강연을 하게 된 소감을 밝히며 강연을 시작하고 있다.
② 강연 내용을 요약하여 마무리하며 주제를 강조하고 있다.
③ 강연 내용과 관련된 질문을 하여 청중의 주의를 환기하고 있다.
④ 강연에 사용한 자료의 출처를 언급하여 신뢰성을 확보하고 있다.
⑤ 강연 순서를 처음에 안내하여 청중이 내용을 예측하게 하고 있다.

02

다음은 위 강연자가 제시한 자료이다. 강연자의 자료 활용에 대한 설명으로 적절하지 <u>않은</u> 것은?

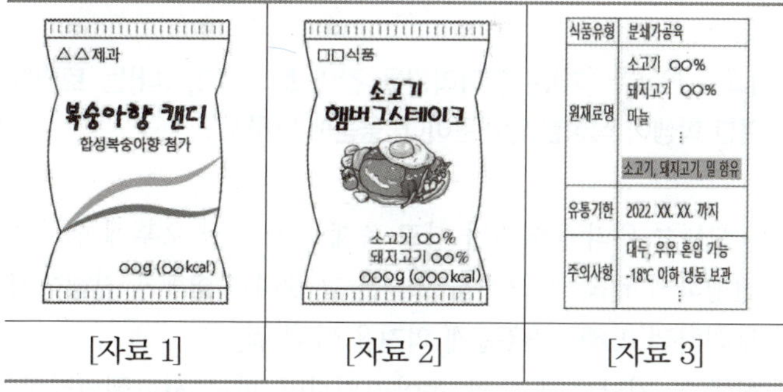

① 주표시면을 구성하고 있는 요소를 보여 주기 위해 ㉠에 [자료 1]을 활용하였다.
② 제품명에 특정 글자가 사용된 이유를 설명하기 위해 ㉠에 [자료 1]을 활용하였다.
③ 식육가공품에서 제품명에 원재료명이 포함된 경우 주표시면에 추가로 표시되는 요소를 보여 주기 위해 ㉡에 [자료 2]를 활용하였다.
④ 식품 제조 과정에서 불가피하게 혼입될 수 있는 알레르기 유발물질이 알레르기 표시란을 통해 표시되는 방식을 설명하기 위해 ㉢에 [자료 3]을 활용하였다.
⑤ 식품 포장지에 표기되는 날짜 표시와 관련된 정보를 제공하기 위해 ㉢에 [자료 3]을 활용하였다.

03

다음은 위 강연을 들은 청중의 반응이다. 강연의 내용을 고려하여 청중의 반응을 이해한 내용으로 적절하지 <u>않은</u> 것은?

> • 청자 1: 지난번에 어떤 식품을 샀는데 보관 방법 표시가 눈에 잘 띄지 않았어. 식품에 따라 보관 방법이 어떻게 표시되는지 자세히 설명해 주지 않아서 아쉬웠어.
> • 청자 2: 그동안 열량만 보고 식품을 구매했었는데, 다른 중요한 정보들도 많이 있다는 것을 알게 되어 유익했어. 동생에게 알려 주기 위해 오늘 배운 내용을 잘 정리해 봐야겠어.
> • 청자 3: 수업 시간에 식품 표시사항을 점자로 표시하는 경우도 있다는 것을 배웠어. 오늘 알게 된 내용이 점자로 어떻게 표시되어 있는지 사례를 조사해 봐야겠어.

① 청자 1은 강연에서 구체적으로 설명하지 않은 정보가 있는 것에 대해 부정적으로 평가하고 있다.
② 청자 2는 강연에서 새롭게 알게 된 정보를 긍정적으로 수용하고 있다.
③ 청자 3은 강연의 내용을 통해 기존의 지식을 수정하고 있다.
④ 청자 1과 청자 2는 모두 강연 내용과 관련된 자신의 경험을 떠올리고 있다.
⑤ 청자 2와 청자 3은 모두 강연 내용을 바탕으로 추가적인 활동을 계획하고 있다.

[04 ~ 07] (가)는 동아리원들 간의 토의이고, (나)는 토의에 참여한 학생이 작성한 안내문이다. 물음에 답하시오.

(가) 학생 1: 우리 동아리가 학교 축제 마지막 날 오후에 행사를 진행하게 됐잖아. 그래서 오늘은 그 행사를 어떻게 진행할지 토의하려고 해. 자유롭게 의견을 말해 줘.

학생 2: 지난번에 우리 동아리원끼리 피구 시합했었잖아. 그때 친하지 않았던 동아리 친구들이랑 친해져서 좋았어. 그거랑 비슷하게 이번 축제에서는 학급 대항 축구 대회를 열면 학급 단합도 되고 좋지 않을까?

학생 3: 그래도 그건 학급 간에 경쟁을 유발하기도 하고, 참여할 수 있는 인원이 제한적이잖아. 이번에는 많은 친구들이 제한 없이 참여할 수 있는 활동이 좋을 것 같아. 예전에 우리 동아리에서 운영했다던 마라톤 행사는 어때?

[A]

학생 2: 나도 많은 학생들이 참여할 수 있는 활동이면 좋겠는데, 마라톤은 체력적으로 너무 부담스러워. 나 같은 생각을 하는 학생들은 참여를 꺼리지 않을까? 게다가 기록에 따라 순위가 결정되니까 그것도 경쟁을 유발할 것 같아.

학생 3: 음……. 그럼, 플로깅 행사는 어때? 얼마 전에 기사에서 봤는데 운동 효과가 있으면서도 많은 친구들이 참여할 수 있을 것 같아.

학생 1: 플로깅이 뭐야? 처음 들어 보는 말이라 낯설어.

학생 3: 쉽게 말하자면 달리면서 쓰레기를 줍는 활동이야. 정해진 코스를 달리면서 쓰레기도 줍다 보니 운동 효과가 크다고 하더라고.

학생 2: 그거 좋겠다. 플로깅 행사를 통해 마을 쓰레기가 줄어들면 우리 지역 사회에도 도움이 될 거야. 그리고 운동뿐만 아니라 환경 문제에 관심 있는 친구들도 많이 참여하지 않을까?

학생 1: 그럼 다들 플로깅 행사를 진행하는 데 동의하니까 이제 코스에 대해 이야기해 보자.

학생 3: 학교 근처에 ○○천 둘레길이 있으니까 거기를 코스로 하면 좋겠어.

학생 2: 그런데 참여 인원이 많아지면 코스가 하나로는 부족해. 많은 인원이 달리다 보면 안전 관리가 어려울 거야.

학생 1: 네 말이 맞겠다. 주민들도 불편함을 겪을 거야.

학생 3: 그럼 학교 근처에서 지저분해지기 쉬운 장소를 중심으로 코스를 짜 보자.

학생 2: 좋은 생각이야. 친구들이 자기 체력에 맞게 코스를 선택할 수 있도록 다양한 코스를 짜서 홍보하면 학생들이 더 많이 참여할 것 같아.

학생 1: 네 말은 친구들이 각자 체력에 맞게 코스를 선택할 수 있도록 다양한 코스를 짜면 학생들의 참여도가 더 높아질 거라는 거지? 내가 우선 코스를 짜 볼게.

학생 2: 응, 고마워. 참가 신청은 학생들이 쉽게 할 수 있도록 인터넷 사이트를 이용해서 받자. 신청 기간은 일주일이면 넉넉하겠지?

학생 1: 좋아. 그럼 내가 오늘 토의한 내용을 바탕으로 안내문을 써서 공유할게.

(나) **플로깅 행사 개최 안내**

안녕하세요. ○○고등학교 학생 여러분. 운동 동아리 '건강 더하기'에서 여러분을 위해 축제 마지막 날에 우리 학교 학생 누구나 참여할 수 있는 플로깅 행사를 개최하고자 합니다.

'플로깅'은 이삭줍기를 의미하는 스웨덴어 '플로카 업(plocka upp)'과 영어 '조깅(jogging)'이 합쳐진 말로 환경을 지키자는 움직임에서 시작되었습니다. 달리면서 쓰레기를 줍는 활동으로 건강과 환경을 모두 지키는 일석이조의 효과가 있습니다.

플로깅 행사는 자신의 체력에 맞게 선택할 수 있도록 난이도에 따라 학교 주변을 중심으로 세 가지 코스로 운영될 예정입니다. 이번 행사에 참여하면 건강을 지키면서 지역 사회의 환경도 깨끗하게 만들 수 있습니다.

(ⓐ   )

- **일시**: 2022년 12월 ××일(금) 15:00 ~ 17:00
- **대상**: 우리 학교 학생 누구나
- **코스**

코스명	코스	거리	난이도
1코스	학교운동장 – ○○천 – 영화관(반환 지점)	약 2km	하
2코스	학교 운동장 – 슈퍼마켓 – 공원(반환 지점)	약 3km	중
3코스	학교 운동장 – 도서관 – 전망대(반환 지점)	약 3.5km	상

- **신청 기간**: 2022년 11월 ××일 ~ 11월 ××일 / 7일간
- **신청 방법**: 참여 링크 https://www.□□.com에서 신청

04

'학생 1'의 말하기 방식에 대한 설명으로 적절하지 <u>않은</u> 것은?

① 토의의 배경을 언급하며 토의 주제를 제시하고 있다.
② 토의 참여자의 반응을 확인하고 논의를 이어가고 있다.
③ 토의 참여자의 발언에 동의하며 자신의 의견을 덧붙이고 있다.
④ 토의 흐름에 따라 다음에 발언할 토의 참여자를 지정하고 있다.
⑤ 토의 참여자의 발언을 재진술하며 상대의 의견을 확인하고 있다.

05

[A]에 대한 설명으로 가장 적절한 것은?

① '학생 2'는 상대방의 의견을 일부 인정하며 자신의 의견을 수정하고 있다.
② '학생 2'는 상대방과 공유하는 경험을 활용하여 자신의 의견을 제시하고 있다.
③ '학생 2'는 자신의 의견을 여러 개 제시한 후 상대방에게 선택을 요구하고 있다.
④ '학생 3'은 상대방이 제시한 방안의 장점을 언급하고 있다.
⑤ '학생 3'은 자신의 의문을 해소하기 위해서 상대방에게 보충 설명을 요청하고 있다.

06

'학생 1'이 (가)의 토의 내용을 바탕으로 (나)를 작성할 때, (나)에 반영된 내용으로 적절하지 <u>않은</u> 것은? [3점]

① (가)에서 용어가 낯설다는 의견에 따라 학생들이 이해하기 쉽도록 용어를 풀어서 설명해야겠어.
② (가)에서 학생들이 쉽게 신청할 수 있도록 인터넷 사이트를 이용하자는 의견에 따라 참여 링크를 제시해야겠어.
③ (가)에서 체력에 맞게 코스를 선택할 수 있도록 하자는 의견에 따라 행사 코스의 거리와 난이도를 제시해야겠어.
④ (가)에서 참여에 제한이 없는 활동이면 좋겠다는 의견에 따라 우리 학교 학생 누구나 참여할 수 있음을 밝혀야겠어.
⑤ (가)에서 이번 행사가 지역 사회에 도움이 될 수 있다는 의견에 따라 지역 사회 주민과 연계하여 진행됨을 밝혀야겠어.

07

〈조건〉에 따라 (나)의 ㉠에 추가할 내용으로 가장 적절한 것은?

> ─〈조건〉─
> - 건강과 환경 측면에서의 기대 효과를 고려하여 작성할 것
> - 비유적 표현을 활용할 것

① 열심히 공부하느라 몸을 돌볼 시간이 없으셨나요? 바쁜 일상 속에서 플로깅에 참여하여 건강을 지켜 보세요.
② 달리며 쓰레기를 줍는 단순한 행동을 통해 지구가 깨끗해질 수 있어요. 플로깅 행사에 적극적인 참여 기대합니다.
③ 플로깅 행사 참여, 아직도 망설이시나요? 여러분의 건강도 지키고 지역 환경도 살리는 보석 같은 시간을 만들어 보세요.
④ 기후 위기를 막는 도전, 함께 시작해 봅시다. 오늘 우리가 투자한 하루가 유리같이 깨끗한 지역 사회를 만들 수 있습니다.
⑤ 플로깅은 지구력 향상에 도움이 된다고 합니다. 원하는 코스를 선택하여 플로깅 행사에 참여하면 여러분의 건강을 지킬 수 있습니다.

[08~10] 다음은 작문 상황과 이를 바탕으로 학생이 작성한 초고이다. 물음에 답하시오.

- **작문 상황**: 지역 신문의 독자 기고란에 그린워싱과 관련해 주장하는 글을 쓰려고 함.

- **초고**

　최근 친환경 제품에 대한 소비자의 관심이 높아지면서 친환경 제품 소비가 활성화되고 있는데 이 과정에서 그린워싱이 증가하고 있다. '그린워싱(greenwashing)'이란 기업이 소비자로 하여금 제품이나 제품 생산 과정 등을 친환경적인 것으로

오해하도록 하는 경우를 말한다. 이는 소비자가 정확한 정보를 제공받을 권리를 침해하고, 친환경 제품 생산 업체에 피해를 주어 친환경 제품 시장의 공정한 경쟁 질서를 저해할 수 있다.

그린워싱이 증가하는 원인은 무엇일까? 우선 기업이 환경 문제에 대한 소비자의 관심을 단순히 마케팅의 수단으로 이용하기 때문이다. 더불어 제도적 측면에서 친환경을 평가할 수 있는 법률적 기준이 빠르게 변화하는 시장 상황에 대처할 수 있을 정도로 구체화되어 마련되지 않았기 때문이다. 또한 소비자는 친환경적인 소비에 관심은 있으나 상대적으로 환경마크를 비롯한 친환경 제품과 관련된 정보에 대해 잘 알지 못해 친환경 제품을 제대로 선별하여 구매하지 못하는 경우가 많기 때문이다.

그린워싱을 해결하기 위해서는 무엇보다 기업은 기업 윤리를 재정립하고 소비자가 환경과 관련된 제품 정보를 오해하지 않도록 정보를 투명하게 공개해야 한다. 정부는 시장 상황을 고려해 친환경과 관련된 법률적 기준을 보완함으로써 소비자들이 그린워싱을 명확히 인식할 수 있도록 지원해야 한다. 소비자는 그린워싱 여부를 판단할 수 있도록 친환경 제품에 대한 정확한 정보를 찾아보는 태도를 지녀야 한다.

[A] ┌ 기업 성장과 발전은 국가 경제를 이끌어 가는 원동력이다.
    │ 그린워싱은 소비자를 기만하는 행위이다. 그러므로 사회
    └ 구성원 모두가 협력하여 그린워싱을 해결해야 한다.

08

다음은 초고를 작성하기 전에 학생이 떠올린 생각이다. ⓐ~ⓔ 중 학생의 초고에 반영되지 <u>않은</u> 것은?

- 공정한 경쟁 질서에 대한 소비자와 기업의 입장을 대조하여 제시해야겠어. ······························ ⓐ
- 문답의 방식을 활용해 그린워싱의 증가 원인을 제시해야겠어. ································· ⓑ
- 예상 독자의 이해를 돕기 위해 그린워싱의 개념을 제시해야겠어. ································· ⓒ
- 그린워싱이 미치는 부정적인 영향을 소비자와 생산 업체의 측면에서 제시해야겠어. ··················· ⓓ
- 그린워싱의 해결 방안을 기업, 정부, 소비자의 측면으로 나누어 체계적으로 제시해야겠어. ·············· ⓔ

① ⓐ   ② ⓑ   ③ ⓒ   ④ ⓓ   ⑤ ⓔ

09

<보기>는 학생이 초고를 보완하기 위해 추가로 수집한 자료이다. 자료의 활용 방안으로 적절하지 <u>않은</u> 것은? [3점]

─────〈보기〉─────

[자료 1] 통계 자료

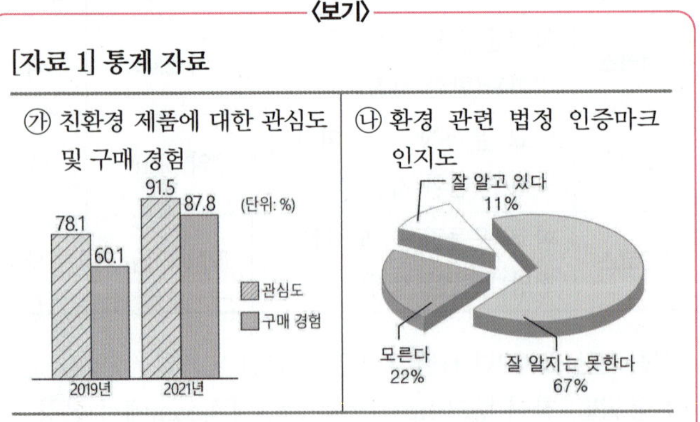

[자료 2] 신문 기사

○○기업은 재생 플라스틱으로 제품 용기를 제작했다는 표시로 자체 제작한 스티커를 붙이고 친환경적 특성을 홍보하여 소비자에게 큰 호응을 얻었다. 그런데 해당 스티커가 환경 관련 법정 인증마크와 유사해 소비자가 해당 스티커를 법정 인증마크로 혼동하여 제품을 구매하는 사례가 많았고, 한 시민 단체가 조사한 결과 제품 용기의 소재도 재생 플라스틱이 아님이 밝혀졌다. 이를 계기로 환경마크 등에 대한 정확한 정보를 알고자 하는 소비자들이 늘고 있으나, 관련 정보들이 통합적으로 제공되지 않아 소비자들이 불편을 겪고 있다.

[자료 3] 전문가 인터뷰

외국에서는 친환경이라는 용어를 쓸 때 체크리스트와 같은 객관적 지표를 바탕으로 적합성 평가 기관을 통해 인증을 받는 제도가 시행되고 있습니다. 우리나라도 객관적인 지표를 좀 더 구체적으로 제시하여 법률을 보완해 나간다면 소비자 보호에 도움이 될 것입니다. 한편 친환경 제품의 인증과 관련된 정보를 여러 기관에서 다루고 있는데, 이러한 정보가 통합적으로 제공되면 소비자가 그린워싱에 쉽게 대처할 수 있을 것입니다.

① [자료 1-㉮]를 활용하여 친환경 제품에 대한 소비자의 관심이 높아지고 있다는 내용을 뒷받침하는 자료로 제시한다.

② [자료 2]를 활용하여 기업이 환경 문제에 대한 소비자의 관심을 마케팅의 수단으로 이용하고 있다는 내용에 대한 구체적 사례로 제시한다.

③ [자료 3]을 활용하여 객관적 지표를 마련한 해외 사례를 친환경과 관련된 법률적 기준을 보완하자는 주장에 대한 근거로 제시한다.

④ [자료 1-㉯]와 [자료 2]를 활용하여 소비자가 친환경 관련 제품 정보를 잘 알지 못해 제품을 제대로 선별하여 구매하지 못한다는 내용을 구체화하기 위한 자료로 제시한다.

⑤ [자료 2]와 [자료 3]을 활용하여 기업이 자체적으로 환경마크를 평가할 수 있는 제도를 마련하는 것을 기업 윤리를 재정립하기 위한 구체적 방안으로 제시한다.

10

〈보기〉는 [A]를 쓴 학생이 친구에게 보낸 이메일이다. ㉠에 들어갈 내용으로 가장 적절한 것은?

─〈보기〉─

네가 준 의견 중 (㉠)해 보라는 말을 고려해 초고의 마지막 문단을 아래와 같이 수정해 봤어. 확인해 줄래?

> 그린워싱은 소비자를 기만하는 행위이다. 그러므로 사회 구성원 모두가 협력하여 그린워싱을 해결해야 한다. 그린워싱을 해결하면 사회가 지향하는 친환경적 가치를 실현할 수 있을 것이다.

① 기업 성장과 발전의 의의는 삭제하고, 그린워싱 해결의 의의는 추가
② 기업 성장과 발전의 의의는 삭제하고, 환경 문제가 인간에게 미치는 영향은 추가
③ 기업 성장과 발전의 의의는 삭제하고, 그린워싱 해결을 위한 경제적 지원 방안은 추가
④ 친환경 기업이 지켜야 할 윤리적 가치는 삭제하고, 그린워싱 해결의 의의는 추가
⑤ 친환경 기업이 지켜야 할 윤리적 가치는 삭제하고, 그린워싱 해결을 위한 경제적 지원 방안은 추가

11

〈보기〉는 '사전 활용하기' 학습 활동을 위한 자료이다. 이에 대해 탐구한 내용으로 적절하지 <u>않은</u> 것은?

─〈보기〉─

쓰다³ 〔동〕

Ⅰ【…에 …을】어떤 일을 하는 데에 재료나 도구, 수단을 이용하다.
　¶ 수염을 깎는 데 전기면도기를 쓴다.
Ⅱ【…에/에게 …을】
　「1」다른 사람에게 베풀거나 내다.
　¶ 그는 취직 기념으로 친구들에게 한턱을 썼다.
　「2」어떤 일에 마음이나 관심을 기울이다.
　¶ 선생님, 일부러 제게 마음을 쓰지 않으셔도 됩니다.

쓰다⁶ 〔형〕

Ⅰ 혀로 느끼는 맛이 한약이나 소태, 씀바귀의 맛과 같다.
　¶ 나물이 쓰다.
Ⅱ【…이】몸이 좋지 않아서 입맛이 없다.
　¶ 며칠을 앓았더니 입맛이 써서 맛있는 게 없다.

① '쓰다³ Ⅱ 「1」'의 용례로 '그는 들려오는 소문에 신경을 썼다.'를 추가할 수 있군.
② '쓰다³ Ⅰ'과 '쓰다³ Ⅱ'는 모두 문형 정보와 용례로 보아 목적어와 어울려 써야 함을 알 수 있군.
③ '쓰다³'과 '쓰다⁶'은 별개의 표제어로 기술되어 있으므로 동음이의 관계임을 알 수 있군.
④ '쓰다³'과 '쓰다⁶'은 각각 하나의 표제어 아래 여러 뜻을 지니고 있으므로 다의어라고 볼 수 있군.
⑤ '쓰다⁶'은 '쓰다³'과 달리 성질이나 상태를 나타내는 말임을 알 수 있군.

[12 ~ 13] 다음 글을 읽고 물음에 답하시오.

관형어와 부사어는 다른 말을 수식하는 문장 성분이다. 관형어는 체언을 수식하고 부사어는 주로 용언을 수식한다. 관형어나 부사어가 실현되는 방법은 주로 다음과 같다.

(가) 저 바다로 어서 떠나자.
(나) 찬 공기가 따뜻하게 변했다.
(다) 민지의 동생이 학교에 갔다.

(가)의 '저'와 '어서'처럼 관형사와 부사가 그 자체로 각각 관형어와 부사어로 쓰일 수 있다. 또한 (나)의 '찬'과 '따뜻하게'처럼 용언의 어간에 전성 어미가 결합하거나, (다)의 '민지의'와 '학교에'처럼 체언에 격 조사가 결합하여 쓰일 수도 있다.

관형어와 부사어는 문장에서 필수적인 성분이 아니므로 일반적으로 생략이 가능하다. 다만, ㉠ 의존 명사를 수식하는 관형어나 ㉡ 서술어가 필수적으로 요구하는 부사어는 생략할 수 없다. 또한 관형어와 부사어는 각각 여러 개를 겹쳐서 사용할 수 있다.

중세 국어의 관형어와 부사어도 현대 국어와 전반적으로 유사한 양상을 보였으나 격 조사가 쓰일 때 차이를 보였다. 관형격 조사의 경우, 사람이나 동물과 같은 유정 체언 중 높임의 대상이 아닌 것과 결합할 때는 '이/의'가 쓰였다. 그리고 무정 체언이나 높임의 대상이 되는 유정 체언과 결합할 때는 'ㅅ'이 쓰였다. 부사격 조사의 경우, 결합하는 체언의 끝음절 모음이 양성 모음이면 '애', 음성 모음이면 '에', 'ㅣ'나 반모음 'ㅣ'이면 '예'가 쓰였는데 특정 체언 뒤에서는 '이/의'가 쓰이기도 했다.

12

윗글을 바탕으로 〈보기〉의 중세 국어 자료를 이해한 내용으로 적절하지 <u>않은</u> 것은? [3점]

① '기픈'을 보니 현대 국어와 마찬가지로 용언 어간에 전성 어미가 결합한 형태의 관형어가 사용되었음을 알 수 있군.

② 'ᄇᆞᄅᆞ매'를 보니 현대 국어와 달리 끝음절 모음이 양성 모음인 체언과 결합할 때는 부사격 조사 '애'가 사용되었음을 알 수 있군.

③ '아니'를 보니 현대 국어와 마찬가지로 부사 자체가 부사어로 사용되었음을 알 수 있군.

④ '員(원)의 지븨'를 보니 현대 국어와 마찬가지로 관형어가 여러 개 겹쳐서 사용되었음을 알 수 있군.

⑤ '부텻'을 보니 현대 국어와 달리 높임의 대상이 되는 유정 체언과 결합할 때는 관형격 조사 'ㅅ'이 사용되었음을 알 수 있군.

13

밑줄 친 부분이 ㉠, ㉡에 해당하는 예로 적절한 것은?

① ┌ ㉠: <u>작은</u> 것이 아름답다.
  └ ㉡: 내가 <u>회장으로</u> 그 회의을 주재하였다.

② ┌ ㉠: <u>그</u> 집은 주변 풍경과 잘 어울린다.
  └ ㉡: 이 그림은 가짜인데도 <u>진짜와</u> 똑같다.

③ ┌ ㉠: 친구에게 책을 <u>한</u> 권 선물 받았다.
  └ ㉡: 강아지들이 <u>마당에서</u> 뛰논다.

④ ┌ ㉠: 자라나는 어린이들은 <u>나라의</u> 보배이다.
  └ ㉡: 이삿짐을 <u>바닥에</u> 가지런히 놓았다.

⑤ ┌ ㉠: 그는 <u>노력한</u> 만큼 좋은 결과를 얻었다.
  └ ㉡: 나는 꽃꽂이를 <u>취미로</u> 삼았다.

14

다음은 문법 학습지의 일부이다. ⓐ~ⓒ에 들어갈 내용으로 적절한 것은?

• **구개음화**: 받침의 'ㄷ', 'ㅌ'이 'ㅣ'나 반모음 'ㅣ'로 시작하는 형식 형태소와 만나 [ㅈ], [ㅊ]으로 발음되는 현상

1. '끝인사'의 표준 발음이 [끄딘사]인 이유를 알아보자.
   '끝인사'에서 '끝'의 받침 'ㅌ' 뒤에 'ㅣ'로 시작하는 (ⓐ)가 오기 때문에 [끄딘사]로 발음된다.

2. '곧이'와 '곧이어'의 표준 발음은 무엇인지 알아보자.
   '곧이'의 '−이'는 부사를 만들어 주는 접사이다. 따라서 '곧이'의 표준 발음은 (ⓑ)이다. '곧이어'의 '이어'는 '앞의 말이나 행동 따위에 잇대어'라는 뜻을 지닌 부사이다. 따라서 '곧이어'의 표준 발음은 (ⓒ)이다.

	ⓐ	ⓑ	ⓒ
①	실질 형태소	[고지]	[고지어]
②	실질 형태소	[고디]	[고지어]
③	실질 형태소	[고지]	[고디어]
④	형식 형태소	[고디]	[고지어]
⑤	형식 형태소	[고지]	[고디어]

15

다음은 문법 수업의 내용을 정리한 학생의 노트이다. 이를 바탕으로 〈보기〉의 ㉠~㉤을 이해한 내용으로 적절하지 <u>않은</u> 것은?

1. 피동의 개념
   주어가 다른 주체에 의해 어떤 동작을 당하거나 영향을 받는 것

2. 피동 표현의 실현
   • '−이−, −히−, −리−, −기−'와 같은 피동 접사에 의해 단형 피동으로 실현되거나 '−아/−어지다' 등에 의해 장형 피동으로 실현됨.
   • 피동 접사와 '−아/−어지다'를 같이 쓰는 이중 피동 표현은 잘못된 표현임.

① ㉠은 '굵-'에 접사 '-히-'가 결합하여 피동의 의미를
   나타내는군.
② ㉡은 주어인 '형'이 '동생'에 의해 행위를 당하는 것을
   표현하고 있군.
③ ㉢은 '세우-'에 '-어지다'가 결합하여 장형 피동으로
   실현되었군.
④ ㉣은 접사 '-리-'와 함께 '-어지다'가 결합한 이중 피동
   표현이군.
⑤ ㉤은 '나누-'에 접사 '-이-'가 결합하여 줄어든 형태가
   나타난 피동 표현이군.

[16~21] 다음 글을 읽고 물음에 답하시오.

(가) 관중은 춘추 시대 제(齊)나라의 재상으로 군주인 환공을
도와 약소국이던 제나라를 부강한 국가로 성장시켰다.
관중이 생각한 이상적인 국가의 모습과 국가를 통치하는
방법은 《관자》를 통해 살펴볼 수 있다. 그는 자신이 살던
현실의 문제에 실리적으로 ⓐ 대처하고 정치적인 분열을
적극적으로 막아 나라의 부강과 백성의 평안을 이루고자 하였다.
   관중은 백성이 국가 경제의 근본이라는 경제적 관점을
바탕으로 법의 필요성을 강조하였다. 그에 따르면, 군주는
법을 만들 수 있는 자격을 천부적으로 지닌 사람이다. 하지만
군주가 마음대로 법을 만들면 백성의 삶이 ⓑ 피폐해질 수
있으므로 군주는 이익을 추구하는 백성의 본성을 고려해
백성의 삶이 윤택해질 수 있는 법을 만들어야 한다고 보았다.
이때 관중이 강조한 백성의 윤택한 삶은 도덕적 교화와 같은
목적을 위한 것이 아닌, 부강한 나라의 실현을 위한 것이라는
실리적 관점에서 이해할 수 있다.
   또한 관중은 군주가 자신에 대해서는 존귀하게 여기지 않는
것을 '패(覇)'라고 ⓒ 규정하였는데, 이를 바탕으로 군주도
법의 적용에서 예외가 되지 않아야 한다고 주장하였다. 그에
따르면 군주는 '권세'를 지녀야 국가를 다스릴 수 있는데,
이때 군주가 패를 실천해야 백성이 권세를 인정하게 된다.
㉠ 결국 군주가 법을 존중하는 것은 백성이 군주를 존중하는
것으로 이어지게 되는 것이다.

관중은 권세를 가진 군주는 부강한 나라를 이루는 통치, 즉
'패업(覇業)'을 위한 통치를 펼쳐야 한다고 주장하고, 법을
통한 통치의 중요성을 강조하였다. 이때 군주는 능력 있는
신하를 공정하게 등용하되 신하들이 군주의 권세를 넘보거나
법질서를 혼란스럽게 하지 못하도록 자신의 권세를 신하에게
위임하지 말아야 하며 백성의 경제적 안정을 위한 정책들을
시행해야 한다고 보았다. 이러한 관중의 사상은 백성들의
경제적 안정을 기반으로 부강한 나라를 이루기 위해 법을
통한 통치를 도모한 것으로 평가할 수 있다.

(나) 율곡은 유학적 사상을 기반으로, 자신이 생각하는
군주상을 제시하였다. 그는 《성학집요》에서 개인의 수양을
통해 앎을 늘리고 인격을 완성하는 것을 군주의 자격으로
보았다. 율곡은 군주가 인격을 완성하고 아는 것을 실천하면
백성의 선한 본성을 회복하는 도덕적 교화가 가능해진다고
본 것이다. 율곡은 자신이 이상적으로 생각하는 왕도정치가
실현되기 위해서는 군주가 신하를 통해 백성을 다스려야
한다고 생각했는데, 만약 군주가 포악한 정치를 펼쳐
신하들의 지지를 얻지 못하거나 민심을 잃으면 교체될 수
있다고 여겼다.

[A]
   율곡은 군주의 통치에 따라 태평한 시대인 치세와
혼란스러운 시대인 난세가 구분된다고 보고, 이를 중심으로
군주의 유형과 통치 방법을 나누어 설명했다. 치세를
만드는 군주는 재능과 지식이 출중해 신하를 능력에 맞게
발탁하여 일을 분배할 줄 알거나, 재능과 지식은
ⓓ 부족하지만 현명한 신하를 분별하여 그에게 나라의
일을 맡길 줄 안다. 이들의 통치 방법은 '왕도(王道)'와
'패도(覇道)'로 나뉜다. 왕도는 군주의 인격 완성을 통해
백성의 도덕적 교화까지 이루어 내는 것이고, 패도는
군주의 인격이 완성되지 않아 백성의 도덕적 교화까지는
이루어지지 않았지만 백성의 경제적 안정은 이루어 내는 것이다.
   난세를 만드는 군주는 자신의 총명만을 믿고 신하를
불신하거나, 간신의 말을 믿고 의지하여 눈과 귀가 가려진
군주이다. 이들은 백성을 괴롭히고 충언을 받아들이지 않아
스스로 멸망에 이르는 폭군, 간사한 자를 분별하지 못하고
총명함이 없으며 무능력한 혼군, 나약하여 자신의 뜻을 세우지
못하고 우유부단한 용군으로 분류된다. 이들의 통치 방법은
포악한 정치를 의미하는 '무도(無道)'이므로 율곡의 관점에서
무도를 행하는 군주는 교체되어야 할 존재이다.

   율곡은 백성의 도덕적 교화를 이루는 왕도정치를 위해서는
백성들의 삶이 경제적으로 편안한 것이 전제되어야 한다고
보았다. 이는 군주의 존재 근거가 백성이라고 보는 민본관에
의한 것으로, 조세 부담을 줄이는 등 백성의 경제적 기반을
유지할 수 있는 정책을 펼쳐야 함을 ⓔ 역설한 것이다.
이처럼 율곡의 사상은 왕도정치를 실현하는 과정에서 백성의
현실적 삶에 주목하려는 시도로 볼 수 있다.

16

(가)와 (나)에 대한 설명으로 가장 적절한 것은?

① (가)와 (나)는 모두 특정한 사상가가 주장하는 군주의 통치술의 변화 과정을 소개하고 있다.
② (가)와 (나)는 모두 특정한 사상가가 주장하는 군주의 통치술에 담긴 내용을 중심으로 그 의의를 밝히고 있다.
③ (가)와 달리 (나)는 특정한 사상가가 주장하는 군주의 통치술이 갖는 한계를 드러내고 새로운 통치술을 제안하고 있다.
④ (나)와 달리 (가)는 특정한 사상가가 주장하는 군주의 통치술을 군주의 유형에 따라 범주화하여 제시하고 있다.
⑤ (나)와 달리 (가)는 특정한 사상가가 주장하는 군주의 통치술에 대한 상반된 입장을 제시하고 장단점을 비교하고 있다.

17

㉠의 이유로 가장 적절한 것은?

① 군주가 마음대로 법을 만들 수 있는 패를 실천할 수 있기 때문이다.
② 군주가 법을 존중하면 법을 제정할 수 있는 기회를 얻을 수 있기 때문이다.
③ 군주가 법의 필요성을 인식해야 백성을 국가의 근본으로 여기게 되기 때문이다.
④ 군주가 자신에게도 법 적용에 예외를 두지 않음으로써 권세를 인정받게 되기 때문이다.
⑤ 군주가 백성의 본성을 고려하지 않고 나라의 부강을 우선시하는 법을 만들어야 하기 때문이다.

18

(나)에서 알 수 있는 '율곡'의 견해로 적절하지 <u>않은</u> 것은?

① 군주는 앎을 늘리는 것뿐 아니라 앎을 실천하는 것도 중요하다.
② 군주는 포악한 정치를 펼쳐 신하들에게 지지를 얻지 못하면 교체될 수 있다.
③ 군주는 왕도정치를 실현하기 위해 자신의 존재 근거를 백성으로 보아야 한다.
④ 백성의 도덕적 교화가 이루어져야 백성의 삶이 경제적으로 편안해질 수 있다.
⑤ 백성의 조세 부담을 줄이는 것은 백성의 경제적 기반을 유지할 수 있는 방법 중 하나이다.

19

(가)의 관점에서 [A]를 판단한 것으로 가장 적절한 것은?

① [A]에서 눈과 귀가 가려진 군주는, 정치적 분열을 막아 백성을 평안하게 하므로 패업을 이룰 수 있는 존재로 볼 수 있다.
② [A]에서 군주가 충언을 받아들이지 않는 것은, 법을 만들 수 있는 자격을 천부적으로 지닌 것이므로 패업으로 볼 수 있다.
③ [A]에서 군주가 자신의 총명을 믿고 신하를 불신하는 것은, 백성의 삶을 윤택하게 하려는 것이므로 패업으로 볼 수 있다.
④ [A]에서 군주가 자신의 뜻을 세우지 못하는 것은, 자신을 존귀하게 여기지 않은 것이므로 패업을 위한 통치의 방법으로 볼 수 있다.
⑤ [A]에서 군주가 신하를 능력에 맞게 발탁하여 일을 분배한 것은, 능력에 따라 신하를 공정하게 등용한 것이므로 패업을 위한 통치의 방법으로 볼 수 있다.

20

〈보기〉는 동서양 사상가들의 견해이다. 〈보기〉와 (가), (나)를 읽은 학생이 보인 반응으로 적절하지 <u>않은</u> 것은? [3점]

---〈보기〉---

㉮ 군주는 권력을 얻기 전까지는 수단과 방법을 가리지 않는 것이 오히려 백성을 위한 것입니다. 하지만 권력을 얻은 후에는 법을 통해 통치함으로써 자신의 권력을 유지할 수 있습니다.
㉯ 군주에 따라 치세와 난세가 되는 것을 지양하기 위해 법을 제정하고 기준을 세우는 것이 필요합니다. 그리고 법을 통해 통치할 수 있는 권한은 군주만이 갖고 있어야 권력을 유지할 수 있습니다.
㉰ 군주는 타락한 현실에 의해 잃어버린 인간의 선한 본성인 도덕성을 회복시켜야 합니다. 이때 군주는 도덕성의 회복을 목적으로 백성의 기본적인 경제적 욕구를 충족시키고 인간다운 교육을 실시해야 합니다.

① 관중과 ㉮는 모두 법을 통한 통치의 중요성을 인식했다고 볼 수 있겠군.
② 관중과 ㉯는 모두 국가를 다스릴 수 있는 권한이 오로지 군주에게 있어야 함을 강조했다고 볼 수 있겠군.
③ 관중은 ㉰와 달리 백성의 경제적 안정의 목적이 도덕성 회복이 아니라고 보았군.
④ 율곡은 ㉯와 달리 군주의 인격 완성 여부에 따라 치세와 난세가 구분된다고 보았군.
⑤ 율곡과 ㉰는 모두 백성의 본성을 선한 것으로 인식했다고 볼 수 있군.

21

ⓐ~ⓔ의 사전적 의미로 적절하지 않은 것은?

① ⓐ: 어떤 정세나 사건에 대하여 알맞은 조치를 취함.
② ⓑ: 지치고 쇠약해짐.
③ ⓒ: 바로잡아 고침.
④ ⓓ: 필요한 양이나 기준에 미치지 못해 충분하지 아니함.
⑤ ⓔ: 자신의 뜻을 힘주어 말함.

[22~24] 다음 글을 읽고 물음에 답하시오.

(가) 얼음을 등에 지고 가는 듯 / 봄은 멀다
　먼저 든 햇빛에 / ㉠ 개나리 보실보실 피어서
　처음 노란 빛에 정이 들었다.

　차츰 지붕이 겨울 짐을 부릴 때도 되고
　집 사이에 쌓은 울타리를 헐 때도 된다.
　사람들이 그 이야기를
　가장 먼 데서부터 시작할 때도 온다.

　그래서 봄은 사랑의 계절 / 모든 거리(距離)가 풀리면서
　멀리 간 것이 다 돌아온다.
　서운하게 갈라진 것까지도 돌아온다.
　모든 처음이 그 근원에서 돌아선다.

　나무는 나무로 / 꽃은 꽃으로
　버들강아지는 버들가지로 / 사람은 사람에게로
　산은 산으로 / 죽은 것과 산 것이 서로 돌아서서
　그 근원에서 **상견례(相見禮)를 이룬다.**

　꽃은 짧은 가을 해에 / 어디쯤 갔다가
　노루 꼬리만큼 / 길어지는 봄 해를 따라

　몇 천리나 와서 / 오늘의 어느 주변에서
　찬란한 **꽃밭을 이루는가**

　다락에서 **묵은 빨래뭉치도 풀려서 / 봄빛을 따라나와**
　산골짜기에서 겨울 산 **뼈를 씻으며**
　졸졸 흐르는 시냇가로 간다.

– 김광섭, 〈봄〉

(나) 가까이 다가서기 전에는 / 아무것도 가진 것 없어 보이는
　아무것도 피울 수 없을 것처럼 보이는
　겨울 들판을 거닐며
　매운 바람 끝자락도 맞을 만치 맞으면
　오히려 더욱 따사로움을 알았다

　듬성듬성 아직은 덜 녹은 눈발이
　땅의 품안으로 녹아들기를 꿈꾸며 뒤척이고
　논두렁 밭두렁 사이사이
　초록빛 싱싱한 키 작은 ㉡ 들풀 또한 고만고만 모여 앉아
　저만치 밀려오는 햇살을 기다리고 있었다
　신발 아래 질척거리며 달라붙는
　흙의 무게가 삶의 무게만큼 힘겨웠지만
　여기서만은 우리가 알고 있는
　아픔이란 아픔은 모두 편히 쉬고 있음도 알았다
　겨울 들판을 거닐며
　겨울 들판이나 사람이나
　가까이 다가서지도 않으면서
　아무것도 가진 것 없을 거라고
　아무것도 키울 수 없을 거라고
　함부로 말하지 않기로 했다

– 허형만, 〈겨울 들판을 거닐며〉

22

(가), (나)의 표현상 특징으로 가장 적절한 것은?

① (가)는 명사로 시상을 마무리하여 시적 여운을 드러내고 있다.
② (가)는 수미상관의 방식을 활용하여 구조적 안정감을 얻고 있다.
③ (나)는 청유형 어미를 활용하여 화자의 태도 변화를 드러내고 있다.
④ (가)와 (나)는 모두 유사한 문장 구조를 반복하여 시적 의미를 강조하고 있다.
⑤ (가)와 (나)는 모두 청자를 명시적으로 설정하여 화자의 상황을 구체화하고 있다.

23

㉠과 ㉡에 대한 이해로 가장 적절한 것은?

① ㉠은 '햇빛'과, ㉡은 '햇살'과 대비되어 평화로운 분위기를 조성한다.
② ㉠은 '처음'과, ㉡은 '저만치'와 어울려 근원적 외로움을 상징한다.
③ ㉠은 '보실보실'과, ㉡은 '고만고만'과 어울려 숭고한 희생을 드러낸다.
④ ㉠은 '노란 빛'과, ㉡은 '초록빛'과 조응하여 생명성을 환기한다.
⑤ ㉠은 '피어서'와, ㉡은 '모여 앉아'와 조응하여 상실감을 부각한다.

24

〈보기〉를 바탕으로 (가)와 (나)를 감상한 내용으로 적절하지 <u>않은</u> 것은? [3점]

시에서 계절은 중요한 요소로 작용하는 경우가 많은데, 화자는 계절적 특성에 대한 인식을 바탕으로 다양한 의미를 이끌어 낸다. 화자는 계절의 변화에 내포된 자연의 순환적 질서를 인식하고, 소멸했던 것이 소생하는 모습에서 희망의 이미지를 발견하기도 한다. 또 계절의 변화로 인한 자연현상을 인간의 삶과 관련지어 인식함으로써 화자가 지향하는 가치나 태도를 드러내기도 한다.

① (가)에서는 '멀리 간 것이 다 돌아온다'는 것에서 화자가 봄을 소생의 계절로 인식했음을, (나)에서는 '매운 바람'도 '맞을 만치 맞으면' '오히려 더욱 따사로움을 알게 되었다는 것에서 화자가 겨울을 소생의 가능성이 내재된 계절로 인식했음을 엿볼 수 있군.

② (가)에서는 '가을 해에 어디쯤 갔'던 꽃이 '봄 해를 따라'와 '꽃밭을 이루'는 것에서, (나)에서는 '덜 녹은 눈발'이 봄이 되어 '땅의 품 안으로 녹아들기를 꿈'꾼다는 것에서 순환하는 자연의 질서에 대한 화자의 인식을 엿볼 수 있군.

③ (가)에서는 '묵은 빨래뭉치'가 '봄빛을 따라나'온다는 것에서, (나)에서는 '흙의 무게'가 '삶의 무게'처럼 느껴진다는 것에서 화자가 계절의 변화에서 발견한 희망의 이미지를 엿볼 수 있군.

④ (가)에서는 '버들강아지는 버들가지로'와 '사람은 사람에게로'를 연결한 것에서, (나)에서는 '겨울 들판'과 '사람'을 연결한 것에서 자연현상을 인간의 삶과 관련짓고 있는 화자의 인식을 엿볼 수 있군.

⑤ (가)에서는 '죽은 것과 산 것이' '상견례를 이룬다'는 것에서 화자가 지향하는 화합의 가치를, (나)에서는 '가까이 다가서지도 않으면서' '함부로 말하지 않'겠다는 것에서 화자가 지향하는 태도를 엿볼 수 있군.

[25~29] 다음 글을 읽고 물음에 답하시오.

수학자 힐베르트는 어떤 1차 논리의 논리식이 주어졌을 경우 이 논리식이 타당한지 여부를 결정하는 알고리즘이 존재하느냐하는 문제를 제기했다. 튜링은 이 문제에 대한 답을 얻는 과정에서 가상의 기계 장치인 '튜링 기계'를 ⓐ 고안하게 된다.

튜링 기계는 사람이 계산할 때 일어나는 사고 과정을 응용한 가상의 기계로 ㉠ 테이프, ㉡ 헤드, ㉢ 상태 기록기 등의 부품으로 ⓑ 구성된다. 테이프는 좌우 양방향으로 무한히 많은 칸을 갖고 있다고 가정하며, 각 칸은 비어 있거나 한 개의 기호가 기록되어 있다. 헤드는 테이프에 기록된 기호를 읽거나 기호를 기록하는 장치인데, 테이프 위를 좌우로 한 칸씩 움직일 수 있다. 상태 기록기는 튜링 기계의 상태를 나타낸다.

튜링 기계는 작동규칙이 주어지면 튜링 기계의 상태와 헤드로 판독한 기호에 따라 작동되는데, 작동규칙은 예를 들면 (A, 1, P0, R, B)와 같이 표시할 수 있으며 이와 같은 형식을 '5순서열'이라고 한다. 5순서열의 첫 번째 자리와 다섯 번째 자리에는 A, B, C 등의 임의의 기호가 사용되어 튜링 기계의 상태를 나타낸다. (A, 1, P0, R, B)에서 'A'는 튜링 기계의 현재 상태를, 'B'는 튜링 기계의 다음 상태를 나타낸다. 이렇게 현재 상태를 나타내는 기호와 다음 상태를 나타내는 기호가 다르면 기계는 다음 상태로 바뀌고, 이와 달리 두 기호가 같으면 현재 상태가 유지된다. 5순서열의 두 번째 자리와 세 번째 자리에는 0, 1, □ 등의 기호가 사용되는데, □는 빈칸을 의미한다. (A, 1, P0, R, B)에서 '1'은 헤드가 읽는 기호를 나타내며, 'P0'은 기호를 읽은 칸에 0을 기록하라는 것을 나타낸다. 만약 P□가 사용되면 이는 □를 기록하라는 뜻으로 테이프에 기록된 기호가 있을 경우에는 이를 지우게 된다. 튜링 기계는 헤드가 읽는 기호와 테이프에 기록된 기호가 서로 같으면 주어진 5순서열을 수행하게 되지만, 다르면 주어진 5순서열을 수행하지 않게 된다. 5순서열의 네 번째 자리에는 헤드의 위치 변경을 지시하는 기호로 L, R, N이 사용되는데, L은 헤드를 왼쪽으로 한 칸, R은 헤드를 오른쪽으로 한 칸 이동하는 것을 나타내며, N은 헤드의 위치를 이동하지 않는 것을 나타낸다.

튜링 기계를 결정하는 5순서열은 여러 개가 모여 5순서열의 모임을 이룰 수도 있는데 이때는 세미콜론(;)을 사용해 나타낼 수 있다. 튜링 기계는 테이프의 시작 모습, 기계의 시작 상태, 그리고 테이프에서 헤드의 시작 위치가 정해지면 주어진 5순서열의 모임 중 수행 가능한 5순서열이 있을 경우, 이에 따라 작동하게 된다. 그러나 수행 가능한 5순서열이 없을 경우에는 작동을 멈추게 된다. 〈그림〉은 테이프의 시작 모습이 모두 빈칸이고, 기계의 시작 상태는 A이며, 헤드의 시작 위치는 화살표의 위치일 때, 5순서열의 모임 (A, □, P0, R, B) ; (B, □, P1, R, A)가 하나의 테이프에서 작동하는 상황을 단계별로 도식화한 것이다.

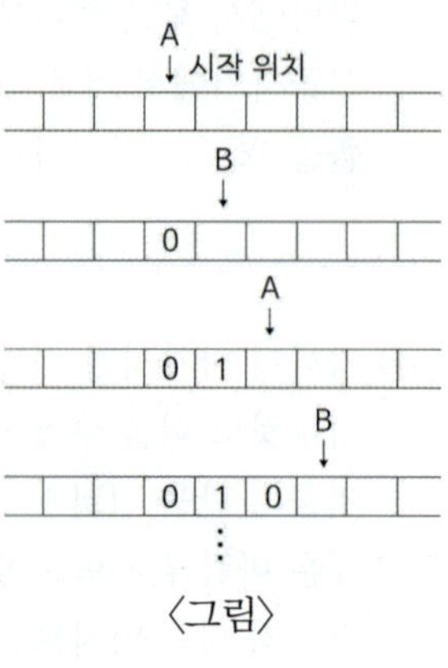

먼저 튜링 기계의 현재 상태가 A이고 테이프가 빈칸이므로, (A, □, P0, R, B)에 따라 그 칸에 0을 기록하고 오른쪽으로 헤드를 한 칸 이동한 후 상태를 B로 변경한다. 다음으로 튜링 기계의 현재 상태가 B이고 테이프가 빈칸이므로, (B, □, P1, R, A)에 따라 그 칸에 1을 기록하고 오른쪽으로 헤드를 한 칸 이동한 후 상태를 A로 변경한다. 그러면 다시 (A, □, P0, R, B)에 따라 작동하게 되어 결국 튜링 기계는 테이프에 0과 1을 무한히 반복하며 기록하게 된다.

튜링은 위와 같이 무한히 반복되는 5순서열의 모임뿐만 아니라 사칙연산과 같은 유한한 계산을 수행하는 5순서열의 모임을 제시하며 5순서열을 어떻게 ⓒ 조합하느냐에 따라 다양한 튜링 기계의 알고리즘을 만들 수 있다고 말한다. 나아가 테이프 한 칸에 튜링 기계의 알고리즘 하나하나가 들어가는 '보편 튜링 기계'라는 것을 제시하며, 아무리 복잡한 알고리즘도 간단한 단위로 ⓓ 분해해서 처리할 수 있다고 주장한다. 현대의 컴퓨터 역시, 용량이 크고 속도가 빠를 뿐 결국 복잡한 알고리즘을 아주 간단한 단위로 분해해서 수행하는 것이다. 이런 면에서 튜링 기계는 현대 컴퓨터 발명의 기본적인 착상을 제공하는 데 크게 ⓔ 공헌한 것으로 평가받고 있다.

25

윗글에서 답을 찾을 수 있는 질문에 해당하지 **않는** 것은?

① 튜링 기계가 등장하게 된 배경은 무엇인가?
② 튜링 기계의 작동규칙을 표시하는 형식은 무엇인가?
③ 보편 튜링 기계와 현대 컴퓨터의 공통점은 무엇인가?
④ 튜링 기계가 작동되기 위해 필요한 조건들은 무엇인가?
⑤ 보편 튜링 기계가 처리하지 못하는 알고리즘의 종류는 무엇인가?

26

㉠~㉢을 이해한 내용으로 가장 적절한 것은?

① ㉠의 길이를 무한으로 가정한 것은 튜링 기계가 가상의 장치라는 것을 보여 주는 것이겠군.
② ㉢이 한 번에 판독할 수 있는 기호의 개수는 항상 동일하게 유지되겠군.
③ ㉠의 시작 모습은 ㉡의 위치 변경을 지시하는 기호에 따라 결정되겠군.
④ ㉡의 시작 위치가 정해지는 것은 ㉢이 나타내는 튜링 기계의 상태와 관련이 있겠군.
⑤ ㉢에 임의의 기호가 사용된다는 것은 ㉠에 기록된 기호의 종류가 항상 달라진다는 것을 의미하는 것이겠군.

[27~28] 윗글과 다음을 참고하여 27번과 28번 두 물음에 답하시오.

[1진법의 덧셈을 하는 튜링 기계의 알고리즘]
㉮ (X, 1, P1, R, X) ; ㉯ (X, □, P1, R, Y) ;
㉰ (Y, 1, P1, R, Y) ; ㉱ (Y, □, P□, L, Z) ;
㉲ (Z, 1, P□, N, Z)

[1진법의 덧셈을 하는 튜링 기계의 시작 모습]
아래는 1진법의 덧셈을 하는 튜링 기계의 시작 모습을 도식화한 것이다. 튜링 기계의 시작 상태는 X이며, 헤드의 시작 위치는 화살표의 위치이다. 테이프에는 1진법에서 2를 의미하는 '11'과 3을 의미하는 '111'이 기록되어 있으며, '11'과 '111'을 구분하기 위해 사이에 빈칸이 하나 삽입되어 있다.

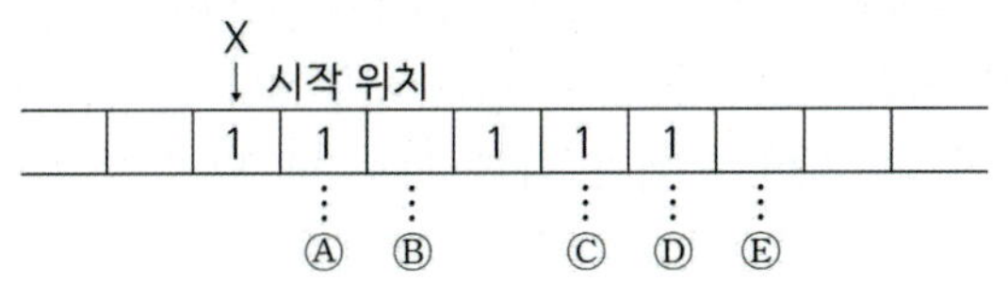

27

윗글을 바탕으로 ㉮ ~ ㉲에 대해 이해한 내용으로 적절한 것은?

① ㉮는 튜링 기계의 현재 상태와 다음 상태가 다르게 지정되어 있다.
② ㉲는 튜링 기계의 헤드가 읽는 기호와 기록할 기호가 동일하게 지정되어 있다.
③ ㉮와 ㉯는 튜링 기계의 헤드가 읽는 기호가 동일하게 지정되어 있다.
④ ㉯와 ㉱는 튜링 기계의 헤드가 기록할 기호가 다르게 지정되어 있다.
⑤ ㉰와 ㉱는 튜링 기계의 헤드가 이동할 방향이 동일하게 지정되어 있다.

28

윗글과 [1진법의 덧셈을 하는 튜링 기계의 시작 모습]을 바탕으로 Ⓐ~Ⓔ에 대해 이해한 내용으로 적절하지 **않은** 것은? [3점]

① Ⓐ에서 튜링 기계의 상태가 X일 때, ㉮에 따라 헤드는 오른쪽으로 한 칸 이동하고 기계는 상태를 유지하게 되겠군.
② Ⓑ에서 튜링 기계의 상태가 X일 때, ㉯에 따라 헤드는 빈칸에 1을 기록하고 기계는 상태를 바꾸게 되겠군.
③ ©에서 튜링 기계의 상태가 Y일 때, ㉰에 따라 헤드는 오른쪽으로 한 칸 이동하고 기계는 상태를 유지하게 되겠군.
④ Ⓓ에서 튜링 기계의 상태가 Z일 때, ㉲에 따라 헤드는 테이프에 기록된 1을 지우고 기계는 상태를 바꾸게 되겠군.
⑤ Ⓔ에서 튜링 기계의 상태가 Y일 때, ㉱에 따라 헤드는 왼쪽으로 한 칸 이동하고 기계는 상태를 바꾸게 되겠군.

29

문맥상 ⓐ~ⓔ와 바꾸어 쓰기에 적절하지 않은 것은?

① ⓐ: 생각해 내게　　　　② ⓑ: 이루어진다
③ ⓒ: 짜느냐에　　　　　④ ⓓ: 퍼뜨려서
⑤ ⓔ: 이바지한

[30~33] 다음 글을 읽고 물음에 답하시오.

　멀리서 안타깝게 손만 흔들던 그 연락선이 드디어 몽기미에 닿았다. 몽기미 생기고 처음이었다. ⓐ 연락선에 올라간 아이들은 모두 이층으로 우르르 올라가 난간을 붙잡고 먼 데 바다를 건너다보고 있었다. 멀리 까맣게만 보이던 섬들이 차츰 가까워지며 동네가 나타나고, 더 멀리 회색으로만 보이던 섬들도 차츰 가까워지며 포구 모습이 드러났다.

　"와, 기와집이다."

　연락선을 대는 포구에 말로만 듣던 까만 기와집도 있었고, 크고 작은 배들이 스무 남은 척이나 몰려 있었다.

[A] ┌ 목포에 닿자 아이들은 멍청하게 입만 벌렸다. 크고 작은 배들이 수백 척 부두를 가득 메우고 있었고, 크고 작은 건물들이 빼곡히 차 있었으며, 큰길에는 사람들이 엄청나게 북적거리고 자동차가 빵빵 경적을 울리며 내달았다. 색색으로 예쁘게 꾸며놓은 간판 아래 수많은 상점과, 거기 빼곡히 쌓여 있는 갖가지 상품들이며, 모두가 꿈에도 보지 못했던 광경이었다. 몽기미 아이들은 밤에 꾸는 꿈도 기껏 연락선을 탄다거나 벼랑에서 바다로 곤두박이는 따위였지, └ 이런 엄청난 세상은 꿈속에도 나타난 적이 없었다.

　"야, 저 비단 좀 봐."

　순자의 손을 잡고 가던 두 학년 아래 남분이가 걸음을 멈추며 손가락질을 했다. 길가 포목전에서 주인이 손님 앞에다 비단을 활짝 펼친 것이다. 가게 벽에는 그런 비단이 천장이 닿게 차곡차곡 쌓여 있었다. 남분이는 그 비단에서 눈을 떼지 못했다.

　도시의 모든 것이 꿈만 같았고, 더구나 서울의 며칠 동안은 무슨 동화 속의 세상을 헤매는 것만 같았다. 돌아오는 ⓑ 기차에서 남분이는 어째서 우리는 이런 세상을 놔두고 그 작은 섬에서 살아야 하는지 내내 그 생각뿐이었다.

　순자는 바로 그 서울에 다시 와서 지금까지 오 년을 살았다. 그 오 년이라는 세월은 그 동화 같던 서울에 대한 소녀의 꿈이 **뼈마디가 저미는 고통**으로 조각조각 조각이 나는 기간이었고, 그 조각난 꿈을 딛고 **살벌한 현실**에 뼈마디를 부딪치며 자신을 추슬러온 기간이었다. 어려서 왔을 때는 따뜻하게만 웃어주는 것 같던 그 서울이 제 발로 들어오자 너무도 싸늘하고 매정스럽게 돌아앉아 있었다.

　그때마다 순자는 자기 집에서 기르던 돼지 새끼 무녀리가 떠올랐다. 다른 새끼들은 어미 젖꼭지를 두 개 세 개씩 차지하고 걸퍼지게 빨아대지만, 그 무녀리는 힘센 녀석들이 거세게 내두르는 주둥이에 깩깩 베돌기만 할 뿐 젖은 한 모금도 빨지 못했다. 그렇지만 그런 새끼들은 거들떠보지도 않고 널퍼덕 퍼질러 누워 젖꼭지만 내맡기고 있는 어미가 얼마나 미웠던지 모른다. 저러니까 잡아먹는 짐승이겠지 싶었다. 서울에 온 자기는 바로 그 **무녀리**가 되어 있었고, 그 어미 돼지처럼 **누구 하나 돌봐주는 사람**이 없었다.

　순자는 그 무녀리처럼 이 공장 저 공장 떠돌다가 지금 다니는 장난감 공장에 자리를 잡았고, 이제는 숙련공으로 월급도 사만 원이나 받고 있다. 그사이 그럭저럭 오 년이 흘러갔다. 그동안 순자는 하루도 고향을 떠올리지 않는 날이 없었다. 모두가 가난하게는 살지만 깔보는 사람도 없고 쳐다볼 사람도 없으며, 무엇에 쫓기는 절박감도 없었다. 무엇보다 몽기미의 그 포근한 인정이 그리웠다.

[중략 줄거리] 순자는 상경한 이후 처음으로 고향으로 가는 중에, 기차 안에서 우연히 남분이를 만나 몽기미 소식을 듣는다.

　섬을 산다는 것은 근처 무인도의 일 년간 해초 채취권을 사는 것을 말한다. 그 해에 갯것이 잘 자라면 상당히 재미를 보는 수도 있지만, 흉작일 때는 **본전도 못 건지기** 일쑤였다. 듣보기장사 애 말라 죽는다고, 그런 투기를 한 사람들은 이른 봄부터 미역은 포자가 제대로 붙나 톳은 제대로 자라나, 부둥가리 안 옆 조이듯 **가슴을 조이며** 날이면 날마다 그 섬을 들락거렸다. 순자는 **몽기미 집집마다** 굴쩍처럼 너덜너덜 **달라붙은 그 가난**이 새삼스레 가슴을 후볐다.

　"나는 작년에 우리 집에 삼십만 원 송금했어. 그리고도 또 그만치 저축은 저축대로 따로 했거든. ㉠ 언니, 우리 동네 한 집 일 년 수입이 통틀어 얼만 줄 알아? 어촌계에서 갯것을 똑같이 나누니까 뻔한데, 미역·톳·우뭇가사리·돌김, 이런 것들을 상회에 넘긴 값을 촘촘히 계산해 보니까, 일 년 수입이 꼭 십이만 원이야. 내 한 달 벌이도 못 되더라고. 깔깔."

　남분이는 은근히 자기 자랑을 하며 큰소리로 깔깔거렸다. 시골뜨기 계집아이가 한 달 수입이 십이만 원이 넘는다면 이것은 자랑할 정도가 아니었다.

　"지금 뭘 하고 있는데 벌이가 그렇게 좋아?"

　㉡ "히히. 언니 실망하지 않을래?"

　남분이는 야살스럽게* 히들거렸다.

　"실망하긴?"

　"운전하고 있어. 히히."

　"운전? 아니, 계집애가 어떻게 운전을 다 배웠어?"

　"히히. 기술이 별로 필요 없는 운전이야?"

　"기술이 필요 없는 운전?"

　"주전자 운전 있잖아?" / "주전자 운전이라니?"

순자는 눈을 더 크게 뜨고 도무지 어리둥절하기만 한
표정이었다.

　"어이구, 칵 막혔구먼. 서울 헛살았어. 깔깔."

　ⓒ "아니, 무슨 소리를 하고 있는 거야?"

　"손에다 쥐어 모셔야 알겠구먼. 술 주전자 운전이란 말이야.
술 주전자! 깔깔."

　ⓔ "그러니까……."

순자는 그제야 웃물이 도는 듯* 눈을 거슴츠레하게 떴다.

　"어때? 서울서야 돈만 벌면 그만이잖아. 지금 서울에
주전자 운전사가 몇 만 명인 줄 알아? ⓜ 그것도 당당한
직업이야. 그사이에 식순이 공순이 다 해봤지만, 그건 남의
종살이밖에 안되더라고. 몸뚱이 도사리고 더런 새끼들한테
구박받으며 붙박여 하루 종일 뼛골 빼봐야 하루 벌이가
그게 얼마야? 서울서 사람값은 하나도 돈이고 둘도 돈이야.
국장이 과장보다 월급이 많고 서기가 급사보다 월급이 많은
건, 그만치 층하 가려 사람대접을 달리 하는 게 아니고 뭐야?"

남분이는 조금도 스스럼이 없었다. 그러니까 십만 원 넘게
번다는 자기가 과장이라면 공순이들은 급사 턱이나 된다는 본새였다.

- 송기숙, 〈몽기미 풍경〉

* 야살스럽게: 얄밉고 되바라지게

* 웃물이 도는 듯: 알 것 같은 실마리가 잡히는 듯

30

[A]의 서술상 특징으로 가장 적절한 것은?

① 이야기 내부의 서술자가 인물의 내력을 제시하고 있다.

② 인물의 행위를 제시하여 긴박한 분위기를 조성하고 있다.

③ 요약적 서술을 통해 갈등이 해소되는 과정을 제시하고 있다.

④ 추측하는 표현을 통해 일어날 사건에 대한 예상을 드러내고 있다.

⑤ 감각적인 묘사를 사용하여 관찰 대상을 실감 나게 드러내고 있다.

31

ⓐ와 ⓑ에 대한 이해로 가장 적절한 것은?

① ⓐ는 인물이 기대했던 바를 실제로 확인하게 하는
소재이고, ⓑ는 인물의 욕망이 충족되는 공간이다.

② ⓐ는 인물이 사회의 문제를 해결하게 하는 소재이고,
ⓑ는 인물이 자신을 타인과 비교하는 공간이다.

③ ⓐ는 인물이 타인과의 단절을 유발하는 소재이고, ⓑ는
인물이 타인과 소통하는 원인이 되는 공간이다.

④ ⓐ는 인물이 거부해 오던 운명을 적극적으로 수용하게 하는
소재이고, ⓑ는 인물이 자신의 운명을 개척하는 공간이다.

⑤ ⓐ는 인물이 경험해 보지 못한 세상을 체험하게 하는
소재이고, ⓑ는 인물이 경험을 바탕으로 자신의 현실을
인식하는 공간이다.

32

㉠~㉤에 대한 설명으로 적절하지 <u>않은</u> 것은?

① ㉠: 고향의 상황과 비교하여 자신의 상황을 자랑하고
싶어 하는 남분이의 심정이 드러나 있다.

② ㉡: 순자의 마음이 상할 것을 걱정하여 조심스러워하는
남분이의 태도가 드러나 있다.

③ ㉢: 남분이가 하는 말의 의미를 제대로 이해하지 못해
어리둥절해 하는 순자의 모습이 드러나 있다.

④ ㉣: 남분이가 하고 있는 일이 무엇인지 어렴풋이
짐작하고 있는 순자의 모습이 드러나 있다.

⑤ ㉤: 자신의 직업에 대해 부끄럼 없이 떳떳하게 여기는
남분이의 태도가 드러나 있다.

33

〈보기〉를 바탕으로 윗글을 감상한 내용으로 적절하지 <u>않은</u> 것은?

[3점]

> ─〈보기〉─
>
> 　이 작품은 급속한 산업 발전이 이루어지던 1970년대를
> 배경으로 하고 있다. 어촌 마을에서 도시로 상경한
> 인물들을 중심으로, 물질적 가치를 중시하는 모습과 고된
> 노동의 현실을 통해 당시의 세태를 사실적으로 드러낸다.
> 이러한 상황 속에서 어촌 마을은 경제적 발전에서 낙후된
> 공간이자, 도시의 삶에서 소외감을 느끼는 이들에게
> 그리움의 공간으로 나타나 있다.

① '뼈마디가 저미는 고통'을 느끼며 '살벌한 현실'을 살고
있는 순자의 모습에서, 고된 삶을 살고 있는 노동자의
현실을 짐작할 수 있군.

② '누구 하나 돌봐주는 사람' 없이 생활하는 자신을 '무녀리'와
동일시하는 순자의 모습에서, 도시 생활에서 느끼는
소외감을 짐작할 수 있군.

③ '본전도 못 건지'며 '가슴을 조이'는 사람들이 '날이면 날마다
그 섬을 들락거렸다'는 것에서, 도시로 상경한 인물들에게
어촌 마을은 그리움의 공간임을 짐작할 수 있군.

④ '몽기미 집집마다' '달라붙은 그 가난'이 '가슴을 후볐다'는
것에서, 경제적 발전에서 낙후된 어촌 마을의 현실을
짐작할 수 있군.

⑤ '식순이 공순이'는 '종살이' 취급밖에 받지 못한다며 돈을
쉽게 버는 일을 선택한 남분이의 모습에서, 물질적 가치를
우선시하는 세태를 짐작할 수 있군.

(가) 이몸이 늦게 나서 세상에 할 일 없어
　　강호의 임자 되야 풍월로 늙어가니
　　물외청복(物外淸福)이 없다야 하랴마는
　　돌이켜 생각하니 애달픈 일 하고 많다
　　만물의 귀한 것이 사람이 으뜸인데
　　그중의 남자 되야 이목총명(耳目聰明) 갖춰 삼겨
　　평생의 먹은 뜻이 일신부귀 아니러니
　　세월이 훌쩍 가고 지업(志業)에 때를 놓쳐
　　백수공명(白首功名)을 겨우 굴어 이뤄내니
　　종적이 저어하고 세로(世路)도 기구하야
　　수년(數年) 낮은 벼슬로 남 따라 다니다가
　　삼춘휘(三春暉) 쉬이 가니 촌초심*이 그지없어
　　동장(銅章)을 빌어 차고 오마(五馬)를 바삐 몰아
　　남주(南州) 백리지(百里地)에 여민휴식(與民休息)* 하랴터니
　　이마 흰 모진 범이 어디서 나타났는고
　　가뜩이나 엷은 환정(宦情)* 하루아침에 재 되거다
　　젖은 옷 벗어놓고 황관(黃冠)*으로 갈아 쓰고
　　채 하나 떨쳐 쥐고 호연히 돌아오니
　　산천이 의구하고 송죽이 반기는 듯
　　시비(柴扉)를 찾아들어 삼경(三逕)을 다스리니
　　금서일실(琴書一室)*이 이 아니 내 분인가
　　앞내에 고기 낚고 뒷뫼에 약을 캐야
　　수업(手業)을 일로 삼아 여년(餘年)을 보내노니
　　인생지락(人生至樂)이 이밖에 또 없도다
　　　　　　　　(중략)
　　박잔에 술을 부어 알맞게 먹은 후에
　　수조가(水調歌)를 길이 읊고 혼자 서서 흔들대니
　　호탕한 미친 흥을 행여 아니 남이 알겠는가
　　하마 저물었느냐 먼 뫼에 달 오른다
　　그만하야 쉬어보자 바위에 배 매어라
　　패랭이 빗기쓰고 오죽장(烏竹杖) 흩어 짚어
　　모래 둑을 돌아들어 석경(石逕)으로 올라가니
　　오류댁(五柳宅)* 소쇄한데 경물이 새로워라
　　솔 그늘에 홋걸으며 원근을 바라보니
　　수월(水月)이 영롱하야 건곤이 제각기인 듯
　　희희호호(熙熙皞皞)하야 신세를 다 잊겠구나
　　이 중에 맺힌 마음 북궐(北闕)에 달렸으니
　　사안(謝安)의 사죽도사(絲竹陶瀉)* 옛일이 오늘일세
　　내 근심 무익(無益)한 줄 모르지 아니하되
　　천성(天性)을 못 변하니 진실로 가소롭다
　　두어라 강호(江湖)의 일민(逸民)*이 되야 축성수(祝聖壽)나
하리라

　　　　　　　　　　　　　　－ 윤이후, 〈일민가(逸民歌)〉

---

* 촌초심: 부모의 은혜와 사랑에 보답하려는 마음
* 여민휴식: 백성과 함께 지내는 마음으로 다스림.
* 환정: 벼슬을 하고 싶어 하는 마음
* 황관: 풀로 만든 관으로 평민이 씀.
* 금서일실: 거문고와 책이 있는 방
* 오류댁: 진나라 시인 도연명의 집으로 은거하는 집을 일컬음.
* 사안의 사죽도사: 진나라 사람 사안이 음악으로 시름을 달래며 지냈다고 함.
* 일민: 학식과 덕행이 있으면서도 세상에 나서지 않고 묻혀 지내는 사람
* 축성수: 임금의 장수를 빎.

(나) 붉은 **튤립**의 열(列) 옆으로 나무장미의 만발한 이랑이 늘어서고 달리아가 장성하며 한편에는 우방의 활엽(闊葉)이 온통 빈틈없는 푸른 보료*를 편다. ㉠ 가구(街區)*에서는 좀체 얻어 볼 수 없는 귀한 경물이니 아침저녁으로 손쉽게 그것을 바라볼 수 있는 나는 자신을 행복스럽게 여긴다. 그 한 조각의 밭을 다스려 아름다운 꽃을 보이는 사람은 놀라운 재인(才人)도 장정도 아니라 별사람 아닌 한 사람의 육십을 넘은 노인인 것이다. 봄에 씨를 뿌려 꽃을 피우고 가을에 뒷거둠을 마치고 다시 갈아엎을 때까지 그 밭을 만지는 사람은 참으로 그 육십 옹 단 한 사람인 것이다. 씨를 뿌리기 시작한 날부터는 하루도 번기는 날이 없이 아침만 되면 육십 옹은 보에 쟁기를 싸가지고 어디선지 나타난다. 살수(撒水) 중경시비(中耕施肥) 제초 배토 — 그때그때를 따라 일과에는 조금의 소홀도 없으며, 일정한 필요의 과정이 오십 평의 구석구석까지 알뜰히 미쳐 이윽고 제때에 아름다운 성과를 맺게 한다. ㉡ 옹은 허리가 휘고 기력이 부실하나 서두르는 법 없이 지치는 법 없이 말하는 법 없이 날이 맞도록 묵묵히 일하며 그의 장기(匠器)가 미치는 뒷자취는 나날이 면목이 새롭고 아름다워진다. 침착하게 움직이는 그의 양을 바라볼 때 거기에는 고로(苦勞)의 의식의 표정은 조금도 눈에 띄지 않으며 도리어 한 이랑 한 이랑의 흙을 아끼고 사랑하는 그 거동에는 만신(滿身)의 희열이 드러나 보인다. ㉢ 때때로 얼굴이 마주칠 때의 아이같이 방긋 웃어 보이는 동심의 표정을 읽으면 그는 괴롭게 노동하고 있는 것이 아니라 그 오십 평 속에서 천진하게 장난하고 예술하고 있는 것이라고 번역된다. 참으로 오십 평 속에서의 그의 생활은 싫은 노역이 아니라 즐거운 예술이라고 보여진다. 근로와 예술을 동시에 가진 생활 — 생활의 미화, 노동의 예술화 — 진부한 어투인지는 모르나 노동의 참된 경지를 그 구체적 실례를 나는 그 육십 옹에게 보는 것이다.

생산만이 아니라 미를 겸했으며 미만이 있는 것이 아니라 생산의 열매가 아울러 온다. 반드시 꽃밭을 가꾸게 됨으로써의 미를 일컬음이 아니라 만족스런 노동의 표정의 미를 말함이다.

　　　　　　　　　　　　　　(중략)

한편 그의 착실한 자태를 바라볼 때 나는 그 허리 굽은 육십 옹의 여일한 **생활의식**에 비겨 자신의 그것이 때때로 월등 저하되고 **소침(消沈)**됨을 깨닫고 부끄러운 생각을 마지 못한다. 주기적으로 **생활의욕이 급거히 저락되고** 침체된 일종의 **플래토***의 지대에 다다르게 될 때 주위가 어둡고 진퇴가 귀치않고 우울, 저미(低迷)되어 결과는 생활력조차 감퇴하여 버린다. 욕심이 없고 희망이 없는 탓이라면 육십 옹의 앞에 너무도 보람 없고 비굴하여 얼굴이 붉어질 지경이나, ㉣솔직하게 말하여 그 대체 희망이라는 것이 어떤 내용 어느 정도 어느 거리의 것인가를 생각할 때 역시 답답해지는 것이 당연하며 뜻 없는 명랑은 도리어 천치의 소위로밖에는 생각되지 않는다. 같은 세대의 젊은이들에게 그대는 생활의 신조를 어떻게 세웠느냐고 묻고 싶은 때조차 있다. 빈틈없는 이론으로 든든히 무장을 해본다 하더라도 행동이 없는 이상 갑을흑백을 어떻게 가린단 말인가. 참으로 웃을 수 있는 사람은 웃어 보라고 다시 청해 보고 싶다. 우울을 말할 때가 아닐는지는 모르나 때때의 생활의식의 저조에는 너무도 절실함이 있다.

㉤ 할 바를 모르는 것이 아니라 길이 없는 것이다. 여기에 좀체 구하기 어려운 저미의 근인(根因)*이 있기는 있는 것이나 그러나 그렇다고 허구한 날 상을 찌푸리고만 지낼 수도 없는 노릇이니 가까운 **손잡이**를 잡고 억지로라도 플래토를 정복하고 식물 이하의 무기력에서 식물 이상의 **행(行)**의 **생활**로 애써 솟아올라야 할 것이다.

– 이효석, 〈화춘의장(花春意匠)〉

***보료**: 바닥에 까는 두툼한 요   ***가구**: 거리의 구역
***플래토**: 정체기   ***근인**: 근본이 되는 원인

34

(가)와 (나)의 공통점으로 가장 적절한 것은?

① 설의적 표현을 활용하여 의미를 강조하고 있다.
② 구체적 지명을 활용하여 현장감을 드러내고 있다.
③ 청각적 이미지를 통해 대상의 특성을 강조하고 있다.
④ 연쇄의 방식을 사용하여 상황의 심각성을 표현하고 있다.
⑤ 언어유희를 통해 현실에 대한 태도를 간접적으로 드러내고 있다.

35

㉠~㉤에 대한 설명으로 적절하지 **않은** 것은?

① ㉠: 풍경의 가치를 인식하며 이를 수시로 감상할 수 있는 데 따른 글쓴이의 심정이 드러나 있다.
② ㉡: 대상에 대한 의혹이 해소되어 가는 데 대한 글쓴이의 인식이 드러나 있다.
③ ㉢: 주의 깊게 살펴본 대상의 면모를 주관적으로 해석하는 글쓴이의 인식이 드러나 있다.
④ ㉣: 희망의 의미를 구체화하지 못하는 것에 대한 글쓴이의 심정이 드러나 있다.
⑤ ㉤: 자신이 현재 상태에 이르게 된 근본적 원인에 대한 글쓴이의 판단이 드러나 있다.

36

(가)와 (나)를 비교하여 이해한 내용으로 가장 적절한 것은?

① (가)의 '오마'는 화자를 과거에 억압하던 대상이고, (나)의 '꽃'은 글쓴이가 관찰한 대상이 자신의 이상을 펼치도록 돕는 소재이다.
② (가)의 '옷'은 화자가 자연 풍경에 대한 감탄을 자아내게 하는 소재이고, (나)의 '손잡이'는 글쓴이가 이를 사용하는 인물의 능력에 대해 감탄을 자아내는 소재이다.
③ (가)의 '송죽'은 화자가 새로운 공간으로 돌아와서 만난 소재이고, (나)의 '튤립'은 글쓴이가 벗어나고자 하는 공간의 특징을 나타내는 소재이다.
④ (가)의 '달'은 화자의 행동 변화가 일어나는 시간적 배경을 나타내는 소재이고, (나)의 '아침'은 글쓴이가 관찰한 대상의 일관된 행동이 나타나는 시간적 배경이다.
⑤ (가)의 '오류택'은 화자가 동경하는 행위가 드러나는 공간이고, (나)의 '꽃밭'은 글쓴이가 경계하는 행위가 드러나는 공간이다.

37

〈보기〉를 바탕으로 (가), (나)를 감상한 내용으로 적절하지 **않은** 것은? [3점]

〈보기〉

　(가)와 (나)는 자기 성찰과 현실에 대한 고민이 드러나 있는 작품이다. (가)의 화자는 속세에서 갈등을 겪고 은거하는 삶을 살고 있다. 이때 화자는 자연을 통해 위안을 얻기도 하지만 번민을 떨치지 못하는 자신을 인식하며 자연에서의 삶에서도 세상을 향한 마음을 드러낸다. (나)의 글쓴이는 자신과 대조적인 삶을 살고 있는 대상을 통해 자신의 삶을 돌아보게 된다. 이러한 과정에서 글쓴이는 가치 있는 삶의 모습을 깨닫고 무기력한 삶을 극복하고자 하는 의지를 드러낸다.

① (가)의 '앞내에 고기 낚고 뒷뫼에 약을 캐'며 '인생지락'을
느끼는 것에서 화자가 자연에서의 삶 속에서 위안을 얻고
있음을 알 수 있군.
② (나)의 '근로와 예술을 동시에 가진 생활'이 '노동의 참된
경지'라는 것에서 글쓴이가 깨달은 가치 있는 삶의 모습이
드러나고 있음을 알 수 있군.
③ (가)의 '금서일실'을 '내 분'으로 여긴다는 것에서 화자가
속세로 돌아가고 싶어 하는 고민이 드러나 있음을, (나)의
'소침됨을 깨닫고' '생활의욕이 급거히 저락되'었다는
것에서 글쓴이가 해결하고 싶어 하는 고민이 드러나
있음을 알 수 있군.
④ (가)의 '내 근심 무익한 줄 모르지' 않지만 '천성을 못 변'해
'가소롭다'는 것에서 화자가 번민을 떨치지 못하는 자신을
성찰하고 있음을, (나)의 '육십 옹'의 '생활의식에 비겨'
보며 '부끄러'워 한 것에서 글쓴이가 타인과 대조하며
자신을 성찰하고 있음을 알 수 있군.
⑤ (가)의 '강호의 일민이 되야 축성수나 하리라'에서 화자가
은거하면서도 세상을 향한 마음을 드러내고 있음을,
(나)의 '상을 찌푸리고만 지낼 수' 없다며 '행의 생활'을
다짐하는 것에서 글쓴이가 무기력한 삶을 극복하고자
하는 의지를 드러내고 있음을 알 수 있군.

[38~41] 다음 글을 읽고 물음에 답하시오. 

양면시장은 플랫폼 사업자가 서로 구분되는 두 개의 이용자
집단에 플랫폼을 제공하고 이용자들은 플랫폼을 통해 상대
집단과 거래하면서 경제적 가치나 편익을 창출하는 시장을
의미한다. 이때 플랫폼이란 양쪽 이용자 집단의 연결 고리
역할을 하는 물리적, 가상적, 제도적 환경을 일컫는다. 이용자
집단은 플랫폼을 통해 거래가 이루어지기까지의 시간이나
노력 등과 같은 거래비용을 절감하여 상대 집단과 거래하게
된다. 대표적인 플랫폼으로 신용 카드 회사가 제공하는 카드
결제 시스템을 들 수 있다. 플랫폼의 한쪽에는 카드로 결제하는
회원들이 있고, 플랫폼의 반대쪽에는 그것을 지불 수단으로
받는 가맹점들이 있다. 플랫폼 사업자인 신용 카드 회사
입장에서는 양쪽 이용자 집단인 카드 회원들과 가맹점들
모두가 고객이 된다.

플랫폼을 통해 연결되는 양쪽 이용자 집단의 관계는
'네트워크 외부성'을 통해 설명할 수 있다. 네트워크 외부성은
어떤 제품이나 서비스를 사용하는 이용자의 규모가 이용자의
효용에 영향을 미치는 것으로 직접 네트워크 외부성과 간접
네트워크 외부성으로 구분된다. 직접 네트워크 외부성이란
동일 집단 내에서 발생하는 것으로, 동일 집단에 속한
이용자의 규모가 커지면 집단 내 개별 이용자의 효용이
증가하는 특성이다. 이와 달리 간접 네트워크 외부성이란

서로 다른 집단 간에 발생하는 것으로, 한쪽 이용자 집단의
규모가 커지면 반대쪽 이용자 집단의 효용이 증가하고, 한쪽
이용자 집단의 규모가 작아지면 반대쪽 이용자 집단의 효용이
감소하게 된다. 양면시장에서는 간접 네트워크 외부성이
필수적으로 작용하므로 양쪽 이용자 집단이 서로 긴밀하게
영향을 주고받는다.

이를 바탕으로 플랫폼 사업자는 플랫폼 이용료를 통해
수익을 창출하기 때문에 양쪽 이용자 집단 모두를 플랫폼에
참여하도록 유도할 수 있는 가격구조를 결정하게 된다. 이때
가격구조란 플랫폼 이용료를 각각의 이용자 집단에 어떻게
부과하느냐를 의미한다. 플랫폼 사업자는 수익을 극대화할 수
있는 전략으로 양쪽 이용자 집단에 차별적인 가격을 부과하는
것이 일반적인데, 한쪽 이용자 집단의 플랫폼 이용료를 아주
낮게 책정하거나 한쪽 이용자 집단에 보조금을 지급하는
경우도 있다.

위에서 언급된 카드 결제 시스템을 바탕으로 간접 네트워크
외부성이 가격구조에 미치는 영향을 살펴보면 다음과 같다.
카드 회원들이 가맹점에 미치는 간접 네트워크 외부성이
클수록, 카드 회사는 카드 회원 수를 늘리기 위해 낮은
연회비를 부과할 수 있다. 이에 따라 카드 회원 수가 늘어나면
가맹점들의 효용이 증가하기 때문에 가맹점은 높은 결제 건당
수수료를 지불하더라도 카드 결제 시스템을 이용하게 된다.
이는 가맹점이 카드 회원들에게 미치는 간접 네트워크
외부성이 큰 경우에도 마찬가지로 적용된다.

한편 가격구조는 수요의 가격탄력성에도 영향을 받는다.
수요의 가격탄력성이란 가격이 오르거나 내릴 때 수요량이
얼마나 변동하느냐를 의미하는 것으로, 양면시장에서 양쪽
이용자 집단 각각은 플랫폼 이용료의 변동에 따라 이용자
수나 서비스 이용량과 같은 수요량에 영향을 받게 된다. 카드
회원의 수요의 가격탄력성이 높은 경우에는 연회비가 오를
때 카드 회원 수가 크게 감소하고, 수요의 가격탄력성이 낮은
경우에는 변동이 크지 않다. 따라서 플랫폼 사업자는 자신의
수익을 극대화하기 위해 양쪽 이용자 집단의 특성을
파악하여 각 집단에 최적의 이용료를 부과하게 된다.
일반적으로 플랫폼 사업자는 수요의 가격탄력성이 높은
집단에 낮은 이용료를 부과하여 해당 집단의 이용자 수를
늘리려고 한다.

플랫폼 사업자가 수익을 창출하기 위해 사용하는 대표적인
전략으로 공짜 미끼와 프리미엄(free-mium) 등이 있다.
공짜 미끼 전략은 무료 서비스를 통해 한쪽 집단의 이용자
수를 늘리면서 반대쪽 집단 이용자의 플랫폼 참여를 유인하는
것이다. 프리미엄 전략은 기본적 기능은 무료로 제공하지만
추가적인 기능은 유료로 제공하는 것으로, 무료에서 유료로
전환한 이용자의 긍정적 경험이 무료 이용자에게 전파되어
그 중 일부가 유료 이용자로 전환되도록 하는 것이다.

38

윗글을 이해한 내용으로 적절하지 <u>않은</u> 것은?

① 카드 결제 시스템은 카드 회원들과 카드 가맹점을 연결하는 플랫폼이다.
② 양면시장에서는 신용 카드 회사와 카드 회원 모두가 가맹점의 고객이 된다.
③ 플랫폼 사업자는 이용자 집단이 플랫폼에 참여하도록 보조금을 지급할 수 있다.
④ 플랫폼 사업자는 플랫폼 이용자들에게 경제적 가치를 창출하는 환경을 제공한다.
⑤ 프리미엄 전략은 유료로 전환한 이용자들이 무료 이용자들의 유료화에 영향을 미치는 것이다.

39

[가격구조]에 대한 설명으로 가장 적절한 것은?

① 플랫폼 사업자가 수익을 극대화하기 위해 고려하는 것이다.
② 양쪽 이용자 집단의 이용료 지불 수단을 결정하는 방법이다.
③ 양쪽 이용자 집단에 동일한 이용료를 부과하기 위한 원칙이다.
④ 양쪽 이용자 집단의 규모가 항상 고정되어 있음을 전제로 하는 것이다.
⑤ 플랫폼 사업자가 규모가 큰 이용자 집단에는 이용료를 부과하지 못한다.

40~41 윗글과 〈보기〉를 바탕으로 40번과 41번 두 물음에 답하시오.

―――――〈보기〉―――――

P사가 개발한 메신저 프로그램은 이용자끼리 무료로 메시지를 주고받을 수 있어서 ㉠ 메신저 이용자들이 빠르게 증가했고, 메신저 이용자들끼리 서로 편하게 연락을 주고받을 수 있게 되었다. 그러자 광고 효과를 기대하고 P사와 계약한 ㉡ 광고주들이 크게 늘어났고, P사는 모든 광고주들에게 원래보다 높은 광고 비용을 부과했다. 이후 P사는 더 많은 메신저 이용자들을 확보하기 위해 메신저에서 사용할 수 있는 무료 이모티콘을 배포하였고, 이를 통해 ㉢ 이모티콘 사용에 익숙해진 이용자를 많이 확보할 수 있었다. 이모티콘을 사용하는 이용자들이 점점 많아지자 P사는 메신저를 통해 ㉣ 이모티콘 공급 업체들이 유료 이모티콘을 판매할 수 있도록 하였다. P사가 높은 판매 수수료를 부과했음에도 불구하고 이용자들에게 이모티콘을 판매하고자 하는 업체들이 모여들게 되었다.

40

윗글을 바탕으로 〈보기〉를 이해한 내용으로 적절하지 <u>않은</u> 것은? [3점]

① P사가 메신저 이용자들에게 무료 이모티콘을 배포한 것은 무료 서비스를 통해 더 많은 메신저 이용자들을 플랫폼으로 유도하기 위한 공짜 미끼 전략이겠군.
② P사가 이모티콘 사용에 익숙해진 메신저 이용자들을 확보한 것은 메신저를 통해 적은 거래비용으로 이용자에게 이모티콘을 직접 판매하고자 하는 목적이겠군.
③ P사가 광고주들에게 부과한 광고 비용과 이모티콘 공급 업체에게 부과한 판매 수수료는 P사의 수익 창출을 위한 플랫폼 이용료에 해당하겠군.
④ P사가 모든 광고주들에게 원래보다 높은 광고 비용을 부과한 것은 메신저 이용자들의 수가 늘어남에 따라 광고주들이 얻는 편익이 증가했다고 판단했기 때문이겠군.
⑤ P사가 개발한 메신저의 이용자 수가 많아져 이용자들끼리 더 편하게 연락을 주고받을 수 있게 된 것은 메신저 이용자들 사이에 직접 네트워크 외부성이 존재하는 것이겠군.

41

다음은 윗글과 〈보기〉를 읽은 학생이 보인 반응이다. A~C에 들어갈 내용으로 적절한 것은?

㉠의 수요의 가격탄력성이 높고, ㉠이 ㉡에 미치는 간접 네트워크 외부성이 클 때, P사가 무료이던 메신저 이용료를 유료로 전환한다고 가정하면, ㉠의 수는 (A)하고 ㉡의 효용은 크게 (B)할 것이다. 한편 ㉣이 ㉢에 미치는 간접 네트워크 외부성이 크다고 가정하면, P사가 ㉣에 부과하는 판매 수수료는 (C)할 것이다.

	A	B	C
①	감소	증가	하락
②	증가	증가	하락
③	감소	증가	상승
④	증가	감소	상승
⑤	감소	감소	하락

계모 장씨는 이성이 왕실의 한 사람이 되어 그 권세가 가볍지 않음을 알고 늘상 혜랑과 신광 법사에게 의논하였다. 그러던 차에 이성과 화양 공주가 화목하지 않음을 알아챈 혜랑이 말하였다.

"이러한 기회는 두 번 다시 오지 않습니다. 부인께서 뜻을 이루실 때입니다."

"무슨 말이냐?"

혜랑이 헤헤헤 웃으며 말하였다.

"이렇게 저렇게 하면 묘하지 않겠습니까?"

장씨가 잠시 동안 생각하더니 말하였다.

"이는 정말 중요한 일이니 다른 꾀를 생각해 보아라."

혜랑이 신광 법사를 돌아보며 말하였다.

"부인께서 이처럼 약하시니 어떻게 소원을 이루겠습니까?"

신광 법사가 말하였다.

"이때가 정말 좋으니 부인은 의심하거나 걱정하지 마십시오."

그러고는 비밀스럽게 계교를 행하였다.

한편 보모 정 상궁은 이성이 화양 공주를 박대하자 통한히 여기고 말하였다.

"공주께서는 임금님의 아주 귀한 딸입니다. 더욱이 임금님께서 특별히 부탁하신 혼인인데 부마께서 이렇게 매몰차시니 어찌 분하지 않겠습니까?"

화양이 그 말을 듣고는 볼을 붉히며 말하였다.

"이 무슨 말인가? 서방님이 드러나게 나를 박대함이 없고 도리어 나의 불초함을 예로 대한다. 이로 인해 내가 항시 조심하고 있거늘 네가 주인을 원망하며 권세를 운운하니 어찌 한심하지 않겠는가?"

말의 기운이 엄숙하니 정 상궁이 두려워하며 물러났다. 그때 갑자기 신발 소리가 나며 이성이 ㉠ 방으로 들어왔다. 화양이 물러 내려서며 이성을 맞은 후 자리를 잡고 앉았다. 이성이 화양의 기색을 살펴보니 조금도 방자함이 보이지 않았고, 잘난 척하는 마음이 조금도 얼굴에 드러나지 않았다. 이에 화양을 지극히 후대하며 정이 점점 솟아났다. 한밤중 동안 그곳에 있다가 부모가 있는 곳으로 가 문안 인사를 정성껏 올렸다.

혜랑은 장씨와 매일 화양을 해칠 계교를 짜는 한편, 신광 법사에게는 이렇게 저렇게 하되 비밀이 탄로나지 않게 하라고 당부하고 보냈다. 혜랑의 가르침을 들은 신광 법사는 개용단*으로 이성의 모습을 한 채 ㉡ 명월루에 숨었다. 밤이 깊어 인적이 고요해지자, 바로 ㉢ 화양 공주의 방으로 뛰어들어가 칼을 빼어 즉시 화양을 찌르려고 하였다. 때마침 방 밖에 시비들의 소리가 시끄럽게 들리자 마음이 급해진 신광 법사는 엉겁결에 비껴 찌르고 도망갔다. 비명소리를 들은 시비들이 놀라 들어와 시신이 침상 위에 놓여 있는 것을 보고, 목놓아 울며 말하였다.

"이 무슨 일이란 말인가?"

발을 구르고 ㉣ 외당에 사실을 알리며 우왕좌왕하였다.

이성이 미처 나오지 못한 사이에 이영준이 이성을 급히 불렀다. 이성이 나와 보니 명월루에 울음소리가 진동하였다. 시비들은 급히 뜻하지 않은 재앙이 화양의 몸에 미쳤다고 전하였다. 이성은 크게 놀라면서도 얼굴빛을 태연히 하였다. 이성이 화양을 찔렀다는 소식을 들은 이영준은 보자마자 어디에 있었는지 물었다. 이성이 정당에 있었다고 답하자, 이영준은 장씨를 의심하면서도 여러 시녀들이 이성이 찔렀다고 하는 말을 듣고는 정신없이 이성과 함께 명월루로 갔다. 시비들이 울부짖으며 어찌할 바를 모르다가 이영준과 이성을 보고 놀랐다. 이영준이 휘장 밖에 서서는 이성에게 들어가 보라고 하였다. 화양은 침상 아래 거꾸러진 채로 유혈이 낭자하니 그 모습이 매우 잔혹하였다. 왕실의 금지옥엽으로 이런 일을 당하였고, 그 누명이 이성에게 미칠 수 있으니 어찌 멸문지화*를 면할 수 있겠는가? 그럼에도 얼굴빛이 전혀 흔들리지 않고 천천히 나아가 공주를 살폈다. 두 눈이 감긴 채 두 뺨에는 혈기가 없고 손과 발은 얼음처럼 차가웠다. 살 방도가 전혀 없어 보였으나 비단 저고리를 걷고 자세히 보니 눈같이 흰 피부에 붉은 피가 가득하되 약간의 생기가 있었다. 주머니에서 침을 내어 기를 통하게 할 곳을 짚어 찔렀다. 이성의 침법이 원래 신이하였기에 얼마 지나지 않아 얼굴에 붉은빛이 통하고 생기가 돌았다. 약을 주자 잠시 후 화양이 숨을 쉬더니 소스라치게 놀라며 깨어났다.

[중략 줄거리] 누명을 쓰고 유배되었던 이성은 외적이 쳐들어오자 풀려나 전장에서 활약하고, 반역의 무리를 제압하는 과정에서 누명을 벗는다.

그때 사신이 이르렀다는 전갈이 오자 이영준이 이상하게 여겨 즉시 당에서 내려가 임금의 교지를 받았다. 보니 장씨의 허물이 적지 않게 들어 있었다. 궁궐에서 자기 집의 허물이 드러나 모든 관리에게 파다하게 알려진 사실이 부끄러운 한편 장씨의 심술에 통분하였다. 이에 노비를 호령하여 장씨를 모시던 시녀와 유모 혜랑을 잡아들이게 한 후 실상을 파헤쳤다. 혜랑이 비록 크게 간악하지만 일이 이 지경에 이르렀으니 어찌 속일 수 있겠는가? 처음에 자객을 보내어 이성을 해하려고 한 일부터 화양을 해쳐 그 죄를 이성에게 뒤집어씌운 일까지 바로 자백하였다.

'장씨가 마음이 좁은 여자여서 이미 짐작은 하고 있었지만 간교함이 이 정도일 줄은 생각도 하지 못하였다.'

생각이 이에 미치자 소리를 높여 꾸짖었다.

"너의 간악한 꾀로 명공의 집안에 화란을 짓고, 요악한 도사와 결탁하여 그 화가 국가에까지 미쳤다. 또한 너의 주인을 아주 못된 아녀자로 만들었으니 어찌 죽음을 면하겠느냐?"

말을 마치고는 노비를 명하여 지져 죽이는 형벌을 더해 죽였다. 장씨는 아들의 얼굴을 보아 ㉤ 후원 냉옥에 가두었다가 개과천선하기를 기다린 후 다시 처치하고자 하였다. 이때 장씨는 자기 허물이 온 나라에 시끄럽게 드러나자 크게 부끄러워하며 사람을 멀리하였다.

한편 열한 살인 이무는 모든 일에 어른처럼 노련하였다. 이 일을 당하니 마치 벼락에 온몸이 부서지는 듯하였다. 어머니 장씨의 허물이 이처럼 심한 것에 새롭게 놀라며 부끄러워 죽고 싶은 마음이 들었다. 그러나 죄를 받은 어머니를 보살필 사람이 없음을 알고 목숨을 유지하다가 아버지 이영준의 분노가 조금 가라앉자 이성과 함께 나아가 울며 말하였다.

"소자들은 천륜의 죄인입니다. 엎드려 바라오니 아버님께서는 어머니의 망극한 죄를 더하지 마시어 불초한 저희들로 하여금 만고의 죄인이 되지 않게 해 주십시오."

말을 하며 눈물을 비처럼 흘리니 그 효성스러운 거동이 사람의 분한 마음을 봄눈 녹듯이 사라지게 할 정도였다.

– 작자 미상, 〈화산기봉(華山奇逢)〉

* 개용단: 마음 먹은 대로 모습을 바꿔 주는 묘약
* 멸문지화: 한집안이 다 죽임을 당하는 끔찍한 재앙

42

윗글에 대한 이해로 가장 적절한 것은?

① 이영준은 직접 화양의 상태를 확인하고 이성을 의심했다.
② 장씨는 자신의 잘못이 드러났음에도 끝까지 결백을 주장했다.
③ 이영준은 혜랑이 자백하는 척하며 장씨를 모함한 것을 꾸짖었다.
④ 이성은 화양이 습격을 당할 것을 예상하고 미리 그녀에게 주의를 주었다.
⑤ 혜랑은 이성과 화양의 불화가 자신의 계획에 유리하게 작용한다고 판단했다.

43

윗글의 서술상 특징으로 가장 적절한 것은?

① 외양을 세밀하게 묘사하여 인물을 희화화하고 있다.
② 꿈과 현실의 교차를 통해 사건의 진상을 밝히고 있다.
③ 대화와 삽입된 노래를 통해 인물들의 심회를 드러내고 있다.
④ 비현실적인 소재를 활용하여 낭만적 분위기를 형성하고 있다.
⑤ 서술자가 개입하여 사건에 대한 주관적 판단을 드러내고 있다.

44

㉠~㉤에 대한 설명으로 적절하지 <u>않은</u> 것은?

① ㉠은 이성이 화양의 태도를 확인하고 화양에게 긍정적 감정을 느끼는 곳이다.
② ㉡은 신광 법사가 혜랑의 지시를 이행하기 위해 이동한 곳이다.
③ ㉢은 신광 법사가 외부적인 요인으로 인해 조급히 행동하는 곳이다.
④ ㉣은 이영준과 이성이 문제 해결에 대한 의견 차이를 드러내는 곳이다.
⑤ ㉤은 장씨가 자신의 행위를 반성하도록 이영준에 의해 보내진 곳이다.

45

〈보기〉를 참고하여 윗글을 감상한 내용으로 적절하지 <u>않은</u> 것은?

[3점]

2022.11
12회

> ───〈보기〉───
>
> 〈화산기봉〉에서 주인공의 혼인은 계모와의 갈등이 심화되는 계기가 된다. 이로 인해 가문 전체에 위협이 되는 사건이 초래되지만, 주인공은 비범한 능력을 발휘하여 위기에 대응한다. 한편 이러한 갈등의 해결 과정에서 가족 외 인물은 갈등 유발의 책임이 전가되어 처벌되는 반면, 가족 내 인물은 유교적 윤리를 바탕으로 포용의 대상이 된다. 이를 통해 가문의 안정을 지향하는 사대부의 면모를 보여 주고 있다.

① 장씨가 왕실의 사람이 된 이성을 경계하여 계교를 꾸미는 것을 보니, 주인공의 혼인으로 인해 계모와 주인공 사이의 갈등이 심화되고 있음을 엿볼 수 있군.
② 화양이 이성을 원망하는 정 상궁을 질책하는 것을 보니, 가족 내 갈등이 유발된 책임을 가족 외 인물에게 돌리고 있는 상황을 확인할 수 있군.
③ 장씨와 혜랑에 의해 이성이 누명을 쓰는 일이 멸문지화로 이어질 수 있다는 것을 보니, 계모가 일으킨 사건이 가문의 존속을 위협할 수 있음을 짐작할 수 있군.
④ 이성이 신이한 침술로 목숨이 위태로운 화양을 소생시키는 것을 보니, 주인공이 비범한 능력을 통해 급박한 상황에 대응하고 있음을 확인할 수 있군.
⑤ 이무와 이성이 장씨를 용서해 달라고 간청하는 것을 보니, 효라는 유교적 윤리를 바탕으로 악행을 저지른 가족 내 인물을 포용하려는 모습을 엿볼 수 있군.

01 _ 13번 연계 문제

밑줄 친 부분이 〈보기〉의 ㉠, ㉡에 해당하는 예로 적절하지 <u>않은</u> 것은?

〈보기〉

　관형어는 체언을 수식하고 부사어는 주로 용언을 수식한다. 관형어와 부사어는 문장에서 필수적인 성분이 아니므로 일반적으로 생략이 가능하다. 다만, ㉠ <u>의존 명사를 수식하는 관형어</u>나 ㉡ <u>서술어가 필수적으로 요구하는 부사어</u>는 생략할 수 없다.

① ┌ ㉠: 그는 모든 순간에 열심히 할 <u>뿐</u>이야.
　└ ㉡: 큰아버지는 할아버지와 많이 <u>닮았다</u>.
② ┌ ㉠: 사람이 몇 <u>명</u> 왔는지 세어 보렴.
　└ ㉡: 군자와 소인은 <u>다르다</u>.
③ ┌ ㉠: 말하는 <u>대로</u> 이루어지게 될 거야.
　└ ㉡: 너에게 3일의 시간을 <u>주겠다</u>.
④ ┌ ㉠: 저기 <u>있는</u> 사람이 제 친구입니다.
　└ ㉡: 거리에서 수상한 사람을 보면 <u>신고하세요</u>.
⑤ ┌ ㉠: 그를 <u>만난</u> 지가 벌써 1년이 지났다.
　└ ㉡: 쌀가마를 <u>창고에</u> 두었다.

02 _ 14번 연계 문제

다음은 문법 학습지의 일부이다. ⓐ~ⓒ에 들어갈 내용으로 적절한 것은?

- **구개음화**: 받침의 'ㄷ', 'ㅌ'이 'ㅣ'나 반모음 'ㅣ'로 시작하는 형식 형태소와 만나 [ㅈ], [ㅊ]으로 발음되는 현상
1. '볕이'의 표준 발음이 (ⓐ)인 이유를 알아보자.
　'볕이'에서 '볕'의 받침 'ㅌ' 뒤에 'ㅣ'로 시작하는 형식 형태소가 오기 때문에 (ⓐ)로 발음된다.
2. '끝이'와 '끝을'의 표준 발음은 무엇인지 알아보자.
　'끝이'의 '이'는 체언에 주어의 자격을 부여하는 주격 조사이다. 따라서 '끝이'의 표준 발음은 (ⓑ)이다. '끝을'의 '을'은 체언에 목적어의 자격을 부여하는 목적격 조사이다. 따라서 '끝을'의 표준 발음은 [끄틀]이며, 이때의 '을'은 (ⓒ)이기는 하지만 'ㅣ'로 시작하는 (ⓒ)가 아니므로 구개음화가 일어나지 않음을 알 수 있다.

	ⓐ	ⓑ	ⓒ
①	[벼치]	[끄티]	형식 형태소
②	[벼치]	[끄치]	형식 형태소
③	[벼치]	[끄치]	실질 형태소
④	[벼티]	[끄치]	실질 형태소
⑤	[벼티]	[끄티]	형식 형태소

03 _ 15번 연계 문제

〈보기〉는 수업 장면의 일부이다. ㉠의 예로 적절하지 <u>않은</u> 것은?

〈보기〉

선생님: 주어가 스스로 행동하지 않고 다른 주체에 의해 어떤 동작을 당하거나 영향을 받는 것을 피동이라고 합니다. 피동문을 만들 때는 ㉠ <u>능동사의 어근에 피동 접미사 '-이-, -히-, -리-, -기-'를 붙여서 짧은 피동을 만들거나</u>, '-아/-어지다'와 같은 표현을 사용하여 긴 피동을 만듭니다.

① 과일이 <u>깎여</u> 있다.
② 낙엽이 <u>깔려</u> 있다.
③ 칼에 고기가 <u>썰리다</u>.
④ 아기가 어머니께 <u>안겼다</u>.
⑤ 입이 <u>다물어지지</u> 않을 정도로 놀랐다.

04 _ 16~21번 연계 문제

〈보기〉의 ㉠~㉤이 쓰인 문장으로 적절하지 <u>않은</u> 것은?

〈보기〉

　관중은 춘추 시대 제(齊)나라의 재상으로 군주인 환공을 <u>도와</u> 약소국이던 제나라를 <u>부강한 국가로</u> ㉠ <u>성장</u>시켰다. 관중이 생각한 이상적인 국가의 모습과 국가를 통치하는 방법은 관자를 통해 살펴볼 수 있다. 그는 자신이 살던 현실의 문제에 실리적으로 대처하고 정치적인 분열을 적극적으로 막아 나라의 부강과 백성의 평안을 이루고자 하였다.
　관중은 백성이 국가 경제의 ㉡ <u>근본</u>이라는 경제적 관점을 바탕으로 법의 필요성을 강조하였다. 그에 따르면, 군주는 법을 만들 수 있는 자격을 ㉢ <u>천부적</u>으로 지닌 사람이다. 하지만 군주가 마음대로 법을 만들면 백성의 삶이 ㉣ <u>피폐</u>해질 수 있으므로 군주는 이익을 추구하는 백성의 본성을 고려해 백성의 삶이 윤택해질 수 있는 법을 만들어야 한다고 보았다.이때 관중이 강조한 백성의 ㉤ <u>윤택</u>한 삶은 도덕적 교화와 같은 목적을 위한 것이 아닌, 부강한 나라의 실현을 위한 것이라는 실리적 관점에서 이해할 수 있다.

① ㉠: 신체뿐 아니라 정신의 <u>성장</u>도 필요하다.
② ㉡: 우리 경제의 불황이 주가 하락의 <u>근본</u> 원인이다.
③ ㉢: 그 사람은 남을 웃기는 데에 <u>천부적인</u> 재능을 지녔다.
④ ㉣: 우리의 자연이 얼마나 <u>피폐</u>해 있는가를 보여줬다.
⑤ ㉤: 그는 <u>윤택</u>한 가정에서 자랐다.

★ 2028학년도
대학수학능력시험 예시문항

[회별 45문항, 제한 시간 80분]

★ 2022 개정 교육과정에 따른 2028학년도 수능 국어 예시문항을 수록하였습니다.

13회 대학수학능력시험 예시문항

출제 범위	화법과 언어, 독서와 작문, 문학

영역별 출제 분석

번호	영역	평가요소
1~3	화법과 언어	화자의 태도를 드러내는 어휘와 문법 요소 사용하기
4~6		토의에서 주제와 관련된 다양한 자료를 통해 대안 마련하기
7, 8, 9, 10		언어 개념을 이해하고 적절히 활용하기
11~13	독서와 작문	인문·예술 분야의 글을 읽고 자신의 생각을 담은 글 쓰기
14~17		과학·기술의 원리나 지식을 다룬 글을 읽고 개념이나 현상을 설명하는 글 쓰기
18~23		글의 내용이나 관점, 사회·문화적 이념을 평가하며 읽기
24~27		글이나 자료에서 수집한 근거를 활용하여 논증하는 글 쓰기
28~30		자신의 정서를 표현하거나 삶을 성찰하는 글을 쓰고 이를 분석적·비판적 관점으로 읽기
31~33	문학	한국 문학에 반영된 시대 상황을 이해하고 문학과 역사의 상호 영향 관계 탐구하기
34~38		작품을 공감적, 비판적, 창의적으로 감상하고 다양한 방식으로 비평하기
39~42		작품 속 공동체의 문제와 해결 방안을 파악하여 감상하기
43~45		새로운 관점을 고려하여 작품을 종합적으로 감상하기

[01~03] 다음은 학생이 과제 수행 후 실시한 발표이다. 물음에 답하시오.

　안녕하세요? 지난 시간에 언어의 공공성에 대해 배운 것 기억하시나요? 발표나 토론 같은 공식적인 담화에 참여하거나 매체를 통해 불특정 다수와 소통하는 상황에서는 언어의 공공성에 유의해야 한다는 것을 배웠습니다. 상황에 적절한 어휘나 문장 표현 등을 사용하는 것은 언어의 공공성을 갖추는 데 도움을 주는데요, 이는 화자가 의미를 제대로 전달하고 청자가 화자를 믿을 만한 사람으로 인식하는 데 영향을 주기 때문입니다. 저는 이러한 표현의 적절성에 대해 조사한 내용을 발표하겠습니다.

　지금부터 어휘나 문장 차원으로 나누어 설명하겠습니다. (목소리를 가다듬고) 어휘는 베리 시그니피컨트합니다. (반응을 살피며) 조금 의아해하시네요, 그럼 이렇게 말씀드려 볼게요. (느린 속도로) 어휘는 매우 중요합니다. 어떤 표현이 더 잘 이해되세요? (고개를 끄덕이며) 네, 다들 후자라고 하시네요. 외국어를 불필요하게 사용하면 의사소통 상황에서 청자에게 의미를 제대로 전달하기 어렵습니다. 한편, 제가 이 자리에서 '뺑치다' 같은 비속어나 '레알' 같은 유행어를 사용하는 것도 적절하지 않을 것입니다. 왜냐하면 다수를 대상으로 하는 발표에서 격식에 맞지 않는 가벼운 표현을 사용하면 여러분이 저를 신뢰하기 어려운 사람으로 여길 수 있기 때문입니다.

　어휘뿐 아니라 문장에서도 상황에 적절한 표현이 중요합니다. 저는 토론 수업에서 '안전이 편의보다 중요할 것 같아 보입니다.'라고 말했다가, 입장이 명확하지 않고 자신감이 없어 보여 설득력이 떨어진다는 동료 평가를 받은 적이 있습니다. 그래서 ㉠ 말하는 내용에 대한 확신의 정도를 드러내는 표현들을 찾아보니, 제가 사용한 '-ㄹ 것 같다'와 '-아 보이다'가 모두 확신의 정도가 낮은 표현들이었습니다. 그러다 보니 주장을 밝히는 데에 다소 적합하지 않았던 것입니다. 사실 저는 지나치게 단정적인 표현을 피함으로써 상대를 존중하는 태도를 나타내고 싶었지만, 토론에서는 이런 표현이 적절하지 않을 수도 있음을 알게 되었습니다. 여러분도 일상에서 다수와 소통하는 담화에 참여하고 있으니, 상황에 적절한 문장을 사용할 필요가 있습니다.

　지금까지 표현의 적절성을 어휘 차원과 문장 차원으로 나누어 살펴보았습니다. (목소리를 높여) 상황에 적절한 표현은 의미를 명확하게 전달하고, 화자에 대한 신뢰도를 높인다는 점에서 중요합니다. 발표를 들은 여러분이 표현의 적절성에 관심을 갖고 원활하게 소통하는 화자가 되기를 바랍니다. 감사합니다.

01

위 발표자의 말하기 방식으로 가장 적절한 것은?

① 대비되는 발화를 실연하여 청중의 관심을 유도하고 있다.
② 비언어적 표현을 사용하여 발표의 절차를 안내하고 있다.
③ 정보의 출처를 언급하여 청중의 궁금증을 해소하고 있다.
④ 같은 내용을 거듭 질문하여 청중의 답변을 끌어내고 있다.
⑤ 구체적인 통계를 제시하여 발표의 필요성을 부각하고 있다.

02

다음은 위 발표를 하기 위해 학생이 세운 계획이다. 발표에 반영되지 <u>않은</u> 것은?

[도입]
○ 지난 시간에 배운 내용을 환기하고, 발표의 화제가 '표현의 적절성'임을 소개해야겠어. ············· ①

[전개]
○ '표현의 적절성'을 두 가지 차원으로 나누어 예를 중심으로 설명해야겠어. ············· ②
○ '표현의 적절성'의 개념이 변하는 양상을 그와 관련된 예를 들어 분석해야겠어. ············· ③
○ 실제 경험을 예로 들며 '표현의 적절성'이 발표를 듣는 학생들과 관련이 있음을 제시해야겠어. ············· ④

[정리]
○ 발표의 내용을 요약하고, 발표를 듣는 학생들에게 '표현의 적절성'과 관련하여 바라는 바를 언급해야겠어. ············· ⑤

03

〈보기〉는 위 발표 후 이어진 수업 내용의 일부이다. ⊙과 관련해 [A]에 들어갈 학생의 말로 적절하지 <u>않은</u> 것은?

① ⓐ는 ⓑ와 달리 보조 용언을 써서 확신의 정도를 드러냈어요.

② ⓐ는 ⓒ와 달리 피동 접사가 있는 동사를 써서 확신의 정도를 드러냈어요.

③ ⓐ와 ⓓ는 모두 의존 명사를 썼는데, 의존 명사가 나타내는 확신의 정도는 ⓓ가 더 높아요.

④ ⓑ와 ⓒ는 인용절을 썼다는 점은 같지만, 인용절 바로 뒤의 동사가 나타내는 확신의 정도는 ⓑ가 더 높아요.

⑤ ⓒ와 ⓓ는 모두 부사를 썼는데, 부사가 나타내는 확신의 정도는 ⓓ가 더 높아요.

[04 ~ 06] 다음은 학생회 토의 중 일부이다. 물음에 답하시오.

사회자: 아시다시피, 지난달 후문 계단에서 학생들이 미끄러지거나 넘어지는 사고가 4건이 일어나 이 문제를 해결하기 위해 학교에서 대책 회의를 연다고 합니다. 우리 학생회에서도 해결책을 마련하여 학교에 건의하려고 합니다. 그래서 오늘은 지난번에 예고한 것처럼 '후문 계단에서 발생하는 안전사고를 줄이기 위한 방법은 무엇인가?'라는 주제로 토의하겠습니다. 적극적으로 의견을 말씀해 주십시오.

학생 1: 후문을 나서서 내려가는 계단은 경사가 가파르고 폭과 단너비가 좁아 보행이 불편합니다. 학생들에게 조사해 보니, 학생들 역시 단너비가 좁은 계단의 구조를 사고의 원인으로 꼽았습니다. 따라서 경사가 완만하고 단너비가 넓게 계단을 다시 만들 것을 제안합니다.

사회자: 단너비가 무엇인가요?

학생 1: 계단을 측면에서 볼 때 각 디딤판의 너비입니다.

학생 2: 계단을 다시 만드는 것이 본질적인 해결책이지만, 가능할지 의문입니다. 후문 계단을 내려오면 바로 주택가입니다. 경사를 완만히 하려면 계단의 전체 길이가 지금보다 길어져야 하는데 그럴 만한 공간이 없습니다. 더구나 계단을 다시 만들려면 시간이 오래 걸리고, 그 기간에는 정문만 이용해야 하므로 후문으로 등하교하는 학생들이 불편해질 것입니다. 그래서 저는 지금 있는 계단에 미끄럼 방지 패드를 부착할 것을 제안합니다. [A]

학생 3: 이왕이면 미끄럼 방지 패드가 눈에 잘 띄면 좋겠습니다. 토의를 준비하며 자료를 찾던 중, 눈에 잘 띄는 색깔의 미끄럼 방지 패드가 있다는 것을 알았습니다. 이런 미끄럼 방지 패드를 활용한다면 계단 끝이 식별되지 않아 넘어지는 문제도 함께 해결할 수 있을 것입니다.

학생 2: 오, 그러면 패드 부착 효과가 더 커지겠네요.

학생 4: 저는 아까 나왔던, 계단을 다시 만들자는 말씀의 취지에 동의합니다. 다만 공간상 문제로 계단 재시공이 어려우니, 현재의 난간을 보수하는 것은 어떨까요? 현장을 살펴보니, 난간이 낡아서 안전 장치로서의 기능을 제대로 못하고 있었습니다.

학생 1: 좋은 의견입니다. 노력과 비용이 적게 들면서도 문제를 개선할 수 있는 방법이네요.

사회자: 네, 지금까지 계단 재시공, 미끄럼 방지 패드 부착, 난간 보수 이렇게 세 가지 의견이 제시되었습니다. 이어서 각자 준비한 의견을 계속 말씀해 주시겠습니까?

학생 3: [가]

학생 4: 조명과 관련하여, 예상되는 문제점까지 생각하셨네요.

04

위 토의에 나타난 '사회자'의 역할로 적절하지 <u>않은</u> 것은?

① 토의의 배경과 주제를 제시하며 토의를 시작한다.

② 토의자들의 발언 내용을 정리하며 토의를 이어 간다.

③ 토의자들의 발언 순서를 조정하여 발언 기회를 분배한다.

④ 토의 결과를 활용할 계획을 밝히고 토의 참여를 독려한다.

⑤ 토의자에게 질문하여 발언에 사용된 용어의 개념을 확인한다.

05

[A]를 이해한 내용으로 적절하지 <u>않은</u> 것은?

① '학생 1'은 대안을 제시할 때 조사 내용을 근거로 삼아 자신의 의견을 피력하고 있다.
② '학생 2'는 '학생 1'이 제시한 대안이 지닌 현실적 어려움을 지적하고 있다.
③ '학생 3'은 토의 준비 과정에서 알게 된 정보를 바탕으로 '학생 2'의 대안을 보강하고 있다.
④ '학생 4'는 '학생 1'이 제시한 대안의 실행 가능성이 높다는 점에 공감하며 자신의 대안을 제시하고 있다.
⑤ '학생 1'은 '학생 4'가 제시한 대안에 대해 효율성의 측면에서 긍정적으로 평가하고 있다.

06

〈보기〉는 '학생 3'이 토의를 준비하며 수집한 자료이다. 자료를 모두 활용하여 [가]에 제시할 의견으로 가장 적절한 것은? [3점]

〈보기〉

[자료 1] 후문 계단 안전사고 실태 파악을 위해 정리한 표

사고 발생 일시			해당 일 일출	해당 일 일몰
연번	날짜	시간		
1	12.03.	20 : 40	07 : 30	17 : 19
2	12.11.	21 : 10	07 : 38	17 : 18
3	12.23.	18 : 30	07 : 47	17 : 14
4	12.27.	07 : 25	07 : 44	17 : 21

[자료 2] 인터넷에서 '조명'을 검색하여 정리한 메모

- 가로등: 통행 및 보행 안정을 위해 길가를 따라 설치
- 센서등: 움직임을 감지하여 자동으로 켜짐. 상시 조명이 필요 없는 곳에 설치
- 잔디등: 상가 거리, 광장 주변 녹지에 설치. 야간 보행 안전 및 미관을 위해 설치

[자료 3] 조명과 관련된 정보를 검색하다가 읽게 된 신문 기사

○○시에 따르면, 지난해에 빛 공해 관련 민원이 모두 227건 접수됐다. 특히 A 아파트에 대한 민원이 지속적으로 제기되고 있다. 인근 주민 B 씨는 "A 아파트의 외부 조명으로 인해 저녁부터 새벽까지 내내 집 안이 환해서 너무 힘듭니다."라며 "A 아파트가 준공되고 나서 지금까지 조명이 꺼진 적이 단 한 번도 없습니다."라고 말했다.

① 후문 주택가 주민들이 빛 공해 문제를 겪지 않도록 학교 주변에 설치된 가로등의 조도를 낮추어 주는 것이 좋겠습니다.
② 후문 계단이 낡아서 주변이 낙후된 느낌이니 잔디등을 설치하여 미관을 개선하면 후문으로 등하교하는 학생이 늘어날 것입니다.
③ 등교 시간에 안전사고가 주로 발생하므로 센서등을 설치하면 안전사고를 줄이면서 이른 아침에 인근 주민에게 피해도 주지 않을 것입니다.
④ 후문 계단에 가로등을 설치하고 일몰부터 일출까지 켜 두면 학생들도 안전하게 등하교할 수 있고 인근 주민들의 안전에도 도움이 될 것입니다.
⑤ 겨울철 어두울 때 후문 계단에서 안전사고가 발생하니 조명을 설치하되 후문 주택가 주민들의 빛 공해 문제를 고려해 센서등을 설치하면 좋겠습니다.

07

〈보기〉를 바탕으로 〈자료〉를 이해한 내용으로 적절한 것은? [3점]

〈보기〉

두 단어가 보이는 의미 관계에는 ㉠ <u>유의 관계</u>(예: 샛별–금성), ㉡ <u>반의 관계</u>(예: 앞–뒤), ㉢ <u>상하 관계</u>(예: 학교–중학교)가 있다. 한편, '과일–채소'처럼 ㉣ <u>유의 관계, 반의 관계, 상하 관계 중 어떤 관계도 맺지 않는 단어 쌍</u>도 있다.

일반적으로는 반의 관계를 맺지 않는 단어 쌍이 담화 맥락에서는 마치 반의 관계처럼 대립하는 경우도 있다. 예컨대, '문–벽'은 어떤 의미 관계에도 해당하지 않는 단어 쌍이지만 "스마트폰, 누군가에게는 소통의 문이지만 누군가에게는 소통의 벽입니다."와 같은 담화 맥락에서는 반의 관계처럼 대립하고 있다. 또한 일반적으로는 반의 관계를 맺는 단어 쌍들이, 담화 맥락에서 함께 쓰일 때 그 대립이 사라지는 경우도 있다. 예컨대, '소년–소녀'는 일반적으로는 반의 관계를 맺는 단어 쌍이지만, "우리 모두는 소년, 소녀이던 시절이 있었다."와 같은 담화 맥락에서는 '나이 어린 사람'이라는 의미를 나타낼 뿐 대립하지 않는다.

〈자료〉

(하교 후 함께 밥을 먹기로 한 친구 사이의 대화)
승균: 오늘 엄마 생신이어서 **엄마**가 좋아하시는 **반찬** 위주로 아침밥을 차려 드렸어.
현서: **어머니**께서 좋아하셨겠네. 근데, 우리 이제 **밥** 먹을까?
승균: 나는 저녁은 **고기** 먹고 싶어. 엄마가 채소 좋아하셔서 **풀**만 먹었거든. **아침**, **저녁**을 두 끼나 풀만 먹고 싶진 않아.
현서: 알겠어. 그럼, 저기 앞에 있는 치킨 가게 어때? 오래 서 있어서 무릎이 아프니까 우리 가까운 데로 가자.
승균: 넌 **무릎**이 아프니? 난 **발**이 아픈데.
현서: 그래, 그러니까 빨리 밥 먹으러 가자.

① '엄마–어머니'는 ㉠에 해당하고, 담화 맥락에서 같은 인물을 지시함으로써 대립이 사라진 경우로 볼 수 있다.
② '반찬–밥'은 ㉡에 해당하고, 담화 맥락에서 두 단어가 모두 '주식'이라는 의미로 쓰여 '부식'과 '주식'의 대립이 사라진 경우로 볼 수 있다.
③ '고기–풀'은 ㉣에 해당하고, 담화 맥락에서 '육류로 만든 음식'과 '육류 없이 채소로 만든 음식'의 의미로 쓰여 마치 반의 관계처럼 대립하는 경우로 볼 수 있다.
④ '아침–저녁'은 ㉡에 해당하고, 담화 맥락에서 '시간'의 의미로 쓰여 '식사'의 의미가 사라짐으로써 마치 반의 관계처럼 대립하는 경우로 볼 수 있다.
⑤ '무릎–발'은 ㉢에 해당하고, 담화 맥락에서 '종아리'를 기준으로 '위'와 '아래'의 의미로 쓰여 마치 반의 관계처럼 대립하는 경우로 볼 수 있다.

08

<보기>의 ㉠~㉢에 대한 이해로 적절한 것은?

① ㉠의 '부텻 아들'은 서술어가 요구하는 필수 성분이군.
② ㉡의 '그딋 아바니미'는 체언 구실을 하는 구에 조사가 붙은 것으로, 서술어가 요구하는 필수 성분이 아니군.
③ ㉢의 '中國에'는 서술어가 요구하는 필수 성분이 아니군.
④ ㉠의 '우리는'과 ㉡의 '그딋'은 체언에 조사가 붙은 것으로, 문장 성분이 서로 같군.
⑤ ㉠의 '부텻'과 ㉢의 '나랏'은 체언에 조사가 붙은 것으로, 문장 성분이 서로 다르군.

09

<보기>의 ㉠에 들어갈 말로 적절한 것은?

대상	용도	새말
	종이컵을 보관하면서 하나씩 뽑아 쓸 수 있게 하는 통	ⓐ 긴종이컵통(긴-종이컵통) ⓑ 새컵뽑이통(새컵뽑이-통) ⓒ 컵뽑는긴통(컵뽑는-긴통)

(ⓐ~ⓒ 옆의 괄호 안의 붙임표(-)는 직접 구성 성분의 경계임.)

① ⓐ는 접사를 사용하여 만들었다
② ⓑ는 더 이상 분석되지 않는 직접 구성 성분이 있다
③ ⓒ는 직접 구성 성분이 모두 어미를 포함한다
④ ⓐ와 ⓑ는 모두, 어미를 포함하지 않는 직접 구성 성분이 있다
⑤ ⓑ와 ⓒ는 모두, 접사를 사용하여 만들었다

10

<학습 활동>을 수행한 결과로 적절하지 <u>않은</u> 것은?

① ㉠에는 ⓐ에서 확인되는 환경에서의 교체가 일어났군.
② ㉠에는 ⓒ에서 확인되는 환경에서의 축약이 일어났군.
③ ㉠에는 ⓓ에서 확인되는 환경에서의 축약이 일어났군.
④ ㉡에는 ⓑ에서 확인되는 환경에서의 탈락이 일어났군.
⑤ ㉡에는 ⓔ에서 확인되는 환경에서의 교체가 일어났군.

21세기 들어 보편화된 디지털 영상 기술은 영화 미학, 영화 창작 방식, 관객의 영화 체험 등 영화 전반에 걸쳐 큰 변화를 초래했다. 특히 컴퓨터를 이용해 이미지를 가공하는 '디지털 후반작업'이 통상적 제작 과정으로 자리 잡으면서 영화는 현실을 사실적으로 재현하는 리얼리즘적 매체라는 오랜 믿음이 흔들리기 시작했다.

영화는 처음 발명되었을 때부터 놀라운 현실 재현 능력으로 주목받았다. 카메라의 셔터가 작동하면 피사체의 이미지가 필름에 새겨진다. 필름 표면에 각인된 이미지는 영화가 촬영되는 순간에 영화 속 인물, 사물, 공간이 실제로 카메라 앞에 존재했음을 확인해 준다. 따라서 영화는 하나의 기록이자 증언으로 인식되었다. ㉠ 지가 베르토프는 역동적인 현실 세계를 회화나 사진보다 더 사실적으로 재현하는 영화의 리얼리즘적 역량을 '영화–눈'이라고 명명했다. 그는 '영화–눈'이 인간의 지각을 확장하여 현실에 대한 정확하고 총체적인 인식을 제공한다고 생각했다.

필름 영화와 달리 디지털 영화에서는 현실과 영화 이미지 사이의 연관성이 매우 느슨하거나, 아예 존재하지 않는다. 디지털 영화에서 이미지는 0과 1의 이산적인 전자 정보로 저장되며, 이 정보들은 디지털 후반작업 과정에서 변형되기 때문이다. 더 나아가 여러 개의 이미지를 합성하거나, 카메라를 사용하지 않고 컴퓨터 그래픽만으로 가상의 인물과 공간을 만들어 내는 것도 가능해졌다. ㉡ 레프 마노비치는 디지털 기술의 도입으로 인해 '영화–눈'의 시대가 지나가고 '영화–붓'의 시대가 열렸다고 주장한다. 그는 현실의 사실적 재현을 넘어 상상의 세계를 그려 내는, 이른바 '합성 리얼리즘'의 시대로 진입하면서, 영화는 사진보다 회화나 애니메이션에 더 가까워졌다고 말한다.

그런데 변형되고 가공된 디지털 이미지가 오히려 영화의 사실적인 느낌을 강화하는 역설적인 현상이 발생하기도 한다. ㉢ 스티븐 프린스는 컴퓨터 그래픽으로 가공된 이미지를 관객이 사실적이라고 인식하는 '트루 라이즈', 즉 '진짜 거짓말' 현상을 '지각적 리얼리즘'이라고 정의한다. 그는 영화가 보여 주는 대상이 현실에 존재한다는 믿음에 기반한 '사진적 리얼리즘'은 더 이상 유효하지 않으며, 컴퓨터 그래픽을 통해 인위적으로 변형된 이미지에서 더 강한 사실감을 느끼는 관객의 심리에 대해 주목해야 한다고 주장한다. 디지털 영화에서 관객이 보는 것은 0과 1로 이루어진 정보가 아니라, 지각 가능한 형태로 전환되어 스크린에 투사된 이미지이다. 따라서 필름 영화의 이미지와는 다른 관점에서 디지털 이미지의 실재성 문제를 고찰할 필요가 있다.

11

윗글을 읽고 이해한 내용으로 적절하지 <u>않은</u> 것은?

① 필름 영화와 디지털 영화는 이미지의 실재성 측면에서 차이가 있다.
② 디지털 영화는 영화의 리얼리즘적 속성에 대한 인식의 전환을 초래했다.
③ '트루 라이즈'는 인위적으로 가공된 디지털 이미지에서 관객이 사실적인 느낌을 받는 현상을 말한다.
④ 영화가 기록이자 증언이라는 주장은 영화의 이미지와 현실 사이에 실제적인 연관성이 존재한다는 의미이다.
⑤ 디지털 영화에서 이미지는 0과 1의 정보로 투사되며 관객은 이 정보를 인지 가능한 형태로 전환하여 받아들인다.

12

㉠~㉢의 관점에 대해 파악한 내용으로 가장 적절한 것은?

① ㉠은 회화에 대한 영화의 우위를, ㉡은 영화에 대한 회화의 우위를 주장하고 있군.
② ㉠은 영화의 현실 재현 능력을, ㉢은 영화를 보는 관객의 인식을 중요하게 생각하겠군.
③ ㉡은 카메라가 대상을 포착하는 역량을, ㉢은 영화 이미지가 가상의 세계를 구현하는 역량을 중요하게 생각하겠군.
④ ㉠과 ㉢은 모두 영화에서 '지각적 리얼리즘'을 중요하게 생각하겠군.
⑤ ㉡과 ㉢은 모두 ㉠의 리얼리즘 개념이 디지털 영화의 시대에도 여전히 유효하다고 생각하겠군.

13

다음은 영화감독 A의 인터뷰이다. 윗글과 인터뷰를 바탕으로 ㉮, ㉯에 대한 비평문을 작성한다고 할 때, 떠올린 내용으로 적절하지 <u>않은</u> 것은? [3점]

2020○년 ○월 ○○일	□□일보

기자: 감독님께서는 ㉮ <u>이전 영화들에서 필름 작업만을 고집하다가</u> ㉯ <u>이번 작품에는 디지털 기술도 사용하셨는데</u>, 특별한 의도가 있나요?

A: 제가 디지털 영화에 대해 부정적으로 생각했던 것은 사실입니다. 컴퓨터 그래픽으로 가상 세계를 표현한 영화가 유행하고 있지만, 시각적 쾌감을 제공하는 데 그치고 있다고 생각해요. 저는 제 영화가 언제나 현실과 밀접한 관계를 맺고 있기를 원했고, 삶의 다양한 양상들이 제 영화에 드러나기를 원했습니다. 지금도 같은 생각이에요. 그렇지만 이번에는 역사적 사건의 현실성을 높이는 목적으로만 컴퓨터 그래픽을 최소한도로 사용해 보았습니다. 다행히 많은 관객이 실제 현장에 있는 듯한 느낌을 받았다고 해서 기뻤습니다.

① A가 필름 작업을 고집했던 것을 통해 ㉮에 대한 비평에서 A가 영화에서 현실의 역동적 양상을 포착하려고 노력했다는 것을 이야기할 수 있겠군.

② A가 삶의 다양한 양상들이 자신의 영화에 드러나기를 원했다는 것을 통해 ㉮에 대한 비평에서 A가 현실의 총체적 인식을 중요하게 생각하고 있다는 것을 이야기할 수 있겠군.

③ A가 자신의 영화가 현실과 밀접한 관련을 맺고 있기를 바란다는 것을 통해 ㉯에 대한 비평에서 A가 '영화—붓'과 '합성 리얼리즘'을 중시한다는 점을 이야기할 수 있겠군.

④ A가 컴퓨터 그래픽을 사용하면서도 최소화하려는 것을 통해 ㉯에 대한 비평에서 A가 '영화—눈'의 가치를 여전히 중요하게 생각하고 있다는 것을 이야기할 수 있겠군.

⑤ A가 컴퓨터 그래픽에 대한 관객들의 반응을 긍정적으로 평가하는 것을 통해 ㉯에 대한 비평에서 A가 '지각적 리얼리즘'을 의도하고 연출했다는 것을 이야기할 수 있겠군.

[14~17] 다음 글을 읽고 물음에 답하시오.

정보 시스템에 대한 '접근'이란 시스템 자원을 사용하기 위해 시스템과 상호 작용하는 작업을 의미한다. 이때 정보의 '객체'는 접근의 대상이 되는 시스템 또는 시스템 자원을, 정보의 '주체'는 접근을 통해 특정 목적을 달성하고자 하는 사람 또는 프로그램 등을 의미한다. '접근제어'는 적절한 권한을 가진 정보 주체만이 정보 객체에 접근할 수 있도록 통제하는 기술이다.

접근제어에서는 보안등급에 따라 접근 권한이 관리되는데, 이때 '보안등급'은 정보 주체와 객체에 부여된 중요도 또는 신뢰도를 나타낸다. 인터넷 카페에서 등급에 따라 읽기 또는 쓰기 권한을 주는 것은 이러한 예에 해당한다. 접근제어에서 관리하는 권한은 접근제어행렬, 접근제어목록 등으로 표현될 수 있다. '접근제어행렬'은 정보 주체를 행으로, 정보 객체를 열로 구성한 테이블로서, 객체에 대한 주체의 접근 권한은 해당 주체의 행과 해당 객체의 열이 만나는 셀에 기록된다. '접근제어목록'은 특정 객체에 대한 접근 권한을 갖는 주체가 나열된 목록이다.

접근제어에는 임의적 접근제어, 강제적 접근제어 등이 있다. ㉠'임의적 접근제어'에서는 정보 객체의 소유자가 해당 객체에 대한 보안등급을 부여한다. 또한 객체에 대한 주체의 접근 권한 역시 해당 정보 객체의 소유자가 결정한다. 따라서 임의적 접근 제어에서 접근 권한을 표현할 때는 접근제어목록이 주로 사용된다. 임의적 접근제어는 구현이 쉽고 권한 관리가 유연한 방식이지만, 정보 객체의 소유자가 접근 권한을 임의로 변경할 수 있어서 접근 권한의 일률적 통제가 어렵다는 문제가 있다. ㉡'강제적 접근제어'에서는 보안등급 부여와 접근 권한의 관리가 중앙화된 방식으로 수행된다. 따라서 접근 권한을 일률적으로 통제할 수 있다는 장점이 있다. 강제적 접근제어에는 벨라파둘라 모델과 비바 모델 등이 있는데, ㉢ <u>벨라파둘라 모델은 기밀 정보의 유출 방지에 적합하고, 비바 모델은 정보의 신뢰도 유지에 적합하다.</u>

정보 객체가 문서이고 정보 주체가 객체에 대한 읽기와 쓰기 권한을 갖는다고 가정했을 때, 벨라파둘라 모델에서 정보 주체는 자신보다 높은 등급의 문서를 읽는 것이 금지되지만, 등급이 같거나 낮은 문서에 대해서는 읽는 것이 가능하다. 또한 정보 주체는 자신보다 낮은 등급의 문서에 쓰는 것은 금지되지만, 등급이 같거나 높은 문서에 쓰는 것은 허용된다. 비바 모델에서 정보 주체는 자신보다 높은 등급의 문서에 대해서는 쓰기 권한이 없지만, 등급이 같거나 낮은 문서에 대해서는 쓰기가 가능하다. 또한 정보 주체는 자신보다 낮은 등급의 문서에 대해서는 읽기 권한이 없지만, 등급이 같거나 높은 문서를 읽는 것이 허용된다. 정보 주체는 자신보다 낮은 등급의 문서에 포함된 신뢰도가 낮은 정보를 참조함으로써 자신이 보유한 정보의 신뢰도를 떨어뜨릴 수 있는데, 비바 모델에서는 이를 방지할 수 있다.

14

윗글의 내용과 일치하지 <u>않는</u> 것은?

① 접근제어행렬은 접근 권한을 나타내는 테이블이다.
② 임의적 접근제어의 접근 권한 표현에는 접근제어목록이 주로 사용된다.
③ 접근은 시스템과의 상호 작용을 통해 시스템 자원을 사용하는 것을 목적으로 한다.
④ 접근제어에서는 정보 주체와 정보 객체에 부여된 중요도나 신뢰도에 따라 접근 권한이 관리된다.
⑤ 접근제어목록은 특정 정보 주체가 접근할 수 있는 정보 객체를 목록화하여 관리하기 위해 사용된다.

15

㉠과 ㉡에 대한 이해로 적절하지 <u>않은</u> 것은?

① ㉠과 달리 ㉡은 중앙화된 방식으로 접근 권한을 통제하기 때문에 일률적인 권한 관리가 가능하다는 특징이 있다.
② ㉠과 달리 ㉡은 정보 객체의 소유자 외의 정보 주체가 해당 객체를 변경하는 것을 방지하기 위해 사용되는 방식이다.
③ ㉡과 달리 ㉠은 정보 객체의 소유자가 접근 권한을 관리하기 때문에 권한 관리가 유연한 방식이다.
④ ㉠과 ㉡은 모두 권한을 부여하고 관리하기 위해 사용된다.
⑤ ㉠과 ㉡은 모두 접근제어행렬을 이용한 접근 권한 표현이 가능한 방식이다.

16

㉢의 이유로 가장 적절한 것은?

① 정보 객체의 정보가, 같은 등급의 정보 주체로 전달되지 않기 때문이다.
② 정보 주체와 정보 객체의 보안등급이 중앙화된 방식으로 관리되기 때문이다.
③ 정보 주체가 자신보다 낮은 등급의 정보 객체에 쓰는 것이 금지되기 때문이다.
④ 정보 주체가 자신보다 높은 등급의 정보 객체에 쓰는 것이 가능하기 때문이다.
⑤ 정보 주체와 정보 객체를 중요도에 따라 분류하고 이를 테이블을 이용해서 관리하기 때문이다.

17

윗글을 바탕으로 〈보기〉를 이해한 내용으로 적절하지 <u>않은</u> 것은?

[3점]

〈보기〉

다음은 비바 모델 접근제어를 사용하는 ○○ 회사의 접근제어행렬이다. 이 회사에는 갑, 을, 병이라는 정보 주체와 A, B, C라는 정보 객체가 있다. 이 회사는 모든 정보 주체 및 객체를 1등급, 2등급, 3등급의 보안등급으로 분류하고 있다. 테이블에서 r은 읽기 권한을, w는 쓰기 권한을 의미한다.

주체＼객체	A	B	C
갑	[ ]	rw	r
을	rw	w	r
병	w	w	rw

① 모든 주체가 B에 대한 쓰기 권한을, C에 대한 읽기 권한을 가지고 있음을 고려할 때, 갑은 A에 대한 읽기 권한을 가지고 있겠군.
② 을은 병에 비해 읽기 권한이 많다는 점을 고려할 때, 보안등급은 을이 병보다 높겠군.
③ 을은 A에 대한 읽기 권한과 쓰기 권한을 모두 가지고 있음을 고려할 때, 을과 A의 보안등급은 같겠군.
④ 을은 C에 대한 읽기 권한이 있으므로 C보다 보안등급이 낮은 을에게 C의 중요 정보가 유출될 수 있겠군.
⑤ 병이 A와 B에 대한 읽기 권한이 없는 것은 병이 보유한 정보의 신뢰도 하락을 막기 위한 것이겠군.

[18～23] 다음 글을 읽고 물음에 답하시오.

(가) 표현의 자유는 개인의 인격 발현과 민주주의의 유지 발전을 위해 필수적이다. 표현의 자유가 보장되지 않으면 다양한 사상과 의견이 공론의 장에 진입하지 못한다. 표현의 자유가 보장되기 위해서는 ㉠ '사전억제의 금지원칙'과 '과잉금지원칙'의 적용이 필요하다. 사전억제의 금지원칙은 표현하려는 내용을 사전에 심사하여 억제해서는 안 된다는 것이다. 과잉금지원칙이란, 기본권을 제한하는 법률은 '목적의 정당성', '수단의 적절성', '침해의 최소성' 그리고 '법익의 균형성'을 모두 충족해야 한다는 것이다. 이들 원칙은 표현의 자유의 본질을 침해하는 것을 막는 데 기여한다.

이러한 원칙을 반영하여 표현의 자유를 제한하는 방식, 범위, 대상에 의미 있는 변화가 있었다. 우선 표현을 규제하는 방식이 변했다. 헌법재판소는 방송 광고 등 상업적 표현물과 일반 영상물에 대한 사전심의제도가 행정 기관이 주체가 되어 운영된다는 점에서, 우리 헌법이 금지하는 검열에 해당한다고 결정했다. 이들 영역의 심의는 법적인 사후심의나 자율적인 사전심의로 대체되었다.

또한 익명 표현의 범위가 확대되었다. 인터넷 게시판에 글을 쓰려는 사람들이 사전에 요구 받았던 본인확인제를 헌법재판소는 위헌으로 결정했다. 헌법재판소는 인터넷에서 건전한 정보의 유통을 추구하려는 이 제도가 가진 목적의 정당성을 인정하였다. 또 본인 확인이 목적 달성에 기여한다는 점에서 수단의 적절성도 인정하였다. 그러나 본인확인제는 익명 표현의 장점까지 포괄적으로 제한하므로 침해의 최소성은 인정하지 않았다. 또한 표현의 자유를 제한하여 얻는 이익에 비해 달성되는 공익이 크지 않다는 점에서 법익의 균형성도 인정하지 않았다.

또 일부 대상에 대한 명예훼손 책임이 완화되었다. 2002년 대법원은 '공적 인물·공적 사안의 법리'를 도입했다. 공적 인물이나 공적 사안에 대한 언론 보도와 사적 인물이나 사적 사안에 대한 언론 보도의 명예훼손 책임을 달리 취급해야 한다는 것이다. 후자의 경우 인격권의 보호가 우선할 수 있으나, 전자의 경우 언론 보도의 법적 책임이 완화되어야 한다는 이 법리는 법원의 명예훼손 재판 기준으로 유지되고 있다. 법원은 공직자나 정치인 등의 도덕성이나 업무 처리에 대한 비판적 보도로 인해 생길 수 있는 언론의 법적 책임을 완화하고 있다. 공론의 장에 나선 공적 인물의 명예나 초상권 등의 인격권은 표현의 자유를 위해 한발 물러서야 한다는 것이다.

(나) 디지털 공간에서는 개인의 인격권을 침해하는 정보가 쉽게 확산된다. 자신의 인격권을 침해하는 정보가 인터넷에서 공유되고, 그 내용이 언론을 통해 공론화되고 있는 상황을 가정해보자. 어떻게 대응할 수 있을까?

개인의 사생활을 침해하거나 명예를 훼손하는 정보는 법적 절차를 통해 삭제가 가능하다. 일반 이용자가 작성한 게시물이나 댓글의 경우, '정보통신망법'에 의거 정보통신서비스 제공자에게 피해 사실을 ⓐ <u>소명하고</u>, 삭제를 요청할 수 있다. 삭제 요청을 받은 서비스 제공자는 해당 게시물을 ⓑ <u>지체 없이</u> 삭제해야 한다. 만약 언론의 보도 기사에 의해 인격권이 침해되고 있다면, 법원 혹은 언론중재위원회를 통한 기사삭제청구권의 행사를 고려해 볼 수 있다. 기사삭제청구권은 법률에 규정은 없지만, 법원은 그 기사가 허위이며 중대하고 ⓒ <u>현저한</u> 침해가 계속되는 경우 기사 삭제의 청구를 판례를 통해 인정하고 있다. 이때 기사의 허위성은 피해자가 입증해야 한다.

언론의 보도 기사에 대해서는 언론사, 언론중재위원회 또는 법원에 정정보도나 반론보도, 추후보도를 청구할 수도 있다. '언론중재법'은 언론 보도가 진실하지 않을 때 진실에 부합하게 고쳐 달라고 요구할 수 있는 정정보도청구권, 언론 보도의 진실 여부와 관계없이 그에 대립되는 반박적 주장을 보도해 달라고 요구하는 반론보도청구권을 규정하고 있다. 또 범죄 혐의가 있다거나 형사상의 조치를 받았다고 언론이 보도했으나 무죄 확정판결 또는 혐의없음으로 사건이 종결되었을 때 이를 보도해달라고 요구할 수 있는 추후보도청구권을 규정하고 있다.

자신에 대한 허위 정보가 시사 보도 프로그램을 통해 방송될 예정이라면, 법원에 방영금지가처분을 신청해 그 내용이 방송되지 않도록 할 수도 있다. 방송될 내용이 진실이 아니고 피해자에게 회복하기 어려운 중대하고 현저한 손해를 입힐 수 있는 경우 법원의 판단하에 방영금지가처분 신청이 ⓓ <u>인용될 수</u> 있다. ⓛ <u>방영금지가처분제도가 위헌이라는 주장</u>이 있지만 헌법재판소는 방영금지가처분이 과잉금지원칙에 위배되지 않는다고 판단했다. 또한 검열에 해당한다는 점도 ⓔ <u>부인했다</u>.

18

(가), (나)에 대한 설명으로 가장 적절한 것은?

① (가)는 표현의 자유를 보호하는 절차를, (나)는 인격권의 필요성을 설명하고 있다.
② (가)는 표현의 자유가 확장된 양상을, (나)는 인격권 침해에 대한 구제 방법을 소개하고 있다.
③ (가)는 표현의 자유가 강조된 배경을, (나)는 인격권의 정의에 대한 다양한 시각을 제시하고 있다.
④ (가)는 표현의 자유에 관한 상반되는 의견을, (나)는 인격권에 관한 절충적인 의견을 제시하고 있다.
⑤ (가)와 (나)는 모두 표현의 자유와 관련하여 대립되는 학자들의 이론을 비교하여 설명하고 있다.

19

(가)에 대한 이해로 가장 적절한 것은?

① 상업적 광고에 대한 심의는 사후에만 허용된다.
② 표현의 자유를 보장하는 이유는 개인의 명예 보호와 민주주의 발전을 위해서이다.
③ 공적 인물에 대한 인격권과 표현의 자유가 대립할 때는 표현의 자유를 우위에 둔다.
④ 공적 사안에 대한 언론의 무분별한 보도를 방지하기 위해 '공적 인물·공적 사안의 법리'가 채택되었다.
⑤ 영상물에 대한 심의가 검열이라고 판단된 것은 심의 시기와 관련 없이 행정 기관이 주체가 되어 진행되었기 때문이다.

20

다음은 학생이 작성한 학습 활동지이다. (나)를 바탕으로 할 때, 적절하지 <u>않은</u> 것은?

◇ 다음 질문들에 대한 답을 작성해 봅시다.

질문 1	언론의 보도 기사로 인해 명예가 훼손되었을 경우, 피해자가 활용할 수 있는 방법은 무엇이 있을까?

- 법률에 규정된 기사삭제청구권을 사용할 수 있다. ──── ①
- 보도 내용 중 일부가 진실이 아닌 경우 언론중재위원회에 기사의 정정을 청구할 수 있다. ──── ②

질문 2	인터넷 댓글로 인해 인격권 침해를 받았을 경우, 피해자가 활용할 수 있는 방법은 무엇이 있을까?

- '정보통신망법'에 근거해 삭제를 요청할 수 있다. ──── ③
- 인터넷 서비스 제공자에게 피해 사실을 소명하고 댓글의 삭제를 요청할 수 있다. ──── ④

질문 3	보도 기사의 허위성이 문제가 될 경우, 입증 책임은 누구에게 있을까?

- 기사의 허위성 여부는 피해자가 입증해야 한다. ──── ⑤

21

㉠을 바탕으로 ㉡을 비판한 내용으로 적절하지 <u>않은</u> 것은?

① 행정 기관이 주체가 되어 심사하는 것이 아니므로 '사전억제의 금지원칙'에 위반되지 않는다.
② 방송으로 인해 훼손된 인격은 다시 회복되기 어려우므로 이를 예방한다는 '목적의 정당성'이 인정된다.
③ 인격권을 손상할 것이 명백한 방송이라면, 이를 사전에 금지하는 것이 불가피하므로 '수단의 적절성'이 인정된다.
④ 현저하게 피해가 예상되는 경우에만 제한적으로 허용한다는 점에서 '침해의 최소성'이 인정된다.
⑤ 허위 사실의 방송을 금지함으로써 얻는 이익보다, 표현의 자유를 제한함으로써 발생하는 불이익이 크다는 면에서 '법익의 균형성'을 충족한다.

22

ⓐ~ⓔ의 문맥상 의미를 파악한 것으로 적절하지 <u>않은</u> 것은?

① ⓐ: 근거를 갖추어 피해 사실을 '밝혀 설명하고'라는 의미이다.
② ⓑ: 게시물을 충분히 검토하여 '착오가 없이'라는 의미이다.
③ ⓒ: 피해 사실이 '분명하게 드러나 있는'이라는 의미이다.
④ ⓓ: 신청이 '인정되고 받아들여질'이라는 의미이다.
⑤ ⓔ: 검열이라는 주장을 '받아들이지 않았다'라는 의미이다.

23

(가)와 (나)를 참고하여 〈보기〉를 이해한 내용으로 적절하지 <u>않은</u> 것은? [3점]

〈보기〉

'갑' 신문사는 공적 인물인 A가 불법 거래로 부당한 이익을 얻은 의혹이 있다는 기사를 내보냈다. 일반인 B는 포털 게시판에, 보도된 의혹 외에 A가 추가로 부당 이익을 얻은 적이 있다는 글을 익명으로 올렸다. 사건이 커지자 '을' 방송사는 A의 부당 이익 수취에 대한 의혹을 다룬 시사 보도 프로그램을 1주일 후 방영하겠다고 방송에서 예고했다. A는 방영금지가처분을 신청했다.

① A에 대한 의혹이 진실이라면, A는 '갑' 신문사의 기사를 반박하는 내용을 보도해 달라고 청구할 수 없겠군.
② A의 혐의가 무죄로 종결되고 A의 청구가 있다면, 법원은 '을' 방송사에 해당 사실을 보도하라고 판결하겠군.
③ B가 게시한 A에 대한 의혹이 진실이 아니며 A의 삭제 요청이 있었다면, 포털의 서비스 제공자는 게시물을 삭제해야겠군.
④ A가 명예훼손 책임을 '갑' 신문사에게 묻는다면, 법원은 A가 사적 인물이 아니라는 점을 고려하여 언론의 책임을 완화하겠군.
⑤ 법원이 방영금지가처분 신청을 기각했다면, '을' 방송사가 방송하려는 내용이 진실이거나 A의 인격권을 중대하고 현저하게 침해하지 않는다고 판단했겠군.

[24 ~ 27] (가)와 (나)는 학생이 읽은 글이고, (다)는 이를 바탕으로 쓴 논증하는 글의 초고이다. 물음에 답하시오.

(가) 주어진 자원이 한정적인 상황에서는 합리적 선택이 중요하다. 합리적 선택을 위해서는 선택으로 얻게 되는 만족과 기회비용을 함께 판단해야 한다. 기회비용은 어떤 선택을 함으로써 포기하는 것의 가치가 무엇인지를 따지는 개념이다. 기회비용은 대안을 선택함으로써 실제 지출하는 비용과 다른 대안을 선택했다면 얻을 수 있었던 가치를 함께 고려하여 구한다.

일요일에 도서관에서 책을 읽으려고 했는데, 친구가 공연 관람을 가자고 한다. 만약 공연 관람을 선택한다면 공연 관람료가 실제 지출하는 비용이고, 도서관에서 책을 읽는다면 얻을 수 있는 만족이 공연 관람으로 포기한 것의 가치에 해당한다. 기회비용을 구할 때, 공연 관람료처럼 대안을 선택함으로써 실제 지출하는 비용을 고려하지 못하는 경우가 종종 있다. 하지만 그 비용은 다른 곳에 사용했다면 얻을 수 있는 만족을 포기한 것이기 때문에 기회비용에 포함되어야 한다.

합리적 선택을 할 때 고려할 필요가 없는 비용도 있다. 바로 매몰 비용이다. 매몰 비용이란 이미 투입되어 다시 회수할 수 없는 비용으로, 의사 결정 시 고려해서는 안 된다. 가령 공연이 시시하여 관람을 계속할지 말지를 선택하는 경우 관람료가 아까워 계속 관람하는 것은 비합리적 선택이다. 그러므로 되돌릴 수 없는 매몰 비용이 아니라 앞으로의 선택이 가져올 기회비용을 산출하는 것이 합리적 선택을 위한 효과적인 전략이다.

(나) 정책 영역에서는 정보가 충분한 경우 대안이 가져올 결과를 서로 비교 가능하다고 본다. 그런데 가치가 충돌하는 공공사업의 경우 가치의 우선순위를 정하기 어려운 상황에서 의사 결정이 이루어지는 때가 많다. 이러한 현실 정책 상황으로 인해 딜레마에서의 의사 결정이 주목받고 있다. 이때 딜레마란 '두 개의 배타적 대안이 존재하고, 두 대안이 가져올 결과가 상충적이며, 각 대안을 지지하는 행위자들이 서로 대립하고 있지만, 주어진 시간 내에 결정을 내려야 하는 문제 상황'으로 정의할 수 있다.

한편, 딜레마와 유사해 보이지만 딜레마와는 구별되는 상황이 있다. 정보의 불확실성으로 인해 결정이 곤란한 상황이나 정책의 모호성으로 인해 결정이 곤란한 상황 등이다. 불확실성은 정보를 추가적으로 탐색하여 해소할 수 있고 모호성은 정책의 의미를 보다 분명하게 제시하여 해소할 수 있기 때문에 이러한 상황들은 딜레마로 보기 어렵다.

딜레마에서의 의사 결정에 관한 논의의 함의는 대안을 평가할 정보를 충분히 갖고 있다고 할지라도 대안을 비교하기가 어렵다는 것이다. 딜레마에서의 의사 결정에는 가치가 개입되고 그 가치들이 서로 충돌하는 상황에서 의사 결정이 이루어질 수밖에 없다.

(다) 우리 지역의 ○○ 부지에 하수 처리 시설 유치 여부를 연말까지 결정해야 하는 상황에서 사람들의 찬반 논쟁이 첨예하게 벌어지고 있다. 나는 하수 처리 시설을 유치해야 한다고 생각한다. 우리에게 주어진 자원이 한정적인 상황에서 하수 처리 시설을 유치하는 것이 합리적 선택이기 때문이다.

그 근거로 우선 지역 주민 소득 증가 효과를 들 수 있다. 시설을 유치할 경우 시설 구축 비용뿐만 아니라 보조금이 정부에서 지급될 예정이다. 이를 활용하여 지역 경제 활성화 프로그램을 시행할 수 있다. △△ 기관 연구 보고서에 따르면 지방 자치 단체의 경제 활성화 프로그램이 지역 주민의 소득 증가에 유의미한 영향을 미치는 것으로 조사되었다.

또한, 지역민의 정서적 만족도를 높일 수 있다. 지하에 구축될 하수 처리 시설의 지상에는 공원이 들어설 예정이다. 도시 계획 전문가 이□□에 따르면 여가와 휴식 공간이 있는 곳에 거주하는 지역민은 그렇지 않은 지역민보다 정서적 만족도가 1.5배가량 높다고 한다.

물론, 이에 대해 해당 부지의 환경적 가치가 중요하다며 하수 처리 시설 유치를 반대할 수도 있다. 하지만 현재 산출한 기회비용은 해당 부지의 환경적 가치는 물론, 부지의 다른 가치도 모두 포함한 것이다. ─┐[A]

그러므로 현재 우리에게 주어진 조건 속에서는 하수 처리 시설을 유치하는 것이 가장 합리적 선택이다.

24

다음은 학생이 글을 읽는 과정에서 작성한 질문이다. (가), (나)에서 답을 확인할 수 <u>없는</u> 것은?

(가)와 관련하여,
- 의사 결정 상황에서 기회비용이란 무엇일까? ⋯⋯⋯⋯⋯ ①
- 대안을 선택함으로써 실제 지출하는 비용이 기회비용에 포함되는 이유는 무엇일까? ⋯⋯⋯⋯ ②

(나)와 관련하여,
- 정책 의사 결정 과정에서의 딜레마란 무엇일까? ⋯⋯⋯ ③
- 딜레마와 유사하지만 딜레마가 아닌 상황과 딜레마의 차이는 무엇일까? ⋯⋯⋯⋯⋯⋯ ④
- 대안을 선택하기 어려운 상황에서 대안을 평가하는 방법은 무엇일까? ⋯⋯⋯⋯⋯ ⑤

25

(다)를 작성하기 위해 (가), (나)를 읽은 방법으로 가장 적절한 것은?

① (가)에서 매몰 비용의 개념에 주목하고, 의사 결정 시 매몰 비용 산출이 선행되어야 한다는 것을 확인하며 읽었다.
② (가)에서 기회비용의 중요성에 주목하고, 선택하지 않은 대안의 가치도 고려해야 합리적 선택이 가능하다는 것을 확인하며 읽었다.
③ (가)에서 기회비용의 효용성에 주목하고, 기회비용이 대안을 선택함으로써 얻게 되는 만족과 실제 지출하는 비용으로 구성된다는 것을 확인하며 읽었다.
④ (나)에서 딜레마에서의 선택에 가치가 개입된다는 점에 주목하고, 가치의 우선순위를 확정하는 것이 필요하다는 점을 확인하며 읽었다.
⑤ (나)에서 딜레마에서의 선택에 정보가 영향을 미친다는 점에 주목하고, 정보가 충분할수록 의사 결정이 수월할 수 있다는 점을 확인하며 읽었다.

26

〈보기〉를 참고할 때, (다)를 작성하기 위해 세운 글쓰기 계획으로 적절하지 <u>않은</u> 것은?

① 하수 처리 시설 유치 쟁점에서 찬성 입장을 주장으로 제시한다.
② 자원이 한정적인 상황에서 발생한 논쟁이 첨예하여 갈등 해결이 시급하다는 내용을 이유로 제시한다.
③ 지역 경제 활성화 프로그램 시행으로 주민 소득이 증가한다는 연구 보고서 내용을 근거로 제시한다.
④ 해당 부지의 환경적 가치가 중요하다는 내용을 예상 반론으로 제시한다.
⑤ 고려할 수 있는 해당 부지의 모든 가치를 기회비용에 포함하였다는 내용을 반박으로 제시한다.

27

〈보기〉는 (다)를 작성한 후 추가로 수집한 자료이다. 〈보기〉를 (가), (나)와 연결 지어 (다)의 [A]를 구체화하는 방안으로 가장 적절한 것은? [3점]

① 〈보기〉를 (가)와 연결 지어, 대안의 가치를 비교하여 합리적 선택이 가능함을 제시하고 절차적 합리성을 확보하면 대안의 대립이 해소될 수 있다는 내용으로 예상 반론을 구체화해야겠어.
② 〈보기〉를 (가)와 연결 지어, 정보가 충분하면 대안의 가치를 정확히 측정할 수 있음을 제시하고 형식적 절차를 위해 추가 정보가 필요하다는 내용으로 반박을 구체화해야겠어.
③ 〈보기〉를 (나)와 연결 지어, 배타적 대안이 상충된 결과를 초래할 수 있음을 제시하고 형식적 절차를 거치더라도 기회비용 산출이 어렵다는 내용으로 예상 반론을 구체화해야겠어.
④ 〈보기〉를 (나)와 연결 지어, 딜레마에서 가치를 정확히 산출하는 것이 필수적임을 제시하고 형식적 절차에 따라 만족의 크기를 비교해야 한다는 내용으로 예상 반론을 구체화해야겠어.
⑤ 〈보기〉를 (나)와 연결 지어, 가치 충돌 상황에서 의사 결정이 요구됨을 제시하고 현재 산출한 기회비용이 절차적 합리성을 확보하고 있다는 내용으로 반박을 구체화해야겠어.

[28 ~ 30] 다음은 작문 상황과 학생이 작성한 초고이다. 물음에 답하시오.

○ **작문 상황**

소리 요법 체험 프로그램에 참여하고 기록한 체험 일지를 바탕으로 소감문을 작성하여 교지에 실으려 함.

○ **초고**

바쁜 일상에 몸도 마음도 지쳐 쉬고 싶다는 생각을 하던 중, 소리 요법 체험 프로그램이 방학에 열린다는 것을 알게 되었다. 소리 요법이 마음에 휴식을 준다는 학교 게시판의 소개 내용에 이끌려 프로그램에 참여하였다.

체험 프로그램은 소리 요법에 대한 선생님의 설명으로 시작되었다. 소리 요법은 특정 주파수 대역의 소리 혹은 일정한 주파수들로 구성된 소리를 이용해 정신적 안정, 집중력 향상을 돕는다고 한다. 소리만으로 그러한 효과를 얻을 수 있다는 사실이 퍽 흥미로웠다.

다양한 종류의 소리 요법을 체험할 수 있었는데, 그중 소리 그릇 요법이 가장 기억에 남는다. 소리 그릇 요법 체험은 나무막대를 사용하여 금속 재질의 소리 그릇을 두드리거나 문질러서 낸 소리를 듣는 것으로 진행되었다. 편히 누워서 눈을 감고 소리 그릇에서 나는 소리를 들으니 마음이 평온해졌다. 그 소리에 익숙해질 때쯤 선생님의 안내에 따라 소리 그릇을 몸 위에 올려 보았다. 소리 그릇의 울림이 온몸으로 전해져 몸과 마음이 천천히 이완되었다. 몸과 마음을 부드럽게 안아 주는 것 같은 편안한 느낌이 참 좋았다.

기억에 남는 또 다른 체험은 백색 소음 요법이다. 백색 소음은 폭포, 파도 등과 같은 자연이나 선풍기, 공기 청정기 등과 같은 가전제품에서 들을 수 있는 소리이다. 여러 색의 빛이 합쳐져 투명한 빛, 백색광이 되듯 여러 주파수 범위의 소리가 합쳐져 귀에 거슬리지 않고 자연스럽게 들리는 소리이기 때문에 백색 소음이라고 한다. 백색 소음 요법을 체험하기 위해 공기 청정기를 켜 놓고 독서를 했는데 집중이 더 잘되는 느낌이었다. 이런 이유에 대해 과학적 원리를 찾아보고 싶다는 생각이 들었다. 백색 소음 요법은 주변에서 쉽게 접할 수 있는 소리를 활용하고, 소리 그릇 요법과는 달리 별도의 도구를 준비하지 않아도 된다는 점도 매력적이었다.

일상에서 소리는 늘 우리와 함께하는데, 지나친 소음은 하는 일에 대한 집중력을 떨어트리고 사람을 지치게 만든다. 소리 요법 체험 프로그램은 다음 방학에도 학교에서 운영된다고 하니, 친구들에게 추천하고 싶다.

28

다음은 체험 일지 의 일부이다. ㉠~㉤이 '초고'에 반영되었다고 할 때, 이에 대한 설명으로 적절하지 <u>않은</u> 것은?

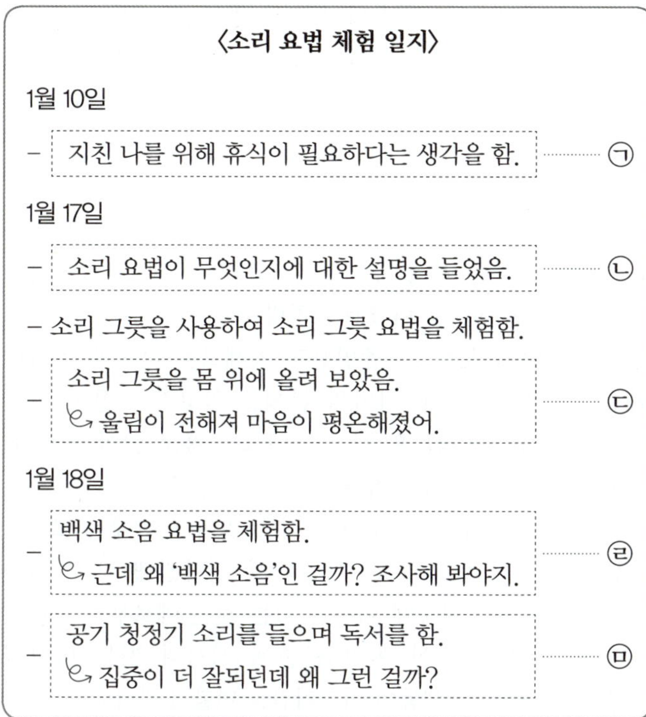

① ㉠을 반영하여, 소리 요법 체험에 참여하게 된 계기를 제시하였다.

② ㉡을 반영하여, 소리 요법에 대한 설명을 정리하고 그에 대한 자신의 생각을 덧붙였다.

③ ㉢을 반영하여, 소리 그릇의 울림이 몸에 전해졌을 때의 느낌을 구체화하였다.

④ ㉣을 반영하여, 백색 소음이라는 용어에 대해 조사한 정보를 추가하였다.

⑤ ㉤을 반영하여, 백색 소음과 집중력 간의 상관관계를 확인하여 언급하였다.

29

'초고'의 글쓰기 방식으로 가장 적절한 것은?

① 2문단에서는 소리 요법 체험의 유의점을 인과 관계에 따라 서술하였다.

② 3문단에서는 소리를 내는 방법을 중심으로 소리 그릇 요법의 유래를 서술하였다.

③ 3문단에서는 다양한 종류의 소리 요법을 일정한 기준에 따라 분류하여 서술하였다.

④ 4문단에서는 다른 요법과 견주어 백색 소음 요법의 장점을 서술하였다.

⑤ 4문단에서는 백색 소음 요법의 체험 과정을 시간의 순서에 따라 서술하였다.

30

다음은 '초고'를 쓴 학생이 교지 편집부장과 사회 관계망 서비스에서 나눈 대화이다. ⓐ, ⓑ에 들어갈 내용으로 가장 적절한 것은?

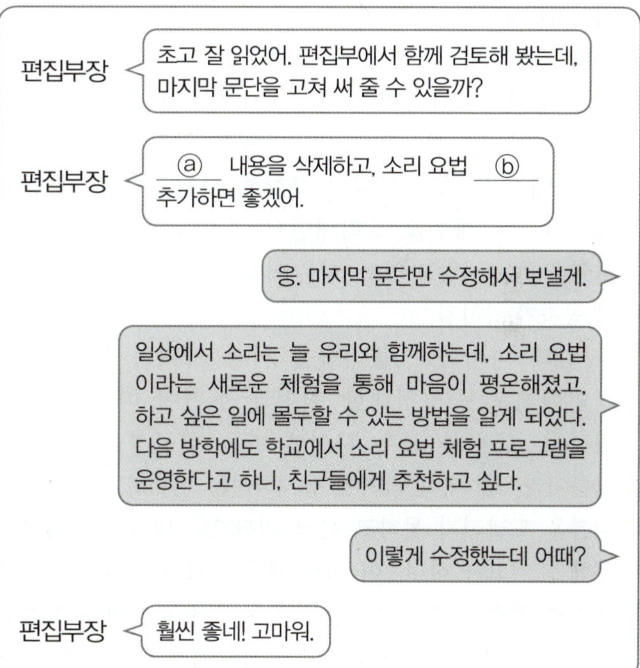

	ⓐ	ⓑ
①	글의 흐름에서 벗어난	체험의 효과를
②	글의 흐름에서 벗어난	체험을 위한 정보를
③	다른 문단과 중복되는	체험의 전망을
④	다른 문단과 중복되는	체험의 효과를
⑤	다른 문단과 중복되는	체험을 위한 정보를

홍 낭자가 양창곡의 뜻을 보고자 하여 **선비로 남장해** 묻길,

"나는 저 사람의 마음을 아나 저 사람은 내 마음을 모른다면, 이 또한 '지기'라 할 수 있으리오?"

양 공자가 웃으며,

"백아가 거문고를 연주하여야 종자기가 있거늘, 사람이 지조를 닦아 마음속에 간직했다가 밖으로 드러내면, 구름이 용을 따르고 바람이 호랑이를 따르듯, **같은 소리로 서로 응하며 같은 기운으로 서로 구하리**니, 어찌 모를 리가 있으리오?"

선비가 말하길,

"세간에 신의 없은 지 오래되어 곤궁한 처지였을 때 사귄 정을 부귀한 후 잊는 자들이 흔히 있더이다. 부귀와 궁달에 있어서 **처음과 끝이 한결같은 자**를 볼 수 있으리오?"

양 공자가 웃으며,

"옛말에 이르되 '가난하고 천할 때의 친구는 잊어서는 안 되고, 지게미와 쌀겨를 먹으며 고생한 아내는 집에서 내보내서는 안 된다.' 하니, 부귀와 궁달에 따라 친소를 달리하면 이는 경박한 일이라. 어찌 이 때문에 세상을 의심하리오?"

선비가 웃으며,

"형은 충직한 사람이로다. 저는 본디 지조가 없는 사람이라. 신하가 임금을 섬기고 선비가 친구를 사귐에, 그 명망을 닦고 예절을 지켜 도리에 부합해 사귐을 하는 사람도 있으며, 그 재주를 드러내면서 형편에 따른 방도로써 사귐을 하는 사람도 있소. 형은 어떻게 생각하시오?"

양 공자가 답하길,

"사람의 나아가고 물러남을 어찌 가벼이 논하리오? 성인에게도 공명정대한 원칙과 형편에 따른 방도가 있나니, 군신과 붕우 사이에 마음 한구석을 비춰 볼 따름이라. 나 역시 과거에 응시하려는 선비로, 덕을 닦아 이름을 드날리지 못하고 문장 찌꺼기로 망령되이 **임금의 은혜**를 얻고자 하니, 이 어찌 규중 처녀가 얼굴을 가리고 스스로 짝을 구함과 다르리오? 이로써 보건대 나아가고 물러남이 정대하고 깨끗하여 옛사람에게 부끄럽지 않은 자가 몇이나 있는고?"

선비가 미소하고 몸을 일으키며,

"밤이 깊었고 여행 중에 잠을 못 자는 것이 몸을 보살피는 도리가 아니니, 무궁무진한 정담은 내일을 기약할지라."

양 공자가 차마 떠나지 못해 하더라.

[중략 부분의 줄거리] 홍 낭자는 양창곡과 이별한 후 오랑캐 장수가 되었다가, 명나라 원수가 된 양창곡과 다시 만나 그의 군영에서 사마라는 직책을 받고 축융 왕의 항복을 받아 낸다.

일지련이 부친 축융 왕을 모시고 막사로 돌아가 가만히 생각하길,

'내가 아무리 사람 보는 안목이 없다 해도 홍 장군은 분명 남자가 아닐지라. 만약 여자라면 누구를 위해 만 리 밖에서 종군했으리오? 양 원수의 용모와 풍채를 보건대 비범한 장수요, 또 홍 장군의 기색과 언사를 살피건대 자못 조심해 무례한 뜻을 드러내지 않으나 은근한 정을 띤 듯하니, 이 어찌 지기를 따르려고 남자로 변복해 종군한 것이 아니리오?'

또 의심하길,

'여자의 질투는 세상 부녀자의 일반적인 정이라. 남자가 아니라면 홍 장군은 **어째서 이처럼** 나를 사랑하는고?'

끝내 깨닫지 못하고, 총명하고 지혜로운 마음에 조급한 심정을 참지 못해 홍 사마의 본색을 알고자 조용히 그의 막사로 가거늘, 마침 홍 사마가 고요히 홀로 앉아 있더라. 일지련이 앞으로 나아가 아뢰길,

"제가 장군께서 살려 주신 은덕을 입어 휘하에서 모시며 정성을 다하고자 하였으나, 다시 생각건대 제 처지가 남자와 다르고 군중에 여자가 있는 것은 예로부터 꺼리는 바라, 저의 부친이 이미 군중에 계시니 저는 마땅히 본국으로 돌아가 행동이 어그러짐을 면할까 하나이다."

홍 사마가 웃으며,

"낭자의 말이 지나치도다. 옛날 목란은 그의 아버지를 대신해 만리 밖에서 종군했으나 일찍이 그녀를 비판하는 사람이 없었거늘, 낭자만 어찌 이에 구애되리오?" [A]

일지련이 눈길을 흘려 홍 사마를 보고 웃으며,

"제가 오랑캐 땅에서 자라 예법을 배우지 못했으나, 남자와 여자가 같은 자리에 앉으면 안 된다는 것은 성인의 밝은 가르침이라, 만약 군중에 처한즉 어찌 남자와 어깨를 나란히 하고 자리를 함께하지 않을 수 있으리이까? 그러므로 목란이 충효는 극진하나 규방의 아녀자가 지켜야 하는 단정한 행실은 부족했던 것으로 생각하나이다."

홍 사마가 이 말을 듣고 눈을 들어 일지련을 보며 양 볼에 홍조 만발하여 오랫동안 말이 없더니 자신의 본색을 알고자 함인 줄 짐작하고 자기 행장을 수습하여 길게 탄식해,

"세상에 한결같이 단정해 규방 예절을 어기지 않은 여자가 몇이나 되리오? 혹은 환난을 당해 어쩔 수 없이 어기는 자도 있고, 혹은 지기를 좇아 예절을 돌아보지 못하는 자도 있으니, 어찌 한 가지로 논할 수 있으리오?" [B]

일지련이 사례하고 돌아와 마음속으로 웃으며,

'나의 안목이 과연 틀리지 않았도다. 홍 사마가 어떠한 여자로서 종군한 것인지 모르나, 그의 말과 **의로운 기상**을 보건대 분명히 내 평생을 저버리지 않으리라. 내가 맹세코 번화한 **명나라**를 구경하리라.' 하더라.

- 남영로, 〈옥루몽〉

31

윗글의 내용에 대한 이해로 가장 적절한 것은?

① 홍 낭자는 양 공자가 자신의 속마음을 알아주지 않는 점에 서운함을 느꼈다.
② 양 공자는 선비와의 이별을 아쉬워하며 선비로부터 다시 만날 약속을 받아 냈다.
③ 일지련은 홍 장군이 양 원수를 대하는 태도를 보고 두 사람의 관계에 대한 호기심을 가졌다.
④ 일지련은 양 원수의 비범함을 눈치채고 그의 휘하에 장수로 들어가고자 하였다.
⑤ 홍 사마는 일지련의 말을 듣고 조급한 성정을 꾸짖기 위해 오랫동안 침묵하였다.

32

[A], [B]를 이해한 내용으로 가장 적절한 것은?

① [A]에서는 목란의 고사에 나타난 옛날의 일과 일지련의 상황은 서로 다르다고 설명하고 있다.
② [B]에서는 사례를 들어 여인이 군중에 머무를 때 발생할 수 있는 문제를 일지련에게 알려 주고 있다.
③ [A]에서는 군중에 머무는 것은 잘못된 행동이라는 일지련의 걱정을 위로하고, [B]에서는 군중에 머무를 수 있는 현실적인 방안을 제시하고 있다.
④ [A]에서는 본국으로 돌아가려는 일지련의 계획을 실현 불가능성을 이유로 들어 만류하고, [B]에서는 그 계획을 시기의 문제를 이유로 들어 만류하고 있다.
⑤ [A]에서는 여인이 지켜야 할 행동에 대한 일지련의 의견이 과도하다고 평하고, [B]에서는 당위적 윤리 규범을 내세우는 일지련의 생각을 바꾸도록 설득하고 있다.

33

〈보기〉를 참고하여 윗글을 감상한 내용으로 적절하지 <u>않은</u> 것은?

[3점]

〈옥루몽〉에서는 다양한 지기 관계 형성을 중심으로 서사가 진행된다. 지기란 서로 마음을 알아주고 뜻을 함께하는 사람으로, 인물들은 이상적인 인물과의 지기 관계를 추구한다. 인물들은 자신의 의도를 우회적으로 드러내면서, 상대의 의중을 탐색하는 대화를 통해 성별과 신분, 처지에서 비롯된 사회적 제약을 뛰어넘는 관계를 모색한다. 이러한 지기 관계의 양상을 통해 유교적 질서를 존중하면서도 개인적 욕망을 인정하는 작가의 인식을 엿볼 수 있다.

① 홍 낭자가 '선비로 남장해' 양 공자의 뜻을 확인하는 데서, 지기 관계 형성에서 성별이 사회적 제약이 될 수 있음을 알 수 있군.
② 양 공자가 지기는 '같은 소리로 서로 응하며 같은 기운으로 서로 구하리'라고 하는 데서, 지기 관계는 일방적인 것이 아니라 쌍방적인 것이라고 여김을 알 수 있군.
③ 일지련이 홍 사마가 '어째서 이처럼' 자신을 아끼는지 알고자 하면서도 예법에 대해 문답하는 데서, 지기 관계 형성을 위한 탐색 과정에서 인물이 의도를 우회적으로 드러냄을 알 수 있군.
④ 홍 낭자가 양 공자에게 '처음과 끝이 한결같은 자'에 대해 묻는 것과 일지련이 홍 사마의 '의로운 기상'을 믿는 데서, 인물들이 지기 관계에서 상대방의 도덕성을 중시함을 알 수 있군.
⑤ 양 공자가 덕이 모자란데도 '임금의 은혜'를 얻겠다는 것과 일지련이 '명나라' 구경을 결심하는 데서, 지기 관계에서 유교적 질서와 개인적 욕망의 추구가 동시에 인정됨을 알 수 있군.

(가) 그대는 속객(俗客)이라 내 이름 어이 알까
　오늘날 내 이름을 그대에게 이르려니
　비늘 가진 동물 중에 머리 있는 용이로세
　조선이 천명을 받아 성현이 나셨도다
　삼한을 어루만져 한양에 도읍하니
　인물이 번성하고 인가(人家)가 가득하다
　아, 옥황상제 건천문을 여시고
　중국 땅을 바라보고 하토를 굽어보시어
　한 폭 조서(詔書)를 ⊙ 수국(水國)에 전하시되
　동문 밖 십 리 땅은 청룡이 네가 지키고
　남문 밖 십 리 땅은 적룡이 네가 지키고
　서문 밖 십 리 땅은 백룡이 네가 지키고　[A]
　북문 밖 십 리 땅은 흑룡이 네가 지키고
　왕성 안 십 리 땅은 황룡이 네가 지키어
　우물의 물을 뿜어 백성을 이롭게 하라
　우리는 백룡이라 서쪽을 주관하여
　반송방 노첨정계* ⓛ 팔각정 내린 맥에
　자리를 점지하여 삼백 년 걸쳐 있어
　꼬리를 한 번 치면 감천이 솟아나니
　이러하여 세상 사람 이르기를 ⓒ 초리우물
　그러나 수근(水根)은 유한하고 먹을 이도 많구나
　아침이야 저녁이야 새벽이야 밤중이야
　재상의 집 선비의 집 무반의 집 한량의 집
　국숫집 팥죽집 떡집이며 엿집이라　[B]
　통이로세 물동이로세 장군이야 항아리야
　긷거니 푸거니 이 우물에 모여드니
　두레박도 빠지고 쪽박도 깨지고
　아이구야 사람 죽네 싸움으로 시끌하고
　워그적워그적 휩쓸려 붐비는 게 더욱 심해
　쌀을 씻고 팥을 간들 물 없이 밥이 되며
　미역과 찐 다시마는 바리바리 쌓여 있고　[C]
　채소와 대하 꾸러미 아무리 쌓였던들
　이 물이 없게 되면 국이 어이 되겠는가
　서문 밖 천만 집에 ② 물싸움 심하더니
　그대는 슬기로워 여인 중에 호걸이라
　가만히 생각하니 새 물 어이 못 파리오
　오른손에 자를 들고 뒤뜰로 들어가서　[D]
　지맥을 헤아리고 사방을 둘러보아
　여종에게 분부하되 이곳을 깊이 파라
　정성이 극진하니 내 마음 감동하여　[E]
　넓은 바다에 쌓인 물을 머금어 뿜어내니
　그대네 북창 아래 ⑩ 감로수가 절로 난다

— 이운영, 〈착정가〉

---

*반송방 노첨정계: 한양 서대문 밖에 있던 지명

(나) '풍속 중에 청명일에 우물을 쳐낸다[俗以淸明日淘井]'라는 글이 있어, 운서(韻書)에서 '도(淘)' 자의 의미를 찾아봤지만 없었다. '씻어서 깨끗이 한다'라는 뜻인 듯했지만, 사실 정확하지는 않았다. 그래서 의문이 남았지만 그냥 내버려두었다.

　바닷가에 와서 거처를 세 번 옮겼다. … (중략) … 그곳 땅이 본래 낮아 습한데 내가 거처한 마지막 집은 더욱 심했다. 다른 집보다 좋은 점은 우물이 있는 것이었다. 우물은 울안 동남쪽에 있었는데, 지세가 낮은 중에도 낮았다. 우물 곁 연못에 부들과 피가 자랐고, 그 옆 마구간에서 소와 말을 길렀다. 실로 모두가 꺼리는 것이 모여 있었다. 집을 옮기자마자 종들에게 그릇을 도르래에 묶어 물을 긷게 하여 우물을 쳐냈다. 마침 겨울이라 힘을 적게 쓰고도 효과는 컸다. 봄이 지나고 또 우물을 쳐냈는데, 그릇이 우물 안 물에 닿으니 그 깊이가 거의 두 길이었다. 그러나 깨끗이 쳐내도 물은 맑아지지 않고 쳐내기 전과 같았다. 이것이 어찌 물의 성질 때문이랴? 물의 맑고 탁함과 많고 적음은 땅의 높낮이와 춥고 더움에 관계가 있을 뿐이다. 그래도 소동파가 새집을 지으며 사십 척이나 파고서야 물을 얻은 일보다는 나았다.

　사람에게도 어찌 본성이 없겠는가? 기질에 얽매이고 욕망에 빠질 뿐이니, 또한 이 우물이 낮은 곳에 있는 것과 같다. 맑고 쾌활한 본성은 비록 하늘로부터 받은 것이나, 맑게 다스리는 노력 또한 현명한 스승과 어진 벗이 이끌어 주고 도와주는 것에 달려 있지 않겠는가? 성현이 이르지 않았는가? "생각하는 것은 슬기로운 것이고, 슬기로운 이가 성인이 된다."라고 했듯이 생각하기를 우물 쳐내듯 하면, 처음에는 흐린 물이 있겠지만 오래도록 끌어 올리면 차츰 맑은 물이 나오는 법이다. 사람의 생각도 처음에는 혼탁하지만 오래 할수록 명쾌해진다. 이 우물도 비록 처음에는 흐린 물이 나오더라도 오래도록 쳐내면 맑은 물이 어찌 나오지 않겠는가? 또한 이는 사람이 학문을 하는 것과 같으니, 생각하고 생각하면 귀신이라도 통하게 해 주는 것이다.

　내가 오늘 우물 쳐낸 일을 보고, 생각을 지극히 해서 성인이 되는 노력을 깨달았다. 이에 노비에게 물이 맑아지기를 기다려 마시게 하고, 항상 노력하고 경계하는 뜻을 마음에 새겨 응당 청명일을 기다려 다시 우물을 쳐내고자 한다.

— 박장원, 〈치정설〉

34

(가)와 (나)의 공통점으로 가장 적절한 것은?

① 음성 상징어를 활용하여 어수선한 분위기를 표출하고 있다.
② 구체적 수치를 활용하여 대상의 정도 차이를 제시하고 있다.
③ 대구 표현을 활용하여 긴장감이 강해지는 양상을 형상화하고 있다.
④ 의문형 어미를 활용하여 전달하고자 하는 의미가 당연한 것임을 강조하고 있다.
⑤ 계절적 배경이 드러나는 표현을 활용하여 대상의 변화에 대한 기대감을 나타내고 있다.

35

[A]~[E]에 대한 이해로 적절하지 <u>않은</u> 것은?

① [A]: 옥황상제의 조서라는 형식을 빌려 우물에도 백성에 대한 하늘의 뜻이 담겨 있음을 암시하고 있다.
② [B]: 우물을 사용하려는 사람들의 모습을 열거하여 우물을 독점하려는 욕망을 비판하고 있다.
③ [C]: 식생활에 관련된 소재를 활용하여 살아가는 데 있어서 우물의 중요성을 강조하고 있다.
④ [D]: 여성의 주체적인 행위를 묘사하여 새로운 우물을 찾는 과정을 드러내고 있다.
⑤ [E]: 신이한 힘이라는 환상적 요소를 도입하여 우물에서 물이 솟아나게 된 상황을 극적으로 표현하고 있다.

36

㉠~㉤을 중심으로 (가)를 이해한 내용으로 가장 적절한 것은?

① ㉡의 근원이 ㉠에 있는 것으로 제시하여 우물이 소망을 기원하는 장소임을 보여 주고 있다.
② ㉢의 작명 유래를 설명하여 우물에 대해 세상 사람들이 느끼는 위압감을 해소하고 있다.
③ ㉢에 마을 사람들이 북적이는 현상으로 인해 ㉣이 발생했다고 판단하고 있다.
④ ㉢과 ㉤의 자리를 찾는 데에 마을 사람들의 역할이 중요함을 밝히고 있다.
⑤ ㉣로 인한 불편을 해소하기 위해 외부의 도움을 받은 결과물인 ㉤을 부정적으로 바라보고 있다.

37

다음은 학생이 (나)를 읽고 작성한 감상문의 일부이다. ⓐ~ⓔ 중 적절하지 <u>않은</u> 것은?

> 오늘은 수업 시간에 〈치정설〉을 읽었는데, 시간의 흐름에 따라 '의문, 경험, 사유, 의지'가 이어지는 구조로 되어 있음을 알 수 있었다. 글쓴이는 과거에 ⓐ 한자 '도(淘)'의 의미에 대한 의문을 가졌다. 시간이 지나고 글쓴이는 표층적 의미의 '도(淘)'를 경험하게 되는데, 그것은 ⓑ 맑은 물을 얻기 위해 우물을 쳐낸 일이었다. 그리고 이런 노력에도 불구하고 우물물이 깨끗해지지 않았던 경험을 한 글쓴이는 ⓒ 인간의 심성을 맑게 다스리기 위해 필요한 노력이 '도(淘)'의 또 다른 의미라고 사유한다. 우물물을 쳐내는 일처럼 ⓓ 주변 사람의 영향에서 벗어나서 혼자 끊임없이 생각해야 슬기로워질 수 있음을 깨달은 것이다. 이렇게 우물물과 인간이 다르지 않다는 인식을 통해 '도(淘)'의 또 다른 의미를 도출한 글쓴이는 ⓔ 앞으로 '도(淘)'를 실천하겠다는 의지를 드러냈다.

① ⓐ　　② ⓑ　　③ ⓒ　　④ ⓓ　　⑤ ⓔ

38

<보기>를 참고하여 (가), (나)를 감상한 내용으로 적절하지 <u>않은</u> 것은? [3점]

> ───〈보기〉───
>
> (가)와 (나)는 모두 조선 후기 사대부가 겪은 결핍의 상황에 대한 관찰을 바탕으로 창작한 작품이다. 작품에서 재구성된 일상은 대상을 재현하고 작가의 의식을 투영한다. (가)는 공동체에 대한 작가의 관심을 바탕으로, 초현실적 존재를 화자로 설정하여 일상을 묘사함으로써 대상에 대한 작가의 참신한 발상을 보여 준다. (나)는 개인의 수양에 대한 작가의 관심을 바탕으로, 유배 생활의 경험을 통해 사고를 확장함으로써 인간의 본성에 대한 작가의 성찰적 태도를 보여 준다.

① (가)에서 '그대'에게 '내 이름'을 '용이로세'라고 하면서 말을 이어 가는 설정에서 초현실적 존재의 입장으로 일상의 문제에 접근하려는 작가의 참신한 발상을 엿볼 수 있군.
② (나)에서 우물에 '실로 모두가 꺼리는 것이 모여 있'다고 주목한 데서 공간적 여건으로 인해 개인의 수양이 가로막힐 수 있음을 드러내려는 작가의 의도를 알 수 있군.
③ (나)에서 우물을 '깨끗이 쳐'내면서 '오래도록 끌어 올리'는 행위를 '성인이 되는 노력'에 빗댄 데서 작가가 유배 중의 경험을 통해 사고를 확장하고 있음을 알 수 있군.
④ (가)에서 '수근은 유한하고 먹을 이도 많'다는 것과 (나)에서 우물이 '쳐내기 전과 같았다'는 것에서 작가가 관찰을 통해 확인한 결핍의 양상을 알 수 있군.
⑤ (가)에서 '인물이 번성하고 인가가 가득하다'라고 한 데서 공동체의 번영에 대한, (나)에서 '물의 성질'과 '사람'의 '본성'을 연결한 데서 개인의 성찰에 대한 작가의 관심을 엿볼 수 있군.

작년, 더위가 찔 무렵이었다. B 공단 성창비료 석교공장의 노무과장이 장정 셋을 거느리고 집에 들이닥친 일이 있었다. 그날은 종옥이가 시장에 나가 홀로 집을 지키던 참이었다.

㉠ "김병국이란 작자가 누구요? 어떤 위인인가 상판 좀 봅시다." 힘깨나 써 보이는 한 장정이 기세등등하게 말했다.

㉡ "내 아들놈인데 다, 당신네는 누, 누구요?" 기세에 눌려 내 목소리가 더 더듬거렸다.

㉢ "그렇담 마빡 새파란 놈이겠군. 그 새끼 좀 봅시다!" 다른 장정이 윽박질렀다. "아들은 집에 없소. 무, 무슨 일인데 이러오?"

"그 자식 당장 작살낼 테야. 암모니아 가스가 아니라 진짜 똥물을 아가리에 퍼 넣어야 정신 차릴 개새끼!" 또 다른 장정이 방문 열린 큰방과 건넌방을 기웃거렸다.

㉣ "소란 피워 죄송합니다만, 병국이란 자제분을 만날 수 없겠습니까?" 마흔쯤 된 노무과장이란 자가 내게 정중하게 말했다.

"마루에라도 앉아요." 노무과장을 상대로 내가 말했다.

"병국이를 차, 찾자면 힘들겠네요. 늘 자정쯤 돌아오니, 난들 그놈 행선지를 모르오."

"사실을 말씀드리자면……" 노무과장이 병국이를 찾아온 이유를 설명했다. ㉤ "선생 자제분이 우리 회사를 상대로 관계 요로에 진정설 냈습니다. 여기 시 보건과에서 접수한 진정서 사본을 보십시오."

마루에 걸터앉은 노무과장이 복사판 서류를 꺼냈다. 방으로 들어가 돋보기안경을 찾아 낄 틈도 없이 어릿어릿한 글자를 대충 훑어보았다.

……성창비료 석교공장은 연간 40억 규모의 흑자를 내면서도 폐기 처리 과정에 근본적 개선책이 전무함이 입증되었다. 8월 4일 새벽 2시 20분, 당 공장은 야음을 틈타 암모니아 가스를 다량으로 배출해, 가스가 폐수천(석교천)을 따라 안개처럼 덮쳐 동진강 하류로 확산된 바 있다. 이로 인해 새벽 4시 10분 동진강 하류에서 오징어잡이 나가던 어민 18명이 심한 두통과 구토증으로 실신한 사건이 있었다. 당사는 기계의 밸브가 고장 나서 가스가 샜다고 변명하지만 이런 일이 일주일을 주기로 수십 차례 반복되었음을 입증하며(관계 자료 별첨), 이로 미루어 당사는 고의로 밸브를 틀어 야밤에 가스를 배출함이 객관적으로 입증됨으로써……

"정신병자 놈이 쓴 낙서는 더 읽을 필요가 없소." 장정이 진정서를 낚아챘다.

"아, 아들놈이 낸 진정서가 틀림없습니까?" 노무과장에게 물었다.

"분명합니다. 뒷조사해 보니 자제분은 이 방면에 **상습범**이더군요. 6월에는 풍천화학을 상대로 진정서를 낸 바 있었습니다. 풍천화학도 야음에 카드뮴과 수은 등 중금속 물질을 배출시켜 동진강 하류 삼각주 지대에 서식하는 각종 새 3백여 마리와 물고기가 떼죽음을 당했다나요. 사람이 아닌, 한갓 새나 물고기가 말입니다." 노무과장이 '새나 물고기'란 말을 강조했다. 그는 이어, **"국민 소득 1천 달러 달성**에, 오늘날 **조국 근대화**가 무엇으로 이루어졌는지는 선생도 잘 알지요?" 했다.

"사람이 아닌, 한갓 **새와 물고기**가 죽었다구 진정을 내? ⓐ 빈대 잡겠다고 초가삼간 태우겠다는 미친놈 짓거리를 이번에는 아예 뿌릴 뽑아야 해!" 한 장정이 주먹을 내두르며 소리쳤다.

(중략)

"요즘 제 딴에는 조류와 **공해 문제**를 여, 연구한답시고…… 모르긴 하지만 그 일 때문에 시, 심려를 끼치지 않았나……."

"자제분은 군 통제 구역 출입이 어떤 처벌을 받는지 알 만한 식견이 있음에도 무모한 행동을 했어요. 설령 그 일이 정당해도 사전에 부대의 양해를 구해야지요."

"야영하다 자신도 모르는 사이에 워, 월경했겠죠. 부대장님의 선처를 바랍니다. 내보내 주시면 **아비 된 제가 단단히 주의를 주겠**습니다."

윤 소령이 당번병을 불러 차를 내오라고 일렀다. 그리고 1968년 11월 울진·삼척 지구의 무장 공비 출현과 그들이 저지른 만행을 예로 들었다.

"……야음을 틈타 쾌속정을 이용해서 동해안 따라 남하했던 겁니다." 아울러 국내 유수의 공업 단지 보안과 경비의 중요성을 강조했다. "우리는 실전이 없달 뿐 지금도 전쟁 중입니다. 국민이 평안을 원한다면, 그 평안을 확보하기 위해 한시도 경각심을 늦출 수 없어요. 국민 복지의 향상과 제반 산업의 발전도 **안보의 확립** 위에서만 가능합니다."

[A]
차를 마시고 나자 소령은 당번병에게, 김병국 군을 데려오라고 말했다. 한참 뒤, 아들이 중위와 함께 파견 대장실로 왔다. 쑥대머리에 땟국 앉은 꾀죄죄한 아들놈 몰골이 중병 든 환자 꼴이었다. 점퍼와 검정 바지도 뻘투성이여서 하수도 공사라도 하다 나온 듯했다. 꺼진 눈자위에 번들거리는 눈만이 살아, 나를 보았다.

"넌 도대체 어, 어떻게 돼먹은 놈인가! 통금 시간에 허가증 없이는 해안 일대에 모, 못 다니는 줄 알면서." 내가 노기를 띠며 말했다.

"본의는 아니었어요. 사나흘 사이에 동진강 하구 삼각주에서 갑자기 새들이 집단으로 죽기에, 이유를 좀 캐내 보려던 게……." 병국이는 머리를 떨구었다.

— 김원일, 〈도요새에 관한 명상〉

39

[A]의 서술상 특징으로 가장 적절한 것은?

① 공간적 배경을 비유적으로 표현하여 갈등의 원인을 암시하고 있다.

② 사건에 대한 인물의 판단을 그 판단에 대한 논평과 함께 제시하고 있다.

③ 인물의 외양을 묘사하여 그 인물의 심리를 간접적으로 제시하고 있다.

④ 시간 표지를 통해 시간의 순서를 뒤바꾸며 인물의 사연을 전하고 있다.

⑤ 여러 인물의 시선에 의존하며 사건에 대한 상반된 입장을 드러내고 있다.

40

㉠~㉤에 대한 이해로 적절하지 <u>않은</u> 것은?

① ㉠은 ㉡의 말투에서 나타나는 증상이 더 심해지게 한 말이다.

② ㉢은 ㉡에 담긴 정보를 추측의 단서로 활용하면서도 '나'의 질문은 무시하는 말이다.

③ ㉣은 ㉢으로 인해 고조되는 상황의 긴장감을 일시적으로 완화하는 계기가 되는 말이다.

④ ㉣은 ㉤에서 드러나는 인물의 행적에 대해 존중의 태도를 드러내는 말이다.

⑤ ㉤은 ㉠에서 드러나는 분위기의 이유를 짐작할 수 있는 말이다.

41

'한 장정'이 ⓐ를 인용하여 전하려는 의도로 가장 적절한 것은?

① 작은 목표에 집착하다가 큰 손해를 끼치는 어리석음을 탓하고자 한다.

② 의로운 목표를 정당하지 못한 방법으로 이루려는 위선을 탓하고자 한다.

③ 목표는 설정하지 않으면서 섣부르게 행동만 앞서는 무모함을 탓하고자 한다.

④ 목표는 거창하면서도 성취할 방법은 질 알지 못하는 미숙함을 탓하고자 한다.

⑤ 당면한 목표를 달성하는 데 있어 꼭 해야 할 일을 미루는 나태함을 탓하고자 한다.

42

다음은 윗글을 읽고 진행한 교과 융합 수업의 〈학습 활동〉이다. 〈학습 활동〉의 결과로 적절하지 <u>않은</u> 것은? [3점]

다음은 '인간과 자연의 관계'에 관한 글이다. 이를 바탕으로 작품에서 확인할 수 있는 작가의 인식을 정리해 보자.

사회 생태주의는 환경오염에 대한 생태주의의 인식을 사회적 차원으로 확장한다. 생태주의는 자연의 가치를 인정하고 공존을 모색하는 등 인간과 자연의 관계를 재정립하는 데 초점이 있다. 사회 생태주의는 환경오염이 자연의 훼손이면서 사회적 문제라는 점에서, 이러한 재정립이 사회적 담론에 대한 비판에 기반해야 한다고 본다. 한 사회의 지배 담론은 특정 가치나 필요에 따라 자연의 훼손을 당연시하고 이를 해결하기 위한 노력을 무가치한 것으로 왜곡할 수 있기 때문이다. 사회 생태주의는 근대화, 경제 개발, 권위주의, 안보 위기 등 생태주의와 충돌할 수 있는 우리 사회의 지배 담론에 주목하면서 이에 대한 비판과 대응을 촉구한다.

① 공장의 오염 물질이 '새와 물고기'뿐 아니라 어민의 삶도 위태롭게 한다는 설정에서, 환경오염을 자연에 대한 훼손으로 보는 관점을 넘어 사회적 문제로 확장하는 인식을 확인할 수 있다.

② 공장 관계자가 병국을 '상습범'으로 폄훼하며 '국민 소득 1천 달러 달성'을 언급하는 설정에서, 환경오염의 해결 노력이 경제 개발 담론에 의해 왜곡될 수 있다는 인식을 확인할 수 있다.

③ 공장 관계자가 환경오염의 피해를 무시하며 '조국 근대화'를 강조하는 설정에서, 환경오염의 해결을 위해 우리 사회의 지배 담론에 비판적으로 접근해야 한다는 인식을 확인할 수 있다.

④ 병국이 '공해 문제'를 연구하지 못하도록 '아비 된 제가 단단히 주의를 주겠'다고 '나'가 말하는 설정에서, 권위주의 담론이 자연의 훼손을 당연시한다는 인식을 확인할 수 있다.

⑤ 새 떼를 조사하다 통제 구역을 넘은 병국을 두고 윤 소령이 '안보의 확립'을 강조하는 설정에서, 환경오염의 해결 노력이 안보 위기 담론과 부딪칠 수 있다는 인식을 확인할 수 있다.

(가) 시에서 시간과 공간은 화자의 경험이나 기억이 감각적 이미지를 통해 형상화되는 배경으로 기능한다. 이때 시간과 공간은 화자의 과거 경험과 현재 상황을 잇는 회상 형식이나, 상징적 공간과 화자가 처한 현실의 동일시 등을 통해 현재 시점으로 표현되기도 한다. 화자의 경험이나 기억은 실제로 존재하는 것이든 내면에서 떠올린 것이든, ㉠ 시간과 공간의 감각적 이미지화를 통해 화자가 직면한 현실로 받아들여져 독자의 공감을 유도하는 시적 장치로 구조화된다.

(나) 나의 소년 시절은 은빛 바다가 엿보이는 그 긴 언덕길을 어머니의 상여와 함께 꼬부라져 돌아갔다.

　내 첫사랑도 그 길 위에서 조약돌처럼 집었다가 조약돌처럼 잃어버렸다.

　그래서 나는 푸른 하늘빛에 호져 때 없이 그 길을 넘어 강가로 내려갔다가도 노을에 함북 자줏빛으로 젖어서 돌아오곤 했다.

　그 강가에는 봄이, 여름이, 가을이, 겨울이 나의 나이와 함께 여러 번 댕겨갔다. 까마귀도 날아가고 두루미도 떠나간 다음에는 누런 모래둔과 그리고 어두운 내 마음이 남아서 몸서리쳤다. ⓐ <u>그런 날은 항용 감기를 만나서 돌아와 앓았다.</u>

　할아버지도 언제 난지를 모른다는 동구 밖 그 늙은 버드나무 밑에서 나는 지금도 돌아오지 않는 어머니, 돌아오지 않는 계집애, 돌아오지 않는 이야기가 돌아올 것만 같애 멍하니 기다려 본다. 그러면 어느새 어둠이 기어와서 내 뺨의 얼룩을 씻어준다.

– 김기림, 〈길〉

(다) 한밤중에 혼자
　깨어 있으면
　세상의
　온도가 내려간다

　ⓑ <u>간간이</u>
　<u>늑골 사이로</u>
　<u>추위가 몰려온다</u>

　등산도 하지 않고
　땀 한번 안 흘리고
　내 속에서 마주치는
　한계령 바람 소리

　다 불어버려
　갈 곳이 없다
　머물지도 떠나지도 못한다
　언 몸 그대로
　눈보라 속에 놓인다.

– 천양희, 〈한계〉

43

㉠을 중심으로 (나), (다)를 이해한 내용으로 가장 적절한 것은?

① (나)는 색채 이미지를 활용하여 자연물에 대한 화자의 심리적 거리감을 표현하고 있다.

② (나)는 공감각적 이미지를 활용하여 자연물이 형성하는 시적 분위기로 화자의 내면을 드러내고 있다.

③ (다)는 하강의 이미지를 통해 주변 상황의 변화를 아쉬워하는 화자의 마음을 드러내고 있다.

④ (다)는 청각적 이미지를 활용하여 동적 대상을 정적 대상으로 수용하려는 화자의 인식을 드러내고 있다.

⑤ (나)와 (다)는 모두 밝음과 어둠의 이미지를 대비하여 화자가 지향하는 세계를 제시하고 있다.

44

ⓐ, ⓑ에 대한 이해로 가장 적절한 것은?

① ⓐ는 화자가 내면의 괴로움에 맞서려 하는 태도를 드러낸다.

② ⓑ는 화자가 자신이 느낀 고통을 회피하려는 것을 드러낸다.

③ ⓐ와 ⓑ는 화자에게 고통을 더할 새로운 갈등 상황이 발생했음을 드러낸다.

④ ⓐ와 ⓑ는 화자가 심리적 고통을 신체적 반응과 연결하여 인지하고 있음을 드러낸다.

⑤ ⓐ는 화자의 아픔이 반복적으로 찾아오는 것임을, ⓑ는 화자의 아픔이 끊임이 없이 이어지는 것임을 드러낸다.

45

(가)를 참고하여 (나), (다)를 감상한 내용으로 적절하지 <u>않은</u> 것은?
[3점]

① (나)는 '어머니의 상여'에 대한 경험을 '늙은 버드나무 밑'에서 떠올리는 것으로 표현하여, 회상 형식을 통해 화자의 현재 상황과 이어지는 과거의 상실감을 그려내는군.

② (나)는 '조약돌처럼' 잃어버린 대상을 '동구 밖'에서 여전히 '기다려 본다'라고 하는 것을 통해, 과거에 함께했던 대상에 대한 그리움을 현재 시점으로 표현하는군.

③ (다)는 '머물지도 떠나지도 못'하는 상황을 '눈보라 속에 놓인' 모습으로 표현하여, 현재 화자가 처한 한계 상황을 형상화하는군.

④ (나)는 '까마귀'와 '두루미'가 떠난 '강가'에서 계절이 바뀜을 통해, (다)는 '세상'에서 '바람 소리'와 마주침을 통해 상징적 공간이 현재 화자가 처한 현실과 동일시됨을 보여 주는군.

⑤ (나)는 떠나간 대상을 기다리는 상황이 '지금도' 계속됨을 통해, (다)는 '한밤중' 깨어 있는 상황이 '내 속'에서 떠올린 '한계령'으로 연결됨을 통해 화자가 직면한 현재를 보여 주는군.

• 문항 수 : 4개   • 제한 시간 : 5분

01 _ 8번 연계 문제

〈보기〉를 바탕으로 ㄱ~ㅁ을 설명한 것으로 적절한 것은?

〈보기〉

　문장 성분은 주성분, 부속 성분, 독립 성분으로 나뉜다. 주성분에는 주어, 목적어, 보어, 서술어가 있는데 이것들은 문장을 구성하는 필수 성분이다. 부속 성분에는 관형어, 부사어가 있으며, 독립 성분에는 독립어가 있다. 일반적으로 관형어나 부사어는 생략할 수 있으나 경우에 따라 필수적일 수 있다.
　ㄱ. 우리는 공원에서 선생님을 만났습니다.
　ㄴ. 이 지역의 기후는 벼농사에 적합하다.
　ㄷ. 나는 바쁜 것이 좋다.
　ㄹ. 우리도 언제 시작될지 모른다.
　ㅁ. 할아버지께서 우리들에게 세뱃돈을 주셨다.

① ㄱ을 보면 부사어도 필수적인 문장 성분이 될 수 있어.
② ㄴ에서 필수적인 문장 성분은 주어와 서술어야.
③ 관형어는 일반적으로 생략될 수 있지만 ㄷ에서처럼 필수적인 경우도 있어.
④ ㄹ은 필수적 문장 성분이 빠졌으니 서술어 '모른다'의 주어를 보충해야 해.
⑤ ㅁ에서 필수적인 문장 성분은 3개야.

02 _ 9번 연계 문제

〈보기〉에 따라 탐구한 내용으로 적절하지 <u>않은</u> 것은?

〈보기〉

　'놀이터'와 같이 세 개의 구성 요소로 이루어진 단어의 직접 구성 요소 분석은 두 단계를 통해 이루어진다. 첫 번째 단계에서는 어근 '놀이'와 어근 '터'로 나눌 수 있고, 두 번째 단계에서는 '놀이'를 어근 '놀–'과 접사 '–이'로 나눌 수 있다.

① '새우튀김'은 먼저 어근과 접사로 분석되고, 이후 어근과 접사로 분석된다.
② '코웃음'은 먼저 어근과 어근으로 분석되고, 이후 어근과 접사로 분석된다.
③ '감자볶음'은 먼저 어근과 어근으로 분석되고, 이후 어근과 접사로 분석된다.
④ '울음소리'는 먼저 어근과 어근으로 분석되고, 이후 어근과 접사로 분석된다.
⑤ '살얼음'은 먼저 접사와 어근으로 분석되고, 이후 어근과 접사로 분석된다.

03 _ 10번 연계 문제

〈보기〉를 바탕으로 할 때 다음 중 밑줄 친 부분의 발음이 적절한 것은?

〈보기〉

[표준 발음법]
제8항 받침소리로는 'ㄱ, ㄴ, ㄷ, ㄹ, ㅁ, ㅂ, ㅇ'의 7개 자음만 발음한다.
제9항 받침 'ㄲ, ㅋ', 'ㅅ, ㅆ, ㅈ, ㅊ, ㅌ', 'ㅍ'은 어말 또는 자음 앞에서 각각 대표음 [ㄱ, ㄷ, ㅂ]으로 발음한다.
제13항 홑받침이나 쌍받침이 모음으로 시작된 형식 형태소와 결합되는 경우에는, 제 음가대로 뒤 음절 첫소리로 옮겨 발음한다.

① 축구를 하다가 <u>무릎이</u> 까졌다. → [무르비]
② 창문으로 들어오는 <u>빛에</u> 눈이 떠졌다. → [비세]
③ 배나무 아래서 <u>갓끈을</u> 고쳐 매지 마라. → [갓끄늘]
④ 자라 보고 놀란 가슴 <u>솥뚜껑</u> 보고 놀랐다. → [소뚜껑]
⑤ 우리 가족은 설에 <u>윷으로</u> 추억을 쌓았다. → [유츠로]

04 _ 11~13번 연계 문제

㉠~㉤의 사전적 의미로 적절하지 <u>않은</u> 것은?

　그는 영화가 보여 주는 대상이 현실에 존재한다는 믿음에 ㉠ 기반한 '사진적 리얼리즘'은 더 이상 유효하지 않으며, 컴퓨터 그래픽을 통해 인위적으로 ㉡ 변형된 이미지에서 더 강한 사실감을 느끼는 관객의 심리에 대해 주목해야 한다고 주장한다. 디지털 영화에서 관객이 보는 것은 0과 1로 이루어진 정보가 아니라, ㉢ 지각 가능한 형태로 ㉣ 전환되어 스크린에 투사된 이미지이다. 따라서 필름 영화의 이미지와는 다른 관점에서 디지털 이미지의 실재성 문제를 ㉤ 고찰할 필요가 있다.

① ㉠: 기초가 되는 바탕. 또는 사물의 토대
② ㉡: 둘 이상의 것을 합쳐서 하나를 이룸.
③ ㉢: 감각 기관을 통하여 대상을 인식함. 또는 그런 작용
④ ㉣: 다른 방향이나 상태로 바뀌거나 바꿈.
⑤ ㉤: 어떤 것을 깊이 생각하고 연구함.

어휘 총정리

★ 모르는 어휘에는 ☑ 표시하고, 헷갈리는 어휘에는 한 번 더 ☑ 표시하세요.

ㄱ

가상[假 거짓 가 像 모양 상]
실물처럼 보이는 거짓 형상
예 이 영화는 **가상**의 세계를 생생하게 표현하여 좋은 평가를 받았다.

가치판단[價 값 가 値 값 치 判 판가름할 판 斷 끊을 단]
판단하는 사람의 가치관이 개입되는 판단. 주로 진, 선, 미 따위의 가치 일반의 문제와 관련되기 때문에 객관적인 진위의 판별이 쉽지 않다. 이를테면 '이 꽃은 아름답다.'나 '철수는 착하다.'와 같은 판단이 이에 속한다.

간결[簡 대쪽 간 潔 깨끗할 결]**하다**
간단하고 깔끔하다.
예 나는 검소하고 **간결하게** 살고 있다.

간주[看 볼 간 做 지을 주]**되다**
상태, 모양, 성질 따위가 그와 같다고 여겨지다.
예 오늘날 과학은 의심할 바 없는 진리로 **간주되고** 있다.

감상[鑑 거울 감 賞 상줄 상]**하다**
주로 예술 작품을 이해하여 즐기고 평가하다.
예 나는 미술관에서 르네상스 시대의 회화를 **감상했다.**

강요[强 강할 강 要 중요할 요]**하다**
억지로 또는 강제로 요구하다.
예 모든 행사에 참석하도록 **강요하는** 분위기가 부담스러웠다.

개방[開 열 개 放 놓을 방]**하다**
문이나 어떠한 공간 따위를 열어 자유롭게 드나들고 이용하게 하다.
예 방학 중에도 도서관을 **개방하여** 학생들이 자유롭게 이용할 수 있다.

개선[改 고칠 개 善 착할 선]**되다**
잘못된 것이나 부족한 것, 나쁜 것 따위가 고쳐져 더 좋게 되다.
예 도서관에 에어컨이 새로 설치되면서 학습 환경이 **개선되었다.**

결부[結 맺을 결 付 줄 부]**되다**
일정한 사물이나 현상이 서로 연관되다.
예 주변 환경과 범죄 발생률은 밀접하게 **결부되어** 있다.

경향[傾 기울 경 向 향할 향]
현상이나 사상, 행동 따위가 어떤 방향으로 기울어짐.
예 그 작가의 신작은 예전의 작품과는 달리 상업주의적 **경향**을 띠고 있다.

공감각적 심상
하나의 감각이 동시에 다른 영역의 감각을 불러일으킴으로써 일어나는 심상

> 나는 향기로운 님의 말소리에 귀먹고
> 공감각적 심상(청각의 후각화)
> — 한용운, 〈님의 침묵〉

관련[關 빗장 관 聯 잇닿을 련]**하다**
둘 이상의 사람, 사물, 현상 따위가 서로 관계를 맺어 매여 있다.
예 이번 조사에서 새로 드러난 문제와 **관련해서** 공식 발표가 있을 예정이다.

괴다
기울어지거나 쓰러지지 않도록 아래를 받쳐 안정시키다.
예 균형이 맞지 않는 의자 다리 밑에 종이를 접어 **괴어** 놓았다.

구사[驅 몰 구 使 부릴 사]**하다**
말이나 수사법, 기교, 수단 따위를 능숙하게 마음대로 부려 쓰다.
예 그는 영어를 자유롭게 **구사한다.**

구체화[具 갖출 구 體 몸 체 化 될 화]**하다**
구체적인 것으로 되다. 또는 그렇게 만들다.
예 회의를 통해 다음 일정을 **구체화했다.**

구축[構 얽을 구 築 쌓을 축]**하다**
체제, 체계 따위의 기초를 닦아 세우다.
예 전국을 일일생활권으로 만들 수 있는 고속 도로망을 **구축했다.**

구현[具 갖출 구 現 나타날 현]**하다**
어떤 내용을 구체적인 사실로 나타나게 하다.
예 토론과 설득은 민주 정치를 **구현하는** 방법이다.

구획[區 구역 구 劃 새길 획]**하다**
토지 따위를 경계를 지어 가르다.
예 도시를 동서남북의 4면으로 **구획하다.**

국한[局 판 국 限 한계 한]**하다**
범위를 일정한 부분에 한정하다.
예 구매 후보지를 같은 지역 내의 업체로 **국한하지** 않기로 하였다.

극단적[極 지극할 극 端 바를 단 的 과녁 적]
중용을 잃고 한쪽으로 크게 치우치는 것
예 개인주의가 **극단적**으로 흐르면 이기주의가 된다.

근소[僅 겨우 근 少 적을 소]**하다**
얼마 되지 않을 만큼 아주 적다.
예 우리는 상대편을 **근소한** 점수 차이로 간신히 이겼다.

기민[機 틀 기 敏 민첩할 민]**하다**
눈치가 빠르고 동작이 날쌔다.
예 나와 동생 사이의 긴장을 눈치챈 엄마는 **기민한** 움직임으로 방을 나가셨다.

기반[基 터 기 盤 소반 반]
기초가 되는 바탕. 또는 사물의 토대
예 실화에 **기반**을 둔 영화가 관객들에게 큰 감동을 주면서 인기를 끌고 있다.

기여[寄 부칠 기 與 더불 여]**하다**
도움이 되도록 이바지하다.
예 꾸준히 했던 연습이 우리 반이 체육대회에서 우승하는 데 크게 **기여했다.**

ㄴ

난해[難 어려울 난 解 풀 해]**하다**
뜻을 이해하기 어렵다.
예 그 작가의 시는 **난해하기로** 유명하다.

낭송[朗 밝을 낭 誦 욀 송]**하다**
크게 소리를 내어 글을 읽거나 외다.
예 나는 수업 시간에 자작시를 친구들 앞에서 **낭송하였다.**

내재[內 안 내 在 있을 재]**하다**
어떤 사물이나 범위의 안에 들어 있다.
예 죽음에 대한 공포는 인간의 마음에 항상 **내재하고** 있다.

냉각[冷 찰 냉 却 물리칠 각]**하다**
식혀서 차게 하다.
예 이산화 탄소를 일정 온도 이하로 **냉각하면** 드라이아이스가 된다.

남용[濫 넘칠 남 用 쓸 용]
일정한 기준이나 한도를 넘어서 함부로 씀.
예 정부는 의약품 **남용**에 대한 조치를 강구할 것이라고 밝혔다.

ㄷ

달성[達 통할 달 成 이룰 성]**하다**
목적한 것을 이루다.
예 한 주에 두 번은 달리기를 하겠다는 목표를 **달성하였다.**

당면[當 마땅할 당 面 낯 면]**하다**
바로 눈앞에 당하다.
예 지금 당장은 눈앞에 **당면한** 문제를 해결하는 데 집중해야 한다.

당위성[當 마땅할 당 爲 할 위 性 성질 성]
마땅히 그렇게 되어야 할 성질
예 기미 독립 선언서는 독립의 **당위성**을 강조하는 문장으로 가득하다.

대구법
비슷한 어조나 어세를 가진 어구를 짝을 맞추어 배치하는 표현 방법

> [이것도 보려 하고 저것도 들으려 하고
> 바람도 쐬려 하고 달도 맞으려 하고] [ ]: 대구법
> — 송순, 〈면앙정가〉

대비[對 대답할 대 備 갖출 비]**하다**
앞으로 일어날지도 모르는 어떠한 일에 대응하기 위하여 미리 준비하다.
예 태풍에 **대비하여** 담장을 튼튼하게 고정하고 생필품을 미리 구입했다.

대응[對 대답할 대 應 응할 응]**하다**
어떤 일이나 사태에 맞추어 태도나 행동을 취하다.
예 빠르게 변하는 현실에 **대응할** 방법을 찾기가 쉽지 않다.

대책[對 대답할 대 策 꾀 책]

어떤 일에 대처할 계획이나 수단

㉠ 홍수 피해를 복구하기 위한 **대책**을 마련하기 위한 회의가 시작되었다.

도달[到 다다를 도 達 통할 달]**하다**

목적한 곳이나 수준에 다다르다.

㉠ 버스, 기차를 갈아타며 마침내 목적지에 **도달하였다.**

도치법

정상적인 문장 성분의 어순을 바꾸어 의미를 강조하는 방법

> 마음의 매친 실음 텹텹(疊疊)이 싸혀 이셔
> 짓나니 한숨이오 디나니 눈믈이라
> 도치법
> － 정철, 〈사미인곡〉

ㅁ

마련하다

헤아려서 갖추다.

㉠ 강렬한 햇빛을 피하기 위하여 챙이 큰 모자를 **마련하였다.**

마모[磨 갈 마 耗 빌 모]

마찰 부분이 닳아서 없어짐.

㉠ 이 제품은 내구성이 약해 **마모**가 심해서 오래 쓰지 못할 것 같다.

면[免 면할 면]**하다**

어떤 상태나 처지에서 벗어나다.

㉠ 나는 퀴즈를 맞히어 그날 청소 당번을 **면하게** 되었다.

명료성[明 밝을 명 瞭 맑은 료 性 성품 성]

뚜렷하고 분명한 성질

㉠ 설명문에서는 독창성보다 **명료성**이 더 중요하다.

모의[謀 꾀할 모 議 의논할 의]**하다**

어떤 일을 꾀하고 의논하다.

㉠ 나는 부모님 몰래 바닷가로 여행할 것을 친구와 은밀히 **모의했다.**

모호성[模 법 모 糊 풀 호 性 성품 성]

여러 뜻이 뒤섞여 있어서 정확하게 무엇을 나타내는지 알기 어려운 말의 성질

㉠ 어떤 이들은 이 소설이 가지는 표현의 **모호성**을 비판하기도 한다.

몰락[沒 잠길 몰 落 떨어질 락]**하다**

재물이나 세력 따위가 쇠하여 보잘것없어지다.

㉠ 나에게는 **몰락한** 가문의 명예를 회복할 의무가 있다.

문책[問 물을 문 責 꾸짖을 책]

잘못을 캐묻고 꾸짖음.

㉠ 그는 상사의 명령을 따르지 않았다는 이유로 심한 **문책**을 받았다

미덕[美 아름다울 미 德 덕 덕]

아름답고 갸륵한 덕행

㉠ 네 주장만 하지 말고 양보하는 **미덕**을 가져라.

밀접[密 빽빽할 밀 接 접할 접]**하다**

아주 가깝게 맞닿아 있다. 또는 그런 관계에 있다.

㉠ 글을 읽는 것은 글을 쓰는 것과도 **밀접한** 관련이 있다.

ㅂ

반어적 표현

실제와 반대되는 뜻으로 나타내는 표현

> 나 보기가 역겨워
> 가실 때에는
> 죽어도 아니 눈물 흘리우리다
> 반어적 표현
> － 김소월, 〈진달래꽃〉

반영[反 돌이킬 반 映 비출 영]**하다**

다른 것에 영향을 받아 어떤 현상을 나타내다.

㉠ 올 여름 가족 여행지는 내 의견을 가장 크게 **반영하여** 정해졌다.

발휘[發 필 발 揮 휘두를 휘]**하다**

재능, 능력 따위를 떨치어 나타내다.

㉠ 그는 자신의 능력을 마음껏 **발휘할** 수 있는 현실에 만족하고 있다.

방안[方 모 방 案 책상 안]

일을 처리하거나 해결하여 나갈 방법이나 계획

㉠ 위기를 벗어날 수 있는 뾰족한 **방안**이 떠오르지 않는다.

배제[排 물리칠 배 除 덜 제]**되다**

받아들여지지 아니하고 물리쳐져 제외되다.

㉠ 그의 주장은 학계의 정설과는 거리가 멀어 우선 순위에서 **배제되었다.**

보완[補 기울 보 完 완전할 완]**하다**

모자라거나 부족한 것을 보충하여 완전하게 하다.

㉠ 내가 속한 축구팀은 작년에 드러난 단점을 **보완하여** 올해 대회를 준비하고 있다.

보전[保 보전할 보 全 온전할 전]

온전하게 보호하여 유지함.

㉠ 생태계 **보전**을 위해 멸종 위기 동물을 보호해야 한다.

본성[本 근본 본 性 성품 성]

사람이 본디부터 가진 성질

㉠ 사람은 보통 자신에게 익숙한 것을 추구하는 **본성**을 가지고 있다.

본질[本 근본 본 質 바탕 질]

본디부터 가지고 있는 사물 자체의 성질이나 모습

㉠ 요즘 나는 사람의 **본질**은 무엇인지 사색하는 시간을 갖고 있다.

부각[浮 뜰 부 刻 새길 각]**하다**

어떤 사물을 특징지어 두드러지게 하다.

㉠ 나는 현대 사회의 문제를 **부각하는** 작품을 쓸 예정이다.

부담[負 짐질 부 擔 멜 담]**하다**

어떠한 의무나 책임을 지다.

㉠ 물품이 잘못 배송되어 판매자가 배송 비용을 **부담하여** 교환해주었다.

부여[附 붙을 부 與 더불 여]**하다**

사람에게 권리·명예·임무 따위를 지니도록 해 주거나, 사물이나 일에 가치·의의 따위를 붙여 주다.

㉠ 졸업 여행에 특별한 의미를 **부여하다.**

부정[否 아닐 부 定 정할 정]**하다**

그렇지 아니하다고 단정하거나 옳지 아니하다고 반대하다.

㉠ 기존의 학설을 **부정하는** 새로운 주장이 제기되어 학계가 뜨겁게 달아올랐다.

부치다

어떤 문제를 다른 곳이나 다른 기회로 넘기어 맡기다.

㉠ 복도에 전시할 작품을 결정하기 위해 해당 안건을 투표에 **부치기로** 했다.

분리[分 나눌 분 離 떠날 리]**하다**

서로 나누어 떨어지게 하다.

㉠ 버터는 우유에서 지방을 **분리하여** 만든다.

분주[奔 달아날 분 走 달릴 주]**하다**

이리저리 바쁘고 수선스럽다.

㉠ 번화가에 가득한 사람들은 각자 **분주하게** 목적지로 향하고 있다.

분포[分 나눌 분 布 베 포]**하다**

일정한 범위에 흩어져 퍼져 있다.

㉠ 인구가 집중적으로 **분포한** 곳은 대중 교통이 발달한다.

불가피[不 아닐 불 可 옳을 가 避 피할 피]**하다**

피할 수 없다.

㉠ 도로가 새로 생기면서 마을 앞 큰 나무를 베는 것이 **불가피해졌다.**

비롯되다

처음으로 시작되다.

㉠ 그들은 아주 사소한 실수에서 **비롯된** 싸움으로 10년 동안 대화를 하지 않았다.

비약[飛 날 비 躍 뛸 약]**하다**

논리나 사고방식 따위가 그 차례나 단계를 따르지 아니하고 뛰어넘다.

㉠ 논리가 갑자기 **비약하는** 바람에 그의 주장은 타당성을 잃었다.

비행[非 아닐 비 行 다닐 행]

잘못되거나 그릇된 행위

㉠ 한 배우가 청소년 시기에 저지른 **비행**이 밝혀져 그의 영화 출연이 취소되었다.

ㅅ

사전[事 일 사 前 앞 전]

일이 일어나기 전. 또는 일을 시작하기 전

㉠ 다음 주에 있을 행사를 위해 **사전** 준비를 시작했다.

상당수[相 서로 상 當 마땅할 당 數 셀 수]

어지간히 많은 수

㉠ 요즈음 학생들의 **상당수**가 휴대전화를 가지고 있다.

상대적[相 서로 상 對 대답할 대 的 과녁 적]
서로 맞서거나 비교되는 관계에 있는 것
- 예 인터넷 매체는 전통적 매체에 비해 쌍방향으로 소통할 수 있다는 **상대적**인 특성을 보인다.

상해[傷 상처 상 害 해로울 해]
사람의 생리적 기능에 장해를 주는 일
- 예 그 피고는 길을 가던 행인에게 전치 5주의 **상해**를 입힌 혐의로 구속되었다.

생포[生 날 생 捕 사로잡을 포]
산 채로 잡음.
- 예 적군에게 **생포**를 당한 어린 병사는 그에게 살려 달라고 애원했다.

선명[鮮 고울 선 明 밝을 명]**하다**
산뜻하고 뚜렷하여 다른 것과 혼동되지 아니하다.
- 예 소나기가 지나간 하늘에 무지개가 **선명하게** 보인다.

선정[選 가릴 선 定 정할 정]**하다**
여럿 가운데서 어떤 것을 뽑아 정하다.
- 예 경기가 끝난 후 우수 선수를 **선정하여** 시상하였다.

선진[先 먼저 선 進 나아갈 진]
문물의 발전 단계나 진보 정도가 다른 것보다 앞섬.
- 예 **선진** 기술의 도입은 우리 제품을 발전시키는 데 큰 도움을 주었다.

선호[選 가릴 선 好 좋을 호]**하다**
여럿 가운데서 특별히 가려서 좋아하다.
- 예 나는 여러 음식 중 한식을 **선호한다.**

설의법
쉽게 판단할 수 있는 사실을 의문의 형식으로 표현하여 표현에 변화를 주고 화자의 생각을 강조하는 표현법

> 산촌(山村)에 눈이 오니 돌길이 묻혔어라
> 시비(柴扉)를 열지 마라 날 찾을 이 뉘 있으리
> 설의법
> – 신흠, 〈방옹시여〉

섭리[攝 당길 섭 理 다스릴 리]
자연계를 지배하고 있는 원리와 법칙
- 예 모든 생물이 죽는 것은 자연의 **섭리**이다.

성립[成 이룰 성 立 설 립]**하다**
일이나 관계 따위가 제대로 이루어지다.
- 예 우리 팀이 의뢰한 계약이 **성립한다는** 기쁜 소식이 들려왔다.

세련[洗 씻을 세 練 익힐 련]**되다**
모습 따위가 말쑥하고 품위가 있다.

소비[消 꺼질 소 費 쓸 비]
욕망을 충족하기 위하여 재화나 용역을 소모하는 일
- 예 경제가 회복되며 **소비**가 증가하면서 시장이 활기를 띠기 시작했다.

소요[所 바 소 要 중요할 요]**되다**
필요로 되거나 요구되다.
- 예 우리 집에서 학교까지 가는 데 약 십오 분이 **소요된다.**

손실[損 덜 손 失 잃을 실]
잃어버리거나 축나서 손해를 봄. 또는 그 손해
- 예 공장에서 물건을 제때 생산하지 못하여 경제적 **손실**을 입었다.

수단[手 손 수 段 구분 단]
어떤 목적을 이루기 위한 방법. 또는 그 도구
- 예 말이 서툰 아이에게 그림은 자신을 표현하기 위한 좋은 **수단**이었다.

수미상관
시의 처음 부분과 마지막 부분에 같거나 유사한 시구를 배열하여 시상을 전개하는 방식

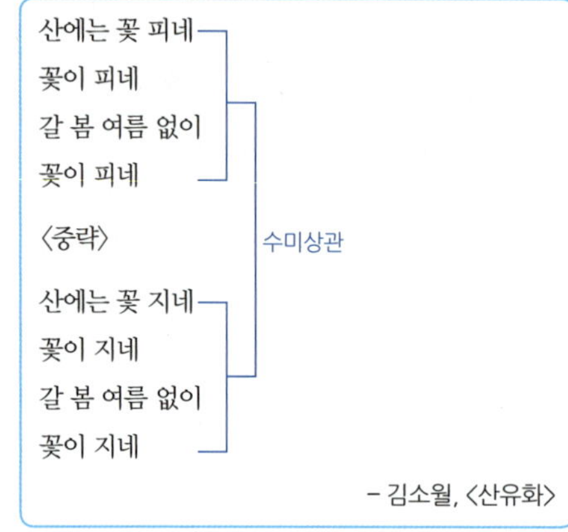

시중[市 시장 시 中 가운데 중]
사람들이 생활하는 공개된 공간을 비유적으로 이르는 말
- 예 새로 개발된 신제품은 **시중**에서 판매되고 있는 이전 제품에 비해 새로운 기능이 많이 추가되었다.

실용적[實 열매 실 用 쓸 용 的 과녁 적]
실제로 쓰기에 알맞은 것
- 예 이 제품은 요리할 때 조리 시간을 알려주기 때문에 **실용적**이다.

실태[實 열매 실 態 모양 태]
있는 그대로의 상태. 또는 실제의 모양
- 예 문화 유적의 훼손된 **실태**를 파악하기 위해 조사원이 파견되었다.

실현[實 열매 실 現 나타날 현]**하다**
꿈, 기대 따위를 실제로 이루다.
- 예 꿈을 **실현하기** 위한 노력으로 매일 책을 읽기로 다짐하였다.

ㅇ

아연[啞 벙어리 아 然 그럴 연]**하다**
너무 놀라거나 어이가 없어서 또는 기가 막혀서 입을 딱 벌리고 말을 못 하는 상태이다.
- 예 밀가루가 가득 쏟아져 있는 바닥을 보고, 엄마는 **아연한** 표정을 지으셨다.

애초[初 처음 초]
맨 처음
- 예 끝까지 제대로 할 자신이 없다면 **애초**에 시작하지 않는 것이 낫다.

애통[哀 슬플 애 痛 아플 통]**하다**
슬프고 가슴 아프다.
- 예 부모는 자식의 죽음이 **애통하여** 한없이 눈물만 흘릴 뿐이었다.

엄격[嚴 엄할 엄 格 격식 격]**하다**
말, 태도, 규칙 따위가 매우 엄하고 철저하다.
- 예 내가 다니는 회사의 복장 규칙은 매우 **엄격하다.**

여건[與 더불 여 件 사건 건]
주어진 조건
- 예 이사하기 전 원하는 지역의 생활 **여건**을 자세히 살펴보았다.

여기다
마음속으로 그러하다고 인정하거나 생각하다.
- 예 나는 어제 받은 제안을 내 마지막 기회로 **여기고** 있다.

역설법
겉으로는 모순되는 표현 속에 중요한 진실을 담는 방법

> 나는 기다리고 있을테요, 찬란한 슬픔의 봄을
> 역설법
> – 김영랑, 〈모란이 피기까지는〉

열거법
연결되거나 비슷한 어구를 여러 개 늘어놓는 표현 방법

> [고모장지 세살장지 들장지 열장지 암돌쩌귀
> [ ]: 열거법
> 돌쩌귀 배목걸새] 크나큰 장도리로 뚝딱 박아 이
> 내 가슴에 창을 내고자
> – 작자 미상의 사설 시조

영문
일이 돌아가는 형편이나 그 까닭
- 예 선생님께서 수업에 들어오지 않아 우리는 무슨 **영문**인지 궁금해 하고 있다.

예찬적 태도
대상의 아름다움과 가치를 찬양하는 태도

> 꽃은 무슨 일로 피면서 쉬이 지고
> 풀은 어이하여 푸르는 듯 누르나니
> 아마도 변치 않는 건 바위뿐인가 하노라.
> 예찬적 태도
> – 윤선도, 〈오우가〉

우려[憂 근심 우 慮 생각할 려]
근심하거나 걱정함. 또는 그 근심과 걱정
- 예 환경 단체는 급속도로 증가하고 있는 온실가스 배출에 대한 **우려**를 드러냈다.

우회적[迂 멀 우 廻 돌 회 的 과녁 적]
곧바로 가지 않고 멀리 돌아서 가는 것
- 예 동생은 자신의 불만을 **우회적**으로 털어놓았다.

운영[運 운전할 운 營 경영할 영]**하다**
조직이나 기구, 사업체 따위를 관리하고 **운용하다.**
- 예 부모님은 작은 가게를 **운영하며** 나와 동생을 키워 주셨다.

□ **유발**[誘 꾈 유 發 필 발]**하다**
어떤 것이 다른 일을 일어나게 하다.
⑩ 벽을 가린 천이 관람객의 흥미를 **유발했다.**

□ **유사**[類 무리 유 似 같을 사]**하다**
서로 비슷하다.
⑩ 우리 가족은 모두 싱거운 것을 좋아하는
유사한 식성을 가졌다.

□ **유의**[留 머무를 유 意 뜻 의]**하다**
마음에 새겨 두어 조심하며 관심을 가지다.
⑩ 가구를 직접 조립할 때에는 설명서를 잘
살피고 부상에 **유의해야** 한다.

□ **유지**[維 바 유 持 가질 지]**되다**
어떤 상태나 상황이 그대로 보존되거나 변함없이
계속되어 지탱되다.
⑩ 국경에서 대치한 두 무리 사이에는
아슬아슬한 긴장감이 **유지되고** 있었다.

□ **유추**[類 무리 유 推 옮길 추]**하다**
같은 종류의 것 또는 비슷한 것에 기초하여 다른
사물을 미루어 추측하다.
⑩ 그의 책상 정리 상태를 바탕으로 **유추해**
보건데, 방 상태도 그다지 깨끗할 것 같지
않다.

□ **윤택**[潤 윤택할 윤 澤 못 택]**하다**
살림이 풍부하다.
⑩ 그는 어릴 적부터 **윤택한** 가정에서 자라
무언가가 부족한 적이 없었다.

□ **음성 상징어**
소리를 흉내 내는 말인 의성어나 모양을 흉내 내는
말인 의태어를 아울러 이르는 말

> 우르르 달려들어 나귀 꼬리를 부여잡으니
> 나귀 네 발로 동동 굴러 춘향 가슴을 찰 때
> <u>음성 상징어</u>
> 안 나던 생각이 절로 나
>   – 작자 미상, 〈춘향이별가〉

□ **의사**[意 뜻 의 思 생각 사]
무엇을 하고자 하는 생각
⑩ 나는 부모님께 대학에 진학하지 않겠다는
의사를 밝혔다.

□ **의인법**
사람이 아닌 것을 사람처럼 표현하는 방법

> 돌담에 속삭이는 햇발 같이
> 풀 아래 웃음 짓는 샘물 같이
>   <u>의인법</u>
>   – 김영랑, 〈돌담에 속삭이는 햇발〉

□ **이기다**
감정이나 욕망, 흥취 따위를 억누르다.
⑩ 어젯밤 야식의 유혹을 **이기지** 못하고 간식을
먹었다.

□ **이끌다**
사람, 단체, 사물, 현상 따위를 인도하여 어떤
방향으로 나가게 하다.
⑩ 주장의 눈부신 활약이 우리 팀을 우승으로
이끌었다.

□ **이룩하다**
어떤 큰 현상이나 사업 따위를 이루다.
⑩ 그가 **이룩한** 업적은 그 뒤로 백여 년 간 회사
발전의 원동력이 되었다.

□ **이성**[理 다스릴 이 性 성품 성]
개념적으로 사유하는 능력을 감각적 능력에
상대하여 이르는 말.
⑩ 순간적인 분노가 지나간 다음, **이성**을 되찾은
그녀의 목소리는 차분해져 있었다.

□ **인식**[認 알 인 識 알 식]**하다**
사물을 분별하고 판단하여 알다.
⑩ 교통사고를 당했다는 것을 **인식하자** 몸이
갑자기 떨려왔다.

□ **인위적**[人 사람 인 爲 만들 위 的 과녁 적]
자연의 힘이 아닌 사람의 힘으로 이루어지는 것
⑩ 이 호수는 **인위적**으로 만들어진 것이다.

□ **일정**[一 하나 일 定 정할 정]**하다**
어떤 것의 양, 성질, 상태, 계획 따위가 달라지지
아니하고 한결같다.
⑩ 병실 안의 온도와 습도는 **일정하게** 유지되고 있다.

ㅈ

□ **잦다**
여러 차례로 거듭되는 간격이 매우 짧다.
⑩ **잦은** 기침으로 병원에 방문했다.

□ **재간**[才 재주 재 幹 줄기 간]
어떤 일을 할 수 있는 재주와 솜씨
⑩ 나로서는 두 사람 사이의 관계를 알아낼
재간이 없다.

□ **적법**[適 갈 적 法 법도 법]**하다**
법규에 맞다.
⑩ 아무리 내 땅이라도 **적법하게** 설치된 타인의
건축물을 임의로 철거할 수는 없다.

□ **저돌적**[猪 돼지 저 突 부딪칠 돌 的 과녁 적]
앞뒤를 생각하지 않고 내닫거나 덤비는 것
⑩ 그 사람은 **저돌적인** 추진력을 지니고 있다.

□ **적합**[適 갈 적 合 합할 합]**하다**
일이나 조건 따위에 꼭 알맞다.
⑩ 덥고 건조한 창고는 새로 들여온 작물을
심기에 **적합한** 곳이다.

□ **전기적**
기이하여 세상에 전할 만한 것, 현실 세계에
발생하기 어려워 사실적이지 못한 특성

> 배가 고파 죽겠으니 영근 박 한 통을 따서
> 박속이나 지져 먹자하고 박을 따서 먹줄을
> 반듯하게 긋고서 흥부 내외는 톱을 마주 잡고
> 켰다. [이렇게 빌서니 낭기거니 커서 북 타
>   [ ]: 전기적
> 놓으니 오색 채운이 서리며 청의동자 한 쌍이
> 나오는 것이었다.]
>   – 작자 미상, 〈흥부전〉

□ **절차**[節 마디 절 次 버금 차]
일을 치르는 데 거쳐야 하는 순서나 방법
⑩ 3시간에 걸친 긴 입국 수속 **절차**를 밟고
마침내 미국에 들어갈 수 있었다.

□ **제약**[制 억제할 제 約 맺을 약]
조건을 붙여 내용을 제한함. 또는 그 조건
⑩ 국산 제품을 보호하기 위해 수입 제품에는
일정한 **제약**을 두고 있다.

□ **제정**[制 억제할 제 定 정할 정]**하다**
감각 기관을 통하여 대상이 인식되다.
⑩ 법률을 **제정할** 때는 국민의 의견을 반영해야
한다.

□ **제한**[制 억제할 제 限 한계 한]**되다**
일정한 한도가 정하여지거나 그 한도가 초과되지
못하게 막히다.
⑩ 물품 구매는 **제한된** 예산 안에서만
가능합니다.

□ **조응**[照 비출 조 應 응할 응]**하다**
둘 이상의 사물이나 현상 또는 말과 글의 앞뒤
따위가 서로 일치하게 대응하다.
⑩ 그녀는 현실과 잘 **조응하는** 글을 쓰는 능력이
있다.

□ **조합**[組 짤 조 合 합할 합]**하다**
여럿을 한데 모아 한 덩어리로 짜다.
⑩ 나는 설명서를 참고하여 여러 개의 부품을
조합하여 시계를 만들었다.

□ **중대**[重 중요할 중 大 큰 대]**하다**
가볍게 여길 수 없을 만큼 매우 중요하고 크다.
⑩ 우리 회사는 **중대한** 발표를 앞두고 있어서
모두 긴장한 분위기이다.

□ **지각**[知 알 지 覺 깨달을 각]**되다**
감각 기관을 통하여 대상이 인식되다.
⑩ 불이 켜지자 어둠이 걷히면서 주변의 사물이
지각되었다.

□ **지급**[支 지탱할 지 給 줄 급]**하다**
돈이나 물품 따위를 정하여진 몫만큼 내주다.
⑩ 홍수로 집을 잃은 사람들에게 음식과 물을
지급하였다.

□ **지속적**[持 가질 지 續 이을 속 的 과녁 적]
어떤 상태가 오래 지속되는 것
⑩ **지속적**으로 노력한 끝에, 나는 자전거를 탈
수 있게 되었다.

□ **지적**[指 가리킬 지 摘 딸 적]**하다**
허물 따위를 드러내어 폭로하다,
⑩ 선생님께서 내가 지각을 자주 한다는 점을
지적하셨다.

□ **직유법**
비슷한 성질이나 모양을 가진 두 사물을 '~같이,
~처럼, ~듯이'와 같은 연결어로 결합하여 직접
비유하는 수사법

> 가벼운 날개 밑에 머-ㄹ리 수평선(水平線)이
> 충계(層階)처럼 낮더라.   – 김기림, 〈추억〉
>   <u>직유법</u>

진단[診 볼 진 斷 끊을 단]**하다**
의사가 환자의 병 상태를 판단하다.
⑩ 의사가 **진단한** 나의 병명은 장염이었다.

진출[進 나아갈 진 出 날 출]**하다**
어떤 방면으로 활동 범위나 세력을 넓혀 나아가다.
⑩ 그녀는 획기적인 의상 디자인으로 해외
　무대에 **진출하여** 성공을 거두었다.

ㅊ

참회[懺 뉘우칠 참 悔 뉘우칠 회]**하다**
자기의 잘못에 대하여 깨닫고 깊이 뉘우치다.
⑩ 어머님의 무덤에 도착한 그는 불효를
　참회하며 무릎을 꿇었다.

책망[責 꾸짖을 책 望 바랄 망]**하다**
잘못을 꾸짖거나 나무라며 못마땅하게 여기다.
⑩ 김 선생은 술을 먹고 외박을 한 아들을
　심하게 **책망하였다.**

천재지변[天 하늘 천 災 재앙 재 地 땅 지 變 변할 변]
지진, 홍수, 태풍 따위의 자연 현상으로 인한 재앙

철저[徹 통할 철 底 밑 저]**하다**
속속들이 꿰뚫어 미치어 밑바닥까지 빈틈이나
부족함이 없다.
⑩ 나는 내가 맡은 일은 **철저하게** 해내려고
　노력한다.

청각적 이미지
귀로 소리를 듣는 듯한 느낌

> 비 개인 긴 강둑에 풀빛이 짙었는데
> 남포에서 그대 보내니 슬픈 노래 울리네.
> 　청각적 이미지
> 　　　　　－ 정지상, 〈송인〉

촉각적 이미지
피부에 닿는 듯한 느낌을 주는 이미지

> 황혼아 네 부드러운 손을 힘껏 내밀라
> 내 뜨거운 입술을 맘대로 맞추어 보련다
> 　촉각적 이미지
> 　　　　　－ 이육사, 〈황혼〉

촉구[促 재촉할 촉 求 구할 구]**하다**
급하게 재촉하여 요구하다
⑩ 환경 단체는 정부에 법령 개혁을 **촉구하였다.**

추진[推 옮길 추 進 나아갈 진]**하다**
목표를 향하여 밀고 나아가다.
⑩ 오랜 꿈이었던 세계 여행을 실천하기 위해
　여행 준비를 **추진하기로** 했다.

충돌[衝 찌를 충 突 부딪칠 돌]**하다**
서로 맞부딪치거나 맞서다.
⑩ 비행기와 새가 **충돌하여** 항공 사고가
　발생하였다.

취[取 취할 취]**하다**
어떤 일에 대한 방책으로 어떤 행동을 하거나
일정한 태도를 가지다.
⑩ 동생은 자신의 잘못에 소극적인 태도를
　취하고 있었다.

ㅌ

탁월[卓 높을 탁 越 넘을 월]**하다**
남보다 두드러지게 뛰어나다.
⑩ 어제 보았던 물건을 사지 않은 것은 **탁월한**
　선택이었다.

토대[土 흙 토 臺 돈대 대]
어떤 사물이나 사업의 밑바탕이 되는 기초와
밑천을 비유적으로 이르는 말
⑩ 다양한 종류의 책을 많이 읽은 것은 내
　글짓기 실력의 **토대가** 되었다.

통치[統 거느릴 통 治 다스릴 치]
나라나 지역을 도맡아 다스림.
⑩ 가혹한 **통치**로 백성들이 고통받고 있다.

특정[特 특별할 특 定 정할 정]**하다**
구체적으로 명확히 지정하다.
⑩ 내부 공사로 인해 체육관을 사용할 수 없는
　기간을 **특정하여** 공지하였다.

ㅍ

파손[破 깨뜨릴 파 損 덜 손]**되다**
깨어져 못 쓰게 되다.
⑩ 폭우로 많은 건물과 도로가 **파손되었다.**

편의[便 편할 편 宜 마땅할 의]
형편이나 조건 따위가 편하고 좋음.
⑩ 몇 가지 물건을 구입하는 것으로 생활의
　편의를 도모할 수 있다.

편집자적 논평
서술자가 작중 상황에 끼어들어 논하고 평가하는 방식

> 경업이 사은하고 퇴궐할새, 자점은 궐문 밖에
> 나와 심복 수십 명을 매복하였다가, 경업이
> 나옴을 보고 불시에 달려 들어 난타하니, 경업이
> 아무리 용맹한들 손에 촌철이 없는지라.
> 　편집자적 논평
> 　　　　　－ 작자 미상, 〈임장군전〉

편협[偏 치우칠 편 狹 좁을 협]**하다**
한쪽으로 치우쳐 도량이 좁고 너그럽지 못하다.
⑩ 다른 의견에 대해 **편협한** 시각을 벗고 폭넓은
　관점을 갖는 것이 필요하다.

폐단[弊 폐단 폐 端 바를 단]
어떤 일이나 행동에서 나타나는 옳지 못한
경향이나 해로운 현상
⑩ 민간단체들은 음주와 흡연의 **폐단을** 막고자
　캠페인을 벌였다.

포용[包 쌀 포 容 얼굴 용]
남을 너그럽게 감싸 주거나 받아들임.
⑩ 억지로 끌려갔던 백성들은 다시 돌아왔을 때
　포용의 대상이 되었다.

포효[咆 으르렁거릴 포 哮 으르렁거릴 효]**하다**
① 사나운 짐승이 울부짖다.
② (비유적으로) 사람, 기계, 자연물 따위가 세고
거칠게 소리를 내다.
⑩ **포효하는** 파도

ㅎ

하강적 이미지
아래를 향하거나 내려가는 듯한 느낌을 주는 것

> 어느 가을 이른 바람에
> 이에 저에 떨어진 잎처럼　　－ 월명사, 〈제망매가〉
> 　하강적 이미지

한정[限 한계 한 定 정할 정]**하다**
수량이나 범위 따위를 제한하여 정하다.
⑩ 이사 후보지는 현재 살고 있는 집에서
　5킬로미터 이내로 **한정하여** 정하기로 했다.

해소[解 풀 해 消 꺼질 소]**하다**
어려운 일이나 문제가 되는 상태를 해결하여 없애
버리다.
⑩ 주차난을 **해소하기** 위해 주차장을 넓히기로
　결정하였다.

향상[向 향할 향 上 위 상]
실력, 수준, 기술 따위가 나아짐. 또는 나아지게 함.
⑩ 생산 기술 **향상**으로 생산량이 크게
　증가하였다.

허용[許 허락할 허 容 얼굴 용]**되다**
허락되어 너그럽게 받아들여지다.
⑩ 작가 인터뷰에 사진을 함께 싣는 것이
　허용되었다.

혼선[混 섞을 혼 線 선 선]
말이나 일 따위를 서로 다르게 파악하여 혼란이
생김.
⑩ 그 일을 처리하는 문제를 두고 두 부서의
　의견이 서로 달라 **혼선**을 빚고 있다.

혼합[混 섞을 혼 合 합할 합]**되다**
뒤섞이어 한데 합해지다.
⑩ 불교는 전통 사상과 **혼합되면서** 그 성격이
　많이 바뀌었다.

화자의 태도
화자가 처한 상황인 '시적 상황'에 대하여 화자가
보이는 반응

> 만일 당신이 아니 오시면 나는 바람을 쐬고 /
> 눈비를 맞으며 / 밤에서 낮까지 / 당신을
> 기다리고 있습니다.
> 　화자의 태도: 돌아오지 않는 '당신'을 그리워함.
> 　　　　　－ 한용운, 〈나룻배와 행인〉

확산[擴 넓힐 확 散 흩을 산]**되다**
흩어져 널리 퍼지게 되다.
⑩ 겨울이 되자 독감이 전국적으로 **확산되고** 있다.

확충[擴 넓힐 확 充 가득할 충]**하다**
늘리고 넓혀 충실하게 하다.
⑩ 농업 생산을 늘리기 위하여 수리 시설을
　확충하다.

희화화[戱 놀 희 畵 그림 화 化 될 화]**하다**
어떤 인물의 외모나 성격, 또는 사건을 의도적으로
우스꽝스럽게 묘사하거나 풍자하다.
⑩ 김 선생의 문학 작품에는 **희화화한** 인물들이
　많이 등장한다.

memo

memo

memo

memo

빠른 정답

1회 모의고사

01③ 02① 03② 04④ 05④ 06② 07① 08③ 09⑤ 10③
11⑤ 12① 13⑤ 14① 15② 16④ 17② 18⑤ 19③ 20②
21⑤ 22② 23① 24① 25⑤ 26④ 27⑤ 28② 29③ 30③
31③ 32⑤ 33④ 34⑤ 35③ 36⑤ 37④ 38③ 39① 40③
41① 42④ 43② 44② 45④

2회 모의고사

01② 02⑤ 03② 04④ 05① 06② 07① 08③ 09⑤ 10④
11④ 12① 13② 14① 15⑤ 16① 17③ 18② 19④ 20④
21③ 22① 23④ 24② 25① 26⑤ 27③ 28⑤ 29④ 30④
31① 32⑤ 33② 34② 35⑤ 36③ 37⑤ 38③ 39④ 40⑤
41③ 42③ 43③ 44⑤ 45③

3회 모의고사

01② 02② 03① 04⑤ 05③ 06③ 07⑤ 08③ 09④ 10①
11⑤ 12④ 13③ 14⑤ 15③ 16② 17④ 18③ 19⑤ 20①
21① 22② 23④ 24④ 25④ 26① 27④ 28② 29⑤ 30④
31⑤ 32② 33② 34① 35② 36⑤ 37⑤ 38① 39② 40③
41③ 42③ 43① 44④ 45⑤

4회 모의고사

01① 02④ 03⑤ 04② 05② 06④ 07① 08④ 09⑤ 10②
11① 12② 13① 14② 15⑤ 16③ 17④ 18⑤ 19② 20①
21③ 22③ 23① 24① 25① 26④ 27④ 28⑤ 29③ 30②
31⑤ 32⑤ 33③ 34② 35③ 36③ 37③ 38④ 39④ 40③
41④ 42③ 43② 44⑤ 45③

5회 모의고사

01③ 02③ 03⑤ 04③ 05② 06⑤ 07④ 08③ 09⑤ 10②
11① 12④ 13⑤ 14① 15⑤ 16④ 17④ 18① 19⑤ 20①
21④ 22⑤ 23⑤ 24① 25③ 26① 27④ 28② 29⑤ 30③
31① 32① 33② 34④ 35③ 36② 37⑤ 38④ 39④ 40①
41② 42② 43④ 44④ 45③

6회 모의고사

01⑤ 02② 03② 04④ 05③ 06④ 07⑤ 08② 09⑤ 10③
11① 12① 13⑤ 14⑤ 15③ 16① 17① 18② 19③ 20②
21① 22④ 23② 24⑤ 25③ 26④ 27① 28① 29④ 30④
31⑤ 32⑤ 33④ 34③ 35④ 36② 37⑤ 38② 39② 40④
41⑤ 42③ 43④ 44① 45③

7회 모의고사

01① 02④ 03⑤ 04⑤ 05② 06③ 07④ 08③ 09① 10④
11② 12① 13④ 14④ 15③ 16⑤ 17② 18② 19② 20⑤
21③ 22④ 23③ 24① 25① 26① 27② 28⑤ 29① 30②
31② 32⑤ 33④ 34⑤ 35① 36④ 37⑤ 38③ 39⑤ 40①
41③ 42⑤ 43② 44④ 45③

8회 모의고사

01④ 02④ 03⑤ 04② 05② 06① 07③ 08④ 09② 10⑤
11④ 12① 13② 14④ 15① 16⑤ 17② 18② 19② 20⑤
21① 22⑤ 23③ 24③ 25④ 26① 27④ 28① 29③ 30④
31③ 32④ 33① 34⑤ 35① 36② 37① 38⑤ 39④ 40①
41④ 42③ 43① 44⑤ 45③

9회 모의고사

01⑤ 02④ 03⑤ 04② 05④ 06③ 07① 08② 09④ 10④
11⑤ 12③ 13① 14② 15⑤ 16① 17④ 18② 19③ 20⑤
21③ 22④ 23⑤ 24④ 25② 26④ 27① 28⑤ 29⑤ 30①
31⑤ 32② 33④ 34③ 35① 36③ 37② 38① 39③ 40②
41⑤ 42① 43④ 44③ 45②

10회 모의고사

01② 02⑤ 03⑤ 04① 05① 06② 07④ 08④ 09⑤ 10③
11④ 12③ 13⑤ 14⑤ 15① 16⑤ 17② 18③ 19④ 20③
21⑤ 22② 23③ 24⑤ 25④ 26② 27⑤ 28④ 29③ 30④
31④ 32④ 33② 34④ 35④ 36⑤ 37⑤ 38④ 39② 40②
41⑤ 42② 43④ 44⑤ 45⑤

11회 모의고사

01② 02③ 03④ 04④ 05② 06④ 07⑤ 08③ 09⑤ 10④
11① 12② 13④ 14② 15① 16④ 17③ 18① 19⑤ 20③
21② 22② 23② 24③ 25① 26③ 27② 28③ 29③ 30①
31① 32④ 33⑤ 34④ 35④ 36⑤ 37④ 38④ 39③ 40④
41④ 42⑤ 43③ 44⑤ 45④

12회 모의고사

01③ 02④ 03③ 04④ 05② 06⑤ 07③ 08① 09⑤ 10①
11① 12④ 13⑤ 14③ 15④ 16② 17④ 18④ 19⑤ 20④
21③ 22④ 23④ 24③ 25⑤ 26① 27④ 28④ 29④ 30⑤
31⑤ 32② 33③ 34① 35② 36④ 37③ 38② 39① 40②
41⑤ 42⑤ 43⑤ 44④ 45②

13회 모의고사

01① 02③ 03① 04③ 05④ 06⑤ 07③ 08① 09④ 10④
11⑤ 12① 13③ 14⑤ 15② 16③ 17② 18② 19③ 20①
21⑤ 22② 23① 24⑤ 25② 26② 27⑤ 28⑤ 29④ 30①
31③ 32⑤ 33⑤ 34④ 35② 36③ 37④ 38② 39③ 40④
41① 42④ 43② 44④ 45④

[독서·화법·작문·문법] 〈입체 첨삭 해설〉

글 전체 핵심어
지문 전체의 핵심어를 표시했습니다.

글 전체 중심 문장
글 전체에서 가장 핵심이 되는 중심 문장을 알려 줍니다.

지문 어휘
지문을 이해하는 데 도움이 되도록 어휘를 쉽게 풀었습니다.

문단 요약
각 문단의 핵심 내용을 요약하여 전체적인 지문의 구조를 파악할 수 있습니다.

지문 이해도
지문의 내용을 한눈에 알아볼 수 있도록 정리했습니다.

내용 풀이
출제 요소에 해석을 달아 어려운 내용도 쉽게 이해할 수 있고 문제의 근거도 한눈에 파악하게 했습니다.

지문 내용과 구조
지문의 내용과 주제 등을 스스로 공부할 수 있도록 정리했습니다. 또 지문의 내용을 시각적으로 구조화 하여 쉽게 이해할 수 있도록 했습니다.

글의 제목
지문의 내용을 한눈에 알 수 있는 글의 제목을 제시하였습니다.

문제 유형 분석
문제 유형을 제시하여 수능형 문제 유형을 쉽게 파악할 수 있도록 했습니다.

정답률

선택률
학생들이 많이 헷갈렸던 선지를 밝혀주기 위하여 선지별 선택률을 수록하였습니다.

왜 틀렸나
학생들이 많이 틀린 이유를 분석했습니다.

단서＋발상
단서 문제 풀이의 핵심이 되는 단서를 꼭 짚어 설명합니다.
발상 핵심 단서와 문제를 구체적으로 연결합니다.
적용 문제의 답을 얻기 위해 적용해야 할 내용입니다.
해결 단서를 적용하여 문제를 해결합니다.

왜 정답?
정답이 되는 이유와 다른 오답과의 차이점을 알기 쉽게 설명하여 문제 풀이의 핵심을 파악할 수 있도록 했습니다.

근거
정답과 오답을 가르는 근거가 되는 부분을 제시했습니다.

매력 오답
매력적 오답을 선택한 이유와 해결책을 제시했습니다.

왜 오답?
오답 풀이를 통해 틀린 문제에 대한 이해뿐만 아니라 선택지 출제 원리까지 터득할 수 있습니다.

배경지식
알아두면 도움이 되는 배경지식을 제시했습니다.

16~21

(가) 국가의 통치 방법에 대한 관중의 견해

＃ 출제　◯ 글 전체 핵심어　▮ 글 전체 중심 문장

1 관중은 춘추 시대 제(齊)나라의 재상으로 군주인 환공을 도와 약소국이던 제나라를 부강한 국가로 성장시켰다. 관중이 생각한 이상적인 국가의 모습과 국가를 통치하는 방법은 《관자》를 통해 살펴볼 수 있다. 그는 자신이 살던 현실의 문제에 실리적으로 ⓐ 대처하고 정치적인 분열을 적극적으로 막아 나라의 부강과 백성의 평안을 이루고자 하였다.
관중이 생각한 통치의 방법 / 관중이 생각한 통치의 목적

실리적: 실제로 이익이 되는

＊1 문단 요약: 관중이 생각한 통치 방법과 목적

4 관중은 권세를 가진 군주는 부강한 나라를 이루는 통치, 즉 패업(覇業)을 위한 통치를 펼쳐야 한다고 주장하고, 법을 통한 통치의 중요성을 강조하였다. 이때 군주는 [능력 있는 신하를 공정하게 등용하되 신하들이 군주의 권세를 넘보거나 법질서를 혼란스럽게 하지 못하도록 자신의 권세를 신하에게 위임하지 말아야 하며 백성의 경제적 안정을 위한 정책들을 시행해야 한다]고 보았다. 이러한 관중의 사상은 [백성들의 경제적 안정을 기반으로 부강한 나라를 이루기 위해 법을 통한 통치를 도모한 것으로 평가]할 수 있다.
'패업(覇業)'을 위한 통치의 개념
＃[ ]: 군주의 통치술에 대한 관중의 견해
＃[ ]: 관중이 주장하는 군주의 통치술이 갖는 의의

＊4 문단 요약: 국가의 통치 방법에 대한 관중의 견해와 그 의의

■ 전체 지문 이해도
플랫폼 사용자의 가격 결정의 예

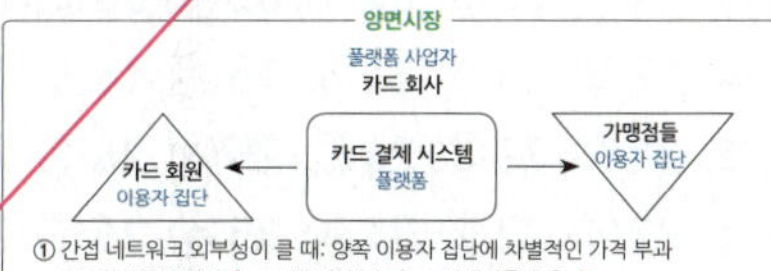

① 간접 네트워크 외부성이 클 때: 양쪽 이용자 집단에 차별적인 가격 부과
– 카드 회원의 연회비 ↓ → 카드 회원 수 ↑ → 가맹점들 효용 ↑
　→ 가맹점은 높은 결제 수수료를 지불해도 카드 결제 시스템 이용
② 카드 회원의 수요의 가격탄력성이 높을 때
– 카드 회원의 연회비 ↓ → 카드 회원 수 ↑

■ 지문 내용과 구조

1 문단	**관중이 생각한 통치 방법과 목적** 현실 문제의 실리적 해결 → 나라의 부강과 백성의 평안
2 문단	**실리적 관점에서 법의 필요성을 강조한 관중** – 백성: 국가 경제의 근본, 군주: 법을 만들 수 있는 천부적 자격을 지님. – 법의 목적: 백성들의 윤택한 삶 → 부강한 나라의 실현
3 문단	**군주가 '패(覇)'를 실천해야 하는 이유:** 군주가 '패'를 실천함. → 백성들이 군주의 권세를 인정하게 됨. → 군주가 국가를 다스릴 수 있음.
4 문단	**국가의 통치 방법에 대한 관중의 견해와 그 의의** – 군주는 패업을 위한 통치(= 부강한 나라를 이루는 통치)를 펼쳐야 함. – 의의: 백성들의 경제적 안정을 기반으로 부강한 나라를 이루고자 법을 위한 통치를 도모함.

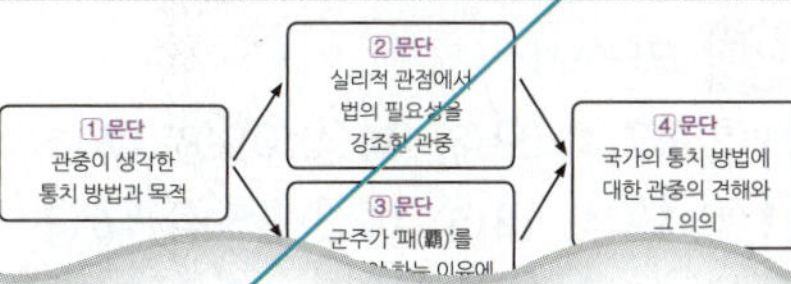

---

26 정답 ① ＊ 내용 파악 ＋ 추론하기 ·········· [정답률 45%]

[① 45% ② 11% ③ 16% ④ 17% ⑤ 9%]

㉠~㉢을 이해한 내용으로 가장 적절한 것은?
㉠ '테이프', ㉡ '헤드', ㉢ '상태 기록가'

왜 틀렸나?
㉠~㉢의 특징과 역할을 윗글의 전체적인 내용을 통해 파악해야 하기 때문에 틀린 학생들이 많았다. ㉠~㉢이 제시된 2문단의 내용과 함께 튜링 기계의 작동 규칙과 작동 사례를 설명한 3, 4문단의 내용도 꼼꼼하게 파악해야 한다.

단서＋해결

단서 율곡은 치세를 만드는 군주와 난세를 만드는 군주의 유형과 통치 방법을 나누어 설명했다.

발상
• 왕도: 군주의 인격 완성 → 백성의 도덕적 교화를 이루어 냄.
• 패도: 군주의 인격이 완성되지 않음. → 백성의 도덕적 교화를 이루어 내지 못함
• 왕도와 패도는 태평한 시대인 치세를 만드는 통치 방법이다.

해결 율곡은 군주의 인격 완성 여부에 따라 군주의 통치 방법이 왕도와 패도로 구분된다고 보았다.

＞왜 정답?
④ 율곡은 ㉯와 달리 군주의 인격 완성 여부에 따라 치세와 난세가 구분된다고 보았군.
'왕도'와 '패도'가 구분됨.

> (나) 2 문단 ❹ 문장 왕도는 군주의 인격 완성을 통해 백성의 도덕적 교화까지 이루어 내는 것이고, 패도는 군주의 인격이 완성되지 않아 백성의 도덕적 교화까지는 이루어지지 않았지만 백성의 경제적 안정은 이루어 내는 것이다.

율곡은 군주의 유형을 크게 치세를 만드는 군주와 난세를 만드는 군주로 나누었고, 그 중 치세를 만드는 군주의 통치 방법을 군주의 인격 완성 여부에 따라 '왕도'와 '패도'로 구분하였다.

＞왜 오답?
군주만이 권한을 가져야 함.
② 관중과 ㉯는 모두 국가를 다스릴 수 있는 권한이 오로지 군주에게 있어야 함을 강조했다고 볼 수 있겠군.
권세를 신하에게 위임하면 안 된다고 봄.

> (가) 4 문단 ❷ 문장 이때 군주는 ~ 자신의 권세를 신하에게 위임하지 말아야 하며 ~
> 〈보기〉 ㉯-❷ 문장 그리고 법을 통해 통치할 수 있는 권한은 군주만이 갖고 있어야 권력을 유지할 수 있습니다.

㉯에서는 법을 위해 통치할 수 있는 권한은 오직 군주만이 갖고 있어야 한다고 했고, 관중 또한 국가를 다스릴 수 있는 권한인 권세가 군주에게 있어야 함을 강조했다고 볼 수 있다.

매력 오답
선택지의 표현과 (가)의 표현이 달라 헷갈린 학생들이 많았다. (가)에서 관중은 '군주는' '자신의 권세를 신하에게 위임하지 말아야' 한다고 보았다고 했다. 이는 '국가를 다스릴 수 있는 권한이 오로지 군주에게 있어야' 한다는 것이다.

- - - 배경지식

〈시험에서 자주 출제되는 다의어와 동음이의어〉

길[1] 명
(1) 사람이나 동물 또는 자동차 따위가 지나갈 수 있게 땅 위에 낸 일정한 너비의 공간
　예 길이 울퉁불퉁해서 자전거를 타기가 힘들었다.
(2) 걷거나 탈것을 타고 어느 곳으로 가는 노정
　예 ○○○ ~ 가는 과정은 수치스럽고 고달픔 ~

빠른 정답

1회 모의고사

01 ③ 02 ① 03 ② 04 ④ 05 ④ 06 ② 07 ① 08 ③ 09 ⑤ 10 ③
11 ⑤ 12 ① 13 ⑤ 14 ① 15 ② 16 ④ 17 ② 18 ⑤ 19 ③ 20 ②
21 ⑤ 22 ② 23 ① 24 ① 25 ⑤ 26 ④ 27 ⑤ 28 ② 29 ② 30 ③
31 ③ 32 ⑤ 33 ④ 34 ⑤ 35 ③ 36 ⑤ 37 ④ 38 ③ 39 ① 40 ③
41 ① 42 ④ 43 ② 44 ② 45 ④

2회 모의고사

01 ② 02 ⑤ 03 ② 04 ④ 05 ① 06 ② 07 ① 08 ③ 09 ⑤ 10 ④
11 ④ 12 ① 13 ② 14 ① 15 ⑤ 16 ① 17 ③ 18 ② 19 ④ 20 ④
21 ③ 22 ① 23 ④ 24 ② 25 ① 26 ⑤ 27 ③ 28 ⑤ 29 ④ 30 ④
31 ① 32 ⑤ 33 ② 34 ② 35 ⑤ 36 ③ 37 ⑤ 38 ③ 39 ④ 40 ⑤
41 ③ 42 ③ 43 ③ 44 ⑤ 45 ③

3회 모의고사

01 ② 02 ② 03 ① 04 ⑤ 05 ③ 06 ③ 07 ⑤ 08 ③ 09 ④ 10 ①
11 ⑤ 12 ④ 13 ③ 14 ⑤ 15 ③ 16 ② 17 ④ 18 ③ 19 ⑤ 20 ①
21 ① 22 ② 23 ④ 24 ④ 25 ④ 26 ① 27 ④ 28 ② 29 ⑤ 30 ④
31 ⑤ 32 ② 33 ② 34 ① 35 ② 36 ⑤ 37 ⑤ 38 ① 39 ② 40 ③
41 ③ 42 ③ 43 ① 44 ④ 45 ⑤

4회 모의고사

01 ① 02 ④ 03 ⑤ 04 ② 05 ② 06 ④ 07 ① 08 ④ 09 ⑤ 10 ②
11 ① 12 ② 13 ① 14 ② 15 ⑤ 16 ③ 17 ④ 18 ⑤ 19 ② 20 ①
21 ③ 22 ③ 23 ① 24 ⑤ 25 ① 26 ④ 27 ⑤ 28 ⑤ 29 ③ 30 ②
31 ⑤ 32 ③ 33 ③ 34 ② 35 ③ 36 ③ 37 ③ 38 ④ 39 ⑤ 40 ③
41 ④ 42 ③ 43 ② 44 ⑤ 45 ③

5회 모의고사

01 ③ 02 ③ 03 ⑤ 04 ③ 05 ② 06 ⑤ 07 ④ 08 ③ 09 ⑤ 10 ②
11 ① 12 ④ 13 ⑤ 14 ① 15 ⑤ 16 ④ 17 ④ 18 ① 19 ⑤ 20 ①
21 ④ 22 ⑤ 23 ⑤ 24 ① 25 ② 26 ① 27 ④ 28 ② 29 ⑤ 30 ③
31 ① 32 ① 33 ② 34 ④ 35 ③ 36 ② 37 ⑤ 38 ③ 39 ④ 40 ①
41 ② 42 ② 43 ④ 44 ④ 45 ③

6회 모의고사

01 ⑤ 02 ② 03 ② 04 ④ 05 ③ 06 ④ 07 ⑤ 08 ② 09 ⑤ 10 ③
11 ① 12 ① 13 ⑤ 14 ⑤ 15 ③ 16 ① 17 ① 18 ② 19 ③ 20 ②
21 ① 22 ④ 23 ① 24 ⑤ 25 ③ 26 ② 27 ① 28 ② 29 ④ 30 ④
31 ⑤ 32 ⑤ 33 ③ 34 ③ 35 ④ 36 ② 37 ⑤ 38 ② 39 ② 40 ④
41 ⑤ 42 ③ 43 ④ 44 ① 45 ③

7회 모의고사

01 ① 02 ④ 03 ⑤ 04 ⑤ 05 ② 06 ③ 07 ④ 08 ③ 09 ① 10 ④
11 ② 12 ① 13 ④ 14 ④ 15 ③ 16 ⑤ 17 ② 18 ② 19 ② 20 ⑤
21 ③ 22 ③ 23 ③ 24 ① 25 ① 26 ① 27 ② 28 ⑤ 29 ① 30 ②
31 ② 32 ⑤ 33 ④ 34 ⑤ 35 ① 36 ④ 37 ⑤ 38 ③ 39 ⑤ 40 ③
41 ③ 42 ⑤ 43 ② 44 ④ 45 ③

8회 모의고사

01 ④ 02 ④ 03 ⑤ 04 ② 05 ② 06 ① 07 ③ 08 ④ 09 ② 10 ⑤
11 ④ 12 ③ 13 ② 14 ④ 15 ① 16 ⑤ 17 ② 18 ② 19 ② 20 ⑤
21 ② 22 ⑤ 23 ③ 24 ② 25 ④ 26 ① 27 ④ 28 ① 29 ③ 30 ④
31 ③ 32 ⑤ 33 ① 34 ⑤ 35 ① 36 ② 37 ① 38 ⑤ 39 ④ 40 ①
41 ④ 42 ④ 43 ① 44 ⑤ 45 ③

9회 모의고사

01 ⑤ 02 ④ 03 ⑤ 04 ② 05 ④ 06 ③ 07 ① 08 ② 09 ④ 10 ④
11 ⑤ 12 ③ 13 ① 14 ② 15 ⑤ 16 ① 17 ④ 18 ② 19 ③ 20 ⑤
21 ③ 22 ④ 23 ⑤ 24 ④ 25 ② 26 ④ 27 ① 28 ⑤ 29 ⑤ 30 ①
31 ⑤ 32 ② 33 ③ 34 ③ 35 ① 36 ⑤ 37 ② 38 ① 39 ③ 40 ②
41 ⑤ 42 ① 43 ④ 44 ③ 45 ②

10회 모의고사

01 ② 02 ⑤ 03 ⑤ 04 ① 05 ① 06 ② 07 ④ 08 ④ 09 ⑤ 10 ③
11 ④ 12 ③ 13 ⑤ 14 ⑤ 15 ① 16 ⑤ 17 ② 18 ③ 19 ④ 20 ③
21 ⑤ 22 ② 23 ③ 24 ⑤ 25 ④ 26 ② 27 ⑤ 28 ④ 29 ③ 30 ④
31 ④ 32 ④ 33 ② 34 ④ 35 ③ 36 ⑤ 37 ⑤ 38 ④ 39 ② 40 ②
41 ⑤ 42 ② 43 ② 44 ⑤ 45 ⑤

11회 모의고사

01 ② 02 ③ 03 ④ 04 ④ 05 ② 06 ④ 07 ⑤ 08 ③ 09 ⑤ 10 ④
11 ① 12 ② 13 ④ 14 ② 15 ① 16 ④ 17 ③ 18 ① 19 ⑤ 20 ③
21 ② 22 ② 23 ② 24 ③ 25 ① 26 ③ 27 ② 28 ③ 29 ③ 30 ①
31 ① 32 ④ 33 ⑤ 34 ④ 35 ⑤ 36 ⑤ 37 ④ 38 ④ 39 ③ 40 ④
41 ④ 42 ⑤ 43 ③ 44 ⑤ 45 ④

12회 모의고사

01 ③ 02 ④ 03 ③ 04 ④ 05 ② 06 ⑤ 07 ③ 08 ① 09 ⑤ 10 ①
11 ① 12 ④ 13 ⑤ 14 ③ 15 ④ 16 ② 17 ④ 18 ④ 19 ⑤ 20 ④
21 ③ 22 ④ 23 ④ 24 ② 25 ⑤ 26 ① 27 ④ 28 ④ 29 ④ 30 ⑤
31 ⑤ 32 ② 33 ③ 34 ① 35 ② 36 ④ 37 ③ 38 ② 39 ① 40 ②
41 ⑤ 42 ⑤ 43 ⑤ 44 ④ 45 ②

13회 모의고사

01 ① 02 ③ 03 ① 04 ③ 05 ④ 06 ⑤ 07 ③ 08 ① 09 ④ 10 ④
11 ⑤ 12 ① 13 ③ 14 ⑤ 15 ② 16 ③ 17 ② 18 ② 19 ③ 20 ①
21 ⑤ 22 ② 23 ① 24 ⑤ 25 ② 26 ② 27 ⑤ 28 ⑤ 29 ④ 30 ①
31 ③ 32 ⑤ 33 ⑤ 34 ④ 35 ② 36 ③ 37 ④ 38 ② 39 ③ 40 ④
41 ① 42 ④ 43 ② 44 ④ 45 ④

1회 전국연합학력평가 [2025년 3월 시행]

01~03

출제   중심 내용

①① 여러분, 안녕하세요. ② 어릴 적 종이비행기를 접어 하늘 높이 신나게 날렸던 경험, 다들 있으시죠? ③ 그런데 이 종이비행기 날리기가 단순한
질문을 통해 청중의 경험을 환기하며 관심을 유도함.
놀이를 넘어 세계 대회까지 열린다고 합니다. (자료 1을 제시하며)
발표 화제와 관련된 종이비행기의 모습을 제시함.
바로 이 비행기가 세계 종이비행기 대회 오래 날리기 종목에서 29.2초의
신기록을 세운 주인공인데요. ⑤ 오늘은 이 세계 1등 종이비행기의 비밀을
파헤쳐 어떻게 접어야 비행기를 더 오래 날릴 수 있는지 알아보겠습니다.
발표 화제

*① 요약 : 발표 화제(오래 날릴 수 있도록 종이비행기를 접는 방법) 제시

②① 첫 번째 비밀은, (자료 1을 가리키며) 이렇게 날개 면적을 넓히는
날개 면적과 관련해 종이비행기의 비행시간을 늘리는 방법을 설명함.
것입니다. ② 그 이유는 날개 면적이 넓을수록 양력이 커지기 때문
날개 면적과 양력의 상관관계
인데요. ③ 양력은 종이비행기가 공중에 뜰 수 있게 하는 힘으로,
비행기의 날개 윗면과 아랫면을 지나는 공기 흐름의 압력 차 때문에
만들어집니다. ④ 날개 면적이 넓으면 날개와 접촉하는 공기량이 많아져
[ ]: 양력과 비행시간의 상관관계
더 큰 양력이 생기는데, 이로 인해 종이비행기가 공중에 더 오래 떠
있을 수 있습니다.]

*② 요약 : 종이비행기의 비행시간을 늘리는 방법 ① 날개 면적 넓히기

③① 두 번째 비밀은, 날개의 모양과 각도에 있습니다. ② 종이비행기가
오래 날리면 공기 소용돌이 현상을 줄여야 하는데, [(자료 1을 가리
공기 소용돌이 현상과 비행시간의 상관관계
키며) 이렇게 날개 끝부분을 위로 접으면 소용돌이가 줄어들어 좌우
[ ]: 날개 모양과 관련해 종이비행기의 비행시간을 늘리는 방법을 설명함.
균형을 더 잘 유지할 수 있습니다.] ③ 그리고 (양팔을 벌려 Y자 모양을
비언어적 표현을 활용하여 청중의 이해를 도움.
취하며) 날개를 이렇게 살짝 들어 올려 접는 게 좋습니다. ④ (자료 2를
가리키며) 날개가 수평선에서 위로 들린 각을 상반각이라 하는데,
[ ]: 비행기의 균형 유지를 위한 상반각의 각도를 설명함.
종이비행기의 상반각은 이렇게 약 16°가 적합합니다. ⑤ 그래야 비행 중
기울거나 흔들리는 현상이 줄어 더 오래 날 수 있거든요.]

[**수평선** : ① 물과 하늘이 맞닿아 경계를 이루는 선 ② 중력의 방향과 직각을 이루는 선

*③ 요약 : 종이비행기의 비행시간을 늘리는 방법 ② 날개 모양과 각도 조절

④① 종이비행기를 오래 날리고 싶다면 꼭 기억해 주세요. ② 날개 면적을
넓혀 양력을 크게 하고, 날개 끝을 위로 접고 상반각을 적절하게
[ ]: 종이비행기의 비행시간을 늘리는 방법을 요약함.
만들어 비행기의 균형을 유지하는 게 중요합니다.] ③ 아, 질문이 있군요.
④ (청중의 질문을 듣고) 종이비행기 날리기 대회에 다른 종목은 없느
냐고요? ⑤ 멀리 날리기 종목과 곡예 비행 종목 등이 있습니다. ⑥ 멀리
청중이 질문한 내용을 재확인함.
날리기용 비행기는 날개를 길고 좁게 접어 앞부분이 뾰족한 형태가
청중이 궁금해 하는 점에 대해 추가 정보를 제시함.
많은데, 이는 비행을 방해하는 힘인 항력을 줄여 비행 거리를 늘립니다.
[ ]: 대회 종목별로 종이비행기 접는 법과 목적을 설명함.
⑦ 그리고 곡예용 비행기를 접을 때는 좌우 날개의 모양에 다양한 변화를
주어서 공중에서 방향 전환이나 회전을 쉽게 하도록 합니다.]

[**곡예** : 줄타기, 마술, 재주넘기, 공 타기 따위의 묘기를 부리는 일
항력 : 어떤 물체가 유체 속을 운동할 때에 운동 방향과는 반대쪽으로 물체에
미치는 유체의 저항력

*④ 요약 : 발표 내용 요약과 청중의 질문에 대한 답변

---

⑤① 오늘 발표 내용을 참고해서 나만의 종이비행기를 만들어 끝없는
청중에게 발표에서 얻은 정보를 활용할 것을 권유함.
상상력과 도전 정신을 펼쳐 보세요. ② 다음 세계 종이비행기 대회에서
1등을 차지하는 주인공이 여러분이 될지도 모르니까요. ③ 그럼 발표
마치겠습니다. ④ 감사합니다!

*⑤ 요약 : 발표 마무리(종이비행기를 만들어 볼 것을 권유함.)

---

01 정답 ③   * 말하기 방식 파악하기 ························· [정답률 82%]

위 발표에 대한 설명으로 적절하지 않은 것은?

> 왜 정답 ?

③ 질문을 던져 청중의 내용 이해 정도를 점검하고 있다.
청중이 질문한 내용을 다시 확인함.

[④-④ (청중의 질문을 듣고) 종이비행기 날리기 대회에 다른 종목은 없느
냐고요?

> 왜 오답 ?

① 청중의 경험을 환기하여 관심을 유도하고 있다.
질문을 통해 화제인 '종이비행기를 오래 날리는 방법'에 대한 청중의 관심을 유도함.

[①-② 어릴 적 종이비행기를 접어 하늘 높이 신나게 날렸던 경험, 다들
있으시죠?

② 비언어적 표현을 활용하여 전달 효과를 높이고 있다.
양팔을 벌려 Y자 모양을 취함.

[③-③ 그리고 (양팔을 벌려 Y자 모양을 취하며) 날개를 이렇게 살짝 들어
올려 접는 게 좋습니다.

[**비언어적 표현** : 언어가 아닌 몸짓, 손짓, 표정, 시선, 자세 등으로 생각이나 느낌을
나타내는 것
cf. 준언어적 표현 : 언어와 함께 의사소통의 수단으로 사용하는 말의 강약, 높낮이,
가락과 같은 것

④ 청중이 궁금해 하는 점에 대해 추가 정보를 제시하고 있다.
종이비행기 날리기 대회의 다른 종목으로 멀리 날리기 종목, 곡예 비행 종목 등이 있음.

[④-④, ⑤ (청중의 질문을 듣고) 종이비행기 날리기 대회에 다른 종목은
없느냐고요? 멀리 날리기 종목과 곡예 비행 종목 등이 있습니다.

⑤ 청중에게 발표에서 얻은 정보를 활용할 것을 권유하고 있다.
발표 내용을 참고하여 자신만의 종이비행기를 만들어 볼 것을 권유함.

[⑤-① 오늘 발표 내용을 참고해서 나만의 종이비행기를 만들어 끝없는
상상력과 도전 정신을 펼쳐 보세요.

---

02 정답 ①   * 자료 활용의 적절성 파악하기 ············ [정답률 82%]

다음은 발표자가 제시한 자료이다. 발표자의 자료 활용에 대한 설명으로 가장
적절한 것은?

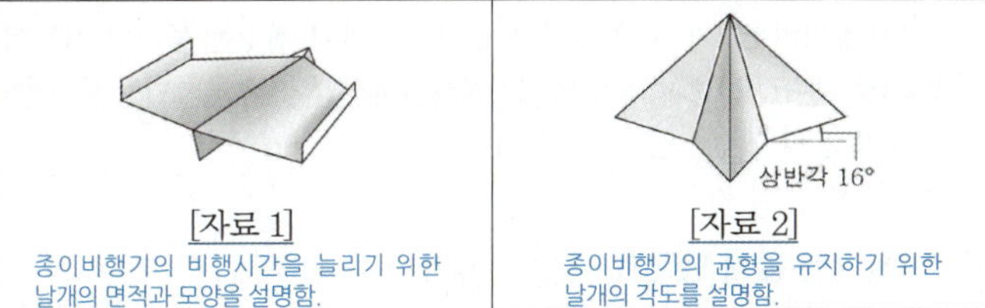

> 왜 정답 ?

① [자료 1]을 활용하여 비행시간을 늘릴 수 있는 방법을 제시하고 있다.
날개 면적을 넓혀서 양력을 크게 만듦.

[②-①-④ 첫 번째 비밀은, (자료 1을 가리키며) 이렇게 날개 면적을 넓히는
것입니다. ~ 날개 면적이 넓으면 날개와 접촉하는 공기량이 많아져 더 큰
양력이 생기는데, 이로 인해 종이비행기가 공중에 더 오래 떠 있을 수
있습니다.

＞**왜 오답?**

② [자료 1]을 활용하여 비행 안정성을 높일 수 있는 종이의 두께를
　　보여 주고 있다.
　　　종이비행기의 비행시간을 늘리기 위한 날개의 모양

　[③-❷ 종이비행기가 오래 날려면 공기 소용돌이 현상을 줄여야 하는데,
　(자료 1을 가리키며) 이렇게 날개 끝부분을 위로 접으면 소용돌이가 줄어들어
　좌우 균형을 더 잘 유지할 수 있습니다.

③ [자료 2]를 활용하여 날개의 방향에 따른 공기 흐름의 압력 차이를
　　설명하고 있다.
　　　종이비행기의 비행 시간을 늘리기 위한 날개의 각도

　[③-❹,❺ (자료 2를 가리키며) 날개가 수평선에서 위로 들린 각을
　상반각이라 하는데, 종이비행기의 상반각은 이렇게 약 16°가 적합합니다.
　그래야 비행 중 기울거나 흔들리는 현상이 줄어 더 오래 날 수 있거든요.

④ [자료 2]를 활용하여 비행 속도에 영향을 미치는 날개 각도의
　　중요성을 강조하고 있다.
　　　종이비행기의 균형 유지
　＊근거:③-❹,❺

⑤ [자료 1]과 [자료 2]를 활용하여 날개의 길이와 비행 거리의 관계를
　　언급하고 있다.
　　　날개 면적, 날개의 모양과 각도의 중요성
　＊근거:②-❶~❹,③-❷~❺

03　　정답 ②　＊반응의 적절성 파악하기 ····················· [정답률 90%]

다음은 발표를 들으며 학생이 정리한 내용의 일부이다. ㄱ~ㅁ 중 적절하지 않은
것은?

○ 오래 날리기용 종이비행기
　양력을 늘리고 공기 소용돌이 현상을 줄여야 함.
　– 날개를 넓게 만들기 → 양력 증가 ···················· ㄱ
　– 날개 끝을 위로 접기 → 양력 감소 ···················· ㄴ
　　날개 끝부분을 위로 접으면 좌우 균형을 더 잘 유지할 수 있음.
　– 날개의 상반각을 적절히 설정 → 균형 유지 ············ ㄷ
○ 멀리 날리기용 종이비행기
　항력을 줄여야 함.
　– 날개를 길고 좁게 접기 → 항력 감소 ·················· ㄹ
○ 곡예용 종이비행기
　공중에서 방향 전환, 회전이 쉽도록 해야 함.
　– 날개 모양을 다양하게 접기 → 방향 전환, 회전 용이 ··· ㅁ

＞**왜 정답?**

② ㄴ (날개 끝을 위로 접기 → 양력 감소)
　　　　　　　　　　　　　　　양력과 관련 없음.

　[③-❷ 종이비행기가 오래 날려면 공기 소용돌이 현상을 줄여야 하는데,
　(자료 1을 가리키며) 이렇게 날개 끝부분을 위로 접으면 소용돌이가 줄어들어
　좌우 균형을 더 잘 유지할 수 있습니다.

＞**왜 오답?**

① ㄱ (날개를 넓게 만들기 → 양력 증가)
　　　　　날개 면적이 넓을수록 양력이 커짐.

　[②-❹ 날개 면적이 넓으면 날개와 접촉하는 공기량이 많아져 더 큰 양력이
　생기는데, 이로 인해 종이비행기가 공중에 더 오래 떠 있을 수 있습니다.

③ ㄷ (날개의 상반각을 적절히 설정 → 균형 유지)
　　　날개 상반각을 16°로 설정하면 좌우 균형을 더 잘 유지할 수 있음.

　[③-❹,❺ (자료 2를 가리키며) 날개가 수평선에서 위로 들린 각을
　상반각이라 하는데, 종이비행기의 상반각은 이렇게 약 16°가 적합합니다.
　그래야 비행 중 기울거나 흔들리는 현상이 줄어 더 오래 날 수 있거든요.

---

④ ㄹ (날개를 길고 좁게 접기 → 항력 감소)
　　　앞부분이 뾰족한 종이비행기 형태는 항력을 감소시킴.

　[④-❻ 멀리 날리기용 비행기는 날개를 길고 좁게 접어 앞부분이 뾰족한
　형태가 많은데, 이는 비행을 방해하는 힘인 항력을 줄여 비행 거리를
　늘립니다.

⑤ ㅁ (날개 모양을 다양하게 접기 → 방향 전환, 회전 용이)
　　　날개 모양이 다양하면 방향 전환, 회전 등을 통한 곡예 비행이 용이해짐.

　[④-❼ 그리고 곡예용 비행기를 접을 때는 좌우 날개의 모양에 다양한 변화를
　주어서 공중에서 방향 전환이나 회전을 쉽게 하도록 합니다.

04~07 ─────────────────────

＃ 출제　　중심 내용

(가)❶동아리 부장: 오늘은 학생들의 고민에 대해 조언하는 글을 동아리
　＃ 회의 참여자에게 회의의 목적을 상기시킴.
소식지에 싣기 위해 회의하기로 했잖아. 누리집에 올라온 사연 중
학생들이 공감할 내용에는 무엇이 있을까?

❷부원 1: 나는 '진로를 찾는 과정이 어렵고 막막해요.'라는 고민에
　＃ '진로'에 대한 고민
공감이 되더라고. 진로를 어떻게 찾아야 할지 소개해 주면 어떨까.

❸부원 2: 좋은 생각인 것 같아. 나도 '내 희망 진로가 뭘까?'라고 생각하면
막연하게 느껴지더라. 어떤 직업들이 있는지도, 어떻게 준비해야
할지도 잘 모르겠고.

❹부원 3: 혹시 '커리어넷' 들어 봤어? 난 우리 반 담임 선생님을 통해서
　　　진로 관련 고민에 조언해 줄 내용 ①
알게 되었는데 다양한 진로와 관련된 정보들이 많더라고. 무료로
진로 검사를 받아볼 수도 있고.

❺부원 1: 나는 선배들을 통해 '어디가'라는 진학 관련 누리집을 알게
　　　진로 관련 고민에 조언해 줄 내용 ②
되었는데 거기에도 도움이 되는 정보들이 꽤 많아.

❻동아리 부장: 정리하면, 진로나 진학과 관련된 정보는 '커리어넷'과
　　　＃ 회의 참여자의 발언 내용을 요약해서 정리함.
'어디가'를 참고하면 된다는 거구나. 친구들이 두 누리집을 활용할
수 있도록 소개해 주면 좋겠다.

❼부원 2: 나는 '공부해도 제자리걸음인 것 같아 불안해요.'라는 고민이
　　　＃ '학업'에 대한 고민
눈에 띄더라. 뭔가를 성취하기 전에는 정체기가 와 힘들다던데,
나도 1학년 때 그런 시기를 겪었어.

❽부원 1: 그래? 조금 더 자세하게 말해 줄래?

❾부원 2: [목표를 크게 세워 노력해 보았지만 잘 안 되어서 지치더라고.
　　　[ ]: 학업 관련 고민에 조언해 줄 내용
그래서 하루에 할 수 있는 만큼으로 목표를 작게 쪼개 보았어. 매일
작은 성취감을 느끼며 꾸준히 노력하다 보니 어느 순간 내 실력도
목표한 만큼 늘어 있더라.]

❿부원 3: 네 경험을 다른 친구들에게도 소개해 주면 좋겠다.

⓫동아리 부장: 진로, 학업 이외에 다룰 만한 사연이 또 있을까? 친구
관계와 관련된 고민도 많던데, 이에 대해 다뤄 보는 것은 어떻게
　＃ 회의 참여자에게 이어서 논의할 내용을 제안함.
생각해?

⑫ **부원 3**: 그럼 '친했던 친구와 사이가 멀어져서 속상해요.'라는 고민을
　　　　　# '친구 관계'에 대한 고민
다루면 좋겠어. 어떤 조언을 해 줄까?

⑬ **부원 1**: 왜 친구와 사이가 멀어졌는지 상황을 먼저 되짚어 본 다음에
　　　　　# 부원 3의 질문에 답변하며 자신의 의견을 제시함.
진솔한 대화를 나눠 봐야 할 것 같아.

⑭ **부원 2**: 내 생각에 이미 멀어진 친구와 진솔한 대화를 하는 건
　　　　　# 부원 1이 언급한 해결책의 실현 가능성을 지적함.
어려운 일인 것 같은데.

⑮ **부원 3**: 친구를 비난하지 않고 자신의 감정을 표현하면 가능할 것
같아. 친구와 관계가 멀어져서 속상하고, 친구의 생각도 듣고
싶다고 대화를 시작하는 거지. [A]
　　　　　# [A]: 친구 관계에 대한 고민에 조언해 줄 내용을 논의함.

⑯ **부원 2**: 그렇구나. [멀어진 친구와 대화하는 것이 어렵겠다고 생각
했는데 네 말대로 하면 어렵지 않게 서로의 마음을 열고 대화를
시작할 수 있겠다.] 대화할 때 참고할 만한 좋은 방법은 없을까?
　　　　　# [ ]: 부원 3의 설명을 듣고 기존의 생각이 바뀌었음을 언급함.

⑰ **부원 1**: 대화할 때는 공감하며 듣는 태도가 중요해. 친구의 말을
　　　　　# 부원 2의 질문에 답변하며 자신의 의견을 제시함.
주의 깊게 듣고, 친구의 말에 공감하고 있다는 걸 표현해 주면
좋을 것 같아.

⑱ **동아리 부장**: 논의해 보니 학생들이 정말 다양한 고민을 하고 있다는
걸 느꼈어. 그럼 내가 학생들이 이해하기 편하게 오늘 논의한
고민의 순서대로 소제목을 달아 글을 구성해 볼게. 혹시 추가로
　　　　　# 회의 내용을 바탕으로 초고를 작성할 계획을 언급함.
넣을 만한 내용이 있을까?

⑲ **부원 3**: 우리 동아리에 상담을 신청하는 방법도 알려 주면 좋겠어.
아직 어떻게 신청하는지 모르는 친구들도 많더라고.

⑳ **동아리 부장**: 좋아. 다음 회의 때는 내가 쓴 글을 읽고 같이 고쳐 보자.
　　　　　# 다음 회의의 화제를 예고하며 회의를 마무리함.

막연하다: 갈피를 잡을 수 없게 아득하다.
제자리걸음: 상태가 나아가지 못하고 한자리에 머무르는 일. 또는 그런 상태
성취하다: 목적한 바를 이루다.
정체기: 사물이 발전하거나 나아가지 못하고 한군데 머물러 그쳐 있는 시기
진솔하다: 진실하고 솔직하다.

---

③ **2. 공부해도 제자리걸음인 것 같아 불안해요.**
　　　　　# 학생들의 고민 사연 ② 학업에 대한 고민
'동트기 전 새벽이 제일 어둡다.'라는 말을 들어 본 적 있나요?
무엇인가를 성취하기 전에는 때때로 마음처럼 되지 않는 정체기가
　# [ ]: (가)에서 '부원 2'가 언급한 경험을 관용 표현을 활용하여 제시함.
찾아온다고 합니다. 사연의 주인공 또한 동트기 직전의, 가장 어둡고
추운 정체기 상황일 수 있어요. 당장 변화가 느껴지지 않아 답답
하다면 목표를 작게 쪼개서 매일 작은 성취감을 느껴 보는 것은
어떨까요? 꾸준히 노력하다 보면 자신도 모르는 사이에 성장해 있을
거예요.

〔**동트다**: 동쪽 하늘이 훤하게 밝아 오다.

＊③문단 요약 : 학업에 대한 고민 사연과 또래 상담부의 조언

④ **3. 친했던 친구와 사이가 멀어져서 속상해요.**
　　　　　# 학생들의 고민 사연 ③ 친구 관계에 대한 고민
관계를 회복하려면 왜 친구와 사이가 멀어졌는지 상황을 차분히
되짚어 본 후에 친구와 진솔한 대화를 나누어 보는 게 좋습니다.
친구에게 먼저 다가가서 "너와 관계가 멀어져서 속상해. 네 생각은
　　　　　# 친구 관계 회복을 위한 대화의 예시
어떤지 말해 주면 좋겠어."라며 대화를 시작해 보세요. 이야기를 들을
때는 친구의 말을 경청하고 그 말에 공감하고 있음을 표현해 주세요.
내가 먼저 손을 내밀면 친구도 그 손을 마주 잡아 줄 거예요.

〔**경청하다**: 귀를 기울여 듣다.

＊④문단 요약 : 친구 관계에 대한 고민 사연과 또래 상담부의 조언

⑤ 학교생활을 하다 보면 '왜 나만 이렇게 힘들지?' 싶은 순간들이
있죠. 그렇지만 우리는 모두 '흔들리며 피어나는 꽃'이랍니다.
언제든지 도움이 필요하면 3층 또래 상담부 동아리실이나 또래
　　　　　# 고민이 있는 학생들이 또래 상담부의 도움을 받을 수 있는 방법을 제시함.
상담부 누리집에 상담을 신청해 주세요.

＊⑤문단 요약 : 또래 상담부에 상담을 신청하는 방법 안내

(나)　　　　　　　　　　　　# 출제　▬ 글 전체 중심 문장

답답한 고민, 시원하게 풀어 드려요!

① 설렘으로 가득 찼던 3월도 거의 지나고 4월이 다가오고 있습니다.
② 또래 상담부 부원들이 이번 달에 선정된 사연 세 가지를 소개하고
그에 대해 조언해 드리고자 합니다.

〔**선정되다**: 여럿 가운데서 어떤 것이 뽑혀 정해지다.

＊①문단 요약 : 글을 작성한 목적 안내

② **1. 진로를 찾는 과정이 어렵고 막막해요.**
　　　　　# 학생들의 고민 사연 ① 진로에 대한 고민
자신의 적성이나 흥미가 무엇인지 잘 몰라서 어떤 진로를 선택해야
할지 막연한 경우가 많습니다. 그럴 때는 [〈커리어넷〉에 접속하여
　　　　　# [ ]: 진로 고민에 대한 조언
진로 심리 검사를 받아보고, 검사 결과를 참고하여 직업 관련 정보를
추가로 탐색해 보면 좋아요. 그리고 해당 진로를 준비하기 위해
필요한 진학 정보는 〈어디가〉에 있으니 접속해 보면 도움이 될
거예요.]

〔**적성**: 어떤 일에 알맞은 성질이나 적응 능력. 또는 그와 같은 소질이나 성격

＊②문단 요약 : 진로에 대한 고민 사연과 또래 상담부의 조언

---

04 **정답 ④** ＊ 말하기 방식 파악하기 ‥‥‥‥‥‥‥ [정답률 90%]

'동아리 부장'의 말하기에 대한 설명으로 적절하지 <u>않은</u> 것은?

>**왜 정답**?

④ 회의의 결과에 대한 회의 참여자의 <u>소감</u>을 묻고 있다.
　　　　　　　　　　　　　　　묻고 있지 않음.

　(가)에서 '동아리 부장'이 회의의 결과에 대해 회의 참여자인 동아리 부원들에게
소감을 묻는 내용은 나타나지 않는다.

>**왜 오답**?

① 회의 참여자에게 회의의 목적을 상기시키고 있다.
　　　학생들의 고민에 대해 조언하는 글을 동아리 소식지에 싣고자 함.

[(가) – ❶ **동아리 부장**: 오늘은 학생들의 고민에 대해 조언하는 글을 동아리
소식지에 싣기 위해 회의하기로 했잖아. 누리집에 올라온 사연 중 학생들이
공감할 내용에는 무엇이 있을까?

② 회의 참여자의 발언 내용을 요약해 정리하고 있다.
　　　진로 관련 고민에 대한 '부원 3'과 '부원 1'의 발언을 요약함.

[(가) – ❻ **동아리 부장**: 정리하면, 진로나 진학과 관련된 정보는 '커리어넷'과
　　　　　　　　　　　　　　　　　　부원 3의 발언 내용
'어디가'를 참고하면 된다는 거구나. 친구들이 두 누리집을 활용할 수 있도록
　　부원 1의 발언 내용
소개해 주면 좋겠다.

③ 회의 참여자에게 이어서 논의할 내용을 제안하고 있다.
친구 관계에 대한 고민을 이어서 다뤄 보자고 제안함.

┌ (가)-⑪ 동아리 부장: 진로, 학업 이외에 다룰 만한 사연이 또 있을까? 친구
└ 관계와 관련된 고민도 많던데, 이에 대해 다뤄 보는 것은 어떻게 생각해?

⑤ 다음 회의의 화제를 예고하며 회의를 마무리하고 있다.
동아리 소식지에 싣기 위해 자신이 쓴 글을 같이 읽고 고침.

→ (가)-⑳ 동아리 부장: 좋아. 다음 회의 때는 내가 쓴 글을 읽고 같이 고쳐 보자.

05 정답 ④ ＊ 말하기 방식 파악하기 ·········· [정답률 88%]

[A]에 나타난 회의 참여자의 말하기에 대한 설명으로 가장 적절한 것은?

＞왜 정답 ？

④ '부원 2'는 '부원 3'의 설명을 듣고 자신의 기존 생각이 바뀌게
멀어진 친구와 진솔한 대화는 어렵다고 생각했던 것이 바뀌게 됨.
되었음을 언급하고 있다.

┌ (가)-⑭ 부원 2: 내 생각에 이미 멀어진 친구와 진솔한 대화를 하는 건
│ 어려운 일인 것 같은데.
│ (가)-⑮ 부원 3: 친구를 비난하지 않고 자신의 감정을 표현하면 가능할
│ 것 같아. 친구와 관계가 멀어져서 속상하고, 친구의 생각도 듣고 싶다고
│ 대화를 시작하는 거지.   [A]
│ (가)-⑯ 부원 2: 그렇구나. 멀어진 친구와 대화하는 것이 어렵겠다고
│ 생각했는데 네 말대로 하면 어렵지 않게 서로의 마음을 열고 대화를 시작할
└ 수 있겠다. ~

＞왜 오답 ？

① '부원 1'은 '부원 3'의 질문에 답변하며 상대방이 잘못 알고 있는
친구 관계 고민에 대해 조언해 줄 내용 / 나타나지 않음.
사실을 정정하고 있다.

┌ (가)-⑫ 부원 3: 그럼 '친했던 친구와 사이가 멀어져서 속상해요.'라는 고민을
│ 다루면 좋겠어. 어떤 조언을 해 줄까?
│ (가)-⑬ 부원 1: 왜 친구와 사이가 멀어졌는지 상황을 먼저 되짚어 본 다음에
└ 진솔한 대화를 나눠 봐야 할 것 같아.

② '부원 2'는 '부원 1'이 언급한 해결책이 다른 상황에 더 적절하게
실행에 옮기기 어려운 일이라고 지적함.
적용된다고 지적하고 있다.

┌ (가)-⑬ 부원 1: 왜 친구와 사이가 멀어졌는지 상황을 먼저 되짚어 본 다음에
│ 진솔한 대화를 나눠 봐야 할 것 같아.
│ (가)-⑭ 부원 2: 내 생각에 이미 멀어진 친구와 진솔한 대화를 하는 건 어려운
└ 일인 것 같은데.

③ '부원 3'은 '부원 2'의 의견에 수긍하며 자신의 의견이 지닌 한계를
수긍하지 않음. / 제안하지 않음.
극복할 방법을 제안하고 있다.

＊근거: (가) - ⑭, ⑮
'부원 3'은 이미 멀어진 친구와 진솔하게 대화를 하는 것은 어려운 일 같다는 '부원
2'의 의견에 수긍하지 않고, 친구와 진솔한 대화를 시작할 수 있는 방법에 대한 자신의
의견을 드러내고 있다.

⑤ '부원 1'은 '부원 2'의 질문에 대해 객관적인 자료를 바탕으로
대화할 때 참고할 만한 좋은 방법 / 객관적인 자료에 대한 언급은 나타나지 않음.
답변하고 있다.

┌ (가)-⑯ 부원 2: ~ 대화할 때 참고할 만한 좋은 방법은 없을까?
│ (가)-⑰ 부원 1: 대화할 때는 공감하며 듣는 태도가 중요해. 친구의 말을 주의
└ 깊게 듣고, 친구의 말에 공감하고 있다는 걸 표현해 주면 좋을 것 같아.

06 정답 ② ＊ 내용 생성의 적절성 파악하기 ·········· [정답률 82%]

(가)에서 언급된 회의 내용을 바탕으로 '동아리 부장'이 세운 글쓰기 계획 중
(나)에 반영되지 않은 것은?

＞왜 정답 ？

② 동아리 부원의 진로 탐색 경험과 유사한 또 다른 사연을 추가로
제시하고 있지 않음.
수집해 제시해야겠어.

(가)에서 '부원 3'이 '커리어넷'을 통해 진로와 관련된 다양한 정보를 탐색했던 자신의
경험을 언급했다. (나)의 2문단에서 이를 활용해 학생들의 진로 고민에 대한 조언을
제시하고 있으나, 이와 유사한 또 다른 사연을 추가로 수집해 제시하고 있지는 않다.

＞왜 오답 ？

① 회의 내용 순서에 따라 글을 구성하고 고민 내용을 소제목으로
진로 ➜ 학업 ➜ 친구 관계에 대한 고민 순으로 동아리 소식지에 실을 내용을 논의함.
제시해야겠어.

┌ (나)②문단❶문장 1. 진로를 찾는 과정이 어렵고 막막해요.
│ (나)③문단❶문장 2. 공부해도 제자리걸음인 것 같아 불안해요.
└ (나)④문단❶문장 3. 친했던 친구와 사이가 멀어져서 속상해요.

③ 학습의 어려움을 극복한 동아리 부원의 발언을 관용 표현을
'동트기 전 새벽이 제일 어둡다.'
활용하여 제시해야겠어.

┌ (가)-❾ 부원 2: 목표를 크게 세워 노력해 보았지만 잘 안 되어서 지치더라고.
│ 그래서 하루에 할 수 있는 만큼으로 목표를 작게 쪼개 보았어. 매일 작은
│ 성취감을 느끼며 꾸준히 노력하다 보니 어느 순간 내 실력도 목표한 만큼 늘어
│ 있더라.
│ (나)③문단❷~❻문장 '동트기 전 새벽이 제일 어둡다.'라는 말을 들어 본 적
│ 있나요? ~ 목표를 잘게 쪼개서 매일 작은 성취감을 느껴 보는 것은 어떨까요?
└ 꾸준히 노력하다 보면 자신도 모르는 사이에 성장해 있을 거예요.

┌ 관용 표현: 둘 이상의 단어가 고정적으로 결합하여 새로운 의미를 만들어 낸 경우,
└ 그 단어 구성을 이르는 말

④ 멀어진 친구와의 관계를 회복하기 위해 대화를 시작하는 방법을
친구와의 관계가 멀어져서 속상하고, 친구의 생각을 듣고 싶음을 밝힘.
예를 들어 제시해야겠어.

┌ (나)④문단❸문장 친구에게 먼저 다가가서 "너와 관계가 멀어져서 속상해. 네
└ 생각은 어떤지 말해 주면 좋겠어."라며 대화를 시작해 보세요.

⑤ 고민이 있는 학생들이 또래 상담부의 도움을 받을 수 있는 방법을
3층 또래 상담부 동아리실이나 또래 상담부 누리집에 상담을 신청함.
제시해야겠어.

┌ (나)⑤문단❸문장 언제든지 도움이 필요하면 3층 또래 상담부 동아리실이나
└ 또래 상담부 누리집에 상담을 신청해 주세요.

07 정답 ① ＊ 자료 활용의 적절성 파악하기 ·········· [정답률 92%]

다음은 (나)를 보완하기 위해 추가로 수집한 자료이다. 자료의 활용 방안으로 가장
(가)를 바탕으로 '동아리 부장'이 쓴 초고
적절한 것은? [3점]

┌───┐
│ [신문 칼럼]   │
│ ❶새로운 사람, 사건, 지식 등이 우연히 삶의 방향을 설정하는 데 도움을   │
│ 주는 경우가 있다. ❷익숙한 것들에서 벗어나 새로운 것에 관심을 가지면   │
│ 호기심을 가지고 다양한 경험을 하고자 시도함.   │
│ 여러 가지 시도를 할 수 있게 되고 그 과정에서 자신의 삶의 방향을   │
│ 진로 탐색에 도움이 되는 기회를 얻을 수 있음.   │
│ 선택하는 기회가 찾아올 수 있다.   │
└───┘

> 왜 정답?

① 호기심을 가지고 다양한 경험을 하다 보면 자신과 맞는 진로를
(새로운 것에 관심을 가지고 여러 가지를 시도함.)
선택할 기회를 우연히 얻을 수 있다는 내용을 추가한다.

[신문 칼럼] - ❷ 익숙한 것들에서 벗어나 새로운 것에 관심을 가지면 여러 가지 시도를 할 수 있게 되고 그 과정에서 자신의 삶의 방향을 선택하는 기회가 찾아올 수 있다.

추가로 수집한 자료인 [신문 칼럼]은 새로운 것들에 대한 시도가 삶의 방향을 선택하는 데에 도움을 주는 경우가 있음을 설명하고 있다. 따라서 이는 (나)의 2문단에서 학생들의 진로 관련 고민에 대해 조언해 줄 내용으로 추가할 수 있다.

> 왜 오답?

② 진로를 선택할 때 다양한 매체를 통해 새로운 정보를 얻는 것보다
(익숙한 것들에서 벗어난 새로운 것)
실제 경험을 쌓는 것이 중요하다는 내용을 추가한다.
[신문 칼럼]의 내용과 관련 없음.

③ 자신의 공부 방법에 대한 믿음을 갖고 끈기 있게 노력하다 보면
(학업 고민에 대한 조언임. [신문 칼럼]의 내용과 관련 없음.)
좋은 기회를 얻을 수 있을 것이라는 내용을 추가한다.

④ 학습 과정에서 우연히 겪는 정체기를 극복하려면 수립한 계획을
철저히 실행하는 것이 효과적이라는 내용을 추가한다.
학업 고민에 대한 조언임. [신문 칼럼]의 내용과 관련 없음.

⑤ 친구와의 관계 회복을 위해서는 진솔한 대화를 시도하고 친구의
입장에 공감하는 태도가 중요하다는 내용을 추가한다.
친구 관계 고민에 대한 조언임. [신문 칼럼]의 내용과 관련 없음.

08~10

출제 　■ 글 전체 중심 문장

[작문 상황]

자신의 경험을 바탕으로 정서를 표현하는 글을 쓴다.

[학생의 초고]

❶ 어린 시절의 추억이 가득한 동네를 떠나 이사 준비를 하며 거실 한구석에 있던 '은재의 성장 일지'를 발견했다. ❷ 끄트머리가 누렇게
(# 글쓴이의 어렸을 적 사진과 엄마의 메모가 있는 책자)
변한 책자를 펼쳐 보니 나의 어렸을 적 사진과 함께, 엄마의 메모가
(# 색채어를 사용해 소재를 감각적으로 표현함.)
눈에 띄었다. ❸ '유치원 등원 첫날, 씩씩하게 손 흔드는 은재, 언제
([ ]: 오래된 책자에서 엄마의 메모를 발견한 일화)
저렇게 컸나…….' ❹ 한 글자씩 눌러 적은 메모에서 엄마가 하루하루 커 가는 나를 얼마나 아끼고 사랑하는지가 느껴져 눈물이 핑 돌았다.
(# 의태어를 사용하여 경험을 생생하게 드러냄.)

*①문단 요약: 엄마의 사랑이 느껴지는 메모를 발견한 일화

❶ 그때 내 수첩이 떠올랐다. ❷ 방에 가서 '2022년'이라고 적힌, 중학생
(글쓴이가 중학생 때 썼던 수첩)
때 쓴 수첩을 집어 들었다. ❸ 펼쳐 본 수첩 속 달력에는 매일의 주요한 일정이 빼곡히 적혀 있었다. ❹ 학년이 올라갈수록 스스로 챙겨야 할 일정이 많아지다 보니 처음에는 쏟아지는 일정에 압도되는 듯한 느낌을 받을 때도 있었다. ❺ '오늘, 도서관 책 반납' 같은 간단한
(# [ ]: 메모를 통해 일정을 계획했던 일과 그때 느꼈던 감정)
일정부터 여행 같은 긴 일정까지 하나하나 메모로 써 놓고 보면 앞으로의 일정들을 모두 잘 해낼 수 있을 것 같은 자신감이 샘솟고는 했었다.

〔압도되다: 보다 뛰어난 힘이나 재주에 눌려 꼼짝 못 하게 되다.

*②문단 요약: 메모를 통해 일정을 계획했던 일

❶ 일상 속 소중한 추억도 짤막한 메모로 남아 있었다. ❷ 3월의 어느 날에 적힌 '우쿨렐레 연습, 손가락이 아파, 힘들어.'라는 메모를 보고는 음악 수행평가를 위해 잠 못 이루고 손가락이 퉁퉁 부르틀
(# 의태어를 사용하여 경험을 생생하게 드러냄.)
때까지 우쿨렐레 연주를 연습했던 기억이 떠올랐다. ❸ 그리고 5월의 어느 날에 적힌 '우쿨렐레 완벽, 기분 최고!'라는 메모를 보고는 수많은 연습 끝에 곡을 완벽히 연주했을 때의 뿌듯함이 되살아났다. ❹ 이렇게 내 삶을 차곡차곡 쌓아 둔 추억의 서랍장을 열어, 발전해 온
(# 메모를 통해 추억을 되돌아 본 일과 그때 느낀 감정)
나의 모습을 되돌아보니 나 자신이 기특하게 여겨졌다.

〔부르트다: 살가죽이 들뜨고 그 속에 물이 괴다.

*③문단 요약: 메모를 통해 추억을 되돌아 본 일

❶ 수첩 속 페이지를 넘기다 보니 '민재랑 싸웠다, 민재는 왜 그랬지? 속상해…, 내 잘못도 있지…'라는 메모가 눈에 띄었다. ❷ 동생과 다툰 후 동생이 나의 입장을 전혀 이해하지 않는 것 같아 실망스러운 마음으로
(# 동생과 다툰 후 동생에게 느낀 실망감을 메모로 표현함.)
썼던 메모였다. ❸ 그때 메모를 적으면서, 나는 동생의 입장을 헤아려 볼
(# [ ]: 메모를 통해 감정을 추슬렀던 일과 그때 느꼈던 감정)
수 있었고, 내 감정에만 매몰되지는 않았는지 되돌아 보며 마음이 차분해지는 기분을 느꼈다. ❹ 파도처럼 요동치던 나의 마음은, 메모를
(# 직유법을 사용해 당시의 내면 심리를 묘사함.)
하며 햇살에 반짝이는 푸른 물결같이 잔잔해질 수 있었던 것이다.

〔매몰되다: 보이지 아니하게 파묻히다.

*④문단 요약: 메모를 통해 감정을 추슬렀던 일

❶ 책장 한 칸을 차지한 수첩들에 적힌 메모에는 하루하루 나아지는 나의 모습들이 가득 차 있다. ❷ 지금도 메모들은 계속해서 쌓이고 있다.

*⑤문단 요약: 메모가 자신에게 주는 의미

08 정답 ③ * 글쓰기 방법 파악하기 ★1등급 대비

[① 2% ② 7% ③ 54% ④ 27% ⑤ 8%]

'학생의 초고'에 활용된 글쓰기 방식으로 적절하지 않은 것은?

> 왜 틀렸나?

선택지에서 언급한 '일화 제시, 직유법, 감정 이입, 의태어, 색채어' 등의 개념을 정확히 알지 못해 오답을 고른 학생들이 많았다.

서술상·표현상의 특징과 관련된 개념어는 그 뜻과 대표 예시를 잘 숙지해 두어야 한다. 또한 실수로 오답을 고르는 일이 없도록 지문에 사용된 표현을 꼼꼼히 확인한 뒤 선택지의 정오를 판단하는 태도가 필요하다.

> 왜 정답?

③ 감정을 이입하여 자연과의 일체감을 드러내고 있다.
(드러나지 않음.)

'학생의 초고'에서 학생이 자신의 감정을 자연에 이입한 부분은 찾을 수 없다. 또한 자연과 어우러지며 하나가 된 것 같이 느끼는 일체감을 드러내고 있지도 않다.

> 왜 오답?

① 일화를 제시하여 독자의 흥미를 유발하고 있다.
('은재의 성장 일지'에 적혀 있는 엄마의 메모를 보게 된 일)

[학생의 초고] ①문단 ❶, ❷문장 어린 시절의 추억이 가득한 동네를 떠나 이사 준비를 하며 거실 한구석에 있던 '은재의 성장 일지'를 발견했다. 끄트머리가 누렇게 변한 책자를 펼쳐 보니 나의 어렸을 적 사진과 함께, 엄마의 메모가 눈에 띄었다.

〔일화: 세상에 널리 알려지지 아니한 흥미 있는 이야기

② 직유법을 사용하여 내면 심리를 묘사하고 있다.
'파도처럼 요동치던 나의 마음', '햇살에 반짝이는 푸른 물결같이'

[학생의 초고] ④문단 ④문장 파도처럼 요동치던 나의 마음은, 메모를 하며 햇살에 반짝이는 푸른 물결같이 잔잔해질 수 있었던 것이다.

직유법: 비슷한 성질이나 모양을 가진 두 사물을 '같이', '처럼', '듯이'와 같은 연결어로 결합하여 직접 비유하는 표현법

④ 의태어를 사용하여 경험을 생생하게 드러내고 있다.
'눈물이 핑 돌았다.', '손가락이 퉁퉁 부르틀 때까지'

[학생의 초고] ①문단 ④문장 ~ 엄마가 하루하루 커 가는 나를 얼마나 아끼고 사랑하는지가 느껴져 눈물이 핑 돌았다.

[학생의 초고] ③문단 ②문장 ~ 음악 수행평가를 위해 잠 못 이루고 손가락이 퉁퉁 부르틀 때까지 우쿨렐레 연주를 연습했던 기억이 떠올랐다.

의태어: 사람이나 사물의 모양이나 움직임을 흉내 낸 말

매력 오답 의태어의 개념을 알지 못했거나, 지문을 꼼꼼하게 읽지 않아 의태어가 사용된 부분을 미처 발견하지 못한 학생들이 많았다.
1문단에서 쓴 '핑'은 '갑자기 눈물이 글썽해지는 모양'을 흉내 낸 말이고, 3문단에 쓴 '퉁퉁'은 '물체의 한 부분이 붓거나 부풀어서 두드러져 있는 모양'을 흉내 낸 말이다. 이는 모두 글쓴이가 떠올리고 있는 경험을 생생하게 드러내는 역할을 한다.

⑤ 색채어를 사용하여 소재를 감각적으로 표현하고 있다.
'끄트머리가 누렇게 변한 책자', '푸른 물결'

[학생의 초고] ①문단 ②문장 끄트머리가 누렇게 변한 책자를 펼쳐 보니 ~

[학생의 초고] ④문단 ④문장 ~ 햇살에 반짝이는 푸른 물결같이 ~

09 정답 ⑤ * 내용 생성의 적절성 파악하기 .... [정답률 90%]

다음은 학생이 초고를 쓰기 전에 구상한 내용을 정리한 것이다. ㄱ~ㅁ 중 '학생의 초고'에 반영되지 <u>않은</u> 것은?

1) 처음
○ 엄마의 메모를 발견함. ················· ㄱ
  유치원 등원 첫날 찍은 사진에 대한 엄마의 메모
2) 중간
○ 메모를 통해 일정을 계획했던 일.
  중학생 때 매일 주요한 일정을 빼곡히 적어둠
→ 일정을 잘 다룰 수 있을 것 같은 자신감이 생김. ········· ㄴ
○ 메모를 통해 추억을 되돌아 본 일. ········· ㄷ
  우쿨렐레 연주를 연습했던 때의 추억
→ 연습으로 발전해 온 나에게 기특함을 느낌. ········· ㄹ
○ 메모를 통해 감정을 추슬렀던 일.
  동생과 싸운 후 느꼈던 실망감을 메모로 적으면서 추스름.
→ 내 감정을 헤아려 준 동생에게 고마움을 느낌. ········· ㅁ
  동생의 입장을 헤아리고, 자신의 감정을 돌아보며 마음이 차분해짐을 느낌.
3) 끝
○ 나의 모습을 간직한 메모가 쌓이고 있음.

>왜 정답?

⑤ ㅁ

[학생의 초고] ④문단 ②, ③문장 동생과 다툰 후 동생이 나의 입장을 전혀 이해하지 않는 것 같아 실망스러운 마음으로 썼던 메모였다. 그때 메모를 적으면서, 나는 동생의 입장을 헤아려 볼 수 있었고, 내 감정에만 매몰되지는 않았는지 되돌아 보며 마음이 차분해지는 기분을 느꼈다.

글쓴이는 동생이 자신의 입장을 이해해 주지 않는 것 같아 실망감을 느꼈지만, 이후 메모를 통해 동생의 입장을 헤아려 보면서 마음이 차분해지는 것을 느꼈다고 했다.

>왜 오답?

① ㄱ

[학생의 초고] ①문단 ①, ②문장 ~ 거실 한구석에 있던 '은재의 성장 일지'를 발견했다. 끄트머리가 누렇게 변한 책자를 펼쳐 보니 나의 어렸을 적 사진과 함께, 엄마의 메모가 눈에 띄었다.

---

② ㄴ

[학생의 초고] ②문단 ⑤문장 '오늘, 도서관 책 반납' 같은 간단한 일정부터 여행 같은 긴 일정까지 하나하나 메모로 써 놓고 보면 앞으로의 일정들을 모두 잘 해낼 수 있을 것 같은 자신감이 샘솟고는 했었다.

③ ㄷ

[학생의 초고] ③문단 ①~③문장 일상 속 소중한 추억도 짤막한 메모로 남아 있었다. 3월의 어느 날에 적힌 '우쿨렐레 연습, 손가락이 아파, 힘들어.'라는 메모를 보고는 ~ 우쿨렐레 연주를 연습했던 기억이 떠올랐다. 그리고 5월의 어느 날에 적힌 '우쿨렐레 완벽, 기분 최고!'라는 메모를 보고는 수많은 연습 끝에 곡을 완벽히 연주했을 때의 뿌듯함이 되살아났다.

④ ㄹ

[학생의 초고] ③문단 ④문장 이렇게 내 삶을 차곡차곡 쌓아 둔 추억의 서랍장을 열어, 발전해 온 나의 모습을 되돌아보니 나 자신이 기특하게 여겨졌다.

10 정답 ③ * 조건에 따라 내용 생성하기 .... [정답률 80%]

〈보기〉는 '학생의 초고'를 읽은 선생님의 조언이다. 이를 반영하여 초고에 추가할 내용으로 가장 적절한 것은? [3점]

〈 보기 〉

선생님: 글이 마무리되지 않은 느낌이 들어. 마지막 문단의 맥락을 고려해서 메모가 나에게 주는 의미가 잘 드러나도록 의인법을 사용한 (조건 ⓐ) 문장을 추가하면 좋겠어. (조건 ⓑ)

>왜 정답?   메모를 통해 성장해 나가고 있음을 드러냄. 조건 ⓐ 충족

③ 메모는 도란도란 이야기하며 함께 커 가는 내 삶의 소중한 짝꿍이다.
  메모를 '이야기하며 함께 커 가는' '짝꿍'으로 의인화함. 조건 ⓑ 충족

>왜 오답?

① 메모는 나를 과거로 데려다주는 타임머신이다. — 조건 ⓐ 충족 ×
  의인법이 아닌 은유법을 사용함. 조건 ⓑ 충족

[학생의 초고] 마지막 문단에서는 메모를 하며 '하루하루 나아지는 나의 모습들'에 대해 언급했다. 이를 고려할 때, '나를 과거로 데려다주는 타임머신'에는 메모를 통해 과거를 되돌아볼 수 있음이 드러날 뿐, 마지막 문단의 맥락과 관련 있는 메모의 의미가 드러난다고 보기 어렵다.

② 메모하는 습관을 유지해서 더 좋은 사람이 되어야겠다. — 조건 ⓑ 충족 ×
  메모를 통해 성장해 나가겠다는 의미가 드러남. 조건 ⓐ 충족

④ 메모는 언제나 내가 나아가야 할 방향을 환하게 밝혀 주는 등대이다. — 조건 ⓐ 충족
  의인법이 아닌 은유법을 사용함. 조건 ⓑ 충족 ×

⑤ 메모는 밝게 웃으며 상상의 세계로 나를 이끌어 주는 친절한 안내원이다. — 조건 ⓐ 충족 ×
  조건 ⓑ 충족

11~12 * 본용언과 보조 용언

 # 출제

① 본용언은 문장의 주어를 주되게 서술하는 용언이고, 보조 용언은 본용언의 의미를 보충하는 용언이다. ② 보조 용언은 [홀로 서술어로
보조 용언은 본용언의 의미를 보충할 뿐, 그 의미를 대체할 수는 없음.
쓰일 수 없으며, 본용언의 뒤에 위치하여 본용언만으로는 나타내기
[ ] : 보조 용언의 특징
어려운 의미를 덧붙인다.]

ㄱ. 나는 그녀의 그림을 보고 싶다.
  █ : 본용언, █ : 보조 용언
ㄴ. 그녀가 사과를 한번 먹어 보다.

* ①문단 요약 : 본용언과 보조 용언의 개념

② 위에서 ㄱ의 '보다'와 ㄴ의 '먹다'는 주어의 특정한 행위를 주되게 서술하는 본용언이고, ㄱ의 '싶다'는 희망의 의미를 덧붙이는, ㄴ의
 # 보조 용언이 본용언에 덧붙이는 의미
'보다'는 시도의 의미를 덧붙이는 보조 용언이다. ❷'보다'는 본용언과 보조 용언으로 모두 쓰일 수 있는 용언으로, 문장에서 그 쓰임을 잘
 # 본용언과 보조 용언 모두 사용 가능한 용언이 있음.
구별해서 이해해야 전달하고자 하는 의미를 정확하게 파악할 수 있다.

❖②문단 요약: 본용언과 보조 용언의 예

③ 본용언과 보조 용언은 위의 예에서 알 수 있듯이 의미를 기준으로
본용언과 보조 용언의 구별 방법 ① 의미
구별할 수 있으며, 다음과 같은 방법으로도 구별할 수 있다.
❷ 본용언과 보조 용언 사이에는 다른 문장 성분을 넣거나, 행위나
 # 구별 방법 ② 사이에 다른 문장 성분을 넣었을 때 자연스러운지 확인하기
작용의 선후 관계를 나타내는 연결 어미인 '-아서/어서', '-고서'를
 # 구별 방법 ③ 사이에 연결 어미 '-아서/어서', '-고서'를 넣고 자연스러운지 확인하기
붙이면 문장의 흐름이 자연스럽지 않다. ❸예를 들어 ㄴ의 '먹어 보다'에
'먹어 아주 보다'와 같이 부사어를 넣거나 '먹어서 보다'나 '먹고서
 # 보조 용언 바로 앞에는 부사어 등 다른 문장 성분이 올 수 없음.
보다'와 같이 연결 어미를 붙이면 보조 용언을 통하여 전달하고자
'먹어 보다'의 의미와는 다른 문장이 됨.
하는 의미가 제대로 파악되지 않는다.

❖③문단 요약: 본용언과 보조 용언의 구별 방법

■ 이것이 핵심!: 본용언과 보조 용언의 특징

	본용언과 보조 용언의 개념	
	본용언	보조 용언
1문단	– 문장의 주체를 주되게 서술하는 용언 – 홀로 쓰일 수 있음.	– 본용언 뒤에서 본용언의 의미를 보충하는 용언 – 홀로 쓰일 수 없음.
2문단	본용언과 보조 용언의 예 • 보고 싶다: 보조 용언 '싶다'가 본용언 '보다'에 희망의 의미를 덧붙임. • 먹어 보다: 보조 용언 '보다'가 본용언 '먹다'에 시도의 의미를 덧붙임.	
3문단	본용언과 보조 용언의 구별 방법 ① 문장에서 쓰인 의미(주어를 주되게 서술 or 의미를 보충) ② 본용언과 보조 용언 사이에 다른 문장 성분을 넣을 수 있는지 여부 ③ 본용언과 보조 용언 사이에 연결 어미 '-아서/어서', '-고서'를 붙일 수 있는지 여부	

11 정답 ⑤ ❋ 본용언과 보조 용언 파악하기 ············ [정답률 87%]

윗글을 통해 알 수 있는 내용으로 적절한 것은?

> 왜 정답 ?

⑤ 본용언과 보조 용언으로 모두 쓰이는 용언이 존재한다.
'보다'

→ ②문단 ❷문장 '보다'는 본용언과 보조 용언으로 모두 쓰일 수 있는 용언으로, ~

'보다'는 ㄱ의 '보고 싶다'에서는 '눈으로 대상의 존재나 형태적 특징을 안다.'라는 의미의 본용언으로 쓰였고, ㄴ의 '먹어 보다'에서는 시도의 의미를 덧붙이는 보조 용언으로 쓰였다.

> 왜 오답 ?

① 보조 용언만으로 서술어를 구성할 수 있다.
없음.

[1문단 ❷문장 보조 용언은 홀로 서술어로 쓰일 수 없으며, 본용언의 뒤에 위치하여 본용언만으로는 나타내기 어려운 의미를 덧붙인다.

② 보조 용언의 바로 앞에 부사어가 올 수 있다.
없음.

[3문단 ❷, ❸문장 본용언과 보조 용언 사이에는 다른 문장 성분을 넣거나, ~ 문장의 흐름이 자연스럽지 않다. 예를 들어 ㄴ의 '먹어 보다'에 '먹어 아주 보다'와 같이 부사어를 넣거나 ~

③ 보조 용언은 본용언의 의미를 대체할 수 있다.
없음.

[1문단 ❶문장 본용언은 문장의 주어를 주되게 서술하는 용언이고, 보조 용언은 본용언의 의미를 보충하는 용언이다.

④ 보조 용언은 본용언 앞에 위치하여 의미를 덧붙인다.
뒤

❋ 근거: 1문단 ❷문장

12 정답 ① ❋ 본용언과 보조 용언 파악하기 ············ [정답률 75%]

윗글을 참고하여 ㉠~㉤을 이해한 것으로 적절하지 않은 것은?

○ 거리에 많은 사람들이 ㉠ 오고 가다.
  본용언 + 본용언
○ 이번 생일에는 선물을 ㉡ 받고 싶다.
  본용언 + 보조 용언
○ 새로운 가수의 노래를 ㉢ 들어 보다.
  본용언 + 보조 용언
○ 친구가 아프니까 곁에 ㉣ 남아 주다.
  본용언 + 보조 용언
○ 날씨가 더워서 창문을 ㉤ 열어 놓다.
  본용언 + 보조 용언

> 왜 정답 ?

① ㉠의 '가다'는 ~~본용언에 진행의 의미를 덧붙이므로~~ 보조 용언으로 볼 수 ~~있군.~~
  '가다'의 본래 뜻대로 쓰임.
  없음.

[1문단 ❶문장 본용언은 문장의 주어를 주되게 서술하는 용언이고, 보조 용언은 본용언의 의미를 보충하는 용언이다.

㉠의 '가다'는 '한곳에서 다른 곳으로 장소를 이동하다.'라는 뜻이다. '거리에 많은 사람들이 가다.'처럼 문장의 주어를 주되게 서술하며 홀로 서술어로 쓰일 수 있으므로 본용언이다.

> 왜 오답 ?

② ㉡의 '싶다'는 본용언에 희망의 의미를 덧붙이므로 보조 용언으로 볼 수 있군.
  '받다'

[2문단 ❶문장 ㄱ('나는 그녀의 그림을 보고 싶다.')의 '싶다'는 희망의 의미를 덧붙이는, ㄴ('그녀가 사과를 한번 먹어 보다.')의 '보다'는 시도의 의미를 덧붙이는 보조 용언이다.

③ ㉢의 '보다'는 본용언에 시도의 의미를 덧붙이므로 보조 용언으로 볼 수 있군.
  '듣다'

❋ 근거: 2문단 ❶문장

④ ㉣에서 '남아'를 '남아서'로 바꾸어 쓰면 자연스럽지 않으므로 ㉣의 '주다'는 보조 용언으로 볼 수 있군.
  '남아서 주다'

[3문단 ❷문장 본용언과 보조 용언 사이에는 다른 문장 성분을 넣거나, 행위나 작용의 선후 관계를 나타내는 연결 어미인 '-아서/어서', '-고서'를 붙이면 문장의 흐름이 자연스럽지 않다.

'친구가 아프니까 곁에 남아서 주다.'처럼 용언 '남다'와 '주다' 사이에 연결 어미 '-아서'를 붙이면 본래 문장과는 다른 의미가 된다. 따라서 ㉣의 '주다'는 보조 용언으로 볼 수 있다.

⑤ ㉤에서 '열어'와 '놓다' 사이에 '아주'를 넣으면 자연스럽지 않으므로 ㉤의 '놓다'는 보조 용언으로 볼 수 있군.
  '열어 아주 놓다'

❋ 근거: 3문단 ❷문장

'날씨가 더워서 창문을 열어 아주 놓다.'처럼 용언 '열다'와 '놓다' 사이에 다른 문장 성분인 부사어 '아주'를 넣으면 문법적으로 자연스럽지 않은 문장이 된다. 따라서 ㉤의 '놓다'는 보조 용언으로 볼 수 있다.

13 정답 ⑤ ✻ 단어의 의미 관계 파악하기 ················· [정답률 76%]

〈보기〉에서 제시된 단어의 의미 자질을 분석한 결과로 적절하지 <u>않은</u> 것은?

— 〈 보기 〉 —

❶ 의미 자질이란 하나의 단어를 이루는 의미 구성 요소를 말한다.
　　　　　　　　　　　　　　　'의미 자질'의 개념
❷ 대립되는 의미 자질은 [+], [−]의 형식으로 표현할 수 있다. ❸ 의미 자질을 분석하면 의미 관계 파악이 가능하다.
　　　　상하 관계, 반의 관계 등
❹ [상하 관계에서 하의어는 상의어보다 구체적인 의미를 가지므로,
[ ]: 상하 관계에 있는 단어들의 의미 자질에서 나타나는 특징
상의어의 의미 자질을 모두 가지며 상의어보다 의미 자질이 하나 이상
많다.] ❺ [반의 관계에 있는 단어들은 하나의 의미 자질만 대립되고 나머지
[ ]: 반의 관계에 있는 단어들의 의미 자질에서 나타나는 특징
의미 자질은 동일하다.]

단어	의미 자질
사람	[+인간]
여자	[+인간], [+여성]
숙녀	[+인간], [+여성], [+성숙]
신사	[+인간], [−여성], [+성숙]
소녀	[+인간], [+여성], [−성인]

반의 관계

왜 정답 ?

⑤ '소녀'는 '사람'과 두 개의 의미 자질이 대립을 이루므로 '사람'과
　　　　　　　　'사람'보다 의미 자질이 두 개 더 많으므로
상하 관계에 있다.

　〈보기〉에 따르면 '소녀'의 의미 자질은 [+인간], [+여성], [−성인]이고, '사람'의 의미
자질은 [+인간]이다. 따라서 '사람'의 의미 자질을 모두 가지면서 '사람'보다 의미
자질이 두 개 더 많은 '소녀'는 '사람'의 하위어임을 알 수 있다.

왜 오답 ?

① '사람'의 의미 자질이 '숙녀'의 의미 자질에 포함되므로 '사람'은
　[+인간]　　　　　　　[+인간], [+여성], [+성숙]
'숙녀'의 상의어이다.

② '여자'의 의미 자질은 '사람'의 의미 자질에 [+여성]을 더 갖고
　[+인간], [+여성]　　　　[+인간]
있으므로 '여자'는 '사람'의 하의어이다.

③ '소녀'는 '여자'보다 구체적인 의미를 가지므로 의미 자질의 개수가
　소녀: [+인간], [+여성], [−성인] / 여자: [+인간], [+여성]
'여자'보다 많다.

④ '신사'는 '숙녀'와 하나의 의미 자질만 대립을 이루고, 나머지 의미
　신사: [+인간], [−여성], [+성숙] / 숙녀: [+인간], [+여성], [+성숙]
자질은 같으므로 '숙녀'와 반의 관계에 있다.

14 정답 ① ✻ 재귀 대명사 파악하기 ················· [정답률 83%]

〈보기〉의 밑줄 친 단어에 대한 설명으로 적절하지 <u>않은</u> 것은?

— 〈 보기 〉 —

재귀 대명사는 문장 내에서 앞에 나온 체언을 다시 나타내는 3인칭
　　　　　　　　　재귀 대명사의 개념과 예시
대명사로, '저', '저희', '자기', '당신' 등이 있다. 한편 명사 '스스로',
　　　　　　　　　　　　　　　　　　　재귀 대명사처럼 쓰이는 명사
'서로'는 재귀 대명사처럼 쓰이기도 한다.

ㄱ. 정우는 동생에게 자기 사랑을 주었다.
　　　　'정우'를 나타내는 재귀 대명사
ㄴ. 막내는 엄마에게 저도 모르게 달려갔다.
　　　'막내'를 나타내는 재귀 대명사
ㄷ. 아이들은 선생님 몰래 저희끼리 속삭였다.
　　　　'아이들'을 나타내는 재귀 대명사
ㄹ. 할머니께서는 손님을 당신께서 직접 맞이하셨다.
　　　　'할머니'를 나타내는 재귀 대명사
ㅁ. 신입생에게 선배들 스스로가 모범을 보여야 한다.
　　　'선배들'을 나타내는 재귀 대명사처럼 쓰임.

왜 정답 ?

① ㄱ: '자기'는 '동생'을 나타내는 재귀 대명사이다.
　　　　　　　　'정우'

왜 오답 ?

② ㄴ: '저'는 '막내'를 나타내는 재귀 대명사이다.
　　　　　앞에 나온 체언

③ ㄷ: '저희'는 '아이들'을 나타내는 재귀 대명사이다.
　　　　　앞에 나온 체언

④ ㄹ: '당신'은 '할머니'를 나타내는 재귀 대명사이다.
　　　　　앞에 나온 체언

　'당신'은 '자기'를 아주 높여 이르는 재귀 대명사이다. ㄹ에서는 '당신'이 '할머니'를
아주 높여 이르는 말로 쓰였다.

⑤ ㅁ: '스스로'는 '선배들'을 나타내는 재귀 대명사처럼 쓰인다.
　　　　 명사　　　 앞에 나온 체언

15 정답 ② ✻ 사이시옷의 표기 파악하기 ················· [정답률 82%]

〈보기〉의 선생님이 제시한 '학습 과제'를 탐구한 내용으로 적절하지 <u>않은</u> 것은?
[3점]

— 〈 보기 〉 —

선생님: 고유어 A, B가 합쳐져 새로운 단어가 만들어질 때, A의 받침으로
사이시옷을 표기하는 경우가 있습니다. 아래의 탐구 과정을 참고하여
　　　　A+ㅅ+B
학습 과제를 탐구해 봅시다.

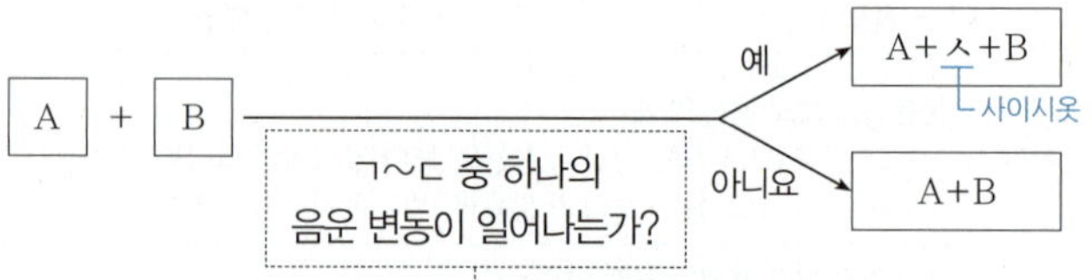

〈사이시옷을 표기하는 조건〉
ㄱ. B의 초성이 예사소리에서 된소리로 바뀌는 경우
　　　　된소리되기와 관련된 사이시옷의 표기
ㄴ. A의 종성에 'ㄴ' 소리가 생기는 경우
　　　　'ㄴ' 첨가와 관련된 사이시옷의 표기
ㄷ. A의 종성과 B의 초성에 각각 'ㄴ' 소리가 생기는 경우
　　　　'ㄴ' 첨가와 관련된 사이시옷의 표기

■ 학습 과제: a~e에 들어갈 올바른 표기를 탐구해 보자.

○ 비+길 → _a_ [비낄] '길'의 초성 'ㄱ'이 'ㄲ'으로 바뀜. ➜ ㄱ에 해당함.
○ 위+쪽 → _b_ [위쪽] 음운 변동이 일어나지 않음.
○ 코+날 → _c_ [콘날] '코'의 종성에 'ㄴ' 소리가 생김. ➜ ㄴ에 해당함.
○ 이+몸 → _d_ [인몸] '이'의 종성에 'ㄴ' 소리가 생김. ➜ ㄴ에 해당함.
○ 배+일 → _e_ [밴닐] '배'의 종성, '일'의 초성에 각각 'ㄴ' 소리가 생김.
　　　　　　　　➜ ㄷ에 해당함.

왜 정답 ?

② b: ㄱ에 해당하므로 '윗쪽'으로 표기해야겠군.
　　　ㄱ~ㄷ의 음운 변동이 일어나지 않으므로 '위쪽'으로 표기함.

과정		표기	발음
A	+ B	→	b	−
위	쪽		위쪽	[위쪽]

　'위'와 '쪽'이 합쳐져서 만들어진 단어의 발음은 [위쪽]이다.
　두 고유어가 합쳐져 새로운 단어가 만들어지는 과정에서 어떠한 음운 변동도
일어나지 않으므로, '위'의 받침에 사이시옷을 표기하지 않는다.

왜 오답?

① a: ㄱ에 해당하므로 '빗길'로 표기해야겠군.
B의 초성이 예사소리로 된소리로 바뀌는 경우

A	+	B	→	a	ㄱ
비		길		빗길	[비낄]

'비'와 '길'이 합쳐져서 만들어진 단어의 발음은 [비낄]이다. 즉 '길'의 초성이 예사소리 'ㄱ'에서 된소리 'ㄲ'으로 바뀌었다.

이는 〈사이시옷을 표기하는 조건〉 ㄱ에 해당하므로, '비'의 받침에 사이시옷을 적어 '빗길'이라고 표기해야 적절하다.

③ c: ㄴ에 해당하므로 '콧날'로 표기해야겠군.
A의 종성에 'ㄴ' 소리가 생기는 경우

A	+	B	→	c	ㄴ
코		날		콧날	[콘날]

'코'와 '날'이 합쳐져서 만들어진 단어의 발음은 [콘날]이다. 즉 '코'의 종성에 'ㄴ' 소리가 생겼다.

이는 〈사이시옷을 표기하는 조건〉 ㄴ에 해당하므로, '코'의 받침에 사이시옷을 적어 '콧날'이라고 표기해야 적절하다.

④ d: ㄴ에 해당하므로 '잇몸'으로 표기해야겠군.
A의 종성에 'ㄴ' 소리가 생기는 경우

A	+	B	→	d	ㄴ
이		몸		잇몸	[인몸]

'이'와 '몸'이 합쳐져서 만들어진 단어의 발음은 [인몸]이다. 즉 '이'의 종성에 'ㄴ' 소리가 생겼다.

이는 〈사이시옷을 표기하는 조건〉 ㄴ에 해당하므로, '이'의 받침에 사이시옷을 적어 '잇몸'이라고 표기해야 것은 적절하다.

⑤ e: ㄷ에 해당하므로 '뱃일'로 표기해야겠군.
A의 종성과 B의 초성에 각각 'ㄴ' 소리가 생기는 경우

A	+	B	→	e	ㄷ
배		일		뱃일	[밴닐]

'배'와 '일'이 합쳐져서 만들어진 단어의 발음은 [밴닐]이다. 즉 '배'의 종성과 '일'의 초성에 각각 'ㄴ' 소리가 생겼다.

이는 〈사이시옷을 표기하는 조건〉 ㄷ에 해당하므로, '배'의 받침에 사이시옷을 적어 '뱃일'이라고 표기해야 적절하다.

16~21

(가) 밀의 공리주의

\# 출제   ⬭ 글 전체 핵심어   🟨 글 전체 중심 문장

❶ 공리주의는 공리의 실천을 통한 ㉮ 최대 행복의 원리를 중시한다. ❷ 공리란 이익과 효용을 뜻하는 것으로 공리주의에서 행복이란 [공리를 극대화하는 것, 즉 고통을 피하고 쾌락을 추구하는 것이다. ❸ 여기서
[ ]: 공리주의에서 '행복'의 의미
행복은 개인의 쾌락만이 아니라 개인의 행위와 관련된 사회 구성원의
\# 행복은 개인과 사회의 이익을 모두 고려하는 의사 결정의 판단 근거임.
쾌락도 고려하는 것을 의미한다.]

효용: ① 보람 있게 쓰거나 쓰임. 또는 그런 보람이나 쓸모 ② 인간의 욕망을 만족시킬 수 있는 재화의 효능

＊1문단 요약 : 공리주의에 따른 행복의 정의

❷ 밀 이전의 공리주의는 모든 쾌락이 측정 가능하고 그 원천에 상관없이 동질적이므로 단지 양에서만 차이가 난다는 양적 쾌락주의의 입장을 가졌다. ❷
\# 쾌락의 효용이 측정 가능하며, 모든 쾌락이 본질적으로 같다고 봄.
동물적 욕망에서 비롯하는 감각적이고 육체적인 쾌락과 인간의 고등 정신 능력인 지성, 도덕 감정, 상상력 등에서 비롯하는 정신적 쾌락이 본질적으로 동일하다고 본 것이다. ❸ 그런데
[이에 따르면 상대적으로 쉽게 쾌락을 향유할 수 있는 동물이 가장
[ ]: 밀 이전의 공리주의에 대한 비판①
행복한 존재가 될 수 있기에 천박한 돼지의 철학이라는 비판]을 받았다. ❹ 또한 [최대 행복의 추구가 인간의 이기심이라는 본성과
[ ]: 밀 이전의 공리주의에 대한 비판②
ⓐ 상충할 수 있어 실현 가능성이 떨어진다는 비판]도 있었다. ❺ 이에 ㉠ 밀은 공리주의에 대해 제기되는 문제점을 해결하면서 공리주의
\# 쾌락의 질적 차이와 최대 행복 추구의 실현 가능성을 연구함.
이론을 발전시켰다.

원천: 사물의 근원   동질적: 성질이 같은 것
본질적: 본질에 관한 것
향유하다: 누리어 가지다.   상충하다: 맞지 아니하고 서로 어긋나다.

＊2문단 요약 : 양적 쾌락주의의 입장을 가진 밀 이전의 공리주의에 대한 비판

❸ 밀은 쾌락은 본래부터 질적 차이가 있다고 보는 질적 쾌락주의를 주장하였다. ❷
\# 쾌락을 저급 쾌락과 고급 쾌락으로 나누어 설명함.
그에 의하면 감각적이고 육체적인 쾌락은 저급 쾌락이고, 정신적 쾌락은 고급 쾌락이다. ❸ 고급 쾌락은 저급 쾌락보다 더 바람직하고 가치 있는 우월성을 지닌다. ❹ [동물과 달리 인간은 고급 쾌락의 추구를 통해 인간의 품위를 높일 수 있고 이에 어긋나는 것은
[ ]: 질적 쾌락주의는 정신적 쾌락의 추구를 인간 행복의 구성 요소로 봄.
본질적으로 인간 행복의 구성 요소가 될 수 없다.]

우월성: 우월한 성질이나 특성
품위: 사람이 갖추어야 할 위엄이나 기품

＊3문단 요약 : 질적 쾌락주의를 주장한 밀의 공리주의

❹ 밀 이전의 공리주의는 최대 행복 추구와 이기심이 상충할 때 법률, 여론 등과 같은 외적 제재가 개인의 이기적 본성을 ⓑ 제어할
최대 행복 추구의 실현 가능성에 대한 밀 이전 공리주의의 입장
수 있다는 입장을 드러냈다. ❷ 하지만 밀은 이것이 근본적인 해결책이 아니라고 생각했다. ❸ 밀에 따르면 외적 제재가 최대 행복의 원리에 부합하는 행동을 하게 할 수는 있지만, 자발적으로 그러한 행동을 하도록 이끄는 힘은 아니라고 생각했다. ❹ 그는 내적 제재인 양심을
\# 최대 행복의 원리를 실현할 수 있게 하는 내적 제재
강조했는데, 양심은 우리의 마음 안에서 형성되는 일종의 도덕적 의무감으로 이를 어기면 내면에 고통을 준다. ❺ 양심은 구성원들과 일체감을 이루고자 하는 타고난 사회적 감정에 토대를 두고, 교육과
\# 교육과 외적 제재 → 양심(내적 제재)↑ → 최대 행복의 원리에 따르는 삶을 실현할 수 있음.
외적 제재 등의 후천적인 경험을 통해 ⓒ 함양된다. ❻ 이를 통해 비로소 인간은 자기 이익 지향성을 극복하고 최대 행복의 원리에 따르는 삶을 실현할 수 있다고 보았다.

제재: 일정한 규칙이나 관습의 위반에 대하여 제한하거나 금지함. 또는 그런 조치
부합하다: 사물이나 현상이 서로 꼭 들어맞다.

＊4문단 요약 : 최대 행복의 원리에 따르는 삶을 실현하게 하는 내적 제재

❺ 밀은 외적 제재와 내적 제재를 통해 최대 행복의 원리를 실현하여 사회 구성원의 후생을 높일 수 있다고 보았고, 그러한 점에서 공리주의가 인간 윤리의 타당한 기준이 될 수 있음을 강조하였다.
\# 인간의 자기 이익 지향성을 고찰한 이론
후생: 사람들의 생활을 넉넉하고 윤택하게 하는 일

＊5문단 요약 : 밀의 공리주의가 지니는 의의

■ **(가) 전체 지문 이해도**

* 밀 이전의 공리주의 VS 밀의 공리주의

	밀 이전의 공리주의	밀의 공리주의
쾌락에 대한 관점	양적 쾌락주의를 따름. → 모든 쾌락은 측정 가능하며 질적으로 동일하다고 봄.	질적 쾌락주의를 따름. → 저급 쾌락, 고급 쾌락으로 쾌락의 질적 차이를 구분함.
이기적 본성을 제어하는 방법	외적 제재 예 법률, 여론 등	① 외적 제재 ② 양심(내적 제재): 타고난 사회적 감정에 토대를 두고, 후천적 경험을 통해 길러짐. → 자발적으로 최대 행복의 원리에 부합하는 행동을 하도록 함.
비판	① 동물이 가장 행복한 존재가 될 수 있음. → '행복한 돼지의 철학' ② 최대 행복 추구는 인간의 이기심과 상충함. → 실현 가능성이 떨어짐.	

■ **(가) 지문 내용과 구조**

1문단	공리주의에 따른 행복의 정의 – 공리주의: 공리(이익과 효용)의 실천을 통한 최대 행복의 원리를 중시함. – 공리주의에서의 '행복': 공리를 극대화하는 것. 개인의 쾌락과 사회 구성원의 쾌락을 모두 고려함.
2문단	양적 쾌락주의의 입장을 가진 밀 이전의 공리주의에 대한 비판 – 양적 쾌락주의: 모든 쾌락은 측정 가능하며, 쾌락은 모두 동질적이라는 입장 – 비판 ① 동물이 가장 행복한 존재가 됨.(천박한 돼지의 철학) ② 최대 행복의 추구가 인간의 이기심이라는 본성과 상충할 수 있어 실현 가능성이 떨어짐.

3문단	질적 쾌락주의를 주장한 밀의 공리주의: 쾌락의 질적 차이를 설명함.

	저급 쾌락	고급 쾌락
	감각적, 육체적인 쾌락	정신적 쾌락
	바람직 ×, 우월성 ×	바람직 ○, 우월성 ○

→ 인간의 정신적 쾌락 추구를 행복의 구성 요소로 봄.

4문단	최대 행복의 원리에 따르는 삶을 실현하게 하는 내적 제재 – 최대 행복 추구와 인간의 이기심이 상충하는 상황에 대한 입장

밀 이전의 공리주의	법률, 여론 등의 외적 제재 → 인간의 이기적 본성을 제어할 수 있음.
밀의 공리주의	교육과 외적 제재 → 양심(내적 제재)↑ → 인간의 자기 이익 지향성을 극복, 최대 행복의 원리에 따르는 삶 실현 가능

5문단	밀의 공리주의가 지니는 의의: 공리주의가 인간 윤리의 타당한 기준이 될 수 있음을 주장함.

1문단	2문단	3문단	4문단	5문단
공리주의에 따른 행복의 정의	양적 쾌락주의의입장을 가진 밀 이전의 공리주의에 대한 비판	질적 쾌락주의를 주장한 밀의 공리주의	최대 행복의 원리에 따르는 삶을 실현하게하는 내적 제재	밀의 공리주의가 지니는 의의

■ **(가) 주제**: 밀이 주장한 공리주의와 그 의의

(나) 효용 이론과 합리적 소비 과정

\# 출제   ⬭ 글 전체 핵심어   ▬ 글 전체 중심 문장

① 인간의 이기적 욕망을 ⓓ 충족하기에 한 사회가 갖고 있는 자원은 유한하다. 경제학자들은 인간이 합리적인 선택을 통해 개인의 이익을 극대화하는 존재로 보고, 합리적 소비 과정을 이해하기 위하여 효용 이론을 제시하였다.

\# 인간의 자기 이익 지향성을 고찰한 이론

[유한하다: 수(數), 양(量), 공간, 시간 따위에 일정한 한도나 한계가 있다.

*①문단 요약: 효용 이론의 등장 배경

② 효용이란 의사 결정자가 어떤 행동의 결과로 얻는 주관적인 기쁨이나 만족감으로, 경제학자들은 효용을 극대화하는 것이 합리적인 소비라고 보았다. 그리고 합리적인 소비 과정을 한계 효용 체감의 법칙과 한계 효용 균등의 법칙을 활용하여 설명하였다. 한계 효용이란 재화에 대한 소비를 한 단위씩 늘릴 때 추가되는 효용을 말한다. 그런데 한계 효용은 소비하는 재화의 수량이 증가함에 따라 점차 감소하는 양상을 보이는데 이를 한계 효용 체감의 법칙이라 한다.

\# 효용의 개념

□ : 합리적인 소비 과정을 설명하는 두 가지 법칙

한계 효용의 개념

한계 효용 체감의 법칙: 소비하는 재화의 수 ↑ → 한계 효용 ↓

[체감: 몸으로 어떤 감각을 느낌.   균등: 고르고 가지런하여 차별이 없음.
[재화: 사람이 바라는 바를 충족시켜 주는 모든 물건

*②문단 요약: 효용의 개념과 한계 효용 체감의 법칙

③ 일반적으로 소비자는 재화를 선택하여 소비할 때 총효용을 극대화하려는 경향을 보인다. 예를 들어 은우가 1개에 각각 1,000원인 튀김과 초밥을 한 개씩 추가로 소비하는 상황을 가정해 보자. 은우의 튀김과 초밥에 대한 한계 효용은 아래의 표와 같다.

〈튀김과 초밥의 한계 효용〉

튀김과 초밥에 대한 소비를 한 단위씩 늘릴 때마다 한계 효용이 감소함.

번째	1	2	3	4	5
튀김	16	8	4	2	1
초밥	5	4	3	2	1

□ : 튀김과 초밥 소비의 단위당 한계 효용이 같은 지점

*③문단 요약: 총효용을 극대화하려는 경향의 예시

[A]

④ 만약 은우가 5,000원의 예산을 지출할 때, 모든 선택 가능한 대안에 대해 각각의 총효용을 계산해 보면 은우는 튀김 3개와 초밥 2개를 선택할 것이다. 이러한 선택을 할 때 은우가 얻을 수 있는 총효용이 37로 가장 크기 때문이다. 이때 5,000원으로 효용을 극대화하는 지점인 튀김 3개와 초밥 2개의 한계 효용이 4로 일치한다. 위의 상황과 같이 경제학자들은 각 상품의 화폐 단위당 한계 효용이 동일한 지점에서 소비하는 것이 한정된 예산에서 효용을 극대화할 수 있는 선택 방법이라고 보았고, 이를 ⓑ 한계 효용 균등의 법칙이라고 정의하였다. 한계 효용 균등의 법칙은 한정된 재화로 최대의 만족을 얻기 위한 선택의 문제를 설명하는 방법으로, 여러 상품의 한계 효용이 균등해지는 지점은 개인이 효용의 수치를 어떻게 매기느냐에 따라 달라진다.

튀김 3개 소비의 효용(16+8+4=28) + 초밥 2개 소비의 효용(5+4=9) = 총효용 37

\# 총효용을 극대화하는 방법

\# 사람마다 같은 금액으로 얻을 수 있는 효용이 다름.

[지출하다: 어떤 목적을 위하여 돈을 지급하다.

*④문단 요약: 한계 효용 균등의 법칙의 의미

⑤ 재화를 합리적으로 소비하는 경향을 설명하는 효용 이론은 정부의 정책 결정에 합리적 근거를 제공하기도 한다. ② 한계 효용 체감의 법칙에 따르면 [저소득층이 추가적으로 얻는 소득 10,000원의 효용은
[ ]: 한계 효용 체감 법칙에 따른 저소득층과 고소득층의 효용 변화를 비교함.
고소득층이 추가적으로 얻는 소득 10,000원의 효용보다 더 큰 효용을
ⓔ 창출한다. ③ 이때 고소득층의 소득 10,000원을 세금으로 걷어 저소득층에게 배분하면 고소득층의 효용 감소분보다 저소득층의 효용 증가분이 더 커져 사회 전체의 효용이 증가한다.] ④ 대부분의 국가는 이러한 경제학적 원리에 의거하여 소득이 증가함에 따라 높은 세율을
정부가 고소득층에게 누진적 소득세를 부과하는 경제학적 근거
적용하는 누진적 소득세를 부과하고 있다. ⑤ 이는 누진적 소득세로 얻은 재정 수입을 통해 사회 전체의 효용을 높이려는 의도라고 할 수 있다.
\# 개인과 사회 구성원 모두의 최대 행복을 추구하는 (가)의 공리주의와 유사함.

의거하다: 어떤 사실이나 원리 따위에 근거하다.

누진적: 가격, 수량 따위가 더하여 감에 따라 상대적으로 그에 대한 비율이 점점 높아지는

*⑤문단 요약: 효용 이론에 기반한 누진적 소득세 정책

■ (나) 전체 지문 이해도

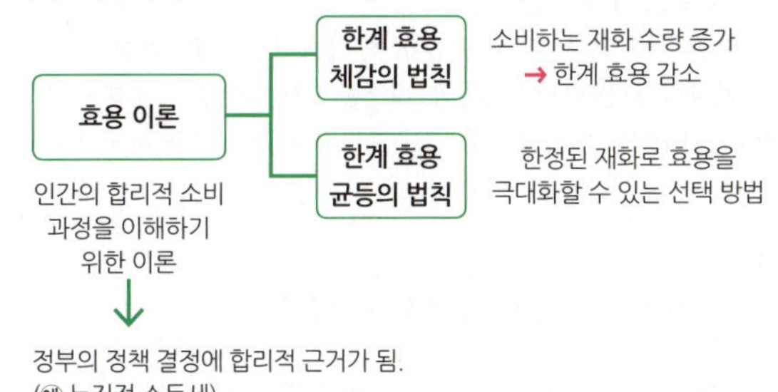

■ (나) 지문 내용과 구조

①문단	**효용 이론의 등장 배경** – 자원의 유한성: 인간의 이기적 욕망을 충족하기에 한계가 있음. – 인간: 합리적인 선택을 통해 개인의 이익을 극대화하는 존재 → 합리적 소비 과정을 이해하기 위해 효용 이론을 제시함.
②문단	**효용의 개념과 한계 효용 체감의 법칙** – 효용: 의사 결정자의 행동으로 얻는 주관적 기쁨이나 만족감 – 효용을 극대화하는 것 → 합리적인 소비 – 합리적인 소비 과정을 설명하는 법칙: ① 한계 효용 체감의 법칙, ② 한계 효용 균등의 법칙
③문단	**총효용을 극대화하려는 경향의 예시** 튀김과 초밥 소비에 대한 한계 효용: 소비가 늘어날수록 한계 효용이 줄어듦.
④문단	**한계 효용 균등의 법칙의 의미** – 한정된 재화로 최대 만족을 얻기 위한 선택의 문제를 설명함. – 각 상품의 화폐 단위당 한계 효용이 같은 지점에서 소비 → 총효용을 극대화할 수 있음.
⑤문단	**효용 이론에 기반한 누진적 소득세 정책** – 효용 이론이 정부 정책 결정에 합리적 근거를 제공함. – 예 소득이 증가함에 따라 높은 세율을 적용하는 누진적 소득세 부과 → 한계 효용 체감 법칙에 따라 사회 전체의 효용을 높이려는 의도가 반영되어 있음.

①문단		②문단		③문단		④문단		⑤문단
효용 이론의 등장 배경	→	효용의개념과 한계 효용 체감의 법칙	→	총효용을 극대화하려는 경향의 예시	→	한계 효용 균등의법칙의 의미	→	효용 이론에 기반한누진적 소득세 정책

■ (나) 주제: 효용 이론을 활용한 합리적 소비 과정에 대한 설명

---

16 정답 ④ * 내용 전개 방식 파악하기 ·················· [정답률 77%]

(가)와 (나)의 공통점으로 가장 적절한 것은?

>왜 정답?

④ 인간의 자기 이익 지향성을 고찰한 이론을 소개하고 있다.
(가): 밀의 공리주의 이론, (나): 효용 이론

[(가) ④문단 ⑥문장 (밀은) 이(내적 제재인 양심)를 통해 비로소 인간은 자기 이익 지향성을 극복하고 최대 행복의 원리에 따르는 삶을 실현할 수 있다고 보았다.
(나) ①문단 ②문장 경제학자들은 인간이 합리적인 선택을 통해 개인의 이익을 극대화하는 존재로 보고, 합리적 소비 과정을 이해하기 위하여 효용 이론을 제시하였다.

>왜 오답?

① 효율적으로 재화를 선택하는 방법을 서술하고 있다.
(나)에서 설명한 한계 효용 체감의 법칙, 한계 효용 균등의 법칙과 관련됨. (가)와는 관련 없음.

② 정부가 정책을 시행하는 일반적인 과정을 설명하고 있다.
(가), (나) 모두 관련 없음.

③ 도덕적 판단 기준으로서 쾌락의 유효성을 강조하고 있다.
(가)에서 설명한 공리주의와 관련됨. (나)와는 관련 없음.

⑤ 개인의 선택을 방해하는 여론 형성 조건을 제시하고 있다.
(가), (나) 모두 관련 없음.

---

17 정답 ② * 내용 파악 + 추론하기 ·················· [정답률 69%]

㉠과 같이 평가할 수 있는 이유로 가장 적절한 것은?
'밀은 공리주의에 대해 제기되는 문제점을 해결하면서 공리주의 이론을 발전시켰다.'

>왜 정답?

② 쾌락의 질적 차이와 내적 제재를 연구하여 최대 행복의 실현 가능성을 높였기 때문이다.
양심
쾌락을 저급 쾌락과 고급 쾌락으로 구분함.

[(가) ③문단 ❶문장 밀은 쾌락은 본래부터 질적 차이가 있다고 보는 질적 쾌락주의를 주장하였다.
(가) ④문단 ❹~❻문장 그(밀)는 내적 제재인 양심을 강조했는데, ~ 양심은 구성원들과 일체감을 이루고자 하는 타고난 사회적 감정에 토대를 두고, 교육과 외적 제재 등의 후천적인 경험을 통해 함양된다. 이를 통해 비로소 인간은 자기 이익 지향성을 극복하고 최대 행복의 원리에 따르는 삶을 실현할 수 있다고 보았다.

밀 이전의 공리주의는 모든 쾌락이 본질적으로 같다고 본 양적 쾌락주의의 입장을 가졌다. 이에 대해 '천박한 돼지의 철학'이라는 비판과 최대 행복의 추구가 실현 가능성이 떨어진다는 비판이 제기되었다. 그러자 밀은 쾌락을 저급 쾌락과 고급 쾌락으로 구분하여 그 차이를 설명하고, 인간이 이기심을 극복하고 최대 행복의 원리를 실현할 수 있게 하는 내적 제재인 양심에 대해 연구하며 공리주의 이론을 발전시켰다.

>왜 오답?

① 쾌락의 개념을 수정하고 그것의 효용을 계량화하여 이론을 체계화 하였기 때문이다.
수정하지 않음. 모든 쾌락이 측정 가능하다고 본 양적 쾌락주의의 특징임.

③ 쾌락의 원천들을 밝히고 그것의 동일성을 규명하여 쾌락의 개념을 정교화하였기 때문이다.
밀은 쾌락을 고급 쾌락과 저급 쾌락을 구분하여 본질적으로 차이가 있다고 봄.

④ 쾌락의 경험이 인간의 동물적 욕망 추구에 미치는 영향을 분석하여 제도화하였기 때문이다.
밀의 공리주의와 관련 없음.
관련 없음.

⑤ 저급 쾌락의 개념을 거부하고 고급 쾌락의 개념을 도입하면서 새로운 학문을 개척하였기 때문이다.
쾌락을 저급 쾌락과 고급 쾌락으로 구분하였을 뿐, 저급 쾌락의 개념을 거부한 것은 아님.

[A]를 바탕으로 〈보기〉를 이해한 내용으로 적절하지 <u>않은</u> 것은? [3점]

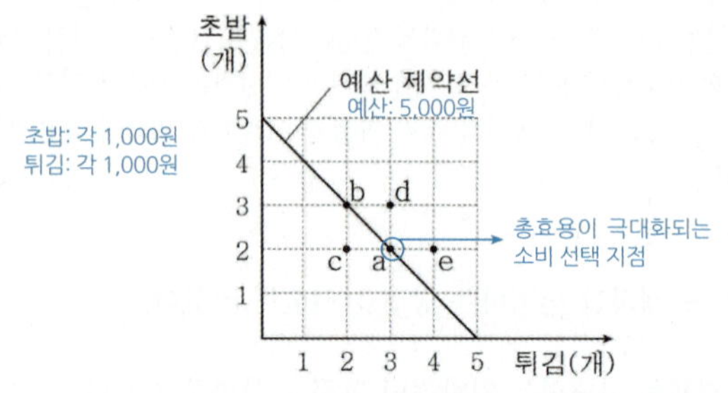

— 〈보기〉 —

아래의 그래프에서 a, b, c, d, e는 은우의 소비 선택 지점을 표시한 것이고, 예산 제약선은 5,000원으로 구입할 수 있는 소비 선택 지점을 이은 선이다.

소비 선택 지점	선택 물품 (개)		비용(원)	총효용
	튀김	초밥		
a	3	2	5,000	37
b	2	3	5,000	36
c	2	2	4,000	33
d	3	3	6,000	40
e	4	2	6,000	39

﹥왜 정답 ？

⑤ d, e 모두 6,000원의 예산으로 가능한 소비 선택 지점으로서 e는 d보다 총효용이 <s>크다.</s>
작다(e의 총효용: 39, d의 총효용: 40)

(나) ❸문단 ❷, ❸문장 예를 들어 은우가 1개에 각각 1,000원인 튀김과 초밥을 한 개씩 추가로 소비하는 상황을 가정해 보자. 은우의 튀김과 초밥에 대한 한계 효용은 아래의 표와 같다.

〈튀김과 초밥의 한계 효용〉
튀김과 초밥에 대한 소비를 한 단위씩 늘릴 때마다 한계 효용이 감소함.

번째	1	2	3	4	5
튀김	16	8	4	2	1
초밥	5	4	3	2	1

□: 튀김과 초밥 소비의 단위당 한계 효용이 같은 지점

[A]에서는 은우가 1개에 1,000원인 튀김과 초밥을 소비하는 상황을 예로 들어 한계 효용 균등의 법칙을 설명했다.
〈보기〉의 d는 튀김 3개와 초밥 3개를, e는 튀김 4개와 초밥 2개를 소비하는 경우이다. 즉 d와 e는 총 6,000원의 예산이 있어야 가능한 소비 선택 지점이다. 이때 d의 총효용은 '튀김 3개 소비의 효용(16+8+4) + 초밥 3개 소비의 효용(5+4+3)'이므로 40이다. e의 총효용은 '튀김 4개 소비의 효용(16+8+4+2)+초밥 2개 소비의 효용(5+4)'이므로 39이다. 따라서 e는 d보다 총효용이 작다.

﹥왜 오답 ？

① a는 5,000원의 예산으로 총효용을 극대화할 수 있는 소비 선택 지점이다.
튀김 3개, 초밥 2개　　　총효용이 37로 가장 큼.

② 소비 선택 지점이 a에서 b로 달라지면 동일한 예산에서 총효용이 작아진다.
튀김 2개, 초밥 3개　　　비용이 5,000원으로 같음.
총효용이 a보다 1만큼 작아짐.(b의 총효용: 36)

③ 소비 선택 지점이 b에서 c로 달라지면 1,000원을 덜 소비하고 총효용이 작아진다.
튀김 2개, 초밥 2개　　　비용이 4,000원으로 줄어듦.
총효용이 b보다 3만큼 작아짐.(c의 총효용: 33)

④ 소비 선택 지점이 c에서 a로 달라지면 1,000원을 더 소비하고 총효용이 커진다.
튀김 3개, 초밥 2개　　　비용이 5,000원으로 늘어남.
총효용이 c보다 4만큼 커짐.(a의 총효용: 37)

'한계 효용 균등의 법칙'
㉮와 ㉯에 대한 설명으로 적절하지 <u>않은</u> 것은?
'최대 행복의 원리'

﹥왜 정답 ？

③ ㉮는 의사 결정의 판단 근거가 <u>개인의 이익</u>이고, ㉯는 의사 결정의 판단 근거가 <s>사회</s>의 이익이다.
개인과 사회 구성원의 쾌락을 모두 포함함.
개인

(가) ❶문단 ❶~❸문장 공리주의는 공리의 실천을 통한 ㉮ 최대 행복의 원리를 중시한다. 공리란 이익과 효용을 뜻하는 것으로 공리주의에서 행복이란 공리를 극대화하는 것, 즉 고통을 피하고 쾌락을 추구하는 것이다. 여기서 행복은 개인의 쾌락만이 아니라 개인의 행위와 관련된 사회 구성원의 쾌락도 고려하는 것을 의미한다.
(나) ❹문단 ❺문장 한계 효용 균등의 법칙(㉯)은 한정된 재화로 최대의 만족을 얻기 위한 선택의 문제를 설명하는 방법으로, 여러 상품의 한계 효용이 균등해지는 지점은 개인이 효용의 수치를 어떻게 매기느냐에 따라 달라진다.

㉮ '최대 행복의 원리'를 중시하는 공리주의는 개인의 쾌락과 사회 구성원의 쾌락을 모두 고려하여 최대 행복을 추구하는 입장이다. 따라서 의사 결정의 판단 근거가 개인의 이익만이라고 할 수는 없다.
㉯ '한계 효용 균등의 법칙'은 인간이 합리적인 선택을 통해 자신의 이익을 극대화하는 존재라고 본 경제학자들이, 그러한 소비 과정을 설명하기 위해 제시한 효용 이론의 한 내용이다. 그러므로 의사 결정의 판단 근거는 사회가 아닌 개인의 이익이다.

﹥왜 오답 ？

① ㉮는 교육적 경험을 쌓아 실행될 수 있다.
후천적인 경험

(가) ❹문단 ❹~❻문장 그(밀)는 내적 제재인 양심을 강조했는데, ~ 양심은 구성원들과 일체감을 이루고자 하는 타고난 사회적 감정에 토대를 두고, 교육과 외적 제재 등의 후천적인 경험을 통해 함양된다. 이를 통해 비로소 인간은 자기 이익 지향성을 극복하고 최대 행복의 원리(㉮)에 따르는 삶을 실현할 수 있다고 보았다.

밀은 인간의 타고난 사회적 감정에 교육과 외적 제재 등의 후천적인 경험이 결합되면 '양심'이라는 내적 제재를 함양할 수 있다고 했다. 그리고 양심을 통해 인간이 공리주의에서 중시하는 ㉮ '최대 행복의 원리'를 실현할 수 있다고 보았다.

② ㉯는 개인에 따라 한계 효용이 균등해지는 지점이 달라진다.
개인이 효용의 수치를 어떻게 매기느냐에 따라 달라짐.
＊ 근거: (나) ❹문단 ❺문장
한정된 재화로 최대의 만족을 얻기 위한 선택의 문제를 설명함.

④ ㉮는 윤리적 판단의 기준으로, ㉯는 소비 선택의 기준으로 쓰일 수 있다.
밀은 ㉮를 중시한 공리주의가 인간 윤리의 타당한 기준이 될 수 있다고 봄.

(가) ❺문단 밀은 외적 제재와 내적 제재를 통해 최대 행복의 원리를 실현하여 사회 구성원의 후생을 높일 수 있다고 보았고, 그러한 점에서 공리주의가 인간 윤리의 타당한 기준이 될 수 있음을 강조하였다.

⑤ ㉮와 ㉯는 모두 이익의 극대화를 목표로 하고 있다.
㉮: 공리를 극대화하여 행복을 추구함. ㉯: 한정된 예산으로 총효용의 극대화를 추구함.
＊ 근거: (가) ❶문단 ❶, ❷문장, (나) ❹문단 ❺문장

20 정답 ② ✳ 구체적 사례나 상황에 적용하기 ⭐1등급 대비

[① 5% ② 20% ③ 17% ④ 32% ⑤ 25%]

(가)의 '밀[Ⓐ]'과 (나)의 '경제학자[Ⓑ]'의 입장에서 〈보기〉를 이해한 반응으로 적절하지 <u>않은</u> 것은?

〈보기〉
기부의 경제학 실험

[실험 내용]
- ○ 실험에 참여한 5명에게 10만 원씩 나눠 주고 참가자는 이 돈을 갖거나 기부할 금액을 결정함.
- ○ 기부한 금액은 공공재 생산에 쓰여 2배의 효용을 창출하고 그 혜택이
  <u>사회 전체의 효용이 증가함.</u>
  모든 사람에게 1/5만큼씩 돌아간다는 것을 참가자들에게 알려 줌.

[실험 참가자의 예상 행동에 따른 효용 비교]
- ○ 아무도 기부하지 않으면 한 사람이 누리는 효용은 10만 원
- ○ 모두가 기부하면 한 사람이 누리는 효용은 20만 원
- ○ 4명이 10만 원을 기부하고 1명이 기부를 하지 않으면 기부한 사람의
  <u>기부금 40 × 2 × (1/5) =16</u>
  효용은 16만 원, 기부하지 않은 1명의 효용은 26만 원
  <u>기부한 사람이 얻는 효용 16 + 기부하지 않은 돈 10의 효용 = 26</u>

[실험 결과]
- ○ 실험 참가자 대부분은 40~60% 정도 기부하였고, 일부는 기부하지
  <u>같은 상황에서 서로의 행동이 다르게 나타남.</u>
  않았음.
- ○ 기부한 실험 참가자들은 이타적인 마음, 기부 행위에서 얻는 자부심 등이 기부의 이유였음을 밝힘.

단서 + 발상

단서 – 실험에 참여한 5명이 각자가 판단한 효용에 따라 기부 여부를 결정함.
– 기부한 금액의 효용은 2배가 되며, 이를 모든 사람이 1/5로 나누어 가짐.
– 기부를 하지 않은 사람은 그 금액만큼을 추가적인 효용으로 얻게 됨.

발상 모두가 기부를 하면 효용은 2배가 되지만, 실험 결과에 따르면 40~60% 정도 기부하고, 기부하지 않은 사람도 있었음.

해결 개인의 효용에 따라 기부 여부를 결정함. ➡ 최대 행복의 원리 실현하기 위함.
기부를 한 사람들 ➡ 이타적인 마음, 기부 행위에서 얻는 자부심 등이 이유였음.

⟩왜 정답?

<u>기부 참여 여부</u>
② Ⓑ는 <u>한계 효용 체감의 법칙</u>에 따라 기부자와 기부하지 않은 자가
<u>(나)의 경제학자</u>
같은 금액으로 얻을 수 있는 효용이 다르다고 보겠군.

[(나) ②문단 ❸, ❹문장 한계 효용이란 재화에 대한 소비를 한 단위씩 늘릴 때 추가되는 효용을 말한다. 그런데 <u>한계 효용은 소비하는 재화의 수량이 증가함에 따라 점차 감소하는 양상을 보이는데 이를 한계 효용 체감의 법칙이라 한다.</u>

〈보기〉에 따르면 기부자와 기부하지 않은 자는 기부에 참여했는지의 여부에 따라 같은 금액으로 얻을 수 있는 효용이 서로 달라진다. 이는 소비하는 재화의 양이 증가할수록 한계 효용이 줄어듦을 설명하는 한계 효용 체감의 법칙과는 관련이 없다.

⟩왜 오답?

① Ⓐ는 기부 행위를 고등 정신 능력을 발휘해 인간의 품위를 높일 수
<u>(가)의 '밀' 도덕 감정에서 비롯한 정신적 쾌락 = 고급 쾌락</u>
있는 행위로 보겠군.

[(가) ②문단 ❷문장 ~ 인간의 <u>고등 정신 능력인 지성, 도덕 감정, 상상력 등에서 비롯하는 정신적 쾌락</u>이 ~
[(가) ③문단 ❷~❹문장 그(Ⓐ '밀')에 의하면 감각적이고 육체적인 쾌락은 저급 쾌락이고, 정신적 쾌락은 고급 쾌락이다. ~ 동물과 달리 인간은 고급 쾌락의 추구를 통해 <u>인간의 품위를 높일 수 있고</u> ~

---

③ Ⓐ는 기부하지 않은 자의 행동을 양심을 위반한 행동으로, Ⓑ는
<u>내적 제재</u>
기부하지 않은 자가 참가자들의 예상 행동에 따른 효용을 비교해 보고 합리적인 선택을 했을 것으로 이해하겠군.
<u>총효용이 극대화하는 지점을 선택</u>

[(가) ④문단 ❹문장 그(Ⓐ '밀')는 내적 제재인 양심을 강조했는데, 양심은 우리의 마음 안에서 형성되는 일종의 도덕적 의무감으로 ~
[(나) ③문단 ❶문장 일반적으로 소비자는 재화를 선택하여 소비할 때 <u>총효용을 극대화하려는 경향을 보인다.</u>

④ Ⓐ는 이타적인 마음을 동료를 자신과 같이 여기는 사회적 감정으로,
<u>내적 제재인 양심의 토대</u>
Ⓑ는 자부심을 기부의 결과로 얻는 주관적인 만족감으로 이해하겠군.
<u>기부 행위에 따르는 효용</u>

[(가) ④문단 ❺문장 양심은 구성원들과 일체감을 이루고자 하는 타고난 사회적 감정에 토대를 두고, 교육과 외적 제재 등의 후천적인 경험을 통해 함양된다.
[(나) ②문단 ❶문장 효용이란 의사 결정자가 어떤 행동의 결과로 얻는 <u>주관적인 기쁨이나 만족감</u>으로, 경제학자(Ⓑ)들은 효용을 극대화하는 것이 합리적인 소비라고 보았다.

> **매력 오답** (나)에 따르면 경제학자(Ⓑ)들은 인간을 합리적인 선택을 통해 개인의 이익을 극대화하는 존재로 보았다. 이를 〈보기〉에 적용하면, 기부를 선택한 참가자는 기부 행위가 자신의 이익을 극대화하는 합리적인 소비라고 판단한 것이다. 이와 관련해 〈보기〉에서는 참가자들이 기부를 한 이유에 대해 '기부 행위에서 얻는 자부심' 등이 있었다고 밝혔다.
> 이를 종합하면, 〈보기〉의 참가자가 기부의 결과로 얻은 '자부심'은 기부 행위의 결과로 얻은 효용, 즉 주관적인 기쁨이나 만족감으로 이해할 수 있다.

⑤ Ⓐ는 최대 행복을 추구하는 것이, Ⓑ는 누진적 소득세를 도입하는
<u>사회 구성원의 후생을 높임.</u>　<u>사회 전체의 효용을 높임.</u>
것이 구성원 전체의 효용을 높인다는 점에서 개인이 기부하는
<u>한 사람이 얻는 효용이 아무도 기부하지 않을 때보다 늘어남.</u>
행위와 공통점이 있다고 보겠군.

[(가) ⑤문단 밀은 외적 제재와 내적 제재를 통해 최대 행복의 원리를 실현하여 사회 구성원의 후생을 높일 수 있다고 보았고, ~
[(나) ⑤문단 ❹, ❺문장 대부분의 국가는 이러한 경제학적 원리(한계 효용 체감 법칙)에 의거하여 소득이 증가함에 따라 높은 세율을 적용하는 누진적 소득세를 부과하고 있다. 이는 누진적 소득세로 얻은 재정 수입을 통해 사회 전체의 효용을 높이려는 의도라고 할 수 있다.

> **매력 오답** [실험 참가자의 예상 행동에 따른 효용 비교]에 따르면, 아무도 기부하지 않을 때 한 사람이 누리는 효용은 10만 원이다. 이와 비교하여 모두가 기부하거나 일부가 기부하는 경우에는 한 사람이 누리는 효용이 10만 원보다 크게 나타난다고 했다. 즉 기부하는 행위는 실험 참가자 전원의 효용을 증가시키는 효과를 가져오는 것이다.
> 〈보기〉로 제시된 실험의 내용과 결과 등은 그 의미가 무엇인지를 꼼꼼하게 분석해서 이해할 수 있어야 한다.

21 정답 ⑤ ✳ 어휘의 의미 파악하기 ························ [정답률 78%]

ⓐ~ⓔ의 사전적 의미로 적절하지 <u>않은</u> 것은?

⟩왜 정답?

⑤ ⓔ: 안에서 밖으로 밀어 내보냄. – '배출'의 의미임.
'창출' – '전에 없던 것을 처음으로 생각하여 지어내거나 만들어 냄.'이라는 의미임.

⟩왜 오답?

① ⓐ: 맞지 아니하고 서로 어긋남.
'상충'

② ⓑ: 감정, 충동, 생각 따위를 막거나 누름.
'제어'

③ ⓒ: 능력이나 품성 따위를 길러 쌓거나 갖춤.
'함양'

④ ⓓ: 일정한 분량을 채워 모자람이 없게 함.
'충족'

출제   ❶ 중심인물, 배경   ❷ 중심 사건, 갈등   ❸ 서술상 특징

1 ❶황씨는 바빴다. ❷필목* 잇맺음이 나는 대로 손수 둘러메고 장돌
❶중심인물 ❸
뱅이로 나섰다. 대전, 광천, 홍성, 화성, 청라, 남포, 웅천…… 인근에
장이 서는 대로 매장치기를 했다. ❹그 무렵 한철은 그럭저럭 나가고도
소창직 직조 사업 초기에 황씨가 한 일
남은 돈이 있게 되기도 했었다.

❺"그 조시*로만 나갔더래면 시방은 흰목 젖혀 가메 살어 볼
텐디…… 그 방정맞은 놈으 까시미롱!" ❻방금 한 소리지만 소창직*
직조 공장은 잘돼 나갔었다. ❼봉당에 들인 공장이 초협해 헛간마저
❶공간적 배경
털어 늘여 가며 쏠락쏠락 재미가 들랑거렸다. ❽오래잖아 선출이한테
빚으로 쓴 돈도 이자부터 본전까지 깨끗이 밑 닦을 수 있으리라 싶은
판세로 돼 있던 거였다. ❾[그리 돼 가는 판에다 대고 누가 그 사업이
기울어지리라고 생각이나 해봤겠느냐 말이다. ❿가만히 앉어 있는데
[ ]:❷ 중심 사건 – 산업화에 따른 공장 단지 조성으로 황씨의 사업이 기울기 시작함.
인근 읍내에 공업 단지라는 것이 생긴다더란 소문이 왔다. ⓫측량을
❶ 사회의 변화를 보여 줌.
끝냈다더라더니 벌써 탱크같이 생긴 것들이 내를 메워 가고 있었다.
⓬공장이 두어 채 서고 이어 사람이 달린다는 기별이 잇달았다. ⓭㉠직공
으로 부리던 열다섯 명의 계집애들이 들고일어났다. ⓮공임을 배로 올려
직공들이 자신의 이익을 관철하기 위해 의도적으로 갈등을 조성함.
주든가 새로 선 공장으로 가게 놓아주든가 하라는 것이었다.] ⓯노임을
배로 인상해 가며까지 버틸 만한 사업은 아니었다. ⓰또 노임을 배로
올린대도 직공들은 '장래성' '희망성' 따위가 전혀 없다면서 무슨
핑계로든 빠져나갈 눈치를 보이고 있었다. ⓱이틀 동안 쟁의도 벌어
⓲# 공장 직공들이 자신들의 경제적 이익을 목적으로 협력함.
졌으나 속수무책이었다. 그 계집애들 입에서 그만두겠다는 말이
나왔을 때는 이미 들어갈 자리를 미리 마련해 놓은 뒤였던 것이다. 새로
생긴 제과 공장과 전기 기구 조립 공장은 첫 달 임금부터가 황씨네 소창직
공장의 두 달치 품삯에 맞먹고 있었다. ⓴인건비의 앙등으로 치명상을 입을
줄은 더구나 예측할 수도 없던 일이었다. ㉑직공들이 장래의 희망성이
없다는 말에만,

㉒"흐이망성? 칫 미쳐두 곱게들 못 미치구…… 지집년딜이 알 실을
[ ]:❸ 사투리를 사용하여 작품의 사실감과 현장감을 높임.
때가 돼야서 시집이나 갓버리면 구만인디. 시집가서두 벌어다 서방
공대 헐라간다? 그러구 무에던지 배워 두면 지술이지 지술이 워디 따루
있을깨미……" 해 가며 그렇게 무심했던 것이 탈이라면 탈이랄 것이었다.]
황씨는 세태 변화에 무관심한 모습을 보임.

장돌뱅이: '여러 장으로 돌아다니면서 물건을 파는 장수'를 낮잡아 이르는 말
매장치기: 장날마다 장을 보러 다니는 일. 또는 그런 사람
한철: 한창 성한 때   초협하다: 매우 좁고 작다.   공임: 직공들이 품을 판 대가
쟁의: 서로 자기 의견을 주장하며 다툼.
속수무책: 손을 묶은 것처럼 어찌할 도리가 없어 꼼짝 못 함.
인건비: 사람을 부리는 데에 드는 비용   앙등: 물건값이 뛰어오름.

*1 요약: 공업 단지가 생기면서 황씨의 사업이 타격을 입음.

2 ❶그런데 그런 치명적인 상처가 미처 아물기도 전이었다. ❷황씨로서
직공들이 단체로 공장을 그만둔 일
정말 뜻하지 않은 팔매가 또 한 번 날아와 그의 뒤통수를 갈겨 버린
것이다. ❸결정타였다. ❹그건 자기네가 앉아서 손으로 일하고 있던 사이
세상은 기계로 기계를 만들며 일하고 있는 걸 모른 체한 결과였다.
❺카시미론*의 물결이 쥐구멍 같은 벽촌에도 회오리쳐 대기 시작했던
촌사람들이 새로운 물건에 마음을 빼앗김.
것이다. ❻무엇이든 새로운 물건이 나왔을 때 그 물자의 효용에
현혹되는 촌사람들의 안목은 무서운 것이었다. ❼카시미론의 위력도

날로 그랬다. ❽[어느덧 황씨네 기계들도 거미줄을 쓰는 날이 잦아졌다.
❾젖먹이 어린애의 기저귀감으로밖엔 쓰임새가 없는 백소창이나 한 장
토막에 두서너 필 내는 정도의 어처구니없는 사태로 급전된 것이었다.
❿황씨는 문을 닫지 않으려고 발버둥 쳐 보기도 했지만 도리 없었다.]
[ ]:❸ 산업화 과정에서 일어난 농촌의 몰락을 사실적으로 그림.
⓫"쬐끔 늦었던 겨, 다 시절 돌아가는 걸 보아 가메 눈치로 허야는
것을." ⓬황씨는 비로소 유행이란 것에 관심을 갖게 된 것이다. ⓭[크게
황씨가 사업에 실패한 후에야 세태에 관심을 가지게 됨.
밑진 것도 없고 번 것도 없이, 그러나 들인 시설비는 한 푼 못 건진 채
[ ]:❸ 서술자가 사건과 인물의 심리를 서술함.
세상 물정에 어두웠음이나 한탄하며 조용히 문을 닫게 되었다.]

팔매: 작고 단단한 돌 따위를 손에 쥐고, 팔을 힘껏 흔들어서 멀리 내던짐. 또는
그런 물건   벽촌: 외따로 떨어져 있는 궁벽한 마을
급전되다: 사정이나 형세가 갑자기 바뀌게 되다.
물정: 세상의 이러저러한 실정이나 형편

*2 요약: 유행에 뒤처진 황씨가 결국 사업에 실패함.

[중략 부분의 줄거리] 소창직 직조 사업을 실패하게 된 황씨는, 암소를 키워 선출이
황씨가 희망을 걸고 키운 존재
에게 빚을 갚기로 한다. 황씨와 선출이는 함께 지극정성으로 암소를 키우고, 그 암소
가 송아지를 배게 된다. [황씨 집에서 모든 일이 잘 되기를 바라는 고사가 있던 날, 황
씨의 아내 고랏댁은 무심코 술지게미를 소 여물통에 놓아둔다. 이것을 맛본 암소는
광으로 들어가서 술독을 몽땅 비워 버린다.] [ ]:❷ 중심 사건 – 고랏댁의 실수로 암소가 술을
먹게 됨.

3 ❶고랏댁이 두 눈을 뒤집어쓰며 소란 떠는 바람에 황씨가 뛰어나왔고
이어 선출이와 수송이, 곽서방, 철호가 머슴방에서 뛰쳐나왔다.
❷외양간이 비워져 있는 걸 발견한 것도 양순이였다. ❸"얼라, 엄니 소
양순이가 외양간에서 암소가 사라진 것을 처음 발견함.
워디 갔댜? ❹"소?" ❺사람들은 광을 버리고 외양간 앞으로 몰려 법석
거리기 시작했다. ❻"소가?" "소여……" "큰일 났네." "소 쥑이겄는디."
❼그들은 같은 순간에 각기 한마디씩 내뱉으며 대문 밖으로 내달았다.
❽그들은 한결같이 도둑이 들었다기보다 술지게미로 목을 축인 소가
거나해지자 계속 술내가 풍기는 광을 곁에 두고 더 참질 못해 고삐
줄을 끊었는지 풀었는지 하고 나와 대가리와 뿔로 비벼 광으로
들어가곤 술 한 독을 다 먹어 치운 것으로 추측한 것이다. ❾고랏댁
가늠으론 쌀 한 말을 담아 거르면 보통 막걸리 엿 말이 났다. ❿그러니까
소는 줄잡아 막걸리 너 말 가웃치를 단숨에 먹어 치운 셈이었다.
⓫선출이와 황씨는 눈이 뒤집혀 있었다. ⓬아니 간이 뒤집혔는지도
⓭❸ 비유적 표현을 사용해 인물의 심리를 실감나게 표현함.
모를 일이었다. [소는 황씨네 밭마당 가 우물 도랑 건너 타작마당에서
[ ]:❸ 서술자가 사건과 인물의 심리를 서술함.   ❶ 공간적 배경
주정하는 중이었다. ⓮주정이 아니라 속에서 난 불을 끄는 꼴이었다.
⓯펄펄 뛰다 나뒹굴고 비칠거려 일어났다 대가리를 처박고 엉덩춤이
한창인가 하면 무릎을 꿇다 모로 나자빠져 버둥대곤 했는데 사람들은
그저 한갓 장승이 달리 없었다. ⓰선출이와 황씨가 뛰어들며 고삐를
마을사람들이 말리는 바람에 술에 취한 암소를 제지하지 못함.
잡으려 했을 때 사람들은 하나같이 그 두 사람을 붙잡고 늘어졌다.
⓱위험한 일이기 때문이었다. 얼마나 그랬나 소가 탈진해 버리자 황씨는
내 소 살리라고 울부짖기에도 지쳐 두 다리를 뻗고 주저앉았고,
선출이는 푸닥거리 끝난 뒤 떡 못 얻어먹은 사람마냥 싱거운 얼굴
허수아비 옷 벗겨 입힌 등신이 돼 있었다. ⓳속으로 황씨가 생시 아니
몽유 중이기를 바랄 즈음 선출은 차라리 사람 죽는 꼴을 봄이 낫겠단
생각을 하고 난 뒤의 일이지만.] 모두들 넋 나가 하는 사이 누군가가
소리 질렀다.
㉑"짚토매 점 가져와. 소 얼어 죽겠다."

배다: 뱃속에 아이나 새끼를 가지다.
광: 세간이나 그 밖의 여러 가지 물건을 넣어 두는 곳
주정: 술에 취하여 정신없이 말하거나 행동함. 또는 그런 말이나 행동
몽유: 꿈속에서 놂.

＊③ 요약: 고랏댁의 실수로 술을 잔뜩 마신 암소가 주정을 부리다가 쓰러짐.

④ ❶[누군가가 짚누리를 헐고 짚 몇 단을 가져왔다. ❷이윽고 마당
[ ]: 문제를 해결하려는 마을 사람들의 행동이 나타남.
한복판엔 때 아닌 모닥불이 화룽화룽 타올랐다. ❸또 누군가는 먹은 걸
토악질시켜 게워 내도록 해야 산다고 양순이에게 맷돌에 녹두를 타
오도록 재촉했다. ❹부랴부랴 맷돌에 녹쌀 낸 녹두가루를 밍근한 물에
타서 소 주둥이에 한 대야나 들어갔지만 워낙 의식 불명인 판이라
시간이 가도 별 효과가 없었다.] ❺이런 경우엔 수의가 박사래도
소용없겠단 소리만이 잦아질 무렵 소는 잠이 들어 버렸다. ❻깊은
잠이었다. ❼아주 실신한 게라고 사람들은 말했다.
❽날씨는 섣달 날씨였고 얼어 달아나는 바람은 삼경을 넘었는데 소가
❶ 시간적 배경
어른인 마당 한가운데선 불티만이 하늘 높이로 치솟고 치솟곤 했다.
❾그리고 거기서 그만이었다. ❿아무런 보람이 없었다. ⓫[암소는 제 한
몸만 믿고 걸었던 기대와 희망을 헌 명에 벗어던지듯 하고 결국
[ ]: ❷중심 사건 – 주정을 부리다 쓰러진 암소가 결국 죽게 됨.
가죽만 남기게 된 것이었다.]
⓬"배신을 해도 유만부동이다. 이 괘씸한 놈아, 이 괘씸한 놈……"
암소가 죽은 것에 대한 황씨의 원망
⓭황씨가 소에게 달려들어 덜미를 꼬집어 뜯으며 혀를 깨무는
뒤에서, 고랏댁은 어서 날이 새어 소 배를 가르고 태중의 새끼를
고랏댁은 암소가 송아지를 밴 사실을 알고 있었음.
꺼내면 푹신 고아 남편 몸보신이나 시키리란 생각과 함께 모닥불에
짚단을 더 얹었다.
⓮밤이 깊어 가면서 ㉡ 마을 사람들은 [모두 속으로 죽은 고기는
반값이니 몇 근 사두면 그믐 대목까지 곰국을 내먹겠다고 치부
[ ]: 마을 사람들은 암소의 죽음을 안타까워하면서도 속으로는 다른 생각을 품고 있음.
하면서도 겉으론 하늘 아래 이 동네 서고 소가 술 취해 죽었다는 건
듣고 보기 처음이라고 탄식이 거듭이었다.]

섣달: 음력으로 한 해의 맨 끝 달
삼경: 하룻밤을 오경(五更)으로 나눈 셋째 부분. 밤 열한 시에서 새벽 한 시
사이이다.　　유만부동: 비슷한 것이 많으나 서로 같지는 아니함.

＊④ 요약: 실신한 암소가 다시 일어나지 못하고 죽음.

＊필목: 필로 된 무명천
＊조시: 무엇이 처음 시작됨.
＊소창직: 무명실로 만든 면직물
＊카시미론: 캐시미어의 감촉을 재현한 저가 합성 섬유

🔶 독해 공식
❶ 중심인물: 황씨
　　공간적 배경: 소창직 직조 공장, 타작마당
　　시간적 배경: 섣달 삼경
❷ 중심 사건: 산업화에 따른 공장 단지 조성으로 황씨의 사업이 기울기 시작함. 고랏댁의
　　실수로 암소가 술을 먹게 됨. 주정을 부리다 쓰러진 암소가 결국 죽게 됨.
❸ 서술상 특징
・서술자: 3인칭 서술자, 시점: 전지적 작가 시점
・서술자가 사건과 인물의 심리를 서술함.
・사투리를 사용하여 작품의 사실감과 현장감을 높임.
・산업화 과정에서 일어난 농촌의 몰락을 사실적으로 그림.
・비유적 표현을 사용해 인물의 심리를 실감나게 표현함.

■ 갈래: 현대 소설, 단편 소설, 농민 소설
■ 이 작품은? 세상 물정에 어두워 사회의 변화를 따라가지 못하는 황씨가 연이어 실패를
　경험하는 모습을 통해 산업화 과정에서 농민들이 겪어야 했던 갈등과 이로 인한 농촌의
　몰락을 사실적이고 현장감 있게 그려낸 작품이다.
■ 인물 관계도

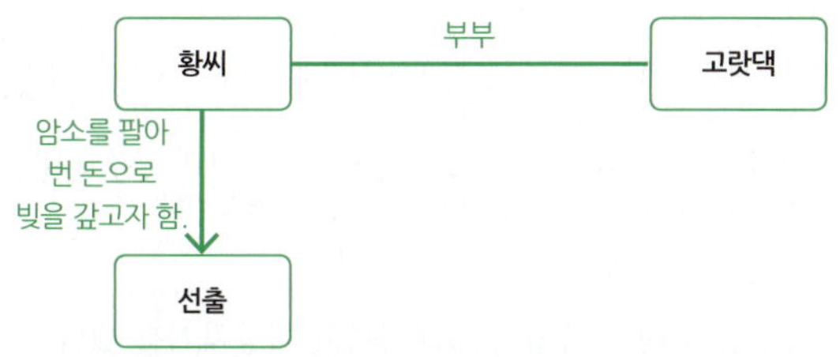

■ 주제: 산업화 과정에서 농민들이 겪는 경제적 어려움과 농촌의 몰락
■ 이것이 핵심!: 소재의 의미

암소	– 황씨가 희망을 걸고 키운 존재 – 생계 유지와 경제적 재기에 대한 농민의 꿈과 기대를 담고 있음.
술지게미	암소가 죽는 사건의 직접적인 계기가 됨.

■ 전체 줄거리
　올해로 52살이 된 황구만은 주어진 인생을 열심히 살아 온 성실한 농부이다. 황구만은
섣달 눈 오는 밤에 잠을 이루지 못하고 선출이와 나누던 대화를 상기하며 몹시 마음이
상해 있다. 삼 년 동안 황씨 네에서 머슴살이를 하던 박선출은 군에 입대하면서 그동안
새경을 모아 만든 팔만 원의 돈을 황씨에게 맡기고 떠났다. 황씨는 그 돈으로 소창직
직조 기계를 서너 대 장만하여 가내 공장을 시작했다. 처음엔 잘 돼 나갔었다. 그러나 인근
읍내에 공업단지가 조성되자 더 나은 품삯을 원한 직공들이 들고 일어나 황씨의 사업은
위기를 겪게 된다. 결국, 세상이 빠르게 기계화되어 가는 것에 무관심했던 황씨의 공장은
폐업할 지경에 이르렀고, 군에서 제대한 박선출에게 이자는 고사하고 원금도 돌려줄 수
없게 된다. 여기에 주인 황씨가 5・16 군사정권이 들어서며 시작된 농가 고리채 정리 기간
동안에 덜컥 신고를 해 버린 탓에 원리금을 몽땅 날릴 판이 된다. 두 사람은 선출이가
작성한 계약서를 통해 의좋게 합의를 본다. 그 내용은 황씨가 송아지 한 마리를 사 키워서
그것을 판 돈으로 부채를 청산한다는 것이었다. 두 사람은 암소를 극진히 먹여 키우고,
심하게 부린 날이면 막걸리를 먹여 재우기도 한다. 그러던 중, 황씨 집에 고사가 있던 날,
음식을 마련한 황씨의 아내 고랏댁은 무심코 술지게미를 소 여물통에 놓아둔다. 이를 맛본
암소는 술내가 풍기는 광으로 들어가서 그 안에 있는 막걸리 항아리를 단숨에 비우고는
쓰러져 버린다. 결국 암소가 그대로 죽어 버리자, 황씨와 선출이는 모두 괴로워
하고 그 곁에서 선출의 애인 신실이도 목놓아 운다.　　　　　（□: 지문 수록 부분）

22　정답 ②　＊ 서술상 특징 파악하기 ················· [정답률 66%]

윗글에 대한 설명으로 가장 적절한 것은?

⟩왜 정답?

② 서술자가 사건뿐만 아니라 인물의 심리를 서술하고 있다.
　　황씨가 공장 문을 닫게 된 사건, 암소가 죽은 사건을 인물의 심리와 함께 서술함.

②-⓭ 크게 밑진 것도 없고 번 것도 없이, 그러나 들인 시설비는 한 푼 못
건진 채 세상 물정에 어두웠음이나 한탄하며 조용히 문을 닫게 되었다.
③-⓲.⓳ 얼마나 그랬나 소가 탈진해 버리자 ~ 속으로 황씨가 생시 아닌
몽유 중이기를 바랄 즈음 선출은 차라리 사람 죽는 꼴을 봄이 낫겠단 생각을
하고 난 뒤의 일이지만.

⟩왜 오답?

① 서술자가 ~~전해 들은~~ 사건을 객관적으로 전달하고 있다.
　　　　　관찰한
　윗글은 전지적 작가 시점에서 쓰인 작품으로, 작품 밖에 있는 3인칭 서술자가 직접
관찰한 사건과 이에 따른 등장인물의 심리를 모두 서술하고 있다.

③ ~~주인공이 회상~~을 통해 자신의 경험을 직접 전달하고 있다.
　　나타나지 않음.

④ 이야기 ~~안~~의 서술자가 인물에 대한 생각을 드러내고 있다.
　　　밖

⑤ ~~장면마다 서술자를 바꿔~~ 사건을 입체적으로 보여 주고 있다.
　　서술자의 교체는 나타나지 않음.

 정답 ① ＊사건과 갈등 파악하기 ★1등급 대비

[① 41% ② 5% ③ 29% ④ 10% ⑤ 13%]

윗글을 읽고 알 수 있는 내용으로 적절하지 않은 것은?

왜 틀렸나?

'장돌뱅이', '매장치기'와 같은 낯선 단어와 황씨의 말에서 나타나는 사투리로 인해 사건의 세부적인 내용을 파악하는 데 어려움을 겪은 학생들이 많았다.

평소 문맥을 통해 어휘의 의미를 추론하는 연습을 해야 하며, 글에 제시된 전체적인 사건의 흐름을 정확히 파악하며 읽는 연습도 많이 해 두어야 한다.

왜 정답?

① 황씨는 소창직 직조 사업이 어려워지자 매장치기를 했다.
황씨가 매장치기를 한 것은 사업이 어려워지기 전의 일임.

[1]-❸~❻ 대전, 광천, 홍성, 화성, 청라, 남포, 웅천…… 인근에 장이 서는 대로 매장치기를 했다. 그 무렵 한철은 그럭저럭 나가고도 남은 돈이 있게 되기도 했다. ~ 방금 한 소리지만 소창직 직조 공장은 잘돼 나갔었다.

황씨가 장돌뱅이로 나서 장이 서는 곳마다 매장치기를 한 것은 소창직 직조 사업 초기의 일이다. 그 당시에는 사업이 제법 잘 되었지만 이후 인근 읍내에 공장이 들어서면서부터 황씨의 직조 사업은 어려움을 겪게 된다.

왜 오답?

② 촌사람들은 카시미론이라는 새로운 물건에 마음을 빼앗겼다.
카시미론의 효용에 현혹됨.

[2]-❺~❼ 카시미론의 물결이 쥐구멍 같은 벽촌에도 회오리쳐 대기 시작했던 것이다. 무엇이든 새로운 물건이 나왔을 때 그 물자의 효용에 현혹되는 촌사람들의 안목은 무서운 것이었다. 카시미론의 위력도 날로 그랬다.

③ 고랏댁은 암소가 송아지를 배고 있다는 사실을 알고 있었다.
암소가 죽자 태중의 새끼로 남편을 몸보신시킬 생각을 함.

[4]-⑬ 황씨가 소에게 달려들어 덜미를 꼬집어 뜯으며 혀를 깨무는 뒤에서, 고랏댁은 어서 날이 새어 소 배를 가르고 태중의 새끼를 꺼내면 푹신 고아 남편 몸보신이나 시키리란 생각과 함께 모닥불에 짚단을 더 얹었다.

> **매력오답** [중략 부분의 줄거리]에서 '암소가 송아지를 배게 된다.'라고 했으며, 중략 이후에는 고랏댁이 '소 배를 가르고 태중의 새끼를 꺼내면'이라고 생각하는 모습이 나타난다. 이 부분을 읽고 내용을 정확히 파악했다면 ③이 적절한 내용임을 쉽게 판단할 수 있었다.
>
> 지문을 읽을 때, 중심 사건과 이에 대한 인물의 생각, 심리가 드러나는 부분은 특히나 주의해서 읽고 세부 내용을 정확히 기억해 두어야 한다.

④ 양순이는 외양간에서 암소가 사라진 것을 처음 발견했다.
암소가 사라진 것을 발견한 후 고랏댁에게 암소의 행방을 물음.

[3]-❷.❸ 외양간이 비워져 있는 걸 발견한 것도 양순이었다. "얼라, 엄니 소 워디 갔댜?"

⑤ 선출이는 암소가 술에 취해 날뛰는 것을 제지하지 못했다.
위험한 일이라며 마을 사람들이 말렸기 때문임.

[3]-⑯.⑰ 선출이와 황씨가 뛰어들며 고삐를 잡으려 했을 때 사람들은 하나같이 그 두 사람을 붙잡고 늘어졌다. 위험한 일이기 때문이었다.

 정답 ① ＊인물의 심리와 태도 파악하기 ★1등급 대비

[① 50% ② 10% ③ 11% ④ 7% ⑤ 20%]

'마을 사람들'

㉠과 ㉡에 대한 이해로 가장 적절한 것은?

'직공'

왜 틀렸나?

윗글에서 ㉠ '직공'과 ㉡ '마을 사람들'이 보인 행동과 그 이유를 정확히 파악하고, 서로 비교하는 데에 어려움을 겪은 학생들이 많았다.

앞뒤의 세부적인 내용 맥락도 함께 고려하면서 인물의 행동과 그 이유를 파악하는 연습을 많이 해 두어야 한다.

왜 정답?

① ㉠은 ㉡과 달리 자신의 이익을 관철하기 위해 의도적으로 갈등을 조성하고 있다.
공임을 많이 주는 다른 공장으로 옮기기 위해 집단으로 들고일어남.

[1]-⑬.⑭ ㉠ 직공으로 부리던 열다섯 명의 계집애들이 들고일어났다. 공임을 배로 올려 주든가 새로 선 공장으로 가게 놓아주든가 하라는 것이었다.

[4]-❶~❸ (㉡ '마을 사람들' 중) 누군가가 짚누리를 헐고 짚 몇 단을 가져왔다. 이윽고 마당 한복판엔 때 아닌 모닥불이 화룽화룽 타올랐다. 또 누군가는 먹은 걸 토악질시켜 게워 내도록 해야 산다고 양순이에게 맷돌에 녹두를 타 오도록 재촉했다.

㉠ '직공'들은 인근 읍내에 공업 단지가 들어서는 상황에서 황씨가 운영하는 소창직 직조 공장은 장래성과 희망성이 없다고 생각한다. 그래서 공임을 올려받거나 품삯을 더 많이 주는 다른 공장으로 옮겨가기 위해 황씨에게 항의하며 고의로 갈등을 조성한다. 이와 달리 ㉡ '마을 사람들'은 황씨의 암소가 술을 마신 뒤 주정을 부리다 쓰러지자, 암소를 살리기 위해 다 함께 힘을 모은다.

왜 오답?

② ㉡은 ㉠과 달리 자신들의 경제적 이익을 목적으로 서로 협력하는 모습을 보이고 있다. ＊근거: [1]-⑬.⑭, [4]-❶~❸
㉠은 ㉡과 달리

㉠ '직공'들이 들고일어난 것은 기존에 받던 것보다 더 많은 품삯이라는 경제적 이익을 얻을 목적으로 서로 협력한 모습이라고 할 수 있다. 하지만 ㉡ '마을 사람들'은 암소를 살리기 위해 협력하고 있을 뿐, 경제적 이익을 목적으로 협력하고 있지는 않다.

③ ㉠은 인정에 호소하는 방법을 통해, ㉡은 알고 있는 지식을 활용하는 방법을 통해 상황의 반전을 꾀하고 있다.
원하는 것을 직접 요구하는 / 암소가 먹은 걸 게워 낼 수 있도록 / 녹두가루를 탄 물을 암소에게 먹임.
＊근거: [1]-⑬.⑭, [4]-❶~❸

㉠ '직공'은 자신들이 원하는 바, 즉 공임을 배로 올려 주든가 새로 선 공장으로 가게 놓아주든가 하라는 것을 직접 요구하고 있다. ㉡ '마을 사람들'은 '맷돌에 녹쌀 낸 녹두가루를 밍근한 물에 타서' 마시면 토악질이 나 먹은 걸 게워 내게 된다는 점을 활용하여 암소를 살리고자 하고 있다.

④ ㉠은 현재의 상황에 대한 기대감이, ㉡은 당면한 상황에 대한 죄책감이 동기가 되어 특정 행위를 행하고 있다.
황씨의 직조 공장에는 장래성과 희망성이 없다고 생각함. / 안타까움

[1]-⑯ 또 노임을 배로 올린대도 직공(㉠)들은 '장래성' '희망성' 따위가 전혀 없다면서 무슨 핑계로든 빠져나갈 눈치를 보이고 있었다.

[3]-❻.❼ "소가?" "소여……" "큰일 났네." "소 쥑이겠는디." 그들(㉡ '마을 사람들')은 같은 순간에 각기 한마디씩 내뱉으며 대문 밖으로 내달았다.

⑤ ㉠과 ㉡은 모두 자신들의 노력이 수포로 돌아가자 겉과 속이 다른 모습을 보이고 있다.
㉠ '직공'은 일관된 태도를 보임. / ㉡ '마을 사람들'은 죽은 암소의 고기를 싼값에 살 수 있을 것이라 생각함.

[1]-⑰.⑱ 이틀 동안 쟁의도 벌어졌었으나 속수무책이었다. 그 계집애들 입에서 그만두겠다는 말이 나왔을 때는 이미 들어갈 자리를 미리 마련해 놓은 뒤였던 것이다.

[4]-⑭ 밤이 깊어 가면서 ㉡ 마을 사람들은 모두 속으로 죽은 고기는 반값이니 몇 근 사두면 그믐 대목까지 곰국을 내먹겠다고 치부하면서도 겉으론 하늘 아래 이 동네 서고 소가 술 취해 죽었다는 건 듣고 보기 처음이라고 탄식이 거듭이었다.

㉠ '직공'은 품삯을 더 많이 주는 다른 공장으로 옮겨가기 위해 일관된 태도를 보인다. 이와 달리 ㉡ '마을 사람들'은 암소를 살리려는 노력이 실패하자, 겉으로는 거듭 탄식하면서도 속으로는 죽은 암소를 도축하면 싼값에 고기를 살 수 있겠다는 생각을 하고 있다.

> **매력오답** ㉠ '직공'들은 그만두겠다는 말을 할 때부터 '이미 들어갈 자리를 미리 마련해 놓은' 상태였음에도, 처음 황씨에게 항의하며 들고일어났을 때는 '공임을 배로 올려 주'는 것도 하나의 조건으로 내세웠다. 이를 겉과 속이 다른 모습으로 생각한 학생들이 있었다.
>
> 하지만 윗글에서 더 많은 품삯을 얻고자 들고일어났던 ㉠ '직공'의 노력이 수포로 돌아간 모습은 나타나지 않는다. 따라서 이와 관련해 겉과 속이 다른 직공들의 모습이 나타났다고 보기도 어렵다.

25 정답 ⑤ * 사건과 갈등 파악하기 ·················· [정답률 65%]

윗글의 서사 전개 과정을 〈보기〉와 같이 도식화할 때, [A], [B]를 비교한 내용으로 적절하지 <u>않은</u> 것은? [3점]

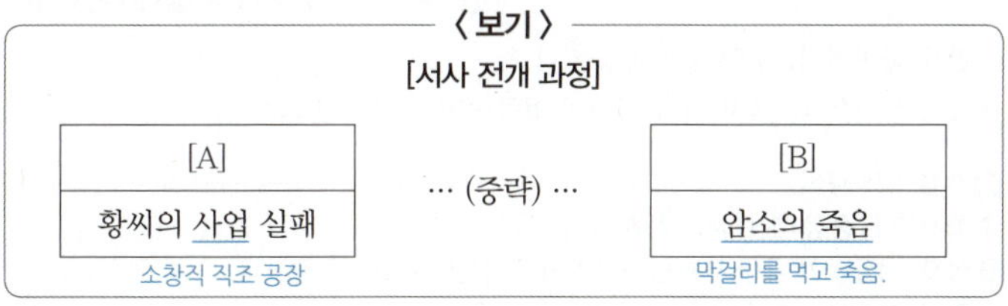

➢왜 정답 ?

⑤ [A]는 세태에 대한 중심인물의 관심을, [B]는 공동체에 대한
산업화, 유행
중심인물의 <s>반감</s>을 불러일으키고 있다.
공동체에 대한 반감을 불러일으키지는 않음.

[②-⑫, ⑬ 황씨는 비로소 유행이란 것에 관심을 갖게 된 것이다. ~ 들인
시설비는 한 푼 못 건진 채 세상 물정에 어두웠음이나 한탄하며 조용히 문을
닫게 되었다.]

황씨는 소창직 직조 공장이 문 닫을 상황에 처하자([A]) '비로소 유행이란 것에
관심을 갖게 된다'. 하지만 윗글에서 암소의 죽음([B])이 공동체에 대한 황씨의 반감을
불러일으키는 모습은 나타나지 않는다.

➢왜 오답 ?

① [A]는 사회의 변화로 말미암아 일어난 사건이고, [B]는 개인의
산업화로 인한 공업 단지 조성, 카시미론의 물결   고랏댁
실수로 일어난 사건이다.

② [A]는 사건에 대한 중심인물의 회한이, [B]는 사건에 대한 중심인물의
세상 물정에 어두웠던 자신에 대한 황씨의 한탄
원망이 나타나 있다.
죽은 암소를 꼬집어 뜯으며 원망을 드러냄.

[④-⑫, ⑬ "배신을 해도 유만부동이다. 이 괘씸한 놈아, 이 괘씸한 놈……"
황씨가 소에게 달려들어 덜미를 꼬집어 뜯으며 혀를 깨무는 뒤에서, ~]

③ [A]는 장기적으로 일어난 사건의 과정이, [B]는 단기적으로 일어난
공업 단지 조성 등 농촌의 산업화 과정
사건의 과정이 나타나 있다.
암소가 막걸리를 마신 뒤 죽게 된 하룻밤 사이의 과정

④ [A]는 문제 상황에 대한 중심인물의, [B]는 문제를 해결하려는
사업이 기우는 상황에서의 황씨의 행동
주변 인물의 행동이 나타나 있다.
죽어가는 암소를 살리려는 마을 사람들의 노력

26~29

(가) 나희덕, 〈연두에 울다〉

출제 ❶ 화자, 중심 대상 ❷ 상황, 정서, 태도 ❸ 표현상 특징

❶ [떨리는 손으로 풀죽은 김밥을 # [ ]: ❷ 상황 – 기차 안에서 여름 들판을 바라봄.
❷ # 화자의 무기력한 모습을 나타냄.
입에 쑤셔넣고 있는 동안에도
❸ # ❶ 중심 대상 ❶ 화자
기차는 여름 들판을 내 눈에 밀어넣었다.
❹ # ❸ 계절적 이미지(여름)를 활용하여 시적 상황을 부각함.
㉠ 연둣빛 벼들이 눈동자를 찔렀다.]
연둣빛 벼들이 눈에 들어온 상황을 표현함.

* ❶~❹행 요약 : 화자가 기차 안에서 창밖의 여름 들판을 바라봄.

❺ [들판은 왜 저리도 푸른가.   : ❸ 종결 어미를 반복하여 운율을 형성함.
❻ 아니다. 푸르다는 말은 적당치 않다.
❼ # [ ]: 화자가 연둣빛 들판이 지닌 속성에 주목함.
초록은 동색이라지만
❽ 연두는 내게 좀 다른 종족으로 여겨진다.

❾ 거기엔 아직 고개 숙이지 않은
화자가 들판의 연두빛에서 발견한 생명력
⑩ 출렁거림, 또는 수런거림 같은 게 남아 있다.]
⑪ 저 순연한* 벼포기들.
❸ 시행을 명사로 마무리하여 시적 여운을 남김.

* ❺~⑪행 요약 : 들판의 연두색 빛이 지닌 생명력에 주목함.

⑫ [그런데 내 안은 왜 이리 어두운가.   # ○ ↔ △ : ❸ 푸른 들판과 화자
⑬ # 화자는 자신이 처한 현실을 절망적으로 인식하고 있음.   의 어두운 내면을 대조함.
㉡ 나를 빛바래게 하려고 쏟아지는 저 햇빛도   [ ]: ❷ 상황 – 생명력을 지닌
⑭ # 화자를 힘들게 하는 상황을 표현함.   연두빛 들판과 달리 자신의 어
결국 어두워지면 빛바랠 거라고 중얼거리며   두운 내면을 성찰하던 화자가
⑮ 김밥을 네 개째 삼키는 순간   울음을 터트림.
⑯ 갑자기 울음이 터져나왔다.] 그것이 마치
⑰ 감정이 몸에 돌기 위한 최소조건이라도 되는 듯.   ❸ 행간 걸침을 통해 시적
울음이 터진 것을 계기로 화자의 정서가 변화함.   의미를 강조함.

* ⑫~⑰행 요약 : 자신의 어두운 내면을 성찰하던 화자가 울음을 터트림.

⑱ 눈에 즙처럼 괴는 연두.
⑲ # ❸ 시행을 명사로 마무리하여 시적 여운을 남김.
그래, 저 빛에 나도 두고 온 게 있지.
⑳ # 생명력 회복에 대한 화자의 바람이 드러남.
기차는 여름 들판 사이로 오후를 달린다.]
[ ]: ❷ 정서 – 자신의 처지를 절망하던 화자가 생명력의 회복을 바라며 긍정적인 정서를 갖게 됨.

* ⑱~⑳행 요약 : 생명력 있던 과거의 자신을 떠올리며 생명력의 회복을 바람.

* 순연한: 다른 것이 조금도 섞이지 않은, 온전한

⭐ (가) 독해 공식

❶ 화자: '내(나)', 중심 대상: 여름 들판

❷ 상황: 기차 안에서 여름 들판을 바라봄. 생명력을 지닌 연두빛 들판과 달리 자신의 어두운 내면을 성찰하던 화자가 울음을 터트림.
정서: 자신의 처지를 절망하던 화자가 생명력의 회복을 바라며 긍정적인 정서를 갖게 됨.

❸ 표현상 특징
• 계절적 이미지를 활용하여 시적 상황을 부각함.
• 종결 어미를 반복하여 운율을 형성함.
• 시행을 명사로 마무리하여 시적 여운을 남김.
• 푸른 들판과 화자의 어두운 내면을 대조함.
• 행간 걸침을 통해 시적 의미를 강조함.

■ 갈래: 현대시
■ 글쓴이: 나희덕(1966 ~). 생명의 원리를 탐구하면서도 서정적인 성격의 작품을 주로 창작하였다. 주요 작품으로는 〈뿌리로부터〉, 〈그 복숭아 나무 곁으로〉, 〈속리산에서〉 등이 있다.

■ 이 작품은?
중심 대상인 '여름 들판'의 연둣빛이 지닌 속성에 주목하면서 이와는 대조되는 화자의 현재 상황과 이를 둘러싼 화자의 정서를 구체적으로 그려내고 있다.

■ (가) 주제: 젊음에 대한 그리움과 생명에 대한 의지

■ 이것이 핵심!: 시어의 의미

소재	의미
풀죽은 김밥	화자의 무기력한 모습
기차	시간의 흐름, 인생 여정의 매개체
연두	젊음, 생명력의 상징
여름 들판	생명력 넘치는 자연, 화자의 처지와 대조되는 대상
울음	정서 변화의 계기

(나) 백석, 〈남신의주 유동 박시봉방〉
❸ 편지의 형식으로 타지에서 화자가 처한 상황을 드러냄.

출제 ❶ 화자, 중심 대상 ❷ 상황, 정서, 태도 ❸ 표현상 특징

❶ ❸ 산문체 진술에 쉼표를 빈번하게 사용하여 운율을 형성함.
[어느 사이에 나는 아내도 없고, 또,
❶ 화자
아내와 같이 살던 집도 없어지고,
❸
그리고 살뜰한 부모며 동생들과도 멀리 떨어져서,
❹ # [ ]: ❷ 정서 – 객지에서 홀로 외로움과 고독감을 느낌.
ⓒ 그 어느 바람 세인 쓸쓸한 거리 끝에 헤매이었다.]
가족들과 떨어진 채 방황하는 상황
바로 날도 저물어서,
❻
바람은 더욱 세게 불고, 추위는 점점 더해 오는데,
❼ # 화자를 힘겹게 하는 고난
[나는 어느 목수네 집 헌 삿을 깐,
❽ : ❸ 토속적인 소재와 평안도 사투리를 활용하여 향토적 분위기를 형성함.
한 방에 들어서 쥔을 붙이었다*.]
[ ]: ❷ 상황 – 겨울날 세 들어 사는 방에서 화자가 자신의 삶을 성찰함.

＊❶~❽행 요약 : 타지에서의 외롭고 고단한 삶

❾
이리하여 나는 이 습내 나는 춥고, 누긋한 방에서,
❿ # 화자가 내적 갈등을 경험하는 공간
ⓔ 낮이나 밤이나 나는 나 혼자도 너무 많은 것같이 생각하며,
⓫ # 자기 한 몸도 감당하기 어려운 상황
딜옹배기에 북덕불*이라도 담겨 오면,
⓬
이것을 안고 손을 쬐며 재 우에 뜻없이 글자를 쓰기도 하며,
⓭
또 문밖에 나가지두 않고 자리에 누워서,
⓮ # 화자의 무기력한 모습
머리에 손깍지벼개를 하고 굴기도 하면서,
⓯ ❸ 비유적 표현을 사용하여 시적 상황을 부각함.
ⓜ 나는 내 슬픔이며 어리석음이며를 소처럼 연하여 쌔김질하는
자신의 지난 삶을 성찰하는 상황을 표현함.
것이었다.]
⓰
내 가슴이 꽉 메어 올 적이며,
⓱
내 눈에 뜨거운 것이 핑 괴일 적이며,
⓲
또 내 스스로 화끈 낯이 붉도록 부끄러울 적이며,
자신의 과거를 되돌아보며 슬픔과 부끄러움을 느끼고 있음.
⓳ ❸ 유사한 문장 구조를 반복하여 운율을 형성함.
나는 내 슬픔과 어리석음에 눌리어 죽을 수밖에 없는 것을 느끼는
화자는 자신이 처한 현실을 절망적으로 인식함.
것이었다.

＊❾~⓳행 요약 : 자신의 지난 삶을 성찰하며 느끼는 슬픔과 절망

⓴
그러나 잠시 뒤에 나는 고개를 들어,
㉑ 화자의 인식 전환을 암시함.
허연 문창을 바라보든가 또 눈을 떠서 높은 천장을 쳐다보는
것인데,
㉒
이때 나는 내 뜻이며 힘으로, 나를 이끌어 가는 것이 힘든 일인 것을
생각하고,
㉓ 운명
이것들보다 더 크고, 높은 것이 있어서, 나를 마음대로 굴려 가는
자신의 과거를 되돌아보며 슬픔과 부끄러움을 느끼고 있음.
것을 생각하는 것인데,
㉔
이렇게 하여 여러 날이 지나는 동안에,
㉕
내 어지러운 마음에는 슬픔이며, 한탄이며, 가라앉을 것은 차츰
자신의 삶을 성찰하며 느꼈던 부정적 감정들이 가라앉음.
앙금이 되어 가라앉고,
㉖
외로운 생각만이 드는 때쯤 해서는,
㉗ 더러 나줏손에 쌀랑쌀랑 싸락눈이 와서 문창을 치기도 하는 때도
❸ 계절적 이미지(겨울)를 활용하여 시적 상황을 부각함.
있는데,
㉘
나는 이런 저녁에는 화로를 더욱 다가 끼며, 무릎을 꿇어 보며,
㉙
어느 먼 산 뒷옆에 바우섶에 따로 외로이 서서,
㉚
어두워 오는데 하이야니 눈을 맞을, 그 마른 잎새에는,

㉛
쌀랑쌀랑 소리도 나며 눈을 맞을,
㉜ ❶ 중심 대상
그 드물다는 굳고 정한 갈매나무라는 나무를 생각하는 것이었다.
❷ 태도: 힘든 현실을 꿋꿋하게 버텨내고자 하는 화자의 현실 극복 의지가 드러남.
〔바우섶: '바위 옆'을 의미하는 평안도 방언

＊⓴~㉜행 요약 : 새로운 삶에 대한 의지

＊쥔을 붙이었다: 주인집에 세 들었다.
＊북덕불: 짚이나 풀 따위가 뒤섞여 엉클어진 뭉텅이에 피운 불

📖 (나) 독해 공식
❶ 화자: '나', 중심 대상: 굳고 정한 갈매나무
❷ 상황: 겨울날 세 들어 사는 방에서 화자가 자신의 삶을 성찰함.
   정서: 객지에서 홀로 외로움과 고독감을 느낌.
   태도: 힘든 현실을 꿋꿋하게 버텨내고자 함(현실 극복 의지).
❸ 표현상 특징
• 편지의 형식으로 타지에서 화자가 처한 상황을 드러냄.
• 산문체 진술에 쉼표를 빈번하게 사용하여 운율을 형성함.
• 토속적인 소재와 평안도 사투리를 활용하여 향토적 분위기를 형성함.
• 비유적 표현을 사용하여 시적 상황을 부각함.
• 유사한 문장 구조를 반복하여 운율을 형성함.
• 계절적 이미지를 활용하여 시적 상황을 부각함.

■ 갈래 : 현대시
■ 글쓴이: 백석(1912~1996). 일제 강점기에 태어나 청년기를 보냈으며, 해방 후에는 고향인 이북에 자리를 잡았다. 토속적인 우리말로 민중들의 삶과 고향의 풍속, 민속을 주로 노래하였다. 대표 작품으로는 〈나와 나타샤와 흰 당나귀〉, 〈남신의주 유동 박시봉방〉, 〈여승〉 등이 있다.
■ 제목의 의미: '남신의주'는 지명, '유동'은 마을 이름이고, '방(方)'은 편지에서 사람 이름 아래 붙여 그 집에 살고 있음을 가리키는 말이다. 즉 남신의주의 유동에 사는 '박시봉'의 집에서 보낸 편지라는 의미이다.
■ (나) 주제 : 무기력한 삶에 대한 반성과 새로운 삶에 대한 의지

■ 이것이 핵심! : 시상 전개 과정에 따른 화자의 정서 변화

❶~❽행	화자가 타지에서 홀로 생활하여 외로움과 고독감을 느낌.
❾~⓳행	화자가 홀로 방 안에서 자신의 삶을 성찰하다 슬픔과 절망감에 빠짐.
⓴~㉕행	화자가 자신의 삶을 이끌어 가는 크고 높은 운명에 대해 생각함. → 부정적인 감정들이 가라앉음.
㉖~㉜행	화자가 굳고 정한 갈매나무를 생각하며 꿋꿋하게 현실을 버텨내려는 의지를 드러냄.

■ 왜 두 작품?
• 공통점: (가)와 (나)의 화자 모두 처음에는 자신이 처한 상황을 절망적으로 인식하다가 이후 긍정적인 정서로 변화하는 모습을 보여 주면서 시상이 마무리된다.
• 차이점: (가)는 생명력을 잃은 화자의 처지를 보여 준 뒤, 이를 극복하고 생명력을 회복하기를 바라는 마음을 그려내고 있다. (나)는 객지에서 홀로 외롭게 살고 있는 화자의 처지를 보여 준 뒤, 힘든 현실을 꿋꿋하게 버텨내고자 하는 의지를 그려내고 있다.

26 정답 ④　＊표현상 특징 파악하기 …………………… [정답률 81%]

(가)와 (나)의 표현상 공통점으로 가장 적절한 것은?

▷왜 정답 ?

④ 계절적 이미지를 활용하여 시적 상황을 부각하고 있다.
(가): '여름 들판', '연둣빛 벼들', (나): '추위', '싸락눈'

[(가) ❸, ❹행 기차는 여름 들판을 내 눈에 밀어넣었다. / 연둣빛 벼들이 눈동자를 찔렀다.
(나) ❻행 바람은 더욱 세게 불고, 추위는 점점 더해 오는데,
(나) ㉗행 더러 나줏손에 쌀랑쌀랑 싸락눈이 와서 문창을 치기도 하는 때도 있는데,

(가)는 '여름 들판', '연둣빛 벼들' 등에서 계절적 이미지를 활용하여 화자가 들판의 푸르름에 주목하고 있는 시적 상황을 부각하고 있다. (나)는 '추위', '싸락눈' 등에서 계절적 이미지를 활용하여 화자가 타지에서 외롭게 지내고 있는 상황을 부각하고 있다.

왜 오답 ?

① 수미상관을 사용하여 주제 의식을 강조하고 있다.
(가), (나) 모두 나타나지 않음.

② 시행을 명사로 마무리하여 시적 여운을 남기고 있다.
(나)에는 나타나지 않음.

＊근거: (가) ⑪, ⑱행

③ 소재의 나열을 통해 역동적 분위기를 강화하고 있다.
(가)에는 나타나지 않음.   (가), (나) 모두 나타나지 않음.

＊근거: (나) ❶∼❸행

　(나)는 '아내', '집', '부모', '동생들' 등을 나열했다고 볼 수 있다. 하지만 이를 통해 타지에서 홀로 지내는 화자의 외로운 처지를 부각할 뿐, 역동적인 분위기를 강화하고 있지는 않다.

⑤ 말을 건네는 방식을 사용하여 친밀감을 나타내고 있다.
(가), (나) 모두 나타나지 않음.

---

27 정답 ⑤ ＊작품 비교하기 ·········· [정답률 60%]

(가)의 '기차[A]'와 (나)의 '방[B]'에 대한 설명으로 가장 적절한 것은?

왜 정답 ?

⑤ A와 B는 모두 화자가 내적 갈등을 경험하는 공간이다.
화자가 자신의 내면을 성찰하면서 슬픔을 느끼는 공간

[(가) ⑪∼⑭행 저 순연한 벼포기들. / 그런데 내 안은 왜 이리 어두운가. / 나를 빛바래게 하려고 쏟아지는 저 햇빛도 / 결국 어두워지면 빛바랠 거라고 중얼거리며
(나) ❾∼⑮행 이리하여 나는 이 습내 나는 춥고, 누긋한 방에서, / ∼ 나는 나 혼자도 너무 많은 것같이 생각하며, / ∼ 나는 내 슬픔이며 어리석음이며를 소처럼 연하여 쌔김질하는 것이었다.]

　(가)의 화자는 '기차'에서 창밖의 연둣빛 들판을 바라보며, 푸른 생명력을 지닌 들판과는 달리 어둡기만 한 자신의 내면을 생각하며 슬픔을 느끼고 있다. (나)의 화자는 '방' 안에 홀로 누워 자신의 삶을 생각하면서 슬픔을 느끼고 있다. 따라서 A '기차'와 B '방'은 모두 화자가 내적 갈등을 경험하는 공간이라고 할 수 있다.

왜 오답 ?

① A는 B와 달리 화자가 과거의 아픔을 떠올리는 공간이다.
현재

＊근거: (가) ⑪∼⑭행

　A '기차'에서 화자는 '내 안은 왜 이리 어두운'지를 생각하며 '나를 빛바래게 하'는 현재의 아픔과 슬픔에 대해 떠올리고 있다.

② B는 A와 달리 화자가 이상적으로 생각하는 공간이다.
A '기차'와 B '방' 모두 화자가 생각하는 이상적 공간이 아님.

③ A는 화자가 애상감을, B는 자족감을 느끼는 공간이다.
자신의 내면이 어둡다며 슬퍼 함.   슬픔과 부끄러움

④ A는 화자가 즐거움을, B는 고독감을 느끼는 공간이다.
슬픔   타지에서 홀로 지내는 자신의 처지에 고독감을 느낌.

---

28 정답 ② ＊시어 및 구절의 의미 파악하기 ·········· [정답률 73%]

시상의 흐름을 고려하여 ㉠∼㉤을 이해한 내용으로 적절하지 않은 것은?

왜 정답 ?

② ㉡: 햇빛이 자신을 성숙하게 만드는 상황을 표현하고 있다.
힘들게 하는

[(가) ⑬, ⑭행 ㉡ 나를 빛바래게 하려고 쏟아지는 저 햇빛도 / 결국 어두워지면 빛바랠 거라고 중얼거리며]

　화자는 햇빛이 자신을 '빛바래게 하려고 쏟아지는' 것이라고 표현한다. 따라서 ㉡은 햇빛이 화자를 성숙하게 만드는 상황이 아니라, 햇빛이 화자를 힘들게 하는 상황을 표현한 것으로 이해할 수 있다.

왜 오답 ?

① ㉠: 연둣빛 벼들이 눈에 들어온 상황을 표현하고 있다.
'눈동자를 찔렀다'

[(가) ❸, ❹행 기차는 여름 들판을 내 눈에 밀어넣었다. / ㉠ 연둣빛 벼들이 눈동자를 찔렀다.]

③ ㉢: 가족들과 떨어진 채 방황하는 상황을 표현하고 있다.
'쓸쓸한 거리 끝에 헤매이었다.'

[(나) ❶∼❹행 어느 사이에 나는 아내도 없고, ∼ 살뜰한 부모며 동생들과도 멀리 떨어져서, / ㉢ 그 어느 바람 세인 쓸쓸한 거리 끝에 헤매이었다.]

④ ㉣: 자기 한 몸도 감당하기 어려운 상황을 표현하고 있다.
'나 혼자도 너무 많은 것같이 생각하며'

[(나) ❾, ⑩행 이리하여 나는 이 습내 나는 춥고, 누긋한 방에서, / ㉣ 낮이나 밤이나 나는 나 혼자도 너무 많은 것같이 생각하며,]

⑤ ㉤: 자신의 지난 삶을 성찰하고 있는 상황을 표현하고 있다.
'소처럼 연하게 쌔김질하는 것이었다.'

[(나) ⑮행 ㉤ 나는 내 슬픔이며 어리석음이며를 소처럼 연하여 쌔김질하는 것이었다.]

---

29 정답 ② ＊〈보기〉를 바탕으로 감상하기  1등급 대비
[① 4% ② 57% ③ 3% ④ 25% ⑤ 8%]

〈보기〉를 바탕으로 (가), (나)를 감상한 내용으로 적절하지 않은 것은? [3점]

> ───── 〈 보기 〉 ─────
> 　❶(가)의 화자는 투병으로 생기를 잃은, (나)의 화자는 객지에서 홀로 힘겨워 하는 처지에 놓여 있다. ❷(가)와 (나)의 화자는 유사한 정서적
> 부정적 정서(절망감) → 긍정적 정서(의지적)
> 변화를 경험하게 된다. ❸무기력한 화자가 자신의 현실을 절망적으로 인식하다가, 특정 계기로 정서적 변화를 경험하고 긍정적인 심리 상태에 이른다. ❹이 과정에서 특정 대상의 속성에 주목하는 모습을 보이기도 한다.
> (가) 연둣빛 여름 들판의 생명력, (나) 갈매나무의 굳건한 속성

단서+발상

단서 보기	적용 (가)	적용 (나)
무기력한 화자의 모습	떨리는 손으로 풀죽은 김밥을 먹고 있음.	자리에 누워 있음.
절망적인 현실 인식	'내 안'이 어둡다고 느낌.	'내 슬픔과 어리석음'에 눌리어 죽을 수밖에 없다고 느낌.
정서 변화의 계기	'울음'이 터짐.	'더 크고, 높은' 운명을 인식함.
긍정적인 심리 상태	생명력 회복에 대한 바람	현실 극복 의지
주목하는 대상	여름 들판, 연둣빛 벼	굳고 정한 갈매나무

왜 정답 ?

② (가)의 '들판은 왜 저리도 푸른가'에서, (나)의 '바람은 더욱 세게'
화자와 달리 푸르름.   '바람'은 화자를 힘겹게 하는 고난을 의미함.
분다는 것에서 자신과 대비되는 특정 대상의 속성에 주목하는 화자의 모습을 확인할 수 있군.

[(가) ❺행 들판은 왜 저리도 푸른가.
(가) ⑫행 그런데 내 안은 왜 이리 어두운가.
(나) ❹∼❻행 그 어느 바람 세인 쓸쓸한 거리 끝에 헤매이었다. ∼ 바람은 더욱 세게 불고, ∼
〈보기〉 ❶문장 (가)의 화자는 투병으로 생기를 잃은, (나)의 화자는 객지에서 홀로 힘겨워 하는 처지에 놓여 있다]

　(가)의 화자는 투병으로 생기를 잃은 어둡기만 한 자신과는 달리 푸른 들판의 속성에 주목하고 있다. 한편 (나)의 화자는 객지에서 홀로 힘겨워 하는 처지에 놓여 있는데, 이때 '바람'은 그러한 화자와 대비되는 대상이 아니라, 화자를 더욱 힘겹게 하는 고난을 의미한다.

① (가)의 '떨리는 손으로 풀죽은 김밥'을 먹는 것에서, (나)의 '문밖에
나가지두 않고 자리에 누워' 있는 것에서 화자의 무기력한 모습을
엿볼 수 있군.
투병으로 생기를 잃은 화자의 모습
객지에서 홀로 힘겨워 하는 화자의 모습

∗ 근거: (가) ❶, ❷행, (나) ⓭행, 〈보기〉 ❸문장

③ (가)의 '내 안은 왜 이리 어두운가'에서, (나)의 '내 슬픔과 어리석음에
눌리어 죽을 수밖에 없는 것'에서 화자가 자신이 처한 현실을
절망적으로 인식하고 있음을 알 수 있군.
(가) 투병으로 생기를 잃고 무기력한 현실, (나) 객지에서 홀로 외롭게 지내는 현실

∗ 근거: (가) ⓬행, (나) ⓳행, 〈보기〉 ❸문장

④ (가)의 '감정이 몸에 돌기 위한 최소조건'으로서 '울음'이 터진
것에서, (나)의 '나를 이끌어 가는' 운명으로서 '더 크고, 높은 것'을
인식한 것에서 정서적 변화의 계기를 알 수 있군.
부정적 정서(절망) → 긍정적 정서(의지)

(가) ⓰~⓳행 갑자기 울음이 터져나왔다, 그것이 마치 / 감정이 몸에 돌기 위한
최소조건이라도 되는 듯. / ~ / 그래. 저 빛에 나도 두고 온 게 있지.
(나) ⓳~㉕행 나는 내 슬픔과 어리석음에 눌리어 죽을 수밖에 없는 것을 느끼는
것이었다. / 그러나 잠시 뒤에 나는 고개를 들어, / ~ / 이때 나는 내 뜻이며
힘으로, 나를 이끌어 가는 것이 힘든 일인 것을 생각하고, / 이것들보다 더
크고, 높은 것이 있어서, 나를 마음대로 굴려 가는 것을 생각하는 것인데, / ~
/ 내 어지러운 마음에는 슬픔이며, 한탄이며, ~ 차츰 앙금이 되어 가라앉고,

(가)의 화자는 자신이 처한 현실을 절망적으로 인식한다. 그런데 '감정이 몸에 돌기
위한 최소조건'으로서 '갑자기 울음이 터져나'온 후로는 '저 빛에' 자신이 두고 온 것, 즉
과거의 건강했던 때를 떠올리며 정서의 변화를 보여 준다.

(나)의 화자는 '슬픔과 어리석음에 눌리어 죽을 수밖에 없'는 자신의 현실을
절망적으로 인식한다. 그러나 자신의 삶을 이끌어 가는 '더 크고, 높은 것'인 운명을
떠올린 것을 계기로, 슬픔과 한탄이 가라앉고 정서의 변화를 겪는 모습을 보여 준다.

매력 오답 (가)의 화자는 '햇빛'을 '나를 빛바래게 하려고 쏟아지는' 것으로 인식한다.
그런데 '울음'을 터트린 후에는 '그래'라는 긍정 표현과 함께 자신도 그 빛에 두고 온
것이 있다고 말한다. '울음'을 계기로 화자의 인식과 정서에 변화가 나타난 것이다.
(나)의 화자 역시 '나를 이끌어 가는' '더 크고, 높은 것'을 생각한 후로는 그전까지
느꼈던 '슬픔'과 '한탄' 같은 것들이 차츰 가라앉는 것을 느낀다. 화자의 처지는
그대로이지만 이를 바라보는 인식과 정서에 변화가 생긴 것이다.
(가)와 (나)에 화자의 정서 변화가 직접적인 표현으로 제시되어 있지는 않지만,
〈보기〉의 내용을 바탕으로 선택지의 적절성을 파악할 수 있어야 했다.

⑤ (가)의 '그래. 저 빛에 나도 두고 온 게 있지'에서 생명력 회복에 대한
화자의 바람을, (나)의 '굳고 정한 갈매나무'를 생각하는 것에서
화자의 현실 극복 의지를 엿볼 수 있군.
들판의 연둣빛 버들처럼 생명력을 회복하기를 바람.
눈을 맞으면서도 굳고 정한 갈매나무처럼 힘든 현실을 꿋꿋하게 버텨내고자 함.

∗ 근거: (가) ⓳행, (나) ㉜행, 〈보기〉 ❸문장

30~33 ∗ C3 식물과 C4 식물의 광합성 방식

출제　◯ 글 전체 핵심어　▮ 글 전체 중심 문장

1 식물은 광합성을 통하여 생장에 필요한 포도당을 생산한다.
식물이 광합성을 하는 목적
광합성의 과정은 대부분의 식물이 동일한데, 식물이 서식하는 환경에
따라 그 효율은 크게 달라질 수 있다. 그래서 어떤 식물들은 일반적인
식물과 다른 방식으로 광합성을 하도록 진화하였다. 그렇다면 이들의
광합성 방식은 일반적인 식물과 어떤 차이가 있을까?

「광합성: 녹색식물이 빛 에너지를 이용하여 이산화 탄소와 수분으로 유기물을
합성하는 과정. 명반응과 암반응으로 구분된다.

∗ 1 문단 요약 : 일반적인 식물과는 다른 방식으로 광합성을 하는 식물

2 일반적인 식물의 광합성은 잎에 있는 엽육 세포에서 주로 일어난다.
엽육 세포에서 명반응과 암반응을 거쳐 이루어짐.
광합성의 과정은 ㉠ 명반응과 ㉡ 암반응이라는 두 단계로 이루어져
있다. 명반응은 빛 에너지로 물을 분해하여 암반응에 필요한 화학
광합성의 첫 번째 단계(빛 에너지로 물 분해 → 화학 에너지 생성)
에너지를 생성하는 단계로, 이 과정에서 부산물로 산소가 발생한다.
명반응의 부산물
명반응으로 발생하는 화학 에너지는 빛의 세기가 강할수록 많이
빛의 세기와 화학 에너지의 생성량이 비례 관계지만, 생산량 증가에는 한계가 있음.
생성되는데, 일정 수준 이상으로 빛의 세기가 강해져도 생산량이 더
증가하지는 않는다. 명반응 과정에서 발생하는 산소는 포도당을
생성하는 데 불필요한 요소이기 때문에, 식물은 잎 뒤에 주로 분포되어
있는 기공을 열어 산소를 배출한다. 기공은 산소를 배출할 때뿐만
기공의 역할 ①
아니라 암반응에 필요한 이산화 탄소를 흡수하거나 체내의 수분을
기공의 역할 ②　　　　　　　　　　기공의 역할 ③
배출해야 할 때에도 열린다.

「부산물: 주산물의 생산 과정에서 더불어 생기는 물건
「기공: 식물의 잎이나 줄기의 겉껍질에 있는, 숨쉬기와 증산 작용을 하는 구멍

∗ 2 문단 요약 : 일반적인 식물의 광합성 과정 ① 명반응

3 암반응은 명반응에서 생성된 화학 에너지와 기공을 통해 흡수한
광합성의 두 번째 단계(화학 에너지 + 이산화 탄소 → 포도당 생성)
이산화 탄소를 이용하여 포도당을 생성하고, 부산물로 물이 생기는
암반응의 부산물
단계이다. 암반응 과정은 캘빈 회로를 통하여 진행되는데 [대기로부터
흡수된 이산화 탄소는 RuBP와 결합하며, 이 결합은 루비스코라는
[ ]: 캘빈 회로의 순환 과정
촉매를 통하여 촉진된다. 이 결합으로 3개의 탄소가 결합한 3탄당이
형성되고, 3탄당은 화학적 변환 과정을 거쳐 포도당을 생성하며,
포도당 생성에 쓰이고 남은 화합물은 RuBP로 재생되어 이산화
탄소와 결합되는 과정이 다시 진행된다.] 이러한 순환 과정을 캘빈
회로라고 하는데, 캘빈 회로로 포도당이 생성되려면 일정 수준 이상의
암반응 과정에서 캘빈 회로를 통해 포도당을 생성하기 위한 조건
이산화 탄소 농도, 적정한 온도 등의 환경이 갖추어져야 한다. 그렇지
않으면 RuBP가 이산화 탄소와 결합하는 비율이 낮아져 포도당
생산의 효율이 떨어진다. 지구상 대부분의 식물은 이와 같은 과정으로
광합성을 하며, 이산화 탄소와 RuBP가 결합하여 생성되는 첫
C3 식물이라는 이름에 담긴 의미
화합물이 3탄당임을 고려하여 C3 식물이라고 부른다.

「촉매: 자신은 변화하지 아니하면서 다른 물질의 화학 반응을 매개하여 반응
속도를 빠르게 하거나 늦추는 일. 또는 그런 물질
「촉진되다: 다그쳐 빨리 나아가게 되다.

∗ 3 문단 요약 : 일반적인 식물의 광합성 과정 ② 암반응

4 그런데 ㉢ C3 식물은 기온이 높거나 건조할 때 광합성의 효율이
C4 식물로 진화하게 된 이유
저하되는 한계가 있다. 기온이 높거나 날씨가 건조할 때 기공을 열면
체내의 수분이 지나치게 배출되므로 식물은 기공을 열지 않는다. 이로
기공을 통해 이산화 탄소를 흡수하지 못하게 되어 이산화 탄소의 양이 줄어듦.
인해 포도당의 생산이 어려워지면 식물은 잘 생장하지 못한다. 가령
[이상 기후 현상으로 인하여 고온의 기후가 지속되는 상황이 발생하면
[ ]: C4 식물에 대한 연구가 필요한 이유
위와 같은 문제가 심화될 수 있으며, C3 식물이자 대표적인 식량
작물인 쌀과 밀 등의 생산량이 감소하는 문제로 이어질 수 있다.] 이에
따라 C3 식물과 다른 방식으로 광합성을 하여 고온에서도 잘 자랄 수
있는 C4 식물에 대한 연구가 활발히 진행되고 있다.
일반적인 식물과는 다른 방식으로 광합성을 하는 식물

「저하되다: 정도, 수준, 능률 따위가 떨어져 낮아지다.

∗ 4 문단 요약 : C3 식물이 지닌 한계와 C4 식물 연구의 필요성

⑤ ● 옥수수, 조, 수수 등 고온의 열대 지방에서도 잘 자라도록 진화한 C4 식물은 두 개의 공간에서 광합성이 진행된다는 특징이 있다. ❷ 첫
C4 식물의 광합성 과정에서 나타나는 특징
번째 공간인 엽육 세포는 C3 식물과 같은 방식으로 명반응이 일어나는
명반응 → 암반응의 첫 단계(이산화 탄소 + PEP → 4탄당 형성)가 진행됨.
곳이자, 암반응의 첫 번째 단계로 탄소를 저장하는 역할을 하는 ❸ 곳이다. 이 식물의 엽육 세포에는 이산화 탄소와 결합하는 역할을 하는 PEP가 존재한다. ❹ PEP와 이산화 탄소가 결합되면 4개의 탄소가
C4 식물이라는 이름에 담긴 의미
포함된 화합물인 4탄당이 형성되는데, C4 식물은 이를 고려하여 붙여진 이름이다. ❺ 4탄당은 엽육 세포에 저장되어 있다가 유관속초
4탄당 분해 → 이산화 탄소 배출 → 캘빈 회로를 통해 포도당 형성
세포라는 두 번째 공간으로 이동한 후 분해되어 포도당 생성에 필요한 이산화 탄소를 배출한다. ❻ 그리고 배출된 이산화 탄소는 유관속초 세포 속에 농축되었다가 캘빈 회로를 통하여 포도당을 형성하는 데 쓰이는데, C3 식물과 C4 식물의 캘빈 회로의 작동 방식은 동일하다.
캘빈 회로에서 RuBP가 이산화 탄소와 결합하며, 이를 루비스코가 촉진함.
❼ 이러한 방식으로 C4 식물은 유관속초 세포 속의 이산화 탄소 농도를
C4 식물이 C3 식물보다 광합성 효율이 높은 이유
높게 유지함으로써 C3 식물에 비해 높은 광합성 효율을 보인다.

〔**농축되다**: 크기가 작은 액체나 기체 성분이 사람이나 동물의 내부에 쌓이다.

* ⑤**문단 요약: C4 식물의 광합성 과정**

⑥ ● C4 식물의 비율은 전체 생물량의 5%에 불과하다. ❷ 그러나 이들의 광합성량은 전체 광합성량의 23%에 달한다. ❸ 이러한 C4 식물에 대한 연구는 미래에 발생할 수 있는 기후 위기에 대응하는 중요한 열쇠가
C4 식물 연구의 전망
될 수 있을 것으로 기대된다.

* ⑥**문단 요약: C4 식물 연구의 긍정적 전망**

■ **전체 지문 이해도**

* **식물의 광합성 방식**

	C3 식물	C4 식물
① 명반응	빛 에너지로 물 분해 → 화학 에너지 생성	엽육 세포에서 C3 식물과 같은 방식으로 명반응이 일어남.
② 암반응	- 화학적 에너지 + 이산화 탄소 → 포도당 생성 - 캘빈 회로(이산화 탄소 + RuBP → 3탄당 형성 → 포도당 생성 → 남은 화합물이 RuBP로 재생 → 이산화 탄소와 결합 → …)를 통해 진행됨.	- 엽육 세포의 PEP + 이산화 탄소 → 4탄당 형성 - 4탄당이 유관속초 세포로 이동 → 4탄당 분해 → 이산화 탄소 배출 → 캘빈 회로를 통해 포도당이 형성됨.

■ **지문 내용과 구조**

①문단	**일반적인 식물과는 다른 방식으로 광합성을 하는 식물** - 식물은 광합성을 통하여 생장에 필요한 포도당을 생산함. - 대부분의 식물은 광합성의 과정이 동일함. 식물의 서식 환경에 따라 효율이 크게 달라짐. → 일반적인 식물과는 다른 방식으로 광합성을 하도록 진화한 식물이 있음.
②문단	**일반적인 식물의 광합성 과정 ① 명반응** - 빛 에너지로 물을 분해 → 암반응에 필요한 화학 에너지를 생성 + 부산물로 산소 발생 - 기공: 산소와 체내의 수분을 배출, 이산화 탄소를 흡수함.
③문단	**일반적인 식물의 광합성 과정 ② 암반응** - 화학적 에너지 + 이산화 탄소 → 포도당 생성 + 부산물로 물 발생 - 캘빈 회로를 통한 암반응 과정: 이산화 탄소 + RuBP(촉매 루비스코가 결합을 촉진함.) → 3탄당 형성 → 포도당 생성 → 남은 화합물이 RuBP로 재생 → 이산화 탄소와 결합 → …

④문단	**C3 식물이 지닌 한계와 C4 식물 연구의 필요성** - C3 식물은 기온이 높거나 건조할 때 광합성의 효율이 저하됨. → 식물이 잘 생장하지 못함. = 이상 기후 현상에 따른 식량 작물의 생산량 감소 문제로 이어질 수 있음. - C3 식물과 다른 방식으로 광합성을 하여 고온에서도 잘 자랄 수 있는 C4 식물에 대한 연구가 활발히 진행되고 있음.
⑤문단	**C4 식물의 광합성 과정** - 두 개의 공간에서 광합성이 진행됨. <table><tr><td>엽육 세포</td><td>→</td><td>유관속초 세포</td></tr><tr><td>명반응 → 이산화 탄소 + PEP → 4탄당 형성</td><td></td><td>4탄당 분해 → 이산화 탄소 배출 → 캘빈 회로를 통해 포도당 형성</td></tr></table>- 특징: 유관속초 세포 속의 이산화 탄소 농도를 높게 유지하여 C3 식물에 비해 높은 광합성 효율을 보임.
⑥문단	**C4 식물 연구의 긍정적 전망** - C4 식물의 비율: 전체 생물량 5% / C4 식물의 광합성량: 전체 광합성량 23% → 미래 기후 위기에 대응하는 중요한 열쇠가 될 수 있을 것으로 기대함.

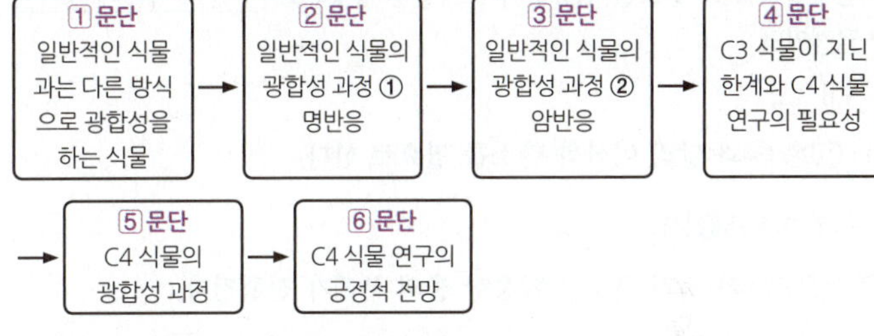

■ **주제**: C3 식물과 C4 식물의 광합성 방식 차이

30 정답 ③ * 내용 파악하기 ······ [정답률 79%]

윗글을 읽고 답할 수 있는 질문으로 적절하지 <u>않은</u> 것은?

〉왜 정답 ?

③ C4 식물의 광합성 방식이 ~~진화되는 과정~~은?
제시하지 않음.

　식물이 서식하는 환경에 따라 광합성 효율이 크게 달라질 수 있으므로, 어떤 식물은 일반적인 식물과 다른 방식으로 광합성을 하도록 진화했다고 했다. 하지만 그 진화 과정을 설명하지는 않았다.

〉왜 오답 ?

① 식물이 광합성을 하는 목적은?
생장에 필요한 포도당 생산

→ ①문단 ❶문장　식물은 광합성을 통하여 생장에 필요한 포도당을 생산한다.

이산화 탄소 + PEP → 4탄당 형성
② C3 식물과 C4 식물의 이름에 담긴 의미는?
이산화 탄소 + RuBP → 3탄당 형성

③문단 ❻문장　지구상 대부분의 식물은 이와 같은 과정으로 광합성을 하며, 이산화 탄소와 RuBP가 결합하여 생성되는 첫 화합물이 3탄당임을 고려하여 C3 식물이라고 부른다.
⑤문단 ❹문장　PEP와 이산화 탄소가 결합되면 4개의 탄소가 포함된 화합물인 4탄당이 형성되는데, C4 식물은 이를 고려하여 붙여진 이름이다.

④ C4 식물에 대한 연구가 필요한 까닭은?
이상 기후 현상으로 C3 식물의 생산량이 감소하는 문제에 대비하기 위함임.

④문단 ❹, ❺문장　가령 이상 기후 현상으로 인하여 고온의 기후가 지속되는 상황이 발생하면 위와 같은 문제가 심화될 수 있으며, C3 식물이자 대표적인 식량 작물인 쌀과 밀 등의 생산량이 감소하는 문제로 이어질 수 있다. 이에 따라 C3 식물과 다른 방식으로 광합성을 하여 고온에서도 잘 자랄 수 있는 C4 식물에 대한 연구가 활발히 진행되고 있다.

⑤ C4 식물이 C3 식물보다 광합성 효율이 높은 이유는?
C4 식물은 유관속초 세포 속 이산화 탄소 농도를 높게 유지하기 때문임.

[5]문단 [7]문장 이러한 방식(두 개의 공간에서 광합성이 진행되는 방식)으로 C4 식물은 유관속초 세포 속의 이산화 탄소 농도를 높게 유지함으로써 C3 식물에 비해 높은 광합성 효율을 보인다.

31 정답 ③ * 내용 파악하기 ································· [정답률 77%]

'암반응'
㉠과 ㉡에 대한 설명으로 가장 적절한 것은?
'명반응'

> **왜 정답?**

화학 에너지 + 이산화 탄소 ➡ 포도당 생성(+ 물)
③ ㉠은 산소가, ㉡은 물이 반응의 부산물로 생성된다.
빛 에너지로 물 분해 ➡ 화학 에너지 생성(+ 산소)

[2]문단 [3]문장 명반응(㉠)은 빛 에너지로 물을 분해하여 암반응에 필요한 화학 에너지를 생성하는 단계로, 이 과정에서 부산물로 산소가 발생한다.
[3]문단 [1]문장 암반응(㉡)은 명반응에서 생성된 화학 에너지와 기공을 통해 흡수한 이산화 탄소를 이용하여 포도당을 생성하고, 부산물로 물이 생기는 단계이다.

> **왜 오답?**

① ㉠은 ㉡과 달리 이산화 탄소를 필요로 한다.
㉡은 ㉠과 달리
* 근거 : [3]문단 [1]문장

② ㉡은 ㉠과 달리 산소를 활용한 물의 분해가 진행된다.
㉠은 ㉡과 달리 빛 에너지를
* 근거 : [2]문단 [3]문장

④ ㉠은 물을, ㉡은 RuBP를 재생하는 반응이 일어난다.
㉠ '명반응'은 물을 분해하는 반응이 일어남.

[3]문단 [2], [3]문장 암반응(㉡) 과정은 캘빈 회로를 통하여 진행되는데 ~ 이산화 탄소는 RuBP와 결합하며 ~ 이 결합으로 3개의 탄소가 결합한 3탄당이 형성되고, 3탄당은 화학적 변환 과정을 거쳐 포도당을 생성하며, 포도당 생성에 쓰이고 남은 화합물은 RuBP로 재생되어 이산화 탄소와 결합되는 과정이 다시 진행된다.

⑤ ㉠과 ㉡은 모두 빛의 세기가 강해질수록 반응이 활성화된다.
㉡ '암반응'은 빛의 세기와 관련 없음.
빛의 세기가 일정 수준 이상이 되면 화학 에너지의 생산량이 증가하지 않음.

[2]문단 [4]문장 명반응(㉠)으로 발생하는 화학 에너지는 빛의 세기가 강할수록 많이 생성되는데, 일정 수준 이상으로 빛의 세기가 강해져도 생산량이 더 증가하지는 않는다.
[3]문단 [4]문장 ~ (㉡ '암반응' 과정에서) 캘빈 회로로 포도당이 생성되려면 일정 수준 이상의 이산화 탄소 농도, 적정한 온도 등의 환경이 갖추어져야 한다.

32 정답 ⑤ * 내용 파악 + 추론하기 ···················· [정답률 56%]

ⓒ의 원인을 추론한 내용으로 가장 적절한 것은?
'C3 식물은 기온이 높거나 건조할 때 광합성의 효율이 저하되는 한계가 있다.'

> **왜 정답?**

⑤ 캘빈 회로에 사용될 수 있는 이산화 탄소의 양이 줄어들기 때문이다.
식물이 기공을 열지 않아 이산화 탄소를 흡수하지 못하기 때문임.

[2]문단 [6]문장 기공은 산소를 배출할 때뿐만 아니라 암반응에 필요한 이산화 탄소를 흡수하거나 체내의 수분을 배출해야 할 때에도 열린다.
[4]문단 [2]문장 기온이 높거나 날씨가 건조할 때 기공을 열면 체내의 수분이 지나치게 배출되므로 식물은 기공을 열지 않는다.

식물의 기공은 암반응에 필요한 이산화 탄소를 흡수한다. 그런데 기온이 높거나 날씨가 건조하면 식물이 기공을 열지 않게 되고, 따라서 캘빈 회로를 통해 암반응에서 사용할 이산화 탄소를 충분히 흡수하지 못하게 된다. 그 결과 광합성의 효율이 저하되는 것이다.

> **왜 오답?**

① 광합성에 필요한 빛 에너지가 적어지기 때문이다.
ⓒ의 원인과 관련 없음.

② 대기 중 이산화 탄소의 농도가 옅어지기 때문이다.
식물의 엽육 세포에서 캘빈 회로에 사용할 이산화 탄소의 농도가 줄어드는 것이 원인임.

③ 기공을 통하여 배출되는 산소의 양이 늘어나기 때문이다.
ⓒ의 원인과 관련 없음.

④ 광합성에 사용되는 탄소보다 저장되는 탄소가 더 많아지기 때문이다.
ⓒ의 원인과 관련 없음.

33 정답 ④ * 구체적 사례나 상황에 적용하기 ⭐ 1등급 대비

[① 8% ② 7% ③ 15% ④ 34% ⑤ 31%]

〈보기〉는 'C3 식물'과 'C4 식물'의 광합성 과정을 나타낸 것이다. a~c에 대한 설명으로 적절하지 않은 것은? [3점]

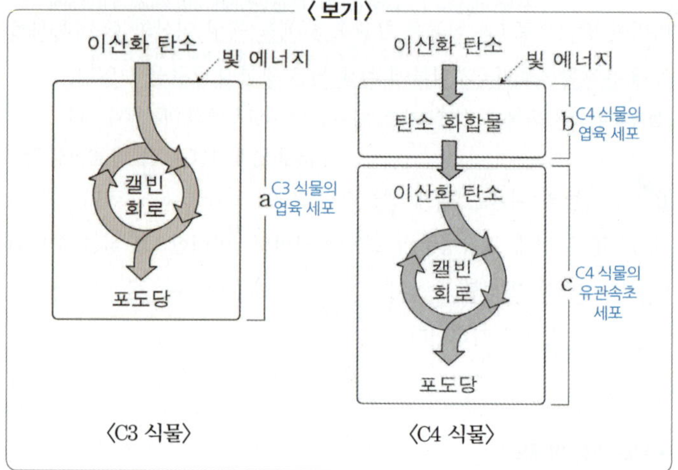

💡 단서 + 발상

(단서) – C3 식물의 광합성은 엽육 세포에서 일어나고, C4 식물의 광합성은 엽육 세포와 유관속초 세포에서 일어남.
(발상) – a: C3 식물의 광합성이 일어나는 엽육 세포
– b: C4 식물의 광합성이 일어나는 첫 번째 장소인 엽육 세포
– c: C4 식물의 광합성이 일어나는 두 번째 장소인 유관속초 세포
(해결) C3 식물과 C4 식물의 캘빈 회로 작동 방식은 동일함. ➡ a와 c의 캘빈 회로에서 이산화 탄소와 결합하는 것은 모두 RuBP임.

> **왜 정답?**

④ a의 캘빈 회로에서는 RuBP가, c의 캘빈 회로에서는 ~~PEP~~가 이산화 탄소와 결합한다.
RuBP

[2]문단 [1], [2]문장 일반적인 식물(C3 식물)의 광합성은 잎에 있는 엽육 세포에서 주로 일어난다. 광합성의 과정은 명반응과 암반응이라는 두 단계로 이루어져 있다.
[3]문단 [2]문장 암반응 과정은 캘빈 회로를 통하여 진행되는데 대기로부터 흡수된 이산화 탄소는 RuBP와 결합하며, 이 결합은 루비스코라는 촉매를 통하여 촉진된다.
[5]문단 [5], [6]문장 4탄당은 엽육 세포에 저장되어 있다가 유관속초 세포라는 두 번째 공간으로 이동한 후 분해되어 포도당 생성에 필요한 이산화 탄소를 배출한다. 그리고 배출된 이산화 탄소는 유관속초 세포 속에 농축되었다가 캘빈 회로를 통하여 포도당을 형성하는 데 쓰이는데, C3 식물과 C4 식물의 캘빈 회로의 작동 방식은 동일하다.

C3 식물과 C4 식물의 캘빈 회로의 작동 방식은 동일하므로, a의 캘빈 회로와 c의 캘빈 회로에서 이산화 탄소와 결합하는 것은 모두 RuBP이다.

이산화 탄소가 PEP가 결합하는 것은 C4 식물의 엽육 세포인 b에서 암반응의 첫 번째 단계가 일어날 때이다.

왜 오답?

① a와 b는 엽육 세포에서, c는 유관속초 세포에서 일어나는 반응이다.
C4 식물의 캘빈 회로는 유관속초 세포에서 일어나는 과정임.

[5문단 ❶, ❷문장 ~ C4 식물은 두 개의 공간에서 광합성이 진행된다는 특징이 있다. 첫 번째 공간인 엽육 세포는 C3 식물과 같은 방식으로 명반응이 일어나는 곳이자, 암반응의 첫 번째 단계로 탄소를 저장하는 역할을 하는 곳이다.

② a에서는 3탄당이, c에서는 b에서 이동한 4탄당이 포도당 생성에
이산화 탄소 + RuBP   이산화 탄소 + PEP
기여한다.

* 근거: 3문단 ❷, ❸문장, 5문단 ❺, ❻문장
C3 식물의 엽육 세포에서 캘빈 회로를 통해 이산화 탄소와 RuBP가 결합하면 3탄당이 형성된다. 이 3탄당이 포도당을 생성하는 역할을 한다. C4 식물의 엽육 세포에서 이산화 탄소와 PEP가 결합하면 4탄당이 형성되는데, 4탄당은 유관속초 세포로 이동한 후 분해되어 이산화 탄소를 배출한다. 이 이산화 탄소가 캘빈 회로를 통해 포도당을 생성하는 역할을 한다.

③ a와 b에서는 빛 에너지를 활용하여 화학 에너지를 생성하는 반응이
명반응
진행된다.

[2문단 ❸문장 명반응은 빛 에너지로 물을 분해하여 암반응에 필요한 화학 에너지를 생성하는 단계로, 이 과정에서 부산물로 산소가 발생한다.

C3 식물처럼 일반적인 식물의 광합성은 엽육 세포에서 일어나는데, 그 과정은 명반응과 암반응으로 이루어진다. 이때 명반응은 빛 에너지를 활용해 화학 에너지를 생성하는 반응이다.

⑤ a와 c에서는 포도당을 생성하는 데 필요한 화합물을 만들 때 루비스코라는 촉매가 필요하다.
이산화 탄소와 RuBP의 결합을 촉진함.

* 근거: 3문단 ❷문장, 5문단 ❻문장
a와 c에서는 캘빈 회로를 통해 이산화 탄소와 RuBP가 결합하는데, 이를 바탕으로 포도당이 생성된다. 이때 이산화 탄소와 RuBP의 결합은 루비스코라는 촉매를 통해 촉진된다.

> **매력 오답**
> 윗글에서 설명한 C3 식물과 C4 식물의 광합성 과정을 〈보기〉의 도식에 적용하여 이해하는 데 어려움을 겪은 학생들이 많았다.
> 지문의 내용을 통해 a와 c가 각각 엽육 세포, 유관속초 세포라는 점, a와 c에서 일어나는 캘빈 회로의 작동 방식이 동일하다는 점을 파악할 수 있어야 했다.
> 지문의 내용을 〈보기〉의 도식에 적용하며 풀도록 출제된 문제는, 지문에서 설명한 내용에 대한 완벽한 이해가 선행되어야 함을 잊지 말자.

34~38 * 형사법과 민사법의 개념과 특징

출제   ◎ 글 전체 핵심어   ▬ 글 전체 중심 문장

[1]❶ 법질서 아래에서는 관계의 종류에 따라 적용해야 할 법의 분야가 달라지는데, 법의 대표적인 두 분야는 (형사법)과 (민사법)이다. ❷ 형사법은 국가와 범죄자 간의 법률관계를 규율하며 민사법은 개인과 개인 혹은 개인으로 인정되는 법인*과의 관계에 적용된다.
형사법과 민사법의 개념

규율하다: 질서나 제도를 좇아 다스리다.

* 1문단 요약 : 형사법과 민사법의 개념

[2]❶ 형사법의 목적은 사회 질서 유지 및 범죄 처벌로, 공익을 위해
사회 질서 유지
국가가 범죄자에게 형벌을 가한다. ❷ 여기서 형벌은 생명, 자유, 명예, 재산 등에 관한 기본권을 박탈하는 것을 내용으로 한다. ❸ 민사법은 개인
형사법에서 가하는 형벌의 내용
간 분쟁 해결 및 개인의 권리 보호를 목적으로 한다. ❹ 사건 당사자들이 평등한 관계임을 전제하고 손해와 이익을 조정하여 당사자 사이의 수평적 균형 관계를 회복시키고자 하는 것이다. ❺ 그러므로 소송이 진행될 때, 형사법과 민사법의 소송 당사자와 소송 내용은 ⓐ 상이할
형사법과 민사법의 차이점 ①   차이점 ②
수밖에 없다.

공익: 사회 전체의 이익
박탈하다: 남의 재물이나 권리, 자격 따위를 빼앗다.
분쟁: 말썽을 일으키어 시끄럽고 복잡하게 다툼.
전제하다: 어떠한 사물이나 현상을 이루기 위하여 먼저 내세우다.

* 2문단 요약 : 형사법과 민사법의 목적

[3]❶ 형사 소송의 당사자는 검사와 피고인으로, 공익의 대표자인 검사가 범죄 혐의가 있는 자를 피고인으로 기소하며 소송이 시작된다.
형사 소송의 시작 조건
❷ 이때 기소란 검사가 특정 형사 사건에 대하여 법원에 심판을 요구하는
기소의 개념을 설명하여 내용 이해를 도움.
일이다. ❸ 피고인의 유죄 입증은 검사가 담당하고, 피고인은 변호인을 통하여 반박할 수 있다. ❹ 법원은 검사의 입증과 피고인의 반박을 토대로 피고인의 범죄 성립 여부 및 잘못의 정도를 따진 후 그에 합당한 벌을 내린다. ❺ 이때 어떤 두 사람이 같은 종류의 범죄로 기소되었더라도 범죄 동기와 정황, 피고인과 피해자의 합의 여부 등을
같은 종류의 범죄로 기소된 사람이라도 서로 최종 선고형이 다를 수 있는 이유
ⓑ 고려하여 형량이 결정되므로 두 사람의 최종 선고형은 달라질 수 있다. ❻ 그리고 검사가 피고인을 기소하면 소송이 시작되는 것이 원칙이다. ❼ 하지만 예외적으로 피해자가 처벌을 원하지 않으면 국가가
원칙과는 달리 검사의 기소에도 형사 소송이 진행되지 않는 예외적 경우
나서 규율하지 않기로 정한 폭행죄, 모욕죄 등의 경우에는 소송이 진행되지 않을 수 있다.

혐의: 범죄를 저질렀을 가능성이 있다고 봄. 또는 그 가능성
입증: 어떤 증거 따위를 내세워 증명함.
합당하다: 어떤 기준, 조건, 용도, 도리 따위에 꼭 알맞다.
정황: 일의 사정과 상황   **형량**: 죄인에게 내리는 형벌의 정도

* 3문단 요약 : 형사 소송의 당사자와 진행 방식

[4]❶ 민사 소송의 당사자는 원고와 피고로, 피해자라고 주장하며 소송을 제기한 개인이 원고가 되고, 가해자로 지목된 상대방은 피고가 된다.
원고의 개념   # 피고의 개념
❷ 이때 각 당사자는 모두 소송 대리인인 변호인을 쓸 수 있다. ❸ 민사 소송의 당사자들은 자신에게 유리한 법규를 근거로 하여 자신에게 책임이 없다는 사실을 입증해야 한다. ❹ 만약 입증해야 하는 사실을 입증하지 못하는 경우 법원은 해당 당사자에게 불리하게 판단할 수밖에 없다. ❺ 민사 소송은 형사 소송과 달리 두 당사자가 손해와
민사 소송의 목적인 당사자 사이의 수평적 균형 관계 회복이 이루어졌다고 간주함.
이익을 ⓒ 적절하게 타협하면 바로 소송이 종결된다.

법규: 일반 국민의 권리와 의무에 관계있는 법 규범
타협하다: 어떤 일을 서로 양보하여 협의하다.   **종결되다**: 일이 끝나다.

* 4문단 요약 : 민사 소송의 당사자와 진행 방식

[5]❶ 형사법과 민사법은 서로 다른 분야인 만큼 하나의 사건이더라도 그중 한 분야에서만, 또는 두 분야 모두에서 문제가 될 수도 있다. ❷ 만약 갑이 을에게 맞아 갑이 다쳤다는 하나의 사건이 있다고 가정해 보자. ❸ [이때 검사가 법원에 을을 상해죄라는 법규로 처벌해 달라는
[ ] : 문제 상황을 가정한 뒤 형사법과 민사법에 각각 적용하여 설명함.
형사 소송을 제기할 수도 있고, 갑이 을에게 치료비와 위자료를 청구하는 민사 소송을 제기할 수도 있다.] ❹ 하지만 하나의 사건이라 하더라도 똑같은 결론이 ⓓ 도출되지 않을 수 있다. ❺ 소송마다 입증해야
하나의 사건에 대해서도 형사법과 민사법의 결론이 서로 다를 수 있음.
하는 사실 관계가 다를 수 있을 뿐만 아니라 입증의 정도도 다르기
형사법과 민사법은 입증해야 하는 사실 관계, 입증 정도 등의 소송 내용에서 차이점이 있음.
때문이다.

상해죄: 폭행 또는 그 밖의 행위로 일부러 남의 몸에 상처를 입힘으로써 성립하는 범죄
위자료: 불법 행위로 인하여 생기는 손해 가운데 정신적 고통이나 피해에 대한 배상금 청구하다: 상대편에 대하여 일정한 행위나 급부를 요구하다.

＊5문단 요약 : 형사법과 민사법의 소송 내용상 차이

❶ 6 형사 소송은 '법관으로 하여금 합리적인 의심을 할 여지가 없을 정도'의 강한 입증을 요구한다. _{형사 소송에서 요구하는 입증의 정도} ❷즉, 증거가 기소 내용이 진실하다고 확신하게 하는 증명력이 부족하다면 피고인에게 유죄의 의심이 간다고 하더라도 피고인의 이익으로 판단한다. ❸[이는 무죄추정의 원칙, 즉 형사 소송법 제275조의2에서 '피고인은 유죄의 판결이 확정될 #[ ]: 형사 소송법의 구체적인 내용을 인용하여 무죄추정의 원칙을 설명함. 때까지는 무죄로 추정된다.'라는 법규를 근거로 하기 때문]이다. ❹ 따라서 형사 소송에서는 100을 기준으로 검사의 유죄 입증 정도가 51이라면 유죄가 될 수 없다. ❺㉠'열 사람의 범인을 놓치는 한이 있더라도 # 범죄 사실이 확실하게 입증되지 않은 경우, 혹시 모를 개인의 기본권 침해를 방지하기 위함임. 한 사람의 죄 없는 자를 벌해서는 안 된다.'라는 법언은 이를 뒷받침한다. ❻ 그래서 흉악한 범죄를 범한 혐의로 중형을 선고받은 피고인이 상급심에서 무죄를 선고받기도 하는데, 여기서 무죄는 반드시 피고인의 결백을 의미하지는 않는다. ❼ 반면, 민사 소송에서는 '통상인이라면 의심을 품지 않을 정도'의 입증을 요구한다. ❽이는 '어떤 _{민사 소송에서 요구하는 입증의 정도} 사실이 있었다는 점을 인정할 수 있는 개연성을 증명하는 정도'로 해석된다. ❾ 결국 법원은 원고와 피고의 증거를 바탕으로 ⓒ 신뢰할 만한 증거를 누가 더 많이 제시하는가를 기준으로 판단한다. ❿ 만일 # 특정 사실이 있었을 개연성을 증명하는 증거들 원고와 피고의 입증 정도가 51 대 49라면 원고의 손을 들어 주게 된다.

법관: 법원에 소속되어 소송 사건을 심리하고, 분쟁이나 이해의 대립을 법률적으로 해결하고 조정하는 권한을 가진 사람
중형: 아주 무거운 형벌 상급심: 상급 법원에서 하는 소송의 심리
결백: 행동이나 마음씨가 깨끗하고 조촐하여 아무런 허물이 없음.
개연성: 절대적으로 확실하지 않으나 아마 그럴 것이라고 생각되는 성질

＊6문단 요약 : 형사법과 민사법에서의 입증 정도 차이

＊법인: 법률상 권리와 의무의 주체가 될 수 있는 사단과 재단

■ **전체 지문 이해도**

	형사법	민사법
개념	국가와 범죄자 간 법률관계를 규율한 법	개인과 개인, 개인으로 인정되는 법인과의 관계에 적용하는 법
목적	사회의 질서 유지 및 범죄 처벌	개인 간 분쟁 해결, 권리 보호
특징	– 검사와 피고인이 소송 당사자가 됨. – 범죄 동기와 정황, 합의 여부 등을 판결의 근거로 고려함. – 합리적 의심을 할 여지가 없을 정도의 강한 입증을 요구함.	– 원고와 피고가 소송 당사자가 됨. – 원고와 피고가 각각 입증해야 하는 사실의 입증 여부를 판결 근거로 고려함. – 통상인이라면 의심을 품지 않을 정도의 입증을 요구함.

■ **지문 내용과 구조**

1문단 — 형사법과 민사법의 개념
– 형사법: 국가와 범죄자 간의 법률관계를 규율한 법
– 민사법: 개인과 개인 혹은 개인으로 인정되는 법인과의 관계에 적용하는 법

2문단 — 형사법과 민사법의 목적

형사법	민사법
사회 질서 유지 및 범죄 처벌 ➡ 국가가 범죄자에게 형벌(기본권 박탈)을 가함.	개인 간 분쟁 해결, 권리 보호 ➡ 사건 당사자들 사이의 수평적 균형 관계 회복을 지향함.

⇒ 소송 진행 시, 소송 당사자와 소송 내용이 상이함.

3문단 — 형사 소송의 당사자와 진행 방식

소송 당사자	– 검사: 피고인의 유죄 입증 – 피고인: 변호사를 통해 반박
형량 결정 요소	– 범죄 동기와 정황, 피고인과 피해자의 합의 여부 등
특징	– 원칙: 검사가 피고인을 기소하면 소송이 시작됨. – 예외: 폭행죄와 모욕죄의 경우, 피해자가 처벌을 원하지 않으면 소송이 진행되지 않을 수 있음.

4문단 — 민사 소송의 당사자와 진행 방식

소송 당사자	– 원고: 피해자라고 주장하며 소송을 제기한 개인 – 피고: 가해자로 지목된 상대방 – 각 당사자는 모두 소송 대리인인 변호인을 쓸 수 있음.
형량 결정 요소	– 입증해야 하는 사실의 입증 여부 – 입증하지 못할 경우, 법원은 해당 당사자에게 불리하게 판단할 수밖에 없음.
특징	– 소송 당사자끼리 손해와 이익을 적절하게 타협하면 바로 소송이 종결됨.

5문단 — 형사법과 민사법의 소송 내용상 차이
– 하나의 사건이더라도, 형사법과 민사법 중 한 분야, 혹은 두 분야 모두에서 문제가 될 수 있음. 또한 각 소송에서 결론된 도출이 서로 다를 수 있음.
– 이유: 소송마다 입증해야 하는 사실 관계 및 입증의 정도가 다르기 때문임.

6문단 — 형사법과 민사법에서의 입증 정도 차이

형사법	민사법
합리적인 의심을 할 여지가 없을 정도의 강한 입증을 요구함(무죄 추정의 원칙을 근거로 하기 때문임.).	'통상인이라면 의심을 품지 않을 정도', '개연성을 증명하는 정도'의 입증을 요구함.

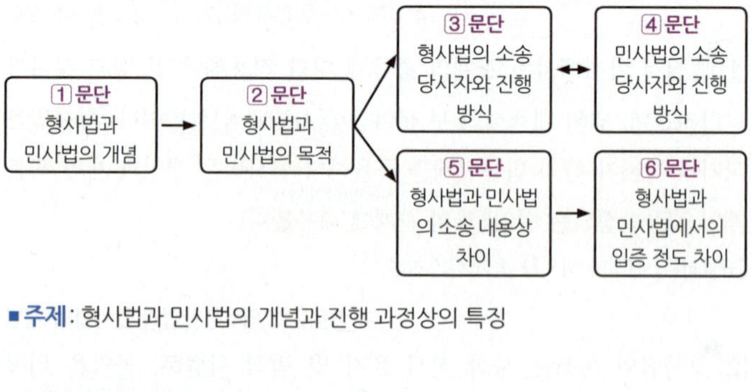

1문단 형사법과 민사법의 개념 → 2문단 형사법과 민사법의 목적 → 3문단 형사법의 소송 당사자와 진행 방식 → 4문단 민사법의 소송 당사자와 진행 방식
2문단 형사법과 민사법의 목적 → 5문단 형사법과 민사법의 소송 내용상 차이 → 6문단 형사법과 민사법에서의 입증 정도 차이

■ **주제**: 형사법과 민사법의 개념과 진행 과정상의 특징

34　정답 ⑤　＊ 내용 전개 방식 파악하기 ·················· [정답률 72%]

윗글에서 사용된 설명 방식으로 적절하지 <u>않은</u> 것은?

> **왜 정답 ?**

⑤ 서로 다른 견해를 절충하여 현실적인 대책을 제시하고 있다.
　　법의 두 분야인 형사법과 민사법에 대해 설명할 뿐,
　　서로 다른 견해나 현실적인 대책에 대해 다루지는 않음.

> **왜 오답 ?**

① 용어의 개념을 설명하여 내용에 대한 이해를 돕고 있다.
　　'기소'의 개념

　3문단 ❷문장　이때 기소란 검사가 특정 형사 사건에 대하여 법원에 심판을 요구하는 일이다.

② 규범 내용을 인용하여 특정 원칙에 대해 설명하고 있다.
　　형사 소송법 제275조의 2　　무죄추정의 원칙

　6문단 ❸문장　이는 무죄추정의 원칙, 즉 형사 소송법 제275조의2에서 '피고인은 유죄의 판결이 확정될 때까지는 무죄로 추정된다.'라는 법규를 근거로 하기 때문이다.

③ 문제 상황을 가정하여 서로 다른 분야에 적용하고 있다.
　　갑이 을에게 맞아 갑이 다친 사건　　형사법과 민사법

　5문단 ❷, ❸문장　만약 갑이 을에게 맞아 갑이 다쳤다는 하나의 사건이 있다고 가정해 보자. 이때 검사가 법원에 을을 상해죄라는 법규로 처벌해 달라는 형사 소송을 제기할 수도 있고, 갑이 을에게 치료비와 위자료를 청구하는 민사 소송을 제기할 수도 있다.

　　검사가 피고인을 기소하면 형사 소송이 시작됨.

④ 예외적 조건을 제시하여 원칙과 다른 경우를 소개하고 있다.
　　폭행죄, 모욕죄와 관련해 피해자가 처벌을 원하지 않는 경우

　3문단 ❻, ❼문장　그리고 검사가 피고인을 기소하면 소송이 시작되는 것이 원칙이다. 하지만 예외적으로 피해자가 처벌을 원하지 않으면 국가가 나서 규율하지 않기로 정한 폭행죄, 모욕죄 등의 경우에는 소송이 진행되지 않을 수 있다.

35　정답 ③　＊ 내용 파악하기 ······················· [정답률 57%]

윗글을 이해한 내용으로 적절하지 <u>않은</u> 것은?

> **왜 정답 ?**

③ 형사 소송은 검사의 기소로 시작하며 ~~피해자~~가 변호인을 통하여 소송의 당사자로 참여한다.
　　피고인

　3문단 ❶~❸문장　형사 소송의 당사자는 검사와 피고인으로, 공익의 대표자인 검사가 범죄 혐의가 있는 자를 피고인으로 기소하며 소송이 시작된다. ~ 피고인의 유죄 입증은 검사가 담당하고, 피고인은 변호인을 통하여 반박할 수 있다.

　형사 소송의 당사자는 검사와 피고인이다. 검사의 기소로 소송이 시작되면, 기소를 당한 피고인은 변호인을 통해 검사의 유죄 입증에 대해 반박할 수 있다.

> **왜 오답 ?**

① 형사법에서는 형벌을 가함으로써 사회 질서가 유지되도록 하고자 한다.
　　국가가 사회 질서 유지라는 공익을 위해 형벌을 가함.

　2문단 ❶문장　형사법의 목적은 사회 질서 유지 및 범죄 처벌로, 공익을 위해 국가가 범죄자에게 형벌을 가한다.

② 민사법에서는 당사자들이 타협을 하면 수평적 균형 관계가 회복된 것으로 간주한다.
　　손해와 이익을 조정함

　2문단 ❸, ❹문장　민사법은 개인 간 분쟁 해결 및 개인의 권리 보호를 목적으로 한다. 사건 당사자들이 평등한 관계임을 전제하고 손해와 이익을 조정하여 당사자 사이의 수평적 균형 관계를 회복시키고자 하는 것이다.

　4문단 ❺문장　민사 소송은 형사 소송과 달리 두 당사자가 손해와 이익을 적절하게 타협하면 바로 소송이 종결된다.

민사법의 목적은 개인 간 분쟁을 해결하고 개인의 권리를 보호하여 당사자 사이의 수평적 균형 관계를 회복시키는 것이다. 따라서 민사 소송의 두 당사자가 손해와 이익을 적절하게 타협했을 때 소송이 종결되는 것은, 이를 당사자 사이의 수평적 균형 관계가 회복된 것으로 간주하기 때문이라고 이해할 수 있다.

④ 형사 소송에서의 최종 선고형에는 범죄의 종류 외에도 피고인의 상황이 영향을 미칠 수 있다.
　　범죄 동기와 정황, 피해자와의 합의 여부 등

　3문단 ❹, ❺문장　(형사 소송에서) 법원은 검사의 입증과 피고인의 반박을 토대로 피고인의 범죄 성립 여부 및 잘못의 정도를 따진 후 그에 합당한 벌을 내린다. 이때 어떤 두 사람이 같은 종류의 범죄로 기소되었더라도 범죄 동기와 정황, 피고인과 피해자의 합의 여부 등을 고려하여 형량이 결정되므로 두 사람의 최종 선고형은 달라질 수 있다.

⑤ 민사 소송에서는 특정 사실이 있었을 개연성을 증명하는 증거를 많이 제출하는 당사자가 유리할 수 있다.
　　신뢰할 만한 증거

　6문단 ❼~❾문장　반면, 민사 소송에서는 '통상인이라면 의심을 품지 않을 정도'의 입증을 요구한다. 이는 '어떤 사실이 있었다는 점을 인정할 수 있는 개연성을 증명하는 정도'로 해석된다. 결국 법원은 원고와 피고의 증거를 바탕으로 신뢰할 만한 증거를 누가 더 많이 제시하는가를 기준으로 판단한다.

36　정답 ⑤　＊ 내용 파악 + 추론하기 ·················· [정답률 81%]

㉠의 의미를 추론한 것으로 가장 적절한 것은?
'열 사람의 범인을 놓치는 한이 있더라도 한 사람의 죄 없는 자를 벌해서는 안 된다.'라는 법언

> **왜 정답 ?**

⑤ 범죄 사실이 확실하게 입증되지 않았음에도 처벌을 받아 개인의 기본권이 침해되는 경우를 방지하기 위한 것이겠군.
　　형사법에서는 국가가 범죄자에게 기본권을 박탈하는 형벌을 내림.

　2문단 ❶, ❷문장　형사법의 목적은 사회 질서 유지 및 범죄 처벌로, 공익을 위해 국가가 범죄자에게 형벌을 가한다. 여기서 형벌은 생명, 자유, 명예, 재산 등에 관한 기본권을 박탈하는 것을 내용으로 한다.

　6문단 ❶~❺문장　형사 소송은 '법관으로 하여금 합리적인 의심을 할 여지가 없을 정도'의 강한 입증을 요구한다. 즉, 증거가 기소 내용이 진실하다고 확신하게 하는 증명력이 부족하다면 피고인에게 유죄의 의심이 간다고 하더라도 피고인의 이익으로 판단한다. 이는 무죄추정의 원칙, ~ 법규를 근거로 하기 때문이다. ~ ㉠ '열 사람의 범인을 놓치는 한이 있더라도 한 사람의 죄 없는 자를 벌해서는 안 된다.'라는 법언은 이를 뒷받침한다.

　형사법을 통해 국가가 범죄자에게 가하는 형벌은 범죄자의 기본권을 박탈하게 된다. 따라서 범죄 사실이 확실하게 입증되지 않았음에도 피고인에게 형벌을 가한다면, 이는 무고한 개인의 기본권을 침해하는 일이 될 수 있다. 그러한 일을 방지하고자 형사 소송에서는 무죄추정의 원칙이라는 법규를 바탕으로 기소 내용에 대한 강한 입증을 요구하는 것이다.

> **왜 오답 ?**

① ~~피고인과 피해자의 타협~~이 이루어지기 전까지는 피고인을 무죄로 간주해야 한다는 것이겠군.
　　합리적인 의심을 할 여지가 없을 정도의 강한 입증

② 재판 과정에서 개인의 재산상 피해가 발생하더라도 ~~국가는 사회 질서 유지를 우선시해야 한다~~는 것이겠군.
　　㉠의 의미와 관련 없음.

③ ~~잘못된 행위를 하더라도 그 행위와 관련된 법규가 없다면~~ 검사가 해당 내용으로 기소할 수 없다는 것이겠군.
　　㉠의 의미와 관련 없음.

④ 재판에서 피고인은 ~~자신에게 불리한 사실과 관련한 질문에 답하지 않을 수 있는 권리~~를 지니고 있다는 것이겠군.
　　㉠의 의미와 관련 없음.

37 정답 ④ ＊구체적 사례나 상황에 적용하기 ········· [정답률 53%]

〈보기〉의 ㄱ과 ㄴ은 동일한 사건을 바탕으로 제기된 소송이다. 윗글을 바탕으로 〈보기〉를 이해할 때, 적절하지 <u>않은</u> 것은? [3점]

〈 보기 〉

ㄱ. 운전 중이던 A는 도로에 쓰러져 있던 B를 밟고 지나갔으나, 이를 인지하지 못하였다. ❷검사는 A가 주의 의무를 위반하는 과실을 범해 B를 밟았다고 판단하고 A를 기소했다. ❸하지만 구조가 복잡하여 도로
형사 소송이 시작됨.
환경이 열악했던 점 등을 고려하면, 주의 의무 위반으로 인해 사고가 났음을 인정하기 어렵다며 무죄가 선고되어 확정되었다.
ㄴ. ❶이후 B는 A가 가입한 보험사에 손해 배상 민사 소송을 제기했다.
개인과 개인으로 인정되는 법인과의 관계에서 진행되는 소송
❷보험사는 A의 형사 소송 판결을 증거로 제출하며 이 사건은 손해 배상 면책 사유에 해당한다고 맞섰다. ❸하지만 법원은 A가 도로에 사람이 다닐 가능성을 염두에 두어 안전하게 운행할 의무가 있었고, 제출한 증거로는 해당 사실을 입증하기에 부족하여 B에게 보험금을
소송마다 입증해야 하는 사실 관계, 입증의 정도가 다름을 보여줌.
지급하라고 판결하였다.

	ㄱ	ㄴ
소송 종류	형사 소송	민사 소송
소송 당사자	검사, A(피고인)	B(원고), A가 가입한 보험사(피고)
소송 내용	검사는 A가 주의 의무 위반의 과실을 범했다고 기소함. → 법원은 A의 과실에 대한 입증 정도가 약하다고 판단함. → A에게 무죄 선고를 내림.	B는 보험사에 손해 배상을 청구하고, 보험사는 형사 소송의 결과를 근거로 손해 배상 의무가 없음을 주장함. → 법원은 피고 측의 입증 정도가 부족하다고 판단함. → 원고 B에게 승소 판결을 내림.

＞왜 정답？

④ ㄱ에서는 ~~도로에 쓰러져 있던 B의 과실이 크다는~~ 것이 <u>피고인</u>에게
형사 소송 / 구조가 복잡하고 도로 환경이 열악했던 점 등 / A
유리하게 작용했고, ㄴ에서는 A가 도로의 보행자를 인지하지
민사 소송
못했다는 것이 <u>원고</u>에게 유리하게 작용했겠군.
B

〈보기〉 ㄱ-❷, ❸문장 검사는 A가 주의 의무를 위반하는 과실을 범해 B를 밟았다고 판단하고 A를 기소했다. 하지만 구조가 복잡하여 도로 환경이 열악했던 점 등을 고려하면, 주의 의무 위반으로 인해 사고가 났음을 인정하기 어렵다며 무죄가 선고되어 확정되었다.
〈보기〉-ㄴ 이후 B는 A가 가입한 보험사에 손해 배상 민사 소송을 제기했다. 보험사는 ~ 손해 배상 면책 사유에 해당한다고 맞섰다. 하지만 법원은 A가 도로에 사람이 다닐 가능성을 염두에 두어 안전하게 운행할 의무가 있었고, ~ B에게 보험금을 지급하라고 판결하였다.

〈보기〉의 ㄱ에서는 법원이 A에게 과실이 있다고 보기는 어렵다고 판단하여 무죄를 선고했다. 이는 열악했던 도로 환경이 피고인인 A에게 유리하게 작용했기 때문이다.

ㄴ에서는 법원이 보험사로 하여금 B에게 보험금을 지급하도록 판결을 내렸다. 이는 A가 도로에 사람이 다닐 가능성을 염두에 두었어야 했지만, 도로에 쓰러져 있던 B를 인지하지 못했다는 점이 원고인 B에게 유리하게 작용했기 때문이다.

＞왜 오답？

① ㄱ은 피고인의 범죄 사실을 규명하여 처벌하기 위한 소송에, ㄴ은
A가 주의 의무를 위반하는 과실을 범해 B를 다치게 했다는 사실
피고와 원고 간의 분쟁을 해결하기 위한 소송에 해당되겠군.
보험금 지급을 둘러싼 보험사와 B의 분쟁
＊근거: 〈보기〉 ㄱ-❷문장, 〈보기〉 ㄴ-❶문장
〈보기〉의 ㄱ은 검사가 A를 기소하면서 시작된 형사 소송이고, ㄴ은 B가 A의 보험사를 상대로 보험금 지급이라는 손해 배상을 청구하면서 시작된 민사 소송이다.
따라서 ㄱ은 피고인인 A의 범죄 사실을 규명하여 처벌하기 위한 소송이고, ㄴ은 피고인 A의 보험사와 원고인 B 사이의 분쟁을 해결하기 위한 소송이다.

---

② ㄱ에서 A의 주의 의무 위반 여부와 ㄴ에서 A의 안전하게 운행할 의무 위반 여부를 판단할 때 입증해야 하는 사실 관계가 동일하지 않을 수 있었겠군.
소송마다 입증해야 하는 사실 관계와 입증의 정도가 다르기 때문임.
＊근거: 〈보기〉 ㄱ-❷문장, 〈보기〉 ㄴ-❸문장
〈보기〉에서 형사 소송인 ㄱ의 쟁점은 A가 주의 의무를 위반했는지의 여부이고, 민사 소송인 ㄴ의 쟁점은 A가 안전하게 운행할 의무를 위반했는지 여부이다. 같은 사건이지만 두 법의 분야가 다르기 때문에 쟁점에 따라 입증해야 하는 사실 관계가 다를 수 있다.

③ ㄱ에서는 A의 유죄를 입증할 만한 증거의 증명력이 부족했을 것으로, ㄴ에서는 B가 통상인이 의심을 품지 않을 정도의 입증을 한 것으로 볼 수 있겠군.
법원이 A에게 무죄를 선고함.
법원이 보험사가 B에게 보험금을 지급해야 한다고 선고함.
＊근거: 〈보기〉 ㄱ-❸문장, 〈보기〉 ㄴ-❸문장
형사 소송에서는 기소 내용에 대한 강한 입증을 요구한다. 그런데 〈보기〉의 ㄱ에서는 법원이 A에게 무죄를 선고했다. 이는 검사가 A의 유죄를 입증하기 위해 제시한 증거의 증명력이 부족했음을 의미한다.
민사 소송에서는 원고와 피고 중 '통상인이 의심을 품지 않을 정도'의 입증을 더 많이 해낸 측에게 유리한 판결을 선고한다. 〈보기〉의 ㄴ에서는 법원이 B와 보험사의 분쟁에 대해 B의 손을 들어 주는 판결을 내렸다. 이는 B가 통상인이 의심을 품지 않을 정도의 입증을 보험사보다 더 많이 해냈음을 의미한다.

⑤ ㄱ에서는 법관이 열악한 도로 환경을 근거로 A의 유죄에 대해 합리적인 의심을 품었지만, ㄴ에서는 도로에 사람이 다닐 가능성을 근거로 피고의 법적 책임을 인정한 것이겠군.
법관이 A의 유죄에 대해 합리적 의심을 할 여지가 생김.
B의 입장과 관련한 신뢰할 만한 증거로 인정됨.
＊근거: 〈보기〉 ㄱ-❸문장, 〈보기〉 ㄴ-❸문장
〈보기〉의 ㄱ에서는 법원이 도로 환경이 열악했던 점을 근거로 들어 A의 무죄를 선고했다. 따라서 이는 법관이 A의 유죄에 대해 합리적인 의심을 품게 한 요인으로 볼 수 있다.
ㄴ에서 법원은 A가 도로에 사람이 다닐 가능성을 염두에 두었어야 한다는 점과 이와 관련한 보험사의 입증이 부족했다는 점을 근거로 피고인 보험사의 법적 책임을 인정해 B에게 보험금을 지급하라는 판결을 내렸다.

38 정답 ③ ＊어휘의 의미 파악하기 ····················· [정답률 89%]

문맥상 ⓐ~ⓔ와 바꿔 쓰기에 적절하지 <u>않은</u> 것은?

＞왜 정답？

③ ⓒ: 견주어
'둘 이상의 사물을 질이나 양 따위에서 어떠한 차이가 있는지 알기 위하여 서로 대어 보다.'라는 의미임.
'적절하게' – '꼭 알맞다.'라는 의미임.

＞왜 오답？

① ⓐ: 서로 다를
'상이할' – '서로 다르다.'라는 의미임.

② ⓑ: 따져
'고려하여' – '생각하고 헤아려 보다.'라의 의미임.

④ ⓓ: 나오지
'도출되지' – '판단이나 결론 따위가 이끌려 나오다.'라는 의미임.

⑤ ⓔ: 믿을
'신뢰할' – '굳게 믿고 의지하다.'라는 의미임.

39~42

(가) 윤선도, 〈만흥(漫興)〉

\# 출제   ❶ 화자, 중심 대상   ❷ 상황, 정서, 태도   ❸ 표현상 특징   시 해석

❶ 산수간(山水間) 바위 아래 **띠집***을 짓노라 하니
❶ 중심 대상: 자연에서의 삶   \# 자신의 분수에 맞는 삶의 태도를 보여 주는 공간
➡ 산과 물 사이(자연 속) 바위 아래에 초가집을 짓고 살고자 하니

❷ 그 모른 남들은 ㉠ 웃는다 한다마는
\# 남들은 화자의 행동을 이해하지 못함.
➡ (나의) 그 뜻을 모르는 남들은 나를 비웃고들 있지만

❶ 화자
❸ 어리고 향암*의 뜻에는 내 분(分)인가 하노라   〈제1수〉
❷ 정서, 태도: 자연에서 분수에 맞게 지내는 삶에 만족함.(안분지족)
➡ (나처럼) 어리석은 시골뜨기의 마음에는 (이렇게 사는 것이) 내 분수에
  맞는 것이라 생각하노라.
〔분: 자신의 신분에 맞는 한도 = 분수

*〈제1수〉 요약: 자연에서의 소박한 삶을 자신의 분수로 여김.

❶ **보리밥 풋나물을 알맞게 먹**은 후에
\# 소박한 삶의 모습
➡ 보리밥과 풋나물을 알맞게 차려서 먹은 후에

❷ 바위 끝 물가에 슬카지 노니노라
❷ 상황: 자연에서의 삶을 즐김.
➡ 바위 끝에 있는 물가에서 실컷 논다.

❸ 그 남은 여남은 일이야 부릴 줄이 있으랴   〈제2수〉
\# ❸ 설의적 표현을 활용하여 삶의 태도를 강조함.
➡ 그밖에 나머지 일이야 부러워할 것이 있겠는가?

*〈제2수〉 요약: 자연에서의 삶을 즐기며 만족을 느낌.

❶ 내 **성이 게**으르더니 **하늘이 알으실사**
➡ 내 천성이 게으른 것을 하늘이 알아셔서

❷ 인간 만사(人間萬事)를 한 일도 아니 맡겨
➡ 인간들의 세상사를 하나도 나에게 맡기지 않으시고
\# ❸ 대조적 표현을 활용하여 자연 친화적 태도를 나타냄.

❸ 다만당 다툴 이 없는 **강산을 지키라 하시도다**   〈제5수〉
\# 자연에서의 삶을 떳떳한 일로 생각하고 있음.
➡ 다만 한가지, 다툴 사람이 없는 강산을 지키라고 하시는구나.

*〈제5수〉 요약: 자연에서의 삶을 하늘의 뜻으로 여김.

* 띠집: 풀의 일종인 띠로 지붕을 이은 집
* 향암: 시골에 사는 견문이 좁고 어리석은 사람

⭐ (가) 독해 공식
❶ 화자: '내(나)'
  중심 대상: 자연에서의 삶
❷ 상황: 자연에서의 삶을 즐김.
  정서 및 태도: 자연에서 분수에 맞게 지내는 삶에 만족함.(안분지족)
❸ 표현상 특징
• 설의적 표현을 활용하여 삶의 태도를 강조함.
• 대조적 표현을 활용하여 자연 친화적 태도를 나타냄.

■ 갈래: 평시조, 연시조
■ 글쓴이: 윤선도(1587~1671). 조선 중기의 문신으로, 호는 고산(孤山)이다. 당쟁의
  여파로 여러 차례 유배 생활을 하였다. 자연을 시 창작의 주된 소재로 삼아 우리말의
  아름다움이 잘 드러나는 작품을 창작하였다.
■ 제목의 의미: '漫(질펀할 만)' + '興(일 흥)'. '저절로 일어나는 흥취'라는 의미로, 화자가
  자연 속에서 살며 느끼는 즐거움과 만족감을 나타낸다.
■ (가) 주제: 자연 속에서 사는 삶에 대한 자부심과 만족감
■ 이것이 핵심! 대조적인 시어의 사용

자연에서의 삶	속세의 삶
향암 띠집, 보리밥과 풋나물 다툴 이 없는 강산	그 모른 남들 그 남은 여남은 일 인간 만사

(나) 홍석주, 〈전간대(田間對)〉

\# 출제   ❶ 중심 대상   ❷ 글쓴이의 생각, 태도   ❸ 서술상 특징

1 ❶ 모계위가 한여름에 들에 나가 김을 매다가 틈이 나자 우뚝 서
❶ 중심 대상
있었다. ❷ 밭두둑 사이에 큰 나무가 있었다. ❸ 아침에 그늘이 서쪽으로
지자, 사람들이 다투어 그 아래로 가고, 얼마 뒤에 해가 옮겨 가자
그늘을 찾아 이리저리 옮겨 다니는 사람들의 모습
모두들 떠들썩하게 동편으로 몰려갔다. ❹ 뒤쳐져 온 이들 중에는 신발을
잃거나 발꿈치를 상한 자도 계속 이어졌다.
❺ 계위를 돌아보고는 꾸짖는 자가 있었다.
❻ "저번에 그대는 동편에 있더니 이제 그대는 서편에 있군요.
그늘을 찾아 옮겨 다니던 사람이 도리어 모계위를 지조 없는 사람이라고 비난함.
❼ 군자라는 이가 진정 이다지도 지조가 없는지요?"
❽ 계위는 기가 막혀 ㉡ 웃으며, 세 번의 질문에도 대꾸하지 않았고,
\# 이치에 맞지 않는 말을 하는 상대에게 부정적 태도를 보임.
말하던 자가 비로소 움찔하더니 얼마 있다 말하였다.
❾ "내가 지나쳤군요. ❿ 그대의 자리는 종일토록 변하지 않았습니다.
⓫ 내가 내 자리를 정하지 못한 것을 도리어 그대의 정해진 자리를
  줏대 없이 그때그때 상황에 따라 행동한 것
  의심하였으니, 내가 참으로 망령된 사람입니다. ⓬ [그렇지만 여름에
  베옷 입고 겨울에 털옷 입으며, 비 오면 도롱이 입고 볕 나면 가리는
  천성은 성인도 고치려고 하지 않았습니다. ⓭공자님께서도 사람은
  새, 짐승과는 함께 살 수 없고 사람과 함께해야 한다고 말하지
  않으셨습니까?] ⓮우리는 이런 사람이 아닌가요? ⓯그대는 이제 항상
  사람들과 떨어져서 혼자 있고, 또 그것을 지켜 꼼짝 않는데, 도리를
  자신과는 다른 모계위의 삶의 태도에 의문을 제기함.
  알고 때를 안다는 사람도 진정 그러합니까?"
\# [ ]: 자신의 행동과 태도를 합리화함.

군자: 행실이 점잖고 어질며 덕과 학식이 높은 사람
지조: 원칙과 신념을 굽히지 아니하고 끝까지 지켜 나가는 꿋꿋한 의지. 또는 그런
  기개
망령되다: 늙거나 정신이 흐려서 말이나 행동이 정상을 벗어난 데가 있다.
천성: 본래 타고난 성격이나 성품
성인: 지혜와 덕이 매우 뛰어나 길이 우러러 본받을 만한 사람

*1 요약: 어떤 이가 모계위의 행동과 태도에 의문을 제기함.

2 ❶ 계위가 말했다.
❷❸ 대화의 형식을 통해 주제 의식을 드러냄.
"❷그렇군요. ❸저는 농부인데 어찌 도를 알겠습니까? ❹그래도 저는
일찍이 서유자에게 농사에 대해 들은 적이 있습니다. ❺봄에 밭 갈고
여름에 김매다 가을에 이르면 수확을 한다고 하니, 나는 이것으로
때를 따라가는 것이라 생각합니다. ❻[무릇 비 오고 가물고 바람 불고
볕이 내리쬐는 것은 하늘에 달린 것이고, **밭 갈고 씨 뿌리**고 김매고
뿌리를 북돋는 것은 나에게 달린 것입니다.❼나는 내가 할 수 있는
것을 다하고 하늘에서 이루어 주는 것을 받아들입니다.]❽내 힘을 다
\# [ ]: ❷ 글쓴이의 태도 – 하늘의 뜻을 따르며 분수에 맞는 삶을 살고자 함.
[A] 쓰고 내 일이 이미 갖추어지면, 나는 안으로 마음속에 거리끼는
것이 없고, 밖으로 외물에 휘둘리는 것이 없습니다. ❾해하지도 않고
\# 순리에 따라 자신의 일을 다하므로, 외부 상황에 연연하지 않음.
탐하지도 않아 이해관계에도 불꽃이 튀지 않으니, 물에 파도가
일지 않는 것처럼 담담하고 물이 사방으로 통하여 막히지 않는
것처럼 트입니다. ❿이렇게 되면 시원한 바람을 맞으며 사탕수수
즙을 마시는 것 같으니 높은 평상에 얼음을 쌓아 놓는다고 해도 내
상쾌함을 알기에는 부족할 것입니다. ⓫홀로 나무 그늘에 구구히
\# ❸ 설의적 표현을 활용하여 삶의 태도를 강조함.
얽매이겠습니까?

[12][저는 하늘의 때를 기다리는데, 사람들은 혹 서로 다른 사람과
[ ]: ❸ 자신과 다른 이들의 삶의 태도를 대조하여 주제 의식을 부각함.
시간을 다툽니다.[13]저는 마음속에 그늘이 있는데, 사람들은 모두 나무
그늘로 들어갑니다.][14]사람들이 나와 달리한 것이지, 내가 어찌
사람들을 떠나기를 좋아했겠습니까?[15][그렇다 해도 **눈과 얼음 속에서**
[ ]: 자신도 다른 사람들과 마찬가지로 그늘을 좋아함을 드러냄.
솜옷을 입고 있는 자도 **여우 담비 털옷을 덮어 주면 사양하지 않는**
법입니다.[16]내가 그늘을 싫어하여 도망쳤다고 하면 그것도 인정
(人情)이 아닐 것입니다.]

외물: 바깥 세계의 사물   **이해관계**: 서로 이해가 걸려 있는 관계
인정: 사람이 본래 가지고 있는 감정이나 심정

*[2] 요약 : 모계위가 하늘의 순리에 따른 삶을 강조함.

[3]❶그대는 어찌 생각해 보지 않으십니까? ❷그대가 이 그늘로 들어갔을
적에 과연 조용하고 넉넉하게 노닐며 태연하게 스스로 얻은 것이었
습니까? ❸아니면 **다른 사람과 다툰** 다음에야 그늘에 들 수
자신의 이익을 위해 타인을 해하는 이기적인 태도
있었습니까? ❹[그렇지 않았다면 그 누가 무릎을 부딪치면서 발을 뻗지
[ ]: ❸ 점층적 표현을 사용해 사람들이 이익을 얻고자 서로 다투는 부정적 상황을 부각함.
못하게 하였습니까? ❺그 누가 그대의 팔을 움츠려서 펴지 못하게
하였습니까? ❻그 누가 그대에게 한 발자국 남짓한 자리를 마음대로
차지하지 못하게 하여, 마치 철창 속에 갇힌 원숭이처럼 답답하게
하였습니까? ❼그 누가 그대와 사람이 서로 꺼리게 하여 도적을 보듯
흘겨보며 행여 한 사람이라도 나가서 내 자리를 너르게 하여 주기를
바라게 하였습니까?] ❽이렇게 하여 **그늘에 들어가는 것은** 차라리
❷ 글쓴이의 태도: 자신의 이익을 위해 타인을 해하는 삶의 태도를 비판함.
뜨거운 **햇볕 아래 홀로 서 있는 것만도 못합니다.** ❾그대는 말하지
마십시오. [10]저는 다시 김을 매야겠습니다.”
[11]물어봤던 사람이 머리를 숙였고 부끄러운 낯빛이었다.

*[3] 요약 : 모계위가 이익을 위해 타인을 해하는 삶의 태도를 비판함.

✦ (나) 독해 공식

❶ **중심 대상**: 모계위
❷ **글쓴이 태도**: 하늘의 뜻을 따르며 분수에 맞는 삶을 살고자 함. 자신의 이익을 위해
타인을 해하는 삶의 태도를 비판함.
❸ **서술상 특징**
- 대화의 형식을 통해 주제 의식을 드러냄.
- 설의적 표현을 활용하여 삶의 태도를 강조함.
- 모계위와 다른 이들의 삶의 태도를 대조하여 주제 의식을 부각함.
- 점층적 표현을 사용해 사람들이 이익을 얻고자 서로 다투는 부정적 상황을 부각함.

■ **갈래**: 고전 수필
■ **제목의 의미**: '밭 전(田) + 사이 간(間) + 대답할 대(對)'. '밭을 사이에 두고 나눈 대화'라는
의미이다.
■ **(나) 주제**: 순리에 따르는 삶에 대한 지향
■ **이것이 핵심!: 대조를 통해 드러내는 비판 의식**

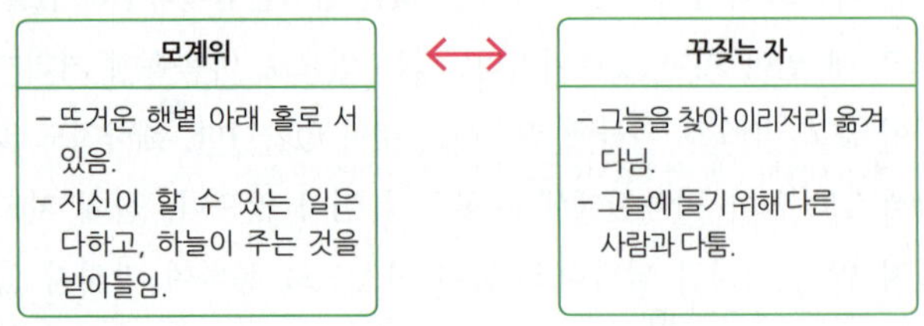

모계위	↔	꾸짖는 자
– 뜨거운 햇볕 아래 홀로 서 있음. – 자신이 할 수 있는 일을 다하고, 하늘이 주는 것을 받아들임.		– 그늘을 찾아 이리저리 옮겨 다님. – 그늘에 들기 위해 다른 사람과 다툼.

■ **왜 두 작품?**
- **공통점**: 분수에 맞는 삶의 태도를 지향하는 모습이 나타난다.
- **차이점**: (가)는 자연에서의 삶에 대한 만족감을 중점적으로 드러내는 반면, (나)는
순리에 따른 삶을 강조하면서 이를 따르지 않고 타인을 해하는 삶에 대한 비판 의식도
함께 드러낸다.

---

39 정답 ① ＊작품 비교하기 ·········· [정답률 64%]

(가)와 (나)의 공통점으로 가장 적절한 것은?

＞왜 정답?

① **설의적 표현을 활용하여 삶의 태도를 강조하고 있다.**
(가): 자연에서의 삶에 만족하는 태도, (나): 순리에 따르며 외부 상황에 연연하지 않는 태도

[(가) 〈제2수〉 ❸ 그 남은 여남은 일이야 부릴 줄이 있으랴
[(나) ❷-⑪ 홀로 나무 그늘에 구구히 얽매이겠습니까?

(가)의 화자는 설의법을 활용해 자연을 즐기며 소박하게 사는 삶 이외에 나머지 일은
부러워할 것이 없다는 뜻을 드러내고 있다. (나)의 화자는 설의법을 활용해 순리에
따라 살면 외부의 상황에 연연할 필요가 없다는 점을 강조하고 있다.

＞왜 오답?

② **반어적 표현을 활용하여 인식의 변화를 드러내고 있다.**
(나)에 나타나지 않음.   (가)에 나타나지 않음.

(가)의 화자는 자연 속에서의 삶에 만족하며 자부심을 느끼고 있다. 따라서 그러한
화자를 지칭하는 '어리고 향암'은 반어적 표현으로 볼 여지가 있다. 하지만 (가)에서
화자의 인식 변화는 나타나지 않는다. (나)에는 반어적 표현이 나타나지 않는다.

③ **점층적 표현을 활용하여 부정적인 상황을 부각하고 있다.**
(나)에만 나타남.

(가)에는 점층적 표현과 부정적 상황의 부각이 나타나지 않는다.
(나)는 모계위가 그늘에 들기 위해 서로 다투는 사람들의 행위를 비판하는 부분에서
점층적 표현을 활용하여 부정적인 상황을 부각했다고 볼 수 있다.

④ **과장적 표현을 활용하여 상황의 해학성을 보여 주고 있다.**
나타나지 않음.

⑤ **대조적 표현을 활용하여 자연 친화적 태도를 나타내고 있다.**
(가)에만 나타남.

(가)는 '인간 만사를 한 일도 아니 맡겨'와 '다툴 이 없는 강산을 지키라 하시도다'에서
대조적 표현을 사용하여 자연 친화적 태도를 나타내고 있다. (나)에는 자연 친화적
태도가 나타나지 않는다.

40 정답 ③ ＊시어 및 구절의 의미 파악하기 ★1등급 대비

[① 9% ② 9% ③ 35% ④ 41% ⑤ 3%]

'웃으며'
㉠, ㉡에 대한 이해로 가장 적절한 것은?
'웃는다'

왜 틀렸나?

㉠ '웃는다'와 ㉡ '웃으며'의 주체를 정확히 파악한 후 선택지의 진술이 적절한지
판단하는 문제였다. 이때 선택지의 내용을 꼼꼼하게 확인하지 않으면, 순간적으로 ㉠,
㉡의 주체와 주체의 의도를 헷갈려 실수하기 쉬웠다.

＞왜 정답?

③ ㉠에는 공감할 수 없는 행위에 대한, ㉡에는 이치에 맞지 않는
자연에서의 소박한 삶에 만족하는 것   그늘을 따라 옮겨 다니던 이가 자신의 자리를
말에 대한 부정적 태도가 담겨 있다. 지키던 모계위에게 지조가 없다고 함.

(가) 〈제1수〉 ❶, ❷ 산수간(山水間) 바위 아래 띠집을 짓노라 하니 / 그 모른
남들은 ㉠ 웃는다 한다마는
(나) ①-❶~❽ 모계위가 한여름에 들에 나가 김을 매다가 틈이 나자 우뚝 서
있었다. ~ 아침에 그늘이 서쪽으로 지자, 사람들이 다투어 그 아래로 가고,
얼마 뒤에 해가 옮겨 가자 모두들 떠들썩하게 동편으로 몰려갔다. ~ 계위를
돌아보고는 꾸짖는 자가 있었다. “저번에 그대는 동편에 있더니 이제 그대는
서편에 있군요. 군자라는 이가 진정 이다지도 지조가 없는지요?” 계위는 기가
막혀 ㉡ 웃으며, 세 번의 질문에도 대꾸하지 않았고, ~

㉠ '웃는다'의 주체는 '그 모른 남들'이다. 이들은 자연 속에서 소박하게 살고자 하는
화자를 행위를 비웃고 있다. 따라서 ㉠에는 '그 모른 남들'이 공감하지 못하는 화자의
행위에 대한 부정적 태도가 담겨 있다. ㉡ '웃으며'의 주체는 '모계위'이다. 그는 그늘을
따라 옮겨 다니던 이가 가만히 자리를 지키고 있던 자신에게 지조가 없다고 하자, 이를
기가 막혀 하며 웃는다. 따라서 ㉡에는 이치에 맞지 않는 말에 대한 모계위의 부정적
태도가 담겨 있다.

(왼쪽)

왜 오답 ?

① ㉠에는 ~~줏대 없는 행위~~에 대한, ㉡에는 ~~염치없는 말~~에 대한 비판적
〔나타나지 않음.〕 〔그늘을 따라 줏대 없이 움직인 이가 도리어 모계위에게 지조가 없다고 함.〕
태도가 담겨 있다.

＊근거: (가) 〈제1수〉 ❶, ❷, (나) ① - ❶ ~ ❽

(가)의 화자는 자연에서의 소박한 삶을 지향하는 일관된 태도를 보여 주고 있다. 따라서 ㉠ '웃는다'에 줏대 없는 행위에 대한 비판적 태도가 담겨 있다고 보기는 어렵다.

〔**줏대**: 자기의 처지나 생각을 꿋꿋이 지키고 내세우는 기질이나 기풍
염치없다: 체면을 차릴 줄 알거나 부끄러움을 아는 마음이 없다.〕

② ㉠에는 일반적이지 않은 행위에 대한, ㉡에는 ~~원망하는 말~~에 대한
〔자연에서 띠집을 짓고 사는 것〕 〔나타나지 않음.〕
비하의 의도가 담겨 있다.

＊근거: (가) 〈제1수〉 ❶, ❷, (나) ① - ❶ ~ ❽

(가)의 '그 모른 남들'은 자연에서 띠집을 짓고 살겠다는 화자의 행위를 비웃고 있다. 따라서 ㉠ '웃는다'에는 일반적이지 않은 행위에 대한 비하의 의도가 담겨 있다고 볼 수 있다. (나)에서 '꾸짖는 자'가 모계위를 향해 원망하는 말을 하지는 않았으므로, ㉡ '웃으며'에 이에 대한 비하의 의도가 담겨 있다고 보기는 어렵다.

④ ㉠에는 ~~자신을 평가하는 행위~~에 대한, ㉡에는 자신을 조롱하는
〔나타나지 않음.〕
말에 대한 냉소적 태도가 담겨 있다.

＊근거: (가) 〈제1수〉 ❶, ❷, (나) ① - ❶ ~ ❽

(가)에서 '그 모른 남들'을 평가하는 행위는 나타나지 않는다. 따라서 ㉠ '웃는다'에 이에 대한 '그 모른 남들'의 냉소적 태도가 담겨 있다고 보기는 어렵다.

> **매력 오답**
> '㉠에는 자신을 평가하는 행위에 대한 냉소적 태도가 담겨 있다.'의 의미를 순간적으로 잘못 이해하여 ④를 정답으로 고른 학생들이 많았다.
> 이는 ㉠ '웃는다'에 '그 모른 남들'을 평가하는 행위에 대한 '그 모른 남들'의 냉소적 태도가 담겨 있다는 의미이다. ㉠ '웃는다'의 주체가 '그 모른 남들'임을 정확히 인지한 상태에서 선택지의 정오를 판단했어야 한다.

⑤ ㉠에는 ~~열등감을 숨기려는 행위~~에 대한, ㉡에는 ~~전입견을 지니고~~
〔나타나지 않음.〕 〔나타나지 않음.〕
~~있는~~ 말에 대한 질책의 의도가 담겨 있다.

＊근거: (가) 〈제1수〉 ❶, ❷, (나) ① - ❶ ~ ❽

〔**선입견**: 어떤 대상에 대하여 이미 마음속에 가지고 있는 고정적인 관념이나 관점〕

---

41 정답 ①　＊글쓴이의 생각과 태도 파악하기 ·········· [정답률 68%]

(나)의 [A]에 나타난 '모계위'의 생각을 이해한 내용으로 가장 적절한 것은?

왜 정답 ?

① 순리에 따라 자신의 일을 다하여 외부 상황에 연연할 필요가
〔때에 맞춰 농사일을 하는 것〕 〔외물에 휘둘리지 않음.〕
없다고 여기고 있군.

〔(나) ② - ❻ ~ ❽ 무릇 비 오고 가물고 바람 불고 볕이 내리쬐는 것은 하늘에 달린 것이고, 밭 갈고 씨 뿌리고 김매고 뿌리를 북돋는 것은 나에게 달린 것입니다. 나는 내가 할 수 있는 것을 다하고 하늘에서 이루어 주는 것을 받아들입니다. 내 힘을 다 쓰고 내 일이 이미 갖추어지면, 나는 안으로 마음속에 서리끼는 것이 없고, 밖으로 외물에 위눌리는 것이 없습니다.〕

(나)의 [A]에서 모계위는 순리에 따라 살고자 하는 자신의 태도를 이야기하며, 그렇게 살면 마음속에 거리끼는 것이 없고 외부 상황에도 휘둘리지 않게 된다고 하였다.

(오른쪽)

왜 오답 ?

② ~~자신에게 유리한 상황을 조성하려면 다른 사람들과 함께해야~~
〔모계위의 생각과 관련 없음.〕
한다고 여기고 있군.

③ ~~하늘의 도움을 받으려면 절기에 맞추어 남들보다 더 농사일에~~
〔하늘에서 이루어 주는 것을 받아들인다고 했을 뿐, 하늘의 도움을 받고자 한 것은 아님.〕
힘써야 한다고 여기고 있군.

④ 적절한 때를 알고 행동하면 자신의 의지에 따라 ~~주변 환경을~~
〔모계위의 생각과 관련 없음.〕
~~변화시킬 수 있다~~고 여기고 있군.

⑤ ~~다른 사람들과 관계를 원만하게 이어가~~ 마음속에 거리끼는 것이
〔순리를 따르며 자신이 할 수 있는 것을 다함으로써〕
없도록 해야 한다고 여기고 있군.

---

42 정답 ④　＊〈보기〉를 바탕으로 감상하기 ·········· [정답률 75%]

〈보기〉를 바탕으로 (가)와 (나)를 이해한 내용으로 적절하지 <u>않은</u> 것은? [3점]

> ── 〈 보기 〉 ──
> ❶(가)와 (나)에서는 분수에 맞는 삶의 태도를 지향하는 모습이 나타나 있다. (가)의 화자는 자연에서 삶을 영위하는 것이 떳떳한 일이라 여기며 〔'하늘'에서 부여받은 일이기 때문임.〕 소박한 생활에 만족감을 느끼고 있다. ❸그리고 (나)의 모계위는 자신의 〔안분지족, 자연 친화적 태도〕 삶의 방식을 지키는 것이 중요한 일이라 여기며 자신의 이익을 위해 다른 〔자신이 할 일을 다 하며 외물에 휘둘리지 않음〕 사람을 해하는 상황을 비판적으로 인식하고 있다. 〔그늘에 들기 위해 사람들이 서로 다툰 것〕

왜 정답 ?

④ (나)의 모계위가 '눈과 얼음 속에서'는 '여우 담비 털옷을 덮어 주면 사양하지 않'을 것이라고 이야기한 것에서 타인과 ~~다른 삶의 방식을 지향하고 있음~~을 알 수 있군.
〔타인과 같은 마음과 욕구를 지녔음.〕

〔(나) ② - ⓬ ~ ⓰ 저는 하늘의 때를 기다리는데, 사람들은 혹 서로 다른 사람과 시간을 다툽니다. ~ 사람들이 나와 달리한 것이지, 내가 어찌 사람들을 떠나기를 좋아했겠습니까? 그렇다 해도 눈과 얼음 속에서 솜옷을 입고 있는 자도 여우 담비 털옷을 덮어 주면 사양하지 않는 법입니다. 내가 그늘을 싫어하여 도망쳤다고 하면 그것도 인정(人情)이 아닐 것입니다.〕

(나)에서 모계위는 하늘의 때를 기다리는 자신과는 달리, 다른 이와 시간을 다투는 사람들의 태도를 언급한다. 이를 통해 자신이 그러한 사람들과 일부러 거리를 두고자 한 것은 아님을 드러낸다. 또한 '눈과 얼음 속에서' '여우 담비 털옷을 덮어 주면 사양하지 않는 법'이라고 하며, 자신도 다른 사람과 마찬가지인 점이 있음을 이야기 한다. 이는 앞서 '꾸짖는 자'가 다른 사람들과 거리를 두며 지내는 듯한 모계위의 태도에 의문을 제기한 것에 대한 답변으로 볼 수 있다.

왜 오답 ?

① (가)의 화자가 자연에서 '띠집'을 짓고 사는 것과 (나)의 모계위가
〔소박한 생활〕
때에 따라 '밭 갈고 씨 뿌리'는 것에서 분수에 맞는 삶의 태도를
〔순리에 따라 자신의 할 일을 다하는 삶〕
엿볼 수 있군.

〔(가) 〈제1수〉 ❶ 산수간(山水間) 바위 아래 띠집을 짓노라 하니〕

〔(나) ② - ❻ 무릇 비 오고 가물고 바람 불고 볕이 내리쬐는 것은 하늘에 달린 것이고, 밭 갈고 씨 뿌리고 김매고 뿌리를 북돋는 것은 나에게 달린 것입니다.〕

② (가)의 화자가 '보리밥 풋나물을 알맞게 먹'으며 '그 남은 여남은
〔소박한 생활〕 〔자연에서의 삶 이외의 일〕
일'을 부러워하지 않는 것에서 자연에서의 소박한 삶에 대해
만족하고 있음을 알 수 있군.

〔(가) 〈제2수〉 보리밥 풋나물을 알맞게 먹은 후에 / 바위 끝 물가에 슬카지 노니노라 / 그 남은 여남은 일이야 부럴 줄이 있으랴〕

③ (가)의 화자가 '하늘'이 자신의 '성이 게으'름을 알고 '강산을 지키라 하'였다는 것에서 자연 속에서 지내는 삶을 떳떳한 일로 생각하고 있음을 알 수 있군.
자연에서의 삶은 '하늘'이 자신에게 부여한 일이기 때문임.

(나) <제5수> 내 성이 게으르더니 하늘이 알으실사 / 인간 만사(人間萬事)를 한 일도 아니 맡겨 / 다만당 다툴 이 없는 강산을 지키라 하시도다

⑤ (나)의 모계위가 '다른 사람과 다'투며 '그늘에 들어가는 것'은 '햇볕 아래 홀로 서 있는 것만도 못'하다고 말한 것에서 타인을 해하는 삶의 태도를 경계하고 있음을 알 수 있군.
자신의 이익을 위해 다른 사람을 해하는 상황

(나) ③-❷, ❸ 그대가 이 그늘로 들어갔을 적에 과연 조용하고 넉넉하게 노닐며 태연하게 스스로 얻은 것이었습니까? 아니면 다른 사람과 다툰 다음에야 그늘에 들 수 있었습니까?

(나) ③-❸ 이렇게 하여 그늘에 들어가는 것은 차라리 뜨거운 햇볕 아래 홀로 서 있는 것만도 못합니다.

43~45 ＊작자 미상, 〈쌍주기연〉

출제 ❶ 중심인물, 배경 ❷ 중심 사건, 갈등 ❸ 서술상 특징

[앞부분의 줄거리] 제후국인 남만국이 명나라 변방을 침범하자, 천자는 이를 해결하기 위해 서경을 남만국에 안무사로 파견한다. 서경이 사신으로 떠난 후 남만에 (남만국: 중심인물) 잡혀 돌아오지 않자 그의 아들 서천흥은 아버지를 구하고 국난을 해결하기 위해 대원수로 출정한다. 이때 남만 태자는 섬으로 유배된 서경을 극진히 대접한다. (서천흥·남만 태자: 중심인물)

❶ 어느 날 태자가 근심하는 빛이 얼굴에 가득하여 말했다. (남만 태자)

❷ "그사이에 부왕께서 명나라와 전쟁하셨는데, 우리의 장수와 (남만의 왕 = 남만 태자의 아버지) 군사들이 죽은 것이 이루 셀 수가 없다 하나이다. 듣자니 명나라 장수 가운데 대원수는 공의 아드님이란 말이 있나이다. [부왕께서 (서 안무사(서경)의 아들 = 서 원수(서천흥)) 이를 아시고 대인을 군중에 데려다 볼모로 삼아 아드님으로 하여금
[ ]: 적대국 인물인 남만왕과 태자는 서로 다른 현실 대응 태도를 보임.
귀순케 하고자 하시나이다. 그래서 소자에게 대인을 군중으로 데려오라고 명하셨지만, 아무리 부왕의 명이라도 소자가 이를 차마 행하지 못하오리다.] 소자가 심복으로 하여금 천리마 두 필을 준비하게 하였사오니, 산골짜기의 좁은 길로 남모르게 명나라
적대국 인물인 태자가 서 원수의 아버지가 달아날 수 있도록 도움.
진영으로 가옵소서. 그 후에 부왕의 목숨을 구하여 만국이 아주 망하게 하지 마소서."

❸ 서 안무사가 위로하여 말했다.

❹ "내 어찌 그대의 인정 어린 마음을 잊으랴."

❺ 그러고는 작별하였다. ❻ 곧바로 천리마를 타고 종자와 함께 명나라
[ ]: ❷중심 사건 - 서 안무사가 남만 태자의 도움을 받아 남만국에서 탈출함. (❶공간적 배경)
진영을 향하였다.]

제후국: 제후(일정한 영토를 가지고 그 영내의 백성을 지배하는 권력을 가지던 사람)가 다스리는 나라   변방: 중심지에서 멀리 떨어진 가장자리 지역
대원수: 국가의 전체 군대를 통솔하는 최고 계급인 원수를 더 높여 이르는 말
출정: 군에 입대하여 싸움터에 나감.   대인: 신분이나 관직이 높은 사람
볼모: 약속 이행의 담보로 상대편에 잡혀 두는 사람이나 물건
귀순: 적이었던 사람이 반항심을 버리고 스스로 돌아서서 복종하거나 순종함.
소자: 아들이 부모를 상대하여 자기를 낮추어 이르는 일인칭 대명사
심복: 마음 놓고 부리거나 일을 맡길 수 있는 사람
종자: 남에게 종속되어 따라다니는 사람
천리마: 하루에 천 리를 달릴 수 있을 정도로 좋은 말

＊① 요약 : 남만 태자가 만왕의 명령을 어기고, 서 안무사를 몰래 탈출시킴.

[ ]: ❸ 요약적 제시를 통해 사건을 압축적으로 나타냄.

❷ 이때 서 원수가 길협을 놓아 보낸 뒤로 또 싸우러 나아가 적장 (서 안무사의 아들 = 서천흥) 수십 명을 죽이며 승승장구하여 잃었던 고을들을 회복하고 남만국의
서 원수가 전장에서 영웅적인 활약을 보임.
수만 병사들을 죽이니, 위엄이 만국에서 크게 떨쳤다.] 만왕은 군영의 (남만왕) 문을 닫고 서 안무사 잡아 오기를 기다렸다.

❸ 서 원수가 여러 날 싸움을 돋우었지만 만왕이 끝내 안전한 곳에 들어앉아서 나오지 않으니, 달리 어떻게 할 도리가 없어 승전한 표문
서 원수는 만왕을 잡기 전에 승전한 표문을 천자께 보냄.
(表文)＊을 천자에게 보낸 뒤 여러 장수들과 묘책을 의논하고 있었다.

❹ 갑자기 비밀스레 한 병사가 들어와 고했다.

❺ "군영 바깥문 밖에 우리나라 사람 한 명과 만국 사람 한 명이 와 서찰 한 통을 전해 달라고 하기에 바치옵니다."

❻ 서 원수가 그 서찰을 떼어 보니, 서찰은 이러하다.

❼ '나는 다른 사람이 아니라 만왕의 명으로 십여 년 동안 만국에서
명나라 진영에 도착한 서 안무사는 서 원수와 만나기 전 먼저 서찰을 보냄.
치욕을 감내하던 안무사 서경이라. 도움을 준 사람이 있어서 (= 남만 태자) 목숨을 보전하여 달아나 왔나니, 오신 대원수는 뉘신지 몰라도 바삐 만나 보기를 바라오.'

❽ [서 원수가 서찰을 다 읽고 나서 마음이 떨리고 정신이 아득
[ ]: ❷ 중심 사건 - 서 안무사와 서 원수 부자가 재회함.
하였지만 바삐 군영의 문밖까지 나아가 맞으니, 서 안무사의 머리가 백발이었고 모습이 수척하였으나 뚜렷한 부친이었다. ❾ 서 원수가 부친을 한 번 부르고는 몹시 슬프고 가슴 아파 정신이 혼미하여 까무러쳤다. ❿ 서 안무사가 서 원수를 보니 사신으로 떠날 때에는 6세
❸ 편집자적 논평을 통해 서술자가 작중 인물의 상황을 드러냄.
어린아이였거늘 지금은 엄연한 대장이니 어찌 알아보리오. ⓫ 서
서 안무사는 서 원수가 자신의 아들임을 바로 알아차리지 못함.
안무사는 서 원수가 아버지라고 부르는 소리를 따라 역시 통곡하였다. ⓬ 그리고 서 원수를 안아 보니 호흡이 멎었는지라 크게 놀라 주물렀다. ⓭ 이윽고 서 원수가 눈을 뜨니, 서 안무사가 어루만져 위로하며 말했다. ⓮ "살아서 서로 만났으니 기쁘기 그지없다만, 이롭지 못한 시름과 슬픔을 드러내지 말거라." ⓯ 모든 장수들이 또한 위로하며 축하하는 소리가 떠들썩하였다. ⓰ 서 원수가 조용히 부친을 모시고서 서로 그간의 고난과 재앙을 슬퍼하며 근심스럽게 말했다.]

위엄: 존경할 만한 위세가 있어 점잖고 엄숙함. 또는 그런 태도나 기세
표문: 마음에 품은 생각을 적어서 임금에게 올리는 글
묘책: 매우 교묘한 꾀   서찰: 안부, 소식, 용무 따위를 적어 보내는 글
보전하다: 온전하게 보호하여 유지하다.   혼미하다: 의식이 흐리다.
까무러치다: 얼마 동안 정신을 잃고 죽은 사람처럼 되다.

＊② 요약 : 명나라 진영으로 달아난 서 안무사가 아들 서 원수와 재회함.

(중략)

③ 이때 남만의 태자가 서 안무사를 보낸 뒤 곡 승상과 의논하였다.

❷ "아무 때라도 아군이 반드시 패할 것이오. 서 원수는 장수로서의 지략이 손무, 오기와 제갈량에 버금가오. 까마귀가 모인 것 같은 병졸로서 어찌 당할 수 있으리오. 이 때문에 서 안무사를 살려
남만 태자가 서 안무사를 살려 보냄으로써 서 원수의 효 실천에 일조함.
보내어 은혜를 끼친 것이라오. 대왕께서 만일 봉변을 당하실지라도
[A] 서 안무사는 인자하고 후덕한 어른이요, 서 원수는 충성하고 효성스러운
[A]: 곡 승상을 향한 남만 태자의 말
군자이니, 필시 구하여 줄 것이오. 경(卿)과 함께 나아가 부왕께 귀순하시도록 간하여 보사이다."

❸ 그러고서 명나라의 군영을 향해 떠났는데, 도중에 패잔군을 만나
남만 태자가 패잔군으로부터 만왕이 사로잡혔다는 소식을 들음.
만왕이 사로잡혔다는 소식을 듣고 태자가 목 놓아 슬프게 울며 말했다.

❹ "부왕께서 내 말을 듣지 않으시더니, 이 봉변을 당하신 것은 국운이
불행함이로다."

❺ 급히 길을 재촉해 명나라 군영에 다다르자, 태자가 윗옷 한쪽을
벗고 등에 형장을 진 채로 [손가락을 깨물어 항복 문서를 쓰고서
[ ]: 남만 태자가 직접 항복 문서를 작성하여 서 원수에게 올림.
통곡하였다. ❻ 명나라의 선봉 군대가 태자를 잡아 중군(中軍)에 아뢰니,
서 원수가 명을 내려 '태자를 진중으로 들이라.' 하였다. ❼ 태자가 코를
땅에 대고 엉금엉금 무릎으로 기어가 항복 문서를 올렸다.] 서 원수가
항복 문서를 받고는 태자가 부친 서 안무사를 후하게 대접한 은혜를
❸ 편집자적 논평을 통해 서술자가 작중 인물의 심리를 드러냄.
생각하니 어찌 감격하지 않으리오 ❾ 군사에게 명하여 큰 칼과 옥새를
빼앗고 장막 안으로 불러올리니, 태자가 두 번 절하며 말했다.

❿ "부왕의 죄는 마땅히 면치 못하려니와 **부왕의 본심**이 아니라
간신의 충동질에 말미암은 것이니, 원수는 다시 살려 주는 은혜를
내리고자 천자께 아뢰어 부왕의 목숨을 살려 주시면, 대대로
황제의 은혜에 감사하고 원수의 덕을 잊지 않으리라."

⓫ 이렇게 말하며 눈물이 얼굴에 가득하였다. ⓬ 서 원수가 태자를 보니,
언사가 부드럽고 온화한 데다 기상이 활달하여 아닌 게 아니라 정말로
천승(千乘)*의 국왕다움이 외모에 나타나는지라 아무렇지 아니한
듯이 말했다.

⓭ "만왕의 죄악은 천벌을 면하기 어렵고, 내가 또한 남만의 씨
하나라도 남기지 않아 후세 사람의 근심이 없도록 하려 했었는데,
그대를 보니 하늘이 오히려 남만에게 복을 주심이로다. 내 어찌
초월적 권위(하늘의 뜻)를 명분으로 삼아 생각을 바꾸게 된 이유를 밝힘.
하늘의 뜻을 거역할 것이며, 가친(家親)*께서 십여 년 동안 그대의
[B]
은혜를 많이 입었으니, 당연히 천자께 아뢰어 만왕의 목숨을 구할
[B]: 남만 태자를 향한 서 원수의 말
것이로다. 그리고 즉시 군대를 돌이킬 것이니, 그대는 어진 사람을
얻어 남만의 백성을 살피고 어루만져 다른 근심이 없게 할지어다."

⓮ 태자가 거듭거듭 절하며 고마워하고 마음속으로 칭송하였다.

⓯ '내 서 안무사가 오늘날에 제일로 알았더니, 그 아들은 젊었는데도
❸ 내적 독백을 통해 인물의 심리를 드러냄.
풍채가 갑절이나 더 낫도다.'

⓰ [서 원수가 표문을 올렸으니, 만왕을 사로잡고 남만의 태자가
만왕의 목숨을 살리고 남만 태자를 왕으로 봉하는 것을 천자께 요청함.
귀순해 왔는데 태자는 인자한 데다 효성스러워 가히 남만의 왕이 됨
[ ]: 중심 사건 – 서 원수가 남만국의 항복을 받아 내며 천자 중심의 위계 질서를 회복함.
직하나 만왕은 용렬한 데다 어리석어 비록 죄를 용서할지언정 다시
나랏일을 맡게 할 수 없으리니, 태자를 봉하여 대대로 **천자의 은혜를**
반란을 일으킨 제후국을 평정함으로써 천자 중심의 위계 질서를 회복함.
감사하도록 하게 하자고 아뢴 것으로 황제의 명을 기다렸다.]

간하다: 웃어른이나 임금에게 옳지 못하거나 잘못된 일을 고치도록 말하다.

봉변: 뜻밖의 변이나 망신스러운 일을 당함. 또는 그 변

패잔군: 싸움에 진 나머지 군사들을 모아 편성한 군대

간신: 간사한 신하　　**충동질:** 어떤 일을 하도록 남을 부추기는 짓

용렬하다: 사람이 변변하지 못하고 졸렬하다.

봉하다: 임금이 작위(爵位)나 작품(爵品)을 내려 주다.

*❸ 요약 : 남만 태자의 항복 문서를 받은
서 원수가 만왕의 목숨을 살려주기로 약속함.

* 표문: 마음에 품은 생각을 적어서 임금에게 올리는 글

* 천승: 제후(諸侯)가 다스리는 나라를 이르는 말

* 가친: 남에게 자기 아버지를 높여 이르는 말

★ 독해 공식

❶ **중심인물**: 서경, 서천흥, 남만 태자　**공간적 배경**: 명나라 진영

❷ **중심 사건**: 서 안무사가 남만 태자의 도움을 받아 남만국에서 탈출함. 서 안무사와 서 원수 부자가 재회함. 서 원수가 남만국의 항복을 받아 내며 천자 중심의 위계 질서를 회복함.

❸ **서술상 특징**
- **서술자**: 3인칭 서술자, **시점**: 전지적 작가 시점
- 요약적 제시를 통해 사건을 압축적으로 나타냄.
- 편집자적 논평을 통해 서술자가 작중 인물의 상황과 심리를 드러냄.
- 내적 독백을 통해 인물의 심리를 드러냄.

■ **갈래**: 고전 소설, 군담 소설, 영웅 소설

■ **제목의 의미**: '雙(쌍 쌍) + 珠(구슬 주) + 奇(기이할 기) + 緣(인연 연). '한 쌍의 구슬로 맺어진 기이한 인연'이라는 의미로, 주인공 서천흥과 왕혜란 사이의 인연을 가리킨다.

■ **이 작품은?** 명나라를 배경으로 하여, 하늘에서 내린 한 쌍의 구슬을 매개로 남녀 주인공이 인연을 맺는 과정과 영웅적 인물인 서천흥이 제후국의 반란을 평정하면서 보여 주는 활약상을 담아낸 작품이다.

■ **인물 관계도**

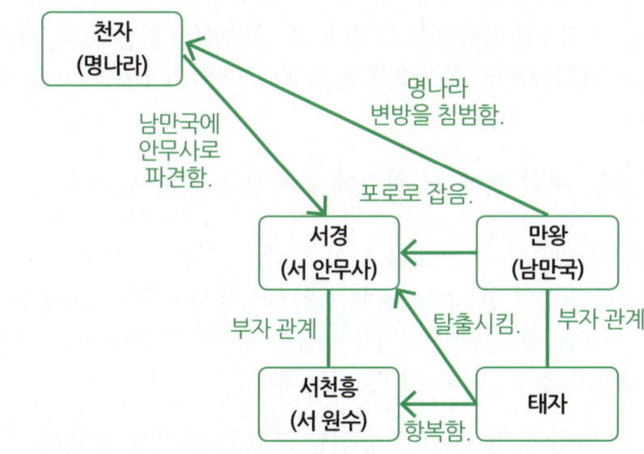

■ **주제**: 영웅적 인물의 활약과 충효의 가치 실현

■ **이것이 핵심!: 작품에 나타난 영웅 소설의 특징**

- **비범한 능력**: 주인공 서천흥은 뛰어난 무예 실력과 지략을 지닌 인물임.
- **고난과 시련**: 아버지가 타국에 포로로 잡히면서, 어린 시절을 타 가문에 의탁하여 자라남.
- **영웅적인 활약과 고난 극복**: 아버지를 구출하기 위해 출정하여 적대국의 반란을 평정하고 아버지와도 재회함.

■ **전체 줄거리**

소주 화계촌에 사는 서경이 화주승의 예언을 들은 뒤 아들 서천흥을 얻는다. 몇 년 뒤 서경은 천자의 명으로 제후국인 남만에 안무사로 파견을 갔다가 남만국에 포로로 붙잡히게 된다. 이후 서천흥은 유씨 가문에 의탁하여 자라나고, 신비한 진주 구슬이 인연이 되어 왕혜란과 맺어진다. 과거에 장원 급제한 서천흥은 왕혜란과의 혼인을 두고 황실과 갈등을 겪게 되지만, 왕혜란과 진주 구슬로 맺어진 인연의 내력을 황제에게 고한 끝에 혼인을 허락받게 된다.

이후 서천흥은 대원수의 신분으로 전장에 나가 남만의 반란을 평정하고, 아버지 서경과도 재회한다. 부귀 공명을 누리며 살던 서천흥은 말년에 이르러 왕혜란과 함께 구슬을 하늘에 바치고는 생을 마무리한다.

(　: 지문 수록 부분)

윗글을 이해한 내용으로 적절하지 <u>않은</u> 것은?

왜 틀렸나?

서 안무사와 서 원수가 재회하는 장면의 큰 흐름에만 주목했다면, 서 안무사가 자신의 아들인 서 원수를 곧바로 알아보지 못하였다는 세부 정보는 놓치고 넘어갔을 수 있다. 처음 지문을 읽을 때는 굵직한 사건 중심으로 내용의 흐름을 이해하는 데 집중하되, 선택지에서 언급한 세부적인 내용을 판단할 때는 반드시 지문의 해당 부분을 다시금 꼼꼼하게 확인해야 한다.

왜 정답?

② 서 안무사는 서 원수를 보자마자 자신의 아들임을 알아차렸다.
알아차리지 못함.

②-⑩, ⑪ 서 안무사가 서 원수를 보니 사신으로 떠날 때에는 6세 어린아이였거늘 지금은 엄연한 대장이니 어찌 알아보리오. 서 안무사는 서 원수가 아버지라고 부르는 소리를 따라 역시 통곡하였다.

서 안무사는 서 원수를 처음 봤을 때 그가 자신의 아들임을 알아보지 못한다. 서 원수가 자신을 아버지라고 부르는 소리를 듣고서야, 서 원수가 아들임을 알아차린다.

왜 오답?

① 서 안무사는 재회 전에 서 원수에게 서찰을 먼저 보냈다.
자신이 남만국에 포로로 잡혀 있던 안무사 서경이라는 내용

②-⑥, ⑦ 서 원수가 그 서찰을 떼어 보니, 서찰은 이러하다. '나는 다른 사람이 아니라 만왕의 명으로 십여 년 동안 만국에서 치욕을 감내하던 안무사 서경이라. 도움을 준 사람이 있어서 목숨을 보전하여 달아나 왔나니, 오신 대원수는 뉘신지 몰라도 바삐 만나 보기를 바라오.'

③ 서 원수는 만왕을 잡기 전에 승전한 표문을 천자께 보냈다.
남만국과의 싸움에서 승승장구하여 잃었던 고을들을 회복함을 알림.

②-❶~❸ 이때 서 원수가 ~ 또 싸우러 나아가 적장 수십 명을 죽이며 승승장구하여 잃었던 고을들을 회복하고 ~ 서 원수가 여러 날 싸움을 돋우었지만 만왕이 끝내 안전한 곳에 들어앉아서 나오지 않으니, 달리 어떻게 할 도리가 없어 승전한 표문(表文)을 천자에게 보낸 뒤 여러 장수들과 묘책을 의논하고 있었다.

남만국의 반란을 막기 위해 대원수가 되어 출정한 서 원수는 승승장구하며 그동안 남만국에게 잃었던 고을들을 회복한다. 이렇게 서 원수가 싸움에서 이기고 있는 상황에서 만왕은 안전한 곳에 몸을 숨긴 채 나오지 않는다. 그러자 서 원수는 만왕을 잡기 전에 싸움에서 이겼음을 알리는 표문을 천자에게 먼저 보낸다.

매력 오답 윗글에서는 서 원수가 천자에게 표문을 보내는 모습이 두 번 나타난다. 첫 번째로는 서 안무사와 재회하기 전, 남만국과의 싸움에서 이기고 있음을 알리고자 표문을 보내고, 두 번째로는 남만 태자로부터 항복 문서를 받은 뒤 이를 천자에게 알리고자 표문을 보낸다. 따라서 선택지의 진술과 지문의 내용 흐름을 꼼꼼하게 확인하지 않으면 이 두 사건을 헷갈려 실수를 하기 쉬웠다.

④ 태자는 패잔군으로부터 부왕이 사로잡혔다는 소식을 들었다.
서 원수의 군대에게 패배한 남만국 군사

③-❸ 그러고서 명나라의 군영을 향해 떠났는데, 도중에 패잔군을 만나 만왕이 사로잡혔다는 소식을 듣고 태자가 목 놓아 슬프게 울며 말했다.

⑤ 태자는 항복 문서를 직접 작성하여 서 원수에게 올렸다.
태자가 손가락을 깨물어 직접 항복 문서를 작성함.

③-❺~❼ ~ 태자가 ~ 손가락을 깨물어 항복 문서를 쓰고서 ~ 코를 땅에 대고 엉금엉금 무릎으로 기어가 항복 문서를 올렸다.

[A]와 [B]에 대한 설명으로 가장 적절한 것은?
[A]: 남만 태자가 곡 승상에게 함께 부왕을 설득하자고 함.
[B]: 서 원수가 태자에게 만왕의 목숨을 살려줄 것이라고 함.

왜 틀렸나?

선택지에서 언급한 '초월적 권위', '사회적 지위에 어울리는 행동' 등이 무엇을 의미하는지 이해하지 못한 학생들이 많았다. 지문에서 쓴 표현을 선택지에서 그대로 사용하지 않고, 다른 말로 바꾸어 표현했기 때문이다.

이런 유형의 문제는 지문의 내용 맥락을 고려할 때, 선택지의 진술이 충분히 개연성 있는 설명이라고 볼 수 있는지를 기준으로 하여 정답을 가려내야 한다.

왜 정답?

② [B]는 [A]와 달리 초월적 권위를 명분으로 삼아 자신의 생각이
하늘의 뜻   남만의 씨를 남기지 않으려 했지만, 만왕을 살려주고 군대를 돌이키려 함.
바뀌게 된 이유를 언급하고 있다.

③-⑬ "만왕의 죄악은 천벌을 면하기 어렵고, 내가 또한 남만의 씨 하나라도 남기지 않아 후세 사람의 근심이 없도록 하려 했었는데, 그대를 보니 하늘이 오히려 남만에게 복을 주심이로다. 내 어찌 하늘의 뜻을 거역할 것이며, ~ 당연히 천자께 아뢰어 만왕의 목숨을 구할 것이로다. 그리고 즉시 군대를 돌이킬 것이니, 그대는 어진 사람을 얻어 남만의 백성을 살피고 어루만져 다른 근심이 없게 할지어다."

[B]에서 서 원수는 '하늘의 뜻을 거역할' 수 없으므로 만왕의 목숨을 구하고 군대를 돌이키겠다고 한다. 이는 '하늘의 뜻'이라는 초월적 권위를 명분으로 삼아, 남만의 씨를 남기지 않으려 했던 자신의 생각이 바뀌게 된 이유를 언급한 것이다.

왜 오답?

① [A]는 [B]와 달리 객관적 근거를 들어 현실에 대한 기존의 판단이
주관적인 판단   언급하지 않음.
바뀐 과정을 언급하고 있다.

③-❷ "아무 때라도 아군이 반드시 패할 것이오. 서 원수는 장수로서의 지략이 손무, 오기와 제갈량에 버금가오. 까마귀가 모인 것 같은 병졸로서 어찌 당할 수 있으리오. ~ 경(卿)과 함께 나아가 부왕께 귀순하시도록 간하여 보사이다."

[A]에서 남만 태자는 서 원수가 지닌 뛰어난 능력에 대한 주관적인 판단을 근거로 들어, 서 원수에게 아군이 패할 것이 분명하므로 부왕을 설득하여 서 원수에게 항복하게끔 하자는 생각을 드러내고 있다.

③ [A]는 신의에 어긋난 행동을, [B]는 사회적 지위에 어울리는
부왕이 항복하도록 함께 설득하는 것   남만의 다음 왕으로서 어울리는 행동
행동을 할 것을 상대에게 요구하고 있다.

[A]에서 태자는 부왕이 명나라에 항복하도록 함께 설득하는 것을 상대방인 곡 승상에게 요구하고 있다. 곡 승상에게 신의에 어긋난 행동을 할 것을 요구한 것은 아니다. [B]에서 서 원수는 만왕 대신 왕의 자리에 오를 태자에게 '어진 사람을 얻어 남만의 백성을 잘 살필 것을 요구하고 있다.

④ [A]는 타인의 힘을 빌려, [B]는 자신의 역량으로 자신이 처한 문제
서 원수와 서 원수의 인정에 호소해 부왕의 목숨을 구하고자 함.   남만 태자와 만왕
상황을 해결하려는 의지를 밝히고 있다.

[A]에서 남만 태자는 자신이 서 안무사를 살려 보낸 은혜가 있기 때문에, 서 안무사와 서 원수가 부왕의 목숨을 구하여 줄 것이라고 생각하고 있다. [B]에서 서 원수는 '천자께 아뢰어 만왕의 목숨을 구할 것'이라고 했다. 이는 전쟁에서 공을 세운 자신의 역량으로 자신이 아닌, 남만 태자와 만왕이 처한 문제 상황을 해결하려는 것이다.

매력 오답 [B]에서 문제 상황에 처한 인물과 이를 해결하려는 의지를 밝힌 인물이 누구인지를 헷갈린 학생들이 많았다. [B]는 서 원수가 남만 태자에게 하는 말이므로, 문제 상황을 해결하려는 의지를 밝힌 인물은 서 원수이다. 그리고 맥락상 문제 상황에 처한 인물은 남만 태자와 부왕이다. 지문을 읽을 때 인물과 그 인물이 처한 상황은 정확히 파악할 수 있어야 한다.

⑤ [A]와 [B]는 모두 자신의 신분을 내세우는 방법을 활용하여 상대의
행동 변화를 촉구하고 있다.
[A]와 [B] 모두 나타나지 않음.

45 정답 ④ ＊〈보기〉를 바탕으로 감상하기 ★1등급 대비

[① 15% ② 11% ③ 12% ④ 37% ⑤ 23%]

〈보기〉를 바탕으로 윗글을 감상한 내용으로 적절하지 <u>않은</u> 것은? [3점]

─── 〈 보기 〉 ───

❶ 〈쌍주기연〉은 서천흥이 천자 중심의 위계 질서를 회복하고 충효의
서 안무사의 아들 서 원수
가치를 구현하는 내용의 영웅 소설이다. ❷ 이 작품의 인물들은 전형적인
영웅 소설과는 다른 행동 양상을 보이기도 한다. ❸ 이를테면, 영웅과
적대국 인물이 충효의 가치를 각자의 방식으로 구현하는 것, 적대국
일반적인 영웅 소설과 다른 행동 양상 ①
인물이 영웅의 효 실천에 일조하는 것, 위기 상황에서 적대국 인물 간의
일반적인 영웅 소설과 다른 행동 양상 ②   일반적인 영웅 소설과 다른 행동 양상 ③
현실 대응 태도가 다른 것 등이다.

단서＋발상

(단서) 〈보기〉를 바탕으로 윗글을 감상한 내용을 묻고 있음.

(발상) 〈보기〉에서 설명한 '전형적인 영웅 소설과는 다른 행동 양상'이 윗글에 어떻게
나타나 있는지 파악함.

(적용) ① 영웅과 적대국 인물이 충효의 가치를 각자의 방식으로 구현함. ➜ 서 원수가
서 안무사를 구출하고 남만국의 항복을 받아냄. / 남만 태자가 서 원수에게
항복 문서를 올리고 만왕의 목숨과 남만 백성을 지킴.

② 적대국 인물이 영웅의 효 실천에 일조함. ➜ 남만 태자가 서 안무사를
탈출시킴으로써 서 원수가 아버지와 재회할 수 있도록 함.

③ 위기 상황에서 적대국 인물 간의 현실 대응 태도가 다름. ➜ 만왕은 서
안무사를 볼모로 잡고 서 원수를 귀순시키고자 함. / 남만 태자는 서
안무사를 탈출시키고 만왕을 귀순시키고자 함.

＞왜 정답 ?

④ 태자가 '부왕의 본심'을 서 원수에게 전한 것이 결정적 원인이 되어
서 안무사를 탈출시키고, 이후 직접 항복 문서를 올린 것
부왕의 목숨을 구하고 나라가 망하지 않게 한 것에서 충효를
실천하려는 모습을 알 수 있군.

③-❽-❿ 서 원수가 항복 문서를 받는데 태자가 부친 서 안무사를 후하게
대접한 은혜를 생각하니 어찌 감격하지 않으리오. ~ 태자가 두 번 절하며
말했다. "부왕의 죄는 마땅히 면치 못하려니와 **부왕의 본심**이 아니라 간신의
충동질에 말미암은 것이니, 원수는 다시 살려 주는 은혜를 내리고자 천자께
아뢰어 부왕의 목숨을 살려 주시면, 대대로 황제의 은혜에 감사하고 원수의
덕을 잊지 않으리라."

남만 태자가 부왕의 목숨을 구하고 나라가 망하지 않게 한 것에서 적대국 인물이
충효의 가치를 실현하는 모습을 확인할 수 있다. 하지만 이는 남만 태자가 부왕의
명령을 거역하여 서 안무사를 탈출시키고, 이후 서 원수에게 직접 항복 문서를 써서
올렸기 때문에 가능한 일이었다. 따라서 남만 태자가 '부왕의 본심'을 서 원수에게 전한
것이 결정적 원인이었다고 볼 수는 없다.

＞왜 오답 ?

① 태자가 서 안무사를 볼모로 삼으라는 '부왕의 명'을 거역한 것에서
적대국 인물 간의 현실 대응이 다름을 알 수 있군.
만왕과 태자 간 현실 대응이 서로 다름.

①-❷ "~ 부왕께서 이를 아시고 대인을 군중에 데려다 볼모로 삼아
아드님으로 하여금 귀순케 하고자 하시나이다. 그래서 소자에게 대인을
군중으로 데려오라고 명하셨지만, 아무리 **부왕의 명**이라도 소자가 이를 차마
행하지 못하오리다. ~"

② 태자가 서 안무사를 '명나라 진영으로 가'도록 풀어 준 것에서
적대국 인물이 영웅의 효 실천에 일조함을 확인할 수 있군.
서 원수가 아버지와 재회할 수 있도록 함.

①-❷ "~ 소사가 심복으로 하여금 천리마 두 필을 준비하게 하였사오니,
산골짜기의 좁은 길로 남모르게 **명나라 진영으로 가**옵소서. 그 후에 부왕의
목숨을 구하여 만국이 아주 망하게 하지 마소서."

②-❽ 서 원수가 ~ 바삐 군영의 문밖까지 나아가 맞으니, 서 안무사의
머리가 백발이었고 모습이 수척하였으나 뚜렷한 부친이었다.

---

③ 서 원수가 '적장 수십 명을 죽이며 승승장구'하고 '잃었던 고을들을
회복'하는 것에서 영웅적 활약상을 알 수 있군.
적대국인 남만과의 싸움에서 승승장구하며 활약함.

②-❶ 이때 서 원수가 길협을 놓아 보낸 뒤로 또 싸우러 나아가 **적장 수십
명을 죽이며 승승장구**하여 **잃었던 고을들을 회복**하고 남만국의 수만 병사들을
죽이니, 위엄이 만국에서 크게 떨쳤다.

⑤ 서 원수가 태자를 만왕으로 봉하여 '천자의 은혜를 감사하도록
하게 하자'고 아뢴 것에서 천자와 제후 간의 위계 질서를 회복하려는
제후국의 반란을 평정한 후, 다시 천자에게 충성하게 함.
의도를 알 수 있군.

③-❶❻ 서 원수가 표문을 올렸으니, 만왕을 사로잡고 남만의 태자가 귀순해
왔는데 ~ 만왕은 용렬한 데다 어리석어 비록 죄를 용서할지언정 다시
나랏일을 맡게 할 수 없으리니, 태자를 봉하여 대대로 **천자의 은혜를
감사하도록 하게 하자**고 아뢴 것으로 황제의 명을 기다렸다.

> **매력
> 오답** 서 원수가 태자를 만왕으로 봉하자고 천자께 아뢴 것을 어떻게 '천자와 제후
> 간의 위계 질서를 회복하려는 의도'로 볼 수 있는지 이해하지 못한 학생들이 많았다.
> 윗글에서는 '제후국인 남만국이 명나라 변방을 침범'하자, 명나라의 대원수인
> 서천흥이 이를 평정하고 남만 태자의 항복을 받아내는 모습이 나타난다. 이때 서
> 원수는 명나라에 반란을 일으킨 남만국을 멸망시키지 않고, 남만 태자를 남만의 다음
> 왕으로 임명하는 것을 천자께 아뢴다. 이는 천자께 충성할 수 있는 기회를 다시 한번
> 남만국에게 주는 일과 같다.
> 즉 남만국이 천자의 은혜를 입게 하고, 이에 감사하도록 함으로써 천자와 제후국인
> 남만 사이의 위계 질서를 회복하려는 의도가 담긴 것이라고 볼 수 있다.

1회 문법·어휘 완성 TEST

01 정답 ① ＊보조 용언 파악하기

〈보기〉를 참고하였을 때 밑줄 친 말이 보조 용언이 <u>아닌</u> 것은?

─── 〈 보기 〉 ───

용언 중에는 혼자서 쓰이지 못하고 반드시 다른 용언의 뒤에 붙어서
의미를 더하여 주는 것이 있다. 이를 보조 용언이라고 한다.
본용언과 연결되어 그것의 뜻을 보충하는 역할을 하는 용언

＞왜 정답 ?

① 언니가 책을 가져다가 <u>주었다</u>.
동사, 본용언

'언니가 책을 가져다가 주었다'에서 '주다'는 '물건 따위를 남에게 건네어 가지거나
누리게 하다.'라는 의미의 동사로, '언니'의 행위를 주되게 서술하는 본용언이다.
'가져다가'와 '주었다' 사이에 '나에게', '살며시' 등 다른 말이 끼어들 수 있다.

＞왜 오답 ?

② 친구의 숙제를 대신 해 <u>주었다</u>.
보조 동사

'친구의 숙제를 대신 해 주었다.'에서 '주다'는 동사 뒤에서 '-어 주다' 구성으로 쓰여
앞말이 뜻하는 행동이 다른 사람에게 영향을 미치거나 다른 사람을 위한 행동임을
나타내는 보조 동사이다.

③ 상대가 불쌍해서 한 번 용서해 <u>주었다</u>.
보조 동사

④ 몸이 아픈 동생에게 밥을 먹여 <u>주었다</u>.
보조 동사

⑤ 바쁘다고 해서 편지를 대신 부쳐 <u>주었다</u>.
보조 동사

〈보기〉의 ㉠~㉤ 중, 사람·사물·장소의 이름을 대신하여 가리키는 단어가 아닌
것은? (대명사)

〈보기〉
> 도깨비는 부잣집 문 앞에서 둘째 아들을 세워 놓고,
> "여보게, ㉠ 자네는 ㉡ 거기서 기다리고 있게. ㉢ 나는 들어가서 딸의
> (2인칭 대명사) (지시 대명사) (1인칭 대명사)
> 혼을 꾀어 올 테니."
> 하고는 ㉣ 그 집으로 들어갔다.
> (지시 관형사)
> 둘째 아들이 잠시 기다리고 있는데, 도깨비가 금방 나왔다.
> "딸의 혼은 어떻게 했나?"
> "㉤ 여기 있네. 지금 이렇게 손에 꼭 쥐고 있지 않은가?"
> (지시 대명사)

〉왜 정답?

④ ㉣ – 지시 관형사

　㉣ '그'는 뒤에 오는 체언 '집'을 꾸며 주는 지시 관형사이다.

〉왜 오답?

① ㉠ 듣는 이가 친구나 아랫사람인 경우, 그 사람을 대우하여 이르는 이인칭 대명사
　'자네'

② ㉡ 듣는 이에게 가까운 곳을 가리키는 지시 대명사
　'거기'

③ ㉢ 말하는 이가 대등한 관계에 있는 사람이나 아랫사람을 상대하여 자기를 가리키는 일인칭 대명사
　'나'

⑤ ㉤ 말하는 이에게 가까운 곳을 가리키는 지시 대명사
　'여기'

〈보기〉의 ㉠~㉢에 대한 설명으로 적절하지 않은 것은?

〈보기〉
> ❶ 사이시옷을 표기하려면 합성어의 앞말이 모음으로 끝나고 두 단어가
> 결합하여 발생하는 음운론적 현상이 다음 중 하나에 해당하여야 한다.
> ❷ 첫째, ㉠ 뒷말의 첫소리가 된소리로 바뀌는 경우, 둘째, ㉡ 뒷말의 첫소리
> (예 냇가[내+ㅅ(사이시옷)+가]는 [내ː까/낻ː까]로 발음됨)
> 'ㄴ', 'ㅁ' 앞에서 'ㄴ' 소리가 덧나는 경우, 셋째, ㉢ 뒷말의 첫소리 모음
> (예 콧날[코+ㅅ(사이시옷)+날]은 [콘날]로 발음됨)
> 앞에서 'ㄴㄴ' 소리가 덧나는 경우에 사이시옷을 표기할 수 있다.
> (예 나뭇잎[나무+ㅅ(사이시옷)+잎]은 [나문닙]으로 발음됨)

〉왜 정답?

⑤ '첫여름'은 '첫'과 '여름'이 결합하면서 뒷말의 첫소리 모음 앞에서
'ㄴㄴ' 소리가 덧나므로 ㉢에 해당하겠군.
(앞말인 관형사 '첫'의 종성 'ㅅ'은 사이시옷이 아님.)

　'첫여름'은 관형사 '첫'과 명사 '여름'이 결합한 합성어이다. 〈보기〉에서는 '합성어의
앞말이 모음으로 끝나'는 경우를 사이시옷을 표기할 수 있는 기본 환경으로 제시하고
있다. '첫여름'의 앞말인 '첫'은 종성이 'ㅅ'으로 끝나기 때문에 사이시옷을 표기할 수
있는 환경에 해당하지 않는다.

〉왜 오답?

① '동짓달'은 '동지'와 '달'이 결합하면서 뒷말의 첫소리가 된소리로
　　　　　　　　　　　　　　　　　　　　(뒷말의 첫소리 'ㄷ'이 된소리 'ㄸ'으로 바뀜.)
바뀌므로 ㉠에 해당하겠군.

　'동짓달'은 명사 '동지'와 '달'이 결합한 합성어이다. 앞말 '동지'는 모음으로 끝나므로
〈보기〉에서 언급한 '합성어의 앞말이 모음으로 끝나'는 사이시옷 표기의
조건을 충족한다. 또한 '동짓달'은 [동지딸/동짇딸]과 같이 뒷말의 첫소리 'ㄷ'이
된소리로 바뀌어 발음되므로 ㉠에 해당한다.

---

② '막냇동생'은 '막내'와 '동생'이 결합하면서 뒷말의 첫소리가
　　　　　　　　　　　　　　　　　(뒷말의 첫소리 'ㄷ'이 된소리 'ㄸ'으로 바뀜.)
된소리로 바뀌므로 ㉠에 해당하겠군.

　'막냇동생'은 명사 '막내'와 '동생'이 결합한 합성어이다. 앞말 '막내'는 모음으로
끝나므로 〈보기〉에서 언급한 '합성어의 앞말이 모음으로 끝나'는 사이시옷 표기의
조건을 충족한다. 또한 '막냇동생'은 [망내똥생/망낻똥생]과 같이 뒷말의 첫소리 'ㄷ'이
된소리 'ㄸ'으로 바뀌어 발음되므로 ㉠에 해당한다.

③ '잇몸'은 '이'와 '몸'이 결합하면서 'ㄴ' 소리가 덧나므로 ㉡에
　　　　　　　　　　　　　　　　(뒷말의 첫소리 'ㅁ' 앞에서 'ㄴ' 소리가 덧남.)
해당하겠군.

　'잇몸'은 명사 '이'와 '몸'이 결합한 합성어이다. 앞말 '이'는 모음으로 끝나므로
〈보기〉에서 언급한 '합성어의 앞말이 모음으로 끝나'는 사이시옷 표기의 조건을
충족한다. 또한 '잇몸'은 [인몸]과 같이 뒷말의 첫소리인 'ㅁ' 앞에서 'ㄴ' 소리가
덧나므로 ㉡에 해당한다.

④ '뒷일'은 '뒤'와 '일'이 결합하면서 뒷말의 첫소리 모음 앞에서 'ㄴㄴ'
　　　　　　　　　　　　　　　(뒷말의 첫소리 모음 'ㅣ' 앞에서 'ㄴㄴ' 소리가 덧남.)
소리가 덧나므로 ㉢에 해당하겠군.

　'뒷일'은 명사 '뒤'와 '일'이 결합한 합성어이다. 앞말 '뒤'는 모음으로 끝나므로
〈보기〉에서 언급한 '합성어의 앞말이 모음으로 끝나'는 사이시옷 표기의 조건을
충족한다. 또한 '뒷일'은 [뒨ː닐]과 같이 뒷말의 모음 'ㅣ' 앞에서 'ㄴㄴ' 소리가 덧나므로
㉢에 해당한다.

밑줄 친 단어 중 ㉠과 가장 유사한 의미로 쓰인 것은?

> 　피고인의 유죄 입증은 검사가 담당하고, 피고인은 변호인을 통하여
> 반박할 수 있다. 법원은 검사의 입증과 피고인의 반박을 토대로 피고인의
> 범죄 성립 여부 및 잘못의 정도를 따진 후 그에 합당한 벌을 ㉠ 내린다.
> 　　　　　　　　　　　　　　　　('판단, 결정을 하거나 결말을 짓다.'라는 의미임.)

〉왜 정답?

② 그는 스스로 이 문제에 대해 해답을 내렸다.
　　　　　　　　　　　　('판단, 결정을 하거나 결말을 짓다.'라는 의미임.)

　위 문장에 쓰인 '내렸다'는 문제의 답을 결정했다는 의미이므로 ㉠과 동일하게 '판단,
결정을 하거나 결말을 짓다.'라는 의미로 사용되었음을 알 수 있다.

〉왜 오답?

① 누나와 나는 이삿짐 트럭에서 짐을 내렸다.
　　　　　　　　　　　　('위에 올려져 있는 물건을 아래로 옮기다.'라는 의미임.)

③ 그녀는 머리를 앞으로 내린 채 울고 있었다.
　　　　('위에 있는 것을 낮은 곳 또는 아래로 끌어당기거나 늘어뜨리다.'라는 의미임.)

④ 우리는 서울역에 내려 전철을 타고 집에 갔다.
　　　　　　　　('타고 있던 물체에서 밖으로 나와 어떤 지점에 이르다.'라는 의미임.)

⑤ 차에서 내린 사람들은 곧장 지하철역으로 걸어갔다.
　　　　('탈 것에서 밖이나 땅으로 옮아가다.'라는 의미임.)

01~03

출제   중심 내용

① 안녕하세요. 여러분, 체험 활동 때 방문했던 트릭 아트 체험관 기억나시나요? (고개를 끄덕이며) 네, 많이 기억하시는군요. 저는
청중과 공유하는 경험을 제시하여 청중의 주의를 환기함.
비언어적 표현
특히 외나무다리 트릭 아트가 인상 깊었습니다. 바닥에 그려진 그림 위에 섰을 때 실제로 절벽 아래로 떨어질 것처럼 아슬아슬한 느낌이 들었던 기억이 아직도 생생합니다. 그래서 트릭 아트에 대해 관심이 생겨 오늘 발표를 하게 되었습니다.
발표 화제
＊① 요약 : 발표 화제(트릭 아트) 제시

② 트릭 아트란 [주로 착시 현상을 활용하여 관람자에게 재미나 색다른 시각적 경험을 제공하는 예술 장르]입니다. (⊙ 자료를
[ ]: 트릭 아트의 정의
그림을 제시하여 트릭 아트에 대한 청중의 이해를 도움.
제시하며) 여기를 보시겠습니다. 여러분, 이 그림은 무엇을 그린 것일까요? (대답을 듣고) 네, 토끼라는 대답도, 오리라는 대답도
청중의 대답을 듣고 반응을 확인함.
있네요. 이 그림에는 두 동물의 이미지가 중첩되어 있기 때문에 토끼로도, 오리로도 보입니다. (그림의 오른쪽 부분을 가리키며) 이쪽
비언어적 표현을 사용하여 청중의 집중을 유도함.
둥근 부분에 시선을 두면 토끼로 보이고, (왼쪽 부분을 가리키며) 이쪽
비언어적 표현을 사용하여 청중의 집중을 유도함.
길쭉한 부분에 시선을 두면 오리로 보입니다. 이 그림은 보는 사람의 시선에 따라 이미지가 다르게 보이는 착시 현상을 활용하여 관람자에게 일상에서 접해 보지 못했던 색다른 시각적 경험을 제공하고 있습니다.
그림의 착시 현상이 지닌 시각적 효과를 설명함.
[착시: 시각적인 착각 현상.   중첩되다: 거듭 겹쳐지거나 포개어지다.
＊② 요약 : 트릭 아트의 착시 현상

③ 아, 질문이 있군요. (ⓐ 질문을 듣고) 네, 눈은 외부의 시각 정보를 뇌에 전달하고, 뇌는 개인의 경험이나 지식에 비추어 이를 해석하고 판단합니다. 그런데 이 과정에서 시각 정보가 불분명하거나 해석에
착시 현상이 발생하는 이유
혼선이 생길 때 착시 현상이 일어나게 됩니다. 방금 보셨던 그림은 이미지를 중첩시켜 불분명한 시각 정보를 제공함으로써 착시 현상이
자료에서 착시 현상이 발생한 원인
발생한 것이라고 할 수 있습니다.   ＊③ 요약 : 착시 현상의 발생 원인
[혼선: 말이나 일 따위를 서로 다르게 파악하여 혼란이 생김.

④ 자, 이해되셨나요? (대답을 듣고) 네, 그러면 이번에는 착시
청중의 대답을 듣고 내용 이해 여부를 점검함.
현상을 활용하여 바닥에 그린 그림이 입체적으로 보이는 트릭 아트를 보여 드리겠습니다. (ⓛ 자료를 가리키며) 이 횡단보도는 표지선
비언어적 표현을 사용하여 청중의 집중을 유도함.
아래에 음영을 넣어 입체적으로 보입니다. 바닥에 그려진 것이지만
착시 현상을 유발하는 요소
공중에 떠 있는 듯한 착시 현상을 일으키고 있는 것입니다. [그래서 운전자의 시각에서 볼 때 실제로 장애물이 있는 것 같은 느낌이
[ ]: 트릭 아트의 실용적 기능
들도록 함으로써 자연스럽게 감속을 유도하여 교통사고를 예방하는 데 유용합니다.]   ＊④ 요약 : 트릭 아트의 실용적 기능

⑤ 이외에도 트릭 아트는 건물 외벽, 광고판, 관광지의 포토존 등에서
생활 속 트릭 아트의 다양한 사례
다양하게 활용되고 있습니다. 제가 말씀드린 내용 이외에 트릭 아트에 대해 더 알고 싶으신 분은 도서관에 있는 관련 책들을 찾아보거나
추가적인 정보 탐색 방법을 안내함.
제가 보여 드리는 트릭 아트 누리집에 들어가 보시기 바랍니다. 이상, 발표를 마치겠습니다.   ＊⑤ 요약 : 발표 마무리

---

01 정답 ② ＊ 말하기 방식 파악하기 ·········· [정답률 93%]

위 발표에 대한 설명으로 적절하지 않은 것은?

>왜 정답 ?

② 화제와 관련된 역사적 일화를 소개하여 청중의 호기심을 자극하고 있다.
소개하지 않음.

[일화: 세상에 널리 알려지지 아니한 흥미 있는 이야기

>왜 오답 ?

① 청중과 공유하고 있는 경험을 언급하여 주의를 환기하고 있다.
체험 활동 때 트릭 아트 체험관을 방문했던 것

[①-❷,❸ 여러분, 체험 활동 때 방문했던 트릭 아트 체험관 기억나시나요? (고개를 끄덕이며) 네, 많이 기억하시는군요.

③ 청중의 반응을 확인하면서 발표 내용에 대한 이해 여부를 점검하고 있다.
청중에게 이해했는지 묻고 청중의 대답을 들음.

[④-❶,❷ 자, 이해되셨나요? (대답을 듣고) 네, 그러면 이번에는 ~ 트릭 아트를 보여 드리겠습니다.

④ 비언어적 표현을 사용하여 청중이 설명 대상에 집중하도록 유도하고 있다.
그림과 자료를 가리킴.

[②-❻ (그림의 오른쪽 부분을 가리키며) 이쪽 둥근 부분에 시선을 두면 토끼로 보이고, (왼쪽 부분을 가리키며) 이쪽 길쭉한 부분에 시선을 두면 오리로 보입니다.
[④-❸ (자료를 가리키며) 이 횡단보도는 표지선 아래에 음영을 넣어 입체적으로 보입니다.

[비언어적 표현: 언어가 아닌 몸짓, 손짓, 표정, 시선, 자세 등으로 생각이나 느낌을 나타내는 것
cf. 준언어적 표현: 언어와 함께 의사소통의 수단으로 사용하는 말의 강약, 높낮이, 가락과 같은 것

⑤ 청중에게 정보를 추가로 탐색할 수 있는 방법을 안내하며 발표를 마무리하고 있다.
도서관에서 책을 찾아보거나 트릭 아트 누리집을 활용함.

[⑤-❷ 제가 말씀드린 내용 이외에 트릭 아트에 대해 더 알고 싶으신 분은 도서관에 있는 관련 책들을 찾아보거나 제가 보여 드리는 트릭 아트 누리집에 들어가 보시기 바랍니다.

02 정답 ⑤ ＊ 자료 활용의 적절성 파악하기 ········· [정답률 93%]

다음은 발표자가 제시한 자료이다. 발표자의 자료 활용에 대한 이해로 가장 적절한 것은?

⊙ 착시 현상을 활용한 그림

ⓛ 착시 현상을 활용한 횡단보도

>왜 정답 ?

⑤ ⊙을 통해 착시 현상의 시각적 효과를, ⓛ을 통해 트릭 아트의 실용적 기능을 설명하고 있다.
색다른 시각적 경험
교통사고 예방

[②-❼ 이 그림(⊙)은 ~ 관람자에게 일상에서 접해 보지 못했던 색다른 시각적 경험을 제공하고 있습니다.
[④-❸~❺ (ⓛ 자료를 가리키며) 이 횡단보도는 ~ 자연스럽게 감속을 유도하여 교통사고를 예방하는 데 유용합니다.

[실용적: 실제로 쓰기에 알맞은

＞왜 오답 ?

① ㉠을 통해 착시 현상의 ~~방해 요인을~~, ㉡을 통해 착시 현상의 ~~발생~~
　　　　　　　　　　　설명하지 않음.　　　　　　　　　　　설명하지 않음.
　~~과정을~~ 설명하고 있다.

② ㉠을 통해 트릭 아트의 ~~전시 환경을~~, ㉡을 통해 착시 현상의 ~~이해~~
　　　　　　　　　　　설명하지 않음.　　　　　　　　　　설명하지 않음.
　~~방법을~~ 설명하고 있다.

③ ㉠을 통해 트릭 아트의 긍정적 효과를, ㉡을 통해 트릭 아트의
　관람자에게 일상에서 접해 보지 못했던 색다른 시각적 경험을 제공함.
　~~보정적 효과를~~ 설명하고 있다.
　　설명하지 않음.

④ ㉠을 통해 트릭 아트의 ~~사회적 의의를~~, ㉡을 통해 트릭 아트의
　　　　　　　　　　　　　설명하지 않음.
　~~예술적 의의를~~ 설명하고 있다.
　　설명하지 않음.

03　정답 ②　＊ 담화의 내용 파악하기　·················　[정답률 95%]

위 발표의 흐름을 고려할 때, ⓐ의 내용으로 가장 적절한 것은?
　　　　　　　　　　　　　　　　　'질문'

＞왜 정답 ?

② 착시 현상이 발생하는 이유는 무엇인가요?

　[③-❷, ❸　(ⓐ 질문을 듣고) 네, 눈은 외부의 시각 정보를 뇌에 전달하고,
　뇌는 개인의 경험이나 지식에 비추어 이를 해석하고 판단합니다. 그런데 이
　과정에서 시각 정보가 불분명하거나 해석에 혼선이 생길 때 착시 현상이
　일어나게 됩니다.

　발표자는 청중의 ⓐ '질문'을 듣고서 눈이 외부의 시각 정보를 뇌에 전달한 뒤, 뇌가
　이를 해석하고 판단하는 과정에서 착시 현상이 일어나는 원인을 설명했다.
　따라서 청중은 착시 현상이 발생하는 이유에 대해 질문했음을 추측할 수 있다.

＞왜 오답 ?

① 트릭 아트의 종류에는 어떤 것이 있나요?
　　　　　　발표자의 답변과 관련 없음.

③ 트릭 아트의 대표 작품에는 어떤 것이 있나요?
　　　　　　발표자의 답변과 관련 없음.

④ 트릭 아트를 만들 때는 착시 현상만 활용하나요?
　　　　　　　　　　　발표자의 답변과 관련 없음.

⑤ 착시에 영향을 주는 또 다른 요인은 무엇이 있나요?
　　　　　　　　　　　언급하지 않음.

04~07

출제　중심 내용

> **[활동지]**
>
> ○ 활동 1: 1970년대 소설인 〈자전거 도둑〉을 읽고, 아래의 주제로
> 독서 토론을 해 보자.
>
> 　　[주제] 자전거를 들고 간 수남의 행동은 정당한가?
>
> ○ 활동 2: 토론 내용을 바탕으로 주장하는 글을 써 보자.

(가) ❶지현: 먼저 소설의 상황에 대해 말해 볼게. [바람이 세게 부는
어느 날, 수남은 배달을 갔어. 배달을 끝내고 돌아가려는데 한
[ ]: 토론 주제와 관련된 소설 내용을 언급함.
신사가 수남에게 너의 자전거가 바람에 넘어져 자신의 자동차에
흠집을 냈다고 말했지. 신사는 잘 보이지도 않는 흠집을 찾아
보상금을 요구해. 신사는 보상할 때까지 자전거를 묶어 두겠다고
하고 떠나버리는데 수남은 고민하다가 자전거를 들고 도망가
버렸어.] 과연 수남의 행동은 정당할까?
토론 주제를 제시함.

❷민준: 수남의 행동은 정당하다고 봐. 바람 때문에 자전거가 넘어져
　　　　민준은 수남이 자전거를 들고 간 행동이 정당하다고 봄.
흠집이 난 거잖아? 천재지변으로 인한 손해는 책임질 의무가
　　　　　　　　　　수남에게 보상의 책임이 없다고 보는 이유　　쟁점 ①
없으니까, 수남이 피해를 보상할 책임은 없어.

❸하연: 하지만 바람이 세게 불었다면 수남이 자전거를 잘 묶었어야 해.
자전거가 쓰러질 거라고 예상할 수 있었으니 자전거를 관리하지
　　　　　　　수남에게 보상의 책임이 있다고 보는 이유
않은 수남에게 보상해야 할 책임이 있어.
　하연은 수남이 자전거를 들고 간 행동이 정당하지 않다고 봄.

❹지현: 둘의 입장이 다르구나. 왜 그렇게 생각하는지 소설 내용을 근거로
　　　　　　　　　　　　　# 토론자들에게 소설의 내용을 근거로 요청함.
이야기해 보는 게 어때?

❺민준: '바람이 유난해서'라는 구절이 나오니 예상치 못한 천재지변에
　　　　민준이 소설 내용에서 찾은 근거
해당한다고 생각했어. 그런데 자전거가 쓰러질 걸 예상할 수
　　　　　　　　　　　　　　　　상대방의 주장에 의문을 제시함.
있었다고? 소설에는 그걸 알 수 있는 단서가 없어.

❻하연: 바람이 유난해서 수남이 배달할 물건을 꼼꼼하게 묶는 장면이
　　　　　　　　하연이 소설 내용에서 찾은 근거
있어. 상황이 심상치 않다고 느낀 거지. 그런데도 자전거는 잘 안
묶어 두었잖아.

❼지현: 정리하면, [민준은 예상치 못한 천재지변으로 생긴 손해니까
　　　　　　　　　# [ ]: 토론자들이 언급한 주장과 근거를 정리함.
수남에게 보상할 책임이 없고, 하연은 수남이 피해를 예측할 수
있었음에도 대처가 없었기에 보상할 책임이 있다고 보는 거구나.]

❽하연: 그래, 맞아.

❾지현: 그러면 수남의 책임 여부 말고 다른 쟁점은 없을까?
　　　　　　　　　# 토론자들이 다른 쟁점에 대해 논의하도록 유도함.

❿하연: 보상에 대한 합의 여부로도 행동이 정당한지 판단해 볼 수
　　　　쟁점 ②
있어. 합의가 이뤄졌는데 수남이 보상금을 주지 않고 자전거를
　　　　　　　　　하연은 보상에 대한 합의가 이루어졌다고 봄.
들고 도망간 건 정당하지 않아.

⓫민준: 합의가 이뤄진 건 아니야. 신사는 보상금을 요구하고 수남이
　　　　민준은 보상에 대한 합의가 이루어지지 않았다고 봄.　　　# 쟁점 ②에 대한 토론 ⌐[A]
동의하기 전에 가버렸잖아. 일방적으로 제안하고 갔는데
　　　　　　　　　　　　　합의가 이루어지지 않았다고 보는 이유
합의라고 볼 수 없지. 그렇기 때문에 수남이 자전거를 가져간 건
문제가 없어.

⓬하연: 일방적 제안은 아닌 거 같아. 신사는 수남이 울어서 보상금을
　　　　　　　　상대방의 주장에 반박함.
반으로 줄여 주잖아. 그리고 수남이 잘못했다는 대답도 해.
신사는 수남의 처지를 고려해 줬고, 수남도 잘못을 인정했으니
　　　　　　　　반박의 근거
합의가 이뤄진 거야.

⓭민준: 신사가 수남의 처지를 고려한 것이라고 보기는 어려워.
　　　　　　　　　　# 상대방의 주장에 반박함.
부유한 어른이 잘 보이지도 않는 흠집을 일부러 찾아서 배달원
소년에게 5천 원이라는 당시로서는 엄청 큰돈을 요구했어.
　　　　　　　　　시대적 정보를 활용함.
이것은 일반적인 상식에 비추어 볼 때 지나치게 매정한 행동이야.
　　　　# 반박의 근거

⓮지현: 같은 소설을 읽고도 상황을 보는 시각이 이렇게 다를 수 있다는
것이 흥미롭다. 독서 토론의 주제로 '활동 2'를 진행해 보면 어떨까?

> **천재지변**: 지진, 홍수, 태풍 따위의 자연 현상으로 인한 재앙
> **유난하다**: 언행이나 상태가 보통과 아주 다르다.
> **쟁점**: 서로 다투는 중심이 되는 점
> **합의**: 서로 의견이 일치함. 또는 그 의견
> **고려**: 생각하고 헤아려 봄.
> **매정하다**: 얄미울 정도로 쌀쌀맞고 인정이 없다.

(나)

출제　　■ 글 전체 중심 문장

❶ [수남의 행동은 정당하지 않다.] ❷ 수남은 신사의 자동차에 난 흠집을
　　　　자신의 입장을 제시함.
보상해야 할 책임이 있기 때문이다. ❸ 바람으로 인한 예상치 못한
　# 첫 번째 쟁점과 관련한 주장　　　　　상대방(민준)이 토론에서 주장한 내용을 언급함.
천재지변이라서 책임이 없다는 주장도 있지만 이는 옳지 않다. ❹수남은
배달 물건은 꼼꼼하게 묶었지만, 자전거에는 아무런 조치를 취하지
않았다. ❺ 피해를 예상할 수 있었음에도 불구하고 적절하게 대처하지
　# 상대방의 주장을 반박하며 자신의 주장을 강화함.
않았기 때문에 책임이 있다. ❻[실제로 태풍에 의해 주택 유리창이
　# [ ]: 새로운 사례를 근거로 추가함.
떨어져 주차된 차가 파손되었을 때 예보를 듣고도 시설물 관리에
소홀한 주택 소유자가 그 파손에 대해 책임을 진 사례가 있다.]

[**조치**: 벌어지는 사태를 잘 살펴서 필요한 대책을 세워 행함.
 파손되다: 깨어져 못 쓰게 되다.

★①문단 요약: 수남의 행동은 보상의 책임을 지지 않은 것이기에 정당하지 않음.

❶ 다음으로 신사와 수남은 보상에 합의했다고 볼 수 있기 때문에
수남의 행동은 정당하지 않다. ❷ 신사가 일방적으로 제안하고 떠났다면
　# 두 번째 쟁점과 관련한 주장　　　상대방이 토론 과정에서 주장한 내용을 언급함.
합의가 이뤄지지 않았겠지만, 신사는 수남의 상황을 고려하여
보상금을 줄여 주었다. ❸또한 수남이 자신의 잘못을 인정하는 말을
　# 상대방의 주장을 반박하는 근거 ①
했기 때문에 합의는 이루어진 것으로 보아야 한다. ❹물론 1970년대
　# 반박하는 근거 ②
배달원 소년의 입장에서 5천 원이 큰돈으로 느껴질 수 있지만 신사와
합의가 이루어졌으므로 금액에 상관없이 수남은 신사에게 보상금을
지급해야 한다.

★②문단 요약: 보상에 관한 합의가 있었기 때문에 수남의 행동은 정당하지 않음.

❶ 수남은 도둑이 되어 버렸다. 자신의 잘못에 대한 책임을 지지 않고
❷
합의된 것도 수행하지 않았다. ❸ 제목에서 말하는 '자전거 도둑'은
아이러니하게도 자신의 자전거를 자신이 훔친 수남인 것이다.
　# 소설 제목에 담긴 의미를 밝힘.

[**아이러니**: 예상 밖의 결과가 빚은 모순이나 부조화

★③문단 요약: 수남의 행동과 소설 제목의 의미를 밝힘.

04　정답 ④　✱ 말하기 방식 파악하기 ·················· [정답률 91%]

(가)의 독서 토론에서 '지현'의 역할에 대한 설명으로 적절하지 않은 것은?

〉왜 정답 ?

④ 토론자들의 발언이 사실에 부합하는지 판단하고 있다.
　　　　　　　　　　사실 여부는 판단하지 않음.

〉왜 오답 ?

① 소설 내용을 제시한 후 토론 주제를 언급하고 있다.
　　　　'자전거를 들고 간 수남의 행동은 정당한가?'

[(가) - ❶ 지현: 먼저 소설의 상황에 대해 말해 볼게. ~ 수남은 고민하다가
　자전거를 들고 도망가 버렸어. 과연 수남의 행동은 정당할까?

② 소설의 내용을 근거로 발언하도록 요청하고 있다.

➙ (가) - ❹ 지현: ~ 소설 내용을 근거로 이야기해 보는 게 어때?

③ 토론자들이 언급한 주장과 근거를 정리하고 있다.
　　소남의 책임 여부에 대해 민주와 하연이 주장한 내용과 근거를 언급함.

[(가) - ❼ 지현: 정리하면, 민준은 예상치 못한 천재지변으로 생긴 손해니까
　수남에게 보상할 책임이 없고, 하연은 수남이 피해를 예측할 수 있었음에도
　대처가 없기에 보상할 책임이 있다고 보는 거구나.

⑤ 토론자들이 다른 쟁점에 대해 논의해 보도록 유도하고 있다.

➙ (가) - ❾ 지현: 그러면 수남의 책임 여부 말고 다른 쟁점은 없을까?

05　정답 ①　✱ 말하기 방식 파악하기 ·················· [정답률 77%]

[A]의 발화에 대한 설명으로 가장 적절한 것은?

〉왜 정답 ?

① 민준은 하연의 주장에 일반적인 상식을 들어 반박하고 있다.
　　신사가 수남의 처지를 고려했다는 것

[(가) - ⑫ 하연: ~ 신사는 수남의 처지를 고려해 줬고, 수남도 잘못을
　인정했으니 합의가 이뤄진 거야.

[(가) - ⑬ 민준: 신사가 수남의 처지를 고려한 것이라고 보기는 어려워.
　부유한 어른이 ~ 배달원 소년에게 5천 원이라는 당시로서는 엄청　　[A]
　큰돈을 요구했어. 이것은 일반적인 상식에 비추어 볼 때 지나치게 매정한
　행동이야.

　[A]에서 '하연'은 보상에 대해 합의하는 과정에서 신사가 수남의 처지를 고려해
주었다고 주장했다. 이에 대해 '민준'은 일반적인 상식을 근거로 들며 부유한 어른인
신사가 배달원 소년인 수남에게 보상금으로 큰돈을 요구한 것은 수남의 처지를 고려한
행동으로 보기 어렵다고 반박하고 있다.

〉왜 오답 ?

② 민준은 하연의 말에서 이해되지 않는 부분을 질문하고 있다.
　　　　　　　　　　　　　질문하지 않음.

③ 민준은 하연이 고려해야 하는 시대적 정보를 나열하고 있다.
　　　　　　　　　　　　　나열하지 않음.

　[A]에서 '민준'은 '5천 원이라는 당시로서는 엄청 큰돈을 요구했어.'라며 시대적
상황에 비추어 본 돈의 가치를 언급했지만 시대적 정보를 나열하고 있지는 않다.

[**매력 오답**　선택지의 '시대적 정보'라는 단어만 보고 ③을 정답으로 고른 학생들이 많았다.
 하지만 시대적 정보를 단순히 언급하는 것과 나열하는 것은 분명 차이가 있다.
 비슷한 실수를 반복하지 않도록 선택지의 내용을 마지막 서술어까지 꼼꼼하게
 확인하는 연습을 해야 한다.

④ 하연은 민준이 사용한 단어의 중의성에 대해 지적하고 있다.
　　　　　　　　　　　지적하지 않음.

[**중의성**: 한 단어나 문장이 두 가지 이상의 뜻으로 해석될 수 있는 현상이나 특성

⑤ 하연은 민준이 이해하지 못한 자신의 발언을 부연하고 있다.
　　　　　　　　　　　　　부연하지 않음.

06　정답 ②　✱ 내용 생성의 적절성 파악하기 ·········· [정답률 85%]

(가)를 바탕으로 '하연'이 세운 '활동 2'의 글쓰기 계획 중 (나)에 반영되지 않은
것은? [3점]

〉왜 정답 ?

② 토론 주제와 관련된 수남의 고민을 소설 속 구절에서 찾아 언급
　　　　　　　　　　　언급하지 않음.
해야겠어.

　(나)에는 토론 주제와 관련된 '하연'의 주장과 근거가 제시되어 있을 뿐, 수남의
고민을 소설 속 구절에서 찾아 언급한 부분은 찾을 수 없다.

〉왜 오답 ?

① 토론 쟁점에 대한 나의 주장을 토론에서 다룬 순서대로 서술해야겠어.
　　　　　　　　　보상을 책임질 의무 ➙ 보상에 대한 합의 여부

[(나)①문단 ❶, ❷문장 수남의 행동은 정당하지 않다. 수남은 신사의 자동차에
　난 흠집을 보상해야 할 책임이 있기 때문이다.
[(나)②문단 ❶문장 다음으로 신사와 수남은 보상에 합의했다고 볼 수 있기
　때문에 수남의 행동은 정당하지 않다.

　(나)는 (가)의 토론에서 다룬 첫 번째 쟁점인 '보상을 책임질 의무'와 두 번째 쟁점인
'보상에 대한 합의 여부'와 관련해서 자신의 주장을 순서대로 서술하고 있다.

③ 토론에서 언급된 상대방의 주장을 반박하면서 나의 주장을 강화
수남에게 책임이 없다는 것과 수남과 신사의 합의가 이루어지지 않았다는 것
해야겠어.

(나)①문단 ❸~❺문장 바람으로 인한 예상치 못한 천재지변이라서 책임이
토론에서 언급된 민준의 주장 ①
없다는 주장도 있지만 이는 옳지 않다. ~ 피해를 예상할 수 있었음에도 불구하고 적절하게 대처하지 않았기 때문에 책임이 있다.
하연의 주장 ①
(나)②문단 ❷,❸문장 신사가 일방적으로 제안하고 떠났다면 합의가 이뤄지지
토론에서 언급된 민준의 주장 ②
않았겠지만, 신사는 수남의 상황을 고려하여 보상금을 줄여 주었다. 또한 수남이 자신의 잘못을 인정하는 말을 했기 때문에 합의는 이루어진 것으로
하연의 주장 ②
보아야 한다.

(나)는 쟁점인 보상을 책임질 의무 및 보상에 대한 합의 여부와 관련하여 토론에서 상대방이 언급했던 주장을 반박하고 있다. 이를 통해 자신의 주장을 강화했음을 알 수 있다.

④ 토론에서 언급하지 않았던 새로운 사례를 찾아 나의 주장을
태풍으로 인한 파손의 책임을 시설물 관리에 소홀했던 주택 소유자가 진 사례
뒷받침해야겠어.

(나)①문단 ❻문장 실제로 태풍에 의해 주택 유리창이 떨어져 주차된 차가 파손되었을 때 예보를 듣고도 시설물 관리에 소홀한 주택 소유자가 그 파손에 대해 책임을 진 사례가 있다.

(나)는 수남이 보상을 책임질 의무가 있다는 주장을 뒷받침하기 위해 태풍이라는 천재지변으로 인한 자동차 파손의 책임을 시설물 관리에 소홀했던 주택 소유자가 졌다는 실제 사례를 추가로 제시했다.

⑤ 토론에서 내세운 나의 주장을 바탕으로 제목에 담겨 있는 의미를
'자전거 도둑'은 수남이라는 것
밝혀야겠어.

(나)③문단 수남은 도둑이 되어 버렸다. 자신의 잘못에 대한 책임을 지지 않고 합의된 것도 수행하지 않았다. 제목에서 말하는 '자전거 도둑'은 아이러니하게도 자신의 자전거를 자신이 훔친 수남인 것이다.

07 정답 ① ＊자료 활용의 적절성 파악하기 ············ [정답률 89%]

〈보기〉의 자료를 활용하여 (나)의 초고를 보완하고자 할 때 그 내용으로 가장 적절한 것은?

─〈 보기 〉─

[법률 전문가의 뉴스 인터뷰]
❶"보상의 의무를 다하지 않았을 때, 상대방에게 물건이 담보로 잡히는
신사에게 수남의 자전거가 담보로 잡힘.
경우가 있습니다. ❷형법 제323조에 따르면, 타인에게 담보로 제공된
법적 근거가 되는 조항
물건은 타인이 물건을 점유하게 되거나 타인이 물건에 대한 권리를
❸갖게 됩니다. 이때 해당 물건을 가져가거나 숨겨 타인이 보상받을 수
신사에게 자전거에 대한 법적 권리가 부여됨.
자전거를 들고 간 수남의 행위
있는 권리 등을 행사할 수 없게 한다면 권리행사 방해로 처벌받을 수
수남의 행위는 신사의 권리 행사를 방해한 것이므로 처벌을 받을 수 있음.
있습니다."

담보: 민법에서, 채무 불이행 때 채무의 변제를 확보하는 수단으로 채권자에게 제공하는 것
형법: 범죄와 형벌에 관한 법률 체계. 어떤 행위가 처벌되고 그 처벌은 어느 정도이며 어떤 종류의 것인가를 규정한다.
점유하다: 물건이나 영역, 지위 따위를 차지하다.

왜 정답?

① 수남이 자전거를 가져간 행위는 신사의 권리행사를 방해하는 것이
신사가 담보로 잡아 점유한 물건 / 자전거에 대한 권리는 신사에게 있음.
므로 법적인 처벌을 받을 수 있다는 내용을 추가한다.
형법 제323조에 근거함.

〈보기〉에 따르면 수남이 신사에게 담보로 잡힌 자전거를 가져간 행위는 자전거에 대한 신사의 권리행사를 방해한 것이다. 이 경우 형법 제323조에 따라 처벌받을 수 있다고 했다.

따라서 〈보기〉의 자료를 활용하여 (나)의 초고에 수남이 저지른 행위는 법적인 근거에 따라 처벌받을 수 있다는 내용을 추가할 수 있다.

왜 오답?

② 수남이 잘못을 인정한 행위는 신사의 권리행사를 방해하는
신사의 권리행사 방해 및 법적 처벌과 관련이 없음
것이므로 법적인 처벌을 받을 수 있다는 내용을 추가한다.

③ 수남의 자전거가 담보로 잡힌 것은 신사의 권리행사를 방해하는
신사의 권리행사 방해 및 법적 처벌과 관련이 없음.
것이므로 법적인 처벌을 받을 수 있다는 내용을 추가한다.

④ 수남이 자신의 자전거를 묶어둔 행위는 신사의 권리행사를 방해
자전거를 가져간 행위
하는 것이므로 법적인 처벌을 받을 수 있다는 내용을 추가한다.

⑤ 신사가 수남에게 보상금을 요구한 행위는 수남의 권리행사를 방해
〈보기〉의 설명과 관련이 없음.
하는 것이므로 법적인 처벌을 받을 수 있다는 내용을 추가한다.

08~10

출제   ▨ 글 전체 중심 문장

[작문 상황] 자신의 경험을 바탕으로 정서를 표현하는 글을 쓴다.

[초고]
① 우리 할머니 댁은 남쪽 바다의 작은 섬에 있다. ❷내가 어렸을 때 우리 가족은 연휴나 방학이 되면 매번 할머니 댁을 방문했다. ❸[나는 할머니 댁이 있는 섬에 가면 바다에서 헤엄을 치거나 바위틈에서 고동과 게를 잡기도 했고 산에서 신나게 쌀 포대로 눈썰매를 타기도 했다.]❹ 그렇지만 무엇보다 가장 기억에 남는 것은 할머니와 함께 보냈던 시간이다.
[ ]: 어린 시절 할머니 댁에서의 추억을 회상함.
＊①문단 요약: 어린 시절 할머니 댁에서의 추억

② 할머니 댁은 섬 서쪽 바닷가의 큰 등대 근처에 있었다. ❷검정 바위로 만들어진 거북이 조각상이 새하얀 등대를 이고 있어서 동생과
: 색채어를 활용해 거북이 등대를 시각적으로 표현함.
나는 그 등대를 '거북이 등대'라고 불렀다. ❸아버지 차를 타고 가다가
할머니와의 추억이 있는 소재 ①
거북이 등대가 환하게 웃으며 나를 반기면 할머니 댁에 가까워진
의인법을 활용해 친밀감을 드러냄.
것이라서 할머니를 곧 뵙는다는 생각에 마음이 설레곤 했다.❹ 할머니는
할머니와의 만남을 앞두고 느낀 설렘을 드러냄.
늘 우리를 마중 나오셨고, 나는 반가운 마음에 한달음에 뛰어가서 할머니 품에 안겼었다. ＊②문단 요약: 거북이 등대와 할머니 댁 방문의 설렘

③ 할머니는 마당 텃밭에서 옥수수를 기르셨다. ❷[늦봄에 할머니 댁에
할머니와의 추억이 있는 소재 ②
가면 할머니와 같이 옥수수 씨를 뿌렸고, 여름 방학에는 점점 자라는 옥수수에 물 주는 일을 도와드렸다.]❸그러다 [참지 못하고 옥수수
[ ]: 계절의 흐름에 따른 대상의 변화(늦봄 → 여름)
껍질을 살짝 열어서 얼마나 익었는지 들여다보다가 할머니께 꾸중을 듣기도 했다.]❹꾸중을 듣고 시무룩해 있는 나에게 할머니는, "뭐든지
[ ]: 옥수수 때문에 할머니께 꾸중을 들은 경험
다 때가 있고 시간이 필요한 법이란다. 기다릴 줄 알아야 해."라며 토닥여 주셨다.❺ 나는 익어 가는 옥수수를 보며 기다림의 소중함을 깨달았다.❻[늦여름에는 연두색 옥수수수염이 점점 갈색빛으로 물들며
옥수수를 통해 얻은 깨달음
: 색채어를 활용해 옥수수를 시각적으로 표현함.
옥수수가 여물었다.❼가을에는 기다림의 결실인 샛노란 옥수수를
[ ]: 계절의 흐름에 따른 대상의 변화(늦여름 → 가을)
수확하며 나는 한 뼘 더 성장했다.]

여물다: 과실이나 곡식 따위가 알이 들어 딴딴하게 잘 익다.
결실: 일의 결과가 잘 맺어짐. 또는 그런 성과

＊③문단 요약: 옥수수를 통해 기억하는 할머니와의 추억

④ 할머니께서 끓여 주신 갈칫국을 먹었던 기억도 있다. 서울에서 갈치로 만든 음식을 먹다 보면 갈칫국을 끓여 주시던 할머니 생각이 나서 할머니가 그리워진다. [갈칫국은 양념장을 넣어 칼칼하게 졸인 갈치조림과 달리 갈치, 늙은 호박, 배추를 넣어서 맵지 않도록 맑게 끓인 요리이다.] 내가 갈칫국이 먹고 싶다고 하면 할머니는 이른 새벽부터 어시장에서 싱싱한 갈치를 사 오셔서 갈칫국을 해 주셨다. 할머니의 갈칫국에서는 시원하면서도 구수한 맛이 났다. 지금도 그 맛이 혀끝에 맴돈다. 갈칫국을 맛있게 먹는 나를 흐뭇하게 바라보시던 할머니를 떠올리면 마음이 포근하고 따뜻해진다.

- 할머니와의 추억이 있는 소재 ③
- # [ ]: 갈칫국과 갈치조림을 대비함.

〔칼칼하다: 맵거나 텁텁하거나 해서 목을 자극하는 맛이 조금 있다.

＊④문단 요약: 갈칫국을 통해 기억하는 할머니와의 추억

⑤ 지금은 어렸을 때만큼 할머니를 자주 뵈러 가지 못해 할머니와의 추억이 더욱 소중하게 다가온다.

＊⑤문단 요약: 소중하게 느껴지는 할머니와의 추억

---

08 정답 ③ ＊글쓰기 방법 파악하기 ★1등급 대비

[① 7% ② 3% ③ 60% ④ 26% ⑤ 1%]

초고에서 활용한 글쓰기 방식으로 적절하지 않은 것은?

왜 틀렸나?

선택지의 내용을 초고의 글쓰기 방식과 연결 지어 생각하는 것을 어려워한 학생들이 있었다.

선택지에 제시된 의인법, 의성어, 대비 등의 용어가 의미하는 바를 정확히 알고, 이를 지문의 내용과 꼼꼼하게 비교하며 적절성을 판단해야 한다.

왜 정답?

③ 의성어를 사용하여 대상을 생생하게 나타내고 있다.
사용하지 않음.

초고에서 사람이나 사물의 소리를 흉내 낸 말인 의성어를 사용한 부분은 나타나지 않는다.

왜 오답?

① 의인법을 통해 대상과의 친밀감을 표현하고 있다.
거북이 등대

2문단 3문장 아버지 차를 타고 가다가 거북이 등대가 환하게 웃으며 나를 반기면 할머니 댁에 가까워진 것이라서 할머니를 곧 뵙는다는 생각에 마음이 설레곤 했다.

〔의인법: 사람이 아닌 것을 사람처럼 표현하는 방법

② 계절의 흐름에 따른 대상의 변화를 나타내고 있다.
'늦봄', '여름 방학', '늦여름', '가을'　옥수수의 성장

3문단 2, 6, 7문장 늦봄에 할머니 댁에 가면 할머니와 같이 옥수수 씨를 뿌렸고, 여름 방학에는 점점 자라는 옥수수에 물 주는 일을 도와드렸다. ~ 늦여름에는 연두색 옥수수수염이 점점 갈색빛으로 물들며 옥수수가 여물었다. 가을에는 기다림의 결실인 샛노란 옥수수를 수확하며 ~

④ 다른 대상과의 대비를 통해 차이점을 강조하고 있다.
갈칫국과 갈치조림을 대비함.

초고는 갈칫국에 얽힌 할머니와의 추억을 회상하는 부분에서 맵지 않도록 맑게 끓인 갈칫국과 양념장을 넣어 칼칼하게 졸인 갈치조림을 대비하며 차이점을 드러내고 있다.

매력 오답

무엇을 다른 대상과 대비하며 차이점을 서술하고 있는지 명확히 파악하지 못한 학생들이 많았다. 4문단에서 '갈칫국'과 '갈치조림'의 요리법상 차이점을 서술한 내용을 꼼꼼하게 파악했어야 한다.

---

⑤ 색채어를 활용하여 대상을 감각적으로 표현하고 있다.
거북이 등대, 옥수수

2문단 2문장 검정 바위로 만들어진 거북이 조각상이 새하얀 등대를 이고 있어서 동생과 나는 그 등대를 '거북이 등대'라고 불렀다.
3문단 6, 7문장 늦여름에는 연두색 옥수수수염이 점점 갈색빛으로 물들며 옥수수가 여물었다. 가을에는 기다림의 결실인 샛노란 옥수수를 수확하며 나는 한 뼘 더 성장했다.

〔색채어: 빛깔을 나타내는 말

09 정답 ⑤ ＊내용 생성의 적절성 파악하기 [정답률 93%]

다음은 글을 쓰기 전 학생이 구상한 내용이다. 초고에 반영되지 않은 것은?

왜 정답?

⑤ ㅁ: [갈칫국] 요리하는 할머니를 도와드리며 보람을 느낌.
드러나지 않음.

왜 오답?

① ㄱ: [거북이 등대] 할머니를 곧 만난다는 생각에 마음이 설렘.

2문단 3문장 아버지 차를 타고 가다가 ~ 이라서 할머니를 곧 뵙는다는 생각에 마음이 설레곤 했다.

② ㄴ: [옥수수] 옥수수 때문에 할머니께 꾸중 들은 경험

3문단 3문장 그러다 참지 못하고 옥수수 껍질을 살짝 열어서 얼마나 익었는지 들여다보다가 할머니께 꾸중을 듣기도 했다.

③ ㄷ: [옥수수] 옥수수를 통해 기다림의 소중함을 깨달음.

→ 3문단 5문장 나는 익어 가는 옥수수를 보며 기다림의 소중함을 깨달았다.

④ ㄹ: [갈칫국] 할머니가 끓여 주신 갈칫국을 먹은 경험

4문단 1, 7문장 할머니께서 끓여 주신 갈칫국을 먹었던 기억도 있다. ~ 갈칫국을 맛있게 먹는 나를 흐뭇하게 바라보시던 할머니를 떠올리면 ~

10 정답 ④ ＊조건에 따라 내용 생성하기 [정답률 75%]

〈보기〉는 초고를 읽은 선생님의 조언이다. 이를 반영하여 초고에 추가할 내용으로 가장 적절한 것은? [3점]

〈 보기 〉

선생님: 글이 마무리되지 않은 느낌이 들어. 글의 마지막에 할머니와의 추억이 너에게 주는 의미를 직유법을 사용하여 표현한 문장을 추가하면 더 좋겠어.
조건 a　조건 b

왜 정답?

④ 할머니 손길로 익어 가는 옥수수처럼 나는 할머니의 사랑으로 물들었다. 할머니의 따뜻한 보살핌은 나를 채운 온기였다.
조건 b 충족　조건 a 충족

할머니의 사랑으로 자란 자신을 '할머니의 손길로 익어 가는 옥수수처럼'에서 직유법을 활용하여 표현하였다. 또한 할머니와의 따뜻한 추억에 '나를 채운 온기'라는 의미를 부여하였으므로, 선생님의 조언을 반영하여 초고에 추가할 내용으로 가장 적절하다.

① 할머니 댁이 있는 섬의 풍경은 그림같이 아름다웠다. 그 풍경을
언제쯤 다시 볼 수 있을까. — 조건 a 충족×
                조건 b 충족

> **매력 오답** 할머니와의 추억이 글쓴이에게 주는 의미가 ①에 드러나 있다고 생각한
> 학생들이 많았다.
> 글쓴이는 어린 시절 할머니 댁에서의 추억을 떠올리며 할머니와 함께 보낸 시간이
> 가장 기억에 남는다고 했는데, 이를 포근하고 따뜻하며 소중한 기억으로 표현하고
> 있다. 따라서 이러한 의미가 선택지에 드러나야 하는데, ①은 할머니 댁이 있는 섬의
> 아름다운 풍경에 대해 말하고 있으므로 적절하지 않다.

② 섬에서 자란 나는 푸른 바다를 늘 그리워한다. 윤슬이 넘실거리는
바다는 내 마음의 고향이다. — 조건 a, b 모두 충족×
            은유법

③ 할머니와 함께한 시간이 그리워진다. 이번 방학에는 아버지께
말씀드려 할머니를 뵈러 가야겠다. — 조건 a, b 모두 충족×

⑤ 할머니의 넘치는 사랑 덕분에 나의 어린 시절이 찬란하게 빛난다.
        조건 a 충족
소중한 시간을 내게 선물해 주신 할머니께 감사드린다. — 조건 b×

11~12 * 단어의 형성

\# 출제

1 단어를 구성하는 요소에는 어근과 접사가 있다. 어근은 단어를
구성하는 요소 중 실질적인 의미를 나타내는 부분이며, 접사는 어근과
결합하여 어근에 특정한 의미를 더하거나 어근의 의미를 제한하는
부분이다. 접사는 어근의 앞에 위치하는 접두사와 어근 뒤에 위치하는
접미사로 나뉘는데, 항상 다른 말과 결합하여 쓰이기에 홀로 쓰이지
못함을 나타내는 붙임표(−)를 붙인다. 예를 들어 '햇−, 덧−, 들−'과
같은 말은 접두사이고, '−지기, −음, −게'와 같은 말은 접미사이다.

*1 문단 요약: 어근과 접사의 개념

2 단어는 그 짜임에 따라 단일어와 복합어로 구분된다. 단일어는
하나의 어근으로만 이루어진 단어를 이르는 말이다. 그리고 복합어는
[어근과 어근의 결합으로 이루어진 합성어와, 어근과 접사의 결합으로
이루어진 파생어를 아울러 이르는 말]이다. 가령 '밤'이나 '문'과 같이
하나의 어근으로만 이루어진 단어는 단일어이며, 어근 '밤', '문'이
각각 또 다른 어근과 결합한 '밤나무', '자동문'은 합성어이다. 또한
어근 '밤'과 접두사 '햇−'이 결합한 '햇밤', 어근 '문'과 접미사 '−지기'가
결합한 '문지기'는 파생어이다.

*2 문단 요약: 단일어와 복합어의 짜임

3 복합어는 [어근과 어근으로 이루어진 합성어나 어근과 접사로
이루어진 파생어에 어근이나 접사가 다시 결합하여 형성]되기도
한다. 이와 같은 복잡한 짜임의 단어를 이해할 때 활용되는
[A] 방법으로 직접 구성 성분 분석이 있다. 직접 구성 성분 분석은
[단어를 둘로 나누는 방법으로, 나뉜 두 부분 중 하나가 접사일
경우 그 단어를 파생어로 보고, 두 부분 모두 접사가 아닐 경우
합성어로 본다.]

*3 문단 요약: 직접 구성 성분 분석의 방법

4 가령 단어 '코웃음'은 직접 구성 성분을 '코'와 '웃음'으로 보기에
합성어로 분류한다. 이는 '코'가 어근이며, '웃음'이 어근 '웃−'과
접미사 '−음'으로 이루어진 파생어임을 고려한 것이다. 물론
'코웃음'의 직접 구성 성분을 '코웃−'과 '−음'으로 분석할 수도 있다.
그러나 '코웃−'은 존재하지 않고 '코'와 '웃음'만 존재하며,
의미상으로도 '코 + 웃음'의 분석이 자연스럽기에 직접 구성 성분을
'코'와 '웃음'으로 분석한다. 이처럼 직접 구성 성분 분석은 단어의
짜임을 체계적으로 이해하는 데에 도움이 된다.
직접 구성 성분 분석의 이점

*4 문단 요약: 직접 구성 성분 분석의 예

■ 이것이 핵심!: 단어의 짜임

1 문단	**어근과 접사의 개념**
	1. 어근: 단어를 이루는 형태소 중에서 실질적인 의미를 나타내는 부분
	2. 접사: 어근에 붙여 특정한 의미를 더하거나 의미를 제한하는 부분
	  (1) 접두사: 어근의 앞에 위치하는 접사
	  (2) 접미사: 어근의 뒤에 위치하는 접사

2 문단	**단일어와 복합어의 짜임**
	1. 단일어: 하나의 어근으로 이루어진 단어 예 밤
	2. 복합어: 합성어와 파생어를 아울러 이르는 말
	  (1) 합성어: 어근 + 어근 예 밤+나무 → 밤나무
	  (2) 파생어: (접두사) + 어근 + (접미사) 예 햇− + 밤 → 햇밤

3 문단	**직접 구성 성분 분석의 방법** 직접 구성 성분 분석: 단어를 둘로 나누는 방법 ① 합성어나 파생어 + 어근 → 합성어 ② 합성어나 파생어 + 접사 → 파생어
4 문단	**직접 구성 성분 분석의 예** 코웃음 → 코(어근) + 웃음(어근) 웃음 → 웃−(어근) + −음(접미사) → 동사 '웃다'의 어근 '웃−'에 결합해 품사를 명사로 바꿈.

11 정답 ④ * 단어의 형성 파악하기 ·················· [정답률 89%]

윗글에 대한 이해로 적절하지 <u>않은</u> 것은?

④ 복합어는 ~~접사가 어근과 결합하는 위치~~에 따라 둘로 나뉜다.
구성 요소에 따라 파생어와 합성어로 나뉨.
[2 문단 ❸문장 그리고 복합어는 어근과 어근의 결합으로 이루어진 합성어와,
어근과 접사의 결합으로 이루어진 파생어를 아울러 이르는 말이다.

복합어는 구성 요소에 따라 파생어와 합성어로 나뉜다.

① 단일어는 하나의 어근으로만 이루어진다. * 근거: 2 문단 ❷문장
하나의 실질 형태소

② 합성어나 파생어는 모두 복합어에 포함된다. * 근거: 2 문단 ❸문장
어근 + 어근 어근 + 접사

③ 접사는 홀로 쓰이지 못하기에 붙임표(−)를 붙인다.
항상 다른 말과 결합하여 쓰임.
* 근거: 1 문단 ❸문장

⑤ 접사는 어근과 결합하여 어근에 특정한 의미를 더하거나 어근의
접사의 개념
의미를 제한한다.
* 근거: 1 문단 ❷문장

12 정답 ① ＊ 단어의 직접 구성 성분 파악하기 ········ [정답률 80%]

[A]를 참고할 때, 〈보기〉의 ㉠에 해당하는 짜임을 가진 단어로 가장 적절한 것은?
[어근+접사]+어근   [3점]

― 〈보기〉 ―

'가재의 집게발'에서 '집게발'은 아래와 같이 ㉠ 직접 구성 성분이
'[어근 + 접사] + 어근'으로 분석되는 합성어이다.
[어근 '집-'+접사 '-게']+어근 '발'

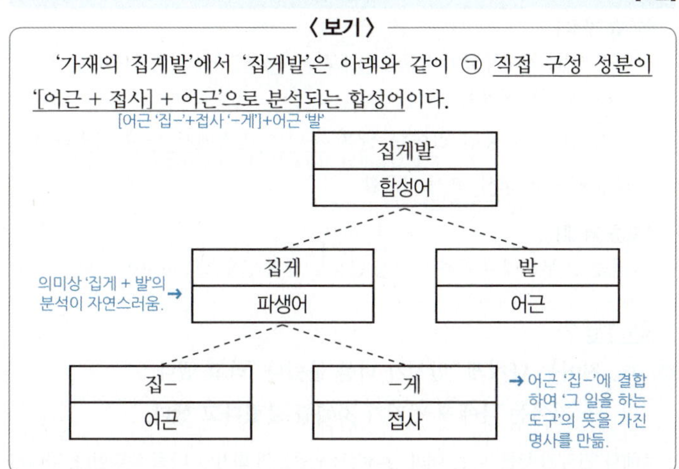

▷왜 정답 ?

① 볶음밥

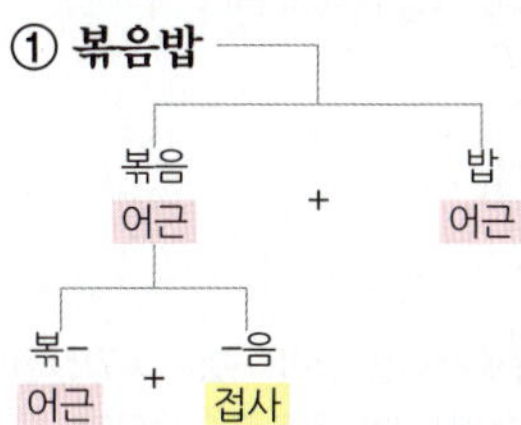

'볶음밥'을 직접 이루고 있는 두 요소로 나누면,
먼저 어근 '볶음'과 어근 '밥'으로 나뉜다. 그리고
'볶음'은 동사 '볶다'의 어근 '볶-'과 명사 파생
접미사 '-음'으로 나뉜다. 따라서 '볶음밥은 ㉠'직접
구성 성분이 '[어근 + 접사] + 어근'으로 분석되는
합성어'에 해당한다.

▷왜 오답 ?

② 덧버선

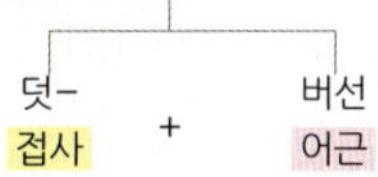

'덧버선'을 직접 이루고 있는 두 요소로 나누면,
'겹쳐 신거나 입는'의 뜻을 더하는 접사 '덧-'과 어근
'버선'으로 나뉜다. 따라서 '덧버선'은 파생어이다.

③ 문단속

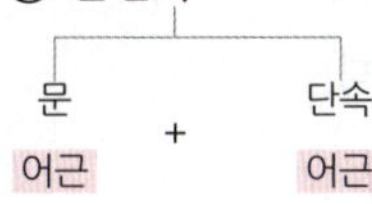

'문단속'을 직접 이루고 있는 두 요소로 나누면, 어근
'문'과 어근 '단속'으로 나뉜다. 따라서 '문단속'은
합성어이다.

④ 들고양이

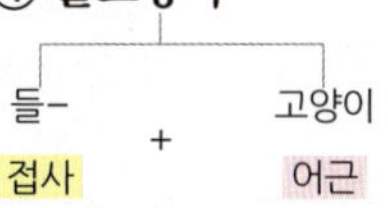

'들고양이'를 직접 이루고 있는 두 요소로 나누면,
'야생으로 자라는'의 뜻을 더하는 접사 '들-'과 어근
'고양이'로 나뉜다. 따라서 '들고양이'는 파생어이다.

⑤ 창고지기

'창고지기'를 직접 이루고 있는 두 요소로 나누면,
어근 '창고'와 '그것을 지키는 사람'의 뜻을 더하는
접사 '-지기'로 나뉜다. 따라서 '창고지기'는
파생어이다.

13 정답 ② ＊ 음운 교체 파악하기 ······················· [정답률 76%]

〈보기〉는 수업의 일부이다. '학습 활동'의 결과로 가장 적절한 것은?

― 〈보기〉 ―

선생님: 단어를 발음할 때, 어떤 음운이 앞이나 뒤의 음운의 영향으로
바뀌어 달라지는 경우가 있습니다. 그 결과, 조음 방법만 바뀌거나
조음 방법과 조음 위치가 모두 바뀝니다. 아래 자료를 참고해 '학습
활동'을 수행해 봅시다.
예) 비음화, 유음화
예) 구개음화

조음 방법＼조음 위치	입술소리	잇몸소리	센입천장소리	여린입천장소리
파열음	ㅂ	ㄷ		ㄱ
파찰음			ㅈ	
비음	ㅁ	ㄴ		ㅇ
유음		ㄹ		

영향의 방향	음운이 바뀌는 양상	
달님 (앞 음운의 영향) 'ㄹ'	달님[달림] 'ㄴ'이 [ㄹ]로 교체됨.	조음 방법의 변화 비음 'ㄴ' → 유음 'ㄹ'
작문 (뒤 음운의 영향) 'ㅁ'	작문[장문] 'ㄱ'이 [ㅇ]으로 교체됨.	조음 방법의 변화 파열음 'ㄱ' → 비음 'ㅇ'
해돋이 (뒤 음운의 영향) 'ㅣ'로 시작하는 형식 형태소	해돋이[해도지] 'ㄷ'이 [ㅈ]로 교체됨.	조음 방법과 조음 위치의 변화 파열음, 잇몸소리 'ㄷ' → 파찰음, 센입천장소리 'ㅈ'

[학습 활동]

뒤 음운의 영향을 받아서 앞 음운이 조음 방법만 바뀌는 단어를
조건 ①   조건 ②
ㄱ ～ ㄹ에서 골라 보자.

ㄱ. 난로[날로] 'ㄹ' 앞에서 'ㄴ'이 [ㄹ]로 교체됨.
ㄴ. 맏이[마지] 'ㅣ'로 시작하는 형식 형태소 앞에서 'ㄷ'이 [ㅈ]으로 교체됨.
ㄷ. 실내[실래] 'ㄹ' 뒤에서 'ㄴ'이 [ㄹ]로 교체됨.
ㄹ. 톱날[톰날] 'ㄴ' 앞에서 'ㅂ'이 [ㅁ]으로 교체됨.

▷왜 정답 • 오답 ?

② ㄱ, ㄹ

	영향의 방향(조건 ①)	음운이 바뀌는 양상(조건 ②)
ⓖ ㄱ 난로 [날로]	난로 뒤 음운 'ㄹ'의 영향으로 'ㄴ' → 'ㄹ' 조건 ① ○	난로[날로] 비음 'ㄴ' → 유음 'ㄹ' 조건 ② ○
ㄴ 맏이 [마지]	맏이 뒤 음운 'ㅣ'의 영향으로 'ㄷ' → 'ㅈ' 조건 ① ○	맏이[마지] 파열음, 잇몸소리 'ㄷ' → 파찰음, 센입천장소리 'ㅈ' 조건 ② ×
ㄷ 실내 [실래]	실내 앞 음운 'ㄹ'의 영향으로 'ㄴ' → 'ㄹ' 조건 ① ×	실내[실래] 비음 'ㄴ' → 유음 'ㄹ' 뒤 음운의 조음 방법이 바뀜. 조건 ② ×
ⓖ ㄹ 톱날 [톰날]	톱날 뒤 음운 'ㄴ'의 영향으로 'ㅂ' → 'ㅁ' 조건 ① ○	톱날[톰날] 파열음 'ㅂ' → 비음 'ㅁ' 조건 ② ○

〈보기〉의 '탐구 과제'를 수행한 결과로 적절하지 <u>않은</u> 것은?

───〈 보기 〉───

[탐구 과제]

'작다/적다' 중 적절한 말이 무엇인지 온라인 사전에서 '작다'를 검색한 결과를 근거로 하여 말해 보자.

　ㄱ. 민수는 진서에 비해 말수가 (작다/적다).
　　　　말수의 수효가 일정한 기준에 미치지 못한다는 의미임.
　ㄴ. 키가 커서 작년에 구매한 옷이 (작다/적다).
　　　　옷의 크기가 키에 모자라서 맞지 아니하다는 의미임.
　ㄷ. 오늘 일은 지난번에 비해 규모가 (작다/적다).
　　　　오늘 일의 규모가 비교 대상(지난번)에 미치지 못한다는 의미임.
　ㄹ. 그는 큰일을 하기에는 그릇이 아직 (작다/적다).
　　　　사람됨이 좁고 보잘것없다는 의미임.
　ㅁ. 백일장 대회의 신청 인원이 여전히 (작다/적다).
　　　　신청 인원의 수효가 일정한 기준에 미치지 못한다는 의미임.

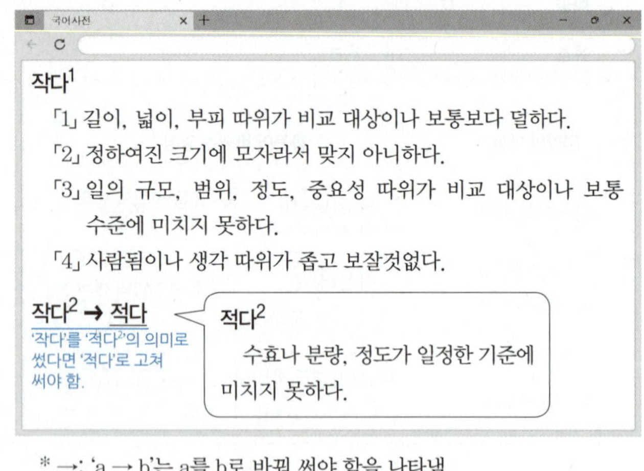

> **왜** 정답 **?**

① ㄱ: '작다¹'의 「1」을 고려할 때 '작다'가 맞겠군.
　　작다¹, 작다²와 적다²　　적다

ㄱ은 말수의 수효가 일정한 기준에 미치지 못한다는 의미이다. 따라서 '작다¹', '작다²'와 '적다²'의 의미를 고려할 때 '적다'가 적절하다.

> **왜** 오답 **?**

② ㄴ: '작다¹'의 「2」를 고려할 때 '작다'가 맞겠군.
　　옷의 크기가 정하여진 크기(키)에 모자라서 맞지 아니한다는 의미임.

③ ㄷ: '작다¹'의 「3」을 고려할 때 '작다'가 맞겠군.
　　일의 규모가 비교 대상인 지난번 일의 규모에 미치지 못한다는 의미임.

④ ㄹ: '작다¹'의 「4」를 고려할 때 '작다'가 맞겠군.
　　그의 사람됨이 좁고 보잘것없다는 의미임.

⑤ ㅁ: '작다¹', '작다²'와 '적다²'를 고려할 때 '적다'가 맞겠군.
　　백일장 대회의 신청 인원이 일정한 기준에 미치지 못한다는 의미임.

〈보기〉의 '학습 자료'를 바탕으로 '학습 과제'를 수행한 결과로 적절하지 <u>않은</u> 것은?

───〈 보기 〉───

[학습 자료]

• 직접 인용: 원래의 말이나 글을 <u>그대로 큰따옴표(" ")에 넣어 인용하는 것.</u>
　　　　　　　　　　　　　　　표현이 바뀌지 않음.
　조사 '라고'를 사용함.
　인용의 부사격 조사
• 간접 인용: <u>인용된 말이나 글을 자신의 관점에서 다시 서술하여</u>
　　　　　　　인칭, 높임 표현, 시간 표현, 지시 표현, 종결 표현 등이 달라짐.
　표현하는 것. 조사 '고'를 사용함.
　　　　　인용의 부사격 조사

[학습 과제]

　밑줄 친 부분에 주목하여 직접 인용을 간접 인용으로 바꾸어 보자.

> **왜** 정답 **?**

⑤ ㅁ. 지아는 나에게 "민지가 <u>너</u>를 불렀다."라고 했다.
　　　　→ 지아는 나에게 민지가 <u>자기</u>를 불렀다고 했다.
　　　　　　　　　　　　　　나

ㅁ에서 '민지'가 부른 '너'는 대화 상대이자 인용문의 화자인 '나'를 의미한다. 따라서 '나'의 관점에서 민지의 말을 다시 인용하여 서술하는 간접 인용문에서는, 직접 인용문의 '너'를 민지를 가리키는 표현인 '자기'가 아니라 '나'로 바꿔야 한다.

> **왜** 오답 **?**

① ㄱ. 지아가 "꽃이 벌써 <u>폈구나!</u>"라고 했다.
　　　　감탄형 종결 어미 '-구나'가 결합함.
　　　　→ 지아가 꽃이 벌써 <u>폈다</u>고 했다.
　　　　평서형 종결 어미 '-다'가 결합함.

ㄱ의 '폈구나'는 동사 '피다'의 어간 '피-'에 과거 시제 선어말 어미 '-었-'과 감탄형 종결 어미 '-구나'가 결합한 말이다. 감탄문은 간접 인용에서 평서문으로 인용된다.

② ㄴ. 지아가 "버스가 벌써 <u>갔어요.</u>"라고 했다.
　　　　청자에게 존대의 뜻을 나타내는 보조사 '요'가 쓰임.
　　　　→ 지아가 버스가 벌써 <u>갔다</u>고 했다.
　　　　청자를 높이지 않음.

③ ㄷ. 나는 어제 지아에게 "<u>내일</u> 보자."라고 했다.
　　　　어제 '내일'이라고 말한 것을 그대로 옮김.
　　　　→ 나는 어제 지아에게 <u>오늘</u> 보자고 했다.
　　　　말하는 시점에서 '어제의 내일'을 '오늘'로 바꾸어 표현함.

④ ㄹ. 전학을 간 지아는 "<u>이</u> 학교가 좋다."라고 했다.
　　　　지아가 전학을 간 학교는 지아에게 가까운 대상임.
　　　　→ 전학을 간 지아는 <u>그</u> 학교가 좋다고 했다.
　　　　지아가 전학을 간 학교는 말하는 이에게 먼 대상임.

────────── 배경지식

단어의 의미 관계

유의 관계	서로 다른 단어가 뜻이 서로 비슷한 관계 예) 어머니 – 엄마
반의 관계	둘 이상의 단어가 의미상 서로 짝을 이루어 대립하거나 반대되는 관계 예) 할아버지 – 할머니
상하 관계	한 단어가 의미상 다른 단어를 포함하거나 다른 단어에 포함되는 관계 예) 동물 – 개
부분 – 전체 관계	한 단어가 의미상 다른 단어의 부분이나 전체가 되는 관계 예) 팔 – 몸

16~20

(가) 김기택, 〈초록이 세상을 덮는다〉

출제　❶ 화자, 중심 대상　❷ 상황, 정서, 태도　❸ 표현상 특징

❶ 중심 대상　　　　　　　　　❸ 종결 어미 '−다'를 반복하여 운율을 형성함.
잠깐 초록을 본 마음이 돌아가지 않는다
초록에 대한 사색을 시작하게 되는 계기　　*점층법: 말하고자 하는 내용의
[초록에 붙잡힌 마음이　　　　　　　　비중이나 강도를 점차 높이거나
초록에 매료된 심리　　　　　　　　넓혀 그 뜻을 강조하는 방법
초록에 붙어 바람에 세차게 흔들리는 마음이]
[ ]: ❸ 점층법을 사용하여 초록에 대한 화자의 태도를 드러냄.
종일 떨어지지 않는다　❷ 상황: 초록에 대한 생각이 종일토록 계속됨.

✱ ❶~❹행 요약 : 도시 공간에서 마주한 초록에 마음이 사로잡힘.

[여리고 연하지만 불길처럼 이글이글 휘어지는 초록
[ ]: ❸ 유사한 문장(~는 초록)를 반복하여 초록의 생명력을 강조함.
땅에 박힌 심지에서 끝없이 솟구치는 초록　❸ 명사로 시행을 종결하여
　　　　　　　　　　　　　　　　여운을 남김.
나무들이 온몸의 진액을 다 쏟아내는 초록]

⑧ ㉠ 지금 저 초록 아래에서는

얼마나 많은 잔뿌리들이 발끝에 힘주고 있을까　*의인법: 사람이 아닌 것을
❸ 의인법을 사용하여 초록의 생명력에 대한 화자의 상상을 드러냄.　사람처럼 표현하는 방법
[진액: 생물의 몸 안에서 생겨나는 액체. 수액이나 체액 따위를 이른다.

✱ ❺~❾행 요약 : 역동적인 모습을 한 초록의 생명력에 대한 상상

초록은 수많은 ~~수직선~~ 사이에 있다　◯: 초록 ⟷ △: 도시 공간
수직선들을 조금씩 지우며 번져가고 있다　❸ 초록과 도시 공간의 대조를 통해
도시 공간에 조금씩 퍼져 나가는 초록　주제 의식을 부각함.
~~직선과 사각~~에 밀려 꺼졌다가는 다시 살아나고 있다
초록의 끈질긴 생명력
흙이란 흙은 도로와 건물로 모조리 딱딱하게 덮인 줄 알았는데
이렇게 많은 초록이 갑자기 일어날 줄은 몰랐다
❷ 정서: 초록이 지닌 생명력을 깨닫고 놀람.
아무렇게나 버려지고 잘리고 갇힌 것들이
자투리땅에서 이렇게 크게 세상을 덮을 줄은 몰랐다
❷ 상황: 초록이 번져나가며 도시 공간을 덮음.

✱ ❿~⓰행 요약 : 초록의 놀라운 생명력에 대한 감탄

　　콘크리트 갈라진 틈에서도 솟아나고 있는
　　저 저돌적인 고요
[A]　**단단하고 건조한 것들에게 옮겨 붙이고 있는**　❸ 역설법(을 사용하여 초록의
　　저 촉촉한 불길　　　　　　　　　속성을 강조함.
[A]: ❸ 유사한 문장 구조를 반복하여 초록의 역동적인 이미지를 강조함.

[저돌적: 앞뒤를 생각하지 않고 내닫거나 덤비는　*역설법: 겉으로는 모순되는
　　　　　　　　　　　　　　　　표현 속에 중요한 진실을
　　　　　　　　　　　　　　　　담는 방법
✱ ⓱~⓴행 요약 : 초록이 지닌 역동적인 생명력

⭐ (가) 독해 공식
❶ 화자: '나'　중심 대상: 초록
❷ 상황: 초록에 대한 생각이 종일토록 계속됨. 초록이 번져나가며 도시 공간을 덮음.
　정서, 태도: 초록이 지닌 생명력을 깨닫고 놀람.
❸ 표현상 특징
• 종결 어미 '−다'를 반복하여 운율을 형성함.
• 점층법을 사용하여 초록에 대한 화자의 태도를 드러냄.
• 명사로 시행을 종결하여 여운을 남김.
• 유사한 문장 구조의 반복으로 초록의 생명력, 역동적인 이미지를 강조함.
• 의인법을 사용하여 초록의 생명력에 대한 화자의 상상을 드러냄.
• 초록과 도시 공간의 대조를 통해 주제 의식을 부각함.
• 역설법을 사용하여 초록의 속성을 강조함.

■ 갈래: 현대시
■ 글쓴이: 김기택(1957~). 현대적인 일상의 폭력성을 비판하고, 일상 속에 숨겨져 있는 비일상적인 요소들에 주목하는 작품을 주로 창작하였다. 주요 작품으로 〈봄〉, 〈바퀴벌레는 진화 중〉 등이 있다.
■ 주제: 도시 공간에서 발견한 초록의 생명력

■ 이것이 핵심! : **초록과 도시 공간의 대조**

초록		도시 공간
– 여리고 연하지만 불길처럼 휘어짐. – 땅에서 끝없이 솟구침. – 온몸의 진액을 쏟아냄. – 저돌적인 고요, 촉촉한 불길 → 초록이 지닌 생명력과 역동적 이미지를 드러냄.	⟷	– 수직선, 직선과 사각, 도로와 건물 – 콘크리트 갈라진 틈, 단단하고 건조한 것들 → 생명력이 느껴지지 않는 삭막하고 정적인 이미지를 드러냄.

(나) 김약련, 〈두암육가〉

출제　❶ 화자, 중심 대상　❷ 상황, 정서, 태도　❸ 표현상 특징

◯: 늙음 ⟷ △: 젊음　　❸ 젊음과 늙음의 대조를 통해 주제 의식을 부각함.

❶ 화자
어져 내 일이야 무슨 일 하다 하고
❷ ❸ 감탄사를 활용하여 화자의 정서를 강조함.
굳은이 다 빠지고 검던 털이 희었네
❸ # ❷ 상황: 화자가 자신의 늙음을 인식함.
어우와 소장불노력하고 노대에 도상비로다*　　　　　　〈제1수〉
❸ 감탄사　# ❷ 정서: 늙음을 한탄하며 슬퍼함.

✱ 〈제1수〉 요약: 자신의 늙은 처지에 대한 한탄과 슬픔

셋 넷 다섯 어제인 듯 열 스물 얼핏 지나　　*설의법: 누구나 쉽게 알 수
[서른 마흔 한 일 없이 쉰 예순 넘는단 말인가　있는 사실을 의문문으로
❸ # [ ]: ❷ 정서 – 이룬 일 없이 늙어 버린 처지를 한탄함.　제시하여 의미를 강조하는 방법
장부의 허다 사업을 못 다 하고 늙었느냐]　　　　　　〈제2수〉
❸ 설의법을 사용하여 현재 상황에 대한 아쉬움을 드러냄.

✱ 〈제2수〉 요약: 해야 할 일을 하지 못하고 늙은 것에 대한 후회와 안타까움

생원이 무엇인가 급제도 헛일이니
❷ # ❷ 정서: 출세를 위한 삶에 회의감을 드러냄.
밭 갈고 논 매더면 설마한들 배고프리
❸ # ❷ 상황: 경제적으로 넉넉지 않은 상황에서 출세를 위해 노력했던 과거의 삶을 후회함.
이제야 아무리 애달픈들 몸이 늙어 못하올쇠　　　　　　〈제3수〉

[급제: 시험이나 검사 따위에 합격함. 과거에 합격하던 일
[생원: 조선 시대에, 소과(小科)인 생원과에 합격한 사람

✱ 〈제3수〉 요약: 지난 삶과 현재의 상황에 대한 아쉬움

△너희는 젊었느냐 ◯나는 이미 늙었구나
젊다 하고 믿지 마라 나도 일찍 젊었더니
❸ ❸ 명령형 어조로 젊은이들을 향한 당부를 드러냄.
젊어서 흐느적흐느적하다가 늙어지면 거짓 것이*　　　　〈제4수〉
젊은 시절에 경계해야 할 부정적인 삶의 태도

✱ 〈제4수〉 요약: 젊은이들에게 세월을 헛되이 보내지 말라고 충고함.

㉡ 재산인들 부디 말며 과갑인들 마다 할까
재산이 유수하고 과갑은 재천하니*
❸ # ❷ 상황: 재산 축적과 과거 급제를 원했지만 뜻대로 되지 않음.
하오면 못할 이 없기는 착한 일인가 하노라　　　　　　〈제5수〉
재산 축적, 과거 급제와는 달리 노력하면 이룰 수 있는 일

✱ 〈제5수〉 요약: 착한 일은 노력으로 이룰 수 있음.

내 몸이 못하고서 너희더러 하라기는
❸ 명령형 어조로 젊은이들을 향한 당부를 드러냄.
내 못하여 애달프니 너희나 하여라
❸ # ❷ 태도: 노력하면 이룰 수 있는 '착한 일'을 젊은이들에게 권유함.
청년의 아니하면 늙은 후 또 내 되리　　　　　　〈제6수〉
❷ 상황: 젊을 때 착한 일을 하지 않으면 자신처럼 후회하게 될 것이라고 충고함.

✱ 〈제6수〉 요약: 젊은이에게 착한 일(가치 있는 일)을 하라고 권유함.

* 소장불노력하고 노대에 도상비로다: 젊어서 노력하지 않고, 늙어서 상심과 슬픔뿐이로다,
* 거짓 것이: 거짓말처럼 허망한 것이
* 재산이 유수하고 과갑은 재천하니: 재산은 운수가 있어야 하고 과거 급제는 하늘에 달렸으니

❶ **화자**: '나'   **중심 대상**: 젊음과 늙음
❷ **상황**: 화자가 자신의 늙음을 인식함. 경제적으로 넉넉지 않은 상황에서 과거의 삶을 후회함. 재산 축적과 과거 급제를 원했지만 뜻대로 되지 않음. 젊을 때 착한 일을 하지 않으면 자신처럼 후회하게 될 것이라고 충고함.
정서, 태도: 늙음을 한탄하며 슬퍼함. 이룬 일 없이 늙어 버린 처지를 한탄함. 출세를 위한 삶에 회의감을 드러냄. 노력하면 이룰 수 있는 '착한 일'을 젊은이들에게 권유함.
❸ **표현상 특징**
• 젊음과 늙음의 대조를 통해 주제 의식을 부각함.
• 감탄사를 활용하여 화자의 정서를 강조함.
• 대구법을 활용하여 늙음과 젊음을 대비함.
• 설의법을 사용하여 현재 상황에 대한 아쉬움을 드러냄.
• 명령형 어조로 젊은이들을 향한 당부를 드러냄.

■ **갈래**: 평시조, 연시조
■ **글쓴이**: 김약련(1730 ~ 1802). 조선 후기의 문인이며 대표 저서로는 《두암문집》이 전해진다. 문집에 수록된 시문 중에는 유배지에서의 경험을 토대로 자신의 굳건한 의지와 가족을 향한 그리움 등을 노래한 작품들이 있다.
■ **제목의 의미**: '斗庵(두암): 김약련의 호' + '六(여섯 육)' + '歌(노래 가)'. 두암(김약련)이 지은 여섯 수의 노래
■ **주제**: 늙음에 대한 한탄과 젊은이들을 향한 당부

■ **이것이 핵심!**: 늙음에 대한 한탄과 젊은이들을 향한 충고

한탄과 후회		충고와 당부
젊은 시절 이룬 것 없이 늙어 버린 처지에 슬픔을 느끼며 안타까워함.		젊은이들이 자신과 같은 과오를 반복하지 않길 바라며 착한 일에 힘쓰라고 당부함.

■ **왜 두 작품?**
• **공통점**: (가)와 (나) 모두 중심 대상을 다른 대상과 대조하는 방식을 통해 주제 의식을 부각하고 있다.
• **차이점**: (가)는 '초록'이 지닌 생명력을 도시 공간의 삭막한 모습과 대비하면서 화자가 '초록'을 보며 느낀 감탄을 강조하고 있다. (나)는 젊음과 화자의 늙음을 대비하면서 화자의 한탄스러운 심정을 강조하고 있다.

---

16   정답 ①   ＊작품 비교하기 ·············· [정답률 74%]

(가)와 (나)의 표현상 공통점으로 가장 적절한 것은?

＞왜 정답?

① 대조적 표현을 활용하여 주제 의식을 부각하고 있다.
(가): '초록'과 '세상(도시 공간)'을 대조함. (나): 젊음과 늙음을 대조함.

[(가) ❺행 여리고 연하지만 불길처럼 이글이글 휘어지는 초록
(가) ⓬, ⓭행 직선과 사각에 밀려 꺼졌다가는 다시 살아나고 있다 / 흙이란 흙은 도로와 건물로 모조리 딱딱하게 덮인 줄 알았는데
(나) <제1수> ❷ 굳은 이 다 빠지고 검던 털이 희었네
(나) <제4수> ❶ 너희는 젊었느냐 나는 이미 늙었구나]

(가)는 '여리고 연하지만 불길처럼' '휘어지는' '초록'과 '직선과 사각'으로 이루어져 있으며 '딱딱'한 '세상'을 대조하여 초록이 지닌 넘치는 생명력이라는 주제 의식을 부각하고 있다.

(나)는 젊음과 늙음을 대조하여 늙음에 대한 한탄과 지난 삶에 대한 후회라는 주제 의식을 부각하고 있다.

＞왜 오답?

② 일부 시행을 명사로 마무리하여 여운을 남기고 있다.
(가)에만 나타남.

[(가) ❺~❼행 여리고 연하지만 불길처럼 이글이글 휘어지는 초록 / 땅에 박힌 심지에서 끝없이 솟구치는 초록 / 나무들이 온몸의 진액을 다 쏟아내는 초록
(가) ⓲행 저 저돌적인 고요
(가) ⓴행 저 촉촉한 불길]

(가)는 '초록', '고요', '불길'과 같은 명사로 일부 시행을 마무리하여 여운을 남기고 있다. (나)는 명사로 시행을 마무리하는 부분이 나타나지 않는다.

③ 수미상관의 기법을 활용하여 리듬감을 조성하고 있다.
(가)×, (나)×

④ 명령적 어조를 사용하여 화자의 의지를 표출하고 있다.
(나)에만 나타남.   표출하지 않음.

[(나) <제4수> ❷ 젊다 하고 믿지 마라 ~
(나) <제6수> ❷ 내 못하여 애달프니 너희나 하여라]

(가)는 명령적 어조를 사용하지 않았다.

한편 (나)는 명령적 어조를 사용하여 화자의 의지를 표출하는 것이 아니라, 청년들을 향한 화자의 당부와 충고를 드러내고 있다.

⑤ 감탄사를 사용하여 대상에 대한 예찬을 드러내고 있다.
(나)에만 나타남.   늙음에 대한 한탄

[(나) <제1수> 어져 내 일이야 무슨 일 하다 하고 / ~ / 어우와 소장불노력하고 노대에 도상비로다]

(가)는 감탄사를 사용하지 않았다.

한편 (나)는 '어져', '어우와'와 같은 감탄사를 사용하여 자신의 늙은 처지에 대한 화자의 한탄을 드러내고 있다.

---

17   정답 ③   ＊〈보기〉를 바탕으로 감상하기   ★1등급 대비
[① 5% ② 39% ③ 37% ④ 12% ⑤ 5%]

〈보기〉를 바탕으로 (가)와 (나)를 감상한 내용으로 적절하지 않은 것은? [3점]

〈 보기 〉

❶ 사물을 바라보거나 삶을 되돌아보며 사색하는 경험을 통해 깨달음을 얻을 수 있다. ❷ (가)의 화자는 도시 공간에서 마주한 '초록'에 사로잡혀 초록을 들여다보며 그것이 지닌 생명력을 깨닫고, 이에 대한 감탄과
(도시의 '직선과 사각'에 밀려 꺼졌다가도 다시 살아남.)
놀라움을 드러낸다. ❸(나)의 화자는 자신의 백발을 바라보며 현재의
(늙음에 대해 사색함.)
처지를 한탄하는 데 그치지 않고 지난 삶을 돌아보며 깨달은 바를
(출세는 헛된 일이며, '착한 일'을 해야 함.)
젊은이에게 전달하고 있다.

사색하다: 어떤 것에 대하여 깊이 생각하고 이치를 따지다.
처지: 처하여 있는 사정이나 형편
한탄하다: 원통하거나 뉘우치는 일이 있을 때 한숨을 쉬며 탄식하다.

단서＋해결

단서 〈보기〉에서 (가)의 화자는 초록이 지닌 생명력을 깨닫고, 이에 대해 감탄과 놀라움을 드러낸다고 함.
발상 (가)에서 화자는 '초록'이 강한 생명력으로 도시 공간에 번져가는 모습을 바라보고 있음.
해결 '수직선들을 조금씩 지우며 번져가는' '초록'의 모습은 초록이 지닌 생명력에 대한 화자의 감탄이나 놀라움과 관련됨.

＞왜 정답?

③ (가)의 '수직선들을 조금씩 지우며'를 통해 '초록'이 도시 공간과 균형을 이루기를, (나)의 '늙은 후 또 내 되리'를 통해 젊은이가
(도시 공간을 채운 '초록'의 생명력을 보여 줌.)
과오를 저지르지 않기를 바라고 있군.

[(가) ⓫행 수직선들을 조금씩 지우며 번져가고 있다
(나) <제6수> ❷, ❸ 내 못하여 애달프니 너희나 하여라 / 청년의 아니면 늙은 후 또 내 되리]

(가)의 '수직선들을 조금씩 지우며'는 '도로와 건물'로 덮인 도시에서도 살아나는 '초록'의 생명력을 보여 주는 것일 뿐, '초록'과 도시 공간이 균형을 이루기를 바라는 것과는 관련이 없다.

(나)의 '늙은 후 또 내 되리'는 젊은 시절을 헛되어 보내면 늙었을 때 자신처럼 후회하게 된다는 의미이다. 따라서 젊은이가 자신과 같은 과오를 저지르지 않기를 바라는 심정으로 볼 수 있다.

왜 오답?

① (가)의 '잠깐 초록을 본' 것과 (나)의 '검던 털'이 하얘진 모습을 본
종일 초록을 생각하게 됨.　　　　　　　　자신의 늙음을 깨닫게 됨.
것은 사색을 시작하는 계기가 되는군.

- (가) **❶**행 　잠깐 초록을 본 마음이 돌아가지 않는다.
- (나) 〈제1수〉 **❷** 　군은 이 다 빠지고 **검던 털**이 희었네

(가)의 화자는 '잠깐 초록을 본' 이후 초록에 대한 생각이 '종일 떨어지지 않'았다고 했으므로, '잠깐 초록을 본' 것은 사색을 시작하는 계기로 볼 수 있다.

또한 (나)의 화자도 '검던 털'이 하얗게 센 모습을 본 것을 계기로 자신의 늙음을 깨닫고 지난 날에 대해 사색을 시작하고 있다.

② (가)의 '초록에 붙잡힌 마음'은 '초록'에 매료된 심리를, (나)의 '밭
초록의 생명력과 강인함에 매료됨.
갈고 논 매더면 설마한들 배고프리'는 넉넉지 않은 현실을 초래한
젊었을 때 농사를 짓지 않은 것에 대한 아쉬움
지난 삶에 대한 아쉬움을 나타내고 있군.

- (가) **❷~❹**행 　초록에 붙잡힌 마음이 / 초록에 붙어 바람에 세차게 흔들리는
마음 / 종일 떨어지지 않는다
- (나) 〈제3수〉 　생원이 무엇인가 급제도 헛일이니 / **밭 갈고 논 매더면 설마한들**
배고프리 / 이제야 아무리 애달픈들 몸이 늙어 못하올쇠

(가)에서 '초록에 붙잡'혀 '종일 떨어지지 않는' 마음은 '초록'의 강인한 생명력에 매료된 화자의 심리를 나타낸다.

한편 (나)의 '밭 갈고 논 매더면 설마한들 배고프리'는 지금의 넉넉지 않은 현실이 젊었을 때 과거 공부를 하느라 농사를 짓지 않은 탓이라고 생각하며 아쉬워하는 화자의 심정을 드러낸다.

> **매력오답**　(나)의 '밭 갈고 논 매더면 설마한들 배고프리'가 의미하는 바를 정확하게 해석하지 못한 학생들이 많았다.
> 〈제3수〉를 보면 초장은 '급제도 헛일'이라고 하며 과거 급제를 위해 살아온 지난 날이 덧없다고 말하고, 중장은 농사를 지었더라면 배고프지는 않았을 것이라고 이야기한다. 즉 과거 공부 대신 농사라도 지었으면 배고픈 현실을 피할 수 있었을 것이라는 아쉬움을 드러내고 있는 것이다.

④ (가)의 '밀려 꺼졌다가는 다시 살아나고 있'는 것에서 '초록'의
끈질긴 생명력을, (나)의 '급제도 헛일'에서 출세를 위한 삶이
끈질기게 다시 살아남.　　　　　　과거에 급제하여 출세한 것이 헛된 일이라고 함.
전부가 아님을 깨닫고 있군.

- (가) **⓬~⓰**행 　직선과 사각에 밀려 꺼졌다가는 다시 살아나고 있다 / ~ /
자투리땅에서 이렇게 크게 세상을 덮을 줄은 몰랐다
- (나) 〈제3수〉 **❶**, **❷** 　생원이 무엇인가 **급제도 헛일**이니 / 밭 갈고 논 매더면
설마한들 배고프리

(가)의 '밀려 꺼졌다가는 다시 살아나고 있'는 '초록'은 '크게 세상을 덮'은 '초록'의 끈질긴 생명력에 대한 화자의 깨달음을 보여 준다.

한편 (나)의 '급제도 헛일'은 과거 급제를 위해 공부하는 대신 농사를 지으며 살았더라면 상황이 더 나았을 것이라는 인식을 통해 출세를 위한 삶이 전부가 아니라는 화자의 깨달음을 보여 주고 있다.

⑤ (가)의 '갑자기 일어날 줄은 몰랐다'는 '초록'의 새로운 모습을
발견한 놀라움을, (나)의 '이미 늙었구나'는 현재의 처지에 대한
초록의 생명력　　　　　　　　　이룬 것 없이 늙어버린 현재의 처지를 탄식함.
탄식을 드러내고 있군.

- (가) **⓭**, **⓮**행 　흙이란 흙은 도로와 건물로 모조리 딱딱하게 덮인 줄 알았는데 /
이렇게 많은 초록이 갑자기 일어날 줄은 몰랐다
- (나) 〈제4수〉 　너희는 젊었느냐 나는 **이미 늙었구나** / ~ / 젊어서
흐느적흐느적하다가 늙어지면 거짓 것이

(가)의 '갑자기 일어날 줄은 몰랐다'에서 '초록'의 끈질긴 생명력이라는 새로운 모습을 발견한 화자의 놀라움을 드러내고 있다.

한편 (나)의 '이미 늙었구나'에서는 젊은 시절을 헛되이 보내고 이룬 것 없이 늙어 버린 현재의 처지에 대한 화자의 탄식을 드러내고 있다.

18　정답 ②　＊표현상 특징 파악하기 ························· [정답률 84%]

[A]에 대한 설명으로 가장 적절한 것은?

왜 정답?

② 유사한 문장 구조를 반복하여 대상이 갖는 역동적 이미지를 나타내고 있다.
'초록'이 가지고 있는 생명력을 역동적으로 나타냄.

- (가) **⓱~⓴**행 [A] 　콘크리트 갈라진 틈에서도 솟아나고 있는 / 저 저돌적인
고요 / 단단하고 건조한 것들에게 옮겨 붙고 있는 / 저 촉촉한 불길

[A]는 '~고 있는 저 ~'라는 유사한 문장 구조를 반복하여 콘크리트 틈에서 '솟아나고' 단단하고 건조한 것들에게 '옮겨 붙고' 있는 '초록'의 생명력을 역동적인 이미지로 나타내고 있다.

왜 오답?

① 지시 표현을 사용하여 대상에 대한 화자의 심리적 거부감을 나타내고 있다.
'저'　　　　　　　　　　　　　　　　　　나타내지 않음.

③ 점층적인 표현을 사용하여 대상에 대한 화자의 태도 변화를 드러내고 있다.
사용하지 않음.　　　　　　　　　　　　　　드러내지 않음.

④ 하나의 문장을 두 개의 시행으로 나누어 대상의 순환 과정을 제시하고 있다.
'콘크리트 ~ 고요', '단단하고 ~ 불길'을 각각 두 개의 시행으로 나눔.　　제시하지 않음.

⑤ 모순된 표현을 활용하여 대상과 자신을 동일시하는 화자의 모습을
'저돌적인 고요', '촉촉한 불길'　　　　　　　　동일시하지 않음.
드러내고 있다.

19　정답 ④　＊시어와 구절의 의미 파악하기 ············· [정답률 71%]

(나)에 대한 이해로 적절하지 **않은** 것은?

왜 정답?

④ 〈제3수〉의 '이제야 아무리 애달픈들'과 〈제6수〉의 '내 못하여 애달프니'
에는 세월의 무상감에서 벗어나고자 하는 심리가 드러나는군.
안타까워하는 심리를 드러냄.

- (나) 〈제3수〉 **❷**, **❸** 　밭 갈고 논 매더면 설마한들 배고프리 / 이제야 아무리
애달픈들 몸이 늙어 못하올쇠
- (나) 〈제6수〉 **❶**, **❷** 　내 몸이 못하고서 너희더러 하라기는 / 내 못하여 애달프니
너희나 하여라

〈제3수〉의 '이제야 아무리 애달픈들'은 농사를 짓고자 해도 몸이 늙어서 하지 못하는 처지를 안타까워하는 화자의 심리를 드러낸다.

〈제6수〉의 '내 못하여 애달프니'는 자신은 늙어서 하지 못하는 일을 젊은이들에게 권하고 있는 화자의 안타까운 심정을 드러낸다.

즉 두 구절 모두 세월의 무상감을 벗어나고자 하는 심리와는 관련이 없다.

왜 오답?

① 〈제1수〉의 '어져 내 일이야'에 담긴 한탄은, 〈제2수〉의 '장부의
해야 할 일을 하지 못하고 늙어버린 처지에 대한 한탄
허다 사업'을 못 다 한 데서 비롯되는군.

- (나) 〈제1수〉 **❶**, **❷** 　어져 내 일이야 무슨 일 하다 하고 / 군은 이 다 빠지고 검던
털이 희었네
- (나) 〈제2수〉 **❸** 　장부의 허다 사업을 못 다 하고 늙었느냐

〈제1수〉의 '어져 내 일이야'에서 화자는 늙어버린 자신의 처지를 한탄하고 있다. 이는 〈제2수〉에서 말한 '장부의 허다 사업', 즉 젊은 시절에 해야 하는 많은 일을 미처 다하지 못하고 늙은 것에서 비롯된 것이다.

② 〈제1수〉의 '노대에 도상비로다'에 담긴 애상감은, 〈제4수〉의
늙어서 상실과 슬픔뿐이라고 느낌.
'늙어지면 거짓 것이'로 이어지는군.
늙음에 대한 허망함

- (나) 〈제1수〉 **❸** 　어우와 소장불노력하고 노대에 도상비로다
- (나) 〈제4수〉 **❷**, **❸** 　젊다 하고 믿지 마라 나도 일찍 젊었더니 / 젊어서
흐느적흐느적하다가 늙어지면 거짓 것이

〈제1수〉의 '노대에 도상비로다'에서 화자는 늙어서 느끼는 상심과 슬픔을 드러내고 있는데, 이는 늙음의 허망함을 드러내고 있는 〈제4수〉의 '늙어지면 거짓 것이'로 이어지고 있다.

③ 〈제2수〉의 '서른 마흔 한 일 없이'에 담긴 반성은, 〈제4수〉의
　　이룬 것 없이 늙은 것에 대한 반성
'젊어서 흐느적흐느적'하지 말라는 당부로 나타나는군.

　(나) 〈제2수〉❷.❸　서른 마흔 한 일 없이 쉰 예순 넘는단 말인가
　　　　　　　　　　장부의 허다 사업을 못 다하고 늙었느냐
　(나) 〈제4수〉❷.❸　젊다 하고 믿지 마라 나도 일찍 젊었더니
　　　　　　　　　　젊어서 흐느적흐느적하다가 늙어지면 거짓 것이

　〈제2수〉의 '서른 마흔 한 일 없이'에서 화자는 젊은 시절 아무것도 이룬 것 없이 늙어버린 자신의 처지를 반성하고 있는데, 이는 〈제4수〉에서 젊은이들을 향해 자신처럼 '젊어서 흐느적흐느적'하지 말라고 당부하는 것으로 이어진다.

⑤ 〈제5수〉의 '하오면 못할 이 없기는 착한 일'은, 〈제6수〉의 '너희더러
　　　　　　　　　　　　　　　　　　　젊을 때 해야 하는 일
하라'에서 권유하는 내용이겠군.

　(나) 〈제5수〉❸　하오면 못할 이 없기는 착한 일인가 하노라
　(나) 〈제6수〉　　내 몸이 못하고서 너희더러 하라기는
　　　　　　　　　내 못하여 애달프니 너희나 하여라
　　　　　　　　　청년의 아니하면 늙은 후 또 내 되리

　〈제5수〉의 '착한 일'은 '하오면 못할 이 없'는 일이기에 화자는 〈제6수〉에서 '너희더러 하라'라고 하며 젊은이들에게 '착한 일'을 권유하고 있다.

20　정답 ④　＊ 시어와 구절의 의미 파악하기 ·············· [정답률 88%]

'재산인들 부디 말며 과갑인들 마다 할까 / 재산이 유수하고 과갑은 재천하니'

시상의 흐름을 고려하여 ㉠과 ㉡을 비교한 내용으로 가장 적절한 것은?
'지금 저 초록 아래에서는 / 얼마나 많은 잔뿌리들이 발끝에 힘주고 있을까'

＞왜 정답 ?

④ ㉠에는 힘의 근원에 대한 화자의 상상이, ㉡에는 뜻대로 되지 않는
　'초록'의 생명력　　　　　　　　　　　재산을 모으거나 과거에 급제하는 것
삶에 대한 화자의 인식이 드러나 있다.

　(가) ❽.❾행　㉠ 지금 저 초록 아래에서는 / 얼마나 많은 잔뿌리들이 발끝에
힘주고 있을까
　(나) 〈제5수〉❶.❷　㉡ 재산인들 부디 말며 과갑인들 마다 할까 / 재산이
유수하고 과갑은 재천하니

　㉠에서 화자는 '초록 아래에서' '발 끝에 힘주고 있을' 수많은 잔뿌리들, 즉 초록이 지닌 생명력의 근원에 대해 상상하고 있다.
　㉡에서 화자는 재산을 모으는 일은 운수가 있어야 하고 과거 급제는 하늘에 달린 것이라고 하며 뜻대로 되지 않는 삶에 대한 인식을 드러내고 있다.

＞왜 오답 ?

① ㉠에는 대상을 향한 화자의 애정이, ㉡에는 청자를 향한 화자의
원망이 나타나 있다.
나타나지 않음.
　㉠에는 생명력을 지닌 '초록'에 대한 화자의 애정이 나타나 있다고 볼 수 있다.
　㉡에 청자를 향한 화자의 원망은 나타나 있지 않다.

② ㉠에는 대상과 화자 사이의 이질감이, ㉡에는 대상에 대한 화자의
　　　　　　　　　　　　　　　　드러나지 않음.
거부감이 드러나 있다.
드러나지 않음.
〔이질감: 성질이 서로 달라 낯설거나 잘 맞지 않는 느낌

③ ㉠에는 감춰진 진실에 대한 화자의 회의가, ㉡에는 화자의 현재
　　　　　　　　　　　　　　　　나타나지 않음.
상황에 대한 의문이 나타나 있다.
나타나지 않음.
〔회의: 의심을 품음. 또는 마음속에 품고 있는 의심

⑤ ㉠에는 문제의 원인에 대한 화자의 성찰이, ㉡에는 예상치 못한
　　　　　　　　　　　　　　　나타나지 않음.　　　　나타나지 않음.
결과를 수용하는 화자의 모습이 나타나 있다.
〔성찰: 자기의 마음을 반성하고 살핌.

<hr>

21~24　＊ 큐비즘의 특징과 의의

＃ 출제　⬭ 글 전체 핵심어　▭ 글 전체 중심 문장

❶ [20세기 초 유럽에서 일어난 과학 문명의 발전은 현실을 이루는
　＃[ ]: 큐비즘이 등장한 시대적 배경
법칙을 하나씩 부정하였다. ❷절대적이라고 믿어 왔던 시공간마저 상대적인 것으로 밝혀지면서, 사람들은 기존에 당연시되어 온 인식에 의문을 품었다.] ❸이는 서양의 회화에도 영향을 미쳐 ⬭큐비즘이라는 새로운 미술 양식을 탄생시켰다.
　　　　　　　　　　＊ ❶문단 요약: 큐비즘의 등장 배경

❷ 큐비즘은 대상의 사실적 재현에 집중했던 전통 회화와 달리, 대상의
　　　　　　　　전통 회화가 표현하고자 했던 것
본질을 구현하기 위해 그 근원적 형태를 그려 내는 것을 목표로 삼았다.
　　　　　　　　큐비즘이 표현하고자 했던 것
❷이를 위해 [대상의 본질과 관련 없는 세부적 묘사를 배제하고 구와
　　　　　　＃[ ]: 큐비즘의 표현 기법 ①
원기둥 등의 기하학적 형태로 대상을 단순화하여 질감과 부피감을 부각하였다. ❸색채 또한 본질 구현에 있어 부차적인 것으로 판단하여 몇 가지 색으로 제한하였다.
　　　　　　　　　＊ ❷문단 요약: 큐비즘의 표현 목표와 기법
＃ 큐비즘의 표현 기법 ②
재현: 다시 나타남. 또는 다시 나타냄.
구현하다: 어떤 내용을 구체적인 사실로 나타나게 하다.
기하학적: 기하학(도형 및 공간의 성질에 대하여 연구하는 학문)에 관련이 있거나 바탕을 두고 있는　부차적: 주된 것이 아니라 그것에 곁달린 것

❸ 또한 큐비즘은 하나의 시점으로는 대상의 한쪽 형태밖에 표현할 수 없다고 생각하여, 하나의 시점에서 대상을 보고 표현하는 원근법을 거부하였다. ❷그리고 대상의 전체 형태를 표현하기 위해 다중 시점을
　　　　　　　　　　　　　　　　　　　　＃ 큐비즘의 표현 기법 ③
적용하였는데, 이는 여러 시점에서 관찰한 대상을 한 화면에 그려
　　　　　　　　　　　　다중 시점 기법의 개념
내고자 한 기법이다. ❸예를 들어, 한 인물을 그릴 때 얼굴의 정면과 측면을 동시에 표현함으로써 대상의 전체 형태를 관람자들에게 보여
　　　　　　　　다중 시점 기법을 활용한 구체적인 예
주는 것이다. ❹이렇게 큐비즘은 사실적 재현에서 벗어나 대상의 근원적 형태를 표현하려 하였으며, 관람자들에게 새로운 미적 인식을 환기하였다.

〔원근법: 일정한 시점에서 본 물체와 공간을 눈으로 보는 것과 같이 멀고 가까움을 느낄 수 있도록 평면 위에 표현하는 방법

　　　　　＊ ❸문단 요약: 큐비즘의 표현 기법 – 다중 시점

❹ 대상의 형태를 더 다양한 시점으로 보여 주려는 시도는 다중 시점의 극단화로 치달았는데, 이 시기의 큐비즘을 ⓐ분석적 큐비즘이라고 일컫는다. ❷분석적 큐비즘은 대상을 여러 시점으로 해체하여 작은 격자
　　　　　　　　　　　　　　＃ 분석적 큐비즘의 표현 기법 ①
형태로 쪼개어 표현했고, 색채 또한 대상의 고유색이 아닌 무채색으로
　　　　　　　　　　　　＃ 분석적 큐비즘의 표현 기법 ②
한정하였다. ❸해체 정도가 심해짐에 따라 대상은 부피감이 사라질 정도로 완전히 분해되었다. ❹이로 인해 [관람자는 대상이 무엇인지조차 알아볼 수 없게 되었고, 제목이나 삽입된 문자를 통해서만 대상이 무엇인지
　　＃[ ]: 분석적 큐비즘의 문제점 – 다중 시점의 극단화 ➡ 대상을 알아볼 수 없게 됨.
추측할 수 있게 되었다.] ＊ ❹문단 요약: 분석적 큐비즘의 표현 기법과 문제점

❺ 대상이 극단적으로 해체되어 형태를 파악하지 못하게 된 문제를
　　　＃ 대상의 본질을 구현하고자 했던 다중 시점 기법이 극단적으로 나타난 결과
해결하기 위해, 큐비즘은 화면 안으로 실제 대상 혹은 대상의 특성을 잘
　　　　＃ 분석적 큐비즘의 문제점을 해결하기 위해 활용한 방법
드러내는 화면 밖의 재료들을 끌어들였다. ❷이것을 ⓑ종합적
큐비즘이라고 일컫는다. ❸종합적 큐비즘의 특징을 보여 주는 대표적 기법으로는 '파피에 콜레'가 있다. ❹이는 화면에 신문이나 벽지 등의 실제 종이를 오려 붙여 대상의 특성을 표현하는 기법이다. ❺예를 들어, 나무
　　＃ 종합적 큐비즘에서 사용하는 '파피에 콜레' 기법
탁자의 질감을 표현하기 위해 화면에 나뭇결무늬의 종이를 직접 붙였다. ❻화면에 붙인 종이의 색으로 인해 색채도 다시 살아났다.

　　　＊ ❺문단 요약: 종합적 큐비즘의 표현 기법 – 파피에 콜레

❻ 큐비즘은 대상의 근원적 형태를 화면에 구현하기 위해 대상을 표현하는 새로운 방법을 모색하였다. ❷큐비즘이 대상의 형태를 실제에서 해방한 것은 회화 예술에 무한한 표현의 가능성을 가져다주었다. ❸이는 표현 대상을 보이는 세계에 한정하지 않는 현대 추상 회화의 탄생에 직접적인 영향을 미쳤다.

#큐비즘의 의의

*❻문단 요약: 큐비즘의 의의와 큐비즘이 현대 추상 회화에 미친 영향

■ 전체 지문 이해도

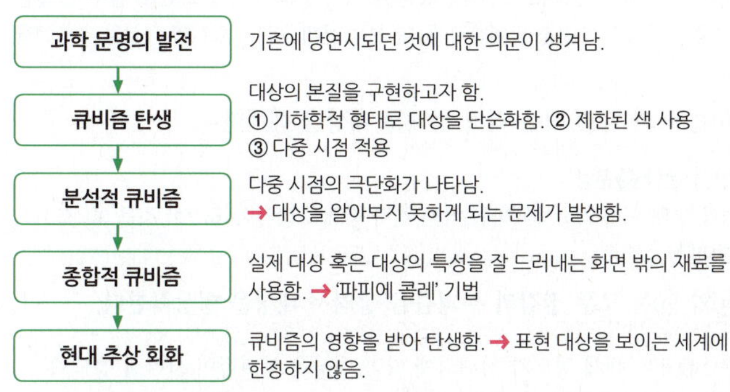

■ 지문 내용과 구조

1문단	큐비즘의 등장 배경: 20세기 초 과학 문명의 발전 → 시공간의 상대성이 밝혀지며 기존에 당연시되어 온 인식에 의문을 품게 됨.
2문단	큐비즘의 표현 목표와 표현 기법 ① - 표현 목표: 대상의 본질을 구현하기 위해 근원적 형태를 그려 내는 것 - 표현 기법 ⅰ) 대상의 본질과 관련 없는 세부적 묘사 배제 → 기하학적 형태로 대상을 단순화하여 질감과 부피감을 부각함. ⅱ) 제한된 몇 가지 색으로만 대상을 표현함.
3문단	큐비즘의 표현 기법 ②: 다중 시점 기법 - 대상의 전체 형태를 표현하고자 여러 시점에서 관찰한 대상을 한 화면에 그려 낸 기법 - 사실적 재현에서 벗어나 대상의 근원적 형태를 표현하려 함.
4문단	분석적 큐비즘의 표현 기법과 문제점 - 분석적 큐비즘: 다중 시점이 극단화되어 나타난 시기의 큐비즘 - 표현 기법 ⅰ) 대상을 여러 시점으로 해체하여 작은 격자 형태로 쪼개어 표현 ⅱ) 대상의 색채를 고유색이 아닌 무채색으로 한정함. → 문제점: 대상이 완전히 분해되어 관람자는 제목이나 삽입된 문자를 통해서만 대상이 무엇인지 추측할 수 있게 됨.
5문단	종합적 큐비즘의 표현 기법 - 종합적 큐비즘: 대상의 형태를 파악하지 못하게 된 분석적 큐비즘의 문제를 해결하기 위해 등장한 큐비즘 - 표현 기법: 실제 대상 혹은 대상의 특성을 잘 드러내는 화면 밖의 재료를 화면 안으로 끌어들임. 파피에 콜레
6문단	큐비즘이 회화 예술에 미친 영향: 대상의 형태를 실제에서 해방함. → 표현 대상을 보이는 세계에 한정하지 않는 현대 추상 회화 탄생에 직접적 영향을 미침.

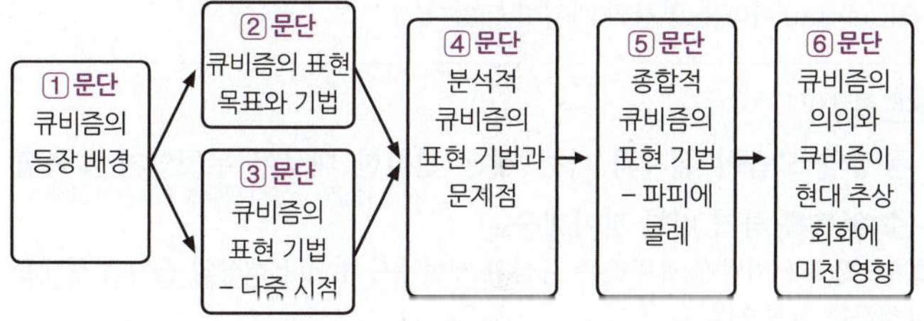

■ 주제: 큐비즘의 표현 기법과 현대 추상 회화 탄생에 미친 영향

21 정답 ③ * 내용 파악하기 ·········· [정답률 93%]

윗글에서 알 수 있는 내용으로 적절하지 않은 것은?

> 왜 정답 ?

③ 큐비즘에 대한 다른 화가들의 논쟁
제시하지 않음.

> 왜 오답 ?

① 큐비즘이 사용한 표현 기법
기하학적 형태로 대상 단순화, 색 제한, 다중 시점 적용, 파피에 콜레

[2문단 ❷, ❸문장 ~ 세부적 묘사를 배제하고 구와 원기둥 등의 기하학적 형태로 대상을 단순화하여 질감과 부피감을 부각하였다. 색채 또한 ~ 몇 가지 색으로 제한하였다.
3문단 ❷문장 그리고 대상의 전체 형태를 표현하기 위해 다중 시점을 적용하였는데, ~
5문단 ❸문장 종합적 큐비즘의 ~ 대표적 기법으로는 '파피에 콜레'가 있다.]

② 큐비즘이 등장한 시대적 배경
20세기 초 과학 문명의 발전으로 당연시되어 온 인식에 의문을 품게 됨.

[1문단 ❶, ❷문장 20세기 초 유럽에서 일어난 과학 문명의 발전은 현실을 이루는 법칙을 하나씩 부정하였다. 절대적이라고 믿어 왔던 시공간마저 상대적인 것으로 밝혀지면서, ~ 인식에 의문을 품었다.]

④ 큐비즘의 작품 경향이 변화된 양상
분석적 큐비즘 → 종합적 큐비즘

[4문단 ❶문장 ~ 다중 시점의 극단화로 치달았는데, 이 시기의 큐비즘을 분석적 큐비즘이라고 일컫는다.
5문단 ❶, ❷문장 ~ 큐비즘은 화면 안으로 실제 대상 혹은 대상의 특성을 잘 드러내는 화면 밖의 재료들을 끌어들였다. 이것을 종합적 큐비즘이라고 일컫는다.]

⑤ 큐비즘이 현대 추상 회화에 미친 영향
대상의 형태를 실제에서 해방함. → 현대 추상 회화 탄생에 영향을 미침.

[6문단 ❷, ❸문장 큐비즘이 대상의 형태를 실제에서 해방한 것은 회화 예술에 무한한 표현의 가능성을 가져다주었다. 이는 표현 대상을 보이는 세계에 한정하지 않는 현대 추상 회화의 탄생에 직접적인 영향을 미쳤다.]

22 정답 ① * 내용 파악+추론하기 ·········· [정답률 84%]

㉠을 이해한 내용으로 가장 적절한 것은?
'대상이 극단적으로 해체되어 형태를 파악하지 못하게 된 문제'

> 왜 정답 ?

① 대상의 본질을 구현하기 위해 다중 시점에 집착한 결과이겠군.
다중 시점의 극단화로 인해 대상이 완전히 분해되어 형태를 파악하지 못하게 됨.

[4문단 ❶~❸문장 대상의 형태를 더 다양한 시점으로 보여 주려는 시도는 다중 시점의 극단화로 치달았는데, ~ 해체 정도가 심해짐에 따라 대상은 부피감이 사라질 정도로 완전히 분해되었다.
5문단 ❶문장 ㉠ 대상이 극단적으로 해체되어 형태를 파악하지 못하게 된 문제를 해결하기 위해, ~]

큐비즘은 대상의 본질 구현을 위한 표현 기법 중 하나로 다중 시점을 적용하였다. 이러한 다중 시점이 극단화되어 ㉠ '대상이 극단적으로 해체되어 형태를 파악하지 못하게 된 문제'가 발생하였다.

> 왜 오답 ?

② 인식의 절대적 기준을 제시하기 위해 대상의 변화를 무시한 결과이겠군.
절대적으로 당연시되어 온 인식에 의문을 품으면서 큐비즘이 탄생함.

[1문단 ❷, ❸문장 절대적이라고 믿어 왔던 시공간마저 상대적인 것으로 밝혀지면서, 사람들은 기존에 당연시되어 온 인식에 의문을 품었다. 이는 서양의 회화에도 영향을 미쳐 큐비즘이라는 새로운 미술 양식을 탄생시켰다.]

기존에 절대적이라고 당연시되어 온 인식에 의문을 품으며 큐비즘이 탄생하였다. 따라서 '인식의 절대적 기준을 제시하기 위해'는 큐비즘과 관련이 없다.

③ 화면의 공간을 ~~사실적으로 표현~~하기 위해 대상의 형태를 희생한
사실적 재현에서 벗어남.
결과이겠군.

┌ ③문단 ❹문장 이렇게 큐비즘은 <u>사실적 재현에서 벗어나</u> 대상의 근원적
└ 형태를 표현하려 하였으며, ~

큐비즘은 사실적 재현에서 벗어나 대상의 근원적 형태를 표현하려 하였다. 따라서 '화면의 공간을 사실적으로 표현하기 위해'는 큐비즘과 관련이 없다.

④ 기하학적 형태에서 ~~탈피~~하기 위해 대상의 정면과 측면을 동시에
기하학적 형태로 대상을 단순화함.　　　　　다중 시점을 적용함.
표현한 결과이겠군.

┌ ②문단 ❷문장 ~ 구와 원기둥 등의 <u>기하학적 형태로 대상을 단순화하여</u>
│ 질감과 부피감을 부각하였다.
│ ③문단 ❷문장 그리고 대상의 전체 형태를 표현하기 위해 다중 시점을
└ 적용하였는데, 이는 <u>여러 시점에서 관찰한 대상을 한 화면에 그려 내고자</u> 한
　기법이다.

대상의 정면과 측면을 동시에 표현한 것은 다중 시점을 적용한 것으로, 이러한 다중 시점이 극단화되어 ㉠ '대상이 극단적으로 해체되어 형태를 파악하지 못하게 된 문제'가 발생하였다.

그러나 큐비즘은 기하학적 형태로 대상을 단순화하여 질감과 부피감을 강조하였으므로 기하학적 형태에서 탈피하려 한 것은 아니다.

[탈피하다: 일정한 상태나 처지에서 완전히 벗어나다.

⑤ 관람자들에게 새로운 미적 인식을 환기하기 위해 대상을 ~~있는 그대로 재현~~한 결과이겠군.
대상을 여러 시점으로 해체함.

┌ ③문단 ❹문장 이렇게 큐비즘은 <u>사실적 재현에서 벗어나</u> 대상의 근원적
│ 형태를 표현하려 하였으며, ~
└ ④문단 ❷문장 분석적 큐비즘은 대상을 여러 시점으로 해체하여 ~

큐비즘은 대상의 근원적 형태 표현을 위해 사실적 재현에서 벗어났으며, 특히 분석적 큐비즘은 대상을 여러 시점으로 해체하여 표현하였다.

[환기하다: 주의나 여론, 생각 따위를 불러일으키다.
[재현하다: 다시 나타나다. 또는 다시 나타내다.

---

23 정답 ④ ＊정보 간 관계 파악하기 ·················· [정답률 86%]

'종합적 큐비즘'
ⓐ와 ⓑ에 대한 설명으로 가장 적절한 것은?
'분석적 큐비즘'

▷왜 정답?

④ ⓑ는 ⓐ와 달리 화면 밖의 재료를 활용해 대상을 표현한다.
ⓑ '종합적 큐비즘'은 화면 밖의 재료들을 화면 안으로 끌어들여 대상을 표현함.

┌ ⑤문단 ❶, ❷문장 ~ 큐비즘은 화면 안으로 실제 대상 혹은 대상의 특성을 잘
│ 드러내는 <u>화면 밖의 재료들을 끌어들였다. 이것을 ⓑ종합적 큐비즘</u>이라고
└ 일컫는다.

ⓐ '분석적 큐비즘'은 대상이 극단적으로 해체되어 형태를 파악하지 못하게 된 문제가 발생하였다. 이러한 문제를 해결하기 위해 ⓑ '종합적 큐비즘'은 실제 대상 혹은 대상의 특성을 잘 드러내는 화면 밖의 재료들을 화면 안으로 끌어들였다.

▷왜 오답?

① ⓐ는 ⓑ와 달리 고유색을 통해 대상을 그려낸다.
무채색

┌ ④문단 ❷문장 분석적 큐비즘(ⓐ)은 ~ 색채 또한 <u>대상의 고유색이 아닌</u>
└ 무채색으로 한정하였다.

[고유색: 어떤 물체가 갖고 있는 본래의 색깔

---

② ⓐ는 ⓑ와 달리 ~~삽입된 문자~~로만 대상을 드러낸다.
대상을 드러내기 위해 문자를 삽입한 것이 아님.

┌ ④문단 ❷~❹문장 분석적 큐비즘(ⓐ)은 대상을 여러 시점으로 해체하여 작은
│ 격자 형태로 쪼개어 표현했고, ~ 해체 정도가 심해짐에 따라 ~ <u>제목이나</u>
└ <u>삽입된 문자를 통해서만 대상이 무엇인지 추측할 수 있게 되었다.</u>

ⓐ '분석적 큐비즘'은 대상을 여러 시점으로 해체하여 작은 격자 형태로 쪼개어 표현했다. 이러한 해체 정도가 심해지면서 대상의 형태를 알아볼 수 없게 되어 관람자는 제목이나 삽입된 문자로만 대상이 무엇인지 추측하게 되었다.

즉 ⓐ '분석적 큐비즘'이 삽입된 문자로만 대상을 드러낸 것이 아니다. 대상을 해체하여 작은 격자 형태로 쪼개어 표현했으며, 문자가 삽입되었을 경우 삽입된 문자를 통해 관람자가 이를 활용하여 ⓐ '분석적 큐비즘'에서 표현한 대상을 추측했을 뿐이다.

③ ~~ⓑ는 ⓐ와 달리~~ 작은 격자 형태로 대상을 해체한다.
ⓐ '분석적 큐비즘'이 작은 격자 형태로 대상을 해체하여 표현함.
＊근거: ④문단 ❷문장

대상을 여러 시점으로 해체하여 작은 격자 형태로 쪼개어 표현한 것은 ⓐ '분석적 큐비즘'이다.

⑤ ~~ⓐ~~와 ⓑ는 모두 질감과 부피감을 살려서 대상을 형상화한다.
ⓐ '분석적 큐비즘'은 부피감이 사라질 정도로 대상을 완전히 분해함.

┌ ④문단 ❸문장 해체 정도가 심해짐에 따라 대상은 부피감이 사라질 정도로
└ 완전히 분해되었다.

ⓑ '종합적 큐비즘'은 화면 밖의 재료들을 화면 안으로 끌어들여 대상의 질감을 표현했다.

그러나 ⓐ '분석적 큐비즘'은 대상의 부피감이 사라질 정도로 대상을 완전히 분해하여 표현했다.

---

24 정답 ② ＊구체적 사례나 상황에 적용하기 ········· [정답률 87%]

윗글을 바탕으로 〈보기〉의 작품을 감상한 내용으로 적절하지 <u>않은</u> 것은? [3점]

〈 보기 〉

❶브라크의 〈에스타크의 집들〉은 집과 나무를 그린 풍경화이다. ❷그런데 회화 속 풍경은 실제와 다르다. ❸집에 당연히 <u>있어야 할 문이 생략되어 있으며</u>, 집들은
본질과 관련 없는 세부적 묘사를 배제함.
<u>부피감이 두드러지는 입방체 형태로 단순화되어 있다.</u> ❹<u>그림자의 방향은 일관</u>
정육면체　　　기하학적 형태로 대상을 단순화함.
<u>성 없이 다양하게 표현되어 광원이 하나가 아님을 알 수 있다.</u> ❺그리고 집과 나무
하나의 시점으로 대상을 표현하지 않음.
는 모두 <u>황토색과 초록색, 회색으로 칠해져 있다.</u> ❻큐비즘의 시작을 알린 이 풍경화는 처음 공개되었을 때 평론
제한적 색채를 사용함.
가로부터 "작은 입방체(cube)를 그렸다."는 비판을 받았는데, 이는 '큐비즘(Cubism)'이라는 명칭의 기원이 되었다.

▷왜 정답?

② 풍경의 모습이 실제와 다른 것은 관찰한 대상이 무엇인지 ~~추측할 수 없도록~~ 하기 위한 것이겠군.
대상의 근원적 형태를 표현하기 위해서

┌ ③문단 ❹문장 이렇게 큐비즘은 사실적 재현에서 벗어나 <u>대상의 근원적 형태를</u>
└ <u>표현</u>하려 하였으며, ~

〈보기〉의 그림 속 풍경의 모습이 실제와 다른 것은 대상의 사실적 재현에서 벗어난 것이다. 이는 대상의 본질을 구현하기 위해 대상의 근원적 형태를 그려 내려 한 결과이다. 관찰한 대상이 무엇인지 추측할 수 없도록 하기 위한 것이 아니다.

왜 오답?

① 집이 입방체 형태로 단순화된 것은 대상의 근원적 형태를 드러내기 위한 것이겠군.
  대상의 근원적 형태를 드러내기 위해 기하학적 형태로 대상을 단순화함.

> ②문단 ❶, ❷문장 큐비즘은 ~ 대상의 본질을 구현하기 위해 그 근원적 형태를 그려 내는 것을 목표로 삼았다. ~ 구와 원기둥 등의 기하학적 형태로 대상을 단순화하여 질감과 부피감을 부각하였다.

③ 그림자의 방향이 일관성 없이 다양하게 표현된 것은 하나의 시점을 강제하는 원근법을 거부한 것이겠군.
  다중 시점을 적용하여 대상을 그려 낸 결과임.

> ③문단 ❶, ❷문장 또한 큐비즘은 ~ 하나의 시점에서 대상을 보고 표현하는 원근법을 거부하였다. ~ 여러 시점에서 관찰한 대상을 한 화면에 그려 내고자 한 기법이다.

〈보기〉의 그림 속 그림자의 방향이 다양하게 표현된 것은 대상을 여러 시점에서 관찰하여 광원이 여러 개로 나타난 결과이다.

④ 집에 당연히 있어야 할 문이 없는 것은 세부적 묘사는 대상의 본질과 관련이 없다는 생각을 반영한 것이겠군.
  대상의 본질과 관련 없는 세부적 묘사를 배제함.

> ②문단 ❷문장 (큐비즘은) 이를 위해 대상의 본질과 관련 없는 세부적 묘사를 배제하고 ~

〈보기〉의 그림 속 집에 문이 없는 것은 세부적 묘사를 배제한 것이다. 큐비즘은 대상의 본질과 관련 없는 세부적 묘사를 배제하고 기하학적 형태로 대상을 단순화하여 표현하였다.

⑤ 색이 황토색, 초록색, 회색으로 제한된 것은 색채는 본질을 구현하는 데 부차적인 요소라는 생각에 근거한 것이겠군.
  색채는 본질 구현에 있어 부차적인 것으로 판단함.

> ②문단 ❸문장 색채 또한 본질 구현에 있어 부차적인 것으로 판단하여 몇 가지 색으로 구현하였다.

25~28 ＊ 전상국, 〈달평 씨의 두 번째 죽음〉

출제 ❶ 중심 인물, 배경 ❷ 중심 사건, 갈등 ❸ 서술상 특징

[앞부분 줄거리] 설렁탕집 주인 '달평 씨'는 선행은 아무도 모르게 해야 한다는 신념을 가진 인물이다. 그러나 우연히 신문 기자들에 의해 선행이 과장되어 세상에 알려지면서 달평 씨는 대중들의 시선을 의식하게 되고, 본래 자신의 모습을 잃어버리는 첫 번째 죽음을 맞게 된다.

[1] [그러나 어쩐 일인지 세상 사람들의 관심은 달평 씨에게서 자꾸
  # [ ]: ❸ 서술자가 작중 상황에 대해 자신의 생각을 드러냄.
멀어져가고 있었다. ❷그것을 눈치 못 챌 매스컴들이 아니었다.] 달평 씨의 미담이 세상 사람들에게 알려지는 기회가 부쩍 줄어들었다.

❹ 그러나 달평 씨는 거기서 물러설 위인이 아니었다. ❺그가 입을 더 크게 벌렸다.
  ❸ 시점: 전지적 작가 시점

❻ "나는 전과잡니다. 용서 못 받을 죄를 수없이 지고도 뻔뻔스럽게
  [ ]: 중심 사건 - 달평 씨가 거짓말을 해서라도 대중의 관심을 얻고자 함.
살아온 흉악무도한 죄인입니다."

❼ 달평 씨는 듣기에 끔찍한 지난날 자기의 악행을 요목요목 들추어 만천하에 공개하기 시작했다. ❽치한, 사기, 모리배, 폭력…… 등등, 그는 초빙되어 간 그 강단에 서서 꾸벅꾸벅 조는 사람들의 머리를 들게 하고 그 쳐든 얼굴에 공포를 끼얹었다. ❾그다음에 그가 보여 주는 연기는 참회하는 자의 흐느낌과 손수건을 적시는 눈물이었다. ❿그리고
  유명세에 중독된 달평 씨의 거짓된 모습
그는 결론짓곤 했다.

⓫ "여러분은 이제 내가 어째서 내 식구의 배를 굶겨 가면서 나보다 못사는 사람, 나보다 불우한 이웃을 위하는 일에 몸을 던졌는가를 아시게 되었을 겁니다."

⓬ 청중들이 떠나갈 듯 박수를 치며 고개를 크게 주억거렸다.
  # 자극적인 내용에만 반응하는 대중의 모습

⓭ "어머니, 그게 사실입니까? 아버지가 신문에 난 것처럼 그렇게 나쁜 죄를 많이 진 분입니까?"

⓮ 달평 씨의 아들딸이 숨 가쁘게 달려와 어머니의 얼굴을 쳐다보았다. ⓯그들은 그제야 어머니의 얼굴에 전에는 전혀 볼 수 없었던 그늘이 깔려 있음을 발견했다. ⓰그네의 입에서 나온 대답 역시 전과는 달리
  달평 씨의 달라진 모습에 근심을 느낌.
남편이 밖에서 한 말을 부정하는 것이었다.

⓱ "아니다, 느 아버진 결코 그렇게 나쁜 짓을 할 어른이 아니다."

⓲ "그럼, 뭡니까? 아버진 왜 당신의 입으로 그런 말을 하시는 겁니까?"
  # 아들딸은 아버지인 달평 씨의 행동을 이해하지 못함.

⓳ 그러나 달평 씨의 부인은 더 대답하지 않고, 신문을 보고 부쩍 늘어난, 얼굴이 험악한 사람들의 식당 방문을 맞기 위해 일어서고 있었을 뿐이다. ⓴어떻든 달평 씨의 그러한 ㉠폭탄선언으로 인해 세상 사람들은 다시 달평 씨를 입에 올리기 시작했던 것이다. ㉑얼굴이 험악하게
  # 달평 씨가 거짓말한 과거의 범죄 사실
  # 자극적인 정보에만 반응하는 세상 사람들(=대중)의 모습
생긴 사람들이 찾아와 손을 벌리기 시작했고 그들이 만든 무슨 **친선 단체의 회장직 감투**가 여지없이 **달평 씨에게 씌워지기**도 했다.

> 미담: 사람을 감동시킬 만큼 아름다운 내용을 가진 이야기
> 위인: 됨됨이로 본 그 사람
> 모리배: 온갖 수단과 방법으로 자신의 이익만을 꾀하는 사람. 또는 그런 무리
> 흉악무도: 성질이 거칠고 사나우며 도의심이 없음.
> 초빙되다: 예가 갖추어져 불려 맞아들여지다.
> 참회하다: 자기의 잘못에 대하여 깨닫고 깊이 뉘우치다.
> 주억거리다: 고개를 앞뒤로 천천히 끄덕거리다.
> 감투: 벼슬이나 직위를 속되게 이르는 말

＊[1] 요약 : 달평 씨는 거짓말과 연기를 통해 멀어져가던 대중의 관심을 다시 얻음.

[2] ❶그러나 날 샌 원수 없고 밤 지난 은혜 없다고 세상 사람들은 모든
  # ❸ 서술자가 작중 상황에 대해 자신의 생각을 드러냄.
걸 너무나 쉽게 잊었다. ❷세상 사람들은 달평 씨를 다시 그들의 관심 밖으로 내동댕이쳤다. ❸보은식당의 종업원들은 식당 안에서
  ❶ 공간적 배경
나폴레옹처럼 초조하게 서성거리는 달평 씨의 모습을 더욱 자주 보게
  # ❸ 비유적 표현을 통해 인물(달평 씨)의 행동을 묘사함.
되었다.

❹ "오늘 A 주간 신문 기자가 왔다 갔지?"

❺ 어느 날 밖에 나갔다 들어온 달평 씨가 그의 부인한테 물었다.

❻ "예, 왔었어요."

❼ "와서 뭘 물읍데까?"

❽ "당신이 정말 옛날에 그런 나쁜 짓을 한 사실이 있느냐고 묻더군요?"

❾ "그래서?"

❿ "모른다고 했지요, 제가 잘 모르는 일이기 때문에……."

⓫ 후우 가슴이라도 쓸어내릴 듯 숨을 내쉬던 달평 씨가 손가락을 동그랗게 해 보이며 물었다.

⓬ "그래, 얼마나 쥐여 보냈소?"
  ⓭ 기자에게 뇌물을 줘서라도 유명세를 유지하려는 달평 씨
"아무것도요, 마침 돈이 집에 하나도 없어서."

⓮ "뭐라구? 그래, 그 사람을 빈손으로 보냈단 말이야?'

⑮ ["아무래도 식당 문을 닫아야 할까 봐요. 지난 기 세금도 아직……."
[ ]: ❷ 갈등 – 식당 운영의 어려움을 토로하는 아내에게 화를 내는 달평 씨(외적 갈등)
⑯ "뭐야? 도대체 여편네가 장살 어떻게 하길래 그따위 소릴 하는 거야?"]
⑰ 그러나 [달평 씨의 부인은 사자처럼 포효하는 남편한테 맞서 대들지
❸ 비유적 표현을 통해 인물의 행동을 묘사함.
않았다. ⑱ 언제나처럼 조용한 얼굴로 식당에 찾아온 손님을 맞았을
뿐이다.] # [ ]: 남편 말에 맞서지 않는 달평 씨의 부인

기: 일정한 기간씩 되풀이되는 일의 하나하나의 과정
포효하다: 사나운 짐승이 울부짖다.

*② 요약: 대중의 관심이 또다시 멀어지자 달평 씨는 초조함을 느낌.

③ ❶ 이때 식당에 와 있던 달평 씨의 **아들딸들**이 어머니 대신 우, 하고 일어섰던 것이다.

❷ "아버지, 도대체 왜 이러시는 거예요?"
❸ [ ]: ❷ 갈등 - 아버지 달평의 이해할 수 없는 행동에 아들딸이 불평을 쏟아냄.(외적 갈등)
"아버지, 지금 우리 집 형편이 어떻게 돌아가고 있는지 아시고나 계신 겁니까?"

❹ "아빠, 아빠보다 열 배, 아니 백 배, 천 배, 만 배도 더 잘사는 사람들도 못하는 일을 아빠가 어떻게 하신다고 그러시는 거예요? 아빠, **오른손이 하는 일을 왼손이 모르게 하라는 말 생각 안 나세요?"**
달평 씨가 하는 보여 주기식 선행을 지적함.
❺ "아버지, 제발 정신 좀 차리세요!"]

❻ 자식들이 내쏟는 그 공박에 속수무책으로 멍청히 듣고만 있던 달평 씨가 벌떡 일어나 종업원들도 다 있는 그 자리에서 ㉠ 폭탄선언을 한
가족까지 파탄에 이르게 하는 달평 씨의 거짓말
것이 바로 그때였다.

❼ 그것은 정말 대형 폭탄이었다. ❽ 어쩌면 달평 씨가 가진 마지막 카드였을 것이다.

❾ "내 이 말은 더 있다가 하려 했었지만…… 기왕 아무 때고 알아야 할 일…… 올 것은 빨리 오는 게 피차……."

❿ 여느 때와 달리 말까지 더듬어 대는 달평 씨의 목소리는 사뭇 비장한 느낌까지 드는 것이었다. ⓫ 종업원들까지 숨을 죽였다.

⓬ "너희 셋은 모두 내 핏줄이 아냐. 기철이 넌 호남선 기차간에서
[ ]: ❷ 중심 사건 - 아들딸의 추궁에 달평 씨가 가족 관계를 부정하는 거짓말을 함.
주웠고, 기수 넌 서울역 광장에 버려진 걸 주워온 거고, 애숙이 넌 파주 양갈보촌이 네 고향이지. 물론 남들한테야 저기 있는 느덜 어머니 배 속으로 난 것처럼 연극을 해왔다만……."]

⓭ 얼굴이 하얗게 질린 달평 씨의 세 남매가 서로 얼굴을 마주본 다음 황황히 눈길을 피하며, 구원이라도 청하듯 카운터에 앉은 그들 어머니 쪽으로 고개를 돌렸다.

⓮ 그때 달평 씨의 부인이 이제까지 그 누구도 보지 못했던 분연한 얼굴 표정으로 일어섰던 것이다. ⓯ 그네가 소리쳤다.

⓰ "여보, 이젠 당신 자식들까지 팔아먹을 작정이에요?"

⓱ [가속으로 무너져 내려 더 어찌할 길 없는 남편의 그 두 번째 죽음의
[ ]: ❸ 서술자가 작중 상황에 대해 자신의 생각을 드러냄.
순간에 이처럼 거연히 부르짖고 일어선 **그네의 외침**은 우리의 **달평 씨를 다시 한번 살려 낼 오직 한 가닥의 빛**이었던 것이다.]
가족까지 파탄의 길로 몰고 가는 달평 씨를 막고자 함.

공박: 남의 잘못을 몹시 따지고 공격함.
황황히: 갈팡질팡 어쩔 줄 모를 정도로 급하게
분연하다: 성을 벌컥 내며 분해하는 기색이 있다.
거연히: 크고 우람하게. 또는 당당하고 의젓하게

*③ 요약: 달평 씨는 대중의 관심을 끌기 위해 가족까지 파탄에 이르게 함.

★ 독해 공식

❶ **중심인물**: 달평 씨   **공간적 배경**: 보은식당

❷ **중심 사건**: 달평 씨가 거짓말을 해서라도 대중의 관심을 얻고자 함. 아들딸의 추궁에 달평 씨가 가족 관계를 부정하는 거짓말을 함.

갈등: 식당 운영의 어려움을 토로하는 아내에게 달평 씨가 화를 냄.(외적 갈등), 아버지 달평의 이해할 수 없는 행동에 아들딸이 불평을 쏟아냄.(외적 갈등)

❸ **서술상 특징**
- **서술자**: 3인칭, **시점**: 전지적 작가 시점
- 서술자가 작중 상황에 대해 자신의 생각을 드러냄.
- 비유적 표현을 통해 인물의 행동을 묘사함.

■ **갈래**: 현대 소설

■ **이 작품은?** 의도치 않게 유명세를 치른 주인공이 이후 대중의 관심에 중독되어 자신의 본모습을 잃고 마침내 가족마저도 파탄에 이르게 하는 과정을 보여주는 작품이다.

■ **인물 관계도**

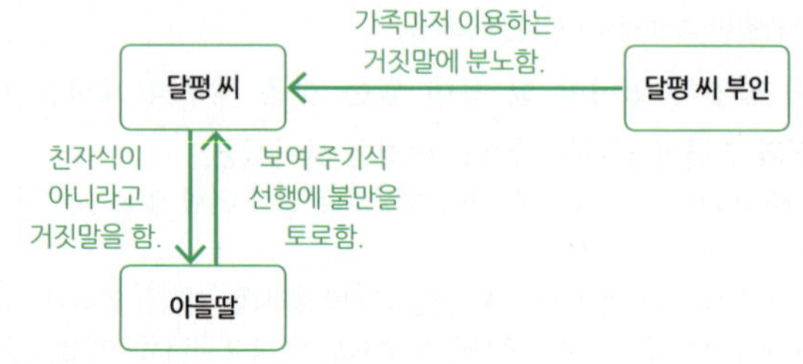

■ **주제**: 개인의 허위의식과 대중의 속성에 대한 비판

■ **이것이 핵심!**: 달평 씨가 맞는 두 번의 죽음

첫 번째 죽음	두 번째 죽음
선행은 아무도 모르게 해야 한다는 신념을 지닌 인물 → 유명세에 중독되며 신념을 잃어버림.	멀어지는 대중의 관심에 초조함을 느낌. → 가족 관계마저 부정하는 거짓말을 하며 가족을 파탄으로 몰고 감.

■ **전체 줄거리**

서울에서 설렁탕집을 운영하는 '달평 씨'는 평소 선행은 아무도 모르게 해야 한다는 신념을 가지고 있다. 그래서 자식들에게도 오른손이 하는 일을 왼손이 모르게 하라는 말을 하며 당부하기도 한다.

달평 씨는 종종 정확한 행선지를 밝히지 않고 식당을 비우는 일이 있었는데, 그때마다 남 모르게 선행을 실천하고 있었다. 그러던 어느 날 달평 씨의 이러한 선행이 우연찮게 세상에 알려지게 된다. 신문 기자의 과장된 보도가 세상에 널리 퍼지자 달평 씨는 불편한 마음을 느끼며 주변 사람들의 시선을 의식하기 시작한다. 이로 인해 달평 씨는 자신의 본래 모습을 잃어버리게 되면서 첫 번째 죽음을 맞이한다.

달평 씨는 시간이 흐를수록 사람들의 관심을 받는 일에 익숙해지면서 이에 중독되기 시작한다. 그리하여 거짓말을 쏟아내면서까지 유명세를 이어가기 위해 힘쓴다. 달평 씨의 자식들은 그런 아버지의 모습을 이해하지 못하면서 불만을 가지게 된다. 그러던 중 달평 씨를 향한 사람들의 관심이 계속해서 줄어들고, 가게 운영마저 어려움에 처하게 된다. 달평 씨는 그러한 상황을 타개하고자 폭탄선언을 내뱉는다. 식당 종업원이 모두 보는 앞에서 자신의 아들딸이 친자식이 아니라는 거짓말을 한 것이다. 그렇게 두 번째 죽음을 맞이한 달평 씨를 향해 달평 씨의 부인은 전에 없이 크게 화를 내며 가족마저 파탄으로 몰고 가려는 달평 씨를 꾸짖는다.　　　　(▨ : 지문 수록 부분)

▲ 달평 씨는 관심을 받기 위해 거짓말을 하고, 자기 자신과 가족까지 잃게 된다.

25 정답 ① * 서술상 특징 파악하기   ★1등급 대비

[① 58% ② 4% ③ 1% ④ 2% ⑤ 32%]

윗글에 대한 설명으로 적절하지 <u>않은</u> 것은?

 **단서 + 발상**

단서 선택지에 언급된 서술상 특징이 지문에 나타난 부분을 찾고, 그에 대한 설명이 지문의 내용과 일치하는지 확인해야 함.

발상 ②에서 언급된 '보은식당'은 중심 사건이 전개되는 공간적 배경으로 나타남.

해결 '보은식당'에서 달평 씨가 초조해하는 모습은 드러나지만 그러한 심리를 암시하고 있지는 않음.

> 왜 정답 ?

① 공간적 배경을 통해 인물의 심리를 암시하고 있다.
공간적 배경을 통해 암시되지는 않음.

＊근거: ②-❸

공간적 배경인 '보은식당'에서 '나폴레옹처럼 초조하게 서성거리는' 달평 씨의 모습을 직접적으로 드러낼 뿐, 공간적 배경을 통해 인물의 심리를 암시하고 있지는 않다.

> 왜 오답 ?

② 비유적 표현을 통해 인물의 행동을 묘사하고 있다.

②-❸ 보은식당의 종업원들은 식당 안에서 나폴레옹처럼 초조하게 서성거리는 달평 씨의 모습을 더욱 자주 보게 되었다.

②-⑰ 그러나 달평 씨의 부인은 사자처럼 포효하는 남편한테 맞서 대들지 않았다.

③ 대화를 통해 인물들 간의 갈등 상황을 드러내고 있다.
달평 씨와 달평 씨의 아내, 달평 씨의 아들딸 사이의 갈등

②-⑮, ⑯ "아무래도 식당 문을 닫아야 할까 봐요. 지난 기 세금도 아직……." / "뭐야? 도대체 여편네가 장살 어떻게 하길래 그따위 소릴 하는 거야?"

③-②~⑤ "아버지, 도대체 왜 이러시는 거예요?" ~ "아버지, 제발 정신 좀 차리세요!"

④ 시간의 흐름에 따라 사건을 순차적으로 전개하고 있다.

①-❶~❺ 그러나 어쩐 일인지 세상 사람들의 관심은 달평 씨에게서 자꾸 멀어져가고 있었다. ~ 그러나 달평 씨는 거기서 물러설 위인이 아니었다. 그가 입을 더 크게 벌렸다.

①-⑳ 어떻든 달평 씨의 그러한 폭탄선언으로 인해 세상 사람들은 다시 달평 씨를 입에 올리기 시작했던 것이다.

②-❶ 그러나 날 샌 원수 없고 밤 지난 은혜 없다고 세상 사람들은 모든 걸 너무나 쉽게 잊었다.

③-❻ 자식들이 내쏟는 그 공박에 속수무책으로 멍청히 듣고만 있던 달평 씨가 벌떡 일어나 종업원들도 다 있는 그 자리에서 폭탄선언을 한 것이 바로 그때였다.

윗글은 유명세에 중독된 달평 씨가 거짓말을 하면서까지 대중의 관심을 얻으려고 하다가 마침내 가족까지 파탄으로 몰고 가게 된 일련의 사건을 시간의 흐름에 따라 순차적으로 전개하고 있다.

⑤ 서술자가 작중 상황에 대해 자신의 생각을 드러내고 있다.
서술자의 개입이 나타남.

①-❶ 그러나 어쩐 일인지 세상 사람들의 관심은 달평 씨에게서 자꾸 멀어져가고 있었다.

②-❶ 그러나 날 샌 원수 없고 밤 지난 은혜 없다고 세상 사람들은 모든 걸 너무나 쉽게 잊었다.

③-⑰ 가속으로 무너져 내려 더 어찌할 길 없는 남편의 그 두 번째 죽음의 순간에 이처럼 거연히 부르짖고 일어선 그녀의 외침은 우리의 달평 씨를 다시 한번 살려 낼 오직 한 가닥의 빛이었던 것이다.

매력 오답 서술자가 작중 상황에 대한 자신의 생각을 드러낸 부분을 찾지 못한 학생들이 많았다. 윗글은 전지적 작가 시점에서 서술되고 있는 작품이다. 따라서 문맥을 고려하여 등장인물이 본인의 생각을 직접 드러낸 부분과 서술자가 인물이 아닌 자신의 생각을 드러낸 부분을 잘 구분할 수 있어야 한다.

26 정답 ⑤ * 인물의 심리와 태도 파악하기   [정답률 83%]

윗글을 이해한 내용으로 가장 적절한 것은?

> 왜 정답 ?

⑤ 달평 씨의 부인은 어려워진 식당 운영에 대해 화를 내는 남편에게 맞서 대들지 않았다.
남편 말에 맞서 대들지 않고 조용히 식당에 온 손님을 맞이함.

②-⑯, ⑰ "뭐야? 도대체 여편네가 장살 어떻게 하길래 그따위 소릴 하는 거야?" / 그러나 달평 씨의 부인은 사자처럼 포효하는 남편한테 맞서 대들지 않았다.

> 왜 오답 ?

① 청중들은 달평 씨의 강연을 듣고 나서 심드렁해 했다.
크게 감명을 받음.

→ ①-⑫ 청중들이 떠나갈 듯 박수를 치며 고개를 크게 주억거렸다.

심드렁하다: 마음에 탐탁하지 아니하여서 관심이 거의 없다.

② 달평 씨의 아들딸은 어머니의 발언으로 인해 아버지를 이해하게 되었다.
이해하지 못함.

①-⑬ "어머니, 그게 사실입니까? 아버지가 신문에 난 것처럼 그렇게 나쁜 죄를 많이 진 분입니까?"

①-⑰~⑲ "아니다, 느 아버진 결코 그렇게 나쁜 짓을 할 어른이 아니다." / "그럼, 뭡니까? 아버진 왜 당신의 입으로 그런 말을 하시는 겁니까?" / 그러나 달평 씨의 부인은 더 대답하지 않고, ~

달평 씨의 아들딸은 아버지의 이해할 수 없는 행동에 대해 어머니에게 그 이유를 물었지만 어머니는 대답하지 않았다. 따라서 아들딸이 어머니의 발언으로 인해 아버지를 이해하게 되었다고 볼 수 없다.

③ 종업원들은 달평 씨에게 경제적 어려움을 호소하며 도움을 요청 했다.
나타나지 않음.

④ 달평 씨는 A 주간 신문 기자를 만나 새로운 선행을 알릴 수 있었다.
만나지 못함.   알리지 못함.

②-④~⑩ "오늘 A 주간 신문 기자가 왔다 갔지?" ~ "당신이 정말 옛날에 그런 나쁜 짓을 한 사실이 있느냐고 묻더군요?" / "그래서?" / "모른다고 했지요, 제가 잘 모르는 일이기 때문에……."

27 정답 ③ * 〈보기〉를 바탕으로 감상하기   [정답률 74%]

〈보기〉를 참고하여 윗글을 감상한 내용으로 적절하지 <u>않은</u> 것은? [3점]

───────── 〈 보기 〉 ─────────

❶ 이 작품은 주인공인 '달평 씨'가 대중의 시선을 지나치게 의식하게 되면서 몰락해 가는 과정을 그리고 있다. ❷ 순수한 의도로 선행을 베풀어 오던
유명세를 치르기 전 달평 씨의 정체성
달평 씨는 언론에 의해 유명세를 치르게 된 후 그것에 중독되어, 자극적인
대중과 언론의 부정적 속성
정보에만 반응하는 대중과 언론의 관심을 끌기 위해 보여 주기식 선행을
유명세를 치른 후 정체성을 잃어버림.
베풀고 거짓을 지어낸다. ❸ 그러한 허위의식으로 인해 그는 점점 자신의 정체성을 잃어가고, 끝내 가족까지 파탄에 이르게 한다.

- -

몰락하다: 재물이나 세력 따위가 쇠하여 보잘것없어지다.

선행: 착하고 어진 행실

유명세: 세상에 이름이 널리 알려져 있는 탓으로 당하는 불편이나 곤욕을 속되게 이르는 말

허위의식: 자신의 존재 기반인 현실로부터 떨어져 있어 현실을 올바르게 반영하고 있지 아니한 사상이나 이념

파탄: 일이나 계획 따위가 원만하게 진행되지 못하고 중도에서 어긋나 깨짐.

③ '달평 씨에게 씌워'진 '친선 단체의 회장직 감투'를 거부하지 않은

것은 <u>불우한 사람들까지도 철저하게 속이려든</u> 달평 씨의 허위의식을
　　　　　　　대중과 언론의 관심을 끌기 위해서임.

보여 주는군.

┌ ①-㉑ 얼굴이 험악하게 생긴 사람들이 찾아와 손을 벌리기 시작했고 그들이
│ 만든 무슨 친선 단체의 회장직 감투가 여지없이 달평 씨에게 씌워지기도 했다.
│ 〈보기〉 ❷문장 순수한 의도로 선행을 베풀어 오던 달평 씨는 ~ 자극적인
│ 정보에만 반응하는 대중과 언론의 관심을 끌기 위해 보여 주기식 선행을
└ 베풀고 거짓을 지어낸다.

　달평 씨가 친선 단체의 회장직 감투를 거부하지 않은 이유는 불우한 사람들까지도
철저하게 속이기 위함이 아니라 자신을 향한 대중의 관심을 놓치지 않기 위해서이다.

① '세상 사람들에게 알려지는 기회가 부쩍 줄어들'자 '입을 더 크게

벌'리는 달평 씨의 모습에서 <u>대중의 관심을 얻고자 하는 인물의</u>
　　　　　　　　　　달평 씨는 거짓말을 해서라도 대중의 관심을 얻고자 함.

욕심이 드러나는군.

┌ ①-❸~❻ 달평 씨의 미담이 세상 사람들에게 알려지는 기회가 부쩍
│ 줄어들었다. / 그러나 달평 씨는 거기서 물러설 위인이 아니었다. 그가 입을 더
│ 크게 벌렸다. / "나는 전과잡니다. 용서 못 받을 죄를 수없이 지고도
└ 뻔뻔스럽게 살아온 흉악무도한 죄인입니다."

　'세상 사람들에게 알려지는 기회가 부쩍 줄어들'자 '입을 더 크게 벌리며 자신의 과거
행적에 대해 거짓말을 늘어놓는 달평 씨의 모습에서 대중의 관심을 얻고자 하는 그의
욕심이 드러난다.

② '끔찍한 지난날 자기의 악행'을 공개하자 '다시 달평 씨를 입에

올리기 시작'하는 사람들을 통해 <u>자극적인 정보에만 반응하는</u>

대중들의 모습을 보여 주는군.
　　　　　　　달평 씨를 잊어가던 대중이 다시 달평 씨에게 관심을 가짐.

┌ ①-❼,❽ 달평 씨는 듣기에 끔찍한 지난날 자기의 악행을 요목요목 들추어
│ 만천하에 공개하기 시작했다. 치한, 사기, 모리배, 폭력…… 등등, 그는
│ 초빙되어 간 그 강단에 서서 꾸벅꾸벅 조는 사람들의 머리를 들게 하고 그
│ 처든 얼굴에 공포를 끼얹었다.
│ ①-⑳ 어떻든 달평 씨의 그러한 폭탄선언으로 인해 세상 사람들은 다시 달평
└ 씨를 입에 올리기 시작했던 것이다.

　달평 씨가 '끔찍한 지난날 자기의 악행'을 공개하자 '다시 달평 씨를 입에 올리기
시작'하는 사람들을 통해 사실 여부와는 상관 없이 자극적인 정보에만 반응하는
대중들의 모습을 확인할 수 있다.

④ '오른손이 하는 일을 왼손이 모르게 하라는 말 생각 안 나'느냐고

묻는 '아들딸들'의 말을 통해 달평 씨가 보여 주기식 선행을 베풀고
　　　　　　　달평 씨는 아무도 모르게 선행을 하던 과거와 달리 보여 주기식 선행을 함.

있음이 드러나는군.

┌ ③-❹ "아빠, 아빠보다 열 배, 아니 백 배, 천 배, 만 배도 더 잘사는 사람들도
│ 못하는 일을 아빠가 어떻게 하신다고 그러시는 거예요? 아빠, 오른손이 하는
└ 일을 왼손이 모르게 하라는 말 생각 안 나세요?"

　'오른손이 하는 일을 왼손이 모르게 하라는 말 생각 안 나'느냐고 묻는 '아들딸들'의
말을 통해 평소 '선행은 아무도 모르게 해야 한다는 신념'을 가지고 있던 달평 씨가
유명세를 치른 후에는 과거와 달리 보여 주기식 선행을 베풀고 있음이 드러난다.

⑤ '달평 씨를 다시 한번 살려 낼 오직 한 가닥의 빛'인 '그네의 외침'은

달평 씨가 더 이상 파탄의 길로 가지 않도록 하는 아내의 저항이겠군.
　　　　　　유명세와 대중의 관심을 위해 가족까지 파탄에 이르게 하는 달평 씨를 말리는 행위

┌ ③-⑭~⑰ 그때 달평 씨의 부인이 이제까지 그 누구도 보지 못했던 분연한
│ 얼굴 표정으로 일어섰던 것이다. 그네가 소리쳤다. / "여보, 이젠 당신
│ 자식들까지 팔아먹을 작정이에요?" ~ 그네의 외침은 우리의 달평 씨를 다시
└ 한번 살려 낼 오직 한 가닥의 빛이었던 것이다.

　'달평 씨를 다시 한번 살려 낼 오직 한 가닥의 빛'인 '그네의 외침'은 달평 씨가
유명세를 위해 거짓말로 자식까지 팔며 파탄의 길로 가려 하자, 이를 막는 아내의
저항으로 볼 수 있다.

28　정답 ⑤　✱ 사건과 갈등 파악하기 ⋯⋯⋯⋯⋯⋯⋯ [정답률 85%]

㉠, ㉡을 이해한 내용으로 가장 적절한 것은?

⑤ <u>㉠과 ㉡은 모두 반향을 일으켜 자신이 처한 상황을 바꾸어 보려는</u>
　　　　　　달평 씨가 자신이 처한 상황을 바꾸기 위해 폭탄선언을 함.

행위이다.

┌ ①-❶-❻ 그러나 어쩐 일인지 세상 사람들의 관심은 달평 씨에게서 자꾸
│ 멀어져가고 있었다. ~ 그러나 달평 씨는 거기서 물러설 위인이 아니었다. ~
│ "나는 전과잡니다. 용서 못 받을 죄를 수없이 지고도 뻔뻔스럽게 살아온
│ 흉악무도한 죄인입니다."
│ ①-⑳ 어떻든 달평 씨의 그러한 ㉠폭탄선언으로 인해 세상 사람들은 다시
│ 달평 씨를 입에 올리기 시작했던 것이다.
│ ③-❻ 자식들이 내쏟는 그 공박에 속수무책으로 멍청히 듣고만 있던 달평
│ 씨가 벌떡 일어나 종업원들도 다 있는 그 자리에서 ㉡폭탄선언을 한 것이
│ 바로 그때였다.
│ ③-⑫ "너희 셋은 모두 내 핏줄이 아냐. 기철이 넌 호남선 기차간에서
│ 주웠고, 기수 넌 서울역 광장에 버려진 걸 주워온 거고, ~ 물론 남들한테야
└ 저기 있는 느덜 어머니 배 속으로 난 것처럼 연극을 해왔다만……."

　㉠'폭탄선언'은 달평 씨가 대중의 관심이 멀어져가고 있던 상황에서 다시 그들의
관심을 얻고자 한 거짓말이다.

　한편 ㉡'폭탄선언'은 또다시 대중의 관심을 잃고 아들딸에게까지 추궁을 받으며
궁지에 몰린 달평 씨가 그러한 상황에서 벗어나기 위해 한 거짓말이다.

　즉 ㉠'폭탄선언'과 ㉡'폭탄선언'은 모두 사람들에게 어떠한 반향을 일으킴으로써
달평 씨가 자신이 처한 상황을 바꾸기 위해 한 행위이다.

[반향: 어떤 사건이나 발표 따위가 세상에 영향을 미치어 일어나는 반응]

① ㉠은 사건의 초점을 <u>다른 인물로 전환시키려는</u> 행위이다.
　　　　　　　　달평 씨에게 집중하게 함.

✱ 근거: ①-⑳

　달평 씨가 ㉠'폭탄선언'을 하면서 사건의 초점이 달평 씨에게 집중되고 있다. 따라서
㉠'폭탄선언'은 사건의 초점을 다른 인물로 전환시키려는 행위로 볼 수 없다.

② ㉡은 <u>다른 인물들이 과거에 벌인 일들을 폭로하는</u> 행위이다.
　　　　　　㉡과 관련 없음.

③ ㉠은 <u>상대의 입장을 이해하기</u> 위한, ㉡은 <u>상대의 의심을 피하기</u>
　　　대중의 관심을 끌기 위한 행위　　　　　아들딸의 추궁을 피하기 위한 행위

위한 행위이다.

④ ㉡은 ㉠으로 인해 <u>발생한 사건의 전말을 드러내려는</u> 행위이다.
　　　　　　㉠으로 인해 발생한 사건이 아님.

29~32　✱ 작자 미상, 〈이춘풍전〉

#출제　❶ 중심인물, 배경　❷ 중심 사건, 갈등　❸ 서술상 특징

1 춘풍 아내 곁에 앉아 하는 말이　　　　　■■■ ↔ ■■■ 서로 대조되는 사례
　❷ ❶ 중심인물

┌ "마오 마오 그리 마오. 청루미색✱ 좋아 마오. 자고로 이런 사람이
│ 어찌 망하지 않을까? 내 말을 자세히 들어보소. 미나리골
│ 박화진이라는 이는 청루미색 즐기다가 나중에는 굶어 죽고, 남산
│ 밑에 이 패두는 소년 시절 부자였으나 주색에 빠져 다니다가
[A]
│ 늙어서는 상거지 되고, 모시전골 김 부자는 술 잘 먹기 유명하여
│ 　#주색잡기를 좋아하다가 패가망신한 사례들
│ 누룩 장수가 도망을 다니기로 장안에 유명터니 수만금을 다 없애고
│ 끝내 똥 장수가 되었다니, 이것으로 두고 볼지라도 청루잡기 잡된
│ 　　　　　#춘풍 아내가 다양한 사례를 들며 춘풍에게 청루미색을 즐기지 말라고 당부함.
└ 마음 부디부디 좋아 마소."

③
춘풍이 대답하되,
④ ❶ 중심인물

[B] "자네 내 말 들어보게. 그 말이 다 옳다 하되, 이 앞집 매갈쇠는 한잔 술도 못 먹어도 돈 한 푼 못 모으고, 비우고개 이도명은 오십이 다 되도록 주색을 몰랐으되 남의 집만 평생 살고, 탁골 사는 먹돌이는 투전 잡기 몰랐으되 수천 금 다 없애고 나중에는 굶어 죽었으니, 이런 일을 두고 볼지라도 주색잡기* 안 한다고 잘 사는 바 없느니라. 내 말 자네 들어보게. 술 잘 먹던 이태백은 호사스런 술잔으로 매일 장취 놀았으되 한림학사 다 지내고 투전에 으뜸인 원두표는 잡기를 방탕히 하여 소년부터 유명했으나 나중에 잘되어서 정승 벼슬 하였으니, [이로 두고 볼진대 주색잡기 좋아하기는 장부의 할 바라. 나도 이리 노닐다가 나중에 일품 정승 되어 후세에 전하리라."]

#반대 사례를 제시하며 아내의 말에 반박함.
#주색잡기를 좋아하면 패가망신한다는 [A]를 반박하는 사례들
#[ ]: 춘풍이 아내의 말에 반례를 들며 자신의 행동을 합리화함.

❺ [아내의 말을 아니 듣고 수틀리면 때리기와 전곡 남용 일삼으니 이런 변이 또 있을까? 이리저리 놀고 나니 집안 형용 볼 것 없다.]

#[ ]: ❸ 서술자의 개입이 나타남.

❼ ㉠ "다 내 몸에 정해진 일이요, 내 이제야 허물을 뉘우치고 책망하는 마음이 절로 난다."

#❷ 중심 사건: 춘풍이 주색잡기로 재산을 탕진하여 가세가 기울게 됨.
#춘풍이 뒤늦게 자신의 잘못을 인정함.

❽ 아내에게 지성으로 비는 말이

❾ "노여워 말고 슬퍼 마소. 내 마음에 자책하여 가끔 말하기를, '오늘의 옳음과 어제의 잘못을 깨달았노라'고 한다오. 지난 일은 고사하고 가난하여 못 살겠네. 어이 하여 살잔 말인고? [오늘부터 집안의 모든 일을 자네에게 맡기나니 마음대로 치산하여 의식이 염려 없게 하여 주오."]

#춘풍이 가난한 형편을 불평함.
#[ ]: 가세가 기울자 집안의 경제권을 아내에게 떠맡기는 춘풍의 무책임한 모습

❿ 춘풍 아내 이른 말이,

⓫ ㉡ "부모 유산 수만금을 청루 중에 다 들이밀고 이 지경이 되었는데 이후에는 더욱 근심이 많을 것이니, 약간 돈냥이나 있다 한들 그 무엇이 남겠소?"

#춘풍 아내는 집안 상황이 더 어려워질 것을 염려함.

⓬ 춘풍이 대답하되, / **⓭** "자네 하는 말이 나를 별로 못 믿겠거든 이후로는 주색잡기 아니하기로 결단하는 각서를 써서 줌세."

#춘풍이 주색잡기를 끊겠다는 각서를 통해 아내의 신뢰를 얻고자 함.

주색: 술과 여자를 아울러 이르는 말
투전: 노름 도구의 하나. 또는 그것으로 하는 노름
장취: 늘 술에 취함.　　**전곡**: 돈과 곡식
남용: 일정한 기준이나 한도를 넘어서 함부로 씀.　　**형용**: 사물의 생긴 모양
책망하다: 잘못을 꾸짖거나 나무라며 못마땅하게 여기다.
치산하다: 집안 살림살이를 잘 돌보고 다스리다.

★**①** 요약: 집안 형편이 어려워지자 춘풍이 더 이상 주색잡기를 하지 않겠다고 아내와 약속함.

[중략 부분 줄거리] 춘풍 아내가 열심히 품을 팔아 집안을 일으키자 춘풍은 다시 교만해지고, 아내의 만류에도 호조에서 이천 냥을 빌려 평양으로 장사를 떠나게 된다.

[춘풍이 평양에서 기생 추월의 유혹에 넘어가 장사는 하지 않고 재물을 모두 탕진한 채 추월의 하인이 되었다는 소식을 듣고 춘풍의 아내가 통곡한다.]

#❷ [ ]: 중심 사건 – 아내의 만류를 뿌리치고 평양으로 장사를 떠난 춘풍이 재물을 모두 잃음.

②❶ 이리 한참 울다가 도로 풀고 생각하되,

❷ [우리 가장 경성으로 데려다가 호조 돈 이천 냥을 한 푼 없이 다 갚은 후에 의식 염려 아니하고 부부 둘이 화락하여 백 년 동락하여 보자. 평생의 한이로다.]

#적극적으로 문제를 해결하려 하는 춘풍 아내의 의지가 드러남.
#[ ]: 춘풍 아내는 문제를 해결한 뒤 춘풍과 함께 행복하게 살기를 바람.

---

③ ❶ 공간적 배경
마침 그때 김 승지 댁이 있으되 승지는 이미 죽고, 맏자제가 문장을 잘해 소년 급제하여 한림 옥당 다 지내고 도승지를 지낸 고로, [작년에 평양 감사 두 번째 물망에 있다가 올해 평양 감사 하려고 도모한단 말을 사환 편에 들었것다. **❹** 승지 댁이 가난하여 아침저녁으로 국록을 타서 많은 식구들이 사는 중에 그 댁에 노부인 있다는 말을 듣고, 바느질품을 얻으려고 그 댁에 들어가니, 후원 별당 깊은 곳에 도승지의 모부인이 누웠는데 형편이 가난키로 식사도 부족하고 의복도 초췌하다. 춘풍 아내 생각하되,

#❸ 사건 전개 과정에서 우연성의 요소가 드러남.
#[ ]: 춘풍 아내가 김 승지 댁 맏자제에 대한 정보를 얻음.

❻ 김 승지 댁
'이 댁에 붙어서 우리 가장 살려내고 추월에게 복수도 할까.' 하고 바느질, 길쌈 힘써 일해 얻은 돈냥 다 들여서 승지 댁 부인에게 아침저녁으로 진지를 올리고, 노부인께 맛난 차담상을 특별히 간간히 차려드리거늘,] 부인이 감지덕지 치사하며 하는 말이,

#❼ [ ]: ❷ 중심 사건 – 춘풍 아내가 춘풍을 구하고 추월에게 복수하고자 김 승지 댁의 노부인에게 접근함.
#춘풍 아내는 바느질, 길쌈으로 생계를 이어 가고 있음.

❽ "이 은혜를 어찌할꼬?"

❾ 주야로 유념하니, 하루는 춘풍의 처더러 이르는 말이,

❿ ㉢ "내 들으니 네가 집안이 기울어서 바느질품으로 산다 하던데, 날마다 차담상을 차려 때때로 들여오니 먹기는 좋으나 불안하도다."

#김 승지 댁 노부인은 춘풍 아내의 보살핌에 고마워하면서도 부담을 느낌.

⓫ 춘풍 아내 여쭈되,

⓬ "소녀가 혼자 먹기 어렵기로 마누라님 전에 드렸는데 칭찬을 받사오니 오히려 감사하여이다."

⓭ 대부인이 이 말을 듣고 춘풍의 처를 못내 기특히 생각하더라.

⓮ 하루는 도승지가 대부인 전에 문안하고 여쭈되,

⓯ "요사이는 어머님 기후가 좋으신지 화기가 얼굴에 가득하옵니다."

⓰ 대부인 하는 말씀이,

⓱ [기특한 일 보았도다. 앞집 춘풍의 지어미가 좋은 차담상을 매일 차려오니 내 기운이 절로 나고 정성에 감격하는구나."]

#[ ]: 김 승지 댁 대부인이 아들인 도승지에게 춘풍 아내의 행실을 칭찬함.

⓲ 승지가 이 말을 듣고 춘풍의 처를 귀하게 보아 매일 사랑하시더니, 천만 의외로 김 승지가 평양 감사가 되었구나. **⓳** 춘풍 아내, 부인 전에 문안하고 여쭈되,

⓴ "승지 대감, 평양 감사 하였사오니 이런 경사 어디 있사오리까?"

#❸ 설의적 표현을 통해 축하하는 마음을 강조함.

㉑ 부인이 이른 말이,

㉒ ㉣ "나도 평양으로 내려 갈 제, 너도 함께 따라가서 춘풍이나 찾아보아라."

#김 승지 댁 대부인이 춘풍 아내에게 함께 평양에 가기를 제안함.

㉓ 하니 춘풍 아내 여쭈되,

㉔ "소녀는 고사하옵고 오라비가 있사오니 비장*으로 데려가 주시길 바라나이다."

#춘풍 아내는 남장을 한 채 평양에 가려고 함.

㉕ 대부인이 이른 말이,

㉖ "네 청이야 아니 듣겠느냐? 그리하라."

#신뢰를 바탕으로 춘풍 아내의 요청을 수락함.

㉗ 허락하고 감사에게 그 말을 하니 감사도 허락하고,

㉘ "회계 비장 하라."

★**서술자의 개입**: 서술자가 작품에 직접 끼어들어 자신의 목소리를 내거나 의견을 표출하는 서술 방법

㉙ 하니 좋을시고, 좋을시고, 춘풍의 아내 없던 오라비를 보낸산가? **㉚** 제가 손수 가려고 여자 의복 벗어놓고 남장 의복 치장한다.]

#❸ 서술자의 개입이 나타남.
#❸ '남장 모티프'가 나타남.
#[ ]: ❷ 중심 사건 – 김 승지가 평양 감사가 된 후 춘풍 아내가 남장을 하고 평양으로 향하게 됨.

화락하다: 화목하고 평온하게 즐기다.
물망: 여러 사람이 우러르는 명망(名望)
도모하다: 어떤 일을 이루기 위하여 대책과 방법을 세우다.
사환: 관청이나 회사, 가게 따위에서 잔심부름을 시키기 위하여 고용한 사람
국록: 나라에서 주는 녹봉
차담상: 손님을 대접하기 위하여 내놓은 다과(茶菓) 따위를 차린 상
치사하다: 고맙고 감사하다는 뜻을 표시하다. 문안하다: 웃어른께 안부를 여쭈다.
기후: 몸과 마음의 형편이라는 뜻으로, 웃어른께 올리는 편지에서 문안할 때 쓰는 말

＊② 요약 : 김 승지 댁의 부인의 환심을 산 춘풍 아내가 남장을 하고 평양으로 향하게 됨.

＊ 청루미색: 기생집의 아름다운 기녀
＊ 주색잡기: 술과 여자와 노름을 아울러 이르는 말
＊ 비장: 감사를 따라다니며 일을 돕는 무관 벼슬

독해 공식

❶ 중심인물: 춘풍, 춘풍 아내   공간적 배경: 김 승지 댁
❷ 중심 사건: 춘풍이 주색잡기로 재산을 탕진하여 가세가 기울게 됨. 아내의 만류를 뿌리치고 평양으로 장사를 떠난 춘풍이 재물을 모두 잃음. 춘풍 아내가 춘풍을 구하고 추월에게 복수하고자 김 승지 댁의 노부인에게 접근함. 김 승지가 평양 감사가 된 후 춘풍 아내가 남장을 하고 평양으로 향하게 됨.
❸ 서술상 특징
· 서술자: 3인칭 서술자, 시점: 전지적 작가 시점
· 서술자의 개입이 나타남.
· 사건 전개 과정에서 우연성의 요소가 드러남.
· 설의적 표현을 통해 축하하는 마음을 강조함.
· '남장 모티프'가 나타남.

■ 갈래: 고전 소설, 풍자 소설, 판소리계 소설, 여성 영웅 소설
■ 이 작품은? 판소리계 소설로 풍자적 성격이 강하게 드러나는 작품이다. 진취적이고 강한 의지를 지닌 여성(아내)이 무능하고 책임감 없는 남성(남편)을 위기에서 구하는 내용을 통해 조선 후기 남성 중심 사회의 허위의식을 드러내며 비판하고 있다.
■ 인물 관계도

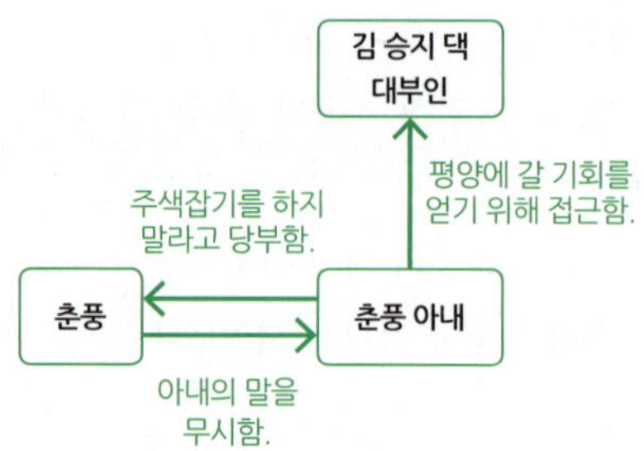

■ 주제: 가부장적 인물에 대한 비판과 진취적 여성상
■ 이것이 핵심!: <이춘풍전>에 나타나는 판소리계 소설의 특징

서술자의 개입	독자에게 직접적으로 말을 거는 말투 또는 인물이나 사건에 대해 평가하는 부분이 많이 나타남.
풍자적, 해학적 표현	춘풍의 허세나 허위의식을 과장되게 표현하여 웃음을 유발하고 비판의식을 드러냄.
남장 모티프	1. 남성 중심 사회를 비판하기 위한 수단 2. 여성 자신의 능력 발휘를 위한 것이 아니라 남성을 구하기 위한 수단으로만 그려진다는 점에서 한계가 존재함.

■ 전체 줄거리

　조선 숙종 때 서울에 살던 이춘풍은 부잣집 자식으로 재산을 넉넉히 물려 받았지만 주색잡기로 가산을 모두 탕진한다. 춘풍은 뒤늦게 자신의 잘못을 인정하며 아내에게 집안의 경제권을 맡긴다. 이에 부지런한 춘풍 아내는 바느질품으로 돈을 모아 다시 가세를 일으킨다.

　그러자 과거의 잘못을 잊고 다시금 교만해진 춘풍은 평양으로 장사를 하러 떠나겠다고 선언한다. 아내가 그런 춘풍을 만류하지만 춘풍은 결국 호조에서 돈 이천 냥을 빌려 평양으로 향한다. 하지만 평양에 간 춘풍은 기생 추월에게 빠져 장사 밑천으로 가져간 재물을 모두 잃고 추월의 하인이 되고 만다.

　이 소식을 들은 춘풍 아내는 춘풍을 구하고 추월에게 복수할 기회를 얻고자 김 승지 댁 대부인에게 접근한다. 이후 춘풍 아내는 평양 감사가 된 김 승지를 따라 비장의 신분으로 평양에 가게 된다. 남장을 한 춘풍 아내는 추월을 벌하고 빼앗겼던 재물도 도로 찾아 춘풍에게 돌려준다.

　이후 서울로 돌아온 춘풍은 아내 덕분에 돈을 되찾은 줄도 모르고 허세를 부리며 아내를 무시한다. 그러자 춘풍 아내가 다시 비장으로 변장을 한 채 나타나 춘풍을 꾸짖으며 놀린다. 춘풍은 그러한 상황을 아내가 보게 될까 봐 염려하며 민망해한다. 곧 춘풍 아내가 자신의 정체를 밝히는데, 그제야 모든 사실을 알게 된 춘풍은 자신의 잘못을 깨닫고 개과천선하게 된다.

(　: 지문 수록 부분)

29　정답 ④　＊ 사건과 갈등 파악하기 ·························· [정답률 80%]

윗글을 이해한 내용으로 적절하지 않은 것은?

> 왜 정답 ?

④ 도승지는 평양 감사직을 ~~연이어 두 번~~ 맡게 되었다.
　　두 번째 물망에 있다가 올해 처음 평양 감사가 됨.

- ②-❸ ~ 맏자제가 문장을 잘해 소년 급제하여 한림 옥당 다 지내고 도승지를 지낸 고로, 작년에 평양 감사 두 번째 물망에 있다가 올해 평양 감사 하려고 도모한단 말을 사환 편에 들었것다.
- ②-⓲ ~ 천만 의외로 김 승지가 평양 감사가 되었구나.

> 왜 오답 ?

① 춘풍은 호조 돈 이천 냥을 빌려 평양으로 떠났다.

- [중략 부분 줄거리] ~ 춘풍은 다시 교만해지고, 아내의 만류에도 호조에서 이천 냥을 빌려 평양으로 장사를 떠나게 된다.

② 춘풍 아내는 바느질품을 팔며 생계를 이었다.

- ②-❹ 승지 댁이 가난하여 아침저녁으로 국록을 타서 많은 식구들이 사는 중에 그 댁에 노부인 있다는 말을 듣고, 바느질품을 얻으려고 그 댁에 들어가니, ~
- ②-❼ ~ 바느질, 길쌈 힘써 일해 얻은 돈냥 다 들여서 승지 댁 부인에게 아침저녁으로 진지를 올리고, ~

③ 춘풍 아내는 춘풍의 잘못에도 가정의 화목을 바라고 있다.

- ②-❷ '우리 가장 경성으로 데려다가 호조 돈 이천 냥을 한 푼 없이 다 갚은 후에 의식 염려 아니하고 부부 둘이 화락하여 백 년 동락하여 보자. 평생의 한이로다.'

⑤ 대부인은 도승지에게 춘풍 아내의 정성을 칭찬하였다.

- ②-⓮~⓱ 하루는 도승지가 대부인 전에 문안하고 여쭈되, / "요사이는 어머님 기후가 좋으신지 화기가 얼굴에 가득하옵니다." / 대부인 하는 말씀이, / "기특한 일 보았도다. 앞집 춘풍의 지어미가 좋은 차담상을 매일 차려오니 내 기운이 절로 나고 정성에 감격하는구나."

30 정답 ④ ＊인물의 심리와 태도 파악하기 ············· [정답률 84%]

[A], [B]에 대한 설명으로 가장 적절한 것은?

＞왜 정답 ?

④ [B]는 [A]의 반례를 들어서 자신의 행동을 합리화하고 있다.
　춘풍은 춘풍 아내의 말에 반례를 들며 자신의 행동을 합리화함.

① - ❶, ❷ [A] 춘풍 아내 곁에 앉아 하는 말이 / "마오 마오 그리 마오. 청루미색 좋아 마오 ~ 이것으로 두고 볼지라도 청루잡기 잡된 마음 부디부디 좋아 마소."
　① - ❸, ❹ [B] 춘풍이 대답하되, / "자네 내 말 들어보게. ~ 이 앞집 매갈쇠는 한잔 술도 못 먹어도 돈 한 푼 못 모으고, ~ 탁골 사는 먹돌이는 투전 잡기 몰랐으되 수천 금 다 없애고 나중에는 굶어 죽었으니, 이런 일을 두고 볼지라도 주색잡기 안 한다고 잘 사는 바 없느니라. 내 말 자네 들어보게. 술 잘 먹던 이태백은 호사스런 술잔으로 매일 장취 놀았으되 한림학사 다 지내고 ~ 이로 두고 볼진대 주색잡기 좋아하기는 장부의 할 바라. 나도 이리 노닐다가 나중에 일품 정승 되어 후세에 전하리라."

　[A]에서 춘풍 아내는 주색을 좋아하다가 패가망신한 사람들의 사례를 근거로 들어 춘풍이 그런 행동을 하지 않도록 설득하고 있다. 이에 춘풍은 [B]에서 아내가 제시한 것과는 반대되는 사례, 즉 주색을 좋아하지 않아도 가난하게 살거나 주색을 좋아해도 잘된 사람들의 사례를 제시하여 자신의 행동을 합리화하고 있다.

＞왜 오답 ?

① [A]는 권위를 내세워 행위의 당위성을 강조하고 있다.
　　　　나타나지 않음.

② [B]는 상대의 주장을 수용하여 태도에 변화를 보이고 있다.
　　　　　반박하며 자신의 행동을 합리화함.

③ [A]는 [B]의 내용을 예측하여 반박의 여지를 차단하고 있다.
　　　　　　　예측하고 있지 않음.

⑤ [A]와 [B]는 모두 영웅의 행적을 주장의 근거로 삼고 있다.
　　　　영웅이 아닌 여러 일반인들의 행적을 근거로 삼음.

31 정답 ① ＊인물의 심리와 태도 파악하기 ⭐1등급 대비

[① 58% ② 7% ③ 24% ④ 5% ⑤ 3%]

㉠~㉤을 이해한 내용으로 적절하지 않은 것은?

＞왜 틀렸나 ?

　춘풍이 '책망하는 마음'이 난다고 한 것을 다른 사람을 책망한다는 의미로 해석한 학생들이 많았다. 춘풍이 허물을 뉘우친다고 했으므로, 다른 사람이 아닌 춘풍 본인의 잘못을 깨닫고 반성하고 있다는 의미로 이해해야 한다.

＞왜 정답 ?

① ㉠: 다른 사람의 잘못을 자신의 탓으로 여기고 있다.
　　　춘풍 자신의 잘못

　① - ❼ ㉠ "다 내 몸에 정해진 일이요, 내 이제야 허물을 뉘우치고 책망하는 마음이 절로 난다."

＞왜 오답 ?

② ㉡: 앞으로의 상황이 악화될 것을 염려하고 있다.
　　　이후에는 더욱 근심이 많을 것이라고 함.

　① - ⓫ ㉡ "부모 유산 수만금을 청루 중에 다 들이밀고 이 지경이 되었는데 이후에는 더욱 근심이 많을 것이니, 약간 돈냥이나 있다 한들 그 무엇이 남겠소?"

③ ㉢: 상대방의 호의를 부담스럽게 생각하고 있다.
　춘풍 아내가 매일 차담상을 차려 오는 것

　② - ❿ ㉢ "내 들으니 네가 집안이 기울어서 바느질품으로 산다 하던데, 날마다 차담상을 차려 때때로 들여오니 먹기는 좋으나 불안하도다."

　㉢에서 대부인은 바느질품으로 생계를 이어 가는 춘풍 아내가 매일같이 차담상을 차려 오는 것에 대해 '불안'하디고 하며 부담스러운 심정을 드러내고 있다.

> **매력 오답** 김 승지 댁 대부인이 '불안하다'고 한 것을 맥락에 대한 이해 없이 문자 그대로 받아들여서 ③이 적절하지 않다고 생각한 학생들이 있었다.
> 　대부인은 춘풍 아내가 차려오는 차담상을 고맙게 여기면서도 한편으로는 마음에 걸리는 점을 말하고 있는 것이므로, 춘풍 아내의 호의를 부담스러워하고 있는 것이다.

④ ㉣: 상대의 처지를 고려해 동행을 권유하고 있다.
　　춘풍 아내　　　　　　함께 평양으로 가자고 함.

　② - ㉒ ㉣ "나도 평양으로 내려 갈 제, 너도 함께 따라가서 춘풍이나 찾아보아라."

　㉣에서 김 승지 댁 대부인은 남편이 평양에서 기생의 하인이 된 춘풍 아내의 처지를 고려해 그녀에게 평양에 함께 갈 것을 권유하고 있다.

⑤ ㉤: 신의를 바탕으로 요청을 흔쾌히 수락하고 있다.
　　춘풍 아내의 오라비를 평양에 비장으로 데려가는 것

　→ ② - ㉖ ㉤ "네 청이야 아니 듣겠느냐? 그리하라."

　㉤에서 김 승지 댁 대부인은 그동안 춘풍 아내와 쌓은 신의를 바탕으로 평양에 자신의 오라비를 비장으로 데려가 달라는 춘풍 아내의 요청을 흔쾌히 수락하고 있다.

32 정답 ⑤ ＊〈보기〉를 바탕으로 감상하기 ············· [정답률 82%]

〈보기〉를 바탕으로 윗글을 감상한 내용으로 적절하지 않은 것은? [3점]

> ─── 〈 보기 〉 ───
>
> ❶ 이 작품은 남편이 저지른 일을 아내가 수습하는 서사가 중심이 된다. ❷ 춘풍은 가장이지만 경제관념 없이 현실적 쾌락만을 추구하며 자신이
> 　　　　전곡 남용과 주색잡기로 가산을 탕진함.
> 초래한 문제를 해결하려 하지 않는다. ❸반면, 춘풍 아내는 적극적으로 현실의 문제를 해결하려는 의지를 갖고 주도면밀하게 목적을 달성한다.
> 　　　　김 승지 댁 대부인에게 의도적으로 접근함.
> ❹이러한 두 인물의 대비되는 특징으로 인해 무능한 가장의 모습과 주체적인 아내의 역할 및 능력이 부각된다.

＞왜 정답 ?

⑤ 춘풍이 각서를 쓰고, 춘풍 아내가 차담상을 차리는 것에서 ~~신분 상승을~~ 통해 목적을 달성하려는 의도를 엿볼 수 있군.
　신분 상승과는 관련이 없음.

　① - ⓬~⓭ 춘풍이 대답하되, / "자네 하는 말이 나를 별로 못 믿겠거든 이후로는 주색잡기 아니하기로 결단하는 각서를 써서 줌세."
　② - ❺~❼ 춘풍 아내 생각하되, / '이 댁에 붙어서 우리 가장 살려내고 추월에게 복수도 할까.' / 하고 바느질, 길쌈 힘써 일해 얻은 돈냥 다 들여서 승지 댁 부인에게 아침저녁으로 진지를 올리고, 노부인께 맛난 차담상을 특별히 간간히 차려드리거늘, ~

　춘풍이 각서를 쓰는 것은 아내에게 더 이상 주색잡기를 하지 않겠다는 신뢰를 주기 위함이며, 춘풍 아내가 차담상을 차리는 것은 대부인의 신뢰를 얻어 춘풍을 구하고 추월에게 복수할 기회를 만들기 위함이다. 즉 춘풍과 춘풍 아내의 이러한 행동은 모두 신분 상승을 통해 목적을 달성하려는 의도로 보기 어렵다.

＞왜 오답 ?

① 춘풍이 가난을 불평하며 아내에게 집안일에 대한 모든 권리를
　　　　　집안의 모든 일을 아내에게 맡기고 마음대로 하라고 함.
넘기는 것에서 무책임한 가장의 모습을 엿볼 수 있군.

　① - ❾ ~ 지난 일은 고사하고 가난하여 못 살겠네. 어이 하여 살잔 말인고? 오늘부터 집안의 모든 일을 자네에게 맡기나니 마음대로 치산하여 의식이 염려 없게 하여 주오."
　〈보기〉❷문장 춘풍은 가장이지만 경제관념 없이 현실적 쾌락만을 추구하며 자신이 초래한 문제를 해결하려 하지 않는다.

　춘풍은 자신의 잘못으로 집안 형편이 어려워졌음에도 '가난하여 못 살겠네.'라고 불평하며, 집안일에 대한 모든 권리를 아내에게 넘기는 무책임한 가장의 모습을 보이고 있다.

② 춘풍이 ~~전곡을 낭용하고~~ ~~주색잡기에 빠져 있는~~ 것에서 ~~경세관념~~
　　　　경제관념이 없음.　　　　현실적 쾌락만을 추구함.
없이 현실적 쾌락을 추구하는 모습을 엿볼 수 있군.

　① - ❺, ❻ 아내의 말을 아니 듣고 수틀리면 때리기와 전곡 남용 일삼으니 이런 변이 또 있을까? 이리저리 놀고 나니 집안 형용 볼 것 없다.

③ 춘풍 아내가 사환에게 정보를 얻고 김 승지 댁 대부인에게 의도적으로 접근한 것에서 주도면밀한 모습을 엿볼 수 있군.

현실의 문제를 해결하고자 의도적으로 접근함.

②-❸ ~ 작년에 평양 감사 두 번째 물망에 있다가 올해 평양 감사 하려고 도모한단 말을 사환 편에 들었것다.

②-❺,❻ 춘풍 아내 생각하되, / '이 댁에 붙어서 우리 가장 살려내고 추월에게 복수도 할까.'

<보기> ❸문장 반면, 춘풍 아내는 적극적으로 현실의 문제를 해결하려는 의지를 갖고 주도면밀하게 목적을 달성한다.

춘풍 아내는 사환에게 김 승지 댁의 맏자제가 평양 감사 후보에 있다는 정보를 얻고, 평양에 갈 기회를 얻기 위해 의도적으로 김 승지 댁 대부인에게 접근하였다. 이러한 모습에서 춘풍 아내의 주도면밀함을 확인할 수 있다.

④ 춘풍 아내가 춘풍을 구하기 위해 비장의 지위를 획득하고 남장을 하는 것에서 적극적인 문제 해결 의지를 엿볼 수 있군.

직접 평양에 가서 적극적으로 문제를 해결하고자 함.

②-㉓,㉔ ~ 춘풍 아내 여쭈되, / '소녀는 고사하옵고 오라비가 있사오니 비장으로 데려가 주시길 바라나이다.'

②-㉙,㉚ ~ 춘풍의 아내 없던 오라비를 보낼손가? 제가 손수 가려고 여자 의복 벗어놓고 남자 의복 치장한다.

춘풍 아내가 춘풍을 구하기 위해 비장의 지위를 획득하고 남장을 한 채 평양으로 떠나려는 것에서 현실의 문제를 해결하려는 적극적인 의지를 확인할 수 있다.

33~38

(가) 순자의 사상

출제　⬭ 글 전체 핵심어　▬ 글 전체 중심 문장

[1] 기원전 3세기경 중국의 전국시대 말기는 침략과 정벌의 전쟁이

[ ]: 순자의 사상이 등장한 시대적 배경 – 국가의 혼란을 해결하려 함.

빈번하게 벌어지는 혼란의 시대였다.❷이와 동시에 국가의 혼란을 해결하기 위한 길을 ⓐ모색한 여러 사상들이 융성한 시대]이기도 했다.

정벌: 적 또는 죄 있는 무리를 무력으로써 침.
빈번하다: 번거로울 정도로 도수(度數)가 잦다.
융성하다: 기운차게 일어나거나 대단히 번성하다.

*[1]문단 요약: 순자 사상의 등장 배경

[2] 이 시대에 활동했던 (순자)는 사회의 혼란과 무질서를 악(惡)이라고 규정하고 악은 온전히 인간의 성(性)에게서 비롯된 것으로 파악한다. 성이란 인간이 태어나면서부터 지니고 있는 동물적인 경향성을 일컫는

'성(性)'의 개념

말로 욕망과 감정의 형태로 드러난다.❸이 중에서 이익을 좋아하고 그것을 얻으려고 하는 인간의 성이 악을 초래한다고 보았다.❹[사회적 자원과 재화는 한정적인데 사람들이 모두 이기적인 욕망을 그대로 좇게

[ ]: 사회가 혼란한 이유에 대한 순자의 견해　　= 성(性)

되면] 그들 사이에 다툼과 쟁탈이 일어나게 된다는 것이다.

사회의 혼란과 무질서 = 악

규정하다: 내용이나 성격, 의미 따위를 밝혀 정하다.
초래하다: 일의 결과로서 어떤 현상을 생겨나게 하다.
쟁탈: 서로 다투어 빼앗음.

*[2]문단 요약: 성(性)의 개념과 성을 좇은 결과

[3] 하지만 그는 인간이 성뿐만이 아니라 심(心)도 타고났기에 인간다워질 수 있고, 성에서 비롯한 사회 문제의 해결도 가능하다고

다툼과 쟁탈

보았다.❷심은 인간의 인지 능력을 뜻하는데, 인간의 감각 기관이 가져온

'심(心)'의 개념

정보를 종합해서 인식하고 판단한다.❸즉, 심은 성이 합리적인지 판단하여

'심(心)'의 기능

성을 통제한다.❹이러한 심의 작용을 통해 인간은 배우며 실천할 수 있는데, 이와 같은 인간의 의식적이고 후천적인 노력 또는 그것의 산물을 위(僞)라고 한다.

'위(僞)'의 개념

*[3]문단 요약: '심(心)'의 개념과 기능

[4] 순자는 성을 변화시키는 위의 역할을 강조했는데, 특히 위의 핵심으로서 예(禮)를 언급하고 그것을 실천할 것을 주문한다.❷예란 [위를 ⓑ축적하여 완전한 인격체가 된 성인(聖人)이 일찍이 사회의

[ ]: '예(禮)'의 개념

혼란을 우려해 만든 일체의 사회적 규범]을 말한다.❸이는 개인의 도덕 규범이자 나라를 다스리는 규범으로, 개인의 모든 행위의 기준이자

'예(禮)'의 기능 ①

사회의 위계 질서를 나누는 기준이 된다.❹예의 가장 중요한 기능은

'예(禮)'의 기능 ②

㉠신분적 차이를 구분해서 직분을 정하는 것인데 이는 인간의 욕망 추구를 긍정하되 그 적절한 기준과 한계를 설정함을 의미한다.❺사회 구성원이 자신의 위치에 맞게끔 욕망을 추구하게 함으로써 다툼과

한정된 사회적 자원과 재화를 직분에 맞게 분배함.

쟁탈이 없는 안정된 사회를 만들 수 있다고 생각했기 때문이다.

주문하다: 다른 사람에게 어떤 일을 하도록 요구하거나 부탁하다.
규범: 인간이 행동하거나 판단할 때에 마땅히 따르고 지켜야 할 가치 판단의 기준.
위계: 지위나 계층 따위의 등급　직분: ① 직무상의 본분 ② 마땅히 하여야 할 본분

*[4]문단 요약: 위(僞)의 핵심인 예(禮)의 작용

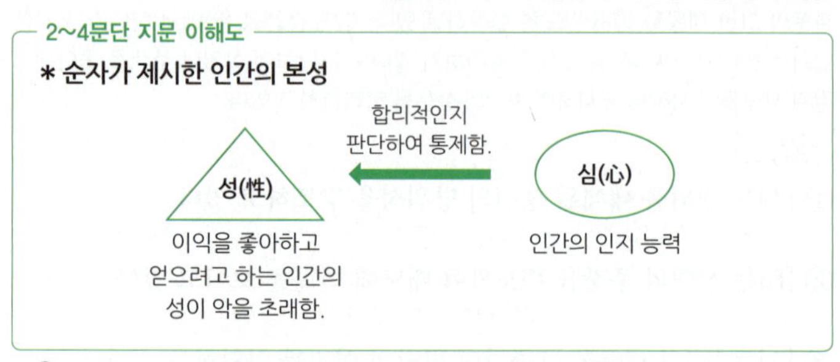

[5] 이때 순자는 군주를 예의 근본으로 규정하고 그의 역할을 중시한다.❷군주는 [계승되어 온 예의 공통된 원칙을 지키고, 당대의

[ ]: 군주의 책무

요구에 맞춰 예를 제정]해야 한다.❸구체적으로 군주는 [백성들의 직분을 정해 주고 그들을 가르쳐 예의 길로 인도]하는 역할을 수행한다.❹이를

[ ]: 군주의 역할

통해 백성들의 성은 교화되고 질서와 조화를 이룬 선(善)한 사회에 다다를 수 있다.

백성들의 내면이 변화한 결과

*[5]문단 요약: 군주의 역할

[6] 순자는 당대의 사상가들과 달리 사회 문제의 원인을 외적 상황에서 찾지 않고 인간의 타고난 성향에서 찾음으로써 인간 사회를 바라보는

이익을 좋아하고 얻으려 하는 성　　# 순자 사상의 의의

새로운 관점을 제시하였다.❷그러한 점에서 순자는 인간의 후천적 노력을 바탕으로 한 인간과 사회의 변화 가능성을 ⓒ신뢰한 사상가라 할 수 있다.

*[6]문단 요약: 순자 사상의 의의

■ (가) 전체 지문 이해도

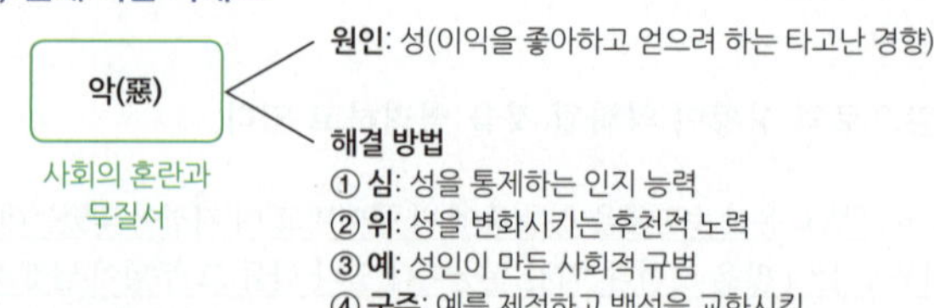

■ (가) 지문 내용과 구조

[1]문단	**순자 사상의 탄생 배경:** 기원전 3세기경 중국의 전국시대 말기의 혼란 → 국가의 혼란을 해결하기 위한 여러 사상들이 융성함.
[2]문단	**사회의 혼란과 무질서를 초래하는 성(性)** – 성(性): 인간이 태어나면서부터 지닌 동물적 경향성 – 이익을 좋아하고 얻으려 하는 인간의 성이 악(惡)을 초래함
[3]문단	**사회 문제 해결 방안으로서의 심(心)의 작용** – 심(心): 인간의 인지 능력. 성이 합리적인지 판단하여 성을 통제함. → 심의 작용을 통해 인간은 배우며 실천할 수 있음. – 위(僞): 인간의 의식적이고 후천적인 노력, 또는 노력의 산물

4문단	**위(僞)의 핵심인 예(禮)의 기능** – 예(禮): 성인(聖人)이 사회의 혼란을 우려해 만든 일체의 사회 규범, 개인의 모든 행위의 기준이자 사회의 위계 질서를 나누는 기준 – 예의 기능: 신분적 차이를 구분해서 직분을 정함
5문단	**군주의 역할과 군주가 사회 문제를 해결하는 과정** – 군주의 역할: 예의 공통된 원칙을 지키고, 당대의 요구에 맞춰 예를 제정함. – 사회 문제 해결 과정: 백성들의 직분을 정해 주고 백성들을 가르쳐 예의 길로 인도함. → 백성들의 성이 교화됨. → 선한 사회에 도달함.
6문단	**순자 사상의 의의** – 사회 문제의 원인을 인간의 타고난 성향에서 찾음 – 인간의 후천적 노력을 바탕으로 한 인간과 사회의 변화 가능성을 신뢰함.

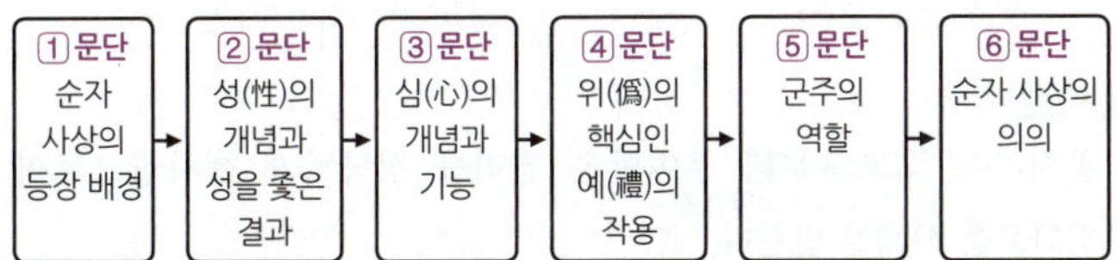

■ **(가) 주제**: 예를 통해 선한 사회를 추구한 순자의 사상

(나) 홉스의 사회 계약설

\# 출제   ◯ 글 전체 핵심어   ▭ 글 전체 중심 문장

① ⟨홉스⟩가 살던 [17세기는 종교 전쟁과 내전을 겪으며 혼란스러웠다.
\# [ ]: 홉스 사상의 등장 배경
② 이에 왕의 권력은 신으로부터 부여받은 것이라는 왕권신수설에 많은 사람들은 의문을 품게 되었다. ③ 이러한 상황에서 홉스는 사회적 혼란을
\# 홉스의 목표: 현실 개선
해결하고자 신이 아닌 인간에 대한 탐구를 시작한다.

[**왕권신수설**: 국왕의 권리는 신에게서 받은 절대적인 것이므로 인민이나 의회에 의하여 제한되지 않는다는 설

* 1문단 요약 : 홉스의 사회 계약론이 등장한 사회적 배경

② 홉스는 국가 성립 과정을 설명하기 위해 국가가 성립하기 이전의 집단적 삶인 자연 상태를 가정한다. ② 그는 인간을 자기 보존을 추구하는
홉스의 인간관
존재로 규정한다. ③ 또한 인간은 자연 상태에서 누구나 절대적인 자유를
자연권의 정의
행사할 수 있는 권리를 지니는데, 이를 자연권이라고 말한다. ④ [자연
\# 인간은 자기 보존을 추구함.
상태에서 인간은 자기 보존을 위해 자신의 이익만을 추구하면서
[ ]: '만인에 대한 만인의 투쟁'의 의미
끊임없이 싸우게 되는데] 그는 전쟁과도 같은 이 상황을 '만인에 대한
만인의 투쟁'이라 ⓓ 명명한다. ⑤ 하지만 이 상황에서 인간이 느끼는
죽음에 대한 공포는 평화와 안전을 바라게 하는 감정을 유발하기도
한다.

* 2문단 요약 : 자연 상태에서의 인간의 삶

③ 이때 인간의 이성은 평화로운 상태로 나아가기 위한 최선의 법칙을
\# 자연법의 개념
발견하는데 홉스는 이를 자연법이라 일컫는다. ② 자연법의 가장 근본적인
원칙은 평화를 추구하고 따르라는 것이다. ③ 그리고 이를 위해 인간의
이성은 자연 상태에서 가졌던 권리의 상당 부분을 포기하고 그것을
\# 평화를 추구하고 따르는 방법
양도하는 ⓛ 사회 계약이 필요함을 깨닫는다.

* 3문단 요약 : 사회 계약의 필요성

④ 개인이 자기 보존을 위해 자발적으로 동의한 사회 계약은 두 단계에 걸쳐 이루어진다. ② 첫 번째 단계에서 [개인과 개인은 상호 적대적인
[ ]: 사회 계약이 첫 번째 단계
행위를 중지하고자 자연권의 대부분을 포기]하는 계약을 맺는다.
③ 그런데 이 계약은 누군가가 이를 위반할 경우에 그것을 제재할 수단이
\# 첫 번째 단계에 맺어진 계약의 한계
없다는 한계가 있어 쉽게 파기될 수 있다. ④ 이 계약의 불안정성을
쉽게 파기될 수 있음.
해소하고 실효성을 보장하기 위해서는 계약 위반을 제재할 강제력과

그것을 집행할 수 있는 힘의 소유자를 세우는 일이 필요하다. ⑤ 이에
개인은 계약 위반을 제재할 공동의 힘을 지닌 통치자와 두 번째 단계의
\# 통치자의 권리
계약을 맺고 자신들의 권리를 그에게 양도한다.
\# 사회 계약의 두 번째 단계

자발적: 남이 시키거나 요청하지 아니하여도 자기 스스로 나아가 행하는 것
제재하다: ① 일정한 규칙이나 관습의 위반에 대하여 제한하거나 금지하다.
② 법이나 규정을 어겼을 때 국가가 처벌이나 금지 따위를 행하다.
파기되다: 계약, 조약, 약속 따위가 깨져 버리다.
실효성: 실제로 효과를 나타내는 성질
집행하다: 법률, 명령, 재판, 처분 따위의 내용을 실행하다.
양도하다: 권리나 재산, 법률에서의 지위 따위를 남에게 넘겨주다.

* 4문단 요약 : 사회 계약의 두 단계

⑤ 이러한 계약의 과정을 거치며 '리바이어던'이라 불리는 국가가
탄생한다. ② 리바이어던은 본래 성서에 등장하는 무적의 힘을 가진 바다
괴물의 이름으로, 홉스는 이를 통해 계약으로 탄생한 국가의 강력한
계약으로 탄생한 국가는 괴물에 비유될 만큼 강력한 권력을 가짐.
공적 권력을 강조한 것이다. ③ 통치자는 국가 권력의 실질적인 행사
주체로서 국가에 대한 복종을 요구하는 대신에 개인을 위험으로부터
보호하는 책무를 갖는다. ④ 그는 강력한 처벌에 대한 규정을 만들고
\# 통치자의 책무
개인들이 이에 따르게 함으로써 그들의 안전을 보장한다. ⑤ 통치자가
\# 통치자의 역할 ①
개인들로부터 위임받은 권리를 정당하게 행사하여 개인들 간의 투쟁을
\# 통치자의 역할 ②
해소함으로써 비로소 평화로운 사회가 ⓔ 구현된다.

[**책무**: 직무에 따른 책임이나 임무   **위임**: 어떤 일을 책임 지워 맡김. 또는 그 책임

* 5문단 요약 : '리바이어던'의 탄생과 통치자의 역할

⑥ 홉스의 사회 계약론은 인간의 본성에 대한 통찰을 바탕으로 국가가
자기 보존을 추구하며 이기적인 욕망을 추구함.
성립하게 되는 과정을 제시하고 있다. ② 특히 국가가 지닌 힘의 원천을
신이 아닌 자유로운 개인들에게서 찾고 있다는 점에서 근대 주권
자발적으로 사회 계약에 동의하고 통치자에게 권리를 양도함.
국가의 토대를 마련했다고 할 수 있다.   \# 홉스의 사회 계약론의 의의

* 6문단 요약 : 홉스의 사회 계약론의 의의

■ **(나) 전체 지문 이해도**

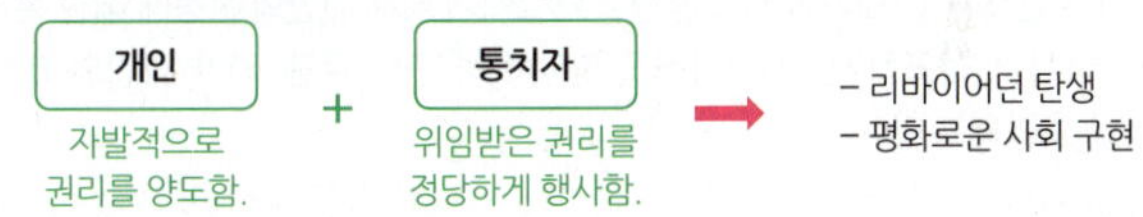

■ **(나) 지문 내용과 구조**

1문단	**홉스의 사회계약론이 탄생한 배경:** 17세기 종교 전쟁과 내전으로 인한 혼란 → 왕권신수설에 대해 많은 사람들이 의문을 품게 됨. → 홉스가 사회적 혼란을 해결하고자 신이 아닌 인간에 대한 탐구를 시작함.
2문단	**국가가 성립하기 이전의 집단적 삶** – 인간: 자기 보존을 추구하는 존재 → 절대적인 자유를 행사할 수 있는 자연권을 가짐. – 자연 상태: 국가 성립 이전의 집단적 삶. 만인에 대한 만인의 투쟁 상태
3문단	**자연법의 원칙과 사회계약의 필요성** – 자연법: 자연 상태를 벗어나 평화로운 상태로 나아가기 위한 최선의 법칙 – 자연법의 근본 원칙: 평화를 추구하고 따라야 함. → 사회 계약의 필요성: 자연법의 근본 원칙을 지키기 위해 자연 상태에서 가졌던 권리의 상당 부분을 포기하고 그것을 양도해야 함.
4문단	**사회 계약의 두 단계** **첫 번째 단계** – 개인과 개인의 계약 – 상호 적대 행위 중지를 위해 자연권의 대부분을 포기함. – 위반을 제재할 수단이 없음. → **두 번째 단계** – 개인과 통치자의 계약 (통치자: 계약 위반을 제재할 공동의 힘을 지님) – 개인의 권리를 통치자에게 양도함.

5문단	**국가의 탄생과 통치자의 역할**	
	– 리바이어던: 계약 과정을 거치며 탄생한 국가의 명칭. 계약으로 탄생한 국가의 강력한 공적 권력을 강조함.	
	– 통치자: 국가 권력의 실질적인 행사 주체. 국가에 대한 복종을 요구하고, 그 대가로 개인을 위험으로부터 보호함.	
	– 통치자의 역할: 강력한 처벌에 대한 규정을 제정하고 개인들이 따르게 하여 개인의 안전을 보장함. → 개인들 간의 투쟁 해소 → 평화로운 사회 구현	
6문단	**홉스의 사회 계약론이 지닌 의의**	
	– 국가가 지닌 힘의 원천을 자유로운 개인들에게서 찾음	
	– 근대 주권 국가의 토대 마련	

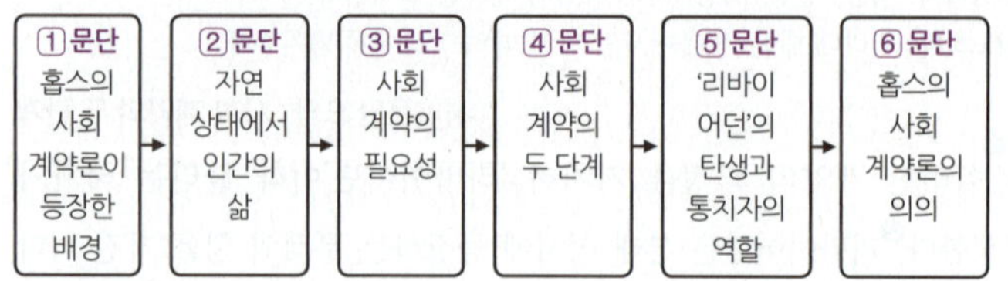

■ (나) 주제: 홉스의 사회 계약론에서 국가가 성립된 과정

33 정답 ② ＊ 내용 전개 방식 파악하기 ················· [정답률 77%]

(가)와 (나)의 공통점으로 가장 적절한 것은?

〉왜 정답?

② 현실을 개선하려는 사상가의 견해와 그 의의를 제시하고 있다.
　(가) 순자, (나) 홉스　(가) 인간 사회를 보는 새로운 관점을 제시함.
　(나) 근대 주권 국가의 토대를 마련함.

[(가) 6문단 순자는 ~ 인간 사회를 바라보는 새로운 관점을 제시하였다. ~ 인간의 후천적 노력을 바탕으로 한 인간과 사회의 변화 가능성을 신뢰한 사상가라 할 수 있다.
(나) 6문단 홉스의 사회 계약론은 ~ 국가가 성립하게 되는 과정을 제시하고 있다. ~ 근대 주권 국가의 토대를 마련했다고 할 수 있다.

(가)에서는 순자가 전국시대 말기의 혼란을 개선하기 위해 문제의 원인을 인간의 타고난 성향에서 찾으며 인간 사회를 바라보는 새로운 관점을 제시하였음을 설명하고 있다.

(나)에서는 홉스가 17세기의 사회 혼란을 해결하기 위해 인간의 본성에 대한 통찰을 바탕으로 국가가 성립하게 되는 과정을 제시하여 근대 주권 국가 성립의 토대를 마련했음을 설명하고 있다.

〉왜 오답?

① 인간 중심적인 시각에서 벗어나 사회 현상을 분석하고 있다.
　　　　　　　　　　인간의 본성을 바탕으로

[(가) 6문단 ❶문장 순자는 ~ 사회 문제의 원인을 외적 상황에서 찾지 않고 인간의 타고난 성향에서 찾음으로써 ~
(나) 6문단 ❶문장 홉스의 사회 계약론은 인간의 본성에 대한 통찰을 바탕으로 국가가 성립하게 되는 과정을 제시하고 있다.

③ 종교적인 믿음을 바탕으로 성립된 권력의 개념을 밝히고 있다.
　(가) X, (나) 왕권신수설의 개념

[(나) 1문단 ❷문장 이에 왕의 권력은 신으로부터 부여받은 것이라는 왕권신수설에 ~

④ 국가와 국가 간의 전쟁이 야기한 사상의 탄압 양상을 설명하고 있다.
＊근거: (가) 1문단, (나) 1문단 ❶문장　(가), (나) 모두 드러나지 않음.

(가)에서는 중국 전국시대 말기의 전쟁과 혼란으로 여러 사상이 융성했음을 설명하였다. 그러나 사상의 탄압 양상은 설명하지 않았다.

(나)에서는 17세기 종교 전쟁과 내전으로 인해 사회가 혼란하였다고 하였지만, 사상의 탄압 양상은 설명하지 않았다.

⑤ 시대적 상황의 변화에 따라 달라진 지도자의 위상을 통시적으로 설명하고 있다.
　　　　　　　　　　　　(가), (나) 모두 해당하지 않음.

34 정답 ② ＊ 정보 간 관계 파악하기 ················· [정답률 76%]

(가)의 군주와 (나)의 통치자에 대한 이해로 적절하지 않은 것은?

	(가) '군주'	(나) '통치자'
특징	– 예(禮)의 근본 – 예를 지키고 제정함.	– 국가 권력의 실질적인 행사 주체 – 계약 위반을 제재할 강제력을 소유함.
역할	– 백성들의 직분을 정함. – 백성들을 가르쳐 예의 길로 인도함.	– 개인을 위험으로부터 보호함. – 처벌에 대한 규정을 만들어 개인들이 따르게 함. – 개인들로부터 위임받은 권리를 정당하게 행사함.
사회	– 백성들의 성(性)이 교화됨. – 선한 사회가 구현됨.	– 개인들 간의 투쟁이 해소됨. – 평화로운 사회가 구현됨.

〉왜 정답?

② 통치자는 ~~신으로부터~~ 부여받은 권리를 정당하게 행사함으로써
　　　　　개인들로부터 권리를 위임받음.
평화로운 사회를 만든다.

[(나) 5문단 ❺문장 통치자가 개인들로부터 위임받은 권리를 정당하게 행사하여 개인들 간의 투쟁을 해소함으로써 비로소 평화로운 사회가 구현된다.
(나) 6문단 ❷문장 특히 국가가 지닌 힘의 원천을 신이 아닌 자유로운 개인들에게서 찾고 있다는 점에서 ~

〉왜 오답?

① 군주는 사회 구성원의 내면의 변화를 전제로 질서와 조화를 이룬
　　　백성들을 예의 길로 인도해 성을 교화시킴.
선한 사회를 만든다.

[(가) 5문단 ❸, ❹문장 구체적으로 군주는 ~ 그들(백성들)을 가르쳐 예의 길로 인도하는 역할을 수행한다. 이를 통해 백성들의 성은 교화되고 질서와 조화를 이룬 선(善)한 사회에 다다를 수 있다.

③ 군주는 백성을 사회적 위치에 맞게 행동하도록 인도하고, 통치자는
　　　　　　백성들의 직분을 정해 줌.
개인들의 상호 적대적인 행위의 중지를 요구한다.
　　개인들 간의 투쟁을 해소함.

[(가) 5문단 ❸문장 ~ 군주는 백성들의 직분을 정해 주고 ~
(나) 4문단 ❷문장 ~ 개인과 개인은 상호 적대적인 행위를 중지하고자 ~ 계약을 맺는다.
(나) 4문단 ❹문장 ~ 계약 위반을 제재할 공동의 힘을 지닌 통치자와 ~

④ 군주는 예를 바탕으로 한 교화를 통해, 통치자는 강력한 공적
　　　백성들을 예의 길로 인도해 성을 교화시킴.
권력을 바탕으로 한 처벌을 통해 사회의 질서를 도모한다.
　강력한 처벌에 대한 규정을 만들고 개인들이 따르게 함.

[(가) 5문단 ❷~❹문장 군주는 계승되어 온 예의 공통된 원칙을 지키고, 당대의 요구에 맞춰 예를 제정해야 한다. ~ 이를 통해 백성들의 성은 교화되고 ~
(나) 5문단 ❹문장 그(통치자)는 강력한 처벌에 대한 규정을 만들고 개인들이 이에 따르게 함으로써 그들의 안전을 보장한다.

⑤ 군주와 통치자는 모두 나라를 다스리는 지도자로서 사회적 역할을
　　　　군주: 백성들을 예의 길로 인도함. 통치자: 위험으로부터 개인을 보호함.
이행해야 할 책무를 갖는다.

[(가) 5문단 ❶, ❷문장 이때 순자는 군주를 예(사회적 규범)의 근본으로 규정하고 ~ 군주는 계승되어 온 예의 공통된 원칙을 지키고, 당대의 요구에 맞춰 예를 제정해야 한다.
(나) 5문단 ❸문장 통치자는 국가 권력의 실질적인 행사 주체로서 국가에 대한 복종을 요구하는 대신에 개인을 위험으로부터 보호하는 책무를 갖는다.

35 정답 ⑤　＊ 내용 파악＋추론하기 ·········· [정답률 55%]

㉠에 대한 설명으로 가장 적절한 것은?
'신분적 차이를 구분해서 직분을 정하는 것' – 예의 기능

> 왜 정답 ?

⑤ 한정적인 사회적 자원과 재화를 적절하게 분배하여 사회의 안정성을 추구하기 위한 것이다.
직분에 맞게 욕망을 추구하도록 함.

(가)④문단 ❹,❺문장 예의 가장 중요한 기능은 ㉠신분적 차이를 구분해서 직분을 정하는 것인데 ~ 사회 구성원이 자신의 위치에 맞게끔 욕망을 추구하게 함으로써 다툼과 쟁탈이 없는 안정된 사회를 만들 수 있다고 생각했기 때문이다.

사회적 자원과 재화는 한정적이므로 사람들이 이기적 욕망을 그대로 좇으면 다툼과 쟁탈이 일어난다. 이를 해결하기 위해 순자는 백성들의 직분을 정하여 자신의 위치에 맞게 욕망을 추구하도록 함으로써 안정된 사회를 만들 수 있다고 보았다.

> 왜 오답 ?

① 개인의 욕망보다 사회의 요구를 강조하여 집의 부작용을 막기 위한 것이다.
제시되지 않음.

② 인간의 성과 심의 차이를 구분하여 새로운 도덕적 기준을 세우기 위한 것이다.
예의 기능이 아님.

③ 사회 구성원이 집을 체득하게 하여 혼란한 사회적 상황을 해결하기 위한 것이다.
심은 타고나는 것임.

(가)③문단 ❶문장 그는 인간이 성뿐만이 아니라 심(心)도 타고났기에 인간다워질 수 있고, ~

매력오답 '예'와 '심' 모두 성을 통제하여 사회를 안정시킬 수 있으므로, '심'과 '혼란한 사회적 상황을 해결'만 보았다면 정답이라고 생각하기 쉬웠다.
그러나 '예'가 '심'을 체득하게 하는 것은 아니다. 심은 인간이 타고나는 인지 능력으로, 심의 작용으로 위가 일어나고 예를 실천할 수 있게 된다.

④ 개인의 도덕 규범과 나라의 통치 규범을 구분하여 사회 문제의 원인을 찾기 위한 것이다.
예는 개인의 도덕 규범이자 나라를 다스리는 규범임.

(가)④문단 ❸문장 이(예)는 개인의 도덕 규범이자 나라를 다스리는 규범으로, 개인의 모든 행위의 기준이자 사회의 위계 질서를 나누는 기준이 된다.

36 정답 ③　＊ 내용 파악＋추론하기 ·········· [정답률 73%]

㉡을 이해한 내용으로 적절하지 않은 것은?
'사회 계약'

> 왜 정답 ?

③ 개인은 첫 번째 단계의 계약을 맺음으로써 공동의 힘을 제재할 수 있다.
자연권을 포기하여 상호 적대적인 행위를 중지하려 함.

(나)④문단 ❷문장 첫 번째 단계에서 개인과 개인은 상호 적대적인 행위를 중지하고자 자연권의 대부분을 포기하는 계약을 맺는다.

> 왜 오답 ?

① 만인에 대한 만인의 투쟁 상황에서 벗어나기 위해 맺은 것이다.
자연 상태에서 끊임없이 일어나는 싸움

(나)②문단 ❹문장 자연 상태에서 인간은 자기 보존을 위해 자신의 이익만을 추구하며 끊임없이 싸우게 되는데 그는 전쟁과도 같은 이 상황을 '만인에 대한 만인의 투쟁'이라 명명한다.

(나)③문단 ❶~❸문장 이때(만인에 대한 만인의 투쟁 상황이 일어날 때) 인간의 이성은 평화로운 상태로 나아가기 위한 최선의 법칙을 발견하는데 ~ 인간의 이성은 자연 상태에서 가졌던 권리의 상당 부분을 포기하고 그것을 양도하는 ㉡사회 계약이 필요함을 깨닫는다.

자연 상태에서 인간은 자기 보존을 위해 끊임없이 다투는 '만인에 대한 만인의 투쟁' 상황에 처해 있으며, 이에 죽음의 공포를 느끼고 평화를 바라게 되어 ㉡'사회 계약'의 필요성을 느끼게 된다.

---

② 자유를 향유할 수 있는 권리의 포기는 자발적인 동의하에 이루어진다.
개인이 자기 보존을 위해 사회 계약에 자발적으로 동의함.

→(나)④문단 ❶문장 개인이 자기 보존을 위해 자발적으로 동의한 사회 계약은 ~

향유하다: 누리어 가지다.

자발적: 남이 시키거나 요청하지 아니하여도 자기 스스로 나아가 행하는 것

④ 첫 번째 단계의 계약은 두 번째 단계의 계약과 달리 위반할 경우 제재 수단이 없다.
위반에 대한 제재 수단이 없음.　위반하면 강력한 처벌을 받음.

(나)④문단 ❸~❺문장 그런데 이 계약(첫 번째 단계의 계약)은 누군가가 이를 위반할 경우에 그것을 제재할 수단이 없다는 한계가 있어 쉽게 파기될 수 있다. ~ 이에 개인은 계약 위반을 제재할 공동의 힘을 지닌 통치자와 두 번째 단계의 계약을 맺고 ~

첫 번째 단계의 계약은 계약 위반이 발생하여도 제재할 수단이 없다. 이러한 불안정성을 해소하기 위해 개인은 계약 위반을 제재할 공동의 힘을 지닌 통치자와 두 번째 단계의 계약을 맺는다.

위반하다: 법률, 명령, 약속 따위를 지키지 않고 어기다.

⑤ 두 번째 단계의 계약은 첫 번째 단계의 계약과 달리 개인의 권리 양도가 이루어진다.
개인의 권리를 통치자에게 양도함. 자연권의 대부분을 포기함.

＊ 근거: (나)④문단 ❷,❺문장

37 정답 ⑤　＊ 구체적 사례나 상황에 적용하기 ·········· [정답률 75%]

(가)의 '순자'와 (나)의 '홉스'의 입장에서 〈보기〉의 상황을 이해한 내용으로 적절하지 않은 것은? [3점]

〈 보기 〉

생물학자인 개릿 하딘은 공유지에서의 자유가 초래하는 혼란한 상황을 '공유지의 비극'이라 일컬었다. 그는 한 목초지에서 벌어지는 상황을 예로 들어 이를 설명하였다.

모두가 사용할 수 있는 목초지가 있다. 한 목동은 자신의 이익을 극대화하는 (이기적인 욕망을 추구함.) 방법으로 가능한 한 많은 소 떼들을 목초지에 풀어 놓는다. 다른 목동들도 같은 방법을 취하게 되고 결국 목초지는 황폐화된다. (사회 혼란)

> 왜 정답 ?

이성을 갖게 되는 방법을 제시하지 않음.

⑤ 순자와 홉스는 모두 목동들이 공포를 느끼게 되면 문제 상황에 대한
합리적 판단 능력(심)을 타고나는 것으로 여김.
합리적 판단 능력을 갖게 될 것이라고 생각하겠군.

(가)③문단 ❶~❸문장 하지만 그는 인간이 성뿐만이 아니라 심(心)도 타고났기에 인간다워질 수 있고, 성에서 비롯한 사회 문제의 해결도 가능하다고 보았다. ~ 심은 성이 합리적인지 판단하여 ~.

(나)②문단 ❺문장 하지만 이 상황(사람들이 이익을 얻기 위해 서로 싸우는 상황)에서 인간이 느끼는 죽음에 대한 공포는 평화와 안전을 바라게 하는 감정을 유발하기도 한다.

(나)③문단 ❶문장 이때 인간의 이성은 평화로운 상태로 나아가기 위한 최선의 법칙을 발견하는데 ~

순자의 사상에서 문제 상황에 대한 합리적 판단 능력은 '심'을 가리킨다. 이때 순자는 심을 타고나는 것으로 보았다.

홉스의 견해에서 문제 상황에 대한 합리적 판단 능력은 '이성'을 가리킨다. 홉스는 사람들이 공포를 느낄 때 평화를 바라게 되고 이성이 평화의 방법을 찾아낸다고 보았지만, 인간이 이성을 갖게 되는 방법은 제시하지 않았다.

> 왜 오답 ?

① 순자는 목동들이 '위'를 행하였다면 목초지의 황폐화를 막을 수 있었을 것이라고 생각하겠군.
= 이익을 좇는 행동을 통제하려 노력한다면

(가)③문단 ❸,❹문장 심은 성이 합리적인지 판단하여 성을 통제한다. 이러한 (이익을 극대화하려는 목동들의 욕망) 심의 작용을 통해 인간은 배우며 실천할 수 있는데, 이와 같은 인간의 의식적이고 후천적인 노력 또는 그것의 산물을 위(僞)라고 한다.

② 홉스는 목동들이 처한 상황을 자기 보존을 추구하는 욕망이 발현된 '자연 상태'라고 생각하겠군.
자기 보존을 위해 자신의 이익만을 추구하며 끊임없이 싸우는 상태

[(나) ②문단 ❹문장 자연 상태에서 인간은 자기 보존을 위해 자신의 이익만을 추구하면서 끊임없이 싸우게 되는데 ~

③ 순자는 완전한 인격체가 만든 규범이, 홉스는 강력한 국가의 개입이
성인이 제정한 '예'　　　국가의 강력한 공적 권력
필요한 상황이라고 생각하겠군.

[(가) ④문단 ❷~❺문장 예란 위를 축적하여 완전한 인격체가 된 성인(聖人)이 일찍이 사회의 혼란을 우려해 만든 일체의 사회적 규범을 말한다. ~ 다툼과 쟁탈이 없는 안정된 사회를 만들 수 있다고 ~
(나) ⑤문단 ❷~❺문장 ~ 홉스는 이를 통해 계약으로 탄생한 국가의 강력한 공적 권력을 강조한 것이다. ~ 개인들 간의 투쟁을 해소함으로써 비로소 평화로운 사회가 구현된다.

④ 순자는 '성'을 그대로 좇는 모습으로, 홉스는 '자연권'을 행사하는
이익을 좋아하고 그것을 얻으려고 함.　　　절대적인 자유를 행사하는 권리
모습으로 목동들의 이기적 행동을 이해하겠군.

[(가) ②문단 ❸, ❹문장 이 중에서 이익을 좋아하고 그것을 얻으려고 하는 인간의 성이 악을 초래한다고 보았다. 사회적 자원과 재화는 한정적인데 사람들이 모두 이기적인 욕망을 그대로 좇게 되면 그들 사이에 다툼과 쟁탈이 일어나게 된다는 것이다.
(나) ②문단 ❸, ❹문장 또한 인간은 자연 상태에서 누구나 절대적인 자유를 행사할 수 있는 권리를 지니는데, 이를 자연권이라고 말한다. 자연 상태에서 인간은 자기 보존을 위해 자신의 이익만을 추구하면서 끊임없이 싸우게 되는데 ~

38　정답 ③　* 어휘의 의미 파악하기 .... [정답률 89%]

ⓐ~ⓔ의 사전적 의미로 적절하지 않은 것은?

＞오H 정답 ?

③ ⓒ: 자기의 주장을 굽혀 남의 의견을 좇음. → '양보'의 의미임.
'신뢰' – '굳게 믿고 의지함.'이라는 의미임.

＞오H 오답 ?

① ⓐ: 일이나 사건 따위를 해결할 수 있는 방법이나 실마리를 더듬어 찾음.
'모색'

② ⓑ: 지식, 경험, 자금 따위를 모아서 쌓음.
'축적'

④ ⓓ: 사람, 사물, 사건 등의 대상에 이름을 지어 붙임.
'명명'

⑤ ⓔ: 어떤 내용이 구체적인 사실로 나타나게 함.
'구현'

39~43　* 연륜 연대 측정의 원리와 방법

출제 ⬭ 글 전체 핵심어　🟨 글 전체 중심 문장

❶ ① 사계절이 뚜렷한 곳에서 자라는 나무는 매해 하나씩 나이테를 만들기 때문에 나이테를 세면 나무의 나이를 알 수 있다. ❷ 그렇다면 나이테는 단순히 나무의 나이를 알기 위해서만 활용되는 것일까?
나이테의 활용 용도 ①
❸ 그렇지 않다. ❹ 나이테는 현재 남아 있는 다양한 목제 유물들이 언제 만들어졌는지 그 제작 연도를 ⓐ규명하는 데도 활용되고 있다.
나이테의 활용 용도 ②
[목제: 나무로 물건을 만듦. 또는 그 물건

＊①문단 요약: 나이테의 활용 용도

❶ ② 나무의 나이테는 위치에 따라 크게 심재, 변재로 구분된다. ❷ 심재는 나무의 성장 초기에 형성된 안쪽 부분으로 생장이 거의 멈추면서 진액이 내부에 갇혀 색깔이 어둡게 변한 부분이다. ❸ 변재는 심재의
심재의 위치 / 심재의 특성
끝부터 껍질인 수피 전까지의 바깥 부분으로 물과 영양분을 공급하는 생장 세포가 활성화되어 있어 밝은 색상을 띠는 부분이다. ❹ 나무의
변재의 위치 / 변재의 특성
나이는 이 심재와 변재의 나이테 수를 합한 것이 된다.
나무의 나이를 구하는 방법: 심재 나이테 수＋변재 나이테 수
[생장: 나서 자람. 또는 그런 과정
[진액: 생물의 몸 안에서 생겨나는 액체. 수액이나 체액 따위를 이른다.
[수피: 나무의 껍질. 줄기의 코르크 형성층 바깥쪽에 있는 조직이다.

＊②문단 요약: 위치에 따른 나이테 구분

❶ ③ 그런데 나무의 나이테 너비를 살펴보면 매해 그 너비가 동일하지 않다. ❷ 그 이유는 '제한 요소의 법칙'에 의해서 나무의 생장량이 결정되기
가장 부족한 생장 요소가 나이테의 너비 변화에 가장 큰 영향을 준다는 법칙
때문이다. ❸ 나무가 생장하기 위해서는 물, 빛, 온도, 이산화 탄소 등의 다양한 환경 요소가 필요한데 환경 요소들은 해마다 다르기 때문에
나이테의 너비가 해마다 동일하지 않은 이유
나이테의 너비도 변하게 된다. ❹ 그렇다고 모든 환경 요소가 나이테의 너비 변화에 영향을 주는 것은 아니다. ❺ [여러 환경 요소 중에서 가장 부족한 요소가 나이테의 너비 변화에 가장 큰 영향을 주게 되는데]
[ ]: '제한 요소의 법칙'의 의미
이것이 바로 제한 요소의 법칙이다.

＊③문단 요약: 나이테 너비 변화에 영향을 주는 '제한 요소의 법칙'

❶ ④ 나무가 가장 부족한 요소에 모든 생물학적 활동을 맞추는 것은
제한 요소의 법칙이 나타나는 이유
안전하게 생장하기 위한 전략이다. ❷ 만일 나무의 생장이 가장 풍족한 요소를 기준으로 이뤄진다면 [생장에 필요한 생물학적 활동을 제한하는
[ ]: 나무의 생장을 가장 풍족한 요소에 맞출 때의 위험성
요소가 많아져 ⓑ고사할 위험이 높아지게 될 것]이기 때문이다. ❸ 제한 요소의 법칙은 모든 나무의 생장에 예외 없이 적용되며, 그 결과로 동일한 수종이 유사한 생장 환경에서 자라면 나이테의 너비 변화 패턴이
나이테의 너비에 영향을 주는 환경 요소가 유사하기 때문임.
유사하다. ❹ 하지만 [수종이 같더라도 지역이 다르면 생장 환경이 다르기
[ ]: 나이테의 너비에 영향을 주는 환경 요소가 다름. → 나이테 너비 변화 패턴이 달라짐.
때문에 나이테의 너비 변화 패턴은 달라지게 된다.]
[풍족하다: 매우 넉넉하여 부족함이 없다.　수종: 나무의 종류나 종자

＊④문단 요약: 제한 요소의 법칙이 작용하는 이유와 결과

❶ ⑤ [나이테를 활용하여 목제 유물에 사용된 나무의 벌채* 연도나 환경
[ ]: 연륜 연대 측정의 개념
조건을 추정하는 것]을 연륜 연대 측정이라 하는데 이를 위해서는 나이테의 너비 변화 패턴을 그래프로 나타낸 ㉠연륜 연대기가 있어야 한다. ❷ 수천 년 살 수 있는 나무는 많지 않으나 아래 〈그림〉과 같은 방법으로 수천 년에 달하는 연륜 연대기 작성은 가능하다.
= 나이테

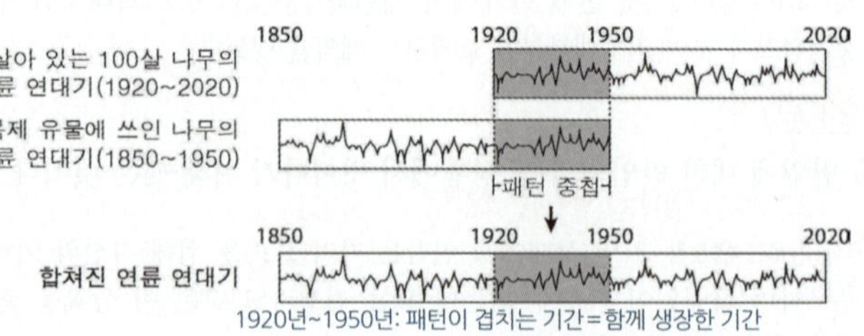

[추정하다: 미루어 생각하여 판정하다.
[연륜: 나무의 줄기나 가지 따위를 가로로 자른 면에 나타나는 둥근 테. 1년마다 하나씩 생기므로 그 나무의 나이를 알 수 있다. ＝나이테
[연대기: 역사적으로 중요한 사건을 연대순으로 적은 기록

＊⑤문단 요약: 연륜 연대 측정의 개념과 필요 요소

❶ ⑥ 살아 있는 나무에서 나이테 너비를 ⓒ측정하면 정확한 연도가 부여된 연륜 연대기를 작성할 수 있다. ❷다음으로 오래지 않은 과거에 제작된 목제 유물의 나이테로 연륜 연대기를 작성하여 이미 작성된 연륜 연대기와 비교하면 패턴이 겹치는 기간을 확인할 수 있다. ❸그 기간은 지금 살아 있는 나무와 과거 유물에 사용된 나무가 함께 생장하던 기간이 된다. ❹이러한 방법으로 보다 과거의 목제 유물로 작성된 연륜 연대기와 패턴 비교를 반복하면 수백, 수천 년에 달하는 나무의 연륜 연대기 작성이 가능해진다. ❺이렇게 작성된 장기간의 연륜 연대기를 표준 연대기라 하는데 우리나라는 현재 소나무, 참나무, 느티나무의 표준 연대기를 ⓓ보유하고 있다. ❻연륜 연대 측정은 이 표준 연대기와 목제 유물의 나이테로 작성한 유물 연대기의 패턴을 비교함으로써 진행되고 그 방법은 다음과 같다.

- 표준 연대기를 작성하는 과정 ①
- 표준 연대기를 작성하는 과정 ②
- 표준 연대기를 작성하는 과정 ③
- <그림>에서 1920~1950에 해당
- # 표준 연대기를 작성하는 과정 ④
- 연륜 연대 측정의 원리

＊⑥문단 요약: 표준 연대기 작성 방법

❶ ⑦ 먼저 목제 유물의 나이테에 변재가 있는지 확인해야 한다. ❷나무를 가공할 때는 벌레가 먹거나 쉽게 썩는 변재의 일부 또는 전체가 잘려 나가기도 하는데 만일 [유물의 나이테에 변재가 없는 경우에는 벌채 연도를 추정할 수 없게 된다.]

- 연륜 연대 측정의 과정 ① 변재 유무 확인
- # [ ]: 유물의 나이테에 변재가 있는지 확인해야 하는 이유

〔가공하다: 나무의 껍질. 줄기의 코르크 형성층 바깥쪽에 있는 조직이다.

＊⑦문단 요약: 연륜 연대 측정 과정 ①

❶ ⑧ 변재의 존재 여부를 확인한 후에는 [목제 유물의 각 부분에서 나이테를 채취해 패턴이 중첩되는 부분을 비교하여 유물 연대기를 만든] 다음, [비교 대상으로 사용할 표준 연대기를 정해야 한다]. ❷이때 유물 연대기와 표준 연대기의 상관도를 나타내는 t값과 일치도를 나타내는 G값을 고려해야 하는데 100년 이상의 기간을 상호 비교할 때 t값은 3.5 이상, G값은 65% 이상의 값을 가져야 통계적으로 유의성이 있는 것으로 ⓔ간주된다.

- [ ]: 연륜 연대 측정의 과정 ② 유물 연대기 작성
- [ ]: 연륜 연대 측정의 과정 ③ 표준 연대기 결정
- # 표준 연대기를 정할 때 고려할 점
- # 표준 연대기의 선정 기준

〔채취하다: 풀, 나무, 광석 따위를 찾아 베거나 캐거나 하여 얻어 내다.
[A] 중첩되다: 거듭 겹쳐지거나 포개어지다.

＊⑧문단 요약: 연륜 연대 측정 과정 ②

❶ ⑨ 표준 연대기를 정한 후에는 [유물 연대기와 표준 연대기의 패턴을 비교하여 중첩되는 부분의 시작 나이테의 연도부터 마지막 나이테의 연도를 확정하여 절대 연도를 부여]한다. ❷[유물의 나이테가 변재를 완전하게 갖고 있을 경우에는 마지막 나이테의 절대 연도가 벌채 연도가 된다]. ❸하지만 변재의 바깥쪽 나이테 일부가 잘려 나갔다면 마지막 나이테의 절대 연도에 잘려 나간 변재 나이테 수를 더한 값이 벌채 연도가 되는데 이때는 수령별 평균 변재 나이테 수를 참고한다. ❹[비슷한 수령의 나무가 갖는 평균 변재 나이테 수에서 유물에 남아 있는 변재 나이테 수를 빼, 나무를 가공할 때 잘라 낸 변재 나이테 수를 구한다. ❺그리고 이를 마지막 나이테의 절대 연도에 더해 벌채 연도를 확정한다.] ❻그 다음, 벌채한 후 가공할 때까지 나무를 건조하는 일반적인 기간인 1~2년을 더해 목제 유물의 제작 연도를 추정한다.

- # [ ]: 연륜 연대 측정의 과정 ④ 절대 연도 부여
- # [ ]: 연륜 연대 측정의 과정 ⑤ (유물의 변재 나이테가 완전할 경우)
- 유물의 변재 나이테 일부가 잘려 나갔을 경우에 벌채 연도를 구하는 방법
- # [ ]: 연륜 연대 측정의 과정 ⑤-1 (유물의 변재 나이테 일부가 잘려 나갔을 경우)
- # 연륜 연대 측정의 과정 ⑤-2
- # 목제 유물의 추정 제작 연도 = 벌채 연도 + 1~2년

＊⑨문단 요약: 연륜 연대 측정 과정 ③

＊수령: 나무의 나이
＊벌채: 나무를 베어 냄.

■ 전체 지문 이해도

＊ 연륜 연대 측정 과정

1단계	목제 유물의 나이테에 변재 나이테 존재 여부를 확인함.
2단계	목제 유물의 각 부분에서 나이테를 채취함. ➡ 패턴이 중첩되는 부분을 비교함. ➡ 유물 연대기를 작성함.
3단계	비교 대상으로 사용할 표준 연대기를 결정함.
4단계	유물 연대기와 표준 연대기의 패턴을 비교함. ➡ 중첩되는 부분의 시작 나이테의 연도부터 마지막 나이테의 연도를 확정함. ➡ 절대 연도를 부여함.

5단계	벌채 연도를 추정함.	
	목제 유물의 변재 나이테가 완전한 경우	목제 유물의 변재 나이테가 불완전한 경우
	마지막 나이테의 절대 연도 = 벌채 연도	마지막 나이테의 절대 연도 + 잘려 나간 변재 나이테 수 = 벌채 연도

■ 지문 내용과 구조

①문단	**나이테의 활용 용도:** 나무의 나이 측정, 목제 유물의 제작 연도 규명
②문단	**위치에 따른 나이테 구분** ① 심재: 나무의 안쪽 ➡ 나무의 성장 초기에 형성된 안쪽 부분 ➡ 생장이 멈추면서 진액이 내부에 갇혀 색깔이 어두움. ② 변재: 심재의 끝 ~ 수피(껍질) 전 ➡ 생장 세포가 활성화되어 있어 밝음.
③문단	**나이테 너비 변화에 영향을 주는 '제한 요소의 법칙':** 여러 환경 요소 중에서 가장 부족한 요소가 나이테의 너비 변화에 가장 큰 영향을 줌.
④문단	**제한 요소의 법칙이 작용하는 이유와 결과:** 나무가 고사할 위험을 줄이고 안전하게 생장하기 위한 전략 ➡ 동일한 수종이 유사한 환경에서 자라면 나이테의 너비 변화 패턴이 유사함.
⑤문단	**연륜 연대 측정의 개념과 필요 요소** 연륜 연대 측정: 나이테를 활용하여 목제 유물에 사용된 나무의 벌채 연도가 환경 조건을 추정하는 것 ➡ 나이테의 너비 변화 패턴을 그래프로 나타낸 연륜 연대기가 필요함.
⑥문단	**표준 연대기 작성 방법:** 살아 있는 나무의 연륜 연대기 작성 ➡ 오래지 않은 과거에 제작된 목제 유물에 쓰인 나무의 연륜 연대기 작성 ➡ 패턴 비교 ➡ 살아 있는 나무와 과거 유물에 사용된 나무가 함께 생장하던 기간 확인 ➡ 패턴 비교 반복
⑦문단	**연륜 연대 측정 과정 ① 변재 유무 확인** – 나무를 가공할 때는 변재의 일부 또는 전체가 잘려 나가기도 함. – 변재가 없는 경우에는 벌채 연도를 추정할 수 없음.
⑧문단	**연륜 연대 측정 과정 ② 유물 연대기 작성과 표준 연대기 선정** – 목제 유물의 각 부분에서 나이테를 채취해 패턴이 중첩되는 부분을 비교하여 유물 연대기를 만듦. ➡ t값과 G값을 고려하여 표준 연대기를 정함. – t값: 유물 연대기와 표준 연대기의 상관도 – G값: 유물 연대기와 표준 연대기의 일치도 ➡ t값은 3.5 이상, G값은 65% 이상의 값을 가져야 통계적으로 유의성이 있는 것으로 간주됨.
⑨문단	**연륜 연대 측정 과정 ③ 벌채 연도 확정, 제작 연도 추정** 유물 연대기와 표준 연대기의 패턴을 비교해 유물 나이테의 절대 연도를 부여함. ➡ 변재 나이테 유무를 고려하여 벌채 연도를 확정함. 벌채 연도에 1~2년을 더해 제작 연도를 추정함.

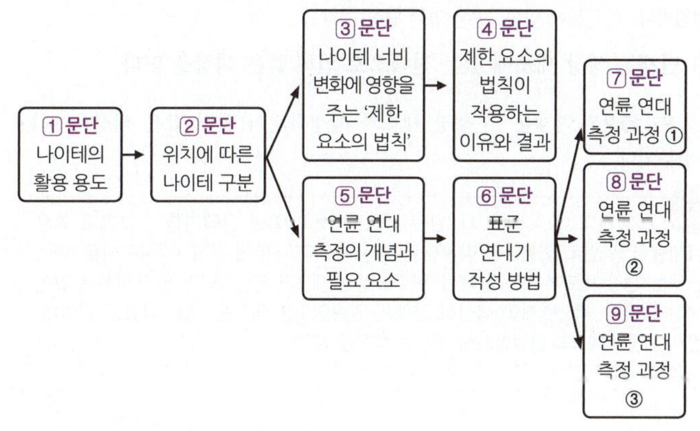

■ **주제:** 연륜 연대 측정의 원리와 방법

39 정답 ④ * 내용 전개 방식 파악하기 ·················· [정답률 65%]

윗글에서 사용된 전개 방식으로 적절하지 <u>않은</u> 것은?

> **왜 정답?**

④ 어려운 개념을 친숙한 대상에 빗대어 설명하고 있다.
　　　　　　　　　　비유를 활용하지 않음.

> **왜 오답?**

스스로 묻고 스스로 답하는 방식으로
① 자문자답의 방식으로 화제를 제시하고 있다.
　나이테의 활용 용도에 대해 스스로 묻고 답함.

└ **1**문단 **2**, **3**문장 그렇다면 나이테는 단순히 나무의 나이를 알기 위해서만 활용되는 것일까? 그렇지 않다.

② 대상의 특성을 관련 개념을 통해 설명하고 있다.
　나이테의 너비가 매해 다른 특성을 제한 요소의 법칙으로 설명함.

└ **3**문단 **1**, **2**문장 그런데 나무의 나이테 너비를 살펴보면 매해 그 너비가 동일하지 않다. 그 이유는 '제한 요소의 법칙'에 의해서 나무의 생장량이 결정되기 때문이다.

③ 일정한 기준에 따라 대상을 나누어 설명하고 있다.
　나무의 나이테를 위치에 따라 심재, 변재로 나누어 설명함.

→ **2**문단 **1**문장 나무의 나이테는 위치에 따라 크게 심재, 변재로 구분된다.

⑤ 반대 상황을 가정하여 현상에 대한 이해를 돕고 있다.
　나무의 생장이 가장 풍족한 요소를 기준으로 이루어지는 경우를 가정함.

└ **3**문단 **5**문장 여러 환경 요소 중에서 가장 부족한 요소가 나이테의 너비 변화에 가장 큰 영향을 주게 되는데 이것이 바로 제한 요소의 법칙이다.
└ **4**문단 **2**문장 만일 나무의 생장이 가장 풍족한 요소를 기준으로 이뤄진다면 생장에 필요한 생물학적 활동을 제한하는 요소가 많아져 ~

40 정답 ⑤ * 내용 파악하기 ····································· [정답률 57%]

윗글에서 알 수 있는 내용으로 가장 적절한 것은?

> **왜 정답?**

⑤ 심재 나이테만 남아 있다면 연륜 연대 측정은 불가하다.
　　　　　　　　　　= 변재 나이테가 없는 경우

└ **5**문단 **1**문장 나이테를 활용하여 목제 유물에 사용된 나무의 벌채 연도나 환경 조건을 추정하는 것을 연륜 연대 측정이라 하는데 ~
└ **7**문단 **2**문장 ~ 만일 유물의 나이테에 변재가 없는 경우에는 벌채 연도를 추정할 수 없게 된다.

　심재 나이테만 남아 있는 것은 변재가 없는 경우로, 이 경우에는 벌채 연도를 추정할 수 없다. 즉, 연륜 연대 측정이 불가하다.

> **왜 오답?**

① 심재는 생장이 거의 멈춘 나이테로 수피에 인접하여 있다.
　　　　　　　　　　　　　　　나무의 안쪽 부분에 있음.

└ **2**문단 **2**문장 심재는 나무의 성장 초기에 형성된 안쪽 부분으로 생장이 거의 멈추면서 진액이 내부에 갇혀 색깔이 어둡게 변한 부분이다.

　심재는 나무의 성장 초기에 형성된 안쪽 부분의 나이테이다. 수피에 인접한 나이테는 변재이다.

└ 인접하다: 이웃하여 있다. 또는 옆에 닿아 있다.

② 변재는 생장 세포에 있는 진액으로 인해 밝은 색상을 띤다.
　　　　　　　　생장 세포가 활성화되어 있어 밝은 색상을 띰.

└ **2**문단 **3**문장 변재는 ~ 생장 세포가 활성화되어 있어 밝은 색상을 띠는 부분이다.

> **매력 오답**
선택지의 '생장 세포'와 '밝은 색상'만 보고 ②번 선택지를 정답으로 고른 학생들이 많았다. **2**문단 에 따르면 심재는 '진액이 내부에 갇혀' 어두운 색을 띠고, 변재는 '생장 세포에 있는 진액'이 아니라 '생장 세포가 활성화되어' 있기 때문에 밝은 색상을 띤다. 즉, 변재의 색상이 진액의 영향이라면 어두운 색을 띠었을 것이며, 변재는 생장 세포의 활성화로 인해 밝은 색상을 띤다.

41 정답 ③ * 내용 파악+추론하기 ·························· [정답률 76%]

③에 대한 설명으로 적절하지 <u>않은</u> 것은?
'연륜 연대기'

> **왜 정답?**

③ 나이테의 너비가 일정하면 패턴 분석의 대상이 될 수 <s>없다.</s>
　　　　　　　　　　　　　　　　　　　　　있음.

└ **5**문단 **1**문장 나이테를 활용하여 목제 유물에 사용된 나무의 벌채 연도나 환경 조건을 추정하는 것을 연륜 연대 측정이라 하는데 나이테의 너비 변화 패턴을 그래프로 나타낸 ③ 연륜 연대기가 있어야 한다.

　나이테의 너비가 일정한 것도 나이테 너비에 나타나는 패턴이므로 분석의 대상이 될 수 있다.

> **왜 오답?**

① 동일한 수종이라도 환경이 다르면 패턴이 달라진다.
　　　　　　　　　　　환경이 다르면 생장량이 달라짐.

└ **4**문단 **4**문장 하지만 수종이 같더라도 지역이 다르면 생장 환경이 다르기 때문에 나이테의 너비 변화 패턴은 달라지게 된다.

② 패턴 비교를 반복하면 장기간의 연대기 작성이 가능하다.
　　　　　　　수백, 수천 년에 달하는 나무의 연륜 연대기를 작성할 수 있음.

└ **6**문단 **4**문장 이러한 방법으로 보다 과거의 목제 유물로 작성된 연륜 연대기와 패턴 비교를 반복하면 수백, 수천 년에 달하는 나무의 연륜 연대기 작성이 가능해진다.

　살아 있는 나무의 연륜 연대기와 가까운 과거의 목제 유물로 작성된 연륜 연대기를 비교하는 것을 시작으로 보다 과거의 유물 연대기와의 패턴 비교를 반복하면 장기간의 연대기 작성이 가능해진다.

④ 제한 요소의 법칙에 따라 나무가 생장한 결과를 보여 준다.
　　　가장 부족한 환경 요소에 따라 나무가 생장한 결과를 보여 줌.

└ **3**문단 **3**문장 ~ 환경 요소들은 해마다 다르기 때문에 나이테의 너비도 변하게 된다.

└ **3**문단 **5**문장 여러 환경 요소 중에서 가장 부족한 요소가 나이테의 너비 변화에 가장 큰 영향을 주게 되는데 이것이 바로 제한 요소의 법칙이다.

└ **5**문단 **1**문장 ~ 이를 위해서는 나이테의 너비 변화 패턴을 그래프로 나타낸 연륜 연대기가 있어야 한다.

　'제한 요소의 법칙'에 의해서 나무의 생장량이 결정되며, 나이테의 너비도 이에 따라 변화한다. 이때 나이테의 너비 변화 패턴을 그래프로 나타낸 것이 연륜 연대기이다.

⑤ 현재 국내에는 3종의 나무에 대한 표준 연대기가 존재한다.
　　　　　　　　　소나무, 참나무, 느티나무

└ **6**문단 **5**문장 ~ 우리나라는 현재 소나무, 참나무, 느티나무의 표준 연대기를 보유하고 있다.

→ **2**문단 **4**문장 나무의 나이는 이 심재와 변재의 나이테 수를 합한 것이 된다.

> **매력 오답**
'나무의 수령'과 '변재 나이테의 개수'의 관계를 잘못 이해했다면 ③번 선택지를 정답으로 고를 수 있었다. **2**문단 **4**문장 에 따르면 나무의 나이는 심재와 변재의 나이테 수를 합한 것이므로, 나무의 수령을 계산할 때 변재 나이테의 개수를 알아야 하는 것은 맞지만, 변재 나이테의 개수를 안다고 나무의 수령을 계산할 수 있는 것은 아니다.

④ 나이테의 너비는 가장 풍족한 환경 요소로 결정된다.
　　　　　　　　　가장 부족한 환경 요소로 결정됨.

└ **3**문단 **5**문장 여러 환경 요소 중에서 가장 부족한 요소가 나이테의 너비 변화에 가장 큰 영향을 주게 되는데 ~

42 정답 ③ * 구체적 사례나 상황에 적용하기   ★1등급 대비

[① 6% ② 10% ③ 42% ④ 24% ⑤ 15%]

[A]를 바탕으로 〈보기〉의 '연륜 연대 측정 자료'를 이해한 내용으로 적절하지 <u>않은</u> 것은? [3점]

〈보기〉

[소나무 서랍장에 대한 연륜 연대 측정]
과거의 목제 유물

Ⅰ. 측정 참고 자료
　○❶두 곳의 서랍에서 같은 나무의 나이테를 채취하였고, 이 중
　　　　　　　　　　　수종이 동일함.
　　서랍2에서는 좁은 나이테 모양으로 보아 바깥쪽 나이테가 거의
　　　　　　　　　　　　변재를 가지고 있지만 일부가 잘려나감.
　　수피에 근접한 것을 확인하였음.
　○❷서랍1, 2 연대기의 패턴을 비교하여 유물 연대기를 작성한 후 표준
　　연대기와 비교하여 절대 연도를 부여함.

Ⅱ. 유의성 및 수령별 평균 변재 나이테 수 자료

표준 연대기	t값	G값	평균 변재 나이테 수	
			수령 100년	수령 150년
a산 소나무	3.7	69%	60개	77개
b산 소나무	3.2	60%	58개	65개

→ t값 ≥ 3.5, G값 ≥ 65%의 값을 가져야 통계적으로 유의성이 있음.
↪ 이를 만족시키는 a산 소나무의 표준 연대기를 사용해야 함.

Ⅲ. 소나무 서랍장 유물 연대기 및 절대 연도 부여 자료

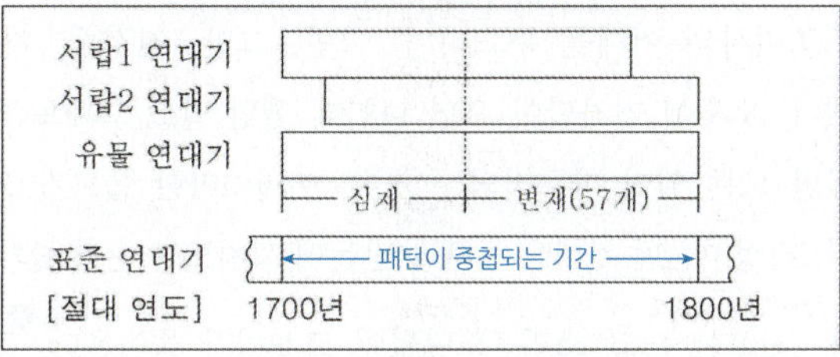

단서+발상

단서 [A]를 바탕으로 〈보기〉의 자료를 이해한 내용을 묻고 있다.

발상 [A]에서 설명한 연륜 연대 측정 방법의 구체적인 과정을 〈보기〉의 소나무 서랍장에 대한 연륜 연대 측정 과정에 적용하여 이해한다.

적용 서랍2의 변재가 불완전함.
- 벌채 연도 = 마지막 나이테의 절대 연도 + 잘려 나간 변재 나이테 수
- 잘려 나간 변재 나이테 수 = 비슷한 수령인 나무의 평균 변재 나이테 수
　　　　　　　　　　　　　　　　－ 남아 있는 변재 나이테 수

해결 · 잘려 나간 변재 나이테 수 = 60(비슷한 수령인 나무의 평균 변재 나이테 수) － 57(남아 있는 변재 나이테 수) = 3
- 벌채 연도 = 1800(년) + 3 = 1803년
- 서랍 제작 연도 = 1803년 + 건조 기간 1~2년 = 1804~1805년 추정

왜 정답?

③ 마지막 나이테의 절대 연도를 고려할 때 서랍장에 사용된 나무의 벌채 연도는 ~~1802년~~일 것이다.
　　　　　　　　　　　1803년

┌ 9문단 ❹, ❺문장 비슷한 수령의 나무가 갖는 평균 변재 나이테 수에서 유물에 남아 있는 변재 나이테 수를 빼, 나무를 가공할 때 잘라 낸 변재 나이테 수를 구한다. 그리고 이를 마지막 나이테의 절대 연도에 더해 벌채 연도를 확정한다.
└ 〈보기〉 ❶ ~ 바깥쪽 나이테가 거의 수피에 근접한 것을 확인하였음.

유물 연대기와 표준 연대기가 중첩되는 부분의 마지막 나이테의 절대 연도는 1800이다. 서랍 2에 사용된 나무의 바깥쪽 나이테가 수피에 근접했다고 했으므로 서랍 2의 변재 일부 중 수피와 닿아 있는 일부는 잘려 나간 상태이다.

이때, 변재가 잘려 일부 나갔으므로 비슷한 수령(100년)의 나무가 갖는 평균 변재 나이테 수(60개)에서 유물에 남아 있는 변재 나이테 수(57개)를 빼고 이를 절대 연도(1800년)에 더하여 벌채 연도를 정한다.

따라서 서랍장에 사용된 나무의 벌채 연도는 1800년 + (60 － 57) = 1803년이 된다.

왜 오답?

① t값과 G값을 고려할 때 표준 연대기는 a산 소나무의 연대기가
　3.5 이상 65% 이상
　사용되었을 것이다.

┌ 8문단 ❷문장 이때 유물 연대기와 표준 연대기의 상관도를 나타내는 t값과 일치도를 나타내는 G값을 고려해야 하는데 100년 이상의 기간을 상호 비교할 때 t값은 3.5 이상, G값은 65% 이상의 값을 가져야 통계적으로 └ 유의성이 있는 것으로 간주된다.

연륜 연대 측정에 사용하는 표준 연대기는 t값은 3.5 이상, G값은 65% 이상의 값을 가져야 통계적으로 유의성이 있는 것으로 간주된다.

따라서 t값이 3.7로 3.5 이상이고, G값이 69%로 65% 이상인 a산 소나무의 연대기가 표준 연대기로 적합하다.

② 유물 연대기와 표준 연대기의 패턴이 중첩되는 기간은 1700년부터
　　　　　　　　　　　　절대 연도가 부여된 기간
　1800년까지일 것이다.

┌ 9문단 ❶문장 ~ 중첩되는 부분의 시작 나이테의 연도부터 마지막 나이테의 └ 연도를 확정하여 절대 연도를 부여한다.

〈보기〉에 의하면 서랍장에 사용된 나무 나이테의 절대 연도가 1700년에서 1800년이므로, 유물 연대기와 표준 연대기의 패턴이 중첩되는 기간은 1700년부터 1800년까지라고 할 수 있다.

④ 비슷한 수령의 소나무가 갖는 평균 변재 나이테 수를 참고하면
　　　　　　　　　　100년　　　　　　　　　　　　60개
　가공할 때 잘려 나간 변재 나이테 수는 3개일 것이다.

┌ 8문단 ❶문장 변재의 존재 여부를 확인한 후에는 목제 유물의 각 부분에서 나이테를 채취해 패턴이 중첩되는 부분을 비교하여 유물 연대기를 만든 다음, 비교 대상으로 사용할 표준 연대기를 정해야 한다.
┌ 9문단 ❹문장 비슷한 수령의 나무가 갖는 평균 변재 나이테 수에서 유물에 남아 있는 변재 나이테 수를 빼, 나무를 가공할 때 잘라낸 변재 나이테 수를 └ 구한다.

소나무 서랍장의 서랍1과 서랍2에서 채취한 나이테의 중첩되는 부분을 비교하면 소나무 서랍장의 유물 연대기를 작성할 수 있다. 이 유물 연대기를 표준 연대기와 비교하면 서랍장에 사용된 나무의 절대 연도가 1700년에서 1800년으로 약 100년을 산 나무임을 알 수 있다.

이와 비슷한 수령의 a산 소나무의 평균 변재 나이테 수는 60개이다. 유물에 남아 있는 변재 나이테 수는 57개이므로 가공할 때 잘려 나간 변재 나이테 수는 3개일 것으로 추측할 수 있다.

> **매력 오답** 소나무 서랍장에 사용된 나무의 수령이 100년이라는 것을 추론하지 못했거나, 앞선 ①번 선택지와 연계해 a산 소나무의 평균 변재 나이테 수와 비교해야 한다는 생각을 떠올리지 못했다면 계산이 어려웠을 수 있다. 중첩되는 부분의 시작 나이테와 마지막 나이테에 부여한 절대 연도를 통해 나무의 수령을 알 수 있다는 점을 파악해야 한다.

⑤ 벌채한 나무의 건조 기간을 고려하면 서랍장의 제작 연도는
　　　　　　　　　　　　　　　　　　벌채 연도 + 건조 기간
　1804년에서 1805년 사이일 것이다.

┌ 9문단 ❻문장 그 다음, 벌채한 후 가공할 때까지 나무를 건조하는 일반적인 └ 기간인 1~2년을 더해 목제 유물의 제작 연도를 추정한다.

서랍장에 사용된 나무의 벌채 연도는 1803년이다(③번 해설 참고).

따라서 서랍장의 제작 연도는 소나무 벌채 연도인 1803년에 나무를 건조하는 일반적인 기간인 1~2년을 더하여, 1804년에서 1805년 사이라고 추측할 수 있다.

43 정답 ③ * 어휘의 의미 파악하기 ……………… [정답률 72%]

ⓐ~ⓔ를 바꿔 쓴 것으로 적절하지 <u>않은</u> 것은?

왜 정답?

③ ⓒ: 헤아리면 → '수량을 세다'라는 의미임.
　'측정하면' – '일정한 양을 기준으로 하여 같은 종류의 다른 양의 크기를 재다.'라는 의미임.

'나이테 너비를 ⓒ측정하면'은 문맥과 '측정하다'의 의미를 고려하면 '나이테 너비의 크기를 재면'이라는 의미이다.

이때 '헤아리다'는 '수량을 세다.'라는 의미로, 나이테의 너비는 수량을 세어 측정하는 것이 아니므로 '측정하면'을 '헤아리면'으로 바꿔 쓸 수 없다.

44~45 * 이미경, 〈그게 아닌데〉

\# 출제   ❶ 중심인물, 배경   ❷ 중심 사건, 갈등   ❸ 서술상 특징

\# ▨ : ❸ 작품의 제목과 연결되는 조련사의 말투가 나타남.

[앞부분 줄거리] 동물원의 코끼리들이 도심으로 탈출했다. 근처 선거 유세장에서는 정치인이 부상을 당하였고, 일대는 쑥대밭이 되었다. [조련사는 유세를 방해하기 위해 일부러 코끼리를 풀어 준 혐의로 경찰서에 붙잡혀 와 조사를 받는다.] 참고인 자격의 의사와 아들의 면회를 온 어머니도 함께 있다.
❶ 중심인물
❶ 공간적 배경
❶ 중심인물   ❶ 중심인물
[ ]: ❷ 중심 사건 – 조련사가 유세를 방해하기 위해 일부러 코끼리를 풀어준 혐의로 경찰서에 붙잡혀 와 조사를 받음.

① 조련사: 정말인데. 코끼리들은 공연하면서 많이 우는데. 답답하다고 우는데. 슬퍼서 우는데. 난 다 알고 있었는데. 코끼리들이 며칠 전서부터 도망갈 조짐을 보인 것도 알았는데. 도망가려고 의논하는 소릴 들었는데. 그리고 그날은 공원에 갈 때 다른 날과 다르게 빨리 걸었는데. 난 눈치를 챘는데. 오늘이구나. 다른 조련사들이 나한테 다 맡기고 매점에 갔을 때, 코끼리들이 주위를 살피기 시작했는데. 거위들이 꽥꽥댈 때 서로 눈을 마주쳤는데. 나도 코끼리랑 눈이 마주쳤지만 휘파람을 불었는데. 못 본 척 휘파람만 불었는데. 도망가라고. 가서 가족들 애인들 만나라고 일부러 못 본 척했는데.
\# 조련사는 코끼리가 도망칠 것을 눈치채고 있었음.
\# 조련사는 코끼리가 도망치는 것을 보고도 못 본 척함.

② 어머니: 겁을 많이 먹었어요. 두려우면 말이 많아져요.

③ 어머니가 손수건을 꺼내 조련사를 닦아 주려 하나 조련사가 피한다.
\# 조련사가 어머니의 손길을 회피함(소통의 단절).

④ 의사: (조련사에게) 도망치지 마세요. 선생님은 지금 또 다른 거짓말을 만들고 그리로 도망가는 겁니다. 용기를 내서 직면하세요. 직면이 무슨 뜻인 줄 아시죠? 정정당당하게 직접 부딪치는 거예요. 지금이 가장 중요한 순간입니다.
\# 의사가 조련사의 말과 행동을 병으로 진단함.

⑤ 조련사가 외면한다.
\# 조련사가 의사의 말을 외면함(소통의 단절).

⑥ 형사: (담배를 비벼 끄고) [야, 인마! 나 똑바로 쳐다봐. 너 아까 시인했지? 시켜서 했다고. 그들이 널 1년 전부터 코끼리 조련에 투입했잖아.]
❶ 중심인물
\# [ ]: 형사가 조련사에게 배후 세력의 지시를 받았음을 인정하라고 다그침.

⑦ 조련사가 외면한다.
\# 조련사가 형사의 말을 외면함(소통의 단절).

⑧ 어머니: [있는 그대로 말씀드려. 넌 그저 착한 마음에 코끼리들을 풀어주고 싶었잖아. 네가 그랬잖니? 동물들이 밧줄에 묶여 있는 것 보면 마음이 아프다고. 꼭 네가 묶인 것처럼 마음이 아프다고.] 왜 말을 못 해? 왜 그렇게 말을 못 해?
\# [ ]: 어머니가 조련사가 한 행동의 원인을 그의 착한 마음에서 찾음.

⑨ 조련사는 자신의 말이 받아들여지지 않는 것에 대해 너무 답답하다. ⑩ 그는 발을 구르고 팔을 휘두르고 고개를 흔들며 몸으로 그 답답함을 호소한다.
\# 형사, 의사, 어머니와 정상적인 소통이 불가능한 상황에 대한 답답함을 드러냄.

⑪ 조련사: 진짜 그랬는데. 왜 내 말을 안 믿는데.

⑫ 형사: (소리를 지른다) 가만히 앉아!

⑬ 의사: 직면하기 힘들어서 그런 겁니다.

⑭ 어머니: 애야, 정신 차려.] [ ]: ❷ 중심 사건 – 소통이 단절된 상황에서 조련사가 답답함을 느낌.
❷ 갈등 – 조련사와 형사, 의사, 어머니 간 소통의 단절(외적 갈등)

혐의: 범죄를 저질렀을 가능성이 있다고 봄. 또는 그 가능성
참고인: 범죄 수사를 위하여 수사 기관에서 조사를 받는 사람 가운데 피의자 이외의 사람   시인하다: 어떤 내용이나 사실이 옳거나 그러하다고 인정하다.

*① 요약: 조련사가 조사를 받는 과정에서 형사, 의사, 어머니 모두 조련사의 말을 믿어주지 않음.

(중략)

② 조련사: (꽤 지쳐 있다) 내가 했는데. 다 내가 했는데.
\# 소통이 어려운 상황에서 조련사가 자포자기함.

형사: (조련사의 어깨를 두드리며) 그만, 그만. 진정해. 거기까지. 잘했어. 오후에 기자단이 오면 나한테 했던 말을 그대로 하면 돼. 그러면 모든 일이 마무리되는 거야. 어마어마한 음모가 드러나는 거지. 걱정 마. 넌 가벼운 문책을 받는데 그치도록 손써 줄게.

③ 이때, 친절한 노크 소리. 느닷없이 코끼리가 들어온다. ④ 코끼리는 오로지 조련사에게만 보인다. ⑤ 따라서 조련사와 코끼리의 대화는 아무도 들을 수 없다.

⑥ 조련사: 삼코!

⑦ 코끼리가 조련사에게 다가와 그를 일으켜 세운 후 가슴에 번호표를 달아준다.
\# ▨ : ❸ 사람이 코끼리로 변해 가는 모습을 통해 소통이 단절되는 문제를 상징적으로 드러냄.

⑧ 코끼리: 57621번째 코끼리가 된 걸 축하해.

⑨ [코끼리가 조련사의 목에 화환을 걸어 준다. ⑩ 코끼리가 조련사를 형사가 있는 쪽으로 보낸다. ⑪ 이때부터 말하는 사람에게만 차례로 조명이 비춰진다. ⑫ 조련사에게 조명이 비춰질 때마다 그는 조금씩 코끼리로 변해 있다.]

⑬ 형사: (조련사에게) 넌 톱기사로 다뤄질 거야. 다른 얘긴 집어치우고 유세장 얘기만 해. 어떻게 유세장으로 코끼리를 유인했는지. 고생했다. 배고프지? 좀 이따 따뜻한 국밥이라도 먹자. 기자 회견 때는 김창건 의원 이름을 분명히 말해. 그래야 네 혐의가 쉽게 풀릴 테니까.

⑭ 조련사가 편안한 미소를 지으며 오른손을 올려 이마에 경례를 붙인다. 조련사가 어둠으로 사라지면 어둠 속에 있던 코끼리가 그에게 ⑮ 조끼를 입힌다. ⑯ 코끼리가 그를 의사에게 보낸다.
타인의 생각에 순응하는 수동적인 처지가 된 조련사의 모습
소통 단절이 심화됨.

⑰ **의사**: 고백한 내용, 모두 녹음했어요. 코끼리를 사랑할 순 있지만 그건
의사가 조련사의 말과 행동을 병으로 진단함.
병이에요. 병을 고치는 건 문제점을 인정하는 데서 출발하죠.
선생님의 인정은 정말 용감한 일입니다. 고비를 넘기셨어요.
선생님께도 곧 진짜 애인이 생길 수 있습니다. 코끼리가 아닌 진짜
여자.

⑱ 조련사가 행복한 미소를 지으며 감사의 인사를 정중하게 한다.
타인의 생각에 순응하는 수동적인 모습
⑲ 조련사가 어둠으로 사라지면 코끼리가 그에게 화려한 벨벳 모자를
소통 단절이 계속해서 심화됨.
씌운다. ⑳ 코끼리가 그를 어머니에게 보낸다.

㉑ **어머니**: 어쩌겠니. 순진하기만 한 걸. 그렇게 생겨 먹은 걸. 인생 뭐
있니? 생긴 대로 사는 거지. 그래도 넌 여전히 착하고 멋지다.
그럼, 누구 아들인데. 누가 너처럼 용감할 수 있니? 그래, 다 풀어
줘. 다 초원으로 데리고 가. 개구리도 코끼리도, 엄마도 아빠도 다,
다 데리고 가. 사람들이 나중엔 알 거야. 네가 얼마나 좋은 일을
했는지. 혹시 아니? 노벨 평화상이라도 줄지.

㉒ 조련사가 어머니를 살짝 포옹했다 푼다. ㉓ 조련사가 어둠으로
타인의 생각에 순응하는 수동적인 모습
사라지면 코끼리가 그에게 커다란 코가 붙어 있는 머리를 씌워 준다.
㉔ 어느새 조련사는 코끼리와 똑같은 형상을 갖췄다. ㉕ 조명이 서서히 무대
❷ 중심 사건: 소통이 단절된 상황에서 조련사가 코끼리의 모습으로 변함.
전체를 비춘다. ㉖ 형사, 의사, 어머니는 자신의 의지가 관철된 듯,
형사, 의사, 어머니는 자신들의 의지대로 일이 마무리된 것에 만족해함.
결의에 찬 박수를 친다. ㉗ 박수 소리가 점점 커져 우레 같은 박수 소리가
된다. 마치 서커스를 보려고 몰려든 관중의 박수 소리처럼. ㉙ 조련사와
코끼리는 형사, 의사, 어머니 사이를 돌며 쇼를 시작한다.
회복 불가능한 단절 상황에 놓이게 된 조련사의 처지를 보여 줌.

┌ **문책**: 잘못을 캐묻고 꾸짖음.
│ **관철되다**: 어려움에도 꺾이지 않고 목적이 기어이 이루어지다.
│ **결의**: 뜻을 정하여 굳게 마음을 먹음. 또는 그런 마음.
└ **우레**: 뇌성과 번개를 동반하는 대기 중의 방전 현상.

＊❷ 요약 : 소통 단절이 심화되면서 조련사가 코끼리로 변함.

⭐ **독해 공식**
❶ **중심인물**: 조련사, 의사, 어머니, 형사
   공간적 배경: 경찰서
❷ **중심 사건** 조련사가 유세를 방해하기 위해 일부러 코끼리를 풀어준 혐의로 경찰서에
   붙잡혀 와 조사를 받음. 소통이 단절된 상황에서 조련사가 답답함을 느낌. 소통이 단절된
   상황에서 조련사가 코끼리의 모습으로 변함.
   갈등: 조련사와 형사, 의사, 어머니 간 소통의 단절(외적 갈등)
❸ **서술상 특징**
   • 작품의 제목과 연결되는 조련사의 말투가 나타남.
   • 사람이 코끼리로 변해 가는 모습을 통해 주제 의식을 상징적으로 드러냄.

■ **갈래**: 희곡
■ **이 작품은?**: 우화적이고 환상적인 요소를 활용하여 소통의 문제에 대해 다룬 작품이다.
  선량한 조련사가 소통의 단절에 부딪혀 답답함을 느끼다가 마침내 코끼리로 변하게
  되는 비현실적인 이야기를 통해 진정한 소통의 의미에 대해 생각하게 한다.
■ **주제**: 현대 사회의 심각한 소통 단절 문제
■ **이것이 핵심!**: 조련사를 중심으로 한 소통 단절의 양상

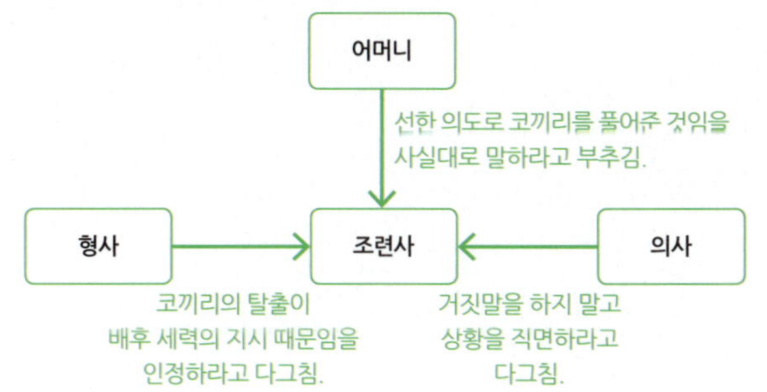

---

44 **정답** ⑤　＊인물의 심리와 태도 파악하기 ············· [정답률 72%]

윗글을 이해한 내용으로 적절하지 않은 것은?

〉왜 **정답**？

⑤ 형사, 의사, 어머니는 서로 의견을 교환하며 조련사를 설득할
   의견을 교환하는 모습은 나타나지 않음.
   방법을 모색했다.

　형사, 의사, 어머니는 각자의 입장에서 조련사에게 일방적으로 이야기하고 있을 뿐,
서로 의견을 교환하는 모습은 나타나지 않는다.

〉왜 **오답**？

① 조련사는 코끼리들이 동물원에서 탈출하려는 모습을 보고도
   일부러 못 본 척함.
   방관했다고 말했다.

┌ ①-❶ **조련사**: ~ 코끼리들의 며칠 전서부터 도망갈 조짐을 보인 것도
│ 알았는데. ~ 못 본 척 휘파람만 불었는데. 도망가라고. 가서 가족들 애인들
└ 만나라고 일부러 못 본 척했는데.

② 형사는 조련사에게 배후 세력의 지시를 받았다는 것을 인정하라고
   유세를 방해하기 위해 일부러 코끼리를 풀어줬다고 봄.
   다그쳤다.

┌ ①-❻ **형사**: 야, 인마! 나 똑바로 쳐다봐. 너 아까 시인했지? 시켜서 했다고.
└ 그들이 널 1년 전부터 코끼리 조련에 투입했잖아.

③ 어머니는 조련사가 한 행동의 원인을 조련사의 심리나 성품에서
   동물들이 묶여 있는 것을 마음 아파하는 착한 성품
   찾았다.

┌ ①-❽ **어머니**: 있는 그대로 말씀드려. 넌 그저 착한 마음에 코끼리들을
│ 풀어주고 싶었잖아. 네가 그랬잖니? 동물들이 밧줄에 묶여 있는 것 보면
└ 마음이 아프다고. 꼭 네가 묶인 것처럼 마음이 아프다고. ~

④ 의사는 조련사의 말과 행동을 병과 연관 지어 해석했다.
   코끼리를 사랑하는 것을 병이라고 말함.

┌ ①-❹ **의사**: (조련사에게) 도망치지 마세요. 선생님은 지금 또 다른 거짓말을
│ 만들고 그리로 도망가는 겁니다. 용기를 내서 직면하세요. 직면이 무슨 뜻인
│ 줄 아시죠? 정정당당하게 직접 부딪치는 거예요. 지금이 가장 중요한 순간입니다.
├ ②-⑰ **의사**: 고백한 내용, 모두 녹음했어요. 코끼리를 사랑할 순 있지만 그건
└ 병이에요. 병을 고치는 건 문제점을 인정하는 데서 출발하죠. ~

45 **정답** ③　＊〈보기〉를 바탕으로 감상하기 ············· [정답률 73%]

〈보기〉를 바탕으로 윗글을 감상한 내용으로 적절하지 않은 것은? [3점]

─〈 보기 〉─

　❶ 이 작품은 사람들 사이의 소통 단절의 문제를 조련사가 코끼리로 변해
자기 생각을 버리고 수동적인 처지로 변해 가는 과정
가는 과정을 통해 상징적으로 나타낸다. ❷ 조련사는 상대가 자신만의
형사, 의사, 어머니 ❸
논리를 일방적으로 강요하는 것에 답답함과 무력감을 느낀다. 결국
조련사는 자기 생각을 버리고 타인의 의지에 맞추어 순응하는 수동적인
❹ 처지가 된다. 조련사가 코끼리가 되는 결말은 그가 회복 불가능한 단절
상황에 놓이게 되었음을 의미한다.

단절: ① 유대나 연관 관계를 끊음. ② 흐름이 연속되지 아니함.
순응하다: 환경이나 변화에 적응하여 익숙하여지거나 체계, 명령 따위에 적응
하여 따르다.

③ 조련사가 코끼리로 조금씩 변하면서 형사, 의사의 말에 미소를

지는 것에서 소통이 단절된 상황에서 ~~벗어났음~~을 엿볼 수 있군.
회복 불가능한 단절 상황에 놓이게 되었음을 의미함.

┌ ② - ⑭, ⑮ 조련사가 편안한 미소를 지으며 오른손을 올려 이마에 경례를
│ 붙인다. 조련사가 어둠으로 사라지면 어둠 속에 있던 코끼리가 그에게 조끼를
│ 입힌다.
│ ② - ⑱, ⑲ 조련사가 행복한 미소를 지으며 감사의 인사를 정중하게 한다.
│ 조련사가 어둠으로 사라지면 코끼리가 그에게 화려한 벨벳 모자를 씌운다.
│ <보기> ④문장 조련사가 코끼리가 되는 결말은 그가 회복 불가능한 단절 상황에
└ 놓이게 되었음을 의미한다.

조련사가 코끼리로 조금씩 변하면서 형사와 의사의 말에 미소를 짓는 모습은 그가
회복 불가능한 단절 상황에 놓이게 되었음을 상징적으로 보여 주는 것이다.

>왜 오답 ?

① 조련사가 어머니의 손길을 피하고, 의사와 형사의 말을 외면하는

것에서 소통이 단절된 상황을 엿볼 수 있군.

┌ ① - ❸ 어머니가 손수건을 꺼내 조련사를 닦아 주려 하나 조련사가 피한다.
│ ① - ❹, ❺ 의사: (조련사에게) 도망치지 마세요. ~ / 조련사가 외면한다.
│ ① - ❻, ❼ 형사: (담배를 비벼 끄고) 야, 인마! 나 똑바로 쳐다봐. ~ /
└ 조련사가 외면한다.

<보기>를 고려하면 조련사가 어머니의 손길을 피하고, 의사와 형사의 말을
외면하는 것은 소통이 단절된 상황을 보여 준다고 할 수 있다.

〔외면하다: 마주치기를 꺼리어 피하거나 얼굴을 돌리다.

② 조련사가 꽤 지쳐 있는 상태에서 자신이 했다는 말을 반복하는

것에서 소통이 어려운 상황에 대한 자포자기의 심정을 엿볼 수 있군.
형사, 의사, 어머니가 조련사의 말을 듣지 않는 상황

┌ ② - ❶ 조련사: (꽤 지쳐 있다) 내가 했는데. 다 내가 했는데.
│ <보기> ❷문장 조련사는 상대가 자신만의 논리를 일방적으로 강요하는 것에
└ 답답함과 무력감을 느낀다.

조사 과정에서 아무도 자신의 말을 믿어주지 않는 소통의 단절이 계속되자
자포자기한 조련사는 지친 상태로 '내가 했는데.'라는 말을 반복하는 모습을 보인다.

〔자포자기: 절망에 빠져 자신을 스스로 포기하고 돌아보지 아니함.

④ 조련사가 코끼리의 형상을 갖춘 뒤 형사, 의사, 어머니가 결의에 찬

박수를 치는 것에서 자신들의 의지가 관철된 만족감을 엿볼 수 있군.
조련사가 형사, 의사, 어머니에게 순응함.

┌ ② - ㉔~㉗ 어느새 조련사는 코끼리와 똑같은 형상을 갖췄다. ~ 형사, 의사,
│ 어머니는 자신의 의지가 관철된 듯, 결의에 찬 박수를 친다. 박수 소리가 점점
│ 커져 우레 같은 박수 소리가 된다.
│ <보기> ❸문장 결국 조련사는 자기 생각을 버리고 타인의 의지에 맞추어
└ 순응하는 수동적인 처지가 된다.

조련사가 코끼리와 똑같은 형상을 갖추게 된 것은 자기 생각을 버리고 타인의
의지에 맞추어 순응하는 수동적인 처지가 되었음을 의미한다. 이에 대해 형사, 의사,
어머니가 박수를 치는 것은 자신들의 의지가 관철된 것에 대한 만족스러움의 표현으로
볼 수 있다.

〔형상: 사물의 생긴 모양이나 상태.

⑤ 조련사가 코끼리가 되어 형사, 의사, 어머니 사이를 돌며 쇼를 하는

것에서 동물원의 코끼리와 다를 바 없는 수동적인 처지로 전락했음을
조련사가 자기 생각을 버리고 타인의 의지에 맞추어 순응하게 됨.
엿볼 수 있군.

→ ② - ㉙ 조련사와 코끼리는 형사, 의사, 어머니 사이를 돌며 쇼를 시작한다.

조련사가 코끼리와 똑같은 형상을 갖추게 된 후 형사, 의사, 어머니 사이를 돌며
쇼를 하는 것은 코끼리와 다를 바 없이 수동적인 처지로 전락한 조련사의 처지를 보여
준다.

〔전락하다: 나쁜 상태나 타락한 상태에 빠지다.

---

01 정답 ⑤ ＊ 단어의 짜임 파악하기

㉠~㉢의 예로 적절하지 않은 것은?

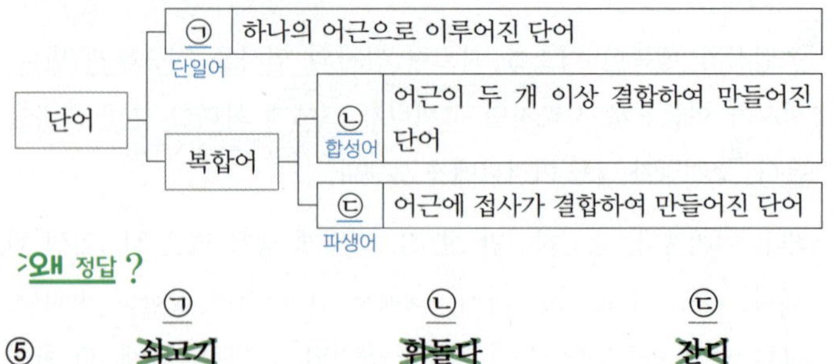

>왜 정답 ?

	㉠	㉡	㉢
⑤	~~쇠고기~~	~~휘돌다~~	~~잔디~~

㉠: '쇠고기'는 '소'라는 어근과 '고기'라는 어근이 결합하여 만들어진 합성어이므로
㉠이 아니라 ㉡에 해당하는 예이다.

㉡: '휘돌다'는 '마구' 혹은 '매우 심하게'라는 뜻을 더하는 접두사 '휘-'와 '돌다'라는
어근이 결합하여 만들어진 파생어이므로 ㉡이 아니라 ㉢에 해당하는 예이다.

㉢: '잔디'는 하나의 어근으로 이루어진 단일어이므로 ㉠에 해당하는 예이다.

>왜 오답 ?

	㉠	㉡	㉢
①	놀다	삶아먹다	치솟다

'놀다'는 하나의 어근으로 이루어진 ㉠ '단일어'이다.

'삶아먹다'는 '삶다'라는 어근과 '먹다'라는 어근이 결합하여 만들어진 ㉡
'합성어'이다.

'치솟다'는 '위로 향하게' 또는 '위로 올려'의 뜻을 더하는 접두사 '치-'와 '솟다'라는
어근이 결합하여 만들어진 ㉢ '파생어'이다.

	㉠	㉡	㉢
②	먹다	촛불	베개

'먹다'는 하나의 어근으로 이루어진 ㉠ '단일어'이다.

'촛불'은 '초'라는 어근과 '불'이라는 어근이 결합하여 만들어진 ㉡ '합성어'이다.

'베개'는 '베다'의 어근 '베-'와 '그러한 행위를 하는 간단한 도구'의 뜻을 더하는
접미사인 '-개'가 결합하여 만들어진 ㉢ '파생어'이다.

	㉠	㉡	㉢
③	귤	김밥	풋사과

'귤'은 하나의 어근으로 이루어진 ㉠ '단일어'이다.

'김밥'은 '김'이라는 어근과 '밥'이라는 어근이 결합하여 이루어진 ㉡ '합성어'이다.

'풋사과'는 '처음 나온' 또는 '덜 익은'의 뜻을 더하는 접두사 '풋-'에 '사과'라는 어근이
결합하여 이루어진 ㉢ '파생어'이다.

	㉠	㉡	㉢
④	치다	강물	지우개

'치다'는 하나의 어근으로 이루어진 ㉠ '단일어'이다.

'강물'은 '강'이라는 어근과 '물'이라는 어근이 결합하여 이루어진 ㉡ '합성어'이다.

'지우개'는 '지우다'의 어근 '지우-'와 '그러한 행위를 하는 간단한 도구'의 뜻을
더하는 접미사인 '-개'가 결합하여 만들어진 ㉢ '파생어'이다.

---

02 정답 ⑤ ＊ 국어의 자음 체계 파악하기

〈보기〉는 국어의 자음을 분류한 표이다. 이를 바탕으로 할 때, 조음 위치와 조음 방법이 모두 바뀌는 음운 변동이 일어난 것은?

〈 보기 〉

조음 방법		조음 위치	입술 소리	잇몸 소리	센 입천장 소리	여린 입천장 소리	목청 소리
안울림 소리	파열음	예사소리	ㅂ	ㄷ		ㄱ	
		거센소리	ㅍ	ㅌ		ㅋ	
		된소리	ㅃ	ㄸ		ㄲ	
	파찰음	예사소리			ㅈ		
		거센소리			ㅊ		
		된소리			ㅉ		
	마찰음	예사소리		ㅅ			ㅎ
		된소리		ㅆ			
울림 소리	비음		ㅁ	ㄴ		ㅇ	
	유음			ㄹ			

> 왜 정답 ?

⑤ 해돋이[해도지]

해돋이 ⟶ [해도지]
ㄷ→ㅈ
구개음화

해돋이가 해도지로 소리 날 때, 'ㄷ'이 'ㅈ'으로 바뀌는 음운 변동이 일어난다.

따라서 조음 위치에 따라 자음을 분류하면 잇몸소리에서 센입천장소리로 바뀌게 되며, 이때 조음 방법에 따라 자음을 분류하면 파열음에서 파찰음으로 바뀌게 된다.

> 왜 오답 ?

① 잠념[잠념]

잡념 ⟶ [잠념]
ㅂ+ㄴ→ㅁ+ㄴ
비음화

잡념이 [잠념]으로 소리 날 때, 'ㅂ'이 'ㅁ'으로 바뀌는 음운 변동이 일어난다.

즉, 조음 위치에 따른 자음의 종류는 입술소리로 변화가 없으며, 조음 방법에 따른 분류에서 자음을 분류하면 파열음에서 비음으로 바뀌게 된다.

② 항로[항노]

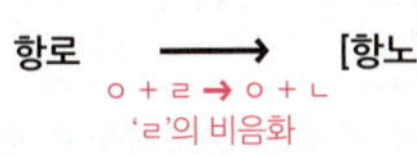

항로 ⟶ [항노]
ㅇ+ㄹ→ㅇ+ㄴ
'ㄹ'의 비음화

항로가 [항노]로 소리 날 때, 'ㄹ'이 'ㄴ'으로 바뀌는 음운 변동이 일어난다.

즉, 조음 위치에 따른 자음의 종류는 잇몸소리로 변화가 없으며, 조음 방법에 따른 분류에서는 유음에서 비음으로 바뀌게 된다.

③ 병뚜껑[병뚜껑]

병뚜껑이 [병뚜껑]으로 소리 날 때는 음운 변동이 일어나지 않는다.

④ 줄넘기[줄럼끼]

줄넘기 ⟶ [줄럼끼]
ㄹ+ㄴ→ㄹ+ㄹ
유음화
ㄱ→ㄲ
된소리되기

줄넘기가 [줄럼끼]로 소리 날 때, 'ㄴ'이 'ㄹ'로, 'ㄱ'이 'ㄲ'으로 바뀌는 음운 변동이 일어난다. 'ㄴ'이 'ㄹ'로 바뀔 때 조음 위치에 따른 자음의 종류는 잇몸소리로 변화가 없으며, 조음 방법에 따른 분류에서는 비음에서 유음으로 바뀌게 된다.

또한, 'ㄱ'이 'ㄲ'으로 바뀔 때 조음 위치에 따른 자음의 종류는 여린입천장소리로 변화가 없으며, 조음 방법에 따른 분류에서는 예사소리에서 된소리로 바뀌게 된다.

03 정답 ⑤ ＊ 인용 표현 파악하기

〈보기〉의 설명을 참고할 때, ⓐ와 ⓑ에 들어갈 말로 적절하게 짝지어진 것은?

직접 인용은 원래의 말이나 글을 그대로 큰따옴표(" ")에 넣어
직접 인용 부호
인용하는 것이고, 간접 인용이란 인용된 말이나 글을 자신의 관점에서 다시 서술하여 표현하는 것이다.

직접 인용을 간접 인용으로 바꿀 때 인용절의 종결 표현, 지시 표현,
선어말 어미 '-시-' 등   종결 어미가 바뀜. '이, 그, 저' 등
높임 표현, 시간 표현 등이 달라질 수 있다.
'어제, 내일, 이번주' 등

직접 인용	조카가 어제 나에게 "내일 집에 계세요?" 라고 물었다.

(화살표)

간접 인용	조카가 어제 나에게 (ⓐ) 집에 (ⓑ) 물었다.

> 왜 정답·오답 ?

⑤ ⓐ: 오늘 ⓑ: 있냐고

ⓐ에 들어갈 말은 직접 인용절의 '내일'을 '나'의 관점에서 다시 표현한 것이다. 어제 조카가 말한 '내일'은 간접 인용을 하는 '나'의 관점에서 '오늘'을 가리킨다.

ⓑ에 들어갈 말은 직접 인용절의 "계세요?"라고'를 '나'의 관점에서 다시 표현한 것이다. '계세요'는 '있다'의 높임 표현인 '계시다'의 어간 '계시-'와 상대를 높이며 의문을 나타내는 종결 어미 '-에요'가 결합한 말로, 높임의 대상은 청자인 '나'이다. 이때 간접 인용을 하는 '나'의 관점에서는 '나'를 높이지 않으므로 '계시-'는 '있-'으로, 종결 어미 '-에요'는 '-냐고'로, 인용격 조사 '라고'는 '고'로 바꾸어야 한다.

04 정답 ① ＊ 어휘의 의미 파악하기

문맥상 ⓐ의 의미와 가장 가까운 것은?

홉스는 국가 성립 과정을 설명하기 위해 국가가 성립하기 이전의 집단적 삶인 자연 상태를 가정한다. 그는 인간을 자기 보존을 추구하는 존재로 규정한다. 또한 인간은 자연 상태에서 누구나 절대적인 자유를 행사할 수 있는 권리를 ⓐ 지니는데, 이를 자연권이라고 말한다.
'바탕으로 갖추고 있다.'라는 의미임.

> 왜 정답 ?

① 그는 국내외적으로 큰 영향력을 지니고 있다.
'바탕으로 갖추고 있다.'라는 의미임.

> 왜 오답 ?

② 나는 돌아가신 할아버지의 유언을 마음에 지니고 산다.
'기억하여 잊지 않고 새겨 두다.'라는 의미임.

③ 그녀는 생일 선물로 받은 목걸이를 늘 몸에 지니고 다닌다.
'몸에 간직하여 가지다.'라는 의미임.

④ 그는 계약을 성사시킬 책임을 지니고 출장을 떠났다.
'어떠한 일 따위를 맡아 가지다.'라는 의미임.

⑤ 오랜만에 찾아간 고향은 예전 모습을 그대로 지니고 있었다.
'본래의 모양을 그대로 간직하다.'라는 의미임.

01~03

\# 출제 ▬ 중심 내용

❶ 안녕하세요? ❷여러분, 병풍이 무엇인지 알고 계신가요? ❸(청중의
반응을 살피며) \# 질문을 활용하여 청중과 상호작용함. 네, 고개를 끄덕이는 분들이 많으시네요. ❹최근 한 휴대폰
제조사에서 여러 번 접을 수 있는 병풍의 특징을 적용한 '병풍폰'을
개발한다는 기사를 보았습니다. ❺저는 이 기사를 보고 호기심이 생겨
전통 공예품 중 병풍에 대해 조사하여 발표하게 되었습니다.
\# '병풍'을 발표 소재로 선정한 계기를 언급하며 발표를 시작함.

*❶ 요약 : '병풍폰'을 개발한다는 기사를 본 계기로
발표 화제를 '병풍'으로 선정함.

❷ ❶'병풍'은 바람을 막는다는 의미를 지니는데, 바람을 막는 기능 외에
무엇을 가리는 용도로도 사용되는 소품입니다. ❷(㉠ 자료를 제시하며)
병풍은 이렇게 펼치고 접을 수 있는 구조적 특징이 있어 \# 병풍의 구조적 특징을 보여주는 자료 **공간을**
효율적으로 사용할 수 있도록 하는 장점이 있습니다. \# 병풍의 구조적 특징 ❸병풍을 펼쳐
병풍의 장점 ①
공간을 분리하거나, 접어서 공간을 확장하여 사용할 수 있기 때문입니다.
❹이러한 구조적 특징으로 인해 **야외나 다른 공간으로 병풍을 옮겨**
병풍의 장점 ②
사용하기 편리하고, 접었을 때 보관하기에도 용이합니다.

*❷ 요약 : 펼치고 접을 수 있는 병풍의 구조적 특징

❸ ❶병풍은 **공간을 꾸며 상황에 맞는 분위기를 조성하는** 장식적
병풍의 장식적 특징
특징도 있습니다. ❷이러한 특징은 병풍에 그림을 넣는 데서 두드러지게
나타나는데, 병풍에는 상징적인 의미를 지닌 그림들을 사용하는
경우가 많습니다. ❸장수를 기원할 때는 십장생을, 선비의 지조를
상징적인 의미를 지닌 그림의 예 ①
강조하고자 할 때는 사군자를 그린 그림을 사용하기도 하였습니다.
❹상징적인 의미를 지닌 그림의 예 ②
(㉡ 자료를 제시하며) 지금 보시는 이 병풍에는 꽃과 새가 그려져
\# 병풍의 장식적 특징을 보여 주는 자료   상징적인 의미를 지닌 그림의 예 ③
있는데, 결혼식 때 신랑 신부의 행복과 부귀영화를 기원하는 상징적
의미를 담은 것입니다. 꽃과 새를 화려하게 그려 넣어 장식함으로써
결혼식의 경사스러운 분위기를 조성하는 데 사용합니다.

*❸ 요약 : 공간을 꾸며 상황에 맞는 분위기를 조성하고
상징적 의미를 담은 병풍의 장식적 특징

❹ ❶(㉢ 자료를 제시하며) 여러분, 이 병풍에는 어떤 특징이 있을까요?
❷\# 문자도 병풍을 보여 주는 자료   \# 질문을 활용하여 청중과 상호작용함.
(청중의 대답을 듣고) 네, 맞습니다. ❸이 병풍은 글자와 그림이
어우러져 있는 '문자도 병풍'입니다. ❹문자도 병풍은 유교의 주요
덕목을 나타내는 글자를 그린 병풍입니다. ❺보시는 것처럼 '효'라는
한자와 다양한 소재들이 어우러져 있는데요, 각 소재들은 효자와
관련된 이야기에 등장하는 것들입니다. ❻이 중에서 가장 크게 보이는
\# 구체적인 예를 들어 발표 내용에 대한 이해를 도움.
잉어를 예로 들자면, 추운 겨울에 물고기를 드시고 싶어 하는
부모님을 위해 얼음을 깨고 물고기를 잡은 효자의 설화와 관련이
있습니다. ❼이러한 문자도 병풍은 **집안을 장식하고 유교적 덕목을**
\# 문자도 병풍의 용도
되새기기 위한 용도로 사용되었습니다.

*❹ 요약 : 유교의 주요 덕목을 나타내는
글자와 그림을 담은 '문자도 병풍'

❺ 병풍은 우리 선조들의 생활 속에서 꾸준하게 사랑받아 온,
실용성과 예술성을 겸비한 생활용품입니다. ❷[앞으로 여러분께서도
\# [ ]: 병풍에 대한 관심을 당부하며 발표를 마무리함.
어디선가 병풍을 접했을 때 관심 있게 살펴봐 주시기 바랍니다.
❸그리고 발표 내용을 떠올리면서 병풍에 담긴 의미를 생각해 보고, 그
아름다움도 느껴 보시면 좋을 것 같습니다.] ❹이상으로 발표를
마치겠습니다.

선조: 먼 윗대의 조상
실용성: 실제적인 쓸모가 있는 성질이나 특성
예술성: 예술 작품이 지닌 예술적인 특성
겸비하다: 두 가지 이상을 아울러 갖추다.

*❺ 요약 : 병풍에 관심을 가질 것을 당부하며 발표를 마무리함.

---

01 정답 ② * 말하기 방식 파악하기 ·········· [정답률 90%]

위 발표에 대한 설명으로 적절하지 않은 것은?

⟩왜 정답?

② 다른 대상과 **대비**하여 발표 소재의 장점을 강조하고 있다.
대비하지 않음.   '병풍'

> ❷-❷~❹ ~ 병풍은 ~ 공간을 효율적으로 사용할 수 있도록 하는 장점이
> 있습니다. ~ 야외나 다른 공간으로 병풍을 옮겨 사용하기 편리하고,
> 접었을 때 보관하기에도 용이합니다.

윗글은 시각적 자료를 제시하며 발표 소재 '병풍'의 장점을 설명하고 있다. 하지만
'병풍'을 다른 대상과 대비하는 부분은 드러나지 않는다.

⟩왜 오답?

① 발표 소재를 선정한 계기를 언급하며 발표를 시작하고 있다.
'병풍'   '병풍폰'을 개발한다는 기사를 봄.

> ❶-❹, ❺ 최근 한 휴대폰 제조사에서 여러 번 접을 수 있는 병풍의
> 특징을 적용한 '병풍폰'을 개발한다는 기사를 보았습니다. 저는 이 기사를
> 보고 호기심이 생겨 전통 공예품 중 병풍에 대해 조사하여 발표하게
> 되었습니다.

③ 구체적인 예를 들어 발표 내용에 대한 이해를 돕고 있다.
'십장생', '사군자', '꽃과 새', '잉어'와 관련된 설화

> ❸-❸, ❹ 장수를 기원할 때는 십장생을, 선비의 지조를 강조하고자 할
> 때는 사군자를 그린 그림을 사용하기도 하였습니다. ~ 지금 보시는 이
> 병풍에는 꽃과 새가 그려져 있는데, 결혼식 때 신랑 신부의 행복과
> 부귀영화를 기원하는 상징적 의미를 담은 것입니다.
> ❹-❻ 이 중에서 가장 크게 보이는 잉어를 예로 들자면, ~

④ 질문을 던지는 방식을 활용하여 청중과 상호작용하고 있다.
질문에 대한 청중의 반응과 대답을 확인하고 발표를 이어감.

> ❶-❷, ❸ 여러분, 병풍이 무엇인지 알고 계신가요? (청중의 반응을
> 살피며) 네, 고개를 끄덕이는 분들이 많으시네요.
> ❹-❶, ❷ ~ 여러분, 이 병풍에는 어떤 특징이 있을까요? (청중의 대답을
> 듣고) 네, 맞습니다.

⑤ 발표 소재에 대한 관심을 당부하며 발표를 마무리하고 있다.
병풍을 접했을 때 관심 있게 살펴봐 주기를 당부함.

> ❺-❷~❹ 앞으로 여러분께서도 어디선가 병풍을 접했을 때 관심 있게
> 살펴봐 주시기 바랍니다. ~ 이상으로 발표를 마치겠습니다.

02 정답 ② ★ 자료 활용의 적절성 파악하기 ·········· [정답률 88%]

다음은 발표자가 제시한 자료이다. 발표자의 자료 활용에 대한 이해로 적절하지 <u>않은</u> 것은?

펼치고 접을 수 있음.
→ 병풍의 구조적 특징이 드러남. → ㉠

[자료 1]

상징적 의미를 담은 꽃과 새가 화려하게 그려져 있음. → 병풍의 장식적 특징이 드러남. → ㉡

[자료 2]

글자('효')와 그림이 어우러진 문자도 병풍 → ㉢

[자료 3]

>왜 정답?

② ㉠에서 [자료 1]을 활용하여, 실내외 공간에 따라 그림이나 글자를 <u>선택</u>할 수 있는 병풍의 <u>다양성</u>을 설명하였다.
　선택할 수 없음.　　　　　　설명하지 않음.

윗글에서는 병풍의 다양성을 설명하지 않았다. 또한 [자료 1]은 병풍의 펼치고 접을 수 있는 구조적 특징을 보여주는 자료이므로 병풍의 다양성을 설명하기에 적절하지 않다.

〔**다양성**: 모양, 빛깔, 형태, 양식 따위가 여러 가지로 많은 특성

>왜 오답?

① ㉠에서 [자료 1]을 활용하여, 펼치고 접을 수 있어 공간 활용의
　펼치고 접을 수 있는 병풍의 모습이 제시됨.
　효율성을 높이는 병풍의 구조적 특징을 설명하였다.

> ②-❷ (㉠ 자료를 제시하며) 병풍은 이렇게 펼치고 접을 수 있는 구조적 특징이 있어 공간을 효율적으로 사용할 수 있도록 하는 장점이 있습니다.

〔**효율성**: 들인 노력과 얻은 결과의 비율이 높은 특성

③ ㉡에서 [자료 2]를 활용하여, 기원하는 바를 그림에 담아 표현하는
　꽃과 새가 화려하게 그려져 있음.　　결혼식 때 신랑 신부의 행복과 부귀영화를 기원함.
　병풍의 상징성을 설명하였다.

> ③-❹ (㉡ 자료를 제시하며) 지금 보시는 이 병풍에는 꽃과 새가 그려져 있는데, 결혼식 때 신랑 신부의 행복과 부귀영화를 기원하는 상징적 의미를 담은 것입니다.

〔**상징성**: 추상적인 사물이나 개념을 구체적인 사물로 나타내는 성질

④ ㉡에서 [자료 2]를 활용하여, 공간을 꾸며 상황에 맞는 분위기를
　꽃과 새가 화려하게 그려져 있음.　　결혼식의 경사스러운 분위기를 조성함.
　조성하는 병풍의 장식적 특징을 설명하였다.

> ③-❺ 꽃과 새를 화려하게 그려 넣어 장식함으로써 결혼식의 경사스러운 분위기를 조성하는 데 사용합니다.

〔**조성하다**: 분위기나 정세 따위를 만들다.

⑤ ㉢에서 [자료 3]을 활용하여, 글자와 그림을 통해 유교적 덕목을
　글자('효')와 그림들이 어우러짐.　　글자('효') + 효자와 관련된 이야기에 등장하는 다양한 소재
　되새길 수 있는 병풍의 용도를 설명하였다.

> ④-❼ 이러한 문자도 병풍은 집안을 장식하고 유교적 덕목을 되새기기 위한 용도로 사용되었습니다.

03 정답 ① ★ 반응의 적절성 파악하기 ·············· [정답률 92%]

다음은 발표를 듣고 학생이 보인 반응이다. 이를 이해한 내용으로 가장 적절한 것은?

> ❶ 얼마 전 카페에서 전체를 접고 펼 수 있는 구조로 된 창문을 보았어.
> 　자신의 경험을 떠올림.
> ❷ 날씨가 나쁠 때는 펼쳐서 외부와 차단하고, 날씨가 좋을 때는 접어서
> 공간을 확장하여 사용하고 있었어. ❸ 발표 내용을 듣고 그 창문이 공간을
> 　자신의 경험과 발표 내용을 연결함. →병풍과 창문의 구조적 유사점
> 분리하고 확장하는 병풍의 구조적 특징과 유사하다고 생각하게 되었어.
> ❹ 박물관에서나 볼 수 있는 옛날 물건이라고만 생각했던 병풍이 가지는
> 　　　　　　　　　　　　　병풍에 대해 새롭게 인식함.
> 현대적 가치를 생각해 보는 기회가 되었어.

>왜 정답?

① 자신의 경험과 관련지어 발표 소재에 대해 새롭게 인식하고 있다.
　　　　　　　　　　　　　　'병풍'

★ **근거**: ②-❷, ❸, 학생의 반응 ❶~❹

　학생은 발표를 듣고 카페에서 병풍과 유사한 구조적 특징을 지닌 창문을 보았던 경험을 떠올렸다. 그리고 발표 내용과 자신의 경험을 관련지어 병풍이 옛날뿐 아니라 현대에서도 가치를 지니고 사용될 수 있다고 새롭게 인식하고 있다.

>왜 오답?

② 발표 내용이 발표 주제에 부합하는지 객관적으로 <u>분석</u>하고 있다.
　　　　　　　　　　　　　　　　　　분석하지 않음.

③ 발표를 듣기 전에 지녔던 <u>의문</u>을 발표 내용을 통해 <u>해소</u>하고 있다.
　　　　　　　　　드러나지 않음.　　　　　드러나지 않음.

④ 발표 내용 중 사실과 의견을 <u>구분</u>하여 선별적으로 수용하고 있다.
　　　　　　　　　　　　　구분하지 않음.

⑤ 배경지식을 활용하여 발표자의 견해를 비판적으로 <u>평가</u>하고 있다.
　카페에서 본 창문의 구조　　　　　　　　　　평가하지 않음.

04~07

#출제　▨ 중심 내용

(가) ❶ **동아리 회장**: 지난 회의에서 우리 학교 학생들을 대상으로 반려 식물
　　# 지난 회의의 내용을 환기함.
키우기 캠페인을 하기로 결정했는데요, 오늘은 캠페인을 어떻게, 어떤 내용으로 진행할지에 대해 협의해 보겠습니다. 좋은 의견이 있으면
　　# 이번 회의에서 협의할 내용을 밝힘.
말씀해 주시기 바랍니다.

❷ **부원 1**: 이번 캠페인을 통해 많은 학생들이 반려 식물을 키워 보는 경험을
　　　　　　　　　반려 식물 키우기 캠페인의 목적
하는 것이 가장 중요하다고 생각합니다. 그렇게 하려면 학생들에게 반려 식물 모종을 나누어 주고 직접 키워 보도록 해야 할 것 같습니다.

❸ **부원 2**: 저도 같은 생각입니다. 다만 우리 학교 학생들에게 나누어 줄
　　　　　　　　　　　　　　　'부원 1'의 견해에 우려를 드러냄.
모종을 충분히 준비할 수 있을까요?

❹ **부원 1**: 예전에 동아리 담당 선생님께서 학교에 생태 교육 예산이 있다고 말씀하신 것을 들은 적이 있는데, 혹시 그 예산으로 반려 식물 모종을 준비할 수 있지 않을까요?

❺ **동아리 회장**: 저도 그 이야기를 들어서 여쭤어보았더니 선생님께서 그 예산으로 300개 정도의 모종을 준비해 주실 수 있다고 말씀하셨고,
　　반려 식물 키우기 캠페인에서 나누어 줄 수 있는 모종의 수
학생들이 키우기 좋은 반려 식물 세 가지도 추천해 주셨습니다.

⑥ 부원 1: 반가운 소식이네요. 그런데 모종의 수가 우리 학교 학생 수의
  절반밖에 되지 않아 걱정입니다.
  # '동아리 회장'의 발화에 우려를 드러냄.

⑦ 부원 2: 그래도 300명이나 되는 학생들이 반려 식물을 키우는
  경험을 할 수 있고 반려 식물 키우기를 원치 않는 학생들도 있을 테니,
  [A]: 모종 300개로도 캠페인을 진행할 수 있는 이유
  모종 300개로도 캠페인을 진행하는 데 무리가 없을 것 같습니다. [A]

⑧ 부원 1: 말씀을 들어 보니 모종 수는 문제가 되지 않겠네요.
  # '부원 1'의 우려를 해소함.

⑨ 동아리 회장: 그런데 캠페인이 모종 나누어 주기만으로 끝나면 안 될
  것 같습니다. 나누어 줄 식물의 이름, 특징, 키우는 방법에 대한
  정보도 함께 제공해야 하지 않을까요?
  # 의문의 형식을 활용하여 자신의 견해를 제안함.

⑩ 부원 1: 좋은 의견이네요.

⑪ 부원 2: 저도 같은 생각입니다. 정보를 제공하면 반려 식물을 더 잘
  키우는 데 도움이 될 수 있을 것입니다.

⑫ 동아리 회장: [반려 식물 모종 나누기와 함께 반려 식물과 관련한
  회의 참여자가 모두 공감한 내용
  정보를 제공해 주자는 의견에 모두 공감하는 것 같은데요, 반려
  식물에 대한 정보를 담은 안내문을 만들어 모종과 함께 나누어 주면
  어떨까요?]
  # 의문의 형식을 활용하여 자신의 견해를 제안함.

⑬ # [ ]: 서로 공감한 내용을 바탕으로 새로운 의견을 제시함.
  부원 2: 좋은 생각입니다. 모종 나누기 행사 전에 안내문을 학교
  게시판에 게시하면 캠페인의 홍보 효과도 얻을 수 있을 것 같아요.

⑭ 동아리 회장: 그렇네요. 그럼 안내문에는 어떤 내용을 어떤 순서로
  제시할지 한 분씩 의견을 말씀해 주시기 바랍니다.
  # 논의 내용을 구체화할 수 있는 발언을 유도함.

⑮ 부원 1: 먼저 반려 식물은 무엇인지, 반려 식물을 키우면 어떤 효과가
  안내문에 제시할 내용 ①
  있는지 밝히면 좋겠어요. 그러면 학생들이 캠페인에 더 많은
  관심을 가질 것 같습니다.

⑯ 부원 2: 그다음에 모종 나누기 행사를 안내하고, 반려 식물의 이름, 특징,
  안내문에 제시할 내용 ②
  키우는 방법 등을 제시했으면 합니다.

⑰ 부원 1: 하지만 안내문의 제한된 공간에 반려 식물을 키우는
  # '부원 2'의 의견에 대한 우려를 드러냄.
  방법까지 제시하는 것은 어렵지 않을까요? 나누어 주려는 반려
  식물이 세 가지나 되는데, 이 세 가지 식물을 키우는 방법을 모두 [B]
  [B]: 안내문에 '부원 2'가 제시한 모든 정보를 넣을 수 없다고 봄.
  안내하는 것은 무리일 것 같습니다.

⑱ 동아리 회장: 음, 각각의 반려 식물을 키우는 방법을 안내하는
  # '부원 1'의 우려를 해소할 방안을 제시함.
  홈페이지를 QR 코드로 연결해 두면 어떨까요?
  # 의문의 형식을 활용하여 자신의 견해를 제안함.

⑲ 부원 1: 그러면 학생들이 스마트 기기를 이용해 반려 식물을 키우는
  방법을 확인할 수 있어 매우 유용하겠네요.

⑳ 부원 2: 그리고 반려 식물을 키우며 수시로 생기는 궁금증을 해결할 수
  '동아리 회장'의 의견을 뒷받침함. 안내문에 제시할 내용 ③
  있게 우리 동아리 블로그를 안내해도 좋겠어요.

㉑ 부원 1: 좋은 의견입니다. 고양이를 애지중지 키우는 사람을 뜻하는
  '냥집사'처럼, 식물을 키우며 기쁨을 찾는 사람들이라는 의미로
  '식집사'라는 용어를 쓰면 학생들이 더 흥미를 느낄 수 있지 않을까요?
  안내문에 활용할 단어를 제시함.

㉒ 동아리 회장: 재미있겠는데요. 그럼 지금까지의 회의 내용을 바탕으로
  안내문을 작성해 보도록 합시다.
  # 다음 활동을 제시하며 회의를 마무리함.

協議하다: 둘 이상의 사람이 서로 협력하여 의논하다.
提示하다: 어떠한 의사를 말이나 글로 나타내어 보이게 하다.
揭示하다: 여러 사람에게 알리기 위하여 내붙이거나 내걸어 두루 보게 하다.
制限되다: 일정한 한도가 정하여지거나 그 한도가 초과되지 못하게 막히다.
隨時: 일정하게 정하여 놓은 때 없이 그때그때 상황에 따름.

(나)

① 반려 식물을 키우는 '식집사'가 되어 보세요!
(가)의 의견을 반영하여 '식집사'라는 용어를 사용함.

② ▶ 반려 식물이란?
③ 생활공간에서 정서적으로 교감하는 식물을 일컫는 말이에요.

④ ▶ 반려 식물을 키우면?
⑤ 생명을 키우는 성취감, 정서 안정, 공기 정화의 효과가 있어요.

⑥ ▶ 반려 식물 모종 나누기 행사를 한다고요?
⑦ ☞ 〈3월 23일 하교 시간, 본관 앞〉에서,
  # 행사의 일시와 장소를 밝힘.
  원하는 모종을 하나씩 나누어 드려요. (300개 한정)
  # 반려 식물의 이름과 특징을 밝힘.

⑧ 〈유칼립투스〉   〈아이비〉   〈칼라데아〉

은은한 향기가 주는   물만 주면 잘 자라는   풍성한 잎이 전하는
마음의 평화   공기 청정기   싱그러운 생명감

⑨ ▶ 반려 식물은 어떻게 키우나요?
⑩ 반려 식물을 키우는 방법을 QR 코드로 확인하세요.
  QR 코드로 반려 식물을 키우는 방법을 안내함.

〈유칼립투스〉   〈아이비〉   〈칼라데아〉

⑪       [QR 코드]

⑫ ▶ 반려 식물을 키우면서 궁금증이 생기면?
⑬ 우리 동아리 블로그(blog.com/eco△△△)를 찾아 주세요.
  # 반려 식물을 키우며 생기는 궁금증을 해결할 수 있도록 동아리 블로그를 소개함.
⑭ 생태 환경 동아리 '푸른누리'

情緒的: 정서를 불러일으키는 것
交感하다: 서로 접촉하여 따라 움직임을 느끼다.
成就感: 목적한 바를 이루었다는 느낌

---

04 정답 ⑤ ★ 말하기 방식 파악하기 ·················· [정답률 88%]

(가)의 '동아리 회장'의 말하기 방식으로 적절하지 않은 것은?

▷왜 정답?

⑤ 회의 내용을 전체적으로 요약하며 회의를 마무리하고 있다.
  요약하며 마무리하지 않음.

> (가) - ㉒ 동아리 회장: 재미있겠는데요. 그럼 지금까지의 회의 내용을
> 바탕으로 안내문을 작성해 보도록 합시다.
> 다음 활동을 제시하며 회의를 마무리함.

▷왜 오답?

① 지난 회의 내용을 환기하며 협의할 내용을 밝히고 있다.
  반려 식물 키우기 캠페인 진행   캠페인의 구체적인 진행 내용

> (가) - ① 동아리 회장: 지난 회의에서 우리 학교 학생들을 대상으로 반려
> 식물 키우기 캠페인을 하기로 결정했는데요, 오늘은 캠페인을 어떻게,
> 지난 회의 내용을 환기함.   회의에서 협의할 내용을 밝힘.
> 어떤 내용으로 진행할지에 대해 협의해 보겠습니다. ~

② 의문의 형식을 활용하여 자신의 견해를 제안하고 있다.
'~ 않을까요?', '~ 어떨까요?'　　　　식물에 대한 정보를 담은 안내문을 제공함.

> (가) - ⑨ 동아리 회장: ~ 나누어 줄 식물의 이름, 특징, 키우는 방법에 대한
> 정보도 함께 제공해야 하지 않을까요?
> (가) - ⑫ 동아리 회장: 반려 식물 모종 나누기와 함께 반려 식물과 관련한
> 정보를 제공해 주자는 의견에 모두 공감하는 것 같은데요, 반려 식물에
> 대한 정보를 담은 안내문을 만들어 모종과 함께 나누어 주면 어떨까요?
> (가) - ⑬ 동아리 회장: 음, 각각의 반려 식물을 키우는 방법을 안내하는
> 홈페이지를 QR 코드로 연결해 두면 어떨까요?

③ 서로 공감한 내용을 바탕으로 새로운 의견을 제시하고 있다.
모종을 나누어 주면서 식물과 관련한 정보를 제공함.　　　안내문을 활용함.

> (가) - ⑫ 동아리 회장: 반려 식물 모종 나누기와 함께 반려 식물과 관련한
> 정보를 제공해 주자는 의견에 모두 공감하는 것 같은데요, 반려 식물에
> 대한 정보를 담은 안내문을 만들어 모종과 함께 나누어 주면 어떨까요?

④ 논의된 내용을 구체화할 수 있는 발언을 유도하고 있다.
안내문에 제시할 내용과 안내문의 순서에 대한 의견을 유도함.

> (가) - ⑭ 동아리 회장: 그렇네요. 그럼 안내문에는 어떤 내용을 어떤 순서로
> 제시할지 한 분씩 의견을 말씀해 주시기 바랍니다.

---

05 정답 ③ ＊ 담화의 내용 파악하기 ·························· [정답률 92%]

[A], [B]에 대한 설명으로 가장 적절한 것은?

> **왜 정답?**

③ [A]는 상대의 우려를 해소하는, [B]는 상대의 견해에 우려를 드러내는
'~ 무리가 없을 것 같습니다.'　　　'~ 무리일 것 같습니다.'
발화이다.

> (가) - ⑥, ⑦ 부원 1: 반가운 소식이네요. 그런데 모종의 수가 우리 학교
> 학생 수의 절반밖에 되지 않아 걱정입니다.
> 부원 2: 그래도 300명이나 되는 학생들이 반려 식물을 키우는 경험을 할
> 수 있고 반려 식물 키우기를 원치 않는 학생들도 있을 테니, 모종 [A]
> 300개로도 캠페인을 진행하는 데 무리가 없을 것 같습니다.
> '부원 1'의 우려를 해소함.
> (가) - ⑯, ⑰ 부원 2: 그다음에 모종 나누기 행사를 안내하고, 반려
> 식물의 이름, 특징, 키우는 방법 등을 제시했으면 합니다.
> 부원 1: 하지만 안내문의 제한된 공간에 반려 식물을 키우는 방법까지
> 제시하는 것은 어렵지 않을까요? 나누어 주려는 반려 식물이 세 가지나
> 되는데, 이 세 가지 식물을 키우는 방법을 모두 안내하는 것은 무리일 것 [B]
> 같습니다.
> '부원 2'의 견해에 우려를 드러냄.

> **왜 오답?**

① [A]는 미래의 상황을 예측하는, [B]는 과거의 상황을 ~~환기~~하는
모종이 부족하지 않을 것이라고 예측함.　　　　드러나지 않음.
발화이다.

＊ 근거: (가) - ❼

② [A]는 상대의 의견을 ~~보완~~하는, [B]는 상대의 의견을 ~~뒷받침~~하는
드러나지 않음.　　　　드러나지 않음.
발화이다.

④ [A]는 문제 해결의 ~~방법을~~ 요구하는, [B]는 문제 해결의 ~~결과에~~
드러나지 않음.　　　　드러나지 않음.
~~주목~~하는 발화이다.

⑤ [A]는 상대와 자신의 견해 차이를 확인하는, [B]는 상대와 자신의
'부원 1'과 달리 모종이 부족하지 않을 것이라고 봄.
~~공통~~된 견해를 확인하는 발화이다.
드러나지 않음.

＊ 근거: (가) - ❻~❼

---

06 정답 ③ ＊ 작문 계획의 적절성 파악하기 ·············· [정답률 83%]

(가)의 내용이 (나)에 반영된 양상으로 적절하지 않은 것은?

> **왜 정답?**

③ (가)에서 학생들이 캠페인에 적극적으로 동참하도록 ~~촉구~~하자는
드러나지 않음.
의견에 따라, (나)에서 캠페인의 ~~취지~~를 설명하고 있다.
설명하지 않음.

> **왜 오답?**

① (가)에서 반려 식물 모종 나누기 행사를 안내하자는 의견에 따라,
'부원 2'의 의견
(나)에서 행사의 일시와 장소를 밝히고 있다.
모종 나누기 행사를 하는 일시와 장소를 밝힘.

> (가) - ⑯ 부원 2: 그다음에 모종 나누기 행사를 안내하고, ~
> (나) - ❼ ☞ 〈3월 23일 하교 시간, 본관 앞〉에서, 원하는 모종을 하나씩
> 나누어 드려요. (300개 한정)

② (가)에서 반려 식물과 관련한 정보를 제공하자는 의견에 따라,
'동아리 회장'의 의견
(나)에서 반려 식물의 이름, 특징 등을 제시하고 있다.
'유칼립투스', '아이비', '칼라데아'의 특징을 제시함.

> (가) - ⑨ 동아리 회장: ~ 나누어 줄 식물의 이름, 특징, 키우는 방법에 대한
> 정보도 함께 제공해야 하지 않을까요?
> (나) - ❽ 〈유칼립투스〉 은은한 향기가 주는 마음의 평화 / 〈아이비〉 물만
> 주면 잘 자라는 공기 청정기 / 〈칼라데아〉 풍성한 잎이 전하는 싱그러운
> 생명감

④ (가)에서 반려 식물을 키우며 생기는 궁금증을 해결하게 돕자는
'부원 2'의 의견
의견에 따라, (나)에서 동아리 블로그를 소개하고 있다.
동아리 블로그 주소를 제시함.

> (가) - ⑳ 그리고 반려 식물을 키우며 수시로 생기는 궁금증을 해결할 수
> 있게 우리 동아리 블로그를 안내해도 좋겠어요.
> (나) - ⑫, ⑬ 반려 식물을 키우면서 궁금증이 생기면? / 우리 동아리
> 블로그(blog.com/eco△△△)를 찾아 주세요.

⑤ (가)에서 학생들이 흥미를 느낄 수 있도록 '식집사'라는 용어를
'부원 1'의 의견
쓰자는 의견에 따라, (나)의 제목에서 해당 용어를 사용하고 있다.
'식집사'라는 용어를 사용함.

> (가) - ㉑ 부원 1: 식물을 키우며 기쁨을 찾는 사람들이라는 의미로
> '식집사'라는 용어를 쓰면 학생들이 더 흥미를 느낄 수 있지 않을까요?
> (나) - ❶ 반려 식물을 키우는 '식집사'가 되어 보세요!

---

07 정답 ⑤ ＊ 자료 활용의 적절성 파악하기 ·············· [정답률 90%]

(나)의 성격을 고려할 때, 〈보기〉의 자료를 활용하여 (나)를 보완하는 방안으로
가장 적절한 것은? [3점]

> ─── 〈 보기 〉 ───
>
> [신문 자료]
> ❶ 최근 반려 동물과 식물에 대한 관심이 커지면서 이와 관련한 문제점이
> 나타나고 있다. ❷ 반려 동물의 경우 이미 동물 학대, 동물 유기 등이 사회적
> 반려 동물에 관련한 사회적 문제
> 문제로 부각되고 있으며, 최근에는 반려 식물과 관련한 문제도 증가하고
> 있다. ❸ 반려 식물은 반려 동물에 비해 존재감이 미약해 관리를 소홀히
> 하여 생명을 잃는 경우가 많고, 버려지는 사례도 점점 늘고 있다.
> 반려 식물에 관련한 사회적 문제

⑤ 반려 식물이 생명을 지닌 존재임을 언급하며 정성을 기울여 반려
반려 식물도 생명을 지닌 존재임. → 정성을 기울여 키워야 함.
식물을 키워 줄 것을 권유하는 문구를 추가해야겠어.

<보기> ❸문장 반려 식물은 반려 동물에 비해 존재감이 미약해 관리를
소홀히 하여 생명을 잃는 경우가 많고, 버려지는 사례도 점점 늘고 있다.

<보기>에서는 관리 소홀로 인해 반려 식물이 생명을 잃거나 버려지는 문제들이
점점 늘고 있음을 지적하고 있다. 따라서 이 자료를 활용하여 반려 식물을 키울 때,
반려 식물을 쉽게 버리거나 죽지 않도록 정성을 기울이기를 권유하는 문구를 (나)에
추가할 수 있다.

① 반려 식물을 키우기 쉬운 이유를 밝히며 지속적인 관심과 노력이
드러나지 않음.
필요하다는 점을 강조해야겠어.

② 반려 식물에 대한 관심이 부족한 점을 지적하며 반려 식물을
관심이 커지고 있음.
구입할 수 있는 방법에 대한 내용을 추가해야겠어.

<보기> ❶문장 최근 반려 동물과 식물에 대한 관심이 커지면서 이와 관련된
문제점이 나타나고 있다.

③ 반려 식물의 유기를 금지하는 규정이 마련되어 있지 않은 점을
드러나지 않음.
강조하며 이를 제정해야 한다는 내용을 추가해야겠어.

④ 반려 동물과 구별되는 반려 식물의 장점을 언급하며 반려 식물을
드러나지 않음.
키우는 사람이 많아지고 있다는 점을 강조해야겠어.

08~10

출제 ▬ 글 전체 중심 문장

[작문 상황]
일상의 체험을 바탕으로 수필을 써 학급 문집에 싣고자 함.

[초고]
①우리 집 마당 구석에 있는 창고에는 낡고 작은 배달용 오토바이가
중심 소재인 '오토바이'를 제시함.
한 대 서 있다. ②[아버지는 이 오토바이를 오랜 친구처럼 여기신다.
[ ]: 오토바이를 오랜 친구처럼 여기며 아끼는 아버지의 모습
③틈틈이 먼지를 털고, 경적을 빠방 울리기도 하고, 시동도 부르룽 걸어
[ ]: 의성어를 사용하여 오토바이에 대한 인상을 부각함.
보시고, 해진 안장을 툭툭 치며 환하게 웃으신다.]
오토바이를 아끼는 아버지의 행동을 나열함.

경적: 주의나 경계를 하도록 소리를 울리는 장치. 또는 그 소리. 주로 탈것에
장치한다.

*❋①문단 요약: 중심 소재인 오토바이를 제시하고
이를 아끼는 아버지의 모습을 제시함.*

②①야트막한 언덕에 자리한 우리 학교는 인자한 미소를 띤 고목들이
오랜 전통을 말해 준다. ②# 의인법을 사용하여 자연물('고목')에 대한 친밀감을 표현함.
[운동장을 발밑에 두고 중고등학교 건물이
[ ]: 아름다운 플라타너스 길이 내려다보이는 학교의 풍경
다정히 서 있는데, 교실 유리창으로 내려다보이는 옛 시가지의 한적한
플라타너스 길은 운치가 있고 아름답다.]

야트막하다: 조금 얕은 듯하다. 인자하다: 마음이 어질고 자애롭다.
시가지: 도시의 큰 길거리를 이루는 지역
운치: 고상하고 우아한 멋

❋②문단 요약: 아름답고 친근한 학교의 모습

③①[중학교에 갓 입학했을 때 늦잠을 자는 바람에 아버지의 등뒤에 꼭
[ ]: 아버지의 오토바이와 관련된 구체적 일화 ①
붙어서 오토바이로 급히 등교한 적이 있었다.] ②아버지는 교문에서
조금 떨어진 골목 모퉁이에서 나를 내려 주셨다. ③식당 일로 분주한
아침이지만, 내가 교문에 들어설 때까지 플라타너스 가로수 옆에 서
'나'에 대한 아버지의 사랑이 드러남.
계시다가 어서 들어가라는 손짓을 보내시고 "부룽부룽 부루룽"
소리를 내며 돌아서셨다. ④그 소리가 여느 오토바이의 것과는 조금
달라서였을까, 옆을 지나치던 학생들은 재미있다는 표정으로
돌아보았다. ⑤하지만 지금까지도 나는 아버지의 오토바이 소리를,
고요와 평안을 할퀴지 않는 따뜻하고 부드러운 소리로 기억하고 있다.
오토바이 소리를 따뜻하고 부드러운 소리로 인식함.

분주하다: 이리저리 바쁘고 수선스럽다.
고요: 조용하고 잠잠한 상태 평안: 걱정이나 탈이 없음. 또는 무사히 잘 있음.

❋③문단 요약: 아버지의 오토바이에 얽힌 일화 ①

④①[중학교 때 점심시간이 끝나 갈 무렵 운동장 옆 산책길을 걷다가
[ ]: 아버지의 오토바이와 관련된 구체적 일화 ②
아버지의 오토바이 소리를 들은 적이 있었다.] ②우리 오토바이만의
음색이 내 마음속에 반가운 파문을 일으켰다. ③저쪽 관공서 근처에
아버지의 오토바이 소리에 반가움을 느낌.
배달을 다녀오시나 보다. ④매일 한두 번은 학교 교문 앞도 지나시나 보다.
⑤아버지는 이 길을 지나실 때마다 과연 무슨 생각을 하실까 상상해
보았다. ⑥그날 이후 아버지의 오토바이가 교문을 지나 플라타너스
가로수 길로 향하는 오르막을 오를 때 들려왔던 [그 소리는 왠지 내
어깨를 다독다독하는 인사말처럼 느껴졌다. ⑦'오후도 즐겁게!', '아빠,
[ ]: 오토바이 소리에 담긴 아버지의 마음에 대한 '나'의 상상
지나간다.', '오늘 화창하구나!'……]

파문: 어떤 일이 다른 데에 미치는 영향 화창하다: 날씨나 바람이 온화하고 맑다.

❋④문단 요약: 아버지의 오토바이에 얽힌 일화 ②

⑤①아버지의 모습에서, 아버지의 오토바이 소리에서 든든한 힘을
얻어서 그런지 내겐 누군가의 마음을 더 깊이 헤아려 보는 상상력이
아버지의 오토바이 소리를 통해 '나'가 깨달은 점
생긴 것 같다. ②친구들과 놀다가 늦게 귀가할 때 아버지께서 내게
보내시는 "으흠" 헛기침 소리에서 '너무 늦었구나. 씻고 일찍 자렴.'
하는 깊은 사랑의 마음을 헤아릴 수도 있게 되었다.

❋⑤문단 요약: 누군가의 마음을 더 깊이 헤아릴 수 있게 된 '나'

⑥①내가 고등학생이 된 새봄. ②아버지께서는 이제 오토바이 배달을
더 이상 아버지의 오토바이 소리를 들을 수 없음.
그만두셨다. ③조금은 아쉽기도 하다.

❋⑥문단 요약: 아버지께서 오토바이 배달을 그만두신 것에 대한 아쉬움

08 정답 ③ ❋ 글쓰기 방법 파악하기 [정답률 77%]

윗글에서 활용한 글쓰기 방법으로 적절하지 않은 것은?

빛깔을 나타내는 말 예) 노란, 파란
③ 색채어를 사용하여 다양한 공간을 사실적으로 묘사한다.
사용하지 않음. '학교'만 묘사함.

②문단 ❷문장 운동장을 발밑에 두고 중고등학교 건물이 다정히 서 있는데,
교실 유리창으로 내려다보이는 옛 시가지의 한적한 플라타너스 길은
운치가 있고 아름답다.

윗글은 학교의 모습과 교실에서 내려다보이는 플라타너스 길을 시각적으로
묘사하고 있다. 그러나 색채어를 사용하지 않았으며, 다양한 공간을 묘사하고 있지도
않다.

왜 오답?

① 중심 소재를 대하는 인물의 행동을 나열하며 시작한다.
'오토바이'   '아버지'의 행동을 나열함.

> **1문단 3문장** 틈틈이 먼지를 털고, 경적을 빠방 울리기도 하고, 시동도 부르릉 걸어 보시고, 해진 안장을 툭툭 치며 환하게 웃으신다.

소리를 흉내 내는 말 예 멍멍, 아삭아삭
② 의성어를 사용하여 중심 소재에 대한 인상을 부각한다.
'빠방', '부르릉', '부릉부릉 부루룽'   아버지의 '오토바이'에 대한 인상을 부각함.

> **1문단 2, 3문장** ~ 경적을 빠방 울리기도 하고, 시동도 부르릉 걸어 보시고, ~
> **3문단 3문장** ~ "부릉부릉 부루룽" 소리를 내며 돌아서셨다.

사람이 아닌 것을 사람처럼 표현하는 방법
④ 의인법을 사용하여 자연물에서 느끼는 친밀감을 나타낸다.
'인자한 미소를 띤 고목들이'   '고목들'에 대한 친밀감

> **2문단 1문장** 야트막한 언덕에 자리한 우리 학교는 인자한 미소를 띤 고목들이 오랜 전통을 말해 준다.

아버지의 사랑을 느낌. 오토바이 소리에 반가움을 느낌.
⑤ 구체적 일화를 제시하여 중심 소재에 대한 정서를 드러낸다.
'아버지의 오토바이를 타고 등교한 일', '점심시간에 아버지의 오토바이 소리를 들은 일'

> **3문단** 중학교에 갓 입학했을 때 늦잠을 자는 바람에 아버지의 등뒤에 꼭 붙어서 오토바이로 급히 등교한 적이 있었다. ~
> **4문단** 중학교 때 점심시간이 끝나 갈 무렵 운동장 옆 산책길을 걷다가 아버지의 오토바이 소리를 들은 적이 있었다. ~

---

09 정답 ④ ＊ 작문 계획의 적절성 파악하기 ·············· [정답률 94%]

다음은 글을 쓰기 전에 학생이 떠올린 생각을 메모한 것이다. ㄱ~ㅁ 중 초고에 반영되지 **않은** 것은? [3점]

왜 정답?

④ ㄹ: 힘든 오토바이 배달로 늘 고단해 하시던 아버지
드러나지 않음.

왜 오답?

① ㄱ: 낡고 작은 오토바이를 친구처럼 여기시는 아버지
친구처럼 여기며 아낌.

> **1문단 1, 2문장** 우리 집 마당 구석에 있는 창고에는 낡고 작은 배달용 오토바이가 한 대 서 있다. 아버지는 이 오토바이를 오랜 친구처럼 여기신다.

② ㄴ: 아름다운 플라타너스 길이 내려다보이는 우리 학교
플라타너스 길이 내려다보이는 학교의 풍경을 묘사함.

> **2문단 2문장** 운동장을 발밑에 두고 중고등학교 건물이 다정히 서 있는데, 교실 유리창으로 내려다보이는 옛 시가지의 한적한 플라타너스 길은 운치가 있고 아름답다.

③ ㄷ: 오토바이에 나를 태워 학교에 데려다주셨던 아버지
중학교에 갓 입학했을 때 아버지의 오토바이를 타고 등교한 일화를 제시함.

> **3문단 1문장** 중학교에 갓 입학했을 때 늦잠을 자는 바람에 아버지의 등뒤에 꼭 붙어서 오토바이로 급히 등교한 적이 있었다.

⑤ ㅁ: 누군가의 마음을 더 깊이 헤아려 볼 수 있게 된 나
누군가의 마음을 더 깊이 헤아려 보는 상상력이 생김.

> **5문단 1문장** 아버지의 모습에서, 아버지의 오토바이 소리에서 든든한 힘을 얻어서 그런지 내겐 누군가의 마음을 더 깊이 헤아려 보는 상상력이 생긴 것 같다.

---

10 정답 ① ＊ 조건에 따라 내용 생성하기 ················· [정답률 93%]

〈보기〉는 초고를 읽은 선생님의 조언이다. 이를 반영하여 초고에 추가할 내용으로 가장 적절한 것은?

─── 〈 보기 〉 ───

선생님: 글의 마지막 문장 뒤에, 아버지께서 오토바이 배달을 그만두셨을 때 네가 아쉬움을 느낀 이유를 추가하고, 비유를 활용한 표현도 있으면 좋겠어.
조건 Ⓐ   조건 Ⓑ

왜 정답?

① 다정한 인사처럼 들렸던 아버지의 오토바이 소리를 더 이상 들을 수 없게 되어서.
조건 Ⓑ 충족   조건 Ⓐ 충족

왜 오답?

② 이제 고등학교 신입생이 되어 학교생활을 새롭게 시작해야 한다는 부담감이 생겨서. – 조건 Ⓑ 충족 ✕
아쉬움을 느낀 이유와 관련 없음. 조건 Ⓐ 충족 ✕

③ 아버지의 오토바이를 타고 함께 등교하는 소소한 즐거움을 더 이상 느낄 수 없어서. – 조건 Ⓑ 충족 ✕
조건 Ⓐ 충족

④ 교문 앞을 지나 플라타너스 가로수 길을 오가시던 아버지의 모습을 더 이상 볼 수 없어서. – 조건 Ⓑ 충족 ✕
조건 Ⓐ 충족

⑤ 중학교를 졸업하여 친구들과 함께했던 추억의 서랍장을 이제는 열어 볼 수 없을 것 같아서.
조건 Ⓑ 충족
아버지의 오토바이와 관련없는 내용임. 조건 Ⓐ 충족 ✕

11~12 ＊ 용언의 어간과 어미

\# 출제   글 전체 중심 문장

1 용언은 문장에서 다양한 형태로 활용하면서 주로 서술어의 역할을 하는 단어로, 동사와 형용사가 있다. 용언이 활용할 때 형태가 변하지 용언의 개념 않는 부분을 어간이라고 하고, 형태가 변하는 부분을 어미라고 한다.

＊1문단 요약 : 어간과 어미의 개념

2 어간이나 어미는 문장에서 홀로 쓰일 수 없고, 어간 뒤에 어미가 \# 어간과 어미의 결합 순서 결합하여 용언을 이룬다. 가령 '먹다'는 어간 '먹-'의 뒤에 어미 '-고', '-어'가 각각 결합하여 '먹고', '먹어'와 같이 활용한다. 그런데 일부
먹-+-고   먹-+-어
용언에서는 활용할 때 어간의 일부가 탈락하기도 한다. '노는'은 어간
놀-+-는→'ㄹ' 탈락
'놀-'과 어미 '-는'이 결합하면서 'ㄹ'이 탈락한 경우이고, '커'는 어간
크-+-어→'ㅡ' 탈락
'크-'와 어미 '-어'가 결합하면서 'ㅡ'가 탈락한 경우이다.

＊2문단 요약 : 어간과 어미의 결합 양상

3 어미는 크게 어말 어미와 선어말 어미로 구분된다. 어말 어미는 단어의
어미의 종류
끝에 오는 어미이며, 선어말 어미는 어말 어미 앞에 오는 어미이다.
'가다'의 활용형인 '가신다', '가겠고', '가셨던'을 어간, 선어말 어미, 어말 어미로 분석하면 아래와 같다.

용언: 문장에서 주어의 동작이나 작용, 성질이나 상태 등을 서술하는 기능을 하는 단어

서술어: 문장에서 주어의 동작, 상태, 성질을 나타내는 문장 성분

동사: 사람이나 사물의 움직임이나 작용을 나타내는 단어

형용사: 사람이나 사물의 성질이나 상태를 나타내는 단어

활용형	어간	어미	
		선어말 어미	어말 어미
가신다	가-	-시- 주체 높임을 나타냄. / -ㄴ- 현재 시제를 나타냄.	-다 종결 어미
가겠고		-겠- 미래 시제를 나타냄.	-고 연결 어미
가셨던		-시- 주체 높임을 나타냄. / -었- 과거 시제를 나타냄.	-던 전성 어미

*③문단 요약 : 어말 어미와 선어말 어미의 구분

④ 어말 어미는 기능에 따라 종결 어미, 연결 어미, 전성 어미로 구분된다. 종결 어미는 '가신다'의 '-다'와 같이 문장을 종결하는 어미이고, 연결 어미는 '가겠고'의 '-고'와 같이 앞뒤의 말을 연결하는 어미이다. 그리고 전성 어미는 '가셨던'의 '-던'과 같이 용언이 다른 품사처럼 쓰이게 하는 어미이다. '-던'이나 '-(으)ㄴ', '-는', '-(으)ㄹ' 등은 용언이 관형사처럼, <u>'-게', '-도록'</u> 등은 용언이 부사처럼, <u>'-(으)ㅁ', '-기'</u> 등은 용언이 명사처럼 쓰이게 한다.

(관형사형 전성 어미 / 부사형 전성 어미 / 명사형 전성 어미)

*④문단 요약 : 어말 어미의 기능에 따른 분류

⑤ 선어말 어미는 높임이나 시제 등을 나타낼 때 쓰인다. 활용할 때 어말 어미처럼 반드시 나타나지는 않지만, 한 용언에서 서로 다른 선어말 어미가 동시에 쓰이기도 한다. 위에서 '가신다', '가셨던'의 '-시-'는 높임을 나타내는 선어말 어미로, 문장의 주체를 높이는 기능을 한다. 그리고 '가신다', '가겠고', '가셨던'의 '-ㄴ-', '-겠-', '-었-'은 시제를 나타내는 선어말 어미로, 각각 현재, 미래, 과거 시제를 나타내는 기능을 한다.

\# 용언이 활용할 때: 어말 어미 - 반드시 나타남. / 선어말 어미 - 나타나지 않을 수 있음.
\# 한 용언에서 두 개 이상의 선어말 어미가 동시에 쓰일 수 있음.
(주체 높임을 나타냄. / 현재 시제를 나타냄. / 미래 시제를 나타냄. / 과거 시제를 나타냄.)

*⑤문단 요약 : 선어말 어미의 기능과 분류

■ 이것이 핵심!

①문단	어간과 어미의 개념 – 어간: 용언이 활용할 때 형태가 변하지 않는 부분 – 어미: 용언이 활용할 때 형태가 변하는 부분
②문단	어간과 어미의 결합 – 어간 뒤에 어미가 결합하여 용언을 이룸. – 일부 용언에서는 활용할 때 어간의 일부가 탈락함. ① 'ㄹ' 탈락: '놀-' + '-는' ➡ '노는' ② 'ㅡ' 탈락: '크-' + '-어' ➡ '커'

③~⑤ 문단

- 어미
  - 어말 어미 (단어의 끝에 오는 어미)
    - 종결 어미 : 문장을 종결함. 예 -다
    - 연결 어미 : 앞뒤의 말을 연결함. 예 -고
    - 전성 어미 : 용언이 다른 품사처럼 쓰이게 함.
      - ① 관형사형 전성 어미 예 -던, -(으)ㄴ, -는, -(으)ㄹ
      - ② 부사형 전성 어미 예 -게, -도록
      - ③ 명사형 전성 어미 예 -(으)ㅁ, -기
  - 선어말 어미 (어말 어미 앞에 오는 어미) : 높임이나 시제를 나타냄.
    - 예 주체 높임 선어말 어미 '-시-', 현재 시제 선어말 어미 '-ㄴ-', 미래 시제 선어말 어미 '-겠-', 과거 시제 선어말 어미 '-었-'

---

11 정답 ⑤ * 어간과 어미 파악하기 ····················· [정답률 82%]

윗글을 통해 알 수 있는 내용으로 적절한 것은?

>왜 정답?

⑤ 선어말 어미는 한 용언에 두 개가 동시에 쓰일 수 있다.
서로 다른 선어말 어미가 동시에 쓰일 수 있음.

⑤문단 ❷문장 ~ 한 용언에서 서로 다른 선어말 어미가 동시에 쓰이기도 한다.

>왜 오답?

① 용언은 어간의 ~~앞뒤~~에 어미가 결합한 단어이다.
(뒤)

②문단 ❶문장 ~ 어간 뒤에 어미가 결합하여 용언을 이룬다.

② 어간은 단독으로 쓰여 하나의 용언을 이룰 수 ~~있다.~~
(없다.)

②문단 ❶문장 어간이나 어미는 문장에서 홀로 쓰일 수 없고, ~

③ 어미는 용언이 활용할 때 형태가 ~~유지되는~~ 부분이다.
(변하는)

①문단 ❷문장 용언이 활용할 때 ~ 형태가 변하는 부분을 어미라고 한다.

④ 어말 어미는 용언이 활용할 때 나타나지 않을 수 ~~있다.~~
(없다.)

⑤문단 ❷문장 활용할 때 어말 어미처럼 반드시 나타나지는 않지만, ~
어말 어미는 용언이 활용할 때 반드시 나타남.

---

12 정답 ④ * 용언의 활용 파악하기 ····················· [정답률 79%]

윗글을 바탕으로 〈보기〉의 ㄱ~ㅁ의 밑줄 친 부분을 탐구한 내용으로 적절하지 <u>않은</u> 것은?

〈보기〉

ㄱ. 너도 그를 <u>아니</u>?
　　　　　알- + -니
ㄴ. 사과가 <u>맛있구나</u>!
　　　　맛있- + -구나
ㄷ. 산은 <u>높고</u> 강은 깊다.
　　　높- + -고
ㄹ. 아침에 <u>뜨는</u> 해를 봐.
　　　뜨- + -는
ㅁ. 그녀는 과자를 <u>먹었다</u>.
　　　먹- + -었- + -다

>왜 정답?

④ ㄹ: 어간 '<u>뜨-</u>'에 전성 어미 '<u>-는</u>'이 결합하면서 용언이 ~~부사~~처럼 쓰이고 있다.
('뜨다'의 어간 '뜨-' / 용언이 관형사처럼 기능하게 하는 전성 어미 / 관형사)

뜨-	+	-는	➡	뜨는	해
어간		전성 어미		관형어	

체언 '해'를 수식하는 관형사처럼 기능함.

>왜 오답?

① ㄱ: 어간 '<u>알-</u>'에 어미 '<u>-니</u>'가 결합하면서 '<u>ㄹ</u>'이 탈락하였다.
('알다'의 어간 '알-' / 알- + -니 ➡ 아니)

알-	+	-니	➡	아니
어간		종결 어미		

어간 '알-'의 받침 'ㄹ'이 탈락함.

② ㄴ: 어간 '<u>맛있-</u>'에 종결 어미 '-구나'가 결합하여 문장을 종결하고 있다.
('맛있다'의 어간 '맛있-')

맛있-	+	-구나	➡	맛있구나
어간		종결 어미		

ㄴ의 '맛있구나'는 '맛있다'의 어간 '맛있-'에 감탄형 종결 어미 '-구나'가 결합하여 감탄형으로 문장을 종결하고 있다.

③ ㄷ: 어간 '높-'에 연결 어미 '-고'가 결합하여 앞뒤의 말을 연결하고 있다.

'높다'의 어간 '높-'

높- 어간	+	-고 연결 어미	→ 높고

ㄷ의 '높고'는 '높다'의 어간 '높-'에 연결 어미 '-고'가 결합하여 '산은 높다'와 '강은 깊다'를 연결하고 있다.

⑤ ㅁ: 어간 '먹-'과 어말 어미 '-다' 사이에 선어말 어미 '-었-'이 결합하여 과거 시제를 나타내고 있다.

'먹다'의 어간 '먹-'　　종결 어미　　과거 시제를 나타내는 선어말 어미

먹- 어간	+	-었- 선어말 어미	+	-다 종결 어미	→ 먹었다

ㅁ의 '먹었다'는 '먹다'의 어간 '먹-'과 종결 어미 '-다' 사이에 과거 시제를 나타내는 선어말 어미 '-었-'이 결합하여 과거 시제를 나타내고 있다.

④ 말

ㅁ+ㅏ+ㄹ → '달'과 최소 대립쌍 ○, '굴'과 최소 대립쌍 ✕

'말'과 '달'은 다른 모든 소리는 같고 [ㅁ]과 [ㄷ]의 소리만 다르므로 최소 대립쌍이다. 그러나 '말'과 '굴'은 [ㄹ]만 같으므로 최소 대립쌍이 아니다.

⑤ 풀

ㅍ+ㅜ+ㄹ → '달'과 최소 대립쌍 ✕, '굴'과 최소 대립쌍 ○

'달'과 '풀'은 [ㄹ]만 같으므로 최소 대립쌍이 아니다. 한편 '풀'과 '굴'은 다른 모든 소리는 같고 [ㅍ]과 [ㄱ]의 소리만 다르므로 최소 대립쌍이다.

14　정답 ⑤　＊중의적인 표현 파악하기 ·················· [정답률 87%]

다음 '탐구 학습지' 활동의 결과로 적절하지 않은 것은?

[탐구 학습지]

1. 문장의 중의성
   • 하나의 문장이 둘 이상의 의미로 해석되는 것

2. 중의성 해소 방법
   • 어순 변경, 쉼표나 조사 추가, 상황 설명 추가 등

3. 중의성 해소하기
   - 과제: 빈칸에 적절한 말 넣기

   ㄱ. (조사 추가) ·· a
   • 중의적 문장: 관객들이 다 도착하지 않았다.
   '관객 중 일부가 도착하지 않음.'과 '관객들이 누구도 도착하지 않음.'으로 해석됨.
   • 전달 의도: (관객 중 일부가 도착하지 않음.) ·········· b
   • 수정 문장: 관객들이 다는 도착하지 않았다.
   조사 '는'을 추가함. → '않았다'가 부정하는 범위를 '다'로 한정함.

   ㄴ. (어순 변경) ·· c
   • 중의적 문장: 우리는 어제 전학 온 친구와 만났다.
   '전학 온 친구와 만난 때가 어제임.'과 '친구가 전학 온 때가 어제임.'으로 해석됨.
   • 전달 의도: (전학 온 친구와 만난 때가 어제임.) ········ d
   • 수정 문장: 우리는 전학 온 친구와 어제 만났다.
   어순을 변경함. → '어제'가 수식하는 대상을 '만났다'로 한정함.

   ㄷ. 상황 설명 추가
   • 중의적 문장: 민우는 나와 윤서를 불렀다.
   "나와 윤서'를 부른 사람이 '민우'임.'과 '윤서'를 부른 사람이 '민우와 나'임.'으로 해석됨.
   • 전달 의도: '나와 윤서'를 부른 사람이 '민우'임.
   • 수정 문장: (민우는 나와 둘이서 윤서를 불렀다.) ·········· e
   윤서를 부른 주체가 '민우와 나라는 상황 설명을 추가함.
   → "윤서'를 부른 사람이 '민우와 나'임.'으로 해석됨.
   ⋮

ㄱ~ㄷ의 중의적 문장을 고쳐 쓰면 다음과 같다.

	중의적 문장	고쳐 쓴 문장
ㄱ	관객들이 다 도착하지 않았다.	- 관객들이 다는 도착하지 않았다. → 관객 중 일부가 도착하지 않았음. - 관객들이 한 명도 도착하지 않았다. → 관객 중 누구도 도착하지 않았음.
ㄴ	우리는 어제 전학 온 친구와 만났다.	- 우리는 전학 온 친구와 어제 만났다. → 전학 온 친구와 만난 때가 어제임. - 우리는 어제 전학 온, 친구와 만났다. → 친구가 전학 온 때가 어제임.
ㄷ	민우는 나와 윤서를 불렀다.	- 민우는 혼자서 나와 윤서를 불렀다. → '나와 윤서'를 부른 사람이 '민우'임. - 민우는 나와 둘이서 윤서를 불렀다. → '윤서'를 부른 사람이 '민우와 나'임.

> **왜** 정답 ?

⑤ e: • 수정 문장: 민우는 ~~나와 둘이서~~ 윤서를 불렀다.
혼자서 나와

'민우는 나와 윤서를 불렀다.'의 전달 의도가 "나와 윤서'를 부른 사람이 '민우'임.'일 경우에는 '민우는 혼자서 나와 윤서를 불렀다.'로 문장을 수정해야 한다. e의 수정 문장 '민우는 나와 둘이서 윤서를 불렀다.'는 '윤서'를 부른 사람이 '민우와 나'임을 의미한다.

13　정답 ③　＊음운 파악하기 ·························· [정답률 80%]

〈보기〉의 '학습 과제'를 바르게 수행하였다고 할 때, ㉠에 들어갈 단어로 적절한 것은? [3점]

〈 보기 〉

[학습 자료]

❶ 음운은 단어의 뜻을 구별해 주는 소리의 가장 작은 단위이다. 특정
음운의 개념
❷
언어에서 어떤 소리가 음운인지 아닌지는 최소 대립쌍을 통해 확인할 수
❸
있다. 최소 대립쌍이란, [다른 모든 소리는 같고 단 하나의 소리 차이로
[ ]: 최소 대립쌍의 개념
의미가 구별되는 단어의 쌍]을 말한다. ❹예를 들어, 최소 대립쌍 '감'과
뜻을 구별해 줌. → 음운
'잠'은 [ㄱ]과 [ㅈ]의 차이로 인해 의미가 구별되므로 'ㄱ'과 'ㅈ'은 서로 다른 음운이다.

[학습 과제]

앞사람이 말한 단어와 최소 대립쌍인 단어를 말해 보자.

> **왜** 정답 ?

③ 둘

ㄷ+ㅜ+ㄹ → '달'과 최소 대립쌍 ○, '굴'과 최소 대립쌍 ○

'둘'과 '달'은 다른 모든 소리는 같고 [ㅜ]와 [ㅏ]의 소리만 다르므로 최소 대립쌍이다. '둘'과 '굴'은 다른 모든 소리는 같고 [ㄷ]과 [ㄱ]의 소리만 다르므로 최소 대립쌍이다.

> **왜** 오답 ?

① 꿀

ㄲ+ㅜ+ㄹ → '달'과 최소 대립쌍 ✕, '굴'과 최소 대립쌍 ○

'꿀'과 '달'은 [ㄹ]만 같으므로 최소 대립쌍이 아니다. 한편 '꿀'과 '굴'은 다른 모든 소리는 같고 [ㄲ]과 [ㄱ]의 소리만 다르므로 최소 대립쌍이다.

② 답

ㄷ+ㅏ+ㅂ → '달'과 최소 대립쌍 ○, '굴'과 최소 대립쌍 ✕

'답'과 '달'은 다른 모든 소리는 같고 [ㅂ]과 [ㄹ]의 소리만 다르므로 최소 대립쌍이다. 그러나 '답'과 '굴'은 모든 소리가 다르므로 최소 대립쌍이 아니다.

① a: ㄱ. (조사 추가)
조사 '는'을 추가하여 부정 표현의 '않았다'의 범위를 '다'로 한정함.

② b: • 전달 의도: (관객 중 일부가 도착하지 않음.)
조사 '는'을 추가하여 '관객들이 다는 도착하지 않았다.'로 수정함.

ㄱ의 중의적 문장은 '관객 중 일부가 도착하지 않음.'과 '관객들 누구도 도착하지 않음.'으로 해석될 수 있다. 이때 조사 '는'을 추가하여(①) '관객들이 다는 도착하지 않았다'로 수정함으로써 '관객 중 일부가 도착하지 않음.'으로만 해석될 수 있게 하였다(②).

③ c: • (어순 변경) '어제'가 수식하는 것이 '전학 온'인지 '만났다'인지에 따라 중의성이 발생하므로 어순 변경으로 이를 해결함.

④ d: • 전달 의도 : (전학 온 친구와 만난 때가 어제임.)
어순을 변경하여 '어제'의 수식 범위를 한정함.

ㄴ의 중의적 문장은 '전학 온 친구와 만난 때가 어제임.'과 '친구가 전학 온 때가 어제임.'으로 해석된다(③). 이때 어순을 변경하여 '우리는 전학 온 친구와 어제 만났다.'로 문장을 수정하면 '어제'의 수식 범위가 '만났다'로 한정되어 '전학 온 친구와 만난 때가 어제임.'으로만 해석된다(④).

---

15 정답 ③   * 반의 관계 파악하기 ·························· [정답률 91%]

밑줄 친 부분이 〈보기〉의 ㉠, ㉡에 해당하는 예로 적절하지 않은 것은?
"'위'나 '앞'이 '우월함'의 의미" "'아래'나 '뒤'가 '열등함'의 의미"

—— 〈 보기 〉 ——

'위–아래'나 '앞–뒤'는 방향상 대립하는 반의어이다. '위–아래'나
방향(관계) 반의어
'앞–뒤'가 단독으로 쓰이거나 다른 단어와 결합해서 쓰일 때, 문맥에
따라서 ㉠ '위'나 '앞'이 '우월함'의 의미를, ㉡ '아래'나 '뒤'가 '열등함'의
다른 것보다 낫다는 의미를 가짐. 보통의 수준이나 등급보다 낮다는 의미를 가짐.
의미를 갖거나 강화하기도 한다.

③ ㉡: 이번 행사는 치밀한 계획 아래 진행되었다.
'조건, 영향 따위가 미치는 범위'를 의미함.

'이번 행사는 치밀한 계획 아래 진행되었다.'에서 '아래'는 '조건, 영향 따위가 미치는 범위'의 의미로 쓰였다. 따라서 이때 '아래'는 '열등함'의 의미를 갖지 않는다.

① ㉠: 그가 머리 쓰는 게 너보다 한 수 위다.
'신분, 지위, 연령, 등급, 정도 따위에서 어떠한 것보다 더 높거나 나은 쪽'을 의미함.

'그가 머리 쓰는게 너보다 한 수 위다.'에서 '위'는 '신분, 지위, 연령, 등급, 정도 따위에서 어떠한 것보다 더 높거나 나은 쪽'의 의미로 쓰였다. 따라서 이때 '위'는 '우월함'의 의미를 나타낸다.

② ㉠: 이 회사의 기술 수준은 다른 곳에 앞선다.
'발전이나 진급, 중요성 따위의 정도가 남보다 높은 수준에 있거나 빠르다.'라는 의미임.

'이 회사의 기술 수준은 다른 곳에 앞선다.'에서 '앞선다'의 기본형 '앞서다'는 '발전이나 진급, 중요성 따위의 정도가 남보다 높은 수준에 있거나 빠르다.'의 의미이다. 따라서 이때 '앞선다'는 '우월함'의 의미를 나타낸다.

④ ㉡: 그녀는 남에게 뒤떨어지지 않고자 노력했다.
'발전 속도가 느려 도달하여야 할 수준이나 기준에 이르지 못하다.'라는 의미임.

'그녀는 남에게 뒤떨어지지 않고자 노력했다.'에서 '뒤떨어지지'의 기본형 '뒤떨어지다'는 '발전 속도가 느려 도달하여야 할 수준이나 기준에 이르지 못하다.'의 의미이다. 따라서 이때 '뒤떨어지지'는 '열등함'의 의미를 나타낸다.

⑤ ㉡ : 우리 팀의 승률이 조금씩 뒷걸음질 치고 있다.
'본디보다 뒤지거나 뒤떨어짐.'이라는 의미임.

'우리 팀의 승률이 조금씩 뒷걸음질 치고 있다.'에서 '뒷걸음질'은 '본디보다 뒤지거나 뒤떨어짐.'의 의미로 쓰였다. 따라서 이때 '뒷걸음질'은 '열등함'의 의미를 나타낸다.

16~18

(가) 이성선, 〈고향의 천정(天井) 1〉

\# 출제   ❶ 화자, 중심 대상   ❷ 상황, 정서, 태도   ❸ 표현상 특징

☐ : ❸ 시간적(계절적), 공간적 배경을 구체적으로 제시함.
☐ : ❸ 경어체로 고백하는 듯한 어조로 서술함.

1 [❶ 밭둑에서 나는 바람과 놀고
❶ 화자
❷ \# 메밀밭이 있는 공간으로, 할머니의 보살핌을 받는 공간이자 동심이 허용되는 공간
할머니는 메밀밭에서
❶ 중심 대상
메밀을 꺾고 계셨습니다.
*경어체: 높임말이 쓰인 문체로, 상대에 대하여 공경의 뜻을 나타내기 위해 사용됨.

*①연 요약 : 메밀밭에서 함께 있는 '나'와 할머니

2 ❶ 늦여름의 하늘빛이 메밀꽃 위에 빛나고
❸ 시각적 심상을 활용하여 계절적 배경인 늦여름을 감각적으로 묘사함.
메밀꽃 사이사이로 할머니는 가끔
❸ [ ]: ❷ 상황 – 화자가 어린 시절 할머니와의 추억을 회상함.
나와 바람의 장난을 살피시었습니다.]
화자에 대한 할머니의 보살핌과 사랑이 드러남.

*②연 요약 : 메밀밭에서 '나'를 살피신 할머니

3 ❶ 해마다 밭둑에서 자라고
화자는 메밀밭이 있는 밭둑에서 시간을 보내며 자라옴.
❷❸ 역설적 표현을 활용하여 화자의 정서를 드러냄. *역설적 표현: 겉으로는 모순되거나 논리에 맞지 않는 표현이지만, 그 속에 진정으로 말하고자 하는 진실을 담은 표현
아주 커서도 덜 자란 나는
❸ 성인이 되었지만 여전히 동심을 간직하고 있음.
늘 그러했습니다만

*③연 요약 : 늘 같은 모습으로 지내온 '나'

4 [할머니는 저승으로 가버리시고
❷ [ ]: 상황 – 할머니의 죽음을 잊고 살아옴.
나도 벌써 몇 년인가
❸ 그 일은 까맣게 잊어버린 후]
할머니가 돌아가신 일

*④연 요약 : 할머니의 죽음을 한동안 잊고 지내옴.

5 ❶ 오늘 저녁 멍석을 펴고
❷❸ 시간적 배경(과거→현재)을 제시하여 시상을 전환함.
마당에 누우니
\# 할머니를 회상하는 계기(과거와 현재를 연결함.)

*⑤연 요약 : 저녁에 멍석을 펴고 마당에 누움.

6 ❶ 온 하늘 가득
❸ 비유적 표현: '메밀꽃'을 '별'로 비유하여 표현함.
별로 피어 있는 어릴 적 **메밀꽃**
\# 회상의 매개체로, 할머니와의 추억이 담긴 메밀꽃을 연상하게 함.

*⑥연 요약 : 하늘 가득히 피어 있는 메밀꽃

7 [❶ 할머니는 나를 두고 메밀밭만 저승까지 가져가시어
❷ 날마다 저녁이면 메밀밭을 매시며
메밀꽃 사이사이로 나를 살피고 계셨습니다.]
\# 어린 시절 할머니의 보살핌과 사랑의 깊이를 깨닫고 정서적 충만감을 느낌.
[ ]: ❷ 상황 – 마당에 누워 별을 보며 할머니가 베푸셨던 무한한 사랑을 깨달음.
❷ 정서, 태도 – 할머니가 베푸셨던 무한한 사랑을 깨닫고 정서적 충만감을 얻음.

*⑦연 요약 : 저승에서도 '나'를 살피시는 할머니

⭐ (가) 독해 공식

❶ 화자: '나'
중심 대상: '할머니'

❷ 상황: 화자가 어린 시절 할머니와의 추억을 회상함. 할머니의 죽음을 잊고 살아옴. 마당에 누워 별을 보며 할머니가 베푸셨던 무한한 사랑을 깨달음.
정서 및 태도: 할머니가 베푸셨던 무한한 사랑을 깨닫고 정서적 충만감을 얻음.

❸ 표현상 특징
• 시간적(계절적), 공간적 배경을 구체적으로 제시함.
• 경어체로 고백하는 듯한 어조로 서술함.
• 시각적 심상을 활용하여 계절적 배경을 감각적으로 묘사함.
• 역설적 표현을 활용하여 화자의 정서를 드러냄.
• 시간적 배경을 제시하여 시상을 전환함.
• 비유적 표현을 활용하여 '메밀꽃'을 '별'로 빗대어 표현함.

■ **갈래**: 현대시
■ **제목의 의미**: '천정(天井)'은 '천장', 즉 '지붕의 안쪽'을 의미하며, '고향의 천정(天井)'은 화자가 마당에 누워 바라보며 할머니의 사랑을 깨닫는 '고향의 하늘'을 의미한다.
■ **주제**: 할머니에 대한 추억과 할머니의 사랑에 대한 그리움
■ **이것이 핵심!**: 시상의 전환을 통한 과거 회상 및 현재와의 연결

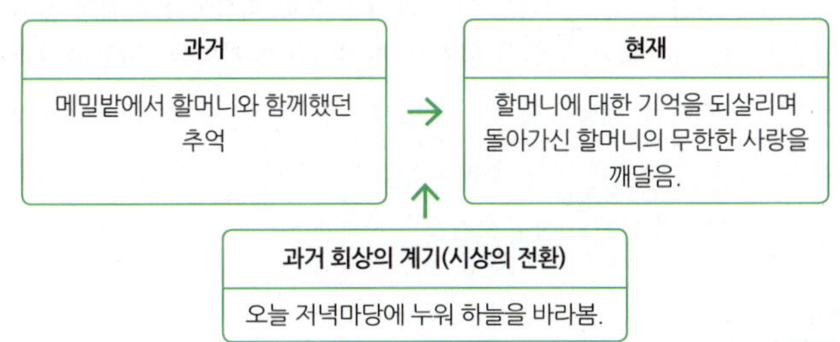

→ 마당에 누워서 하늘을 바라보는 행동은 할머니와의 추억을 떠올리는 회상의 계기가 되며, 이는 시상 전환 역할을 함.

(나) 손택수, 〈밥물 눈금〉

출제 ❶ 화자, 중심 대상 ❷ 상황, 정서, 태도 ❸ 표현상 특징

❶ **밥물 눈금**을 찾지 못해 질거나 된 밥을 먹는 날들이 있더니

❷ 이제는 그도 좀 익숙해져서 **손마디나 손등**,

❸ ❶중심 대상
손가락 주름을 눈금으로 쓸 줄도 알게 되었다
　　밥물 눈금의 역할을 대신함.　　　　　　　: ❸ 현재 시제를 사용함.

❹ 촘촘한 손등 주름 따라 **밥맛을 조금씩 달리**해본다

* ❶~❹행 요약 : 자신의 손등으로 밥물 높이를 적절히 조절할 수 있게 됨.

❺ 손등 중앙까지 올라온 수위를 중지의 마디를 따라 오르내리다 보면
　　　　　　　　　　　　　　　　　# 과거 회상의 계기

❻ 물꼬를 트기도 하고 막기도 하면서

❼ 논에 물을 보러 가던 할아버지 생각도 나고,
　　　밥물을 맞추며 떠올린 대상 ①

❽ 저녁때가 되면 한 끼라도 아껴보자
　　　밥물을 맞추며 떠올린 대상 ② (= 화자 자신)

❾ 친구 집에 마실을 가던 소년의 저녁도 **떠오른다**
　소년의 집안 형편이 어려웠음을 짐작할 수 있음.
　　　　　　　　　　　　　　❸ 구체적 지명을 사용하여 사실감을 높임.

❿ 한 그릇으로 두 그릇 세 그릇이 되어라 밥국을 끓이던 ⓛ **문현동**
　　　　　　　　　　　　　❶화자: '나'　# 화자가 살던 동네로 화자의 성숙함이 요구되는 공간

⓫ **가난한 지붕들이 내 손가락 마디에는 있다]**
　# 화자의 주름진 손등, 손마디에 가난했던 화자의 유년 시절이 깃들어 있음.
　[ ] : ❷ 상황 – 화자가 손가락 주름으로 밥물을 맞추면서 유년 시절 가난했던 기억을 회상함.

* ❺~⓫행 요약 : 밥물을 맞추며 가난했던 과거 유년 시절을 떠올림.

⓬ 일찍 철이 들어서 슬픈 귓속으로
　❷ 정서: 가난한 삶으로 인해 일찍 철이 들었던 시절과 그로 인한 슬픔

⓭ ❸ 음성 상징어(의성어)를 활용하여 시적 상황을 제시함.
봉지쌀 탈탈 터는 소리라도 들려올 듯,
　　　　　　　　　　　　　　　* **음성 상징어**: 소리를 흉내내는 말인 의성어나 모양을 흉내내는 말인 의태어를 아울러 이르는 말
⓮ ❸ 청각적 심상을 활용하여 화자의 정서를 부각함.
얼굴보다 먼저 늙은 손이긴 해도
　　힘든 삶을 보낸 화자　　　　　　　　* **청각적 심상**: 귀로 듣는 듯한 느낌을 주는 이미지

⓯ **전기밥솥에는 없는 눈금**을 내 손은 **가졌다.]**
　　　　　　　　　　　　화자의 손 주름
　[ ] : ❷ 정서 – 자신의 현재 모습을 긍정적으로 인식하고 자기 위안을 얻음.

* ⓬~⓯행 요약 : 힘든 삶을 살아왔지만 자신의 현재 상황을 긍정적으로 인식함.

✿ (나) 독해 공식

❶ **화자**: '나',　　**중심 대상**: 손등으로 밥물을 맞추는 경험(일상적 행위)
❷ **상황**: 화자가 자신의 손가락 주름으로 밥물을 맞추면서 유년 시절 가난했던 기억을 회상함.
　정서 및 태도:
　• 가난한 삶으로 인해 일찍 철이 들었던 시절과 그로 인한 슬픔
　• 자신의 현재 모습을 긍정적으로 인식하고 자기 위안을 얻음.
❸ **표현상 특징**
• 현재 시제를 활용하여 현장감을 드러냄.
• 일상적 행위를 주요 소재로 삼아 시상을 전개함.
• 구체적 지명('문현동')을 사용하여 사실감을 높임.
• 음성 상징어(의성어)를 통해 대상을 생동감 있게 표현함.
• 청각적 심상을 통해 화자의 정서를 부각함.
• 단정적 어조를 활용하여 화자의 정서를 드러냄.

■ **갈래**: 현대시
■ **주제**: 손가락 주름을 통해 떠올린 가난했던 유년 시절의 회상과 긍정적 자기 인식
■ **이것이 핵심!**: 과거 회상을 통한 화자의 현실 인식

→ 손으로 밥물을 맞추는 일상적 경험을 통해 과거 유년의 기억을 회상하고 있으며, 이를 통해 현재 상황을 긍정적으로 인식하고 자기 위안을 얻고 있음.

■ **왜 두 작품?**
(가)와 (나)의 화자는 모두 특정한 경험을 바탕으로 과거를 회상하고 있다.
(가)의 화자는 마당에 누워 별을 보는 경험을 통해 과거를 회상하고 할머니의 사랑을 깨닫고 있다.
(나)의 화자는 손으로 밥물을 맞추는 경험을 통해 과거를 회상하고 이를 바탕으로 현재 화자의 상황에 대해 긍정적 인식을 얻고 있다.

> **(가), (나) 관련 어휘**
> **밭둑**: 밭과 밭 사이의 경계를 이루고 있거나 밭가에 둘려 있는 둑
> **멍석**: 짚으로 새끼 날을 만들어 네모지게 걸어 만든 큰 깔개
> **매다**: 논밭에 난 잡풀을 뽑다.
> **물꼬**: 논에 물이 넘어 들어오거나 나가게 하기 위하여 만든 좁은 통로
> **마실**: 이웃에 놀러 다니는 일

16 정답 ② * 표현상 특징 파악하기 .... [정답률 71%]

(가)와 (나)에 대한 설명으로 가장 적절한 것은?

> **왜 정답?**

② (나)는 (가)와 달리 **청각적 심상**을 통해 화자의 정서를 부각하고 있다.
　'봉지쌀 탈탈 터는 소리라도 들려올 듯' → 과거를 떠올리면서 느낀 슬픔을 부각함.

> (나) ⓬~⓯행 일찍 철이 들어서 슬픈 귓속으로 / 봉지쌀 탈탈 터는 소리라도 들려올 듯, / 얼굴보다 먼저 늙은 손이긴 해도 / 전기밥솥에는 없는 눈금을 내 손은 가졌다.

화자는 '봉지쌀 탈탈 터는 소리'라는 청각적 심상을 활용하여 가난했던 슬픈 시절을 형상화하면서 화자의 정서를 부각하고 있다.

> **왜 오답?**

① (가)는 (나)와 달리 **설의법**을 통해 화자의 **의지**를 표현하고 있다.
　　　　　(가) ×, (나) ×　　　　　　　(가) ×, (나) ×

감정을 억누르지 않고 그대로 드러내는 어조 　　엄격하게 딱 잘라서 결정하는 듯한 어조
③ (가)는 **격정적 어조**를, (나)는 **단정적 어조**를 통해 화자의 **기대감**을 드러내고 있다.
　　　　(가) ×　　　　　(나) ○　　　　　　드러내지 않음.

> (나) ❹행 촘촘한 손등 주름 따라 밥맛을 조금씩 달리해본다
> (나) ❾행 친구 집에 마실을 가던 소년의 저녁도 떠오른다
> (나) ⓫행 가난한 지붕들이 내 손가락 마디에는 있다
> (나) ⓯행 전기밥솥에는 없는 눈금을 내 손은 가졌다.

(가)는 경어체를 활용한 담담한 어조를 통해 할머니와의 추억과 할머니에 대한 화자의 그리움의 태도를 드러내고 있다. 격정적 어조는 나타나지 않는다.
(나)는 '달리해본다', '떠오른다', '가졌다' 등 '-ㄴ다', '-다'의 단정적 어조를 통해 화자의 정서를 드러내고 있다.
그러나 화자의 기대감을 드러내는 부분은 찾을 수 없다.

낮은 데서 높은 데로 올라가는 느낌을 만드는 이미지 위에서 아래로 내려오는 느낌을 주는 이미지
④ (가)는 상승의 이미지를, (나)는 하강의 이미지를 통해 대상의 **역동성**을
'마당에 누워 '하늘'을 올려다봄.   '오르내리다보면'   (가) ×, (나) ×
강조하고 있다.

> (가) **5**연, **6**연 오늘 저녁 멍석을 펴고 / 마당에 누우니 // 온 하늘 가득 /
> 별로 피어 있는 어릴 적 메밀꽃
> 상승의 이미지 ○, 대상의 역동성 ×
> (나) **5**행 손등 중앙까지 올라온 수위를 중지의 마디를 따라 <u>오르내리다</u>
> 보면
> 상승의 이미지 ○, 대상의 역동성 ×

(가)의 화자가 '마당에 누워'서 '온 하늘 가득' 떠있는 별을 바라보는 장면에서 상승의
이미지가 나타난다고 볼 수 있다. 그러나 이를 통해 대상의 역동성을 강조하고 있지
않다.

(나)의 화자가 밥물을 맞추기 위해 '손등 중앙까지 올라온 수위를 중지의 마디를
따라 오르내리'는 장면에서 하강의 이미지가 나타난다. 그러나 이를 통해 대상의
역동성을 강조하고 있지 않다.

⑤ (가)와 (나)는 모두 **계절감**을 드러내는 시어를 통해 대상의 **변화**
(가) '늦여름', (나) ×
양상을 나타내고 있다.
(가) ×, (나) ×

> (가) **2**연 늦여름의 하늘빛이 메밀꽃 위에 빛나고 / 메밀꽃 사이사이로
> 할머니는 가끔 / 나와 바람의 장난을 살피시었습니다.

(가)는 '늦여름'을 통해 계절감을 드러내고, 어린 시절 할머니와 지냈던 추억을
회상하고 있다. 그러나 대상의 변화 양상은 나타나지 않는다.

(나)는 계절감을 드러내는 시어가 활용되지 않았으며 대상의 변화 양상 또한
나타나지 않는다.

---

17 정답 ④ ＊ 시어 및 구절의 의미 파악하기 ………… [정답률 78%]

㉠과 ㉡을 비교한 내용으로 가장 적절한 것은?
'밭둑' '문현동'

> **왜 정답 ?**

④ ㉠은 화자의 동심이 허용되는, ㉡은 화자의 성숙함이 요구되는
할머니의 보살핌 속에서 뛰어놀았던 공간   가난한 삶으로 인해 일찍 철이 들었던 공간
공간이다.

> (가) **1**연, **2**연 ㉠ 밭둑에서 나는 바람과 놀고 / 할머니는 메밀밭에서 /
> 메밀을 꺾고 계셨습니다. // ～ 메밀꽃 사이사이로 할머니는 가끔 / <u>나와</u>
> 바람의 장난을 살피시었습니다.
> (나) **10**~**12**행 한 그릇으로 두 그릇 세 그릇이 되어라 밥국을 끓이던
> ㉡ 문현동 / 가난한 지붕들이 내 손가락 마디에는 있다 / 일찍 철이 들어서
> 슬픈 귓속으로

(가)의 화자는 어린 시절 ㉠ '밭둑'에서 할머니의 보살핌을 받으며 마음껏 뛰어놀던
공간을 떠올리고 있다. 따라서 ㉠ '밭둑'은 화자의 동심이 허용되는 공간으로 볼 수
있다.

(나)의 화자는 화자가 ㉡ '문현동'에서 유년 시절 가난했던 상황을 떠올리고 '일찍
철이 들어서 슬픈 귓속'이라고 표현하고 있다. 따라서 ㉡ '문현동'은 화자의 성숙함이
요구되는 공간으로 볼 수 있다.

> **왜 오답 ?**

① ㉠은 화자가 **벗어나려는**, ㉡은 화자가 **지향**하는 공간이다.
긍정적으로 생각하는 공간   가난했던 시절의 공간

② ㉠은 화자가 **이질감**을, ㉡은 화자가 동질감을 느끼는 공간이다.
할머니와 함께 자라온 친숙한 공간임.   '가난한 지붕들이' 화자의 '손가락 마디'에 있음.

③ ㉠은 화자의 **슬픔**이, ㉡은 화자의 그리움이 **해소**되는 공간이다.
'밭둑'에서 바람과 함께 놀던 공간   화자가 어린 시절 지냈던 공간

⑤ ㉠은 화자가 경험한 적 없는 **가상**의, ㉡은 화자의 경험이 **축적**된
화자가 경험한 현실의 공간   화자가 유년 시절에 경험한 현실의 공간
현실의 공간이다.

---

18 정답 ③ ＊ 〈보기〉를 바탕으로 감상하기 ………… [정답률 73%]

〈보기〉를 바탕으로 (가), (나)를 감상한 내용으로 적절하지 않은 것은? [3점]

> ─── 〈 보기 〉───
> **❶**
> 과거의 경험에 대한 기억은 어떤 계기를 통해 되살아나 현재의 삶에
> **❷**
> 영향을 미칠 수 있다. (가)의 화자는 할머니와의 기억을 통해 과거와
> 할머니의 보살핌을 받던 기억을 떠올림.
> 현재를 연결하며 깨달음과 정서적 충만감을 얻고 있다. 한편 (나)의
> '메밀꽃(과거) → '별'(현재) 할머니의 사랑을 깨닫고 정서적 충만감을 얻음.
> **❸**
> 화자는 일상적 행위의 반복 속에서 유년의 기억을 되살리고, 그 기억을
> 밥물을 맞추는 행위   가난했던 과거를 떠올림.
> 현재와 연결하며 자신의 현재 모습을 긍정하게 된다. →'전기밥솥에는 없는
> '가난한 지붕들이 내 손가락 마디에는 있'음.   눈금'을 가짐.

> **왜 정답 ?**

③ (가)의 <u>'커서도 덜 자'</u>랐다는 것과 (나)의 <u>'밥맛을 조금씩 달리'</u>하는
여전히 동심을 간직함.   손등 주름으로 밥물을 맞추는 것에 익숙해짐.
것은 현재의 화자에게 **정서적 충만감**을 주는군.
(가)와 달리 (나)는 정서적 충만감을 주지 않음.

＊ 근거: (가) **3**연, (나) **❶**~**❹**행

(가)의 '커서도 덜 자'랐다는 것은 여전히 동심을 간직한 화자의 모습을 보여준다.
따라서 이는 현재의 화자에게 정서적 충만감을 주는 부분이라고 볼 수 있다.

한편 (나)의 '밥맛을 조금씩 달리'하는 것은 손등 주름을 통해 밥물을 맞추는 행위를
반복하여 이에 익숙해진 화자의 모습을 보여준다. 이는 현재의 화자에게 정서적
충만감을 주는 부분이 아니다.

> **왜 오답 ?**

① (가)의 화자는 별이 가득한 '하늘'을 보며, 자신이 여전히 '나를
할머니와의 추억이 담긴 '메밀꽃'을 떠올림.
살피'시는 할머니의 사랑 속에 있음을 깨닫고 있군.
→ 할머니가 저승에서도 화자를 '살피고 계셨'다는 것을 깨달음.

＊ 근거: (가) **6**연, 〈보기〉 **❷**문장

(가)의 화자는 별이 가득한 '하늘'을 보며 할머니와의 추억이 담긴 '메밀꽃'을
떠올린다. '메밀꽃'을 떠올린 화자는 할머니가 '메밀밭 저승까지 가져가시어' '날마다
저녁이면' '나를 살피고 계셨'다고 생각하면서, 자신이 여전히 할머니의 사랑 속에
있음을 깨닫고 있다.

② (나)의 화자는 유년의 기억을 통해 '전기밥솥에는 없는 눈금'을 지닌
가난했던 유년 시절을 떠올림.
'늙은 손'을 긍정하며 자기 위안을 얻고 있군.
가난으로 인해 가지게 된 '늙은 손'을 긍정적으로 바라봄.

＊ 근거: (나) **❶**~**❶**행, 〈보기〉 **❸**문장

(나)의 화자는 가난했던 유년 시절을 떠올리고, '가난한 지붕들이 내 손가락
마디에는 있'다고 했는데, 이를 통해 화자가 가난으로 인해 '늙은 손'을 가지게
되었음을 알 수 있다. 화자는 '늙은 손'이 '전기밥솥에는 없는 눈금'을 가졌다고 하면서
'늙은 손'을 긍정하고 자기 위안을 얻고 있다.

④ (가)에서 '마당에 누워' 하늘을 보는 행위와 (나)에서 '손가락
주름'으로 '밥물'을 맞추는 행위는 회상의 계기가 되는군.
(가)와 (나)의 화자가 과거를 떠올리게 됨.

＊ 근거: (가) **5**연, **6**연, (나) **❺**~**❶**행, 〈보기〉 **❶**문장

(가)의 '마당에 누워' 하늘을 보며 할머니와의 추억이 담긴 '메밀꽃'을 떠올리고 이를
통해 과거를 회상하고 있다.

(나)의 '손가락 주름'으로 '밥물'을 맞추면서 '할아버지', '소년의 저녁'을 떠올리며
과거를 회상하고 있다.

⑤ (가)의 화자가 '별'에서 '메밀꽃'을 떠올리는 것과 (나)의 화자가
'가난한 지붕들이 내 손가락 마디에는 있다'고 생각하는 것은
기억이 현재의 삶에 영향을 미치고 있음을 보여 주는군.
(가) 할머니의 사랑이 현재에도 지속됨. (나) 가난했던 과거가 현재 화자의 손에 남아 있음.

＊ 근거: (가) **5**~**7**연, (나) **❺**~**❶**행, 〈보기〉 **❶**문장

(가)의 화자는 '마당에 누워' 하늘을 보며 할머니와의 추억이 담긴 '메밀꽃'을
떠올리고 현재에도 할머니의 사랑이 지속되고 있음을 깨닫고 있다. 따라서 이는
기억이 현재의 삶에 영향을 미치고 있음을 보여준다.

(나)의 화자는 가난했던 유년 시절을 떠올리고 '가난한 지붕들이 내 손가락 마디에는
있'다고 생각하고 있다. 이는 가난했던 유년 시절이 화자의 현재 주름진 손에 남아
있다는 것으로, 기억이 현재의 삶에 영향을 미치고 있음을 보여준다.

출제 ⬭ 글 전체 핵심어　▭ 글 전체 중심 문장

① 경기가 침체되어 가계의 소비가 줄어들면 시중의 제품이 팔리지 않아 기업은 생산 규모를 축소하게 된다. ② 그 결과 실업률이 증가하고 가계의 수입이 감소하면서 소비는 더욱 위축된다. ③ 이와 같은 악순환으로 경기 침체가 심화되면 국가는 이에서 벗어나기 위해 (유동성)을 늘리는 통화 정책을 시행한다.
경기 침체
국가가 경기 침체로부터 벗어나기 위해 시행하는 정책

＊①문단 요약 : 경기 침체에서 벗어나기 위한 유동성 증가 통화 정책의 시행

──── 1문단 지문 이해도 ────
＊ 경기 침체의 악순환

경기 침체 → 가계 소비 ↓ → 기업의 생산 규모 ↓
가계 수입 ↓ ← 실업률 ↑

② 유동성이란 자산 또는 채권을 손실 없이 현금화할 수 있는 정도로, 현금과 같은 화폐는 유동성이 높은 자산인 반면 토지나 건물과 같은 부동산은 유동성이 낮은 자산이다. ② 이처럼 유동성은 자산의 성격을 나타내는 용어이지만, 흔히 시중에 유통되는 화폐의 양, 즉 통화량을 나타내는 말로도 사용된다. ③ 가령 시중에 통화량이 지나치게 많을 때 '유동성이 넘쳐 난다'고 표현하고, 반대로 통화량이 줄어들 때 '유동성이 감소한다'고 표현한다. ④ 유동성이 넘쳐 날 경우 시중에 화폐가 흔해지는 상황이므로 화폐의 가치는 떨어지게 된다.
유동성이 높은 자산의 예
유동성의 개념
유동성 ↑(시중의 통화량 ↑)→화폐 가치 ↓

＊②문단 요약 : 유동성의 개념

③ 유동성은 금리와 밀접한 관련이 있기 때문에 국가는 정책적으로 금리를 올리고 내림으로써 유동성을 조절할 수 있다. ② 이때 금리는 예금이나 빌려준 돈에 붙는 이자율로, 이는 기준 금리와 시중 금리 등으로 구분된다. ③ (기준 금리)는 국가가 정책적인 차원에서 결정하는 금리로, 한 나라의 금융 및 통화 정책의 주체인 중앙은행에 의해 결정된다. ④ 반면 시중 금리는 기준 금리의 영향을 받아 중앙은행 이외의 시중 은행이 세우는 표준적인 금리로, 가계나 기업의 금융 거래에 영향을 미친다. ⑤ 가령 [시중 금리가 내려가면 예금을 통한 이자 수익과 대출에 따른 이자 부담이 줄어 가계나 기업에서는 예금을 인출하거나 대출을 받으려는 경향성이 늘어난다. ⑥ 그 결과 시중의 유동성이 증가하게 된다.] ⑦ 반대로 [시중 금리가 올라가면 이자 수익과 대출 이자 부담이 모두 늘어나기 때문에 유동성이 감소하게 된다.]
금리의 개념
기준 금리의 개념
시중 금리는 기준 금리의 영향을 받음.
[ ]: 금리 인하로 인한 유동성 증가 과정
[ ]: 금리 인상으로 인한 유동성 감소 과정

＊③문단 요약 : 금리 조절을 통한 유동성 조절 과정

──── 3문단 지문 이해도 ────

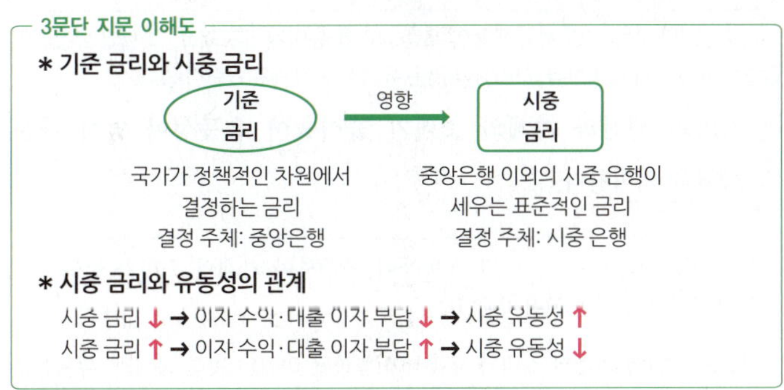

침체되다: 어떤 현상이나 사물이 진전하지 못하고 제자리에 머무르게 되다.
위축되다: 어떤 힘에 눌려 졸아들고 기를 펴지 못하게 되다.
악순환: 순환이 좋지 않음. 또는 나쁜 현상이 끊임없이 되풀이됨.
시행하다: 실지로 행하다.

---

④ 이와 같은 금리와 유동성의 관계를 고려하여, 중앙은행은 기준 금리를 조절하는 통화 정책을 통해 경기를 안정시키려고 한다. ② 만일 [경기가 침체되면 중앙은행은 기준 금리를 인하하는 정책을 도입하여 시중 금리를 낮추도록 유도한다. ③ 그 결과 유동성이 증가하여 가계의 소비가 늘고 주식이나 부동산에 대한 투자가 확대된다. ④ 또한 기업의 생산과 고용이 늘고 다양한 분야에 대한 투자가 확대되어 물가가 상승하고 경기가 전반적으로 활성화된다.] ⑤ 반대로 [경기가 과열되어 자산 가격이나 물가가 지나치게 오르면 중앙은행은 기준 금리를 인상하는 정책을 통해 유동성을 감소시킨다. ⑥ 그 결과 기준 금리를 인하할 때와 반대의 현상이 나타나 자산 가격이 하락하고 물가가 안정되어 과열된 경기가 진정된다.]
중앙은행의 역할: 통화 정책을 통해 경기를 안정시킴.
[ ]: 경기 침체시 기준 금리를 인하하여 경기를 활성화함.
[ ]: 경기 과열시 기준 금리를 인상하여 경기를 진정시킴.

＊④문단 요약 : 기준 금리 조절을 통한 중앙은행의 경기 안정화 과정

──── 4문단 지문 이해도 ────
＊ 기준 금리 조절을 통한 중앙은행의 경기 안정화 과정

경기 침체 시	경기 과열 시
기준 금리 ↓ → 시중 금리 ↓ 유도 → 유동성 ↑ → 가계 소비 ↑ → 개인의 주식, 부동산 투자 ↑ 기업의 생산·고용 ↑ 투자 ↑ → 물가 ↑ → 경기 활성화	기준 금리 ↑ → 시중 금리 ↑ 유도 → 유동성 ↓ → 가계 소비 ↓ → 개인의 주식, 부동산 투자 ↓ 기업의 생산·고용 ↓ 투자 ↓ → 물가 안정 → 경기 진정

⑤ 그러나 중앙은행이 경기 활성화를 위해 통화 정책을 시행했음에도 불구하고 애초에 의도한 결과가 나타나지 않기도 한다. ② 즉, 기준 금리를 인하하여 시중에 유동성을 충분히 공급하더라도, 증가한 유동성이 기대만큼 소비나 투자로 이어지지 않으면 경기가 활성화되지 않는다. ③ 특히 심각한 경기 침체로 인해 경기 회복에 대한 전망이 불투명할 경우, 경제 주체들은 쉽게 소비를 늘리지 못하거나 투자를 결정하지 못해 돈을 손에 쥐고만 있게 된다. ④ 이 경우 충분한 유동성이 경기 회복으로 이어지지 못해 경기 침체가 지속되는데, 마치 유동성이 함정에 빠진 것 같다고 하여 케인스는 이를 유동성 함정이라 불렀다. ⑤ 그는 이러한 유동성 함정을 통해 통화 정책의 한계를 설명하면서, 정부가 재정 지출을 확대하여 소비와 투자를 유도하는 정책을 시행하는 것이 중요하다고 역설하였다.
유동성 증가가 경기 활성화로 연결되지 않을 수 있음.
유동성 함정의 개념: 시중에 유동성이 충분히 공급되더라도 경기 침체가 계속됨.
통화 정책의 한계

역설하다: 자기의 뜻을 힘주어 말하다.

＊⑤문단 요약 : 유동성 함정의 개념과 통화 정책의 한계

■ 전체 지문 이해도
통화 정책을 통한 경기 조정

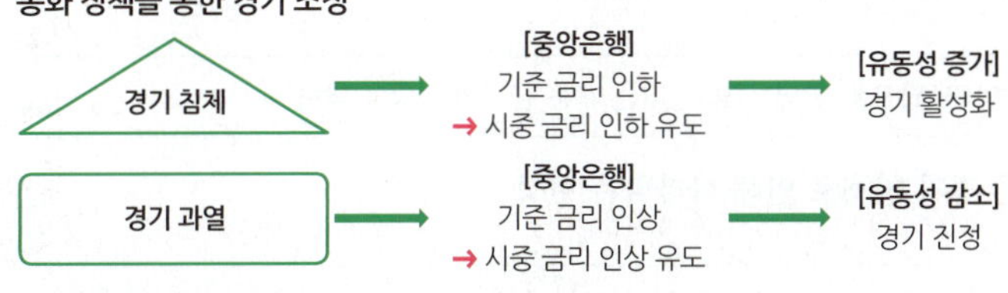

■ 지문 내용과 구조

①문단	경기 침체에서 벗어나기 위한 유동성 증가 통화 정책의 시행
②문단	유동성의 개념: 자산 또는 채권을 손실 없이 현금화할 수 있는 정도. 시중에 유통되는 화폐의 양 ≒ 통화량 – 통화량이 많을 때: 유동성 ↑ → 화폐 가치 ↓ – 통화량이 적을 때: 유동성 ↓ → 화폐 가치 ↑

3문단	금리 조절을 통한 유동성 조절 과정	
	기준 금리	– 국가가 정책적인 차원에서 결정하는 금리 – 중앙은행에서 결정함.
	↓ 영향 시중 금리	시중 은행이 세우는 표준적인 금리 – 시중 금리 ↓ 예금 인출 및 대출 증가로 인한 유동성 ↑ – 시중 금리 ↑ 예금 증가로 인한 유동성 ↓
4문단	기준 금리 조절을 통한 중앙은행의 경기 안정화 과정 ① 경기 침체 시: 기준 금리를 인하하여 경기를 활성화함. ② 경기 과열 시: 기준 금리를 인상하여 경기를 진정시킴.	
5문단	유동성 함정의 개념과 통화 정책의 한계 유동성 함정: 경기 회복에 대한 전망이 불투명할 경우 유동성이 증가하더라도 경기 회복으로 이어지지 못해 경기 침체가 지속되는 것 → 케인즈: 정부가 재정 지출을 확대하여 소비와 투자를 유도하는 정책을 시행하는 것이 필요하다고 역설함.	

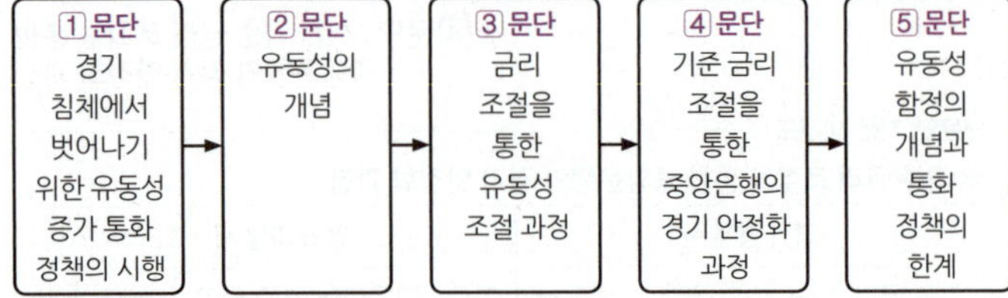

■ **주제**: 통화 정책을 통한 유동성 조절과 경기 안정화 방법

19 정답 ⑤　＊ 내용 파악하기 ················· [정답률 78%]

윗글을 통해 알 수 있는 내용이 <u>아닌</u> 것은?

> **왜** 정답?

⑤ 유동성에 대한 케인스 **주장**의 한계
　　케인스가 통화 정책의 한계를 설명함.

> 5문단 ❺문장 그는 이러한 유동성 함정을 통해 통화 정책의 한계를 설명하면서, ~
> 케인스

> **왜** 오답?

① 중앙은행이 하는 역할
　　통화 정책을 통해 경기를 안정시킴.

> 4문단 ❶문장 이와 같은 금리와 유동성의 관계를 고려하여, 중앙은행은 기준 금리를 조절하는 통화 정책을 통해 경기를 안정시키려고 한다.

② 유동성이 높은 자산의 예
　　현금과 같은 화폐 등

> 2문단 ❶문장 ~ 현금과 같은 화폐는 유동성이 높은 자산인 반면 ~

③ 기준 금리와 시중 금리의 관계
　　시중 금리가 기준 금리의 영향을 받음.

> 3문단 ❹문장 반면 시중 금리는 기준 금리의 영향을 받아 ~

④ 경기 침체로 인해 나타나는 현상
　　가계 소비 ↓ → 기업 생산 규모 ↓ → 실업률 ↑ → 가계 수입 ↓ → 가계 소비 ↓

> 1문단 ❶, ❷문장 경기가 침체되어 가계의 소비가 줄어들면 시중의 제품이 팔리지 않아 기업은 생산 규모를 축소하게 된다. 그 결과 실업률이 증가하고 가계의 수입이 감소하면서 소비는 더욱 위축된다.

20 정답 ①　＊ 내용 파악 + 추론하기 ················· [정답률 69%]

윗글을 바탕으로 할 때, 〈보기〉의 ㄱ~ㄷ에 들어갈 말로 적절한 것은?

〈 보기 〉

국가의 통화 정책이 정상적으로 작동될 때, 중앙은행이 기준 금리를
　　　　　　유동성 함정이 발생하지 않는 상황
(ㄱ) 시중의 유동성이 (ㄴ)하며, 화폐의 가치가 (ㄷ)한다.

- 시중 금리 ↓ → 이자 수익·대출 이자 부담 ↓ → 시중 유동성 ↑ → 가계 소비, 주식·부동산 투자 ↑ 기업의 생산·고용·투자 ↑ → 물가 상승, 경기 활성화
- 시중 금리 ↑ → 이자 수익·대출 이자 부담 ↑ → 시중 유동성 ↓ → 가계 소비, 주식·부동산 투자 ↓ 기업의 생산·고용·투자 ↓ → 물가 안정, 경기 진정

> **왜** 정답·오답?

	ㄱ	ㄴ	ㄷ
①	내리면	증가	하락

> 4문단 ❷, ❸문장 만일 경기가 침체되면 중앙은행은 기준 금리를 인하하는 정책을 도입하여 ~ 그 결과 유동성이 증가하여 ~
> 2문단 ❹문장 유동성이 넘쳐 날 경우 시중에 화폐가 흔해지는 상황이므로 화폐의 가치는 떨어지게 된다.
> 기준 금리 ↓ → 유동성 ↑ → 화폐 가치 ↓

국가의 통화 정책이 정상적으로 작동된다는 것은 유동성 함정이 일어나지 않는다는 의미이다. 이 경우 중앙은행이 기준 금리를 내리면 이에 시중 금리가 영향을 받고, 그 영향으로 시중의 유동성이 증가하게 된다. 시중에 유동성이 증가하면 화폐의 가치는 떨어지게 된다.

따라서 ㄱ에는 '**내리면**'이, ㄴ에는 '**증가**'가, ㄷ에는 '**하락**'이 들어가야 한다.

21 정답 ①　＊ 내용 파악하기 ················· [정답률 88%]

유동성 함정 에 대해 이해한 내용으로 가장 적절한 것은?

> **왜** 정답?

① 시중에 유동성이 충분히 공급되더라도 경기 침체가 지속되는
　　　　　　　　　　충분한 유동성이 경기 회복으로 이어지지 못함.
상황을 의미한다.

> 5문단 ❹문장 이 경우 충분한 유동성이 경기 회복으로 이어지지 못해 경기 침체가 지속되는데, 마치 유동성이 함정에 빠진 것 같다고 하여 케인스는 이를 유동성 함정 이라 불렀다.

> **왜** 오답?

② 시중 금리의 상승으로 유동성이 감소하여 물가가 하락하는 **상황**을
　　　　　　　　　　　　　　　　　　유동성 함정과 관련 없음.
의미한다.

> 4문단 ❺, ❻문장 ~ 중앙은행은 기준 금리를 인상하는 정책을 통해 유동성을 감소시킨다. 그 결과 ~ 물가가 안정되어 과열된 경기가 진정된다.

기준 금리가 상승하면 시중 은행이 시중 금리를 높이게 유도되고, 그 결과 유동성이 감소하여 물가가 하락한다. 그러나 이것은 유동성 함정과는 관련이 없다.

③ 기업의 생산과 가계의 소비가 **줄어들어** 유동성이 넘쳐 나는
　　　　　　　　　　　　　　　유동성이 감소했을 때 결과임.
상황을 의미한다.
유동성 함정과 관련 없음.

> 4문단 ❸, ❹문장 ~ 그 결과 유동성이 증가하여 가계의 소비가 늘고 ~ 또한 기업의 생산과 고용이 늘고 ~

기업의 생산과 가계의 소비가 유동성에 영향을 미치는 것이 아니라, 유동성의 증가나 감소가 기업의 생산과 가계의 소비에 영향을 미친다.

또한 유동성에 따른 기업의 생산과 가계의 소비의 변화는 유동성 함정과는 관련이 없다.

④ 경기 과열로 인해 유동성이 높은 자산에 대한 ~~선호~~가 늘어나는
　유동성 함정과 관련 없음.
　상황을 의미한다.

　윗글에서 경기 과열로 인해 유동성이 높은 자산에 대한 선호가 늘어난다고 언급하지 않았다. 또한 경기 과열이 유동성이 높은 자산에 대한 선호를 유발한다고 하더라도 이는 유동성 함정과는 관련이 없다.

⑤ 유동성이 ~~감소~~하여 경기 회복에 대한 전망이 긍정적으로 바뀌는
　유동성에 따라 경기 회복에 대한 전망이 바뀌는 것이 아님.
　상황을 의미한다.

＊근거: ⑤문단 ❸, ❹문장

　유동성 함정은 유동성이 충분하더라도 경기 회복에 대한 전망이 불투명할 때 발생한다. 유동성이 감소하여 경기 회복에 대한 전망이 바뀌는 것이 아니다.

22 정답 ② ＊구체적 사례나 상황에 적용하기 ·········· [정답률 64%]

윗글을 바탕으로 경제 주체들이 〈보기〉의 신문 기사를 읽고 보일 수 있는 반응으로 적절하지 <u>않은</u> 것은? [3점]

────── 〈 보기 〉 ──────

금융 당국 '빅스텝' 단행

❶금융 당국은 오늘 '빅스텝'을 단행하였다. ❷빅스텝이란 기준 금리를 한
　　　　　　　　　　　　　　기준 금리 ↑
번에 0.5%p 인상하는 것을 의미한다. ❸이처럼 금리를 큰 폭으로 인상한
　빅스텝의 개념
것은 과도하게 증가한 유동성으로 인해 물가가 지나치게 상승하고
　기준 금리 인상을 통해 물가를 안정시켜 경기를 진정시키려는 의도가 있음.
부동산, 주식 등의 자산 가격이 폭등했기 때문이다.

▶왜 틀렸나?

　〈보기〉에 제시된 빅스텝이 기준 금리를 인상하는 것임을 제대로 이해하지 못해서 틀린 학생들이 많았다. 중앙은행이 기준 금리를 인상하는 이유는 물가를 안정시키기 위해서임을 기억했어야 한다.

▶왜 정답?

② 소비자: 위축된 소비 심리가 회복되어 지금보다 물가가 **오를** 수
　기준 금리 ↑ → 유동성 ↓ → 소비 심리 ↓ → 물가 안정
있으니, 자동차 구매 시기를 ~~앞당겨야겠군~~.
　　　　　　　　　　　　늦춰야 함.

▶ ④문단 ❺, ❻문장 ~ 중앙은행은 기준 금리를 인상하는 정책을 통해 유동성을 감소시킨다. 그 결과 ~ 자산 가격이 하락하고 물가가 안정되어 과열된 경기가 진정된다.

　〈보기〉에서 금융 당국, 즉 중앙은행이 기준 금리를 0.5%p 인상했기 때문에 유동성이 감소되고, 그 결과 자산 가격이 하락하고 소비 심리는 떨어져서 물가는 오르는 것이 아니라 안정될 것이다.
　따라서 자동차 구매 시기는 앞당기는 것이 아니라 늦춰야 한다.

▶왜 오답?

① 투자자: 부동산의 가격이 하락할 수 있으니, 당분간 부동산 투자를
　기준 금리 ↑ → 유동성 ↓ → 자산 가격 ↓ ∴ 부동산 투자 보류해야 함.
미루고 시장 상황을 지켜봐야겠군.

＊근거: ④문단 ❻문장

　중앙은행이 기준 금리를 인상하면, 부동산과 같은 자산의 가격이 하락할 수 있으므로 부동산 투자를 미루는 것이 적절하다.

③ 기업인: 대출을 통해 자금을 확보하는 것이 부담스러워질 수
　기준 금리 ↑ → 대출 이자 부담 증가 ∴ 공장 확장 계획을 보류해야 함.
있으니, 공장을 확장하려던 계획을 보류해야겠군.

▶ ③문단 ❹~❼문장 반면 시중 금리는 기준 금리의 영향을 받아 ~ 반대로 시중 금리가 올라가면 이자 수익과 대출 이자 부담이 모두 늘어나기 때문에 유동성이 감소하게 된다.

　금융 당국이 빅스텝을 단행, 즉 금리를 인상했으므로 기업은 공장을 확장하려던 계획을 보류하는 것이 적절하다.
　중앙은행이 기준 금리를 인상하면, 이에 영향을 받은 시중 금리도 함께 상승하여 대출 이자 부담이 늘어나므로 자금을 확보하기 위해 대출을 받는 것이 부담스러워질 수 있기 때문이다.

④ 공장장: 당분간 우리 공장에서 생산한 부품에 대한 수요가 줄 수
　기준 금리 ↑ → 유동성 ↓ → 기업의 생산 ↓ ∴ 재고 증가에 대비해야 함.
있으니, 재고가 늘어날 것에 대비해야겠군.

▶ ④문단 ❷~❻문장 ~ 중앙은행은 기준 금리를 인하하는 정책을 도입하여 ~ 또한 기업의 생산과 고용이 늘고 ~ 그 결과(기준 금리를 인상한 결과) 기준 금리를 인하할 때와 반대의 현상이 나타나 ~
　기준 금리 ↑ → 기업의 생산과 고용 ↓

　금융 당국이 빅스텝을 단행, 즉 금리를 인상했으므로 기업들은 생산을 줄일 것이다. 따라서 생산에 필요한 부품에 대한 기업들의 수요도 줄어들 것이므로, 부품을 생산하는 공장은 재고가 늘어날 것에 대비해야 한다.

⑤ 은행원: 시중 은행에 저축하려는 사람들이 늘어날 수 있으니,
　기준 금리 ↑ → 이자 수익 ↑ → 저축 증가 ∴ 저축 상품 개발해야 함.
다양한 상품을 개발하여 고객을 유치해야겠군.

▶ ③문단 ❼문장 반대로 시중 금리가 올라가면 이자 수익과 ~ 늘어나기 ~

　금융 당국이 빅스텝을 단행, 즉 금리를 인상했으므로 은행원이 저축과 관련한 다양한 상품을 개발하여 고객을 유치하려는 것은 적절하다. 기준 금리가 인상되면 이자 수익이 증가하기 때문에 시중 은행에 저축하려는 사람들이 늘어날 수 있기 때문이다.

23~27

(가) 이원익, 〈고공답주인가〉

＃출제　❶화자, 중심 대상　❷상황, 정서, 태도　❸표현상 특징

❶ 나는 이럴망정 외방의 늙은 종이
　❶화자　　　　지방의 관리를 비유함.
❷ 공물 바치고 돌아갈 때 하는 일 다 보았네
❸ ㉠우리 댁(宅) 살림이 예부터 이렇던가　　: ❸ 설의적 표현을 활용함.
　우리나라를 비유함.
❹ 전민(田民)＊이 많단 말이 일국에 소문이 났는데
❺ **먹고 입으며 드나드는** 종이 백여 명이 넘는데도
　　　　　　❶ 중심 대상: 종(관리(신하))
❻ 무슨 일 하느라 텃밭을 묵혔는가
　종들이 많이 있는데도 불구하고 텃밭을 경작하지 않고 묵혀둠.
❼ 농장이 없다던가 호미 연장 못 가졌나
　밭을 경작할 수 있는 여건을 갖추고 있음에도 게으름을 피우는 모습
❽ [날마다 무엇하려 밥 먹고 다니면서
　[ ]: ❷ 태도 – 게으른 종들의 모습에 대한 비판적 태도
❾ 열 나무 정자 아래 **낮잠만 자는가**]

＊설의적 표현: 쉽게 판단할 수 있는 사실을 의문의 형식으로 표현하여 상대편이 스스로 판단하게 하는 표현

외방: 서울 이외의 지방
공물: 중앙 관서와 궁중의 수요를 충당하기 위하여 여러 지역에 부과하여 상납하게 한 특산물

＊❶~❾행 요약: 게으른 종들로 인해 가세가 기울어진 상황을 비판함.

❿ 아이들 탓이던가
⓫ ㉡우리 댁 종의 버릇 보노라면 이상하다
⓬ ＃[ ]: 상하의 위계질서가 무너져 기강이 해이해진 상황
소 먹이는 아이들이 상마름을 능욕하고
⓭ 오고 가는 어리석은 손님이 큰 양반을 기롱＊한다]

⑭ [ⓒ 그릇된 재산 모아 다른 꾀로 제 일하니
⑮ [ ]: ❷ 태도 – 부정한 방법으로 사리사욕을 채우는 것에 대한 비판적 태도
큰 집의 많은 일을 뉘라서 힘써 할까]
= 나랏일
⑯ 곡식 창고 비었거든 창고지기인들 어찌하며
⑰ 세간이 흩어지니 질그릇인들 어찌할까
⑱ 내 잘못된 줄 내 몰라도 남 잘못된 줄 모르겠는가
⑲ [ⓡ 풀어헤치거니 맺히거니, 헐뜯거니 돕거니
⑳ # [ ]: ❷ 상황 – 끊임없는 싸움으로 인한 혼란스러운 상황
하루 열두 때 어수선을 핀 것인가]

상마름: '마름'은 지주를 대리하여 소작권을 관리하는 사람으로, 여기서 '상마름'은 마름의 우두머리를 뜻한다.

＊⑩~⑳행 요약: 자신의 소임을 다하지 않는 종들에 대한 비판

(중략)

㉑ ❶ 중심 대상: 상전님(주인), '임금'을 비유함.
크게 기운 집에 상전님 혼자 앉아
㉒ 나라 살림 형편이 좋지 않음.
명령을 뉘 들으며 논의를 뉘와 할까
㉓ 나라 살림이 좋지 않은 상황에 대해 의논할 이가 없는 상전님의 모습
[낮 시름 밤 근심 혼자 맡아 계시거니
㉔ ❸ 비유적 표현(직유법)을 활용함.
옥 같은 얼굴이 편하실 적 몇 날인가]
❶ 중심 대상: 상전(주인), '임금'을 비유함.
[ ]: ❷ 정서 – 의논할 이가 없는 상전님의 상황에 대한 안타까움.
㉕ 이 집 이리 되기 뉘 탓이라 할 것인가
㉖ [ⓜ 생각 없는 종의 일은 묻지도 아니하려니와
㉗ # [ ]: ❷ 태도 – 종들의 잘못도 있지만 주인님에게도 잘못이 있다고 생각함.
돌이켜 생각하니 상전님 탓이로다]

＊직유법: 비슷한 성질이나 모양을 가진 두 사물을 '같이', '처럼', '듯이'와 같은 연결어로 결합하여 직접 비유하는 표현법

[상전: 예전에, 종에 상대하여 그 주인을 이르던 말

＊㉑~㉗행 요약: 주인에게 안타까움을 느끼면서도 주인에게도 잘못이 있다고 생각함.

㉘ 내 상전 그르다 하기에는 종의 죄 많건마는
㉙ 그렇다 세상 보며 민망하여 여쭙니다
㉚ 새끼 꼬는 일 멈추시고 내 말씀 들으소서
㉛ ❷ 태도: 종들만 탓하지 말고 '어른 종'(화자)의 말도 들어볼 것을 충고함.
[집일을 고치려거든 종들을 휘어잡고 ❸ 유사한 문장 구조를 반복하여 전달 의도를 강조함.
주인에 대한 충고 ①
종들을 휘어잡으려거든 상벌을 밝히시고
주인에 대한 충고 ②
[A]: '상전님'에 대한 화자의 충고
상벌을 밝히시려거든 어른 종을 믿으소서] ❶ 화자
주인에 대한 충고 ③
[ ]: ❷ 상황 – 주인에게 해결 방안을 제시함.
❸ 연쇄법을 활용하여 상전(=주인, 임금)에 대한 충고 내용을 제시함.
㉞ 진실로 이리 하시면 가도(家道)＊ 절로 일 겁니다
현실에 대해 통찰한 내용을 전달함.

＊㉘~㉞행 요약: 주인에게 집안 살림을 일으킬 방안을 제시함.

＊전민: 농사짓는 일을 생업으로 삼는 사람
＊기롱: 남을 속이거나 비웃으며 놀림.
＊가도: 집안에서 마땅히 지켜야 할 도덕적 규범

✿ (가) 독해 공식
❶ 화자: '나'(어른 종)　　중심 대상: 주인(상전,임금), 종(관리,신하)
❷ 상황: 끊임없는 싸움으로 인한 혼란스러운 상황. 주인에게 해결 방안을 제시함.
　정서: 의논할 이가 없는 상전님의 상황에 대한 안타까움
　태도: 게으른 종들에 대한 비판적 태도. 부정한 방법으로 사리사욕을 채우는 것에 대한 비판적 태도. 종들의 잘못도 있지만 주인님에게도 잘못이 있다고 생각함. 종들만 탓하지 말고 '어른 종'(화자)의 말도 들어볼 것을 충고함.
❸ 표현상 특징
• 설의적 표현을 통해 대상에 대한 태도를 드러냄.
• 비유적 표현을 활용하여 대상을 표현함.
• 연쇄법을 활용하여 상전에 대한 충고 내용을 제시함.
• 유사한 문장 구조를 반복('~을 ~거든 ~을 ~고')하여 전달 의도를 강조함.

■ 갈래: 가사
■ 글쓴이: 이원익(1547~1634). 조선 중기 때의 문신으로 우의정, 영의정 등을 지냈다. 당쟁에 휘말리지 않고 소신 있는 정치를 했으며, 본성이 정직하고 청렴해 많은 신료들의 존경을 받았다.
■ 제목의 의미: '품팔 고(雇) + 장인 공(工) + 대답할 답(答) + 주인 주(主) + 사람 인(人) + 노래 가(歌)', '고공답주인가'는 '고공(종)이 주인에게 답하는 노래'라는 의미이다.
■ 이 작품은? 허전(許㙉)이 지은 〈고공가〉에 화답한 가사이다. 임진왜란 이후 황폐해진 나라 상황에서도 사리사욕에만 집중하고 게으르며 당쟁만을 일삼는 신하들을 비판하고 있으며 임금에게 나라를 일으킬 수 있는 방안을 제시하고 있다.
■ 주제: 게으른 종들에 대한 비판과 주인의 역할에 대한 조언
■ 이것이 핵심! : 집안 다스리는 일에 빗대어 표현한 국가 경영

상전님(=마누라, 주인님)	→	임금
어른 종(화자)	→	고위 관리
종(고공)	→	신하, 관리

(나) 문태준, 〈돌탑과 잔돌〉

출제 ❶ 중심 대상 ❷ 글쓴이의 생각, 태도 ❸ 서술상 특징

① "사람답게 살아라."라는 말은 소설가 김정한이 평생을 두고 자주 한
❸ 소설가 김정한의 말을 직접 인용함.
말이다. ❷ 나는 그의 문장 가운데 다음의 구절을 좋아한다. ["어딜 가도
❶ 글쓴이 자신　소설가 김정한　　# [ ]: ❸ 소설가 김정한의 문장을 직접 인용함.
산이 있고 들이 있고 그리고 인간이 살았다. 인간이 사는 곳에는 으레
나뭇가리가 있고 그 곁에는 코흘리개들이 놀곤 하였다. 조국이란 것이
점점 가슴에 느껴졌다."] ❹ 이 명료한 문장을 읽고 있으면 [사람이 떼를
이루어 사는 세상의 풍경이 한눈에 들어오는 것만 같다. ❺ 그것도
느리고 큰 자연과 더불어. ❻ 사람의 생활이라는 것도 눈에 들어오는
[ ]: 인간이 무리를 이루어 살며, 동시에 인간은 자연과 더불어 살고 있음을 담고 있음.
문장이다.]

❼ [B] 이래저래 만나게 되는 사람들과 이런저런 사연으로 이별을
[B]: 세상을 이루는 다양한 사람들의 모습
경험하게 된 사람들, 그리고 그들의 눈물과 사랑을 하고 있는 저 뜨거운
: ❸ 유사한 문장 구조를 반복하여 전달 의도를 강조함.
가슴도 짐작을 하게 된다. ❽ [조각돌처럼 까다롭고 별난 사람도 있고,
❸ 비유적 표현(직유)
몽돌처럼 둥글둥글한 사람도 있고, 조각을 한 듯 잘생긴 사람도
❸ 비유적 표현(직유)　　　　　❸ 비유적 표현(직유)
있고, 마음에 태풍이 지나가는 사람도 있고, 마음에 4월의 봄볕이
내리는 사람도 있다.] ❾ 그들 모두 하나의 무리를 이루고 사는 것이
[ ]: ❸ 열거, 예시를 통해 다양한 사람들의 모습을 제시함.
이 세상 아닌가 싶은 생각이 드는 것이다.
❷ 글쓴이의 태도: 다양한 사람들이 무리를 이루고 사는 것이 공동체의 삶임을 제시함. 사람들이 서로 더불어 사는 세상을 긍정함.

[조각돌: 조각난 돌　　몽돌: 모가 나지 않고 둥근 돌

＊① 요약: 공동체로 살아가는 인간 삶의 모습

(중략)

② ❶ [나는 가끔 생각하기를 마당이 있는 집이 내게 있다면 주변의
[ ]: 글쓴이는 자신뿐만 아니라 가족들도 함께 돌탑을 쌓기를 소망함.
돌들을 모아서 돌탑을 쌓고 싶다고 소망한다. ❷ 그리고 나의 아이들과
아내에게도 돌탑을 하나씩 쌓을 것을 부탁하고 싶다.] ❸ 산사에
올라가다 보면 길가나 바위 위에 누군가 쌓아 올린 돌탑들처럼 나의
작은 마당 한쪽 한쪽에 돌탑을 쌓아 놓고 싶은 것이다. ❹ 아래에는 큰
돌이 필요하고 위를 향해 쌓아 갈수록 보다 작은 돌들이 필요할
것이다. ❺ 그리고 각각의 장소에서 구해온 돌들은 각각의 크기와 모양과
크기와 모양, 빛깔이 다양한 돌들
빛깔을 지니고 있을 것이다. ❻ 반듯한 것도 있고 움푹 팬 것도 있을
❼ ❸ 비유적 표현: 다양한 돌들이 모여 하나의 탑을 이루는 모습을 화단에 빗대어 표현함.
것이다. 마치 여러 종류의 꽃과 풀들이 자라나서 하나의 화단을
= 서로 업고 업힌 돌들　　　　　　　　= 하나의 탑
이루듯이 그 돌들은 서로 업고 업혀서 하나의 탑을 이룰 것이다.

ⓐ 그런데 돌탑을 쌓아 본 사람은 돌탑을 쌓는 데에는 **잔돌**이 필요하다는
❶ 중심 대상
것을 알 것이다. ⓨ 불안하게 **기우뚱하는 돌탑**의 층을 바로잡아 주려면
잔돌의 기능 : 잔돌을 괴어 돌탑의 수평을 맞춤
이 잔돌을 괴는 일이 무엇보다 필요하다.⓿잔돌을 굄으로써 **탑**은 한 층
= 잔돌
한 층 **수평을 이루게** 된다. 못생긴 나무도 숲을 이루는 한 나무요,
= 잔돌
쓸모없는 나무는 없다는 말이 있듯이 보잘것없고 작은 잔돌이라도
❸ 비유적 표현: 잔돌이 돌탑 쌓기에 꼭 필요하다는 점을 '나무'에 비유하여 표현함.
탑을 올리는 데에는 꼭 필요하다.⓬돌탑을 쌓아 올리면서 배우는 것
❷ 글쓴이의 생각: 돌탑 쌓기를 통해 잔돌의 소중함을 배움.
가운데 하나는 이 잔돌의 소중함을 아는 일이다.

*② 요약 : 돌탑을 쌓을 때 필요한 잔돌의 역할과 소중함

③ 사람 사는 세상도 다를 바 없다. 잔돌 같은 사람이 필요하다.
❸ 유추(돌탑 쌓기의 속성을 인간사에 적용함.)를 활용하여 글쓴이의 생각을 드러냄.
의견이 맞지 않아 다툴 때 그 대화의 매정한 분위기를 무너뜨려 주는
사람이 우리 주변에는 더러 있다. 잔돌처럼 작용해 의견이 다른 사람들의
의견과 의견의 대립을 풀어 주는 사람이 있다. 이런 부드러운 개입의
= 잔돌 같은 사람(사람들 간의 갈등이나 대립을 중재하는 사람)
고마움을 우리는 간혹 잊고사는 것이 아닐까 싶다.
 # ❷ 글쓴이의 태도: 갈등을 중재할 수 있는 잔돌 같은 사람이 우리 삶에 필요하다고 생각함.

*③ 요약 : 갈등이 생겼을 때 중재할 줄 아는 잔돌 같은 사람의 필요성

④ 봄 산이 봄 산인 이유는 새잎이 돋고 꽃이 거기에 있기 때문이다.
전체   (전체를 이루는) 구성 요소   (전체를 이루는) 구성 요소
수많은 꽃은 자기의 존재감을 주장하지 않는다. 그냥 **스스로**의 생명력으로
(전체를 이루는) 구성 요소
피어나 봄 산의 아름다움을 이룬다. [이 세세하고 능동적인 존재의
❸ 비유적 표현(직유)
움직임을 보살폈으면 한다. 돌탑에 다시 비유하자면 잔돌과 같은 그
= 수많은 꽃
무엇이기 때문이다.]   *④ 요약 : 봄 산이 봄 산이게 만드는 수많은 꽃
[ ]: ❷ 글쓴이의 생각: 수많은 꽃들은 잔돌처럼 꼭 필요한 존재임.

⭐ (나) 독해 공식 ─────────
❶ 중심 대상: 잔돌
❷ 글쓴이의 생각: 김정한의 문장에 대해 명료하고 사람과 세상, 자연이 한눈에 들어오는
것 같다는 생각을 밝힘. 돌탑 쌓기를 통해 잔돌의 소중함을 배움. 수많은 꽃들은 잔돌처럼
꼭 필요한 존재임.
글쓴이의 태도: 다양한 사람들이 무리를 이루고 사는 것이 공동체의 삶임을 제시하고
있으며, 사람들이 서로 더불어 사는 세상을 긍정함. 잔돌처럼 세상에는 갈등을 중재할
사람이 우리 삶에서 필요하다고 생각함.
❸ 서술상 특징
• 소설가 김정한의 말을 직접 인용하여 표현함.
• 비유적 표현(직유)을 사용하여 글쓴이 자신의 생각을 빗대어 제시함.
• 열거, 예시를 통해 다양한 사람들의 모습을 제시함.
• 유사한 문장 구조를 반복('~ㄴ 사람도 있고')하여 전달 의도를 강조함.
• 유추를 활용하여 글쓴이의 생각을 드러냄.

■ **갈래**: 현대 수필
■ **제목의 의미**: 이 작품에서 글쓴이는 잔돌이 없으면 돌탑의 수평이 무너질 수 있다고 말하
면서, 이러한 인식을 인간 세상의 삶으로 확장하여 잔돌 같은 사람의 필요성을 강조하고
있다. 제목 '돌탑과 잔돌'은 이러한 주제 의식을 담고 있다.
■ **주제**: 잔돌 같은 사람의 필요성

■ **이것이 핵심!**: 유추를 통한 주제 제시

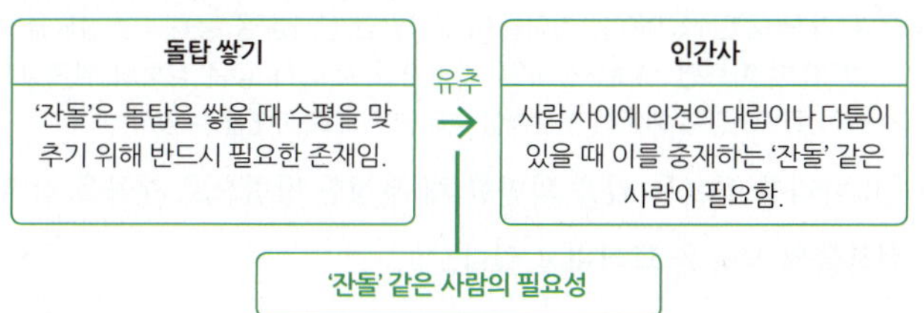

돌탑 쌓기		인간사
'잔돌'은 돌탑을 쌓을 때 수평을 맞추기 위해 반드시 필요한 존재임.	유추 →	사람 사이에 의견의 대립이나 다툼이 있을 때 이를 중재하는 '잔돌' 같은 사람이 필요함.

'잔돌' 같은 사람의 필요성

■ **왜 두 작품?**
• **공통점**: (가)와 (나) 모두 화자나 글쓴이가 처한 현실과 관련된 이야기를 바탕으로
깨달은 점을 이야기하고 있다.
• **차이점**: (가)의 화자는 현재 처한 상황에 대한 원인을 바탕으로 중심 대상(종, 상전)의
잘못된 행동에 대해 비판하고 있으나, (나)의 글쓴이는 현실에 있을 수 있는 상황에서
중심 대상(잔돌)의 존재의 필요성을 긍정하고 있다.

---

23 정답 ④ ＊작품 비교하기 ·························· [정답률 85%]

(가)와 (나)의 공통점으로 가장 적절한 것은?

〉왜 정답?

④ 현실이나 세상에 대해 통찰한 내용을 전달하고 있다.
(가): 나태하고 이기적인 종의 행태를 비판함. (나): 갈등을 중재하는 '잔돌' 같은 사람이 필요함.

> (가) - ㉕~㉞행 이 집 이리 되기 뉘 탓이라 할 것인가 / 생각 없는 종의 일은
> 묻지도 아니하려니와 / 돌이켜 생각하니 상전님 탓이로다 / ~ 새끼 꼬는
> 일 멈추시고 내 말씀 들으소서 / ~ 진실로 이리 하시면 가도(家道) 절로
> 일 겁니다
> (나) ③ - ❶, ❷ 사람 사는 세상도 다를 바 없다. 잔돌 같은 사람이 필요하다.

(가)의 화자는 '상전님'에게 게으른 종들이 제대로 땅을 경작하지 않아 가세가
기울고, 자신의 소임을 다하지 않으면서 서로 헐뜯는 일에만 집중하는 현실을
전달하며 이를 비판하고 있다.

(나)의 글쓴이는 돌탑 쌓기에서 필요한 '잔돌'을 통해 인간사에서 바람직한 삶의
모습을 통찰하여 제시하고 있다.

〉왜 오답?

① 부재하는 대상에 대한 그리움을 표현하고 있다.
(가) ×, (나) ×

② 순수한 자연 세계에 대한 동경을 나타내고 있다.
(가) ×, (나) ×

③ 부정적 현실에 대한 냉소적 태도를 드러내고 있다.
(가)에만 나타남.   (가) ×, (나) ×

> (가) ❺, ❻행 먹고 입으며 드나드는 종이 백여 명이 넘는데도 / 무슨 일
> 하느라 텃밭을 묵혔는가
> (가) ㉑, ㉒행 크게 기운 집에 상전님 혼자 앉아 / 명령을 뉘 들으며 논의를
> 뉘와 할까

(가)의 화자는 부정적 현실을 인식하고 이에 대해 통찰한 내용을 전달하고 있다.
하지만 냉소적 태도를 드러내고 있지는 않다.

(나)에서는 글쓴이가 세상에 대해 통찰한 내용을 바탕으로 바람직한 삶의 모습을
드러내고 있을 뿐, 부정적 현실에 대한 냉소적 태도를 드러내고 있지는 않다.

⑤ 자신이 처한 상황에 순응하는 태도를 보여주고 있다.
(가) ×, (나) ×

---

24 정답 ④ ＊표현상 특징 파악하기   ★1등급 대비

[① 4% ② 26% ③ 6% ④ 59% ⑤ 4%]

[A]와 [B]에 대한 설명으로 가장 적절한 것은?

왜 틀렸나?

선택지에 제시된 표현 방식의 개념을 알지 못하여 [A]와 [B]에서 이러한 표현
방식이 쓰였는지 파악하기 어려웠을 것이다. 자주 출제되는 표현 방식은 반드시
알아두어야 한다.

〉왜 정답?

④ [A]와 [B]는 모두 유사한 문장 구조를 반복하여 전달 의도를
[A]: '~거든 ~고', [B]: '~처럼 ~도 있고'
강조하고 있다.

> (가) ㉛~㉝행 집일을 고치려거든 종들을 휘어잡고 / 종들을 휘어잡으려거든
> 상벌을 밝히시고 / 상벌을 밝히시려거든 어른 종을 믿으소서
> → 유사한 문장 구조를 반복하여 '상선님이 해야 할 일'을 강조함.
> (나) ① - ❽~❾ 조각돌처럼 까다롭고 별난 사람도 있고, 몽돌처럼
> 둥글둥글한 사람도 있고, 조각을 한 듯 잘생긴 사람도 있고, 마음에 태풍이
> 지나가는 사람도 있고, 마음에 4월의 봄볕이 내리는 사람도 있다.
> → 유사한 문장 구조를 반복하여 세상을 이루는 사람들의 모습이 다양함을 강조함.

① [A]는 [B]와 달리 대조적 의미를 지닌 구절을 활용하여 대상의
<u>유사한 의미를 지닌 구절을 활용함.</u>
　속성을 드러내고 있다.

＊근거: (가) ㉛, ㉝행
　[A]에서는 집안의 질서를 바로잡기 위해 '상전님'이 해야 할 일을 '종들을 휘어잡고',
'상벌을 밝히시고', '어른종을 믿으소서'라며 직접적으로 제시하고 있다.
　즉 [A]는 유사한 의미('상전님'이 해야 할 일)를 지닌 구절을 활용하고 있으며,
대상의 속성을 드러내고 있지도 않다.

<u>글쓴이의 감정을 마치 대상이 그렇게 느끼고 생각하는 것처럼 표현하여</u>
② [B]는 [A]와 달리 자연물에 글쓴이의 감정을 이입하여 표현의 효과를
<u>감정을 이입하지 않음.</u>
　높이고 있다.

＊근거: (나) ① - ❼~❾행
　[B]에서는 '조각돌', '몽돌'에 사람을 비유하여, 다양한 사람들의 모습을 제시하고
있다. 하지만 자연물에 감정을 이입한 부분은 드러나지 않는다.

매력 오답　[B]에서는 다양한 자연물을 활용한 비유법을 통해 글쓴이의 전달 의도를
강조하고 있다. 감정 이입의 개념을 정확히 모르면 자연물을 통해 글쓴이의 전달
의도를 강조하는 것을 감정 이입이 쓰인 것으로 착각할 수 있다. 그러나 [B]에서는
글쓴이의 특정한 감정이 드러나지 않는다는 점을 파악하면 쉽게 풀 수 있는
선택지이다.

③ [A]는 반어법을 활용하여, [B]는 역설법을 활용하여 주제 의식을
<u>활용하지 않음.</u>　　　　　　　　<u>활용하지 않음.</u>
　강조하고 있다.

반어법: 실제와 반대되는 뜻으로 나타내는 표현 방법
역설법: 겉으로는 모순되는 표현 속에 중요한 진실을 담는 방법

⑤ [A]와 [B]는 모두 말을 건네는 어투를 사용하여 청자의 행동 변화를
　　　　　　　　　　　　　　　　　　[A] ○, [B] ×
　호소하고 있다. ＊근거: (가) ㉚행

　[A]는 화자가 '상전'을 청자로 설정하여 집안 살림을 일으킬 방안을 제시하고 있다.
따라서 [A]는 말을 건네는 어투를 사용하여 청자('상전'의) 행동 변화를 호소하고 있다.
　그러나 [B]는 말을 건네는 어투를 사용하지 않았으며 청자의 행동 변화를 호소하고
있지도 않다.

---

25 정답 ④ ＊글쓴이의 생각과 태도 파악하기 ……… [정답률 81%]

(나)의 글쓴이에 대한 이해로 적절한 것만을 고른 것은?

>왜 정답?

④ ㄴ, ㄹ

ㄴ. 사람들이 서로 더불어 사는 세상을 긍정한다.
　　　　　　　'이 명료한 ~ 것만 같다.'

(나) ① - ❹ - ❻ 이 명료한 문장을 읽고 있으면 사람이 떼를 이루어 사는
세상의 풍경이 한눈에 들어오는 것만 같다. 그것도 느리고 큰 자연과
더불어. 사람의 생활이라는 것도 눈에 들어오는 문장이다.

　글쓴이는 김정한의 문장의 명료함을 느끼며 인간은 서로가 더불어 살고 있다는 점을
밝히고 있다. 이를 통해 사람들이 더불어 사는 세상을 긍정하는 글쓴이의 생각을
확인할 수 있다.

ㄹ. 세상에는 갈등을 중재할 사람이 필요하다고 생각한다.
　　　　　　　'잔돌처럼 작용해 ~ 아닐까 싶다.'

(나) ③ - ❶ - ❺ 사람 사는 세상도 다를 바 없다. 잔돌 같은 사람이 필요하다.
~ 잔돌처럼 작용해 의견이 다른 사람들의 의견과 의견의 대립을 풀어 주는
사람이 있다. 이런 부드러운 개입의 고마움을 ~

　글쓴이는 보잘것없고 작은 잔돌이 돌탑을 쌓는 데 필수적인 요소임을 언급하며,
사람 사는 세상에서도 사람들 간 갈등이나 대립이 있을 때 잔돌처럼 중재할 수 있는
사람이 필요하다는 생각을 밝히고 있다.

>왜 오답?

ㄱ. 자연과 대비되는 인간의 유한성을 자각한다.
　　　　<u>대비하지 않음.</u>　　　<u>언급하지 않음.</u>

유한성: 수, 양, 공간 따위에 일정하게 정해진 범위나 한계가 있는 성질

ㄷ. 주장을 굽히지 않는 삶을 살았던 자신을 반성한다.
　　　　　　　<u>언급하지 않음.</u>　　　　　　<u>반성하지 않음.</u>

---

26 정답 ① ＊〈보기〉를 바탕으로 감상하기 ………… [정답률 72%]

〈보기〉를 참고할 때 (가)의 ㉠ ~ ㉫에 대한 이해로 적절하지 <u>않은</u> 것은?

〈 보기 〉

❶〈고공답주인가〉는 고공(종)이 상전에게 답을 하는 형식을 통해 ❷국가
　　　　　　　　　　　　　　제목의 의미　　　　　　❸　　　　　집안일 - 국가
경영을 집안 다스리는 일에 빗대어 표현하고 있다. 이 작품에서 상전은
왕, 종은 신하를 가리키는데, 화자는 임진왜란으로 인해 나라가
　　　　　　　　　　　어른 종(고공)　　시대적 배경
황폐해지고 위계질서가 무너진 상황에서 당파 싸움만 일삼으며 재물을
'크게 기운 집' '종'이 '상마름을 능욕'하고 '양반을 기롱'함.　'하루 열두 때 어수선을' 피움.
탐하는 신하들을 비판하고 있다. ❹그리고 국가를 경영하는 왕으로서의
　　　　　　　　　'그릇된 재산을 모음.'　　　　　'상전님 탓이로다'
책임을 강조하고 있다.

위계질서: 관등(官等)이나 직책의 상하 관계에서 마땅히 있어야 하는 차례와
순서

>왜 정답?

① ㉠: 나라가 황폐해진 상황이 예전부터 지금까지 이어지고 있다는
　　　　　　　　　　　　　　　　　　　　<u>예전에는 황폐하지 않았음.</u>
　것을 드러내고 있다.

(가) ❸, ❹행 ㉠ 우리 댁(宅) 살림이 예부터 이렇던가 / 전민(田民)이 많단
　　　　　　　　= '나라'의 상황　　　예전에는 이렇지 않았음.
말이 일국에 소문이 났는데

　〈보기〉에 따르면 '우리 댁 살림'은 '나라'의 상황을 빗대어 표현한 것이다.
　㉠은 '우리 댁(宅) 살림이 예부터 이렇던가'에서 설의적 표현을 활용하여 '우리 댁
살림이' 예전에는 이러지 않았음을 강조하고 있다.
　따라서 ㉠은 나라('우리 댁 살림')가 예전에는 황폐하지 않았음을 드러내고 있다.

>왜 오답?

② ㉡: 상하의 위계질서가 무너져 신하들의 기강이 해이해진 상황을
　　　<u>신하들(소 먹이는 아이들)이 윗사람(상마름)을 업신여기고 욕보이는 모습</u>
　나타내고 있다.

(가) ⓫, ⓬행 ㉡ 우리 댁 종의 버릇 보노라면 이상하다 / 소 먹이는 아이들이
　　　　　　　= 신하들　　　　　　　　　　　　　　　= 신하들
상마름을 능욕하고 윗사람을 능욕함. ➜ 상하의 위계질서가 무너짐.

　㉡은 '우리 댁 종'인 '소 먹이는 아이들'이 윗사람인 '상마름'을 '능욕하'는 상황을 보여
준다. 〈보기〉에 따르면 '종'은 '신하'를 가리킨다. 따라서 ㉡은 상하의 위계질서가
무너져 신하들의 기강이 해이해진 상황을 나타낸 것으로 이해할 수 있다.

③ ㉢: 나라를 돌보는 일을 외면한 채 부정한 방법으로 재물을 탐하는
　　<u>'큰 집의 많은 일을 뉘라서 힘써 할까'</u>　　　<u>'그릇된 재산 모아 다른 꾀로 제 일하니'</u>
　신하들의 모습을 드러내고 있다.

(가) ⓮, ⓯행 ㉢ 그릇된 재산 모아 다른 꾀로 제 일하니 / 큰 집의 많은 일을
　　　　　　　= 부정한 방법으로 재물을 탐하는 모습　　　　= 나랏일
뉘라서 힘써 할까

　㉢은 '종'이 '그릇'되게 재산을 모으면서 자신이 해야 할 일은 하지 않는 상황을 보여
준다. 〈보기〉에 따르면 '종'은 '신하'를 가리킨다. 따라서 ㉢은 신하들이 나라를 돌보는
일을 외면한 채 부정한 방법으로 재물을 탐하는 모습을 드러낸 것으로 이해할 수 있다.

④ ㉣: 시도 때도 없는 당파 싸움으로 인해 혼란스러운 조정의 모습을
('풀어헤치거니 맺히거니, 헐뜯거니 돕거니')
나타내고 있다.

(가) ⑲, ⑳행 ㉣ 풀어헤치거니 맺히거니, 헐뜯거니 돕거니 / 하루 열두 때
어수선을 핀 것인가 ← 시도 때도 없이 싸우는 모습 = 시도 때도 없는 당파 싸움

㉣은 '종'이 시도 때도 없이 싸우는 모습을 보여준다. <보기>에 따르면 '종'은 '신하'를 가리킨다. 따라서 ㉣은 시도 때도 없는 당파 싸움으로 인해 혼란스러운 조정의 모습을 나타낸 것으로 이해할 수 있다.

⑤ ㉤: 나라가 어지러워진 책임이 신하뿐만 아니라 왕에게도 있다는
('돌이켜 생각하니 상전님 탓이로다')
인식을 드러내고 있다.

(가) ㉖, ㉗행 ㉤ 생각 없는 종의 일은 묻지도 아니하려니와 / 돌이켜 생각하니
(= 신하)
상전님 탓이로다 → 나라가 어지러워진 책임이 신하뿐만 아니라 왕에게도 있음.

㉤은 집안 다스리는 일이 제대로 되지 않는 상황을 '상전님' 탓이라고 말하고 있다. <보기>에 따르면 '집안 다스리는 일'은 '국가 경영'을 빗대어 표현한 것이고, '상전'은 '왕'을 가리킨다. 따라서 ㉤은 나라가 어지러워진 책임이 신하뿐만 아니라 왕에게도 있다는 인식을 드러낸 것으로 이해할 수 있다.

27 정답 ④   *<보기>를 바탕으로 감상하기 ············· [정답률 76%]

<보기>를 바탕으로 (가), (나)를 감상한 내용으로 적절하지 않은 것은? [3점]

─── <보기> ───

❶ 전체는 구성 요소들의 집합체이다. 그러므로 전체를 이루는 구성
((가) 종들, 상전님, (나) 다양한 사람들)
요소들은 그 자체로는 두드러지지 않을지라도 전체를 위해 없어서는 안
되는 존재이다. 그리고 다양성을 지닌 구성 요소들은 각각의 역할을
능동적으로 수행할 때 존재의 의미를 획득하게 되고 전체는 조화로운
(구성 요소들 → 각각의 역할을 수행함. → 전체가 조화를 이루게 됨.)
모습을 이루게 된다.
((가) 가도가 바로 선 집안, (나) 조화로운 인간 세계)

> 왜 정답?

④ (가)의 '먹고 입으며 드나드든'과 (나)의 '서로 업고 업혀서'는 다양성을
(종의 행동을 나타냄. / 다양성을 지닌 존재들의 필요성을 나타냄.)
지닌 존재들의 필요성을 강조한 것으로 볼 수 있겠군.
((가) ✕, (나) ○)

* 근거: (가) ❹, ❺행, (나) ②-❸~❼, <보기> ❸문장

(가)의 집안에 '먹고 입으며 드나드든'은 종의 행동을 나타낸 부분이다. 다양성을 지닌 존재들의 필요성을 강조한 부분이 아니다.

(나)의 '서로 업고 업혀서'는 다양한 모양을 가진 '잔돌'이라는 구성 요소가 '서로 업고 업'히면 돌탑이라는 조화로운 전체가 만들어질 수 있음을 드러낸 부분이다. 따라서 이를 통해 다양성을 지닌 존재들이 필요함을 강조하고 있다고 볼 수 있다.

> 왜 오답?

① (가)의 '가도'가 바로 선 집안은 구성 요소들이 어우러져 조화로운
(종, 상전)
모습을 갖춘 전체를 의미한다고 볼 수 있겠군.

* 근거: (가) ㉛~㉞행, <보기> ❸문장

(가)의 화자는 종과 상전이 각각의 역할을 충실히 한다면 집안의 법도('가도')를 올바르게 세울 것이라고 이야기하고 있다. 따라서 '가도'가 바로 선 집안은 집안을 구성하는 요소들이 어우러져 전체가 조화로운 모습을 갖춘 구성을 의미한다.

② (나)의 '탑'이 '수평을 이루게' 하는 '잔돌'은 두드러지지 않지만 전체를
(탑을 올리는 데 꼭 필요한 존재임.)
위해 없어서는 안 될 구성 요소로 볼 수 있겠군.

* 근거: (나) ②-⑪~⑫행, <보기> ❷문장

(나)에서 글쓴이는 '돌탑'을 쌓아올릴 때 '잔돌'이 '들답'의 수평을 바로잡는 역할을 하고 있음을 밝히고 있다. 이는 수평한 상태의 돌탑을 완성하기 위해서는 잔돌이 꼭 필요하다는 것을 의미한다. 이를 통해 돌탑이라는 전체를 위해 '잔돌'이 없어서는 안 되는 구성 요소임을 밝히고 있다.

③ (가)의 '낮잠만 자'는 종과 달리 (나)의 '스스로' 핀 꽃은 능동적으로
(게으름을 피우며 자신의 역할을 제대로 수행하지 않음. / 스스로 피어나 봄 산의 아름다움을 이룸.)
존재의 의미를 획득한 구성 요소로 볼 수 있겠군.

* 근거: (가) ❽, ❾행, (나) ④-②, ❸, <보기> ❸문장

(가)에서 '낮잠만 자'는 종들은 자신의 역할을 다하지 않고 게으름을 피운다는 점에서 능동적으로 존재 의미를 획득했다고 볼 수 없다.

반면 (나)의 '스스로' 핀 꽃은 스스로의 생명력으로 피어나 봄 산의 아름다움을 이룬다. 따라서 '스스로' 핀 꽃은 능동적으로 존재 의미를 획득한 구성 요소로 볼 수 있다.

⑤ (가)의 '크게 기운 집'은 구성 요소들이 역할을 제대로 수행하지
(종들이 자신의 소임을 다하지 않은 결과 '가세'가 기울게 됨.)
않은 결과로, (나)의 '기우뚱하는 돌탑'은 필요한 구성 요소들이
('잔돌'을 괴지 않으면 돌탑이 수평을 이루지 못함.)
제대로 갖추어지지 않은 결과로 볼 수 있겠군.

* 근거: (가) ㉑행, (나) ②-❽, ❾, <보기> ❷, ❸문장

(가)의 '크게 기운 집'은 집안의 구성원인 종들이 자신의 맡은 소임을 제대로 하지 않고 사리사욕만 채운 결과 집안이 기울어진 상황을 의미한다.

(나)의 '기우뚱하는 돌탑'은 수평을 맞추기 위해서 필요한 '큰돌'과 '잔돌' 등의 구성 요소들이 제대로 갖추어지지 못해서 수평을 이루지 못한 결과이다.

28~33

(가) 프로이트의 정신분석이론

\# 출제   글 전체 핵심어   글 전체 중심 문장

① 19세기에 분트는 인간의 정신세계가 의식으로 이루어져 있다고
(\# 인간의 정신세계에 대한 분트의 견해)
보고, 실험을 통해 인간의 정신 현상과 행동을 설명하는 실험심리학을
주장하였다. ❷ 이때 의식이란 깨어 있는 상태에서 자신이나 세계를
인식하는 모든 정신 작용을 의미한다. ❸ 그러나 프로이트는 정신 질환을
(\# 의식의 개념)
겪는 환자들을 치료하면서 인간에게 의식과는 다른 무의식 세계가
(프로이트)
있다는 것을 발견하였다. ❹ 이에 그는 인간을 무의식의 지배를 받는
비합리적 존재로 간주하고, 정신분석이론을 통해 인간의 정신세계를
ⓐ 규명하려 하였다.
(\# 분트와 다른 관점에서 인간의 정신세계를 설명한 프로이트)

* ①문단 요약: 프로이트의 정신분석이론

지문 이해도

> 인간의 정신 세계
> - 분트: 의식으로 이루어져 있다고 봄.
> +
> - 프로이트: 무의식 세계가 있다는 것을 발견함.

② 프로이트에 의하면 인간의 정신세계 중 의식이 차지하는 영역은
빙산의 일각일 뿐, 무의식이 정신세계의 대부분을 차지한다. ❷ 그는
무의식의 심연에는 '원초아'가, 무의식에서 의식에 걸쳐 '자아'와
'초자아'가 존재한다고 보았다. ❸ 원초아는 성적 에너지를 바탕으로
(❹ \# 원초아의 개념)
본능적인 욕구를 충족하려는 선천적 정신 요소이다. ❹ 반면 자아는 외적
상황으로 인해 충족되지 못하고 지연되거나 좌절된 원초아의 욕구를
사회적으로 용인될 수 있는 방법으로 충족하려는 정신 요소이다.
❺ 마지막으로 초자아는 도덕률에 따라
원초아의 욕구를 억제하고 양심에 따라
행동하도록 하는 정신 요소로, 어린 시절
부모의 종교나 가치관 등을 내재화하는
(\# 초자아는 어린 시절 부모의 종교나 가치관에 영향을 받음.)
과정에서 후천적으로 발달한다.

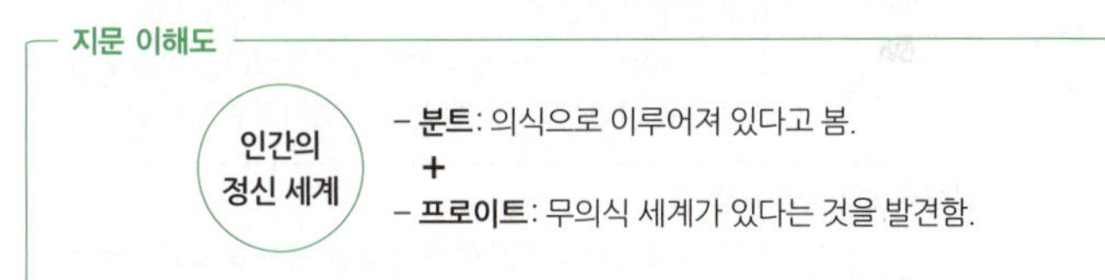

▲ 인간의 정신 세계

선천적: 태어날 때부터 지니고 있는   용인되다: 용납되어 인정되다.
억제하다: 감정이나 욕망, 충동적 행동 따위를 내리눌러서 그치게 하다.

* ②문단 요약: 정신세계의 정신 요소

③ 이러한 원초아, 자아, 초자아는 역동적으로 상호작용하면서 개인의
성격을 형성한다. 가령, 원초아가 강할 때는 본능적인 욕구에
세 가지 정신 요소들이 상호작용하면서 개인의 성격을 형성함.
집착하는 충동적인 성격이, 초자아가 강할 때는 엄격하게 도덕을
원초아가 강할 때 나타나는 성격
지키려는 원칙주의적 성격이 나타난다. 자아는 원초아와 초자아의 요구
사이에서 이를 조정하는 역할을 하기 때문에, 정신적 균형을 이루기
정신적 균형을 위해서는 자아의 역할이 중요함.
위해서는 자아의 발달이 중요하다. 만일 자아가 제 역할을 하지 못하면
원초아와 초자아의 요구가 조정되지 않으면 불안감이 생김.
정신 요소의 균형이 깨져 불안감이 생기는데, 자아는 이를 해소하기 위해
자아는 방어기제를 무의식적으로 사용함.
무의식적으로 방어기제를 사용하게 된다. 대표적인 방어기제로는 억압이나
승화 등이 있다. 억압은 자아가 수용하기 힘든 욕구를 무의식 속으로
억누르는 것을, 승화는 그러한 욕구를 예술과 같이 가치 있는
승화의 개념
활동으로 ⓑ 전환하는 것을 의미한다. 개인마다 습관적으로 사용하는
방어기제가 다르기 때문에 어떤 방어기제를 사용하느냐 또한 개인의
성격 형성에 영향을 미친다.

*③문단 요약 : 개인의 성격 형성에 영향을 주는 정신 요소

④ 프로이트는 어린 시절에 해소되지 않은 원초아의 욕구나 정신 요소
간의 갈등은 성인이 된 후에도 지속적으로 영향을 주기 때문에, 이
시기에 부모와의 상호작용 경험이 성격 형성에 큰 영향을 준다고
설명하였다. 특히 그는 성인의 정신 질환을 어린 시절의 심리적
유년기의 불안감 등이 재현되면 정신 질환이 생길 수 있음.
갈등이 재현된 것으로 보고, 이를 치유하기 위해서는 무의식에
내재되어 있는 과거의 상처를 의식의 세계로 끌어내는 과정이
필요하다고 주장하였다. 이러한 프로이트의 이론은 [기존의 이론에서
[ ] : 정신분석이론의 의의
ⓒ 간과한 무의식에 대한 탐구를 통해 인간 이해에 대한 지평을
넓혔다는 평을 받고 있다.]

*④문단 요약 : 정신분석이론의 의의

■ 지문 내용과 구조

	프로이트의 정신분석이론	
①문단	분트	실험심리학: 정신세계가 의식으로 이루어졌다고 봄.
	프로이트	정신분석이론: 인간에게 무의식 세계가 있다는 것을 발견 → 인간을 무의식의 지배를 받는 비합리적 존재로 봄.

	정신세계의 정신 요소	
②문단	원초아	성적 에너지를 바탕으로 본능적인 욕구를 충족하려는 선천적 정신 요소
	자아	지연되거나 좌절된 원초아의 욕구를 사회적으로 용인될 수 있는 방법으로 충족하려는 정신 요소
	초자아	도덕률에 따라 원초아의 욕구를 억제하고 양심에 따라 행동하도록 하는 정신 요소 → 후천적으로 발달

	개인의 성격이 형성되는 원리: 원초아, 자아, 초자아의 상호작용
③문단	① 자아: 원초아와 초자아 사이의 요구 사이에서 이를 조정하는 역할 → 자아의 발달이 중요함. ② 자아가 제 역할을 하지 못할 경우: 불안감이 발생 → 불안감을 해소하기 위해 무의식적인 방어기제(억압, 승화 등)를 사용함.

④문단	정신분석이론의 의의: 무의식에 대한 탐구를 통해 인간 이해에 대한 지평을 넓힘.

①문단 프로이트의 정신분석이론	→	②문단 정신세계의 정신 요소	→	③문단 개인의 성격 형성에 영향을 주는 정신 요소	→	④문단 정신분석이론의 의의

■ 주제 : 인간의 정신세계에 대한 프로이트의 견해

(나) 융의 분석심리학

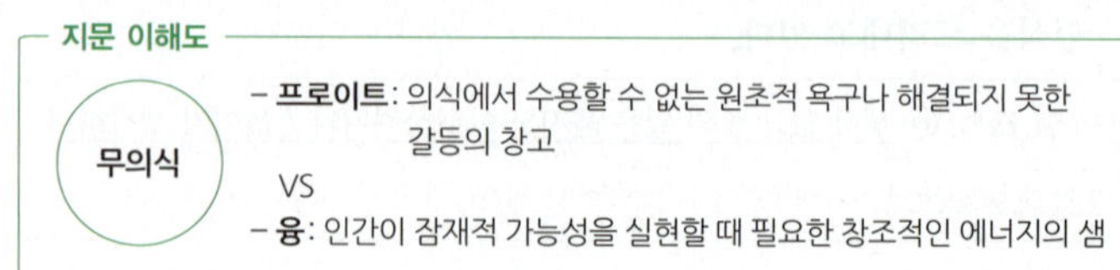

① 융은 프로이트의 정신분석이론에 반기를 들고, 분석심리학을
주장하였다. [무의식을 단지 의식에서 수용할 수 없는 원초적 욕구나
프로이트와 다른 관점에서 인간의 정신세계를 설명한 융
해결되지 못한 갈등의 창고로만 본 프로이트와 달리, 융은 무의식을
[ ] : 프로이트와 융의 차이 – 융은 무의식을 인간이 잠재적 가능성을 실현할 때 필요한 것으로 봄.
인간이 잠재적 가능성을 실현할 때 필요한 창조적인 에너지의 샘으로
보았다]는 점에서, 그의 분석심리학은 프로이트의 이론과 구별된다.

*①문단 요약 : 융의 분석심리학

> 지문 이해도
>
> 무의식
> – 프로이트 : 의식에서 수용할 수 없는 원초적 욕구나 해결되지 못한 갈등의 창고
> VS
> – 융 : 인간이 잠재적 가능성을 실현할 때 필요한 창조적인 에너지의 샘

② 융은 정신세계의 가장 바깥쪽에는 의식이, 그 안쪽에는 개인
무의식이, 그리고 맨 안쪽에는 집단 무의식이 순서대로 자리잡고 있다고
보았다. 의식은 생각이나 감정, 기억과 같이 인간이 직접 인식할 수
의식의 개념
있는 영역으로, 여기에는 '자아'가 존재한다. 자아는 의식을 지배하는
동시에 무의식과 교류하며 이를 조정하는 역할을 한다. 개인 무의식은
자아의 역할
의식에 의해 ⓓ 배제된 생각이나 감정, 기억 등이 존재하는 영역이다.
이곳에 존재하는 '그림자'는 자아에 의해 억압된 '또 하나의 나'라고 할
수 있다. 마지막으로 집단 무의식은 태어날 때부터 누구나 가지고 있는
그림자의 개념
원초적이며 보편적인 무의식이다.
거기에는 진화를 통해 축적되어 온
인류의 경험이 '원형'의 형태로
존재한다. 가령 어두운 상황에서
누구나 공포심을 느끼는 것이 원형에
해당한다.

*②문단 요약 : 정신세계의 구성

③ 융에 따르면 집단 무의식의 가장 안쪽에는 '자기'가 존재한다. 이는
정신세계에 내재하는 개인의 근원적인 모습이라고 할 수 있다. 융은
자기의 개념
자아가 성찰을 통해 무의식의 심연에 존재하는 자기를 발견하면, 인간은
성찰을 통해 정신적 균형과 내면의 성숙을 이룸. → 개별화
비로소 타인과 구별되는 고유한 존재가 된다고 보고 이를 개별화라고
불렀다. [이는 의식에 존재하는 자아가 무의식과 끊임없이 상호작용하며
[ ] : 정신적 균형을 이루기 위한 자아의 역할
무의식의 영역을 의식으로 통합하는 과정, 즉 ㉠ 무의식을 의식화하는
자신의 근원적인 모습('자기')을 찾아 나가는 개별화의 과정임.
과정을 통해 이루어진다.] 이 과정에서 자아는 자신의 또 다른 모습인
그림자와 ⓔ 대면하게 되고, 집단 무의식에 존재하는 여러 원형들을
발견하게 된다. 결국 자아가 무의식의 심연에 존재하는 자기를
찾아가는 과정은 [정신세계를 구성하는 자아와 그림자, 그리고 여러
[ ] : 자아와 그림자가 통합되면서 정신적 균형을 이룸.
원형들이 대립에서 벗어나 하나의 정신으로 통합되면서 정신적
균형을 이루는 과정]이라 할 수 있다. 이러한 과정에서 개인은 내면의
개별화 과정의 결과
성숙을 이루며 자신의 정체성을 찾게 된다.

*③문단 요약 : 개별화와 개별화의 결과

> (나) 관련 어휘
>
> **원초적** : 일이나 현상이 비롯하는 맨 처음이 되는 것
> **보편적** : 모든 것에 두루 미치거나 통하는 것
> **내재하다** : 어떤 사물이나 범위의 안에 들어 있다.
> **근원적** : 사물이 비롯되는 근본이나 원인이 되는 것

■ 지문 내용과 구조

	융의 분석심리학	
①문단	무의식	**프로이트**: 단지 의식에서 수용할 수 없는 원초적 욕구나 해결되지 못한 갈등으로만 인식함.
		융: 인간이 잠재적 가능성을 실현할 때 필요한 창조적인 에너지의 원천으로 인식함. → 분석심리학
②문단	**정신세계의 구성**: 정신세계의 가장 바깥쪽부터 '의식 → 개인 무의식 → 집단 무의식'이 자리 잡고 있음.	
③문단	**개별화**: 자아가 성찰을 통해 자기를 발견하여 타인과 구별되는 고유한 존재가 되는 것 – 무의식을 의식화하는 과정을 통해 형성됨. → 자아가 그림자와 대면하고 원형들을 발견하면서 하나의 정신으로 통합되어 정신적 균형을 이루는 과정임.	

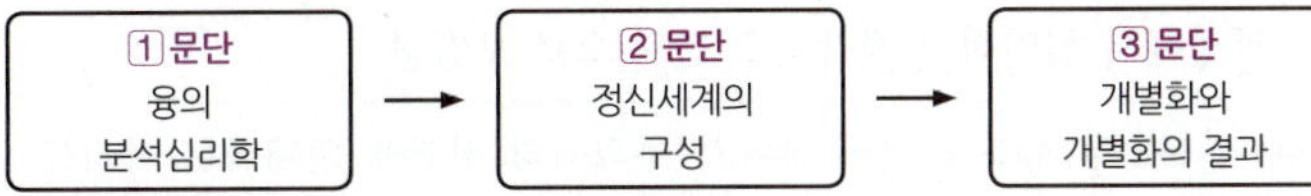

■ **주제**: 인간의 정신세계에 대한 융의 견해

■ **(가), (나) 지문 이해도**

정신세계에 대한 (가) 프로이트와 (나) 융의 견해

	프로이트	융
이론명	정신분석이론	분석심리학
정신세계의 요소	의식('자아', '초자아' 존재)	의식('자아' 존재)
	무의식('자아', '초자아', '원초아' 존재)	개인 무의식('그림자' 존재)
		집단 무의식('원형', '자기' 존재)
특징	– 인간을 무의식의 지배를 받는 비합리적 존재로 간주함. – 무의식에 대한 탐구를 통해 인간 이해에 대한 지평을 넓힘.	무의식을 인간이 잠재적 가능성을 실현할 때 필요한 창조적인 에너지의 샘으로 봄.

28　정답 ②　＊ 내용 전개 방식 파악하기 ⋯⋯⋯⋯⋯⋯⋯ [정답률 66%]

(가), (나)의 공통점으로 가장 적절한 것은?

› **왜** 정답 ?

② 기존과 다른 관점에서 인간의 정신세계를 설명한 이론을 소개하고 있다.
(가) 분트의 실험심리학 ↔ 프로이트의 정신분석이론, (나) 프로이트의 정신분석이론 ↔ 융의 분석심리학

＊ 근거: (가) ①문단, (나) ①문단

　(가)의 1문단에서는 인간의 정신세계가 의식으로 이루어져 있다고 설명한 분트의 실험심리학과 달리 인간을 무의식의 지배를 받는 비합리적 존재로 간주하고 인간의 정신세계를 설명하려 한 프로이트의 정신분석이론을 소개하고 있다.

　(나)의 1문단에서는 무의식을 의식에서 수용할 수 없는 원초적 욕구나 해결되지 못한 갈등의 창고로 본 프로이트의 정신분석이론과 달리 인간이 잠재적 가능성을 실현할 때 필요한 창조적인 에너지로 본 융의 분석심리학을 소개하고 있다.

› **왜** 오답 ?

① 인간의 무의식을 주장한 이론에 대한 상반된 평가를 제시하고 있다.
프로이트의 정신분석이론에 대한 평가만 제시함.

> (가) ④문단 ❸문장　～ 프로이트의 이론은 기존의 이론에서 간과한 무의식에 대한 탐구를 통해 인간 이해에 대한 지평을 넓혔다는 평을 받고 있다.

　(가)에서 프로이트의 정신분석이론에 대한 긍정적인 평가만 제시하고 있을 뿐, 이와 상반된 평가를 제시하지는 않았다.

　또한 (나)에서 융의 분석심리학에 대한 평가는 제시하고 있지 않다.

③ 인간의 무의식을 설명한 이론이 등장하게 된 ~~역사적 사건을~~ 소개하고 있다.
프로이트의 정신분석이론　소개하지 않음.

④ 인간의 정신 질환을 ~~분류~~하고 각각의 특징을 설명한 이론을 제시하고 있다.
분류하지 않음.

> (가) ④문단 ❷문장　특히 그는 성인의 정신 질환을 어린 시절의 심리적 갈등이 재현된 것으로 보고, ~
프로이트　　정신 질환에 대한 프로이트의 견해

　(가)에서 인간의 정신 질환에 대한 프로이트의 견해를 언급하고는 있지만 이를 분류하고 각각의 특징을 설명하지는 않았다.

　(나)에서는 인간의 정신 질환에 대해서 언급하지 않았다.

⑤ 인간의 정신세계를 설명한 이론이 다른 학문 영역에 미친 ~~영향을~~ 분석하고 있다.
언급하지 않음.

29　정답 ⑤　＊ 내용 파악하기 ⋯⋯⋯⋯⋯⋯⋯⋯⋯ [정답률 77%]

(가)의 내용과 일치하지 <u>않는</u> 것은?

› **왜** 정답 ?

⑤ 프로이트는 ~~의식적~~으로 사용하는 방어기제와 무의식적으로 사용하는 방어기제를 구분하였다.
자아는 방어기제를 무의식적으로 사용한다고 봄.

> (가) ③문단 ❹문장　～ 자아는 이를 해소하기 위해 무의식적으로 방어기제를 사용하게 된다.

　(가)에서 프로이트는 자아가 불안감을 해소하기 위해 무의식적으로 방어기제를 사용한다고 보았다고 했다.

› **왜** 오답 ?

① 분트는 인간의 정신세계가 의식으로만 구성되어 있다고 보았다.

> (가) ①문단 ❶문장　19세기에 분트는 인간의 정신세계가 의식으로 이루어져 있다고 보고, ~

② 프로이트는 인간을 무의식의 지배를 받는 비합리적 존재로 여겼다.

> (가) ①문단 ❹문장　이에 그는 인간을 무의식의 지배를 받는 비합리적 존재로 간주하고, ~
프로이트

③ 프로이트는 원초아가 강할 때 본능적인 욕구에 집착하는 성격이 나타난다고 생각했다.

> (가) ③문단 ❷문장　가령, 원초아가 강할 때는 본능적인 욕구에 집착하는 충동적인 성격이, ~

④ 프로이트는 세 가지 정신 요소들이 상호작용하면서 개인의 성격이 형성된다고 보았다.
'원초아', '자아', '초자아'

> (가) ③문단 ❶문장　이러한 원초아, 자아, 초자아는 역동적으로 상호작용하면서 개인의 성격을 형성한다.

30 정답 ④ ＊ 구체적 사례나 상황에 적용하기 ········ [정답률 65%]

(가)의 '프로이트'와 (나)의 '융'의 관점에서 〈보기〉를 이해한 내용으로 적절하지
<u>않은</u> 것은? [3점]

〈 보기 〉

[헤르만 헤세의 연보]

• 1877: 기독교인다운 엄격한 생활을 중시하는 경건주의 집안에서
(가) 프로이트: 초자아의 형성에 영향을 주었을 것으로 예측할 수 있음.
태어남. ·· ㉮

• 1881 ~ 1886: 자유분방한 기질로 인해 엄한 아버지의 교육 방식에
반항하며 불안감을 느낌. ····················· ㉯
(가) 프로이트: 원초아와 초자아의 요구를 자아가 조정하지 못함.

• 1904 ~ 1913: 잠재된 문학적 재능을 발휘하여 왕성하게 작품 창작을
(가) 프로이트: 승화를 활용하여 불안 해소, (나) 융: 창조적 에너지의 발현
하며 불안에서 벗어남. ······················ ㉰

• 1916 ~ 1919: 아버지의 죽음을 접하고 심한 우울증을 경험함. ······ ㉱
(가) 프로이트: 어린 시절의 심리적 갈등이 재현된 것

• 1945 ~ 1962: 성찰적 글쓰기 활동 속에서 심리적 안정감을 느끼며
(가) 프로이트: 승화를 활용하여 불안 해소, (나) 융: 정신적 균형을 통한 내면 성숙
여생을 보냄. ································· ㉲

• 1962: 몬타뇰라에서 죽음.

(가) '프로이트'	– 초자아는 어린 시절 부모의 종교나 가치관 등에 영향을 받아 후천적으로 발달함. – 원초아와 초자아의 요구를 자아가 조정하지 못하면 불안감이 발생함. ➡ 자아는 방어기제를 사용함. – 방어기제 중 승화: 자아가 수용하기 힘든 욕구를 예술로 전환하는 것 – 성인의 정신 질환은 어린 시절의 심리적 갈등이 재현된 것임.
(나) '융'	– 무의식: 인간이 잠재적 가능성을 실현할 때 필요한 창조적인 에너지의 샘 – 자아와 그림자, 원형이 대립에서 벗어나 하나의 정신으로 통합되면서 정신적 균형을 이룸. ➡ 내면의 성숙을 이루며 정체성을 찾게 됨.

> **왜 정답 ?**

④ ㉱: 프로이트는 헤세의 우울증을 <u>유년기의 불안이 재현된 것</u>으로,
어린 시절의 심리적 갈등이 재현됨.
융은 이를 <u>자아와 그림자가 통합</u>된 것으로 보겠군.
자아와 그림자가 통합되면 정신적 균형을 이루게 됨.

(가)④문단❷문장 특히 그는 성인의 정신 질환을 어린 시절의 심리적 갈등이
재현된 것으로 보고, ~ 프로이트

(나)③문단❻문장 ~ 자아와 그림자, 그리고 여러 원형들이 대립에서 벗어나
하나의 정신으로 통합되면서 정신적 균형을 이루는 과정이라 할 수 있다.

(가)의 프로이트는 헤세의 우울증을 어린 시절의 심리적 갈등 즉, 유년기의 불안이
재현된 것으로 볼 것이다. 성인이 된 헤세가 겪은 심한 우울증은 정신 질환의 일종이기
때문이다.

반면 (나)의 융은 헤세의 우울증을 자아와 그림자가 통합된 것으로 보지 않을
것이다. 융은 자아와 그림자가 통합되면 정신적 균형을 이룬다고 보기 때문이다.

> **왜 오답 ?**

① ㉮: 프로이트는 엄격한 집안 분위기가 헤세의 초자아가 발달하는
어린 시절 집안 분위기를 내재화하는 과정에서 후천적으로 발달함.
데 영향을 주었다고 보겠군.

(가)②문단❺문장 마지막으로 초자아는 ~ 어린 시절 부모의 종교나 가치관
등을 내재화하는 과정에서 후천적으로 발달한다.

② ㉯: 프로이트는 헤세의 불안감을 원초아와 초자아의 요구를
프로이트는 불안감이 원초아와 초자아의 요구를 자아가 제대로 조정하지 못해 생긴 결과로 봄.
자아가 제대로 조정하지 못한 결과라고 보겠군.

(가)③문단❸, ❹문장 자아는 원초아와 초자아의 요구 사이에서 이를
조정하는 역할을 ~ 자아가 제 역할을 하지 못하면 ~ 불안감이 생기는데, ~

---

③ ㉰: 프로이트는 헤세의 왕성한 창작 활동을 승화로, 융은 이를
프로이트: 불안에서 벗어나기 위한 승화
무의식의 창조적 에너지가 발현된 것으로 보겠군.
융: 창조적 에너지의 샘

(가)③문단❻문장 ~ 승화는 그러한 욕구를 예술과 같이 가치 있는 활동으로
전환하는 것을 의미한다. 자아가 수용하기 힘든

(나)①문단❷문장 ~ 융은 무의식을 인간이 잠재적 가능성을 실현할 때
필요한 창조적인 에너지의 샘으로 보았다는 점에서, ~

(가)의 프로이트는 헤세의 자아가 수용하기 힘든 욕구가 왕성한 창작 활동으로
전환된 것으로 여길 것이므로 이를 승화로 볼 것이다.

한편 (나)의 융은 헤세의 작품 창작 활동을 헤세의 잠재적 가능성이 무의식 속에
있던 창조적 에너지의 샘에서 발현되어 실현된 것으로 볼 것이다.

⑤ ㉲: 융은 헤세가 성찰하는 글쓰기 활동을 통해 자기를 발견하는
정신적 균형을 이루는 과정에서 내면의 성숙을 이룸.
과정에서 심리적 안정감을 느낀 것으로 보겠군.

(나)③문단❻, ❼문장 결국 자아가 무의식의 심연에 존재하는 자기를
찾아가는 과정은 ~ 정신적 균형을 이루는 과정이라 할 수 있다. 이러한
과정에서 개인은 내면의 성숙을 이루며 자신의 정체성을 찾게 된다.

(나)의 융은 헤세의 심리적 안정감은 정신적 균형, 즉, 내면의 성숙을 이루어 느낀
것으로 볼 것이다. 융에 따르면 성찰적 글쓰기를 통해 자기를 찾을 수 있고, 이를 통해
정신적 균형을 이룰 수 있기 때문이다.

31 정답 ⑤ ＊ 내용 파악 + 추론하기 ······················ [정답률 69%]

(가)의 정신분석이론과 (나)의 분석심리학에서 모두 동의하는 진술로 가장 적절한
것은?

	(가) 정신분석이론	(나) 분석심리학
①	○	×
②	×	×
③	×	○
④	×	×
⑤	○	○

> **왜 정답 ?**

⑤ 정신적 균형을 이루기 위해서는 자아의 역할이 중요하다.
(가) 정신분석이론: ○, (나) 분석심리학 ○

(가)③문단❸문장 자아는 원초아와 초자아의 요구 사이에서 이를 조정하는
역할을 하기 때문에, 정신적 균형을 이루기 위해서는 자아의 발달이
중요하다. 개별화

(나)③문단❹, ❻문장 이는 의식에 존재하는 자아가 무의식과 끊임없이
상호작용하며 무의식의 영역을 의식으로 통합하는 과정, 즉 무의식을
의식화하는 과정을 통해 이루어진다. ~ 결국 자아가 무의식의 심연에
존재하는 자기를 찾아가는 과정은 ~ 정신적 균형을 이루는 과정 ~

정신분석이론에서 정신적 균형을 이루기 위해서는 자아의 발달이 중요하다고 했다.
분석심리학에서는 개별화는 자아가 무의식과 끊임없이 상호작용하면서 무의식을
의식화하는 과정을 통해 이루어지며, 이는 결국 정신적 균형을 이루는 과정이라고
하였다.

왜 오답 ?

① 자아는 의식과 무의식의 세계에 걸쳐서 존재한다.
　　(가) 정신분석이론: ○, (나) 분석심리학: ✕

> (가)②문단 ❷문장 ～ 무의식에서 의식에 걸쳐 '자아'와 '초자아'가 존재한다 ～
> (나)②문단 ❷문장 의식은 ～ 여기에는 '자아'가 존재한다.

② 무의식은 성적 에너지로만 이루어진 정신 요소이다.
　　(가) 정신분석이론: ✕, (나) 분석심리학: ✕

> (가)②문단 ❷, ❸문장 그는 무의식의 심연에는 '원초아'가, 무의식에서 의식에 걸쳐 '자아'와 '초자아'가 존재한다고 보았다. 원초아는 성적 에너지를 바탕으로 본능적인 욕구를 충족하려는 선천적 정신 요소이다.
> (나)①문단 ❷문장 ～ 융은 무의식을 인간이 잠재적 가능성을 실현할 때 필요한 창조적인 에너지의 샘으로 보았다는 점에서, ～

　정신분석이론은 무의식의 심연에 있는 원초아를 성적 에너지를 바탕으로 이루어진 정신 요소라고 본다. 그러나 무의식에는 원초아 뿐만 아니라 자아, 초자아도 존재하므로 무의식은 성적 에너지로만 이루어진 정신 요소는 아니다.
　분석심리학에서는 정신분석이론에서와 달리 무의식을 창조적인 에너지의 샘이라고 설명하고 있다.

③ 무의식은 개인의 경험을 초월해 원형의 형태로 유전된다.
　　　　　　　　　　　　　선천적　　(가) 정신분석이론: ✕, (나) 분석심리학: ○

> (나)②문단 ❻, ❼문장 마지막으로 집단 무의식은 태어날 때부터 누구나 가지고 있는 원초적이며 보편적인 무의식이다. 거기에는 진화를 통해 축적되어 온 인류의 경험이 '원형'의 형태로 존재한다.

　정신분석이론에서는 무의식이 어떻게 유전되는지에 대해서는 언급하지 않았다.

④ 무의식에는 자아에 의해 억압된 열등한 자아가 존재한다.
　　　　　　　　　　(가) 정신분석이론, (나) 분석심리학 모두 언급하지 않음.

> (나)②문단 ❺문장 이곳에 존재하는 '그림자'는 자아에 의해 억압된 '또 하나의 나'라고 할 수 있다.
> 　　　　　　개인 무의식

　정신분석이론에서는 자아에 의해 억압된 열등한 자아에 대해 언급하지 않았다.
　분석심리학에서는 개인 무의식에 존재하는 그림자가 자아에 의해 억압된 '또 하나의 나'라고 설명하고 있지만, 이를 열등한 자아라고 하지는 않았다.

32　정답 ②　＊ 내용 파악하기 ························ [정답률 73%]

㉠을 이해한 내용으로 가장 적절한 것은?
'무의식을 의식화하는 과정' – 개별화가 이루어지는 과정

왜 정답 ?
　　　　　　'자기'
② 자신의 근원적인 모습을 찾아 나가는 개별화의 과정이다.
　　타인과 구별되는 자신의 근원적인 모습을 찾는 과정

> (나)③문단 ❷～❹문장 이는 정신세계에 내재하는 개인의 근원적인 모습이라고 할 수 있다. 융은 자아가 성찰을 통해 무의식의 심연에 존재하는 자기를 발견하면, 인간은 비로소 타인과 구별되는 고유한 존재가 된다고 보고 이를 개별화라고 불렀다. 이는 의식에 존재하는 자아가 무의식과 끊임없이 상호작용하며 무의식의 영역을 의식으로 통합하는 과정, 즉 ㉠ 무의식을 의식화하는 과정을 통해 이루어진다.

　융에 따르면 개별화는 다음의 과정을 통해 이루어진다.

> 자아 성찰 → 무의식의 심연에 존재하는 자기 발견 → 타인과 구별되는 고유한 존재가 됨.
> 　　　　　　　무의식을 의식화하는 과정　　　　　　　개별화

　즉, ㉠ '무의식을 의식화하는 과정'은 의식에 존재하는 자아가 무의식과 끊임없이 상호작용을 함으로써 무의식의 영역을 의식으로 통합하는 과정으로, 이를 통해 무의식의 심연에 존재하는 자신의 근원적인 모습을 찾아 타인과 구별되는 고유한 존재가 되는 개별화의 과정을 의미한다.

왜 오답 ?

① 의식의 확장을 통해 타인과의 경계를 허무는 과정이다.
　　　　　　　　　　　　　　　　관련 없음.

> (나)③문단 ❸문장 융은 자아가 성찰을 통해 무의식의 심연에 존재하는 자기를 발견하면, 인간은 비로소 타인과 구별되는 고유한 존재가 된다고 보고 이를 개별화라고 불렀다.

　㉠ '무의식을 의식화하는 과정'은 '자아가 성찰을 통해 무의식에 심연에 존재하는 자기를 발견'하고 '타인과 구별되는 고유한 존재가' 되는 과정이다. 따라서 ㉠ '무의식을 의식화하는 과정'은 타인과의 경계를 허무는 과정이 아니다. 오히려 타인과의 경계를 만들고 자기의 정체성을 확보하는 과정이라고 할 수 있다.

③ 의식에 의해 발견된 무의식의 욕구가 억눌리는 과정이다.
　　　　　　　　　　　　　　　　관련 없음.

　㉠ '무의식을 의식화하는 과정'은 의식에 의해 발견된 무의식의 욕구가 억눌리는 과정이 아니다. 왜냐하면 무의식을 의식화하는 과정은 무의식의 영역을 의식으로 통합하면서 정신세계를 이루는 정신 요소들인 자아와 그림자, 원형들이 하나의 정신으로 통합되어 정신적 균형을 이루는 과정이기 때문이다.

④ 무의식이 의식에서 분화되어 정체성이 실현되는 과정이다.
　　　　　　　　통합

> (나)③문단 ❹문장 이는 ～ 무의식의 영역을 의식으로 통합하는 과정, ～

　㉠ '무의식을 의식화하는 과정'은 '자아가 성찰을 통해 무의식에 심연에 존재하는 자기를 발견'하고 '타인과 구별되는 고유한 존재가' 되는 과정이므로 정체성이 실현되는 과정이라고 할 수 있다.
　그러나 ㉠이 진행되면서 무의식과 의식은 통합된다.

⑤ 과거의 경험들을 반복함으로써 성격이 형성되는 과정이다.
　　　　　　　　　관련 없음.

　과거의 경험들을 반복하는 것과 성격을 형성하는 과정은 관련이 없다.

33　정답 ②　＊ 어휘의 의미 파악하기 ·················· [정답률 86%]

ⓐ～ⓔ의 사전적 의미로 적절하지 않은 것은?
ⓐ: 규명, ⓑ: 전환, ⓒ: 간과, ⓓ: 배제, ⓔ: 대면

왜 정답 ?
② ⓑ: 주기적으로 자꾸 되풀이하여 돎. ― '순환'의 의미임.
　'전환' – '다른 방향이나 상태로 바뀌거나 바꿈.'이라는 의미임.

　'전환'의 사전적 의미는 '다른 방향이나 상태로 바뀌거나 바꿈.'이다.
　'주기적으로 자꾸 되풀이하여 돎.'은 '순환'의 사전적 의미이다.

왜 오답 ?

① ⓐ: 어떤 사실을 자세히 따져서 바로 밝힘.
　'규명(糾明)'

③ ⓒ: 큰 관심 없이 대강 보아 넘김.
　'간과(看過)'

④ ⓓ: 받아들이지 아니하고 물리쳐 제외함.
　'배제(排除)'

⑤ ⓔ: 서로 얼굴을 마주 보고 대함.
　'대면(對面)'

출제 ❶ 중심인물, 배경 ❷ 중심 사건, 갈등 ❸ 서술상 특징

[앞부분 줄거리] 국민학교 2학년생인 '나'는 걸구대(궐기대회)가 열릴 때마다 멧돼지를 서너 마리씩 미국 대통령이나 유엔 사무총장과 같은 외국 귀인들에게 보낸다는 것을 알고 의아해 한다.
('초등학교'의 전 용어 / ❸ 서술자: '나' / '나'는 '메시지(message)'를 '멧돼지'로 잘못 이해하고 있음.)

1 어린 소견에 도무지 알다가도 모를 노릇이었다. [그런 식으로 마구 보내 주다가는 오래지 않아 나라 안의 멧돼지는 깡그리 씨가 마를 판이었다. 그렇잖아도 가뜩이나 육고기가 부족한 가난뱅이 나라에서 서양 부자 나라의 지체 높은 양반들한테 뭣 때문에 툭하면 그 귀한 멧돼지들을 보낸단 말인가. 또 보낸다면 그 멀고 먼 나라까지 무슨 수로, 그리고 어떤 모양으로 그 짐승들을 보낸단 말인가.]
(# [ ]: ❸ 어린아이의 시각으로 이야기를 서술함으로써 사건을 희화화함.)

멧돼지 보내기가 몇 번이나 되풀이된 다음, 마지막 순서로 혈서 쓰기가 시작되었다. 검정색 학생복 차림의 피 끓는 청년 학도들이 차례차례 연단에 올라 손가락을 깨물어 하얀 천 위에다 붉게 혈서를 쓰고 있었다. 그쯤에서 진력이 날 대로 나버린 급우 녀석들이 나를 향해 자꾸만 눈짓을 보내왔다. 엎어지면 코 닿을 자리에 집이 있는 내가 몇몇 친한 녀석들을 데리고 몰래 광장을 빠져나와 걸구대가 끝날 때까지 우리 식당에서 즐거운 시간을 함께 보낸 적이 종종 있었던 까닭이었다. 녀석들과 함께 걸구대에서 막 도망쳐 나오려는 순간이었다. 바로 그때 새롭게 연단에 오른 청년의 모습이 내 발목을 꽉 붙잡았다. 그보다 앞서 혈서를 쓴 학생들과 달리 그는 학생복 차림이 아니었다. 검정물로 염색한 군복을 걸친 그 헙수룩한 모습이 먼빛으로 봐도 어쩐지 많이 눈에 익어 보였다. 잠시 후에 열손가락을 모조리 깨물어 혈서를 쓴, 참으로 보기 드문 열혈 애국 청년이 등장했음을 걸구대 사회자가 확성기를 통해 널리 알렸다. 곧이어 '북진통일'이라고 대문짝만 하게 적힌 혈서가 청중에게 공개되었다. 치솟는 박수갈채로 역전 광장이 갑자기 떠나갈 듯 요란해졌다. 설마 그럴 리가 있겠느냐고, 혹시 내가 잘못 봤을지도 모른다고 생각하면서 나는 고개를 저었다. 나는 몇몇 급우들과 함께 슬며시 광장을 벗어나고 말았다.
('급우 녀석들'이 궐기대회 자리를 떠나자는 신호를 보냄. / # '급우 녀석들'이 나에게 신호를 보낸 이유 / '나'가 연단에 오른 청년의 모습에 주목함. / 연단에 오른 청년의 모습이 아는 사람인 것 같다고 생각함. / 애국심이 열렬하여 남다른 모습을 보임. / 궐기대회의 주제 / '열혈 애국 청년'이 자신이 아는 사람이 아닐 거라고 생각함. / ❶ 공간적 배경)

궐기대회: 어떤 문제에 대하여 해결책을 촉구하기 위하여 뜻있는 사람들이 궐기하는 모임
소견: 어떤 일이나 사물을 살펴보고 가지게 되는 생각이나 의견
지체: 어떤 집안이나 개인이 사회에서 차지하고 있는 신분이나 지위
혈서: 제 몸의 피를 내어 자기의 결심, 청원, 맹세 따위를 글로 씀. 또는 그 글
학도: 학교에 다니면서 공부하는 사람
급우: 같은 학급에서 함께 공부하는 친구
진력: 있는 힘을 다함. 또는 낼 수 있는 모든 힘

＊ 1 요약 : '나'가 궐기대회에서 열혈 애국 청년의 모습을 봄.

2 내가 결코 잘못 본 게 아니라는 사실이 이윽고 밝혀졌다. 창권이 형은 열 손가락에 빨갛게 핏물이 밴 붕대를 친친 감은 채 식당에 돌아옴으로써 어머니와 나를 기절초풍케 만들었다. 너무도 어처구니가 없는 나머지 어머니는 형이 돌아오면 퍼부으려고 잔뜩 별러서 장만했던 욕바가지를 꺼내들 엄두조차 못 낼 정도였다. 아프지 않더냐는 내 걱정에
(❶ 중심인물 / ❶ 공간적 배경 / ❶ 중심인물 / '열손가락을 모조리 깨물어 혈서를 쓴' 청년이 바로 '창권이 형'임을 알게 됨.)

형은 마치 남의 살점 얘기하듯 심상하게 대꾸했다.
(대수롭지 않게 / 창권이 형은 무심한 태도를 보이며 대수롭지 않게 생각함.)
"팽기찮어, 어째피 남어도는 피니깨."
(❸ 사투리를 사용하여 작품의 사실감과 현장감을 높임.)
그 혈서 사건 이후부터 창권이 형은 자기 몸 안에 들끓는 더운 피를 덜어내기 위해 이따금 주먹으로 자신의 코쭝배기를 후려쳐 일부러 코피를 쏟아 내야 하는 수고를 더 이상 할 필요가 없게 되었다. 그리고 어머니 말마따나 형은 정말 우리 식당에서 아무짝에도 쓸모없는 인간으로 완전히 바뀌어 버렸다. 역전 광장에서는 사흘이 멀다 하고 크고 작은 걸구대가 잇달아 벌어졌다. 덕분에 형의 상처 난 손가락들은 좀체 아물 새가 없었다. 걸구대 때마다 단골로 혈서를 쓰는 열혈 애국 청년 노릇에 워낙 바쁘다 보니 식당 안에 진드근히 붙어 있을 겨를도 없었다. 어머니는 결국 역마살이 뻗쳐 하고많은 날들을 밖으로만 나대는 형의 발을 묶어 식당 안에 주저앉히려는 노력을 포기할 지경에 이르렀다. 형은 어느덧 장국밥을 전문으로 하는 식당의 허드재비 심부름꾼에서 당당한 손님으로 격이 달라져 있었다.
(# [ ]: ❸ 시점: 1인칭 관찰자 시점, '나'가 '창권이 형'의 행동과 그에 대한 생각을 서술함. / 창권이 형이 궐기대회로 인해 '나'의 어머니의 식당 일을 제대로 도와주지 않음. / # [ ]: ❷ 중심 사건 - 궐기대회 때마다 '창권이 형'이 단골로 혈서 쓰는 일을 맡음. / 창권이 형이 궐기대회마다 혈서를 씀. → 궐기대회에 이용당하는 모습 / '나의 어머니가 운영하는 식당')

심상하다: 대수롭지 않고 예사롭다.
코쭝배기: '코'를 속되게 이르는 말
역마살: 늘 분주하게 이리저리 떠돌아다니게 된 액운
허드재비: 허드레로 쓰는 물건이나 허드레로 하는 일

＊ 2 요약 : '창권이 형'이 궐기대회에서 활동하면서 식당 일을 소홀히 함.

3 중요한 일로 높은 사람들을 만나러 간다며 아침 일찍 집을 나선 창권이 형이 해질 녘에 다따가* 고등학생으로 변해 돌아왔다. 그동안 형의 변모는 너무나 급격해서 그러잖아도 눈알이 팽팽 돌 지경이었는데, 방금 새로 사 입은 빳빳한 학생복에 어엿이 어느 학교의 교표까지 붙인 학생모 차림은 상상을 뛰어넘는 것이라서 어머니와 나는 다시 한번 할 말을 잃고 말았다.
(정치적 목적을 가진 권력층 / '창권이 형'이 고등학생으로 신분을 위조함.)
"일트레면은 가짜배기 나이롱 고등과 학생인 심이지."
(이를테면은 / '가짜'를 일컫는 속어)
언제 학교에 들어갔었느냐는 내 물음에 형은 천연덕스레 대꾸하고 나서 한바탕 히히거렸다. 가짜 대학생 이야기는 더러 들어봤어도 가짜 고등학생은 형이 처음이었다.
"핵교도 안 댕기는 반거충이 청년이 단골 혈서가란 속내가 알려지는 날이면 넘들 보기에도 모냥이 숭칙허다고, 날더러 당분간 고등과 학생 숭내를 내고 댕기란다."
(고등학생으로 신분을 속이는 이유 / 흉내 / 모양 / 흉칙하다고 / # 목적을 위해 대중을 속이는 권력층의 부정적 면모가 드러남.)
[형은 모자에 붙은 교표에 호호 입김을 불어 소맷부리로 정성스레 광을 내기 시작했다. 안 그래도 새것임을 만천하에 광고하듯 ㉠ 너무 번뜩여서 오히려 탈인 그 금빛의 교표를 형은 내친김에 아예 순금제로 바꿔 놓을 작정인 듯 시간 가는 줄 모르고 일삼아 닦고 또 닦아 댔다. 나는 국민학교 졸업이 학력의 전부인 형을 한동안 물끄러미 바라보았다. 가정 형편이 어려워 어릴 때부터 남의집살이로 잔뼈를 굵혀 나온 형은 자신을 진짜배기 고등학생으로 착각하고 있는 기색이었다.]
(# [ ]: ❸ 인물에 대한 행동과 모습을 구체적으로 서술함. / 형의 권력욕을 보여줌. / # 지나치게 새것으로 보여 어색한 교표 → 학력 위조가 쉽게 탄로날 수 있음을 보여줌. / 형의 실제 학력)
"요담번 걸기대회 때부텀 나가 맥아더 원수에게 보내는 멧세지 낭독까장 맡어서 허기로 결정이 나뿌렀다."
(# [ ]: ❷ 중심 사건 - '창권이 형'이 궐기대회에서 중요한 일을 맡게 되어 스스로 이를 자랑스러워함. / ❶ 시대적 배경(6·25 전쟁 시대) / '나'가 '멧세지(메시지)'를 '멧돼지'로 잘못 이해하고 있음이 드러남.)
형은 교표 닦기를 끝마친 후 호주머니에서 피난민 시체로부터 선사

받은 금장의 회중시계를 꺼내어 더욱더 공력을 들여 삐까번쩍 광을
권력에 대한 '창권이 형'의 욕망을 보여줌.
내기 시작했다.⑬정말 갈수록 태산이었다. ⑭형은 걸구대에서 자신이
❸ 비판의 대상인 형의 모습을 통해 어리석은 인물이 가진 욕망의 허망함을 풍자함.
맡은 역할이 단골 혈서가 노릇 말고 다른 중요한 것이 더 있음을 자랑스레
자신이 권력층에 이용되고 있음을 모르고 있는 '창권이 형'의 모습
밝히는 중이었다.]⑮[나는 멧돼지를 멧세지라 잘못 발음한 형의 실수를
'멧시지'를 '멧돼지'로 잘못 알고 있는 '나'가 오히려 형이 잘못 알고 있다고 지적함.
부득이 지적하지 않을 수 없었다.⑯하지만 무식한 가짜 고등학생은,
= '창권이 형'
멧돼지가 아니라고, 꼬부랑말로 **멧세지**가 맞다고 턱도 없는 우김질을
끝까지 계속했다.] [ ]: ❸ 사건을 제대로 이해하지 못하는 '나'의 모습에서 웃음을
유발하고 '멧세지'를 보내는 궐기대회를 희화화함.

변모: 모양이나 모습이 달라지거나 바뀜. 또는 그 모양이나 모습
교표: 학교를 상징하는 무늬를 새긴 휘장
반거충이: 무엇을 배우다가 중도에 그만두어 다 이루지 못한 사람
피난민: 재난을 피하여 가는 백성
선사: 존경, 친근, 애정의 뜻을 나타내기 위하여 남에게 선물을 줌.
공력: 애써서 들이는 정성과 힘
꼬부랑말: 영어 따위의 말을 낮추어 이르는 말

*③ 요약: '창권이 형'이 고등학생으로 신분을 속이고 궐기대회에서 활동하게 됨.

(중략)

④❶창권이 형의 마지막 활약상은 그리 오래 지속되지 못했다.❷[그날도
창권이 형의 몰락을 암시함.
형은 군산으로 원정을 떠나 적성중립국 감시위원들의 추방을
❶ 공간적 배경
요구하는 **시위대의 선두에 섰다.** ❸ 시위 분위기가 무르익자 형은 그만
흥분을 가누지 못하고 미군 부대 철조망을 타넘는 만용을 부렸다.
❹바로 그때 경비병들이 송아지만 한 셰퍼드들을 풀어놓았다. ❺형은
셰퍼드들의 집중 공격을 받아 엉덩이 살점이 뭉텅 뜯겨 나가고 왼쪽
발뒤꿈치의 인대가 끊어지는 중상을 입었다. ❻형이 병원에서 퇴원할
시위 도중 발생한 사건으로 한쪽 다리를 못쓰게 됨.
때는 이미 한쪽 다리를 저는 불구의 몸으로 변해 있었다.]
❼ [ ]: ❷ 중심 사건 – 시위대 선두에 있던 형이 중상을 입어 한쪽 다리를 저는 불구의 몸이 됨. ❽형의
퇴원한 뒤에도 창권이 형은 한동안 우리 집에 계속 머물렀다. 형의
그 가짜배기 애국 학도 행각을 애초부터 꼴같잖게 여기던 어머니는
'어머니'는 '창권이 형'이 애국 학도로 행세하는 것을 못마땅하게 여겨함.
쩔쑥쩔쑥 기우뚱거리는 걸음걸이로 하릴없이 식당 안팎을 서성이는
= 창권이 형(창권이 형은 '나'와 친척 관계임.)
먼촌붙이 조카를 눈엣가시로 알고 노골적으로 박대했다. ❾우리 식당에
'창권이 형'이 '어머니'의 박대로 인해 고향으로 돌아갈 결심을 함.
빌붙어 눈칫밥이나 축내며 지내던 어느날, 형은 마침내 시골집으로
돌아갈 결심을 굳혔다.
❿떠나기 전날 밤, 창권이 형은 보퉁이를 다 꾸린 다음 크게 선심이라도
쓰는 척하면서 내게 금장 회중시계를 만져 볼 기회를 딱 한 차례
허락했다. ⓫행여 닳기라도 할까 봐 오래 구경시키는 것마저도 꺼려 하던
그 귀물 단지를 형이 내 손에 통째로 맡긴 것은 그때가 처음이자
마지막이었다. ⓬피난민 시체로부터 받은 선물이라고 주장하던 그
회중시계가 내 작은 손바닥 위에 제법 묵직한 중량감으로 올라앉아
창권이 형의 금빛 찬란하던 한때를 상징함.
있었다. ⓭등잔불 그늘 안에서도 말갛고 은은한 광휘를 발산하는
금시계를 일삼아 들여다보고 있자니 마치 형의 금빛 찬란하던 한때를
그것이 째깍째깍 증언하는 듯한 느낌이 언뜻 들었다. ⓮전쟁 기간을
❶ 시대적 배경(6·25 전쟁 시대)
통틀어 형의 수중에 남겨진 유일한 **전리품**이었다.
열혈 애국 청년으로 활동했지만 얻은 것은 금장 회중시계뿐임.
⓯"형이 옳았어."
⓰ '창권이 형'을 위로하고자 건네는 말
회중시계를 되돌려 주면서 형의 호의에 대한 답례 삼아 뭔가
형에게 위로가 될 적당한 말을 찾느라 나는 복잡한 머릿속을 한참이나
된장질하지 않으면 안 되었다.

⓱"멧돼지가 아니었어. 멧세지가 맞는 말이여."
⓲ '창권이 형'을 위로하고자 자신이 잘못 알았다고 말함.
내 말에 아무런 대꾸 없이 형은 그저 보일락말락 미소만 시부저기
흘리고 있을 따름이었다.

꼴같잖다: 생김새나 됨됨이가 자기 수준에 맞지 아니하거나 하는 짓이 제격에 맞지
않고 눈꼴사납다.
하릴없이: 달리 어떻게 할 도리가 없이
귀물: 귀중한 물건
전리품: 전쟁 때에 적에게서 빼앗은 물품
된장질: 사람이나 짐승, 물건 따위를 뒤져내는 일을 낮잡아 이르는 말
시부저기: 별로 힘들이지 않고 거의 저절로

*④ 요약: '창권이 형'이 시위 도중 중상을 입어
불구의 몸이 되고 고향으로 돌아가게 됨.

* 다따가: 난데없이 갑자기

⭐ 독해 공식 ─────
❶ **중심인물**: '나', '창권이 형'('형'), '어머니'
공간적 배경: 광장, 식당, 군산
시간적 배경: 6·25 전쟁 시기
❷ **중심 사건**: 궐기대회 때마다 '창권이 형'이 단골로 혈서 쓰는 일을 맡음. '창권이 형'이
걸기대회에서 중요한 일을 맡게 되어 스스로 이를 자랑스러워함. 시위대 선두에 있던
형이 중상을 입어 한쪽 다리를 저는 불구의 몸이 됨.
갈등: '창권이 형'을 박대하는 '어머니'와 '창권이 형'의 갈등(외적 갈등)
❸ **서술상 특징**
· **서술자**: 1인칭, **시점**: 1인칭 관찰자 시점
· 서술자인 '나'가 중심인물의 행동과 그에 대한 자신의 생각을 서술함.
· 어린아이의 시각으로 서술함으로써 사건을 희화화함.
· 사투리를 사용하여 작품의 사실감과 현장감을 높임.
· 인물의 행동과 모습을 구체적으로 서술함.
· 비판의 대상인 인물의 모습을 통해 어리석은 인물이 가진 욕망의 허망함을 풍자함.

─────

■ **갈래**: 현대 소설
■ **글쓴이**: 윤흥길(1942 ~). 왜곡된 역사현실과 부조리한 삶 등을 예리하게 포착하고 이를
극복하려는 인간의 노력을 묘사하는 작품을 주로 창작했다.
■ **이 작품은?** 이 작품은 '하인철('나')'이란 인물이 유년 시절에 겪었던 6·25 전쟁의 체험을
고향 친구들에게 들려주는 형식을 취하고 있다. 6·25 전쟁으로 인해 혼란해진 사회를
배경으로 하고 있으며, 어린 '나'의 순진한 시각에서 친척 형인 창권이 형의 활약과 몰락을
서술함으로써 전쟁의 참혹성과 이데올로기의 잔혹성을 보여준다.
■ **인물 관계도**

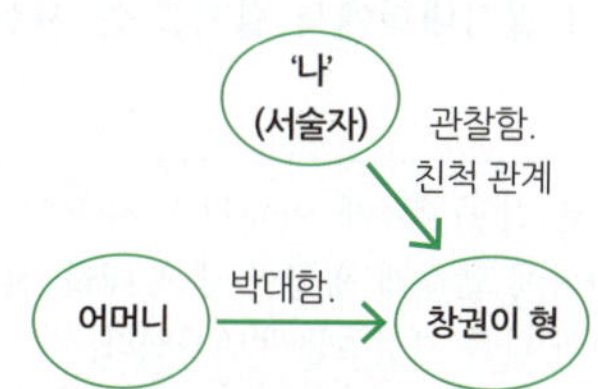

■ **주제**: 전쟁의 참혹성과 이데올로기의 폭력성
■ **이것이 핵심!**: 어린아이의 서술자가 가지는 효과

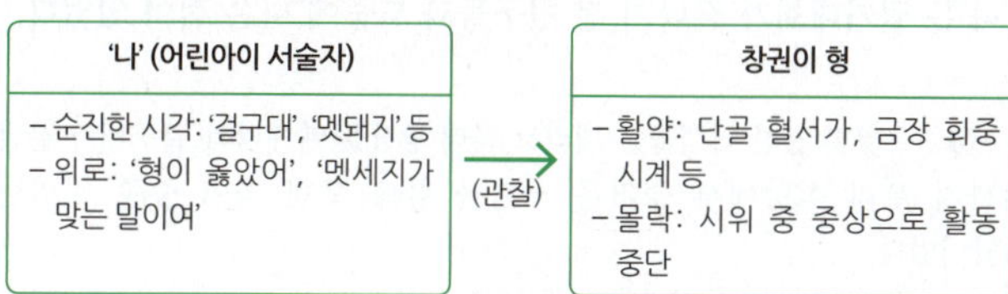

→ 순진한 어린아이의 시각에서 서술되어 독자의 웃음과 재미를
유발(해학, 희화화)하고 주제를 효과적으로 전달함.

 정답 ① ＊ 서술상 특징 파악하기 ·························· [정답률 79%]

윗글에 대한 설명으로 가장 적절한 것은?

＞왜 정답 ?

① 이야기 내부 인물이 중심인물의 행동과 그에 대한 자신의 생각을
_{'나'} _{'창권이 형'의 행동과 그에 대한 자신의 생각을 서술함.}
서술하고 있다.

윗글은 이야기 내부 인물인 서술자 '나'가 중심인물인 '창권이 형'의 행동을 서술하고 이에 대한 자신의 생각을 드러내고 있다.

＞왜 오답 ?

② 이야기 내부 인물이 인물과 인물 사이의 갈등을 해소하는 과정을
_{드러나지 않음.}
보여 주고 있다.

＊근거: ④ - ❽, ❾

윗글에는 '창권이 형'을 박대하는 '어머니'와 '창권이 형' 사이에 외적 갈등이 드러난다. 그러나 '창권이 형'은 '어머니'의 박대로 인해 고향으로 떠나기로 결심할 뿐, '창권이 형'과 '어머니' 사이의 갈등이 해소되지는 않는다.

③ 이야기 내부 인물이 과거와 현재를 반복적으로 교차하며 자신의
_{교차하지 않음.}
경험을 전달하고 있다.

④ 이야기 외부 서술자가 특정 소재와 관련된 인물의 내면 심리를
_{이야기 내부 서술자 '나'}
묘사하고 있다.

⑤ 이야기 외부 서술자가 서로 다른 공간에서 동시에 일어나는
_{이야기 내부 서술자 '나'} _{나열하지 않음.}
사건들을 나열하고 있다.

윗글에는 이야기 내부 서술자 '나'가 이야기를 서술하고 있다. 또한 윗글에서는 여러 공간에서 동시에 일어나는 사건이 제시되어 있지 않다.

 정답 ② ＊ 인물의 심리와 태도 파악하기 ············· [정답률 82%]

윗글을 읽고 알 수 있는 내용이 아닌 것은?

＞왜 정답 ?

② '나'는 창권이 형이 궐기대회에서 혈서를 쓴 사실을 어머니를 통해
_{'나'가 직접 확인함.}
전해 들었다.

> ② - ❶, ❷ 내가 결코 잘못 본 게 아니라는 사실이 이윽고 밝혀졌다. 창권이 형은 열 손가락에 빨갛게 핏물이 밴 붕대를 친친 감은 채 식당에 돌아옴으로써 어머니와 나를 기절초풍케 만들었다. _{'나'가 직접 확인함.}

＞왜 오답 ?

① '나'는 궐기대회가 끝나기 전 친구들과 도중에 나온 적이 있었다.
_{궐기대회 도중에 나와 '나'의 식당에서 시간을 보냄.}

> ① - ❽ ~ 몇몇 친한 녀석들을 데리고 몰래 광장을 빠져나와 궐구대가 끝날 때까지 우리 식당에서 즐거운 시간을 함께 보낸 적이 종종 있었던 까닭이었다.

③ 창권이 형은 열혈 애국 청년 노릇으로 바빠지게 되자 식당
심부름꾼으로 일할 겨를이 없었다.
_{궐기대회 때마다 참여하게 되면서 식당 일을 하지 않음.}

> ② - ❿, ⓬ 궐구대 때마다 단골로 혈서를 쓰는 열혈 애국 청년 노릇에 워낙 바쁘다 보니 식당 안에 진드근히 붙어 있을 겨를도 없었다. ~ 형은 어느덧 장국밥을 전문으로 하는 식당의 허드재비 심부름꾼에서 당당한 손님으로 격이 달라져 있었다.

④ 창권이 형은 퇴원 후 어머니에게 노골적인 박대를 받던 끝에
_{'어머니'가 '창권이 형'을 '노골적으로 박대'함. ➡ '창권이 형'이 '시골집으로 돌아갈 결심'을 함.}
고향으로 돌아갈 결심을 했다.

> ④ - ❽, ❾ ~ 어머니는 ~ 먼촌붙이 조카를 눈엣가시로 알고 노골적으로 박대했다. 우리 식당에 빌붙어 눈칫밥이나 축내며 지내던 어느날, 형은 마침내 시골집으로 돌아갈 결심을 굳혔다.

시위 도중 다리 한쪽을 못 쓰게 된 '창권이 형'은 시위를 중단하게 되고 퇴원 후 '식당'에 돌아오게 된다. 그러나 그동안의 행각을 꼴같잖게 여기던 '어머니'가 조카인 '창권이 형'을 노골적으로 박대하자 '창권이 형'은 고향 시골집으로 돌아갈 결심을 하게 된다.

⑤ 어머니는 창권이 형이 궐기대회에서 박수갈채를 받으며 애국
학도로 행세하는 것을 못마땅하게 여겼다.
_{'가짜배기 애국 학도 행각'을 애초부터 '꼴같잖게' 여김.}

> ① - ⓭~⓯ 잠시 후에 ~ 참으로 보기 드문 열혈 애국 청년이 등장했음을
_{창권이 형}
걸구대 사회자가 확성기를 통해 널리 알렸다. ~ 치솟는 박수갈채로 역전 광장이 갑자기 떠나갈 듯 요란해졌다.
> ④ - ❽ 형의 그 가짜배기 애국 학도 행각을 애초부터 꼴같잖게 여기던 어머니는 ~

 정답 ⑤ ＊ 소재 및 배경의 의미 파악하기 ············ [정답률 62%]

㉠에 대한 이해로 가장 적절한 것은?
_{'너무 번뜩여서 오히려 탈인 그 금빛의 교표'}

＞왜 정답 ?

⑤ 지나치게 새것으로 보이는 교표 때문에 오히려 창권이 형의 학력
위조가 쉽게 탄로 날 수 있음을 의미한다.
_{'새것임을 만천하에 광고하듯 너무 번뜩'임.}

> ③ - ❼, ❽ 형은 모자에 붙은 교호에 호호 입김을 불어 소맷부리로 정성스레 광을 내기 시작했다. 안 그래도 새것임을 만천하에 광고하듯 너무 번뜩여서 오히려 탈인 그 금빛의 교표를 형은 내친김에 아예 순금제로 바꿔 놓을 작정인 듯 시간 가는 줄 모르고 일삼아 닦고 또 닦아 댔다.

모자에 붙은 교표가 '새것임을 만천하에 광고하듯 너무 번뜩'이는데도 불구하고 '창권이 형'은 '시간 가는 줄 모르고' 교표를 계속 닦는다. 이는 교표가 부자연스럽게 보인다는 것으로, '창권이 형'의 학력 위조가 쉽게 탄로 날 수 있음을 보여준다.

＞왜 오답 ?

① 빛나는 교표로는 오히려 창권이 형의 능청스러운 성격을 은폐하기
_{창권이 형의 능청스러운 성격을 은폐하기 위해 빛나는 교표를 활용하는 것이 아님.}
어려움을 의미한다.

② 교표가 빛이 날수록 오히려 창권이 형이 자신의 행동을 부끄럽게
_{자신의 행동을 부끄럽게 생각하지 않음.}
생각할 수 있음을 의미한다.

교표가 빛이 나게 닦는 '창권이 형'의 모습은 자신의 행동에 대한 당당함과 자부심을 드러낸다. '창권이 형'이 자신의 행동을 부끄럽게 생각할 수 있다는 설명은 적절하지 않다.

③ 번뜩이는 교표로 인해 궐기대회에서 창권이 형이 맡는 역할이 오히려
축소될 수 있음을 의미한다.
_{축소되지 않음.}

'창권이 형'은 주변의 시선을 고려하는 권력층의 지시로 인해 가짜 고등학생으로 위장하였고, 다른 궐기대회에 더욱 참석하게 되었다. 그러나 번뜩이는 교포로 인해 '창권이 형'의 역할이 축소된 부분을 찾아보기는 어렵다.

④ 교표를 정성스럽게 닦는 행위 때문에 오히려 창권이 형이 불안감을 **더 크게** 느끼게 됨을 의미한다.
불안감을 느끼지 않음.

'창권이 형'은 고등학생으로 위장하고 교표를 닦으면서 자신이 '진짜배기 고등학생'이라고 착각하고 있는 모습을 확인할 수 있다. 이를 통해 창권이 형이 자신의 정체가 탄로 날 불안해하거나 불안감을 더 크게 느끼고 있다는 부분을 찾아보기 어렵다.

---

37 정답 ⑤ * 〈보기〉를 바탕으로 감상하기 ★1등급 대비

[① 9% ② 4% ③ 8% ④ 17% ⑤ 59%]

〈보기〉를 바탕으로 윗글을 감상한 내용으로 적절하지 <u>않은</u> 것은? [3점]

> 〈보기〉
> ❶ 이 작품은 6·25 전쟁으로 인해 혼란해진 사회를 배경으로 한다. 창권이
> 시대적 배경
> 형은 궐기대회에서 애국 학도로 활약하게 되는 과정에서 권력층에
> ❷ 궐기대회 때마다 혈서를 쓰는 역할을 함.
> 편승하는 모습을 보인다. 정치적 목적을 위해 대중을 기만하는 권력층에
> '창권이 형'의 신분을 고등학생으로 위장함.
> 이용당하다 결국 몰락하게 되는 창권이 형을 통해 어리석은 인물이 가진
> 불구의 몸이 됨.
> 욕망의 허망함을 풍자하고 있다. ❹ 그리고 궐기대회에서 벌어지는 일을
> '멧세지'를 '멧돼지'로 이해하는 등 궐기대회의 일을 제대로 이해하지 못함.
> 제대로 이해하지 못하는 어린 '나'를 통해 궐기대회가 희화화된다.

단서+해결

단서 창권이 형은 애국 학도로 활약하면서 권력에 편승하는 모습을 보이는 인물이다.

발상 애국 학도로 활동하지 못하게 된 창권이 형의 '유일한 전리품'인 '회중시계' ➡ '나'는 '회중시계'가 창권이 형의 금빛 찬란한 때를 증언하는 것 같다고 생각한다.

해결 '회중시계'는 창권이 형의 금빛 찬란한 때, 즉 창권이 형이 애국 학도로 활약하던 때를 상징한다.

〉왜 정답?

⑤ '유일한 전리품'이었던 '회중시계'는 전쟁 시기에 애국 학도로서의 신념을 <u>지키지 못한</u> 창권이 형의 고뇌를 상징하는군.
애국 학도의 신념을 지키지 못했다고 보기 어려우며, 고뇌를 상징한다고도 보기 어려움.

> ④-❿-⓮ 떠나기 전날 밤, 창권이 형은 ~ 내게 금장 회중시계를 만져 볼 기회를 딱 한 차례 허락했다. ~ 마치 형의 금빛 찬란하던 한때를 그것이 째깍째깍 증언하는 듯한 느낌이 언뜻 들었다. 전쟁 기간을 통틀어 형의 수중에 남겨진 유일한 전리품이었다.

'회중시계'는 창권이 형에게 남겨진 유일한 전리품으로 애국 학도로 칭송받으며 지냈던 창권이 형의 '금빛 찬란하던 한때'를 '증언'하는 사물이다. 이 점을 고려한다면 '회중시계'가 애국 학도로서 신념을 지키지 못한 고뇌를 상징하는 것으로 보기 어렵다.

〉왜 오답?

① '멧세지'를 보내는 것을 '멧돼지 보내기'로 오해한 '나'를 통해 궐기대회에서 벌어지는 일을 제대로 이해하지 못함.
궐기대회가 희화화되는군.

> ①-❶-❺ 어린 소견에 도무지 알다가도 모를 노릇이었다. ~ 가난뱅이 나라에서 서양 부자 나라의 지체 높은 양반들한테 뭣 때문에 툭하면 그 귀한 멧돼지들을 보낸단 말인가. ~ 멧돼지 보내기가 몇 번이나 되풀이된 다음 ~
> 〈보기〉 ❹문장 ~ 어린 '나'를 통해 궐기대회가 희화화된다.

'나'는 어린 나이의 서술자로 '멧세지'를 '멧돼지'로 잘못 이해하고 있다. 이를 통해 궐기대회에서 진행되는 엄숙한 '메시지 보내기'가 '멧돼지 보내기'로 전달되면서 궐기대회를 우스꽝스럽게 희화화하고 있다.

---

② '좀체 아물 새가 없'는 '손가락들'은 표면적으로는 애국심의 증거이지만
궐기대회에서 혈서를 씀.
이면적으로는 창권이 형이 권력층에 이용당하는 인물임을 엿볼 수
자기 자신을 희생하면서 권력층의 지시에 따름.
있게 하는군.

> ②-❽-❾ 역전 광장에서는 사흘이 멀다 하고 크고 작은 궐기대가 잇달아 벌어졌다. 덕분에 형의 상처 난 손가락들은 좀체 아물 새가 없었다.
> 〈보기〉 ❸문장 정치적 목적을 위해 대중을 기만하는 권력층에 이용당하다 결국 몰락하게 되는 창권이 형을 ~

'창권이 형'은 크고 작은 궐기대회 때마다 혈서를 쓰면서 그의 손가락들은 '좀체 아물 새가 없'었는데, 이는 표면적으로는 '창권이 형'의 열렬한 애국심을 보여준다. 그러나 이면적으로는 '창권이 형'이 권력층에 이용당해 자신의 고통을 감수하면서 자신을 희생하고 있음을 드러낸다.

| **표면적:** 겉으로 나타나거나 눈에 띄는 것 |
| **이면적:** 겉으로 나타나거나 눈에 보이지 않는 것 |

③ '고등과 학생 숭내를 내고 댕기'라고 지시하는 것에서 자신들의 목적을 위해 대중을 속이는 권력층의 부정적 면모가 드러나는군.
궐기대회의 효과를 극대화하기 위해 '창권이 형'을 고등학생 신분으로 속임.

> ③-❻ "핵교도 안 댕기는 반거충이 청년이 단골 혈서가란 속내가 알려지는 날이면 넘들 보기에도 모냥이 숭칙허다고, 날더러 당분간 고등과 학생 숭내를 내고 댕기란다."
> 〈보기〉 ❸문장 정치적 목적을 위해 대중을 기만하는 권력층에 이용당하다 결국 몰락하게 되는 창권이 형을 ~

국민학교 졸업 학력에 불과한 '창권이 형'은 권력층의 지시에 따라 고등학생 행세를 하게 된다. 이는 궐기대회의 효과를 높이고자 창권이 형의 신분까지 위조하는 권력층의 모습을 보여주는 것으로, 자신들의 목적 달성을 위해 대중을 속이는 권력층의 부정적 면모가 드러난다.

④ '시위대의 선두에 섰'다가 '중상을 입'은 비극을 통해 권력층에 편승하려는 창권이 형의 부질없는 욕망이 풍자되고 있군.
시위에 참여했다가 불구의 몸이 됨.

> ④-❷-❼ 그날도 형은 ~ 시위대의 선두에 섰다. ~ 왼쪽 발뒤꿈치의 인대가 끊어지는 중상을 입었다. 형이 병원에서 퇴원할 때는 이미 한쪽 다리를 저는 불구의 몸으로 변해 있었다. ~ 우리 집에 계속 머물렀다.
> 〈보기〉 ❸문장 ~ 몰락하게 되는 창권이 형을 통해 어리석은 인물이 가진 욕망의 허망함을 풍자하고 있다.

'창권이 형'은 시위대의 선두에 설 정도로 '열혈 애국 청년'으로 활약하고 이를 권력층을 통해 인정받고자 노력했다. 그러나 시위 도중 불구의 몸이 되고, 더 이상 궐기대회나 시위에 참여하지 못하고 집에만 머물게 된다. 이는 '창권이 형'의 욕망이 한순간에 꺾이는 것을 보여줌으로써, 인물이 가진 욕망이 결국 허망함을 보여준다.

> **매력 오답** 인물의 욕망을 비극적인 사건을 통해 풍자한다는 것을 적절하지 않다고 판단해서 틀린 학생들이 많았다.
> 그러나 〈보기〉에서 '몰락하게 되는 창권이 형을 통해 어리석은 인물이 가진 욕망의 허망함을 풍자'한다고 했다. 따라서 창권이 형이 시위에 참여했다가 불구의 몸이 되는 비극으로 인해 더 이상 애국 학도로 활동하지 못하는 것이 창권이 형의 몰락을 보여준다는 것을 파악하면 쉽게 풀 수 있다.

37번 관련 어휘

편승하다: 세태나 남의 세력을 이용하여 자신의 이익을 거두다.

기만하다: 남을 속여 넘기다.

몰락하다: 재물이나 세력 따위가 쇠하여 보잘것없어지다.

풍자하다: 문학 작품 따위에서, 현실의 부정적 현상이나 모순 따위를 빗대어 비웃으면서 쓰다.

희화화되다: 어떤 인물의 외모나 성격, 또는 사건이 의도적으로 우스꽝스럽게 묘사되거나 풍자되다.

신념: 굳게 믿는 마음 **고뇌:** 괴로워하고 번뇌함. **지시하다:** 일러서 시키다.

면모: 사람이나 사물의 겉모습. 또는 그 됨됨이

＊ OLED 스마트폰의 야외 시인성을 높이는 기술

＃ 출제 ◉ 글 전체 핵심어 ▬ 글 전체 중심 문장

❶ 맑고 화창한 날 밖에서 스마트폰 화면이 잘 보이지 않았던 경험이 한 번쯤은 있을 것이다. ❷ 이는 화면에 반사된 햇빛이 화면에서 나오는 빛과 많이 ⓐ 혼재될수록 야외 시인성이 저하되기 때문이다. ❸ 야외 시인성이란, 빛이 밝은 야외에서 대상을 명확하게 인식할 수 있는 성질을 의미한다.
＃ 야외 시인성의 개념
❹ 그렇다면 스마트폰에는 야외 시인성 개선을 위해 어떠한 기술이 적용되어 있을까?

＊ ①문단 요약 : 야외 시인성의 개념과 스마트폰에 적용된 기술에 대한 의문

❷ ㉠ 스마트폰 화면의 명암비가 높으면 우리는 화면에 표현된 이미지를 선명하다고 인식한다. ❷ 명암비는 가장 밝은 색과 가장 어두운 색을 화면이 얼마나 잘 표현하는지를 나타내는 수치로, 흰색을 표현할 때의 휘도를 검은색을 표현할 때의 휘도로 나눈 값이다.
＃ 검은색을 표현할 때의 휘도가 일정할 때, 흰색을 표현할 때의 휘도 ↑ → 명암비 ↑
❸ 여기서 휘도는 화면에서 나오는 빛이 사람의 눈에 얼마나 들어오는지를 나타내는 양이다.
＃ 사람의 눈에 들어오는 빛의 양이 많으면, 휘도는 높아짐.
❹ 가령, 흰색을 표현할 때의 휘도가 2,000 cd/m^{2}이고 검은색을 표현할 때의 휘도가 2 cd/m^{2}인 스마트폰의 명암비는 1,000이다.

＊ ②문단 요약 : 명암비와 휘도의 개념

┌ 2문단 지문 이해도 ────────────────

명암비 = $\dfrac{\text{흰색을 표현할 때의 휘도}}{\text{검은색을 표현할 때의 휘도}}$

가장 밝은 색과 가장 어두운 색을 화면이 얼마나 잘 표현하는지를 나타내는 수치
└─────────────────────────────

❸ 명암비는 휘도를 측정하는 환경에 따라 암실 명암비와 명실 명암비로 구분된다.
＃ 명암비를 분류하는 기준
❷ 암실 명암비는 햇빛과 같은 외부광 없이 오로지 화면에서 나오는 빛만을 인식할 수 있는 조건에서의 명암비를,
암실 명암비의 개념
명실 명암비는 외부광이 ⓑ 존재하는 조건에서의 명암비를 의미한다.
명실 명암비의 개념
❸ 스마트폰의 야외 시인성을 높이기 위해서는 명실 명암비를 높여야 한다.
＃ 명실 명암비를 높이면 야외 시인성이 높아짐.
❹ 이를 위해 화면에서 흰색을 표현할 때의 휘도를 높이는 방법과
명실 명암비를 높이는 방법①
검은색을 표현할 때의 휘도를 낮추는 방법을 사용할 수 있다.
명실 명암비를 높이는 방법②

＊ ③문단 요약 : 명암비의 종류와 명실 명암비를 높이는 방법

┌ 3문단 지문 이해도 ────────────────

암실 명암비	햇빛과 같은 외부광 없이 오로지 화면에서 나오는 빛만을 인식할 수 있는 조건에서의 명암비
명실 명암비	외부광이 존재하는 조건에서의 명암비

→ 스마트폰의 야외 시인성을 높이기 위해서는 명실 명암비를 높여야 함.
└─────────────────────────────

❹ 그런데 스마트폰에 흔히 사용되는 OLED는 흰색을 표현할 때의 휘도를 높이는 데 한계가 있다. ❷ OLED는 화면의 내부에 있는 기판*에서 빛을 내는 소자로, 빨간색, 초록색, 파란색 빛을 조합하여
OLED의 개념
다양한 색을 ⓒ 구현한다.
＃ OLED는 세 가지의 색을 조합하여 다양한 색을 표현함.
❸ 이렇게 OLED가 색을 표현할 때, 출력되는 빛의 세기를 높이면 해당 색의 휘도가 높아진다. ❹ 그러나 강한 세기의
＃ 휘도를 높이는 방법
빛을 출력할수록 OLED의 수명이 ⓓ 단축되는 문제가 있다. ❺ 이러한
＃ OLED의 색을 표현할 때 출력되는 빛의 세기를 높일 경우 발생하는 문제점
이유로 OLED 스마트폰에는 편광판과 위상지연필름을 활용하여, 외부광의 반사로 높아진, 검은색을 표현할 때의 휘도를 낮추는 기술이
＃ 외부광의 반사가 많이 일어날수록, 검은색을 표현할 때의 휘도가 높아짐.
적용되고 있다.

＊ ④문단 요약 : OLED 스마트폰에서 야외 시인성을 높이는 방법

❺ ❶ 〈그림〉은 OLED 스마트폰에 적용된 편광판의 원리를 나타낸 것이다. ❷ 일반적으로 빛은 진행하는 방향에 수직인 모든 방향으로 진동하며 나아간다. ❸ 빛이 편광판을 통과하면 그중 편광판의 투과축과 평행한 방향으로 진동하며 나아가는
＃ [ ] : 편광판을 통과한 빛의 일부가 차단되어 빛의 세기가 감소함.
선형 편광만 남고, 투과축의 수직 방향으로 진동하는 빛은 차단된다. ❹ 이러한 과정에서 편광판을 통과한 빛의 세기는 감소하게 된다.

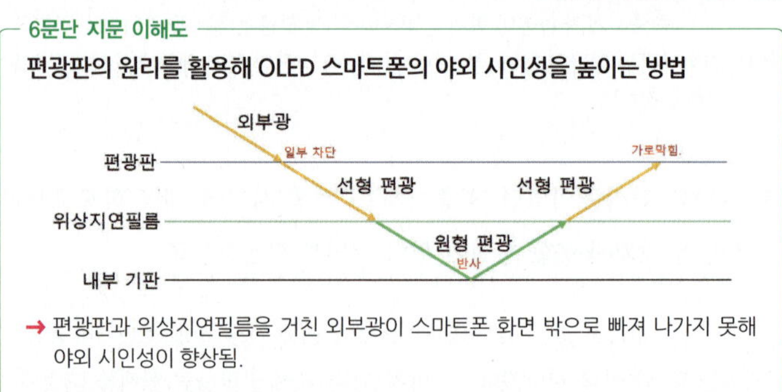

OLED 스마트폰에 적용된 편광판의 원리

＊ ⑤문단 요약 : OLED 스마트폰에 적용된 편광판의 원리

❻ ❶ 이러한 원리를 이용해 OLED 스마트폰에서 야외 시인성을 높이는 기술을 설명하면 다음과 같다. ❷ 먼저 스마트폰 화면 안으로 들어오는 외부광은 편광판을 거치면서 일부가 차단되고 투과축과 평행한 방향으로 진동하는 선형 편광만 남게 된다. ❸ 그런 다음 이 선형 편광은 위상지연필름을 지나면서 회전하며 나아가는 빛인 원형 편광으로 편광의 형태가 바뀐다.
＃ [A] : 편광판의 원리를 활용해 OLED 스마트폰의 야외 시인성을 높이는 과정
❹ 이 원형 편광은 스마트폰 화면의 내부 기판에 [A] 반사된 뒤, 다시 위상지연 필름을 통과하며 선형 편광으로 바뀐다. ❺ 그런데 이 선형 편광의 진동 방향은 외부광이 처음 편광판을 통과했을 때 남은 선형 편광의 진동 방향과 수직을 이루게 되어 편광판에 가로막히게 된다. ❻ 그 결과 기판에 반사된 외부광은 화면 밖으로 빠져나가지 못하게 된다.
＃ 야외 시인성이 향상됨.

＊ ⑥문단 요약 : 편광판의 원리를 활용해 OLED 스마트폰의 야외 시인성을 높이는 기술

┌ 6문단 지문 이해도 ────────────────

편광판의 원리를 활용해 OLED 스마트폰의 야외 시인성을 높이는 방법

→ 편광판과 위상지연필름을 거친 외부광이 스마트폰 화면 밖으로 빠져 나가지 못해 야외 시인성이 향상됨.
└─────────────────────────────

❼ ❶ 이와 같은 기술은 OLED 스마트폰의 야외 시인성을 높이는 데에는 매우 효과적이지만, 편광판을 사용할 수밖에 없기 때문에 스마트폰 화면이 일정 수준의 명암비를 유지하기 위해서는 ㉡ OLED가 내는
＃ [ ] : OLED가 내는 빛 중 일부가 편광판에서 차단되기 때문임.
빛의 세기를 높게 유지해야 한다는 단점이 존재한다. ❷ 그리고 외부광이 화면의 외부 표면에 반사되어 나타나는 야외 시인성의 저하도 ⓔ 방지하지 못한다.
＃ OLED는 화면의 외부 표면에 반사되는 외부광을 막지 못함.
❸ 최근에는 이러한 문제점들을 개선하기 위한 연구가 다양한 분야에서 이루어지고 있다.

＊ ⑦문단 요약 : OLED 스마트폰의 야외 시인성을 높이는 기술의 단점

＊ 기판: 전기 회로가 편성되어 있는 판

┌ 38~42 지문 관련 어휘 ─────────────
저하되다: 정도, 수준, 능률 따위가 떨어져 낮아지다.
측정하다: 일정한 양을 기준으로 하여 같은 종류의 다른 양의 크기를 재다.
조합하다: 여럿을 한데 모아 한 덩어리로 짜다.
평행하다: 두 개의 직선이나 두 개의 평면 또는 직선과 평면이 나란히 있어 아무리 연장하여도 서로 만나지 아니하다.
유지하다: 어떤 상태나 상황을 그대로 보존하거나 변함없이 계속하여 지탱하다.
개선하다: 잘못된 것이나 부족한 것, 나쁜 것 따위를 고쳐 더 좋게 만들다.
└─────────────────────────────

■ **지문 내용과 구조**

1 문단	**야외 시인성의 개념**: 빛이 밝은 야외에서 대상을 명확하게 인식할 수 있는 성질
2 문단	**명암비와 휘도의 개념** – 명암비: 가장 밝은 색과 가장 어두운 색을 화면이 얼마나 잘 표현하는지를 나타내는 수치 – 휘도: 화면에서 나오는 빛이 사람의 눈에 얼마나 들어오는지를 나타내는 양
3 문단	**명암비의 종류와 명실 명암비를 높이는 방법** 명암비의 종류: 암실 명암비, 명실 명암비 → 야외 시인성을 높이려면 명실 명암비를 높여야 함.
4 문단	**OLED 스마트폰에서 야외 시인성을 높이는 방법** 흰색을 표현할 때 휘도를 높이는 방법을 활용하면 OLED 수명이 단축됨. → 검은색을 표현할 때의 휘도를 낮추는 기술이 적용됨.
5 문단	**OLED 스마트폰에 적용된 편광판의 원리** 빛이 편광판을 통과할 때 / 편광판의 투과축과 평행한 방향으로 진동하는 선형 편광: 남음. / 투과축의 수직 방향으로 진동하는 빛: 차단됨.
6 문단	**편광판의 원리를 활용해 OLED 스마트폰의 야외 시인성을 높이는 기술**
7 문단	**OLED 스마트폰의 야외 시인성을 높이는 기술의 단점** ① OLED가 내는 빛의 세기를 높게 유지해야 함. ② 외부광이 화면의 외부 표면에 반사되어 나타나는 야외 시인성 저하 문제를 방지하지 못함.

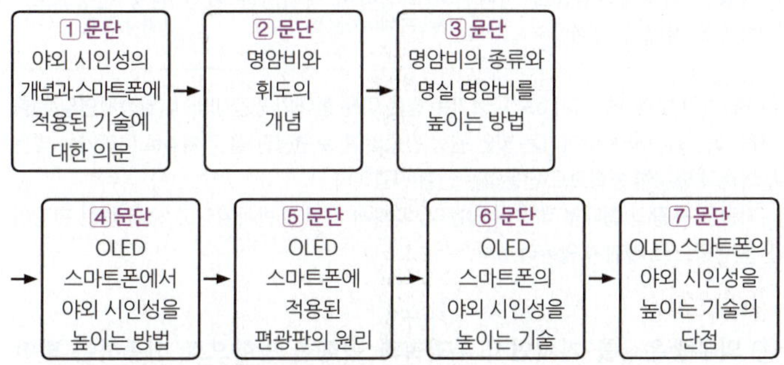

■ **주제**: OLED 스마트폰에서 야외 시인성을 높이는 기술의 원리와 단점

---

38 정답 ①   ✱ 내용 파악하기 ······························ [정답률 58%]

윗글에서 알 수 있는 내용으로 가장 적절한 것은?

> **오H** 정답 ?

① 햇빛은 진행하는 방향에 수직인 모든 방향으로 진동한다.
빛의 한 종류

> 5 문단 2 문장 일반적으로 빛은 진행하는 방향에 수직인 모든 방향으로 진동하며 나아간다.

> **오H** 오답 ?

② OLED는 <del>네 가지</del>의 색을 조합하여 다양한 색을 구현한다.
세 가지

> 4 문단 2 문장 OLED는 화면의 내부에 있는 기판에서 빛을 내는 소자로, 빨간색, 초록색, 파란색 빛을 조합하여 다양한 색을 구현한다.

---

③ 사람의 눈에 들어오는 빛의 양이 많으면 휘도는 <del>낮아진다</del>.
높아짐.

> 2 문단 3 문장 여기서 휘도는 화면에서 나오는 빛이 사람의 눈에 얼마나 들어오는지를 나타내는 양이다.

휘도는 화면에서 나오는 빛이 사람의 눈에 얼마나 들어오는지를 나타내는 양이기 때문에 사람의 눈에 들어오는 빛의 양이 많으면 휘도는 높아진다.

④ 야외 시인성은 사물 간의 <del>크기 차이</del>를 비교하는 기준이다.
야외 시인성은 빛이 밝은 야외에서 대상을 명확하게 인식할 수 있는 성질임.

> 1 문단 3 문장 야외 시인성이란, 빛이 밝은 야외에서 대상을 명확하게 인식할 수 있는 성질을 의미한다.

⑤ OLED는 화면의 외부 표면에 반사되는 외부광을 <del>차단한다</del>.
차단하지 못함.

✱ 근거: 7 문단 2 문장

39 정답 ②   ✱ 내용 파악하기 ······························ [정답률 66%]

㉠에 대한 설명으로 적절하지 않은 것은?
'스마트폰 화면의 명암비'

> **오H** 정답 ?

② 흰색을 표현할 때의 휘도가 낮아질수록 암실 명암비가 <del>높아진다</del>.
낮아진다.

> 2 문단 2 문장 명암비는 가장 밝은 색과 가장 어두운 색을 화면이 얼마나 잘 표현하는지를 나타내는 수치로, 흰색을 표현할 때의 휘도를 검은색을 표현할 때의 휘도로 나눈 값이다.
> 3 문단 2 문장 암실 명암비는 햇빛과 같은 외부광 없이 오로지 화면에서 나오는 빛만을 인식할 수 있는 조건에서의 명암비를, ~

암실 명암비는 외부광 없이 화면에서 나오는 흰색을 표현할 때의 휘도를 검은색을 표현할 때의 휘도로 나눈 값이다. 만약 검은색을 표현할 때의 휘도가 일정하다면 흰색을 표현할 때의 휘도가 낮아질수록 암실 명암비도 낮아진다.

> **오H** 오답 ?

① 명실 명암비를 높이면 야외 시인성이 높아지게 된다.

> 3 문단 3 문장 스마트폰의 야외 시인성을 높이기 위해서는 명실 명암비를 높여야 한다.

③ 휘도를 측정하는 환경에 따라 명실 명암비와 암실 명암비로 나뉜다.
휘도를 측정하는 환경의 외부광의 존재에 따라

> 3 문단 1 문장 명암비는 휘도를 측정하는 환경에 따라 암실 명암비와 명실 명암비로 구분된다.

④ 흰색을 표현할 때의 휘도를 검은색을 표현할 때의 휘도로 나눈 값이다.
명암비 = 흰색을 표현할 때의 휘도 / 검은색을 표현할 때의 휘도

✱ 근거: 2 문단 2 문장

⑤ 화면에 반사된 외부광이 눈에 많이 들어올수록 명실 명암비가 낮아진다.
검은색 휘도 ↑ → 야외 시인성 ↓

> 4 문단 5 문장 ~ 외부광의 반사로 높아진, 검은색을 표현할 때의 휘도를 ~

$$\text{명실 명암비} = (\text{외부광이 존재하는 조건에서}) \frac{\text{흰색을 표현할 때의 휘도}}{\text{검은색을 표현할 때의 휘도}}$$

— 비례 관계 / — 반비례 관계

화면에 반사된 외부광이 눈에 많이 들어올수록 검은색을 표현할 때의 휘도가 높아지므로 명실 명암비는 낮아진다.

40

정답 ③ ＊내용 파악 + 추론하기 ·················· [정답률 69%]

ⓛ의 이유를 추론한 것으로 가장 적절한 것은?
'OLED가 내는 빛의 세기를 높게 유지해야 한다.'

＞왜 정답？

③ OLED가 내는 빛 중 일부가 편광판에서 차단되기 때문이다.
OLED가 내는 빛도 편광판에서 차단되어 휘도가 낮아지므로, 빛의 세기를 높게 유지해야 함.

> ⑤문단 ❸, ❹문장 빛이 편광판을 통과하면 그중 편광판의 투과축과 평행한 방향으로 진동하며 나아가는 선형 편광만 남고, 투과축의 수직 방향으로 진동하는 빛은 차단된다. 이러한 과정에서 <u>편광판을 통과한 빛의 세기는 감소하게 된다.</u>
> ⑦문단 ❶문장 ~ 편광판을 사용할 수밖에 없기 때문에 스마트폰 화면이 일정 수준의 명암비를 유지하기 위해서는 ⓛ <u>OLED가 내는 빛의 세기를 높게 유지해야 한다</u>는 단점이 존재한다.

ⓛ 'OLED가 내는 빛의 세기를 높게 유지해야 한다'는 단점이 존재하는 이유는 OLED 스마트폰의 야외 시인성을 높이기 위해 편광판을 사용해야 하는데, 편광판이 투과되는 빛의 세기를 감소시키기 때문이다.

빛이 편광판을 통과할 때 편광판의 투과축과 평행한 방향으로 진동하며 나아가는 선형 편광만 남고 투과축의 수직 방향으로 진동하는 빛은 차단되므로 OLED가 내는 빛도 외부광처럼 일부가 편광판에 차단될 것이다.

＞왜 오답？

① OLED가 내는 빛의 휘도를 조절할 수 없기 때문이다.
OLED가 색을 표현할 때, 출력되는 빛의 세기를 높여 휘도를 조절할 수 있음.

> ④문단 ❸문장 ~ 출력되는 빛의 세기를 높이면 해당 색의 휘도가 높아진다.

② OLED가 내는 빛이 강할수록 수명이 길어지기 때문이다.
OLED가 강한 세기의 빛을 출력할수록 수명은 단축됨.

> ④문단 ❹문장 ~ 강한 세기의 빛을 출력할수록 OLED의 수명이 단축되는 ~

④ OLED가 내는 빛이 약하면 명암비 계산이 어렵기 때문이다.
알 수 없음.

⑤ OLED가 내는 빛의 세기를 높이는 데 한계가 있기 때문이다.
OLED가 내는 빛의 세기를 높이는 것과 높은 수준으로 유지하는 것은 관련이 없음.

＊근거: ④문단 ❹문장
OLED가 내는 빛의 세기를 높일수록 OLED의 수명이 짧아지기 때문에 OLED가 내는 빛의 세기를 높이는 데 한계가 있다고 볼 수 있다. 그러나 이는 ⓛ과 관련이 없다.

41

정답 ③ ＊구체적 사례나 상황에 적용하기 ★1등급 대비

[① 7% ② 21% ③ 47% ④ 15% ⑤ 8%]

〈보기〉는 [A]의 과정을 나타낸 그림이다. 윗글을 바탕으로 〈보기〉를 이해한 내용으로 적절하지 <u>않은</u> 것은? [3점]
편광판의 원리를 활용해 OLED 스마트폰의 야외 시인성을 높이는 과정

─〈 보기 〉─

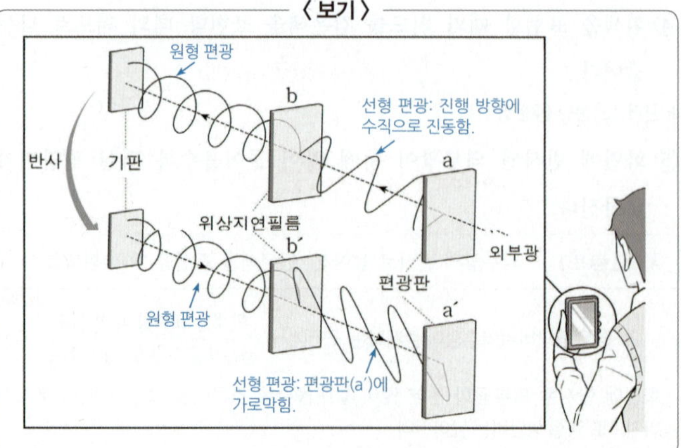

단서+해결

단서

빛의 진행 과정에 따른 구분	빛	특징
편광판 a를 통과하기 직전의 빛	외부광	진행하는 방향에 수직인 모든 방향으로 진동함.
편광판 a를 통과한 빛	선형 편광	진행 방향에 수직으로 진동함.
위상지연필름 b를 통과한 빛	원형 편광	선형 편광에서 원형 편광으로 형태가 바뀜.
기판에 반사된 빛	원형 편광	–
위상지연필름 b′를 통과한 빛	선형 편광	원형 편광에서 선형 편광으로 형태가 바뀜.
편광판 a′를 만난 빛	선형 편광	편광판 a를 통과한 선형 편광의 진동 방향과 수직을 이루게 되어 편광판 a′에 가로막힘.

해결 a를 거쳐 b로 나아가는 빛: 선형 편광
b를 거쳐 기판으로 나아가는 빛: 원형 편광

＞왜 정답？

③ b를 거친 빛은 기판에 의해 a를 거쳐 b로 나아가는 빛과 <u>같은 형태</u>의 편광으로 바뀌게 된다.
원형 편광 / 선형 편광 / 다른 형태

> ⑥문단 ❷, ❸문장 ~ 외부광을 편광판을 거치면서 일부가 차단되고 투과축과 평행한 방향으로 진동하는 선형 편광만 남게 된다. 그런 다음 이 선형 편광은 위상지연필름을 지나면서 <u>회전하며 나아가는 빛인 원형 편광</u>으로 편광의 형태가 바뀐다.
> a를 거쳐 b로 나아가는 빛 / b를 거친 빛

b를 거친 빛과 a를 거쳐 b로 나아가는 빛은 다른 형태의 편광이다. b(위상지연필름)를 거친 빛은 회전하며 나아가는 빛인 원형 편광이며, a(편광판)를 거쳐 b로 나아가는 빛은 투과축과 평행한 방향으로 진동하는 선형 편광이다.

기판은 편광의 형태를 바꾸지 않는다. 따라서 기판에 반사된다고 해서 원형 편광이 선형 편광으로 바뀌지 않는다.

＞왜 오답？

① 외부광은 a를 거치면서 투과축과 평행한 방향으로 진동하는 빛만 남게 된다.
편광판 / 선형 편광

＊근거: ⑥문단 ❷문장
외부광은 a(편광판)를 거치면서 투과축과 평행한 방향으로 진동하는 선형 편광만 남게 된다.

② a를 거쳐 b로 나아가는 빛은 진행 방향에 수직인 방향으로 진동한다.
선형 편광 / 빛의 특징

> ⑤문단 ❷문장 일반적으로 빛은 진행하는 방향에 수직인 모든 방향으로 진동하며 나아간다.

> **매력 오답** ⑤문단 ❸문장 '빛이 편광판을 통과하면 그중 편광판의 투과축과 평행한 방향으로 진동하며 나아가는 선형 편광만 남고, ~'를 보고 a를 거쳐 b로 나아가는 빛이 진행 방향에 평행인 방향으로 진동한다고 잘못 생각한 학생들이 많았다.
> 그러나 1) 빛은 진행하는 방향에 수직인 모든 방향으로 진동하며 나아가는 성질이 있고, 2) 빛이 편광판을 통과하면 그중 편광판의 투과축과 평행한 방향으로 진동하여 나아가는 선형 편광만 남는 것이다.
> 즉 선형 편광은 **진행하는 방향에 수직인 방향으로 진동하는 빛** 중 편광판의 투과축과 평행한 방향으로 진동하여 나아가는 빛이므로, 진행 방향에 수평으로 진동한다고 이해해서는 안 된다.

④ b′를 거친 빛의 진동 방향은 a를 거쳐 b로 나아가는 빛의 진동 방향과 수직을 이룬다.
선형 편광 / 선형 편광

> ⑥문단 ❺문장 그런데 이 선형 편광의 진동 방향은 외부광이 처음 편광판을 통과했을 때 남은 선형 편광의 진동 방향과 수직을 이루게 되어 편광판에 가로막히게 된다.
> b′를 거쳐 a′로 나아가는 빛 / a를 거쳐 b로 나아가는 빛

⑤ b′를 거친 빛은 진동 방향이 a′의 투과축과 수직을 이루므로 화면
선형 편광
밖으로 빠져나가지 못하게 된다.

> 6 문단 ❺, ❻문장 ~ 이 선형 편광의 진동 방향은 ~ 선형 편광의 진동
> 방향과 수직을 이루게 되어 ~ 그 결과 기판에 반사된 외부광은 화면
> 밖으로 빠져나가지 못하게 된다.

기판에 반사된 뒤 b′(위상지연필름)를 거친 빛은 선형 편광으로 편광판에
가로막히게 된다(④번 근거 참고). 그 결과 b′를 거친 빛은 화면 밖으로 빠져나가지
못하게 된다.

42 정답 ③ ＊어휘의 의미 파악하기 ·························· [정답률 90%]

문맥상 ⓐ～ⓔ와 바꾸어 쓰기에 적절하지 않은 것은?

⟩왜 정답?

③ ⓒ : 고른다 — '고르다: 여럿 중에서 가려내거나 뽑다.'라는 의미임.
'구현한다' – '구현하다: 어떤 내용을 구체적인 사실로 나타나게 하다.'라는 의미임.

ⓒ '구현한다'의 기본형 '구현하다'의 사전적 의미는 '어떤 내용을 구체적인 사실로
나타나게 하다.'이다.

'고른다'의 기본형 '고르다'는 '여럿 중에서 가려내거나 뽑다.'라는 의미이므로,
ⓒ '구현한다'를 '고른다'로 바꾸어 쓰는 것은 적절하지 않다.

⟩왜 오답?

① ⓐ: 뒤섞일수록
'혼재될수록' – '혼재되다: 뒤섞이어 있다.'라는 의미임.

② ⓑ: 있는
'존재하는' – '존재하다: 현실에 실재하다.'라는 의미임.

④ ⓓ: 줄어드는
'단축되는' – '단축되다: 시간이나 거리 따위가 짧게 줄어들다.'라는 의미임.

⑤ ⓔ: 막지
'방지하지' – '방지하다: 어떤 일이나 현상이 일어나지 못하게 막다.'라는 의미임.

43～45 ＊작자 미상, 〈금방울전〉

♯ 출제 ❶ 중심인물, 배경 ❷ 중심 사건, 갈등 ❸ 서술상 특징

[앞부분 줄거리] 전생에 부부였던 남해 용왕의 딸과 동해 용왕의 아들은 각각
전생에 부부 사이
금방울과 해룡으로 환생한다. 해룡은 피란 도중에 부모와 헤어져 장삼과 변 씨의
❶ 중심인물   ❶ 중심인물   ❶ 중심인물
집에서 자라게 된다.

① 어느 추운 겨울날, 눈보라가 내리치는 밤에 변 씨는 소룡과 함께
❶ 시간적 배경   ❶ 중심인물(장삼과 '변 씨'의 아들)
따뜻한 방에서 자고 해룡에게는 방아질을 시켰다.❷[해룡은 어쩔 수
없이 밤새도록 방아를 찧었는데, 얇은 홑옷만 입은 아이가 어찌
♯[ ]: ❷ 중심 사건 – 해룡에게 수행하기 어려운 과제가 주어짐.
추위를 견딜 수 있겠는가?❸[추위를 이기지 못해 잠깐 쉬려고 제 방에
[ ]: ❸ 편집자적 논평(서술자의 개입)이 나타남.
들어가니, 눈보라가 방 안에까지 들이치고 덮을 것이 하나도 없었다.]
❹♯[ ]: ❷ 중심 사건 – 해룡이 추위로 얼어죽을 위기에 처함.(해룡의 첫 번째 위기)
[해룡이 몸을 잔뜩 웅크리고 엎드려있는데, [갑자기 방 안이 대낮처럼
♯[ ]: ❷ 중심 사건 – 신이한 능력을 지닌 금방울의 도움으로 해룡의 첫 번째 위기가 극복됨.
밝아지고 여름처럼 더워져 온몸에 땀이 났다.❺놀라고 또 이상해 바로
[ ]: ❸ 전기적, 비현실적 요소가 나타남.
일어나 밖을 자세히 살펴보니, 아직 날이 밝지 않았는데 하얀 눈이 뜰에
가득했다. ❻ 방앗간에 나가 보니 밤에 못다 찧은 것이 다 찧어져 그릇에
담겨 있었다.]❼해룡이 더욱 놀라고 괴이하게 여겨 방으로 돌아오니 방
❶ 시점·전지적 작가 시점, 서술가가 인물의 내면 심리를 서술함.
안은 여전히 밝고 더웠다.]

❽ 아무리 생각해도 이상해 방 안을 두루 살펴보니, 침상 위에 예전에
없었던 북만 한 방울 같은 것이 놓여 있었다. 해룡이 잡으려 했으나,
❶ 중심인물(= '금방울')

방울이 이리 미끈 달아나고 저리 미끈 달아나며 요리 구르고 저리 굴러
잡히지 않았다. ❿ 더욱 놀라고 신통해서 자세히 보니, 금빛이 방 안에
♯ 방 안에서 움직이는 금방울을 보고 신통해 함.
가득하고, 방울이 움직일 때마다 향취가 가득히 퍼져 코를 찔렀다. ⓫ 이에
❸ 시각적 감각(금빛), 후각적 감각(향취)을 활용하여 금방울의 신이함을 부각함.
해룡은 생각했다.

⓬ '이것은 반드시 무슨 까닭이 있어서 일어난 일일 테니, 좀더 두고
금방울의 도움으로 방아질이 다 끝나 있었던 상황
지켜봐야겠다.'

⓭ 해룡은 마음속으로 기뻐하며 자리에 누웠다. ⓮ 그동안 굶주림과
추위에 시달린 몸이 따뜻해지니, 마음이 절로 놓여 아침 늦도록 곤히
잠을 잤다. ⓯ 이때 변 씨 모자는 추워 잠을 자지 못하고 떨며 앉아 있다가
변 씨와 소룡
날이 밝자마자 밖으로 나와보니, 눈이 쌓여 온 집 안을 뒤덮었고
찬바람이 얼굴을 깎듯이 세차게 불어 몸을 움직이는 것마저 어려웠다.
⓰ 이에 변 씨는 생각했다.

⓱ '해룡이 틀림없이 얼어 죽었겠구나.'

⓲ 해룡을 불러도 대답이 없자, 해룡이 얼어 죽었으리라 생각하고
눈을 헤치고 나와 문틈으로 방 안을 엿보았다. ⓳ 그랬더니 해룡이
벌거벗은 채 깊이 잠들어 있는데 놀라서 깨우려다가 자세히 살펴보니
하얀 눈이 온 세상 가득 쌓여 있는데, 오직 해룡이 자고 있는 사랑채
위에는 눈이 한 점도 없고 더운 기운이 연기처럼 일어나고 있었다.
⓴ 이것이 어찌된 일인지 알 수가 없었다.
변 씨의 예상과 다르게 사건이 진행됨.

㉑ 변 씨가 놀라 소룡에게 이런 상황을 이야기했다.
예상과 달리 해룡이 따뜻한 방에서 잠들고 있는 상황
㉒ "매우 이상한 일이니, 해룡의 거동을 두고 보자꾸나."
♯ 해룡을 지켜 보자고 말함.
㉓ 문득 해룡이 놀라 잠에서 깨어 내당으로 들어가 변 씨에게 문안을
올린 뒤 비를 잡고 눈을 쓸려 하는데, 갑자기 한 줄기 광풍이 일어나며
❸ 전기적, 비현실적 요소
반 시간도 채 안 되어 눈을 다 쓸어버리고는 그쳤다.

┌ 내당: 안주인이 거처하는 방
└ 광풍: 미친 듯이 사납게 휘몰아치는 거센 바람

＊① 요약: 해룡이 금방울의 도움으로 얼어 죽을 위기에서 벗어남.

② ❶ 해룡은 이미 짐작하고 있었으나, 변 씨는 그 까닭을 전혀 알지 못해
♯ 변 씨는 해룡을 도운 것이 금방울이라는 것을 알지 못함.
더욱 신통히 여기며 마음속으로 생각했다.

❷ '분명 해룡이 요술을 부려 사람을 속인 것이로다. 만약 해룡을 집에
♯ 변 씨는 해룡에게 화를 입을 것을 염려하고 있으며, 이는 해룡을 해치고자 하는 계기가 됨.
오래 두었다가는 큰 화를 당하리라.'

❸ 변 씨는 어떻게든 해룡을 죽여 없앨 생각으로 이리저리 궁리하다가,
한 가지 계교를 생각해 내고는 해룡을 불러 말했다.
해룡을 구호동의 논밭으로 보내 호랑이를 이용하여 해룡을 죽이려는 계획
┌ ❹ "가군이 돌아가신 뒤 우리 가산이 점점 줄어들게 된 것은 너 또한
│
│ 잘 알 것이다. 구호동에 우리 집 논밭이 있는데, 근래에는 호환이
│ ♯ [A]: 자신이 제안한 내용이 서로에게 이익이 된다는 점을 내세워 '해룡'을 설득함.
│ 자주 일어나 사람을 다치게 해 농사를 짓지 못하고 묵혀둔 지 벌써
[A]
│ 수십여 년이 되었구나. 이제 그 땅을 다 일구어 너를 장가보내고
│
│ 우리도 네 덕에 잘살게 된다면, 어찌 기쁘지 않겠느냐? 다만 너를
│ 해룡이 얻게 될 이익과 변 씨가 얻게 될 이익을 제시함.
└ 그 위험한 곳에 보내면, 혹시 후회할 일이 생길까 걱정이구나."
표면적으로는 해룡을 걱정함.
❺ 해룡이 기꺼이 허락하고 농기구를 챙겨 구호동으로 가려 하니, 변 씨가
변 씨의 위선적 행동(호랑이를 이용해 해룡을 죽이고자 하는 의도를 숨기고 있음.)
짐짓 말리는 체했다.

❻ 이에 해룡이 웃으며 말했다.

❼ "사람의 목숨은 하늘에 달려 있으니, 어찌 짐승에게 해를 당하겠나이까?"
해룡의 운명론적 태도   ❸ 설의적 표현

❽[해룡이 가벼운 발걸음으로 집을 나서자, 변 씨가 문밖에까지 나와
[ ]: ❷ 중심 사건 - 해룡이 변 씨의 계교에 의해 땅을 일구러 구호동으로 감.
당부하며 말했다.]

❾ "쉬이 잘 다녀오너라."

❿ 해룡이 공손하게 대답하고 <u>구호동</u>으로 들어가 보니, 사면이 절벽으로
❶ 공간적 배경
둘러싸여 있고 그 사이에 작은 들판이 하나 있는데, 초목이 아주
⓫ 무성했다. 해룡이 등나무 넝쿨을 붙들고 들어가니, 오직 호랑이와 표범,
승냥이와 이리의 자취뿐이요, 인적은 아예 없었다. ⓬ 해룡은 조금도
두려워하지 않고 옷을 벗은 뒤 잠깐 쉬었다. ⓭[해가 서산으로 넘어가려
해룡의 용감한 면모를 알 수 있음.   ❶ 시간적 배경
할 무렵 자리에서 일어나 밭을 두어 이랑 갈고 있는데, 갑자기 바람이
#[ ]: ❷ 중심 사건 - 해룡이 구호동에서 호랑이들의 공격을 받음.(해룡의 두 번째 위기)
거세게 불고 모래가 날리면서 산꼭대기에서 이마가 흰 칡범이 주홍색
입을 벌리고 달려들었다. ⓮ 해룡이 정신을 바짝 차리고 손으로 호랑이를
내리치려 할 때, 또 서쪽에서 큰 호랑이가 벽력같은 소리를 지르며
달려들어 해룡이 매우 위급한 상황에 처하게 되었다.] ⓯[그 순간 갑자기
등 뒤에서 금방울이 달려와 두 호랑이를 한 번씩 들이받았다.
⓰   ❸ 전기적, 비현실적 요소
호랑이들이 소리를 지르며 달려 들었으나, 금방울이 나는 듯이 뛰어서
연달아 호랑이를 들이받으니 두 호랑이가 동시에 거꾸러졌다.]
⓱ #[ ]: ❷ 중심 사건 - 금방울의 도움으로 위험에서 벗어남. (해룡의 두 번째 위기 극복)
해룡이 달려들어 호랑이 두 마리를 다 죽이고 돌아보니, [금방울이
#[ ]: 신이한 능력을 지닌 금방울의 주도적 진행으로 해룡이 위기를 극복하는 데 도움을 줌.
번개같이 굴러다니며 한 시간도 채 안 되어 그 넓은밭을 다 갈아
⓲   ❸ 전기적, 비현실적 요소로, 금방울의 신이한 능력을 보여줌.
버렸다.] 해룡은 기특하게 여기며 금방울에게 거듭거듭 사례했다.

⓳ 해룡이 죽은 호랑이를 끌고 산을 내려오면서 돌아보니, 금방울은
어디로 갔는지 사라지고 없었다.

⓴ 한편, 변 씨는 해룡을 구호동 사지에 보내고 생각했다.

㉑ '해룡은 반드시 호랑이에게 물려 죽었을 것이다.'
자신이 만든 계교대로 해룡이 죽었을 것이라 확신함.
㉒ 변 씨가 집 안팎을 들락날락하며 매우 기뻐하고 있는데, 문득 밖에서
사람들이 요란하게 떠드는 소리가 들려와 급히 나아가 보니, 해룡이
큰 호랑이 두 마리를 끌고 왔다. ㉓[변 씨는 크게 놀랐지만 무사히 잘
해룡은 변 씨의 예상과 달리 무사히 살아서 돌아옴.
다녀온 것을 칭찬했다. ㉔ 또한 큰 호랑이를 잡은 것을 기뻐하는 체하며
#[ ]: 변 씨의 위선적 태도가 드러남.
해룡에게 말했다.

㉕ "일찍 들어가 쉬어라."]

㉖ 해룡이 변 씨의 칭찬에 감사드리고 제 방으로 들어가 보니, 방울이
금방울은 구호동에서 사라진 후 해룡보다 먼저 방에 도착함.
먼저 와 있었다.

┌ **계교**: 요리조리 생각해 낸 꾀
│ **호환**: 호랑이에게 당하는 화(禍)
│ **당부하다**: 말로 단단히 부탁하다.
│ **공손하다**: 말이나 행동이 겸손하고 예의 바르다.
│ **무성하다**: 풀이나 나무 따위가 자라서 우거져 있다.
│ **자취**: 어떤 것이 남긴 표시나 자리
│ **인적**: 사람의 발자취. 또는 사람의 왕래
│ **이랑**: 논이나 밭을 갈아 골을 타서 두두룩하게 흙을 쌓아 만든 곳
│ **위급하다**: 몹시 위태롭고 급하다.
│ **사례하다**: 언행이나 선물 따위로 상대에게 고마운 뜻을 나타내다.
└ **사지**: 죽을 지경의 매우 위험하고 위태한 곳

* ② **요약 : 해룡이 구호동에서 위기에 처하고 금방울의 도움으로 위기에서 벗어남.**

독해 공식

❶ **중심인물**: 금방울, 해룡, 변 씨
공간적 배경: 변 씨의 집, 구호동 논밭
시간적 배경: '어느 추운 겨울날 눈보라가 부는 밤', '해가 서산으로 넘어가려 할 무렵'
❷ **중심 사건**: 해룡이 추위로 얼어 죽을 위기에 처함. 신이한 능력을 지닌 금방울의 도움으로 해룡의 첫 번째 위기가 극복됨. 해룡이 변 씨의 계교에 의해 땅을 일구러 구호동으로 감. 해룡이 구호동에서 호랑이들의 공격을 받음. 금방울의 도움으로 위험에서 벗어남.
갈등: 해룡과 변 씨 간의 외적 갈등
❸ **서술상 특징**
• **서술자**: 3인칭 서술자, **시점**: 전지적 작가 시점
• 서술자의 개입으로 인물에 대한 편집자적 논평이 나타남.
• 전기적, 비현실적 요소가 두드러지게 나타남.
• 시각적 감각, 후각적 감각을 활용하여 금방울의 신이함을 부각함.
• 인물의 위기와 그 극복 과정이 반복되어 제시됨.
• 설의적 표현을 통해 인물의 의지를 부각함.

■ **갈래**: 고전 소설, 영웅 소설, 전기(傳奇) 소설
■ **인물 관계도**

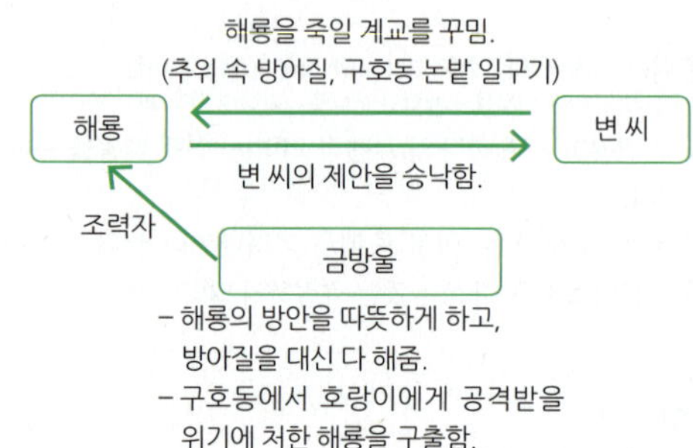

■ **주제**: 금방울의 도움으로 고난을 극복하는 해룡
■ **이것이 핵심!**: 금방울의 신이한 능력을 통한 해룡의 위기 극복 과정

해룡의 첫 번째 위기	추운 겨울날 방아질을 하게 됨.
해룡의 첫 번째 위기 극복	금방울이 방아질을 대신 하고, 해룡의 방을 따뜻하게 만듦.

↓

해룡의 두 번째 위기	호환이 자주 일어나는 구호동의 땅을 일구다가 호랑이의 공격을 받음.
해룡의 두 번째 위기 극복	금방울이 호랑이를 들이받아 쓰러지자 해룡이 호랑이를 죽임. 금방울이 구호동의 밭을 대신 일굼.

■ **전체 줄거리**

동해 용왕의 아들이었던 해룡은 명나라 때 장원이라는 선비의 아들로 태어나 자라지만 전쟁을 피하는 길에 버려진다. 한편, 막 씨의 꿈에 옥황상제가 아이를 점지해 주고, 죽은 남편과 동침하여 금방울을 낳는다. 금방울은 어머니에게 효성이 지극함은 물론, 신통하고 신이한 재주가 있다. 어느 날 장원 부인이 병으로 죽었는데, 금방울이 보은초를 가지고 와서 부인을 살려낸다.

어느 날 금방울이 해룡이 그려져 있는 족자를 장원에게 건네주고 사라진다. 또한 하루는 태조 고황제는 늙은 나이에 얻은 금선공주가 요귀에게 납치당하자, 공주를 구해 주는 자에게 천하의 반을 준다고 하였다. 한편, 장삼의 집에서 자라던 해룡은 그의 아내 변 씨에게 갖은 어려움을 당하는데, 그때마다 금방울이 등장하여 도와준다.

해룡은 변 씨의 괴롭힘을 참지 못하고 집을 나와 산으로 갔지만 요귀를 만나 위험에 처한다. 이 때 금방울이 나타나 요귀에게 먹힌다. 해룡은 요귀를 검으로 찔러 죽이고 배를 가르니 금방울이 굴러 나왔다. 황제는 납치된 사람들을 구해 온 해룡을 부마로 삼고 해룡은 전쟁에 출정하여 큰 공을 세운다. 금방울은 껍질에서 벗어나 선녀가 되었다. 해룡은 금방울이 건네준 족자로 인하여 부자상봉을 하게 된다. 황제는 금방울을 양녀로 삼고 해룡과 혼인을 시킨다. 부귀공명을 누린 해룡과 두 부인은 백일승천한다.

(: 지문 수록 부분)

43 정답 ① ＊인물의 심리와 태도 파악하기 ·········· [정답률 78%]

윗글의 내용에 대한 이해로 적절하지 <u>않은</u> 것은?

>**왜** 정답 **?**

① 변 씨는 소룡에게 잠자는 해룡을 깨우라고 지시했다.
　　　　　　　　　　　　　해룡의 거동을 지켜보자고 함.

> 1-㉑, ㉒ 변 씨가 놀라 소룡에게 이런 상황을 이야기했다. / "매우 이상한 일이니, 해룡의 거동을 두고 보자꾸나."
> 　　　해룡을 깨우라고 지시하지 않음.

>**왜** 오답 **?**

② 변 씨는 해룡을 도운 것이 금방울이라는 것을 몰랐다.
　　　　　　　　　　까닭을 전혀 알지 못함.

> 2-❶, ❷ ~ 변 씨는 그 까닭을 전혀 알지 못해 더욱 신통히 여기며 마음속으로 생각했다. / '분명 해룡이 요술을 부려 사람을 속인 것이로다. ~
> 　　　금방울이 해룡을 도운 것을 알지 못함.

③ 해룡은 밤에 방아질을 하다가 추워 방 안으로 들어갔다.
　　　　　　추위를 이기지 못하고 잠시 쉬려고 방에 들어감.

> 1-❷, ❸ 해룡은 어쩔 수 없이 밤새도록 방아를 찧었는데, ~ 추위를 이기지 못해 잠깐 쉬려고 제 방에 들어가니, ~

④ 해룡은 방 안에서 움직이는 금방울을 보고 신통해 했다.
　　　　　　방 안에서 이리저리 구르는 금방울을 보고 신통해 함.

> 1-❾, ❿ ~ 방울이 이리 미끈 달아나고 저리 미끈 달아나며 요리 구르고 저리 굴러 잡히지 않았다. 더욱 놀라고 신통해서 자세히 보니, ~

⑤ 금방울은 구호동에서 사라진 후 해룡보다 먼저 방에 도착했다.
　　　　　　　　　　　　해룡이 방에 돌아오자 금방울이 먼저 와 있었음.

> 2-㉒~㉖ ~ 해룡이 큰 호랑이 두 마리를 끌고 왔다. ~ 해룡이 ~ 제 방으로 들어가 보니, 방울이 먼저 와 있었다.

44 정답 ④ ＊서술상 특징 파악하기 ··················· [정답률 72%]

[A]에 대한 설명으로 가장 적절한 것은?

>**왜** 정답 **?**

④ 자신이 제안한 바가 서로에게 이익이 됨을 근거로 상대방을 설득하고 있다.
　해룡은 장가를 가게 되고, 변 씨 가족은 잘살게 됨.

> 2-❹ "가군이 돌아가신 뒤 우리 가산이 점점 줄어들게 된 것은 너 또한 잘 알 것이다. 구호동에 우리 집 논밭이 있는데, 근래에는 호환이 자주 일어나 사람을 다치게 해 농사를 짓지 못하고 묵혀둔 지 벌써 [A] 수십여 년이 되었구나. 이제 그 땅을 다 일구어 너를 장가보내고 우리도 네 덕에 잘살게 된다면, 어찌 기쁘지 않겠느냐?
> 　　　　　　　　　　　　　해룡이 얻게 될 이익
> 변 씨와 변 씨의 가족이 얻게 될 이익

변 씨는 자신의 제안이 서로에게 이익이 된다는 점을 들어 해룡을 설득하고 있다.

>**왜** 오답 **?**

① 지난 일의 책임을 상대방에게 전가하며 태도 변화를 촉구하고 있다.
　　　　　　　　　　　　전가하지 않음.　　　　　　촉구하지 않음.

② 상대방으로 인한 자신의 손해를 언급하며 요청 사항을 전달하고 있다.
　　　　　　　　　　언급하지 않음.

③ 상대방의 역할에 대해 의문을 제기하며 자신의 입장을 수정하고 있다.
　　　　　　　　　　제기하지 않음.　　　　　　　수정하지 않음.

⑤ 상대방이 취하려는 행위를 만류하기 위해 상대방과 자신의 관계를 언급하고 있다.
　　　　　　　　　만류하지 않음.
　언급하지 않음.

45 정답 ⑤ ＊〈보기〉를 바탕으로 감상하기 ·········· [정답률 77%]

〈보기〉는 윗글의 서사 구조를 도식화한 것이다. ㄱ~ㄹ에 대한 설명으로 적절하지 <u>않은</u> 것은? [3점]

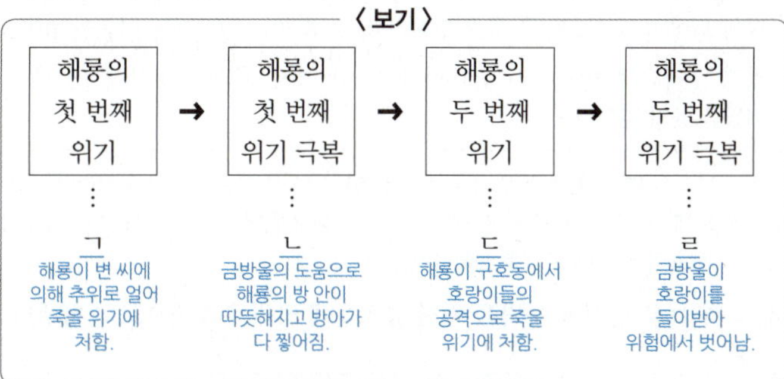

>**왜** 정답 **?**

⑤ ㄱ~ㄹ의 과정에서 해룡은 겉과 속이 다르게 자신을 대하는 변 씨의 이중성을 눈치채고 반발하게 된다.
　　　변 씨의 이중성을 눈치채지 않으며, 변 씨에게 반발하지도 않음.

> 2-❼, ❽ "~ 다만 너를 그 위험한 곳에 보내면, 혹시 후회할 일이 생길까
> 　　　　　　　　　겉과 속이 다른 변 씨의 말
> 걱정이구나." / 해룡이 기꺼이 허락하고 농기구를 챙겨 구호동으로 가려
> 　　　　　변 씨의 이중성을 눈치채지 못하며, 변 씨의 말에 따름.
> 하니, 변 씨가 짐짓 말리는 체했다.
> 2-㉒~㉖ ~ 변 씨는 크게 놀랐지만 무사히 잘 다녀온 것을 칭찬했다. 또한 큰 호랑이를 잡은 것을 기뻐하는 체하며 해룡에게 말했다. / "일찍
> 　　　　　　　　　　　　　　　겉과 속이 다른 변 씨의 말
> 들어가 쉬어라." / 해룡이 변 씨의 칭찬에 감사드리고 제 방으로 들어가
> 　　　　　변 씨의 이중성을 눈치채지 못하며, 변 씨의 말에 따름.
> 보니, ~

해룡은 윗글에서 변 씨에 의해 두 번의 위기를 겪는데 그럴 때마다 변 씨는 겉으로는 해룡을 걱정하는 체하거나 해룡의 행동에 칭찬하는 모습 등 겉과 속이 다른 위선적 모습을 보이고 있다. 그러나 해룡은 변 씨의 이중성을 눈치채지 못하고 변 씨의 말에 따른다.

>**왜** 오답 **?**

① ㄱ은 집에서 얼어 죽게 될, ㄷ은 구호동에서 짐승에게 해를 입게 될 상황이다.
　　추운 겨울날 방아질을 하게 됨.　　　구호동에서 호랑이의 습격을 받음.

> 1-❶ 어느 추운 겨울날, 눈보라가 내리치는 밤에 변 씨는 소룡과 함께 따뜻한 방에서 자고 해룡에게는 방아질을 시켰다. → 해룡의 첫 번째 위기
> 2-⓭, ⓮ 해가 서산으로 넘어가려 할 ~ 이마가 흰 침범이 주홍색 입을 벌리고 달려들었다. ~ 또 서쪽에서 큰 호랑이가 벽력같은 소리를 지르며 달려들어 해룡이 매우 위급한 상황에 처하게 되었다. → 해룡의 두 번째 위기

변 씨가 해룡을 추위 속에서 방아질을 계속 시켜 얼어 죽게 만들고자 하면서 해룡이 ㄱ '첫 번째 위기'를 겪게 된다.

이후 해룡이 변 씨의 명에 따라 구호동의 밭을 일구다가 호랑이의 습격을 받게 되면서 ㄴ '두 번째 위기'를 겪게 된다.

② ㄱ과 ㄷ은 모두 해룡에게 수행하기 어려운 과제가 주어지는 상황이다.
　　　　　　겨울 밤에 방아질을 해야 함. 호랑이가 나타나는 논밭을 일구어야 함.

> 1-❷ 해룡은 어쩔 수 없이 밤새도록 방아를 찧었는데, 얇은 홑옷만 입은 아이가 어찌 추위를 견딜 수 있겠는가? → 해룡이 과제를 수행하기 어려운 상황임.
> 2-⓮ ~ 해룡이 매우 위급한 상황에 처하게 되었다.
> 　　　해룡이 과제를 수행하기 어렵게 만듦.

ㄱ '첫번째 위기'는 어린 해룡이 얇은 홑옷만 입고 눈보라가 내리치는 추운 겨울 밤에 방아질을 해야 하는 상황이고, ㄷ '두 번째 위기'는 해룡이 구호동의 논밭을 일구다가 호랑이의 습격을 받는 상황을 가리킨다. 이는 모두 해룡이 수행하기 어려운 과제가 주어지는 상황이다.

③ ㄴ은 장차 해룡에게 화를 입을 것을 염려한 변 씨가 ㄷ을 계획하는
해룡이 요술을 부렸다고 착각해서 해룡에게 큰 화를 당할 것이라고 염려함.
계기가 된다.
해룡을 죽여 없애고자 함.

> ②-❷-❸ '분명 해룡이 요술을 부려 사람을 속인 것이로다. 만약 해룡을
> 집에 오래 두었다가는 큰 화를 당하리라.' / 변 씨는 어떻게든 해룡을 죽여
> 변 씨가 해룡에게 화를 입을 것을 염려하여 죽여 없애고자 함.
> 없앨 생각으로 이리저리 궁리하다가, 한 가지 계교를 생각해 내고는
> 해룡을 불러 말했다.

변 씨는 ㄴ '해룡의 첫 번째 위기 극복'이 해룡이 요술을 부린 것으로 착각한다. 이에
해룡을 오래 두었다가는 큰 화를 당할 것이라는 생각에 변 씨는 해룡을 죽여 없애기
위해 ㄷ '해룡의 두 번째 위기'를 계획하게 된다.

④ ㄴ과 ㄹ은 <u>신이한 능력을 지닌 금방울에 의해 주도적으로 진행된다.</u>
금방울이 신이한 능력을 활용하여 해룡을 도움.

> ①-❹-❻ 해룡이 몸을 잔뜩 웅크리고 엎드려있는데, 갑자기 방 안이
> 대낮처럼 밝아지고 여름처럼 더워져 온몸에 땀이 났다. ～ 방앗간에 나가
> 보니 밤에 못다 찧은 것이 다 찧어져 그릇에 담겨 있었다.
> ②-⓯ 그 순간 갑자기 등 뒤에서 금방울이 달려와 두 호랑이를 한 번씩
> 들이받았다.

금방울은 신이한 능력으로 해룡의 방을 따뜻하게 해 주고 방아를 대신 찧어 주고
호랑이를 제압하는 등 주도적으로 ㄴ '해룡의 첫 번째 위기 극복'과 ㄹ '해룡의 두 번째
위기 극복'을 돕는다.

45번 관련 어휘

이중성: 하나의 사물에 겹쳐 있는 서로 다른 두 가지의 성질
반발하다: 어떤 상태나 행동 따위에 대하여 거스르고 반항하다.
수행하다: 생각하거나 계획한 대로 일을 해내다.
염려하다: 앞일에 대하여 여러 가지로 마음을 써서 걱정하다.
계기: 어떤 일이 일어나거나 변화하도록 만드는 결정적인 원인이나 기회
신이하다: 신기하고 이상하다.
주도적: 주동이 되어 이끄는 것

---

01 정답 ② ＊어간과 어미 파악하기

〈보기〉의 ㄱ～ㄷ에 대한 설명으로 적절하지 <u>않은</u> 것은?

───────〈 보기 〉───────

용언이 활용할 때 형태가 변하지 않는 부분을 어간, 형태가 변하는
부분을 어미라고 한다. 어미는 단어 속 위치에 따라 용언의 끝에 쓰이는
어말 어미와 어말 어미의 앞에 오는 선어말 어미로 나뉜다. 어말
어미에는 문장을 마무리하는 종결 어미와 앞뒤 문장을 이어주는 연결
종결 어미의 기능　　　　　　　　연결 어미의 기능
어미, 그리고 용언을 마치 다른 품사처럼 쓰이도록 하는 전성 어미가
전성 어미의 기능
있다. 또 선어말 어미는 높임을 나타내는 선어말 어미와 시제를 나타내는
선어말 어미 등이 있다.

　ㄱ. 선생님께서 언제 오시니?
　　　　　오- + -시- + -니
　ㄴ. 어제 읽었던 책이 생각난다.
　　　읽- + -었- + -던　　생각나- + -ㄴ- + -다
　ㄷ. 날이 흐리고 비가 많이 내리는 계절이다.
　　　　　흐리- + -고　　　내리- + -는

> **왜 정답 ?**

② ㄴ: 어간 '읽-'에 과거 시제를 나타내는 선어말 어미 '-었-'과 **연결**
관형사형 전성 어미
어미 '-던'이 결합하였다.

활용형	분석		
읽었던	읽- 어간	+	-었- 선어말 어미 (과거 시제)	+	-던 전성 어미 (용언이 명사 '책'을 수식하는 관형사처 럼 쓰이게 함.)

> **왜 오답 ?**

① ㄱ: 어간 '오-'에 높임을 나타내는 선어말 어미 '-시-'와 종결 어미
'오다'의 어간 '오-'
'-니'가 결합하였다.

활용형	분석		
오시니	오- 어간	+	-시- 선어말 어미 (높임)	+	-니 종결 어미 (의문형으로 문장 종결)

③ ㄴ: 어간 '생각나-'에 현재 시제를 나타내는 선어말 어미 '-ㄴ-'과
'생각나다'의 어간 '생각나-'
종결 어미 '-다'가 결합하였다.

활용형	분석		
생각난다	생각나- 어간	+	-ㄴ- 선어말 어미 (현재 시제)	+	-다 종결 어미 (평서형으로 문장 종결)

④ ㄷ: 어간 '흐리-'에 연결 어미 '-고'가 결합하여 앞뒤 문장을
'흐리다'의 어간 '흐리-'　　　　'날이 흐리다'와 '비가 많이 내리다'를 연결함.
연결하고 있다.

활용형	분석	
흐리고	흐리- 어간	+	-고 연결 어미 (앞뒤의 말을 대등하게 연결)

⑤ ㄷ: 어간 '내리-'에 전성 어미 '-는'이 결합하여 관형사처럼 쓰이게
'내리다'의 어간 '내리-'　　　　　'계절'을 수식함.
하고 있다.

활용형	분석	
내리는	내리- 어간	+	-는 전성 어미 (용언이 명사 '계절'을 수식하는 관형사처럼 쓰이게 함.)

02 정답 ③ ＊음운 파악하기

〈보기〉의 [A]에 들어갈 단어로 적절한 것은?

───〈 보기 〉───

음운은 <u>단어의 뜻을 구별해 주는 소리의 가장 작은 단위</u>이다. 특정
　　　　　　　　음운의 개념
언어에서 어떤 소리가 음운인지 아닌지는 최소 대립쌍을 통해 확인할 수
있다. 최소 대립쌍이란, 다른 모든 소리는 같고 단 하나의 소리 차이로
의미가 구별되는 단어의 쌍을 말한다. 예를 들어 최소 대립쌍 '낮'과
뜻을 구별해 줌. → 음운　　　　　　　　　　　　　　　ㄴ+ㅏ+ㅈ
‘　A　’는 [ㅈ]과 [ㄴ]의 차이로 인해 의미가 구별되므로 ‘ㅈ’과 ‘ㄴ’은
　　　　[A]는 '낮'과 'ㅈ' 혹은 'ㄴ'의 차이만 보이는 단어임.
서로 다른 음운이다.

③ 난
ㄴ+ㅏ+ㄴ → '낮(ㄴ+ㅏ+ㅈ)'과 종성이 [ㅈ]과 [ㄴ]의 차이를 보임.

〈보기〉의 [A]에는 '낮'과 최소 대립쌍이며 'ㅈ'과 'ㄴ'의 차이로 인해 의미가 구별되는
단어가 들어가야 한다. 따라서 [A]에 들어갈 수 있는 단어는 '낮'과 종성의 소리 차이로
의미가 구별되는 '난'이다.

① 남
ㄴ+ㅏ+ㅁ → '낮(ㄴ+ㅏ+ㅈ)'과 종성이 [ㅈ]과 [ㅁ]의 차이를 보임.

'낮'과 '남'은 최소 대립쌍이지만, 'ㅈ'과 'ㅁ'의 차이로 인해 의미가 구별되므로 [A]에
적절하지 않다.

② 날
ㄴ+ㅏ+ㄹ → '낮(ㄴ+ㅏ+ㅈ)'과 종성이 [ㅈ]과 [ㄹ]의 차이를 보임.

'낮'과 '날'은 최소 대립쌍이지만, 'ㅈ'과 'ㄹ'의 차이로 인해 의미가 구별되므로 [A]에
적절하지 않다.

④ 잔
ㅈ+ㅏ+ㄴ → '낮(ㄴ+ㅏ+ㅈ)'과 초성과 종성이 차이를 보임.

'낮'과 '잔'은 초성과 종성이 모두 다른 소리이므로 최소 대립쌍이 아니다.

⑤ 잠
ㅈ+ㅏ+ㅁ → '낮(ㄴ+ㅏ+ㅈ)'과 초성과 종성이 차이를 보임.

'낮'과 '잠'은 초성과 종성이 모두 다른 소리이므로 최소 대립쌍이 아니다.

03 정답 ⑤ ＊중의적인 표현 파악하기

〈보기〉에 대한 설명으로 적절하지 <u>않은</u> 것은?

───〈 보기 〉───

1. **문장의 중의성:** 하나의 문장이 둘 이상의 의미로 해석되는 것

2. **중의성 해소 방법:** 어순 변경, 쉼표나 조사 추가, 상황 설명 추가 등

3. **중의성 해소하기**

ㄱ. <u>상냥한 친구의 동생을 보았다.</u>
'상냥한'이 '친구'를 수식하는지, '동생'을 수식하는지에 따라 중의적으로 해석됨.
　　ㄱ-1. <u>친구의 상냥한 동생을 보았다.</u>
　　　　　어순을 변경하여 중의성을 해소함.
　　ㄱ-2. <u>상냥한 친구의, 동생을 보았다.</u>
　　　　　쉼표를 추가하여 중의성을 해소함.
ㄴ. <u>나는 숙제를 다 하지 못했다.</u>
'못했다'가 부정하는 범위에 따라 중의적으로 해석됨.
　　ㄴ-1. <u>나는 숙제를 하나도 하지 못했다.</u>
　　　　　상황 설명을 추가하여 중의성을 해소함.
　　ㄴ-2. <u>나는 숙제를 다는 하지 못했다.</u>
　　　　　조사를 추가하여 중의성을 해소함.
ㄷ. <u>진희가 철수와 나에게 선물을 주었다.</u>
접속 조사의 연결 관계에 따라 중의적으로 해석됨.
　　ㄷ-1. <u>진희가 혼자서 철수와 나에게 선물을 주었다.</u>
　　　　　상황 설명을 추가하여 중의성을 해소함.
　　ㄷ-2. <u>진희가 철수와 둘이서 나에게 선물을 주었다.</u>
　　　　　상황 설명을 추가하여 중의성을 해소함.

⑤ ㄷ-1은 '진희'와 '철수'가 ~~같이~~ '나'에게 선물을 주었다는 의미를
　　　　　　　'진희'가 '철수와 나'에게 선물을 주었다는 의미임.
전달하기 위해 상황 설명을 추가하였다.

ㄷ은 '나에게 선물을 준 것이 진희와 철수임.'과 '나와 철수에게 선물을 준 것이
진희임.'으로 중의적으로 해석된다.

ㄷ-1은 '진희'가 '철수와 나'에게 선물을 주었다는 의미를 전달하기 위해 상황
설명을 추가한 것이다.

'진희'와 '철수'가 같이 '나'에게 선물을 주었다는 의미를 전달하기 위해 상황 설명을
추가한 것은 ㄷ-2이다.

① ㄱ-1은 '친구의 동생'이 상냥하다는 의미를 전달하기 위해 <u>어순을</u>
　　　　　　　　　　　　　　　　　상냥한 친구의 동생 → 친구의 상냥한 동생
<u>변경</u>하였다.

ㄱ은 '내가 본 상냥한 사람이 친구임.'과 '내가 본 상냥한 사람이 친구의 동생임.'으로
중의적으로 해석된다. ㄱ-1은 '친구의 동생'이 상냥하다는 의미를 전달하기 위해
'상냥한 친구의 동생을'을 '친구의 상냥한 동생을'으로 어순을 변경하였다.

② ㄱ-2는 '친구'가 상냥하다는 의미를 전달하기 위해 <u>쉼표를</u>
　　　　　　　　　　　　　　　　상냥한 친구의 동생 → 상냥한 친구의, 동생
<u>추가</u>하였다.

ㄱ은 '내가 본 상냥한 사람이 친구임.'과 '내가 본 상냥한 사람이 친구의 동생임.'으로
중의적으로 해석된다. ㄱ-2는 '친구'가 상냥하다는 의미를 전달하기 위해 쉼표를
추가하여 '상냥한 친구의 동생을'을 '상냥한 친구의, 동생을'으로 수정하였다.

③ ㄴ-1은 숙제를 하나도 하지 못했다는 의미를 전달하기 위해 <u>상황</u>
　　<u>설명을 추가</u>하였다.
숙제를 다 하지 못했다. → 숙제를 하나도 하지 못했다.

ㄴ은 '숙제 중 일부를 하지 못했음.'과 '숙제를 모두 하지 못했음.'으로 중의적으로
해석된다. ㄴ-1은 숙제를 하나도 하지 못했다는 의미를 전달하기 위해 '하나도'라는
상황 설명을 추가한 것이다.

④ ㄴ-2는 숙제의 일부를 하지 못했다는 의미를 전달하기 위해
　　<u>조사를 추가</u>하였다.
숙제를 다 하지 못했다. → 숙제를 다는 하지 못했다.

ㄴ은 '숙제 중 일부를 하지 못했음.'과 '숙제를 모두 하지 못했음.'으로 중의적으로
해석된다. ㄴ-2는 숙제의 일부를 하지 못했다는 의미를 전달하기 위해 조사 '는'을
추가한 것이다.

04 정답 ④ ＊어휘의 의미 파악하기

문맥상 의미가 ㉠과 가장 유사한 것은?

───〈 보기 〉───

경기가 과열되어 자산 가격이나 물가가 지나치게 ㉠ 오르면
　　　　　　　　　　　　　'값이나 수치, 온도, 성적 따위가 이전보다 많아지거나 높아진다'의 의미임.
중앙은행은 기준 금리를 인상하는 정책을 통해 유동성을 감소시킨다.

	밑줄 친 부분의 사전적 의미	같으면 ○ 다르면 ×
① 허생은 드디어 관직에 <u>올랐다</u>.	지위나 신분 따위를 얻게 되다.	×
② 이야기를 듣고 부아가 치밀어 <u>올랐다</u>.	어떤 감정이나 기운이 퍼지다.	×
③ 산 정상에 <u>오르면</u> 성취감이 느껴진다.	사람이나 동물 따위가 아래에서 위쪽으로 움직여 가다.	×
④ 작년에 비해서 대학 등록금이 많이 <u>올랐다</u>.	값이나 수치, 온도, 성적 따위가 이전보다 많아지거나 높아진다.	○
⑤ 삽시간에 불길이 <u>올라서</u> 옆집까지 옮겨붙었다.	기운이나 세력이 왕성하여지다.	×

01~03

출제　■ 중심 내용

1❶ 안녕하세요, ○○○입니다. 여름철은 물놀이나 캠핑 같은 야외 ❷ 활동이 활발한 시기입니다. ❸ 이 시기에는 자외선 강도가 높아지므로 피부 보호에 특히 신경 써야 하는데요, 그래서 오늘은 자외선이 피부에 미치는 영향과 피부를 보호하는 자외선 차단제에 대해 알아보겠습니다.
발표 화제

＊① 요약 : 발표 화제(자외선이 피부에 미치는 영향과 자외선 차단제) 제시

2❶ (㉠ 자료를 가리키며) 자외선은 파장의 길이에 따라 UVC, UVB,
파장의 길이에 따른 자외선의 종류와 종류별 특징을 보여줌.　자외선의 종류
UVA 세 가지로 나뉘는데요, UVC는 파장이 가장 짧고 오존층에 의해
UVC의 특징
차단되기 때문에 지표면에는 거의 도달하지 않습니다. ❷ UVB는
[오존층에 의해 대부분 차단되어 지표면에는 적은 양이 도달하고,
[ ] : UVB의 특징
유리를 통과하지 못해서 실내에서는 영향이 작습니다. ❸ 피부
진피층까지 침투하지는 않지만 에너지가 강해 화상이나, 심하면
피부암을 일으킬 수 있습니다.] ❹ 다음으로 UVA는 [UVB와 달리
[ ] : UVA의 특징
대부분 오존층을 통과해 지표면에 도달하는 양이 가장 많습니다.
❺ 유리를 통과할 수 있고 사계절 내내 피부에 영향을 미치기 때문에
생활 자외선이라고 불리기도 합니다. ❻ 파장이 가장 길어 피부
진피층까지 깊게 침투하고, 오랜 기간 노출 시에는 피부 노화를
촉진할 수 있습니다.] ❼ 이러한 자외선으로부터 피부를 보호하는 데
도움이 되는 것이 자외선 차단제입니다.

「**파장**: 파동에서, 같은 위상을 가진 서로 이웃한 두 점 사이의 거리
오존층: 오존을 많이 포함하고 있는 대기층
진피층: 척추동물의 표피 아래에 있는 섬유성 결합 조직으로 이루어진 층
촉진하다: 다그쳐 빨리 나아가게 하다.」

＊② 요약 : 자외선의 종류와 종류별 특징

3❶ 그런데 여러분, 혹시 자외선 차단제에서 SPF와 PA 표시를 본 적
청중에게 질문을 던져 설명할 내용에 대한 청중의 반응을 살핌.
있나요? (청중의 반응을 살피며) 네, 이 표시들은 각각 UVB와 UVA
차단 정도를 나타내는 지표인데요, [SPF는 UVB 차단 정도를 SPF15,
[ ] : SPF와 PA 표시의 의미
SPF30처럼 숫자로 표기한 것이고, PA는 UVA 차단 정도를 PA+,
PA++, PA+++와 같은 형식으로 표시한 것입니다.]

「**지표**: 방향이나 목적, 기준 따위를 나타내는 표지」

＊③ 요약 : 자외선 차단 정도를 나타내는 지표인 SPF, PA

4❶ 자외선 차단제는 차단 원리에 따라 화학적 차단제와 물리적 차단제로
자외선 차단제의 종류
나눌 수 있습니다. ❷ 화학적 차단제는 (㉡ 자료를 가리키며) 피부에
화학적 차단제의 원리를 보여줌.
도달하는 자외선을 제품에 포함된 유기 성분이 흡수하여 열에너지로
변환해 피부를 보호하는 원리인데요, [투명하게 발리고 물리적
[ ] : 화학적 차단제의 장점과 단점
차단제보다 차단력이 좋은 편이지만, 바르자마자 효과가 나타나지는
❸ 않습니다. 또한 변환된 열에너지가 피부로 전달되므로 민감한
피부에는 자극적일 수 있습니다.]

＊④ 요약 : 화학적 자외선 차단제의 원리와 장점

5❶ 물리적 차단제는 (㉢ 자료를 가리키며) 제품에 포함된 무기 성분이
물리적 차단제의 원리를 보여줌.
피부 표면에서 자외선을 물리적으로 반사해 피부를 보호하는
원리입니다. ❷ [화학적 차단제보다 피부에 오래 남아 유지력이 좋고,
[ ] : 물리적 차단제의 장점과 단점
바르는 즉시 효과가 나타납니다. ❸ 하지만 불투명한 성분이 있어서 많이
바르면 피부가 하얗게 들떠 보이는 단점이 있습니다.]

「**무기**: 탄소 이외의 원소로 이루어진 화합물을 통틀어 이르는 말」

＊⑤ 요약 : 물리적 자외선 차단제의 원리와 장단점

6❶ 여러분, 오늘 제 발표가 실생활에 도움이 되었으면 좋겠습니다.
❷ 자신의 피부 특성과 활동 환경에 맞는 자외선 차단제를 꾸준히
발표 화제와 관련해 청중의 생활 속 실천을 유도함.
사용하여 자외선으로부터 피부 건강을 지키기 바랍니다.

＊⑥ 요약 : 자외선 차단제 사용 권유와 발표 마무리

---

01 정답 ① ＊ 말하기 방식 파악하기 ·················· [정답률 83%]

위 발표자의 말하기 방식으로 가장 적절한 것은?

>왜 정답?

① 청중의 이해를 돕기 위해 설명 대상의 장단점을 말하고 있다.
화학적 자외선 차단제와 물리적 자외선 차단제

「④-❷, ❸ 화학적 차단제는 ~ 투명하게 발리고 물리적 차단제보다 차단력이
좋은 편이지만, 바르자마자 효과가 나타나지는 않습니다. 또한 변환된
열에너지가 피부로 전달되므로 민감한 피부에는 자극적일 수 있습니다.
⑤-❷, ❸ (물리적 차단제는) 화학적 차단제보다 피부에 오래 남아 유지력이
좋고, 바르는 즉시 효과가 나타납니다. 하지만 불투명한 성분이 있어서 많이
바르면 피부가 하얗게 들떠 보이는 단점이 있습니다.」

발표자는 자외선으로부터 피부를 보호하는 자외선 차단제의 두 가지 종류를
설명하며 각각의 장점과 단점을 모두 이야기하고 있다.

>왜 오답?

② 청중과 소통하기 위해 청중이 질문한 내용에 답변하고 있다.
나타나지 않음.

③ 청중의 요청에 따라 발표 중간에 내용을 요약하며 말하고 있다.
나타나지 않음.

④ 청중의 실천을 유도하기 위해 전문가의 견해를 인용하고 있다.
나타나지 않음.

「⑥-❷ 자신의 피부 특성과 활동 환경에 맞는 자외선 차단제를 꾸준히
사용하여 자외선으로부터 피부 건강을 지키기 바랍니다.」

발표자는 자외선 차단제를 꾸준히 사용하여 자외선으로부터 피부 건강을 지키기
바란다고 하며 청중의 실천을 유도하고 있다. 하지만 이를 위해 전문가의 견해를
인용하고 있지는 않다.

⑤ 청중에게 질문을 던져 발표 내용의 이해 여부를 점검하고 있다.
설명할 내용에 관심을 유발하고 청중의 반응을 확인함.

「③-❶, ❷ 그런데 여러분, 혹시 자외선 차단제에서 SPF와 PA 표시를 본 적
있나요? (청중의 반응을 살피며) 네, 이 표시들은 각각 UVB와 UVA 차단
정도를 나타내는 지표인데요, ~」

02 정답 ④ * 자료 활용의 적절성 파악하기 ·············· [정답률 87%]

다음은 발표자가 제시한 자료이다. 발표자의 시각 자료 활용에 대한 설명으로 적절하지 <u>않은</u> 것은?

[자료 1]	[자료 2]	[자료 3]
자외선 파장 길이에 따른 오존층 투과 및 피부 침투 정도를 보여 줌.	화학적 자외선 차단제의 원리를 보여 줌.	물리적 자외선 차단제의 원리를 보여 줌.

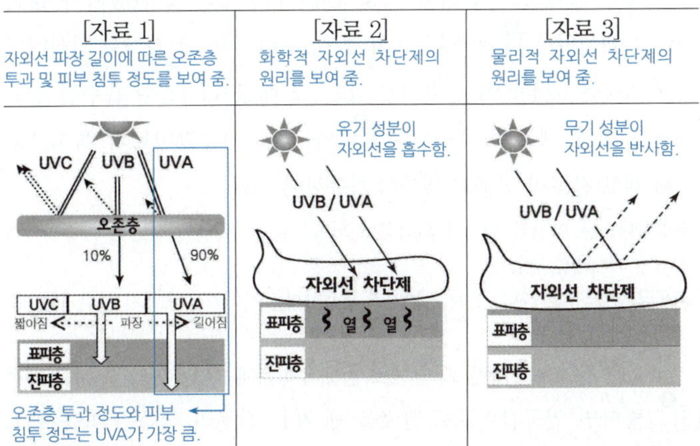

오존층 투과 정도와 피부 침투 정도는 UVA가 가장 큼.

≫왜 정답?

④ 자외선 차단제를 바르면 민감한 피부에 자극적일 수 있다는 것을
〔화학적 차단제의 단점〕
설명하기 위해 [자료 2]를 ⓒ에 제시하였다.
〔ⓒ〕

┌ ④-❷,❸ 화학적 차단제는 (ⓒ 자료를 가리키며) 피부에 도달하는 자외선을
│ 제품에 포함된 유기 성분이 흡수하여 열에너지로 변환해 피부를 보호하는
│ 원리인데요, ~ 변환된 열에너지가 피부로 전달되므로 민감한 피부에는
└ 자극적일 수 있습니다.

≫왜 오답?

① 자외선의 파장 길이에 따라 피부 침투 정도가 달라진다는 것을 설명
〔파장 길이가 길수록 피부에 침투하는 정도가 큼.〕
하기 위해 [자료 1]을 ㉠에 제시하였다.

┌ ②-❶~❻ (㉠ 자료를 가리키며) 자외선은 파장의 길이에 따라 UVC, UVB,
│ UVA 세 가지로 나뉘는데요, UVC는 파장이 가장 짧고 오존층에 의해
│ 차단되기 때문에 지표면에는 거의 도달하지 않습니다. UVB는 ~ 오존층에
│ 의해 대부분 차단되어 지표면에는 적은 양이 도달하고 ~ 피부 진피층까지
│ 침투하지는 않지만 ~ 다음으로 UVA는 ~ 오존층을 통과해 지표면에
│ 도달하는 양이 가장 많습니다. ~ 파장이 가장 길어 피부 진피층까지 깊게
└ 침투하고, ~

② 자외선 종류별로 오존층 투과 정도가 다르다는 것을 보여주기
〔오존층 투과 정도는 UVC가 가장 적고 UVA가 가장 많음.〕
위해 [자료 1]을 ㉠에 제시하였다.

* 근거: ②-❶~❻

③ 유기 성분이 피부 표면에서 자외선을 흡수하여 차단하는 원리를
〔화학적 차단제가 피부를 보호하는 원리〕
보여주기 위해 [자료 2]를 ⓒ에 제시하였다.

* 근거: ④-❷

⑤ 무기 성분이 피부 표면에서 자외선을 반사하여 차단하는 원리를
〔물리적 차단제가 피부를 보호하는 원리〕
보여주기 위해 [자료 3]을 ⓒ에 제시하였다.

┌ ⑤-❶ 물리적 차단제는 (ⓒ 자료를 가리키며) 제품에 포함된 무기 성분이
└ 피부 표면에서 자외선을 물리적으로 반사해 피부를 보호하는 원리입니다.

03 정답 ⑤ * 반응의 적절성 파악하기 ················· [정답률 89%]

발표 내용을 바탕으로 할 때, 〈보기〉에 나타난 학생의 반응에 대한 이해로 적절하지 <u>않은</u> 것은?

> ─── 〈보기〉 ───
>
> 학생 1: ❶자외선 차단 제품의 SPF와 PA가 차단 정도를 나타내는 지표라는
> 〔발표 화제와 관련해 알고 있던 정보〕
> 건 알고 있었지만, 각각 다른 자외선을 차단하는 표시라는 것을 오늘
> 〔발표 내용을 통해 새롭게 알게 된 정보〕
> 처음 알았어. ❷그런데 SPF 수치와 PA 등급에 따라 자외선 차단 효과가
> 얼마나 차이가 나는지 궁금해. ❸한번 알아봐야겠어.
> 〔발표 내용과 관련해 추가 정보를 탐색하려고 함.〕
> 학생 2: ❶자외선 차단제는 한 번만 발라서는 안 된다는 말을 들은 적이
> 〔발표 화제와 관련해 알고 있던 정보〕
> 있어. ❷차단제의 유형에 따라 몇 시간 주기로 발라야 하는지도 발표
> 〔자신이 알고 싶은 정보가 발표에서 다루어지지 않은 점을 아쉬워함.〕
> 내용에 포함되었으면 좋았을 텐데.
> 학생 3: ❶자외선 차단제를 바른 후 얼굴이 하얗게 떠 보였던 적이
> 〔발표에서 알게 된 정보를 통해 자신이 겪었던 특정 상황의 원인을 추론함.〕
> 있었는데, 물리적 차단제를 사용했었나 봐. ❷물리적 차단제는 피부에
> 〔발표 내용을 통해 새롭게 알게 된 정보〕
> 오래 남아 있다고 하니까, 야외 활동 후나 잠자리에 들기 전에 꼼꼼히
> 씻어내야겠어.

≫왜 정답?

⑤ '학생 1'과 '학생 3'은 모두, 발표 내용을 통해 새롭게 알게 된 정보의
진위성을 평가하고 있다.
〔나타나지 않음.〕

≫왜 오답?

① '학생 1'은 발표 내용과 관련하여 추가적인 정보를 탐색하려 하고
〔SPF 수치와 PA 등급에 따라 자외선 차단 효과가 얼마나 차이가 나는지를 알아보고자 함.〕
있다.

② '학생 2'는 자신이 알고 싶은 정보가 발표에서 다루어지지 않았음을
〔차단제의 유형에 따라 몇 시간 주기로 발라야 하는지에 대한 정보〕
아쉬워하고 있다.

③ '학생 3'은 발표에서 알게 된 정보를 통해 이전에 자신이 겪었던
〔자외선 차단제를 바른 후 얼굴이 하얗게 떠 보였던 상황의 원인을 추론함.〕
특정 상황의 원인을 추론하고 있다.

④ '학생 1'과 '학생 2'는 모두, 발표와 관련하여 자신이 알고 있던
〔학생 1: SPF와 PA는 자외선 차단 정도를 나타내는 지표임.
학생 2: 자외선 차단제는 한 번만 발라서는 안 됨.〕
정보를 떠올리고 있다.

04~07

출제 ▬ 중심 내용

(가) ❶학생 1: 얘들아, [지난 회의 때 이번 교지 기획 기사로 우리가 ┐
#지난 시간의 논의 내용을 환기하며 대화 참여자에게 의견을 물음.
자주 먹는 식품을 다루기로 했잖아. 구체적으로 어떤 식품에
대해 알아보는 것이 좋을까?]

❷학생 2: 생각해 봤는데, 제로 칼로리 식품에 대해 글을 써 보면 어떨까 해. [A]
〔대화 화제〕
요즘 유행하는 제로 칼로리 식품은 설탕 대신 인공감미료를 넣어서
#제로 칼로리 식품에 관한 배경지식을 드러냄.
열량을 낮춘 거래. [A]: 교지 기획 기사에서 다룰 식품에 대해 논의함. ┘

❸학생 3: 그렇구나. 친구들이 관심을 가질 만하면서 실생활에도
#'학생 2'가 한 제안의 적절성을 평가하며 제안에 동의하는 뜻을 드러냄.
유용할 것 같아. 기획 기사 소재로 알맞겠다.

❹학생 1: 그럼 어떤 내용으로 구성하면 좋을까?

❺ 학생 2: ㉠ 제로 칼로리 식품이라고 해서 모두 열량이 0kcal인 것은
식품의약품안전처의 열량 표시 기준과 함께 (나)에 반영됨.
아니라는 걸 알려주면 좋겠어. 나도 제로 칼로리 식품에 대해 알아보기 전까지는 열량이 아예 없어서 제로 칼로리 식품이라고 하는 줄 알았거든.

❻ 학생 3: ㉡ 그리고 설탕 대신 인공감미료를 넣은 식품이 열량이 낮은
인공감미료는 섭취 시 체내에서 일어나는 대사가 설탕과 다르다는 내용으로 (나)에 반영됨.
이유도 함께 알려주면 좋을 것 같아.

❼ 학생 1: 그러려면 먼저 제로 칼로리 식품에 쓰이는 인공감미료가 무엇인지 알려줘야 하지 않을까? 친구들이 인공감미료는 생소해할 것 같아.

❽ 학생 3: 그래. 제로 칼로리 식품의 열량이 낮은 이유를 설명할 때 인공감미료에 대한 정보도 함께 제시하는 것이 좋겠어.

❾ 학생 2: ㉢ 그리고 열량 정보 외에 제로 칼로리 식품에 대해 사람들이
인공감미료 섭취 시 인체에서 일어날 수 있는 문제점을 설명하는 내용으로 (나)에 반영됨.
잘못 생각하고 있는 다른 내용도 포함하자.

❿ 학생 1: 그게 뭔데?

⓫ 학생 2: 많은 사람이 제로 칼로리 식품은 설탕이 안 들어 있어서
제로 칼로리 식품에 대한 사람들의 일반적 인식을 언급하며 '학생 1'의 질문에 답변함.
마음 놓고 먹어도 문제가 되지 않는 식품이라고 생각하는 것 말이야.

[B]: 제로 칼로리 식품에 관한 사람들의 잘못된 생각을 이야기함. [B]

⓬ 학생 3: 맞아. 내 동생도 다이어트 한다며 제로 칼로리 음료와
주변 사례를 이야기하며 '학생 2'의 직전 발화에 호응함.
과자를 너무 즐겨 먹어. 그러더니 요즘은 과일이 맛이 없다며 단 음식이 생각날 땐 제로 칼로리 식품을 찾더라.

⓭ 학생 2: 인공감미료에 익숙해지면 자연의 단맛에 무감각해진다더라.
㉣ 인공감미료가 첨가된 제로 칼로리 식품을 자주 섭취하다 보면
인공감미료의 잦은 섭취가 단맛 중독 상태를 유발할 수 있다는 내용으로 (나)에 반영됨.
더 강한 단맛을 찾게 될 수 있다는 얘기도 하면 좋겠어.

⓮ 학생 1: 인공감미료의 단맛에 익숙해져 웬만해선 단맛을 잘 느끼지 못하는 단맛 중독 상태 말이지?

⓯ 학생 3: 맞아. 이런 내용도 알려주면 좋겠어. 그리고 ㉤ 제로 칼로리 식품을 소비하면서 고려할 점도 함께 언급하자.
개인의 건강 상태를 감안하여 제로 칼로리 식품을 섭취해야 한다는 내용으로 (나)에 반영됨.
⓰ 학생 1: 그럼 내가 먼저 초고를 작성해 볼게.

인공감미료: 화학 합성으로 만든 감미료를 통틀어 이르는 말
열량: 열에너지의 양. 단위는 보통 칼로리(cal)로 표시한다.
생소하다: 어떤 대상이 친숙하지 못하고 낯이 설다.

(나)

출제 ▨ 글 전체 중심 문장

⓵ 열량에 대한 부담 없이 맛있는 음식을 즐기며 건강을 관리하려는
제로 칼로리 식품이 유행하는 현상의 배경을 언급함.
사람들이 늘면서 최근 제로 칼로리 식품이 인기를 끌고 있다. 제로 칼로리 식품은 설탕 대신 인공감미료를 사용함으로써 단맛을 내면서도 열량은 낮춘 제품을 가리킨다. 제로 칼로리라는 명칭 때문에 실제 열량 또한 '0'이라고 생각할 수 있지만, 우리나라
[ ]: 제로 칼로리 식품의 열량 정보를 설명함.
식품의약품안전처의 열량 표시 기준상 식품 100ml당 열량이 4kcal 미만이면 0kcal로 표기할 수 있어 제로 칼로리 식품의 실제 열량은 0kcal라기보다 매우 낮은 편이라고 보는 것이 적절하다. [C]

＊⓵ 문단 요약 : 제로 칼로리 식품의 정의

⓶ 제로 칼로리 식품에 사용되는 인공감미료는 음식에 단맛을 내기
인공감미료의 정의
위해 화학적으로 합성한 감미료로, 설탕보다 훨씬 강한 단맛을 지니고 있다. 인공감미료 중, 제로 칼로리 음료에 쓰이는 수크랄로스의 단맛
제로 칼로리 음료에 쓰이는 인공감미료의 예

강도는 설탕보다 600배나 높다. 이처럼 강한 단맛인데도, 인공감미료를 사용한 제품의 열량이 낮은 이유는 무엇일까? 에너지를 만들기 위해 포도당으로 분해되어 체내에 흡수되는 설탕과 달리, 인공감미료는
[ ]: 인공감미료를 사용한 제품의 열량이 낮은 이유
체내에서 에너지로 변환되지 않거나 다른 구조로 변형되지 않은 상태로 배설된다. 수크랄로스의 경우, 우리 몸이 당 분자로 인식하지
[ ]: 설탕과 대조되는 인공감미료의 특성을 예를 들어 설명함.
못해 85%는 위장관에 흡수되지 않은 채 배설되고 일부 흡수된 양도 소변을 통해 빠르게 배출된다. 이와 같은 인공감미료의 특성으로 인해 제로 칼로리 식품의 생산이 가능한 것이다.

합성하다: 둘 이상의 원소를 화합하여 화합물을 만들거나, 간단한 화합물에서 복잡한 화합물을 만든다.
포도당: 단당류의 하나. 생물계에 널리 분포하며, 생물 조직 속에서 에너지원으로 소비된다.

＊⓶ 문단 요약 : 제로 칼로리 식품에 쓰이는 인공감미료의 특성

⓷ 그렇다면 인공감미료로 단맛을 낸 제로 칼로리 식품은 마음 놓고 섭취해도 좋은 것일까? 전문가들은 열량 부담 없이 단맛을 즐길 수 있는 인공감미료의 장점이 인체에 부정적 영향을 미칠 수도 있다고 경고한다. 우리 몸은 단맛을 에너지가 들어오는 것으로 여겨 왔기
[ ]: 인공감미료 섭취 시 인체에서 일어날 수 있는 문제점
때문에 단맛과 열량의 불일치는 신체 대사 활동에 혼란을 줄 수 있다. 또, 인공감미료가 첨가된 제로 칼로리 식품의 잦은 섭취는 단맛에 대한 감각을 둔화시켜 더 강한 단맛을 찾는 단맛 중독 상태를 유발할 수 있다.

대사: 생물체가 몸 밖으로부터 섭취한 영양물질을 몸 안에서 분해하고, 합성하여 생체 성분이나 생명 활동에 쓰는 물질이나 에너지를 생성하고 필요하지 않은 물질을 몸 밖으로 내보내는 작용 **둔화하다:** 느리고 무디어지다.

＊⓷ 문단 요약 : 인공감미료 섭취가 인체에 미칠 수 있는 부정적 영향

⓸ 제로 칼로리 식품은 열량 섭취를 줄이고 싶거나 혈당을 관리해야 하는 사람들에게 하나의 대안이 될 수도 있다. 하지만 인공감미료가 첨가된 제로 칼로리 식품을 지나치게 섭취할 경우 인체에 부정적 영향이 있을 수 있으므로 주의를 기울여야 한다. 인공감미료가 건강에 미치는 영향은 개인의 건강 상태 및 섭취 정도에 따라 다르므로 이
제로 칼로리 식품을 섭취할 때 고려할 점을 언급함.
점을 고려하여 제로 칼로리 식품을 이용하는 지혜가 필요하다.

혈당: 혈액 속에 포함되어 있는 당. 척추동물의 혈당은 주로 포도당이며, 뇌와 적혈구의 에너지원이 되고, 그 양은 운동, 식사 따위에 의하여 달라진다.

＊⓸ 문단 요약 : 제로 칼로리 식품을 섭취할 때 고려할 점

---

04 정답 ② ＊ 말하기 방식 파악하기 ·················· [정답률 93%]

[A], [B]에 대한 설명으로 적절하지 <u>않은</u> 것은?

＞왜 정답 ?

② [A]의 '학생 2'는 ~~예상 독자~~ 자신의 배경지식을 언급하며 자신의 제안을 뒷받침하고 있다.

(가) - ❷ 학생 2: 생각해 봤는데, 제로 칼로리 식품에 대해 글을 써 보면 어떨까 해. 요즘 유행하는 제로 칼로리 식품은 설탕 대신 인공감미료를 넣어서 열량을 낮춘 거래.

① [A]의 '학생 1'은 지난 시간의 논의 내용을 환기하며 대화 참여자의 의견을 묻고 있다.
　　　[교지 기획 기사로 우리가 자주 먹는 식품을 다루기로 함.]

　(가) - ❶ 학생 1: 얘들아, 지난 회의 때 이번 교지 기획 기사로 우리가 자주 먹는 식품을 다루기로 했잖아. 구체적으로 어떤 식품에 대해 알아보는 것이 좋을까?

③ [A]의 '학생 3'은 제안의 적절성을 평가하며 대화 참여자의 제안에 동의하고 있다.
　　　[제로 칼로리 식품에 대해 기사를 쓰는 것]　　　[학생 2]

　(가) - ❸ 학생 3: 그렇구나. 친구들이 관심을 가질 만하면서 실생활에도 유용할 것 같아. 기획 기사 소재로 알맞겠다.

④ [B]의 '학생 2'는 일반적 인식을 언급하며 대화 참여자의 질문에 답변하고 있다.
　　　[제로 칼로리 식품을 마음 놓고 먹어도 된다고 생각함.]　　　[학생 1]

　(가) - ❾ 학생 2: 그리고 열량 정보 외에 제로 칼로리 식품에 대해 사람들이 잘못 생각하고 있는 다른 내용도 포함하자.
　(가) - ❿ 학생 1: 그게 뭔데?
　(가) - ⓫ 학생 2: 많은 사람이 제로 칼로리 식품은 설탕이 안 들어 있어서 마음 놓고 먹어도 문제가 되지 않는 식품이라고 생각하는 것 말이야.

⑤ [B]의 '학생 3'은 주변 사례를 이야기하며 직전 발화에 호응하고 있다.
　　　[단맛 중독에 빠진 동생의 사례]　　　[학생 2의 발화]

　(가) - ⓬ 학생 3: 맞아. 내 동생도 다이어트 한다며 제로 칼로리 음료와 과자를 너무 즐겨 먹어. 그러더니 요즘은 과일이 맛이 없다며 단 음식이 생각날 땐 제로 칼로리 식품을 찾더라.

05　정답 ②　＊ 글쓰기 방법 파악하기 ·················· [정답률 70%]

(나)에 활용된 글쓰기 방식으로 가장 적절한 것은?

② 설탕과 대조되는 인공감미료의 특성을 예를 들어 서술하였다.
　　　[체내에 흡수되지 않고 배출됨.]

　(나) ②문단 ❹, ❺문장　에너지를 만들기 위해 포도당으로 분해되어 체내에 흡수되는 설탕과 달리, 인공감미료는 체내에서 에너지로 변환되지 않거나 다른 구조로 변형되지 않은 상태로 배설된다. 수크랄로스의 경우, 우리 몸이 당 분자로 인식하지 못해 85%는 위장관에 흡수되지 않은 채 배설되고 일부 흡수된 양도 소변을 통해 빠르게 배출된다.

　(나)에서 설탕은 포도당으로 분해된 뒤 체내에 흡수된다고 했다. 이와 달리 인공감미료는 체내에 흡수되지 않고 그대로 배출되는데, 이러한 특성을 제로 칼로리 식품에 쓰이는 인공감미료인 '수크랄로스'를 예로 들어 설명하였다.

① 대표적인 인공감미료의 성분 구조를 분석하여 서술하였다.
　　　[수크랄로스의 성분 구조를 분석하지는 않음.]

③ 제로 칼로리 식품 섭취로 인한 문제의 해결 과정을 단계별로 서술하였다.
　　　[나타나지 않음.]

④ 제로 칼로리 식품 섭취가 인체에 미치는 영향을 유추의 방식으로 서술하였다.
　　　[나타나지 않음.]

⑤ 단맛에 대한 감각의 민감도 변화를 설탕과 인공감미료 섭취 상황을 비교하여 서술하였다.
　　　[나타나지 않음.]

　(나) ③문단 ❹문장　또, 인공감미료가 첨가된 제로 칼로리 식품의 잦은 섭취는 단맛에 대한 감각을 둔화시켜 더 강한 단맛을 찾는 단맛 중독 상태를 유발할 수 있다.

　(나)에서 인공감미료가 첨가된 제로 칼로리 식품을 자주 섭취하면 단맛에 대한 감각이 둔화될 수 있다고 했다. 하지만 이를 설탕과 인공감미료 섭취 상황을 비교하면서 서술하지는 않았다.

06　정답 ④　＊ 내용 생성의 적절성 파악하기 ·············· [정답률 62%]

다음은 (가)의 ㉠~㉤을 바탕으로 '학생 1'이 작성한 메모이다. 메모의 내용이 (나)에 반영된 양상으로 적절하지 <u>않은</u> 것은? [3점]

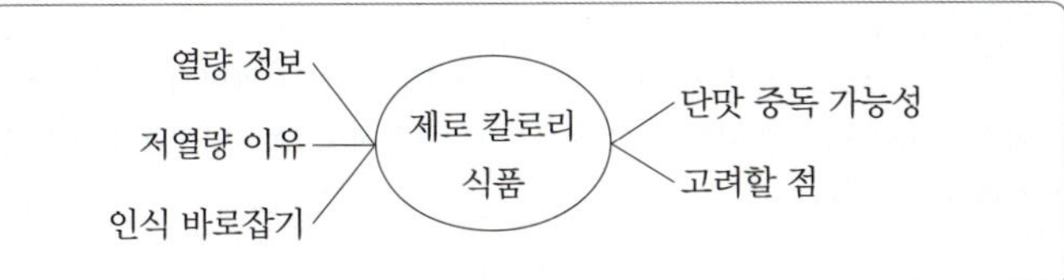

④ ㉣을 바탕으로 작성된 메모의 '단맛 중독 가능성'은, ~~단맛과 열량의 불일치~~[제로 칼로리 식품의 잦은 섭취]가 단맛에 대한 감각을 둔화시키는 원인이라는 내용으로 (나)에 반영되었다.

　(가) - ⓭ 학생 2: ~ ㉣ 인공감미료가 첨가된 제로 칼로리 식품을 자주 섭취하다 보면 더 강한 단맛을 찾게 될 수 있다는 얘기도 하면 좋겠어.
　(나) ③문단 ❹문장　또, 인공감미료가 첨가된 제로 칼로리 식품의 잦은 섭취는 단맛에 대한 감각을 둔화시켜 더 강한 단맛을 찾는 단맛 중독 상태를 유발할 수 있다.

　(나)에서 단맛에 대한 감각을 둔화시키는 원인으로 든 것은 인공감미료가 첨가된 제로 칼로리 식품의 잦은 섭취이다. 단맛과 열량의 불일치는 단맛에 대한 감각을 둔화시키는 원인이 아니라, 신체 대사 활동에 혼란을 주는 원인이다.

① ㉠을 바탕으로 작성된 메모의 '열량 정보'는, 식품의약품안전처의 열량 표시 기준과 함께 (나)에 반영되었다.
　　　[제로 칼로리 식품의 열량이 모두 0kcal인 것은 아님.]

　(가) - ❺ 학생 2: ㉠ 제로 칼로리 식품이라고 해서 모두 열량이 0kcal인 것은 아니라는 걸 알려주면 좋겠어. ~
　(나) ①문단 ❸문장　~ 우리나라 식품의약품안전처의 열량 표시 기준상 식품 100ml당 열량이 4kcal 미만이면 0kcal로 표기할 수 있어 제로 칼로리 식품의 실제 열량은 0kcal라기보다 매우 낮은 편이라고 보는 것이 적절하다.

② ㉡을 바탕으로 작성된 메모의 '저열량 이유'는, 인공감미료가 에너지로 변환되지 않거나 구조 변형 없이 배설된다는 내용으로 (나)에 반영되었다.
　　　[인공감미료는 섭취 시 체내에서 일어나는 대사가 설탕과 다름.]

　(가) - ❻ 학생 3: ㉡ 그리고 설탕 대신 인공감미료를 넣은 식품이 열량이 낮은 이유도 함께 알려주면 좋을 것 같아.
　(나) ②문단 ❹문장　에너지를 만들기 위해 포도당으로 분해되어 체내에 흡수되는 설탕과 달리, 인공감미료는 체내에서 에너지로 변환되지 않거나 다른 구조로 변형되지 않은 상태로 배설된다.

③ ㉢을 바탕으로 작성된 메모의 '인식 바로잡기'는, 인공감미료를 마음 놓고 섭취했을 때 인체에 미칠 수 있는 문제점을 설명하는 것으로 (나)에 반영되었다.
　　　[제로 칼로리 식품은 마음 놓고 섭취해도 된다는 잘못된 인식]
　　　[신체 대사 활동에 혼란, 단맛 중독 상태를 유발할 수 있음.]

　(가) - ❾ 학생 2: ㉢ 그리고 열량 정보 외에 제로 칼로리 식품에 대해 사람들이 잘못 생각하고 있는 다른 내용도 포함하자.
　(가) - ❿ 학생 1: 그게 뭔데? / (가) - ⓫ 학생 2: 많은 사람이 제로 칼로리 식품은 설탕이 안 들어 있어서 마음 놓고 먹어도 문제가 되지 않는 식품이라고 생각하는 것 말이야.
　(나) ③문단 ❷~❹문장　전문가들은 열량 부담 없이 단맛을 즐길 수 있는 인공감미료의 장점이 인체에 부정적 영향을 미칠 수도 있다고 경고한다. ~ 단맛과 열량의 불일치는 신체 대사 활동에 혼란을 줄 수 있다. 또, 인공감미료가 첨가된 제로 칼로리 식품의 잦은 섭취는 ~ 단맛 중독 상태를 유발할 수 있다.

　학생 2는 제로 칼로리 식품에 대한 사람들의 잘못된 인식으로, 제로 칼로리 식품이 마음 놓고 먹어도 문제가 되지 않는 식품이라고 생각하는 점을 언급했다.
　이와 관련해 (나)에서는 제로 칼로리 식품에 쓰이는 인공감미료 섭취가 인체에 미칠 수 있는 부정적 영향을 설명함으로써 제로 칼로리 식품에 관한 사람들의 잘못된 인식을 바로잡고 있다.

⑤ ⓜ을 바탕으로 작성된 메모의 '고려할 점'은, 개인의 건강 상태를
인공감미료가 건강에 미치는 영향은 개인의 건강 상태와 섭취 정도에 따라 다르기 때문임.
감안하여 제로 칼로리 식품을 적절하게 이용해야 한다는 내용으로
(나)에 반영되었다.

(가) - ⓕ 학생 3: ~ 그리고 ⓜ 제로 칼로리 식품을 소비하면서 고려할 점도
함께 언급하자.
(나) ④문단 ❸문장 인공감미료가 건강에 미치는 영향은 개인의 건강 상태 및
섭취 정도에 따라 다르므로 이 점을 고려하여 제로 칼로리 식품을 이용하는
지혜가 필요하다.

---

07 정답 ① ★ 고쳐쓰기의 적절성 파악하기 ·············· [정답률 63%]

[C]가 〈보기〉를 고쳐 쓴 것이라고 할 때, 그 과정에서 반영된 의견으로 가장
적절한 것은?

─────────────── 〈 보기 〉 ───────────────
❶ 최근 인기를 끌고 있는 제로 칼로리 식품은 설탕 대신 인공 감미료를
사용해 단맛을 내면서도 열량은 낮춘 제품을 가리킨다. ❷제로 칼로리라는
명칭 때문에 실제 열량 또한 '0'이라고 생각할 수 있지만, 우리나라의
식품 열량 표시 기준상 식품 100ml당 열량이 4kcal 미만이면 0kcal로
제로 칼로리 식품으로 불리는 이유
표기할 수 있어 열량을 '0'에 가깝게 낮춘 제품들을 제로 칼로리 식품으로
표시한다.

(나) ①문단 열량에 대한 부담 없이 맛있는 음식을 즐기며 건강을 관리하려는
제로 칼로리 식품이 유행하는 현상의 배경을 추가함.
사람들이 늘면서 최근 제로 칼로리 식품이 인기를 끌고 있다. 제로 칼로리
식품은 설탕 대신 인공감미료를 사용함으로써 단맛을 내면서도 열량은
낮춘 제품을 가리킨다. 제로 칼로리라는 명칭 때문에 실제 열량 또한 [C]
'0'이라고 생각할 수 있지만, 우리나라 식품의약품안전처의 열량 표시
기준상 식품 100ml당 열량이 4kcal 미만이면 0kcal로 표기할 수 있어 제로
칼로리 식품의 실제 열량은 0kcal라기보다 매우 낮은 편이라고 보는 것이
적절하다.

✎왜 정답?

① 독자가 제로 칼로리 식품의 유행 현상을 이해할 수 있도록 유행의

배경을 추가하면 좋겠어.
열량에 대한 부담 없이 맛있는 음식을 즐기며 건강을 관리하려는 사람들이 늘어남.
★ 근거: (나) ①문단 ❶문장

✎왜 오답?

② 독자가 제재에 관심을 가질 수 있도록 제로 칼로리 식품으로
〈보기〉에 제시되어 있음.
불리는 이유를 제시하면 좋겠어.

〈보기〉와 [C]에는 모두 우리나라의 식품 열량 표시 기준과 제로 칼로리 식품의 열량
정보가 제시되어 있다. 이를 통해 제로 칼로리 식품으로 불리는 이유를 알 수 있다.
또한 〈보기〉에서는 '열량을 '0'에 가깝게 낮춘 제품들을 제로 칼로리 식품으로
표시한다.'라는 설명을 덧붙이고 있다. 따라서 제로 칼로리 식품으로 불리는 이유를
제시한다는 것은 〈보기〉를 고쳐쓰는 과정에서 반영한 의견으로 보기 어렵다.

③ 독자가 실제 식품을 소비할 때 참고할 수 있도록 제로 칼로리
[C]에 제시되지 않음.
식품의 종류를 제시하면 좋겠어.

④ 제로 칼로리 식품이 주목받고 있다는 점을 뒷받침할 수 있도록
식품의 소비 증가량을 추가하면 좋겠어.
[C]에 제시되지 않음.

⑤ 제로 칼로리 식품과 인공감미료의 연관성이 드러나도록 인공
감미료가 단맛을 내는 원리를 제시하면 좋겠어.
[C]에 제시되지 않음.

[작문 상황]

신문 독자란에 청소년 미디어 리터러시 교육의 중요성을 주장하는
작문 주제
글을 쓰려 함.

[초고]

① ❶우리는 수많은 정보의 홍수 속에 살고 있다. ❷다양한 매체를 통해
쏟아지는 정보들 속에서 진실을 찾고, 허위 정보를 걸러내며, 책임감
있게 정보를 생산하는 능력이 중요해진 시점이다. ❸특히 [10대
청소년들의 미디어 이용이 모바일 기기를 중심으로 급증하고 있고,
✚ [ ]: 청소년 미디어 리터러시 교육이 중요하게 된 사회적 상황
1인 미디어 시대가 열려 청소년들도 쉽게 정보를 생산하고 공유할 수
있게 되었다. ❹이로 인해 거짓 정보, 폭력·음란물 등 유해 콘텐츠에
노출될 가능성이 있을 뿐만 아니라 청소년에 의한 유해 콘텐츠 생산
사례도 발생하고 있다.]

〔급증하다: 갑작스럽게 늘어나다.   유해: 해로움이 있음.〕

★①문단 요약: 미디어 리터러시 교육이 중요해진 사회적 배경

② ❶이에 따라 디지털 시대의 청소년이 갖춰야 할 역량으로 미디어
리터러시가 부각되고 있다.❷미디어 리터러시는 단순히 미디어를
이용하는 기술적 능력을 넘어서 미디어 메시지를 비판적으로 해석
✚ 미디어 리터러시의 개념 ①   ✚ 미디어 리터러시의 개념 ②
하는 능력, 미디어가 개인과 사회에 미치는 영향력을 평가하는 능력,
✚ 미디어 리터러시의 개념 ③
책임감 있게 미디어 콘텐츠를 생산하는 능력을 포함하는 개념이다.
✚ 미디어 리터러시의 개념 ④

★②문단 요약: 미디어 리터러시의 개념

③ ❶그런데 청소년미디어센터의 조사 결과, 학교에서 미디어 리터러시
✚ 기존의 미디어 리터러시 교육은 실효성이 없음을 보여줌.
교육을 받았다고 응답한 청소년은 74.8%였지만 미디어 리터러시에
대해 잘 알고 있다고 응답한 청소년은 20.1%에 불과했다. ❷또한
한국언론진흥재단의 조사에 따르면, 청소년 대상 미디어 리터러시
✚ 청소년 미디어 리터러시 교육에 대한 학부모의 인식 부족을 보여줌.
교육에 대해 알고 있다고 응답한 학부모가 10% 미만이었다고 한다.
❸이는 실효성 있는 청소년 미디어 리터러시 교육이 필요하다는 것과,
청소년 미디어 리터러시 교육에 대한 학부모의 인식 제고가 시급하다는
것을 보여준다.

〔실효성: 실제로 효과를 나타내는 성질   제고: 수준이나 정도 따위를 끌어올림.
시급하다: 시각을 다툴 만큼 몹시 절박하고 급하다.〕

★③문단 요약: 실효성 있는 미디어 리터러시 교육과 학부모 인식 제고의 필요성

④ ❶그렇다면 어떻게 해야 미디어 리터러시 교육을 효과적으로 실행할
수 있을까? ❷우선 정부는 체계적인 교육 정책을 마련해야 하며, 학교는
✚ 정부 차원의 실행 방안
체험 및 실습 위주의 프로그램을 통해 학생들에게 실질적인 경험을
✚ 학교 차원의 실행 방안
제공해야 한다. ❸그리고 지역 사회는 지역 방송국, 도서관, 비영리
✚ 지역 사회 차원의 실행 방안
단체 등 지역 자원과 연계한 프로그램 운영을 통해 다양한 미디어
리터러시 교육을 시행해야 한다.

〔비영리: 재산상의 이익을 꾀하지 않음.
연계하다: 어떤 일이나 사람과 관련하여 관계를 맺다.〕

★④문단 요약: 효과적인 미디어 리터러시 교육을 위한 방안

5 청소년 미디어 리터러시 교육은 미디어를 통해 [전달되는 정보를 비판적으로 분석하고 평가할 수 있는 능력과 미디어를 활용하여 자신의 의견을 효과적으로 표현할 수 있는 능력을 향상시킬 수 있다.

[ ]: 미디어 리터러시 교육을 통해 청소년이 얻을 수 있는 긍정적인 효과

2 나아가 민주 사회의 건강한 시민으로 성장하는 데에도 기여]할 수 있다.　[A]

*5문단 요약 : 청소년 미디어 리터러시 교육의 의의

---

08 정답 ④ ＊ 작문 계획의 적절성 파악하기 ············· [정답률 89%]

'학생의 초고'에 반영된 글쓰기 계획으로 적절하지 <u>않은</u> 것은?

왜 정답 ?

④ 미디어 리터러시 교육의 성공적인 실행 방안을 <u>기존의 정책과</u>
<u>비교하여 제시해야겠어.</u>
나타나지 않음.

[초고] ④문단 **2**, **3**문장　우선 정부는 체계적인 교육 정책을 마련해야 하며, 학교는 체험 및 실습 위주의 프로그램을 통해 학생들에게 실질적인 경험을 제공해야 한다. 그리고 지역 사회는 지역 방송국, 도서관, 비영리 단체 등 지역 자원과 연계한 프로그램 운영을 통해 다양한 미디어 리터러시 교육을 시행해야 한다.

학생의 초고에서는 미디어 리터러시 교육을 효과적으로 실행할 수 있는 방안을 정부, 학교, 지역 사회 차원으로 나누어 제시했다. 하지만 그러한 실행 방안을 기존의 정책과 비교하면서 제시하지는 않았다.

왜 오답 ?

① 미디어 리터러시의 개념을 세분화하여 제시해야겠어.
디지털 시대에 갖추어야 할 역량

[초고] ②문단 **2**문장　미디어 리터러시는 단순히 미디어를 이용하는 기술적 능력을 넘어서 미디어 메시지를 비판적으로 해석하는 능력, 미디어가 개인과 사회에 미치는 영향력을 평가하는 능력, 책임감 있게 미디어 콘텐츠를 생산하는 능력을 포함하는 개념이다.

② 미디어 리터러시 교육이 중요하게 된 사회적 상황을 언급해야겠어.
청소년이 정보 생산과 공유에 직접 참여하게 되면서 유해 콘텐츠를 접할 가능성이 커짐.

[초고] ①문단 **2**~**4**문장　다양한 매체를 통해 쏟아지는 정보들 속에서 진실을 찾고, 허위 정보를 걸러내며, 책임감 있게 정보를 생산하는 능력이 중요해진 시점이다. 특히 ~ 청소년들도 쉽게 정보를 생산하고 공유할 수 있게 되었다. 이로 인해 거짓 정보, 폭력·음란물 등 유해 콘텐츠에 노출될 가능성이 있을 뿐만 아니라 청소년에 의한 유해 콘텐츠 생산 사례도 발생하고 있다.

③ 미디어 리터러시 교육에 대한 인식 수준을 드러내는 설문 결과를 인용해야겠어.
청소년 미디어 리터러시 교육에 대한 학부모 인식

[초고] ③문단 **2**문장　또한 한국언론진흥재단의 조사에 따르면, 청소년 대상 미디어 리터러시 교육에 대해 알고 있다고 응답한 학부모가 10% 미만이었다고 한다.

⑤ 미디어 리터러시 교육을 통해 청소년이 얻을 수 있는 긍정적인 효과를 언급해야겠어.
디지털 시대에 필요한 미디어 관련 능력 향상, 민주 사회의 시민으로 성장

[초고] **5**문단　청소년 미디어 리터러시 교육은 미디어를 통해 전달되는 정보를 비판적으로 분석하고 평가할 수 있는 능력과 미디어를 활용하여 자신의 의견을 효과적으로 표현할 수 있는 능력을 향상시킬 수 있다. 나아가 민주 사회의 건강한 시민으로 성장하는 데에도 기여할 수 있다.

09 정답 ⑤ ＊ 자료 활용의 적절성 파악하기 ············· [정답률 67%]

<보기>는 초고를 보완하기 위해 추가로 수집한 자료이다. 자료의 활용 방안으로 적절하지 <u>않은</u> 것은? [3점]

― 〈 보기 〉 ―

ㄱ. 통계 자료

ㄱ-1. OECD 회원국 청소년 조사

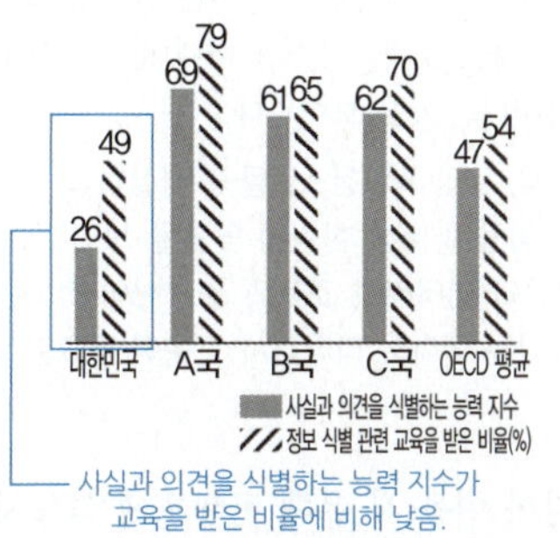

ㄱ-2. 국내 청소년 대상 설문 조사

항목	있다	없다
온라인 동영상 플랫폼 이용 시, 의도치 않게 <u>폭력적</u> 영상을 접한 경험	43.3%	56.7%
온라인 동영상 플랫폼 이용 시, 의도치 않게 <u>선정적</u> 영상을 접한 경험	38.7%	61.3%

ㄴ. 전문가 인터뷰 - 정부의 정책적 지원으로 다양한 미디어 리터러시 교육 진행
→ 청소년의 미디어 리터러시 역량에 긍정적 영향을 줌.

1 "○○국 미디어 리터러시 교육의 특별한 점은 정부의 정책적 지원 속에서 학교 밖에서도 다양한 교육 활동이 이루어진다는 것입니다. **2**방과 후 프로그램이나 지역 미디어 센터, 도서관을 포함한 다양한 기관에서 미디어 리터러시 역량 강화 프로그램을 제공합니다. **3**정부는 교육이 원활히 진행될 수 있도록 필요한 재정과 인력을 아낌없이 지원하고 있습니다. **4**학교 밖에서 활발하게 진행되고 있는 미디어 리터러시 교육과 인식 제고 프로그램은 ○○국 청소년의 미디어 리터러시 역량에 긍정적 영향을 미치고 있습니다."

ㄷ. 신문 기사 - 학부모 대상 미디어 리터러시 교육 진행
→ 청소년에게 필요한 교육 내용에 대한 학부모의 요구가 구체화됨.

1 △△교육청은 학부모를 대상으로 미디어 리터러시 교육을 실시했다. **2**교육 후, 청소년 미디어 리터러시 교육의 필요성에 대한 설문 조사에서 전체 응답자의 85%는 필요하다고 응답했다. **3**그동안 자녀의 온라인 동영상 플랫폼 이용을 막연하게 걱정했다는 학부모들은, 미디어 과의존·과몰입을 피하고 위험한 콘텐츠 이용을 자제할 수 있는 자율적이고 안전한 미디어 이용 능력을 기르는 교육이 필요하다는 의견을 제시했다.

왜 정답 ?

⑤ ㄴ과 ㄷ을 활용하여, 외국의 다양한 미디어 리터러시 교육 프로그램을 <u>적용한</u> 우리나라의 미디어 리터러시 교육이 학부모에게 효과적
ㄴ, ㄷ을 활용한 내용으로 적절하지 않음.
이었다는 내용을 마련하고, 이를 4문단에 추가해 학교 밖 미디어 리터러시 교육의 중요성을 강조한다.

ㄴ은 정부의 지원 속에서 이루어지는 학교 밖의 다양한 미디어 리터러시 교육 활동이 청소년의 미디어 리터러시 역량에 긍정적 영향을 미침을 보여 주는 자료이다. ㄷ은 학부모 대상 미디어 리터러시 교육 진행이 미디어 리터러시 교육에 대한 학부모의 인식 제고에 영향을 미침을 보여 주는 자료이다.

이때 학부모의 인식 제고에 효과적이었던 △△교육청의 미디어 리터러시 교육이 ㄴ에서 설명한 ○○국의 미디어 리터러시 교육을 적용한 것이라고 볼 근거는 없다.

＞왜 오답 ?

① ㄱ-1을 활용하여, 사실과 의견을 식별하는 한국 청소년들의 능력
다른 나라와 비교할 때 능력 지수와 교육을 받은 비율 간 차이가 가장 큼.
지수가 교육을 받은 비율에 비해 낮다는 내용을 마련하고, 이를
3문단에 추가해 실효성 있는 미디어 리터러시 교육의 필요성을
뒷받침한다.

[초고] ③문단 그런데 청소년미디어센터의 조사 결과, 학교에서 미디어
리터러시 교육을 받았다고 응답한 청소년은 74.8%였지만 미디어 리터러시에
대해 잘 알고 있다고 응답한 청소년은 20.1%에 불과했다. ~ 이는 실효성 있는
청소년 미디어 리터러시 교육이 필요하다는 것과, 청소년 미디어 리터러시
교육에 대한 학부모의 인식 제고가 시급하다는 것을 보여준다.

ㄱ-1은 다른 OECD 회원국과 비교했을 때, 우리나라 청소년들의 '사실과 의견을
식별하는 능력 지수'가 관련 교육을 받은 비율에 비해 현저히 낮음을 보여 주는
자료이다. 이는 기존에 시행되고 있는 미디어 리터러시 교육의 실효성이 적다는
의미이다. 따라서 ㄱ-1을 활용해 실효성 있는 미디어 리터러시 교육이 필요함을
언급한 3문단의 내용을 뒷받침할 수 있다.

② ㄱ-2를 활용하여, 청소년이 미디어 이용 시 유해 콘텐츠에 의도치
폭력적이거나 선정적인 영상
않게 노출될 수 있다는 내용의 근거를 마련하고, 이를 1문단에
추가해 미디어 리터러시의 중요성을 부각한다.

[초고] ①문단 ❷~❹문장 다양한 매체를 통해 쏟아지는 정보들 속에서 ~ 책임감
있게 정보를 생산하는 능력이 중요해진 시점이다. ~ (청소년들이) 거짓 정보,
폭력·음란물 등 유해 콘텐츠에 노출될 가능성이 있을 뿐만 아니라 청소년에
의한 유해 콘텐츠 생산 사례도 발생하고 있다.

ㄱ-2는 온라인 동영상 플랫폼을 이용할 때 의도치 않게 폭력적, 선정적 영상에
노출된 경험이 있는 청소년의 비율이 적지 않음을 보여 주는 자료이다. 따라서 ㄱ-2를
활용해 청소년들이 정보를 생산하고 공유하는 과정에서 유해 콘텐츠에 노출될
가능성이 있는 만큼 미디어 리터러시가 중요하다고 한 1문단의 내용을 부각할 수
있다.

③ ㄷ을 활용하여, 학부모 대상 미디어 리터러시 교육 후 청소년에게
필요한 교육 내용에 대한 학부모들의 요구가 구체화되었다는
자율적이고 안전한 미디어 이용 능력을 기르는 교육이 필요함.
내용을 마련하고, 이를 3문단에 추가해 청소년 미디어 리터러시
교육에 대한 학부모 인식 제고의 중요성을 부각한다.

＊근거: [초고] ③문단 ❸문장
ㄷ은 학부모를 대상으로 미디어 리터러시 교육을 실시하자, 자녀의 온라인 동영상
플랫폼 이용에 관해 막연한 걱정만을 가지고 있었던 학부모들이 자녀에게 필요한
미디어 리터러시 교육의 내용을 구체적으로 제시하게 되었음을 보여 주는 자료이다.
따라서 ㄷ을 활용해 청소년 미디어 리터러시 교육에 대한 학부모 인식 제고의
중요성을 언급한 3문단의 내용을 부각할 수 있다.

④ ㄱ-1과 ㄴ을 활용하여, 정보 식별 관련 교육을 받은 비율의 정도와
정부의 적극적 지원이 미디어 리터러시 역량에 긍정적 영향을
필요한 재정과 인력 등에 대한 정책적 지원
미친다는 내용을 마련하고, 이를 4문단에 추가해 미디어 리터러시
교육을 위한 정부의 체계적 정책 수립의 필요성을 뒷받침한다.

[초고] ④문단 ❶, ❷문장 그렇다면 어떻게 해야 미디어 리터러시 교육을
효과적으로 실행할 수 있을까? 우선 정부는 체계적인 교육 정책을 마련해야
하며, ~

ㄱ-1은 정보 식별 관련 교육을 받은 비율이 높을수록 '사실과 의견을 식별하는 능력
지수'가 높음을 보여 주는 자료이다. ㄴ은 미디어 리터러시 교육에 대한 정부의
적극적인 지원이 청소년의 미디어 리터러시 역량에 긍정적인 영향을 미쳤음을 보여
주는 자료이다. 따라서 ㄱ-1과 ㄴ을 활용해 미디어 리터러시 교육의 효과적인 실행을
위해 정부가 체계적인 정책을 수립해야 함을 언급한 4문단의 내용을 뒷받침할 수
있다.

---

10 정답 ② ＊조건에 따라 내용 생성하기 ·············· [정답률 92%]

〈보기〉를 반영하여 [A]를 작성한다고 할 때, 가장 적절한 것은?

〈 보기 〉
청소년 미디어 리터러시 교육의 필요성을 한 번 더 강조한 후, 이를
조건 a
위해 여러 교육 주체들이 함께 힘써야 한다는 내용으로 글을 마무리한다.
조건 b

＞왜 정답 ?

② 청소년들이 디지털 시대의 책임감 있는 시민으로 성장하는 데
청소년 미디어 리터러시 교육의 필요성 강조 – 조건 a 충족
미디어 리터러시 교육은 필수적이다. 미디어 리터러시 교육이
성공적으로 이루어지도록 정부, 교육기관, 지역 사회가 힘을 모아야
교육 주체들이 함께 힘써야 한다는 내용으로 마무리함. – 조건 b 충족
할 때이다.

＞왜 오답 ?

① 청소년 대상 미디어 리터러시 교육이 성공적으로 이루어지기 위해서는
교육기관이 힘을 써야 한다. 지금부터 실천한다면, 내일은 더 나은
여러 교육 주체를 언급하지 않음. – 조건 b 충족 ×
미래가 될 것이다.
조건 a 충족

③ 미디어 리터러시 교육은 단순히 청소년만을 위한 교육이 아니라,
우리 사회 전체를 건강하게 만들기 위한 투자이다. 따라서 청소년들의
조건 a 충족
건강한 미디어 활용을 위한 미디어 리터러시 교육 방안을 모색해야
한다. *– 조건 b 충족 ×*

④ 미디어 리터러시는 오늘날 청소년들이 정보의 홍수 속에서 길을
조건 a 충족
잃지 않도록 돕는 나침반과도 같다. 청소년들은 비판적으로
사고하고 책임감 있게 정보를 생산하며, 사회에 긍정적인 영향을
미치는 건강한 시민으로 성장해야 한다. *– 조건 b 충족 ×*

⑤ 청소년들이 디지털 시대의 인재로 성장할 수 있도록 사회의
관심과 노력이 필요하다. 넘쳐나는 미디어 콘텐츠 속에서 정보를
여러 교육 주체를 언급하지 않음. – 조건 b 충족 ×
비판적으로 해석하고 창의적으로 활용할 수 있는 능력은 사회의
조건 a 충족
건강한 발전을 위해 매우 중요하기 때문이다.

11~12 ＊문장의 종류와 안긴문장의 특징 ────

\#출제

① ❶문장은 주어와 서술어 관계가 한 번만 나타나는 홑문장과 주어와
\# 홑문장의 개념
서술어 관계가 두 번 이상 나타나는 겹문장으로 나뉜다. ❷겹문장은
\# 겹문장의 개념
다시 문장의 짜임새에 따라 안은문장과 이어진문장으로 나뉜다.
❸안은문장은 안긴문장을 하나의 문장 성분으로 안고 있는 문장을
\# 안은문장의 개념
말하고, 이어진문장은 둘 이상의 문장이 연결 어미에 의하여 결합된
\# 이어진문장의 개념
문장을 말한다.

＊①문단 요약: 문장의 종류

❷ 안은문장에서 안긴문장은 명사절, 부사절, 인용절, 서술절, 관형사절이 있다. ❷ 명사절은 안긴문장의 서술어 어간에 명사형 어미 '-(으)ㅁ', '-기'가 붙어서 만들어지고, 조사와 결합하여 안은문장에서 주어, 목적어, 부사어 등의 기능을 한다. 부사절은 안긴문장의 서술어 어간에 부사형 어미 '-게', '-도록' 등이 붙어서 만들어지고, 안은문장에서 부사어 기능을 한다. ❹ 인용절은 서술어에 인용의 부사격 조사 '고', '라고'가 붙어서 만들어지고, 말이나 생각을 인용하는 기능을 한다. ❺ 서술절은 다른 절과 달리 조사나 어미 등 문법적 표지 없이 안은문장에서 서술어 기능을 하는데, 서술절을 안은문장은 '주어+(주어+서술어)'로 구성된다. ❻ 예를 들어 '토끼는 앞발이 짧다.'에서 '앞발이 짧다.'가 서술절에 해당한다. ❼ 관형사절은 안긴문장의 서술어 어간에 관형사형 어미 '-(으)ㄴ', '-는', '-(으)ㄹ', '-던'이 붙어서 만들어지고, 안은문장에서 관형어 기능을 한다.

\# 명사절의 개념과 역할
\# 부사절의 개념과 역할
\# 인용절의 개념과 역할
\# 서술절의 개념과 역할
(주어 + 서술어) · 주어 · (안긴문장의 주어)
\# 관형사절의 개념과 역할

＊②문단 요약 : 안긴문장의 종류와 문장에서 하는 역할

③ ❶ 그런데 관형사절을 안은문장에서 관형사절이 절이 아닌 것처럼 보일 때가 있다. ❷ 예를 들어, '그녀는 빨간 사과를 샀다.'는 '사과가 빨갛다.'라는 문장이 관형사절로 안긴 것으로, ㉠ 관형사절의 주어가 생략된 문장이다. ❸ 안긴문장에서 '빨간'의 주어가 되는 대상은 '사과'인데 그것이 안은문장에서 꾸밈을 받는 대상인 '사과'와 동일하기 때문에 안긴문장의 주어인 '사과가'가 생략된 것이다. ❹ 그러다 보니 '빨간'만 남게 되어서 관형사절인 안긴문장이 절이 아닌 것처럼 보이는 것이다.

'그녀는 사과를 샀다.'에 '사과가 빨갛다.'가 관형사절로 안긴 형태임.
'사과가 빨갛다.'가 주어 '사과가'가 생략됨.

＊③문단 요약 : 특정 문장 성분이 생략된 형태의 관형사절

■ 이것이 핵심! : 문장의 종류와 안긴문장의 특징

	문장의 종류	
①문단	홑문장	주어와 서술어 관계가 한 번만 나타남.
	겹문장	안은문장: 안긴문장을 하나의 문장 성분으로 안고 있는 문장
		이어진문장: 둘 이상의 문장이 연결 어미에 의하여 결합된 문장

	안긴문장의 종류와 문장에서 하는 역할	
②문단	명사절	– 명사형 어미 '-(으)ㅁ', '-기'가 붙어 만들어짐. – 주어, 목적어, 부사어의 기능을 함.
	부사절	– 부사형 어미 '-게', '-도록'이 붙어 만들어짐. – 부사어의 기능을 함.
	인용절	– 인용의 부사격 조사 '고', '라고'가 붙어 만들어짐. – 말이나 생각을 인용하는 기능을 함.
	서술절	– 문법적 표지가 없음. – 서술어의 기능을 함.
	관형사절	– 관형사형 어미 '-(으)ㄴ', '-는', '-(으)ㄹ', '-던'이 붙어 만들어짐. – 관형어의 기능을 함.

	특정 문장 성분이 생략된 형태의 관형사절	
③문단	ⓔ 그녀는 빨간 시과를 샀다. → '그녀는 사과를 샀다.' + '사과가 빨갛다.'('사과가 빨갛다.'가 관형사절로 안기면서 주어인 '사과가'가 생략됨.)	

11 정답 ① ＊ 홑문장과 겹문장 파악하기 ·········· [정답률 69%]

윗글을 바탕으로 〈보기〉를 이해한 내용으로 적절하지 않은 것은?

〈 보기 〉
㉠ 영수는 학교에 빨리 가기를 원하고 있다.
　　　　　　　명사절
㉡ 우리 집 정원에 드디어 라일락이 피었다. → 홑문장
　　　　　　　주어　　　서술어
㉢ 하늘이 눈이 부시게 푸르다.
　　　　　　부사절
㉣ 그녀가 좋아하는 식당은 인기가 많다.
　　관형사절　　　　서술절
㉤ 영희가 바닷가에 놀러 가자고 했다.
　　　　　　인용절

> **왜 정답?**

① ㉠에는 조사 '에'와 결합해 부사어 기능을 하는 명사절이 있다.
　　　　　　'를'　　　　　　목적어

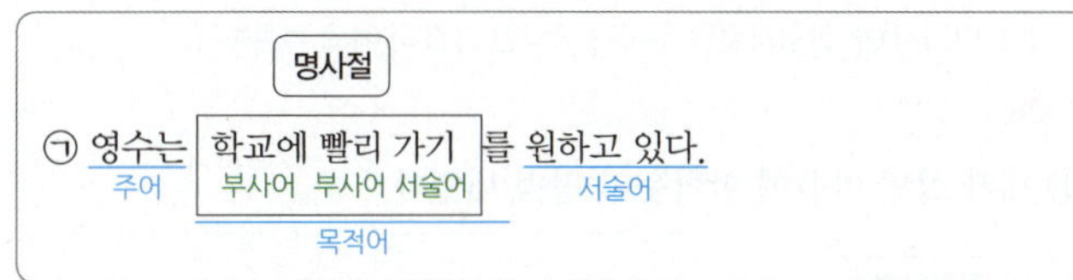

㉠은 '영수는 원하고 있다.'에 '(영수가) 학교에 빨리 가다.'가 명사절로 안긴 것이다. 이때 명사절 '학교에 빨리 가기'에 목적격 조사 '를'이 결합하여 안은문장에서 목적어의 기능을 하고 있다.

> **왜 오답?**

② ㉡에는 주어와 서술어의 관계가 한 번만 나타나 있다.
　　　　　　　　　　　　　　　　홑문장

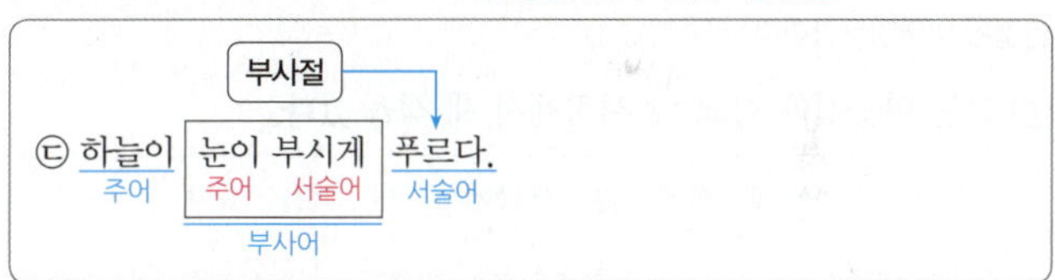

㉡에서 주어는 '라일락이'이고, 서술어는 '피었다'이다. 즉 ㉡은 주어와 서술어의 관계가 한 번만 나타나는 홑문장이다.

③ ㉢에는 어미 '-게'가 붙어서 만들어진 부사절이 있다.
　　　　　　　　　　　안은문장에서 부사어의 기능을 함.

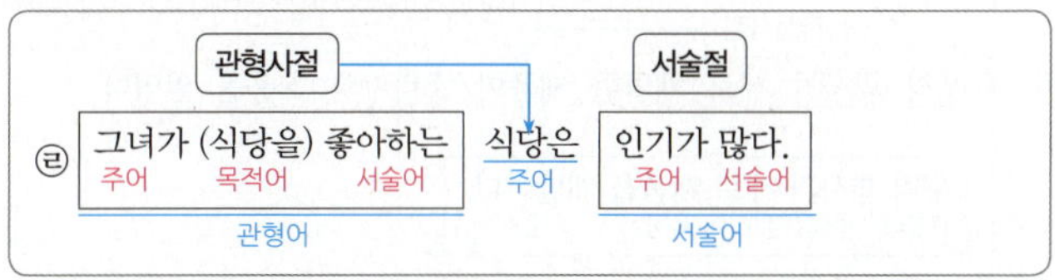

㉢은 '하늘이 푸르다.'에 '눈이 부시다.'가 부사절로 안긴 것이다. 부사형 어미 '-게'가 붙어 만들어진 부사절 '눈이 부시게'는 안은문장에서 부사어의 기능을 하고 있다.

④ ㉣에는 관형사절과 서술절이 모두 나타나 있다.
안은문장에서 관형어 기능을 함. 안은문장에서 서술어 기능을 함.

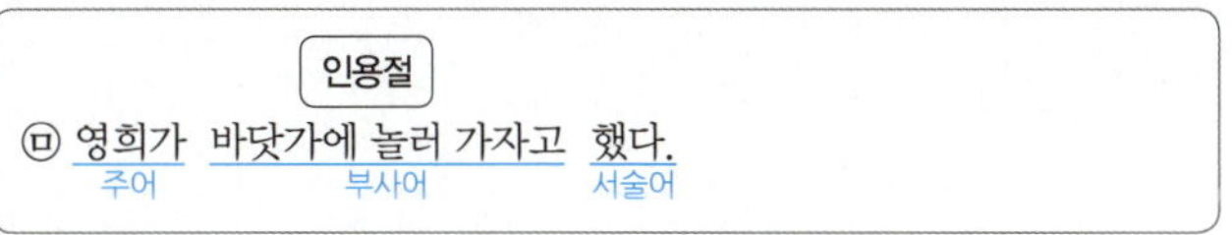

㉣에서 주어는 '식당은'이고, 서술어는 '인기가 많다.'이다. 이때 '인기가 많다.'는 주어인 '인기가'와 서술어인 '많다'로 이루어진 하나의 문장이다. 즉 ㉣은 '인기가 많다'라는 서술절을 안은문장이다. 또한 ㉣에는 '그녀가 (식당을) 좋아하다.'에 관형사형 어미 '-는'이 결합한 관형사절이 안겨 있다. 관형사절 '그녀가 좋아하는'은 주어인 '식당은'을 수식하고 있다.

⑤ ㉤에는 조사 '고'를 사용해 다른 사람의 말을 인용하는 인용절이 있다.
　　　　　　　　　　　　　　　　말이나 생각을 인용하는 기능을 함.

㉤에는 '바닷가에 놀러 가자'에 부사격 조사 '고'가 결합한 인용절이 안겨 있다.

㉮에 해당하는 예로 적절한 것은?
'관형사절의 주어가 생략된 문장'

＞왜 정답 ?

② **아버지는 손짓으로 운동하는 딸을 불렀다.**

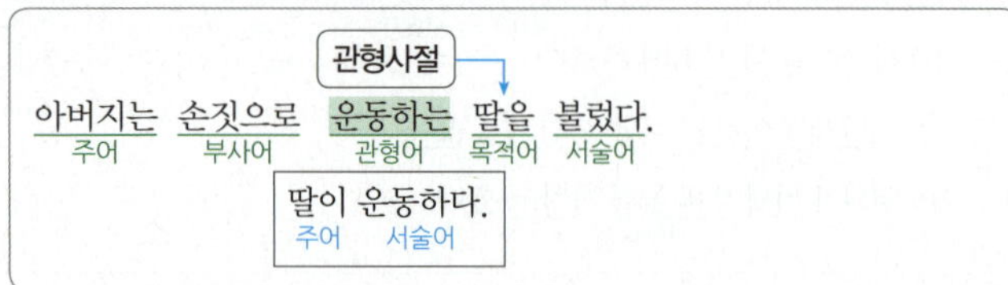

'아버지는 손짓으로 딸을 불렀다.'에 '딸이 운동하다.'라는 문장이 관형사절의 형태로 안겨 있다. 이는 안긴문장에서 주어가 되는 대상인 '딸'과 안은문장에서 관형사절의 수식을 받는 대상인 '딸'이 서로 같기 때문에, 안긴문장의 주어인 '딸이'가 생략된 것이다. 따라서 ㉮ '관형사절의 주어가 생략된 문장'의 예로 적절하다.

＞왜 오답 ?

① **내가 살던 마을에 함박눈이 펑펑 내렸다.**

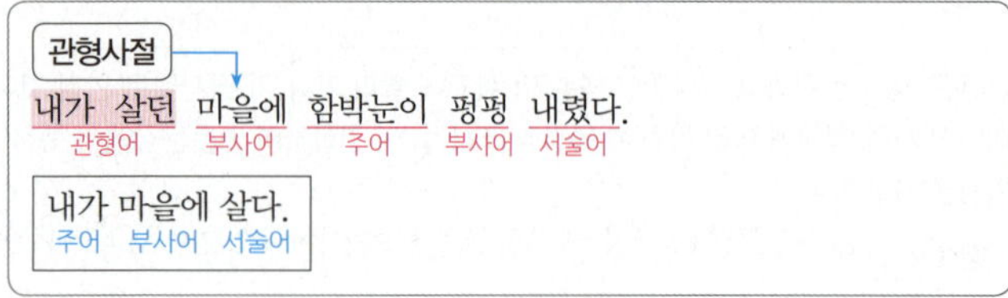

'마을에 함박눈이 펑펑 내렸다.'에 '내가 마을에 살다.'가 관형사절의 형태로 안겨 있다. 이는 안긴문장의 부사어인 '마을에'와 안은문장에서 관형사절의 수식을 받는 대상인 '마을에'가 서로 같기 때문에, 안긴문장의 부사어인 '마을에'가 생략된 것이다.

③ **내일 날씨가 화창하면 공원에 산책하러 가자.**

'내일 날씨가 화창하다.'와 '(우리) 공원에 산책하러 가자.'가 연결 어미 '-면'을 통해 연결된 이어진문장이다.

④ **그는 하굣길에 학교 앞 서점에서 새 책을 샀다.**

주어는 '그는'이고 서술어는 '샀다'로, 주어와 서술어의 관계가 한 번만 나타나는 홑문장이다.

⑤ **우리 회사가 새로 개발한 제품이 소비자의 호응을 얻었다.**

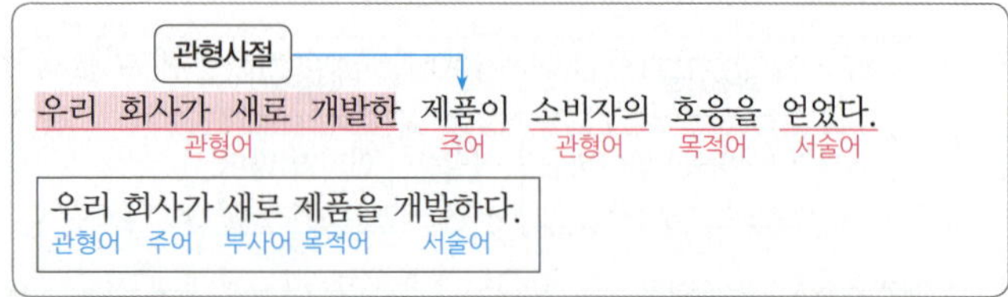

'제품이 소비자의 호응을 얻었다.'에 '우리 회사가 새로 제품을 개발하다.'가 관형사절의 형태로 안겨 있다. 이는 안긴문장에서 목적어인 '제품을'이 안은문장에서 관형사절의 수식을 받는 대상인 '제품이'와 같기 때문에, 안긴문장의 목적어 '제품을'이 생략된 것이다.

〈보기〉의 ㉠에 해당하는 단어로 적절한 것은?

〈 보기 〉

❶ 복합어 중에는 어근과 접사로 이루어진 파생어에 어근이나 접사가 다시 결합하여 형성된 것이 있다. ❷ 예컨대, 복합어 '놀이터'는 어근 '놀-'과 접사 '-이'가 결합한 파생어 '놀이'에 어근 '터'가 다시 결합하여 형성되었다. ❸ 따라서 '놀이터'는 ㉠ '(어근+접사)+어근'의 구조로 된 단어이다.
놀이터 = (놀- + -이) + 터

＞왜 정답 ?

① **맺음말**
'(어근+접사)+어근'의 구조로 된 단어

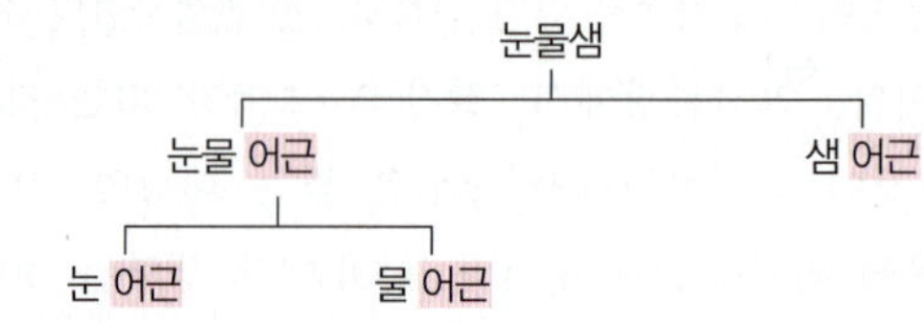

＞왜 오답 ?

② **눈물샘**
'(어근+어근)+어근'의 구조로 된 단어

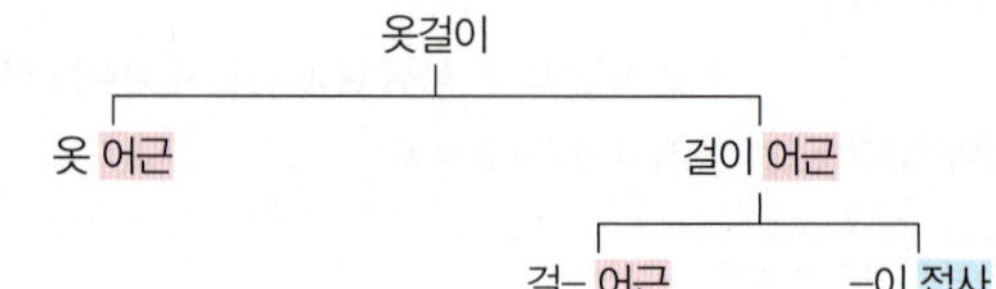

③ **옷걸이**
'어근+(어근+접사)'의 구조로 된 단어

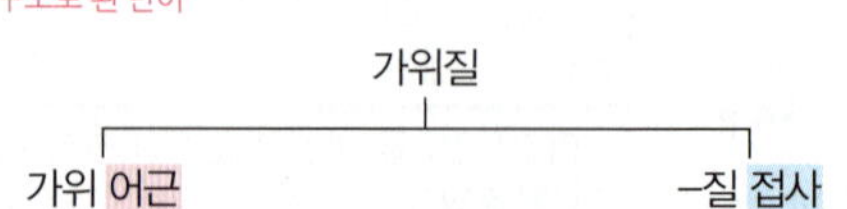

④ **가위질**
'어근+접사'의 구조로 된 단어

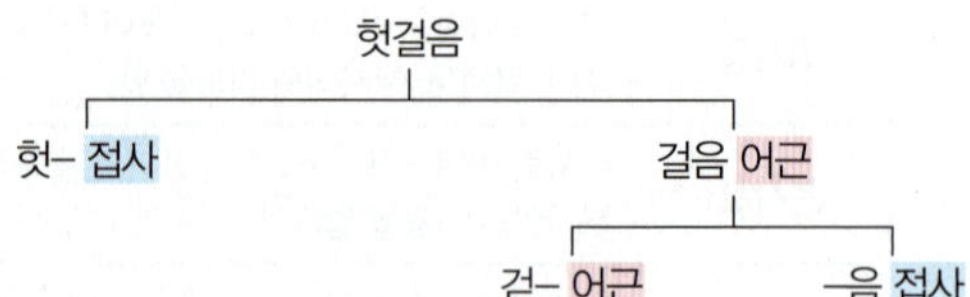

⑤ **헛걸음**
'접사+(어근+접사)'의 구조로 된 단어

14 정답 ② ✳ 음운의 변동 파악하기 ······················· [정답률 58%]

〈보기〉를 바탕으로 음운 변동 사례에 대해 이해한 내용으로 적절하지 <u>않은</u> 것은?

― 〈 보기 〉 ―

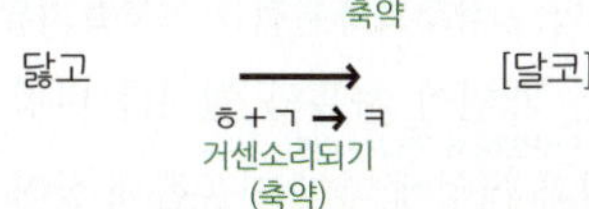

❶국어의 음운 변동은 한 음운이 다른 음운으로 바뀌는 교체, 한 음운이 없어지는 탈락, 새로운 음운이 생기는 첨가, 두 음운이 합쳐져 다른 음운으로 바뀌는 축약으로 분류할 수 있다. ❷그런데 음운 변동은 음운 환경에 따라 두 가지 이상이 함께 나타나기도 한다. ❸'색연필[생년필]'은 첨가와 교체가 일어났고, '넓죽하다[넙쭈카다]'는 탈락, 교체, 축약이 일어났다.
색연필 → [색년필] → [생년필]　넓죽하다 → [넙죽하다] → [넙쭉하다] → [넙쭈카다]

〉왜 정답?

② '닳고[달코]'는 <del>탈락</del>과 축약이 일어났군.

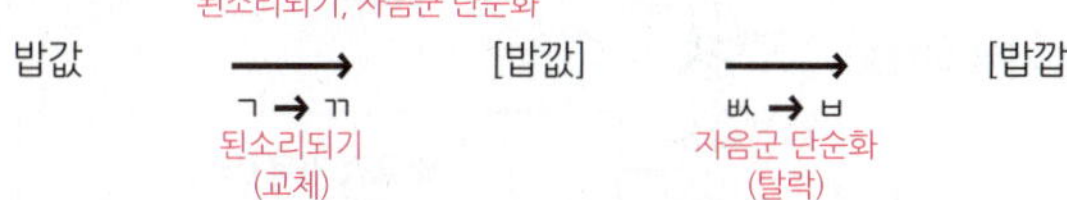

'닳고'는 겹받침 'ㅀ'의 'ㅎ'이 뒤에 오는 'ㄱ'과 결합해 [ㅋ]으로 축약되는 거센소리되기가 일어나 [달코]로 발음한다.

〉왜 오답?

① '밥값[밥깝]'은 교체와 탈락이 일어났군.

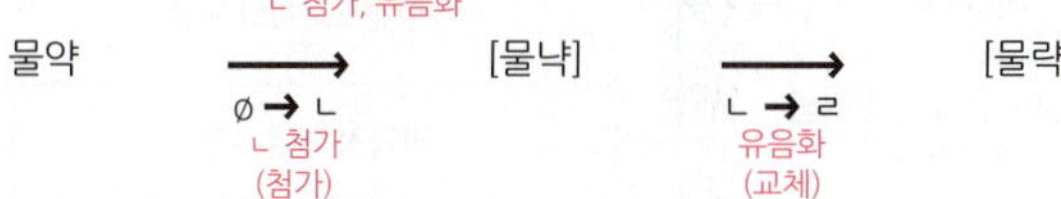

③ '물약[물략]'은 첨가와 교체가 일어났군.

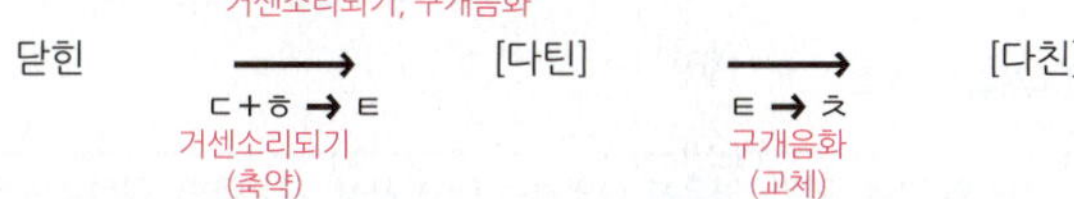

④ '닫힌[다친]'은 축약과 교체가 일어났군.

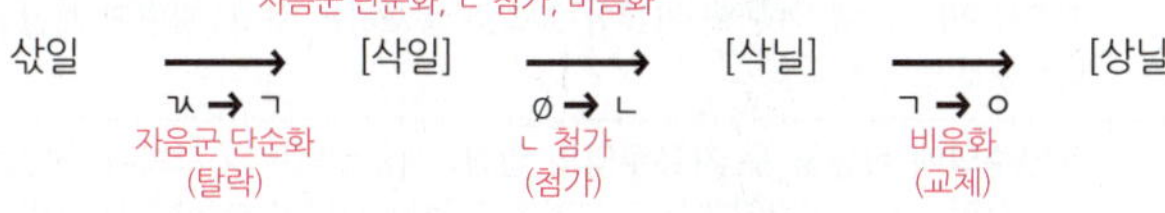

⑤ '삯일[상닐]'은 탈락, 첨가, 교체가 일어났군.

㉠ 그는 미술 시간에 그림을 그렸다. → 능동문
㉡ 온 세상이 눈에 <u>덮였다</u>. → 피동 접미사가 쓰인 피동문
　덮- + -이- + -었- + -다
㉢ 음식이 사람들에 의해 <u>버려졌다</u>. → '-어지다'가 쓰인 피동문
　버리- + -어지- + -었- + -다
㉣ 토끼가 사냥꾼에게 <u>잡혔다</u>. → 피동 접미사가 쓰인 피동문
　잡- + -히- + -었- + -다
㉤ 그날의 교훈이 모두의 가슴에 깊이 <u>새겨졌다</u>. → '-어지다'가 쓰인 피동문
　새기- + -어지- + -었- + -다

〉왜 정답?

⑤ ㉤은 <del>피동 접미사 '-기-'가 붙은 피동자에</del> '-어지다'가 결합한 <del>이중 피동 표현이다.</del>
'새기다'의 어간 '새기-'
이중 피동 표현이 아님.

㉤에서 '새겨졌다'는 '새기다'의 어간 '새기-'에 피동의 뜻을 나타내는 '-어지다'가 결합한 표현이다. 피동 접미사 '-기-'가 붙은 피동사에 다시 '-어지다'가 결합한 이중 피동 표현이 아니다.

〉왜 오답?

① ㉠은 <u>주어가 동작을 제힘으로 하는 것을 표현한 문장이다.</u>
능동문

㉠은 주어인 '그'가 그림을 그리는 행동을 제힘으로 했음을 나타내는 능동문이다. 이때 서술어 '그렸다'는 '그리다'의 어간 '그리-'에 과거 시제 선어말 어미 '-었-'이 결합한 것이다.

② ㉡은 <u>피동 접미사 '-이-'를 사용하여 주어가 영향을 받는 것을</u> 표현한 피동문이다.
'덮였다'

㉡에서 '덮였다'는 '덮다'의 어간 '덮-'에 피동 접미사 '-이-'와 과거 시제 선어말 어미 '-었-'이 결합한 표현이다. 즉 피동사 '덮였다'를 사용해 주어인 '온 세상'이 '눈'의 영향을 받았음을 표현한 피동문이다.

③ ㉢을 <u>능동문으로 바꾸면 문장의 주어가 목적어로 바뀐다.</u>
피동문의 주어 '음식이' → 능동문의 목적어 '음식을'

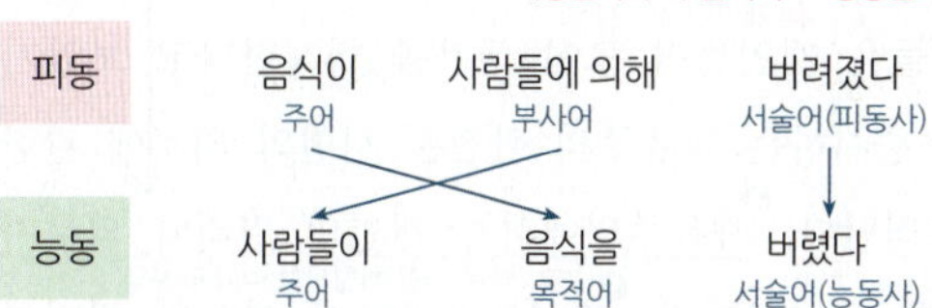

④ ㉣을 <u>능동문으로 바꾸면 문장의 부사어가 주어로 바뀐다.</u>
피동문의 부사어 '사냥꾼에게' → 능동문의 주어 '사냥꾼이'

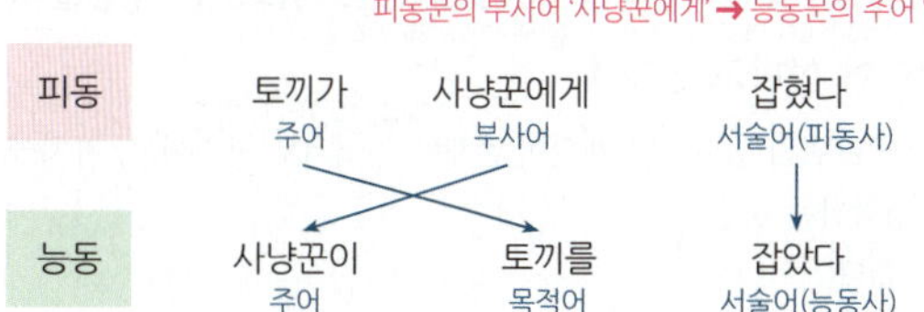

---

15 정답 ⑤ ✳ 피동 표현 파악하기 ···························· [정답률 74%]

〈보기〉를 바탕으로 ㉠~㉤을 탐구한 내용으로 적절하지 <u>않은</u> 것은? [3점]

― 〈 보기 〉 ―

❶문장은 주어가 동작을 제힘으로 하는 <u>능동문</u>과 다른 주체에 의해 동작이 이루어지거나 영향을 받는 <u>피동문</u>으로 나눌 수 있다. ❷피동문은 피동 접미사 '-이-, -히-, -리-, -기-'가 결합된 피동사를 쓰거나
피동문의 실현 방법 ①
피동의 뜻을 나타내는 '-아지다/-어지다'를 써서 실현되는데, 이러한
피동문의 실현 방법 ②
문법 요소가 중복으로 나타난 이중 피동은 바람직한 표현이 아니므로 주의가 필요하다. ❸한편 능동문이 피동문으로, 피동문이 능동문으로 바뀔 때는 문장 성분이 달라지기도 한다.

(가) 시민의 권리와 의무에 관한 자유주의의 관점

출제 ◯ 글 전체 핵심어 ▭ 글 전체 중심 문장

1 시민이란 [법에 보장된 일정한 권리와 의무를 지닌 자유롭고
[ ]: 시민의 개념
평등한 사람으로서, 정치에 참여할 수 있는 권한과 자격을 가진 사회
구성원]이다. 시민에 관한 논의는 고대 그리스에서 시작하여, 로마를
거쳐 근대에 이르기까지 다양한 사상을 바탕으로 이루어져 왔다. 그중
자유주의와 공화주의는 시민의 자유와 권리, 의무의 근거를 설명하는
대표적인 사상이다.

자유주의: 17~18세기에 주로 유럽의 신흥 시민 계급에 의하여 주장된
시민적·경제적 자유와 민주적인 여러 제도의 도입을 요구하는 사상이나 운동
공화주의: 공화 제도를 주장하거나 실현하려는 정치적인 태도

＊1문단 요약: 시민의 자유, 권리, 의무를 설명하는 대표 사상

2 자유주의는 무엇보다 개인의 자유와 권리를 중시하는 사상으로,
자유주의의 개념
자연권 사상을 바탕으로 발전하였다. 자연권이란 인간이
태어나면서부터 가지는 선천적인 권리로서 천부인권이라고도 한다.
자연권의 개념
자유주의에서는 이러한 자연권이 시대나 장소에 상관없이 모든
인간에게 보편적으로 내재해 있으며, 개인의 자유와 권리를 보장하는
시민이 누려야 할 자유의 바탕이 되는 근거
근거라고 보았다.

사상: 어떠한 사물에 대하여 가지고 있는 구체적인 사고나 생각
내재하다: 어떤 사물이나 범위의 안에 들어 있다.

＊2문단 요약: 자유주의의 개념

3 자유주의는 국가보다 개인을 우선한다는 개인주의를 바탕으로
개인주의의 개념
한다. 자유주의자들은 개인들이 모여 국가를 형성한다고 보았기
때문이다. 개인을 중시하는 자유주의 관점은 시민의 의무에 관한
견해에서도 잘 드러난다. 자유주의에서는 개인의 권리와 의무가
충돌할 때, 권리를 우선시한다. 또 [불가피하게 개인의 권리를
개인주의를 바탕으로 하기 때문임.
제약하거나 개인에게 어떤 의무를 부과하려면, 반드시 시민들의
[]: 자유주의에서 의무는 개인의 자유 의지에 따라 선택할 수 있음.
자발적 동의를 얻어야 한다고 본다.]

개인주의: 사회나 국가 따위의 집단보다 개인이 존재에 있어서도 먼저이고, 가치에
있어서도 상위라고 생각하는 사상
불가피하다: 피할 수 없다.
자발적: 남이 시키거나 요청하지 아니하여도 자기 스스로 나아가 행하는

＊3문단 요약: 개인주의에 바탕을 둔 자유주의의 입장

4 자유주의자들은 '소극적 자유'를 중시했는데, 이는 외부의 부당한
압력이나 강제에서 벗어난 상태를 의미한다. 이러한 소극적 자유는
외부의 부당한 압력이 배제되어야 자유를 누릴 수 있음.
[국가와 타인에게 구속당하지 않고 행동할 수 있는 사적 영역을
[ ]: 소극적 자유의 특징
보장함으로써 실현될 수 있으며, 간섭이 없는 상태인 방임으로서의
자유를 의미하기도 한다.]

부당하다: 이치에 맞지 아니하다.
방임: 돌보거나 간섭하지 않고 제멋대로 내버려둠.

＊4문단 요약: 자유주의의 관점 ① 소극적 자유

5 한편, 일부 자유주의 사상가들은 소극적 자유와 함께 '적극적
자유'를 주장하였다. 적극적 자유란 자신의 의지에 따라 스스로가
자기실현을 위한 자율적 삶을 중시함.
원하는 삶을 능동적으로 실현할 수 있는 자유를 의미한다. 외부
간섭의 부재에 만족하지 않고, 가치 있는 삶과 자기실현을 위한
자율적 삶을 중시하는 것이다. 적극적 자유를 지지한 사상가들은
대체로 개인의 지적, 신체적, 사회적 능력의 신장을 위한 국가의
국가의 개입을 일부 정당화함.
개입이 정당하다고 보았다.

부재: 그곳에 있지 아니함.
자기실현: 자아의 본질을 완전히 실현하는 일
자율적: 자기 스스로의 원칙에 따라 어떤 일을 하거나 자기 스스로를 통제하여
절제하는 신장: 세력이나 권리 따위가 늘어남. 또는 늘어나게 함.

＊5문단 요약: 자유주의의 관점 ② 적극적 자유주의

6 자유주의는 현대 사회에서 모든 개인이 자유와 권리를 바탕으로
자유주의가 현대 사회에서 지니는 의의
자신의 삶을 선택하고, 각자의 양심과 이성에 따라 자유롭게 살아가는
주체적 시민이 되도록 하는 데 기여하였다.

주체적: 어떤 일을 실천하는 데 자유롭고 자주적인 성질이 있는
기여하다: 도움이 되도록 이바지하다.

＊6문단 요약: 자유주의의 의의

■ (가) 전체 지문 이해도

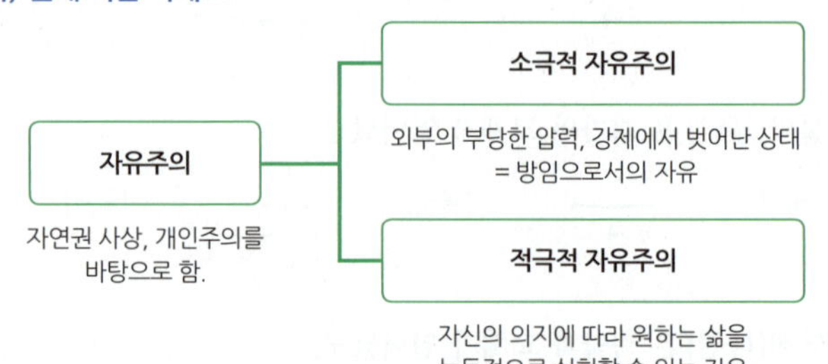

■ (가) 지문 내용과 구조

1문단	**시민의 자유, 권리, 의무를 설명하는 대표 사상**: 자유주의, 공화주의를 들 수 있음.
2문단	**자유주의의 개념**: 개인의 자유와 권리를 중시하는 사상. 자연권 사상을 바탕으로 발전함.
3문단	**개인주의에 바탕을 둔 자유주의의 입장**: 개인주의는 국가보다 개인을 우선시함. → 자유주의에서도 개인의 권리와 의무가 충돌할 시 개인의 권리를 우선시함. 개인의 권리 제약, 개인에게 의무 부과가 불가피할 경우 시민들의 자발적 동의를 얻어야 함.
4문단	**자유주의의 관점 ① 소극적 자유주의**: 국가와 타인에게 구속당하지 않고 행동할 수 있는 사적 영역의 보장을 통해 실현됨.
5문단	**자유주의의 관점 ② 적극적 자유주의**: 외부 간섭의 부재에 만족하지 않고, 가치 있는 삶과 자기실현을 위한 자율적 삶을 중시함.
6문단	**자유주의의 의의**: 현대 사회에서 모든 개인이 주체적 시민으로 살아가도록 하는 데에 기여함.

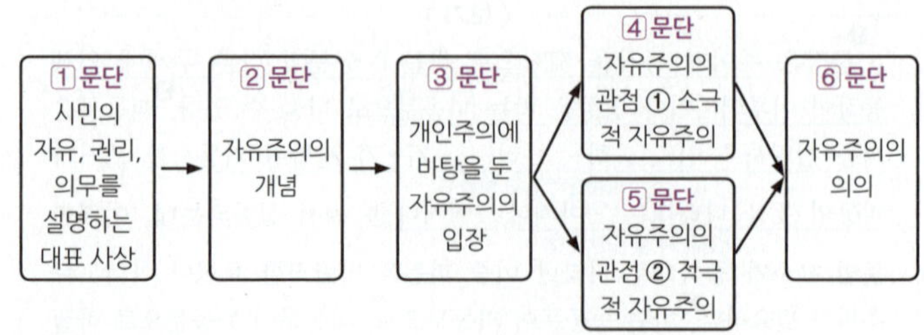

■ (가) 주제: 시민의 권리와 의무에 관한 자유주의의 입장과 그 의의

(나) 시민의 권리와 의무에 관한 공화주의의 관점

출제　◎ 글 전체 핵심어　　글 전체 중심 문장

1 공화주의는 자유주의와 달리 시민의 권리는 자연적으로 주어진
시민의 권리에 대한 공화주의 관점
것이 아니라 시민들의 능동적이고 자발적인 참여로써 성취해야 하는
정치적 결과물이며, 공동체의 의무와 결합되어 있다고 본다. 또한
자유를 중요한 가치로 삼지만, 개인의 우선성을 강조했던 자유주의에
비해 공익을 위해 개인의 자유가 제한될 수도 있다고 했다. 즉,
개인의 권리와 의무가 충돌할 때, 권리만을 우선하지 않음.
자신이 속한 공동체에서 맡은 역할을 책임 있게 수행하며, 공동선에
공화주의에서 말하는 이상적인 시민상
관심을 가지는 사람을 이상적인 시민으로 여긴다.

[공동선: 개인을 위한 것이 아닌 국가나 사회, 또는 온 인류를 위한 선

★ 1 문단 요약: 공화주의의 개념

2 이러한 공화주의는 크게 두 가지 관점으로 분류할 수 있다.
아리스토텔레스의 영향을 받은 아테네 전통의 시민적 공화주의와
공화주의의 사상적 토대를 마련한 철학자
마키아벨리의 영향을 받은 로마 전통의 신로마 공화주의이다. ⓐ
공화주의의 사상적 토대를 마련한 철학자
시민적 공화주의자들은 인간의 타고난 사회성을 강조하면서, 인간이
시민적 공화주의자가 주장한 정치 참여의 근거
국가 안에서만 도덕적 존재로 살아갈 수 있다고 보았다. 그리고 [정치
참여란 시민의 의무이자 자유를 행사하는 것으로서, 그 자체가
[ ]: 정치 참여에 대한 시민적 공화주의자의 관점
목적]이라고 주장하였다. 정치 참여가 덕성을 함양하는 일이자 윤리적
윤리와 정치를 구분하지 않음.
자기실현이라고 보았기 때문이다. 따라서 그들은 개인의 권리나
이익보다 시민의 정치적 의무를 더 우선시하였고, 이런 의무는 개인이
의무를 개인이 선택할 수 있다고 본 자유주의의 관점과 대조됨.
선택하거나 거부할 수 없다고 보았다.

[덕성: 어질고 너그러운 성질
[함양하다: 능력이나 품성 따위를 길러 쌓거나 갖추다.

★ 2 문단 요약: 공화주의의 관점 ① 시민적 공화주의

3 ⓑ 신로마 공화주의자들 또한 [시민적 공화주의자와 마찬가지로
정치 참여와 같은 시민의 의무를 강조하였다. 그러나 그들은 정치
[ ]: 시민적 공화주의자와의 공통점과 차이점
참여의 근거를 인간의 자연적 사회성이나 윤리적 자기실현에서 찾지
않았다.] 그들에 따르면, 정치 참여는 그 자체로 목적이 아니라 외세와
폭정으로부터 시민의 자유를 지키기 위한 수단이기 때문이다. 그들은
신로마 공화주의자가 주장한 정치 참여의 근거
이를 실현하기 위해 비지배로서의 자유를 제시하였다.

[외세: 외국의 세력　　폭정: 포악한 정치

★ 3 문단 요약: 공화주의의 관점 ② 신로마 공화주의

4 비지배 자유의 핵심은 타인의 자의적인 지배에서 벗어나는
것이다. 즉 자유주의에서 말하는 간섭의 부재에서 그치는 것이
비지배 자유의 핵심 내용
아니라, 타인에게 사적으로 종속되지 않는 상태를 지향한다. 그들은
공공의 법으로써 이러한 자유가 가능하다고 보았다. 이에 따르면,
개인의 자유를 보장하기 위해 법으로 인간의 행위를 제한할 필요가 있다고 봄.
공화국의 법은 시민의 참여 속에서 공동의 결정으로 만들어진다.
그리고 공화국의 시민은 자신이 만든 법에 따라 자신의 의지에
신로마 공화주의자가 공공의 법이 필요하다고 보는 이유
복종함으로써 정치적 자유를 누릴 수 있다. 이러한 이유로 그들은
자유의 근거를 자연권에서 찾는 자유주의자들과 달리, 시민들
스스로가 심의하고 제정한 헌법에서 찾는다.
시민이 누려야 할 자유의 바탕이 되는 근거

[종속되다: 자주성이 없이 주가 되는 것에 딸려 붙게 되다.
[복종하다: 남의 명령이나 의사를 그대로 따라서 좇다.
[심의: 심사하고 토의함.　　제정: 제도나 법률 따위를 만들어서 정함.

★ 4 문단 요약: 신로마 공화주의자가 제시한 비지배 자유

5 한편, [공화주의에서 말하는 시민의 자유와 권리는 자치와 자율적
시민이라는 민주주의의 이상과 부합하여 오늘날 개인과 사회, 개인과
[ ]: 공화주의가 현대 사회에서 지니는 의의
국가의 관계 형성에 영향을 끼치고 있다.]

[자치: 저절로 다스려짐.　　부합하다: 사물이나 현상이 서로 꼭 들어맞다.

★ 5 문단 요약: 공화주의의 의의

■ (나) 전체 지문 이해도

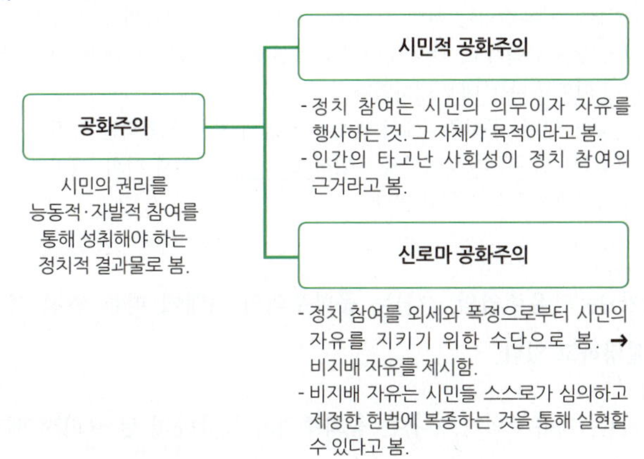

■ (나) 지문 내용과 구조

1 문단	공화주의의 개념: 시민의 권리는 시민들의 능동적·자발적 참여로 성취해야 하는 정치적 결과물이며, 공동체의 의무와 결합되어 있다고 보는 관점 → 공동체에서 맡은 역할에 충실하며, 공동선에 관심을 가지는 사람을 이상적 시민으로 여김.
2 문단	공화주의의 관점 ① 시민적 공화주의 – 인간의 타고난 사회성을 강조하며 이를 정치 참여의 근거로 봄. – 정치 참여를 시민의 의무이자 자유를 행사하는 것으로 보며, 그 자체를 목적이라고 주장함. – 개인의 권리나 이익보다 시민의 정치적 의무를 우선시함.
3 문단	공화주의의 관점 ② 신로마 공화주의: 정치 참여는 외세와 폭정으로부터 시민의 자유를 지키기 위한 것이라고 봄. → 비지배 자유를 제시함.
4 문단	신로마 공화주의자가 제시한 비지배 자유 – 타인에게 사적으로 종속되지 않는 상태를 지향함. – 시민들 스스로 심의하고 제정한 공공의 법을 통해 비지배 자유를 실현할 수 있음.
5 문단	공화주의의 의의: 오늘날 민주주의 사회에서 개인과 사회의 관계, 개인과 국가의 관계 형성에 영향을 끼치고 있음.

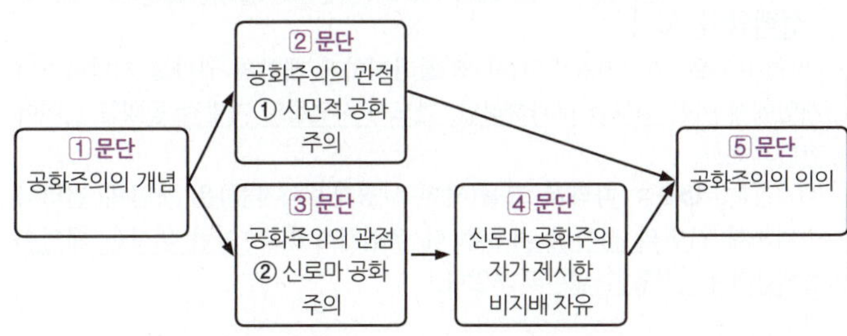

■ (나) 주제: 시민의 권리와 의무에 관한 공화주의의 입장과 그 의의

 정답 ③　★ 내용 전개 방식 파악하기 ·················· [정답률 81%]

(가)와 (나)에 대한 설명으로 가장 적절한 것은?

> **왜 정답?**

③ (가)는 자유주의가, (나)는 공화주의가 현대 사회에서 지니는
　　　　　　　　　　(가): 개인이 주체적 시민이 되도록 하는 데에 기여함.
의의에 대해 설명하고 있다. (나): 개인과 사회, 개인과 국가의 관계 형성에 영향을 줌.

[　(가) ⑥문단 자유주의는 현대 사회에서 모든 개인이 자유와 권리를 바탕으로
자신의 삶을 선택하고, 각자의 양심과 이성에 따라 자유롭게 살아가는 주체적
시민이 되도록 하는 데 기여하였다.
　(나) ⑤문단 한편, 공화주의에서 말하는 시민의 자유와 권리는 자치와 자율적
시민이라는 민주주의의 이상과 부합하여 오늘날 개인과 사회, 개인과 국가의
관계 형성에 영향을 끼치고 있다.　]

> **왜 오답?**

① (가)는 자유주의의, (나)는 공화주의의 ~~지대에 따른 변천 과정을~~
　　　　　　　　　　　　　　　　　설명하고 있지 않음.
설명하고 있다.

② (가)는 자유주의가, (나)는 공화주의가 ~~등장하게 된 사회적 배경에~~
　　　　　　　　　　　　　　　　설명하고 있지 않음.
관해 설명하고 있다.

④ (가)는 자유주의가, (나)는 공화주의가 지니고 있는 ~~한계를 구체적~~
　　　　　　　　　　　　　　　　　설명하고 있지 않음.
~~자례를 통해~~ 설명하고 있다.

(가)에서는 자유주의의 사상적 토대를 마련한 특정 철학자에 관해 설명하지 않음.
⑤ ~~(가)는~~ 자유주의의, (나)는 공화주의의 사상적 토대를 마련한 특정
　　　　　　　　　　　　아리스토텔레스, 마키아벨리
철학자들에 관해 설명하고 있다.

 정답 ④　★ 내용 파악하기 ································ [정답률 86%]

(가)와 (나)를 이해한 내용으로 적절하지 <u>않은</u> 것은?

> **왜 정답?**
　　　　　공화주의는 시민의 정치적 의무를 개인이 선택하거나 거부할 수 없다고 봄.
④ 자유주의와 ~~공화주의~~에서 의무는 모두 개인의 자유 의지에 따라
　　　　　　　자유주의는 개인에게 의무를 부과하려면 시민들의 자발적 동의를 얻어야 한다고 봄.
선택할 수 있다.

[　(가) ③문단 ⑤문장 (자유주의는) 또 불가피하게 개인의 권리를 제약하거나
개인에게 어떤 의무를 부과하려면, 반드시 시민들의 자발적 동의를 얻어야
한다고 본다.
　(나) ②문단 ⑥문장 따라서 그들(시민적 공화주의자들)은 개인의 권리나
이익보다 시민의 정치적 의무를 더 우선시하였고, 이런 의무는 개인이
선택하거나 거부할 수 없다고 보았다.　]

> **왜 오답?**

① 자유주의에서는 개인주의 사상을 토대로 의무보다 권리를
　　　　　　　국가보다 개인을 우선한다는 사상
우선시한다.

[　(가) ③문단 ❶, ❹문장 자유주의는 국가보다 개인을 우선한다는 개인주의를
바탕으로 한다. ~ 자유주의에서는 개인의 권리와 의무가 충돌할 때, 권리를
우선시한다.　]

② 자유주의에서 시민의 권리인 자유는 외부의 부당한 압력이
　　　　　　　　　　　　　　　　소극적 자유
배제되어야 누릴 수 있다.

[　(가) ④문단 ❶문장 자유주의자들은 '소극적 자유'를 중시했는데, 이는 외부의
부당한 압력이나 강제에서 벗어난 상태를 의미한다.　]

③ 공화주의에서 권리는 시민의 의무를 책임 있게 수행함으로써 얻을
　　공동체의 의무와 결합된 것으로, 시민들이 능동적·자발적 참여로 성취해야 함.
수 있다.

[　(나) ①문단 ❶문장 공화주의는 자유주의와 달리 시민의 권리는 ~ 시민들의
능동적이고 자발적인 참여로써 성취해야 하는 정치적 결과물이며, 공동체의
의무와 결합되어 있다고 본다.　]

⑤ 자유주의와 공화주의에서 시민이 누려야 할 자유의 바탕이 되는
　　　　　　　　　　　　　　자유주의: 자연권 / 공화주의: 헌법
근거는 서로 다르다.

[　(가) ②문단 ❸문장 자유주의에서는 이러한 자연권이 ~ 개인의 자유와 권리를
보장하는 근거라고 보았다.
　(나) ④문단 ❺문장 이러한 이유로 그들(신로마 공화주의자들)은 자유의 근거를
자연권에서 찾는 자유주의자들과 달리, 시민들 스스로가 심의하고 제정한
헌법에서 찾는다.　]

 정답 ⑤　★ 반응, 비판, 평가의 적절성 파악하기 ··· [정답률 69%]

〈보기〉의 입장에서, (가)의 '적극적 자유를 지지한 사상가'에게 제기할 수 있는
비판으로 가장 적절한 것은? 자신의 의지에 따라 스스로가 원하는 삶을 능동적으로 실현할 수 있는 자유

┌──────────── 〈 보기 〉 ────────────┐
❶자유롭다는 것은 자신의 활동에 누구도 간섭하지 않는 상태를
일컫는다. ❷자유란 그저 한 사람이 타인에게 방해받지 않고 행동할 수
　　　　　소극적 자유를 의미함.
있는 영역을 의미한다.
개인이 국가와 타인에게 구속당하지 않고 행동할 수 있는 사적 영역
└──────────────────────────────┘

> **왜 정답?**

⑤ 국가의 개입을 정당화하여 개인의 자유와 권리를 침해할 여지가
　　적극적 자유주의는 개인의 능력 신장을 위한 국가의 개입은 정당하다고 보기 때문임.
있다는 것을 모르고 있다.

[　(가) ④문단 자유주의자들은 '소극적 자유'를 중시했는데, 이는 외부의 부당한
압력이나 강제에서 벗어난 상태를 의미한다. 이러한 소극적 자유는 국가와
타인에게 구속당하지 않고 행동할 수 있는 사적 영역을 보장함으로써 실현될
수 있으며, 간섭이 없는 상태인 방임으로서의 자유를 의미하기도 한다.
　(가) ⑤문단 ❹문장 적극적 자유를 지지한 사상가들은 대체로 개인의 지적,
신체적, 사회적 능력의 신장을 위한 국가의 개입이 정당하다고 보았다.　]

〈보기〉는 자유를 외부의 부당한 압력이나 강제에서 벗어난 상태로 보는 소극적
자유주의의 입장이다. 즉 소극적 자유주의는 국가와 타인의 간섭이 없는 상태로서의
자유를 중시한다. 그런데 이와 달리 적극적 자유를 지지하는 사상가들은 개인의 능력
신장을 목적으로 하는 국가의 개입은 정당하다고 본다.
따라서 〈보기〉의 입장에서는 적극적 자유를 지지하는 사상가들에게 국가의 개입을
정당화하여 개인의 자유와 권리를 침해할 여지가 있음을 모른다는 내용으로 비판할 수
있다.

> **왜 오답?**

① 자유는 ~~개인이 공동선을 추구함으로써 실현될 수 있다는 것을~~
　　　　　　〈보기〉가 아닌 공화주의자의 입장이므로 적절하지 않음.
모르고 있다.

[　(나) ①문단 공화주의는 자유주의와 달리 시민의 권리는 ~ 시민들의
능동적이고 자발적인 참여로써 성취해야 하는 정치적 결과물이며, 공동체의
의무와 결합되어 있다고 본다. ~ 공동선에 관심을 가지는 사람을 이상적인
시민으로 여긴다.　]

② 자유는 ~~공익에 해를 끼치지 않는 한도 내에서만 허용된다는 점을~~
　　　　　　〈보기〉가 아닌 공화주의자의 입장이므로 적절하지 않음.
모르고 있다.

[　(나) ①문단 ❷문장 (공화주의는) 또한 자유를 중요한 가치로 삼지만, 개인의
우선성을 강조했던 자유주의에 비해 공익을 위해 개인의 자유가 제한될 수도
있다고 했다.　]

공화주의자는 공익을 위해 개인의 자유가 제한될 수 있다고 본다. 이는 개인의
자유는 공익에 해를 끼치지 않는 한도 내에서만 허용될 수 있다는 의미이다. 즉 이는
공화주의자의 입장이므로, 〈보기〉의 소극적 자유주의자의 입장에서 적극적 자유를
지지한 사상가에게 제기할 수 있는 비판으로 적절하지 않다.

③ 자유는 시민이 만들어 가는 것이 아니라 천부의 자연권에서 나오는 것임을 ~~모르고 있다.~~

'적극적 자유를 지지한 사상가'도 자유주의에 속하는 관점이므로 적절하지 않음.

[(가) ②문단 ❶, ❷문장 자유주의는 무엇보다 개인의 자유와 권리를 중시하는 사상으로, 자연권 사상을 바탕으로 발전하였다. 자연권이란 인간이 태어나면서부터 가지는 선천적인 권리로서 천부인권이라고도 한다.

〈보기〉의 소극적 자유주의와 '적극적 자유를 지지한 사상가'는 모두 자유주의에 속하는 관점들이다. 즉 '적극적 자유를 지지한 사상가'도 자유가 천부의 자연권에서 나온다고 보는 입장이다. 따라서 이는 〈보기〉의 소극적 자유주의자의 입장에서 적극적 자유를 지지한 사상가에게 제기할 수 있는 비판으로 적절하지 않다.

④ 좋은 의도의 합리적인 ~~국가 간섭~~이 소극적 자유를 실현시킬 수 있다는 것을 모르고 있다.

〈보기〉는 국가의 간섭이 없는 상태를 지향하므로 적절하지 않음.

*근거: (가) ④문단

19 정답 ② * 내용 파악하기 ……………………… [정답률 81%]

'신로마 공화주의자들'

㉠, ㉡에 대한 이해로 가장 적절한 것은?

'시민적 공화주의자들'

> **왜 정답 ?**

② ㉠은 시민의 정치 참여는 개인의 자유를 제한하는 것이 아니라 자유를 행사하는 것으로 보았다.

시민의 의무이자 자유를 행사하는 것이라고 봄.

[(나) ②문단 ❹문장 그리고 (㉠ '시민적 공화주의자들'은) 정치 참여란 시민의 의무이자 자유를 행사하는 것으로서, 그 자체가 목적이라고 주장하였다.

> **왜 오답 ?**

① ~~㉠~~은 인간이 도덕적 존재로 살아가기 위해서는 공공의 법이 필요하다고 보았다.

㉡

[(나) ④문단 ❷, ❸문장 ~ (㉡ '신로마 공화주의자들'은) 타인에게 사적으로 종속되지 않는 상태를 지향한다. 그들은 공공의 법으로써 이러한 자유가 가능하다고 보았다.

공공의 법을 중요시하는 것은 ㉠ '시민적 공화주의자들'이 아니라 ㉡ '신로마 공화주의자들'이다.

③ ~~㉡~~은 인간의 본질적 특성인 사회성을 정치 참여의 근거로 보았다.

㉠

[(나) ②문단 ❸문장 ㉠ 시민적 공화주의자들은 인간의 타고난 사회성을 강조하면서, ~

[(나) ③문단 ❷문장 그러나 그들(㉡ '신로마 공화주의자들')은 정치 참여의 근거를 인간의 자연적 사회성이나 윤리적 자기실현에서 찾지 않았다.

④ ㉡은 자유를 보장하기 위해서는 법으로 인간의 행위를 제한할 필요가 ~~없다~~고 보았다.

있다

[(나) ④문단 ❸, ❺문장 그들(㉡ '신로마 공화주의자들')은 공공의 법으로써 이러한 자유(타인에게 사적으로 종속되지 않는 상태)가 가능하다고 보았다. ~ 그리고 공화국의 시민은 자신이 만든 법에 따라 자신의 의지에 복종함으로써 정치적 자유를 누릴 수 있다.

㉡ '신로마 공화주의자들'은 시민들이 직접 만든 법에 복종함으로써 자유를 누릴 수 있다고 본다. 따라서 ㉡ '신로마 공화주의자들'은 자유를 보장하기 위해 법으로 인간의 행위를 제한할 필요가 있다고 볼 것이다.

⑤ ㉠과 ㉡은 모두, 윤리와 정치를 구분하지 않고 정치 참여의 목적을 ~~윤리적 덕목을 함양하는 데 있다고 보았다.~~

㉡은 정치 참여를 외세와 폭정으로부터 시민의 자유를 지키기 위한 수단으로 봄.

[(나) ②문단 ❺문장 (㉠ '시민적 공화주의자들'은) 정치 참여가 덕성을 함양하는 일이자 윤리적 자기실현이라고 보았기 때문이다.

[(나) ③문단 ❸문장 그들(㉡ '신로마 공화주의자들')에 따르면, 정치 참여는 그 자체로 목적이 아니라 외세와 폭정으로부터 시민의 자유를 지키기 위한 수단이기 때문이다.

20 정답 ① * 구체적 사례나 상황에 적용하기 ……… [정답률 82%]

윗글을 바탕으로 〈보기〉의 상황에 대해 반응한 것으로 적절하지 <u>않은</u> 것은? [3점]

───── 〈보기〉 ─────

❶ A가 자기 소유의 기존 건물을 철거하고 그 자리에 새로운 건물을 지으려고 구청에 건축 허가를 신청했다. ❷그런데 건물이 들어설 토지의 일부가 인근 주민들이 이용하는 중요한 생활도로로 오랫동안 쓰이고 있었다. ❸구청은 [도로가 막히면 주민들이 다른 길을 찾기 위해 우회해야 하며, 이에 따른 사회적 비용이 발생하고 주민들의 생활에 막대한 지장을 줄 수 있다는 점]을 들어 A의 건축 허가 신청을 반려했다. ❹이에 A는 자신의 사유지에 건물을 세울 권리가 있다는 점을 들어 구청의 결정에 불복하여 소송을 제기했다. ❺법원은 이 도로가 법정 도로는 아니지만, 주민들의 중요한 생활도로로 이용되어 왔기 때문에 이를 보호하는 것이 공익적 차원에서 매우 중요하다고 보고, 구청의 주장이 옳다고 판단했다.

[ ]: A의 건축 허가 신청을 받아들이면 공익에 큰 피해가 생김.
구청 측 입장: 개인의 권리보다 공익을 우선시함.
A의 입장: 공익보다 개인의 권리를 우선시함.
구청과 마찬가지로 개인의 권리보다 공익을 우선시함.

> **왜 정답 ?**

① 공화주의자들은 구청 측의 주장이 개인의 ~~적극적~~ 자유를 침해했다고 판단하겠군.

소극

[(가) ④문단 ❶, ❷문장 자유주의자들은 '소극적 자유'를 중시했는데, ~ 이러한 소극적 자유는 국가와 타인에게 구속당하지 않고 행동할 수 있는 사적 영역을 보장함으로써 실현될 수 있으며, 간섭이 없는 상태인 방임으로서의 자유를 의미하기도 한다.

자유주의자들은 국가와 타인에게 어떠한 구속이나 간섭도 당하지 않는 상태인 소극적 자유를 중시했다. 〈보기〉에서 A는 자기 소유의 기존 건물을 철거하고 그 자리에 새로운 건물을 지으려고 했다. 하지만 구청의 건축 허가 신청 반려와 그러한 구청의 입장을 옳다고 본 법원의 판단 때문에 자신의 권리를 행사하는 데에 간섭을 받고 있다. 따라서 자유주의자들은 구청 측의 주장이 개인의 소극적 자유를 침해했다고 판단할 것이다.

> **왜 오답 ?**

② 공화주의자들은 구청 측의 주장을 받아들인 법원의 결정을 합리적 판단이라 생각하겠군.

시민의 권리는 공동체의 의무와 결합되어 있다고 보기 때문임.

[(나) ①문단 ❶, ❷문장 공화주의는 자유주의와 달리 시민의 권리는 ~ 공동체의 의무와 결합되어 있다고 본다. 또한 자유를 중요한 가치로 삼지만, ~ 공익을 위해 개인의 자유가 제한될 수도 있다고 했다.

③ 공화주의자들은 A를 공동선에 관심을 가지는 이상적 시민상과는 거리가 먼 사람으로 판단하겠군.

공익보다 개인의 권리를 우선시함.

[(나) ①문단 ❸문장 즉, (공화주의에서는) 자신이 속한 공동체에서 맡은 역할을 책임 있게 수행하며, 공동선에 관심을 가지는 사람을 이상적인 시민으로 여긴다.

〈보기〉에서 A는 자신의 사유지에 건물을 세우는 것을 인근 주민들의 생활보다 더 중요하게 여기고 있다. 즉, 공익보다 개인의 권리를 우선시하고 있으므로, 공화주의자들은 A를 공동선에 관심을 가지는 이상적 시민상과는 거리가 먼 사람이라고 판단할 것이다.

④ 자유주의자들은 A가 사유 재산에 대한 권리를 침해받고 있으므로 A의 소송 제기를 정당한 요구라고 생각하겠군.

국가보다 개인을 우선한다는 개인주의를 바탕으로 함.

[(가) ③문단 ❶, ❹문장 자유주의는 국가보다 개인을 우선한다는 개인주의를 바탕으로 한다. ~ 개인의 권리와 의무가 충돌할 때, 권리를 우선시한다.

⑤ 자유주의자들은 A 소유의 토지 일부를 생활도로로 사용하려면 A의 자발적 동의를 반드시 얻어야 한다고 주장하겠군.

불가피하게 개인의 권리를 제약해야 할 때는 개인의 자발적 동의를 얻어야 한다고 봄.

[(가) ③문단 ❺문장 또 불가피하게 개인의 권리를 제약하거나 개인에게 어떤 의무를 부과하려면, 반드시 시민들의 자발적 동의를 얻어야 한다고 본다.

〈보기〉에서 A 소유의 토지 일부를 주민들을 위한 생활도로로 사용하는 것은 A의 권리를 제약하는 일에 해당한다. 따라서 이 경우, 자유주의자들은 A의 자발적 동의를 반드시 얻어야 한다고 주장할 것이다.

＃ 출제 ⬭ 글 전체 핵심어 ▨ 글 전체 중심 문장

1 ❶17세의 고등학생이 부모의 동의 없이 60만 원의 다이어트 식품을 할부로 구매하여 절반 정도 복용을 했지만, 효과가 없자 결국 계약을 취소하기로 했다. ❷하지만 판매업자는 미성년자에 의한 계약이라도 사용한 만큼의 대금은 지불해야 하므로 이미 지급한 20만 원에 추가로 10만 원을 더 지불하라고 요구했다. ❸㉠만약 계약이 취소되었고 학생이 복용하고 남은 다이어트 식품을 반환했다면, 판매업자와 학생의 법적 책임은 어떻게 될까?
＃ 미성년자가 부모 동의 없이 계약을 체결한 사례

할부: 돈을 여러 번에 나누어 냄.
복용: 약을 먹음.
대금: 물건의 값으로 치르는 돈
반환하다: 빌리거나 차지했던 것을 되돌려주다.

　　＊**1**문단 요약: 부모 동의 없이 행해진 미성년자와의 계약과 분쟁 사례

2 ❶최근 10대들의 상품 구매력이 갈수록 높아지고 있는 현상과 맞물려 부모 동의 없이 행한 미성년자의 계약 취소에 대한 분쟁이 끊이지 않고 있다. ❷민법 제5조에 의하면 19세 미만의 미성년자는 원칙적으로 부모와 같은 법정 대리인의 동의가 없으면 계약 등의 법률행위를 할 수 없으며, [만약 동의 없이 계약했다면 체결한 계약은 일단 유효하지만, 법적으로 정해진 해약 기간이 지났더라도 법정 대리인은 상품을 계약한 미성년자의 동의 없이 계약을 취소할 수 있다.] ❸이는 [미성년자가 성인과 달리 사회적인 경험과 지식, 판단 능력 등이 부족하기 때문에 자신의 미성숙한 행위로 스스로에게 불리한 법률행위를 하는 것을 방지함으로써 미성년자를 보호하기 위한 제도]이다.
＃ 미성년자의 계약 행위에 관한 원칙
＃ [ ]: 부모 동의 없이 행한 미성년자의 계약은 법적으로 정해진 해약 기간에 영향을 받지 않음.
＃ [ ]: 민법 제5조에서 규정하는 미성년자의 계약 취소권의 취지

구매력: 개인이나 단체가 어떤 재화나 용역을 살 수 있는 재력
분쟁: 말썽을 일으키어 시끄럽고 복잡하게 다툼.
법정 대리인: 본인의 위임을 받지 않고도 법률의 규정에 의하여 당연히 대리할 권리가 있는 사람
체결하다: 계약이나 조약 따위를 공식적으로 맺다.
해약: 약속이나 계약 따위가 깨어짐. 또는 약속이나 계약 따위를 깨뜨림.
방지하다: 어떤 일이나 현상이 일어나지 못하게 막다.

　　＊**2**문단 요약: 미성년자가 행한 계약에 관한 법률과 그 취지

3 ❶문제는 앞서 든 사례와 같이 구매한 물건을 사용하다가 중도에 취소를 요구하는 경우인데, 이때는 어떻게 되는 것일까? ❷일반적으로 계약을 취소한다는 것은 계약 이전의 상태로 원상회복함을 [A] 의미한다. ❸즉, 처음부터 계약을 맺지 않았던 것이 되기 때문에, 판매업자는 이미 받은 대금을 반환하고 상품 구매자는 그 상품을 반환해야 한다. ❹이때 상품을 이미 사용한 경우라면, 구매자는 사용한 만큼의 이익에 상당하는 금액을 반환하면 된다.
＃ 거래 자체가 무효화됨을 의미함.
＃ ㉠의 사례에서 학생은 판매업자에게 지불한 돈을 돌려받을 수 있음.

원상회복: 본디의 형편이나 상태로 돌아감. 또는 그렇게 함.
상당하다: 일정한 액수나 수치, 정도 따위에 이르다.

　　＊**3**문단 요약: 계약 중도 취소 시의 원상회복의 원칙

4 ❶그런데 민법 제141조는, 미성년자가 법정 대리인의 동의 없이 구매한 상품의 계약을 취소하는 경우 '대금의 반환 의무 범위는 받은 이익이 현존하는 한도에서만 책임이 있는' 것으로 명시하고 있다. ❷이를 구체적으로 설명하자면, 생활필수품에 해당하는 상품을 구매 계약한 경우에는 실질적으로 미성년자가 그것을 소비함으로써 현존 이익이 발생했으므로 사용한 만큼의 대금을 반환할 의무가 있다. ❸하지만 [다이어트 식품과 같이 생활필수품이 아닌 상품을 구매한 경우는 사용한 만큼에 상당하는 대금을 반환할 필요가 없다.] ❹오히려 계약 취소에 따라 계약 이전의 상태로 되돌아가므로, 미성년 소비자는 구매한 상품을 반환하고 이미 지급한 대금에 대해서는 반환을 요구할 수 있다.
＃ 구매한 상품의 성격에 따라 대금 반환 의무의 유무가 달라짐.
＃ [ ]: ㉠의 사례에서 학생은 판매업자가 요구한 10만 원을 추가로 지불할 필요가 없음.

현존하다: 현재에 있다.
생활 필수품: 일상생활에 반드시 있어야 할 물품

　　＊**4**문단 요약: 미성년자가 행한 계약의 중도 취소 시 대금 반환 의무의 범위

5 ❶그런데 미성년자라는 이유로 임의로 계약을 취소하면 미성년자와 거래한 판매업자가 손해를 입을 수도 있으므로 이를 보호하기 위한 제도도 마련되어 있다. ❷먼저 [미성년자가 판매업자를 속여 자신이 미성년자가 아니라고 믿게 했거나, 법정 대리인이 동의한 것처럼 믿게 했을 때]는 취소권을 행사할 수 없는 '취소권 행사의 배제'가 있다. ❸또한 미성년자와 거래한 판매업자는 1개월 이상의 기간을 정하여 미성년자의 법정 대리인에게 계약을 취소할 것인지에 대한 확답을 촉구할 수 있는 '확답을 촉구할 권리'가 있다. ❹[이때 그 기간 내에 미성년자의 법정 대리인이 확답을 발송하지 아니하면 그 행위를 추인＊한 것으로 ⓐ본다.] ❺다음으로 판매업자는 미성년자의 법정 대리인의 추인이 있기 전까지 먼저 계약 의사를 철회할 수 있는 '철회권'이 있다. ❻다만, 판매업자가 계약 당시에 상품 구매자의 신분이 미성년자임을 알았다면 철회권을 행사할 수 없다.
＃ [ ]: '취소권 행사의 배제'의 요건
＃ 미성년자와의 계약에서 판매업자를 보호하기 위한 제도 ①
＃ 미성년자와의 계약에서 판매업자를 보호하기 위한 제도 ②
＃ [ ]: 기간 내에 확답을 발송하지 않으면 계약은 유효한 것으로 유지됨.
＃ 미성년자와의 계약에서 판매업자를 보호하기 위한 제도 ③
＃ 판매업자가 철회권을 행사할 수 없는 경우

확답: 확실하게 대답함. 또는 그런 대답
촉구하다: 급하게 재촉하여 요구하다.
철회: 이미 제출하였던 것이나 주장하였던 것을 다시 회수하거나 번복함.

　　＊**5**문단 요약: 미성년자와 거래한 판매업자를 보호하기 위한 제도

6 ❶한편, ㉡민법 제5조에서는 미성년자가 법정 대리인의 동의 없이 단독으로 할 수 있는 계약도 명시하고 있다. ❷예를 들어 [철도나 버스와 같은 대중교통 이용, 김밥과 과자 같은 간단한 식음료의 구입 등 일상적인 거래]는 법정 대리인의 동의 없이 자유롭게 행할 수 있다.
＃ [ ]: 미성년자가 특별히 보호받을 필요가 없으므로 단독으로 행할 수 있는 계약임.

　　＊**6**문단 요약: 미성년자 단독으로 할 수 있는 계약의 유형

＊ **추인:** 민법상 불완전한 법률행위를 사후에 보충하여 유효하게 만드는 일방적 의사표시

* 미성년자와 판매업자 간에 이루어진 계약의 법적 책임

㉠ 미성년자가 부모 동의 없이 다이어트 식품을 할부 구매 후 계약을 중도 취소하려고 함.

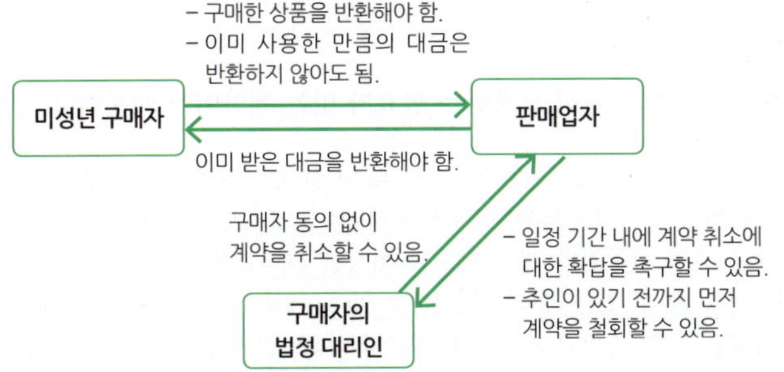

+ 예외: 구매자가 판매자에게 자신의 신분과 법정 대리인의 동의 여부를 속였다면 계약 취소권을 행사할 수 없음. / 판매자가 계약 당시 구매자의 신분을 알았다면 철회권을 행사할 수 없음.

■ 지문 내용과 구조

①문단	**부모 동의 없이 행해진 미성년자와의 계약과 분쟁 사례**: 17세 고등학생이 부모 동의 없이 60만 원의 다이어트 식품을 할부 구매 후 중도에 계약을 취소하고자 하는 상황 → 판매업자와 학생의 법적 책임에 대한 의문 제기
②문단	**미성년자가 행한 계약에 관한 법률과 그 취지** *민법 제5조 – 내용: 미성년자는 법정 대리인의 동의 없이 계약을 체결할 수 없음. → 동의 없이 계약한 경우, 법정 대리인은 법적 해약 기간이 지난 후라도 계약을 취소할 수 있음. – 취지: 성인과 달리 미성숙한 미성년자가 스스로에게 불리한 법률행위를 하는 것을 방지하고 보호하기 위함임.

③문단	**계약 중도 취소 시의 원상회복의 원칙**: 계약을 맺지 않은 것으로 간주해 계약 이전의 상태로 되돌림.	
	판매업자	– 상품 구매자에게 이미 받은 대금을 반환함.
	상품 구매자	– 판매업자에게 상품을 반환해야 함. – 상품을 이미 사용한 경우, 사용한 만큼의 이익에 상당하는 금액을 반환함.

④문단	**미성년자가 행한 계약의 중도 취소 시 대금 반환 의무의 범위** *민법 제141조: '대금의 반환 의무 범위는 받은 이익이 현존하는 한도에서만 책임이 있는 것'으로 명시함.	
	생활필수품을 구매한 경우	상품을 소비함으로써 현존 이익이 발생했다고 봄. → 사용한 만큼의 대금 반환 의무 ○
	생활필수품이 아닌 상품을 구매한 경우	상품을 소비함으로써 현존 이익이 발생하지 않았다고 봄. → 사용한 만큼의 대금 반환 의무 ×

⑤문단	**미성년자와 거래한 판매업자를 보호하기 위한 제도** ① 취소권 행사의 배제: 미성년자가 판매업자를 속여서 계약한 경우, 미성년자와 법정 대리인은 취소권을 행사할 수 없음. ② 확답을 촉구할 권리: 미성년자의 법정 대리인에게 일정 기간 내 계약 취소 여부에 대한 확답을 촉구할 수 있음. ③ 철회권: 계약 당시 거래자가 미성년자임을 몰랐다면 법정 대리인의 확답이 있기 전, 먼저 계약을 취소할 수 있음.
⑥문단	**미성년자 단독으로 할 수 있는 계약의 유형**: 대중교통 이용, 간단한 식음료의 구입 등 일상적인 거래

①문단 부모 동의 없이 행해진 미성년자와의 계약과 분쟁 사례	→	②문단 미성년자가 행한 계약에 관한 법률과 그 취지	→
③문단 계약 중도 취소 시의 원상회복의 원칙	→	④문단 미성년자가 행한 계약의 중도 취소 시 대금 반환 의무의 범위	
⑤문단 미성년자와 거래한 판매업자를 보호하기 위한 제도	→	⑥문단 미성년자 단독으로 할 수 있는 계약의 유형	

■ 주제: 미성년자가 행한 계약에 관한 법률의 내용과 특징

21 정답 ③ * 내용 파악하기 ★1등급 대비

[① 9% ② 13% ③ 50% ④ 21% ⑤ 4%]

윗글을 이해한 내용으로 적절하지 <u>않은</u> 것은?

왜 틀렸나?

지문에서 설명한 법률의 구체적인 내용을 정확히 숙지한 상태에서, 선택지의 적절성을 판단해야 하는 문제였기 때문에 어렵게 느껴졌을 수 있다. 지문의 근거를 선택지의 내용과 차분하게 대조해 보면서 사실관계를 꼼꼼하게 따져야 정답을 찾을 수 있었다.

왜 정답?

③ 미성년자가 맺은 계약을 유지하려는 법정 대리인은 판매업자의 확답 촉구에 대해 ~~응답해야만 한다.~~
판매업자에게 응답하지 않으면 계약은 유효한 것으로 유지됨.

⑤문단 ❸, ❹문장 또한 미성년자와 거래한 판매업자는 1개월 이상의 기간을 정하여 미성년자의 법정 대리인에게 계약을 취소할 것인지에 대한 확답을 촉구할 수 있는 '확답을 촉구할 권리'가 있다. 이때 그 기간 내에 미성년자의 법정 대리인이 확답을 발송하지 아니하면 그 행위를 추인한 것으로 본다.

미성년자와 거래한 판매업자를 보호하기 위한 제도 중 '확답을 촉구할 권리'는 판매업자가 미성년자의 법정 대리인에게 '계약을 취소할 것인지'에 대한 확답을 촉구할 수 있는 권리이다. 즉 판매업자가 법정 대리인에게 계약 취소 여부에 관해 확답을 촉구한 뒤, 법정 대리인이 정해진 기간 내에 계약을 취소하겠다고 응답하면 계약은 무효가 된다. 반대로 계약을 유지하겠다고 응답하거나 아무런 응답을 하지 않는다면 계약은 유효한 것으로 유지된다.

따라서 법정 대리인이 미성년자가 맺은 계약을 유지하려고 할 때, 판매업자의 확답 촉구에 꼭 응답해야만 하는 것은 아니다.

왜 오답?

① 계약의 취소는 거래 자체가 무효화됨을 의미한다.
계약 이전의 상태로 원상회복함.

③문단 ❷, ❸문장 일반적으로 계약을 취소한다는 것은 계약 이전의 상태로 원상회복함을 의미한다. 즉, 처음부터 계약을 맺지 않았던 것이 되기 때문에, 판매업자는 이미 받은 대금을 반환하고 상품 구매자는 그 상품을 반환해야 한다.

② 미성년자와 거래한 판매업자는 일정한 조건이 충족되면 먼저 계약 취소를 요구할 수 있다.
계약 당시 상품 구매자가 미성년자임을 몰랐을 때, 법정 대리인의 추인이 있기 전까지

⑤문단 ❺, ❻문장 다음으로 판매업자는 미성년자의 법정 대리인의 추인이 있기 전까지 먼저 계약 의사를 철회할 수 있는 '철회권'이 있다. 다만, 판매업자가 계약 당시에 상품 구매자의 신분이 미성년자임을 알았다면 철회권을 행사할 수 없다.

④ 미성년자가 부모 동의 없이 거래한 상품 계약의 취소는 법적으로 정해진 해약 기간에 영향을 받지 않는다.
민법 제5조에 따라 법적 해약 기간이 지났어도 법정 대리인은 계약을 취소할 수 있음.

②문단 ❷문장 민법 제5조에 의하면 19세 미만의 미성년자는 원칙적으로 부모와 같은 법정 대리인의 동의가 없으면 계약 등의 법률행위를 할 수 없으며, 만약 동의 없이 계약했다면 체결한 계약은 일단 유효하지만, 법적으로 정해진 해약 기간이 지났더라도 법정 대리인은 상품을 계약한 미성년자의 동의 없이 계약을 취소할 수 있다.

미성년자가 법정 대리인인 부모의 동의 없이 계약을 했을 경우, 민법 제5조에 따라 법정 대리인은 법적으로 해약 가능한 기간이 지났어도 상품 계약을 취소할 수 있다. 즉 상품 계약의 취소가 법적으로 정해진 해약 기간의 영향을 받지 않는다.

매력 오답 민법 제5조의 내용을 정확히 확인하지 않았다면 실수를 하기 쉬웠다. 19세 미만의 미성년자는 원칙적으로 부모 동의 없이 계약을 할 수 없다는 설명이나 동의 없이 체결한 계약은 일단 유효하다는 설명에만 집중했다면, ④를 적절하지 않은 내용이라고 판단했을 수 있다. 하지만 바로 뒤에 이어지는 내용을 통해 ④는 적절한 진술임을 알 수 있었다.

지문에서 설명하는 내용 중 어느 한 부분에만 초점을 맞추느라 실수하는 일이 없도록, 세부 내용을 정확히 파악하는 연습을 많이 해 두어야 한다.

⑤ 미성년자가 부모 동의 없이 계약한 상품을 사용 도중 취소하면
상품의 성격에 따라 대금 반환 의무의 여부가 달라질 수 있다.
생활필수품에 해당하는지 아닌지에 따라 달라짐.

┌ ④문단 ❷, ❸문장 ~ 생활필수품에 해당하는 상품을 구매 계약한 경우에는
│ 실질적으로 미성년자가 그것을 소비함으로써 현존 이익이 발생했으므로
│ 사용한 만큼의 대금을 반환할 의무가 있다. 하지만 다이어트 식품과 같이
│ 생활필수품이 아닌 상품을 구매한 경우는 사용한 만큼에 상당하는 대금을
└ 반환할 필요가 없다.

22 정답 ③ ＊정보 간 관계 파악하기 ·················· [정답률 74%]

[A]를 바탕으로 ㉠에 대한 법적 판단으로 가장 적절한 것은?
'만약 계약이 취소되었고 학생이 복용하고 남은 다이어트 식품을
반환했다면, 판매업자와 학생의 법적 책임은 어떻게 될까?'

＞왜 정답 ?

③ 학생은 판매업자에게 지불한 20만 원을 돌려받을 수 있고,
판매업자는 이미 받은 대금을 반환해야 하기 때문임.
판매업자가 추가로 요구한 10만 원은 지불하지 않아도 된다.
구매한 상품이 생활필수품이 아니므로 사용한 만큼에 상당하는 대금을 반환할 필요가 없음.

┌ ①문단 17세의 고등학생이 부모의 동의 없이 60만 원의 다이어트 식품을
│ 할부로 구매하여 절반 정도 복용을 했지만, 효과가 없자 결국 계약을
│ 취소하기로 했다. 하지만 판매업자는 미성년자에 의한 계약이라도 사용한
│ 만큼의 대금은 지불해야 하므로 이미 지급한 20만 원에 추가로 10만 원을
│ 더 지불하라고 요구했다. ㉠ 만약 계약이 취소되었고 학생이 복용하고 남은
│ 다이어트 식품을 반환했다면, 판매업자와 학생의 법적 책임은 어떻게 될까?
│ ③문단 ❷, ❸문장 일반적으로 계약을 취소한다는 것은 계약 이전의 상태로
│ 원상회복함을 의미한다. ~ 판매업자는 이미 받은 대금을 반환하고 상품
│ 구매자는 그 상품을 반환해야 한다.
│ ④문단 ❸문장 하지만 다이어트 식품과 같이 생활필수품이 아닌 상품을 구매한
└ 경우는 사용한 만큼에 상당하는 대금을 반환할 필요가 없다.

㉠에서 미성년자가 부모 동의 없이 행한 계약이 취소되었고 학생은 복용하고 남은
다이어트 식품을 반환했다. 따라서 판매업자는 이미 받은 대금인 20만 원을 구매자인
학생에게 반환해야 한다.

이때 다이어트 식품은 생활필수품이 아니므로, 상품을 사용한 만큼에 상당하는
대금을 반환할 필요가 없다. 따라서 학생은 판매업자가 사용한 만큼의 대금을
지불해야 한다는 이유에서 추가로 요구한 10만 원을 지불하지 않아도 된다.

＞왜 오답 ?

① 학생은 판매업자에게 지불한 20만 원은 돌려받을 수 있지만,
판매업자가 추가로 요구한 10만 원은 지불해야 한다.
지불하지 않아도 됨.

＊근거: ④문단 ❸문장

② 학생은 판매업자에게 지불한 20만 원은 돌려받을 수 없지만,
판매업자가 추가로 요구한 10만 원은 지불하지 않아도 된다.
있음.

＊근거: ③문단 ❷, ❸문장

④ 판매업자는 학생에게 이미 받은 20만 원 외에 추가로 10만 원을 더
받을 수 있다.
없음.

＊근거: ④문단 ❸문장

⑤ 판매업자는 학생에게 계약 당시 체결한 다이어트 식품 대금 60만
원을 모두 받을 수 있다.
없음.

＊근거: ③문단 ❷, ❸문장, ④문단 ❸문장

23 정답 ① ＊내용 파악 + 추론하기 ·················· [정답률 67%]

㉡의 이유를 추론한 내용으로 가장 적절한 것은?
'민법 제5조에서는 미성년자가 법정 대리인의 동의 없이 단독으로 할 수 있는 계약도 명시하고 있다.'

＞왜 정답 ?

① 미성년자가 특별히 보호받을 필요가 없는 계약이기 때문이다.
일상적인 거래

┌ ②문단 ❸문장 이는 미성년자가 ~ 자신의 미성숙한 행위로 스스로에게 불리한
│ 법률행위를 하는 것을 방지함으로써 미성년자를 보호하기 위한 제도이다.
│ ⑥문단 한편, ㉡ 민법 제5조에서는 미성년자가 법정 대리인의 동의 없이
│ 단독으로 할 수 있는 계약도 명시하고 있다. 예를 들어 철도나 버스와 같은
│ 대중교통 이용, 김밥과 과자 같은 간단한 식음료의 구입 등 일상적인 거래는
└ 법정 대리인의 동의 없이 자유롭게 행할 수 있다.

민법 제5조에서 미성년자가 부모와 같은 법정 대리인의 동의 없이 계약 등의
법률행위를 할 수 없도록 규정한 것은 미성년자를 보호하기 위해서이다.

그런데 대중교통 이용이나 간단한 식음료 구입 등은 미성년자가 자신의 미성숙한
행위로 스스로에게 불리한 법률행위를 할 가능성이 낮은 일상적인 거래이다. 즉 이는
미성년자가 특별히 보호받을 필요가 없는 계약이다. 따라서 ㉡에서 말한 것처럼
미성년자가 법정 대리인의 동의 없이 단독으로 할 수 있는 계약으로서 법률에 명시된
것으로 볼 수 있다.

＞왜 오답 ?

② 미성년자가 경제적 이익을 취할 수 있는 계약이기 때문이다.
㉡의 이유와 관련 없음.

③ 미성년자가 상대방과 암묵적으로 합의한 계약이기 때문이다.
㉡의 이유와 관련 없음.

④ 미성년자와 거래한 상대방이 경제적 손해를 보지 않는 계약이기
때문이다.
㉡의 이유와 관련 없음.

⑤ 미성년자와 거래한 상대방이 법률적 불이익을 당하지 않는
계약이기 때문이다.
㉡의 이유와 관련 없음.

24 정답 ⑤ ＊구체적 사례나 상황에 적용하기 ★1등급 대비

[① 9% ② 19% ③ 11% ④ 16% ⑤ 42%]

윗글을 바탕으로 〈보기〉를 이해한 내용으로 적절하지 않은 것은? [3점]

┌─────────────── 〈 보기 〉 ───────────────┐
│ ❶갑(17세)은 부모의 동의를 얻지 않고, 을(17세)은 부모의 동의서를
│ 미성년자   미성년자
│ 위조하여 판매자 병으로부터 고가의 노트북을 구매하였다. ❷거래 당시
│ 법정 대리인의 동의가 된 것처럼 함.
│ 병은 갑과 을이 모두 미성년자임을 알고 있었고, 을의 동의서가 위조된
│ 판매업자   병은 철회권을 행사할 수 없음.
│ 사실은 알지 못했다. ❸며칠 후 갑과 을의 부모는 갑과 을이 자신들의 동의
│   갑과 을의 법정 대리인
│ 없이 노트북을 구매한 사실을 알게 되었다.
└────────────────────────────────────┘

 단서＋발상

단서 〈보기〉의 사례를 정리하면 다음과 같음.

구매자	– 갑: 부모의 동의를 얻지 않음.
	– 을: 부모의 동의를 얻지 않음. + 동의서를 위조해 판매자를 속임.
판매자	– 갑과 을이 모두 미성년자임을 알고 있었음.
	– 을의 동의서가 위조된 사실은 알지 못함.

발상 - 미성년자인 갑과 을이 모두 법정 대리인의 동의 없이 판매자인 병과 계약을
체결했음. → ②문단에서 설명한 민법 제5조와 ⑤문단에서 설명한 판매업자를
보호하기 위한 제도의 내용을 고려해야 함.

왜 정답?

⑤ 병은 갑과 을에게 노트북 구매 계약의 취소 여부에 대한 확답을 촉구할 수 있겠군.

[⑤문단 ❸문장] 또한 미성년자와 거래한 판매업자는 1개월 이상의 기간을 정하여 미성년자의 법정 대리인에게 계약을 취소할 것인지에 대한 확답을 촉구할 수 있는 '확답을 촉구할 권리'가 있다.

미성년자와 거래한 판매업자를 보호하기 위한 제도 중에는 '확답을 촉구할 권리'가 있다. 이는 미성년자와 거래한 판매업자가 미성년자의 법정 대리인에게 일정한 기간 내로 계약을 취소할 것인지에 대한 확답을 달라고 요구할 수 있는 권리이다. 즉 병은 노트북의 구매자인 갑과 을이 아니라, 갑과 을의 법정 대리인인 부모에게 노트북 구매 계약의 취소 여부에 대한 확답을 촉구할 수 있다.

왜 오답?

① 갑의 부모는 갑의 의사와 무관하게 노트북 구매 계약을 취소할 수 있겠군.

[②문단 ❷문장] 민법 제5조에 의하면 19세 미만의 미성년자는 원칙적으로 부모와 같은 법정 대리인의 동의가 없으면 계약 등의 법률행위를 할 수 없으며, 만약 동의 없이 계약했다면 체결한 계약은 일단 유효하지만, 법정 대리인은 상품을 계약한 미성년자의 동의 없이 계약을 취소할 수 있다.

<보기>에서 갑은 미성년자이다. 갑은 부모의 동의 없이 노트북 구매 계약을 체결했다. 따라서 갑의 법정 대리인인 부모는 민법 제5조에 근거하여 갑의 의사와 상관없이 노트북 구매 계약을 취소할 수 있다.

② 을과 을의 부모는 노트북 구매 계약을 취소할 수 없겠군.

[⑤문단 ❷문장] 먼저 미성년자가 판매업자를 속여 자신이 미성년자가 아니라고 믿게 했거나, 법정 대리인이 동의한 것처럼 믿게 했을 때는 취소권을 행사할 수 없는 '취소권 행사의 배제'가 있다.

<보기>에서 을은 미성년자이며, 부모의 동의서를 위조하여 판매자인 병을 속이고 노트북 구매 계약을 체결했다. 따라서 을과 을의 법정 대리인인 부모에게는 '취소권 행사의 배제'가 적용되어 노트북 구매 계약을 취소할 수 없다.

> **매력 오답** <보기>에서 을이 부모의 동의서를 위조했다고 언급한 것이, 지문의 어떤 내용과 연결되는지를 미처 파악하지 못한 학생들이 많았다.
>
> 특정 법률과 관련해 지문에서 설명한 적용 조건, 예외 사항 등은 선택지로 물어볼 가능성이 크다. 따라서 그 내용을 정확하게 파악하고 <보기>의 상황과도 적절하게 연결할 수 있어야 한다.

③ 갑과 을이 병과 체결한 노트북 구매 계약은 일단 유효하겠군.

★ 근거: [②문단 ❷문장]

<보기>에서 갑과 을은 모두 미성년자이며, 법정 대리인인 부모의 동의 없이 노트북 구매 계약을 체결했다. 민법 제5조에서, 이 경우 체결한 계약은 일단 유효한 것으로 본다고 하였다. 따라서 갑과 을이 병과 체결한 노트북 구매 계약도 일단 유효한 것으로 볼 수 있다.

④ 병은 갑과 체결한 계약에 대해 철회권을 행사할 수 없겠군.

[⑤문단 ❻문장] 다만, 판매업자가 계약 당시에 상품 구매자의 신분이 미성년자임을 알았다면 철회권을 행사할 수 없다.

미성년자와 거래한 판매업자를 보호하기 위한 제도 중에는 '철회권'이 있다. 이는 미성년자의 법정 대리인의 추인이 있기 전에 판매업자가 먼저 계약 의사를 철회할 수 있는 권리이다.

그런데 <보기>에서 판매업자 병은 갑과 노트북 구매 계약을 체결할 때 갑이 미성년자라는 점을 알고 있었다. 따라서 병은 갑과 체결한 계약에 대해 철회권을 행사할 수 없다.

---

25 정답 ① ★ 어휘의 의미 파악하기 ························ [정답률 91%]

ⓐ와 문맥상 의미가 가장 가까운 것은?
'본다' – '어떤 상황이나 사실로 미루어 짐작하거나 판단하다.'라는 의미임.

왜 정답?

① 그는 매사를 부정적으로 보는 경향이 있다.
'어떤 상황이나 사실로 미루어 짐작하거나 판단하다.'라는 의미임.

왜 오답?

② 그녀는 여전히 부모님의 눈치를 보고 있다.
'대상의 내용이나 상태를 알기 위하여 살피다.'라는 의미임.

③ 나는 친구가 추천한 책을 감명 깊게 보았다.
'눈으로 대상을 즐기거나 감상하다.'라는 의미임.

④ 선생님은 지금 병원에서 환자를 보고 계십니다.
'의사가 환자를 진찰하다.'라는 의미임.

⑤ 노부모는 하루빨리 손자를 보고 싶으신 모양이다.
'어떤 관계의 사람을 얻거나 맞다.'라는 의미임.

26~28

작자 미상, 〈홍계월전〉

\# 출제 ❶ 중심인물, 배경 ❷ 중심 사건, 갈등 ❸ 서술상 특징

[앞부분의 줄거리] 명나라 시절 홍 시랑과 부인 양 씨 사이에서 태어난 계월은 [남장을 한 채 길러진다.] 이후 장사랑의 난으로 부모와 헤어진 계월은 여공에게 구출된 뒤,
❶ 시간적 배경 / ❶ 중심인물
이름을 평국이라 고치고, 여공의 아들 보국과 함께 수학하여 과거에 장원급제를 한다. 이후 오랑캐가 침략하자, 평국(계월)은 원수, 보국은 중군장이 되어 이를 평정한다. 이후 평국이 여자임이 밝혀지지만, 천자는 그녀를 벌하지 않고 보국과의 결혼을 중매한다.
= 계월 / ❶ 중심인물
\# [ ]: ❸ 여성 인물이 남장을 하고 사회에 진출하는 남장 모티프가 나타남.

❶① 이때 남관장이 장계를 올리거늘, 천자가 급히 뜯어 보았다.

❷'오왕과 초왕이 반역하여 지금 황성을 침범하려고 합니다. 오왕은 구덕지로 대원수를 삼고 초왕은 장맹길로 선봉을 삼아, [장수 천여 명과 군사 십만을 거느리고 쳐들어왔습니다. 호주 북쪽 지방의 십여 성으로부터 항복을 받고, 형주자사 이왕태를 베고, 마구 쳐들어오고 있습니다. 소장의 힘으로는 방비할 길이 없어서 소식을 올립니다. 원컨대 황상은 어진 명장을 보내셔서 적을 막아 주십시오.]
❷ 중심 사건: 오왕과 초왕이 반역을 일으켜 국가적 위기에 처함.
\# [ ]: 남관장이 반란군의 규모와 위세를 구체적으로 언급하며 조정에 다급하게 도움을 요청함.

❸천자가 깜짝 놀라 조정의 모든 신하들과 의논했다. ❹우승상 정영태가 말했다.
❶ 공간적 배경

❺㉠ "이 도적은 좌승상 평국을 보내 막아야 합니다. 급히 평국을 부르십시오."
\# 계월이 여성임을 알면서도 계월의 능력을 인정함. → 조선시대의 통념적인 남성상과 다른 모습

❻천자가 듣고 지긋이 생각하다가 말했다.

❼㉡ ["평국이 전일에는 세상에 나왔기에 불렀지만, 지금은 규중에 머물러 있는 여자인지라 차마 불러낼 수 없도다. 어찌 전쟁터로 보내리오?"]
\# 계월을 불러내기를 망설임. → 여성의 사회 진출에 대한 당대 사회의 인식이 드러남.
[ ]: ❷ 갈등 – 여성의 사회 진출을 제한하는 사회와 여성 인물 사이의 갈등(외적 갈등)

❽신하들이 말했다.

❾"평국이 지금 규중에 있으나, 이름이 조야(朝野)*에 있고 또한 작록(爵祿)*을 거두지 않았으니, 어찌 규중에 있다 하여 거리끼겠습니까?"

❿천자가 마지못해 급히 평국을 불러냈다. ⓫이때 평국이 규중에서 홀로 지내면서 날마다 시녀들과 함께 장기와 바둑으로 세월을 보내고 있었다. ⓬사관(辭官)이 와서 천자가 부르는 명령을 전하자, 평국이
= 계월

깜짝 놀라, 급히 여자 옷을 벗고 조복*으로 갈아입은 후에 사관을
따라 들어가 천자 앞에 엎드렸다. ⑬ 천자가 매우 기뻐하며 말했다.

⑭ ["네가 규중에 머문 후로는 오래 보지 못하여 밤낮으로 보고
싶더니, 이제 경을 보니 매우 기쁘도다. 내가 덕이 없어 지금
천자가 반란이 일어난 원인을 자신의 부덕함으로 돌림.
오나라와 초나라 양국이 반역하여, 호주 북쪽 지방을 쳐서 항복을
받고 남관을 헤치고 황성을 침범한다고 하니, 경은 나아가 나라와
천자가 평국에게 반란을 진압하도록 명을 내림.
조정을 편안하게 지키도록 하라."

⑮ 평국이 엎드려 아뢰었다.   [ ]: ❷ 중심 사건 – 계월(평국)이 천자의 명을 듣고
                              원수로 출정함.
⑯ "신첩이 외람되게 폐하를 속이고 높은 공후(公侯) 작록을 영화롭게
지내기가 황공합니다. 신첩의 죄를 용서하시고 이처럼 사랑하시니,
         자신이 남성이라고 천자를 속인 것
ⓒ 신첩이 비록 어리석으나 힘을 다해 성은을 만분의 일이나
갚고자 합니다. 폐하는 근심치 마소서."]
계월(평국)이 천자에게 은혜를 갚고자 천자의 명령을 따름.
→ 사회적 자아를 실현하고자 하는 여성의 모습이 드러남.

수학하다: 학문을 배우거나 수업을 받다.
평정하다: 반란이나 소요를 누르고 평온하게 진정하다.
중매하다: 결혼이 이루어지도록 중간에서 소개하다.
장계: 왕명을 받고 지방에 나가 있는 신하가 자기 관하(管下)의 중요한 일을
왕에게 보고하던 일. 또는 그런 문서
선봉: 부대의 맨 앞에 나서서 작전을 수행하는 군대
방비하다: 적의 침입이나 피해를 막기 위하여 미리 지키고 대비하다.
조정: 임금이 나라의 정치를 신하들과 의논하거나 집행하는 곳. 또는 그런 기구
규중: 부녀자가 거처하는 곳
사관: 임금의 명령을 전달하는 일을 맡아보던 벼슬아치
외람되다: 하는 짓이 분수에 지나치다.
공후: 다섯 등급으로 나눈 귀족 계급 가운데서 공작과 후작을 아울러 이르는 말
영화롭다: 몸이 귀하게 되어 이름이 세상에 빛날 만하다.
황공하다: 위엄이나 지위 따위에 눌리어 두렵다.
성은: 임금의 큰 은혜

① 요약 : 계월(평국)이 반란을 평정하라는 천자의 명을 받고 출정하게 됨.

②천자가 매우 기뻐하며 즉시 천병만마(千兵萬馬)를 뽑아 모으도록
했다. 삼남원에 진을 치고 원수가 친히 붓을 잡아 보국에게 전령
❶ 공간적 배경   = 계월(평국)
하기를, '적병이 급하니 중군은 급히 대령하여 군령을 어기지 말라'
했거늘, 보국이 전령을 보고 분함을 이기지 못하여 부모께 여쭈었다.
③"계월이 또 소자를 중군으로 부리려 하니, 이런 일이 어디
있습니까?" ④여공이 말했다.
            보국의 아버지
⑤"전일에 너에게 무엇이라 이르더냐? 계월을 괄시하다가 이런 일을
                    보국은 계월을 무시했음.
당하니, 어찌 그르다 하리요? 국사가 매우 중하니, 어떻게 해 볼
여공은 사적인 일보다 공적인 일을 중시하며 보국이 계월의 명령을 따라야 한다고 판단함.
수가 없다."
⑥여공이 보국에게 바삐 가라고 재촉했다.
⑦보국이 할 수 없어 갑주를 갖추고 진중에 나아가 원수 앞에
                    # ❷ 중심 사건: 보국이 여공의 말을 따라 중군으로 출정함.
엎드리니, 홍 원수가 분부했다.
⑧   = 계월(평국)
"만일 명령을 거역하는 자가 있으면, 군법을 시행할 것이다."
⑨보국이 두려워하며 중군 처소로 돌아와 명령 내리기를 기다렸다.

천병만마: 천 명의 군사와 만 마리의 군마라는 뜻으로, 아주 많은 수의 군사와
군마를 이르는 말   **전령하다**: 전보로 하는 명령
괄시하다: 업신여겨 하찮게 대하다.   **국사**: 나라에 관한 일. 또는 나라의 정치에 관한 일
갑주: 갑옷과 투구를 아울러 이르는 말   **군법**: 군 내부에 적용하는 형법

② 요약 : 보국이 마지못해 계월(평국)의 지휘를 따르게 됨.

③❶홍 원수가 장수들에게 각각의 임무를 정하고 추구월 갑자일에
  = 계월(평국)
행군했다. 십일 월 초일 일에 남관에 당도하여 삼일 동안 군사를
머물게 하고, 즉시 떠나 오일에 천촉산을 지나 영경루에 다다랐다.
❷적병이 평원광야에 진을 쳤는데, 군세기가 철통같았다.
                                    ❶ 공간적 배경
④원수가 적진을 대하여 진을 치고 명령했다.
⑤"장령을 어기는 자가 있으면, 세워 두고 벨 것이다."
⑥호령이 서릿발 같았다. ❼모든 장수들과 군졸들이 두려워하며 어찌할
                  ❸ 비유적 표현을 사용하여 계월(평국)의 위엄을 강조함.
줄을 몰라 했다.❾보국 또한 매우 조심했다.
⑦이튿날 원수가 중군에게 분부했다.
⑩"오늘은 중군이 나가 싸우라."
⑪중군이 명령에 순종하여 말에 올라 삼 척 장검을 들고, 적진을
가리키며 외쳤다.
⑫"나는 명나라 중군대장 보국이다. 대원수의 명을 받아 너희 머리를
                                    = 계월(평국)
베려 하니, 너희는 바삐 나와 칼을 받으라."
⑬[적장 운평이 이 소리 듣고 대로하여 말을 몰고 나와 싸웠다. ⑭세
번을 채 겨루지도 못해서 보국의 칼이 빛나더니, 그 순간 운평의
머리가 말 아래로 떨어졌다. ⑮적장 운경이 운평의 죽음을 보고, 분을
내며 말을 몰아 달려들었다. ⑯보국이 승리의 기세가 등등하여 창검을
          ❸ 인물의 심리와 사건 전개를 구체적으로 전달함.
높이 들고 싸웠다. ⑰두어 차례 겨루기도 전에 보국이 칼을 날려 칼을
들고 있는 운경의 팔을 치니, 운경이 미처 손을 놀리지 못하고 칼을 든
채 말 아래로 떨어졌다. ⑱보국이 운경의 머리를 베어 들고 본진으로
돌아오고 있었다. 그때 적장 구덕지가 크게 노하여 장검을 높이 들고
말을 몰아 고함치며 달려들었고, 또 난데없는 적병들이 사방에서 달려
들었다. # [ ]: ❸ 인물의 활약상을 구체적으로 묘사하여 상황의 긴박함을 고조함.
⑳보국이 매우 다급하여 피하고자 했으나, 한순간에 적들이 함성을
지르며 보국을 천여 겹 에워쌌다.] ㉑사세가 위급하매 보국이 하늘을
우러러 탄식했다. ㉒[이때 원수가 장대에서 북을 치다가 보국의
위급함을 보고, 급히 말을 몰아 장검을 높이 들고 좌충우돌하여
적진을 헤치고 들어가 구덕지의 머리를 베어 들고 보국을 구해 낸 후,
몸을 날려 적진 속을 헤집고 다녔다. ㉓동에 번쩍하더니 어느 새
서쪽에 있는 적장을 베고, 남쪽으로 가는 듯하더니 어느 새 북쪽에
우월한 능력으로 문제를 해결하는 여성 영웅의 모습이 드러남.
있는 장수를 베고, 좌충우돌하여 적장 오십여 명과 군사 천여 명을 한
칼로 쓸어버리고 본진으로 돌아왔다.]
[ ]: ❷ 중심 사건 – 계월(평국)이 위기에 처한 보국을 구하고 적진을 평정함.
행군하다: 군대가 대열을 지어 먼 거리를 이동하다.
당도하다: 어떤 곳에 다다르다.
장령: 군대를 거느리는 장수의 명령
호령: 부하나 동물 따위를 지휘하여 명령함. 또는 그 명령
분부하다: 윗사람이 아랫사람에게 명령이나 지시를 내리다.
순종하다: 운명이나 남의 말 따위에 순순히 따르다.
장검: 예전에, 허리에 차던 긴 칼
대로하다: 크게 화를 내다.
등등하다: 기세가 무서울 만큼 높다.
본진: 예전에, 지휘를 하는 본부가 있던 군영
사세: 일이 되어 가는 형세   **탄식하다**: 한탄하여 한숨을 쉬다.
좌충우돌하다: 이리저리 마구 찌르고 부딪치다.

③ 요약 : 보국의 위기 상황을 계월(평국)이 해결함.

④ [보국이 원수 보기를 부끄러워하니, 원수가 보국을 꾸짖으며 조롱했다.] [ ]: ❷ 갈등 – 보국과 계월 사이의 갈등(외적 갈등)

❷ ㉤ "저러하고 평일에 남자라 칭하리요? 나를 업신여기더니 이제도 그러할까?" # 남성 중심의 사회 제도에 대한 비판 의식이 드러남. ❸ 대화를 활용하여 인물 간의 갈등과 감정을 생생하게 전달함.

❸ 원수가 장대에 앉아 구덕지의 머리를 함에 넣어 황성으로 보냈다.

장대: 장수가 올라서서 명령 · 지휘하던 대. 성(城), 보(堡) 따위의 동서 양쪽에 돌로 쌓아 만들었다.　함: 옷이나 물건 따위를 넣을 수 있도록 네모지게 만든 통

*④ 요약: 계월(평국)이 여자인 자신을 업신여겼던 보국을 꾸짖음.

* 조야: 조정과 민간을 통틀어 이르는 말
* 작록: 관직과 직위, 그에 따라 받는 녹봉을 아울러 이르는 말
* 조복: 관원이 조정에 나아가 하례할 때에 입던 예복

★ 독해 공식

❶ 중심인물: 계월(평국), 보국
　공간적 배경: 조정, 삼남원, 영경루　　시간적 배경: 명나라 시절
❷ 중심 사건: 오왕과 초왕이 반역을 일으켜 국가적 위기에 처함. 계월(평국)이 천자의 명을 듣고 원수로 출정함. 보국이 여공의 말을 따라 중군으로 출정함. 계월(평국)이 위기에 처한 보국을 구하고 적진을 평정함.
　갈등: 여성의 사회 진출을 제한하는 사회와 여성 인물 사이의 갈등(외적 갈등). 보국과 계월 사이의 갈등(외적 갈등)
❸ 서술상 특징
　• 서술자: 3인칭 서술자, 시점: 전지적 작가 시점
　• 여성 인물이 남장을 하고 사회에 진출하는 남장 모티프가 나타남.
　• 비유적 표현을 사용하여 계월(평국)의 위엄을 강조함.
　• 인물의 심리와 사건 전개를 구체적으로 전달함.
　• 인물의 활약상을 구체적으로 묘사하여 상황의 긴박함을 고조함.
　• 대화를 활용하여 인물 간의 갈등과 감정을 생생하게 전달함.

■ 갈래: 고전 소설, 영웅 소설, 군담 소설
■ 이 작품은? 여성 영웅인 홍계월의 일대기를 그린 작품이다. 주인공 홍계월은 뛰어난 능력과 남성보다 더 높은 사회적 지위를 지닌 인물로 그려지는데, 이를 통해 당대의 남성 중심 사회에 대한 비판 의식을 드러내고 있다. 사회에 진출하여 주체적인 삶을 실현해 나가는 여성의 모습을 보여 주었다는 점에서 의의가 있는 작품이다.

■ 인물 관계도

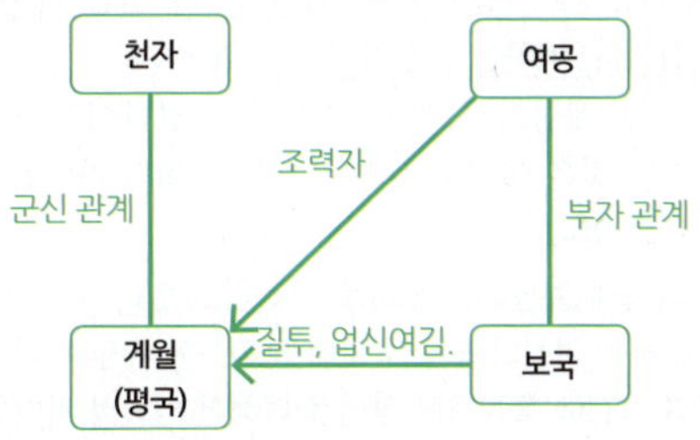

■ 주제: 영웅 계월의 활약과 국가에 대한 충성심
■ 이것이 핵심!: <홍계월전>에 나타난 영웅의 일대기 구조

고귀한 혈통	귀족 가문인 이부 시랑 홍무의 딸로 태어남.
비정상적인 출생	어머니 양 부인이 옥황상제의 시녀가 몸속으로 들어오는 꿈을 꾼 다음 계월을 잉태함.
비범한 능력	어렸을 때부터 총명하여 한 번 본 것은 잊지 않는 능력을 보임.
어렸을 때의 위기	장사랑의 반란으로 부모와 헤어짐.
구출과 양육	여공의 도움으로 위기에서 구출됨. 평국이란 이름으로 여공의 아들 보국과 함께 양육됨.
성장 후의 위기	남장 사실을 천자에게 들킴. 남편인 보국과 갈등을 겪음. 서달의 난과 오왕, 초왕의 반란을 진압하기 위한 전쟁에 나감.
행복한 결말	전쟁에서 승리하여 높은 벼슬에 올라 부귀 영화를 누림.

■ 전체 줄거리
　명나라 시절, 홍 시랑과 부인 양씨 사이에서 딸 홍계월이 태어난다. 당시 여성의 사회 진출이 극히 제한되어 있었기에, 계월은 어릴 때부터 남장한 채 아들 '홍평국'으로 자라며 학문과 무예를 익힌다. 이후 계월은 장사랑의 난으로 인해 부모와 헤어지고, 여공에게 구출되어 여공의 아들 보국과 함께 자란다. 계월은 장원급제하고, 전쟁에서 원수로 출정해 큰 공을 세운다.
　이후 계월이 여성임이 밝혀지지만, 황제는 그녀의 충성심과 공을 인정하여 벌하지 않고 포상한다. 또한 계월과 보국의 혼인을 주선한다. 보국은 자존심이 상해 계월을 따르려 하지 않는다. 그러나 다시 반란이 일어나 계월이 원수로, 보국이 중군장으로 출정하게 되고, 계월은 직접 전투에 나서 적장을 물리치고 위기에 처한 보국을 구출하는 등 영웅적인 활약을 펼친다. 보국은 계월의 지휘 아래에서 실제 전장을 겪으며 그녀의 용맹함과 탁월한 지도력을 체감하게 되고, 결국 계월과의 갈등을 해소하고 행복하게 살아간다.　　　　　(▨ : 수록 부분 줄거리)

26　정답 ④　* 서술상 특징 파악하기 ·························· [정답률 84%]

윗글에 대한 설명으로 가장 적절한 것은?

> 왜 정답?

④ 인물의 활약상을 구체적으로 묘사하여 상황의 긴박함을 고조하고 [보국] 있다. * 근거: ③-⓭~⓴
　보국이 운평과 운경을 이겼지만 이후 구덕지의 공격으로 위기에 처한 장면을 구체적으로 묘사하여 상황의 긴박함을 고조하고 있다.

> 왜 오답?

① 고사를 활용하여 인물 간 갈등 양상을 제시하고 있다. [드러나지 않음.] [계월과 보국 사이의 외적 갈등] * 근거: ④-❶, ❷

② 시간의 역전적 구성을 통해 사건의 인과 관계를 드러내고 있다. [드러나지 않음.]

③ 서술자가 직접 개입하여 상황에 대한 독자의 판단을 유도하고 있다. [드러나지 않음.]

⑤ 현실적 공간과 비현실적 공간의 교차를 통해 환상적 분위기를 조성하고 있다. [드러나지 않음.] [드러나지 않음.]

27　정답 ⑤　* 인물의 심리와 태도 파악하기 ············· [정답률 62%]

윗글의 인물에 대한 이해로 적절하지 않은 것은?

> 왜 정답?

⑤ '보국'은 계월의 지시를 두둔하는 여공의 말에 불만을 표출하고 있다. [불만을 표출하지 않음.]
　②-❻, ❼ 여공이 보국에게 바삐 가라고 재촉했다. 보국이 할 수 없어 갑주를 갖추고 진중에 나아가 원수 앞에 엎드리니, 홍 원수가 분부했다.

> 왜 오답?

① '남관장'은 반란군의 규모와 위세를 구체적으로 언급하면서 조정에 ['장수 천여 명과 군사 십만'을 거느리고 '마구 쳐들어오고' 있음.] 다급하게 도움을 요청하고 있다.
　①-❶, ❷ 이때 남관장이 장계를 올리거늘, ~ '오왕과 초왕이 반역하여 ~ 장수 천여 명과 군사 십만을 거느리고 쳐들어왔습니다. 호주 북쪽 지방의 십여 성으로부터 항복을 받고, 형주자사 이왕태를 베고, 마구 쳐들어오고 있습니다. ~ 원컨대 황상은 어진 명장을 보내셔서 적을 막아 주십시오.'

② '천자'는 반란이 일어난 원인을 자신의 무덕함으로 돌리면서 [오나라와 초나라 양국의 반란] 평국에게 반란을 진압하도록 명을 내리고 있다.
　①-⓭, ⓮ 천자가 매우 기뻐하며 (평국에게) 말했다. / " ~ 내가 덕이 없어 지금 오나라와 초나라 양국이 반역하여, ~ 황성을 침범한다고 하니, 경(평국)은 나아와 나라와 조정을 편안하게 지키도록 하라."

③ '평국'은 자신의 죄를 용서한 천자에게 감사해 하며 은혜를 갚으려
자신이 여성임을 숨겼던 것
하고 있다.

⌐ ①-⑮, ⑯ 평국이 엎드려 아뢰었다. / " ~ 신첩의 죄를 용서하시고 이처럼
사랑하시니, 신첩이 비록 어리석으나 힘을 다해 성은을 만분의 일이나 갚고자
└ 합니다. 폐하는 근심치 마소서."

④ '여공'은 사적인 일보다 공적인 일을 중시하면서 보국이 계월의
중군의 신분으로 급히 원수인 계월 앞에 대령할 것
명령을 따라야 한다고 판단하고 있다.

⌐ ②-❹, ❺ 여공이 말했다. / "전일에 너에게 무엇이라 이르더냐? 계월을
괄시하다가 이런 일을 당하니, 어찌 그르다 하리요? 국사가 매우 중하니,
└ 어떻게 해 볼 수가 없다."

28　정답 ⑤　＊〈보기〉를 바탕으로 감상하기　★1등급 대비

[① 10%　② 25%　③ 18%　④ 11%　⑤ 33%]

〈보기〉를 바탕으로 ㉠~㉤을 감상한 내용으로 적절하지 않은 것은? [3점]

― 〈 보기 〉 ―

❶ 〈홍계월전〉에서 주인공 계월은 자신이 지닌 우월한 능력을 사회적으로 인정받아 여러 문제를 해결하는데, 이는 기존 여성 영웅 소설의 주인공이 남성의 권위에서 벗어나지 못했던 한계를 탈피한 것이다. ❷ 특히 계월이 국가에 충성하는 신하이자 국난을 극복하는
천자의 명령을 따라 나라를 위기에서 구함.
영웅으로 그려지는 것은 여성도 삶의 주체로 사회적 자아를 실현할 수 있는 존재임을 보여 주고 있다. ❸ 또한 여성의 사회 진출이 제한되었던 당대 남성 중심의 사회적 현실과 제도에 대한 비판도 담고 있다. ❹ 한편 이
전쟁터에 계월이 출정해야 한다는 제안에 천자가 망설임.
작품에 등장하는 남성들은 조선시대의 통념적인 남성상과는 달리
권위적이고 여성을 남성보다 열등한 존재로 여김.
권위적이지 않으며 나약한 모습으로도 그려지고 있다.

 **단서+발상**

단서 〈보기〉	해결 윗글
계월의 우월한 능력	계월이 위기에 처한 보국을 구하고 적진을 평정함(㉣).
계월이 국가에 충성하는 신하이자 국난을 극복하는 영웅으로 그려짐.	계월이 나라와 조정을 지키라는 천자의 명을 따라 전쟁에 출정함(㉢).
여성의 사회 진출이 제한되었던 사회적 현실과 제도	신하들이 계월의 출정을 제안하지만 천자가 망설임(㉡).
조선시대의 통념적인 남성상과 다른 남성 인물의 모습	- 우승상 정영태가 장수로서의 계월의 능력을 인정함(㉠). - 보국이 전쟁터에서 계월의 명령을 따름.

왜 정답 ?

⑤ ㉤은 여자라는 이유로 전쟁터에서 자신을 무시한 보국을 계월이
보국은 전쟁터에서 계월을 무시하지 않았음.
조롱하는 장면으로, 남성 중심의 사회 제도에 대한 비판 의식을 담고 있다고 볼 수 있군.

⌐ ②-❾ 보국이 두려워하며 중군 처소로 돌아와 명령 내리기를 기다렸다.

③-❾~⓫ 이튿날 원수가 중군에게 분부했다. / "오늘은 중군이 나가 싸우라." / 중군이 명령에 순응하여 ~

④-❷ ㉤ "저러하고 평일에 남자라 칭하리요? 나를 업신여기더니 이제도 그러할까?"

〈보기〉 ❸ 문장 또한 여성의 사회 진출이 제한되었던 당대 남성 중심의 사회적
└ 현실과 제도에 대한 비판도 담고 있다.

　㉤에서 계월이 그동안 자신을 업신여겼던 보국을 조롱한 것은 당대 남성 중심의 사회적 제도에 대한 비판으로 볼 수 있다.

　그러나 보국은 전쟁터에서 계월의 분부에 두려워하였으며 나가 싸우라는 명령에 순종하고 있다. 따라서 보국이 전쟁터에서 계월을 무시했다는 내용은 적절하지 않다.

왜 오답 ?

① ㉠은 계월이 여성임을 알고 있으면서도 정영태가 장수로서의
정영태는 도적을 막기 위해서는 계월(평국)을 보내야 한다며 그녀의 능력을 인정하고 있음.
그녀의 능력을 인정하는 장면으로, 남성의 권위를 내세우는 조선시대의 통념적인 남성상과는 다른 모습으로 볼 수 있군.

⌐ ①-❹, ❺ 우승상 정영태가 말했다. / ㉠ "이 도적은 좌승상 평국을 보내
막아야 합니다. 급히 평국을 부르십시오."

〈보기〉 ❹ 문장 한편 이 작품에 등장하는 남성들은 조선시대의 통념적인
└ 남성상과는 달리 권위적이지 않으며 나약한 모습으로도 그려지고 있다.

　㉠에서 정영태는 오왕과 초왕의 반란을 현재 규중에 있는 계월을 보내 막아야 한다고 주장한다. 이는 남성의 권위를 내세우는 것과는 거리가 있는 모습이자, 조선시대의 통념적인 남성상과는 다른 모습으로 볼 수 있다.

② ㉡은 전쟁터에 계월이 출정해야 한다는 제안에 천자가 망설이는
규중의 여자를 불러낼 수 없다며 망설임.
장면으로, 여성의 사회 진출에 대한 당대 사회의 인식이 드러난 것으로 볼 수 있군.

⌐ ①-❻, ❼ 천자가 듣고 지긋이 생각하다가 말했다. / ㉡ "평국이 전일에는
세상에 나왔기에 불렀지만, 지금은 규중에 머물러 있는 여자인지라 차마
└ 불러낼 수 없도다. 어찌 전쟁터로 보내리오?"

　㉡에서 천자는 계월의 능력이 출중함에도 불구하고, 계월이 규중에 있다는 이유만으로 계월을 전쟁터로 보내는 것을 망설이고 있다. 이는 여성의 사회 진출에 대한 당시 사회 현실을 반영한 것으로 볼 수 있다.

> **매력 오답**　천자는 계월이 '규중에 머물러 있는 여자'이기 때문에 불러낼 수 없다고 말한다. 이를 〈보기〉를 바탕으로 이해하면, 여성의 사회 진출이 제한되었던 당대 남성 중심의 사회적 현실을 나타내는 것으로 볼 수 있다. 〈보기〉를 바탕으로 ㉡에 담긴 천자의 생각을 정확하게 파악할 수 있어야 한다.

③ ㉢은 계월이 나라를 구하기 위해 천자의 명령을 따르는 장면으로,
천자의 명령을 따름으로써 성은을 갚고자 함.
국가에 충성하는 신하이자 국난을 극복하는 주체로서 사회적 자아를 실현하고자 하는 여성의 모습으로 볼 수 있군.

⌐ ①-⑮, ⑯ 평국이 엎드려 아뢰었다. / "신첩이 외람되게 폐하를 속이고 높은
공후(公侯) 작록을 영화롭게 지내기가 황공합니다. 신첩의 죄를 용서하시고
이처럼 사랑하시니, ㉢ 신첩이 비록 어리석으나 힘을 다해 성은을 만분의
일이나 갚고자 합니다. 폐하는 근심치 마소서."

〈보기〉 ❷ 문장 특히 계월이 국가에 충성하는 신하이자 국난을 극복하는
영웅으로 그려지는 것은 여성도 삶의 주체로 사회적 자아를 실현할 수 있는
└ 존재임을 보여 주고 있다.

　계월은 ㉢에서 국가에 충성하는 신하로 그려지고 있다. 〈보기〉에 따르면 이는 사회적 자아를 실현하는 여성의 모습을 보여 준다. 즉, 계월이 나라를 구하기 위해 천자의 명령을 따라 전쟁에 출정하는 장면은 여성이 사회적 자아를 실현하는 삶의 주체임을 보여 준다고 할 수 있다.

④ ㉣은 원수 계월이 위기에 처한 중군장 보국을 구한 후 적진을
평정하는 장면으로, 여성 영웅이 우월한 능력으로 당면한 문제를
계월은 전장에서 대원수로서 중군장을 구하고 적군을 한 칼로 쓸어버림.
해결하는 모습으로 볼 수 있군.

⌐ ③-㉓ (계월은) ㉣ 동에 번쩍하더니 어느 새 서쪽에 있는 적장을 베고,
남쪽으로 가는 듯하더니 어느 새 북쪽에 있는 장수를 베고, 좌충우돌하여 적장
오십여 명과 군사 천여 명을 한 칼로 쓸어버리고 본진으로 돌아왔다.

〈보기〉 ❶ 문장 〈홍계월전〉에서 주인공 계월은 자신이 지닌 우월한 능력을
└ 사회적으로 인정받아 여러 문제를 해결하는데, ~

　계월은 ㉣에서 위기에 처한 보국을 구한 후 적진을 평정한다. 이는 여성 영웅인 계월이 뛰어난 전투력을 발휘하여 당면한 문제를 해결하는 모습으로 볼 수 있다.

출제 ◯ 글 전체 핵심어 ▨ 글 전체 중심 문장

[1]❶ 지진은 지구 내부에서 일어나는 지각 변동으로 인해 땅이 ⓐ 흔들리는 현상이다. ❷이때 지각 부분에서 방출된 에너지는 파동의 형태로 전달되는데, 이를 (지진파)라고 한다.
지진파의 개념
❸대표적인 지진파로는 P파와 S파가 있다.
지진파의 종류

⌐ **지각**: 지구의 바깥쪽을 차지하는 부분
　방출되다: 입자나 전자기파의 형태로 에너지가 내보내지다.
└ **파동**: 공간의 한 점에 생긴 물리적인 상태의 변화가 차츰 둘레에 퍼져 가는 현상

＊[1]문단 요약: 지진파의 개념과 종류

[2]❶ P파는 에너지가 전달되는 파동의 진행 방향이 매질＊의 진동
P파의 개념
방향과 같은 지진파로, 매질이 압축과 팽창을 반복하면서 전달되며 관측소에 가장 먼저 도착한다. ❷ P파의 전파 속도는 초속 약 6~8km이지만, 진폭은 작아 지진 피해는 비교적 작은 편이다.
P파의 특징
❸반면에 S파는 파동의 진행 방향이 매질의 진동 방향과 수직인
S파의 개념
지진파로, 전파 속도는 초속 약 3~4km로 P파보다 느리지만 진폭이 비교적 커서 지진 피해 정도는 훨씬 크게 나타난다. ❹ 두 지진파가
S파의 특징
관측소에 도착하는 시간의 차이를 PS시라고 하는데 진원에서
PS시의 개념
멀어질수록 PS시는 커진다. ❺ ㉠ PS시를 활용하면 지진 발생 시 다른 지역의 지진 피해를 조금이나마 줄일 수 있다.
진원에서 더 멀리 있는 다른 지역에서는 P파 도착 후 S파에 대비할 수 있는 시간이 늘어나기 때문임.

[A] ⌐ **진폭**: 진동하고 있는 물체가 정지 또는 평형 위치에서 최대 변위까지 이동하는 거리. 진동하는 폭의 절반이다.
　　└ **진원**: 최초로 지진파가 발생한 지역

＊[2]문단 요약: P파와 S파의 특징

[3]❶ P파와 S파가 통과할 수 있는 매질에는 차이가 있다. ❷ P파는 고체, 액체, 기체를 모두 통과하는 반면, S파는 고체만 통과할 수 있다. ❸ 따라서 액체 상태인 외핵을 통과할 수 없으므로, S파가
P파와 달리 S파는 액체 상태의 매질을 통과하지 못함.
도착하지 못하는 S파 암영대가 생긴다. ❹ P파는 맨틀과 외핵, 외핵과
S파가 외핵을 통과하지 못해서 생김.
내핵과 같이 상태가 ⓑ 다르거나 같은 상태라도 밀도가 다른 매질의 경계면을 지날 때 굴절이 일어나는데, 이로 인해 P파 역시 암영대가 생긴다. ❺ 또 지진파의 전달 속도는 매질의 밀도가
지진파의 전달 속도는 매질의 밀도에 따라 달라짐.
높아지면 빨라지고 밀도가 낮아지면 느려진다.

⌐ **외핵**: 지표에서 깊이 2,900km에서 5,100km 사이에 위치한 부분
　맨틀: 지구 내부의 핵과 지각 사이에 있는 부분. 지구 부피의 83%, 질량으로는 68%를 차지한다.
　내핵: 지하 약 5,100km의 깊이에서 지구 중심부에 이르기까지의 부분
└ **굴절**: 광파, 음파, 수파 따위가 한 매질에서 다른 매질로 들어갈 때 경계면에서 그 진행 방향이 바뀌는 현상

＊[3]문단 요약: 매질과 관련된 지진파의 특징

[4]❶ 한편 지진 발생 시 건물 붕괴로 인한 피해를 줄이기 위해 지진에 저항할 수 있도록 건물을 설계하는 것을 (내진설계)라고 하는데,
내진설계의 개념
내진구조, 제진구조, 면진구조의 세 유형이 있다. ❷ 내진구조는 강한
내진설계의 유형
지진파에도 건축물이 붕괴되지 않게 철근 콘크리트 등을 보강하여
내진구조의 개념
기둥과 벽 자체를 튼튼하게 짓는 것이다. ❸ 내진벽과 같은 부자재를

설치하여 강한 흔들림에도 무너지지 않고 버티는 내구성이
건물 자체의 내구력을 높이는 방식으로 지진에 대비함.
높아지도록 건물을 짓는 것이다. ❹이는 [단순히 건물의 내구력만을
[ ]: 내진구조의 한계
높인 것이라 지진 발생 시 건물이 무너지지 않더라도 건물 구조에 심각한 손상이 생길 수 있다.]

⌐ **내진**: 지진을 견디어 냄.
　보강하다: 보태거나 채워서 본디보다 더 튼튼하게 하다.
└ **내구성**: 물질이 원래의 상태에서 변질되거나 변형됨이 없이 오래 견디는 성질

＊[4]문단 요약: 내진설계 중 내진구조의 원리와 특징

[5]❶ 이에 비해 제진구조는 [제진 장치가 땅으로부터 건물에 전달되는
[ ]: 제진구조의 개념
진동을 감지하고, 건물의 흔들림 방향과 반대 방향으로 건물을 지지하여 건물의 붕괴를 ⓒ 막는 구조이다.] ❷ 철제 빔과 같은 장치로 건물에 X자 등의 제진 장치를 보강하여 건물 전체를 보호하는
건물에 제진 장치를 설치하는 방식으로 지진에 대비함.
것이다. ❸ 현재 대부분의 고층 건물은 이러한 방식을 사용하여, 내진구조에 비해 상대적으로 더 안전하다고 볼 수 있다.

⌐ **지지하다**: 무거운 물건을 받치거나 버티다.

＊[5]문단 요약: 제진구조의 원리와 특징

[6]❶ 앞선 두 구조가 건물이 지진력을 버티는 데 초점을 두었다면,
내진구조와 제진구조의 공통점
면진구조는 건물에 전달되는 지진력 자체를 줄이는 데 중점을 둔다.
❷ 다른 구조와는 대조되는 면진구조의 특징
파동의 에너지는 주기가 짧을수록 크기 때문에 면진구조는 지진파의 파장을 길게 바꾸어 충격을 감소시킨다. ❸ 보통 지면 위에 바로 건물을
면진구조의 원리
세우는 것과 달리 면진구조는 건물과 땅 사이에 고무 스프링과 댐퍼,
건물과 지면을 떨어뜨려 건물에 전달되는 진동을 줄이는 방식으로 지진에 대비함.
베어링 등을 설치해 흔들림이 건물로 전해지는 것을 막는 방식이다.
❹ 건물 자체와 지면을 떨어뜨리면 진동이 ⓓ 줄어들어 전달되기 때문에 아주 강한 지진이 ⓔ 일어나더라도 건물 내부에 있는 구조물이 쓰러지지 않기 때문에 지진에 대비할 수 있는 효과적인 공법으로 평가받고 있다.

⌐ **댐퍼**: 용수철이나 고무와 같은 탄성체 따위를 이용하여 충격이나 진동을 약하게 하는 장치　**베어링**: 회전 운동이나 직선 운동을 하는 굴대를 받치는 기구
└ **공법**: 공사하는 방법

＊[6]문단 요약: 면진구조의 원리와 특징

＊매질: 어떤 물리적 작용을 한 곳에서 다른 곳으로 전하여 주는 매개물로, 고체, 액체, 기체 등이 있음.

■ 전체 지문 이해도

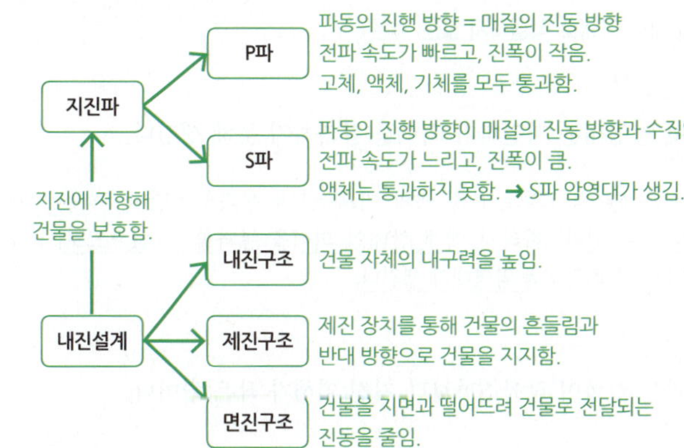

■ **지문 내용과 구조**

1문단	**지진파의 개념과 종류**: 지각 부분에서 방출된 에너지가 파동의 형태로 전달되는 것. P파와 S파가 있음.		

2문단	**P파와 S파의 특징**		
		P파	S파
	파동의 진행 방향	매질의 진동 방향과 같음.	매질의 진동 방향과 수직
	전파 속도	초속 약 6~8㎞	초속 약 3~4㎞
	진폭	작음.	비교적 큼.
	지진 피해	비교적 작음.	큼.
	– PS시: P파와 S파가 관측소에 도착하는 시간의 차이. 진원에서 멀어질수록 커짐.		

3문단	**매질과 관련된 지진파의 특징**	
	P파	S파
	고체, 액체, 기체를 모두 통과할 수 있음. → 상태가 서로 다른 매질의 경계면을 지날 때 굴절이 일어나 P파 암영대가 생김.	고체만 통과할 수 있음. → 액체 상태인 외핵을 통과하지 못해 S파 암영대가 생김.
	매질의 밀도가 높아지면 지진파의 속도가 빨라짐.	

4문단	**내진설계 중 내진구조의 원리와 특징** – 내진설계: 지진에 저항할 수 있도록 건물을 설계하는 것. 내진구조, 제진구조, 면진구조가 있음. – 내진구조: 철근 콘크리트 보강, 내진벽 설치 등으로 건물의 내구력을 높임. → 강한 지진파에도 건물이 붕괴되지 않도록 함.		
5문단	**제진구조의 원리와 특징**: 철제 빔과 같은 장치로 건물에 X자 등의 제진장치를 보강함. → 제진 장치가 진동 감지 후 건물의 흔들림과 반대 방향으로 건물을 지지해 건물 붕괴를 막음.		
6문단	**면진구조의 원리와 특징**: 건물과 땅 사이에 고무 스프링과 댐퍼, 베어링 등을 설치함. → 건물을 지면과 떨어뜨려 건물로 전달되는 진동 자체를 줄임.		

1문단 지진파의 개념과 종류 → 2문단 P파와 S파의 특징 → 3문단 매질과 관련된 지진파의 특징 → 4문단 내진설계 중 내진구조의 원리와 특징 → 5문단 제진구조의 원리와 특징 → 6문단 면진구조의 원리와 특징

■ **주제**: 지진파의 특징과 내진설계의 유형별 원리

---

29 정답 ③ * 내용 파악하기 ……………………… [정답률 85%]

윗글에 대한 이해로 적절하지 <u>않은</u> 것은?

＞왜 정답 ?

③ ~~P파~~ 암영대는 지진파가 외핵을 통과하지 못해 생긴다.
S파

┌ ③문단 ❷, ❸문장 P파는 고체, 액체, 기체를 모두 통과하는 반면, S파는 고체만 통과할 수 있다. 따라서 액체 상태인 외핵을 통과할 수 없으므로, S파가 └ 도착하지 못하는 S파 암영대가 생긴다.

＞왜 오답 ?

① P파는 진폭이 작아 S파보다 지진 피해가 작은 편이다.
　S파보다 전파 속도는 빠르지만 진폭이 작음.

┌ ②문단 ❷, ❸문장 P파의 전파 속도는 초속 약 6~8㎞이지만, 진폭은 작아 지진 피해는 비교적 작은 편이다. 반면에 S파는 ~ 진폭이 비교적 커서 지진 피해 └ 정도는 훨씬 크게 나타난다.

---

② 지진파는 매질의 밀도에 따라 전달 속도가 달라진다.
　매질의 밀도↑ → 지진파 전달 속도↑ / 매질의 밀도↓ → 지진파 전달 속도↓

┌ ③문단 ❺문장 또 지진파의 전달 속도는 매질의 밀도가 높아지면 빨라지고 └ 밀도가 낮아지면 느려진다.

④ P파는 통과할 수 있지만, S파는 통과할 수 없는 매질이 있다.
　고체, 액체, 기체 모두 통과함.　　고체만 통과함.

* 근거: ③문단 ❷문장

⑤ P파와 달리 S파는 파동의 진행 방향과 매질의 진동 방향이 서로 다르다.
　파동의 진행 방향이 매질의 진동 방향과 수직임.

┌ ②문단 ❶, ❸문장 P파는 에너지가 전달되는 파동의 진행 방향이 매질의 진동 방향과 같은 지진파로, ~ 반면에 S파는 파동의 진행 방향이 매질의 진동 └ 방향과 수직인 지진파로, ~

---

30 정답 ② * 구체적 사례나 상황에 적용하기 ……… [정답률 57%]

[A]를 참고하여 〈보기〉를 이해한 것으로 적절하지 <u>않은</u> 것은? [3점]

〈 보기 〉

❶진원에서 발생한 지진이 세 관측소에서 관측되었다. ❷관측소 1에는
　　　　　　　　　　　　　　　　　　　　관측소 1로 가는 경로에는 액체 상태의 매질이 있음.
P파만 도착하였고, 관측소 2와 관측소 3에는 P파와 S파가 모두
도착하였다. ❸그런데 관측소 2에는 P파와 S파가 한 번씩 도착한 반면,
관측소 3에는 P파와 S파가 두 번씩 도착하였다. ❹이 중, C를 지난 P파와
　　　　　　　　　　　　　　　　　　　　　　　C와 B는 밀도가 서로 다름.
S파가 B만 지난 P파와 S파보다 먼저 도착하였다.
(단, 그림은 가상의 땅속을 나타낸 것이다.)

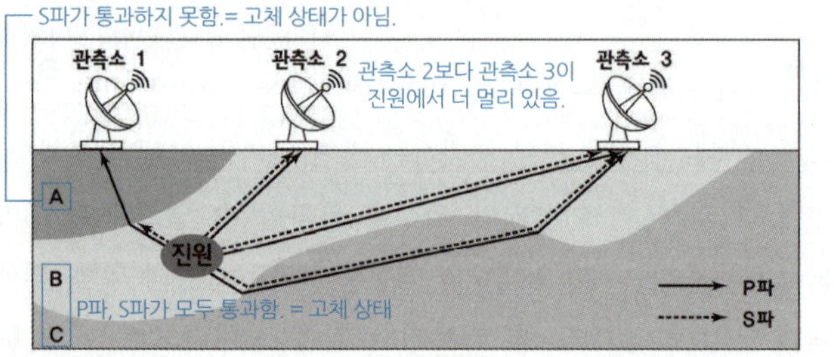

＞왜 정답 ?

② 관측소 1에 도착한 지진파는 관측소 2에 도착한 지진파와 달리
　고체 상태인 B와 고체 상태가 아닌 A를 지나옴.　　고체 상태인 B만 지나옴.
~~상태는 동일하지만 밀도가 다른~~ 두 매질을 지나왔겠군.
　　　　상태가 동일하지 않음.

┌ ③문단 ❷, ❸문장 P파는 고체, 액체, 기체를 모두 통과하는 반면, S파는 고체만 └ 통과할 수 있다. 따라서 액체 상태인 외핵을 통과할 수 없으므로, ~

　〈보기〉에서 관측소 1에는 P파만 도착했지만, 관측소 2에는 P파와 S파가 모두 도착했다고 했다. 따라서 관측소 1로 가는 경로에 있는 A는 고체 상태의 매질이 아니지만, 진원과 관측소 2로 가는 경로가 속한 B는 고체 상태의 매질임을 알 수 있다.

　즉 관측소 1에 도착한 지진파는 상태가 서로 다른 두 매질 B와 A를 지나왔지만, 이와 달리 관측소 2에 도착한 지진파는 고체 상태인 매질 B 하나만을 지나온 것이다.

＞왜 오답 ?

① 관측소 2에는 P파가 S파보다 먼저 도착했겠군.
　P파는 S파보다 전파 속도가 빠름.

┌ ②문단 ❶~❸문장 P파는 ~ 관측소에 가장 먼저 도착한다. P파의 전파 속도는 │ 초속 약 6~8㎞이지만, ~ S파는 ~ 전파 속도는 초속 약 3~4㎞로 P파보다 └ 느리지만 ~

③ 관측소 2에 도착한 지진파의 PS시보다 관측소 3에 도착한
지진파 중 B만 지난 지진파의 PS시가 더 크게 나타났겠군.
진원지와의 거리가 더 멀기 때문에 PS시가 더 커짐.

> [2]문단 ❹문장 두 지진파가 관측소에 도착하는 시간의 차이를 PS시라고 하는데
> 진원에서 멀어질수록 PS시는 커진다.

〈보기〉에서 관측소 2에 도착한 지진파와 관측소 3에 도착한 지진파의 경로를
비교해 보면, 진원으로부터 관측소 3까지의 거리가 더 멀다는 점을 알 수 있다. PS시는
진원에서 멀어질수록 커진다고 했으므로, 관측소 2에 도착한 지진파의 PS시보다
관측소 3에 도착한 지진파 중 B만 지난 지진파의 PS시가 더 크게 나타날 것이다.

④ 관측소 3과 달리 관측소 1에 S파가 도착하지 않은 것은 관측소
1과 관측소 3으로 가는 경로의 매질의 상태가 다르기 때문이겠군.
관측소 3과 달리 관측소 1로 가는 경로에는 고체 상태가 아닌 매질이 있음.

＊근거 : ③문단 ❷, ❸문장

⑤ 관측소 3에 도착한 지진파 중 C를 지난 지진파가 B만 지난
지진파보다 먼저 도착한 것은 C의 매질 밀도가 B보다 높기
C를 지난 지진파의 전달 속도가 더 빠르다는 의미임.
때문이겠군.

> [3]문단 ❺문장 또 지진파의 전달 속도는 매질의 밀도가 높아지면 빨라지고
> 밀도가 낮아지면 느려진다.

지진파는 매질의 밀도가 높을수록 전파 속도가 빨라진다고 했다. 따라서 C를 지난
지진파가 B만 지난 지진파보다 관측소 3에 더 먼저 도착했다는 것을 통해, C의 매질
밀도가 B의 매질 밀도보다 높다는 것을 알 수 있다.

---

31 정답 ⑤ ＊ 내용 파악 + 추론하기 ······················· [정답률 56%]

㉠의 이유를 추론한 내용으로 가장 적절한 것은?
'PS시를 활용하면 지진 발생 시 다른 지역의 지진 피해를 조금이나마 줄일 수 있다.'

> 왜 정답 ?

⑤ PS시를 측정한 지역보다 진원으로부터 먼 지역에서는 P파 탐지 후
P파와 S파가 도착하는 시간의 차이　PS시가 커짐.
S파 도착 전에 지진에 대비할 수 있기 때문에

> [2]문단 ❹, ❺문장 두 지진파가 관측소에 도착하는 시간의 차이를 PS시라고
> 하는데 진원에서 멀어질수록 PS시는 커진다. ㉠ PS시를 활용하면 지진 발생
> 시 다른 지역의 지진 피해를 조금이나마 줄일 수 있다.

PS시는 P파 도착 후 S파가 도착하기까지의 시간 차이로, 진원에서 멀어질수록
커진다고 했다. 즉 진원으로부터 먼 지역일수록 P파가 도착한 후 S파가 도착할 때까지
걸리는 시간이 길어지는 것이다. 이러한 특성 때문에 PS시를 측정한 지역보다
진원으로부터 먼 지역에서는 P파를 탐지한 후 S파가 도착하기 전까지 상대적으로 더
많은 시간을 지진 대비에 사용할 수 있다. 따라서 ㉠에서 말한 것과 같이 지진 피해를
조금이나마 더 줄일 수 있다.

> 왜 오답 ?

① P파와 S파의 진폭을 추정할 수 있어 지진의 강도를 예상할 수 있기
PS시를 활용하여 알 수 있는 내용으로 보기 어려움.
때문에

② 지진파가 통과하는 매질의 밀도를 확인하여 매질의 진동 방향을
예상할 수 있기 때문에
PS시를 활용하여 알 수 있는 내용으로 보기 어려움.

③ 지진파가 도착하지 않는 암영대를 예측하여 피해가 적을 장소를
PS시를 활용하여 알 수 있는 내용으로 보기 어려움.
예측할 수 있기 때문에

④ P파와 S파가 도착한 시간을 통해 추후 지진 발생 지점과 진원의
위치를 예측할 수 있기 때문에
PS시를 활용하여 알 수 있는 내용으로 보기 어려움.

PS시는 두 지진파가 관측소에 도착하는 시간의 차이이다. 따라서 진원으로부터의
거리를 고려해 P파가 도착한 이후 S파가 도착하는 시간을 예측할 수는 있지만, 추후에
지진이 발생하는 시점과 그 진원의 위치 자체를 예측할 수는 없다.

---

32 정답 ⑤ ＊ 구체적 사례나 상황에 적용하기 ········· [정답률 63%]

〈보기〉의 (가)~(다)는 내진설계의 각 구조를 도식화한 것이다. 윗글을 바탕으로
〈보기〉를 이해한 내용으로 가장 적절한 것은?

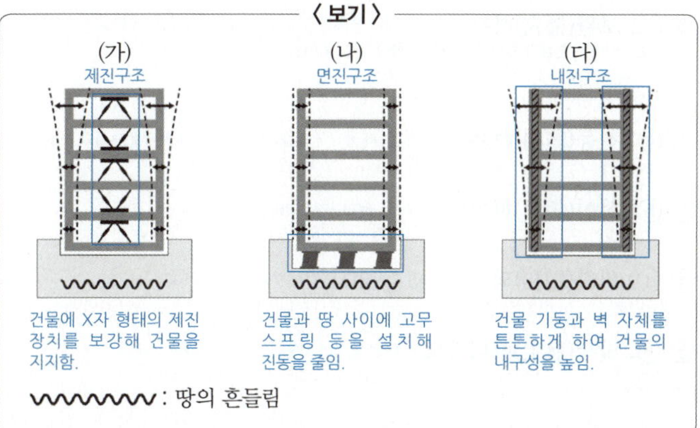

> 왜 정답 ?

⑤ (나)는 건물 아래에 설치된 구조물에 의해, (다)는 건물 자체의
면진구조　건물과 땅 사이에 설치함.　내진구조
내구력에 의해 건물이 보호된다.
기둥과 벽 자체를 튼튼하게 만듦.

> [4]문단 ❷, ❸문장 내진구조는 ~ 철근 콘크리트 등을 보강하여 기둥과 벽
> 자체를 튼튼하게 짓는 것이다. ~ 강한 흔들림에도 무너지지 않고 버티는
> 내구성이 높아지도록 건물을 짓는 것이다.
> [6]문단 ❸문장 ~ 면진구조는 건물과 땅 사이에 고무 스프링과 댐퍼, 베어링
> 등을 설치해 흔들림이 건물로 전해지는 것을 막는 방식이다.

〈보기〉에서 (나)는 건물과 땅 사이에 구조물이 설치되어 있어 건물이 지면으로부터
떨어진 상태이다. 따라서 이는 면진구조임을 알 수 있다. 면진구조는 건물 아래 설치한
고무 스프링, 댐퍼, 베어링 등의 구조물을 통해 건물로 전달되는 진동을 줄이는
방식으로 지진으로부터 건물을 보호한다.

(다)는 건물의 기둥과 벽을 튼튼하게 보강한 형태로, 내진구조임을 알 수 있다.
내진구조는 철근 콘크리트나 내진벽 등을 통해 건물의 내구력 자체를 높이는 방식으로
지진으로부터 건물을 보호한다.

> 왜 오답 ?

① (가)는 (다)보다 건물에 전달되는 지진력을 더 줄일 수 있다.
(나)는 (가)　면진구조는 건물에 전달되는 지진력 자체를 줄이는 데 중점을 둔 방식임.

> [6]문단 ❶문장 앞선 두 구조(내진구조와 제진구조)가 건물이 지진력을 버티는
> 데 초점을 두었다면, 면진구조는 건물에 전달되는 지진력 자체를 줄이는 데
> 중점을 둔다.

② (나)는 (다)와 달리 지진파의 파장을 짧게 바꾸어 지진력을 줄인다.
길게

> [6]문단 ❷문장 파동의 에너지는 주기가 짧을수록 크기 때문에 면진구조는
> 지진파의 파장을 길게 바꾸어 충격을 감소시킨다.

③ (다)는 (나)보다 지진 발생 시 건물 구조가 받는 손상이 상대적으로
적다.
단순히 건물의 내구력만 높인 것이기 때문임.
크다.

> [4]문단 ❹문장 이(내진구조)는 단순히 건물의 내구력만을 높인 것이라 지진
> 발생 시 건물이 무너지지 않더라도 건물 구조에 심각한 손상이 생길 수 있다.

(다)는 내진구조로, 지진 발생 시 건물이 무너지지 않더라도 건물 구조에 심각한
손상이 생길 수 있다. 반면 면진구조인 (나)는 건물에 전달되는 지진력 자체를 줄이는
데 중점을 두었으므로 건물 구조에 심각한 손상이 상대적으로 적다.

④ (가)는 건물의 진동 방향과 같은 방향으로, (나)는 건물의 진동
반대
방향과 반대 방향으로 건물을 지지한다.
면진구조의 특징과는 관련 없음.

> [5]문단 ❶문장 이에 비해 제진구조는 제진 장치가 땅으로부터 건물에 전달되는
> 진동을 감지하고, 건물의 흔들림 방향과 반대 방향으로 건물을 지지하여
> 건물의 붕괴를 막는 구조이다.

문맥상 ⓐ~ⓔ와 바꿔 쓰기에 적절하지 않은 것은?

>왜 정답?

③ ⓒ: **보완(補完)하는** - '모자라거나 부족한 것을 보충하여 완전하게 하다.'라는 의미임.
'막는' - '어떤 현상이 일어나지 못하게 하다.'라는 의미임.

>왜 오답?

① ⓐ: **진동(震動)하는** - '물체가 몹시 울리어 흔들리다. 또는 물체 따위를 흔들다.'라는 의미임.
'흔들리는' - '큰 소리나 충격에 물체가 울리다.'라는 의미임.

② ⓑ: **상이(相異)하거나** - '서로 다르다.'라는 의미임.
'다르거나' - '비교가 되는 두 대상이 서로 같지 아니하다.'라는 의미임.

④ ⓓ: **완화(緩和)되어** - '긴장된 상태나 급박한 것이 느슨하게 되다.'라는 의미임.
'줄어들어' - '부피나 분량 따위가 본디보다 작아지거나 짧아지거나 적어지다.'라는 의미임.

⑤ ⓔ: **발생(發生)하더라도** - '어떤 일이나 사물이 생겨나다.'라는 의미임.
'일어나더라도' - '자연이나 인간 따위에게 어떤 현상이 발생하다.'라는 의미임.

34~37 ＊김재영, 〈코끼리〉

출제 ❶ 중심인물, 배경 ❷ 중심 사건, 갈등 ❸ 서술상 특징
❸ 서술자: '나'. 시점: 1인칭 주인공 시점
어린아이의 시선을 통해 이주 노동자들의 현실을 효과적으로 표현함.

① 아버지와 나는 십여 년 전까지 돼지축사로 쓰였다는, 낡은
#: 이주 노동자들의 열악한 주거 환경
베니어판 문 다섯 개가 나란히 붙어 있는 건물에서 살고 있다.
② 쪽마루도 없는데다 처마마저 참새 꼬리처럼 짧아 아침이면 이슬에
젖은 신발을 신고 학교에 가야 한다. ③ 며칠 전 주인아주머니는 누런
갱지에 '빈 방 있음'이라고 써 3호실 문짝에 붙여 놓았다. ④ 그 방 앞을
지나던 나는 열린 문틈으로 안을 들여다 보았다. ⑤벽에는 얼룩과
곰팡이와 낙서가 가득했고, 들뜬 황갈색 비닐 장판 위로는 뿌연
[ ]: ❸ 사실적인 묘사와 비유적인 표현으로 이주민의 삶을 섬세하게 표현함.
먼지가 살얼음처럼 깔려 있었다. ⑥비스듬하게 세워진 낡은 캐비닛 뒤쪽
벽에는 쥐가 들락거릴 정도의 작고 새까만 구멍이 뚫려 있는데, 구멍
주위로 자잘한 시멘트 가루와 흙덩이가 흩어져 있어 마치 상처 부위에
엉겨붙은 피딱지처럼 보였다. ⑦총알에 맞아 쿨럭쿨럭 피를 쏟아내는
심장을 본 것 같은 섬뜩함이 가슴을 오그라뜨렸다.
[ ]: ❸ 비유적인 표현으로 인물의 내면을 섬세하게 표현함.

⑧그 방에 살던 파키스탄 청년 알리는 도둑질을 하고 마을을
[ ]: ❸ 다양한 국적과 세대의 이주민 이야기를 통해 문제의 보편성과 세대 간 연속성을 드러냄.
떠났다. ⑨강풍이 불던 날 밤의 어둠과 소란을 틈타 한방을 쓰던 비재
[ ]: ❸ 사건의 전말을 서술자가 요약적으로 설명함.
아저씨의 ㉠ 돈을 훔쳐 달아난 것이다. ⑩비재 아저씨는 송금비용을
#: 비재 아저씨의 가족에 대한 사랑과 절박함이 담긴 소재
아끼려고 벽에 구멍을 파서 돈을 숨겨놓았다고 한다. 그날 밤
알리가 돈을 꺼낼 때 나던 조심스런 부스럭거림을 아저씨는 왜
듣지 못했을까. ⑪하긴, 이틀 연속 철야근무에 특근까지 했으니 그럴
만도 하다. ⑫게다가 그날따라 2호실 방글라데시 아주머니의
갓난아기는 밤새 잠을 자지 않고 보챘고, 저녁 내내 텔레비전
앞에서 시끄럽게 떠들던 1호실 미얀마 아저씨들은 나중엔 취한
목소리로 노래를 불러대기까지 했다. ⑬밤에 일하는 5호실 러시아
[A] 아가씨 마리나는 아예 집에 들어오지도 않았다. ⑭4호실에서 사는
#: [A]: 사건이 발생한 시점에 주변에서 벌어진 여러 정황을 나열함.
아버지와 나만이 일찌감치 불을 끄고 어둠 속에 누워 있었다.
⑮하지만 우리들 역시 머릿속으로는 매우 혼란스러운 생각, 집 나간
어머니 생각에 빠져 있어서 누군가 돈을 훔치느라 바스락대는
소리를 들을 수 없었다.] [ ]: ❷ 중심 사건 - 알리가 비재 아저씨의 돈을 훔쳐 달아남.

⑯사실 알리는 비재 아저씨 아들의 생명을 훔쳐 도망간 거나
⑰다름없다. 아저씨는 막내아들의 심장수술 비용을 마련하려고 여기
#: ❸ 서술자가 사건의 의미를 제시함.
⑱왔으니까. ⑲이 마을에선 불행이 너무나 흔해 발에 차일 지경이다.
⑳그래서 웬만한 일에는 누구도 신경 쓰지 않는다. ㉑[하지만 비재
#: '나'는 마을에 불행이 흔하기 때문에 사람들이 무신경하다고 생각함.
아저씨가 그날 새벽에 내지른 절망과 분노에 찬 비명 소리는
#: [ ]: ❸ 비재 아저씨의 행동에 대한 서술자의 심리적 반응을 보여 줌.
한동안 잊히지 않을 것 같다.]

＊① 요약: '나'가 빈방을 보며 알리가 비재 아저씨의 돈을 훔쳐 도망간 일을 떠올림.

(중략)

②①"안녕?"② 창문에 매달린 코끼리는 여전히 말이 없다. ③무심한 눈길로
먼 곳을 쳐다볼 뿐. ④[일곱 개의 코를 가진, 퍼체우라＊에 은사로
#: [ ]: 퍼체우라에 그려진 코끼리에 얽힌 힌두교 신화
화려하게 수놓인 그 코끼리는 원래 인도 신들의 왕 인드라를 태우는
구름이었다고 한다. ⑤"그래서요?" 창문에 퍼체우라를 달다가 그
이야기를 들은 나는 흥분해서 아버지를 재촉했다. ⑥"어느 날 창조주
브라마가 '세계의 알'을 깨뜨리면서 코끼리의 격이 낮아져 그만 우주를
떠받치는 기둥이 되었단다."] ⑦나는 눈을 질끈 감았다. ⑧아버지는 슬쩍
#: 힌두교 신화 속 코끼리를 안타까워함.
내 안색을 살폈다. ⑨"어차피 그건 힌두교 신화일 뿐이야. 신이 깨뜨린
#: 힌두교 신화를 듣고 안타까워하는 '나'를 위로함.
알이란 없어." 순간 못대가리에서 미끄러져 엇나간 망치가 아버지의
손톱을 찧었다. ⑩손톱 끝에 침을 바르고 통증을 참던 아버지는 떨어진
못을 찾으려고 두 손을 뻗어 바닥을 더듬었다. ⑪문득 아버지가
㉡ 코끼리처럼 여겨졌다. ⑫구름보다 높은 히말라야에서 태어나 이곳,
#: 신화 속 코끼리와 아버지를 동일시함.
후미진 공장지대에서 살아가고 있으니……
'나'가 생각하는 아버지와 힌두교 신화 속 코끼리의 유사성

힌두교: 인도의 토착 신앙과 브라만교가 융합한 종교 체계
후미지다: 아주 구석지고 으슥하다.

＊② 요약: '나'가 힌두교 신화를 듣고 신화 속 코끼리와 아버지가 비슷하다고 생각함.

③①어디선가 ㉢ 노랫소리가 들려온다. ②가늘게 떨리는 그 목소리
#: 부재하는 어머니에 대한 '나'의 그리움을 유발하는 소재
주인은 2호실 토야 엄마다. ③모레니에 절로 세이데세, 모레니에 절로
세이데세, 날 그곳으로 데려다주세요, 날 그곳으로 데려다 주세요……
④지난봄에 단속반을 피해 뒷산으로 도망치다가 발목을 삐어 결국
잡히고 만 토야 아빠는 스리랑카로 추방된 뒤 돌아오지 못하고 있다.
⑤혼자 남은 토야 엄마는 집에서 기계부품에 나사를 꿰어 버는 푼돈으로
#: 이주 노동자의 궁핍한 경제적 상황
연명하는 눈치다. ⑥훌둘리아 푸자 토레 게노 펠레라코 헬라거리, 탈
모르넷 아게 슈두 바레크 피레아쇼크, 기도꽃을 꺾어 왜 그냥
버렸을까, 사랑하는 사람이 죽기 전에 다시 돌아오세요…… ⑦갑자기
#: 토야 엄마가 부르는 노래의 가사에서 가족에 대한 그리움이 드러남.
어머니 생각이 난다. ⑧㉣ 신 김치와 미역국 냄새, 연한 레몬로션 냄새,
#: '나'가 어머니를 그리워하며 연상한 소재
그리고 뭐라고 이름 붙일 수 없지만 스르르 잠이 오게 하는 신비한
살내까지. ⑨지난봄에 어머니가 남기고 간 냄새는 한동안 방 안
어딘가에 남아 미풍이 불 때마다 언뜻언뜻 맡아졌다. ⑩[하지만 이제 방
안에선 그 냄새가 나지 않는다. ⑪퀴퀴한 홀아비 냄새와 지독한
곰팡내가 진동할 뿐이다.] [ ]: ❸ 후각적 이미지를 활용해 어머니가 없는 상황을 표현함.

단속반: 규칙이나 법령, 명령 따위가 잘 지켜지는지 감시하고 위반한 사람을
적발하기 위해 조직된 반 **푼돈:** 많지 아니한 몇 푼의 돈
연명하다: 목숨을 겨우 이어 살아가다. **미풍:** 약하게 부는 바람
퀴퀴하다: 상하고 찌들어 비위에 거슬릴 정도로 냄새가 구리다.

＊③ 요약: '나'가 토야 엄마의 노랫소리를 들으며 어머니를 그리워함.

4 ❶환기를 시키려고 퍼체우라를 젖힌다. ❷노란 햇빛이 반대편 벽에 있는 히말라야 ⓜ 달력 사진에 내려앉아 너울댄다. ❸투명하고 생생한
　＃아버지가 고향(히말라야)을 추억하게 하는 소재
햇빛, 푸른 티크나무 숲, 눈 덮인 안나푸르나, 잔잔하게 물결치는 페와호, 그리고 사탕수수를 빨아 먹으며 환하게 웃는 아이들……
❹아버지는 해마다 똑같은 달력을 사 온다. ❺아버지가 그 사진을 보면서
　고향을 그리워하는 아버지의 심정이 드러남.
기쁨을 얻듯이 나도 그렇게 되기를 바라는 걸까? ❻하지만 내 눈엔 오후 빛을 받은 히말라야가 금으로 씌운 어금니처럼 보일 뿐이다.
　＃[ ]: 아버지와 달리 '나'는 히말라야 달력 사진이 아름답다고 느끼지 않음.
❼햇빛에 녹아내리기 직전의 노란 바닐라 아이스크림이거나.]
❽달력에서는 여전히 검고 굵은 동그라미가 소용돌이치고 있다. ❾마음이 편치 않다. ❿요즘엔 이상하게도 입에서 아무 말이나 튀어나온다.
⓫학교에서 내내 긴장하다가 집에 돌아오면 모든 게 귀찮고, 무엇보다 화가 난다. ⓬오늘은 소영이 오빠가 친구들을 데리고 쉬는 시간마다 우리 교실로 내려왔다. ⓭나는 화장실에 숨어 있다가 수업이 시작된
　소영이 오빠와 친구들이 '나'를 괴롭히고 있음.
뒤에야 교실로 들어갈 수 있었다. ⓮겁이 나서가 아니었다. ⓯일대일 이라면 자신 있었다. ⓰하지만 한꺼번에 덤벼들어 쥐 잡듯 나를 짓밟는다면, 앞으로 나를 볼 때마다 누구든 그 장면을 떠올릴 것이다.
⓱그것만은 정말 견디기 힘들 것 같았다.
　다른 사람들이 자신이 괴롭힘 당하는 장면을 계속 떠올리는 것
┌ 너울대다: 물결이나 늘어진 천, 나뭇잎 따위가 부드럽고 느릿하게 자꾸 굽이져
└ 움직이다. 또는 그렇게 되게 하다.

　　　＊4 요약: '나'가 학교에서 괴롭힘을 당하며 불안과 분노를 느낌.

5 ❶아기 손바닥만큼 작아진 빛은 퍼체우라가 흔들릴 때마다 놀란 듯 부르르 떤다. ❷갑자기 잠이 몰려온다. ❸아버지처럼 고향 가는 꿈이라도
　　　　　　　　　　　'나'는 그리워할 고향도 없다고 느낌.
꿀 수 있다면 좋겠다. ❹밤마다 아버지는 낡은 춤바를 입고 고향 마을로 찾아가는 꿈을 꾼다. ❺노란 유채꽃 언덕 너머 보이는 눈부신 설산과 낯익은 황토 집, 정다운 마을 사람들이 있는 곳으로. ❻꿈에서 아버지는
[가녀린 퉁게꽃과 붉은 비저꽃이 흐드러진 고향집 마당으로
　　＃[ ]: 고향에서 보내는 행복한 시간
들어서서는 가족과 친지에 둘러싸여 달과 바트, 더르가리(야채 반찬),
물소고기에 토마토 양념을 발라 구운 첼라를 실컷 먹는다고 했다.]
❼하지만 다음날 공항에서 비행기에 오르려고 하면 누군가 아버지 앞을 가로막으며 거칠게 끌어낸다고 했다. ❽["난 한국으로 돌아가야 돼.
　　　　　　　　　　　　　　　　＃[ ]: 이주 노동자가 겪는 불안과 소외감
거기 내 가족이 있어. 제발, 보내줘. 일자리도, 이웃도, 내 청춘도 거기 두고 왔단 말이야. 제발……!"] ❾잠꼬대 끝에 몸을 벌떡 일으키는 아버지는 매번 황급히 사방을 둘러본다. ❿그러고는 땀으로 흥건해진 속옷을 벗으며 어둠 속에서 긴 안도의 숨을 내쉰다.
⓫[그렇지만 나보다는 낫겠지. ⓬난…… 태어난 곳은 있지만 고향이
　　　　　　　　　　　　＃이주 노동자 2세가 느끼는 정체성의 혼란
없다. ⓭한국에 네팔 대사관이 없어 아버지는 혼인신고를 못했다.
　[ ]: ❷갈등 – 이주 노동자 2세로서 정체성 혼란을 겪는 '나'의 내적 갈등
⓮그래서 내겐 호적도 없고 국적도 없다. ⓯학교에서조차 청강생일
　　　　　　　　　　　　　　　＃이주 노동자 2세가 느끼는 소외감과 정서적 고립이 드러남.
뿐이다. ⓰살아 있지만 태어난 적이 없다고 되어 있는 아이……]
　　　한국에서 태어났지만 한국에 소속되지 못한 '나'의 처지
┌ 호적: 호주(戶主)를 중심으로 하여 그 집에 속하는 사람의 본적지, 성명, 생년월일
│ 따위의 신분에 관한 사항을 기록한 공문서
│ 국적: 한 나라의 구성원이 되는 자석
│ 청강생: 예전에, 대학에서, 정규 학생으로 등록되어 있지 아니하면서 청강
└ 허락받은 학생　　＊5 요약: '나'가 정체성 혼란을 경험하며 깊은 상실감을 느낌.

＊퍼체우라: 네팔 남자들이 몸에 걸치는 직사각형의 천

독해 공식

❶ 중심인물: '나', 아버지
　공간적 배경: 낡은 베니어판 문 다섯 개가 나란히 붙어 있는 건물
❷ 중심 사건: 알리가 비재 아저씨의 돈을 훔쳐 달아남.
　갈등: 이주 노동자 2세로서 정체성 혼란을 겪는 '나'의 내적 갈등
❸ 서술상 특징
　• 서술자: '나', 시점: 1인칭 주인공 시점
　• 어린아이의 시선을 통해 이주 노동자들의 현실을 효과적으로 표현함.
　• 사실적인 묘사와 비유적인 표현으로 이주민의 삶과 주인공의 내면을 섬세하게 표현함.
　• 서술자가 사건의 전말을 요약적으로 설명하고 사건의 의미를 제시함.
　• 다양한 국적과 세대의 이주민 이야기를 통해 이주민 문제의 보편성과 세대 간 연속성을 드러냄.
　• 인물의 행동에 대한 서술자의 심리적 반응을 보여 줌.
　• 후각적 이미지를 활용해 상황을 감각적으로 표현함.

■ 갈래: 현대 소설, 단편 소설
■ 이 작품은? 이주 노동자 2세인 '나'의 관점에서 이주 노동자들의 삶을 사실적으로 표현하고 있는 소설이다. 어린아이의 시선에서 한국에 온 이주 노동자들이 경험하는 고통과 소외, 정체성 혼란을 효과적으로 그려내고 있다. 이를 통해 한국인들의 배타적 태도를 비판하고 다문화 사회에서 지녀야 할 자세에 대한 성찰을 요구하고 있다.
■ 인물 관계도

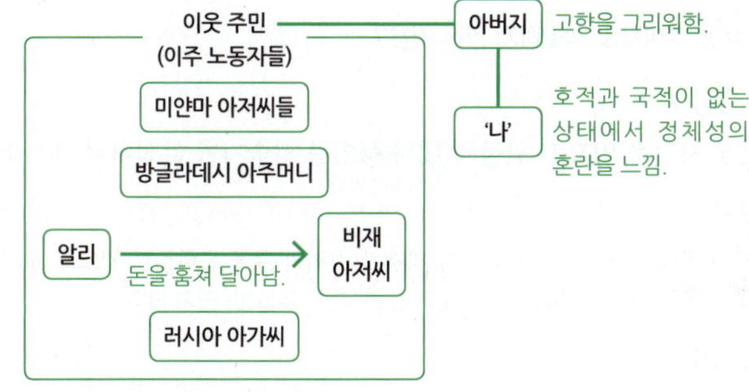

■ 주제: 이주 노동자들이 겪는 차별과 고통
■ 이것이 핵심!: 제목 '코끼리'의 의미

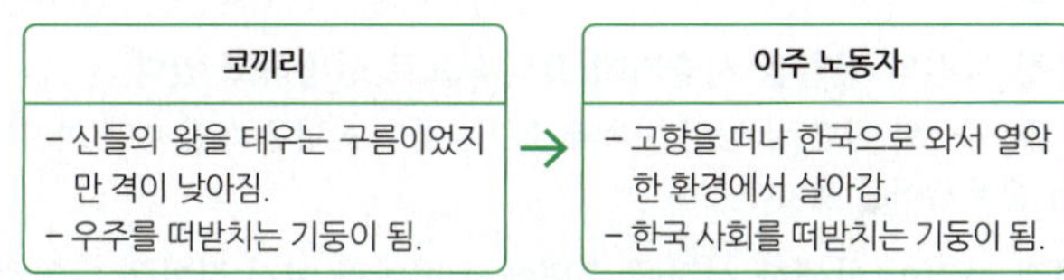

→ 이주 노동자들도 우리 사회를 떠받치는 일원으로, 우리와 함께 일하고 꿈꾸며 살아가는 사람들임을 나타냄.

■ 전체 줄거리
　'나'는 네팔인 아버지와 조선족 어머니 사이에서 태어났다. 어머니는 가출하고 아버지와 함께 돼지 축사를 개조한 단칸방에서 살아간다. 그 집에는 동남아시아에서 온 노동자들이 여럿 살고 있는데, 모두 힘든 노동과 가난에 시달리고 있다. 옆방에 살던 알리가 비재 아저씨의 돈을 훔쳐 도망친 사건도 일어난다. '나'는 공장에서 일하다가 손가락이 잘리는 사고를 당한 사람들에게서 손가락을 얻어 땅에 묻으며 아버지와 '나'는 그렇게 되지 않게 해 달라고 기도한다. 어느 사회에도 속할 수 없는 '나'는 '아버지'의 꿈 이야기를 들으며 부러워한다. '나'의 아버지를 비롯한 이주민들은 비참한 삶을 살면서도 돈을 벌어 고향으로 돌아가겠다는 희망을 품고 열심히 일하고 있다. 그러나 갈수록 상황은 어려워져만 간다.
　　　　　　　　　　　　　　　　　　(▨ : 수록 부분 줄거리)

34　정답 ②　＊인물의 심리와 태도 파악하기 …………… [정답률 70%]

윗글을 이해한 내용으로 가장 적절한 것은?

> 왜 정답?

② '나'는 마을에 불행이 잦아 사람들이 웬만한 일에는 무신경하다고
　불행이 너무나 흔해 발에 차일 지경이라고 생각함.
　여기고 있다.
┌ 1 - ⓳, ⓴ 이 마을에선 불행이 너무나 흔해 발에 차일 지경이다. 그래서
└ 웬만한 일에는 누구도 신경 쓰지 않는다.

> 왜 오답?

① '비재 아저씨'는 자신의 돈을 훔쳐 달아난 '알리'의 처지를 이해하고
　　　　　　　　　　　　　　　　　　이해하고 있지 않음.
있다.

[①-㉑] 하지만 비재 아저씨가 그날 새벽에 내지른 절망과 분노에 찬 비명 소리는 한동안 잊히지 않을 것 같다.

③ '아버지'는 힌두교 신화에 대한 '나'의 반응을 **못마땅해** 하고 있다.
못마땅해 하지 않음.

[②-❾,❿] 아버지는 슬쩍 내 안색을 살폈다. "어차피 그건 힌두교 신화일 뿐이야. 신이 깨뜨린 알이란 없어."

④ '토야 엄마'는 스리랑카로 추방된 '남편'을 **무책임하다고** 생각하고 있다.
그리워할 뿐 무책임하다고 생각하지 않음.

[③-❺,❻] ~ 날 그곳으로 데려다주세요, 날 그곳으로 데려다 주세요…… ~ 사랑하는 사람이 죽기 전에 다시 돌아오세요……

⑤ '아버지'는 고향에 돌아가지 못하고 한국에서 살아야만 하는 현실에 **절망하고** 있다.
절망하지 않음.

[⑤-❽] "난 한국으로 돌아가야 돼. 거기 내 가족이 있어. 제발, 보내줘. 일자리도, 이웃도, 내 청춘도 거기 두고 왔단 말이야. 제발……!"

35 정답 ③ * 서술상 특징 파악하기 [정답률 72%]

[A]에 대한 설명으로 적절하지 **않은** 것은?

왜 정답?

③ 특정 사건을 일으킨 인물의 **내적 동기**를 서술자가 분석하여 제시하고 있다.
제시하지 않음.

　[A]에 나타난 특정 사건은 알리가 비재 아저씨의 돈을 도둑질한 것으로, 알리가 돈을 훔치게 된 내적 동기에 대한 서술자의 분석은 제시되어 있지 않다.

왜 오답?

① 특정 사건이 지닌 의미를 서술자가 제시하고 있다.
파키스탄 청년 알리가 비재 아저씨 돈을 훔쳐 달아난 것

→[①-⓱] 사실 알리는 비재 아저씨 아들의 생명을 훔쳐 도망간 거나 다름없다.

② 특정 사건의 전말을 서술자가 요약적으로 설명하고 있다.

[①-❾] 강풍이 불던 날 밤의 어둠과 소란을 틈타 한방을 쓰던 비재 아저씨의 돈을 훔쳐 달아난 것이다.

④ 특정 사건이 발생한 시점에 주변에서 벌어진 여러 정황을 나열하고 있다.
2호실 방글라데시 아주머니의 갓난아기 울음소리, 1호실 미얀마 아저씨들의 소란 등

[①-⓭~⓯] 게다가 그날따라 2호실 방글라데시 아주머니의 갓난아기는 밤새 잠을 자지 않고 보챘고, ~ 1호실 미얀마 아저씨들은 나중엔 취한 목소리로 노래를 불러대기까지 했다. 밤에 일하는 5호실의 러시아 아가씨 마리나는 아예 집에 들어오지도 않았다. 4호실에서 사는 아버지와 나만이 일찌감치 불을 끄고 어둠 속에 누워 있었다.

⑤ 특정 사건의 피해자가 보인 행동에 대한 서술자의 심리적 반응을 보여 주고 있다.
비재 아저씨의 비명 소리　　한동안 잊히지 않을 것 같다고 함.

[①-㉑] 하지만 비재 아저씨가 그날 새벽에 내지른 절망과 분노에 찬 비명 소리는 한동안 잊히지 않을 것 같다.

36 정답 ③ * 소재의 의미 파악하기 [정답률 60%]

㉠~㉤에 대한 이해로 가장 적절한 것은?

왜 정답?
어머니

③ ㉢: **부재하는 가족**에 대한 '나'의 그리움의 정서를 유발하는 소재이다.
토야 엄마의 '노랫소리'

[③-❶,❷] 어디선가 ㉢ 노랫소리가 들려온다. 가늘게 떨리는 그 목소리 주인은 2호실 토야 엄마다.

[③-❼] 갑자기 어머니 생각이 난다.

왜 오답?

① ㉠: **경제적으로 풍족해지고 싶은 비재 아저씨의 물질적 욕망이**
비재 아저씨의 '돈'　　막내아들의 건강을 지키기 위한 절박함과 사랑
담긴 소재이다. * 근거:[①-❾,⓱,⓲]

② ㉡: 아버지의 현재 삶과 **대조되는** 것으로 아버지에 대한 '나'의
신화 속 '코끼리'　　　　　　　　동일시
안타까운 심정을 대변하는 소재이다.

[②-⓭,⓮] 문득 아버지가 ㉡ 코끼리처럼 여겨졌다. 구름보다 높은 히말라야에서 태어나 이곳, 후미진 공장지대에서 살아가고 있으니……

　'나'는 코끼리에 얽힌 신화를 듣고 높은 히말라야에서 태어나 현재는 후미진 공장지대에서 힘겹게 살아가고 있는 아버지의 처지를 떠올린다. 그리고 아버지가 코끼리처럼 여겨진다면 신화 속의 격이 낮아진 코끼리와 아버지를 동일시하고 있다.

④ ㉣: **어머니가 떠난 이후 방치된 가정의 모습**을 표상하는 것으로
어머니의 '신김치'　　어머니를 향한 '나'의 그리움
아버지에게 쓸쓸함을 느끼게 하는 소재이다. * 근거:[③-❼~⓫]
'나'

⑤ ㉤: 아버지가 고향에 대해 느끼는 감정에 '나'가 **공감하게 되는**
히말라야 '달력 사진'　　　　　　공감하지 못하는
소재이다.

[④-❺~❼] 아버지가 그 사진(㉤)을 보면서 기쁨을 얻듯이 나도 그렇게 되기를 바라는 걸까? 하지만 내 눈엔 오후 빛을 받은 히말라야가 금으로 씌운 어금니처럼 보일 뿐이다. 햇빛에 녹아내리기 직전의 노란 바닐라 아이스크림이거나.

　아버지는 ㉤ '달력 사진'을 보며 고향을 추억한다, 이와 달리 '나'는 ㉤ '달력 사진'에 있는 히말라야가 '금으로 씌운 어금니'처럼 보이거나 '햇빛에 녹아내리기 직전의 노란 바닐라 아이스크림'으로 보일 뿐이라고 하며 아버지의 감정에 공감하지 못한다.

37 정답 ③ * 〈보기〉를 바탕으로 감상하기 [정답률 81%]

〈보기〉를 바탕으로 윗글을 감상한 내용으로 적절하지 **않은** 것은? [3점]

> **〈보기〉**
>
> ❶〈코끼리〉는 더 나은 삶을 꿈꾸며 고향을 떠나 한국으로 온 이주 노동자들이 차별 속에서 힘겹게 살아가는 모습을 이주 노동자 2세인
> 돼지축사로 쓰였던 낡은 건물에 사는 다양한 국적의 이주민 이야기 ❷
> '나'의 시각을 통해 사실적으로 묘사하고 있는 작품이다. 이들은 열악한 주거 환경과 궁핍한 경제적 상황 속에서 사회적, 정서적으로 고립된 삶을
> 얼룩과 곰팡이가 가득하고 피딱지처럼 보이는 벽 등
> 살아간다. 특히 네팔인 아버지와 조선족 어머니 사이에서 태어나 편견과 정체성의 혼란 속에서 소외감을 느끼는 '나'의 모습은 이주 노동자 2세가
> 마주하는 현실을 드러내고 있다. ❸ 또한, 이주 노동자가 겪는 문제가 다음
> 고향도 호적도 없는, 학교에서 '청강생'인 상황
> 세대에 이어질 수도 있음을 보여 준다.

왜 정답?

③ 아버지가 '꿈'에서 '가족이 있어' '한국으로 돌아가야' 한다는 것은 이주 노동자들이 받는 차별과 그 아픔이 **다음 세대에게 이어진**
관련 없음.
현실을 보여 주는 것이군.

[⑤-❻,❽] 밤마다 아버지는 낡은 춤바를 입고 고향 마을로 찾아가는 꿈을 꾼다. ~ "난 한국으로 돌아가야 돼. 거기 내 가족이 있어. ~ "

　아버지의 꿈에서 고향은 아름답고 정겨운 곳으로 그려진다. 그곳에서 아버지는 행복한 시간을 보내다가 다시 한국으로 돌아가려 하는데, 누군가가 이를 막자 놀라 잠에서 깨어난다. 이는 고향을 그리워하면서도 가족 때문에 한국에서의 삶을 택할 수밖에 없는 이주 노동자의 아픔과 불안 등을 보여 준다. 이주 노동자들이 받는 차별과 그 아픔이 다음 세대에 이어진 현실을 보여 주는 것은 아니다.

왜 오답?

① '아버지'와 '나'가 '돼지축사'를 개조한, '낡은 베니어판 문 다섯 개가 나란히 붙어 있는 건물에서 살고 있'는 것은 이주 노동자들의 열악한 삶을 사실적으로 보여 주는 것이군.
얼룩과 곰팡이가 가득하고 쥐가 들락거리는 열악한 주거 환경

* 근거 : ①-❶-❻

② '혼자 남은 토야 엄마'가 '집에서 기계부품에 나사를 꿰어 버는 푼돈으로' 생계를 이어가는 모습은 궁핍한 경제적 상황 속에서 살아가는 이주 노동자의 현실을 보여 주는 것이군.
남편이 스리랑카로 추방된 후 홀로 생계를 이어가고 있음.

* 근거 : ③-❹-❺

④ '나'가 '태어난 곳은 있지만 고향이 없다'라고 생각하는 것은 이주 노동자 2세가 이방인으로서 느끼는 정체성의 혼란을 보여 주는 것이군.
호적도 국적도 없어서 그리워할 고향이 없음.

⎣ ⑤-⓬-⓮ 난…… 태어난 곳은 있지만 고향이 없다. ~ 그래서 내겐 호적도 없고 국적도 없다.

⑤ '나'가 '학교에서조차' 자신의 존재를 인정받을 수 없는 '청강생일 뿐'이라고 인식하는 것은 이주 노동자 2세가 느끼는 소외감과 정서적 고립을 보여 주는 것이군.
소속이 없는 존재라고 느낌.

⎣ ⑤-⓯, ⓰ 학교에서조차 청강생일 뿐이다. 살아 있지만 태어난 적이 없다고 되어 있는 아이……

38~42

(가) 작자 미상, 〈청춘과부가(靑春寡婦歌)〉

\# 출제 ❶ 화자, 중심 대상 ❷ 상황, 정서, 태도 ❸ 표현상 특징   [시 해석]

① ❶천지인간 만물 중에 무상(無常)할 손 이내 사정
❶ 화자

➡ 이 세상 인간 만물 중에 덧없는 나의 사정

❷못 할러라 못 할러라 빈집 살림 못 할러라
❸ AABA 구조를 통해 운율을 형성함.

➡ 못 하겠다, 못 하겠다, 빈집 살림 못 하겠다.

❸얽었으나 검었으나 부부밖에 또 있는가 :❸ 종결 어미 '-가'를 반복하여
❸ 설의적 표현을 사용하여 의미를 강조함. 운율을 형성함.

➡ 외모가 못생겼어도 의지할 수 있는 건 부부밖에 또 있을까?

❹견우직녀성도 둘이 서로 마주 섰고
:❸ 화자의 처지와 대조되는 대상을 제시하여 화자의 정서를 강조함.

➡ 견우직녀성도 둘이 서로 마주 서 있고,

❺용천검 태아검도 둘이 서로 짝이 되고

➡ 용천검과 태아검도 둘이 서로 짝이 되고

❻날짐승 길버러지 다 각각 짝이 있건만

➡ 날짐승과 길가 벌레도 다 각각 짝이 있건만

❼전생(前生) 차생(此生) 무슨 죄로 우리 둘이 부부되어

➡ 이전 생애, 지금 세상, 무슨 죄로 우리 둘이 부부되어

❽검은 머리 백발 되고 희던 몸이 황금 되고
❸ 대구법을 사용하여 운율을 형성함.

➡ 검은 머리가 백발이 되고 젊은 몸이 늙고

❾자손이 많고 영화를 누리며 백년해로 살자 했더니

➡ 자손을 많이 두고 세상에 이름을 빛내며 백년해로 살자 했더니

❿하느님도 무정하고 가운(家運)이 불행하여

➡ 하느님도 정이 없고 집안의 운수가 불행하여

⓫조물(造物)이 시기하고 귀신조차 사정(私情) 없다
\# ❷ 태도 : 남편과 사별한 원인을 조물과 귀신의 탓으로 돌리며 그들을 원망함.

➡ 조물주가 (우리 부부를) 시기하고, 귀신조차 사사로운 정이 없다.

무상하다 : ① 모든 것이 덧없다. ② 일정하지 않고 늘 변하는 데가 있다.
얽다 : 얼굴에 우묵우묵한 마맛자국이 생기다.
용천검 : 옛날 장수들이 쓰던 보검(寶劍)
태아검 : 중국 초나라 보검(寶劍)의 하나
버러지 : 곤충을 비롯하여 기생충과 같은 하등 동물을 통틀어 이르는 말
전생 : 삼생(三生)의 하나. 이 세상에 태어나기 이전의 생애를 이른다.
차생 : 지금 살고 있는 세상
영화 : 몸이 귀하게 되어 이름이 세상에 빛남.
백년해로 : 부부가 되어 한평생을 사이좋게 지내고 즐겁게 함께 늙음.
무정하다 : ① 따뜻한 정이 없이 쌀쌀맞고 인정이 없다. ② 남의 사정에 아랑곳없다.
가운 : 집안의 운수
조물 : 우주의 만물을 만들고 다스리는 신
사정 : 개인의 사사로운 정

* ① 요약 : 남편과 사별하고 홀로 남은 화자의 한탄

② ❶말 잘하고 인물 좋고 활 잘 쏘고 키 훨씬 큰
\# ❸ 낭군의 모습을 열거하여 낭군에 대한 그리움을 강조함.

➡ 말도 잘하고, 인물도 좋고, 활을 잘 쏘고, 키가 훨씬 큰

❷다정한 우리 낭군 사랑하던 우리 낭군
❶ 중심 대상

➡ 다정한 우리 낭군, 사랑하던 우리 낭군

❸무슨 나이 그리 많아 청산의 외로운 혼이 된단 말인가
❷ 상황 : 남편과 사별함.

➡ 무슨 나이가 그리 많아 청산의 외로운 혼이 되었던 말인가?

❹삼생 연분 아니런가 사주팔자 그러한가
\# 이별의 원인을 운명에서 찾고 있음.

➡ 삼생 동안 관계를 맺는 인연 아닌가? 사주팔자가 그러한가?

❺이미 부부 되었으면 죽지 말고 살았거나 ⎤
❸ 유사한 통사 구조를
➡ 이미 부부가 되었으면 죽지 말고 살았거나 반복하여 운율을 형성함.

❻그리 죽자 할 작시면 만나지나 말았거나

➡ 그리 죽을 것이었으면 (우리가) 만나지 말았거나
❸ 설의적 표현을 사용하여 의미를 강조함.

❼부질없는 이 내 심사 어느 누가 위로하리
❷ 정서 : 누구도 위로할 수 없을 만큼 큰 슬픔을 느낌.

➡ 부질없는 이 나의 마음을 어느 누가 위로하리?

❽심회(心懷)로다 심회로다 바다같이 깊은 수심(愁心)
❸ 심해와 음이 유사함을 활용한 언어유희

➡ 심회구나 심회구나 바다같이 깊은 근심

❾태산같이 높은 심회 상사(相思)로다 상사로다
❸ 직유법을 활용하여 화자의 정서를 강조함.

➡ 태산같이 높은 마음속 생각 (낭군이) 그립구나 그립구나

❿상사하던 우리 낭군 어이 그리 못 오는가

➡ 그리운 우리 낭군 어이 그리 못 오는가?

⓫병들어 누워 인간사 끊어졌으니 못 오는가 ⎤

➡ 병들어 누워서 인간의 일에 관여를 못하여 못 오는가? ❸ 임이 오지 못하는
이유를 열거하여
⓬약수(弱水) ⓐ 삼천 리가 둘러져 있어 못 오는가 의미를 강조함.
\# 화자와 임 사이의 단절된 정도를 강조함.

➡ 신선의 강 삼천 리가 둘러져 있어서 (멀어서) 못 오는가?

⓭만리장성이 가려서 못 오는가
△ : 임이 화자에게 오지 못하게 하는 장애물

➡ 만리장성에 가려서 못 오는가?

낭군 : 예전에, 젊은 여자가 자기 남편이나 연인을 부르던 말
삼생 : 전생(前生), 현생(現生), 내생(來生)인 과거세, 현재세, 미래세를 통틀어 이르는 말   연분 : 서로 관계를 맺게 되는 인연   사주팔자 : 타고난 운수
심사 : 마음속으로 생각하는 일 또는 그 생각
심회 : 마음속에 품고 있는 생각이나 느낌   상사하다 : 서로 생각하고 그리워하다.
약수 : 신선이 살았다는 중국 서쪽의 전설 속의 강

* ② 요약 : 젊은 나이에 세상을 뜬 남편에 대한 안타까움과 그리움

(중략)

③ ❶ 동쪽 창에 돋은 달이 서쪽 창으로 지거든 오시려나
➡ 동쪽 창에 돋은 달이 서쪽 창으로 지거든 오시려나?

❷ 병풍에 그린 황계(黃鷄) 새벽 즈음에 날 새라고 꼬꼬 울거든 오시려나
[ ]: ❸ 불가능한 상황을 가정하여 임이 다시 돌아올 수 없다는 화자의 인식을 드러냄.
➡ 병풍에 그려진 누런 닭이 새벽 즈음에 날 새라고 꼬꼬 울거든 오시려나?

❸ 금강산 상상봉(上上峰)이 평지 되어 물 밀어 배 둥둥 뜨거든 오시려나]
➡ 금강산 상상봉이 평지가 되어 물 밀려와 배가 둥둥 뜨거든 오시려나?

❹ 어이 그리 못 오는가 무슨 일로 못 오는가
임과 사별했다는 사실을 받아들이기 어려운 화자의 모습
➡ 어이 그리 못 오는가? 무슨 일로 못 오는가?

❺ 가슴 속에 불이 나서 풀과 나무 다 타 간다
➡ 가슴 속에 불이 나서 풀과 나무 다 타간다.

❻ 눈물이 비가 되어 붙은 불을 끄련마는
➡ 눈물이 비가 되어 붙은 불을 끄련마는

❼ 한숨이 바람 되어 점점 불어
➡ 한숨이 바람이 되어 점점 불어

❽ 구곡간장(九曲肝腸) 썩은 물이 눈으로 솟아날 제
➡ 깊은 시름으로 쌓인 마음 속 썩은 물이 눈물로 솟아날 때

❾ 구년지수(九年之水) 되었구나 한강지수(漢江之水) 되었구나]
[ ]: ❸ 과장된 표현을 통해 화자의 슬픔을 부각함.
➡ (그 눈물이) 큰 홍수가 되었구나, 한강의 큰 홍수가 되었구나.

구곡간장: 굽이굽이 서린 창자라는 뜻으로, 깊은 마음속 또는 시름이 쌓인 마음속을 비유적으로 이르는 말
구년지수: 오랫동안 계속되는 큰 홍수

* ③ 요약 : 남편과 재회할 수 없는 현실에 대한 안타까움

★ (가) 독해 공식
❶ 화자: '나'   중심 대상: 낭군
❷ 상황: 남편과 사별함.
 정서: 누구도 위로할 수 없을 만큼 큰 슬픔을 느낌.
 태도: 남편과 사별한 원인을 조물과 귀신의 탓으로 돌리며 그들을 원망함.
❸ 표현상 특징
• AABA 구조를 통해 운율을 형성함.
• 종결 어미 '-가'와 유사한 통사 구조를 반복하여 운율을 형성함.
• 설의적 표현을 사용하여 의미를 강조함.
• 화자의 처지와 대조되는 대상을 제시하여 화자의 정서를 강조함.
• 대구법을 사용하여 운율을 형성함.
• 낭군의 모습과 임이 오지 못하는 이유를 열거하여 화자의 심정을 강조함.
• 언어유희와 직유법을 활용하여 화자의 정서를 강조함.
• 불가능한 상황을 가정하여 임이 다시 돌아올 수 없다는 화자의 인식을 드러냄.
• 과장된 표현을 통해 화자의 슬픔을 부각함.

■ 갈래: 가사, 내방 가사, 규방 가사
■ 제목의 의미: '청춘(靑春)' + '과부(寡婦)' + '가(歌)'. '젊은 나이에 남편과 사별하고 과부가 된 여인의 노래'라는 의미이다.
■ (가) 주제: 남편과 사별한 여인의 슬픔과 외로움

■ 이것이 핵심!: 시구에 담긴 화자의 정서

시구	화자의 정서
하느님도 무정하고 가운(家運)이 불행하여 조물(造物)이 시기하고 귀신조차 사정(私情) 없다	운명에 대한 원망
심회(心懷)로다 심회로다 바다같이 깊은 수심(愁心)	큰 슬픔과 절망
태산같이 높은 심회 상사(相思)로다 상사로다	무한한 그리움

(나) 작자 미상, 〈갈까 보다 말까 보다〉 ────
출제   ❶ 화자, 중심 대상   ❷ 상황, 정서, 태도   ❸ 표현상 특징

❷ 태도: 임을 따라가겠다는 의지적 태도
❶ 중심 대상   ❸ 이중 부정 표현으로 화자의 의지를 강조함.
❶ 갈까 보다 말까 보다 임을 따라 아니 갈 수 없네
이별에 대처하는 화자의 적극적인 태도와 소극적인 태도가 복합적으로 나타남.
오늘 가고 내일 가고 모레 가고 글피 가고 하루 이틀 사흘 나흘
❸ 열거법과 점층법을 사용하여 화자의 의지를 강조함.
곱잡아 여드레 ⓑ 팔십 리를 다 못 갈지라도 임을 따라서 아니 갈 수
❸ 화자가 감내해야 할 고난의 정도를 강조함.
없네 천가지 만가지 창과 칼, 도끼까지 닥친다 할지라도 임을 따라
❸ 열거법을 활용해 임과의 이별을 거부하겠다는 화자의 적극적 의지를 강조함.
아니 갈 수 없네 나무라도 은행나무는 음양을 분하여 마주 섰고
[ ]: ❸ 화자의 처지와 대비되는 자연물을 통해 화자의 외로운 정서를 심화함.
돌이라도 망부석은 암수를 따라서 마주 섰는데
❶ 화자
이 내 팔자는 왜 그리 주책없어 간 곳마다 있어야 할 임 없어 나 못
이별의 원인을 운명의 탓으로 돌림.   ❷ 상황: 임과 이별함.
살겠네   정서: 임과의 이별로 인한 슬픔

글피: 모레의 다음 날
곱잡다: 곱절로 셈하여 헤아리다.
여드레: 여덟 날
음양: 우주 만물의 서로 반대되는 두 가지 기운으로서 이원적 대립 관계를 나타내는 것. 달과 해, 겨울과 여름, 북과 남, 여자와 남자 등은 모두 음과 양으로 구분된다.
분하다: 전체를 몇으로 나누다.
망부석: 정조를 굳게 지키던 아내가 멀리 떠난 남편을 기다리다 그대로 죽어 화석이 되었다는 전설적인 돌.
팔자: 사람의 한평생의 운수. 사주팔자에서 유래한 말로, 사람이 태어난 해와 달과 날과 시간을 간지(干支)로 나타내면 여덟 글자가 되는데, 이 속에 일생의 운명이 정해져 있다고 본다.
주책없다: 일정한 줏대가 없이 이랬다저랬다 하여 몹시 실없다.

* ❶~❸ (초장~종장) 요약 : 이별한 임을 따르려는 화자의 의지

★ (나) 독해 공식
❶ 화자: '나'   중심 대상: 임
❷ 상황: 임과 이별함.
 정서: 임과의 이별로 인한 슬픔
 태도: 임을 따라 가겠다는 의지적 태도
❸ 표현상 특징
• 이중 부정 표현으로 화자의 의지를 강조함.
• 열거법과 점층법을 사용하여 화자의 의지를 강조함.
• 화자의 처지와 대비되는 자연물을 통해 화자의 외로운 정서를 심화함.

■ 갈래: 사설시조
■ 이 작품은? 임과 이별한 상황에서 임을 따라갈 것인지 말 것인지 망설이지만 결국 임을 따라나설 수밖에 없다고 하는 화자의 사랑이 드러나는 시조이다. 화자는 임에게 가는 길이 아무리 멀고 험하여도 임을 따라가겠다는 적극적 의지를 표현하고 있다.
■ (나) 주제: 임과의 이별로 인한 슬픔

■ 이것이 핵심!: 시어에 담긴 의미

오늘, 내일, 모레, 글피, 하루 이틀 사흘 나흘, 팔십 리	화자가 감내해야 하는 부담과 고통을 나타냄.
창, 칼, 도끼	임을 따라갈 때 겪어야 하는 시련을 의미함.

(다) 신영복, 〈당신이 나무를 더 사랑하는 까닭〉

출제 ❶ 중심 대상 ❷ 글쓴이의 생각, 태도 ❸ 서술상 특징

❶ 중심 대상

1 [오늘은 당신이 가르쳐 준 태백산맥 속의 소광리 소나무 숲에서 이
 # '당신'이 '나'에게 바람직한 삶의 태도를 깨닫는 계기를 마련해 줌.
엽서를 띄웁니다.] 아침 햇살에 빛나는 소나무 숲에 들어서니 당신이
[ ]: ❸ 편지글 형식으로 서술하여 독자에게 흥미와 친근감을 유발함.
사람보다 나무를 더 사랑하는 까닭을 알 것 같습니다. 200년, 300년,
더러는 500년의 풍상(風霜)을 겪은 소나무들이 골짜기에 가득합니다.
그 긴 세월을 온전히 바위 위에서 버티어 온 것에 이르러서는 차라리
경이였습니다. [바쁘게 뛰어다니는 우리들과는 달리 오직 '신발 한
 ❸ '우리들'과 소나무를 대조하여 소나무의 특성을 강조함.
켤레의 토지'에 서서 이처럼 우람할 수 있다는 것이 충격이고
경이였습니다. 생각하면 소나무보다 훨씬 더 많은 것을 소비하면서도
무엇 하나 변변히 이루어 내지 못하고 있는 나에게 소광리의 솔숲은
[ ]: ❷ 글쓴이의 태도 – 소나무와 달리 필요 이상으로 많은 소비를 해 온 자신의 삶을 반성함.
마치 회초리를 들고 기다리는 엄한 스승 같았습니다.]
 ❸ 비유적 표현(직유법)을 사용하여 솔숲이 자신의 삶을 성찰하게 했음을 드러냄.

풍상: ① 바람과 서리를 아울러 이르는 말 ② 많이 겪은 세상의 어려움과 고생을
비유적으로 이르는 말　경이: 놀랍고 신기하게 여김. 또는 그럴 만한 일
우람하다: 기골(살과 뼈대를 아울러 이르는 말)이 장대하다(허우대가 크고
튼튼하다.).　변변히: 제대로 갖추어져 충분하게

*1 요약 : 소광리 소나무 숲에서의 깨달음을 담아 '당신'에게 엽서를 씀.

2 [어젯밤 별 한 개 쳐다볼 때마다 100원씩 내라던 당신의 말이
 # [ ]: '나'와 '당신'은 대가를 치르며 감상하고 싶을 만큼 자연의 가치가 높다고 봄.
생각납니다. 오늘은 소나무 한 그루 만져볼 때마다 돈을 내야겠지요.]
사실 서울에서는 그보다 못한 것을 그보다 비싼 값을 치르며 살아가고
있다는 생각이 듭니다. 언젠가 경복궁 복원 공사 현장에 가 본 적이
있습니다. 일제가 파괴하고 변형시킨 조선 정궁의 기본 궁제(宮制)를
되찾는 일이 당연하다고 생각하였습니다. 그러나 막상 오늘 이곳
소광리 소나무 숲에 와서는 그러한 생각을 반성하게 됩니다. 경복궁의
 # ❷ 글쓴이의 태도 – 인간이 무리하게 자연을 소비하는 행태를 성찰함.
복원에 소요되는 나무가 원목으로 200만 재, 11톤 트럭으로
500대라는 엄청난 양이라고 합니다. [소나무가 없어져 가고 있는
지금에 와서도 기어이 소나무로 복원한다는 것이 무리한 고집이라고
 # [ ]: ❷ 글쓴이의 생각 – 인간은 이기적인 태도로 자연을 대하고 있음.
생각됩니다.] 수많은 소나무들이 베어져 눕혀진 광경이라니 감히
상상할 수가 없습니다. 그것은 이를테면 고난에 찬 몇 백만 년의
세월을 잘라 내는 것이나 마찬가지입니다.
 ❷ 글쓴이의 태도 – 엄청난 양의 소나무를 소비하는 행태를 비판적으로 바라봄.

*2 요약 : 인간의 무리한 소비 행태를 비판적으로 성찰함.

(중략)

3 나는 문득 당신이 진정 사랑하는 것이 소나무가 아니라 소나무
같은 '사람'이라는 생각이 들었습니다. 메마른 땅을 지키고 있는
 # '소나무 같은 사람'의 의미: 척박한 환경을 묵묵히 견디며 살아가는 사람들
수많은 사람들이란 생각이 들었습니다. [문득 지금쯤 서울 거리의
 # [ ]: ❸ 도시의 풍경과 소나무의 처지를 대비하여 의미를 강조함.
자동차 속에 앉아 있을 당신을 생각했습니다. 그리고 외딴섬에 갇혀
목말라 하는 남산의 소나무들을 생각했습니다.] 남산의 소나무가
이제는 더 이상 살아남기를 포기하고 자손들이나 기르겠다는
 # [ ]: ❸ '당신'의 이야기를 인용함.
체념으로 무수한 솔방울을 달고 있다는 당신의 이야기]는 우리를
슬프게 합니다. 더구나 그 솔방울들이 싹을 키울 땅마저 황폐해
버렸다는 사실이 우리를 더욱 암담하게 합니다. 그러나 그보다 더
무서운 것이 아카시아와 활엽수의 침습(侵襲)이라니 놀라지 않을 수
없습니다. [척박한 땅을 겨우겨우 가꾸어 놓으면 이내 다른
 # [ ]: ❷ 글쓴이의 태도 – 자연에도 무한 경쟁의 비정한 논리가 적용되는 현실을 비판함.
경쟁수들이 쳐들어와 소나무를 몰아내고 만다는 것입니다. 무한
경쟁의 비정한 논리가 뻗어 오지 않는 곳이 없습니다.]

체념: 희망을 버리고 아주 단념함.
황폐하다: 집, 토지, 삼림 따위가 거칠어져 못 쓰게 되다.
활엽수: 잎이 넓은 나무의 종류. 떡갈나무, 뽕나무, 상수리나무, 오동나무 따위가 있다.
침습: ① 갑자기 침범하여 공격함. ② 나쁜 풍습, 유행, 사상, 전염병 따위가
침범하여 들어옴.　척박하다: 땅이 기름지지 못하고 몹시 메마르다.
비정하다: 사람으로서의 따뜻한 정이나 인간미가 없다.

*3 요약 : 무한 경쟁의 논리가 지배하는 현실을 비판적으로 인식함.

4 나는 마치 꾸중 듣고 집 나오는 아이처럼 산을 나왔습니다. 솔방울
 ❸ 비유적 표현(직유법)을 사용하여 솔숲에서 삶을 성찰하고 반성했음을 드러냄.
한 개를 주워 들고 내려오면서 생각하였습니다. 거인에게 잡아먹힌
 # 황폐하고 척박한 환경에서도 살아갈 수 있다는 희망과 생명력을 나타냄.
소년이 솔방울을 손에 쥐고 있었기 때문에 다시 소생했다는 신화를
생각하였습니다. 당신이 나무를 사랑한다면 솔방울도 사랑해야
합니다. 무수한 솔방울들의 끈질긴 저력을 신뢰해야 합니다.
 ❷ 글쓴이의 생각: 솔방울과 같은 희망과 생명력을 가져야 함.
 ❸ 평범한 소재를 활용하여 사회 현실과 자신의 가치관을 비유적으로 표현함.

소생하다: 거의 죽어 가다가 다시 살아나다.
무수하다: 헤아릴 수 없다.　저력: 속에 간직하고 있는 든든한 힘

*4 요약 : 산에서 내려오면서 솔방울과 같은 삶의 자세에 대해 생각함.

⭐ (다) 독해 공식

❶ 중심 대상: 소나무
❷ 글쓴이의 생각, 태도: 소나무와 달리 필요 이상으로 많은 소비를 해 온 자신의 삶을 반
성함. 인간이 무리하게 자연을 소비하는 행태를 성찰함. 인간은 이기적인 태도로 자연
을 대하고 있다고 생각함. 엄청난 양의 소나무를 소비하는 행태를 비판적으로 바라봄.
자연에도 무한 경쟁의 비정한 논리가 적용되는 현실을 비판함. 솔방울과 같은 희망과
생명력을 가져야 함.
❸ 서술상 특징
 • 편지글 형식으로 서술하여 독자에게 흥미와 친근감을 유발함.
 • 도시(인간, 문명)와 자연을 대비하여 의미를 강조함.
 • 비유적 표현(직유법)을 사용하여 삶에 대한 성찰을 드러냄.
 • '당신'의 이야기를 인용함.
 • 평범한 소재를 활용하여 사회적 현실과 자신의 가치관을 비유적으로 표현함.

■ 갈래: 현대 수필
■ 글쓴이: 신영복(1941~2016). 인간과 생명, 평화와 공존에 대한 성찰을 담은 수필을
주로 썼다. 주요 작품으로는 〈감옥으로부터의 사색〉, 〈나무야 나무야〉 등이 있다.
■ 이 작품은?
글쓴이가 소광리의 소나무 숲을 보면서 느낀 바를 편지글의 형식으로 써 내려간 작품이다.
글쓴이는 인간의 무리한 소비 행태와 무한 경쟁의 현대 사회를 비판적으로 바라보면서
솔방울과 같은 자세를 가져야 한다는 깨달음을 드러내고 있다.
■ (다) 주제: 현대 사회에 대한 비판과 소나무처럼 살아가는 삶의 태도

■ 이것이 핵심! : 글쓴이가 소나무를 보며 얻은 깨달음

소나무		글쓴이의 깨달음
– 신발 한 켤레의 토지만을 차지한 채 우람하게 서 있음. – 경복궁 복원 공사에 무리하게 소요됨. – 솔방울은 끈질긴 저력을 지니고 있음.	→	– 많은 것을 소비하기만 하고 무엇 하나 이루어 내지 못한 자신을 반성함. – 인간이 자연을 대하는 태도에 대해 생각함. – 힘들고 어려운 상황에서도 희망을 잃지 않아야 함을 생각함.

■ 왜 세 작품?
 • 공통점: (가)~(다)는 모두 화자나 글쓴이의 감정을 진솔하게 표현하면서도 특정
사물이나 상황을 통해 간접적으로 돌려 말하고 있다.
 • 차이점: (가)는 화자와 동일시되는 자연물을 통해 화자의 정서를 심화시키고, (나)는
화자와 대조되는 자연물을 통해 화자의 정서를 심화시키며, (다)는 자연물을 통해
글쓴이의 성찰을 드러내고 있다

38 정답 ④ ＊작품 비교하기 ·· [정답률 70%]

(가)~(다)에 대한 설명으로 가장 적절한 것은?

왜 정답?

④ (가)와 (나)는 모두, 열거의 방식을 활용하여 화자의 정서를 강조하고 있다.
(가): 낭군에 대한 사랑과 그리움, (나): 임을 따르겠다는 의지

[(가)②-❶ 말 잘하고 인물 좋고 활 잘 쏘고 키 훨씬 큰
(나)❷ 오늘 가고 내일 가고 모레 가고 글피 가고 하루 이틀 사흘 나흘 곱잡아 여드레 ~ 임을 따라서 아니 갈 수 없네 ~]

왜 오답?

① (가)는 계절 변화를 통해 과거와 현재의 대비되는 상황을 드러내고 있다.
→ 나타나지 않음.

② (나)는 점층적 표현을 통해 대상에 대한 예찬의 태도를 드러내고 있다.
→ 의지적 태도
＊근거: (나)❷

③ (다)는 묻고 답하는 방식으로 글을 전개하여 독자의 깨달음을 유도하고 있다.
→ 나타나지 않음.

(다)는 '당신'에게 글쓴이의 생각을 전달하는 편지글의 형식이다.

⑤ (나)와 (다)는 모두, 시간의 흐름에 따른 공간의 변화를 통해 역동적 분위기를 드러내고 있다.
→ 나타나지 않음.

[(다)②-❾ 수많은 소나무들이 베어져 눕혀진 광경이라니 감히 상상할 수가 없습니다.]

(나)에는 시간의 흐름에 따른 공간의 변화가 나타나지 않는다.

(다)에서는 소나무들이 베어져 눕혀진 모습에서 공간의 변화가 나타났다고 볼 수도 있지만, 이를 통해 역동적 분위기를 드러내고 있지 않다.

39 정답 ⑤ ＊시어의 의미 파악하기 ························ [정답률 68%]

ⓐ, ⓑ에 대한 이해로 가장 적절한 것은?
（ⓐ '삼천 리', ⓑ '팔십 리'）

왜 정답?

⑤ ⓐ는 화자와 임 사이의 단절된 정도를, ⓑ는 화자가 감내해야 할 고난의 정도를 강조한다.
→ ⓐ 화자와 임 사이를 단절시키는 장애물의 정도
→ ⓑ 화자가 임을 따라가기 위해 극복해야 하는 고난의 정도

[(가)②-⓬ 약수(弱水) ⓐ 삼천 리가 둘러져 있어 못 오는가
(나)❷ 오늘 가고 내일 가고 모레 가고 글피 가고 하루 이틀 사흘 나흘 곱잡아 여드레 ⓑ 팔십 리를 다 못 갈지라도 임을 따라서 아니 갈 수 없네 ~]

ⓐ '삼천 리'는 화자와 임 사이를 가로막는 장애물인 약수가 얼마나 둘러져 있는지를 표현한 것으로, 화자와 임 사이의 단절된 정도를 강조한다.

ⓑ '팔십 리'는 화자가 임에게 가기 위해 극복해야 하는 여정의 어려움을 표현한 것으로, 화자가 감내해야 할 고난의 정도를 강조한다.

왜 오답?

① ⓐ는 임의 마음을 확인하고 싶은 화자의 바람을 의미한다.
→ 임과 백년해로를 약속했었음.

② ⓑ는 임과의 물리적 거리로 인한 화자의 절망감을 의미한다.
→ 극복하겠다는 의지

③ ⓐ는 화자가 가야 할 험난한 여정을, ⓑ는 임이 가야 할 시련의 길을 의미한다.
→ ⓐ 화자와 임 사이의 장애물
→ ⓑ 화자

④ ⓐ는 임에 대한 화자의 심리적 거리감을, ⓑ는 화자에 대한 임의 심리적 거리감을 강조한다.
→ 임에 대한 화자의

40 정답 ③ ＊<보기>를 바탕으로 감상하기 ★1등급 대비
[① 16% ② 6% ③ 34% ④ 19% ⑤ 23%]

<보기>를 참고하여 (가)와 (나)를 감상한 내용으로 적절하지 <u>않은</u> 것은?

─ <보기> ─
❶사랑하는 대상과의 이별 상황을 노래하고 있는 시에서, 시적 화자가 이에 대처하는 양상은 다양하게 나타난다. ❷시적 화자는 이별이라는 현실을 부정하거나, 이를 극복하기 위해 적극적인 태도를 보이기도 한다. ❸또한 이별의 현실에 체념, 원망, 자책과 같이 소극적이고 ❹수동적인 태도를 보이기도 한다. 그리고 이별에 대처하는 이러한 양상은 복합적으로도 나타난다.

(시적 화자가 이별에 대처하는 양상 ① / ② / ③)

왜 틀렸나?
<보기>에서 설명한 내용과 (가)와 (나)의 화자가 이별을 대처하는 양상을 연결하지 못한 학생들이 많았다. <보기>에서는 시적 화자가 이별에 대처하는 양상을 현실 부정, 적극적 태도, 소극적 태도의 세 가지로 분류하고, 이러한 양상이 복합적으로도 나타난다고 했다. 이를 (가), (나)와 연결지어 (가)와 (나)에서 시적 화자가 이별에 어떻게 대처하는지를 파악할 수 있어야 했다.

왜 정답?

③ (가)의 '사주팔자 그러한가'와 (나)의 '이 내 팔자는 왜 그리 주책없어'에는 모두, 이별의 원인을 자신에게서 찾는 화자의 자책이 나타나 있군.
→ 자신: 운명 / 자책: 나타나지 않음.

[(가)②-❸,❹ 무슨 나이 그리 많아 청산의 외로운 혼이 된단 말인가 / 삼생 연분 아니런가 사주팔자 그러한가
(나)❸ 이 내 팔자는 왜 그리 주책없어 간 곳마다 있어야 할 임 없어 나 못 살겠네]

(가)와 (나)의 화자는 모두 이별의 원인을 팔자, 즉 타고난 운수에서 찾고 있다. 이별의 원인을 자신에게서 찾는 화자의 자책은 나타나고 있지 않다.

왜 오답?

① (가)의 '조물이 시기하고 귀신조차 사정 없다'에는 임과 사별한 이유를 외부 요인으로 돌리는 화자의 원망이 나타나 있군.
→ 조물주, 귀신

[(가)①-❼~⓫ ~ 우리 둘이 부부되어 ~ 백년해로 살자 했더니 ~ 조물(造物)이 시기하고 귀신조차 사정(私情) 없다]

화자는 임과 부부가 되어 백년해로하기로 하였으나 그러지 못한 이유를 '조물'과 '귀신'의 탓으로 돌리며 그들을 원망하고 있다.

② (가)의 '어이 그리 못 오는가 무슨 일로 못 오는가'에는 임과 사별했다는 상황을 받아들이기 힘들어 하는 화자의 애절한 정서가 담겨 있군.
→ 임과 사별하였기에 임과 만날 수 없는 현실이지만 왜 오지 못하냐고 묻고 있음.

→ (가)③-❹ 어이 그리 못 오는가 무슨 일로 못 오는가

화자는 사별한 임이 다시 돌아올 수 없는 현실을 받아들이지 못하고 계속해서 임이 왜 오지 못하고 있는지에 대해 묻고 있다.

④ (나)의 '갈까 보다 말까 보다'에는 이별에 대처하는 화자의 복합적인 태도가 드러나 있군. ＊근거: (나)❶
→ 이별 상황에서 어떻게 대처할지 망설이고 있음.

화자는 이별 상황에서 임을 따라가는 능동적인 태도를 보일지, 임과의 이별을 받아들이는 소극적인 태도를 보일지 망설이면서 복합적인 태도를 보이고 있다.

⑤ (나)의 '창과 칼, 도끼까지 닥친다 할지라도 임을 따라 아니 갈 수 없네'에는 임과의 이별을 거부하겠다는 화자의 적극적 의지가 드러나 있군. ＊근거: (나)❷
→ 시련이 닥치더라도 임을 따라가겠다는 의지를 보임.

화자는 '창과 칼, 도끼'와 같은 시련을 만나더라도 임을 따라 나서겠다며 임과의 이별을 거부하는 적극적 태도를 보이고 있다.

매력 오답
'아니 갈 수 없네'에서 이중 부정 표현이 쓰여 구절의 의미를 정확하게 파악하기 어려웠을 것이다. '아니 갈 수 없네'는 '가지 않을 수 없다', 즉 '가야 한다'라는 의미이다. 이를 통해 어떤 상황이 오더라도 이별을 거부하고, 임을 따라 나서겠다는 화자의 적극적인 의지가 드러난다.

41 정답 ④ * 인물의 정서와 태도 파악하기 ·········· [정답률 60%]

(다)의 '나'와 '당신'에 대한 이해로 적절하지 <u>않은</u> 것은?

④ '나'와 '당신'은 모두, 살아남기를 포기한 남산의 소나무에 대한 <u>인식의 변화</u>를 드러내고 있다.
드러나지 않음.

┌ (다) ③-❺ 남산의 소나무가 이제는 더 이상 살아남기를 포기하고 자손들이나
└ 기르겠다는 체념으로 무수한 솔방울을 달고 있다는 <u>당신의 이야기는 우리를</u>
<u>슬프게 합니다.</u>

'나'는 살아남기를 포기한 남산의 소나무 이야기가 슬프다고 했다. 그러나 그러한 소나무에 대한 '나'의 인식이 변하였는지는 나타나지 않았다.

또한 남산의 소나무 이야기를 '나'에게 전달한 '당신'의 인식 변화도 드러나지 않는다.

① '나'는 인간이 이기적인 태도로 자연을 대한다고 여기고 있다.
'무리한 고집'을 가지고 자연을 대한다고 생각함.

┌ (다) ②-❽ 소나무가 없어져 가고 있는 지금에 와서도 기어이 소나무로
└ 복원한다는 것이 무리한 고집이라고 생각됩니다.

② '나'는 인간 세상만이 아니라 자연에도 무한 경쟁의 논리가
경쟁수가 소나무를 몰아냄.
적용되고 있다고 생각하고 있다.

┌ (다) ③-❽, ❾ 척박한 땅을 겨우겨우 가꾸어 놓으면 이내 다른 경쟁수들이
│ 처들어와 소나무를 몰아내고 만다는 것입니다. 무한 경쟁의 비정한 논리가
└ 뻗어 오지 않는 곳이 없습니다.

'나'는 소나무가 척박한 환경에서 겨우 자리를 잡아도 경쟁수들이 침입해 소나무를 몰아내는 상황을 지적하며 자연에도 '무한 경쟁의 비정한 논리'가 적용된다고 생각하고 있다.

③ '당신'은 '나'가 소광리 소나무 숲에서 바람직한 삶의 태도를 깨닫는
묵묵히 풍상을 견디며 인내하는 태도
계기를 마련해 주었다.

┌ (다) ①-❶ 오늘은 당신이 가르쳐 준 태백산맥 속의 소광리 소나무 숲에서 이
└ 엽서를 띄웁니다.

'나'가 소광리 소나무 숲에서 바람직한 삶의 태도를 성찰할 수 있었던 것은 '당신'이 그 숲을 가르쳐 주었기 때문이다.

⑤ '나'와 '당신'은 모두, 대가를 치르며 감상하고 싶을 정도로 자연이
별 한 개 쳐다볼 때마다, 소나무 한 그루 만져볼 때마다 돈을 내야겠다고 생각함.
지닌 가치가 높다고 평가하고 있다.

┌ (다) ②-❶, ❷ 어젯밤 별 한 개 쳐다볼 때마다 100원씩 내라던 당신의 말이
└ 생각납니다. 오늘은 소나무 한 그루 만져볼 때마다 돈을 내야겠지요.

---

42 정답 ③ * <보기>를 바탕으로 감상하기 ★1등급 대비

[① 8% ② 7% ③ 56% ④ 15% ⑤ 12%]

<보기>를 참고하여 (가) ~ (다)를 감상한 내용으로 적절하지 <u>않은</u> 것은? [3점]

┌──────────── 〈 보기 〉 ────────────┐
│ ❶문학 작품에서 작가는 정서나 사상을 직접적으로 드러내기보다는
│ 특정 사물이나 상황을 통해 간접적으로 돌려 말하는 경우가 많다. ❷이때
│ 특정 사물이나 상황은 화자나 글쓴이의 처지와 동일시되거나 대조되어
│ 정서를 심화시키는 대상으로 쓰인다. ❸또한 화자나 글쓴이가 어떤
│   '특정 사물이나 상황'의 기능 ①
│ 감정이나 생각을 떠올리도록 매개하기도 한다.
│   '특정 사물이나 상황'의 기능 ②
└────────────────────────────────┘

③ (가)의 '견우직녀성'은 화자의 처지와 동일한, (나)의 '은행나무'는
대조됨.
화자의 처지와 대조되는 대상으로, 임의 부재로 인한 화자의
상실감을 심화하려는 의도로 설정한 사물로 볼 수 있군.

┌ (가) ①-❷~❹ 못 할러라 못 할러라 빈집 살림 못 할러라 ~ 견우직녀성도
│ 둘이 서로 마주 섰고
│ (나) ❷, ❸ ~ 은행나무는 음양을 분하여 마주 섰고 ~ 있어야 할 임 없어 나 못
└ 살겠네

(가)의 '견우직녀성'과 (나)의 '은행나무'는 모두 임 없이 홀로 지내는 화자의 처지와 달리 서로 마주 보고 서 있어 화자의 외로움과 상실감을 심화하고 있다.

① (가)에서 '병풍에 그린 황계'가 '날 새라고 꼬꼬' 운다는 실현
불가능한 상황을 설정한 것은 임이 다시 돌아올 수 없다는
화자는 임과 사별한 상황이기 때문임.
화자의 비극적인 인식을 드러내려는 의도로 볼 수 있군.

┌ (가) ③-❷ 병풍에 그린 황계(黃鷄) 새벽 즈음에 날 새라고 꼬꼬 울거든
└ 오시려나

(가)의 '병풍에 그린 황계'는 그림에 불과하므로 '날 새라고 꼬꼬' 울 수 없다. 즉 실현 불가능한 상황을 통해 임이 죽어서 다시 돌아올 수 없다는 화자의 인식을 드러낸다.

② (가)에서 '구곡간장 썩은 물'이 '눈으로 솟아' '구년'이나 흐르고
화자의 시름이 많이 쌓였음을 비유함.
'한강'이 되었다는 과장된 상황을 설정한 것은 오지 않는 임에 대한
화자의 슬픔을 부각하려는 의도로 볼 수 있군.

┌ (가) ③-❽, ❾ 구곡간장(九曲肝腸) 썩은 물이 눈으로 솟아날 제
└ 구년지수(九年之水) 되었구나 한강지수(漢江之水) 되었구나

(가)에서 '구곡간장'은 깊은 마음속 또는 시름이 쌓인 마음속을 비유적으로 이르는 말로, 화자의 처지를 나타낸다. 이를 '구년'이나 흐르고 '한강'이 되었다며 과장함으로써 화자의 슬픔을 강조하고 있다.

④ (다)의 '신발 한 켤레의 토지'만을 차지한 채 '우람'하게 서 있는
매우 작은 면적
'소나무들'은 필요 이상의 많은 소비를 하며 살아온 글쓴이 자신의
삶을 반성하게 하는 사물로 볼 수 있군.

┌ (다) ①-❺, ❻ 바쁘게 뛰어다니는 우리들과는 달리 오직 '신발 한 켤레의
│ 토지'에 서서 이처럼 우람할 수 있다는 것이 충격이고 경이였습니다. 생각하면
│ 소나무보다 훨씬 더 많은 것을 소비하면서도 무엇 하나 변변히 이루어 내지
│ 못하고 있는 나에게 소광리의 솔숲은 마치 회초리를 들고 기다리는 엄한 스승
└ 같았습니다.

(다)에서 '나'는 '신발 한 켤레의 토지'에 '우람'하게 서 있는 소나무들을 보며 '소나무보다 훨씬 더 많은 것을 소비하면서도 무엇 하나 변변히 이루어 내지 못하고 있는' 자신의 모습을 반성하고 있다.

┌─────────────┐
│ 매력 │ (다)의 글쓴이가 '소나무들'을 보며 자신의 모습을 반성하고 있음을 파악하지
│ 오답 │ 못한 학생들이 많았다. (다)의 글쓴이는 소나무들과 달리 필요 이상의 소비를 하며
└─────────────┘ 살아온 자신의 삶을 돌아보고 그러한 자신에게 소광리의 솔숲이 '엄한 스승' 같다고
이야기한다. 비유적 표현을 활용해 자신의 삶을 반성하고 있음을 드러낸 것이다.

⑤ (다)의 '솔방울 한 개'는 글쓴이에게 황폐해지고 척박해진
황폐해진 곳에서도 굴하지 않고 끈질긴 생명력을 보여줌.
환경에서도 희망을 품고 살아야 함을 환기하는 사물로 볼 수 있군.

┌ (다) ④-❷~❺ 솔방울 한 개를 주워 들고 내려오면서 ~ 거인에게 잡아먹힌
│ 소년이 솔방울을 손에 쥐고 있었기 때문에 다시 소생했다는 신화를
└ 생각하였습니다. ~ 무수한 솔방울들의 끈질긴 저력을 신뢰해야 합니다.

(다)에서 '솔방울'은 척박한 환경에서도 끈질기게 살아 남는 생명력을 상징하는 사물이다. (다)의 글쓴이는 '솔방울'을 보며 어려운 상황에서도 희망과 생명력을 잃지 말아야 한다고 생각하고 있다.

(가) 고정희, 〈상한 영혼을 위하여〉

\# 출제　❶ 화자, 중심 대상　❷ 상황, 정서, 태도　❸ 표현상 특징

[1] **❶상한 갈대라도 하늘 아래선**
　❶ 중심 대상
한 계절 넉넉히 흔들리거니
　\# ❸ 시각적 이미지를 통해 고통을 겪고 있는 존재를 구체적으로 형상화함.
뿌리 깊으면야
　내면이 강인하고 삶의 의지가 강하다면
밑둥 잘리어도 새순은 돋거니 \# □ : 고통을 이겨 낼 수 있는 희망
　\# ❸ 연약하지만 강한 생명력을 지닌 존재를 구체적으로 형상화함.
충분히 흔들리자 상한 영혼이여

충분히 흔들리며 고통에게로 가자〕[　] : ❷ 상황 – 고통을 겪고 있는 '상한 영혼'에게
　\# ❸ : 청유형 문장을 통해 고통에 맞서는 화자의 의지를 드러냄.　　희망과 위로를 건네고 있음.

밑둥: (→ 밑동) 채소 따위 식물의 굵게 살진 뿌리 부분
새순: 새로 돋아나는 순

*[1]연 요약 : 고통을 마주 대하겠다는 각오

[2] **뿌리 없이 흔들리는 부평초 잎이라도**
　\# ❸ 삶의 고통을 겪고 있는 존재의 모습을 상징적으로 표현함.
물 고이면 꽃은 피거니
이 세상 어디서나 개울은 흐르고　❸ 유사한 통사 구조를
이 세상 어디서나 등불은 켜지듯　반복하여 운율을 형성함.
가자 고통이여 살 맞대고 가자 \# [　] : ❷ 태도 – 고통을 직면하여 수용하고 극복
　　　　　　　　　　　　　　　　　　 하고자 함.
외롭기로 작정하면 어딘들 못 가랴
　\# [　] : ❸ 설의적인 표현을 활용하여 고통에 적극적으로 맞서고자 하는 화자의 의지를 강조함.
가기로 목숨 걸면 지는 해가 문제랴〕
　시련, 고통

*[2]연 요약 : 고통을 수용하겠다는 의지

[3] **고통과 설움의 땅 훨훨 지나서**
　화자의 현실　　\# ❸ 음성 상징어를 활용하여 시적 상황을 생동감 있게 드러냄.
뿌리 깊은 벌판에 서자
　고통을 이겨낸 공간
두 팔로 막아도 바람은 불듯
영원한 눈물이란 없느니라　❷ 태도 : 고통도 결국 지나간다는
　　　　　　　　　　　　　　　 낙관적 태도
영원한 비탄이란 없느니라
캄캄한 밤이라도 하늘 아래선
　부정적 현실
마주 잡을 ㉠ 손 하나 오고 있거니
　\# 화자를 돕고 화자와 연대하고자 하는 존재

벌판: 사방으로 펼쳐진 넓고 평평한 땅
비탄: 몹시 슬퍼하면서 탄식함. 또는 그 탄식

*[3]연 요약 : 고통을 받아들이는 성숙한 삶의 자세

⭐ (가) 독해 공식

❶ **화자** : 드러나지 않음. **중심 대상** : 상한 갈대(상한 영혼)
❷ **상황** : 고통을 겪고 있는 '상한 영혼'에게 희망과 위로를 건네고 있음.
　태도 : 고통을 직면하여 수용하고 극복하고자 함. 고통도 결국 지나간다는 낙관적 태도
❸ **표현상 특징**
・시각적 이미지를 통해 고통을 겪고 있는 존재를 구체적으로 형상화함.
・청유형 문장을 통해 고통에 맞서는 화자의 의지를 드러냄.
・유사한 통사 구조를 반복하여 운율을 형성함.
・설의적인 표현을 활용하여 고통에 적극적으로 맞서고자 하는 화자의 의지를 강조함.
・음성 상징어를 활용하여 시적 상황을 생동감 있게 드러냄.

■ **갈래** : 현대시
■ **글쓴이** : 고정희(1948~1991). 어떤 상황에서도 절망하지 않는 의지와 생명에 대한 사랑을 노래하는 시를 주로 썼다. 주요 작품으로 〈상한 영혼을 위하여〉, 〈모든 사라지는 것들은 뒤에 여백을 남긴다〉 등이 있다.
■ **이 작품은?** 고통을 직면하고 적극적으로 고통에 맞서 나가는 삶의 태도를 '상한 갈대'와 '부평초'로 형상화하고 있는 현대시이다. 이와 함께 힘든 상황에서도 함께할 수 있는 동반자를 만날 것이라는 인식을 드러내고 있다.
■ **(가) 주제** : 고통을 대면하고 수용하는 성숙한 태도

■ 이것이 핵심! : 시어의 의미

상한 갈대, 부평초	고통을 받는 존재, 상처 입은 영혼
고통, 캄캄한 밤	부정적 현실, 극복의 대상
새순, 꽃, 개울, 등불	고통을 이겨 낼 수 있는 희망
마주 잡을 손	고통을 함께 이겨 낼 동반자, 연대의 대상

(나) 김승희, 〈장미와 가시〉

\# 출제　❶ 화자, 중심 대상　❷ 상황, 정서, 태도　❸ 표현상 특징

[1] **눈먼 ㉡ 손으로**
　❷ \# 화자가 삶의 본질을 생각하게 하는 매개체
나는 삶을 만져 보았네.
　❸ ❶ 화자 ❶ 중심 대상
그건 가시투성이였어.〕
　\# [　] : ❷ 상황 – '나'가 자신의 삶을 가시투성이로 인식함.

*[1]연 요약 : 가시투성이인 삶을 만져 봄.

[2] **가시투성이 삶의 온몸을 만지며**
나는 미소지었지.
　\# [　] : ❷ 태도 – 고통스러운 삶 속에서도 희망을 잃지 않음.
이토록 가시가 많으니 △↔○ : ❸ '가시'와 '장미'를 대비하여 고통과
　　　　　　　　　　　　　　　 희망이 공존하는 삶의 양면성을 드러냄.
곧 장미꽃이 피겠구나 하고.〕
　❸ 희망, 고통을 이겨 낸 결실을 상징적으로 표현함.

*[2]연 요약 : 가시투성이 삶 속에서 장미꽃을 기다림.

[3] **장미꽃이 피어난다 해도**
어찌 가시의 고통을 잊을 수 있을까
　\# ❸ : 설의적 표현을 사용하여 의미를 강조함.
해도 / 장미꽃이 피기만 한다면
　\# [　] : ❷ 태도 – 기대가 이루어진다면 삶의 고통을 버릴 수 있음.
어찌 가시의 고통을 버리지 못하리오〕

*[3]연 요약 : 장미꽃이 피는 미래를 기대함.

[4] **눈먼 손으로 / 삶을 어루만지며**
나는 가시투성이를 지나
장미꽃을 기다렸네.〕　　　　　*[4]연 요약 : 장미꽃을 기다림.
　\# [　] : ❷ 상황 – 장미꽃에 대한 '나'의 기다림이 계속됨.

[5] **그의 몸에는 많은 가시가**
돋아 있었지만, 그러나,
나는 한 송이의 장미꽃도 보지 못하였네.
　❷ 정서 : 희망이 이루어지지 않은 상실감

*[5]연 요약 : 오랜 기다림에도 장미꽃을 보지 못함.

[6] **그러니, 그대, 이제 말해주오,**
　\# ❸ 명령형 문장을 사용하여 시적 분위기를 고조시킴.
삶은 가시장미인가 장미가시인가
　❸ 고통과 희망이 공존하는 삶을 살아가는 사람의 내적 갈등이 드러남.
아니면 장미의 가시인가, 또는
장미와 가시인가를.〕 [　] : ❷ 태도 – 삶의 본질을 성찰함.

*[6]연 요약 : 고통과 희망이 공존하는 삶의 본질에 대해 물음.

⭐ (나) 독해 공식

❶ **화자** : '나', **중심 대상** : 삶
❷ **상황** : '나'가 자신의 삶을 가시투성이로 인식함. 장미꽃에 대한 '나'의 기다림이 계속됨.
　정서 : 희망이 이루어지지 않은 상실감
　태도 : 고통스러운 삶 속에서도 희망을 잃지 않음. 기대가 이루어진다면 삶의 고통을 버릴 수 있음. 삶의 본질을 성찰함.
❸ **표현상 특징**
・삶의 고통과 시련을 '가시'로, 희망과 결실을 '장미꽃'으로 상징적으로 표현함.
・'가시'와 '장미'를 대비하여 고통과 희망이 공존하는 삶의 양면성을 드러냄.
・설의적 표현을 사용하여 의미를 강조함.
・명령형 문장을 사용하여 시적 분위기를 고조시킴.

- **갈래**: 현대시
- **이 작품은?** '장미'와 '가시'라는 대비되는 자연물을 통해 고통과 희망이 공존하는 삶에 대한 성찰을 유도하는 작품이다. 고통 속에서도 희망을 잃지 않는 인간의 내적 갈등과 희망이 이루어지지 않을 때의 상실감을 표현하고 있다.
- **(나) 주제**: 고통과 희망이 공존하는 삶
- **이것이 핵심!**: '가시'와 '장미'의 대비

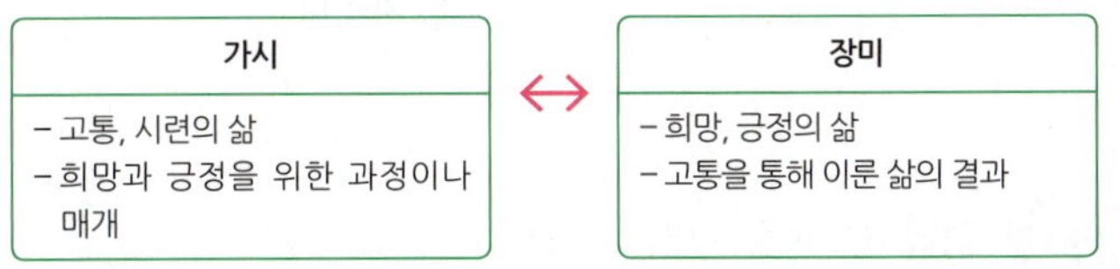

가시		장미
– 고통, 시련의 삶 – 희망과 긍정을 위한 과정이나 매개	↔	– 희망, 긍정의 삶 – 고통을 통해 이룬 삶의 결과

- **왜 두 작품?**
  - **공통점**: (가), (나)는 모두 자연물을 통해 삶의 고통을 형상화하면서, 고통 속에서도 희망을 찾으려는 태도를 드러낸다.
  - **차이점**: (가)는 '갈대', '부평초', '개울', '등불' 등 다양한 자연물을 통해 고통을 직면하고 극복하고자 하는 희망과 의지를 노래하고 있고, (나)는 '장미'와 '가시'를 통해 고통과 희망이 공존하는 삶의 양면성을 드러내고 있다.

---

43 정답 ② ＊작품 비교하기 ·························· [정답률 66%]

(가)와 (나)에 대한 설명으로 가장 적절한 것은?

＞왜 정답？

② (가)와 (나)는 모두, **설의적 표현을 사용하여 작품의 주제 의식**을
  (가): '못 가랴', (나): '못하리오' 　(가): 고통에 맞서고자 하는 의지
  강조하고 있다.　　　　　　　　　　(나): 고통 속에서 희망을 품고 살아가는
  　　　　　　　　　　　　　　　　　　삶에 대한 성찰

- (가) ②연 ❻, ❼행 외롭기로 작정하면 어딘들 못 가랴 / 가기로 목숨 걸면 지는 해가 문제랴
- (나) ③연 ❺행 어찌 가시의 고통을 버리지 못하리오

＞왜 오답？

① (가)와 (나)는 모두, 공간의 이동에 따라 시상을 입체적으로 전개하고
  공간의 이동이 나타나지 않음.
  있다.
→ (가) ③연 ❶, ❷행 고통과 설움의 땅 훨훨 지나서 / 뿌리 깊은 벌판에 서자

③ (가)와 (나)는 모두, 음성 상징어를 활용하여 시적 상황을 생동감
  '훨훨'　　　　드러나지 않음.
  있게 드러내고 있다.
＊근거: (가) ③연 ❶행

음성 상징어: 소리를 흉내 내는 말인 의성어와 모양을 흉내 내는 말인 의태어를
아울러 이르는 말

④ (가)는 **명령형** 문장을, (나)는 **청유형** 문장을 통해 시적 분위기를
  청유형　　　　　　　　　　　명령형
  고조시키고 있다.

- (가) ①연 ❻행 충분히 흔들리며 고통에게로 가자
- (가) ②연 ❺행 가자 고통이여 살 맞대고 가자
- (가) ③연 ❷행 뿌리 깊은 벌판에 서자
- (나) ⑥연 ❶행 그러니, 그대, 이제 말해주오,

명령형: 명령이나 요구의 뜻을 나타내는 동사나 보조 동사의 활용형(活用形)
청유형: 동사의 활용형의 하나. 화자가 청자에게 같이 행동할 것을 요청하는 뜻을 나타내는 종결 어미 '–자', '–자꾸나', '–세', '–읍시다' 따위가 붙는 꼴이다.

⑤ (가)는 시각적 이미지를, (나)는 **후각적 이미지**를 통해 대상의 속성을
  　　　　　　　　　　　　　드러나지 않음.
  구체화하고 있다.

- (가) ①연 ❶, ❷행 상한 갈대라도 하늘 아래선 / 한 계절 넉넉히 흔들리거니
- (가) ②연 ❶행 뿌리 없이 흔들리는 부평초 잎이라도

(가)에서는 '상한 갈대'와 '부평초 잎'이 '흔들리는' 시각적 이미지를 통해 '상한 갈대', '부평초 잎'이 고통에 의연하게 맞서고 있음을 구체적으로 표현하고 있다. 그러나 (나)에는 후각적 이미지가 드러나지 않는다.

---

44 정답 ⑤ ＊시어의 의미 파악하기 ······················ [정답률 78%]

　　　　'손'
㉠과 ㉡에 대한 이해로 가장 적절한 것은?
　'손'

＞왜 정답？

⑤ ㉠은 **화자에게 도움이 될 연대의 대상**이고, ㉡은 화자가 삶의
　　　　　　　　　고통 속에서 화자의 손을 마주 잡아줌.
  본질을 생각하게 하는 매개체이다.
　　화자가 삶을 '손'으로 어루만져봄.

- (가) ③연 ❻, ❼행 캄캄한 밤이라도 하늘 아래선 / 마주 잡을 ㉠ 손 하나 오고 있거니
- (나) ①연 ❶, ❷행 눈먼 ㉡ 손으로 / 나는 삶을 만져 보았네.

㉠ '손'은 '캄캄한 밤'에 화자의 손을 마주 잡아 주며 화자와 연대하고자 하는 대상이다. ㉡ '손'은 화자가 삶을 만져 보며 삶의 본질을 생각하게 하는 매개체이다.

＞왜 오답？

① ㉠과 ㉡은 모두, 화자에게 **동정심**을 유발하는 대상이다.
　　　　　　　　　　　유발하지 않음.

② ㉠과 ㉡은 모두, 화자가 부정적 현실을 극복하게 한 계기이다.
　　　　　　　　　　관련 없음.
  ㉠ '손'은 화자가 어려운 상황일 때 손을 마주 잡아줌으로써 화자가 부정적 현실을 극복하게 한 계기로 볼 수 있다. 하지만 ㉡ '손'은 그렇지 않다.

③ ㉠은 화자를 발전적으로 변화시키려는 존재이고, ㉡은 화자를 **현실**에
　　　　　　　고통을 극복하고 발전적으로 변화시켜 줄 수 있음.　　　　관련 없음.
  만족하게 하는 매개체이다.

④ ㉠은 화자가 친밀감을 느끼는 대상이고, ㉡은 화자가 **경외감**을
　　　　　　　　　　　　　　　　　　　　　경외감을 느끼지 않음.
  느끼는 대상이다.

---

45 정답 ③ ＊〈보기〉를 바탕으로 감상하기 ············ [정답률 75%]

〈보기〉를 바탕으로 (가)와 (나)를 감상한 내용으로 적절하지 않은 것은? [3점]

> ────── 〈 보기 〉 ──────
>
> ❶(가)와 (나)는 모두, 자연물을 통해 삶의 고통과 희망을 형상화하고 있는 작품이다. ❷(가)는 연약하지만 강한 생명력을 지닌 '갈대'와 '부평초'를
> 　　　　　　　　　　　　　　　　　'밑동 잘리어도 새순은 돋'음
> 통해, 삶의 시련에 굴하지 않고 **고통을 직접적으로 대면해 극복하고자**
> 　　　　　　　　　　　　　　　　　'고통이여 살 맞대고 가자'
> 하는 굳센 의지와 희망을 노래하고 있다. ❸(나)는 아름답지만 가시가 있는
> '장미'를 통해 **인고의 세월을 견디며 기대했던 희망이 실현되지 않을 때의**
> 　　　　　　　　　　　'나는 한 송이의 장미꽃도 보지 못하였네.'
> **상실감**과, 고통과 희망이 공존하는 삶을 살아가는 인간의 내면적 갈등을
> 　　　　　　　　　　　'삶은 가시장미인가 장미가시인가'
> 노래하고 있다.

＞왜 정답？

③ (나)의 '장미꽃이 피기만 한다면 / 어찌 가시의 고통을 버리지
  못하리오'는 **기대했던 희망이 실현되지 않을 때의 상실감**을 노래한
  　　　　　　　기대했던 희망이 실현된다면 삶의 고통을 버릴 수 있음.
  것이군.

- (나) ③연 ❹, ❺행 장미꽃이 피기만 한다면 / 어찌 가시의 고통을 버리지 못하리오

＞왜 오답？

① (가)의 '밑둥 잘리어도 새순은 돋'는 모습은 **연약하지만 강한
  생명력을 지닌 존재를 구체적으로 형상화**한 것이군.
  　　　　　　　　　　　　'상한 갈대'

- (가) ①연 ❶~❹행 상한 갈대라도 ~ 뿌리 깊으면야 / 밑둥 잘리어도 새순은 돋거니

② (가)의 '고통이여 살 맞대고 가자'는 고통을 피하지 않고
  직접적으로 대면하여 극복하고자 하는 의지를 드러낸 것이군.
  　직접 대면함으로써 고통도 수용하려는 자세를 보여줌.

→ (가) ②연 ❺행 가자 고통이여 살 맞대고 가자

④ (나)의 '삶은 가시장미인가 장미가시인가'는 고통과 희망이
　　공존하는 삶을 살아가는 인간의 내면적 갈등을 드러낸 것이군.
　　　　　　　　　　희망인 '장미'와 고통인 '가시'가 공존함.
→ (나) ⑥연 ❷행 삶은 가시장미인가 장미가시인가

⑤ (가)의 '뿌리 없이 흔들리는'과 (나)의 '가시가 많으니'는 모두, 삶의
　　　　　　　　'부평초 잎'　　　　　　　　'가시투성이 삶'
　　고통을 겪고 있는 존재의 모습을 상징하는군.
[(가) ❷연 ❶행 뿌리 없이 흔들리는 부평초 잎이라도
  (나) ❷연 ❶~❸행 가시투성이 삶의 온몸을 만지며 ~ 이토록 가시가 많으니

4회 문법·어휘 완성 TEST

01　정답 ③　＊ 안긴문장 파악하기

〈보기〉의 ㉠~㉤에 대한 이해로 적절하지 않은 것은?

〈 보기 〉
- 민서는 ㉠ 키가 크다.
　　　　　　서술절
- 우리는 여행을 ㉡ 기분 좋게 떠났다.
　　　　　　　　부사절
- 바다가 ㉢ 눈이 시리도록 몹시 푸르다.
　　　　　　부사절
- 강아지가 ㉣ 주인이 돌아오기를 기다린다.
　　　　　　　　명사절
- 선재가 민채에게 ㉤ 어디로 가냐고 물었다.
　　　　　　　　　　　인용절

＞왜 정답 ?

③ ㉢은 뒤에 오는 ~~부사~~ '몹시'를 ~~수식하고 있으므로~~ ~~관형절로 안긴~~
　　　　　　　　서술어 '푸르다'를 수식함.　　　　　부사절로 안긴문장임.
　~~문장~~이다.

　'바다가 눈이 시리도록 몹시 푸르다.'라는 문장에서 '눈이 시리도록'은 '몹시'라는
부사가 아니라 '푸르다'라는 서술어를 수식하고 있다. 따라서 ㉢은 관형절로
안긴문장이 아니라 부사절로 안긴문장이다.

＞왜 오답 ?

① ㉠은 주어 '민서'의 상태를 서술하는 역할을 하므로 서술절로
　'키가 크다'
　안긴문장이다.

② ㉡은 서술어 '떠났다'를 수식하고 있으므로 부사절로 안긴문장
　'기분 좋게'
　이다.

④ ㉣은 서술어 '기다린다'의 목적어 역할을 하므로 명사절로 안긴
　'주인이 돌아오기'
　문장이다.

⑤ ㉤은 '고'를 사용하여 선재의 말을 인용하고 있으므로 인용절로
　'어디로 가냐고'
　안긴문장이다.

02　정답 ③　＊ 단어의 형성 방법 파악하기

〈보기〉의 밑줄 친 부분과 같은 구성을 나타내는 단어로 가장 적절한 것은?

〈 보기 〉
　합성어는 '산길', '뛰놀다'와 같이 어근과 어근이 결합한 단어이다. 이와
달리 파생어는 어근과 접사가 결합한 단어이다. 파생어는 '풋사과'와 같이
접두사와 어근이 결합한 단어와 '잠보'와 같이 어근과 접미사가 결합한
　　　　　　　　　　　　　　　　　　잠(어근) + -보(접미사) → 파생어
단어로 구분할 수 있다

＞왜 정답 ?

③ 싸움꾼　싸움(어근) + -꾼(접미사) → 파생어

＞왜 오답 ?

① 군소리　　　　　　　　　② 볶음밥
　군-(접두사) + 소리(어근) → 파생어　　볶음(어근) + 밥(어근) → 합성어
④ 눈그늘　　　　　　　　　⑤ 치솟다
　눈(어근) + 그늘(어근) → 합성어　　　치-(접두사) + 솟다(어근) → 파생어

03　정답 ⑤　＊ 음운 변동 파악하기

〈보기〉는 음운 변동에 대한 설명이다. ㉠~㉣의 예로 적절한 것은?

〈 보기 〉
　음운 변동에는 한 음운이 다른 음운으로 바뀌는 현상인 ㉠ '교체', 있던
　　　　　　　　　　　　　　음절의 끝소리 규칙, 된소리되기, 구개음화, 비음화, 유음화
음운이 없어지는 현상인 ㉡ '탈락', 없던 음운이 새로 생기는 현상인
　　　　　　　　　　　자음군 단순화, 자음 탈락, 모음 탈락
㉢ '첨가', 두 음운이 하나의 음운으로 합쳐지는 현상인 ㉣ '축약'이 있다.
└ 첨가　　　　　　　　　　　　　　거센소리되기, 모음 축약

＞왜 정답 ?

	㉠	㉡	㉢	㉣
⑤	꽃 [꼳]	앉다 [안따]	솜이불 [솜ː니불]	국화 [구콰]

　'꽃'은 음절 끝의 'ㅊ'이 'ㄷ'으로 바뀌어 [꼳]으로 발음하므로, ㉠ '교체'에 해당하는
예이다. '앉다'는 '앉-'의 겹받침 'ㄵ'에서 하나가 탈락하는 자음군 단순화가 일어나
[안따]로 발음하므로, ㉡ '탈락'에 해당하는 예이다. '솜이불'은 앞말이 자음 'ㅁ'으로
끝나고 뒷말이 모음 'ㅣ'로 시작하는 합성어에서, 앞말과 뒷말 사이에 'ㄴ'이 첨가되어
[솜ː니불]로 발음하므로, ㉢ '첨가'에 해당하는 예이다. '국화'는 받침 'ㄱ'이 뒤에 오는
'ㅎ'과 결합하여 'ㅋ'으로 축약되면서 [구콰]로 발음하므로, ㉣ '축약'에 해당하는
예이다.

＞왜 오답 ?

	㉠	㉡	㉢	㉣
①	촛불 [촏뿔]	좋은 [조ː은]	~~박하~~ [바카], 축약	~~닭~~ [닥], 탈락
②	옷 [옫]	~~못~~ [목]	솜이불	~~앉다~~ 탈락
③	옷	~~촛불~~ 교체	가랑잎 [가랑닙]	맏형 [마텽]
④	~~닭~~ 탈락	소나무 솔+나무(ㄹ 탈락)	~~촛불~~ 교체	좋다 [조ː타]

04　정답 ④　＊ 어휘의 의미 파악하기

〈보기〉의 ⓐ~ⓔ가 사용된 문장으로 적절하지 않은 것은?

〈 보기 〉
　한편 지진 발생 시 건물 붕괴로 인한 피해를 줄이기 위해 지진에
　　　　　　　'어떤 힘이나 조건에 굽히지 아니하고 거역하거나 버티다.'라는 의미임.
ⓐ 저항할 수 있도록 건물을 ⓑ 설계하는 것을 내진설계라고 하는데,
건축·토목·기계 제작 따위에서, 그 목적에 따라 실제적인 계획을 세워 도면 따위로 명시하다.'라는 의미임.
내진구조, 제진구조, 면진구조의 세 유형이 있다. 내진구조는 강한
지진파에도 건축물이 ⓒ 붕괴되지 않게 철근 콘크리트 등을 ⓓ 보강하여
　　　　　　　　　　　　　　　　　　　　　　'무너지고 깨어지게 되다.'라는 의미임.
기둥과 벽 자체를 튼튼하게 짓는 것이다. 내진벽과 같은 부자재를
ⓔ 설치하여 강한 흔들림에도 무너지지 않고 버티는 내구성이 높아
　'어떤 일을 하는 데 필요한 기관이나 설비 따위를 베풀어 두다.'라는 의미임.
지도록 건물을 짓는 것이다.

＞왜 정답 ?
　　　　　　　　　　　　　　　　'결강이나 휴강 따위로 빠진 강의를
　　　　　　　　　　　　　　　　보충하다.'라는 의미임.
④ ⓓ: 지난주에 빠진 수업을 오늘 보강하고자 마음먹었다.
　'보태거나 채워서 본디보다 더 튼튼하게 하다.'라는 의미임.

시 작품에서 자주 출제되는 개념어

1. 태도와 어조

- **의지적 태도**: 현재 상황을 바꾸거나 무언가를 이루려는 태도
- **순응적 태도**: 상황을 있는 그대로 받아들이는 태도
- **체념적 태도**: 자신이 소망하던 것을 포기하는 태도
- **운명론적 수용**: 주어진 상황을 하늘의 뜻이라고 생각하여 받아들이는 태도
- **초월적 태도**: 죽음의 공포 같은 인간적인 한계를 뛰어넘으려는 태도
- **성찰적 태도**: 자신의 행동이나 삶을 돌이켜 보는 태도
- **관조적 태도**: 절제된 감정으로 차분하게 대상을 대하는 태도
- **예찬적 태도**: 어떤 대상이 좋고 훌륭하다고 칭찬하는 태도
- **담담한 어조**: 화자의 감정을 절제하여 표현하는 어조
- **영탄적 어조**: 감탄의 형식이나 감탄사 등을 활용하여 감정을 강하게 나타내는 어조
- **독백적 어조**: 화자 혼자서 자신의 생각을 말하는 어조
- **명령적 어조**: 어떠한 것을 하거나 하지 말라고 요구하는 어조
- **어조의 변화**: 화자의 정서나 태도가 변함에 따라 어조가 함께 변화하는 것

> 38-② (나)는 점층적 표현을 통해 대상에 대한 **예찬의 태도**를 드러내고 있다.
>
> 40-⑤ (나)의 '창과 칼, 도끼까지 닥친다 할지라도 임을 따라 아니 갈 수 없네'에는 임과의 이별을 거부하겠다는 화자의 **적극적 의지**가 드러나 있군.

2. 이미지(심상)

- **이미지**: 시어에 의해 마음속에 떠오르는 구체적이고 선명한 영상이나 감각적인 인상
- **시각적 이미지**: 형태의 묘사나 색채어 등을 사용하여 눈으로 보는 듯한 느낌을 주는 이미지
- **청각적 이미지**: 귀로 듣는 듯한 느낌을 주는 이미지
- **후각적 이미지**: 코로 냄새를 맡는 듯한 느낌을 주는 이미지
- **미각적 이미지**: 혀로 맛을 보는 듯한 느낌을 주는 이미지
- **촉각적 이미지**: 촉감과 같이 피부에 닿는 듯한 느낌을 주는 이미지
- **공감각적 이미지(감각의 전이)**: 하나의 감각을 다른 종류의 감각으로 전이하여 표현한 이미지
- **(역)동적 이미지**: 움직임이 느껴지는 이미지. 힘, 변화, 생동감, 생명력, 활발함 등을 드러낸다.
- **정적 이미지**: 움직임이 느껴지지 않고 고요한 이미지. 주로 풍경이나 고요한 심리 상태에서 드러난다.

> 38-⑤ (나)와 (다)는 모두, 시간의 흐름에 따른 공간의 변화를 통해 **역동적 분위기**를 드러내고 있다.
>
> 43-⑤ (가)는 **시각적 이미지**를, (나)는 **후각적 이미지**를 통해 대상의 속성을 구체화하고 있다.

3. 시상 전개 방식

- **시간의 흐름**: 시간의 변화, 계절의 흐름, 시대의 흐름 등의 순서에 따라 시상을 전개하는 방법. 전체적으로 통일성과 조화미를 얻을 수 있다.
- **공간의 이동**: 공간을 이동하는 순서에 따라 시상을 전개하는 방법. 주로 기행 가사에서 화자의 여정을 서술할 때 많이 사용된다.
- **대비**: 두 가지의 차이를 밝히기 위해 서로 맞대어 비교하는 방법
- **점층적 시상 전개**: 화자의 정서나 시어, 시구, 문장에 담긴 뜻을 점점 강화하고 확대해 나가는 식으로 시상을 전개하는 것

> 38-① (가)는 계절 변화를 통해 과거와 현재의 **대비**되는 상황을 드러내고 있다.
>
> 38-② (나)는 **점층적 표현**을 통해 대상에 대한 예찬의 태도를 드러내고 있다.
>
> 38-⑤ (나)와 (다)는 모두, **시간의 흐름**에 따른 공간의 변화를 통해 역동적 분위기를 드러내고 있다.
>
> 43-① (가)와 (나)는 모두, **공간의 이동**에 따라 시상을 입체적으로 전개하고 있다.

4. 다양한 표현 방법

- **상징**: 구체적인 대상이 원래의 뜻을 지니지 않고 추상적인 의미를 암시하도록 하는 것
- **반복**: 유사하거나 동일한 시어나 시구, 문장 구조를 반복하여 운율감을 형성하고 의미를 강조하는 표현 방법
- **열거**: 유사한 속성의 시구나 상황을 연달아 늘어놓아 시적 상황을 강조하는 방법
- **과장**: 표현하려는 대상을 실제보다 크거나 작게 표현하는 방법
- **설의**: 쉽게 판단할 수 있는 사실을 의미를 강조하기 위해 의문의 형식으로 표현하는 방법
- **음성 상징어**: 소리를 흉내 내는 말인 의성어와 모양을 흉내 내는 말인 의태어를 아울러 이르는 말

> 38-④ (가)와 (나)는 모두, **열거의 방식**을 활용하여 화자의 정서를 강조하고 있다.
>
> 42-② (가)에서 '구곡간장 썩은 물'이 '눈으로 솟아' '구년'이나 흐르고 '한강'이 되었다는 **과장된 상황을 설정**한 것은 오지 않는 임에 대한 화자의 슬픔을 부각하려는 의도로 볼 수 있군.
>
> 43-② (가)와 (나)는 모두, **설의적 표현**을 사용하여 작품의 주제 의식을 강조하고 있다.
>
> 43-③ (가)와 (나)는 모두, **음성 상징어**를 활용하여 시적 상황을 생동감 있게 드러내고 있다.

01~03

출제　■ 중심 내용

1 ❶ 지난주 화재 대피 훈련 때 비상구를 찾는 방법에 대해 배웠습니다.
❷ 잘 기억하고 있나요? ❸ (청중의 반응을 확인하며) 잘 기억하고 있네요.
청중과 공유하는 경험을 언급함.
❹ 그런데 치솟는 불길과 짙은 연기 등으로 인해 비상구를 찾을 수 없을
　　　　　　비상구를 찾는 방법을 기억하고 있는지 확인함.
때는 어떻게 해야 할까요? ❺ 이런 의문이 생겨 조사한 '피난 기구'에
피난 기구를 조사하게 된 계기를 밝힘.
대해 발표하겠습니다. ❻ 피난 기구는 피난 시설 중 하나로 화재 시
　　　　　　　발표 제재
사람들을 안전한 장소로 피난시킬 수 있는 기구를 말합니다.
　　　　　　　피난 기구의 정의

피난: 재난을 피하여 멀리 옮겨 감.

*1 요약 : 발표 화제(피난 기구) 제시
□ : 피난 기구의 종류

2 ❶ 먼저 설명할 피난 기구는 완강기입니다. ❷ ([자료 1]을 제시하며)
완강기의 모습을 보여 주는 시각 자료
이것은 완강기를 설치한 모습입니다. ❸ 완강기는 화재 시 높은 층에서
땅으로 내려올 수 있게 만든 비상용 기구입니다. ❹ 화재가 발생하면
먼저 화면과 같이 연결 고리를 지지대에 걸어 고정하고 로프릴을
[ ]: 완강기를 사용하는 방법을 순서대로 설명함.
밖으로 던집니다. ❺ 그다음 여기 보이는 가슴벨트를 겨드랑이 밑에 걸고
단단히 조인 후 건물 밖으로 몸을 내밀어 내려갑니다. ❻ 연결 고리 바로
아래에 속도 조절기가 보이죠? ❼ 이것이 일정한 속도로 내려가게 해
속도 조절기의 기능
주니 무서워하지 않아도 됩니다. ❽ 한 사람이 탈출한 후 올라온
로프릴을 다시 던지면 가슴벨트가 올라와 다음 사람이 이용할 수
있습니다. ❾ 그런데 구조나 사용 방법은 완강기와 동일하지만 반복해서
완강기와 간이 완강기의 공통점
사용할 수 없는 '간이 완강기'도 있습니다. ❿ 보관함에 완강기의 종류가
완강기와 간이 완강기의 차이점
적혀 있으니 잘 보고 사용해야 합니다.

지지대: 무거운 물건을 받쳐 주는 대
고정하다: 한곳에 꼭 붙어 있거나 붙어 있게 하다.
간이: 간단하고 편리함. 물건의 내용, 형식이나 시설 따위를 줄이거나 간편하게
하여 이용하기 쉽게 한 상태를 이른다.

*2 요약 : 완강기의 사용 방법

3 ❶ 다음 피난 기구는 구조대입니다. ❷ 구조대는 특수한 섬유로 만든 긴
터널로, 화재 발생 시 지상까지 이어져 피난할 수 있는 기구입니다.
❸ ([자료 2]를 제시하며) 화면에 보이는 그림은 경사식 구조대로,
구조대의 모습을 보여 주는 시각 자료
평소에는 접어서 함에 보관하다가 설치를 하면 이런 형태가 됩니다.
❹ 구조대는 다른 피난 기구와 달리 건물 밖에 있는 사람이 설치를
도와줘야 한다는 특징이 있습니다. ❺ 화재가 발생하면 보관함을 열어
[ ]: 구조대를 활용해 건물을 탈출하는 방법
구조대를 밖으로 던지고 건물 밖에 있는 사람이 구조대를 땅에
고정시켜 화면과 같이 터널 모양이 되도록 만듭니다. ❻ 그다음 양팔과
구조대를 설치했을 때의 모양
다리로 속도를 조절하며 안전하게 탈출하면 됩니다.

특수하다: 특별히 다르다.
섬유: 생물체의 몸을 이루는, 가늘고 긴 실 모양의 물질. 또는 그것으로 만든 직물

*3 요약 : 구조대의 특징과 사용 방법

---

4 ❶ 이러한 피난 기구들은 건물의 목적이나 높이에 따라 설치할 수
[ ]: 피난 기구를 설치할 때 준수해야 하는 사항
있는 종류가 법으로 정해져 있는데, 그중 건물 구조에 적합한 것을
일정 수량 이상으로 설치해야 합니다. ❷ 화재 상황에서 안전하게
대피할 수 있도록 평소에 피난 기구 위치에 관심을 가지고, 사용
방법을 숙지하기 바랍니다.

적합하다: 일이나 조건 따위에 꼭 알맞다.
숙지하다: 익숙하게 또는 충분히 알다.

*4 요약 : 발표 마무리(피난 기구에 대한 관심 당부)

01 　정답 ③　* 말하기 계획의 적절성 파악하기 ········· [정답률 62%]

위 발표에 반영된 학생의 말하기 계획으로 적절한 것은?

왜 정답?

③ 청중과 공유하고 있는 내용을 언급하며 발표 제재를 선정하게 된
　지난주 화재 대피 훈련 때 배운 내용을 언급함.
계기를 밝혀야겠어.
비상구를 찾을 수 없을 경우 대처 방안에 대해 의문을 가짐.

[1]-❶-❺ 지난주 화재 대피 훈련 때 비상구를 찾는 방법에 대해 배웠습니다.
~ 그런데 치솟는 불길과 짙은 연기 등으로 인해 비상구를 찾을 수 없을 때는
어떻게 해야 할까요? 이런 의문이 생겨 조사한 '피난 기구'에 대해
발표하겠습니다.

왜 오답?

① 발표 대상과 관련된 법률을 인용하여 청중에게 정보의 중요성을
　　　　　　　　　　　　인용하지 않음.
강조해야겠어.

* 근거:[4]-❶
　피난 기구 설치 시 준수해야 사항이 법으로 정해져 있음을 언급하고 있을 뿐
구체적인 법률을 인용하지는 않았다.

② 발표에 활용한 자료의 출처를 밝혀 발표 내용에 대한 청중의
　　　　　　　　　　　드러나지 않음.
신뢰를 얻어야겠어.

* 근거:[2]-❷,[3]-❸
　'완강기'와 '구조대'를 설명하기 위해 시각 자료를 활용하고 있지만 자료의 출처를
밝히지는 않았다.

④ 질문에 대한 반응을 확인하며 청중이 발표의 중심 내용에 대해
비상구를 찾는 방법을 기억하고 있는지 질문하고, 그에 대한 반응을 확인함.
　　　　　　　　　　　　　　비상구를 찾는 방법은 중심 내용이 아님.
이해한 정도를 점검해야겠어.

* 근거:[1]-❷,❸
　발표자는 청중이 지난 화재 대피 훈련에서 배운 비상구를 찾는 방법을 잘 기억하고
있는지 질문하고, 그 반응을 확인하였다. 그러나 비상구를 찾는 방법은 발표의 중심
내용이 아니다.

> **매력 오답** 발표 시작 부분에서 발표자가 청중에게 질문을 던지고 이에 대한 청중의 반응을
> 확인하고 있어 ④를 정답으로 고른 학생들이 많았다.
> 　앞뒤 내용 맥락을 통해 발표자가 하는 말이나 행동의 의도가 무엇인지를 정확하게
> 파악해야 한다.

⑤ 도입부에서 발표 내용의 순서를 제시하여 청중이 발표 내용을
　　　　　　　　　　　제시하지 않음.
예측하며 들을 수 있게 해야겠어.

02 정답 ③ ＊자료 활용의 적절성 파악하기 ············· [정답률 91%]

다음은 위 발표에서 제시한 자료이다. 자료 활용에 대한 설명으로 적절하지 <u>않은</u> 것은?

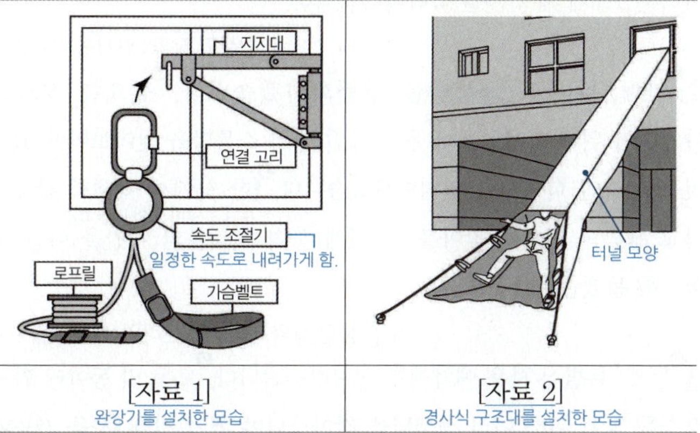

▷왜 정답 ?

③ [자료 1]을 활용하여 간이 완강기와 완강기의 **구조적 차이**를 설명하고 있다.
간이 완강기와 완강기의 구조는 동일함.

[②-❾ 그런데 **구조나 사용 방법은 완강기와 동일**하지만 반복해서 사용할 수 없는 '간이 완강기'도 있습니다.

▷왜 오답 ?

① [자료 1]을 활용하여 화재가 발생했을 때 완강기를 사용하는 과정을 설명하고 있다. ＊근거: ②-❷~❽
완강기의 구조를 보여주며 완강기를 사용해 땅으로 내려오는 과정을 순서대로 설명함.

② [자료 1]을 활용하여 사용자가 내려올 때 일정한 속도를 유지해 주는 장치를 설명하고 있다. ＊근거: ②-❻,❼
속도 조절기

④ [자료 2]를 활용하여 구조대를 이용해 건물에서 탈출하는 방법을 설명하고 있다. ＊근거: ③-❺,❻
구조대를 사용해 건물에서 탈출하는 사람의 모습을 보여줌.

⑤ [자료 2]를 활용하여 건물 외부에 구조대를 설치했을 때의 모양을 설명하고 있다. ＊근거: ③-❺
터널 모양이 되도록 만들어야 한다고 설명함.

03 정답 ⑤ ＊반응의 적절성 파악하기 ················· [정답률 92%]

발표 내용을 바탕으로 할 때, 〈보기〉에 나타난 학생들의 반응에 대한 이해로 적절하지 <u>않은</u> 것은?

〈 보기 〉

학생 1: ❶유치원생들이 천으로 된 터널을 타고 내려오는 것을 보고 그게 무엇인지 궁금했는데, 발표를 듣고 구조대라는 것을 알게 되어 의미가 있었어. ❷그런데 구조대 종류도 다양할 것 같으니 찾아봐야겠어.
자신의 경험을 회상함.
발표에 대한 긍정적 반응
추가 정보를 조사하려 함.

학생 2: 간이 완강기에도 속도 조절기가 있어 천천히 내려올 수 있겠네. ❷그런데 몸을 밖으로 내밀어 내려오는 부분에 대한 내용은 너무 간략해서 아쉬웠어.
발표에 제시되지 않은 내용을 추론함.
발표에 대한 부정적 반응

학생 3: 평소 피난 기구를 볼 때 불이 나면 사용할 것이라는 추측만 했는데 이번 발표를 계기로 사용법을 알아두어야겠어. ❷그리고 피난 기구 외에 다른 피난 시설들을 더 알아보고 자주 가는 건물에서 그 위치를 확인해 두어야겠어.
추가 정보를 조사하려 함.
발표자가 당부한 내용을 실천하려 함.

▷왜 정답 ?

⑤ 학생 2와 학생 3은 발표자가 언급하지 않은 내용을 추론하며 듣고 있다.
드러나지 않음. '학생 2'가 간이 완강기에도 속도 조절기가 있을 것이라고 추론함.

＊근거: ②-❾, 〈보기〉 학생 2-❶

'학생 2'는 완강기와 간이 완강기의 구조가 동일하다는 발표 내용을 바탕으로 간이 완강기에도 속도 조절기가 있어 천천히 내려올 수 있을 것이라고 추론하고 있다.

그러나 '학생 3'은 발표자가 언급하지 않은 내용을 추론하지 않았다.

▷왜 오답 ?

① 학생 1은 자신의 경험을 떠올려 발표 내용에 대해 긍정적인 반응을 보이고 있다.
유치원생들이 천으로 된 터널을 타고 내려오는 것을 봄. 발표가 의미 있었다고 평가함.

＊근거: 〈보기〉 학생 1-❶

② 학생 2는 발표자가 설명한 내용 중 구체적인 정보가 부족했던 부분에 대해 아쉬움을 표현하고 있다.
완강기 사용 방법 중 몸을 밖으로 내밀어 내려오는 부분에 대한 내용

＊근거: 〈보기〉 학생 2-❷

③ 학생 3은 발표자가 당부한 내용과 관련하여 자신이 실천할 사항을 생각하고 있다.
자주 가는 건물에서 피난 기구의 위치를 확인해 두어야겠다고 생각함.
피난 기구 위치에 관심을 가지고, 사용 방법을 숙지하자고 당부함.

＊근거: ④-❷, 〈보기〉 학생 3-❷

④ 학생 1과 학생 3은 더 알고 싶은 내용에 대해 추가 조사를 하겠다는 계획을 밝히고 있다.
피난 기구 외에 다른 피난 시설들을 조사하겠다고 계획함.
구조대의 종류를 조사하겠다고 계획함.

＊근거: 〈보기〉 학생 1-❷, 학생 3-❷

04~07

＃ 출제 ▮ 중심 내용

(가)

❶학생 1: 내가 이번 학생회 선거에 부회장 후보로 출마하게 되었는데, 공약을 세우는 데 도움이 필요해 모여달라고 했어. 혹시 학교 생활을 하면서 불편을 느껴 개선했으면 좋겠다고 생각한 것 있니?
＃ 대화의 목적을 제시함.
＃ 질문을 통해 상대의 발언을 유도함.

❷학생 2: 평소에 친구들 사이에서 제일 많이 나온 이야기는 자판기 설치야.
＃ '학생 2'의 의견 ① 자판기 설치

❸학생 1: 조금 더 자세히 이야기해 줄래?
＃ 자판기 설치에 대한 추가적인 정보를 요청함.

❹학생 2: 우리 학교에는 매점이 있지만, 매점이 문을 닫는 시간에는 이용을 할 수 없어. [늦게까지 남아서 공부를 하는 친구들은 매점 운영 시간이 아니더라도 언제나 이용할 수 있는 자판기가 있으면 좋겠다고 했어.]
＃ 자판기 설치와 관련된 현재 상황
＃ [ ]: 의견 ①의 근거 – 자판기가 필요하다는 친구들의 의견

❺학생 3: 자판기 설치를 공약으로 세우려면 [선생님과 사전에 논의가 필요하지 않아? 자판기 구입이나 설치 장소 등 여러 문제가 해결되어야 한다고 생각해.] 학생회가 자체적으로 할 수 있는 범위를 벗어난 것 같아.
＃ [ ]: 자판기 설치를 공약으로 세우기 전 고려해야 할 사항

[A]

❻학생 1: 실현할 수 있다면 좋은 공약이 될 것 같아. 내가 알기에도 자판기 설치에 관심을 갖는 학생들이 많거든. 이건 설치 가능 여부를 알아보고 선생님과도 이야기를 해 볼게.
＃ '학생 2'의 의견에 긍정적인 반응을 보임.
＃ '학생 1'이 알고 있는 정보

⑦ 학생 2: 학생들이 특별실을 쉽게 빌릴 수 있게 하는 방법이 필요한
것 같아. [다른 반 친구들과 탐구 활동을 할 때 사용할 수 있는
'학생 2'의 의견 ②
[ ]: 의견 ②의 근거 – 자신의 경험
곳을 찾기 위해 여러 선생님께 여쭤보러 다닌 적이 있는데, 그때
정말 불편했어.] [친구들도 사용할 수 있는 곳을 찾기 위해 여러
선생님을 찾아가야 하는 게 불편하다고 했어.]
[ ]: 의견 ②의 근거 – 친구들의 의견
[B]

⑧ 학생 3: 맞아. 특히 행사 직전에는 특별실 담당 선생님께 가서
여쭤봐도 이미 다른 학생들이 특별실을 빌린 경우가 많았어.
온라인을 활용해 해결하면 좋지 않을까?
의견 ②에 대한 구체적인 해결 방안을 제시함.

⑨ 학생 1: 괜찮은 생각이야. 선생님들과 상의해 볼게. 그런데 그것과
'학생 3'의 의견에 긍정적인 반응을 보임.
관련해서 나도 의견이 있어. [지금 우리 학교의 온라인 소통망이
온라인을 활용해 특별실을 빌리는 것
[ ]: '학생 1'의 의견 – 온라인 소통망 일원화
학교 누리집 외에도 여러 종류가 있는데, 그것을 하나로 모으면
좋지 않을까?]

⑩ 학생 3: 맞아. 어떤 온라인 소통망은 가입을 해야만 보이는 것도
있어서 불편하다는 이야기가 학생들 사이에서 조금씩 나오고
있었어. 그런데 소통망들을 하나로 모은다는 건 어떻게 하겠다는
거야? 구체적으로 설명해 줘.
온라인 소통망 일원화에 대한 추가 설명을 요청함.

⑪ 학생 1: [학교 누리집에 온라인 학생회를 만들면 어떨까 해. 운영 중인
[ ]: 온라인 소통망을 일원화할 수 있는 구체적인 방법
여러 소통망을 일원화하는 거지. 그리고 조금 전에 이야기한
특별실 사용 예약도 온라인 학생회에서 받으려고 해. 그러면 학생
활동과 관련된 내용을 한 곳에 정리할 수 있을 것 같아.]

⑫ 학생 2: 좋은 생각이야.

⑬ 학생 1: 긍정적으로 이야기해줘서 고마워. 그럼 이것도 공약에 넣어 볼게.

⑭ 학생 3: 그리고 나는 점심 시간이 너무 짧다고 생각해. 차례를 기다려
'학생 3'의 의견: 점심 시간 연장
급식을 먹은 뒤 휴식을 취하거나 다른 활동을 하기에는 시간이
너무 부족해.

⑮ 학생 2: 나도 공감해. 하지만 점심 시간을 늘리면 다른 시간이
줄어들거나 하교 시간이 더 늦춰져야 해. 일과 시간을 조정하는
것은 쉽지 않을 거야.
'학생 3'의 의견이 지닌 한계

⑯ 학생 3: 교지편집부에서 실시한 설문 조사에서 63%의 학생들이 점심
설문 조사 결과를 인용함.
시간을 늘리면 좋겠다고 했어. 많은 학생들이 원하니 우선
공약으로 제시해보는 게 어때?

⑰ 학생 1: 좋은 의견 고마워. 하지만 일과 조정은 쉽지 않으니 내가 지킬 수
'학생 3'의 의견을 거절함.
있는 공약만 제시하는 걸로 할게. 그럼 지금까지 나온 의견을
정리하고, 실현 가능 여부를 선생님들께 여쭤본 뒤 연설문을 써 볼게.

⑱ 학생 2, 3: 그래.

출마하다: 선거에 입후보하다.
공약: 정부, 정당, 입후보자 등이 어떤 일에 대하여 국민에게 실행할 것을 약속함.
또는 그런 약속
개선하다: 잘못된 것이나 부족한 것, 나쁜 것 따위를 고쳐 더 좋게 만들다.
사전: 일이 일어나기 전. 또는 일을 시작하기 전
누리집: 개인이나 단체가 월드 와이드 웹에서 볼 수 있게 만든 하이퍼텍스트
일원화: 하나로 됨. 또는 하나로 만듦.
조정: 어떤 기준이나 실정에 맞게 정돈함.

(나)

출제 ▬ 중심 내용

1 [　　　　　　　　　㉠　　　　　　　　　] 안녕하십니까. 학생회
부회장 후보, 기호 '가' ○○○입니다. 이번 선거에 출마하며 학생
여러분들에게 세 가지를 약속하겠습니다.

* **1문단 요약 : 인사와 자기소개**

2 첫째, 온라인 소통망을 일원화하겠습니다. 필요한 정보를
공약①
확인하기 위해 학생회에서 운영 중인 여러 소통망을 찾아보아야 했던
것을 온라인 학생회로 일원화하겠습니다. [한 곳에서 학생회 활동과
학교 생활의 정보를 찾아볼 수 있게 하여 여러분의 시간을 아낄 수
있도록 돕겠습니다.]
[ ]: 공약 ①의 기대 효과

* **2문단 요약 : 공약 ① 온라인 소통망 일원화**

3 둘째, 특별실 사용 예약제를 실시하겠습니다. 모둠 및 동아리 활동
공약②
장소를 찾기 위해 여러 선생님을 찾아다녀야 했던 것을 [사용 가능한
특별실을 온라인에서 확인하고 사용 신청 및 승인을 받을 수 있게
하겠습니다.] 개설 방법과 관리 문제 등에 큰 어려움이 없음을 이미
[ ]: 공약 ②의 구체적인 방법
선생님께 확인받았습니다.
공약 ②가 실현 가능한 공약임을 제시함.

승인: 어떤 사실을 마땅하다고 받아들임.
개설: 설비나 제도 따위를 새로 마련하고 그에 관한 일을 시작함.

* **3문단 요약 : 공약 ② 특별실 사용 예약제 실시**

4 셋째, 간식 자판기를 설치하겠습니다. 우리 학교는 현재 매점 운영
공약③
시간에만 간식을 구매할 수 있어 늦게까지 공부하는 학생들은 많은
불편을 느낍니다. 그런데 우리 지역 학교의 50% 이상은 이미 간식
자판기를 설치하여 운영하고 있습니다. 제가 부회장이 되면 간식
지역 학교의 자판기 설치 현황에 대한 통계 자료를 인용함.
자판기를 설치하여 많은 학생들이 느끼는 불편을 해결하도록
하겠습니다.

* **4문단 요약 : 공약 ③ 간식 자판기 설치**

5 여러분의 한 표 한 표가 모여 더 나은 △△고를 만들 수 있습니다.
그 한 표를 저에게 주신다면 먼저 다가가고 △△고 학생을 위해 발로
뛰는 부회장이 되겠습니다. 기호 '가' ○○○이었습니다. 감사합니다.

* **5문단 요약 : 연설 마무리(투표 독려)**

---

04 **정답 ③** * 말하기 방식 파악하기 ⸻⸻⸻ [정답률 70%]

(가)의 '학생 1'에 대한 이해로 적절하지 않은 것은?

왜 정답?

③ 상대방의 발언을 재진술하며 추가적인 정보를 요청하고 있다.
드러나지 않음.　　　'학생 2'에게 자판기 설치에 대한 정보를 요청함.

[(가) - ❷ **학생 2:** 평소에 친구들 사이에서 제일 많이 나온 이야기는 자판기
설치야.
[(가) - ❸ **학생 1:** 조금 더 자세히 이야기해 줄래?

왜 오답?

① 상대의 요청에 대한 구체적인 방법을 설명하고 있다.
'학생 3'의 요청 온라인 소통망을 하나로 모으는 방법

- (가) - ⑩ 학생 3: ~ 그런데 소통망들을 하나로 모은다는 건 어떻게 하겠다는 거야? 구체적으로 설명해 줘.
- (가) - ⑪ 학생 1: 학교 누리집에 온라인 학생회를 만들면 어떨까 해. 운영 중인 여러 소통망을 일원화하는 거지. ~

② 대화의 목적을 제시하며 상대의 발언을 이끌어내고 있다.
공약을 세우는 데 도움을 받기 위함. 학교 생활 중 개선했으면 좋겠다고 생각한 것이 있는지 질문함.

- (가) - ❶ 학생 1: 내가 이번 학생회 선거에 부회장 후보로 출마하게 되었는데, 공약을 세우는 데 도움이 필요해 모여달라고 했어. 혹시 학교 생활을 하면서 불편을 느껴 개선했으면 좋겠다고 생각한 것 있니?

④ 자신이 알고 있는 정보를 제시하며 상대의 의견에 대해 동의하고 있다.
자판기 설치에 관심을 갖는 학생들이 많은 것 자판기를 설치하자는 '학생 2'의 의견에 동의함.

- (가) - ❻ 학생 1: 실현할 수 있다면 좋은 공약이 될 것 같아. 내가 알기에도 자판기 설치에 관심을 갖는 학생들이 많거든. ~

⑤ 상대의 의견에 긍정적인 반응을 보이며 자신의 생각을 덧붙이고 있다.
'학생 3'의 의견을 '괜찮은 생각'이라고 평가함. 온라인 소통망을 하나로 모으면 좋겠다는 의견

- (가) - ❾ 학생 1: 괜찮은 생각이야. ~ 그런데 그것과 관련해서 나도 의견이 있어. 지금 우리 학교의 온라인 소통망이 ~ 그것을 하나로 모으면 좋지 않을까?

---

05 정답 ② * 담화의 내용 파악하기 ★1등급 대비

【 ① 1% ② 50% ③ 1% ④ 4% ⑤ 41% 】

[A], [B]에 대한 설명으로 적절하지 않은 것은?

왜 틀렸나?

[A]와 [B]에서 '학생 2'와 '학생 3'이 대화 주제와 관련하여 언급하는 문제 상황, 제안의 필요성, 대안 제시 등 각자의 입장을 명확하게 파악하지 못해서 틀린 학생들이 많았다.

대화 참여자가 문제 상황과 관련하여 어떠한 근거를 토대로 자신의 입장을 제시하며 대화를 이어나가고 있는지 파악할 수 있어야 한다.

왜 정답?

② [A]에서 '학생 3'은 제안이 실현되었을 때 발생할 수 있는 문제 상황을 제시하고 있다.
공약으로 내세우기 전 고려해야 할 사항을 제시함.

- (가) - ❺ 학생 3: 자판기 설치를 공약으로 세우려면 선생님과 사전에 논의가 필요하지 않아? 자판기 구입이나 설치 장소 등 여러 문제가 해결되어야 [A] 한다고 생각해. ~

'학생 3'은 자판기 설치를 공약으로 세우기 위해서는 선생님과의 논의가 필요하고, 사전에 자판기 구입 및 설치 장소와 관련한 문제도 해결해야 한다는 의견을 제시하고 있다. 자판기 설치 이후에 발생할 수 있는 문제 상황은 언급하고 있지 않다.

왜 오답?

① [A]에서 '학생 2'는 제안과 관련된 현재의 상황을 들어 제안의 필요성을 드러내고 있다.
늦게까지 공부하는 친구들이 매점을 이용할 수 없으므로 자판기가 필요함.

- (가) - ❹ 학생 2: 우리 학교에는 매점이 있지만, 매점이 문을 닫는 시간에는 이용을 할 수 없어. 늦게까지 남아서 공부를 하는 친구들은 ~ 자판기가 [A] 있으면 좋겠다고 했어.

③ [B]에서 '학생 2'는 자신의 경험을 근거로 들어 제안의 필요성을 드러내고 있다.
특별실을 빌리기 위해 돌아다닌 경험 특별실을 쉽게 빌리는 방법이 필요함.

- (가) - ❼ 학생 2: 학생들이 특별실을 쉽게 빌릴 수 있게 하는 방법이 필요한 것 같아. 다른 반 친구들과 탐구 활동을 할 때 사용할 수 있는 곳을 찾기 [B] 위해 여러 선생님께 여쭤보러 다닌 적이 있는데, 그때 정말 불편했어. ~

---

④ [B]에서 '학생 3'은 상대가 제시한 문제를 해결하기 위한 방안을 제시하고 있다.
온라인을 활용해 특별실을 빌리는 것

→ (가) - ❽ 학생 3: ~ 온라인을 활용해 해결하면 좋지 않을까?

⑤ [A]와 [B]에서 '학생 2'는 모두 타인의 의견을 들어 자신의 주장을 뒷받침하는 근거로 활용하고 있다.
친구들의 의견

- (가) - ❹ 학생2: ~ 늦게까지 남아서 공부를 하는 친구들은 매점 운영 시간이 아니더라도 언제나 이용할 수 있는 자판기가 있으면 좋겠다고 했어. [A]
- (가) - ❼ 학생2: ~ 친구들도 사용할 수 있는 곳을 찾기 위해 여러 선생님을 찾아가야 하는 게 불편하다고 했어. [B]

'학생 2'는 [A]에서 늦게까지 남아서 공부하는 친구들이 자판기가 있으면 좋겠다고 한 의견을, [B]에서 친구들이 특별실을 빌리려면 여러 선생님을 찾아가야 하는 것이 불편하다고 한 의견을 자신의 주장을 뒷받침하는 근거로 활용하고 있다.

> **매력 오답** '학생 2'는 [A]에서는 '늦게까지 남아서 공부를 하는 친구들'의 의견을, [B]에서는 '친구들'의 의견을 이야기했다. 이는 '학생 2'가 친구들의 의견을 인용하여 근거로 제시한 것인데, '학생 2'가 자신의 주장은 제시하지 않고 친구들의 의견을 들은 경험만을 제시했다고 생각한 학생들이 많았다.
> 자신의 의견을 말한 것인지, 다른 사람의 의견이나 자료를 인용한 것인지 정확하게 판단하여야 한다.

---

06 정답 ⑤ * 작문 계획의 적절성 파악하기 ★1등급 대비

【 ① 12% ② 9% ③ 1% ④ 18% ⑤ 57% 】

(가)를 바탕으로 세운 아래의 작문 계획 중 (나)에 반영되지 않은 것은? [3점]

왜 틀렸나?

(가), (나)와 작문 계획을 종합적으로 고려하는 것을 어려워한 학생들이 많았다.
작문 계획에서 가리키는 (가)의 대화 내용은 무엇인지, 그것이 (나)에 어떻게 반영되었는지를 꼼꼼히 확인하여야 한다.

왜 정답?

⑤ 셋째 공약을 제시할 때, 대화에서 언급된 ~~친구들의 관심에 관한~~ ~~설문 결과~~를 활용해 친구들의 요구가 반영된 공약임을 제시해야겠어.
자판기 설치 활용하지 않음.

- (가) - ❻ 학생 1: ~ 내가 알기에도 자판기 설치에 관심을 갖는 학생들이 많거든. ~
- (나) ❹문단 ❸문장 그런데 우리 지역 학교의 50% 이상은 이미 간식 자판기를 설치하여 운영하고 있습니다.

(가)에서 '학생 1'은 많은 친구들이 자판기 설치에 관심을 갖는다고 했다.
(나)에서는 지역 학교의 간식 자판기 설치 현황과 관련된 통계 자료를 인용하고 있지만, 친구들의 관심에 관한 설문 결과를 활용하고 있지는 않다.

왜 오답?

① 첫째 공약을 제시할 때, 대화에서 논의하지 않았던 기대효과를 제시해야겠어.
온라인 소통망 일원화 한 곳에서 정보를 찾아볼 수 있게 하여 시간을 아낄 수 있음.

- (가) - ⑪ 학생 1: 학교 누리집에 온라인 학생회를 만들면 어떨까 해. ~ 그러면 학생 활동과 관련된 내용을 한 곳에 정리할 수 있을 것 같아.
- (나) ❷문단 ❺문장 한 곳에서 학생회 활동과 학교 생활의 정보를 찾아볼 수 있게 하여 여러분의 시간을 아낄 수 있도록 돕겠습니다.

> **매력 오답** (가)에서 '학생 1'이 학생 활동과 관련된 내용을 한 곳에 정리할 수 있다고 말한 것을 기대효과라고 생각한 학생들이 많았다. 이에 따라 (가)의 대화에서 이미 논의한 기대효과를 (나)에 제시했다고 잘못 판단한 것이다.
> (가)에서는 온라인 학생회의 기능만 설명하였고, (나)에서는 온라인 학생회로 소통망을 일원화하면 학생들의 시간을 아낄 수 있다는 기대효과까지 제시하였다.

② 둘째 공약을 제시할 때, 대화에서 언급된 방법에 대한 구체적인
특별실 사용 예약제 실시 / 온라인을 활용하는 것
이용 방법을 제시해야겠어.
온라인으로 특별실 사용을 신청하고 승인을 받을 수 있게 함.

[(가) - ❼ 학생 2: 학생들이 특별실을 쉽게 빌릴 수 있게 하는 방법이 필요한 것
같아. ~
(가) - ❽ 학생 3: ~ 온라인을 활용해 해결하면 좋지 않을까?
(나) ③문단 ❶, ❷문장 둘째, 특별실 사용 예약제를 실시하겠습니다. ~ 사용
가능한 특별실을 온라인에서 확인하고 사용 신청 및 승인을 받을 수 있게
하겠습니다.]

③ 둘째 공약을 제시할 때, 대화 후 선생님과 논의한 내용을 활용하여
특별실 사용 예약제 실시 / 개설 방법과 관리 문제 등에 어려움이 없다는 것을 확인받음.
실현 가능한 공약임을 제시해야겠어.

[(나) ③문단 ❸문장 개설 방법과 관리 문제 등에 큰 어려움이 없음을 이미
선생님께 확인받았습니다.]

④ 셋째 공약을 제시할 때, 대화에서 제시된 자판기와 관련하여 그
간식 자판기 설치 / 자판기의 종류를 '간식 자판기'로 제시함.
종류를 명확하게 제시해야겠어.

[(가) - ❷ 학생 2: 평소에 친구들 사이에서 제일 많이 나온 이야기는 자판기 설치야.
(가) - ❻ 학생 1: ~ 내가 알기에도 자판기 설치에 관심을 갖는 학생들이
많거든. ~
(나) ④문단 ❶문장 셋째, 간식 자판기를 설치하겠습니다.]

(가)에서 학생들은 자판기를 설치하자는 의견에 대해 대화를 나누었지만, 그 종류를
언급하지는 않았다.
(나)에서는 '간식 자판기'라고 자판기의 종류를 명확하게 밝혔다.

> [매력 오답] (나)에서 셋째 공약을 제시할 때 '간식 자판기'로 자판기의 종류를 제시했다는
것을 놓친 학생이 많았다.
(가)와 (나)를 꼼꼼히 비교하여 (나)에 새로 등장한 표현이나 내용을 정확히
확인해야 한다.

07 정답 ④   * 조건에 따라 내용 생성하기 .... [정답률 86%]

다음 조언에 따라 ㉠에 들어갈 내용을 작성한다고 할 때, 가장 적절한 것은?

> 먼저 제시할 공약의 특징을 활용하여 어떤 특징을 가진 후보인지를
> 조건 ⓐ
> 대구의 형식을 사용하여 유권자에게 깊은 인상을 심어주는 것이 좋을 것
> 조건 ⓑ
> 같아. 또 공약을 반드시 지킨다는 내용을 언급한다면 신뢰를 줄 수 있을 거야.
> 조건 ⓒ

> 왜 정답?

④ 불편을 개선하는 후보, 학교를 바꾸는 후보, 확실히 지킬 수 있는
조건 ⓐ ○, 조건 ⓑ ○
공약만 말씀드립니다.
조건 ⓒ ○

(나)에서 제시한 공약은 모두 학생들의 불편을 개선하고 학교를 바꾸는 것이다.
이러한 특징을 '~는 후보'라는 비슷한 어구를 사용한 대구의 형식을 통해
드러내었다.
또한, 확실히 지킬 수 있는 공약만 말하겠다며 청중에게 신뢰를 주고 있다.

> 왜 오답?

① 경청하는 후보, 실천하는 후보, 투명한 학생회 활동을 하겠습니다.
조건 ⓐ ×, 조건 ⓑ ○   - 조건 ⓒ ×

② 행복한 학교 생활을 돕는 후보. 우리가 겪은 불편함은 제 손으로
조건 ⓐ ○, 조건 ⓑ ×
해결하겠습니다. - 조건 ⓒ ×

③ 오프라인에서 온라인까지, 새로움을 보여줄 후보. 열린 소통을
보여드리겠습니다. - 조건 ⓐ ×, 조건 ⓑ ×, 조건 ⓒ ×

⑤ 학생을 위한 학생회, 학생과 함께하는 학생회. 항상 학생들의
조건 ⓐ ×, 조건 ⓑ ○
이야기를 귀담아 듣겠습니다. - 조건 ⓒ ×

08~10

[작문 상황]
학생들에게 급식 도우미의 날 행사를 제안하고 의견을 수렴하려고
작문 목적
한다.

[학생의 초고]   # 출제   ▨ 글 전체 중심 문장

① □□고 학생 여러분, 학생회장 ○○○입니다. ❷요즘 급식실 이용
예상 독자 / # [ ]: 문제 상황을 인지하게 된 계기
규칙을 지키지 않는 학생들이 많아 급식실 이용이 불편하다는
의견들이 학생자치회에 여러 차례 들어왔습니다.]

   *①문단 요약: 문제 상황(급식실 이용에 관한 불만 제기) 제시

② ❶그래서 학생자치회에서는 학생들이 급식실에서 어떤 규칙을
지키지 않는지 일주일 동안 관찰해 본 결과 크게 네 가지 문제점을
확인할 수 있었습니다. ❷첫째, 급식실에서 새치기를 하는 학생들이
급식실 이용 규칙을 어기는 행동 ①
있었습니다. ❸둘째, 배식을 받을 때 주의를 기울이지 않는 학생들이
급식실 이용 규칙을 어기는 행동 ②
많았습니다. ❹이 때문에 배식이 제때 이뤄지지 않아 배식 시간이
행동 ②가 문제가 되는 이유
지연되기도 했습니다. ❺셋째, 잔반을 국그릇에 모아서 깔끔하게
처리하기로 약속했는데 그것을 지키지 않는 학생들이 많았습니다.
❻ # 급식실 이용 규칙을 어기는 행동 ③
그래서 잔반을 버리는 시간이 오래 걸려 친구들에게 불편을 주기도
행동 ③이 문제가 되는 이유
했습니다. ❼넷째, 잔반을 버린 후 식판을 차곡차곡 쌓지 않았습니다.
급식실 이용 규칙을 어기는 행동 ④
❽그래서 어지럽게 쌓인 식판들이 쓰러져 바닥이 엉망이 되기도
행동 ④가 문제가 되는 이유
했습니다.   *②문단 요약: 급식실 이용 규칙을 어기는 행동

배식: 군대나 단체 같은 데서 식사를 나누어 줌.
지연되다: 무슨 일이 더디게 끌어져 시간이 늦추어지다.   잔반: 먹고 남은 음식

③ ❶학생자치회에서도 이런 상황이 문제라고 판단하여, 이 문제들을
해결하기 위한 방안을 의논해 보았습니다. ❷그래서 협의한 것이 '급식
도우미의 날' 행사를 진행해 보자는 것입니다. ❸급식 도우미의 날이란
문제 해결 방안
반마다 돌아가면서 줄서기 지도, 배식, 잔반 처리 돕기, 식판
정리하기 등의 활동을 해 보는 날을 말합니다. ❹'백 번 듣는 것보다 한
행사의 세부 활동을 나열함.
번 보는 것이 더 낫다.'라는 말이 있습니다. ❺우리 학생들이 급식
관용 표현을 인용하여 행사의 의도를 강조함.
도우미 역할을 직접 해 본다면, [급식실 이용 규칙을 지키는 것의
[ ]: '급식 도우미의 날' 행사의 기대 효과
중요성을 깨닫게 되어 여러 가지 문제점이 자연스럽게 개선될
것이라고 생각합니다.]   *③문단 요약: 급식 도우미의 날 행사 제안

④ ❶급식 도우미의 날 행사는 학생자치회에서 의결하여 2학기부터
실시하고자 합니다. ❷이에 대해 궁금한 점이 있다면 학생자치회로 연락해 [가]
주시기 바랍니다. ❸학생 여러분의 적극적인 관심을 부탁드립니다.

의결하다: 의논하여 결정하다.   *④문단 요약: 글 마무리(행사에 대한 관심 촉구)

---

08 정답 ③   * 글쓰기 방법 파악하기 .... [정답률 83%]

윗글에서 활용한 글쓰기 전략으로 적절하지 않은 것은?

> 왜 정답?

③ 관찰한 결과를 중요도 순으로 제시한다.
중요도 순으로 제시하지 않음.

윗글은 학생들이 급식실을 이용할 때 어떤 규칙을 지키지 않는지를 관찰하고 그
결과를 네 가지로 정리하여 제시하고 있다. 그러나 이러한 문제점을 중요도에 따라
순서를 정하여 제시하고 있지 않다.

>왜 오답?

① 행사의 세부 활동을 나열한다.
급식 도우미의 날 행사의 활동을 나열함.

3문단 3문장 급식 도우미의 날이란 반마다 돌아가면서 줄서기 지도, 배식, 잔반 처리 돕기, 식판 정리하기 등의 활동을 해 보는 날을 말합니다.

② 관용 표현으로 행사의 의도를 강조한다.
'백 번 듣는 것보다 한 번 보는 것이 더 낫다'라는 속담을 활용함.

3문단 4, 5문장 '백 번 듣는 것보다 한 번 보는 것이 더 낫다.'라는 말이 있습니다. 우리 학생들이 급식 도우미 역할을 직접 해 본다면, ~ 여러 가지 문제점이 자연스럽게 개선될 것이라고 생각합니다.

관용 표현: 둘 이상의 낱말이 합쳐져 그 낱말의 원래 뜻과는 다른 새로운 뜻으로 굳어져 쓰이는 표현. 관용어와 속담 따위가 있다.

④ 문제 상황을 인지하게 된 계기를 제시한다.
급식실 이용이 불편하다는 의견들을 듣게 됨.

1문단 2문장 요즘 급식실 이용 규칙을 지키지 않는 학생들이 많아 급식실 이용이 불편하다는 의견들이 학생자치회에 여러 차례 들어왔습니다.

⑤ 규칙을 어기는 행동이 문제가 되는 이유를 설명한다.
배식 시간이 지연되고, 친구들에게 불편 주고, 바닥이 엉망이 되기도 함.

2문단 4, 6, 8문장 이 때문에 배식이 제때 이뤄지지 않아 배식 시간이 지연되기도 했습니다. ~ 잔반을 버리는 시간이 오래 걸려 친구들에게 불편을 주기도 했습니다. ~ 어지럽게 쌓인 식판들이 쓰러져 바닥이 엉망이 되기도 했습니다.

---

09 정답 ⑤ * 자료 활용의 적절성 파악하기 .... [정답률 88%]

〈보기〉는 초고를 보완하기 위해 추가로 수집한 자료들이다. 자료의 활용 방안으로 적절하지 <u>않은</u> 것은? [3점]

─〈보기〉─

ㄱ. 학생 대상 설문 조사 결과

○ 급식실 이용 시 가장 불편했던 점은 무엇인가요?

가장 높은 비율을 차지함.

내용	비율(%)
새치기하는 친구들	42.5
잔반을 버릴 때 시간이 오래 걸림	15.5
장난치는 친구들 때문에 배식 시간이 지연됨	14.5
식판을 아무렇게나 쌓고 가는 친구들	13
기타	14.5

ㄴ. ○○ 선생님 인터뷰

❶식판을 쌓을 때 모양대로 겹치지 않으니 [식판이 쓰러져 큰 소리가 나거나 식판이 찌그러지기도 합니다. ❷그러면 친구들도 매우 놀라고, 세척도 불편해집니다.❸게다가 달마다 구부러진 식판을 파악해서 새것을 사야 합니다. ❹식판 수거와 확인, 구입 같은 일에 힘과 시간을 많이 뺏기게 되면 급식 준비에 쏟을 힘과 시간이 모자랄 수 있습니다.] ❺그러면 학생들에게 피해가 간다는 것을 알아주면 좋겠습니다."

[ ]: 가지런하지 못한 식판 수거가 급식 운영에 주는 어려움

ㄷ. 다른 지역의 학교 신문 기사 - 다른 학교의 사례

❶우리 학교는 다른 학교와 급식 시간 모습이 다르다. ❷학생들이 돌아가며 배식과 잔반 처리에 참여하고 있기 때문이다. ❸이렇게 배식과 잔반 처리 봉사활동에 학생들이 참여한 지 6개월이 지났다. ❹2 ~ 3일 이라는 짧은 기간 동안 참여하여 부담이 적고, 봉사 시간으로 인정도 받아 학생들도 좋은 반응을 보였다.❺조리사님들은 학생들이 이 활동을 하면서 배식을 받는 모습이나 잔반을 처리하는 모습이 눈에 띄게 좋아졌다고 칭찬했다.

배식과 잔반 처리 봉사활동에 대한 학생들의 긍정적 반응

학생들의 봉사활동 참여로 얻은 긍정적 효과

>왜 정답?

⑤ ㄴ과 ㄷ을 3문단에 활용하여, 급식 도우미의 날 행사를 처음 도입할 때 도우미 학생들이 겪을 어려움과 이를 해결할 수 있는 방안을 추가한다.
드러나지 않음.
드러나지 않음.

ㄴ은 식판을 가지런하게 수거하지 않아 발생하는 어려움을 제시하고 있다. ㄷ은 학생들이 배식과 잔반 처리 봉사활동에 참여함으로써 긍정적 효과를 얻은 다른 학교의 사례를 제시하고 있다.

ㄴ과 ㄷ에서 급식 도우미의 날 행사를 도입할 때 도우미 학생들이 겪을 수 있는 어려움이나 이에 대한 해결 방안을 제시하는 부분은 나타나지 않는다.

>왜 오답?

① ㄱ을 2문단에 활용하여, 새치기 문제 때문에 불편함을 느끼는 학생들이 가장 많음을 수치로 제시한다.
새치기를 하는 학생들이 있다고 언급함.   42.5%로 가장 높은 비율을 보여줌.

2문단 2문장 첫째, 급식실에서 새치기를 하는 학생들이 있었습니다.

〈보기〉ㄱ 급식실 이용 시 가장 불편했던 점은 무엇인가요?: 새치기하는 친구들 (42.5%)

② ㄱ을 2문단에 활용하여, 배식받을 때 주의를 기울이지 않는 사례로 장난치는 친구들이 있다는 내용을 추가한다.
배식을 받을 때 주의를 기울이지 않는 학생들이 많다고 언급함.
학생의 초고에 제시되지 않음.

2문단 3문장 둘째, 배식을 받을 때 주의를 기울이지 않는 학생들이 많았습니다.

〈보기〉ㄱ 급식실 이용 시 가장 불편했던 점은 무엇인가요?: 장난치는 친구들 때문에 배식 시간이 지연됨.(14.5%)

③ ㄷ을 3문단에 활용하여, 학생자치회에서 기대한 효과가 충분히 나타날 수 있음을 다른 학교의 사례를 들어 뒷받침한다.
급식실 이용 규칙을 지킬 것임.
봉사활동을 실시한 이후 배식을 받거나 잔반을 처리하는 모습이 좋아짐.

3문단 5문장 ~ 급식실 이용 규칙을 지키는 것의 중요성을 깨닫게 되어 여러 가지 문제점이 자연스럽게 개선될 것이라고 생각합니다.

〈보기〉ㄷ 5문장 조리사님들은 학생들이 이 활동을 하면서 배식을 받는 모습이나 잔반을 처리하는 모습이 눈에 띄게 좋아졌다고 칭찬했다.

④ ㄱ과 ㄴ을 2문단에 활용하여, 가지런하지 못한 식판 수거 상태 문제를 제기한 부분에, 학생들에게 불편을 끼치고 급식 운영에 어려움을 준다는 내용을 추가하여 보완한다.
식판이 쓰러져 바닥이 엉망이 됨.

2문단 7, 8문장 넷째, 잔반을 버린 후 식판을 차곡차곡 쌓지 않았습니다. 그래서 어지럽게 쌓인 식판들이 쓰러져 바닥이 엉망이 되기도 했습니다.

〈보기〉ㄱ 급식실 이용 시 가장 불편했던 점은 무엇인가요?: 식판을 아무렇게나 쌓고 가는 친구들(13%)

〈보기〉ㄴ 4, 5문장 " ~ 급식 준비에 쏟을 힘과 시간이 모자랄 수 있습니다. 그러면 학생들에게 피해가 간다는 것을 알아주면 좋겠습니다."

---

10 정답 ② * 고쳐쓰기의 의도 파악하기 .... [정답률 92%]

〈보기〉는 선생님의 조언에 따라 [가]를 고쳐 쓴 것이다. 선생님이 했을 조언으로 가장 적절한 것은?

─〈보기〉─

❶급식 도우미의 날 행사는 학생자치회에서 의결하여 2학기부터 실시하고자 합니다. ❷학생자치회에서는 행사를 의결하기 전에 먼저 실시 여부에 대한 찬반과 운영 방식에 대해 학생들의 의견을 수렴하려 합니다. 학생들은 학생자치회 게시판에 있는 건의함을 통해 제시된 양식에 맞게 의견을 제출해 주시면 좋겠습니다.❸여러분들의 적극적인 참여를 부탁드립니다.

수정된 내용 i) 의견을 수렴할 내용을 추가함.
수정된 내용 ii) 의견을 수렴하는 방법을 추가함.
수정된 내용 iii) 참여를 부탁함.

4문단 급식 도우미의 날 행사는 학생자치회에서 의결하여 2학기부터 실시하고자 합니다. 이에 대해 궁금한 점이 있다면 학생자치회로 연락해 [가] 주시기 바랍니다. 학생 여러분의 적극적인 관심을 부탁드립니다.

② 어떤 일을 의결할 때는 먼저 학생들의 의견을 모아보는 것이 좋아. 그러니 <u>의견을 수렴할 내용</u>과 <u>수렴 방법</u>에 관해 설명하면서
수정된 내용 i)　　　　　　　수정된 내용 ii)
참여를 부탁하는 내용으로 고치면 좋겠구나.
수정된 내용 iii)

'실시 여부에 대한 찬반과 운영 방식에 대해 학생들의 의견을 수렴'한다는 부분에는 '의견을 수렴할 내용'을 설명한다는 조언을 반영하여 학생들의 의견을 모아보려는 의도를 드러내고 있다.

'학생자치회 게시판에 있는 건의함을 통해 제시된 양식에 맞게 의견을 제출'하라는 부분에는 '수렴 방법'을 설명한다는 조언이 반영되었다.

'적극적인 참여를 부탁'한다는 부분에는 '참여를 부탁하는 내용으로 고치'라는 조언이 반영되었다.

① 어떤 일을 의결할 때는 시행 이후 예상되는 성과를 제시해주는 것이 좋아. 그러니 급식 도우미의 날 시행으로 ~~예상되는 성과로~~
<보기>에 반영되지 않음.
내용을 고치면 좋겠구나.

③ 전달 효과를 높이기 위해서는 비유적인 표현을 쓰는 것이 좋아. 그러니 행사의 취지를 잘 전달할 수 있는 문구로 대체하면서 ~~참여를 독려하는 비유적 표현~~을 추가하면 좋겠구나.
<보기>에 반영되지 않음.

④ 전달 효과를 높이려면 필요한 정보를 분류해서 정리하는 것이 좋아. 그러니 학생들이 궁금해 할 행사의 시기, 급식 도우미
<보기>에서 수정되지 않음.
~~역할과 순서, 활동 기간~~ 등에 대해 자세히 제시하면 좋겠구나.
<보기>에 반영되지 않음.

⑤ 학생들의 적극적인 참여를 이끌려면 문제 해결을 위한 정보를 다양하게 제공하는 것이 좋아. 그러니 ~~학생자치회에서 논의했던~~
<보기>에 반영되지 않음.
~~다양한 방법들을 공유하는~~ 것으로 고치면 좋겠구나.

11~12　＊ 피동 표현의 개념과 특징

출제

1 문장에서 주어가 자기 힘으로 동작이나 행위를 하는 것을 <u>능동</u>, 주어가 다른 주체에 의해 동작이나 행위를 당하는 것을 <u>피동</u>이라
능동 표현의 개념
한다. 그리고 능동이 표현된 문장은 <u>능동문</u>, 피동이 표현된 문장은
피동의 개념
<u>피동문</u>이라고 한다.
＊**1**문단 요약: 능동과 피동의 개념

2 피동문을 형성하는 방법에는 여러 가지가 있다. 우선 <u>용언 어간에 피동 접미사 '-이-', '-히-', '-리-', '-기-'를 결합하여 새로운</u>
피동문을 형성하는 방법 ①
피동사를 파생하는 방법이다. ❸다음으로 연결 어미를 이용하여 구성된
<u>'-아/어지다', '-게 되다'를 어간에 결합하는 방법</u>이나 <u>일부 명사 뒤에</u>
피동문을 형성하는 방법 ②
<u>'-되다'를 붙이는 방법</u>도 있다. 이러한 문법 요소를 활용하여 피동의
피동문을 형성하는 방법 ③
의미를 나타내는 것을 피동 표현이라고 한다.

> 어간: 활용어가 활용할 때에 변하지 않는 부분
> 접미사: 파생어를 만드는 접사로, 어근이나 단어의 뒤에 붙어 새로운 단어가 되게 하는 말
> 연결 어미: 어간에 붙어 다음 말에 연결하는 구실을 하는 어미

＊**2**문단 요약: 피동문을 형성하는 방법

3 피동 표현을 사용하여 능동문을 피동문으로 만들면, 일반적으로 <u>능동문의 목적어는 피동문의 주어가 되고 능동문의 주어는 피동문의</u>
능동문을 피동문으로 바꿀 때 문장 성분의 변화
<u>부사어가 된다.</u> 그런데 피동문에 대응하는 능동문을 상정하기 어려운

경우도 있다. 가령 '날씨가 풀렸다.'라는 문장은 피동문의 서술어가 동작이나 행위가 아니라 자연적인 상태 변화를 나타낸다. 따라서
피동문의 능동문을 상정하기 어려운 예
'(누가) 날씨를 풀었다.'처럼 행위의 주체를 설정하기 어렵기 때문에
자연적인 상태 변화를 나타내는 피동문의 능동문을 상정하기 어려운 이유
능동문으로 만들면 어색하게 느껴지는 것이다.

＊**3**문단 요약: 피동문과 능동문의 문장 성분 및 의미 관계

4 피동 표현은 행위의 대상에 초점을 맞추어 표현하기에 행위의
피동 표현의 특징
<u>주체가 강조되지 않는다.</u> 따라서 [행위의 주체를 모르거나 설정하기
[ ]: 피동 표현을 사용하는 목적
어려울 때, 행위의 주체를 의도적으로 숨기고자 할 때, 객관적인 느낌을 주고자 할 때] 등에 사용한다. 한편, 피동의 문법 요소를 두 번 결합한 이중 피동을 사용하는 경우도 있다. 이는 어색한 표현인
피동 표현을 사용할 때 유의해야 할 점
경우가 많으므로 주의해야 한다.

＊**4**문단 요약: 피동 표현의 사용 목적과 유의점

■ 이것이 핵심!: 피동 표현의 개념과 특징

1문단	• **능동**: 주어가 자기 힘으로 동작이나 행위를 하는 것 • **피동**: 주어가 다른 주체에 의해 동작이나 행위를 당하는 것
2문단	**피동문을 형성하는 방법** ① 용언 어간 + 피동 접미사 '-이-', '-히-', '-리-', '-기-' ② 어간 + '-아/어지다', '-게 되다' ③ 일부 명사 + '-되다'
3문단	**피동문과 능동문의 문장 성분** 능동문: 주어　　목적어　　서술어 피동문: 주어　　부사어　　서술어 **피동문에 대응하는 능동문이 없는 경우**: 피동문의 서술어가 자연적인 상태 변화를 나타낼 때 → 행위의 주체를 설정하기 어려움. ⓔ 날씨가 풀렸다.
4문단	**피동 표현의 사용 목적** ① 행위의 주체를 모르거나 설정하기 어려울 때 ② 행위의 주체를 의도적으로 숨기고자 할 때 ③ 객관적인 느낌을 주고자 할 때 **피동 표현을 사용할 때 유의할 점**: 이중 피동을 사용하면 안 됨.

11 정답 ①　＊ 피동 표현 파악하기 ·············· [정답률 90%]

윗글을 통해 알 수 있는 내용으로 적절하지 <u>않은</u> 것은?

① 피동 표현을 사용하면 **행위의 대상보다 행위의 주체가 강조**된다.
행위의 주체보다 행위의 대상이 강조됨.

> **4**문단 **1**문장　피동 표현은 행위의 대상에 초점을 맞추어 표현하기에 행위의 주체가 강조되지 않는다.

② 객관적인 느낌을 전달하려는 의도로 피동 표현을 사용할 수 있다.
피동 표현의 사용 목적

→ **4**문단 **2**문장　따라서 ~ 객관적인 느낌을 주고자 할 때 등에 사용한다.

③ 주어가 다른 주체에 의해 어떤 행위를 당하는 것을 피동이라 한다.
피동의 개념

→ **1**문단 **1**문장　~ 주어가 다른 주체에 의해 ~ 행위를 당하는 것을 피동이라 한다.

④ 행위의 주체를 모르거나 설정하기 어려울 때 피동 표현을 사용할
피동 표현은 행위의 주체가 강조되지 않음
수 있다.

→ **4**문단 **2**문장　따라서 행위의 주체를 모르거나 설정하기 어려울 때, ~ 사용한다.

⑤ 피동 접미사 이외의 문법 요소를 활용하여 피동의 의미를 나타낼
'-아/어지다', '-게 되다', '-되다'
수 있다.

> **2**문단 **3**, **4**문장　다음으로 연결 어미를 이용하여 구성된 '-아/어지다', '-게 되다'를 어간에 결합하는 방법이나 일부 명사 뒤에 '-되다'를 붙이는 방법도 있다. 이러한 문법 요소를 활용하여 ~

12 정답 ④ ✳ 피동 표현 파악하기 ★1등급 대비

[① 2% ② 11% ③ 4% ④ 49% ⑤ 30%]

윗글을 바탕으로 〈보기〉를 탐구한 결과로 적절하지 <u>않은</u> 것은? [3점]

왜 틀렸나?

윗글에서 언급한 능동문과 피동문의 특징을 예문에서 찾아낼 수 있어야 한다. 능동문이 피동문으로 바뀌었을 때 문장 성분의 변화, 피동문을 형성하는 문법 요소, 능동문이 제시되지 않은 피동문의 특징 등을 정확하게 파악하지 못하면 쉽게 틀릴 수 있는 문제이다.

〈보기〉

▨ : 피동의 의미를 표현하는 문법 요소

ㄱ. 아버지가 아들을 안았다. ➡ 아들이 아버지에게 안겼다.
　　주어　목적어　서술어　　주어　부사어　서술어

ㄴ. 조사 결과 화재의 원인은 누전으로 파악됩니다.
　　　　주어　　　　　서술어

ㄷ. 더위가 꺾였다. ➡ (누가) 더위를 꺾었다.
　　주어　서술어　　능동문의 주어를 상정할 수 없음.

ㄹ. 이번 패배는 그의 실책으로 보여진다. 보-＋-이-＋-어지-＋-ㄴ-＋-다
　　주어　　　　　　서술어

왜 정답?

④ ㄹ에서는 피동 접미사가 두 번 결합한 이중 피동이 쓰였군.
　　　피동 접미사 '-이-' + '-어지다'

피동	이번 패배는	그의	실책으로	보여진다.
	주어	관형어	부사어	서술어(피동사)
				보-＋-이-＋-어지-＋-ㄴ-＋-다
				피동 접미사 피동 문법 요소(-어지다)

ㄹ의 서술어 '보여진다'의 형태소는 '보다'의 어간 '보-', 피동 접미사 '-이-', 피동의 의미를 나타내는 문법 요소 '-어지-', 현재 시제 선어말 어미 '-ㄴ-', 종결 어미 '-다'로 분석할 수 있다.

왜 오답?

① ㄱ에서는 능동문을 피동문으로 바꿀 때 능동문의 주어가 피동문의 부사어가 되었군.
　　　　　　　　　　　'아버지가'　　'아버지에게'

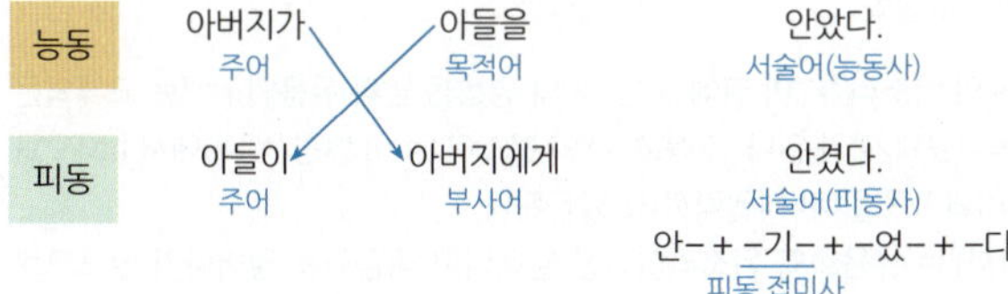

② ㄴ에서는 명사 뒤에 '-되다'를 결합하여 피동의 의미를 표현했군.
　　　　　　　　　　'파악' + '-되다'

피동	조사 결과	화재의	원인은	누전으로	파악됩니다.
	부사어	관형어	주어	부사어	서술어(피동사)
					파악-＋-되-＋-ㅂ니다.
					피동의 의미를 나타내는 문법 요소

③ ㄷ에서는 서술어가 자연적인 상태의 변화를 나타내어 피동문에 대응하는 능동문을 상정하기 힘들군.
　　　더위가 약해지는 것
　　행위의 주체를 설정하기 어렵기 때문임.

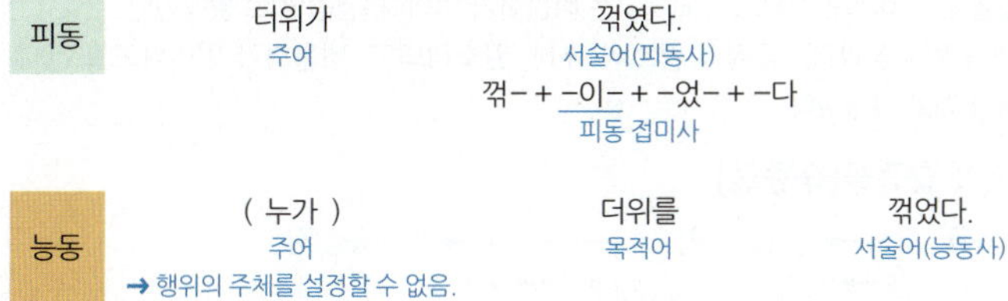

⑤ ㄱ과 ㄷ에서는 모두 피동 접미사로 피동의 의미를 표현했군.
　　　　　　　　ㄱ: '-기-', ㄷ: '-이-'

ㄱ에서는 피동 접미사 '-기-'로, ㄷ에서는 피동 접미사 '-이-'로 피동의 의미를 표현하였다(①, ③번 해설 참고).

매력 오답

피동 접미사가 쓰였는지 알기 위해서는 서술어의 형태소를 분석할 수 있어야 한다. 그런데 ㄱ과 ㄷ에서는 피동 접미사가 과거 시제 선어말 어미 '-었-'과 어울려 줄어들었기 때문에 서술어의 형태소를 분석하기 어려웠을 것이다. 형태소를 분석할 때는 더 분석할 수 있는 것이 없는지 확인하는 습관을 기르면 좋다.

---

13 정답 ⑤ ✳ 동사, 형용사 파악하기 ······················ [정답률 78%]

〈보기〉를 바탕으로 탐구한 내용으로 적절하지 <u>않은</u> 것은?

〈보기〉

○ 동사와 형용사의 특징
　　　　　　　현재 시제를 나타내는 어미
▶❶ 동사는 선어말 어미 '-는-/-ㄴ-'의 결합으로, 형용사는
　　어간에 종결 어미 '-다'만 붙은 형태
　　기본형으로 현재 시제를 나타냄.
　　　　발화시와 사건시가 일치함.　　　　발화시가 사건시보다 나중임.
▶❷ 관형사형 어미 '-(으)ㄴ'이 결합했을 때, 동사는 과거 시제를
　　동사 어간 + -(으)ㄴ ➡ 과거 시제, 형용사 어간 + -(으)ㄴ ➡ 현재 시제
　　나타내지만, 형용사는 현재 시제를 나타냄.

2024. 6

5회

왜 정답?

⑤ '우리가 이긴 시합'에서는 관형사형 어미 '-(으)ㄴ'이 결합하여 ~~현재~~
　　　이기-＋-(으)ㄴ　　　　　　　　　　　　　　　　　　과거 시제
시제를 나타내고 있기 때문에 '이기다'는 ~~형용사~~이군.
　　　　　　　　　　　　　　　　　　동사

✳ 근거: 〈보기〉 ❷문장

'이긴'은 어간 '이기-'에 관형사형 어미 '-(으)ㄴ'이 결합한 말이다. 시합에서 이긴 것은 발화시 이전의 일이므로 '우리가 이긴 시합'은 과거 시제이다.

즉, 관형사형 어미 '-(으)ㄴ'의 결합으로 과거 시제를 나타내고 있으므로 '이기다'는 형용사가 아니라 동사이다.

왜 오답?

① '감이 떫다.'에서는 기본형으로 현재 시제를 나타내고 있기 때문에
　　떫-＋-다　　　　　　　　　형용사
'떫다'는 형용사이군.

✳ 근거: 〈보기〉 ❶문장

'떫다'는 어간 '떫-'과 종결 어미 '-다'가 결합한 말로, 기본형이다. 감이 떫은 것은 발화시와 같은 시점의 일이므로, '감이 떫다.'는 현재 시제이다.

즉, '떫다'는 기본형으로 현재 시제를 나타내고 있으므로 형용사이다.

② '책을 읽는다.'에서는 선어말 어미 '-는-'이 결합하여 현재 시제를
　　읽-＋-는-＋-다　　　　　　　　　　　동사
나타내고 있기 때문에 '읽다'는 동사이군.

✳ 근거: 〈보기〉 ❶문장

'읽는다'는 '읽다'의 어간 '읽-'에 선어말 어미 '-는-', 종결 어미 '-다'가 결합한 말이다. 책을 읽는 것은 발화시와 같은 시점의 일이므로, '책을 읽는다.'는 현재 시제이다.

즉, '-는-'의 결합으로 현재 시제를 나타내고 있으므로 '읽다'는 동사이다.

③ '친구와 논다.'에서는 선어말 어미 '-ㄴ-'이 결합하여 현재 시제를
　　놀-＋-ㄴ-＋-다　　　　　　　　　　　동사
나타내고 있기 때문에 '놀다'는 동사이군.

✳ 근거: 〈보기〉 ❶문장

'논다'는 '놀다'의 어간 '놀-'에 선어말 어미 '-ㄴ-', 종결 어미 '-다'가 결합한 말이다. 친구와 노는 것은 발화시와 같은 시점의 일이므로, '친구와 논다.'는 현재 시제이다.

즉, '-ㄴ-'의 결합으로 현재 시제를 나타내고 있으므로 '놀다'는 동사이다.

④ '집에 간 사람'에서는 관형사형 어미 '-(으)ㄴ'이 결합하여 과거
　　　　　　가-＋-(으)ㄴ　　　　　　　　　　　동사
시제를 나타내고 있기 때문에 '가다'는 동사이군.

✳ 근거: 〈보기〉 ❷문장

'간'은 '가다'의 어간 '가-'에 관형사형 어미 '-(으)ㄴ'이 결합한 말이다. 집에 간 것은 발화시 이전의 일이므로 '집에 간 사람'은 과거 시제이다.

즉, '-(으)ㄴ'의 결합으로 과거 시제를 나타내고 있으므로 '가다'는 동사이다.

〈보기〉의 학습 활동을 수행한 결과로 적절한 것은?

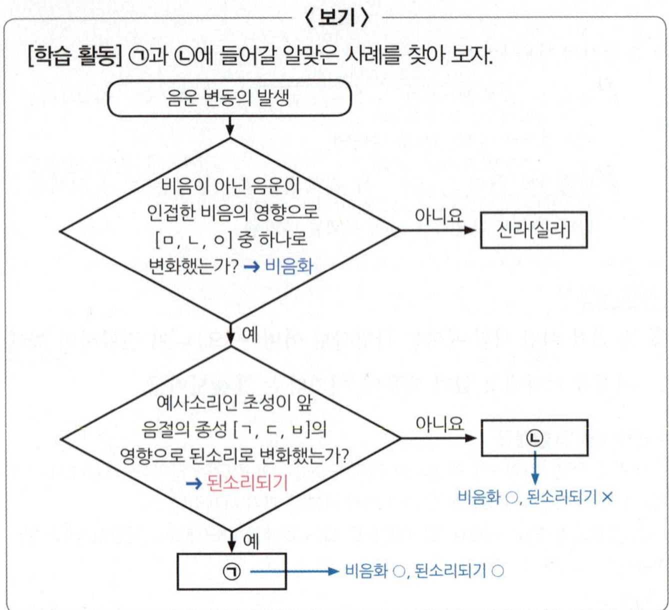

〉왜 정답？

① ㉠: 옷맵시[온맵씨]

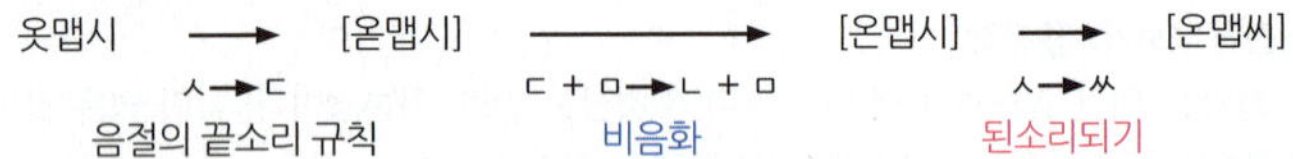

'옷맵시'는 음절의 끝소리 규칙에 따라 '옷'의 끝소리 'ㅅ'이 [ㄷ]으로 교체되어 [온맵시]가 된다. 이 [ㄷ]이 뒤에 오는 'ㅁ'의 영향을 받아 비음인 [ㄴ]으로 교체되는 비음화가 일어나 [온맵시]가 된다. 그리고 '시'의 첫소리 'ㅅ'이 받침 'ㅂ' 뒤에서 [ㅆ]으로 교체되는 된소리되기가 일어나 [온맵씨]로 발음된다.

'옷맵시[온맵씨]'에서는 음절의 끝소리 규칙, 비음화, 된소리되기가 일어나므로 ㉠에 들어갈 예로 적절하다.

㉡: 꽃말[꼰말]

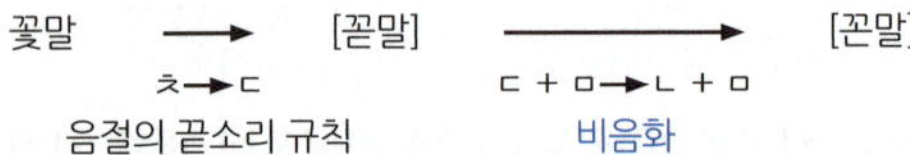

'꽃말'은 음절의 끝소리 규칙에 따라 '꽃'의 끝소리 'ㅊ'이 [ㄷ]으로 교체된다. 그리고 이 [ㄷ]이 뒤에 오는 'ㅁ'의 영향을 받아 비음인 [ㄴ]으로 교체되는 비음화가 일어나 [꼰말]로 발음된다.

'꽃말[꼰말]'에서는 음절의 끝소리 규칙과 비음화만 일어나고 된소리되기는 일어나지 않으므로 ㉡에 들어갈 예로 적절하다.

〉왜 오답？

② ㉠: 덮개[덥깨]

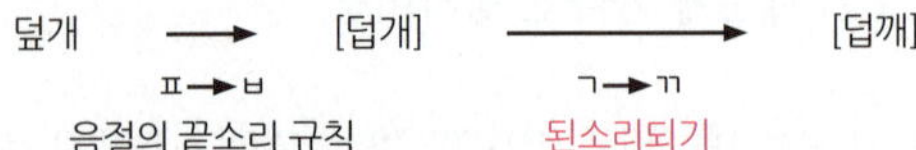

'덮개'는 음절의 끝소리 규칙에 따라 '덮'의 끝소리 'ㅍ'이 [ㅂ]으로 교체되어 [덥개]가 된다. 그리고 '개'의 첫소리 'ㄱ'이 받침 'ㅂ' 뒤에서 [ㄲ]으로 교체되는 된소리되기가 일어나 [덥깨]로 발음된다. '덮개[덥깨]'에서는 음절의 끝소리 규칙과 된소리되기만 일어나고 비음화는 일어나지 않으므로 ㉠에 들어갈 예로 적절하지 않다.

㉡: 묵념[뭉념]

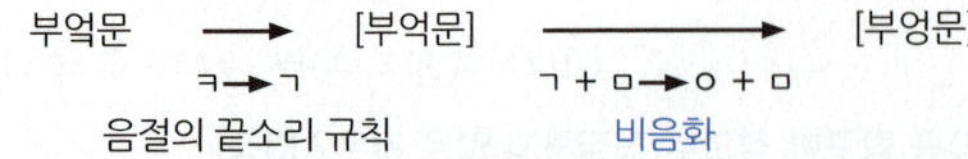

'묵념[뭉념]'은 '묵'의 끝소리 'ㄱ'이 뒤에 오는 'ㄴ'의 영향을 받아 비음인 [ㅇ]으로 교체되는 비음화가 일어나 [뭉념]으로 발음된다.

비음화만 일어나고 된소리되기는 일어나지 않으므로 ㉡에 들어갈 예로 적절하다.

③ ㉠: 부엌문[부엉문]

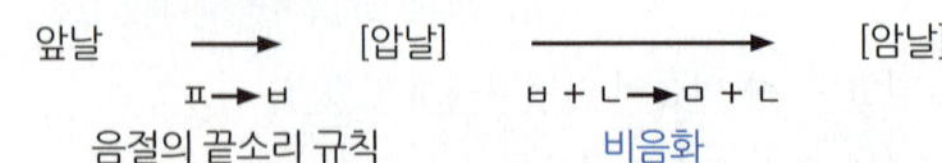

'부엌문'은 음절의 끝소리 규칙에 따라 '엌'의 끝소리 'ㅋ'이 [ㄱ]으로 교체되어 [부억문]이 된다. 그리고 이 [ㄱ]이 뒤에 오는 'ㅁ'의 영향을 받아 [ㅇ]으로 교체되는 비음화가 일어나 [부엉문]으로 발음된다.

'부엌문[부엉문]'은 음절의 끝소리 규칙과 비음화만 일어나고 된소리되기는 일어나지 않으므로 ㉠에 들어갈 예로 적절하지 않다.

㉡: 앞날[암날]

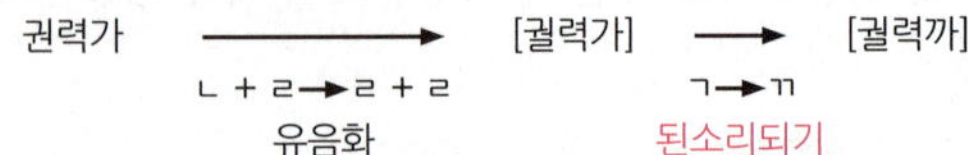

'앞날'은 음절의 끝소리 규칙에 따라 '앞'의 끝소리 'ㅍ'이 [ㅂ]으로 교체되어 [압날]이 된다. 그리고 이 [ㅂ]이 뒤에 오는 'ㄴ'의 영향을 받아 비음인 [ㅁ]으로 교체되어 [암날]로 발음된다.

'앞날[암날]'은 음절의 끝소리 규칙과 비음화만 일어나고 된소리되기는 일어나지 않으므로 ㉡에 들어갈 예로 적절하다.

④ ㉠: 광안리[광알리]

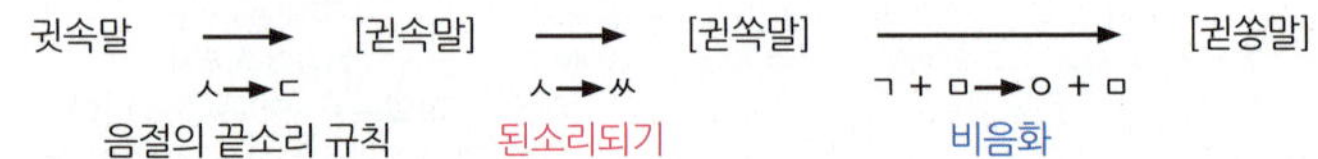

'광안리'는 '안'의 끝소리 'ㄴ'이 뒤에 오는 'ㄹ'의 영향을 받아 유음인 [ㄹ]로 교체되는 유음화가 일어나 [광알리]로 발음된다.

'광안리[광알리]'는 유음화만 일어나고 비음화와 된소리되기는 일어나지 않으므로 ㉠에 들어갈 예로 적절하지 않다.

㉡: 권력가[궐력까]

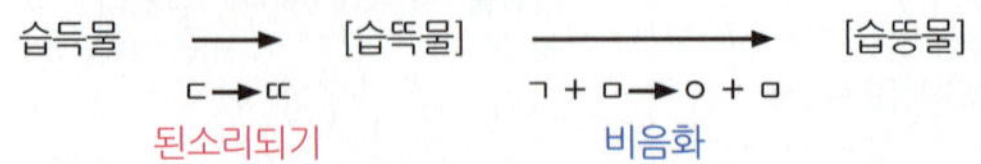

'권력가'는 '권'의 끝소리 'ㄴ'이 뒤에 오는 'ㄹ'의 영향을 받아 유음인 [ㄹ]로 교체되는 유음화가 일어나 [궐력가]가 된다. 그리고 '가'의 첫소리 'ㄱ'이 받침 'ㄱ' 뒤에서 [ㄲ]으로 교체되는 된소리되기가 일어나 [궐력까]로 발음된다.

'권력가[궐력까]'는 유음화와 된소리되기만 일어나고 비음화는 일어나지 않으므로 ㉡에 들어갈 예로 적절하지 않다.

⑤ ㉠: 귓속말[귇쏭말]

음절의 끝소리 규칙 / 된소리되기 / 비음화

'귓속말'은 음절의 끝소리 규칙에 따라 '귓'의 끝소리 'ㅅ'이 [ㄷ]으로 교체되어 [귇속말]이 된다. '속'의 첫소리 'ㅅ'은 받침 [ㄷ] 뒤에서 [ㄸ]으로 교체되는 된소리되기가 일어나 [귇쏙말]이 된다. 그리고 '속'의 끝소리 'ㄱ'이 뒤에 오는 'ㅁ'의 영향을 받아 비음인 [ㅇ]으로 교체되는 비음화가 일어나 [귇쏭말]로 발음된다.

'귓속말[귇쏭말]'은 음절의 끝소리 규칙, 된소리되기, 비음화가 일어나므로 ㉠에 들어갈 예로 적절하다.

㉡: 습득물[습뜽물]

'습득물'은 받침 'ㅂ' 뒤에서 'ㄷ'이 [ㄸ]으로 교체되는 된소리되기가 일어나 [습뜩물]이 된다. 그리고 '득'의 끝소리 'ㄱ'이 뒤에 오는 'ㅁ'의 영향을 받아 비음인 [ㅇ]으로 교체되는 비음화가 일어나 [습뜽물]로 발음된다.

'습득물[습뜽물]'은 된소리되기와 비음화가 일어나므로 ㉡에 들어갈 예로 적절하지 않다.

15 정답 ⑤ ＊ 담화의 표현 요소 파악하기 ·················· [정답률 89%]

〈보기〉의 ㉠ ~ ㉏에 대한 설명으로 적절하지 <u>않은</u> 것은?

─── 〈 보기 〉 ───

(두 친구가 이전의 약속을 떠올리며 일정을 잡는 상황)

학생 1: ㉠ 우리 저번에 놀자고 했던 거 있잖아. ㉡ 그거 내일이지?
인칭 대명사 → 화자(학생1) + 청자(학생2)   대명사
학생 2: 벌써 그렇게 됐네. ㉢ 어디서 보자고 했지?
지시 대명사
학생 1: 학교 앞 정류장에서 보자고 했잖아. ㉣ 거기 근처 식당에 서 밥
지시 대명사
먹고, 영화 보고, 문구점 가서 구경하기로 했잖아.
학생 2: 맞아, 그랬지. 가서 둘러보다가 살 거 있으면 각자 사도 되고…….
사고 싶은 거 있어?
학생 1: 아직은 ㉤ 무엇을 살지 모르겠어. ㉥ 그때 문구점 가서 봐야 알 것
지시 대명사 → 정해지지 않은 대상을 가리킴.
같아. 아무튼, 그럼 내일 몇 시에 만날까?
학생 2: 12시 어때? 그러면 딱 점심 먹기 좋을 시간인데.
학생 1: 좋아. 그럼 ㉏ 그때 보자. 잘 자.
명사

＞왜 정답?

⑤ ㉥은 약속 시간인 ~~내일 12시~~를 의미하며, ㉏과 ~~같은~~ 대상을
문구점에 가서 둘러볼 때   다른
가리킨다.

㉥ '그때'와 ㉏ '그때'는 모두 앞에서 이미 이야기한 시간상의 어떤 점이나 부분을 가리키는 명사이다.

㉥ '그때'는 학생 1과 학생 2가 문구점에 가서 물건을 둘러볼 때를 가리키고, ㉏ '그때'는 약속 시간인 '내일 12시'를 가리킨다.

＞왜 오답?

① ㉠은 화자와 청자를 모두 포함한다.
학생 1   학생 2
㉠ '우리'는 말하는 이가 자기와 듣는 이, 또는 자기와 듣는 이를 포함한 여러 사람을 가리키는 일인칭 대명사로, 말하는 이인 학생 1과 듣는 이인 학생 2를 모두 포함한다.

② ㉡은 이전에 화자와 청자가 한 약속을 가리킨다.
저번에 놀자고 한 것
㉡ '그거'는 앞에서 이미 이야기한 대상을 가리키는 지시 대명사로, 앞서 언급한 '저번에 놀자고 했던 거'를 대신하는 표현이다.

③ ㉣은 ㉢에 대한 답인 학교 앞 정류장을 가리킨다.
만나기로 한 장소
㉣ '거기'는 앞에서 이미 이야기한 곳을 가리키는 지시 대명사로, 앞에서 언급한 약속 장소인 '학교 정류장'을 대신하는 표현이다. 그리고 약속 장소에 대해 묻는 ㉢ '어디'에 대한 답으로도 볼 수 있다.

④ ㉤은 아직 정해지지 않은 대상을 가리킨다.
'학생 1'이 문구점에서 살 것
㉤ '무엇'은 정하지 않은 대상을 가리키는 지시 대명사로, 아직 정해지지 않은 '문구점에서 살 것'을 가리킨다.

16~20

(가) 아방가르드의 이론

출제 ⊙ 글 전체 핵심어 글 전체 중심 문장

1 흔히 예술이라고 하면 고상한 소재를 활용하여 아름다움이나
예술에 대한 통념
만족감을 주는 특별한 작품이나 행위를 떠올린다. 하지만 현대 예술에서는 고상함을 찾기 힘든 일상적 소재를 활용하기도 하고
예술에 대한 통념과는 다른 현대 예술
추함이나 불쾌감을 전달하기도 한다. 이러한 경향에 큰 영향을 준 것이 바로 아방가르드이다. 아방가르드는 [주력 부대가 전진할 수 있도록 새로운 길을 개척하는 병사를 일컫는 말에서 유래한 예술
[ ]: 아방가르드의 유래와 개념
용어로, 예술에 대한 기존의 통념에 저항하고 새로운 예술의 모습을 제시하는 혁신적인 예술 운동이다.] *1문단 요약: 아방가르드의 유래와 개념

---

2 아방가르드의 탄생은 '예술이란 무엇인가'라는 물음과 관련이 있다. 근대 이전까지의 예술은 [독립적인 영역으로 인정받지 못했으며
[ ]: 근대 이전까지의 예술에 대한 인식
집단의 종교적 목적이나, 왕이나 귀족 개인의 세속적 목적을 충족시키기 위한 종속적인 수단]이었다. 예술가 또한 종교나 궁정에 소속된 일개 기술자에 불과하다고 인식되었다. 반면 근대의 예술은
근대 이전까지의 예술가에 대한 인식
[그 자체로 아름다움이나 만족감 등 고유한 미적 체험을 줄 수 있는
[ ]: 근대의 예술에 대한 인식
독립적인 영역으로 인식]되었고, 예술가도 특별한 재능을 바탕으로 작품을 창작하는 주체로 인정받게 되었다. 하지만 [권위 있는
근대의 예술가에 대한 인식
비평가들에게 작품의 아름다움을 인정받기 위해, 예술가들은 예술적
[ ]: 아방가르드의 등장 이전 근대의 예술의 한계
전통과 관습이라는 당대의 미학적 기준을 철저히 따를 수밖에 없었다. 당대의 미학적 기준은 예술을 고유의 영역으로 독립시켰지만, 오히려 전통과 관습에 종속되게 한 채 새로움을 잃게 만들었다.]
아방가르드는 [이러한 미학적 기준에 저항하고, 새로운 예술의 기준을
[ ]: 아방가르드의 등장 배경
제시하면서 예술의 자율성을 확립하기 위해 탄생]하였다.

주체: 사물의 작용이나 어떤 행동의 주가 되는 것
종속적: 어떤 것에 딸려 붙어 있는 것
관습: 어떤 사회에서 오랫동안 지켜 내려와 그 사회 성원들이 널리 인정하는 질서나 풍습   고유: 본래부터 가지고 있는 특유한 것
자율성: 자기 스스로의 원칙에 따라 어떤 일을 하거나 자기 스스로 자신을 통제하여 절제하는 성질이나 특성

*2문단 요약: 아방가르드의 등장 배경

3 아방가르드의 관점에서 예술가는 전통이나 관습에 적극적으로 저항하면서 새로운 미래나 방향성을 제시하는 주체라고 볼 수 있다.
예술가에 대한 아방가르드의 관점
새로운 예술의 모습을 제시하기 위해, 아방가르드 예술가들은 [추하고 난해한 그림을 그리거나 알아들을 수 없는 말로 된 시를 낭송하는 등
[ ]: 아방가르드가 제시한 새로운 예술 ①
의도적으로 당대의 미학적 기준에 저항]하였다. 또한 변기, 자전거 바퀴 등 [일상적인 소재들을 창작에 활용하거나, 예술 활동이
[ ]: 아방가르드가 제시한 새로운 예술 ②
특별하고 독창적인 일이라는 통념을 깨기 위해 일상적 활동을 활용하여 예술과 일상의 구분을 무너뜨렸다.] 아울러 새로운 기술이나 매체를 적극적으로 예술 활동에 적용하였으며, 특별한 재능을 가진
아방가르드가 제시한 새로운 예술 ③
사람만이 예술을 완성한다는 통념에서 벗어나 관객이 작품에 참여하거나 작품을 수정할 수 있게 하여 예술가와 관객의 경계를
아방가르드가 제시한 새로운 예술 ④
파괴하였다.

난해하다: 뜻을 이해하기 어렵다.   낭송하다: 크게 소리를 내어 글을 읽거나 외다.
통념: 일반적으로 널리 통하는 개념

*3문단 요약: 아방가르드가 제시한 새로운 예술의 모습

4 예술계는 아방가르드가 제시한 예술을 처음에는 거부했지만 이후 새로운 경향으로 인정하였고, 이를 바탕으로 한 수많은 사조와 작품들이 주류 예술로 편입되었다. 그런데 ㉠ 이러한 변화가
아방가르드가 주류 예술에 편입되어 더 이상 새로운 예술이 아니게 됨.
역설적이게도 아방가르드의 본질을 상실하게 만들어 아방가르드 운동은 쇠퇴하였다. 하지만 [새로움과 저항이라는 가치로 예술의
[ ]: 아방가르드의 의의
새로운 모습을 제시한다는 아방가르드의 본질은 후대의 다양한 예술 분야에 큰 영향을 미쳤다.]

주류: 사상이나 학술 따위의 주된 경향이나 갈래
쇠퇴: 기세나 상태가 쇠하여 전보다 못하여 감.   후대: 뒤에 오는 세대나 시대

*4문단 요약: 아방가르드의 쇠퇴와 의의

■ (가) 전체 지문 이해도

예술과 예술가에 대한 인식

근대 이전	・예술: 집단의 종교적 목적이나, 왕이나 귀족 개인의 세속적 목적을 충족시키기 위한 종속적인 수단 ・예술가: 종교나 궁정에 소속된 일개 기술자
근대	・예술: 그 자체로 아름다움이나 만족감 등 고유한 미적 체험을 줄 수 있는 독립적인 영역 ・예술가: 특별한 재능을 바탕으로 작품을 창작하는 주체로 인정받음. 당대의 미학적 기준(예술적 전통과 관습)을 따를 수밖에 없었음.
아방가르드	・예술: 예술에 대한 기존의 통념에 저항하고 새로운 예술의 모습을 제시함. ・예술가: 전통이나 관습에 적극적으로 저항하면서 새로운 미래나 방향성을 제시하는 주체

■ (가) 지문 내용과 구조

1문단	**아방가르드의 유래와 개념** – 유래: 주력 부대가 전진할 수 있도록 새로운 길을 개척하는 병사를 일컫는 말에서 유래함. – 개념: 예술에 대한 기존의 통념에 저항하고 새로운 예술의 모습을 제시하는 혁신적인 예술 운동
2문단	**아방가르드의 등장 배경**: 예술적 전통과 관습이라는 당대의 미학적 기준에 저항하고 새로운 예술의 기준을 제시하면서 예술의 자율성을 확립하기 위해 탄생함.
3문단	**아방가르드가 제시한 새로운 예술의 모습** – 의도적으로 당대의 미학적 기준에 저항함. – 예술과 일상의 구분을 무너뜨림. – 새로운 기술이나 매체를 적극 활용함. – 예술가와 관객의 경계를 파괴함.
4문단	**아방가르드의 쇠퇴와 의의** – 쇠퇴: 주류 예술로 편입되며 본질을 상실함. – 의의: 새로움과 저항이라는 가치로 예술의 새로운 모습을 제시하여 후대의 다양한 예술 분야에 영향을 미침.

1문단 아방가르드의 유래와 개념	→	2문단 아방가르드의 등장 배경	→	3문단 아방가르드가 제시한 새로운 예술의 모습	→	4문단 아방가르드의 쇠퇴와 의의

■ (가) **주제**: 예술의 새로운 모습을 제시한 아방가르드

(나) 비디오 아트

출제　◯ 글 전체 핵심어　▨ 글 전체 중심 문장

1 기술 발달과 아방가르드 예술의 영향으로 등장한 **비디오 아트**는 비디오 카메라로 촬영한 영상을 텔레비전과 같은 대중 매체를 활용해 상영하는 방식에 기반한 미술의 한 갈래이다.
비디오 아트의 개념

＊1문단 요약 : 비디오 아트의 개념

2 비디오 아트는 미술이 대중문화에 위축되어 그 역할과 위상이 흔들리자 그 대안으로 제시되었다. # 비디오 아트의 등장 배경 2 1960년대 미국을 중심으로 한 텔레비전의 보급은 대중문화의 확산을 가져왔다. # [ ]: 비디오 아트의 탄생 과정 3 하지만 텔레비전에서 방영되는 영상은 국가나 기업에 의해 일방적으로 편성된 것이었다. 4 그 내용은 국가의 이념이나 상업적 가치, 흥미 위주로 구성되었으며, 대중들은 이러한 일방적인 메시지를 수동적으로 받아들일 수밖에 없었다. 5 이러한 상황에서 가정용 비디오 카메라의 보급은 누구나 저렴한 비용으로 손쉽게 영상을 촬영하고 배포하는 것을 가능케 했다. 6 이는 메시지를 일방적으로 수용했던 대중을 메시지를 적극적으로 생산하고 소통하는 주체로 변화시켰다.]
수동적이었던 대중을 능동적으로 바꿈으로써 대중문화에 저항할 수 있게 함.

7 이런 맥락에서 탄생한 비디오 아트는 텔레비전이라는 새로운 매체와 새로운 표현 방식을 통해 기존 예술에서 흔히 볼 수 없었던 대중문화에 대한 저항, 시공간적 제약으로부터의 자유, 창작자와 관람객의 상호 소통을 지향한다.
비디오 아트의 지향점

위축되다: 어떤 힘에 눌려 졸아들고 기를 펴지 못하게 되다.
위상: 어떤 사물이 다른 사물과의 관계 속에서 가지는 위치나 상태
수동적: 스스로 움직이지 않고 다른 것의 작용을 받아 움직이는 것
배포하다: 신문이나 책자 따위를 널리 나누어 주다.
지향하다: 어떤 목표로 뜻이 쏠리어 향하다.

＊2문단 요약 : 비디오 아트의 등장 배경과 지향점

3 비디오 아트의 유형은 형태를 기준으로 비디오 영상과 설치 비디오로 나뉜다. 2 비디오 영상은 맥락 없는 이미지, 빈 화면 등의 실험적 이미지나 비판적 내용을 담아 만든 영상 자체를 의미한다.
비디오 아트의 유형 ① 비디오 영상
3 설치 비디오는 영상을 텔레비전 등 다양한 사물이나 장치와 결합하여 제작한 설치물이다. 설치 비디오에는 [예술가가 텔레비전의 일방 소통적 특성을 비판하기 위해 기계 장치로 텔레비전의 기능을 자의적으로 왜곡하여 변형된 화면을 보여주는 것이 있다. 5 또 예술가가 다양한 장비를 활용하여 작품이 관람객의 행동이나 주위의 환경에 따라 반응하여 변하도록 만든 것도 있다.]
비디오 아트의 유형 ② 설치 비디오
[ ]: 설치 비디오의 예

＊3문단 요약 : 비디오 아트의 유형

4 이처럼 비디오 아트는 대중문화에 대한 저항과, 작품이 이미 완결된 것이라는 고정관념에서 벗어나 언제든지 우연한 사건의 개입으로 변화될 수 있다는 것을 보여주었다. 2 [이는 관람객의 역할을 단순한 감상자에서 예술 작품 완성의 주체로 변화시켰다는 점에서 예술의 새로운 모습을 보여주었다]는 의의가 있다.
비디오 아트가 표현한 것 ①
비디오 아트가 표현한 것 ②
[ ]: 비디오 아트의 의의

실험적: 새로운 방법이나 형식을 시험 삼아 해 보는 것
자의적: 일정한 질서를 무시하고 제멋대로 하는 것
왜곡하다: 사실과 다르게 해석하거나 그릇되게 하다.

＊4문단 요약 : 비디오 아트의 의의

■ (나) 전체 지문 이해도

비디오 아트
– 비디오 카메라로 촬영한 영상을 텔레비전과 같은 대중 매체를 활용해 상영하는 방식에 기반한 미술의 한 갈래 – 기술 발달과 아방가르드 예술의 영향으로 등장함. – 대중문화에 대한 저항, 시공간적 제약으로부터의 자유, 창작자와 관람객의 상호 소통을 지향함.

비디오 영상	설치 비디오
맥락 없는 이미지, 빈 화면 등의 실험적 이미지나 비판적 내용을 담아 만든 영상 자체	영상을 텔레비전 등 다양한 사물, 장치와 결합하여 제작한 설치물

■ (나) 지문 내용과 구조

1문단	**비디오 아트의 개념**: 비디오 카메라로 촬영한 영상을 텔레비전과 같은 대중 매체를 활용해 상영하는 방식에 기반한 미술의 한 갈래
2문단	**비디오 아트의 등장 배경과 지향점** – 등장 배경: 텔레비전의 보급으로 대중문화 확산, 가정용 비디오 카메라의 보급으로 대중이 메시지 생산의 주체가 됨. – 지향점: 대중문화에 대한 저항, 시공간적 제약으로부터의 자유, 창작자와 관람객의 상호 소통

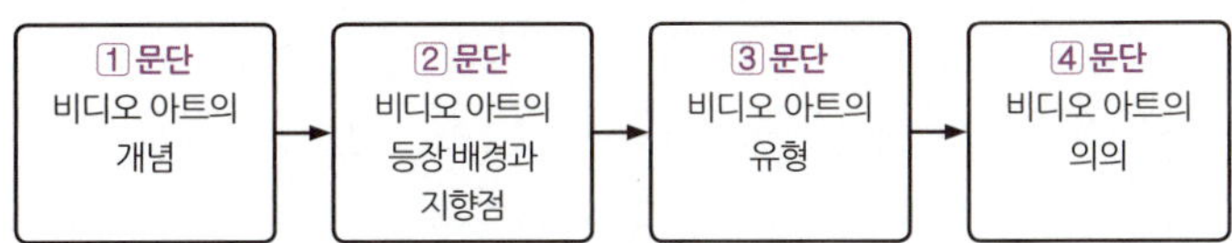

3문단	**비디오 아트의 유형** ① **비디오 영상**: 맥락 없는 이미지, 빈 화면 등의 실험적 이미지나 비판적 내용을 담아 만든 영상 자체 ② **설치 비디오**: 영상을 텔레비전 등 다양한 사물이나 장치와 결합하여 제작한 설치물
4문단	**비디오 아트의 의의**: 관람객의 역할을 단순한 감상자에서 예술 작품 완성의 주체로 변화시킴. ➡ 예술의 새로운 모습을 보여줌.

1문단 비디오 아트의 개념	→	2문단 비디오 아트의 등장 배경과 지향점	→	3문단 비디오 아트의 유형	→	4문단 비디오 아트의 의의

■ **(나) 주제**: 예술의 새로운 모습을 제시한 비디오 아트

16 정답 ④ ＊ 내용 전개 방식 파악하기 ·················· [정답률 82%]

(가), (나)에 대한 설명으로 가장 적절한 것은?

＞왜 정답 ？

④ (가)와 (나)는 모두 중심 개념을 정의하고 그 등장 배경을 밝히고 있다.
(가) 아방가르드, (나) 비디오 아트

[(가) 1문단 3문장 아방가르드는 ~ 예술에 대한 기존의 통념에 저항하고 새로운 예술의 모습을 제시하는 혁신적인 예술 운동이다.

(가) 2문단 7문장 아방가르드는 이러한 미학적 기준에 저항하고, 새로운 예술의 기준을 제시하면서 예술의 자율성을 확립하기 위해 탄생하였다.

(나) 1문단 1문장 ~ 비디오 아트는 비디오 카메라로 촬영한 영상을 텔레비전과 같은 대중 매체를 활용해 상영하는 방식에 기반한 미술의 한 갈래이다.

(나) 2문단 1문장 비디오 아트는 미술이 대중문화에 위축되어 그 역할과 위상이 흔들리자 그 대안으로 제시되었다.

＞왜 오답 ？

① (가)는 중심 개념을 바라보는 여러 학자들의 견해를 제시하고 있다.
제시하지 않음.

② (나)는 중심 개념의 의의와 한계를 분석하고 있다.
예술의 새로운 모습을 보여줌.　분석하지 않음.

→ (나) 4문단 2문장 ~ 예술의 새로운 모습을 보여주었다는 의의가 있다.

③ (가)와 (나)는 모두 중심 개념의 변화 과정을 제시하고 있다.
(가)에서만 제시함.

[(가) 4문단 1, 2문장 예술계는 아방가르드가 제시한 예술을 처음에는 거부했지만 이후 새로운 경향으로 인정하였고, 이를 바탕으로 한 수많은 사조와 작품들이 주류 예술로 편입되었다. 그런데 이러한 변화가 역설적이게도 아방가르드의 본질을 상실하게 만들어 아방가르드 운동은 쇠퇴하였다.

⑤ (가)와 (나)는 모두 중심 개념의 하위 유형 구분 기준을 명시하고
(나)에서만 제시함.　　　　　　　　형태
관련 사례를 제시하고 있다.
비디오 영상과 설치 비디오의 사례

＊ 근거: (나) 3문단

17 정답 ④ ＊ 내용 파악하기 ··································· [정답률 64%]

(가)를 이해한 내용으로 적절하지 않은 것은?

＞왜 정답 ？

④ 근대 이전의 예술은 예술가의 세속적 목직을 충족시키기 위해
왕이나 귀족 개인
이루어졌다.

[(가) 2문단 2문장 근대 이전까지의 예술은 ~ 왕이나 귀족 개인의 세속적 목적을 충족시키기 위한 종속적인 수단이었다.

＞왜 오답 ？

① 근대 이전의 예술가는 기술자에 불과하다고 인식되었다.
종교나 궁정에 소속된 일개 기술자로 인식됨.

[(가) 2문단 3문장 예술가 또한 종교나 궁정에 소속된 일개 기술자에 불과하다고 인식되었다.

② 근대에는 예술과 예술가에 대한 인식의 변화가 일어났다.
예술이 독립적인 영역으로 인식되고, 예술가도 예술의 주체로 인정받음.

[(가) 2문단 2~4문장 근대 이전까지의 예술은 ~ 종속적인 수단이었다. 예술가 또한 일개 기술자에 불과하다고 인식되었다. 반면 근대의 예술은 ~ 독립적인 영역으로 인식되었고, 예술가도 특별한 재능을 바탕으로 작품을 창작하는 주체로 인정받게 되었다.

③ 아방가르드라는 용어는 예술이 아닌 다른 분야에서 유래하였다.
새로운 길을 개척하는 병사를 일컫는 말에서 유래함.

[(가) 1문단 3문장 아방가르드는 주력 부대가 전진할 수 있도록 새로운 길을 개척하는 병사를 일컫는 말에서 유래한 예술 용어로, ~

> **매력 오답** 아방가르드는 '병사를 일컫는 말에서 유래한 예술 용어'라고 했는데, '예술 용어'라는 단어만 보고 ③을 적절한 내용이라고 생각한 학생들이 많았다. 특정 단어가 아니라 문맥을 바탕으로 답을 고르는 습관을 들여야 한다.

⑤ 근대의 예술가들이 전통을 따랐던 이유는 작품의 아름다움을
당대의 미학적 기준
비평가들에게 인정받기 위해서였다.

[(가) 2문단 5문장 하지만 권위 있는 비평가들에게 작품의 아름다움을 인정받기 위해, 예술가들은 예술적 전통과 관습이라는 당대의 미학적 기준을 철저히 따를 수밖에 없었다.

18 정답 ① ＊ 내용 파악 + 추론하기 ·················· [정답률 71%]

㉠의 이유를 추론한 것으로 가장 적절한 것은?
'이러한 변화가 역설적이게도 아방가르드의 본질을 상실하게 만들어'

＞왜 정답 ？

① 아방가르드가 주류 예술에 편입되어 더 이상 새로운 예술이
아방가르드가 예술의 새로운 경향으로 인정됨으로써 새로움과 저항이라는 본질이 상실됨.
아니게 되었기 때문이다.

[(가) 4문단 예술계는 아방가르드가 제시한 예술을 ~ 새로운 경향으로 인정하였고, 이를 바탕으로 한 수많은 사조와 작품들이 주류 예술로 편입되었다. 그런데 ㉠ 이러한 변화가 역설적이게도 아방가르드의 본질을 상실하게 만들어 ~ 새로움과 저항이라는 가치로 예술의 새로운 모습을 제시한다는 아방가르드의 본질은 ~

아방가르드의 본질은 새로움과 저항이라는 가치로 예술의 새로운 모습을 제시하는 것이다. 그런데 이를 바탕으로 한 여러 사조와 작품이 주류 예술로 편입되면서 아방가르드가 제시한 예술은 더 이상 주류 예술에 저항하는 새로운 예술이 아니게 되었다.

＞왜 오답 ？

② 아방가르드 운동의 쇠퇴로 인해 이를 뛰어넘는 새로운 예술이
확인할 수 없음.
등장하였기 때문이다.

③ 아방가르드를 바탕으로 한 작품들이 등장하면서 기존의 주류
예술을 보완한 사조들을 형성하게 되었기 때문이다.
확인할 수 없음.

＊ 근거: (가) 4문단
아방가르드의 본질은 후대의 다양한 예술 분야에도 큰 영향을 끼쳤다. 그러나 이로 인해 기존의 주류 예술을 보완하는 새로운 사조들이 형성되었는지는 알 수 없다.

④ 아방가르드가 추구하는 예술가의 모습이 기존의 주류 예술계에서 인식하는 예술가의 모습과 ~~같지 않기~~ 때문이다.
새로움과 저항을 강화하는 요인임.

* 근거: (가) ③문단 ❶문장

아방가르드는 예술가를 전통이나 관습에 적극적으로 저항한다고 보았다. 이러한 인식은 아방가르드가 주류 예술에 포함되기 전부터 존재했던 것으로, 새로움과 저항이라는 아방가르드의 본질을 추구하는 것과 관련이 있다.

즉, 아방가르드가 추구하는 예술가의 모습이 기존의 주류 예술계와 다른 것은 아방가르드의 본질을 상실하는 것이 아니라 강화하는 요인이다.

⑤ 아방가르드가 제시하고 있는 예술의 방향성이 기존의 주류 예술계가 요구하는 미학적 기준에 ~~부합하지 않기~~ 때문이다.
새로움과 저항을 강화하는 요인임.

* 근거: (가) ③문단 ❷~❹문장

아방가르드는 당대의 미학적 기준에 저항하고, 예술과 일상의 구분을 무너뜨리고, 예술가와 관객의 경계를 파괴하였다. 이러한 방향성은 아방가르드가 주류 예술에 포함되기 전부터 존재했던 것으로, 새로움과 저항이라는 아방가르드의 본질을 추구하는 것과 관련이 있다.

즉, 아방가르드가 추구하는 예술이 기존의 주류 예술계가 요구하는 미학적 기준과 부합하지 않는 것은 아방가르드의 본질을 상실하는 것이 아니라 강화하는 요인이다.

19 정답 ⑤ * 내용 파악하기 ······ [정답률 72%]

비디오 아트를 이해한 내용으로 적절하지 <u>않은</u> 것은?

왜 정답?

⑤ 메시지의 생산과 수용 과정에서 이루어졌던 국가와 대중의 기존 역할이 ~~서로 전환~~되는 예술이다.
대중의 역할이 확대

[(나) ②문단 ❹~❼문장 ~ 대중들은 이러한(국가나 기업에 의해 편성된) 일방적인 메시지를 수동적으로 받아들일 수밖에 없었다. ~ 가정용 비디오 카메라의 보급은 ~ 메시지를 일방적으로 수용했던 대중을 메시지를 적극적으로 생산하고 소통하는 주체로 변화시켰다. 이런 맥락에서 탄생한 비디오 아트는 ~

가정용 비디오 카메라가 보급되기 전, 대중은 국가나 기업이 편성한 일방적인 메시지를 수동적으로 받아들이기만 했다. 이때 국가의 역할은 정보를 생산하는 것이고, 대중의 역할은 정보를 수용하는 것이었다.

가정용 비디오 카메라가 보급되면서 대중이 정보 생산과 수용의 주체가 될 수 있었고, 비디오 아트는 이러한 맥락에서 탄생하였다.

즉, 비디오 아트는 정보를 수용하기만 했던 대중의 역할이 정보의 생산까지 확대되게 한 예술이다. 국가와 대중의 역할이 서로 전환되는 것은 아니다.

왜 오답?

① 대중문화로 인해 미술의 역할과 위상이 흔들리자 그 대안으로 제시된 장르이다.
미술이 대중문화에 위축되어 그 역할과 위상이 흔들리자 그 대안으로 제시됨.

[(나) ②문단 ❶문장 비디오 아트는 미술이 대중문화에 위축되어 그 역할과 위상이 흔들리자 그 대안으로 제시되었다.

② 손쉽게 촬영할 수 있는 기기를 통해 창작자와 관람객의 상호 소통을 지향하는 예술이다.
가정용 비디오 카메라

[(나) ②문단 ❺, ❼문장 이러한 상황에서 가정용 비디오 카메라의 보급은 누구나 저렴한 비용으로 손쉽게 영상을 촬영하고 ~ 이런 맥락에서 탄생한 비디오 아트는 ~ 창작자와 관람객의 상호 소통을 지향한다.

③ 대중문화의 확산을 일으킨 매체를 활용하여 대중문화에 대한 저항을 표현하는 예술이다.
텔레비전 새로움과 저항을 표현함.

[(나) ①문단 ❶문장 ~ 비디오 아트는 비디오 카메라로 촬영한 영상을 텔레비전과 같은 대중 매체를 활용해 상영하는 방식에 기반한 미술의 한 갈래이다.
(나) ②문단 ❷, ❼문장 ~ 텔레비전의 보급은 대중문화의 확산을 가져왔다. 비디오 아트는 ~ 대중문화에 대한 저항, ~ 지향한다.

④ 기술의 발달로 인한 변화를 활용하여 시공간적 제약으로부터의 자유를 추구하는 예술이다.
텔레비전과 가정용 비디오 카메라의 보급

[(나) ①문단 ❶문장 기술 발달과 아방가르드 예술의 영향으로 등장한 비디오 아트는 ~
(나) ②문단 ❼문장 ~ 비디오 아트는 ~ 시공간적 제약으로부터의 자유, ~ 지향한다.

20 정답 ① * 구체적 사례나 상황에 적용하기 ★1등급 대비

[① 37% ② 18% ③ 19% ④ 12% ⑤ 12%]

윗글을 바탕으로 〈보기〉의 ⓐ, ⓑ를 이해한 내용으로 가장 적절한 것은? [3점]

─── 〈 보기 〉 ───

○ ❶무대 공연을 위해 만들어진 백남준의 ⓐ 〈TV 첼로〉는 1971년에 제작된, ❷첼로에 텔레비전 세 대를 결합한 형태의 작품이다. 이 설치 비디오 작품에서 출력되는 영상은 첼리스트의 즉흥 연주나 행동에 반응하여 변형된다.
○ 백남준의 ⓑ ❸〈닉슨〉은 텔레비전 두 대에 변조 장치를 결합한 설치 비디오 작품으로, 화면에 계속 등장하는 닉슨 대통령의 얼굴을 여러 형태로 일그러뜨려 희화화한 이미지를 관객에게 보여준다.

왜 틀렸나?

〈보기〉의 ⓐ와 ⓑ는 모두 비디오 아트에 해당하기 때문에 비디오 아트에 대해 설명한 (나)에서만 정답의 근거를 찾은 학생들이 많았다. 하지만 (나) ①문단 ❶문장에서 비디오 아트는 아방가르드 예술의 영향을 받았다고 설명하였다. 즉, 비디오 아트 역시 새로움과 저항을 추구하는 아방가르드의 본질을 가지고 있으므로 (가)의 내용에도 주목해야 한다.

(가) 아방가르드	(나) 비디오 아트
– 당대의 미학적 기준에 저항함. – 예술과 일상의 구분을 무너뜨림. – 새로운 기술이나 매체를 예술 활동에 적용함. – 예술가와 관객의 경계를 파괴함.	– 대중문화에 대한 저항 – 시공간적 제약으로부터의 자유 – 창작자와 관람객의 상호 소통

왜 정답?

① 설치 비디오 유형에 해당하는 ⓐ는, 새로운 매체를 예술 활동에 적용했다는 점에서 새로운 예술의 모습을 제시하였다고 볼 수 있겠군.
〈TV 첼로〉 텔레비전
텔레비전을 예술 활동에 적극적으로 활용함.

* 근거: (가) ③문단 ❹문장, (나) ③문단 ❸문장, 〈보기〉 ❶문장

ⓐ 〈TV첼로〉는 첼로와 텔레비전을 결합하고 영상을 출력하는 작품으로, 비디오 아트의 유형 중 설치 비디오에 해당한다.

아방가르드의 관점에서, 새로운 매체인 텔레비전을 예술 활동에 적극적으로 활용한 것은 새로운 예술의 모습이라고 볼 수 있다.

왜 오답?

② 텔레비전 기능의 자의적 조정을 보여주는 ⓐ는, 기존 예술에서 보였던 예술가와 관객 사이의 경계를 ~~파괴하려~~ 하였다고 볼 수 있겠군.
텔레비전의 기능을 자의적으로 변형함. 〈TV 첼로〉
파괴하지 않음.

* 근거: (가) ④문단 ❹문장, (나) ③문단 ❹문장, 〈보기〉 ❶, ❷문장

ⓐ 〈TV 첼로〉는 '무대 공연을 위해' 만들어졌으며, ⓐ에서 출력되는 영상은 '첼리스트의 즉흥 연주나 행동에 반응하여 변형'된다. 이를 통해 ⓐ가 텔레비전의 기능을 자의적으로 왜곡하여 변형된 화면을 보여주는 설치 비디오에 해당함을 알 수 있다.

그러나 관객이 작품에 참여하거나 작품을 수정하지는 않으므로 예술가와 관객 사이의 경계를 파괴하려 한 것이라고 볼 수 없다.

③ 비디오 영상 유형에 해당하는 ⓑ는, 예술에 대한 기존 통념에
설치 비디오   〈닉슨〉 일상적인 소재인 텔레비전을 창작에 활용함.
저항함으로써 새로운 예술의 모습을 제시하였다고 볼 수 있겠군.

* 근거: (가) ③문단 ❸문장, (나) ③문단 ❸문장, 〈보기〉 ❸문장
　ⓑ '〈닉슨〉'은 '텔레비전 두 대에 변조 장치를 결합한 작품'이므로, 비디오 아트의
유형 중 설치 비디오에 해당한다.

매력 오답
　〈보기〉에 제시된 예시가 2개이므로, 각각의 예시가 '설치 비디오'와 '비디오
영상'에 대응한다고 짐작한 학생들이 많았다. 그리고 이를 바탕으로 ⓑ가 닉슨
대통령을 희화화한 이미지를 관객에게 보여준다는 부분에 주목하여 ⓑ를 비디오
영상에 해당한다고 판단한 학생들이 많았다.
　ⓑ는 영상이 아니라, '텔레비전 두 대에 변조 장치를 결합한 작품'이므로 설치
비디오에 해당한다.

④ 작품에 언제든 우연한 사건이 개입되어 변할 수 있다는 것을
개입되지 않음.
보여주는 ⓑ는, 일상적인 소재를 활용하여 예술의 소재에 대한
〈닉슨〉   텔레비전
기존 관점의 문제점을 드러냈다고 볼 수 있겠군.

* 근거: (가) ③문단 ❸문장, (나) ④문단 ❶문장, 〈보기〉 ❸문장
　ⓑ '〈닉슨〉'은 '변조 장치'를 활용해 '닉슨 대통령의 얼굴을 여러 형태로 일그러뜨려
희화화'한다. 이는 작품에 우연한 사건을 개입시키는 것이 아니라, 예술가가
의도적으로 변조 장치를 이용한 것으로 볼 수 있다.

⑤ 실험적 이미지를 활용한 ⓐ와 ⓑ는, 일상적 활동을 예술에
　　　　　　　　　　　　　　　　TV 첼로   〈닉슨〉
적용하여 기존의 예술적 전통을 발전시킴으로써 새로운 예술의
　　　　　　　　　　　　　　　기존의 예술적 전통에 저항함.
모습을 제시하였다고 볼 수 있겠군.

* 근거: (가) ③문단 ❶문장, (나) ②문단 ❼문장, 〈보기〉 ❷, ❸문장
　ⓐ '〈닉슨〉'에서 첼리스트의 즉흥 연주나 행동에 따라 비디오 영상을 변형하는 것과
ⓑ '〈닉슨〉'에서 닉슨 대통령의 얼굴을 일그러뜨려 희화화하는 것은 모두 실험적
이미지로 볼 수 있다.
　그러나 아방가르드의 관점에서 예술가는 전통이나 관습에 적극적으로 저항하는
존재이고, 비디오 아트는 대중 문화에 대한 저항을 지향하는 예술이다. 즉, ⓐ와 ⓑ는
기존의 예술적 전통에 저항함으로써 새로운 예술의 모습을 제시하였다.

21~25 　* 해수 담수화 기술의 발전 동향 ────────

　# 출제 ⊖ 글 전체 핵심어 　🟨 글 전체 중심 문장

①　최근 인구 증가와 기후변화로 전 세계적인 물 부족 현상이
물 부족 현상의 원인
발생하고 있다. ❷지구상에 존재하는 물의 대부분은 해수이며 염분이
　　　　　　　　# 인간이 쉽게 활용할 수 없는 물 ①
없는 물인 담수는 전체의 약 2.5%이다. ❸담수 중에서도 빙하, 지하수
　　　　　　　　　　　　　# 인간이 쉽게 활용할 수 없는 물 ②
등을 제외하면 인간이 손쉽게 활용할 수 있는 것은 물의 총량 중 극히
일부에 지나지 않는다. ❹따라서 해수를 담수로 ⓐ 만드는 여러 가지
기술이 연구되어 왔다.

〔담수: 강이나 호수 따위와 같이 염분이 없는 물

* ①문단 요약 : 해수 담수화 기술의 연구 배경

②　1세대 해수 담수화 기술로는 다단 증발법이 있다. ❷이는 물의
　　　　해수를 담수로 만드는 기술
상변화* 원리를 활용한 것으로, 가열된 해수를 수증기로 변화시켜
응축함으로써 담수를 얻는 방법이다. ❸일반적으로 다단 증발법을
　　　　　　　　　　　　# 다단 증발법의 개념
적용한 해수 담수화 설비는 해수 가열기, 진공 유지 장치, 직렬로
연결된 여러 개의 증발기 등으로 구성된다. ❹해수는 증발기 내부의
다단 증발법을 적용한 설비의 구조
냉각관을 통과하여 해수 가열기 내부로 이동한다. ❺해수 가열기는
　　　　# [ ]: 다단 증발법을 활용하여 해수를 담수로 만드는 과정

고온의 증기로 해수의 온도를 해수의 끓는점인 110℃ 이상까지
　　　　　　　　# 해수 가열기의 기능
높이는 역할을 하며, 가열된 해수는 앞서 통과한 증발기들의 하부를
역순으로 통과한다. ❻이때 증발기들의 내부는 진공 유지 장치에 의해
대기압보다 훨씬 낮은 압력을 유지하고 있다. ❼해수의 끓는점은
대기압이 낮을수록 낮아지기 때문에 증발기로 진입한 해수는
순간적으로 끓어올라 수증기로 바뀌게 된다. ❽생성된 수증기에 포함된
진공 유지 장치로 인해 압력 ↓ → 끓는점 ↓ → 해수가 수증기로 변하는 상변화가 일어남.
미량의 해수는 필터를 통과하며 제거되어 순수한 수증기가 되고 설비
밖으로 빠져나간다. ❾순수한 수증기는 증발기 상부의 냉각관과 만나서
응축되어 담수가 된다. ❿해수는 증발기들을 거칠수록 염분 농도는
높아지고 온도는 계속 낮아진다. ⓫하지만 증발기들의 내부 압력 또한
　　　　　　　　　　　　　# 증발기들의 내부 압력은 모두 다름.
설비 끝으로 갈수록 더 낮아지기 때문에 마지막 증발기까지 담수가
계속 생성된다.〕⓬다단 증발법은 해수를 끓여 수증기만 얻는
방식이므로 해수의 수질 조건에 큰 영향을 받지 않으며 담수를
　　　　　　　　# 다단 증발법의 장점
대량으로 생산할 수 있다는 장점이 있지만, 에너지 소비량이 매우
　　　　　　　　　　　　　　　　# 다단 증발법의 단점
많다는 단점이 있다.

| 응축하다: 기체가 액체로 변한다. 　　진공: 물질이 전혀 존재하지 아니하는 공간
| 직렬: 전기 회로에서 발전기, 축전기, 전지 따위를 일렬로 연결하는 일
| 역순: 거꾸로 된 순서 　　　　　　미량: 아주 적은 분량

* ②문단 요약 : 다단 증발법의 과정과 장단점

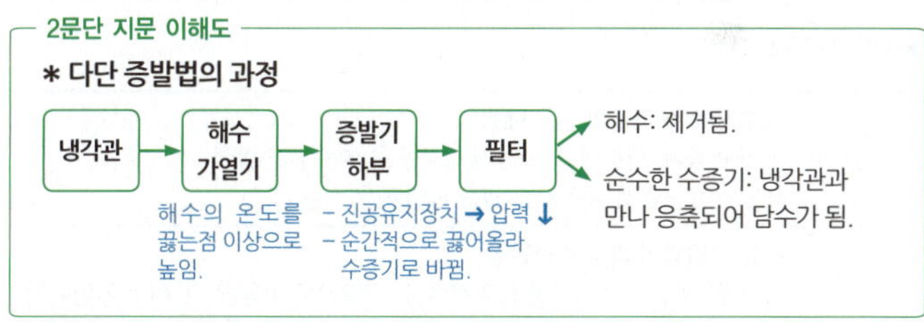

③　2세대 해수 담수화 기술인 역삼투법은 다단 증발법의 대안으로
제시된 기술로, 반투막을 이용하여 해수에서 담수를 얻는 방법이다.
　　　　　　　　　　　　　　　　　　역삼투법의 개념
❷〔같은 양의 담수와 해수 사이에 물 분자만 통과할 수 있는 반투막을
[ ]: 역삼투법을 활용하여 해수를 담수로 만드는 과정
설치하면 염도가 낮은 담수에서 염도가 높은 해수 방향으로 물 분자가
옮겨 가는 삼투 현상이 일어나며, 이때 담수에 작용하는 힘을
삼투압이라고 한다. ❸위와 같은 조건에서 압력 펌프를 사용하여
삼투압보다 더 큰 압력을 해수에 가하면 오히려 반대로 해수에 있는
　　　　　　　압력 펌프의 기능
물 분자가 반투막을 거쳐 담수 방향으로 이동하며 담수가
생성되는데,〕이를 역삼투법이라고 한다. ❹역삼투법은 반투막의 오염
정도가 심해짐에 따라 담수 생성 효율이 저하되므로 반투막과 맞닿는
해수의 수질 조건이 매우 중요하다. ❺따라서 해수에 섞인 이물질을
　　　　　　　# 역삼투법의 특징
제거하는 전처리 과정이 필수적이라고 할 수 있다. ❻역삼투법은 다단
증발법에 비해 담수 생성 효율은 높고 에너지 소비량은 적지만,
　　　　　　　# 역삼투법의 장점
삼투압보다 높은 압력을 얻기 위해 여전히 에너지를 많이 소비한다는
　　　　　　　　　　　　　　　　# 역삼투법의 단점
문제가 있다.

| 삼투: 농도가 다른 두 액체를 반투막으로 막아 놓았을 때에, 농도가 낮은 쪽에서
농도가 높은 쪽으로 용매가 옮겨 가는 현상. 용매가 스며든 결과 두 액체의 농도는
서로 같게 된다.
| 반투막: 용액이나 기체의 혼합물에 대하여 어떤 성분은 통과시키고 다른 성분은
통과시키지 아니하는 막

* ③문단 요약 : 역삼투법의 과정과 장단점

❹ 해수 담수화 기술은 <u>에너지 소모량이 적은 방식</u>으로 발전해
해수 담수화 기술의 발전 방식
왔으며, 에너지원 확보가 어려운 지역을 위한 해수 담수화 설비에
에너지 소비량이 적은 해수 담수화 기술이 필요함.
대한 요구도 점차 커지고 있다❷이를 위해 세계 각국에서도 많은 연구
비용을 투자하여 신재생 에너지를 활용한 차세대 해수 담수화 기술을
상용화하기 위해 노력하고 있다.

- 차세대: 지금 세대가 지난 다음 세대
- 상용화하다: 물품이나 기술 따위가 일상적으로 쓰이게 하다.

＊❹문단 요약: 해수 담수화 기술의 발전 동향

＊**상변화**: 물질이 온도와 압력에 따라 기체, 액체, 고체로 변하는 현상

■ 전체 지문 이해도

해수 담수화 기술

	다단 증발법	역삼투법
원리	물의 상변화 원리	삼투 현상
개념	가열된 해수를 수증기로 변화시켜 응축함으로써 담수를 얻는 방법	반투막을 이용하여 해수에서 담수를 얻는 방법
설비	해수 가열기, 진공 유지 장치, 증발기 등	반투막, 압력 펌프 등
장점	– 해수의 수질 조건에 큰 영향을 받지 않음. – 담수를 대량으로 생산할 수 있음.	– 다단 증발법에 비해 담수 생성 효율이 높음. – 다단 증발법에 비해 에너지 소비량이 적음.
단점	에너지 소비량이 매우 많음.	에너지 소비량이 많음.

■ 지문 내용과 구조

①문단	**해수 담수화 기술의 연구 배경** – 인구 증가, 기후변화 → 전 세계적인 물 부족 현상 발생 – 인간이 손쉽게 활용할 수 있는 물이 매우 적음.
②문단	**다단 증발법의 과정과 장단점** – 과정: 해수가 냉각관을 통과해 해수 가열기로 이동함. → 해수 가열기가 해수를 가열함. → 해수가 증발기 하부에서 수증기로 바뀜. → 수증기가 필터를 통과하며 해수가 걸러짐. → 순수한 수증기가 응축되어 담수가 됨. – 장점: 해수의 수질 조건에 영향을 받지 않으며, 담수를 대량으로 생산할 수 있음. – 단점: 에너지 소비량이 매우 많음.
③문단	**역삼투법의 과정과 장단점** – 과정: 담수와 해수 사이에 반투막을 설치함. → 압력 펌프로 해수에 압력을 가함. → 해수에 있는 물 분자가 담수로 이동하며 담수가 생성됨. – 장점: 다단 증발법보다 담수 생성 효율이 높고 에너지 소비량이 적음. – 단점: 에너지 소비량이 여전히 많음.
④문단	**해수 담수화 기술의 발전 동향** – 에너지 소모량이 적은 방식으로 발전해 옴. – 신재생 에너지를 활용한 차세대 해수 담수화 기술을 상용화하기 위해 노력하고 있음.

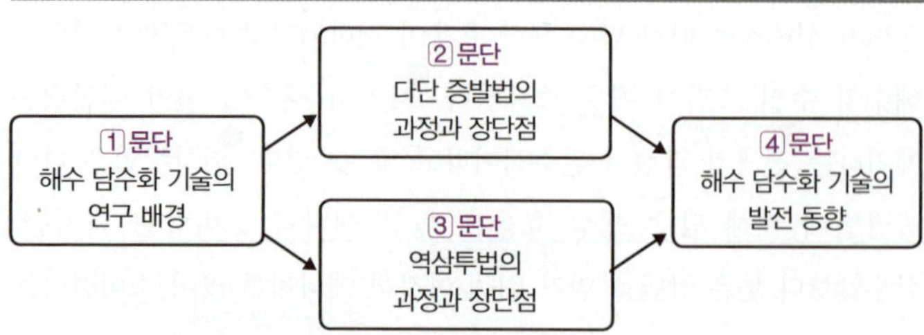

■ **주제**: 해수 담수화 기술들의 특징과 발전 동향

---

21 정답 ④ ＊ 내용 파악하기 ·································· [정답률 62%]

윗글을 통해 답을 찾을 수 없는 질문은?

왜 정답?

④ 해수 속 이물질을 제거하는 과정은 어떻게 이루어지는가?
언급하지 않음.

＊**근거**: ③문단 ❺문장

해수 속 이물질을 제거하는 전처리 과정이 필수적이라고만 언급하고, 그것이 어떻게 이루어지는지는 설명하지 않았다.

왜 오답?

① 다단 증발법의 장점은 무엇인가?
해수의 수질 조건에 큰 영향을 받지 않음, 담수를 대량으로 생산 가능
[②문단 ⓬문장 다단 증발법은 ~ 해수의 수질 조건에 큰 영향을 받지 않으며 담수를 대량으로 생산할 수 있다는 장점이 있지만, ~

② 물 부족 현상의 원인은 무엇인가?
인구 증가, 기후변화
[①문단 ❶문장 최근 인구 증가와 기후변화로 전 세계적인 물 부족 현상이 발생하고 있다.

③ 해수 담수화 기술은 어떤 방식으로 발전해 왔는가?
에너지 소모량이 적은 방식
[④문단 ❶문장 해수 담수화 기술은 에너지 소모량이 적은 방식으로 발전해 왔으며, ~

⑤ 인간이 쉽게 활용할 수 없는 물은 어떤 상태로 존재하는가?
해수, 빙하, 지하수
[①문단 ❷, ❸문장 ~ 물의 대부분은 해수이며 ~ 담수 중에서도 빙하, 지하수 등을 제외하면 인간이 손쉽게 활용할 수 있는 것은 ~ 극히 일부에 지나지 않는다.

22 정답 ⑤ ＊ 내용 파악 + 추론하기 ★1등급 대비

[① 18% ② 19% ③ 15% ④ 12% ⑤ 33%]

〈보기〉는 다단 증발법을 적용한 설비의 구조이다. 윗글을 바탕으로 〈보기〉를 이해한 내용으로 적절하지 <u>않은</u> 것은?

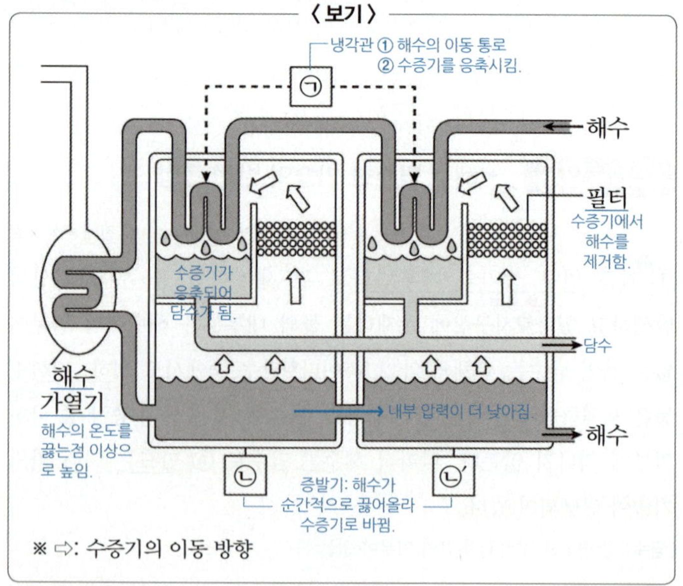

왜 틀렸나?

〈보기〉의 그림과 윗글에서 설명한 다단 증발법의 과정을 연결하지 못했다면 정답을 찾기 어려웠을 것이다. 윗글을 바탕으로 다단 증발법의 과정을 정리하면 다음과 같다.

ⓐ '냉각관'	해수 가열기로 이동하는 해수가 통과함.
해수 가열기	해수의 온도를 끓는점 이상으로 높임.
ⓑ '증발기'	진공 유지 장치에 의해 압력이 낮음. → 해수가 순간적으로 끓어올라 수증기로 바뀜.
필터	수증기에서 해수를 제거함.
ⓐ '냉각관'	순수한 수증기를 응축시킴.

> **왜 정답?**

⑤ ~~내부 압력이 같은~~ ㉡과 ㉡′은 대기압보다 낮은 내부 압력을
증발기들의 내부 압력은 설비 끝으로 갈수록 낮아지므로 ㉡보다 ㉡′의 압력이 더 낮음.
유지하고 있으므로 해수를 순간적으로 끓어오르게 한다.

[2]문단 ❼, ⓫문장 해수의 끓는점은 대기압이 낮을수록 낮아지기 때문에
증발기로 진입한 해수는 순간적으로 끓어올라 수증기로 바뀌게 된다. ~
하지만 증발기들의 내부 압력 또한 설비 끝으로 갈수록 더 낮아지기 때문에 ~

증발기들의 내부 압력은 설비 끝으로 갈수록 더 낮아진다. 따라서 ㉡과 ㉡′의 내부 압력은 같지 않다.

진공 유지 장치가 증발기들의 내부 압력을 낮추므로, 해수의 끓는점도 낮아진다. 따라서 해수 가열기에 의해 온도가 높아진 해수는 증발기 내부에 진입하며 순간적으로 끓어올라 수증기로 바뀐다.

> **왜 오답?**

① 해수의 염분 농도는 ㉡보다 ㉡′에서 더 높다.
해수는 증발기들을 거칠수록 염분 농도가 높아짐.

[2]문단 ❺, ❿문장 ~ 가열된 해수는 앞서 통과한 증발기들의 하부를 역순으로 통과한다. ~ 해수는 증발기들을 거칠수록 염분 농도는 높아지고 ~

> **매력 오답** 해수의 이동 경로를 파악하지 못했다면 틀리기 쉬운 선택지였다. 〈보기〉에는 수증기의 이동 방향만 제시되어 있어, 해수의 이동 방향은 스스로 확인해야 했다.
> 수증기는 위로 올라가지만, 해수는 증발기 하부를 계속 흐른다. 이때 이동 방향은 ㉡을 거쳐 ㉡′으로 간다. 따라서 ㉡′에서 해수의 염분 농도가 ㉡에서 해수의 염분 농도보다 더 높다.

② ㉡과 ㉡′에서 생성된 담수는 설비 밖으로 빠져나온다.
증발기에서 생성된 수증기가 냉각기와 닿아 응축되어 담수가 된 후 설비 밖으로 빠져나옴.

[2]문단 ❼, ❾문장 ~ 증발기로 진입한 해수는 순간적으로 끓어올라 수증기로 바뀌게 된다. 생성된 수증기에 포함된 미량의 해수는 필터를 통과하며 제거되어 순수한 수증기가 되고 ~ 순수한 수증기는 증발기 상부의 냉각관과 만나서 응축되어 담수가 된다.

해수가 끓어올라 생성된 수증기는 필터를 통과하며 해수가 제거되어 순수한 수증기가 된다. 이는 증발기 상부의 냉각관과 만나 응축되어 담수가 된다. 그리고 〈보기〉를 통해 순수한 수증기가 응축되어 생성된 담수도 설비 밖으로 빠져나온다는 것을 확인할 수 있다.

> **매력 오답** [2]문단 ❽문장의 '생성된 수증기에 포함된 미량의 해수는 ~ 설비 밖으로 빠져나간다.'를 보고, 해수만 설비 밖으로 빠져나간다고 생각한 학생들이 많았다. 〈보기〉를 보면 순수한 수증기가 응축되어 생성된 담수 역시 설비 밖으로 빠져나간다는 것을 확인할 수 있다.

③ 해수 가열기에서 온도가 끓는점보다 더 높아진 해수는 ㉡으로 이동한다.
해수 가열기에서 가열된 해수는 증발기들의 하부를 통과함.

[2]문단 ❺문장 해수 가열기는 고온의 증기로 해수의 온도를 해수의 끓는점인 110℃ 이상까지 높이는 역할을 하며, 가열된 해수는 앞서 통과한 증발기들의 하부를 역순으로 통과한다.

해수 가열기는 해수의 온도를 해수의 끓는점 이상까지 높인다. 그리고 해수 가열기에서 가열된 해수는 증발기들의 하부(㉡과 ㉡′)로 이동한다.

④ ㉡과 ㉡′에서 생성된 수증기는 필터에 의해 해수가 제거된 상태로 ㉠과 만나 응축된다.
필터를 통과하여 미량의 해수가 제거된 상태로 냉각관과 만나 응축됨.

* 근거: [2]문단 ❽, ❾문장
수증기에 포함된 미량의 해수는 필터에서 제거된다. 해수가 제거된, 순수한 수증기는 증발기 상부의 냉각관과 만나 응축되어 담수가 된다.

23 정답 ⑤ * 내용 파악하기 ····························· [정답률 74%]

역삼투법에 대한 설명으로 적절하지 않은 것은?

> **왜 정답?**

⑤ 염분만 통과할 수 있는 반투막의 성질을 이용하여 해수에서
물 분자
담수를 분리하는 기술이다.

[3]문단 ❷문장 같은 양의 담수와 해수 사이에 물 분자만 통과할 수 있는 반투막을 설치하면 ~

> **왜 오답?**

① 다단 증발법보다 담수 생성 효율이 높은 기술이다.
역삼투법은 다단 증발법에 비해 담수 생성 효율이 높음.

[3]문단 ❻문장 역삼투법은 다단 증발법에 비해 담수 생성 효율은 높고 에너지 소비량은 적지만, ~

② 에너지 소비 측면에서 다단 증발법보다 더 발전된 기술이다.
역삼투법은 다단 증발법에 비해 에너지 소비량이 적음.

* 근거: [3]문단 ❻문장

③ 다단 증발법보다 전처리 과정이 더 중요한 역할을 하는 기술이다.
역삼투법은 전처리 과정이 필수적임.

[2]문단 ⓬문장 다단 증발법은 ~ 해수의 수질 조건에 큰 영향을 받지 않으며 ~
[3]문단 ❹, ❺문장 역삼투법은 ~ 반투막과 맞닿는 해수의 수질 조건이 매우 중요하다. 따라서 해수에 섞인 이물질을 제거하는 전처리 과정이 필수적이라고 할 수 있다.

다단 증발법은 해수의 수질 조건에 큰 영향을 받지 않으므로 해수에 섞인 이물질을 제거하는 전처리 과정이 중요하지 않다. 반면 역삼투법은 해수의 수질 조건이 매우 중요하여 전처리 과정이 필수적이다.

④ 삼투압보다 더 큰 압력을 해수에 가하여 담수를 생성하는 기술이다.
역삼투법은 삼투압보다 더 큰 압력을 해수에 가하여 해수의 물 분자를 이동시킴.

[3]문단 ❸문장 ~ 압력 펌프를 사용하여 삼투압보다 더 큰 압력을 해수에 가하면 오히려 반대로 해수에 있는 물 분자가 반투막을 거쳐 담수 방향으로 이동하며 담수가 생성되는데, 이를 역삼투법이라고 한다.

24 정답 ① * 구체적 사례나 상황에 적용하기 ········· [정답률 60%]

윗글을 참고하여 〈보기〉의 ㉮를 이해한 내용으로 적절하지 않은 것은? [3점]

─────〈 보기 〉─────

❶ ㉮ '막 증류법'의 대표적인 방식은 고온의 해수와 저온의 담수 사이에 소수성*을 띤 다공성* 막을 설치하여 온도 차이에 의해 해수에서 증발된
다단 증발법과의 공통점: 물의 상변화를 이용함.
수증기만 막을 통과하도록 해 담수를 얻는 것이다. ❷ 이 방식은 해수의 온도를 50~70℃로 높이는 것을 제외하면 압력 등 다른 요소를
다단 증발법과의 공통점: 물의 온도를 높임, 차이점: 가열 후 해수의 온도
변화시키지 않아도 되기에 1, 2세대 해수 담수화 기술에 비해 에너지
다단 증발법, 역삼투법과의 차이점
소비량이 적어 소규모의 신재생 에너지 설비로도 담수를 생산할 수 있다.
'막 증류법'의 장점
❸ 하지만 막이 물과 맞닿기 때문에 막이 오염되지 않도록 관리하는 것이
역삼투법과의 공통점
중요하다.

* 소수성: 물과 친화력이 적은 성질
* 다공성: 물질의 내부나 표면에 작은 구멍이 많이 있는 성질

다단 증발법	– 해수 가열기는 고온의 증기로 해수의 온도를 해수의 끓는점인 110℃ 이상까지 높임.([2]문단 ❺문장) – 진공 유지 장치를 이용해 증발기들의 내부 압력을 대기압보다 훨씬 낮게 유지함.([2]문단 ❻문장) – 에너지 소비량이 매우 많다는 단점이 있음.([2]문단 ⓬문장)
역삼투법	– 반투막을 이용하여 해수에서 담수를 얻는 방법([3]문단 ❶문장) – 반투막의 오염 정도가 심해지면 담수 생성 효율이 저하됨.([3]문단 ❹문장) – 삼투압보다 높은 압력을 얻기 위해 에너지를 많이 소비함.([3]문단 ❻문장)

> **왜 정답?**

① 압력을 변화시키지 않아도 된다는 점에서 **다단 증발법과**
유사하군.
다단 증발법은 증발기들의 내부 압력을 낮춤.

* **근거**: ②문단 ⑥문장, 〈보기〉 ②문장

다단 증발법은 진공 유지 장치를 이용해 증발기들의 내부 압력을 낮추어 끓는점을 높이는 방식이다.

이와 달리 ㉮ '막 증류법'의 대표적인 방식은 온도 외에 압력 등 다른 요소는 변화시키지 않는다.

> **왜 오답?**

② 역삼투법과 달리 물의 상변화를 이용하여 담수를 생성하고 있군.
온도 차이에 의해 해수에서 증발된 수증기를 활용함.

* **근거**: ③문단, 〈보기〉 ②문장

역삼투법은 해수에 압력을 가하여 해수의 물 분자를 담수로 이동시키는 방식으로, 액체인 해수를 고체인 얼음이나 기체인 수증기가 되는 상변화를 이용하지 않는다.

㉮는 온도 차이에 의해 증발된 수증기만 막을 통과하도록 해 담수를 얻는 방식으로, 액체인 해수가 기체인 수증기가 되는 상변화를 이용한다.

③ 막의 오염을 관리하는 것이 매우 중요하다는 점에서 **역삼투법과**
유사하군.
역삼투법은 반투막의 오염이 심해지면 담수 생성 효율이 저하됨.

* **근거**: ③문단 ❹, ❺문장, 〈보기〉 ❸문장

역삼투법은 반투막이 오염되면 담수 생성 효율이 저하되기 때문에 막의 오염을 잘 관리하여야 한다.

㉮는 막이 물과 직접 맞닿고, 물에서 증발한 수증기와도 닿기 때문에 막이 오염되지 않도록 관리하여야 한다.

④ 다단 증발법과 달리 해수의 온도를 끓는점 이상까지 높이지 않아도
다단 증발법은 해수의 온도를 끓는점 이상까지 높여야 하나, ㉮는 50~70℃로 높임.
되겠군.

* **근거**: ②문단 ❺문장, 〈보기〉 ②문장

다단 증발법의 해수 가열기는 해수의 온도를 끓는점 이상까지 높인다.

㉮는 해수의 온도를 50~70℃로 높인다.

⑤ 다단 증발법과 역삼투법에 비해 에너지원 확보가 어려운 지역에
설치하기 유리하겠군.
다단 증발법과 역삼투법은 에너지 소비량이 많으나, ㉮는 에너지 소비량이 적음.

* **근거**: ②문단 ⓬문장, ③문단 ❺문장, ④문단, 〈보기〉 ②문장

다단 증발법은 에너지 소비량이 매우 많다는 단점이 있다.

역삼투법은 다단 증발법보다는 에너지 소비량이 적지만, 여전히 에너지를 많이 소비한다.

㉮는 에너지 소비량이 적어 소규모의 신재생 에너지 설비로도 담수를 생산할 수 있다. 따라서 다단 증발법과 역삼투법에 비해 에너지원 확보가 어려운 지역에 설치하기 유리하다.

---

25 정답 ③ * 어휘의 의미 파악하기 .... [정답률 88%]

문맥상 의미가 ⓐ와 가장 가까운 것은?
'만드는' – '무엇이 되게 하다.'라는 의미임.

> **왜 정답?**

③ 시를 소설로 **만드는** 과정은 매우 흥미롭다.
'무엇이 되게 하다.'라는 의미임.

> **왜 오답?**

① 새 학년을 맞아 동아리를 **만들었다.**
'기관이나 단체 따위를 결성하다.'라는 의미임.

② 경기 규칙을 새롭게 **만드는** 일은 어렵다.
'규칙이나 법, 제도 따위를 정하다.'라는 의미임.

④ 생일 선물로 친구에게 줄 케이크를 **만드는** 중이다.
'노력이나 기술 따위를 들여 목적하는 사물을 이루다.'라는 의미임.

⑤ 송진을 채취하기 위해 소나무에 칼로 흠집을 **만들었다.**
'흠이나 상처 따위를 생기게 하다.'라는 의미임.

출제 ⬭ 글 전체 핵심어 ▬ 글 전체 중심 문장

① **법의 효력**이란 사회 규범으로서의 법이 타당성과 실효성을 바탕으로 그 목적과 내용대로 실현되는 힘을 의미한다. ② 이때
법의 효력의 개념
타당성이란 법이 구속력을 가질 수 있는 정당한 자격을 말한다.
③ **#** 법이 효력을 발휘하기 위해 갖추어야 할 조건 ① 타당성
국민과 법이 추구하는 정의가 서로 같고, ⓐ 적법한 절차에 의해서
타당성의 성립 요건 ①   타당성의 성립 요건 ②
법이 제정된 경우에는 타당성이 있다고 할 수 있다. ④ **실효성**이란 법이
현실로 지켜져 실현되게 하는 강제력을 의미한다. ⑤ 실효성이 없는
법이 효력을 발휘하기 위해 갖추어야 할 조건 ② 실효성
법은 법을 이행하도록 하는 실제적인 힘이 없기 때문에 공동체의
법으로서 효력이 없다. ⑥㉠ 법은 이러한 타당성과 실효성을 모두
 # 법이 실효성을 갖추어야 하는 이유
갖추어야 효력을 발휘하며, 효력을 갖춘 법이 미치는 범위는 시간, 사람, 장소로 구분할 수 있다.

> **구속력**: 자유행동을 구속하는 효력. 또는 어떤 행위를 강제로 못 하게 하는 힘
> **이행하다**: 실제로 행하다.

* ① 문단 요약 : 법의 효력의 개념과 법이 효력을 발휘하는 요건

② ① 법의 시간적 효력은 [법의 부칙에 별도로 규정된 시행일로부터
발생한다. ② **#** [ ]: 법의 시간적 효력이 발생되는 시점
만약 시행일을 규정하지 않은 경우에는 법을 공포*한
날로부터 20일이 ⓑ 경과되면 법의 효력이 자동적으로 발생한다.]
③ 규정된 폐지일이 지나거나, 폐지일 이전에 법 자체가 폐지되면 법의
효력은 소멸한다. ④ **#** [ ]: 법의 시간적 효력이 소멸되는 기준
폐지일이 규정되지 않은 경우에는 구법의 내용과
상충되는 신법이 시행되었을 때 구법의 효력이 소멸된다.] ⑤ 법의
효력은 시행 후에 발생한 사항에만 적용되며 ⓒ 시행 이전에 발생한
사항에 대해서는 적용되지 않는다. ⑥ 왜냐하면 법을 ⓓ 소급해서
적용할 경우 이미 신법 시행 이전에 적법하게 취득한 권리를 침해하여
법의 시행 이전에 발생한 사항에 대해서 효력을 적용하지 않는 이유
사회적 혼란을 일으킬 수 있기 때문이다. ⑦ 그러나 신법이 시행될 때
이전에 발생한 사건에 대한 구법의 시간적 효력이 남아 있는 경우
 # 신법을 소급하여 적용하는 예외적인 경우
예외적으로 신법을 소급하여 적용할 수 있다.

> **부칙**: 법률이나 명령의 끝에 붙여서 경과 규정, 시행 기일, 구법의 폐지, 세칙을 정하는 법 따위를 정하여 놓은 것
> **상충되다**: 맞지 아니하고 서로 어긋나게 되다. **적법하다**: 법규에 맞다.
> **취득하다**: 자기 것으로 만들어 가지다.

* ② 문단 요약 : 법의 시간적 효력

③ ① 법의 인적 효력은 한 사람에게 어느 나라의 법을 적용하느냐에
관한 문제로, 속인주의와 속지주의 중 어떤 원칙을 선택하느냐에 따라
효력이 미치는 범위가 달라진다. ② **속인주의**란 [그 나라의 국적을 가진
법의 인적 효력의 특징   [ ]: 속인주의의 개념
사람이 어느 장소에 있든지 관계 없이 국적국의 법을 적용하는
원칙]이다. ③ 예를 들어 우리나라 사람이 외국에서 죄를 지은 경우
속인주의에 따르면 우리나라 법의 적용을 받게 된다. ④ 그런데 [외국에
있는 우리나라 사람이 불법적인 행위를 한 상황에서 속인주의를
[ ]: 속인주의를 따를 경우 일어날 수 있는 문제
적용한다면 다른 나라의 영토 주권을 침범하여 문제가 발생할 수
있다.] ⑤ 이러한 한계는 속지주의로 보완할 수 있다. **속지주의**란 [자국의
영역 내에 있는 모든 사람에 대하여 내·외국인을 불문하고 자국법을
적용한다는 원칙이다.] ⑦ *[ ]: 속지주의의 개념*
가령 외국인이 우리나라에서 범죄를 저질렀을

때, 속지주의에 따르면 우리나라 법의 적용을 받게 된다.❽ 그런데 [주한 외교 사절은 기본적으로 우리나라의 법을 준수해야 하지만, ⓔ 면책 특권 때문에 예외적으로 법의 효력이 발생하지 않는다.]
#[ ]: 속지주의가 적용되지 않는 예외적인 경우

*③문단 요약 : 법의 인적 효력

④❶ 법의 장소적 효력은 법이 어떤 공간에 적용되느냐에 관한 문제이다. 국가의 법은 원칙적으로 그 국가의 주권이 미치는 전체❷ 영역인 영토, 영해, 영공에 걸쳐 적용되는데, 예외적으로 도시계획법
법의 장소적 효력이 발휘되는 일반적인 범위   장소적 효력이 특정 지역에만 적용되는 예외적인 경우
중 일부 조항처럼 특정 지역에만 적용되는 법도 있다.

영해: 영토에 인접한 해역으로서, 그 나라의 통치권이 미치는 범위
영공: 영토와 영해 위의 하늘로서, 그 나라의 주권이 미치는 범위

*④문단 요약 : 법의 장소적 효력

* 공포: 이미 확정된 법률, 조약, 명령 따위를 일반 국민에게 널리 알리는 일

■ 전체 지문 이해도

법의 효력

타당성	시간적 효력	① 부칙에 규정된 시행일부터 발생 ② 법 공포 후 20일 경과시 발생
법이 구속력을 가질 수 있는 정당한 자격	인적 효력	① 속인주의: 국적을 따름. ② 속지주의: 영역을 따름.
실효성	장소적 효력	① 원칙: 주권이 미치는 전체 영역 ② 예외: 도시계획법 → 특정 지역
법이 현실로 지켜져 실현되게 하는 강제력		

■ 지문 내용과 구조

①문단	법의 효력의 개념과 조건 – 개념: 사회 규범으로서의 법이 타당성과 실효성을 바탕으로 그 목적과 내용대로 실현되는 힘 – 발휘 조건 ① 타당성: 법이 구속력을 가질 수 있는 정당한 자격 　　　　　② 실효성: 법이 현실로 지켜져 실현되게 하는 강제력
②문단	법의 시간적 효력 – 발생 시점 ① 법의 부칙에 규정된 시행일 　　　　　② 시행일 규정 X → 법을 공포한 날로부터 20일 후 – 소멸 시점 ① 규정된 폐지일 　　　　　② 법 자체가 폐지되는 시점 　　　　　③ 폐지일 규정 X → 구법과 상충되는 신법 시행 시점 – 적용 범위: 시행 후에 발생한 사항에만 적용됨. 신법이 시행될 때 구법의 시간적 효력이 남아있다면 소급 적용 가능(예외)
③문단	법의 인적 효력: 원칙에 따라 효력의 범위가 달라짐. – 속인주의: 그 나라의 국적을 가진 사람이 어느 장소에 있는지 관계 없이 국적국의 법을 적용하는 원칙 – 속지주의: 자국의 영역 내에 있는 모든 사람에 대하여 내·외국인을 불문하고 자국법을 적용한다는 원칙
④문단	법의 장소적 효력 – 원칙적으로 국가의 주권이 미치는 전체 영역에 적용됨. – 예외: 특정 지역에만 적용되는 법도 있음.(도시계획법)

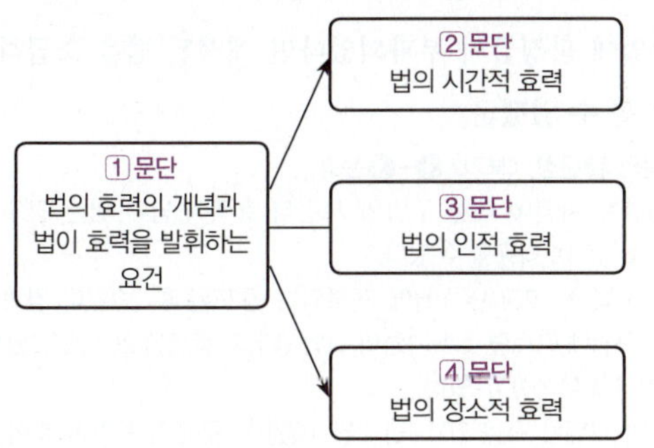

■ 주제: 법의 효력의 개념과 적용 범위

26 정답 ① ＊ 내용 파악하기 ································· [정답률 66%]

윗글의 내용과 일치하는 것은?

>왜 정답?

① 법의 효력은 국가 영역의 일부에만 적용될 수도 있다.
　　　　　　　특정 지역에만 적용되는 법도 있음.

④문단 ❷문장 국가의 법은 원칙적으로 그 국가의 주권이 미치는 전체 영역인 영토, 영해, 영공에 걸쳐 적용되는데, 예외적으로 도시계획법 중 일부 조항처럼 특정 지역에만 적용되는 법도 있다.

>왜 오답?

② 법의 폐지일이 경과하지 않으면 법을 폐지할 수 없다.
　　　　　　　　　　　　　　　　　　　　　　있음.

②문단 ❸, ❹문장 규정된 폐지일이 지나거나, 폐지일 이전에 법 자체가 폐지되면 법의 효력은 소멸한다. 폐지일이 규정되지 않은 경우에는 구법의 내용과 상충되는 신법이 시행되었을 때 구법의 효력이 소멸된다.
법의 폐지일이 경과하지 않더라도 폐지일 이전에 법 자체가 폐지될 수 있다.

③ 법의 효력은 부칙에 시행일을 반드시 규정해야 발생한다.
　　　　　　　　　　규정하지 않은 경우 법 공포 후 20일이 경과되면 발생함.

②문단 ❷문장 만약 시행일을 규정하지 않은 경우에는 법을 공포한 날로부터 20일이 경과되면 법의 효력이 자동적으로 발생한다.

④ 주한 외교 사절은 우리나라의 법을 준수하지 않아도 된다.
　　　　　　　　　　　　　　　　　준수해야 함.

③문단 ❽문장 그런데 주한 외교 사절은 기본적으로 우리나라의 법을 준수해야 하지만, 면책 특권 때문에 예외적으로 법의 효력이 발생하지 않는다.
주한 외교 사절은 면책 특권 때문에 법의 효력이 발생하지는 않지만, 기본적으로 우리나라의 법을 준수해야 한다.

⑤ 외국에 있는 우리나라 사람에게 우리나라 법을 적용하더라도 타국의 영토 주권을 침범하지 않는다.
　　　　　　　　　　　　　　　침범함.

③문단 ❷, ❹문장 속인주의란 그 나라의 국적을 가진 사람이 어느 장소에 있든지 관계 없이 국적국의 법을 적용하는 원칙이다. ~ 속인주의를 적용한다면 다른 나라의 영토 주권을 침범하여 문제가 발생할 수 있다.
속인주의에 따라 타국에 있는 자국민에게 자국법을 적용한다면 타국의 영토 주권을 침범하는 문제가 발생한다.

27 정답 ④ ＊ 내용 파악 + 추론하기 ···················· [정답률 72%]

㉠의 이유로 가장 적절한 것은?
'법은 이러한 타당성과 실효성을 모두 갖추어야 효력을 발휘하며'

>왜 정답?

④ 법이 실효성만 있고 타당성이 없으면, 법이 추구하는 정의를 국민으로부터 인정받을 수 없기 때문에
국민과 법이 추구하는 정의가 서로 다르면 타당성도 없음.

①문단 ❷~❻문장 이때 타당성이란 법이 구속력을 가질 수 있는 정당한 자격을 말한다. 국민과 법이 추구하는 정의가 서로 같고, 적법한 절차에 의해서 법이 제정된 경우에는 타당성이 있다고 할 수 있다. 실효성이란 법이 현실로 지켜져 실현되게 하는 강제력을 의미한다. 실효성이 없는 법은 법을 이행하도록 하는 실제적인 힘이 없기 때문에 공동체의 법으로서 효력이 없다. ㉠ 법은 이러한 타당성과 실효성을 모두 갖추어야 효력을 발휘하며, ~

타당성이 있는 법은 국민과 법이 추구하는 정의가 서로 같은 법이다. 한편 실효성이 있는 법은 법을 이행하도록 하는 강제력이 있는 법이다.
즉, 법이 실효성만 있고 타당성은 없다면, 법을 실현할 수 있는 강제력은 지니지만 그 법이 추구하는 정의가 국민이 추구하는 정의와 달라 국민으로부터 인정받을 수 없을 것이다.

① 법이 타당성만 있고 실효성이 없으면, 법의 제정 과정에서 절차적
　　~~정당성을 가질 수 없기~~ 때문에
　　　　　　타당성의 성립 요건
　　　　　있음.

＊근거: ①문단 ❸문장

② 법이 타당성만 있고 실효성이 없으면, 법 위반 행위를 금지하는
　　~~정당한 자격을 갖출 수 없기~~ 때문에
　　　　　　　　타당성
　　　　　있음.

＊근거: ①문단 ❷문장

> **매력 오답** 선택지의 '법 위반 행위를 금지하는 정당한 자격'과 타당성의 개념인 '법이 구속력을 가질 수 있는 정당한 자격'이 같은 의미라는 것을 파악하지 못한 학생들이 많았다.
> '구속력'이 '구속할 수 있는 힘'이고, '구속'은 제한, 속박 등의 의미가 있다는 것을 알았다면 어렵지 않게 틀린 선택지라는 것을 파악할 수 있었다. 빈출되는 어휘의 뜻을 꼭 맥락과 함께 기억해 두자.

③ 법이 실효성만 있고 타당성이 없으면, 해당 법의 실현을 위한
　　~~강제력을 가질 수 없기~~ 때문에
　　　　　　　실효성의 개념
　　　　　있음.

＊근거: ①문단 ❹문장

⑤ 법이 타당성과 실효성을 모두 갖추더라도, 법을 실제적으로
　　이행하도록 하는 힘을 국민들에게 ~~인정받지 못하기~~ 때문에
　　　　　　　　　　　실효성의 개념
　　　　　　인정받을 수 있음.

＊근거: ①문단 ❺문장

---

28 정답 ② ＊구체적 사례나 상황에 적용하기 ……… [정답률 86%]

윗글을 참고할 때, 〈보기〉의 ㉮ ～ ㉰에 들어갈 수 있는 말을 바르게 짝지은 것은?

〈보기〉

음주가 허용된 나라인 A국 국민 ○○씨가 음주가 금지된 B국에서
　　　　　　　　　　　　　　　○○씨의 국적
음주를 한 경우, ㉮ 에 따르면 ㉯ 의 법을 적용해야 하고, 이에
　　　　　　　　　　　　　외국에서 죄를 지음.
따르면 ○○씨는 ㉰ .
　　※ 단, ○○씨는 A국에서 B국으로 파견된 외교 사절은 아님.
　　　　　　면책 특권이 없으므로 법의 효력이 발생함.

＞왜 정답·오답？

	㉮	㉯	㉰
②	속지주의	B국	처벌받을 것이다

①-❷문장 속인주의란 그 나라의 국적을 가진 사람이 어느 장소에 있든지 관계 없이 국적국의 법을 적용하는 원칙이다.

①-❻문장 속지주의란 자국의 영역 내에 있는 모든 사람에 대하여 내·외국인을 불문하고 자국법을 적용한다는 원칙이다.

• **속지주의를 따를 경우**
　속지주의에 따르면, ○○씨는 B국의 영역 내에서 음주를 했으므로 이에 대해 B국의 법을 적용해야 한다. B국의 법을 적용하면 ○○씨는 법에서 금지된 행동을 한 것이므로 처벌을 받을 것이다.
　따라서 ㉮에 '**속지주의**'가 들어갈 경우 ㉯에 들어갈 말은 '**B국**'이고 ㉰에 들어갈 말은 '**처벌받을 것이다**'이다.

• **속인주의를 따를 경우**
　속인주의에 따르면, ○○씨는 A국 국민이므로 B국에서 한 행동에 대해서도 A국의 법을 적용해야 한다. A국은 음주를 허용하고 있으므로 A국의 법을 적용하면 ○○씨의 음주는 처벌을 받지 않을 것이다.
　따라서 ㉮에 '속인주의'가 들어갈 경우 ㉯에 들어갈 말은 'A국'이고 ㉰에 들어갈 말은 '처벌받지 않을 것이다'이다.

---

29 정답 ⑤ ＊구체적 사례나 상황에 적용하기 ……… [정답률 56%]

윗글을 바탕으로 〈보기〉를 이해한 내용으로 적절하지 <u>않은</u> 것은? [3점]

〈보기〉

❶ △△기업은 2010년 1월부터 2월까지 가격 담합을 했다는 혐의로 2016년
　　　　　　　　　　　　　　　　　위법 행위
6월에 조사를 받기 시작했다. 1990년 1월에 제정된 관련법은 별도의
❷　　　　　　　　　　　　　　　　　　　　　구법
폐지 시기를 규정하지 않았는데, 이에 따르면 과징금은 '위법 행위 종료일
신법이 시행되면 효력이 소멸함.　　❸　　△△기업의 위법 행위 종료일: 2010년 2월
부터 5년'까지 부과할 수 있다. 그런데 이 법이 개정되어 2012년 2월 1일에
　　　　　　　　　　　　　　　신법
공포된 후 2월 10일부터 시행되었다. ❹ 과징금을 부과할 수 있는 기간은
개정된 법(신법)의 효력 발생
'위법 행위에 대한 조사 개시일로부터 5년'으로 변경되었고, 효력을 현재
△△기업에 대한 조사 개시: 2016년 6월
까지 계속 유지하고 있다.

1990.01.	2010.02.	2012.02.	2016.06.
관련법 제정(구법)	위법 행위 종료일	• 개정된 법 공포(2.1.)	위법 행위 조사 개시일
→ 위법 행위 종료일부터 5년까지 과징금 부과 가능	→ 관련법에 따라 5년 후인 2015년 2월까지 과징금 부과 가능	→ 구법 효력 존재, 신법 소급 적용 가능	→ 신법에 따라 2021년 6월까지 과징금 부과 가능
		• 개정된 법 시행(2.10.)	
		→ 구법 효력 소멸, 신법 효력 발생	

＞왜 정답？

⑤ 법이 개정되지 않았더라도 2016년 6월에 △△기업에 대해 과징금
　처분을 내릴 수 ~~있었겠군.~~
　　　　　　　없었음.

＊근거: ②문단 ❹문장, 〈보기〉 ❶, ❷문장
　〈보기〉의 관련법은 과징금을 부과할 수 있는 기간을 위법 행위 종료일로부터 5년까지로 규정하고 있다. △△기업의 위법 행위가 종료된 시점은 2010년 2월이므로, 과징금을 부과할 수 있는 기간은 2015년 2월까지이다. 따라서 2016년 6월에는 과징금을 부과할 수 없다. 즉, 법이 개정되지 않았더라도 △△기업에 대해 과징금 처분을 내릴 수 없었을 것이다.

＞왜 오답？

① 구법의 효력은 개정된 법의 시행일로부터 소멸했겠군.
　구법의 폐지 시기를 규정하지 않았으므로 개정된 법이 시행되면 소멸함

＊근거: ②문단 ❹문장
　〈보기〉의 구법은 별도의 폐지 시기를 규정하지 않았다. 이 경우 구법의 내용과 상충되는 신법이 시행되었을 때 효력이 소멸된다.

② 개정된 법에 따르면 △△기업에 대한 과징금은 2021년 7월에는
　　　　　　　　　　　　　　　　　　　조사 개시일로부터 5년이 지남.
　부과할 수 없겠군.

＊근거: 〈보기〉 ❶, ❹문장
　〈보기〉의 개정된 법은 과징금을 부과할 수 있는 기간을 위법 행위에 대한 조사 개시일로부터 5년까지로 규정하고 있다. △△기업의 위법 행위에 대한 조사 개시일은 2016년 6월이므로 과징금을 부가할 수 있는 기간은 2021년 6월까지이다. 2021년 7월에는 과징금을 부과할 수 없다.

③ △△기업에 과징금이 부과되었다면 개정된 법을 소급하여 적용한
　　　　　　　　　　　　　　　　　구법의 시간적 효력이 남아 있으므로 소급 적용이 가능함.
　것으로 볼 수 있겠군.

＊근거: ②문단 ❼문장, 〈보기〉 ❶~❸문장
　이전에 발생한 사건에 대한 구법의 시간적 효력이 남아 있는 경우 예외적으로 개정된 법을 소급하여 적용할 수 있다.
　〈보기〉의 구법은 1990년 1월에 제정되어 공포된 후 20일이 경과했을 때부터 효력이 있다. 구법에 따르면 △△기업의 위법 행위가 종료된 2010년 2월부터 2015년 2월까지 과징금을 부과할 수 있다.
　개정된 법이 시행된 것은 2012년 2월 10일로, 구법의 시간적 효력이 남아 있는 시기이다. 따라서 △△기업에 개정된 법을 소급하여 적용할 수 있다.

④ 개정된 법이 공포된 시점에는 △△기업의 담합 행위에 대한
아직 시행되지 않은 시점임.
구법의 효력이 존재했겠군.
개정된 법이 시행되지 않으면 구법의 효력이 존재함.

＊근거: ②문단❶, ❹문장

　법은 시행일로부터 효력이 발생하고, 그 효력은 법의 폐지일이 별도로 규정되지 않은 경우에는 구법의 내용과 상충되는 신법이 시행되었을 때 소멸한다.

　〈보기〉의 구법은 폐지 시기가 규정되지 않았으므로, 개정된 법이 시행되기 전까지는 효력이 존재한다. 따라서 개정된 법이 공포된 시점에는 구법의 효력이 존재한다.

> **매력
> 오답**　개정된 법이 공포되었다고 해도 시행되기 전에는 효력이 없고, 폐지 시기가 규정되지 않은 구법의 효력이 존재한다. 법이 공포된 시점과 시행되어 효력이 발생하는 시점이 다른데, 법이 공포되면 바로 시행되는 것으로 이해했다면 틀리기 쉬운 선택지이다.

30　정답 ③　＊어휘의 의미 파악하기 ·························· [정답률 87%]

ⓐ ～ ⓔ의 사전적 의미로 적절하지 <u>않은</u> 것은?

> **왜 정답?**

③ ⓒ: **어려운 점을 무릅쓰고 행함.** – '강행'의 의미임.
'시행' – '법령을 공포한 뒤에 그 효력을 실제로 발생시키는 일'이라는 의미임.

> **왜 오답?**

① ⓐ: **법규에 맞음.**
'적법'

② ⓑ: **시간이 지나감.**
'경과'

④ ⓓ: **과거에까지 거슬러 올라가서 미치게 함.**
'소급'

⑤ ⓔ: **책임이나 책망을 면함.**
'면책'

31~34　＊작자 미상, 〈왕시전〉

출제 ❶중심인물, 배경 ❷중심 사건, 갈등 ❸서술상 특징

[앞부분의 줄거리] 왕언의 딸 왕시는 홍관 땅의 김유령을 만나 혼인을 했지만 나라의
김유령의 아내 ❶중심인물
늙은 신하에 의해 이별하게 되었다.

＊관탈민녀 모티프: 지배계층의 남성이 자신의 권력을 이용하여 하층민 여성의 정절을 뺏으려 하는 이야기 구조

❶김유령이 무릎을 꿇고 대답하였다.

❷["제 나이 스무 살 되었을 때 아내를 얻었는데, **나라의 노신하가
왕시
궁녀로 들이니** 늘 서러워하며 지내고 있습니다. 세상일도 잊은 채,
❸관탈민녀 모티프가 나타남.
다만 아내의 소식이나 한번 듣고 싶어 그것만을 희망하고 살고 있었습니다. 그런데 어느날 꿈에 선할아버님께서 이르시기를, '어찌 화산도사를 찾아가 보지 않는가? 그 도사가 못할 일이 없으니 네가
❶중심인물, 김유령을 조력하는 초월적 존재
가보면 소원을 이룰 수 있으리라. 갈 때 돈 일만 관을 가져가라.'라고 하셨습니다. 그래서 꿈에서 깨어나자마자 돈을 장만하여 가지고 이렇게 온 것입니다."] ❸[ ]: 인물의 발화를 통해 사건의 경위를 요약적으로 제시함.

❸그러자 도사가 말했다.

❹"네 아내를 도로 밖으로 내어다 살고자 하느냐? 네 뜻을 자세히 말해라."

❺김유령이 말했다.

❻["도로 내어다 살기야 바랄 수 있겠습니까? 그저 나와 하루만이라도
[ ]: 김유령의 현실적 소망 – 궁녀가 된 왕시와 살 수 없으므로 말이나 나누기를 바람.
만나보아 서로 말이나 나누었으면 합니다."]

❼도사가 그 말을 듣고 말했다.

❽"네 뜻을 바로 말하지 않는구나. 하루만 보고 헤어지면 더욱 슬플
김유령의 속마음을 파악하고 있음.
것이다. 그러니 어떻게 해주었으면 좋겠다고 사실대로 다 말해라."

❾그러자 김유령이 다시 대답하였다.

❿"함께 살기야 어찌 바라지 않을까마는 불가능할 일이라 차마 말씀드리지 못할 뿐입니다. [만약 함께 살게만 해 주신다면 제가
김유령의 진정한 소원
두엄을 지고 다니는 사람이 되라 한다 해도 원망하지 않겠습니다.]"
[ ]: ❷중심 사건 – 김유령이 화산도사에게 헤어진 아내와 함께 살게 해 달라고 부탁함.

〔두엄: 풀, 짚 또는 가축의 배설물 따위를 썩힌 거름〕

＊① 요약: 김유령이 화산도사에게 왕시와 다시 함께 살게 해 달라고 호소함.

(중략)

❶　❶공간적 배경: 화산

②"접때 이 땅에 오라고 하시던 사람인데 다시 왔습니다."
김유령

❷그러자 도사가 대답했다.
＊적강 모티프: 천상계의 존재가 천상에서 지은 죄 때문에 지상으로 유배를 가는 이야기 구조

❸"네가 인간 세계에 태어나서도 착실한 사람이므로 월궁도사가 너에게 알려준 것이다. 그래서 그대의 일이 이루어지도록 정으로 가르침으로써 **그대가 선간(仙間)에서 저지른 일이 잘못되었다**하고
❸ 적강 모티프가 나타남.
인간 세상에서 일 년만 좋은 일을 하면 선간에서 전에 지은 죄를
화산도사가 김유령에게 제시했던 조건
없애려고 그대의 말을 들으려 했더니, 그대 무엇 때문에 짐승을
[A]
살게 하였단 말인가? 비록 하늘이 생겨나게 했으나 뱀이란 모질어
[A]: 화산도사가 바람직하지 못한 것(뱀, 도적)을 살려 준 김유령을 질책함.
죄없는 사람이며 불쌍한 짐승을 다 잡아먹느니라. 또 남의 것을 빼앗고 죄없는 사람을 죽이는 도적을 어째서 살려주었느냐? 불쌍한
화산도사가 김유령에게 요구했던 내용
것을 구제하라 하였지 그런 것들을 살려내라 하더냐? 이 두 가지
뱀, 도적
일을 또 저질렀으니 삼 년간 조심하고 사 년 만에 오너라. 그때 보자."

❹　# ❷중심 사건: 화산도사가 김유령에게 소원을 이루기 위해 수행해야 하는 과업을 제시함.
이러고는 간데없이 사라졌다.❺김유령이 애닯고 민망해 집에 와서 <u>문을</u>
❸ 서술자: 3인칭 서술자, 시점: 전지적 작가 시점
닫고는 들어앉아 조심하여 **그릇된 일을 전혀 하지 않았다.**❻그렇게
왕시를 다시 만나기 위해 화산도사의 말을 따름. → 왕시를 향한 사랑이 드러남. ❼
행실을 삼가고 있다가 사 년 만에 <u>화산</u>으로 들어갔다. 그제서야
❸ 시간의 경과를 요약적으로 제시함.　❶ 공간적 배경
도사는 김유령이를 보고 이렇게 말했다.

❽["네 뜻이 보통이 아니로다. 돌이 굳지만 모래 될 때가 있고 쇠가
[B]: 화산도사가 김유령의 단단한 성품을 칭찬하고 소원을 이루어주기로 함.
[B] 굳다 하나 녹을 때가 있으되 너는 돌이나 쇠보다도 더욱 굳은
❸ 비유적 표현을 활용하여 인물의 성품을 드러냄.
사람이로다. 네게 이루어질 게 있으리라. 네 돈을 내라."]
아내와 함께 살고 싶다는 소원

❾[김유령이 돈을 내어 바치니 그 도사가 동쪽으로 그중의 일백을 던지니 이윽고 푸른 옷 입은 사람이 오는 것이었다. ❿다시 서쪽으로
: 초월적 존재인 화산도사가 도술로 불러낸 존재들
일백을 던지자 이윽고 흰 옷 입은 사람이 오고 또 일백을 북쪽으로 던지니 검은 옷 입은 사람이 오고 나머지를 공중에다 던지자 이윽고 쇠머리 쓴 사람과 용의 몸을 지닌 사람과 귀밑머리가 단정한 사람 등이 오는 것이었다.]⓫도사가 그중 검은 옷 입은 사람더러 말했다.
⓬[ ]: ❸ 전기적, 비현실적 요소를 통해 인물의 신이한 능력을 드러냄.
"유령이를 죽여 대령하고, 궁궐에 가 왕시도 죽이고 오라."

⓭그러자 그 검은 옷 입은 사람이 즉시 유령이를 죽여 대령하고 왕시도 죽이고 와서는 보고하였다.

⓮"왕시를 죽이고 왔습니다."

⓯그러자 이번에는 푸른 옷 입은 사람더러 말했다.
＊재생 모티프: 살아 있던 것이 죽었다 다시 살아나거나, 훼손되거나 상실되었던 신체 일부가 되살아나는 이야기 구조
⓰"유령이를 살려내라."

⓱그러자 살려내는 것이었다. ⓲도사가 김유령더러 말했다.
❸ 재생 모티프가 나타남.

⑲"네 집에 가서 들어보아라. 왕시가 죽었다며 장례를 치를 것이다. 담당 관리를 내어 석 달 만에 묻으면 네 소원이 이루어질 것이지만,
(왕시를 살리기 위한 조건)
석 달 안에 묻지 못하면 네 소원이 이루어지지 못할 것이니라. 그러니 빨리 가라."

⑳유령이 청원하였다. / ㉑"집이 두 달 걸리니 어찌하면 좋겠습니까?"

㉒그러자 그 도사가 사람을 불러 이렇게 일렀다.

㉓"김유령이로 하여금 그 집에 들어가도록 하여라."

㉔[이윽고 서쪽으로부터 구름이 일고 천둥치며 하늘과 땅이 자욱하게
\# [ ]: ❸ '도사가 부른 사람'이 도술을 부리는 데서 전기적, 비현실적 요소가 나타남.
어두워졌다가 밝아지는 것이었다. ㉕살펴보니 **어느 결에 자기 집에**
❶ 공간적 배경: 김유령의 집
도착해 있었다.] ㉖들어보니 왕시가 죽었다며 장례 담당 관원을 내어 묻으려고 하였다.

㉗김유령이 장례 담당 관원에게 소청하여 스무 날 내에 묻었다. ㉘김유령이
\# ❷ 중심 사건: 김유령이 화산도사의 지시에 따라 왕시를 묻어 줌.
생각하니, 도사 말이 자신의 소원을 이룰 수 있다고 해서 기쁘기는 하나 그 시신을 묻고 보니 슬픈 심사가 더욱 그지없었다. ㉙다시
(사랑하는 왕시가 죽었기 때문임.)
화산으로 즉시 가서 도사에게 왕시를 묻었다고 아뢰려고 하였다.
\# 화산도사에게 왕시를 묻은 사실을 알리려 함.

┌ **선간**: 신선이 산다 곳.   **모질다**: 마음씨가 몹시 매섭고 독하다.
│ **구제하다**: 자연적인 재해나 사회적인 피해를 당하여 어려운 처지에 있는 사람을
│ 도와주다.   **애닯다(애달프다)**: 애처롭고 쓸쓸하다.
│ **그릇되다**: 어떤 일이 사리에 맞지 아니하다.   **행실**: 실지로 드러나는 행동
│ **대령하다**: 윗사람의 지시나 명령을 기다리다. 또는 그렇게 하다.
│ **청원하다**: 일이 이루어지도록 청하고 원하다.
│ **자욱하다**: 연기나 안개 따위가 잔뜩 끼어 흐릿하다.
│ **관원**: 관청에 나가서 나랏일을 맡아보는 사람   **소청하다**: 하소연하여 청하다.
└ **심사**: 어떤 일에 대한 여러 가지 마음의 작용

＊② 요약 : 김유령이 화산도사가 제시한 과업을 수행하고, 죽은 왕시를 묻어 줌.

③❶화산에 가니 마침 그 도사가 월궁도사를 만나러 간 지 열흘이 넘도록 오지 않고 있었다. ❷매우 민망하여 음식을 먹지 않은 지 이레가 되어 기운과 정신이 아주 없었다. ❸도사를 모시고 다니는 아이더러 그 서러운 사정을 말하니, 그 아이도 도무지 어디에 들어가 있는지 몰라
(화산도사에게 왕시를 묻은 일을 말하고자 찾아왔지만 열흘이 넘게 화산도사를 만나지 못함.)
더욱 민망해 하고 있었다.

❹이윽고 천지가 자욱하고 천둥치고 바람불고 비내리고 어두워져 심사가 더욱 아득하여 어쩔 줄을 몰랐다. ❺그러더니 문득 날도 밝아지고 바람도 그치고 비도 개면서 도사가 내려오는 것이었다.

❻김유령이 나아가 뵙고, 왕시 묻은 일을 말하였다. ❼그러자 [도사가 조그만 종이에 주사(朱砂)를 갈아서 부적을 써서 공중으로 치올리니 이윽고 도끼 가진 것과 괭이 가진 귀신이 모두 오는 것이었다. ❽또
❸ 전기적, 비현실적 요소를 통해 초월적 존재인 도사의 신이한 능력을 나타냄.
동방에서 내치니 이윽고 푸른 옷 입은 사람이 왔다.

❾도사가 그 푸른 옷 입은 사람에게 말했다.

❿"저 귀신을 데리고 왕시의 무덤을 파내 화산 밑에다가 두고 와라."

⓫그러자 푸른 옷 입은 놈이 그 귀신을 데리고 갔다. ⓬이윽고 북방의 검은 옷 입은 사람더러 말했다.

⓭"옛집에 가서 무빙 등 왕시를 알던 종들을 다 잡아다가 유희국에다가
(죽은 왕시가 다시 살아난 것이 알려지지 않도록 왕시를 아는 사람들을 유희국으로 보냄.)
두어라."

⓮그러자 하직하고 가는 것이었다. ⓯도사가 김유령더러 말했다.

⓰"이제야 **그대의 소원이 이루어질 것이다**. 내려가라. 다만 왕시의
\# 김유령과 왕시가 만나는 행복한 결말을 암시함.
종들을 다 잡아온 것은 행여 일이 생기면 네가 잘못될 것이므로 죽여온 것이니 서러워 말라."]
[ ]: ❷ 중심 사건 – 화산도사가 김유령의 소원을 들어주고자 신이한 능력을 발휘함.

┌ **이레**: 일곱 날.
│ **주사**: 경련·발작을 진정시키는 데 쓰는 수은으로 이루어진 황화 광물. 흔히 덩어리
│ 모양으로 점판암, 혈암, 석회암 속에서 나며 수은의 원료, 붉은색 안료(顔料), 약재로
│ 쓴다.
│ **괭이**: 땅을 파거나 흙을 고르는 데 쓰는 농기구
└ **하직하다**: 무슨 일이 마지막이거나 무슨 일을 그만두다.

＊③ 요약 : 화산도사가 김유령의 소원을 들어주고자 도술을 부림.

▣ 독해 공식

❶ **중심인물**: 김유령, 화산도사
   공간적 배경: 화산, 김유령의 집
❷ **중심 사건**: 김유령이 화산도사에게 헤어진 아내와 함께 살게 해 달라고 부탁함. 화산도사가 김유령에게 소원을 이루기 위해 수행해야 하는 과업을 제시함. 김유령이 화산도사의 지시에 따라 왕시를 묻어 줌. 화산도사가 김유령의 소원을 들어주고자 신이한 능력을 발휘함.
   갈등: 드러나지 않음.
❸ **서술상 특징**
· 서술자: 3인칭 서술자, **시점**: 전지적 작가 시점
· 관탈민녀 모티프가 나타남.
· 인물의 발화를 통해 사건의 경위를 요약적으로 제시함.
· 적강 모티프가 나타남.
· 시간의 경과를 요약적으로 제시함.
· 비유적 표현을 활용하여 인물의 성품을 드러냄.
· 전기적, 비현실적 요소를 통해 인물의 신이한 능력을 나타냄.
· 재생 모티프가 나타남.

■ **갈래**: 고전소설, 애정소설
■ **이 작품은?** 남자와 여자가 헤어졌다가 다시 만나는 내용의 남녀이합형 소설로, 왕시와 김유령이 혼인 후 겪는 갈등과 고난, 그리고 그 극복 과정이 드러난다. 또한 관탈민녀 모티프, 적강 모티프, 재생 모티프 등 다양한 이야기 구조가 나타난다.
■ **인물 관계도**

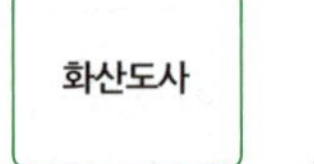

■ **주제**: 아내에 대한 남편의 순수한 사랑과 애정
■ **이것이 핵심!**: 〈왕시전〉에 반영된 모티프(화소)

관탈민녀 모티프	지배계층의 남성(늙은 신하)이 자신의 권력을 이용하여 하층민 여성(왕시)을 강제로 궁녀로 데리고 감.
적강 모티프	천상계의 존재(김유령)가 천상에서 지은 죄로 지상에 유배를 옴.
재생 모티프	화산도사가 살아 있던 김유령과 왕시를 죽인 후 다시 살려 냄.

■ **전체 줄거리**
　홍관 땅에 사는 김유령은 왕언의 딸 왕시를 만나 19살에 혼인을 한다. 그러나 혼인한 지 한 달 만에 나라의 노신가가 왕시를 궁녀로 들여 둘은 헤어지게 된다. 그러던 어느 날 김유령은 꿈에서 돈 일만 관을 가지고 화산도사를 찾아가 보라는 말을 듣는다. 화산도사를 만난 김유령은 도사에게 왕시와 다시 함께 살 수 있도록 도와달라고 요청한다. 화산도사는 김유령에게 1년 동안 선업을 쌓고 오라는 과업을 부여하지만, 김유령은 악한 존재인 뱀과 도적까지 살리고 만다. 그리고 그 대가로 근신하라는 명을 받는다.
　김유령이 4년 만에 다시 입산하자, 화산도사는 신인들을 불러 김유령과 왕시를 죽게 한다. 화산도사가 죽은 김유령을 다시 살리고, 석 달 안에 왕시의 장례를 치러야만 김유령의 소원을 들어줄 수 있다고 말한다.
　이에 김유령은 스무 날 내에 왕시를 묻고 화산도사를 다시 찾아간다. 화산도사는 부적으로 다시 신인을 불러 왕시의 무덤에서 시신을 파 화산 밑에 둘 것과 왕시의 종인 무빙도 유희국에 둘 것을 명한다. 화산도사와 작별한 뒤 김유령은 왕시를 다시 만나고 다른 곳으로 이사해 함께 80살까지 살다가 죽었는데, 천상계의 존재였던 김유령은 그 흔적이 남지 않았다.
(: 지문 수록 부분)

31 정답 ① ＊서술상 특징 파악하기 ························· [정답률 85%]

윗글의 서술상 특징으로 가장 적절한 것은?

>왜 정답?

① 인물 간의 대화를 중심으로 사건을 전개하고 있다.
김유령과 화산도사의 대화

[① 김유령이 무릎을 꿇고 대답하였다. ~ 그러자 도사가 말했다. ~ 김유령이 말했다. ~ 도사가 그 말을 듣고 말했다. ~그러자 김유령이 다시 대답하였다.

　김유령과 화산도사의 대화를 중심으로 김유령이 화산도사를 찾아오게 된 계기와 김유령의 소원 등을 드러내며 사건을 전개하고 있다.

>왜 오답?

② 현재와 과거의 교차 서술로 주제를 부각하고 있다.
시간의 흐름에 따른 서술
　김유령이 화산도사를 처음 찾아가 소원을 말한 것, 이에 화산도사가 과업을 제시한 것, 김유령이 그 과업을 수행하고 화산도사를 다시 찾아간 것 등을 시간의 흐름에 따라 서술하고 있다.

③ 인물의 외양 묘사로 성격의 변화를 드러내고 있다.
드러내지 않음.

[②-⑩ 다시 서쪽으로 일백을 던지자 ~ 쇠머리 쓴 사람과 용의 몸을 지닌 사람과 귀밑머리가 단정한 사람 등이 오는 것이었다.

　도사가 돈을 던져 부른 다양한 신인들의 겉모습을 묘사하였을 뿐, 이를 통해 성격의 변화를 드러내지는 않았다.

④ 서술자가 개입하여 인물의 행동에 대해 평가하고 있다.
평가하지 않음.
　서술자가 인물의 행동에 대한 평가나 견해를 드러내는 부분은 확인할 수 없다.

⑤ 인물의 심리를 서술하여 인물 간의 갈등을 표출하고 있다.
표출하지 않음.

[②-⑤ 김유령이 애닯고 민망해 집에 와서 ~
[②-㉘ 김유령이 생각하니, ~ 슬픈 심사가 더욱 그지없었다.
[③-② 매우 민망하여 음식을 먹지 않은 지 이레가 되어 ~

　서술자가 김유령의 심리를 서술하고 있을 뿐, 이를 통해 인물 간의 갈등이 드러나지는 않는다.
　화산도사가 바르지 못한 것을 살려 준 김유령을 질책하는 장면은 일방적인 비판이다. 따라서 이는 두 인물 간의 갈등으로 볼 수 없다.

32 정답 ① ＊사건과 갈등 파악하기 ························· [정답률 83%]

윗글에 대한 이해로 적절하지 않은 것은?

>왜 정답?

① 김유령은 도사에게 처음부터 숨김없이 소원을 말하였다.
처음에는 아내와 살고 싶다는 진심을 털어놓지 않음.

[①-⑥ " ~ 그저 나와 하루만이라도 만나보아 서로 말이라도 나누었으면 합니다."

[①-⑩ "함께 살기야 어찌 바라지 않을까마는 불가능한 일이라 차마 말씀드리지 못할 뿐입니다. ~ "

　김유령은 처음 도사가 뜻을 물어보았을 때 하루만 아내(왕시)를 만나 말을 나누고 싶다고 이야기했다. 하지만 도사가 사실대로 말하라고 하자 그제서야 아내와 함께 살고 싶다는 진짜 소원을 이야기한다.

>왜 오답?

② 도사는 김유령에게 소원을 이루기 위한 과업을 제시하였다.
왕시와 함께 사는 것　　　삼 년간 조심하는 것

[②-③ " ~ 불쌍한 것을 구제하라 하였지 그런 것들을 살려내라 하더냐? 이 두 가지 일을 또 지질렀으니 삼 년간 조심하고 사 년 만에 오너라. 그때 보자."

　화산도사는 왕시와 함께 살고 싶어 하는 김유령의 소원을 들어주기 위해 '삼 년간 조심'하라는 과업을 제시한다. 이에 따라 김유령이 '행실을 삼가고' '사 년 만에 화산으로' 돌아가자 그때서야 소원을 이루어주기 위해 능력을 발휘한다.

③ 김유령은 담당 관원에게 소청하여 왕시의 시신을 스무 날 안에 묻었다.
왕시의 시신을 석 달 안에 묻으라는 화산도사의 말을 따름.

→②-㉗ 김유령이 장례 담당 관원에게 소청하여 스무 날 내에 묻었다.

④ 김유령은 왕시의 시신을 묻고 난 이후 도사에게 이를 알리기 위해 화산으로 갔다.
화산도사를 만났던 곳

→②-㉙ 다시 화산으로 즉시 가서 도사에게 왕시를 묻었다고 아뢰려고 하였다.

⑤ 도사는 검은 옷 입은 사람에게 무빙 등 왕시를 알던 종들을 유희국으로 데려가게 했다.
김유령의 소원을 이뤄 줄 신인

[③-⑫, ⑬ 이윽고 북방의 검은 옷 입은 사람더러 말했다. / "옛집에 가서 무빙 등 왕시를 알던 종들을 다 잡아다가 유희국에다가 두어라."

33 정답 ② ＊인물의 심리와 태도 파악하기 ············· [정답률 87%]

[A]와 [B]에 대한 이해로 가장 적절한 것은?

>왜 정답?

② [A]에는 상대의 행동을 질책하는 태도가, [B]에는 상대의 성품을 칭찬하는 태도가 드러난다.
악한 뱀과 도적을 살려낸 김유령의 행동　　　김유령이 지닌 굳은 의지를 가진 성품

[②-③ " ~ 불쌍한 것을 구제하라 하였지 그런 것들을 살려내라 하더냐? ~ "
[②-⑧ "네 뜻이 보통이 아니로다. 돌이 굳지만 모래 될 때가 있고 쇠가 굳다 하나 녹을 때가 있으되 너는 돌이나 쇠보다도 더욱 굳은 사람이로다. ~ "

　[A]에서 화산도사는 김유령에게 일 년 동안 선업을 쌓고 오라고 했으나 김유령이 다른 생명들에게 해를 끼치는 뱀과 도적을 살려 준 사실을 알고 이를 비판하고 있다.
　[B]에서 화산도사는 자신의 명대로 몇 년간 행실을 삼가고 근신한 김유령의 굳은 의지를 돌과 쇠에 비교하며 칭찬하고 있다.

>왜 오답?

① [A]에는 상대를 회유하려는 의도가, [B]에는 상대를 조롱하려는 의도가 드러난다.
비판과 질책　　　　　　　　　　　　인정과 칭찬

　[A]에서 화산도사는 김유령의 행동을 질책하며 김유령에게 과업을 제시하고 있다. 김유령을 설득하거나 회유하고 있지는 않다.
　[B]에서 화산도사는 김유령의 굳은 의지를 칭찬하고 있으며, 조롱하고 있지는 않다.

[회유하다: 어루만지고 잘 달래어 시키는 말을 듣도록 하다.

③ [A]에서는 다른 이의 조언을 바탕으로, [B]에서는 자신의 경험을 바탕으로 의사 결정을 하고 있다.
나타나지 않음.　　　　　　　　　　　나타나지 않음.

　[A]에서 화산도사는 김유령을 당장 도와주지 않고 '삼 년 간 더 조심'하면 소원을 들어주겠다는 의사 결정을 하고 있으나, 다른 사람의 조언은 나타나지 않는다.
　[B]에서 화산도사는 김유령의 소원을 들어주겠다는 의사 결정을 하고 있으나, 자신의 경험을 근거로 결정한 것은 아니다.

④ [A]와 [B]에는 모두 상대의 미래에 대한 불안한 마음이 드러난다.
나타나지 않음.
　[A]에서 화산도사는 상대인 김유령의 미래에 대해 이야기하지 않는다.
　[B]에서 화산도사는 김유령의 '소원이 이루어질 것'이라며 김유령의 미래를 언급하지만, 그 미래에 대한 불안한 감정을 나타내는 부분을 찾아볼 수 없다.

⑤ [A]와 [B]에서는 모두 과거의 사건을 근거로 들어 문제 해결을 유보하고 있다.
[B]에서는 유보하지 않음.

[②-③ " ~ 이 두 가지 일을 또 저질렀으니 삼 년간 조심하고 사 년 만에 오너라. ~ "
과거의 사건　　　　　　　　　문제 해결을 '삼 년' 뒤로 유보함.
[②-⑧ " ~ 네게 이루어실 게 있으리라. ~ "

　[A]에서 화산도사는 김유령이 '이 두 가지 일을' 저지른 과거의 사건을 근거로 김유령이 아내와 이별한 문제를 해결하는 것을 '삼 년' 뒤로 유보하고 있다.
　[B]에서는 김유령이 화산도사의 말을 따라 삼 년 동안 '행실을 삼가고' '그릇된 일을 전혀 하지 않은' 과거의 사건을 근거로 김유령이 아내와 이별한 문제를 해결해 주고자 한다.

[유보하다: 어떤 일을 당장 처리하지 아니하고 나중으로 미루어 두다.

34 정답 ④　＊〈보기〉를 바탕으로 감상하기　⭐1등급 대비

[① 3% ② 9% ③ 28% ④ 53% ⑤ 4%]

〈보기〉를 바탕으로 윗글을 감상한 내용으로 적절하지 <u>않은</u> 것은? [3점]

―――――――――〈 보기 〉―――――――――
❶〈왕시전〉은 여인을 향한 남성의 애틋한 사랑을 그린 작품이다. ❷혼인한
　　왕시와 함께 살고자 하는 김유령의 굳은 의지
남녀 주인공이 외부의 힘에 의해 헤어질 수밖에 없었지만, 이를 극복하고
　노신하가 왕시를 궁녀로 데려감.
재회하는 행복한 결말을 맞이한다. ❸그 과정에서 초월적 존재의 힘을 빌려
　화산도사가 김유령의 소원을 들어줌.　　　김유령이 화산도사의 도움을 받음.
문제를 해결하거나 남자 주인공이 원래 신선계의 존재였다고 설정하는
　　　　　　　　　　김유령은 선간에서 저지른 죄로 인해 인간 세상에 다시 태어났음.
등의 전기적(傳奇的) 요소가 나타난다.

 **단서+해결**

단서 〈보기〉를 바탕으로 윗글을 감상한 내용을 묻고 있다.

발상 〈보기〉를 바탕으로 윗글의 전체적인 내용을 정리한다.

→〈왕시전〉은 왕시를 향한 김유령의 애틋한 사랑을 그린 작품이다. 왕시와
김유령은 노신하가 왕시를 궁녀로 데려가면서 헤어지게 되지만, 이를 극복하고
행복한 결말을 맺는다. 그 과정에서는 전기적 요소가 나타난다.

적용 작품에 반영된 전기적 요소
　① 남자 주인공이 신선계의 존재였음. → 김유령은 선간에서 죄를 지어 인간
　　세상에 다시 태어난 신선계의 존재임.
　② 초월적 존재의 도움을 받아 문제를 해결함. → 김유령은 화산도사의 힘을
　　빌려 문제를 해결함.

해결 김유령은 신선계의 존재이긴 하나, 초월적 존재인 화산도사의 힘을 빌려 문제를
해결한다.

왜 정답?

④ '어느 결에 자기 집에 도착해 있었다'라는 장면에서, <u>김유령이</u>
　　　　　　　　　　　　　　　　　　　　　　　　　　화산도사
부리는 도술이 초월적 존재의 힘을 빌린 것임을 알 수 있겠군.

[②-㉒,㉕] 그러자 그 도사가 사람을 불러 이렇게 일렀다. / "김유령으로
하여금 그 집에 들어가도록 하여라." / 이윽고 서쪽으로부터 구름이 일고
천둥치며 하늘과 땅이 자욱하게 어두워졌다가 밝아지는 것이었다. 살펴보니
어느 결에 자기 집에 도착해 있었다.

김유령이 집까지 돌아가는 데 두 달이 걸린다고 말하자, 화산도사는 김유령이 집에
빨리 도착할 수 있도록 신이한 능력을 발휘했다. 즉, 김유령이 초월적 존재인
화산도사의 힘을 빌린 것은 맞지만, 도술을 부린 주체는 김유령이 아니라
화산도사이다.

왜 오답?

① '나라의 노신하가 궁녀로 들이니'라고 김유령이 말하는 장면에서,
외부의 힘에 의해 남녀 주인공이 헤어지게 되었음을 알 수 있겠군.
노신하의 압력

[①-❷] " ~ 아내를 얻었는데, 나라의 노신하가 궁녀로 들이니 늘 서러워하며
지내고 있습니다. ~"

노신하가 김유령의 아내인 왕시를 강제로 궁녀로 만들어서 김유령과 왕시가
헤어지게 되었다. 이를 통해 두 사람이 헤어진 것은 노신하의 압력이라는 외부의 힘
때문임을 알 수 있다.

② '그대가 선간에서 저지른 일이 잘못되었다'라고 도사가 말하는
　신선이 사는 곳
장면에서, 주인공이 전생에 신선계의 인물이었음을 알 수 있겠군.
　　　　　　　　　신선이 사는 곳에서 내려왔음.

[②-❸] " ~ 그대가 선간(仙間)에서 저지른 일이 잘못되었다하고 인간
세상에서 일 년만 좋은 일을 하면 선간에서 지은 죄를 없애주려고 ~ "
화산도사는 김유령이 선간에서 잘못된 일을 저질렀으므로 일 년 동안 인간 세상에서
선행을 하도록 하여 선간에서의 죄를 사해 주려 했다고 말하고 있다. 이를 통해
김유령이 인간 세계에 태어나기 전 신선계의 인물이었음을 알 수 있다.

---

③ '그릇된 일을 전혀 하지 않았다'라는 장면에서, 왕시에 대한
김유령의 애틋한 사랑을 알 수 있겠군.
왕시와 다시 함께 살고자 하는 굳은 의지를 보임.

＊근거: ②-❺,❻, 〈보기〉❶문장
김유령은 화산도사의 질책을 받고 난 후, 화산도사가 시키는 대로 '행실을 삼가고'
'그릇된 일을 전혀 하지 않았다. 이를 통해 왕시와 재회하여 다시 행복하게 살기 위해
화산도사의 말을 따르는 김유령의 강한 의지와 왕시를 향한 사랑을 알 수 있다.

> **매력 오답** 김유령이 삼 년간 '그릇된 일'을 하지 않은 이유가 무엇인지 추론하지 못한
> 학생들이 많았다.
> ②-❸에서 김유령이 화산도사의 질책을 받고 나서 '행실을 삼가고' '그릇된 일을
> 전혀 하지 않은 것은 화산도사가 제시한 과업을 수행함으로써 왕시를 다시 만나기
> 위함이다. 즉, 이는 왕시를 향한 사랑이 바탕이 된 행동임을 추론했어야 한다.

⑤ '그대의 소원이 이루어질 것'이라고 도사가 말하는 장면에서, 남녀
　　　　　왕시와의 재회
주인공이 다시 만나는 행복한 결말을 암시하고 있음을 알 수
있겠군.

＊근거: ①-❿,③-⓰,〈보기〉❷문장
김유령은 화산도사에게 왕시와 재회해 다시 함께 살고 싶다는 소원을 이야기했다.
따라서 소원이 이루어질 것이라고 한 도사의 발화는 왕시와 김유령이 재회하여
행복하게 살 것임을 암시한다고 할 수 있다.

35~39

(가) 맹사성, 〈강호사시가〉

＊**# 출제** ❶ 화자, 중심 대상 ❷ 상황, 정서, 태도 ❸ 표현상 특징
＊**대유법**: 사물의 일부나 특징을 들어서 그 자체를 나타내는 표현 방법
 # ❸ 대유법을 통해 화자가 머무는 자연 공간을 나타냄.　▨: ❶ 중심 대상 - 강호의 사계절
　　　　　　　　　　　　　　　　　　　　　　　　❸ 계절의 흐름에 따라 시상을 전개함.

1 강호에 봄이 드니 미친 흥이 절로 난다
　　# ❷ 정서: 자연에서 맞이한 봄의 아름다움에 흥을 느낌.
시냇가 막걸리에 쏘가리 안주로다 **#** : ❸ 감탄형 어미 '-로다'를 반복함.
❸# ▨: 자연에서의 소박한 삶을 드러내는 소재
이 몸이 한가한 것도 역시 임금의 은혜로다 **#** ▨: ❷ 정서 - 임금의 은혜에 감사함.
❶ 중심 대상　　　　　　❶ 중심 대상　　　　　　　유교적 충의(忠義) 사상

[**강호**: ① 강과 호수를 아울러 이르는 말 ② 예전에, 은자나 시인, 묵객 등이 현실을
도피하여 생활하던 시골이나 자연
쏘가리: 머리가 길고 입이 큰 꺽짓과의 물고기]

＊**1** 요약: 봄의 흥겨운 강호 생활

2 ㉠ 강호에 여름이 드니 초당에 일이 없다　＊**의인법**: 사람이 아닌 것을
　　　　　# ❷ 정서: 한가로움.　　　　　　　　사람처럼 나타내는 표현법
❷ 미더운 강 물결이 보내는 것은 바람이로다
❸ ❸ 의인법을 활용해 자연과 어우러진 생활을 표현함.
이 몸이 서늘한 것도 역시 임금의 은혜로다

[**초당**: 억새나 짚 따위로 지붕을 인 조그마한 집채. 흔히 집의 몸채에서 따로 떨어진
곳에 지었다.　　　　　　　**미덥다**: 믿음성이 있다.]

＊**2** 요약: 여름의 한가로운 강호 생활

3 강호에 가을이 드니 고기마다 살쪄 있다
❷　　　　　　　가을의 풍요로운 자연
조그마한 배에 [그물 실어 흐르게 던져두고
❸　　　　　　[ ]: ❷ 상황 - 고기잡이를 하며 유유자적하게 지내고 있음.
이 몸이 소일하는 것도 역시 임금의 은혜로다

[**소일**: 어떠한 것에 재미를 붙여 심심하지 아니하게 세월을 보냄.]

＊**3** 요약: 가을의 고기잡이와 강호 생활

4 강호에 겨울이 드니 눈 깊이 자가 넘다
❷　　　　　　　　　　　　＊태도: 안분지족(편안한 마음으로 제 분수를
삿갓 비껴쓰고 도롱이로 옷을 삼아　　지키며 만족할 줄을 앎.), 안빈낙도(가난한
　　　　　　　　　　　　　　　　　　생활을 하면서도 편안한 마음으로 도를 즐겨 지킴.)
이 몸이 춥지 않은 것도 역시 임금의 은혜로다

[**자**: 길이의 단위로, 한 자는 약 30센티미터 정도이다.
도롱이: 짚, 띠 따위로 엮어 허리나 어깨에 걸쳐 두르는 비옷]

＊**4** 요약: 겨울의 자연에서 즐기는 안분지족의 삶

✿ (가) 독해 공식

❶ **화자**: '이 몸', **중심 대상**: 강호(자연)의 사계절, 임금의 은혜

❷ **상황**: 강호(자연)의 사계절에 대해 이야기함. 가을에 고기잡이를 하며 유유자적하게 지냄.
정서 및 태도: 봄의 흥취, 여름의 한가함, 가을의 풍요로움, 겨울의 자연을 즐기며 유유자적하는 삶에 만족함. 임금의 은혜에 감사함. 안분지족, 안빈낙도의 태도를 보임.

❸ **표현상 특징**
- 대유법을 통해 화자가 머무는 자연 공간을 나타냄.
- 계절의 흐름에 따라 시상을 전개함.
- 감탄형 어미 '-로다'를 반복함.
- 의인법을 활용해 자연과 어우러진 생활을 표현함.

■ **갈래**: 평시조, 연시조   ■ **창작 시기**: 조선 전기

■ **제목의 의미**: '강 강(江) + 호수 호(湖) + 넉 사(四) + 때 시(時) + 노래 가(歌)', '자연의 사계절에 대한 노래'라는 뜻이다.

■ **이 작품은?** 이 작품은 우리나라 최초의 연시조로, 작가가 벼슬을 그만두고 고향에 내려가 한가한 생활을 보내면서 지은 것으로 알려져 있다. 사계절의 순서에 따라 시상이 전개되며, 자연에서 안분지족하며 유유자적하게 사는 은사의 모습과 임금을 향한 충의의 정신을 간직한 유학자의 모습을 함께 드러내고 있다.

■ **주제**: 강호에서 지내는 사계절의 즐거움과 임금을 향한 충의

■ **이것이 핵심!** <강호사시가>의 형식적 통일성

초장	강호에 ~이 드니
↓	
중장	이 몸이 ~ 것도 역시 임금의 은혜로다

<강호사시가>는 각 수마다 초장과 종장에서 동일한 구절을 되풀이한다. 이를 통해 초장에서는 계절의 바뀜과 그 계절에 맞는 흥취를 제시한다. 이어서 중장에서는 계절에 따른 화자의 구체적인 생활 모습을 제시한다. 그리고 종장에서는 계절마다 느끼는 감정과 삶의 모습을 집약하여 이 모든 것이 임금의 은혜 덕분임을 노래하고 있다.

(나) 정극인, <상춘곡>

\# 출제 ❶ 화자, 중심 대상 ❷ 상황, 정서, 태도 ❸ 표현상 특징

❶ [이보게 이웃 사람들아 산수구경 가자꾸나
\# : ❸ 청유형 어미를 사용해 자연을 즐기려는 태도를 나타냄.
❸ 돈호법(사람이나 사물의 이름을 불러 주의를 불러일으키는 수사법)

❷ 산책은 오늘하고 목욕은 내일하세
❸ [ ]: ❷ 상황 – 이웃들에게 산수구경을 권함.
❸ 대구법과 열거법을 활용해 자연을 즐기는 행위를 제시함.

❸ 아침에 나물캐고 저녁에 낚시하세]
\# 자연에서 소박하게 생활하는 모습
* 대구법: 어조가 비슷한 문구를 나란히 두어 문장의 변화와 안정감을 주는 표현법

[산수: 산과 물이라는 뜻으로, 경치를 이르는 말

*** ❶~❸행 요약: 이웃에게 산수구경을 권함.**

❹ ㉠ 이제 막 익은 술을 갈건으로 걸러놓고
\# 자연에서의 흥취를 더하는 소재

❺ 꽃나무 가지 꺾어 잔을 세면서 먹으리라
❷ 태도: 풍류를 천천히 즐기며 절제함.

❻ 화창한 봄바람
화풍(和風)이 문득 불어 시내를 건너오니

❼ 맑은 향기 / 붉은 꽃잎
청향(淸香)은 잔에 지고 낙홍(落紅)은 옷에 진다

❽ 정서: 물아일체 ❸ 대구법, 공감각적 심상(후각의 시각화), 시각적 심상
술독이 비었으면 나에게 아뢰어라

❾ ❶화자
아이를 시켜서 주가(酒家)에서 술을 사서

❿ 어른은 막대 짚고 아이는 술을 메고

공감각적 심상: 하나의 감각이 동시에 다른 영역의 감각을 불러일으킴으로써 일어나는 심상

⓫ 미음완보(微吟緩步)*하여 시냇가에 혼자 앉아
❷ 태도: 유유자적함. : ❸ 공간의 이동에 따라 시상을 전개함.

* 시각적 심상: 눈으로 보는 듯한 느낌을 주는 이미지

⓬ 모래밭 맑은 물에 잔 씻어 술을 부어
❷ 태도: 유유자적함. : ❸ 공간의 이동에 따라 시상을 전개함.

⓭ 맑은 물 굽어보니 떠오르는 것이 도화(桃花)로다
무릉도원을 연상시킴. : 계절적 배경(봄)을 드러내는 소재
맑은 물 ❷ 자연 환경
❸ 설의법을 사용해 자연에 대한 만족감을 강조함.

⓮ 무릉(武陵)이 가깝구나 저 산이 그곳인가
❷ 정서: 자연에 대한 만족감, 태도: 자연을 무릉도원으로 인식함.

* 설의법: 쉽게 판단할 수 있는 사실을 의문의 형식으로 드러내 표현에 변화를 주고 화자의 생각을 강조하는 방법

[갈건: 갈포(칡 섬유로 짠 베)로 만든 두건
화풍: 솔솔 부는 화창한 바람
주가: 술을 파는 집   도화: 복사나무의 꽃
무릉: 무릉도원(도연명의 <도화원기>에 나오는 말로, '이상향', '별천지'를 비유적으로 이르는 말)의 준말

*** ❹~⓮행 요약: 자연 속에서의 풍류**

⓯ 소나무 사이 좁은 길에 진달래 꽃을 붙들고

⓰ 산봉우리에 급히 올라 구름에 앉아보니
산봉우리가 구름에 닿을 만큼 높음.

⓱ 수많은 마을이 곳곳에 벌여있네
⓲ [ ]: 상황 – 산봉우리에 올라 봄의 경치를 감상함.

노을빛은 비단을 펼쳐 놓은 듯
❸ 직유법을 활용해 봄의 아름다움을 표현함. ❸ 감탄형 어미를 사용함.

⓳ ㉢ 엊그제 검은 들판에 봄빛이 넘치는구나]
❸ 시각적 이미지의 대비를 통해 봄의 아름다움을 강조함.

*** ⓯~⓳행 요약: 산봉우리에서 바라본 봄의 아름다움**

⓴ : 화자가 부정적으로 인식하는 대상. 속세.
\# ❸ 의인법, 대구법, 주객전도를 통해 공명과 부귀를 멀리 하려는 화자의 태도를 강조함.
공명도 날 꺼리고 부귀도 날 꺼리니

㉑ ❷ 태도: 현실 정치에서 벗어나 자연 속에 묻혀 살고자 함.
청풍명월(淸風明月) 외에 어떤 벗이 있사올고
❶ 중심 대상: 자연 ❸ 설의법, 의인법을 통해 자연 친화적 태도를 나타냄.

㉒ 단표누항(簞瓢陋巷)*에 허튼 생각 아니하니

㉓ \# ❷ 태도: 단출하고 소박한 생활에도 만족하는 안빈낙도, 안분지족의 태도가 드러남.
아모타 백년행락(百年行樂)*이 ⓐ 이만하면 어떠한가
자연 속에서 한평생 잘 놀고 즐겁게 지내는 일 \# ❸ 설의법을 통해 화자의 만족감을 드러냄.

[공명: 공을 세워서 자기의 이름을 널리 드러내다.
[청풍명월: 맑은 바람과 밝은 달

*** ⓴~㉓행 요약: 자연에서 느끼는 만족감**

* 미음완보(微吟緩步): 작은 소리로 읊으며 천천히 걸음.
* 단표누항(簞瓢陋巷): 소박하고 청빈한 생활
* 백년행락(百年行樂): 한평생 즐겁게 지냄.

✿ (나) 독해 공식

❶ **화자**: '나', **중심 대상**: 청풍명월(자연)

❷ **상황**: 이웃들에게 산수구경을 권함. 산봉우리에 올라 봄의 경치를 감상함.
정서, 태도: 풍류를 천천히 즐기며 절제함. 자연과 하나되는 물아일체의 모습을 보이며, 유유자적함. 자연에서 지내는 삶에 만족하며, 자연을 무릉도원으로 인식함. 현실 정치에서 벗어나 자연 속에 묻혀 살고자 함. 단출하고 소박한 생활에도 만족하는 안빈낙도, 안분지족의 태도가 드러남.

❸ **표현상 특징**
- 돈호법, 대구법, 열거법, 직유법, 설의법 등을 활용해 자연 친화적인 태도를 드러냄.
- 공감각적 심상, 시각적 심상을 활용해 아름다운 봄 풍경을 묘사함.
- 공간의 이동에 따라 시상을 전개함.
- 의인법, 대구법, 주객전도를 통해 공명과 부귀를 멀리 하려는 화자의 태도를 강조함.

■ **갈래**: 강호 가사, 은일 가사, 정격 가사
■ **창작 시기**: 조선 초기
■ **글쓴이**: 정극인(1401 ~ 1481). 문학에 뛰어난 재능을 보인 문인으로, 단종 때 문과에 급제했으나 단종이 폐위되자 벼슬을 사임하고 고향에서 후학을 양성했다. 최초의 가사 작품인 <상춘곡>과 경기체가 <불우헌곡> 등의 주요 작품을 남겼다. <상춘곡>은 작가가 벼슬에서 물러나 고향에 은거할 때 지은 것이다.
■ **제목의 의미**: '완상할 상(賞) + 봄 춘(春) + 가락 곡(曲)', '상춘곡'은 '봄을 맞아 경치를 즐기며 부르는 노래'라는 의미이다.
■ **주제**: 아름다운 봄 경치의 완상과 자연 속에서 한가로이 지내는 즐거움

■ **이것이 핵심!** 자연에 대한 화자의 인식

시구	화자의 인식
산책은 오늘하고 목욕은 내일하세 / 아침에 나물캐고 저녁에 낚시하세	자연을 즐기고자 함.
무릉(武陵)이 가깝구나 저 산이 그곳인가	자연을 이상적인 공간(무릉도원)으로 인식함.
공명도 날 꺼리고 부귀도 날 꺼리니	속세에서 벗어나 자연에 살고자 함.
아모타 백년행락(百年行樂)이 이만하면 어떠한가	자연에서의 소박한 삶에 만족함.

(다) 백석, 〈입춘〉

출제　❶ 중심 대상　❷ 글쓴이의 생각, 태도　❸ 서술상 특징

1 ❶이번 겨울은 소대한 추위를 모두 천안 삼거리 마른 능수버들 아래 맞았다. ❷ⓔ 일이 있어 충청도 진천(鎭川)으로 가던 날에 모두 소대한이 들었던 것이다.
❸ 타지에서 절기(소한과 대한)를 맞이함.
나는 공교로이 타관 길에서 이런 이름 있는 날의 추위를 떨어가며 절기라는 것의 신묘한 것을 두고두고
❷ 글쓴이의 생각: 절기가 신묘하다고 생각함.
생각하였다. ❹며칠내 마치 봄날같이 땅이 슬슬 녹고 바람이 푹석하니
❸ 음성 상징어를 활용해 날씨의 변화를 생동감 있게 전달함.
불다가도 저녁결에나 밤사이 날새가 갑자기 차지는가 하면 으레이 다음날은 대한이 으등등해서 왔다. ❺[그동안만 해도 제법 **봄비가 풋나물 내음새를 피우며** 내리고 땅이 눅눅하니 밈이 들고 해서 ⓜ
❸ 공감각적 심상(시각의 후각화)을 활용해 봄비를 생동감 있게 묘사함.
이제는 분명히 봄인가고 했는데 간밤 또 갑자기 바람결이 차지고
[ ]: 입춘이 되기 전까지의 변덕스러운 날씨 → 글쓴이가 절기가 신묘하다고 생각하게 된 계기
눈발이 날리고 하더니 아침은 또 쫑쫑하니 날새가 매찬데 아니나
❶ 중심 대상
다를까 입춘이 온 것이었다.] ❻나는 실상 해보다 달이 좋고 아침보다 저녁이 좋은 것같이 양력보다는 음력이 좋은데 생각하면 [오고가는
[ ]: ❷ 글쓴이의 생각 – 절기와 밀물이 인간의 생활과 밀접하게 연관되어 있음.
절기며 들고 나는 밀물이 우리 생활과 얼마나 신비롭게 얼키었는가.]
❼절기가 뜰 적마다 나는 고향의 하늘과 땅과 사람과 눈과 비와
❸ 고향의 자연물을 열거함.
바람과 꽃들을 생각하는데 자연이 시골이 아름답듯이 세월도 시골이 아름답고 사람의 생활도 절대로 시골이 아름다울 것 같다.
❷ 글쓴이의 태도: 고향에 대한 한결같은 애정을 보임.

소대한: 소한(이십사절기의 스물셋째. 태양의 황경이 285도에 도달했을 때로 동지와 대한 사이에 드는데, 양력 1월 6일이나 7일경이다.)과 대한(이십사절기의 하나. 소한(小寒)과 입춘(立春) 사이에 들며, 태양의 황경(黃經)이 300도에 이른 때로 한 해의 가장 추운 때이다. 1월 20일경이다.)을 아울러 이르는 말

공교로이: 생각지 않았거나 뜻하지 않았던 사실이나 사건과 우연히 마주치게 된 것이 기이하다고 할 만하게

타관: 자기 고향이 아닌 고장　　**절기**: 한 해를 스물넷으로 나눈, 계절의 표준이 되는 것

신묘하다: 신통하고 묘하다.

입춘: 이십사절기의 하나. 대한(大寒)과 우수(雨水) 사이에 들며, 이때부터 봄이 시작된다고 한다. 양력으로는 2월 4일경이다.

＊1 요약: 소대한의 추위를 겪고 입춘을 맞이함.

(중략)

2 ❶이런 고향에서는 이번 입춘에도 몇 번이나 '보리 연자 갔다가 얼어
입춘이 지나고 봄이 와도 추위가 가시지 않는 상황을 일컫는 말
죽었다'는 말을 하며 입춘이 지나도 추위는 가지 않는다고 할 것인가.
❷해도 입춘만 넘으면 양지바른 둔덕에는 머리칼풀의 속움이 트는
입춘이 지나면 새싹이 돋기 시작함.
❸것이다. [그러기에 입춘만 들면 한겨울내 친했던 창애와 설매와
[ ]: ❸ 대상을 나열하여 어린 시절에 느꼈던 계절 변화에 대한 인식을 드러냄.
발구며 꿩, 노루, 토끼에 멧돼지며 매, 멧새, 출출이 들과 떠나는 것이
섭섭해서 소년의 마음은 흐리었던 것이다.] 높고 무섭고 쓸쓸하고
❸ 어린 시절의 자신을 '소년'으로 객관화하여 겨울이 끝나가는 것에 대해 느꼈던 감정을 표현함.
❸ 겨울의 특징을 나열하여 어린 시절에 겨울을 좋아했던 이유를 설명함.
슬픈 겨울이나 그래도 가깝고 정답고 즐겁고 흥성흥성해서 좋은 겨울이 그만 입춘이 와서 가버리는 것이라고 소년은 슬펐던 것이다.

둔덕: 가운데가 솟아서 불룩하게 언덕이 진 곳

움: 풀이나 나무에 새로 돋아 나오는 싹

창애: 짐승을 꾀어서 잡는 틀의 하나

발구: 마소에 메워 물건을 실어 나르는 큰 썰매

＊2 요약: 겨울이 가는 것을 아쉬워했던 어린 시절

---

3 ❶그런 소년도 이제는 어느덧 가고 외투와 장갑과 마스크를 벗기가
시간이 흘러 어른이 됨.
가까워서 서글픈 마음이 없듯이 겨울이 가서 **슬퍼하는 슬픔도 가버렸다.** ❷입춘이 오기 전에 벌써 내 설매도 노루도 멧새도 다 가버린
❷ 글쓴이의 태도: 겨울이 끝나가는 것을 아쉬워하지 않게 되어 안타까움과 상실감을 느낌.
것이다.
❸입춘이 드는 날 나는 공일무휴(空日無休)의 오피스에 지각을 하는
쉬는 날에도 출근할 정도로 바쁘고 각박하게 삶.
길에서 [겨울이 가는 것을 섭섭히 여기지 못했으나 봄이 오는 것을
[ ]: 계절이 변화해도 감정을 느끼지 않음.
즐거이 여기지는 않았다.] 봄의 그 현란한 낭만과 미(美) 앞에 내
육체와 정신이 얼마나 약하고 가난할 것인가. [입춘이 와서 봄이 오면
❸ 봄과 자신을 대조하여 봄이 오는 것이 기쁘지 않은 이유를 나타냄.
나는 어쩐지 까닭 모를 패부(敗負)＊의 그 읍울(悒鬱)＊을 느끼어야 할
봄의 낭만, 아름다움과 자신의 약하고 가난함이 대조되기 때문
것을 생각하면 나는 차라리 ⓑ 입춘이 없는 세월 속에 있고 싶다.]
[ ]: ❷ 글쓴이의 태도 – ① 계절의 변화에 따라 여러 감정을 느꼈던 어린 시절을 그리워 함.
　　　② 계절이 변화해도 감흥이 없는 현재 상황이 답답함.

＊3 요약: 계절이 변화해도 아무런 감흥이 없는 현재 상황

＊밈: 미음. 봄철이나 가을철에 생나무의 껍질과 나무속 사이에 생기는 물기가 많고 진득진득한 물질

＊설매: 썰매의 평북, 함경 방언

＊패부(敗負): 패배

＊읍울(悒鬱): 걱정스러워 마음이 답답함.

✦ (다) 독해 공식

❶ **중심 대상**: 입춘

❷ **글쓴이의 생각**: 절기가 신묘하다고 생각함. 절기와 밀물이 인간의 생활과 밀접하게 연관되어 있음.
글쓴이의 태도: 고향에 대한 한결같은 애정을 보임. 겨울이 끝나가는 것을 아쉬워하지 않게 되어 안타까움과 상실감을 느낌. 계절의 변화에 따라 여러 감정을 느꼈던 어린 시절을 그리워 함. 계절이 변화해도 감흥이 없는 현재 상황이 답답함.

❸ **표현상 특징**
- 중심 소재와 관련된 자신의 경험을 바탕으로 글을 전개함.
- 음성 상징어와 공감각적 심상을 활용해 계절의 변화를 생동감 있게 묘사함.
- 설의적 표현을 활용해 양력보다 음력을 선호하는 이유를 설명함.
- 대상을 나열하여 어린 시절에 느꼈던 감정을 드러냄.
- 어린 시절의 자신을 '소년'으로 객관화하여 겨울이 끝나가는 것에 대해 느꼈던 감정을 표현함.
- 봄과 자신을 대조하여 봄이 오는 것이 기쁘지 않은 이유를 나타냄.

■ **갈래**: 현대 수필

■ **글쓴이**: 백석(白石, 1912 ~ 1996). 평안북도 정주 출생으로, 방언을 사용하여 우리 민족 공동체의 정서를 드러내는 한편, 모더니즘을 발전적으로 수용하였다. 대표 작품으로 시 〈여우난골족〉, 〈남신의주 유동 박시봉방〉 등이 있다.

■ **주제**: 입춘에 대한 어린 시절과 지금의 감정

■ **이것이 핵심!**: 입춘을 맞이하는 글쓴이의 감정

어린 시절의 글쓴이	겨울이 떠나가는 것에 섭섭함과 슬픔을 느낌.
현재의 글쓴이	– 겨울이 떠나가는 것이 섭섭하지도, 봄이 오는 것이 즐겁지도 않음. – 어린 시절의 감정을 느낄 수 없어 안타깝고 답답함.

■ **왜 세 작품?**
- **공통점**: 계절에 따른 화자나 글쓴이의 인식이 드러난다.
- **차이점**: (가)와 (나)는 자연을 이상적인 공간으로 표현하며, 자연을 즐기는 화자의 모습을 나타내고 있다. (다)는 절기의 변화에 대한 글쓴이의 생각을 표현하고 있다.

35 정답 ③ ★ 작품 비교하기 ·················· [정답률 71%]

(가)~(다)에 대한 설명으로 가장 적절한 것은?

왜 정답?

③ (다)는 소재의 나열을 통해 글쓴이가 과거에 느꼈던 계절 변화에
창애, 설매, 발구, 꿩, 노루, 토끼 등을 나열함.   겨울이 끝나고 봄이 오는 것이 섭섭함.
대한 인식을 드러내고 있다.

[(다) ②-❸ 그러기에 입춘만 들면 한겨울내 친했던 창애와 설매와 발구며 꿩,
노루, 토끼에 멧돼지며 매, 멧새, 출입이 들과 떠나는 것이 섭섭해서 소년의
마음은 흐리었던 것이다.]

(다)의 글쓴이는 겨울에 자주 사용하거나 보았던 창애, 설매, 발구, 꿩, 노루, 토기,
멧돼지, 매, 멧새, 출입이 등의 대상을 나열하여 어린 시절에는 좋아하는 계절인
겨울이 끝나가는 것에 섭섭함과 슬픔의 감정을 느꼈음을 드러내고 있다.

왜 오답?

① (가)는 상승과 하강의 이미지를 활용하여 주제를 강조하고 있다.
활용하지 않음.

② (나)는 청유형 어미를 반복하여 청자가 경계해야 할 삶의 모습을
자연의 흥취를 함께 즐기고자 하는 마음
제시하고 있다.

[(나) ❶-❸행 이보게 이웃 사람들아 산수구경 가자꾸나 / 산책은 오늘하고
목욕은 내일하세 / 아침에 나물캐고 저녁에 낚시하세]

④ (가)와 (나)는 모두 대상에 감정을 이입하여 화자의 심리적 변화를
나타나지 않음.   나타나지 않음.
간접적으로 드러내고 있다.

⑤ (나)와 (다)는 모두 공간의 대비를 통해 화자가 지향하는 삶의
나타나지 않음.   (나): ○, (다): ✕
태도를 부각하고 있다.

36 정답 ② ★ 시어 및 구절의 의미 파악하기 ·········· [정답률 76%]

㉠~㉤에 대한 설명으로 적절하지 않은 것은?

왜 정답?

② ㉡: 자연과 동화되고 싶은 화자의 바람이 드러나 있다.
자연을 즐기고자 하는 화자의 풍류적 태도가 드러남.

[(나) ❹,❺행 ㉡ 이제 막 익은 술을 갈건으로 걸러놓고 / 꽃나무 가지 꺾어 잔을
세면서 먹으리라]

술을 걸러놓는 행위는 화자가 자연 속에서 술을 마시며 풍류를 즐기고자 하는
태도를 드러낸다. 자연과 동화되고 싶은 바람을 드러내는 행위는 아니다.

왜 오답?

① ㉠: 여름날 한가한 초당의 모습이 드러나 있다.
초당에 일이 없어 한가로움을 느끼고 있음.

➙ (가) ②-❶ ㉠ 강호에 여름이 드니 초당에 일이 없다

③ ㉢: 변화된 들판을 보며 감탄하는 화자의 모습이 드러나 있다.
'검은 들판'이 '봄빛'으로 변한 것을 보고 감탄하고 있음.

➙ (나) ❶❸행 ㉢ 엊그제 검은 들판에 봄빛이 넘치는구나

④ ㉣: 타지에서 소대한을 맞이한 글쓴이의 상황이 드러나 있다.
'충청도 진천'으로 가던 '타관 길'에서 소대한을 맞이함.

[(다) ①-❷,❸ ㉣ 일이 있어 충청도 진천(鎭川)으로 가던 날에 모두 소대한이
들었던 것이다. 나는 공교로이 타관 길에서 ~]

⑤ ㉤: 절기가 신묘하다고 생각하게 된 글쓴이의 경험이 드러나 있다.
입춘을 앞두고 날씨가 변덕스럽게 변하는 것

[(다) ①-❺ ~ ㉤ 이제는 분명히 봄인가고 했는데 간밤 또 갑자기 바람결이
차지고 눈발이 날리고 하더니 아침은 또 종종하니 날새가 매찬데 아니나
다를까 입춘이 온 것이었다.]

37 정답 ⑤ ★ 〈보기〉를 바탕으로 감상하기 ·········· [정답률 83%]

〈보기〉를 참고하여 (가), (나)를 감상한 내용으로 적절하지 않은 것은? [3점]

─ 〈 보기 〉 ─
❶ 시조나 가사 중에는 자연을 이상적인 공간으로 표현하는 작품들이
❷ 있다. 이런 작품에서 화자는 자연을 즐기며 자연과의 친밀감을 표현한다.
자연의 아름다움을 즐기며 흥취를 느낌. (나) '청풍명월 외에 어떤 벗이 있사옵고'
❸ 또한 자연 속 소박한 삶의 모습을 보여주는데, 이러한 삶이 임금의
(가): 삿갓, 도롱이, (나): 단표누항   (가) '역시 임금의 은혜로다'
은혜임을 표현하기도 한다.

왜 정답?

⑤ (가)에는 여름의 '미더운 강 물결'을 바라보는 모습에서, (나)에는
'공명'과 '부귀'도 자신을 꺼린다는 것에서 이상적인 공간으로 가고
싶어하는 마음이 드러나 있군.
(가)와 (나)의 화자 모두 이상적인 공간인 자연에 머무르고 있음.

★ 근거: (가) ②-❶, ❷, (나) ⑳, ㉑행, 〈보기〉 ❶문장

(가)와 (나) 모두 자연을 이상적인 공간으로 표현하고 있다.

(가)의 화자는 '강호'에서 '미더운 강 물결'을 바라보고 있으므로 이미 이상적인
공간인 자연에 있다.

(나)에서 '공명'과 '부귀'도 자신을 꺼린다는 것은 자연에 머물고 싶은 마음을 드러낸
것으로, (나)의 화자는 이미 자연에서 '청풍명월'을 벗 삼아 지내고 있다.

왜 오답?

① (가)에는 가을의 풍요로움 속에서 '소일하는 것'이 임금의 은혜
임금의 은혜에 감사해하고 있음.
덕분이라는 생각이 드러나 있군.

★ 근거: (가) ③, 〈보기〉 ❸문장

(가)의 화자는 '가을이 드니 고기마다 살져 있'는 가을의 풍요로움 속에서 자신이
'소일하는 것'이 '임금의 은혜'라며 감사함을 표현하고 있다.

② (나)에는 '청풍명월'을 '벗'이라고 말하는 것에서 자연과의 친밀감이
자연을 친구처럼 여기고 있음.
드러나 있군.

★ 근거: (나) ㉑행, 〈보기〉 ❷문장

(나)의 화자는 자신의 '벗'이 '청풍명월(맑은 바람과 밝은 달)' 외에 없다고 말하고
있다. 즉, '청풍명월'이 자신의 '벗'이라는 친밀감을 드러내는 것이다.

③ (가)에는 봄에 '미친 흥이 절로' 난다는 것에서, (나)에는 '산수구경
가자'라고 제안하는 것에서 자연을 즐기려는 모습이 드러나 있군.
자연을 즐기며 흥겨워하고 있음.

★ 근거: (가) ①-❶, (나) ❶행, 〈보기〉 ❷문장

(가)의 화자는 봄을 맞아 자연의 아름다운 정경을 감상하면서 '미친 흥'을 느끼고
있다.

(나)의 화자는 '이웃 사람들'에게 '산수구경'을 가서 자연을 즐기자고 제안하고 있다.

④ (가)에는 추운 겨울에 '도롱이로 옷을 삼아' 입는 모습에서,
(나)에는 '아침에 나물 캐고 저녁에 낚시하'는 모습에서 소박한
자연 속에서 소박한 삶을 영위함.
삶이 드러나 있군.

★ 근거: (가) ④-❷, (나) ❸행, 〈보기〉 ❸문장

(가)의 화자는 '삿갓'과 '도롱이'로 추운 겨울을 보내는 소박한 모습을 보인다.
(나)의 화자는 '나물'을 캐고 '낚시'를 하며 생활하는 소박한 모습을 보인다.

38 정답 ③ ＊〈보기〉를 바탕으로 감상하기 ………… [정답률 80%]

〈보기〉를 바탕으로 (다)를 이해한 내용으로 적절하지 <u>않은</u> 것은?

〈 보기 〉

❶〈입춘〉은 절기의 변화에 따른 다양한 생각들을 형식에 구애받지 않고
소대한, 입춘 ❷
자유롭게 쓴 작품이다. 글쓴이는 감각적 표현을 통해 절기의 모습을
'봄비가 풋나물 내음새를 피우며'
드러내고 있으며, 음성상징어를 활용하여 절기의 변화를 생생하게
'슬슬', '으등등' ❸
나타내고 있다. 또한 자신을 객관화하여 어린 시절에 느꼈던 감정을
어린 시절의 자신을 '소년'이라고 지칭함.
표현하기도 하고, 어른이 되어 어린 시절에 느꼈던 감정을 느끼지 못하는
겨울이 가고 봄이 와도 더 이상 슬프지 않음.
것에 대한 안타까움을 드러내기도 한다.

＞왜 정답 ?

③ '절기가 뜰 적마다' 고향을 생각하는 모습을 통해 절기의 변화에
따라 고향에 대한 생각이 바뀌는 것을 표현하고 있다.
바뀌지 않음.

＊ 근거: (다) ①-❼, 〈보기〉❶문장

글쓴이는 '절기가 뜰 적마다' 고향을 생각하며 '자연'과 '세월', '생활' 모두 '절대로
시골이 아름다울 것'으로 생각한다. 절기의 변화에 따라 고향에 대한 생각이 바뀌고
있지는 않다.

＞왜 오답 ?

① '슬슬', '으등등'과 같이 음성상징어를 활용하여 절기의 변화를
절기의 변화에 따라 땅이 녹고 기온이 낮아지는 것을 생생하게 표현함.
생생하게 표현하고 있다. ＊ 근거: (다) ①-❹, 〈보기〉❷문장

'땅이 슬슬 녹고', '대한이 으등등해서 왔다'와 같이 사물의 모양이나 움직임을 흉내
내는 음성상징어를 활용하여 절기의 변화에 따라 땅의 상태나 기온이 달라지는 것을
생생하게 표현하고 있다.

② '봄비가 풋나물 내음새를 피우며'를 통해 봄의 모습을 감각적으로
공감각적 심상(시각의 후각화)을 활용해 봄의 모습을 표현함.
표현하고 있다. ＊ 근거: (다) ①-❺, 〈보기〉❷문장

'봄비'가 내리는 시각적 심상을 '풋나물 내음새'라는 후각적 심상으로 표현함으로써
봄의 모습을 감각적으로 표현하고 있다.

④ '소년은 슬펐던 것이다.'와 같이 자신을 객관화하여 어린 시절에
자신을 '소년'으로 지칭함.
느꼈던 감정을 표현하고 있다. ＊ 근거: (다) ②-❸,❹, 〈보기〉❸문장
겨울이 끝나가는 것에 대한 슬픔과 아쉬움

어린 시절의 자신이 슬펐던 것을 '나는 슬펐다.'가 아닌 '소년은 슬펐던 것이다.'라고
객관화하여 표현하였다. 이를 통해 어린 시절에는 겨울이 끝나는 것이 슬프고
아쉬웠다는 것을 표현하고 있다.

⑤ '슬퍼하는 슬픔도 가버렸다'를 통해 어린 시절의 감정을 느낄 수
없게 된 안타까움을 표현하고 있다. ＊ 근거: (다) ③-❶, 〈보기〉❸문장
겨울이 끝나도 슬픔을 느끼지 못하는 현재 상황에 안타까움을 느낌.

글쓴이는 어린 시절에 좋아하는 계절인 겨울이 끝나는 것을 슬퍼했다. 그러나
어른이 된 지금은 더 이상 계절의 변화에 슬픔을 느끼지 못하고 있으며, 이러한 상황을
안타까워 하고 있다.

39 정답 ④ ＊작품 비교하기 ………………………… [정답률 84%]
'이만하면 어떠한가'

ⓐ와 ⓑ에 대한 이해로 가장 적절한 것은?
'입춘이 없는 세월 속에 있고 싶다.'

＞왜 정답 ?

④ ⓐ에는 현재 상황에 대한 화자의 만족감이, ⓑ에는 현재 상황에
자연 속에서 즐겁게 지내는 현재 상황에 만족함.
대한 글쓴이의 답답함이 드러나 있다.
봄에 느끼게 될 '패부'의 '우울' 때문에 봄이 오지 않기를 바람.

- (나) ㉓행 아모타 백년행락(百年行樂)이 ⓐ 이만하면 어떠한가
- (다) ③-❺ 입춘이 와서 봄이 오면 나는 어쩐지 까닭 모를 패부(敗負)의 그
우울(憂鬱)을 느끼어야 할 것을 생각하면 나는 차라리 ⓑ 입춘이 없는 세월
속에 있고 싶다.

＞왜 오답 ?

① ⓐ에는 과거에 대한 화자의 동경이, ⓑ에는 미래에 대한 글쓴이의
드러나지 않음. 드러나지 않음.
소망이 드러나 있다.

② ⓐ에는 화자 자신의 행위에 대한 아쉬움이, ⓑ에는 대상에 대한
드러나지 않음.
글쓴이의 거부감이 드러나 있다.
봄이 오지 않기를 바람.

③ ⓐ에는 대상의 부재로 인한 화자의 외로움이, ⓑ에는 대상을
드러나지 않음.
맞이하는 글쓴이의 즐거움이 드러나 있다.
답답함.

⑤ ⓐ에는 자신이 결정할 수 없는 것에 대한 화자의 절망이, ⓑ에는
드러나지 않음.
자신이 결정한 것에 대한 글쓴이의 후회가 드러나 있다.
드러나지 않음.

40~42 ＊ 오영수, 〈메아리〉

＃ 출제 ❶ 중심인물, 배경 ❷ 중심 사건, 갈등 ❸ 서술상 특징

[1]❶여기 동남향으로 후미진 골짜기에 억새와 솔가지로 덮은 움막이
하나 보인다. ❷양동욱 내외가 들어있다.
❸ ❶ 중심인물: 양동욱, 양동욱의 아내
동욱 내외는 이 지리산 공비 소탕이 완료되던 다음해 봄에 여기를
❶ 시대적 배경: 6·25 전쟁 직후　　❶ 공간적 배경: 지리산 깊은 산속
찾아들어 막을 매고 밭을 일구기 시작했다.

- **내외**: 남편과 아내를 아울러 이르는 말
- **공비**: 공산당의 유격대　　**소탕**: 휩쓸어 죄다 없애 버림.
- **일구다**: 논밭을 만들기 위하여 땅을 파서 일으키다.

＊[1] 요약 : 양동욱 내외가 지리산에 정착해 살고 있음.

❶ ❶ 공간적 배경: 이전에 살았던 곳 ① ❷ ▨ : ❸ 공간의 이동에 따른 삶의 모습을 나타냄.
[2]피난살이를 부산에서 했다. 아무리 버둥거려봐도 살 수가 없었다.
❸ ❸ 역순행적 구성 방식을 통해 양동욱 부부가 산속에서 살게 된 계기를 나타냄.
살아갈 재간이 없었다.❹무슨 짓이든 못할 게 없겠으나 할 짓이, 할
일이 없었다.
＊역순행적 구성: 자연적인 시간의 흐름과 달리
시간이 현재에서 과거로 거슬러가는 구성 방식
❺약만 쓰면 살릴 줄 뻔히 알면서도 그렇지 못해 아이까지 죽였다.
❻ 양동욱 내외가 겪은 삶의 고통 ① 경제적 형편이 어려워 아이를 치료하지 못함.
영선고개 판잣집마저 헐리게 되자 별 작정도 없이 그만 떠 버렸다.
❼ 양동욱 내외가 겪은 삶의 고통 ② 거처를 잃음.
진주에서 몇 달 동안 살았다.
❽❶ 공간적 배경: 이전에 살았던 곳 ②
목수나 미장이 뒷일꾼으로도 다녀봤다. ❾한 달에도 며칠, 그나마도
작자가 달아 품삯은 고사하고라도 제 몫에 돌아오지도 않았다.
❿ 양동욱 내외가 겪은 삶의 고통 ③ 노동의 보수를 제대로 받지 못함.
그의 아내가 양은그릇을 받아 이고 장사로도 나서봤다.⓫주로
촌마을을 찾아다녔다.⓬본전도 더 깎지 않고는 팔리지 않았다.
⓭ ＃ 양동욱 내외가 겪은 삶의 고통 ④ 장사를 시작했으나 오히려 손해를 봄.
할 일이 없었다.⓮살아갈 수가 없었다.]❸ 간결체를 사용해 사건의 비극성을 심화하고
❷ 중심 사건: 양동욱 내외가 고단하게 삶. 서술의 속도감을 높임.

- **재간**: 어떤 일을 할 수 있는 재주와 솜씨
- **미장이**: 건축 공사에서 벽이나 천장, 바닥 따위에 흙, 회, 시멘트 따위를 바르는
일을 직업으로 하는 사람
- **뒷일꾼**: 목수나 미장이 따위의 일을 보조하거나 허드렛일을 하는 일꾼
- **고사하다**: 어떤 일이나 그에 대한 능력, 경험, 지불 따위를 배제하다. 앞에 오는 말
의 내용이 불가능하여 뒤에 오는 말의 내용 역시 기대에 못 미침을 나타낸다.
- **본전**: 원가 또는 그것에 해당하는 돈

＊[2] 요약 : 양동욱 부부가 지리산에 정착하기 전까지 고단하게 삶.

[3]❶산청으로 들어갔다. ❷여기서는 더 할 일이 없었다.
❸❶ 공간적 배경: 이전에 살았던 곳 ③
["여보, ㉠ 두더지가 땅 밖에 나오면 죽게 마련이라오. 우리 그만
깊숙히 산골로 들어가서 밭농사나 짓자요……."]
＃ [ ]: ❸ 양동욱 내외를 '두더
지'에, 도시를 '땅 밖'에 비유하여
도시에서의 삶에서 벗어나고자
하는 절박한 심정을 드러냄.
❹이래서 돈푼 될 것은 모조리 팔았다.
❺밀가루 두 포대와 감자씨 반 말을 사고 우거지 한 꾸러미를 바꿨다.

❻ [괭이, 호미, 톱, 낫 이런 연모와 함께 된장 몇 사발, 소금 두 됫박
\# [ ]: ❸ 양동욱 내외가 산속에서 살기 위해 준비한 살림 밑천을 열거함.
그밖에 석유 한 병, 사기 호롱 한 개]를 꾸려서 산청을 뒤로 하고
❶ 공간적 배경: 지리산 – 양동욱 내외가 정착한 공간
산골로 접어들었다. ❷ 중심 사건: 양동욱 내외가 도시에서의 삶을 포기하고 산속에서 살기로 함.
❼ 십 리도 넘게 들어갔다. ❽ 동욱의 걸음이 뜬다.
걸음이 더디고 느림.
❾ 누구나 그래도 다 살아가는데 누구나 다 사는 세상에서 나만 살지
못하고 이렇게 무인 산골로 쫓겨가다니—하니 동욱은 어떤 [패배감
같은 설움이 치밀어 목이 메인다. ❿ 그럴수록 뒤따라오는 그의 아내가
측은하기도 하고 미덥기도 했다.]
⓫ \# [ ]: 서술자가 양동욱의 심리를 직접 제시함.
ⓛ "어쩔까, 산골은 어디 없이 매 한가지가 아니겠나?"
\# 동욱은 더 좋은 터를 찾느라 더 이상 고생하지 말고, 지금 있는 곳에 정착하고자 함.
하고 동욱이 골짜기를 두리번거리자
⓬ "매 한가질 바야 더 들어가요. 길이 막히는 데까지 가 보자요!"
아내는 더 좋은 터를 찾아 산속 깊이 들어가고자 함.
⓭ 해는 벌써 한나절이 가까왔다.⓮ 어느 산구비로 희부옇게 강물이
시간의 경과
보였다. ⓯ 먼발치로 강만 바라보고 무작정 걸었다. ⓰ 벼랑을 끼고 얼마를
돌아나가자 강은 발밑으로 흐르고 있었다. 물이 밭은 강이었다. ⓱ 강을
건넜다. ⓲ 있는 듯 없는 듯한 오솔길을 따라 산기슭을 돌고 몇 등을 넘어
골짜구니로 들어섰다. ⓳ 들어갈수록 질펀한 골짜기였다. ⓴ 길 옆에
오지그릇 조각들이 보였다.
㉑ "동네였나부지?" / "그런가 봐요!"
사람들이 이곳에서 생활했다는 증거
㉒ [하잘 것 없는 이 오지그릇 조각들이 이 날 이 두 내외에게는 먼
[ ]: ❸ 서술자가 양동욱 내외의 심리를 직접 제시함.
조상의 무덤이나 찾은 것처럼 가슴이 설레고 반가왔다.]
오지그릇 조각들에서 생존의 희망을 느꼈기 때문임.

연모: 물건을 만들거나 일을 할 때에 쓰는 기구와 재료
사기: 고령토, 장석, 석영 따위의 가루를 빚어서 구워 만든, 희고 매끄러운 그릇.
또는 그 재료로 만든 물건
호롱: 석유를 담아 불을 켜는 데에 쓰는 그릇
측은하다: 가엾고 불쌍하다.
미덥다: 믿음성이 있다.
오지그릇: 붉은 진흙으로 만들어 볕에 말리거나 약간 구운 다음, 오짓물을 입혀
다시 구운 그릇. 검붉은 윤이 나고 단단하다.
하잘것없다: 시시하여 해 볼 만한 것이 없다. 또는 대수롭지 아니하다.

*③ 요약 : 양동욱 내외가 지리산에 정착함.

[중략 줄거리] 산골 생활에 적응해 나가던 부부는 자신들에게 집을 지어 준 박 노인
과 함께 살아가기를 바란다. [박 노인은, 과거에 자신을 배신했지만 가엾은 처지가 된
\# [ ]: ❸ 중심 사건 – 양동욱 내외와 박 노인, 윤 생원이 산골에서 함께 생활하며 삶의 터전을 꾸려 감.
윤 생원을 거두어 부부를 찾아와 함께 생활해 나간다.]

❹ 한 이틀 쉬더니 윤 생원은 괭이를 들고 나선다. ❷ 놀자니 온 전신이
근질거린다고 한다. ❤️ : ❸ 작품 밖 서술자가 인물들의 모습을 관찰하여 서술함.
❸ 그런가 하면, 눈이 덮이기 전에 거름을 한 번 먹여야 한다고, 아직
차지도 않은 뒷간에다 물을 타서 보리밭에 퍼내기도 한다. ❹ 박 노인도
놀기 심심하다면서 산으로 올라가 나무를 베곤 한다.
❺ 정월달도 그럭저럭 넘어가고 이월 초순 어느날 밤이었다. ❻ 저녁을
❶ 시간적 배경
먹고 나서 그대로 담배를 피우면서 박 노인이

"벌써 진달래가 폈데!"
❼ ❸ 방언을 사용하여 토속적 분위기를 형성함.
그러자 동욱 아내가 / "곧 나물이 돋겠네, 좋아라."
❽ "나물은 역시 야산이 빨라. 여기는 산이 깊어서……."

❾ 동욱이 / ⓒ "그럼 감자씨도 널까?"
\# 농사일에 대한 동욱의 기대감이 드러남.
❿ 하자 박 노인이

"씨는 넉넉한지?"
⓫ 동욱 아내가

"잔 것만 가려서 두어 말 돼요!"
⓬ = 작은 것
그러자 윤 생원이 불쑥

"돼지는 언제 살끼요?"
⓭ 하자, 박 노인은 비로소 생각이 난 듯

"세 전에 누가 구시(구유*) 두 개 파달라 카는데, [구시 두 개 파먼
돼지새끼 한 자우 사질까?"
⓮ 그러자 윤 생원이 또

"안되면 도끼자루하고 도리깨 살도 다 내지."
⓯ "나도 **산나물 나면 여 내다 보탤래.**"]
⓰ \# [ ]: 함께 협력하여 살림 기반(돼지)을 마련하려는 공동체의 모습
이러고 난 한 열흘 뒤에 동욱과 윤 생원은 새로 일군 밭부터 골을
치기 시작한다. ⓱ 삽에다 칡새끼를 걸어 동욱이가 당기고 윤 생원이
삽질을 했다. ⓲ 서 마지기 턱이나 씨를 넣었다. ⓳ 꼬박 사흘이 걸렸다.
⓴ 감자갈이를 마치고 동욱과 윤 생원은 박 노인을 따라 **산에서 구유감을**
굴려 내렸다. ㉑ 며칠째 꽃바람이 불기 시작하자 산은 날로 물기가
\# 박 노인은 윤 생원이 자신을 배신했던 상처를 극복하고 함께 공동체를 이룸.
❶ 시간적 배경: 겨울 ➔ 봄
어리기 시작한다.
㉒ 닭이 품자리를 찾는다. ㉓ 알은 딱 열 일곱 개밖에 낳지 않았다.
㉔ 동욱 내외는 뜰 옆 양지쪽에서 닭을 품기면서 그의 아내가

"여보, 아무래도 방을 한 간 더 달아야 해요!"
㉕ "뭐하게 방은 또……."
㉖ "윤 생원 말요……."
㉗ ㉣ 동욱은 그의 아내의 입을 바라본다.
㉘ \# 아내의 발화에 담긴 의미를 궁금해하고 있음.
"명숙이 엄마를 데리고 올까고—."
㉙ 동욱은 비로소 말뜻을 알아차리고 **씨익 웃으면서**
명숙이 엄마가 윤 생원과 인연을 맺기를 바람.
"올까?"
㉚ "오다뿐이겠오. 인제 나이 서른 일곱인데, 아이를 달고 그게 어데
명숙이 엄마를 안타까워하며 명숙이 엄마가 올 것이라고 확신함.
사는 게라고!"
㉛ "그렇게 됐으면 좋긴 하겠는데……."
㉜ "윤 생원도 알고 보니 당신보다도 세 살 위인 마흔 둘입디다. ⓜ 마흔
둘이면 한창인데 이 산속에서 어떻게 홀애비로 늙겠오."
\# 아내가 없는 윤 생원의 처지를 걱정함.

도리깨: 곡식의 낟알을 떠는 데 쓰는 농구
마지기: 논밭 넓이의 단위. 한 마지기는 볍씨 한 말의 모 또는 씨앗을 심을 만한
넓이로, 지방마다 다르나 논은 약 150~300평, 밭은 약 100평 정도이다.

*④ 요약 : 양동욱 부부와 박 노인, 윤 생원이 공동체를 이룸.

* 구유: 마소의 먹이를 담아 주는 그릇

❶ 중심 인물: 양동욱 내외
　시대적 배경: 6·25 전쟁 직후
　시간적 배경: 겨울 ➡ 봄
　공간적 배경: 부산, 진주, 산청, 산골(지리산)
❷ 중심 사건: 양동욱 내외가 고단하게 삶. 양동욱 내외가 도시에서의 삶을 포기하고 산속에서
　살기로 함. 양동욱 내외와 박 노인, 윤 생원이 산골에서 함께 생활하며 삶의 터전을 꾸려 감.
　갈등: 드러나지 않음.
❸ 서술상 특징
・**서술자**: 3인칭, **시점**: 전지적 작가 시점
・역순행적 구성을 통해 양동욱 부부가 산속에서 살게 된 계기를 나타냄.
・공간의 이동에 따른 삶의 모습을 나타냄.
・간결체를 사용해 사건의 비극성을 심화하고 서술의 속도감을 높임.
・양동욱 내외를 '두더지에', 도시를 '땅 밖'에 비유하여 도시에서의 삶에서 벗어나고자 하는
　절박한 심정을 드러냄.
・양동욱 내외가 산속에서 살기 위해 준비한 살림 밑천을 열거함.
・서술자가 양동욱 내외의 심리를 직접 제시함.
・작품 밖 서술자가 인물들의 모습을 관찰하여 서술함.
・방언을 사용하여 토속적 분위기를 형성함.

■ **갈래**: 현대 소설
■ **글쓴이**: 오영수(1909 ~ 1979). 인간의 인정과 향토성을 옹호하며 반문명적·반도시적인
　작품을 주로 창작하였다. 작품으로 〈갯마을〉, 〈남이와 엿장수〉, 〈명암〉 등이 있다.
■ **이 작품은?** 전쟁 이후 도시에서의 궁핍한 삶 때문에 고통받던 인물들이 산속으로 들어가
　공동체를 형성하며 살아가는 모습을 담은 작품이다. 산속에서 새롭게 삶의 터전을 꾸린
　이들은 서로 협력하면서 그동안 겪었던 삶의 고통과 상처를 치유해 나간다.
■ **인물 관계도**

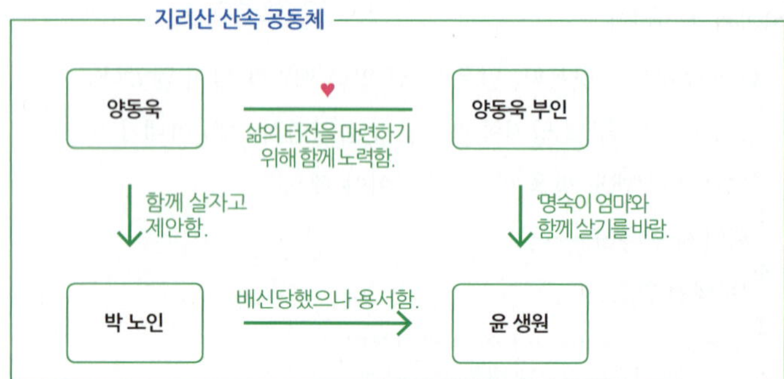

■ **주제**: 도시에서 받은 상처를 회복하는 산골의 평화로운 삶
■ **이것이 핵심!**: '산속' 공간의 상징적 의미

일상적인 삶을 위해 노력하는 공간	나물을 캐서 팔고 새끼 돼지를 마련하는 등 안정된 삶을 영위하고자 노력함. 매일 농사일에 몰두할 수 있게 해 인물들이 일상적인 삶을 살아가게 함.
새로운 구성원을 품는 열린 공간	양동욱 아내가 부산 시장에서 홀로 살고 있는 명숙이 엄마를 산속으로 데리고 와 함께 살고자 함.

■ **전체 줄거리**
　6·25 전쟁 때문에 부산으로 피난살이를 갔던 양동욱 내외는 어려운 경제적 여건 때문에
아픈 아이를 치료하지도 못한 채 떠나 보내고, 거처를 잃고 방랑한다. 진주에 잠시 머물며
경제 활동을 하고자 노력해 보지만 오히려 손해를 보는 역설적인 상황에 삶의 고통을
절실히 느낀다. 도시에서는 삶을 더 이상 이어 나갈 수 없다는 판단하에 두 사람은
지리산에 들어가 농사를 지으며 살고자 한다. 마침내 산골짜기에 움막을 치고 화전을
일군다. 산나물과 더덕 등을 캐어 장에 내다 팔며 생존의 기반을 마련한다.
　겨울이 다가오자 움막으로는 추위를 버틸 수 없어 걱정하던 와중에 근처에 혼자 살고
있던 목수 박 노인을 알게 되어 그에게 집을 지어 달라고 요청한다. 박 노인은 원래
청송에서 목수 일을 하고 있었으나, 아내가 자신의 조수였던 윤방구(윤 생원)와 사통하는
사실을 알고 산속에 혼자 들어와 살게 되었다고 한다.
　집이 완성된 후 양동욱 내외는 박 노인에게 함께 살자 제안하지만 노인은 사양한다.
그러다 겨울의 추위가 더욱 극심해진 어느 날 밤, 박 노인이 윤 생원을 데리고 두 사람을
찾아오면서 이들은 함께 살게 된다. 윤 생원은 사통한 사실을 들킨 뒤 마을에서 쫓겨나
고초를 겪다가 빨치산까지 되었지만, 박 노인의 용서와 도움으로 목숨을 부지하게 된다.
네 사람은 함께 살면서 농사일에 매진하고, 이듬해 봄이 되자 양동욱의 아내는 부산
시장에서 홀로 지내는 명숙이 엄마를 데려와 윤 생원과 살림을 합치도록 해 보겠다고
말하고 부산으로 떠난다.　　　　　　　　　　　　　　(🔵 : 지문 수록 부분)

---

40 **정답** ① ＊사건과 갈등 파악하기 ‥‥‥‥‥‥‥‥‥ [정답률 66%]

윗글에 대한 설명으로 적절한 것은?

＞왜 정답 ?

① 동욱의 아내는 장사를 나서 봤지만 손해를 보았다.
　　　　　　　　　　　　장사에 도전했지만 본전보다 더 깎아야만 팔림.

[②-❿, ⓬ 그의 아내가 양은그릇을 받아 이고 장사로도 나서봤다. ~ 본전도
　더 깎지 않고는 팔리지 않았다.

　동욱의 아내는 진주에서 장사에 도전했지만, 본전보다 더 낮은 가격에 팔아야
물건이 팔렸기 때문에 오히려 손해를 보게 되었다.

＞왜 오답 ?

② 동욱은 도시에서 느낀 패배감을 아내의 탓으로 돌렸다.
　　　　　　　　　　　　아내에게 측은함과 미더움을 느낌.

[③-❾, ❿ ~ 동욱은 어떤 패배감 같은 설움이 치밀어 목이 메인다. 그럴수록
　뒤따라오는 그의 아내가 측은하기도 하고 미덥기도 했다.

　동욱은 기본적인 생활조차 하기 어려웠던 도시에서의 삶을 떠올리면서 쫓겨나듯이
산골로 온 자신의 처지에 패배감을 느낀다. 그러나 이를 아내의 탓으로 돌리지 않고,
함께 고생하고 있는 아내가 '측은하기도 하고 미덥기도' 하다고 느낀다.

③ 동욱 내외는 아무런 준비도 없이 산골 생활을 시작했다.
　　　　　　　　　　　　생활에 필요한 물품을 마련했음.

[③-❺, ❻ 밀가루 두 포대와 감자씨 반 말을 사고 우거지 한 꾸러미를 바꿨다.
　/ 괭이, 호미, 톱, 낫 이런 연모와 함께 된장 몇 사발, 소금 두 됫박 그밖에 석유
　한 병, 사기 호롱 한 개를 꾸려서 산청을 뒤로 하고 산골로 접어들었다.

④ 동욱은 박 노인과 함께 진주에서 뒷일꾼으로 일을 다녔다.
　　　　　　　　　　　　동욱 혼자 일을 다님.

＊ **근거**: [중략 줄거리]
　동욱은 진주에서 혼자 뒷일꾼으로 일을 다녔고, 박 노인을 알게 된 것은 지리산으로
거처를 옮긴 이후이다.

⑤ 동욱은 명숙이 엄마가 올 것을 확신하고 미리 방을 마련해 놓았다.
　　　　　　　　　　　　확신하지 않음.　　　　　　　　마련하지 않음.

→④-㉛ "그렇게 됐으면 좋긴 하겠는데……."

　명숙이 엄마가 올 것이라고 확신하는 아내와 달리, 동욱은 그렇게 되면 좋겠다고 할
뿐 확신을 드러내지는 않았다. 또한 방도 미리 마련해 놓지 않았다.

---

41 **정답** ② ＊인물의 심리와 태도 파악하기 ‥‥‥‥‥‥ [정답률 64%]

㉠~㉤에 대한 이해로 적절하지 **않은** 것은?

＞왜 정답 ?

② ㉡: 정착할 곳을 찾아가는 상황을 조금 더 견뎌주기를 바라든
　　　　　　　　　　　　　　　　　　　이곳에 정착하고자 하는 심정
심정이 드러나 있다.

→③-⓫ ㉡ "어쩔까, 산골은 어디 없이 매 한가지가 아니겠나?" ~

　동욱은 산속에서 거처를 마련하기 위해 깊은 골짜기로 향하다 함께 고생하는
아내에게 미안한 마음을 느낀다. 그리고 아내의 고생을 덜어주고자 하는 마음에
산골이라면 어디든 조건은 비슷할 것이라며 잠시 걸음을 멈춘 곳에서 살림을 꾸리길
원했다.

＞왜 오답 ?

① ㉠: 절망적인 상황을 벗어나고자 하는 심정이 드러나 있다.
　　　　　　　도시에서의 어려운 생활

[③-❸ "여보, ㉠ 두더지가 땅 밖에 나오면 죽게 마련이라오. 우리 그만
　깊숙히 산골로 들어가서 밭농사나 짓자요……."

　양동욱 내외는 도시에서 살아갈 수 있는 경제적 기반이 마련되어 있지 않아 힘들어
하고 있다. 그리고 두 사람의 처지를 '두더지'에 비유하고, 도시의 공간을 '땅 밖'에
비유해 두더지가 땅 밖으로 나오면 죽는 것처럼 이들 부부도 더 이상 도시에서의 삶을
이어 나갈 수 없음을 말하고 있다. 즉, 도시의 절망적인 상황에서 벗어나 산골로
들어가고자 하는 마음을 전하고 있다.

③ ⓒ: 봄철 농사일에 대한 기대감이 드러나 있다.
나물이 잘 자랄 것을 예상하고 감자 농사도 기대함.

[4]-⑦~⑨ 그러자 동욱 아내가 / “곧 나물이 돋겠네, 좋아라.” / 동욱이
ⓒ “그럼 감자씨도 널까?”

④ ⓔ: 상대가 말하려 하는 내용에 대한 궁금함이 드러나 있다.
동욱 아내가 이어서 말하려 하는 내용을 기다림.

→ [4]-㉖, ㉗ “윤 생원 말요…….” / ⓔ 동욱은 그의 아내의 입을 바라본다.

동욱은 ‘방을 한 간 더 달아야 한다는 아내의 이야기를 듣고 그 이유가 궁금해 입을
바라보았다.

⑤ ⓜ: 윤 생원의 처지를 걱정하는 모습이 드러나 있다.
홀아비로 혼자 살아갈 윤 생원을 걱정함.

→ [4]-㉜ “ ~ ⓜ 마흔 둘이면 한창인데 이 산속에서 어떻게 홀애비로 늙겠소.”

42 정답 ② * 〈보기〉를 바탕으로 감상하기   ★1등급 대비
[① 5% ② 50% ③ 7% ④ 30% ⑤ 6%]

〈보기〉를 바탕으로 윗글을 감상한 내용으로 적절하지 않은 것은? [3점]

> ─────────── 〈 보기 〉 ───────────
> ❶〈메아리〉에서는 삶의 의욕을 잃어가던 인물들이 ‘산속’에서 서로
> 동욱 부부가 도시에서 경제적 어려움으로 인해 삶의 의욕을 잃음.
> 협력하는 과정이 나타난다❷이를 통해 작가는 인물들이 공동체를 형성해
> 돼지를 사기 위한 방법을 함께 모색함.
> 나가며 인간다운 삶을 회복하는 모습을 보여준다. ❸산속은 정신적 위안과
> 그릇 조각을 보고 삶의 희망을 얻음.
> 안정을 주는 공간으로, 삶의 애환을 지닌 인물들이 과거에 겪은 상처를
> 박 노인이 자신을 배신한 윤 생원을 용서하고 함께 공동체를 이룸.
> 딛고 살아가게 해준다.❹아울러 산속은 혼란한 도시와 대비되어
> 인물들에게 물질적 안정을 주고 일상적인 삶을 가능하게 하는 동시에
> 새로운 구성원을 품을 수 있는 열린 공간으로 제시된다.
> 동욱 부인이 ‘명숙이 엄마’를 데리고 오려 함.

왜 틀렸나?
〈보기〉의 ‘정신적 위안과 안정을 주는 공간’과 ②의 ‘정신적 위안과 물질적 안정을
주는 공간’이 같은 의미라고 생각했다면 오답을 고르기 쉬웠다. 양동욱 내외가
‘오지그릇 조각들’을 통해 그곳이 사람이 살 수 있는 장소임을 추론하여 삶의 희망을
느꼈기 때문이다.
그러나 윗글에서 양동욱 내외가 물질적 안정을 얻는 공간은 나타나지 않는다.
즉, ②에서 ‘정신적 위안’은 적절하지만 ‘물질적 안정’은 적절하지 않다. 선지의 옳고
그름을 판단할 때에는 선지를 작게 쪼개어 각 부분이 모두 옳은지를 확인해야 한다.

왜 정답?
② 동욱 내외가 ‘오지그릇 조각들’을 보면서 ‘가슴이 설레고 반가’워
하는 장면에서 산속이 정신적 위안과 물질적 안정을 주는
물질적 안정은 주지 않음.
공간임을 알 수 있겠군.   * 근거: ③-㉔, 〈보기〉❸문장
동욱 내외는 ‘오지그릇 조각들’을 보고 자신들이 멈춰 선 위치가 과거 사람들이
살았던 공간임을 알았다. 그래서 자신들도 이곳에서 생존할 수 있을 것이라는 희망과
정신적 위안을 얻었다. 그러나 이를 통해 물질적 안정을 얻지는 못했다.

왜 오답?
① ‘아무리 버둥거려봐도 살 수가 없었’던 피난살이와 ‘할 일이 없’어
살 수 없던 도시는 동욱 부부가 삶의 의욕을 잃었던 원인이라고 할
도시에서 경제적 기반을 마련할 수 없어 삶의 의욕을 잃음.
수 있겠군.   * 근거: ②-❷, ⑬, 〈보기〉❶문장
동욱 부부는 도시에서 아무리 열심히 노력해도 궁핍한 삶을 벗어날 수 없어
고통스러워했다. 이러한 도시에서의 삶과 거처 없이 떠도는 피난살이는 동욱 부부가
삶의 의욕을 잃게 만든 원인으로 볼 수 있다.

③ 돼지를 기르고 싶다는 윤 생원의 말에 ‘구시 두 개 파’겠다거나
‘산나물 나면 여 내다 보’태겠다고 대답하는 장면에서 서로를
도우며 살아가는 인물들의 모습을 확인할 수 있겠군.
공동체를 형성해 협력하며 삶을 살아감.
* 근거: [4]-⑬~⑮, 〈보기〉❶문장
윤 생원이 돼지를 사고 싶다고 하자, 박 노인과 동욱도 기꺼이 협력해 돼지를 사기
위한 방법을 모색하고 있다.

④ 박 노인이 윤 생원과 함께 ‘산에서 구유감을 굴려 내’리는 장면에서
과거의 상처를 딛고 살아가는 공동체의 모습을 확인할 수 있겠군.
박 노인이 자신에게 상처를 준 윤 생원을 용서함.
* 근거: [중략 줄거리], [4]-⑳, 〈보기〉❷, ❸문장
박 노인은 과거 윤 생원이 자신을 배신했음에도 불구하고 윤 생원을 거두어 함께
생활한다. 그리고 박 노인과 동욱, 윤 생원이 힘을 합쳐 ‘구유감을 굴려 내’린다. 이를
통해 박 노인이 자신을 배신한 윤 생원을 용서하였으며 과거의 상처를 극복하고 함께
살아가고 있음을 알 수 있다.

> **매력 오답** 〈보기〉의 내용이 중심인물인 양동욱 부부에게만 해당한다고 생각한 학생들이
> 많았다.
> 〈보기〉의 ‘공동체’는 양동욱 부부와 박 노인, 윤 생원을 모두 포함한다. [중략
> 줄거리]를 참고했을 때, 자신을 배신했던 윤 생원을 도와 구유감을 굴린 박 노인 또한
> 과거의 상처를 딛고 살아가는 모습을 보인다.

⑤ 윤 생원을 생각하며 ‘명숙이 엄마를 데리고’ 오겠다는 아내와 ‘씨익
웃으’며 기대하는 동욱의 모습에서 산속이 새로운 인물을 품을 수
있는 열린 공간으로 제시되어 있다고 할 수 있겠군.
‘산속’이 새로운 구성원을 맞이하는 공간이 됨.
* 근거: [4]-㉘, ㉙, 〈보기〉❹문장
동욱의 아내가 도시에서 홀로 살아가는 ‘명숙이 엄마’를 산속으로 데리고 와 함께
살고자 하는 마음을 드러냈을 때, 동욱 또한 기대하는 모습을 보였다. 이를 통해
‘산속’이 도시에서 고통스러운 삶을 살고 있을 ‘명숙이 엄마’라는 새로운 인물을
맞이하는 공간임을 알 수 있다.

43~45

(가) 박목월, 〈적막한 식욕〉
출제 ❶ 화자, 중심 대상 ❷ 상황, 정서, 태도 ❸ 표현상 특징

❶ 모밀묵이 먹고 싶다.
❷ ❶ 중심 대상 ❸ 방언(‘모밀묵’은 ‘메밀묵’의 방언임.)을 사용하여 향토성을 부각함.
그 싱겁고 구수하고
❸ 미각적 이미지   ❸ 모밀묵의 속성을 열거함.
못나고도 소박하게 점잖은

❹ 촌 잔칫날 팔모상에 올라   ▨ : 모밀묵의 의미가 나타나는 구절

❺ 새사돈을 대접하는 것.   # ▨ : ❸ 명사로 시행을 종결해 대상(모밀묵)의 의미를 부각함.
❻ 모밀묵의 의미 ① 소박하지만 귀한 손님을 대접하는 데에도 쓰이는 음식
그것은 저문 봄날 해질 무렵에
❼ 모밀묵
[허전한 마음이
❽ [ ]: ❸ 의인법을 사용해 사람을 위로하는 모밀묵의 속성을 형상화함.
마음을 달래는]   *의인법: 사람이 아닌 것을 사람처럼 표현하는 방법
❾ ❷ 상황: 모밀묵을 먹음으로써 인생의 쓸쓸함을 치유하고자 함.
쓸쓸한 식욕이 꿈꾸는 음식.   *❶~❾행 요약: 쓸쓸함을 달래는 모밀묵
모밀묵의 의미 ② 쓸쓸함을 달래는 음식

[팔모상: 여덟모가 난 상

❿ 또한 인생의 참뜻을 짐작한 자의
⓫ 인생이 쓸쓸하다는 것을 알게 된 사람
너그럽고 넉넉한
⓬ 눈물이 갈구하는 쓸쓸한 식성.
모밀묵의 의미 ③ 인생의 쓸쓸함을 아는 사람이 그 맛을 알 수 있는 음식

*❿~⓬행 요약: 인생의 참뜻을 담고 있는 모밀묵

[아버지와 아들이 겸상을 하고
⓮ 손과 주인이 겸상을 하고]   ❸ 유사한 통사 구조를 반복하여 운율을 형성함.
⓯ [ ]: 위계와 신분을 초월하여 소통을 하고 일상을 나누는 모습
산나물을 /⓰곁들여 놓고
⓱ 어수룩한 산기슭의 허술한 물방아처럼   *직유법: 비슷한 성질이나 모양을 가진 두
⓲ ❸ 직유법을 사용해 메밀묵의 소박한 모습을 표현함.   사물을 ‘같이’, ‘처럼’, ‘듯이’ 등의 연결어로
슬금슬금 세상 애기를 하며   결합하여 직접 비유하는 표현법
⓳ # ❷ 정서: 타인과의 관계 속에서 쓸쓸함을 달래고 싶음.
먹는 음식.
모밀묵의 의미 ④ 사람들이 어울리며 서로 정을 나눌 수 있게 하는 음식

[겸상: 둘 또는 그 이상의 사람이 함께 음식을 먹을 수 있도록 차린 상. 또는 그렇게
차려 먹음.

*⓭~⓳행 요약: 타인과의 관계 속에서 쓸쓸함을 달래게 하는 모밀묵

㉑ 그리고 마디가 굵은 사투리로
㉑ ❸ 추상적 관념(사투리)을 구체화해 향토적 분위기를 부각함.
㉒ 은은하게 서로 사랑하며 어여삐 여기며
㉒ 그렇게 이웃끼리
㉓ 화자가 온정을 나누고자 하는 대상
㉓ 이 세상을 건느고
㉔ 저승을 갈 때,
㉕ 보이소 아는 양반 앙인기요
㉖ 보이소 웃마을 이생원 앙인기요
❸ 유사한 통사 구조를 반복하여 운율을 형성함.
대화를 삽입하여 생동감을 줌.
방언을 사용하여 향토성을 부각함.
㉗ 서로 불러 길을 가며 쉬며 그 [마지막 주막에서
㉘ 걸걸한 막걸리 잔을 나눌 때]
㉙ # [ ]: 삶의 마지막을 함께하며 인생의 쓸쓸함과 허전함을 달램.
㉙ 절로 젓가락이 가는
㉚ 모밀묵의 의미 ⑤ 저승길에서도 서로 나누며 삶의 마지막을 위로할 수 있는 음식
㉚ 쓸쓸한 식욕.

*㉑~㉚행 요약 : 삶의 마지막을 위로해 주는 모밀묵

★ (가) 독해 공식
❶ 화자: 드러나지 않음. 중심 대상: 모밀묵(메밀묵)
❷ 상황: 모밀묵(메밀묵)을 먹음으로써 인생의 쓸쓸함을 치유하고자 함.
정서 및 태도: 인생의 쓸쓸함과 고독을 느끼고 있음. 타인과의 관계 속에서 쓸쓸함을 달래고 싶음.
❸ 표현상 특징
• 방언을 사용하여 향토성을 부각함.
• 미각적 이미지를 사용함.
• 모밀묵의 속성을 열거함.
• 명사로 시행을 종결해 대상의 의미를 부각함.
• 의인법을 사용해 사람을 위로하는 모밀묵의 속성을 형상화함.
• 유사한 통사 구조를 반복하여 운율을 형성함.
• 직유법을 사용해 메밀묵의 소박한 모습을 표현함.
• 추상적 관념(사투리)을 구체화해 향토적 분위기를 부각함.
• 대화를 삽입하여 생동감을 줌.
• 방언을 사용하여 향토성을 부각함.

■ 갈래: 현대시
■ 글쓴이: 박목월(1915 ~ 1978). 해방 이후 조지훈, 박두진과 함께 《청록집》을 발간한 청록파 시인이다. 향토적 서정에 민요적 율조가 가미된 서정시를 주로 창작하고, 인간의 본성이나 사물의 본질에 관한 깊은 통찰을 그려내기도 하였다. 주요 작품으로 〈산도화〉, 〈청노루〉, 〈산이 날 에워싸고〉 등이 있다.
■ 제목의 의미: '적막한 식욕'은 '모밀묵이 먹고 싶다'는 화자의 욕구를 의미한다. 모밀묵은 인생에서 느끼는 쓸쓸함을 형상화한 음식으로, 화자는 인생의 쓸쓸함과 고독감을 아는 사람이다. 화자는 인생의 쓸쓸함을 받아들이면서도, 모밀묵을 먹으며 쓸쓸함을 해소하고자 하는 욕구가 있다.
■ 주제: 인생의 쓸쓸함을 위로하는 모밀묵
■ 이것이 핵심! : '모밀묵'의 다양한 의미

시구	모밀묵의 의미
그 싱겁고 구수하고 / 못나고도 소박하게 점잖은 / 촌 잔칫날 팔모상에 올라 / 새사돈을 대접하는 것	소박하지만 귀한 손님을 대접하는 데에도 쓰이는 음식
쓸쓸한 식욕이 꿈꾸는 음식	쓸쓸함을 달래주는 음식
또한 인생의 참뜻을 짐작한 자의 / 너그럽고 넉넉한 / 눈물이 갈구하는 쓸쓸한 식성	인생의 쓸쓸함을 아는 사람이 그 맛을 알 수 있는 음식
슬금슬금 세상 얘기를 하며 / 먹는 음식	사람들이 어울리며 서로 정을 나눌 수 있게 하는 음식
그 마지막 주막에서 / 걸걸한 막걸리 잔을 나눌 때 / 절로 젓가락이 가는 / 쓸쓸한 식욕	저승길에서도 서로 나누며 삶의 마지막을 위로할 수 있는 음식

(나) 문정희, 〈찬밥〉

출제 ❶ 화자, 중심 대상 ❷ 상황, 정서, 태도 ❸ 표현상 특징

❶ 아픈 몸 일으켜 혼자 찬밥을 먹는다
❷ 상황: 몸이 아픈 화자가 혼자 찬밥을 먹음.
찬밥 속에 서릿발이 목을 쑤신다
❸ 과장적 표현을 사용해 밥의 찬 기운을 극대화함.
[부엌에는 각종 전기 제품이 있어
기술의 발달
❹ 일 분만 단추를 눌러도 ㉠ 따끈한 밥이 되는 세상]
❺ # [ ]: ❷ 상황 - 기술이 발달해 편리하게 따뜻한 밥을 지을 수 있음.
찬밥을 먹기도 쉽지 않지만
❻ 전기 제품으로 쉽게 찬밥을 데워 먹을 수 있기 때문에
오늘 혼자 찬밥을 먹는다
어머니를 떠올리는 계기
서릿발: 땅속의 물이 얼어 기둥 모양으로 솟아오른 것. 또는 그것이 뻗는 기운.
쑤시다: 신체의 일부분이 바늘로 찌르는 것처럼 아픈 느낌이 들다.
따끈하다: 꽤 따뜻하고 더운 느낌이 있다.

#❸ ○ ↔ □: 촉각적 이미지의 대비
❸ 현재형 어미 '-ㄴ 다/-는다'를 반복해 운율을 형성하고 생동감을 부여함.

*❶~❻행 요약 : 몸이 아픈 화자가 일부러 찬밥을 먹음.

❼ 가족에겐 ㉡ 따스한 밥 지어 먹이고
❽ #❸ 촉각적 이미지를 사용하여 어머니의 따스한 사랑을 드러냄.
찬밥을 먹던 사람 #❸ 명사로 시행을 종결해 대상(어머니)의 의미를 부각함.
❶ 중심 대상: 어머니
❾ 이 빠진 그릇에 찬밥 훑어
❿ 가족을 위해 희생했던 어머니의 삶 ①
누가 남긴 무 조각에 생선 가시를 핥고
⓫ # 가족을 위해 희생했던 어머니의 삶 ②
몸에서는 제일 따스한 사랑을 뿜던 그녀
⓬❸ 촉각적 이미지를 사용하여 어머니의 희생과 사랑을 강조함.
깊은 밤에도
⓭ 혼자 달그락거리던 그 손이 그리워
어머니의 고달팠던 삶 #❷ 정서: 어머니에 대한 그리움
⓮ 나 오늘 아픈 몸 일으켜 찬밥을 먹는다
❶ 화자 어머니에 대한 희생과 그리움이 드러나는 행위
이: 가구, 기계 따위의 맞붙여 이은 짬.
따스하다: 조금 다습다(알맞게 따뜻하다). '다스하다'보다 센 느낌을 준다.
달그락거리다: 작고 단단한 물건이 부딪쳐 흔들리면서 맞닿는 소리가 자꾸 나다. 또는 그런 소리를 자꾸 내다.

*❼~⓮행 요약 : 어머니의 희생적 사랑을 그리워하며 찬밥을 먹음.

⓯ 집집마다 신을 보낼 수 없어
⓰ 신 대신 보냈다는 설도 있지만
⓱ 어머니를 신적인 존재와 동일시함
[홀로 먹는 찬밥 속에서 그녀를 만난다
⓲ ❷ 상황: 찬밥을 먹으며 어머니를 추억하고 어머니의 사랑을 깨달음.
나 오늘
[ ]: ❸ 도치법으로 시상을 마무리하여 여운을 형성함.
⓳세상의 찬밥이 되어] *도치법: 정상적인 문장 성분의 어순을 바꾸어 의미를 강조하는 방법
화자가 생각하는 자신의 처지: 세상에서 소외된 존재 또는 누군가의 어머니가 된 것으로 해석할 수 있음.

*⓯~⓳행 요약 : 찬밥을 먹으며 어머니의 사랑을 깨달음.

★ (나) 독해 공식
❶ 화자: '나', 중심 대상: 어머니
❷ 상황: 몸이 아픈 화자가 혼자 찬밥을 먹음. 기술이 발달해 편리하게 따뜻한 밥을 지을 수 있음. 찬밥을 먹으며 어머니를 추억하고 어머니의 사랑을 깨달음.
정서, 태도: 어머님에 대한 그리움
❸ 표현상 특징
• 촉각적 이미지를 대비하여 시적 대상을 부각함.
• 현재형 어미 '-ㄴ 다/-는다'를 반복해 운율을 형성하고 생동감을 부여함.
• 과장적 표현을 사용해 밥의 찬 기운을 극대화함.
• 명사로 시행을 종결해 대상의 의미를 부각함.
• 도치법으로 시상을 마무리하여 여운을 형성함.

- ■ 갈래: 현대시
- ■ 글쓴이: 문정희(1947 ~). 1969년 《월간문학》으로 등단해 낭만주의 정신을 기본 색채로 하며 청순한 감각과 명징한 언어로 미적 가치를 형상화하는 작품을 주로 창작하였다. 작품으로 〈신라의 무명 시인 지귀〉, 〈꽃숨〉, 〈비망록〉 등이 있다.
- ■ 주제: 어머니의 희생적 사랑
- ■ 이것이 핵심!: **촉각적 이미지의 대비**

찬밥	← →	따끈한 밥 따스한 밥
– 어머니를 회상하는 매개체 – 어머니의 사랑을 깨닫는 계기		– 현대 기술의 발달을 나타냄. – 어머니의 사랑을 나타냄.

- ■ 왜 두 작품?
- • **공통점**: (가)와 (나)는 모두 음식을 소재로 하여 화자의 삶의 모습을 보여주고 화자의 정서를 드러내었다.
- • **차이점**: (가)는 '모밀묵'을 소재로 하여 인생의 고독감과 쓸쓸함을 해소하고자 하는 소망을 나타내었다. (나)는 '찬밥'을 소재로 하여 어머니에 대한 그리움을 나타내고, 어머니의 희생적인 삶에 대한 깨달음을 형상화하였다.

43 정답 ④ * 작품 비교하기 ⭐1등급 대비

[① 5% ② 9% ③ 14% ④ 41% ⑤ 28%]

(가)와 (나)의 공통점으로 가장 적절한 것은?

왜 틀렸나?

(가)에서만 명사로 시행을 종결하는 표현상의 특징이 나타난다고 생각한 학생들이 많았다. (나)에서는 '-ㄴ다/-는다'라는 종결 어미의 반복이 두드러지지만, ❽행과 ⓫행에서는 각각 '사람'과 '그녀'라는 명사로 시행을 종결하여 시적 대상인 '어머니'가 찬밥을 먹는 희생을 하고, 가족들을 사랑했다는 의미를 강조하고 있다.

각 행마다 어떤 방식으로 문장을 종결하고 있는지 면밀히 살펴보고, 명사가 특정 시적 대상의 의미를 구체화하고 있는지 확인했어야 한다.

왜 정답?

④ 명사로 시행을 종결하여 시적 대상의 의미를 부각하고 있다.

(가): 모밀묵, (나): 어머니

- (가) ❺행 새사돈을 대접하는 것.
- (가) ❾행 쓸쓸한 식욕이 꿈꾸는 음식.
- (가) ⓬행 눈물이 갈구하는 쓸쓸한 식성.
- (가) ⓲, ⓳행 슬금슬금 세상 얘기를 하며 / 먹는 음식.
- (가) ㉙, ㉚행 절로 젓가락이 가는 / 쓸쓸한 식욕.
- (나) ❽행 찬밥을 먹던 사람
- (나) ⓫행 몸에서는 제일 따스한 사랑을 뿜던 그녀

(가)에서는 '것', '음식', '식성', '식욕' 등 명사로 시행을 종결하며 시적 대상인 '모밀묵'의 속성을 부각하고 있다.

(나)에서는 '사람', '그녀' 등 명사로 시행을 종결하며 시적 대상인 '어머니'의 모습과 어머니에 대한 정서를 부각하고 있다.

왜 오답?

① 수미상관의 형태로 구조적 안정감을 부여하고 있다.

(가), (나) 모두 나타나지 않음.

(가)와 (나) 모두 시의 처음과 끝에 같은 구절을 반복하여 배치하는 표현 방법을 사용하지 않았다.

② 청자를 겉으로 드러내어 화자의 상황을 구체화하고 있다.

(가), (나) 모두 청자가 드러나지 않음.

③ 촉각적 심상의 대비를 통해 화자의 정서를 드러내고 있다.

(가)에서는 촉각적 심상의 대비가 나타나지 않음.

- (나) ❶행 아픈 몸 일으켜 혼자 찬밥을 먹는다
- (나) ❹행 일 분만 단추를 눌러도 따끈한 밥이 되는 세상
- (나) ❼행 가족에겐 따스한 밥 지어 먹이고

(가)에서는 촉각적 심상의 대비가 나타나지 않는다.

(나)에서는 '찬밥'과 '따끈한 밥', '따스한 밥'이라는 시어를 통해 차가움과 따뜻함이라는 촉각적 심상의 대비가 나타난다. 이러한 대비는 가족에게 희생적인 사랑을 베풀었던 '어머니'에 대한 그리움의 정서를 드러낸다.

---

⑤ 향토적 분위기가 드러나는 표현을 활용하여 주제를 강조하고 있다.

(나)에서는 향토적 분위기가 나타나지 않음.

- (가) ❶행 모밀묵이 먹고 싶다.
- (가) ㉕, ㉖행 보이소 아는 양반 앙인기요 / 보이소 웃마을 이생원 앙인기요

(가)에서는 '모밀묵', '보이소', '앙인기요' 등 방언을 사용하여 향토적 분위기를 조성하고 있다.

(나)에서는 향토적 분위기를 조성할 수 있는 표현이 사용되지 않았다.

> **매력 오답** (나) ❼, ⓭행에서 과거 어머니의 모습을 제시한 것에서 향토적 분위기가 드러난다고 생각한 학생들이 많았다.
> 그러나 향토적 분위기를 형성하는 '표현'이 사용되지는 않았다. 선지에서 묻는 것이 무엇인지 정확하게 파악하고 그 근거를 확인해야 한다.

[**향토적**: 고향이나 시골의 정취가 담긴]

44 정답 ④ * 시어 및 구절의 의미 파악하기 [정답률 81%]

'따스한 밥'

㉠, ㉡에 대한 설명으로 가장 적절한 것은?

'따끈한 밥'

왜 정답?

④ ㉡은 ㉠과 달리 시적 대상의 가치 있는 사랑을 느끼게 하는 것이다.

㉡에는 어머니의 사랑이 담겨 있지만, ㉠에는 어머니의 사랑이 담겨 있지 않음.

- (나) ❷~❹행 아픈 몸 일으켜 혼자 찬밥을 먹는다 / 찬밥 속에 서릿발이 목을 쑤신다 / 부엌에는 각종 전기 제품이 있어 / 일 분만 단추를 눌러도 ㉠ 따끈한 밥이 되는 세상
- (나) ❼~⓱행 가족에겐 ㉡ 따스한 밥 지어 먹이고 / 찬밥을 먹던 사람 / 이 빠진 그릇에 찬밥 훑어 / 누가 남긴 무 조각에 생선 가시를 핥고 / 몸에서는 제일 따스한 사랑을 뿜던 그녀

㉠ '따끈한 밥'은 '각종 전기 제품이 있어 / 일 분만 단추를 눌러도' 쉽게 만들어 낼 수 있는 것으로, 시적 대상인 어머니의 가치 있는 사랑을 느낄 수 없다. ㉡ '따스한 밥'은 어머니가 가족들에게 지어 먹인 것으로, 어머니의 사랑을 느끼게 한다.

왜 오답?

① ㉠은 어려운 상황 속 화자의 이상을 실현해 주는 것이다.

어머니의 사랑을 떠올리게 하는 것

화자는 현재 아픈 상황이므로 어려운 상황으로 볼 수도 있다. 그러나 화자의 이상이 무엇인지 제시되지 않았다.

② ㉡은 시적 대상의 희생 없이 편리하게 지을 수 있는 것이다.

'어머니'의 희생으로 지은 것

㉡ '따스한 밥'은 어머니가 '찬밥을 먹'고 '누가 남긴 무 조각에 생선 가시를 핥'는 희생을 하면서 가족들에게 제공한 것이다.

③ ㉠은 ㉡과 달리 화자의 아픈 마음을 치유해 주는 것이다.

㉡은 ㉠과 달리

㉠ '따끈한 밥'은 화자가 '전기 제품'을 사용하면 편하게 만들 수 있지만, 화자의 그리움이나 아픈 마음을 치유해 주지는 못한다.

㉡ '따스한 밥'은 어머니의 애정이 담긴 것으로, 어머니의 애정을 그리워하는 화자의 아픈 마음을 치유할 수 있다.

⑤ ㉠은 과거의 기억 속에, ㉡은 현재의 생활 속에 존재하는 것이다.

㉡ ㉠

㉠ '따끈한 밥'은 현재 화자에게 있는 '전기 제품'으로 만들어 낼 수 있다.

㉡ '따스한 밥'은 화자의 과거 기억 속에 존재한다.

〈보기〉를 바탕으로 윗글을 감상한 내용으로 적절하지 <u>않은</u> 것은? [3점]

> ─────────── 〈 보기 〉 ───────────
> ❶문학에서 음식은 일상적 삶의 모습을 보여주거나 정서를 환기하는
> 소재로 활용된다. ❷(가)에는 모밀묵을 매개로 형상화된 삶의 모습을
> <u>소박한 속성을 드러냄.</u>
> 떠올리며 인생의 허전함과 쓸쓸함을 달래고 싶은 화자의 정서가
> <u>타인과 소통하며 인생의 쓸쓸함을 달랠 뿐 극복하지는 못함.</u>
> 드러난다. ❸(나)에는 화자가 아플 때 혼자 찬밥을 먹었던 경험에서
> <u>가족들이 먹고 남은 음식으로 끼니를 때운 어머니</u>
> 어머니의 희생적 삶을 깨닫고 어머니를 그리워하는 정서가 드러난다.
> <u>몸이 아픈 상황에서 어머니의 사랑을 그리워함.</u>

>왜 정답？

③ (가)에서 '이웃끼리' '저승'에 갈 때 '마지막 주막에서' 모밀묵을 먹는
것을 통해 현실에서 느낀 쓸쓸함을 화자가 <u>극복하였음을</u> 보여주고
<u style="color:green">극복하지는 못함.</u>
있군.

＊근거: (가) ㉗~㉚행, 〈보기〉 ❷문장

　(가)의 화자는 인생의 고독함과 쓸쓸함을 달래고자 한다. '마지막 주막에서' 다른
사람들과 인사를 나누며 모밀묵을 먹는 것도 쓸쓸함을 달래기 위한 것이다. 그러나
화자는 여전히 '쓸쓸한 식욕'을 가지고 있으므로, 쓸쓸함을 극복하지는 못했다.

>왜 오답？

① (가)에서 모밀묵은 '촌 잔칫날' '새사돈'을 대접하는 음식으로
소박한 속성을 지닌 것이지만 귀한 사람에게도 내놓을 수 있는
<u>소박하지만 귀한 손님에게 대접할 수 있음.</u>
음식이겠군.

＊근거: (가) ❷~❺행, 〈보기〉 ❸문장

　'모밀묵'은 '못나고도 소박'하지만, '새사돈'이라는 귀중한 손님에게도 내놓을 수 있는
음식이다.

② (가)에서 '슬금슬금 세상 얘기를 하며' 모밀묵을 함께 먹는 모습을
통해 타인과의 관계 속에서 허전함을 달래고 싶은 화자의 정서를
<u>(가)의 화자는 타인과 소통하며 쓸쓸함과 허전함을 해소하고 싶어 함.</u>
드러낸 것으로 볼 수 있겠군.

＊근거: (가) ⓭, ⓮, ⓲, ⓳행, 〈보기〉 ❷문장

　'아버지'와 '아들', '손'과 '주인'은 모밀묵을 먹으며 이야기를 나눈다. 이는 화자가
타인과의 진정한 소통을 통해 허전함이라는 부정적인 감정을 해소하고자 하는 바람을
반영한 것이다.

④ (나)에서 '누가 남긴 무 조각에 생선 가시를 핥'는 모습을 회상하며
어머니가 보여줬던 희생적 삶을 깨닫고 있군.
<u>'찬밥을 먹으며 가족들을 위해 헌신한 어머니의 희생적 삶을 깨달음.</u>

＊근거: (나) ❾~⓫행, 〈보기〉 ❸문장

　(나)의 화자는 가족들에게는 '따스한 밥'을 지어 먹였지만, 자신은 '찬밥'과 가족들이
먹다 남은 음식으로 배를 채웠던 어머니의 모습을 회상하고, 어머니의 희생과 헌신을
깨닫고 있다.

⑤ (나)에서 '아픈 몸 일으켜 찬밥을 먹는' 모습을 통해 어머니를
그리워하는 화자의 정서를 드러내고 있군.
<u>'찬밥을 매개로 어머니에 대한 그리움을 드러냄.</u>

＊근거: (나) ❶행, 〈보기〉 ❸문장

　(나)의 화자는 의도적으로 '찬밥'을 먹으면서 자신처럼 '찬밥'을 먹던 어머니의
모습을 떠올린다. 이를 통해 가족들을 위해 헌신했던 어머니의 희생적 삶을 깨닫고
어머니의 사랑을 그리워한다.

---

01 정답 ② ＊피동 표현 파악하기

〈보기〉를 참고하여 ㉠~㉣에 대해 탐구한 결과로 적절하지 <u>않은</u> 것은?

> ─────────── 〈 보기 〉 ───────────
> 　문장은 동작이나 행위를 하는 주체가 누구인지에 따라 능동문과
> 피동문으로 나뉜다. 주어가 동작이나 행위를 제힘으로 하는 것을
> <u>능동문의 개념</u>
> 나타내면 능동문이라고 하고, 주어가 다른 주체의 의해서 동작이나
> <u>피동문의 개념</u>
> 행위를 당하는 것을 나타내면 피동문 이라고 한다.

	능동문	피동문
㉠	눈이 온 세상을 덮었다. <u>덮는 동작의 대상</u>	온 세상이 눈에 덮였다. <u>덮는 동작의 대상</u>
㉡	사냥꾼이 토끼를 잡았다. <u>잡는 행위의 주체</u>	토끼가 사냥꾼에게 잡혔다. <u>잡는 행위의 주체</u>
㉢	낙엽이 바람에 난다. <u>자동사</u>	낙엽이 바람에 날린다. <u>날-+-리-+-ㄴ-+-다</u>
㉣	해당 사례 없음. <u>날씨를 풀리게 한 주체를 상정할 수 없기 때문임.</u>	날씨가 풀렸다.

>왜 정답？

② ㉡의 피동문은 <u>행위의 주체가 중요하지 않으므로 행위의 주체를</u>
<u>사냥꾼</u>
<u style="color:green">드러내지 않았다.</u>
<u>드러냄.</u>

　㉡의 피동문에서 잡는 행위의 주체는 '사냥꾼'으로 문장에 드러나 있다.
　능동문과 비교할 때 피동문에서는 행위의 주체가 강조되지 않는다. 하지만 행위의
주체가 중요하지 않아서 이를 드러내지 않은 것은 아니다.

>왜 오답？

① ㉠의 피동문은 능동문에 비해 동작이나 행위의 대상을 강조한다.
<u>온 세상</u>

　㉠의 피동문에서 주어는 '온 세상'이다. 이를 통해 덮는 동작의 대상인 '온 세상'을
강조하고 있다.

③ ㉢의 피동문은 자동사에 피동 접미사가 붙어 만들어진 피동사가
<u>날다</u> 　 <u>-리-</u> 　 <u>날리다</u>
쓰였다.

　㉢의 피동문에는 자동사 '날다'에 피동 접미사 '-리-'가 붙어 만들어진 피동사
'날리다'가 쓰였다.

④ ㉣의 피동문은 행위의 주체를 상정하기 어려우므로 피동문에
<u>날씨를 풀리게 한 주체를 상정할 수 없음.</u>
대응되는 능동문이 없다.

　㉣의 피동문을 능동문으로 바꾸면 '(누가) 날씨를 풀다.'가 된다. 이 경우 날씨를
풀리게 한 주체를 상정할 수 없으므로 피동문에 대응되는 능동문이 없다.

⑤ ㉠과 ㉡은 모두 능동문의 주어가 피동문에서 부사어로 나타난다.
<u>㉠: 눈이 ➡ 눈에, ㉡: 사냥꾼이 ➡ 사냥꾼에게</u>

　㉠에서 능동문의 주어는 '눈이'이고, 이는 피동문에서 부사어 '눈에'로 나타난다.
　㉡에서 능동문의 주어는 '사냥꾼이'이고, 이는 피동문에서 부사어 '사냥꾼에게'로
나타난다.

02 정답 ⑤ * 음운 변동 파악하기

〈보기〉에서 선생님이 예로 든 음운 변동이 모두 일어나는 것은?

─〈 보기 〉─

선생님: 음운이 바뀌는 모든 현상을 '음운 변동'이라고 합니다. 예를 들어, '빛'을 발음할 때는 '빛'의 받침인 'ㅊ'이 [ㄷ]으로 교체되어 [빋]으로 발음합니다. ─ 음운 변동 (1) 음절의 끝소리 규칙 ─ 그리고 '국밥'을 발음할 때는 '밥'의 초성 'ㅂ'이 [ㅃ]으로 교체되어 [국빱]으로 발음합니다. ─ 음운 변동 (2) 된소리되기 ─

⑤ 부엌도

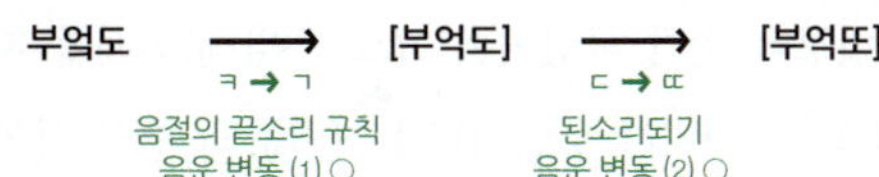

① 물놀이

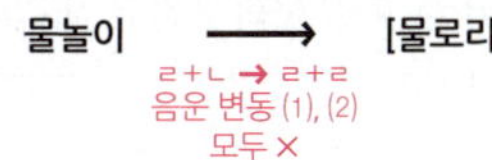

② 시냇물

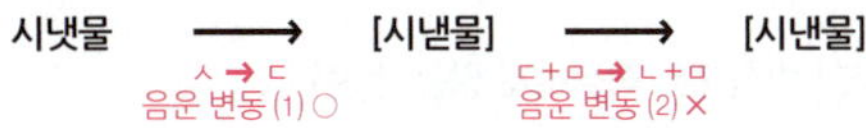

③ 앉거나

④ 읽는다

---

03 정답 ③ * 동사와 형용사 파악하기

〈보기〉를 바탕으로 ㉠~㉤을 이해한 내용으로 적절하지 <u>않은</u> 것은?

─〈 보기 〉─

'동사'는 동작이나 작용을 나타내는 단어이고, '형용사'는 성질이나 ─ 동사의 개념 ─ ─ 형용사의 개념 ─ 상태를 나타내는 단어이다. 동사와 형용사는 활용하는 양상이 다르다. 일반적으로 동사 어간에는 [현재 시제 선어말 어미 '-ㄴ-/-는-', 현재 [ ]: 동사와 형용사를 구분하는 방법 시제의 관형사형 어미 '-는', 명령형 어미 '-아라/-어라', 청유형 어미 '-자' 등이 붙을 수 있지만, 형용사 어간에는 붙을 수 없다.]

㉠ *올해도 우리 모두 새롭자.
청유형 어미 '-자'가 붙을 수 없음. ➜ 형용사
㉡ 신체가 튼튼해야 공부도 잘할 수 있다.
'신체'의 성질을 나타냄. ➜ 형용사
㉢ 내 발에는 아버지의 신발이 무척 컸다.
'아버지의 신발'의 성질을 나타냄. ➜ 형용사
㉣ 나는 그를 배어나서 처음 모는 것처럼 느꼈다.
현재 시제의 관형사형 어미 '-는'이 붙을 수 있음. ➜ 동사
㉤ 나는 밖으로 나와서야 날씨가 추운 것을 알았다.
'나'의 작용을 나타냄. ➜ 동사

※ *는 비문법적인 문장임을 나타냄.

③ ㉢의 '컸다'는 어간 '크-'에 현재 시제 선어말 어미 '-ㄴ-'이 붙을 수 있으므로 동사이다.
'아버지의 신발'의 성질을 나타내는 형용사임.

㉢의 '컸다'는 '신, 옷 따위가 맞아야 할 치수 이상으로 되어 있다.'라는 의미로 쓰였다. 이는 성질이나 상태를 나타내는 형용사이다.

참고로 '크다'가 동사로 쓰일 때에는 '키가 몰라보게 컸구나.'에서와 같이 '동식물이 몸의 길이가 자라다.'라는 의미로 쓰이거나, '너 커서 무엇이 되고 싶니?'에서와 같이 '사람이 자라서 어른이 되다.'라는 의미로 쓰인다.

① ㉠의 '새롭자'는 어간 '새롭-'에 청유형 어미 '-자'가 붙을 수 없으므로 형용사이다.
청유형 어미 '-자'가 결합한 '새롭자'는 비문법적인 표현임.

㉠의 '새롭자'는 '새롭다'의 어간 '새롭-'에 청유형 어미 '-자'가 결합한 것이다. 이는 비문법적인 표현이므로, '새롭다'는 청유형 어미 '-자'와 결합할 수 없는 형용사이다.

② ㉡의 '튼튼해야'는 성질이나 상태를 나타내므로 형용사이다.
단단하고 굳센 성질을 나타내는 형용사임.

㉡의 '튼튼해야는 '사람의 몸이나 뼈, 이 따위가 단단하고 굳세거나, 병에 잘 걸리지 아니하는 힘을 가지고 있다.'라는 의미로 쓰였다. 이는 성질이나 상태를 나타내는 형용사이다.

④ ㉣의 '보는'는 어간 '보-'에 현재 시제의 관형사형 어미 '-는'이 붙을 수 있으므로 동사이다.
'보는'과 같이 쓸 수 있으므로 동사임.

㉣의 '보는'은 '눈으로 대상의 존재나 형태적 특징을 알다.'라는 의미로 쓰였다. 이는 동작이나 작용을 나타내는 동사로, 어간 '보-'에 현재 시제의 관형사형 어미 '-는'을 붙여 '보는'과 같이 쓸 수 있다.

⑤ ㉤의 '알았다'는 동작이나 작용을 나타내므로 동사이다.
깨닫거나 느끼는 작용을 나타내는 동사임.

㉤의 '알았다'는 '어떤 사실이나 존재, 상태에 대해 의식이나 감각으로 깨닫거나 느끼다.'라는 의미로 쓰였다. 이는 동작이나 작용을 나타내는 동사이다.

---

04 정답 ② * 어휘의 의미 파악하기

문맥상 ⓐ와 바꾸어 쓰기에 가장 적절한 것은?

─

비디오 아트의 유형은 형태를 기준으로 비디오 영상과 설치 비디오로 ⓐ 나뉜다. 비디오 영상은 맥락없는 이미지, 빈 화면 등의 실험적 '나누이다'의 준말로, '여러 가지가 섞인 것이 구분되어 분류된다.'라는 의미임. 이미지나 비판적 내용을 담아 만든 영상 자체를 의미한다. 설치 비디오는 영상을 텔레비전 등 다양한 사물이나 장치와 결합하여 제작한 설치물이다.

② 분류된다 - '종류에 따라서 갈라지다.'라는 의미임.

ⓐ '나뉜다'의 기본형 '나뉘다'는 '나누이다'의 준말로, '여러 가지가 섞인 것이 구분되어 분류되다.'라는 의미로 쓰였다.

'분류된다'의 기본형 '분류되다'는 '종류에 따라서 갈라지다.'라는 의미로, 문맥상 ⓐ '나뉜다'와 바꾸어 쓰기에 적절하다.

① 분간된다 - '사물이나 사람의 옳고 그름, 좋고 나쁨 따위와 그 정체가 구별되거나 가려져서 알게 되다.'라는 의미임.

③ 분배된다 - '몫몫이 별러져 나뉘다.'라는 의미임.

④ 분석된다 - '얽혀 있거나 복잡한 것이 풀려서 개별적인 요소나 성질로 나뉘다.'라는 의미임.

⑤ 분열된다 - '찢어져 나뉘게 되다.'라는 의미임.

01~03

출제 중심 내용

1 ❶(화면 1) 역사 동아리 친구들과 고분 답사를 갔다가 화면에서
고분 답사를 갔다가 발견한 장식물 파편
보시는 도자기 조각 같은 것을 발견했습니다. 알고 보니 화단 장식물
파편이었는데, 만약 진짜 문화재라면 어떻게 행동해야 하는지
❷# 발표 화제를 '매장 문화재 발견 신고 제도'로 선정한 계기
궁금했습니다. ❸혹시 여러분 중에 이런 경우에 어떻게 해야 하는지
발표 내용과 관련된 질문을 하여 청중의 관심을 유도함.
아시는 분 있나요? ❹(반응을 확인하고) 대부분 잘 모르시는 것 같군요.
❺
자료 조사를 하면서 매장 문화재 발견 신고 제도'가 마련되어 있음을
                    발표 화제
알게 되었는데, 저는 오늘 이에 대해 발표해 볼까 합니다.
                    발표 화제를 제시함.

[고분: 고대에 만들어진 무덤
[답사: 현장에 가서 직접 보고 조사함. ≒ 답감

＊1 요약 : 고분 답사에서의 경험을 계기로 발표 화제를
'매장 문화재 발견 신고 제도'로 선정함.

2 ❶땅속이나 수중, 건조물 등에 묻혀 있던 유형의 문화재를 매장
          ❷# 매장 문화재의 개념을 설명하여 청중의 이해를 도움.
문화재라고 합니다. ❸(화면 2) 일반적으로 이런 문화재는 화면과 같이
      # 전문 기관이 매장 문화재를 발굴 조사하는 장면
문화재청이나 학술 단체 등 전문 기관의 발굴 조사를 통해 세상에
나옵니다. ❹그런데 최근에는 매장 문화재의 발견 양상이 다양해졌고, 특히
일상생활이나 여가 활동 중에 문화재를 발견하는 경우가 늘고 있다고
합니다. ❹(화면 3) 왼쪽에 보시는 것은 텃밭에서 농사를 짓다가 발견한
일상생활, 여가 활동 중에 발견한 문화재
청동기 시대의 돌도끼, 오른쪽에 보시는 것은 등산 중에 발견한 백제의
기와입니다.]
[ ]: 매장 문화재의 구체적인 예를 제시하여 발표 내용을 효과적으로 전달함.
〔 수중: 물 속, 물 가운데(水中)

＊2 요약 : 매장 문화재의 개념과 발견 양상

3 ❶(화면 4) 이런 현실을 반영해 만들어진 매장 문화재 발견 신고
매장 문화재 발견 신고 제도 절차
제도의 절차를 화면으로 보고 계시는데요, 어떤 단계들이 있는지 함께
살펴봅시다. ❷우선 매장 문화재를 발견하게 되면 7일 이내에 관할 지방
                                    ❸ 매장 문화재 발견 신고 제도 절차 ①
자치 단체나 경찰서로 신고를 해야 합니다. ❸신고를 받은 기관은 발견
                                    매장 문화재 발견 신고 제도 절차 ②
신고서를 문화재청으로 제출하고, 해당 물건의 소유자를 찾기 위해
                                    ❹ 매장 문화재 발견 신고 제도 절차 ③
90일간 공고를 해야 합니다. ❹다음으로 문화재청은 해당 물건이
문화재인지 확인하기 위해 예비 감정 평가를 실시하고, 필요에 따라
            매장 문화재 발견 신고 제도 절차 ④
발견 지역에 대한 현장 조사도 진행합니다.
      매장 문화재 발견 신고 제도 절차 ⑤
[관할: 일정한 권한을 가지고 통제하거나 지배함. 또는 그런 지배가 미치는 범위
[공고: 국가 기관이나 공공 단체에서 일정한 사항을 일반 대중에게 광고, 게시, 또는
[다른 공개적 방법으로 널리 알림.
[감정 평가(鑑定評價): 감정업자가 동산이나 부동산 따위와 같은 재산의 경제적 가치를
[판단하여 그 결과를 가격으로 표시하는 일

＊3 요약 : 매장 문화재 발견 신고 제도의 단계

4 ❶문화재로 판명되었는데도 정당한 소유자가 나타나지 않으면
      문화재로 판명된 이후 정당한 소유자가 없을 경우의 절차
국가에 귀속시켜 보관·관리하게 됩니다. ❷국가는 귀속된 문화재의
가치를 최종 감정하여 신고자에게 보상금을 지급하며, 이 신고로
인근에 발굴 조사가 이루어졌다면 포상금도 지급할 수 있습니다.

＊4 요약 : 문화재의 소유자가 없을 경우의 절차와 신고자에 대한 포상

---

5 ❶(화면 5) 주의할 점도 정리해 보았는데요, 화면에 붉게 표시한
매장 문화재를 발견했을 때 주의할 점   ❷
부분들에 특히 유의해야 합니다. ❷발견이란 우연한 기회에 드러난
문화재를 찾은 것을 말합니다. ❸따라서 땅속에 묻혀 있는 것을 일부러
                        매장 문화재를 발견했을 때 주의할 점 ①
파내어 신고하는 것은 범죄 행위인 도굴에 해당됩니다.❹또한 발견하고도
신고하지 않는 경우에는 은닉죄 등이 적용되어 처벌을 받게 된다는
        매장 문화재를 발견했을 때 주의할 점 ②
것도 기억해야 합니다.

[유의하다: 마음에 새겨 두어 조심하며 관심을 가지다.
[도굴: 법적 수속이나 관리자의 승낙을 받지 않고 고분 따위를 파거나 광물을 캐냄.

＊5 요약 : 매장 문화재를 발견했을 때 주의할 점

6 ❶매장 문화재 발견 신고는 소중한 문화재를 보호하는 데 힘이
[ ]: 매장 문화재 발견 신고의 의의
됩니다.❷그리고 무엇보다 일반 국민의 신고로 우리 문화재를 지키고
남길 수 있다는 데도 큰 의미가 있습니다.] ❸여러분도 주변 사물들과
문화재에 더 많은 주의를 기울였으면 합니다. 끝까지 들어주셔서
        주변 사물들과 문화재에 대한 관심을 당부하며 발표를 마무리함.
감사합니다.

＊6 요약 : 매장 문화재 발견 신고의 의의

---

01 정답 ⑤ ＊ 말하기 방식 파악하기 ·················· [정답률 83%]

위 발표에 활용된 말하기 방식으로 적절하지 <u>않은</u> 것은?

>**왜** 정답 ?

⑤ 발표 내용을 친숙한 소재에 빗대어 표현하여 청중의 흥미를
                            빗대어 표현하지 않음.
유발하고 있다.

>**왜** 오답 ?

① 발표 주제를 선정하게 된 동기를 밝히며 발표를 시작하고 있다.
          고분 답사에서의 경험

[1-❶~❺ ~ 고분 답사를 갔다가 ~ 도자기 조각 같은 것을 발견했습니다.
[알고 보니 화단 장식물 파편이었는데, 만약 진짜 문화재라면 어떻게
[행동해야 하는지 궁금했습니다. ~ '매장 문화재 발견 신고 제도'가
[마련되어 있음을 알게 되었는데, 저는 오늘 이에 대해 발표해 볼까 합니다.

② 발표 내용과 관련된 질문을 하여 청중의 관심을 유도하고 있다.
          문화재를 발견했을 때 해야 할 행동을 알고 있는지 질문함.

[1-❸ 혹시 여러분 중에 이런 경우에 어떻게 해야 하는지 아시는 분 있나요?
[문화재를 발견한 경우

③ 구체적인 예를 활용하여 발표 내용을 효과적으로 전달하고 있다.
          일상생활 중에 발견한 문화재를 제시함.

[2-❸,❹ ~ 일상생활이나 여가 활동 중에 문화재를 발견하는 경우가 늘고
[있다고 합니다. ~ 텃밭에서 농사를 짓다가 발견한 청동기 시대의 돌도끼, ~
[일상생활 중에 발견한 문화재
[등산 중에 발견한 백제의 기와입니다.

④ 발표 주제와 관련된 용어의 개념을 설명하여 청중의 이해를 돕고
                            매장 문화재의 개념을 설명함.
있다.

[2-❶ 땅속이나 수중, 건조물 등에 묻혀 있던 유형의 문화재를 매장
[매장 문화재의 개념
[문화재라고 합니다.

02 정답 ② ＊자료 활용의 적절성 파악하기 ★1등급 대비

[① 7% ② 56% ③ 7% ④ 12% ⑤ 15%]

위 발표에서 자료를 활용한 방식에 대한 설명으로 가장 적절한 것은?

왜 틀렸나?

윗글은 다양한 자료를 화면을 통해 활용하면서 발표를 진행하고 있는데 자료가 담고 있는 내용을 파악하지 못해 어려움을 겪은 학생들이 많았다. 자료의 내용을 파악하려면 자료와 함께 제시된 발표자의 말에 주목해야 한다.

왜 정답?

② 일반적으로 매장 문화재가 세상에 나오는 상황을 보여 주기 위해
　　　　　　　전문 기관의 발굴 조사를 통해 세상에 나옴.
'화면 2'에 문화재청의 발굴 조사 장면을 제시하였다.
　　　전문 기관의 매장 문화재 발굴 조사 장면

②-❷ (화면 2) 일반적으로 이런 문화재는 화면과 같이 문화재청이나 학술 단체 등 전문 기관의 발굴 조사를 통해 세상에 나옵니다.
　　　　　(화면 2)의 자료가 담고 있는 내용

왜 오답?

① 자신이 발굴한 문화재를 소개하기 위해 '화면 1'에 발견한 것의
　　　　문화재가 아니었음.　　　　　　　　　발표자가 발견한 '도자기 조각 같은 것'
실물 사진을 제시하였다.
고분 답사를 갔다가 발견함.

①-❶, ❷ (화면 1) 역사 동아리 친구들과 고분 답사를 갔다가 화면에서 보시는 도자기 조각 같은 것을 발견했습니다. 알고 보니 화단 장식물
　　　　　　　　　　　　　　　　　(화면 1)의 자료가 담고 있는 내용
파편이었는데, ~

③ 발견된 문화재의 시대적 층위를 부각하기 위해 '화면 3'에 고대와
　　　　　일상생활, 여가 활동 중에 발견한 문화재를 보여주기 위함.
근대의 문화재를 대비하여 제시하였다.
　　　대비하지 않음.

②-❸, ❹ ~ 일상생활이나 여가 활동 중에 문화재를 발견하는 경우가
　　　(화면 3)의 자료가 담고 있는 내용 → 일상생활 중에 발견한 문화재의 예시
늘고 있다고 합니다. (화면 3) 왼쪽에 보시는 것은 텃밭에서 농사를 짓다가 발견한 청동기 시대의 돌도끼, 오른쪽에 보시는 것은 등산 중에 발견한 백제의 기와입니다.

④ 제도를 세부적으로 파악할 수 있도록 하기 위해 '화면 4'에 감정
　　매장 문화재 발견 신고 제도의 절차를 전체적으로 파악할 수 있도록 함.
평가의 세부 단계들을 정리하여 제시하였다.
매장 문화재 발견 신고 제도의 절차를 단계별로 제시함.

③-❶ (화면 4) 이런 현실을 반영해 만들어진 매장 문화재 발견 신고
　　　　　　　　　　　　　　(화면 4)의 자료가 담고 있는 내용
제도의 절차를 화면으로 보고 계시는데요, ~

'화면 4'는 '매장 문화재 발견 신고 제도 절차'의 단계를 보여주는 자료이다. 감정 평가의 세부 단계들을 정리한 자료가 아니다.

⑤ 주의할 점을 부각하여 전하기 위해 '화면 5'에 제도 운영의 핵심
　　　　　　　　　　　　　　　　매장 문화재를 발견했을 때 특히 주의할 점
취지 부분에 강조 표시를 해서 제시하였다.

⑤-❶ (화면 5) 주의할 점도 정리해 보았는데요, 화면에 붉게 표시한
　　　　　(화면 5)의 자료가 담고 있는 내용　　　특히 유의해야 할 점에 강조 표시를 함.
부분들에 특히 유의해야 합니다.

발표자는 '화면 5'에서 매장 문화재를 발견했을 때 특히 유의해야 할 점을 붉게 강조 표시를 해서 제시했다.

매력 오답
(화면 5)의 자료가 담고 있는 내용을 파악하기 어려웠을 것이고, '화면에 붉게 표시한 부분들'이 '강조 표시'임을 파악하기 어려웠을 것이다. 발표의 흐름을 고려하면 (화면 5)의 자료가 매장 문화재를 발견했을 때 유의할 점을 담고 있음을 알 수 있다. 또한 화면에 특정 내용에 붉게 표시를 하면 다른 내용들보다 강조되므로, 이를 선택지의 '강조 표시'와 연결할 수 있어야 한다.

---

03 정답 ② ＊반응의 적절성 파악하기 ·················· [정답률 76%]

위 발표를 들은 학생이 〈보기〉와 같이 반응했다고 할 때, 이에 대한 설명으로 가장 적절한 것은?

━━━━━ 〈보기〉 ━━━━━

❶ 할아버지 친구분께서 집을 새로 짓다가 비석을 발견해서 신고하셨는데
　　　　　주변에서 들은 이야기를 떠올림.　　　　　　　　❷
신라 시대 문화재로 밝혀졌다는 이야기를 들었던 게 떠올랐어. 이 비석이
　　　　　　　　　　　　　　　발표를 듣기 전에 지니고 있었던 의문
어떤 절차를 밟아 문화재로 인정을 받게 되었는지 이전부터 궁금했는데,
알게 되어 유익했어. ❸수중에도 매장 문화재가 있다고 했는데, 구체적인
　　발표를 통해 의문을 해소함.　　발표에서 다루지 않은 내용에 대해 아쉬움을 표현함.
사례를 발표에서 다루지 않은 점은 아쉬웠어.

왜 정답?

② 발표를 듣기 전에 지니고 있었던 의문을 발표 내용을 통해 해소하고 있군.
할아버지 친구분이 발견한 비석이 문화재로 인정받게 된 절차

③-❶ (화면 4) ~ 매장 문화재 발견 신고 제도의 절차를 화면으로 보고
　　　　　　　　　학생 1이 지니고 있었던 의문을 해소해 주는 정보
계시는데요, ~
〈보기〉-❷ 이 비석이 어떤 절차를 밟아 문화재로 인정을 받게 되었는지 이전부터 궁금했는데, 알게 되어 유익했어.

왜 오답?

① 자신이 직접 당사자가 되었던 경험과 관련지어 발표 내용에 공감하고 있군.
　　　　　　　당사자가 아님.

＊근거: 〈보기〉-❶
학생은 자신이 직접 당사자가 되었던 경험을 발표 내용과 관련짓고 있지 않다. 학생은 할아버지 친구분이 비석을 발견하고 이 비석이 신라 시대 문화재로 밝혀진 상황을 전해 들었고, 이를 발표 내용과 관련짓고 있다.

③ 발표의 내용을 구조적으로 파악하여 전체 내용을 간략하게 정리하고 있군.
　　　　　　　드러나지 않음.　　　　　　　　　　　드러나지 않음.

④ 발표의 내용이 발표 목적에 부합하고 있는지를 객관적으로 분석하고 있군.
　　　　　　　　　　　　　　　　　　　　드러나지 않음.

⑤ 발표 내용 중에서 사실과 다른 부분을 판단하며 비판적으로 평가하고 있군.
　　　　　　드러나지 않음.　　　　　　드러나지 않음.

04~07

\# 출제　━━ 글 전체 중시 문장

(가) ❶○○고등학교 학생 여러분, 안녕하세요. ○○고등학교
　　　　＊예상 독자를 명시함.
학생회입니다. ❷학교 공간을 사용자 중심의 공간으로 만들자는
　　　　　　　　　　　＊학교 공간 개선의 취지
취지에서 학교 공간 개선에 대한 논의를 진행하고 있습니다. 그 ❸
일환으로 실시된 우리 학교 공간 중 개선이 필요한 장소에 대한 온라인
투표가 여러분들의 협조 덕분에 잘 마무리되었습니다. ❹ 그 결과를
공유하고, 구체적인 개선 방안에 대한 설문 조사를 안내하기 위해
글을 쓰게 되었습니다. \# 글을 쓴 이유를 드러냄.

＊❶문단 요약: 학교 공간 개선에 대한 온라인 투표 결과 공유, 설문 조사 안내

❷투표 실시 전에 안내가 된 것처럼, [학생들이 가장 개선이 필요하다고
　　　　　　　　　　　　　　　\# [ ]: 학교 측과 사전에 협의한 내용을 밝힘.
생각하는 학교 공간을 학생들의 의견을 적극적으로 반영하여 정비
하겠다]고 학교 측과 사전에 협의가 되었습니다. ❷전교생 중 90%가
투표에 참여했고, 그중 83%가 화장실 공간 개선을 요구하였습니다.
❸　　　\# 온라인 투표 결과를 수치로 나타내어 독자와 공유함.
이에 화장실 공간 개선에 대한 구체적인 의견을 수렴하기 위해 설문
　　\# 이후 진행될 과정을 제시함. → 화장실 공간 개선에 대한 설문을 실시함.
조사를 실시하고자 합니다.

＊❷문단 요약: 학교 측과 사전에 협의한 내용과 설문 조사를 실시하는 이유

③ 오늘부터 일주일간 진행되는 설문 조사는 크게 두 가지 항목으로 이루어져 있습니다. [첫 번째로 여러분들이 생각하는 우리 학교 화장실의
[ ]: 설문 항목을 안내함.
문제점과 여기에 대한 해결 방안을 제안해 주십시오. 두 번째로 첨부
설문 항목 ①
파일에 있는 우리 학교 각 층 화장실 도면을 참고하여 화장실의 구체적인
공간 구성에 대한 의견도 제시해 주시기 바랍니다.]
설문 항목 ②

＊③문단 요약: 설문 조사의 두 가지 항목 안내

④ 학교 공간 디자인 전문가의 힘도 빌려야 하겠지만, 더 중요한 것은 학생 여러분의 의견입니다. [‘손이 많으면 일도 쉽다.’라는 말이 있습니다.
관용 표현
무슨 일이나 여러 사람이 힘을 합하면 쉽게 잘 이룰 수 있다는 이 말처럼
‘손이 많으면 일도 쉽다.’의 의미
우리가 원하는 학교 화장실을 만들기 위해서 학생 여러분의 많은
[ ]: 관용 표현의 의미를 설명하여 설문 조사에 대한 독자의 참여를 유도함.
관심과 적극적인 참여가 필요합니다.]

┌─────────────────────────────┐
│   ㉠   │
└─────────────────────────────┘

＊④문단 요약: 독자들의 설문 조사 참여 유도

출제　　중심 내용

(나) ① 선생님: 많은 학생들이 요구했던 화장실 공간 개선에 대한 회의를 시작하겠습니다. 설문 조사 기간이 일주일이었지요? 회의를 통해
회의의 주제
(가)에서 언급한 설문 조사 기간을 확인함.
화장실 개선에 대한 설문 조사 결과를 살피고, 학교 공간 디자인
회의에서 논의할 사항을 안내함.
전문가에게 전달할 내용들을 정리해 봅시다. 학생들은 개선이 필요한 점이 무엇이라고 이야기했는지 말해 볼까요?
첫 번째 설문 항목과 관련된 설문 조사의 결과를 확인함.

② 학생 1: 네, 설문 조사 결과 여러 학생이 가장 불편함을 느꼈던 부분은 화장실 환기가 잘 되지 않는다는 점이었습니다. 습기가 빠지지 않아
첫 번째 설문 항목에 대한 학생들의 답변 ①
눅눅하다는 의견, 공기 정화가 잘 되지 않는다는 의견 등이 나왔습니다.

③ 학생 2: 맞습니다. 또 세면대 이용이 불편하다는 의견도 많았습니다.
첫 번째 설문 항목에 대한 학생들의 답변 ②
세면대 개수가 부족하고 높이가 모두 같기에 본인의 키에 맞지 않아 불편함을 느낀다고 하였습니다.

④ 선생님: 그렇군요. 정리하자면 [학생들이 생각하는 우리 학교 화장실의
[ ]: 첫 번째 설문 항목과 관련한 설문 조사 결과를 정리함.
문제점은 화장실의 환기가 제대로 되지 않는다는 것과 세면대 개수와 높이에 문제가 있다는 것이네요.] 그렇다면 학생들은 이러한 문제점에 대해 어떤 해결 방안을 제시하였나요?

⑤ 학생 1: 화장실 환기 문제를 해결하기 위한 방안으로는, 낡고 오래되어 여닫기 힘든 창문을 교체해 달라는 의견이 있었습니다.
화장실 환기 문제 해결 방안 ①
또한 환풍기를 추가로 설치하고 공기 정화 장치를 새롭게 설치했으면
화장실 환기 문제 해결 방안 ②　　화장실 환기 문제 해결 방안 ③
좋겠다는 의견도 있었습니다.
[A]: 우리 학교 화장실의 문제점에 대해 학생들이 제시한 해결 방안

⑥ 학생 2: 공기 정화 장치를 설치하자는 것은 좋은 의견이네요.
‘학생 1’의 발언의 일부를 긍정함.
세면대에 대한 해결 방안으로, 먼저 학생들은 세면대가 지금보다
세면대 문제 해결 방안 ①
더 많았으면 좋겠다고 답했습니다. 또한 두 세 가지 정도의 다양한
세면대 문제 해결 방안 ②
높이로 되어 있다면 자신의 키에 맞게 사용할 수 있어서 좋을 것 같다고 하였습니다.

⑦ 선생님: 그렇군요. 학생들이 생각하는 해결 방안을 잘 들었습니다. 참, 학생들에게 우리 학교 각 층 화장실의 도면도 제시했다고 알고
두 번째 설문 항목에 대한 의견을 질문함.
있는데, 이와 관련된 의견이 있었나요?

⑧ 학생 2: 네, 우리 학교 1층 화장실의 도면을 참고하여 의견을 낸 학생들이 있었습니다. 다른 층에 비해 1층 화장실의 내부 공간이 여유로우니 여기에 탈의 공간을 만들어 체육복을 갈아입을 수 있도록
화장실의 구체적인 공간 구성에 대한 의견
하면 좋겠다는 의견이 있었습니다. 저도 이 의견에 동의합니다.

⑨ 학생 1: 이미 체육관 앞에 탈의 공간이 따로 있으니 탈의 공간보다는
[B]: 화장실의 구체적인 공간 구성에 대한 ‘학생 2’와 ‘학생 1’의 의견
그곳에 세면대를 더 두면 어떨까요? 저도 1층 화장실을 이용할 때 불편을 겪은 적이 있었기 때문에, 세면대를 두는 것이 넓은
자신의 경험을 활용하여 ‘학생 2’와 다른 의견을 제시함.
공간을 잘 활용하는 방안이 될 것 같습니다.

⑩ 선생님: 학교 도면이 복잡해서 잘 파악했을지 걱정이 좀 되었는데, 잘
복잡 참고 자료인 ‘학교 도면’을 잘 파악하고 이해했다고 봄.
이해하고 좋은 의견을 내어 주었네요. 그 외에 다른 의견들은 없었나요?

⑪ 학생 1: 화장실 벽면에 학생들의 추천을 받아 그림이나 글귀를
화장실 공간 개선에 대한 다른 의견
부착하자는 의견도 있었습니다.

⑫ 선생님: 여러 의견이 나왔네요. 이 의견들이 충분히 고려되어야 하므로 회의 내용을 학교 측과 학교 공간 디자인 전문가에게 전달하겠습니다. 그럼 다음 회의에는 학교 공간 디자인 전문가도 함께 모셔서 구체적인
학교 공간 개선 분야의 전문가가 참여할 것을 밝히며 다음 회의를 예고함.
시안을 바탕으로 화장실 공간 디자인을 검토하도록 합시다.

도면: 토목, 건축, 기계 따위의 구조나 설계 또는 토지, 임야 따위를 제도기를 써서 기하학적으로 나타낸 그림
부착하다: 떨어지지 아니하게 붙다. 또는 그렇게 붙이거나 달다.
시안: 시험으로 또는 임시로 만든 계획이나 의견

04　정답 ④　＊ 말하기 방식 파악하기 [정답률 83%]

(가)를 이해한 내용으로 적절하지 <u>않은</u> 것은?

>왜 정답?

④ 설문 항목을 안내하고 설문 참여 시에 주의할 점을 덧붙이고 있다.
설문 조사의 두 가지 항목을 안내함.　　　설명하지 않음.

(가) ③문단 ❷, ❸문장 첫 번째로 여러분들이 생각하는 우리 학교 화장실의
설문 조사 항목 ①
문제점과 여기에 대한 해결 방안을 제안해 주십시오. 두 번째로 ~ 화장실의 구체적인 공간 구성에 대한 의견도 제시해 주시기 바랍니다.
설문 조사 항목 ②

>왜 오답?

① 예상 독자를 명시한 후 글을 쓴 이유를 드러내고 있다.
○○ 고등학교 학생　　　온라인 투표 결과를 공유하고, 설문 조사를 안내함.

(가) ①문단 ○○고등학교 학생 여러분, ~ 그 결과를 공유하고, 구체적인
예상 독자를 명시함.　　　글을 쓴 이유를 드러냄.
개선 방안에 대한 설문 조사를 안내하기 위해 글을 쓰게 되었습니다.

② 사전 협의 내용을 밝히며 이후 진행될 과정을 제시하고 있다.
학교 측과의 사전 협의 내용　　　설문 조사를 실시함.

(가) ②문단 ~ 학생들이 가장 개선이 필요하다고 생각하는 학교 공간을
사전 협의 내용을 밝힘.
학생들의 의견을 적극적으로 반영하여 정비하겠다고 학교 측과 사전에 협의가 되었습니다. ~ 설문 조사를 실시하고자 합니다.
이후 진행될 과정을 제시함.

③ 온라인 투표 결과를 수치로 나타내어 독자와 결과를 공유하고 있다.
구체적인 수치를 활용하여 온라인 투표 결과를 공유함.

(가) ②문단 ❷문장 전교생 중 90%가 투표에 참여했고, 그중 83%가 화장실 공간 개선을 요구하였습니다.

⑤ 관용 표현의 의미를 풀어 설명하여 독자의 참여를 유도하고 있다.
'손이 많으면 일도 쉽다.'의 의미를 풀어 설명함.

(가) ④문단 ❷, ❸문장 '손이 많으면 일도 쉽다.'라는 말이 있습니다. 무슨 일이나 여러 사람이 힘을 합하면 쉽게 잘 이룰 수 있다는 이 말처럼 우리가 원하는 학교 화장실을 만들기 위해서 학생 여러분의 많은 관심과 적극적인 참여가 필요합니다.
관용 표현의 의미를 설명함.
독자의 참여를 유도함.

---

05 정답 ③ ＊ 조건에 따라 내용 생성하기 ·················· [정답률 85%]

〈조건〉에 따라 ㉠에 마지막 문장을 추가한다고 할 때 가장 적절한 것은?

─────〈 조건 〉─────
• 서두에 제시된 학교 공간 개선의 취지를 다시 강조할 것
학교 공간을 사용자 중심의 공간으로 만듦. 조건 Ⓐ
• 비유적 표현을 활용하여 맥락에 맞게 마무리할 것
조건 Ⓑ   조건 Ⓒ

＞왜 정답？

③ 사용자인 우리의 편의를 두루 고려한 내 집 같은 학교 공간을 함께 만듭시다.
조건 Ⓐ 충족   조건 Ⓑ, Ⓒ 충족

'사용자인 우리의 편의를 두루 고려한'에서 학교 공간 개선의 취지를 다시 강조했으며(조건 Ⓐ 충족), '내 집 같은 학교 공간을 함께 만듭시다.'에서 비유적 표현을 활용하여 맥락에 맞게 마무리하고 있다(조건 Ⓑ, Ⓒ 충족).

＞왜 오답？

① 전문가도 인정하는 새로운 공간이 가득한 우리 학교는 사랑입니다.
조건 Ⓑ 충족, − 조건 Ⓐ, Ⓒ 충족 ×

② 편안하고 쾌적한 공원 같은 우리 학교 공간을 여러분에게 소개합니다.
조건 Ⓑ 충족   − 조건 Ⓐ, Ⓒ 충족 ×

④ 공간을 바라보는 틀에 박힌 생각에서 벗어나 우리 학교를 새롭게 바꾸어 봅시다.
조건 Ⓒ 충족   − 조건 Ⓐ, Ⓑ 충족 ×

⑤ 학생도 선생님도 만족하며 사용하는 학교 공간을 우리의 노력으로 만들어 봅시다.
조건 Ⓐ 충족   − 조건 Ⓑ, Ⓒ 충족 ×

---

06 정답 ④ ＊ 담화의 내용 파악하기 ·················· [정답률 83%]

(나)의 '선생님'에 대한 설명으로 적절하지 <u>않은</u> 것은? [3점]

＞왜 정답？

④ (가)에서 언급한 설문 참고 자료를 잘 파악했는지 점검한 후 학생의 설명에 대한 자신의 이해가 적절한지 확인하고 있다.
학교 도면을 잘 참고했다고 판단함.   확인하지 않음.

(가) ③문단 ❸문장 두 번째로 첨부 파일에 있는 우리 학교 각 층 화장실 도면을 참고하여 ~
(나) - ❿ 선생님: 학교 도면이 복잡해서 잘 파악했을지 걱정이 좀 되었는데, 잘 이해하고 좋은 의견을 내어 주었네요. ~

＞왜 오답？

① (가)에서 언급한 설문 조사 기간을 확인하고, 회의에서 논의해야 할 사항을 안내하고 있다.
일주일간 진행됨.
설문 조사 결과를 살피고, 전문가에게 전달할 내용을 정리함.

(가) ③문단 ❶문장 오늘부터 일주일간 진행되는 설문 조사는 ~
(나) - ❶ 선생님: 설문 조사 기간이 일주일이었지요? 회의를 통해 화장실
설문 조사 기간을 확인함.
개선에 대한 설문 조사 결과를 살피고, 학교 공간 디자인 전문가에게 전달할 내용들을 정리해 봅시다.
회의에서 논의해야 할 사항을 안내함.

② (가)에서 제시한 첫 번째 설문 항목과 관련하여 설문 조사의 결과를 모아 온 학생들의 발화를 정리하고 있다.
우리 학교 화장실의 문제점과 해결 방안   학생들의 발화를 종합함.

(가) ③문단 ❷문장 첫 번째로 여러분이 생각하는 우리 학교 화장실의 문제점과 여기에 대한 해결 방안을 제안해 주십시오.
(나) - ❷ 학생 1: 네, 설문 조사 결과 여러 학생이 가장 불편함을 느꼈던 부분은 화장실 환기가 잘 되지 않는다는 점이었습니다. ~
(나) - ❸ 학생 2: ~ 세면대 개수가 부족하고 높이가 모두 같기에 본인의 키에 맞지 않아 불편함을 느낀다고 하였습니다. ~
(나) - ❹ 선생님: ~ 정리하자면 ~ 화장실의 환기가 제대로 되지 않는다는
'학생 1'과 '학생 2'의 발화를 정리함.
것과 세면대 개수와 높이에 문제가 있다는 것이네요. ~

③ (가)에서 두 번째로 제시한 설문 항목과 관련하여 조사 결과에 대해 질문하고 있다.
화장실의 구체적인 공간 구성에 대한 의견   관련된 의견이 있었는지 질문함.

(가) ③문단 ❸문장 두 번째로 첨부 파일에 있는 우리 학교 각 층 화장실 도면을 참고하여 화장실의 구체적인 공간 구성에 대한 의견도 제시해 주시기 바랍니다.
(나) - ❼ 선생님: ~ 학생들에게 우리 학교 각 층 화장실의 도면도 제시했다고
조사 결과에 대해 질문함.
알고 있는데, 이와 관련된 의견이 있었나요?

⑤ (가)에서 언급한 관련 분야 전문가가 다음 회의 참여자임을 밝히며 다음 회의를 예고하고 있다.
학교 공간 디자인 전문가

(가) ④문단 ❶문장 학교 공간 디자인 전문가의 힘도 빌려야 하겠지만, ~
(나) - ⓬ 선생님: ~ 다음 회의에는 학교 공간 디자인 전문가도 함께 모셔서 구체적인 시안을 바탕으로 화장실 공간 디자인을 검토하도록 합시다.

---

07 정답 ⑤ ＊ 말하기 방식 파악하기 ·················· [정답률 76%]

[A], [B]에 대한 설명으로 가장 적절한 것은?

＞왜 정답？

⑤ [B]: '학생 1'은 '학생 2'의 발언 내용과는 다른 의견을 자신의 경험을
1층 화장실을 이용할 때 불편을 겪었던 경험
바탕으로 제안하고 있다.
1층 화장실에 세면대를 설치할 것을 제안함.

(나) - ❽ 학생 2: ~ 다른 층에 비해 1층 화장실의 내부 공간이 여유로우니
여기에 탈의 공간을 만들어 체육복을 갈아입을 수 있도록 하면 좋겠다는
의견이 있었습니다. 저도 이 의견에 동의합니다.
(나) - ❾ 학생 1: 이미 체육관 앞에 탈의 공간이 따로 있으니 탈의 [B]
'학생 2'의 발언 내용과 다른 의견을 제안함.
공간보다는 그곳에 세면대를 더 두면 어떨까요? 저도 1층 화장실을
'학생 1'이 직접 겪었던 경험을 바탕으로 함.
이용할 때 불편을 겪은 적이 있었기 때문에, 세면대를 두는 것이 넓은
공간을 잘 활용하는 방안이 될 것 같습니다.

＞왜 오답？

① [A]: '학생 1'은 '학생 2'의 발언과 달리 전달할 내용을 제시한 후 자신의 의견을 덧붙이고 있다.
덧붙이지 않음.

(나) - ❺ 학생 1: 화장실 환기 문제를 해결하기 위한 방안으로는, 낡고
오래되어 여닫기 힘든 창문을 교체해 달라는 의견이 있었습니다. 또한
환풍기를 추가로 설치하고 공기 정화 장치를 새롭게 설치했으면 좋겠다는
의견도 있었습니다.
(나) - ❻ 학생 2: 공기 정화 장치를 설치하자는 것은 좋은 의견이네요. [A]
세면대에 대한 해결 방안으로, 먼저 학생들은 세면대가 지금보다 더
많았으면 좋겠다고 답했습니다. 또한 두 세 가지 정도의 다양한 높이로
되어 있다면 자신의 키에 맞게 사용할 수 있어서 좋을 것 같다고 하였습니다.

② [A]: '학생 2'는 '학생 1'의 발언을 ~~구체화~~하며 자신의 견해를
구체화하지 않음.
~~수정~~하고 있다. * 근거: (나) - ❺, ❻
수정하지 않음.

　[A]에서 '학생 1'과 '학생 2'는 설문 조사 결과를 바탕으로 각각 '화장실 환기 문제'와 '세면대 문제'의 해결 방안에 대한 학생들의 의견을 제시하고 있다. '학생 2'가 '학생 1'의 발언을 구체화하고 있지 않으며, 자신의 견해를 수정하고 있지도 않다.

③ [A]: '학생 2'는 '학생 1'의 발언의 일부를 긍정하며 추가적인 정보
공기 정화 장치를 설치하자는 의견을 긍정함.
제공을 ~~요청~~하고 있다. * 근거: (나) - ❺, ❻
요청하지 않음.

　[A]에서 '학생 1'이 말한 '공기 정화 장치 설치'에 대한 의견이 좋은 의견이라며 긍정하였다. 그러나 '학생 1'에게 추가 정보 제공을 요청하고 있지 않다.

④ [B]: '학생 1'은 '학생 2'의 발언과 달리 조사한 내용을 말하고 그에
~~동의~~하고 있다. * 근거: (나) - ❽, ❾
'학생 2'의 의견에 동의하지 않음.

08~10

[작문 상황]

- **작문 목적:** 새롭게 주목받는 직업에 대한 정보를 전달하는 글을 씀.
- **예상 독자:** 우리 학교 학생들

[학생의 초고]

① 최근 도시 경관을 아름답게 해 주고 소음과 미세 먼지를 줄이는
'나무의사'가 관심을 끌게 된 이유
데에 효과가 있는 생활권 도시림이 주목받으면서, 이를 구성하는 가로수와 조경수 등을 체계적으로 관리하는 '나무의사'라는 직업이
새롭게 주목받는 직업인 '나무의사'
관심을 끌고 있습니다.

[**도시림**: 한 도시 안에 도시의 기능이 원활히 발휘되도록 환경을 보전하는 삼림. 공원, 고궁, 제방, 정원, 가로수 따위의 삼림 상태로 있는 것들을 통틀어 이른다.
[**조경수**: 정원, 가로, 공원 따위의 경치를 아름답게 꾸미기 위해 심는 나무

①문단 요약 : '나무의사'에 대한 관심이 높아진 상황

② 나무의사는 나무의 병해충을 예방하거나 진료하는 전문가를
나무의사의 개념
일컫습니다. 몇몇 나라는 우리보다 먼저 나무의사와 유사한 제도를 시행하고 있었고, 우리나라는 2018년부터 '나무의사 자격 제도'를 두어 아파트 단지나 공원, 학교 등에 있는 생활권 수목의 치료를 나무의사가 맡도록 하고 있습니다.

[**병해충**: 주로 농작물 따위에 해를 입히는 병과 해충
[**생활권**: 행정 구역과는 관계없이 통학이나 통근, 쇼핑, 오락 따위의 일상생활을 하느라고 활동하는 범위

②문단 요약 : 나무의사의 개념 및 우리나라의 나무의사 자격 제도

③ 이전에는 '생활권 수목 병해충 방제 사업' 대부분을 비전문가가 실행하여 여러 가지 부작용이 발생했습니다. 이런 부작용을 해소하고
나무의사 자격 제도를 도입한 이유 ①
관리의 전문성을 더욱 강화할 필요성이 제기되면서 이 제도를 도입했다고 합니다. 특히 생활권 도시림이 해마다 증가하고 있는 것도 중요한 이유
나무의사 자격 제도를 도입한 이유 ②
중 하나입니다.

[**방제**: 농작물을 병충해로부터 예방하거나 구제함.
[**부작용**: 어떤 일에 부수적으로 일어나는 바람직하지 못한 일

③문단 요약 : 나무의사 자격 제도를 도입한 이유

④ 나무의사가 되려면 자격시험에 응시해야 하는데, 응시를 위해서는 일정한 자격 조건을 갖추어야 합니다. [수목 진료 관련 석박사 학위를
[ ]: 나무의사 자격 제도에 응시할 수 있는 자격 요건
소지하고 있거나, 산림 및 농업 분야 특성화고를 졸업한 후 3년 이상의 경력이 필요합니다.] 자격시험에서 1차 시험은 필기시험이고, 2차 시험은 수목 및 병해충의 분류와 약제 처리, 외과 수술로 이루어져 있습니다. 여러 단계에 거쳐 정교하게 생명을 다루어야 하기에 실제 합격률은 저조한 편이라고 합니다.

④문단 요약 : 나무의사 자격 제도에 응시할 수 있는 자격 조건과 자격시험 과정

⑤ 이 제도가 전면 시행되는 2023년부터는 나무의사가 없이는 나무병원을
나무의사에 대한 수요가 늘 것으로 예측하는 이유
운영할 수 없기 때문에 나무의사에 대한 수요는 계속 늘 것으로 보입니다. 자격증의 공신력도 높은 편이라서 자격증을 취득하면 관련 분야에 진출하기가 쉬워집니다.

[**공신력**: 공적인 신뢰를 받을 만한 능력

⑤문단 요약 : 나무의사에 대한 수요 예측

⑥ ㉠ 나무가 내뿜는 피톤치드가 우리 몸을 건강하게 하기에 나무를 잘 가꾸고 지켜야 우리의 삶이 윤택해집니다. 새로운 시대 상황에서 나무의사가 주목받는 것처럼 여러분도 사회의 변화에 관심을 갖고
다양한 직업을 탐색해 볼 것을 권유함.
다양하게 직업을 탐색했으면 좋겠습니다.

⑥문단 요약 : 다양한 직업 탐색에 대한 권유

08 정답 ② * 작문 계획의 적절성 파악하기 ………… [정답률 90%]

학생이 글을 쓰기 전에 떠올린 생각 중 글에 반영된 것은?

>왜 **정답** ?

② ㄱ, ㄹ

ㄱ. **나무의사 제도 도입의 이유를 언급해야겠어.**
비전문가가 수목을 관리함으로써 생기는 부작용 해소, 관리의 전문성 강화, 생활권 도시림 증가

[③문단 ❷, ❸문장] 이런 부작용을 해소하고 관리의 전문성을 더욱 강화할 필요성이 제기되면서 이 제도를 도입했다고 합니다. 특히 생활권 도시림이 해마다 증가하고 있는 것도 중요한 이유 중 하나입니다.

ㄹ. **나무의사 자격 제도에 응시할 수 있는 요건을 구체적으로 언급해야겠어.**
수목 진료 관련 석박사 학위 소지 혹은 산림 및 농업 분야 특성화고 졸업 후 3년 이상의 경력

[④문단 ❷문장] 수목 진료 관련 석박사 학위를 소지하고 있거나, 산림 및 농업 분야 특성화고를 졸업한 후 3년 이상의 경력이 필요합니다.

>왜 **오답** ?

ㄴ. **나무의사 총인원의 연간 증가율을 객관적 수치로 ~~제시~~해야겠어.**
제시하지 않음.

[⑤문단 ❶문장] 이 제도가 전면 시행되는 2023년부터는 나무의사가 없이는 나무병원을 운영할 수 없기 때문에 나무의사에 대한 수요는 계속 늘 것으로 보입니다.

　윗글은 '나무의사에 대한 수요'가 '계속 늘 것으로 보'인다며 나무의사에 대한 전망을 드러냈을 뿐, 나무의사 총인원의 연간 증가율을 객관적 수치로 제시하지 않았다.

[**증가율**: 늘어나는 비율
[**객관적**: 자기와의 관계에서 벗어나 제삼자의 입장에서 사물을 보거나 생각하는
[**수치**: 계산하여 얻은 값

ㄷ. 나무의사 자격증의 공신력이 과거에 비해 높아진 이유를 제시해야겠어.
제시하지 않음.

> ⑤문단 ❷문장 자격증의 공신력도 높은 편이라서 자격증을 취득하면 관련 분야에 진출하기가 쉬워집니다.

윗글은 나무의사 '자격증의 공신력'이 높은 편이라는 것을 제시했을 뿐, 나무의사 자격증의 공신력이 과거에 비해 높아진 이유를 제시하지 않았다.

09 정답 ⑤ * 고쳐쓰기의 적절성 파악하기 ·········· [정답률 72%]

〈보기〉는 초고를 보완하기 위해 수집한 자료들이다. 자료의 활용 방안으로 적절하지 <u>않은</u> 것은? [3점]

───〈 보기 〉───

(가) 통계 자료

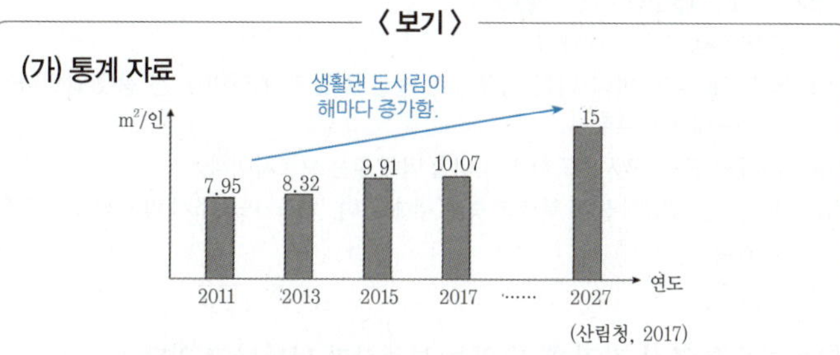

(나) 나무의사 김○○ 씨 인터뷰

❶예전부터 '나무의사'와 유사한 제도를 운영하고 있는 나라들이 있습니다. 중국의 '수예사(樹藝師)', 일본의 '수목의(樹木醫)'라는 제도가
❸다른 나라에서 운영 중인 나무의사와 유사한 제도
대표적입니다. 나무는 여러 오염 물질의 정화, 온실가스 저감, 홍수나
❹
산사태 방비 등의 기능을 합니다. 그래서 이를 관리할 나무의사의 역할이 중요해졌습니다. 나무의사의 필요성이 커지는 만큼 자격시험 응시생도 꾸준히 늘고 있으나 <u>4회의 시험 동안 최종 합격률 평균은 응시생 대비</u>
나무의사 자격시험 합격률이 저조함.
<u>8% 수준에 불과합니다.</u>

(다) 신문 기사

산림청이 실시한 '생활권 수목 병해충 관리 실태 조사' 결과에 따르면
<u>비전문가에 의한 수목 방제 사례가 90% 이상이었다.</u> ❷그로 인해 살포된
비전문가가 수목을 치료하고 있는 현황
농약 중 69%는 부적절하게 사용됐고, 독한 농약과 해당 수목에 알맞지 않은 약제를 살포한 것은 78%에 달하는 것으로 나타나 시민들의 건강과
❸
산림 자원에 위협이 되고 있다. 특히 가로수 방제용 약제 중 발암 물질을
비전문가가 수목을 치료하여 발생한 부작용
함유하고 있는 것도 있어 전문가의 손길이 필요하다.

> 왜 정답 ?

⑤ <u>(다)</u>를 5문단에서 활용하여, 나무의사가 없이는 나무병원을 운영할
관련 없음.
수 없기 때문에 나무의사에 대한 수요가 증가한다는 근거로 제시한다.
나무의사 자격 제도 전면 시행 ➡ 나무의사 없이는 나무병원을 운영할 수 없음. ➡ 수요 증가

> ⑤문단 ❶문장 이 제도가 전면 시행되는 2023년부터는 나무의사가 없이는 나무병원을 운영할 수 없기 때문에 나무의사에 대한 수요는 계속 늘 것으로 보입니다.

(다)는 '비전문가에 의한 수목 방제 사례'를 통해 나무의사의 필요성을 보여주는 자료이다. 나무의사가 없이는 나무병원을 운영할 수 없기 때문에 나무의사에 대한 수요가 증가한다는 내용과 관련이 없다.

> 왜 오답 ?

① (가)를 3문단에서 활용하여, 생활권 수목이 증가하고 있음을
생활권 도시림이 해마다 증가하고 있음을 보여줌.
뒷받침하는 근거로 제시한다.

> ③문단 ❸문장 특히 생활권 도시림이 해마다 증가하고 있는 것도 ~

② (나)를 2문단에서 활용하여, 나무의사와 유사한 제도를 이미
중국과 일본의 제도를 소개함.
운영하고 있는 나라들이 있다는 내용을 뒷받침하는 근거로 제시한다.

> ②문단 ❷문장 몇몇 나라는 우리보다 먼저 나무의사와 유사한 제도를 시행하고 있었고, ~
> 〈보기〉 (나) ❷문장 중국의 '수예사(樹藝師)', 일본의 '수목의(樹木醫)'라는 제도가 대표적입니다.

③ (나)를 4문단에서 활용하여, 나무의사 자격시험 합격률이
나무의사 자격시험 합격률은 8%에 불과하다는 것을 제시함.
저조하다는 내용을 뒷받침하기 위해 구체적인 수치를 제시한다.

> ④문단 ❹문장 여러 단계에 거쳐 정교하게 생명을 다루어야 하기에 실제 합격률은 저조한 편이라고 합니다.
> 〈보기〉 (나) ❺문장 ~ 4회의 시험 동안 최종 합격률 평균은 응시생 대비 8% 수준에 불과합니다.

④ (다)를 3문단에서 활용하여, 비전문가가 수목을 치료하는 현황과
비전문가가 수목을 치료하는 현황과 부작용을 구체적으로 제시함.
그 부작용의 사례를 제시한다.

> ③문단 ❶문장 이전에는 '생활권 수목 병해충 방제 사업' 대부분을 비전문가가 실행하여 여러 가지 부작용이 발생했습니다.
> 〈보기〉 (다) ❶, ❷문장 ~ 비전문가에 의한 수목 방제 사례가 90% 이상이었다. 그로 인해 살포된 농약 중 69%는 부적절하게 사용됐고, 독한 농약과 해당 수목에 알맞지 않은 약제를 살포한 것은 78%에 달하는 것으로 나타나 ~

10 정답 ③ * 조건에 따라 내용 생성하기 ·········· [정답률 72%]

〈보기〉는 선생님의 조언에 따라 ㉠을 수정한 것이다. 선생님이 조언했음 직한 내용으로 가장 적절한 것은?

───〈 보기 〉───

❶자연환경 보호와 삶의 질 향상이 중시되는 시대이므로, 생활권 수목에
나무의사가 등장하게 된 사회적 배경을 제시함.
대한 관리 대책도 과거와는 달라져야 합니다. ❷거대한 산소 공장인 나무와 숲을 살리는 나무의사라는 전문 인력이 그 무엇보다 필요한 때입니다.
나무의사의 역할이 중요함을 강조하는 내용을 추가함.

> 왜 정답 ?

③ 나무의사가 등장하게 된 사회적 배경을 바탕으로 하여 나무의사의
'자연환경 보호와 삶의 질 향상이 중시되는 시대'
역할을 강조하면 좋겠구나.
'거대한 산소 공장인 나무와 숲을 살림.'

> ⑥문단 ❶문장 ㉠ 나무가 내뿜는 피톤치드가 우리 몸을 건강하게 하기에 나무를 잘 가꾸고 지켜야 우리의 삶이 윤택해집니다.

> 왜 오답 ?

① 오늘날 나무의사의 역할이 과거와는 어떻게 달라졌는지를 알려
〈보기〉에 포함된 내용이 아님.
주면 좋겠구나.

② 국가적 차원에서 나무의사를 관리해야 전문성이 향상된다는 것을
〈보기〉에 포함된 내용이 아님.
강조하면 좋겠구나.

④ 나무의사라는 직업에 대한 소개이니, 나무의사가 되어서 하는
구체적인 업무들을 소개하면 좋겠구나.
〈보기〉에 포함된 내용이 아님.

⑤ 나무의사가 가로수와 조경수를 잘 관리해서 인간이 자연으로부터
얻을 수 있는 혜택을 구체화하면 좋겠구나.
〈보기〉에 포함된 내용이 아님.

\# 출제

[1] 보조사는 앞말에 붙어 특별한 뜻을 더해 주는 기능을 한다. 격 조사가
\# 보조사의 기능
문법적 관계를 나타내 주는 것과 달리, 보조사는 앞말에 결합되어
\# 격 조사의 기능   보조사의 기능
의미를 첨가하는 기능을 한다.

*[1]문단 요약 : 보조사와 격조사의 기능

'역시, 또한'의 의미를 더해 주는 보조사
ㄱ. 소설만 읽지 말고 시도 읽어라.   ※ ▨▨▨ : 보조사 ▨▨▨ : 격 조사
'한정'의 의미를 더해주는 보조사

문법적 관계를 나타내 주는 격 조사(목적격 조사)
ㄴ. 소설만을 읽지 말고 시도 읽어라.
보조사 + 격 조사

[2] 위의 ㄱ에서 '만'은 앞 체언에 '한정'의 의미를 더해 주고 있으며,
'도'는 앞 체언에 '역시, 또한'의 의미를 더해 주고 있다. 한편 ㄴ의
'만을'에서 확인할 수 있듯이, 보조사와 격 조사가 함께 나타날 수
\# 보조사 '만' + 격 조사 '을'
있다. 이때 문법적 관계는 격 조사가 담당하고 보조사는 앞말에
특정한 의미를 더해 주는 기능을 한다.

*[2]문단 요약 : 보조사와 격 조사의 기능을 보여 주는 구체적 예시

명사, 대명사, 수사
[3] 보조사의 다른 특징은 결합할 수 있는 앞말이 체언에 국한되지
않고, 부사, 어미 등의 뒤에도 결합할 수 있다는 것이다. 또한 '격 조사
+ 보조사' 혹은 '보조사 + 보조사'의 형태로도 결합할 수 있고, 격
\# 보조사의 특징 ①   \# 보조사의 특징 ②   \# 보조사의 특징 ③
조사 자리에 보조사가 나타날 수도 있다.
\# 보조사의 특징 ④

*[3]문단 요약 : 보조사의 특징

[4] 한편 ⓐ 보조사 중에서 ⓑ 의존 명사 또는 어미와 그 형태가
동일한 경우가 있어 헷갈릴 수 있다.   ※ ▨▨▨ : 보조사 ▨▨▨ : 의존 명사

[A]
ㄱ. 나는 나대로 계획이 있다.   \# 형태가 동일한 보조사와 의존 명사를
따로따로 구별됨을 나타내는 보조사   구분하는 방법 : 체언과 결합하면 보조사,
ㄴ. 네가 아는 대로 말해라.   관형어의 수식을 받으면 의존 명사임.
'어떤 모양이나 상태와 같이'를 나타내는 의존 명사

위 ㄱ에서 '대로'는 대명사 '나'에 결합되었기 때문에 보조사로,
ㄴ에서 '대로'는 관형어의 수식을 받기 때문에 의존 명사로 본다.

*[4]문단 요약 : 동일한 보조사와 의존 명사를 구분하는 방법

■ 이것이 핵심!

[1], [2] 문단	보조사와 격 조사의 기능		
		보조사	격 조사
	기능	앞말에 붙어 특별한 뜻을 더해 줌.	문법적 관계를 나타내 줌.

[3]문단	보조사의 특징
	① 체언, 부사, 어미 등의 뒤에 결합할 수 있음.
	② '격 조사 + 보조사' 형태로 결합할 수 있음.
	③ '보조사 + 보조사' 형태로 결합할 수 있음.
	④ 격 조사 자리에 쓰일 수 있음.

[4]문단	형태가 같은 보조사와 의존 명사의 구분		
		보조사	의존 명사
	특징	체언, 부사, 어미 등에 결합함.	관형어의 수식을 받음.
	예	나는 나대로 계획이 있다.	네가 아는 대로 말해라.

---

11 정답 ① * 조사 파악하기   ⊕1등급 대비

[① 37% ② 9% ③ 8% ④ 24% ⑤ 19%]

윗글을 참고하여 〈보기〉의 ㉠~㉢을 이해한 것으로 적절하지 않은 것은? [3점]

〈 보기 〉

㉠ 라면마저도 품절됐네.   ※ ▨▨▨ : 보조사 ▨▨▨ : 격 조사
보조사 '마저' + 보조사 '도'
㉡ 형도 동생만을 믿었다.
보조사 '도' 보조사 '만' + 격 조사 '을'
㉢ 그는 아침에만 운동했다.
격 조사 '에' + 보조사 '만'

왜 정답?

① ㉠: 격 조사 뒤에 '역시, 또한'의 의미를 더해 주는 보조사가 덧붙고 있다.
보조사 '마저'   보조사 '도'

* 근거 : [1]문단 ①문장, [3]문단 ②문장

단서 '라면마저도'의 '마저'와 '도'는

발상 '라면'에 붙어 이미 다른 상품들이 품절된 상황에 라면 또한 품절되었다는
의미를 더해 주므로

적용 '마저'와 '도'는 '역시', '또한'의 의미를 더해 주는 보조사이다.

개념 보조사는 앞말에 붙어 특별한 뜻을 더해 주며, '보조사+보조사'의 형태로 결합할
수 있다.

왜 오답?

② ㉡: 주격 조사 자리에 '도'라는 보조사가 나타나고 있다.
'이/가'   '형도'의 '도'

* 근거 : [3]문단 ②문장

단서 '형도 동생만을 믿었다.'에서 서술어 '믿었다'의 주체가 되는 주어는 '형'이며

발상 '형도'의 '도'는 다른 사람들도 이미 동생만을 믿는 상황에 형 또한 동생만
믿는다는 의미를 더해 준다.

적용 '형도'는 주어 '형'에 주격 조사 '이' 대신 보조사 '도'가 나타난 것이다.

개념 격 조사 자리에 보조사가 나타날 수도 있다.

③ ㉡: 보조사 '만'과 격 조사 '을'이 함께 나타나고 있다.
'동생만을'의 '만을'

* 근거 : [1]문단 ②문장

단서 '형도 동생만을 믿었다.'에서 서술어 '믿었다'의 대상이 되는 목적어는 '동생'이며

발상 '동생만을'의 '만'은 '다른 것으로부터 제한하여 어느 것을 한정함.'을 나타내는
보조사이고 '을'은 앞말이 목적어가 가리키는 대상임을 나타내는 목적격
조사이다.

적용 '동생만을'의 '만을'은 보조사 '만'과 격 조사 '을'이 함께 나타나고 있다.

개념 보조사와 격 조사가 함께 나타날 수 있다.

④ ㉢: '에'는 체언에 결합하여 문법적 관계를 나타낸다.
체언 '아침'에 결합하여 부사어의 자격을 갖게 하는 부사격 조사임.

* 근거 : [1]문단 ②문장

단서 '그는 아침에만 운동했다.'의 '아침에만'은 용언 '운동했다'를 수식하는
부사어이며

발상 '아침에만'의 '에'는 용언을 수식하는 부사어의 자격을 갖게 하는 부사격
조사이다.

적용 '아침에만'의 '에'는 체언 '아침'에 결합하여 부사어를 나타내는 부사격 조사이다.

개념 격 조사는 문법적 관계를 나타낸다.

매력 오답 '아침에만'에서 '에'와 '만'이 보조사인지 격 조사인지 파악하지 못해 틀린
학생들이 많았다. 보조사와 격 조사의 기능을 정확히 이해하고, '에'와 '만'이 문장에서
어떠한 기능을 하고 있는지를 파악해야 한다.

⑤ ㉢: '만'은 보조사가 결합할 수 있는 앞말이 체언에 국한되지 않음을
보여 준다. * 근거 : [3]문단 ①문장
부사격 조사 '에'에 결합함.

단서 '그는 아침에만 운동했다.'에서 '아침에만'은 서술어 '운동했다'를 수식하는
부사어이며

발상 '아침에만'에서 '에'는 앞말이 부사어의 자격을 갖게 하는 부사격 조사이고, '만'은
'다른 것으로부터 제한하여 어느 것을 한정함.'을 나타내는 보조사이다.

적용 보조사 '만'은 체언이 아닌 부사격 조사 '에'에 결합하였다.

개념 '격 조사+보조사' 형태로 결합할 수 있다.

12 정답 ① ＊조사 파악하기 ‥‥‥‥‥‥‥‥‥‥‥‥ [문제 변형]

[A]에서 설명하는 ⓐ, ⓑ의 예에 해당하는 것은?
'보조사' '의존 명사'

＞왜 정답?

① ⓐ: 배 아픈 데**만큼**은 이 약이 잘 듣는다. (○)
　　　　　　보조사
　ⓑ: 너는 먹을 **만큼**만 먹어라. (○)
　　　　　의존 명사

'배 아픈 데만큼은 이 약이 잘 듣는다.'의 '만큼'은 앞말에 한정됨을 나타내는 보조사이다.
'먹을 만큼만'에서 '만큼'은 관형어 '먹을'의 수식을 받아 앞의 내용에 상당한 수량이나 정도임을 나타내는 의존 명사이다.

＞왜 오답?

② ⓐ: 그는 그냥 서 있을 **뿐**이다. (✕)
　　　　　　　　　의존 명사
　ⓑ: 날 알아주는 사람은 너**뿐**이다. (✕)
　　　　　　　　　　보조사

'서 있을 뿐'에서 '뿐'은 관형어 '그냥 서 있을'의 수식을 받아 다만 어떠하거나 어찌할 따름이라는 뜻을 나타내는 의존 명사이다.
'너뿐이다'에서 체언 '너'와 결합하여 '뿐'은 그것만이고 더는 없음을 나타내는 보조사이다.

③ ⓐ: 그녀는 뛸 **듯이** 기뻐했다. (✕)
　　　　　　　　의존 명사
　ⓑ: 사람마다 생김새가 다르**듯이** 생각도 다르다. (✕)
　　　　　　　　　　　어미

'뛸 듯이'의 '듯이'는 관형어 '뛸'의 수식을 받아 유사하거나 같은 정도의 뜻을 나타내는 의존 명사이다.
'다르듯이'의 '-듯이'는 '뒤 절의 내용이 앞 절의 내용과 거의 같음'을 나타내는 연결 어미이다.

④ ⓐ: 나는 사과**든지** 배든지 아무거나 좋다. (○)
　　　　　　　　보조사
　ⓑ: 노래를 부르**든지** 춤을 추든지 해라. (✕)
　　　　　　　　어미

'사과든지'의 '든지'는 체언 '사과'와 결합하여 어느 것이 선택되어도 차이가 없는 둘 이상의 일을 나열함을 나타내는 보조사이다.
'부르든지'의 '-든지'는 어간 '부르-'와 결합하여 나열된 동작이나 상태, 대상들 중에서 어느 것이든 선택될 수 있음을 나타내는 연결 어미이다.

⑤ ⓐ: 불규칙한 식습관은 건강에 좋**지** 않다. (✕)
　　　　　　　　　　　　어미
　ⓑ: 친구를 만난 **지**도 꽤 오래되었다. (○)
　　　　　　　의존 명사

'좋지'의 '-지'는 어간 '좋-'과 결합하여 그 움직임이나 상태를 부정하거나 금지하려 할 때 쓰이는 연결 어미이다.
'만난 지도'의 '지'는 관형어 '친구를 만난'의 수식을 받아 '어떤 일이 있었던 때로부터 지금까지의 동안'을 의미하는 의존 명사이다.

🦉 부산광역시 교육청 정답 정정 안내

- 시험: 2023학년도 6월 고1 전국연합학력평가(2023.6.1. 시행)
- 정답 정정 내역

영역	학년	문학 번호	정답 정정 내역		비고
			정정 전	정정 후	
국어	1학년	12번	①	모두 정답	

- 성적 처리: 「국어 영역」 〈12번 문항〉을 [모두 정답] 처리함.
- 오류 내용: 12번 문항 선택지 ①번 ⓐ의 보조사와 격 조사
- 정정 사유
　– 12번 문항은 ⓐ 보조사와 ⓑ 의존 명사로 함께 쓰이는 단어 능력을 측정하기 위해 출제되었음. 그러나, 〈국립국어원 표준국어대사전〉에 따르면, 12번 문항 ①번 선택지 ⓐ에 쓰인 「만큼」은 비슷한 정도나 한도임을 나타내는 「격 조사」로 쓰인 용례에 해당함. 따라서 12번 문항의 정답을 모두 정답으로 처리함.

13 정답 ⑤ ＊비음화와 유음화 파악하기 ‥‥‥‥‥‥ [정답률 79%]

〈보기〉의 [활동]을 수행한 결과로 적절하지 <u>않은</u> 것은?

─── 〈 보기 〉 ───

[활동] 제시된 단어의 발음을 [자료]와 연결해 보자.

신라, 칼날, 생산량, 물난리, 불놀이

[자료]

㉠ 'ㄹ'의 앞에서 'ㄴ'이 [ㄹ]로 발음되는 경우
　ㄴ + ㄹ → ㄹ + ㄹ (역행적 유음화)
㉡ 'ㄹ'의 뒤에서 'ㄴ'이 [ㄹ]로 발음되는 경우
　ㄹ + ㄴ → ㄹ + ㄹ (순행적 유음화)
㉢ 'ㄴ'의 뒤에서 'ㄹ'이 [ㄴ]으로 발음되는 경우
　ㄴ + ㄹ → ㄴ + ㄴ (ㄹ의 비음화)

＞왜 정답?

⑤ '불놀이'는 ㉡, ㉢에 따라 [불로리]로 발음하는군.
　　㉡ 'ㄹ'의 뒤에서 'ㄴ'이 [ㄹ]로 발음되는 경우

　불놀이　　　➡　　　[불로리]
　　　　㉡ 'ㄹ + ㄴ' → 'ㄹ + ㄹ'

＞왜 오답?

① '신라'는 ㉠에 따라 [실라]로 발음하는군.
　'ㄹ'의 앞에서 'ㄴ'이 [ㄹ]로 발음되는 경우

　신라　　　➡　　　[실라]
　　　㉠ 'ㄴ + ㄹ' → 'ㄹ + ㄹ'

② '칼날'은 ㉡에 따라 [칼랄]로 발음하는군.
　'ㄹ'의 뒤에서 'ㄴ'이 [ㄹ]로 발음되는 경우

　칼날　　　➡　　　[칼랄]
　　　㉡ 'ㄹ + ㄴ' → 'ㄹ + ㄹ'

③ '생산량'은 ㉢에 따라 [생산냥]으로 발음하는군.
　'ㄴ'의 뒤에서 'ㄹ'이 [ㄴ]으로 발음되는 경우

　생산량　　　➡　　　[생산냥]
　　　㉢ 'ㄴ + ㄹ' → 'ㄴ + ㄴ'

④ '물난리'는 ㉠, ㉡에 따라 [물랄리]로 발음하는군.
　'ㄹ'의 앞에서 'ㄴ'이 [ㄹ]로 발음되고, 'ㄹ'의 뒤에서 'ㄴ'이 [ㄹ]로 발음되는 경우

　물난리　➡　[물란리]　➡　[물랄리]
　㉡ 'ㄹ + ㄴ' → 'ㄹ + ㄹ'　㉠ 'ㄴ + ㄹ' → 'ㄹ + ㄹ'

14 정답 ⑤ ＊종결 표현 파악하기 ‥‥‥‥‥‥‥‥ [정답률 88%]

밑줄 친 ㉠의 예로 적절한 것은?

우리말의 문장 유형은 평서문, 의문문, 명령문, 청유문, 감탄문으로 나뉘는데, 대개 특정한 종결 어미를 통해 실현된다. 그런데 경우에 따라
한 문장을 종결되게 하는 어말 어미
㉠동일한 형태의 종결 어미가 서로 다른 문장 유형을 실현하기도 한다.

＞왜 정답?

⑤ -어라
　┌ 늦을 것 같으니까 어서 씻**어라**. ─ 명령문
　│　　　　　씻- + -어라
　└ 그 사람을 몹시도 만나고 싶**어라**. ─ 감탄문
　　　　　　　　싶- + -어라

'늦을 것 같으니까 어서 씻어라.'는 말하는 이가 듣는 이에게 어떤 행동을 요구하는 문장으로, 종결 어미 '-어라'를 통해 실현된 명령문이다.
'그 사람을 몹시도 만나고 싶어라.'는 말하는 이가 자신의 느낌을 표현하는 문장으로, 종결 어미 '-어라'를 통해 실현된 감탄문이다.

＞왜 오답?

① -니
　┌ 너는 무엇을 먹었**니**? ─ 의문문
　│　　　먹- + -었- + -니
　└ 아버님은 어디 갔다 오시**니**? ─ 의문문
　　　　　　　오- + -시- + -니

'너는 무엇을 먹었니?'와 '아버님은 어디 갔다 오시니?'는 말하는 이가 듣는 이에게 대답을 요구하며 질문하는 문장으로, 종결 어미 '-니'를 통해 실현된 의문문이다.

② -ㄹ게
┌ 오늘은 내가 먼저 나갈게. - 평서문
│   나가-+-ㄹ게
└ 내가 나중에 다시 전화할게. - 평서문
                 전화+하-+-ㄹ게

'오늘은 내가 먼저 나갈게.'와 '내가 나중에 다시 전화할게.'는 말하는 이가 듣는 이에게 자신의 생각을 전달하는 문장으로, 종결 어미 '-ㄹ게'를 통해 실현된 평서문이다.

③ -구나
┌ 그것 참 그럴듯한 생각이구나. - 감탄문
│   생각+ 이-+-구나
└ 올해도 과일이 많이 열리겠구나. - 감탄문
                열-+-리-+-겠-+-구나

'그것 참 그럴듯한 생각이구나.'와 '올해도 과일이 많이 열리겠구나.'는 말하는 이가 듣는 이에게 자신의 느낌을 표현하는 문장으로, 종결 어미 '-구나'를 통해 실현된 감탄문이다.

④ -ㅂ시다
┌ 지금부터 함께 청소를 합시다. - 청유문
│   하-+-ㅂ시다
└ 밥을 먹고 공원에 놀러 갑시다. - 청유문
                 가-+-ㅂ시다

'지금부터 함께 청소를 합시다.'와 '밥을 먹고 공원에 놀러 갑시다.'는 말하는 이가 듣는 이에게 어떤 행동을 함께할 것을 요청하는 문장으로, 종결 어미 '-ㅂ시다'를 통해 실현된 청유문이다.

> **왜 오답?**

① '갈다¹', '갈다²', '갈다³'은 동음이의어이군.
　　소리는 같지만 뜻이 다름.

'갈다¹', '갈다²', '갈다³'은 별개의 표제어로 기술되어 있다. 이는 세 단어가 소리는 같지만 뜻이 다른 동음이의어임을 나타낸다.

② '갈다³'은 여러 가지 뜻을 가지므로 다의어이군.
　 갈다 ³-①, ③-②

'갈다³'은 ① '쟁기나 ~ 뒤집다.', ② '~ 심어 가꾸다.'와 같이 여러 뜻을 지니고 있는 다의어이다.

④ '갈다¹'은 '갈다²', '갈다³'과 달리 부사어를 요구할 수도 있는 동사로군.
　【…을】 【…을 …으로】 【…을】

'갈다¹'의 문형 정보 【…을, …을 …으로】와 품사 표시 동을 통해 '갈다¹'이 목적어만 요구하거나 목적어와 부사어를 요구하는 동사임을 알 수 있다.

'갈다²', '갈다³'의 문형 정보 【…을】과 품사 표시 동을 통해 '갈다²', '갈다³'은 목적어를 요구하는 동사임을 알 수 있다.

⑤ '갈다¹', '갈다²', '갈다³'은 '갈-'에 '-니'가 결합할 때 표기와 발음이 같군.
　　　　　　　　　　　　　　　　　　　　 가니[가니]

'갈다¹', '갈다²', '갈다³'의 활용 정보와 발음 정보를 통해 어간 '갈-'에 어미 '-니'가 결합할 때 '가니'로 활용되고, [가니]로 발음된다는 것을 알 수 있다.

15 　정답 ③　*사전 활용하기 ················· [정답률 74%]

〈보기〉는 '사전 활용하기 학습 자료'의 일부이다. 이에 대해 탐구한 내용으로 적절하지 않은 것은?

〈 보기 〉

동음이의 관계

갈다¹ 동 갈아[가라] 가니[가니]
　　　　　어간 '갈-' + 어미 '-니'
【…을, …을 …으로】이미 있는 사물을 다른 것으로 바꾸다.
　목적어를 요구함.　목적어와 부사어를 요구함.
　¶ 컴퓨터의 부속품을 좋은 것으로 갈았다.

갈다² 동 갈아[가라] 가니[가니]
　　　　　어간 '갈-' + 어미 '-니'
다의어
①【…을】날카롭게 날을 세우거나 표면을 매끄럽게 하기 위하여 다른 물건에 대고 문지르다.
다의 관계　목적어를 요구함.
　¶ 옥돌을 갈아 구슬을 만든다.
②【…을】잘게 부수기 위하여 단단한 물건에 대고 문지르거나 단단한 물건 사이에 넣어 으깨다.
　목적어를 요구함.
　¶ 무를 강판에 갈아 즙을 낸다.

갈다³ 동 갈아[가라] 가니[가니]
　　　　　어간 '갈-' + 어미 '-니'
①【…을】쟁기나 트랙터 따위의 농기구나 농기계로 땅을 파서 뒤집다.
다의 관계　목적어를 요구함.
　¶ 논을 갈다.
②【…을】주로 밭작물의 씨앗을 심어 가꾸다.
　목적어를 요구함.
　¶ 밭에 보리를 갈다.

> **왜 정답?**

③ '갈다²-②'의 용례로 '무딘 칼을 날카롭게 갈다.'를 추가할 수 있겠군.
　　　　①
　날카롭게 날을 세우기 위하여 다른 물건에 대고 문질렀다는 의미임.

'무딘 칼을 날카롭게 갈다.'에서 '갈다'는 '날카롭게 날을 세우거나 표면을 매끄럽게 하기 위하여 다른 물건에 대고 문지르다.'의 의미로 쓰였다.

따라서 '무딘 칼을 날카롭게 갈다.'는 '갈다²-①'의 용례로 추가할 수 있다.

16~20

(가) 현실요법에서 제시한 인간의 다섯 가지 기본 욕구와 갈등 해결 방법

출제　◯ 글 전체 핵심어　▭ 글 전체 중심 문장

1 상담 이론이자 상담 기법인 (현실요법)에서는 인간의 다섯 가지 기본 욕구를 제시하고 있다. ❷ 이 이론에서는 개인의 모든 행동은 기본 욕구를 충족시키기 위해서 그 자신이 선택하는 것이라 보았다. ❸ 만약
현실요법에서 보는 인간의 행동
이러한 선택으로 문제가 발생한다면 다섯 가지 기본 욕구를 실현
[ ]: 문제가 발생했을 때 욕구를 타협하고 조절하여 해결할 수 있음.
가능한 수준으로 타협하고 조절해 새로운 선택을 할 필요가 있다고 ⓐ 제안했다.]

★ 1문단 요약 : 현실요법에서 인간의 행동을 바라보는 관점

2 다섯 가지 기본 욕구 중 첫째는 생존의 욕구로, 자신의 삶을 유지하려는 생물학적인 속성이다. ❷ 사회적 규칙이나 상식을 지키려는 욕구이며, 생존에 필요한 것을 아끼고 모으려는 욕구이기도 하다. ❸ 이 욕구가 강한 사람은 건강과 안전을 중시하는 편이다. ❹ 둘째는 사랑의 욕구로,
생존의 욕구가 강한 사람의 특징
사랑하고 나누며 함께하고자 하는 욕구이다. ❺ 이 욕구가 강한 사람은 타인을 잘 돕고, 사랑을 주는 만큼 받는 것도 중요하게 여기기에
사랑의 욕구가 강한 사람의 특징
인간관계에서 힘들어하기도 한다. ❻ 셋째는 힘의 욕구로, 경쟁하여 성취하고 인정받고 싶어 하는 욕구이다. ❼ 이 욕구가 강한 사람은 직장에서의 성공과 명예를 중시하고 높은 사회적 지위에 ⓑ 도달하기
힘의 욕구가 강한 사람의 특징 ①
위해 노력한다. ❽ 또한 자기가 옳게 여기는 것에 대한 의지가 있어 자기주장이 강하며 타인에게 지시하는 일에 능하다. ❾ 넷째는 자유의
힘의 욕구가 강한 사람의 특징 ②
욕구로, 무언가에 얽매이지 않고 벗어나고 싶어 하는 욕구이다. ❿ 이 욕구가 강한 사람은 상대방을 구속하는 것, 자신을 구속시키는 것을 싫어한다.
자유의 욕구가 강한 사람의 특징 ①

⑪ 그래서 상대방에게 대체로 관대하고, 혼자 하는 것을 좋아하며, 사람들과 적정한 거리를 유지하는 것을 편하게 여긴다. ⑫ 다섯째는 즐거움의
자유의 욕구가 강한 사람의 특징 ②
욕구로, 새로운 것을 배우고 놀이를 통해 즐기고 싶어 하는 욕구이다.
⑬ 이 욕구가 강한 사람은 취미 생활을 즐기며, 잘 웃고 긍정적 태도를
즐거움의 욕구가 강한 사람의 특징 ①
취한다. ⑭ 또한 호기심이 많기에 배우는 것을 좋아한다.
즐거움의 욕구가 강한 사람의 특징 ②

*② 문단 요약 : 현실요법에서 제시한 다섯 가지 기본 욕구의 개념

❶ 현실요법에서는 이 다섯 가지 욕구들의 강도가 개인마다 달라
개인마다 행동 양상이 다양하게 나타나고 갈등이 발생하는 이유
행동 양상이 다양하게 나타나고, 여러 가지 갈등을 겪을 수도 있다고
보았다. ❷ 현실요법은 [우선 내담자*가 자신의 욕구를 들여다볼 수
[ ]: 현실요법의 상담 단계
있도록 한 다음, 약한 욕구를 북돋아 주거나 강한 욕구들 사이에서 타협과
조절을 하여 새로운 선택을 하도록 이끄는 단계]를 밟는다. ❸ [예를 들어
[ ]: 현실요법의 적용 사례 ①
사랑의 욕구가 강하고 힘의 욕구가 약한 사람이 타인의 부탁에 ❹
불편함을 느끼면서도 거절하지 못해 괴로워한다고 가정해 보자. 이
경우 현실요법에서는 ㉠ 힘의 욕구를 북돋아 자기주장을 표현할 수
타인의 부탁에 불편함을 표현하거나, 거절할 수 있도록 함.
있도록 도울 수 있다.] ❺ 또 자유의 욕구와 힘의 욕구 모두가 강한 사람은
[ ]: 현실요법의 적용 사례 ②
자신이 ㉡ 선호하는 것을 우선시하고 이것이 방해받으면 불편해하며
주변 사람들과 갈등을 일으킬 수 있다. ❻ 이 경우 힘의 욕구를 조절하도록
이끌 수 있는데, 타인과의 사소한 의견 충돌 상황에서 자기주장을
강조하기보다는 타인의 마음을 헤아리고 그 의견을 ㉢ 겸허하게
수용하는 연습을 하게 할 수 있다.]

*③ 문단 요약 : 욕구를 조절하여 갈등을 해결하는 현실요법의 사례

❶ 현실요법은 타인의 욕구 충족을 방해하지 않으면서 효과적인
선택을 통해 자신의 욕구를 충족시키려 한다. ❷ 이는 내담자가 외부
요인에 의해 통제되는 존재가 아니라 스스로 자신의 욕구를 조절할 수
현실요법에서 보는 내담자 ❸
있는 주체라고 보는 관점을 기반으로 한다. 현재 현실요법은 상담
분야에서 호응을 얻어 심리 상담에 널리 ㉣ 활용되고 있다.

충족: 일정한 분량을 채워 모자람이 없게 함.
통제되다: 일정한 방침이나 목적에 따라 행위가 제한되거나 제약되다.
조절하다: 균형이 맞게 바로잡다. 또는 적당하게 맞추어 나가다.
주체: 사물의 작용이나 어떤 행동의 주가 되는 것
기반: 기초가 되는 바탕. 또는 사물의 토대

*④ 문단 요약 : 현실요법에서 내담자를 바라보는 관점

* 내담자: 상담실 따위에 자발적으로 찾아와서 이야기하는 사람

■ 전체 지문 이해도
*현실요법의 상담 기법

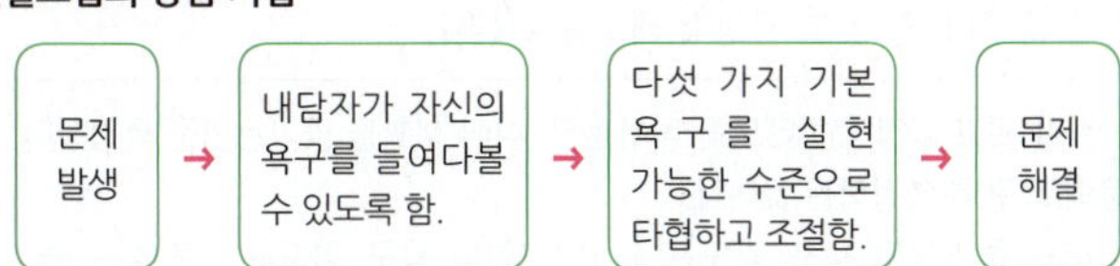

■ 지문 내용과 구조

① 문단	**현실요법에서 인간의 행동을 바라보는 관점** – 행동: 기본 욕구 충족을 위해 선택하는 것 – 다섯 가지 기본 욕구 → 충족을 위해 행동 선택 → 문제 발생 → 욕구 타협·조절 → 새로운 행동 선택
② 문단	**현실요법에서 제시하는 다섯 가지 기본 욕구** ① 생존의 욕구: 자신의 삶을 유지하려는 생물학적인 속성 ② 사랑의 욕구: 사랑하고 나누며 함께하고자 하는 욕구 ③ 힘의 욕구: 경쟁하여 성취하고 인정받고 싶어 하는 욕구 ④ 자유의 욕구: 무언가에 얽매이지 않고 벗어나고 싶어 하는 욕구 ⑤ 즐거움의 욕구: 새로운 것을 배우고 놀이를 통해 즐기고 싶어 하는 욕구
③ 문단	**현실요법에서 욕구를 조절하여 갈등을 해결하는 방법** 갈등 해결 단계: 내담자가 자신의 욕구를 파악하게 함. → 욕구들 사이에서 타협과 조절 → 새로운 행동을 선택하도록 이끎.
④ 문단	**현실요법에서 내담자를 바라보는 관점**: 외부 요인에 의해 통제되는 존재가 아니라 스스로 자신의 욕구를 조절할 수 있는 주체

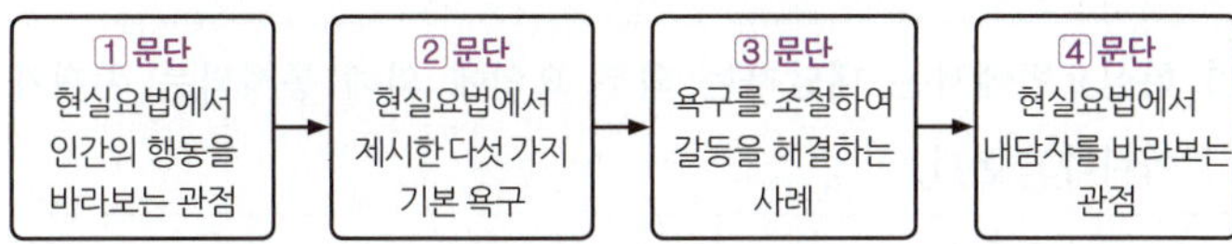

■ 주제: 현실요법의 다섯 가지 기본 욕구와 욕구의 타협·조절을 통한 갈등 해결

16　정답 ①　* 내용 전개 방식 파악하기 ·················· [정답률 84%]

윗글에 대한 설명으로 가장 적절한 것은?

> 왜 정답 ?

① 이론의 주요 개념을 밝히고 그 이론의 구체적 적용 사례를 들고
현실요법에서의 인간의 다섯 가지 기본 욕구　　　　갈등 해결 사례
있다.

> ② 문단 ❶~⑫ 문장 다섯 가지 기본 욕구 중 첫째는 '생존의 욕구'로, ~ /
> 둘째는 '사랑의 욕구'로, ~ / 셋째는 '힘의 욕구'로, ~ / 넷째는 '자유의
> 욕구'로, ~ / 다섯째는 '즐거움의 욕구'로, ~
> ③ 문단 ❸, ❹ 문장 예를 들어 사랑의 욕구가 강하고 힘의 욕구가 약한 사람이
> 타인의 부탁에 불편함을 느끼면서도 거절하지 못해 괴로워한다고 가정해
> 보자. 이 경우 현실요법에서는 힘의 욕구를 북돋아 자기주장을 표현할 수
> 있도록 도울 수 있다.

> 왜 오답 ?

② 이론을 소개하고 장점을 밝힌 후 그 이론이 지닌 한계를 덧붙이고 있다.
내담자를 스스로 자신의 욕구를 조절할 수 있는 주체라고 봄.　　제시하지 않음.

> ④ 문단 ❷ 문장 이는 내담자가 외부 요인에 의해 통제되는 존재가 아니라
> 스스로 자신의 욕구를 조절할 수 있는 주체라고 보는 ~

③ 이론이 등장하게 된 사회적 배경과 이론이 발전하는 과정을 드러내고 있다.
　　　　　　　　제시하지 않음.　　　　　　　　제시하지 않음.

④ 하나의 이론과 다른 관점의 이론을 대조하여 둘의 차이점을
　　　　　　　제시하지 않음.
부각하고 있다.

⑤ 이론의 주요 개념을 여러 유형으로 나눈 다음 추가할 새로운 유형을
　　　　인간의 기본 욕구를 다섯 가지로 나눔.　　　　제시하지 않음.
소개하고 있다.

* 근거: ② 문단 ❶~⑫ 문장

17　정답 ①　* 내용 파악하기 ······························ [정답률 84%]

윗글의 내용과 일치하지 않는 것은?

> 왜 정답 ?

① 약한 욕구를 강한 욕구로 대체해야 갈등에서 벗어날 수 있다.
　　　　　다섯 가지 기본 욕구들을 타협하고 조절해야 함.

> ① 문단 ❸ 문장 만약 이러한 선택으로 문제가 발생한다면 다섯 가지 기본
> 욕구를 실현 가능한 수준으로 타협하고 조절해 새로운 선택을 할 필요가
> 있다고 제언했다.
> ③ 문단 ❷ 문장 현실요법은 우선 내담자가 자신의 욕구를 들여다볼 수
> 있도록 한 다음, 약한 욕구를 북돋아 주거나 강한 욕구들 사이에서 타협과
> 조절을 하여 새로운 선택을 하도록 이끄는 단계를 밟는다.

> **왜 오답?**

② 개인이 지닌 <u>욕구들의 강도에 따라 다양한 행동 양상이 나타난다.</u>
개인마다 다섯 가지 욕구들의 강도가 다름. → 개인마다 행동 양상이 다양하게 나타남.

> ③문단 ❶문장 현실요법에서는 이 다섯 가지 욕구들의 강도가 개인마다 달라 행동 양상이 다양하게 나타나고, ~

③ 현실요법에서는 내담자는 <u>외부 요인에 의해 통제되는 존재가</u>
스스로 자신의 욕구를 조절할 수 있는 주체라고 봄.
<u>아니라고 본다.</u>

> ④문단 ❷문장 이는 내담자가 외부 요인에 의해 통제되는 존재가 아니라 스스로 자신의 욕구를 조절할 수 있는 주체라고 보는 관점을 기반으로 한다.

④ 현실요법에 따르면 <u>인간은 기본 욕구를 충족시키기 위해 스스로</u>
개인의 모든 행동은 기본 욕구를 충족시키기 위해서 스스로 선택하는 것임.
<u>행동을 선택한다.</u>

> ①문단 ❷문장 이 이론에서는 개인의 모든 행동은 기본 욕구를 충족시키기 위해서 그 자신이 선택하는 것이라고 보았다.

⑤ 현실요법은 <u>기본 욕구들을 실현 가능한 수준으로 타협하는 것이</u>
기본 욕구들을 실현 가능한 수준으로 타협하고 조절함. → 문제 해결
<u>가능하다고 본다.</u>

현실요법은 갈등을 해결하기 위해 인간의 다섯 가지 기본 욕구를 실현 가능한 수준으로 타협하고 조절해 새로운 선택을 해야 한다고 본다. 이를 통해 현실요법이 기본 욕구들을 실현 가능한 수준으로 타협하는 것이 가능하다고 본다는 것을 알 수 있다.

---

18 정답 ② ＊구체적 사례나 상황에 적용하기 ……… [정답률 89%]

㉠의 구체적인 방법으로 가장 적절한 것은?
'힘의 욕구를 북돋아 자기주장을 표현할 수 있도록 도울 수 있다.'

> **왜 정답?**

② 부탁을 거절하거나 자신의 불편함을 표출하도록 이끈다.
자기주장을 표현함.

> ③문단 ❸, ❹문장 ~ 힘의 욕구가 약한 사람이 타인의 부탁에 불편함을 느끼면서도 거절하지 못해 괴로워한다고 가정해 보자. 이 경우 현실요법에서는 ㉠ 힘의 욕구를 북돋아 자기주장을 표현할 수 있도록 도울 수 있다.

㉠이 필요한 사람은 타인의 부탁이 불편한데도 거절하지 못해서 문제가 되고 있다. 이에 현실요법에서는 내담자의 힘의 욕구를 북돋아 부탁을 거절하거나 불편함을 표출하는 등의 자기주장을 표현할 수 있도록 이끌어 문제 상황을 해결할 것이다.

> **왜 오답?**

① 자신과 다른 의견을 경청하는 연습을 하도록 이끈다.
자기주장을 표현하는 것과 관련 없음.

③ 혼자 어디론가 떠나거나 혼자만의 시간을 갖도록 권한다.
자기주장을 표현하는 것과 관련 없음.

> ②문단 ❾, ⓫문장 넷째는 '자유의 욕구'로, 무언가에 얽매이지 않고 벗어나고 싶어 하는 욕구이다. ~ 혼자 하는 것을 좋아하며 ~

혼자만의 시간을 갖는 것은 자유의 욕구와 관련되므로, 혼자 어디론가 떠나거나 혼자만의 시간을 갖도록 권하는 것은 자유의 욕구를 북돋기 위한 방법이다.

④ 타인과 약속을 잘 지킬 수 있는 원칙을 만들도록 권한다.
자기주장을 표현하는 것과 관련 없음.

⑤ 사람들과 어울려 새로운 취미 생활을 즐길 수 있도록 권한다.
자기주장을 표현하는 것과 관련 없음.

> ②문단 ⓭문장 이 욕구가 강한 사람은 취미 생활을 즐기며, ~
> 즐거움의 욕구

취미 생활을 즐기는 것은 즐거움의 욕구와 관련되므로, 새로운 취미 생활을 즐기도록 권하는 것은 즐거움의 욕구를 북돋기 위한 방법이다.

---

19 정답 ③ ＊구체적 사례나 상황에 적용하기 ……… [정답률 86%]

윗글을 바탕으로 〈보기〉를 이해한 내용으로 적절하지 <u>않은</u> 것은? [3점]

— 〈 보기 〉 —

A, B 학생의 욕구 강도 프로파일
(5점: 매우 강하다, 4점: 강하다, 3점: 보통이다,
2점: 약하다, 1점: 매우 약하다)

다섯 가지 기본 욕구 측정 항목		욕구 강도	
		A	B
(가) 자유의 욕구	• 남의 지시와 잔소리를 싫어한다. 자신을 구속하는 것을 싫어함. • 자신의 방식대로 살고 싶다. 무언가에 얽매이지 않고 싶어 함.	5	5
(나) 힘의 욕구	• 다른 사람의 잘못을 잘 짚어 준다. 타인에게 지시하는 일에 능함. • 내 분야에서 최고가 되고 싶다. 높은 사회적 지위에 도달하고자 함.	4	1
(다) 사랑의 욕구	• 친구를 위한 일에 기꺼이 시간을 낸다. 타인을 잘 도움. • 친절을 베푸는 것을 좋아한다. 사랑을 주는 것을 좋아함.	5	1
(라) 즐거움의 욕구	• 큰 소리로 웃는 것을 좋아한다. 잘 웃고 긍정적 태도를 취함. • 여가 활동으로 알찬 휴일을 보낸다. 취미 생활을 즐김.	1	3
(마) 생존의 욕구	• 균형 잡힌 식생활을 하려고 노력한다. 건강을 중시함. • 저축을 중요하게 생각한다. 생존에 필요한 것을 아끼고 모으려 함.	2	5

> **왜 정답?**

③ A는 B보다 '힘의 욕구'가 더 <s>약하다</s>고 할 수 있겠군.
4   1   (나)   강하다

> ②문단 ❻~❽문장 ~ '힘의 욕구'로, ~ 이 욕구가 강한 사람은 ~ 높은 사회적 지위에 도달하기 위해 노력한다. ~ 타인에게 지시하는 일에 능하다.

(나)는 타인에게 지시하는 일에 능한지, 높은 사회적 지위에 도달하고자 하는지를 측정한다. 이는 '힘의 욕구'를 측정하는 것으로 A의 (나) '힘의 욕구' 강도는 4, B의 (나) '힘의 욕구' 강도는 1로 A가 B보다 '힘의 욕구'가 더 강하다.

> **왜 오답?**

① A는 '즐거움의 욕구'보다 '힘의 욕구'가 더 강하다고 할 수 있겠군.
(라) '즐거움의 욕구' 강도 = 1   (나) '힘의 욕구' 강도 = 4

> ②문단 ⓬, ⓭문장 ~ '즐거움의 욕구'로, ~ 이 욕구가 강한 사람은 취미 생활을 즐기며, 잘 웃고 긍정적 태도를 취한다.

(라)는 잘 웃고 긍정적인 태도를 취하는지, 취미 생활을 즐기는지를 측정한다. 이는 '즐거움의 욕구'를 측정하는 것이다.
A의 (라) '즐거움의 욕구' 강도는 1, (나) '힘의 욕구' 강도는 4로 A는 '즐거움의 욕구'보다 '힘의 욕구'가 더 강하다고 할 수 있다.

② B는 '힘의 욕구'가 '생존의 욕구'보다 더 약하다고 할 수 있겠군.
(나) '힘의 욕구' 강도 = 1   (마) '생존의 욕구' 강도 = 5

> ②문단 ❶~❸문장 ~ '생존의 욕구'로, ~ 생존에 필요한 것을 아끼고 모으려는 욕구이기도 하다. ~ 건강과 안전을 중시하는 편이다.

(마)는 건강을 중시하는지 생존에 필요한 것을 아끼고 모으려 하는지를 측정한다. 이는 '생존의 욕구'를 측정하는 것이다.
B의 (나) '힘의 욕구' 강도는 1, (마) '생존의 욕구' 강도는 5로 B는 '힘의 욕구'가 '생존의 욕구'보다 더 약하다고 할 수 있다.

④ A와 B는 모두 '자유의 욕구'가 매우 강하다고 할 수 있겠군.
A, B의 (가) '자유의 욕구' 강도 = 5

> ②문단 ❾.❿문장 ~ '자유의 욕구'로, 무언가에 얽매이지 않고 벗어나고 싶어 하는 욕구이다. ~ 자신을 구속시키는 것을 싫어한다.

(가)는 자신을 구속하는 것을 싫어하는지, 무언가에 얽매이지 않고 싶어 하는지를 측정한다. 이는 '자유의 욕구'를 측정하는 것이다.

A와 B는 모두 (가) '자유의 욕구' 강도가 5로, 이는 '자유의 욕구' 강도가 '매우 강하다'는 것을 보여준다.

⑤ A는 '사랑의 욕구'가 '즐거움의 욕구'보다 강하지만, B는 '즐거움의
(다) '사랑의 욕구' 강도 5 > (라) '즐거움의 욕구' 강도 1
욕구'가 '사랑의 욕구'보다 강하다고 할 수 있겠군.
(라) '즐거움의 욕구' 강도 3 > (다) '사랑의 욕구' 강도 1

> ②문단 ❹.❺문장 ~ '사랑의 욕구'로, ~ 타인을 잘 돕고, 사랑을 주는 만큼 받는 것도 중요하게 여기기에 ~

(다)는 타인을 잘 돕는지, 사랑을 주는 것을 좋아하는지를 측정한다. 이는 '사랑의 욕구'를 측정하는 것이다.

A는 (다) '사랑의 욕구' 강도가 5, (라) '즐거움의 욕구' 강도가 1로, '사랑의 욕구'가 '즐거움의 욕구'보다 강하다. 반면 B는 (라) '즐거움의 욕구' 강도가 3, (다) '사랑의 욕구' 강도가 1로, '즐거움의 욕구'가 '사랑의 욕구'보다 강하다.

20 정답 ② * 어휘의 의미 파악하기 ························· [정답률 92%]

@~@의 사전적 의미로 적절하지 않은 것은?

> 왜 정답?

② ⓑ: 사람이나 동식물 따위가 자라서 점점 커짐. – '성장'의 사전적 의미임.
'도달' – '목적한 곳이나 수준에 다다름.'이라는 의미임.

'도달'의 사전적 의미는 '목적한 곳이나 수준에 다다름.'이다.

'사람이나 동식물 따위가 자라서 점점 커짐.'은 '성장'의 사전적 의미이다.

> 왜 오답?

① ⓐ: 안이나 의견으로 내놓음.
'제안'

③ ⓒ: 여럿 가운데서 특별히 가려서 좋아함.
'선호'

④ ⓓ: 스스로 자신을 낮추고 비우는 태도가 있음.
'겸허'

⑤ ⓔ: 충분히 잘 이용함.
'활용'

21~25 * 소용돌이의 종류와 특성

출제 ⊙ 글 전체 핵심어   글 전체 중심 문장

[1]❶ 물이 담긴 욕조의 마개를 빼면 물이 배수구 주변에서 회전하며 소용돌이를 일으킨다. ❷ 배수구에서 멀리 떨어져 있으면 빨려 들어가는
배수구에서 멀어지면 원운동을 하는 물의 속도가 느려짐.
속도의 크기가 0에 가깝고, 배수구 중앙에 가까울수록 속도가 빨라진다. ❸ 원운동을 하는 물체의 이동 거리, 즉 호의 길이가 시간에 따라 변하는 비율을 원주속도라고 한다. ❹ 욕조의 [소용돌이 중심과 가장 가까운 부분에서 최대 원주속도가 나오고, 소용돌이 중심에서
#[ ]: 자유 소용돌이의 원주속도 분포
멀어져 반지름이 커짐에 따라 원주속도가 감소]한다. 이 소용돌이를 자유 소용돌이라 하는데, 배수구로 들어간 물은 물체의 자유낙하처럼 중력의 영향 아래 물 자체의 에너지로 운동을 유지한다.
자유 소용돌이에 작용하는 에너지

감소하다: 양이나 수치가 줄다. 또는 양이나 수치를 줄이다.
유지하다: 어떤 상태나 상황을 그대로 보존하거나 변함없이 계속하여 지탱하다.

* [1]문단 요약 : 자유 소용돌이의 특성

[2]❶ 이와 달리 컵 속의 물을 숟가락으로 강하게 휘젓거나 컵의 중심선을 회전축으로 하여 컵과 물을 함께 회전시키는 상황을 생각해 보자. ❷ 이때 원심력 등이 작용해 중심의 물 입자들이 컵 가장자리로 쏠려 컵
강제 소용돌이에 작용하는 에너지① # 중심보다 가장자리의 수면 높이가 높아짐.
중앙에 있는 물의 압력이 낮아지면서 ㉠ 가운데가 오목한 소용돌이가 만들어진다. ❸ 회전이 충분히 안정되면 물 전체의 회전 속도, 즉 회전하는 물체의 단위 시간당 각도 변화 비율인 ㉡ 각속도가 똑같아져 마치 팽이가 돌듯이 물 전체가 고체처럼 회전한다. ❹ 이때 물은 팽이의 회전과 같이 [회전 중심은 원주속도가 0이 되고 중심에서
#[ ]: 강제 소용돌이의 원주속도 분포
멀어질수록 반지름에 비례하여 원주속도가 증가]하는 분포를 보인다. ❺ 이 소용돌이를 '강제 소용돌이'라 하는데, 용기 안의 물이 회전 운동을
외부 에너지를 계속 제공하지 않으면 강제 소용돌이가 사라짐.
유지하려면 에너지를 외부에서 인위적으로 제공해야 한다.
강제 소용돌이에 작용하는 에너지②: 외부 에너지

* [2]문단 요약 : 강제 소용돌이의 특성

[3]❶ 숟가락으로 컵 안에 강제 소용돌이를 만든 후 숟가락을 빼고 일정한 시간 동안 관찰하면 가운데에는 강제 소용돌이, 주변에는 자유
조합 소용돌이의 형태
소용돌이가 발생한다. ❷ 〈그림〉에서 보는 것처럼 이를 '랭킨의 조합 소용돌이'라고 한다. ❸ 이는 전체를 강제로 회전시킨 힘을 제거했을 때 바깥쪽에서는 원주속도가 서서히 떨어지고, 중심에서는 원주속도가 유지되는 상태의 소용돌이이다. ❹ 조합 소용돌이에서는 [소용돌이 중심에서
#[ ]: 조합 소용돌이의 원주속도 분포
원주속도가 최소가 되고, 강제 소용돌이에서 자유 소용돌이로
〈그림〉에서 자유 소용돌이와 강제 소용돌이의 교차점
전환되는 점에서 원주속도가 최대]가 된다. ❺ 조합 소용돌이의 예로 ㉢ 태풍의 소용돌이를 들 수 있다.
자연에서 발생하는 조합 소용돌이의 예

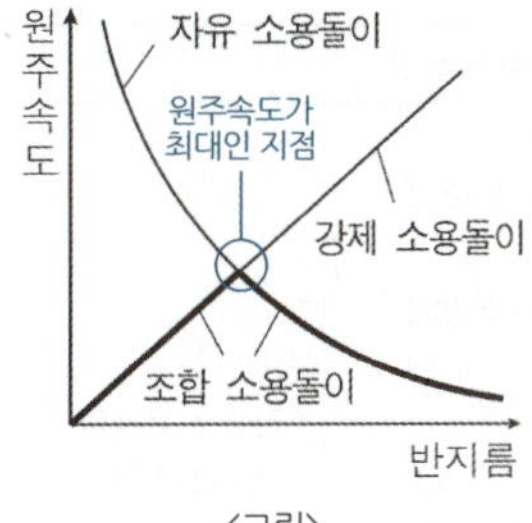

〈그림〉

* [3]문단 요약 : 조합 소용돌이의 특성

[4]❶ 이러한 원리를 적용한 분체 분리기는 기체나 액체의 흐름으로
조합 소용돌이의 원리
분진 등 혼합물을 분리하는 장치이다. ❷ 혼합물에 작용하는 원심력도 이용하기 때문에 원심 분리기, 공기의 흐름이 기상 현상의 사이클론과 비슷해서 사이클론 분리기라고도 한다. ❸ 그 예로 쓰레기용 필터가 없는 가정용, 산업용 ㉣ 사이클론식 청소기를 들 수 있다. ❹ [원통 아래에
조합 소용돌이의 원리를 활용함.
원추 모양의 통을 붙이고 원추 아래에 혼합물 상자를 두는데, 내부
[ ]: 사이클론식 청소기의 구조
중앙에는 별도의 작은 원통인 내통이 있다.] [혼합물을 함유한 공기를
#[ ]: 사이클론식 청소기의 작동 원리
원통부 가장자리를 따라 소용돌이를 만들어 시계 방향으로 흘려보내면, 혼합물은 원통부와 원추부 벽면에 충돌하여 떨어져 바닥에 쌓인다. ❻ 유입된 공기는 아래쪽 원추부로 향할수록 원주속도를
혼합물 상자
증가시키는 자유 소용돌이를 만들고, 원추부 아래쪽에서는 강해진 자유 소용돌이가 돌면서 강제 소용돌이를 만들어 낸다. ❼ 강제 소용돌이는 용기 중앙의 내통에서 혼합물이 없는 공기로 흐르게 되어 반시계
혼합물은 혼합물 상자에 쌓이고, 혼합물이 없는 공기는 내통에서 배기됨.
방향으로 돌며 배기된다.]

분리하다: 서로 나누어 떨어지게 하다.
함유하다: 물질이 어떤 성분을 포함하고 있다.
충돌하다: 서로 맞부딪치거나 맞서다.

* [4]문단 요약 : 조합 소용돌이의 원리를 적용한 사이클론식 청소기

＊소용돌이의 세 종류

	자유 소용돌이	강제 소용돌이	조합 소용돌이
원주속도 분포	– 소용돌이 중심과 가장 가까운 부분에서 최대 원주속도 – 중심에서 멀어질수록 원주속도 감소	– 소용돌이 중심의 원주속도: 0 – 소용돌이 중심에서 멀어질수록 원주속도 증가	– 소용돌이 중심에서 최소 원주속도 – 강제 소용돌이에서 자유 소용돌이로 전환되는 점에서 최대 원주속도

■ 지문 내용과 구조

[1]문단	**자유 소용돌이의 특성** – 소용돌이의 중심과 가장 가까운 부분에서 최대 원주속도를 가짐. – 소용돌이의 중심에서 멀어져 반지름이 커질수록 원주속도가 감소함. – 중력의 영향을 받으며 물 자체의 에너지로 운동을 유지함.	
[2]문단	**강제 소용돌이의 특성** – 물 전체의 각속도가 동일해서 고체처럼 회전함. – 소용돌이 중심은 원주속도가 0, 중심에서 멀어질수록 반지름에 비례하여 원주속도 증가 – 외부에서 인위적으로 에너지를 제공해야 운동을 유지함.	
[3]문단	**조합 소용돌이의 특성** – 가운데에는 강제 소용돌이, 주변에는 자유 소용돌이가 발생함. – 소용돌이 중심에서 최소 원주속도, 강제 소용돌이에서 자유 소용돌이로 전환되는 점에서 최대 원주속도	

조합 소용돌이의 원리가 적용된 사이클론식 청소기

[4]문단	원통 + 원추	혼합물 함유 공기가 원통부 가장자리를 따라 흘러내려감. ↓ 혼합물이 원통부와 원추부 벽면에 충돌하여 떨어짐. ↓ 공기는 아래로 향할수록 원주속도가 증가하는 자유 소용돌이를 만듦. ↓ 원추부 아래쪽에서 강해진 자유 소용돌이에 의해 강제 소용돌이가 만들어짐.	자유 소용돌이 (시계 방향)
	내통	혼합물 없는 공기가 배기됨.	강제 소용돌이 (반시계 방향)
	혼합물 상자	떨어진 혼합물이 쌓임.	소용돌이 ×

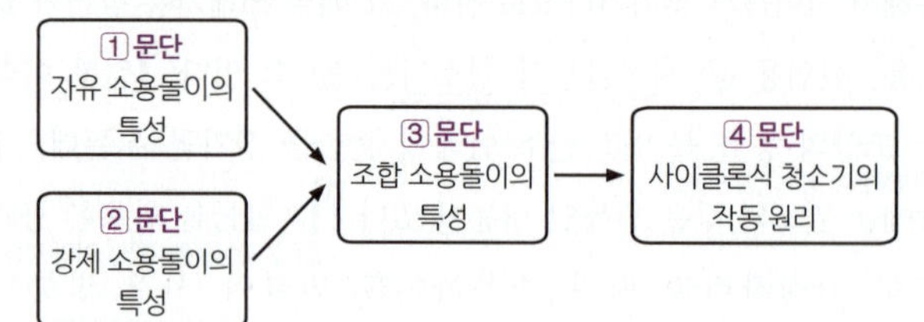

■ **주제**: 소용돌이의 종류 및 특성과 사이클론식 청소기의 작동 원리

---

21 정답 ① ＊ 내용 파악하기 ·················· [정답률 68%]

윗글의 내용과 일치하지 <u>않는</u> 것은?

＞왜 정답?

① 자연에서 발생하는 소용돌이는 ~~모두~~ 자유 소용돌이이다.
　　　　　　　　　　　　　　　　일부

> [3]문단 [5]문장 조합 소용돌이의 예로 태풍의 소용돌이를 들 수 있다.

＞왜 오답?

② 배수구에서 멀어지면 원운동을 하는 물의 속도는 느려진다.
　　　　　　　　　배수구에 빨려 들어가는 속도의 크기가 0에 가까워짐.

> [1]문단 [2]문장 배수구에서 멀리 떨어져 있으면 빨려 들어가는 속도의 크기가 0에 가깝고, 배수구 중앙에 가까울수록 속도가 빨라진다.

③ 강제 소용돌이는 고체처럼 회전하고 회전 중심의 속도는 0이다.
　　　　　　　　　물 전체의 각속도가 똑같아짐. 회전 중심의 원주속도가 0이 됨.

> [2]문단 [3], [4]문장 ~ 각속도가 똑같아져 마치 팽이가 돌듯이 물 전체가 고체처럼 회전한다. 이때 물은 팽이의 회전과 같이 회전 중심은 원주속도가 0이 되고 ~

④ 분체 분리기는 자유 소용돌이로 강제 소용돌이를 만들어 낼 수 있는 기계 장치이다.
　　　　　　　　사이클론식 청소기의 작동 원리

> [4]문단 [1]~[6]문장 이러한 원리를 적용한 분체 분리기는 기체나 액체의 흐름으로 분진 등 혼합물을 분리하는 장치이다. 그 예로 ~ 사이클론식 청소기를 들 수 있다. ~ 원추부 아래쪽에서는 강해진 자유 소용돌이가 돌면서 강제 소용돌이를 만들어 낸다.

분체 분리기의 예로 사이클론식 청소기가 있고, 사이클론식 청소기는 유입된 공기가 자유 소용돌이를 만든 뒤, 아래로 내려가며 강해진 자유 소용돌이가 강제 소용돌이를 만든다.

⑤ 용기 안의 강제 소용돌이는 외부에서 가해지는 힘이 있어야 운동을 유지할 수 있다.
　　　　　　　　　　외부에서 에너지를 인위적으로 제공해 줘야 함.

> [2]문단 [5]문장 이 소용돌이를 '강제 소용돌이'라 하는데, 용기 안의 물이 회전 운동을 유지하려면 에너지를 외부에서 인위적으로 제공해야 한다.

---

22 정답 ④ ＊ 내용 파악 + 추론하기 ·················· [정답률 61%]

㉠에 대한 설명으로 적절한 것은?
'가운데가 오목한 소용돌이'

＞왜 정답?

④ 컵 속에서 회전하는 물의 압력이 커진 부분은 수면이 높아진다.
　　원심력 작용 ➡ 컵 가장자리로 물 입자들이 쏠림. ➡ 물의 압력이 커짐. ➡ 수면이 높아짐.

> [2]문단 [2]문장 이때 원심력 등이 작용해 중심의 물 입자들이 컵 가장자리로 쏠려 컵 중앙에 있는 물의 압력이 낮아지면서 ㉠ 가운데가 오목한 소용돌이가 만들어진다.

㉠ '가운데가 오목한 소용돌이'는 컵 가장자리가 원심력의 작용으로 물 입자들이 쏠리고, 이에 따라 물의 압력이 커져서 수면이 높아지면서 발생한다.

이때 컵 중앙은 물 입자들이 컵 가장자리로 쏠리면서 물의 압력이 낮아지면서 수면이 낮아진다.

① 물이 회전할 때 원심력과 압력은 서로 관련이 없다.
→ 있다

* 근거: ②문단 ❷문장
　㉠ '가운데가 오목한 소용돌이'는 원심력이 작용하여 컵 중심의 물 입자들이 가장자리로 이동하여 컵 중앙의 물의 압력이 낮아져 발생하는 것이다. 따라서 물이 회전할 때 원심력과 압력은 서로 관련이 있다.

② 컵 중앙 부분으로 갈수록 물 입자의 양이 많아진다.
→ 적어진다

* 근거: ②문단 ❷문장
　㉠ '가운데가 오목한 소용돌이'는 중심의 물 입자들이 컵 가장자리로 쏠리면서 만들어지는 것이다. 즉 컵 중앙 부분으로 갈수록 물 입자의 양은 적어진다.

③ 컵 반지름이 클수록 물을 회전시키는 에너지 크기는 작아진다.
→ 커진다

　컵 반지름이 클수록 컵에 든 물의 양이 많아질 것이다. 이때 더 많은 양의 물을 회전시키기 위해서는 더 큰 에너지가 필요할 것이다.

⑤ 외부 에너지를 더 가하더라도 회전 중심의 수면 높이는 변화가 없다.
→ 있다

* 근거: ②문단 ❷문장
　㉠ '가운데가 오목한 소용돌이'는 원심력 등의 외부 에너지가 작용해 물 입자들이 컵 가장자리로 이동하여 만들어진다. 따라서 외부 에너지를 더 가하면 더 많은 물 입자들이 컵 가장자리로 이동하여, 컵 중심의 수면은 더 낮아지고 컵 가장자리의 수면은 더 높아질 것이다.

23　정답 ③　* 내용 파악 + 추론하기 ·········· [정답률 61%]

ⓛ을 통해 알 수 있는 것은?
'각속도가 똑같아져 마치 팽이가 돌듯이 물 전체가 고체처럼 회전한다.'

왜 정답?

③ 각속도는 회전 중심에서 가깝든 멀든 상관없이 일정하겠군.
　물 전체의 각속도가 똑같아짐.

②문단 ❸문장 회전이 충분히 안정되면 물 전체의 회전 속도, 즉 회전하는 물체의 단위 시간당 각도 변화 비율인 ⓛ 각속도가 똑같아져 마치 팽이가 돌듯이 물 전체가 고체처럼 회전한다.

　강제 소용돌이는 회전이 충분히 안정되면 물 전체의 각속도가 똑같아져 물 전체가 마치 하나의 고체처럼 회전한다. 따라서 ⓛ '각속도가 똑같아져 마치 팽이가 돌듯이 물 전체가 고체처럼 회전한다.'를 통해 '각속도는 회전 중심에서 가깝든 멀든 상관없이 일정하다'는 것을 알 수 있다.

왜 오답?

① 각속도가 시간이 지남에 따라 점점 빨라지겠군.
→ 느려지겠군

②문단 ❺문장 이 소용돌이를 '강제 소용돌이'라 하는데, 용기 안의 물이 회전 운동을 유지하려면 에너지를 외부에서 인위적으로 제공해야 한다.

　각속도가 빨라진다는 것은 물체의 회전 운동이 점점 빨라진다는 것을 의미한다. 이를 위해서는 에너지를 외부에서 인위적으로 점점 더 많이 제공해야 한다. 만약 외부에서 에너지를 제공하지 않는다면 각속도는 시간이 지나며 점점 느려질 것이다.

② 단위 시간당 각도가 변하는 비율이 수시로 달라지겠군.
→ 각속도 / 알 수 없음.

* 근거: ②문단 ❺문장
　단위 시간당 각도가 변하는 비율이 수시로 달라지는지는 ⓛ을 통해 알 수 없다. '단위 시간당 각도가 변하는 비율'은 각속도를 의미한다. 이때 각속도는 외부에서 제공하는 에너지 여부에 따라 느려질 수도, 빨라질 수도, 유지될 수도 있기 때문이다.

---

④ 강제 소용돌이의 수면 어느 지점에서나 원주속도는 항상 같겠군.
→ 다르겠군.

②문단 ❹문장 이때 물은 팽이의 회전과 같이 회전 중심은 원주속도가 0이 되고 중심에서 멀어질수록 반지름에 비례하여 원주속도가 증가하는 분포를 보인다.

⑤ 강제 소용돌이는 자유 소용돌이와 같은 원주속도 분포를 보이겠군.
→ 다른

①문단 ❹문장 욕조의 소용돌이 중심과 가장 가까운 부분에서 최대 원주속도가 나오고, 소용돌이 중심에서 멀어져 반지름이 커짐에 따라 원주속도가 감소한다.
②문단 ❹문장 이때 물은 팽이의 회전과 같이 회전 중심은 원주속도가 0이 되고 중심에서 멀어질수록 반지름에 비례하여 원주속도가 증가하는 분포를 보인다.

24　정답 ⑤　* 내용 파악 + 추론하기 ·········· [정답률 73%]

윗글을 바탕으로 ©을 이해할 때, 〈보기〉의 ⓐ~ⓒ에 들어갈 말로 적절한 것은?
'태풍의 소용돌이'

〈 보기 〉
❶　태풍 중심 부분은 '태풍의 눈'이라 하고 (ⓐ)의 중심에 해당한다.
　조합 소용돌이. 가운데는 강제 소용돌이, 주변은 자유 소용돌이의 형태
❷　강제 소용돌이와 자유 소용돌이의 경계층에 해당하는 부분은 '태풍의
　강제 소용돌이에서 자유 소용돌이로 전환되는 점에서 원주속도가 최대가 됨.
　벽'이라고 하여 바람이 (ⓑ)이는 윗글 〈그림〉의 (ⓒ)에 해당한다.❸

왜 정답 · 오답?

	ⓐ	ⓑ	ⓒ
⑤	강제 소용돌이 조합 소용돌이의 가운데	강하다 원주속도 최대	자유 소용돌이와 강제 소용돌이의 교차점 전환되는 점

ⓐ: 강제 소용돌이

③문단 ❶문장 숟가락으로 컵 안에 강제 소용돌이를 만든 후 숟가락을 빼고 일정한 시간 동안 관찰하면 가운데에는 강제 소용돌이, 주변에는 자유 소용돌이가 발생한다.
③문단 ❺문장 조합 소용돌이의 예로 © 태풍의 소용돌이를 들 수 있다.

　© '태풍의 소용돌이'는 조합 소용돌이이다. 조합 소용돌이의 가운데는 강제 소용돌이가 발생한다.
　따라서 ⓐ에 들어갈 말은 '강제 소용돌이'이다.

ⓑ: 강하다, ⓒ: 자유 소용돌이와 강제 소용돌이의 교차점

③문단 ❹문장 조합 소용돌이에서는 소용돌이 중심에서 원주속도가 최소가 되고, 강제 소용돌이에서 자유 소용돌이로 전환되는 점에서 원주속도가 최대가 된다.

　조합 소용돌이는 강제 소용돌이에서 자유 소용돌이로 전환되는 점, 즉 두 소용돌이의 경계층이자 두 소용돌이의 교차점에서 원주속도가 최대가 된다. 따라서 이 지점에서 바람이 가장 강하다.
　따라서 ⓑ에 들어갈 말은 '강하다'이며, ⓒ에 들어갈 말은 '자유 소용돌이와 강제 소용돌이의 교차점'이다.

25 정답 ③ ＊구체적 사례나 상황에 적용하기 ★1등급 대비

[① 4% ② 9% ③ 47% ④ 31% ⑤ 6%]

'사이클론식 청소기'

〈보기〉는 ㉣의 구조를 그림으로 나타낸 것이다. 윗글을 읽은 학생의 반응으로 적절하지 <u>않은</u> 것은? [3점]

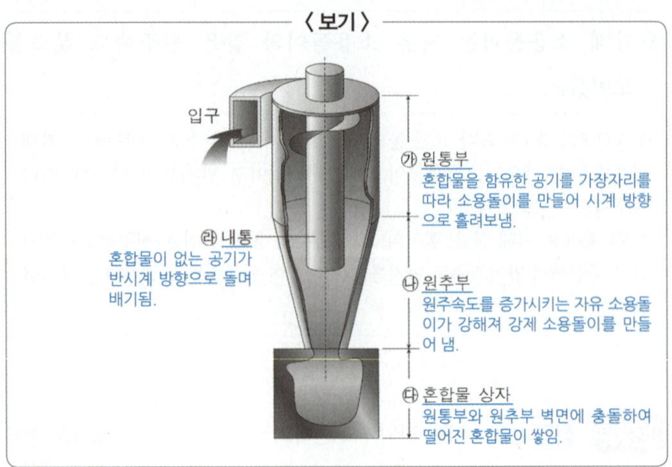

단서+해결

(단서) ㉣ '내통' 내부의 소용돌이를 통해 배출되는 것

(해결) ㉣ '내통' 내부: 강제 소용돌이(혼합물이 없는 공기로 흐름.) ➜ 반시계 방향으로 돌며 배기됨.

＞왜 정답？

③ ㉯에 모인 쓰레기나 혼합물이 ㉣ 내부에서 도는 소용돌이를 통해 **외부로 배출되겠군.**
'혼합물 상자' '내통'
혼합물 없는 공기가 배출됨.

> ④문단 ❺~❼문장 ～ 혼합물은 원통부와 원추부 벽면에 충돌하여 떨어져 바닥에 쌓인다. ～ 강제 소용돌이는 용기 중앙의 내통에서 혼합물이 없는 공기로 흐르게 되어 반시계 방향으로 돌며 배기된다. ㉣

㉣ '내통' 내부에서 도는 소용돌이를 통해 외부로 배출되는 것은 혼합물이 없는 공기이다.

＞왜 오답？

① ㉮에서는 소용돌이가 시계 방향으로 돌아 혼합물에 원심력이 **작용하겠군.**
'원통부' 혼합물을 함유한 공기가 소용돌이가 되어 시계 방향으로 흐름.

> ④문단 ❷문장 혼합물에 작용하는 원심력도 이용하기 때문에 원심 분리기, 공기의 흐름이 기상 현상의 사이클론과 비슷해서 사이클론 분리기라고도 한다.
> ④문단 ❺문장 혼합물을 함유한 공기를 원통부 가장자리를 따라 소용돌이를 만들어 시계 방향으로 흘려보내면, ～
> ㉮

㉣ '사이클론식 청소기'는 혼합물에 작용하는 원심력을 이용하는 원심 분리기의 예이다. ㉮ '원통부'에서는 혼합물을 함유한 공기가 소용돌이가 되어 시계 방향으로 흐르고, 이때 혼합물에 원심력이 작용하게 된다.

② ㉮보다 ㉯에서 소용돌이의 원주속도가 상대적으로 **빠르겠군.**
'원통부' '원추부' ㉯'원추부'로 향할수록 원주속도를 증가시킴.

> ④문단 ❺, ❻문장 혼합물을 함유한 공기를 원통부 가장자리를 따라 소용돌이를 만들어 시계 방향으로 흘려보내면, ～ 유입된 공기는 아래쪽 원추부로 향할수록 원주속도를 증가시키는 자유 소용돌이를 만들고, ～
> ㉮

㉣ '사이클론식 청소기'의 내부로 유입된 공기는 ㉮ '원통부'에서 ㉯ '원추부'로 향할수록 소용돌이의 원주속도는 증가하면서 자유 소용돌이를 만든다.

④ ㉣의 반지름이 커지면 ㉣에서 반시계 방향으로 도는 소용돌이의 원주속도는 **빨라지겠군.**
'내통' 강제 소용돌이 발생 ➜ 반지름이 커지면 원주속도가 증가함.

> ②문단 ❹문장 ～ 중심에서 멀어질수록 반지름에 비례하여 원주속도가 증가하는 분포를 보인다.
> ④문단 ❼문장 강제 소용돌이는 용기 중앙의 내통에서 혼합물이 없는 공기로 흐르게 되어 반시계 방향으로 돌며 배기된다.
> ㉣

㉣ '내통'에서는 강제 소용돌이가 반시계 방향으로 돌며 흐른다. 강제 소용돌이는 반지름이 커질수록 원주속도가 증가하는 특성이 있다.

(매력오답) ㉣ '사이클론식 청소기'가 포함된 4문단에만 주목했다면 적절한 내용인지 파악하기 어려웠을 것이다. 4문단을 통해 ㉣ '내통'에서 도는 소용돌이가 강제 소용돌이임을 파악한 후에, 2문단에 제시된 강제 소용돌이의 특성을 적용하면 쉽게 풀 수 있는 선택지이다.

⑤ 산업용으로 돌조각을 분리한다면 ㉮와 ㉯에 충격이나 마모에 강한 **소재를 써야겠군.**
'원통부' '원추부'
㉮'원통부'와 ㉯'원추부' 벽면에 충돌함.

> ④문단 ❺문장 ～ 혼합물은 원통부와 원추부 벽면에 충돌하여 떨어져 바닥에 쌓인다.
> ㉮ ㉯

㉣ '사이클론식 청소기'의 내부로 흡입된 혼합물은 ㉮ '원통부'와 ㉯ '원추부'의 벽면에 혼합물이 충돌하며 떨어져 바닥에 쌓인다. 따라서 산업용으로 돌조각을 분리한다면 벽면에 돌조각이 부딪혀도 무방한 소재, 즉 충격이나 마모에 강한 소재를 사용해야 한다.

26~28 ＊윤후명, 〈하얀 배〉

#출제 ❶ 중심인물, 배경 ❷ 중심 사건, 갈등 ❸ 서술상 특징

[앞부분의 줄거리] '나'는 취재 차 중앙아시아로 향하면서 강제 이주된 고려인 동포들의 삶을 목격한다. 또한 한국을 그리며 '말 배우는 아이'라는 글을 쓴 고려인 '류다'를 만나길 희망한다. 알마아타에 도착한 '나'는 인근 우슈토베 지역을 여행하며 고려인 '미하일'로부터 류다가 이식쿨 호수 근처에 살고 있음을 듣게 된다.
❶ 중심인물
❶ 공간적 배경
❶ 중심인물 ❶ 중심인물

① [❶"여기 사람들이 말하는데, 그 **호수 밑에 옛날 도시가 가라앉아** 있다고 그렇게 말합니다."
❷ [ ]: 중심 사건 – 미하일이 '나'에게 호수에 관한 이야기를 들려줌.

❷ 내가 그 호수에 관심을 보이자 미하일이 말했다.]❸ 그는 드물게도 서울 동숭동에 있는 해외동포교육원의 초청을 받아 어느새 한국에도 갔다 왔다고 했는데, **우리말을 꽤 정확하게 구사하고 있었다.**❹ 그의 말에 나는 더욱 흥미를 갖지 않을 수 없었다.
#민족의 정체성을 잃지 않으려는 모습

❺ "호수 밑에……"

❻ 나는 음료수와 함께 나온 깡통 맥주를 한 모금 마시며 그 먼 호수를 머릿속에 그렸다.❼미하일의 말에 의하면 [키르기스말로 이식쿨의 이식은 뜨겁다는 뜻이며, 쿨은 호수라고 했다.❽또, 이식쿨의 물은 위는 민물, 아래는 짠물이며,] 이에 비교되어 발하슈호수는 한쪽이 민물, 다른 쪽이 짠물로서, 서로 차이를 보인다는 것이었다.❾ 그리고 키르기스스탄의 소설가 아이트마토프가 쓴 《하얀 배》라는 소설까지 들먹거렸다.❿ 부모가 이혼하는 바람에 그 호숫가의 할아버지 집으로 와 살고 있는 한 소년이 호수를 떠가는 **하얀 배**를 보면서, 커다란 물고기가 되어 **배를 따라가기를 꿈꾸는** 이야기라는 것이었다. 그의
❸ 서술자: '나', 시점: 1인칭 주인공 시점, '나'가 자신이 경험한 일과 자신의 내면을 서술함.
[ ]: 이식쿨 호수의 명칭의 의미와 특징
⓫
#외부 세계에 대한 동경, 그리움을 담은 이야기

말을 들으면서 나는 나대로 학교 시절에 읽은 독일 소설가 슈토름의 소설 《이멘 호수》를 떠올리고도 있었다.

⑫ ㉠ "하얀 배라……"

⑬ 신비하고 아름다운 광경이 내 머리를 자극했다.
'나'가 이식쿨 호수와 관련된 이야기를 듣고 흥미를 느낌.
[고려인: 주로 옛 소련 지역에 사는 우리 겨레]

*① 요약: '나'가 고려인 '미하일'의 이야기를 듣고 이식쿨 호수에 관심을 갖게 됨.

② ❶ 그러던 나는 한글 선생이나 미하일 누구에게랄 것 없이 그 곳까지 가볼 수는 없느냐고 조심스럽게 물었다. ❷ 미하일이 들려주는 이야기는 모두 그 호수(이식쿨 호수)를 향한 내 마음을 한층 북돋우기에 부족함이 없는 것이었다.
❸ 미하일의 이야기를 듣고 이식쿨 호수를 직접 가보고 싶어 하는 '나'
그러나 미하일에 의하면, 알마아타에서 호수까지는 직선거리는 그리 멀지 않지만 천산 산맥이 가로막혀 있어서 서남쪽 고갯길이 뚫린 곳으로 빙 돌아가야 하기 때문에 상당히 멀다는 것이었다.
❹ ㉡ "꼭 거길 가봤으면 하는데……무슨 방법이 없었을까요?"
❺ 나는 한글 선생과 미하일을 번갈아 쳐다보며 간청하다시피 했다.
호수에 가고 싶어 하는 '나'의 간절함.
❻ 내 말에 미하일은 한참 동안 생각을 하는 듯하다가 마침내 자기도 이 기회에 비탈리를 찾아가서 한번 만날 겸 같이 가보자고 말했다.
❼ 알마아타로 가서 차편을 알아보자는 것이었다. [이렇게 되어 나는 ❽ 정말 뜻하지 않게 그 호수를 향하여 떠나게 된 것이었다.]
[ ]: ❷ 중심 사건 - '나'가 미하일과 함께 호수로 떠남.
❾ 인물의 여정에 따라 이야기가 전개됨.
우슈토베에의 여행에서 얻은 것은 적지 않은 셈이었다. ❿ 다른 것은 그렇다 치더라도 무엇보다 [우리 동포들의 무덤을 보았고, 그들이 저
[ ]: 중앙아시아로 강제 이주된 고려인 동포들이 겪었던 시련을 보여줌.
1937년에 내동댕이쳐 버려졌던 처절한 삶의 뿌리를 내리기 위해 광야에 파놓은 갈대 움막집의 흔적을 보았다.] ⓫ 오늘날 그곳에 문을 연 한글학교도 보았다. ⓬ ㉢ 그러나 무엇보다도 내 가슴을 뛰게 한 것은
민족의 정체성을 잃지 않으려는 노력 # 계획에 없던 여정에 대한 설렘, 기대감을 느끼는 '나'
새로운 세계, 산속의 호수를 향해 가게 된 것이었다.

*② 요약: '나'가 미하일과 함께 이식쿨 호수로 떠남.

〈중략〉

③ ❶ [그 호수를 보겠다고 해서, 카라가지나무와 주다나무와 미루나무와
[ ]: ❷ 중심 사건 - '나'가 이식쿨 호수에 도착함.
버드나무를 이정표로 달려왔고, 드디어 보았다.] ❷ 그러나……
❸ 나는 머리에 '그러나'가 꼬리표처럼 따라붙는 것을 어쩌지 못했다.
❹ [서울에서의 문제들]은 서울에 가서의 일이다. ㉣ 나는 그 [꼬리표]를 ❺ 떼어내려고 머리를 흔들었다. ❻ 그러나……
무언가 아쉬움과 미진함을 느끼는 '나'
❼ 그때였다. 유원지의 돌 축대를 바라보던 나는 거기 웬 나무가 한 그루 우뚝 서 있는 것을 보았다. ❾ 들어올 때는 눈에 띄지 않은 까닭을 알 수 없었다. ❿ 아니다. ⓫ 그 나무만 서 있었다면 그냥 스쳐 지나갔을지도 모른다. ⓬ [그러니까 나는 그 나무만을 본 것이 아니라 그 옆에 서 있는
[ ]: ❷ 중심 사건 - '나'가 이식쿨 호수에서 류다를 봄.
한 여자를 함께 본 것이었다.] ⓭ 젊고 환한 얼굴이 나무 그늘에 묻혀 있었다.
=류다'
⓮ "류다!"]
⓯ 미하일이 소리쳤다. ⓰ 우리는 돌 축대를 올라가 그 나무 아래로 걸음을 옮겼다. ⓱ 서로 몇 마디의 러시아말이 오가고 난 뒤 내가 소개되었다.
⓲ "안녕하십니까."
⓳ 맑은 눈동자가 나를 바라보았다. ⓴ [순간, 나는 너무나 또렷한 우리말에
[ ]: 우리 민족의 정체성이 담긴 류다의 말에서 감동과 놀라움을 느낌.
놀라지 않을 수 없었다. ㉑중앙아시아에서 처음 들어 보는 또렷한 우리말이었다. ㉒ 그리고 그 말 뒤에 '이 말은 우리 민족 말입니다'하는 말이 소리 없이 뒤따르고 있음도 또렷이 느낄 수 있었다.]
㉓ "아, 안녕하십니까."
㉔ ㉤ 나는 엉겁결에 똑같이 따라하고 말았다. ㉕ 그와 함께 나는 그
놀라움에 생각지 못한 반응을 함.
단순한 인사말이 왜 그렇게 깊은 울림으로 온몸을 떨리게 하는지 형언할 수 없는 감동에 휩싸였다. [ⓐ 개양귀비 꽃밭이 수런거리고,
[ ]: ❸ 상상 속 장면을 활용하여 인물의 내면 상황을 드러냄.
숲 속의 들고양이들이 귀를 쫑긋거리고, 커다란 까마귀들이 전나무 가지를 치고 날았으며, 사막쥐들이 이리 뛰고 저리 뛰고, 돌소금이 하얗게 깔린 사막으로 큰바람이 이는 광경이 눈에 어른거렸다.
㉖ 천산에서 빙하가 우르르르 무너지는 소리가 들린다고도 생각되었다.]
류다의 인사말을 듣고 느낀 감동을 표현함.

*③ 요약: '나'가 호수에서 '류다'를 만나 인사를 하고 '류다'의 인사말에 감동을 받음.

④ ❶ 나는 호수 건너 눈 덮인 천산을 바라보았다. [그러나'라고 미진했던
❶ 공간적 배경(이식쿨 호수)
마음이 그녀의 "안녕하십니까"에 눈 녹듯 스러지는 듯 싶었다.
건너편의 천산이 내게 "안녕하십니까"의 새로운 의미를 배워 주고 있다고 받아들여졌다. ❹ 멀리 동방의 조상 나라를 동경하며 [하얀 배]를
[ ]: ❸ 인물의 심리와 처지를 드러내는 상징적 소재를 사용함.
그리는 모습이 거기 있음을 알 수 있었다.
❺ # 류다의 인사말에서 고국에 대한 동포들의 그리움을 느낌.
그녀가 그 그늘에 서 있던 나무가 바로 러시아말로 '키파리스'인 [사이프러스]였다. ❻ 스타니슬라브는 그 나무가 본래 중앙아시아에는
중앙아시아로 강제 이주된 고려인을 상징함.
없는 나무로서 그루지야에나 가야 많다고 설명해 주었다. ❼ 아마도 유원지가 북적거리던 시절, 무슨 기념으로 심은 나무일 것이라고도 했다.
❽ 그날 그녀를 만나서 이야기를 나눈 시간은 매우 짧을 수밖에 없었다.
❾ 우리는 곧 알마아타로 돌아가야 했고, 또 내가 그녀와 오랫동안 함께 있어야 할 이유도 특별히 없는 것이었다. ❿ 그러나 나는 그 어느 때보다도 많은 느낌을 받았다.
⓫ [ⓑ 키르기스스탄의 사이프러스나무 아래 우리 민족의 말인
[ ]: ❸ 과거 회상을 활용하여 인물의 내면 상황을 드러냄.
"안녕하십니까"의 의미를 전혀 새롭게 말하는 [처녀]가 있었다. 나는
=류다'
돌아오는 차 안에서도 내내 그 모습이 머리에서 떠나지를 않았다. 그리고 그 나무 아래서 호수를 바라보았을 때 [물에 비치던 하얀 만년설의
고국을 상징함.
산봉우리를 눈에 그렸다. 그리고 그것이 바로 [하얀 배]의 또 다른
고국에 대한 그리움을 상징함.
모습이라고 깨달은 나는 입속으로 가만히 "안녕하십니까"를 되뇌었다.]
류다의 인사말이 고국에 대한 그리움을 담고 있음을 깨달음.
[그루지야: '조지아'의 전 이름]

*④ 요약: '나'는 류다와의 만남을 떠올리며 '하얀 배'의 의미를 깨달음.

★ 독해 공식

❶ 중심인물: 나, 미하일, 류다
공간적 배경: 우슈토베 지역(중앙아시아), 이식쿨 호수
❷ 중심 사건: 미하일이 '나'에게 호수에 관한 이야기를 들려줌. '나'가 미하일과 함께 호수로 떠남. '나'가 이식쿨 호수에 도착하여 '류다'를 만남.
갈등: 두드러지지 않음.
❸ 서술상 특징
• 서술자: 1인칭 서술자('나'), 시점: 1인칭 주인공 시점
• 1인칭 서술자('나')가 자신이 경험한 일을 서술하고 자신의 내면을 드러냄.
• 인물의 여정에 따라 이야기가 전개됨.
• 상상 속 장면과 과거 회상을 활용하여 인물의 내면 상황을 드러냄.
• 인물의 심리와 처지를 드러내는 상징적 소재를 사용함.

■ **갈래**: 현대 소설
■ **인물 관계도**

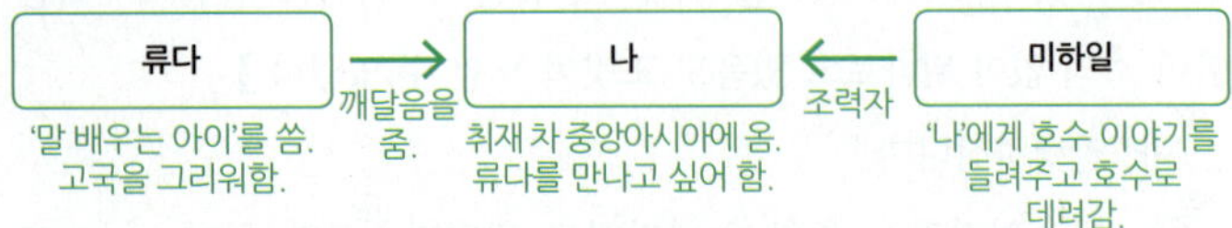

■ **주제**: 중앙아시아에서 발견한 민족의 얼과 민족어의 소중함
■ **글쓴이**: 윤후명(1946~). 활동 초반에는 시를 썼으나 1979년 이후 주로 소설을 쓴 작가이다. 현실을 다루면서도 현실에 갇히지 않는 환상적 상상력이 특징적이며, 주요 작품으로는 〈돈황의 사랑〉, 〈협궤 열차〉, 〈삼국유사 읽는 호텔〉 등이 있다.

■ **이것이 핵심!**: 〈하얀 배〉의 의미

소설 《하얀 배》	
소년	하얀 배를 그리며 커다란 물고기가 되어 배를 따라가고 싶어함.
'하얀 배'의 의미	외부 세계에 대한 동경, 화목한 가정에 대한 동경

↓

중앙아시아 동포들의 모습	
류다	– 모국어를 배우며 고국에 대한 그리움, 동경을 품고 있음. – 시련이 연속되는 삶 속에서도 언어를 통해 민족의 정체성을 잃지 않으려 함.
하얀 배의 의미	물에 비친 만년설의 흰 산봉우리를 비유한 표현. 고국에 대한 그리움을 서정적으로 드러냄.

■ **전체 줄거리**

기자인 '나'는 새로 이사해 온 세검정 거처의 축대에 심은 사이프러스나무를 통해 여행의 기억을 떠올린다. '나'는 카자흐스탄의 알마아타 한국 교육원으로부터 '말 배우는 아이'라는 글을 받는다. 이 글을 쓴 사람은 '문류다'이며, 중앙아시아에 사는 한인 3세 소년이 한국말을 배우는 과정을 담고 있다.

'나'는 그 글 속에 그려진 풍경과 그 글을 쓴 류다에 대한 끌림에 카자흐스탄의 수도 알마아타로 향한다.

그곳에 도착해서 유민사(流民史)의 중요 지역인 우슈토베에 다녀오라는 권유를 받고 그곳으로 간다. 우슈토베까지 동행한 한글 학교 선생이 마침 류다를 알고 있어, 우슈토베에서 류다의 오빠 친구인 미하일을 '나'에게 소개해 주고, 미하일로부터 류다의 근황을 알게 된다.

'나'는 미하일에게 류다가 살고 있다는 키르기스스탄의 이식쿨 호수까지 가야겠다는 결심을 말하며 동행해 달라고 부탁한다. '나'와 일행은 미하일의 도움을 받아 류다가 있는 곳으로 가는 도중 배고픔과 차량의 기름 부족 등으로 어려움을 겪는다. 결국 류다가 살고 있는 거대한 이식쿨 호수를 마주한 '나'는 이식쿨 호수를 등지고 떠나오려는 순간에 류다를 만나게 되고 류다는 '나'에게 '안녕하십니까'라는 인사말을 한다. 이 단순한 인사말에 '나'는 큰 감명을 받는다.

(▒ : 지문 수록 부분)

---

26 정답 ④ ✱ 인물의 심리와 태도 파악하기 ·············· [정답률 86%]

㉠~㉤에 대한 이해로 적절하지 <u>않은</u> 것은?

> **왜** 정답 ?

④ ㉣: 이식쿨 ~~호수만을~~ 생각하며 달려왔던 것을 ~~반성하는~~ 마음이 드러난다.
이식쿨 호수만을 생각하며 달려오지 않음. 반성하지 않음.

> ③ - ❶~❺ 그 호수를 보겠다고 해서, ~ 드디어 보았다. / 나는 머리에 '그러나'가 꼬리표처럼 따라붙는 것을 어찌지 못했다. ~ 서울에서의 문제들은 서울에 가서의 일이다. ㉣ <u>나는 그 꼬리표를 떼어내려고 머리를 흔들었다.</u>
> 아직 류다를 만나지 못해서 부족함과 미진함을 느낌.

'나'는 이식쿨 호수만을 생각하며 달려온 것이 아니라 류다와의 만남도 희망하고 있었다. 또한 '서울에서의 문제들은 서울에 가서의 일이다.'를 통해 '나'가 '머리를 흔'드는 것은 서울에서의 문제들을 떨쳐내기 위해서라고 볼 수 있다. 즉 ㉣에는 이식쿨 호수를 보았지만 아직 류다를 만나지 못한 '나'의 '서울에서의 문제들'을 잊고자 하는 마음이 드러난다.

> **왜** 오답 ?

① ㉠: 이식쿨 호수와 관련된 이야기를 듣고 흥미를 느끼고 있음이 드러난다.

> ① - ❾~❸ 그리고 키르기스스탄의 소설가 아이트마토프가 쓴 《하얀 배》라는 소설까지 들먹거렸다. / ㉠ "하얀 배라……" / 신비하고 아름다운 광경이 내 머리를 자극했다.
> 이식쿨 호수와 관련된 하얀 배 이야기에 흥미를 느낌.

② ㉡: 이식쿨 호수에 가고 싶어 하는 간절한 마음을 확인할 수 있다.

> ② - ❹, ❺ ㉡ "꼭 거길 가봤으면 하는데……무슨 방법이 없었을까요?" / 나는 한글 선생과 미하일을 번갈아 쳐다보며 간청하다시피 했다.
> 이식쿨 호수에 간절하게 가고 싶어 함.

③ ㉢: 계획에 없었던 새로운 여정에 대한 기대감과 설렘이 나타난다.

> ② - ⓬ ㉢ 그러나 무엇보다도 내 가슴을 뛰게 한 것은 새로운 세계, 산속의 호수를 향해 가게 된 것이었다.
> 계획에 없었던 이식쿨 호수에 가게 되면서 기대감과 설렘을 느낌.

⑤ ㉤: 놀라움에 자신도 생각지 못한 반응이 나타났음을 확인할 수 있다.

> ③ - ⓲~㉓ "안녕하십니까." / ~ 순간, 나는 너무나 또렷한 우리말에 놀라지 않을 수 없었다. ~ / "아, 안녕하십니까." / ㉤ 나는 엉겁결에 똑같이 따라하고 말았다.
> 놀라움에 자신도 모르게 인사말을 그대로 따라함.

---

27 정답 ① ✱ 서술상 특징 파악하기 ·························· [정답률 86%]

ⓐ와 ⓑ에 대한 설명으로 가장 적절한 것은?

> **왜** 정답 ?

① ⓐ는 상상 속 장면을 활용하여, ⓑ는 과거 회상을 활용하여 인물의 내면 상황을 드러내고 있다.
자연 경관을 상상함. 류다와 만난 기억

> ③ - ㉖~㉗ ⓐ 개양귀비 꽃밭이 수런거리고, ~ 돌소금이 하얗게 깔린 사막으로 큰바람이 이는 광경이 눈에 어른거렸다. 천산에서 빙하가 우르르르 무너지는 소리가 들린다고도 생각되었다.
> '나'의 상상 속 장면 ➜ 류다의 인사말을 듣고 느낀 감동을 표현함.
> ④ - ⓫~⓮ ⓑ 키르기스스탄의 사이프러스나무 아래 우리 민족의 말인 "안녕하십니까"의 의미를 전혀 새롭게 말하는 처녀가 있었다. 나는 돌아오는 차 안에서도 내내 그 모습이 머리에서 떠나지를 않았다. 그리고 그 나무 아래서 호수를 바라보았을 때 물에 비치던 하얀 만년설의 산봉우리를 눈에 그렸다. 그리고 그것이 바로 하얀 배의 또 다른 모습이라고 깨달은 나는 입속으로 가만히 "안녕하십니까"를 되뇌었다.
> '나'의 과거 회상 ➜ 류다의 인사말에 담긴 동포에 대한 그리움과 애정을 깨달음.

> **왜** 오답 ?

② ⓐ는 내적 독백을 사용하여, ⓑ는 구어체를 사용하여 인물 사이의 대립 양상을 제시하고 있다.
사용하지 않음. 사용하지 않음.
인물 사이의 대립은 나타나지 않음.

③ ⓐ는 전해 들은 이야기를 통해, ⓑ는 직접 경험한 사건을 통해 인물의 성격을 구체적으로 보여 주고 있다.
'나'의 상상 속 장면 류다를 만나 인사말을 들은 사건
'나'의 깨달음을 보여 줌.

④ ⓐ는 외부 세계를 묘사하여, ⓑ는 인물 간의 대화를 서술하여 인물이 처한 상황을 객관적으로 전달하고 있다.
'나'의 상상 속 장면 인물의 말을 서술함.
인물이 처한 상황을 전달하지 않음.

⑤ ⓐ는 앞으로 일어날 일들을 제시하여, ⓑ는 이전에 일어난 일들을 제시하여 인물의 심리 변화 과정을 나타내고 있다.
'나'의 상상 속 장면 류다를 만나 인사말을 들은 일
변화하지 않음.

28 정답 ① ＊〈보기〉를 바탕으로 감상하기　★1등급 대비

[① 42% ② 9% ③ 10% ④ 21% ⑤ 15%]

〈보기〉를 바탕으로 윗글을 감상한 내용으로 적절하지 <u>않은</u> 것은? [3점]

─── 〈 보기 〉 ───

❶ 이 작품에서 '하얀 배'는 외부 세계에 대한 동경을 상징하는 것으로,
중앙아시아 동포들의 고국에 대한 그리움을 서정적으로 드러내는 기능을
하얀 배의 기능
한다. ❷ '나'는 하얀 배를 그리는 소년과 류다를 연결지어 이해하면서,
고국에 대한 그리움을 지님.
류다를 포함한 중앙아시아 동포들이 시련이 연속되는 삶 속에서도
중앙아시아로 강제 이주되어 살아가면서 겪은 시련들
언어를 통해 민족의 정체성을 잃지 않으려는 모습에 주목한다.
우리말을 배우고 사용하는 모습

왜 틀렸나?

윗글에서 미하일은 '나'에게 이식쿨 호수와 관련된 다양한 이야기를 해 주는데, 각
이야기는 서로 연결된 이야기가 아니다. 따라서 각 이야기에 나타나는 요소의 의미를
다른 이야기와 연결하여 판단해서는 안 된다.

왜 정답?

① '호수 밑에 옛날 도시'는 소년이 '하얀 배'를 타고 <u>가고자 하는</u> 동경의
소년이 가고자 하는 동경의 공간이 아님.
공간으로 '<u>나</u>'가 <u>지향하는</u> 곳이군.
'나'가 지향하는 공간이 아님.

> ①-❶ "여기 사람들이 말하는데, 그 호수 밑에 옛날 도시가 가라 앉아
> 있다고 그렇게 말합니다."
> ①-❾,❿ ~《하얀 배》라는 소설까지 들먹거렸다. ~ 한 소년이 호수를
> 떠가는 하얀 배를 보면서, 커다란 물고기가 되어 배를 따라가기를 꿈꾸는
> 이야기라는 것이었다.

'호수 밑에 옛날 도시'는 미하일이 이식쿨 호수와 관련하여 들려준 이야기와
관련되는 공간이다.

윗글의 미하일이 언급한 소설《하얀 배》는 '호수 밑에 옛날 도시'가 나오는 이야기와
다른 이야기이다. 따라서 이 소설 속 소년이 지향하는 외부 세계가 '호수 밑에 옛날
도시'라고 보기는 어렵다.

또한 '나'는 미하일의 이야기를 듣고 이식쿨 호수를 직접 가보고 싶어 할 뿐 '호수
밑에 옛날 도시'에 대한 지향을 드러내지는 않는다.

왜 오답?

② 미하일이 '우리말을 꽤 정확하게 구사하'는 것은 민족의 정체성을
언어를 통해 민족의 정체성을 잃지 않으려는 모습
잃지 않으려는 동포들의 모습으로 볼 수 있군.

> ②-❸ 그는 드물게도 서울 동숭동에 있는 해외동포교육원의 초청을 받아
> 어느새 한국에도 갔다 왔다고 했는데, 우리말을 꽤 정확하게 구사하고
> 있었다.
> 〈보기〉 ❷문장 ~언어를 통해 민족의 정체성을 잃지 않으려는 모습에 주목한다.

미하일은 고려인으로서 해외동포교육원의 초청을 받아 한국에도 다녀왔고,
우리말을 꽤 정확하게 구사하는 인물이다. 〈보기〉를 바탕으로 볼 때, 이는 모국어를
배우고 사용함으로써 민족의 정체성을 잃지 않으려는 동포들의 모습으로 볼 수 있다.

③ '광야에 파놓은 갈대 움막집의 흔적'은 중앙아시아 동포들이
처절한 삶의 뿌리를 내리기 위한 모습
겪었던 시련을 증명하는 것이겠군.

> ②-❿ ~ 1937년에 내동댕이쳐 버려졌던 처절한 삶의 뿌리를 내리기 위해
> 광야에 파놓은 갈대 움막집의 흔적을 보았다.
> 〈보기〉 ❷문장 ~ 중앙아시아 동포들이 시련이 연속되는 삶 속에서도 ~

'광야에 파놓은 갈대 움막집의 흔적'은 중앙아시아로 강제 이주된 동포들이
그곳에서 살아가기 위해 했던 처절한 노력을 보여준다. 〈보기〉를 바탕으로 볼 때, 이는
중앙아시아로 강제 이주되면서 동포들이 겪었던 시련을 증명하는 것이다.

④ '나'는 류다의 '너무나 또렷한 우리말'에서 동포들의 고국에 대한
고국에 대한 그리움과 민족의 정체성을 담고 있음.
그리움을 읽어 내고 있군.

> ③-⑳~㉒ 순간, 나는 너무나 또렷한 우리말에 놀라지 않을 수 없었다. ~
> 그리고 그 말 뒤에 '이 말은 우리 민족 말입니다'하는 말이 소리 없이
> 뒤따르고 있음도 또렷이 느낄 수 있었다.
> 고국에 대한 그리움을 간직함.
> 〈보기〉 ❶, ❷문장 이 작품에서 '하얀 배'는 ~ 중앙아시아 동포들의 고국에
> 대한 그리움을 서정적으로 드러내는 기능을 한다. '나'는 하얀 배를 그리는
> 소년과 류다를 연결지어 이해하면서, ~

〈보기〉에 따르면 '하얀 배'는 중앙아시아 동포들의 고국에 대한 그리움을 드러내는
기능을 하는데, '나'는 하얀 배를 그리는 소년과 류다를 연결지어 이해한다.

즉 '나'는 류다를 고국에 대한 그리움을 간직한 인물로 이해한다. 이때 류다의
'너무나 또렷한 우리말'은 류다가 가지고 있는 고국에 대한 그리움을 '나'에게 드러낸다.

매력 오답

〈보기〉에서 '나'가 '언어를 통해 민족의 정체성을 잃지 않으려는' 중앙아시아
동포들의 모습에 주목한다고 했으므로, 류다의 말이 민족의 정체성만을 담고 있다고
판단할 수 있다. 그러나 〈보기〉에서 '나'는 '하얀 배를 그리는 소년과 류다를 연결지어
이해'한다고 했으므로 류다가 고국에 대한 그리움도 간직한 인물임을 파악할 수
있어야 한다.

⑤ '나'는 '멀리 동방의 조상 나라'를 꿈꾸는 류다와 '배를 따라가기를
꿈꾸는' 소년을 연관지었군.
하얀 배를 그리는 소년과 류다를 연결지어 이해함.

> ①-❿ ~ 한 소년이 호수를 떠가는 하얀 배를 보면서, 커다란 물고기가
> 되어 배를 따라가기를 꿈꾸는 이야기라는 것이었다.
> ④-❷~❹ ~ 그녀의 "안녕하십니까"에 눈 녹듯 스러지는 듯 싶었다. ~
> 멀리 동방의 조상 나라를 동경하며 하얀 배를 그리는 모습이 거기 있음을
> 하얀 배를 그리는 소년과 류다를 연결함.
> 알 수 있었다.
> 〈보기〉 ❶, ❷문장 이 작품에서 '하얀 배'는 ~ 중앙아시아 동포들의 고국에
> 대한 그리움을 서정적으로 드러내는 기능을 한다. '나'는 하얀 배를 그리는
> 소년과 류다를 연결지어 이해하면서, ~

〈보기〉에서 '나'는 하얀 배를 그리는 소년과 류다를 연결지어 이해하였다고 했다. 즉
멀리 동방의 조상 나라, 고국을 그리는 류다와 배를 따라 외부 세계로 나아갈 꿈꾸는
소년을 연관지어 이해하고 있다.

28번 관련 어휘

동경: 어떤 것을 간절히 그리워하여 그것만을 생각함.

서정적: 정서를 듬뿍 담고 있는 것

시련: 겪기 어려운 단련이나 고비

정체성: 변하지 아니하는 존재의 본질을 깨닫는 성질. 또는 그 성질을 가진
독립적 존재

지향하다: 어떤 목표로 뜻이 쏠리어 향하다.

29~32 ＊ 작자 미상, 〈장국진전〉

출제 ❶ 중심인물, 배경 ❷ 중심 사건, 갈등 ❸ 서술상 특징
▨ : ❷ 사건이 전개되면서 공간의 이동이 빈번하게 나타남.

① ㉠ 황성에 병란(兵亂)이 일어났고, 살기(殺氣)가 등등하며, 천자는
피신한 모양이라. [❷국진은 재빨리 방으로 들어와 무장을 갖추고,
❷중심인물　　　❶중심인물　❶공간적 배경　　❶중심인물
머리에 황금 투구를 쓰고, 몸에 풍운갑을 입고, 좌수에 절륜도와 우수에
[ ]: ❸ 인물의 외양을 묘사하여 영웅적 면모를 부각함.　왼손　　　오른손
청학선, 이런 식으로 무장을 갖추자 잠시도 지체없이 말에 뛰어오르리라.]

❸ 그리하여 국진은 필마단기(匹馬單騎)로 나는 듯이 달렸고, 달리면서도
❸ 서술자: 3인칭 서술자, 시점: 전지적 작가 시점
자기의 중대한 임무를 잊지 않은 터라. ❹그의 빛나는 준마는 순식간에
황성에서 일어난 병란으로 피신한 천자를 구하기 위해 황성으로 떠남.
그를 황성으로 옮겨 주니, 그의 마음과 몸과 말은 실로 혼연일체가 된
❶공간적 배경
듯하더라.

⑤ 아니나 다르랴, 그가 읽은 천기는 정확하였으니, 달마국의 수십만
(하늘의 기운 / 국진이 하늘의 기운을 읽어 미래를 예측함. 국진의 비범한 능력을 보여줌.)
대군은 명나라 군을 무찔러 없애고, 이 때 황성으로 쳐들어와 황성의
(달마국 대군으로 인해 명나라가 위기에 처함.)
운명은 경각에 달하였으니, 국진은 즉시 궐내로 들어가 어전에 꿇어
엎드려 가로되,

⑥ ┌ "소신이 중임을 맡아 원방(遠方)에 갔사와 폐하께 근심을
│ (국진이 황제에게 자신을 낮추어 표현한 말)
[A] │ 끼쳤사오니 이것은 모두가 신의 죄인 줄로 아뢰오. 적병을 파한
│ (명나라가 위기에 처한 원인을 자신의 죄로 돌림.)
└ 후에 죄를 당하여지이다." # [A]: 국진이 황제의 근심을 덜기 위해 명나라가 위기에 처한 원인을 자신의 탓으로 돌려 이야기함.
⑦ 하고 아뢰더라.

⑧ [절망한 천자는 그것이 누군가 처음에는 잘 모르시는 듯하다가
[ ]: ❷ 중심 사건 – 국진이 피신한 황제를 찾아오고 황제가 국진에게 명령을 내림.
장국진이라는 것을 아시자 놀라시며, 계로 뛰어내려가 그의 손을
(계단 아래)
잡고 반가워서 어쩔 줄을 몰라 하시며,
(국진을 반기는 천자의 모습을 통해 국진에 대한 천자의 믿음이 드러남.)
⑨ ┌ "경이 있었으면 무슨 근심을 하리오. 경은 힘을 다하여 사직(社稷)을
[B] │ (국진)
└ 안보(安保)하고 짐의 근심을 덜라." # [B]: 황제가 국진에 대한 믿음을 바탕으로 나라를 구하라고 명령을 내림.
(나라를 구하라는 명령을 내림.)
⑩ 하고는 눈물을 뿌리며 애걸하듯이 하교하시더라.]

필마단기: 혼자 한 필의 말을 탐. 또는 그렇게 하는 사람
어전: 임금의 앞   **중임:** 중대한 임무
원방: 먼 지방. 또는 먼 곳   **사직:** 나라 또는 조정을 이르는 말
안보하다: 편안히 보전되다. 또는 편안히 보전하다.

*① 요약: 황성에 병란이 일어난 것을 알고 국진이 천자를 구함.

② [적은 어느새 도성에 다다르고 도성의 백성들은 아우성치니, 이는
[ ]: ❸ 서술자가 개입하여 장면에 대한 주관적 논평을 내림.
지옥을 상상하게 하더라.❷그것은 도무지 구할 도리가 없는 완전한
(전쟁으로 인해 고통에 시달리는 백성들의 참혹한 상황)
파멸을 보는 듯하더라.❸이것을 어느 누구의 힘으로 구원하여 밝은
빛을 뿌려 터인가.]
*서술자의 개입: 서술자가 작품에 직접 끼어들어 자신의 목소리를 내거나 의견을 표출하는 서술 방법

④ 국진은 다시 말에 오르자, **한 손에 절륜도, 또 한 손에 청학선을**
흔들며 성문을 빠져나가 물밀 듯 밀려드는 수십만 ⓛ 적군의 진영으로
비호처럼 달리더라.⑤[그의 절륜도가 닿는 곳마다 번갯불이 번쩍
[ ]: ❷ 중심 사건 – 국진이 적군에 대항하여 싸워 적군을 물리침.
일더니 적장과 적 군사는 **추풍낙엽같이 쓰러지니,** 적군에게는 전혀
전쟁으로 인해 고통받는 백성들을 구원하기 위해 국진이 적병과 맞서 싸움.
예상하지 못한 일대 혼란이 일더라.⑥그들의 시체는 산을 이루고 피가
바다를 이루면서 물러가니라.]
❸ 과장적 표현, 전기적 요소를 활용하여 주인공의 비범함을 부각함.

*② 요약: 국진이 천자의 명을 받아 적을 물리침.

[중략 부분의 줄거리] 국진은 달마국을 정벌하기로 결심하고 이를 위해 전장으로
떠난다. 달마국은 천원국과 합력하여 국진을 대적한다.
❷ 갈등: 명나라(천자, 국진)와 달마국, 천원국의 전쟁(외적 갈등)

③ 결국 국진이 병을 얻어 누운 것도 당연한 이치일 터라. ❷이것은
(국진이 병에 걸려 누움. (주인공의 시련, 위기))
전투 중에 치명적인 일로, 국진은 군중에 엄명을 내려 진문을 굳게
닫게 하고 이 어려운 지경을 어찌 구할 것인지 궁리에 궁리를 더하더라.
적은 몇 번이고 도전하니, 이쪽의 진 앞에서 호통을 지르곤 하더라.
④ 그러나 국진의 진에서 아무런 답이 없자 백운도사와 오금도사는
(달마국, 천원국의 인물)
장국진에게 중대한 곡절이 있음을 의심하기 시작하더라.
⑤ 며칠이 지나도 국진의 **신병은 조금도 차도가 없으니,** 이 위급함을
❸ 서술자가 개입하여 장면에 대한 주관적 논평을 내림.
무엇으로 해결하여야 한단 말인가.
⑥ 이 때 어려서부터 닦아 온 천문지리가 누구보다 능통한 이 부인이
(하늘의 기운) (=국진) ❶중심인물(국진의 부인)
천기를 보고 있던 터라, 남편의 이런 사실을 깨닫고는 놀라움을 금치
(이 부인이 하늘의 기운을 읽어 남편(국진)의 위기를 알게 됨. 이 부인의 비범한 능력을 보여 줌.)
못하더라.⑦더욱이 옆에 있던 유 부인 역시 남편의 위험에 애통해 하니,
(국진의 부인(이 부인의 조력자))

장 승상이나 왕씨도 이 소식을 듣고 달려와 울 따름이더라.⑧[육도삼략과
손오병법에도 능통한 이 부인은 생각 끝에 결연히 일어서더니, ⓒ 달마국
[ ]: ❷ 중심 사건 – 국진이 병으로 쓰러지자 이 부인이 남편을 위해 전쟁에 나서기로 결심함.
전장으로 달려가 병을 앓는 남편을 구하고 이 싸움을 결단 지으리라
결심하더라.]
⑨ [이 부인은 즉시 **남장을 하고 머리에 용인 투구를 쓰고, 몸에 청사**
⑨ '남장 모티프'가 나타남.   # 국진을 구하기 위해 남장을 함.
전포를 입고, 왼손에 비린도, 오른손에 홀기를 들고는] 시부모와 유
[ ]: ❸ 인물의 외양을 묘사하여 영웅적 면모를 부각함.
부인과 주위 사람들에게 이별을 고하고 필마단기로 달마국을 향하여
ⓒ 집을 떠나리라.⑩ 유 부인은 멀리 전송을 나와 이 부인의 전도를
❶ 공간적 배경
근심하며, 봉서 한 통과 바늘 한 쌍을 유 부인의 품속에서 내어 주더라.
(이 부인을 돕기 위한 소재)
⑪ 그리고 이 부인에게 말하되,
⑫ "이것을 가지고 동정호 물 건널 제 물에 던지면 용왕 부인이 청할
[ ]: '봉서 한 통'과 '바늘 한 쌍'의 사용법을 알려 줌.
것이니, 들어가 보옵소서. 동정호 용왕은 첩의 전생 부모이니
부모가 보오면 반가워할 터요, 이제 **가장 좋은 선약(仙藥)을 얻어 가야**
(전기적 소재(국진의 병을 낫게 함.))
승상의 목숨을 구할 것이오. 다음은 **선녀 한 쌍을 얻어 가야 천원**
(전기적 소재(전쟁에서 승리할 수 있게 함.))
왕과 달마 왕을 잡으리라."]
⑬ 하니, 이 부인은 그것을 받아 가지고 질풍처럼 달리더라.
이 부인이 국진을 돕기 위해 집을 떠남.
⑭ 동정호에 왔을 때 이 부인은 유 부인이 시킨 대로 하여 ⓜ 용궁에
#❷ [ ]: 중심 사건 - 이 부인이 용왕 내외를 만나 도움을 받음.   ❶ 공간적 배경(초월적 세계)
인도되어 들어가자, 용왕 내외가 반가워하며 만년주(萬年酒)를 권하더라.
(초월적 세계의 인물. 이 부인의 조력자)
⑮ 그리고는 유 부인의 말대로 선약과 선녀 한 쌍을 이 부인에게 내리시며.]
⑯ ┌ "천원 왕과 달마 왕은 욕이나 뵈옵되 죽이지는 마옵소서. 두 사람은
천원 왕과 달마 왕의 전생 신분을 밝히며 앞날을 위해 죽이지는 말라고 당부함.
│ 천상 선관으로 인간에 적거(謫居)하였으니, 만일 죽이면 일후에
│ ❸ '적강 모티프'가 나타남.
└ 원(怨)이 되리라."] *적강 모티프: 천상적 존재가 인간 세상에 내려오거나 인간으로 태어나는 소재
⑰ 하고 교시하더라.
⑱ 또한 용왕 부인은 선녀들에게 분부하여 **이 부인을 잘 모시고 가서**
공을 이루라고 특별히 당부하더라.
⑲ 이렇게 하여 이 부인은 용궁에서 나와 전장으로 질풍같이 달려가니,
마음이 든든하기만 하더라.

진문: 진영(陣營)으로 드나드는 문   **전도:** 앞으로 나아갈 길
교시하다: 가르쳐서 보이다.

*③ 요약: 국진이 위기에 처하자 이 부인이 남장을 하고 전쟁에 나감.

④ 이때 명나라 진영은 **적병들에 의해 완전히 포위**되고 있었으며,
진문은 열지 않고 굳게 닫혀 있었으니, 적병은 이것을 깨칠 속셈으로
그 준비에 분주하더라.❷ 명나라 군의 운명은 경각에 있음이더라.
❸ 서술자가 개입하여 장면에 대한 주관적 논평을 내림.
③ [이를 본 이 부인은 잠시도 지체할 여유가 없으니, 투구를 고쳐 쓰고,
❷ [ ]: 중심 사건 - 이 부인이 황성에 도착하여 적진으로 돌진함.
비린도를 높이 들어 만리청총의 고삐를 바싹 쥐어 잡고, 좌우에
따라온 선녀들은 앞에 서서 길을 인도하라고 분부하고 즉시 급하게
채찍질을 하니, 만리 청총마는 화살처럼 적의 포위를 일직선으로 밟아
❸ 과장적 표현, 전기적 요소를 활용하여 주인공의 비범함을 부각함.
넘으며 명나라 진문으로 향하여 달리더라.]
❶ 공간적 배경
④ [적병들은 이 돌발적인 사태를 만나 몹시 어리둥절할 뿐이더라.
[ ]: ❸ 서술자가 개입하여 장면에 대한 주관적 논평을 내림.
⑤ 난데없이 천지에 소나기가 퍼붓고 **번갯불과 천둥이 무섭게 진동**하니
❸ 전기적 요소를 활용하여 인물의 능력을 보여줌.
어느 누구든 **공포 속에서 정신을 잃는** 것은 당연한 일이라, 적병들이라고
해서 무섭지 않으랴. 그들은 이 사태를 운명에 맡길 뿐이더라.]

*④ 요약: 이 부인이 국진을 대신하여 적병을 물리침.

✚ 독해 공식

❶ 중심인물: 천자, 국진, 이 부인
 공간적 배경: 방, 집, 황성, 명나라 진영, 동정호, 용궁
❷ 중심 사건: 국진이 피신한 황제를 찾아오고 황제가 국진에게 명령을 내림. 국진이 적군에 대항하여 싸워 적군을 물리침. 국진이 병으로 쓰러지자 이 부인이 남편을 위해 전쟁에 나서기로 결심함. 이 부인이 용왕 내외를 만나 도움을 받음. 이 부인이 황성에 도착하여 적진으로 돌진함.
 갈등: 명나라(천자, 국진)와 달마국, 천원국의 전쟁(외적 갈등)
❸ 서술상 특징
- **서술자**: 3인칭 서술자, **시점**: 전지적 작가 시점
- 인물의 외양을 묘사하여 영웅적 면모를 부각함.
- 서술자가 개입하여 장면에 대한 주관적 논평을 내림.
- 과장적 표현, 전기적 요소를 활용하여 주인공의 비범함을 부각함.
- '남장 모티프', '적강 모티프'가 나타남.

- **갈래**: 고전 소설, 군담 소설(주인공이 전쟁을 통하여 영웅적 활약을 전개하는 이야기를 담은 소설)
- **이 작품은?** 명나라를 배경으로 하여 장국진이라는 영웅의 일생을 다룬 영웅소설이다. 조선 시대에 쓰인 작품으로 군주에 대한 충의(忠義)를 주제로 한 군담소설이기도 하다. 남성 영웅과 더불어 여성 영웅의 활약상이 부각되는 특징이 있다.
- **인물 관계도**

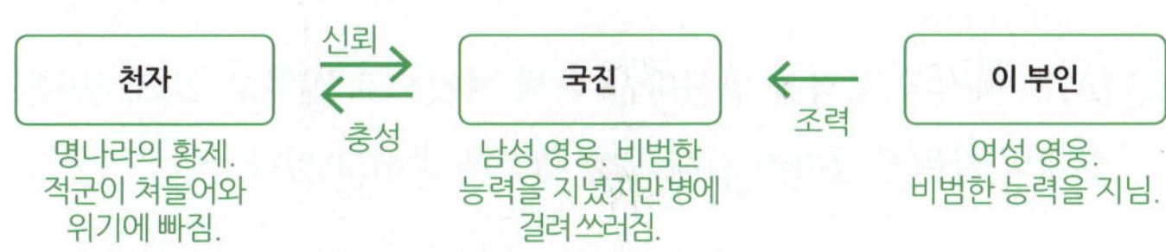

- **주제**: 장국진의 영웅적 면모와 충성심
- **이것이 핵심!**: 현실 세계와 초월적 세계의 상호 작용

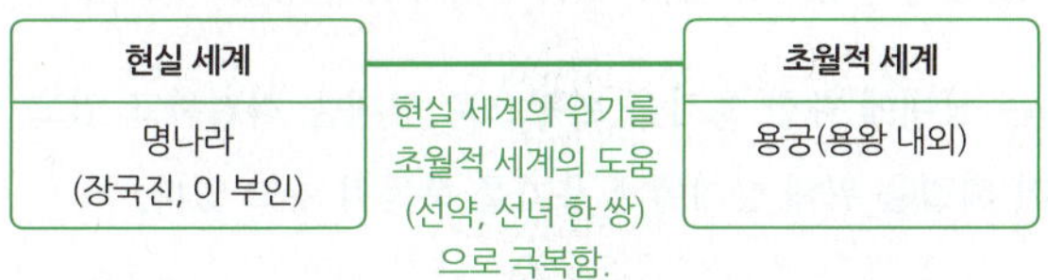

- **전체 줄거리**

 명나라 때, 승상 장경구는 늦도록 자식이 없다가 부처께 발원하여 장국진을 얻는다. 7세 때 장국진은 달마국의 침입으로 부모를 잃고 술집에서 말을 먹이는 일을 하는 등 고생을 한다. 이때 달마국의 백원도사가 장국진의 영웅성을 보고는 잡아다가 강물에 던져 죽이려고 한다. 그러나 청의동자의 도움으로 여학도사의 제자가 되어 경서와 도술을 익힌다.

 7년 후, 속세로 돌아와 수소문 끝에 부모와 상봉하고 천상 배필인 이창옥의 딸 이계양에 구혼하나 거절당한다. 이후 국진은 장원급제하여 천자의 주선으로 계양(이 부인)과 혼인하고 병부상서 유봉(유 부인)의 딸과도 혼인한다. 국진은 서주어사가 되어 백성들을 돕고, 달마왕의 침입을 물리친다.

 천자가 승하하여 태자가 즉위하자 장국진은 이창의 참소로 유배를 가다가 달마국에 잡혀 갇힌다. 달마왕이 재차 침입하나, 국진이 탈출하여 막는다. 이때 국진이 병이 들어 위험에 처하자 이 부인이 남장하고 나아가 남편의 병을 고치고 적군과 싸워 승리를 거둔다. 개선하여 국진은 호왕에 봉해지고, 두 부인은 왕비로 봉해져 행복한 삶을 산다.

(▨ : 지문 수록 부분)

2023. 6

6회

29 정답 ④ ＊ 서술상 특징 파악하기 ★1등급 대비

[① 9% ② 4% ③ 11% ④ 59% ⑤ 14%]

윗글의 서술상 특징으로 적절한 것은?

왜 틀렸나?

 '서술자의 개입'의 개념을 몰랐거나, 윗글에서 '서술자의 개입'이 쓰인 부분을 잘 찾지 못한 학생들이 많았다.
 '서술자의 개입'은 서술자가 작품에 직접 끼어들어 자신의 목소리를 내거나 의견을 표출하는 서술 방법이다. 따라서 '서술자의 개입'이 쓰인 부분을 찾으려면 인물의 대사를 제외하고 서술자가 서술한 부분을 살펴보면 된다. 특히 '서술자의 개입'은 설의적 표현이나 영탄적 표현과 함께 나타나는 경우가 많기 때문에, 서술자가 서술한 부분 중 의문형, 감탄형의 서술을 살펴보면 쉽게 찾을 수 있다.

왜 정답?

④ 서술자의 개입을 통해 작중 상황에 대한 <u>주관적 판단</u>을 제시하고 있다.
 〔서술자가 작품에 직접 끼어들어〕
 〔전쟁으로 인한 참혹한 상황, 국진의 병으로 위급한 상황 등에 대해 주관적으로 판단함.〕

> ②-❶~❸ 적은 어느새 도성에 다다르고 도성의 백성들은 아우성치니, 이는 <u>지옥</u>을 상상하게 하더라. 그것은 도무지 구할 도리가 없는 완전한 <u>파멸</u>을 보는 듯하더라. 이것을 어느 누구의 힘으로 구원하여 밝은 빛을 뿌려 터인가.
> 〔전쟁으로 인해 참혹한 상황을 '지옥', '파멸'이라고 주관적으로 판단함.〕
> 〔'어느 누구의 힘'이라도 구원하기 어려운 상황이라고 주관적으로 판단함.〕
>
> ③-❺ 며칠이 지나도 국진의 신병은 조금도 차도가 없으니, 이 위급함을 무엇으로 해결하여야 한단 말인가.
> 〔국진의 병이 차도가 없는 상황을 해결하기 어렵다고 판단함.〕
>
> ④-❺ 난데없이 천지에 소나기가 퍼붓고 번갯불과 천둥이 무섭게 진동하니 어느 누구든 공포 속에서 정신을 잃는 것은 당연한 일이라, 적병들이라고 해서 무섭지 않으랴.
> 〔난데없는 상황에 적병들도 공포를 느낄 것이라고 판단함.〕

왜 오답?

① <u>연속되는</u> 대화를 활용해 인물 간의 <u>갈등</u>을 고조시키고 있다.
 〔나타나지 않음.〕 〔나타나지 않음.〕

 윗글에는 연속되는 대화가 나타나지 않는다. 또한 윗글에서 드러나는 외적 갈등은 전쟁으로 인한 명나라와 달마국, 천원국 사이의 갈등으로 인물 간의 갈등은 두드러지지 않는다.

② <u>과거</u>와 현재의 빈번한 교체로 인물의 <u>내력</u>을 소개하고 있다.
 〔나타나지 않음.〕 〔소개하지 않음.〕

 윗글에는 과거 사건이 나타나지 않으므로 과거와 현재의 빈번한 교체도 나타나지 않는다. 또한 인물의 내력을 소개한 부분도 없다.

③ 한 인물의 동일한 행위를 <u>반복</u>함으로써 사건의 <u>전환</u>을 예고하고 있다.
 〔반복하지 않음.〕 〔예고하지 않음.〕

⑤ 특정 인물의 외양이나 행동을 <u>과장되게</u> 표현하여 인물을 <u>희화화하고</u> 있다.
 〔우스꽝스럽게 표현하고〕
 〔과장되게 표현하지 않음.〕 〔희화화하지 않음.〕

> ①-❷ 국진은 재빨리 방으로 들어와 <u>무장을 갖추고, 머리에 황금 투구를 쓰고, 몸에 풍운갑을 입고, 좌수에 절륜도와 우수에 청학선</u>, 이런 식으로 무장을 갖추자 잠시도 지체없이 말에 뛰어오르리라. → 〔국진의 영웅적 면모를 부각함.〕
> 〔국진의 외양을 표현함.〕
> 〔국진의 행동을 표현함.〕
>
> ③-❾ 이 부인은 즉시 <u>남장을 하고 머리에 용인 투구를 쓰고, 몸에 청사 전포를 입고, 왼손에 비린도, 오른손에 홀기를 들고</u>는, <u>시부모와 유 부인과 주위 사람들에게 이별을 고하고 필마단기로 달마국을 향하여 집을 떠나리라.</u> → 〔이 부인의 영웅적 면모를 부각함.〕
> 〔이 부인의 외양을 표현함.〕
> 〔이 부인의 행동을 표현함.〕

 윗글에서는 국진, 이 부인의 외양이나 행동을 표현하여 인물의 영웅적 면모를 부각하였다. 그러나 외양이나 행동을 과장되게 표현하지는 않았으며, 인물을 희화화하여 우스꽝스럽게 표현하고 있지도 않다.

매력 오답 윗글에서 인물의 외양이나 행동을 빈번하게 표현하고 있으므로, 적절한 선택지라고 판단했을 수 있다. 그러나 '인물을 희화화하고 있'는지 여부에 초점을 맞추면 적절하지 않은 선택지임을 쉽게 판단할 수 있다.

㉠~㉤을 중심으로 윗글을 이해한 내용으로 적절하지 <u>않은</u> 것은?
㉠: '황성', ㉡: '적군의 진영', ㉢: '달마국 전장', ㉣: '집', ㉤: '용궁'

＞왜 정답 ?

④ ㉣에서 이 부인은 미래를 예측하여 위기에 대비할 수 있는 방법을
국진에게 <u>알려 주고</u> 있다.
　　　　　　　직접 전장으로 향함.

> ③-❻~❾ ~ 이 부인이 <u>천기를 보고 있던</u> 터라, 남편의 이런 사실을
> 　　　　　　　　하늘의 기운을 읽어 남편(국진)의 위기를 알게 됨.
> <u>깨닫고는 놀라움을 금치 못하더라.</u> ~ ㉢ 달마국 전장으로 달려가 병을 앓는
> 　　　　　　　　　　　　　　　　㉣ '집'에서 ㉢ '달마국 전장'으로 가서 남편을 구하리라 결심함.
> 남편을 구하고 이 싸움을 결단 지으리라 결심하더라. ~ ㉣ 집을 떠나리라.

㉣ '집'에서 이 부인은 미래를 예측하거나 위기에 대비할 수 있는 방법을 국진에게
알려 주지 않는다. 이 부인은 ㉣ '집'에서 하늘의 기운을 읽어 국진의 위기 상황을 알게
되고, 이에 ㉢ '달마국 전장'으로 가서 국진을 구하기로 결심한다.

＞왜 오답 ?

① ㉠에서의 병란은 국진이 <u>자신의 중대한 임무를 수행하기 위해</u>
　　㉠'황성'에서의 병란으로 인해 위기에 처한 천자와 나라를 구하고자 이동함.
이동하는 계기가 된다.

> ①-❶~❹ <u>황성에 병란(兵亂)이 일어났고, 살기(殺氣)</u>가 등등하며,
> 천자는 피신한 모양이라. ~ / ~ 국진은 ~ 달리면서도 자기의 중대한
> 임무를 잊지 않은 터라. ~ 그를 황성으로 옮겨 주니, ~
> 　　　　　　　　　　위기에 처한 천자와 나라를 구하는 것

㉠ '황성'에서의 병란으로 인해 천자와 나라가 위기에 빠지는데, 국진은
㉠ '황성'으로 이동하면서 '자기의 중대한 임무를 잊지 않았다고 했다. 이때 '중대한
임무'는 위기에 빠진 천자와 나라를 구하는 것을 의미하며, 국진은 이를 수행하기 위해
㉠ '황성'으로 이동한다.

② ㉡에서 국진은 <u>고통에 시달리는 도성의 백성들을 구원하기 위해</u>
　　　　　　　　　　전쟁으로 인해 고통받고 있음.
적병과 맞서 싸운다.

> ②-❶~❻ 적은 어느새 도성에 다다르고 도성의 백성들은 아우성치니,
> 이는 지옥을 상상하게 하더라. ~ / 국진은 ~ ㉡ 적군의 진영으로 비호처럼
> 달리더라. 그의 칼날도 닿는 곳마다 ~ 적장과 적 군사는 추풍낙엽같이
> 쓰러지니, ~ 그들의 시체는 산을 이루고 피가 바다를 이루면서
> 　　　　　　　　　고통에 시달리는 도성의 백성들을 구원함.
> 물러가니라.

도성의 백성들은 도성에 다다른 적군으로 인해 고통에 시달리고 있다. 이에 국진은
㉡ '적군의 진영'으로 가 적군을 물리치는데, 이는 고통에 시달리는 도성의 백성들을
구원하기 위한 것이다.

③ ㉢에서 국진에게 일어나는 일은 이 부인이 남장을 결심하는 원인이 된다.
　　　　병에 걸려 쓰러짐. 적군이 쳐들어와 위급한 상황　　　남편을 구하고 전쟁을 끝내겠다고 결심함.

> ③-❽,❾ ~ ㉢ <u>달마국 전장으로 달려가 병을 앓는 남편을 구하고 이</u>
> 싸움을 결단 지으리라 결심하더라. / 이 부인은 즉시 남장을 하고 ~
> 　　　　　　　㉢ '달마국 전장'으로 가서 국진을 구하고자 남장을 함.

이 부인은 ㉢ '달마국 전장'에서 남편 국진이 병에 걸려 쓰러지고 적군이 계속
쳐들어오는 위급한 상황에 처했음을 알고 이를 구하기 위해 전장으로 갈 것을
결심하고, 전장으로 가기 위해 남장을 한다.

⑤ ㉤에서 용왕 내외는 적장의 전생 신분을 밝힘으로써 앞날을 경계하고 있다.
　　　　　　　　　천상 선관　　　　　　　　　죽이지는 말라고 당부함.

> ③-❶❻ "천원 왕과 달마 왕은 욕이나 뵈옵되 죽이지는 마옵소서. 두
> 사람은 천상 선관으로 인간에 적거(謫居)하였으니, 만일 죽이면 일후에
> 적장(천원 왕, 달마 왕)의 전생 신분　　　　앞날을 경계하며 죽이지는 말라고 당부함.
> 원(怨)이 되리라."

㉤ '용궁'에서 용왕 내외는 이 부인에게 천원 왕과 달마 왕의 전생 신분이 천상
선관이었다는 사실을 알려주며, 이들을 죽이면 앞날의 원이 될 것이라 경계하며 당부하고 있다.

[A], [B]에 대한 설명으로 가장 적절한 것은?

＞왜 정답 ?

⑤ [A]는 상대의 근심을 덜기 위해 그 원인을 <u>자신의 탓으로 돌리고</u>
국진은 나라의 위기가 먼 지방으로 떠났던 자신 때문이라고 말함.
있고, [B]는 상대에 대한 믿음을 바탕으로 <u>명령하고</u> 있다.
천자는 상대가 국진임을 확인하자 반가워하며 나라를 구하라고 명령함.

> ①-❻ "소신이 중임을 맡아 원방(遠方)에 갔사와 폐하께 근심을 ┐
> 끼쳤사오니 이것은 모두가 신의 죄인 줄로 아뢰오. 적병을 파한 후에 [A]
> 　나라가 위기에 빠진 것이 모두 자신 때문이라고 말함.
> 죄를 당하여지이다." ┘
>
> ①-❾ "경이 있었으면 무슨 근심을 하리오. 경은 힘을 다하여 사직(社稷)을 ┐
> 　　국진이 있었다면 근심이 없었을 것이라고 말함. → 국진에 대한 믿음
> 안보(安保)하고 짐의 근심을 덜라." ┘[B]
> 국진에 대한 믿음을 바탕으로 나라를 구하라고 명령함.

＞왜 오답 ?

① [A]는 자신의 <u>절망감</u>을 우회적으로 표현하고 있고, [B]는 상대에
　　　　　　　드러나지 않음.
대한 <u>원망</u>을 직설적으로 표현하고 있다.
　　　　드러나지 않음.

② [A]는 자신의 목적을 달성하기 위해 <u>거짓</u>으로 말하고 있고, [B]는
　　　　　　　　　　　　　　　　　　드러나지 않음.
상대의 <u>질문</u>에 답하기 위해 <u>자견 내용</u>을 밝히고 있다.
상대(국진)가 질문하지 않음.　　　드러나지 않음.

③ [A]는 자신의 손해를 줄이기 위해 상대의 <u>요청</u>을 거절하고 있고,
　　　　　　　　　　　　　　　　　상대(천자)가 요청하지 않음.
[B]는 상대의 손해를 줄이기 위해 상대를 <u>설득</u>하고 있다.
　　　　　　　　　　　　천자가 명령하고 있음.

④ [A]는 상대에 대한 호감을 바탕으로 상대를 <u>격려</u>하고 있고, [B]는
　　　　　　　　　　　　　　　　　　　　　드러나지 않음.
사건 해결을 위해 상대에게 <u>용기</u>를 북돋워 주고 있다.
　　　　　　　　　드러나지 않음.

〈보기〉를 바탕으로 윗글을 감상한 내용으로 적절하지 <u>않은</u> 것은? [3점]

> ─── 〈 보기 〉 ───
> ❶ 이 작품은 장국진이라는 영웅의 일생을 다룬 영웅소설이다. ❷ 주인공의
> 　　　　　　　　　　　　　　　　　　　　　　　　　　　　국진
> 영웅적 활약과 더불어 여성 영웅의 활약도 중요하게 나타나고, 이들은
> 　　　　　　　　　　　　　　이 부인
> 위기 상황에서 <u>주변 인물</u>이나 <u>초월적 존재</u>의 도움으로 위기를 극복해
> 　　　　　　　　유 부인　　　용왕 내외
> 간다. ❸ 이 과정에서 <u>초월적 세계와 현실 세계의 상호 작용</u>, 남성과 여성의
> 　　　　　　　　용궁(초월적 세계)와 현실 세계의 상호 작용
> 상호 작용을 통해 영웅성이 강화되고 있다.
> 국진과 이 부인의 상호 작용

＞왜 정답 ?

⑤ <u>이 부인</u>이 국진을 구하기 위해 '번갯불과 천둥이 무섭게 진동'하여
　적병이 겪는 상황임.　국진을 구하러 온 이 부인으로 인해 적병들이 겪는 상황
'<u>공포 속에서 정신을 잃는</u>' 상황을 이겨 내는 데에서, 남성과
여성의 <u>상호 작용</u>을 확인할 수 있다.
남성과 여성의 상호 작용이 나타나는 장면이 아님.

> ④-❸~❺ ~ 이 부인은 ~ 적의 포위를 일직선으로 밟아 넘어서며 명나라
> 진문으로 향하여 달리더라. / 적병들은 ~ 난데없이 천지에 소나기가
> 　　　　　　　　　　　국진을 구하러 온 이 부인으로 인해 적병들이 겪는 상황
> 퍼붓고 번갯불과 천둥이 무섭게 진동하니 어느 누구든 공포 속에서 정신을
> 잃는 것은 당연한 일이라, ~

'천지에 소나기가 퍼붓고 번갯불과 천둥이 무섭게 진동'하는 상황에 '공포 속에서
정신을 잃는' 사람은 이 부인이 아니라 적병들이다. 또한 이 장면을 통해 남성과 여성의
상호 작용을 확인할 수 없다.

---

① 국진이 말에 올라 '한 손에 절륜도, 또 한 손에 청학선을 흔들며' 수십만 적군을 '추풍낙엽같이 쓰러'뜨리는 데에서, 주인공의 영웅적 활약상을 확인할 수 있다.
수십만 적군을 물리치는 국진의 영웅적 모습이 드러남.

> ②-④~⑤ 국진은 ~ 한 손에 절륜도, 또 한 손에 청학선을 흔들며 ~
> 수십만 적군을 홀로 물리치는 국진의 영웅적 모습
> 적장과 적 군사는 추풍낙엽같이 쓰러지니, ~ 그들의 시체는 산을 이루고 피가 바다를 이루면서 물러가니라.
> <보기> ② 문장 주인공의 영웅적 활약과 ~

② 전투 중 '신병은 조금도 차도가 없'는 국진이 '적병들에 의해 완전히 포위'된 장면에서, 영웅이 처한 위기 상황을 확인할 수 있다.
국진이 병에 걸리고 적군에 포위되어 위기에 빠짐.

> ③-⑤ 며칠이 지나도 국진의 신병은 조금도 차도가 없으니, ~
> 위기에 빠진 국진의 상황
> ④-① 이때 명나라 진영은 적병들에 의해 완전히 포위되고 있었으며, ~
> <보기> ② 문장 ~ 이들은 위기 상황에서~

③ '가장 좋은 선약(仙藥)을 얻어' 국진의 병을 구하려는 데에서, 초월적 존재의 도움으로 위기를 극복해 나간다는 점을 확인할 수 있다.
용왕 내외(초월적 존재)가 국진의 병을 낫게 할 수 있는 약을 줌.

> ③문단 ⑭,⑮문장 ~ 용왕 내외가 반가워하며 ~ 그리고는 유 부인의 말대로
> 초월적 존재
> 선약과 선녀 한 쌍을 이 부인에게 내리시며,
> 국진을 구할 수 있는 물건을 이 부인에게 건네줌.
> <보기> ② 문장 주인공의 ~ 위기 상황에서 ~ 초월적 존재의 도움으로 위기를
> 용왕 내외
> 극복해 간다.

④ 용왕 부인이 선녀들에게 '이 부인을 잘 모시고 가서 공을 이루라고 특별히 당부하'는 장면에서, 초월적 세계와 현실 세계의 상호 작용을 확인할 수 있다.
초월적 세계가 현실 세계에 도움을 주면서 상호 작용함.

> ③-⑱ 또한 용왕 부인은 선녀들에게 분부하여 이 부인을 잘 모시고 가서
> 초월적 세계가 현실 세계에 도움을 주는 장면
> 공을 이루라고 특별히 당부하더라.
> <보기> ③ 문장 이 과정에서 초월적 세계와 현실 세계의 상호 작용, 남성과 여성의 상호 작용을 통해 영웅성이 강화되고 있다.

32번 관련 어휘
일생: 세상에 태어나서 죽을 때까지의 동안
강화되다: 수준이나 정도가 더 높아지다.
극복하다: 악조건이나 고생 따위를 이겨 내다.

33~37

(가) 이황, 〈설월죽(雪月竹)〉

출제 ① 화자, 중심 대상 ② 상황, 정서, 태도 ③ 표현상 특징

: ③ 영탄법을 활용하여 화자의 정서를 드러냄.
*영탄법: 감탄사나 감탄형 어미를 활용하여 슬픔, 기쁨 등의 감정을 강조하여 표현하는 방법

[ ]: ② 상황 - 달이 뜬 겨울날 대나무에 눈이 내림.

옥처럼 깨끗한 눈 / ① 중심 대상(예찬의 대상, 지조와 절개를 상징함.)

옥설이 차갑게 대나무를 누르고　　　玉屑寒堆壓
선경 / ③ 계절적 이미지를 활용함. 옥설 → 대나무에게 가해진 시련

얼음같이 둥근 달 휘영청 밝도다　　　氷輪迥映徹
① 직유법을 활용 ② 시각적 이미지를 활용함.

여기서 알겠노라 굳건한 그 절개를　　　從知苦節堅
① 화자가 예찬하는 대나무의 속성 ①

후정 ④ 더욱이 깨닫노라 깨끗한 그 빈 마음을　　　轉覺虛心潔
화자가 예찬하는 대나무의 속성 ②

[ ]: ② 정서 - 대나무의 절개와 깨끗함을 예찬함.
③ 도치법, 대구법을 활용하여 화자의 정서를 드러냄.

★ (가) 독해 공식
① 화자: 드러나지 않음, **중심 대상**: 대나무
② 상황: 눈 내리는 겨울 밤에 대나무를 바라봄.
정서 및 태도: 대나무를 바라보며 지조, 절개, 깨끗한 인품을 예찬함.
③ 표현상 특징
• 선경후정의 시상 전개 방식을 보여줌.　　*선경후정: 시상을 전개할 때에 먼저 자연이나 사물을 그대로 묘사하고 난 후 시인의 감정이나 생각을 읊는 것
• 계절적 이미지, 시각적 이미지를 활용하여 시적 상황을 제시함.
• 직유법을 활용하여 대상의 특징을 드러냄.
• 도치법, 대구법을 활용하여 화자의 정서를 드러냄.

■ 갈래: 한시
■ 글쓴이: 이황(1501~1570). 조선 중기의 문신이자 유학자. 율곡 이이와 함께 성리학 연구의 쌍벽을 이루었으며, 도산 서원을 창설하여 후진 양성과 학문 연구에 힘썼다. 〈도산십이곡〉을 비롯해 다수의 시를 남기고 있을 뿐 아니라 ≪퇴계서절요≫, ≪주자서절요≫ 등의 글을 남겼다.
■ 제목의 의미: '눈 설(雪) + 달 월(月) + 대나무 죽(竹)'. '설원죽'은 '눈, 달, 대나무'를 의미하며 시적 배경과 화자가 바라보며 예찬하는 대상을 나타낸다.
■ 주제: 대나무의 곧은 지조와 절개 예찬
■ 이것이 핵심!: 예찬의 대상이 되는 대나무의 속성

대나무의 속성	→	상징적 의미
눈이 와도 굳건함. 속이 비어 있음.		지조, 절개 깨끗한 인품

(나) 권섭, 〈매화(梅花)〉

출제 ① 화자, 중심 대상 ② 상황, 정서, 태도 ③ 표현상 특징　[시 해석]

시간적 배경(밤)
① ㉠모첨(茅簷)*의 달이 진 제 첫 잠을 얼핏 깨어　　: ③ 영탄법을 활용하여 화자의 정서를 드러냄.
→ 초가집 처마에 달이 질 때 첫잠을 얼핏 깨어

② 반벽 잔등(半壁殘燈)을 의지 삼아 누웠으니
벽에 걸린 희미한 등불
→ 벽에 걸린 희미한 등불을 의지 삼아 누워 있으니

③ 일야(一夜) 매화가 발하니 님이신가 하노라　　　〈제1수〉
① 중심 대상 ① 중심 대상(화자가 그리워하는 대상)
② 상황: 화자가 밤중에 깨어 매화를 보며 임을 떠올림.
→ 하룻밤에 매화가 피어나니 임인 듯이 여겨진다.
[일야: 해가 지고 나서 다음 날 해가 뜰 때까지의 동안 = 하룻밤]

*〈제1수〉 요약: 밤 사이에 핀 매화를 보고 임을 떠올림.

: ③ 의인법을 활용하여 매화에 대한 친밀감을 표현함.
① 아마도 이 벗님이 풍운(風韻)*이 그지없다　　*의인법: 사람이 아닌 것을 사람처럼 표현하는 방법
→ 아마도 이 임은 풍류와 운치가 끝이 없구나.

매화의 별칭. '옥골'은 고결한 풍채를, '빙혼'은 얼음과 같이 맑고 깨끗한 넋을 의미함.
② 옥골 빙혼(玉骨氷魂)*이 냉담도 하는구나
② 태도: 매화의 맑고 깨끗함을 예찬함.
→ 옥골 빙혼이 차갑기도 하구나.

③ 풍편(風便)*의 그윽한 향기는 세한 불개(歲寒不改)* 하구나　〈제2수〉
② 태도: 추운 겨울을 이겨내는 매화의 강인함을 예찬함.　　*후각적 이미지: 냄새를 맡는 듯한 느낌을 주는 이미지
③ 후각적 이미지를 활용하여 매화의 속성을 표현함.
→ 바람결의 은은한 향기는 추운 계절에도 변하지 않는구나.

*〈제2수〉 요약: 매화의 맑고 깨끗함을 예찬함.

③ 시각적 이미지를 활용하여 매화의 속성을 표현함.
① 천기(天機)도 묘할시고 네 먼저 춘휘(春暉)*로다
매화는 겨울을 이겨내고 봄에 핌. → 봄이 오는 것을 가장 먼저 알림.
→ 하늘의 뜻도 오묘하도다 네가 먼저 봄빛이로다.

② 한 가지 꺾어 내어 이 소식 전(傳)차 하니　　*시각적 이미지: 눈으로 보는 듯한 느낌을 주는 이미지
② 정서: 봄 소식을 '님'에게 전달하고 싶다고 소망함.
→ 한 가지 꺾어 내어 이 봄소식을 진하고자 하니

③ 님께서 너를 보시고 반기실까 하노라　　　〈제3수〉
→ 임께서 너를 보시고 반기실까 (의심)하노라.

[천기: 하늘의 기밀 또는 조화(造化)의 신비
[묘하다: 모양이나 동작이 색다르다.

*〈제3수〉 요약: 매화를 꺾어서 임에게 보내고자 함.

❶ ㉡ 님이 너를 보고 반기실까 아니실까
　# ❷ 정서: 매화를 대할 임의 반응이 어떨지 궁금해함.
➡ 임이 너를 보고 반기실가 반기지 아니할까.

❷ 기년(幾年)* 화류(花柳)의 ⓐ 취한 잠 못 깨었는가
　꽃과 버들. 기생, 다른 여인을 상징함.
　❸ 설의법을 활용하여 화자와 대비되는 임의 모습을 표현함.
　# 잠에서 깨어 임을 그리워하는 화자 ↔ 화자를 잊고 잠에 취해 있는 임
➡ 여러 해 꽃과 버들에 취한 잠에서 못 깨었는가. *설의법: 쉽게 판단할 수 있는 사실을 의문의 형식으로 표현하여 표현에 변화를 주고 화자의 생각을 강조하는 표현법

❸ 두어라 다 각각 정이니 나와 늙자 하노라. ❶ 화자
　# ❷ 정서: 매화의 지조와 절개를 닮고자 함.
➡ 두어라 다 각자의 정이니 나와 함께 늙어가자고 하노라.　〈제4수〉
〔화류: 꽃과 버들을 아울러 이르는 말

*〈제4수〉 요약: 매화와 함께 살고자 함.

* 모첨: 초가지붕의 처마
* 풍운: 풍류와 운치를 아울러 이르는 말
* 옥골 빙혼: 매화의 별칭. '옥골'은 고결한 풍채를, '빙혼'은 얼음과 같이 맑고 깨끗한 넋을 의미함.　* 풍편: 바람결
* 세한 불개: 매우 심한 한겨울의 추위에도 바뀌지 않음.
* 춘휘: 봄의 따뜻한 햇빛　* 기년: 몇 해

⭐ (나) 독해 공식 ─────
❶ 화자: '나', 중심 대상: 매화, 임
❷ 상황: 화자가 밤중에 깨어 매화를 보며 임을 떠올림.
　정서: 봄소식을 '님'에게 전달하고 싶다고 소망함. 매화를 대할 임의 반응을 궁금해함. 매화의 지조와 절개를 닮고자 함.
　태도: 매화의 풍류와 운치를 예찬함. 매화의 맑고 깨끗함을 예찬함. 추운 겨울을 이겨내는 매화의 강인함을 예찬함.
❸ 표현상 특징
・영탄법을 활용하여 화자의 정서를 드러냄.
・의인법을 활용하여 대상에 대한 친밀감을 표현함.
・후각적, 시각적 이미지를 활용하여 매화의 속성을 표현함.
・설의법을 활용하여 화자와 대비되는 임의 모습을 표현함.

■ 갈래: 연시조, 평시조
■ 글쓴이: 권섭(1671~1759). 숙종·영조 때의 문인으로 시조와 가사 작품을 남긴 국문 시인이다. 권섭은 젊은 시절 기사환국을 겪으며 벼슬에 대한 뜻을 버리고 문필을 택해 많은 시가를 창작했다. 특히 자연물 중에서 매화의 속성이 고결하다고 생각해 매화에 대한 애정을 드러내는 여러 편의 시가를 창작했다.
■ 주제: 매화에 대한 예찬

■ 이것이 핵심!: 화자와 대비되는 임의 모습

화자	⟷	임
밤중에 깨어 매화를 보며 임을 떠올림.		다른 꽃('화류')을 즐기며 잠에 취해 있음.
매화는 지조, 절개를 상징함.		화류(花柳)는 기생, 다른 여인을 상징함.

(다) 목성균, 〈세한도(歲寒圖)〉

　# 출제 ❶ 중심 대상 ❷ 글쓴이의 생각, 태도 ❸ 서술상 특징

❶ ① 휴전이 되던 해 음력 정월 초순께, 해가 설핏한 강 나루터에 아버지와 나는 서 있었다. ❷ 작은증조부께 세배를 드리러 가는 길이었다. 강만 건너면 바로 작은댁인데, 배가 강 건너편에 있었다. 아버지가 입에 두 손을 나팔처럼 모아 대고 강 건너에다 소리를 지르셨다.
　시대적 배경 / ❶ 중심 대상 / '나'와 '아버지'가 강을 건너야 하는 이유 / ❹

❺ "사공—, 강 건너 주시오."
　아버지가 강을 건너기 위해 사공을 부름.
[건너편 강 언덕 위에 뱃사공의 오두막집이 납작하게 엎드려 있었다. ❼ 노랗게 식은 햇살에 동그마니 드러난 외딴집, 지붕 위로 하얀 연기가 저녁 강바람에 산란하게 흩어지고 있었다. ❽ 그 오두막집 삽짝 앞에 능수버들나무가 맨 몸뚱이로 비스듬히 서 있었다. ❾ 둥치에 비해서
　[ ]: ❸ 뱃사공의 집과 주변 풍경을 시각적으로 묘사함.

*〈제4수〉 요약: 매화와 함께 살고자 함.

가지가 부실한 것으로 보아 고목인 듯싶었다. ❿ 나루터의 세월이 느껴졌다. ⓫ 강심만 남기고 강은 얼어붙어 있었고, 해가 넘어가는 쪽 컴컴한 산기슭에는 적설이 쌓여서 하얗게 번쩍거렸다. ⓬ 나루터의 마른 갈대는
　❸ 명암을 대비하여 풍경을 시각적으로 묘사함.
'서걱서걱' 아픈 소리를 내면서 언 몸을 회오리바람에 부대끼고 있었다. ⓭ 마침내 해는 서산으로 떨어지고 갈대는 더 아픈 소리를 신음처럼 질렀다.]
　# ❸ 대상을 의인화하여 장면의 분위기를 부각함.
〔강심: 강의 한복판 또는 그 물속

*① 요약: 강을 건너기 위해 아버지가 사공을 부름.

② 나룻배는 건너오지 않았다. 나는 ㉢ 뱃사공이 나오나 하고 추워서
　아버지가 사공을 불렀으나 나룻배가 오지 않음.
발을 동동거리며 사공네 오두막집 삽짝을 바라보고 있었다. ❸ 아버지는
　# 아버지와 대비되는 '나'의 행동. 추위를 벗어나고 싶어 함.
팔짱을 끼고 부동의 자세로 사공 집 삽짝 앞의 버드나무 둥치처럼
　# '나'와 대비되는 아버지의 행동. 아버지의 선비적 면모를 보여줌.
꿈쩍도 않으셨다. ❹ 사공—, 강 건너 주시오.' 나는 아버지가 그 소리를 한 번 더 질러 주시기를 바랐다. ❺ 그러나 아버지는 두 번 다시 그 소리를 지르지 않으셨다. ❻ 그걸 아버지는 치사(恥事)*로 여기신 것일까. ❼[사공은
　❷ 태도: 나룻배가 오지 않자 아버지와 달리 초조해함.
분명히 ⓑ 따뜻한 방 안에서 방문의 쪽유리를 통해서 건너편 나루터에
　# 글쓴이가 추위에 떨고 있는 '나루터'와 대비되는 공간
우리 부자가 하얗게 서 있는 것을 보았을 것이다. ❽ 그러나 도선의 효율성과 사공의 존재가치를 높이기 위해서 나루터에 ㉣ 선객이 더 모일 때를 기다렸기 쉽다.] ❾ 그게 사공의 도선 방침일지는 모르지만
　[ ]: ❷ 생각 – 사공이 나오지 않는 이유를 추측함.
　# 뱃사공이 나오지 않는 이유에 대한 '나'의 추측
엄동설한에 서 있는 사람에 대한 옳은 처사는 아니다. ❿ 이 점이 아버지는 못마땅하셨으리라. ⓫ 힘겨운 시대를 견뎌 내신 아버지의 완강함과 사공의 존재가치 간의 이념적 대치였다.
　⓬ 아버지는 주루막을 지고 계셨다. ⓭ 주루막 안에는 정성 들여 ㉤ 한지에 싼 육적(肉炙)과 술 항아리에 용수를 질러서 뜬, 제주(祭酒)로 쓸 술이 한
　# 작은댁에 세배하러 가면서 아버지가 준비한 음식. 아버지의 정성이 드러남.
병 들어 있었다. ⓮ 작은증조부께 올릴 세의(歲儀)다. ⓯ 엄동설한 저문 강변에
　# ❷ 생각 – 나루터의 상황을 통해 아버지의 꼿꼿한 삶의 태도를 발견함.
세의를 지고 꼿꼿하게 서 계시던 분의 모습이 보인다.
❸ 작가의 과거 체험을 회상하여 서술하고 있음.
〔주루막: 물건을 담아 나르는 데 쓰는 농기구　세의: 연말에 선사하는 물건

*② 요약: 나루터에서 세의를 지고 꼿꼿하게 서 계시던 아버지

* 치사: 행동이나 말 따위가 쩨쩨하고 남부끄러움.

⭐ (다) 독해 공식 ─────
❶ 중심 대상: 아버지
❷ 글쓴이의 생각: 사공이 나오지 않는 이유를 추측함. 나루터의 상황을 통해 아버지의 꼿꼿한 삶의 태도를 발견함.
　글쓴이의 태도: 나룻배가 오지 않자 아버지와 달리 초조해함.
❸ 서술상 특징
・시각적 이미지, 명암의 대비를 활용하여 주변의 풍경을 구체적으로 묘사함.
・대상을 의인화하여 장면의 분위기를 부각함.
・작가의 과거 체험을 회상하여 서술함.

■ 갈래: 현대 수필
■ 주제: 어려운 상황에서도 꼿꼿하게 살아간 아버지의 삶의 태도

■ 이것이 핵심!: 제목 〈세한도〉의 의미

'세한도'의 의미	〈세한도〉 속 아버지의 모습
한겨울 풍경을 통해 선비의 지조를 드러낸 그림	혹독하게 추운 겨울에 뜻을 굽히지 않음.

➡ 아버지의 지조, 꼿꼿한 삶의 태도라는 내면적 가치를 세한도의 이미지와 연결함.

■ 왜 세 작품?
　세 작품 모두 구체적 사물이나 상황을 통해 발견한 내면적 가치를 제시하고 있다.
　(가)는 사철 푸르고 속이 빈 대나무를 고매한 인품에 빗대고 있고, (나)는 겨울을 견디고 봄에 꽃을 피우는 매화의 긍정적 속성에 대하여 이야기하고 있다. 그리고 (다)는 매서운 추위 속에서도 타협하지 않던 아버지의 모습에서 발견한 선비적 면모를 이야기하고 있다.

33 정답 ③ ＊작품 비교하기 ·· [정답률 73%]

(가)~(다)의 공통점으로 가장 적절한 것은?

›왜 정답 ?

③ 구체적 사물이나 상황을 통해 내면적 가치를 발견하고 있다.
(가): '대나무', (나): '매화', (다): 아버지가 뜻을 굽히지 않는 상황

> (가) - ❸, ❹　~ 굳건한 그 절개를 / ~ 깨끗한 그 빈 마음
> 대나무의 절개와 깨끗한 내면을 발견함.
> (나) 〈제2수〉 - ❸　풍편(風便)의 그윽한 향기는 세한 불개(歲寒不改) 하구나
> 매화의 절개와 강인함을 발견함.
> (다) ② - ⓯　엄동설한 저문 강변에 세의를 지고 꿋꿋하게 서 계시던 분의
> 나루터의 상황을 통해 아버지의 꿋꿋한 삶의 태도를 발견함.
> 모습이 보인다.

(가)의 화자는 눈 내린 밤에 '대나무'를 보고 대나무의 절개와 깨끗한 내면을 발견하고 있다.

(나)의 화자는 겨울을 견뎌내고 이른 봄 핀 '매화'를 보며 매화의 절개와 강인함을 발견하고 있다.

(다)의 글쓴이는 어린 시절 겪었던 나루터에서의 상황을 통해 어려운 상황에서도 꿋꿋하게 살아간 아버지의 삶의 태도를 발견하고 있다.

›왜 오답 ?

① 설의적 표현으로 대상이 지닌 속성을 강조하고 있다.
(나)에만 나타남.　　강조하지 않음.

> (나) 〈제4수〉 - ❷　기년(幾年) 화류(花柳)의 취한 잠 못 깨었는가
> 설의적 표현을 활용하여 화자와 대비되는 임의 모습을 표현함.

(나)에만 설의적 표현이 나타나며, (나)는 설의적 표현을 활용하여 화자와 대비되는 임의 모습을 표현하고 있다. 대상이 지닌 속성을 강조하고 있지는 않다.

밝음과 어두움을 나란히 배치하여
② 명암의 대비를 통해 작품의 주제를 형상화하고 있다.
(다)에만 나타남.　　작품의 주제를 형상화하지 않음.

> (다) ① - ⓫　강심만 남기고 강은 얼어붙어 있었고, 해가 넘어가는 쪽 컴컴한
> 산기슭에는 적설이 쌓여서 하얗게 번쩍거렸다.
> 명암의 대비를 통해 주변 풍경을 묘사함.

(다)에만 명암의 대비가 나타나며, (다)는 명암의 대비를 통해 글쓴이가 바라보는 주변 풍경을 시각적으로 묘사하고 있다. 작품의 주제를 형상화하고 있지는 않다.

④ 직유법을 활용하여 대상의 외양을 구체적으로 묘사하고 있다.
(가), (다)에만 나타남.　　대상의 속성과 행동을 묘사함.

> (가) - ❷　얼음같이 둥근 달 휘영청 밝도다.
> '둥근 달'의 속성을 드러냄.
> (다) ① - ❹　아버지가 입에 두 손을 나팔처럼 모아 대고 ~
> 아버지의 행동을 묘사함.
> (다) ① - ⓭　~ 갈대는 더 아픈 소리를 신음처럼 질렀다.
> 갈대가 추운 겨울에 흔들리는 모습을 묘사함.
> (다) ② - ❸　아버지는 ~ 버드나무 둥치처럼 꿈쩍도 않으셨다.
> 아버지의 행동을 묘사함.

현실의 부정적 현상이나 모순 따위를 빗대어 비웃으면서 표현하여
⑤ 풍자적 기법으로 사회 현실에 대한 비판 의식을 보여 주고 있다.
나타나지 않음.　　　　나타나지 않음.

34 정답 ③ ＊〈보기〉를 바탕으로 감상하기 ·············· [정답률 78%]

〈보기〉를 참고하여 (가)와 (나)를 감상한 내용으로 적절하지 <u>않은</u> 것은? [3점]

> ───────────〈 보기 〉───────────
> ❶　(가)와 (나)는 추운 계절을 이겨 내는 강인한 속성이 있어 예로부터
> (가)의 '대나무', (나)의 '매화'의 속성
> 예찬의 대상이었던 대나무와 매화를 각각 시적 대상으로 삼고 있다.
> ❷　(가)의 화자는 사철 푸르고 속이 빈 대나무를 고매한 인품에 빗대고 있고,
> '굳건한 그 절개'　　　　'깨끗한 그 빈 마음'
> (나)의 화자는 이른 봄 피어난 매화를 통해 임을 떠올리고 매화에 대한
> 밤중에 깨어 매화를 보며 임을 떠올림.　　매화의 지조와 강인함을 예찬함.
> 긍정적 인식과 임에 대한 정서를 함께 드러내고 있다.
> 매화를 임에게 보내고 싶음. ➡ 임에 대한 화자의 그리움

›왜 정답 ?

③ (나)의 화자는 '옥골 빙혼(玉骨氷魂)'의 자태를 가진 매화를 '님'으로 ~~착각~~한 것을 깨닫고 ~~저러워~~하고 있군.
'님'으로 착각하는 부분이 아님.　　서러워하지 않음.

> (나) 〈제1수〉 - ❸　일야(一夜) 매화가 발하니 님이신가 하노라
> 매화를 '님'으로 착각함. ➡ '님'을 그리워함.
> (나) 〈제2수〉 - ❷　옥골 빙혼(玉骨氷魂)이 냉담도 하는구나
> 매화의 맑고 깨끗함에 대한 예찬적 태도가 드러남.

〈제2수〉에서 화자는 매화에 대한 예찬적 태도를 드러내고 있다. 즉 매화가 가진 '옥골 빙혼(玉骨氷魂)'의 자태는 매화의 맑고 깨끗함을 보여주며, 화자는 이에 대해 예찬하고 있다.

화자가 매화를 '님'으로 착각하는 부분은 〈제1수〉에 나타나며, 매화를 '님'으로 착각하고 그리움을 드러낼 뿐 서러워하고 있지는 않다.

›왜 오답 ?

① (가)의 화자는 '옥설'에 눌려도 푸름을 유지하는 대나무를 통해
사철 푸른 대나무의 모습
'굳건한' 지조를 떠올리고 있군.

> (가) - ❶　옥설이 차갑게 대나무를 누르고
> 눈이 쌓여 대나무를 누르고 있는 상황
> (가) - ❸　여기서 알겠노라 굳건한 그 절개를
> 사철 푸른 대나무의 모습 ➡ 눈에 눌려도 굳건한 절개를 보임.
> 〈보기〉 ❷문장　(가)의 화자는 사철 푸르고 ~ 대나무를 고매한 인품에 빗대고 있고, ~

(가)의 화자는 '옥설'에 눌린 '대나무'의 '굳건한 그 절개'를 예찬하고 있다. 〈보기〉를 활용하면 이는 (가)의 화자가 눈이 오는 겨울에도 사철 푸른 '대나무'를 보고 '굳건한' 지조를 떠올리고 있다고 이해할 수 있다.

② (가)의 화자는 대나무의 속이 빈 속성을 긍정적으로 인식하여 대나무를 내면이 '깨끗한' 인품에 비유하고 있군.
대나무가 '깨끗한 빈 마음'을 가졌다고 보고 이를 예찬함.

> (가) - ❹　더욱이 깨닫노라 깨끗한 그 빈 마음
> 속이 빈 대나무 ➡ 깨끗한 내면
> 〈보기〉 ❷문장　(가)의 화자는 ~ 속이 빈 대나무를 고매한 인품에 빗대고 있고, ~

(가)의 화자는 대나무의 '깨끗한 그 빈 마음'을 예찬하고 있다. 〈보기〉를 활용하면 이는 (가)의 화자가 속이 빈 대나무의 속성을 긍정적으로 인식하여 대나무를 내면이 '깨끗한' 인품에 비유하고 있다고 이해할 수 있다.

④ (나)의 화자는 추운 계절에도 굴하지 않고 '그윽한 향기'를 풍기는
추운 계절에도 바뀌지 않음.
매화의 강인함을 예찬하고 있군.

> (나) 〈제2수〉 - ❸　풍편(風便)*의 그윽한 향기는 세한 불개(歲寒不改)* 하구나
> 추운 겨울에도 바뀌지 않는 매화의 속성 ➡ 매화의 강인함
> 〈보기〉 ❶, ❷문장　~ (나)는 추운 계절을 이겨 내는 강인한 속성이 있어 예로부터 예찬의 대상이었던 ~ 매화를 ~ 시적 대상으로 삼고 있다.
>
> *풍편: 바람결　　*세한 불개: 매우 심한 한겨울의 추위에도 바뀌지 않음.

⑤ (나)의 화자는 '춘휘(春暉)'를 먼저 느끼게 해 준 매화의 소식을 '님'에게 전달하고 싶은 소망을 드러내고 있군.
매화를 꺾어 '님'에게 보내고 싶음.

> (나) 〈제3수〉 - ❶, ❷　천기(天機)도 묘할시고 네 먼저 춘휘(春暉)*로다 / 한
> 매화가 '춘휘'를 느끼게 해 줌.
> 가지 꺾어 내어 이 소식 전(傳)차 하니
> '님'에게 매화를 꺾어 보내 이를 전달하고 싶음.
> 〈보기〉 ❷문장　~ (나)의 화자는 이른 봄 피어난 매화를 통해 임을 떠올리고 ~ 임에 대한 정서를 함께 드러내고 있다.
>
> *춘휘: 봄의 따뜻한 햇빛

35 정답 ④ ＊화자(인물)의 정서와 태도 파악하기 ···· [정답률 80%]

㉠~㉤에 대한 설명으로 적절하지 <u>않은</u> 것은?

> **왜 정답 ?**

④ ㉣: 선객들의 모습을 비판적으로 바라보는 <u>아버지</u>의 생각이 드러나 있다.
뱃사공이 나오지 않는 이유에 대한 '나'의 추측이 드러남.

> (다) ②-⑧ 그러나 도선의 효율성과 사공의 존재가치를 높이기 위해서 나루터에 ㉣ 선객이 더 모일 때를 기다렸기 쉽다.
> 뱃사공이 나오지 않는 이유에 대한 '나'의 추측

> **왜 오답 ?**

① ㉠: 매화를 발견할 당시 화자의 상황과 시간적 배경이 드러나 있다.
잠에서 깸.   밤

> (가) 〈제1수〉-❶~❸ ㉠ 모첨(茅簷)의 달이 진 제 첫 잠을 얼핏 깨여 / ~ / 일야(一夜) 매화가 발하니 님이신가 하노라
> 화자가 밤에 잠에서 깨어 매화를 발견함.

② ㉡: 매화를 대할 임의 반응이 어떠할지를 궁금해하는 마음이 드러나 있다.
반가워할지 궁금해함.

> (가) 〈제4수〉-❶ ㉡ 님이 너를 보고 반기실까 아니실까
> 자신이 보낸 매화를 보면 임이 반가워할지 궁금해함.

③ ㉢: 아버지와 대비되는 글쓴이의 행동에서 추위에서 벗어나고 싶어 하는 마음이 드러나 있다.
꿈쩍도 않는 아버지와 달리 추워서 발을 동동거림.

> (다) ②-❶~❸ 나룻배는 건너오지 않았다. 나는 ㉢ 뱃사공이 나오나 하고 추워서 발을 동동거리며 사공네 오두막집 삽짝을 바라보고 있었다.
> 꿈쩍도 않는 아버지의 모습과 대비됨. 추위를 벗어나고 싶어 하는 '나'의 행동
> 아버지는 ~ 꿈쩍도 않으셨다.

⑤ ㉤: 작은댁에 세배하러 가면서 준비한 음식으로 아버지의 정성이 드러나 있다.
'주루막 안의 음식들'

> (다) ①-❷ 작은 증조부께 세배를 드리러 가는 길이었다.
> (다) ②-⓭ 주루막 안에는 정성 들여 ㉤ 한지에 싼 육적(肉炙)과 술 항아리에 용수를 질러서 뜬, 제주(祭酒)로 쓸 술이 한 병 들어 있었다.
> 작은 증조부께 세배를 드리러 가면서 준비한 음식들. 아버지의 정성이 드러남.

36 정답 ② ＊〈보기〉를 바탕으로 감상하기 ············· [정답률 68%]

〈보기〉를 바탕으로 (다)를 감상한 내용으로 적절하지 <u>않은</u> 것은?

> 〈 보기 〉
> ❶ (다)의 제목이기도 한 '세한도'는, 한겨울 풍경을 통해 선비의 지조를 드러낸 추사 김정희의 그림이다. ❷ (다)의 글쓴이는 혹독하게 추운 겨울에
> 제목 〈세한도〉의 의미   추운 겨울에도 꿋꿋한 아버지의 행동
> 뜻을 굽히지 않던 아버지의 모습에서 선비적 면모를 발견하고 이날의 경험을 회화적으로 형상화하고 있다. 글쓴이는 아버지가 사공의 처사를
> 아버지의 외침에도 나오지 않는 사공을 부당하게 여김.
> 부당하게 여겼고 이에 맞서는 의미로 추위를 견디며 꿋꿋이 서 있었다고
> 아버지의 선비적 면모
> 본 것이다.

> **왜 정답 ?**

② '아픈 소리를 신음처럼' 지르는 '갈대'는 사공의 부당한 처사에 <u>맞서려는</u> 글쓴이의 내면을 표상하고 있군.
추운 겨울날의 스산한 분위기를 보여줌.

> (다) ①-⓫~⓭ 강심만 남기고 강은 얼어붙어 있었고, ~ 나루터의 마른 갈대는 '서걱서걱' 아픈 소리를 내면서 언 몸을 회리바람에 부대끼고 있었다. 마침내 해는 서산으로 떨어지고 갈대는 더 아픈 소리를 신음처럼 질렀다.
> 추운 겨울날의 스산한 분위기

'갈대'는 공간적 배경을 묘사하기 위해 쓰인 것으로, '아픈 소리를 신음처럼' 지르는 '갈대'는 겨울의 스산한 분위기와 추위를 보여준다.

또한 〈보기〉에 따르면 '나'는 아버지가 사공의 처사를 부당하게 여기고 이에 저항한다고 본다. '나'가 사공의 부당한 처사에 맞서려는 모습은 보이지 않는다.

> **왜 오답 ?**

① '노랗게 식은 햇살'과 '하얗게 번쩍거'리는 '적설'을 통해 매섭게 추운 겨울 강가를 <u>회화적으로</u> 형상화하고 있군.
시각적으로
매섭게 추운 겨울 강가의 모습을 시각적으로 묘사함.

> (다) ①-❼ 노랗게 식은 햇살에 동그마니 드러난 외딴집, 지붕 위로 하얀
> 매섭게 추운 겨울 강가의 모습을 시각적으로 묘사함.
> 연기가 저녁 강바람에 산란하게 흩어지고 있었다.
> (다) ①-⓫ 강심만 남기고 강은 얼어붙어 있었고, 해가 넘어가는 쪽 컴컴한 산기슭에는 적설이 쌓여서 하얗게 번쩍거렸다.
> 매섭게 추운 겨울 강가의 모습을 시각적으로 묘사함.
> 〈보기〉 ❷문장 (다)의 글쓴이는 ~ 이날의 경험을 회화적으로 형상화하고 있다.

(다)의 글쓴이는 '노랗게', '하얗게' 등의 색채 이미지를 사용하여 겨울 강가의 매서운 추위를 회화적으로 형상화하고 있다.

③ 글쓴이는 '버드나무 둥치처럼 꿈쩍도 않'는 아버지의 모습에서 지조를 지키려는 선비적 면모를 발견하고 있군.
혹독하게 추운 겨울에도 뜻을 굽히지 않는 모습

> (다) ②-❶~❸ 나룻배는 건너오지 않았다. ~ 아버지는 팔짱을 끼고 부동의 자세로 사공 집 삽짝 앞의 버드나무 둥치처럼 꿈쩍도 않으셨다.
> 사공의 처사를 부당하게 여기고 이에 맞서는 의미로 추위를 견디며 꿋꿋이 서 있는 모습
> 〈보기〉 ❷문장 (다)의 글쓴이는 혹독하게 추운 겨울에 뜻을 굽히지 않던 아버지의 모습에서 선비적 면모를 발견하고 ~

(다)에서 아버지의 외침에도 뱃사공은 나오지 않는데, 아버지는 사공을 다시 부르지 않고 '버드나무 둥치처럼 꿈쩍도 않'는다.

〈보기〉를 활용하면 이는 혹독하게 추운 겨울에도 뜻을 굽히지 않는 아버지의 모습으로, 지조를 지키려는 선비적 면모를 보여준다.

④ '두 번 다시 그 소리를 지르지 않'는 모습을 통해 자신의 뜻을 꺾지 않으려는 아버지의 태도를 드러내고 있군.
사공을 다시 부르지 않으며 꿋꿋이 서 있음.

> (다) ②-❺ 그러나 아버지는 두 번 다시 그 소리를 지르지 않으셨다.
> 부당한 사공의 처사에도 자신의 뜻을 굽히지 않음.
> 〈보기〉 ❷문장 (다)의 글쓴이는 혹독하게 추운 겨울에 뜻을 굽히지 않던 아버지의 모습에서 선비적 면모를 발견하고 ~

(다)에서 아버지는 뱃사공이 나오지 않아도 '두 번 다시 그 소리를 지르지 않'고 꿈쩍도 하지 않는다.

〈보기〉를 활용하면 이는 혹독하게 추운 겨울에도 뜻을 굽히지 않는 아버지의 모습이 드러난 부분으로 이해할 수 있다.

⑤ '엄동설한 저문 강변'에서 '꿋꿋하게 서' 있던 아버지의 모습은 추사의 그림 '세한도'의 이미지와 연결되는군.
혹독하게 추운 겨울에도 자신의 뜻을 굽히지 않는 아버지의 선비적 면모
한겨울 풍경을 통해 선비의 지조를 드러냄.

> (다) ②-⓯ 엄동설한 저문 강변에 세의를 지고 꿋꿋하게 서 계시던 분의
> 자신의 뜻을 굽히지 않는 아버지의 모습 ➜ 그림 '세한도'에 나타나는 선비의 지조와 연결됨.
> 모습이 보인다.
> 〈보기〉 ❶, ❷문장 (다)의 제목이기도 한 '세한도'는, 한겨울 풍경을 통해 선비의 지조를 드러낸 추사 김정희의 그림이다. (다)의 글쓴이는 혹독하게 추운 겨울에 뜻을 굽히지 않던 아버지의 모습에서 선비적 면모를 발견하고 ~

(다)에서 '나'는 추운 겨울, 강가에서 '꿋꿋하게 서'서 사공에 대항하던 아버지의 모습에서 선비적 면모를 발견하고 있다.

〈보기〉에 따르면 추사 김정희의 그림 '세한도'는 한겨울 풍경을 통해 선비의 지조를 드러낸 그림으로, 자신의 뜻을 굽히지 않는 아버지의 꿋꿋한 모습은 이러한 그림 '세한도'의 이미지와 연결된다.

37 정답 ⑤ ＊ 소재 및 배경의 의미 파악하기 ★1등급 대비

[① 11% ② 6% ③ 7% ④ 22% ⑤ 52%]

'따뜻한 방'
ⓐ와 ⓑ를 이해한 내용으로 가장 적절한 것은?
'취한 잠'

왜 틀렸나?

(나)와 (다)의 전체적인 내용을 꼼꼼하게 읽어야 ⓐ, ⓑ의 의미를 파악할 수 있는 문제이다. 특히 ⓐ와 대비되는 화자의 처지와 ⓑ와 대비되는 글쓴이가 있는 공간이 지문 초반에 제시되어 있기 때문에, 단순히 ⓐ, ⓑ의 앞뒤 내용에만 주목했다면, ⓐ, ⓑ의 의미를 파악하기 어려웠을 것이다.

왜 정답?

⑤ ⓐ에는 화자의 처지와 대비되는 임의 모습이, ⓑ에는 글쓴이가
(나): 잠에서 깨어 임을 그리워하는 화자 ↔ 화자를 잊고 ⓐ '취한 잠'에서 깨지 않는 임
있는 공간과 대비되는 공간이 제시되어 있다.
(다): 글쓴이가 추위에 떨고 있는 공간(나루터) ↔ 사공이 따뜻하게 있는 공간(ⓑ '따뜻한 방')

(나) 〈제1수〉- ❶~❸ 모첨(茅簷)의 달이 진 제 첫 잠을 얼핏 깨어 / ~ / 일야(一夜)
잠에서 깨어 임을 그리워함.
매화가 발하니 님이신가 하노라
(나) 〈제4수〉- ❷ 기년(幾年)＊ 화류(花柳)의 ⓐ 취한 잠 못 깨었는가
화자를 잊고 ⓐ '취한 잠'에서 깨지 않음
(다) ②- ❷ 나는 뱃사공이 나오나 하고 추워서 발을 동동거리며 ~
'나'는 나루터에서 추위에 떨고 있음
(다) ②- ❼ 사공은 분명히 ⓑ 따뜻한 방 안에서 방문의 쪽유리를 통해서 건너편 나루터에 우리 부자가 하얗게 서 있는 것을 보았을 것이다.

(나)의 화자는 밤중에 잠에서 깨어 매화를 보며 임을 그리워하고 있다. 반면 임은 화자를 잊고 ⓐ '취한 잠'에서 깨지 않고 있다. 따라서 ⓐ '취한 잠'에는 화자의 처지와 대비되는 임의 모습이 제시되어 있다.

(다)의 '나'는 나루터에서 추위에 떨면서, 사공의 오두막집을 바라보면서 사공은 분명히 ⓑ '따뜻한 방'에서 '나'와 아버지를 바라보고 있을 것이라고 생각한다. 따라서 ⓑ '따뜻한 방'에는 글쓴이가 있는 공간과 대비되는 공간이 제시되어 있다.

왜 오답?

① ⓐ에는 임이 처한 상황에 대한 연민이, ⓑ에는 사공이 처한 상황에 대한 추측이 담겨 있다.
드러나지 않음.
ⓑ '따뜻한 방'에서 '나'와 아버지를 보고 있을 것이라 추측함.

② ⓐ에는 화자가 지향하는 행동이, ⓑ에는 글쓴이가 지향하는
지향하지 않음.   지향하지 않음.
공간의 속성이 구체화되고 있다.

③ ⓐ에는 돌아오지 않는 임에 대한 원망이, ⓑ에는 곧 돌아올 사공에 대한 기대감이 내포되어 있다.
원망이 드러난다고 볼 수 있음.
드러나지 않음.

(가)의 ⓐ '취한 잠'은 임이 화자를 찾지 않는 이유를 보여주므로, 돌아오지 않는 임에 대한 화자의 원망이 드러난다고 볼 수 있다.

그러나 (다)의 ⓑ '따뜻한 방'에는 곧 돌아올 사공에 대한 기대감이 내포되어 있는 공간이 아니다.

〔내포되다: 어떤 성질이나 뜻 따위가 속에 품어지다.

④ ⓐ에는 자신의 처지에 대해 자조하는 태도가, ⓑ에는 사공의
드러나지 않음.
몰인정함에 대해 비판하는 태도가 드러나 있다.
비판한다고 볼 수 있음.

(다)의 '나'는 사공이 아버지의 외침을 무시하고 ⓑ '따뜻한 방'에서 '나'와 아버지를 보고 있을 것이라고 추측하므로, ⓑ '따뜻한 방'에는 사공의 몰인정함에 대해 비판하는 태도가 드러난다고 볼 수 있다.

그러나 ⓐ '취한 잠'은 임의 상황을 표현한 것이며 화자가 스스로 자신의 처지를 비웃는 자조적 태도는 찾을 수 없다.

〔자조하다: 자기를 비웃다.

매력 오답 (나)에서 화자가 자신을 찾지 않는 임의 상황을 제시하며 '두어라'라고 체념적 태도를 보이고 있으므로, 자신의 처지에 대해 자조하는 태도가 드러난다고 판단했을 수 있다. 그러나 ⓐ '취한 잠'은 임의 상황을 표현한 것일 뿐, 화자의 태도가 드러나는 부분이 아니라는 것에 주목하면 적절하지 않은 내용임을 파악할 수 있다.

38~42 ＊ 직접 민주주의하에서의 의사 결정 방법

＃ 출제   ⬭ 글 전체 핵심어   ▭ 글 전체 중심 문장

①❶ 어떤 안건을 대하는 집단 구성원들의 생각은 각기 다르므로, 상이한 생각들을 집단적 합의에 이르게 하는 (의사 결정 과정)이 필요하다. ❷ 공공 선택 이론은 이처럼 집단을 구성하는 개인의 의사가 집단의 의사로 통합되는 과정을 다룬다. ❸ [직접 민주주의하에서의 의사 결정
[ ]: 직접 민주주의하에서의 의사 결정 방법의 종류
방법으로 단순 과반수제, 최적 다수결제, 점수 투표제, 보르다(Borda) 투표제 등이 있다.]

〔상이하다: 서로 다르다.

2023.6
6회

＊① 문단 요약: 직접 민주주의하에서의 의사 결정 방법

②❶ ㉠(단순 과반수제)는 투표자의 과반수가 지지하는 안건이 채택되는 ❷ 다수결 제도이다. 효율적으로 의사 결정이 이루어져 많이 사용되고 있으나, 각 투표자는 찬반 여부를 표시할 뿐 투표 결과에는 선호 강도가 드러나지 않아 안건 채택 시 사회 전체의 후생＊이 감소할 가능성이 ❸ 있다. 이는 다수의 횡포에 의해 소수의 이익이 침해되는 상황이
＃ 단순 과반수제의 단점 ①
발생할 수 있음을 의미한다. ❹ 또한 [어떤 대안들을 먼저 비교하는가에
[ ]: 단순 과반수제의 단점 ②
따라 그 결과가 달라지는 ⓐ '투표의 역설' 현상이 나타날 수 있다].
❺ [예를 들어, 갑, 을, 병 세 사람이 사는 마을에 정부에서 병원, 학교, 경찰서
[ ]: 투표의 역설이 나타나는 예시
중 하나를 지어 줄 테니 투표를 통해 선택하라고 제안하였고, 이때 세 사람의 선호 순위가 다음 〈표〉와 같다고 하자.] ❻ 세 가지 대안을 동시에 투표에 부치면 하나의 대안으로 결정되지 않는다. ❼ 그래서 먼저 병원, 학교, 경찰서 중 두 대안을 선정하여 다수결로 결정한 후 남은 한 가지 대안과 다수결로 승자를 결정하면 최종적으로 하나의 대안이 결정된다. ❽ 즉, 비교하는 대안의 순서에 따라 〈표〉의 투표 결과는 달라지게 된다.
＃ 단순 과반수제의 단점 ①
＃ 먼저 비교하는 대안이 달라지면 투표 결과도 달라질 수 있음.

선호순위 투표자	1순위	2순위	3순위
갑	병원	학교	경찰서
을	학교	경찰서	병원
병	경찰서	병원	학교

〈표〉

〔채택되다: 작품, 의견, 제도 따위가 골라져서 다루어지거나 뽑혀 쓰이다.

＊② 문단 요약: 단순 과반수제의 개념과 장단점

2문단 지문 이해도

비교하는 대안의 순서에 따른 〈표〉의 투표 결과

① 병원-학교를 먼저 비교하는 경우
병원 vs 학교 → 병원 vs 경찰서 → 경찰서로 결정됨.
갑,을   을   갑   을,병

② 병원-경찰서를 먼저 비교하는 경우
병원 vs 경찰서 → 학교 vs 경찰서 → 학교로 결정됨.
갑   을,병   갑,을   병

③ 학교-경찰서를 먼저 비교하는 경우
학교 vs 경찰서 → 병원 vs 학교 → 병원으로 결정됨.
갑,을   병   갑,병   을

③❶ 최적 다수결제는 투표에 따르는 총비용이 최소화되는 지점을 산정한 후, 안건의 찬성자 수가 그 이상이 될 때 안건이 통과되는
＃ 안건 통과의 기준이 안건에 따라 달라질 수 있음.
제도이다. ❷ 이때의 총비용은 의사 결정 비용과 외부 비용의 합으로
의사 결정 비용 ╎ 외부 비용
결정된다. ❸ 의사 결정 비용은 투표자들의 동의를 구하는 데 드는
[A]
시간과 노력에 따른 비용을 의미하며, 찬성표의 비율이 높을수록
[A]: 최적 다수결제의 개념과 최적 다수결제를 나타내는 곡선의 특징
증가한다. ❹ 외부 비용은 어떤 안건이 통과됨에 따라 그 안건에 반대하였던 사람들이 느끼는 부담을 의미하며, 찬성표의 비율이
＃ 해당 안건에 반대하는 사람들이 많아질수록 외부 비용이 커짐.
높아질수록 낮아지며 모든 사람이 찬성할 경우에는 0이 된다. ❺ 안건

통과에 필요한 투표자 수가 증가할수록 의사 결정 비용이 증가하므로 의사 결정 비용 곡선은 우상향한다.❻ 이와 달리 외부
의사 결정 비용 곡선의 특징
비용은 감소하므로 외부 비용 곡선은 우하향하며, 두 곡선을 합한
외부 비용 곡선의 특징
총비용 곡선은 U자 형태로 나타난다.❼ 이때 총비용이 최소화되는
총비용 곡선의 특징
곳이 최적 다수결제에서의 안건 통과의 기준이 되는 최적 다수
의사 결정 비용 곡선과 외부 비용 곡선의 교차 지점 = 총비용 곡선 최소 지점 = 최적 다수 지점
지점이 된다.❽ 이 제도는 의사 결정 과정을 이론적으로 명쾌하게 설명할 수 있지만, 최적 다수결의 기준을 정하는 데 시간을 지나치게 소비하게 된다는 단점이 있다.

*③문단 요약 : 최적 다수결제의 개념과 장단점

④❶ ⓛ <u>점수 투표제</u>는 각 투표자에게 일정한 점수를 주고 각 투표자가 자신의 선호에 따라 각 대안에 대하여 주어진 점수를 배분하여
각 대안에 대한 선호 강도를 표시할 수 있음.
투표하는 제도로, 합산하여 가장 많은 점수를 얻은 대안이 선택된다. ❷ 투표자의 선호 강도에 따라 점수를 배분하므로 투표자의 선호 강도가 잘 반영된다.❸ 소수의 의견도 투표 결과에 잘 반영되며, 투표의 역설이
점수 투표제의 장점 ①
나타나지 않는다는 장점이 있다.❹ 하지만 전략적 행동에 취약하여 투표
점수 투표제의 장점 ②
결과가 불규칙하게 바뀔 수 있다는 단점이 있다.❺ 전략적 행위란 [어떤
점수 투표제의 단점   [ ]: 전략적 행위의 개념
투표자가 다른 투표자의 투표 성향을 예측하고 자신의 행동을 이에 맞춰 변화시킴으로써 자기가 원하는 것을 얻으려 하는 태도]를 뜻한다.❻ 이 행위는 어떤 투표 제도에서든 나타날 수 있으나, 점수
전략적 행위는 모든 투표 제도에서 나타남.
투표제에서 나타날 가능성이 높다.

*④문단 요약 : 점수 투표제의 개념과 장단점

⑤❶ ⓒ 보르다 투표제는 n개의 대안이 있을 때 가장 선호하는 대안부터 순서대로 n, (n-1), …, 1점을 주고, 합산하여 가장 높은 점수를 받은 대안을 선택하는 투표 방식으로, 점수 투표제와 달리 오로지 순서에 의해서만 선호 강도를 표시한다.❷ 이 제도하에서는 일부에게 선호도가 아주 높은 대안보다는 투표자 모두에게 어느 정도
최대 점수: n점, 최소 점수: 1점
차선이 될 수 있는 ⓑ 중도의 대안이 채택될 가능성이 높으며, 점수 투표제와 마찬가지로 투표의 역설이 발생하지 않는다.
중도의 대안을 합산한 점수가 더 높을 가능성이 큼.

[선호하다: 여럿 가운데서 특별히 가려서 좋아하다.

*⑤문단 요약 : 보르다 투표제의 개념과 장점

* 후생: 사회 구성원들의 복지 수준

■ 지문 내용과 구조

①문단	**직접 민주주의하에서의 의사 결정 방법**: 단순 과반수제, 최적 다수결제, 점수 투표제, 보르다 투표제
②문단	**단순 과반수제**: 투표자의 과반수가 지지하는 안건이 채택되는 다수결 제도 – 장점: 효율적으로 의사 결정이 이루어짐. – 단점: 안건 채택 시 사회 전체의 후생이 감소할 가능성이 있음. 투표의 역설 현상이 나타날 수 있음.
③문단	**최적 다수결제**: 투표에 따르는 총비용이 최소화되는 지점을 산정한 후, 안건의 찬성자 수가 그 이상이 될 때 안건이 통과되는 제도 – 장점: 의사 결정 과정을 이론적으로 명쾌하게 설명할 수 있음. – 단점: 기준을 정하는 데 시간을 지나치게 소비하게 됨.
④문단	**점수 투표제**: 각 투표자에게 일정한 점수를 주고 각 투표자가 자신의 선호에 따라 각 대안에 대하여 주어진 점수를 배분하여 투표하는 제도. 합산하여 가장 많은 점수를 얻은 대안을 선택함. – 장점: 투표자의 선호 강도가 잘 반영됨. 소수의 의견도 투표 결과에 잘 반영됨. 투표의 역설이 나타나지 않음. – 단점: 전략적 행동에 취약하여 투표 결과가 불규칙하게 바뀔 수 있음.
⑤문단	**보르다 투표제**: n개의 대안이 있을 때 가장 선호하는 대안부터 순서대로 n, (n-1), …, 1점을 주고, 합산하여 가장 높은 점수를 받은 대안을 선택하는 투표 방식 – 장점: 투표의 역설이 발생하지 않음.

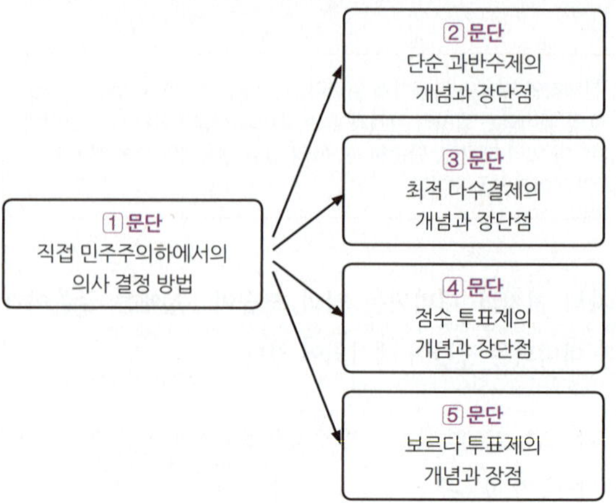

■ 주제: 직접 민주주의하에서의 네 가지 의사 결정 방법

38 정답 ② * 내용 파악하기 ································· [정답률 78%]

윗글에 대한 이해로 적절하지 <u>않은</u> 것은?

>왜 정답?

② 보르다 투표제에서는 가장 선호하지 않는 대안에 0점을 부여한다.
　　　　　　　　　　　　　　　　　　　　　　　1점

> [5문단 ❶문장] 보르다 투표제는 n개의 대안이 있을 때 가장 선호하는 대안부터 순서대로 n, (n-1), …, 1점을 주고, ~

>왜 오답?

① 어떤 투표제에서든 투표자의 전략적 행위가 나타날 수 있다.
　모든 투표 제도에서 나타남.

> [4문단 ❻문장] 이 행위는 어떤 투표 제도에서든 나타날 수 있으나, ~

③ 단순 과반수제에서는 채택된 대안으로 인해 사회의 후생이 감소되기도 한다.
　투표·결과에 선호 강도가 드러나지 않아 사회 전체의 후생이 감소할 수 있음.

> [2문단 ❷문장] ~ 안건 채택 시 사회 전체의 후생이 감소할 가능성이 있다.

④ 점수 투표제는 최적 다수결제와 달리 대안에 대한 선호 강도를 표시할 수 있다.
　투표자의 선호 강도에 따라 점수를 배분함.

> [3문단 ❶문장] 최적 다수결제는 투표에 따르는 총비용이 최소화되는 지점을 산정한 후, 안건의 찬성자 수가 그 이상이 될 때 안건이 통과되는 제도이다.
> [4문단 ❷문장] 투표자의 선호 강도에 따라 점수를 배분하므로 투표자의 선호 강도가 잘 반영된다.

⑤ 최적 다수결제는 단순 과반수제와 달리 안건 통과의 기준이 안건에 따라 달라질 수 있다.
　투표자의 과반수가 지지하는 안건
　투표에 따르는 총비용이 최소화되는 지점에 따라 달라짐.

> [2문단 ❶문장] 단순 과반수제는 투표자의 과반수가 지지하는 안건이 채택되는 ~
> [3문단 ❶문장] 최적 다수결제는 투표에 따르는 총비용이 최소화되는 지점을 산정한 후, 안건의 찬성자 수가 그 이상이 될 때 안건이 통과되는 제도이다.

단순 과반수제는 투표자의 과반수가 지지하는 안건이 채택되므로 안건 통과의 기준이 안건에 따라 달라지지 않는다. 반면 최적 다수결제의 안건 통과 기준은 총비용이 최소화되는 지점이 어디인지에 따라 결정되므로 안건에 따라 달라질 수 있다.

 정답 ② ＊내용 파악 + 추론하기　　　　　　★1등급 대비

[① 18% ② 47% ③ 13% ④ 9% ⑤ 11%]

ⓐ와 관련하여 〈표〉를 이해한 것으로 적절하지 <u>않은</u> 것은?
'투표의 역설'

왜 틀렸나?

〈표〉에 나타난 선호 순위를 활용하여 단순 과반수제의 결과를 파악하기 어려워 틀린 학생들이 많았다. 단순 과반수제를 활용하면 먼저 비교하는 대안의 순서에 따라 투표 결과가 달라질 수 있고 이를 ⓐ'투표의 역설'이라 한다.

따라서 먼저 비교하는 대안을 병원-학교, 병원-경찰서, 학교-경찰서의 경우로 나누어 투표 결과를 각각 따져보아야 한다.

선호 순위 투표자	1순위	2순위	3순위
갑	병원	학교	경찰서
을	학교	경찰서	병원
병	경찰서	병원	학교

〈표〉

윗글의 〈표〉에 나타난 선호 순위를 활용하여 비교하는 대안의 순서에 따른 투표 결과를 정리하면 다음과 같다. ☐은 투표자의 과반수가 선택하여 남게 된 대안을 표시한다.

① 병원-학교를 먼저 비교하는 경우

병원 vs 학교 → 병원 vs 경찰서 → '경찰서'로 결정됨.
갑, 병　을　　　갑　　을, 병

② 병원-경찰서를 먼저 비교하는 경우

병원 vs 경찰서 → 학교 vs 경찰서 → '학교'로 결정됨.
갑　을, 병　　갑, 을　병

③ 학교-경찰서를 먼저 비교하는 경우

학교 vs 경찰서 → 병원 vs 학교 → '병원'으로 결정됨.
갑, 을　병　　갑, 병　을

왜 정답?

② '학교'와 '경찰서'를 먼저 비교할 경우, '갑'과 '을'이 '학교'에 투표하여 최종적으로 <s>학교</s>가 결정된다.
　　　　　　　　　　　　　　병원

② 문단 ❼문장 그래서 먼저 병원, 학교, 경찰서 중 두 대안을 선정하여 다수결로 결정한 후 남은 한 가지 대안과 다수결로 승자를 결정하면 최종적으로 하나의 대안이 결정된다.

'학교'와 '경찰서'를 먼저 비교할 경우, '갑'과 '을'이 '학교'에 투표하여 '학교'가 선정된다. 이후 '학교'와 '병원'을 비교하면, '갑'과 '병'이 '병원'에 투표하여 최종적으로 '병원'이 결정된다.

왜 오답?

① '병원'과 '학교'를 먼저 비교할 경우, '병원'과 '경찰서'의 다수결
　'병원'이 선정됨.　　　먼저 선정된 '병원'과 남은 대안인 '경찰서'를 비교함.
승자가 최종의 대안으로 결정된다.

＊근거: ② 문단 ❼문장

'병원'과 '학교'를 먼저 비교할 경우, '갑'과 '병'의 투표로 '병원'이 선정된다. 이후 선정된 대안인 '병원'과 남은 대안인 '경찰서'를 다수결로 비교하게 되므로, '병원'과 '경찰서'의 다수결 승자가 최종의 대안으로 결정된다.

매력 오답 단순 과반수제에서 최종의 대안을 결정하는 과정을 파악해야 한다. '갑'과 '병'이 '병원'보다 '학교'를 선호하므로, '병원'과 '학교'를 먼저 비교하면 '병원'이 선정된다. 따라서 '병원'과 '경찰서'를 비교하여 최종 투표를 하게 된다.

③ '병원'과 '학교'를 먼저 비교하는지, '학교'와 '경찰서'를 먼저
　　　　　　　'경찰서'로 결정됨.　　　　　　'병원'으로 결정됨.
비교하는지에 따라 투표의 결과가 달라진다.

＊근거: ② 문단 ❼문장

'병원'과 '학교'를 먼저 비교할 경우, '병원'이 선정된다. 이후 선정된 '병원'과 나머지 대안인 '경찰서'를 비교하여 최종적으로 '경찰서'가 결정된다.

반면 '학교'와 '경찰서'를 먼저 비교할 경우, '학교'가 선정된다. 이후 선정된 '학교'와 '병원'을 비교하여 최종적으로 '병원'이 결정된다.

---

④ '병원', '학교', '경찰서'를 동시에 투표에 부치면, 모두 한 표씩 얻어 어떤 대안도 과반수가 되지 않는다.
갑의 1순위: '병원', 을의 1순위: '학교', 병의 1순위: '경찰서'

② 문단 ❻문장 세 가지 대안을 동시에 투표에 부치면 하나의 대안으로 결정되지 않는다.

'병원', '학교', '경찰서'를 동시에 투표에 부치면, '갑'은 '병원'에, '을'은 '학교'에, '병'은 '경찰서'에 투표할 것이다. 따라서 각각의 대안이 모두 한 표씩 얻어 어떤 대안도 과반수가 되지 않는다.

⑤ 대안에 대한 '갑', '을', '병' 세 사람의 선호 순위는 바뀌지 않아도, 투표의 결과가 바뀌는 현상이 나타난다.
비교하는 대안의 순서에 따라 투표 결과가 달라짐.

② 문단 ❽문장 즉, 비교하는 대안의 순서에 따라 〈표〉의 투표 결과는 달라지게 된다.

 정답 ④ ＊내용 파악 + 추론하기　　　　　　[정답률 55%]

ⓑ의 이유로 가장 적절한 것은?
'중도의 대안이 채택될 가능성이 높으며'

왜 정답?

④ 일부에게만 선호도가 높은 대안이 다수에게 선호도가 매우 낮으면 점수 합산 면에서 불리하기 때문이다.
최고 점수가 정해져 있으므로, 합산한 점수가 낮을 수 있음.

⑤ 문단 ❶, ❷문장 보르다 투표제는 n개의 대안이 있을 때 가장 선호하는 대안부터 순서대로 n, (n-1), …, 1점을 주고, 합산하여 가장 높은 점수를 받은 대안을 선택하는 투표 방식으로, 점수 투표제와 달리 오로지 순서에 의해서만 선호 강도를 표시한다. ～ 일부에게 선호도가 아주 높은 대안보다는 투표자 모두에게 어느 정도 차선이 될 수 있는 ⓑ 중도의 대안이 채택될 가능성이 높으며, ～

보르다 투표제는 선호 순서에 따라 오로지 1점 차이로 선호 강도를 표시할 수 있다. 이에 따라 일부에게만 선호도가 높은 대안이 다수에게 선호도가 매우 낮으면 점수 합산 면에서 불리하여 중도의 대안이 채택될 가능성이 높다(ⓑ). 대안 간의 점수 차이가 크지 않아서, 일부에게만 선호도가 높다면 큰 점수를 얻기 어렵기 때문이다.

왜 오답?

① 주어진 점수를 투표자가 <u>임의대로</u> 배분할 수 있기 때문이다.
　　　　　　　　　　　1점씩 차등을 주어 배분함.

＊근거: ⑤ 문단 ❶문장

보르다 투표제는 순서대로 1점씩 차등을 두어 점수를 배분해야 한다. 투표자가 임의대로 점수를 배분할 수 없다.

② 투표자는 <u>중도의 대안</u>에 관해서만 자신의 의사를 표현할 수 있기
　　　　　　모든 대안에 자신의 선호 강도를 표시함.
때문이다.

＊근거: ⑤ 문단 ❶문장

투표자는 모든 대안에 관해 선호 강도를 표시할 수 있다. 또한 선호 강도를 표시할 수 있는지의 여부는 ⓑ와 관련이 없다.

③ 점수 투표제와 <u>달리</u> 투표자의 전략적 행동을 유발하여 투표
　　　　　　　마찬가지로
결과를 조작할 수 있기 때문이다.

④ 문단 ❹～❻문장 하지만 전략적 행동에 취약하여 투표 결과가 불규칙하게 바뀔 수 있다는 단점이 있다. ～ 이 행위는 어떤 투표 제도에서든 나타날 수 있으나, ～

전략적 행동은 점수 투표제를 포함한 모든 투표 제도에서 나타날 수 있다. 또한 전략적 행동을 유발한다는 것은 ⓑ와 관련이 없다.

⑤ 순서로만 선호 강도를 표시할 경우, 모든 투표자에게 선호도가

가장 높은 대안이라도 최종 승자가 아닐 수 ~~있기~~ 때문이다.
(없기)

* 근거: ⑤문단 ❶문장

모든 투표자에게 선호도가 가장 높은 대안이라면 모두가 가장 높은 점수를 줄 것이므로 최종 승자가 된다. 또한 이는 ⓑ와 관련이 없다.

---

41 정답 ⑤ * 구체적 사례나 상황에 적용하기 ……… [정답률 61%]

〈보기〉가 [A]의 각 비용들에 대한 그래프라고 할 때, 이에 대한 이해로 적절하지 않은 것은?

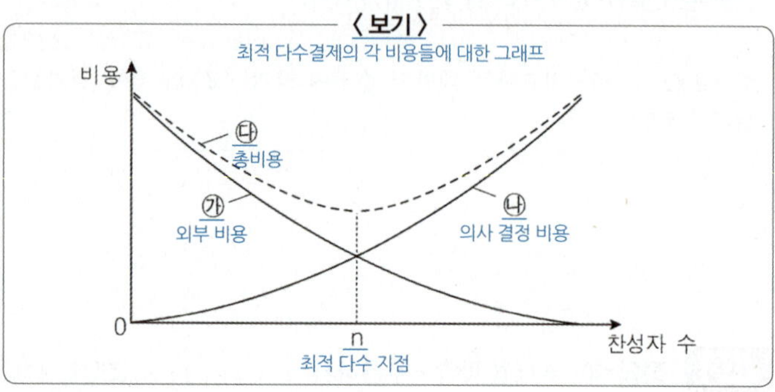

왜 정답?

⑤ 안건 통과에 필요한 투표자가 많아지게 되면 ㉯는 이동하지만
(의사 결정 비용)

㉮는 이동하지 ~~않는다.~~
(외부 비용) (이동한다.)

③문단 ❺, ❻문장 안건 통과에 필요한 투표자 수가 증가할수록 ~ 의사 결정 비용 곡선은 우상향한다. 이와 달리 ~ 외부 비용 곡선은 우하향하며, ~

안건 통과에 필요한 투표자 수가 많아질수록 의사 결정 비용은 증가하고 외부 비용은 감소한다. 즉 ㉮ '외부 비용'과 ㉯ '의사 결정 비용'은 모두 이동하므로 ㉮는 이동하지 않는다는 것은 적절하지 않다.

왜 오답?

① ㉮는 외부 비용으로, 반대하는 투표자 수가 많아질수록 그 값이
(통과된 안건에 반대하였던 사람들이 느끼는 부담)
커진다.

③문단 ❹문장 외부 비용은 어떤 안건이 통과됨에 따라 그 안건에 반대하였던 사람들이 느끼는 부담을 의미하며, ~

외부 비용은 통과된 안건에 반대하였던 사람들이 느끼는 부담을 의미한다. 따라서 안건에 반대하는 사람이 많아질수록 ㉮ '외부 비용'은 증가한다.

② ㉯는 의사 결정 비용으로, 투표 참가자들을 설득하는 데 드는 시간과
(투표자들의 동의를 구하는 데 드는 시간과 노력에 따른 비용)
노력이 적을수록 그 값이 작아진다.

③문단 ❸문장 의사 결정 비용은 투표자들의 동의를 구하는 데 드는 시간과 노력에 따른 비용을 의미하며, ~

의사 결정 비용은 투표자들의 동의를 구하는 데에 드는 시간과 노력에 따른 비용을 의미한다. 따라서 투표 참가자들을 설득하는 데 드는 시간과 노력이 적을수록 의사 결정 비용이 감소한다.

③ ㉰는 총비용으로, ㉮와 ㉯를 합한 값이 최소가 되는 지점 n이 최적
(㉮ '외부 비용' + ㉯ '의사 결정 비용') (총비용이 최소화되는 곳)
다수 지점이 된다.

③문단 ❼문장 이때 총비용이 최소화되는 곳이 최적 다수결제에서의 안건 통과의 기준이 되는 최적 다수 지점이 된다.

총비용은 외부 비용과 의사 결정 비용을 합한 값이고, 총비용이 최소화되는 곳이 최적 다수 지점이다. 따라서 〈보기〉의 'n'이 최적 다수 지점에 해당한다.

---

④ 투표에 참가하는 모든 사람이 찬성하면 ㉮의 값은 0이 된다.
(외부 비용)

③문단 ❹문장 외부 비용은 ~ 모든 사람이 찬성할 경우에는 0이 된다.

---

42 정답 ③ * 구체적 사례나 상황에 적용하기 ……… [정답률 57%]

대안 Ⅰ~Ⅲ에 대한 투표자가 A~E의 선호 강도가 〈보기〉와 같다고 할 때, ㉠~㉢을 통해 채택될 대안으로 적절한 것은? [3점]
㉠ '단순 과반수제', ㉡ '점수 투표제', ㉢ '보르다 투표제'

〈보기〉

대안 \ 투표자	A	B	C	D	E
Ⅰ	$\frac{3}{A의 2순위}$	$\frac{1}{B의 3순위}$	$\frac{1}{C의 3순위}$	$\frac{3}{D의 2순위}$	$\frac{1}{E의 3순위}$
Ⅱ	$\frac{1}{A의 3순위}$	$\frac{7}{B의 1순위}$	$\frac{6}{C의 1순위}$	$\frac{2}{D의 3순위}$	$\frac{5}{E의 1순위}$
Ⅲ	$\frac{6}{A의 1순위}$	$\frac{2}{B의 2순위}$	$\frac{3}{C의 2순위}$	$\frac{5}{D의 1순위}$	$\frac{4}{E의 2순위}$

(단, 표 안의 수치가 높을수록 더 많이 선호함을 나타내며, 투표에 미치는 외부적인 요인과 투표자들의 전략적 행동은 없다고 가정한다.)

왜 정답 · 오답?

	㉠	㉡	㉢
③	Ⅱ	Ⅱ	Ⅲ

㉠: Ⅱ

②문단 ❶문장 단순 과반수제는 투표자의 과반수가 지지하는 안건이 채택되는 다수결 제도이다.

㉠ '단순 과반수제'에 따르면, 투표자 'A, D'는 가장 선호하는 대안 Ⅲ에, 투표자 'B, C, E'는 대안 Ⅱ에 투표할 것이다.

즉 ㉠ '단순 과반수제'를 통해 채택될 대안은 'Ⅱ'이다.

㉡: Ⅱ

④문단 ❶문장 점수 투표제는 각 투표자에게 일정한 점수를 주고 각 투표자가 자신의 선호에 따라 각 대안에 대하여 주어진 점수를 배분하여 투표하는 제도로, 합산하여 가장 많은 점수를 얻은 대안이 선택된다.

㉡ '점수 투표제'에 따르면, 대안 Ⅰ은 '3+1+1+3+1'의 총 9점을, 대안 Ⅱ는 '1+7+6+2+5'의 총 21점을, 대안 Ⅲ은 '6+2+3+5+4'의 총 20점을 얻게 된다.

즉 ㉡ '점수 투표제'를 통해 채택될 대안은, 가장 많은 점수를 얻은 대안 'Ⅱ'이다.

㉢: Ⅲ

⑤문단 ❶문장 보르다 투표제는 n개의 대안이 있을 때 가장 선호하는 대안부터 순서대로 n, (n-1), …, 1점을 주고, 합산하여 가장 높은 점수를 받은 대안을 선택하는 투표 방식으로, ~

㉢ '보르다 투표제'에 따르면, 투표자 A~E는 대안 Ⅰ~Ⅲ에 선호도에 따라 각각 3점, 2점, 1점을 부여할 것이다. 이를 정리하면 다음과 같다.

대안 \ 투표자	A	B	C	D	E	합
Ⅰ	2	1	1	2	1	7
Ⅱ	1	3	3	1	3	11
Ⅲ	3	2	2	3	2	12

즉 ㉢ '보르다 투표제'를 통해 채택될 대안은 점수의 합이 가장 높은 대안 'Ⅲ'이다.

(가) 윤동주, 〈소년(少年)〉

출제　❶ 화자, 중심 대상　❷ 상황, 정서, 태도　❸ 표현상 특징

＊추상적 관념의 구체화: 추상적인 관념을 구체적　# : ❸ 동일한 종결 어미를 반복함.
사물이나 행동을 이용하여 제시하는 것　　　　　# : ❸ 시어를 연쇄적으로 활용함.
＊음성상징어: 소리를 흉내 내는 말인 의성어나 모양을 흉내내는 말인 의태어를 아울러 이르는 말

❶ ❸계절감을 드러내는 시어를 활용함. ❸음성상징어를 사용하여 하강적 이미지를 강조함.
여기저기서 단풍잎 같은 슬픈 가을이 뚝뚝 떨어진다. ❷ 단풍잎 떨어져
❸ 추상적 관념을 구체화하여 시적 분위기를 조성함.
나온 자리마다 봄을 마련해 놓고 나뭇가지 위에 하늘이 펼쳐 있다.
❸ 소멸의 계절인 '가을' ↔ 생성의 계절인 '봄'
[가만히 ㉠ 하늘을 들여다보려면 눈썹에 파란 물감이 든다. 두 손으로 ❹
[ ]: ❷상황 – '소년'이 하늘을 바라보며 자연물에 동화됨.
따뜻한 볼을 쓸어보면 손바닥에도 파란 물감이 묻어난다.] ❺ 다시
손바닥을 들여다본다. 손금에는 맑은 강물이 흐르고, 맑은 강물이
❸ '하늘'에서 '손바닥'으로 시선의 이동이 나타남.　　　# 소년이 그리워하는 대상
흐르고, 강물 속에는 사랑처럼 슬픈 얼굴—[아름다운 순이(順伊)의
[ ]: ❷상황 – '소년'이 '하늘'을 보며 '순이'를 떠올림.
얼굴이 어린다.] ❼ 소년(少年)은 황홀히 눈을 감아 본다. ❽그래도 맑은
❶ 중심 대상
강물은 흘러 사랑처럼 슬픈 얼굴—아름다운 순이(順伊)의 얼굴은
❷ 정서: '순이'에 대한 '소년'의 그리움
어린다.

＊❶~❽ 요약 : 가을 하늘을 보며 '순이(順伊)'를 떠올리는 소년

✦ (가) 독해 공식
❶ 화자: 드러나지 않음
　중심 대상: 소년
❷ 상황: '소년'이 하늘을 바라보며 자연물에 동화됨. '소년'이 '하늘'을 보며 '순이'를 떠올림.
　정서 및 태도: '순이'에 대한 '소년'의 그리움
❸ 표현상 특징
• 동일한 종결 어미를 반복하여 운율을 형성함.
• 시어를 연쇄적으로 활용하여 시상을 발전시킴.
• 계절감을 드러내는 시어를 사용하여 시적 분위기를 조성함.
• 음성상징어를 사용하여 하강적 이미지를 강조함.
• 추상적 관념을 구체화하여 시적 분위기를 조성함.
• 시선의 이동을 통해 시상을 전개함.

■ 갈래: 현대시
■ 글쓴이: 윤동주(1917~1945). 북간도에서 출생하였으며, 연희 전문학교를 거쳐 일본에
유학한 후 1943년에 독립운동의 혐의로 일본 경찰에 검거되어 규슈 후쿠오카
형무소에서 옥사하였다. 어둡고 가난한 생활 속에서 인간의 삶에 대한 고뇌와 일제의
강압에 고통받는 조국의 현실에 대한 고민을 주로 시로 썼다.
■ 이 작품은? 이 작품은 시어를 연쇄적으로 사용하여 정서를 부각하고 운율을 형성하는
산문시로, 계절과 관련된 다양한 감각적 이미지를 통해 '순이'에 대한 '소년'의 순수하고
진실한 그리움을 드러내고 있다.
■ 주제: '순이'에 대한 '소년'의 그리움

■ 이것이 핵심! : '소년'이 자연물에 동화되는 모습

'소년'의 행위		자연에 동화된 모습
하늘을 들여다봄.	→	눈썹에 파란 물감이 물듦.
두 손으로 따뜻한 볼을 쓸어봄.	→	손바닥에도 파란 물감이 묻어남.
손바닥을 들여다봄.	→	손금에 맑은 강물이 흐름.

(나) 손택수, 〈나무의 꿈〉

출제　❶ 화자, 중심 대상　❷ 상황, 정서, 태도　❸ 표현상 특징

[ ]: ❷ 상황 – 화자가 나무에게 무엇이 되고 싶은지 물어봄.　# : ❸ 동일한 종결 어미를 반복함.
❸ 의인법을 활용하여 대상에게 말을 건넴.　　　　　　　　# : ❸ 시어를 연쇄적으로 활용함.
자라면 뭐가 되고 싶니
□: 나무가 품을 수 있는 다양한 꿈
의자가 되고 싶니
　　　　　　　　　　　　　　　　　　　　＊의인법: 사람이 아닌 것을 사람처럼
누군가의 책상이 되고 싶니]　　　　　　　　　표현하는 방법

❹밟으면 삐걱 소리가 나는 계단도 있겠지
❺그 계단을 따라 올라가는 다락방
❻별빛이 들고 나는 창문들도 있구나
❼누군가 그 창문을 통해 바다를
❽생각할지도 몰라
❾수평선을 넘어가는 목선을 그리워할지도 몰라
❿ ㉡ 바다를 보는 게 꿈이라면
화자가 지향할 것이라고 가정한 공간
⓫배가 되고 싶겠구나　　＊❶~⓫행 요약 : '나무'가 품을 수 있는 다양한 꿈
⓬어쩌면 그 무엇도 되지 못하고
⓭# [ ]: ❷ 상황 – 화자가 나무가 꿈을 이루지 못하는 상황을 가정함.
아궁이 속 장작으로 눈을 감을지도 모르지
⓮잊지 마렴 한 줌 재가 되었지만
⓯ ❸ 명령형 어미, 도치법을 활용하여 화자가 말하고자 하는 바를 강조함.
넌 그때도 하늘을 날고 있는 거야
　　　　　　　　　　＊도치법: 정상적인 문장 성분의 어순을
　　　　　　　　　　바꾸어 의미를 강조하는 방법
⓰누군가의 몸을 데워주고 난 뒤
⓱# 나무가 꿈을 이루지 못한 상황에서도 존재 가치가 있음.
춤을 추듯 피어오르는 거야

＊⓬~⓱행 요약 : 꿈을 이루지 못한 상황에서도 존재 가치가 있는 '나무'

⓲하지만, 지금은
⓳[ ]: ❷ 상황 – 화자가 나무에게 현재 상황과 모습에 주목하는 자세를 강조함.
다만 네 잎사귀를 스치고 가는
⓴# 현재 나무의 상황과 모습에 주목하게 하는 계기　＊청각적 이미지: 귀로 듣는 듯한 느낌을
저 바람 소리를 들어보렴]　　　　　　　　　주는 이미지
㉑# ❸ 명령형 어미, 청각적 이미지를 활용하여 화자가 말하고자 하는 바를 강조함.
너는 지금 바람을 만나고 있구나
㉒# [ ]: ❷ 태도 – 나무의 현재 모습에 주목함.
바람의 춤을 따라 흔들리고 있구나
　　바람에 따라 흔들리는 나무의 현재 모습　　　＊영탄법: 감탄사나 감탄형 어미를
㉓ ❶중심 대상(나무)　　　　　　　　　　　　활용하여 슬픔, 기쁨 등의 감정을
지금이 바로 너로구나]　　　　　　　　　　강조하여 표현하는 방법
❸ 영탄법을 활용하여 대상의 현재 모습에 주목하게 함.

＊⓲~㉓행 요약 : 나무가 나무의 현재 상황과 모습에 주목하도록 함.

✦ (나) 독해 공식
❶ 화자: 드러나지 않음, 중심 대상: '너(나무)'
❷ 상황: 화자가 나무에게 무엇이 되고 싶은지 물어봄. 화자가 나무가 꿈을 이루지 못하는
　상황을 가정함. 화자가 나무에게 현재 상황과 모습에 주목하는 자세를 강조함.
　정서, 태도: 나무의 현재 모습에 주목함.
❸ 표현상 특징
• 동일한 종결 어미를 반복하여 운율을 형성함.
• 시어를 연쇄적으로 활용하여 시상을 발전시킴.
• 의인법을 활용하여 대상에게 말을 건네는 방식으로 시상을 전개함.
• 명령형 어미, 도치법, 청각적 이미지를 활용하여 화자가 말하고자 하는 바를 강조함.
• 영탄법을 활용하여 대상의 현재 모습에 주목하게 함.

■ 갈래: 현대시
■ 제목의 의미: 제목 '나무의 꿈'은 시적 대상인 '나무'가 품을 수 있는 다양한 꿈과 꿈을
이루지 못한 상황에서도 가치 있는 존재라는 인식을 담고 있다.
■ 이 작품은?: 이 작품은 시적 대상(나무)을 청자로 설정하여 말을 건네는 형식으로 주제
의식을 전달하는 시이다. 화자는 대상에게 꿈이 무엇인지 묻고, 나무가 꿈꿀 수 있는
다양한 꿈(의자, 책상, 계단, 창문, 배 등)을 열거한다. 또한 나무가 꿈을 이루지 못한
상황을 제시하여 이러한 상황에서도 나무의 존재 가치가 있다는 것을 역설적으로
드러내며, 이를 통해 나무의 현재에 대한 긍정적 인식을 보여준다.
■ 주제: 나무가 가질 수 있는 꿈과 현재의 중요성

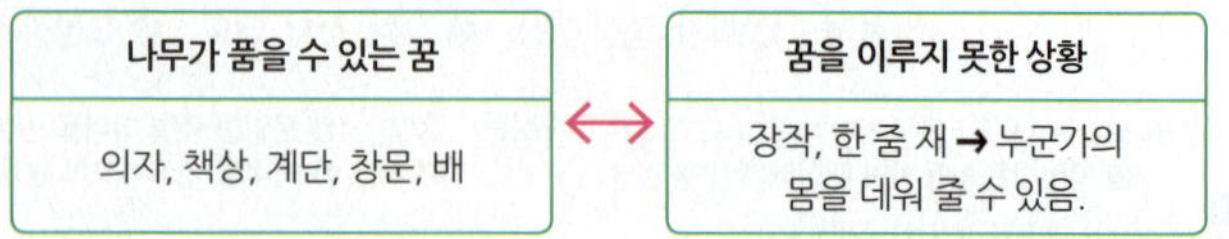

■ 이것이 핵심!: **나무의 존재 가치에 대한 역설적 인식**

나무가 품을 수 있는 꿈		꿈을 이루지 못한 상황
의자, 책상, 계단, 창문, 배	↔	장작, 한 줌 재 → 누군가의 몸을 데워 줄 수 있음.

→ 꿈을 이루지 못한 상황에서도 나무가 존재 가치가 있음을 역설적으로 드러냄.

■ **왜 두 작품?**
- 공통점: (가)와 (나)는 모두 시어의 연쇄적 활용을 통해 시상을 발전시킴.
- 차이점
  - (가)의 화자는 대상을 관찰하여 묘사하고 있으며, (나)의 화자는 대상에게 말을 건네고 있음.
  - (가)의 시간의 흐름은 현재 시점에서 '소년'이 자연물에 동화되는 과정에서 과거의 사랑을 그리워함. 반면, (나)는 '나무'가 품을 수 있는 다양한 꿈(미래)을 제시한 후 현재에 주목하는 것의 중요성을 강조하는 흐름으로 전개됨.

43 정답 ④ ＊ 작품 비교하기 ⭐1등급 대비

[① 5% ② 23% ③ 15% ④ 39% ⑤ 16%]

(가), (나)의 표현상 특징으로 가장 적절한 것은?

왜 틀렸나?

선택지에 제시된 표현 방식의 개념을 명확히 알지 못해서 (가)와 (나)에서 해당 표현 방식이 활용된 부분이나, 표현 방식에 따른 효과를 파악하지 못해 많이 틀렸다. 자주 출제되는 표현 방식은 반드시 알아두어야 하며 표현 방식을 통해 얻는 효과도 적절한지 파악할 수 있어야 한다.

왜 정답?

시어가 꼬리에 꼬리를 물고 이어지게 표현하여

④ (가)와 (나) 모두 **시어의 연쇄적 활용**을 통해 시상을 발전시켜 나가고 있다.
(가): 단풍잎 → 하늘 → 파란 물감 → 손바닥 → 맑은 강물, (나): 계단 → 창문 → 바다 → 배

> (가) - ❶~❻ 여기저기서 단풍잎 같은 슬픈 가을이 뚝뚝 떨어진다. 단풍잎 떨어져 나온 자리마다 ~ 하늘이 펼쳐 있다. 가만히 하늘을 들여다보려면 눈썹에 파란 물감이 든다. ~ 손바닥에도 파란 물감이 묻어난다. 다시 손바닥을 들여다본다. 손금에는 맑은 강물이 흐르고, 맑은 강물이 흐르고, 강물 속에는 ~
> (나) - ❻~⓫행 ~ 계단도 있겠지 / 그 계단을 따라 ~ / ~ 창문들도 있구나 / 누군가 그 창문을 통해 바다를 / 생각할지도 몰라 / ~ / 바다를 보는 게 꿈이라면 / 배가 되고 싶겠구나

왜 오답?

전달하고자 하는 의도와 반대로 표현하여

① (가)는 (나)와 달리 ~~반어적 표현~~을 통해 시적 긴장을 고조시키고 있다.
(가) ×, (나) ×

문장을 끝내는 역할을 하는 어미

② (나)는 ~~(가)~~와 달리 동일한 종결 어미의 반복으로 운율감을 형성하고 있다.
(가)와 (나)는 모두 (가): '~ㄴ다', (나): '~싶니', '~구나' 등

＊ 근거: (가) ❶행, ❸행, ❹행, (나) ❶~❸행, ❽, ❾행, ⓯~⓱행, ㉑~㉓행

(가)는 '-ㄴ다', (나)는 '-니, -구나' 등의 종결 어미를 반복하여 운율을 형성하고 있으므로 이는 (가), (나) 모두에 해당되는 서술이다.

③ ~~(가)~~와 (나) 모두 대상을 **의인화**하여 화자의 연민을 드러내고 있다.
(가) ×, (나) ○   (나)는 의인화한 나무를 청자로 설정하여 말을 건네는 방식을 활용함.

(가)는 대상을 의인화하여 표현하지 않았다.

반면 (나)는 시적 대상인 '나무'를 의인화하여 말을 건네는 방식으로 시상을 전개하고 있다. 하지만 나무에 대한 화자의 연민을 드러내고 있지는 않으므로 적절하지 않다.

---

⑤ (가)와 (나) 모두 시선의 이동을 통해 장소가 지닌 의미를 다양하게 제시하고 있다.
(가) ○, (나) ×   (가)는 소년이 바라보는 대상에 따라 소년의 시선이 이동함.

> (가) - ❸~❺ 가만히 하늘을 들여다보려면 눈썹에 파란 물감이 든다. ~ 손바닥에도 파란 물감이 묻어난다. 다시 손바닥을 들여다본다.

(가)는 소년이 바라보는 대상에 따라 소년의 시선이 하늘에서 손바닥으로 이동한다. 하지만 이를 통해 장소가 지닌 의미를 다양하게 제시하지는 않았다.
또한 (나)에는 시선의 이동이 나타나지 않는다.

> **매력 오답** (나)는 나무가 될 수 있는 다양한 모습을 제시하면서 다양한 장소가 나타나므로 시선의 이동이 나타난다고 파악했을 수 있다. 그러나 화자는 나무가 될 수 있는 모습을 가정하여 제시하고 있을 뿐 시선을 이동시키고 있지는 않다.
> 또한 (가)와 (나)가 장소가 지닌 의미를 다양하게 제시하고 있는지에 주목하면 쉽게 풀 수 있는 선택지이다.

44 정답 ① ＊ 시어의 의미 파악하기 [정답률 67%]

㉠, ㉡에 대한 이해로 가장 적절한 것은?
'하늘' '바다'

왜 정답?

불러일으키는

① ㉠은 '소년(少年)'의 정서를 환기하는 기능을 하고 있다.
'순이'에 대한 그리움의 정서를 환기함.

> (가) - ❸~❻ 가만히 ㉠ 하늘을 들여다보려면 눈썹에 파란 물감이 든다. ~ 손바닥을 들여다본다. 손금에는 맑은 강물이 흐르고, ~ 강물 속에는 사랑처럼 슬픈 얼굴—아름다운 순이(順伊)의 얼굴이 어린다.

(가)의 소년은 ㉠ '하늘'을 들여다보며 순이의 얼굴을 떠올리고 이를 그리워하고 있다. 따라서 ㉠ '하늘'은 소년의 그리움의 정서를 환기하는 기능을 하고 있다.

왜 오답?

② ㉠은 '소년(少年)'이 ~~거부~~하고자 하는 세계를 상징하고 있다.
㉠ '하늘'을 보며 자연물에 동화됨.

＊ 근거: (가) ❸~❻

(가)에서 소년은 하늘을 바라보며 자연물에 동화되고 있다. 따라서 ㉠ '하늘'을 소년이 거부하고자 하는 세계로 보긴 어렵다.

③ ㉠은 '소년(少年)'이 자신의 ~~한계~~를 인식하는 계기가 되고 있다.
한계를 인식하지 않음.

＊ 근거: (가) ❸~❻

④ ㉡은 '너'가 처한 ~~긍정적 상황~~을 드러내는 역할을 한다.
'너'가 처한 상황을 드러내지 않음.

> (나) ❿, ⓫문장 ㉡ 바다를 보는 게 꿈이라면 / 배가 되고 싶겠구나

(나)의 ㉡ '바다'는 화자가 '너(나무)'가 보고 싶어 할 것이라 가정한 공간으로 나무가 품을 수 있는 다양한 꿈과 관련되는 공간이다. '나무'가 처한 상황을 드러내지는 않는다.

⑤ ㉡은 '너'의 ~~성찰~~이 이루어진 이후의 모습을 표상하고 있다.
'너(나무)'는 성찰하지 않음.

＊ 근거: (나) ❿, ⓫행

(나)에서 '너'의 성찰을 찾을 수 없다. 따라서 '바다'가 성찰이 이루어진 이후의 모습을 표상하는 것이라는 설명은 적절하지 않다.

[**표상하다**: 추상적이거나 드러나지 아니한 것을 구체적인 형상으로 드러내어 나타내다.

 정답 ③ * 〈보기〉를 바탕으로 감상하기   ★1등급 대비

[① 11% ② 7% ③ 52% ④ 18% ⑤ 10%]

〈보기〉를 참고하여 (가)와 (나)를 감상한 내용으로 적절하지 <u>않은</u> 것은? [3점]

──〈 보기 〉──

❶ (가), (나)는 시간의 흐름 속에서 성장하는 존재의 순수한 정서와
(가):현재→과거, (나):미래→현재   (가): 소년, (나): 나무
인식에 대해 표현하고 있다.❷(가)는 소년이 자연물에 동화되는 과정을
                          파란 물감이 든 눈썹, 손바닥
감각적으로 드러내면서 과거의 사랑을 그리워하는 소년의 정서를 보여
                       '순이'를 그리워함.
준다. (나)는 대상이 품을 수 있는 다양한 꿈을 제시하고, 꿈을 이루지
                        의자, 책상, 계단, 창문, 배   아궁이 속 장작, 한 줌 재
못한 상황에서도 대상이 존재 가치가 있다는 것을 역설적으로 보여 주고
❹
있다. 또 미래보다 현재 상황과 모습에 주목하는 자세를 강조하며
        나무의 현재 상황과 모습에 주목하게 함.
마무리한다.

- -

역설적: 어떤 주장이나 이론이 겉보기에는 모순되는 것 같으나 그 속에 중요한
진리가 함축되어 있는 것

 단서+발상

단서 〈보기〉를 참고하여 (가)와 (나)를 감상한 내용을 묻고 있음. ➡〈보기〉의 내용을
(가)와 (나)에 적용해야 함.

근거 (나)는 대상이 품을 수 있는 다양한 꿈을 제시하고, 꿈을 이루지 못한
상황에서도 대상이 존재 가치가 있음을 보여 줌.

발상 대상이 품을 수 있는 꿈과 꿈을 이루지 못한 상황을 구분해서 파악해야 함.

해결 '장작', '한 줌 재'는 대상이 꿈을 이루지 못한 상황을 나타냄.

〉왜 정답 ?

③ (나)의 '의자', '책상', <s>'한 줌 재'</s> 등은 대상이 품을 수 있는 다양한
                   대상이 꿈을 이루지 못한 상황을 나타냄.
꿈을 보여 주는군.

(나) ❶~❸행 자라면 뭐가 되고 싶니 / 의자가 되고 싶니 / 누군가의 책상이
                           나무가 품을 수 있는 꿈   나무가 품을 수 있는 꿈
되고 싶니
(나) ⓬~⓮행 어쩌면 그 무엇도 되지 못하고 / 아궁이 속 장작으로 눈을
                                         나무가 꿈을 이루지 못한 상황
감을지도 모르지 / 잊지 마렴 한 줌 재가 되었지만
            나무가 꿈을 이루지 못한 상황

(나)의 '의자'와 '책상'은 대상(나무)이 품을 수 있는 꿈을 보여준다. 하지만 '한 줌
재'는 나무가 '그 무엇도 되지 못하고' '장작'이 되어 타고 남은 재가 된 것이다. 즉 '한 줌
재'는 나무가 꿈을 이루지 못한 상황을 의미하는 소재이므로 적절하지 않다.

〉왜 오답 ?

① (가)의 '파란 물감이 든' '눈썹'은 '소년(少年)'이 자연물에 동화되는
   하늘의 파란색이 '소년'의 '눈썹'에 물듦. ➡ 소년이 자연물에 동화되는 것을 시각적으로 표현함.
것을 감각적으로 표현하는군.

(가) - ❸ 가만히 하늘을 들여다보려면 눈썹에 파란 물감이 든다.
〈보기〉❷문장 (가)는 소년이 자연물에 동화되는 과정을 감각적으로
드러내면서 ~

(가)의 '소년'이 '하늘을 들여다보'자 '눈썹에 파란 물감이' 드는데, 이는 하늘이 소년의
눈썹에 물드는 것으로, 자연물에 동화되는 소년의 모습을 시각적으로 표현한 것이다.

② (가)의 '맑은 강물'에 어린 얼굴에는 '순이(順伊)'에 대한 '소년(少年)'의
   아름다운 '순이(順伊)'의 얼굴이 어림.
그리움이 투영되어 있군.

(가) - ❻ 손금에는 맑은 강물이 흐르고, ~ 강물 속에는 사랑처럼 슬픈
얼굴―아름다운 순이(順伊)의 얼굴이 어린나.
                소년이 그리워하는 대상을 떠올림.
〈보기〉❷문장 (가)는 ~ 과거의 사랑을 그리워하는 소년의 정서를 보여
준다.

(가)의 소년은 '맑은 강물' 속에서 '사랑처럼 슬픈' '아름다운 순이(順伊)의 얼굴'을
발견하고 있다. 이는 과거의 사랑 즉 '순이'에 대한 소년의 그리움을 보여 준다.

④ (나)의 '장작'은 꿈을 이루지 못한 상황에서도 '몸을 데워' 줄 수
있다는 '존재 가치에 대한 역설적 인식을 보여 주는군.
        꿈을 이루지 못한 상황에서도 남을 데워줄 수 있음.

* 근거: (나) ⓬~⓮행, 〈보기〉❸문장

(나)의 '장작'은 대상(나무)이 꿈꾸던 여러 가지 중 '그 무엇도 되지 못'한 상황이다.
하지만 화자는 나무가 '장작'이 되어 '한 줌 재'가 되더라도 '누군가의 몸을 데워
주었다는 것에서 존재 가치가 있다는 것을 보여 주고 있다.

┌───┐
│ 매력   '역설적 인식'이 의미하는 바를 파악하지 못했다면 답을 찾기 어려웠을 것이다.
│ 오답   〈보기〉에서 말하는 '역설적 인식'은 나무가 꿈을 이루지 못하더라도 가치 있는 존재가
│   될 수 있다는 인식을 의미한다. 이는 (나)의 나무가 꿈을 이루지 못해 '장작'이 되어도
│   '누군가의 몸을 데워' 주면서 가치 있게 쓰일 수 있다는 내용과 연결된다.
└───┘

⑤ (나)의 '바람 소리'는 대상에게 '지금'의 상황과 모습을 주목하게
                      바람을 만나 흔들리고 있음.
하는 계기가 될 수 있겠군.

(나) - ⓲~㉓ 하지만, 지금은 / ~ / 저 바람 소리를 들어보렴 / 너는 지금 ~
               나무가 바람에 흔들리고 있음. ➡ 나무의 '지금'의 상황과 모습에 주목하게 함.
/ 바람의 춤을 따라 흔들리고 있구나 / 지금이 바로 너로구나
               바람을 만나 흔들리는 '지금' 나무의 상황과 모습에 주목함.
〈보기〉❹문장 또 미래보다 현재 상황과 모습에 주목하는 자세를 강조하며
마무리한다.

(나)의 화자는 명령형 어미를 사용하여 '저 바람소리를 들어보렴'이라고
대상(나무)에게 말을 건넨다. 이는 나무로 하여금 '바람 소리'를 들으며 바람에
흔들리고 있는 현재 상황에 주목하게 하는 계기가 될 수 있다.

┌───┐
│ 45번 관련 어휘
│ 순수하다: 사사로운 욕심이나 못된 생각이 없다.
│ 동화되다: 성질, 양식(樣式), 사상 따위가 다르던 것이 서로 같게 되다.
│ 다양하다: 모양, 빛깔, 형태, 양식 따위가 여러 가지로 많다.
│ 주목하다: 관심을 가지고 주의 깊게 살피다.
└───┘

2023.6
6회

01 정답 ④ ＊음운 변동 파악하기

〈보기〉의 (가)에 들어갈 말로 가장 적절한 것은?

─────── 〈 보기 〉 ───────

선생님: 어떤 음운이 주위에 있는 다른 음운의 영향을 받아 그것과 동일한 음운으로 바뀌거나, 조음 위치 또는 조음 방법이 그것과 같은 음운으로 바뀌는 현상을 동화라고 합니다. 동화에는 아래와 같은 유형이 있습니다.

㉠ 'ㄹ'의 앞에서 'ㄴ'이 [ㄹ]로 발음되는 경우
　　ㄴ＋ㄹ → ㄹ＋ㄹ (역행적 유음화)
㉡ 'ㄹ'의 뒤에서 'ㄴ'이 [ㄹ]로 발음되는 경우
　　ㄹ＋ㄴ → ㄹ＋ㄹ (순행적 유음화)
㉢ 'ㄴ'의 뒤에서 'ㄹ'이 [ㄴ]으로 발음되는 경우
　　ㄴ＋ㄹ → ㄴ＋ㄴ (ㄹ의 비음화)

학생: ＿＿＿＿＿＿＿＿ (가) ＿＿＿＿＿＿＿＿

＞왜 정답 ?

④ ㉡에는 '칼날, 하늘나라, 설날'이 해당합니다.
　　㉡'순행적 유음화'가 일어남.

　칼날　　　　　→　　　　　[칼랄]
　　　　　ㄴ → ㄹ
　　　　㉡'순행적 유음화'

　하늘나라　　　→　　　　　[하늘라라]
　　　　　ㄴ → ㄹ
　　　　㉡'순행적 유음화'

　설날　　　　　→　　　　　[설랄]
　　　　　ㄴ → ㄹ
　　　　㉡'순행적 유음화'

＞왜 오답 ?

① ㉠에는 '신라, 불놀이, 칼날'이 해당합니다.
　㉡'순행적 유음화'가 일어남.
　㉠'역행적 유음화'가 일어남.

　신라　　　　　→　　　　　[실라]
　　　　　ㄴ → ㄹ
　　　　㉠'역행적 유음화'

　불놀이　　　　→　　　　　[불로리]
　　　　　ㄴ → ㄹ
　　　　㉡'순행적 유음화'

② ㉠에는 '불놀이, 겨울눈, 달님'이 해당합니다.
　㉡'순행적 유음화'가 일어남.

　겨울눈　　　　→　　　　　[겨울룬]
　　　　　ㄴ → ㄹ
　　　　㉡'순행적 유음화'

　달님　　　　　→　　　　　[달림]
　　　　　ㄴ → ㄹ
　　　　㉡'순행적 유음화'

③ ㉡에는 '신라, 칼날, 달님'이 해당합니다.
　㉠'역행적 유음화'가 일어남.
　㉡'순행적 유음화'가 일어남.

⑤ ㉢에는 '불놀이, 생산량, 난리통'이 해당합니다.
　㉡'순행적 비음화'가 일어남. → ㉠'역행적 유음화'가 일어남.
　㉢'ㄹ의 비음화'가 일어남.

　생산량　　　　→　　　　　[생산냥]
　　　　　ㄴ → ㄹ
　　　　㉢'ㄹ의 비음화'

　난리통　　　　→　　　　　[날리통]
　　　　　ㄴ → ㄹ
　　　　㉠'역행적 유음화'

---

02 정답 ④ ＊종결 표현에 따른 문장의 유형 파악하기

〈보기〉의 ㉠~㉤에 대한 설명으로 적절하지 않은 것은?

─────── 〈 보기 〉 ───────

친구 1: ㉠ 내일 같이 나랑 주꾸미 먹으러 가지 않을래?
　　　　의문문을 활용하여 청유의 의도를 드러냄.
친구 2: 그래 좋아. ㉡ 근데 우리 버스 타고 어디 가는 거니?
　　　　의문문을 활용하여 친구 1에게 질문함.
승객: ㉢ 좀 내립시다.
　　　청유문을 활용하여 비켜줄 것을 요구함.
친구 1: 네, 비켜드릴게요. (친구 2에게) 우리도 금방 내려.
친구 2: 아, 맞다. 내일 서울에 비 많이 온대.
친구 1: 그래? ㉣ 내일 우산 꼭 챙겨서 나와야겠다.
　　　　평서문을 활용하여 자신의 생각을 전달함.
친구 2: (친구 1에게) 어, 여기 자리 생겼다. ㉤ 어서 와서 앉아.
　　　　명령문을 활용하여 앉을 것을 요구함.

＞왜 정답 ?

④ ㉣은 평서문의 형식을 취하고 있지만, 상대에게 어떠한 행동을 권유하는 화자의 의도를 담고 있는 문장이다.
　자신의 생각을 전달함.

㉣ '내일 우산 꼭 챙겨서 나와야겠다.'는 종결 어미 '-다'를 통해 실현된 평서문으로, 친구 1이 친구 2에게 자신의 생각을 전달하는 문장이다. 상대에게 어떠한 행동을 권유하는 의도를 담고 있지 않다.

＞왜 오답 ?

① ㉠은 의문문의 형식을 취하고 있지만, 청유의 의도가 있는 문장이다.
　내일 같이 주꾸미를 먹으러 가자고 요청함.

㉠ '내일 같이 나랑 주꾸미 먹으러 가지 않을래?'는 종결 어미 '-ㄹ래'를 통해 실현된 의문문으로, 상대에게 내일 같이 주꾸미를 먹으러 갈 것을 요청하는 문장이다.

② ㉡은 의문문의 형식을 취하고 있으며, 상대방에게 대답이나 설명을 요구하는 화자의 의도를 담고 있는 문장이다.
　버스 타고 가는 곳이 어디인지 대답이나 설명을 요구함.

㉡ '근데 우리 버스 타고 어디 가는 거니?'는 종결 어미 '-니'를 통해 실현된 의문문으로, 상대방에게 버스 타고 가는 곳이 어디인지 대답이나 설명을 요구하는 문장이다.

③ ㉢은 청유문의 형식을 취하고 있지만, 상대에게 어떠한 행동을 요구하는 문장이다.
　비킬 것을 요구함.

㉢ '좀 내립시다.'는 종결 어미 '-자'를 통해 실현된 청유문으로, 상대에게 비킬 것을 요구하는 문장이다.

⑤ ㉤은 명령문의 형식을 취하고 있으며, 상대에게 어떠한 행동을 지시하는 문장이다.
　앉을 것을 지시함.

㉤ '어서 와서 앉아'는 종결 어미 '-아'를 통해 실현된 명령문으로, 상대방에게 자리에 앉을 것을 지시하는 문장이다.

다음의 (가)에 들어갈 말로 적절하지 <u>않은</u> 것은?

──────〈 보기 〉──────

선생님: 지금까지 보조사의 개념 및 특성을 공부했지요? 그럼, 다음 자료에서 보조사를 찾고, 보조사의 특징을 대답해 보세요.

┌─────────────────────────────┐
│ ㉠ 빨리<u>도</u> 왔네.   │
│   보조사 '도'   │
│ ㉡ 새싹이 돋는군<u>요</u>.   │
│   보조사 '요'   │
│ ㉢ 매일 철수<u>는</u> 늦는다.   │
│   보조사 '는'   │
│ ㉣ 너<u>마저도</u> 나를 떠나는구나.   │
│   보조사 '마저', '도'   │
│ ㉤ 이곳<u>에서는</u> 수영하면 절대 안 된다.   │
│   보조사 '는'   │
└─────────────────────────────┘

학생: ┌─────────────(가)─────────────┐

＞왜 정답 ?

⑤ ㉤에서 **보조사 '에서는'은 강조**의 의미로 부사어 자리에 쓰여
  보조사 '는'   한정
  문법적 관계를 보여줍니다.
  문법적 관계를 보여주는 것은 격 조사임.

㉤에 쓰인 보조사는 '는'으로, 강조의 뜻을 나타내고 있다. '에서는'은 격 조사 '에서'와 보조사 '는'이 결합된 형태이다. 따라서 보조사 '에서는'이라는 내용은 적절하지 않다. 또한 문법적 관계를 보여주는 것은 격 조사이므로, 보조사의 특징으로 적절하지 않다.

＞왜 오답 ?

① ㉠처럼 보조사 '도'는 체언이 아닌 <u>부사 뒤에도 결합</u>할 수 있습니다.
  부사 '빨리'에 결합함.

㉠의 보조사 '도'는 부사 '빨리' 뒤에 결합하여 놀라움이나 감탄, 실망 따위의 감정을 강조하는 의미를 드러내고 있다.

② ㉡처럼 보조사 '요'는 종결 어미 뒤에 <u>자유롭게 결합</u>할 수 있습니다.
  종결 어미 '−군'에 결합함.

㉡의 보조사 '요'는 종결 어미 '−군' 뒤에 결합하여, 청자에게 존대의 뜻을 나타내고 있다.

③ ㉢처럼 보조사 '는'은 <u>주격 조사 자리에 대신 나타나기도</u> 합니다.
  주어 '철수'에 주격 조사 대신 결합함.

㉢의 보조사 '는'은 주어 '철수가'의 주격 조사 '가' 자리에 대신 쓰여 강조의 뜻을 나타내고 있다.

④ ㉣처럼 보조사 '마저'와 '도'는 결합하여 <u>'보조사 + 보조사'의 형태로</u>
  나타나기도 합니다.
  보조사 '마저' + 보조사 '도'

㉣의 '마저도'는 '이미 어떤 것이 포함되고 그 위에 더함의 뜻'을 나타내는 보조사 '마저'와 '놀라움이나 감탄, 실망 따위의 감정을 강조하는 뜻'을 나타내는 '도'가 결합한 형태이다.

〈보기〉의 ⓐ와 가장 유사한 의미로 쓰인 것은?

──────〈 보기 〉──────

어떤 안건을 대하는 집단 구성원들의 생각은 각기 다르므로, 상이한 생각들을 집단적 합의에 ⓐ 이르게 하는 의사 결정 과정이 필요하다. '어떤 정도나 범위에 미치다.'의 의미임.
공공 선택 이론은 이처럼 집단을 구성하는 개인의 의사가 집단의 의사로 통합되는 과정을 다룬다. 직접 민주주의하에서의 의사 결정 방법으로 단순 과반수제, 최적 다수결제, 점수 투표제, 보르다(Borda) 투표제 등이 있다.

＞왜 정답 ?

③ 그의 음악성이 완숙의 단계에 <u>이르게</u> 되었다.
  '어떤 정도나 범위에 미치다.'의 의미임.

＞왜 오답 ?

① 이를 도루묵이라고 <u>이른다</u>.
  '어떤 대상을 무엇이라고 이름 붙이거나 가리켜 말하다.'의 의미임.

② 그는 여느 때보다 <u>이르게</u> 학교에 도착했다.
  '대중이나 기준을 잡은 때보다 앞서거나 빠르다.'의 의미임.

④ 옛말에 <u>이르기를</u> 부자는 망해도 삼 년은 간다고 했다.
  '책이나 속담 따위에 예부터 말하여지다.'의 의미임.

⑤ 전쟁이 끝난 뒤 이들은 서로 소식도 모른 채 오늘에 <u>이르게</u> 되었다.
  '어떤 장소나 시간에 닿다.'의 의미임.

배경지식

┌───────────────────────────────┐

'이르다' 의 여러 가지 의미

이르다¹ 【…에】

(1) 어떤 장소나 시간에 닿다. 예 목적지에 이르다.
(2) 어떤 정도나 범위에 미치다. 예 결론에 이르다.

이르다²

Ⅰ
(1) 【…에게 …을】【…에게 −고】 무엇이라고 말하다.
  예 나는 아이들에게 내가 알고 있는 것을 모두 일러 주었다.
(2) 【…을】【…에게 …을】【…에게 −고】【…에게 −도록】 잘 깨닫도록 일의 이치를 밝혀 말해 주다. = 타이르다.
  예 안 가겠다고 떼를 쓰는 아이를 일러서 겨우 병원에 데리고 갔다.
(3) 【…에게 …을】【…에게 −고】 미리 알려 주다.
  예 친구에게 약속 시간을 일러 주었다.
(4) 【…에게 …을】【…에게 −고】 어떤 사람의 잘못을 윗사람에게 말하여 알게 하다.
  예 친구의 잘못을 선생님에게 다 이르다가는 친구를 잃을지도 모른다.

Ⅱ 【…을 −고】 어떤 대상을 무엇이라고 이름 붙이거나 가리켜 말하다.
  예 이를 도루묵이라고 이른다.

Ⅲ ((주로 '이르기를'이나 '이르되' 꼴로 쓰여)) 책이나 속담 따위에 예부터 말하여지다.
  예 옛말에 이르기를 부자는 망해도 삼 년은 간다고 했다.

└───────────────────────────────┘

2023.6
6회

01~03

출제   중심 내용

1 여러분은 얼마 전 체험 학습을 갔던 전통 마을에서 본 담장이 기억나시나요? 저는 그때 보았던 담장의 문양이 인상 깊어 담장에 관심이 생겼습니다. # 발표 소재를 선정한 계기를 언급함. 그래서 담장의 종류에 대해 조사해 보았어요.

담장: 집이나 일정한 공간을 둘러막기 위하여 흙, 돌, 벽돌 따위로 쌓아 올린 것
문양: 물건의 거죽에 어룽져 나타난 어떤 모양. 옷감이나 조각품 따위를 장식하기 위한 여러 가지 모양

*1 요약 : 발표 화제(담장의 종류) 제시

2 담장의 종류에는 여러 가지가 있는데요, 담장을 만들 때 사용되는 재료에 따라 담장의 종류가 구분되기도 합니다. 먼저 돌로 만든 담장에는 사고석 담장이 있습니다. (㉠ 자료 제시) 보시는 것처럼 # 돌로 만든 담장 ① # 사고석 담장의 형태를 보여 줌. 사고석 담장은 맨 아래에 길게 다듬어 만든 돌인 장대석을 2~3단 # 사고석 담장을 만드는 방식과 형태 놓고, 그 위에 사고석을 규칙적으로 쌓아 올립니다. 사고석은 한 변이 15~18cm가량 되는 정육면체 모양으로 가공한 돌을 말하는데요, # 사고석의 개념 이렇게 돌을 가공하는 것은 비용이 많이 들기 때문에 사고석 담장은 주로 궁궐이나 부유한 집에 사용되었습니다. 그리고 기와로 지붕을 # 사고석 담장이 주로 사용된 공간 # 사고석 담장의 격식을 높이는 방법 얹어 격식을 높이기도 했어요. 또한 단조로움을 피하기 위해 사고석 담장에 꽃이나 십장생 등의 문양을 넣어 꽃담으로 만들기도 했는데요, 꽃담은 여성들이 생활하는 공간에서 주로 볼 수 있었습니다.

가공하다: 원자재나 반제품을 인공적으로 처리하여 새로운 제품을 만들거나 제품의 질을 높이다.
격식: 격에 맞는 일정한 방식
십장생: 오래도록 살고 죽지 않는다는 열 가지. 해, 산, 물, 돌, 구름, 소나무, 불로초, 거북, 학, 사슴이다.
꽃담: 여러 가지 색채로 글자나 무늬를 넣고 쌓는 담

*2 요약 : 돌로 만든 사고석 담장의 형태와 특징

3 돌로 만든 또 다른 담장으로는 가공하지 않은 자연 그대로의 막돌을 쌓아 올린 자연석 담장이 있습니다. (㉡ 자료 제시) 보시는 # 돌로 만든 담장 ② # 자연석 담장의 형태를 보여 줌. 것처럼 [자연석 담장은 크기가 다른 비정형의 돌을 하나씩 쌓아 # [ ] : 자연석 담장을 만드는 방식과 형태 올리는 방식으로 만들었는데요, 이때 쉽게 무너지는 것을 방지하기 # 자연석 담장이 곡선으로 이어 나가는 방식을 택한 이유 위해 이렇게 직선보다는 곡선으로 이어 나가는 방식을 택했어요.] 자연석 담장은 주변에서 쉽게 구할 수 있는 돌을 쌓아 만들었기 때문에 서민들의 살림집에서 흔히 볼 수 있었습니다. 담장을 쌓은 # 자연석 담장이 주로 사용된 공간 후에는 짚이나 갈대로 담장 위에 지붕을 올리기도 했어요.

비정형: 일정한 형태나 형식이 정하여지지 아니한 것

*3 요약 : 돌로 만든 자연석 담장의 형태와 특징

4 담장의 재료로는 돌뿐만 아니라 흙도 사용되었는데요, 흙으로만 쌓은 담장은 습기에 약하기 때문에 기와를 섞어 담장의 강도를 # 담장에 쓰이는 기와의 실용적 역할 높이기도 했어요. (㉢ 자료 제시) [이 담장이 바로 기와와 흙을 섞어 # 와편 담장의 재료와 형태를 보여 줌. 쌓은 와편 담장인데요, 반원통형 모양의 수키와나 평평하고 넓적한 # 기와와 흙으로 만든 담장

암키와를 흙과 번갈아 층을 이루면서 반복하여 쌓으면 다양한 문양을 자유롭게 만들어 낼 수 있었습니다.] # [ ] : 와편 담장을 만드는 방식과 형태 이러한 와편 담장은 상대적으로 기와를 구하기 쉬웠던 사찰이나 양반의 살림집 등에서 많이 사용 # 와편 담장이 주로 사용된 공간 되었어요.

습기: 물기가 많아 젖은 듯한 기운
강도: 센 정도
사찰: 승려가 불상을 모시고 불도(佛道)를 닦으며 교법을 펴는 집

*4 요약 : 기와와 흙으로 만든 와편 담장의 형태와 특징

5 그렇다면 (자료 제시) 전통 마을 체험 학습 때 봤던 이 담장은 무슨 # 청중에게 발표 내용을 활용해 답할 수 있는 질문을 던짐. 담장일까요? (대답을 듣고) 네, 맞습니다. 방금 설명한 와편 담장이지요. 학교 도서관에도 담장에 관한 책이 있으니 관심이 있으신 분들은 한번 읽어 보시기 바랍니다. 이상으로 발표를 마치겠습니다.

*5 요약 : 발표 마무리

---

01 정답 ① * 말하기 방식 파악하기 ⋯⋯⋯⋯⋯⋯⋯ [정답률 96%]

위 발표자의 말하기 방식으로 가장 적절한 것은?

> 왜 정답 ?

① 도입부에서 발표 소재를 선정한 계기를 언급하고 있다.
담장의 종류

→ 1 - 2 저는 그때 보았던 담장의 문양이 인상 깊어 담장에 관심이 생겼습니다.

> 왜 오답 ?

② 발표에 활용한 자료의 출처를 밝혀 신뢰성을 확보하고 있다.
밝히지 않음.

③ 발표 순서를 안내하여 청중이 내용을 예측하도록 하고 있다.
안내하지 않음.

④ 대상을 일상적 소재에 빗대어 표현하여 청중의 이해를 돕고 있다.
비유적 표현은 사용하지 않음.

⑤ 발표 내용을 통해 얻을 수 있는 효용을 제시하며 발표를 마무리 하고 있다.
제시하지 않음.

---

02 정답 ④ * 자료 활용의 적절성 파악하기 ⋯⋯⋯⋯ [정답률 94%]

다음은 발표자가 제시한 자료이다. 발표자의 자료 활용에 대한 설명으로 적절하지 않은 것은?

④ 담장을 만들 때 곡선 형태로 이어 나가는 것이 **어려운 이유**를 설명
하기 위해 ㉡에 [자료 2]를 활용하였다.
   _{곡선으로 이어 나가는 방식을 택한 이유}

[3-2] (㉡ 자료 제시) 보시는 것처럼 자연석 담장은 크기가 다른 비정형의
돌을 하나씩 쌓아 올리는 방식으로 만들었는데요, 이때 쉽게 무너지는 것을
방지하기 위해 이렇게 직선보다는 곡선으로 이어 나가는 방식을 택했어요.

[자료 2]는 돌로 만든 자연석 담장이 곡선 형태로 이어지고 있는 모습을 보여 준다.
이와 관련해 발표자는 담장이 쉽게 무너지는 것을 막기 위해 직선이 아닌 곡선 형태를
택한 것이라고 했다. 따라서 담장을 만들 때 곡선 형태로 이어 나가는 것이 어려운
이유를 설명하기 위해 ㉡에 [자료 2]를 활용한 것이 아니다.

① 가공된 돌을 규칙적으로 쌓은 담장의 형태를 보여 주기 위해 ㉠에
   _{장대석과 사고석}
[자료 1]을 활용하였다.

[2-3, 4] (㉠ 자료 제시) 보시는 것처럼 사고석 담장은 맨 아래에 길게
다듬어 만든 돌인 장대석을 2~3단 놓고, 그 위에 사고석을 규칙적으로 쌓아
올립니다. 사고석은 한 변이 15~18cm가량 되는 정육면체 모양으로 가공한
돌을 말하는데요, ~

② 기와로 지붕을 얹어 격식을 높인 담장의 형태를 보여 주기 위해
   _{사고석 담장의 특징}
㉠에 [자료 1]을 활용하였다.

→ [2-5] 그리고 기와로 지붕을 얹어 격식을 높이기도 했어요.

③ 정형화되지 않은 자연석을 이용하여 만든 담장의 모습을 보여
   _{막돌을 쌓아 만드는 자연석 담장}
주기 위해 ㉡에 [자료 2]를 활용하였다.

* 근거: [3-2]

⑤ 담장의 재료로 돌 이외에 흙과 기와도 쓰였다는 것을 설명하기
   _{와편 담장의 재료}
위해 ㉢에 [자료 3]을 활용하였다.

[4-2] (㉢ 자료 제시) 이 담장이 바로 기와와 흙을 섞어 쌓은 와편
담장인데요, ~

03 정답 ⑤ * 반응의 적절성 파악하기 ······················ [정답률 68%]

발표 내용을 바탕으로 할 때, 〈보기〉에 나타난 학생의 반응에 대한 이해로
적절하지 <u>않은</u> 것은?

─── 〈 보기 〉 ───

학생 1: ❶ 담장에 대해 알게 되어 유익했어. ❷ 할머니 댁에서 본 담장을
떠올리며 들었더니 이해가 잘되더라. ❸ 어떤 종류의 담장이 더 있는지
_{자신의 경험을 떠올리며 발표 내용을 이해함.}
알아보러 도서관에 가 봐야겠어.
_{발표 내용과 관련된 추가 정보를 탐색하고자 함.}
학생 2: ❹ 같이 가자. ❺ 난 꽃담에 대한 자료를 더 찾아봐야겠어. ❻ 꽃담에
_{발표 내용과 관련된 추가 정보를 탐색하고자 함.}
어떻게 문양을 넣었는지 궁금하거든. ❼ 발표에서 그 방법을 알려 주면
_{학생 2가 궁금해 하는 내용   발표에 제시된 정보가 부족한 것을 아쉬워함.}
좋았을 텐데 말이야.
학생 1: 나는 이번 발표를 듣고 와편 담장도 기와를 활용해서 꽃담의 꽃
문양과 같이 특정한 문양을 만들어 낼 수 있겠다고 생각했어.
학생 2: ❾ 맞아. ❿ 그런데 나는 기와가 장식용으로만 쓰인다고 알고 있었는데
_{발표에서 알게 된 내용으로 자신의 배경지식을 수정함.}
⓫ 그렇지 않네. 기와가 담장의 강도를 높이는 실용적인 역할도 한다는
점이 흥미로웠어.

⑤ '학생 1'은 발표 내용을 활용하여 '학생 2'의 궁금증을 **해소해 주고**
   _{꽃담에 문양을 넣은 방법   해소해 주지 않음.}
있다. * 근거: 〈보기〉 ❻-❽

'학생 2'는 '꽃담에 어떻게 문양을 넣었는지' 궁금해 하고 있다. '학생 1'은 와편
담장도 기와를 활용해서 특정한 문양을 만들어 낼 수 있겠다고 생각한 것을 드러내고
있을 뿐, '학생 2'의 궁금증을 해소해 주고 있지는 않다.

① '학생 1'은 자신의 경험이 발표 내용을 이해하는 데 도움이 되었음을
   _{할머니 댁에서 담장을 본 경험}
언급하고 있다.

* 근거: 〈보기〉 ❷

② '학생 2'는 발표에서 알게 된 내용을 통해 자신의 배경지식을
   _{기와가 장식용으로만 쓰임. → 실용적인 역할도 함.}
수정하고 있다.

* 근거: 〈보기〉 ❿, ⓫

'학생 2'는 기와가 장식용으로만 쓰인다고 알고 있었는데, 발표를 듣고 기와가
담장의 강도를 높이는 실용적인 역할도 한다는 점을 알게 되었다고 했다. 즉 '학생 2'는
발표에서 알게 된 내용을 통해 기와의 역할에 대한 자신의 배경지식을 수정하고 있다.

③ '학생 1'과 '학생 2'는 모두, 발표 내용과 관련된 추가 정보를 탐색
   _{학생 1: 담장의 또 다른 종류
학생 2: 꽃담에 문양을 넣은 방법}
하려 하고 있다.

* 근거: 〈보기〉 ❸, ❺, ❻

④ '학생 1'과 달리, '학생 2'는 제시된 정보가 부족한 것에 대해 아쉬워
   _{꽃담에 문양을 넣은 방법이 제시되어 있지 않음.}
하고 있다.

* 근거: ❻, ❼

04~07

_{# 출제   ▨ 중심 내용}

(가) ❶ 학생 1: 얘들아, 학생회 누리집 게시판에 올라온 게시글 봤어?
건강 행복 행사 운영에 관한 글 말이야. 조회 수도 높고 공감하는
댓글도 많이 달렸던데.

❷ 학생 2: ㉠ 응, 작년 건강 행복 행사에서 아쉬웠던 점과 올해 행사에
_{# 학생 1이 언급한 것과 자신이 떠올린 것이 일치하는지 확인함.}
대해 바라는 점을 쓴 글 말하는 거지?

❸ 학생 1: 맞아. 그 글에 나온 인근 학교 사례처럼 우리 학교 행사에서도
올해는 다양한 프로그램을 운영하면 좋겠더라.

❹ 학생 3: 그러려면 작년처럼 하루만 행사를 해서는 안 될 것 같지 않아?

❺ 학생 1: 그럼 올해에는 행사 기간을 늘려 달라고 학교에 건의를 해
_{# 건의 내용 ① 행사 기간 변경}
보자. 행사 기간은 한 주 정도면 괜찮지 않을까?

❻ 학생 2: 좋은 생각이야. 그럼 언제쯤 하는 게 좋을까?

❼ 학생 3: 체육 대회가 포함된 주에 하는 건 어때? 시기적으로 학생들이
_{# 행사를 진행할 구체적 시기를 제안함.}
자신의 체력이나 건강 상태에 관심을 가지기 좋을 것 같아서.

❽ 학생 2: 그게 좋겠다. ㉡ 그런데 기간이 늘어나는 만큼 추가할
프로그램도 함께 제안해야 설득력이 높아지지 않을까?
_{# 학생 3이 제안한 내용과 관련하여 추가적인 의견을 덧붙임.}
❾ 학생 1: 그러자. 프로그램은 어떤 게 좋을까?
_{# 건의 내용 ② 추가할 프로그램}
❿ 학생 3: 직접 체험할 수 있는 프로그램을 원하는 학생들이 많으니,
자신의 건강 상태를 확인할 수 있는 체험 부스 운영을 제안해 보는
_{# 제안할 프로그램 ① 건강 체험 부스 운영}
건 어때?

⓫ 학생 2: 그거 괜찮다. ㉢ 체험 부스를 운영하면 더 많은 학생이 건강에
_{# 학생 3이 제안한 체험 부스 운영의 긍정적인 효과를 언급함.}
관심을 갖게 되는 효과도 있을 것 같아.

⓬ 학생 1: 그래. 그리고 요즘 학생들은 온라인 소통이 활발하니 자신만의
운동 방법이나 추천할 만한 걷기 코스 등을 학교 SNS에 소개하는
_{# 제안할 프로그램 ② SNS를 활용한 건강 활동 소개}
활동도 제안해 볼까?

ⓓ 학생 2: ② 아, 네 말을 듣고 생각이 났는데, 소개하는 글에 댓글로
학생 1이 제안한 SNS 활용 방안에 대해 추가적인 제안을 덧붙임.
운동 인증 사진을 공유하게 하는 것도 좋을 것 같아.

ⓔ 학생 3: 그러자. 행사 기간에는 학교 급식에도 변화가 있었으면 좋겠어.
건강에 좋은 식재료와 조리법을 활용한 급식을 제공하는 '건강
제안할 프로그램 ③ 건강 급식의 날 운영
급식의 날' 운영을 제안하는 건 어때?

ⓕ 학생 2: 좋은 생각이야. 그런데 전교생을 대상으로 하는 프로그램인
만큼 더 많은 학생이 행사에 공감할 수 있도록 건강 급식의 취지에
대한 안내가 잘 이루어져야 할 것 같아.

ⓖ 학생 1: 응, 좋아. 건의문에 더 추가하고 싶은 내용 있어?

ⓗ 학생 3: 신체 건강뿐만 아니라 심리 건강에 대한 프로그램도 제안하는
제안할 프로그램 ④ 심리 건강 프로그램
것은 어떨까? 내 주변에 학업이나 친구 관계로 힘들어하는
친구들이 있거든.

ⓘ 학생 2: ⑩ 예전에 '마음 해우소'라는 강연을 들은 적이 있는데, 불안한
학생 3의 발언과 관련하여 자신의 경험을 사례로 제시함.
마음을 안정시키는 데에 도움이 되었어. 그런 강연도 제안하면
좋을 것 같아.

ⓙ 학생 1: 흥미롭겠다. 강연 외에도 추가할 만한 프로그램이나 자료가
있는지 찾아보고 글에 반영할게.

ⓚ 학생 3: 응, 그리고 건강 행복 행사가 주간으로 운영되었을 때의 기대
효과와 행사의 의의도 글에 포함하면 좋을 것 같아.
㉑ # 학생들에게 몸과 마음을 돌볼 기회를 제공하게 될 것이라는 내용으로 (나)에 반영됨.
학생 1: 응, 그럼 지금까지 이야기한 내용을 정리해서 건의문의 초고를
작성해 볼게. 글을 다 쓰면 같이 검토해 보자.

ⓜ 학생 2, 3: 그래, 좋아.

[취지: 어떤 일의 근본이 되는 목적이나 긴요한 뜻
  주간: 월요일부터 일요일까지 한 주일 동안

(나)
출제 ▨ 글 전체 중심 문장
① 교장 선생님, 안녕하세요. ② 저는 학생회장 이□□입니다. ③ 학생들을
위해 늘 애써 주시는 교장 선생님께 감사의 말씀을 드립니다.

*① 문단 요약 : 자기소개와 인사말로 건의문을 시작함.

② 최근 학생회 누리집 게시판에 작년 우리 학교의 건강 행복 행사가
건의문을 작성하게 된 계기
학생들이 참여할 만한 프로그램이 적어 아쉬웠다는 글이 올라
왔습니다. ② 이 글에 많은 학생들이 댓글을 달며 높은 관심을 보였
습니다.

*② 문단 요약 : 건의문을 작성하게 된 배경을 밝힘.

③ 이에 학생회에서는 다양한 프로그램이 진행될 수 있도록 [건강
행복 행사의 기간을 늘려 주간으로 운영해 주시기를 건의드립니다.
[ ]: 행사 기간 변경과 구체적인 진행 시기를 제안함.
② 시기적으로는 학생들이 건강에 관심을 갖기 좋은 체육대회가 포함된
주가 적합하다고 생각합니다.] ③ 그리고 행사 기간이 늘어난 만큼
다양한 프로그램이 운영되기를 희망합니다. ④ 구체적으로는 신체
건강과 관련하여 '체성분 분석', '폐활량 측정' 등을 주제로 하는 건강
건강 체험 부스의 구체적 체험 주제를 제시함.
체험 부스 설치, SNS를 활용한 건강 활동 소개 및 공유, 건강에 좋은
식재료와 조리법을 활용한 '건강 급식의 날' 운영 등이 좋겠습니다.
⑤ 그리고 심리 건강을 위해 청소년 심리 전문가 강연, 명상 프로그램
강연 외에 추가할 만한 심리 건강 프로그램을 제안함.
이나 마음 치유 캠프 등도 운영해 주시면 좋겠습니다.

*③ 문단 요약 : 구체적인 건의 내용을 제시함.

④ 건강 행복 행사가 주간으로 운영되면 더 많은 학생이 프로그램에
건의 내용 수용 시의 기대 효과 ①
참여할 수 있을 것입니다. ② 또한 학생들이 올바른 식습관도 갖추어
건의 내용 수용 시의 기대 효과 ②
나갈 수 있고, 자신의 몸 상태에 관심을 가지며 활기차게 학교생활을
건의 내용 수용 시의 기대 효과 ③
할 수 있을 것입니다. ③ 그리고 심리 건강 프로그램을 통해 불안감과
우울감 등으로 힘들어하는 학생들이 심리적 안정과 치유의 효과도
건의 내용 수용 시의 기대 효과 ④
얻을 수 있을 것입니다.

*④ 문단 요약 : 건의 내용과 관련된 기대 효과를 밝힘.

⑤ [학생들은 바쁜 학교생활 속에서 몸과 마음을 돌볼 수 있는 기회가
[ ]: 건강 행복 행사의 의의를 비유적으로 표현함.
필요합니다. ② 건강 행복 행사는 학생들에게 이러한 기회를 제공하는
오아시스가 될 것입니다.] ③ 저희의 건의 사항을 행사 운영에 반영해
주시길 부탁드립니다. ④ 감사합니다.

*⑤ 문단 요약 : 건강 행복 행사의 의의를 밝히며 건의문을 마침.

---

04 정답 ⑤ * 담화의 내용 파악하기 ……………… [정답률 87%]

다음은 학생회 누리집 게시판에 올라온 게시글이다. (가)의 대화에서, 게시글의
내용을 바탕으로 이루어진 논의에 대한 설명으로 가장 적절한 것은?

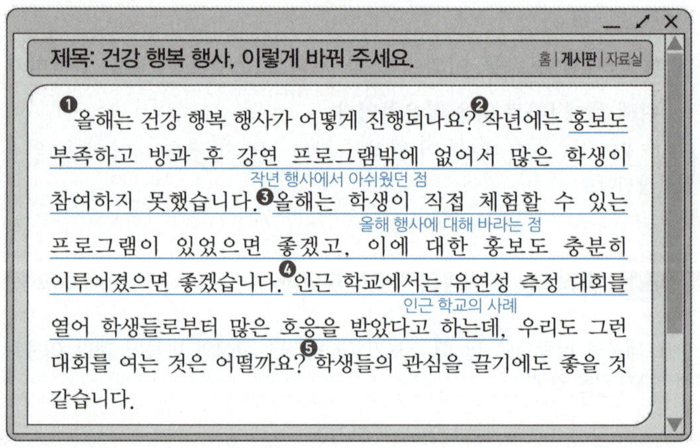

> **왜 정답?**

⑤ 학생들이 건강 관련 프로그램을 직접 체험할 수 있도록 하기 위해
자신의 건강 상태를 확인할 수 있는 프로그램
체험 부스를 운영하는 것에 대하여 논의하였다.

[(가) - ⑩ 학생 3: 직접 체험할 수 있는 프로그램을 원하는 학생들이 많으니,
자신의 건강 상태를 확인할 수 있는 체험 부스 운영을 제안해 보는 건 어때?
게시글 ❸문장 올해는 학생이 직접 체험할 수 있는 프로그램이 있었으면
좋겠고, ~

게시글에서는 올해 건강 행복 행사에 학생이 직접 체험할 수 있는 프로그램이
있으면 좋겠다는 의견을 제시하였다.

이와 관련해 (가)의 대화에서는 학생들이 자신의 건강 상태를 직접 체험할 수 있는
체험 부스 운영을 제안해 보자고 논의하고 있다.

> **왜 오답?**

① 행사의 일정을 학생들에게 안내하기 위해 SNS를 활용하는 방안에
행사 일정 안내에 대해서는 논의하지 않음.   운동 방법이나 걷기 코스 등을
소개하는 활동
대하여 논의하였다.

[(가) - ⑫ 학생 1: 그래. 그리고 요즘 학생들은 온라인 소통이 활발하니 자신만의
운동 방법이나 추천할 만한 걷기 코스 등을 학교 SNS에 소개하는 활동도
제안해 볼까?

② 다양한 프로그램을 제안하기 위해 작년 행사 프로그램으로 운영되었던 강연에 대하여 논의하였다.
논의하는 모습이 나타나지 않음.

[(가) - ⑱] 학생 2: 예전에 '마음 해우소'라는 강연을 들은 적이 있는데, 불안한 마음을 안정시키는 데에 도움이 되었어. 그런 강연도 제안하면 좋을 것 같아.
게시글 ❷문장 ～ 방과 후 강연 프로그램밖에 없어서 많은 학생이 참여하지 못했습니다.

게시글에서는 작년 행사에 방과 후 강연 프로그램밖에 없어서 많은 학생이 참여하지 못한 것에 대한 아쉬움을 드러냈다. (가)의 대화에서 이와 관련해 논의하는 모습은 나타나지 않는다.

학생 2가 언급한 마음 해우소라는 강연은 심리 건강과 관련된 프로그램으로, 작년 행사 프로그램으로 운영되었던 강연으로 볼 수 없다.

③ 인근 학교의 건강 행사 프로그램 사례를 알아보기 위해 관련 정보를 수집하는 방법에 대하여 논의하였다.
유연성 측정 대회
논의하는 모습이 나타나지 않음.

[(가) - ❸] 학생 1: 맞아. 그 글에 나온 인근 학교 사례처럼 우리 학교 행사에서도 올해는 다양한 프로그램을 운영하면 좋겠더라.
게시글 ❹문장 인근 학교에서는 유연성 측정 대회를 열어 학생들로부터 많은 호응을 받았다고 하는데, ～

게시글과 (가)의 대화에서는 유연성 측정 대회를 연 인근 학교 사례를 언급하고 있다. 하지만 (가)에서 이에 대해 알아보기 위해 관련 정보를 수집하는 방법을 논의하는 모습은 나타나지 않는다.

④ 행사에 대한 학생들의 관심을 유도하기 위해 전교생이 참여하는 프로그램의 장단점에 대하여 논의하였다.
건강 급식의 날 운영
논의하는 모습이 나타나지 않음.

[(가) - ⑭] 학생 3: 그러자. 행사 기간에는 학교 급식에도 변화가 있었으면 좋겠어. 건강에 좋은 식재료와 조리법을 활용한 급식을 제공하는 '건강 급식의 날' 운영을 제안하는 건 어때?
[(가) - ⑮] 학생 2: 좋은 생각이야. 그런데 전교생을 대상으로 하는 프로그램인 만큼 더 많은 학생이 행사에 공감할 수 있도록 건강 급식의 취지에 대한 안내가 잘 이루어져야 할 것 같아.

(가)의 대화에서는 올해 행사에 추가할 만한 프로그램으로 건강 급식의 날 운영에 대해 언급하였다. 이와 관련해 전교생이 참여하는 프로그램인 만큼 그 취지에 대한 안내가 잘 이루어져야 할 것 같다는 의견이 제시되었을 뿐, 해당 프로그램의 장단점에 대해 논의하는 모습은 나타나지 않는다.

05 정답 ② * 말하기 방식 파악하기 ················ [정답률 93%]

(가)의 ㉠～㉤에 대한 설명으로 적절하지 않은 것은?

﹥왜 정답 ?

② ㉡: 상대가 제시한 방안의 실현 가능성에 의문을 제기하고 있다.
제기하고 있지 않음.

[(가) - ❼] 학생 3: 체육 대회가 포함된 주에 하는 건 어때? 시기적으로 학생들이 자신의 체력이나 건강 상태에 관심을 가지기 좋을 것 같아서.
[(가) - ❽] 학생 2: 그게 좋겠다. ㉡ 그런데 기간이 늘어나는 만큼 추가할 프로그램도 함께 제안해야 설득력이 높아지지 않을까?

학생 2는 건강 행복 행사의 기간이 늘어나는 만큼 추가할 프로그램도 함께 제안해야 설득력이 높아질 것이라는 자신의 견해를 밝히고 있을 뿐이다. 학생 3이 제시한 행사 진행 시기의 실현 가능성에 관해 의문을 제기하고 있지는 않다.

﹥왜 오답 ?

① ㉠: 상대가 언급한 것과 자신이 떠올린 것이 일치하는지 확인하고 있다.
학생회 누리집에 올라온 게시글 / 작년 건강 행복 행사에 관해 쓴 글

[(가) - ❶] 학생 1: 애들아, 학생회 누리집 게시판에 올라온 게시글 봤어? 건강 행복 행사 운영에 관한 글 말이야. 조회 수도 높고 공감하는 댓글도 많이 달렸던데.
[(가) - ❷] 학생 2: ㉠ 응, 작년 건강 행복 행사에서 아쉬웠던 점과 올해 행사에 대해 바라는 점을 쓴 글 말하는 거지?

③ ㉢: 상대가 제시한 방안에 따른 긍정적 효과를 언급하고 있다.
건강 체험 부스 운영　　　　　　　더 많은 학생들이 건강에 관심을 갖게 될 것임.

[(가) - ⑩] 학생 3: 직접 체험할 수 있는 프로그램을 원하는 학생들이 많으니, 자신의 건강 상태를 확인할 수 있는 체험 부스 운영을 제안해 보는 건 어때?
[(가) - ⑪] 학생 2: 그거 괜찮다. ㉢ 체험 부스를 운영하면 더 많은 학생이 건강에 관심을 갖게 되는 효과도 있을 것 같아.

④ ㉣: 상대가 제시한 방안에 대해 추가적인 제안을 덧붙이고 있다.
SNS를 활용한 소개 활동　　　　　　댓글로 운동 인증 사진을 공유하게 하는 것

[(가) - ⑫] 학생 1: ～ 자신만의 운동 방법이나 추천할 만한 걷기 코스 등을 학교 SNS에 소개하는 활동도 제안해 볼까?
[(가) - ⑬] 학생 2: ㉣ 아, 네 말을 듣고 생각이 났는데, 소개하는 글에 댓글로 운동 인증 사진을 공유하게 하는 것도 좋을 것 같아.

⑤ ㉤: 상대의 발언과 관련하여 자신의 경험을 사례로 제시하고 있다.
심리 건강에 대한 프로그램 제안　　　　　마음 해우소라는 강연을 들은 경험

[(가) - ⑰] 학생 3: 신체 건강뿐만 아니라 심리 건강에 대한 프로그램도 제안하는 것은 어떨까? 내 주변에 학업이나 친구 관계로 힘들어하는 친구들이 있거든.
[(가) - ⑱] 학생 2: ㉤ 예전에 '마음 해우소'라는 강연을 들은 적이 있는데, 불안한 마음을 안정시키는 데에 도움이 되었어. 그런 강연도 제안하면 좋을 것 같아.

06 정답 ③ * 내용 생성의 적절성 파악하기 ············ [정답률 73%]

다음은 (가)의 대화 상황에서 '학생 1'이 작성한 메모의 일부이다. ⓐ～ⓔ가 (나)에 반영된 양상을 이해한 것으로 적절하지 않은 것은? [3점]

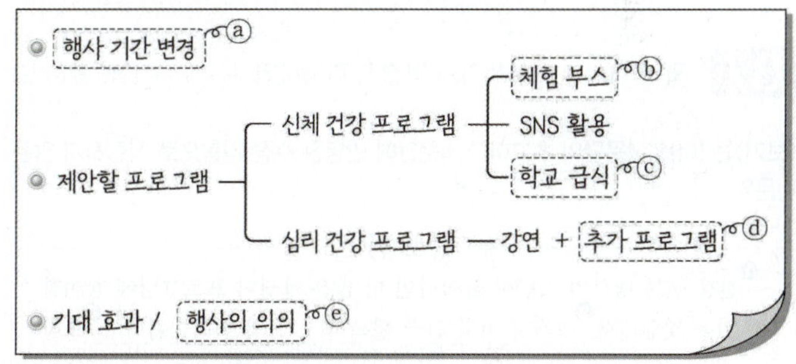

﹥왜 정답 ?

③ ⓒ는 건강에 좋은 식재료와 조리법에 대한 학생들의 요구를 고려한 '건강 급식의 날'을 제안하는 것으로 (나)에 반영되었다.
나타나지 않음.

[(가) - ⑭] 학생 3: 그러자. 행사 기간에는 학교 급식에도 변화가 있었으면 좋겠어. 건강에 좋은 식재료와 조리법을 활용한 급식을 제공하는 '건강 급식의 날' 운영을 제안하는 건 어때?
(나) ❸문단 ❸, ❹문장 그리고 행사 기간이 늘어난 만큼 다양한 프로그램이 운영되기를 희망합니다. 구체적으로는 ～ 건강에 좋은 식재료와 조리법을 활용한 '건강 급식의 날' 운영 등이 좋겠습니다.

ⓒ '학교 급식'은 (가)에서 학생 3이 건강 급식의 날 운영을 제안하자고 한 것과 관련된다. (나)에서는 이를 반영하여 올해 행사에서 건강에 좋은 식재료와 조리법을 활용한 건강 급식의 날이 운영되었으면 좋겠다고 제안하였다. 하지만 이와 관련한 학생들의 요구를 언급하고 있지는 않다.

﹥왜 오답 ?

① ⓐ는 체육 대회가 있는 주에 행사를 주간으로 운영해 달라고 건의하는 것으로 (나)에 반영되었다.
시기적으로 학생들이 건강에 관심을 갖기 좋기 때문임.

[(가) - ❺] 학생 1: 그럼 올해에는 행사 기간을 늘려 달라고 학교에 건의를 해 보자. 행사 기간은 한 주 정도면 괜찮지 않을까?
[(가) - ❻] 학생 2: 좋은 생각이야. 그럼 언제쯤 하는 게 좋을까?
[(가) - ❼] 학생 3: 체육 대회가 포함된 주에 하는 건 어때? ～
(나) ❸문단 ❶, ❷문장 이에 학생회에서는 ～ 건강 행복 행사의 기간을 늘려 주간으로 운영해 주시기를 건의드립니다. 시기적으로는 학생들이 건강에 관심을 갖기 좋은 체육대회가 포함된 주가 적합하다고 생각합니다.

② ⓑ는 건강 체험 부스의 구체적 체험 주제를 제시하는 것으로 (나)에
반영되었다.
체성분 분석, 폐활량 측정 등

┌ (가) - ⑩ 학생 3: 직접 체험할 수 있는 프로그램을 원하는 학생들이 많으니,
│ 자신의 건강 상태를 확인할 수 있는 체험 부스 운영을 제안해 보는 건 어때?
│ (나) ❸문단 ❹문장 구체적으로는 신체 건강과 관련하여 '체성분 분석', '폐활량
└ 측정' 등을 주제로 하는 건강 체험 부스 설치, ~

④ ⓓ는 명상 프로그램이나 마음 치유 캠프의 운영을 제안하는 것으로
(나)에 반영되었다.
심리 건강 관련 프로그램

┌ (가) - ⑰ 학생 3: 신체 건강뿐만 아니라 심리 건강에 대한 프로그램도 제안하는
│ 것은 어떨까? ~
│ (가) - ⑲ 학생 1: 흥미롭겠다. 강연 외에도 추가할 만한 프로그램이나 자료가
│ 있는지 찾아보고 글에 반영할게.
│ (나) ❸문단 ❺문장 그리고 심리 건강을 위해 청소년 심리 전문가 강연, 명상
└ 프로그램이나 마음 치유 캠프 등도 운영해 주시면 좋겠습니다.

⑤ ⓔ는 행사가 학생들에게 몸과 마음을 돌볼 기회를 제공할 수
있음을 비유적 표현을 통해 제시하는 것으로 (나)에 반영되었다.
건강 행복 행사를 오아시스에 비유함.

┌ (가) - ⑳ 학생 3: 응, 그리고 건강 행복 행사가 주간으로 운영되었을 때의 기대
│ 효과와 행사의 의의도 글에 포함하면 좋을 것 같아.
│ (나) ❺문단 ❶, ❷문장 학생들은 바쁜 학교생활 속에서 몸과 마음을 돌볼 수
│ 있는 기회가 필요합니다. 건강 행복 행사는 학생들에게 이러한 기회를
└ 제공하는 오아시스가 될 것입니다.

07 정답 ④ ＊고쳐쓰기의 적절성 파악하기 ············ [정답률 67%]

〈보기〉는 (나)의 4문단의 초고이다. 4문단에 반영된 수정 사항으로 적절하지 <u>않은</u>
것은?

〈 보기 〉

❶ 건강 행복 행사의 기간이 늘어나면 더 많은 학생이 프로그램에 참여할
수 있을 것입니다. ❷그래서 저도 건강 행복 행사가 정말 기대됩니다. ❸또한
행사에 대한 개인적인 기대감
[학생들이 자신의 몸 상태에 관심을 가지며 활기차게 학교생활을 할 수
있을 것입니다. ❹심리 건강 프로그램을 통해 심리적 안정과 치유의 효과도
[ ]:행사의 프로그램을 통해 얻을 수 있는 효과
얻을 수 있을 것입니다.]

┌ (나) ❹문단 건강 행복 행사가 주간으로 운영되면 더 많은 학생이 프로그램에
│ 변경되기를 희망하는 행사 기간을 구체적으로 드러냄.
│ 참여할 수 있을 것입니다. 또한 학생들이 올바른 식습관도 갖추어 나갈 수
│ 행사의 프로그램을 통해 얻을 수 있는 효과를 추가함.
│ 있고, 자신의 몸 상태에 관심을 가지며 활기차게 학교생활을 할 수 있을
│ 것입니다. 그리고 심리 건강 프로그램을 통해 불안감과 우울감 등으로
│ 앞 문장과의 연결이 자연스럽도록 연결 표현을 추가함.
└ 힘들어하는 학생들이 심리적 안정과 치유의 효과도 얻을 수 있을 것입니다.
심리 건강 프로그램의 효과를 얻을 수 있는 구체적 대상을 추가함.

▷왜 정답?

④ 심리 건강 프로그램의 효과를 보여 주는 <u>근거 자료</u>를 함께 제시
제시하지 않음.
한다.

초고와 비교할 때, (나)의 4문단은 '불안감과 우울감 등으로 힘들어하는
학생들'이라는 내용을 추가하여 심리 건강 프로그램의 효과를 얻을 수 있는 대상을
구체적으로 밝히고 있다. 하지만 심리 건강 프로그램의 효과를 보여 주는 근거 자료를
제시하지는 않았다.

▷왜 오답?

① 변경되기를 희망하는 행사 기간을 더 구체적으로 드러낸다.
'주간'이라고 하여 그 기간을 구체적으로 드러냄.

'건강 행복 행사의 기간이 늘어나면'이라고 한 초고와 비교할 때, (나)의 4문단은
'건강 행복 행사가 주간으로 운영되면'이라고 표현함으로써 변경되기를 희망하는 행사
기간을 더 구체적으로 드러내고 있다.

---

② 행사에 대한 개인적 기대감이 드러난 부분을 삭제한다.
'그래서 저도 건강 행복 행사가 정말 기대됩니다.'

③ 행사의 프로그램을 통해 얻을 수 있는 효과를 추가한다.
학생들이 올바른 식습관을 갖추어 나갈 수 있다는 효과를 추가함.

⑤ 마지막 문장과 그 앞 문장의 연결이 자연스러워지도록 적절한
연결 표현을 추가한다.
'그리고'

08~10

[작문 상황]

새로운 산업으로 주목받는 '푸드테크'에 대한 정보를 전달하는 글을
교지에 싣고자 함.
작문 주제

[학생의 초고]

① 푸드테크(FoodTech)란 식품과 기술의 합성어로, 식품의 생산,
푸드테크의 개념
유통, 소비에 이르는 전 과정에 첨단 기술을 활용하는 것을 의미한다.

② 최근 푸드테크 산업이 활성화되고 있는데, 푸드테크는 우리의 삶에
어떤 영향을 끼칠까?

〔활성화되다: 사회나 조직 등의 기능이 활발해진다.

＊①문단 요약 : 푸드테크의 개념

② 먼저, 환경적 측면에서 푸드테크는 온실가스 배출량 감소에
푸드테크에 따른 환경적 측면에서의 기대 효과
기여할 수 있다. 동물들이 내뿜는 온실가스로 인해 축산업이 지구
온난화의 주요 원인 중 하나로 지적받고 있는 상황에서, 콩이나 밀
등을 원료로 육류의 맛과 질감을 비슷하게 구현해낸 '식물성 대체육'
기술은 주목할 만한 대안이 되고 있다. 또한 식품 제조 과정에서
푸드테크의 활용 사례 ①
발생하는 부산물이 그냥 버려질 때 많은 양의 온실가스가 배출되는데,
이러한 부산물을 가공하여 다른 식품이나 원료 등을 새롭게 만들어
내는 '푸드 업사이클링' 기술을 통해 온실가스 배출을 줄일 수 있다.
푸드테크의 활용 사례 ②

온실가스: 지구 대기를 오염시켜 온실 효과를 일으키는 가스를 통틀어 이르는 말
배출량: 어떤 물질을 안에서 밖으로 내보내는 양
축산업: 가축을 기르고 그 생산물을 가공하는 산업
지구 온난화: 지구의 기온이 높아지는 현상
부산물: 주산물의 생산 과정에서 더불어 생기는 물건

＊②문단 요약 : 푸드테크가 끼치는 환경적 측면의 영향

③ 다음으로 식량 문제 측면에서 푸드테크는 식량 공급의 안정화를
통해 식량 부족 문제 해결의 대안이 될 수 있다. '스마트팜'은 농작물에
푸드테크에 따른 식량 문제 측면에서의 기대 효과   # 푸드테크의 활용 사례 ③
최적화된 온도, 습도, 토양 등을 자동으로 유지하고 원격으로 관리할
수 있는 기술을 바탕으로, 계절이나 장소에 상관없이 농작물을
안정적으로 생산할 수 있게 해 준다. 특히 기상 이변으로 농작물
생산이 위협받고 있는 요즘, 스마트팜 관련 기술이 더욱 주목받고
있다. 또한 정보 통신 기술을 활용하여 식품의 생산부터 유통, 소비의
모든 단계에서 수요와 공급을 예측하는 '스마트 푸드체인'은 생산된
푸드테크의 활용 사례 ④
식품이 소비자에게 도달할 때까지 불필요하게 버려지는 식품의 양을
줄임으로써 결과적으로 식량 공급을 안정화하는 효과를 낼 수 있다.
스마트 푸드체인 기술을 통해 기대할 수 있는 효과

원격: 멀리 떨어져 있음.
기상 이변: 보통 지난 30년간의 기상과 아주 다른 기상 현상
도달하다: 목적한 곳이나 수준에 다다르다.

＊③문단 요약 : 푸드테크가 끼치는 식량 문제 측면의 영향

❹ 마지막으로 삶의 질 측면에서 푸드테크는 첨단 공학 기술을
바탕으로 삶의 편리성을 향상시켜 준다. ❷ 로봇 산업이 발전함에 따라
　　# 푸드테크에 따른 삶의 질 측면에서의 기대 효과
'서빙 로봇'이나 '조리 로봇' 등 식품 관련 로봇도 다양하게 개발
　　# 푸드테크의 활용 사례 ⑤
되었는데, 이러한 로봇의 도입은 특히 학교 급식실과 같은 대량 조리
현장에서 노동의 효율성과 안정성을 높이는 역할을 하고 있다. ❸ 한편
AI와 빅데이터에 기반하여 개발된 '식이 설계 알고리즘'은 소비자의
　　　　　　　　　　　# 푸드테크의 활용 사례 ⑥
연령, 건강 상태, 음식 선호도 등을 분석하여 맞춤형 식단 추천이
　　　　　　　　# 식이 설계 알고리즘의 기능
가능하다.

[A]

〔연령: 사람이나 동·식물 따위가 세상에 나서 살아온 햇수

＊❹문단 요약 : 푸드테크가 끼치는 삶의 질 측면의 영향

08 　정답 ③ 　＊ 글쓰기 방법 파악하기 ⋯⋯⋯⋯⋯⋯⋯ [정답률 89%]

'학생의 초고'에 활용된 글쓰기 방식으로 적절하지 않은 것은?

⟩왜 정답?

③ 푸드테크가 발전해 온 과정을 단계별로 분석하여 서술하였다.
　　　　　　　　　　　　　나타나지 않음.

　최근 푸드테크 산업이 활성화되고 있음을 언급했을 뿐, 푸드테크가 발전해 온
과정을 단계적으로 분석하고 있지는 않다.

⟩왜 오답?

① 푸드테크의 개념을 정의하여 용어의 의미를 밝혔다.
　　식품과 기술의 합성어

[학생의 초고] ①문단 ❶문장 푸드테크(FoodTech)란 식품과 기술의 합성어로,
식품의 생산, 유통, 소비에 이르는 전 과정에 첨단 기술을 활용하는 것을
의미한다.

② 푸드테크가 활용되고 있는 사례를 제시하며 설명하였다.
　식물성 대체육, 푸드 업사이클링, 스마트팜, 스마트 푸드체인, 서빙·조리 로봇, 식이 설계 알고리즘 등

＊ 근거 : 학생의 초고 ②~④문단

④ 푸드테크에 따른 기대 효과를 여러 측면으로 나누어 설명하였다.
　　　　　　환경적 측면, 식량 문제 측면, 삶의 질 측면

[학생의 초고] ②문단 ❶문장 먼저, 환경적 측면에서 푸드테크는 온실가스 배출량
감소에 기여할 수 있다.

[학생의 초고] ③문단 ❶문장 다음으로 식량 문제 측면에서 푸드테크는 식량
공급의 안정화를 통해 식량 부족 문제 해결의 대안이 될 수 있다.

[학생의 초고] ④문단 ❶문장 마지막으로 삶의 질 측면에서 푸드테크는 첨단 공학
기술을 바탕으로 삶의 편리성을 향상시켜 준다.

⑤ 푸드테크가 우리 삶에 끼치는 영향을 묻고 답하는 방식으로
　서술하였다.
　　　1문단에서 던진 질문에 대해 2~4문단에서 답하는 방식으로 서술함.

[학생의 초고] ①문단 ❷문장 최근 푸드테크 산업이 활성화되고 있는데, 푸드테크는 우리의
삶에 어떤 영향을 끼칠까?

09 　정답 ① 　＊ 자료 활용의 적절성 파악하기 　★1등급 대비

[① 55%　② 8%　③ 7%　④ 21%　⑤ 6%]

〈보기〉는 학생이 초고를 보완하기 위해 추가로 수집한 자료이다. 자료 활용
방안으로 적절하지 않은 것은? [3점]

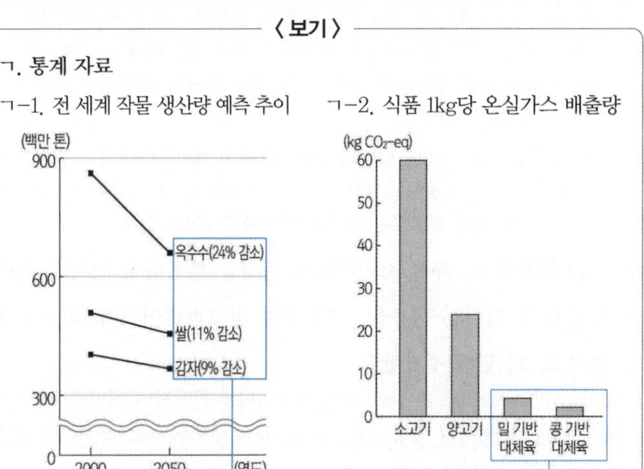

ㄴ. 전문가 인터뷰
　"대체육에는 식물성 대체육 외에 배양육도 있습니다. 배양육은
　　　　　　　　일반적 육류를 대체할 방안
동물이나 생선 등의 근육으로부터 소량의 세포를 추출한 뒤 체외에서
조직을 배양해 만드는 새로운 형태의 육류로, 기존의 일반적 육류와
유사한 맛을 낼 수 있습니다. 또한 [온실가스 배출량이 소고기를 생산할
때 배출되는 온실가스 양의 약 3분의 1 정도로 알려져 있어 친환경 미래
　　　　　　[ ] : 배양육은 소고기에 비해 생산 시 온실가스 배출량이 적음.
식품으로 주목받고 있습니다.]"

ㄷ. 신문 기사
　2023년 80억 명을 넘긴 전 세계 인구가 2050년에 약 97억 명에 이를
것으로 전망되면서 2050년에는 지금보다 두 배 이상의 식량이 필요할
　　　　　　전 세계 인구 증가 ➡ 필요한 식량의 양 증가
것으로 예측된다. 한편 평균 수명이 늘어남에 따라 고령 인구에 대한
대책이 요구되는 상황에서 '식이 설계 알고리즘'이 주목받고 있다.
[고령자나 환자 등 특별한 영양 공급이 필요한 소비자들은 질병, 식습관,
영양 상태를 체계적으로 분석하는 알고리즘을 통해 최적의 식단을
제공받을 수 있다.]
　　　　　　　[ ] : 식이 설계 알고리즘 활용의 구체적 예시

⟩왜 틀렸나?

　정답인 ①을 보면, 〈보기〉에 제시된 자료 ㄱ-1에 대한 설명이 적절하고, 스마트
푸드체인 기술과 관련해 '식품의 양을 줄이기 위해', '식량 공급 안정화' 등 학생의
초고에서 본 표현이 그대로 쓰이고 있다. 따라서 선택지의 내용 관계를 꼼꼼히 살피지
않았다면 실수하기 쉬웠다.

⟩왜 정답?

① ㄱ-1을 활용하여, 전 세계 작물 생산량의 감소 추이를, 버려지는

식품의 양을 줄이기 위해 스마트 푸드체인 기술을 활용하려면

식량 공급 안정화가 선행되어야 함을 보여 주는 근거로, 3문단에
식량 공급 안정화는 스마트 푸드체인 기술을 통해 기대할 수 있는 효과임.
제시한다.

[학생의 초고] ③문단 ❹문장 ~ '스마트 푸드체인'은 생산된 식품이 소비자에게
도달할 때까지 불필요하게 버려지는 식품의 양을 줄임으로써 결과적으로 식량
공급을 안정화하는 효과를 낼 수 있다.

　식량 공급 안정화는 스마트 푸드체인 기술을 활용하기 위해 먼저 이루어져야 하는
조건이 아니라, 스마트 푸드체인 기술을 활용한 결과와 관련된다.

　따라서 전 세계 작물 생산량이 감소할 것임을 드러내는 ㄱ-1의 자료를, 스마트
푸드체인 기술을 활용하려면 식량 공급 안정화가 선행되어야 함을 보여 주는 근거로
3문단에 제시하는 것은 적절하지 않다.

② ㄴ을 활용하여, 배양육에 대한 내용을, 식물성 대체육 이외에
대체육의 또 다른 사례
기존의 일반적 육류를 대체할 새로운 육류 생산 방법의 사례로,
2문단에 추가한다.

[학생의 초고] ②문단 ❷문장 동물들이 내뿜는 온실가스로 인해 축산업이 지구 온난화의 주요 원인 중 하나로 지적받고 있는 상황에서, 콩이나 밀 등을 원료로 육류의 맛과 질감을 비슷하게 구현해낸 '식물성 대체육' 기술은 주목할 만한 대안이 되고 있다.

〈보기〉의 ㄴ은 대체육의 또 다른 유형인 배양육의 개념과 특징을 설명하고 있는 자료이다. 따라서 ㄴ은 식물성 대체육 이외에도 기존의 일반적 육류를 대체할 새로운 육류 생산 방법이 있음을 보여 주는 사례로 2문단에 추가할 수 있다.

③ ㄷ을 활용하여, 특정 소비자들의 특성을 분석하여 최적의 식단을
고령자나 환자 등 특별한 영양 공급이 필요한 소비자들
제공할 수 있다는 내용을, 식이 설계 알고리즘이 활용되는 구체적
예시로, 4문단에 추가한다.

[학생의 초고] ④문단 ❸문장 한편 AI와 빅데이터에 기반하여 개발된 '식이 설계 알고리즘'은 소비자의 연령, 건강 상태, 음식 선호도 등을 분석하여 맞춤형 식단 추천이 가능하다.

〈보기〉의 ㄷ은 식이 설계 알고리즘을 활용하면 고령자나 환자 등 특정 소비자들의 특성에 맞는 최적의 식단을 제공할 수 있음을 설명하는 자료이다. 따라서 ㄷ은 식이 설계 알고리즘이 활용되는 구체적인 예시로 4문단에 추가할 수 있다.

④ ㄱ-1과 ㄷ을 활용하여, 인구 증가에 따라 필요한 식량의 양은
2050년에는 지금보다 두 배 이상의 식량이 필요할 것으로 예측됨.
증가하고 있지만 작물 생산량은 감소하고 있다는 내용을, 식량
부족 문제 해결의 대안으로서 푸드테크가 주목받는 이유로,
3문단에 제시한다.

[학생의 초고] ③문단 ❶문장 다음으로 식량 문제 측면에서 푸드테크는 식량 공급의 안정화를 통해 식량 부족 문제 해결의 대안이 될 수 있다.

〈보기〉의 ㄱ-1은 2050년까지 전 세계 작물 생산량이 지속적으로 감소하는 추이를 보여 주고, ㄷ은 전 세계 인구 증가에 따라 2050년에 필요한 식량의 양이 지금보다 두 배 이상 늘어날 것임을 설명하는 자료이다. 따라서 ㄱ-1과 ㄷ을 식량 부족 문제 해결의 대안으로서 푸드테크가 주목받는 이유로 3문단에 제시할 수 있다.

매력 오답 〈보기〉의 ㄱ-1과 ㄷ에서 확인할 수 있는 정보가 '식량 부족 문제 해결의 대안으로서 푸드테크가 주목받는 이유'와 어떤 식으로 연결되는지를 파악하지 못한 학생들이 많았다.

학생의 초고에서 푸드테크는 식량 공급을 안정화할 수 있다고 했다. 따라서 필요한 식량의 양은 증가하는 데 반해 작물 생산량은 감소하고 있는 문제 상황에서, 푸드테크는 그 원인을 해결하는 데 도움이 될 수 있다. 그러므로 두 자료를 활용하여 푸드테크가 '식량 부족 문제 해결의 대안'으로 주목받는 이유를 설명할 수 있는 것이다.

⑤ ㄱ-2와 ㄴ을 활용하여, 기존의 일반적 육류와 대체육을 생산할 때
발생하는 온실가스 배출량의 차이를, 대체육이 온실가스 배출
대체육 생산 시 발생하는 온실가스 배출량이 현저하게 적음.
감축에 효과적이라는 내용의 근거로, 2문단에 제시한다.

* 근거: [학생의 초고] ②문단 ❷문장

〈보기〉의 ㄱ-2는 기존의 일반적 육류와 비교할 때, 식물성 대체육의 온실가스 배출량이 훨씬 적음을 보여 주고, ㄴ은 대체육의 또 다른 유형인 배양육 역시 생산 과정에서 배출되는 온실가스 양이 소고기에 비해 적음을 설명하는 자료이다. 따라서 ㄱ-2와 ㄴ을 대체육이 온실가스 배출 감축에 효과적이라는 내용의 근거로 2문단에 제시할 수 있다.

---

10 정답 ④ ＊조건에 따라 내용 생성하기 ·············· [정답률 95%]

다음은 학생이 초고를 작성하며 떠올린 생각이다. 이를 고려할 때 [A]에 들어갈 내용으로 가장 적절한 것은?

> 마지막 문단에는 푸드테크의 발전 전망을 밝히고, 독자들의 관심을
> 조건 a   조건 b
> 촉구하는 내용을 써야겠어.

④ 푸드테크는 첨단 기술이 발전함에 따라 더욱 성장할 것으로
푸드테크의 발전 전망 – 조건 a 충족
보인다. 푸드테크가 우리 삶에 가져올 긍정적 영향에 주목하여
우리도 푸드테크에 더 관심을 가져야 하지 않을까?
독자들의 관심 촉구 – 조건 b 충족

① 푸드테크는 식품에 대한 기존의 인식을 바꾸며 친환경적 식품에
푸드테크의 의의 – 조건 a 충족
대한 관심을 높였다. 우리도 푸드테크에 관심을 가지고 친환경적
식습관을 실천해 보면 어떨까?
독자들의 관심 촉구 – 조건 b 충족

② 미래 식품 산업의 핵심 분야로 푸드테크가 급속하게 성장하고
푸드테크의 현황
있다. 관련 기술 개발을 위한 제도적 지원을 강화하여 이러한
기술 개발을 위한 제도적 지원 강화의 필요성
변화에 발맞추어 나가야 하지 않을까? – 조건 a, b 모두 충족×

③ 식품에 기술을 적용한 푸드테크는 식품 안전성 측면에서 우려가
푸드테크와 관련해 우려되는 점
된다. 푸드테크의 발전 과정에서 초래될 수 있는 문제를 고려하여
문제 해결을 위한 노력의 필요성
이를 개선하려는 노력이 필요하지 않을까? – 조건 a, b 모두 충족×

⑤ 푸드테크에 대한 소비자의 기대가 커지면서 푸드테크를 활용한
푸드테크 관련 현황
개인 맞춤형 서비스가 더욱 발전하고 있다. 식품 업체도 소비자의
요구에 맞는 식품 생산에 집중해야 하지 않을까? – 조건 a, b 모두 충족×
식품 업체에 요구되는 자세

11~12 ＊음운 변동의 결과와 표기 반영 ─────────

출제

1 음운 변동은 음운 변동의 결과가 표기에 반영되는 경우와 반영되지 않는 경우가 있다. 음운 변동의 결과가 표기에 반영되는 경우에는 유음 탈락이 있다. 유음 탈락은 특정 음운 환경에서 유음
유음 탈락의 개념
'ㄹ'이 탈락하는 음운 현상으로, 다른 탈락 현상에 비하여 적용되는 환경이 더 다양하다는 특징을 갖는다.

＊1문단 요약: 음운 변동의 결과가 표기에 반영되는 유음 탈락

2 먼저, [ㄹ로 끝나는 용언의 어간 뒤에 'ㄴ, ㅂ, ㅅ'으로 시작하는
[ ]: 유음 탈락이 일어나는 환경 ①
어미가 결합하거나 어미 '-오'가 결합할 때 유음이 규칙적으로
탈락한다.] 예를 들면, '알다'의 어간 '알-'에 'ㄴ, ㅂ, ㅅ'으로 시작하는
어미가 결합할 때 '아는', '압시다', '아신다'와 같이 'ㄹ'이 탈락한
알-+-는 → 아는 / 알-+-ㅂ시다 → 압시다 / 알-+-시-+-ㄴ다 → 아신다
형태로 나타나고 '팔다'의 어간 '팔-'에 어미 '-오'가 결합할 때 '파오'와
팔-+-오 → 파오
같이 'ㄹ'이 규칙적으로 탈락하는 현상이 일어난다.

＊2문단 요약: 'ㄹ'로 끝나는 용언의 어간이 활용할 때의 유음 탈락

③ 단어의 형성 과정에서 어근과 어근이 결합한 합성어나 어근과 접사가 결합한 파생어가 형성될 때 'ㄴ, ㄷ, ㅅ, ㅈ' 앞에서 유음이 탈락하는 예도 있다. 이 경우, '버드나무'나 '바느질'과 같은 사례에서 확인할 수 있는 것처럼 'ㄹ'이 탈락한다. 그러나 '발등', '철새'와 같은 단어에서는 'ㄹ'이 탈락하지 않는 것처럼 [단어의 형성 과정에서의 유음 탈락은 동일한 음운 환경에 놓여 있다 하더라도 항상 일어나는 것은 아니다.]

\# [ ]: 유음 탈락이 일어나는 환경 ②
버들+나무➡버드나무   바늘+-질➡바느질
발+등➡발등, 철+새➡철새
\# [ ]: 단어 형성 과정에서의 유음 탈락은 필수적으로 일어나는 현상이 아님.
*③문단 요약: 단어 형성 과정에서의 유음 탈락

④ 음운 변동의 결과가 표기에 반영되지 않는 경우로는 'ㅎ' 탈락과 거센소리되기 현상을 들 수 있다. 먼저, 'ㅎ' 탈락은 'ㅎ'으로 끝나는 용언의 어간 뒤에 모음으로 시작하는 형식 형태소가 결합할 때 받침 'ㅎ'이 탈락하는 현상으로, '낳아[나아]', '쌓이다[싸이다]'와 같이 'ㅎ'의 탈락이 일어난다. 'ㅎ' 탈락은 '많아[마나]'와 같이 'ㅎ'이 겹받침의 일부에 있을 때 뒤 음절과 연음되는 환경에서도 일어난다. 또한, 거센소리되기 현상은 'ㅎ'과 예사소리 'ㄱ, ㄷ, ㅂ, ㅈ'이 만나 거센소리인 'ㅋ, ㅌ, ㅍ, ㅊ'으로 축약되는 현상으로, '법학[버팍]', '좋지[조치]'와 같은 예에서 확인할 수 있다.

\# [ ]: 'ㅎ' 탈락의 개념
낳-+-아 / 쌓-+-이-+-다
많-+-아
\# 거센소리되기 현상의 개념
ㅂ+ㅎ ➡ ㅍ
ㅈ+ㅎ ➡ ㅊ
*④문단 요약: 음운 변동의 결과가 표기에 반영되지 않는 'ㅎ' 탈락과 거센소리되기 현상

■ 이것이 핵심!: 음운의 변동 결과와 표기 반영

①문단	음운 변동의 결과가 표기에 반영되는 유음 탈락 유음 탈락: 특정 음운 환경에서 유음 'ㄹ'이 탈락하는 음운 현상
②문단	'ㄹ'로 끝나는 용언의 어간이 활용할 때의 유음 탈락 'ㄹ'로 끝나는 용언의 어간 + 'ㄴ, ㅂ, ㅅ'으로 시작하는 어미 or 어미 '-오' ➡ 유음이 규칙적으로 탈락함. 예 알-+-는 → 아는, 알-+-ㅂ시다 → 압시다, 알-+-시-+-ㄴ다 → 아신다, 팔-+-오 → 파오
③문단	단어 형성 과정에서의 유음 탈락 합성어나 파생어가 형성될 때, 'ㄹ'+'ㄴ, ㄷ, ㅅ, ㅈ' ➡ 유음이 불규칙적으로 탈락함. 예 버들+나무 → 버드나무, 바늘+-질 → 바느질 (ㄹ이 탈락함.) 발+등 → 발등, 철+새 → 철새 (ㄹ이 탈락하지 않음.)
④문단	음운 변동의 결과가 표기에 반영되지 않는 'ㅎ' 탈락과 거센소리되기 현상
	'ㅎ' 탈락: 'ㅎ'으로 끝나는 용언의 어간 뒤에 모음으로 시작하는 형식 형태소가 결합할 때 받침 'ㅎ'이 탈락하는 현상 예 낳-+-아 → 낳아[나아], 쌓-+-이-+-다 → 쌓이다[싸이다], 많-+-아 → 많아[마나]
	거센소리되기 현상: 'ㅎ'과 예사소리 'ㄱ, ㄷ, ㅂ, ㅈ'이 만나 거센소리인 'ㅋ, ㅌ, ㅍ, ㅊ'으로 축약되는 현상 예 법학[버팍], 좋지[조치]

11 정답 ② * 음운의 변동 파악하기 ·················· [정답률 78%]

윗글을 이해한 내용으로 적절한 것은?

왜 정답?

② 유음 탈락은 용언의 활용 과정이나 단어의 형성 과정에서 일어날 수 있다.

'아는, 압시다, 아신다, 파오' 등   '버드나무, 바느질' 등
②문단 ❶문장 먼저, 'ㄹ'로 끝나는 용언의 어간 뒤에 'ㄴ, ㅂ, ㅅ'으로 시작하는 어미가 결합하거나 어미 '오'가 결합할 때 유음이 규칙적으로 탈락한다.
③문단 ❶문장 단어의 형성 과정에서 어근과 어근이 결합한 합성어나 어근과 접사가 결합한 파생어가 형성될 때 'ㄴ, ㄷ, ㅅ, ㅈ' 앞에서 유음이 탈락하는 예도 있다.

왜 오답?

① 유음 탈락은 동일한 음운 환경에서 필수적으로 일어나는 현상이다.
항상 일어나는 현상이 아님.
③문단 ❸문장 그러나 '발등', '철새'와 같은 단어에서는 'ㄹ'이 탈락하지 않는 것처럼 단어의 형성 과정에서의 유음 탈락은 동일한 음운 환경에 놓여 있다 하더라도 항상 일어나는 것은 아니다.

③ 'ㄹ'로 끝나는 용언의 어간이 모음으로 시작하는 어미와 결합하는 경우에는 'ㄹ'이 탈락하지 않는다.
-오 / 탈락함.
②문단 ❶, ❷문장 먼저, 'ㄹ'로 끝나는 용언의 어간 뒤에 ~ 어미 '-오'가 결합할 때 유음이 규칙적으로 탈락한다. 예를 들면, ~ '팔다'의 어간 '팔-'에 어미 '-오'가 결합할 때 '파오'와 같이 'ㄹ'이 규칙적으로 탈락하는 현상이 일어난다.

④ 'ㅎ'의 탈락은 'ㅎ'으로 끝나는 용언의 어간 뒤에 자음으로 시작하는 어미가 결합하는 경우에 일어난다.
모음
④문단 ❷문장 먼저, 'ㅎ' 탈락은 'ㅎ'으로 끝나는 용언의 어간 뒤에 모음으로 시작하는 형식 형태소가 결합할 때 받침 'ㅎ'이 탈락하는 현상으로, ~

⑤ 'ㅎ'이 탈락하는지, 'ㅎ'과 다른 자음이 만나 축약되는지에 따라 음운 변동 결과의 표기 반영 여부가 달라진다.
'ㅎ' 탈락   거센소리되기 현상   달라지지 않는다.
④문단 ❶문장 음운 변동의 결과가 표기에 반영되지 않는 경우로는 'ㅎ' 탈락과 거센소리되기 현상을 들 수 있다.

12 정답 ① * 음운의 변동 파악하기 ★1등급 대비

[① 47% ② 4% ③ 17% ④ 25% ⑤ 4%]

윗글을 바탕으로 〈자료〉를 탐구한 내용으로 적절하지 <u>않은</u> 것은?

〈 자료 〉
○ 저는 이 집에 ⓐ 삽니다. → 유음 탈락
   살-(어간) + -ㅂ니다(어미)
○ 나의 모습을 잊지 ⓑ 마오. → 유음 탈락
   말-(어간) + -오(어미)
○ 과녁에 ⓒ 화살을 쏘았다. → 유음 탈락
   활(어근) + 살(어근)
○ ⓓ 좋은[조은] 물건을 고르자. → ㅎ 탈락
   좋-(어간) + -은(어미)
○ ⓔ 국화[구콰]가 많이 피었다. → 거센소리되기 현상
   ㄱ+ㅎ ➡ ㅋ

단서+발상

단서 윗글은 음운 변동 현상 중 'ㄹ' 탈락, 'ㅎ' 탈락, 거센소리되기 현상의 결과와 각각의 표기 반영 여부에 대해 다루고 있음.
발상 자료에 제시된 ⓐ~ⓔ의 형태소를 분석하거나 함께 적힌 발음을 참고하여 각각 어떤 음운 변동 현상과 관련 있는지 파악함.
해결 ⓐ '삽니다'의 어간은 '살다'의 '살-'이며, '-ㅂ니다'가 어미에 해당함. 즉 용언 어간 '살-'에 'ㅂ'으로 시작하는 어미 '-ㅂ니다'가 결합하는 과정에서 'ㄹ'이 탈락하는 유음 탈락이 일어남.

왜 정답?

① ⓐ는 '살다'의 어간 '살-'에 ~~ㄴ~~ㅂ으로 시작하는 어미가 결합하여 'ㄹ'이 탈락하는 경우에 해당하는군.
ⓐ '삽니다'는 '살다'의 어간 '살-'에 어미 '-ㅂ니다'가 결합할 때 'ㄹ'이 탈락한 경우이다. 즉 어간에 'ㄴ'으로 시작하는 어미가 아니라, 'ㅂ'으로 시작한 어미가 결합할 때 유음 탈락이 일어난 것이다.

왜 오답?

② ⓑ는 '말다'의 어간 '말-'에 어미 '-오'가 결합하여 'ㄹ'이 탈락하는 경우에 해당하는군.
'ㄹ'로 끝나는 용언 어간 뒤에 어미 '-오'가 결합함.
* 근거: ②문단 ❶, ❷문장

③ ⓒ는 두 개의 어근인 '활'과 '살'이 결합할 때 'ㅅ' 앞에서 'ㄹ'이
합성어가 형성될 때 'ㅅ' 앞에서 유음이 탈락함.
탈락하는 경우에 해당하는군.

＊근거: ③문단 ❶문장

④ ⓓ가 [조은]으로 발음되는 것은 'ㅎ'으로 끝나는 용언의 어간 뒤에
모음으로 시작하는 어미가 결합했기 때문이겠군.
형식 형태소

＊근거: ④문단 ❷문장

ⓓ '좋은'은 'ㅎ'으로 끝나는 용언의 어간 '좋-'에 모음으로 시작하는 어미 '-은'이
결합할 때, 받침 'ㅎ'이 탈락하면서 [조은]으로 발음된다.

> **매력 오답** '모음으로 시작하는 어미'가 형식 형태소임을 알지 못했다면 ④를 적절하지
> 않은 내용으로 오해했을 수 있다. '-은'은 모음으로 시작하는 어미이자 형식
> 형태소이므로, '좋은'은 'ㅎ' 탈락이 일어나는 조건에 해당해 [조은]으로 발음하게 된다.
> 평소에 반복 학습을 통해 문법 용어의 개념은 정확히 숙지해 두어야 한다.

⑤ ⓔ가 [구콰]로 발음되는 것은 예사소리 'ㄱ'과 'ㅎ'이 만나 축약
거센소리되기 현상
되었기 때문이겠군.

＊근거: ④문단 ❹문장

13 정답 ④ ＊ 시간 표현 파악하기 ·························· [정답률 85%]

〈학습 활동〉을 수행한 결과로 적절하지 않은 것은?

〈 학습 활동 〉

시제 \ 품사	동사	형용사
과거	-(으)ㄴ, 던	-던
현재	-는	-(으)ㄴ
미래	-(으)ㄹ	-(으)ㄹ

위 표는 시제별로 다르게 나타나는 동사와 형용사의 관형사형 어미를
보여 준다. 이를 바탕으로 다음 [자료]의 용언을 활용하여 시제에 맞게
문장을 만들어 보자.

[자료]

자다, 푸르다, 깨끗하다, 읽다, 떠나다
동사　형용사　형용사　동사　동사

> **왜 정답 ?**

	시제	문장
④	현재 / 과거	[오늘 읽은] 책은 참 흥미롭네. 동사 어간 '읽-' + 관형사형 어미 '-(으)ㄴ'

'읽은'은 동사 '읽다'의 어간 '읽-'에 관형사형 어미 '-은'이 결합한 경우이므로 과거
시제이다.
현재 시제를 나타내기 위해서는 어간 '읽-'에 관형사형 어미 '-는'이 결합하여
'읽는'으로 활용해야 한다.

> **왜 오답 ?**

① 과거　[내가 잔] 곳은 그 방이 아니다.
동사 어간 '자-' + 관형사형 어미 '-(으)ㄴ'

② 과거　[푸르던] 하늘이 지금은 뿌옇다.
형용사 어간 '푸르-' + 관형사형 어미 '-던'

③ 현재　우리 교실은 [깨끗한] 상태이다.
형용사 어간 '깨끗하-' + 관형사형 어미 '-(으)ㄴ'

⑤ 미래　[아홉 시에 떠날] 기차를 타자.
동사 어간 '떠나-' + 관형사형 어미 '-(으)ㄹ'

14 정답 ④ ＊ 높임 표현 파악하기 ·························· [정답률 57%]

〈보기〉의 '탐구 과정'에 따라 ㉮~㉰에 들어갈 예로 적절하지 않은 것은? [3점]

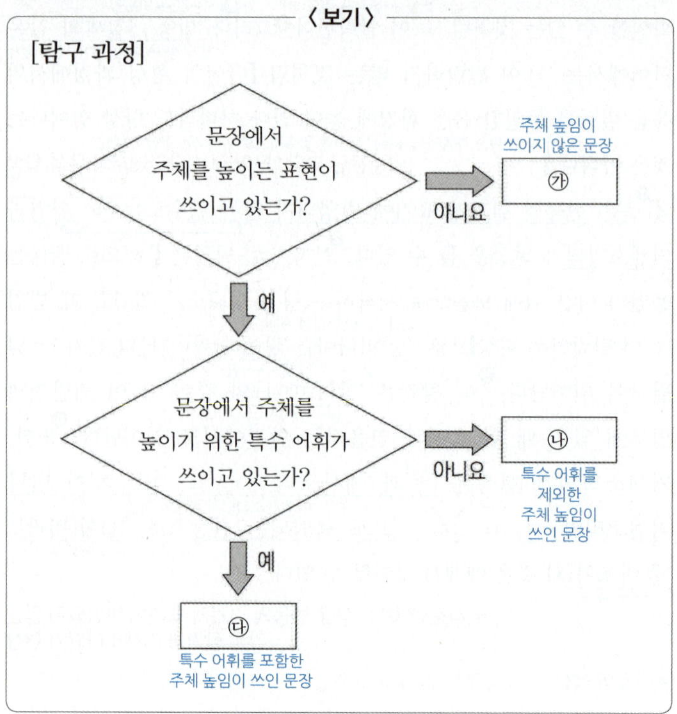

> **왜 정답 ?**

④ ㉯: 동생은 그때 선생님께 편지를 쓰고 있었어요.
㉮　　　객체 높임의 부사격 조사 '께'

'선생님께'에서 '께'는 객체인 '선생님'을 높이는 부사격 조사이다. 주체인 '동생'을
높이는 표현은 사용되지 않았으므로, ㉯가 아니라 ㉮에 해당하는 예이다.

> **왜 오답 ?**

① ㉮: 형은 고모를 뵙고 많은 이야기를 나누었다.
객체 높임의 특수 어휘 '뵙다'

'뵙다'는 객체인 고모를 높이는 특수 어휘이다. 주체인 '형'을 높이는 표현은 사용되지
않았으므로, ㉮에 들어갈 예로 적절하다.

② ㉮: 그는 산책을 하기 위해서 공원에 갔습니다.
주체

주체인 '그'를 높이는 조사나 선어말 어미 등이 사용되지 않았으므로, ㉮에 들어갈
예로 적절하다.

③ ㉯: 아버지, 옷을 따뜻하게 갖춰 입으셔야 해요.
입- + -으시- + -어야 / 주체 높임의 선어말 어미 '-(으)시'

'입으셔야'에서 '-으시-'는 주체인 아버지를 높이는 선어말 어미이다. 이 외에
주체를 높이는 특수 어휘는 사용되지 않았으므로, ㉯에 들어갈 예로 적절하다.

⑤ ㉰: 할머니께서는 어느 방에서 주무시니?
주체 높임의 주격 조사 '께서'　　　주체 높임의 특수 어휘 '주무시다'

'할머니께서는'에서 '께서'는 주체인 할머니를 높이는 주격 조사이고, '주무시다'도
주체인 할머니를 높이는 특수 어휘이다. 특수 어휘에 의한 주체 높임 표현이 쓰인
문장이므로, ㉰에 들어갈 예로 적절하다.

〈보기〉를 통해 중세 국어의 특징을 탐구한 내용으로 적절하지 <u>않은</u> 것은?

─────────── 〈 보기 〉 ───────────

부텨 + ㅣ
○ **부톄 안즈시니**
　앉-(어간) + -ᄋᆞ시니(어미)
　[부처가 앉으시니]

　　　　　　　　　　　　　　　　　　　　－《월인천강지곡》

○ **보미** 왯ᄂᆞᆫ 萬里옛 나그내ᄂᆞᆫ
　봄(체언) + 이(부사격 조사)
　[봄에 와 있는 만 리 밖의 나그네는]

　　　　　　　　　　　　　　　　　　　　－《두시언해》

　　　　　　　뫼ㅎ('ㅎ' 종성 체언) + 에(부사격 조사)
○ 고기 **뛰노니** 히 **뫼헤** 비취엿도다
　뛰노-(어간) + -니(어미)
　[물고기 뛰노니 해가 산에 비치어 있도다]

　　　　　　　　　　　　　　　　　　　　－《두시언해》

 **단서＋발상**

단서 중세 국어 문장과 현대어 풀이를 비교하여 중세 국어의 특징을 파악해야 함.

발상 '보미'는 현대어 풀이 '봄에'와 대응되며, 뒤에 오는 용언 '왯ᄂᆞᆫ'의 내용을 꾸며 주는 역할을 하고 있음.

해결 '보미'는 '봄 + 이'로, 이때 '이'는 관형격 조사가 아니라 부사격 조사임.

＞왜 정답？

③ '**보미**'를 보니 현대 국어와 달리 **관형격** 조사 '이'가 쓰였음을 알 수
　봄(체언) + 이(부사격 조사)　　　　　　부사격
있군.

　'보미(봄에)'는 '왯ᄂᆞᆫ(와 있는)'과 호응하는 부사어이므로 '보미'의 '이'는 부사격 조사이다. 중세 국어에서 '이'는 앞말에 붙어 시간이나 처소를 나타내는 역할을 하는 부사격 조사로도 쓰였다.

＞왜 오답？

① '**부톄**'를 보니 현대 국어와 달리 주격 조사 '**ㅣ**'가 쓰였음을 알 수
　앞말이 모음 'ㅣ'나 반모음 'ㅣ' 이외의 모음으로 끝날 때 쓰임.
있군.

　'부톄(부처가)'는 '부텨'에 주격 조사 'ㅣ'가 결합한 것으로, 중세 국어에는 현대 국어와 달리 주격 조사 'ㅣ'의 형태가 쓰였다.

② '**안즈시니**'를 보니 현대 국어와 달리 이어 적기를 하였음을 알 수
　음절의 종성을 다음 자의 초성으로 내려서 쓰는 표기법
있군.

　'안즈시니(앉으시니)'는 동사 어간 '앉-'에 어미 '-ᄋᆞ시니'가 결합하여 이어 적기가 된 것이다. 중세 국어에는 현대 국어와 달리 이어 적기 방식이 널리 사용되었다.

④ '**뛰노니**'를 보니 현대 국어와 달리 어두자음군이 존재하였음을
　단어의 첫머리에 오는 둘 또는 그 이상의 자음의 연속체
알 수 있군.

　'뛰노니(뛰노니)'에서 '뛰'의 'ㄸ'을 통해 단어 첫머리에 두 자음이 나란히 놓이는 어두자음군이 존재하였음을 알 수 있다.

⑤ '**뫼헤**'를 보니 현대 국어와 달리 '**ㅎ**' 종성 체언이 사용되었음을
　중세 국어에서 'ㅎ'을 말음으로 가지는 체언
알 수 있군.

　'뫼헤(산에)'는 'ㅎ' 종성 체언인 '뫼ㅎ'에 부사격 조사 '에'가 결합한 것이다.

매력 오답 '뫼헤'(산에)는 뒤에 오는 용언 '비취엿도다'의 내용을 꾸며 주고 있으므로 부사어에 해당한다. 그러므로 '뫼ㅎ(체언) + 에(부사격 조사)'로 형태소를 분석할 수 있으며, 'ㅎ' 종성 체언인 '뫼ㅎ'가 사용되었음을 확인할 수 있다.

16~21

(가) 샤프츠베리 미학의 핵심 개념과 특징

＃ 출제　⬭ 글 전체 핵심어　▨ 글 전체 중심 문장

1 ❶ 샤프츠베리는 근대 미학의 기초를 마련한 인물로 ⓐ 간주된다. ❷ (그의 미학)은 초월적 신의 존재가 모든 것에 우선한다는 형이상학적
＃ 샤프츠베리의 미학은 신의 존재를 인정함.
전제를 바탕으로 한다. ❸ 온 우주가 신의 피조물이라고 보았던 샤프츠베리는 우주의 속성인 질서, 균형, 조화를 지닌 대상을
＃ 신이 만든 우주의 원리를 미의 본질로 여김.
아름답다고 여겼으며 그가 생각하는 미는 대상 속에 실재하는 형식적 성질로부터 기인하는 것이었다.

미학: 자연이나 인생 및 예술 따위에 담긴 미의 본질과 구조를 해명하는 학문
형이상학: 사물의 본질, 존재의 근본 원리를 사유나 직관에 의하여 탐구하는 학문
피조물: 조물주에 의하여 만들어진 모든 것
기인하다: 어떠한 것에 원인을 두다.

✳ **①문단 요약** : 형이상학적 전제를 바탕으로 하는 샤프츠베리의 미학

2 ❶ 샤프츠베리가 가지고 있는 또 다른 형이상학적 전제는 미의 위계성이다. ❷ 그는 대상이 지닌 형성력을 기준으로 미를 3등급으로
　　　　　　　　　미의 위계성을 구분하는 기준
나누었다. ❸[모든 것을 만들 수 있는 형성력을 지닌 존재인 신을 가장
＃[ ] : 샤프츠베리가 주장한 미의 위계성 – 신 > 인간 > 물질적 대상
높은 등급으로 보았고, 신에 의해서 형성되어 예술품과 같은 아름다운
＃ 샤프츠베리가 규정하는 인간의 특징
것도 형성할 수 있는 인간을 그다음 등급으로, 예술품과 같이 형성된 결과물에 해당하는 물질적 대상은 가장 낮은 등급으로 보았다.] ❹ 그는 하위 등급은 언제나 상위 등급으로부터 기인한다고 강조하면서, 물질적 대상보다는 인간이, 인간보다는 신이 더 아름답다고 말했다.

〔**위계**: 지위나 계층 따위의 등급

✳ **②문단 요약** : 대상이 지닌 형성력을 기준으로 한 미의 위계성

3 ❶ 그렇다면 샤프츠베리는 미적 경험에 있어서 인간이 어떻게 미를 감지한다고 보았을까? ❷ 샤프츠베리는 이를 설명하기 위해 인간이 신으로부터 받은 자연적 본능인 '취미'를 제시한다. ❸ ⊙ 취미는 미를
＃ '취미'는 인간이 초월적 존재인 신으로부터 부여받은 특성임.
감각하는 하나의 독립적인 내감이자 미를 판단하는 능력으로서, 감각
＃ 취미의 개념
기관이 대상의 맛, 색깔 등을 즉각적으로 감지하는 것처럼 취미도 대상을 접하는 순간 즉각적으로 미를 판단해 낸다는 것이다. ❹ 그런데 취미는 자연적 본능임에도 문화권이나 사람에 따라 미적 판단이
＃ 취미의 특징 ①
달라질 수 있다. ❺ 샤프츠베리는 그 이유를 본능이 왜곡되기 때문이라고
＃ 문화권이나 사람에 따라 미적 판단이 달라지는 이유
보았다. ❻ 취미는 본능이므로 인간의 노력으로 새롭게 얻을 수는
＃ 취미는 타고난 것으로, 후천적으로 새로 얻을 수 없음.
없지만, 사회적 영향에 따라 ⓑ 발현되는 양상이 달라질 수 있다는 것이다. ❼ 따라서 취미가 제대로 발현되기 위해서는 교육이나 계발이
＃ 취미의 특징 ②
필요하다고 보았다.

감지하다: 느끼어 알다.
내감: 내부 감각
왜곡되다: 사실과 다르게 해석되거나 그릇되게 하다.
발현되다: 속에 있거나 숨은 것이 밖으로 나타나다.

✳ **③문단 요약** : 미를 감각하고 판단하는 능력인 '취미'

4 ❶ 한편 취미의 반응이 즉각적이라는 점은 미적 판단이 우리의 이익과 무관한 것임을 시사하는데 이와 관련하여 샤프츠베리는 무관심성이라는 개념을 제시했다. ❷ 무관심성이란 대상에 대해 무신경한

2025. 9
7회

태도를 취하는 것이 아니라 사적 욕망으로부터 벗어나는 것을 의미한다. ❸이는 미적 경험의 주체인 인간이 대상의 도구적 가치에 주목하거나 대상에 대한 소유욕을 갖는 것에서 벗어나 대상 그 자체가 지닌 미적 성질, 즉 내재적 가치에 주목해야 대상의 아름다움을 관조할 수 있다는 점을 강조한 것이다.

무관심성의 개념
'무관심성'에 맞지 않는 태도 ①
'무관심성'에 맞지 않는 태도 ②
'무관심성'의 구체적 의미

시사하다: 어떤 사실을 넌지시 드러내거나 간접적으로 예고하다.
무신경하다: 남의 감정이나 이목 따위를 고려하지 않고 어떤 자극에도 반응이 없다.
내재적: 어떤 현상이 안에 존재하는 것
관조하다: 고요한 마음으로 사물이나 현상을 관찰하거나 비추어 보다.

*4문단 요약 : 대상의 내재적 가치에 주목하는 '무관심성'

■ (가) 전체 지문 이해도

* 샤프츠베리 미학의 핵심 내용

미의 위계성	대상이 지닌 형성력을 기준으로 신 > 인간 > 물질적 대상 순으로 위계를 구분함.
취미	미를 감각하는 독립적 내감, 미를 판단하는 능력 본능이 왜곡되므로, 문화권이나 사람에 따라 미적 판단이 달라질 수 있음. → 제대로 발현되려면 교육이나 계발이 필요함.
무관심성	대상에 대한 사적 욕망에서 벗어나 대상의 내재적 가치에 주목하는 태도

■ (가) 지문 내용과 구조

1문단	형이상학적 전제를 바탕으로 하는 샤프츠베리의 미학: 온 우주가 신의 피조물이므로, 우주의 속성인 질서, 균형, 조화를 지닌 대상을 아름답다고 여김.	
2문단	대상이 지닌 형성력을 기준으로 한 미의 위계성	
	① 신	모든 것을 만들 수 있는 형성력을 지님.
	② 인간	신에 의해 형성되었으며, 예술품 같은 아름다운 것을 형성할 수 있음.
	③ 물질적 대상	예술품과 같이 형성된 결과물에 해당하는 것
3문단	미를 감각하고 판단하는 능력인 '취미' – 대상을 접하는 순간 '취미'가 즉각적으로 미를 판단해 냄. – 자연적 본능이지만 왜곡될 수 있으므로 문화권, 사람에 따라 미적 판단이 달라지게 됨. → 제대로 발현되려면 교육이나 계발이 필요함.	
4문단	대상의 내재적 가치에 주목하는 '무관심성' – 대상에 대한 사적 욕망으로부터 벗어나는 것 = 대상 그 자체가 지닌 미적 성질에 주목함으로써 대상의 아름다움을 관조함.	

1문단 형이상학적 전제를 바탕으로 하는 샤프츠베리의 미학	2문단 대상이 지닌 형성력을 기준으로 한 미의 위계성	3문단 미를 감각하고 판단하는 능력인 '취미'	4문단 대상의 내재적 가치에 주목하는 '무관심성'

■ (가) 주제 : 미적 경험과 판단에 대한 샤프츠베리의 미학

(나) 존 듀이의 '하나의 경험'과 예술

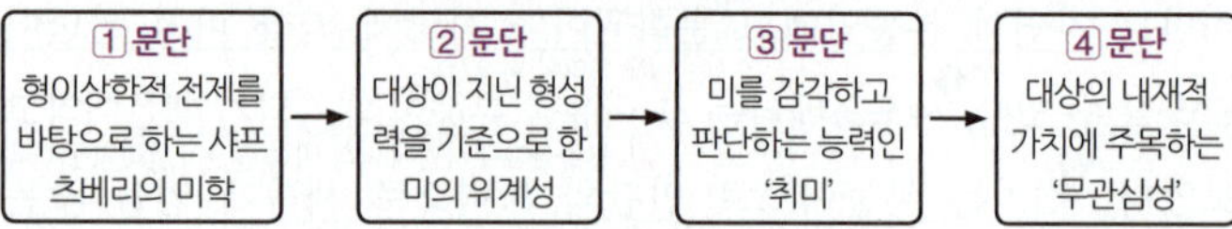

① ○존 듀이는 인간을 자연의 일부이자 환경과 긴밀하게 연결되는 유기체로 보았다. ❷그래서 경험의 주체인 인간은 환경과 같은 경험 대상에 적응할 뿐만 아니라 그 대상을 자신에게 적응시키는 과정을 반복하며 경험을 생성한다고 보았다.

듀이가 규정하는 인간의 특징

유기체: 많은 부분이 일정한 목적 아래 통일·조직되어 그 각 부분과 전체가 필연적 관계를 가지는 조직체

*1문단 요약 : 경험 주체로서의 인간에 관한 존 듀이의 견해

② ❶듀이는 [어떤 경험의 시작부터 의도된 목적이 ⓒ달성되는 완결에 이르기까지, 경험을 이루는 행위들이 온전하게 이어지는 경험을 '하나의 경험']이라고 하였다. ❷듀이는 이렇게 경험을 이루는 각 행위가 서로 긴밀히 연결되어 경험이 완결되면 하나로 통합된 단일체가 된다고 말했다. ❸'하나의 경험'이 단일체가 될 수 있는 것은 ⓛ질성으로 묶여 있기 때문이다. ❹질성이란 경험 주체가 어떠한 경험 상황에서 직접 포착하는 것으로, 경험 상황만이 가진 고유하며 독특한 성질을 의미한다. ❺가령, [가족과 함께 식사를 한 후 자신이 포착한 그 식사의 지배적인 특징이 풍성함이었다면 풍성함이 그 식사의 질성이 된다. ❻만약 다른 가족 구성원에게는 우아함이 지배적인 특징이었다면 우아함이 그 식사의 질성이 된다.] ❼이와 같이 질성은 경험 주체가 경험 대상과 상호 작용한 결과로 나타나기에 같은 경험에 대해서도 주체마다 ⓓ상이하게 나타날 수 있다.

[ ] : 듀이가 제시한 '하나의 경험'의 개념
경험 주체가 경험 대상과 상호 작용하면서 나타나는 성질
[ ] : 질성의 예시
경험 주체마다 질성이 다르게 나타날 수 있는 이유

상이하다: 서로 다르다.

*2문단 요약 : '하나의 경험'이 단일체가 되게 하는 '질성'

③ ❶또한 듀이는 예술도 '하나의 경험'이라는 차원에서 설명하고자 했다. ❷그는 창작 행위가 '하나의 경험'이 되려면 창작자가 작품을 창작하는 과정에서 스스로가 감상자로서의 관점을 지녀야 한다고 보았다. ❸이는 [자신의 행위가 의도한 목적을 향하여 제대로 수행되고 있는지 감상을 통해 지속적으로 판단하며, 끊임없이 행위를 선택하고 결정함으로써 작품을 완성해야 한다는 것]을 의미한다. ❹또한 듀이는 창작자가 기술적 정교함이 아니라 자신의 작품을 통해 감상자가 어떠한 경험을 갖게 될 것인가에 더 주목해야 한다고 보았다.

창작 행위가 '하나의 경험'이 되기 위해 창작자가 가져야 할 자세 ①
[ ] : 창작자가 감상자로서의 관점을 지닌다는 것의 의미
창작 행위가 '하나의 경험'이 되기 위해 창작자가 가져야 할 자세 ②

정교하다: 솜씨나 기술 따위가 정밀하고 교묘하다.

*3문단 요약 : 예술에서의 창작 행위가 '하나의 경험'이 되기 위한 조건

④ ❶한편 듀이는 감상자의 미적 경험에서 감상 행위가 '하나의 경험'이 되려면 감상자도 창작자가 작품을 실제로 만드는 행위에 견줄 만한 자기만의 경험을 창조해야 한다고 보았다. ❷창작자가 자신의 의도대로 작품을 완성하기 위해 노력한 것처럼, 감상자도 연습이나 수련을 통해 길러진 자신의 관점과 관심에 따라 작품을 감상해야 한다는 것이다. ❸따라서 듀이의 관점에서 예술 작품의 의미와 가치는 고정되어 있지 않고 그것을 ⓔ대면하는 감상자의 문화적, 시대적 배경 등에 따라 달라질 수 있다.

감상 행위가 '하나의 경험'이 되기 위해 감상자가 가져야 할 자세
감상자가 창작 행위에 견줄 만한 자신의 경험을 창조한다는 것의 의미
감상자에 따라 달라질 수 있음.

견주다: 둘 이상의 사물을 질(質)이나 양(量) 따위에서 어떠한 차이가 있는지 알기 위하여 서로 대어 보다.

*4문단 요약 : 예술에서의 감상 행위가 '하나의 경험'이 되기 위한 조건

■ (나) 전체 지문 이해도

* 존 듀이가 '하나의 경험' 차원에서 설명한 예술

'하나의 경험'
어떤 경험의 시작부터 완결에 이르기까지의 모든 행위들이 서로 긴밀하게 연결되는 것

↓

예술의 창작 행위	예술의 감상 행위
• 창작자가 감상자로서의 관점을 지녀야 함. • 창작자는 작품을 통해 감상자가 갖게 될 경험에 주목해야 함.	• 감상자는 자기만의 경험을 창조해야 함. • 감상자의 문화적, 시대적 배경 등에 따라 작품의 의미와 가치가 달라질 수 있음.

■ (나) 지문 내용과 구조

1문단	경험 주체로서의 인간에 관한 존 듀이의 견해: 인간은 자연의 일부이자 환경과 긴밀하게 연결되는 유기체임. → 경험 대상과의 상호 작용을 반복하며 경험을 생성함.	
2문단	'하나의 경험'이 단일체가 되게 하는 '질성'	
	하나의 경험	경험의 시작부터 완결에 이르기까지의 모든 행위들이 온전하게 이어지는 경험
	질성	경험 주체가 어떠한 경험 상황에서 직접 포착하는 것, 경험 상황만이 가진 고유하며 독특한 성질
3문단	예술에서의 창작 행위가 '하나의 경험'이 되기 위한 조건 – 창작자 스스로가 감상자로서의 관점을 지녀야 함. – 감상자가 자신의 작품을 통해 어떤 경험을 갖게 될 것인지에 주목해야 함.	
4문단	예술에서의 감상 행위가 '하나의 경험'이 되기 위한 조건: 감상자도 창작 행위에 견줄 만한 자기만의 경험을 창조하며 작품을 감상해야 함.	

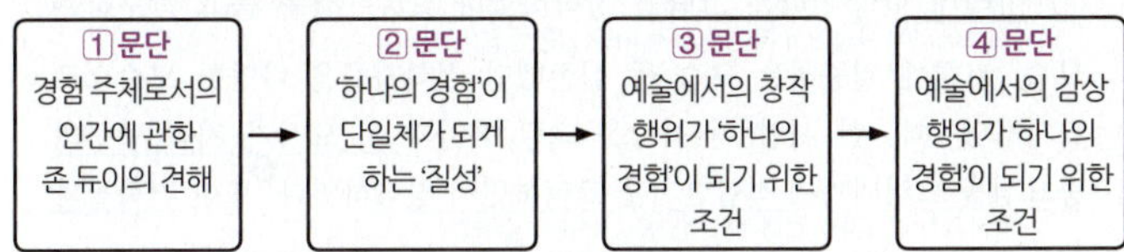

■ (나) 주제: '하나의 경험'으로서의 예술의 창작과 감상

16 정답 ⑤ ＊ 내용 전개 방식 파악하기 ·················· [정답률 91%]

(가)와 (나)에 대한 설명으로 가장 적절한 것은?

> 왜 정답 ?

⑤ (가)와 (나)는 모두, 미적 경험의 과정에 특정 철학자의 견해가 어떻게 적용되는지 설명하고 있다.
　(가) 샤프츠베리의 '취미', '무관심성' / (나) 존 듀이의 '하나의 경험'

＊ 근거: (가) ③, ④문단, (나) ③, ④문단

　(가)는 샤프츠베리 미학에서의 '취미'와 '무관심성'의 개념을 제시하고, 이를 통해 샤프츠베리가 미적 경험을 어떻게 바라보는지 설명하고 있다.

　(나)는 존 듀이가 제시한 '하나의 경험'에 대해 설명한 뒤, 그가 '하나의 경험' 차원에서 예술의 창작과 감상 행위를 어떻게 바라보았는지를 설명하고 있다.

> 왜 오답 ?

① (가)는 미적 경험에 대한 특정 철학자의 견해가 ~~변화해 온 과정을~~ ~~시간의 흐름에~~ 따라 설명하고 있다.
　나타나지 않음.

② (나)는 특정 철학자의 견해가 ~~비판을 받는~~ 이유를 미적 경험에 대한 구체적 사례를 들어 설명하고 있다.
　나타나지 않음.

③ (가)는 (나)와 달리, 미적 경험에 대한 특정 철학자의 견해를 ~~긍정적 측면과 부정적 측면으로 구분하여~~ 설명하고 있다.
　나타나지 않음.

④ (나)는 (가)와 달리, 특정 철학자가 제시한 미적 경험에 관한 개념이 어떤 ~~역사적 배경을~~ 지니고 있는지 설명하고 있다.
　나타나지 않음.

17 정답 ② ＊ 내용 파악하기 ······················· [정답률 67%]

윗글에 대한 이해로 적절하지 않은 것은?

> 왜 정답 ?

② (가): 샤프츠베리는 취미가 지속적인 교육과 계발을 통해 ~~얻을 수 있는 것~~이라고 본다.
　취미의 발현을 위해 필요한 것임.　취미는 새롭게 얻을 수 없다고 봄.

　(가) ③문단 ❻, ❼문장　취미는 본능이므로 인간의 노력으로 새롭게 얻을 수는 없지만, 사회적 영향에 따라 발현되는 양상이 달라질 수 있다는 것이다. 따라서 (샤프츠베리는) 취미가 제대로 발현되기 위해서는 교육이나 계발이 필요하다고 보았다.

　샤프츠베리는 인간이 신으로부터 받은 자연적 본능인 취미에 대해 인간의 노력으로 새롭게 얻을 수 없다고 설명했다. 샤프츠베리에 따르면 지속적인 교육과 계발은 취미가 제대로 발현되기 위해서 필요한 것이다.

> 왜 오답 ?

① (가): 샤프츠베리는 인간을 신의 피조물이자, 예술품을 만들 수 있는 존재로 본다.
　미의 위계성에 따르면 신의 다음 등급에 해당함.

　(가) ②문단 ❸문장　모든 것을 만들 수 있는 형성력을 지닌 존재인 신을 가장 높은 등급으로 보았고, 신에 의해서 형성되어 예술품과 같은 아름다운 것도 형성할 수 있는 인간을 그다음 등급으로, 예술품과 같이 형성된 결과물에 해당하는 물질적 대상은 가장 낮은 등급으로 보았다.

③ (나): 듀이는 경험의 주체인 인간을 환경과 긴밀하게 연결되는 유기체로 본다.
　경험 대상과의 상호 작용을 반복하며 경험을 생성함.

　(나) ①문단 ❶문장　존 듀이는 인간을 자연의 일부이자 환경과 긴밀하게 연결되는 유기체로 보았다.

④ (나): 듀이는 의도한 목적이 달성되는 완결에 이르지 못한 경험은 '하나의 경험'이 아니라고 본다.
　경험의 시작부터 완결에 이르기까지 모든 행위들이 온전히 이어져야 함.

　(나) ②문단 ❶문장　듀이는 어떤 경험의 시작부터 의도된 목적이 달성되는 완결에 이르기까지, 경험을 이루는 행위들이 온전하게 이어지는 경험을 '하나의 경험'이라고 하였다.

⑤ (나): 듀이는 기술적 정교함만으로는 '하나의 경험'으로서의 창작 행위가 성립될 수 없다고 본다.
　기술적 정교함이 아니라 감상자가 갖게 될 경험에 주목해야 함.

　(나) ③문단 ❷~❹문장　그(듀이)는 창작 행위가 '하나의 경험'이 되려면 ~ 창작자가 기술적 정교함이 아니라 자신의 작품을 통해 감상자가 어떠한 경험을 갖게 될 것인가에 더 주목해야 한다고 보았다.

18 정답 ② ＊ 구체적 사례나 상황에 적용하기 ········· [정답률 79%]

무관심성을 바탕으로 대상의 가치를 판단한 사례로 가장 적절한 것은?
대상에 대한 사적 욕망으로부터 벗어나는 것

> 왜 정답 ?

② 바다를 보고, 물결이 끝없이 이어져 있는 바다의 광활함에 감탄하는 것
　바다가 지닌 내재적 가치에 주목하여 그 아름다움을 관조함.

　(가) ④문단 ❷, ❸문장　무관심성이란 대상에 대해 무신경한 태도를 취하는 것이 아니라 사적 욕망으로부터 벗어나는 것을 의미한다. 이는 미적 경험의 주체인 인간이 대상의 도구적 가치에 주목하거나 대상에 대한 소유욕을 갖는 것에서 벗어나 대상 그 자체가 지닌 미적 성질, 즉 내재적 가치에 주목해야 대상의 아름다움을 관조할 수 있다는 점을 강조한 것이다.

　무관심성을 바탕으로 대상의 가치를 판단한다는 것은 대상 그 자체가 지닌 미적 성질에 주목하는 것을 말한다.

　바다의 물결이 끝없이 이어져 있는 것을 보며 바다의 광활함에 감탄하는 것은, 바다가 지닌 내재적 가치에 주목하여 바다의 아름다움을 관조하는 사례에 해당한다.

① 별을 보고, 별의 탄생 원리를 밝혀 학문적 성취를 이루고자 하는 것
  학문적 성취를 이루게 할 별의 도구적 가치에 주목함.

③ 은행나무를 보고, 은행잎이 노랗게 물든 것도 모른 채 그 옆을 무심히 지나가는 것
  무신경한 태도

④ 조각상을 보고, 좋아하는 작가의 작품이라는 것을 알게 되어 이를 소장하고자 하는 것
  대상에 대한 소유욕

⑤ 꽃을 보고, 그 꽃이 연인에게 사랑을 전달하기에 적합한 아름다움을 가지고 있다고 여기는 것
  연인을 향한 사랑 전달이라는 꽃의 도구적 가치에 주목함.

---

19 정답 ② ＊ 정보 간 관계 파악하기 ·········· [정답률 71%]

㉠과 ㉡을 이해한 내용으로 가장 적절한 것은?
'취미' '질성'

⟩왜 정답?

② ㉠은 미를 감지하는 독립적인 능력이고, ㉡은 경험 대상과의 상호 작용을 통해 나타나는 성질이다.
  미를 감지하는 독립적인 내감
  경험 주체마다 질성이 다르게 나타날 수 있음.

┌ (가) ③문단 ❸문장 ㉠ 취미는 미를 감각하는 하나의 독립적인 내감이자 미를 판단하는 능력으로서, 감각 기관이 대상의 맛, 색깔 등을 즉각적으로 감지하는 것처럼 취미도 대상을 접하는 순간 즉각적으로 미를 판단해 낸다는 것이다.
└ (나) ②문단 ❼문장 이와 같이 질성(㉡)은 경험 주체가 경험 대상과 상호 작용한 결과로 나타나기에 ~

샤프츠베리가 제시한 개념인 ㉠ '취미'는 미적 경험에 있어서 인간이 미를 감지하고 판단해 내는 능력을 의미한다.

존 듀이가 제시한 개념인 ㉡ '질성'은 '하나의 경험'이 단일체가 될 수 있게 해 주는 것으로, 경험 주체가 경험 대상과 상호 작용한 결과로 나타나는 성질이다.

⟩왜 오답?

① ㉠은 미를 객관적으로 감지하는 수단이고, ㉡은 객관적으로 파악된 미적 대상의 특성이다.
  문화권이나 사람에 따라 미적 판단이 달라질 수 있음.
  경험 주체마다 다르게 나타날 수 있음.

┌ (가) ③문단 ❹문장 그런데 취미(㉠)는 자연적 본능임에도 문화권이나 사람에 따라 미적 판단이 달라질 수 있다.
└ (나) ②문단 ❼문장 이와 같이 질성(㉡)은 ~ 같은 경험에 대해서도 주체마다 상이하게 나타날 수 있다.

③ ㉠은 주체가 대상의 특성을 판단한 결과이고, ㉡은 경험 대상이 주체의 특성을 만들어 낸 결과이다.
  대상이 지닌 미를 감지하고 판단하는 능력
  경험 주체가 경험 대상과 상호 작용한

＊ 근거: (가) ③문단 ❸문장, (나) ②문단 ❼문장

④ ㉠은 초월적인 존재가 부여하는 특성이고, ㉡은 경험 주체의 경험이 의도한 목적에서 벗어나지 않게 해 주는 수단이다.
  신이 인간에게 부여한 자연적 본능임.
  '하나의 경험'이 통합된 단일체가 되게 해 주는 것

┌ (가) ③문단 ❷문장 샤프츠베리는 이를 설명하기 위해 인간이 신으로부터 받은 자연적 본능인 '취미'를 제시한다.
└ (나) ②문단 ❷~④문장 듀이는 이렇게 경험을 이루는 각 행위가 서로 긴밀히 연결되어 경험이 완결되면 하나로 통합된 단일체가 된다고 말했다. '하나의 경험'이 단일체가 될 수 있는 것은 ㉡ 질성으로 묶여 있기 때문이다. 질성이란 경험 주체가 어떠한 경험 상황에서 직접 포착하는 것으로, 경험 상황만이 가진 고유하며 독특한 성질을 의미한다.

㉠ '취미'는 인간이 신에게서 부여받은 자연적 본능이라고 했다.

㉡ '질성'은 '하나의 경험'이 통합된 단일체가 될 수 있도록 해 주는 것이자, '하나의 경험'이 된 특정 경험이 가지는 고유하고 독특한 성질을 의미한다. ㉡ '질성'이 경험 주체의 경험이 의도한 목적에서 벗어나지 않도록 하는 기능을 한다고 보기는 어렵다.

---

⑤ ㉠은 미적 대상을 감각할 때 즉각적으로 발현되는 능력이고, ㉡은 미적 대상을 창작하는 과정에서 습득하게 되는 능력이다.
  대상을 접하는 순간 즉각적으로 미를 판단해 냄.
  경험 주체가 어떤 경험 상황에서 직접 포착하는 성질임.

＊ 근거: (가) ③문단 ❸문장, (나) ②문단 ❹문장

---

20 정답 ⑤ ＊ 구체적 사례나 상황에 적용하기 ·········· [정답률 69%]

(가), (나)를 이해한 학생이 〈보기〉의 Ⓐ에 대해 보인 반응으로 적절하지 <u>않은</u> 것은? [3점]

〈 보기 〉

❶ 라파엘로는 토론을 바탕으로 한 지식 탐구의 중요성을 드러내기 위해 Ⓐ '아테네 학당'이라는 그림을 ❷ 창작하였다. 그는 책을 들고 탐구하는
  샤프츠베리에 관점에서 미의 위계 중 가장 낮은 등급에 해당함.
모습, 토론에 열중하는 모습 등 실존했던 철학자들을 다양한 모습으로 묘사하였는데, 한 사람 한 사람을 그릴 때마다 이 묘사가 지식 탐구의 ❸ 중요성을 드러내기에 적합한지를 고려하면서 창작하였다. 또한 건축물과
  창작자가 감상자의 관점에서 행위를 선택하고 결정함.
인물들을 완벽한 대칭과 비례에 따라 균형 있게 구성하였고, 감상자가
  우주의 속성인 균형을 고려함.
공간의 깊이감과 현실감을 느끼도록 원근법을 사용하였다. ❹ 이 작품을
  창작자가 감상자가 강게 될 경험에 주목하여 창작 행위를 함.
감상한 사람들은 원근법을 통해 실제 그 공간 속에 있는 듯한 현실감을 느낀다고 평가하였다. ❺ 한편, 그림 속 일부 인물들은 분명하게 식별이 안 되어 인물들의 정체에 대해 다양한 해석과 논쟁이 발생하기도 하였다.
  미적 판단에 대한 논쟁이 아님.

⟩왜 정답?

⑤ Ⓐ의 인물에 대한 다양한 해석과 논쟁에 대해 샤프츠베리는
  미적 판단에 대한 것이 아님.
취미가 왜곡되어 나타난 결과로 보고, 듀이는 감상자만의 관점에
  취미가 왜곡되어 나타난 결과와 관련 없음.
따라 작품을 감상하는 연습이 부족해서 나타난 결과로 보겠군.
  연습 부족과 관련 없음.

┌ (가) ③문단 ❹, ❺문장 그런데 취미는 자연적 본능임에도 문화권이나 사람에 따라 미적 판단이 달라질 수 있다. 샤프츠베리는 그 이유를 본능이 왜곡되기 때문이라고 보았다.
└ (나) ④문단 ❸문장 따라서 듀이의 관점에서 예술 작품의 의미와 가치는 고정되어 있지 않고 그것을 대면하는 감상자의 문화적, 시대적 배경 등에 따라 달라질 수 있다.

샤프츠베리는 본능이 왜곡될 수 있기 때문에 취미에 따른 미적 판단도 문화권이나 사람에 따라 달라질 수 있다고 보았다. 하지만 〈보기〉에서 Ⓐ '아테네 학당'의 인물에 대한 다양한 해석과 논쟁은 미적 판단과는 관련이 없다. 따라서 샤프츠베리는 이를 취미가 왜곡되어 나타난 결과로 보지 않을 것이다.

듀이는 예술 작품의 의미와 가치가 감상자의 문화적, 시대적 배경에 따라 달라질 수 있다고 보았다. 따라서 Ⓐ의 인물에 대한 다양한 해석과 논쟁은 감상자가 누구인지에 따라 자연스럽게 나타날 수 있는 차이일 뿐, 이를 연습 부족 때문에 나타난 결과로 보지는 않을 것이다.

⟩왜 오답?

① 샤프츠베리는 대칭과 비례에 따라 건축물과 인물을 균형 있게 배치한 Ⓐ의 형식적 구성이 우주의 속성을 드러낸다고 보아 아름답다고 판단하겠군.
  질서, 균형, 조화

┌ (가) ①문단 ❸문장 온 우주가 신의 피조물이라고 보았던 샤프츠베리는 우주의 속성인 질서, 균형, 조화를 지닌 대상을 아름답다고 여겼으며 그가 생각하는 미는 대상 속에 실재하는 형식적 성질로부터 기인하는 것이었다.

샤프츠베리의 미학은 형이상학적 전제를 바탕으로 하기 때문에, 그는 신의 피조물인 우주의 속성, 즉 질서, 균형, 조화를 지닌 대상을 아름다운 것으로 여긴다고 했다.

〈보기〉에서 Ⓐ의 건축물과 인물들은 완벽한 대칭과 비례에 따라 균형 있게 구성되었다고 했다. 따라서 샤프츠베리는 Ⓐ의 이러한 형식적 구성이 우주의 속성을 드러낸다고 보아 아름답다고 판단할 것이다.

② 듀이는 라파엘로가 Ⓐ에 원근법을 사용하여 감상자에게 현실감이
느껴지도록 의도했다는 점에서, 창작자가 감상자를 고려한
'하나의 경험'으로서의 창작 행위를 한 것으로 보겠군.
창작자가 작품을 통한 감상자의 경험에 주목함.

[(나) ③문단 ❹문장 또한 듀이는 창작자가 기술적 정교함이 아니라 자신의
작품을 통해 감상자가 어떠한 경험을 갖게 될 것인가에 더 주목해야 한다고
보았다.]

듀이는 예술의 창작 행위가 '하나의 경험'이 되려면 창작자가 자신의 작품을 통해 감상자가 갖게 될 경험에 주목해야 한다고 보았다.

<보기>에 따르면 라파엘로는 감상자가 그림을 통해 공간의 깊이감과 현실감을 느끼도록 하고자 Ⓐ에 원근법을 사용했다. 따라서 듀이는 라파엘로가 Ⓐ에 원근법을 사용함으로써 감상자를 고려한 '하나의 경험'으로서의 창작 행위를 했다고 볼 것이다.

③ 듀이는 라파엘로가 지식 탐구의 중요성을 드러내기에 적합한지
고려하며 Ⓐ의 각 인물을 그려 나간 것을, 창작자 스스로가 감상자
로서의 관점에서 행위를 선택하고 결정해 나간 과정으로 보겠군.
작품 창작이 '하나의 경험'이 되기 위한 조건

[(나) ③문단 ❷, ❸문장 그(듀이)는 창작 행위가 '하나의 경험'이 되려면 창작자가 작품을 창작하는 과정에서 스스로가 감상자로서의 관점을 지녀야 한다고 보았다. 이는 자신의 행위가 의도한 목적을 향하여 제대로 수행되고 있는지 감상을 통해 지속적으로 판단하며, 끊임없이 행위를 선택하고 결정함으로써 작품을 완성해야 한다는 것을 의미한다.]

듀이는 창작 행위가 '하나의 경험'이 되려면, 창작자가 감상자로서의 관점을 바탕으로 자신의 창작 행위가 의도한 목적을 향하여 제대로 수행되고 있는지를 지속적으로 판단하며 끊임없이 선택하고 결정해야 한다고 보았다.

<보기>에 따르면 라파엘로는 Ⓐ의 각 인물을 그릴 때마다 그것이 지식 탐구의 중요성을 드러내기에 적합한지 고려했다. 따라서 듀이는 라파엘로가 Ⓐ를 창작하는 과정에서 감상자로서의 관점에 따라 행위를 선택하고 결정해 나갔다고 볼 것이다.

④ 샤프츠베리는 Ⓐ를 자신이 생각하는 미의 위계 중 가장 낮은
등급에 해당하는 대상으로 보고, 듀이는 Ⓐ를 감상자에 의해 그
작품의 의미가 재창조될 수 있는 대상으로 보겠군.
예술품 같이 형성된 결과물에 해당하는 것은 가장 낮은 등급으로 봄.
감상자에 따라 예술 작품의 의미와 가치가 달라질 수 있다고 봄.

[(가) ②문단 ❸문장 (샤프츠베리는) 모든 것을 만들 수 있는 형성력을 지닌 존재인 신을 가장 높은 등급으로 보았고, 신에 의해서 형성되어 예술품과 같은 아름다운 것도 형성할 수 있는 인간을 그다음 등급으로, 예술품과 같이 형성된 결과물에 해당하는 물질적 대상은 가장 낮은 등급으로 보았다.]

샤프츠베리는 대상이 지닌 형성력을 기준으로 미의 위계를 3등급으로 나누었는데, 예술품처럼 형성의 결과물에 해당하는 물질적 대상은 가장 낮은 등급이라고 보았다. 따라서 예술 작품인 Ⓐ를 자신이 생각하는 미의 위계 중 가장 낮은 등급에 속한다고 볼 것이다.

듀이는 예술 작품의 의미와 가치가 감상자의 문화적, 시대적 배경에 따라 달라질 수 있다고 보았다. 따라서 Ⓐ를 감상자에 의해 작품의 의미가 재창조될 수 있는 대상으로 볼 것이다.

21 정답 ③ ＊어휘의 의미 파악하기 ····················· [정답률 94%]

문맥상 ⓐ~ⓔ와 바꿔 쓰기에 적절하지 않은 것은?

＞왜 정답?

③ ⓒ: **세워지는** – '계획, 방안 따위가 정해지거나 짜여지다.'라는 의미임.
'달성되는' – '목적한 것이 이루어지다.'라는 의미임.

＞왜 오답?

① ⓐ: **여겨진다** – '마음속으로 그러하다고 인정하거나 생각하다.'라는 의미임.
'간구된다' – '상대, 모양, 성질 따위가 그와 같다고 여겨지다.'라는 의미임.

② ⓑ: **나타나는** – '어떤 일의 결과나 징후가 겉으로 드러나다.'라는 의미임.
'발현되는' – '속에 있거나 숨은 것이 밖으로 나타나다.'라는 의미임.

④ ⓓ: **서로 다르게**
'상이하게' – '서로 다르다.'라는 의미임.

⑤ ⓔ: **마주하는** – '마주 대하다.'라는 의미임.
'대면하는' – '서로 얼굴을 마주 보고 대하다.'라는 의미임.

22~26 ＊건축의 다섯 가지 유형

＃출제 ◯글 전체 핵심어 ▬글 전체 중심 문장

1 건축법에서 건축물의 ◯건축은 공공복리를 저해할 수 있는 위험한
행위로 간주된다. ❷그래서 허가 요건에 맞춘 설계로 최소한의 안전이
보장되었다고 판단되는 경우에 한해 건축 금지가 해제되어 건축이
가능해진다.
＃건축물의 건축을 허가받기 위한 조건

[**공공복리**: 사회 구성원 전체에 두루 관계되는 복지
저해하다: 막아서 못 하도록 해치다.]

＊1문단 요약 : 건축물을 건축하기 위한 요건

2 건축 행위는 건축물을 건축할 수 있는 땅인 대지 위에서 이루
어진다. ❷원칙적으로 하나의 대지는 하나의 지번을 가지며, 이것이
건축 허가의 단위가 된다. ❸일반적으로 건축은 신축, 증축, 개축, 재축,
이전의 다섯 가지 유형으로 나뉜다.
＃건축 허가의 단위 ＃건축의 유형

[**지번**: 토지의 일정한 구획을 표시한 번호]

＊2문단 요약 : 건축 허가의 단위와 건축의 유형

3 신축이란 건축물이 없는 대지에 새로 건축물을 축조하는 것을
말한다. ❷신축에서 건축물을 축조하려는 대지는 처음부터 건축물이
존재하지 않는 나대지일 수도 있고, [기존 건축물이 건축주의 자발적
의지에 의해 인위적으로 부서지는 해체나 천재지변으로 인해 부서지는
멸실로 인해 전부 소실된 대지]일 수도 있다. ❸전부 소실된 경우 새로
축조한 건축물의 규모가 개축이나 재축에 해당하면 신축으로 보지
않는다. ❹한편, [주된 용도의 건축물을 이용 및 관리하는 데 필요한
부속 용도의 건축물만 존재하는 대지 내에서 이 부속건축물과는
별도로 주된 건축물을 새로 짓는 경우]도 신축에 해당한다.
＃신축이 이루어지는 대지의 유형 ① ＃[ ]: 신축이 이루어지는 대지의 유형 ②
＃기존 건축물 소실의 원인 ① ＃기존 건축물 소실의 원인 ②
＃종전 규모 범위 이하인 경우
＃[ ]: 부속건축물만 존재하던 대지에 새로 주된 건축물을 짓는 것도 신축에 해당함.

[**축조하다**: 쌓아서 만들다.
나대지: 지상에 건축물이나 구축물이 없는 대지
천재지변: 지진, 홍수, 태풍 따위의 자연 현상으로 인한 재앙
소실: 사라져 없어짐. 또는 그렇게 잃어버림.]

＊3문단 요약 : 신축의 개념과 구체적 사례

4 증축은 기존 건축물이 있는 대지에서 건축물의 규모를 늘려 짓는
것을 말하며, 건축물의 규모에는 건축면적, 연면적, 층수, 높이가
포함된다. ❷건축면적은 일반적으로 지상층 중 가장 넓은 층의 면적을,
연면적은 각 층 바닥면적의 총합을 의미한다. ❸증축에는 지하층의
바닥면적을 증가시키는 경우, 바닥면적의 증감 없이 높이만
증가시키는 경우, 주된 건축물이 있는 대지에 부속건축물이나 다른
주된 건축물을 축조하는 경우 등이 있다. ❹기존 지하층을 둘러싼
지표면을 깎아서 그 층이 지상에 노출되게 하는 것도 건축물의 높이가
증가한 경우이므로 증축에 속한다. ❺또한 한 층의 층고가 상당히 높아
중간층을 만들어 사용하는 경우도 증축에 해당한다. ❻한편 냉난방,
급수 등 건축물의 기능을 안정적으로 유지하기 위해 설치하는
건축물의 설비는 건축물로 보지 않으므로 설비 설치는 증축에
해당하지 않는다.
＃건축물의 규모에 해당하는 사항 ＃건축면적의 개념 ＃연면적의 개념
＃증축에 해당하는 사례 ① ＃증축에 해당하는 사례 ② ＃증축에 해당하는 사례 ③
＃증축에 해당하는 사례 ②와 마찬가지임. ＃증축에 해당하는 사례 ④
＃설비는 건축물에 속하지 않음.

[**층고**: 건물의 층과 층 사이의 높이
급수: 음료수 따위의 물을 대어 줌. 또는 그 물]

＊4문단 요약 : 증축의 개념과 구체적 사례

5 ⓐ 개축은 기존 건축물의 전부 또는 일부를 해체하고 그 대지에 건축물의 규모가 종전 규모 범위 이하인 건축물을 다시 축조하는 것이다. ❷이때 일부를 해체한다는 것은 내력벽*, 기둥, 보*, 지붕틀 중
개축의 요건 중 기존 건축물의 일부를 해체한다는 것의 의미
셋 이상을 해체하는 것을 말한다.❸같은 대지 안에서 건축물의 위치를
개축에 해당하는 사례
이동하거나 구조를 변경하는 것은 개축에 해당하나, 한 대지에 여러 동이 있는 경우 개별 건축물 단위로 개축 해당 여부를 판단하므로 동수를 늘려서 축조하는 경우는 개축에 해당하지 않는다.

[종전: 지금보다 이전

＊5 문단 요약 : 개축의 개념과 구체적 사례

6 ⓑ 재축이란 기존 건축물의 전부 또는 일부가 멸실된 경우 그 대지에 건축물을 다시 축조하는 것이다. ❷이때 연면적의 합계, 즉 그
각 층 바닥면적의 총합
대지에 존재하는 모든 건축물의 연면적의 합이 종전 규모 이하여야
재축의 요건
하며, 동수, 층수, 높이 중 어느 하나는 종전 규모를 초과하는 것이
재축의 특징
가능하다.

＊6 문단 요약 : 재축의 개념과 특징

7 ⓒ이전이란 도시 개발 계획, 주변 환경의 변화, 안전 문제, 설계와 다른 배치 등의 사유로 건축물의 주요구조부를 해체하지 않고 같은 대지의 다른 위치로 ⓐ 옮기는 것이다. ❷주요구조부는 철거 시 건축물의 안전성에 결정적 위해가 되는 구조 부분인 내력벽, 기둥, 보, 바닥,
건축물에서 주요구조부에 해당하는 것
지붕틀, 주계단을 말하며, 최하층 바닥, 옥외 계단 등은 주요구조부
주요구조부에 해당하지 않는 것
에서 제외된다. ❸일체식 구조인 철근콘크리트조 건축물과 달리 [조립식 구조인 목조 건축물은 최하층 바닥 등을 제외한 상층부의 구조체를
[ ]: 조립식 구조인 목조 건물 이전 시의 특징
들어 올려서 이전할 수 있다.]

[위해: 위험과 재해를 아울러 이르는 말   옥외: 집 또는 건물의 밖

＊7 문단 요약 : 이전의 개념과 특징

＊ 내력벽: 구조물의 하중을 견디어 내기 위하여 만든 벽
＊ 보: 기둥 위에서 지붕의 무게를 전달해 주는 건축 재료

■ 전체 지문 이해도

＊ 건축의 유형

신축	건축물이 없는 대지(나대지, 기존 건축물이 전부 소실된 대지)에 새로 건축물을 축조하는 것
증축	기존 건축물이 있는 대지에서 건축물의 규모를 늘려 짓는 것(지하층의 바닥 면적 증가, 건축물의 높이 증가, 부속건축물 축조, 중간층 축조 등)
개축	기존 건축물의 전부 또는 일부를 해체 후, 규모가 종전 규모 범위 이하인 건축물을 다시 축조하는 것
재축	기존 건축물의 전부 또는 일부가 멸실된 경우, 그 대지에 건축물을 다시 축조하는 것
이전	건축물의 주요구조부(내력벽, 기둥, 보, 바닥, 지붕틀, 주계단)를 해체하지 않고 같은 대지의 다른 위치로 옮기는 것

■ 지문 내용과 구조

1 문단	**건축물을 건축하기 위한 요건**: 허가 요건에 맞춘 설계로 최소한의 안전이 보장되었다고 판단됨. → 건축 금지 해제로 건축이 가능해짐.	
2 문단	**건축 허가의 단위와 건축의 유형** - 건축 허가의 단위: 하나의 지번을 가지는 하나의 대지 - 건축의 유형: 신축, 증축, 개축, 재축, 이전	
3 문단	**신축의 개념과 구체적 사례**	
	개념	건축물이 없는 대지에 새로 건축물을 축조하는 것
	사례	부속건축물만 존재하는 상태에서 이와 별도로 주된 건축물을 새로 짓는 경우

4 문단	**증축의 개념과 구체적 사례**	
	개념	기존 건축물이 있는 대지에서 건축물의 규모를 늘려 짓는 것
	사례	- 지하층의 바닥면적을 증가시키는 경우 - 바닥면적의 증감 없이 높이만 증가시키는 경우 - 부속건축물이나 다른 주된 건축물을 축조하는 경우 - 한 층의 층고가 높아 중간층을 만들어 사용하는 경우
5 문단	**개축의 개념과 구체적 사례**	
	개념	기존 건축물의 전부 또는 일부를 해체 후 그 대지에 종전 규모 범위 이하인 건축물을 다시 축조하는 것
	사례	같은 대지 안에서 건축물의 위치를 이동하거나 구조를 변경하는 경우
6 문단	**재축의 개념과 특징**	
	개념	기존 건축물의 전부 또는 일부가 멸실된 경우 그 대지에 건축물을 다시 축조하는 것
	사례	- 대지에 존재하는 모든 건축물의 연면적 합계가 종전 규모 이하여야 함. - 동수, 층수, 높이 중 하나는 종전 규모를 초과할 수 있음.
7 문단	**이전의 개념과 특징**	
	개념	건축물의 주요구조부를 해체하지 않고 같은 대지의 다른 위치로 옮기는 것
	사례	조립식 구조인 목조 건축물은 상층부의 구조체를 들어 올려서 이전할 수 있음.

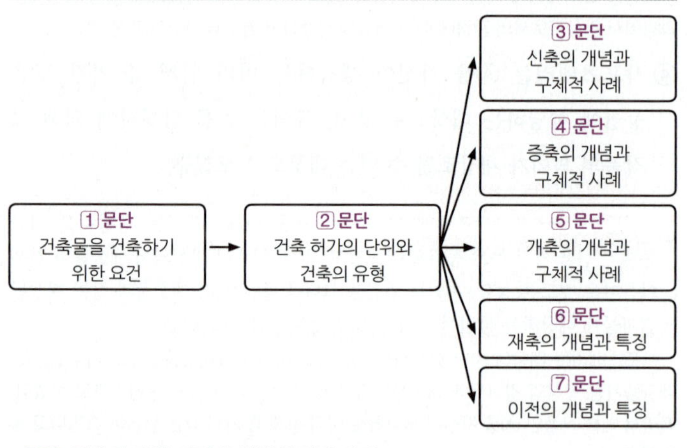

■ 주제: 건축의 다섯 가지 유형별 특징과 사례

22 정답 ④ ＊ 내용 파악하기 ·························· [정답률 66%]

윗글을 통해 알 수 있는 내용으로 적절하지 <u>않은</u> 것은?

> 왜 정답 ?

④ 철근콘크리트조 건축물이 설계와 다르게 배치되었을 경우에
   (목조)
상층부의 구조체를 들어 이전하는 것이 가능하다.

[7 문단 ❸문장 일체식 구조인 철근콘크리트조 건축물과 달리 조립식 구조인 목조 건축물은 최하층 바닥 등을 제외한 상층부의 구조체를 들어 올려서 이전할 수 있다.

건축의 유형 중 설계와 다른 배치 등의 사유로 인해 건축물을 같은 대지의 다른 위치로 옮기는 것은 '이전'이라고 한다. 철근콘크리트조 건축물이 아니라, 조립식 구조인 목조 건축물인 경우에 상층부의 구조체를 들어 이전하는 것이 가능하다.

> **왜 오답?**

① 건축물의 건축은 설계상 최소한의 안전이 보장되도록 허가 요건을
준수한 경우에 한해 허가된다.
　　　　　　　　　　건축을 허가받기 위한 요건

┌ **①문단 ②문장** 그래서 허가 요건에 맞춘 설계로 최소한의 안전이 보장되었다고
└ 판단되는 경우에 한해 건축 금지가 해제되어 건축이 가능해진다.

② 나대지에 신축하는 것은 기존에 건축물이 존재하지 않던 대지에
　처음부터 건축물이 존재하지 않는 대지
　새로운 건축물을 축조하는 행위이다.

┌ **③문단 ❶, ❷문장** 신축이란 건축물이 없는 대지에 새로 건축물을 축조하는
│ 것을 말한다. 신축에서 건축물을 축조하려는 대지는 처음부터 건축물이
└ 존재하지 않는 나대지일 수도 있고, ~

③ 건축물의 내력벽을 해체하는 것이 옥외 계단을 해체하는 것보다
　　　　　　주요구조부　　　　　　　　　주요구조부가 아님.
　건축물의 안전에 더 중대한 영향을 미친다.

┌ **⑦문단 ②문장** 주요구조부는 철거 시 건축물의 안전성에 결정적 위해가 되는
│ 구조 부분인 내력벽, 기둥, 보, 바닥, 지붕틀, 주계단을 말하며, 최하층 바닥,
└ 옥외 계단 등은 주요구조부에서 제외된다.

건축물에서 주요구조부는 철거할 경우 건축물의 안정성에 결정적인 위험이 될 수
있는 구조를 말한다. 따라서 주요구조부에 해당하는 내력벽을 해체하는 것이
주요구조부가 아닌 옥외 계단을 해체하는 것보다 건축물의 안전에 더 중대한 영향을
미친다.

⑤ 자연재해로 인해 기존 건축물이 전부 소실된 대지에 층수와 높이를
　　　　두 가지(층수, 높이)가 종전 규모 범위를 초과했으므로 재축에 해당하지 않음.
　증가시킨 새로운 건축물을 축조하는 것은 신축에 해당한다.

┌ **③문단 ❷, ❸문장** 신축에서 건축물을 축조하려는 대지는 ~ 기존 건축물이 ~
│ 천재지변으로 인해 부서지는 멸실로 인해 전부 소실된 대지일 수도 있다. 전부
│ 소실된 경우 새로 축조한 건축물의 규모가 개축이나 재축에 해당하면
│ 신축으로 보지 않는다.
│ **⑤문단 ❶문장** 개축은 기존 건축물의 전부 또는 일부를 해체하고 그 대지에
│ 건축물의 규모가 종전 규모 범위 이하인 건축물을 다시 축조하는 것이다.
│ **⑥문단 ❷문장** 이때 (재축은) 연면적의 합계, 즉 그 대지에 존재하는 모든
└ 건축물의 연면적의 합이 종전 규모 이하여야 하며, 동수, 층수, 높이 중 어느
하나는 종전 규모를 초과하는 것이 가능하다.

자연재해로 인해 기존 건축물이 전부 소실된 대지는 신축이 이루어질 수 있는 대지
유형에 해당한다. 다만 이때 새로 축조하는 건물의 규모가 개축이나 재축에 해당하지
않아야 해당 건축 유형을 신축으로 볼 수 있다. 개축은 종전 규모 범위 이하의
건축물을 다시 축조하는 경우를 말하고, 재축은 건축물의 연면적 총합을 종전 규모
이하로 다시 축조하는 경우를 말한다. 따라서 기존 건축물이 전부 소실된 대지에
층수와 높이를 모두 증가시킨 새로운 건축물을 축조하는 것은 신축에 해당한다.

---

23 **정답 ③** ＊ 내용 파악하기 ·························· [정답률 84%]

증축 에 대해 이해한 내용으로 적절하지 **않은** 것은?
'기존 건축물이 있는 대지에서 건축물의 규모를 늘려 짓는 것'

> **왜 정답?**

③ 건축면적은 그대로 유지하면서 지하층의 바닥면적만 증가시킨
　것은 증축에 ~~해당하지 않겠군.~~
　　　　　　　　　해당함.

→ **④문단 ❸문장** 증축에는 지하층의 바닥면적을 증가시키는 경우, ~ 등이 있다.

> **왜 오답?**

① 중간층을 만들어 건축물의 연면적을 늘린 것은 증축에 해당하겠군.
　　　　　　　　　　　　　각 층 바닥면적의 총합

┌ **④문단 ❺문장** 또한 한 층의 층고가 상당히 높아 중간층을 만들어 사용하는
└ 경우도 증축에 해당한다.

② 건축물의 옥상에 물 공급을 위한 물탱크를 설치하는 것은 증축에
　　　　　　　　　　　설비 설치는 증축에 해당하지 않음.
　해당하지 않겠군.

┌ **④문단 ❻문장** 한편 냉난방, 급수 등 건축물의 기능을 안정적으로 유지하기
│ 위해 설치하는 건축물의 설비는 건축물로 보지 않으므로 설비 설치는 증축에
└ 해당하지 않는다.

④ 부속건축물만 있는 대지에 주된 용도의 건축물을 별도로 축조하는
　　　　　　　　　　　　　　신축에 해당함.
　것은 증축에 해당하지 않겠군.

┌ **③문단 ④문장** 한편, 주된 용도의 건축물을 이용 및 관리하는 데 필요한 부속
│ 용도의 건축물만 존재하는 대지 내에서 이 부속건축물과는 별도로 주된
└ 건축물을 새로 짓는 경우도 신축에 해당한다.

⑤ 지하층이 존재하는 건축물 주변의 지표면을 깎아 지하층을 지상에
　　　　　　　　　건축물의 높이가 증가한 경우에 해당하므로 증축에 속함.
　드러나게 한 것은 증축에 해당하겠군.

┌ **④문단 ④문장** 기존 지하층을 둘러싼 지표면을 깎아서 그 층이 지상에
└ 노출되게 하는 것도 건축물의 높이가 증가한 경우이므로 증축에 속한다.

기존 지하층을 둘러싼 지표면을 깎아서 그 층이 지상에 노출되게 하는 것은 증축에
속한다.

---

24 **정답 ①** ＊ 정보 간 관계 파악하기 ·················· [정답률 51%]

㉠과 ㉡을 비교하여 이해한 내용으로 가장 적절한 것은?
'개축' '재축'

> **왜 정답?**

① ㉠은 ㉡과 달리, 건축주의 자발적 의지로 기존 건축물이 소실된
　　　　　　　　　　　　　기존 건축물을 해체한 상황
　상황에서 건축물을 다시 축조하는 것이다.

┌ **③문단 ❷문장** ~ 기존 건축물이 건축주의 자발적 의지에 의해 인위적으로
│ 부서지는 해체나 천재지변으로 인해 부서지는 멸실로 인해 전부 소실된
│ 대지일 수도 있다.
│ **⑤문단 ❶문장** ㉠ 개축은 기존 건축물의 전부 또는 일부를 해체하고 그 대지에
│ 건축물의 규모가 종전 규모 범위 이하인 건축물을 다시 축조하는 것이다.
│ **⑥문단 ❶문장** ㉡ 재축이란 기존 건축물의 전부 또는 일부가 멸실된 경우 그
└ 대지에 건축물을 다시 축조하는 것이다.

㉠ '개축'은 기존 건축물의 전부 또는 일부가 해체된 상황에서 건축물을 다시
축조하는 것으로, 이때 해체는 건축주의 자발적 의지에 의해 인위적으로 일어나는
것이다.

이와 달리 ㉡ '재축'은 기존 건축물의 전부 또는 일부가 멸실된 경우, 즉
천재지변으로 인해 부서졌을 때, 그 대지에 건축물을 다시 축조하는 것을 말한다.

> **왜 오답?**

② ㉠은 ㉡과 달리, 한 대지에 있는 여러 동의 건축물이 모두 소실
　　㉠과 ㉡ 모두 일부 동만 다시 축조하는 것이 가능함.
　되었을 때 일부 동만 다시 축조하는 것이 가능하다.

┌ **⑥문단 ❷문장** 이때 (㉡ '재축'은) 연면적의 합계, 즉 그 대지에 존재하는 모든
│ 건축물의 연면적의 합이 종전 규모 이하여야 하며, 동수, 층수, 높이 중 어느
└ 하나는 종전 규모를 초과하는 것이 가능하다.

㉠ '개축'은 기존 건축물의 전부 또는 일부가 해체되었을 때, 해당 대지에 종전 규모
범위 이하인 건축물을 다시 축조하는 것이다. ㉡ '재축' 역시 기존 건축물의 전부 또는
일부가 멸실되었을 때, 해당 대지에 모든 건축물의 연면적 총합이 종전 규모 이하인
건축물을 다시 축조하는 것이다.

한 대지에 있는 여러 동의 건축물이 모두 소실되었을 때 일부 동만 다시 축조하는
것은 종전 규모 범위 이하로 건축물을 다시 축조하는 것이다. 따라서 이는 ㉠ '개축'과
㉡ '재축'에서 보두 가능하나.

③ ㉡은 ㉠과 달리, 기존 건축물이 존재하던 대지와 동일한 대지
　　㉠과 ㉡ 모두 기존 건축물이 존재하던 그 대지에서 이루어짐.
　내에서 이루어진다.

＊ 근거: **⑤문단 ❶문장**, **⑥문단 ❶문장**

---

④ ㉡은 ㉠과 달리, 한 건축물의 일부만 소실된 경우 건축물의
㉠과 ㉡ 모두 연면적을 종전과 같게 다시 축조하는 것이 가능함.
연면적을 종전과 같게 다시 축조하는 것이 가능하다.

＊근거: ⑤문단 ❶문장, ⑥문단 ❷문장

　㉠'개축'과 ㉡'재축'은 모두 기존 건축물의 일부가 소실되었을 때, 건축물의 규모가 종전 규모 범위 이하인 건축물을 다시 축조하는 것이다. 건축물의 연면적을 종전과 같게 하는 것도 건축물의 규모가 종전 규모 범위 이하인 경우에 해당하므로, 이는 ㉠'개축'과 ㉡'재축'에서 모두 가능하다.

⑤ ㉠과 ㉡은 모두, 건축물의 높이를 기존 건축물보다 낮게 바꾸는
종전 규모 범위 이하에 해당함.
것이 불가능하다. ＊근거: ⑤문단 ❶문장, ⑥문단 ❷문장
가능함.

25　정답 ①　＊구체적 사례나 상황에 적용하기　★1등급 대비

[① 32% ② 17% ③ 15% ④ 18% ⑤ 16%]

윗글을 바탕으로 〈보기〉를 이해한 내용으로 적절하지 않은 것은? [3점]

─〈보기〉─

○ ❶A는 건축물을 새로 짓기로 결심하고 자신이 오래전부터 소유하던, 각 층의 바닥면적이 500㎡인 3층짜리 건축물을 ❷모두 부수었다. 그리고
해체
기존 건축물이 있던 대지에 건축물의 높이와 층별 바닥면적이 기존과 동일하면서 각 층의 층고만 높인 2층짜리 건축물을 새로 축조하였다.
3층 → 2층(연면적이 줄어듦.) = 개축에 해당함.
○ ❶B는 한 대지 내에 연면적이 각 400㎡이면서 형태가 동일한 2개 동의 상가 건축물을 소유하고 있었다. ❷B는 이를 모두 부수고 그 대지에
해체 후 신축이나 개축하는 방안
새로운 상가 건축물을 짓는 방안을 검토하고 있었으나 지진이 발생해
멸실로 인해 기존 건축물이 전부 소실됨.
기존 건축물이 모두 붕괴되었다.

단서＋발상

(단서) 〈보기〉에서 A가 새로 건축물을 축조한 것이 건축의 다섯 가지 유형 중 무엇에 해당하는지 파악함.

(발상) A가 기존 건축물을 해체한 후 새로 지은 건축물은 기존 건축물과 높이, 층별 바닥면적이 동일함. + 층고만 달리하면서 3층 건물이 2층 건물로 바뀜. → 연면적이 줄어듦.

(해결) A는 종전 규모 범위 이하의 건축물을 새로 축조한 것이므로, 이는 개축에 해당함.

〉왜 정답?

① A가 층고를 기존 건축물보다 높여 지은 것은 건축물의 규모를
건축물의 규모에 포함되지 않음.
늘려 지은 것이므로 증축에 해당한다.
종전 규모 범위 이하로 다시 축조한 것이므로 개축에 해당함.

└ ④문단 ❶문장 증축은 기존 건축물이 있는 대지에서 건축물의 규모를 늘려 짓는 것을 말하며, 건축물의 규모에는 건축면적, 연면적, 층수, 높이가 포함된다.
└ ⑤문단 ❶문장 개축은 기존 건축물의 전부 또는 일부를 해체하고 그 대지에 건축물의 규모가 종전 규모 범위 이하인 건축물을 다시 축조하는 것이다.

　증축은 기존 건축물이 있는 대지에서 건축물의 규모를 늘려 짓는 것을 말한다. 〈보기〉에서 A는 기존 건축물의 높이와 층별 바닥면적은 기존과 동일하되, 각 층의 층고만 높인 건축물을 새로 축조했다. 이때 층고는 건축물의 규모에 포함되지 않으므로, 이는 건축물의 규모를 늘려 지은 것이 아니다. 따라서 증축이 아니라, 종전 규모 범위 이하로 건축물을 다시 축조한 개축에 해당한다.

〉왜 오답?

② A가 새로 지은 건축물을 관리하기 위해 같은 대지 안에 경비실을
주된 용도의 건축물을 관리하는 데 필요한 부속건축물
추가로 짓는 것은 증축에 해당한다.

└ ④문단 ❸문장 증축에는 ～ 주된 건축물이 있는 대지에 부속건축물이나 다른 주된 건축물을 축조하는 경우 등이 있다.

　주된 용도의 건축물을 관리하는 데 필요한 부속 용도의 건축물은 부속건축물이라고 한다. 새로 지은 건축물을 관리하기 위해 경비실을 짓는 추가로 짓는 것은 주된 건축물이 있는 대지에 부속건축물을 축조하는 경우이므로, 이는 증축에 해당한다.

③ B가 지진 발생 전에 기존 건축물을 전부 부수고 각 층 바닥면적의 총합이 900㎡인 1개 동의 건축물을 축조했다면, 이는 신축에
기존 건축물의 연면적을 초과함.
해당한다.

└ ③문단 ❸문장 (기존 건축물이 해체로 인해) 전부 소실된 경우 새로 축조한 건축물의 규모가 개축이나 재축에 해당하면 신축으로 보지 않는다.
└ ④문단 ❷문장 ～ 연면적은 각 층 바닥면적의 총합을 의미한다.

　기존 건축물이 건축주의 자발적 의지에 의해 해체되어 전부 소실되었을 때, 새로 축조한 건축물의 규모가 개축이나 재축에 해당하지 않아야 신축으로 본다. 즉 새로 축조한 건축물의 규모가 종전 규모 범위를 초과해야 신축에 해당한다.

　〈보기〉에서 B가 소유하고 있던 기존 건축물은 연면적이 각 400㎡인 2개 동의 상가 건물이다. 즉 기존 건축물의 연면적은 800㎡이다. 만약 B가 각 층 바닥면적의 총합이 900㎡인 1개 동의 건축물을 새로 축조했다면, 이는 종전 규모 범위를 초과한 것이므로 신축에 해당한다.

④ B가 붕괴된 기존의 건축물을 연면적의 합계가 700㎡인 건축물로
기존 건축물의 연면적 합계보다 작음.
재축한다면, 층수와 높이가 종전 규모 범위 이하인 3개 동으로
동수만 종전 규모를 초과하는 것이므로 가능함.
축조할 수 있다.

└ ⑥문단 ❶, ❷문장 재축이란 기존 건축물의 전부 또는 일부가 멸실된 경우 그 대지에 건축물을 다시 축조하는 것이다. 이때 연면적의 합계, 즉 그 대지에 존재하는 모든 건축물의 연면적의 합이 종전 규모 이하여야 하며, 동수, 층수, 높이 중 어느 하나는 종전 규모를 초과하는 것이 가능하다.

　기존 건축물이 천재지변으로 인해 멸실된 후 해당 대지에 건축물을 다시 축조하는 것은 재축에 해당한다. 재축의 경우, 해당 대지 내에 존재하는 모든 건축물의 연면적 합계가 종전 규모 이하여야 한다.

　〈보기〉에서 B가 소유하고 있던 건축물은 지진으로 멸실되었다. 따라서 해당 대지에 연면적의 합계가 700㎡로 종전 규모 이하인 건축물을 새로 축조하는 것은 재축에 해당한다. 이 경우 동수, 층수, 높이 중 어느 하나는 종전 규모를 초과하는 것이 가능하다. 즉 B는 층수와 높이는 종전 규모 범위 이하이되, 동수만 종전 규모를 초과해 3개 동으로 축조하는 것이 가능하다.

> **매력 오답**　〈보기〉에서 B가 기존에 2개의 상가 건축물을 소유하고 있다고 했으므로, 연면적의 합계는 800㎡이다. 이를 정확히 파악하지 못해 기존 건축물의 연면적 합계를 400㎡로 착각했다면 ④의 사례를 재축이 아니라고 판단했을 수 있다.
> 　재축은 연면적의 합과 관련한 요건 외에도 '동수, 층수, 높이 중 어느 하나는 종전 규모를 초과하는 것이 가능하다.'라는 설명이 덧붙고 있으므로, 그 내용을 모두 꼼꼼하게 확인하여 선택지에 적용할 수 있어야 했다.

⑤ B가 지진 발생 전에 기존 건축물을 모두 해체하고 개축했다면, 같은 대지 내에서 기존 건축물과 다른 위치에 새로운 건축물을
개축에 해당함.
축조하는 것이 가능했을 것이다.

└ ⑤문단 ❸문장 같은 대지 안에서 건축물의 위치를 이동하거나 구조를 변경하는 것은 개축에 해당하나, ～

　기존 건축물이 건축주의 자발적 의지에 의해 해체된 후 해당 대지에 건축물을 다시 축조하는 것은 개축에 해당한다. 개축의 경우, 같은 대지 안에서 기존 건축물의 위치를 이동하는 것이 가능하다.

　따라서 〈보기〉에서 B가 지진 발생 전 기존 건축물을 해체한 후 개축했다면, 같은 대지 내에서 기존 건축물과 다른 위치에 새로운 건축물을 축조하는 것이 가능하다.

26　정답 ①　＊어휘의 의미 파악하기　[정답률 92%]

@와 문맥상 의미가 가장 가까운 것은?
'옮기는' → '어떤 곳에서 다른 곳으로 자리를 바꾸게 하다.'라는 의미임.

〉왜 정답?

① 우리는 행사를 위해 물건을 강당으로 옮겼다.
'어떤 곳에서 다른 곳으로 자리를 바꾸게 하다.'라는 의미임.

② 나는 남의 말을 다른 이에게 옮기는 것을 경계하였다.
'소문 따위를 한 곳에서 다른 곳으로 번져 가게 하다.'라는 의미임.

③ 그는 역사적 사건을 그림으로 옮겨서 후대에 전하였다.
'어떠한 사실을 표현법을 바꾸어 나타내다.'라는 의미임.

④ 그녀는 준비해 온 계획을 실행에 옮기고자 결심하였다.
'어떠한 일을 다음 단계로 진행시키다.'라는 의미임.

⑤ 동생은 방향을 바꾸어 반대편으로 발걸음을 옮겨 갔다.
'발걸음을 한 걸음 한 걸음 떼어 놓다.'라는 의미임.

27~30 * 눈의 진화 과정

#출제 ⬭글 전체 핵심어 █글 전체 중심 문장

[1] 진화론자들은 생존에 유리한 방향으로 우연히 돌연변이가 발생한
#오늘날 생태계의 생명체들이 지닌 모습에 대한 진화론자들의 견해
유전자가 후대에 전해지는 자연선택 과정의 누적으로, 오늘날 생태계의 생명체들이 현재와 같은 모습을 띠게 되었다고 본다. 그런데 우리의 눈과 같이 고차원적인 생체 기관도 우연의 산물이라고 보기는 어렵다며 의문을 제기하는 이들도 있다. 이에 대해 진화생물학자 리처드 도킨스는 생명체의 진화 과정을 '불가능 산'에 오르는 것에 비유하면서, 불가능 산의 최정점에 있다고 여겨지는 우리의 눈은 깎아지른 절벽을 단숨에 뛰어오르는 우연으로 그곳에 이른 게 아니라, 완만한 비탈을 천천히 오르는 우연의 누적으로 그곳에 이른 것이라 말한다.
#눈의 진화 과정을 완만한 비탈을 천천히 오르는 것에 비유함.

돌연변이: 생물체에서 어버이의 계통에 없던 새로운 형질이 나타나 유전하는 현상. 유전자나 염색체의 구조에 변화가 생겨 일어난다.
누적: 포개어 여러 번 쌓음. 또는 포개져 여러 번 쌓임.
산물: 어떤 것에 의하여 생겨나는 사물이나 현상을 비유적으로 이르는 말

*[1]문단 요약 : 눈의 진화 과정에 대한 리처드 도킨스의 견해

[2] 눈의 진화 과정에서 [시작 단계에 해당하는 불가능 산의 밑자락
#[ ]: 눈의 진화 과정에서 시작 단계에 있는 생물의 특징
에는 빛의 존재 여부만 희미하게 감지하는 세포를 지닌, 일부 단세포 생물의 피부나 거머리의 피부가 자리]한다. 그 뒤에 이어지는 오르막에서는 빛의 광자를 포획하고 그 충격을 신경 자극으로 변환하는 일을 담당하는 광세포가 점차 늘어나는 경향이 나타난다. 그러나 광세포 그 자체는 동물에게 빛의 유무만을 알려 주므로 [빛의 방향과 주변 대상의 형태까지 감지하려면 한쪽 면에는 암막이 있는
#[ ]: 한쪽 면에 암막이 있는 광세포가 필요한 이유
광세포가 필요하다. 광세포가 투명하면 모든 방향에서 빛이 들어와 어느 쪽에서 빛이 오는지 알 수 없기 때문]이다. 그래서 [광세포로 이루어진 평면을 활처럼 구부려서 그 곡면의 뒤쪽에는 암막이 있게
[ ]: 눈의 진화 과정 ①
만든 오목한 눈이 등장]하게 되는데, 대합이나 갯지렁이 등의 눈이 이 유형에 속한다.
#한쪽 면에 암막이 있는 오목한 눈을 지님.
그러나 오목한 눈의 망막에도 대상을 분별할 수 있는
#오목한 눈의 한계
하나의 상이 형성되지는 못한다.

광자: 빛을 입자로 보았을 때의 이름
암막: 빛이 들어오는 것을 막고 방 안을 어둡게 하기 위하여 둘러치는 검은 막
망막: 눈알의 가장 안쪽에 있는 맥락막 안에 시각 신경의 세포가 막 모양으로 층을 이룬 부분
분별하다: 서로 다른 일이나 사물을 구별하여 가르다.

*[2]문단 요약 : 눈의 진화 과정 ① 오목한 눈의 등장

[3] 오목한 눈에 돌고래의 상이 맺히는 상황을 생각해 보자. 셀 수 없이 다양한 방향에서 무수히 많은 빛이 동시에 들어오면 오목한
#하나의 상을 파악해 내지 못하게 됨.
망막은 〈그림 1〉과 같이 무수히 많은 돌고래 상으로 뒤덮여 결국 하나의 상을 파악해 내지 못하게 된다. 그래서 〈그림 2〉와 같이 상하가 뒤바뀐 도립상이긴 하지만 [단 하나의 온전한 돌고래 상만
#[ ]: 눈의 진화 과정 ②
망막에 맺힐 수 있을 때까지 빛의 유입구를 계속 좁혀 나가며 불가능
#망막에 하나의 상만 맺히게 하기 위한 변화
산을 오르는 긴 여정이 시작되었다. 그 결과 전복이나 고동의 눈처럼 빛의 유입구가 매우 좁아진 눈과 앵무조개의 눈처럼 완전한 바늘구멍 눈이 나타나게 된다.]

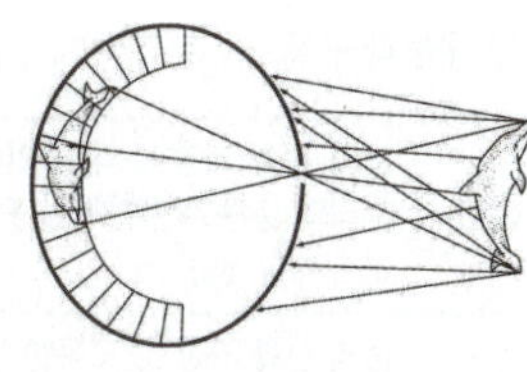

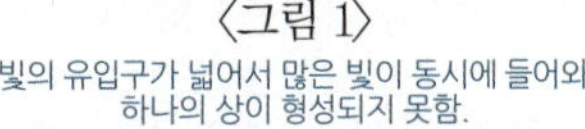

〈그림 1〉
빛의 유입구가 넓어서 많은 빛이 동시에 들어와 하나의 상이 형성되지 못함.

〈그림 2〉
빛의 유입구가 좁아져 도립상인 하나의 상만 형성됨.

도립상: 볼록 렌즈 초점의 밖에 있는 물체의 상처럼 상하좌우가 반대로 된 상

*[3]문단 요약 : 눈의 진화 과정 ② 바늘구멍 눈의 등장

[4] 그러나 하나의 상만 맺힐 만큼 빛 유입구가 좁아지면 빛의 유입량이 부족해 아주 밝을 때만 대상을 볼 수 있다. 또한 빛은 파동처럼
#바늘구멍 눈의 한계 ①
움직이며 서로 간섭을 일으켜 상이 흐릿해지는 회절 현상을 보이는데, 빛의 유입구가 좁을수록 그 정도가 심화된다. 그래서 유입구를 더
#바늘구멍 눈의 한계 ②
넓게 하는 것도, 좁게 하는 것도 선택하기 어려운 진퇴양난의 상황이
#광자 경제학이라 칭함.
발생한다. 바늘구멍 눈의 이러한 상황을, 두 장점을 동시에 취할 수 없는 상황이 흔히 다뤄지는 경제학의 특성을 본떠 광자 경제학이라 일컫는다.

심화되다: 정도나 경지가 점점 깊어지다.
진퇴양난: 이러지도 저러지도 못하는 어려운 처지

*[4]문단 요약 : 눈의 진화 과정에서 발생하는 광자 경제학

[5] 빛은 하나의 투명 물질에서 다른 투명 물질로 들어갈 때 굴절되는데, 볼록 렌즈 모양의 투명 물질은 빛의 굴절을 통해 물체의 상을 더 선명하게 만들어 준다.
#광자 경제학을 해결할 수 있게 함.
그래서 광자 경제학의 난제를 해결하기 위한 대안으로, 빛의 유입구를 더 넓힌 뒤에 투명한 볼록 렌즈인 수정체를 그 뒤에 끼워 넣은 수정체 눈이 나타났다. 수정체를 거친
#눈의 진화 과정 ③
빛도 도립상을 이루는 것은 여전하지만, 빛의 유입량이 늘어 아주
#수정체 눈의 특징
밝지 않아도 망막에 선명한 상이 맺힐 수 있게 되었다. 일반적으로
#수정체 눈의 장점
척추동물은 불가능 산의 아주 높은 곳에 자리하고 있는 수정체 눈을 가지는데, [어류나 파충류 등은 수정체의 위치를 이동하는 방법으로,
[ ]: 척추동물은 종마다 서로 다른 방식으로 빛의 굴절률을 조절해 초점을 맞춤.
조류나 포유류는 수정체의 두께를 조절하는 방법으로 빛의 굴절률을 조절하여 대상과의 거리에 맞게 초점을 맞춘다.]

굴절: 광파, 음파, 수파 따위가 한 매질에서 다른 매질로 들어갈 때 경계면에서 그 진행 방향이 바뀌는 현상
수정체: 안구의 동공 바로 뒤에 붙어 있는 볼록 렌즈 모양의 탄력성 있는 투명체
초점: 수정체가 원근에 따라 곡률(曲率)을 조절하여 대상을 가장 똑똑하게 볼 수 있도록 맞추는 점

*[5]문단 요약 : 눈의 진화 과정 ③ 수정체 눈의 등장

＊ 눈의 진화 과정

	① 오목한 눈	② 바늘구멍 눈	③ 수정체 눈
생물 종 유형	대합, 갯지렁이	앵무조개	척추동물
특징	빛의 유무, 빛의 방향, 주변 대상의 형태를 감지함.	도립상인 하나의 상이 형성됨.	아주 밝지 않아도 선명한 상이 형성됨.
한계 (특징)	하나의 상이 형성되지 않음.	아주 밝을 때만 대상을 볼 수 있고, 회절 현상이 생김.	수정체를 거친 빛도 도립상을 이룸.

■ 지문 내용과 구조

1문단	눈의 진화 과정에 대한 리처드 도킨스의 견해: 불가능 산의 최정점에 있는 우리의 눈은 완만한 비탈을 천천히 오르는 우연의 누적으로 현재의 상태에 이르게 된 것임.

2문단	눈의 진화 과정 ① 오목한 눈의 등장
	– 빛의 존재 여부만 감지하는 일부 단세포 생물의 피부, 거머리의 피부 → 오목한 눈이 등장함.

	특징	한쪽 면에 암막이 있는 광세포를 지님. → 빛의 방향, 주변 대상의 형태를 감지할 수 있음.
	한계	대상을 분별할 수 있는 하나의 상이 형성되지는 못함.

3문단	눈의 진화 과정 ② 바늘구멍 눈의 등장
	– 망막에 하나의 상만 맺힐 때까지 빛의 유입구를 계속 좁혀 나감. → 바늘구멍 눈이 등장함.

4문단	눈의 진화 과정에서 발생하는 광자 경제학: 빛 유입구를 줄인 바늘구멍 눈의 장점(망막에 하나의 상만 맺힘.)과 빛 유입구를 넓혔을 때의 장점(아주 밝지 않아도 대상을 볼 수 있음.)을 동시에 취할 수 없는 상황이 발생함.

5문단	눈의 진화 과정 ③ 수정체 눈의 등장
	– 바늘구멍 눈에서 빛 유입구를 더 넓힌 뒤 투명한 볼록 렌즈인 수정체를 그 뒤에 끼워 넣은 수정체 눈이 등장함. → 아주 밝지 않아도 망막에 선명한 상이 맺힘.

```
[1문단]              [2문단]           [3문단]           [4문단]           [5문단]
눈의 진화     →     눈의 진화    →    눈의 진화    →    눈의 진화    →    눈의 진화
과정에 대한         과정 ①           과정 ②           과정에서          과정 ③
리처드              오목한 눈의       바늘구멍          발생하는          수정체 눈의
도킨스의 견해       등장             눈의 등장         광자 경제학       등장
```

■ **주제**: 눈의 진화 과정에 대한 이해

27 　정답 ②　＊ 내용 전개 방식 파악하기　　★1등급 대비

[① 3%　② 30%　③ 10%　④ 9%　⑤ 45%]

윗글을 읽은 방법으로 가장 적절한 것은?

왜 틀렸나?

윗글은 다양한 생물 종을 바탕으로 눈의 진화 과정을 설명하고 있는데, 이를 '모든' 생물 종의 눈이 고차원적 눈의 유형으로 수렴해 가는 과정을 설명한 것이라고 잘못 이해한 학생들이 많았다. 대합, 앵무조개 등의 눈은 진화 과정 중의 한 단계에서 멈추었을 뿐, 수정체의 눈으로까지 나아가지는 못했다는 점을 정확히 파악했어야 한다.

왜 정답?

② 여러 가지 눈의 유형별 차이점에 주목하여 각 유형의 눈이 나타나게
　　　　　　　　　　　　　　　　오목한 눈, 바늘구멍 눈, 수정체 눈
된 원인을 파악하며 읽었다.
　　이전 단계의 눈이 지닌 한계를 극복하는 과정에서 나타나게 됨.

윗글은 눈의 진화 과정에서 나타난 오목한 눈, 바늘구멍 눈, 수정체 눈과 같은 여러 가지 눈의 유형을 설명하고 있다.

먼저 오목한 눈은 빛의 유무만을 감지할 수 있던 단세포 생물의 피부에서 빛의 방향과 주변 대상의 형태를 감지할 수 있도록 진화해 나가는 과정에서 나타나게 되었다. 오목한 눈은 망막에 하나의 상이 형성되지 못한다는 한계를 지녔는데, 이를 해결하기 위해 빛의 유입구를 계속 좁혀 나가는 진화 과정에서 바늘구멍 눈이 나타나게 되었다. 마지막으로 아주 밝을 때만 대상을 볼 수 있는 바늘구멍 눈의 한계를 해결하기 위한 진화 과정에서 척추동물이 지닌 수정체의 눈이 나타나게 되었다.

왜 오답?

① 오늘날의 생태계에서 발견이 되는 눈의 유형과 발견이 되지 않는
　　　　　　　　　　　　　　　　　　　　　　　　윗글에 나타나지 않음.
눈의 유형을 비교하며 읽었다.

③ 광세포와 빛의 관계를 중심으로 생명체의 눈이 불가능 산의
최정점에 오를 수 없는 이유를 추측하며 읽었다.
　　척추동물이 가진 수정체 눈은 불가능 산의 최정점에 위치함.

④ 고차원적 생체 기관은 우연의 산물이 아니라고 보는 사람들이
제시한 눈의 진화 과정에서 논리적 모순을 찾아내며 읽었다.
　　　　　　윗글에 나타나지 않음.

윗글은 우리의 눈과 같은 고차원적 생체 기관은 우연의 산물이 아니라고 보는 사람들의 주장에 대해, 진화생물학자인 리처드 도킨스가 제시한 눈의 진화 과정을 설명하고 있다.

⑤ 다양한 생물 종의 눈이 고차원적 눈의 유형으로 수렴해 가는 원리를
　　　　다양한 생물 종의 눈이 모두 고차원적인 눈의 유형으로 수렴해 간 것은 아님.
시간의 흐름에 따라 순차적으로 이해하며 읽었다.

윗글은 일부 단세포 생물의 피부나 거머리의 피부에서부터 시작해 척추동물의 눈이 속하는 수정체의 눈에 이르기까지의 진화 과정을 설명하고 있다. 즉 다양한 생물 종의 눈을 바탕으로 눈의 진화 과정을 설명하였는데, 이때 그러한 생물 종들의 눈이 모두 고차원적 눈의 유형으로 수렴해 간 것은 아니다. 따라서 그 원리를 시간의 흐름에 따라 이해하며 읽었다는 설명은 적절하지 않다.

> **매력 오답**　1문단에서 '우리의 눈과 같이 고차원적인 생체 기관'이라고 하였고, 5문단에서도 '척추동물은 불가능 산의 아주 높은 곳에 자리하고 있는 수정체 눈을 가지는데'라고 하였다. 이를 바탕으로 고차원적 눈의 유형을 지닌 것은 일부 생물 종뿐이라는 점을 파악했다면 ⑤가 적절하지 않음을 알 수 있었다.
> 　내용 전개 방식을 파악하는 문제에서도 지문과 선택지 내용 간 세부적인 일치 여부를 반드시 파악할 수 있어야 한다.

28 　정답 ⑤　＊ 내용 파악하기　　★1등급 대비

[① 6%　② 11%　③ 16%　④ 24%　⑤ 41%]

윗글에 대한 이해로 적절하지 않은 것은?

왜 틀렸나?

지문에서 다양한 눈의 유형과 그 특징을 설명하였는데, 선택지에서 이에 대한 아주 세부적인 내용까지 묻고 있어 많이 헷갈렸을 것이다.

지문을 읽을 때 유형별 특징을 간략히 정리해 가면서 읽었다면 선택지의 적절함을 좀 더 빠르고 정확하게 판단할 수 있었다.

왜 정답?

⑤ 포유류의 눈은 어류의 눈과 달리 빛의 유입량을 늘리기 위해
　　　　　　　　　　　　　　　　　　　대상과의 거리에 맞게 초점을 맞추기 위해
수정체의 두께를 변화시켜 빛의 굴절률을 조절한다.

　5문단 4문장 ~ 어류나 파충류 등은 수정체의 위치를 이동하는 방법으로, 조류나 포유류는 수정체의 두께를 조절하는 방법으로 빛의 굴절률을 조절하여 대상과의 거리에 맞게 초점을 맞춘다.

수정체 눈을 가진 척추동물 중 포유류는 어류와는 달리 수정체의 두께를 조절하는 방법으로 빛의 굴절률을 조절한다고 했다. 이는 빛의 유입량을 늘리기 위해서가 아니라, 대상과의 거리에 맞게 초점을 맞추기 위해서이다.

① 진화론자들은 생존에 유리한 돌연변이의 발생이 누적되어 생명체가
오늘날 생명체의 모습은 자연선택 과정이 누적된 결과라고 봄.
현재의 모습에 이르게 되었다고 본다.

1문단 1문장 진화론자들은 생존에 유리한 방향으로 우연히 돌연변이가
발생한 유전자가 후대에 전해지는 자연선택 과정의 누적으로, 오늘날
생태계의 생명체들이 현재와 같은 모습을 띠게 되었다고 본다.

② 리처드 도킨스는 새로운 유형의 눈이 나타나는 진화의 과정을
우리의 눈은 완만한 비탈을 천천히 오르는 우연의 누적으로 현재의 상태에 이르게 된 것임.
완만한 비탈을 천천히 오르는 것에 비유했다.

1문단 3문장 이에 대해 진화생물학자 리처드 도킨스는 생명체의 진화 과정을
'불가능 산'에 오르는 것에 비유하면서, 불가능 산의 최정점에 있다고 여겨지는
우리의 눈은 ~ 완만한 비탈을 천천히 오르는 우연의 누적으로 그곳에 이른
것이라 말한다.

③ 눈의 진화의 시작 단계에 있는 생물은 빛의 존재를 감지할 수 있는
단세포 생물의 피부나 거머리의 피부
피부를 통해 빛의 유무만 파악할 수 있다.

2문단 1문장 눈의 진화 과정에서 시작 단계에 해당하는 불가능 산의
밑자락에는 빛의 존재 여부만 희미하게 감지하는 세포를 지닌, 일부 단세포
생물의 피부나 거머리의 피부가 자리한다.

④ 앵무조개의 눈은 갯지렁이의 눈과 달리 바라보고 있는 대상의
바늘구멍 눈   오목한 눈
모습이 망막에 하나의 상으로 맺힌다.

2문단 5, 6문장 그래서 광세포로 이루어진 평면을 활처럼 구부려서 그
곡면의 뒤쪽에는 암막이 있게 만든 오목한 눈이 등장하게 되는데, 대합이나
갯지렁이 등의 눈이 이 유형에 속한다. 그러나 오목한 눈의 망막에도 대상을
분별할 수 있는 하나의 상이 형성되지는 못한다.

3문단 3, 4문장 ~ 단 하나의 온전한 돌고래 상만 망막에 맺힐 수 있을
때까지 빛의 유입구를 계속 좁혀 나가며 불가능 산을 오르는 긴 여정이
시작되었다. 그 결과 ~ 앵무조개의 눈처럼 완전한 바늘구멍 눈이 나타나게
된다.

갯지렁이의 눈은 오목한 눈으로, 이는 망막에 하나의 상이 형성되지는 못한다는
한계가 있다. 이와 달리 앵무조개의 눈은 바늘구멍 눈으로, 이는 빛의 유입구를 좁혀
나간 결과 망막에 하나의 상만 맺히도록 진화한 형태의 눈이다.

> 매력
> 오답 윗글에서 각 유형의 눈에 속하는 생물 종의 예시를 제시했으므로, 이를
> 바탕으로 앵무조개의 눈과 갯지렁이의 눈이 각각 어떤 유형의 눈에 해당하는지
> 정확히 파악했어야 한다.

29 정답 ① * 내용 파악 + 추론하기 ★1등급 대비

[① 36% ② 15% ③ 13% ④ 17% ⑤ 17%]

광자 경제학을 중심으로 윗글에 대해 이해한 내용으로 적절하지 않은 것은?

> ＞왜 틀렸나?
> 선택지마다 바늘구멍 눈의 빛 유입구를 넓히거나 좁히는 상황과 그 결과를 다양한
> 방식으로 표현하고 있어, 정오를 판단하는 과정에서 내용을 헷갈린 학생들이 많았다.

＞왜 정답?

① 파동처럼 움직이면서 서로 간섭을 일으키는 빛의 속성은 바늘구멍
회절 현상을 일으킴.
눈의 빛 유입구를 더 넓히지 못하게 만드는 원인이 된다.
좁히지

4문단 2문장 또한 빛은 파동처럼 움직이며 서로 간섭을 일으켜 상이
흐릿해지는 회절 현상을 보이는데, 빛의 유입구가 좁을수록 그 정도가
심화된다.

빛이 파동처럼 움직이면서 서로 간섭을 일으키는 속성은 망막에 맺히는 상이
흐릿해지는 회절 현상을 일으킨다. 이러한 회절 현상은 빛의 유입구가 좁을수록
심해진다고 했다. 따라서 이는 바늘구멍 눈의 빛 유입구를 더 넓히지 못하는 것이
아니라, 좁히지 못하게 만드는 원인이 된다.

---

② 빛이 투명한 물질을 통과할 때 굴절되는 성질은 바늘구멍 눈의 빛
아주 밝지 않아도 망막에 선명한 상이 맺힐 수 있게 함.
유입구를 더 넓히기도, 좁히기도 곤란한 문제 상황을 해결할 수
있게 한다.

4문단 1~4문장 그러나 하나의 상만 맺힐 만큼 빛 유입구가 좁아지면 빛의
유입량이 부족해 아주 밝을 때만 대상을 볼 수 있다. ~ 그래서 유입구를 더
넓게 하는 것도, 좁게 하는 것도 선택하기 어려운 진퇴양난의 상황이
발생한다. 바늘구멍 눈의 이러한 상황을, 두 장점을 동시에 취할 수 없는
상황이 흔히 다뤄지는 경제학의 특성을 본떠 광자 경제학이라 일컫는다.

5문단 1~3문장 빛은 하나의 투명 물질에서 다른 투명 물질로 들어갈 때
굴절되는데, 볼록 렌즈 모양의 투명 물질은 빛의 굴절을 통해 물체의 상을 더
선명하게 만들어 준다. 그래서 광자 경제학의 난제를 해결하기 위한 대안으로,
빛의 유입구를 더 넓힌 뒤에 투명한 볼록 렌즈인 수정체를 그 뒤에 끼워 넣은
수정체 눈이 나타났다. 수정체를 거친 빛도 도립상을 이루는 것은 여전하지만,
빛의 유입량이 늘어 아주 밝지 않아도 망막에 선명한 상이 맺힐 수 있게
되었다.

바늘구멍 눈은 빛 유입구가 좁아 아주 밝을 때만 대상을 볼 수 있다는 한계를
지녔다. 하지만 이를 해결하고자 빛 유입구를 넓히면 망막에 하나의 상이 형성되지
못하므로, 광자 경제학이라 일컫는 난제가 발생하게 된다.

이러한 바늘구멍 눈에서 진화한 수정체 눈은 빛이 투명한 물질을 통과할 때
굴절하는 성질을 이용한 형태이다. 빛의 유입구를 넓히되 투명한 볼록 렌즈인
수정체를 그 뒤에 끼워 넣음으로써 아주 밝지 않아도 망막에 선명한 상이 맺힐 수 있게
된 것이다.

③ 바늘구멍 눈으로, 아주 밝지 않은 곳에서 대상을 볼 수 있는 것과
빛의 유입구가 넓어야 함.
대상을 단 하나의 상으로 파악할 수 있는 것을 동시에 충족시키기는
빛의 유입구가 좁아야 함.   광자 경제학
어렵다. * 근거: 4문단 1~4문장

④ 수정체는 바늘구멍 눈의 빛 유입구를 넓혔을 때 얻게 되는 이점과
아주 밝지 않은 곳에서도 대상을 볼 수 있음.
바늘구멍 눈의 빛 유입구를 좁혔을 때 얻게 되는 이점을 동시에
망막에 하나의 상만 맺힘.
취할 수 있게 해 준다. * 근거: 5문단 1~3문장
광자 경제학의 난제를 해결함.

> 매력
> 오답 바늘구멍 눈의 빛 유입구를 넓히거나 좁혔을 때 얻게 되는 이점을 서로
> 헷갈리지 않도록, 문제 한편에 명확하게 정리해 놓고서 선택지의 정오를 판단하면
> 실수를 줄일 수 있었을 것이다.

⑤ 여러 방향에서 동시에 많은 빛이 유입될 때 일시에 많은 상이
오목한 눈의 한계 → 빛 유입구를 좁혀 해결함.(= 바늘구멍 눈)
맺히는 현상은 아주 밝지 않아도 대상을 볼 수 있도록 바늘구멍
빛 유입구를 넓혀야 함.
눈의 빛 유입구를 조절하는 데 제약이 된다.

3문단 2~4문장 셀 수 없이 다양한 방향에서 무수히 많은 빛이 동시에
들어오면 오목한 망막은 ~ 하나의 상을 파악해 내지 못하게 된다. 그래서
〈그림 2〉와 같이 상하가 뒤바뀐 도립상이긴 하지만 단 하나의 온전한 돌고래
상만 망막에 맺힐 수 있을 때까지 빛의 유입구를 계속 좁혀 나가며 불가능
산을 오르는 긴 여정이 시작되었다. 그 결과 ~ 앵무조개의 눈처럼 완전한
바늘구멍 눈이 나타나게 된다.

여러 방향에서 동시에 많은 빛이 유입될 때 일시에 많은 상이 맺히는 현상은 오목한
눈의 한계에 해당한다. 이를 해결하고자 망막에 하나의 상만 맺힐 때까지 빛 유입구를
좁혀 나간 결과 나타난 것이 바늘구멍 눈이다. 하지만 이렇게 빛 유입구를 좁힌 탓에
바늘구멍 눈은 아주 밝을 때만 대상을 볼 수 있다는 한계를 지니게 되었다.

즉 오목한 눈의 한계는 바늘구멍 눈의 빛 유입구를 넓혔을 때 다시 나타날 수 있는
문제점이므로, 바늘구멍 눈의 빛 유입구를 조절하는 데 제약이 된다.

> 매력
> 오답 여러 방향에서 동시에 많은 빛이 유입될 때 일시에 많은 상이 맺히는 현상과,
> 아주 밝지 않아도 대상을 볼 수 있도록 바늘구멍 눈의 빛 유입구를 조절하는 것의
> 상관관계를 지문을 통해 판단해야 한다.

2025. 9
7회

윗글을 바탕으로 〈보기〉에 대해 보인 반응으로 적절하지 <u>않은</u> 것은? [3점]

─〈보기〉─

❶ 곤충이나 갑각류에게서 흔히 나타나는 <u>연립상 겹눈</u>은 오목한 눈의 원리를 변형하여 적용하고, 바늘구멍 눈의 원리도 적용하여 상하가 뒤바뀌지 않은 정립상을 만든다. ❷ 이 눈은 〈그림〉처럼 오목한 그릇 모양의 뒷면, 즉 볼록한 표면에 광세포가 바깥쪽을 향하도록 배치되어 있고, 길쭉한 관들이 방사형으로 빽빽하게 모여 있다. ❸ 각각의 관은 아주 좁은 빛 유입구를 가진 낱눈으로, 일직선상에 있는 관측 대상의 작은 일부분에 해당하는 빛만 망막에 맺힌다. ❹ 각 낱눈에는 투명한 볼록 렌즈가 달려 있고 광세포로 이루어진 망막도 있으나 각 망막에 맺힌 상은 무시되고 낱눈을 통해 들어온 빛의 양만 기록된다. ❺ 이렇게 빛의 분리 공급을 통해 각 낱눈에 들어온 빛이 모두 합쳐지면 최종적으로는 하나의 온전한 전체상을 인식할 수 있게 된다.

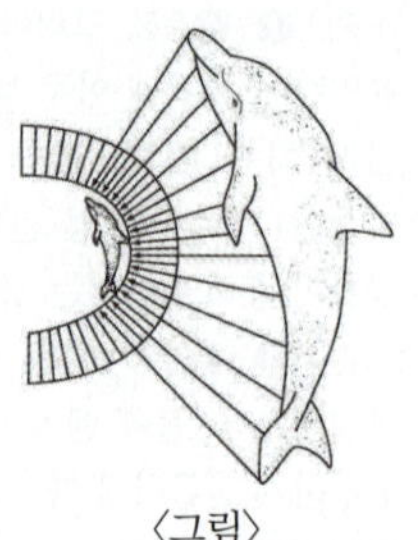

〈그림〉

💡 **단서＋발상**

(단서) 연립상 겹눈에는 오목한 눈의 원리를 변형한 것이 적용되고, 바늘구멍 눈의 원리도 적용된다고 함.

(발상) 연립상 겹눈에 대한 설명 중 무엇이 각 눈의 원리와 관련 있는지를 구분하여 이해함.

(해결) 연립상 겹눈을 구성하는 낱눈들은 아주 좁은 빛 유입구를 가지고 있으며, 이를 통해 각 낱눈의 망막에 관측 대상의 작은 일부에 해당하는 빛이 맺힌다고 함. → 연립상 겹눈의 각 낱눈에 바늘구멍 눈의 원리가 적용되었으되, 바늘구멍 눈과는 차이점도 존재함.

＞왜 정답？

② 연립상 겹눈은 그릇 모양의 볼록한 표면에 광세포가 배치되어 있어서 오목한 눈에 비해 ~~더 많은 양의 빛이 망막에 닿게 되겠군.~~

③문단 ❷문장 셀 수 없이 다양한 방향에서 무수히 많은 빛이 동시에 들어오면 오목한 망막은 〈그림 1〉과 같이 무수히 많은 돌고래 상으로 뒤덮여 결국 하나의 상을 파악해 내지 못하게 된다.

〈보기〉 ❷, ❸문장 이 눈(연립상 겹눈)은 〈그림〉처럼 오목한 그릇 모양의 뒷면, 즉 볼록한 표면에 광세포가 바깥쪽을 향하도록 배치되어 있고, 길쭉한 관들이 방사형으로 빽빽하게 모여 있다. 각각의 관은 아주 좁은 빛 유입구를 가진 낱눈으로, ~ 관측 대상의 작은 일부분에 해당하는 빛만 망막에 맺힌다.

오목한 눈은 망막에 상이 맺힐 때 다양한 방향에서 무수히 많은 빛이 동시에 들어온다고 했다. 이와 비교하여 〈보기〉의 연립상 겹눈은 볼록한 표면에 방사형으로 모여 있는 각 관을 통해 빛이 망막에 닿는데, 이 낱눈을 통해서는 관측 대상의 작은 일부분에 해당하는 빛만 망막에 맺힌다고 했다. 따라서 연립상 겹눈은 오목한 눈에 비해 더 많은 양의 빛이 망막에 닿게 된다고 보기 어렵다.

＞왜 오답？

① 연립상 겹눈이 빛의 유무를 넘어 관측 대상의 형태까지 파악할 수 있는 것으로 보아 연립상 겹눈의 광세포는 투명하지 않겠군.

②문단 ❸문장 그러나 광세포 그 자체는 동물에게 빛의 유무만을 알려 주므로 빛의 방향과 주변 대상의 형태까지 감지하려면 한쪽 면에는 암막이 있는 광세포가 필요하다.

광세포를 통해 빛의 유무만을 감지하는 것이 아니라 관측 대상의 형태까지 파악할 수 있으려면, 한쪽 면에는 암막이 있는 광세포가 필요하다고 했다. 〈보기〉에서 연립상 겹눈은 상하가 뒤바뀌지 않은 정립상을 만든다고 했으므로, 이는 관측 대상의 형태를 파악할 수 있는 눈이다. 따라서 연립상 겹눈의 광세포는 한쪽 면에 암막이 존재하여 투명하지 않을 것임을 알 수 있다.

③ 연립상 겹눈으로 분리 공급된 빛을 통해 최종적으로 인식되는 관측 대상의 전체 상은 실제 관측 대상의 모습과 상하 방향이 일치하겠군.

〈보기〉 ❶문장 곤충이나 갑각류에게서 흔히 나타나는 연립상 겹눈은 오목한 눈의 원리를 변형하여 적용하고, 바늘구멍 눈의 원리도 적용하여 상하가 뒤바뀌지 않은 정립상을 만든다.

〈보기〉에서 연립상 겹눈은 상하가 뒤바뀌지 않는 정립상을 만든다고 했다. 따라서 연립상 겹눈으로 분리 공급된 빛을 통해 최종적으로 인식되는 대상의 전체상은 실제 관측 대상의 모습과 상하 방향이 일치함을 알 수 있다.

④ 연립상 겹눈의 각 낱눈은 관측 대상의 작은 일부분만 감지한다는 점에서 관측 대상의 전체 형상을 감지할 수 있는 바늘구멍 눈과는 차이가 있겠군.

③문단 ❸, ❹문장 그래서 〈그림 2〉와 같이 상하가 뒤바뀐 도립상이긴 하지만 단 하나의 온전한 돌고래 상만 망막에 맺힐 수 있을 때까지 빛의 유입구를 계속 좁혀 나가며 ~ 바늘구멍 눈이 나타나게 된다.

바늘구멍 눈은 빛 유입구를 좁힌 결과 망막에 관측 대상의 전체 형상이 상하가 뒤바뀐 상태에서 하나의 상으로 맺히게 된다. 이와 달리 〈보기〉의 연립상 겹눈은 아주 좁은 빛 유입구를 가진 다수의 낱눈을 가지고 있어, 이를 통해 각 낱눈의 일직선상에 있는 관측 대상의 작은 일부분에 해당하는 빛만 망막에 맺힌다고 했다.

⑤ 연립상 겹눈을 구성하는 각 낱눈의 망막에 맺힌 관측 대상의 각 상은 수정체 눈의 망막에 맺힌 관측 대상의 상과 마찬가지로 모두 상하가 전복되어 있겠군.

→ ⑤문단 ❸문장 수정체를 거친 빛도 도립상을 이루는 것은 여전하지만, ~

수정체를 거친 빛도 도립상을 이룬다고 했으므로, 수정체 눈의 망막에 맺힌 관측 대상의 상은 바늘구멍 눈에서와 마찬가지로 상하가 뒤바뀐 형태이다. 〈보기〉에서 연립상 겹눈에는 바늘구멍의 원리가 적용된다고 했는데, 이는 아주 좁은 빛 유입구를 가진 각 낱눈의 망막에 상이 맺히는 과정과 관련된다. 즉 각 낱눈의 망막에 맺힌 관측 대상의 각 상 자체는 바늘구멍 눈에서와 마찬가지로 상하가 뒤바뀐 도립상인 것이다.

연립상 겹눈은 이렇게 각 망막에 맺힌 도립상은 무시하고, 낱눈을 통해 들어온 빛의 양만 기록함으로써 최종적으로는 하나의 온전한 전체상인 정립상을 인식하게 된다.

매력 오답 〈보기〉에서 연립상 겹눈을 통해 최종적으로 정립상을 인식하게 되기 이전 단계를 제대로 파악하지 못했다면, 틀리기 쉬운 선택지였다.

연립상 겹눈은 오목한 눈의 원리를 변형한 것과 바늘구멍 눈의 원리가 모두 적용된다고 했다. 따라서 〈보기〉에서 설명한 내용이 각 눈의 원리와 어떤 식으로 관련 있는지를 파악한 후 선택지의 정오를 판단했어야 한다.

▲ 잠자리의 겹눈은 약 3만 개에 달하는 낱눈으로 이루어져 있다.

31~33

(가) 장만영, 〈향수〉

출제 ❶ 화자, 중심 대상 ❷ 상황, 정서, 태도 ❸ 표현상 특징

❶ 화자 ❶ 중심 대상
1 나는 바다로 가는 길로 걸어간다. ❷ [노오란 호박꽃이 많이 핀
❷ 상황: 화자가 바다로 가고 있음. ❸ 색채어, 시적 허용
돌담을 끼고 황혼이 있다.]
[ ]: 평화롭고 아름다운 고향의 모습
〔황혼: 해가 지고 어스름해질 때. 또는 그때의 어스름한 빛

*1 연 요약 : 화자가 바다로 가며 고향의 모습을 회상함.

❶
2 돌담을 돌아가면 — 바다가 소리쳐 부른다. 바다 소리에 내가
❸ 바다를 의인화함.
젖는다, 내가 젖는다.
❸ 동일한 시구를 반복하여 시적 분위기를 고조함.

*2 연 요약 : 화자가 바다의 소리에 젖어듦.

❸ 직유법을 사용하여 대상의 특징을 강조함.
3 [물방울이 생활처럼 차다. 몸에 스며든다. ❸요새는 모든 것이 ㉠ 짙은
❸ 촉각적 이미지를 사용해 화자의 현실 인식을 드러냄.
커피처럼 너무도 쓰다.] # [ ]: ❷ 정서 – 현실을 살아가는 것이 고단하고 힘듦.
❸ 미각적 이미지를 사용해 현실의 고단함을 표현함.

*3 연 요약 : 현실을 차갑고 쓴 것으로 인식함.

❶   ❷
4 나는 고향에 가고 싶다. 고향의 숲이, 언덕이, 들이, 시내가
❶ 중심 대상, 화자가 위로를 받을 수 있는 공간 ❷ 정서: 고향을 그리워함.
그립다. ❸어릴 적 기억이 ㉡ 파도처럼 달려든다.
❸ 역동적 이미지를 사용해 고향에 대한 그리움을 표현함.

*4 연 요약 : 고향을 그리워함.

❶   ❷
5 바다가 어머니라면 — 하고 나는 생각해 본다. [바다의 품에
❷ 상황: 바다를 보며 어머니를 떠올림.
안기고 싶다.❸안기어 ㉢ 날개같이 보드러운 물결을 쓰고 맘 편히 쉬고
❸ 촉각적 이미지를 사용해 바다에게 위로받고 싶은 화자의 마음을 드러냄.
싶다.]
[ ]: ❷ 정서: 힘든 현실에서 벗어나 바다의 품에서 편히 쉬고 싶음.

*5 연 요약 : 화자가 바다를 보며 어머니를 떠올림.

6 수평선 아득히 아물거리는 은색의 향수. 나는 찢어진 추억의
❸ 향수를 은색으로 시각화하는 추상적 관념의 구체화가 나타남.
천막을 깁는다, 여기 모래벌에 주저앉아 —
고향의 추억을 되새기며 현재의 상처를 치유하고자 함.
〔향수: 고향을 그리워하는 마음이나 시름
〔깁다: 떨어지거나 해어진 곳에 다른 조각을 대거나 또는 그대로 꿰매다.

*6 연 요약 : 바다에서 고향을 생각하며 위로를 받음.

★ (가) 독해 공식

❶ 화자: '나', 중심 대상: 바다, 고향
❷ 상황: 화자가 바다로 가고 있음. 바다를 보며 어머니를 떠올림.
  정서, 태도: 현실을 살아가는 것이 고단하고 힘듦. 고향을 그리워함. 힘든 현실에서
  벗어나 바다의 품에서 편히 쉬고 싶음.
❸ 표현상 특징
• 색채어와 시적 허용을 활용한 표현이 나타남.
• 바다를 의인화하여 표현함.
• 동일한 시구를 반복하여 시적 분위기를 고조함.
• 직유법을 사용하여 대상의 특징을 강조함.
• 촉각적 이미지와 미각적 이미지를 활용해 화자의 현실 인식을 드러냄.
• 역동적 이미지와 촉각적 이미지를 사용해 화자의 정서를 표현함.
• 추상적 관념의 구체화를 통해 화자의 향수를 강조함.

■ 갈래: 현대시
■ 글쓴이: 장만영(1914~1975). 다양한 감각적 이미지를 사용하여 농촌의 감수성과
  감상적 서정을 노래하는 시를 주로 창작하였다. 주요 작품으로 〈달·포도·잎사귀〉,
  〈아직도 거문고 소리가 들리지 않습니까〉 등이 있다.
■ (가) 주제: 고향에 대한 추억과 그리움

■ 이것이 핵심! : 현실과 바다의 대비

현실		바다
– 생활이 차가움.	⟷	– 고향과 어머니를 떠올리게 함.
– 커피처럼 씀.		– 날개같이 보드라움.

→ 고향에 대한 화자의 그리움을 강조함.

(나) 조지훈, 〈마음의 태양〉

출제 ❶ 화자, 중심 대상 ❷ 상황, 정서, 태도 ❸ 표현상 특징

❶
1 꽃 사이 타오르는 햇살을 향하여
❷   : 화자가 닮고 싶어 하는 자연물
㉣ 고요히 돌아가는 해바라기처럼
❸ # ❸ 시각적 이미지를 사용하여 하늘에 대한 화자의 동경을 드러냄.
높이 아름다운 하늘을 받들어
❹ ❶ 중심 대상, 화자가 추구하는 이상적 세계
그 속에 맑은 넋을 살게 하라.
화자가 추구하는 가치 ❸ : 명령형 어조를 사용해 화자의 의지를 강조함.
〔넋: 정신이나 마음

*1 연 요약 : 하늘을 받들어 맑은 넋으로 살고자 하는 마음

❶
2 가시밭길을 넘어 그윽히 웃는 한 송이 꽃은
❷ 시련, 고난 # 고난을 이겨낸 뒤 얻게 되는 숭고한 삶의 태도
눈물의 이슬을 받아 핀다 하노니
❸ # 가시밭길에서 수반되는 고통
깊고 거룩한 세상을 우러르기에
❹
삼가 육신의 괴로움도 달게 받으라.
❷ 태도: 삶의 고통을 받아들이면서 숭고하게 살아가고자 함.

*2 연 요약 : 고난 속에서 피어난 꽃을 닮고 싶은 마음

❶
3 괴로움에 짐짓 웃을 양이면
❷ 상황: 괴롭고 힘든 상황에서도 긍정적으로 살아감.
슬픔도 오히려 아름다운 것이
❸ 역설법을 사용하여 슬픔 속에 아름다움이 있다는 낙관적 인식을 드러냄.
[고난을 사랑하는 이에게만이
❹
마음 나라의 원광은 떠오르노라.]
[ ]: ❷ 태도: 고통을 받아들여야 부정적 상황을 극복할 수 있다는 낙관적 태도
〔원광: 둥글게 빛나는 빛

*3 연 요약 : 고난을 사랑하면 이를 수 있는 마음의 경지

❶
4 푸른 하늘로 푸른 하늘로
❷ # ❸ 동일한 시구를 반복하여 의미를 강조함.
㉤ 항시 날아오르는 노고지리같이
❸ # ❸ 직유법과 상승의 이미지를 사용해
      화자가 지향하는 가치를 드러냄.
맑고 아름다운 하늘을 받들어
❹
그 속에 높은 넋을 살게 하라.
화자가 추구하는 가치

❸ 1연과 유사한 내용과 구조를 반복함.
– 수미상관(시의 처음과
끝에 같은 구절을 반복하여
배치하는 기법)

*4 연 요약 : 높은 넋을 추구하는 삶에 대한 지향

★ (나) 독해 공식

❶ 화자: 나타나지 않음, 중심 대상: 하늘
❷ 상황: 괴롭고 힘든 상황에서도 긍정적으로 살아감.
  정서 및 태도: 삶의 고통을 받아들이면서 숭고하게 살아가고자 함. 고통을 받아들여야
  부정적 상황을 극복할 수 있다는 낙관적 태도
❸ 표현상 특징
• 시각적 이미지를 사용하여 하늘에 대한 화자의 동경을 드러냄.
• 명령형 어조를 사용하여 화자의 의지를 강조함.
• 역설법을 사용하여 슬픔 속에 아름다움이 있다는 낙관적 인식을 드러냄.
• 동일한 시구를 반복하여 의미를 강조함.
• 직유법과 상승의 이미지를 사용해 화자가 지향하는 가치를 드러냄.
• 마지막 연에서 1연과 유사한 내용과 구조를 반복함(수미상관).

■ 갈래: 현대시
■ 글쓴이: 조지훈(1920~1968). 청록파 시인의 한 사람으로, 초기에는 민족적 전통이
  깃든 시를 썼으며, 6·25 전쟁 이후에는 조국의 역사적 현실을 담은 시 작품과 평론을
  주로 발표하였다. 주요 작품으로 〈승무〉, 〈풀잎단장〉, 〈낙화〉 등이 있다.
■ (나) 주제: 고난을 받아들이며 숭고한 태도로 살아가겠다는 다짐

■ 이것이 핵심! : 화자의 삶의 태도를 나타내는 시구

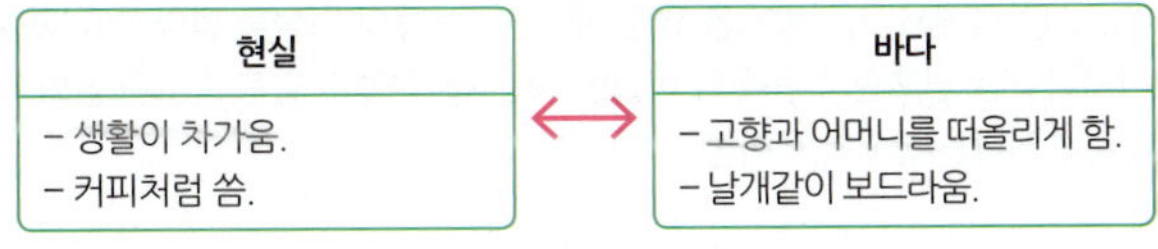

– 해바라기처럼 ~ 맑은 넋을 살게 하라. – 삼가 육신의 괴로움도 달게 받으라. – 고난을 사랑하는 이에게만이 / 마음 나라의 원광은 떠오르노라. – 노고지리같이 ~ 높은 넋을 살게 하라.	→	삶의 고통을 받아들이며 긍정적으로 살아가는 데도

■ 왜 두 작품?
• 공통점: (가)와 (나)에는 모두 자신이 처한 부정적 상황에 대한 화자의 인식이 반영되어
  있다.
• 차이점: (가)의 화자는 고향과 어머니를 떠올리면서 부정적 상황을 치유하려 하고,
  (나)의 화자는 부정적 상황을 수용함으로써 이를 극복하고자 한다.

31 정답 ② ＊작품 비교하기 ·························· [정답률 66%]

(가)와 (나)의 공통점으로 가장 적절한 것은?

＞왜 정답 ?

② 동일한 시구를 반복하여 시적 분위기를 고조하고 있다.
(가): '내가 젖는다', (나): '푸른 하늘로'

[(가)②연❷,❸ 바다 소리에 내가 젖는다. 내가 젖는다.
(나)④연❶행 푸른 하늘로 푸른 하늘로

　(가)의 2연에서 '내가 젖는다'라는 시구를 반복하여 바다에서 고향을 그리워하는 시적 분위기를 고조하고 있으며, (나)의 4연에서 '푸른 하늘로'라는 시구를 반복하여 노고지리와 같은 숭고한 삶을 살고자 하는 시적 분위기를 고조하고 있다.

＞왜 오답 ?

① 명령형 어조를 사용하여 시적 의미를 강조하고 있다.
(가)는 사용하지 않음.

＊근거: (나)①연❹행, ②연❹행, ④연❹행
　(나)에서는 '하라', '받으라'와 같이 명령형 어조를 사용하여 화자가 지향하는 삶의 태도를 강조하고 있다. 그러나 (가)에서는 명령형 어조를 사용하고 있지 않다.

③ 일부 시행을 명사형으로 종결하여 여운을 남기고 있다.
(가), (나) 모두 나타나지 않음.

④ 색채어의 대비를 통해 대상을 선명하게 제시하고 있다.
(가), (나) 모두 나타나지 않음.

＊근거: (가)①연❷, ⑥연❶, (나)④연❶행
　(가)에서 '노오란', '은색', (나)에서 '푸른'이라는 색채어가 사용되었지만 색채어의 대비는 나타나지 않는다.

⑤ 수미상관 기법을 활용하여 구조적 안정감을 부여하고 있다.
(가)는 활용하지 않음.

＊근거: (나)①연, ④연
　(나)의 1연과 4연에서 '~처럼(같이) ~ 하늘을 받들어 ~ 살게 하라'는 유사한 내용과 구조를 통해 수미상관 기법을 활용했다고 볼 수 있다. 그러나 (가)에서는 수미상관 기법을 활용하고 있지 않다.

32 정답 ③ ＊시어 및 구절의 의미 파악하기 ············ [정답률 82%]

㉠~㉤에 대한 이해로 적절하지 않은 것은?

＞왜 정답 ?

③ ㉢: 물결에서 연상되는 느낌을 촉각적 이미지로 표현하여 고향으로
돌아갈 수 있으리라는 화자의 기대를 나타내고 있다.
'보드러운'
나타나지 않음.

＊근거: (가)⑤연❸
　(가)의 화자는 바다를 보며 어린 시절의 기억을 떠올리고, '날개같이 보드러운' '바다의 품'에 안겨 현실에서의 어려움을 위로받고자 한다. ㉢은 이러한 느낌을 '날개같이 부드럽다'는 촉각적 이미지로 표현하고 있다. 그러나 고향으로 돌아갈 수 있으리라는 기대감을 나타내지는 않는다.

＞왜 오답 ?

① ㉠: 일상의 삶에서 받는 느낌을 미각적 이미지로 표현하여 화자가
삶에서 느끼는 고단함을 나타내고 있다.
'쓰다'라는 미각적 이미지로 표현함.

＊근거: (가)③연❸
　㉠은 화자가 현실에서 느끼는 고단함을 '커피처럼 쓰다'라는 미각적 이미지로 표현하고 있다.

② ㉡: 기억이 걷잡을 수 없이 떠오르는 상황을 역동적 이미지로 표현
하여 고향에 대한 화자의 그리움을 나타내고 있다.
'달려든다'라는 역동적 이미지로 표현함.

＊근거: (가)④연❸
　㉡은 '어릴 적 기억'이 걷잡을 수 없이 떠오르는 상황을 '파도'처럼 화자에게 달려드는 역동적 이미지로 표현하고 있다. 이를 통해 고향에 대한 화자의 그리움을 드러내고 있다.

---

④ ㉣: 햇살을 향하는 대상의 모습을 시각적 이미지로 표현하여
하늘에 대한 화자의 동경을 나타내고 있다.
해바라기가 햇살을 향하여 고개를 돌리는 모습을 시각적 이미지로 표현함.

＊근거: (나)①연❷행
　㉣은 '햇살을 향하여 고요히 돌아가는 해바라기'의 모습을 시각적으로 묘사하여 하늘에 대한 화자의 동경을 나타낸다.

⑤ ㉤: 하늘로 나아가는 대상의 모습을 상승적 이미지로 표현하여
노고지리의 모습을 '날아오르는' 상승적 이미지로 표현함.
화자가 지향하는 가치를 추구해 나가는 마음을 나타내고 있다.

＊근거: (나)④연❷행
　㉤은 하늘로 '날아오르는 노고지리'의 모습을 상승적 이미지로 표현하여 '맑고 아름다운 하늘을 받들어' '높은 넋'으로 살아가는 삶에 대한 지향을 나타내고 있다.

33 정답 ④ ＊〈보기〉를 바탕으로 감상하기 　★1등급 대비
[① 18% ② 12% ③ 13% ④ 39% ⑤ 14%]

〈보기〉를 참고하여 (가), (나)를 감상한 내용으로 적절하지 않은 것은? [3점]

> ───── 〈 보기 〉 ─────
> ❶ 시에는 상황에 대한 화자의 인식이 반영되어 있다. ❷ 화자가 자신이 처한 상황이 부정적이라고 인식하는 것은 그러한 상황을 극복하고 싶은 화자의 의지를 드러내는 방법이 되기도 한다. ❸ (가)의 화자는 바닷가에서 과거의 긍정적 기억을 떠올리면서 삶의 상처를 치유하고자 한다. ❹ 한편
> 　어릴 적 고향에서의 기억　　　　　　'찢어진 추억의 천막을 깁'고자 함.
> (나)의 화자는 자연물의 모습을 제시하고, 그들처럼 삶의 고통을
> 　해바라기, 노고지리
> 받아들이면서 숭고한 태도로 살겠다고 스스로 다짐하는 모습을 보여
> 　(나)의 화자가 지향하는 삶의 태도
> 준다.

 단서＋발상

단서 〈보기〉를 참고하라고 했으므로, 〈보기〉의 내용을 확인해야 함.

발상 〈보기〉에서 (가)의 화자는 바닷가에서 과거의 긍정적 기억을 떠올리면서 삶의 상처를 치유하고자 한다고 함. (나)의 화자는 삶의 고통을 받아들이면서 숭고한 태도로 살겠다고 다짐한다고 함.

적용

〈보기〉	(가)
자신의 상황을 부정적으로 인식함.	생활이 차고 모든 것이 쓰다고 인식함.
과거의 긍정적 기억을 떠올림.	어릴 적 고향에서의 기억을 떠올림.
삶의 상처를 치유하고자 함.	찢어진 추억의 천막을 기움.

〈보기〉	(나)
자신의 상황을 부정적으로 인식함.	괴로움, 슬픔 등을 언급함.
자연물을 제시함.	햇살을 향하는 해바라기, 하늘로 날아오르는 노고지리
삶의 고통을 받아들이면서 숭고한 태도로 살겠다고 다짐함.	− 하늘을 받들어 그 속에 맑고 높은 넋을 살게 하겠다고 다짐함. − 눈물의 이슬을 받아 꽃이 핀다고 인식함. − 고난을 사랑하는 이에게 빛이 떠오른다고 인식함.

해결 (나)의 ②연에서 '가시밭길을 넘'은 후 '꽃은 눈물의 이슬을 받아 핀다'고 함. → '가시밭길'을 넘으면서 '눈물의 이슬'을 받은 결과 '꽃'과 같은 숭고한 삶의 태도를 지니게 된다는 인식이 드러남.

왜 정답?

④ (나)에서 '웃'으며 '가시밭길을 넘'은 후에야 '눈물의 이슬'을 받을 수 있다고 인식하는 것은 숭고한 태도로 살고자 하는 화자의 의지가 반영된 것이라고 할 수 있겠군.
가시밭길을 넘으면서 흘리는 눈물의 이슬을 통해 꽃을 피울 수 있다고 인식함.

* 근거: (나) ②연, ❷행, <보기> ❹문장

(나)의 2연에서 '그윽히 웃는 한 송이의 꽃'은 '가시밭길'을 넘으면서 흘리는 '눈물의 이슬'을 받아 핀다고 했다. 이는 고통의 과정에서 수반되는 슬픔과 희생이 있어야 '꽃'으로 상징되는 숭고함을 얻을 수 있다는 의미이다. 즉 '눈물의 이슬'은 '가시밭길'을 넘는 과정에서 수반되는 것이지, '가시밭길'을 넘은 후에 받을 수 있게 되는 것은 아니다.

왜 오답?

① (가)에서 '생활'이 '차'다고 느끼는 것과 (나)에서 '괴로움'과 '슬픔'을 언급하는 것은 화자가 자신이 처한 상황이 부정적이라고 인식하고 있음을 나타낸 것이라고 할 수 있겠군.
(가)의 '차다', (나)의 '괴로움', '슬픔'에서 화자의 부정적 인식이 드러남.

* 근거: (가) ③연, (나) ③연 ❶, ❷행, <보기> ❷문장

(가)의 화자는 '생활처럼 차다'라는 표현을 통해 현실의 어려움을 촉각적 이미지로 표현하고 있다. (나)의 화자는 '괴로움'과 '슬픔'이라는 시어를 통해 현재 상황에 대한 부정적 인식을 드러내고 있다.

> **매력오답** (가)에서 화자가 자신이 처한 부정적 상황을 '물방울이 생활처럼 차다.'라는 표현으로 드러내었음을 파악하지 못한 학생들이 많았다. 3연을 보면, 화자는 생활처럼 차가운 물방울을 언급한 뒤, 요새는 모든 것이 '너무도 쓰다.'라고 표현하고 있다.
> 이러한 내용 맥락과 <보기>의 설명을 종합하여 3연이 자신이 처한 부정적 상황에 대한 화자의 인식을 드러내는 내용임을 파악할 수 있어야 했다.

② (가)에서 바다를 보며 '고향'의 모습과 '어머니'의 '품'을 떠올리는 것은 현재 화자가 있는 공간을 통해 과거의 긍정적 기억이 환기된 것이라고 할 수 있겠군.
바다를 보며 고향과 어머니를 떠올림.

* 근거: (가) ④, ⑤연

(가)의 화자는 바다를 보며 고향의 숲과 언덕과 들과 시내를 떠올리며 그리워하고, 어머니를 떠올리며 그 품에 안겨 쉬기를 원한다. 이는 현재 화자가 있는 공간인 바다를 통해 고향과 어머니에 관한 과거의 긍정적 기억이 환기된 것이라고 할 수 있다.

③ (가)에서 '모래벌'에 앉아서 '찢어진 추억의 천막을 깁'는 것은 화자가 추억을 되새기면서 현재의 상처를 치유하는 과정을 의미하는 것이라고 할 수 있겠군.
과거의 추억을 바탕으로 현재의 상처를 치유하고 있음.

* 근거: (가) ⑥연 ❷, ❸

(가)의 화자는 '모래벌에 주저앉아' '찢어진 추억의 천막을 깁'고 있다. 이는 바다에서 연상되는 어릴 적 추억을 되새기며 현실의 어려움으로 인해 찢어진 천막을 기움으로써 현재의 상처를 치유하는 과정을 의미하는 것으로 볼 수 있다.

⑤ (나)에서 '고난'을 '사랑'해야 '원광'이 떠오를 수 있다는 것은 고통을 수용해야 부정적인 상황을 극복할 수 있다는 화자의 인식을 나타낸 것이라고 할 수 있겠군.
'고난'을 사랑하는 것 / '원광'이 떠오르는 것

* 근거: (나) ③연 ❸, ❹행

(나)의 화자는 '고난을 사랑하는 이에게만' '마음 나라의 원광'이 떠오른다며 고통을 있는 그대로 받아들여야 이를 극복할 수 있다는 인식을 드러내고 있다.

> **매력오답** '원광'의 의미를 파악하는 데 어려움을 느낀 학생들이 많았다. 어휘의 사전적 의미를 정확히 알지 못하더라도 앞뒤 맥락을 바탕으로 시어의 의미를 파악할 수 있어야 한다. (나)의 '가시밭길'을 넘어 그윽히 웃는 한 송이 꽃', '괴로움에 짐짓 웃을', '슬픔노 오히려 아름다운' 등을 통해 고통을 수용함으로써 이를 극복할 수 있다는 인식을 확인할 수 있다. 이를 바탕으로 '원광' 역시 고난을 수용함으로써 얻을 수 있는, 긍정적인 결과임을 유추할 수 있어야 했다.

34~37 * 이동하, 〈파편〉

\# 출제 ❶ 중심인물, 배경 ❷ 중심 사건, 갈등 ❸ 서술상 특징

1 아내와 동행할 수는 없다고 나는 생각을 굳혔다. 그녀의 지적처럼 설사 어떤 비난을 당하는 한이 있더라도 말이다. 숙부의 갑작스런 죽음이 무엇을 뜻하는가를 비로소 깨달았던 것이다. 적어도 나에게 있어서 그 죽음은 일찍이 내가 속해 있었던 [A] 한 세계의 완전한 종언(終焉)을 의미하는 것이었다. [이제 내가 장사 치를 것은 한 사내의 시신이 아니라 그것과 연루된 나의 어둡고 치욕스러운 과거였다. 그러므로 지금까지 한사코 담을 쌓고 은폐해 왔던 그 세계를 마지막 순간에 내 아내에게 열어 보일 수는 없다고 나는 생각했다.]

❶ 중심인물 / ❸ 시점: 1인칭 주인공 시점 / ❶ 중심인물 / ❷ 중심 사건 / # '나'와 삼촌을 포함한 가족의 과거 / # [A]: ❸ 서술자가 자신의 내면을 서술하여 특정 판단의 이유를 드러냄. / # '한 세계'의 의미 / # [ ]: '나'가 삼촌의 장례에 아내와 동행할 수 없다고 판단한 이유

"뭘 챙긴다구 그래? 내 양말이나 몇 켤레 내주구려. 돈 좀 하구……."
'나'가 아내의 동행을 간접적으로 거절함.

불쑥 나는 말했다.

예상했던 일이다. 가방을 챙기던 아내의 동작이 딱 멎었다. 아무 말 없이 그녀는 한동안 내 얼굴을 똑바로 쳐다보았다. 당신이란 사람은 정말 이해할 수가 없노라는 그런 눈빛이었다. 처가는 월남 가족이었다. [고향도 친지도 다 버리고 온 **실향민**이란 의식이 언제나 강한 사람들이었고, 그래서 그런 것에 대한 **관심과 집착도 별난** 데가 있었다.] 하지만 ㉠ 나는 그렇지 못했다. 고향이나 친지, 심지어는 나의 가계(家系)에 이르기까지 거의 한 번도 속을 털어놓고 **이야기한 적이 없**는 사람이었다. 그 세계는 이를테면 내 아내에게 있어서는 철저하게 닫혀 있는 세계였는데, 그 앞에서 ㉡ 그녀는 종종 그런 눈빛으로 나를 바라보곤 했던 것이다.

 # [ ]: 전쟁으로 고향과 가족을 잃은 처가의 아픔이 드러남. / # 가족에 대한 관심이 각별한 처가와 달리 '나'는 가족과 단절하고 지냄. / # 전쟁이 남긴 정신적 상처로 인해 자기 안에 갇혀 살아가는 '나'의 모습

숙부는 그 세계에 속해 있는 마지막 한 사람인 셈이었다.
숙부는 '나'와 과거 사이의 마지막 연결 고리임.

아내로서는 지금까지 단 한 번도 상면해 본 적이 없는 그런 인물이었다. 그녀가 간직하고 있는 결혼 사진첩에도 그의 얼굴은 없다. 어머니의 당부에도 불구하고 우리의 결혼을 알리지 않았었다. 이번에는 그쪽에서 사정이 있었던 것이다. 그러므로 [이제 와서 새삼스레, 그것도 사자(死者)의 얼굴을 내 아내에게 보여 줄 수는 없다고 나는 거듭 생각을 다졌다.]
 # 아내는 '나'가 가족을 대하는 태도를 이해하지 못함. / [ ]: '나'는 삼촌의 장례에 아내와 동행할 수 없다고 판단함.

"나 혼자 다녀오는 것이 좋겠소. 당신까지 무리할 건 없어. 내가 그쪽에 **발길을 들여놓는** 일도 어차피 이번으로 **마지막**이 될 테니깐……."
 # '나'는 숙부의 죽음을 계기로 가족과의 관계를 완전히 단절하려 함.

종언: 없어지거나 죽어서 존재가 사라짐.
장사: 죽은 사람을 땅에 묻거나 화장하는 일
은폐하다: 덮어 감추거나 가리어 숨기다.
월남: 북쪽에서 삼팔선이나 휴전선의 남쪽으로 넘어옴.
실향민: 고향을 잃고 타향에서 지내는 사람
가계: 대대로 이어 내려온 한집안의 계통
상면하다: ① 서로 만나서 얼굴을 마주 보다 ② 서로 처음으로 만나서 인사하고 알게 되다.
사자: 죽은 사람

* 1 요약: '나'는 숙부의 장례식에 아내와 동행하지 않으려 함.

[중략 부분의 줄거리] 고향과 연을 끊은 채 살아가던 '나'는 삼촌의 장례를 치르기 위해
고향으로 향하면서 과거를 떠올린다. 어린 시절 '나'의 가족은, 사상운동을 하다 전쟁
❶ 공간적 배경 · 아버지의 행적으로 인해 겪었던 치욕스러운 시간
직전 종적을 감춘 아버지로 인해 마을 사람들로부터 수모를 당한다. 가슴에 부상을
입고 전쟁에서 돌아온 삼촌은 파편 제거 수술에 실패하여 상처를 안은 채 살아간다.
· 전쟁이 남긴 상처
· 숙부(삼촌)

[2] ❶살아생전에 내가 고인을 마지막 본 것은 7~8년 전의 일이 된다.
❷ ❸ 서술자인 '나'가 과거를 회상하는 역순행적 구성이 나타남.
내 어머니의 장례 때 참석지 못했던 그는 어느 날 불쑥, 그것도 내
직장으로 찾아왔던 것이다. ❸첫 모습에서 나는 그가 이제 막
출감(出監)하는 길임을 알아볼 수 있었다. ❹내가 들은 바로는 그때가 네
번째의 출감에 해당했다. ❺철 지난 옷을 후줄근하게 걸친 그는 꼭 그
차림에 어울리는 표정을 하고 내게 말했다.
❻"형수님께서 운명하셨단 소식은 저 안에서 들었네. 지금이라도
· '나'의 어머니
무덤이나마 찾아봤으마 하는데, 자네 그럴 만한 짬을 낼 수
있겠는가?"
❼두말없이 나는 앞장섰다. ❽서둘면 퇴근 시간 전에 돌아올 수
있겠다고 어림했지만 물론 그렇게는 되지 않았다. ❾근교라고는 해도
우리가 묘소에 닿은 것은 해가 설핏한 때였다. ❿내 어머니의
봉분에는 잔디가 제법 깊고 넓게 뿌리를 내리고 있었다. ⓫그는 지석
[B] 앞에다 2홉들이 소주 한 병과 쥐치포 몇 쪽을 호주머니에서 꺼내
놓았다. ⓬[그러고는 허리를 꺾고 무릎을 꿇은 채 오래도록 일어나지
않았다. ⓭혼신의 힘을 다해 오열을 참고 있음이 분명했다. ⓮그러나
끝내는 땅바닥에 얼굴을 박은 채 그는 신음 같은 울음소리를 냈다.]
[ ]: ❸숙부의 행동을 묘사함으로써 숙부의 비통한 심리를 드러냄.
숙부의 고통과 죄책감이 드러남.

출감하다: 구치소나 교도소 따위에서 석방되어 나오다.
운명하다: 사람의 목숨이 끊어지다.
봉분: 흙을 둥글게 쌓아 올려서 무덤을 만듦. 또는 그 무덤

*[2] 요약: '나'와 함께 어머니의 무덤을 찾은 숙부가 오열함.

[3] ❶"자네 아버님 제삿날 5월 중 적당한 날을 택해 모시도록 하소.
· 숙부는 아버지의 제삿날을 대략적으로 알고 있음.
가급적이면 중순 이전이 좋겠네."
❷돌아오는 차 중에서 그는 불쑥 말했다. ❸나는 멍하니 얼굴을
쳐다보았다. ❹그때까지도 나는 아버지의 제사를 모시고 있지 않았기
때문이다. ❺그것은 내 어머니의 줄기찬 희망 때문이었다. ❻6·25 한 해
전에 영영 행방을 감추어 버린 아버지가 세상 어딘가에 아직도 살아
계시리란 희망을 내 어머니는 마지막 순간까지도 포기하지 않고
있었던 것이다.
❼ⓒ 해마다 주인 없는 생일상만을 차려 왔던 일을 생각하고 나는
'나'의 어머니는 아버지가 살아 있을 것이라는 희망을 가진 채 살아오셨음.
다음 말을 기다렸다. ❽그러나 그는 어둠이 얇게 깔리기 시작한 창밖
거리만을 내다볼 뿐 더 이상 말이 없었다. ❾버스에서 내리는 길로 그는
곧장 서울역으로 가 버렸다. ❿내 집으로 모시마고 나는 물론 말했지만
그는 단지 이렇게 대꾸했을 따름이었다.
⓫"도리가 아닌 줄은 알지마는 어쩌겠노. 나야 워낙 그런 사람
아닝가? [빈 껍데기만 남아서 넝마매로 굴러댕긴다 뿐이지, 진짜
모습은 진작에 끝난 거네. 인제사 생각하마, 기왕 한 구덩이 묻히지
[ ]:전쟁으로 인한 정신적 후유증으로 무기력하게 살아가는 모습
못한 것만 원통할 따름이제……] 자네 집사람한테는 날 만났단
얘기도 하지 마소."

*[3] 요약: 숙부가 '나'에게 아버지의 제사 시기를 알려준 뒤 떠남.

[4] ❶나는 더 이상 그를 잡지 않았고, 그런다고 돌아설 사람도 아니었다.
❷그날 밤 내내 잠을 설치면서 나는 그가 남긴 말을 곰곰 되씹었었다.
❸적어도 한 가지 사실만은 분명했다. 그는, ㉣ 삼촌은 내 아버지의
삼촌이 '나'에게 아버지의 제사 시기를 알려 줄 수 있었던 이유를 짐작함.
죽음을 목격했던 것이다.❺……어쩌면 그의 가슴에 남아 있는 상흔도
삼촌에게 남아 있는 전쟁의 상처 → 전쟁의 폭력성을 보여 줌.
관계가 있는 건지 모른다고까지 나는 생각했다.❻비로소 나는 그를 좀
이해할 수 있을 것 같았다. ❼[제대를 하고 돌아온 삼촌의 모습, 눅눅한
골방에 드러누워 누에처럼 보내던 생활, 재수술을 거부하며 그가
[ ]: 전쟁 이후 피폐하게 살았던 삼촌의 모습
내뱉었던 말들, 궂은 날이면 육신의 어딘가가 아프다면서 오밤중에도
곧잘 끙끙 앓던 일, 그리고 또 갈수록 말수가 줄어든 대신 뿌리가 점점
더 깊이 느껴지던 기침 소리 등등……]❽그랬다. ❾옛날과는 생판 모습이
달라져 버린 그 삼촌에게서 나는 문득문득 어딘가로 종적을 감추어
버린 ㉤ 내 아버지의 모습을 발견하곤 했던 것이다.
삼촌의 모습을 보며 아버지를 떠올림.
상흔: 상처를 입은 자리에 남은 흔적
골방: ① 큰방의 뒤쪽에 딸린 자그마한 방 ② 좁고 구석진 방을 이르는 말

*[4] 요약: '나'는 전쟁이 숙부에게 남긴 상처와 아픔을 이해하게 됨.

⭐ 독해 공식
❶ **중심인물**: '나', 숙부(삼촌), **공간적 배경**: 고향
❷ **중심 사건**: 숙부가 갑작스럽게 사망함.
❸ **서술상 특징**
· **서술자**: '나', **시점**: 1인칭 주인공 시점
· 서술자가 자신의 내면을 서술하여 특정 판단의 이유를 드러냄.
· 서술자인 '나'가 과거를 회상하는 역순행적 구성이 나타남.
· 숙부의 행동을 묘사함으로써 숙부의 비통한 심리를 드러냄.

■ **갈래**: 현대 소설
■ **이 작품은?** 전쟁과 이념 갈등이 남긴 상처를 사실적으로 묘사한 작품이다. 주인공인 '나'는 삼촌의 죽음을 통해 전쟁의 아픔을 겪었던 과거를 떠올리고, 이를 통해 가족사의 단절과 상처를 되돌아본다. 다양한 인물이 전쟁의 상처를 안고 살아가는 모습을 통해 전쟁의 비극성을 강조하고 있다.
■ **인물 관계도**

'나'		숙부(삼촌)
– 아버지의 사상운동으로 인해 치욕을 겪음. – 가족과 단절되어 살아감.	삼촌의 모습을 보며 아버지를 떠올리고 아버지와 삼촌을 이해하게 됨. →	– 전쟁 이후 무기력하게 살아감. – '나'에게 아버지의 죽음을 증언함.

■ **주제**: 전쟁과 이념 갈등이 남긴 상처와 비극
■ **이것이 핵심!**: 인물들이 가진 전쟁의 상처와 아픔

'나'	– 아버지의 행적으로 인해 수모를 겪음. – 아내에게 가족의 이야기를 하지 않음. – 정신적 상처를 입고 자기 안에 갇혀 부정적 기억을 외면하려 함.
숙부(삼촌)	– 가슴에 파편이 박힌 채 전쟁에서 돌아옴. – 신체적, 정신적 상처를 입고 무기력하게 살아감.
아내	– 고향과 가족을 잃고 살아감.

■ **전체 줄거리**
　어느 날, '나'는 숙부의 사망 소식을 듣게 된다. 이에 '나'는 숙부의 장례를 치르기 위해 동행하려는 아내를 만류하고 홀로 고향으로 향한다. 고향으로 가는 버스 안에서 '나'는 과거의 일을 떠올린다. 어린 시절 '나'의 아버지는 사상운동을 하다가 전쟁 직전에 종적을 감추었다. 그 이후 '나'와 가족들은 마을 사람들로부터 수모를 당했다. 한편 전쟁에 참여했다가 가슴에 부상을 입은 채로 돌아온 숙부는 파편 제거 수술에 실패하고 만다. 결국 숙부는 전쟁이 남긴 상처를 안은 채 무기력한 삶을 살게 된다. 고향에 도착한 '나'는 숙부가 심장마비로 죽었다는 말을 듣는다. 숙부의 유언에 따라 화장이 진행된 이후, '나'는 숙부의 가슴 속에 박혀 있던 파편 조각을 보게 된다. 이를 손에 쥔 '나'는 자괴감을 느낀다.
(▨ : 지문 수록 부분)

[A]와 [B]의 서술상 특징에 대한 설명으로 가장 적절한 것은?

＞왜 정답？

⑤ [A]는 내면의 서술을 통해 서술자가 특정 판단을 내린 이유를,
　　'나'의 내면을 서술하여 숙부의 장례식에 아내와 동행하지 않으려는 이유를 드러냄.
　[B]는 행동의 묘사를 통해 관찰 대상의 심리를 드러내고 있다.
　　삼촌의 행동을 묘사하여 삼촌의 심리적 고통을 드러냄.

> 1 - ❶ ~ ❻ 아내와 동행할 수는 없다고 나는 생각을 굳혔다. ～ 이제 내가
장사 치를 것은 ～ 나의 어둡고 치욕스러운 과거였다. 그러므로 지금까지
한사코 담을 쌓고 은폐해 왔던 그 세계를 마지막 순간에 내 아내에게 열어　[A]
보일 수는 없다고 나는 생각했다.

> 2 - ⓬ ~ ⓮ 그러고는 허리를 꺾고 무릎을 꿇은 채 오래도록 일어나지
않았다. 혼신의 힘을 다해 오열을 참고 있음이 분명했다. 그러나 끝내는　[B]
땅바닥에 얼굴을 박은 채 그는 신음 같은 울음소리를 냈다.

　[A]에서는 삼촌의 장례식이 '나'에게 어떤 의미를 가지는지 '나'의 내면 심리를
서술함으로써 '나'가 삼촌의 장례식에 아내와 동행할 수는 없다고 판단을 내린 이유를
드러낸다.
　[B]에서는 삼촌이 '나'의 어머니의 무덤 앞에서 오열을 참고 있는 행동을
묘사함으로써 관찰 대상인 삼촌의 심리를 간접적으로 드러내고 있다.

＞왜 오답？

① [A]는 이야기를 전달하는 방식으로, [B]는 ~~이야기를 전해 듣는~~
　　　　　　　　　　　　　　　　　대상을 관찰하는 방식
　~~방식~~으로 인물이 처한 상황을 나타내고 있다.

　[A]에서는 서술자인 '나'가 자신의 상황과 내면 심리를 직접 전달하고 있다.
　[B]에서는 서술자인 '나'가 삼촌의 행동을 관찰함으로써 삼촌이 처한 상황을
드러내고 있다.

② [A]는 과거를 회상하는 진술을 통해, [B]는 상황을 가정하는
　진술을 통해 ~~사건 해결의 실마리~~를 제시하고 있다.
　　　　　　　[A], [B] 모두 제시하지 않음.

> 1 - ❸ ~ ❺ 숙부의 갑작스러운 죽음이 무엇을 뜻하는가를 비로소 깨달았던
것이다. ～ 그것과 연루된 나의 어둡고 치욕스러운 과거였다.　[A]

> 2 - ❽ 서둘면 퇴근 시간 전에 돌아올 수 있겠다고 어림했지만 물론　[B]
그렇게는 되지 않았다.

　[A]에서는 '나'가 삼촌의 죽음에 대한 소식을 듣고 '지금까지 한사코 담을 쌓고
은폐해 왔던' '나의 어둡고 치욕스러운 과거'에 대해 언급하고 있다. 하지만 과거를
회상하는 진술을 통해 사건 해결의 실마리를 제시하고 있지는 않다.
　[B]에서는 '서둘면 퇴근 시간 전에 돌아올 수 있겠다'고 상황을 가정했던 것이
드러나지만, 이 역시 특정 사건 해결의 실마리를 제시하고 있지는 않다.

③ [A]는 요약적 서술을 통해, [B]는 ~~의식의 흐름에 따른 서술을 통해~~
　　　　　　　　　　　　　　　　　　드러나지 않음.
　~~서술자의 내적 갈등이 해소되는 양상~~을 보여 주고 있다.
　　　　[A], [B] 모두 드러나지 않음.

　[A]에서 삼촌의 죽음이 '나'에게 지니는 의미를 요약적으로 서술하고 있다고 볼 수
있지만, 이를 통해 서술자의 내적 갈등이 해소되지는 않는다.
　[B]에서는 서술자의 내면의 흐름대로 이야기를 서술하는 방식인 의식의 흐름에
따른 서술이 나타나지 않는다.

④ [A]는 ~~시간의 흐름에 따라 사건이 변화하는 추이~~를, [B]는 공간의
　　　　　드러나지 않음.
　이동에 따라 ~~변화하는 인물 간의 관계~~를 보여 주고 있다.
　　　　　　드러나지 않음.

㉠~㉤에 대한 이해로 적절하지 **않은** 것은?

＞왜 정답？

① ㉠: '나'가 처가의 상황을 이해하지 못했던 ~~자신의 행동을 성찰하고~~
　　　　　　　　　　　　　　　　　　　　자신의 상황을 서술함.
　~~있음~~을 드러낸다.

＊근거: 1 - ⓮, ⓯

　㉠에서 '나'는 고향과 친지에 대해 '관심과 집착'이 별난 처가와 달리, 가족간의
연락을 끊고 가족과 단절되어 살아 온 자신의 상황을 서술하고 있다. 자신의 행동을
성찰하고 있지는 않다.

＞왜 오답？

② ㉡: 아내가 '나'의 행동을 이해하지 못하는 일이 반복되어 왔음을
　　　　가족을 대하는 태도가 자신과 다른 '나'를 이해하지 못함.
　나타낸다.

＊근거: 1 - ⓬ ~ ⓱

　'나'가 삼촌의 장례식에 아내 없이 혼자 간다고 이야기하자 아내는 '나'의 얼굴을
한동안 쳐다보며 이해할 수 없다는 눈빛을 보인다. 아내가 종종 그런 눈빛으로 '나'를
바라본 것은 가족을 각별하게 생각하는 자신과 달리 '나'는 자신의 가족에 대한
이야기를 아내에게 솔직하게 털어놓은 적이 없었기 때문이라고 할 수 있다.

③ ㉢: '나'의 어머니가 남편이 살아 있다는 희망을 가지고 살아왔음을
　　　　행방을 감춘 남편이 어딘가에 살아 있으리란 희망을 포기하지 않음.
　알려 준다.

＊근거: 3 - ❸ ~ ❼

　'나'의 어머니가 평생 아버지의 제사를 지내지 않고 주인 없는 생일상만을 차려왔던
이유는, 어머니가 남편이 어딘가에라도 살아 있으리라는 희망을 버리지 않은 채
살아왔기 때문이다.

④ ㉣: 삼촌이 '나'에게 아버지의 제사 시기를 알려 줄 수 있었던
　　　　삼촌이 아버지의 죽음을 목격했기 때문임.
　이유를 짐작하게 한다.

＊근거: 3 - ❶, 4 - ❷ ~ ❹

　삼촌은 '나'에게 아버지의 제사를 5월 중순 이전에 지내라고 알려 주었다. '나'는 이
말을 곱씹으면서 삼촌이 아버지의 제사 시기를 알려 줄 수 있었던 것은 삼촌이
아버지의 죽음을 목격했기 때문이라고 추측한다.

⑤ ㉤: '나'가 변해 버린 삼촌의 모습을 통해 종적을 감춘 아버지를
　　　　　　　　　　　　　　　　　삼촌에게서 아버지의 모습을 발견함.
　떠올렸음을 보여 준다.

＊근거: 4 - ❼ ~ ❾

　'나'는 제대를 하고 돌아온 후 변해 버린 삼촌의 모습을 보며 '어딘가로 종적을
감추어버린 내 아버지의 모습'을 발견하고는 했다고 밝혔다.

한 세계에 대해 이해한 내용으로 적절하지 **않은** 것은?

＞왜 정답？

④ '나'가 ~~어머니의 죽음을 계기로 벗어나고 싶어 하는~~ 과거이다.
　　　　　　　　　　　관련 없음.

> 1 - ❹ ~ ❻ 적어도 나에게 있어서 그 죽음은 일찍이 내가 속해 있었던
한 세계의 완전한 종언(終焉)을 의미하는 것이었다. 이제 내가 장사 치를 것은
한 사내의 시신이 아니라 그것과 연루된 나의 어둡고 치욕스러운 과거였다.
그러므로 지금까지 한사코 담을 쌓고 은폐해 왔던 그 세계를 마지막 순간에 내
아내에게 열어 보일 수는 없다고 나는 생각했다.
> [중략 부분의 줄거리] ～ 이런 시절 '나'의 가족은, 사상운동을 하다 전쟁 직전
종적을 감춘 아버지로 인해 마을 사람들로부터 수모를 당한다.

　'한 세계'는 사상운동을 하다 종적을 감춘 아버지에 의해 '나'와 삼촌을 포함한
가족들이 겪었던 고난과 수모의 시간들을 의미한다. '나'에게는 '어둡고 치욕스러운
과거'이고, 아내에게마저 '한사코 담을 쌓고 은폐해 왔던' 기억이다. 그러나 어머니의
죽음을 계기로 벗어나고 싶어 한 것은 아니다.

① '나'가 삼촌과 함께 속해 있다고 생각하는 세계이다.
삼촌과 '나'가 함께 겪은 고난과 수모의 시간

* 근거 : ①-❹
'나'에게 숙부의 죽음은 '한 세계'의 완전한 종언을 의미한다고 했다. 즉, '한 세계'는 '나'의 아버지에 의해 삼촌과 '나'가 겪었던 고난과 수모의 시간이며, '나'가 삼촌과 함께 속해 있다고 생각하는 세계이다.

② '나'가 아내에게 털어놓지 못하고 은폐해 왔던 과거이다.
마지막 순간까지 아내에게 이야기하지 못함.

* 근거 : ①-❻
'나'는 '한 세계'를 '어둡고 치욕스러운 과거'로 여기며 삼촌의 장례를 앞둔 '마지막 순간까지 아내에게 이야기하지 않으려 한다.

③ '나'가 아버지의 행적으로 인해 겪었던 치욕스러운 시간이다.
사상운동을 하다 전쟁 직전 종적을 감춘 아버지로 인해 수모를 당한 시간

* 근거 : ①-❺, [중략 부분의 줄거리]
'나'는 어린 시절 사상운동을 하다 전쟁 직전 종적을 감춘 아버지로 인해 마을 사람들로부터 수모를 당한 것을 '어둡고 치욕스러운 과거'라고 생각하고 있다.

⑤ '나'가 삼촌의 장례에 아내와 동행하지 않으려는 이유가 되는
아버지의 과거 행적으로 인해 수모를 겪은 기억을 아내에게 숨기고자 함.
시간이다.

* 근거 : ①-❻
'나'는 아버지의 과거 행적과 그로 인해 자신의 가족들이 수모를 당한 것을 아내에게 끝까지 숨기고자 하는데, 이 때문에 삼촌의 장례에도 아내와 동행하지 않으려고 한다.

37 정답 ⑤ * <보기>를 바탕으로 감상하기 .... [정답률 73%]

<보기>를 참고하여 윗글을 감상한 내용으로 적절하지 <u>않은</u> 것은? [3점]

> ─────── 〈 보기 〉 ───────
>
> ❶〈파편〉은 전쟁의 상처와 아픔을 다양한 인물을 통해 다각도로 제시하고 있다. 작품에는 전쟁의 폭력성으로 인해 신체적, 정신적 상처를
> 삼촌(숙부)
> 입고 무기력하게 사는 인물, 정신적 상처를 입고 자기 안에 갇혀 부정적
> '나'
> 기억을 외면하려는 인물, 고향과 가족을 잃고 살아가는 인물이 등장한다.
> 아내
> ❸이를 통해 전쟁은 종전 후에도 인물의 삶에 지속적으로 영향을 미치는 비극적인 사건임을 보여 주고 있다.

>왜 정답 ?

⑤ 삼촌이 '진짜 모습은 진작에 끝'났다며 '한 구덩이 묻히지 못한 것만 원통'하다고 말하는 것은 무기력한 삶에서 벗어나기 위해 전쟁의
무기력하게 살아가고 있는 모습
기억을 외면하는 모습을 보여 주는 것이겠군.
관련 없음.

┌─ ③-⓫ "~ 나야 워낙 그런 사람 아닌가? 빈 껍데기만 남아서 넝마처럼 굴러댕긴다 뿐이지, 진짜 모습은 진작에 끝난 거네. 인제사 생각하마, 기왕 한 구덩이 묻히지 못한 것만 원통할 따름이제…… ~"
│ <보기> ❷문장 작품에는 전쟁의 폭력성으로 인해 신체적, 정신적 상처를 입고
└ 무기력하게 사는 인물, ~

삼촌은 스스로를 '빈 껍데기'만 남았다고 말하며, '진짜 모습은 진작에 끝'났으며 '한 구덩이 묻히지 못한 것만 원통'하다고 했다. 이는 전쟁에서 얻은 상처로 인해 무기력한 삶을 살게 된 삼촌의 모습을 보여 주는 것이다. 무기력한 삶에서 벗어나기 위해 전쟁의 기억을 외면하는 모습이 아니다.

>왜 오답 ?

① 가슴에 파편이 박힌 채 전쟁에서 돌아온 삼촌의 '가슴에 남아 있는
상흔'은 전쟁의 폭력성을 보여 주는 것이겠군.
전쟁 중에 가슴에 파편이 박혔기 때문에 상흔이 생김.

┌─ [중략 부분의 줄거리] ~ 가슴에 부상을 입고 전쟁에서 돌아온 삼촌은 파편 제거
└ 수술에 실패하여 상처를 안은 채 살아간다.

삼촌의 '가슴에 남아 있는 상흔'은 전쟁 중에 가슴에 파편이 박혔기 때문에 생긴 것으로, 전쟁의 폭력성을 보여 주고 있다.

---

② '실향민'인 처가가 고향과 친지에 대해 '관심과 집착'이 '별난' 것은
전쟁으로 고향과 가족을 잃은 아픔을 보여 주는 것이겠군.
처가는 전쟁 때 월남한 가족임.

┌─ ①-⓭, ⓮ 처가는 월남 가족이었다. 고향도 친지도 다 버리고 온 실향민이란 의식이 언제나 강한 사람들이었고, 그래서 그런 것에 대한 관심과 집착도 별난
│ 데가 있었다.
└ <보기> ❷문장 작품에는 ~ 고향과 가족을 잃고 살아가는 인물이 등장한다.

아내와 처가가 전쟁으로 인해 고향과 친지를 다 버리고 온 실향민으로서 남아 있는 가족들끼리 관심과 집착이 유별났던 것은 전쟁으로 인해 고향과 가족을 잃은 이들의 아픔을 보여 준다.

③ '나'가 아내에게 자신의 가계에 대해 '이야기한 적이 없'이 살아온
것은 '나'가 정신적 상처로 인해 자기 안에 갇혀 살아가는 모습을
정신적 상처를 입고 부정적 기억을 외면하려 함.
보여 주는 것이겠군.

┌─ ①-⓰ (나는) 고향이나 친지, 심지어는 나의 가계(家系)에 이르기까지 거의 한 번도 속을 털어놓고 이야기한 적이 없는 사람이었다.
│ <보기> ❷문장 ~ 정신적 상처를 입고 자기 안에 갇혀 부정적 기억을 외면하려는
└ 인물 ~

'나'는 어린 시절 아버지의 행적으로 인해 마을 사람들로부터 수모를 당하면서 받은 정신적 상처 때문에 아내에게 가족에 대한 이야기를 하지 않는다. <보기>에 따르면 이는 정신적 상처를 입고 자기 안에 갇혀 부정적 기억을 외면하려는 모습에 해당한다.

④ '나'가 삼촌의 장례를 치르는 것을 '마지막'으로 더 이상 고향에
'발길을 들여놓'지 않으려는 것은 전쟁의 상처가 '나'의 삶에
지속적으로 영향을 미치고 있음을 보여 주는 것이겠군.
전쟁의 상처와 관련된 고향과의 인연을 단절하려 함.

┌─ ①-㉔ " ~ 내가 그쪽에 발길을 들여놓는 일도 어차피 이번으로 마지막이 될 테니간……"
│ <보기> ❸문장 이를 통해 전쟁은 종전 후에도 인물의 삶에 지속적으로 영향을
└ 미치는 비극적인 사건임을 보여 주고 있다.

'나'가 자신의 가족 및 고향과 연을 끊고 살아 왔으며, 삼촌의 장례를 치르는 것을 마지막으로 고향에 발길을 들여놓지 않겠다고 하는 것은 전쟁으로 인한 정신적 상처가 현재까지도 '나'의 삶에 영향을 미치고 있음을 보여 준다.

38~41

(가) 김기홍, 〈채미가〉 ❶ 화자, 중심 대상 ❷ 상황, 정서, 태도 ❸ 표현상 특징

❶
[1] 방초 우거진 시냇가에 몇 간 초가 지어 두고
❷ ❶ 중심 대상 : 자연   자연 속 소박한 삶의 공간
아침저녁 듣는 소리 새 울음뿐이로다
❸ ❸ 청각적 이미지를 활용해 자연의 고요함을 표현함.
시경(詩經) 서경(書經) 기대어 누워 [사립문을 닫았으니
학문에 열중함.
산과 시내 새로운데 구름 안개만 잠겨 있다]
❺ [ ] : ❷ 상황 – 속세와 단절한 채 자연 속에 은거하며 살아감.
[늘어진 푸른 솔은 늙을 줄을 모르거든
[ ] : 변치 않는 자연의 속성
가늘게 시냇물은 주야를 흘러간다]
❼ 담쟁이 풀 깊은 곳에 찾을 이 뉘 있으며
❶ 화자
비바람 부는 ㉠ 세상에 명성은 내 몰라라
시련, 고난   #❷ 태도 : 속세의 가치를 멀리함.

방초 : 향기롭고 꽃다운 풀   초가 : 짚이나 갈대 따위로 지붕을 인 집
시경 : 유학 오경(五經)의 하나. 중국 최고(最古)의 시집으로 공자가 편찬하였다고 전하여지나 미상이다.
서경 : 유학(儒學) 오경(五經)의 하나. 공자가 요임금과 순임금 때부터 주나라에 이르기까지의 정사(政事)에 관한 문서를 수집하여 편찬한 책이다. 중국에서 가장 오래된 경전이다.
사립 : 사립짝(나뭇가지를 엮어서 만든 문짝)을 달아서 만든 문
주야 : 밤과 낮을 아울러 이르는 말

* [1] 요약 : 자연 속 초가에 은거하며 속세와 단절되어 살아감.

② ❶ 화창한 바람 건듯 불어 산중에 봄이 드니

❷ **온갖 꽃이 가득 피고 나비들이 넘놀** 적에
❸ # ❸ 시각적 이미지를 활용해 자연의 아름다움을 표현함.
경치가 무궁하여 눈앞에 벌어지니

❹ 허다히 듣는 소리 반가이 보는 빛을
❺ ❸ 대구법을 사용하여 자연의 아름다움을 표현함.
이른들 다 이르며 뉘라서 그려 내리
❻ # ❸ 설의법을 사용하여 자연의 아름다움을 강조함.
ⓐ 길고 긴 골짜기에 굴레 벗은 몸이 되어
❼ # ❷ 상황: 자연 속에서 세상에 얽매이지 않고 자유롭게 살아감.
꽃 핀 아침 달 뜬 저녁 **마음껏 노닐**다가
❽ # 유유자적하는 삶의 모습
붉은 벼랑 구름 속에 이슬 맞고 자란 꽃을

❾ 일없이 노닐면서 아침저녁 사랑하다가

❿ **붉은 채소**를 익게 삶아 아침저녁 요기하니
⓫ # 소박한 음식　　　진귀하고 화려한 음식
노순(鱸蓴)* 같은 맛이구나 팔진미를 아랑곳 하겠는가]
[ ]: ❷ 정서 – 소박한 삶에 만족함.
❸ 대조법과 설의법을 사용하여 화자의 만족감을 드러냄.

무궁하다: 공간이나 시간 따위가 끝이 없다.

허다히: 수효가 매우 많게

요기하다: 시장기(배가 고픈 느낌)를 겨우 면할 정도로 조금 먹다.

*❷ 요약 : 아름다운 자연을 즐기며 소박하게 살아감.

(중략)

③ ❶ **부귀를 다 잊**으니 평생에 할 일 없어
❷ # ❷ 태도: 세속적 욕망을 초월함.
청려장을 손에 들고 돌길에서 서성이니
❸ 버들에 바람 불고 솔 잣나무 달 비칠 때
❹ ❸ 대구법을 사용하여 자연의 아름다움을 표현함.
마음속이 담담하니 해마(害馬)도 간 데 없다
❺ 　　　괴로운 생각
연비어약(鳶飛魚躍)*을 때때로 살펴보니
❻ 가을 달 봄바람이 갈수록 흥이로다
❸ 영탄적 표현을 사용하여 화자의 흥취를 표현함.
단사표음(簞食瓢飮)*을 먹으나 못 먹으나
❽ 겨울 **갖옷** 여름 **갈옷** 입으나 못 입으나
}❸ 대구법을 사용하여 소박한 삶의 모습을 표현함.
❾ ⓑ 빛 없는 청풍명월과 백년해로 하리라]
[ ]: ❷ 태도 – 자연 속 소박한 삶에 만족하며 자연과 계속 함께하고자 함.

부귀: 재산이 많고 지위가 높음.

청려장: 명아줏대로 만든 지팡이

갖옷: 짐승의 털가죽으로 안을 댄 옷

갈옷: 제주도 고유 의복의 하나. 풋감의 떫은 물을 짜내어 염색하여 만든다.

청풍명월: 맑은 바람과 밝은 달

백년해로: 부부가 되어 한평생을 사이좋게 지내고 즐겁게 함께 늙음.

*❸ 요약 : 소박한 삶에 만족하며 자연 속에서 늙어가겠다고 다짐함.

* 노순(鱸蓴): 농어회와 순채나물국

* 연비어약(鳶飛魚躍): 솔개가 날아가고 물고기가 뛰어놂.

* 단사표음(簞食瓢飮): 대나무로 만든 밥그릇에 담은 밥과 표주박에 든 물이라는 뜻으로, 소박한 생활을 이르는 말

⭐ (가) 독해 공식

❶ **화자**: '내(나)', **중심 대상**: 자연
❷ **상황**: 속세와 단절한 채 자연 속에 은거하며 살아감. 자연 속에서 세상에 얽매이지 않고 자유롭게 살아감.
정서, 태도: 속세의 가치를 멀리함. 소박한 삶에 만족함. 세속적 욕망을 초월함. 자연 속 소박한 삶에 만족하며 자연과 계속 함께하고자 함.
❸ **표현상 특징**
• 청각적 이미지를 활용해 자연의 고요함을 표현함.
• 시각적 이미지를 활용해 자연의 아름다움을 표현함.
• 대구법과 설의법, 대조법을 사용하여 자연의 아름다움과 화자의 만족감 등을 드러냄.
• 영탄적 표현을 사용하여 화자의 흥취를 표현함.

■ **갈래**: 가사
■ **제목의 의미**: '캘 채(采) + 양치 미(薇) + 노래 가(歌)'. 고사리 캐는 노래라는 뜻으로, 중국의 백이와 숙제가 고사리를 캐 먹으며 절개를 지켰다는 이야기에서 따온 것이다.
■ **이 작품은?** 전원생활의 즐거움과 자연의 아름다움을 노래한 가사로, 자연에 은거하는 삶의 한가로운 서정이 담겨 있다. 자연과 하나가 되어 소박하게 살아가는 모습을 노래하며 바람과 달처럼 백년해로하며 살아가겠다는 다짐을 이야기하고 있다.
■ **(가) 주제**: 자연 속에서 소박하고 즐겁게 살아가는 삶
■ **이것이 핵심!**: 화자의 삶의 태도

– 사립문을 닫았으니
– 비바람 부는 세상에 명성은 내 몰라라
– 부귀를 다 잊으니

– 꽃 핀 아침 달 뜬 저녁 마음껏 노닐다가
– 팔진미를 아랑곳 하겠는가
– 가을 달 봄바람이 갈수록 흥이로다
– 빛 없는 청풍명월과 백년해로 하리라

↓ 세속적 욕망에 초탈함.　　　↓ 소박한 삶에 만족하여 유유자적하게 살아감.

(나) 정온, 〈기황전설〉

출제　❶ 중심 대상　❷ 글쓴이의 생각, 태도　❸ 서술상 특징

① ❶ 을미년(1595) 봄, 내가 처음으로 농사를 짓기 위해 **두어 이랑의 밭**을 마련했다. ❷ 밭은 신벌리에 있었다. ❸ 이웃의 농부에게 밭이 어떠냐고 물었더니 이렇게 대답했다.
❹ "참 좋은 밭입니다. 어떤 곡식을 심어도 잘 자랄 땅이지요. 습하지도 　밭이 지닌 잠재력 　않고 메마르지도 않아 수해나 가뭄이 들어도 별 영향이 없을걸요. 전에 이곳에 농사를 지은 사람은 수확이 많았지요. 요즘은 농사를 짓지 않는 사람이 많아 버려둔 지 5~6년 됐지만 말입니다."
❶ 중심 대상: 땅을 개간한 경험
❺ 나는 비옥했지만 오랫동안 버려졌다는 그 땅이 아까워 개간해
땅을 개간하기로 결심한 이유
보기로 마음을 먹고 아주 단단한 농기구와 노련한 농사꾼 몇을 구해 황소 두어 마리를 끌고 밭으로 갔다.

수해: 장마나 홍수로 인한 피해

비옥하다: 땅이 걸고 기름지다.

개간하다: 거친 땅이나 버려둔 땅을 일구어 논밭이나 쓸모 있는 땅으로 만들다.

노련하다: 많은 경험으로 익숙하고 능란하다.

*① 요약 : 오랫동안 버려진 밭을 개간하기로 함.

② ❶ 3월 17일 무렵이었는데, 밭에는 잡초와 가시덤불이 우거져 한 치의 빈틈도 없었다. ❷ **뿌리가 서로 뒤엉켜** 아무리 날카로운 농기구라고 해도
오랫동안 버려져 밭의 상태가 좋지 않음.
쉽게 끊어낼 수 없을 정도였다. ❸ 괜히 힘만 쓰고 밭은 개간하지 못하는 것이 아닌가 하는 후회와 걱정이 슬며시 들었다. ❹ 하지만 이미 시작한
노력에 비해 결과가 좋지 않을 것을 걱정함.
일이라 중간에 그만둘 수도 없었다. ❺ 쟁기 하나에, 황소 두 마리를 부려 한 사람은 쟁기질을 하고, 두 사람이 양쪽에서 고삐를 끌면서 밭을 개간하기 시작했다.
❻ 처음에는 무딘 도구로 단단한 돌을 깎는 것처럼 매우 어려웠다.
❸ 직유법을 사용하여 개간의 어려움을 표현함.
❼ 그러나 시간이 지날수록 밭을 일구면서 조금씩 앞으로 나아갈 수
꾸준한 노력으로 조금씩 성과를 얻게 됨.
있었다. ❽ 보습이 닿는 곳마다, 물살이 거셀 때 물속의 돌이 서로 부대끼며 내는 소리처럼, 우르릉 쾅쾅 하는 소리가 났다.
❸ 음성 상징어를 사용하여 개간 현장을 생동감 있게 표현함.
❾ [잡초의 **뿌리를 끊**고 난 뒤 일군 밭을 보니 굳은 흙덩이가 겹겹이
[ ]: 밭을 개간하는 과정
쌓여 있어 마치 전쟁에서 패배한 굳세고 사나운 군사들이 분을 참지
❸ 흙덩이가 엉겨 있는 모습을 비유적으로 표현함
못하고 머리를 풀어 헤친 채 화를 내는 것 같았다. ❿ 그러나 밭을 점점 더 개간해 가자, **얽혔던 것**이 풀어지고 **단단한 흙**도 부서져 예전의 밭 모양을 갖추게 되었고, 힘도 조금씩 덜 들게 되었다.] ⓫ 일하던 사람들도

피곤을 덜 느끼고 개간한 밭을 보며 기뻐했다.[12] 이렇게 계속 개간을
노력의 성과가 나타나 기뻐하는 모습
하면 수레 가득 조를 수확해 담을 수도 있고, 망태기에 곡식을 채울
수도 있을 것이라는 생각이 들었다.[13] 그런 생각을 하자 마음이 점점
기쁨으로 차 오르기 시작했다.

무디다: 칼이나 송곳 따위의 끝이나 날이 날카롭지 못하다.
보습: 쟁기, 극젱이, 가래 따위 농기구의 술바닥에 끼우는, 넓적한 삽 모양의
쇳조각
망태기: 물건을 담아 들거나 어깨에 메고 다닐 수 있도록 만든 그릇. 주로 가는
새끼나 노 따위로 엮거나 그물처럼 떠서 성기게 만든다.

＊② 요약: 밭을 개간하는 과정에서 경험한 어려움과 보람을 이야기함.

③[1] 이 일을 하다가 문득 깨달은 것이 있다.[2] [사람의 **마음속에도 좋은**
선한 본성
밭이 하나씩 있다.[3] 그 밭이 바로 측은지심, 수오지심, 사양지심,
[ ]: ❸ 사람의 마음을 밭에 빗대어 밭을 개간하는 과정에서 얻은 자기수양의 깨달음을 전달함.
시비지심이다.[4] 그리고 거기에 심는 ⓒ 씨앗이 인(仁), 의(義), 예(禮),
＃ 글쓴이가 사람들이 자신의 내면에서 기르기를 바라는 대상
지(智)이다.[5] 그 밭은 평평하여 험하지 않고 비옥해서 작물이 잘
자란다.[6] 그래서 처음에는 아무도 그 땅을 버리지 않는다.

[7] 그러나 ⓒ 살면서 사심이 생겨 이랑이 올라오고, 욕심이 생겨 좋은
△: 사람의 선한 본성을 해치는 이기심과 욕망
곡식을 해치면, 밭이 황폐해지고, 나고 자라는 자연의 이치도 멈춘다.
＃❷ 글쓴이의 생각: 사심과 욕심이 생기면 마음의 밭이 황폐해짐.
[8] 하지만 그 본질은 사라지는 게 아니다.[9] 진실로 밭을 일구려는
사람이 ⓓ 안회의 사물(四勿)＊을 황소로 삼고, 증자의 삼성(三省)＊을
＃❷ 글쓴이의 생각: 처음의 어려움을 이겨내면 마음의 밭을 일굴 수 있음.
쟁기로 삼아 개간하기 어려운 땅을 일구기 시작하여, 한 번 이겨 낸
뒤에는 느긋한 여유가 생긴다.[10] 그 결과 예전과 같은 밭을 일구어 낼 수
있을 것이다.[11] 좋은 곡식이 왜 자라지 않을까 걱정만 하고 있을 필요는
없다.[12] 내 밭이 황폐해져 개간할 수 없다고 생각한다면 이것은
스스로를 포기한 것일 뿐이다.[13] ⓔ 밭을 황폐하게 하는 것도 자신이요,
＃❷ 글쓴이의 생각: 자신의 내면이 어떻게 가꾸어질지는 자기 수양에 달려 있음.
개간해 내는 것도 자신이다.[14] 나는 여태껏 개간하지 않는다면 몰라도
개간하는 일 자체가 불가능한 경우를 본 적이 없다.]
＃❸ 글쓴이의 생각: 누구든지 스스로를 포기하지 않으면 선한 본성을 회복할 수 있음.
측은지심: 사단(四端)의 하나. 불쌍히 여기는 마음을 이른다. 인의예지(仁義禮智)
가운데 인에서 우러나온다. 늑측심.
수오지심: 사단(四端)의 하나. 옳지 못함을 부끄러워하고 착하지 못함을 미워하는
마음을 이른다. 인의예지(仁義禮智) 가운데 의에서 우러나온다.
사양지심: 사단(四端)의 하나. 겸손히 남에게 사양하는 마음을 이른다.
인의예지(仁義禮智) 가운데 예에서 우러나온다.
시비지심: 사단(四端)의 하나. 옳고 그름을 가릴 줄 아는 마음을 이른다.
인의예지(仁義禮智) 가운데 지에서 우러나온다.
이랑: 논이나 밭을 갈아 골을 타서 두두룩하게 흙을 쌓아 만든 곳

＊③ 요약: 마음의 밭을 잘 일구어야 한다는 깨달음을 얻음.

＊사물(四勿): '예의에 맞지 않는 것이면 보지 말며, 듣지 말며, 말하지 말며,
행동하지 말라.'라는 안회의 말
＊삼성(三省): '나는 날마다 세 가지를 반성한다. 남에게 최선을 다했는가,
친구와 신의 있게 지냈는가, 배운 것을 익혔는가.'라는 증자의 말

🌟 (나) 독해 공식
❶ **중심 대상**: 땅을 개간한 경험
❷ **글쓴이의 생각, 태도**: 사심과 욕심이 생기면 마음의 밭이 황폐해짐. 처음의 어려움을
이겨내면 마음의 밭을 일굴 수 있음. 자신의 내면이 어떻게 가꾸어질지는 자기 수양에
달려 있음. 누구든지 스스로를 포기하지 않으면 선한 본성을 회복할 수 있음.
❸ **서술상 특징**
· 직유법을 사용하여 개간의 어려움을 표현함.
· 음성 상징어를 사용하여 개간 현장을 생동감 있게 표현함.
· 흙덩이가 엉켜 있는 모습을 비유적으로 표현함.
· 사람의 마음을 밭에 빗대어 밭을 개간하는 과정에서 얻은 자기수양의 깨달음을 전달함.

■ **갈래**: 고전 수필
■ **이 작품은?** 밭을 개간한 경험에서 얻은 깨달음을 이야기하고 있는 고전 수필이다.
오랫동안 땅을 버려두면 황폐해지지만 노력으로 땅을 개간할 수 있듯이, 마음의 밭도
사심과 욕심으로 황폐해질 수 있지만 계속해서 갈고 닦으면 본래의 선한 심성을 회복할
수 있다는 깨달음을 전달하고 있다.
■ **(나) 주제**: 밭을 일구는 과정에서 얻은 깨달음
■ **이것이 핵심!**: 마음을 비유적으로 나타낸 표현

밭	인간이 본래 지니고 있는 선한 마음
잡초, 가시덤불	선한 마음을 흐트러뜨리는 장애물, 사심, 욕심
씨앗	마음의 덕을 기르는 노력(인, 의, 예, 지)
황소와 쟁기	마음을 다스리는 규범과 도구

■ **왜 두 작품?**
· **공통점**: 삶에 대한 화자나 글쓴이의 태도가 드러난다.
· **차이점**: (가)의 화자는 세속적 욕망을 초월하여 자연 속에서 소박하게 유유자적하는
삶의 태도를 노래하고 있다. (나)의 글쓴이는 밭을 일군 경험을 통해 마음의 밭을 가꾸기
위해 노력해야 한다는 깨달음을 전달하고 있다.

38 　정답 ③　＊작품 비교하기 ································· [정답률 69%]

(가), (나)에 대한 설명으로 가장 적절한 것은?

> **왜 정답?**

③ (가)는 (나)와 달리, 설의적 표현을 사용하여 삶에 대한 긍정적
자연 속에서 소박하게 살아가는 삶에 대한 긍정적 인식을 드러냄.
인식을 드러내고 있다.

[(가)②-❺ 이른들 다 이르며 뉘라서 그려 내리
[(가)②-⓫ 노순(鱸蓴) 같은 맛이구나 팔진미를 아랑곳 하겠는가

(가)에서는 '뉘라서 그려 내리', '팔진미를 아랑곳 하겠는가'라는 설의적 표현을
사용하여 아름다운 자연 속에서 소박한 음식을 먹으며 욕심 없이 사는 자신의 삶에
대한 긍정적 인식을 나타내고 있다.

(나)에서는 설의적 표현이 사용되지 않았다.

> **왜 오답?**

① (가)는 자연물에 감정을 이입하여 대상에 대한 정서를 드러내고
드러나지 않음.
있다.

② (나)는 불가능한 상황을 가정하여 주제 의식을 드러내고 있다.
드러나지 않음.

④ (나)는 (가)와 달리, 영탄적 표현을 사용하여 대상에 대한 경외감을
(나)는 영탄적 표현을 사용하지 않음.
드러내고 있다.
＊근거: (가)③-❻
(나)와 달리 (가)에서 '가을 달 봄 바람이 갈수록 흥이로다'라는 영탄적 표현을
사용하여 자연을 즐기는 화자의 흥취를 드러내고 있다.

⑤ (가)와 (나)는 모두, 음성 상징어를 활용하여 공간에서 느껴지는
(가)는 음성 상징어를 사용하지 않음.
현장감을 드러내고 있다.

[(나)②-❽ 보습이 닿는 곳마다, 물살이 거셀 때 물속의 돌이 서로 부대끼며
[내는 소리처럼, 우르릉 쾅쾅 하는 소리가 났다.

(나)에서 밭을 갈 때 나는 소리를 '우르릉 쾅쾅'이라는 음성 상징어로 표현하여
현장감을 드러내고 있다. 그러나 (가)에서는 음성 상징어를 활용하지 않았다.

39 정답 ⑤ ＊ 시어 및 구절의 의미 파악하기 ············ [정답률 73%]

㉠과 ㉡에 대한 이해로 가장 적절한 것은?
'세상' '씨앗'

⑤ ㉠은 화자가 거리를 두려는 대상이고, ㉡은 글쓴이가 각각의
세상을 멀리하고 자연 속에서 살고자 함.
사람들이 자신의 내면에서 키워 나가기를 바라는 대상이다.
마음의 밭을 잘 일구어 인, 의, 예, 지라는 씨앗을 잘 기르기를 바람.

(가)①-❽ 비바람 부는 ㉠세상에 명성은 내 몰라라
(나)③-❷~❹ 사람의 마음속에도 좋은 밭이 하나씩 있다. 그 밭이 바로 측은지심, 수오지심, 사양지심, 시비지심이다. 그리고 거기에 심는 ㉡씨앗이 인(仁), 의(義), 예(禮), 지(智)이다.

(가)의 ㉠은 비바람 부는 '세상'으로, 화자는 명성이나 부귀와 같은 세속적 가치는 잊고 자연 속에서 유유자적한 삶을 살고자 한다.

(나)의 ㉡은 마음의 밭에 심는 '씨앗'이다. (나)의 글쓴이는 거친 밭을 개간했던 경험을 바탕으로 사람들이 각자 마음의 내면을 잘 가꾸어야 인, 의, 예, 지라는 씨앗도 잘 키울 수 있다고 이야기한다.

① ㉠은 화자의 기대에 부합하는 대상이고, ㉡은 글쓴이가 그 속성을
관련 없음.
예찬하는 대상이다.
관련 없음.

(가)의 ㉠ '세상'은 화자가 거리를 두고 멀리하려는 대상으로, 화자의 기대에 부합하지 않는다.

(나)의 ㉡ '씨앗'은 인간이 지켜야 할 유교적 가치로, 글쓴이가 그 속성 자체를 예찬하고 있지는 않다.

② ㉠은 화자의 시련을 부각하는 대상이고, ㉡은 글쓴이가 소망하는
관련 없음.
바가 달라지게 만든 대상이다.
관련 없음.

③ ㉠은 화자가 이해하고자 하는 대상이고, ㉡은 글쓴이가 사람이라면
관련 없음.
누구나 갖고 있다고 여기는 대상이다.

(가)의 ㉠ '세상'은 화자가 멀리하려는 대상으로, 화자가 ㉠을 이해하고자 하지 않는다.

(나)의 ㉡ '씨앗'은 마음의 밭에 심는 것으로, (나)의 글쓴이는 누구나 마음속에 '좋은 밭'을 가지고 있고 이 밭에, 인, 의, 예, 지라는 씨앗을 심는다고 했다. 이를 통해 (나)의 글쓴이는 누구나 ㉡을 갖고 있다고 생각함을 알 수 있다.

④ ㉠은 화자가 마음으로부터 경계하는 대상이고, ㉡은 글쓴이가
물질적 여유를 위한 수단으로 삼는 대상이다.
관련 없음.

40 정답 ③ ＊ 시어 및 구절의 의미 파악하기 ············ [정답률 62%]

ⓐ~ⓔ에 대해 이해한 내용으로 적절하지 않은 것은?

③ ⓒ: 마음이 황폐해지면 사심과 욕심으로 인해 결국 마음의 밭이
지려지게 된다는 의미가 담겨 있다.
마음의 밭이 사라지는 않음.

＊ 근거: (나)③-❼
ⓒ에서 '살면서 사심이 생겨 이랑이 올라오고', '욕심이 생기면 '밭이 황폐해'진다고 했다. 이는 사심과 욕심이 생기면 마음의 밭이 황폐해진다는 의미로, 사심과 욕심으로 인해 마음의 밭이 사라지게 되는 것은 아니다.

① ⓐ: 자연 속에 지내며 무언가에 얽매이지 않고 자유로운 상황에
놓이게 되었다는 의미가 담겨 있다.
'길고 긴 골짜기'에 '굴레 벗은 몸'이 됨.

＊ 근거: (가)②-❻, ❼

② ⓑ: 돈이 없어도 누릴 수 있는 자연의 아름다움을 평생토록
빛 없는 청풍명월과 오래도록 함께하고자 함.
누리겠다는 의미가 담겨 있다.

＊ 근거: (가)③-❼~❾
ⓑ에서 '빛 없는 청풍명월'은 돈을 내지 않고도 누릴 수 있는 자연의 아름다움을 뜻한다. (가)의 화자는 이러한 청풍명월과 함께 '백년해로 하리라'라며 자연의 아름다움을 평생토록 누리고자 한다.

④ ⓓ: 안회와 증자의 말을 교훈 삼아 마음의 밭을 일굴 때 처음의
황소와 쟁기로 밭을 일구듯 안회와 증자의 말로 마음의 밭을 일굴 수 있음.
어려움을 이겨 내면 할 수 있다는 마음이 생긴다는 의미가 담겨
한 번 이겨내면 그 뒤에는 느긋한 여유가 생김.
있다.

＊ 근거: (나)②-❺, ③-❾
ⓓ에서 마음의 밭을 일굴 때 안회의 '사물'과 증자의 '삼성'을 각각 황소와 쟁기로 삼으라고 했다. 이때 황소와 쟁기는 밭을 개간할 때 이용하는 도구로, 마음의 밭을 가꿀 때 안회와 증자의 말을 교훈 삼을 수 있다는 의미이다. 그리고 '한 번 이겨 낸 뒤에는 느긋한 여유가 생긴다'라며 처음의 어려움을 이겨 내면 그 이후에는 마음의 밭을 충분히 일굴 수 있다는 인식을 드러내고 있다.

⑤ ⓔ: 자신의 내면이 어떻게 가꾸어질지는 스스로의 마음가짐에
마음의 밭을 황폐하게 하는 것과 개간하는 것 모두 자신에게 달려 있음.
달려 있다는 의미가 담겨 있다.

＊ 근거: (나)③-⓬~⓮
ⓔ에서 마음의 '밭을 황폐하게 하는 것'도 마음의 밭을 '개간해 내는 것'도 모두 자신이라고 했다. 이는 마음의 밭을 가꾸는 것은 오로지 스스로의 마음가짐에 달려 있다는 의미이다.

41 정답 ③ ＊ 〈보기〉를 바탕으로 감상하기 ············ [정답률 79%]

〈보기〉를 참고하여 (가), (나)를 감상한 내용으로 적절하지 않은 것은? [3점]

> ─〈 보기 〉─
> ❶ 문학 작품에는 삶에 대한 태도가 담겨 있다. ❷ (가)의 화자는 자연의 아름다움을 구체적으로 드러내며 가난함 속에서도 세속적 욕망에 초탈하여 유유자적하는 삶의 모습을 노래하고 있다. ❸ (나)의 글쓴이는
> (가)의 화자가 지향하는 삶
> 밭을 일구게 된 과정과 힘써 노력한 경험을 제시하며 이를 통해 깨우친
> 마음속의 밭을 잘 가꾸어야 한다는 것
> 삶의 이치를 전달하고 있다.

③ (가)에서는 '몇 간 초가'에서 '붉은 채소'를 먹고 지내면서도 겨울의
'갖옷'과 여름의 '갈옷'을 마련하고자 힘쓰는 모습을 통해 가난한
나타나지 않음.
환경을 이겨 내려는 삶의 태도를 드러내고 있군.
소박한 삶에 만족함.

(가)①-❶ 방초 우거진 시냇가에 몇 간 초가 지어 두고
(가)②-❿ 붉은 채소를 익게 삶아 아침저녁 요기하니
(가)③-❼~❾ 단사표음(簞食瓢飮)을 먹으나 못 먹으나 / 겨울 갖옷 여름 갈옷 입으나 못 입으나 / 빛 없는 청풍명월과 백년해로 하리라

(가)의 화자는 자연 속 '몇 간 초가'에서 '붉은 채소'와 같이 소박한 식사를 하며 살아간다. 이러한 가난함 속에서도 '갖옷'과 '갈옷'을 '입으나 못 입으나' '청풍명월과 백년해로' 하겠다며 현재의 소박한 삶에 만족하는 태도를 드러내고 있다.

① (가)에서는 아침과 저녁으로 '마음껏 노닐'면서 '부귀를 다 잊'었다고 말하는 것을 통해 유유자적하며 세속적 욕망에 초탈한
자연 속에서 노닐면서 부귀를 잊고 살아감.
삶을 살아가는 모습을 나타내고 있군.

(가)②-❼ 꽃 핀 아침 달 뜬 저녁 마음껏 노닐다가
(가)③-❶ 부귀를 다 잊으니 평생에 할 일 없어

(가)의 화자가 '꽃 핀 아침'과 '달 뜬 저녁'에 마음껏 노니는 것은 자연 속에서 유유자적하게 지내는 모습을 나타낸다. 그리고 '부귀를 다 잊었'다는 말에서 부귀와 같은 세속적인 가치를 초탈한 삶의 모습이 드러난다.

② (가)에서는 '온갖 꽃이 가득 피'어 '나비들이 넘놀'고 있는 경치를
바라보며 다 이를 수 없고 누구도 그려 낼 수 없다고 말하는 것을
통해 자연의 아름다움을 표현하고 있군.
'이른들 다 이르며 뉘라서 그려 내리'

[가]②-②-⑤ 온갖 꽃이 가득 피고 나비들이 넘놀 적에 / 경치가 무궁하여
눈앞에 벌어지니 ~ 이른들 다 이르며 뉘라서 그려 내리

(가)의 화자는 꽃이 피고 나비들이 날아다니는 자연 풍경의 아름다움을 '이른들 다
이르며 뉘라서 그려 내리'라는 설의적 표현으로 나타내고 있다.

④ (나)에서는 '뿌리가 서로 뒤엉켜' 있는 밭을 '뿌리를 끊'은 뒤
'얽혔던 것'을 풀고 '단단한 흙'도 부수어 개간하는 과정을 통해
황폐했던 땅이 점점 예전의 밭 모양을 갖추게 됨.
밭을 일구어나가는 노력을 보여 주고 있군.

(나)②-②~⑩ 뿌리가 서로 뒤엉켜 아무리 날카로운 농기구라고 해도 쉽게
끊어낼 수 없을 정도였다. ~ 잡초의 뿌리를 끊고 난 뒤 일군 밭을 보니 ~ 밭을
점점 더 개간해 가자, 얽혔던 것이 풀어지고 단단한 흙도 부서져 예전의 밭
모양을 갖추게 되었고, 힘도 조금씩 덜 들게 되었다.

⑤ (나)에서는 '두어 이랑의 밭'을 일구며 깨달은 경험을 통해 우리가
각자 갖고 있는 '마음속'의 '좋은 밭' 또한 황폐해지지 않도록 잘
자신이 밭을 개간한 것과 같이 각자 마음의 밭을 잘 일구어야 함.
일구어야 한다는 삶의 이치를 전달하고 있군.

(나)①-① 을미년(1595) 봄, 내가 처음으로 농사를 짓기 위해 두어 이랑의
밭을 마련했다.

(나)③-①~⑩ 이 일을 하다가 문득 깨달은 것이 있다. 사람의 마음속에도
좋은 밭이 하나씩 있다. ~ 개간하기 어려운 땅을 일구기 시작하여, 한 번 이겨
낸 뒤에는 느긋한 여유가 생긴다. 그 결과 예전과 같은 밭을 일구어 낼 수 있을
것이다.

42~45 ✽ 작자 미상, 〈쌍주기연〉

출제 ❶중심인물, 배경 ❷중심 사건, 갈등 ❸서술상 특징

① ❶서 공자는 부모 생각이 더욱 간절해졌다. ❷[모친의 행적을 찾고
(❶중심인물)
부친의 소식을 남방에 가 자세히 듣고자 하여 산을 넘고 물을 건너
[ ]: 서 공자가 부친의 소식을 알기 위해 남방에 가고자 함.
길을 가려 하였다. ❸왕 공자가 말리며 말했다.

❹"형은 다만 공부에 힘써 과거에 급제하면 자연 알 것이니, 어찌
[ ]: 왕 공자가 서 공자를 떠나지 못하게 말리며 공부에 힘쓸 것을 권유함.
작정한 방향도 없이 세월을 헛되이 보낼 수 있으리오."

❺왕 공자가 권유하여 떠나지 못하게 하니, 서 공자가 그대로 머물러
있었다.]

✽① 요약: 왕 공자가 남방으로 떠나려는 서 공자를 만류함.

② ❶이때, 서 공자가 구슬을 넣은 비단 주머니가 해어진 것을 보고서
석파에게 그 비단 주머니를 보여 주며 똑같이 하나를 새로 지어
달라고 하니, 석파가 말했다.

❷"이것을 지어 무엇 하시려 하느뇨?"

❸서 공자가 눈물을 흘리며 구슬에 관한 내력을 말하니, 석파 또한
(❶중심인물)
왕 소저의 구슬에 관한 이야기를 알고 있어서 놀라며 말했다.
왕 공자의 여동생 = 왕혜란

❹"그 구슬을 조금 구경하사이다."

❺서 공자가 구슬을 내어 보이니, 고운 빛이 눈부시게 밝았고 웅(雄)
글자가 뚜렷하였다. ❻인하여 구슬을 가지고 안채로 들어가 부인 유
(❶공간적 배경)
씨에게 이 곡절을 고하였다. ❼이때 부인 유 씨는 혜란 소저가 점점 나이
석파가 부인 유 씨에게 서 공자가 가진 웅 글자가 쓰인 구슬에 대해 이야기함.
들어가며 장성하는데 구슬이 있는 곳을 알지 못해 밤낮으로 걱정
❽ 부인 유 씨가 왕혜란의 혼사를 추진하지 않고 기다려 온 이유
하였다. 그러던 차에 석파의 말을 듣고 몹시 놀라며 기뻐하여 구슬을

받아 보니, 웅 글자도 뚜렷이 있고 혜란 소저의 구슬과도 신통히
같았다. ❾부인 유 씨가 왕 공자를 불러 그 까닭을 이르니, 왕 공자도
❸ 서 공자와 왕혜란이 인연을 맺게 될 것임을 암시함.
왕 공자가 서 공자와 왕혜란의 구슬에 얽힌 인연을 알게 됨.
구슬을 보고 손뼉을 치며 크게 웃으며 말했다.

❿"어찌 이와 같은 신통한 일이 고금에 또 있으리까?"

⓫부인 유 씨가 마음 가득히 아주 기뻐하며 말했다.

⓬["이 구슬의 자웅(雌雄)을 가지고 가서 서 공자에게 그 내력을
[ ]: ❷중심 사건: 부인 유 씨가 서 공자와 왕 소저의 혼례를 추진하려 함.
일러주고 혼인하기로 정하여 멀지 아니한 가까운 장래에 혼례를
행하도록 하라."]

⓭왕 공자가 자웅의 구슬을 가지고 사랑채에 나아가 서 공자를 향해
(❶공간적 배경)
말했다.

⓮"형은 만일 자(雌) 글자가 쓰인 구슬이 있으면 그곳에 정혼하려
왕혜란이 가진 구슬
하느냐?"

⓯서 공자가 어떠한 곡절인지도 모르고 웃으며 말했다.

⓰"형은 지나치게 조롱하지 말라. 소제(小弟)도 미덥지 아니한 일인
줄 알지만, 부모님께서 주신 물건이니 버리지 못할 것이라서 몸에
지니고 있었도다. 마침 구슬을 넣은 비단 주머니가 해졌기 때문에
석파에게 고쳐 달라고 하였더니, 실없는 석파가 널리 퍼뜨려
형에게 조롱을 받음이로다."

⓱왕 공자가 구슬 자웅을 내어 놓고 말했다.

⓲"다름 아니라 나에게 누이동생이 있는데 나이가 열다섯 살이로다.
누이동생이 태어날 때 꿈꾼 이야기가 이상하였지만 자 글자가 쓰인
왕혜란과 서 공자는 태어날 때부터 서로의 배필로 정해져 있었음.
구슬을 얻었도다. 그래서 지금까지 웅 글자가 쓰인 구슬을 가지고
서 공자
있는 이를 찾느라 정혼하지 못하였도다. 그랬는데 누가 형에게 이
구슬이 있을 줄 생각했으랴. 누이동생은 비록 배운 것이 없으나
사람됨이 영민하고 지혜로워 군자의 아내는 감당할 것이니, 형은
[ ]: ❷중심 사건: 왕 공자가 서 공자에게 구슬의 내력을 이야기하며 왕혜란과의 혼인을 청함.
쾌히 허락하라."]

⓳서 공자도 또한 신기하게 여기며 고마워하여 말했다.

⓴[형의 은혜를 여러 해 입었고 또 아름다운 숙녀를 용렬하고
어리석은 사람의 배우자로 정해 진(秦)나라와 진(晉)나라의 왕실이
❸ 고사를 인용해 상대의 말에 대한 자신의 생각을 드러냄.
혼인을 맺고 지낸 것처럼 아주 가까운 정의(情誼)를 맺고자 하시니
[A] 어찌 사양하리오만, [소제(小弟)는 이 세상의 죄인이나이다. 부모의
서 공자가 왕혜란과의 혼인을 거절하는 이유
생사를 모르는데, 다만 혼인하려는 마음을 생각할 수 있으리오.
❸ 설의적 표현을 사용하여 인물의 의지를 나타냄.
구슬은 소제 또한 부모님으로부터 받은 것이라 신기하오나,
부모님의 소식을 듣기 전에는 혼인하려는 마음을 두지 않으리이다.]
[ ]: 부모님을 찾기 전에는 혼인을 할 수 없다는 서 공자의 효심이 드러남.
형은 다시 말을 하지 마소서."]

㉑왕 공자가 말했다.

㉒"형의 말은 사리에 맞지 않도다. 자친(慈親)의 소식을 모르니 실로
사람의 자식으로서 뼈에 사무치게 고통스러운 일이나, [형이
장가를 들지 않으면 조상 대대의 제사는 어찌하려는 것이오.
[ ]: 혼인을 통해 대를 잇는 것도 효를 실천하는 것임을 강조함.
마땅히 서둘러 장가를 든 후라도 부모 소식을 알아봄이 옳은 데다
또 조상에게 죄인되는 것도 면할지니] 거듭거듭 생각해 보라."

해어지다: 닳아서 떨어지다.
곡절: 순조롭지 아니하게 얽힌 이런저런 복잡한 사정이나 까닭
장성하다: 자라서 어른이 되다.

신통히: 신기할 정도로 묘하게

고금: 예전과 지금을 아울러 이르는 말

내력: ① 지금까지 지내 온 경로나 경력 ② 일정한 과정을 거치면서 이루어진 까닭

소제: 말하는 이가 대등한 관계에 있는 사람이나 윗사람을 상대하여 자기를 낮추어 이르는 일인칭 대명사

미덥다: 믿음이 가는 데가 있다.

영민하다: 매우 영특하고 민첩하다.

용렬하다: 사람이 변변하지 못하고 졸렬하다.

정의: 서로 사귀어 친하여진 정

자친: 남에게 자기 어머니를 높여 이르는 말

*② 요약 : 부인 유 씨와 왕 공자가 서 공자가 지닌 구슬에 대해 알게 되고,
서 공자와 왕혜란의 혼인을 추진함.

[중략 부분의 줄거리] [서 공자와 왕 공자는 과거에 합격하고 천자의 허락으로 서 공자와 왕혜란이 혼인한다.] 이후 서 공자는 남만으로 출정하는 한편, 제왕이 왕혜란을 흠모해 납치하려 한다.
   [ ]: ❷ 중심 사건: 과거에 급제한 서 공자가 왕혜란과 혼인함.

③ 차설. 제왕은 **무뢰배를 보내어 왕 씨를 데려**다가 후원의 깊은
  ❸ 장면의 전환을 나타냄. # 제왕이 왕혜란의 절개를 훼손하려 함. ❶ 공간적 배경
별당에 들이고서 매우 기뻐하고 즐거워하여 들어가 소저를 보았다.

④ 지난번 여자의 옷으로 갈아입고 유명 승상의 집에 가서 보았던 왕 소저가 아니니, 크게 놀라 물었다.

⑤ "그대는 누구이뇨?"

⑥ 월향이 도적에게 잡혀서 이곳에 도착해 제왕을 보니 분한 마음이
  ❷ 중심 사건: 왕혜란의 시비 월향이 제왕에게 왕혜란 대신 납치를 당함.
격렬히 일어나는지라 바로 칼을 들어 두 조각을 내고 싶었으나 억지로
  [ ]: ❷ 갈등: 월향을 납치한 제왕과 월향의 외적 갈등
참으면서 큰 소리로 말했다.

⑥ "나는 서 원수의 부인의 시비 월향이오. [우리 부인이 비록
여자이시나, 모든 일을 헤아리시는 것이 귀신같다오. 환관이 친히
  # [ ]: 변고를 짐작하고 미리 몸을 피한 왕혜란의 지혜와 현명함이 드러남.
와 사내종들에게 술 먹이는 것을 보고 그날 밤에 변고가 있을 줄
짐작하시고, 나를 대신 있게 한 뒤에 부인은 몸을 피하셨나이다.]
제왕은 당당한 [만승천자(萬乘天子)의 금지옥엽(金枝玉葉)이요
    만 대의 수레를 가진 황제
천승군왕(千乘君王)이거늘, 어찌 차마 이같이 어질지 못하고
    천 대의 수레를 가진 임금
[B] 의롭지 못한 일을 자행하시나이까?] 일반 백성의 범상한 여자라도
  # [ ]: 제왕의 지위에 맞지 않는 비도덕적인 행동을 질책함.
그렇게 하지 못하려든, 군부(君父)의 명을 꾸며 만들고 불측한
마음을 품어서 감히 조정의 경상가(卿相家) 부인을 밝은 대낮에
도적하고자 했으니 어찌 처벌이 없으리오. 죄는 개인의 사사로운
사정으로 봐주는 것이 없나니, 옛날 진(秦)나라 상앙(商鞅)은
태자가 법을 범하자 그 스승까지 형벌하였나니, 제왕은 어찌 몸을
  # ❸: 진나라 상앙의 고사를 인용하여 제왕이 벌을 받게 될 것임을 경고함.
보전하려 하오."

⑦ 말을 다 마쳤는데, 아름다운 목소리가 비분강개하여 기운이 추상
같았다. ⑧ 제왕이 한편으로는 왕 소저를 잃은 것을 분하게 여기고 다른
  # 제왕은 자신이 납치한 대상이 왕 소저가 아니라는 것을 알고 분함을 느낌.
한편으로는 월향의 꾸짖음에 크게 화를 내었다. ⑨ 그래서 궁노(宮奴)
에게 명하여 월향을 잡아매어 죽이고자 하였지만, 월향이 **조금도
겁내지 아니하고** 말했다.

⑩ "나는 주인을 위하여 **죽으려 하나니 빨리 죽이소서.**"
  # 왕 소저에 대한 월향의 충정이 드러남.

출정하다: 군에 입대하여 싸움터에 나가다.

흠모하다: 기쁜 마음으로 공경하며 사모하다.

후원: 대궐 안에 있는 동산

별당: 몸채의 곁이나 뒤에 따로 지은 집이나 방

격렬히: 말이나 행동이 세차고 사나운 태도로

시비: 곁에서 시중을 드는 계집종

환관: 조선 시대에, 내시부에 속하여 임금의 시중을 들거나 숙직 따위의 일을 맡아보던 남자

변고: 갑작스러운 재앙이나 사고

금지옥엽: 금으로 된 가지와 옥으로 된 잎이라는 뜻으로, 임금의 가족을 높여 이르는 말

어질다: 마음이 너그럽고 착하며 슬기롭고 덕이 높다.

범상하다: 중요하게 여길 만하지 아니하고 예사롭다.

조정: 임금이 나라의 정치를 신하들과 의논하거나 집행하는 곳. 또는 그런 기구

비분강개하다: 슬프고 분하여 마음이 북받치다.

추상: 가을의 찬 서리

궁노: 궁방(宮房)에 딸리어 있던 사내종

*③ 요약 : 월향이 왕혜란을 납치하려 한 제왕을 꾸짖음.

📖 독해 공식

❶ **중심인물**: 서 공자, 왕 소저(왕혜란)
  공간적 배경: 안채, 사랑채, 후원의 깊은 별당

❷ **중심 사건**: 부인 유 씨가 서 공자와 왕 소저의 혼례를 추진하려 함. 왕 공자가 서 공자에게 구슬의 내력을 이야기하며 왕혜란과의 혼인을 청함. 과거에 급제한 서 공자가 왕혜란과 혼인함. 왕혜란의 시비 월향이 제왕에게 왕혜란 대신 납치를 당함.
  갈등: 월향을 납치한 제왕과 월향의 외적 갈등

❸ **서술상 특징**
- **서술자**: 3인칭 서술자, **시점**: 전지적 작가 시점
- 서 공자와 왕혜란이 인연을 맺게 될 것임을 암시하는 소재가 쓰임.
- 고사를 인용해 상대의 말과 행동에 대한 자신의 생각과 태도를 드러냄.
- 설의적 표현을 사용하여 인물의 의지를 나타냄.
- 장면의 전환을 나타내는 표현이 쓰임.

- **갈래**: 고전 소설
- **제목의 의미**: '雙(쌍 쌍) + 珠(구슬 주) + 奇(기이할 기) + 緣(인연 연). '한 쌍의 구슬로 맺어진 기이한 인연'이라는 의미로, 주인공 서천흥과 왕혜란 사이의 인연을 가리킨다.
- **이 작품은?** 명나라를 배경으로 하늘에서 내린 한 쌍의 구슬을 매개로 남녀 주인공이 인연을 맺는 과정과 영웅적 인물인 서천흥이 제후국의 반란을 평정하는 과정에서 보여 주는 활약상을 담아낸 작품이다.
- **인물 관계도**

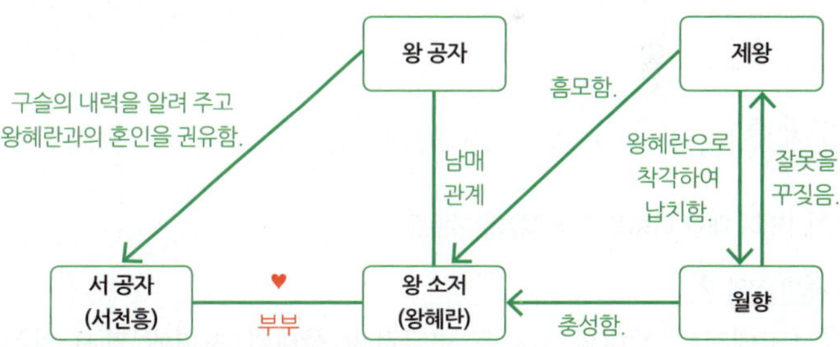

- **주제**: 구슬로 연결된 서천흥과 왕혜란의 인연
- **이것이 핵심!**: '자웅의 구슬'의 서사적 기능

자웅의 구슬
- 왕 공자가 왕혜란과 서 공자가 서로 인연임을 알아차리는 계기가 됨.
- 왕 공자가 서 공자에게 왕혜란에 대한 과거 내력을 알리는 계기가 됨.
- 서 공자와 왕혜란이 태어날 때부터 서로의 배필로 정해져 있음을 보여 줌.
- 서 공자와 왕혜란이 서로 인연을 맺게 될 것임을 암시함.

- **전체 줄거리**
  소주 화계촌에 사는 서경이 화주승의 예언을 들은 뒤 아들 서천흥을 얻는다. 몇 년 뒤 서경은 천자의 명으로 제후국인 남만에 안무사로 파견을 갔다가 남만국에 포로로 붙잡히게 된다. 이후 서천흥은 유씨 가문에 의탁하여 자라나고, 신비한 진주 구슬이 인연이 되어 왕혜란과 맺어진다. 과거에 장원 급제한 서천흥은 왕혜란과의 혼인을 두고 황실과 갈등을 겪게 되지만, 왕혜란과 진주 구슬로 맺어진 인연의 내력을 황제에게 고한 끝에 혼인을 허락받게 된다.
  서천흥이 대원수가 되어 남만으로 출정한 사이, 왕혜란은 그를 흠모한 제왕의 계략으로 위험에 빠질 뻔하지만, 지혜를 발휘하여 위기를 벗어난다. 이후 서천흥은 남만의 반란을 평정하고, 아버지 서경과도 재회한다. 부귀 공명을 누리며 살던 서천흥은 말년에 이르러 왕혜란과 함께 구슬을 하늘에 바치고는 생을 마무리한다. (: 지문 수록 부분)

2025. 9
7회

42 정답 ⑤　＊사건과 갈등 파악하기 ⋯⋯⋯⋯⋯⋯⋯ [정답률 64%]

윗글을 이해한 내용으로 적절하지 <u>않은</u> 것은?

＞왜 정답？

⑤ 부인 유 씨는 서 공자에게 <u>과거에 합격하는 대로</u> 혼인할 것을 제안
　　 ⎿ 가까운 장래에
했다.

┌ ②-⑫　"이 구슬의 자웅(雌雄)을 가지고 가서 서 공자에게 그 내력을 일러주고
⎿ 혼인하기로 정하여 멀지 아니한 <u>가까운 장래에 혼례를 행하도록 하라.</u>"

＞왜 오답？

① 서 공자는 <u>부친의 소식을 알기 위해 남방으로 가고자 하였다.</u>
　　　　　　　 모친의 행적을 찾고 부친의 소식을 듣고자 함.

┌ ①-❷　(서 공자는) 모친의 행적을 찾고 부친의 소식을 남방에 가 자세히
⎿ 듣고자 하여 산을 넘고 물을 건너 길을 가려 하였다.

② 왕 공자는 떠나려는 서 공자를 말리며 공부에 힘쓸 것을 권유했다.
　　　　　　 과거에 급제하면 자연스럽게 부모의 소식을 알게 될 것이라며 만류함.

┌ ①-❹,❺　"형은 다만 공부에 힘써 과거에 급제하면 자연 알 것이니, 어찌
│ 작정한 방향도 없이 세월을 헛되이 보낼 수 있으리오." / 왕 공자가 권유하여
⎿ 떠나지 못하게 하니, ~

③ 제왕은 납치해 온 대상이 왕혜란이 아니라는 사실에 분함을
　　　　　　　　　　　　　　　　　　 왕혜란의 시비인 월향을 납치함.
느꼈다.

┌ ③-❸　지난번 여자의 옷으로 갈아입고 유명 승상의 집에 가서 보았던 왕
│ 소저가 아니니, 크게 놀라 물었다.
⎿ ③-❽　제왕이 한편으로는 왕 소저를 잃은 것을 분하게 여기고 ~

④ 왕혜란은 <u>자신에게 변고가 일어날 것을 짐작하여 미리 몸을</u>
　　　　　　　　 환관이 사내종들에게 술 먹이는 것을 보고 변고를 짐작함.
<u>피하였다.</u>

┌ ③-❻　" ~ 환관이 친히 와 사내종들에게 술 먹이는 것을 보고 그날 밤에
│ 변고가 있을 줄 짐작하시고, 나를 대신 있게 한 뒤에 부인은 몸을 피하셨나
⎿ 이다. ~ "

43 정답 ②　＊인물의 심리와 태도 파악하기 ⋯⋯⋯⋯ [정답률 71%]

[A], [B]에 대한 이해로 가장 적절한 것은?

＞왜 정답？

② [B]에서는 상대의 신분을 언급하며 상대의 지위에 맞지 않는
　　　　　　　　　　　　　　　　 제왕의 신분에 맞지 않는 행동을 꾸짖음.
<u>비도덕적인 행동을 질책하고 있다.</u>

┌ ③-❻　" ~ 제왕은 당당한 만승천자(萬乘天子)의 금지옥엽(金枝玉葉)이요
│ 천승군왕(千乘君王)이거늘, 어찌 차마 이같이 어질지 못하고 의롭지 못한[B]
⎿ 일을 자행하시나이까? ~ "

　[B]에서 월향은 제왕의 신분을 '당당한 만승천자(萬乘天子)의 금지옥엽(金枝玉葉)
이요 천승군왕(千乘君王)'라고 언급하며 왕혜란을 납치하려 한 제왕의 행동을 '어질지
못하고 의롭지 못한 일'이라며 질책하고 있다.

＞왜 오답？

① [A]에서는 상대에게 받은 은혜를 고마워하며 <u>상대의 제안을</u>
　　　　　　　　　　　　　　　　　　 왕혜란과 혼인하는 것
<u>흔쾌히 받아들이고 있다.</u>
　　 정중히 거절함.

┌ ②-⑲,⑳　서 공자도 또한 신기하게 여기며 고마워하여 말했다.
│ "형의 은혜를 여러 해 입었고 ~ 부모의 생사를 모르는데, 다만 혼인하려는┐
│ 마음을 생각할 수 있으리오. ~ 부모님의 소식을 듣기 전에는 혼인하려는[A]
⎿ 마음을 두지 않으리다."

③ [B]에서는 상대에게 행동의 이유를 물으며 상대의 행동으로 인해
<u>자신이 입게 될 피해를 염려하고 있다.</u>
　　　 상대의 행동을 질책함.
＊ 근거: ③-❻
　[B]의 '어찌 차마 ~ 일을 자행하시나이까?'에서 상대에게 행동의 이유를 묻는
형식으로 상대의 행동을 질책하고 있다. 그러나 상대의 행동으로 인해 자신이 입게 될
피해를 염려하고 있지는 않다.

④ [A]와 [B]에서는 모두 <u>자신이 처한 문제 상황을 언급하며</u> 문제
　　　　　　　　　　　　　 [B]에서는 나타나지 않음.
<u>해결을 위해 상대에게 도움을 요청하고 있다.</u>
　　　　　　　 [A], [B] 모두 나타나지 않음.
＊ 근거: ②-⑳, ③-❻
　[A]에서 서 공자는 '부모의 생사'를 모른다는 자신의 문제 상황을 언급하고 있지만,
이 문제를 해결하기 위해 왕 공자에게 도움을 요청하고 있지는 않다.
　[B]에서는 월향이 자신이 처한 문제 상황을 언급하고 있지 않고, 문제 해결을 위해
상대에게 도움을 요청하지도 않는다.

⑤ [A]와 [B] 모두 고사를 인용하여, [A]에서는 <u>상대를 설득하고</u>
　　　　　　　　　　　　　　　　　　　　 설득하지 않음.
있고, [B]에서는 <u>상대에 대한 두려움을 나타내고 있다.</u>
　　　　　　　 상대에게 경고함.

┌ ②-⑳　" ~ 진(秦)나라와 진(晉)나라의 왕실이 혼인을 맺고 지낸 것처럼 아주
│ 가까운 정의(情誼)를 맺고자 하시니 어찌 사양하리오만, 소제(小弟)는 이
│ 세상의 죄인이나이다. ~ "
│ ③-❻　" ~ 죄는 개인의 사사로운 사정으로 봐주는 것이 없나니, 옛날
│ 진(秦)나라 상앙(商鞅)은 태자가 법을 범하자 그 스승까지 형벌하였나니,
⎿ 제왕은 어찌 몸을 보전하려 하오."

　[A]에서 서 공자는 진(秦)나라와 진(晉)나라의 왕실이 혼인한 것에 대한 고사를
인용하여 왕혜란과의 혼인에 대한 자신의 생각을 드러내고 있다.
　[B]에서 월향은 진(秦)나라 상앙(商鞅)에 대한 고사를 인용하여 상대가 악행에 대한
벌을 받을 것임을 경고하고 있다.

44 정답 ④　＊소재의 의미 파악하기　　　　★1등급 대비

[① 10%　② 19%　③ 10%　④ 48%　⑤ 10%]

|자웅의 구슬|과 관련한 설명으로 적절하지 <u>않은</u> 것은?

＞왜 틀렸나？

┌ '자웅의 구슬'을 가리키는 말이 '왕 소저의 구슬', '자 글자가 쓰인 구슬' 등 다양하게
│ 나타나서 내용을 파악하기 어려웠을 것이다. 고전 소설에서는 하나의 대상을 가리키는
│ 말이 여러 가지인 경우가 많으므로, 지문을 꼼꼼히 읽으며 달라지는 지칭어를 정확히
⎿ 파악할 수 있어야 한다.

＞왜 정답？

④ 서 공자가 자신의 정혼 상대로 왕혜란을 만나게 될 것이라고
<u>확신하게 만드는</u> 소재이다.
　 확신하지 않음.

┌ ②-⑯　" ~ 소제(小弟)도 미덥지 아니한 일인 줄 알지만, 부모님께서 주신
⎿ 물건이니 버리지 못할 것이라서 몸에 지니고 있었도다. ~ "

　서 공자는 웅 글자가 쓰인 구슬을 부모님께서 주신 물건이어서 버리지 못하고 몸에
지니고 있었을 뿐, 자신의 인연이 왕혜란이란 것을 모르고 살아왔다. 즉, '자웅의
구슬'은 서 공자와 왕혜란의 만남을 암시하는 소재일 뿐, 서 공자가 자신이 왕혜란을
만나 정혼할 것이라고 확신하게 만드는 소재는 아니다.

＞왜 오답？

① 부인 유 씨가 딸의 혼사를 추진하지 않고 기다려 온 계기가 되는
　　　　　　　　　　　　　　　　 웅 자가 쓰인 구슬이 있는 곳을 알지 못하기 때문임.
소재이다.

┌ ②-❼　이때 부인 유 씨는 혜란 소저가 점점 나이 들어가며 장성하는데
│ 구슬이 있는 곳을 알지 못해 밤낮으로 걱정하였다.
│ ②-⑱　" ~ 지금까지 웅 글자가 쓰인 구슬을 가지고 있는 이를 찾느라
⎿ 정혼하지 못하였도다. ~ "

② 왕 공자가 서 공자에게 왕혜란에 대한 과거 내력을 알리는 계기가
　되는 소재이다.
　　구슬과 관련된 왕혜란의 과거 내력을 이야기함.

＊근거: ②-⑱
　왕 공자는 서 공자가 웅 글자가 쓰인 구슬을 가지고 있는 것을 알게 된 후, 왕혜란이
자 글자가 쓰인 구슬을 가지고 있다며 왕혜란의 과거 내력을 알려주고 있다.

③ 서 공자와 왕혜란이 태어날 때부터 서로의 배필로 정해져 있음을
　보여 주는 소재이다.
　　왕혜란이 태어날 때 꿈꾼 이야기가 이상하였지만 자 글자가 쓰인 구슬을 얻음.

＊근거: ②-⑱
　왕 공자는 왕혜란이 태어날 때 꿈꾼 이야기를 언급하며 웅 글자가 쓰인 구슬을 가지고 있는 자와 태어날 때부터 배필로 정해져 있었음을 이야기하고 있다.

⑤ 왕 공자가 자신의 누이와 서 공자가 서로 인연임을 우연히 알아
　차리도록 만드는 소재이다.
　　서 공자의 구슬이 부인 유 씨가 찾던 구슬임을 왕 공자가 알게 됨.

＊근거: ②-⑥~⑨
　석파가 부인 유 씨에게 서 공자가 가진 구슬에 대해 이야기하는데 이 구슬은 부인 유 씨가 찾고 있었던 구슬이다. 그리고 이를 왕 공자가 알게 된다는 점에서 '자웅의 구슬'은 왕 공자가 서 공자와 왕혜란이 인연임을 우연히 알아차리도록 만든 소재라고 할 수 있다.

45　정답 ③　＊〈보기〉를 바탕으로 감상하기 ·········· [정답률 63%]

〈보기〉를 참고하여 윗글을 감상한 내용으로 적절하지 <u>않은</u> 것은? [3점]

> ─────────〈 보기 〉─────────
> ❶〈쌍주기연〉은 중심인물의 애정 서사를 바탕으로 임금이나 주인에
> 　　　　　　　　　서 공자와 왕혜란의 애정 서사
> 대한 충성, 부모에 대한 효, 여성의 절개라는 당대의 보편적 가치를
> 수호하는 모습을 담아내고 있다. ❷이 과정에서 보조 인물이 사건 전개에
> 　　　　　　　　　　석파, 부인 유 씨, 왕 공자, 월향 등
> 능동적으로 개입하여 중심인물의 애정 서사에 도움을 주거나, <u>보편적</u>
> <u>가치를 훼손하는 악인형 인물</u>과 대립하여 작품의 주제 의식을 형상화
> 　　　　　　　제왕
> 하는 데 기여하는 모습을 보인다.

＞왜 정답 ?

③ 왕 공자가 '서둘러 장가'를 들어 '조상에게 죄인되는 것'을 면하라고
　하는 것으로 보아 보조 인물이 <u>보편적 가치에 얽매이지 않고</u> 사건
　　　　　　　　　　　　　　　보편적 가치인 효를 중시함.
　전개에 능동적으로 개입하고 있음을 알 수 있군.

[②-㉒ "~ 형이 장가를 들지 않으면 조상 대대의 제사는 어찌하려는 것이오.
마땅히 서둘러 장가를 든 후라도 부모 소식을 알아봄이 옳은 데다 또 조상에게
죄인되는 것도 면할지니 거듭거듭 생각해 보라."]

　왕 공자는 서 공자에게 서둘러 장가를 들라고 하면서 그 이유로 '조상 대대의 제사'를 지내서 '조상에게 죄인되는 것'을 면해야 한다는 것을 제시하고 있다. 이는 부모에 대한 효라는 보편적 가치를 중시하는 것이다.

＞왜 오답 ?

① 석파가 부인 유 씨에게 '곡절을 고하'여 왕혜란의 혼례를 추진하는
　데 영향을 주는 것으로 보아 보조 인물이 중심인물의 애정 서사에
　　　　　　　　　보조 인물인 석파가 구슬에 얽힌 이야기를 부인 유 씨에게 들려줌.
　도움을 주고 있음을 알 수 있군.

[②-⑥~⑫ 인하여 구슬을 가지고 안채로 들어가 부인 유 씨에게 이 곡절을
고하였다. ~ 부인 유 씨가 마음 가득히 아주 기뻐하며 말했다. / "~ 서
공자에게 그 내력을 일러주고 혼인하기로 정하여 멀지 아니한 가까운 날례에
혼례를 행하도록 하라."]

　서 공자가 지닌 구슬에 얽힌 이야기를 석파가 부인 유 씨에게 전하면서 부인 유 씨가 서 공자의 구슬에 대해 알게 된다. 이로 인해 부인 유 씨가 서 공자와 왕혜란의 혼례를 추진하게 되므로, 보조 인물인 석파가 중심인물인 서 공자와 왕혜란의 애정 서사에 도움을 주고 있음을 알 수 있다.

---

② 서 공자가 '부모님의 소식을 듣기 전에는 혼인하'지 않으려는
　것으로 보아 중심인물이 부모에 대한 효라는 당대의 보편적
　　　　　　　　　　　　자신의 혼례보다 부모의 소식을 더 중요시함.
　가치를 수호하고 있음을 알 수 있군.

＊근거: ②-⑳
　서 공자는 왕 공자가 제안한 혼례를 거절하는데, 그 이유는 아직 부모의 생사를 모르기 때문이다. 이는 자신의 혼례보다 부모의 소식을 더 중요시하는 태도로, 부모에 대한 효라는 당대의 보편적 가치를 수호하고 있음을 알 수 있다.

④ 제왕이 '무뢰배를 보내어 왕 씨를 데려'가려 하는 것으로 보아
　악인형 인물이 여성의 절개라는 당대의 보편적 가치를 훼손하려
　　　　　　　　제왕이 서 공자의 부인인 왕혜란을 납치하려 함.
　하고 있음을 알 수 있군.

[③-❶ 제왕은 무뢰배를 보내어 왕 씨를 데려다가 후원의 깊은 별당에
들이고서 매우 기뻐하고 즐거워하여 들어가 소저를 보았다.]

⑤ 월향이 '조금도 겁내지' 않고 '죽으려 하'는 것으로 보아 보조
　인물이 악인형 인물과의 대립 상황에서도 주인에 대한 충성을
　다하여 주제 의식을 형상화하는 데 기여하고 있음을 알 수 있군.
　　　　월향이 제왕과 대립하면서도 왕혜란에 대한 충성을 다함.

[③-❾, ❿ 그래서 궁노(宮奴)에게 명하여 월향을 잡아매어 죽이고자
하였지만, 월향이 조금도 겁내지 아니하고 말했다. / "나는 주인을 위하여
죽으려 하나니 빨리 죽이소서."]

　왕 소저의 시비인 월향이 왕 소저 대신 제왕에게 납치를 당한 후 제왕이 저지른 부도덕한 일을 꾸짖고 있다. 이에 제왕이 월향을 죽이고자 하지만 월향은 조금도 겁내지 않고 주인을 위하여 목숨을 내놓겠다고 한다. 이를 통해 왕 소저에 대한 월향의 충성을 알 수 있다.

🔴7회　문법·어휘 완성 TEST

01　정답 ③　＊시간 표현 파악하기

〈보기〉의 ㉠~㉤에 대한 설명으로 적절하지 <u>않은</u> 것은?

> ─────────〈 보기 〉─────────
> 　시간을 표현하는 방법 중 시제는 화자가 말하는 시점인 발화시와
> 동작이나 사건이 일어나는 시점인 사건시의 관계에 따라 과거 시제, 현재
> 시제, 미래 시제로 나뉜다. 동작상은 발화시를 기준으로 동작이 일어나고
> 있는 모습을 표현한 것인데, 동작이 진행되고 있음을 표현하는 진행상과
> 동작이 이미 완결되었음을 표현하는 완료상으로 나뉜다.
>
> 민지: 진수야, 뭐해?
> 진수: 나 예전 졸업 앨범을 좀 ㉠ 보고 있어.
> 　　　　　　　　　　　　　진행상
> 민지: 아, 너 햇님 중학교를 ㉡ 졸업했구나?
> 　　　　　　　　　　　　　과거 시제
> 진수: 응, 맞아. 네가 지금 들고 있는 가방, 새로 ㉢ 산 거야?
> 　　　　　　　　　　　　　　　　　　과거 시제
> 민지: 응. 예전 가방은 동생 ㉣ 줘 버렸어.
> 　　　　　　　　　　　　　완료상
> 진수: 나도 새 학기에 매고 ㉤ 다닐 가방을 사려고 했는데.
> 　　　　　　　　　　미래 시제

＞왜 정답 ?

③ ㉢: '-ㄴ'은 <del>발화시와 사건시가 일치함</del>을 나타낸다.
　　　　　　　사건시가 발화시보다 앞섬.(과거 시제)

　㉢의 '-ㄴ'은 동사의 어간에 결합해 과거 시제를 나타내는 관형사형 어미이다. 과거 시제는 사건시가 발화시보다 앞서는 것을 나타낸다.

＞왜 오답 ?

① ㉠: '-고 있어'는 동작이 진행되고 있음을 나타낸다.
　　　　　　　　　진수가 졸업 앨범을 보는 동작이 진행되고 있음.

② ㉡: '-았-'은 사건시가 발화시보다 앞선다는 것을 나타낸다.
진수가 햇님 중학교를 졸업한 사건이 민지의 발화보다 앞섬.

④ ㉣: '-어 버렸어'는 동작이 이미 완결되었음을 나타낸다.
예전 가방을 동생에게 준 동작이 완결됨.

⑤ ㉤: '-ㄹ'은 발화시보다 사건시가 나중임을 나타낸다.
가방을 사는 사건이 진수의 발화보다 나중임.

02 정답 ⑤ * 높임 표현 파악하기

〈보기〉의 ㉠~㉢이 모두 실현된 문장은?

〈 보기 〉

❶ ㉠주체 높임법은 문장의 주어인 서술의 주체에 대하여 높임의 태도를 나타내는 방법이다. ❷ ㉡ 객체 높임법은 문장의 목적어나 부사어가 지시하는 대상, 곧 서술의 객체에 대하여 높임의 태도를 나타내는 방법이다. ❸ 주체 높임과 객체 높임의 대상은 문장에서 표면적으로 드러나기도 하고 생략되기도 한다. ❹ 한편, ㉢ 상대 높임법은 화자가 청자인 상대방에 대하여 높이거나 낮추는 태도를 나타내는 방법이다. ❺ 한 문장 안에서도 다양한 높임법이 쓰일 수 있다.

주체 높임법의 개념 / 객체 높임법의 개념 / 상대 높임법의 개념

왜 정답?

⑤ 어머니, 아버지께서 할아버지께 신문을 드리라고 하셨어요.
[하- + -시- + -었- + -어요]
㉠ ㉡ ㉢

이 문장에서는 '하다'의 주체인 '아버지'를 주체 높임 선어말 어미 '-시-'와 주격 조사 '께서'를 사용하여 높임으로써 주체 높임법(㉠)을 실현하였다.

객체는 '문장의 목적어나 부사어가 지시하는 대상'이므로, 이 문장에서는 부사어 '할아버지'가 객체가 되며, 부사격 조사 '께'와 특수 어휘 '드리다'('주다'의 높임 표현)를 사용하여 '할아버지'를 높이는 객체 높임법(㉡)을 실현하였다.

청자는 높임의 대상인 '어머니'이며, 종결 어미 중 두루 높임 표현인 '-어요'를 사용하여 상대 높임법(㉢)을 실현하였다.

왜 오답?

① 현규야, 선생님께서 오라고 하셔.
[하- + -시- + -어]
㉠ ㉠

'하다'의 주체인 '선생님'을 주체 높임 선어말 어미 '-시-'와 주격 조사 '께서'를 사용하여 높임으로써 주체 높임법(㉠)을 실현하였다.

목적어나 부사어가 지시하는 대상, 즉 객체는 드러나 있지 않으므로 객체 높임법(㉡)이 실현되지 않았다.

청자는 '현규'이며, 친구나 친한 사이에서 사용하는 두루 낮춤 표현인 종결 어미 '-어'를 사용함으로써 상대 높임법(㉢)을 실현하였다.

② 민주가 선생님을 뵙고 싶어 한다.
㉡ ㉡

'싶어 하다'의 주체는 '민주'인데, 높임의 의미를 담고 있는 주격 조사 '께서' 대신 '가'가 사용되었으므로 '민주'는 높임의 대상이 아니며 주체 높임법도 실현되지 않았다.

객체는 '선생님'이며, 높임의 뜻을 더하는 접사 '-님'과 특수한 어휘 '뵙다'('보다'의 높임 표현)'를 사용함으로써 객체 높임법(㉡)을 실현하였다.

청자가 설정되어 있지 않으므로 상대 높임법이 실현되지 않았다.

③ 사장님께서는 오늘 식사를 하지 않으셨다.
[않- + -(으)시- + -었- + -다]
㉠

'하지 않다'의 주체인 '사장님'을 높이기 위해 높임의 뜻을 더하는 접사 '-님'과 주격 조사 '께서', 주체 높임 선어말 어미 '-(으)시-'를 사용함으로써 주체 높임법(㉠)을 실현하였다.

목적어가 지시하는 대상인 '식사'는 높임의 대상이 아니므로, 객체 높임법(㉡)이 실현되지 않았다.

청자가 설정되어 있지 않으므로 상대 높임법이 실현되지 않았다.

④ 선생님, 오늘 저희 어머니께서 학교를 방문하십니다.
[방문하- + -시- + -ㅂ니다]
㉠ ㉠ ㉢

'방문하다'의 주체인 '어머니'를 높이기 위해 주격 조사 '께서'와 주체 높임 선어말 어미 '-시-'를 사용함으로써 주체 높임법(㉠)을 실현하였다.

목적어가 지시하는 대상인 '학교'는 높임의 대상이 아니므로 객체 높임법(㉡)은 실현되지 않았다.

청자인 '선생님'을 높이기 위해 높임의 뜻을 더하는 접사 '-님'과 아주 높임 표현인 종결 어미 '-ㅂ니다'를 사용함으로써 상대 높임법(㉢)을 실현하였다.

03 정답 ① * 중세 국어의 특징 파악하기

〈보기〉의 ㉠~㉤에 나타난 중세 국어의 특징을 현대 국어와 비교하여 이해한 내용으로 적절하지 <u>않은</u> 것은?

〈 보기 〉

海東 六龍이 ᄂᆞᄅᆞ샤 일마다 天福이시니 ㉠古聖이 同符ᄒᆞ시니. (제1장)
고성과

㉡ 불휘 기픈 남ᄀᆞᆫ ᄇᆞᄅᆞ매 아니 ㉢뮐ᄊᆡ, 곶 됴코 ㉣ 여름 하ᄂᆞ니.
뿌리가 / 움직이므로 / 열매가

㉤ ᄉᆡ미 기픈 므른 ᄀᆞᄆᆞ래 아니 그츨ᄊᆡ, 내히 이러 바ᄅᆞ래 가ᄂᆞ니. (제2장)
샘이

[현대어 풀이]
海東(해동) 六龍(육룡)이 나[飛]시어 일마다 하늘의 복을 받으시니. 古聖(고성)과 同符(동부)ᄒᆞ시니.

뿌리가 깊은 나무는 바람에 아니 움직이므로 꽃이 좋고 열매가 많으니.
샘이 깊은 물은 가뭄에 아니 그치므로 내[川]가 이루어져 바다에 가느니

왜 정답?

① ㉠: 조사 '이'는 체언에 붙어 문장의 주어가 됨을 나타낸다.
부사어

중세 국어의 '古聖이'는 현대어 풀이의 '古聖(고성)과'에 대응된다. 따라서 중세 국어의 조사 '이'는 주격 조사가 아니라, 비교나 기준으로 삼는 대상을 나타내는 부사격 조사로 사용되었음을 알 수 있다.

왜 오답?

② ㉡: 현대 국어의 '가'에 해당하는 주격 조사가 나타나지 않았다.
'불휘'는 '불휘 + ∅'의 형태임.

③ ㉢: 현대 국어에는 쓰이지 않는 어휘가 사용되었다.
'움직이므로'에 대응되는 '뮐ᄊᆡ'는 현대 국어에서는 쓰이지 않는 어휘임.

④ ㉣: 현대 국어의 '여름'과 단어의 의미가 서로 다르다.
계절을 나타내는 현대 국어와는 달리 '열매'를 의미함.

⑤ ㉤: 한 음절의 종성을 다음 자의 초성에 옮겨 표기하였다.
'샘'의 종성 'ㅁ'을 다음 자인 '이'의 초성에 옮겨 표기함.

04 정답 ③ * 어휘의 의미 파악하기

다음 중 밑줄 친 부분이 ⓐ와 가장 유사한 의미로 쓰인 것은?

또한 빛은 파동처럼 움직이며 서로 간섭을 ⓐ 일으켜 상이 흐릿해지는 회절 현상을 보이는데, 빛의 유입구가 좁을수록 그 정도가 심화된다.
'물리적이거나 자연적인 현상을 만들어 내다.'라는 의미임.

왜 정답?

③ 트럭 한 대가 먼지를 일으키면서 지나갔다.
'물리적이거나 자연적인 현상을 만들어 내다.'라는 의미임.

왜 오답?

① 엄마가 넘어진 아이를 일으켰다.
'일어나게 하다.'라는 의미임.

② 그 남자는 옷깃을 일으켜 세웠다.
'옷깃 따위를 올리다.'라는 의미임.

④ 멀리서 들려오는 새소리가 쓸쓸한 마음을 일으킨다.
'생리적이거나 심리적인 현상을 생겨나게 하다.'라는 의미임.

⑤ 그는 망해 가던 가업을 이어받아 성공적으로 일으켰다.
'무엇을 시작하거나 흥성하게 만들다.'라는 의미임.

01~03

출제 ■ 중심 내용

1 안녕하세요? 이번 수행 과제는 '민속 문화재 소개하기'인데요, 저는 장승에 대해 발표하려고 합니다. 여러분, 장승을 보신 적 있나요?
발표 화제를 제시함.   질문을 통해 청중의 주의를 환기함.
(청중의 반응을 살피고) 대부분 보셨군요. 장승은 지역이나 제작 이유에 따라 여러 이름으로 불리지만 이번 발표에서는 장승으로 통칭하겠습니다.
* 1 요약: 장승에 대해 발표할 것임을 제시함.

[통칭하다: 통틀어 가리키다.]

2 장승은 마을 입구에 세운 사람 머리 모양의 기둥을 이르는 말로, 주로 나무로 만듭니다. (자료 1을 제시하며) 보시는 것처럼 일반적
장승의 개념   남녀 장승의 모습을 보여주는 자료
으로 장승은 이렇게 남녀 쌍으로 세우는데요, [남자 장승에는 관모를 씌우지만 여자 장승에는 씌우지 않기 때문에 보통 관모의 유무로 남녀
[ ]: 남자 장승과 여자 장승을 구별하는 방법
장승을 구별할 수 있습니다.]

[관모: 관리가 쓰도록 정하여진 일정한 규격의 모자]

* 2 요약: 장승의 개념과 남녀 장승을 구별하는 방법

3 그렇다면 우리 조상들은 왜 장승을 만들었을까요? 장승이 질병이나 재앙을 막는 마을의 수호신 역할을 한다고 믿었기
우리 조상이 장승을 만든 이유
때문입니다. 자료를 보시면 큰 장승과 작은 장승이 함께 모여 있지요?
장승을 신성하게 여겼던 풍습을 알 수 있는 자료
이는 [장승을 신성하게 여겨 오래되어 낡고 키가 줄어든 장승들도
[ ]: 큰 장승과 작은 장승이 함께 모여 있는 이유
함부로 버리지 않고 새로 깎은 것과 함께 남겨 두었기 때문입니다.]
또한 장승에는 마을 간의 경계를 표시하거나, 다른 지역까지의 거리나
장승의 실용적 기능
방향을 알려 주는 실용적인 기능도 있었습니다. 가장 오른쪽 장승을 보시면 아래쪽에 '서울 칠십 리'라고 적혀 있는데, 이를 통해 장승의
장승이 이정표의 기능을 했음을 보여 주는 예시
이정표 기능을 확인할 수 있습니다.

[이정표: 주로 도로상에서 어느 곳까지의 거리 및 방향을 알려 주는 표지]

* 3 요약: 장승을 만든 이유와 장승의 기능

4 장승은 나무뿐만 아니라 돌로도 만드는데요, 나무 장승은 북쪽인
장승의 재료
경기나 충청 지방에, 돌 장승은 남쪽 지방에 주로 분포합니다. (자료
북쪽 지방의 장승과 남쪽 지방의 장승의 특징이 드러나는 시각 자료를 제시함.
2를 제시하며) 얼굴을 연구하는 ○○○ 교수는 장승의 얼굴이 지역에
전문가의 견해를 제시하여 신뢰도를 높임.
따라 북방형 얼굴과 남방형 얼굴로 나뉜다고 해석했는데요, [북쪽
=북쪽   =남쪽
지방에 분포하는 나무 장승에는 자료의 위쪽에서 보시는 것처럼 긴
[ ]: 북쪽 지방의 장승과 남쪽 지방의 장승의 특징
얼굴과 뾰족한 눈매의 북방형 얼굴의 특징이, 남쪽 지방에 분포하는 돌 장승에는 자료의 아래쪽에서 보시는 것처럼 동글동글한 인상의 남방형 얼굴의 특징이 드러난다는 것입니다. 제주도의 명물인 동글동글한 인상의 돌하르방은 대표적인 남방형 얼굴의 돌
'돌하르방'을 예로 제시하여 청중의 이해를 도움.
장승이라고 할 수 있겠습니다.

* 4 요약: 북쪽 지방의 장승과 남쪽 지방의 장승의 특징

5 지금까지 장승의 역할과 특징에 대해 말씀드렸습니다. 제 발표가 여러분이 장승에 관심을 두는 계기가 되기를 바랍니다. 이상으로
발표자의 바람을 이야기하며 발표를 마무리함.
발표를 마치겠습니다.

* 5 요약: 발표 마무리

---

01 정답 ④ * 말하기 방식 파악하기 ·················· [정답률 87%]

위 발표자의 말하기 방식으로 가장 적절한 것은?

> 왜 정답 ?

④ 전문가의 견해를 제시하여 발표 내용의 신뢰성을 확보하고 있다.
'얼굴을 연구하는 ○○○ 교수'의 견해를 제시함.

> 왜 오답 ?

① 청중의 질문에 답을 하며 화제 선정의 이유를 밝히고 있다.
대답하지 않음.   밝히지 않음.

② 청중의 이해도를 점검하며 발표 내용을 추가로 제시하고 있다.
점검하지 않음.   제시하지 않음.

③ 발표 순서를 안내하여 청중이 발표 내용을 예측하도록 하고 있다.
안내하지 않음.

⑤ 발표에 소개한 자료의 출처를 안내하며 발표를 마무리하고 있다.
안내하지 않음.

02 정답 ④ * 자료 활용의 적절성 파악하기 ·········· [정답률 87%]

다음은 발표자가 제시한 자료이다. 발표자의 자료 활용에 대한 설명으로 적절하지 않은 것은?

[자료 1]	[자료 2]

> 왜 정답 ?

④ 장승의 얼굴 유형으로 인해 장승을 만드는 재료가 달라졌음을
지역   재료와 얼굴의 특징
보여 주기 위해 [자료 2]를 제시하였다.

4-1,2 ~ 나무 장승은 북쪽인 경기나 충청 지방에, 돌 장승은 남쪽 지방에 주로 분포합니다. (자료 2를 제시하며) ~ 북쪽 지방에 분포하는 나무 장승에는 자료의 위쪽에서 보시는 것처럼 긴 얼굴과 뾰족한 눈매의 북방형 얼굴의 특징이, 남쪽 지방에 분포하는 돌 장승에는 자료의 아래쪽에서 보시는 것처럼 동글동글한 인상의 남방형 얼굴의 특징이 드러난다는 것입니다.

> 왜 오답 ?

① 관모의 유무로 남자 장승과 여자 장승을 구별할 수 있음을 보여
관모가 있는 것은 남자 장승, 관모가 없는 것은 여자 장승임.
주기 위해 [자료 1]을 제시하였다.

2-2 (자료 1을 제시하며) ~ 남자 장승에는 관모를 씌우지만 여자 장승에는 씌우지 않기 때문에 보통 관모의 유무로 남녀 장승을 구별할 수 있습니다.

② 장승을 신성하게 여겨 오래된 장승도 버리지 않았음을 설명하기
오래되어 키가 줄어든 상승을 남겨 둠.
위해 [자료 1]을 제시하였다.

3-3,4 자료를 보시면 큰 장승과 작은 장승이 함께 모여 있지요? 이는 장승을 신성하게 여겨 오래되어 낡고 키가 줄어든 장승들도 함부로 버리지 않고 새로 깎은 것과 함께 남겨 두었기 때문입니다.

③ 장승이 다른 지역까지의 거리를 알려 주는 이정표의 기능을
장승에 적힌 '서울 칠십 리'를 통해 서울까지의 거리를 알 수 있음.
했음을 보여 주기 위해 [자료 1]을 제시하였다.

[③-❺,❻ 또한 장승에는 ~ 다른 지역까지의 거리나 방향을 알려 주는
실용적인 기능도 있었습니다. 가장 오른쪽 장승을 보시면 아래쪽에 '서울 칠십
리'라고 적혀 있는데, 이를 통해 장승의 이정표 기능을 확인할 수 있습니다.]

⑤ 나무 장승에는 북방형 얼굴, 돌 장승에는 남방형 얼굴의 특징이
나무 장승에는 '긴 얼굴과 뾰족한 눈매'가, 돌 장승에는 '동글동글한 인상'이 드러남.
드러남을 설명하기 위해 [자료 2]를 제시하였다.

＊근거: ④-❷

03 정답 ⑤ ＊반응의 적절성 파악하기 ·················· [정답률 91%]

발표 내용을 바탕으로 할 때, 〈보기〉에 나타난 학생들의 반응에 대한 이해로
적절하지 <u>않은</u> 것은?

〈 보기 〉

학생 1: ❶장승은 사찰 입구에도 세워진 것으로 알고 있는데 어떤 이유로
세워졌는지 궁금해. ❷장승에 관한 책을 찾아 읽어 봐야지.
학생 2: ❶장승이 여러 이름으로 불린다는 내용에 대한 설명이 부족해서
아쉬웠어. ❷이와 관련된 내용을 국립 민속박물관 누리집에서
찾아봐야겠어.
학생 3: ❶장승에는 나무 장승만 있는 줄 알았는데 돌 장승도 있다는 것을
알게 되어 유익했어. ❷특히 제주도의 돌하르방이 돌 장승의 예라니
신기해.

> 왜 정답 ?

⑤ '학생 1'과 '학생 3'은 모두 배경지식을 바탕으로 발표 내용의
　정확성을 점검하고 있다.

'학생 1'은 '장승은 사찰 입구에도 세워진 것으로 알고 있'다고 언급하며 발표 내용과
관련한 배경지식을 떠올렸을 뿐, 이를 바탕으로 발표의 정확성을 점검하고 있지는
않다.

'학생 3'은 '장승에는 나무 장승만 있는 줄 알았는데 돌 장승도 있다'고 언급하며 발표
내용을 바탕으로 자신의 배경지식을 수정하고 있다.

> 왜 오답 ?

① '학생 1'은 발표에서 언급되지 않은 내용을 궁금해하고 있다.
장승이 사찰 입구에 세워진 이유를 궁금해 함.

＊근거: 학생 1 - ❶

② '학생 2'는 발표에서 설명이 충분하지 못했던 점을 아쉬워하고
　있다.
장승이 여러 이름으로 불린다는 내용에 대한 설명이 부족한 것을 아쉬워함.

＊근거: 학생 2 - ❶

③ '학생 3'은 발표를 통해 새로운 정보를 알게 된 것을 긍정적으로
　여기고 있다.
장승에 돌 장승도 있다는 새로운 정보를 알게 되어 유익했다고 평가함.

＊근거: 학생 3 - ❶

④ '학생 1'과 '학생 2'는 모두 발표 내용과 관련하여 추가적인 정보
'학생 1'은 '책'을 통해, '학생 2'는 국립 민속박물관 누리집을 통해 추가적인 정보를 탐색하려 함.
　탐색을 계획하고 있다.

＊근거: 학생 1 - ❷, 학생 2 - ❷

'학생 1'은 장승이 사찰 입구에 '어떤 이유로 세워졌는지' 궁금하다며 '장승에 관한
책'에서 추가적인 정보를 탐색하고자 한다.

'학생 2'는 '장승이 여러 이름으로 불린다는 내용'과 관련된 추가적인 정보를 '국립
민속박물관 누리집'에서 탐색하고자 한다.

<hr>

04~07

＃ 출제　━ 중심 내용

(가)

❶ 사회자: 오늘 토론의 논제는 '드론 실명제 적용 대상 드론의 범위를
확대해야 한다.'입니다. 먼저 찬성 측 입론해 주십시오.
토론의 논제를 제시함.

❷ 찬성 1: 저희는 드론 실명제 적용 대상 드론의 범위를 확대해야 한다고
토론의 순서를 안내함.
생각합니다. [한국소비자보호원에서 드론 사용 경험이 있는 소비자
＃ [ ]: 객관적인 통계 자료를 제시하여 드론 실명제를 개정해야 하는 필요성을 드러냄.
463명을 대상으로 조사한 자료에 따르면 사용자의 20.5%가
안전사고를 일으킨 적이 있다고 합니다.] 현재 시행 중인 드론
실명제에서는 비사업용 드론의 경우 최대이륙중량 2kg을 초과하는
＃ 우리나라의 기체 신고 기준
드론에 대해서만 기체 신고를 의무화하고 있습니다. 그렇기 때문에
2kg 이하의 소형 드론이 사생활을 침해하거나 소음 공해, 안전사고
현재 시행 중인 드론 실명제의 문제점
등을 일으켜도 소유주를 알 수 없다는 문제가 있습니다. 이와
비슷한 이유로 미국과 중국, 독일, 호주 등의 국가에서는 250g을
＃ 다른 나라의 기체 신고 기준
초과하는 드론을 신고하도록 규정하여 문제가 발생하였을 경우
책임 소재를 분명히 하고 있습니다. 따라서 우리나라도 드론
실명제 적용 대상을 최대이륙중량이 250g을 초과하는 소형
드론까지로 확대한다면 사고 처리나 피해 보상을 비교적 원활히 할
＃ 드론 실명제를 개정하면 얻을 수 있는 긍정적 효과
수 있을 것입니다.

❸ 사회자: 이어서 반대 측에서 반대 신문해 주십시오.
토론의 순서를 안내함.

❹ 반대 2: [최대이륙중량이 250g을 초과하는 소형 드론까지 드론
＃ [ ]: 찬성 1의 발언을 재진술함.
실명제 적용 대상을 확대해야 한다고 말씀하셨는데], 이 경우
[학교 내에서 사용하는 드론이나 일부 완구용 드론도 신고
＃ [ ]: 찬성 1의 의견을 듣고 반대 2가 추론한 내용
대상에 포함될 수 있을 것입니다.] 이 방안이 실현 가능하다고
＃ 찬성 1이 제시한 의견의 실현 가능성에 대해 의문을 제기함. [A]
생각하시나요?

❺ 찬성 1: [다른 사람에게 피해를 줄 가능성이 있는 드론을 신고해야
＃ [ ]: 드론 실명제 적용 대상을 '다른 사람에게 피해를 줄 가능성이 있는 드론'으로 한정함.
한다는 것이지, 교내에서만 사용하는 드론이나 위험도가 낮은
[A]: 반대 2가 의문을 제시하고, 이에 대해 찬성 1이 답변함.
완구용 드론까지 신고해야 한다는 것은 아닙니다.]

❻ 반대 2: 조사 대상 드론 사용자의 20.5%가 안전사고를 일으켰다고
＃ 찬성 1의 발언을 재진술함.
하셨는데, [언급하신 자료는 2kg 이하 소형 드론 사용자만을
＃ [ ]: 찬성 1이 제시한 자료의 적절성에 대해 문제를 제기함.
대상으로 조사한 자료가 아니지 않나요?]

❼ 찬성 1: 네, 맞습니다. 하지만 드론 실명제의 조종 자격 차등화
＃ 반대 2의 문제 제기를 인정함.
규정에 따르면 2kg 이하의 드론은 자격을 취득하지 않아도 [B]
＃ '조종 자격 차등화'의 의미
조종할 수 있어, [2kg 이하 소형 드론 사용자만을 대상으로
＃ [ ]: 자신의 제시한 자료가 타당하다고 강조함.
조사할 경우 오히려 안전사고 발생 비율이 올라갈 가능성이
＃ [B]: 반대 2가 문제를 제기하고, 이에 대해 찬성 1이 답변함.
높습니다.]

❽ 사회자: 이어서 반대 측 입론해 주십시오.
토론의 순서를 안내함.

실명제: 생산자나 판매자, 사용자 따위의 실제 이름을 밝히는 제도
입론하다: 의론(議論)하는 취지나 순서 따위의 체계를 세우다.
소유주: 소지권을 가진 자
소재: 어떤 곳에 있음. 또는 있는 곳　　완구: 아이들이 가지고 노는 여러 가지 물건
실현: 꿈, 기대 따위를 실제로 이룸.　　차등화: 각 등급이 차이가 나게 함.
취득하다: 자기 것으로 만들어 가지다.

토론 후 과제: 토론 내용을 참고하여 드론 실명제에 대한 자신의 생각을 글로 써보기

(나) [1] 소유주를 알 수 없는 소형 드론으로 인해 많은 사회적 문제가 발생하고 있다. 그래서 관련 규정을 강화한 드론 실명제가 최근 도입되어 시행되고 있다. 현행 드론 실명제에서는 [비사업용의 경우
[ ]: 현재 시행되고 있는 드론 실명제를 소개함.
최대이륙중량 2kg이 넘는 드론에 대해서 기체 신고를 의무화하고, 드론 중량에 따라 조종 자격을 차등화하고 있다.] 자체 중량이 12kg을 초과하는 드론에만 신고 의무가 부과되었던 이전과 비교하면 기체 신고 기준이 대폭 강화된 것이다.
과거 드론 실명제와 현재 드론 실명제의 차이점
그럼에도 불구하고 여전히 [미등록 소형 드론으로 인한 사생활 침해 및 안전사고가 끊이지 않아 사고
[ ]: 소형 드론이 드론 실명제에 적용되지 않아 발생하는 문제
처리나 피해 보상 과정에서 많은 문제가 발생하고 있다.]

*[1]문단 요약: 미등록 소형 드론으로 인한 사회적 문제

[2] 이러한 문제를 해결하기 위해 다른 나라의 사례처럼 최대이륙중량의 기준을 250g까지 낮춰 드론 실명제 적용 대상 드론의 범위를
토론에서 찬성 1이 제시한 의견
확대하자는 의견이 제기되고 있다. 하지만 관련 법이 바뀐 지 얼마 되지 않아서 다시 법을 개정한다면 [소요되는 행정적 비용도 크고,
= 드론 실명제 적용 대상 드론의 범위를 확대한다면
새로운 기준에 따라 수많은 소형 드론의 등록 여부를 다시 확인해야
[ ]: 토론에서 언급하지 않은, 드론 실명제를 개정할 경우 발생하는 문제점
한다는 점에서 실효성이 떨어진다.]

*[2]문단 요약: 드론 실명제 개정의 문제점

[3] 따라서 신고 대상 드론의 범위를 확대하기보다는 정부나 지방 자치 단체에서 [성숙한 드론 문화 정착을 위한 계획을 수립하고
[ ]: 성숙한 드론 문화를 정착하기 위한 방안 ① '정부나 지방 자치 단체'가 해야 할 일
캠페인 등 홍보 활동을 시행하여 현재의 제도가 잘 자리잡을 수 있도록 해야] 한다. 또한 사용자들이 [사전 교육 이수와 자격증 취득을
[ ]: 방안 ② '드론 사용자들'이 해야 할 일
철저히 하고, 타인을 배려하며 안전하게 드론을 사용하기 위해 노력하는] 것이 더 효과적이라고 생각한다.

*[3]문단 요약: 성숙한 드론 문화를 정착시키기 위한 방안

[4] 우리나라에서도 드론 산업의 시장 규모가 점차 확대될 것이다.
드론 산업의 시장 규모에 대한 전망
그러면 우리는 배달이나 응급 구조 등의 다양한 분야에서 드론을 널리
드론 활용 분야에 대한 구체적인 예시
사용하게 될 것이다. 드론의 일상화로 우리의 삶이 더욱 편리하고 윤택해지기를 기대해 본다.
*[4]문단 요약: 드론 산업의 전망

---

04 정답 ②　＊말하기 방식 파악하기 ···················· [정답률 89%]

(가)의 '찬성 1'의 입론에 대한 설명으로 가장 적절한 것은?

> 왜 정답?

② 통계 자료를 제시하여 제도 개선의 필요성을 드러내고 있다.
한국소비자보호원의 통계 자료를 근거로 드론 실명제를 개선해야 한다고 주장함.

＊근거: (가) - ❷

> 왜 오답?

① 구체적 사례를 제시하여 현 제도의 목적을 언급하고 있다.
언급하지 않음.

③ 문제의 원인을 분류하여 문제 상황의 다양성을 강조하고 있다.
분류하지 않음.　　강조하지 않음.

④ 새로운 쟁점을 추가하여 제도 개선 과정의 정당성을 주장하고 있다.
추가하지 않음.　　주장하지 않음.

⑤ 두 제도의 장단점을 비교하여 현 제도의 문제점을 설명하고 있다.
제시하지 않음.　　소형 드론이 문제를 일으켜도 소유주를 알 수 없음.

05 정답 ②　＊말하기 방식 파악하기 ···················· [정답률 79%]

[A], [B]에 대한 이해로 적절하지 않은 것은? [3점]

> 왜 정답?

② [A]의 찬성 1은 상대측이 잘못 이해한 내용을 바로잡으며 상대측의 질문 내용이 논제에서 벗어났음을 지적하고 있다.
지적하지 않음.

┌ (가) - ❹　반대 2: ~ 이 경우 학교 내에서 사용하는 드론이나 일부 완구용
│ 드론도 신고 대상에 포함될 수 있을 것입니다. 이 방안이 실현 가능하다고
│ 생각하시나요?　　　　　　　　　　　　　　　　　　　　　　　　[A]
│ (가) - ❺　찬성 1: 다른 사람에게 피해를 줄 가능성이 있는 드론을 신고해야
└ 한다는 것이지, 교내에서만 사용하는 드론이나 위험도가 낮은 완구용 드론까지 신고해야 한다는 것은 아닙니다.

찬성 1이 드론 실명제 적용 대상을 소형 드론까지 확대하자는 의견을 제시하였고, 이를 반대 2는 '학교 내에서 사용하는 드론이나 일부 완구용 드론도 신고 대상에 포함될 수 있을 것'이라고 이해하였다. 이에 대해 찬성 1은 '다른 사람에게 피해를 줄 가능성이 있는 드론'으로 신고 대상 드론의 범위를 한정하였다.

찬성 1이 반대 2가 잘못 이해한 내용을 바로잡은 것으로 볼 수도 있으나, 반대 2의 질문 내용이 논제에서 벗어났음을 지적한 것은 아니다.

> 왜 오답?

① [A]의 반대 2는 상대측의 의견을 통해 추론한 내용을 제시하며
학교 내에서 사용하는 드론이나 일부 완구용 드론도 신고 대상에 포함될 수 있음.
상대측 의견의 실현 가능성에 의문을 제기하고 있다.
'이 방안'이 실현 가능한지 의문을 제기함.

＊근거: (가) - ❹

③ [B]의 반대 2는 상대측이 제시한 자료의 적절성을 평가하며 문제를 제기하고 있다.
찬성 1이 제시한 자료가 소형 드론 사용자만을 대상으로 조사한 것이 아니라며 문제를 제기함.

┌ (가) - ❻　반대 2: ~ 언급하신 자료는 2kg 이하 소형 드론 사용자만을 대상
└ 으로 조사한 자료가 아니지 않나요?　　　　　　　　　　　　　[B]

④ [B]의 찬성 1은 상대측의 문제 제기를 인정하면서도 자신이 제시한
반대 2가 제기한 문제가 맞다고 인정함.
근거가 타당성이 있음을 강조하고 있다.
소형 드론 사용자만을 대상으로 조사하면 오히려 안전사고 발생 비율이 올라갈 것임.

┌ (가) - ❼　찬성 1: 네, 맞습니다. 하지만 ~ 2kg 이하 소형 드론 사용자만을
└ 대상으로 조사할 경우 오히려 안전사고 발생 비율이 올라갈 가능성이 [B] 높습니다.

반대 2는 찬성 1이 제시한 조사 결과가 소형 드론 사용자만을 대상으로 한 것이 아니라며 문제를 제기하였다. 조사 결과만으로는 소형 드론 사용자가 안전사고를 일으킨 경험이 많은지 알 수 없다는 것이다.

찬성 1은 이를 인정하면서도 '조종 가격 차등화 규정'을 바탕으로 소형 드론 사용자만을 대상으로 조사하면 '오히려 안전사고 발생 비율이 올라갈' 것이라며 자신이 제시한 근거의 타당성을 강조하고 있다.

⑤ [A]와 [B]의 반대 2는 모두 상대측의 발언 일부를 재진술한 후
찬성 1이 입론에서 발언한 내용을 재진술함.
자신의 질문에 응답하기를 바라고 있다.
[A]에서는 의견의 실현 가능성에 대해, [B]에서는 자료의 적절성에 대해 의문을 제기함.

┌ (가) - ❹　반대 2: 최대이륙중량이 250g을 초과하는 소형 드론까지 드론
│ 　　　　　　　　　　　　　　　　　　　　　　　　　　　재진술 [A]
│ 실명제 적용 대상을 확대해야 한다고 말씀하셨는데, ~ 생각하시나요?
│ 　　　　　　　　　　　　　　　　　　　　　　　　　　　질문
│ (가) - ❻　반대 2: 조사 대상 드론 사용자의 20.5%가 안전사고를 일으켰다고
│ 　　　　　　　　　　　　　　　　　　　　　　　　　　　재진술 [B]
└ 하셨는데, ~ 아니지 않나요?
　　질문

06 정답 ① ＊작문 계획의 적절성 파악하기　★1등급 대비

[① 33% ② 7% ③ 12% ④ 38% ⑤ 7%]

(가)를 바탕으로 (나)를 쓰기 위한 작문 계획으로 가장 적절한 것은?

왜 틀렸나?

선택지에 제시된 내용이 (가)에서 언급되었는지 확인하고, (나)의 초고에 반영되었는지까지 확인해야 하는 복잡한 문제였다. 선택지와 (가)를 먼저 비교하고, 남은 선택지와 (나)를 비교하는 식으로 차근차근 선택지의 적절성을 판단하면 실수를 줄일 수 있다.

왜 정답?

2kg 이하의 드론은 자격을 취득하지 않아도 조종할 수 있음.

① [1문단] 토론에서 언급된, 기체 신고 기준과 조종 자격 차등화에 대한 내용을 바탕으로 현행 드론 실명제 규정을 소개해야겠어.
최대이륙중량 2kg을 초과하는 드론

- (가) - ❷ ~ 현재 시행 중인 드론 실명제에서는 비사업용 드론의 경우 최대이륙중량 2kg을 초과하는 드론에 대해서만 기체 신고를 의무화하고 있습니다. ~
- (가) - ❼ ~ 하지만 드론 실명제의 조종 자격 차등화 규정에 따르면 2kg 이하의 드론은 자격을 취득하지 않아도 조종할 수 있어, ~
- (나) ① 문단 ❸문장 현행 드론 실명제에서는 비사업용의 경우 최대이륙중량 2kg이 넘는 드론에 대해서 기체 신고를 의무화하고, 드론 중량에 따라 조종 자격을 차등화하고 있다.

왜 오답?

② [2문단] 토론에서 언급되지 않은, 다른 나라의 기체 신고 기준을
토론에서 언급됨.
제시하며 우리나라의 기체 신고 기준과 비교해야겠어.
비교하지 않음.

- (가) - ❷ ~ 미국과 중국, 독일, 호주 등의 국가에서는 250g을 초과하는 드론을 신고하도록 규정하여 ~
- (나) ② 문단 ❶문장 ~ 다른 나라의 사례처럼 최대이륙중량의 기준을 250g까지 낮춰 ~

③ [2문단] 토론에서 언급된, 드론 실명제 개정 시 얻을 수 있는 긍정적 효과를 제시한 후 제도 개정 시 발생하는 행정적 비용에
제시하지 않음.　법 개정에 소요되는 행정적 비용이 클 것임.
대한 내용을 추가해야겠어.

- (가) - ❷ ~ 따라서 우리나라도 드론 실명제 적용 대상을 최대이륙중량이 250g을 초과하는 소형 드론까지로 확대한다면 사고 처리나 피해 보상을 비교적 원활히 할 수 있을 것입니다.
  드론 실명제 개정 시 얻을 수 있는 긍정적 효과
- (나) ② 문단 ❷문장 하지만 관련 법이 바뀐 지 얼마 되지 않아서 다시 법을 개정한다면 소요되는 행정적 비용도 크고, ~

④ [3문단] 토론에서 언급되지 않은, 성숙한 드론 문화를 정착시킬 수 있는 방안을 제도의 개정과 개인의 실천 의지로 구분하여
현재의 제도가 잘 자리잡는 방안을 제시함.
제시해야겠어.

- (나) ③ 문단 ❶문장 따라서 신고 대상 드론의 범위를 확대하기보다는 정부나 지방 자치 단체에서 성숙한 드론 문화 정착을 위한 계획을 수립하고 캠페인 등 홍보 활동을 시행하여 현재의 제도가 잘 자리잡을 수 있도록 해야 한다.

매력 오답

(나) ③ 문단 ❶문장에서 언급한 '정부나 지방 자치 단체'가 해야 할 일을 '제도의 개정'으로 오해한 학생이 많았다.

선택지의 '제도의 개정'은 드론 실명제를 적용해야 하는 드론의 범위를 확대하는 것이다. 즉, '신고 대상 드론의 범위를 확대'하기보다 '현재의 제도가 잘 자리잡을 수 있도록 해야 한다'는 것은 제도를 개정하지 말자는 것을 의미한다.

선택지의 내용이 구체적으로 무엇을 가리키는지 정확히 파악할 수 있어야 한다.

⑤ [4문단] 토론에서 언급된 드론 산업의 발전 가능성과 전망을
언급되지 않음.　드론 산업의 시장 규모가 확대될 것임.
제시하며 드론 활용 분야에 대한 구체적인 예시를 추가해야겠어.
배달이나 응급 구조 등

- (나) ④문단 ❶, ❷문장 우리나라에서도 드론 산업의 시장 규모가 점차 확대될
  드론 산업의 발전 가능성과 전망
것이다. 그러면 우리는 배달이나 응급 구조 등의 다양한 분야에서 드론을 널리
  드론 활용 분야의 예시
사용하게 될 것이다.

---

07 정답 ③ ＊고쳐쓰기의 적절성 파악하기 ············· [정답률 82%]

〈보기〉는 선생님의 조언을 듣고 (나)의 마지막 문단을 고쳐 쓴 것이다. 선생님이 조언한 내용으로 가장 적절한 것은?

〈 보기 〉

❶ 적절한 규정과 함께 성숙한 드론 문화가 우리 사회에 안정적으로 자리
고쳐쓰기 결과 추가된 내용: 드론 관련 산업이 더욱 발전하기 위한 전제 조건
잡으면 관련 산업이 더욱 발전할 것이다. ❷그러면 우리는 배달이나 응급 ❸ 구조 등의 다양한 분야에서 드론을 널리 사용하게 될 것이다. 드론의 일상화로 우리의 삶이 더욱 편리하고 윤택해지기를 기대해 본다.

왜 정답?

③ 드론 산업의 시장 규모에 대한 내용을 삭제하고, 드론 관련 산업이
4문단 1문장
더욱 발전하기 위한 전제 조건을 추가하면 어떨까?
적절한 규정과 함께 성숙한 드론 문화가 우리 사회에 안정적으로 자리 잡는 것

- (나) ④문단 우리나라에서도 드론 산업의 시장 규모가 점차 확대 될 것이다.
  고쳐쓰기 결과 삭제된 내용: 드론 산업의 시장 규모
그러면 우리는 배달이나 응급 구조 등의 다양한 분야에서 드론을 널리 사용하게 될 것이다. 드론의 일상화로 우리의 삶이 더욱 편리하고 윤택해지기를 기대해 본다.
- 〈보기〉 ❶문장 적절한 규정과 함께 성숙한 드론 문화가 우리 사회에 안정적으로 자리 잡으면 관련 산업이 더욱 발전할 것이다.

왜 오답?

① 드론 산업의 시장 규모에 대한 내용을 삭제하고, 드론 관련 산업이
4문단 1문장
발전해 온 과정을 추가하면 어떨까?
추가하지 않음.

② 드론이 창출할 수 있는 경제적 효과에 대한 내용을 삭제하고, 드론
(나)의 4문단에 제시되지 않음.
관련 산업이 발전해 온 과정을 추가하면 어떨까?
추가하지 않음.

④ 드론이 창출할 수 있는 경제적 효과에 대한 내용을 삭제하고,
(나)의 4문단에 제시되지 않음.
성숙한 드론 문화 정착을 위한 조건을 추가하면 어떨까?
추가하지 않음.

⑤ 드론 산업의 시장 규모에 대한 내용을 삭제하고, 성숙한 드론
4문단 1문장
문화의 정착을 위해 보완해야 하는 상세 규정을 추가하면 어떨까?
추가하지 않음.

08 ~ 10

출제　█ 중심 내용

[작문 상황]

학교 신문의 기고란에 청소년의 눈 건강과 관련된 글을 쓰려고 함.
중심 화제

[초고]

제목: [A]

① ❶우리는 눈을 통해 외부에서 들어오는 대부분의 정보를 받아 들인다. ❷이렇게 눈은 일상생활의 많은 활동에 영향을 미치는 주요
눈 건강이 중요한 이유
감각기관이기 때문에 건강한 눈 상태를 유지하는 것은 매우 중요하다.

＊ ① 문단 요약: 눈 건강의 중요성

②❶그런데 성장기에 이미 시력 이상 상태에 놓인 청소년의 비율은 매우 높은 편이다. ❷실제로 전국의 학생들을 대상으로 이루어지는 학생 건강검사의 2022년 표본 통계에 따르면, [우리나라 전체 고등학교 1학년 학생 중 시력 이상 상태에 해당하는 학생이 약 73%에 달할 만큼 심각한 것으로 나타났다.]

구체적 통계를 제시함.
[ ]: 청소년기 시력 이상 현황의 심각성
〔이상: 정상적인 상태와 다름.

*②문단 요약: 청소년기 시력 이상 현황의 심각성

③❶시력 이상 상태인 청소년의 대부분은 일반적으로 굴절 이상으로 인해 먼 곳이 잘 보이지 않는 특징을 지닌다.❷이러한 시력 이상 상태를 근시라고 하는데 근시 정도가 심해진 것을 고도 근시라고 한다.❸[고도 근시의 경우 원래 동그란 모양인 안구의 길이가 앞뒤로 점점 길어지면서 망막과 시신경이 약해지고, 이로 인해 다양한 안질환이 발생할 확률이 높아진다.]❹특히 근시는 신체 성장이 멈출 때까지 진행되는데, 일찍 시작된 근시일수록 고도 근시에 도달할 가능성이 높다.

청소년기 시력 이상의 일반적 특징
[ ]: 고도 근시와 안질환 발생 확률의 상관관계

〔망막: 눈알의 가장 안쪽에 있는 맥락막 안에 시각 신경의 세포가 막 모양으로 층을 이룬 부분. 수정체를 지나온 빛이 망막에 상을 맺으면, 시각 신경이 그 자극을 대뇌 겉질의 시각 겉질에 전달한다.
시신경: 둘째 머릿골 신경으로, 망막이 받은 빛의 자극을 뇌로 전달하는 신경

*③문단 요약: 청소년기 시력 이상의 특징

④❶그렇다면 청소년기에 눈 건강을 지키기 위해 우리는 평소 어떤 노력을 기울여야 할까? 안과 전문의들의 권고에 따르면, 눈 건강을 위해 청소년은 하루 6시간 이상의 숙면을 취해야 하고, 디지털 기기를 장시간 집중적으로 볼 때는 중간중간에 적절히 눈의 피로를 풀어 주어야 한다. 그리고 정기적인 안과 검진을 통해 시력을 점검하여 적절히 교정하는 등 세심하게 눈 건강을 살피는 노력이 필요하다.

질문을 활용하여 주의를 환기함.
청소년기 눈 건강을 지키기 위한 노력 ①
청소년기 눈 건강을 지키기 위한 노력 ②
청소년기 눈 건강을 지키기 위한 노력 ③

〔권고: 어떤 일을 하도록 권함. 또는 그런 말
교정하다: 틀어지거나 잘못된 것을 바로잡음.

*④문단 요약: 청소년기 눈 건강을 지키는 방법

08 정답 ④ * 세부 내용 파악하기 .... [정답률 91%]

'작문 상황'을 고려하여 구상한 글쓰기 내용으로, 초고에 반영되지 않은 것은?

> 왜 정답 ?

④ 청소년기 시력 이상의 종류별 발생 원인
제시되지 않음.

> 왜 오답 ?

① 눈 건강이 중요한 이유 * 근거: ①문단 ❷문장
눈이 주요 감각기관이기 때문임.

② 청소년기 시력 이상 현황의 심각성 * 근거: ②문단
시력 이상 상태에 놓인 청소년의 비율이 매우 높음.

③ 청소년기 시력 이상의 일반적 특징 * 근거: ③문단 ❶문장
굴절 이상으로 인해 먼 곳이 잘 보이지 않음.

⑤ 고도 근시와 안질환 발생 확률 간의 관계 * 근거: ③문단 ❸문장
고도 근시의 경우 다양한 안질환이 발생할 확률이 높아짐.

09 정답 ② * 조건에 따라 내용 생성하기 .... [정답률 86%]

다음은 초고를 읽은 편집부장의 조언이다. 이를 반영하여 [A]를 작성한다고 할 때, 가장 적절한 것은?

> 요즘 청소년들의 눈 건강 문제가 심각하다는 것과 독자에게 당부하는 바가 잘 드러나는 제목으로 쓰는 게 좋겠어.
조건 ㉠   조건 ㉡

> 왜 정답 ?

② 청소년 시력 이상 적신호, 일상 속 실천으로 눈 건강을 지키자
조건 ㉠ 충족   조건 ㉡ 충족
〔적신호: 위험한 상태에 있음을 알려 주는 각종 조짐을 비유적으로 이르는 말

> 왜 오답 ?

① 근시의 잠재적 위험성, 어떻게 눈을 지켜야 할까 − 조건 ㉠, ㉡ 충족 ×

③ 우리의 일상을 책임지는 감각기관, 소중한 내 눈을 보호하자
조건 ㉡ 충족   − 조건 ㉠ 충족 ×

④ 청소년 근시 그대로 방치하면, 안질환 발생 위험성 높아진다
− 조건 ㉠, ㉡ 충족 ×

⑤ 우리의 눈 건강을 지키는 방법, 일찍 자고 눈의 피로를 풀어주자
조건 ㉡ 충족   − 조건 ㉠ 충족 ×

10 정답 ⑤ * 자료 활용의 적절성 파악하기 .... [정답률 68%]

〈보기〉는 학생이 초고를 보완하기 위해 추가로 수집한 자료이다. 자료의 활용 방안으로 적절하지 않은 것은? [3점]

─〈 보기 〉─

ㄱ. 통계 자료
ㄱ-1. 연도별 시력 이상 학생 비율

단위(%)

연도 \ 학년	2016	2019	2022
초4	47.62	46.62	54.46
중1	67.67	65.56	65.24
고1	74.1	74.48	72.92

↳ 학년이 높아질수록 시력 이상 상태인 학생 비율이 높아짐.

ㄱ-2. 시력 이상 고1 학생 중 교정 비율(2022년)

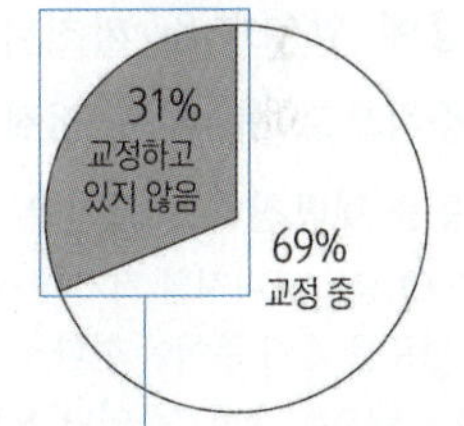

시력 이상 상태여도 시력을 교정하고 있지 않은 학생이 많음.

ㄴ. 전문가 인터뷰 자료
❶"청소년기는 안구 성장이 일어나는 시기로, 시력 교정이 필요한데도 시력 교정을 하지 않으면 시력이 더 저하될 수 있습니다.❷그리고 근시가 고도 근시로 진행되면 녹내장, 근시성 황반변성 등 실명을 유발할 수 있는 안질환 발생 위험도 증가할 수 있습니다."
청소년기에 시력 교정이 필요한 이유
고도 근시가 유발할 수 있는 안질환의 종류

ㄷ. 신문 기사
❶최근 디지털 기기 사용이 증가하면서 현대인들의 눈 건강이 위기에 처해 있다.❷스마트폰이나 모니터를 근거리에서 오랜 시간 집중적으로 볼 경우, 눈의 초점을 정확하게 맺는 기능이 떨어져 순간적으로 시력이 저하되고 눈이 피로해지며 시야가 흐려진다.❸청소년의 근시 비율이 급증한 것 역시 디지털 기기를 오랜 시간 사용한 것에 따른 부작용을 주요 요인으로 볼 수 있다.
디지털 기기를 근거리에서 오래 보는 것이 눈건강에 미치는 악영향

⑤ ㄴ과 ㄷ을 활용하여, 안구 성장이 진행되고 있는 청소년의 근시 비율이 급증하고 있다는 내용을, 일찍 시작된 근시일수록 고도 근시에 도달할 가능성이 높다는 내용을 뒷받침하는 근거로 3문단에 제시한다.
ㄴ, ㄷ과 관련 없음.

[3]문단 ❹문장 특히 근시는 신체 성장이 멈출 때까지 진행되는데, 일찍 시작된 근시일수록 고도 근시에 도달할 가능성이 높다.

〈보기〉ㄴ ❶문장 청소년기는 안구 성장이 일어나는 시기로, ~

〈보기〉ㄷ ❸문장 청소년기 근시 비율이 급증한 것 역시 ~

ㄴ은 청소년기에 시력을 교정해야 하는 이유와 고도 근시의 위험성을 알려 주는 자료이다.

ㄷ은 디지털 기기가 눈 건강에 미칠 수 있는 악영향을 설명하는 자료이다.

ㄴ과 ㄷ 모두 근시의 시작 시기와 고도 근시에 도달할 가능성 간의 관계에 대해서는 다루고 있지 않다.

① ㄱ-1을 활용하여, 학년이 높아질수록 시력 이상 상태인 학생 비율이 높아진다는 내용을, 청소년 눈 건강 문제의 심각성을 뒷받침하는 근거로 2문단에 추가한다.
초4, 중1, 고1 순으로 시력 이상 상태인 학생의 비율이 높음.

[2]문단 그런데 성장기에 이미 시력 이상 상태에 놓인 청소년의 비율은 매우 높은 편이다. ~ 우리나라 전체 고등학교 1학년 학생 중 시력 이상 상태에 해당하는 학생이 약 73%에 달할 만큼 심각한 것으로 나타났다.

〈보기〉ㄱ-1 연도별 시력 이상 학생 비율: 2022년 - 초4 54.46% / 중1 65.24% / 고1 72.92%

② ㄴ을 활용하여, 고도 근시가 유발할 수 있는 안질환의 종류를, 고도 근시의 위험성을 구체화하는 내용으로 3문단에 추가한다.
녹내장, 근시성 황반변성 등

[3]문단 ❸문장 고도 근시의 경우 ~ 이로 인해 다양한 안질환이 발생할 확률이 높아진다.

〈보기〉ㄴ ❷문장 그리고 근시가 고도 근시로 진행되면 녹내장, 근시성 황반변성 등 실명을 유발할 수 있는 안질환 발생 위험도 증가할 수 있습니다."

③ ㄷ을 활용하여, 디지털 기기를 근거리에서 오래 보는 것이 눈 건강에 악영향을 끼친다는 내용을, 디지털 기기를 장시간 집중적으로 볼 때는 적절히 눈의 피로를 풀어 주어야 한다는 내용을 뒷받침하는 근거로 4문단에 제시한다.
순간적으로 시력이 저하되고 눈이 피로해지며 시야가 흐려짐.

[4]문단 ❷문장 ~ 디지털 기기를 장시간 집중적으로 볼 때는 중간중간에 적절히 눈의 피로를 풀어 주어야 한다.

〈보기〉ㄷ ❷문장 스마트폰이나 모니터를 근거리에서 오랜 시간 집중적으로 볼 경우, 눈의 초점을 정확하게 맺는 기능이 떨어져 순간적으로 시력이 저하되고 눈이 피로해지며 시야가 흐려진다.

④ ㄱ-2와 ㄴ을 활용하여, 시력이 더 저하될 수 있음에도 시력 교정을 하지 않는 학생들이 30%가 넘는다는 내용을, 정기적인 안과 검진을 통한 시력의 점검 및 교정 노력의 필요성을 부각하는 자료로 4문단에 제시한다.
시력 이상 상태인 고1 학생 중 교정하고 있지 않은 학생의 비율이 31%임.

[4]문단 ❸문장 그리고 정기적인 안과 검진을 통해 시력을 점검하여 적절히 교정하는 등 세심하게 눈 건강을 살피는 노력이 필요하다.

〈보기〉ㄱ-2 교정하고 있지 않음 31%

〈보기〉ㄴ ❶문장 청소년기는 안구 성장이 일어나는 시기로, 시력 교정이 필요한데도 시력 교정을 하지 않으면 시력이 더 저하될 수 있습니다.

11~12 ＊ ≪표준국어대사전≫의 수록 대상과 제시 방법 ─

출제

❶ 우리가 활용하는 사전은 수록 대상과 제시 방법을 미리 규정하여 표제어를 선정한다. ≪표준국어대사전≫의 경우 [표준어뿐만 아니라 흔히 쓰는 비표준어도 수록 대상으로 하고 있으며 일반어와 전문어, 고유 명사까지도 수록]하고 있다. ❸또한 사전에는 단어 이하의 단위만 수록하는 것이 원칙이지만 전문어와 고유 명사의 경우 구까지도 수록하고 있다.
[ ]: ≪표준국어대사전≫의 수록 대상
전문어와 고유 명사는 둘 이상의 단어가 모인 말도 표제어로 수록될 수 있음.

전문어: 학술이나 기타 전문 분야에서 특별한 의미로 쓰는 말
고유 명사: 낱낱의 특정한 사물이나 사람을 다른 것들과 구별하여 부르기 위하여 고유의 기호를 붙인 이름
구: 둘 이상의 단어가 모여 절이나 문장의 일부분을 이루는 토막

＊[1]문단 요약: ≪표준국어대사전≫의 표제어 수록 대상

❷ ≪표준국어대사전≫의 표제어 표기는 한글만 사용하는 것이 원칙이다. 'TV'나 '4계절'처럼 일상 속에서 관용적으로 로마자나 숫자로 표기하는 것도 '티브이'나 '사계절'과 같이 한글로 표기하여 자모 순서에 따라 제시한다. ❸ ['큰아버지'와 같은 합성어나 '(머리를) 빗기다'와 같은 파생어는 붙임표(-)로 분석하여 '큰-아버지'나 '빗-기다'와 같이 제시한다. ❹또한 '짓밟히다'처럼 접두사 '짓-'과 피동 접사 '-히-'가 동시에 결합했을 때는 피동 접사 '히-' 앞에 붙임표를 한 번만 제시한다. ❺ 하지만 '삶'처럼 파생어여도 '살- + -ㅁ'과 같이 분석되어 구성 성분이 음절로 나누어지지 않을 때는 붙임표를 따로 제시하지 않는다.] #
로마자나 숫자로 된 표제어의 표기 방법
큰(용언의 어간 '크-' + 관형사형 어미 '-ㄴ') + 아버지
용언의 어간 '빗-' + 사동 접미사 '-기-' + 어말 어미 '-다'
[A] 접두사 '짓-' + 용언의 어간 '밟-' + 피동 접사 '-히-' + 어말 어미 '-다'
'짓밟-히다'와 같이 표기함.
용언의 어간 '살-' + 명사 파생 접미사 '-ㅁ'
붙임표 없이 '삶'으로 표기함.
[ ]: 합성어이거나 파생어인 표제어의 표기 방법

＊[2]문단 요약: ≪표준국어대사전≫의 표제어 표기 ① 로마자, 숫자, 합성어, 파생어

❸ 한글 맞춤법에 띄어 쓰는 것이 원칙이나 붙여 쓰는 것도 허용한 전문어나 고유 명사는 '^' 기호를 사용하여 표시하고 있다. ❷ 또 접사와 어미처럼 자립적으로 쓰이지 않고 반드시 다른 말과 결합해야 하는 표제어는 결합하는 부분에 '-'를 붙여 표시하고 있다. ❸ 비표준어 표제어의 경우 '→' 기호를 활용하여 표준어의 뜻풀이를 참고하도록 안내하고 있다.
각 단어는 띄어 써야 함.
붙여 쓰는 것을 허용한 전문어나 고유 명사인 표제어의 표기 방법
접사나 어미인 표제어의 표기 방법
비표준어인 표제어의 표기 방법

＊[3]문단 요약: ≪표준국어대사전≫의 표제어 표기 ② 붙여 쓰는 고유어나 전문어, 접사, 어미, 비표준어

❹ 표제어는 가나다순으로 배열하고 있으며, [자모의 순서는 초성의 경우 'ㄱ, ㄲ, ㄴ, ㄷ, ㄸ, ㄹ, ㅁ, ㅂ, ㅃ, ㅅ, ㅆ, ㅇ, ㅈ, ㅉ, ㅊ, ㅋ, ㅌ, ㅍ, ㅎ', 중성의 경우 'ㅏ, ㅐ, ㅑ, ㅒ, ㅓ, ㅔ, ㅕ, ㅖ, ㅗ, ㅘ, ㅙ, ㅚ, ㅛ, ㅜ, ㅝ, ㅞ, ㅟ, ㅠ, ㅡ, ㅢ, ㅣ'의 순서로 배열하고 있고, 종성은 초성의 배열 순서를 따른다.] ❷ 동음이의어의 경우는 어휘 형태, 문법 형태 순서로 배열한다. 이때, 어휘 형태는 명사, 대명사, 수사, 동사, 형용사, 관형사, 부사, 감탄사, 어근의 순서로, 문법 형태는 어미, 접사의 순서로 배열한다.
[ ]: 초성, 중성, 종성의 배열 순서
소리는 같으나 뜻이 다른 단어
어휘 형태의 배열 순서
문법 형태의 배열 순서

어근: 단어를 분석할 때, 실질적 의미를 나타내는 중심이 되는 부분
어미: 용언 및 서술격 조사가 활용하여 변하는 부분
접사: 단독으로 쓰이지 아니하고 항상 다른 어근(語根)이나 단어에 붙어 새로운 단어를 구성하는 부분

＊[4]문단 요약: ≪표준국어대사전≫의 표제어 배열 순서

■ 이것이 핵심!

《표준국어대사전》의 수록 대상	① 표준어 ② 흔히 쓰는 비표준어 ③ 일반어, 전문어, 고유 명사
《표준국어대사전》의 제시 방법	① 로마자, 숫자: 한글로 표기하여 자모 순서에 따라 제시함. ② 합성어, 파생어: 붙임표(-)로 분석하여 제시함. ③ 붙여 쓰는 것도 허용한 전문어나 고유 명사: '^'를 사용하여 표시함. ④ 접사, 어미: 결합하는 부분에 '-'를 붙여 표시함. ⑤ 비표준어: '→'로 표준어의 뜻풀이를 안내함.

11 정답 ④ ＊ 표제어 파악하기 ·············· [정답률 70%]

[A]를 바탕으로 추론한 내용으로 적절하지 <u>않은</u> 것은?

＞왜 정답 ?

④ '뒤집히다'는 접두사 '뒤-'와 피동 접사 '-히-'가 동시에 결합하고 있으므로 '뒤=집히다'로 표기한다.
   └ 뒤집-히다

┌ ②문단 ④문장 또한 '짓밟히다'처럼 접두사 '짓-'과 피동 접사 '-히-'가 동시에
└ 결합했을 때는 피동 접사 '-히-' 앞에 붙임표를 한 번만 제시한다.

＞왜 오답 ?

① '1월'과 '9월'은 사전에 한글로 표기되므로 '1월'보다 '9월'이 먼저
   '일월'   '구월'   자모 순서에 따라 '구월'이 '일월'보다 먼저 제시됨.
   제시된다.

┌ ②문단 ②문장 'TV'나 '4계절'처럼 일상 속에서 관용적으로 로마자나 숫자로
│ 표기하는 것도 '티브이'나 '사계절'과 같이 한글로 표기하여 자모 순서에 따라
└ 제시한다.

② '새해'는 '새'와 '해'가 합쳐진 단어이므로 '새-해'로 표기한다.
   관형사 '새'와 명사 '해'가 결합한 합성어

┌ ②문단 ③문장 '큰아버지'와 같은 합성어나 '(머리를) 빗기다'와 같은 파생어는
└ 붙임표(-)로 분석하여 '큰-아버지'나 '빗-기다'와 같이 제시한다.

③ '비웃음'은 '비웃다'에 접사 '음'이 결합한 단어이므로 '비웃-음'으로
   용언의 어간 '비웃-'과 명사 파생 접미사 '-음'이 결합한 파생어
   표기한다.

＊근거: ②문단 ③문장

⑤ '기쁨'은 '기쁘-+-ㅁ'과 같이 분석되어 구성 성분이 음절로
   용언의 어간 '기쁘-'와 명사 파생 접미사 '-ㅁ'이 결합한 파생어
   나누어지지 않으므로 '기쁨'으로 표기한다.

┌ ②문단 ⑤문장 하지만 '삶'처럼 파생어여도 '살-+-ㅁ'과 같이 분석되어 구성
└ 성분이 음절로 나누어지지 않을 때는 붙임표를 따로 제시하지 않는다.

┌ 음절: 하나의 종합된 음의 느낌을 주는 말소리의 단위. 몇 개의 음소로 이루어지
└ 며, 모음은 단독으로 한 음절이 되기도 한다. '아침'의 '아'와 '침' 따위이다.

12 정답 ③ ＊ 표제어 파악하기 ·············· [정답률 79%]

〈보기〉는 표제어를 순서 없이 나열한 자료이다. 윗글을 참고했을 때, 이에 대한 이해로 적절하지 <u>않은</u> 것은?

〈 보기 〉

		▨ : 어휘 형태 ▨ : 문법 형태
윗어른	「명사」 → 웃어른	
	'윗어른'은 비표준어이므로 표준어인 '웃어른'의 뜻풀이를 참고하도록 안내함.	
왠지	「부사」 왜 그런지 모르게. 또는 뚜렷한 이유도 없이	
이	「명사」「언어」 한글 자모 'ㅣ'의 이름	
-이	「어미」 하게할 자리에 쓰여, 상태의 서술이나 느낌을	
	용언 및 서술격 조사가 활용하여 변하는 부분 나타내는 종결 어미	
-이-	「접사」 '사동'의 뜻을 더하는 접미사	
이상^결정	「화학」 결정면이 모두 같은 크기와 모양으로 된 배열을 가진	
전문어	가상적 결정	

＞왜 정답 ?

③ 접사 '-이-'는 명사 '이'와 어미 '-이' 사이에 수록되어 있겠군.
                                              다음

┌ ④문단 ②, ③문장 동음이의어의 경우는 어휘 형태, 문법 형태 순서로 배열한다.
│ 이때, 어휘 형태는 <u>명사</u>, 대명사, 수사, 동사, 형용사, 관형사, 부사, 감탄사,
└ 어근의 순서로, 문법 형태는 어미, 접사의 순서로 배열한다.

＞왜 오답 ?

① '윗어른'은 비표준어이지만 사람들이 흔히 쓰고 있어서 표제어로
   '→' 기호를 활용해 표준어를 안내함.   흔히 쓰이는 비표준어도 표제어로 선정됨.
   선정되었겠군.

┌ ①문단 ②문장 《표준국어대사전》의 경우 표준어뿐만 아니라 흔히 쓰는
│ 비표준어도 수록 대상으로 하고 있으며 ~
│ ③문단 ③문장 비표준어 표제어의 경우 '→' 기호를 활용하여 표준어의
└ 뜻풀이를 참고하도록 안내하고 있다.

② '왠지', '윗어른', '이상^결정'의 순서로 사전에 배열되어 있겠군.
                            중성은 'ㅐ, ㅟ, ㅣ'의 순서로 배열함.

┌ ④문단 ①문장 표제어는 가나다순으로 배열하고 있으며, ~ 중성의 경우 'ㅏ,
│ ㅐ, ㅑ, ㅒ, ㅓ, ㅔ, ㅕ, ㅖ, ㅗ, ㅘ, ㅙ, ㅚ, ㅛ, ㅜ, ㅝ, ㅞ, ㅟ, ㅠ, ㅡ, ㅢ, ㅣ'의
└ 순서로 배열하고 있고, ~

④ 어미 '-이'와 접사 '-이-'는 반드시 다른 말과 결합해야만 쓰일 수
                        다른 말과 결합하는 부분에 '-'를 붙여 표시함.
   있겠군.

┌ ③문단 ②문장 또 접사와 어미처럼 자립적으로 쓰이지 않고 반드시 다른 말과
└ 결합해야 하는 표제어는 결합하는 부분에 '-'를 붙여 표시하고 있다.

⑤ '이상^결정'을 보니 전문어의 경우 둘 이상의 단어가 모인 말도
   '이상'과 '결정'을 띄어 쓰는 것이 원칙이지만 붙여 쓰는 것도 허용되는 전문어임.
   표제어로 실려 있겠군.

┌ ①문단 ③문장 ~ 전문어와 고유 명사의 경우 구까지도 수록하고 있다.
│ ③문단 ①문장 한글 맞춤법에 띄어 쓰는 것이 원칙이나 붙여 쓰는 것도 허용한
└ 전문어나 고유 명사는 '^' 기호를 사용하여 표시하고 있다.

13 정답 ② ＊ 음운 변동 파악하기 ·············· [정답률 63%]

〈보기〉의 활동을 모든 학생이 바르게 수행했을 때, '학생 2'가 쓴 단어로 적절한 것은?

〈 보기 〉

음운 변동에는 [어떤 음운이 다른 음운으로 바뀌는 교체, 있던 음운이
                [ ]: 음운 변동의 유형
없어지는 탈락, 두 음운이 합쳐져 새로운 하나의 음운으로 줄어드는 축약,
없던 음운이 새로 생기는 첨가가 있다.]

[활동]

앞 학생이 제시한 단어에서 일어나지 않는 음운 변동이 일어나는 단어를
쓰시오.

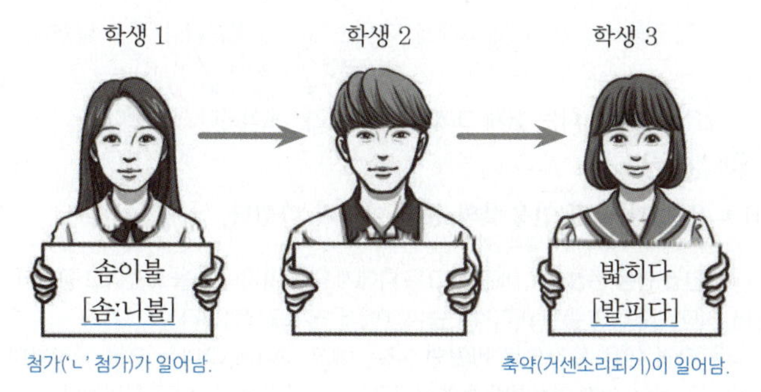

단서+해결

단서 학생 1, 2, 3이 제시한 단어는 서로 다른 음운 변동이 일어남.

발상 학생 1이 제시한 '솜이불[솜 : 니불]'에서는 첨가가 일어나고, 학생 3이 제시한 '밟히다[발피다]'에서는 축약이 일어남.

해결 학생 2가 제시한 단어에서는 첨가와 축약이 일어나지 않음.

왜 정답?

② 옷맵시[온맵씨] – 교체만 일어남.

옷맵시 ⟶ [옫맵시] ⟶ [온맵시] ⟶ [온맵씨]
(ㅅ → ㄷ 교체(음절의 끝소리 규칙)) (ㄷ + ㅁ → ㄴ + ㅁ 교체(비음화)) (ㅅ → ㅆ 교체(된소리되기))

왜 오답?

① 삯일[상닐] – 탈락, 첨가, 교체가 일어남.

삯일 ⟶ [삭일] ⟶ [삭닐] ⟶ [상닐]
(ㄳ → ㄱ 탈락(자음군 단순화)) (첨가('ㄴ' 첨가)) (ㄱ + ㄴ → ㅇ + ㄴ 교체(비음화))

③ 겉핥기[거탈끼] – 교체, 축약, 탈락이 일어남.

겉핥기 → [걷핥기] → [거탉기] → [거탉끼] → [거탈끼]
(ㅌ → ㄷ 교체(음절의 끝소리 규칙)) (ㄷ + ㅎ → ㅌ 축약(거센소리되기)) (ㄱ → ㄲ 교체(된소리되기)) (ㄾ → ㄹ 탈락(자음군 단순화))

④ 색연필[생년필] – 첨가, 교체가 일어남.

색연필 ⟶ [색년필] ⟶ [생년필]
(첨가('ㄴ' 첨가)) (ㄱ + ㄴ → ㅇ + ㄴ 교체(비음화))

⑤ 넓죽하다[넙쭈카다] – 탈락, 교체, 축약이 일어남.

넓죽하다 ⟶ [넙죽하다] ⟶ [넙쭉하다] ⟶ [넙쭈카다]
(ㄼ → ㅂ 탈락(자음군 단순화)) (ㅈ → ㅉ 교체(된소리되기)) (ㄱ + ㅎ → ㅋ 축약(거센소리되기))

14 정답 ④ * 인용 표현 파악하기 .... [정답률 66%]

〈학습 활동〉을 수행한 결과로 적절하지 않은 것은? [3점]

〈 학습 활동 〉

직접 인용을 간접 인용으로 바꿀 때는 인용 조사, 인용절의 종결 어미, 대명사, 시간 표현, 높임 표현 등에서 변화가 생길 수 있다. 다음 직접 인용 문장을 간접 인용 문장으로 바꿀 때 어떤 변화가 생길지 분석해 보자.
(직접 인용에는 '라고'가 쓰이고, 간접 인용에는 '고'가 쓰임.)

(: 간접 인용 문장으로 바꿀 때 달라지는 표현)

ㄱ. 그는 나에게 "당신은 제 책을 보셨습니까?"라고 물었다.
(저 + 의 / 보- + -시- + -었- + -습니까)

ㄴ. 나는 어제 그에게 "그녀는 내일 도착합니다."라고 말했다.
(도착 + -하- + -ㅂ니다)

ㄱ. 직접 인용 그는 나에게 "당신은 제 책을 보셨습니까?"라고 물었다.
(대명사 / 높임 표현, 종결 어미 / 인용 조사)
간접 인용 그는 나에게 내가 자기의 책을 보았냐고 물었다.

ㄴ. 직접 인용 나는 어제 그에게 "그녀는 내일 도착합니다."라고 말했다.
(시간 표현 / 종결 어미 / 인용 조사)
간접 인용 나는 어제 그에게 그녀는 오늘 도착한다고 말했다.

왜 정답?

④ ㄴ은 ~~ㄱ과 달리~~ 인용절의 종결 어미가 바뀐다.
ㄴ과 ㄱ 모두 인용절의 종결 어미가 바뀜.

ㄱ을 간접 인용 문장으로 바꾸면 '그는 나에게 내가 자기의 책을 보았냐고 물었다.'가 된다. 이때 인용절의 종결 어미가 '-습니까'에서 '-냐'로 달라진다.

ㄴ을 간접 인용 문장으로 바꾸면 '나는 어제 그에게 그녀는 오늘 도착한다고 말했다.'가 된다. 이때 인용절의 종결 어미가 '-ㅂ니다'에서 '-ㄴ다'로 달라진다.

왜 오답?

① ㄱ은 인용절의 높임 표현이 바뀐다.
간접 인용 문장에서는 주체 높임 선어말 어미 '-시-'가 쓰이지 않음.

② ㄴ은 인용절의 시간 표현이 바뀐다.
시간 부사 '내일'이 '오늘'로 바뀜.

③ ㄱ은 ㄴ과 달리 인용절의 대명사가 바뀐다.
'당신'이 '내'로, '저'가 '자기'로 바뀜.

⑤ ㄱ과 ㄴ은 모두 인용절에 연결된 인용 조사가 바뀐다.
인용 조사 '라고'가 '고'로 바뀜.

15 정답 ① * 중세 국어의 'ㅎ' 종성 체언 파악하기 ··· [정답률 81%]

〈보기〉의 ㉠, ㉡에 들어갈 내용으로 적절한 것은?

〈 보기 〉

선생님: 중세 국어에서 조사와 결합하면 'ㅎ'이 나타나는 체언이 있는데 이를 'ㅎ' 종성 체언이라고 해요. 'ㅎ' 종성 체언 뒤에 어떤 조사가 결합하는지에 따라 'ㅎ'의 실현 양상이 달라지는데, [자료 1]을 참고하여 [자료 2]의 빈칸을 채워 볼까요?

[자료 1]

결합하는 조사	'ㅎ'의 실현 양상
관형격 조사 'ㅅ'	'ㅎ'은 나타나지 않는다.
모음으로 시작하는 조사	'ㅎ'은 뒤따르는 모음에 이어 적는다.
'ㄱ' 또는 'ㄷ'으로 시작하는 조사	'ㅎ'은 뒤따르는 'ㄱ', 'ㄷ'과 어울려 'ㅋ', 'ㅌ'으로 나타난다.

[자료 2]

예 1 [내ㅎ+이] 이러 → [ ] 이러 (냇물이 이루어져)
모음으로 시작하는 조사 → 'ㅎ'을 이어 적음.

예 2 부텻 [우ㅎ+과] → 부텻 [ ] (부처의 위와)
'ㄱ'으로 시작하는 조사 → 'ㅎ'과 'ㄱ'이 어울려 'ㅋ'으로 나타남.

학생: [자료 1]을 보면 [자료 2]의 예 1 은 (㉠)라고 써야 하고, 예 2 는 (㉡)라고 써야 합니다.

선생님: 네, 맞아요.

왜 정답·오답?

	㉠	㉡
①	내히	우콰

㉠에는 '내ㅎ'와 '이'가 결합한 말이 들어가야 한다. '이'는 모음으로 시작하는 조사이므로, '내ㅎ'의 'ㅎ'은 뒤따르는 모음에 이어 적는다. 따라서 '내ㅎ'와 '이'가 결합한 말은 '내히'로 적어야 한다.

㉡에는 '우ㅎ'와 '과'가 결합한 말이 들어가야 한다. '과'는 'ㄱ'으로 시작하는 조사이므로, '우ㅎ'의 'ㅎ'은 뒤따르는 'ㄱ'과 어울려 'ㅋ'으로 나타난다. 따라서 '우ㅎ'와 '과'가 결합한 말은 '우콰'로 적어야 한다.

(가) 인간과 죽음에 대한 하이데거의 견해

출제 ⬭ 글 전체 핵심어 ▨ 글 전체 중심 문장

: 세인으로 존재하는 삶 ↔ : 현존재로서의 삶

[1] 하이데거는 인간을 자신의 존재 의미에 대한 물음을 제기할 수 있는 '현존재'라고 정의하고 삶의 실존적 의미를 탐구했다. 하이데거에 따르면 현존재는 정해진 운명에 따라 살아가는 것이 아니라 [살아가는 동안 계속해서 무언가가 될 수 있는 가능성을 바탕으로 자신의 존재 이유를 스스로 만들어 나갈 수 있다.]

[ ]: 현존재의 특징

[실존적: 실존주의(개인으로서의 인간의 주체적 존재성을 강조하는 철학)를 바탕으로 하는

* [1]문단 요약 : 인간과 '현존재'에 대한 하이데거의 견해

[2] 그런데 현존재는 자신이 속한 사회가 요구하는 체제에 따라 살아가기 때문에, 자기 자신의 고유성을 드러내는 본래적 삶을 살지 않고 세상이 시키는 대로 살게 되곤 한다. 하이데거는 이를 현존재가 익명의 타인들인 ㉠ '세인(世人)'으로서 존재하며 비본래적인 삶을 살아가는 것이라고 보았다. 세인은 특정한 누군가가 아닌 익명성을 지닌 모든 타인이기에, 세인의 일원이 된 현존재는 자신의 고유성을 잃고 살아가게 되는 것이다.

세인의 특성

[체제: 생기거나 이루어진 틀. 또는 그런 됨됨이
[고유성: 어떤 사물이 가지고 있는 고유한 성질이나 그 사물 특유의 속성
[익명성: 어떤 행위를 한 사람이 누구인지 드러나지 않는 특성

* [2]문단 요약 : 자신의 고유성을 잃은 세인으로 살게 되는 현존재

─ 1, 2문단 지문 이해도 ─

*** 현존재와 세인(世人)**

현존재	세인(世人)
• 자신의 존재 이유를 스스로 만들어 나갈 수 있음. • 자기 자신의 고유성을 드러내는 본래적 삶을 살아감.	• 정해진 운명에 따라 살아감. • 세상이 시키는 대로 비본래적 삶을 살아감. • 고유성을 잃고 살아감.

[3] 그렇다면 [비본래적 삶에서 해방되어 본래적 삶으로 나아가려면 어떻게 해야 할까?] 이에 대해 하이데거는 삶이 유한하다는 인식, 즉

[ ]: 질문

죽음에 대한 인식이 필요하다고 강조하였다. 하이데거에게 죽음은

본래적 삶으로 나아가는 방법

현존재가 반드시 맞이하게 된다는 점에서 확실성을 가지며, 삶의 일부분으로서 '아직 오지 않음'의 상태로 존재한다. 다시 말해, 죽음은

죽음에 대한 하이데거의 견해 ①

현존재 외부에 있는 사건이 아니라 현존재 자체에 내재해 있는

죽음에 대한 하이데거의 견해 ②

것이다. 또한 죽음은 다른 누군가가 대신해 줄 수 없는, 나 스스로만이 경험할 수 있는 고유한 것이기에 대체불가능성을 지닌다. 따라서

죽음에 대한 하이데거의 견해 ③

죽음이야말로 다른 사람과 구별되는 나의 가장 고유한 가능성이며,

죽음

[나의 죽음을 적극적으로 대면할 때 자신의 진정한 개인적 삶을 인식

[ ]: 답변

하고 본래적 삶을 살아가는 계기를 마련할 수 있는 것이다.]

[유한하다: 수(數), 양(量), 공간, 시간 따위에 일정한 한도나 한계가 있다.
[인식: 사물을 분별하고 판단하여 앎.
[내재하다: 어떤 사물이나 범위의 안에 들어 있다.
[대면하다: 서로 얼굴을 마주 보고 대하다.

* [3]문단 요약 : 비본래적 삶에서 본래적 삶으로 나아가는 방법

[4] 하지만 죽음을 적극적으로 대면하지 않고 단순히 내가 죽는다는 사실을 아는 것으로 그칠 때는 본래적 삶을 살아갈 수 없다. [자신이 죽는다는 사실을 인식하면 현존재는 불안을 느끼게 되고, 그로부터

[ ]: 현존재가 죽음을 은폐하는 원인

벗어나기 위해 스스로를 세인으로 전락시켜 자신의 죽음을 은폐하기 때문이다.] 그리하여 타인의 죽음을 보면서도 자신의 고유한 죽음에 대해서는 잘 실감하지 못하고, 오히려 죽음이 자신과는 무관한 사건이라고 외면하며 죽음의 확실성을 부정하게 된다. 하이데거는 죽음에 대한 이러한 회피와 무관심이 현존재를 자신의 가장 고유한 가능성으로부터 멀어지게 한다고 보았다.

[은폐하다: 덮어 감추거나 가리어 숨기다.
[실감하다: 실제로 체험하는 듯한 느낌을 받다.
[무관하다: 관계나 상관이 없다. ≒ 무관계하다.

* [4]문단 요약 : 죽음에 대한 회피와 무관심에 대한 하이데거의 견해

[5] 따라서 하이데거는 삶의 변화를 위해, 죽음이 주는 불안으로부터

비본래적 삶 → 본래적 삶

달아나지 않고 죽음을 대면하여 선취할 것을 요구하였다. 죽음은 아직 오지 않았지만, 죽음이라는 가능성 앞에 미리 자신을 세워봄으로써 과거의 비본래적 삶을 반성해야 한다는 것이다. 이러한 하이데거의 관점은 자신의 존재 의미를 스스로 결정하며 살아가겠다는 새로운

인간과 죽음에 대한 하이데거 견해의 의의

결단을 통한 실존적 삶을 제시했다는 점에서 의미를 지닌다.

[선취하다: 남보다 먼저 가지다.

* [5]문단 요약 : 인간과 죽음에 대한 하이데거 관점의 의의

■ (가) 지문 내용과 구조

[1]문단	**인간과 '현존재'에 대한 하이데거의 견해** – 현존재: 자신의 존재 의미에 대한 물음을 제기할 수 있는 인간. 자신의 존재 이유를 스스로 만들어 나갈 수 있음.
[2]문단	**자신의 고유성을 잃은 세인으로 살게 되는 현존재** – 세인: 익명성을 지닌 타인. 비본래적인 삶, 고유성 ×
[3]문단	**비본래적 삶에서 본래적 삶으로 나아가는 방법**: 죽음을 적극적으로 대면하기 – 죽음의 특성 ① 확실성: 현존재가 반드시 맞이하게 됨. ② 현존재 자체에 내재해 있음. → 죽음을 인식해야 함. ③ 대체불가능성: '나' 스스로만이 경험할 수 있음.
[4]문단	**죽음에 대한 회피와 무관심에 대한 하이데거의 견해**: 현존재를 자신의 가장 고유한 가능성으로부터 멀어지게 함. **현존재**: 자신이 죽는다는 사실 인식 → 불안을 느낌. → 스스로를 세인으로 전락시킴. → 자신의 죽음을 은폐함.
[5]문단	**인간과 죽음에 대한 하이데거 관점의 의의**: 자신의 존재 의미를 스스로 결정하며 살아가겠다는 새로운 결단을 통한 실존적 삶을 제시함.

[1]문단	[2]문단	[3]문단	[4]문단	[5]문단
인간과 '현존재'에 대한 하이데거의 견해	자신의 고유성을 잃은 세인으로 살게 되는 현존재	비본래적 삶에서 본래적 삶으로 나아가는 방법	죽음에 대한 회피와 무관심에 대한 하이데거의 견해	인간과 죽음에 대한 하이데거 관점의 의의

■ (가) 주제: 현존재를 바탕으로 삶의 실존적 의미를 탐구한 하이데거의 철학

2024.9
8회

(나) 죽음에 대한 사르트르의 견해

① 사르트르는 인생을 하나의 긴 기대라고 정의하였다. 인간은
[존재하는 한 무엇인가를 기대하고, 그런 기대를 넘어 다시 기대를
갖게 되는 실존적 존재 방식을 취한다는 것이다. 그리고 인간은
그러한 기대를 실현하기 위해 현재의 자신을 부정하고 미래를 향해
새로운 자신을 만들어 나갈 수 있는 자유를 가진 존재]라고 보았다.

*① 문단 요약 : 인간에 대한 사르트르의 견해

② 하지만 삶을 의미 있게 형성해 나가는 기대와 자유는 예기치 않은
순간에 필연적으로 다가오는 죽음과 동시에 중지되므로 죽음은 나의
존재 방식인 기대를 차단하는 것이며, 이는 곧 나의 사라짐을 뜻한다.
이와 관련하여 사르트르는 죽음을 나와 관련 없이, 외부에서 우연히
나에게 찾아오는 하나의 사실일 뿐이라고 보고, 이를 '죽음의
우연성'이라고 하였다. 이 같은 단순한 사실로서의 죽음은 삶의
일부분으로 존재하는 것이 아니며, 모든 기대와 가능성을 무의미하게
만드는 것이다.

*② 문단 요약 : 죽음에 대한 사르트르의 견해 ①

예기하다 : 앞으로 닥쳐올 일에 대하여 미리 생각하고 기다리다.
필연적 : 사물의 관련이나 일의 결과가 반드시 그렇게 될 수밖에 없는 것

③ 무언가에 의미를 부여하는 주체인 '나'가 사라지면 자신의 죽음에
의미를 부여하는 것도 불가능해진다. 따라서 죽은 나의 삶이나 죽음에
의미를 부여할 수 있는 자는 나 자신이 아니라, 나와 마찬가지로
자유를 가지고 살아가는 또 다른 주체인 ⓛ 타자이다. 가령 [어떤
청년이 한 권의 책을 쓰고 갑자기 죽었다고 하자. 이때 그의 죽음이나
그가 남긴 책에 대해서는 철저히 타자에 의해서만 그 의미가
부여된다.] 이렇듯 사르트르는 자신의 죽음의 의미를 스스로 결정할
수 없다는 점에서 죽음이 나라는 존재에 속한 것이 아니라고 보았다.
그리고 죽음은 그 자체로서는 삶에서 의미를 지닐 수 없기 때문에
삶과 단절된 상태라고 주장하는 등 죽음은 삶에서 실감될 수 없는
것임을 강조하였다.

*③ 문단 요약 : 죽음에 대한 사르트르의 견해 ② ~ ④

실감되다 : 실제로 체험하는 느낌이 들다

④ 이러한 사르트르의 견해는 죽음을 지나치게 타자 중심적인
관점에서 바라보았다는 점에서 비판을 받기도 하지만 다른 사람의
죽음을 받아들이는 '나'에게는 좋은 위로가 될 수 있다. 고인의 삶은
타자인 나의 시선에서 재구성되므로, 이를 통해 고인과의 기억을
긍정적으로 승화시켜 상실의 아픔을 극복할 수 있기 때문이다. 결국
사르트르에게 실존적 삶을 논하는 데 있어 중요한 것은 죽음에 대한
인식이 아니라 현재의 삶을 주체적으로 살아가는 태도이다. 여기서
주체적 태도란 [내게 주어진 자유를 발휘하여 스스로 선택을 내리며
그에 대해 후회나 변명 없이 책임을 지는 것]을 말한다. 이처럼
사르트르의 관점은 인간이 죽음에 연연하지 않고 자기 자신의 실존적
의미를 스스로 정립해 나갈 수 있게 하는 것이라고 볼 수 있다.

논하다 : ① 의견이나 이론을 조리 있게 말하다. ② 옳고 그름 따위를 따져 말하다.
연연하다 : 집착하여 미련을 가지다.   정립하다 : 정하여 세우다.

*④ 문단 요약 : 인간과 죽음에 대한 사르트르의 관점의 의의

■ (나) 전체 지문 이해도

***사르트르의 견해**

인생	하나의 긴 기대
인간	기대를 실현하기 위해 현재의 자신을 부정하고 미래를 향해 새로운 자신을 만들어 나갈 수 있는 자유를 가진 존재
죽음	– 죽음의 우연성: 우연히 찾아오는 것. 삶의 일부분으로 존재하는 것이 아닌, 모든 기대와 가능성을 무의미하게 만드는 것 – 나라는 존재에 속한 것이 아닌 것 – 삶과 단절된 상태인 것 → 삶에서 실감될 수 없는 것

→ 사르트르는 인간이 죽음에 연연하지 않고 자기 자신의 실존적 의미를 스스로 정립해 나갈 수 있게 함.

■ (나) 지문 내용과 구조

1 문단	**인간에 대한 사르트르의 견해**: 기대를 실현하기 위해 현재의 자신을 부정하고 미래를 향해 새로운 자신을 만들어 나갈 수 있는 자유를 가진 존재
2 문단	**죽음에 대한 사르트르의 견해 ① 죽음의 우연성** 삶의 일부분 × 모든 기대와 가능성을 무의미하게 만듦.
3 문단	**죽음에 대한 사르트르의 견해 ② ~ ④** 나라는 존재에 속한 것 ×, 삶과 단절된 상태 → 삶에서 실감될 수 없는 것
4 문단	**인간과 죽음에 대한 사르트르의 관점의 의의** – 비판: 죽음을 지나치게 타자 중심적인 관점에서 바라봄. – 장점: 다른 사람의 죽음을 바라보는 '나'에게 위로가 됨. – 주체적 태도: 내게 주어진 자유를 발휘하여 스스로 선택을 내리며 그에 대해 후회나 변명 없이 책임을 지는 것 → 인간이 죽음에 연연하지 않고 자기 자신의 실존적 의미를 스스로 정립해 나갈 수 있게 함.

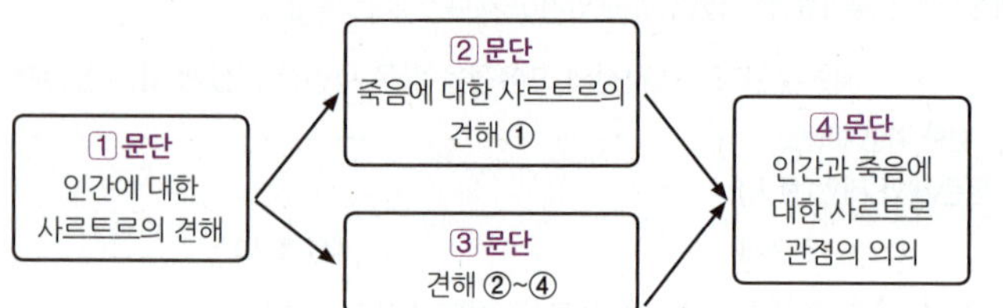

■ (나) 주제 : 실존적 의미를 스스로 정립해 나가는 것을 강조한 사르트르의 철학

---

16 정답 ⑤   * 내용 전개 방식 파악하기 ·················· [정답률 92%]

(가), (나)에 대한 설명으로 가장 적절한 것은?

▶왜 정답?

⑤ (가)와 (나)는 모두, 특정 개념에 대한 설명을 바탕으로 철학자의 관점에 대해 의미를 부여하고 있다.

(가) 하이데거, (나) 사르트르
(가) 현존재, 세인 (나) 타자, 죽음의 우연성

 (가)에서는 하이데거의 '현존재', '세인' 등의 개념을 설명하며 하이데거의 관점이 새로운 결단을 통한 실존적 삶을 제시했다는 의미를 부여하고 있다.

 (나)에서는 사르트르의 '죽음의 우연성'과 '타자' 개념을 바탕으로 사르트르의 관점이 고인의 죽음에 대한 아픔을 극복할 수 있게 한다는 점과 인간이 죽음에 연연하지 않고 실존적 의미를 스스로 정립해 나갈 수 있게 한다는 의미를 부여하고 있다.

▶왜 오답?

① (가)는 시간의 흐름에 따른 구성을 통해 특정 개념의 의미 변화를 설명하고 있다.
관련 없음.   인간, 죽음에 대한 하이데거의 견해를 제시함.   언급하지 않음.

② (나)는 질문에 답하는 형식으로 특정 개념에 대한 철학자의 견해를 제시하고 있다.
나타나지 않음.   죽음에 대한 사르트르의 견해

③ (가)는 (나)와 달리 특정 철학자의 이론을 언급하며 이론이 지닌 ~~한계를 드러내고 있다.~~
드러내지 않음.

④ (나)는 (가)와 달리 ~~역사적 인물의 삶을 분석하며~~ 철학자의 주장을
언급하지 않음.
입증하고 있다.

✱ 근거: (나) ③문단 ❷문장

(나)에서 '어떤 청년'이 책을 쓰고 죽은 상황을 예로 든 이유는 죽음에 의미를 부여할 수 있는 타자를 설명하기 위해서이다. 이 청년은 역사적 인물이 아니며, 청년의 삶을 분석하고 있지도 않다.

17 정답 ② ✱ 내용 파악하기 ························· [정답률 75%]

(가)의 현존재에 대한 이해로 적절하지 <u>않은</u> 것은?

> **왜 정답 ?**

② 현존재는 삶이 ~~유한하다는 것을 인식하기~~ 위해 죽음을 은폐하지
본래적 삶을 살기 위해
않고 본래적 삶을 살아간다.

(가) ①문단 ❶문장 하이데거는 인간을 자신의 존재 의미에 대한 물음을 제기할 수 있는 현존재라고 정의하고 삶의 실존적 의미를 탐구했다.

(가) ③문단 ❶, ❷문장 그렇다면 비본래적 삶에서 해방되어 본래적 삶으로 나아가려면 어떻게 해야 할까? 이에 대해 하이데거는 삶이 유한하다는 인식, 즉 죽음에 대한 인식이 필요하다고 강조하였다.

하이데거에 따르면 현존재가 비본래적 삶에서 해방되어 본래적 삶으로 나아가기 위해서는 삶이 유한하다는 인식을 해야 한다.

따라서 현존재가 본래적 삶을 살기 위해 죽음을 은폐하지 않아야 하는 것이지, 삶이 유한하다는 것을 인식하기 위해 죽음을 은폐하지 않고 본래적 삶을 살아가는 것이 아니다.

> **왜 오답 ?**

① 현존재는 자신이 죽는다는 사실을 인식하면 불안을 느끼게 된다.

→ (가) ④문단 ❷문장 자신이 죽는다는 사실을 인식하면 현존재는 불안을 느끼게 되고, ~

③ 현존재는 세상이 원하는 기준에 맞추어 살아갈 때 고유성을
세인처럼 살아갈 때
상실하고 비본래적 삶을 살게 된다.

(가) ②문단 ❶, ❷문장 그런데 현존재는 자신이 속한 사회가 요구하는 체제에 따라 살아가기 때문에, 자기 자신의 고유성을 드러내는 본래적 삶을 살지 않고 세상이 시키는 대로 살게 되곤 한다. 하이데거는 이를 현존재가 익명의 타인들인 '세인(世人)'으로서 존재하며 비본래적인 삶을 살아가는 것이라고 보았다.

④ 현존재는 죽음의 대체불가능성을 적극적으로 대면할 때 자신의
'죽음'을 '나'의 가장 고유한 가능성이라고 봄.
진정한 개인적 삶을 인식할 수 있다.

(가) ③문단 ❺, ❻문장 또한 죽음은 ~ 대체불가능성을 지닌다. 따라서 죽음이야말로 다른 사람과 구별되는 나의 가장 고유한 가능성이며, 나의 죽음을 적극적으로 대면할 때 자신의 진정한 개인적 삶을 인식하고 본래적 삶을 살아가는 계기를 마련할 수 있는 것이다.

⑤ 현존재는 정해진 운명에 따라 살아가는 것이 아니라 자신의 존재 이유를 스스로 만들어 갈 수 있다.

(가) ①문단 ❷문장 하이데거에 따르면 현존재는 정해진 운명에 따라 살아가는 것이 아니라 살아가는 동안 계속해서 무언가가 될 수 있는 가능성을 바탕으로 자신의 존재 이유를 스스로 만들어 나갈 수 있다.

18 정답 ② ✱ 정보 간 관계 파악하기 ··············· [정답률 84%]

(가)와 (나)를 바탕으로 ㉠과 ㉡을 비교하여 이해한 내용으로 가장 적절한 것은?

㉠ '세인'	– 익명의 타인들, 비본래적인 삶을 살아감. – 자신의 고유성 X
㉡ '타자'	– 자유를 가지고 살아가는 또 다른 주체 – '나'의 삶이나 타인의 죽음에 의미를 부여함.

> **왜 정답 ?**

② ㉠은 자신의 죽음을 외면하는 존재이고, ㉡은 타인의 죽음에
불안으로부터 벗어나기 위함.
의미를 부여할 수 있는 존재이다.
'나는 자신의 죽음에 의미를 부여할 수 없음.

(가) ④문단 ❷문장 자신이 죽는다는 사실을 인식하면 현존재는 불안을 느끼게 되고, 그(불안)로부터 벗어나기 위해, 스스로를 세인(㉠)으로 전락시켜 자신의 죽음을 은폐하기 때문이다.

(나) ③문단 ❷문장 따라서 죽은 나의 삶이나 죽음에 의미를 부여할 수 있는 자는 ~ 자유를 가지고 살아가는 또 다른 주체인 ㉡ 타자이다.

> **왜 오답 ?**

① ㉠은 죽음의 확실성을 부정하는 존재이고, ㉡은 죽음의 우연성을
세인으로 전락한 현존재
~~부정하는~~ 존재이다.
관련 없음.

(가) ④문단 ❸문장 ~ (세인으로 전락한 현존재는) 타인의 죽음을 보면서도 자신의 고유한 죽음에 대해서는 잘 실감하지 못하고, ~ 죽음의 확실성을 부정하게 된다.

현존재는 '세인'으로 전락한 후 죽음의 확실성을 부정한다.

㉡ '타자'는 죽음의 우연성을 부정하는 존재가 아니라, 다른 사람의 죽음에 의미를 부여할 수 있는 존재이다.

③ ㉠은 다른 사람과 ~~구별되어~~ 살아가는 존재이고, ㉡은 다른 사람과
관련 없음.
~~단절되어~~ 살아가는 존재이다.
관련 없음.

(가) ②문단 ❷문장 하이데거는 이를 현존재가 익명의 타인들인 ㉠ '세인(世人)'으로서 존재하며 비본래적인 삶을 살아가는 것이라고 보았다.

㉠ '세인'은 익명의 타인들로, 다른 사람들과 구별되어 살아가는 존재가 아니다.

㉡ '타자'는 '나'처럼 자유를 가지고 살아가는 또 다른 주체일 뿐, 다른 사람과 단절되어 살아가는 존재가 아니다.

④ ㉠은 익명성으로부터 ~~벗어나~~ 살아가는 존재이고, ㉡은 주체성으로
세인은 익명의 타인들로, 익명성에서 벗어날 수 없음.
부터 ~~벗어나~~ 살아가는 존재이다.
타자는 자유를 가지고 살아가는 주체임.

✱ 근거: (가) ②문단 ❷문장, (나) ③문단 ❷문장

⑤ ~~㉠~~은 자신의 삶에서 새로운 결단을 실현하는 존재이고, ~~㉡~~은
현존재
자신의 삶에서 기대를 실현하는 존재이다.
인간

(가) ⑤문단 ❸문장 ~ 하이데거의 관점은 자신의 존재 의미를 스스로 결정하며 살아가겠다는 새로운 결단을 통한 실존적 삶을 제시했다 ~

(나) ①문단 ❸문장 그리고 인간은 그러한 기대를 실현하기 위해 현재의 자신을 부정하고 미래를 향해 새로운 자신을 만들어 나갈 수 있는 자유를 ~

(가)의 하이데거의 견해를 고려하면 자신의 삶에서 새로운 결단을 실현하는 존재는 ㉠ '세인'이 아니라 '현존재'와 관련이 있다.

(나)의 사르트르의 견해를 고려하면 자신의 삶에서 기대를 실현하는 존재는 ㉡ '타자'가 아니라 '인간'이다.

 정답 ② ＊반응, 비판, 평가의 적절성 파악하기 … [정답률 76%]

(나)의 사르트르의 관점에서 〈보기〉의 야스퍼스를 비판한다고 가정했을 때, 그 내용으로 가장 적절한 것은?

〈보기〉

❶ 야스퍼스는 '죽음은 나와 함께 변한다.'라고 말하며 죽음에 대한 태도가 객관적일 수도, 주관적일 수도 있음. 고정적이지 않다고 주장했다. ❷ 자신의 죽음을 어떻게 받아들이느냐에 따라 죽음은 보편적이고 객관적인 사실일 수도 있고, 주관적인 의미를 지닌 것일 수도 있다는 것이다. ❸ 이때 전자의 경우는 죽음을 모든 것을 무의미 보편적이고 객관적인 사실 하게 만들어 버리는 허망한 종말로서 인식하는 데 그치지만, 후자의 경우 는 자신의 태도에 따라 죽음의 의미를 판단하며 참다운 자기 자신으로서 주관적인 의미를 지닌 것 실존할 수 있게 된다.

보편적: 모든 것에 두루 미치거나 통하는 것
객관적: 세계나 자연 따위가 주관의 작용과는 독립하여 존재한다고 생각되는 것
주관적: 자기의 견해나 관점을 기초로 하는 것
허망하다: 어이없고 허무하다. ≒ 궤망하다, 궤탄하다.
종말: 계속된 일이나 현상의 맨 끝

＊ 죽음에 대한 견해

(나) 사르트르	– 죽음의 우연성: 나와 관련 없이 외부에서 우연히 나에게 찾아오는 하나의 사실 – 삶의 일부분으로 존재 ×. 모든 기대와 가능성을 무의미하게 만드는 것 – 나라는 존재에 속한 것이 아닌 것: 자신이 스스로 의미 결정 × – 삶과 단절된 상태인 것
〈보기〉 야스퍼스	– 보편적이고 객관적인 사실: 모든 것을 무의미하게 만들어버리는 허망한 종말 – 주관적 의미를 지닌 것: 자신의 태도에 따라 의미 판단 ○

＞왜 정답？

② 죽음은 나와 상관없이 찾아오는 우연한 사실이므로 인간은 자신의
죽음의 우연성 '타자'가 판단함.
죽음의 의미를 판단할 수 없다.

– (나) ❷문단 ❷문장 ～ 사르트르는 죽음을 나와 관련 없이, 외부에서 우연히 나에게 찾아오는 하나의 사실일 뿐이라고 보고, 이를 '죽음의 우연성'이라고 하였다.
– (나) ❸문단 ❷문장 ～ 죽은 나의 삶이나 죽음에 의미를 부여할 수 있는 자는 나 자신이 아니라, 나와 마찬가지로 자유를 가지고 살아가는 또 다른 주체인 타자이다.
– 〈보기〉 ❷, ❸문장 자신의 죽음을 어떻게 받아들이느냐에 따라 죽음은 ～ 주관적인 의미를 지닌 것일 수도 있다는 것이다. ～ 후자의 경우는 자신의 태도에 따라 죽음의 의미를 판단하며 참다운 자기 자신으로서 실존할 수 있게 된다.

(나)에 따르면 사르트르는 죽음은 '나'의 외부에서 우연히 찾아오는 하나의 사실일 뿐이며, 죽음에 대해 의미를 부여할 수 있는 것은 '나'가 아니라 타자라고 본다.

〈보기〉에 따르면 야스퍼스는 자신의 죽음을 어떻게 받아들이느냐에 따라 죽음의 의미가 달라질 수 있다고 본다.

사르트르는 자신의 죽음에 의미를 부여할 수 없다고 보기 때문에 자신의 죽음에 대해 의미를 판단할 수 있다는 야스퍼스의 견해를 비판할 것이다.

＞왜 오답？

① 죽음은 삶의 일부분이 아니므로 인간은 자신의 죽음을 맞이해야만
단절됨. 현재의 삶을 주체적으로 살아가면
실존적 의미를 지닐 수 있다.

– (나) ❹문단 ❸, ❺문장 ～ 사르트르에게 실존적 삶을 논하는 데 있어 중요한 것은 죽음에 대한 인식이 아니라 현재의 삶을 주체적으로 살아가는 태도이다. ～ 인간이 죽음에 연연하지 않고 자기 자신의 실존적 의미를 스스로 정립해 나갈 수 있게 하는 것이라고 볼 수 있다.

사르트르는 인간이 삶을 주체적으로 살아가면 자기 자신의 실존적 의미를 정립할 수 있다고 본다. 따라서 사르트르는 죽음을 맞이해야만 인간이 실존적 의미를 지닐 수 있다고 하지 않을 것이다.

③ 인간은 자유를 발휘하며 살아갈 수 있으므로 ~~자신의 관점에서~~
타자만이 '나의 죽음'에 의미를 부여할 수 있음.
~~자신의 죽음을 해석하여 실존할 수 있다.~~

＊ 근거: (나) ❸문단 ❷문장

사르트르는 자신의 죽음에 대해 스스로 의미를 부여할 수 없다고 본다. 따라서 자신의 죽음을 자신의 관점으로 해석한다는 것은 사르트르의 관점에서 할 수 있는 비판으로 적절하지 않다.

④ 죽음은 나의 사라짐을 의미하므로 인간은 자신의 죽음의 의미를
찾지 못해 실존적 삶을 살아갈 수 ~~없다.~~
죽음에 대한 인식 없이도 실존적 삶을 살아갈 수 있음.

＊ 근거: (나) ❹문단 ❸문장

사르트르는 죽음에 대한 인식 없이도 현재의 삶을 주체적으로 살아가면 자기 자신의 실존적 의미를 정립할 수 있다고 본다.

⑤ 인간은 각자의 기대에 따라 무언가에 의미를 부여하며 살아가므로
자신의 죽음을 주관적인 의미로만 인식할 수 있다. → 야스퍼스의 견해
죽음은 객관적 사실임.

＊ 근거: (나) ❷문단 ❷문장

사르트르는 죽음을 외부에서 우연히 찾아오는 하나의 사실, 즉 객관적인 것으로 사실로 여긴다.

20 정답 ⑤ ＊구체적 사례나 상황에 적용하기 ……… [정답률 66%]

다음은 학생이 작성한 일기이다. (가)의 하이데거와 (나)의 사르트르의 입장에서 이를 분석한 내용으로 적절하지 않은 것은? [3점]

2024. 09. ○○. 날씨 맑음 ☀

❶ 오늘은 오랜만에 영화를 보고 왔는데, 주인공이 인생의 유한성을
죽음
깨달은 이후부터 삶에 최선을 다하는 모습이 무척 인상 깊었다. ❷ 사실
인생의 유한성에 대해 생각해 본 적이 없었는데, 내 삶에 끝이 있다고
현존재가 비본래적 삶에서 해방되지 않은 상태(하이데거)
생각하니 별 고민 없이 다른 사람들을 따라 무심코 선택했던 일들을
현존재가 세인으로 존재했던 삶을 반성하는 자세(하이데거)
돌아보게 된다. ❸ 이제는 내가 진정으로 원하는 내 삶의 모습을 생각해
삶의 실존적 의미를 찾아가는 과정(하이데거, 사르트르)
봐야지. ❹ 내가 좋아하면서 가치도 있는 일이 뭐가 있을까…… ❺ 그래, 좋은
소설을 쓰면 내가 세상을 떠난 후에도 사람들이 내 삶을 가치 있게
나의 삶이 타자에 의해 재구성되는 것(사르트르)
기억해 줄 테니 훌륭한 작가가 되어야겠다! ❻ 그리고 이 다짐을 지키기
위해 내 삶의 마지막 순간을 항상 떠올리며 최선을 다해 살아가야겠다.
주체적인 삶을 살아가는 데 필요한 태도(하이데거)

	하이데거	사르트르
인간	현존재(자신의 존재 이유를 스스로 만들어 나갈 수 있음, 본래적 삶, 고유성 ○) ←→ 세인(익명의 타인들, 비본래적 삶, 고유성 ×)	기대를 실현하기 위해 현재의 자신을 부정하고 미래를 향해 새로운 자신을 만들어나갈 수 있는 자유를 가진 존재
죽음	i) 확실성 ii) 현존재 자체에 내재 iii) 대체불가능성 → 죽음을 적극적으로 대면할 때 본래적 삶을 살아가는 계기 마련	i) 우연성 ii) '나'에게 속함 × iii) 삶과 단절된 상태 → 삶에서 실감 ×
의의	자신의 존재 의미를 스스로 결정하며 살아가겠다는 새로운 결단을 통한 실존적 삶 제시	인간이 죽음에 연연하지 않고 자기 자신의 실존적 의미를 스스로 정립해 나갈 수 있게 함.

⑤ 하이데거와 ~~사르트르는 모두~~, '내 삶의 마지막 순간을 항상
동의하지 않음.
떠올리며 최선을 다'하겠다는 태도가 주체적인 삶을 살아가는 데
필요하다는 점에 대해 동의하겠군.

┌ (가) ⑤문단 ❷, ❸문장 ~ 죽음이라는 가능성 앞에 미리 자신을 세워봄으로써
      〈보기〉에서 학생이 자신의 삶의 마지막 순간을 떠올리는 것
  과거의 비본래적 삶을 반성해야 한다는 것이다. 이러한 하이데거의 관점은
  자신의 존재 의미를 스스로 결정하며 살아가겠다는 새로운 결단을 통한
  실존적 삶을 제시했다는 ~
  (나) ④문단 ❸문장 결국 사르트르에게 실존적 삶을 논하는 데 있어 중요한 것은
└ 죽음에 대한 인식이 아니라 현재의 삶을 주체적으로 살아가는 태도이다.
  〈보기〉에서 학생이 자신의 삶의 마지막 순간을 떠올리는 것

하이데거는 본래적 삶을 살기 위해 죽음에 대한 인식을 요구하였으므로 〈보기〉의
'내 삶의 마지막 순간을 항상 떠올리며 최선을 다'하겠다는 학생의 태도를 긍정할
것이다.

그러나 사르트르는 죽음에 대한 인식이 아니라 현재의 삶을 주체적으로 살아가는
태도를 중시했으므로 〈보기〉의 '내 삶의 마지막 순간을 항상 떠올리며 최선을
다'하겠다는 태도가 주체적인 삶을 살아가는 데 필요하다는 점에 대해 동의하지 않을
것이다.

① 하이데거는 '인생의 유한성에 대해 생각해 본 적이 없었'던 것을
                                            세인의 삶
현존재가 비본래적 삶에서 해방되지 않은 상태라고 보겠군.
본래적 삶으로 나아가기 위해 삶이 유한하다는 인식이 필요하다고 봄.

┌ (가) ③문단 ❶, ❷문장 ~ 비본래적 삶에서 해방되어 본래적 삶으로 나아가려면
  ~ 하이데거는 삶이 유한하다는 인식, 즉 죽음에 대한 인식이 필요하다고
└ 강조하였다.

② 하이데거는 '별 고민 없이 다른 사람들을 따라 무심코 선택했던
일들을 돌아보'는 것을 현존재가 세인으로 존재했던 삶을 반성하는
          현존재가 세상이 시키는 대로 사는 세인으로서의 삶을 돌아보는 자세
자세라고 여기겠군.

┌ (가) ②문단 ❶, ❷문장 그런데 현존재는 ~ 자기 자신의 고유성을 드러내는
  본래적 삶을 살지 않고 세상이 시키는 대로 살게 되곤 한다. 하이데거는 이를
            〈보기〉의 별 고민 없이 다른 사람들을 따라 선택했던 일
  현존재가 익명의 타인들인 '세인(世人)'으로서 존재하며 비본래적인 삶을
└ 살아가는 것이라고 보았다.

③ 사르트르는 '내가 세상을 떠난 후에도 사람들이 내 삶을 가치 있게
                                      타자
기억해' 주는 것에 대해 나의 삶이 타자에 의해 재구성되는 것으로
                        '나'의 삶은 타자의 시선에서 재구성됨.
해석하겠군.

→ (나) ④문단 ❷문장 고인의 삶은 타자인 나의 시선에서 재구성되므로, ~

④ 하이데거와 사르트르는 모두, '내가 진정으로 원하는 내 삶의 모습'에
대해 고민하는 것을 삶의 실존적 의미를 찾아가는 과정으로 판단
하겠군.

✱ 근거: (가) ⑤문단, (나) ④문단
  하이데거는 자신의 존재 의미를 스스로 결정하는 삶을 실존적 삶으로 보았고,
사르트르는 스스로 선택을 내리며 그에 대한 책임을 지는 주체적인 태도를 보이는
삶을 실존적 삶으로 보았다.
  따라서 하이데거와 사르트르 모두, '내가 진정으로 원하는 내 삶의 모습'에 대해
고민하는 것을 삶의 실존적 의미를 찾아가는 과정으로 판단할 것이다.

21~25 ✱ 동형암호

출제   ⬭ 글 전체 핵심어   ▨ 글 전체 중심 문장

① 인터넷의 발달로 데이터 저장 및 분석 과정이 인터넷상에서
ⓐ 이루어지고 있으며 그에 따라 개인정보와 같은 민감한 데이터는
암호화되어 인터넷 서버에 저장된다. ② 그런데 현재 널리 사용되는
공개키 암호화 방식으로 암호화된 데이터는 통계 처리를 위한 연산을
수행하기 위해서 [원래 데이터로 복원하는 복호화 과정을 거친 후
      # [ ]: 공개키 암호화 방식의 원리
연산을 수행하고 그 결과를 다시 암호화]해야 한다. ③ 하지만 이
과정에서 비밀키나 민감한 개인정보가 유출되는 일이 생길 수 있다.
      공개키 암호화 방식의 단점
④ 그래서 암호화된 데이터를 복호화하지 않고 암호화된 상태로
안전하게 연산을 수행할 수 있는 동형암호가 등장하였다.

┌ **연산**: 식이 나타낸 일정한 규칙에 따라 계산함.
  복원하다: 원래대로 회복하다.
  복호화: 부호화된 데이터를 인간이 알기 쉬운 모양으로 하기 위하여 또는 다음
└ 단계의 처리를 위하여 번역함.

2024. 9

8회

✱ ①문단 요약: 동형암호의 등장 배경

② 동형암호는 동형성을 기반으로 하는데, 동형성이란 [데이터를
                                    [ ]: 동형성의 개념
암호화한 상태에서 특정 연산을 수행했을 때 나오는 결과가
암호화하지 않은 상태에서 같은 연산을 수행하고 암호화를 한 결과와
같은 것]을 ⓑ 말한다. ② 이때 연산의 횟수에 제한 없이 특정한 한
종류의 연산에만 동형성을 갖는 암호를 부분 동형암호, 연산의 종류와
          # 동형암호의 종류 ①
관계없이 특정 횟수까지만 동형성을 갖는 암호를 제한적 동형
                            # 동형암호의 종류 ②
암호라고 하며, 횟수에 제한 없이 컴퓨터의 주된 연산인 덧셈, 곱셈에
동형성을 갖는 암호를 완전 동형암호라고 한다.
          # 동형암호의 종류 ③
┌ **기반**: 기초가 되는 바탕. 또는 사물의 토대

✱ ②문단 요약: 동형성의 개념과 동형암호의 종류

③ 완전 동형암호는 암호화에 사용하는 원리에 따라 격자 기반,
CRT(Chinese Remainder Theorem) 기반 등으로 ⓒ 나뉜다. ② 그중
㉠ 격자 기반 완전 동형암호는 수학계에서 답을 찾기 어렵다고 알려진
          # 격자 기반 완전 동형암호의 제작 원리 ①
격자 문제를 응용하여 만들어졌다. ③ 이 방식은 원문 데이터를 비트✱
단위로 변환하고 각각의 비트를 개별적으로 암호화한다. ④ 암호키 p와
          # 격자 기반 완전 동형암호의 원리 ②
임의의 정수를 곱한 수를 원문에 더하면 암호문이 만들어지는데, 이
          암호문을 만드는 방법
과정에서 무작위로 오룻값을 추가하여 안전성을 높인다. ⑤ 그래서
          # 안전성을 높이는 방법
암호문의 연산을 반복할수록 오룻값이 커지게 되며, 특히 곱셈 연산을
          # 부트스트래핑은 덧셈 연산보다 곱셈 연산을 많이 수행할수록 더 빨리 시작됨
수행할수록 오룻값이 급격하게 커지기 때문에 일정 횟수 이상
수행하면 원문 복호화가 불가능하다.
          격자 기반 완전 동형암호의 한계
┌ **격자**: 바둑판처럼 가로세로를 일정한 간격으로 직각이 되게 짠 구조나 물건. 또는
└ 그런 형식

✱ ③문단 요약: 격자 기반 완전 동형암호의 원리와 한계

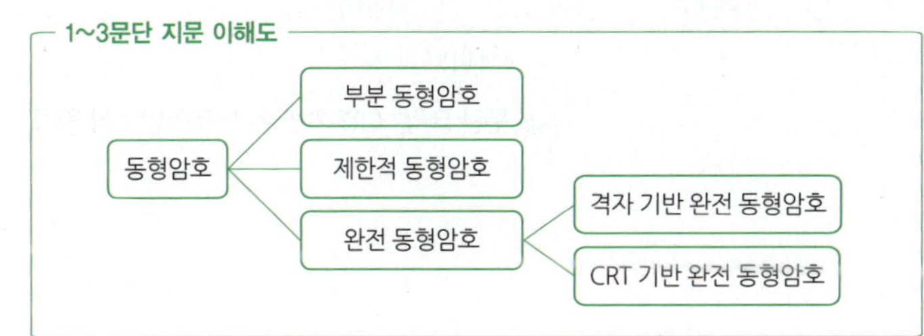

❹ 따라서 연산을 지속적으로 수행하기 위해서는 [오룻값이 한계치에
ⓓ 이른 암호문은 부트스트래핑 과정을 반드시 거쳐야] 한다. ❷[일정
횟수의 덧셈과 곱셈 연산을 수행하여 암호문에 오룻값이 누적되면,
[ ]: 지속적인 연산을 수행하는 방법
[ ]: 부트스트래핑 과정
다른 암호키로 해당 암호문과 암호키 p를 암호화한다. 그리고 복호화
회로를 통해 기존의 암호키 p에 의한 이전 암호문을 복호화하면 ❸
그동안의 연산 과정에서 누적된 오룻값이 제거된 새로운 암호문이
ⓔ 만들어진다.] ❹이때 새로운 암호문이 만들어지면서 오룻값이
부트스트래핑 과정의 결과
추가되지만 그 크기가 기존의 누적된 것보다 작아서 적절하게 부트
스트래핑 과정을 수행한다면 지속적인 연산이 가능하다.

*❹문단 요약: 격자 기반 완전 동형암호와 부트스트래핑 과정

❺ 이 방식은 원문을 비트 단위로 변환하여 각 비트별로 암호화하기
격자 기반 완전 동형암호
때문에 원문에 비해 암호문의 값이 10~100배가량 커져서 데이터의
저장 공간이 많이 필요하다. 그리고 개별 비트 단위로 암호문의
격자 기반 완전 동형암호의 단점 ①
연산과 부트스트래핑 과정을 거쳐야 하기 때문에 연산 속도가 느리다.
격자 기반 완전 동형암호의 단점 ②

*❺문단 요약: 격자 기반 완전 동형암호의 단점

❻ 그래서 최근에는 효율성을 개선한 ⓛ CRT 기반 완전 동형
암호가 등장하였다. ❷ 이 방식은 [하나의 원문을 특정한 정수인
[ ]: CRT 기반 완전 동형암호의 원리
암호키로 나눈 나머지 값을 암호문으로 이용하고, 이 나머지
값에서 원문을 복호화하는 방법]이다. ❸ 이때 암호키의 개수는
임의로 설정할 수 있으며 각각의 원문마다 암호키의 개수만큼
암호키와 암호문의 개수가 동일함.
암호문이 만들어진다. ❹ 암호키가 두 개일 때 정수로 된 원문 A와
B를 덧셈 연산한 결과가 동형성을 갖는 원리를 간단히 알아보자.
❺ 우선 서로소인 임의의 정수 p와 q를 암호키로 정하고 정수로 된
원문 A와 B를 각각의 암호키로 나눈 나머지 값을 구하면 A_p, A_q와
B_p, B_q가 되는데 이 나머지 값이 원문 A와 B의 암호문이 된다.
❻ 그리고 〈그림〉처럼 각 원문을 동일한 암호키로 나눈 나머지 값인
A_p와 B_p, A_q와 B_q끼리 서로 덧셈 연산을 수행한다. ❼ 만약 연산

[A] CTR기반 완전 동형암호를 활용한 연산의 구체적 사례

수행의 결괏값이 암호키와 같거나 암호키보다 크면 한 번 더
암호키로 나누어 나머지 값을 구한다. ❽ 그러면 연산 수행의
결괏값인 $A_p + B_p$, $A_q + B_q$가 원문 A와 B를 직접 덧셈 연산한
결괏값을 암호키 p와 q로 나눈 나머지 값인 $(A+B)_p$, $(A+B)_q$와
같다. ❾ 그리고 원문을 각 암호키로 나누었을 때의 나머지 값과 각
CRT 기반 완전 동형암호에서 원문을 복원화하기 위한 조건
암호키를 알면 원문을 복호화할 수 있다.

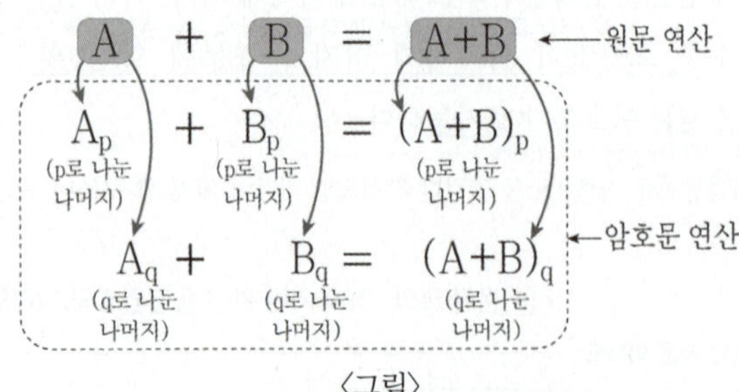

〈그림〉

*❻문단 요약: CRT 기반 완전 동형암호의 원리

❼ 이 방식 또한 안전성을 위해서 암호키의 개수를 늘려 계산이
복잡하고 무작위로 오룻값을 추가하기 때문에 부트스트래핑 과정이
격자 기반 방식과의 공통점
필요하다. ❷ 하지만 데이터를 정수 단위로 암호화하기 때문에 비트
단위로 암호화하는 격자 기반의 방식보다 더 많은 데이터를 저장할 수
CRT 방식의 장점 ①
있다. ❸ 또한 CRT 방식은 원문보다 작은 나머지 값으로 연산을
수행하기 때문에 격자 기반의 방식에 비해 연산 값이 상대적으로 작아
CRT 방식의 장점 ②
연산 속도가 빠르고, 격자 기반의 방식과 달리 병렬적으로 연산을
CRT 방식의 장점 ③
수행할 수 있다.

*❼문단 요약: CRT 기반 완전 동형암호의 장점

3~7문단 지문 이해도

	격자 기반 완전 동형암호	CRT 기반 완전 동형암호
암호화 방식	원문 데이터를 비트 단위로 변환한 후 각 비트를 개별적으로 암호화	하나의 원문을 암호키로 나눈 나머지 값에서 원문을 복호화하는 방법
암호문	원문 + (암호키 p x 임의의 정수)	원문 ÷ 암호키로 나눈 나머지 값
특징	① 안정성을 높이기 위해 무작위로 오룻값 추가: 일정 횟수 이상 수행시 원문 복호화 × ② 데이터의 저장 공간이 많이 필요 ③ 연산 속도 ↓	① 암호키의 개수: 임의로 설정 ○ ② 각 원문마다 암호키 개수만큼 암호문 생성 ③ 격자 기반 방식보다 더 많은 데이터 저장 ④ 연산 속도 ↑ ⑤ 병렬적 연산 수행 ○
공통점	부트스트래핑 과정 필요	

* 비트: 정보량의 최소 단위. 1비트는 이진수 체계(0, 1)의 한 자리

* 서로소: 여러 개의 수 사이에 1 이외의 공약수가 없음을 이르는 말

■ **지문 내용과 구조**

1문단	**동형암호의 등장 배경**: 공개키 암호화 방식의 단점을 극복하기 위해 – 공개키 암호화 방식의 단점: 복호화 과정을 거친 후 연산을 수행하고 결과를 암호화하는 과정에서 비밀키, 개인 정보 유출 가능성 ○ – 동형암호: 암호화된 데이터를 복호화하지 않고 안전하게 연산을 수행할 수 있음.
2문단	**동형성의 개념과 동형암호의 종류** – 동형성: 데이터를 암호화한 상태에서 특정 연산을 수행했을 때 나오는 결과=암호화하지 않은 상태에서 같은 연산을 수행하고 암호화를 한 결과 – 동형암호의 종류

2문단	부분 동형암호	– 연산 횟수 제한 × – 특정한 종류의 연산에만 동형성 ○
	제한적 동형암호	– 연산의 종류 관계 × – 특정 횟수까지만 동형성 ○
	완전 동형암호	– 횟수 제한 × – 덧셈, 곱셈에 동형성 ○

3문단	**격자 기반 완전 동형암호의 원리와 한계** – 격자 문제를 응용하여 만들어짐. – 암호문 연산 ↑ → 오룻값 ↑ → 원문 복호화 ×
4문단	**격자 기반 완전 동형암호와 부트스트래핑 과정** – 부트스트래핑 과정: 오룻값이 한계치에 이른 암호문이 거쳐야 하는 것 – 암호문에 오룻값 누적 → 다른 암호키로 해당 암호문과 암호키 p 암호화 → 복호화 회로를 통해 암호키 p에 대한 이전 암호문 복호화 → 기존에 누락된 오룻값이 제거된 새로운 암호문 생성 → 지속적 연산 가능

⑤문단	**격자 기반 완전 동형암호의 단점** ① 데이터의 저장 공간이 많이 필요함. ② 연산 속도가 느림.
⑥문단	**CRT 기반 완전 동형암호의 원리** – 하나의 원문을 암호키(특정한 정수)로 나눈 나머지 값을 암호문으로 이용하고 이 나머지 값에서 원문을 복호화함. – 각 원문마다 암호키 개수만큼 암호문이 만들어짐. – 원문을 각 암호키로 나누었을 때 나머지 값과 각 암호키를 알면 원문 복호화 ○
⑦문단	**CRT 기반 완전 동형암호의 장점** ① 격자 기반의 방식보다 더 많은 데이터 저장 ② 연산 속도가 빠름. ↑ ③ 병렬적으로 연산 수행 ○

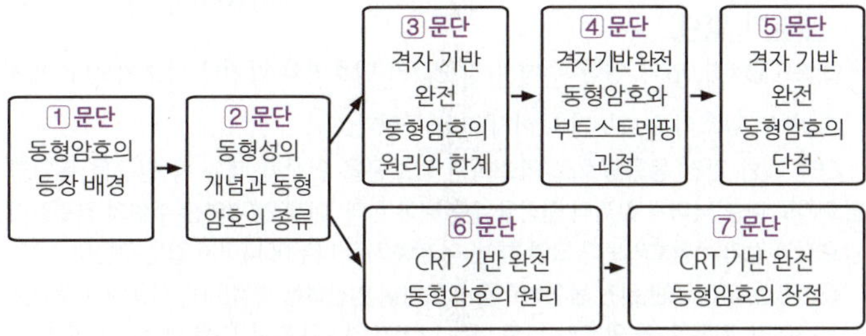

■ **주제**: 격자 기반 완전 동형암호와 CRT 기반 완전 동형암호의 원리

---

21 정답 ① * 내용 파악하기 ······················· [정답률 74%]

윗글의 내용과 일치하지 않는 것은?

> **오I** 정답 ?

① ~~제한적~~ (부분) 동형암호는 컴퓨터의 특정한 한 종류의 연산에만 동형성을 갖는 암호이다.

[②문단 ❷문장 이때 연산의 횟수에 제한 없이 특정한 한 종류의 연산에만 동형성을 갖는 암호를 부분 동형암호, 연산의 종류와 관계없이 특정 횟수까지만 동형성을 갖는 암호를 제한적 동형암호라고 하며, ~

> **오I** 오답 ?

② 격자 기반 완전 동형암호는 수학적으로 답을 찾기 어려운 문제를 응용하여 만들어졌다.

[③문단 ❷문장 그중 격자 기반 완전 동형암호는 수학계에서 답을 찾기 어렵다고 알려진 격자 문제를 응용하여 만들어졌다.

③ 공개키 방식으로 암호화된 데이터를 연산하기 위해서는 원래의 데이터로 복호화해야 한다.

[①문단 ❷문장 ~ 공개키 암호화 방식으로 암호화된 데이터는 통계 처리를 위한 연산을 수행하기 위해서 원래 데이터로 복원하는 복호화 과정을 거친 후 연산을 수행하고 그 결과를 다시 암호화해야 한다.

④ CRT 기반 완전 동형암호는 원문을 특정한 정수로 나눈 나머지 값을 암호문으로 사용한다.

[⑥문단 ❷문장 이 방식(CRT 기반 완전 동형암호)은 하나의 원문을 특정한 정수인 암호키로 나눈 나머지 값을 암호문으로 이용하고, 이 나머지 값에서 원문을 복호화하는 방법이다.

⑤ 격자 기반 완전 동형암호는 암호키와 임의의 정수를 곱한 수를 원문에 더해서 암호문을 만든다.

[③문단 ❹문장 (격자 기반 완전 동형암호는) 암호키 p와 임의의 정수를 곱한 수를 원문에 더하면 암호문이 만들어지는데 ~

---

22 정답 ⑤ * 내용 파악 + 추론하기 ··············· [정답률 73%]

부트스트래핑 에 대해 이해한 내용으로 적절하지 않은 것은?

> **오I** 정답 ?

⑤ 부트스트래핑의 결과로 생성된 새로운 암호문에는 오룻값이 ~~없다.~~ (추가된다.)

[④문단 ❹문장 이때 (부트스트래핑 과정을 거친 후) 새로운 암호문이 만들어지면서 오룻값이 추가되지만 ~

부트스트래핑 과정을 거치면 그동안의 연산 과정에서 누적된 오룻값은 모두 제거된다. 하지만 새 암호문이 만들어질 때 새로운 오룻값이 추가된다.

> **오I** 오답 ?

① 부트스트래핑은 동일한 암호문을 연산할 때 덧셈 연산보다 곱셈 연산을 많이 수행할수록 더 빨리 시작된다. (오룻값이 급격하게 커지기 때문임.)

[③문단 ❺문장 그래서 암호문의 연산을 반복할수록 오룻값이 커지게 되며, 특히 곱셈 연산을 수행할수록 오룻값이 급격하게 커지기 때문에 ~

암호문의 연산을 반복할수록, 특히 곱셈 연산을 수행할수록 오룻값이 급격하게 커진다.

② 부트스트래핑은 암호문의 연산 과정에서 오룻값이 한계치에 이르렀을 때 진행된다.

[④문단 ❶문장 따라서 연산을 지속적으로 수행하기 위해서는 오룻값이 한계치에 이른 암호문은 부트스트래핑 과정을 반드시 거쳐야 한다.

③ 부트스트래핑에 사용되는 암호키는 이전 암호화에 사용된 암호키와 다르다.

[④문단 ❷문장 일정 횟수의 덧셈과 곱셈 연산을 수행하여 암호문에 오룻값이 누적되면, 다른 암호키로 해당 암호문과 암호키 p를 암호화한다.

④ 부트스트래핑의 과정을 거치면 이전 암호화된 암호문이 복호화된다.

[④문단 ❸문장 그리고 (부트스트래핑 과정에서) 복호화 회로를 통해 기존의 암호키 p에 의한 이전 암호문을 복호화하면 그동안의 연산 과정에서 누적된 오룻값이 제거된 새로운 암호문이 만들어진다.

---

23 정답 ③ * 정보 간 관계 파악하기 ··············· [정답률 63%]

㉠과 ㉡을 비교하여 이해한 내용으로 적절하지 않은 것은?

	㉠ '격자 기반 완전 동형암호'	㉡ 'CRT 기반 완전 동형암호'
원리	원문 데이터를 비트 단위로 변환하고 각각의 비트를 개별적으로 암호화함.	하나의 원문을 특정한 정수인 암호키로 나눈 나머지 값을 암호문으로 이용하고, 이 나머지 값에서 원문을 복호화함.
공통점	연산을 지속적으로 수행하기 위해서 부트스트래핑 과정을 거쳐야 함.	
특징	• 원문에 비해 암호문의 값이 10~100배↑ → 데이터의 저장 공간이 많이 필요함. • 개별 비트 단위로 암호문의 연산과 부트스트래핑 과정을 거쳐야 함. → 연산 속도 ↓	• 암호키의 개수는 임의로 설정할 수 있음. • 암호키의 개수만큼 암호문이 만들어짐. • ㉠보다 더 많은 데이터를 저장할 수 있음. • ㉠에 비해 연산 값↓ → 연산 속도↑ • ㉠과 달리 병렬적으로 연산을 수행할 수 있음.

③ ㉡은 ㉠과 **달리** 암호문에 오룻값을 추가하여 안전성을 높인다.
　　　　　같이

- ③문단 ❹문장 (격자 기반 완전 동형암호는) 암호키 p와 임의의 정수를 곱한 수를 원문에 더하면 암호문이 만들어지는데, 이 과정에서 무작위로 오룻값을 추가하여 안전성을 높인다.
- ⑦문단 ❶문장 이 방식(CRT 기반 완전 동형암호) 또한 안전성을 위해서 암호키의 개수를 늘려 계산이 복잡하고 무작위로 오룻값을 추가하기 때문에 ~

㉠ '격자 기반 완전 동형암호'가 암호문을 만드는 과정에서 무작위로 오룻값을 추가하여 안전성을 높이는 것과 마찬가지로 ㉡ 'CRT 기반 완전 동형암호'도 안전성을 위해서 무작위로 오룻값을 추가한다.

① ㉠은 ㉡과 달리 비트 단위로 암호문 연산을 수행한다.
　　정수 단위로 수행함.

- ③문단 ❸문장 이 방식(격자 기반 완전 동형암호)은 원문 데이터를 비트 단위로 변환하고 각각의 비트를 개별적으로 암호화한다.
- ⑦문단 ❷문장 하지만 (CRT 기반 완전 동형암호는) 데이터를 정수 단위로 암호화하기 때문에 ~

② ㉠은 ㉡과 달리 원문을 암호화했을 때 암호문의 값이 원문보다 커진다.
　　원문보다 작아짐.

- ⑤문단 ❶문장 이 방식(격자 기반 완전 동형암호)은 원문을 비트 단위로 변환하여 각 비트별로 암호화하기 때문에 원문에 비해 암호문의 값이 10~100배가량 커져서 데이터의 저장 공간이 많이 필요하다.

㉡ 'CRT 기반 완전 동형암호'는 원문을 암호키로 나눈 나머지 값을 암호문으로 사용하기 때문에 암호문의 값이 원문보다 작다.

④ ㉡은 ㉠과 달리 데이터를 병렬적으로 연산하는 것이 가능하다.

- ⑦문단 ❸문장 또한 CRT 방식(㉡)은 ~ 격자 기반의 방식과 달리 병렬적으로 연산을 수행할 수 있다.

⑤ ㉠과 ㉡은 모두 암호문을 연산하는 횟수에 제한이 없다.
　　둘 다 완전 동형암호임.　　　　　완전 동형암호의 특징

- ②문단 ❷문장 ~ 횟수에 제한 없이 컴퓨터의 주된 연산인 덧셈, 곱셈에 동형성을 갖는 암호를 완전 동형암호라고 한다.
- ③문단 ❶문장 완전 동형암호는 암호화에 사용하는 원리에 따라 격자 기반, CRT(Chinese Remainder Theorem) 기반 등으로 나뉜다.
　　　　　　　　　　　　　㉠
　　　　　　　　　　　　　㉡

---

24 정답 ③ ＊ 구체적 사례나 상황에 적용하기 ★1등급 대비

[① 6% ② 17% ③ 44% ④ 19% ⑤ 10%]

[A]를 바탕으로 〈보기〉를 이해한 내용으로 가장 적절한 것은? [3점]

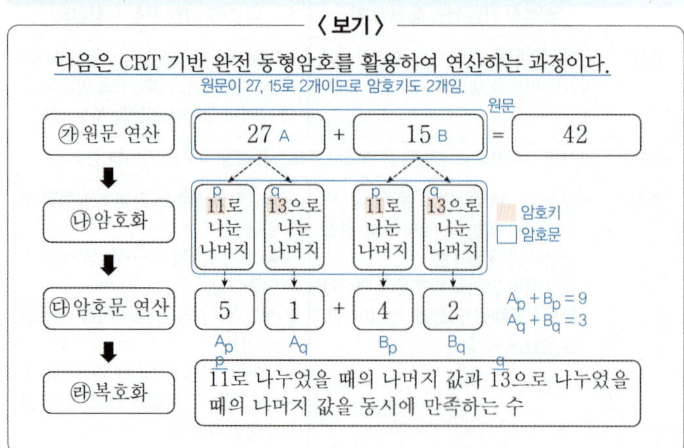

단서 〈보기〉는 CRT 기반 완전 동형암호를 활용하여 연산하는 과정이라고 했다.

적용 [A]에 제시된 CRT 기반 완전 동형암호로 원문 A와 B를 덧셈 연산한 결과와 〈그림〉을 〈보기〉에 적용한다.

[A]	〈보기〉
 A + B = A+B ← 원문 연산 A_p + B_p = $(A+B)_p$ (p로 나눈 나머지) A_q + B_q = $(A+B)_q$ (q로 나눈 나머지) ← 암호문 연산	A = 27, B = 15, A + B = 42 p = 11, q = 13 Ap = 5, Aq = 1, Bp = 4, Bq = 2 (A + B)p = 9, (A + B)q = 3

③ ㉰에서 만들어진 암호문을 연산한 결괏값은 암호키로 다시 나눌 필요가 없다.
　　　　　　　　　　　각각 암호키 11, 13보다 작으므로

- ⑥문단 ❼문장 만약 연산 수행의 결괏값이 암호키와 같거나 암호키보다 크면 한 번 더 암호키로 나누어 나머지 값을 구한다.
　　　　　9, 3　　　　　11, 13

CRT 기반 완전 동형암호로 암호화된 암호문을 연산할 때는 각 원문을 동일한 암호키로 나눈 나머지 값끼리 연산을 수행해야 한다. 이때 만약 연산 수행의 결괏값이 암호키와 같거나 암호키보다 크면 한 번 더 암호키로 나누어 나머지 값을 구한다.

〈보기〉는 CRT 기반 완전 동형암호를 활용하여 연산하는 과정이며, 사용된 암호키는 11, 13이다. 원문 27을 암호키 11로 나눈 나머지 값 5와 원문 15를 암호키 11로 나눈 나머지 값 4를 덧셈 연산하면 9가 된다[(A+B)p]. 그리고 원문 27을 13으로 나눈 나머지 값 1과 원문 15를 암호키 13으로 나눈 나머지 값 2를 덧셈 연산하면 3이 된다[(A+B)q].

암호문의 연산을 수행한 결괏값인 9와 3은 각각 암호키 11과 13보다 작기 때문에 이를 암호키로 다시 나누지 않아도 된다.

① ㉮에서 원문 연산의 결괏값을 암호키로 암호화하면 5, 4가 된다.
　　　　　　　　　　　　　　　　　　　　9, 3

〈보기〉에서 원문 연산의 결괏값은 42이다. 이를 암호키 11과 13으로 암호화하면 각각 9와 3이다.

② ㉯에서 각 원문을 암호화한 암호키의 개수는 총 4개이다.
　　　　　　　　　　　　　　　　　　　　　　　2

- ⑥문단 ❸문장 이때 암호키의 개수는 임의로 설정할 수 있으며 각각의 원문마다 암호키의 개수만큼 암호문이 만들어진다.

〈보기〉에서 각 원문에 대해 암호문의 개수가 2개로 나타나 있으므로 각 원문을 암호화한 암호키의 개수 역시 총 2개이다.

> **매력 오답** 〈보기〉의 ㉯와 ㉰에 제시된 항목이 4개라서 암호키의 개수가 4개라고 생각한 학생들이 많았다.
> ⑥문단에 따르면 암호키는 특정한 정수이고, ㉯에 제시된 암호키는 11과 13으로 총 2개였다.

④ ㉱에서 암호키를 알면 나머지 값을 몰라도 원문 27과 15를 복호화할 수 있다.
　　　　　　　　　　　　　나머지 값도 알아야 함.

- ⑥문단 ❾문장 그리고 원문을 각 암호키로 나누었을 때의 나머지 값과 각 암호키를 알면 원문을 복호화할 수 있다.

> **매력 오답** 지문에 언급된 내용의 일부만 기억해서 ④를 정답이라고 착각한 학생들이 있었다.
> ⑥문단에서 원문을 각 암호키로 나누었을 때의 나머지값과 각 암호키를 알면 원문을 복호화할 수 있다고 한 것과 〈보기〉의 ㉱에서도 '나머지 값을 동시에 만족하는 수'라고 한 것을 통해 나머지 값을 알아야 복호화할 수 있음을 유추했어야 한다.

⑤ ㉮~㉰의 과정을 통해 만들어진 연산 결괏값은 암호문과 **달리** 정수이다.
　　　　　　　　　　　　　　　　　　　　　　　　　같이

- ⑥문단 ❷문장 이 방식(CRT 기반 완전 동형암호)은 하나의 원문을 특정한 정수인 암호키로 나눈 나머지 값을 암호문으로 이용하고, 이 나머지 값에서 원문을 복호화하는 방법이다.

CRT 기반 완전 동형암호는 원문을 정수 단위로 암호화하고 연산하기 때문에 암호문과 암호문의 연산 결괏값은 역시 정수이다.

25 정답 ④　＊ 어휘의 의미 파악하기 ·························· [정답률 76%]

문맥상 ⓐ~ⓔ와 바꾸어 쓰기에 가장 적절한 것은?

> 왜 정답 · 오답?

		사전적 의미	선택지	사전적 의미
①	ⓐ '이루어지고'	어떤 대상에 의하여 일정한 상태나 결과가 생기거나 만들어지다.	달성(達成)되고	목적한 것이 이루어지다.
②	ⓑ '말한다'	어떤 사정이나 사실, 현상 따위를 나타내 보이다.	제시(提示)한다	어떠한 의사를 말이나 글로 나타내어 보이게 하다.
③	ⓒ '나뉜다'	여러 가지가 섞인 것이 구분되어 분류되다.	분리(分離)된다	서로 나뉘어 떨어지거나 그리 되다.
④	ⓓ '이른'	어떤 정도나 범위에 미치다.	도달(到達)한	어떤 수준에 이르러 다다르다.
⑤	ⓔ '만들어진다'	글이나 노래가 지어지거나 문서 같은 것이 짜이다.	결성(結成)된다	단체나 조직 따위가 만들어진다.

26~28

(가) 윤동주, 〈위로〉

＃ 출제　❶ 화자, 중심 대상　❷ 상황, 정서, 태도　❸ 표현상 특징

　　　　　: ❸ 동일한 종결 어미를 반복하여 운율을 형성함.

① 거미란 놈이 흉한 심보로 병원 뒤뜰 난간과 꽃밭 사이 사람 발이
　❶ 중심 대상　❸ 의인법을 활용하여 중심 대상을 표현함.
잘 닿지 않는 곳에 그물을 처 놓았다. [옥외 요양을 받는 젊은
거미의 교활한 속성이 드러남.　＃ [ ]: ❷ 상황 – 옥외 요양을 받는 사나이가 거미줄을 친 거미를 바라봄.
사나이가 누워서 치어다보기 바르게–]
❶ 중심 대상　　　치어다보기
　　　　　＊의인법: 사람이 아닌 것을 사람처럼 표현하는 방법
〔옥외: 집 또는 건물의 밖

＊①연 요약: 사나이의 시야에 거미줄을 친 거미

　　　❸ 색채어를 활용하여 시적 대상을 시각적으로 표현함.

② [나비가 한 마리 꽃밭에 날아들다 그물에 걸리었다. 노오란 날개를
　＃ [ ]: ❷ 상황 – 나비가 거미줄에 걸려 벗어나지 못함.
파득거려도 파득거려도 나비는 자꾸 감기우기만 한다.] ❸ 거미가
＃ ❸ 동일한 시어를 반복하여 시적 상황을 강조함.
쏜살같이 가더니 끝없는 끝없는 실을 뽑아 나비의 온몸을 감아
　＃ ❸ 동일한 시어를 반복하여 시적 상황과 의미를 강조함.
버린다. ❹ 사나이는 긴 한숨을 쉬었다.
＃ ❷ 태도: 그물에 감긴 나비를 보며 한숨만 쉴 뿐인 사나이의 무기력한 태도

＊②연 요약: 거미줄에 걸린 나비

③ 나이보담 무수한 고생 끝에 때를 잃고 병을 얻은 이 사나이를
위로할 말이–거미줄을 헝클어 버리는 것밖에 위로의 말이 없었다.
사나이를 위로해주는 행위 → 부정적 상황을 해결하기 위해 할 수 있는 행동이 미약함.

＊③연 요약: 사나이를 위해 해줄 수 있는 위로

★ (가) 독해 공식

❶ 화자: 드러나 있지 않음. 중심 대상: '거미', '사나이'
❷ 상황: 옥외 요양을 받는 사나이가 사나이가 거미줄을 친 거미를 바라봄. 나비가 거미줄에 걸림.
　정서, 태도: 그물에 감긴 나비를 보며 한숨만 쉴 뿐인 사나이의 무기력한 태도
❸ 표현상 특징
• 동일한 종결 어미를 반복하여 운율을 형성함.
• 의인법을 활용하여 중심 대상을 표현함.
• 동일한 시어를 반복하여 시적 상황과 의미를 강조함.
• 자연물에 상징적 의미를 부여해 일제 강점기의 암울한 현실을 드러냄.

■ 갈래: 현대시
■ 글쓴이: 윤동주(1917~1945). 일제강점기 후반의 양심적 지식인의 한 사람으로 인정받았으며, 그의 시는 일제와 조선총독부에 대한 비판과 자아 성찰 등을 소재로 많은 시 작품을 남겼다. 유고 시집으로는 《하늘과 바람과 별과 시》가 있으며, 대표작으로는 〈서시〉, 〈별 헤는 밤〉, 〈쉽게 쓰여진 시〉, 〈자화상〉 등이 있다.
■ 주제: 암울한 현실을 해결하지 못하는 자신에 대한 비애와 성찰
■ 이것이 핵심!: 시대적 현실을 반영한 시어와 시구의 의미

시어, 시구	상징
거미	우리 민족에게 폭력을 행사하는 대상, 부정적 현실 (일제강점기)
사나이	현실에 무기력한 민중
나비	부정적 대상에게 핍박받으며 희생당하는 민중
나비가 거미줄에 얽힘.	부정적 대상에게 희생당함.
거미줄을 헝클어버리는 것	희생당하는 민중에게 건네는 미약한 위로

(나) 황동규, 〈달밤〉

＃ 출제　❶ 화자, 중심 대상　❷ 상황, 정서, 태도　❸ 표현상 특징
△: 화자가 처한 부정적 상황

❶ 누가 와서 나를 부른다면
　❶ 화자　❸ 가정법을 활용하여 시적 상황을 설정함.
❷ 내 보여 주리라
❸ 종결 어미 '-리라'를 활용하여 화자의 의지를 드러냄.
❸ 저 얼은 들판 위에 내리는 달빛을.
❹ 얼은 들판을 걸어가는 한 그림자를
　❶ 중심 대상: 어려운 현실에서도 밝고 깨끗함을 유지하는 존재
　　❸ 도치법을 활용하여 화자가 보여 주고자 하는 대상을 강조함.
　　❷ 상황: 달빛이 내리는 언 들판을 걸어감.
❺ 지금까지 내 생각해 온 것은 모두 무엇인가.
　화자 자신의 고독한 모습
　　＊도치법: 정상적인 문장 성분의 어순을 바꾸어 의미를 강조하는 방법
❻ 친구 몇몇 친구 몇몇 그들에게는
　❷ 태도: 자신이 살아온 삶에 대해 성찰하는 태도
❼ 이제 내 것 가운데 그중 외로움이 아닌 길을
　화자가 소중하게 생각하는 대상
　＃ ❸ 동일한 시어를 반복하여 시적 의미를 강조함.
❽ 보여 주게 되리.
　＃ ❸ 달빛의 밝은 속성을 내면화한 후 외로움을 느끼지 않게 됨. → 화자가 지향하는 삶의 자세
❾ 오랫동안 네 여며온 고의춤*에 남은 것은 무엇인가.
　❷ 소중한 대상(친구)에게 자신이 지향하는 삶의 자세를 드러내고 싶음.
❿ 두 팔 들고 얼음을 밟으며
　❸ '너'를 구체적 청자로 설정하여 말을 건네는 방식을 활용함.
⓫ 갑자기 구름 개인 들판을 걸어갈 때
　❷ 상황: 달빛을 받으며 달빛의 순수함을 내면화함.
⓬ 헐벗은 옷 가득히 받는 달빛 달빛.
　화자가 지향하는 공간
　❸ 명사로 시상을 마무리하여 시적 여운을 형성함.

＊❶~⓬행 요약: 길의 진정한 의미를 깨닫게 된 사람들이 파악한 길의 의미

＊고의춤: 고의나 바지의 허리를 접어서 여민 사이

★ (나) 독해 공식

❶ 화자: '나', 중심 대상: '달빛'
❷ 상황: 달빛이 내리는 언 들판을 걸어감. 달빛을 받으며 달빛의 순수함을 내면화함.
　정서, 태도: 화자가 자신의 삶을 성찰하며 지향하는 삶의 자세를 드러냄.
❸ 표현상 특징
• 가정법을 활용하여 시적 상황을 설정함.
• 종결 어미 '-리라'를 활용하여 화자의 의지를 드러냄.
• 도치법을 활용하여 화자가 보여 주고자 하는 대상을 강조함.
• 동일한 시어를 반복하여 시적 의미를 강조함.
• '너'를 구체적 청자로 설정하여 말을 건네는 방식을 활용함.
• 명사로 시상을 마무리하여 시적 여운을 형성함.

■ 갈래: 현대시
■ 주제: 내적 순수성의 인식을 통해 얻은 삶의 자세
■ 이것이 핵심!: 시어의 대립적 의미

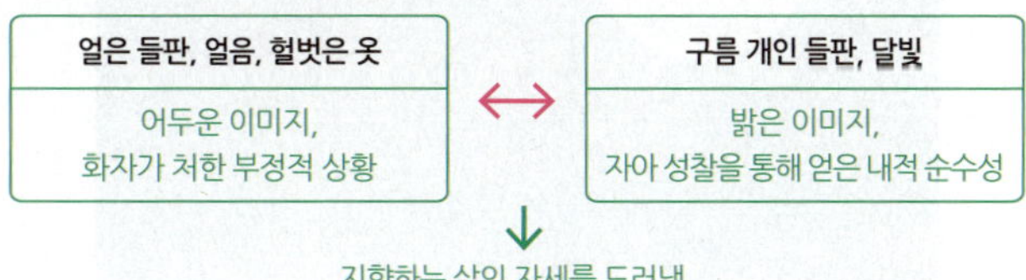

· **공통점:** (가)와 (나)는 자연물을 활용하여 부정적 현실을 드러내고 있다.
· **차이점:** (가)는 암울한 상황에 처한 무기력한 대상(사나이)을 통해 현실 상황을 드러내고 이에 대한 화자의 위로를 표현하고 있다. (나)는 부정적 상황에 처한 화자가 자신을 성찰하고 '달빛'을 내면화하여 순수한 삶을 살고자 하는 의지를 드러내고 있다.

26 정답 ① * 작품 비교하기 ★1등급 대비

[① 56% ② 2% ③ 7% ④ 7% ⑤ 25%]

(가)와 (나)의 공통점으로 가장 적절한 것은?

⟩왜 틀렸나?

(가)와 (나)에서 동일한 시어가 반복되는 부분을 찾지 못한 학생들이 많았다. 지문에 반복되어 나타나는 표현은 문제로 출제될 가능성이 높기 때문에, 지문을 읽을 때 미리 표기해두는 것이 좋다.

⟩왜 정답?

① 동일한 시어를 반복하여 시적 의미를 강조하고 있다.
(가): 나비가 거미줄에 상황을 강조함. (나): 시적 대상을 강조함.

(가) ②연 ❷, ❸ 노오란 날개를 파득거려도 파득거려도 나비는 자꾸 감기우기만 한다. 거미가 쏜살같이 가더니 끝없는 끝없는 실을 뽑아 나비의 온몸을 감아 버린다.

(나) ❻~❽행 친구 몇몇 친구 몇몇 그들에게는 / 이제 내 것 가운데 그중 외로움이 아닌 길을 / 보여 주게 되리.

(나) ❿~⓬행 두 팔 들고 얼음을 밟으며 / 갑자기 구름 개인 들판을 걸어갈 때 / 헐벗은 옷 가득히 받는 달빛 달빛.

(가)의 2연에서 '파득거려도 파득거려도', '끝없는 끝없는'의 시어를 반복하며 연약한 나비가 거미줄에 감기는 상황을 드러냄으로써 폭력에 노출된 나비의 상황을 강조하고 있다.

(나)에서는 '친구 몇몇 친구 몇몇', '달빛 달빛'의 시어를 강조하며 내적 순수성을 발견하고 이를 소중한 대상과 나누고 싶은 화자의 마음을 강조하고 있다.

⟩왜 오답?

② 명사로 시상을 마무리하여 시적 여운을 드러내고 있다.
(가)는 명사로 시상을 마무리하지 않음. (나)는 명사 '달빛'으로 시상을 마무리 함.
* 근거: (나) ⓬행

③ 반어적 표현을 활용하여 화자의 태도를 부각하고 있다.
(가), (나) 모두 드러나지 않음.

④ 영탄적 어조를 통해 시적 대상의 속성을 예찬하고 있다.
(가), (나) 모두 드러나지 않음.

⑤ 공감각적 심상을 이용하여 애상적 분위기를 조성하고 있다.
(가), (나) 모두 드러나지 않음.   (가), (나) 모두 드러나지 않음.

> **매력 오답** 공감각적 심상을 정확히 알지 못해서 틀린 학생들이 많았다. 공감각적 심상은 '하나의 감각이 동시에 다른 영역의 감각을 불러일으킴으로써 일어나는 심상'이다.
> 예 푸른 종소리 ➡ 청각적 이미지인 '종소리'를 색채어 '푸른'으로 시각화하여 표현함.
> 청각의 시각화

27 정답 ④ * 시어 및 구절의 의미 파악하기 [정답률 78%]

(가), (나)의 시어에 대한 이해로 적절하지 않은 것은?

⟩왜 정답?

④ (나)에서 '이제'를 활용하여 친구 몇몇과의 만남으로 인해 외로움이 아닌 길이 시작되었음을 드러내고 있군.
외로움이 아닌 길을 먼저 알게 됨.

(나) ❻~❽행 친구 몇몇 친구 몇몇 그들에게는 / 이제 내 것 가운데 그중 외로움이 아닌 길을 / 보여 주게 되리.

(나)에서 화자는 '지금까지 내 생각해 온 것은 무엇인가.'라고 하며 삶에 대한 성찰의 자세를 보인다. 이후 달빛이 비추는 길이 '외로움이 아닌 길'임을 깨닫고, 이를 '친구 몇몇 친구 몇몇'에게 보여주고자 한다.

따라서 친구 몇몇과의 만남으로 외로움이 아닌 길이 시작되었음을 나타내고 있는 것이 아니라, 외로움이 아닌 길임을 알게 된 후 친구들을 만난 것이다.

⟩왜 오답?

① (가)에서 '바르게'를 활용하여 사나이가 누워 있는 곳이 거미가 쳐 놓은 그물을 쳐다보기에 좋은 위치임을 나타내고 있군.
옥외 요양을 받는 중인 사나이가 쳐다보기 좋은 위치임.

(가) ①연 거미란 놈이 ~ 그물을 쳐 놓았다. 옥외 요양을 받는 젊은 사나이가 누워서 치어다보기 바르게─

② (가)에서 '자꾸'를 활용하여 거미가 쳐 놓은 그물에 걸려 계속해서 감기기만 하는 나비의 힘든 상황을 그려 내고 있군.
자꾸 거미줄에 감기기만 하는 나비의 상황을 드러냄.

(가) ②연 ❶, ❷ 나비가 한 마리 꽃밭에 날아들다 그물에 걸리었다. 노오란 날개를 파득거려도 파득거려도 나비는 자꾸 감기우기만 한다.

③ (가)에서 '쏜살같이'를 활용하여 나비를 감기 위해 매우 빠르게 움직이는 거미의 행동을 강조하고 있군.
거미줄에 걸린 나비를 감기 위해 쏜살같이 빠르게 움직이는 거미의 행동

(가) ②연 ❸ 거미가 쏜살같이 가더니 끝없는 끝없는 실을 뽑아 나비의 온몸을 감아 버린다.

⑤ (나)에서 '가득히'를 활용하여 달빛이 화자의 헐벗은 옷을 환히 비추는 상황을 드러내고 있군.
달빛이 화자의 헐벗은 옷을 '가득히' 비추고 있음.

(나) ❿~⓬행 두 팔 들고 얼음을 밟으며 / 갑자기 구름 개인 들판을 걸어갈 때 / 헐벗은 옷 가득히 받는 달빛 달빛.

28 정답 ① * ⟨보기⟩를 바탕으로 감상하기 ★1등급 대비

[① 48% ② 8% ③ 9% ④ 7% ⑤ 26%]

⟨보기⟩를 바탕으로 (가), (나)를 감상한 내용으로 적절하지 않은 것은? [3점]

─── ⟨ 보기 ⟩ ───
❶ (가)와 (나)는 각각 일제 강점기와 1950년대의 부정적 현실을 배경으로
(가)의 배경이 되는 부정적 현실   (나)의 배경이 되는 부정적 현실
❷ 한다. 모두 자연물을 활용하고 있다는 공통점이 있지만, 화자가 현실에
(가): 거미, 나비 / (나): 달빛 ❸
대응하는 태도는 다르다. (가)는 암울한 현실에서 무기력한 우리 민족의
나비가 거미줄에 감겨 꼼짝하지 못하는 상황, 사나이가 나비를 바라보기만 할 수 있는 상황
상황을 표현하며 이를 위로하는 화자의 행동을, (나)는 질문을 통해
거미줄을 헝클어 버림.
자신을 성찰하고 자연물의 속성을 내면화하여 순수한 삶을 살고자 하는
달빛의 순수한 속성
화자의 자세를 드러내고 있다.

단서 〈보기〉를 바탕으로 (가), (나)를 감상한 내용을 묻고 있다.

발상 〈보기〉의 내용을 바탕으로 (가), (나)를 이해한다.

적용 (가)
- 활용하는 자연물: 거미, 나비
- 무기력한 우리 민족의 상황: 나비가 거미줄에 걸려 꼼짝하지 못함. 사나이가 나비를 바라보기만 할 수 있음.
- 이를 위로하는 화자의 행동: 거미줄을 헝클어 버림.

(나)
- 활용하는 자연물: 달빛
- 질문을 통해 자신을 성찰함.: 오랫동안 여며온 고의춤에 남은 것이 무엇인지 질문함.
- 자연물의 속성을 내면화함.: 환히 비추는 달빛을 받음.

해결 (가)에서 '나비'가 '꽃밭'으로 '날아'드는 것은 부정적 상황에 처하기 전의 일임. → 암울한 현실에 대응하려는 화자의 의지를 드러낸 것이 아님.

왜 정답?

① (가)에서 '나비'가 '꽃밭'으로 '날아'드는 것은 일제 강점기의 암울한 현실에 대응하려는 ~~화자의 의지~~를 드러낸 것이겠군.
암울한 현실에 처하기 전의 상황임.

→ (가) ② 연 ❶ 나비가 한 마리 꽃밭에 날아들다 그물에 걸리었다.

(가)에서 부정적 현실은 '나비'가 거미줄에 걸려 꼼짝하지 못하는 상황으로 형상화되고 있다. 이때 '나비'는 '꽃밭'으로 '날아'들다 거미줄에 걸려 꼼짝하지 못하게 된다.

즉 '나비'가 '꽃밭'으로 '날아'드는 것은 거미줄에 걸리기 전의 상황으로, 암울한 현실에 처하기 전의 상황으로 볼 수 있다. 따라서 암울한 현실에 대응하려는 화자의 의지가 드러나지 않는다.

왜 오답?

② (가)에서 '한숨을 쉬'는 '사나이'를 위해 '거미줄을 헝클어 버리는' 것은 무기력한 우리 민족의 상황을 위로하는 화자의 행동을 드러낸 것이겠군.
사나이를 위로할 말이 거미줄을 헝클어 버리는 것밖에 없었음.

- (가) ② 연 ❹ 사나이는 긴 한숨을 쉬었다.
- (가) ③ 연 ❶ 나이보담 무수한 고생 끝에 때를 잃고 병을 얻은 이 사나이를 위로할 말이─거미줄을 헝클어 버리는 것밖에 위로의 말이 없었다.
- 〈보기〉 ❸ 문장 (가)는 암울한 현실에서 무기력한 우리 민족의 상황을 표현하며 이를 위로하는 화자의 행동을, ~

(가)의 화자는 거미줄에 자꾸만 감기는 나비를 보며 한숨을 쉬는 사나이를 위해 거미줄을 헝클어 버리며, 이것밖에 위로의 말이 없다고 하고 있다.

〈보기〉에 따르면 이는 화자가 암울한 현실에 대해 무기력하게 폭력을 당한 우리 민족을 위로하는 행동이라고 해석할 수 있다.

- **헝클다**: 실이나 줄 따위의 가늘고 긴 물건을 풀기 힘들 정도로 몹시 얽히게 하다.
- **무기력하다**: 어떠한 일을 감당할 수 있는 기운과 힘이 없다.

③ (나)에서 '달빛'을 '받'으며 '구름 개인 들판을 걸어'가는 것은 달의 밝은 이미지를 내면화하여 순수한 삶을 살겠다는 화자의 자세를 드러낸 것이겠군.
달빛을 가득히 받으며 구름 개인 들판을 걸어감.

- (나) ⓫, ⓬ 행 갑자기 구름 개인 들판을 걸어갈 때 / 헐벗은 옷 가득히 받는 달빛 달빛.
- 〈보기〉 ❸ 문장 ~ (나)는 ~ 자연물의 속성을 내면화하여 순수한 삶을 살고자 하는 화자의 자세를 드러내고 있다.

(나)에서 화자는 자아 성찰이 끝난 후 암울한 현실을 상징하는 '얼음'을 밟으며 가고 있는데, 화자가 지향하는 공간인 '구름 개인 들판'을 걸어가면서 '달빛'을 가득히 받고 있다.

'달빛'은 화자가 추구하는 순수한 삶을 드러내는 존재로, 이를 가득히 받는다는 것은 달빛의 이미지를 내면화하여 순수한 삶을 살겠다는 화자의 자세를 드러낸 것이라고 할 수 있다.

④ (나)에서 '내 생각해 온 것'이 '무엇'인지를 물으며 자기 내면을 들여다보는 것은 질문을 통해 자신의 삶을 성찰하는 화자의 모습을 드러낸 것이겠군.
지금까지 자신이 생각해 온 것은 모두 무엇인지 스스로 질문을 던짐.

- (나) ❺ 행 지금까지 내 생각해 온 것은 모두 무엇인가.
- 〈보기〉 ❸ 문장 ~ (나)는 질문을 통해 자신을 성찰하고 ~

(나)의 화자는 암울한 현실을 의미하는 '얼은 들판'을 걸어가며 스스로에게 지금까지 자신이 생각해 온 것은 모두 무엇인지 질문을 던지며 자아를 성찰하고 있다.

⑤ (가)에서 '거미란 놈'의 '그물'에 걸려 '나비'가 '날개를 파득거'리는 것과 (나)에서 화자가 '얼은 들판을 걸어'가며 '얼음'을 밟'는 것은 모두 자연물을 활용하여 부정적 현실을 드러낸 것이겠군.
(가): '그물', (나): '얼은 들판', '얼음'

- (가) ② 연 ❷, ❸ 노오란 날개를 파득거려도 파득거려도 나비는 자꾸 감기우기만 한다. 거미가 쏜살같이 가더니 끝없는 끝없는 실을 뽑아 나비의 온몸을 감아 버린다.
- (나) ❹ 행 얼은 들판을 걸어가는 한 그림자를
- (나) ⓾ 행 두 팔 들고 얼음을 밟으며
- 〈보기〉 ❶ 문장 (가)와 (나)는 각각 일제 강점기와 1950년대의 부정적 현실을 배경으로 한다.

(가)에서 연약한 존재, 즉 우리 민족을 상징하는 '나비'를 감는 '그물'과 '거미'는 일제 강점기라는 부정적 현실을 드러내는 시어이다.

(나)에서 화자에게 시련을 주는 '얼은 들판'과 '얼음'을 밟는 행위 역시 부정적 현실을 드러낸다고 할 수 있다.

> **매력 오답** (가)와 (나)에서 선택지에서 묻고 있는 부분이 부정적 현실을 드러낸다고 파악하지 못한 학생들이 많았다.
> (가)의 '나비'는 거미가 친 거미줄인 '그물'에 걸려 빠져나오지 못한다는 점에서 '그물'은 부정적 현실을 드러내는 소재이다.
> (나)의 '얼은 들판', '얼음'은 화자가 홀로 걸어가고 있는 공간의 속성으로, 차가운 이미지를 통해 부정적 현실을 드러내고 있다.

29~32 ＊ 공선옥, 〈먼 바다〉

\# 출제 ❶ 중심인물, 배경 ❷ 중심 사건, 갈등 ❸ 서술상 특징

❸ 서술자: 3인칭 서술자, 시점: 전지적 작가 시점

[1] 지금 그 자식들은 저희들이 나고 자란, 저희들의 **탯자리**인 집이
태어난 자리
수몰이 되건 말건 관심이 없다. **수몰 보상금을 나눠 가진** 뒤에는 **제**
태어난 집이 물에 잠겨 사라져도 관심이 없음.
어미가 어찌 살든 내려와 보지도 않는다. 이제 물이 들어차면 덕님은
\# 수몰 보상금 이외에는 관심을 가지지 않음. → 가족 공동체의 붕괴   ❶ 중심인물
순천의 막내딸년 집으로 가기로 되어 있긴 하지만, 시부모와 영감
산소를 지척에 두고 떠나야 하는 심정은 천 갈래 만 갈래로 찢어지는
\# 시부모와 남편 산소를 두고 살던 집을 떠나야 하는 상황에 슬퍼함.
것만 같았다. 그러나 그 심정 누가 알아주랴. 평생을 살면서 영감
❸ 서술자가 개입하여 인물의 상황을 드러냄.
죽을 때 빼고는 이렇게 애통해 본 적이 없었다. [설이 가까워 오건만
[ ]: ❷ 중심 사건 – 명절이 다가와도 찾는 자식이 없어 홀로 남겨진 덕님
어느 자식이 내려온다는 기별도 없다.] [혼자서 설을 쇠어야 하나,
아니면 오라는 소리는 없어도 어느 자식 집으로 쇠러 가야 하나, 팔십
[ ]: ❷ 갈등 – 혼자서 설을 지내야 하는지, 자식 집으로 가야 하는지 혼란스러워하는 덕님의 내적 갈등
노구가 그저 거추장스러울 뿐이다.]

- **수몰**: 물속에 잠김.   **지척**: 아주 가까운 거리
- **애통하다**: 슬퍼하고 가슴 아파하다.
- **기별**: 다른 곳에 있는 사람에게 소식을 전함. 또는 소식을 적은 종이
- **쇠다**: 명절, 생일, 기념일 같은 날을 맞이하여 지내다.   **노구**: 늙은 몸

＊[1] 요약: 가족 공동체가 붕괴되어 홀로 남겨진 덕님

[ ]: ❷ 중심 사건 – 방송국에서 수몰민들이 마지막 설 준비하는 것을 촬영하러 옴.

② [생전에 사람 기척도 없던 집에 오늘은 무슨 방송국에서 촬영을 왔었다. 수몰민들이 마지막 설 준비하는 것을 촬영한다고 했다.]

❶ 공간적 배경
❶ 시간적 배경: 설이 가까운 때

사진 박히는 건 질색이지만 그쪽에서 하도 마지막 설 준비하는 기분이 어떠냐고 물어대싸서, 그만 울음을 터뜨리고 말았다.

방송국 측에서
: ❸ 방언을 활용하여 사실성과 현실성을 부여함.
서러움이 폭발한 덕님의 모습

그랬더니 방송국에서 나온 젊은 처자가 하는 말이, 왜 눈물을 흘리지 않고 우시냐고 물었다.

[A] "눈물이 보타부러서 그러는개비."

붙어버려서
이전에 너무 눈물을 많이 흘려서 이제는 눈물이 말라붙었다는 의미

"할머니 이제 금방 하신 말씀 한 번만 더 해보세요."

덕님에게 공감하지 않은 채 촬영에 이용하기만 함.

그래서 또 쑥스럽지만,

[A]: 수몰민들의 아픔에는 무관심하고 이를 촬영의 소재로만 삼는 언론의 모습

"눈물이 보타부렀어."

처자가 깔깔대며 웃었다. 설 준비하는 흉내를 내라는 데 솥에 넣고 끓일 것이 없어서 물이라도 붓고 불을 땠더니, 불 때는 것이 무슨 구경거리라고 또 사진을 박았다.

덕님에게 전혀 공감하지 못하는 모습
수몰민들의 아픔을 구경거리 삼아 취재하며 아픔에 공감하지 못하는 모습

* ② 요약: 수몰민의 아픔에 공감하지 못하는 타인의 모습

[중략 줄거리] 만수는 남도의 한 수몰 예정지에 살면서 월남전에 함께 참전했던 대석을 부른다. 뚝방 동네에 살던 대석은 수몰 예정지에 사업거리가 있다는 만수의 말을 듣고 어린 아들 명호를 데리고 만수를 찾아가고 세 사람은 동네를 돌아다닌다.

만수, 대석, 명호

③ 명호의 노랫가락 덕분인지 그날 밤새 달빛조차 그득했다. [그득한 달빛 아래 그들이 모은 고물들은 내일 새벽 광주의 고물상으로 반출이 될 거였다. 문짝을 떼어 내느라 힘을 쓸 때 처음에는 용기가 나지 않다가 나중에는 우지끈 소리에도 흥이 났다.] 땀이 비 오듯 쏟아졌다.

[ ]: 만수와 대석은 동네에서 문짝을 뜯어 고물상으로 옮기려고 함.
❶ 중심인물: 만수와 대석

[두 사나이가 그렇게 고물을 주워 담는 동안 반지 남편 칠환이는 짐승 수집에 나서고 있는 참이었다.] 칠환이는 작년까지 경기도 광주의 가구 공장에 다녔다. 그곳에서 아내인 반지를 만났다. 두 사람은 열심히 살아 보려고 했으나 칠환이 사고를 당했다. 술을 먹고 오토바이를 타고 퇴근을 하다 오토바이와 함께 전봇대에 부딪혀 칠환은 장애인이 되고 말았다. 행복과 불행은 늘 칠환에게 교대로 왔다. 아내를 만나자 사고를 당했고, 사고를 당하자 고향 집이 수몰 지구가 되었으니 보상금을 타 가라는 연락이 온 것이다. 집이라고 해

[ ]: ❷ 중심 사건 – 만수와 대석은 고물을 줍고 칠환은 짐승을 잡으러 나섬.
❶ 중심인물
오토바이 사고로 인해 칠환이 장애인이 됨.
행복 / 불행

봤자 이미 폐가가 된 지 오래인 집으로 내려와 보상금을 타서 제 병원비로 다 써 버린 칠환은, 이제 남이 버리고 간 집에 제가 들어가 살고 있다. 그러나 그 집은 기름 보일러로 개조한 집이라 칠환네는 기름 살 돈이 없어 고생을 하고 있는 중이었다. 요즘 마을 주변에는 떠난 사람들이 버리고 간 짐승들이 심심찮게 돌아다니고 있었다. 그 짐승들을 물막이 공사하는 인부들이 더러는 키우기도 하고 더러는 잡아먹기도 하는 모양이었다. 오늘 칠환은 그 짐승들을 잡아다가 팔아서 돈을 마련해 볼 생각인 것이다. 그러나 낮에는 용기가 없어 밤에 도둑고양이처럼 살금살금 동네를 돌아다니고 있는 중이었다.

칠환은 수몰 보상금을 병원비로 모두 사용한 상황임.
❶ 공간적 배경: 칠환이 고물을 줍는 만수와 대석을 만나는 장소
칠환이 짐승들을 잡으려는 이유
❶ 시간적 배경

값나가는 소나 개는 이미 처분을 하고 떠난 뒤여서 동네는 값 안 나가는 고양이나 염소와 닭들의 세상이 되어 있었다. 이왕이면 염소를 잡으려고 칠환이 막 동네 고샅길을 거슬러 올라가고 있는데 어디선가 우지끈, 하고 집 무너지는 소리가 났다. 집에 대한 철거 공사는 이주가 완전히 이루어진 후에 한다고 했는데 벌써부터 철거 공사가

주민들이 떠나고 고양이, 염소, 닭들만 남은 동네의 모습
: ❸ 특정한 소리를 활용하여 두 개의 사건을 연결함.
만수와 대석이 폐가의 고물을 떼는 소리를 칠환이 듣게 됨.

시작되었는가 싶어 가슴이 철렁 내려앉았다. 그러나 소리가 낮으므로 본능적으로 몸을 숨겼다. [몸을 숨기고 고개만 내밀어 바라본즉 저쪽에서도 뭔가 불길했던지, 두 명의 사나이가 담 너머로 고개를 내밀어 사방을 살피고 있는 중이다. 작은 머리통이 하나 더 나오는 것을 보니 사람 수는 세 명인 것이 분명했다.]

몰래 살고 있는 집이 철거될까봐 두려움을 느낌.
[ ]: ❷ 중심 사건 – 만수, 대석, 명호와 칠환이 마주침.
만수와 대석
대석의 아들 명호

반출: 운반하여 냄.　물막이: 물이 흘러들거나 넘쳐 나지 않도록 막는 일
더러: 전체 가운데 얼마쯤　처분: 처리하여 치움.
고샅길: 시골 마을의 좁은 골목길. 또는 골목 사이
이주: 본래 살던 집에서 다른 집으로 거처를 옮김.

* ③ 요약: 폐가의 고물을 떼는 만수, 대석과 짐승 수집을 하는 칠환이 마주침.

④ "누구시오?"

'주인'의 준말

㉠ "집쥔이오."

예상치 못한 상황에 집주인이라고 거짓말로 대처함.

칠환이 목소리를 가다듬어 점잖게 말했다. 왜 제 입에서 집주인 이란 말이 나왔는지는 알 수 없었다. 그러나 생각건대 임기응변, 그것은 막다른 길에 접어든 인생에 있어서는 항상 최대의 무기가 아닐 수 없었다. 칠환의 대답이 끝나기도 전에 저쪽에서 고개를 쑥 집어넣어 버렸다. 아마 대책을 모의하는 모양이다. [대책을 모의해야 할 만한 상황인 것이 저자들이 필시 그리 떳떳한 일을 도모하는 자들은 아닐 거라는 확신이 들면서] 칠환의 머릿속에 재미있는 생각 하나가 휙 지나갔다.

자신 역시 그 집의 주인이 아니기 때문임.
[ ]: 칠환은 상대방이 떳떳한 일을 하는 사람들은 아닐 것이라고 확신함.

㉡ "누가 이 야심한 밤에 남의 빈집을 털고 있는 거요?"

❷ 갈등 - 두려움에 거짓말을 하며 서로를 탐색하는 만수, 대석과 칠환의 외적 갈등

그때 다시 고개들이 연달아 쑥쑥 나왔다. 작은 머리통은 나오지 않는 걸 보니 그놈은 겁이 좀 많은 모양이다.

= 명호

㉢ "우리는 수자원공사에서 나온 직원이오."

칠환은 찔끔했다. 그러나 다시 목소리를 가다듬어,

만수와 대석도 자기들의 정체를 속이면서 대응함.

㉣ "아직 집을 완전히 비우지도 않았는데 철거를 하다니요. 그것은 사유재산에 대한 침해가 된다는 것을 아시오, 모르시오."]

최대한 머리를 짜내 구사한 말이긴 하지만 여간 떨리는 게 아니다. 그러나 절대로 떨고 있는 표시를 내면 안 된다. 저쪽에서 응답이 돌아왔다.

머리를 짜내 대응하고 있지만 여전히 긴장하고 있음.

"여보시오, 집주인이란 자가 어째 몸을 숨기는 거요. 당신의 재산에 손을 대고 있는 자 앞에 떳떳하게 나와 보시오."

"그럼 나도 묻겠소. 당신들이야말로 고개만 내밀고 있는 이유가 뭐요?"

"우리야 집주인인 당신이 무서워서 이러는 것 아니오."

"그렇다면 협상을 하십시다. 집주인 허락도 없이 남의 재산에 손을 댔으니 손댄 물건값을 나에게 쳐주면 없던 일로 하리다."

다시 머리 둘이 쏙 들어갔다. 머리가 언제 다시 나오려나, 칠환은 침을 꼴깍 삼키며 기다렸는데, 느닷없이 건장한 두 사나이가 제 앞에 쑥 나타났다. 칠환은 그만 생포된 짐승같이 바들바들 떨며 그 자리에서 꼼짝도 할 수가 없었다.

㉤ "겁내지 마시오. 우리는 고물 장수들이오. 당신은 뭐 하는 사람이오?"

만수와 대석이 놀라서 겁에 질린 칠환을 안심시키고, 자신들의 정체를 밝힘.

"주민이오. 아내와 아이가 기름이 없어 냉골에서 떨고 있어요."

칠환 역시 자신의 정체를 밝힘.

짐승들을 본 적 있소?"

(28) "사람은 없고 사방에 고양이 새끼들이던데 고양이 잡으러 나 왔소?"

(29) "그래라우."

(30) 난데없이 본토박이 말이 불쑥 튀어나왔다.

(31) ["우리도 일은 대충 끝냈으니 **어디 한번 고양이나 잡아 봅시다.**"

(32) #[ ]: ❷ 중심 사건 – 만수, 대석과 칠환의 갈등이 해소되고 함께 짐승 몰이에 나섬.

"이왕이면 염소를 잡아 주시오."] → 연대감이 형성됨.

(33) 그렇게 해서 오밤중에 버려진 짐승들에 대한 사냥이 시작되었다.

(34) 겨울 달밤에 벌이는 짐승 쫓기는 명호한테도 신나는 놀이가 아닐 수
'명호'도 짐승들을 쫓는 일에 동참함.
없었다.

임기응변: 그때그때 처한 사태에 맞추어 즉각 그 자리에서 결정하거나 처리함.
모의하다: 어떤 일을 꾀하고 의논한다.
도모하다: 어떤 일을 이루기 위하여 대책과 방법을 세우다.
구사하다: 말이나 수사법, 기교, 수단 따위를 능숙하게 마음대로 부려 쓰다.
생포: 산 채로 잡히다.
냉골: 찬 방고래(방의 구들장 밑으로 나 있는, 불길과 연기가 통하여 나가는 길)
본토박이: 대대로 그 땅에서 나서 오래도록 살아 내려오는 사람

＊❹요약: 함께 고양이 몰이에 나선 칠환, 만수, 대석

⭐ 독해 공식

❶ 중심인물: 덕님, 만수, 대석, 칠환
  공간적 배경: '집(덕님의 집)', '남이 버리고 간 집'
  시간적 배경: '마지막 설 준비(설이 가까운 때)', '밤'
❷ 중심 사건: 덕님은 명절이 다가와도 찾는 자식이 없어 홀로 남겨짐. 수몰민들이 마지막 설을 준비하는 것을 방송국에서 촬영하러 옴. 만수와 대석은 고물을 줍고 칠환은 짐승을 잡으러 나섬. 만수, 대석, 명호와 칠환이 마주침. 만수, 대석과 칠환의 갈등이 해소되고 함께 짐승 몰이에 나섬.
  갈등: 혼자서 설을 지내야 하는지, 자식 집으로 가야 하는지 혼란스러워 하는 덕님의 내적 갈등. 두려움에 거짓말을 하며 서로를 탐색하는 만수, 대석과 칠환의 외적 갈등
❸ 서술상 특징
• **서술자:** 3인칭 서술자, **시점:** 전지적 작가 시점
• 서술자가 개입하여 인물의 상황을 드러냄.
• 방언을 활용하여 사실성과 현실성을 부여함.
• 특정한 소리를 활용하여 두 개의 사건을 연결함.

■ **갈래:** 현대 소설
■ **작품 특징:** 〈먼 바다〉는 5개의 작품으로 이루어진 연작 소설 《유랑가족》의 일부이다. 이 작품은 우리 사회를 고달프게 살아가는 하층민의 삶을 다루고 있으며, 비참할 만큼 고단하고 힘겨운 가난의 현실적인 모습을 잘 묘사하고 있다.
■ **주제:** 수몰민의 현실과 이곳을 떠도는 유랑민의 삶과 연대
■ **이것이 핵심!:** 〈먼 바다〉에 드러나는 하층민의 고달픈 삶

인물	삶의 모습
덕님	– 수몰 지원금을 받은 자식들은 더 이상 덕님을 찾지 않고, 외롭게 명절을 홀로 지내야 하는 버림받은 처지에 있음. – 수몰민이 설을 쇠는 모습을 촬영하러 온 방송국 사람들에게도 구경거리가 될 뿐, 진정한 공감을 얻지는 못함.
만수, 대석	– 수몰 예정지에 살면서 폐가가 된 집들에서 고물을 주워다가 파는 일을 하며 생계를 유지하려고 함.
칠환	– 가구 공장에서 일하기도 했으나, 오토바이 사고로 장애인이 됨. – 수몰 예정지의 남이 버리고 간 집에 몰래 들어가 살지만 처자식을 먹여 살리기 위해 동네에 돌아다니는 짐승들을 잡아다가 팔려고 함.

---

29 정답 ③ ＊ 사건과 갈등 이해하기 ·················· [정답률 81%]

윗글에 대한 이해로 적절하지 <u>않은</u> 것은?

> **왜 정답 ?**

③ '칠환'은 가구 공장에서 <del>작업 중</del> 사고를 당해 장애를 입었다.
퇴근하던 중 오토바이 사고가 남.

[③-❾ 술을 먹고 오토바이를 타고 퇴근을 하다 오토바이와 함께 전봇대에 부딪혀 칠환은 장애인이 되고 말았다.

> **왜 오답 ?**

① '덕님'은 살던 집을 떠나야 하는 상황을 슬퍼하고 있다.
마음이 찢어지는 것 같은 아픔을 느낌.

[①-❸ 이제 물이 들어차면 덕님은 순천의 막내딸년 집으로 가기로 되어 있긴 하지만, 시부모와 영감 산소를 지척에 두고 떠나야 하는 심정은 천 갈래 만 갈래로 찢어지는 것만 같았다.

② '두 사나이'가 동네에서 뜯은 문짝은 고물상으로 옮겨질 것이다.
만수, 대석   다음날 새벽에 광주의 고물상으로 옮겨질 예정임.

[③-❷, ❸ 그득한 달빛 아래 그들이 모은 고물들은 내일 새벽 광주의 고물상으로 반출이 될 거였다. 문짝을 떼어 내느라 ~

④ '칠환'은 고향 집에 대한 보상금을 자신의 병원비로 모두
수몰 지구가 되어 받은 돈을 병원비로 다 써버림.
사용하였다.

[③-⓬ 집이라고 해 봤자 이미 폐가가 된 지 오래인 집으로 내려와 보상금을 타서 제 병원비로 다 써 버린 칠환은, ~

⑤ '명호'는 버려진 짐승들을 쫓는 달밤의 사냥에 동참하였다.
명호도 짐승들을 쫓는 일에 동참하고, 이를 신나는 놀이로 느낌.

[❹-㉞ 겨울 달밤에 벌이는 짐승 쫓기는 명호한테도 신나는 놀이가 아닐 수 없었다.

30 정답 ④ ＊ 인물의 심리와 태도 파악하기 ············ [정답률 77%]

㉠~㉤에 대해 이해한 내용으로 적절하지 <u>않은</u> 것은?

> **왜 정답 ?**

④ ㉣: 자신에게 유리하게 진행되는 상황에 <del>자신감을 얻어</del> 상대방의
긴장해서 떨고 있음.
행동을 지적하고 있다.

[❹-⓯, ⓰ ㉣"아직 집을 완전히 비우지도 않았는데 철거를 하다니요, 그것은 사유재산에 대한 침해가 된다는 것을 아시오, 모르시오." / 최대한 머리를 짜내 구사한 말이긴 하지만 여간 떨리는 게 아니다.

㉣에서 칠환은 자신이 떨고 있음을 숨기기 위해 끝까지 거짓말을 한 것이지, 자신에게 유리하게 진행되는 상황에 자신감을 얻어 한 발언은 아니다.
또한 어렵게 말한 후에도 '여간 떨리는 게 아니다'라고 하며 자신감 없는 태도를 보이고 있다.

> **왜 오답 ?**

① ㉠: 예상치 못한 상황에 임기응변으로 대처하고 있다.
자신이 몰래 살고 있는 집에 두 사나이가 고물을 주우러 온 상황

[❹-❶-❺ "누구시오?" / ㉠"집쥔이오." / ~ 그러나 생각건대 임기응변, 그것은 막다른 길에 접어든 인생에 있어서는 항상 최대의 무기가 아닐 수 없었다.

② ㉡: 상대방이 떳떳한 일을 하는 사람들이 아닐 것이라는 확신이
상대방이 대책을 모의하는 것을 보고 떳떳한 일을 하는 사람들이 아닐 거라고 생각함.
담겨 있다.

[❹-❽, ❾ 대책을 모의해야 할 만한 상황인 것이 저자들이 필시 그리 떳떳한 일을 도모하는 자들은 아닐 거라는 확신이 들면서 칠환의 머릿속에 재미있는 생각 하나가 휙 지나갔다. / ㉡"누가 이 야심한 밤에 남의 빈집을 털고 있는 거요?"

③ ⓒ: 위기를 모면하기 위해 자신들의 정체를 속이고 있다.
실제로는 폐가에 고물을 주우러 나온 사람들임.

→ ④-⑫ ⓒ "우리(만수와 대석)는 수자원공사에서 나온 직원이오."

⑤ ⓜ: 떨고 있는 상대방을 안심시키기 위한 의도가 담겨 있다.
'생포된 짐승같이 바들바들 떨며 그 자리에서 꼼짝도 할 수가 없었다.'

[④-㉕, ㉖ 칠환은 그만 생포된 짐승같이 바들바들 떨며 그 자리에서 꼼짝도 할 수가 없었다. / ⓜ "겁내지 마시오. 우리는 고물 장수들이오. 당신은 뭐 하는 사람이오?"

31 정답 ③ ＊인물의 심리와 태도 파악하기 ············· [정답률 83%]

[A]에 대한 이해로 가장 적절한 것은?

＞왜 정답 ？

③ 덕님의 상황에 공감하지 못하고 촬영하는 방송국 사람의 모습을 통해 타인의 고통에 무관심한 언론의 면모를 드러낸다.
우는 덕님을 보고 깔깔거리며 웃고, 수몰민들을 구경거리 삼아 취재함.

[② [A] ~ 준비하는 기분이 어떠냐고 물어대싸서, 그만 울음을 터뜨리고 말았다. 그랬더니 방송국에서 나온 젊은 처자가 하는 말이, 왜 눈물을 흘리지 않고 우시냐고 물었다. ~ 처자가 깔깔대며 웃었다. 설 준비하는 흉내를 내라는 데 솥에 넣고 끓일 것이 없어서 물이라도 붓고 불을 땠더니, 불 때는 것이 무슨 구경거리라고 또 사진을 박았다.

방송국에서 나온 젊은 처자는 덕님을 인터뷰하며 덕님의 상황에 공감하지 못하고 깔깔대며 웃는다. 또한 덕님에게 설 준비하는 흉내를 내라고 하고 이를 구경거리인 듯 촬영한다. 이를 통해 타인의 고통에 무관심한 언론의 면모가 드러난다고 할 수 있다.

＞왜 오답 ？

① 덕님과 논쟁하는 방송국 사람의 모습을 통해 언론의 비인간적인 속성을 부각한다.
논쟁하지는 않음.

② 덕님의 생활을 관찰하는 방송국 사람의 모습을 통해 수몰민의 실상을 폭로하려는 언론의 의도를 드러낸다.
수몰민의 실상을 공감 없이 촬영함.

④ 방송국 사람을 이용하여 자신의 처지를 알리려는 덕님의 모습을 통해 어려운 상황을 극복하려는 수몰민의 의지를 부각한다.
알리고자 하는 의도는 없음.
드러나 있지 않음.

⑤ 방송국 사람의 요구를 순순히 들어주는 덕님의 모습을 통해 보상금을 받기 위해 애쓰는 수몰민의 이중적인 태도를 드러낸다.
보상금을 목적으로 촬영하는 것이 아님.
드러나 있지 않음.

32 정답 ④ ＊〈보기〉를 바탕으로 감상하기 ············· [정답률 82%]

〈보기〉를 바탕으로 윗글을 감상한 내용으로 적절하지 않은 것은? [3점]

───────〈 보기 〉───────
❶ 이 작품은 수몰 예정지에 사는 수몰민들의 모습을 통해 개발 난민이
겪는 현실을 보여 준다. 수몰 예정지인 마을에서는 생계 유지 문제로
❷ 주민들 사이에 갈등이 일어나기도 하고 보상금으로 인해 가족 공동체의
붕괴가 가속화되기도 한다. 또한 빈집이 늘어난 마을에 주민들의 눈을
❸ 덕님의 자식들은 보상금을 받은 후 덕님을 챙기지 않음.
피해 들어온 외지인과 아직 떠나지 못한 주민이 문제를 일으키기도 한다.
만수, 대석   칠환
❹ 한편 수몰 예정지에서 유랑하는 이들끼리의 연대를 통해 어려운 이들이
만수, 대석, 명호, 칠환이 함께 고양이 몰이를 함.
서로 돕는 따뜻한 모습을 보여 주기도 한다.
─────────────────────────

외지인: 그 고장 사람이 아닌 사람을 이르는 말
유랑하다: 일정한 거처가 없이 떠돌아다니다.
연대: ① 여럿이 함께 무슨 일을 하거나 함께 책임을 짐. ② 한 덩어리로 서로 연결되어 있음.

＞왜 정답 ？

④ 칠환이 두 사나이에게 '손댄 물건값'을 치르라고 말하는 모습을 통해 보상금을 노린 외지인과 생계 유지를 위해 자신의 재산을 지키려는 주민 사이의 갈등을 보여 주고 있군.
만수, 대석은 보상금을 노린 게 아님.
칠환은 그 집의 주인이 아님.

[④-㉒ "그렇다면 협상을 하십시다. 집주인 허락도 없이 남의 재산에 손을 댔으니 손댄 물건값을 나에게 쳐주면 없던 일로 하리다."

칠환은 두 사나이, 즉 만수와 대석에게 손댄 물건값을 치르면 무단으로 침입한 것을 없던 일로 하겠다고 하고 있다.

그러나 만수, 대석이 집을 침입한 것은 보상금을 노린 것이 아니라 고물을 줍기 위함이었으며, 칠환이 손댄 물건값을 치르라고 말한 것은 상황을 모면하기 위함이지 자신의 재산을 지키기 위함이 아니다. 칠환 역시 남이 버리고 간 집에서 몰래 살고 있기 때문이다.

＞왜 오답 ？

① 덕님의 자식들이 '수몰 보상금을 나눠 가진' 후 '제 어미가 어찌 살든 내려와 보지도 않'는 모습을 통해 개발 과정에서 가족 공동체가 붕괴되는 모습을 보여 주고 있군.
수몰 보상금을 나눠 가진 후 집과 어머니에 관심이 없음.

[①-❶, ❷ 지금 그 자식들은 ~ 수몰이 되건 말건 관심이 없다. 수몰 보상금을 나눠 가진 뒤에는 제 어미가 어찌 살든 내려와 보지도 않는다.
〈보기〉❷문장 수몰 예정지인 마을에서는 ~ 보상금으로 인해 가족 공동체의 붕괴가 가속화되기도 한다.

덕님의 자식들은 수몰 보상금을 나눠 가진 후에는 자신들이 태어난 집이 수몰이 되건 말건 관심을 보이지 않는다. 또한 명절이 다가와도 기별하지 않는다. 이를 통해 개발 과정에서 가족 공동체가 붕괴되는 모습을 확인할 수 있다.

② 칠환이 '남이 버리고 간 집'에 살면서 '짐승들을 잡아다가 팔아서 돈을 마련'하려는 모습을 통해 삶의 기반을 잃고 유랑하는 이의 비참한 현실을 보여 주고 있군.
자신의 집이 아닌 남이 버리고 간 집에 몰래 살며 생계를 이어감.

[③-⑫ ~ 칠환은, 이제 남이 버리고 간 집에 제가 들어가 살고 있다.
[③-⑯ ~ 칠환은 그 짐승들을 잡아다가 팔아서 돈을 마련해 볼 생각인 것이다.

칠환은 보상금을 병원비로 다 써 버리고 남이 버리고 간 집에 몰래 들어가 살고 있다. 그리고 기름 살 돈을 충당하기 위해 사람들이 마을을 떠나면서 버린 짐승들을 잡아다가 팔아 돈을 마련하려고 한다.

이러한 칠환의 모습은 어느 한 곳에 정착하지 못하고 유랑하는 가난한 하층민의 비참한 현실을 보여주고 있다고 할 수 있다.

③ 사람들이 '소나 개'를 처분하고 떠나 '고양이나 염소와 닭들의 세상이 되어 있'는 마을의 모습을 통해 주민들이 떠나 빈집이 늘어난 수몰 예정지의 상황을 보여 주고 있군.
사람들이 마을을 떠나면서 고양이, 염소, 닭 등의 짐승들을 버리고 감.

[③-⑱ 값나가는 소나 개는 이미 처분을 하고 떠난 뒤여서 동네는 값 안 나가는 고양이나 염소와 닭들의 세상이 되어 있었다.
〈보기〉❶문장 이 작품은 수몰 예정지에 사는 수몰민들의 모습을 통해 개발 난민이 겪는 현실을 보여 준다.

수몰 예정지의 사람들은 값나가는 소나 개는 처분을 하고 값 안 나가는 고양이나 염소, 닭은 버리고 떠나갔기에 주민은 없고 '고양이나 염소와 닭들의 세상이 되어 있'는 수몰 예정지의 상황을 여실히 보여주고 있다.

⑤ 두 사나이가 칠환의 이야기를 듣고 나서 경계를 풀고 그를 도와 '어디 한번 고양이나 잡아' 보자고 제안하는 모습을 통해 유랑하는 이들끼리 연대하는 모습을 보여 주고 있군.
갈등이 해소되고 함께 고양이 몰이에 나섬.

[④-㉛ "우리도 일은 대충 끝냈으니 어디 한번 고양이나 잡아 봅시다."
〈보기〉❹문장 한편 수몰 예정지에서 유랑하는 이들끼리의 연대를 통해 어려운 이들이 서로 돕는 따뜻한 모습을 보여 주기도 한다.

만수, 대석의 두 사나이와 칠환이 갈등을 해소하며 '어디 한번 고양이나 잡아' 보자고 제안하는 모습을 통해 가난한 하층민들끼리 연대하는 모습을 보여주고 있다.

형법은 범죄와 형벌을 규정한 법률로 어떤 행위가 형법상 범죄

출제　⊖ 글 전체 핵심어　▨ 글 전체 중심 문장

① **형법**은 범죄와 형벌을 규정한 법률로 어떤 행위가 형법상 범죄 행위로 성립하려면 '구성 요건 해당성', '위법성', '책임'이라는 세 가지 요건을 순차적으로 모두 충족해야 한다.
형법상 범죄로 성립하기 위한 조건

형벌: 범죄에 대한 법률의 효과로서 국가 따위가 범죄자에게 제재를 가함. 또는 그 제재
성립하다: 일이나 관계 따위가 제대로 이루어지다.
순차적: 순서를 따라 차례대로 하는 것
충족하다: 일정한 분량을 채워 모자람이 없게 하다.

＊① 문단 요약 : 형법의 개념과 형법상 범죄 행위의 성립 요건

② 첫 번째 성립 요건인 **구성 요건** 해당성은 어떤 행위에 대한
범죄 행위의 성립 요건 ①
구체적인 사실이 형법상 규정된 범죄의 유형에 해당하는 것을 말한다.
구성 요건 해당성의 개념
② 이때 [구성 요건으로 행위와 결과를 요구하는 경우에는 구성 요건상
[ ] : 구성 요건이 행위와 결과를 모두 요구하지 않는 경우도 있음.
행위와 결과 간에 인과관계가 인정되어야 한다.] 두 번째 성립 요건인
위법성은 전체 법질서에 위배된다는 가치 판단으로, 어떤 행위가 구성
요건 ②　　　　　위법성의 개념
요건에 해당하는 행위이면 일반적으로 위법성이 추정된다. ④ 하지만
구성 요건에 해당하는 행위이더라도 예외적으로 위법성을 소멸시키는
사유인 **위법성 조각 사유**에 해당한다면 범죄가 성립하지 않는다. ⑤ 예를
범죄 성립의 예외 사유 ①
들어 범죄의 구성 요건에 해당하는 타인에 대한 폭력이 형법에 규정된
위법성 조각 사유 중 하나인 정당방위에 해당한다면 위법성이 조각
위법성 조각 사유의 예
되어 범죄라고 볼 수 없다는 것이다. ⑥ 세 번째 성립 요건인 **책임**은
요건 ③
행위자에 대해 사회적 비난이 가능하다는 성질을 의미한다. ⑦ 어떤
책임의 개념
행위가 구성 요건에 해당하는 위법한 행위라도 행위자에 대한 사회적
비난이 가능하지 않다면 범죄가 되지 않는다. ⑧ 이때 행위자에 대한
책임을 물을 수 없는 사유인 **책임 조각 사유** 역시 형법에 규정되어
범죄 성립의 예외 사유 ②
있는데 그 예로 강요된 행위가 있다.
책임 조각 사유의 예

위배되다: 법률, 명령, 약속 따위가 지켜지지 않고 어긋나다. = 위반되다.
추정되다: 미루어 생각되어 판정되다.　**조각**: 방해하거나 물리침.
정당방위: 자기 또는 남에게 가하여지는 급박하고 부당한 침해를 막기 위하여 침해자에게 어쩔 수 없이 취하는 가해 행위

＊② 문단 요약 : 구성 요건 해당성, 위법성, 책임의 개념과 특징

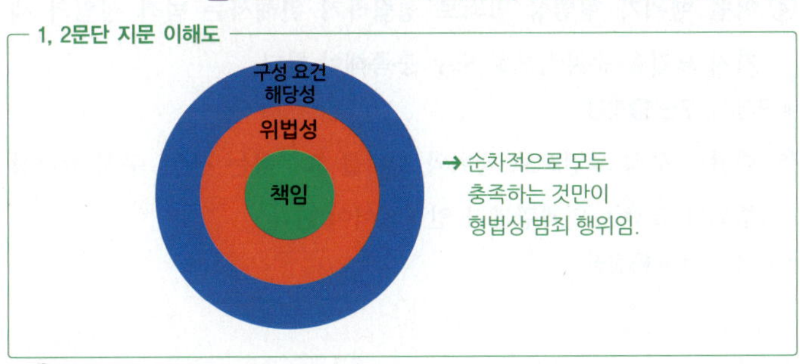

③ 형법에서 다루는 범죄는 '고의범'과 '과실범'으로 나눌 수 있다.
② **고의범**은 행위자가 죄를 범할 의사를 가지고 저지르는 범죄로, [범죄
의사 ○
사실의 발생 가능성에 대한 인식이 있음은 물론 나아가 범죄 사실이
[ ] : 미필적 고의는 위험을 용인하는 마음속의 의사가 있음.
발생할 위험을 용인하는 마음속의 의사를 가지고 행동하는 '미필적
고의'에 의한 범죄 역시 고의범에 포함]하고 있다. ③ 형법에서 다루는
범죄는 고의범이 대부분이지만, 실수로 타인의 생명과 신체를

침해하는 사례가 많아지면서 죄를 범할 의사는 없지만 부주의로
과실은 위험을 용인하는 마음속의 의사가 없음.
타인에게 상처를 입히는 등의 과실로 인한 범죄인 과실범에 대해서도
의사 ✕
특별한 규정을 두어 처벌하고 있다.

고의: 자기의 행위에 의하여 일정한 결과가 생길 것을 인식하면서 그 행위를 하는 경우의 심리 상태
과실: 부주의로 인하여, 어떤 결과의 발생을 미리 내다보지 못한 일　≒ 과오
용인하다: 용납하여 인정하다.
미필적 고의: 어떤 행위로 범죄 결과가 발생할 가능성이 있음을 알면서도 그 행위를 행하는 심리 상태. 통행인을 칠 수 있다는 것을 알면서도 골목길을 차로 질주하는 경우, 상대편이 죽을 수도 있음을 알면서도 그를 심하게 때리는 경우 따위가 해당한다.

＊③ 문단 요약 : 형법에서 다루는 범죄인 고의범과 과실범의 개념

④ **과실**은 결과 발생의 위험성에 대한 인식의 유무와 형법상의
과실을 나누는 기준
과실범 규정에 따라 그 유형을 나눌 수 있다. ② 먼저 인식의 유무에 따라
기준 ①　　　　　기준 ②
과실의 유형을 나누면 '인식 없는 과실'과 '인식 있는 과실'로 나눌 수
기준 ①에 따른 과실의 유형
있다. ③ 자동차 운전을 하면서 통화를 하다가 정지신호를 보지 못하고
통과하던 중 교통사고를 ⓐ 일으킨 경우, 운전 중 통화 행위가 사고를
발생시킬 수 있는 위험한 행동이라고 인식하지 못하였다면 운전자의
행위는 **인식 없는 과실**에 해당한다. ④ 그러나 운전 중 통화 행위가
결과 발생의 위험성에 대한 인식 ✕
사고를 발생시킬 수 있는 위험한 행동이라고 인식했지만 주의해서
운전하면 교통사고는 발생하지 않을 것이라고 생각하면서 계속
통화를 하던 중 교통사고를 일으켰다면 운전자의 행위는 **인식 있는**
과실에 해당한다고 볼 수 있다. ⑤ 두 과실은 형법상 취급에는 차이가
결과 발생의 위험성에 대한 인식 ○
없고 과실범의 성립 여부에 영향을 주지 않는다. ⑥ 하지만 ㉮ 두 과실을
의사 ✕　　　　　　　의사 ○
구분함으로써 인식 있는 과실을 미필적 고의와 구별할 수 있다.
인식의 유무에 따라 과실 행위를 구분했을 때의 결과

＊④ 문단 요약 : 결과 발생의 위험성에 대한 인식 유무에 따른 과실의 유형

⑤ 다음으로 과실은 형법상의 과실범 규정에 따라 [㉠ '통상의 과실',
[ ] : 기준 ②에 따른 과실의 유형
㉡ '업무상 과실', ㉢ '중과실'로 나눌 수 있는데, 이들은 법정형에
㉠, ㉡, ㉢의 차이
차이가 있다. ② **업무상 과실**은 업무가 계속적 · 반복적인 수행을
요건으로 하기 때문에 결과 발생에 대한 예견가능성이 높다고 할 수
업무상 과실의 특징
있으므로 일반인에게 통상적으로 요구되는 주의의무를 위반하는
통상의 과실에 비해 상대적으로 무겁게 처벌한다. ③ 이 경우 업무는
결과 발생 야기 행위의 내용이어야 하며 이와 무관한 업무를 수행하던
중 발생한 결과에 대해서는 업무상 과실을 인정할 수 없다. ④ **중과실**은
통상의 과실에 비해 주의의무를 현저히 태만히 한 경우, 즉 극히
근소한 주의만 기울였더라도 결과의 발생을 예견할 수 있었다는
점에서 통상의 과실에 비해 상대적으로 무겁게 처벌한다.
중과실의 특징 ↓

예견: 앞으로 일어날 일을 미리 짐작함.
통상: 일상적으로. 또는 일상적인 경우에는
야기: 일이나 사건 따위를 끌어 일으킴.
태만히: 열심히 하려는 마음이 없고 게으르게
근소하다: 얼마 되지 않을 만큼 아주 적다.

＊⑤ 문단 요약 : 형법상의 과실범 규정에 따른 과실의 유형

2024. 9
8회

┌─ 3 ~ 5문단 지문 이해도 ─

＊형법에서 다루는 범죄

고의범	과실범
• 행위자가 죄를 범할 의사를 가지고 저지르는 범죄 • 범죄 사실의 발생 가능성에 대한 인식 ○ • 미필적 고의에 의한 범죄도 포함.	• 죄를 범할 의사는 없지만 과실로 인한 범죄 • 종류 ① **결과 발생의 위험성에 대한 인식의 유무**: 인식 없는 과실, 인식 있는 과실 ② **형법상의 과실범 규정**: 통상의 과실, 업무상 과실, 중과실

■ 지문 내용과 구조

① 문단	형법의 개념과 형법상 범죄 행위의 성립 요건 – 형법: 범죄와 형벌을 규정한 법률 – 형법상 범죄 행위 성립 요건: 구성 요건 해당성, 위법성, 책임		
② 문단	**범죄 행위의 성립 요건의 개념과 특징**		
	구성 요건 해당성	– 어떤 행위에 대한 구체적인 사실이 형법상 규정된 범죄의 유형에 해당하는 것 – 구성 요건으로 행위와 결과를 요구하는 경우 행위와 결과 간 인과 관계가 인정되어야 함.	
	위법성	– 전체 법질서에 위배된다는 가치 판단 – 어떤 행위가 구성 요건에 해당하는 행위이면 일반적으로 위법성 ○ – 위법성 조각 사유에 해당 → 범죄 성립 ✕	
	책임	– 행위자에 대해 사회적 비난이 가능하다는 성질 – 책임 조각 사유 ○ → 책임을 물을 수 없음.	
③ 문단	**고의범과 과실범의 개념** – 고의범: 행위자가 죄를 범할 의사를 가지고 저지르는 범죄 – 과실범: 죄를 범할 의사는 없지만 과실로 인한 범죄		
④ 문단	**결과 발생의 위험성에 대한 인식 유무에 따른 과실의 유형**: 인식 있는 과실과 인식 없는 과실 – 형법상 취급 차이 ✕ – 과실범 성립 여부에 영향 ✕		
⑤ 문단	**형법상의 과실범 규정에 따른 과실의 유형**		
	통상의 과실	일반인에게 통상적으로 요구되는 주의의무를 위반하는 과실	
	업무상 과실	계속적·반복적인 수행을 요건으로 하여 업무가 결과 발생에 대한 예견가능성이 높은 과실	통상의 과실에 비해 무겁게 처벌함.
	중과실	극히 근소한 주의만 기울였더라도 결과의 발생을 예견할 수 있는 과실	

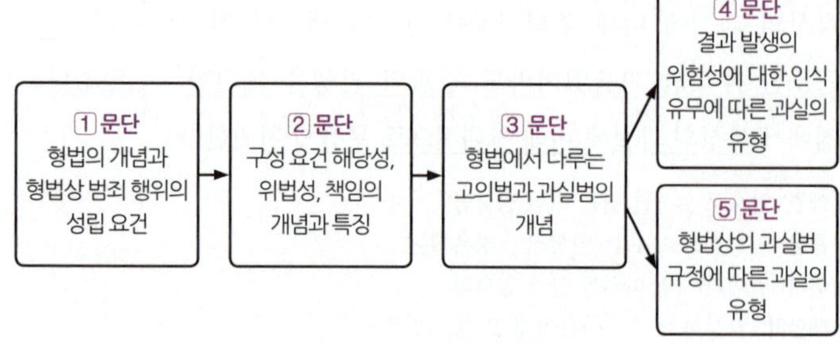

■ 주제: 형법에서 범죄 행위의 성립 요건과 형법에서 다루는 범죄

---

33 정답 ① ＊ 내용 파악하기   ✪ 1등급 대비

[① 38% ② 38% ③ 17% ④ 3% ⑤ 2%]

윗글의 내용에 대한 이해로 적절하지 <u>않은</u> 것은?

왜 틀렸나?

법률 용어 각각의 개념을 명확히 파악하지 못하여 실수를 한 학생들이 많았다. 위법성 조각 사유와 책임이 조각된 것은 다른 범주에 속하는 것이다.

우리가 기본적으로 알고 있는 어휘의 뜻과 법률 용어의 개념은 다른 경우가 많다. 따라서 지문에 어떠한 법률 용어가 제시되었다면 지문에서 그것에 대해 무엇이라고 설명하고 있는지를 구체적으로 파악하여 선택지의 적절성을 판단해야 한다.

왜 정답?

① 협박에 의해 강요된 행위였다면 <u>위법성</u>이〔책임〕 조각되어 범죄로 볼 수 없다.

[② 문단 ❽ 문장 이때 행위자에 대한 책임을 물을 수 없는 사유인 **책임 조각 사유** 역시 형법에 규정되어 있는데 그 예로 **강요된 행위**가 있다.

위법한 행위가 협박에 의해 강요된 행위라면 행위자의 책임이 조각되는 것이지, 위법성이 조각되는 것이 아니다.

왜 오답?

② 어떤 행위에 대한 결과가 없더라도 그 **행위만으로도 구성 요건에** 해당할 수 있다. 〔결과를 요구하지 않는 경우도 있음.〕

[② 문단 ❶, ❷ 문장 첫 번째 성립 요건인 <u>구성 요건 해당성</u>은 어떤 행위에 대한 구체적인 사실이 형법상 규정된 범죄의 유형에 해당하는 것을 말한다. 이때 <u>구성 요건으로 행위와 결과를 요구하는 경우</u>에는 구성 요건상 행위와 결과 간에 인과관계가 인정되어야 한다.

구성 요건으로 행위와 결과를 요구하는 경우가 있다는 것은 구성 요건으로 행위와 결과 중 하나만 요구하는 경우도 있다는 것을 의미한다.

매력 오답
[② 문단 ❷ 문장 '구성 요건으로 행위와 결과를 요구하는 경우에는 구성 요건상 행위와 결과 간에 인과 관계가 인정되어야 한다.'를 보고 구성 요건이 행위와 결과를 모두 요구하지 않는 경우도 있다는 점을 추론해 내지 못한 학생들이 많았다.
지문에 제시된 내용을 A라고 했을 때 A만을 가지고 선택지의 적절성을 판단할 수 없다면 A의 일부, 혹은 A를 바탕으로 한 추론으로 선택지의 적절성을 판단할 수 있는지도 생각해 보자.

③ 어떤 행위가 형법에 규정된 범죄 행위의 유형에 속하지 않는다면 범죄로 볼 수 없다. 〔구성 요건 해당성을 충족하지 않음.〕

[① 문단 ❶ 문장 ~ 어떤 행위가 형법상 범죄 행위로 성립하려면 '구성 요건 해당성', '위법성', '책임'이라는 세 가지 요건을 순차적으로 모두 충족해야 한다.
어떤 행위가 형법에 규정된 범죄 행위의 유형에 속하지 않는다는 것은 구성 요건 해당성을 갖추지 못했다는 것이므로 이 행위는 형법에 규정된 범죄 행위가 아니다.

④ 어떤 행위가 형법상 범죄로 성립하기 위해서는 범죄 성립의 세 가지 요건을 순차적으로 모두 충족해야 한다. 〔구성 요건 해당성, 위법성, 책임〕

＊ 근거: ① 문단 ❶ 문장

⑤ 범죄의 구성 요건으로 행위와 결과를 요구하는 경우, 구성 요건상 행위와 결과는 인과관계가 인정되어야 한다.

＊ 근거: ② 문단 ❷ 문장

34　정답 ⑤　＊ 내용 파악 + 추론하기　★1등급 대비

[① 5%　② 15%　③ 19%　④ 18%　⑤ 40%]

'두 과실을 구분함으로써 인식 있는 과실을 미필적 고의와 구별할 수 있다.'

㉮의 이유를 추론한 내용으로 가장 적절한 것은?

왜 틀렸나?

인식 있는 과실과 미필적 고의의 차이를 파악하지 못한 학생들이 많았다.

미필적 고의는 범죄 사실이 발생할 위험을 용인하는 마음속의 의사를 가지고 행동하는 것이다.

인식 있는 과실은 위험한 행동이라고 인식했지만 주의하면 그 일이 발생하지 않을 것이라고 생각하다 과실로 인해 사고 등을 일으킨 것이다.

즉, 미필적 고의는 죄를 범할 위험성을 용인한 것이고 인식 있는 과실은 죄를 범할 의사 자체는 없는 것이다.

왜 정답?

⑤ 행위자가 자기 행위로 인하여 발생할 위험을 용인하는 의사의
'미필적 고의'는 범죄 사실이 발생할 위험을 용인하는 마음속의 의사가 있는 행위임.
유무에 따라 그 행위가 고의와 과실로 구별되기 때문이다.

③문단 ❷, ❸문장　고의범은 행위자가 죄를 범할 의사를 가지고 저지르는 범죄로, 범죄 사실의 발생 가능성에 대한 인식이 있음은 물론 나아가 범죄 사실이 발생할 위험을 용인하는 마음속의 의사를 가지고 행동하는 '미필적
위험을 용인하는 마음속 의사 ○
고의'에 의한 범죄 역시 고의범에 포함하고 있다. ~ 죄를 범할 의사는 없지만 부주의로 타인에게 상처를 입히는 등의 과실로 인한 범죄인 과실범 ~

④문단 ❹문장　그러나 운전 중 통화 행위가 사고를 발생시킬 수 있는 위험한 행동이라고 인식했지만 주의해서 운전하면 교통사고는 발생하지 않을 것이라고 생각하면서 계속 통화를 하던 중 교통사고를 일으켰다면 운전자의 행위는 인식 있는 과실에 해당한다고 볼 수 있다.
위험을 용인하는 마음속 의사 ✕

미필적 고의는 범죄 사실의 발생 가능성에 대한 인식을 갖고 범죄 사실이 발생할 위험을 용인하는 마음속의 의사를 가지고 행동하는 것이지만, 인식 있는 과실은 위험을 용인하는 마음속의 의사가 없는 것이다.

즉 ㉮ '두 과실을 구분함으로써 인식 있는 과실을 미필적 고의와 구별할 수 있다.'라는 것은 행위자가 자신이 한 행위로 인하여 발생할 위험을 용인하는 의사가 있는지 없는지에 따라 그 행위가 과실과 고의로 구별된다는 의미이다.

왜 오답?

① 고의는 과실보다 부주의로 인해 죄를 범할 가능성이 상대적으로
과실만 해당함.
낮기 때문이다.
관련 없음.

＊ 근거: ③문단 ❷, ❸문장

고의는 행위자가 죄를 범할 의사를 가지고 행동하는 것이고, 과실은 죄를 범할 의사는 없지만 부주의로 인해 발생하는 것이다. 그러므로 부주의로 인해 죄를 범할 가능성은 과실에만 해당한다.

또한 고의가 과실보다 부주의로 인해 죄를 범할 가능성이 낮다는 것을 인식 있는 과실과 미필적 고의를 구분하는 이유로 볼 수도 없다.

범하다: 잘못을 저지르다.

② 과실은 행위의 위험성에 대한 인식 유무에 따라 서로 다른
결과 발생의 위험성에 대한 인식의 유무 = 인식 없는 과실, 인식 있는 과실로 나누는 기준
유형으로 나뉘기 때문이다.
관련 없음.

과실의 유형을 행위의 위험성에 대한 인식의 유무로 나누는 것은 과실과 고의를 구별하는 기준이 될 수 없다.

③ 결과 발생의 위험성에 대한 인식 유무가 고의와 과실을 나누는
고의와 과실 모두 결과 발생의 위험성에 대한 인식이 있음.
중요한 기준이기 때문이다.

＊ 근거: ③문단 ❷문장, ④문단 ❹문장

미필적 고의는 범죄 사실의 발생 가능성에 대한 인식을 갖고 범죄 사실이 발생할 위험을 용인하는 마음속의 의사를 가지고 행동하는 것이고, 인식 있는 과실은 결과 발생의 위험성은 인식하지만 위험을 용인하는 마음속의 의사가 없는 것이다.

인식 있는 과실과 미필적 고의는 모두 결과 발생의 위험성에 대한 인식이 있으므로, 결과 발생의 위험성에 대한 인식 유무가 고의와 과실을 나누는 기준이라고 할 수 없다.

④ 고의와 과실은 범죄 사실의 발생 가능성에 대한 인식 유무와 그
고의와 과실 모두 범죄 발생의 위험성에 대한 인식이 있음. 미필적 고의 ○, 인식 있는 과실 ✕
결과를 용인하는 의사 유무 모두에 차이가 있기 때문이다.

＊ 근거: ③문단 ❷문장, ④문단 ❹문장

인식 있는 과실과 미필적 고의는 모두 결과, 즉 범죄 발생의 위험성에 대해 인식하고 있는 상황이다. 따라서 범죄 사실의 발생 가능성에 대한 인식 유무가 고의와 과실을 나누는 기준이라고 볼 수 없다.

> **매력 오답**　미필적 고의와 마찬가지로 인식 있는 과실 역시 결과(범죄) 발생의 위험성에 대한 인식이 있다는 사실을 인지하지 못한 학생들이 많았다. 지문에 제시된 내용을 꼼꼼하게 읽음으로써 실수를 방지해야 한다.

35　정답 ①　＊ 정보 간 관계 파악하기 ⋯⋯⋯⋯⋯⋯ [정답률 59%]

㉠~㉢에 대한 설명으로 적절하지 않은 것은?

㉠ '통상의 과실'	– 개념: 일반인에게 통상적으로 요구되는 주의의무를 위반하는 과실 – 적용 대상: 일반인
㉡ '업무상 과실'	– 개념: 업무가 계속적·반복적인 수행을 요건으로 하여 결과 발생에 대한 예견가능성이 높은 과실 – 적용 대상: 업무와 관련이 있는 자 – 통상의 과실에 비해 무겁게 처벌
㉢ '중과실'	– 개념: 극히 근소한 주의만 기울였더라도 결과의 발생을 예견할 수 있는 과실 – 통상의 과실에 비해 무겁게 처벌

왜 정답?

① ㉠과 ㉡은 업무로 인한 결과 발생 가능성을 얼마만큼 예견
㉡만 해당함.　　　　　　관련 없음.
했는가에 따라 법정형이 달라진다.

⑤문단 ❷문장　업무상 과실은 업무가 계속적·반복적인 수행을 요건으로 하기 때문에 결과 발생에 대한 예견가능성이 높다고 할 수 있으므로 일반인에게 통상적으로 요구되는 주의의무를 위반하는 통상의 과실에 비해 상대적으로 무겁게 처벌한다.

㉠ '통상의 과실'은 일반인에게, ㉡ '업무상 과실'은 업무와 관련된 자에게 적용되는 과실이다. 또한 업무상 과실은 통상의 과실에 비해 결과 발생에 대한 예견가능성이 높기 때문에 ㉠ '통상의 과실'보다 ㉡ '업무상 과실'에 더 무거운 처벌을 하는 것이지, 결과 발생 가능성을 얼마나 많이 예견했는지에 따라 법정형이 달라지는 것이 아니다.

왜 오답?

② ㉠과 ㉢은 주의의무에 대한 태만의 정도 차이를 기준으로 나뉜다.

⑤문단 ❷, ❹문장　~ 일반인에게 통상적으로 요구되는 주의의무를 위반하는 통상의 과실 ~ 중과실은 통상의 과실에 비해 주의의무를 현저히 태만히 한 경우, 즉 극히 근소한 주의만 기울였더라도 결과의 발생을 예견할 수 있었다는 점에서 통상의 과실에 비해 상대적으로 무겁게 처벌한다.

㉢ '중과실'은 ㉠ '통상의 과실'에 비해 주의의무를 현저히 태만히 한 경우를 가리킨다. 따라서 주의의무에 대한 태만의 정도는 ㉠에 비해 ㉢이 높다.

> **매력 오답**　⑤문단 ❷문장은 '업무상 과실은 ~'이라고 시작하고 ⑤문단 ❹문장은 '중과실은 ~'이라고 시작한다. 그러나 '통상의 과실'은 ⑤문단 ❷문장에서 업무상 과실과의 차이점을 언급하는 과정에서 언급되고 있을 뿐이다. 그래서 학생들이 통상의 과실에 대해 구체적으로 파악하기 어려워하는 경우가 많았다.
> 문장의 구조만 보지 말고 문장 속에 담긴 의미도 명확히 파악하며 읽는 습관을 길러야 한다.

③ ㉡은 계속적이고 반복적인 수행으로 인해 결과 발생에 대한
업무상 과실의 요건
예견가능성이 ㉠에 비해 상대적으로 높다.

＊ 근거: ⑤문단 ❷문장

㉡ '업무상 과실'은 계속적·반복적인 수행을 요건으로 하기 때문에 ㉠ '통상의 과실'보다 결과 발생에 대한 예견가능성이 높아 상대적으로 무겁게 처벌한다.

④ ⓒ은 조금만 주의를 기울여도 결과의 발생을 피할 수 있다는
점에서 ㉠에 비해 상대적으로 무겁게 처벌한다. *근거:⑤문단 ❹문장
　근소한 주의만 기울여도 예견할 수 있었음.

　ⓒ '중과실'은 ㉠ '통상의 과실'에 비해 주의의무를 현저히 태만히 한 경우로, ㉠ '통상의 과실'에 비해 상대적으로 무겁게 처벌한다.

⑤ ㉠~ⓒ은 형법상 과실 행위를 세분화한 것으로 법정형에 차이가 있다.

⌐ ⑤ 문단 ❶문장　다음으로 과실은 형법상의 과실범 규정에 따라 ㉠ '통상의
ㄴ 과실', ㉡ '업무상 과실', ⓒ '중과실'로 나눌 수 있는데, 이들은 법정형에 차이 ~

36 정답 ② *구체적 사례나 상황에 적용하기 ⭐1등급 대비
[① 6% ② 42% ③ 22% ④ 12% ⑤ 15%]

윗글을 참고했을 때, 〈보기〉의 판결문에 대한 반응으로 적절하지 않은 것은? [3점]

─── 〈 보기 〉 ───

❶ A 씨(견주)는 자신의 의류 매장에서 반려견을 키우고 있었다. A 씨는
❷ ○월 ○일 11시에 자신의 매장에서 환불을 요구하는 손님과 다툼을
벌였고, 그 과정에서 A 씨의 반려견이 밖으로 나갔다. ❸ 이때 지나가던
　　반려견에 대한 관리를 소홀히 함
B 씨에게 A 씨의 반려견이 달려들었고, B 씨는 A 씨의 반려견에게 물려
　　반려견의 관리를 소홀히 하여 타인을 다치게 함. 형법상 규정된 범죄에 해당함.
상해를 입게 되었다. ❹ A 씨의 과실 여부를 판단하는 재판 과정에서,
A 씨는 자신의 반려견이 매장 밖으로 나가 타인에게 해를 끼칠 수도
　　　　　　인식 있는 과실
있겠다고 생각했지만 손님과의 다툼으로 어쩔 수 없었던 상황이었다고
　　　　　　　　　자신의 책임을 인정하지 않음.
❺ 호소했다. 이에 대한 판결은 다음과 같다.

❻ [판결문] 피고인(A 씨)은 피고인이 운영하는 의류 매장에서 견주로서
반려견에게 목줄을 채우지 않은 채 풀어놓고 출입문의 잠금 상태를
소홀히 한 과실로 피해자(B 씨)에게 상세 불명의 신체 부위에 상처를
입게 하였으므로 피고인을 벌금 150만 원에 처한다. → A 씨의 과실을 인정함.

상해: 사람의 생리적 기능에 장해를 주는 일. 대체로 폭행을 수단으로 하나,
변질한 음식을 먹여 설사를 하게 한 경우 따위도 이에 해당한다.

⚠ 틀렸나?
　지문의 내용을 명확하게 인지하지 못하여 선택지의 적절성을 잘못 판단한 학생들이
많았다. 4문단에서 인식 있는 과실인지 인식 없는 과실인지 여부는 형법상 취급에는
차이가 없고 과실범의 성립 여부에 영향을 주지 않는다고 한 것을 기억했어야 한다.

✅ 왜 정답?
② A씨가 반려견에 대한 관리를 소홀히 하면 타인에게 해를 끼칠 수
있다고 인식한 점은 과실범의 성립 여부에 영향을 미쳤겠군.
　　　　　결과 발생의 위험성 인식 여부는 과실범의 성립 여부에 영향을 주지 않음.

⌐ ④문단 ❺문장　두 과실(인식 없는 과실과 인식 있는 과실)은 형법상 취급에는
ㄴ 차이가 없고 과실범의 성립 여부에 영향을 주지 않는다.

　A씨의 과실은 '인식 있는 과실'이다. 인식 없는 과실과 인식 있는 과실은 과실범의
성립 여부에 영향을 주지 않으므로 A 씨가 반려견이 매장 밖으로 나가 타인에게 해를
끼칠 수도 있다고 인식했다는 점은 과실범의 성립 여부에 영향을 미치지 않는다.

✅ 왜 오답?
① A 씨가 반려견에 대한 관리를 소홀히 한 사실에 대해 A 씨에 대한
사회적 비난이 가능하다고 판단한 것이겠군.
　　　　　A 씨에게 책임이 있음.

⌐ ①문단 ❶문장　~ 어떤 행위가 형법상 범죄 행위로 성립하려면 '구성 요건
｜ 해당성', '위법성', '책임'이라는 세 가지 요건을 순차적으로 모두 ~
｜　　　범죄 행위 성립 요건
ㄴ ②문단 ❻문장　~ 행위자에 대해 사회적 비난이 가능하다는 성질을 의미한다.

　법원은 A 씨의 행위가 구성 요건 해당성, 위법성이라는 요건을 갖추고, 행위자에
대해 사회적 비난이 가능하다는 성질인 책임까지 충족했기 때문에 A씨의 과실에
벌금형을 내린 것이다.

③ A 씨가 손님과의 다툼으로 반려견에 대한 관리를 소홀히 할
　　　　　　A 씨가 자신의 책임을 인정하지 않음.
수밖에 없었다고 주장하는 부분에 대해 책임 조각 사유로
　　　　　　　　　　A 씨가 벌금형을 받음.
인정하지 않았겠군.

⌐ ②문단 ❽문장　이때 행위자에 대한 책임을 물을 수 없는 사유인 책임 조각 사유
ㄴ 역시 형법에 규정되어 있는데 그 예로 강요된 행위가 있다.

　법원은 손님과의 다툼으로 어쩔 수 없었다는 A 씨의 주장을 책임 조각 사유로
인정하지 않았기 때문에 A 씨에게 벌금형을 내렸다.

┌─ **매력 오답**　〈보기〉의 A씨가 손님과의 다툼으로 반려견에 대한 관리를 소홀히 할 수밖에
없었다고 주장한 것을 책임 조각 사유가 아니라 위법성 조각 사유에 해당한다고
인지하면 틀리기 쉬운 선택지이다.
　위법성 조각 사유에 해당하면 범죄가 성립하지 않는다. ─┘

④ A 씨가 반려견에 대한 관리를 소홀히 하였고 그로 인해 B 씨가 상해를
입게 된 점을 형법상 규정된 범죄 유형에 해당한다고 판단한 것이겠군.
　　　　　　구성 요건 해당성을 충족한다고
*근거:①, ②문단

　어떤 행위가 범죄가 성립하기 위해서는 구성 요건 해당성, 위법성, 책임의 세 요건을
순차적으로 모두 충족해야 한다. 그러므로 〈보기〉의 A 씨가 벌금형을 받았다는 것은
법원이 A 씨가 반려견의 관리를 소홀히 하여 타인을 다치게 한 행위가 구성 요건
해당성, 위법성, 책임을 모두 충족한다고 판단했다는 의미이다. 그리고 구성 요건
해당성을 충족한다는 것은 형법상 규정된 범죄 유형에 해당한다고 판단했다는
의미이다.

⑤ A 씨가 반려견에 대한 관리 소홀로 타인을 다치게 하여 벌금형을 받은
점은 구성 요건에 해당하는 행위에 위법성이 있다고 판단한 것이겠군.
　　　　　　　A 씨의 과실을 인정함.

⌐ ②문단 ❸, ❹문장　두 번째 성립 요건인 위법성은 전체 법질서에 위배된다는
｜ 가치 판단으로, 어떤 행위가 구성 요건에 해당하는 행위이면 일반적으로
｜ 위법성이 추정된다. 하지만 구성 요건에 해당하는 행위이더라도 예외적으로
｜ 위법성을 소멸시키는 사유인 위법성 조각 사유에 해당한다면 범죄가 성립하지
ㄴ 않는다.

　범죄가 성립하기 위해서는 구성 요건 해당성, 위법성, 책임의 세 요건을 순차적으로
모두 충족해야 한다. 그러므로 〈보기〉의 A 씨가 벌금형을 받았다는 것은 A 씨가
반려견의 관리를 소홀히 하여 타인을 다치게 한 행위를 법원이 위법성이 있다고
판단했다는 의미이다.

37 정답 ① *어휘의 의미 파악하기 [정답률 81%]

ⓐ와 문맥상 의미가 가장 가까운 것은?
'일으킨' ─'어떤 사태나 일을 벌이거나 터뜨리다.'라는 의미임.

✅ 왜 정답?
① 동생이 학교에서 말썽을 일으켰다.
　　　　　'어떤 사태나 일을 벌이거나 터뜨리다.'라는 의미임.

✅ 왜 오답?
② 말이 먼지를 일으키며 달려가고 있다.
　'물리적이거나 자연적인 현상을 만들어 내다.'라는 의미임.
③ 그는 넘어지자마자 재빨리 몸을 일으켰다.
　　　　　'일어나게 하다.'라는 의미임.
④ 선풍기는 전기를 동력으로 삼아 바람을 일으킨다.
　　　　　'물리적이거나 자연적인 현상을 만들어 내다.'라는 의미임.
⑤ 우리는 무너진 집안을 일으키기 위해 열심히 노력했다.
　　　　　'무엇을 시작하거나 흥성하게 만들다.'라는 의미임.

(가) 작자 미상, 〈합강정가(合江亭歌)〉

출제 ❶ 화자, 중심 대상 ❷ 상황, 정서, 태도 ❸ 표현상 특징

△ : 백성들을 수탈하는 지배층

❶ 장마 가뭄에 피해 입은 백성이 관찰사 가을 순행 기다림은
  자연재해에 피해를 입은 상황 / ❶ 중심 대상
❷ 가을걷이 부족함을 채워줄까 해서인데 지나는 곳마다 죄를 묻는
  백성이 관찰사의 가을 순행을 기다린 이유 / 관찰사가 자연재해를 입은 백성들을 핍박함.
폐단 있네
❸ # : ❸ 설의법을 활용하여 상황에 대한 인식을 드러냄.
무논 재해도 감췄는데 목화밭이야 거론할까
❹ 논의 피해도 감춰놓고 있는데, 목화밭의 피해 상황을 논의하겠는가 → 백성의 피해를 은폐하는 상황
백 묘(畝)나 되는 벌건 땅에 백지징세 하는구나
❺ 재해를 입어 황폐한 땅에도 세금을 매김. → 부당한 세금 징수
인자한 우리 임금 곡식 한 묶음도 모래 덮일까 염려하는데
❻ ◯: 관찰사와 달리 백성들의 삶을 걱정하는 존재
[불쌍한 백성 논밭에다 좁은 길 넓히란다
❼ # 백성들의 삶의 터전인 '논밭'에다 지배층을 위한 길을 넓히도록 함.
각읍 관리 독촉하니 채찍 몽둥이 낭자하다
❽ 허다한 관인들이 대호(大戶) 소호(小戶)에 분담시켜
  비교적 많은 땅을 가진 집 / 비교적 작은 땅을 가진 집
❾ 사방(四方) 부근 십 리 안에 닭과 개가 멸종하네
❿ 집의 등급별로 닭과 개를 징수하여, 근처의 닭과 개가 모두 사라짐.
부자는 괜찮지만 가련한 이 가난한 자로다]
[ ]: ❷ 상황: 자연재해에 피해를 입은 백성들을 지배층이 수탈함.

가을걷이: 가을에 익은 곡식을 거두어들임.
폐단: 어떤 일이나 행동에서 나타나는 옳지 못한 경향이나 해로운 형상
무논: 물이 괴어있는 논
묘: 논밭 넓이의 단위. 한 묘는 한 단(段)의 10분의 1, 곧 30평으로 약 99.174㎡에 해당한다.
백지징세: 조선 후기의 불법 징세 중 하나로, 수확이 없어서 조세의 면세를 받아야 할 땅에 억지로 세금을 매기어 받는 것
낭자하다: 여기저기 흩어져 어지럽다.

*❶~❿행 요약: 관찰사의 횡포에 착취당하는 백성의 모습

⑪ 해는 기울고 이정*은 저녁밥 재촉할 때
⑫ 텅 빈 부엌에서 우는 아낙 발 구르며 하는 말이
  # 없는 살림과 부족한 양식마저 수탈하는 '아낙'이 자신의 처지에 슬픔을 느끼는 공간
⑬ 방아품에 얻은 양식 한두 되 있건마는
⑭ 채소도 있건마는 그릇은 누구에게 빌릴꼬
⑮ 앞뒷집 돌아보니 섣달그믐에 시루 빌리는 격이로다
  ❸ 관용적 표현을 활용하여 시적 상황을 강조함.
⑯ 한 마을 닭과 개 다 먹어 치우고 집집마다 또 거둔단 말인가
  # ❷ 태도: 계속되는 지배층의 수탈에 대한 부정적 태도
⑰ 대호(大戶)에는 한 냥 넘고 소호(小戶)에도 육칠 전이라
  = 관찰사를 위한 뱃놀이
⑱ 이 놀이 다시 하면 이 백성 못 살겠네
  ❷ 정서: 관찰사를 위한 놀이가 계속될 경우 백성들이 못 살게 될 것이라고 한탄함.
⑲ 낙토(樂土)에서 태어난 사람 태평성대 좋다 하여
⑳ 편안히 지내더니 하릴없이 떠도네
㉑ 한 사람의 호사(豪奢)가 몇 사람의 난리 되고
  ❷ 관찰사를 위한 뱃놀이 = 관찰사를 위해 수탈당하는 백성들이 겪는 고통
㉒ 집과 논밭 다 팔고서 어디로 가잔 말인고
  # ❷ 상황: 관찰사의 유흥에 백성이 수탈당한 나머지 유랑을 떠날 수밖에 없는 처지가 됨.

방아품: 남의 방아를 찧어 주고 삯을 받는 품
섣달 그믐날 시루 얻으러 다니기: [속담] 어느 집이나 다 시루를 쓰는 섣달 그믐날 남의 집에 시루를 얻으러 다닌다는 뜻으로, 되지도 않을 일에 애를 쓰는 미련한 짓을 비유적으로 이르는 말
낙토: 늘 즐겁고 행복하게 살 수 있는 좋은 땅
하릴없이: 달리 어떻게 할 도리가 없이
호사: 호화롭게 사치함. 또는 그런 사치

*⑪~㉒행 요약: 지배층의 수탈에 대한 한탄

㉓ ❸ a-a-b-a 구조를 활용하여 운율을 형성함.
[비나이다 비나이다 하느님께 비나이다
㉔ [ ]: ❸ 말을 건네는 어조를 활용하여 화자의 간절한 소망을 드러냄.
우리 임금님 어진 마음 밝은 촛불 되게 하시어 비추소서 비추소서]
  ❷ 태도: 임금이 수탈당하는 백성들을 구원해주기를 바라는 간절한 태도

㉕ 소문에 들리기를 아전 향원(鄕員) 벌한다기에
㉖ 간악한 이 벌하는가 여겼더니 음식과 도로(道路) 탓하는구나
  # '아전 향원'을 벌한 이유가 백성을 수탈해서가 아니라 '음식과 도로'를 탓하기 위함이었음.
㉗ 노예 차출 무슨 일인고 순령수의 권세로다
㉘ 음식은 넘쳐나고 뇌물은 공공연히 오고 가니
㉙ 좋을시고 좋을시고 상평통보 좋을시고
  ❸ 반어적 표현을 활용하여 현실에 대한 비판적 태도를 드러냄.
㉚ 많이 주면 무사하고 적게 주면 트집 잡네
  # ❷ 태도: 공공연하게 뇌물이 오가는 현실에 대한 비판적 태도
㉛ 춘당대(春塘臺)*에 치는 장막 오목대(梧木臺)에 무슨 일인고
㉜ 참람(僭濫)한* 과거장서 재주 겨루는 유생(儒生)들아
  # 분수 넘치는 과거장에서 유생들이 재주를 겨루고 있음.
㉝ 오십삼 주* 시예향(詩禮鄕)에 의로운 선비 하나 없단 말인가
  # ❷ 정서: 의로운 선비가 없는 현실에 대한 개탄
㉞ 먹을 복 좋은 우리 순상* 출세운 좋은 우리 순상
㉟ 들어오시면 육조판서 나가시면 팔도 관찰사
㊱ 공명도 거룩하고 부귀도 그지없다
㊲ 망극하도다 나라 은혜여 감격스럽도다 임금님 은혜여
  ❸ 도치법을 활용하여 화자의 정서를 강조함.
㊳ 한 토막 절개라도 있다면 온 힘을 다해 은혜에 보답하리라
㊴ 배은망덕하게 되면 자손에게 화가 미치리라
  # 관찰사에게 임금의 은혜를 잊어서는 안 된다고 경고함.

순령수: 대장의 전령과 호위를 맡고, 순시기·영기(令旗) 따위를 받들던 군사
상평통보: 조선 시대에 쓰던 엽전의 이름

*㉓~㊴행 요약: 의로운 선비에 대한 기대와 관찰사를 향한 경고

*이정: 조선 시대에 지방 행정 조직의 최말단인 이(里)의 책임자
*춘당대: 서울 창경궁 안에 있는 대(臺)로 옛날에 과거를 실시하던 곳
*참람한: 분수에 넘쳐 너무 지나친.
*오십삼 주: 조선 시대에 전라도가 53주였음.
*순상: 조선 시대에 지방의 군무(軍務)를 순찰하던 일을 맡아보던 벼슬. 각 도의 관찰사가 겸임하였음.

★ (가) 독해 공식

❶ 화자: 드러나 있지 않음. 중심 대상: '관찰사'
❷ 상황: 자연재해에 피해를 입은 백성들을 지배층이 수탈함. 관찰사의 유흥에 백성이 수탈당한 나머지 유랑을 떠날 수밖에 없는 처지가 됨.
정서: 관찰사를 위한 놀이가 계속될 경우 백성들이 못 살게 될 것이라고 한탄함. 의로운 선비가 없는 현실에 대한 개탄
태도: 계속되는 지배층의 수탈에 대한 부정적 태도. 임금이 수탈당하는 백성들을 구원해주기를 바라는 간절한 태도. 공공연하게 뇌물이 오가는 현실에 대한 비판적 태도
❸ 표현상 특징
• 설의법을 활용하여 상황에 대한 인식을 드러냄.
• 관용적 표현을 활용하여 시적 상황을 강조함.
• a-a-b-a 구조를 활용하여 운율을 형성함.
• 말을 건네는 어조를 활용하여 화자의 간절한 소망을 드러냄.
• 반어적 표현을 활용하여 현실에 대한 비판적 태도를 드러냄.
• 도치법을 활용하여 화자의 정서를 강조함.

■ 갈래: 가사
■ 제목의 의미: '합강정(合江亭) + 노래 가(歌)'. 전라북도 순창의 '합강정'에서 전라 감사와 벼슬아치들이 모여 뱃놀이하는 모습을 읊은 노래
■ 주제: 탐관오리(관찰사)에 의한 백성들의 참상
■ 이것이 핵심! : 관찰사의 만행이 드러난 구절

구절	관찰사의 행동
백 묘나 되는 벌건 땅에 백지징세 하는구나	과하게 세금을 징수함.
불쌍한 백성 논밭에다 좁은 길 넓히란다	백성들의 터전을 빼앗음.
한 마을 닭과 개 다 먹어 치우고 집집마다 또 거둔단 말인가	관찰사를 대접하기 위한 잔치를 열기 위해 백성들의 가축들을 잡음.
음식은 넘쳐나고 뇌물은 공공연히 오고 가니	공공연하게 뇌물을 받음.

(나) 이현보, 〈귀전록(歸田錄)〉

출제　**❶** 화자, 중심 대상　**❷** 상황, 정서, 태도　**❸** 표현상 특징

❶ **1** 돌아가리 돌아가리 말뿐이오 갈 이 없어
(전원으로) 돌아가겠다는 말만 할 뿐, 실제로 돌아가는 사람이 없음.
▢ : 설의법을 활용하여 상황에 대한 인식을 드러냄.
❷ 전원이 거칠어지니 아니 가고 어찌할까
❶ 중심 대상　전원에 돌아가는 이 없이 황폐해져서, 화자가 전원에 가야만 하는 상황이 됨.
초당에 청풍명월(淸風明月)이 나명들명 기다리나니
화자가 지향하는 공간　**❸** 의인법을 활용하여 자연에 대한 화자의 지향을 표현함.

- **전원**: 경작지와 개척하지 아니한 들판을 아울러 이르는 말
- **청풍명월**: 맑은 바람과 밝은 달을 일컬음. = 자연

〈효빈가〉

***1** 요약: 고향에 돌아가고자 하는 마음

❷ 상황: 농암에 오름.
2 [농암*에 올라 보니 노안(老眼)이 오히려 밝구나]
늙은 눈이 오히려 잘 보임. → 고향을 찾은 반가움
❷ 인사(人事) 변한다고 산천이야 변할 것인가
대조적 속성을 가진 대상을 활용하여 산천의 변하지 않는 속성을 강조함.
❸ 바위 앞 물과 언덕이 어제 본 듯하구나
❷ 정서: 고향 산천의 변함없는 모습에 반가움을 느낌.

〈농암가〉

***2** 요약: 고향 산천의 변함없는 모습과 귀향의 기쁨

❶ **3** 공명(功名)이 끝이 있을까 수명도 하늘이 정한 것이라
운명론적 세계관이 나타남.
❷ 금서 띠*에 굽은 허리에 팔십 넘어 만난 ▢ 봄이 그 몇 해오
❸ 화자가 오랫동안 벼슬 생활을 했음을 알 수 있음.　**#** 임금에 대한 감사함을 느끼는 시간
[해마다 오늘 같은 날이 역시 임금님 은혜로다]
자신의 생일　**#** 자신의 생일도 임금의 은혜로 돌림. 유교적 '충'의 사상
[ ]: **❷** 정서 – 생일을 맞아 임금의 은혜에 감사함을 느낌.
❷ 상황: 생일을 맞음.

〈생일가〉

***3** 요약: 생일을 맞은 소회와 임금의 은혜

*농암: 경북 안동 예안의 분강(汾江) 가에 있는 바위 이름
*금서 띠: 1품 또는 2품 관원의 조복에 두르던 금이나 물소 뿔로 만든 띠

⭐ (나) 독해 공식

❶ **화자**: 드러나 있지 않음.　　**중심 대상**: 전원
❷ **상황**: 고향에 돌아옴. 농암에 오름. 생일을 맞음.
　정서, 태도: 고향 산천의 변함없는 모습에 반가움을 느낌. 생일을 맞아 임금의 은혜에 감사함을 느낌.
❸ **표현상 특징**
- 설의적 표현을 사용하여 고향에 돌아올 수밖에 없음을 드러냄.
- 의인법을 활용하여 자연에 대한 화자의 지향을 표현함.
- 대조적 속성을 가진 대상을 활용하여 산천의 속성을 강조함.

- **갈래**: 시조
- **글쓴이**: 이현보(1467~1555). 호는 농암(聾巖)·설빈옹(雪鬢翁). 농암이 병을 핑계로 벼슬을 그만두고 낙향하려 할 때 조선 중종 임금이 만류하였으나 거절하였다. 고향으로 돌아와서는 자연을 벗삼아 유유자적하며 자연 속 삶의 만족감을 여러 수의 시조로 지었다. 대표작으로는 〈어부단가〉를 비롯한 시조가 있고, 그의 작품을 모아놓은 《농암집》이 전해진다.
- **제목의 의미**: '돌아갈 귀(歸) + 밭 전(田) + 기록할 록(錄)'. '귀전록'은 '전원에 돌아온 이야기'라는 의미이다.
- **주제**: 자연에 돌아온 삶에 대한 만족감과 임금의 은혜에 대한 감사

- **이것이 핵심!** 세 시조에 공통적으로 드러나는 설의적 표현

시조	설의적 표현	의미
〈효빈가〉	전원이 거칠어지니 아니 가고 어찌할까	자연으로 돌아올 수밖에 없었음을 드러냄.
〈농암가〉	인사 변한다고 산천이야 변할 것인가	산천(자연)의 불변성을 강조함.
〈생일가〉	공명이 끝이 있을까	속세의 욕심에는 끝이 없음을 표현하여 공명에 대한 부정적 시선을 드러냄.

(다) 남구만, 〈조설(釣設)〉

출제　**❶** 중심 대상　**❷** 글쓴이의 생각, 태도　**❸** 서술상 특징

❶ **1** 나는 긴 ⓛ 여름 동안 별로 할 일이 없어서 늘 연못가에 나가
글쓴이가 낚시를 시도하는 시간
고기들이 입을 뻐끔거리며 노는 모양을 구경하곤 했다. **❷** 그러던 어느
여름의 무료함을 달래기 위해 연못가에서 물고기들을 구경함.
날 이웃에 사는 사람이 나에게 대나무를 베어다가 낚싯대를 만들어
❶ 중심 대상
주고 또 바늘을 굽혀 낚시를 실에 달아 주었다. **❸** 그동안 서울 생활에
낚시에 입문하게 된 계기
바빠 일찍이 낚시 놓는 법도 알지 못했던 나는, 이웃 사람이 나를
위하여 낚싯대를 만들어 준 것만으로도 감사할 뿐이었다. **❹** 그래서 그
**❷** 생각: 이웃 사람의 호의에 감사함을 느낌.
낚싯대를 물에 던져 넣은 뒤에 온종일 기다려 보았다. **❺** 그러나
고기가 한 마리도 물리지 않았다.
기대와 달리 물고기가 잡히지 않음.

***1** 요약: 낚시를 시작하게 된 계기

(중략)

❶ **2** 나는 그 사람이 가르쳐 주는 방법대로 낚싯대를 드리워 한참 만에
서너 마리의 고기를 낚아 올릴 수가 있었다. 그 사람은 또 말하기를,
❸ "ⓐ 고기 잡는 방법은 그렇게 하면 잘 되었네만 ⓑ 고기 잡는
가르쳐 주는 방법대로 익힐 수 있음.
묘리는 아직 깨닫지 못하였네." 하였다.
❹ **#** 가르쳐 주는 방법을 따라 한다고 익힐 수 있는 것이 아님.　**❺**
그는 나의 낚싯대를 빼앗아 가지고 물속에 던져 넣었다. 그는 내가
낚던 낚싯대와 내가 쓰던 미끼와 내가 앉았던 자리를 그대로
이용하였으나 [그가 잡아 올리는 물고기는 마치 기다리기라도 한 듯이
[ ]: 그는 '고기 잡는 묘리'를 알고 있어 더 많은 고기를 잡음.
낚싯대를 던져 넣기가 바쁘게 딸려 올라왔다.] **❻** 광주리에서 건져 내는
것 같았고, 소반에 올려놓은 것을 세는 것 같았다. **❼** 나는 감탄하면서
❸ 비유적 표현을 활용하여 이야기의 상황을 표현함.
말하였다.
❽ ["참으로 솜씨가 좋기도 하네. 자네, 그 묘한 솜씨를 좀 가르쳐
[ ]: **❷** 태도 – 그의 고기 잡는 솜씨에 대한 감탄
주겠나."]
❾ ["잡는 방법이야 가르쳐 줄 수 있지만 묘한 솜씨야 가르쳐 줄 수
[ ]: **❸** 인물의 말을 통해 주제 의식을 부각함.
있겠나. 만일 가르쳐 줄 수 있다면 그것은 묘수라고 할 수 없지.
묘수(고기 잡는 묘리)는 가르친다고 배울 수 있는 것이 아님.
그러나 내가 자네에게 말할 수 있는 것은, 곧 자네가 내가 가르쳐
준 대로 아침이나 저녁이나 이 낚싯대를 물속에 드리워 놓고
정신을 집중하여 열흘이고 한 달이고 그 방법을 익힌다면 그
묘수(고기 잡는 묘리)는 스스로 배우고 터득해야 얻을 수 있음.
묘법을 터득할 수 있다는 것일세. 그렇게 되면 손은 알맞게 움직일
수 있고, 마음은 스스로 묘법을 이해하게 될 것일세. 그럼으로써
'고기 잡는 방법'을 반복하여 익히면 마음이 스스로 '고기 잡는 묘리'를 이해하게 됨.
지금까지 얻을 수 없는 것과, 또 지금까지 깨닫지 못하던 오묘한
이치와, 한 가지는 깨달았지만 그 나머지 두세 가지 깨닫지 못한
것과, 아무것도 모르고 오히려 의혹만 많아지는 것과, 또 환하게
깨달았지만 그 깨달은 까닭은 모르는 것들을 모두 얻을 수 있을
것일세. 그러나 이런 것을 다 얻게 되면 내가 어떻게 거기에 간여할
**❸** 설의법을 활용하여 상황에 대한 인식을 드러냄.
수 있겠는가? 내가 자네에게 할 수 있는 말은 오직 이것뿐일세."]
'고기 잡는 묘리'를 터득하면 다른 사람이 간여하지 않아도 됨.

- **묘리**: 묘한 이치　　**오묘하다**: 심오하고 묘하다.
- **간여하다**: 어떤 일에 간섭하여 참여하다.

***2** 요약: 스스로 배우고 터득하는 것의 중요성

❸ 나는 낚싯대를 받아 물속에 던져 넣으면서 스스로 한탄하였다.
❷ 태도: 그의 말을 듣고 깨달음을 얻고 스스로 한탄함.

"참으로 그대의 말이 훌륭하다. 이러한 방법을 가지고 미루어

이용한다면 그것이 어찌 낚시 놓는 데만 응용되겠는가? 옛사람이
\# 묘수를 익히는 방법이 다른 상황에도 적용될 수 있다는 깨달음을 얻음.

말하기를 '작은 것을 가지고 큰 것을 깨우칠 수 있다'고 하였는데
'고기 잡는 방법'을 가지고 '고기 잡는 묘리'를 깨우침.

바로 이를 두고 한 말 아닌가?"

　　　　　　＊❸ 요약: 고기 잡는 묘리를 통해 세상의 이치를 깨달음.

⭐ (다) 독해 공식
❶ 중심 대상: '낚시'
❷ 글쓴이의 생각, 태도: 이웃 사람의 호의에 감사함을 느낌. 그의 고기 잡는 솜씨에 대한 감탄. 그의 말을 듣고 깨달음을 얻고 스스로 한탄함.
❸ 서술상 특징
• 비유적 표현을 활용하여 이야기의 상황을 표현함.
• 인물의 말을 통해 주제 의식을 부각함.
• 설의적 표현을 활용하여 상황에 대한 인식을 드러냄.

■ 갈래: 고전 수필
■ 제목의 의미: '낚시 조(釣) + 말씀 설(說)'. '조설'은 낚시 이야기라는 뜻이다.
■ 주제: 배운 것을 꾸준히 반복하면 얻을 수 있는 묘리

■ 이것이 핵심!: 고기 잡는 방법과 고기 잡는 묘리의 차이

고기 잡는 방법	고기 잡는 묘리
– 가르침을 통해 습득할 수 있음. – 꾸준히 반복한다면 스스로 묘리를 이해하게 됨.	– 터득하게 된다면 다른 사람이 간여하지 않음. – 단순히 고기 잡는 방법을 아는 것보다 더 많은 수확을 얻을 수 있음.

■ 왜 세 작품?
• 공통점: 모두 의문의 방식을 사용하여 주제를 드러내고 화자 및 글쓴이의 의도를 강조하고 있다.
• 차이점: (가)는 관찰사의 만행에 대한 한탄과 괴로움을 말하고자 하며, (나)는 자연 속 삶의 모습에 대한 화자의 생각을 드러낸다. (다)는 '나'와 '그'의 대화 속 질문을 통해 묘리에 대한 깨달음을 얻는 과정을 드러낸다.

38　정답 ⑤　＊작품 비교하기　[정답률 50%]

(가)~(다)에 대한 설명으로 가장 적절한 것은?

> 왜 정답 ?

⑤ (가)~(다)는 모두 의문의 방식을 활용하여 상황에 대한 인식을 드러내고 있다.
(가), (나), (다)는 모두 설의적 표현을 활용하여 상황에 대한 인식을 드러냄.

(가) ❸행 무논 재해도 감췄는데 목화밭이야 거론할까
(가) ⓯행 한 마을 닭과 개 다 먹어 치우고 집집마다 또 거둔단 말인가
(가) ㉒행 닙과 논밭 다 팔고서 어디로 가잔 말인고
(가) ㉝행 오십삼 주 시예향(詩禮鄕)에 의로운 선비 하나 없단 말인가
(나) ①-❷ 전원이 거칠어지고 아니 가고 어찌할까
(나) ②-❷ 인사(人事) 변한다고 산천이야 변할 것인가
(나) ③-❶ 공명(功名)이 끝이 있을까 ~
(다) ③-❸ ~ 이러한 방법을 가지고 미루어 이용한다면 그것이 어찌 낚시 놓는 데만 응용되겠는가? ~

(가)는 의문의 방식을 활용하여 관찰사의 놀이를 위해 백성이 수탈당하는 상황에 대한 인식을 드러내고 있다.

(나)는 의문의 방식을 활용하여 전원으로 돌아가야 한다는 인식과, 인간사와 대비되는 자연 속 공간인 산천의 불변성을 강조하고 있다.

(다)는 의문의 방식을 활용하여 낚시에서 얻은 깨달음에 대한 인식을 드러내고 있다.

> 왜 오답 ?

① (가)와 (나)는 자연물에 인격을 부여하여 화자의 정서를 강조하고 있다.
(나)는 '청풍명월'에 인격을 부여하여 자연에 대한 화자의 긍정적 정서를 강조함.
→ (나)①-❸ 초당에 청풍명월(淸風明月)이 나명들명 기다리나니

[부여하다: 사람에게 권리·명예·임무 따위를 지니도록 해 주거나, 사물이나 일에 가치·의의 따위를 붙여 주다.

② (가)와 (다)는 색채 대비를 활용하여 대상의 특징을 드러내고 있다.
(가)와 (다)는 색채 대비를 활용하지 않음.

③ (나)와 (다)는 대상을 다양한 관점에서 묘사하여 장면을 구체화하고 있다.
(나)와 (다)는 대상을 다양한 관점에서 묘사하지 않음.

④ (가)~(다)는 모두 대화의 형식을 사용하여 주제를 부각하고 있다.
(가), (나): ×　　　　　(다)는 '나'와 '그'의 대화를 활용하여 주제를 부각함.

＊ 근거: (다)-②, ③

[부각하다: 어떤 사물을 특징지어 두드러지게 하다.

39　정답 ④　＊〈보기〉를 바탕으로 감상하기　[정답률 71%]

〈보기〉를 바탕으로 (가)~(다)를 감상한 내용으로 적절하지 않은 것은?

〈 보기 〉

❶문학 작품에서 공간은 작품 안에 표현된 다양한 경험의 배경이자 상황적
작품의 화자나 글쓴이가 겪는 경험이 드러나며, 다양한 맥락을 지님.
·역사적 맥락으로서의 의미를 지닐 수 있다.❷작품 안에서의 공간은 인물들의 말과 행동, 대상의 이미지나 상징 등과의 관련성 속에서 다양한 의미로 실현된다.

> 왜 정답 ?

④ (나)의 산천은 인사로 인해 변해 버린다는 점에서 변함없는 자연에
인사와 달리 변하지 않음.
대한 화자의 소망을 투영한 공간이라고 할 수 있다.
→ (나)②-❷ 인사(人事) 변한다고 산천이야 변할 것인가

(나)의 '산천'은 변하는 속성을 가진 인사(人事)와 달리 변하지 않는 속성을 가지고 있다.

[투영하다: 어떤 일을 다른 일에 반영하여 나타내다.

> 왜 오답 ?

① (가)의 논밭은 지배층을 위해 길로 넓혀진다는 점에서 백성들이 빼앗긴 삶의 터전을 의미하는 공간이라고 할 수 있다.
백성들의 터전이 관리에 의해 훼손됨.

[(가) ❻, ❼행 불쌍한 백성 논밭에다 좁은 길 넓히란다 / 각읍 관리 독촉하니 채찍 몽둥이 낭자하다

(가)의 '논밭'은 백성이 농사를 짓고 사는 공간으로 백성들의 삶의 터전이다. 지배층으로 상징되는 관리는 백성들의 삶의 터전인 논밭에다가 길을 만들어 넓히라고 분부함으로써 백성들의 삶의 터전을 빼앗고 있다.

② (가)의 텅 빈 부엌은 방아품으로 얻은 양식을 담을 그릇조차 없는 곳이라는 점에서 아낙이 자신의 처지에 슬픔을 느끼는 공간이라고 할 수 있다.
이정이 저녁밥을 재촉할 때 그릇조차 없는 자신의 처지에 슬픔을 느낌.

[(가) ⓫~⓮행 해는 기울고 이정은 저녁밥 재촉할 때 / 텅 빈 부엌에서 우는 아낙 발 구르며 하는 말이 / 방아품에 얻은 양식 한두 되 있건마는 / 채소도 있건마는 그릇은 누구에게 빌릴꼬

(가)의 '우는 아낙'은 저녁밥을 재촉하는 '이정'의 성화에 못 이겨 양식을 준비하는데, 양식과 채소는 조금씩이라도 있지만 그 양식을 담을 그릇조차 없는 가난한 삶을 슬퍼하는 모습을 보이고 있다.

③ (나)의 초당은 화자가 청풍명월과 어울릴 수 있는 곳으로 여긴다는
점에서 화자가 지향하는 공간이라고 할 수 있다.
자신을 기다리는 청풍명월과 어울릴 수 있는 공간임.

→ (나) ① - ❸ 초당에 청풍명월(淸風明月)이 나명들명 기다리나니

(나)의 화자는 자연물인 청풍명월이 초당에서 자신을 기다리고 있다고 표현하고
있다. 이를 통해 '초당'은 자연(청풍명월)과 함께하고 싶은 화자의 바람이 투영된
곳이라고 할 수 있다.

⑤ (다)의 연못가는 '나'가 낚시의 경험을 통해 깨달음을 얻는다는
점에서 글쓴이의 배움이 확장되는 공간이라고 할 수 있다.
고기 잡는 묘리를 깨닫게 되고, 이를 다른 영역에도 응용할 수 있다는 것을 배움.

[(다) ③ - ❷ "참으로 그대의 말이 훌륭하다. 이러한 방법을 가지고 미루어
이용한다면 그것이 어찌 낚시 놓는 데만 응용되겠는가? 옛사람이 말하기를
'작은 것을 가지고 큰 것을 깨우칠 수 있다'고 하였는데 바로 이를 두고 한 말
아닌가?"

(다)의 '나'는 연못가에서 '그 사람'에게 고기 잡는 방법을 배우게 되고, 고기 잡는
묘리에 대한 말을 듣게 된다. 이를 통해 '나'는 고기 잡는 묘리와 이를 다른 영역에도
응용할 수 있다는 깨달음을 얻고 있으므로, '연못가'는 글쓴이의 배움이 확장되는
공간이라고 할 수 있다.

40 정답 ① * 시어 및 구절의 의미 파악하기 ………… [정답률 61%]

㉠과 ㉡에 대한 이해로 가장 적절한 것은?
㉠ '봄', ㉡ '여름'

왜 정답 **?**

① ㉠은 화자가 임금님의 은혜에 감사를 느끼는 시간이고, ㉡은
해마다 생일을 맞이할 수 있는 것을 임금님의 은혜 덕분이라고 함.
글쓴이가 새로운 것을 시도하는 시간이다.
낚시를 시도함.

[(나) ③ ~ 수명도 하늘이 정한 것이라 / 금서 띠에 굽은 허리에 팔십 넘어 만난
㉠ 봄이 그 몇 해오 / 해마다 오늘 같은 날이 역시 임금님 은혜로다

[(다) ① - ❶ 나는 긴 ㉡ 여름 동안 별로 할 일이 없어서 늘 연못가에 나가
고기들이 입을 뻐끔거리며 노는 모양을 구경하곤 했다.

[(다) ① - ❹ 그래서 그 낚싯대를 물에 던져 넣은 뒤에 온종일을 기다려 보았다.

(나)의 ㉠ '봄'은 화자의 생일을 의미하는데, 화자는 자신이 해마다 오늘 같은 날, 즉
생일을 맞이할 수 있던 것이 임금님 은혜 덕분이라고 말하고 있다.

(다) ㉡ '여름'은 '나'가 이웃에 사는 사람이 준 낚싯대를 가지고 낚시를 시도해 보는
시간적 배경을 의미하므로, 글쓴이가 새로운 것(낚시)을 시도하는 시간이다.

왜 오답 **?**

② ㉠은 화자가 인생의 덧없음을 느끼는 시간이고, ㉡은 글쓴이가
덧없음을 느끼지 않음.
이웃의 친절에 고마움을 느끼는 시간이다.
낚싯대를 만들어 준 이웃에 고마움을 느낌.

[(다) ① - ❸ 그동안 서울 생활에 바빠 일찍이 낚시 놓는 법도 알지 못했던 나는,
이웃 사람이 나를 위하여 낚싯대를 만들어 준 것만으로도 감사할 뿐이었다.

③ ㉠은 화자가 내적 갈등을 해결하는 시간이고, ㉡은 글쓴이가
내적 갈등을 겪지 않음.
자신의 삶의 가치를 새롭게 인식하게 되는 시간이다.
낚시를 배우면서 깨달은 삶의 가치를 새롭게 인식함.

* 근거: (다) ③ - ❸, ❹

④ ㉠은 화자가 한 해를 또 맞이하는 슬픔을 나타내는 시간이고, ㉡은
기쁨
글쓴이가 자신의 지나온 삶을 반성하는 시간이다.
반성하는 모습은 드러나지 않음.

* 근거: (나) ③ - ❸

⑤ ㉠은 화자가 공명을 추구하던 시절을 의미하는 시간이고, ㉡은
공명을 추구하던 시절은 나타나지 않음.
글쓴이가 대상과의 교감을 통해 과거의 상황을 추억하는 시간이다.
추억하지 않음.

41 정답 ④ * 〈보기〉를 바탕으로 감상하기 ………… [정답률 69%]

〈보기〉를 참고하여 (가)를 감상한 내용으로 적절하지 않은 것은? [3점]

―――――〈 보기 〉―――――
❶ 〈합강정가〉는 순시를 온 관찰사를 위한 뱃놀이와 관련한 현실을 비판한
'이 놀이'
작품이다. ❷ 이 작품은 관리들이 백성에게 잔치에 드는 비용을 부담시키는
세금, 닭, 개를 징수함.
일, 뇌물이 오고 가며 부정이 횡행한 일, 백성들이 가렴주구로 인해
뇌물이 공공연히 오고 감.   집과 논밭을 팔고서 떠나게 됨.
유랑민이 되는 일 등 지배 계층의 유흥을 위해 강제로 노역에 동원되고
수탈을 당하는 백성들의 현실을 생생하게 그려 내고 있다. ❸ 특히 마지막
부분은 의로운 선비에 대한 기대와 관찰사를 향한 경고를 드러내고 있다.
'의로운 선비'가 나타나길 기대함.   배은망덕하면 자손에게 화가 미칠 것이라고 경고함.

가렴주구: 세금을 가혹하게 거두어들이고, 무리하게 재물을 빼앗음.

왜 정답 **?**

④ '유생'들이 '과거장'에서 '재주'를 '겨루는' 것은 의로운 선비가 되기
위해 과거에 통과하기를 바라는 유생들의 기대를 드러낸다고 볼 수
의로운 선비가 없는 현실에 대한 비판
있겠군.

[(가) ㉜, ㉝행 참람(僭濫)한 과거장서 재주 겨루는 유생(儒生)들아 / 오십삼 주
시예향(詩禮鄉)에 의로운 선비 하나 없단 말인가

(가)의 화자는 분수에 넘치는 과거장에서 유생들이 재주를 겨루고 있다고 생각하고
있다. 또한 의로운 선비들이 없는 현실을 비판하고 있다.

따라서 과거장에서 재주를 겨루는 것이 의로운 선비가 되기 위해 과거에 통과하기를
바라는 유생들의 기대를 드러낸다고 할 수 없다.

왜 오답 **?**

① '이 놀이'를 '다시' 하게 되면 백성들이 '못 살겠'다고 한 것은 지배
관찰사의 뱃놀이
계층의 유흥을 위해 수탈을 당하는 백성들의 현실을 드러낸다고
볼 수 있겠군.

[(가) ⑱ 이 놀이 다시 하면 이 백성 못 살겠네
[〈보기〉 ❷문장 ~ 지배 계층의 유흥을 위해 강제로 노역에 동원되고 수탈을
당하는 백성들의 현실을 생생하게 그려 내고 있다.

〈보기〉에 의하면 관리들이 백성들에게 잔치에 드는 비용을 부담시키고 있음을 알
수 있다.

(가)에서 부임하는 관리들을 위한 뱃놀이가 벌어지고 있는데, 이에 대해 백성은 '이
놀이를 다시 하게 되면 이 백성 못 살겠네'라고 반응하며 지배 계층의 유흥을 위해
수탈당하는 현실을 드러내고 있다.

② 백성들이 '집과 논밭'을 '다 팔고서' 떠나는 것은 가렴주구로 인해
유랑의 길을 떠나야 하는 백성들의 고통스러운 현실을 드러낸다고
지배층의 수탈을 피해 집과 논밭을 팔고 유랑의 길을 떠나야 함.
볼 수 있겠군.

[(가) ㉑, ㉒ 한 사람의 호사(豪奢)가 몇 사람의 난리 되고 / 집과 논밭 다
팔고서 어디로 가잔 말인고
[〈보기〉 ❷문장 ~ 백성들이 가렴주구로 인해 유랑민이 되는 일 등 ~

(가)의 '집과 논밭 다 팔고서 어디로 가잔 말인고'에서 관찰사의 유흥에 백성이
수탈당한 나머지 유랑의 길을 떠날 수밖에 없는 백성들의 고통스러운 현실이 드러나고 있다.

③ '뇌물'을 '많이 주면 무사하고 적게 주면 트집'이 잡히는 것은
관리들이 뇌물을 받으며 부정을 저지르는 것에 대한 비판을
뇌물이 공공연히 오가는 상황을 고발하여 비판 의식을 드러냄.
드러낸다고 볼 수 있겠군.

[(가) ㉘, ㉚ 음식은 넘쳐나고 뇌물은 공공연히 오고 가니 ~ 많이 주면 무사하고
적게 주면 트집 잡네
[〈보기〉 ❷문장 ~ 뇌물이 오고 가며 부정이 횡행한 일, ~

(가)는 뇌물이 공공연히 오고, 가고, 뇌물을 많이 주면 무사하고 적게 주면 트집 잡는
현실을 고발함으로써 이에 대한 비판 의식을 드러내고 있다.

⑤ '배은망덕'하면 '자손에게 화가 미치리라'라는 것은 임금에 대한
은혜를 잊지 말라는, 관찰사를 향한 경고를 드러낸다고 볼 수
있겠군.
　　배은망덕하게 되면 자손에게 화가 미칠 것이라고 경고함.

[(가) - ㉞, ㉟ 한 토막 절개라도 있다면 온 힘을 다해 은혜에 보답하리라 /
배은망덕하게 되면 자손에게 화가 미치리라
〈보기〉 ❸문장 ～ 관찰사를 향한 경고를 드러내고 있다.]

---

42 정답 ③ ＊글쓴이의 생각과 태도 파악하기 ……… [정답률 74%]

(다)의 ⓐ, ⓑ에 대한 설명으로 적절하지 않은 것은?
　ⓐ'고기 잡는 방법', ⓑ'고기 잡는 묘리'

>왜 정답?

③ ⓐ에 집중하기 위해서는 ⓑ에 대한 의혹에서 벗어나야 한다.
　　　　　　　　　　　　　　　　의심, 의혹을 가지는 않음.

[(다) ❷-❸ "ⓐ 고기 잡는 방법은 그렇게 하면 잘 되었네만 ⓑ 고기 잡는
묘리는 아직 깨닫지 못하였네." 하였다.]

[(다) ❷-❾ "～ 그러나 내가 자네에게 말할 수 있는 것은, 곧 자네가 내가
가르쳐 준 대로 아침이나 저녁이나 이 낚싯대를 물속에 드리워 놓고 정신을
＝ⓐ'고기 잡는 방법'
집중하여 열흘이고 한 달이고 그 방법을 익힌다면 그 묘법을 터득할 수 있다는
　　　　　　　　　　　　　　　　　　　　　　　　　＝ⓐ'고기 잡는 방법'　　　＝ⓑ'고기 잡는 묘리'
것일세. ～"]

(다)에서 '그'는 자신이 가르친 ⓐ '고기 잡는 방법'을 매일 정신을 집중하여 반복하면
ⓑ '고기 잡는 묘리'를 터득할 수 있다고 했다.

따라서 ⓐ '고기 잡는 방법'에 집중하기 위해 ⓑ '고기 잡는 묘리'에 대한 의혹에서
벗어나야 한다는 설명은 적절하지 않다.

>왜 오답?

① ⓐ는 누군가의 가르침을 통해 습득할 수 있다.
　'고기 잡는 방법'　　누군가가 가르쳐 줄 수 있음.

[(다) ❷-❾ "잡는 방법이야 가르쳐 줄 수 있지만 묘한 솜씨야 가르쳐 줄 수
　　　　　　　　　　＝ⓐ'고기 잡는 방법'　　　　　　　＝ⓑ'고기 잡는 묘리'
있겠나. ～"]

(다)에서 '그'는 ⓐ '고기 잡는 방법'은 자신이 가르쳐 줄 수 있다고 말했다. 따라서 ⓐ
'고기 잡는 방법'은 누군가의 가르침을 통해 습득할 수 있다.

② ⓑ를 터득하면 다른 사람이 간여하지 않아도 된다.
　'고기 잡는 묘리'

[(다) ❷-❾ "～ 그러나 이런 것을 다 얻게 되면 내가 어떻게 거기에 간여할 수
있겠는가? ～ "　　＝ⓑ'고기 잡는 묘리']

④ ⓐ를 꾸준히 반복하여 익힌다면 마음은 스스로 ⓑ를 이해하게
　ⓐ'고기 잡는 방법'을 꾸준히 반복하여 익히면 마음이 스스로 ⓑ'고기 잡는 묘리'를 이해함.
된다.

[(다) ❷-❾ "～ 그렇게 되면 손은 알맞게 움직일 수 있고, 마음은 스스로
묘법을 이해하게 될 것일세. ～ "]

(다)에서 '그'는 ⓐ '고기 잡는 방법'을 꾸준히 반복하여 익히면 마음은 스스로 ⓑ
'고기 잡는 묘리'를 이해하게 될 것임을 말하고 있다.

⑤ ⓑ를 알게 된 후에는 ⓐ만 알고 있을 때보다 더 많은 수확을 거둘
　'고기 잡는 묘리'　　　　'고기 잡는 방법'
수 있다.
　ⓑ'고기 잡는 묘리'를 알고 있는 '그'가 ⓐ'고기 잡는 방법'만 알고 있는 '나'보다 더 많은 수확을 얻음.

[(다) ❷-❺ 그는 내가 낚던 낚싯대와 내가 쓰던 미끼와 내가 앉았던 자리를
그대로 이용하였으나 그가 잡아 올리는 물고기는 마치 기다리기라도 한 듯이
낚싯대를 던져 넣기가 바쁘게 딸려 올라왔다.]

(다)에서 '그'는 '나'와 같은 조건에서 낚시를 했지만 더 많은 수확을 거두고 있다.
이는 '그'가 ⓐ '고기 잡는 방법'만 알고 있는 글쓴이와 달리 ⓑ '고기 잡는 묘리'를 알고
있기 때문이다.

43~45　작자 미상, 《세경본풀이》

＃출제　❶ 중심인물, 배경　❷ 중심 사건, 갈등　❸ 서술상 특징

❶ "도련님은 어디서 온 누구십니까? 지금 어디를 가시는 길인지
물어봐도 될까요?"

❷ "네, 저는 하늘 옥황 문왕성 문 도령입니다. 지금 아랫마을 거무
선생님께 글공부 가는 길이오."　❶중심인물

❸ 자청비가 문 도령을 찬찬히 살펴보는데 인물이 단정하고 눈빛이
❶중심인물　　　　　　　　❹자청비가 문 도령을 마음에 들어함.
깊은 것이 마음에 들었다. 게다가 거무 선생께 글공부를 간다 하니
❸ 서술자: 3인칭 서술자, 시점: 전지적 작가 시점
같이 글공부하러 가고 싶은 생각이 불쑥 솟아났다.

❺ 도련님, [우리 집에도 나와 닮은 남동생이 있는데 마침 거무 선생께
　　　　　[ ]: 자청비가 남장을 하고 남동생 '자청 도령'인 척 나타나려 함.
글공부하러 가고 싶어 합니다. 이름은 자청 도령이라 하니 같이
벗하여 가는 것이 어떻겠습니까?]

❻ 조금이라도 자청비와 더 있고 싶은 문 도령은 선선히 그러겠다고
　문 도령 역시 자청비를 마음에 들어 함.
대답하고는 자청비를 따라갔다. ❼자청비는 문 도령을 집앞 골목에 세워
　　　　　　　　　　　　　　　　　　❶공간적 배경
놓고, 부모님 방으로 달려갔다.

❽ ❶공간적 배경
"아버님, 어머님, 저도 다른 선비들처럼 글공부하러 가고
　[ ]: ❷갈등 - 글공부하러 가고자 하는 자청비와 이를 반대하는 부모의 외적 갈등
싶습니다."

❾ 대감이 펄쩍 뛰었다.

❿ "계집아이가 글을 배워 무엇에 쓴단 말인고?"
⓫ ＃여성은 글공부를 할 수 없었던 당시의 사회적 분위기가 드러남.
어머니도 자청비의 손을 잡으며 달랬다.

⓬ "시집갈 나이가 다 되었는데 밖으로 나돌아다니면 안 좋은 소문만
난다. 그러니 그냥 집에서 살림이나 배우는 게 좋을 것 같다."]

⓭ 자청비가 차분하게 부모님을 설득했다.

⓮ "아버님, 어머님, 늘그막에 딸자식 하나 얻었는데 내일이라도
아버님 어머님이 세상을 떠나면 기일 제사 때 축지방＊은 누가 쓸
　　　　자청비가 논리적인 근거를 들어 부모님을 설득함.
겁니까?"

⓯ 그 말끝에 부모님이 뭐라 대답을 못 하고 있는데 자청비는
계속해서 말을 이었다.

⓰ "나에게 오라비가 있습니까? 형제가 있습니까? 그저 집안에
　[ ]: 중심 사건 - 자청비가 문 도령과 글공부하러 가고자 부모님을 설득함.
자식이라곤 나 하나밖에 없는데, 여자라도 배워 놓으면 다 써먹을
데가 있습니다. 저라도 공부를 해서 축지방이나 쓰게 해 주세요."

⓱ 자청비의 말을 들은 대감은 마음이 움직였다.
　　대감이 자청비의 설득에 넘어감.
⓲ 듣고 보니 그럴듯한 말이구나. 늘그막에 귀한 딸자식 하나
얻었더니 부모 기일 제사까지 벌써부터 챙기려고 마음을 쓰니
＃부모의 제사를 걱정하는 자청비를 기특하게 여김.
기특하구나. 그렇다면 거무 선생께 가서 글공부하도록 하거라."]
　　자청비가 거무 선생에게 가서 글공부하는 것을 허락함.

〔 늘그막: 늙어가는 무렵

＊ 1 요약: 문 도령을 따라 글공부하러 가고 싶은 자청비가 부모님을 설득함.

2 부모님께 허락을 받은 자청비는 방으로 들어가 입고 있던 옷을
　＃❸인물이 여성으로서의 사회적 제약을 극복하기 위해 남장을 함.(남장 모티프)
벗어 두고 남자 옷으로 갈아입었다. ❷그러고는 책을 한 아름 안고,
붓도 몇 자루 감아쥐고는 부모님께 이별 인사를 드리는 둥 마는 둥
하고 밖으로 뛰쳐나갔다.

❸ 골목에 나가 보니 문 도령이 서성이며 기다리고 있었다. ❹ 자청비는 시침을 뚝 떼고 다가가 인사를 했다.

❺ "처음 뵙겠습니다. 저는 자청 도령인데 누님한테 말씀 잘 들었습니다."
<u>남장한 자청비가 자청 도령인 척 거짓말을 하며 문 도령을 속임.</u>

❻ "예, 저는 하늘 옥황 문왕성 문 도령이오."

❼ 문 도령은 자청 도령을 위아래로 훑어보며 고개를 갸웃했다.

❽ [아무리 남매지간이라고 하여도 이렇게 닮을 수가 있는가? 자청
[ ]: 이상하다고는 생각하지만 자청 도령이 남장한 자청비라는 것을 알지 못함.
도령도 곱상하니 아가씨라고 해도 믿겠구나.]

❾ [문 도령과 자청 도령은 나란히 아랫마을 거무 선생에게 갔다.]
[ ]: ❷ 중심 사건 – 부모님을 설득한 자청비가 남장을 하고 문 도령과 글공부하러 떠남.

〔곱상하다: 얼굴이나 성미가 예쁘장하고 얌전하다.

*② 요약: 자청비가 남장을 하고 문 도령을 따라 나섬.

[중략 부분 줄거리] 자청 도령이 자청비임을 알게 된 문 도령은 자청비와 결혼을 한다. 한편, 이들을 시기한 하늘 무리들이 문 도령을 죽이고, 군졸들을 보내 자청비를 강제로 데려가려고 하자 자청비는 매미, 등에, 봉황새를 죽은 문 도령이 있는 방에 걸어
자신에게 불리한 상황을 극복하기 위해 상황을 미리 조작함.
둔다.

③ ❶ "저 위에 보면 **우리 낭군이 깔고 앉았던 방석**이 있습니다. 그걸 내려서 깔고 앉아 보십시오. 그것이 조금 무겁긴 하지만 사나이라면 그 정도는 거뜬히 들 수 있어야 하지 않겠습니까? <u>그리하면 제가 스스로 가겠습니다.</u>"
❷ ❷ 갈등: 자청비를 데려가려 하는 군졸들과 이들을 속여 위기를 벗어나려는 자청비의 외적 갈등
선반 위에 놓인 무쇠 방석을 가리키며 말하자 군졸들이 달려들어 방석을 내리려 하였다. ❸ <u>그러나 어찌나 무거운지 꼼짝도 하지 않았다.</u>
군졸들이 문 도령이 힘이 세다고 오해하도록 함.
❹ ["문 도령이 이렇게 힘센 장수였구나. 아무래도 소문대로 보통
[ ]: 무쇠 방석을 활용하여 군졸들에게 문 도령에 대한 두려움을 심음.
인물이 아니로군. 잘못하다가는 무슨 변이라도 당하는 게 아닌지 모르겠어."]

❺ 군졸들은 겁이 나서 누구도 선뜻 나서려고 하지 않았다. ❻ 그러자 군졸들을 이끌고 온 우두머리가 문 도령이 누워 있는 방을 쳐다보며
● 공간적 배경
한마디 했다. / ❼ "이놈들아, 걱정들 하지 마라. 그래봐야 죽은 목숨 아니냐? 죽은 목숨 아무 소용 없다."

❽ "맞는 말이로구나. 제아무리 잘난 문 도령이라도 이미 죽은 목숨인데 어떻게 할 수 있겠는가."

❾ 그런데 죽은 줄 알았던 문 도령이 코를 골며 자는 소리가 들렸다.
❿ [주얼재열 **매미, 등에**가 나는 소리, **봉황새** 꺽꺽 부리 벌리는 소리가
[ ]: 군졸들이 매미, 등에, 봉황새가 내는 소리를 문 도령이 코를 고는 소리로 착각함.
코 고는 소리로 들렸던 것이었다.]

⓫ "어이? 이거 무슨 소리인가?" / ⓬ "문 도령이 코 골며 자는 소리 같은데. 문 도령은 죽은 것이 아닌가?"

⓭ 그때 방 밖에 서 있던 머슴이 자청비가 시킨 대로 손을 한 번 탁 쳤다. ⓮ [그러자 화들짝 놀란 군졸들이 겁을 집어먹고 앞다투어 도망쳐
[ ]: ❷ 중심 사건 – 자청비가 지혜를 발휘하여 군졸들을 내쫓고 문 도령을 살려냄.
버렸다.] ⓯ [위기를 모면한 자청비는 죽은 남편을 살려 내기 위해
[ ]: ❸ 비현실적 요소를 활용하여 인물의 비범한 능력을 드러냄.
서천꽃밭으로 들어가 갖가지 꽃을 얻어 왔다. ⓯ 자청비가 가져온 <u>살살이꽃, 피살이꽃, 도환생꽃</u>을 남편의 시체 위에 뿌리자 <u>문 도령이
살을 돋게 하는 꽃, 피를 돌게 하는 꽃, 사람을 다시 살리는 꽃
기지개를 켜며 일어나 앉았다.]</u>
자청비가 비범한 능력을 활용하여 문 도령을 살림.
⓱ "아, 잘 잤다! 그런데 무슨 일인가? 주변이 왜 이처럼 어지럽소?"

⓲ 자청비는 그 사이에 있었던 일을 소상히 일러 주었다.

⓳ "아, 그러니까 부인 덕에 내가 이리 살아났구려."

⓴ 문 도령은 또 한 번 자청비의 기지에 감탄하며 부인의 손을 꼭 잡았다.
〔기지: 특별하고 뛰어난 지혜

*③ 요약: 자청비가 기지를 발휘하여 적을 내쫓고 죽은 문 도령을 다시 살림.

④ ❶ 하늘 옥황 천자국에 큰 사변이 일어났다. ❷ 검은 무리가 난을 일으켜 천자국이 큰 혼란에 빠지게 된 것이다. ❸ 옥황상제 천지왕은
❶ 공간적 배경
여기저기 방을 붙이도록 했다.

❹ "이 난을 평정하는 자에게 하늘 옥황의 땅 한 조각 물 한 조각을 갈라 주겠노라."

❺ 자청비는 문 도령과 함께 서천꽃밭에서 가져온 <u>수레멸망악심꽃</u>을 들고 천자국으로 갔다. ❻ 수레멸망악심꽃은 뿌리면 뿌리는 대로 많은
사람을 죽여 멸망시키는 꽃
자청비와 문 도령이 난을 평정하기 위해 천자국으로 감.
사람이 죽는 꽃이었다. ❼ 천지왕은 난을 평정하기 위해 왔다는 문 도령과 자청비에게 임무를 맡겼다. ❽ 전장으로 가보니 삼만 명의 군사들이 칼을 치고 활을 받으며 치열하게 싸우고 있었다. ❾ [자청비는 천자국 병사들을 철수시키고는 수레멸망악심꽃을 동서로 뿌려댔다.
❸ 비현실적 요소를 활용하여 인물의 비범한 능력을 드러냄.
❿ 그러자 난을 일으킨 <u>군사들이 건삼밭의 늙은 삼 쓰러지듯 동서로 즐비하게 쓰러지며</u> 숨이 끊어져 버렸다. ⓫ 곧 난은 평정되고 천자국이
❸ 비유적 표현을 활용하여 장면을 생생하게 묘사함.
평온해졌다.] ⓬ 천지왕은 크게 기뻐하며 둘의 공을 치하했다.
⓭ # [ ]: ❷ 중심 사건 – 자청비가 수레멸망악심꽃으로 난을 평정함.
"내 너희들에게 하늘나라에 있는 기름진 땅을 갈라 주겠으니 잘 맡아 다스리도록 하여라."

⓮ 그러나 자청비는 이를 사양하고 인간 세상에 내려가 살고자 하니 대신 씨앗을 달라고 청을 드렸다.

⓯ ["하늘님아, 하늘나라 기름진 땅 대신 **제주 땅에 내려가서 심을**
= 옥황상제 천지왕
오곡의 씨앗을 내려 주십시오. 제주 백성들 농사짓고 살게 해
제주도의 농사를 관장하고자 하는 자청비
주겠습니다."

⓰ 천지왕은 자청비를 기특하게 여기고 인간을 널리 이롭게 하라며
[ ]: ❷ 중심 사건 – 자청비가 제주도의 농사를 관장하는 신이 됨.
여러 곡식을 내려 주었다.]

〔**사변**: 사람의 힘으로는 피할 수 없는 천재(天災)나 그 밖의 큰 사건
평정하다: 반란이나 소요를 누르고 평온하게 진정하다
치하하다: 남이 한 일에 대하여 고마움이나 칭찬의 뜻을 표시하다. 주로 윗사람이 아랫사람에게 한다.

*④ 요약: 제주 땅의 농사신이 된 자청비

*축지방: 제사 때 읽어 천지의 신령께 고하는 글을 적은 종이 조각

독해 공식
❶ **중심인물**: 자청비, 문 도령
공간적 배경: '(자청비의) 집앞' 골목, '(자청비의) 부모님 방', '문 도령이 누워있는 방', '천자국'
❷ **중심 사건**: 자청비가 문 도령과 글공부하러 가고자 부모님을 설득함. 부모님을 설득한 자청비가 남장을 하고 문 도령과 글공부하러 떠남. 자청비가 지혜를 발휘하여 군졸들을 내쫓고 문 도령을 살려냄. 자청비가 수레멸망악심꽃으로 난을 평정함. 자청비가 제주도의 농사를 관장하는 신이 됨.
갈등: 글공부하러 가고자 하는 자청비와 이에 반대하는 부모의 외적 갈등. 자청비를 데려가려 하는 군졸들과 이들을 속여 위기를 벗어나려는 자청비의 외적 갈등
❸ **서술상 특징**
· **서술자**: 3인칭 서술자, **시점**: 전지적 작가 시점
· 인물이 여성으로서의 사회적 제약을 극복하기 위해 남장을 함.(남장 모티프)
· 비현실적 요소를 활용하여 인물의 비범한 능력을 드러냄.
· 비유적 표현을 활용하여 장면을 생생하게 묘사함.

■ **갈래**: 고전 산문, 무가, 무속 신화
■ **인물 관계도**

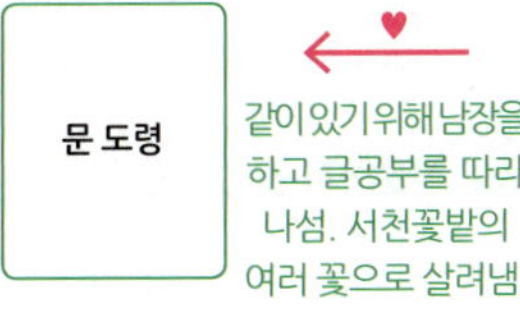

■ **주제**: 자청비가 고난을 극복하고 농경신이 되는 과정
■ **이것이 핵심!** : **자청비의 여성 주인공으로서의 특징**

여성 영웅 소설의 특징	
뛰어난 능력	– 기지를 발휘하여 군졸들을 내쫓고 죽었던 문 도령을 살려냄. – 수레멸망악심꽃을 사용하여 큰 혼란에 빠진 천자국을 구출함.
남장 모티프	– 남성 중심의 봉건 사회 속에서 여성이 자신의 능력을 발휘하기 위한 수단 – 동시에 남장이 아니면 능력을 발휘할 수 없다는 시대적 한계점을 드러냄.

■ **전체 줄거리**: 늦도록 자식이 없던 김 대감 부부는 '자청비'라는 딸을 귀하게 얻는다. 자청비가 열다섯 살 때 글공부하러 가는 문 도령을 따라 나선다. 삼 년 후 자신이 여성임을 밝힌 자청비는 문 도령과 하룻밤을 보내고, 문 도령은 신물을 주고 떠난다. 하인이었던 정수남에게 치욕스러운 일을 당할 뻔한 자청비는 기지를 발휘하여 위기에서 벗어나지만, 일손을 죽였다는 이유로 집에서 쫓겨난다.
이후 남장을 한 채 서천꽃밭 꽃감관의 사위가 되어 정수남을 되살리지만 사람의 목숨을 죽였다가 살린다며 다시 쫓겨난다. 주모 할미의 수양딸이 된 자청비는 문 도령과 재회하게 되는데, 문 도령의 아버지인 문선왕의 시험을 통과하고 문 도령과 혼인한다. 자청비는 동네 청년들의 시샘으로 죽음을 맞이한 문 도령을 다시 살려내고, 천자국의 반란을 평정하여 천지왕으로부터 땅을 받는다. 자청비는 땅 대신 제주 땅에 내려가서 심을 오곡의 씨앗을 내려달라고 한다.
(: 지문 수록 부분)

---

43 **정답 ①** ＊ 서술상 특징 파악하기 ·················· [정답률 78%]

윗글에 대한 설명으로 가장 적절한 것은?

> **왜 정답?**

① 비현실적 요소를 통해 인물의 비범한 능력을 드러내고 있다.
자청비가 서천꽃밭의 꽃들로 문 도령을 살려냄, 수레멸망악심꽃으로 난을 평정함.

③-⑮, ⑯ 위기를 모면한 자청비는 죽은 남편을 살려 내기 위해 서천꽃밭으로 들어가 갖가지 꽃을 얻어 왔다. 자청비가 가져온 살살이꽃, 피살이꽃, 도환생꽃을 남편의 시체 위에 뿌리자 문 도령이 기지개를 켜며 일어나 앉았다.
④-⑨ 자청비는 천자국 병사들을 철수시키고는 수레멸망악심꽃을 동서로 뿌려댔다.

자청비는 서천꽃밭에서 갖가지 꽃을 얻어 와 문 도령을 살려낸다. 또한 수레멸망악심꽃을 뿌려 난을 평정한다.
자청비가 서천꽃밭에서 얻어 와 활용하는 '살살이꽃', '피살이꽃', '도환생꽃', '수레멸망악심꽃'은 비현실적 요소로, 이를 통해 자청비의 비범한 능력을 드러내고 있다.

> **왜 오답?**

② 꿈과 현실을 교차하여 앞으로 일어날 사건을 암시하고 있다.
꿈은 나타나지 않음.

③ 비유적 표현을 사용하여 인물의 심리적 갈등을 드러내고 있다.
난을 일으킨 군사들이 쓰러지는 모습을 나타냄.

④-⑩ 그러자 난을 일으킨 군사들이 건삼밭의 늙은 삼 쓰러지듯 동서로 즐비하게 쓰러지며 숨이 끊어져 버렸다

④ 공간적 배경에 대한 묘사를 통해 낭만적 분위기를 형성하고 있다.
묘사가 드러나지 않음.　낭만적 분위기는 나타나지 않음.

⑤ 서술자가 직접적으로 개입하여 인물을 주관적으로 평가하고 있다.
개입하지 않음.　평가하지 않음.

---

44 **정답 ⑤** ＊ 사건과 갈등 파악하기 ·················· [정답률 69%]

윗글에 대한 이해로 적절하지 않은 것은?

> **왜 정답?**

⑤ 천지왕은 천자국의 난을 평정하기 위해 자청비를 찾아가 도움을 구했다.
문 도령과 자청비가 천지왕을 찾아감.

④-❷~❺ 검은 무리가 난을 일으켜 천자국이 큰 혼란에 빠지게 된 것이다. 옥황상제 천지왕은 여기저기 방을 붙이도록 했다. / "이 난을 평정하는 자에게 하늘 옥황의 땅 한 조각 물 한 조각을 갈라 주겠노라." / 자청비는 문 도령과 함께 서천꽃밭에서 가져온 수레멸망악심꽃을 들고 천자국으로 갔다.

천지왕이 자청비를 찾아가 도움을 구한 것이 아니라, 자청비가 도움을 주기 위해 천지왕을 찾아간 것이다.
자청비와 문 도령은 천지왕이 붙인 방을 보고 서천꽃밭에서 가져온 수레멸망악심꽃을 들고 천자국으로 갔다.

> **왜 오답?**

① 자청비는 문 도령에게 자청 도령을 만날 것을 제안했다.
자청 도령과 함께 공부하러 가자고 제안함.

→①-❺ "~ 이름은 자청 도령이라 하니 같이 벗하여 가는 것이 어떻겠습니까?"

자청비는 문 도령과 같이 글공부하러 가고 싶은 마음에 문 도령에게 자청 도령을 만나 같이 공부하러 가는 것을 제안하였다.

② 대감은 부모의 제사를 걱정하는 자청비를 기특하게 여겼다.
자청비가 부모 제사에 축지방을 쓰고자 글공부를 가겠다고 하자 기특하게 여김.

①-⑱ "듣고 보니 그럴듯한 말이구나. 늘그막에 귀한 딸자식 하나 얻었더니 부모 기일 제사까지 벌써부터 챙기려고 마음을 쓰니 기특하구나. 그렇다면 거무 선생께 가서 글공부하도록 하거라."

③ 군졸들은 문 도령이 살아 있다고 생각해 겁을 먹고 도망쳤다.
자청비가 걸어둔 매미, 등에, 봉황새 소리와 머슴이 친 손뼉에 놀람.

③-⑩~⑭ 주얼재열 매미, 등에가 나는 소리, 봉황새 꺽꺽 부리 벌리는 소리가 코 고는 소리로 들렸던 것이었다. / "어이? 이거 무슨 소리인가?" / "문 도령이 코 골며 자는 소리 같은데. 문 도령은 죽은 것이 아닌가?" / 그때 방 밖에 서 있던 머슴이 자청비가 시킨 대로 손을 한 번 탁 쳤다. 그러자 화들짝 놀란 군졸들이 겁을 집어먹고 앞다투어 도망쳐 버렸다.

④ 난을 일으킨 군사들은 자청비가 뿌린 꽃에 의해 숨이 끊어졌다.
수레멸망악심꽃에 의해 쓰러지며 숨이 끊어짐.

④-❾, ❿ 자청비는 천자국 병사들을 철수시키고는 수레멸망악심꽃을 동서로 뿌려댔다. 그러자 난을 일으킨 군사들이 건삼밭의 늙은 삼 쓰러지듯 동서로 즐비하게 쓰러지며 숨이 끊어져 버렸다.

---

45 **정답 ③** ＊ ⟨보기⟩를 바탕으로 감상하기 ·········· [정답률 71%]

⟨보기⟩를 참고하여 윗글을 감상한 내용으로 적절하지 않은 것은? [3점]

⟨ 보기 ⟩

❶ ≪세경본풀이≫는 자청비가 농사를 관장하는 '세경신'이 되기까지의
제사를 받는 신의 내력을 읊는 가사 노래
과정을 담은 제주도 서사무가이다. ❷이 과정에서 자청비는 여성이라는
군졸들이 잡아가려는 상황, 천자국에 난이 일어남.
이유로 사회적 제약을 받거나, 여러 난관에 봉착한다. ❸그때마다 자청비는
여성이라는 이유로 글공부하러 가는 데 제약을 받음.
거짓말이나 속임수를 사용하여 상대와 동질성을 이뤄 상대방의 수용을
남장을 하여 문 도령을 따라 글공부하러 감
얻기노 하고, 상황을 미리 조작하여 자신의 불리한 상황을 반전시키기도
❹ 매미, 등에, 봉황새, 박수 소리를 이용하여 문 도령이 살아있는 것처럼 상황을 조작함.
한다. 또한, 유인책을 사용해 상대를 함정에 빠뜨려 목적을 달성하기도
한다.

> **왜 정답?**

③ 자청비가 무쇠 방석을 '우리 낭군이 깔고 앉았던 방석'이라고 말한 것은 상대방을 함정에 빠뜨려 ~~자신의 편~~으로 만들기 위한
자신의 편으로 만들려는 목적은 아님.
유인책으로 볼 수 있겠군.

[③-❶ "저 위에 보면 **우리 낭군이 깔고 앉았던 방석**이 있습니다. 그걸 내려서 깔고 앉아 보십시오. 그것이 조금 무겁긴 하지만 사나이라면 그 정도는 거뜬히 들 수 있어야 하지 않겠습니까? 그리하면 제가 스스로 가겠습니다."

자청비는 군졸들에게 무쇠 방석을 보이며 '우리 낭군이 깔고 앉았던 방석'이라고 말하며 그것을 들 수 있으면 스스로 가겠다고 한다.

군졸들은 무거운 방석을 들지 못함으로써 문 도령의 힘이 아주 세다고 오해하게 된다.

따라서 자청비가 무쇠 방석을 '우리 낭군이 깔고 앉았던 방석'이라고 말한 것은 군졸들을 속이려는 의도를 가질 뿐, 이들을 함정에 빠뜨려 자신의 편으로 만들기 위한 것이 아니다.

> **왜 오답?**

① 자청비가 '자청 도령' 행세를 한 것은 문 도령과의 동질성을
남장을 하여 남성인 문 도령과의 동질성을 획득함.
획득하기 위한 속임수로 볼 수 있겠군.

[①-❺ "도련님, 우리 집에도 나와 닮은 남동생이 있는데 마침 거무 선생께 글공부하러 가고 싶어 합니다. 이름은 **자청 도령**이라 하니 같이 벗하여 가는 것이 어떻겠습니까?"

⟨보기⟩ ❸문장 ~ 자청비는 거짓말이나 속임수를 사용하여 상대와 동질성을 이뤄 상대방의 수용을 얻기도 하고, ~

자청비가 남장을 하여 '자청 도령' 행세를 한 것은 남성인 문 도령과 동질성을 획득하여 그와 같이 글공부하러 가기 위함이었다.

② 자청비가 '계집아이가 글을 배워 무엇에' 쓰냐며 부모로부터 글공부를 제지당하는 것은 자청비가 받는 사회적 제약으로 볼 수
여성으로서 받는 제약
있겠군.

[①-❿ "계집아이가 글을 배워 무엇에 쓴단 말인고?"

⟨보기⟩ ❷문장 이 과정에서 자청비는 여성이라는 이유로 사회적 제약을 받거나, ~

자청비의 아버지인 '대감'과 어머니는 여성인 자청비가 글을 배우는 것을 반대한다. 이는 자청비가 여성이기 때문에 받는 사회적 제약을 보여준다.

④ 자청비가 '매미', '등에', '봉황새', 박수 소리를 이용한 것은 문 도령이 살아 있는 것처럼 상황을 미리 조작하여 자신의 불리한
자신을 데려가려는 군졸들에게 겁을 주어 도망가게 함.
상황을 반전시키기 위한 것으로 볼 수 있겠군.

[③-❿~⓮ 주얼재얼 매미, 등에가 나는 소리, 봉황새 꺽꺽 부리 벌리는 소리가 코 고는 소리로 들렸던 것이었다. ~ 그때 방 밖에 서 있던 머슴이 자청비가 시킨 대로 손을 한 번 탁 쳤다. / 그러자 화들짝 놀란 **군졸들이 겁을 집어먹고 앞다투어 도망쳐 버렸다.**

⟨보기⟩ ❸문장 ~ 상황을 미리 조작하여 자신의 불리한 상황을 반전시키기도 한다.

자청비는 군졸들이 죽은 문 도령이 살아있다고 믿게 하도록 미리 방에 매미, 등에, 봉황새를 걸어놓았으며, 머슴을 시켜 박수를 쳐 군졸들을 놀라게 하면서 자신에게 불리한 상황을 유리하게 반전시켰다.

⑤ 자청비가 천지왕에게 '제주 땅에 내려가서 심을 오곡의 씨앗을 내려' 달라고 요청하여 '여러 곡식'을 받는 것은 자청비가 지닌
제주의 농경을 관장하기 위해 씨앗을 달라고 함.
세경신으로서의 면모로 볼 수 있겠군.

[④-⓯ "하늘님아, 하늘나라 기름진 땅 대신 **제주 땅에 내려가서 심을 오곡의 씨앗을 내려** 주십시오. 제주 백성들 농사짓고 살게 해 주겠습니다."

⟨보기⟩ ❶문장 ≪세경본풀이≫는 자청비가 농사를 관장하는 '세경신'이 되기까지의 과정을 담은 제주도 서사무가이다.

자청비는 하늘나라에 있는 기름진 땅을 갈라 주겠다는 천지왕에게 제주 땅에 가서 심을 오곡의 씨앗을 요청한다.

이는 자청비가 농사를 관장하는 세경신으로서의 면모를 드러낸 것이라고 할 수 있다.

01 정답 ② ＊음운 변동 파악하기

〈보기〉의 설명을 참고할 때, ⓐ~ⓔ에 대한 설명으로 적절하지 <u>않은</u> 것은?

―― 〈 보기 〉 ――

음운 변동에는 [한 음운이 다른 음운으로 바뀌는 교체, 있던 음운이
[ ]: 음운 변동의 종류: 교체, 탈락, 첨가, 축약
없어지는 탈락, 없던 음운이 새로 더해지는 첨가, 두 음운이 합쳐져 하나의 음운으로 줄어드는 축약]이 있다.

　ⓐ: 굳이 [구지]　　ⓑ: 옷만 [온만]　　ⓒ: 물약 [물략]
　ⓓ: 값도 [갑또]　　ⓔ: 핥는 [할른]

> **왜 정답?**

② ⓑ는 교체가 ~~한 번~~ 일어난다.
두 번

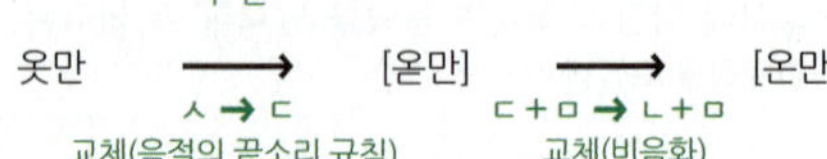

> **왜 오답?**

① ⓐ는 교체가 한 번 일어난다.
구개음화가 일어남.

③ ⓒ는 교체와 첨가가 각각 한 번씩 일어난다.
유음화와 'ㄴ' 첨가가 일어남.

④ ⓓ는 교체와 탈락이 각각 한 번씩 일어난다.
된소리되기와 자음군 단순화가 일어남.

⑤ ⓔ는 교체와 탈락이 각각 한 번씩 일어난다.
유음화와 자음군 단순화가 일어남.

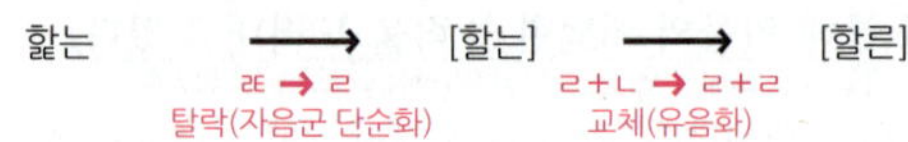

―― 배경지식

국어 음운 변동의 유형

	개념	변화 양상
교체	– 한 음운이 다른 음운으로 바뀜. – 음절의 끝소리 규칙, 비음화, 유음화, 구개음화, 'ㅣ' 모음 역행 동화, 된소리되기(경음화) 등	○ → □ 음운 개수: ±0
첨가	– 새로운 음운이 추가됨. – 'ㄴ' 첨가, 반모음 첨가 등	○+□ → ○+▲+□ 음운 개수: +1
탈락	– 원래 있던 음운이 없어짐. – 자음군 단순화, 자음 탈락('ㄹ' 탈락, 'ㅎ' 탈락), 모음 탈락('ㅡ' 탈락, 'ㅏ/ㅓ' 탈락) 등	○+□ → ○ 음운 개수: −1
축약	– 두 음운이 합쳐져 하나의 음운으로 줄어듦. – 거센소리되기(자음 축약) 등	○+□ → ▲ 음운 개수: −1

02 정답 ⑤ ＊ 인용 표현 파악하기

〈보기〉의 학습 과제를 수행한 결과로 적절하지 <u>않은</u> 것은?

─〈보기〉─

[학습 내용] 말이나 글을 그대로 큰따옴표나 작은따옴표에 넣어 인용하는 것을 직접 인용이라고 하고, 인용된 말이나 글을 자신의 관점에서 다시 서술하여 표현한 것을 간접 인용이라고 한다.

[학습 과제] 다음 직접 인용 문장을 간접 인용 문장으로 바꿀 때 어떤 변화가 생길지 분석해 보자.　　: 간접 인용 문장으로 바꿀 때 달라지는 부분

영미가 어제 나에게 "내일 여기에서 나랑 같이 저녁을 먹자."라고
　　　　　　　　　→ 오늘 → 거기　 → 자기　　　　　 → 고
말했다.

직접 인용	영미가 어제 나에게 "내일 여기에서 나랑 같이 저녁을 먹자."라고 말했다.
간접 인용	영미가 어제 나에게 오늘 거기에서 자기랑 같이 저녁을 먹자고 말했다.

＞왜 정답 ?

⑤ 직접 인용절의 종결 어미 '–자'가 간접 인용절에서 ~~'는다'로~~
　　　　　　　　　　　　　　　　　　　　　　 달라지지 않음.
~~달라진다.~~

어떤 행동을 함께하자는 뜻을 나타내는 청유형 종결 어미인 '–자'는 간접 인용절에도 그대로 쓰인다.

＞왜 오답 ?

① 직접 인용 문장에서 쓰인 조사 '라고'가 간접 인용 문장에서 '고'로　　　　　　　　　 앞말이 직접 인용 되는 말임을 나타내는 조사
달라진다.
앞말이 간접 인용 되는 말임을 나타내는 격 조사

② 직접 인용 문장에서 쓰인 시간 표현 '내일'이 간접 인용 문장에서
　　　　　　　　　　　　　 영미가 말한 시점인 '어제'의 '내일'을 가리킴.
'오늘'로 달라진다.
'어제'의 '내일'은 '오늘'임.

③ 직접 인용 문장에서 쓰인 지시 표현 '여기'가 간접 인용 문장에서
　　　　　　　　　　　　　 영미의 관점에서 영미가 있는 곳을 가리킴.
'거기'로 달라진다.
'나'의 관점에서 영미가 있는 곳을 가리킴.

④ 직접 인용 문장에서 쓰인 대명사 '나'가 간접 인용 문장에서
　　　　　　　　　　　　　 영미의 관점에서 영미를 가리킴.
'자기'로 달라진다.
'나'의 관점에서, 앞서 언급한 영미를 가리킴.

─────────────────── 배경지식

인용 표현

직접 인용	간접 인용
• 다른 사람의 말이나 글을 원래의 형식을 바꾸지 않고 그대로 큰따옴표(" ")나 작은따옴표(' ')에 넣어 인용함. • 직접 인용된 절에는 조사 '(이)라고'가 쓰임. • 직접 말을 전하는 듯한 생생한 느낌을 줄 수 있음. 예 어제 동생이 나에게 "내일 나의 방에서 놀래?"라고 했어.	• 인용된 말이나 글을 자신의 관점에서 다시 서술하여 표현함. • 간접 인용된 절에는 조사 '고'가 쓰임. • 직접 인용 표현을 사용할 때보다 매끄럽고 간결한 느낌을 줌. • 인용절 속의 대명사, 시간 표현, 지시 표현, 서술어에 실현되는 높임 표현, 종결 표현 등이 원래의 발화와 달라질 수 있음. 예 어제 동생이 나에게 오늘 자신의 방에서 놀자고 했어.

03 정답 ⑤ ＊ 'ㆆ' 종성 체언 파악하기

〈보기〉를 참고할 때, ㉠～㉢에 들어갈 내용으로 적절한 것은?

─〈보기〉─

❶ 중세 국어에는 조사와 결합하면 'ㆆ'이 나타나는 체언이 있는데, 이를 'ㆆ' 종성 체언이라고 한다. ❷ 'ㆆ' 종성 체언이 모음으로 시작하는 조사와 결합하면 'ㆆ'을 뒤따르는 모음에 이어 적고, 'ㄱ'이나 'ㄷ'으로 시작하는 조사와 결합하면 'ㆆ'은 뒤따르는 'ㄱ', 'ㄷ'과 어울려 'ㅋ', 'ㅌ'으로 나타난다. ❸ 한편, 관형격 조사 'ㅅ'과 결합하는 경우에는 'ㆆ'이 나타나지 않는다.

• [돌ㆆ + ㅅ] 비느리니 → ＿㉠＿ 비느리니 (돌의 비늘이니)
　　　　　관형격 조사 'ㅅ'
• [돌ㆆ + 과] 홀글 → ＿㉡＿ 홀글 (돌과 흙을)
　　　　'ㄱ'으로 시작하는 조사
• [돌ㆆ + 애] 드르시니 → ＿㉢＿ 드르시니 (돌에 들어오시니)
　　　　모음으로 시작하는 조사

＞왜 정답 · 오답 ?

	㉠	㉡	㉢
⑤	돐	돌콰	돌해

• ㉠: '돌ㆆ'과 관형격 조사인 'ㅅ'이 결합하였으므로 '돌ㆆ'의 'ㆆ'은 나타나지 않는다. 따라서 '돌ㆆ + ㅅ'은 '돐'로 적어야 한다.
• ㉡: '돌ㆆ'과 'ㄱ'으로 시작하는 조사인 '과'가 결합하였으므로 '돌ㆆ'의 'ㆆ'은 'ㄱ'과 어울려 'ㅋ'으로 나타난다. 따라서 '돌ㆆ + 과'는 '돌콰'로 적어야 한다.
• ㉢: '돌ㆆ'과 모음으로 시작하는 조사인 '애'가 결합하였으므로 '돌ㆆ'의 'ㆆ'은 '애'의 초성으로 옮겨 적는다. 따라서 '돌ㆆ + 애'는 '돌해'로 적어야 한다.

04 정답 ③ ＊ 어휘의 의미 파악하기

ⓐ～ⓔ의 사전적 의미로 적절하지 <u>않은</u> 것은?

하이데거는 삶의 변화를 위해, 죽음이 주는 불안으로부터 달아나지 않고 죽음을 ⓐ 대면하여 선취할 것을 ⓑ 요구하였다. 죽음은 아직 오지 않았지만, 죽음이라는 가능성 앞에 미리 자신을 세워봄으로써 과거의 비본래적 삶을 ⓒ 반성해야 한다는 것이다. 이러한 하이데거의 관점은 자신의 존재 의미를 스스로 결정하며 살아가겠다는 새로운 ⓓ 결단을 통한 실존적 삶을 ⓔ 제시했다는 점에서 의미를 지닌다.

＞왜 정답 ?

③ ⓒ: 깨어 정신을 차림.　– '각성'의 사전적 의미임.
'반성': '자신의 언행에 대하여 잘못이나 부족함이 없는지 돌이켜 봄.'이라는 의미임.

＞왜 오답 ?

① ⓐ: 서로 얼굴을 마주 보고 대함.
'대면'

② ⓑ: 어떤 행위를 할 것을 청함.
'요구'

④ ⓓ: 결정적인 판단이나 단정
'결단'

⑤ ⓔ: 어떠한 의사를 말이나 글로 나타내어 보임.
'제시'

01~03

\# 출제 　중심 내용

① 안녕하세요? '생활 속 전통문화'에 대한 발표를 맡은 ○○○ 입니다. 저는 지난주에 매듭 팔찌를 만들며 우리 전통 매듭이 참
아름답다고 생각하여 전통 매듭에 대해 조사해 보았습니다. 그래서
\# 매듭 팔찌를 만든 경험을 바탕으로 발표 화제로 '전통 매듭'을 선정함.
발표 화제
오늘은 제가 △△전통문화 연구소 누리집의 자료를 통해 알게 된
\# 참고한 자료의 출처를 밝혀 신뢰성을 높임.
내용을 여러분과 나누고 싶어서 발표를 준비했습니다.

　*① 요약: 발표 화제로 '전통 매듭'을 선정한 이유와 활용한 자료의 출처

② 우리나라에서는 옛날부터 매듭을 생활 속에서 장식의 용도로 많이
사용했습니다. 고구려 벽화의 초상화 속 실내 장식에서도, 조선 시대
매듭의 용도
여성들이 사용하던 노리개의 장식에서도 매듭을 발견할 수 있습니다.

　*② 요약: 옛날부터 생활 속에서 장식의 용도로 많이 사용된 매듭

③ 그렇다면 우리나라의 전통 매듭에는 어떤 것들이 있을까요? (자료
\# 질문을 활용하여 청중의 관심을 유도함.
1을 제시하며) 먼저 이 자료를 보시죠. 옷을 여미는 부분에 매듭이
\# '연봉매듭'을 보여 주는 자료　\# 질문을 활용하여 청중의 관심을 유도함.
보이시나요? 이것이 연봉매듭입니다. 연봉은 연꽃 봉오리라는
\# '연봉'의 뜻을 설명하여 청중의 이해를 도움.
뜻으로, 자료의 아래에 있는 그림처럼 매듭의 생김새가 연봉을
\# 연봉매듭의 명칭의 뜻
닮았다고 해서 붙은 이름이에요. 연꽃은 번영의 상징으로 여겨져 온
만큼, 연봉매듭에는 자손의 번창과 풍년을 기원하는 의미가 담겨
연봉매듭에 담긴 의미
있습니다. 매듭은 보통 장식을 위해 사용되었는데 이 매듭은 단추와
같은 역할을 하여 실용적인 목적으로 사용되었기에 단추매듭이라
\# 단추의 용도로 사용되어 단추매듭이라고도 불린 연봉매듭
부르기도 합니다.

> 번영: 번성하고 영화롭게(몸이 귀하게 되어 이름이 세상에 빛날 만하게) 됨.
> 번창: 번화하게 창성함(기세가 크게 일어나 잘 뻗어 나감).

　*③ 요약: '연봉매듭'이라는 명칭의 뜻과 용도

④ 다음으로는 가지방석매듭을 소개하겠습니다. 이 매듭은 주머니나
선추를 장식하기 위한 목적으로 많이 사용되었는데요, (자료 2를
\# 장식적 목적을 위해 사용된 가지방석매듭
제시하며) 선추는 이렇게 부채의 고리나 자루에 매다는 장식품을
\# '선추'의 뜻을 설명하여 청중의 이해를 도움.
이르는 말입니다. 잠시 자료의 왼쪽 아래에 있는 매듭을 보시죠. 이
매듭의 이름은 생쪽매듭이에요. 작은 원이 세 개 있는 모양이 생강과
생쪽매듭의 명칭의 의미
비슷해서 붙은 이름입니다. 생쪽매듭은 많은 매듭법의 기본이
되는데요, 가지방석매듭도 이 생쪽매듭을 중심으로 하여 원 모양으로
\# 가지방석매듭의 형태
줄줄이 이어 나가 방석 모양처럼 크게 엮어 만든 매듭입니다. 그래서
이 매듭에는 좋은 일을 줄줄이 이어 간다는 의미가 있고, 그것이
\# 가지방석매듭에 담긴 의미 ①
열매가 잘 맺히는 가지를 연상시킨다고 해서 가지방석매듭이라는
가지방석매듭에 담긴 의미 ②
이름이 붙게 되었습니다.

　*④ 요약: '가지방석매듭'이라는 명칭의 뜻과 용도

⑤ 지금까지 우리나라의 전통 매듭에 대해 알아보았습니다. 조사를
하며 주변을 살펴보니 팔찌뿐 아니라 다양한 장신구에도 전통 매듭이
활용된 것을 발견할 수 있었습니다. 여러분도 전통 매듭의 의미를
떠올리며, 우리 주변의 전통 매듭에 관심을 가져 보면 어떨까요?
\# 전통 매듭에 관심을 가져 볼 것을 권유하며 발표를 마무리함.
이상으로 발표를 마치겠습니다.

　*⑤ 요약: 전통 매듭에 관심을 가질 것을 권유

01　정답 ⑤　★ 말하기 방식 파악하기 ···················· [정답률 77%]

위 발표자의 말하기 방식으로 적절하지 <u>않은</u> 것은?

>왜 정답?

⑤ 발표 내용에 대한 청중의 이해도를 점검하며 발표를 마무리하고
전통 매듭에 관심을 가져 볼 것을 권유하며 마무리함.
있다.

> ⑤-❸,❹ 여러분도 전통 매듭의 의미를 떠올리며, 우리 주변의 전통
> 매듭에 관심을 가져 보면 어떨까요? 이상으로 발표를 마치겠습니다.

>왜 오답?

① 자신의 경험을 언급하며 화제를 선정한 이유를 밝히고 있다.
매듭 팔찌를 만든 경험

> ①-❷ 저는 지난주에 매듭 팔찌를 만들며 우리 전통 매듭이 참
> 아름답다고 생각하여 전통 매듭에 대해 조사해 보았습니다.

② 청중에게 질문을 하여 발표 내용에 대한 관심을 유도하고 있다.
'전통 매듭'에 대해 질문함.

> ③-❶~❸ 그렇다면 우리나라의 전통 매듭에는 어떤 것들이 있을까요? ~
> 옷을 여미는 부분에 매듭이 보이시나요?

③ 참고한 자료의 출처를 밝혀 발표 내용의 신뢰성을 높이고 있다.
'△△전통문화 연구소 누리집'

> ①-❸ 그래서 오늘은 제가 △△전통문화 연구소 누리집의 자료를 통해
> 알게 된 내용을 여러분과 나누고 싶어서 발표를 준비했습니다.

　윗글의 발표자는 '△△전통문화 연구소 누리집'의 자료를 통해 알게 된 내용을
발표하겠으면서 발표에 참고한 자료의 출처를 밝혔다.
　이처럼 발표에서 자료를 활용한 경우, 활용한 자료의 출처를 밝히면 내용에 대한
신뢰성이 높아진다.

④ 발표 중간중간에 단어의 뜻을 설명하여 청중의 이해를 돕고 있다.
'연봉', '선추'의 뜻을 설명함.

> ③-❺ 연봉은 연꽃 봉오리라는 뜻으로, 자료의 아래에 있는 그림처럼
> 매듭의 생김새가 연봉을 닮았다고 해서 붙은 이름이에요.
> ④-❷ 이 매듭은 주머니나 선추를 장식하기 위한 목적으로 많이
> 사용되었는데요, (자료 2를 제시하며) 선추는 이렇게 부채의 고리나 자루에
> 매다는 장식품을 이르는 말입니다.

02　정답 ④　★ 자료 활용의 적절성 파악하기 ············ [정답률 93%]

다음은 발표자가 제시한 자료이다. 발표자의 자료 활용에 대한 설명으로 적절하지
<u>않은</u> 것은?

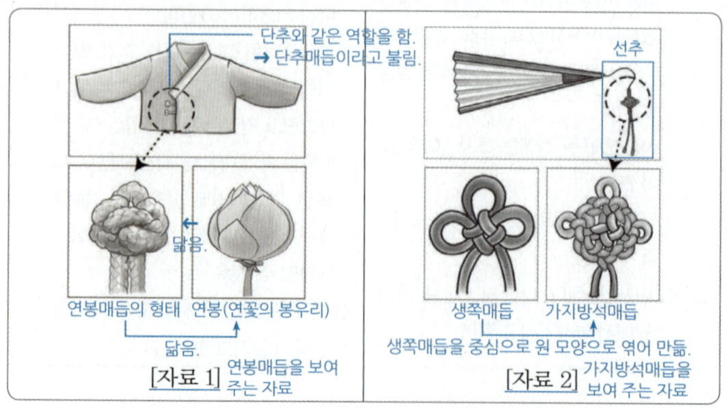

> **왜 정답?**

④ 가지방석매듭이 **실용적인** 목적으로 사용되었다는 것을 보여 주기
주머니나 선추를 장식하기 위한 목적
위해 [자료 2]를 활용하였다.

> ④ - ❶, ❷ 다음으로는 가지방석매듭을 소개하겠습니다. 이 매듭은
> 주머니나 선추를 장식하기 위한 목적으로 많이 사용되었는데요, ~

> **왜 오답?**

① 연봉매듭이라는 명칭이 붙은 이유를 설명하기 위해 [자료 1]을
매듭의 생김새가 연봉을 닮았다고 해서 붙은 이름
활용하였다.
연봉매듭과 연봉의 형태를 보여 줌.

> ③ - ❺ 연봉은 연꽃 봉오리라는 뜻으로, 자료의 아래에 있는 그림처럼
> 매듭의 생김새가 연봉을 닮았다고 해서 붙은 이름이에요.

② 연봉매듭이 **단추의 용도**로 사용되었다는 것을 설명하기 위해
단추와 같은 실용적인 목적으로 사용됨.
[자료 1]을 활용하였다.
옷을 여미는 부분에 연봉매듭이 쓰인 것을 보여 줌.

> ③ - ❼ ~ 이 매듭은 단추와 같은 역할을 하여 실용적인 목적으로
> 사용되었기에 단추매듭이라 부르기도 합니다.

③ 가지방석매듭이 생쪽매듭을 기본으로 한다는 것을 설명하기 위해
생쪽매듭을 중심으로 원 모양으로 엮어 만듦.
[자료 2]를 활용하였다.
생쪽매듭과 가지방석매듭의 형태를 보여 줌.

> ④ - ❻ 생쪽매듭은 많은 매듭법의 기본이 되는데요, 가지방석매듭도 이
> 생쪽매듭을 중심으로 하여 원 모양으로 줄줄이 이어 나가 방석 모양처럼
> 크게 엮어 만든 매듭입니다.

⑤ 좋은 일을 줄줄이 이어 간다는 의미가 담긴 가지방석매듭의 모양을
생쪽매듭을 중심으로 원 모양으로 줄줄이 이어 나감.
보여 주기 위해 [자료2]를 활용하였다.
가지방석매듭의 형태를 보여 줌.

> ④ - ❼ 그래서 이 매듭에는 좋은 일을 줄줄이 이어 간다는 의미가 있고,
> 그것이 열매가 잘 맺히는 가지를 연상시킨다고 해서 가지방석매듭이라는
> 이름이 붙게 되었습니다.

---

03 정답 ⑤ ＊ 반응의 적절성 파악하기 ·················· [정답률 92%]

〈보기〉는 위 발표를 들은 학생들의 반응이다. 학생들의 반응을 이해한 내용으로
가장 적절한 것은?

> 〈 보기 〉
>
> 학생 1: 매듭을 단추의 용도로 사용한 것에서 조상들의 지혜를 느꼈어.
> ❶
> 나도 매듭이 일상생활에서 응용된 다른 사례를 찾아봐야겠어.
> ❷ 추가적인 활동을 계획함.
> 학생 2: 나는 그동안 무언가를 묶거나 고정하는 데에만 매듭을 사용했는데,
> ❶ 발표 내용과 관련 있는 자신의 경험을 떠올림.
> 다양한 물건을 아름답게 장식하는 용도로도 쓸 수 있다는 것을 알게
> 매듭이 장식적 용도로 사용됨.
> 되었어.
> 학생 3: 얼마 전 전통 매듭 전시회를 다녀왔어. 그때 본 노리개에 둥근
> ❶ 발표 내용과 관련 있는 자신의 경험을 떠올림.
> 모양의 매듭이 달려 있었는데, 가지방석매듭과는 다른 모양이었어.
> ❷
> 무슨 매듭이었는지 궁금해.
> ❸

> **왜 정답?**

전통 매듭 전시회를 다녀온 경험
⑤ '학생 2'와 '학생 3'은 모두 발표 내용과 관련 있는 자신의 경험을
실용적 목적으로만 매듭을 사용해 온 경험
떠올리고 있다.

＊ 근거: 〈보기〉 학생 2 - ❶, 학생 3 - ❶, ❷

'학생 2'는 매듭을 실용적 목적으로만 사용해 온 자신의 경험을 떠올리고 있다.
'학생 3'은 전통 매듭 전시회를 다녀온 경험을 떠올리고 전시회에서 본 둥근 모양의
매듭에 대한 궁금증을 표현하고 있다.

> **왜 오답?**

① '학생 1'은 발표 내용에 제시된 정보를 사실과 의견으로 **구분**하고
구분하지 않음.
있다.

> **구분하다**: 일정한 기준에 따라 전체를 몇 개로 갈라 나누다.

② '학생 2'는 자료의 정확성을 **판단**하며 발표 내용을 비판적으로
판단하지 않음.
수용하고 있다.

> **판단하다**: 사물을 인식하여 논리나 기준 등에 따라 판정을 내리다.
> **수용하다**: 어떠한 것을 받아들이다.

③ '학생 3'은 발표에서 누락된 부분이 있다는 점을 **지적**하고 있다.
지적하지 않음.

> **누락되다**: 기입되어야 할 것이 기록에서 빠지다.
> **지적하다**: 허물 따위를 드러내어 폭로하다.

④ '학생 1'과 '학생 2'는 모두 발표에서 직접적으로 언급하지 않은
내용을 **추론**하고 있다.
추론하지 않음.

> **추론하다**: 미루어 생각하여 논하다.

04~07

출제   중심 내용

(가) ❶ 학생 1: 지난번 논의에서 올해도 학교 축제 때 동아리 행사로
우리가 창작한 동화를 각색하여 소강당에서 공연하기로 했잖아.
지난 논의에서 결정된 사항을 환기함.
오늘은 우리 동아리 행사에 마을 주민의 참여를 높일 수 있는 방법을
이번 대화에서 논의할 사항
이야기해 보자.

❷ 학생 2: 지난해 축제 만족도 조사에서 마을 주민의 참여도와
만족도가 높았던 프로그램을 보면 주로 어린이가 직접 체험할 수
어린이 대상 체험 활동을 제안하는 근거
있는 활동이었어. 우리도 이번 동아리 행사에 그런 체험 활동을
어린이가 직접 체험할 수 있는 활동
추가하면 어떨까?

❸ 학생 3: 좋은 생각이야. 그런데 무엇을 하면 좋을까?

❹ 학생 2: 이번 공연인 '아기 나무의 꿈'은 나무가 자라면서 바라본
우리 마을에 대한 이야기잖아. 공연을 관람한 어린이들이 나무를 [A]
추가하려는 체험 활동
소재로 그림을 그리는 건 어때?
[A]: 동아리 행사에서 진행할 활동에 대한 의견

❺ 학생 3: 그러자. 그런데 소강당에는 책상이 없잖아. 어린이들이
공연 장소 변경을 제안하는 이유
그림을 그리기가 불편할 것 같으니 장소를 바꿨으면 좋겠어.

❻ 학생 2: 공연 장소를 공용 교실로 옮기는 것은 어떨까? 거기는
공간이 넓어서 무대 설치가 가능하고, 책상과 의자가 있어서
공간적 특성을 근거로 공연 장소로 공용 교실을 제안함.
그림을 그리기에 편할 것 같아.

❼ 학생 3: 그거 괜찮겠다.

❽ 학생 1: 그러면 이번 우리 동아리 행사에서는 연극 공연과 그림 그리기
체험 활동을 하기로 하고, 장소는 공용 교실로 변경하는 것으로
지금까지 대화에서 진행된 내용을 정리함.
하자. 그런데 홍보는 어떻게 하지?
동아리 행사의 홍보 방안에 대해 질문함.

⑨ 학생 3: 작년에 우리 학교 누리집에만 홍보했더니 우리가 예상했던
기존 홍보 방식
것보다 주민들의 참여가 저조했어. 그래서 이번에는 구청
\# 기존 홍보 방식의 문제점
누리집의 '△△구 알리미'에도 우리 행사를 홍보했으면 좋겠어.
\# 학교 누리집과 구청 누리집에 홍보할 것을 제안함.
⑩ 학생 1: 맞아. 요즘에는 마을 주민이 참여하는 학교 행사가 많아서
[B]: 동아리 행사를 홍보할 방안에 대한 의견 [B]
그런지 구청 누리집에 학교 행사를 많이 홍보하더라고.
\# 알고 있던 내용을 바탕으로 '학생 3'의 의견에 동의함.
⑪ 학생 2: 좋은 생각이야. 홍보 글은 내가 써 볼게. 글에 작품명, 공연
\# : '동아리 행사 홍보글'에 들어갈 정보
일시, 장소와 같은 공연 정보가 포함되어야겠지? 그리고 마을
\# (나) '동아리 행사 홍보글'에 들어갈 공연 정보를 나열함.
주민의 관심을 끌 수 있는 내용도 넣으면 좋겠어.
\# 홍보하는 글에 추가할 정보를 제시함.
⑫ 학생 3: 그러면 우리 동아리가 했던 활동 중 우리 마을과 관련된
마을 주민의 관심을 끌 수 있는 내용
활동을 소개하자.
⑬ 학생 1: 그래. 그리고 마을과 관련된 활동을 소개하면서 이번 공연
\# '학생 3'의 의견에 자신의 의견을 덧붙임.
내용도 함께 소개해 줬으면 좋겠어.
⑭ 학생 3: 동아리 행사 신청 방법도 안내해야겠지?
⑮ 학생 2: 응, 알았어. 신청 방법도 함께 정리해 볼게.
⑯ 학생 3: 그래. 그리고 이번에 추가된 체험 활동과 어린이들에게 줄 책
선물에 대한 안내도 부탁해.
⑰ 학생 2: 그렇게 할게. 다음 모임까지 초고를 작성해 볼게.
⑱ 학생 1: 다음에는 함께 글을 검토하기로 하고, 오늘은 여기까지 하자.
\# 다음에 논의할 내용을 제시하며 대화를 마무리함.

\# 출제 글 전체 중심 문장

(나) ①안녕하세요? □□고등학교 동화 창작 동아리 '꿈그리기'에서
연극 '아기 나무의 꿈'을 무대에 올립니다. ③공연 일시는 10월 12일(목)
오전 11시이고, 장소는 학교 공용 교실입니다.
공연 정보를 안내함.

*①문단 요약 : 연극 공연 일시와 장소 소개

②[저희 동아리는 마을에 대한 관심을 높이기 위해 우리 마을을
\# [ ]: 마을과 관련된 동아리의 활동을 소개함.
소재로 동화를 창작하고, 마을 어린이들을 대상으로 매년 공연을 해
왔습니다.] 이번 공연은 저희 동아리 학생들이 창작한 동화 '아기
\# [ ]: 공연의 내용을 소개함.
나무의 꿈'을 각색한 것으로, 우리 마을의 보호수인 느티나무가 400년 전
처음 뿌리를 내리고 지금까지 살면서 바라본 우리 마을의 이야기입니다.]

*②문단 요약 : 공연 내용 소개

③공연이 끝난 후에는 어린이들이 그림을 그리면서 자유롭게 상상의
논의를 통해 새롭게 추가한 체험 활동
나래를 펼칠 수 있도록 '나무'를 소재로 그림을 그리는 시간을
마련했습니다. ②또한 공연을 관람한 모든 어린이에게 저희 동아리에서
어린이들에게 줄 선물을 안내함.
발간한 동화책 '아기 나무의 꿈'을 선물로 드립니다.

*③문단 요약 : 공연 종료 후 활동 소개

④참가 신청 기간은 9월 11일(월)부터 9월 30일(토)까지이며, 신청은
\# 동아리 행사에 참여 신청을 하는 방법을 안내함.
온라인(http://○○.hs.kr/)으로만 가능합니다. ②신청서 작성 시
신청서를 작성할 때 유의해야 할 사항을 안내함.
관람을 희망하는 어린이와 보호자의 정보를 기입해 주시기 바랍니다.

*④문단 요약 : 참가 신청 방법 및 신청서 작성 시 유의사항 소개

⑤저희 동아리에서는 우리 마을에 대한 애정을 듬뿍 담아 이번
행사를 준비했습니다. ②이 행사는 어린이들이 자신이 살고 있는 마을에
행사의 의의 소개
대한 관심을 가지게 되는 계기가 될 것입니다. ③주민 여러분의 많은
참여를 부탁드립니다. ④감사합니다.
행사 참여를 당부하며 글을 마무리함.

*⑤문단 요약 : 행사 참여에 대한 당부

---

04 정답 ② * 말하기 방식 파악하기 ·················· [정답률 89%]

'학생 1'에 대한 설명으로 적절하지 <u>않은</u> 것은?

〉왜 정답?

② 대화의 내용을 정리하며 자신의 이해가 **맞는지** 질문하고 있다.
동아리 행사에서 진행할 활동과 장소를 정리함.   홍보 방안에 대해 질문함.

> (가) - ⑧ 학생 1: 그러면 이번 우리 동아리 행사에서는 연극 공연과 그림
> 그리기 체험 활동을 하기로 하고, 장소는 공용 교실로 변경하는 것으로
> 지금까지 진행된 대화의 내용을 정리함.
> 하자. 그런데 홍보는 어떻게 하지?
> 홍보 방안에 대해 질문함.

'학생 1'은 대화에서 제시된 동아리 행사에서 진행할 활동과 진행 장소에 대한
의견을 정리하며, 동아리 행사를 홍보할 방안에 대해 질문하고 있다. 그러나 자신의
이해가 맞는지 질문하고 있지는 않다.

〉왜 오답?

① 지난 논의에서 결정된 사항을 환기하며 화제를 제시하고 있다.
동아리 행사에 마을 주민의 참여를 높이는 방법

> (가) - ❶ 학생 1: 지난번 논의에서 올해도 학교 축제 때 동아리 행사로
> 우리가 창작한 동화를 각색하여 소강당에서 공연하기로 했잖아. 오늘은
> 지난 논의에서 결정된 사항
> 우리 동아리 행사에 마을 주민의 참여를 높일 수 있는 방법을 이야기해 보자.
> 이번 대화에서 논의할 화제

③ 자신이 아는 내용을 바탕으로 대화 참가자의 의견에 동의하고
구청 누리집에 학교 행사를 많이 홍보함.   '학생 3'의 의견에 동의함.
있다.

> (가) - ❾ 학생 3: ~ 그래서 이번에는 구청 누리집의 '△△구 알리미'에도
> 우리 행사를 홍보했으면 좋겠어.
> (가) - ❿ 학생 1: 맞아. 요즘에는 마을 주민이 참여하는 학교 행사가 많아서
> 구청 누리집에 동아리 행사를 홍보하자는 '학생 3'의 의견에 동의함.
> 그런지 구청 누리집에 학교 행사를 많이 홍보하더라고.
> '학생 1'이 알고 있던 내용

④ 대화 참가자의 의견을 듣고 그 의견에 덧붙일 내용을 언급하고
동아리 행사 홍보글에 대한 '학생 2'와 '학생 3'의 의견   공연 내용도 함께 제시하자고 덧붙임.
있다.

> (가) - ⑫ 학생 3: 그러면 우리 동아리가 했던 활동 중 우리 마을과 관련된
> 활동을 소개하자.
> (가) - ⑬ 학생 1: 그래. 그리고 마을과 관련된 활동을 소개하면서 이번 공연
> 동아리 행사 홍보글에 대한 자신의 의견을 덧붙임.
> 내용도 함께 소개해 줬으면 좋겠어.

⑤ 다음 모임에서 논의할 내용을 제시하며 대화를 마무리하고 있다.
홍보글을 함께 검토하기로 함.

> (가) - ⑱ 학생 1: 다음에는 함께 글을 검토하기로 하고, 오늘은 여기까지 하자.

---

05 정답 ④ * 담화의 내용 파악하기 ·················· [정답률 72%]

[A], [B]에 대한 이해로 적절하지 <u>않은</u> 것은? [3점]

〉왜 정답?

④ [B]에서 '학생 3'은 기존 홍보 방식의 문제를 지적하며 학교 누리집
학교 누리집에만 홍보하여 주민의 참여가 예상보다 저조했음.
대신 '△△구 알리미'를 활용하는 방안을 제시하고 있다.
학교 누리집과 '△△구 알리미'에 함께 홍보할 것을 제안함.

> (가) - ❾ 학생 3: 작년에 우리 학교 누리집에만 홍보했더니 우리가
> 예상했던 것보다 주민들의 참여가 저조했어. 그래서 이번에는 구청
> 누리집의 '△△구 알리미'에도 우리 행사를 홍보했으면 좋겠어.

'학생 3'은 '학교 누리집'에만 홍보했기 때문에 주민들의 참여가 저조했다며 기존
홍보 방식의 문제를 지적했다. 그리고 이에 대한 해결 방안으로 동아리 행사를 학교
누리집과 '△△구 알리미'에 함께 홍보할 것을 제시하고 있다.

① [A]에서 '학생 2'는 만족도 조사 결과를 언급하며 어린이 대상 체험
어린이 직접 체험 프로그램의 만족도와 참여도가 높음.
    활동을 진행할 것을 제안하고 있다.

＊근거: (가) - ❷
    '학생 2'는 '어린이가 직접 체험할 수 있는 활동'이 '참여도와 만족도가 높았'다며
만족도 조사 결과를 언급하고 있다. 그리고 이를 통해 동아리 행사에 어린이가 직접
체험할 수 있는 활동을 추가하자고 제안하고 있다.

② [A]에서 '학생 3'은 체험 활동을 하기에 불편하다는 점을 언급하며
소강당은 책상이 없어서 어린이들이 그림을 그리기 불편함.
    공연 장소의 변경을 제안하고 있다.
체험 장소를 소강당에서 다른 장소로 바꿀 것을 제안함.

＊근거: (가) - ❺
    '학생 3'은 소강당은 책상이 없어서 어린이들이 그림을 그리는 체험 활동을 하기에
불편하다고 하면서 공연 장소의 변경을 제안하고 있다.

③ [A]에서 '학생 2'는 공간적 특성을 근거로 들어 공용 교실 활용을
공용 교실의 특성: 공간이 넓고 책상과 의자가 있음.
    문제 해결 방안으로 제시하고 있다.
공연 장소를 공용 교실로 옮길 것을 제안함.

＊근거: (가) - ❻
    '학생 2'는 공용 교실의 공간이 넓고 책상과 의자가 있다는 점을 근거로 들어 공연
장소를 소강당에서 공용 교실로 옮길 것을 제시하고 있다.

⑤ [B]에서 '학생 2'는 홍보하는 글에 들어갈 공연 정보를 나열하고, 마을
                                              '작품명, 공연 일시, 장소'
    주민의 관심을 높일 수 있는 내용을 추가할 것을 제안하고 있다.

＊근거: (가) - ⓫
    '학생 2'는 홍보 글에 '작품명, 공연 일시, 장소'와 같은 공연 정보를 포함하고, 추가로
'마을 주민의 관심을 끌 수 있는 내용'도 넣자고 제안하고 있다.

---

06 정답 ③ ＊작문 계획의 적절성 파악하기   ★1등급 대비

[① 11% ② 8% ③ 65% ④ 2% ⑤ 11%]

'학생 2'가 (가)를 바탕으로 (나)를 작성했다고 할 때, (나)에 반영된 내용으로
적절하지 않은 것은?

왜 틀렸나?
    선택지에서 물어보는 (가)와 (나)의 내용을 각각 정확히 파악하기가 어려워 틀린
학생이 많았다. 선택지에서 물어보는 내용이 (가)에 언급된 내용이 맞는지 파악하고
(나)에 제시된 내용과 일치하는지도 파악해야 한다.

>왜 정답 ?

③ 이번에 추가된 체험 활동에 대해 안내하기로 한 논의 내용을
공연을 관람한 어린이들이 나무를 소재로 그림을 그리는 것
    반영하여 그림 그리기 체험 활동으로 인해 공연 대상이 마을
                                          체험 활동으로 인해 공연 대상이 마을 어린이들로 정해진 것은 아님.
    어린이들로 정해졌다는 점을 알려 준다.

(가) - ❹ 학생 2: ~ 공연을 관람한 어린이들이 나무를 소재로 그림을
그리는 건 어때?

(가) - ⓰ 학생 3: ~ 이번에 추가된 체험 활동과 ~ 안내도 부탁해.

(나) ②문단 ❶문장 저희 동아리는 ~ 마을 어린이들을 대상으로 매년 공연을
해 왔습니다.

    (가)의 대화를 통해 이번 동아리 행사에 '공연을 관람한 어린이들이 나무를 소재로
그림을 그리'는 체험 활동이 추가되었으며, 이에 대해서 (나) '동아리 활동 홍보 글'에
안내하기로 결정했음을 알 수 있다. 이에 따라 (나)의 3문단에는 어린이들이 참여하는
그림 그리기 체험 활동을 안내하고 있다.

    그러나 이번에 추가된 그림 그리기 체험 활동으로 인해 공연 대상이 마을 어린이들로
정해진 것은 아니다. (나)를 통해 동아리는 매년 마을 어린이들을 대상으로 공연을 해
왔음을 알 수 있다.

⌈**반영하다**: 다른 것에 영향을 받아 어떤 현상을 나타내다.

---

① 어린이들에게 줄 선물에 대해 안내하기로 한 논의 내용을 반영하여
어린이들에게 줄 책 선물을 안내하기로 함.
    우리 동아리에서 발간한 창작 동화 '아기 나무의 꿈'을 선물한다는
    점을 알려 준다.

(가) - ⓰ 학생 3: ~ 어린이들에게 줄 책 선물에 대한 안내도 부탁해.
(나) ③문단 ❷문장 또한 공연을 관람한 모든 어린이에게 저희 동아리에서
발간한 동화책 '아기 나무의 꿈'을 선물로 드립니다.

    (가)의 대화에서 (나) '동아리 활동 홍보 글'에 '어린이들에게 줄 책 선물'을
안내하자는 내용을 반영하여 (나)의 3문단에 공연을 관람한 어린이에게 주는 책
선물을 설명하고 있다.

매력 오답 어린이들에게 줄 책 선물을 안내하자는 내용이 (가)에 짧게 제시되었으므로, 이
내용을 놓쳐서 틀린 학생이 많았다. 선택지에서 물어보는 내용이 (가)에 제시되었는지
정확히 파악해야 한다.

② 이번 공연 내용을 소개하기로 한 논의 내용을 반영하여 공연 내용이
    마을의 보호수인 느티나무와 그 나무가 바라본 우리 마을의
                   동화 '아기 나무의 꿈'을 각색한 공연의 내용을 안내함.
    이야기임을 설명한다.

(가) - ⓭ 학생 1: 그래. 그리고 마을과 관련된 활동을 소개하면서 이번 공연
내용도 함께 소개해 줬으면 좋겠어.
(나) ②문단 ❷문장 이번 공연은 저희 동아리 학생들이 창작한 동화 '아기
나무의 꿈'을 각색한 것으로, 우리 마을의 보호수인 느티나무가 400년 전
처음 뿌리를 내리고 지금까지 살면서 바라본 우리 마을의 이야기입니다.

④ 동아리 행사 신청 방법을 안내하기로 한 논의 내용을 반영하여
                                       http://○○.hs.kr/
    신청 기간과 온라인 주소를 알려 주고, 어린이와 보호자의 정보를
                   9월 11일(월)부터 9월 30일(토)
    신청서에 기입해야 함을 알려 준다.
신청서를 작성할 때 유의해야 할 점

(가) - ⓯ 학생 2: 응, 알았어. 신청 방법도 함께 정리해 볼게.
(나) ④문단 참가 신청 기간은 9월 11일(월)부터 9월 30일(토)까지이며,
신청은 온라인(http://○○.hs.kr/)으로만 가능합니다. 신청서 작성 시
관람을 희망하는 어린이와 보호자의 정보를 기입해 주시기 바랍니다.

⑤ 우리 동아리가 했던 활동 중 마을과 관련된 활동을 알려 주기로 한
    논의 내용을 반영하여 그동안 마을을 소재로 동화를 창작하고,
                           마을에 대한 관심을 높이기 위해 동아리에서 진행했던 활동
    매년 공연을 해 왔다는 점을 소개한다.

(가) - ⓬ 학생 3: 그러면 우리 동아리가 했던 활동 중 우리 마을과 관련된
활동을 소개하자.
(나) ②문단 ❶문장 저희 동아리는 마을에 대한 관심을 높이기 위해 우리
마을을 소재로 동화를 창작하고, 마을 어린이들을 대상으로 매년 공연을
해 왔습니다.

    (가)의 대화에서 (나) '동아리 활동 홍보 글'에 '동아리가 했던 활동 중 우리 마을과
관련된 활동을 소개하자'는 내용을 반영하여 (나)의 2문단에 마을과 관련하여
동아리가 했던 활동을 소개하고 있다.

매력 오답 (나)에서 마을과 관련된 활동을 알려 주는 부분을 찾지 못해 틀린 학생이
많았다. (나)에서 동아리가 해온 활동을 소개한 부분을 찾고, 이 활동이 마을과 관련된
활동인지 파악해야 한다.

---

07 정답 ① ＊고쳐쓰기의 적절성 파악하기 ············ [정답률 74%]

〈보기〉는 (나)의 마지막 문단의 초고이다. 〈보기〉를 고쳐 쓰기 위해 친구들이 조언한 내용으로 가장 적절한 것은?

─── 〈 보기 〉 ───

❶ 저희 동아리에서는 우리 마을에 대한 애정을 듬뿍 담아 이번 행사를 준비했습니다. ❷ 다른 동아리에서도 마을 주민이 참여할 수 있는 다양한 행사를 준비했다고 합니다. ❸주민 여러분의 많은 참여를 부탁드립니다. ❹ 감사합니다.

다른 동아리에 대한 내용 → 통일성을 해치므로 삭제됨

>왜 정답 ?

어린이들이 자신이 살고 있는 마을에 대한 관심을 가지게 되는 계기가 될 것임.

① 다른 동아리 관련 내용은 삭제하고, 행사의 의의를 추가하는 건 어때?
글의 통일성을 해치므로 삭제함.

(나) ❺문단 저희 동아리에서는 우리 마을에 대한 애정을 듬뿍 담아 이번 행사를 준비했습니다. 이 행사는 어린이들이 자신이 살고 있는 마을에 대한 관심을 가지게 되는 계기가 될 것입니다. 주민 여러분의 많은 참여를 부탁드립니다. 감사합니다.
동아리 행사의 의의

〈보기〉의 초고에서 다른 동아리에 대한 내용은 동아리에서 진행하는 활동을 홍보하는 (나)의 흐름에 맞지 않는 내용이다. 따라서 다른 동아리 관련 내용은 (나)의 통일성을 해치므로 삭제되었다.

그리고 (나)에 추가된 문장은 동아리에서 준비한 행사의 의의를 밝히고 있다.

>왜 오답 ?

② 다른 동아리 관련 내용은 삭제하고, 행사의 일정을 추가하는 건 어때?
글의 통일성을 해치므로 삭제함.　　추가한 내용이 아님.

③ 다른 동아리 관련 내용은 삭제하고, 행사 참여에 대한 당부의 말을 추가하는 건 어때?
글의 통일성을 해치므로 삭제함.　　추가한 내용이 아님.

④ 우리 동아리의 행사 준비 내용은 삭제하고, 행사의 의의를 추가하는 건 어때?
삭제한 내용이 아님.　　추가한 내용

⑤ 우리 동아리의 행사 준비 내용은 삭제하고, 행사 참여에 대한 당부의 말을 추가하는 건 어때?
삭제한 내용이 아님.　　추가한 내용이 아님.

08~10

＃출제 　 글 전체 중심 문장

①❶ 우리가 사 먹는 과일과 채소는 품목별로 등급 규격의 항목 기준에 따라 특, 상, 보통으로 분류된다. ❷ 이러한 농산물 등급 규격은 농산물의 상품성 향상과 유통 효율을 위하여 도입되었다. ❸ 그런데
농산물 등급 규격이 도입된 이유
[등급 규격의 항목이 주로 크기, 모양 등 농산물의 외관과 관련되어
＃[ ]: 현행 농산물 등급 규격의 문제점
있어, 맛이나 영양에는 별다른 문제가 없는 농산물이 등급 외로
분류되는 경우가 생겨난다.] ❹ 이러한 '등급 외 농산물'은 우리에게
＃'등급 외 농산물'의 다른 이름을 제시하여 독자의 이해를 도움.
'못난이 농산물'이라는 이름으로 잘 알려져 있다.

＊①문단 요약 : 농산물 등급 규격의 도입 목적과 '등급 외 농산물' 소개

②❶ 등급 외로 분류된 농산물은 일반적인 유통 과정에 따라 거래되지 못한다. [잼, 주스 등으로 가공이 가능한 품목의 경우에는 헐값에라도
＃[ ]: 가공이 가능한지 여부에 따라 등급 외 농산물의 처분이 달라짐.
거래되지만, 가공이 어려운 품목들은 끝내 거래되지 못하고 폐기되고
만다.] ❸ 등급 외 농산물은 맛과 영양, 가격 면에서 볼 때 소비 시장에서
'등급 외 농산물'의 폐기가 지닌 문제점
충분히 경쟁력이 있음에도 유통 과정에서 소외되어 버려지고 있는 것이다.

가공: 원자재나 반제품을 인공적으로 처리하여 새로운 제품을 만들거나 제품의 질을 높임. 　폐기되다: 못 쓰게 된 것이 버려지다.

＊②문단 요약 : 가공 여부에 따라 헐값에 거래되거나 폐기되는 '등급 외 농산물'

③❶ 등급 외 농산물이 판매되지 못할 경우 농산물 생산에 사용된 물,
＃'등급 외 농산물'의 폐기로 인한 문제점 ① 경제적 손해 발생
비료, 노동력 등의 자원은 낭비가 되고, 폐기 과정에서도 비용이 들어 농가에 경제적 손해가 발생한다. ❷ 또한 등급 외 농산물은 환경 문제도 야기한다. ❸ 매립된 폐기 농산물은 썩는 과정에서 지구 온난화를
＃'등급 외 농산물'의 폐기로 인한 문제점 ② 환경 문제 야기
일으키는 메탄을 발생시키는데, 소비가 가능한 등급 외 농산물까지 불필요하게 폐기되어 이러한 환경 문제를 더욱 악화시키고 있다.

＊③문단 요약 : 등급 외 농산물 폐기로 인해 발생하는 경제적, 환경적 문제

④❶ 등급 외 농산물로 인한 문제를 해결하기 위해서는 등급 외 농산물 구매 활성화 방안을 마련하여 적극적인 소비가 이루어질 수 있도록
＃'등급 외 농산물'의 폐기로 인한 문제 해결 방안
해야 한다. ❷ 등급 외 농산물을 소비하는 것은 환경에도 긍정적 영향을 끼치고, 농가와 소비자 모두에게 도움을 줄 수 있다. [A]

＊④문단 요약 : 등급 외 농산물 폐기 문제를 해결하기 위한 방안

---

08 정답 ② ＊작문 계획의 적절성 파악하기 ············ [정답률 86%]

다음은 초고를 작성하기 전에 학생이 떠올린 생각이다. ㉠~㉤ 중, 학생의 초고에 반영되지 않은 것은?

>왜 정답 ?

② ㉡: 등급 외 농산물의 구매 활성화 방안을 실천하는 데 따르는 문제점을 제시해야겠어.
제시하지 않음.

>왜 오답 ?

① ㉠: 등급 외 농산물의 가공 가능 여부에 따른 처리 방식의 차이를 제시해야겠어.
가공이 가능한 품목 vs 가공이 어려운 품목　　거래 vs 폐기

②문단 ❶, ❷문장 등급 외로 분류된 농산물은 일반적인 유통 과정에 따라 거래되지 못한다. 잼, 주스 등으로 가공이 가능한 품목의 경우에는 헐값에라도 거래되지만, 가공이 어려운 품목들은 끝내 거래되지 못하고 폐기되고 만다.

③ ㉢: 농산물 등급 규격 항목과 관련지어 등급 외 농산물이 발생하는 이유를 제시해야겠어.
농산물의 외관과 관련되어 있음.
맛이나 영양에 문제가 없는 농산물이 등급 외로 분류되기도 함.

①문단 ❸문장 그런데 등급 규격의 항목이 주로 크기, 모양 등 농산물의 외관과 관련되어 있어, 맛이나 영양에는 별다른 문제가 없는 농산물이 등급 외로 분류되는 경우가 생겨난다.

④ ㉣: 등급 외 농산물 폐기로 인한 문제를 경제적 손해와 환경 문제의 측면에서 제시해야겠어.
자원 낭비 및 농가의 경제적 손해 발생
썩는 과정에서 메탄을 발생시킴.

③문단 등급 외 농산물이 판매되지 못할 경우 농산물 생산에 사용된 물, 비료, 노동력 등의 자원은 낭비가 되고, 폐기 과정에서도 비용이 들어 농가에 경제적 손해가 발생한다. 또한 등급 외 농산물은 환경 문제도 야기한다. 매립된 폐기 농산물은 썩는 과정에서 지구 온난화를 일으키는 메탄을 발생시키는데, ~

⑤ ㉤: 예상 독자의 이해를 도울 수 있도록 등급 외 농산물을 일컫는 다른 명칭을 제시해야겠어.
'못난이 농산물'이라는 이름으로 알려짐.

①문단 ❹문장 이러한 '등급 외 농산물'은 우리에게 '못난이 농산물'이라는 이름으로 잘 알려져 있다.

〈보기〉는 초고를 보완하기 위해 추가로 수집한 자료이다. 자료 활용 방안으로 적절하지 <u>않은</u> 것은? [3점]

───〈 보 기 〉───

ㄱ. '등급 외 농산물' 구매 관련 소비자 설문 조사

ㄱ-1. 구매 의사

	구매 경험이 있는 사람		구매 경험이 없는 사람	
재구매 의사 있음	95.5%	구매 의사 있음	65.3%
재구매 의사 없음	0.9%	구매 의사 없음	32.6%
기타	3.6%	기타	2.1%

➡ '등급 외 농산물' 구매 경험이 있는 사람일수록 재구매 의사가 높음.

ㄱ-2. 구매 활성화 방안

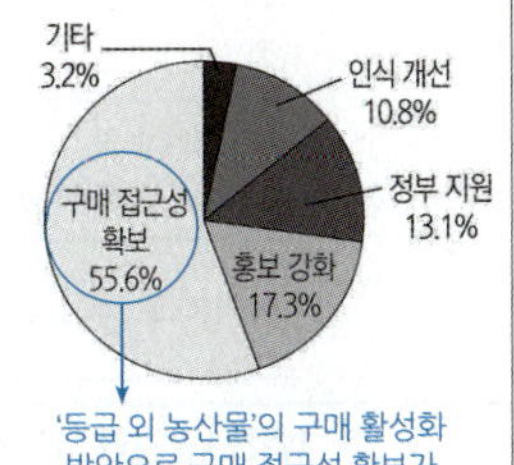

➡ '등급 외 농산물'의 구매 활성화 방안으로 구매 접근성 확보가 가장 큰 비율을 차지함.

ㄴ. 신문 기사

➊ 애호박이 등급 규격의 항목 기준에 따라 특 등급을 받으려면 처음과 끝의 굵기가 비슷하고 구부러진 것이 없어야 한다. 그래서 어린 애호박에 ➌ 비닐을 씌워 상품성을 높인다. 맛과 무관하게 모양을 위해 매년 수억 개가 사용되는 이 비닐은 대부분 복합 플라스틱으로, 사실상 재활용이 불가능하여 환경 면에서 문제가 되고 있다.

높은 등급의 농산물을 생산하기 위한 행위로 인해 환경 문제가 발생함.

ㄷ. 전문가 인터뷰

➊ "한 해 동안 등급 외로 판정되어 버려지는 농산물의 생산액은 약 3조 2천억 원이나 되는데, 그 과정에서 발생하는 손해를 고스란히 농민들이 ➋ 부담합니다.

'등급 외 농산물' 폐기로 인해 발생하는 농가의 경제적 손해

소비자들이 등급 외 농산물을 주변에서 쉽게 구매할 수 있다면 아깝게 버려지는 농산물이 줄어들 것입니다."

'등급 외 농산물'의 구매 접근성 확보가 필요한 이유

▸**왜 정답?**

④ ㄱ-1과 ㄴ을 활용하여, 등급 외 농산물로 인한 농가의 손해를 줄이기 위한 노력이 등급 외 농산물에 대한 소비자들의 구매 의사로 이어지고 있다는 내용을 4문단에 추가한다. ＊근거: 〈보기〉 ㄱ-1, ㄴ

ㄱ-1, ㄴ과 관련 없는 내용 / 관련 없음.

〈보기〉의 ㄱ-1은 '등급 외 농산물' 구매 경험이 있는 사람일수록 재구매 의사가 높다는 통계 자료이며, ㄴ은 농산물 등급 규격을 높이기 위한 방법이 환경 문제를 야기하고 있다는 것을 보여 주는 신문 기사이다.

따라서 ㄱ-1과 ㄴ을 활용하여 농가의 손해를 줄이기 위한 노력이 등급 외 농산물에 대한 소비자들의 구매 의사로 이어지고 있다는 내용을 추가할 수 없다.

▸**왜 오답?**

① ㄱ-1을 활용하여, 등급 외 농산물 구매에 대해 소비자들이 긍정적으로 인식하고 있다는 내용을 등급 외 농산물이 경쟁력이 있다는 내용의 근거 자료로 2문단에 제시한다. ＊근거: ②문단 ➌문장, 〈보기〉 ㄱ-1

'등급 외 농산물' 구매 경험이 있는 사람일수록 재구매 의사가 높다는 결과

〈보기〉의 ㄱ-1은 '등급 외 농산물' 구매 경험이 있는 사람일수록 재구매 의사가 높다는 결과를 보여 주는 통계 자료이므로, 등급 외 농산물 구매에 대해 소비자들이 긍정적으로 인식하고 있다는 것을 보여 준다. 따라서 윗글의 2문단에 제시된 등급 외 농산물이 경쟁력이 있다는 내용에 대한 근거로 ㄱ-1을 활용할 수 있다.

② ㄴ을 활용하여, 등급 외 농산물과 관련하여 발생하는 환경 문제가 폐기 과정뿐만 아니라 생산 과정에서도 일어날 수 있다는 내용을 3문단에 추가한다. ＊근거: ③문단 ➋, ➌문장, 〈보기〉 ㄴ

높은 등급의 농산물을 생산하는 과정에서 환경 문제가 발생함.

〈보기〉의 ㄴ은 '등급 외 농산물' 판정을 피하고 높은 등급의 농산물을 생산하는 과정에서 환경 문제가 발생한다는 것을 보여 준다. 따라서 ㄴ을 활용하여 등급 외 농산물과 관련하여 발생하는 환경 문제가 생산 과정에서도 일어날 수 있다는 내용을 3문단에 추가할 수 있다.

③ ㄷ을 활용하여, 한 해 동안 버려지는 등급 외 농산물의 생산액을 등급 외 농산물로 인한 농가의 경제적 손해가 크다는 내용을 뒷받침하는 구체적인 수치 자료로 3문단에 제시한다.

등급 외 농산물 폐기로 인한 농가의 경제적 손해가 1년에 약 3조 2천억 정도나 됨.

＊근거: ③문단 ➊문장, 〈보기〉 ㄷ

ㄷ은 '등급 외 농산물' 폐기로 인한 농가의 경제적 손해가 1년에 약 3조 2천억 정도나 된다는 전문가 인터뷰 자료이다.

따라서 ㄷ을 활용하여 윗글의 3문단에 제시된 등급 외 농산물로 인한 농가의 경제적 손해가 크다는 내용을 구체화할 수 있다.

'등급 외 농산물'에 대한 구매 접근성 확보는 농가의 경제적 손해를 줄일 수 있는 방법임.

⑤ ㄱ-2와 ㄷ을 활용하여, 등급 외 농산물 구매 접근성을 확보하는 것이 필요하다는 내용을 등급 외 농산물 구매 활성화 방안의 구체적 내용으로 4문단에 제시한다.

'등급 외 농산물'의 구매 활성화 방안으로 구매 접근성 확보가 가장 큰 비율을 차지함.

＊근거: ④문단 ➊문장, 〈보기〉 ㄱ-2, ㄷ

〈보기〉의 ㄱ-2는 '등급 외 농산물'의 구매 활성화 방안으로 구매 접근성 확보가 가장 큰 비율을 차지한다는 것을 보여 준다. 또한 ㄷ은 '등급 외 농산물'의 구매 접근성 확보가 필요하다는 전문가의 인터뷰 내용이다.

따라서 ㄱ-2와 ㄷ을 활용하여 4문단의 등급 외 농산물 구매 활성화 방안의 구체적 내용으로 등급 외 농산물의 구매 접근성을 확보하는 것이 필요하다고 제시할 수 있다.

10 정답 ④ ＊내용 점검의 적절성 파악하기 ············ [정답률 91%]

다음은 초고를 읽은 교지 편집부 학생의 조언이다. 이를 반영하여 [A]를 작성한다고 할 때, 가장 적절한 것은?

"등급 외 농산물 소비가 농가와 소비자에게 도움이 되는 이유를
조건 Ⓐ: 등급 외 농산물 소비가 농가에 도움이 되는 이유
각각의 측면에서 밝히고, 등급 외 농산물 소비를 권유하는 내용으로
조건 Ⓑ: 등급 외 농산물 소비가 소비자에게 도움이 되는 이유
마무리하는 것이 좋겠어."
조건 Ⓒ

▸**왜 정답?**

④ 농가는 등급 외 농산물로 인한 경제적 손해를 줄일 수 있고 소비자는
조건 Ⓐ 충족
농산물을 저렴하게 구입할 수 있기 때문이다. 이제 농가와 소비자
조건 Ⓑ 충족 / 조건 Ⓒ 충족
모두를 위해 등급 외 농산물 소비에 동참해 보자.

첫 번째 문장에서 등급 외 농산물 소비가 농가와 소비자 양측 모두에게 도움이 된다는 것을 밝히고 있다(조건 Ⓐ, Ⓑ 충족).

두 번째 문장에서 등급 외 농산물 소비를 권유하며 글을 마무리하고 있다(조건 Ⓒ 충족).

▸**왜 오답?**

① 등급 외 농산물은 가격이 저렴하면서도 맛과 영양 면에서 인정받고 있기 때문이다. 이제 등급 외 농산물이 갖는 가치를 인정하고 소비하려는 태도를 갖자. − 조건 Ⓐ, Ⓑ 충족×
조건 Ⓒ 충족

② 등급 외 농산물 폐기로 인해 발생하는 손해가 농민들에게 돌아가기 때문이다. 이제 농가 소득 증대에 기여할 수 있도록 등급 외 농산물의 가공 활용 방법에 대해 고민해야 할 때이다.
조건 Ⓐ 충족 / − 조건 Ⓑ, Ⓒ 충족×

③ 등급 외 농산물 소비를 통해 환경 문제를 해결하는 데 소비자가 기여할 수 있기 때문이다. 이제 등급 외 농산물 소비를 통해 환경 문제를 개선하는 데 동참하는 자세를 가져 보자.
조건 Ⓒ 충족 / 조건 Ⓐ, Ⓑ 충족×

⑤ 소비자는 맛과 영양을 갖춘 등급 외 농산물을 쉽게 구할 수 있고, 농가는 등급 외 농산물의 생산을 줄일 수 있기 때문이다. 이제 등급 외 농산물의 판매 경로를 다양화할 필요가 있다.
− 조건 Ⓐ, Ⓑ, Ⓒ 충족×

출제

1 말을 글자로 적을 때 사람마다 다르게 적는다면 그 뜻을 제대로 파악하지 못할 수 있다. 이런 혼란을 피하고 효율적으로 의사소통하기 위해 제정한 것이 '한글 맞춤법'이다. <한글 맞춤법을 제정한 목적> 한글 맞춤법 총칙 제1항은 '한글 맞춤법은 표준어를 소리대로 적되, 어법에 맞도록 함을 원칙으로 한다.'이다. 소리대로 적는다는 것은 발음 그대로 적는다는 것이다. <한글 맞춤법 총칙 제1항의 '소리대로 적되'의 의미> 그런데 소리대로 적는다는 원칙이 적용되기 어려운 경우가 있어 <소리대로 적힌 형태를 통해 본래 형태를 떠올리기 어려움.> 어법에 맞도록 한다는 또 하나의 원칙이 붙었다. 예를 들어 체언과 조사가 결합한 '잎이', '잎만'을 발음대로 적으면 '이피', '임만'인데, 사람들이 다르게 적힌 형태를 보고 그 의미를 파악하기 위해 '잎'이라는 본래 형태를 떠올려야 하는 어려움이 생긴다. 따라서 형태를 '잎'으로 고정하여 적을 필요가 있는 것이다. <소리나는 대로 '이피', '임만'으로 적지 않고 형태를 밝혀 '잎이', '잎만'으로 적음.> 그리고 '먹어', '먹는'처럼 용언의 어간과 어미도 구별하여 적는다. 즉 어법에 맞도록 적는다는 것은 형태소의 본모양을 밝혀 적는 것을 말한다. <한글 맞춤법 총칙 제1항의 '어법에 맞도록 함'의 의미> 그런데 어근과 접미사, 용언과 용언이 결합하여 하나의 단어로 쓰일 때는 <파생어> <합성 용언> 형태소의 본모양을 밝혀 적기도 하고 소리대로 적기도 한다.

*1문단 요약 : 한글 맞춤법의 원칙

2

(ㄱ) 그는 웃음을 지으며 마감 시간을 확인했다. ※ ▨ : 형태소의 본모양을 밝혀 적음. ▨ : 소리대로 적음.
웃- + -음 (어근)(접미사)   막- + -암 (어근)(접미사)

(ㄴ) 방에 들어간 그는 사라진 의자를 발견했다.
들어가다: 들다+가다   사라지다: 살다+지다

(ㄱ)에서 '웃음(웃-+-음)'은 접미사 '-음/-ㅁ'이 비교적 여러 어근에 <# 형태소의 본모양을 밝혀 적은 이유 ①> 결합하고 결합한 후에도 어근의 본래 뜻이 유지되므로 형태소의 <# 형태소의 본모양을 밝혀 적은 이유 ②> 본모양을 밝혀 적었다. 이와 달리 '마감(막-+-암)'은 접미사 '-암'이 일부 어근에만 결합하기 때문에 소리대로 적었다. (ㄴ)에서 '들어간'은 <# 형태소의 본모양을 밝히지 않고 소리대로 적은 이유> 앞말인 '들어'에 '들다'의 뜻이 유지되고 있어 형태소의 본모양을 밝혀 <# 형태소의 본모양을 밝혀 적은 이유> 적었지만, '사라진'은 앞말이 본뜻에서 멀어져 그 의미가 유지되지 <# 형태소의 본모양을 밝히지 않고 소리대로 적은 이유> 않아 소리대로 적었다.

*2문단 요약 : 어근과 접미사, 용언과 용언이 결합한 단어의 표기

[A] 3 한편, 의미를 정확하게 전달하기 위해서는 띄어쓰기를 바르게 <띄어쓰기를 바르게 하는 것이 중요한 이유> 하는 것도 중요하다. 예를 들어 '지'는 어미 '-(으)ㄴ지, <# '지'를 띄어 쓰지 않는 경우> -(으)ㄹ지'의 일부일 때는 띄어 쓰지 않지만, 시간의 경과를 나타낼 <# '지'를 띄어 쓰는 경우> 때는 앞말과 띄어 쓴다. 또한 어떤 일을 시험 삼아 시도함을 나타내거나 어떤 행동이나 상태를 강조하는 뜻을 나타낼 때는 <# '한'과 '번'을 띄어 쓰지 않는 경우> '한번'이라고 쓰지만, '번'이 일의 횟수를 나타낼 때는 '한 번', '두 <# '한'과 '번'을 띄어 쓰는 경우> 번'처럼 띄어 쓴다.

*3문단 요약 : 올바른 띄어쓰기의 중요성

■ 이것이 핵심!

	한글 맞춤법 총칙 제1항	
1문단	표준어를 소리대로 적되,	소리나는 대로 적는 것을 원칙으로 함.
	어법에 맞도록 함을 원칙으로 한다.	소리나는 대로 적으면 의사소통이 어려운 경우 본모양의 형태를 밝혀 적음.

	어근과 접미사, 용언과 용언이 결합할 때의 표기	
2문단	①	어근 + 접미사
	형태소의 본모양을 밝혀 적음.	– 비교적 여러 어근에 결합하는 접미사인 경우 – 결합한 후에도 어근의 본래 뜻이 유지되는 경우 예 웃음(웃- + -음)
	소리대로 적음.	일부 어근에만 결합하는 접미사인 경우 예 마감(막- + -암)
	②	용언 + 용언
	형태소의 본모양을 밝혀 적음.	앞말의 본뜻이 유지되는 경우 예 들어간
	소리대로 적음.	앞말이 본뜻에서 멀어져 그 의미가 유지되지 않는 경우 예 사라진

	형태는 같지만 띄어쓰기가 다른 경우
3문단	① '지' – 어미 '-(으)ㄴ지, -(으)ㄹ지'의 일부일 때 ➡ 붙여 씀. – 시간의 경과를 나타낼 때 ➡ 띄어 씀. ② '번' – 어떤 일을 시험 삼아 시도함을 나타내거나 어떤 행동이나 상태를 강조하는 뜻을 나타낼 때 ➡ '한번'으로 씀. – 일의 횟수를 나타낼 때 ➡ '한 번', '두 번'처럼 띄어 씀.

11 정답 ⑤ * 한글 맞춤법 파악하기 .... [정답률 73%]

〈보기〉의 ⓐ~ⓔ를 이해한 내용으로 적절하지 않은 것은?

─〈 보기 〉─

• 풀이 ⓐ 쓰러진 사이로 ⓑ 작은 꽃이 ⓒ 마중을 나왔다.
  쓰러지다: 쓸다 + 지다   작-+-은   맞-+-웅
• ⓓ 끝이 보이지 않았지만 나는 그 ⓔ 믿음을 잃지 않았다.
  끝 + 이   믿-+-음

단어	형태소 분석	한글 맞춤법 적용	적용 이유
ⓐ	쓸- + -어- + 지- + -ㄴ 어간 연결 어미 어간 관형사형 전성 어미	소리 나는 대로 표기함.	앞말 '쓸다'의 본뜻이 유지되지 않음.
ⓑ	작- + -은 어간 어미	형태소의 본모양을 밝혀 적음.	용언의 어간과 어미는 구별하여 적음.
ⓒ	맞- + -웅 (어근)(접사)	소리 나는 대로 표기함.	접사 '-웅'이 일부 어근에만 결합함.
ⓓ	끝 + 이 (명사)(조사)	형태소의 본모양을 밝혀 적음.	'끄치'와 같이 소리나는 대로 적었을 경우 의미 파악이 어려움.
ⓔ	믿- + -음 (어근)(접사)	형태소의 본모양을 밝혀 적음.	접사 '-(으)ㅁ'이 여러 어근에 결합하고, 결합 후에도 어근 '믿-'의 본래 뜻이 유지됨.

> 왜 정답 ?

⑤ ⓔ: 어근에 접미사 '-음'이 결합한 후에 어근의 본래 뜻이 ~~유지되지~~ 유지됨. ~~않아서~~ 형태소의 본모양을 밝혀 적은 것이겠군.
'미듬'이 아닌 '믿음'으로 적음.

* 근거: 2문단 ❶문장
  ⓔ '믿음'은 어근 '믿-'에 접사 '-음'이 결합된 파생어이다. 접사 '-음'은 비교적 여러 어근에 결합하고, 결합한 후에도 어근 '믿-'의 본래 뜻이 유지된다. 따라서 '믿- + -음'은 형태소의 본 모양을 밝혀 '믿음'으로 적는다.

> 왜 오답 ?

① ⓐ: 앞말이 '쓸다'라는 본뜻에서 멀어져서 소리대로 적은 것이겠군.
'쓸다'의 본뜻이 유지되지 않음.   '쓰러진'으로 적음.

* 근거: 2문단 ❸문장
  ⓐ '쓰러진'의 기본형 '쓰러지다'는 용언 '쓸다'와 '지다'가 결합한 말이다. 앞말인 '쓸다'가 본뜻에서 멀어져 그 의미가 유지되지 않으므로 '쓸- + -어- + 지- + -ㄴ'은 소리대로 '쓰러진'으로 적는다.

② ⓑ: 용언의 어간 '작-'과 어미 '-은'이 구별되도록 형태소의 본모양을 밝혀 적은 것이겠군.
용언의 어간과 어미는 구별하여 적음. '작은'으로 적음.
* 근거: ①문단 ❸문장
ⓑ '작은'은 용언 '작다'의 어간 '작-'에 관형사형 전성 어미 '-은'이 붙어 활용된 형태이다. 용언의 어간과 어미는 구별하여 적으므로 '작-+-은'은 '작은'으로 적는다.

③ ⓒ: 접미사 '-웅'이 여러 어근에 널리 결합하지 못하고 일부 어근에만 결합해서 소리대로 적은 것이겠군.
'맞-' '마중'으로 적음.
* 근거: ②문단 ❷문장
ⓒ '마중'은 어근 '맞-'에 접사 '-웅'이 결합한 파생어이다. 접사 '-웅'은 여러 어근에 널리 결합하지 못하고 한정된 일부 어근과만 결합하므로 '맞-+-웅'은 소리나는 대로 '마중'으로 적는다.

④ ⓓ: '끝'이라는 체언의 의미가 쉽게 파악되도록 형태소의 본 모양을 밝혀 적은 것이겠군.
소리나는 대로 적을 경우 의미 파악이 어려움.
* 근거: ①문단 ❻문장
ⓓ '끝이'는 명사 '끝'과 주격 조사 '이'가 결합한 형태이다. 이를 소리나는 대로 '끄치'로 적으면 의미를 파악하기 위해 '끝'이라는 본래 형태를 떠올려야 하는 어려움이 생긴다. 따라서 형태소의 본 모양을 밝혀 '끝이'로 적어 체언의 의미가 쉽게 파악되도록 한다.

12　정답 ③　★ 한글 맞춤법 파악하기　[정답률 77%]

[A]를 참고할 때, 밑줄 친 부분의 띄어쓰기가 적절하지 않은 것은?

〉왜 정답?

③ 무엇부터 해야 할지를 모르겠다.
어간 '하-' + 어미 '-ㄹ지' → '할지'로 써야 함.
* 근거: ③문단 ❷문장
'무엇부터 해야 할지를 모르겠다.'의 '할지'는 '하다'의 어간 '하-'에 추측에 대한 막연한 의문이 있는 채로 그것을 뒤 절의 사실이나 판단과 관련시키는 데 쓰는 연결 어미 '-ㄹ지'가 결합한 것이다. 즉 '할지'의 '지'는 어미 '-ㄹ지'의 일부이므로, '할 지'는 '할지'로 붙여 써야 한다.

〉왜 오답?

① 동네 인심 한번 고약하구나.
어떤 행동이나 상태를 강조하는 뜻을 나타냄.
* 근거: ③문단 ❸문장
'동네 인심 한번 고약하구나.'의 '한번'은 동네의 인심이 고약하다는 것을 강조하는 말이다. 즉 '한번'은 어떤 행동이나 상태를 강조하는 의미로 사용되었으므로 '한번'으로 붙여 쓴다.

② 그를 만난 지도 꽤 오래되었다.
시간의 경과를 나타냄.
* 근거: ③문단 ❷문장
'그를 만난 지도 꽤 오래되었다.'의 '지'는 그를 만난 것이 오래되었다는 시간의 경과를 나타낸다. 즉 '지'는 시간의 경과를 나타내므로 '만난 지'로 앞말과 띄어 쓴다.

④ 견우와 직녀는 일 년에 한 번 만난다.
일의 횟수를 나타냄.
* 근거: ③문단 ❸문장
'견우와 직녀는 일 년에 한 번 만난다.'의 '한 번'은 견우와 직녀가 만나는 횟수가 일 년에 1회임을 나타낸다. 즉 '번'은 일의 횟수를 나타내고 있으므로 '한 번'으로 앞말과 띄어 쓴다.

⑤ 얼마나 부지런한지 세 명 몫의 일을 해낸다.
어간 '부지런하-' + 어미 '-ㄴ지'
* 근거: ③문단 ❷문장
'얼마나 부지런한지 세 명 몫의 일을 해낸다.'의 '부지런한지'는 '부지런하다'의 어간 '부지런하-'에 막연한 의문이 있는 채로 그것을 뒷말의 사실이나 판단과 관련시키는 데 쓰는 연결 어미 '-ㄴ지'가 결합한 것이다. 즉 '부지런한지'의 '지'는 어미 '-ㄴ지'의 일부이므로, '부지런한지'로 붙여 쓴다.

13　정답 ①　★ 음운 변동 파악하기　[정답률 66%]

다음은 수업 장면의 일부이다. ⓐ와 ⓑ에 들어갈 말로 적절한 것은? [3점]

❶ 선생님: 음운의 변동에는 어떤 음운이 다른 음운으로 바뀌는 교체, 두 음운이 합쳐져 하나가 되는 축약, 원래 있던 한 음운이 없어지는 탈락, 없던 음운이 추가되는 첨가의 유형이 있습니다. ❷이러한 음운의 변동은 한 단어에서 두 가지 이상이 함께 나타나기도 합니다. ❸또한 음운의 변동 결과가 표기에 반영되기도 하고, 음운의 변동 후에 음운의 개수가
변동 후 음운의 개수 변화 → 교체: 변화 ×, 축약: -1개, 탈락: -1개, 첨가: +1개
달라지기도 합니다. ❹그러면 다음 자료에 나타난 음운의 변동을 탐구해 봅시다.

> 국밥[국빱], 굳히다[구치다], 급행열차[그팽녈차]
> *교체가 일어남.　축약, 교체가 일어남.　축약, 첨가가 일어남.*

❺위 자료를 '국밥', 그리고 '굳히다, 급행열차'로 나눈다면, 그 기준은
한 가지 음운 변동이 일어남.　두 가지 음운 변동이 일어남.
무엇일까요?
❻학생: (ⓐ)를 기준으로 나누었습니다.
❼선생님: 맞습니다. 그럼, '굳히다'와 '급행열차'에 공통으로 나타나는
축약, 교체가 일어남.　축약, 첨가가 일어남.
음운의 변동은 무엇일까요?
❽학생: (ⓑ)입니다.
❾선생님: 네, 맞습니다.

국밥　　→ ㅂ→ㅃ →　[국빱]
음운 6개　　교체(된소리되기)　　음운 6개

굳히다　→ ㄷ+ㅎ→ㅌ →　[구티다]　→ ㅌ→ㅊ →　[구치다]
음운 7개　축약(거센소리되기)　　　　　교체(구개음화)　음운 6개

급행열차 → ㅂ+ㅎ→ㅍ →　[그팽열차]　→ ㄴ 첨가 →　[그팽녈차]
음운 10개　축약(거센소리되기)　　　　　　　　　　음운 10개

〉왜 정답?

	ⓐ	ⓑ
①	음운의 변동이 두 가지 이상 일어났는지	축약

국밥[국빱] / 굳히다[구치다], 급행열차[그팽녈차]　→ 교체　→ 축약, 교체　→ 축약, 첨가

'국밥[국빱]'은 '국'의 종성 'ㄱ' 뒤에서 'ㅂ'이 [ㅃ]으로 교체되는 된소리되기가 일어났다.
'굳히다[구치다]'는 '굳'의 종성 'ㄷ'이 '히'의 초성 'ㅎ'과 결합하여 [ㅌ]으로 축약되는 거센소리되기가 일어나 [구티다]가 되었다. 그리고 [ㅌ]이 모음 'ㅣ'로 시작되는 형식 형태소와 만나 [ㅌ]이 [ㅊ]으로 교체되는 구개음화가 일어나 [구치다]로 발음된다.
'급행열차'는 '급'의 종성 'ㅂ'과 '행'의 초성 'ㅎ'이 [ㅍ]으로 축약되는 거센소리되기가 일어나 [그팽열차]가 된다. 그리고 자음으로 끝나는 명사 '급행[그팽]'과 반모음 'ㅣ'로 시작하는 명사 '열차'가 만나 두 형태소 사이에 [ㄴ]이 첨가되어 [그팽녈차]로 발음된다.
즉 '국밥[국빱]'은 교체만 일어났고, '굳히다[구치다]'는 축약과 교체, '급행열차[그팽녈차]'는 축약과 첨가가 일어났다.
따라서 ⓐ에 들어갈 말은 '**음운의 변동이 두 가지 이상 일어났는지**'이며, ⓑ에 들어갈 말은 '**축약**'이다.

〉왜 오답?

	ⓐ	ⓑ
②	음운의 변동이 두 가지 이상 일어났는지	교체

국밥[국빱] / 굳히다[구치다], 급행열차[그팽녈차]　→ 교체　→ 축약, 교체　→ 축약, 첨가　축약

	ⓐ	ⓑ
③	음운의 변동 결과 음운의 개수가 줄었는지	탈락

국밥[국빱] / 굳히다[구치다], 급행열차[그팽녈차]　→ 변화×　→ -1개　→ 변화×　축약

'국밥'의 음운의 개수는 'ㄱ, ㅜ, ㄱ, ㅂ, ㅏ, ㅂ'으로 6개이다. '국밥'은 음운 교체가 일어나 [국빱]으로 발음되고 이때 음운의 개수는 'ㄱ, ㅜ, ㄱ, ㅃ, ㅏ, ㅂ'으로 6개이다.
'굳히다'의 음운의 개수는 'ㄱ, ㅜ, ㄷ, ㅎ, ㅣ, ㄷ, ㅏ'로 7개이다. '굳히다'는 축약과 교체가 일어나 [구치디]로 발음되고 이때 음운의 개수는 'ㄱ, ㅜ, ㅊ, ㅣ, ㄷ, ㅏ'로 6개이다.
'급행열차'의 음운의 개수는 'ㄱ, ㅡ, ㅂ, ㅎ, ㅐ, ㅇ, ㅕ, ㄹ, ㅊ, ㅏ'로 10개이다. '급행열차'는 음운 축약과 첨가가 일어나 [그팽녈차]로 발음되고 이때 음운의 개수는 'ㄱ, ㅡ, ㅍ, ㅐ, ㅇ, ㄴ, ㅕ, ㄹ, ㅊ, ㅏ'로 10개이다.
따라서 '국밥', 그리고 '굳히다, 급행열차'를 '음운의 변동 결과 음운의 개수가 줄었는지'를 기준으로 나누었다는 것은 적절하지 않다(ⓐ).

④ 음운의 변동 결과 음운의 개수가 줄었는지 (ⓐ)　　　교체
국밥[국빱] / 굳히다[구치다], 급행열차[그팽녈차]　　축약
→ 변화 ✕　　→ -1개　　→ 변화 ✕

⑤ 음운의 변동 결과가 표기에 반영되었는지 (ⓑ)　　축약
모두 반영되지 않음.

'국밥[국빱]', '굳히다[구치다]', '급행열차[그팽녈차]'는 모두 음운의 변동 결과가
표기에 반영되지 않았다(ⓐ).

14　정답 ②　＊ 시간 표현 파악하기 ·················· [정답률 63%]

〈학습 활동〉을 수행한 결과로 적절하지 <u>않은</u> 것은?

> 〈 학습 활동 〉
>
> 시제는 말하는 때인 발화시를 기준으로 동작이나 상태가 일어난 때인
> 사건시와의 선후 관계를 따져 과거 시제, 현재 시제, 미래 시제로 나뉘며,
> 발화시보다 사건시가 앞섬.　발화시=사건시　사건시보다 발화시가 앞섬.
> 선어말 어미나 관형사형 어미, 부사어 등을 통해 실현된다. 다음 자료를
> 분석해 보자.
>
> ㄱ. 창밖에는 눈이 내린다.
> 　내리-(어간) + -ㄴ-(선어말 어미) + -다(어말 어미)
> ㄴ. 곧 강연을 시작하겠습니다.
> 　부사어　　시작하-(어간) + -겠-(선어말 어미) + -ㅂ니다(어말 어미)
> ㄷ. 이것은 그가 내일 입을 옷이다.
> 　　　　부사어 입-(어간) + -을(관형사형 어미)
> 만들-(어간)+-ㄴ(관형사형 어미)
> ㄹ. 내가 만든 빵을 형이 맛있게 먹더라.
> 　　　　먹-(어간)+-더-(선어말 어미)+-라(어말 어미)

＞왜 정답 ?

② ㄴ은 사건시가 발화시보다 앞선다.
　　　　　　　　　　　나중임.

ㄴ은 부사어 '곧'과, 선어말 어미 '-겠-'을 통해 미래 시제를 실현한 문장이다.
따라서 ㄴ은 사건시가 발화시보다 나중이다.

＞왜 오답 ?

① ㄱ은 사건시와 발화시가 일치한다.
　　　　　현재 시제

ㄱ은 선어말 어미 '-ㄴ-'을 통해 현재 시제를 실현한 문장이다.
따라서 ㄱ은 사건시와 발화시가 일치한다.

③ ㄴ과 ㄷ 모두 부사어를 활용한 시간 표현이 나타난다.
　　'곧'　'내일'

ㄴ은 부사어 '곧'을 활용하여 미래 시제를 표현한 문장이다.
ㄷ은 부사어 '내일'을 활용하여 미래 시제를 표현한 문장이다.

④ ㄷ과 ㄹ 모두 관형사형 어미를 활용한 시간 표현이 나타난다.
　'-을'　'-ㄴ'

ㄷ은 '입을'에서 관형사형 전성 어미 '-을'을 활용하여 미래 시제를 표현한 문장이다.
ㄹ은 '만든'에서 관형사형 전성 어미 '-ㄴ'을 활용하여 과거 시제를 표현하고 있다.

⑤ ㄱ, ㄴ, ㄹ 모두 선어말 어미를 활용한 시간 표현이 나타난다.
　'-ㄴ-'　'-겠-'　'-더-'

ㄱ은 '내린다'에서 선어말 어미 '-ㄴ-'을 통해 현재 시제를 실현하였다.
ㄴ은 '시작하겠습니다'에서 선어말 어미 '-겠-'을 통해 미래 시제를 실현하였다.
ㄹ은 '먹더라'에서 선어말 어미 '-더-'를 통해 과거 시제를 실현하였다.

15　정답 ⑤　＊ 사전 활용하기 ·················· [정답률 78%]

다음은 '사전 활용하기' 학습 활동을 위한 자료이다. 이에 대한 이해로 적절하지
<u>않은</u> 것은?

> 동음이의 관계
> 바르다¹ 동
> 　다의어　동사: 동작이나 작용을 나타내는 말
> 　【…을, …에】【…을 …으로】
> 　　목적어와 부사어를 요구함.
> 　１ 풀칠한 종이나 헝겊 따위를 다른 물건의 표면에 고루 붙이다.
> 다의
> 관계　¶ 아이들 방을 예쁜 벽지로 발랐다.
> 　２ 차지게 이긴 흙 따위를 다른 물체의 표면에 고르게 덧붙이다.
> 　　¶ 흙을 벽에 바르다.
>
> 바르다² 형
> 　다의어　형용사: 성질이나 상태를 나타내는 말
> 　１ 겉으로 보기에 비뚤어지거나 굽은 데가 없다.
> 다의
> 관계　¶ 길이 바르다.
> 　２ 말이나 행동 따위가 사회적인 규범이나 사리에 어긋나지 아니하고
> 　　들어맞다.
> 　　¶ 그는 인사성이 바른 사람이다.

＞왜 정답 ?

⑤ '바르다²-②'의 예로 '마음가짐이 바르다.'를 추가할 수 있다.
　　　　　　②

'마음가짐이 바르다'는 마음 씀씀이가 규범이나 사리에 어긋나지 않고 들어맞다는
의미이므로 '바르다²-①'의 예로 적절하지 않다.

＞왜 오답 ?

① '바르다¹'과 '바르다²'는 사전에 각각 다른 표제어로 등재되는
동음이의어이다.
　소리는 같지만 뜻이 다름.

'바르다¹'과 '바르다²'는 소리는 같지만 의미적 연관성이 없어 사전에 별개의
표제어로 등재되는 동음이의어이다.

② '바르다¹'과 '바르다²'는 모두 여러 가지 의미가 있는 다의어이다.
　바르다²-①, ²-②
　바르다¹-①, ¹-②

'바르다¹'과 '바르다²'는 각각 ①과 ②의 뜻을 지니고 있는 다의어이다.

③ '바르다¹'은 '바르다²'와 달리 주어 이외의 다른 문장 성분을 필요로
한다.
　【…을 …에】【…을 …으로】　목적어와 부사어를 필요로 함.

'바르다¹'의 문형 정보 【…을 …에】【…을 …으로】를 통해 '바르다¹'이 주어 이외에
'…을'에 해당하는 목적어와 '…에'나 '…으로'에 해당하는 부사어를 필요로 한다는 것을
알 수 있다.
반면 '바르다²'는 주어 이외의 다른 문장 성분을 필요로 하지 않는다.

④ '바르다¹'은 동작이나 작용을 나타내는 말이고, '바르다²'는 성질이나
상태를 나타내는 말이다.
　　　　　　　　　　동사　　　　　　　　　　형용사

'바르다¹'의 품사 정보 동을 통해 '바르다¹'이 동작이나 작용을 나타내는 동사임을 알
수 있다.
또한 '바르다²'의 품사 정보 형을 통해 '바르다²'가 성질이나 상태를 나타내는
형용사임을 알 수 있다.

(가) 권섭, 〈십육영(十六詠)〉

\# 출제 ❶ 화자, 중심 대상 ❷ 상황, 정서, 태도 ❸ 표현상 특징

\# [ ] : ❸ 영탄적 어조를 활용하여 화자의 정서를 드러냄.

❶ 시련, 고난   ❶ 중심 대상: 소나무   *영탄적 어조: 슬픔이나 기쁨 등의 감정을 강하게 드러내는 어조

[구렁에 서 있는 나무 우뚝하기도 하구나
❷ 시련, 고난 \# [ ]: ❷ 태도 – 시련과 고난을 이겨내고 홀로 지조를 지키는 소나무를 예찬함.
풍상(風霜)을 실컷 겪고 독야청청(獨也靑靑)하구나]
❸ 잠시 바람과 서리를 겪고도 홀로 푸르름을 유지하는 소나무의 모습
져근덧 베지 말고 두면 동량재(棟梁材)* 되겠구나
\# 소나무를 베지 말고 두면 나라의 좋은 인재가 될 수 있음.

〈제1수(소나무[松])〉

구렁: 움쑥하게 파인 땅   풍상: 바람과 서리를 아울러 이르는 말
독야청청: 남들이 모두 절개를 꺾는 상황 속에서도 홀로 절개를 굳세게 지키고 있음을 비유적으로 이르는 말

*〈제1수〉 요약: 시련을 겪으면서도 지조를 지키는 소나무

❶ 꼬리치고 휘파람 불며 기염(氣焰)*도 황홀하구나
❷ \# ❷ 태도: 위엄과 대단한 기세를 가진 호랑이를 예찬함.
이 뫼에 들어온 지 몇 해나 되었나니
❶ 중심 대상: 호랑이
진실로 네 잠깐 떠나면 호리종횡(狐狸縱橫)*하겠구나
\# ❷ 정서: 호랑이가 사라지면 혼란해질 현실에 대해 우려함.

〈제11수(호랑이[虎])〉

*〈제11수〉 요약: 대단한 기세를 가진 호랑이에 대한 예찬

❶ 중심 대상: 말   [ ] : ❸ 대조법을 활용하여 중심 대상의 속성을 강조함.
㉠ 오리마 적표마*들이 관단 노태*와 같겠느냐
❷ \# ❸ 설의법을 활용하여 오리마와 적표마가 뛰어난 능력을 지닌 존재라는 인식을 드러냄.   *대조법: 서로 반대되는 대상이나 내용을 내세워 주제를 강조하거나 인상을 선명하게 표현하는 수사법
바람에 슬피 울며 네 굽을 허위치니
  허우적거리니
❸ 아무리 천리지(千里志)* 있은들 알 이 없어 서러워라
\# ❷ 정서: 뛰어난 인재들이 뜻을 펼치지 못하는 현실을 서러워함.

〈제15수(말[馬])〉

*〈제15수〉 요약: 오리마 적표마의 능력을 알아주지 않는 세상에 대한 서러움

*동량재: 기둥과 들보로 쓸 만한 재목. 한 집안이나 나라를 떠받치는 중대한 일을 맡을 만한 인재를 이르기도 함.
*기염: 불꽃처럼 대단한 기세
*호리종횡: 여우와 살쾡이가 이리저리 날뜀. 여우와 살쾡이는 도량이 좁고 간사한 사람을 비유적으로 이르는 말이기도 함.
*오리마 적표마: 오리마는 온몸의 털이 검은 말, 적표마는 붉은색을 가진 명마
*관단 노태: 관단과 노태로 모두 걸음이 느린 말을 의미함.
*천리지: 천리를 달리고자 하는 뜻

✖ (가) 독해 공식

❶ 화자: 드러나지 않음. 중심 대상: '나무(소나무)', '네(호랑이)', '오리마 적표마(말)'
❷ 상황
• 〈제1수〉: 바람과 서리를 겪고도 푸르른 소나무를 보고 지조와 절개의 가치를 발견함.
• 〈제11수〉: 호랑이의 위엄 있는 모습을 보고 세상의 질서를 깨달음.
• 〈제15수〉: 말을 보고 뛰어난 존재들이 뜻을 펼치지 못하는 현실을 발견함.
정서
• 시련과 고난을 이겨내고 홀로 지조를 지키는 소나무를 예찬함.
• 위엄과 대단한 기세를 가진 호랑이를 예찬함.
• 호랑이가 사라지면 혼란해질 현실에 대해 우려함.
• 뛰어난 인재들이 뜻을 펼치지 못하는 현실을 서러워함.
태도: 소나무와 호랑이에 대한 예찬적 태도
❸ 표현상 특징
• 특정 소재의 속성을 통해서 주제 의식을 부각함.
• 영탄적 어조를 활용하여 화자의 정서를 드러냄.
• 대조법과 설의법을 사용하여 중심 대상의 속성을 강조함.

■ 갈래: 연시조
■ 글쓴이: 권섭(1671~1759). 조선 후기의 시인. 주변 인물들이 정치적 분쟁으로 인해 죽임을 당하거나 유배되는 참극을 겪은 뒤, 관직보다는 문학 쪽을 택하여 일생을 여행과 문필 활동으로 보내며 작품을 남겼다. 〈영삼별곡〉, 〈황강구곡가〉 10수를 비롯하여 3천여 편이 넘는 한시, 가사를 남겼다.
■ 제목의 의미: '열 십(十) + 여섯 육(六) + 시가 영(詠)'. '열여섯 가지 대상에 대한 시가'라는 의미이다. 〈십육영(十六詠)〉은 글쓴이가 열여섯 가지 대상(소나무, 국화, 매화, 대나무, 산, 시내, 강, 바다, 신선, 용, 범, 학, 사람, 잉어, 말, 매)에서 발견한 삶의 자세와 이치를 읊은 작품임을 드러내고 있다.
■ 주제: 자연물에서 발견한 삶의 자세와 이치
■ 이것이 핵심!: 중심 대상을 보고 떠오른 화자의 정서

중심 대상	화자의 정서
소나무	지조 있는 소나무의 모습을 예찬함.
호랑이	위엄 있는 호랑이의 모습을 예찬하고, 호랑이와 같은 인재가 사라지고 여우·살쾡이와 같은 간신배가 날뛰는 현실에 대한 우려를 드러냄.
말	오리마 적표마와 같이 뛰어난 능력을 가진 말을 보며 능력 있는 인재가 있어도 알아주는 이가 없는 현실을 아쉬워함.

(나) 조우인, 〈출새곡(出塞曲)〉

\# 출제 ❶ 화자, 중심 대상 ❷ 상황, 정서, 태도 ❸ 표현상 특징

❶ \# [ ]: ❷ 상황 – 화자가 북방의 경성을 다스리는 임무를 맡게 됨.
[북방 이십여 주에 경성이 문호인데
 북쪽 지방 이십여 주 중 경성이 관문인데
군사 백성 다스리기를 나에게 맡기시니]
  ❶ 화자   ❸ 영탄적 어조를 활용하여 화자의 정서를 드러냄.   [ ]: ❶ 화자 '나'를 나타내는 표현
❷ 망극한 임금의 은혜 갚을 길이 어렵구나
  \# ❷ 정서: 벼슬을 내린 임금의 은혜에 대한 감사함.
❹ ㉡ 서생의 일은 글쓰기인가 여겼더니
❺ 늙은이의 변방 부임 진실로 뜻밖이로다
❻ \# 자신이 변방의 임무를 맡을 것이라고 예상하지 못했음.
임금께 절하고 칼을 짚고 돌아서니
❼ 만 리 밖 국경에 내 한 몸 다 잊었다
  ❷ 태도: 자신의 임무를 충실히 수행하겠다는 의지를 보임.

문호: 외부와 교류하기 위한 통로나 수단을 비유적으로 이르는 말
망극하다: 임금이나 어버이의 은혜가 한이 없다.
서생: 글만 읽어 세상일에 서투른 선비를 비유적으로 이르는 말

*❶~❼행 요약: 북방의 관리로 부임하게 되어 길을 떠나게 된 '나'

❽ 흥인문 내달아 녹양평에 말 갈아타고
❾ 은하수 옛길을 다시 지나간단 말이냐
  ❸ 상황 – 화자가 임무를 수행하기 위해 여정을 떠남.
  [ ]: ❸ 구체적 지명을 활용하여 공간의 이동에 따라 시상을 전개함.
❿ 회양 옛 사실* 소문만 들었더니
⓫ ❸ 고사를 인용하여 화자의 상황을 드러냄.
대궐을 홀로 떠나는 적객*은 무슨 죄인가
⓬ ❷ 정서: 자신의 처지에 대한 비애와 한탄.
높고 험한 철령을 험하단 말 전혀 마오
⓭ 세상살이에 비하면 평지인가 여기노라
  \# [A]: 자연을 보며 삶의 고단함을 떠올림.
⓮ 눈물을 거두고 두어 걸음 돌아서니
⓯ [임금이 있는 공간] 서울이 어디요 대궐이 가렸도다
  ❷ 정서: 임금에게서 멀어지면서 슬픔과 안타까움을 느낌.

대궐: 임금이 거처하는 집.=궁궐
험하다: 땅의 형세가 발을 디디기 어려울 만큼 사납고 가파르다.
평지: 바닥이 펀펀한 땅

*❽~⓯행 요약: 북방으로 떠나면서 슬픔과 아쉬움을 느끼는 '나'

⓰ 안변 북쪽은 저쯤에 오랑캐 땅인데
⓱ 오랑캐를 정벌하여 천 리 밖 몰아내니
⓲ 윤관 김종서의 큰 공적 초목이 다 알도다
⓳ 용흥강 건너와 정평부 잠깐 지나
⓴ [만세교 앞에 두고 낙민루에 올라앉아
㉑ \# [ ]: ❷ 상황 – 화자가 낙민루에 올라 함경도 일대를 살펴봄.
옥저*의 산하 하나하나 돌아보니]
㉒ 천년의 풍패*에 상서로운 기운 어제인 듯하구나
  \# ❷ 태도: 함경도 일대에서 느껴지는 상서로운 기운에 감탄함.

정벌하다: 적 또는 죄 있는 무리를 무력으로써 치다.
공적: 노력과 수고를 들여 이루어 낸 일의 결과
초목: 풀과 나무를 아울러 이르는 말
산하: 산과 내라는 뜻으로, '자연'을 이르는 말 = 산천
상서롭다: 복되고 길한 일이 일어날 조짐이 있다.

*⓰~㉒행 요약: 낙민루에 올라 함경도 일대를 살펴보는 '나'

㉓ 함관령 저문 날에 말은 어찌 병들었는가
말이 병들 정도로 험난한 여정
㉔ ㉢ 모래바람 자욱한데 갈 길이 멀었구나
모래바람으로 인해 부임지로 가는 길이 험난한 상황
㉕ 홍원 옛 고을의 천관도를 바라보고
㉖ [대문령 넘어서 청해진에 들어오니
㉗ # [ ]: ❷ 상황 – 화자가 청해진의 군사력을 살핌.
함경도의 요해지요 남북의 요충지라
군사적으로 중요한 지역인 청해진
㉘ 충신과 정예 병사 무기를 늘어놓고
잘 정비되어 있고 강한 군사력을 가진 청해진의 모습
㉙ 강한 활과 쇠뇌로 요충지를 지키는 듯]
㉚ 태평세월 백 년 동안 전쟁을 잊으니
❷ 태도: 청해진의 군사력에 감탄함.
㉛ 철통같은 방어를 일러 무엇하리오

[요해지: 땅의 생긴 모양이나 형세가 군사적으로 아주 중요한 곳 ≒ 요충지
쇠뇌: 쇠로 된 발사 장치가 달린 활

* ㉓~㉛행 요약 : 청해진을 둘러보며 청해진의 군사력에 감탄하는 '나'

* 회양 옛 사실: 중국 한나라 무제(武帝) 때 급장유(汲長孺)가 회양 태수로 선정을 베풀었던 일
* 적객: 귀양살이를 하는 사람. 여기서는 임금 곁을 떠나 경성 판관으로 부임하는 자신의 신세를 말함.
* 옥저: 함경도 함흥 일대에 위치했던 고대 국가
* 풍패: 천 년 전 한나라를 건국한 유방의 고향에 빗대어 조선을 건국한 이성계의 고향인 함흥을 가리킴.

⭐ (나) 독해 공식
❶ 화자: '나' = '서생' = '늙은이' = '적객'
❷ 상황: 화자가 북방의 경성을 다스리는 임무를 맡게 됨. 화자가 임무를 수행하기 위해 여정을 떠남. 화자가 낙민루에 올라 함경도 일대를 살펴봄. 화자가 청해진의 군사력을 살핌. 벼슬을 내린 임금의 은혜에 대한 감사함.
정서: 자신의 처지에 대한 비애와 한탄. 임금에게서 멀어지면서 슬픔과 안타까움을 느낌. 함경도 일대에서 느껴지는 상서로운 기운에 감탄함. 청해진의 군사력에 감탄함.
태도: 자신의 임무를 충실히 수행하겠다는 의지적 태도.
❸ 표현상 특징
• 영탄적 어조를 활용하여 화자의 정서를 드러냄.
• 구체적 지명을 활용하여 공간의 이동에 따라 시상을 전개함.
• 고사를 인용하여 변방으로 떠나는 화자의 상황을 드러냄.

■ 갈래: 가사
■ 글쓴이: 조우인(1561~1625). 조선 중기의 문신. 1621년에 광해군의 잘못을 풍자했다가 그 글로 말미암아 옥에 갇혔고, 이후 인조 때 은거하며 여생을 마쳤다. 시·서예·음악에 뛰어났으며, 〈매호별곡〉, 〈자도사〉, 〈관동속별곡〉, 〈출새곡〉 등을 남겼다.
■ 제목의 의미: '나가다 출(出) + 변방 새(塞) + 악곡 곡(曲)', '출새'는 '변방으로 나가다'의 의미로 '출새곡'은 '변방으로 나가는 과정을 읊은 노래'라는 의미이다.
■ 이 작품은? 이 작품은 글쓴이 '조우인'이 서울을 떠나 임지(任地)에 이르기까지의 인정 및 풍물(風物), 그리고 그곳에서 5년 동안 보낸 생활과 심정을 읊은 기행 가사이다.
■ 주제: 부임지로 가는 여정에서 보게 된 변방의 경치와 회포
■ 이것이 핵심!: 공간의 이동에 따른 시상 전개

흥인문	화자가 떠나려는 서울 도성의 문
녹양평	말을 갈아타고 여정을 계속함.
안변 북쪽	오랑캐를 무찌른 김종서의 공적에 감탄함.
용흥강·정평부·낙민루	함경도 일대를 보며 함경도 땅에서 느껴지는 상서로운 기운에 감탄함.
청해진	함경도의 요충지인 청해진을 보며 철통같은 방어와 군사력에 감탄함.

(다) 공선옥, 〈태안사 가는 길에서〉 ──────
출제 ❶ 중심 대상 ❷ 글쓴이의 생각, 태도 ❸ 서술상 특징

① ❶ 태안사 가는 길에 물이, 보성강 물이 있습니다. ❷ 그 물길이 끝나는 ❸ 경어체를 사용하여 친근함을 드러냄. 지점이 태안사 들어가는 입구지요. 아닙니다. 물길은 끝나지 않고 다만 태안사 들어가는 입구가 그 물길의 중간에나 있을 따름이지요.
❹ □: 글쓴이가 긍정적으로 여기는 대상
㉣ 물길이 끝났다고 슬퍼할 필요는 없습니다. 곧이어 숲이, 숲길이 # 물길이 끝나도 숲길이 시작되는 것을 긍정적으로 인식함. 시작될 테니까요.

* ① 요약 : 태안사 가는 입구의 물길이 끝나는 지점의 숲길

❸ 시간적 표현(여름, 겨울)을 활용하여 대상의 속성을 드러냄.
② ❶ 여름 숲도 좋지만 겨울 숲은 또 나름대로 외로워서 좋습니다.
❷ ❷ 글쓴이의 생각 - 여름 숲과 겨울 숲은 모두 만족감을 주는 특징을 가짐.
높아서 좋습니다. ❸ 야위어서 좋습니다. ❹ 여름 숲의 무성함, 풍성함,
: 겨울 숲이 좋은 이유
윤택함에 한동안 외로움을 잊고 살았습니다. ❺ 외롭지 않을 때는
[B] # [B]: 자연에서 느끼는 만족감을 드러냄.
외롭지 않아서 좋았고 외로울 때는 또 외로워서 좋았습니다. ❻ 올해는
❷ 글쓴이의 태도 - 숲속에서 만족감을 느낌.
유난히 눈이 안 내리는 겨울입니다. ❼ 높고 푸른 하늘이 외로운 나무
끝에 펼쳐져 있습니다.

* ② 요약 : 여름 숲과 겨울 숲이 좋은 이유

(중략)

③ ❶ 거기에서 그 노인을 보았습니다. ❷ 노인은 절 부엌에서 나오는
음식을 고양이에게 먹이고 있었습니다. 내가 빙긋 웃자 노인의 얼굴이
순수함을 간직한 노인
한순간 붉어졌습니다. ❹ 노인은 소년의 얼굴을 가졌더군요. ❺ 아닙니다.
❻ 아기의 얼굴이었습니다. ❼ ❸ 은유적 표현을 활용하여 중심 대상의 특성을 드러냄. 절 사람들이 다 싫어하는 도둑고양이를 아기
다른 생명을 돌볼 줄 아는 노인의 모습
얼굴을 가진 태안사 불목하니* 그 노인이 혼자 숨어서 돌보고
자신을 잘 드러내지 않는 노인
있었습니다. ❽ 사람들이 많이 모여 있으면 다람쥐처럼 어딘가로 숨어
❸ 직유적 표현을 활용하여 중심 대상의 특성을 드러냄.
버리는 그를 보러 나는 태안사에 가곤 합니다. ❾ 고양이, 해탈이는 잘 크고
있는지도 궁금하고요. 절 사람들은 노인을 이 처사라고 불렀습니다.
= 노인
❿ [내가 그를 보면 바짝 반가워하는데도 그는 반가운 내색을 할 줄 모릅니다.
⑪ [ ]: ❷ 글쓴이의 태도 – 태안사의 노인을 긍정적으로 인식함.
내가 그와 헤어지는 게 못내 섭섭해 작별 인사가 길어지는데도 그는
그저 가라고 손짓 한번 해 주고 그만입니다.] ⑫ 그것이 처음에는 굉장히
서운했는데 이제 그조차 익숙해졌습니다.

* ③ 요약 : 태안사에서 만난 노인(이 처사)

④ ❶ 태안사 가는 길은 참 좋습니다. ❷ 물이 있고 곧이어 숲이 있고
❷ 글쓴이의 태도 – 태안사 가는 길을 긍정적으로 인식함.
해탈이가 있고 다람쥐보다 더 빠르게 달릴 줄 아는 그가 있기 때문입니다.
❸ 글쓴이가 태안사 가는 길을 좋아하는 이유
나는 그와 어떤 특별한 말을 주고받은 적도 없습니다. ❹ [그래도 그는
[ ]: ❷ 글쓴이의 태도 – 노인에게 위로를 받음.
나에게 커다란 위로가 됩니다. ❺ 그는 내 속의 부처가 되었습니다.] ❻ 그는
아마 그것도 모를 테지요. ❼ 자신이 누군가의 마음속에 들어가 커다란
위로가 되고 부처가 되었다는 사실을. ❽ 나는 또한 누군가의 가슴속에
들어가 위로가 되고 부처가 될 수는 없을까요. ❾ 좀 더 가난해지고 좀 더
❷ 글쓴이의 생각 – 노인처럼 남들에게 위로를 줄 수 있는 사람이 되고자 함.
외로워지면 그럴 수 있을는지요. ❿ 하기사 태안사의 그는 가난과
외로움조차도 스스로 느끼지 않는 그저 '그'일 따름이었습니다.
⑪ ㉤ 가난과 외로움조차도 때로는 거추장스런 장신구일 수도 있겠습니다.
가난과 외로움을 느끼지 않고 그것에서 벗어난 삶이 있을 수 있다는 것을 깨달음.

* ④ 요약 : '노인'처럼 위로가 되는 존재가 되고 싶은 '나'

* 불목하니: 절에서 밥을 짓고 물을 긷는 일을 맡아서 하는 사람

★ (다) 독해 공식 ──────────

❶ **중심 대상**: '노인'

❷ **글쓴이의 생각**: 여름 숲과 겨울 숲은 모두 만족감을 주는 특징을 가짐. 노인처럼 남들에게 위로를 줄 수 있는 사람이 되고자 함.

　태도: 숲속에서 만족감을 느낌. 태안사의 노인을 긍정적으로 인식함. 태안사 가는 길을 긍정적으로 인식함. 노인에게 위로를 받음.

❸ **서술상 특징**

• 경어체를 사용하여 친근함을 드러냄.

• 시간적 표현(여름, 겨울)을 활용하여 대상의 속성을 드러냄.

• 은유법, 직유법을 활용하여 '노인'의 모습과 속성을 드러냄.

■ **갈래**: 수필

■ **주제**: 태안사에서 만난 노인에게 받은 위로와 깨달음

■ **이것이 핵심!**: 노인의 삶을 통해 얻은 깨달음

노인의 삶	깨달음
• 사람들이 많이 모여 있으면 피함. • 반가워하는 내색에도 티를 내지 않음. • 이별의 순간에도 손짓만 하고 그만임.	→ 가난과 외로움에서 벗어나 초연한 삶이 있음.

■ **왜 세 작품?**

	공통점
(가), (나)	영탄적 어조를 활용하여 화자의 정서를 효과적으로 드러냄.
(가), (다)	화자와 글쓴이가 자연물을 긍정적으로 인식함.
(나), (다)	화자와 글쓴이의 여정에 따라 내용이 전개되고, 이에 따른 화자와 글쓴이의 깨달음이 드러남.

---

16 정답 ① * 작품 비교하기 ················· [정답률 68%]

(가)~(다)에 대한 설명으로 가장 적절한 것은?

〉왜 정답 ?

① (가)와 (나)는 모두 영탄적 어조를 통해 화자의 정서를 강조하고 있다.
(가): '~하구나', '~ 서러워라', (나): '~ 어렵구나', '~ 죄인가'

> (가) 〈제1수〉 - ❷ 풍상(風霜)을 실컷 겪고 독야청청(獨也靑靑)하구나
> (가) 〈제15수〉 - ❸ 아무리 천리지(千里志)* 있은들 알 이 없어 서러워라
> (나) - ❸행 망극한 임금의 은혜 갚을 길이 어렵구나
> (나) - ⓫행 대궐을 홀로 떠나는 적객은 무슨 죄인가

(가)는 〈제1수〉의 '~하구나'에서 영탄적 어조를 활용하여 소나무에 대한 화자의 예찬을 강조하고 있다. 또한 〈제15수〉의 '서러워라'에서 영탄적 어조를 활용하여 천리마가 뜻을 펼치지 못하는 현실에 대한 화자의 안타까움을 강조하고 있다.

(나)는 '~ 어렵구나'에서 영탄적 어조를 활용하여 벼슬을 내린 임금에 대한 화자의 감사함을 강조하고 있다. 또한 '~ 죄인가'에서 영탄적 어조를 활용하여 서울을 떠나 변방으로 향하는 화자의 한탄을 강조하고 있다.

〉왜 오답 ?

② (가)와 (다)는 모두 시간적 표현을 활용하여 대상에 대한 인식 변화를 제시하고 있다.
(가) ×, (다) ○　　(가) ×, (다) ×

> (다) ② - ❶ 여름 숲도 좋지만 겨울 숲은 또 나름대로 외로워서 좋습니다.

(가)에는 시간적 표현이 드러나 있지 않다.

한편 (다)는 '여름'과 '겨울'이라는 시간적 표현이 드러나 있기는 하지만, 이를 통해 숲에 대한 인식 변화를 제시하고 있지는 않다.

③ (나)와 (다)는 모두 계절적 배경을 제시하여 분위기를 환기하고 있다.
(나) ×, (다) ○　　(나) ×, (다) ○

* **근거: (다) ② - ❶**
(나)는 계절적 배경을 제시하지 않았다.

한편 (다)는 '여름 숲도 좋지만 겨울 숲은 또 나름대로 외로워서 좋습니다.'에서 여름과 겨울의 계절적 배경을 제시하고 여름 숲과 겨울 숲의 특징을 제시하여 분위기를 환기하고 있다.

④ (가)~(다)는 모두 불가능한 상황을 설정하여 주제 의식을 드러내고 있다.
(가) ×, (나) ×, (다) ×

⑤ (가)~(다)는 모두 반어적 표현을 사용하여 대상이 지닌 의미를 부각하고 있다.
(가) ×, (나) ×, (다) ×

---

17 정답 ④ * 화자와 글쓴이의 정서와 태도 파악하기 [정답률 76%]

[A]와 [B]에 대한 설명으로 가장 적절한 것은?

〉왜 정답 ?

④ [A]에는 자연을 보며 떠올린 삶의 고단함이, [B]에는 자연에서 느끼는 만족감이 나타난다.
자신의 처지와 세상살이를 고단하다고 느낌.
숲에서 느끼는 만족감이 나타남.

> (나) ❿~⓭행 회양 옛 사실 소문만 들었더니 / 대궐을 홀로 떠나는 적객은 무슨 죄인가 / 높고 험한 철령을 험하단 말 전혀 마오 / 세상살이에 비하면 평지인가 여기노라 ┐[A]
>
> (다) ② 여름 숲도 좋지만 겨울 숲은 또 나름대로 외로워서 좋습니다. 높아서 좋습니다. 야위어서 좋습니다. 여름 숲의 무성함, 풍성함, 윤택함에 한동안 외로움을 잊고 살았습니다. 외롭지 않을 때는 외롭지 않아서 좋았고 외로울 때는 또 외로워서 좋았습니다. 올해는 유난히 눈이 안 내리는 겨울입니다. 높고 푸른 하늘이 외로운 나무 끝에 펼쳐져 있습니다. ┐[B]

[A]에서 화자는 변방으로 떠나는 자신의 처지를 '적객'으로 인식하고, 세상살이가 철령보다 더 험하다고 표현하고 있다. 따라서 [A]에는 철령의 자연을 보며 떠올린 화자의 삶의 고단함이 나타난다.

[B]에서 글쓴이는 '여름 숲'과 '겨울 숲'이 좋은 점을 제시하면서 자연에서 느끼는 만족감을 드러내고 있다.

〉왜 오답 ?

① [A]와 [B]에는 모두 자연의 섭리에 담긴 가치가 나타난다.
[A] ×, [B] ○

* **근거: (다) ② - ❷~❺**
[A]에는 자연의 섭리와 이에 담긴 가치가 나타나지 않는다.

한편 [B]에는 겨울 숲이 가진 '외로움', '높음', '야윔'과 여름 숲이 가진 '무성함, 풍성함, 윤택함'을 통해 계절의 변화에 따른 자연의 모습을 드러냄으로써 자연의 섭리에 담긴 가치가 나타난다고 볼 수 있다.

② [A]와 [B]에는 모두 변화하는 자연에서 얻는 즐거움이 나타난다.
[A] ×, [B] ○

* **근거: (다) ② - ❷~❺**
[A]에는 자연의 변화하는 모습이 드러나지 않으며, 자연을 보고 떠올린 고단함이 나타날 뿐 자연에서 얻는 즐거움이 나타나지 않는다.

반면 [B]에는 '여름 숲'이 '겨울 숲'으로 변화하는 자연의 모습이 나타나며, 자연의 변화를 통해 얻은 글쓴이의 즐거움과 만족감을 드러내고 있다.

③ [A]에는 이상적 세계를 동경하는 삶이, [B]에는 자연에 동화되는 삶이 나타난다.
나타나지 않음.　　나타나지 않음.

[A]에는 변방으로 부임하여 가며 느낀 화자의 고단함과 비애가 나타나 있으므로 이상적 세계를 동경하는 삶과는 거리가 멀다. [B]에는 자연에 대한 긍정적 인식이 드러나 있을 뿐 자연에 동화되는 삶이 나타나 있지 않다.

⑤ [A]에는 자연물에서 연상된 대상에 대한 경외감이, [B]에는 자연을 거닐며 느끼는 쓸쓸함이 나타난다.
나타나지 않음.　　나타나지 않음.

[A]에는 자연물에서 떠올린 삶의 고단함이 드러나 있을 뿐, 대상에 대한 경외감이 나타나 있지 않다. [B]에는 자연을 거닐며 본 '높고 푸른 하늘'이 제시되어 있으나, 쓸쓸함의 감정이 나타나지는 않는다.

18 정답 ② ＊〈보기〉를 바탕으로 감상하기 ………… [정답률 73%]

〈보기〉를 참고하여 (가)를 감상한 내용으로 적절하지 <u>않은</u> 것은?

> ── 〈 보기 〉 ──
> ❶ 권섭의 〈십육영(十六詠)〉은 열여섯 개의 중심 소재를 통해 현실에
> 대한 인식을 드러낸 작품이다. ❷ (가)의 각 수의 초장과 중장에는 소재로
> 소나무 → 지조, 호랑이 → 위엄 있는 존재, 말 → 자신의 뜻을 펼치지 못하는 존재
> 쓰인 대상의 특성이나 상징적 의미가 강조되어 있고, 종장에는 부조리한
> 〈제1수〉 소나무, 〈제11수〉 호랑이, 〈제15수〉 말
> 현실에 대한 부정적인 시각이 표출되어 있다.
> 인재가 제대로 뜻을 펼치지 못하는 현실

왜 정답 ?

② 〈제1수〉에서 '베지' 않으면 '동량재'가 될 수 있다고 한 것은 인재가
베지 않고 잘 키우면 인재가 될 수 있음.
되기 위해서 <u>시련을 겪어야만</u> 하는 현실에 대한 한탄을 드러낸 것이군.
인재가 성장하기 전에 좌절당하는 현실

> (가) 〈제1수〉 - ❶~❸ 구렁에 서 있는 나무 우뚝하기도 하구나 / 풍상(風霜)을
> 실컷 겪고 독야청청(獨也靑靑)하구나 / 져근덧 베지 말고 두면 동량재(棟梁材)＊
> 되겠구나

(가)의 〈제1수〉에서 풍상과 같은 역경에도 불구하고 홀로 푸른 소나무의 속성을
제시한 후, 이러한 소나무를 베지 않으면 좋은 재목인 동량재가 될 수 있다고 밝히고
있다. 이때 소나무는 인재를 비유한 것이므로 화자가 인재가 성장하기도 전에
좌절당하는 현실에 대한 한탄을 하며 비판적 인식을 드러내고 있다고 할 수 있다.

왜 오답 ?

① 〈제1수〉에서 '풍상'을 이겨낸 소나무를 '독야청청'한 모습으로
고난과 시련을 이겨내고 홀로 푸르른 소나무의 모습
그리며 소나무의 지조 있는 모습을 드러내고 있군.

＊ 근거: (가) ①-❷
(가)의 〈제1수〉에서 소나무는 고난과 역경을 의미하는 '풍상'을 이겨내는데, 이를
통해 지조와 절개를 굳세게 지키는 소나무의 독야청청한 모습을 드러내고 있다.

③ 〈제11수〉에서 호랑이의 기세를 '황홀'하다고 표현하며 호랑이의
위엄 있는 모습을 그리고 있군.
황홀한 기세를 지닌 호랑이의 위엄 있는 모습

> (가) 〈제11수〉 - ❶ 꼬리치고 휘파람 불며 기염(氣焰)도 황홀하구나

(가)의 〈제11수〉에서 '꼬리치고 휘파람' 부는 호랑이의 '기염', 즉 불꽃처럼 대단한
기세가 황홀하다고 표현하고 있다. 이는 힘과 위엄이 있는 호랑이의 모습을 그린
것으로 이해할 수 있다.

④ 〈제11수〉에서 호랑이가 사라지면 '호리종횡'할 것이라고 한 것은
소인배들이 힘을 얻게 될 수도 있는 현실에 대한 우려를 표현한 것이군.
호랑이가 떠나면 여우와 살쾡이, 즉 도량이 좁고 간사한 사람이 날뜀.

> (가) 〈제11수〉 - ❸ 진실로 네 잠깐 떠나면 호리종횡(狐狸縱橫)하겠구나
> 호랑이가 떠나면 여우와 살쾡이가 이리저리 날뜀.

(가)의 〈제11수〉에서 화자는 호랑이가 사라지면 '호리종횡'할 것이라고 하며 여우와
살쾡이들이 날뛸 것을 걱정하고 있다. 여우와 살쾡이는 간신배와 소인배를
의미하므로, 호랑이와 같은 인재가 사라진 현실에서 이러한 소인배들이 득세할 수도
있는 현실에 대해 걱정하고 있다고 해석할 수 있다.

⑤ 〈제15수〉에서 '천리지'를 알아주는 이가 없다고 한 것은 인재가
뜻을 펼칠 수 없는 안타까운 현실을 드러낸 것이군.
말이 천리를 달리고자 하는 뜻 → 인재가 뜻을 펼치고자 하는 뜻

> (가) 〈제15수〉 - ❶~❸ 오리마 적표마들이 관단 노태와 같겠느냐 / 바람에
> 슬피 울며 네 굽을 허위치니 / 아무리 천리지(千里志) 있은들 알 이 없어
> 천리를 달리고자 하는 뜻을 알아주는 이가 없는 현실을 안타까워함.
> 서러워라

(가)의 〈제15수〉에서 '오리마 적표마'는 인재를 상징하고 '천리지'는 인재가 가진
뜻을 상징한다. (가) 〈제15수〉의 종장에서는 인재가 뜻을 펼치고자 하는 마음이
있어도 알아주는 이가 없다고 하고 있으므로, 이는 뜻을 펼치지 못하는 안타까운
현실을 비판적으로 드러낸 것으로 볼 수 있다.

19 정답 ③ ＊〈보기〉를 바탕으로 감상하기　★1등급 대비

[① 9% ② 37% ③ 46% ④ 3% ⑤ 3%]

〈보기〉를 바탕으로 (나), (다)를 이해한 내용으로 적절하지 <u>않은</u> 것은? [3점]

> ── 〈 보기 〉 ──
> ❶ 문학 작품에는 여정 가운데 만나게 되는 상황과 그에 따른 감회, 그
> 여정을 하면서 마주치는 자연 풍경, 인물 등
> 여정이 자신의 삶에 끼친 영향 등이 드러나기도 한다. ❷ (나)에는 화자가
> 여정을 하면서 마주치게 되는 상황에 대한 정서와 깨달음 등이 드러남.
> 부임지인 경성으로 가는 도중에 보게 된 변방의 정치와 회포 등이
> 드러나며, (다)에는 글쓴이가 태안사를 다녀온 경험과 이를 통해 얻은
> 깨달음이 드러난다.

왜 틀렸나 ?

〈보기〉의 내용을 (나)와 (다)에 적용하지 못해서 틀린 학생들이 많았다.

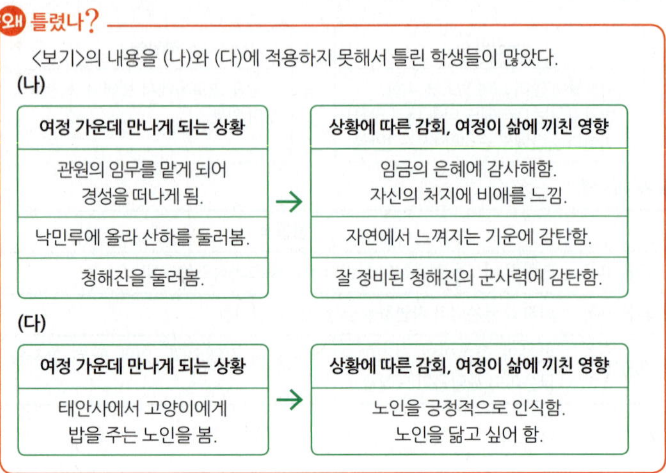

(나)

여정 가운데 만나게 되는 상황	상황에 따른 감회, 여정이 삶에 끼친 영향
관원의 임무를 맡게 되어 경성을 떠나게 됨.	임금의 은혜에 감사해함. 자신의 처지에 비애를 느낌.
낙민루에 올라 산하를 둘러봄.	자연에서 느껴지는 기운에 감탄함.
청해진을 둘러봄.	잘 정비된 청해진의 군사력에 감탄함.

(다)

여정 가운데 만나게 되는 상황	상황에 따른 감회, 여정이 삶에 끼친 영향
태안사에서 고양이에게 밥을 주는 노인을 봄.	노인을 긍정적으로 인식함. 노인을 닮고 싶어 함.

왜 정답 ?

③ (나): 화자는 청해진에서 전쟁이 없어 오랑캐를 방어하는 일을
잊고 있는 병사들의 모습을 <del>비판</del>하고 있군.
활과 쇠뇌로 요충지를 지킴.　청해진을 보고 감탄함.

> (나) - ❷❻~❸❶행 대문령 넘어서 청해진에 들어오니 / 함경도의 요해지요
> 남북의 요충지라 / 충신과 정예 병사 무기를 늘어놓고 / 강한 활과 쇠뇌로
> 청해진을 지키는 충신과 병사의 모습
> 요충지를 지키는 듯 / 태평세월 백 년 동안 전쟁을 잊으니 / 철통같은
> 잘 정비된 청해진을 보고 감탄함.
> 방어를 일러 무엇하리오

(나)의 화자는 청해진에 도착하여 '충신과 정예 병사'가 '무기를 늘어놓고 / 강한 활과
쇠뇌로 요충지를 지키는 듯'한 모습에 대해 '철통같은 방어를 일러 무엇하리오'라고
하면서 긍정적으로 바라보고 있다.

따라서 청해진의 병사는 오랑캐를 방어하는 일을 잊지 않고 요충지를 지키고
있으며, 화자는 이러한 병사들에 대해 비판하고 있지 않다.

왜 오답 ?

① (나): 화자는 경성으로 떠나면서 관원의 임무를 맡게 된 것을
경성을 다스리는 임무를 맡긴 임금의 은혜에 감사함을 느낌.
임금의 은혜로 여기고 있군.

> (나) - ❶~❸행 북방 이십여 주에 경성이 문호인데 / 군사 백성 다스리기를
> 나에게 맡기시니 / 망극한 임금의 은혜 갚을 길이 어렵구나

(나)의 화자는 경성의 군사와 백성을 다스리는 관원의 임무를 맡게 된 것을 임금의
은혜로 여기고 감사해하고 있다.

> ### 매력 오답
> '관원'의 의미를 몰라서 헷갈린 학생들이 많았다. '관원'은 '관청에 나가서
> 나랏일을 맡아보는 사람'이라는 의미이다. 따라서 윗글의 화자가 임금의 명을 받아
> 경성의 군사 백성을 다스리게 된 것을 '관원의 임무를 맡게 된 것'과 연결할 수 있어야
> 한다.

② (나): 화자는 낙민루에 올라 산하를 둘러보며 자연에서 느껴지는 기운에 감탄하고 있군.
함흥 일대에서 느껴지는 상서로운 기운에 감탄함.

> (나) - ⑳~㉒행 만세교 앞에 두고 낙민루에 올라앉아 / 옥저의 산하 하나하나 돌아보니 / 천년의 풍패에 상서로운 기운 어제인 듯하구나
함경도 함흥 일대에 위치했던 고대 국가
조선을 건국한 이성계의 고향인 함흥을 가리킴. 함흥 일대에서 느껴지는 상서로운 기운에 감탄함.

(나)의 화자는 옛 옥저가 있었던 함흥 일대를 바라보며 자연에서 느껴지는 상서로운 기운에 감탄하고 있다.

매력 오답 '천년의 풍패에 상서로운 기운 어제인 듯하구나'에서 상서로운 기운이 어제와 같이 지난 일이 되어버렸다고 해석하여 선택지의 '감탄하고 있군'과 대조된다고 판단해 틀린 학생이 많았다.
그러나 '어제인 듯하구나'는 어제인 것처럼 생생하다는 표현으로, 화자의 감탄을 드러내는 것으로 해석해야 한다.

④ (다): 글쓴이는 태안사에서 고양이에게 먹이를 주는 노인의 모습을 따뜻한 시선으로 바라보고 있군.
함흥 일대에서 느껴지는 상서로운 기운에 감탄함.

> (다) ③ - ❸~❼ 내가 빙긋 웃자 노인의 얼굴이 한순간 붉어졌습니다. ~ 아기의 얼굴이었습니다. 절 사람들이 다 싫어하는 도둑고양이를 아기 얼굴을 가진 태안사 불목하니 그 노인이 혼자 숨어서 돌보고 있었습니다.

(다)의 글쓴이는 고양이에게 먹이를 주는 '노인'이 글쓴이와 눈이 마주친 후 얼굴이 붉어진 모습을 보고 아기의 얼굴처럼 순수하다고 느끼며 긍정적으로 인식하고 있다. 이를 통해 글쓴이가 '노인'을 따뜻한 시선으로 바라보고 있음을 알 수 있다.

⑤ (다): 글쓴이는 태안사에서 만난 노인처럼 자신도 다른 사람들에게 위로가 되는 존재가 되고 싶어 하고 있군.
누군가에게 위로가 되고 부처가 되고 싶어 함.

> (다) ④ - ❹~❽ 그래도 그는 나에게 커다란 위로가 됩니다. 그는 내 속의 부처가 되었습니다. ~ 나는 또한 누군가의 가슴속에 들어가 위로가 되고 부처가 될 수는 없을까요.

(다)의 글쓴이는 태안사에서 만난 '노인'이 자신에게 커다란 위로가 됨을 밝히고, 노인처럼 자신도 다른 사람들에게 위로가 되는 존재가 되고 싶은 마음을 드러내고 있다.

---

20 정답 ⑤ * 시어 및 구절의 의미 파악하기 ············ [정답률 82%]

㉠~㉤에 대한 설명으로 적절하지 <u>않은</u> 것은?

> 왜 정답 ?

⑤ ㉤: 가난과 외로움을 ~~느끼며~~ 살아가야 했던 노인의 삶에 대한
가난과 외로움을 느끼지 않고 살아감.
연민을 드러내고 있다.
노인의 삶을 통해 깨달음을 얻음.

> (다) ④ - ❿,⓫ 하기사 태안사의 그는 가난과 외로움조차도 스스로 느끼지 않는 그저 '그'일 따름이었습니다. ㉤ 가난과 외로움조차도 때로는 거추장스런 장신구일 수도 있겠습니다.

(다)의 '노인'은 '가난과 외로움조차도' 느끼지 않으며 살아간다.
또한 글쓴이는 이러한 '노인'의 삶을 통해 깨달음을 얻고 있다. 노인의 삶에 대한 연민을 드러내고 있지 않다.

〔**연민**: 불쌍하고 가련하게 여김.〕

> 왜 오답 ?

① ㉠: 오리마와 적표마가 뛰어난 능력을 지닌 존재라는 화자의 인식을 드러내고 있다.
걸음이 느린 '관단 노태'와 다르게 뛰어난 능력을 지님.

> (가) <제15수> - ❶ ㉠ 오리마 적표마*들이 관단 노태*와 같겠느냐
관단 노태와 대비하여 오리마 적표마가 뛰어난 능력을 지닌 존재임을 드러냄.
> *오리마 적표마: 오리마는 온몸의 털이 검은 말, 적표마는 붉은색을 가진 명마.
> *관단 노태: 관단과 노태로 모두 걸음이 느린 말을 의미함.

(가)의 <제15수>에서 화자는 '오리마 적표마'가 걸음이 느린 말인 '관단 노태'와 같겠느냐고 설의적으로 표현함으로써 '오리마 적표마'와 '관단 노태'가 다르다는 인식을 드러내고 있다. 즉, 오리마와 적표마가 관단 노태와 달리 뛰어난 능력을 가진 존재라는 인식을 드러내고 있다.

② ㉡: 화자가 자신이 변방의 임무를 맡을 것이라고 예상하지 못했음을 드러내고 있다.
글을 쓰는 서생인 자신이 맡은 변방의 임무가 뜻밖이라고 말함.

> (나) - ❹,❺행 ㉡ 서생의 일은 글쓰기인가 여겼더니 / 늙은이의 변방 부임 진실로 뜻밖이로다

(나)의 화자는 '서생'으로서 자신의 일이 글쓰기와 같이 앉아서 학문을 닦는 일인 줄만 알았으므로 변방의 임무를 맡은 것은 '뜻밖'임을 드러내고 있다. 즉, 변방의 임무를 맡게 될 줄 예상하지 못했음을 드러내고 있다.

③ ㉢: 모래바람으로 인해 부임지로 가는 길이 험난할 것이라는 걱정을 드러내고 있다.
부임지로 가는 길은 멀었는데 모래바람은 자욱한 상황

> (나) - ㉔행 ㉢ 모래바람 자욱한데 갈 길이 멀었구나

(나)의 화자는 부임지로 가는 길이 많이 남았는데 모래바람은 자욱한 상황에 대해 걱정을 드러내고 있다.

④ ㉣: 물길이 끝나더라도 숲길이 시작된다는 것을 긍정적으로 여기고 있음을 드러내고 있다.
물길이 끝나도 숲길이 시작되므로 슬퍼할 필요가 없음.

> (다) 1 - ❹ ㉣ 물길이 끝났다고 슬퍼할 필요는 없습니다. 곧이어 숲이, 숲길이 시작될 테니까요.

(다)에서 글쓴이는 물길이 끝나도 숲길이 시작되므로 슬퍼할 필요가 없다고 말하면서 이에 대한 긍정적 인식을 드러내고 있다.

21~26

(가) 세계의 다양한 존재면을 드러내는 회화 예술

\# 출제 ⊜ 글 전체 핵심어   글 전체 중심 문장

❶ '세계'는 그것을 대면한 각 인식 주체들에 의해 다양하게 드러난다. ❷ 가장 일차적이고 일반적인 세계는 우리가 경험하는 현실 세계이며, [인식 주체]들은 각자가 지닌 조건에 따라 [현실 세계]를 다양하게
❸ 현실 세계를 인식할 때 바탕이 되는 요소 ①
인식한다. 한 예로, 각 인식 주체는 서로 다른 가시 및 가청 범위를 가지며, 이러한 신체적 지각의 차이에 따라 그들이 경험하는 세계에
\# 인식 주체가 보고 들을 수 있는 범위에 따라 세계에 대한 인식이 달라짐.
대한 인식도 각기 달라진다. ❹ 또한 인식 주체는 일상 언어를 바탕으로
현실 세계를 인식할 때 바탕이 되는 요소 ②
❺ 현실 세계를 인식한다. 예를 들어 연속된 시간을 시, 분으로 표현하는 것처럼 일상 언어는 연속된 세계를 분절하여 인식하게 만든다.

〔**가시**: 눈으로 볼 수 있는 것   **가청**: 들을 만함. 또는 들을 수 있음.
연속되다: 끊이지 아니하고 죽 이어지거나 지속되다.
분절하다: 사물을 마디로 나누다.〕

*❶문단 요약: 인식 주체들에 의해 다양하게 드러나는 세계

②그런데 신체적 지각이나 일상 언어는 고정적이지 않다. ②운동선수처럼 반복적 수련을 하거나 안경 등의 도구를 이용하면 인식 주체들이 지닌
신체적 지각을 달라지게 하는 요소
조건은 ⓐ 달라질 수 있으며, 새로 도입된 낯선 언어가 시간이
일상 언어를 달라지게 하는 요소
흐르면서 일상 언어로 자리 잡기도 한다.

*②문단 요약: 신체적 지각이나 일상 언어가 고정적이지 않고 변하는 이유

③인식 주체들에 의해 드러나는 각각의 세계는 세계 전체를 이루는 여러 얼굴이라 할 수 있다. ②인식 주체들의 인식 조건은 다양하므로
인식 주체들에 의해 각각의 세계가 다양하게 드러남.
각각의 인식틀에 따라 저마다의 얼굴, 즉 각각의 존재면이 드러나게 된다. ③그런 의미에서 회화 예술은 세계의 다양한 존재면을 드러내는
세계 전체를 이루는 각각의 세계
작업이다.

*③문단 요약: 세계의 다양한 존재면을 드러내는 작업인 회화 예술

3문단 지문 이해도

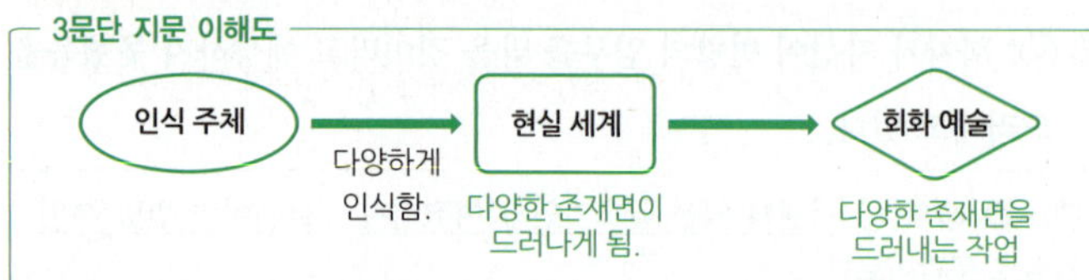

④의식 수준이 성장함에 따라 인간은 점차 현실 세계의 현상 너머에
현실 세계의 외면 너머에 있는 본질, 근본을 탐구하고자 함.
있는 형이상학적인 것을 갈망하게 되었다. ②이런 경향은 현대회화에도 영향을 ⓑ 끼쳤으며, 회화에서 현실 세계를 다루는 양상에도 변화가
현실 세계의 본질, 근본을 다루게 됨.
나타났다. ③현대회화의 존재적 특징은 과학과의 비교를 통해 분명해진다. ④과학은 존재면이 비교적 일의적이며, 한 존재면을 수직으로 파고들어
과학의 특징: 하나의 존재면을 수직적으로 드러냄.
그 면을 심층적으로 드러낸다. ⑤예를 들어 생물학은 종, 개체, 기관, 세포, 유전자 등 무수한 면들을 드러내나, 이 면들은 넓게 보면 같은
과학의 존재적 특징: 일의적인 존재면의 객관적 심층을 드러냄.
면의 객관적 심층이다. ⑥그러나 현대회화는 여러 존재면을 수평적으로 드러낸다. ⑦예를 들어 입체주의나 표현주의 현대회화를 보면, 하나의 그림 위에 일상의 현실 세계와 상상에 의한 가능 세계가 혼재해 있음을 알 수 있다. 현실 세계의 실재를 있는 그대로 재현하고자 했던
현실 세계의 실재를 그대로 재현하고자 한 전통회화
㉠ 전통회화와 달리 ㉡ 현대회화는 변형과 과장을 통해 실재와는 다른 방식으로 세계들을 조합해 나간 것이다. ⑨이러한 현대회화의
변형과 과장을 통해 현실 세계를 실재와는 다르게 표현한 현대회화
추상성은 처음에는 혁신적이었으나 점차 보편적인 것이 되었다.
현대회화의 일반적인 특징이 됨.

*④문단 요약: 현실 세계의 형이상학적인 것을 탐구하면서 추상성을 띠게 된 현대회화

⑤추상의 강도가 더해질수록 현대회화는 실재의 재현에서 더욱 ⓒ 멀어져, 실재가 아닌 화가의 내면을 표현하는 것으로 인식되었다. ②내면은 상상의 영역이기에, 전통회화와 달리 현대회화로는 현실 세계의 존재면을 드러내기 어렵다는 인식도 생겨났다. ③그러나 현대회화의 추상성에 대해 실재는 배제한 채 내면만 표현한 것이라고
현대회화와 전통회화 모두 세계의 존재 중 하나를 드러내는 점에서 공통적임.
이분법적으로 이해하는 것은 적절하지 않다. ④상상의 대부분은 현실의 경험에서 ⓓ 비롯되며, 내면의 추상적 영역 또한 객관적 실재의 외면을 이질적으로 변형시켜 존재를 다양하게 드러내는, 세계의
현대회화의 추상성 역시 세계의 존재면 중 하나를 드러내는 것임.
무수한 존재면 중 하나이기 때문이다. ⑤회화를 통해 접하는 다양한 가능 세계와의 만남은 우리를 현실 세계에 더 가까이 다가가게 해 준다.
회화 예술의 의의

형이상학적: 형이상학(사물의 본질, 존재의 근본 원리를 사유나 직관에 의하여 탐구하는 학문)에 관련되거나 바탕을 둔 것
갈망하다: 간절히 바라다.　　혼재하다: 뒤섞이어 있다.
배제하다: 받아들이지 아니하고 물리쳐 제외하다.

*⑤문단 요약: 실재의 재현과 화가의 내면을 모두 드러내는 현대회화

■ 지문 내용과 구조

①문단	**현실 세계를 인식할 때 바탕이 되는 요소** ① 인식 주체들이 지닌 조건: 신체적 지각의 차이(가시 범위, 가청 범위 등) ② 일상 언어 → 인식 주체들이 각자 다양하게 현실 세계를 인식함.
②문단	**인식 주체들이 지닌 조건과 언어의 변화** ① 인식 주체들이 지닌 조건: 신체적 지각의 차이 → 반복적 수련, 도구의 이용 등으로 달라질 수 있음. ② 일상 언어 → 새로 도입된 낯선 언어가 일상 언어로 자리잡게 됨.
③문단	**존재면의 개념과 회화 예술의 특징** - 존재면: 세계 전체를 이루는 각각의 세계 - 회화 예술의 특징: 세계의 다양한 존재면을 드러내는 작업임.
④문단	**현대회화의 추상성**: 전통회화와는 달리 변형과 과장을 통해 실재와는 다른 방식으로 세계들을 조합해 나감.
⑤문단	**현대회화가 지닌 추상성의 특징** - 실재는 배제한 채 내면만 표현한 것이라고 이해하는 것은 적절하지 않음. - 추상성 또한 객관적 실재의 외면을 이질적으로 변형시켜 존재를 다양하게 드러내는 세계의 무수한 존재 중 하나임.

①문단		②문단		③문단		④문단		⑤문단
인식 주체들에 의해 다양하게 드러나는 세계	→	신체적 지각이나 일상 언어가 고정적이지 않고 변하는 이유	→	세계의 다양한 존재면을 드러내는 작업인 회화 예술	→	현실 세계의 형이상학적인 것을 탐구하면서 추상성을 띠게 된 현대회화	→	실재의 재현과 화가의 내면을 모두 드러내는 현대회화

■ **주제**: 세계의 다양한 존재면을 드러내는 회화 예술과 현대회화의 추상성

(나) 예술과 현실의 관계에 대한 상반된 인식

출제　⊖ 글 전체 핵심어　🟨 글 전체 중심 문장

①회화는 캔버스 위에 물감으로 색과 형태를 드러낸 가시적 존재지만,
회화의 가시적 존재 방식(표현 방법적 측면)
회화의 의미가 창작자의 주관이나 감상자의 주관에 따라 다양하게
회화의 비가시적 존재 방식(의미적 측면)
형성된다는 점에서 비가시적 존재이기도 하다. ②이렇듯 회화는 가시적이면서 동시에 비가시적인 독특한 존재 방식을 갖는다.
회화의 독특한 존재 방식 = 가시적 + 비가시적 존재 방식

*①문단 요약: 가시적이면서 비가시적인 존재 방식을 동시에 갖는 회화

②전통회화는 회화의 가시적 속성을 통해 객관적 세계의 외면을
②전통회화의 특징
사실적으로 재현하는 데 주목했다. 이에 반해 현대회화는 회화의 가시적 속성을 통해 화가의 비가시적 내면을 드러내는 데 치중한다.
현대회화의 특징
③현대회화는 화가들이 자신만의 관념적 세계를 가시화한 결과물로서,
회화의 가시적 속성을 통해 드러내는 화가의 비가시적 내면
회화 속에서 객관적 실재는 주관화된다. ④현대회화의 화가들은 현실에서 목격하는 일상의 모습이 비대칭적이고 혼란스럽더라도 임의로 대칭을 만들거나 현실을 조작하는 등의 방법으로 비현실적 허구를 표현해 내고자 했다. ⑤이렇게 예술을 통해 현실이 추상화되는 과정에서 예술은 객관적 현실로부터 점차 멀어져 가는 경향을 보였다.
예술과 현실을 분리해서 이해하는 관점

치중하다: 어떠한 것에 특히 중점을 두다.
조작하다: 어떤 일을 사실인 듯이 꾸며 만들다.
허구: 사실에 없는 일을 사실처럼 꾸며 만듦.

*②문단 요약: 예술과 현실의 분리 ① 현대회화

2문단 지문 이해도

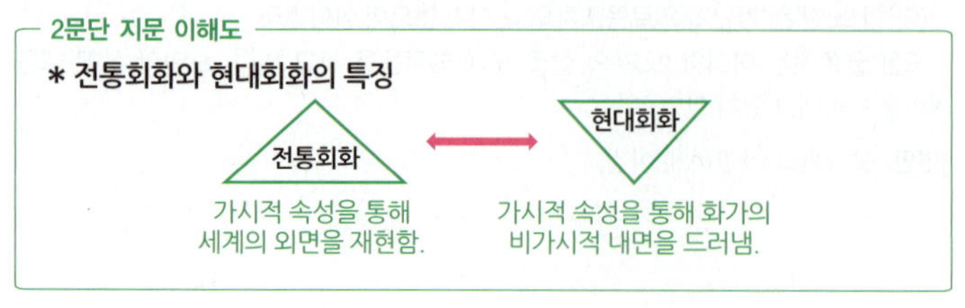

③ 이러한 ㉮ 예술과 현실의 분리는 회화뿐 아니라 음악에서도 나타난다. 음악에 사용되는 음은 현실의 무한한 소리 중 극히 일부이며, 일상에서 들을 수 있는 일반적 소리와 달리 균질적이고 세련되며 인위적인 배열을 ⓒ 따른다. 이렇게 음악도 일상 현실과 거리를 두며 그 정체성을 확보해 왔다.　　*③문단 요약: 예술과 현실의 분리 ② 음악

④ 그런데 이러한 예술의 흐름에 대항하여 새로운 시도를 하는 예술가들도 있었다. 화가이자 음악가였던 루솔로는 일상 현실의 기계 소리를 소음이 아닌 음악적 표현 대상으로 삼아, 소음 기계를 악기로 만들었다. 작곡가 바레즈는 분절된 몇 개의 음만을 표현할 수 있는 일반적 악기와 달리, 사이렌이 음과 음 사이의 분절되지 않은 무한한 음을 낼 수 있는 일상적 사물이라는 점에 주목하여 사이렌으로 음악을 표현했다. 또한 작곡가 셰페르는 사람의 소리, 기계 소리, 자연음 등을 '음향 오브제'로 활용하는 '구체음악'을 창시하기도 하였다.
　　*④문단 요약: 예술과 현실의 분리에 저항한 새로운 예술

⑤ 게르노트 뵈메는 예술의 영역을 일상적 삶으로 확장하려는 이러한 노력을 '확장된 미학'이라 일컬었다. 뵈메는 예술의 미적 경험이 일상적인 맥락에서 분리되어 예술가라는 특별한 존재에 의해 창조되는 특정한 미적 대상에만 국한된다고 보는 기존의 미학을 비판하며, 예술이 창작되고 수용되는 미적 경험이 일상적 현실로까지 확장되어야 한다고 보았다.　　*⑤문단 요약: '확장된 미학'을 주장한 뵈메

■ (나) 전체 지문 이해도

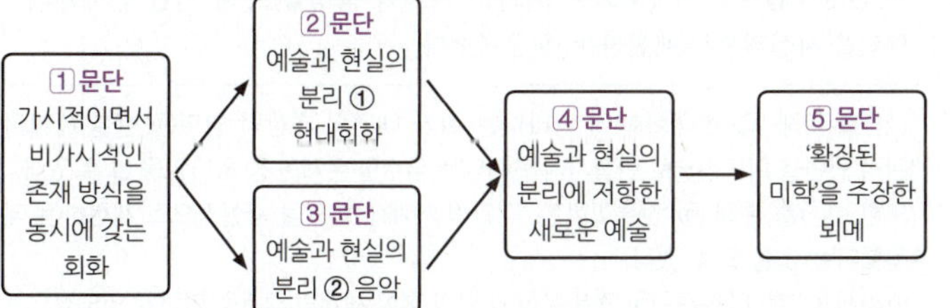

■ 지문 내용과 구조

①문단	**회화의 특징**: 가시적 존재 방식 + 비가시적 존재 방식
②문단	**예술과 현실의 분리 ① 현대회화의 특징** – 가시적 속성을 통해 화가의 관념적 세계를 드러냄. – 객관적 실재가 주관화되어 비현실적 허구로 나타남. → 현실이 예술을 통해 추상화되면서 예술이 객관적 현실로부터 멀어짐.
③문단	**예술과 현실의 분리 ② 음악** – 현실의 소리 중 일부의 음만을 사용함. – 일반적 소리와 달리 인위적인 배열을 따름. → 일상 현실과 거리를 둠.
④문단	**예술과 현실의 분리에 저항한 예술가들** ① 루솔로: 일상 현실의 소음인 기계 소리를 음악적 표현 대상으로 삼음. ② 바레즈: 분절되지 않는 무한한 음을 낼 수 있는 사이렌으로 음악을 표현함. ③ 셰페르: 일상의 소리를 음향 오브제로 활용하는 구체음악을 창시함.
⑤문단	**'확장된 미학'을 주장한 게르노트 뵈메**: 예술이 창작되고 수용되는 미적 경험이 일상적 현실로까지 확장되어야 함.

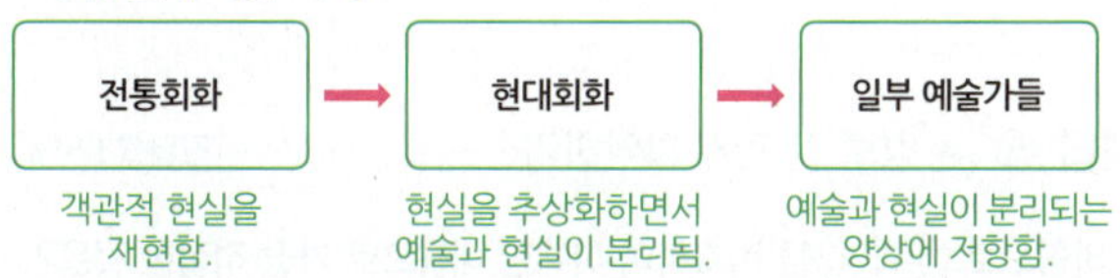

■ 주제: 예술과 현실을 분리해서 나타낸 회화와 음악의 특징과 이에 저항한 새로운 예술

21　정답 ③　＊ 내용 전개 방식 파악하기　　❸ 1등급 대비

[① 4%　② 5%　③ 37%　④ 23%　⑤ 29%]

(가)와 (나)에 대한 설명으로 가장 적절한 것은?

왜 틀렸나?

(가)와 (나)의 구체적인 내용을 묻고 있기 때문에 틀린 학생들이 많았다.
(가)와 (나)의 전체적인 주제와 선택지에서 묻고 있는 내용이 (가)와 (나)의 구체적인 내용과 일치하는지 함께 판단할 수 있어야 선택지의 적절성 여부를 파악할 수 있다.

왜 정답?

③ (가)는 세계에 대한 인식을 바탕으로 회화 예술을 이해하는 관점을,
　 회화 예술 또한 하나의 세계임. → 주체에 따라 다양하게 인식됨.
　 (나)는 예술과 현실의 관계에 대한 상반된 인식을 제시하고 있다.
　 예술과 현실을 분리하여 인식함. ↔ 예술의 영역을 일상적 삶으로 확장하여 인식함.

> (가) ①문단 ❷문장 ~ 인식 주체들은 각자가 지닌 조건에 따라 현실 세계를 다양하게 인식한다.
> (가) ③문단 ❷, ❸문장 인식 주체들의 인식 조건은 다양하므로 각각의 인식틀에 따라 저마다의 얼굴, 즉 각각의 존재면이 드러나게 된다. 그런 의미에서 회화 예술은 세계의 다양한 존재면을 드러내는 작업이다.
> (나) ③문단 ❶문장 이러한 예술과 현실의 분리는 회화뿐 아니라 음악에서도 나타난다.
> (나) ④문단 ❶문장 그런데 이러한 예술의 흐름에 대항하여 새로운 시도를 하는 예술가들도 있었다.

(가)에 따르면 세계는 인식 주체에 따라 다양하게 인식되는 '존재면'으로 구성된다. 그리고 이러한 '존재면'은 회화 예술에 드러난다. 따라서 회화 예술 또한 세계를 이루는 하나의 '존재면'이므로, 세계에 대한 다양한 인식이 곧 회화 예술을 이해하는 관점이 된다.

(나)는 예술과 현실을 분리하여 인식하고 이를 나타낸 회화와 음악을 제시하고, 이와 상반되게 예술의 영역을 일상적 삶으로 확장한 예술가들을 제시하고 있다.

왜 오답?

① (가)는 인식 주체가 인식의 한계를 극복하는 과정을, (나)는 인식의
　 설명하지 않음.
　 한계가 예술 이해에 미친 영향을 설명하고 있다.
　 설명하지 않음.

> (가) ①문단 ❸문장 ~ 신체적 지각의 차이에 따라 그들이 경험하는 세계에
> 인식의 한계가 인식 주체에 따라 다름.
> 대한 인식도 각기 달라진다.

(가)는 인식 주체에 따라 서로 인식할 수 있는 범위가 다르고 이에 따라 그들이 경험하는 세계에 대한 인식도 달라진다고 설명하고 있다. 즉 (가)는 인식 주체가 인식의 한계에 따라 세계에 대한 인식이 달라진다고 설명하고 있다. 인식의 한계를 극복하는 과정을 설명하지는 않았다.

(나)는 인식 주체가 가지는 인식의 한계와 인식의 한계가 예술 이해에 미친 영향에 대해 설명하지 않았다.

② (가)는 현대회화의 추상성을 이분법적으로 이해해야 하는 이유를,
　 이분법적으로 이해하는 것은 적절하지 않음.
　 (나)는 회화가 비가시적 내면을 드러내는 원리를 분석하고 있다.
　 현대회화가 가시적 속성을 통해 비가시적 내면을 드러내는 원리를 설명함.

> (가) ⑤문단 ❸문장 그러나 현대회화의 추상성에 대해 실재는 배제한 채 내면만 표현한 것이라고 이분법적으로 이해하는 것은 적절하지 않다.
> (나) ②문단 ❷~❹문장 ~ 현대회화는 회화의 가시적 속성을 통해 화가의 비가시적 내면을 드러내는 데 치중한다. ~ 임의로 대칭을 만들거나 현실을 조작하는 등의 방법으로 비현실적 허구를 표현해 내고자 했다.

(가)는 현대회화의 추상성을 '이분법적으로 이해하는 것은 적절하지 않다'고 했으므로, 이분법적으로 이해해야 하는 이유를 분석했다는 것은 적절하지 않다.

한편 (나)는 현대회화가 현실에서 목격한 일상의 모습을 '임의로 대칭을 만들거나 현실을 조작하는 등의 방법으로' 화가의 비가시적 내면을 드러냈다고 설명하고 있다. 따라서 (나)는 회화가 비가시적 내면을 드러내는 원리를 분석했다고 볼 수 있다.

④ (가)는 인간의 의식 수준의 성장에 따른 현실 세계의 **변화** 양상을,
형이상학적인 것에 관심을 가지게 됨. 변화하지 않음.
(나)는 일상으로부터 **분리되어** 가는 예술의 흐름을 언급하고 있다.
일상으로부터 분리되어 가는 예술의 흐름에 대항한 예술가들이 등장함.

> (가)①문단❶문장 의식 수준이 성장함에 따라 <u>인간은 점차 현실 세계의 현상</u>
> 너머에 있는 형이상학적인 것을 갈망하게 되었다.
> (나)③문단❶문장 이러한 예술과 현실의 분리는 ~
> (나)④문단❶문장 그런데 이러한 예술의 흐름에 대항하여 새로운 시도를
> 하는 예술가들도 있었다.

(가)는 인간의 의식 수준이 성장에 따라 인간이 형이상학적인 것에 관심을 가지게
되었다고 언급하고 있다. 또한 인식 주체에 따라 세계가 다양하게 인식된다고
설명했을 뿐, 현실 세계 자체가 변화한다고는 설명하지 않았다.

또한 (나)는 일상으로부터 분리된 예술과 이에 대항하여 예술의 영역을 일상적
삶으로 확장하려 한 예술가들을 소개하고 있다. 따라서 일상으로부터 분리되어 가는
예술의 흐름을 언급했다는 것은 적절하지 않다.

⑤ (가)는 **현대회화**가 세계를 추상적으로 드러내는 방식을, (나)는
변형과 과장을 통해 실재와는 다른 방식으로 세계들을 조합함.
현실 세계에 의해 회화와 음악이 **변화**하게 되는 계기를 밝히고 있다.
현실 세계에 의해 회화와 음악이 변화하지 않음.

> (가)④문단❽문장 ~ 현대회화는 변형과 과장을 통해 실재와는 다른
> 방식으로 세계들을 조합해 나간 것이다.

(가)는 현대회화가 '변형과 과장을 통해 실재와는 다른 방식으로 세계들을 조합'하여
세계를 추상적으로 드러낸다고 밝히고 있다.

그러나 (나)는 현실 세계에 의해 회화와 음악이 변화하게 되는 계기를 밝히고 있지 않다.

매력 오답 (가)에 대한 설명이 적절하고, (나)에서 회화와 음악의 변화에 대한 내용이
제시되므로 적절하다고 판단했을 것이다.

그러나 (나)에서 나타나는 회화와 음악의 변화는 현실 세계에 의한 것이 아니라
예술의 영역을 일상적 삶으로 확장하려는 예술가의 노력에 의한 것임을 파악해야 한다.

---

22 정답 ④ ＊ 내용 파악 + 추론하기 ·················· [정답률 75%]

(가)를 바탕으로 존재면과 관련하여 추론한 내용으로 적절하지 <u>않은</u> 것은?
세계를 구성하는 각각의 세계

✓왜 정답?

④ 개개의 과학 학문은 하나의 존재면이 서로 관련이 ~~없는~~ 여러
서로 관련 있는 여러 존재면들로 구성됨.
존재면들로 구성되어 있을 때 그 학문의 심층이 드러나게 되겠구나.

> (가)④문단❺문장 예를 들어 생물학은 종, 개체, 기관, 세포, 유전자 등
> <u>무수한 면들을 드러내나, 이 면들은 넓게 보면 같은 면의 객관적 심층이다.</u>

(가)에 따르면 개개의 과학 학문은 서로 유사하고 관련이 있는 여러 존재면들로
구성되어 있다.

✓왜 오답?

① 하나의 회화 작품을 함께 감상하더라도 각 감상자가 지닌 인식틀에

따라 서로 다른 존재면을 인식하게 될 수 있겠구나.
인식 주체 각자가 지닌 조건에 따라 현실 세계를 다양하게 인식함.

> (가)①문단❷문장 ~ 인식 주체들은 각자가 지닌 조건에 따라 현실 세계를
> 다양하게 인식한다.
> (가)③문단❷, ❸문장 인식 주체들의 인식 조건은 다양하므로 각각의
> 인식틀에 따라 저마다의 얼굴, 즉 각각의 존재면이 드러나게 된다. ~ 회화
> 예술은 세계의 다양한 존재면을 드러내는 작업이다.

(가)에 따르면 인식 주체들이 각각 현실 세계를 다르게 인식하면서 세계를 구성하는
존재면이 드러나는데, 이러한 존재면을 드러내는 것이 회화예술이다. 즉 하나의 회화
작품 또한 다양한 세계를 구성하는 하나의 존재면이므로, 인식 주체에 따라 이에 대한
인식도 다양하게 나타나면서 서로 다른 존재면을 인식하게 될 것이다.

---

② 새로 개발된 기술을 지칭하는 용어가 일상 언어로서의 지위를
갖게 되면 그 언어로 지각되는 존재면도 달라질 수 있겠구나.
인식 주체들은 일상 언어를 바탕으로 세계를 인식함.

> (가)①문단❹문장 또한 인식 주체는 일상 언어를 바탕으로 현실 세계를
> 인식한다.
> (가)②문단❷문장 ~ 새로 도입된 낯선 언어가 시간이 흐르면서 일상 언어로
> 자리 잡기도 한다.

③ 형이상학적인 것에 대한 갈망으로 인해 회화에 나타난 현실 세계의
변형과 과장을 통해 실재와는 다른 방식으로 세계들을 조합해 나가면서 드러나게 됨.
존재면이 추상적 방향으로 변하는 경향을 띠게 되었겠구나.

> (가)④문단❶, ❷문장 의식 수준이 성장함에 따라 인간은 점차 현실 세계의 현상
> 너머에 있는 형이상학적인 것을 갈망하게 되었다. 이런 경향은 현대회화에도
> 영향을 끼쳤으며, 회화에서 현실 세계를 다루는 양상에도 변화가 나타났다.
> (가)④문단❽, ❾문장 ~ 현대회화는 변형과 과장을 통해 실재와는 다른
> 방식으로 세계들을 조합해 나간 것이다. 이러한 현대회화의 추상성은 ~

(가)에 따르면 인간의 의식 수준이 성장하면서 '형이상학적인 것을 갈망하게 되었'고
이에 따라 '실재와는 다른 방식으로 세계들을 조합해' 나가면서 현대회화가 추상성을
띠게 되었다.

⑤ 입체주의 화가의 회화에서는 현실 세계의 존재면과 가능 세계의
현대회화의 양식
존재면이 수평적으로 혼재해 있는 모습을 발견할 수 있겠구나.
현대회화의 특징

> (가)④문단❻, ❼문장 그러나 현대회화는 여러 존재면을 수평적으로
> 드러낸다. 예를 들어 입체주의나 표현주의 현대회화를 보면, 하나의 그림
> 위에 일상의 현실 세계와 상상에 의한 가능 세계가 혼재해 있음을 알 수 있다.

---

23 정답 ⑤ ＊ 정보 간 관계 파악하기 ·················· [정답률 55%]

(가)와 (나)를 바탕으로 ㉠과 ㉡을 비교하여 이해한 내용으로 가장 적절한 것은?
'전통회화' '현대회화'

	㉠ '전통회화'	㉡ '현대회화'
현실 세계의 존재면을 드러냄.	○	○
현실 세계를 사실적으로 재현함.	○	×
다양한 가능 세계를 접할 수 있게 해줌.	○	○
가시적 속성과 비가시적 속성을 동시에 가짐.	○	○
현실 세계를 변형하여 화자의 내면과 현실 세계의 다양한 존재면을 드러냄.	×	○

✓왜 정답?

⑤ ㉡은 ㉠과 달리 현실 세계의 객관적 외면을 의도적으로 변형시킴
'현대회화' 객관적 실재의 외면을 이질적으로 변형시킴.
으로써 현실 세계의 얼굴을 다양하게 드러낸다.
현실 세계의 다양한 존재면을 드러냄.

> (가)⑤문단❹문장 상상의 대부분은 현실의 경험에서 비롯되며, 내면의
> 추상적 영역 또한 객관적 실재의 외면을 이질적으로 변형시켜 존재를
> 다양하게 드러내는, 세계의 무수한 존재면 중 하나이기 때문이다.
> (나)②문단❶문장 전통회화는 회화의 가시적 속성을 통해 객관적 세계의
> 외면을 사실적으로 재현하는 데 주목했다.

(가)를 통해 ㉡ '현대회화'에 나타나는 화가 내면의 추상적 영역은 현실 세계의
객관적 외면을 의도적으로 변형시켜 드러내는 무수한 존재면 중 하나임을 알 수 있다.

또한, (나)를 통해 ㉠ '전통회화'는 '객관적 세계의 외면을 사실적으로 재현하는 데
주목했다'는 것을 알 수 있다.

따라서 ㉡ '현대회화'는 ㉠ '전통회화'와 달리 현실 세계의 객관적 외면을 의도적으로
변형시킴으로써 현실 세계의 얼굴을 다양하게 드러내는 것으로 이해할 수 있다.

① ㉠과 ㉡은 **모두** 현실 세계의 존재면을 드러내기 **어렵다**는 한계를
갖는다.

　ㄱ×, ㄴ×
　㉠과 ㉡ 모두 현실 세계의 존재면을 드러냄.

> (가) ④문단 ❽문장 현실 세계의 실재를 있는 그대로 재현하고자 했던
> 전통회화와 달리 현대회화는 변형과 과장을 통해 실재와는 다른 방식으로
> 세계들을 조합해 나간 것이다.
> (가) ⑤문단 ❹문장 상상의 대부분은 현실의 경험에서 비롯되며, 내면의
> 추상적 영역 또한 객관적 실재의 외면을 이질적으로 변형시켜 존재를
> 다양하게 드러내는, 세계의 무수한 존재면 중 하나이기 때문이다.

(가)를 통해 ㉠ '전통회화'가 '현실 세계의 실재'를 '그대로 재현하고자' 했음을 알 수
있다. 따라서 ㉠ '전통회화'는 현실 세계의 존재면을 드러냈음을 알 수 있다.
　또한 (가)를 통해 ㉡ '현대회화'가 드러내는 '내면의 추상적 영역 또한' '세계의 무수한
존재면 중 하나'임을 알 수 있다. 따라서 ㉡ '현대회화'도 현실 세계의 존재면을
드러냈음을 알 수 있다.

　　　　　　　　　㉡ '전통회화'는 세계를 사실적으로
　　　　　　　　　재현하여 실재를 드러냄.

② ㉠과 ㉡은 **모두** 현실 세계의 사실적 **재현**을 통해 화가의 **내면** 세계를
드러내는 데 치중했다.
　㉡ '현대회화'는 세계를 변형하고 과장하여 화자의 내면을 드러냄.

> (나) ②문단 ❶~❹문장 전통회화는 회화의 가시적 속성을 통해 객관적 세계의
> 외면을 사실적으로 재현하는 데 주목했다. 이에 반해 현대회화는 회화의
> 가시적 속성을 통해 화가의 비가시적 내면을 드러내는 데 치중한다. ~
> 임의로 대칭을 만들거나 현실을 조작하는 등의 방법으로 비현실적 허구를
> 표현해 내고자 했다.

(나)를 통해 ㉠ '전통회화'는 현실 세계의 외면을 사실적으로 재현하는 데 주목했음을
알 수 있다. 화가의 내면 세계를 드러내는 데 치중하지는 않았다.
　또한 (나)를 통해 ㉡ '현대회화'는 현실 세계의 사실적 재현이 아니라 현실 세계를
임의로 변형하거나 조작하여 화자의 내면을 드러내는 데 치중했음을 알 수 있다.

③ ㉠은 ㉡과 **달리** 다양한 가능 세계와의 만남을 통해 현실 세계에 더
가까이 다가가게 해 준다.
　ㄱ○, ㄴ○
　회화 예술의 특징

> (가) ⑤문단 ❺문장 회화를 통해 접하는 다양한 가능 세계와의 만남은 우리를
> 현실 세계에 더 가까이 다가가게 해 준다.

(가)를 통해 우리는 회화를 통해 다양한 가능 세계와 만나고, 이를 통해 현실 세계에
더 가까이 다가갈 수 있다는 것을 알 수 있다.
　따라서 ㉠ '전통회화'와 ㉡ '현대회화' 모두 다양한 가능 세계와의 만남을 통해 현실
세계에 더 가까이 다가가게 해 준다.

④ ㉡은 ㉠과 **달리** 가시적 속성과 비가시적 속성을 동시에 가지는
독특한 존재 방식을 취한다.
　ㄱ○, ㄴ○
　회화 예술의 특징

> (나) ①문단 ❷문장 이렇듯 회화는 가시적이면서 동시에 비가시적인 독특한
> 존재 방식을 갖는다.

(나)를 통해 '회화는 가시적이면서 동시에 비가시적인 독특한 존재 방식을 갖는다'는
것을 알 수 있다.
　따라서 ㉠ '전통회화'와 ㉡ '현대회화' 모두 가시적 속성과 비가시적 속성을 동시에
가지는 독특한 존재 방식을 취한다.

24　정답 ④　＊ 구체적 사례나 상황에 적용하기 ········ [정답률 55%]

(가), (나)와 관련지어 〈보기〉에 대해 보인 반응으로 적절하지 <u>않은</u> 것은? [3점]

> ───────── 〈 보기 〉 ─────────
> ❶ 최근 한 의과 대학에서 구스타프 클림트의 대표적 표현주의 작품인
> 　　　　　　　　　　　　　　　　　　　　　　현대회화 작품
> 《키스》에 대한 연구 결과를 발표했다. ❷ 연구진은 이 회화 속 남녀의
> 의상에 한 사람의 생명체가 완성되기까지의 순차적 세포분열 과정이
> 과장된 크기와 다양한 색으로 변형되어 그려져 있음에 주목했다. ❸ 그리고
> 　현대회화의 추상성을 드러내는 과정
> 이를 통해 클림트가 당시 현미경 기술의 비약적 발전에 따른 생물학적
> 　　　　　　　　　　도구의 사용을 통해 가시 범위가 확장됨
> 탐구에 대한 성과를 토대로 삶과 죽음, 생명에 대한 자신의 깊은 관심을
> 　과학의 영역 → 가시적 속성　　　　현대회화의 특성 → 비가시적 속성
> 드러냈다고 밝혔다.

④ (나): 클림트의 회화는 색과 형태를 가진다는 점에서는 가시적이지만
세포분열 과정이라는 생물학적 탐구를 다루고 있다는 점에서는
<u>비가시적</u> 속성을 가진다고 볼 수 있겠군.
　물리적이고 가시적인 과학의 영역임.

> (나) ①문단 ❶문장 회화는 캔버스 위에 물감으로 색과 형태를 드러낸 가시적
> 존재지만, 회화의 의미가 창작자의 주관이나 감상자의 주관에 따라
> 다양하게 형성된다는 점에서 비가시적 존재이기도 하다.

(나)에 따르면 회화의 가시적 속성은 캠퍼스 위에 물감으로 드러나는 색과 형태를
통해 드러난다. 따라서 클림트의 회화가 가지는 색과 형태는 회화의 가시적 속성을
드러내는 것이다.
　반면 (나)에 따르면 회화의 비가시적 속성은 창작자의 주관이나 감상자의 주관에
따라 다양하게 형성되는 내용이나 의미를 통해 드러난다. 따라서 세포분열
과정이라는 생물학적 탐구는 창작자의 주관이나 감상자의 주관과 관련이 없으므로
회화의 비가시적 속성과 관련이 없다.

① (가): 생명체가 완성되기까지의 세포분열 과정을 밝혀낸 생물학적
지식이 드러내는 현실 세계는 클림트의 회화에 비해 일의적인
　　　　　　　　　　과학　　　　　　　　　현대회화
성격을 갖는다고 볼 수 있겠군.
　과학은 현대회화에 비해 일의적인 존재면을 가짐.

> (가) ④문단 ❹문장 과학은 존재면이 비교적 일의적이며, ~

〈보기〉의 세포분열 과정을 밝혀낸 생물학적 지식이 드러내는 현실 세계는 과학에서
다루는 세계이다.
　(가)에 따르면 과학은 현대회화에 비해 일의적인 존재면을 가지므로 생명체가
완성되기까지의 세포분열 과정을 밝혀낸 생물학적 지식이 드러내는 현실 세계는
클림트의 회화에 비해 일의적인 성격을 갖는다는 반응은 적절하다.

② (가): 현미경 기술의 발전으로 세포분열 과정을 직접 관찰할 수
　　　　　　　　　　　도구의 이용으로 가시 범위가 달라짐.
있게 된 것은 인식 주체가 지닌 조건이 달라져 현실 세계가 새롭게
　　　　　　　　　　　　가시 범위의 확장
지각된 사례에 해당한다고 볼 수 있겠군.

> (가) ①문단 ❸문장 한 예로, 각 인식 주체는 서로 다른 가시 및 가청 범위를
> 가지며, 이러한 신체적 지각의 차이에 따라 그들이 경험하는 세계에 대한
> 인식도 각기 달라진다.
> (가) ②문단 ❷문장 ~ 안경 등의 도구를 이용하면 인식 주체들이 지닌 조건은
> 달라질 수 있으며, ~

(가)에 따르면 인식 주체는 신체적 지각의 차이에 따라 현실 세계를 다르게
인식한다. 이때 신체적 지각은 도구를 이용하면서 달라질 수 있다.
　〈보기〉의 현미경 기술의 발전으로 세포분열 과정을 직접 관찰할 수 있게 된 것은 도구를
이용하면서 인간의 가시 범위가 늘어난 예를 보여 준다. 즉 현미경 기술의 발전으로
신체적 지각이 달라지면서 현실 세계를 새롭게 지각하게 된 사례에 해당한다.

2023. 9
9회

③ (가): 클림트의 회화에서 세포분열 과정이 현실과 다르게 변형되어 그려진 것에서 실재와는 다른 방식으로 세계를 조합하는 현대회화의 추상성이 드러난다고 볼 수 있겠군.

실제보다 과장된 크기와 다양한 색으로 변형되어 그려져 있음.

> (가) ④문단 ❽, ❾문장 ~ 현대회화는 변형과 과장을 통해 실재와는 다른 방식으로 세계들을 조합해 나간 것이다. 이러한 현대회화의 추상성은 처음에는 혁신적이었으나 점차 보편적인 것이 되었다.

(가)에 따르면 현대회화의 추상성은 현대회화가 변형과 과장을 통해 실재와는 다른 방식으로 세계를 조합해 나간 것을 의미한다.

〈보기〉의 클림트의 회화에서 세포 분열 과정을 현실과 다르게 변형하여 그린 것은 세계를 변형하여 나타낸 것으로, 이는 실재와는 다른 방식으로 세계를 조합하는 현대회화의 추상성이 드러난 예이다.

⑤ (나): 클림트의 회화에서 삶과 죽음, 생명에 대한 화가의 관심이 드러난다고 본 연구 결과는 회화가 화가의 관념적 세계를 표현한 결과라는 인식이 반영된 것이라 볼 수 있겠군.

화가의 비가시적 내면을 드러냄. → 화가의 관념적 세계를 가시화한 결과물

> (나) ②문단 ❷, ❸문장 이에 반해 현대회화는 회화의 가시적 속성을 통해 화가의 비가시적 내면을 드러내는 데 치중한다. 현대회화는 화가들이 자신만의 관념적 세계를 가시화한 결과물로서, ~

(나)를 통해 현대회화는 화가의 관념적 세계를 가시화한 결과물임을 알 수 있다. 이때 화가의 관념적 세계는 화가의 비가시적 내면을 의미한다.

따라서 〈보기〉의 클림트의 회화에서 삶과 죽음, 생명에 대한 화가의 관심이 드러난다고 본 연구 결과는 회화가 화가의 관념적 세계를 표현한 결과라는 인식이 반영된 것이라고 볼 수 있다.

---

25 정답 ② * 내용 파악하기 ········· [정답률 57%]

㉮와 관련하여 (나)에 언급된 인물들에 대해 파악한 내용으로 적절하지 <u>않은</u> 것은?

'예술과 현실의 분리'

㉮ '예술과 현실의 분리'에 대항한 예술가들	특징
루솔로	일상 현실의 기계 소리를 음악적 표현 대상으로 삼음.
바레즈	음과 음 사이의 분절되지 않은 무한한 음을 낼 수 있는 사이렌으로 음악을 표현함.
셰페르	사람의 소리, 기계 소리, 자연음 등을 '음향 오브제'로 활용하는 '구체음악'을 창시함.
게르노트 뵈메	예술이 창작되고 수용되는 미적 경험이 일상적 현실로까지 확장되어야 한다고 봄.

> **왜** 정답 ?

② 루솔로는 일상의 기계 소음에서 음악에 사용되는 음의 **인위적인** 배열을 추구함으로써 예술과 현실의 대립을 극복하고자 했다.

일상의 소리는 인위적인 배열과는 반대의 특징을 지님.

> (나) ③문단 ❷문장 음악에 사용되는 음은 ~ 일상에서 들을 수 있는 일반적 소리와 달리 균질적이고 세련되며 인위적인 배열을 따른다.
> (나) ④문단 ❷문장 ~ 루솔로는 일상 현실의 기계 소리를 소음이 아닌 음악적 표현 대상으로 삼아, 소음 기계를 악기로 만들었다.

(나)에 따르면 루솔로는 예술과 현실이 분리되는 흐름에 대항하여 새로운 시도를 한 예술가이다.

기존에 음악에 사용되는 음은 일상의 소리와 달리 인위적인 배열을 따랐는데, 이와 달리 루솔로는 인위적인 배열을 따르지 않는 일상의 소리를 음악적 표현 대상으로 삼았다.

> **왜** 오답 ?

① 현대회화 화가들은 일상의 비대칭성과 혼란스러움을 조작하여 그린 예술 작품을 통해 현실을 비현실적으로 추상화하고자 했다.

비현실적 허구를 표현하여 현실을 추상화함.

> (나) ②문단 ❹, ❺문장 현대회화의 화가들은 현실에서 목격하는 일상의 모습이 비대칭적이고 혼란스럽더라도 임의로 대칭을 만들거나 현실을 조작하는 등의 방법으로 비현실적 허구를 표현해 내고자 했다. 이렇게 예술을 통해 현실이 추상화되는 과정에서 예술은 객관적 현실로부터 점차 멀어져 가는 경향을 보였다.

(나)에 따르면 현대회화 화가들은 비대칭적이고 혼란스러운 일상의 모습을 '임의로 대칭을 만들거나' '조작하여' '비현실적 허구'를 표현함으로써 현실을 추상화했다.

③ 바레즈는 일반 악기와 달리 두 음 사이의 무한한 음을 표현할 수 있는 도구를 이용해 일상 현실을 예술로 표현하고자 했다.

사이렌을 이용해 일상 현실을 예술로 표현함.

> (나) ④문단 ❸문장 작곡가 바레즈는 분절된 몇 개의 음만을 표현할 수 있는 일반적 악기와 달리, 사이렌이 음과 음 사이의 분절되지 않은 무한한 음을 낼 수 있는 일상적 사물이라는 점에 주목하여 사이렌으로 음악을 표현했다.

(나)에 따르면 '바레즈'는 일반 악기와 달리 두 음 사이의 무한한 음을 표현할 수 있는 도구, 즉 사이렌을 이용해 일상 현실을 예술로 표현하고자 했다.

④ 셰페르는 기존 음악의 정체성과는 거리가 먼 일상의 소리를 음향 오브제로 활용하는 새로운 예술 장르를 창시하였다.

사람의 소리, 기계 소리, 자연음 등
구체음악

> (나) ④문단 ❹문장 또한 작곡가 셰페르는 사람의 소리, 기계 소리, 자연음 등을 '음향 오브제'로 활용하는 '구체음악'을 창시하기도 하였다.

(나)에 따르면 셰페르는 기존 음악의 정체성과는 거리가 먼 일상의 소리, 즉 사람의 소리, 기계 소리, 자연음 등을 음향 오브제로 활용하여 새로운 예술 장르인 '구체음악'을 창시했다.

⑤ 게르노트 뵈메는 미적 대상의 창작과 수용에 따르는 미적 경험이 일상 현실로까지 확장되어야 한다고 여겼다.

'예술이 창작되고 수용되는 미적 경험'

> (나) ⑤문단 ❷문장 뵈메는 ~ 예술이 창작되고 수용되는 미적 경험이 일상적 현실로까지 확장되어야 한다고 보았다.

---

26 정답 ④ * 어휘의 의미 파악하기 ········· [정답률 73%]

문맥상 ⓐ~ⓔ와 바꾸어 쓰기에 가장 적절한 것은?

> **왜** 정답 ?

'어떤 일이나 행동이 어떤 사건이나 장소에서 처음으로 발생되다.'의 의미임.

④ ⓓ: 시작(始作)되며
'비롯되며' – '처음으로 시작되다.'의 의미임.

> **왜** 오답 ?

① ⓐ: 치환(置換)될 – '바뀌어 놓이다.'의 의미임.
'달라질' – '변하여 전과는 다르게 되다.'의 의미임.

② ⓑ: 부과(賦課)했으며 – '일정한 책임이나 일을 부담하여 맡게 하다.'의 의미임.
'끼쳤으며' – '영향, 해, 은혜 따위를 당하거나 입게 하다.'의 의미임.

③ ⓒ: 심화(深化)되어 – '정도나 경지가 점점 깊어지다.'의 의미임.
'멀어져' – '거리가 많이 떨어지게 되다.'의 의미임.

⑤ ⓔ: 추종(追從)한다 – '권력이나 권세를 가진 사람이나 학설 따위를 별 판단 없이 믿고 따르다.'의 의미임.
'따른다' – '관례, 유행이나 명령, 의견 따위를 그대로 실행하다.'의 의미임.

(가) 박목월, 〈천수답(天水畓)〉

\# 출제 ❶ 화자, 중심 대상 ❷ 상황, 정서, 태도 ❸ 표현상 특징

\# ■ : ❸ 동일한 시어와 시구를 반복하여 주제 의식을 강조하고 운율을 형성함.
■ : ❸ 설의법을 활용하여 주제 의식을 강조함.

* 설의법: 쉽게 판단할 수 있는 사실을 의문의 형식으로 표현하여 표현에 변화를 주고 화자의 생각을 강조하는 표현법

❶ 2연, 4연의 화자

1 ❶ 어메야, / ❶ 복(福)이 따로 있나.
❸ ❸ 구체적 청자를 설정하여 말을 건네는 방식을 활용함.
뚝심 세고 / ❷ 부지런하면 사는거지,
\# ❷ 태도: 근면과 성실을 중요시하는 태도
하늘이 물을 대는 천수답(天水畓)*
❶ 중심 소재
❶ 그 논의 벼이삭. → 근면과 성실의 결과물
'천수답'도 뚝심을 가지고 부지런하게 일구면 벼이삭을 얻을 수 있음.

❷ 상황: 화자('어메'의 자식)가 자신의 깨달음을 '어메'에게 전함. — 자식의 말

* 1연 요약 : 뚝심과 부지런함이 중요하다는 깨달음(자식의 말)

❶ 1연, 3연의 화자 = '어메'의 자식

2 ❶ 니 말이 정말이네, / ❷ 엄첩구나*
\# ❷ 정서: 자식의 말을 옳다고 여기며 대견해함.
내 새끼야.
❹ ❸ 구체적 청자를 설정하여 말을 건네는 방식을 활용함.
팔자가 따로 있나 [ ] : ❸ 대화체를 활용하여 시상을 전개함.('니'와 '어메'의 대화)
❷ 상황: 화자('어메')가 자식의 말을 듣고 공감함.
본심 가지고
❶
부지런하면 사는거지.
— 어머니의 말

[본심: 본디부터 변함없이 그대로 가지고 있는 마음

* 2연 요약 : 본심과 부지런함이 중요하다는 깨달음('어메'의 말)

3 ❶ 어메야,
❷ 누군 한 평생 / ❸ 만년을 사나.
❹ ❸ 인간은 유한한 삶을 사는 존재라는 인식
허둥거리지 않고 / ❺ 제 길로 가면 그만이지.
\# ❷ 태도: 달관의 자세로 소신 있게 자기 삶을 살아가고자 하는 의지적 태도
— 자식의 말

* 3연 요약 : 소신 있게 삶을 살아가고자 함.(자식의 말)

4 ❶ 오냐, / 내 새끼야.
* 청각적 이미지: 귀로 듣는 듯한 느낌을 주는 이미지
* 시각적 이미지: 눈으로 보는 듯한 느낌을 주는 이미지
* 의인법: 사람이 아닌 것을 사람처럼 표현하는 방법
❸ 니 말이 엄첩구나.
❹ \# ❷ 정서: 자식의 말을 옳다고 여기며 대견해함.
잘 살고 못 살고가 어딨노.
❺ 잘 살고 못 살고를 따지지 말고 자신의 삶을 살아가면 됨.
제 길 가면 그만이지.
❻ \# ❸ 청각적 이미지와 시각적 이미지를 활용하여 시적 분위기를 형성함.
[수런거리는 감잎 사이로
❼ ❸ 의인법을 활용하여 시적 대상을 효과적으로 묘사함.
별떨기 빛나는 밤하늘.]
❽ ❸ 명사로 시상을 종결하여 여운을 남김.
그 하늘의 깊이.
달관적 태도를 통해 도달한 삶의 경지
— 어머니의 말

* 4연 요약 : 잘 살고 못 살고의 기준은 개인마다 다름.(어메의 말)

* 천수답: 빗물에 의하여서만 벼를 심어 재배할 수 있는 논
* 엄첩구나: '대견하구나'의 경상도 방언

★ (가) 독해 공식

❶ 1연, 3연의 화자: '니'('어메'의 자식), 2연, 4연의 화자: '어메', 중심소재: 천수답
❷ 상황: 화자('어메'의 자식)가 자신의 깨달음을 '어메'에게 전함. 화자('어메')가 자식의 말을 듣고 공감함.
정서: 화자('어메')가 자식의 말을 옳다고 여기며 대견해 함.
태도: 근면과 성실을 중요시하는 태도, 달관의 자세로 소신 있게 자기 삶을 살아가고자 하는 의지적 태도
❸ 표현상 특징
· 동일한 시어를 반복하여 주제 의식을 강조하고 운율을 형성함.
· 설의법을 활용하여 주제 의식을 강조함
· 청자를 설정하고 말을 건네는 방식을 사용함.
· 대화체를 활용하여 시상을 전개함.('니'('어메'의 자식)와 '어메'와의 대화)
· 청각적 심상과 시각적 심상을 활용하여 시적 분위기를 형성함.
· 명사형으로 시상을 마무리함으로써 시적 여운을 남김.
· 의인법을 활용하여 시적 대상을 효과적으로 묘사함.

■ 갈래: 현대시
■ 글쓴이: 박목월(1915~1978). 본명은 박영종이며 호는 목월로, 조지훈·박두진과 함께 3인 시집 《청록집》을 발간하면서 청록파 시인으로 불리게 된다. 김소월·김영랑에 이어 향토적 서정성을 심화시키며, 민요조를 개성 있게 재창조한 시인으로 평가된다.
■ 제목의 의미: '천수답'은 '빗물에 의하여서만 벼를 심어 재배할 수 있는 논'을 의미한다. 윗글의 화자는 뚝심을 가지고 부지런하게 일구면 '천수답'에서도 벼 이삭을 얻을 수 있다면서 화자가 중요하게 생각하는 삶의 태도를 드러낸다.
■ 주제: 긍정적이고 근면하게 사는 삶의 태도
■ 이것이 핵심! : 자식('니')과 '어메'의 대화 구성

1연(자식)	복이 따로 있어서 잘 사는 것이 아니라 굳세고 부지런하면 잘 살 수 있다고 함.
↓	
2연(어메)	자식을 대견해하며 본심과 부지런함으로 살아가는 것의 중요성을 얘기함.
↓	
3연(자식)	인생이 유한하니 허둥거리지 않고 소신 있게 살아가면 된다고 함.
↓	
4연(어메)	자식을 대견해하며 잘 살고 못 살고의 기준은 개인마다 다르다고 함.

→ 자식과 어머니의 대화를 통해 긍정적이고 근면하게 사는 삶의 태도가 중요하다는 주제 의식을 구현함.

(나) 이형기, 〈민들레꽃〉

\# 출제 ❶ 화자, 중심 대상 ❷ 상황, 정서, 태도 ❸ 표현상 특징

1 ❶ 쬐그만 것이
❷ ❶ 중심 대상 = 민들레꽃
노랗게 노랗게
❸ ❸ 색채 이미지를 활용하여 중심 대상의 모습을 시각적으로 표현함.
전력을 다해 샛노랗게 피어 있다

* 색채 이미지: 색채를 연상시키는 이미지
\# [A]: 작지만 온 힘을 다해 피어 있는 민들레의 모습 [A]

* 1연 요약 : 노랗게 피어 있는 민들레꽃

2 ❶ 아무 곳도 넘보지 않는다
❷ 다른 것은 넘보지 않는 민들레꽃
다만 혼자
주어진 한계 그 안에서 아슬아슬
❹ ❸ 음성 상징어를 활용하여 중심 대상의 상황을 나타냄.
한치의 틈도 없이 끝까지
부정적 상황에서도 뿌리를 내리려고 하는 민들레꽃의 모습

\# [B]: 주어진 한계 안에서 홀로 애쓰는 민들레의 모습 [B]

* 2연 요약 : 뿌리를 내리려는 민들레꽃

3 ❶ 바위 새를 비집거나 잡초 속이거나
씨 뿌려진 그 자리가 바로 내 자리
민들레꽃의 강인한 생명력
❸ 터를 잡고

\# [C]: 씨가 뿌려진 곳을 자신의 자리로 받아들이고 터를 잡는 민들레의 모습 [C]

* 3연 요약 : 씨 뿌려진 자리에 터를 잡는 강인한 민들레꽃의 생명력

4 ❶ 물을 길어 올리는 실뿌리
어둠을 힘껏 밀어내는 떡잎
❸ 시련, 고난
그리고 그것들이 한데 어울려
❹ 열심히 열심히 한 댓새

□ : 시련과 역경을 이겨내는 민들레꽃의 생명력
\# [D]: 강한 의지와 생명력으로 꽃을 피우기 위해 노력하는 민들레의 모습 [D]

[댓새: 닷새가량

* 4연 요약 : 꽃을 피우기 위해 노력하는 민들레꽃

5 ❶ 세상에 그밖에는 할 일이 없어서
❷ 아수 노랗게 노랗게만 피는 꽃
❸ 색채 이미지를 활용하여 중심 대상의 모습을 시각적으로 표현함.
피어선 질 수밖에 없는 꽃
꽃을 피웠지만 소멸의 운명을 마주할 수밖에 없는 민들레꽃

\# [E]: 운명에 좌절하지 않고 피어나는 민들레꽃의 모습 [E]

* 5연 요약 : 소멸될 수밖에 없는 운명에 좌절하지 않고 민들레꽃이 피어남.

❻ [쬐그만 것이지만 그 크기는
❷ # [ ]: **❷** 태도 – 민들레꽃의 내적 가치에 대한 예찬적 태도

어떤 자로서도 잴 수 없다]

❸ 아 민들레!
❹ **❸** 영탄법을 활용하여 시적 대상에 대한 화자의 예찬적 태도를 드러냄.

그래봤자
❺ # 피어나도 질 수밖에 없는 민들레의 운명

혼자 가는 자의 헛된 꿈
❻ [ ]: 피어서 질 수밖에 없지만 가치가 있음.

하지만 헛되어도 좋은 꿈 아니냐]
❼ **❸** 역설법을 활용하여 화자의 깨달음을 드러냄.

[한 댓새를 짐짓 영원인 양하고
운명을 수용하는 민들레꽃

보라 저기 민들레는 피어 있다] # [ ]: **❷** 상황 – 노랗게 핀 민들레꽃을 보며
❽ 민들레꽃의 내적 가치를 깨달음.

❸ 명령형 어미를 활용하여 시적 대상에 대한 화자의 긍정적 정서를 강조함.

* ❻연 요약 : 소멸될 운명을 긍정적으로 수용하는 민들레꽃의 내적 가치

*영탄법: 감탄사나 감탄형 어미를 활용하여 슬픔, 기쁨 등의 감정을 강조하여 표현하는 방법

*역설법: 겉으로는 모순되는 표현 속에 중요한 진실을 담는 방법

⭐ (나) 독해 공식

❶ 화자: 드러나 있지 않음, **중심 대상**: 민들레꽃
❷ 상황: 노랗게 핀 민들레꽃을 보며 민들레꽃의 내적 가치를 깨달음.
　정서, 태도: 민들레꽃의 내적 가치에 대한 예찬적 태도
❸ 표현상 특징
• 색채 이미지를 활용하여 중심 대상의 모습을 시각적으로 표현함.
• 음성 상징어를 활용하여 중심 대상의 상황을 나타냄.
• 영탄법을 활용하여 시적 대상에 대한 화자의 예찬적 태도를 드러냄.
• 역설법을 활용하여 화자의 깨달음을 드러냄.
• 명령형 어미를 사용하여 시적 대상에 대한 화자의 긍정적 정서를 강조함.

■ **갈래**: 현대시
■ **글쓴이**: 이형기(1933~2005). 초기에는 주로 존재의 허무를 내면화시키는 작품을 남겼고, 중기에는 유한한 존재의 허무함을 표면화하여 이에 대한 반응을 표출하는 작품을 썼다. 후기에는 세계의 허망함을 관조적 자세로 성찰하는 작품을 썼다. 대표작으로는 〈낙화〉, 〈죽지 않는 도시〉 등이 있다.
■ **주제**: 민들레꽃의 강인한 생명력

■ **이것이 핵심!**: 민들레꽃의 모습과 민들레꽃이 지닌 내적 가치

	민들레꽃의 모습
1연	쬐그만하지만 전력을 다해 핌.
2연	무욕을 실천하며 주어진 한계 속에서 최선을 다해 핌.
3연	비좁은 곳이라도 생명력을 발휘하여 핌.
4연	강인한 의지와 생명력으로 꽃을 피우려 노력함.
5연	소멸의 운명을 알고 있지만 그래도 꽃을 피워냄.
6연	소멸의 운명을 긍정적으로 인식하며 꿈을 꿈.

→

내적 가치
시련과 고난을 이겨내는 생명력과 운명을 수용하는 자세

■ **왜 두 작품?**
• **공통점**: (가)와 (나)는 모두 동일한 시어를 반복하여 주제 의식을 드러낸다.
• **차이점**
　– (가)는 대화체를 활용하여 자식과 어메를 화자와 청자로 설정하여 삶에 대한 태도를 드러내고 있다.
　– (나)는 화자가 강인한 생명력을 지닌 민들레꽃을 관찰하여 주제 의식을 도출하고 있다.

---

27 정답 ① ＊작품 비교하기 　　★1등급 대비

[① 57% ② 18% ③ 4% ④ 8% ⑤ 11%]

(가)와 (나)의 공통점으로 가장 적절한 것은?

왜 틀렸나?
　(가)와 (나)에서 반복되는 '시어'를 찾지 못해 틀린 학생들이 많았다. '시어'는 '시에 쓰인 단어'를 의미하므로, (가)와 (나)에서 특정한 단어가 반복되고 있는지 파악하면 쉽게 풀 수 있다.

＞왜 정답?

① **동일한 시어를 반복하여 시적 의미를 강조하고 있다.**
(가): ○, (나): ○

(가) 1연 1행	어메야,
(가) 3연 1행	어메야,
(가) 2연 2, 3행	엄첩구나 / 내 새끼야,
(가) 4연 2, 3행	내 새끼야, / 니 말이 엄첩구나.
(나) 1연 2행	노랗게 노랗게
(나) 4연 4행	열심히 열심히 한 댓새
(나) 5연 2, 3행	아주 노랗게 노랗게만 피는 꽃 / 피어선 질 수밖에 없는 꽃

　(가)에서는 '어메야', '엄첩구나', '내 새끼야' 등의 시어를 반복하여 시적 상황을 드러내고 화자의 깨달음과 이에 대한 공감을 강조하고 있다.
　(나)에서는 '노랗게', '열심히', '꽃', '민들레' 등의 시어를 반복하여 '민들레꽃'이 가진 생명력을 강조하고 있다.

＞왜 오답?

하나의 이미지가 다른 이미지로 전이되어 표현된 이미지
② **공감각적 이미지를 통해 대상의 속성을 나타내고 있다.**
(가): ✕, (나): ✕

　(가)에는 '수런거리는 감잎', '별떨기 빛나는 밤하늘'과 같이 청각적 심상, 시각적 이미지가 제시되고 있고, (나)에는 '노랗게 노랗게'와 같이 시각적 이미지가 제시되어 있다. 그러나 이는 공감각적 이미지가 아니다.

매력 오답
공감각적 이미지의 개념을 정확히 알지 못해 헷갈린 학생들이 많았다. 선택지에 제시되는 개념은 정확히 알아두는 것이 중요하다.
공감각적 이미지: 하나의 이미지가 다른 이미지로 전이되어 표현된 이미지
예 푸른 종소리
청각적 이미지인 '종소리'를 '푸른'이라는 시각적 이미지로 나타냄.

③ **명령형 어조를 활용하여 화자의 정서를 부각하고 있다.**
(가): ✕, (나): ○

(나) 6연 8행	보라 저기 민들레는 피어 있다
	명령형 어조를 활용하여 민들레에 대한 화자의 긍정적 정서를 부각함.

④ **음성 상징어를 활용하여 대상의 상황을 드러내고 있다.**
(가): ✕, (나): ○

(나) 2연 3행	주어진 한계 그 안에서 아슬아슬
	음성 상징어를 활용하여 민들레가 처한 상황을 드러냄.

시의 처음과 끝에 같은 구절을 반복하여 배치하는 기법
⑤ **수미상관의 방식을 통해 구조적 안정감을 부여하고 있다.**
(가): ✕, (나): ✕

(나) 6연 8행	보라 저기 민들레는 피어 있다
	명령형 어조를 활용하여 민들레에 대한 화자의 긍정적 정서를 부각함.

27번 관련 어휘
강조하다: 어떤 부분을 특별히 강하게 주장하거나 두드러지게 하다.
부각하다: 어떤 사물을 특징지어 두드러지게 하다.
부여하다: 사람에게 권리·명예·임무 따위를 지니도록 해 주거나, 사물이나 일에 가치·의의 따위를 붙여 주다.

28 정답 ⑤ ✱ 시어 및 구절의 의미 파악하기 ············ [정답률 87%]

[A]~[E]에 대한 이해로 적절하지 않은 것은?

﹥왜 정답 ?

⑤ [E]에는 꽃을 피웠지만 세상에서 자신이 할 일을 찾기 위해 결국
　　　　　　　　　　　　　　　　　운명에 좌절하지 않고 꽃을 피워냄.
질 수밖에 없는 민들레의 모습이 나타나 있다.

> (나) ⑤연 ❶~❸행 세상에 그밖에는 할 일이 없어서 / 아주 노랗게
> 노랗게만 피는 꽃 / 피어선 질 수밖에 없는 꽃　　　　　　　[E]
> 운명에 좌절하지 않고 꽃을 피워냄.　　민들레꽃의 운명

﹥왜 오답 ?

① [A]에는 작지만 온 힘을 다해 선명한 빛깔로 피어 있는 민들레의
모습이 나타나 있다.
　　노랗게 피어 있는 민들레의 모습

> (나) ①연 ❶~❸행 쬐그만 것이 / 노랗게 노랗게 / 전력을 다해 샛노랗게
> 피어 있다　　　　　　　　　　　　　　　　　　　　　　　[A]

② [B]에는 다른 공간은 욕심내지 않고 주어진 한계 안에서 홀로
　　　　　　자신의 공간 외에는 아무도 넘보지 않고 꽃을 피우기 위해 애씀.
애쓰는 민들레의 모습이 나타나 있다.

> (나) ②연 ❶~❹행 아무 곳도 넘보지 않는다 / 다만 혼자 /
> 주어진 한계 그　　　　　　　　　　　　　　　　　　　　[B]
> 다른 공간은 욕심내지 않음.
> 안에서 아슬아슬 / 한치의 틈도 없이 끝까지
> 주어진 한계 안에서 꽃을 피우기 위해 혼자 애씀.

③ [C]에는 씨가 뿌려진 비좁은 곳을 자신의 자리로 받아들이고 터를
잡는 민들레의 모습이 나타나 있다.
　　씨 뿌려진 자리를 자신의 자리로 받아들이고 터를 잡음.

> (나) ③연 ❶~❸행 바위 새를 비집거나 잡초 속이거나 / 씨 뿌려진 그
> 자리가 바로 내 자리 / 터를 잡고　　　　　　　　　　　　[C]

④ [D]에는 강한 의지와 생명력으로 꽃을 피우기 위해 노력하는 민들레의
　　　　　　　　　　　　　　어둠을 밀어내고 꽃을 피우고자 노력함.
모습이 나타나 있다.

> (나) ④연 ❶~❹행 물을 길어 올리는 실뿌리 / 어둠을 힘껏 밀어내는 떡잎
> / 그리고 그것들이 한데 어울려 / 열심히 열심히 한 댓새　　[D]

29 정답 ⑤ ✱ <보기>를 바탕으로 감상하기 ★1등급 대비

[① 14% ② 19% ③ 6% ④ 5% ⑤ 53%]

<보기>를 바탕으로 (가), (나)를 감상한 내용으로 적절하지 않은 것은? [3점]

> ─── 〈 보 기 〉 ───
> ❶ 시에는 삶을 대하는 가치 있는 태도가 담겨 있다. (가)에는 인간의
> 유한성에 대한 인식을 바탕으로, 열악한 농토를 하늘이 내린 축복의
> '누군 한 평생/만년을 사나.'　　　　　　　　　　　　'천수답'
> 땅이라 여기며 달관의 자세로 살아가려는 소신과 그에 대한 지지가
> 뚝심, 본심, 부지런함의 자세로 살아가고자 함. ❷
> 드러나 있다. ❸(나)에는 민들레를 소멸될 수밖에 없는 운명에 좌절하지
> 　　　　　　피어선 질 수밖에 없는 꽃
> 않고 허무에 맞서는 존재로 바라보는 시선과 민들레의 내적 가치에 대한
> 　　좌절하지 않고 꽃을 피워냄.
> 긍정적 인식이 드러나 있다.

💡 단서＋해결

단서 <보기>를 바탕으로 (가), (나)를 감상한 내용을 묻고 있으므로 <보기>의 내용을
먼저 파악해야 한다.

발상 (가) – 인간의 유한성에 대한 인식이 드러남.
　　　　　– 열악한 농토를 축복의 땅이라 여김.
　　　　　– 달관의 자세로 살아가려는 소신과 지지가 드러남.
　　　　(나) – 민들레는 소멸될 수밖에 없는 운명을 타고남.
　　　　　– 운명에 좌절하지 않고 맞서는 민들레의 내적 가치를 긍정함.

해결 (나): 민들레를 소멸될 수밖에 없는 운명에 맞서는 존재로 바라보는 시선
　　➜ '세상에 그밖에는 할 일이 없어서 / 아주 노랗게 노랗게만 피는 꽃'

﹥왜 정답 ?

⑤ (나)에서 '댓새를 짐짓 영원인 양하'는 모습을 '헛된 꿈'이라고 하는
것은 민들레를 소멸될 수밖에 없는 운명에 **맞서는** 존재로
　　　　　　　　　　　　운명에 순응하지만 좌절하지 않고 허무에 맞서는 존재
바라보는 시선을 드러낸 것이겠군.

> (나) ⑥연 ❺~❽행 혼자 가는 자의 헛된 꿈 / 하지만 헛되어도 좋은 꿈
> 　　　　　　소멸할 수밖에 없는 운명
> 아니냐 / 한 댓새를 짐짓 영원인 양하고 / 보라 저기 민들레는 피어 있다
> 　　　　　　운명을 수용하고 꽃을 피워내는 민들레꽃
> <보기> ❸문장 (나)에는 민들레를 소멸될 수밖에 없는 운명에 좌절하지 않고
> 허무에 맞서는 존재로 바라보는 시선과 ~

　<보기>에 따르면 (나)의 '헛된 꿈'은 피어나도 소멸할 수밖에 없는 민들레의 운명을
나타낸 것이다. 또한 민들레가 '헛된 꿈'일지라도 '댓새를 짐짓 영원인 양하'는 모습은
닷새밖에 안 되는 시간일지라도 소멸될 수밖에 없는 허무에 맞서 끝까지 생명력을
발휘하는 모습이다.

　따라서 '댓새를 짐짓 영원인 양하'는 모습을 '헛된 꿈'이라고 하는 것은 피어나도 질
수밖에 없는 민들레의 운명에 대한 인식이 드러나는 부분으로, 민들레를 소멸될
수밖에 없는 운명에 맞서는 존재로 바라보는 시선이 드러나는 부분은 아니다.

﹥왜 오답 ?

① (가)에서 '천수답'을 일구는 삶을 '제 길'이라고 여기는 것은 달관의
자세로 살아가려는 소신을 드러낸 것이겠군.
　　뚝심 있고 부지런하게 천수답을 일구며 살아가고자 함.

✱ 근거: (가) ①연 ❸~❻행, (가) ③연 ❹, ❺행, <보기> ❷문장

　(가)에서 농사를 짓기 열악한 땅인 '천수답'을 '하늘이 물을 대는' 땅이라고 하며 '뚝심
세고 / 부지런하면' '그 논의 벼이삭'으로 살 수 있다는 태도를 보이며 '천수답'을 일구는
삶을 '제 길'이라고 여기고 있다. <보기>에 따르면 이는 달관의 자세로 살아가려는
소신이 드러나는 부분이다.

② (가)에서 '니 말이 정말이데', '니 말이 엄첩구나'라고 하는 것은
'어메'가 '내 새끼'에게 보내는 지지를 드러낸 것이겠군.
　　　　　　　　　　'내 새끼'를 대견스럽게 여김.

✱ 근거: (가) ②연 ❶행, (가) ④연 ❸행, <보기> ❷문장

　(가)에서 '어메'는 '내 새끼'의 말에 대해 '니 말이 정말이데', '니 말이 엄첩구나'라고
대답하며 '내 새끼'의 말에 대한 공감을 드러내고 있다. <보기>에 따르면 이는 '어메'가
'내 새끼'에게 보내는 지지가 드러나는 부분이다.

> **매력오답** (가)의 각 연의 화자를 파악하지 못해 헷갈린 학생들이 많았다. (가)는 2명의
> 화자를 설정하여 대화의 형식으로 시상을 전개하고 있다. 이때 1연, 3연의 화자는
> '내 새끼'로 '어메'에게 자신의 깨달음을 말하고 있으며 2연, 4연의 화자는 '어메'로 '내
> 새끼'의 말에 대한 공감과 지지를 전달하고 있다.

③ (가)에서 '누군 한 평생 / 만년을 사'냐고 말하는 것은 인간이 유한한
　　　　　　만년을 살지 못한다는 인식을 설의법을 통해 드러냄.
존재라는 인식을 드러낸 것이겠군.

✱ 근거: (가) ③연 ❷, ❸행, <보기> ❷문장

　(가)의 '누군 한 평생 / 만년을 사나'에서 설의적 표현을 통해 아무도 만년을 살지
못한다는 것을 말하고 있다. <보기>에 따르면 이는 인간이라면 유한한 시간을 살
수밖에 없는 존재라는 인식이 드러난 부분이다.

④ (나)에서 '그 크기는 / 어떤 자로서도 잴 수 없다'고 하는 것은 민들레의
　　　　　　　　　　　　　　　　내적 가치를 가늠할 수 없음.
내적 가치에 대한 긍정적 인식을 드러낸 것이겠군.

✱ 근거: (나) ⑥연 ❶, ❷행, <보기> ❸문장

　(나)에서 민들레를 '쬐그만 것'으로 크기는 작지만 '어떤 자로서도 잴 수 없다'고
하면서 민들레가 작은 외양과는 달리 내적 가치는 가늠할 수 없을 정도로 크다는
화자의 인식을 드러내고 있다. <보기>에 따르면 이는 민들레의 내적 가치에 대해
긍정적인 화자의 인식이 드러난 부분이다.

> **29번 관련 어휘**
> **열악하다:** 품질이나 능력, 시설 따위가 매우 떨어지고 나쁘다.
> **달관:** 사소한 사물이나 일에 얽매이지 않고 세속을 벗어난 활달한 식견이나
> 인생관에 이름. 또는 그 식견이나 인생관
> **소신:** 굳게 믿고 있는 바. 또는 생각하는 바
> **소멸되다:** 사라져 없어지게 되다.　　**좌절하다:** 마음이나 기운이 꺾이다.

30~33 ＊법률행위의 법률효과가 효력을 잃게 되는 경우

＃출제 ⬤글 전체 핵심어 ▭글 전체 중심 문장

① 매매 계약, 유언 등과 같은 <u>법률행위가 법률효과를 발생시키려면 성립요건과 효력요건을 갖추어야 한다.</u> 성립요건은 법률행위가
＃ 법률효과를 발생시키기 위한 조건: 성립요건 + 효력요건
성립되기 위한 요건으로, 성립요건을 갖추지 못한 경우 법률행위가
성립요건의 개념
불성립했다고 한다. 효력요건은 이미 성립한 법률행위가 효력을
발생하는 데 필요한 요건으로, 이를 갖추어 효력을 발생시켰을 때
효력요건의 개념
법률행위가 유효하다고 한다.
법률행위의 유효

＊①문단 요약: 법률효과를 발생시키기 위해 갖추어야 하는 성립요건과 효력요건

② 그런데 법률행위는 성립하였지만, 효력요건이 불충분하여 그 법률행위가 성립한 당시부터 법률상 당연히 그 효력이 발생하지 않는
＃ 성립요건 ○, 효력요건× → 법률행위의 효력이 발생하지 않음. → 무효
경우 그 법률행위는 무효가 된다. ㉠ 법률행위의 무효는 무효 사유가
존재한다면 특정인의 무효 주장이 없이도 그 법률행위가 처음부터 효력이
＃ '법률행위의 무효'의 특징 ① 특정인의 무효 주장이 필요하지 않음.
없는 것이 되며, 기간이 경과해도 무효라는 사실은 변하지 않는다.
'법률행위의 무효'의 특징 ② 기간에 영향을 받지 않음.

＊②문단 요약: 법률행위가 무효가 되는 원인과 '법률행위의 무효'의 특징

③ 한편 ㉡ 법률행위의 취소는 [법률행위로서 일단 효력이
＃ [ ]: '법률행위의 취소'의 개념
발생하였다가 어떤 사유가 있어 그 법률행위가 성립한 당시로 소급하여
효력을 잃게 되는 경우를 말한다.] 법률행위의 취소가 확정되면
법률행위가 취소되면 법률행위가 성립한 당시부터 효력이 없었던 것으로 됨.
법률상의 효력이 무효와 같아지지만, 취소 사유가 존재하더라도
'법률행위의 취소'와 '법률행위의 무효'의 공통점
취소권을 가진 특정인이 취소를 주장할 때만 그 법률행위의 효력이
＃ 취소권의 특징 ① 취소권을 가진 특정인의 취소 주장이 필요함.
없어질 수 있다는 점에서 무효와 차이가 있다. 또한 취소권은 일정한
＃ 취소권의 특징 ② 일정한 기간 내에만 취소될 수 있음.
기간이 경과하면 소멸되고, 취소권이 소멸된 법률행위는 결국 유효한
취소권이 유효한 기간이 지남. → 취소권 소멸 → 법률행위가 유효한 것으로 확정됨.
것으로 확정된다.

[소급하다: 과거에까지 거슬러 올라가서 미치게 하다.

＊③문단 요약: 법률행위 취소의 개념과 '법률행위 취소'의 특징

④ [무효인 법률행위에서는 아무런 효력도 생기지 않으며,
[ ]: 무효행위를 다른 법률행위로 전환하거나 추인하는 이유
법적으로는 아무것도 없는 것이라 보기 때문에 소급하여 유효로 할 수
법적으로 아무것도 없음. → 소급하여 유효로 할 수 있는 대상이 없음.
있는 대상이 없는 상태]라 할 수 있다. 그래서 무효인 법률행위, 즉
무효행위는 다른 법률행위로 전환을 하기도 하고, 추인함으로써
지나간 사실을 소급하여 추후에 인정함.
그때부터 새로운 법률행위가 되게 만들기도 한다. 무효는 이미 성립된
＃무효행위의 전환 혹은 추인이 가능한 이유
법률행위를 전제로 하기 때문에 이러한 전환이나 추인이 가능한
것이며, 만약 법률행위가 불성립했다면 전환이나 추인은 할 수 없다.
무효행위를 전환한다는 것은 [무효인 법률행위가 다른 법률행위로서의
[ ]: 효력요건을 갖춘 다른 법률행위로 전환하여 그 법률행위로서의 효력을 인정함.
효력요건은 갖추고 있을 때, 그 법률행위로서의 효력을 인정하는
것]을 말한다. 이때 전환을 위해서는 [당사자가 무효임을 알았더라면,
[ ]: 무효행위 전환의 전제 조건
그 법률행위가 아니라 처음부터 다른 법률행위를 했을 것이라고
인정되어야 한다.] 무효행위의 전환의 예로는, 징계해고로서 효력요건을
무효행위 전환의 사례
갖추지 못해 무효가 된 법률행위가 징계휴직으로서의 효력요건은
갖추고 있을 때 징계휴직으로 전환하여 법률행위가 유효가 되는
경우를 들 수 있다.

[추인: 일단 행하여진 불완전한 법률 행위를 뒤에 보충하여 완전하게 하는 일방적 의사 표시

＊④문단 요약: 무효행위가 새로운 법률행위가 되는 경우 ① 전환

⑤ [무효행위를 추인한다는 것은 [무효가 된 법률행위가 갖추지
[ ]: 갖추지 못했던 효력요건을 보충하여 새로운 법률행위로서의 효력을 인정함.
못했던 효력요건을 추후에 보충하여 새로운 법률행위로서의 효력을
인정하는 것]을 말한다. ㉮ 무효행위를 추인하면 그 무효행위가 처음
성립한 때로 소급하여 유효한 것이 되는 것이 아니라 추인한 때부터
법적으로 아무것도 없는 것이므로 소급하여 추인할 수 있는 대상이 없기 때문임.
새로운 법률행위를 한 것으로 본다. 민법은 원칙적으로 무효행위의
무효행위 추인 → 처음 성립한 때로 소급하여 유효 ×, 추인한 때부터 유효 ○
추인을 인정하지 않지만, 무효 원인이 소멸한 상태이고 당사자가 기존
'무효행위 추인'이 인정되는 조건
법률행위가 무효임을 알고 추인한 경우에 한해서는 추인을 인정하고
있다.

＊⑤문단 요약: 무효행위가 새로운 법률행위가 되는 경우 ② 추인

⑥ 법률행위가 무효가 되면 그 법률행위에 따른 법률효과도 생기지
않으므로 무효행위를 근거로 하는 청구권도 부인된다. 따라서 해당
법률행위에 따라 채무가 있는 경우 상대방이 청구권을 행사할 수
＃ 법률행위가 무효가 됨. → 청구권이 부인됨. → 채무를 이행할 필요가 없음.
없으므로 채무를 이행할 필요가 없다. 만약 이미 채무가 이행된
경우라면 수령자는 해당 이득을 반환해야 하는 부당이득 반환의무를
채무를 이행할 필요가 없는데 채무가 이행됨. → 해당 이득을 반환해야 함.
진다. 무효는 시간이 흘러도 그대로 유지되지만, 부당이득의
반환청구권은 소멸시효가 있으므로 영구적으로 주장할 수 있는 것은
＃ 소멸시효 내에 청구권을 행사해야 부당이득을 반환받을 수 있음.
아니다.

[채무: 재산권의 하나. 특정인이 다른 특정인에게 어떤 행위를 하여야 할 의무를 이른다.
부당이득: 법령을 위반하는 부당한 방법으로 남에게 손해를 주면서 얻는 이익
소멸시효: 권리자가 자신의 권리를 행사할 수 있음에도 불구하고 일정 기간 동안 권리를 행사하지 아니하는 경우에 그 권리를 소멸하는 제도

＊⑥문단 요약: 무효행위를 근거로 하는 청구권의 효력

■ 전체 지문 이해도

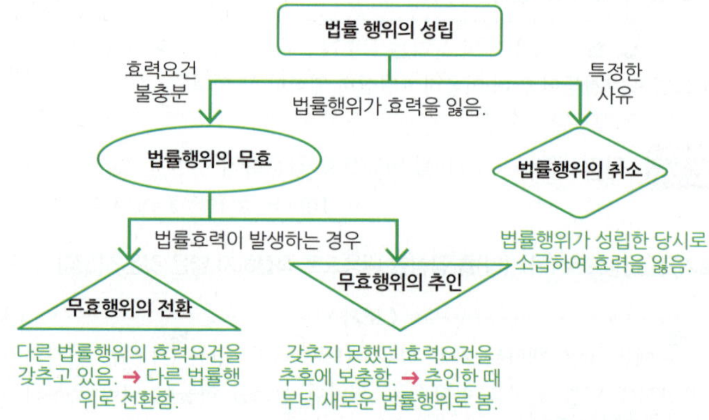

■ 지문 내용과 구조

①문단	**법률행위의 법률효과가 발생되기 위한 조건**: 성립요건 + 효력요건
②문단	**법률행위의 무효**: 성립요건 ○, 효력요건 × → 법률행위가 성립한 당시부터 법률상 효력이 발생하지 않는 것이 됨. – 법률행위의 무효 사유가 존재하면 무효 주장이 없어도 무효가 됨. – 기간에 영향을 받지 않음.
③문단	**법률행위의 취소**: 법률행위의 효력이 발생함. → 법률행위를 취소할 어떤 사유가 있음. → 법률행위가 성립한 당시로 소급하여 효력을 잃게 됨. – 취소권을 가진 특정인이 취소를 주장해야 함. – 일정한 기간이 경과하면 취소권이 소멸됨. → 유효한 법률행위로 확정됨.
④문단	**무효행위 전환**: 무효인 법률행위가 다른 법률행위로서의 효력요건은 갖추고 있을 때, 그 법률행위로서의 효력을 인정하는 것

⑤ 문단	**무효행위 추인**: 무효가 된 법률행위가 갖지 못했던 효력요건을 보충하여 새로운 법률행위로서의 효력을 인정하는 것
⑥ 문단	**무효행위를 근거로 하는 청구권**: 부인됨. → 채무가 있는 경우 채무를 이행할 필요가 없음. 채무가 이행된 경우라면 부당이득 반환의무를 지님.

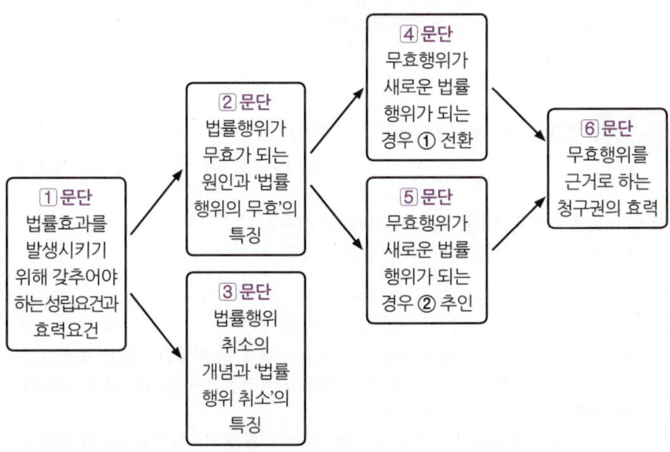

■ **주제**: 무효행위의 개념과 특징

---

30 정답 ① ＊ 내용 파악하기 ·········· [정답률 74%]

윗글의 내용과 일치하지 **않는** 것은?

＞왜 정답 ？

① 법률행위가 불성립한 경우에도 법률행위의 전환이나 추인을 할 수 <del>있다.</del> 없다.

> ④ 문단 ❸ 문장 무효는 ~ 법률행위가 불성립했다면 전환이나 추인은 할 수 없다.

＞왜 오답 ？

② 성립요건과 효력요건을 모두 갖추어야 법률행위는 법률효과를 발생시킬 수 있다.
　법률행위의 법률효과 발생 요건

> ① 문단 ❶ 문장 매매 계약, 유언 등과 같은 법률행위가 법률효과를 발생시키려면 성립요건과 효력요건을 갖추어야 한다.

③ 법률행위가 효력을 발생시켰더라도 어떤 사유가 있어 그 효력을 잃게 되기도 한다.
　법률행위의 취소

> ③ 문단 ❶ 문장 한편 법률행위의 취소는 법률행위로서 일단 효력이 발생하였다가 어떤 사유가 있어 그 법률행위가 성립한 당시로 소급하여 효력을 잃게 되는 경우를 말한다.

④ 법률행위가 무효가 되면 해당 법률행위에 따른 채무가 발생한 경우라도 그 채무를 이행할 필요가 없다.
　해당 법률행위에 따른 법률효과가 생기지 않아 청구권이 부인됨.

> ⑥ 문단 ❶, ❷ 문장 법률행위가 무효가 되면 ~ 해당 법률행위에 따라 채무가 있는 경우 상대방이 청구권을 행사할 수 없으므로 채무를 이행할 필요가 없다.

⑤ 법률행위가 무효라는 사실이 그대로 유지되더라도 부당이득의 반환청구권을 영구적으로 주장할 수 있는 것은 아니다.
　부당이득의 반환청구권은 소멸시효가 지나면 소멸함.

> ⑥ 문단 ❹ 문장 무효는 시간이 흘러도 그대로 유지되지만, 부당이득의 반환청구권은 소멸시효가 있으므로 영구적으로 주장할 수 있는 것은 아니다.

---

31 정답 ⑤ ＊ 정보 간 관계 파악하기 ·········· [정답률 75%]

㉠, ㉡에 대한 이해로 적절하지 **않은** 것은?
㉠ '법률행위의 무효', ㉡ '법률행위의 취소'

＞왜 정답 ？
'법률행위의 무효'

⑤ ㉡은 ㉠과 달리 특정인의 주장이 **없어도** 법률행위의 효력이 없어질 수 있다.
'법률행위의 취소'　㉡: 특정인이 취소를 주장해야 법률행위의 효력이 없어짐.

> ② 문단 ❷ 문장 ㉠ 법률행위의 무효는 무효 사유가 존재한다면 특정인의 무효 주장이 없이도 그 법률행위가 처음부터 효력이 없는 것이 되며, ~
> ③ 문단 ❷ 문장 법률행위의 취소가 확정되면 법률상의 효력이 무효와 같아지지만, 취소 사유가 존재하더라도 취소권을 가진 특정인이 취소를 주장할 때만 그 법률행위의 효력이 없어질 수 있다는 점에서 무효와 차이가 있다.

＞왜 오답 ？

① ㉠은 효력요건이 불충분하여 법률상 당연히 효력이 발생하지 않는 경우이다.
'법률행위의 무효'

> ② 문단 ❶ 문장 그런데 법률행위는 성립하였지만, 효력요건이 불충분하여 그 법률행위가 성립한 당시부터 법률상 당연히 그 효력이 발생하지 않는 경우 그 법률행위는 무효가 된다.

② ㉡은 취소 사유가 존재하더라도 법률행위의 효력이 발생하는 경우가 있다.
'법률행위의 취소'
　취소권을 가진 특정인이 취소를 주장하지 않는 경우, 취소권이 소멸된 경우

> ③ 문단 ❷, ❸ 문장 법률행위의 취소가 확정되면 법률상의 효력이 무효와 같아지지만, 취소 사유가 존재하더라도 취소권을 가진 특정인이 취소를 주장할 때만 그 법률행위의 효력이 없어질 수 있다는 ~ 취소권이 소멸된 법률행위는 결국 유효한 것으로 확정된다.
　취소를 주장하지 않으면 법률행위의 효력이 발생함.

③ ㉠과 ㉡은 모두 법률행위가 성립한 것을 전제로 한다.
'법률행위의 취소'　'법률행위의 무효'

> ② 문단 ❶ 문장 그런데 법률행위는 성립하였지만, 효력요건이 불충분하여 그 법률행위가 성립한 당시부터 법률상 당연히 그 효력이 발생하지 않는 경우 그 법률행위는 무효가 된다.
> ③ 문단 ❶ 문장 한편 ㉡ 법률행위의 취소는 법률행위로서 일단 효력이 발생하였다가 어떤 사유가 있어 그 법률행위가 성립한 당시로 소급하여 효력을 잃게 되는 경우를 말한다.

④ ㉡은 ㉠과 달리 법률행위의 효력 유무에 변화를 줄 수 있는 기한이 존재한다.
'법률행위의 취소'　취소권의 소멸 기한이 존재함.

> ② 문단 ❷ 문장 ㉠ 법률행위의 무효는 무효 사유가 존재한다면 특정인의 무효 주장이 없이도 그 법률행위가 처음부터 효력이 없는 것이 되며, 기간이 경과해도 무효라는 사실은 변하지 않는다.
　㉠: 법률행위의 효력 유무에 변화를 줄 수 있는 기간 존재 ✕
> ③ 문단 ❸ 문장 또한 취소권은 일정한 기간이 경과하면 소멸되고, 취소권이 소멸된 법률행위는 결국 유효한 것으로 확정된다.
　㉡: 법률행위의 효력 유무에 변화를 줄 수 있는 기간 존재 ○ → 취소권의 소멸 기한

32 정답 ② * 구체적 사례나 상황에 적용하기 ……… [정답률 59%]

윗글을 바탕으로 〈보기〉의 ⓐ와 ⓑ에 대해 이해한 내용으로 가장 적절한 것은? [3점]

〈 보기 〉

  갑은 자신의 유언을 법적으로 인정받고자 ⓐ '비밀증서에 의한 유언'의 형태로 유언증서를 남겼다. 하지만 갑의 사망 후 이 유언증서는 봉인상의 확정일자를 받아야 한다는 조건을 충족하지 않아 무효임이
ⓐ가 효력요건이 불충분하여 무효가 됨.
밝혀졌다. 이에 대해 법원에서는 해당 유언증서가 다른 형태의 유언증서인 ⓑ '자필서명에 의한 유언'의 조건은 모두 충족하고 있으며
무효인 법률이 다른 법률행위로서의 효력요건을 갖추고 있음.
갑이 자신의 유언 증서가 무효임을 알았다면 이러한 형태의 유언증서를
무효인 법률행위인 ⓐ가 ⓑ의 효력요건은 갖추고 있음.
남겼을 것이라 보아, '자필서명에 의한 유언'으로서는 유효하다고
무효행위 전환의 전제 조건을 충족함. 무효인 법률행위인 ⓐ→ⓑ로 전환하여 유효가 됨.
판단했다.

| ⓐ '비밀증서에 의한 유언' | 효력요건을 갖추지 못함.
→ ⓐ의 법률효과를 발생시키지 못함. → 무효 |

↓ 전환 – ⓑ의 조건은 모두 충족함.
       – 갑이 ⓐ가 무효임을 알았다면 ⓑ 형태의 유언증서를 남겼을 것이라고 인정됨.

| ⓑ '자필서명에 의한 유언' |

〉왜 정답 ?

'비밀증서에 의한 유언'   '자필서명에 의한 유언'
② ⓐ는 효력요건을 갖추지 못했지만 ⓑ는 효력요건을 갖추고 있군.
   봉인상의 확정일자를 받지 못함.   ⓑ의 조건을 모두 충족하여 ⓑ로 전환됨.

▶ ②문단 ❶문장 ~ 효력요건이 불충분하여 그 법률행위가 성립한 당시부터 법률상 당연히 그 효력이 발생하지 않는 경우 그 법률행위는 무효가 된다.
▶ ④문단 ❹문장 무효행위를 전환한다는 것은 무효인 법률행위가 다른 법률행위로서의 효력요건은 갖추고 있을 때, 그 법률행위로서의 효력을 인정하는 것을 말한다.

〈보기〉의 사례에서 갑이 남긴 ⓐ '비밀증서에 의한 유언' 형태의 유언증서는 봉인상의 확정일자를 받아야 한다는 효력요건을 갖추지 못하여 무효가 되었다.

이때 갑의 유언증서는 ⓑ '자필서명에 의한 유언'의 효력요건은 갖추고 있다고 인정되어 ⓐ에서 ⓑ로 전환되어 유효한 법률행위가 되었다.

〉왜 오답 ?

① ⓐ가 무효가 되면서 ⓑ의 성립요건도 불충분하게 된 것이군.
   영향을 미치지 않음.   ⓑ의 성립요건을 충족함.

〈보기〉의 사례에서 ⓐ '비밀문서에 의한 유언'이 무효가 된 것은 ⓑ '자필서명에 의한 유언'의 성립요건에 영향을 끼치지 않는다.

또한 무효가 된 ⓐ가 ⓑ로 전환되어 유효한 법률행위가 되었으므로 갑이 남긴 유언증서는 ⓑ의 성립요건은 충족시킨다.

③ ⓐ의 부족한 효력요건이 추후에 보충되어 ⓑ가 유효하게 된 것이군.
   보충되지 않음.

〈보기〉의 사례는 갑의 유언증서가 ⓐ '비밀문서에 의한 유언'으로서의 효력요건을 갖추지 못하여, 효력요건을 갖춘 ⓑ '자필서명에 의한 유언'으로 전환된 경우를 보여 준다. ⓐ의 부족한 효력요건이 추후에 보충되어 ⓑ가 유효하게 된 것은 아니다.

> **매력 오답**
> 〈보기〉의 사례에서 갑의 유언증서는 부족한 효력요건을 추후에 보충해서 ⓑ로 전환된 것이 아니다. 갑이 남긴 유언증서가 원래 갖추고 있던 조건들이 ⓐ는 충족시키지 못하고, ⓑ는 충족시키므로 ⓐ에서 ⓑ로 전환하여 유효한 법률행위가 된 것이다.

④ ⓐ는 ⓑ로 바뀌면서 무효 원인이 소멸되어 다시 효력을 가지게 되는군.
   소멸하지 않음.   ⓐ가 효력을 가지게 되는 것이 아님.

〈보기〉의 사례에서 ⓐ '비밀문서에 의한 유언'이 ⓑ '자필서명에 의한 유언'으로 바뀐 것은 적절하다. 그러나 ⓐ의 무효 원인이 소멸된 것은 아니며, 이에 따라 ⓐ가 다시 효력을 가지게 된 것도 아니다.

> **매력 오답**
> 무효행위의 추인과 전환을 구분하지 못해서 헷갈린 학생들이 많았다. 무효행위가 '무효 원인이 소멸되어 다시 효력을 가지게 되는' 것은 무효행위의 추인에 대한 설명이다. ⓐ에서 ⓑ로 바뀐 것은 무효행위의 전환에 해당한다.

---

⑤ ⓐ의 효력이 발생하려면 ⓑ가 무효임을 당사자가 알았다는 조건이 충족되어야 하는군.
ⓑ의 효력이 발생하려면
ⓐ가 무효라는 것을 당사자가 알았다면 ⓑ의 유언증서를 남겼을 것이라고 인정되어야 함.

〈보기〉의 사례에서 ⓐ '비밀문서에 의한 유언'이 ⓑ '자필서명에 의한 유언'으로 전환되어 ⓑ의 효력이 발생하려면 당사자인 갑이 ⓐ가 무효임을 알았다면 ⓑ 형태의 유언증서를 남겼을 것이라고 인정되어야 한다.

33 정답 ③ * 내용 파악 + 추론하기 ★1등급 대비

[① 19% ② 10% ③ 37% ④ 14% ⑤ 17%]

㉮의 이유를 추론한 내용으로 가장 적절한 것은?
'무효행위를 추인하면 ~ 추인한 때부터 새로운 법률행위를 한 것으로 본다.'

왜 틀렸나?

> ㉮의 이유를 찾지 못해서 틀린 학생들이 많았다.
> 보통 어떤 내용의 근거를 추론할 때는 해당 내용의 바로 앞뒤 내용을 바탕으로 추론하는 것이 보통이지만, 이 문제의 경우에는 직접적인 근거가 ㉮가 포함된 5문단이 아닌 4문단에 제시되어 있다.
> 따라서 내용의 흐름에 주목하여 서로 연결되는 내용을 파악하면서 윗글을 읽어야 한다.

〉왜 정답 ?

③ 무효인 법률행위는 법적으로 아무것도 없는 것이어서 소급해서 추인할 수 있는 대상 자체가 없는 상태이기 때문이다.
   법적으로 처음부터 효력요건을 갖추지 못함.

> ④문단 ❶문장 무효인 법률행위에서는 아무런 효력도 생기지 않으며, 법적으로는 아무것도 없는 것이라 보기 때문에 소급하여 유효로 할 수 있는 대상이 없는 상태라 할 수 있다.
> ⑤문단 ❶, ❷문장 무효행위를 추인한다는 것은 무효가 된 법률행위가 갖추지 못했던 효력요건을 추후에 보충하여 새로운 법률행위로서의 효력을 인정하는 것을 말한다. ㉮ 무효행위를 추인하면 그 무효행위가 처음 성립한 때로 소급하여 유효한 것이 되는 것이 아니라 추인한 때부터 새로운 법률행위를 한 것으로 본다.

무효인 법률행위를 추인하는 것은 법률행위가 갖추지 못했던 효력요건을 추후에 보충하여 새로운 법률행위로서의 효력을 인정하는 것이다.

그런데 무효인 법률행위는 효력요건을 보충하기 전에는 법적으로 아무것도 없는 상태이므로 소급하여 유효로 할 수 있는 대상이 없다.

따라서 무효인 법률행위를 추인할 때 법률행위가 처음 성립한 때로 소급하지 못하는 이유는, 무효인 법률행위는 효력요건을 갖추지 못해 법적으로는 아무것도 없는 상태이기 때문이다.

〉왜 오답 ?

① 법률행위를 추인할 때 추인의 조건을 갖춘 상태라면 이를 소급하여 유효한 것으로 만들 수도 있기 때문이다.
   소급하여 유효한 것으로 만들 수 없음.

* 근거: ④문단 ❶문장, ⑤문단 ❶, ❷문장

무효인 법률행위를 추인할 때 추인의 조건을 갖춘 상태라면 추인한 때부터 유효한 법률행위가 될 뿐, 소급하여 유효로 할 수 없다.

> **매력 오답**
> ㉮와 비슷한 내용으로 구성되어 있어서 헷갈린 학생들이 많았다. 그러나 무효인 법률행위를 추인할 때 추인의 조건을 갖추어도 소급하여 유효한 것으로 만들 수 없는 이유를 묻는 문제이므로 소급하여 유효한 것으로 만들 수 있다는 것은 이유가 될 수 없다.

② 추인으로 인해 무효행위의 유효요건이 보충되면서 새로운 법률행위로서 효력을 발생시킬 필요가 없어졌기 때문이다.
   추인이 인정되면 새로운 법률행위로서의 효력이 인정됨.

* 근거: ⑤문단 ❶문장

무효행위를 추인한다는 것은 무효인 법률행위의 효력요건을 추후에 보충하여 새로운 법률행위로서의 효력을 인정하는 것이므로 추인으로 인해 새로운 법률행위로서 효력을 발생시킬 필요가 없어졌다는 것은 적절하지 않다.

④ 무효인 법률행위가 성립한 때를 정확하게 증명할 수 없다면 추인을
통해 유효하게 된 시점도 특정할 수 없기 때문이다.
관련 없음.

＊근거: ⑤문단 ❶문장
　무효인 법률행위를 성립한 때를 정확하게 증명하는 것과 추인을 통해 유효하게 된
시점을 특정하는 것은 서로 관련이 없다.
　무효인 법률행위가 추인을 통해 유효하게 된 시점은 추인한 때이다.

⑤ 무효인 법률행위는 원칙적으로 추인할 수 없도록 법률상으로 정해
놓은 것이어서 추인을 통해 유효한 것이 될 수는 없기 때문이다.
특정 요건을 갖추면 추인을 통해 유효한 것이 될 수 있음.

> ⑤문단 ❸문장　민법은 원칙적으로 무효행위의 추인을 인정하지 않지만,
> 무효 원인이 소멸한 상태이고 당사자가 기존 법률행위가 무효임을 알고
> 추인한 경우에 한해서는 추인을 인정하고 있다.

　무효인 법률행위를 민법상으로 원칙적으로 추인할 수 없다. 그러나 특정한 조건을
만족시키는 경우 추인을 인정하고 있다.

34~38　＊ 디지털 이미지 워터마킹

＃출제　⬯ 글 전체 핵심어　▭ 글 전체 중심 문장

1 디지털 이미지 워터마킹은 디지털 이미지에 저작권자나 배급자의
서명, 마크 등의 특정 정보를 다른 사람들이 인식하지 못하도록
삽입하는 것을 말한다.
＃ 디지털 이미지 워터마킹의 개념
이때 삽입된 정보를 디지털 워터마크라고
하며, 이것은 디지털 이미지의 무단 배포, 무단 복사 등이 발생했을
때 저작권을 주장하거나 원본 이미지의 훼손 여부를 검증하기 위한
수단으로 활용된다.

＊①문단 요약 : 디지털 이미지 워터마킹의 개념과 용도

[A]

2 디지털 이미지 워터마킹은 이미지의 공간 영역 활용 방식과
주파수 영역 활용 방식으로 나눌 수 있는데, 공간 영역 활용
방식으로는 LSB(Least Significant Bit) 치환 방법이 있다. 흑백 원본
이미지에 흑백 워터마크 이미지를 삽입하는 과정을 통해 그 원리를
살펴보자. 흑백 이미지를 구성하는 한 픽셀*의 색상은 밝기에 따라
0~255까지의 정숫값을 가지는데 0은 검은색, 255는 흰색을
나타낸다. 이를 컴퓨터가 처리하는 데이터의 기본 단위인 8비트*로
나타내면 각각의 픽셀은 검은색인 ⎕⎕⎕⎕⎕⎕⎕⎕ 부터
흰색인 1 1 1 1 1 1 1 1 까지 총 256가지의 값 중 하나를
갖게 되며, 그 숫자가 클수록 흰색에 가깝다. 이때 각 픽셀은
총 256가지의 값: 0(검은색) ~ 255(흰색)
8비트의 데이터 중 왼쪽에 위치하는 상위 비트가 바뀔수록 그에
＃ [A]: LSB 치환 방법으로 워터마크 이미지를 삽입하는 과정
해당하는 정숫값의 변화가 크기 때문에 색상의 변화를 육안으로
인식하기 쉽고, 오른쪽 하위 비트가 바뀔수록 색상의 변화를
육안으로 인식하기 어렵다. LSB는 색상 변화에 가장 영향을 적게
주는 오른쪽 마지막 최하위 비트를 ㉠ 말한다. LSB 치환
과정에서는 원본 이미지에 시각적인 변화를 주지 않기 위해
워터마크 이미지의 픽셀 데이터를 원본 이미지의 각 픽셀의 LSB에
하나씩 나누어 숨긴다.
＃ LSB 방식의 기본 원리

치환: 바꾸어 놓음.
삽입하다: 틈이나 구멍 사이에 다른 물체를 끼워 넣다.
육안: 안경이나 망원경, 현미경 따위를 이용하지 아니하고 직접 보는 눈

＊②문단 요약 : LSB 치환 방법을 활용하여 워터마크를 삽입하는 원리

3 이때 원본 이미지 각 픽셀의 8개의 비트 중 LSB에만 데이터를
삽입하기 때문에 워터마크 이미지의 한 픽셀 데이터를 삽입하기
워터마크 이미지의 한 픽셀 데이터 = 8개의 비트로 구성됨.
위해서는 원본 이미지의 픽셀 8개가 필요하다. 결국 원본 이미지의
한 픽셀 데이터를 구성하는 8개의 비트를 원본 이미지의 각각의 픽셀에 삽입해야 함.
픽셀 수는 최대로 삽입 가능한 비트 수와 같기 때문에 원본
이미지의 픽셀 수가 워터마크 이미지의 전체 비트 수보다 적다면
LSB 방식의 특징 ①
워터마크 이미지의 데이터 일부는 삽입할 수 없게 된다. 그리고
원본 이미지의 픽셀 수가 워터마크 이미지의 전체 비트 수보다
LSB 방식의 특징 ②
많을수록 원본 이미지에 시각적 변화가 적게 나타난다. 이 방법은
많은 양의 데이터를 빠르고 간단하게 삽입할 수 있으며, 원본
LSB 방식의 장점 ①
이미지의 각 픽셀에서 LSB만 변경하기 때문에 시각적으로
색상이나 감도의 변화를 감지하기 어렵다. 그러나 워터마크가
LSB 방식의 장점 ②
삽입된 이미지의 LSB를 인위적으로 조작하는 경우 워터마크가
LSB 방식의 단점
쉽게 제거될 수 있다는 단점이 있다.

＊③문단 요약 : LSB 치환 방법의 특징과 장단점

2023. 9
9회

┌ 3문단 지문 이해도

원본 이미지를 구성하는 픽셀　　　　워터마크 이미지의 픽셀

1 1 1 1 1 1 1 1	← 삽입	0 0 0 0 0 0 0 0
1 1 1 1 1 1 1 1	← 삽입
1 1 1 1 1 1 1 1	← 삽입
1 1 1 1 1 1 1 1	← 삽입
1 1 1 1 1 1 1 1	← 삽입
1 1 1 1 1 1 1 1	← 삽입
1 1 1 1 1 1 1 1	← 삽입
1 1 1 1 1 1 1 1	← 삽입

→ 원본 이미지의 픽셀 수가 워터마크 이미지의 전체 비트 수와 같거나 많아야 함.

4 주파수 영역을 활용하는 방식으로는 DCT(Discrete Cosine
Transform)를 이용하는 방법이 주로 쓰인다. DCT는 이미지
데이터를 공간값에서 주파숫값으로 바꾸는 과정이다. 이미지에
DCT를 적용하면 주변 픽셀과 색상이나 밝기 차이가 적은 픽셀은
＃ 주변 픽셀과 색상이나 밝기 차이 ↓ → 주파숫값 ↓
낮은 주파숫값으로, 경계선 등 주변 픽셀과 색상이나 밝기 차이가 큰
＃ 주변 픽셀과 색상이나 밝기 차이 ↑ → 주파숫값 ↑
픽셀은 높은 주파숫값으로 나타난다. 원본 이미지를 일정한 크기의
＃ 주파숫값 분포 표를 얻는 방법
여러 블록으로 나누고 블록별로 각 픽셀의 색상값을 DCT 수식에
따라 변환하면 주파숫값 분포 표를 얻을 수 있다. 주파숫값
분포표에는 좌측 상단으로 갈수록 낮은 주파숫값, 우측 하단으로
＃ 좌측 상단 → 주파숫값↓, 우측 하단 → 주파숫값 ↑
갈수록 높은 주파숫값이 분포하게 되는데 이미지의 색상이나 밝기에
따라 각 주파숫 값이 분포하는 영역의 비율은 다르게 나타난다. 이때
＃ 이미지의 색상이나 밝기에 따라 다르게 나타나는 주파숫값의 분포 비율이 달라짐.
워터마크 이미지의 픽셀의 색상값을 주파숫값 형태로 삽입한 후 다시
역변환 수식에 따라 변환하면, 어느 주파숫값에 삽입하든 워터마크가
원본 이미지의 전 영역에 걸쳐 고르게 분산된 형태로 삽입된다.

분포: 일정한 범위에 흩어져 퍼져 있음.
상단: 위쪽의 끝　　　　하난: 아래쪽의 끝
분산되다: 갈라져 흩어지다.

＊④문단 요약 : DCT의 개념과 DCT를 이용하여 워터마크를 삽입하는 원리

⑤ 인간의 시각은 낮은 주파수 성분의 변화에는 민감하나 높은 주파수 성분의 변화에는 둔감하기 때문에 높은 주파숫값이 분포하는

\# 높은 주파숫값이 분포하는 영역에 워터마크를 삽입할수록 시각적인 변화가 작아짐.

영역에 워터마크를 삽입하면 원본 이미지의 시각적인 변화를 최소화할 수 있다. 그러나 JPEG와 같은 방식의 압축 이미지

\# 특정 주파숫값 영역을 중심으로 워터마크 정보를 삽입하는 이유

알고리즘은 높은 주파수 성분의 요소를 제거하여 이미지를 압축하기 때문에 높은 주파숫값이 분포하는 영역에 워터마크를 삽입하면 이미지 압축과 같은 과정에서 워터마크가 삭제될 수 있다. 그래서 워터마크를 삽입할 때는 낮은 주파숫값이 분포하는 영역과 높은

\# DCT 방식을 활용할 때의 유의점

주파숫값이 분포하는 영역의 경계면에 해당하는 특정 주파숫값 영역을 중심으로 워터마크 정보를 삽입한다.

*⑤문단 요약 : DCT를 이용하는 방법을 사용할 때 유의할 점

⑥ 이 방법은 이미지의 왜곡이 적어 시각적으로 원본 이미지와의

\# DCT 방식의 장점 ①

차이를 식별하기 어렵다. 또한 삽입할 데이터를 이미지 영역에 골고루 분산시키기 때문에 변형의 과정을 거쳐도 LSB 치환 방법에 비해 워터마크가 상대적으로 쉽게 제거되지 않는다. 그러나 데이터 삽입이

\# DCT 방식의 장점 ②

가능한 주파숫값의 개수가 원본 이미지의 픽셀 수보다는 훨씬 적기 때문에, 삽입할 수 있는 데이터의 양이 LSB 치환 방법보다

\# DCT 방식의 단점 ①

상대적으로 적다. 그리고 픽셀의 개수가 같은 이미지라 하더라도 이미지의 색상이나 밝기에 따라 각 주파숫값이 분포하는 영역의 비율이 달라지기 때문에 이미지에 따라 삽입할 수 있는 데이터의 양이

\# DCT 방식의 단점 ②

달라질 수 있다.

*⑥문단 요약 : DCT를 이용하는 방법의 장단점

* 픽셀: 작은 점의 행과 열로 이루어져 있는 화면의 작은 점 각각을 이르는 말
* 비트: 2진 기수법 표기의 기본 단위. 2진 기수법에서는 모든 수를 0과 1로만 표기하는데 이 0 또는 1이 각각 하나의 비트가 된다.

■ 전체 지문 이해도

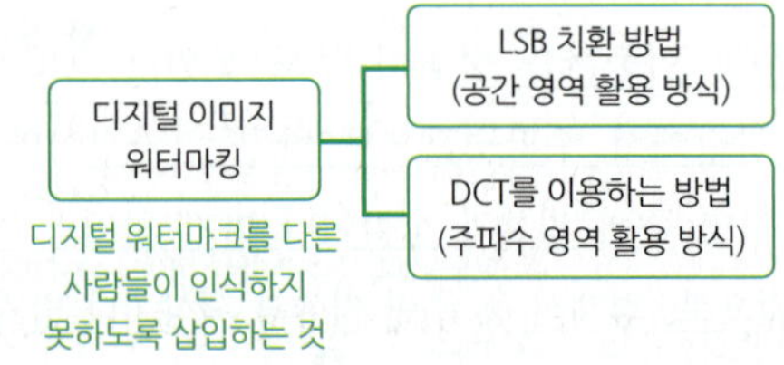

■ 지문 내용과 구조

①문단	**디지털 이미지 워터마킹:** 디지털 이미지에 저작권자나 배급자의 서명, 마크 등의 특정 정보를 다른 사람들이 인식하지 못하도록 삽입하는 것
②문단	**LSB 치환 방법의 기본 원리:** 원본 이미지의 LSB에 워터마크 이미지의 픽셀 데이터를 하나씩 삽입하는 방법 - LSB: 각 픽셀의 8개 비트 중, 색상 변화에 가장 영향을 적게 주는 오른쪽 마지막 최하위 비트
③문단	**LSB 치환 방법의 장단점** 장점 - 많은 양의 워터마크 데이터를 빠르고 간단하게 삽입 가능함. - 워터마크 이미지 삽입 후 원본 이미지에서 시각적으로 색상이나 감도의 변화를 감지하기 힘듦. 단점 - LSB를 인위적으로 조작하는 경우 워터마크 데이터가 쉽게 제거될 수 있음.
④문단	**DCT를 이용하는 방법의 기본 원리:** 이미지 데이터를 공간값에 워터마크 이미지의 픽셀 색상값을 주파숫값 형태로 바꾸어 삽입하는 방법

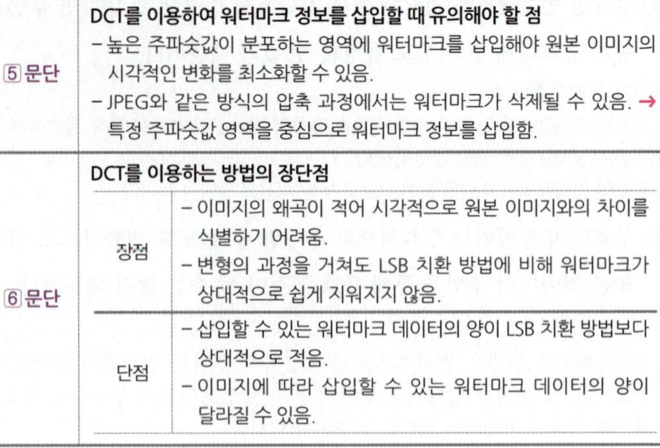

⑤문단	**DCT를 이용하여 워터마크 정보를 삽입할 때 유의해야 할 점** - 높은 주파숫값이 분포하는 영역에 워터마크를 삽입해야 원본 이미지의 시각적인 변화를 최소화할 수 있음. - JPEG와 같은 방식의 압축 과정에서는 워터마크가 삭제될 수 있음. → 특정 주파숫값 영역을 중심으로 워터마크 정보를 삽입함.
⑥문단	**DCT를 이용하는 방법의 장단점** 장점 - 이미지의 왜곡이 적어 시각적으로 원본 이미지와의 차이를 식별하기 어려움. - 변형의 과정을 거쳐도 LSB 치환 방법에 비해 워터마크가 상대적으로 쉽게 지워지지 않음. 단점 - 삽입할 수 있는 워터마크 데이터의 양이 LSB 치환 방법보다 상대적으로 적음. - 이미지에 따라 삽입할 수 있는 워터마크 데이터의 양이 달라질 수 있음.

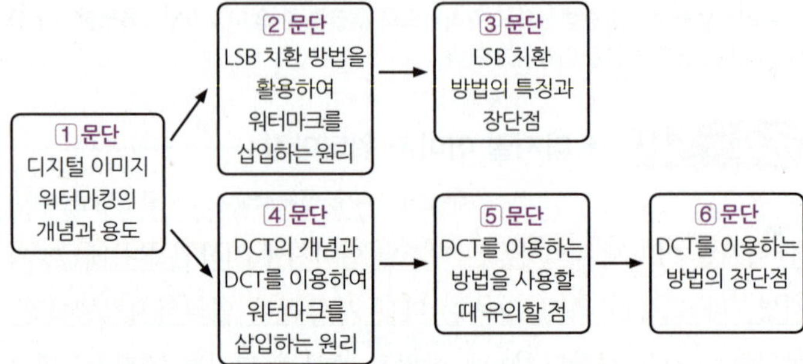

■ **주제**: 디지털 이미지 워터마킹 방식과 특징

34 정답 ③ * 내용 파악하기 ································· [정답률 86%]

윗글을 통해 답을 찾을 수 없는 질문은?

> 왜 정답?

③ 디지털 이미지 워터마킹 기술의 전망은 어떠한가?
제시되지 않음.

> 왜 오답?

① 디지털 워터마크의 용도는 무엇인가?
저작권 주장과 원본 이미지의 훼손 여부를 검증하기 위한 수단으로 활용됨.

> [①문단 ②문장] 이때 삽입된 정보를 디지털 워터마크라고 하며, 이것은 디지털 이미지의 무단 배포, 무단 복사 등이 발생했을 때 저작권을 주장하거나 원본 이미지의 훼손 여부를 검증하기 위한 수단으로 활용된다.

② 디지털 이미지 워터마킹의 개념은 무엇인가?
특정 정보를 다른 사람들의 인식하지 못하도록 삽입하는 것

> [①문단 ①문장] 디지털 이미지 워터마킹은 디지털 이미지에 저작권자나 배급자의 서명, 마크 등의 특정 정보를 다른 사람들이 인식하지 못하도록 삽입하는 것을 말한다.

④ 디지털 이미지 워터마크를 삽입하는 원리는 무엇인가?
LSB 치환 방법과 DCT를 이용하여 워터마크를 삽입하는 원리가 설명되어 있음.

* 근거: ②문단, ④문단

> 윗글의 2문단에 LSB 치환 방법을 활용하여 디지털 이미지 워터마크를 삽입하는 원리가 제시되어 있고, 4문단에 DCT를 이용하여 워터마크를 삽입하는 원리가 제시되어 있다.

⑤ 디지털 이미지 워터마킹의 방식에는 어떤 것들이 있는가?
이미지의 공간 영역 활용 방식, 주파수 영역 활용 방식

> [②문단 ①문장] 디지털 이미지 워터마킹은 이미지의 공간 영역 활용 방식과 주파수 영역 활용 방식으로 나눌 수 있는데, 공간 영역 활용 방식으로는 LSB(Least Significant Bit) 치환 방법이 있다.

35 정답 ① * 내용 파악하기 ·········· [정답률 62%]

윗글에 대해 이해한 내용으로 적절하지 <u>않은</u> 것은?

왜 정답 ?

① LSB 치환 방법은 DCT를 이용하는 방법에 비해 상대적으로 쉽게 워터마크가 제거되지 <u>않는다</u>.
제거됨.

> [6]문단 ❷문장 (DCT를 이용하는 방법은) 또한 삽입할 데이터를 이미지 영역에 골고루 분산시키기 때문에 변형의 과정을 거쳐도 LSB 치환 방법에 비해 워터마크가 상대적으로 쉽게 제거되지 않는다.

왜 오답 ?

② LSB 치환 방법은 DCT를 이용하는 방법에 비해 동일한 원본
데이터 삽입이 가능한 주파숫값의 개수가 원본 이미지의 픽셀 수보다 훨씬 적음.
이미지에 삽입할 수 있는 데이터의 양이 많다.

> [6]문단 ❸문장 그러나 (DCT를 이용하는 방법은) 데이터 삽입이 가능한 주파숫값의 개수가 원본 이미지의 픽셀 수보다는 훨씬 적기 때문에, 삽입할 수 있는 데이터의 양이 LSB 치환 방법보다 상대적으로 적다.

윗글에서 DCT를 이용하는 방법이 LSB 치환 방법보다 삽입할 수 있는 데이터의 양이 적다고 했다.

따라서 LSB 치환 방법이 DCT를 이용하는 방법에 비해 원본 이미지에 삽입할 수 있는 데이터의 양이 많다는 내용은 적절하다.

③ DCT를 적용하기 위해서는 원본 이미지를 여러 개의 블록으로
주파숫값 분포 표를 얻기 위해
분할하고 블록 단위로 변환을 수행해야 한다.

> [4]문단 ❹문장 (DCT를 이용하는 방법은) 원본 이미지를 일정한 크기의 여러 블록으로 나누고 블록별로 각 픽셀의 색상값을 DCT 수식에 따라 변환하면 주파숫값 분포 표를 얻을 수 있다.

④ JPEG 압축 방식은 이미지에서 주변 픽셀과 색상이나 밝기 차이가
높은 주파수 성분의 요소를 제거하여 이미지를 압축함.
큰 픽셀을 제거하는 방식으로 이루어진다.
높은 주파숫값으로 나타남.

> [4]문단 ❸문장 이미지에 DCT를 적용하면 ~ 경계선 등 주변 픽셀과 색상이나 밝기 차이가 큰 픽셀은 높은 주파숫값으로 나타난다.
> [5]문단 ❷문장 그러나 JPEG와 같은 방식의 압축 이미지 알고리즘은 높은 주파수 성분의 요소를 제거하여 이미지를 압축하기 때문에 높은 주파숫값이 분포하는 영역에 워터마크를 삽입하면 이미지 압축과 같은 과정에서 워터마크가 삭제될 수 있다.

⑤ DCT를 이용하는 방법은 원본 이미지의 색상이나 밝기에 따라
특정 주파숫값 영역을 중심으로 워터마크 정보를 삽입함.
삽입할 수 있는 데이터의 양이 달라질 수 있다.
각 주파숫값이 분포하는 영역의 비율이 달라짐.

> [5]문단 ❸문장 그래서 워터마크를 삽입할 때는 ~ 특정 주파숫값 영역을 중심으로 워터마크 정보를 삽입한다.
> [6]문단 ❹문장 그리고 픽셀의 개수가 같은 이미지라 하더라도 이미지의 색상이나 밝기에 따라 각 주파숫값이 분포하는 영역의 비율이 달라지기 때문에 이미지에 따라 삽입할 수 있는 데이터의 양이 달라질 수 있다.

36 정답 ③ * 구체적 사례나 상황에 적용하기 ⚡1등급 대비

[① 7% ② 21% ③ 40% ④ 17% ⑤ 12%]

[A]를 바탕으로 〈보기〉를 이해한 내용으로 적절하지 <u>않은</u> 것은? [3점]

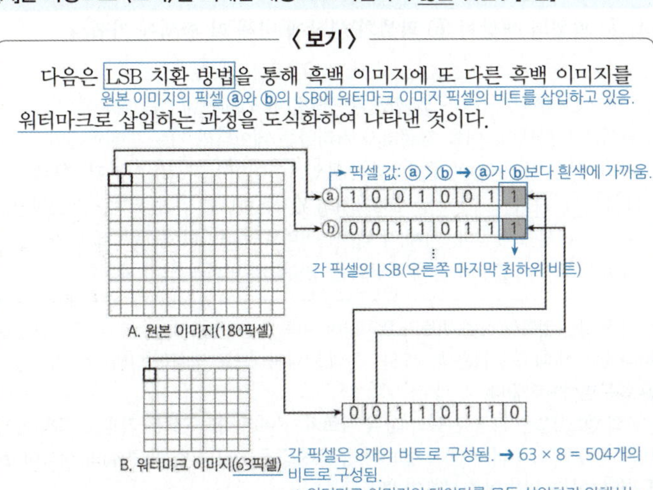

단서+해결

(단서) 문제에서 [A]를 바탕으로 〈보기〉를 이해한 내용을 묻고 있으므로, [A]에 제시된 정보에 주목한다.

(발상) [A]는 LSB 치환 방법을 통해 워터마크를 삽입하는 원리를 설명하고 있다. 이를 바탕으로 〈보기〉를 정리하면 다음과 같다.
 – A '원본 이미지'의 픽셀 수 = 180
 – B '워터마크 이미지'의 전체 비트 수 = 63픽셀 × 8비트 = 504비트

(해결) A의 픽셀 수가 더 많아질수록 A의 시각적인 변화가 줄어듦. → B의 픽셀 수가 더 많아질수록 A의 시각적 변화는 커짐.

왜 정답 ?

③ B의 픽셀 수가 더 많아지면 A의 시각적인 변화는 <u>줄어든다</u>.
워터마크 이미지   원본 이미지   시각적 변화가 커짐.

> [3]문단 ❸문장 그리고 원본 이미지의 픽셀 수가 워터마크 이미지의 전체 비트 수보다 많을수록 원본 이미지에 시각적 변화가 적게 나타난다.

B '워터마크 이미지'의 픽셀 수가 많아지면 B '워터마크 이미지'의 전체 비트 수도 함께 많아진다. 따라서 A '원본 이미지'의 픽셀 수에 비해 B의 전체 수가 많아지는 경우이므로, A '원본 이미지'의 시각적 변화는 커진다.

A '원본 이미지'의 시각적인 변화를 줄이려면 A '원본 이미지'의 픽셀 수가 더 많아져야 한다.

왜 오답 ?

① A에 최대로 삽입 가능한 비트 수는 180이다.
원본 이미지의 픽셀 수와 삽입 가능한 워터마크의 비트 수는 같음.

> [3]문단 ❷문장 결국 원본 이미지의 픽셀 수는 최대로 삽입 가능한 비트 수와 같기 때문에 ~

A '원본 이미지'의 픽셀 수는 180이다. 따라서 A '원본 이미지'에 최대로 삽입 가능한 비트 수는 180이다.

② B의 전체 데이터 중 일부 비트는 A에 삽입할 수 없다.
B의 전체 데이터 수 > A의 픽셀 수

> [3]문단 ❷문장 결국 원본 이미지의 픽셀 수는 최대로 삽입 가능한 비트 수와 같기 때문에 원본 이미지의 픽셀 수가 워터마크 이미지의 전체 비트 수보다 적다면 워터마크 이미지의 데이터 일부는 삽입할 수 없게 된다.

A '원본 이미지'의 픽셀 수는 180이고, B '워터마크 이미지'의 전체 데이터, 즉 총 비트 수는 63 × 8 = 504이다.

따라서, B '워터마크 이미지'의 전체 데이터 수보다 A '원본 이미지'의 픽셀 수가 적으므로 B '워터마크 이미지'의 전체 데이터 중 일부 비트는 A '원본 이미지'에 삽입할 수 없다.

④ ⓐ 픽셀의 색상이 ⓑ 픽셀의 색상에 비해 더 흰색에 가깝다.
더 큰 값을 가짐.

> [2]문단 ❸~❺문장 ~ 0~255까지의 정숫값을 가지는데 0은 검은색, 255는 흰색을 나타낸다. 이를 컴퓨터가 처리하는 데이터의 기본 단위인 8비트로 나타내면 각각의 픽셀은 검은색인 0 0 0 0 0 0 0 0 부터 흰색인 1 1 1 1 1 1 1 1 까지 총 256가지의 값 중 하나를 갖게 되며, 그 숫자가 클수록 흰색에 가깝다. 이때 각 픽셀은 8비트의 데이터 중 왼쪽에 위치하는 상위 비트가 바뀔수록 그에 해당하는 정숫값의 변화가 크기 때문에 ~

각 픽셀은 왼쪽에 상위 비트가 위치하며, 왼쪽에 큰 값을 가질수록 더 큰 정숫값을 나타낸다. 이때 0은 검은색, 255는 흰색을 나타내므로 픽셀이 나타내는 정숫값이 클수록 흰색에 가깝다.

A의 ⓐ 픽셀은 가장 왼쪽의 상위 비트가 '1'이며, ⓑ 픽셀은 가장 왼쪽의 상위 비트가 '0'이다. 따라서 ⓐ가 ⓑ보다 큰 정숫값을 나타내며, ⓐ 픽셀의 색상이 ⓑ 픽셀의 색상에 비해 더 흰색에 가깝다.

⑤ ⓐ 픽셀과 ⓑ 픽셀에 데이터가 삽입되면 LSB가 모두 1에서 0으로 바뀌게 된다.
각 픽셀의 LSB에 워터마크 이미지의 데이터 '0'이 삽입됨.

> [3]문단 ❶문장 이때 원본 이미지 각 픽셀의 8개의 비트 중 LSB에만 데이터를 삽입하기 때문에 ~

LSB 치환 방법은 원본 이미지 각 픽셀의 LSB에 워터마크 이미지의 데이터를 삽입하는 방법이다.
〈보기〉에서는 LSB 치환 방법에 따라 B '워터마크 이미지'의 데이터 '0'이 각각 A '원본 이미지'의 ⓐ 픽셀과 ⓑ 픽셀에 삽입되고 있으므로 ⓐ 픽셀과 ⓑ 픽셀의 LSB가 모두 1에서 0으로 바뀌게 된다.

37 정답 ② ＊구체적 사례나 상황에 적용하기 ★1등급 대비

[① 8% ② 39% ③ 21% ④ 19% ⑤ 11%]

DCT(Discrete Cosine Transform)를 이용하는 방법에 대한 이해를 바탕으로 〈보기〉의 ㉮ ~ ㉰에 대해 보인 반응으로 가장 적절한 것은?

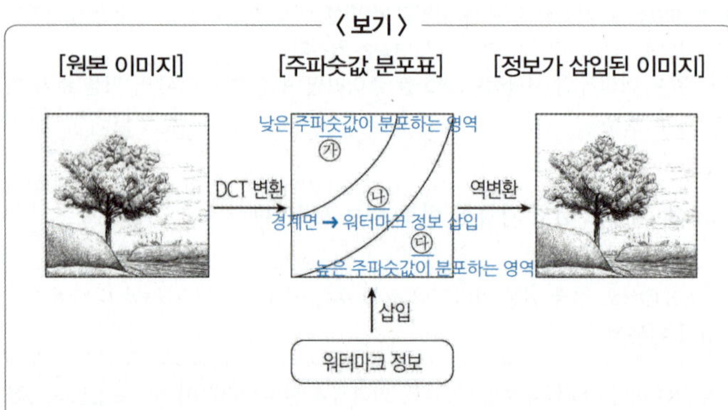

 단서＋해결

단서 〈보기〉의 [주파숫값 분포표]
　㉮: 낮은 주파숫값 분포 영역 ➡ 주변 픽셀과 색상이나 밝기 차이가 적은 픽셀
　㉯: 낮은 주파숫값이 분포하는 영역과 높은 주파숫값이 분포하는 영역의 경계면
　　➡ 워터마크 정보를 삽입하는 영역
　㉰: 높은 주파숫값 분포 영역 ➡ 주변 픽셀과 색상이나 밝기 차이가 큰 픽셀

발상 높은 주파숫값이 분포하는 영역에 워터마크를 삽입하면 원본 이미지의 시각적인 변화를 최소화할 수 있음.

해결 ㉮는 ㉰보다 낮은 주파숫값을 가지는 영역임. ➡ ㉮에 워터마크를 삽입하면 ㉰에 삽입하는 것보다 시각적인 변화가 더 큼.

> **왜 정답?**

② ㉮에 워터마크를 삽입하면 ㉰에 삽입하는 것보다 역변환 후 원본 이미지의 시각적 변화가 더 크겠군.
낮은 주파숫값 분포 영역　　　높은 주파숫값 분포 영역

> [4]문단 ❺문장 주파숫값 분포표에는 좌측 상단으로 갈수록 낮은 주파숫값, 우측 하단으로 갈수록 높은 주파숫값이 분포하게 되는데 ~
> [5]문단 ❶문장 ~ 높은 주파숫값이 분포하는 영역에 워터마크를 삽입하면 원본 이미지의 시각적인 변화를 최소화할 수 있다.

㉮는 낮은 주파숫값이 분포하는 영역이고, ㉰는 높은 주파숫값이 분포하는 영역이다. 윗글에서 '높은 주파숫값이 분포하는 영역에 워터마크를 삽입하면 원본 이미지의 시각적인 변화가 최소화'된다고 했다. 따라서 ㉮에 워터마크를 삽입하면 ㉰에 삽입하는 것보다 원본 이미지의 시각적 변화가 더 크다.

> **왜 오답?**

① ㉮는 ㉰보다 원본 이미지에서 주변 픽셀과 색상이나 밝기 차이가 더 큰 부분이겠군.
경계면 / 낮은 주파숫값이 분포하는 영역 / 작은

> [4]문단 ❸~❺문장 이미지에 DCT를 적용하면 주변 픽셀과 색상이나 밝기 차이가 적은 픽셀은 낮은 주파숫값으로, 경계선 등 주변 픽셀과 색상이나 밝기 차이가 큰 픽셀은 높은 주파숫값으로 나타난다. ~ 주파숫값 분포표에는 좌측 상단으로 갈수록 낮은 주파숫값, 우측 하단으로 갈수록 높은 주파숫값이 분포하게 되는데 ~

㉮는 ㉰보다 좌측 상단에 분포하는 영역이므로, ㉮는 ㉰보다 낮은 주파숫값이 분포하는 영역이다. 윗글에서 '주변 픽셀과 색상이나 밝기 차이가 적은 픽셀은 낮은 주파숫값으로' 나타난다고 했으므로, ㉮는 ㉰보다 원본 이미지에서 주변 픽셀과 색상이나 밝기 차이가 더 작은 부분이다.

③ ㉯에 삽입된 워터마크가 ㉰에 삽입된 워터마크보다 JPEG와 같은 방식의 압축에 의해 더 쉽게 제거되겠군.

> [5]문단 ❷문장 그러나 JPEG와 같은 방식의 압축 이미지 알고리즘은 ~ 높은 주파숫값이 분포하는 영역에 워터마크를 삽입하면 이미지 압축과 같은 과정에서 워터마크가 삭제될 수 있다.

㉰는 ㉯보다 우측 하단에 분포하는 영역이므로, ㉰는 ㉯보다 높은 주파숫값이 분포하는 영역이다.
윗글에서 JPEG와 같은 방식의 압축은 '높은 주파수 성분의 요소를 제거하여 이미지를 압축'한다고 했다. 따라서 JPEG와 같은 방식의 압축에 의해 ㉰에 삽입된 워터마크가 ㉯에 삽입된 워터마크보다 더 쉽게 제거된다.

④ ㉰에 삽입된 워터마크가 ㉮에 삽입된 워터마크보다 역변환 후 전체 이미지에 더 고르게 분산되겠군.
워터마크를 삽입하는 영역에 상관없이 고르게 분산됨.

> [4]문단 ❻문장 이때 (DCT 방식으로) 워터마크 이미지의 픽셀의 색상값을 주파숫값 형태로 삽입한 후 다시 역변환 수식에 따라 변환하면, 어느 주파숫값에 삽입하든 워터마크가 원본 이미지의 전 영역에 걸쳐 고르게 분산된 형태로 삽입된다.

윗글에 따르면 DCT 방식으로 워터마크 이미지를 삽입할 때, '어느 주파숫값에 삽입하든 워터마크가 원본 이미지의 전 영역에' '고르게 분산된다'.
따라서 ㉰에 삽입된 워터마크가 ㉮에 삽입된 워터마크보다 전체 이미지에 더 고르게 분산된다고 할 수 없다. ㉰에 삽입된 워터마크와 ㉮에 삽입된 워터마크는 모두 전체 이미지에 고르게 분산된다.

⑤ ㉮, ㉯, ㉰ 영역은 원본 이미지와 상관없이 항상 일정한 비율로
나타나겠군.
원본 이미지의 색상이나 밝기에 따라 다름.

[4]문단 ❺문장 ~ 이미지의 색상이나 밝기에 따라 각 주파숫 값이 분포하는
영역의 비율은 다르게 나타난다.

윗글에 따르면 주파숫값 분포표에 분포한 주파숫값들은, 이미지의 색상이나 밝기에
따라 각 주파숫값이 분포하는 영역의 비율이 다르게 나타난다.

따라서 ㉮, ㉯, ㉰ 영역의 비율은 원본 이미지의 색상이나 밝기에 따라 다르게
나타난다.

38 정답 ① * 어휘의 의미 파악하기 .... [정답률 90%]

문맥상 ㉠과 가장 가까운 의미로 쓰인 것은?
'말한다' – '어떤 가정이나 사실, 현상 따위를 나타내 보이다.'의 의미임.

> 왜 정답?
① 북극은 지구 자전축의 북쪽 끝을 말한다.
'어떤 가정이나 사실, 현상 따위를 나타내 보이다.'의 의미임.

> 왜 오답?
② 선생님은 그 작가에 대해 항상 좋게 말했다.
'평하거나 논하다.'의 의미임.

③ 난 내 생각을 다른 사람에게 솔직하게 말한다.
'생각이나 그림 따위를 말로 나타내다.'의 의미임.

④ 친구에게 동생이 오면 문을 열어 달라고 말했다.
'무엇을 부탁하다.'의 의미임.
④의 '말하다'는 '무엇을 부탁하다.'의 의미로 쓰였다.

⑤ 그녀에게 약속 장소를 말하지 않은 것이 생각난다.
'어떠한 사실을 말로 알려주다.'의 의미임.

39~42 지문 관련 어휘

연유: 일의 까닭   경황실색하다: 놀라고 두려워 얼굴색이 달라지다.
대적하다: 적이나 어떤 세력, 힘 따위와 맞서 겨루다.
곤궁하다: 처지가 이러지도 저러지도 못하게 난처하고 딱하다.
흉적: 흉악한 도적   경각: 눈 깜빡할 사이. 또는 아주 짧은 시간
탐지하다: 숨겨지거나 드러나지 않은 사물이나 사실 따위를 자세히 살펴 알아내다.
침노하다: 남의 나라를 불법으로 쳐들어가거나 쳐들어오다.
탄식하다: 한탄하여 한숨을 쉬다.   친행하다: 몸소 실행하다.
핍박하다: 바싹 죄어서 몹시 괴롭게 굴다.
덕망: 덕행으로 얻은 명망
도탄: 진구렁에 빠지고 숯불에 탄다는 뜻으로, 몹시 곤궁하여 고통스러운
지경을 이르는 말
만민: 모든 백성. 또는 모든 사람   옥체: 임금의 몸
순종하다: 순순히 따르다.   결단하다: 결정적인 판단을 하거나 단정을 내리다.
양진: 전투나 운동 경기에서, 서로 대적(對敵)하고 있는 두 편의 진(陣)
분별하다: 서로 다른 일이나 사물을 구별하여 가르다.
역적: 자기 나라나 민족, 통치자를 반역한 사람
칭송하다: 칭찬하여 일컫다.   보전하다: 온전하게 보호하여 유지하다.
격파하다: 어떠한 세력이나 함선, 비행기 따위를 공격하여 무찌르다.
난망: 잊기 어려움.

39~42 * 작자 미상, 〈정각록〉

\# 출제 ❶ 중심인물, 배경 ❷ 중심 사건, 갈등 ❸ 서술상 특징
△: 천자를 배신하고 '양운'의 편에 서는 인물

[1] [선봉장 원이정이 내달아 양주 자사 양운을 맞아 싸우다가 사로잡힌
[ ]: '원이정'과 '양경'이 천자를 배신하고 '양운'의 편에 섬.
바 되니, 또 도원수 양경이 내달아 적을 상대하더니 물러나며 두어 번
싸우는 척하다가 실수하여 사로잡히는 체하고 적진으로 들어갔다.]

황제는 그 연유를 알지 못하고 경황실색하며 이렇게 물었다.

"하신(下臣) 중 누가 대적하리요?"
*서술자의 개입: 서술자가 작품에 직접 끼어들어 자신의 목소리를 내거나 의견을 표출하는 서술 방법

좌우의 모두가 일제히 아뢰었다.

"이제 형세가 곤궁하오니 마땅히 항복하기만 같지 못하옵니다."
\# 신하들이 황제에게 항복을 권유함.

천자가 크게 분하여 대답하지 않고 좌우를 돌아보며 말기를,
❼ 중심인물(=황제)
"누가 능히 흉적을 소멸하고 짐의 분을 덜겠는가?"

그러나 하신의 모든 무리가 거의 다 양경의 세력에 들었는지라
\# 서술자가 개입하여 장면에 대한 주관적 논평을 내림.
누가 대적하겠는가? ❾ 급함이 경각에 달리게 되었다.

태자비가 이 시랑 댁에서 조정에서 모시러 오기를 기다리며 밤낮으로
❶ 공간적 배경 ❶ 중심인물   \# 조정의 소식을 알기 위해 노력하는 태자비의 모습
국가 소식을 탐지하였는데 하루는 피난하는 백성이 길을 막고 울었다.

태자비가 소애를 시켜 위로하며 백성에게 물으니 백성이 말하기를,
[ ]: ❸ 인물의 말을 통해 상황을 요약적으로 전달함.
"양경의 동족(同族)인 황주, 익주, 서주, 강주, 성주, 형주 도읍이
[ ]: ❷ 중심 사건 – '양경'을 중심으로 반역이 일어나고, 천자가 위기에 처함.
다 반역하여 조정을 침노하였는데, 천자께서 몸소 공격하시다가
'양경'을 중심으로 반역이 일어남.
도적에게 패하여 거의 죽게 되셨으니 백성이 당하지 못하여 피난하나이다."]
반역으로 인해 국가의 위기 상황이 발생함.

태자비가 듣고 하늘을 우러러 탄식하며 말하기를,

"전쟁터에는 나라를 일으켜 세울 신하가 없고 양경 같은 소인이 있어
백성을 다 없어지게 하고 임금을 해치니 어찌 통한치 아니하리오.
❸ 설의적 표현을 통해 태자비의 분함과 한스러움을 드러냄.
황상이 이제 친행(親行)하신다 하니 그 흉적의 세력을 어찌 당하리오.
황제가 이제 몸소 실행하신다고 하니 ➡ 황제가 몸소 공격하고 있는 상황
내 비록 여자이나 한번 소리쳐 역적을 깨뜨리고 백성을 건지며
\# 태자비의 영웅으로서의 면모가 드러남.
임금을 구원하리라."
*설의적 표현: 쉽게 판단할 수 있는 사실을 의문의 형식으로
표현하여 상대편이 스스로 판단하게 하는 표현

*[1] 요약: 양경의 반란으로 위험에 빠진 조정을 구하기로 결심한 태자비

(중략)

[2] 태자비가 분기충천하여 천조검을 높이 들고 말하기를,
"너희는 어떤 도적이기에 성질이 억세게 고집스럽고 사납기가
그지없어 우리 황상을 이리도 핍박하는가? 나는 성제(聖帝)의 명을
어질고 덕이 뛰어난 임금 = '천자'를 가리킴.
받아 주 씨 강산을 구하러 왔으니 나를 대적할 이 있거든 모두 나와
천자가 다스리는 나라 ➡ 주 씨 = 천자의 가문 = 황실
승부를 겨루자.
태자비의 영웅적 면모가 드러남.
하는 소리 진동하니 양주 자사 양운이 소리에 응답하여 크게 소리쳐 말하기를,
아버지와 할아버지를 아울러 이르는 말
"이제 주 씨의 부조(父祖)가 덕망을 잃어 천하 백성이 도탄에 들어
지금의 황실이 나라를 잘못 다스리고 있다고 주장함. ➡ 반역을 일으킨 이유
눈을 뜨지 못함을 차마 보지 못하여 주 씨를 들어 내쳐서 만민을
반역을 일으킨 행위를 정당화함.
[A] 건지고자 하나니, 너는 어떠한 사람이기에 시절 돌아감을 알지
\# [A]: '양운'이 자신이 반역을 일으킨 이유를 말하며 반역을 정당화함.
못하고 우리로 하여금 대공을 세우지 못하게 하는가?"

태자비가 대답하여 말하기를,
"자고로 신하는 그 위를 범하지 못하나니, 너희가 주씨의 녹을
\# 양운이 신하로서 갖추어야 할 태도를 갖추지 못했음을 꾸짖음.
먹었으나 임금의 은혜를 갚기는커녕 도리어 이리 하느냐. 옥체를
[B] 빌린 임금의 마음은 하해와 같으니 어찌 하늘의 벌이 없겠는가? 급히
\# [B]: '태자비'가 신하가 지켜야 할 태도를 내세우며 '양운'을 비판함.
항복하면 죄를 용서하려니와, 끝내 하늘 뜻에 순종하지 않으면
아득히 살아날 길이 없는 곳으로 나아가게 하리니 급히 결단하라."

⑦양운이 노하여 달려들거늘, 태자비가 맞아 싸워 두 합에 태자비의
칼이 번뜩하더니 양주 자사 양운의 머리를 베어 칼 끝에 꿰어 들고
재주를 자랑하며 쳐들어갔다. ⑧적진에서 양운의 죽음을 보고 또 한
장수가 내닫거늘,

⑨태자비가 바라보니 신장이 구 척이고 얼굴은 수묵을 갈아 뿌린 듯하고
눈은 커서 세 치 닷 푼이나 되었다. ⑩장검이 엄숙하여 청천(靑天)의 번개
같으니 이는 황주 자사였다.]

⑪태자비가 크게 꾸짖어 말하기를,

⑫"이런 도적이 시정에 있으나 무엇에 쓸 수 있겠는가? 너와 더불어
대적함이 욕되나 위국충신이 있는 고로 마지못해 다투니 급히 결단하라."

⑬황주 자사가 크게 노하여 달려들어 태자비와 싸우기를 20여 합이나
승부를 가리지 못했다.

⑭이때에 천자가 대상(臺上)에서 바라보니 난데없는 장군이
필마(匹馬)로 들어와 적장을 모두 죽이는 것이었다. ⑮이를 보고 의아한
중에 안심되어 말씀하시기를,

⑯"밝으신 하늘이 주 씨 강산을 보전케 하시도다."

⑰이어 기뻐하며 일월기(日月旗)를 둘러 접응하였다.

⑱태자비가 황주 자사와 싸우기를 30여 합에 결단하지 못하였는데,
[문득 태자비가 입은 전포(戰袍)의 용두(龍頭)에서 청황룡이 엎드려
있다가 붉은 기운을 토하니, 삼태호총마가 귀를 세우는 가운데 안개가
자욱하여 양진을 분별하지 못하였다. ⑲그런데 문득 태자비의 몸이
공중에 솟구치더니 칼을 들어 황주 자사의 목을 베어 말 아래로
내리치니 누가 감히 당하리오. ⑳태자비가 드디어 **모든 역적을**
함몰시키고 군사는 놓아 보내니,] 적진에 잡혀갔던 양경과 원이정의
몸이 살아와서 태자비를 보고 칭송하며 말하기를,

㉑["우리들은 대국 도원수와 선봉장이나 재주가 없어 적진에 잡혀
죽게 되었더니 장군의 은혜를 입어 **목숨을 보전**하고 흉적을
격파하였으니 은혜 난망(難忘)이로소이다."]

㉒태자비가 한 꾀를 생각하고 이렇게 말하였다.

㉓"정말 몰랐습니다."

㉔그러고는 양경을 데리고 천자 계신 곳에 가서 육도 자사의 머리를
올리니 천자가 크게 기뻐하시며 자리에서 내려와 태자비의 손을
잡으시고 말씀하시었다.

㉕"장군의 충성은 무엇보다도 크니 금수강산으로도 갚지 못하리라."

㉖태자비가 엎드려 아뢰었다.

㉗"폐하의 홍복(洪福)이라, 신이 무슨 공이 있겠습니까?"

㉘천자가 매우 칭찬하자, 태자비가 다시 여쭈어 아뢰었다.

㉙"이제 육도 자사가 죽고 자리가 비었으니 엎드려 바라옵건대
폐하께서는 여섯 자사를 정하여 각각 모든 병사를 다스리게
하옵소서."

㉚이에 천자가 이를 따랐다.

㉛이어 태자비가 천자를 모시고 황성에 올라왔는데, 남쪽 성문 위에
천자가 전좌한 뒤, 태자비가 황상에게 이렇게 아뢰었다.

㉜"또한 성 안에 육도 자사의 남은 무리가 무수하오니 다시 성에
들어가 반적(叛賊)을 다 없앤 후 환궁하겠습니다."

㉝[천자가 크게 놀라 그대로 윤허하시니, 태자비가 즉시 차환 등을
호령하여, 양경과 원이정을 잡아들이라는 소리가 천지를 진동하였다.]

전좌하다: 임금 등이 정사를 보거나 조하를 받으려고 정전(正殿)이나 편전(便殿)에
나와 앉다.

윤허하다: 임금이 신하의 청을 허락하다.

환궁하다: 임금이나 왕비, 왕자 등이 대궐로 돌아오다.

*② 요약 : 반군을 진압한 태자비의 비범한 능력

독해 공식

❶ **중심인물**: 양운, 양경, 천자, 태자비, **배경**: 이 시랑 댁, 천자 계신 곳

❷ **중심 사건**: '양경'을 중심으로 반역이 일어나고, 천자가 위기에 처함. '태자비'가 역적을
모두 무찌름. '태자비'가 성 안에 남아 있는 역적 무리를 잡아들임.

　갈등: 반역 세력(양운, 황주 자사)과 태자비의 전쟁(외적 갈등)

❸ **서술상 특징**

　• **서술자**: 3인칭 서술자, **시점**: 전지적 작가 시점
　• 서술자가 개입하여 장면에 대한 주관적 논평을 내림.
　• 인물의 말을 통해 상황을 요약적으로 전달함.
　• 설의적 표현을 통해 인물의 감정을 효과적으로 드러냄.
　• 인물의 외양을 묘사하여 인물의 특징을 드러냄.
　• 비현실적 요소를 통해 주인공의 영웅적 면모를 부각함.

■ **갈래**: 고전 소설, 영웅 소설, 군담 소설(주인공의 군사적 활약상을 주요 내용으로 하는
소설)

■ **이 작품은?**: 이 작품은 여성을 영웅적 인물로 설정하여 인물의 뛰어난 능력과 유교
이념을 구현한 글이다. 주인공 '태자비'는 반역을 일으킨 인물들을 숙청하고 나라를
구하는 영웅적 인물로, 뛰어난 능력을 바탕으로 유교적 이념인 충을 구현한다.

■ **주제**: 태자비의 뛰어난 능력과 영웅적 활약

■ **이것이 핵심!**: **인물 관계도**

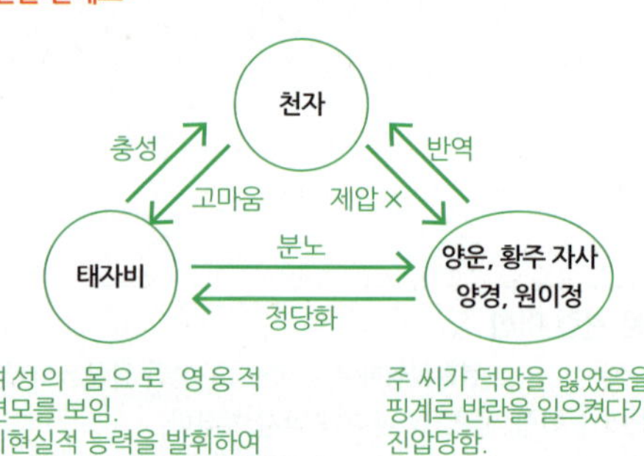

－여성의 몸으로 영웅적
　면모를 보임.
－비현실적 능력을 발휘하여
　반군을 진압하고 황제를
　보호함.

주 씨가 덕망을 잃었음을
핑계로 반란을 일으켰다가
진압당함.

■ **전체 줄거리**

　정욱은 양귀비의 오빠 양경이 자신의 딸 정 소저를 며느리로 삼으려 하자 죽었다고
속이고 다른 곳에 숨긴다. 태자비를 잃은 태자는 옆집에 숨은 정 소저를 보게 되고 첫눈에
반한다. 태자는 여장을 하고 관음사에 발음하러 간 정 소저를 따라가서 만나고, 태자와 정
소저는 서로 친해진다. 이후 태자의 정체가 밝혀지고 태자와 정 소저는 부부가 된다.

　정 소저는 양귀비의 모함으로 사약을 받게 되지만, 충신 강문창의 도움으로 위기를
넘기고 남장을 한 채 떠난다. 정 소저는 아버지의 죽마고우 이원중을 만나 도움을 받고,
이원중을 따라가 함께 지낸다. 이원중은 정 소저가 여자임을 알지 못하고, 자신의 딸과
혼인을 해달라고 정 소저에게 청하고, 정 소저는 이를 받아들인다.

　이때 양경의 측근인 육도의 자사들이 동시에 반란을 일으킨다. 황제는 양경을 도원수로,
양경의 처조카 원이정을 선봉장으로 삼아 반적 토벌에 나선다. 양정과 원이정은 거짓으로
항복하고, 황제는 위기에 처한다. 이때 정 소저가 조정의 위험을 알게 되고 황제를
구하고자 반적 토벌에 나선다. 정 소저는 역적을 모조리 잡아 죽인다.

　정 소저는 아버지 정욱과 장인 이원중을 모셔오고, 이들은 모두 높은 벼슬을
제수받는다. 정 소저는 남편인 태자와 재회하고, 아내인 이 씨를 황실로 데려온다. 이들
셋은 부부가 되어 자식을 낳고 행복하게 산다.　　　　　　　（　　: 지문 수록 부분）

39 정답 ③ ＊서술상 특징 파악하기 ········· [정답률 73%]

윗글에 대한 설명으로 가장 적절한 것은?

> **왜** 정답 ?

현실에 있을 법하지 않은 것
③ 전기적 요소를 활용하여 비현실적인 장면을 부각하고 있다.
태자비가 도술을 부려 적을 무찌름.

> ② - ⑱, ⑲ 태자비가 황주 자사와 싸우기를 30여 합에 결단하지 못하였는데, 문득 태자비가 입은 전포(戰袍)의 용두(龍頭)에서 청황룡이 엎드려 있다가 붉은 기운을 토하니, 삼태호총마가 귀를 세우는 가운데 안개가 자욱하여 양진을 분별하지 못하였다. 그런데 문득 태자비의 몸이 공중에 솟구치더니 칼을 들어 황주 자사의 목을 베어 말 아래로 내리치니 누가 감히 당하리오.

윗글의 태자비가 황주 자사와 싸우던 중에 태자비가 입은 전포의 용두에서 청황룡이 나와 붉은 기운을 토하는 것, 삼태호총마가 귀를 세우자 안개가 자욱해지는 것, 태자비의 몸이 공중에 솟구치는 것에서 전기적 요소가 활용되었다.

윗글은 이러한 전기적 요소를 활용하여 비현실적인 장면을 부각하며 태자비의 비범한 능력을 보이고 있다.

> **왜** 오답 ?

서술자가 작품에 직접 끼어들어   우스꽝스럽게 묘사하거나 풍자하고
① 서술자가 직접 개입하여 인물을 희화화하고 있다.
희화화하지 않음.

> ① - ➑, ➒ 그러나 하신의 모든 무리가 거의 다 양경의 세력에 들었는지라 누가 대적하겠는가? 급함이 경각에 달리게 되었다.
> 서술자가 개입하여 장면에 대한 주관적 논평을 내림.
> ② - ⑲ 그런데 문득 태자비의 몸이 공중에 솟구치더니 칼을 들어 황주 자사의 목을 베어 말 아래로 내리치니 누가 감히 당하리오.
> 서술자가 개입하여 '태자비'의 영웅적 면모를 부각함.

시간의 흐름이 순서대로 흐르지 않게 구성하여
② 역순행적 구성을 통해 사건의 인과 관계를 밝히고 있다.
나타나지 않음.   나타나지 않음.

④ 공간을 환상적으로 묘사하여 인물의 내적 갈등을 보여 주고 있다.
안개가 자욱하다고 묘사함.   드러나지 않음.

> ② - ⑱ ~ 삼태호총마가 귀를 세우는 가운데 안개가 자욱하여 양진을 분별하지 못하였다.

태자비가 황주 자사와 싸울 때 삼태호총마가 귀를 세우자 안개가 자욱해졌으므로 전쟁터의 공간을 환상적으로 묘사했다고 볼 수 있다. 그러나 이러한 공간 묘사를 통해 인물의 내적 갈등을 드러내고 있지는 않다.

⑤ 장면에 따라 서술자를 달리하여 사건을 입체적으로 드러내고 있다.
3인칭 서술자가 전지적 작가 시점을 유지함.

40 정답 ② ＊인물의 심리와 태도 파악하기 ⭐1등급 대비
[① 6% ② 54% ③ 10% ④ 22% ⑤ 6%]

윗글에 대한 이해로 적절하지 <u>않은</u> 것은?

> **왜** 틀렸나 ?

선택지에서 묻는 내용이 윗글에 짧게 제시되어 있어 글에서 선택지에서 묻는 내용을 찾지 못해 틀린 학생들이 많았다. 윗글의 중요 사건을 파악하고, 각 사건에 대한 인물의 반응과 태도를 파악해야 한다.

> **왜** 정답 ?

② 하신의 무리들은 전장의 형세를 이유로 천자의 항복을 만류했다.
권유함.

> ① - ➌ ~ ➎ "하신(下臣) 중 누가 대적하리요?" / 죄우의 모두가 일제히 이뢰었다. / "이제 형세가 곤궁하오니 마땅히 항복하기만 같지 못하옵니다."

'양운'의 반란에 대적할 하신이 누가 있는지 묻는 '천자'의 질문에 하신들은 형세가 곤궁하다는 것을 이유로 천자의 항복을 권유하고 있다.

> **왜** 오답 ?

① 도원수 양경은 적과 싸우는 척하다 일부러 적진에 잡혀갔다.
실수로 사로잡히는 척함.

> ① - ❶ ~ 도원수 양경이 내달아 적을 상대하더니 물러나며 두어 번 싸우는 척하다가 실수하여 사로잡히는 체하고 적진으로 들어갔다.

③ 태자비는 이 시랑 댁에서 지내며 나라의 상황을 알기 위해 노력하였다.
밤낮으로 국가 소식을 탐지함.

> ① - ❿ 태자비가 이 시랑 댁에서 조정에서 모시러 오기를 기다리며 밤낮으로 국가 소식을 탐지하였는데 하루는 피난하는 백성이 길을 막고 울었다.

④ 천자는 전장에 말을 타고 나타난 장군이 태자비임을 알아보지 못했다.
태자비를 알아보지 못하고 의아해함.

> ② - ⑭, ⑮ 이때에 천자가 대상(臺上)에서 바라보니 난데없는 장군이 필마(匹馬)로 들어와 적장을 모두 죽이는 것이었다. 이를 보고 의아한 중에 안심되어 말씀하시기를, ~

천자는 황주 자사와 싸우는 '태자비'를 보고 '난데없는 장군이 말 한 필을 타고 홀로 들어와 적장을' 죽인다고 생각하고 의아해한다. 즉 천자는 '장군'이 '태자비'임을 알아보지 못하고 있다.

> **매력 오답** '난데없는 장군'이 '태자비'임을 파악하지 못해서 틀린 학생들이 많았다.
> '태자비'가 '황주 자사'와 싸우는 장면이 제시되고 '이때에 천자가 대상(臺上)에서 바라보니'라고 한 장면에서 천자가 바라보고 있는 것은 '태자비'가 '황주 자사'와 싸우는 모습이고, '난데없는 장군'은 '태자비'를 가리킨다.

⑤ 태자비는 천자에게 반적을 없앤 후 환궁하겠다는 의사를 밝혔다.
성 안에 남은 육도 자사의 무리를 다 없앤 후 환궁하겠다고 밝힘.

> ① - ⑫ "양경의 동족(同族)인 황주, 익주, 서주, 강주, 성주, 형주 도읍이 다 반역하여 조정을 침노하였는데, ~"
> ② - ㉜ "또한 성 안에 육도 자사의 남은 무리가 무수하오니 다시 성에 들어가 반적(叛賊)을 다 없앤 후 환궁하겠습니다."

'태자비'는 '천자'에게 '육도 자사의 남은 무리', 즉 '반적'을 '다 없앤 후 환궁하겠'다는 의사를 밝히고 있다. 이때 '육도 자사의 남은 무리'는 반역을 일으킨 '황주, 익주, 서주, 강주, 성주, 형주 도읍'의 남은 세력을 의미한다.

41 정답 ⑤ ＊인물의 심리와 태도 파악하기 ·········· [정답률 75%]

[A]와 [B]에 대한 설명으로 가장 적절한 것은?

> **왜** 정답 ?

⑤ [A]는 자신의 행동이 정당함을 말하며, [B]는 상대가 지켜야 할
백성을 구하고자 반역을 일으킴.
태도의 당위성을 내세우며 상대의 행동을 비판하고 있다.
신하는 임금의 은혜를 갚아야 함.

> ② - ❹ "이제 주 씨의 부조(父祖)가 덕망을 잃어 천하 백성이 도탄에
> 백성을 구하고자 반역을 일으켰다고 자신의 행동을 정당화함.
> 들어 눈을 뜨지 못함을 차마 보지 못하여 주 씨를 들어 내쳐서 만민을 건지고자 하나니, 너는 어떠한 사람이기에 시절 돌아감을 알지 못하고 우리로 하여금 대공을 세우지 못하게 하는가?" [A]
> ② - ❻ "자고로 신하는 그 위를 범하지 못하나니, 너희가 주씨의 녹을
> 신하는 임금의 은혜를 갚아야 하는데 반역을 일으켰음을 비판함.
> 믹있으나 임금의 은혜를 갚기는커녕 노리어 이리 하느냐. 옥제를 빌린 임금의 마음은 하해와 같으니 어찌 하늘의 벌이 없겠는가? 급히 항복하면 죄를 용서하려니와, 끝내 하늘 뜻에 순종하지 않으면 아득히 살아날 길이 없는 곳으로 나아가게 하리니 급히 결단하라." [B]

① [A]와 [B]는 모두 자신의 처지를 **하소연**하며 상대의 **동정심**을
[A]: ×, [B]: ×　　　　　하소연하지 않음. 동정심을 불러일으키지 않음.
불러일으키고 있다.

② [A]는 [B]와 달리 실행을 위한 **방안**을 요구하며 상대의 제안을
[A]: ×　　　　　　요구하지 않음.
수용하지 않고 있다.

③ [B]는 [A]와 달리 상대의 의도를 **추측**하며 자신이 해야 할 일을
[B]: ×　　　　　추측하지 않음.
계획하고 있다.

④ [A]는 성인의 말을 **인용**하여, [B]는 **역사적 사실**에 빗대어 자신이
　　　　　　인용하지 않음.　　　역사적 사실을 언급하지 않음.
처한 상황을 드러내고 있다.

42　정답 ①　＊〈보기〉를 바탕으로 감상하기　★1등급 대비

[① 55% ② 15% ③ 8% ④ 12% ⑤ 9%]

〈보기〉를 바탕으로 윗글을 감상한 내용으로 적절하지 않은 것은? [3점]

> ─〈 보기 〉─
>
> ❶〈정각록〉은 여성 영웅 소설로, **주인공 정 소저**는 백성들에게 인정을
> 　　　　　　　　　　　　　　　= 태자비
> 베풀어야 한다는 신념을 지니고, 유교 이념을 구현하기 위해 신하로서의
> 　　　　　　　　　　　　　　　　　천자에게 '충'을 다함.
> 도리를 다하는 인물로 그려진다. ❷태자비가 된 정 소저는 국가 위기를
> 　　　　　　　　　　　　　　반역을 일으킨 세력. 양경, 원이정 등
> 초래하는 반역 세력을 숙청함으로써 현 체제를 유지하고 국가 질서를
> 　　　　　　　　　　　　　　　　　　위기에 빠진 나라를 구함.
> 수호하려고 한다. ❸이처럼 이 작품은 여성을 영웅적 인물로 설정하여
> 국가적 위기를 해결하는 주체적인 인물로 그려 내고 있다.

왜 틀렸나?

윗글의 등장인물을 잘못 파악해서 틀린 학생이 많았다.
'양운', '양경', '원이정'은 국가 위기를 초래하는 반역 세력이다. 특히 '양경'과
'원이정'이 사로잡힌 척을 하며 황제를 배신하는 반역 세력임을 파악했어야 한다.

＞왜 정답 ?

① 태자비가 양경과 원이정의 '목숨을 보전'해 주는 것에서, 정 소저는
백성들에게 **인정**을 베풀어야 한다는 신념을 지니고 있는 인물로
　　　　　반역 일당을 잡아들이려 꾀를 쓰는 것임.
볼 수 있겠군.

> ①-⓮ "전쟁터에는 나라를 일으켜 세울 신하가 없고 양경 같은 소인이
> 　　　　　　　　　　　　　　　　　　양경을 반역 세력으로 인식함.
> 있어 백성을 다 없어지게 하고 임금을 해치니 어찌 통한치 아니하리오. ~"
> ②-㉑~㉝ "우리들은 대국 도원수와 선봉장이나 재주가 없어 적진에 잡혀
> 　　　　　　　양경과 원이정　　　　　　　　자신들의 반역을 저지른 것을 숨김.
> 죽게 되었더니 장군의 은혜를 입어 **목숨을 보전**하고 흉적을 격파하였으니
> 은혜 난망(難忘)이로소이다." / 태자비가 한 꾀를 생각하고 ~ 양경을
> 데리고 천자 계신 곳에 가서 ~ 양경과 원이정을 잡아들이라는 소리가
> 천지를 진동하였다.

태자비는 '양경'과 '원이정' 등을 역적으로 인식하고 있다. 태자비는 역적을 제압하고
목숨을 보전하기 위해 아첨하는 '양경'과 '원이정'을 벌하지 않고 믿는 척하여 천자가
있는 곳으로 데려간다. 이는 '양경'과 '원이정' 일당을 모조리 잡아들이려 꾀를 쓴
것이다. 즉 백성들에게 인정을 베풀어야 한다는 신념 때문에 이들의 목숨을 보전해
주는 것은 아니다.

---

② 태자비가 '조정을 침노'한 반역 무리를 응징하려고 하는 것에서, 정 소저는
현 체제를 유지하고 국가 질서를 수호하고자 한다고 볼 수 있겠군.
　　　　　반역 무리를 제압하여 국가의 질서를 지키고자 함.

> ①-⓬~⓮ "양경의 동족(同族)인 황주, 익주, 서주, 강주, 성주, 형주
> 도읍이 다 반역하여 조정을 **침노**하였는데, ~" / ~ / "~ 내 비록 여자이나
> 한번 소리쳐 역적을 깨뜨리고 백성을 건지며 임금을 구원하리라."

태자비는 조정을 침노한 반역 무리에 대해 '역적을 깨뜨리고 백성을 건지며 임금을
구원'하겠다고 하며 응징하겠다고 다짐한다. 〈보기〉에 따르면 이는 태자비가 천자
중심의 현 체제를 유지하고 국가 질서를 수호하고자 함을 보여준다.

매력 오답

윗글에서 '조정을 침노'한 반역 무리에 대해 서술된 부분과 태자비가 반역
무리를 응징하려고 하는 의지가 드러나는 부분이 다르기 때문에 헷갈린 학생이
많았다.
선택지에서는 반역 무리에 대한 태자비의 반응을 묻고 있다. 따라서 '조정을 침노'한
반역 무리에 대해 서술한 부분이 아니라, 반역 무리에 대한 태자비의 심리가 드러나는
부분에 주목해야 한다.

③ 태자비가 전장에 나가 '모든 역적을 함몰시'킨 것에서, 정 소저는
국가적 위기를 해결할 수 있는 **영웅적 능력**을 지니고 있는 인물로
　　　　　　　　　　　　　비범한 능력을 통해 역적을 함몰시킴.
볼 수 있겠군.

> ②-⓳, ⓴ 그런데 문득 태자비의 몸이 공중에 솟구치더니 칼을 들어 황주
> 자사의 목을 베어 말 아래로 내리치니 누가 감히 당하리오. 태자비가
> 드디어 **모든 역적을 함몰**시키고 군사는 놓아 보내니, ~

황주 자사와의 싸움에 고전을 겪던 태자비는 문득 몸이 공중에 솟구치더니 황주
자사의 목을 벰으로써 비현실적 능력을 발휘하여 모든 역적을 함몰시킨다. 〈보기〉에
따르면 이는 정 소저가 국가적 위기를 해결할 수 있는 영웅적 능력을 지닌 인물임을
보여주는 장면이다.

④ 태자비가 '내 비록 여자이'지만 적진에 나서 싸우겠다고 말하는 것에서,
정 소저는 **주체적으로 판단하고 행동하는 여성**으로 볼 수 있겠군.
　　　　　　국가적 위기를 해결하기로 주체적으로 결정함.

> ①-⓮ "~ 내 비록 여자이나 한번 소리쳐 역적을 깨뜨리고 백성을 건지며
> 임금을 구원하리라."

태자비는 '역적을 깨뜨리고 백성을 건지며 임금을 구원'하겠다고 결심하고 있다.
〈보기〉에 따르면 이는 국가적 위기를 해결하기 위해 주체적으로 판단하고 행동하는
태자비의 모습을 보여준다.

⑤ 태자비가 '임금을 구원하'기 위해 전장에 직접 나가 싸우는 것에서,
정 소저는 유교 이념을 구현하기 위해 **신하로서의 도리를 다하려**
　　　　　　　　　　　　　　　　　임금에게 충성을 다하고자 함.
한다고 볼 수 있겠군.

> ①-⓮ "~ 내 비록 여자이나 한번 소리쳐 역적을 깨뜨리고 백성을 건지며
> **임금을 구원**하리라."
> ②-❻ "자고로 신하는 그 위를 범하지 못하나니, 너희가 주씨의 녹을
> 먹었으나 임금의 은혜를 갚기는커녕 도리어 이리 하느냐. ~"

태자비가 양운에게 한 말을 통해 태자비가 신하는 임금의 은혜를 갚으며 살아가야
한다고 생각한다는 것을 알 수 있다. 이는 신하는 임금에게 충성을 다하는 도리를
지켜야 한다는 태자비의 신념을 보여준다. 〈보기〉에 따르면 태자비가 임금을
구원하기 위해 전장에 직접 나가 싸우는 것은 '충'이라는 유교 이념을 구현하기 위하여
신하로서의 도리를 다하려 하는 태자비의 모습을 보여준다.

42번 관련 어휘

초래하다: 일의 결과로서 어떤 현상을 생겨나게 하다.

숙청하다: 정치 단체나 비밀 결사의 내부 또는 독재 국가 등에서 정책이나
조직의 일체성을 확보하기 위하여 반대파를 처단하거나 제거하다.

체제: 사회를 하나의 유기체로 볼 때에, 그 조직이나 양식, 또는 그 상태를 이르는 말

출제　❶ 중심인물, 배경　❷ 중심 사건, 갈등　❸ 서술상 특징

❶ ❶ 녀석에게 고향을 배워 주겠노라 약속해 놓고도 막상 그것을 생각해 보려 하니 막연하기만 했다. (= '훈이')
어떤 방법으로 '녀석(훈이)'에게 고향의 의미를 알게 할 수 있는지 막막함.
❷ 생각의 실마리가 쉽게 잡히지 않았다. ❸ 어머니가 돌아가신 후로 20년 가까운 세월 동안 한 번도 발걸음을 한 일이 없는 동백골이었다.
'나'는 어머니가 돌아가신 후 오랫동안 고향을 방문하지 않음.
❹ 하나 같이 기억이 희미했다. ❺ 제법 감동 같은 걸 싣고 떠오르는 일이 없었다. ❻ 생각난 것은 내 배앓이의 시초가 됐던 학교 잡부금과 꾀배에 관한 것뿐이었다. 그러나 ❼ 그것은 다시 기억을 더듬어 낼 필요가 없는 것이었다.
❸ 서술자: '나', 시점: 1인칭 주인공 시점. '나'가 자신이 경험한 일과 자신의 내면을 서술함.
❽ 그것은 간밤에 이미 확인이 끝난 일이었다. ❾ 다른 것을 찾아내야 했다. ❿ 훈이 녀석을 위해서도 좀 더 행복스런 고향을 찾아내야 했다. ⓫ [나는 바다를 내려다보며 그 바다와 상관하여 기억을 더듬기 시작했다.
'훈이'에게 행복스러운 고향 이야기를 들려주기 위해 고민하는 '나'
⓬ 동백골에서도 바다는 멀지 않았다. ⓭ 바닷가 산비탈에 밭농사를 짓고 있어 그곳 사람들도 바다에는 무척 익숙했다. ⓮ 그러나 나는 아직도 그 바다가 어떤 식으로 내 어린 시절과 상관되고 있었는지, 또 그것에 대해 무슨 말을 할 수 있을지 마땅한 생각이 떠오르지 않았다. ⓯ 모든 게 뿌옇게 멀기만 했다.
[ ]: ❷ 중심 사건 – '나'가 고향의 기억을 떠올리려 하지만 떠오르지 않음.
바다와 연관된 어린 시절의 고향에서의 기억이 떠오르지 않음.
⓰ 아름아름 어떤 기억이 떠오를 듯하다가도 ⓷ 화산 마을 앞 넓은 바다가 눈앞으로 다가오면 그것에 가려 기억 속의 것은 금세 희미하게 멀어져 버리곤 했다.]
❶ 공간적 배경 '동백골 앞바다'의 기억을 희미하게 만드는 공간
'동백골 앞바다'에 가려 고향의 기억이 떠오르지 않음.
그럭저럭하다가 나는 결국 방으로 들어가 몸을 기대고 누워 버렸다. ⓲ 하지만 누워서도 다시 생각을 계속했다. ⓳ 다행히 눈앞에서 나를 간섭해 오는 바다가 없으니 이젠 생각이 훨씬 쉬운 것 같았다. ⓴ ⓛ 동백골 앞바다가 좀 더 선명하게 떠올랐다.
'훈이'에게 고향 이야기를 들려주고자 떠올리려고 하는 공간
[이윽고 한 가지 행복스런 정경이 멀리서부터 천천히 뇌리 속으로 비쳐 들어왔다. 그것은 참으로 행복스런 추억이었다.]
[ ]: ❷ 중심 사건 – '나'가 고향의 기억을 떠올림.
눈 앞에서 바다가 사라지자 동백골에서의 옛 추억이 떠오르기 시작함.

잡부금: 기본 부과금 이외에 잡다하게 물리는 돈
꾀배: 거짓으로 앓는 체하는 배앓이

＊ ❶ 요약 : '훈이'에게 고향의 의미를 알려 주기 위해 고향의 추억을 떠올림.

❷ ❶ 바다가 있었다. ❷ 여름의 바다는 유난히 넓고 푸르게 반짝거렸다.
❸ 과거를 회상하는 방식으로 고향에서의 기억을 떠올림.
❸ 바다에 발뿌리를 내려 뻗은 산줄기는 어디라 할 것 없이 울창한 녹음으로 푸르게 뒤덮여 있었다.
❸ 바다의 모습을 감각적으로 묘사함.
❹ 산비탈은 대부분 밭갈이가 되어 있고, 고구마나 수수나 콩이나 목화 같은 것을 심은 여름 밭거리
❶ 공간적 배경: '나'의 고향
가운데는 다섯 마지기 남짓한 우리 집 밭뙈기도 끼여 있었다. ❺ 어머니는 여름 한철을 대개 그 다섯 마지기 여름 밭갈이로 보냈다.
'나'의 어머니는 산비탈에 있는 밭을 가는 일을 하며 여름을 보냄.
❻ 아침만 되면 어머니는 김매기를 나가면서 밭머리로 나를 데려다 놓았다. ❼ 밭머리에는 푸나무꾼들이 산을 오르내리며 쉬어 가는 지게터가 있었다. ❽ 그리고 그곳엔 옛날부터 주인 없는 무덤이 하나 누워 있었다. ❾ 나는 언제나 그 인적에 씻겨 윤이 돋을 만큼 반들거리는
'나'는 어린 시절 무덤이 잔디밭 지게터에서 어머니를 기다림.
무덤가의 잔디밭 지게터에서 어머니를 기다리며 지냈다. ❿ 나중에 마을 사람들의 이야기를 들어 안 일이지만, 나는 내 기억의 한참 전부터도 여름이면 늘상 그 밭머리의 지게터에서 하루 해를 지내곤 했댔다. ⓫ 그리고 그 시기엔 어머니가 나를 업어다 쇠고삐처럼 허리에 띠를 감아 매어 놓곤 했댔다. ⓬ 걸핏하면 아무 데나 기어가 흙덩이를 집어 먹고

나무 가시 같은 데에 얼굴을 자주 할퀴어 댔기 때문이라고. ⓭ 어떤 때 사람들이 지게터를 지나가다 보면 나는 온몸에 오줌과 똥을 짓이겨 바른 채 배가 고파 울고 있거나, 울음을 울다울다 제풀에 지쳐 더운 뙤약볕 아래 잠이 들어 있는 것을 볼 때가 많았다고.
'나'의 생각과 달리 고향에서의 기억이 행복하지만은 않음.

＊ ❷ 요약 : '나'가 고향인 동백골 앞바다에서의 기억을 회상함.

[중략 줄거리] '나'의 고향 이야기를 들은 훈이는 '나'에게 고향을 찾아가지 않는 이유를 묻는다. 당황한 '나'는 그날 밤 심한 배앓이를 한다. 다음날 '나'는 차분하게 가라앉은 기분을 느끼며 기태에게 이제 화산 마을에서 떠나 서울로 가겠다고 말한다.
고향에 대한 아픈 기억을 회상한 것에 대한 부작용
❶ 공간적 배경

❶ [ ]: ❸ 대화를 통해 인물의 내면 의식과 생각을 드러냄.
❸ ❶ ["악마구리 속이라도 할 수 없지. 나를 그토록 폐허로 만든 곳이 서울이라면 내 병도 아마 그 서울 쪽에 뿌리가 있을테니까. 뿌리를 뽑고 싶으면 싫더라도 그 뿌리가 내려진 곳으로 돌아가는 게 정직한 태돌 테구."
'서울'에 대한 '나'의 부정적인 인식이 드러남.
병을 치료하기 위해 서울에서 살아가기로 함.

❷ "아서…… 자네 생각이 어떤 건지 모르지만, 난 아무래도 자넬 다시 서울로는 돌아가게 하고 싶지 않아. 내 집이 혹 불편해져서 그런다면 더 할 말이 없지만, 그렇더라도 서울보단 차라리 동백골이나 한번 들어가 지내보는 게 어떨까도 싶고……"
화산 마을에 있는 '기태'의 집
'기태'가 '나'의 병을 고치기 위해 서울보다 동백골로 갈 것을 권유함.

❸ ["동백골 쪽도 생각해 보지 않은 건 아니었어. 그것도 뭐 새삼스런 기대가 생겨서 그랬던 건 아니구. 기대 같은 걸로 말한다면 그건 오히려 정반대의 생각에서였다고 할까. 난 사실 지금도 그 동백골이 어떤 곳이었던가를 깡그리 잊고 있던 건 아니거든. 그런데 거기
[ ]: ❷ 중심 사건 – '나'가 서울행을 결정함.
고향이 행복하기만 했던 곳은 아니라는 걸 알고 있음.
너무 오래 발을 끊고 지내다 보니 어릴 적 일들이 터무니없는
고향에서의 기억이 행복한 추억으로 왜곡됨.
요술을 부리려 들더구만. 그럴듯한 요술로 나를 마구 속이려 든단 말일세. 내 눈으로 다시 가서 사실을 확인해 두고 싶기도 했어. 더 이상 내게 요술을 부릴 수 없도록. 하지만 아직도 내게는 용기가 훨씬 모자란 것 같아. 고향이 어떻게 나를 두렵게 하더라도 그
고향에 대한 환상을 깰 용기가 부족함.
현실을 현실대로 정직하게 맞부딪쳐 들어갈 수 있는 내 용기가 말일세. 당분간은 그 동백골 한 곳이라도 나를 속이게 놔두는 것이
고향에 대한 환상을 깨지 않고 당분간은 내버려 두고자 함.
나을 듯싶더구만. 그래야 또 자네 말대로 그 악마구리 속 같은 서울 살이를 버텨 나가기가 나을 듯싶기도 하고……"]

❹ "서울이란 할 수가 없군. 자넨 이제 진짜 서울 사람이 다 되어 버린 것 같다니까……"

❺ 기태는 아직도 곧이들리지 않는 듯 허허 웃었다.

❻ 그러나 나는 이제 아무 새로운 느낌도 없었다. ❼ 어이없어하는
서울로 가겠다는 '나'의 선택에 '기태'가 어이없어함.
기태를 향해 담담하게 대답했다.

❽ "하지만 뭐 서울에 무슨 새삼스런 기대가 있어선 물론 아니야. 그게 이를테면 유일하게 정직한 나의 삶이라는 것이겠고, 서울은 실상 그런 내 하나밖에 없는 소중한 삶의 터전인 셈이니까……"
서울에서 살아가는 현실의 삶을 긍정하기로 함.

❾ "병은 고칠 작정이 아니군."

❿ 기태는 그제서야 겨우 기가 꺾이기 시작했다. 그가 비로소 정색을 하며 혼잣말처럼 중얼거렸다. 그러자 나는 마지막으로 좀 더 지껄였다.

⓫ "할 수 없는 일이지. 이제 와서 알게 된 일이지만, 그건 맘대로 되는 일이 아닌 것 같거든. 살아오느라고 이 몰골로 폐허가 다 되었는데 좀 어려운 일이 아니지 않아. 이런 식으로는 어림도 없는 일이야.

2023.9
9회

난 단념했어. 그리고 이제부턴 그런 걸 불편스럽게 여기거나
부끄러워하지도 않을 것 같애. 나에겐 그 밖에 남은 게 없거든.
어떻게 보면 나는 그 많은 증세들 때문에, 그것을 건강 삼아
지금까지 살아왔던 것 같기도 하구. 고칠 수도 없고 굳이 고치려고
하지도 않겠어. 마음에 들진 않지만 이게 살아 있는 **내 진짜
얼굴이거든.** 그렇다면 난 다시 서울을 찾아 들어가는 것이
새삼스럽게 두려워질 일도 아니겠고, 자 그럼……"]

      ✳③ 요약 : 다시 서울로 돌아가려는 '나'의 다짐

🔖 독해 공식
❶ 중심인물: 나, 기태,   **공간적 배경:** 화산 마을 앞 넓은 바다, 산비탈, 화산 마을
  중심 사건: '나'가 고향의 기억을 떠올리려 하지만 떠오르지 않음. '나'가 고향의 기억을
떠올림. '나'가 서울행을 결정함.   **갈등:** 두드러지지 않음.

❸ 서술상 특징
- **서술자:** 1인칭 서술자, **시점:** 1인칭 주인공 시점
- 1인칭 서술자('나')가 자신이 경험한 일을 서술하고 자신의 내면을 서술함.
- 과거를 회상하는 방식으로 고향에서의 기억을 떠올림.
- 고향의 모습을 감각적으로 묘사함.
- 대화를 통해 인물의 내면 의식과 생각을 드러냄.

■ **갈래:** 현대 소설
■ **글쓴이:** 이청준(1939~2008). 초기에는 전통적 가치를 가지고 살아가는 사람들이 날로
변화하는 산업 사회 속에서 몰락해가는 모습을 담은 작품을 썼으며, 이후에는
지배·피지배의 갈등과 대립, 그리고 권력과 언어의 관계에 주목한 작품들을 남겼다.
주요 작품으로 〈눈길〉, 〈병신과 머저리〉, 〈줄〉 등이 있다.
■ **제목의 의미:** '귀향연습'은 고향의 기억이 환상에 불과했음을 인식하지만, 귀향하여
고향에 대한 환상을 깨지 않고 서울로 가서 현실의 삶을 살아가기로 '나'의 선택을
상징적으로 표현한 것이다. 즉 '나'에게는 고향이 행복과 상처의 기억이 공존하는
공간이기 때문에, 그리워하면서 쉽게 가지 못하는 곳이므로 '나'는 평생 '귀향연습'을
하며 살아간다는 것을 보여 준다.
■ **인물 관계도**

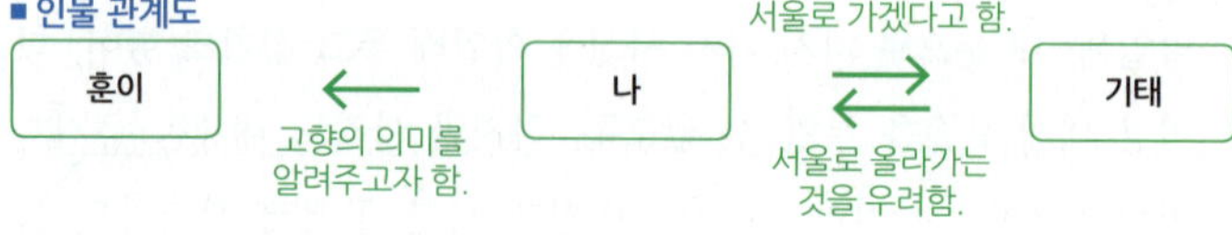

■ **주제:** 행복과 상처가 공존하는 고향에 대한 인식과 현실의 삶에 대한 긍정적 인식
■ **이것이 핵심!:** **'나'의 인식 변화**

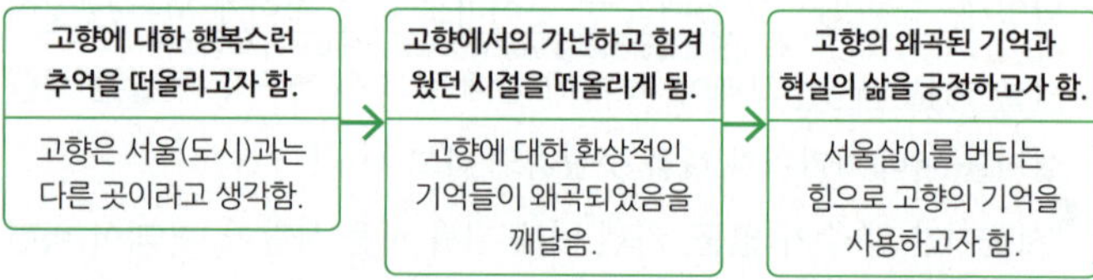

■ **전체 줄거리**
  '나'는 배앓이를 가지고 있는데, 배앓이가 시작되면 마음이 불안해지고 뱃속이
거북해짐을 느낀다. '나'는 이 배앓이가 고향을 떠나온 뒤 얻은 병이라고 생각한다. 서울
생활에 고됨을 느낀 '나'는 힘겨운 도시 생활을 접고 고향으로 돌아갈까 생각하기도 하지만
흉한 몰골로는 돌아갈 수 없다고 생각한다. 그 와중에 고향 친구 '기태'의 연락을 받고
화산리를 방문한다. 그곳에서 '기태'의 조카 '훈이'를 만나는데, 어린 나이에 비해
어른스러운 '훈이'는 '나'에게 고향을 가지고 계시냐고 묻는다.
  단순히 태어난 곳이라는 의미를 넘어 정신의 요람 같은 고향을 찾고 있는 '훈이'에게
고향의 의미를 알려주고자 '나'는 자신의 고향인 동백골에서의 행복스러운 기억을
떠올리려고 노력하지만 쉽게 떠올려지지 않는다. 어렵사리 떠올린 고향의 기억은
밭뙈기를 하루종일 김매기 하는 어머니의 모습에서 시작된다. '나'는 밭머리 무덤가에 있는
지게터에서 어머니를 기다리며 지냈는데, 온몸에 똥과 오줌을 바른 채 울고 있거나 울다
지쳐 자곤 했다고 다른 사람들에게 들었다.
  물론 행복한 기억도 있다. 어머니가 김을 매는 모습을 바라보거나 동백골 앞바다를
바라보는 기억은 행복한 시절로 남아 있다. 그러나 고향을 찾지 않는 이유를 묻는 '훈이'의
질문에 말문이 막힌 '나'는 한 차례 배앓이를 앓는다.
  건강이 회복된 후 환상 속 고향의 모습은 왜곡된 기억이었음을 깨닫고 서울 생활을
긍정적으로 인식하려고 노력한다. 서울보다는 차라리 동백골에 가서 휴식하라는 '기태'의
권유를 정중히 거절한 '나'는 서울을 '소중한 삶의 터전'이라고 말하며 서울로 돌아갈 것을
다짐한다.
                                   (▨ : 지문 수록 부분)

---

43 정답 ④   ✳ 인물의 심리와 태도 파악하기 ·········· [정답률 74%]

윗글에 대한 이해로 적절하지 **않은** 것은?

> **왜 정답?**

④ 기태는 서울 살이를 버려 보겠다는 '나'의 선택을 ~~지지했다.~~
                                  지지하지 않음.

> ③-❸~❼ "~ 서울 살이를 버려 나가기가 나을 듯싶기도 하고……" /
> "서울이란 할 수가 없군. 자넨 이제 진짜 서울 사람이 다 되어 버린 것
> 같다니까……" / ~ / 어이없어하는 기태를 향해 담담하게 대답했다.
>   서울 살이를 버려 보겠다는 '나'의 선택을 어이없어함.

> **왜 오답?**

① '나'는 어머니가 돌아가신 후에는 동백골에 가지 않았다.
    어머니가 돌아가시고 20년이 가까운 세월 동안 가지 않음.

> ①-❸ 어머니가 돌아가신 후로 20년 가까운 세월 동안 한 번도 발걸음을
> 한 일이 없는 동백골이었다.

② '나'는 훈이에게 행복스러운 고향 이야기를 들려주기 위해 고민했다.
    행복스러운 고향 이야기를 찾아내기 위해 기억을 더듬음.

> ①-❿, ⓫ 훈이 녀석을 위해서도 좀 더 행복스런 고향을 찾아내야 했다.
> 나는 바다를 내려다보며 그 바다와 상관하여 기억을 더듬기 시작했다.

③ 어머니는 여름 한철을 대개 산비탈에 있는 밭을 가는 일로 보냈다.
    산비탈에 있는 다섯 마지기 밭을 갈며 여름 한철을 보냄.

> ②-❹, ❺ 산비탈은 대부분 밭갈이가 되어 있고, ~ 어머니는 여름 한철을
> 대개 그 다섯 마지기 여름 밭갈이로 보냈다.

⑤ 기태는 '나'의 병을 고치기 위해 서울보다는 동백골에서 지내보는
것을 권했다.
                        '나'를 서울로 돌아가게 하고 싶지 않아 함.

> ③-❶, ❷ "~ 내 병도 아마 그 서울 쪽에 뿌리가 있을테니까. 뿌리를 뽑고
> 싶으면 싫더라도 그 뿌리가 내려진 곳으로 돌아가는 게 정직한 태돌 테구."
>   '나'는 병을 고치기 위해 서울로 돌아가고자 함.
> / "아서…… ~ 그렇더라도 서울보단 차라리 동백골이나 한번 들어가
>   기태는 '나'에게 동백골에서 지내보는 것을 권함.
> 지내보는 게 어떨까도 싶고……"

44 정답 ③   ✳ 소재 및 배경의 의미 파악하기 ·········· [정답률 74%]

㉠과 ㉡에 대한 설명으로 가장 적절한 것은?
㉠: '화산 마을 앞 넓은 바다', ㉡: '동백골 앞바다'

> **왜 정답?**

③ ㉠에서 벗어난 뒤 ㉡에 관한 '나'의 기억이 선명해진다.
  '화산 마을 앞 넓은 바다'   '동백골 앞바다'가 좀 더 선명하게 떠오름.

> ①-⓰ 아름아름 어떤 기억이 떠오를 듯하다가도 ㉠ 화산 마을 앞 넓은
> 바다가 눈앞으로 다가오면 그것에 가려 기억 속의 것은 금세 희미하게
> 멀어져 버리곤 했다.
> ①-⓳, ⓴ 다행히 눈앞에서 나를 간섭해 오는 바다가 없으니 이젠 생각이
> 훨씬 쉬운 것 같았다. ㉡ 동백골 앞바다가 좀 더 선명하게 떠올랐다.
>   '화산 마을 앞 넓은 바다'를 벗어나자 '동백골 앞바다'에 관한 기억이 떠오름.

  '나'는 '훈이'에게 고향인 동백골에 관한 추억을 설명해 주기 위해 추억을 떠올리려
하지만 ㉠ '화산 마을 앞 넓은 바다'를 보고 있으면 ㉡ '동백골 앞바다'의 기억이
희미해지는 것을 느낀다. 이후 방에 들어가 ㉠ '화산 마을 앞 넓은 바다'에서 벗어난
'나'는 ㉡ '동백골 앞바다'에 관한 기억을 좀 더 선명하게 떠올리고 있다.

① '나'는 ㉠과 ㉡에서의 경험을 ~~동일시~~하고 있다.
　　　　　　　　　　　　　　　동일시하지 않음.

'나'가 ㉠ '화산 마을 앞 넓은 바다'에서 했던 경험은 구체적으로 드러나 있지 않다. 또한 '나'는 ㉠ '화산 마을 앞 넓은 바다'와 ㉡ '동백골 앞바다'에서의 경험을 동일시하고 있지도 않다.

② ㉠을 바라보면서 ㉡에서의 '나'의 행동을 ~~후회한다.~~
　　　　　　　　　　　　　　　　　　　후회하지 않음.

④ ㉠을 떠나면서 ㉡에서 '나'가 생각했던 ~~의문~~이 해소된다.
　　　　　　　　　　　　　　　　　의문이 드러나지 않음.

⑤ '나'는 ㉠에서의 ~~일을 잊기 위해~~ ㉡에서의 일을 떠올린다.
　　　　　　㉠에서의 일이 구체적으로 드러나지 않음.

＊근거: ①-❿, ⓫

'나'가 ㉠ '화산 마을 앞 넓은 바다'에서 경험했던 일은 구체적으로 드러나지 않는다. 또한 '나'는 '훈이'에게 고향 이야기를 들려주고자 ㉡ '동백골 앞바다'에서의 일을 떠올리려 한 것이다. ㉠ '화산 마을 앞 넓은 바다'에서의 일을 잊기 위함이 아니다.

---

45 정답 ② ＊〈보기〉를 바탕으로 감상하기 ……… [정답률 63%]

〈보기〉를 바탕으로 윗글을 감상한 내용으로 적절하지 <u>않은</u> 것은? [3점]

〈 보기 〉

❶〈귀향 연습〉에서 '나'는 도시 질서에 적응하지 못한다. ❷'나'는 고향을
　　　　　　　　　　서울에서의 생활에 적응하지 못하는 '나'
도시와 대립된 공간으로 인식하고 고향을 행복했던 곳으로 이상화하며
고향: 행복했던 공간 ➡ 도시: 적응하지 못하는 공간
고향에 관한 기억을 왜곡한다. ❸그런데 훈이와의 대화가 계기가 되어
고향에서의 힘들었던 기억은 잊고 행복했던 공간으로만 인식함.
'나'는 고향에 관한 생각이 환상에 불과했음을 인식하고 서울행을
　　　　고향에서의 삶이 힘들었음을 인식함.
결정하면서 현실에 대한 긍정성을 회복하려는 모습을 보인다.

> 왜 정답 ?

② 고향이 '나를 두렵게 하'여 '정직하게 맞부딪'칠 용기가 모자란다고

말하는 것으로 보아, '나'는 고향에 대한 환상을 ~~깨려 한다~~고 볼 수 있군.
　　　　　　　　　　　　　　　　　　　당분간은 놔두려고 함.

③-❸ "~ 하지만 아직도 내게는 용기가 훨씬 모자란 것 같아. 고향이
어떻게 **나를 두렵게 하더라도** 그 현실을 현실대로 **정직하게 맞부딪쳐**
들어갈 수 있는 내 용기가 말일세. 당분간은 그 동백골 한 곳이라도 나를
속이게 놔두는 것이 나을 듯싶더구만. ~"
〈보기〉-❸문장 ~ '나'는 고향에 관한 생각이 환상에 불과했음을 인식하고 ~

'나'는 '기태'와의 대화에서 고향이 '나를 두렵게 하더라도' '그 현실을' '정직하게 맞부딪'힐 용기가 모자라다고 말하고 있다. 이는 '나'가 고향에 대한 환상을 깰 용기가 부족하다는 의미이다.

또한 '나'는 '당분간은 그 동백골 한 곳이라도 나를 속이게 놔두'겠다고 했다. 이는 '나'가 고향에 대한 환상을 깨지 않고, 당분간은 내버려 두겠다는 의미이다. '나'는 고향에 대한 환상을 깨려 하지는 않는다.

> 왜 오답 ?

① 서울에서의 생활을 '악마구리 속'이라고 표현하는 것으로 보아,

'나'가 도시 생활에 적응하는 데 어려움을 느꼈을 것이라고 볼 수 있군.
　　　　　　'나'를 폐허로 만든 곳이기도 함.

③-❶ "악마구리 속이라도 할 수 없지. 나를 그토록 폐허로 만든 곳이
서울이라면 내 병도 아마 그 서울 쪽에 뿌리가 있을테니까. ~"
〈보기〉-❶문장 〈귀향 연습〉에서 '나'는 도시 질서에 적응하지 못한다.

'나'는 '기태'와의 대화에서 서울에서의 생활을 '악마구리 속'이라고 표현하고, '나를 그토록 폐허로 만든 곳'으로 설명하고 있다. 이를 통해 '나'가 서울이라는 도시 생활에 적응하는 데 어려움을 느꼈을 것이라고 볼 수 있다.

---

③ 동백골에서의 어린 시절 일들이 '터무니없는 요술을 부리려 들더'라고

표현하는 것으로 보아, '나'는 고향의 이미지를 왜곡하고 있었음을
　　　　　　　　　　과거의 힘들었던 기억을 행복스러운 기억으로 왜곡함.
깨달았다고 볼 수 있군.

②-⓭ ~ 나는 온몸에 오줌과 똥을 짓이겨 바른 채 배가 고파 울고
있거나, 울음을 울다올다 제풀에 지쳐 더운 뙤약볕 아래 잠이 들어 있는
것을 볼 때가 많았다고.
③-❸ "~ 난 사실 지금도 그 동백골이 어떤 곳이었던가를 깡그리 잊고
있던 건 아니거든. 그런데 거기 너무 오래 발을 끊고 지내다 보니 <u>어릴 적
일들이 터무니없는 요술을 부리려 들더</u>구만. 그럴듯한 요술로 나를 마구
속이려 든단 말일세. ~"
〈보기〉-❸문장 ~ '나'는 고향에 관한 생각이 환상에 불과했음을 인식하고 ~

'나'는 고향을 행복했던 공간으로만 기억하다가 어린 시절 힘들었던 기억을 떠올리면서 고향의 이미지가 왜곡되었음을 깨닫게 된다. 그리고 이러한 '나'의 인식을 동백골에서의 어린 시절 이들이 '터무니없는 요술을 부리려 들더'라고 표현하고 있다.

④ 동백골은 '행복스런 추억'이 있는 공간으로, 서울은 '나를 그토록
　　　　　　　긍정적인 공간　　　　　　　　　　　　　　부정적인 공간
폐허로 만든 곳'으로 여겼던 것으로 보아, '나'는 고향을 서울과

대립된 공간으로 인식했다고 볼 수 있군.

①-⓴~㉒ 동백골 앞바다가 좀 더 선명하게 떠올랐다. 이윽고 한 가지
행복스런 정경이 멀리서부터 천천히 뇌리 속으로 비춰 들어왔다. 그것은
참으로 **행복스런 추억**이었다. ←
③-❶ "악마구리 속이라도 할 수 없지. **나를 그토록 폐허로 만든 곳이**
서울이라면 내 병도 아마 그 서울 쪽에 뿌리가 있을테니까. ~"
〈보기〉-❷문장 '나'는 고향을 도시와 대립된 공간으로 인식하고 고향을
행복했던 곳으로 이상화하며 고향에 관한 기억을 왜곡한다.

'나'는 어린 시절의 기억이 있는 동백골을 '행복스런 추억'이 있는 긍정적인 공간으로 인식하고, 서울은 '나를 그토록 폐허로 만든 곳'이라며 부정적인 공간으로 인식하고 있다. 이는 '나'가 고향과 서울을 대립된 공간으로 인식하고 있음을 보여 준다.

⑤ 서울을 '소중한 삶의 터전'으로 여기고 마음에 들지 않더라도 '내

진짜 얼굴'을 받아들이겠다고 말하는 것으로 보아, '나'는 현실에
서울 생활을 긍정적으로 인식하려 함.
대한 긍정성을 회복하려 한다고 볼 수 있군.

③-❽ "하지만 뭐 서울에 무슨 새삼스런 기대가 있어선 물론 아니야. 그게
이를테면 유일하게 정직한 나의 삶이라는 것이겠고, 서울은 실상 그런 내
하나밖에 없는 소중한 삶의 터전인 셈이니까……"
③-⓫ "~ 마음에 들진 않지만 이게 살아 있는 내 진짜 얼굴이거든. ~"
〈보기〉-❸문장 ~ '나'는 고향에 관한 생각이 환상에 불과했음을 인식하고
서울행을 결정하면서 현실에 대한 긍정성을 회복하려는 모습을 보인다.

'나'는 서울을 '나를 그토록 폐허로 만든 곳'이라고 부정적으로 인식하지만 서울을 '소중한 삶의 터전'이라고 말하며 서울에서 사는 자신의 모습을 '내 진짜 얼굴'이라고 인식하고 있다. 이는 서울을 고향과 대립되는 부정적 공간으로만 보는 인식에서 벗어나, 현실에 대한 긍정성을 회복하려는 '나'의 인식을 보여 준다.

01 정답 ④ ＊음운 변동 파악하기

〈보기〉의 ⓐ, ⓑ에 들어갈 말로 가장 적절한 것은?

〈 보기 〉

음운의 변동에는 어떤 음운이 다른 음운으로 바뀌는 교체, 두 음운이
（교체의 개념）
합쳐져 하나가 되는 축약, 원래 있던 한 음운이 없어지는 탈락, 없던
（축약의 개념）　　　　　　　　　　　　　　（탈락의 개념）
음운이 추가되는 첨가의 유형이 있다. 이러한 음운의 변동은 한 단어에서
（첨가의 개념.）
두 가지 이상이 함께 나타나기도 한다.

밝히다[발키다]　　묻히다[무치다]　　색연필[생년필]
（축약이 일어남）　（축약, 교체가 일어남.）　（첨가, 교체가 일어남.）

　위 단어들의 음운 변동을 살펴보면, '밝히다'와 '묻히다'에 공통으로
（축약이 일어남.　축약, 교체가 일어남.）
나타나는 음운의 변동은 (　　ⓐ　　)(이)다. 이때 '색연필'에 나타나는
（첨가, 교체가 일어남.）
음운의 변동이 동일하게 일어나는 단어의 예시에는 (　　ⓑ　　)이/가
있다.

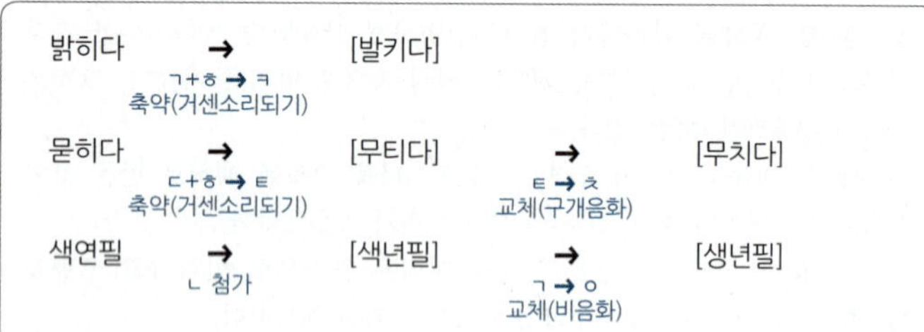

⦁왜 정답?

④ ⓐ: **축약**, ⓑ: **밤윷[밤뉻]**
（교체, 첨가가 일어남.）

ⓐ: 축약

　'밝히다[발키다]'는 '밝'의 종성 'ㄱ'이 '히'의 초성 'ㅎ'과 결합하여 [ㅋ]로 축약되는
거센소리되기가 일어나 [발키다]로 발음된다.
　'묻히다[무치다]'는 '묻'의 종성 'ㄷ'이 '히'의 초성 'ㅎ'과 결합하여 [ㅌ]으로 축약되는
거센소리되기가 일어나 [무티다]가 되었다. 그리고 [ㅌ]이 모음 'ㅣ'로 시작되는 형식
형태소와 만나 [ㅌ]이 [ㅊ]으로 교체되는 구개음화가 일어나 [무치다]로 발음된다.
　즉 '밝히다[발키다]'는 축약이 일어났고, '묻히다[무치다]'는 축약과 교체가 일어났다.
따라서 ⓐ에 들어갈 말은 '**축약**'이다.

ⓑ: 밤윷[밤뉻]

　'색연필[생년필]'은 자음으로 끝나는 명사 '색'과 반모음 'ㅣ'로 시작하는 명사 '연필'이
만나 두 형태소 사이에 [ㄴ]이 첨가되어 [색년필]이 된다. 그리고 [ㄱ]과 [ㄴ]이 만나
비음화가 일어나 [ㄱ]이 [ㅇ]으로 교체되어 [생년필]로 발음된다.
　'밤윷[밤뉻]'은 음절의 끝소리 규칙에 의해 '윷'의 'ㅊ'이 'ㄷ'으로 교체되어 [밤윧]이
된다. 그리고 자음으로 끝나는 명사 '밤'이 반모음 'ㅠ'에서 시작하는 명사 '윷'과 만나 두
형태소 사이에 [ㄴ]이 첨가되어 [밤뉻]으로 발음된다.
　즉 '색연필[생년필]'과 '밤윷[밤뉻]'은 모두 교체, 첨가가 일어나는 단어이다.
따라서 ⓑ에 들어갈 말은 '**밤윷[밤뉻]**'이다.

⦁왜 오답?

① ⓐ: **축약**, ⓑ: **물난리[물랄리]**
（적절함.）　　　（교체가 일어남.）

ⓐ: 축약

　ⓐ에는 '축약'이 들어가야 하므로 적절하다(④번 선택지 해설 참고).

ⓑ: 물난리[물랄리]

物난리　→　[물란리]　→　[물랄리]
ㄹ+ㄴ → ㄹ+ㄹ　　　ㄴ+ㄹ → ㄹ+ㄹ
교체(유음화)　　　교체(유음화)

'물난리[물랄리]'는 교체만 일어나므로 ⓑ에 들어갈 말로 적절하지 않다.

---

② ⓐ: **교체**, ⓑ: **솜이불[솜니불]**
（축약）　　　（첨가만 일어남.）

ⓐ: 교체

　ⓐ에는 '축약'이 들어가야 하므로 적절하지 않다(④번 선택지 해설 참고).

ⓑ: 솜이불[솜니불]

솜이불　→　[솜니불]
ㄴ 첨가

　'솜이불[솜니불]'은 첨가만 일어나므로 ⓑ에 들어갈 말로 적절하지 않다.

③ ⓐ: **첨가**, ⓑ: **직행열차[지캥녈차]**
（축약）　　　（축약, 첨가가 일어남.）

ⓐ: 첨가

　ⓐ에는 '축약'이 들어가야 하므로 적절하지 않다(④번 선택지 해설 참고).

ⓑ: 직행열차[지캥녈차]

직행열차　→　[지캥녈차]　→　[지캥녈차]
ㄱ+ㅎ → ㅋ　　　ㄴ 첨가
축약

　'직행열차[지캥녈차]'는 축약과 첨가가 일어나므로 ⓑ에 들어갈 말로 적절하지 않다.

⑤ ⓐ: **탈락**, ⓑ: **콩엿[콩녇]**
（축약）　　　（첨가, 교체가 일어남.）

ⓐ: 탈락

　ⓐ에는 '축약'이 들어가야 하므로 적절하지 않다(④번 선택지 해설 참고).

ⓑ: 콩엿[콩녇]

콩엿　→　[콩엳]　→　[콩녇]
ㅅ → ㄷ　　　ㄴ 첨가
교체(음절의 끝소리 규칙)

　'콩엿[콩녇]'은 교체와 첨가가 일어나므로 ⓑ에 들어갈 말로 적절하다.

---

02 정답 ⑤ ＊시간 표현 파악하기

〈보기〉에 대한 설명으로 적절하지 않은 것은?

〈 보기 〉

시제는 말하는 때인 발화시를 기준으로 동작이나 상태가 일어난 때인
（말하는 이가 말하는 시점　　발화시=사건시）
사건시와의 선후 관계를 따져 과거 시제, 현재 시제, 미래 시제로 나누며,
（사건이 일어난 시점　　발화시보다 사건시가 앞섬.　　사건시보다 발화시가 앞섬.）
'-ㄴ/는-', '-았/었-'과 같은 선어말 어미나 '-ㄴ', '-ㄹ'과 같은 관형사형
어미, 부사어 등을 통해 실현된다.

　ㄱ. 어제 네가 물어봐서 놀랐어.　　⬛: 부사어
　　　놀라-(어간) + -았-(선어말 어미) + -어(어말어미)
　ㄴ. 어머니께서 모레쯤 서울에 도착하시겠다.
　　　도착하-(어간) + -시-(선어말 어미) + -겠-(선어말 어미) + -다(어말어미)
　　　　　보여주-(어간) + -었-(선어말 어미) + -다(어말어미)
　ㄷ. 나는 준비한 것을 모두 보여주었다.
　　　준비하-(어간) + -ㄴ(관형사형 어미)
　　　　　바라보-(어간) + -ㄴ-(선어말 어미) + -다(어말어미)
　ㄹ. 나는 비가 내리는 거리를 바라본다.
　　　내리-(어간) + -는(관형사형 어미)

⦁왜 정답?

⑤ ~~ㄱ~~과 ㄹ 모두 관형사형 어미를 활용한 시간 표현이 나타난다.
（관형사형 어미를 활용하지 않음.）　　　　　　　　　'-는'

　ㄹ은 관형사형 어미 '-는'을 활용하여 현재 시제를 표현한 문장이다.
　그러나 ㄱ은 관형사형 어미를 활용한 시간 표현이 나타나지 않는다. ㄱ은 선어말
어미 '-았-'을 활용하여 과거 시제를 표현한 문장이다.

⦁왜 오답?

① ㄹ은 사건시와 발화시가 일치한다.
（현재 시제）

　ㄹ의 관형사형 어미 '-는'과 선어말 어미 '-ㄴ-'을 활용하여 현재 시제를 표현한
문장이다. 따라서 ㄹ은 사건시와 발화시가 일치한다.

② ㄱ과 ㄷ은 <u>사건시가 발화시보다 앞선다.</u>
과거 시제

ㄱ은 과거 시제를 나타내는 부사어 '어제'와 '놀랐어'에서 선어말 어미 '-았-'을
활용하여 과거 시제를 표현한 문장이다.

ㄷ은 '준비한'에서 관형사형 어미 '-ㄴ'과 '보여주었다'에서 선어말 어미 '-었-'을
활용하여 과거 시제를 표현한 문장이다.

따라서 ㄱ과 ㄷ 모두 사건시가 발화시보다 앞선다.

③ ㄱ과 ㄴ 모두 <u>부사어를 활용한 시간 표현이 나타난다.</u>
'어제' '모레'

ㄱ은 부사어 '어제'를 활용하여 과거 시제를 표현한 문장이다.

ㄴ은 부사어 '모레'를 활용하여 미래 시제를 표현한 문장이다.

따라서 ㄱ과 ㄴ 모두 부사어를 활용한 시간 표현이 나타난다.

④ ㄱ~ㄹ 모두 <u>선어말 어미를 활용한 시간 표현이 나타난다.</u>
ㄱ:'-았-', ㄴ:'-겠-', ㄷ:'-었-', ㄹ:'-ㄴ-'

ㄱ은 '놀랐어'에서 선어말 어미 '-았-'을 활용하여 과거 시제를 표현한 문장이다.

ㄴ은 '도착하시겠다'에는 선어말 어미 '-겠-'을 활용하여 미래 시제를 표현한
문장이다.

ㄷ은 '보여주었다'에서는 선어말 어미 '-었-'을 활용하여 과거 시제를 표현한
문장이다.

ㄹ은 '바라본다'에는 선어말 어미 '-ㄴ-'을 활용하여 현재 시제를 표현한 문장이다.

따라서 ㄱ~ㄹ 모두 선어말 어미를 활용한 시간 표현이 나타난다.

03　정답 ②　＊ 사전 활용하기

다음은 '사전 활용하기' 학습 활동을 위한 자료이다. 이에 대한 이해로 적절하지
않은 것은?

동음이의 관계

부르다¹ 통 불러[불러] 부르니[부르니]
다의어　동사: 동작이나 작용을 나타내는 말
【…을】
목적어를 요구함.
① 말이나 행동 따위로 다른 사람의 주의를 끌거나 오라고 하다.
다의
관계　¶ 어머니가 아이를 손짓하여 부른다.
② 이름이나 명단을 소리 내어 읽으며 대상을 확인하다.
¶ 선생님께서 영수의 이름을 불렀다.

부르다² 형 불러[불러] 부르니[부르니]
다의어　형용사: 성질이나 상태를 나타내는 말
① 먹은 것이 많아 속이 꽉 찬 느낌이 들다.
다의
관계　¶ 배가 부르도록 실컷 먹었다.
② 불룩하게 부풀어 있다.
¶ 임신한 지 다섯 달쯤 지나니 제법 배가 부르다.

왜 정답 ?

② '부르다¹'과 <s>부르다²</s> 모두 동작이나 작용을 나타내는 말이다.
　　　　형용사　　　　　동사

'부르다¹'의 품사 정보 통 을 통해 '부르다¹'이 동작이나 작용을 나타내는 동사임을 알
수 있다.

'부르다²'의 품사 정보 형 을 통해 '부르다²'가 성질이나 상태를 나타내는 형용사임을
알 수 있다.

왜 오답 ?

① '부르다¹'과 '부르다²'는 동음이의 관계이다.
발음만 같고 의미는 다른 단어 관계

'부르다¹'과 '부르다²'는 소리는 같지만 의미적 연관성이 없어 사전에 별개의
표제어로 등재되는 동음이의어이다.

③ '부르다¹ ①'의 예로 '그녀는 자기를 <u>부르는 소리를 듣고도 모른</u>
'말이나 행동 따위로 다른 사람의 주의를 끌거나 오라고 하다.'
척하였다.'를 추가할 수 있다.

'그녀는 자기를 부르는 소리를 ~'에서 '부르는'은 '소리'로 '그녀'의 주의를 끌거나
오라고 한다는 의미이다. 따라서 '그녀는 자기를 부르는 소리를 듣고도 모른
척하였다'는 '부르다¹ ①'의 예로 적절하다.

④ '부르다¹'은 '부르다²'와 달리 주어 이외의 다른 문장 성분을 필요로
【…을】　　　　　　목적어를 필요로 함.
한다.

'부르다¹'의 문형 정보 【…을】을 통해 '부르다¹'이 주어 이외에 '…을'에 해당하는
목적어를 필요로 한다는 것을 알 수 있다.

반면 '부르다²'은 주어 이외의 다른 문장 성분을 필요로 하지 않는다.

⑤ '부르다¹'과 '부르다²'은 '부르-'에 '-어'가 결합할 때 표기와 발음이
불러[불러]
같다.

'부르다¹'과 '부르다²'의 활용 정보와 발음 정보를 통해 어간 '부르-'에 어미 '-어'가
결합할 때 '불러'로 활용되고, [불러]로 발음된다는 것을 알 수 있다.

04　정답 ②　＊ 어휘의 의미 파악하기

문맥상 의미가 ㉠과 가장 유사한 것은?

〈 보기 〉

이때 워터마크 이미지의 픽셀의 색상값을 주파숫값 형태로 삽입한 후
다시 역변환 수식에 따라 변환하면, 어느 주파숫값에 삽입하든
워터마크가 원본 이미지의 전 영역에 걸쳐 ㉠ <u>고르게</u> 분산된 형태로
'여럿이 다 높낮이, 크기, 양 따위의 차이가 없이 한결같다'의 의미임.
삽입된다.

왜 정답 ?

② 다섯 후보의 지지율은 <u>고른</u> 분포를 보이고 있다.
'여럿이 다 높낮이, 크기, 양 따위의 차이가 없이 한결같다.'의 의미임.

왜 오답 ?

① 울퉁불퉁한 곳을 흙으로 메워 판판하게 <u>고른다.</u>
'울퉁불퉁한 것을 평평하게 하다.'의 의미임.

③ 그는 세차게 달린 후 가쁜 숨을 <u>고르고</u> 있는 중이다.
'상태가 정상적으로 순조롭다.'의 의미임.

④ 나는 정확한 설명을 하기 위해 적당한 단어를 <u>골랐다.</u>
'여럿 중에서 가려내거나 뽑다.'의 의미임.

⑤ 사고 싶은 물건을 모두 <u>고른</u> 사람은 이쪽에다가 놓으세요.
'여럿 중에서 가려내거나 뽑다.'의 의미임.

2023.9
9회

01~03

출제   중심 내용

1 안녕하세요? 문화 해설사 ○○○입니다. 조선 시대의 궁궐에서 간판의 역할을 하던 것은 무엇일까요? 조선의 궁궐에서는 건물이나
도입부에서 질문을 통해 청중의 관심을 유발함.
문의 이름을 나무에 새겨 처마 등에 걸어 간판처럼 활용했는데, 이를 현판이라고 합니다. 그 밖에 시문, 왕의 명령, 건물을 세운 과정 등도
강연 화제   # 건물 이름 외에 현판에 기록하는 요소
현판에 기록하여 걸기도 했습니다.

[시문: 시가와 산문을 아울러 이르는 말

*1 요약 : 강연 화제(조선의 궁궐에서 간판 역할을 한 현판) 제시

2 현판은 건물의 위상과 성격에 따라 테두리와 봉의 유무를 달리하여 제작했기에, 궁궐 안 여러 건물의 위상과 가치를 유추할 수 있는 단서가 됩니다. (㉠ 자료 제시) 이 현판은 테두리가 없는 널판 형태의
테두리가 없는 널판 형태의 '편현판'
'편현판'이라고 합니다. 수라간같이 위계가 낮은 곳에는 주로 이렇게
편현판이 주로 걸린 곳
간소한 현판을 걸었습니다. (㉡ 자료 제시) 지금 보시는 현판은 편현판과 달리 테두리가 있죠? 테두리는 글씨가 쓰인 바탕판 목재를 뒤틀리지
테두리가 있는 현판
않게 해 주는 역할을 합니다. 이러한 현판은 대체로 편현판이 걸린
현판에서 테두리가 하는 역할
건물보다 조금 더 위계가 높은 건물에 걸었습니다. (㉢ 자료 제시)
테두리에 봉이 더해진 형태의 현판
이번에 보시는 현판은 테두리에 봉이 더해진 형태입니다. 장식적 요소인 봉 덕분에 화려함이 돋보이죠? 용이나 봉황, 구름 등을 봉에 조각하여 현판에 상징적 의미를 담기도 했습니다. 봉이 있는 현판은 주로 궁궐의 정문, 임금의 집무실인 편전과 같은 중요한 곳에 걸어 그 위상을 더욱 높여 주었습니다.

위상: 어떤 사물이 다른 사물과의 관계 속에서 가지는 위치나 상태
유추하다: 같은 종류의 것 또는 비슷한 것에 기초하여 다른 사물을 미루어 추측하다.
위계: 지위나 계층 따위의 등급   간소하다: 간략하고 소박하다.
집무실: 주로 높은 지위에 있는 사람들이 일을 처리하는 방

*2 요약 : 테두리와 봉의 유무에 따른 현판의 종류와 특징

3 현판에 글씨를 쓰는 방법은 가로로 쓰는 '횡서'와 세로로 쓰는 '종서'로 나뉩니다. 조선시대에는 당시의 보편적인 방식에 따라 오른쪽에서 왼쪽으로 글씨를 적는 '우횡서' 현판이 많았습니다. 처음에 보셨던 현판의 글자가 비교적 읽기 쉬우니, 다시 한번 보여 드리겠습니다. (㉣ 자료 제시) 이 현판의 가장 오른쪽 글자인 '사(四)'
강연자가 처음 보여준 편현판   '사성문'이라는 이름이 우횡서 방식으로 적혀 있음.
부터 왼쪽 방향으로 읽으면 '사성문'입니다. 그럼 이러한 글씨는 누가 썼을까요? 현판의 글씨는 서사관에 임명된 신하나 당대의 명필가 등이 주로 썼으나, 임금이나 세자가 직접 쓴 경우도 있었습니다.
(㉤ 자료 제시) 아까 보여 드린 봉이 있는 현판을 다시 보시죠. 이것은
테두리에 봉이 더해진 형태의 현판
창덕궁 양화당의 현판입니다. 《창덕궁영건도감의궤》에 따르면 이 현판의 글씨는 조선의 제23대 왕 순조가 쓴 것입니다.
양화당 현판의 글씨는 서사관이나 명필가가 아닌 임금(순조)이 직접 쓴 것임.
[서사관: 각 관아에서 필사하는 일을 맡아 하는 잡직의 구실아치

*3 요약 : 현판 글씨의 특징 – 쓰는 방법과 사람

4 [우리나라 궁궐 현판은 유네스코 세계 기록 유산에 등재될 정도로
[ ] : 우리나라 궁궐 현판의 세계적 가치
세계적으로도 그 가치를 인정받았습니다.] 오늘 강연을 통해 여러분도 현판에 대해 알게 되었으니 다음에 궁궐을 방문하게 되면 현판을 살펴보는 기회도 가져 보시기 바랍니다. 이상으로 강연을 마치겠습니다.

[등재되다: 일정한 사항이 장부나 대장에 올려지다.

*4 요약 : 세계 기록 유산으로 등재된 현판의 가치

01 정답 ②   * 말하기 방식 파악하기 .... [정답률 94%]

위 강연자의 말하기 방식으로 가장 적절한 것은?

>왜 정답 ?

② 도입부에서 질문을 하여 청중의 관심을 유발하고 있다.
질문을 통해 강연의 중심 화제인 '현판'에 대한 청중의 관심을 유발함.

→ 1 - 3 조선 시대의 궁궐에서 간판의 역할을 하던 것은 무엇일까요?

>왜 오답 ?

① 청중의 요청에 따라 강연 내용에 변화를 주고 있다.
나타나지 않음.   나타나지 않음.

③ 화제와 관련된 전망을 제시하며 강연을 마무리하고 있다.
제시하지 않음.

④ 강연의 순서를 안내하여 청중이 내용을 예측하게 하고 있다.
안내하지 않음.

⑤ 청중과 공유하는 경험을 들어 화제의 중요성을 환기하고 있다.
제시하지 않음.

02 정답 ⑤   * 자료 활용의 적절성 파악하기 .... [정답률 89%]

다음은 강연자가 보여 준 자료이다. 강연자의 자료 활용에 대한 설명으로 적절하지 않은 것은?

[자료 1] ㉠, ㉣	(四星門 현판 사진)	– 테두리가 없는 널판 형태(= 편현판) – 수라간같이 위계가 낮은 곳에 걸림. – 우횡서의 방식으로 '사성문'이라고 적혀 있음.
[자료 2] ㉡	(測泉門 현판 사진)	– 테두리가 있는 형태 – 편현판이 걸린 건물보다 조금 더 위계가 높은 건물에 걸림.
[자료 3] ㉢, ㉤	(養和堂 현판 사진)	– 테두리에 봉이 더해진 형태 – 궁궐의 정문, 임금의 집무실인 편전과 같은 중요한 곳에 걸림. – 조선의 제23대 왕 순조가 글씨('양화당')를 씀.

>왜 정답 ?

⑤ 임금의 임명을 받은 신하가 쓴 현판을 보여 주기 위해 ㉤에 [자료
서사관이나 명필가가 아닌 임금이 직접   창덕궁 양화당의 현판
3]을 활용하였다.

[3 - 7 ~ 9 (㉤ 자료 제시) 아까 보여 드린 봉이 있는 현판을 다시 보시죠.
㉢ = [자료 3]
이것은 창덕궁 양화당의 현판입니다. 《창덕궁영건도감의궤》에 따르면 이 현판의 글씨는 조선의 제23대 왕 순조가 쓴 것입니다.

>왜 오답 ?

① 궁궐에서 주로 위계가 낮은 곳에 걸리는 간소한 현판을 보여 주기
테두리가 없는 널판 형태의 '편현판'
위해 ㉠에 [자료 1]을 활용하였다.

[2 - 2, 3 (㉠ 자료 제시) 이 현판은 테두리가 없는 널판 형태의 '편현판'
이라고 합니다. 수라간같이 위계가 낮은 곳에는 주로 이렇게 간소한 현판을 걸었습니다.

② 현판의 바탕판 목재를 뒤틀리지 않게 해 주는 부분을 보여 주기
위해 ⓒ에 [자료 2]를 활용하였다.

[②-④,⑤ (ⓒ 자료 제시) 지금 보시는 현판은 편현판과 달리 테두리가 있죠?
테두리는 글씨가 쓰인 바탕판 목재를 뒤틀리지 않게 해 주는 역할을 합니다.

③ 현판의 테두리에 더해진 장식적 요소를 설명하기 위해 ⓒ에 [자료
3]을 활용하였다.

[②-⑦,⑧ (ⓒ 자료 제시) 이번에 보시는 현판은 테두리에 봉이 더해진
형태입니다. 장식적 요소인 봉 덕분에 화려함이 돋보이죠?

④ 우횡서 방식으로 쓰인 현판을 설명하기 위해 ⓒ에 [자료 1]을
활용하였다.

[③-②~④ 조선시대에는 당시의 보편적인 방식에 따라 오른쪽에서 왼쪽으로
글씨를 적는 '우횡서' 현판이 많았습니다. 처음에 보셨던 현판의 글자가 비교적
읽기 쉬우니, 다시 한번 보여 드리겠습니다. (ⓒ 자료 제시) 이 현판의 가장
오른쪽 글자인 '사(四)'부터 왼쪽 방향으로 읽으면 '사성문'입니다.

---

03 **정답 ⑤** ＊ 반응의 적절성 파악하기 ····················· [정답률 95%]

강연 내용을 참고할 때, 〈보기〉에 제시된 학생의 반응을 이해한 내용으로
적절하지 <u>않은</u> 것은?

〈 보기 〉

학생 1: 강연에서 현판에 세로로 글씨를 쓰는 방법도 있다고 했는데,
그러한 현판은 어떻게 읽는지 궁금해. 박물관 자료집을 찾아봐야겠어.

학생 2: 우리 현판이 유네스코 세계 기록 유산에 등재된 사실을 알게 되어
뿌듯해. 봉이 있는 현판에 상징적 의미가 있다고 했는데 구체적인
의미를 검색해 봐야겠어.

학생 3: 건물의 이름만 현판으로 새긴다고 알고 있었는데 시문과 왕의
명령도 현판에 적었다는 걸 알게 되었어. 하지만 그런 내용에 대해
자세한 설명은 없어서 아쉬웠어.

왜 정답?

⑤ 학생 1과 학생 3은 강연을 통해 자신의 배경지식을 수정하고 있다.

＊ 근거: 학생 3 – ①

　'학생 3'은 건물의 이름만 현판으로 새긴다고 알고 있었는데, 시문과 왕의 명령도
현판에 적었다는 사실을 알게 되었다며 자신의 배경지식을 수정하고 있다.
　그러나 '학생 1'은 강연을 통해 자신의 배경지식을 수정하고 있지 않다.

왜 오답?

① 학생 1은 강연 내용과 관련한 궁금증을 제시하고 있다.

＊ 근거: 학생 1 – ①

② 학생 2는 강연에서 새롭게 알게 된 사실과 관련한 긍정적인 반응을
보이고 있다.

＊ 근거: 학생 2 – ①

③ 학생 3은 강연에서 만족스럽지 않은 부분을 언급하고 있다.

＊ 근거: 학생 3 – ②

④ 학생 1과 학생 2는 강연 내용과 관련한 추가 자료를 탐색할 것을
계획하고 있다.

＊ 근거: 학생 1 – ②, 학생 2 – ②

04~07

출제　　중심 내용

(가) ① 학생 1: 지난 시간에 우리가 청소년기 심리적 특성 중에 또래 압력에
대해 교지에 글을 쓰기로 한 것 기억나지? 어떤 내용으로 글을 쓸지
이야기해 보자.
대화의 주제를 제시함.

② 학생 2: 또래 압력이 무엇인지 모르는 학생이 많을 테니, 개념을 밝히면서
글을 시작하는 게 좋겠어.
또래 압력의 개념 제시가 필요함을 언급함.

③ 학생 3: 그래. 그 다음에는 또래 압력이 청소년기에 두드러지게 나타
난다는 특징을 언급하면 좋을 것 같아.
또래 압력의 특징

④ 학생 1: 좋아. 또래 압력의 개념과 특징을 소개하자는 거네. 또래
압력의 기능도 다루면 좋겠는데 어떤 것이 있을까?

⑤ 학생 3: 내가 조사해 보니, 또래 압력이 긍정적인 생각과 행동을
하게 하는 방향으로 형성되면 청소년의 문제 행동을 개선할 수
있대.
또래 압력의 기능 ①

⑥ 학생 2: 맞아. 나도 봤는데, 긍정적인 또래 압력이 효과적으로
작용할 경우 문제 행동을 개선할 뿐만 아니라, 바람직한 행동을 [A]
하게 할 수도 있다고 해.
또래 압력의 기능 ②
[A]: 또래 압력의 기능에 관한 대화

⑦ # '학생 3'이 발언한 내용에 추가적인 내용을 덧붙임.
학생 3: 그리고 내가 읽은 책에서는, 또래 압력이 학교 안은 물론
학교 밖에서의 청소년 문화에도 바람직한 영향을 줄 수 있다고
설명하고 있었어.
또래 압력의 기능 ③

⑧ 학생 1: 또래 압력이 청소년의 문화에 영향을 준다는 것이지?

⑨ 학생 3: 응, 맞아. 그런데 또래 압력의 기능을 학생들이 이해하기 쉽게
하려면 구체적인 사례를 들어야 할 것 같아.

⑩ 학생 2: 해외에서 청소년들이 주도한 건강 캠페인이, 같은 청소년들
또래 압력이 청소년 문화에 영향을 준 학교 밖 사례 ①
사이에서 큰 반응을 얻었던 사례가 있어.

⑪ 학생 3: 누리 소통망에서 진행되는 다회용 포장 용기 사용 캠페인에
또래 압력이 청소년 문화에 영향을 준 학교 밖 사례 ②
청소년들이 많이 참여하잖아. 그걸 보고 청소년들 사이에서 [B]
다회용 포장 용기를 사용하는 분위기가 확산되고 있다는 기사를
봤어.
[B]: 또래 압력의 기능을 보여 주는 사례에 관한 대화

⑫ 학생 2: 나도 비슷한 기사를 봤어. 그리고 학교에서 찾을 수 있는
사례도 추가하면 어때?

⑬ 학생 3: 학생 주도 프로젝트 봉사 활동을 할 때면 친구들 사이에서도
또래 압력이 청소년 문화에 영향을 준 학교 안 사례
봉사에 적극적으로 참여하는 분위기가 형성되곤 하잖아. 이것도
긍정적인 또래 압력이라고 생각해.

⑭ 학생 1: 그래. 너희들 의견 반영해서 초고를 써 볼게. 너희는 내일까지
참고 자료를 정리해서 보내 줘. 다음 시간에는 초고를 함께 검토해
보자.
대화 참여자에게 다음 시간 활동을 예고함.

⑮ 학생 2, 3: 알았어.

교지: 학교 안에서 간행하는 신문. 주로 학생이 교사의 지도와 협력을 받아 교내의
소식과 교육적인 기사 따위를 실음.
개선하다: 잘못된 것이나 부족한 것, 나쁜 것 따위를 고쳐 더 좋게 만들다.
주도하다: 앞장서서 조직이나 무리를 이끌다.
용기: 물건을 담는 그릇　　확산되다: 흩어져 널리 퍼지게 되다.

(나)

출제   글 전체 중심 문장

1 [또래 압력이란 또래 친구들 사이의 사회적 압력을 말한다. 이는
[ ]: 또래 압력의 개념을 언급함.
또래 친구들 사이에 형성된 분위기나 보이지 않는 규칙으로, 개인으로
하여금 어떤 생각이나 행동을 하게 하는 힘이다.] 청소년기는 어른이
아닌 또래 친구들에게서 생각과 행동의 기준을 찾으려는 경향이
[ ]: 청소년기의 특성
강하므로] 다른 연령에 비해 또래 압력이 두드러지게 나타난다.
청소년기의 특성과 관련된 또래 압력의 특징

* 1 문단 요약 : 또래 압력의 개념과 청소년기에
또래 압력이 두드러지게 나타나는 이유

2 연구에 따르면, 청소년은 어른들의 지도보다 또래 친구들의
[ ]: 또래 압력의 기능과 이를 뒷받침하는 근거
판단에 민감하게 반응하므로 학생 자치 법정과 같이 또래 압력이
작용하는 방식이 행동 개선을 보다 효과적으로 이끌어 낼 수 있다고
또래 압력의 기능 ① 문제 행동 개선
한다.] 또한, 또래 압력은 청소년 문화에 긍정적 영향을 줄 수 있다.
또래 압력의 기능 ② 청소년 문화에 긍정적 영향
예를 들어, [최근 누리 소통망에서 다회용 포장 용기 사용 캠페인에
[ ]: 또래 압력이 청소년 문화에 긍정적 영향을 준 학교 밖 사례
참여하는 또래들의 모습에 영향을 받아, 음식을 포장해 갈 때 다회용
용기를 사용하는 모습을 자신의 누리 소통망에 게시물로 올리는
청소년들이 늘어났다.]

지도 : 어떤 목적이나 방향으로 남을 가르쳐 이끎.
자치 : 자기 일을 스스로 다스림.

* 2 문단 요약 : 또래 압력의 기능 – 청소년의 행동 개선, 긍정적인
청소년 문화 형성에 기여

3 학교 안에서도 이러한 사례를 찾을 수 있다. [교내의 학생 주도
프로젝트 봉사 활동과 멘토 멘티 학습 활동은 학생들의 긍정적
[ ]: 또래 압력이 청소년의 행동 개선과 긍정적 문화 형성에 영향을 준 학교 안 사례
학교생활을 이끄는 또래 압력의 대표적인 예이다.]

* 3 문단 요약 : 또래 압력이 긍정적 청소년 문화 형성에 영향을 준 교내 사례

4 ㉠ 또래 압력은 건강한 청소년 문화를 만들어 가는 데 중요한
또래 압력의 의의
역할을 할 수 있다는 점에서 의의가 있다.

* 4 문단 요약 : 또래 압력의 의의

---

05 정답 ①   * 말하기 방식 파악하기 .... [정답률 93%]

[A], [B]에 대한 설명으로 가장 적절한 것은?

> 왜 정답 ?

① [A]에서 '학생 2'는 '학생 3'이 발언한 내용에 추가적인 내용을
또래 압력이 청소년의 문제 행동을 개선할 수 있음.   바람직한 행동을
하게 할 수 있음.
덧붙이고 있다.

(가) - 5 학생 3: 내가 조사해 보니, 또래 압력이 긍정적인 생각과 행동을 하게
하는 방향으로 형성되면 청소년의 문제 행동을 개선할 수 있대.

(가) - 6 학생 2: 맞아. 나도 봤는데, 긍정적인 또래 압력이 효과적으로 작용할
경우 문제 행동을 개선할 뿐만 아니라, 바람직한 행동을 하게 할 수도 있다고 해.

> 왜 오답 ?

② [A]에서 '학생 3'은 '학생 2'가 발언한 내용의 한계점을 지적하고
나타나지 않음.
있다.

[한계점: 능력이나 책임 따위가 더 이상 미치지 못하는 막다른 지점

③ [B]에서 '학생 2'는 '학생 3'이 발언한 내용을 수용하여 자신의
나타나지 않음.
견해를 수정하고 있다.

[수용하다: 어떠한 것을 받아들이다.

④ [B]에서 '학생 3'은 '학생 2'가 발언한 내용을 재진술한 후 상대의
나타나지 않음.
의견에 공감을 드러내고 있다.

[재진술하다: 다시 진술하다.(일이나 상황에 대하여 자세하게 이야기하다.)

⑤ [A], [B] 모두에서 '학생 2'는 '학생 3'이 발언한 내용을 요약하면서
나타나지 않음.
대화를 이어가고 있다.

---

04 정답 ①   * 말하기 방식 파악하기 .... [정답률 73%]

(가)의 '학생 1'에 대한 설명으로 가장 적절한 것은?

> 왜 정답 ?

① 대화 참여자에게 다음 시간의 활동을 예고하고 있다.
초고를 함께 검토하는 활동

→ (가) - 14 학생 1: ~ 다음 시간에는 초고를 함께 검토해 보자.

> 왜 오답 ?

② 대화 참여자의 발언에 대해 반대 의견을 제시하고 있다.
제시하지 않음.

③ 대화 참여자의 발언에 대한 자세한 설명을 요청하고 있다.
요청하지 않음.

'학생 1'은 또래 압력의 기능에는 무엇이 있는지 질문하고, 이에 대한 대화
참여자들의 발언을 정리하며 확인하고 있다. 대화 참여자의 발언에 대해 자세한
설명을 요청하는 모습은 찾을 수 없다.

④ 대화 참여자의 의견을 절충해 새로운 대안을 제시하고 있다.
제시하지 않음.

⑤ 대화 참여자에게 대화에 적극적으로 참여할 것을 요구하고 있다.
요구하지 않음.

---

06 정답 ②   * 작문 계획의 적절성 파악하기 .... [정답률 70%]

다음은 '학생 1'이 (가)의 대화 내용과 자신이 글을 쓰기 위해 떠올린 생각을
작성한 메모이다. ⓐ~ⓔ가 (나)에 반영된 양상으로 적절하지 않은 것은? [3점]

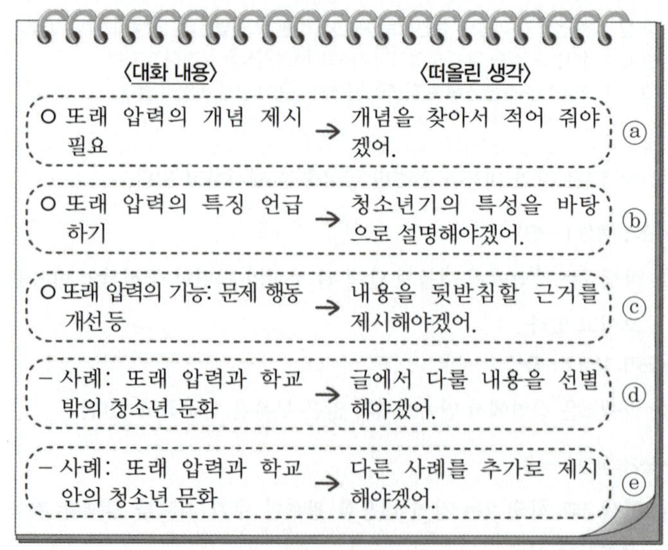

[선별하다: 가려서 따로 나누다.

왜 정답?

② '학생 3'의 발화를 토대로 작성된 ⓑ는, 청소년기의 특성을
또래 압력이 청소년기에 두드러지게 나타남.　　또래 친구들에게서 생각과 행동의 기준을 찾으려는
연령별로 유형화하는 내용으로 (나)에 반영되었다.　　경향이 강함.
연령별로 유형화하지는 않음.

[(가) - ❸ 학생 3: 그래. 그 다음에는 또래 압력이 청소년기에 두드러지게
　　　　　　　　　　　　　　　　또래 압력의 특징
나타난다는 특징을 언급하면 좋을 것 같아.
(나) ①문단 ❸문장 청소년기는 어른이 아닌 또래 친구들에게서 생각과 행동의
　　　　　　　　　　　　　　　　　　　청소년기의 특성
기준을 찾으려는 경향이 강하므로 다른 연령에 비해 또래 압력이 두드러지게
나타난다.

(가)에서 '학생 3'은 또래 압력이 청소년기에 두드러지게 나타난다는 특징을
언급하고 있다. 이를 토대로 (나)에서는 또래 친구들에게서 생각과 행동의 기준을
찾으려는 경향이 강하다는 청소년기의 특성과 연관 지어 또래 압력의 특징을 설명하고
있다. 그러나 청소년기의 특성을 연령별로 유형화하는 내용은 나타나지 않는다.

왜 오답?

① '학생 2'의 발화를 토대로 작성된 ⓐ는, 또래 친구들 사이의 사회적
또래 압력의 개념을 모르는 학생들이 많을 것임.　　또래 압력의 개념
압력이라는 내용으로 (나)에 반영되었다.

[(가) - ❷ 학생 2: 또래 압력이 무엇인지 모르는 학생이 많을 테니, 개념을
밝히면서 글을 시작하는 게 좋겠어.
(나) ①문단 ❶문장 또래 압력이란 또래 친구들 사이의 사회적 압력을 말한다.

③ '학생 2', '학생 3'의 발화를 토대로 작성된 ⓒ는, 학생 자치 법정과
또래 압력이 청소년의 문제 행동을 개선하고 바람직한 행동을 이끌 수 있음.
같은 방식이 청소년의 행동 개선을 효과적으로 이끈다는 연구
　　　　　　　　　　또래 압력의 기능을 뒷받침할 근거
내용으로 제시되어 (나)에 반영되었다.

[(가) - ❺ 학생 3: ～ 또래 압력이 긍정적인 생각과 행동을 하게 하는 방향으로
형성되면 청소년의 문제 행동을 개선할 수 있대.
(가) - ❻ 학생 2: ～ 긍정적인 또래 압력이 효과적으로 작용할 경우 문제
행동을 개선할 뿐만 아니라, 바람직한 행동을 하게 할 수도 있다고 해.
(나) ②문단 ❶문장 연구에 따르면, ～ 학생 자치 법정과 같이 또래 압력이
작용하는 방식이 행동 개선을 보다 효과적으로 이끌어 낼 수 있다고 한다.

④ '학생 2', '학생 3'의 발화를 토대로 작성된 ⓓ는, 해외에서의 건강
또래 압력이 청소년 문화에 영향을 줌을 보여 주는 학교 밖 사례
캠페인에 대한 내용을 제외하는 방식으로 (나)에 반영되었다.

[(가) - ❿ 학생 2: 해외에서 청소년들이 주도한 건강 캠페인이, 같은 청소년들
사이에서 큰 반응을 얻었던 사례가 있어.
(가) - ⓫ 학생 3: 누리 소통망에서 진행되는 다회용 포장 용기 사용 캠페인에
청소년들이 많이 참여하잖아. 그걸 보고 청소년들 사이에서 다회용 포장
용기를 사용하는 분위기가 확산되고 있다는 기사를 봤어.
(나) ②문단 ❸문장 예를 들어, 최근 누리 소통망에서 다회용 포장 용기 사용
캠페인에 참여하는 또래들의 모습에 영향을 받아, 음식을 포장해 갈 때 다회용
용기를 사용하는 모습을 자신의 누리 소통망에 게시물로 올리는 청소년들이
늘어났다.

(가)에서 또래 압력이 청소년 문화에 영향을 준다는 점을 보여 주는 학교 밖의
사례로 '학생 2'는 해외에서 청소년들이 주도한 건강 캠페인, '학생 3'은 누리
소통망에서 진행되는 다회용 포장 용기 사용 캠페인을 언급했다. (나)에서는 이 중
해외에서의 건강 캠페인을 제외하고, 누리 소통망에서 진행되는 다회용 포장 용기
사용 캠페인에 대해서만 제시했다.

⑤ '학생 2', '학생 3'의 발화를 토대로 작성된 ⓔ는, 멘토 멘티 학습
또래 압력이 청소년 문화에 영향을 줌을 보여 주는 학교 안 사례
활동의 사례를 내용에 추가하여 (나)에 반영되었다.

[(가) - ⓬ 학생 2: ～ 그리고 학교에서 찾을 수 있는 사례도 추가하면 어때?
(가) - ⓭ 학생 3: 학생 주도 프로젝트 봉사 활동을 할 때면 친구들 사이에서도
봉사에 적극적으로 참여하는 분위기가 형성되곤 하잖아. 이것도 긍정적인
또래 압력이라고 생각해.
(나) ③문단 ❷문장 교내의 학생 주도 프로젝트 봉사 활동과 멘토 멘티 학습
활동은 학생들의 긍정적 학교생활을 이끄는 또래 압력의 대표적인 예이다.

07　정답 ④　＊고쳐쓰기의 적절성 파악하기 ·············· [정답률 92%]

〈보기〉는 (나)의 ㉠을 고쳐 쓴 것이다. 〈보기〉에 반영된 수정 계획으로 가장
적절한 것은?

< 보기 >

또래 압력은 청소년들이 주체가 되어 서로 긍정적 영향을 주고
또래 압력의 형성 주체가 청소년들이라는 내용을 추가함.
받으면서 만들어 가는 것으로, 건강한 청소년 문화의 꽃을 피우게 한다는
또래 압력의 의의를 비유적 표현을 활용하여 제시함.
점에서 의의가 있다.

[(나) ④문단 ❶문장 ㉠ 또래 압력은 건강한 청소년 문화를 만들어 가는 데
중요한 역할을 할 수 있다는 점에서 의의가 있다.

왜 정답?

④ 또래 압력이 청소년들이 주체적으로 형성하는 것이라는 내용을
건강한 청소년 문화 형성에 영향을 줌.
추가하고, 비유적 표현을 활용하여 또래 압력의 의의를 부각해야겠군.
또래 압력이 청소년 문화에 미치는 영향을 꽃을 피워내는 것에 비유함.

왜 오답?

① 또래 압력이 개인의 노력을 통해 바뀔 수 있다는 내용으로 수정
나타나지 않음.
하고, 구체적인 실천 방안을 나열해야겠군.
나타나지 않음.

② 또래 압력이 우리의 학교생활과 관련된 문제임을 강조하는
나타나지 않음.
내용으로 수정하고, 우리 학교 사례를 나열해야겠군.
나타나지 않음.

③ 또래 압력에 대한 인식 개선이 필요하다는 내용을 추가하고,
나타나지 않음.
비유적 표현을 활용하여 또래 압력의 효과를 강조해야겠군.
또래 압력이 건강한 청소년 문화의 꽃을 피우게 함.　의의를 강조함.

⑤ 또래 압력이 긍정적으로 형성되려면 청소년의 주체적 행동이
또래 압력은 청소년이 주체가 되어 긍정적인 영향을 주고받으며 만들어 가는 것임.
필요하다는 내용을 추가하고, 이를 위한 학교 안팎의 지원책이
나타나지 않음.
필요함을 비유적 표현을 활용하여 제시해야겠군.

08~10

　　　　　　　　　　　# 출제　　 글 전체 중심 문장

[작문 상황]

염화물계 제설제 사용 문제와 관련된 글을 작성하여 지역 신문에 기고
글의 주제
하려고 함

[초고]

① 겨울이 되면 도로에 쌓인 눈과 얼음을 녹이기 위해 제설제가
뿌려지는데, 이때 염화 나트륨이나 염화 칼슘 등의 염화물계 제설제가
　　　　　　　　　　　　　　　　　　　　　　　　화제 제시
주로 사용된다. ❷그런데 이와 같은 염화물계 제설제의 성분이 토양에
축적되면 가로수가 말라 죽는 등의 문제가 발생할 수 있고, 하천으로
　　　# 염화물계 제설제 사용의 문제점 ①
유입되면 수중 생태계에도 악영향을 미칠 수 있다. ❸최근 이상 기후로
　　　# 염화물계 제설제 사용의 문제점 ②
폭설이 내리는 날이 늘어나면서 제설제 사용량이 점점 증가하고, 이로
인한 문제도 날로 심각해지고 있다.
〔제설제: 도로에 쌓이는 눈을 녹이는 물질

＊①문단 요약 : 염화물계 제설제 사용의 문제점

2 제설제를 많이 사용하게 되는 이유는 다양하다. 첫째, 빗자루나 삽으로 눈을 치우는 방식의 제설이 잘 실행되지 않기 때문이다.
제설제를 많이 사용하게 되는 이유 ①
골목길이나 건물 앞 등 눈을 직접 치우는 방식의 제설이 가능한 경우에도 빠르고 편리하다는 이유로 제설제를 사용하는 경우가 많다. 둘째, 제설제의 적정한 사용량에 대한 인식이 부족하기 때문이다.
제설제를 많이 사용하게 되는 이유 ②
제설제를 많이 뿌릴수록 더 효과가 좋을 것이라는 생각 때문에 필요 이상으로 많은 제설제를 사용하기도 한다. 셋째, 기존 도로가 제설제를 사용하지 않으면 제설이 어렵게 만들어진 경우가 많기
제설제를 많이 사용하게 되는 이유 ③
때문이다. 도로의 여유 폭이 충분치 않아 중장비에 의한 제설 작업이 어렵고, 다른 제설 방식을 고려한 설비도 부족하여 제설제에 의존할 수밖에 없는 것이다.

중장비: 토목 공사에 쓰는 중량이 큰 기계를 통틀어 이르는 말
설비: 필요한 것을 베풀어서 갖춤. 또는 그런 시설

＊2문단 요약 : 제설제를 많이 사용하게 되는 이유

3 [그렇다면 제설제 사용을 줄이기 위한 방법에는 무엇이 있을까?
[ ]: 묻고 답하는 방식으로 제설제 사용을 줄이기 위한 방법을 제시함.
우선, 골목길이나 건물 앞처럼 빗자루나 삽으로 눈을 치울 수 있는
제설제 사용을 줄이기 위한 방법 ① 지역 주민의 노력
곳은 조금 번거롭더라도 지역 주민들이 직접 눈을 치우려고 노력할 필요가 있다. 또한 지자체에서는 적설량이나 기온 등의 상황을 고려한
제설제 사용을 줄이기 위한 방법 ② 지자체의 노력
제설제의 적정 사용량을 적극적으로 안내함으로써 지역 주민들의 인식을 개선해야 한다. 마지막으로, 정부에서는 제설제를 사용하지
제설제 사용을 줄이기 위한 방법 ③ 정부 차원의 노력
않는 방식의 제설 작업이 가능하도록 장기적인 대책을 세워 도로를 만들어야 한다.]

적설량: 땅 위에 쌓여 있는 눈의 양

＊3문단 요약 : 제설제 사용을 줄이기 위한 방법

[A]

---

08 정답 ④ ＊글쓰기 방법 파악하기 ……………… [정답률 82%]

학생의 초고에 활용된 글쓰기 전략으로 가장 적절한 것은?

＞왜 정답 ?

④ 묻고 답하는 방식을 통해 문제의 해결 방안을 제시하고 있다.
제설제의 사용을 줄이기 위한 방법

[초고] 3문단 그렇다면 제설제 사용을 줄이기 위한 방법에는 무엇이 있을까? 우선, ~ 장기적인 대책을 세워 도로를 만들어야 한다.

제설제 사용을 줄이는 방법에 대해 질문을 던진 뒤, 지역 주민, 지자체, 정부 차원에서 실천할 수 있는 구체적인 방안을 제시하고 있다.

＞왜 오답 ?

① 문제 상황에 대한 상반된 견해를 비교하고 있다.
비교하지 않음.

② 인용한 자료의 출처를 밝혀 신뢰성을 높이고 있다.
밝히지 않음.

③ 생소한 용어의 어원을 밝혀 독자의 이해를 돕고 있다.
밝히지 않음.

⑤ 예상되는 반론을 언급하여 글 내용에 공정성을 부여하고 있다.
언급하지 않음.

09 정답 ⑤ ＊내용 생성의 적절성 파악하기 ………… [정답률 92%]

〈보기〉는 선생님의 조언에 따라 [A]를 작성한 것이다. 선생님의 조언으로 가장 적절한 것은?

〈 보기 〉

폭설이 내리면 제설 효과가 좋은 제설제 사용이 필요한 것도 사실이다.
제설제 사용을 피할 수 없는 현실
그러나 제설제는 부작용이 있으므로 제설제를 꼭 필요한
제설제의 적절한 사용을 위한 노력의 필요성
경우에 적정한 양만큼 사용하도록 모두가 노력해야 한다.

＞왜 정답 ?

⑤ 제설제 사용을 피할 수 없는 현실을 언급한 뒤, 제설제의 적절한
폭설이 내리면 제설 효과가 좋은 제설제 사용이 필요함.
사용을 위한 노력이 필요함을 제시하며 글을 마무리하자.
꼭 필요한 경우에 적정한 양만큼 사용하도록 모두가 노력해야 함.

＞왜 오답 ?

① 제설제 사용이 불가피함을 언급한 뒤, 신속한 제설 작업의 중요성을
폭설이 내리면 제설 효과가 좋은 제설제 사용이 필요함.   제시하지 않음.
제시하며 글을 마무리하자.

② 기후 변화를 막기 위한 실천이 중요함을 언급한 뒤, 제설제 사용을
언급하지 않음.   꼭 필요한 경우에 적정한 양만큼 사용해야 함.
줄여야 함을 강조하며 글을 마무리하자.

③ 폭설로 인한 피해의 심각성을 제시한 뒤, 폭설이 내리는 원인에
제시하지 않음.   강조하지 않음.
대한 연구가 필요함을 강조하며 글을 마무리하자.

④ 제설제 사용에 따른 문제점을 제시한 뒤, 염화물계 제설제를 다른
제시하지 않음.   강조하지 않음.
제설제로 대체할 필요성을 강조하며 글을 마무리하자.

10 정답 ③ ＊자료 활용의 적절성 파악하기 ………… [정답률 68%]

〈보기〉는 초고를 보완하기 위해 추가로 수집한 자료이다. 자료의 활용 방안으로 적절하지 않은 것은? [3점]

〈 보기 〉

[자료 1] ○○시 제설제 사용 관련 통계 자료

㉮ 제설제 사용량
(단위: 톤) 제설제 사용량이 계속 증가함.
12,000
10,274
9,000
8,765
6,000
3,650
3,000
0
2018년 2020년 2022년

㉯ 사용된 제설제의 종류
기타 19.8%
염화 칼슘 43.9%
염화 나트륨 36.3%
염화물계 제설제가 주로 사용됨.

[자료 2] 신문 기사
□□시가 동절기 제설 종합 대책의 시행에 들어갔다. □□시는 최근 제설 취약 구간 열세 곳에 센서로 작동하는 도로 열선을 설치했다.
제설제를 사용하지 않는 방식의 제설 방법
제설제 사용을 최소화하면서 신속한 제설을 하는 효과가 기대된다. 또한 □□시는 지역 주민들로 자율 방재단을 구성해 골목길 눈 쓸기 활동을
직접 눈을 치우려는 지역 주민들의 노력
실시했다.

[자료 3] 전문가 인터뷰
"염화물계 제설제를 과도하게 사용하면 도로가 손상되고 자동차나
염화물계 제설제의 과도한 사용이 유발하는 문제
철제 구조물이 부식될 수 있습니다. 제설제가 뿌려진 후에는 도로뿐 아니라 차량 하부 등도 살수 장비로 세척해야 합니다. 제설 기계 장비
제설제 사용 이후의 대처 방법
사용이 가능하도록 중앙 분리대 주변과 갓길 등을 넓혀 도로의 여유 폭을
제설제를 사용하지 않는 제설 방식을 위해 필요한 것
확보하는 설계를 하는 것도 중요합니다."

③ [자료 3]을 활용하여, 제설제 사용 이후 대처에 대한 전문가 의견을,
제설제가 뿌려진 후 도로와 차량 하부 등을 세척해야 함.
제설제의 적정한 사용량에 대한 시민들의 인식 부족 문제를 보여
[자료 3]의 전문가 의견과는 관련 없음.
주는 자료로 제시해야겠어.

* 근거: ⟨보기⟩ [자료 3]-❷

[자료 3]에서 제설제 사용 이후 도로, 차량 하부 등을 살수 장비로 세척해야 한다는 전문가의 의견을 확인할 수 있다.

이는 제설제 사용 이후의 대처에 대한 내용이므로, 제설제의 적정한 사용량에 대한 시민들의 인식 부족 문제를 보여 주는 자료로 제시하는 것은 적절하지 않다.

① [자료 1-㉮]를 활용하여, ○○시 제설제 사용량 변화 추이를, 최근
연도별로 증가하고 있음.
들어 제설제의 사용량이 증가하고 있다는 내용의 근거로 제시
해야겠어.

[초고] ①문단 ❸문장 최근 이상 기후로 폭설이 내리는 날이 늘어나면서 제설제 사용량이 점점 증가하고, 이로 인한 문제도 날로 심각해지고 있다.

[자료 1-㉮]에서 ○○시의 제설제 사용량이 해마다 점차 증가하고 있음을 확인할 수 있다.

따라서 최근 제설제의 사용량이 증가하고 있다고 한 초고 내용을 뒷받침하는 근거로 제시할 수 있다.

② [자료 2]를 활용하여, 지역 자율 방재단의 제설 활동을, 지역 주민
골목길 눈 쓸기 활동
들이 빗자루나 삽을 활용해 눈을 치우는 노력의 구체적 사례로
제시해야겠어.

[초고] ③문단 ❷문장 우선, 골목길이나 건물 앞처럼 빗자루나 삽으로 눈을 치울 수 있는 곳은 조금 번거롭더라도 지역 주민들이 직접 눈을 치우려고 노력할 필요가 있다.

[자료 2]에서 ○○시의 지역 주민들이 자율 방재단을 구성해 골목길 눈 쓸기 활동을 실시했다는 내용을 확인할 수 있다.

따라서 제설제를 사용하는 대신 지역 주민들이 직접 눈을 치우려고 노력할 필요가 있다고 한 초고 내용의 구체적 사례로 제시할 수 있다.

④ [자료 1-㉯]와 [자료 3]을 활용하여, 주로 사용되는 제설제의
염화물계 제설제(염화 나트륨, 염화 칼슘)
성분이 도로 등에 미치는 영향을, 염화물계 제설제가 유발하는
도로 손상, 자동차나 철제 구조물 부식
문제로 추가해야겠어.

[초고] ①문단 ❶, ❷문장 겨울이 되면 도로에 쌓인 눈과 얼음을 녹이기 위해 ~ 염화 나트륨이나 염화 칼슘 등의 염화물계 제설제가 주로 사용된다. 그런데 이와 같은 염화물계 제설제의 성분이 토양에 축적되면 가로수가 말라 죽는 등의 문제가 발생할 수 있고, 하천으로 유입되면 수중 생태계에도 악영향을 미칠 수 있다.

[자료 1-㉯]에서 주로 사용되는 제설제가 염화물계 제설제임을 확인할 수 있다. 또한 [자료 3]에서는 염화물계 제설제의 과도한 사용이 도로 손상, 자동차나 철제 구조물의 부식 문제를 일으킬 수 있다는 내용을 확인할 수 있다.

따라서 염화물계 제설제의 성분이 가로수와 수중 상태계에 악영향을 미친다고 한 초고 내용에 덧붙여 염화물계 제설제가 유발하는 또 다른 문제로 추가할 수 있다.

⑤ [자료 2]와 [자료 3]을 활용하여, 도로 열선 설치와 도로 여유 폭 확보에
제설제 사용이 아닌 다른 방식의 제설이 가능하게 함.
대한 내용을, 제설제 사용이 아닌 다른 방식의 제설이 가능하도록
도로를 만드는 방안을 구체화하는 자료로 제시해야겠어.

[초고] ③문단 ❹문장 마지막으로, 정부에서는 제설제를 사용하지 않는 방식의 제설 작업이 가능하도록 장기적인 대책을 세워 도로를 만들어야 한다.

[자료 2]에서 도로 열선을 설치하면 제설제 사용을 최소화하면서 신속한 제설 효과를 기대할 수 있다는 점을 확인할 수 있다. 또한 [자료 3]에서 제설 기계 장비 사용이 가능하려면 도로의 여유 폭을 확보하는 설계가 필요함을 확인할 수 있다.

따라서 제설제를 사용하지 않는 방식의 제설 작업이 가능하도록 정부 차원에서 장기적인 대책에 따라 도로를 만들어야 한다고 한 초고의 내용을 구체화하는 자료로 제시할 수 있다.

11~12 * 표준 발음법의 역할과 규정 원리

출제

1 표준 발음법은 한글의 표기와 발음이 일치하지 않는 경우에
올바른 발음을 알려 주는 역할을 한다. ❷한글은 말소리를 기호로
표준 발음법의 역할
나타낸 표음 문자이므로 '마음', '하늘'처럼 소리대로 적는 것이 원칙이지만 어법에 맞도록 한다는 원칙도 더하여 두고 있기 때문에 표기와 발음이 일치하지 않는 경우가 생긴다. ❷이때 표준 발음법이 표기와 발음의 간극을 좁혀 줄 수 있다.
올바른 발음을 알려 줌.
〔간극: 두 가지 사건, 두 가지 현상 사이의 틈

*①문단 요약 : 표준 발음법의 역할

2 표준 발음법은 표준어의 실제 발음을 따르되, 국어의 전통성과
표준 발음법의 원칙
합리성에 따라 정함을 원칙으로 한다고 규정되어 있다. ❷표준 발음법 해설에 따르면 이때 실제 발음이란 표준어의 현실 발음인데, 실제 발음을 모두 표준 발음으로는 인정하지 않으므로 전통성과 합리성
표준 발음법에서 국어의 전통성과 합리성을 기준으로 제시한 이유
이라는 기준이 제시된 것이다. ❸먼저 전통성을 고려한다는 것은
❹ # 표준 발음법의 규정 원리 ①
발음상의 관습을 감안한다는 의미이다. 예컨대 '눈[雪]'과 '눈[眼]' 같은
전통성을 고려한다는 것의 의미
모음의 장단의 경우, 과거의 언중은 모음의 장단을 통해 두 단어의 의미를 변별할 수 있었으나 오늘날의 언중은 모음의 장단으로 의미를 구분하지 못하는 경우가 많다. ❺그럼에도 불구하고 [모음의 장단이 이전부터 오랜 기간 구별되어 왔으며 단어의 의미 변별에도 중요한
[ ]: 전통성을 고려한 표준 발음법의 예시 ① 모음의 장단에 대한 세부 규정
역할을 해 왔다는 관습을 고려하여 표준 발음법에 모음의 장단에 대해 세부적으로 규정을 해 두었다.] ❻또한 오늘날에는 실제 발음에서 'ㅔ'와 'ㅐ'를 명확하게 구별하지 못하는 경우가 대부분이지만, [두 모음이 오랜 기간 별개의 단모음으로서 그 지위가 확고했고 여전히 구별하는
[ ]: 전통성을 고려한 표준 발음법의 예시 ② 모음 'ㅔ'와 'ㅐ'의 발음에 대한 규정
사람들이 남아 있기 때문에 이러한 전통을 감안하여 두 모음을 다르게 발음하도록 규정하고 있다.]

〔언중: 같은 언어를 사용하면서 공동생활을 하는 언어 사회 안의 대중
〔장단: 길고 짧음.   *②문단 요약 : 표준 발음법의 규정 원리 ① 전통성

3 다음으로 합리성을 고려한다는 것은 국어의 발음 규칙과 관련된다.
❷ # 합리성을 고려한다는 것의 의미
[가령 '닭이'의 경우 겹받침을 가진 체언은 뒤에 모음으로 시작하는
닭 + 이 ➡ [달기]
조사가 결합할 때 겹받침 중 하나를 연음해야 하므로 [달기]로
[ ]: 합리성을 고려한 표준 발음법의 예시
발음하는 것이 합리적이다. ❸그런데 실제 발음에서는 [다기]로
발음하는 경우가 많다. ❹그러나 [다기]로 발음하는 것은 합리성이 떨어지기 때문에 표준 발음으로 인정하지 않는 것이다.]

〔겹받침: 서로 다른 두 개의 자음으로 이루어진 받침
〔연음: 앞 음절의 끝 자음이 모음으로 시작되는 뒤 음절의 초성으로 이어져 나는 소리

*③문단 요약 : 표준 발음법의 규정 원리 ② 합리성

4 표준 발음법에서는 자음과 모음, 음의 길이, 발음 원칙 등을
다루고 있지만 모든 표준 발음에 대해 다루지는 않는다. ❷소리대로
적는 단어들은 발음과 표기가 일치하므로 그 발음을 다루지 않아도
표준 발음법에서 다루지 않는 경우와 그 이유
되기 때문이다. ❸음운 변동의 경우도, 발음이 표기에 반영되지 않는
표준 발음법에서 다루는 경우
음운 변동에 대해서만 표준 발음법에서 다루고 있다. ❹예를 들어 '서라(서-+-어라)[서라]'와 '국물[궁물]'의 경우 모두 음운 변동이
표준 발음법에서 다루지 않는 경우의 예시   표준 발음법에서 다루는 경우의 예시

일어났지만, '서라[서라]'와 같이 두 모음이 이어질 때 하나의 모음이 탈락하는 '모음 탈락'에 대해서는 표준 발음법에서 다루지 않는 반면에 '국물[궁물]'과 같이 파열음이 비음의 영향을 받아 비음으로 교체되는 '비음화'에 대해서는 표준 발음법에서 다루고 있다. ❺'모음 탈락'의 결과는 표기에 반영되는 반면, '비음화'의 결과는 표기에 반영되지 # 표준 발음법에서는 음운 변동 결과가 표기에 반영되지 않는 경우만 다룸. 않기 때문이다.

*❹문단 요약 : 표준 발음법에서 다루는 발음의 범위

■ 이것이 핵심! : 표준 발음법의 역할과 규정 원리

①문단	표준 발음법의 역할: 한글의 표기와 발음이 일치하지 않는 경우에 올바른 발음을 알려 줌.	
②문단	표준 발음법의 규정 원리 ① 전통성 – 의미: 발음상의 관습을 감안함. – 예 모음의 장단('눈[雪]'과 '눈[眼]'), 모음 'ㅔ'와 'ㅐ'의 발음 구별에 대한 세부 규정	
③문단	표준 발음법의 규정 원리 ② 합리성 – 의미: 국어의 발음 규칙과 관련됨. – 예 '닭이'의 발음([달기] 인정 ○ / [다기] 인정 ×)	
④문단	표준 발음법에서 다루는 발음의 범위 – 소리대로 적지 않는 단어 – 발음이 표기에 반영되지 않는 음운 변동 예 '국물[궁물]'과 같은 비음화	

11 정답 ④ ＊표준 발음법 파악하기 ·················· [정답률 81%]

윗글의 내용에 대한 이해로 적절하지 <u>않은</u> 것은?

▷왜 정답?

④ 표준 발음법에서는 오늘날 실제 발음에서 'ㅔ'와 'ㅐ'가 **명확히**
명확히 구별되지 않음.
구별됨을 고려하여 두 모음을 다르게 발음하도록 규정하고 있다.

［②문단 ❻문장 또한 오늘날에는 실제 발음에서 'ㅔ'와 'ㅐ'를 명확하게 구별하지 못하는 경우가 대부분이지만, ~

▷왜 오답?

① 표준 발음법은 한글의 표기와 발음이 일치하지 않는 경우 올바른
소리대로 적되 '어법에 맞도록 한다'는 원칙 때문에 발생함.
발음을 알려 준다.

［①문단 ❶문장 표준 발음법은 한글의 표기와 발음이 일치하지 않는 경우에 올바른 발음을 알려 주는 역할을 한다.

② 표준 발음법에서 표준어의 실제 발음 중 일부는 표준 발음으로
실제 발음을 모두 표준 발음으로 인정하지는 않음.
인정하지 않는다.

［②문단 ❷문장 표준 발음법 해설에 따르면 이때 실제 발음이란 표준어의 현실 발음인데, 실제 발음을 모두 표준 발음으로는 인정하지 않으므로 전통성과 합리성이라는 기준이 제시된 것이다.

③ 표준 발음법에서는 국어의 전통성을 고려하여 모음의 장단에 대해
발음상의 관습
세부적으로 규정하고 있다.

［②문단 ❺문장 그럼에도 불구하고 모음의 장단이 이전부터 오랜 기간 구별되어 왔으며 단어의 의미 변별에도 중요한 역할을 해 왔다는 관습을 고려하여 표준 발음법에 모음의 장단에 대해 세부적으로 규정을 해 두었다.

⑤ 표준 발음법에서는 국어의 합리성을 고려할 때 '닭이'를 [다기]로
발음하는 것이 합리성이 떨어지므로 표준 발음으로 인정하지 않는다.
겹받침 중 하나를 연음해 발음하는 것이 합리적임.

［③문단 ❷~❹문장 가령 '닭이'의 경우 ~ 겹받침 중 하나를 연음해야 하므로 [달기]로 발음하는 것이 합리적이다. ~ 그러나 [다기]로 발음하는 것은 합리성이 떨어지기 때문에 표준 발음으로 인정하지 않는 것이다.

12 정답 ③ ＊표준 발음법 파악하기 ·················· [정답률 62%]

윗글을 읽고 〈보기〉의 탐구 활동을 수행한 결과로 적절한 것은? [3점]

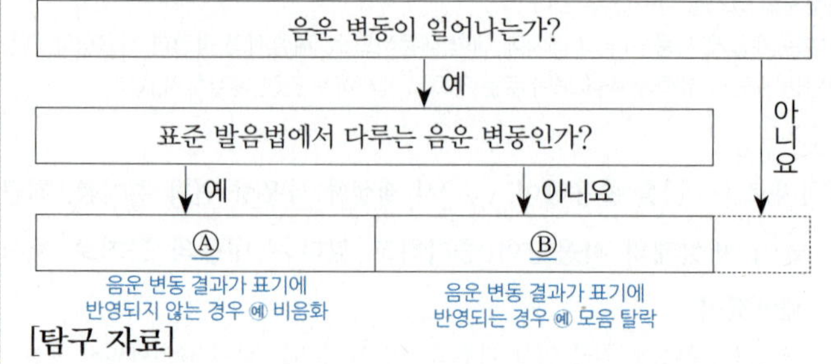

〈 보기 〉

[탐구 과제]

다음을 참고하여 [탐구 자료]의 밑줄 친 단어를 분류할 때, Ⓐ와 Ⓑ에 해당하는 단어를 찾아보자.

음운 변동이 일어나는가?

→ 예 / 아니요

표준 발음법에서 다루는 음운 변동인가?

→ 예: Ⓐ (음운 변동 결과가 표기에 반영되지 않는 경우 예 비음화)
→ 아니요: Ⓑ (음운 변동 결과가 표기에 반영되는 경우 예 모음 탈락)

[탐구 자료]

㉠ 일찍 나가서 가족과 같이 높푸른 하늘을 보았다.
[나가서] [가치] [놉푸른]
㉡ 그가 답한 것이 원래 우리의 의도에 맞는지 책을 펴서 확인하기
[다판] [월래] [펴서]
바빠 잠을 못 잤다.
[바빠]
㉢ 자신의 행복한 삶, 가족 모두의 건강은 우리의 일상에서 힘을
[삼ː]
얻기 위해 반드시 필요하다.
[얻ː끼] [반드시]

	표기와 발음	음운 변동	표준 발음법에서 다루는지 여부	
㉠	나가서[나가서]	모음 탈락 나가- + -아서 → [나가서]	× (소리대로 적음, 발음이 표기에 반영됨.)	Ⓑ
	같이[가치]	구개음화	○ (소리대로 적지 않음, 발음이 표기에 반영되지 않음.)	Ⓐ
	높푸른[놉푸른]	음절의 끝소리 규칙	○ (소리대로 적지 않음, 발음이 표기에 반영되지 않음.)	Ⓐ
㉡	답한[다판]	거센소리되기	○ (소리대로 적지 않음, 발음이 표기에 반영되지 않음.)	Ⓐ
	원래[월래]	유음화	○ (소리대로 적지 않음, 발음이 표기에 반영되지 않음.)	Ⓐ
	펴서[펴서]	모음 탈락 펴- + -어서 → [펴서]	× (소리대로 적음, 발음이 표기에 반영됨.)	Ⓑ
	바빠[바빠]	모음 탈락 바쁘- + -아 → [바빠]	× (소리대로 적음, 발음이 표기에 반영됨.)	Ⓑ
㉢	삶[삼ː]	자음군 단순화	○ (소리대로 적지 않음, 발음이 표기에 반영되지 않음.)	Ⓐ
	얻기[얻ː끼]	된소리되기	○ (소리대로 적지 않음, 발음이 표기에 반영되지 않음.)	Ⓐ
	반드시[반드시]	×	× (소리대로 적음, 발음이 표기에 반영됨.)	×

왜 정답?

③ ㉠의 '같이'와 ㉢의 '얻기'에 나타난 음운 변동의 결과는 표기에 반영되지 않으니 Ⓐ에 해당하겠군.

[가치]　[얻:끼]　표준 발음법에서 다루는 음운 변동

㉠의 '같이'는 구개음화가 일어나 [가치]로 발음하고, ㉢의 '얻기'는 된소리되기가 일어나 [얻:끼]로 발음한다. 두 단어 모두 음운 변동 결과가 표기에 반영되지 않았으므로 Ⓐ에 해당한다.

왜 오답?

① ㉠의 '나가서'와 ㉡의 '펴서'에 나타난 음운 변동의 결과는 표기에 반영되었으니 Ⓐ에 해당하겠군.

나가-+-아서 → [나가서]　펴-+-어서 → [펴서]　표준 발음법에서 다루지 않는 음운 변동
Ⓑ

㉠의 '나가서'와 ㉢의 '펴서'는 모두 모음 탈락이 일어나 각각 [나가서]와 [펴서]로 발음한다. 두 단어 모두 음운 변동의 결과가 표기에 반영되었으므로 Ⓐ가 아니라 Ⓑ에 해당한다.

② ㉠의 '높푸른'과 ㉡의 '바빠'에 나타난 음운 변동의 결과는 표기에 반영되었으니 Ⓑ에 해당하겠군.

[놉푸른], Ⓐ에 해당함.　바쁘-+-아 → [바빠]

㉠의 '높푸른'은 음절의 끝소리 규칙이 일어나 [놉푸른]으로 발음한다. 이는 음운 변동 결과가 표기에 반영되지 않은 것이므로 Ⓐ에 해당한다.

㉡의 '바빠'는 모음 탈락이 일어나 [바빠]로 발음한다. 이는 음운 변동 결과가 표기에 반영된 것이므로 Ⓑ에 해당한다.

④ ㉡의 '원래'와 ㉢의 '반드시'에 나타난 음운 변동의 결과는 표기에 반영되지 않으니 Ⓐ에 해당하겠군.

[월래]　음운 변동 일어나지 않음.

㉡의 '원래'는 유음화가 일어나 [월래]로 발음한다. 이는 음운 변동의 결과가 표기에 반영되지 않은 것이므로 Ⓐ에 해당한다.

㉢의 '반드시'는 음운 변동이 일어나지 않으므로 Ⓐ와 Ⓑ 모두에 해당하지 않는다.

⑤ ㉡의 '답한'과 ㉢의 '삶'에 나타난 음운 변동의 결과는 표기에 반영되지 않으니 Ⓑ에 해당하겠군.

[다판]　[삼:]　Ⓐ

㉡의 '답한'은 거센소리되기가 일어나 [다판]으로 발음하고, ㉢의 '삶'은 자음군 단순화가 일어나 [삼:]으로 발음한다. 두 단어 모두 음운 변동 결과가 표기에 반영되지 않았으므로 Ⓐ에 해당한다.

13　정답 ⑤　＊높임 표현 파악하기　★1등급 대비

[① 26% ② 8% ③ 21% ④ 14% ⑤ 28%]

〈보기〉의 ㉠~㉤에 사용된 문법 요소를 분석한 내용으로 적절한 것은?

> **〈 보기 〉**
>
> ㉠ 삼촌께서 내가 드린 신문을 읽고 계시다.
> 　 주체 높임의 격조사　객체 높임의 특수 어휘　주체 높임의 특수 어휘
> ㉡ 어머니께서 동생에게 멋진 생일 선물을 사 주셨다.
> 　 주체 높임의 격조사　　　　　　주체 높임의 선어말 어미('-시-')
> ㉢ 언니가 할머니를 모시러 가던 길에 나와 마주쳤다.
> 　 　　　　 객체 높임의 특수 어휘
> ㉣ 나는 친구에게 선생님께 여쭤본 내용을 공유하였다.
> 　 　　　 객체 높임의 격조사　객체 높임의 특수 어휘
> ㉤ 동생이 할아버지께서 편히 주무시도록 이부자리를 살폈다.
> 　 　　　 주체 높임의 격조사　주체 높임의 특수 어휘

단서＋발상

단서 문장에서 주체 높임과 객체 높임을 실현하는 문법 요소를 분석할 수 있는지 묻고 있음.

발상 ㉠~㉤의 문장 구조를 분석함. → 각 문장에 어떤 격조사, 특수 어휘, 선어말 어미가 사용되었는지 확인함. → 문맥상 각 요소가 주체와 객체 중 무엇을 높이고 있는지 파악함.

〈보기〉 문장 분석

	격조사	특수 어휘	주어	주어/서술어	목적어	서술어

: 주체 높임의 요소 / : 객체 높임의 요소

㉠ 삼촌께서[격조사·주어] / 내가 드린[특수 어휘: 내가(주어) 드린(서술어)] / 신문을[목적어] / 읽고 / 계시다.[특수 어휘·서술어]

㉡ 어머니께서[격조사·주어] / 동생에게[부사어] / 멋진[관형어] / 생일 선물을[목적어] / 사 / 주셨다.[선어말 어미 '-시-'·서술어]

㉢ 언니가[주어] / 할머니를[목적어] 모시러[특수 어휘·서술어] 가던 / 길에[부사어] / 나와[부사어] / 마주쳤다.[서술어]

㉣ 나는[주어] / 친구에게[부사어] / 선생님께[격조사·부사어] 여쭤본[특수 어휘·서술어] / 내용을[목적어] / 공유하였다.[서술어]

㉤ 동생이[주어] / 할아버지께서[격조사·주어] 편히[부사어] 주무시도록[특수 어휘·서술어] / 이부자리를[목적어] / 살폈다.[서술어]

왜 정답?

문장	주체 높임			객체 높임	
	격조사	특수 어휘	선어말 어미	격조사	특수 어휘
⑤ ㉤	○	○	×	×	×

㉤은 '동생이 이부자리를 살폈다.'라는 문장에 '할아버지께서 편히 주무시다.'라는 문장이 부사절의 형태로 안긴 것이다. 이때 부사절 '할아버지께서 편히 주무시도록'에는 주체인 '할아버지'를 높이는 격조사 '께서'와 특수 어휘 '주무시다'가 사용되었다.

왜 오답?

문장	주체 높임			객체 높임	
	격조사	특수 어휘	선어말 어미	격조사	특수 어휘
① ㉠	○	✗ ○	⊖ ×	×	○

㉠은 '삼촌께서 신문을 읽고 계시다.'라는 문장에 '내가 (삼촌께 신문을) 드리다.'라는 문장이 관형절의 형태로 안긴 것이다.

'삼촌께서 신문을 읽고 계시다.'에서는 주체인 '삼촌'를 높이 격조사 '께서'와 특수 어휘 '계시다'가 사용되었다.

또한 관형절 '내가 드린'에는 객체인 '삼촌'을 높이는 특수 어휘 '드리다'가 사용되었다.

> **매력 오답**
> 주체인 '삼촌'을 높이기 위해 사용된 특수 어휘 '계시다'를 잘못 이해한 학생들이 많았다.
> '계시다'를 어간 '계-'에 주체 높임 선어말 어미 '-시-'가 결합된 형태로 잘못 분석한 것이다(*계-+-시-+-다). 그러나 '계시다'는 이와 같은 형태로 분석되지 않는 단어로, 주체 높임을 나타내는 특수 어휘라는 점을 기억해 두어야 한다.

문장	주체 높임			객체 높임	
	격조사	특수 어휘	선어말 어미	격조사	특수 어휘
② ㉡	✗ ○	×	○	⊖ ×	×

㉡에는 주체인 '어머니'를 높이는 격조사 '께서'와 선어말 어미 '-시-'가 사용되었다(주-+-시-+-었-+-다). 그 외에 객체 높임 표현은 나타나지 않는다.

문장	주체 높임			객체 높임	
	격조사	특수 어휘	선어말 어미	격조사	특수 어휘
③ ㉢	×	×	×	⊖ ×	○

㉢은 '언니가 길에 나와 마주쳤다.'라는 문장에 '(언니가) 할머니를 모시러 가다.'라는 문장이 관형절의 형태로 안긴 것이다.

관형절 '할머니를 모시러 가던'에는 객체인 '할머니'를 높이는 특수 어휘 '모시다'가 사용되었다.

문장	주체 높임			객체 높임	
	격조사	특수 어휘	선어말 어미	격조사	특수 어휘
④ ㄹ	×	×	×	**✗** ○	○

㉣은 '나는 친구에게 내용을 공유하였다.'라는 문장에 '선생님께 여쭤보다.'라는 문장이 관형절의 형태로 안긴 것이다.

관형절 '선생님께 여쭤본'에는 객체인 '선생님'을 높이는 격조사 '께'와 특수 어휘 '여쭤보다'가 사용되었다.

14 정답 ⑤ ＊ 시간 표현 파악하기 ·················· [정답률 81%]

〈보기〉의 선생님의 설명을 바탕으로 ㉠~㉤에 대해 학생이 발표한 내용으로 적절하지 <u>않은</u> 것은?

〈 보기 〉

> 선생님: 시제란 문장이 나타내는 사건의 시간적 위치를 나타내는 문법 요소로, 발화시와 사건시의 선후 관계에 따라 과거 시제, 현재 시제, 미래 시제로 나뉩니다. 시간 표현은 선어말 어미, 관형사형 어미, 시간 부사어 등으로 실현되는데 문장에 따라 여러 요소를 동시에 쓰기도 합니다.
>
> 발화시 < 사건시 발화시 = 사건시 발화시 > 사건시
>
> ○ 이곳이 우리가 함께 ㉠ 살 집이다.
>   살-+-ㄹ (미래 시제를 나타내는 관형사형 어미)
> ○ 교정이 ㉡ 곧 코스모스로 가득 차겠다.
>   미래 시제를 나타내는 시간 부사
> ○ 아이들이 모여서 모래 장난을 ㉢ 한다.
>   하-+-ㄴ-(현재 시제를 나타내는 선어말 어미)+-다
> ○ 나를 본 친구의 입가에 미소가 ㉣ 번졌다.
>   번지-+-었-(과거 시제를 나타내는 선어말 어미)+-다
> ○ 우리가 함께 ㉤ 간 바다는 노을이 무척 아름다웠다.
>   가-+-ㄴ (과거 시제를 나타내는 관형사형 어미)

＞왜 정답 ？

⑤ ㉤은 관형사형 어미 '-ㄴ'을 통해 발화시와 사건시가 <u>일치</u>하는
　　　　　　　　　　　　　　　　　과거 시제를 나타냄.　　　발화시를 기준으로 사건시가 앞선
시제를 나타냅니다.

㉤ '간'은 '가다'의 어간 '가-'에 관형사형 어미 '-ㄴ'이 결합한 형태로, 이때 동사 어간에 붙는 관형사형 어미 '-ㄴ'은 과거 시제를 나타난다.

따라서 ㉤은 발화시와 사건시가 일치하는 시제인 현재 시제가 아니라, 발화시를 기준으로 사건시가 앞선 시제인 과거 시제를 나타낸다.

＞왜 오답 ？

① ㉠은 관형사형 어미 '-ㄹ'을 통해 발화시를 기준으로 사건시가
　　　　　　　미래 시제를 나타냄.　　　　　　미래 시제
나중인 시제를 나타냅니다.

㉠ '살'은 '살다'의 어간 '살-'에 관형사형 어미 '-ㄹ'이 결합하여 발화시를 기준으로 사건시가 나중인 시제(미래 시제)를 나타낸다.

② ㉡은 시간 부사어로, 발화시를 기준으로 사건시가 나중인 시제를
　　　　　미래 시제를 나타냄.　　　　　　　미래 시제
나타냅니다.

㉡ '곧'은 '시간적으로 머지않아'라는 의미의 시간 부사어로, 발화시를 기준으로 사건시가 나중인 시제(미래 시제)를 나타낸다.

③ ㉢은 선어말 어미 '-ㄴ-'을 통해 발화시와 사건시가 일치하는
　　　　　　　현재 시제를 나타냄.　　　　　현재 시제
시제를 나타냅니다.

㉢ '한다'는 '하다'의 어간 '하-'에 선어말 어미 '-ㄴ-'이 결합하여 발화시와 사건시가 일치하는 시제(현재 시제)를 나타낸다.

④ ㉣은 선어말 어미 '-었-'을 통해 발화시를 기준으로 사건시가
　　　　　　　과거 시제를 나타냄.　　　　　과거 시제
앞선 시제를 나타냅니다.

㉣ '번졌다'는 '번지다'의 어간 '번지-'에 선어말 어미 '-었-'이 결합하여 발화시를 기준으로 사건시가 앞선 시제(과거 시제)를 나타낸다.

15 정답 ① ＊ 중세 국어의 특징 파악하기 ············· [정답률 69%]

〈보기〉를 바탕으로 중세 국어의 특징을 탐구한 내용으로 적절하지 <u>않은</u> 것은?

〈 보기 〉

> 解叔謙(해숙겸)의 어미 病(병)ᄒᆞ얫거늘 **바민** ᄠᅳᆯ 가온ᄃᆡ 머리 **조ᅀᅡ** 비더니 虛空(허공)애셔 닐오ᄃᆡ 丁公藤(정공등)ᄋᆞ로 수을 **비저** 머그면 됴ᄒᆞ리라 ᄒᆞ야ᄂᆞᆯ 醫員(의원)**ᄃᆞ려** 무르니 다 모ᄅᆞ거늘 두루 가 얻니더니 ᄒᆞ 한아비 나모 버히거늘 므스게 ᄡᅳ다 무른대 對答(대답)호ᄃᆡ 丁公藤(정공등)이라 ᄒᆞ야ᄂᆞᆯ 절ᄒᆞ고 울며 얻니논 **ᄠᅳ들** 니ᄅᆞᆫ대
>
> [현대어 풀이]
> 해 숙겸의 어미 병들었기에 **밤**에 뜰 가운데 머리 **조아려** 빌더니, 허공에서 이르되, "정공등으로 술 **빚어** 먹으면 나으리라." 하기에, **의사한테** 물으니 다 모르므로 두루 가서 얻으러 다니는데, 한 할아비가 나무 베기에 "무엇에 쓸 것인가?" 물으니, 대답하되, "정공등이다." 하기에 절하고 울며 얻으러 다니는 **뜻**을 말하니까

＞왜 정답 ？

① '**바민**'를 보니 현대 국어와 달리 체언과 조사가 결합할 때 모음
　밤(체언) + 익(부사격 조사)
조화를 <u>따르지 않았음</u>을 알 수 있군.
　　　　따랐음

'바민'는 체언 '밤'에 부사격 조사 익가 결합한 것으로, 현대어 풀이는 '밤에'이다. 현대 국어에서는 부사격 조사 '에'가 사용된 것과 달리, 양성 모음 'ㅏ'가 쓰인 체언에 '익'가 사용되었다. 따라서 모음 조화를 따랐음을 알 수 있다.

> 모음 조화: 'ㅏ', 'ㅗ' 따위의 양성 모음은 양성 모음끼리, 'ㅓ', 'ㅜ' 따위의 음성 모음은 음성 모음끼리 어울리는 현상(양성 모음: ㆍ, ㅏ, ㅗ / 음성 모음: ㅡ, ㅓ, ㅜ)

＞왜 오답 ？

② '**조ᅀᅡ**'를 보니 현대 국어와 달리 'ㅿ'이 표기에 사용되었음을 알 수
　　　　　　　　　　　　　　　　반치음
있군.

'조ᅀᅡ'의 현대어 풀이는 '조아려'이다. 따라서 현대 국어에는 존재하지 않는 반치음 'ㅿ'이 표기에 사용되었음을 알 수 있다.

③ '**비저**'를 보니 현대 국어와 달리 이어 적기를 하였음을 알 수 있군.
　빚-+-어　　　　한 음절의 종성을 다음 자의 초성으로 이어 적음. 또는 그런 방법

'비저'의 현대어 풀이는 '빚어'이다. 따라서 끊어 적기를 하는 현대 국어와는 달리 이어 적기를 하였음을 알 수 있다.

④ '**醫員(의원)ᄃᆞ려**'를 보니 현대 국어와 다른 형태의 부사격 조사가
　醫員(의원) + ᄃᆞ려(부사격 조사)
쓰였음을 알 수 있군.

'醫員(의원)ᄃᆞ려'의 현대어 풀이는 '의사한테'이다. 따라서 현대 국어의 부사격 조사 '한테'와 형태가 다른 부사격 조사 'ᄃᆞ려'가 쓰였음을 알 수 있다.

⑤ '**ᄠᅳ들**'을 보니 현대 국어와 달리 어두 자음군이 쓰였음을 알 수
　　　　　　　단어의 첫머리에 오는 둘 또는 그 이상의 자음의 연속체
있군.

'ᄠᅳ들'의 현대어 풀이는 '뜻을'이다. 따라서 현대 국어와 달리 어두 자음군인 'ㅴ'이 쓰였음을 알 수 있다.

(가) 불법행위와 손해배상에 대한 민법 규정

출제 ⬭ 글 전체 핵심어 ▭ 글 전체 중심 문장

1 민법에서 불법행위는 가해자의 고의 또는 과실로 인한 위법행위로
민법에서 규정된 불법행위의 의미
피해자에게 손해를 가하는 행위로 규정된다. **2** 이때 고의는 자신의
행위가 타인에게 손해를 가할 것임을 알고도 의도적으로 실행한 것을,
고의의 정의
과실은 자신의 행위가 타인에게 손해를 가할 것이라고 예상하지 못한
상태에서 실행한 것을 말한다. **3** 여기서 과실은 정상적으로 요구되는
과실의 정의
과실의 의미
의무인 주의 의무를 다하지 못한 것을 의미하며, [정상적으로
요구된다는 것은 사회적인 통념상 보편적인 사람인 '사회 평균인'을
[ ]: 과실의 의미 중 '정상적으로 요구되는'이 뜻하는 바
기준으로 한다는 것을 뜻한다.] **4** 즉, 일반적인 개인의 능력이나 사정
등은 고려하지 않는다는 것이다.] 그리고 손해는 불법행위 전후에
따른 피해자의 이익 상태의 차이를 의미한다.
손해의 정의

민법: 개인의 권리와 관련된 법규를 통틀어 이르는 말
통념: 일반적으로 널리 통하는 개념

＊1문단 요약 : 민법에서 규정된 불법행위의 의미

2 우리나라는 민법에서 피해자가 입은 손해는 가해자가 배상하도록
규정하고 있다. **2** 이는 그 손해가 가해자의 불법행위에 의한 것이므로
민법에서 가해자가 피해자의 손해를 배상해야 한다고 보는 이유
원래 상태에 가장 가까운 상태로 회복시켜야 한다고 본 것이다.
3 이러한 점에서 일반적으로 법적 정의가 구현된 것으로 받아들여진다.
4 피해자가 손해를 배상받으려면 가해자의 고의나 과실은 피해자가
손해배상 시 가해자의 고의나 과실에 대한 입증 의무는 피해자에게 있음.
입증해야 하고, 이를 법원에서 인정했을 때 가해자는 피해자가 입은
피해자의 손해에 대한 가해자의 배상 방법
손해에 대해 금전적으로 배상해야 한다.

구현되다: 어떤 내용이 구체적인 사실로 나타나다.
배상: 남의 권리를 침해한 사람이 그 손해를 물어 주는 일

＊2문단 요약 : 우리나라 민법의 손해배상 규정

3 그런데 피해자의 손해에 피해자의 과실이 관련된 것으로 인정된
경우도 있다. **2** 이때 고의에 의한 불법행위라면 손해배상에서 피해자의
가해자가 피해자의 손해를 예상했다면 손해배상에서 피해자의 과실은 고려하지 않음.
과실은 고려하지 않는다. **3** 하지만 [가해자의 과실에 의한 불법행위
라면, 가해자는 피해자에게 손해를 가할 의도가 없었고, 피해자
[ ]: 가해자가 피해자의 손해를 예상하지 못했다면 손해배상에서 피해자의 과실 또한 고려함.
본인의 과실도 일정 부분 있으므로 피해자의 과실을 고려하지 않는
것은 부당하다고 할 수 있다.] **4** 가해자가 자신의 과실이 아닌 부분에
대한 책임을 지게 되기 때문이다. **5** 이러한 시각에서는 [피해자의
손해를 원래 상태에 가장 가까운 상태로 회복하는 것만이 아니라
[ ]: 배분적 정의를 구현하는 방법
가해자와 피해자 각각의 과실에 따른 책임을 고려해 손해에 대한
부담을 배분하는 것]까지를 법적 정의를 구현한 것으로 본다. **6** 이를
법적 정의의 관점에서는 배분적 정의라고 일컫는다.

배분: 몫몫이 별러 나눔.

＊3문단 요약 : 손해배상에서 '배분적 정의'가 실현되는 경우

4 우리나라는 피해자가 입은 손해에 피해자의 과실도 관련된 것으로
과실상계의 적용 조건
인정된 경우에는 '과실상계'를 적용한다. **2** 과실상계는 가해자가
지급해야 할 손해배상액 중에서 피해자의 과실에 해당하는 만큼을
감액하는 것을 의미한다. **3** 이때 피해자의 과실에 대해 판단할 때도
과실상계의 의미
피해자 또한 정상적으로 요구되는 의무인 주의 의무를 지켰는지에 대해 판단함.
'사회 평균인'을 기준으로 한다. **4** ㉠ 이는 과실상계를 공정하게 적용하기
'사회 평균인'이라는 동일한 기준으로 가해자와 피해자의 과실에 대해 판단함.
위한 것으로 볼 수 있다.

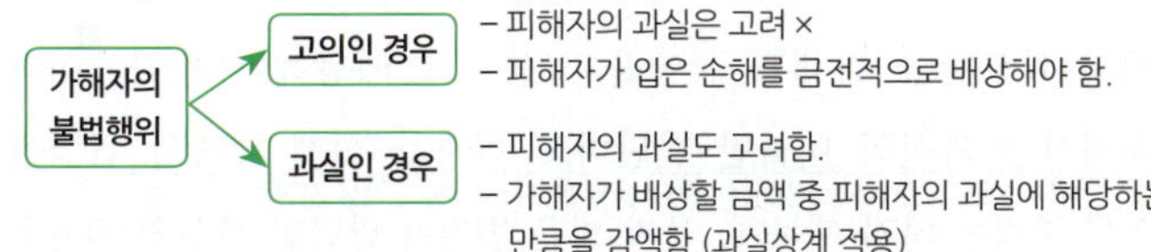

상계: 채무자와 채권자가 같은 종류의 채무와 채권을 가지는 경우에, 일방적 의사
표시로 서로의 채무와 채권을 같은 액수만큼 소멸함. 또는 그런 일

＊4문단 요약 : 과실상계의 정의와 적용 조건

■ (가) 전체 지문 이해도

가해자의 불법행위
- 고의인 경우 → 피해자의 과실은 고려 × / 피해자가 입은 손해를 금전적으로 배상해야 함.
- 과실인 경우 → 피해자의 과실도 고려함. / 가해자가 배상할 금액 중 피해자의 과실에 해당하는 만큼을 감액함.(과실상계 적용)

■ (가) 지문 내용과 구조

1문단	**민법에서 규정된 불법행위의 의미**: 가해자의 고의 또는 과실로 인한 위법행위로 피해자에게 손해를 가하는 행위로 규정됨.
2문단	**우리나라 민법의 손해배상 규정**: 우리나라 민법에서는 피해자가 입은 손해를 가해자가 배상하도록 규정함. 피해자는 가해자의 고의나 과실을 입증해야 하고, 이를 법원에서 인정하면 가해자는 피해자가 입은 손해에 대해 금전적으로 배상해야 함.
3문단	**손해배상에서 '배분적 정의'가 실현되는 경우** – 가해자의 고의에 의한 불법행위인 경우: 손해배상에서 피해자의 과실 고려 × – 가해자의 과실에 의한 불법행위인 경우: 가해자와 피해자에게 각각의 과실에 따른 책임을 고려해 손해에 대한 부담이 배분됨. → '배분적 정의' 실현
4문단	**과실상계의 정의와 적용 조건** – 정의: 가해자가 지급해야 할 손해배상액 중에서 피해자의 과실에 해당하는 만큼을 감액하는 것 – 적용 조건: 피해자가 입은 손해에 피해자의 과실도 관련된 것으로 인정된 경우

1문단 민법에서 규정된 불법행위의 의미	→	2문단 우리나라 민법의 손해배상 규정	→	3문단 손해배상에서 '배분적 정의'가 실현되는 경우	→	4문단 과실상계의 정의와 적용 조건

■ (가) 주제: 불법행위에 대한 손해배상 규정의 내용과 특징

(나) 공동불법행위에 대한 손해배상 방식

출제 ⬭ 글 전체 핵심어 ▭ 글 전체 중심 문장

1 불법행위가 여러 명의 가해자에 의해 발생한 경우는 공동불법행위
'공동불법행위'의 정의
라고 규정한다. **2** 공동불법행위가 가해자들의 고의 없이 과실만에 의해
공동불법행위에서 과실상계가 적용될 수 있는 조건
발생했고 그 손해에 피해자의 과실도 있다고 인정될 때는, 가해자
들이 부담해야 할 손해배상액에서 피해자의 과실에 해당하는 만큼을
감액할 수 있다. **3** 그런데 공동불법행위는 가해자 각각의 과실이
과실상계가 적용됨을 의미함.
공동불법행위의 특징
피해자가 입은 손해에 미친 영향이 서로 다를 수 있다. **4** 이때 피해자의
손해를 가해자가 부담하는 방식이 다양하게 적용될 수 있다.

＊1문단 요약 : 공동불법행위의 정의와 특징

2 우리나라는 원칙적으로 공동불법행위로 인해 피해자가 입은
손해는 가해자들이 연대하여 배상해야 한다는 민법 규정을 적용한다.
2 여기서 연대하여 배상한다는 것은, 손해배상액 전체를 가해자들이
연대 배상 방식의 의미 ①
함께 책임지는 방식을 의미한다. **3** 이는 [과실이 경미한 가해자라도
연대 배상 방식의 의미 ②
본인 외의 다른 가해자에게 경제적 능력이 전혀 없다면 단독으로 손해
배상액 전체를 책임져야 할 수 있다]는 의미이다. **4** 대신 [피해자의 입장
[ ]: 피해자 입장에서 본 연대 배상 방식의 이점

에서는 자신이 입은 손해를 원래의 상태에 가장 가까운 상태로 회복할 가능성이 크다는 장점이 있다.]❺ⓐ 이 방식에 따르면, [손해배상액은 가해자 각각이 피해자가 입은 손해에 영향을 미친 정도에 관계없이 가해자들이 공동으로 책임진다.]❻예를 들어, 피해자 갑이 가해자 을과
[ ]: 연대 배상 방식의 적용 양상
병의 공동불법행위로 100만 원의 손해를 입었을 때 갑, 을, 병의 과실이 각각 10%, 30%, 60% 인정되면, 을과 병은 갑의 전체 손해액 중에서 10%만큼 감액된 금액을 공동으로 배상해야 한다.❼ 이때 법원에서는 과실의 비율만 판단하고 각자가 실제 배상할 금액을
연대 배상 방식에서 법원은 가해자들에게 실제 배상할 금액을 지정하지는 않음.
지정해 주지는 않기 때문에, 을과 병은 법원이 판단한 과실의 비율을 기준으로 ⓐ 삼아 각자가 배상할 금액을 합의하여 정하게 된다.❽ 만약 병이 파산 등의 이유로 경제적 능력이 전혀 없다면, 을이 연대책임자 라는 이유로 90만 원을 모두 배상하게 될 수 있다.

연대하다: 여럿이 함께 무슨 일을 하거나 함께 책임을 지다.
경미하다: 가볍고 아주 적어서 대수롭지 아니하다.

✻2문단 요약 : 연대 배상 방식의 의미와 적용 양상

3❶ 하지만 손해배상액에 대한 책임을 연대하는 방식을 적용하는 것이 적절하지 않은 경우도 있을 수 있다.❷ 독립적으로 일어난 여러 불법
연대 배상 방식의 적용이 적절하지 않은 경우
행위가 우연한 이유로 하나의 손해를 일으켜 공동불법행위가 되는 때도 있는데, 과실이 가장 적은 사람인데도 손해배상액 전액을 배상
연대 배상 방식의 적용이 적절하지 않은 이유 ①
하게 된다면 특히 부당하다고 여겨질 수 있기 때문이다.❸ 우리나라는 자신이 부담해야 할 손해배상액보다 더 많은 금액을 실제로 배상한 경우, 초과 부담한 만큼의 금액을 다른 가해자들에게 청구할 수 있는 권리를 인정하고 있다.❹ 하지만 청구를 받은 가해자가 경제적 능력이
연대 배상 방식의 적용이 적절하지 않은 이유 ②
전혀 없으면 청구한 금액을 돌려받기 어려울 수 있다.

청구: ① 남에게 돈이나 물건 따위를 달라고 요구함.
② 상대편에 대하여 일정한 행위나 급부를 요구하는 일

✻3문단 요약 : 연대 배상 방식의 적용이 적절하지 않은 경우

4❶ 이를 고려해 판례에서는 예외적으로 연대 배상 방식이 아닌, 가해자가 자신의 과실만큼만 개별적으로 배상하게 하는 방식을 취하기도 한다.❷Ⓑ 이 방식은 [가해자들 사이에 공모 행위가 없다는
[ ]: 개별적으로 배상하게 하는 방식의 적용 조건
것을 전제로, 손해배상액이 거액이고, 가해자 각각의 과실이 손해에 끼친 영향의 차이를 비교적 명확하게 비교할 수 있는 경우]에 법원의 판단으로 적용될 수 있다.❸ [이 방식에 따르면, 법원이 피해자의 과실과
[ ]: 개별적으로 배상하게 하는 방식에서 법원은 가해자들에게 실제 배상할 금액을 지정함.
가해자 각자의 과실을 개별적으로 비교해 가해자가 실제 배상할 금액을 지정한다.]❹ [예를 들어 법원이 피해자와 가해자 1의 과실
[ ]: 개별적으로 배상하게 하는 방식의 적용 양상
비율을 1:1, 피해자와 가해자 2의 과실 비율을 1:3이라고 판단해 가해자 1, 2 각각의 실제 배상 금액을 지정할 수 있는 것이다.]❺ [이 방식에 따를 경우 피해자 입장에서는 가해자 각각에게 손해배상을 청구해야 한다는 어려움이 존재한다.]❻하지만 자신의 과실에 대한
[ ]: 개별적으로 배상하게 하는 방식의 특징
책임만 부담하면 된다는 점에서 이것이 가해자에게는 정당한 방식이라고 여겨질 수 있다.]

판례: 법원에서 동일하거나 비슷한 소송 사건에 대하여 행한 재판의 선례

✻4문단 요약 : 개별적 배상 방식의 적용 양상과 특징

■ **(나) 전체 지문 이해도**

✻ **공동불법행위로 인한 피해자의 손해를 가해자가 부담하는 방식**

연대 배상 방식	개별적 배상 방식
• 손해배상액 전체를 가해자들이 함께 책임지는 방식 • 피해자가 자신이 입은 손해를 원래에 가장 가까운 상태로 회복할 가능성이 큼. • 과실이 가장 적은 가해자가 손해배상액 전액을 배상하게 된다면 특히 부당하다고 여겨질 수 있음.	• 가해자가 자신의 과실만큼만 개별적으로 배상하게 하는 방식 • 피해자가 가해자 각각에게 손해배상을 청구해야 한다는 어려움이 존재함. • 가해자는 자신의 과실에 대한 책임만 부담하면 된다는 점에서 정당하게 여겨질 수 있음.

■ **(나) 지문 내용과 구조**

1문단	**공동불법행위의 정의와 특징** – 정의: 여러 명의 가해자에 의해 발생된 불법행위 – 특징: 가해자 각각의 과실이 피해자가 입은 손해에 미친 영향이 서로 다를 수 있음.
2문단	**연대 배상 방식의 의미와 적용 양상** – 의미: 손해배상액 전체를 가해자들이 함께 책임지는 방식 – 적용 양상: 법원이 판단한 과실의 비율을 기준 삼아 가해자들이 각자가 배상할 금액을 합의하여 정함. – 특징: 피해자가 자신이 입은 손해를 원래에 가장 가까운 상태로 회복할 가능성이 큼. 과실이 경미한 가해자라도 본인 외의 다른 가해자에게 경제적 능력이 전혀 없다면 단독으로 손해배상액 전체를 책임져야 할 수 있음.

연대 배상 방식의 적용이 적절하지 않은 경우 (3문단)

적절하지 않은 경우	독립적으로 일어난 여러 불법행위가 우연한 이유로 하나의 손해를 일으켜 공동불법행위가 되는 경우
이유	① 과실이 가장 적은 사람인데도 손해배상액 전액을 배상하게 된다면 특히 부당하다고 여겨질 수 있음. ② 자신이 부담해야 할 손해배상액을 초과한 만큼은 다른 가해자들에게 청구할 수 있지만, 청구를 받은 가해자가 경제적 능력이 전혀 없으면 청구한 금액을 돌려받기 어려울 수 있음.

4문단	**개별적 배상 방식의 적용 양상과 특징** – 의미: 가해자가 자신의 과실만큼만 개별적으로 배상하게 하는 방식 – 적용 양상: 법원이 피해자의 과실과 가해자 각자의 과실을 개별적으로 비교해 가해자가 실제 배상할 금액을 지정함. – 특징: 피해자 입장에서는 가해자 각각에게 손해배상을 청구해야 한다는 어려움이 존재함. ↔ 자신의 과실에 대한 책임만 부담하면 된다는 점에서 가해자에게는 정당한 방식이라고 여겨질 수 있음.

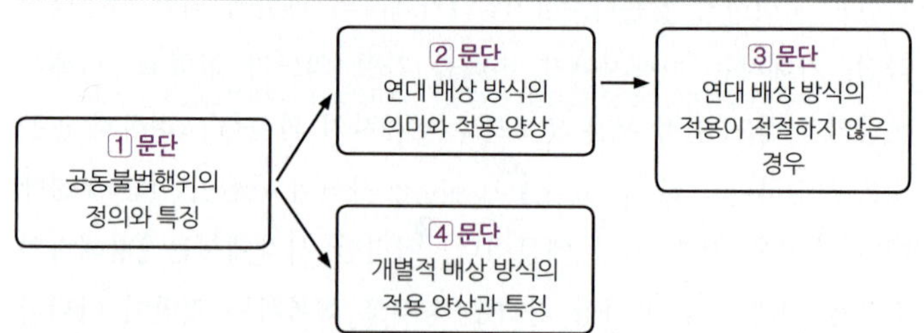

■ **(나) 주제:** 공동불법행위에 대한 배상 방식의 종류와 특징

16 정답 ⑤ ＊내용 전개 방식 파악하기 ·················· [정답률 87%]

(가)와 (나)에 대한 설명으로 가장 적절한 것은?

＞왜 정답 ?

⑤ (가)와 (나)는 모두 불법행위와 관련된 법률 규정을 밝히고 그
규정이 적용되는 양상을 다루고 있다.
> 민법
(가): 과실상계가 적용되는 양상, (나): 연대 배상 방식과 개별적 배상 방식이 적용되는 양상

(가)는 민법에 따르면 불법행위로 인한 피해자의 손해는 가해자가 배상하도록
규정한다고 밝히고 있다. 그리고 피해자의 손해에 피해자의 과실이 관련된 것으로
인정된 경우에 '과실상계'가 적용되는 양상을 다루고 있다.

(나)는 공동불법행위로 인한 피해자의 손해는 가해자들이 연대하여 배상하는 것이
원칙이라는 민법 규정을 밝힌 다음 그 적용 양상을 예시를 통해 밝히고 있다. 이후
연대 배상 방식의 적용이 적절하지 않은 경우를 밝힌 다음, 그 대안인 개별적으로
배상하게 하는 방식이 적용되는 양상을 다루고 있다.

＞왜 오답 ?

① (가)는 우리나라의 불법행위와 관련된 법률 규정이 등장하게 된
배경을 밝히고 발전해 온 과정을 소개하고 있다.
> 제시하지 않음.   제시하지 않음.

② (가)는 우리나라의 불법행위와 관련된 법률 규정이 적용되는
사례를 열거하고 각각에 적용된 구체적인 조항을 제시하고 있다.
> 열거하지 않음.   제시하지 않음.

③ (나)는 불법행위에 영향을 끼치는 원인을 분류하고 각 원인에 대한
해결 방안을 모색하고 있다.
> 제시하지 않음.   제시하지 않음.

④ (나)는 불법행위의 개념과 법률의 이론적 배경을 제시하고 이에
대한 다양한 학자들의 법률적 이론을 분석하고 있다.
> (나)는 공동불법행위의 개념을 제시했으나, 이와 관련된 법률의 이론적 배경은 제시하지 않았음.
제시하지 않음.

17 정답 ② ＊내용 파악하기 ································ [정답률 76%]

윗글의 내용과 일치하지 <u>않는</u> 것은?

＞왜 정답 ?

② 민법에서는 피해자가 손해를 배상받으려면 가해자의 고의나
과실은 법원이 입증하도록 규정하고 있다.
> 피해자가

[(가) ②문단 ❹문장 피해자가 손해를 배상받으려면 가해자의 고의나 과실은
피해자가 입증해야 하고, 이를 법원에서 인정했을 때 가해자는 피해자가 입은
손해에 대해 금전적으로 배상해야 한다.]

(가)에 따르면 민법에서는 피해자가 손해배상을 받으려면 가해자의 고의나 과실은
피해자가 입증해야 한다고 밝히고 있다.

＞왜 오답 ?

① 민법에서는 불법행위 전후에 따른 피해자의 이익 상태의 차이를
손해라고 한다.
> 민법에서 규정된 '손해'의 정의

[(가) ①문단 ❺문장 그리고 손해는 불법행위 전후에 따른 피해자의 이익 상태의
차이를 의미한다.]

③ 민법에 따르면 가해자는 피해자가 입은 손해를 금전적으로 배상
해야 한다.
> 피해자의 손해가 가해자의 불법행위에 의한 것이기 때문임.

＊근거: (가) ②문단 ❹문장

④ 공동불법행위 중에는 독립적으로 일어난 여러 불법행위가 우연한
이유로 하나의 손해를 일으켜 발생하는 경우가 있다.
> 가해자에게 연대 배상 방식을 적용하는 것이 적절하지 않은 경우

[(나) ③문단 ❷문장 독립적으로 일어난 여러 불법행위가 우연한 이유로 하나의
손해를 일으켜 공동불법행위가 되는 때도 있는데, ~]

---

⑤ 공동불법행위에서 가해자가 부담해야 할 금액을 초과해 배상했을
때 초과한 금액을 다른 가해자에게 청구할 수 있는 경우가 있다.
> 우리나라는 초과 부담한 만큼의 금액을 다른 가해자들에게 청구할 수 있는 권리를 인정하고 있음.

[(나) ③문단 ❸문장 우리나라는 자신이 부담해야 할 손해배상액보다 더 많은
금액을 실제로 배상한 경우, 초과 부담한 만큼의 금액을 다른 가해자들에게
청구할 수 있는 권리를 인정하고 있다.]

18 정답 ③ ＊정보 간 관계 파악하기 ·················· [정답률 76%]

배분적 정의의 관점에서, Ⓐ와 Ⓑ를 평가한 내용으로 가장 적절한 것은?

배분적 정의	가해자와 피해자 각각의 과실에 따른 책임을 고려해 손해에 대한 부담을 배분하는 것
Ⓐ '이 방식'	손해배상액 전체를 가해자들이 함께 책임지는 방식 = 연대 배상 방식
Ⓑ '이 방식'	가해자가 자신의 과실만큼만 개별적으로 배상하게 하는 방식

＞왜 정답 ?

③ 가해자의 입장에서는 자신의 과실에 대한 책임만 부담하면 된다는
점에서, Ⓑ를 Ⓐ보다 정당한 것으로 평가하겠군.
> 가해자가 자신의 과실만큼만 개별적으로 배상하면 된다는 것을 의미함.

[(가) ③문단 ❺, ❻문장 이러한 시각에서는 피해자의 손해를 원래 상태에 가장
가까운 상태로 회복하는 것만이 아니라 가해자와 피해자 각각의 과실에 따른
책임을 고려해 손해에 대한 부담을 배분하는 것까지를 법적 정의를 구현한
것으로 본다. 이를 법적 정의의 관점에서는 배분적 정의라고 일컫는다.]

[(나) ②문단 ❷, ❸문장 여기서 연대하여 배상한다는 것(Ⓐ '이 방식')은,
손해배상액 전체를 가해자들이 함께 책임지는 방식을 의미한다. 이는 과실이
경미한 가해자라도 본인 외의 다른 가해자에게 경제적 능력이 전혀 없다면
단독으로 손해배상액 전체를 책임져야 할 수 있다는 의미이다.]

[(나) ③문단 ❷문장 독립적으로 일어난 여러 불법행위가 우연한 이유로 하나의
손해를 일으켜 공동불법행위가 되는 때도 있는데, 과실이 가장 적은 사람인데도
손해배상액 전액을 배상하게 된다면 특히 부당하다고 여겨질 수 있기 때문이다.]

[(나) ④문단 ❻문장 하지만 자신의 과실에 대한 책임만 부담하면 된다는 점에서
이것(Ⓑ '이 방식')이 가해자에게는 정당한 방식이라고 여겨질 수 있다.]

(가)에 따르면 배분적 정의는 가해자와 피해자 각각의 과실에 따른 책임을 고려해
손해에 대한 부담을 배분하는 것이다. 이러한 관점에서 볼 때, 가해자의 입장에서는
과실이 가장 적은데도 손해배상액 전액을 배상하게 될 수 있는 Ⓐ '이 방식(연대 배상
방식)'이 부당하다고 여겨질 것이다. 반면, Ⓑ '이 방식(개별 배상 방식)'은 가해자
자신의 과실에 대한 책임만 부담하면 된다는 점에서 가해자의 입장에서는 정당한
방식으로 여겨질 것이다.

＞왜 오답 ?

① 과실 여부를 판단할 때 사회 평균인을 기준으로 한다는 점에서, Ⓐ를
Ⓑ보다 정당한 것으로 평가하겠군.
> 사회적인 통념상 보편적인 사람을 기준으로 한다는 의미
평가하지 않음.

[(가) ④문단 ❷, ❸문장 과실상계는 ~ 피해자의 과실에 대해 판단할 때도 '사회
평균인'을 기준으로 한다.]

[(나) ①문단 ❷~❹문장 공동불법행위가 가해자들의 고의 없이 과실만에 의해
발생했고 그 손해에 피해자의 과실도 있다고 인정될 때는, 가해자들이
부담해야 할 손해배상액에서 피해자의 과실에 해당하는 만큼을 감액할 수
있다. ~ 이때 피해자의 손해를 가해자가 부담하는 방식이 다양하게 적용될 수
있다.]

(가)는 과실상계에서 피해자의 과실에 대해 판단할 때도 '사회 평균인'을 기준으로
한다고 했다. 이는 가해자와 피해자의 과실을 모두 '사회 평균인'이라는 동일한
기준으로 판단한다는 의미이다. 한편 (나)의 연대 배상 방식(Ⓐ)과 개별적으로
배상하게 하는 방식(Ⓑ)은 모두 가해자가 여러 명인 공동불법행위와 관련된 손해배상
방식인데, 이때에도 조건이 충족된다면 과실상계가 적용될 수 있다고 했다.

즉 Ⓐ와 Ⓑ 모두 과실 여부를 판단할 때 사회 평균인을 기준으로 하므로 Ⓐ를
Ⓑ보다 정당한 것으로 평가하지 않을 것이다.

② 피해자의 과실이 있는 경우 가해자가 피해자의 손해를 예상했다면
피해자와 책임을 ~~나눈다는~~ 점에서, Ⓐ를 Ⓑ보다 정당한 것으로
　　　　　　　나누지 않음.
~~평가하겠군.~~
평가하지 않음.

ㅜ (가) ①문단 ❷문장 이때 고의는 자신의 행위가 타인에게 손해를 가할 것임을
ㅣ 알고도 의도적으로 실행한 것 ~
ㅜ (가) ③문단 ❷문장 이때 고의에 의한 불법행위라면 손해배상에서 피해자의
ㄴ 과실은 고려하지 않는다.

④ 피해자가 여럿이고 ~~가해자가 단독일 경우~~ 가해자가 손해배상액을
　　　　　　　공동불법행위는 단독이 아닌 여러 명의 가해자에 의해 발생한 불법행위를 뜻함.
각각의 피해자에게 배분한다는 점에서, Ⓑ를 Ⓐ보다 정당한
것으로 ~~평가하겠군.~~
평가하지 않음.

ㅜ (나) ①문단 ❶문장 불법행위가 여러 명의 가해자에 의해 발생한 경우는
ㄴ 공동불법행위라고 규정한다.

(나)에 따르면 공동불법행위는 여러 명의 가해자에 의해 발생한 불법행위이다.
그리고 연대 배상 방식인 Ⓐ와 개별적 배상 방식인 Ⓑ는 모두 공동불법행위로 발생한
피해자의 손해를 여러 명의 가해자가 부담하는 방식에 해당한다.

따라서 피해자가 여럿이고 가해자가 단독일 경우 가해자가 손해배상액을 각각의
피해자에게 배분한다는 점에서 Ⓑ를 Ⓐ보다 정당한 것으로 평가한다는 설명은
적절하지 않다.

⑤ 피해자의 입장에서는 가해자가 적을수록 자신이 받을 손해
배상액이 ~~늘어난다는~~ 점에서, Ⓐ와 Ⓑ를 모두 정당한 것으로
　　　　　　Ⓐ와 Ⓑ에서 피해자가 받을 손해배상액에는 차이가 없음.
~~평가하겠군.~~
평가하지 않음.

ㅜ (나) ②문단 ❸문장 이는(Ⓐ '이 방식'에서는) 과실이 경미한 가해자라도 본인
ㅣ 외의 다른 가해자에게 경제적 능력이 전혀 없다면 단독으로 손해배상액
ㅣ 전체를 책임져야 할 수 있다는 의미이다.
ㅜ (나) ④문단 ❶문장 이를 고려해 판례에서는 예외적으로 연대 배상 방식이 아닌,
ㅣ 가해자가 자신의 과실만큼만 개별적으로 배상하게 하는 방식(Ⓑ '이 방식')을
ㄴ 취하기도 한다.

연대 배상 방식인 Ⓐ에서는 과실이 경미한 가해자라도 다른 가해자의 경제적 능력
여부에 따라 단독으로 손해배상액 전체를 책임져야 할 수도 있다. 즉 가해자가
줄어들었다고 해서 피해자가 받을 손해배상액이 늘어나는 것은 아니다. 개별적으로
배상하게 하는 방식인 Ⓑ는 가해자가 자신의 과실만큼만 개별적으로 배상하게 하는
방식으로, 이 역시 가해자가 줄어든다고 해서 피해자가 받을 손해배상액이 늘어나는
것은 아니다.

19　정답 ④　＊내용 파악 + 추론하기 ·········· [정답률 84%]

㉠의 이유로 가장 적절한 것은?
'이는 과실상계를 공정하게 적용하기 위한 것으로 볼 수 있다.'

> 왜 정답?

④ 과실상계를 적용할 때 동일한 기준으로 가해자와 피해자의 과실에
　　　　　　　　　　　　　'사회 평균인'
대해 판단하기 때문이다.

ㅜ (가) ①문단 ❸문장 여기서 과실은 정상적으로 요구되는 의무인 주의 의무를
ㅣ 다하지 못한 것을 의미하며, 정상적으로 요구된다는 것은 사회적인 통념상
ㅣ 보편적인 사람인 '사회 평균인'을 기준으로 한다는 것을 뜻한다.
ㅜ (가) ④문단 ❷, ❸문장 과실상계는 가해자가 지급해야 할 손해배상액 중에서
ㅣ 피해자의 과실에 해당하는 만큼을 감액하는 것을 의미한다. 이때 피해자의
ㄴ 과실에 대해 판단할 때도 '사회 평균인'을 기준으로 한다.

가해자의 과실과 관련해 정상적으로 요구되는 주의 의무를 다했는지 판단할 때는
'사회 평균인'을 기준으로 한다고 했다. 이와 마찬가지로 과실상계와 관련해 피해자의
과실을 판단할 때도 '사회 평균인'을 기준으로 한다. 이는 가해자와 피해자의 과실을
따질 때 서로 같은 기준을 적용함으로써 과실상계를 공정하게 적용하기 위해서라고 볼
수 있다.

> 왜 오답?

① 가해자와 피해자가 서로에게 동일한 금액을 배상하는 것이
　　　　　　　　　　　피해자의 과실에 해당하는 만큼을 제외한 금액을 가해자가 배상하는 것임.
공평하기 때문이다.

〔공평하다: 어느 쪽으로도 치우치지 않고 고르다.

② 과실상계 여부를 판단할 때 가해자와 피해자의 과실 비율이
　　　　　　　　　　　　　　　가해자와 피해자에게 적용되는 기준
동일해야 하기 때문이다.

③ 과실상계는 피해자가 이미 지급 받은 손해배상액의 액수를
　　　　　　　　　　　　　동일한 기준으로 판단한 가해자와 피해자의 과실 비율
고려하여 적용되기 때문이다.

⑤ 피해자의 과실에 적용된 과실상계가 피해자가 받을 전체
손해배상액을 증액시키기 때문이다.
　　　　　피해자의 과실에 해당하는 만큼이 감액됨.

〔증액: 액수를 늘림. 또는 그 액수

20　정답 ③　＊구체적 사례나 상황에 적용하기 ········ [정답률 76%]

〈보기〉는 (가), (나)의 내용을 학습하기 위한 자료의 일부이다. (가), (나)를 읽은
학생의 〈보기〉에 대한 반응으로 적절하지 않은 것은? [3점]

┌─────── 〈 보기 〉 ───────

[가상의 상황]
○ 사건 당사자: A 법인, B 사, C 씨
○ 사건 내용
❶ A 법인은 부주의로 인해 오류가 있는 경제 보고서를 작성했다. ❷ B 사는
　　　　　　A 법인은 고의적으로 오류가 있는 경제 보고서를 작성한 것이 아님.
이 보고서를 근거로 한 투자 상품을 C 씨에게 판매했는데, 이
과정에서 B 사는 투자 유의 사항을 제대로 설명하지 않았다. ❸ 그리고 C
씨는 잘못된 판단으로 성급하게 투자를 결정하여 10만 원의 손해를
　　　　주의 의무를 다하지 못하였으므로 C 씨의 과실에 해당함.
입었다. ❹ C 씨는 자신의 손해가 A 법인과 B 사 때문임을 주장했다.

[판결 결과]
❺ 법원은 이 사건이 A 법인과 B 사의 과실만에 의해 발생한 공동불법
행위라고 판단하며 C 씨의 과실도 인정함. ❻ 법원은 A 법인, B 사, C 씨의
　　　　　　가해자들의 고의가 없었고, 피해자 본인의 과실도 일정 부분 있으므로
과실 비율만 각각 30%, 60%, 10%로 판단하고 A 법인, B 사 각자가 실제
　　　　　법원에서 과실 비율만 판단하고 각자의 실제 배상 금액을 지정 × → 연대 배상 방식
배상할 금액은 지정해 주지 않음.
(단, 다른 상황은 고려하지 않음.)

└────────────────────────

〈보기〉의 상황		판결 결과		
사건 당사자	사건 내용	불법행위의 유형	가해자의 손해 배상 방식	과실 비율
A 법인	부주의로 오류가 있는 경제 보고서를 작성함.			30%
B 사	오류가 있는 보고서를 근거로 한 투자 상품을 C 씨에게 판매하면서 투자 유의 사항을 제대 로 설명하지 않음.	공동불법 행위	연대 배상 방식	60%
C 씨	잘못된 판단으로 성급 하게 투자를 결정하여 10만 원의 손해를 입음.			10%

③ A 법인의 과실이 B 사보다 작다고 판결한 것은, B 사가 파산하여
법원에서 A 법인과 B 사의 과실 비율만 판단했으므로 연대 배상 방식임.
경제적 능력이 없더라도 A 법인이 단독으로 ~~책임질 필요가 없다고~~
책임져야 함.
본 것이겠군.

(나) ② 문단 ❼, ❽ 문장 ~ (연대 배상 방식을 적용할 경우) 법원에서는 과실의 비율만 판단하고 각자가 실제 배상할 금액을 지정해 주지는 않기 때문에, 을과 병은 법원이 판단한 과실의 비율을 기준으로 삼아 각자가 배상할 금액을 합의하여 정하게 된다. 만약 병이 파산 등의 이유로 경제적 능력이 전혀 없다면, 을이 연대책임자라는 이유로 90만 원을 모두 배상하게 될 수 있다.
<보기> ❻ 문장 법원은 A 법인, B 사, C 씨의 과실 비율만 각각 30%, 60%, 10%로 판단하고 A 법인, B 사 각자가 실제 배상할 금액은 지정해 주지 않음.

(나)에 따르면 연대 배상 방식은 과실이 경미한 가해자라도 다른 가해자가 경제적 능력이 전혀 없다면, 연대책임자라는 이유로 손해배상액 전체를 배상하게 될 수 있는 방식이다. <보기>에서 법원은 A 법인, B 사, C 씨의 과실 비율만 판단하고 실제 배상 금액은 지정하지 않았으므로, 피해자가 입은 손해를 배상하는 방식으로 연대 배상 방식을 취했음을 알 수 있다. 따라서 법원에서 A 법인의 과실이 B 사의 과실보다 작다고 판단했더라도, B 사의 경제적 능력이 없을 경우 A 법인이 단독으로 책임질 필요가 없다고 본 것은 아니다.

① A 법인에 고의가 없다고 판결한 것은, A 법인의 부주의는 C 씨
고의가 아닌 부주의로 인해 오류가 있는 경제 보고서를 작성함.
에게 손해를 가할 것임을 의도한 것은 아니라고 본 것이겠군.

(가) ① 문단 ❷ 문장 이때 고의는 자신의 행위가 타인에게 손해를 가할 것임을 알고도 의도적으로 실행한 것을, 과실은 자신의 행위가 타인에게 손해를 가할 것이라고 예상하지 못한 상태에서 실행한 것을 말한다.
<보기> ❶ 문장 A 법인은 부주의로 인해 오류가 있는 경제 보고서를 작성했다.

② A 법인과 B 사의 과실에 대해 법원이 지정한 비율은, A 법인과 B 사
각자가 배상할 금액을 합의하여 정하는 기준이 될 수 있겠군.
가해자들은 법원이 판단한 과실 비율을 기준으로 각자가 배상할 금액을 합의함.
* 근거: (나) ② 문단 ❼ 문장, <보기> ❻ 문장
(나)에 따르면 연대 배상 방식하에서 가해자들은 법원이 판단한 과실 비율을 기준으로 각자의 배상 금액을 합의하여 정한다. 따라서 <보기>에서 A 법인과 B 사의 과실에 대해 법원이 지정한 비율은 각자가 배상할 금액을 합의하여 정하는 기준이 될 것이다.

④ A 법인과 B 사가 실제 배상할 금액을 법원이 지정해 주지 않은 것은,
법원에서는 과실의 비율만 지정함.(=연대 배상 방식)
C 씨가 입은 손해를 A 법인과 B 사가 연대하여 배상해야 한다고
본 것이겠군.

(나) ② 문단 ❷, ❼ 문장 여기서 연대하여 배상한다는 것은, 손해배상액 전체를 가해자들이 함께 책임지는 방식을 의미한다. ~ 이때 법원에서는 과실의 비율만 판단하고 각자가 실제 배상할 금액을 지정해 주지는 않기 때문에, ~
<보기> ❻ 문장 법원은 A 법인, B 사, C 씨의 과실 비율만 각각 30%, 60%, 10%로 판단하고 A 법인, B 사 각자가 실제 배상할 금액은 지정해 주지 않음.

(나)에 따르면 법원이 연대 배상 방식을 취할 경우 실제 배상할 금액을 지정하지는 않는다. 따라서 <보기>에서 법원이 A 법인, B 사, C 씨의 과실 비율만 판단하고 실제 배상 금액은 지정하지 않은 것은 A 법인과 B 사가 피해자인 C 씨의 손해를 배상하는 방식으로 연대 배상 방식을 취한 것이라고 볼 수 있다.

⑤ C 씨의 과실을 인정한다고 판결한 것은, C 씨가 투자를 할 때 투자자
에게 정상적으로 요구되는 의무를 제대로 지키지 않은 것이라고
주의 의무를 다하지 못하고 잘못된 판단으로 성급하게 투자를 결정함.
본 것이겠군.

(가) ① 문단 ❸ 문장 여기서 과실은 정상적으로 요구되는 의무인 주의 의무를 다하지 못한 것을 의미하며, 정상적으로 요구된다'는 것은 사회적인 통념상 보편적인 사람인 '사회 평균인'을 기준으로 한다는 것을 뜻한다.
(가) ④ 문단 ❸ 문장 ~ 피해자의 과실에 대해 판단할 때도 '사회 평균인'을 기준으로 한다.
<보기> ❸ 문장 그리고 C 씨는 잘못된 판단으로 성급하게 투자를 결정하여 10만 원의 손해를 입었다.

---

21 정답 ⑤ * 어휘의 의미 파악하기 ·················· [정답률 88%]

밑줄 친 부분의 문맥적 의미가 @와 가장 유사한 것은?
'삼아' – '무엇을 무엇이 되게 하거나 여기다.'라는 의미임.

⑤ 그는 근면을 신조로 삼아 최선을 다해 살았다.
'무엇을 무엇이 되게 하거나 여기다.'라는 의미임.

① 나는 그를 제자로 삼을 것이다.
'어떤 대상과 인연을 맺어 자기와 관계있는 사람으로 만들다.'라는 의미임.

② 비단은 명주실을 삼아서 만든다.
'삼이나 모시 따위의 섬유를 가늘게 찢어서 그 끝을 맞대고 비벼 꼬아 잇다.'라는 의미임.

③ 나는 요즘 취미 삼아 그림을 배우고 있다.
'무엇을 무엇으로 가정하다.'라는 의미임.

④ 그는 시골에서 자연을 벗 삼아 살고 있다.
'무엇을 무엇으로 가정하다.'라는 의미임.

22~26 * 블라지의 도덕적 자아 모델

\# 출제 ◯ 글 전체 핵심어 ▭ 글 전체 중심 문장

① [도덕 심리학의 중심축을 형성해 온 콜버그의 인지 발달 이론에서는
\# [ ]: 도덕적 이해가 도덕적 행동을 보장한다고 본 콜버그의 인지 발달 이론
도덕적 이해를 지식 구조, 즉 인지의 발달에 의한 것으로 보고,
도덕적 이해는 지식 구조의 발달을 기반으로 함.
도덕적 이해가 자동적으로 도덕적 행동을 이끌 것이라고 생각했다.] ❷ 그런데 과연 도덕적 이해가 도덕적 행동을 보장할 수 있을까? ❸ 그렇지 않다고 생각할 수 있다. ❹ 도덕적으로 옳은 행동인 줄 알면서도 행하지 않는 경우가 많기 때문이다.
도덕적 이해가 도덕적 행동으로 나타나지 못하는 경우
❺ 블라지는 콜버그의 이론에 의문을 제기하며, 왜 어떤 사람은 도덕적 이해가 행동으로 나타나고 어떤 사람은 그렇지 않은지에 관심을 기울였다. ❻ 블라지는 콜버그와 마찬가지로 도덕적 이해가 중요하다고 보았지만, [콜버그와 달리 도덕적
\# 콜버그와 블라지 이론의 공통점   \# [ ]: 콜버그와 블라지 이론의 차이점
이해가 자아와 통합되는 과정을 거쳐야 도덕적 행동으로 이어진다고 보았다.] ❼ 그는 이 과정에서 나타나는 자아의 능동적 역할을 강조하며,
도덕적 이해와 자아를 통합하는 것
도덕적 행동을 이끌기 위한 ◯도덕적 자아 모델◯을 제시하였다.

[통합되다: 여러 요소들이 조직되어 하나의 전체가 이루어지다.

*① 문단 요약: 도덕적 행동에 대한 콜버그와 블라지의 이론

② [도덕적 자아 모델은 ㉠ 도덕적 이해로부터 ㉡ 도덕적 행동으로
[ ]: 도덕적 자아 모델의 개념
이어지는 과정에 초점을 맞춘 모델이다.] ❷ 이 모델에서는 도덕적 행동을 이끄는 데 있어 자아가 핵심적 역할을 한다고 보았다. ❸ 기존의
자아에 대한 블라지의 견해 ①
학자들이 자아가 무엇인지에 대한 개념적 정의에 관심을 두었다면, 블라지는 전체로서의 자아를 능동적으로 구성하는 방식으로 자아를 설명하는 것이 보다 적절하다고 보았다. ❹ [자아는 고정불변의 상태가
자아에 대한 블라지의 견해 ②
아니라 구성 방식에 따라 달리 나타날 수 있는데, 개인마다 다른 자아
\# [ ]: 자아에 대한 블라지의 견해 ③
구성의 방식에 따라 자아의 여러 특징들은 중심적인 것, 주변적인 것 등으로 위계가 정해진다.] ❺ 예를 들어 어떤 사람은 자아를 구성하는 데 '친절'이나 '우정'을 '경쟁'보다 중심적 위치에, 어떤 사람은 주변적 위치에 놓을 수 있다. ❻ 블라지는 자아에 대한 이러한 견해를 통해, 인간은 선천적인 기질에 따라 살아가는 수동적인 존재가 아니라는
인간에 대한 블라지의 견해
점을 강조한다.

[위계: 지위나 계층 따위의 등급   기질: 자극에 대한 민감성이나 특정한 유형의 정서적 반응을 보여 주는 개인의 성격적 소질

*② 문단 요약: 도덕적 자아 모델의 개념과 자아에 대한 블라지의 견해

❶
③ 도덕적 자아 모델에서는, 도덕적 이해가 도덕적 행동으로 나타날
수 있게 하는 심리적 요소로 '도덕적 정체성', '도덕적 책임감', '자아
      #도덕적 자아 모델의 세 가지 핵심 구성 요소
일관성'을 강조하고 있는데, 이들은 자아 모델의 세 가지 핵심 구성
요소라고 할 수 있다. ❷도덕적 정체성은 도덕적 이해에 바탕을 두고
있어, 해야 할 행동의 방향을 일러 준다. ❸[도덕적 책임감과 자아
#도덕적 정체성은 도덕적 이해를 도덕적 행동으로 이끄는 역할을 함.
일관성은 그 방향으로 나아갈 수 있는 추동력을 제공하여 도덕적
행동을 이끈다.] #[ ]: 도덕적 책임감과 자아 일관성의 역할
행동을 이끈다.]   *③문단 요약: 도덕적 자아 모델의 세 가지 핵심 구성 요소

〔추동력: 어떤 일을 추진하기 위하여 고무하고 격려하는 힘

❶
④ 도덕적 자아 모델의 첫 번째 구성 요소인 [도덕적 정체성은
                                    #[ ]: 도덕적 정체성의 정의
도덕성을 자아의 중심에 두는 것, 즉 도덕성과 자아를 통합하는 것을
통해 정체성이 형성된 것이다.] ❷'도덕성'은 선악에 대한 보편적인
                              #도덕성의 의미
인식을, '정체성'은 본질적인 자아를 의미한다.❸이때 도덕성이 자아의
      #정체성의 의미   #도덕적 정체성의 특징①
중심이 되는 정도, 즉 도덕적 통합의 정도는 사람마다 다를 수 있다.
❹
[도덕적 통합은 '끊임없이 주의를 요하는, 부서지기 쉬운 것'이기에
#[ ]: 도덕적 정체성의 특징②
본능적인 충동을 ⓐ 억제하려는, 의도적이고 지속적인 노력이
필요하다.] ❺[블라지는 도덕성을 자아의 중심에 두는 사람일수록,
          #[ ]: 도덕적 통합의 정도↑→도덕적 이해가 행동으로 나타날 가능성↑
자신의 도덕적 이상에 부합하는 삶을 ⓑ 추구하며 도덕적 이해를
행동으로 옮길 가능성이 높다고 보았다.] ❻이러한 주장은 도덕적
이해가 도덕적 행동으로 나타나기 위해서는 도덕성을 자아의 중심에
둘 수 있도록 해야 한다는 것인데, 이때 [도덕성을 자아의 중심에
                                    [ ]: 도덕적 정체성의 특징③
두려면 도덕적 이해뿐만 아니라 도덕적인 사람이 되는 것에 대한
관심도 필요하다.]   *④문단 요약: 도덕적 정체성의 정의와 특징

〔부합하다: 사물이나 현상이 서로 꼭 들어맞다.

❶
⑤ 두 번째 구성 요소인 [도덕적 책임감은, 어떤 행동이 도덕적으로
                        도덕적 책임감의 정의
옳은지에 대한 판단과 더불어 그런 행동을 할 도덕적 의무가 있다는
것을 깨닫는 것이다.] ❷도덕적 책임감은 도덕성이 자아와 통합된
                      도덕적 책임감의 특징①
결과로 나타나는데, 도덕적 책임감은 반드시 도덕적 행동으로
                      도덕적 책임감의 특징②
나타내야 하는 스스로에 대한 욕구이며, [외부의 기대나 요구에 의해
ⓒ 부여되는 것이 아니라 자아가 스스로에게 요구하는 엄중한 의무에
의해 생기게 되는 것이다.] #[ ]: 도덕적 책임감의 특징③
의해 생기게 되는 것이다.]   *⑤문단 요약: 도덕적 책임감의 정의와 특징

〔엄중하다: 예사로 여길 수 없을 정도로 중대하다.

❶
⑥ 세 번째 구성 요소인 자아 일관성은, 자신의 자아의식과 일치해서
살아가고자 하는 인간의 경향성을 의미한다. ❷블라지에 의하면, [자아
                자아 일관성의 정의
일관성은 단지 본능적인 경향성이나 자기 충족 욕구에 ⓓ 의한 것이
아니다.] ❸자신의 도덕적 이상과 일치된 행동을 하려는 [자아 일관성은
        [ ]: 자아 일관성의 특징①
도덕적 정체성에서 나오며, 도덕적 책임감으로부터 도덕적 행동으로의
전환은 자아 일관성에 의해 뒷받침된다.] ❹자신의 판단에 따라
            [ ]: 자아 일관성의 특징②
행동하지 않는 것이 자아의 균열을 ⓔ 의미하기 때문이다. 자아의
          어떤 행동이 도덕적으로 옳은지에 대한 판단❺
여러 특징들 중 선(善), 정의, 공평 등과 같은 도덕적 범주를 자아의
중심에 둘 때, 자신의 도덕적 정체성과 일치된 행동을 하고자 하는
      #도덕적 범주의 예시
자아 일관성은 도덕적 행동을 이끄는 추동력이 된다.
도덕적 책임감으로부터 도덕적 행동으로의 전환이 자아 일관성에 의해 뒷받침됨.
〔경향성: 현상이나 사상, 행동 따위가 어떤 방향으로 기울어지거나 쏠리는 성향
〔추동력: 어떤 일을 추진하기 위하여 고무하고 격려하는 힘

              *⑥문단 요약: 자아 일관성의 정의와 특징

■ 전체 지문 이해도

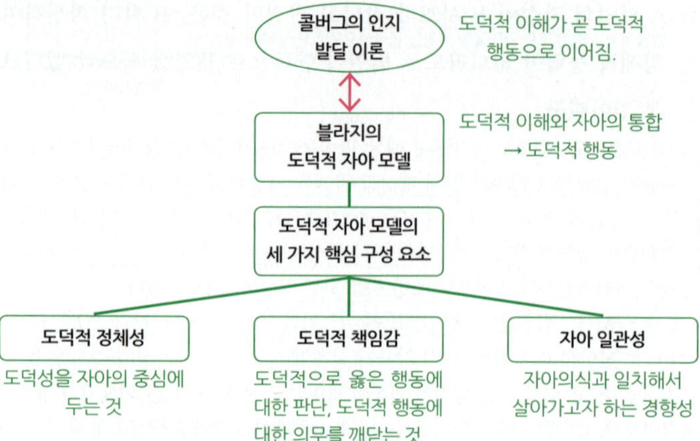

■ 지문 내용과 구조

①문단	**도덕적 행동에 대한 콜버그와 블라지의 이론** – **콜버그의 인지 발달 이론**: 도덕적 이해를 지식 구조, 즉 인지의 발달에 의한 것으로 보고, 도덕적 이해가 자동적으로 도덕적 행동을 이끌 것이라고 생각함. – **블라지의 도덕적 자아 모델**: 도덕적 이해가 자아와 통합되는 과정을 거쳐야 도덕적 행동으로 이어진다고 보았음.
②문단	**도덕적 자아 모델의 개념과 자아에 대한 블라지의 견해** – **개념**: 도덕적 자아 모델은 도덕적 이해로부터 도덕적 행동으로 이어지는 과정에 초점을 맞춘 모델임. – **자아에 대한 견해**: ① 도덕적 행동을 이끄는 데 있어 자아가 핵심적 역할을 한다고 봄. ② 기존 학자들과 달리, 전체로서의 자아를 능동적으로 구성하는 방식으로 자아를 설명함. ③ 자아는 고정불변의 상태가 아니라 구성 방식에 따라 달리 나타날 수 있음.
③문단	**도덕적 자아 모델의 세 가지 핵심 구성 요소**

도덕적 정체성	도덕적 책임감	자아 일관성
도덕적 이해에 바탕을 두고 있어, 해야 할 행동의 방향을 일러 줌.	도덕적 정체성이 일러 준 방향대로 나아갈 수 있는 추동력을 제공하여 도덕적 행동을 이끎.	

④문단	**도덕적 정체성의 정의와 특징** – **정의**: 도덕성과 자아를 통합하는 것을 통해 정체성이 형성된 것 – **특징**: ① 도덕성이 자아의 중심이 되는 정도, 즉 도덕적 통합의 정도는 사람마다 다를 수 있음. ② 도덕적 통합을 위해서는 본능적인 충동을 억제하려는, 의도적이고 지속적인 노력이 필요함. ③ 도덕적 통합을 위해서는 도덕적 이해뿐만 아니라 도덕적인 사람이 되는 것에 대한 관심도 필요함.
⑤문단	**도덕적 책임감의 정의와 특징** – **정의**: 어떤 행동이 도덕적으로 옳은지에 대한 판단과 더불어 그런 행동을 할 도덕적 의무가 있다는 것을 깨닫는 것 – **특징**: ① 도덕성이 자아와 통합된 결과로 나타남. ② 반드시 도덕적 행동으로 나타내야 하는 스스로에 대한 욕구임. ③ 자아가 스스로에게 요구하는 엄중한 의무에 의해 생김.
⑥문단	**자아 일관성의 정의와 특징** – **정의**: 자신의 자아의식과 일치해서 살아가고자 하는 인간의 경향성 – **특징**: ① 본능적인 경향성이나 자기 충족 욕구에 의한 것이 아님. ② 도덕적 정체성에서 비롯되며, 도덕적 책임감으로부터 도덕적 행동으로의 전환을 도움. → 도덕적 행동을 이끄는 추동력이 됨.

■ 주제 : 도덕적 행동의 실현 조건을 설명하는 블라지의 도덕적 자아 모델

22 정답 ② ＊ 내용 파악하기 ┈┈┈┈┈┈┈┈┈ [정답률 73%]

윗글의 내용과 일치하지 <u>않는</u> 것은?

> **왜** 정답 ?

② 콜버그는, 도덕적으로 옳은 줄 알면서도 <u>행동하지 않는 이유를</u>
콜버그는 도덕적 이해가 자동적으로 도덕적 행동을 이끌 것이라 생각함.
인지 발달 이론을 통해 설명하였다.

┌ ①문단 ❶문장 도덕 심리학의 중심축을 형성해 온 콜버그의 인지 발달
│ 이론에서는 도덕적 이해를 지식 구조, 즉 인지의 발달에 의한 것으로 보고,
└ 도덕적 이해가 자동적으로 도덕적 행동을 이끌 것이라고 생각했다.

> **왜** 오답 ?

① 콜버그는, 도덕적 행동을 이끌어 내는 데 지식 구조의 발달이 필요
도덕적 이해를 위한 조건임.
하다고 보았다.

＊ 근거 : ①문단 ❶문장

③ 블라지는, 도덕성과 자아의 통합으로 형성된 정체성은 도덕적 이해에
도덕적 정체성
바탕을 두고 있다고 보았다.

┌ ③문단 ❷문장 도덕적 정체성은 도덕적 이해에 바탕을 두고 있어, 해야 할
│ 행동의 방향을 일러 준다.
│ ④문단 ❶문장 도덕적 자아 모델의 첫 번째 구성 요소인 도덕적 정체성은
│ 도덕성을 자아의 중심에 두는 것, 즉 도덕성과 자아를 통합하는 것을 통해
└ 정체성이 형성된 것이다.

④ 블라지는, 자아는 고정된 것이 아니며 자아의 특징들은 서로 다른
자아가 구성 방식에 따라 달리 나타날 수 있다고 봄.
위계를 가질 수 있다고 간주하였다.
사람마다 자아의 여러 특징들의 위계를 나누어 정하는 방식이 다름.

┌ ②문단 ❹문장 (블라지에 따르면) 자아는 고정불변의 상태가 아니라 구성
│ 방식에 따라 달리 나타날 수 있는데, 개인마다 다른 자아 구성의 방식에 따라
└ 자아의 여러 특징들은 중심적인 것, 주변적인 것 등으로 위계가 정해진다.

⑤ 콜버그와 블라지는 모두, 도덕적으로 옳은 행동이 무엇인지를
도덕적 이해
아는 것이 도덕적 행동을 이끌어 내는 데 중요하다고 보았다.
블라지도 콜버그와 마찬가지로 도덕적 이해가 도덕적 행동을 이끄는 데 중요하다고 봄.

┌ ①문단 ❻문장 블라지는 콜버그와 마찬가지로 도덕적 이해가 중요하다고
│ 보았지만, ~ 도덕적 이해가 자아와 통합되는 과정을 거쳐야 도덕적 행동으로
└ 이어진다고 보았다.

23 정답 ③ ＊ 내용 파악하기 ┈┈┈┈┈┈┈┈┈ [정답률 83%]

〈보기〉는 학자들이 나눈 가상 대화의 일부이다. [A]에 들어갈 내용으로 가장
적절한 것은?

> ―――――――――――― 〈 보기 〉 ――――――――――――
>
> 갑: ❶'인지 부조화 이론'에 따르면, 개인의 사고와 행동 간의 불일치는
> 심리적으로 <u>불쾌감을 주기 때문에 사람들은 불일치를 해소하려고</u>
> 사고와 행동 간의 불일치를 해소하려는 원인
> 합니다. ❷<u>건강에 나쁜 줄 알면서도 습관적으로 야식을 먹는 사람은,</u>
> 사고와 행동 간의 불일치
> [야식을 참는 것이 스트레스를 유발해 정신 건강에 오히려 안 좋을 수
> [ ]: 자기 합리화를 통한 사고와 행동 간 불일치 해소 사례
> 있다고 자신을 합리화함으로써 사고와 행동 간의 불일치를
> 해소하려고 하죠.] ❸이런 사례도 '자아 일관성'으로 볼 수 있을까요?
> 을: ❹블라지가 말하는 '자아 일관성'은 자기 합리화를 통한 불일치의
> 해소와는 달라요. ❺자아 일관성은 〔   [A]   〕

> **왜** 정답 ?

③ 도덕적 정체성에서 비롯된 것으로, 자신의 도덕적 이상과 자신의
'자아 일관성'은 도덕적 정체성에서 나옴.
행위를 일치시키려는 욕구입니다.

┌ ⑥문단 ❸, ❹문장 자신의 도덕적 이상과 일치된 행동을 하려는 자아 일관성은
│ 도덕적 정체성에서 나오며, 도덕적 책임감으로부터 도덕적 행동으로의 전환을
│ 자아 일관성에 의해 뒷받침된다. 자신의 판단에 따라 행동하지 않는 것이 자아의
└ 균열을 의미하기 때문이다.

> **왜** 오답 ?

① 도덕적 <s>책임감</s>에서 비롯된 것으로, 자신의 행동이 <s>도덕적으로</s>
정체성 자신의 도덕적 이상과 행위를 일치시키려는 욕구
<s>옳은지 판단</s>하려는 욕구입니다.

＊ 근거 : ⑥문단 ❸, ❹문장

② 도덕적 정체성에서 비롯된 것으로, 자신의 <s>선천적 기질에 따라</s>
자신의 도덕적 이상과 행위를 일치시키려는 욕구
<s>살아가려는</s> 욕구입니다.

④ <s>본능적인 경향성</s>에서 비롯된 것으로, <s>자신의 사고</s>와 일치된
도덕적 정체성 도덕적 이상
행동으로 자아의 균열을 막으려는 욕구입니다.

＊ 근거 : ⑥문단 ❸, ❹문장

⑤ <s>본능적인 경향성</s>에서 비롯된 것으로, 자신의 판단에 따른 행동
도덕적 정체성
으로 <s>심리적 불쾌감을 줄이려는</s> 욕구입니다.
자아의 균열을 막으려는

24 정답 ⑤ ＊ 내용 파악 + 추론하기 ┈┈┈┈┈ [정답률 72%]

'블라지'의 견해를 바탕으로 ㉠과 ㉡에 대해 보인 반응으로 가장 적절한 것은?
'도덕적 이해'   '도덕적 행동'

> **왜** 정답 ?

⑤ 불우 이웃을 돕는 것이 옳은 행동임을 아는 ㉠이, 불우 이웃을
도덕적 이해 도덕적 행동
돕는 ㉡으로 이어지려면 자아의 능동성이 중요하겠군.

┌ ①문단 ❻, ❼문장 블라지는 콜버그와 마찬가지로 도덕적 이해가 중요하다고
│ 보았지만, 콜버그와 달리 도덕적 이해가 자아와 통합되는 과정을 거쳐야
│ 도덕적 행동으로 이어진다고 보았다. 그는 이 과정에서 나타나는 자아의
│ 능동적 역할을 강조하며, 도덕적 행동을 이끌기 위한 '도덕적 자아 모델'을
└ 제시하였다.

블라지는 도덕적 이해가 자아와 통합되는 과정을 거쳐야 도덕적 행동으로
이어진다고 보았고, 이 과정에서 나타나는 자아의 능동적 역할을 강조하였다.

그러므로 블라지는 불우 이웃을 돕는 것이 옳은 행동임을 아는 ㉠ '도덕적 이해'가
불우 이웃을 돕는 ㉡ '도덕적 행동'으로 이어지려면 자아의 능동성이 중요하다는
반응을 보일 것이다.

① ㉠에 기반을 두지 않아도 ㉡이라고 평가할 만한 행위가 있겠군.
(도덕적 이해 / 도덕적 행동 / 없겠군.)

* 근거: 1문단 6문장

② ㉠이 ㉡으로 이어지기 위해서는 자아에서 선악에 대한 보편적 인식을 분리시켜야 하겠군.
(도덕성 / 통합시켜야)

[4문단 1, 2문장] 도덕적 자아 모델의 첫 번째 구성 요소인 도덕적 정체성은 도덕성을 자아의 중심에 두는 것, 즉 도덕성과 자아를 통합하는 것을 통해 정체성이 형성된 것이다. '도덕성'은 선악에 대한 보편적인 인식을, '정체성'은 본질적인 자아를 의미한다.

③ ㉡이 ㉠으로 돌아가기 위해서는 자신의 자아의식에 따라 판단하려는 노력이 필요하겠군.
(㉠을 바탕으로 ㉡으로 나아가기 / 자아의식과 일치해서 살아가고자 하는)

[6문단 1문장] ~ 자아 일관성은, 자신의 자아의식과 일치해서 살아가고자 하는 인간의 경향성을 의미한다.
[6문단 5문장] ~ 자신의 도덕적 정체성과 일치된 행동을 하고자 하는 자아 일관성은 도덕적 행동을 이끄는 추동력이 된다.

④ 다른 사람과의 경쟁이 중요한 것임을 아는 ㉠만 있으면, 경쟁에서 이기겠다는 ㉡으로 나아갈 추동력이 생기겠군.
('경쟁'은 선, 정의, 공평과 같은 도덕적 범주에 속하지 않음.)

[6문단 5문장] 자아의 여러 특징들 중 선(善), 정의, 공평 등과 같은 도덕적 범주를 자아의 중심에 둘 때, 자신의 도덕적 정체성과 일치된 행동을 하고자 하는 자아 일관성은 도덕적 행동을 이끄는 추동력이 된다.

'경쟁'은 자아의 여러 특징들 중 하나를 이루기는 하지만, '선, 정의, 공평'과 같은 도덕적 범주에 속하지는 않는다. 그러므로 블라지는 '다른 사람과의 경쟁이 중요한 것임을 아는 것을 ㉠'도덕적 이해'로 보지는 않을 것이다.

또한 블라지는 도덕적 이해가 자아와 통합되는 과정을 거쳐야 도덕적 행동으로 이어진다고 보았다. 그러므로 블라지는 ㉠ '도덕적 이해'만 있으면, ㉡ '도덕적 행동'으로 나아갈 추동력이 생길 것이라고 보지 않을 것이다.

---

25 정답 ④ * 구체적 사례나 상황에 적용하기 ·········· [정답률 60%]

〈보기〉는 윗글의 이해를 위한 학습지의 일부이다. 활동 과제를 수행한 내용으로 적절하지 <u>않은</u> 것은? [3점]

── 〈 보기 〉 ──

[활동 과제]
다음 사례를 바탕으로 도덕적 자아 모델을 탐구해 보자.
● A: 성실성은 없지만 평소 주변 사람들의 어려움을 살피고 배려함.
(자아의 여러 특징 중에서 '성실성'보다 '배려'를 중심적 위치에 놓음.)
● B: [정직하게 살겠다는 자신과의 약속을 반드시 지켜야 할 의무로 생각하고 실천함.]
(자아가 스스로에게 요구하는 엄중한 의무에 의해 생긴 도덕적 책임감 / [ ]:도덕적 책임감으로부터 도덕적 행동으로의 전환이 나타남.)
● C: 정직하게 살겠다는 다짐을 지키려는 노력을 지속하지 못하고 본능적으로 거짓말을 반복함.
(도덕적 통합을 위해 본능적인 충동을 억제하려는 지속적인 노력을 하지 못함.)
● D: [교사가 제시한 실천 과제에 따라 도덕적으로 바람직한 행동을 일상에서 생활화함.]
(외부의 요구 / [ ]:외부의 요구에 의해 도덕적 행동을 함.)

>왜 정답?

④ D는, 외부의 요구에 의해 도덕적 책임감이 부여되어 바람직한 행동을 생활화했겠군.
(도덕적 책임감은 외부의 요구에 의해 부여 ×)

[5문단 2문장] 도덕적 책임감은 도덕성이 자아와 통합된 결과로 나타나는데, 도덕적 책임감은 반드시 도덕적 행동으로 나타내야 하는 스스로에 대한 욕구이며, 외부의 기대나 요구에 의해 부여되는 것이 아니라 자아가 스스로에게 요구하는 엄중한 의무에 의해 생기게 되는 것이다.
〈보기〉 4문장 D: 교사가 제시한 실천 과제에 따라 도덕적으로 바람직한 행동을 일상에서 생활화함.

도덕적 자아 모델의 구성 요소 중 하나인 '도덕적 책임감'은 외부의 기대나 요구에 의해 부여되는 것이 아니라 자아가 스스로에게 요구하는 엄중한 의무에 의해 생기게 되는 것이다.
〈보기〉의 D는 외부의 요구에 해당하는 교사가 제시한 실천 과제에 따라 도덕적으로 바람직한 행동을 생활화한 것이다. 따라서 도덕적 책임감이 부여되어 바람직한 행동을 생활화했다고 볼 수 없다.

>왜 오답?

① A는, 자아를 구성하는 데 있어 '배려'를 '성실'보다 더 중심적 위치에 놓았겠군.
(A는 성실성은 없지만 평소 주변 사람들의 어려움을 살피고 배려함.)

[2문단 4, 5문장] 자아는 고정불변의 상태가 아니라 구성 방식에 따라 달리 나타날 수 있는데, 개인마다 다른 자아 구성의 방식에 따라 자아의 여러 특징들은 중심적인 것, 주변적인 것 등으로 위계가 정해진다. 예를 들어 어떤 사람은 자아를 구성하는 데 '친절'이나 '우정'을 '경쟁'보다 중심적 위치에, 어떤 사람은 주변적 위치에 놓을 수 있다.
〈보기〉 1문장 A: 성실성은 없지만 평소 주변 사람들의 어려움을 살피고 배려함.

도덕적 자아 모델에 따르면 자아는 고정불변의 상태가 아니라 구성 방식에 따라 달리 나타난다. 이때 개인마다 다른 자아 구성 방식에 따라 자아의 여러 특징들은 중심적인 것, 주변적인 것으로 위계가 나뉘어 정해진다. 이에 따르면 〈보기〉의 A가 성실성은 없지만 평소 주변 사람들의 어려움을 살피고 배려했다는 것은 '배려'를 '성실'보다 더 중심적인 위치에 놓았다는 것으로 볼 수 있다.

② B는, 자아가 스스로에게 요구하는 엄중한 의무에 의해 자신과의 약속을 반드시 지킬 의무가 있다고 생각했겠군.
(도덕적 책임감을 형성하는 것 / 도덕적 책임감)

[5문단 1, 2문장] ~ 도덕적 책임감은, 어떤 행동이 도덕적으로 옳은지에 대한 판단과 더불어 그런 행동을 할 도덕적 의무가 있다는 것을 깨닫는 것이다. 도덕적 책임감은 ~ 자아가 스스로에게 요구하는 엄중한 의무에 의해 생기게 되는 것이다.
〈보기〉 2문장 B: 정직하게 살겠다는 자신과의 약속을 반드시 지켜야 할 의무로 생각하고 실천함.

도덕적 자아 모델에서는 도덕적 책임감이 자아가 스스로에게 요구하는 엄중한 의무에 의해 생기게 되는 것이라고 했다. 또한 그렇게 생긴 도덕적 책임감은 도덕적으로 옳은 행동을 할 의무가 있음을 깨닫는 것이라고 했다. 따라서 〈보기〉의 B가 자신과의 약속을 반드시 지킬 의무가 있다고 생각하는 것은, 자아가 스스로에게 요구하는 엄중한 의무 때문인 것으로 볼 수 있다.

③ C는, 도덕적 통합을 위해 필요한, 본능적인 충동을 억제하려는 지속적인 노력을 하지 않아 거짓말을 반복한 것이겠군.
(도덕적 통합을 위해 필요한 노력)

[4문단 4문장] 도덕적 통합은 '끊임없이 주의를 요하는, 부서지기 쉬운 것'이기에 본능적인 충동을 억제하려는, 의도적이고 지속적인 노력이 필요하다.
〈보기〉 3문장 C: 정직하게 살겠다는 다짐을 지키려는 노력을 지속하지 못하고 본능적으로 거짓말을 반복함.

도덕적 자아 모델에 따르면 도덕적 통합은 본능적인 충동을 억제하려는, 의도적이고 지속적인 노력이 있어야 이루어지는 것이다. 이에 따르면 〈보기〉의 C가 거짓말을 반복한 이유는 거짓말을 하려는 본능적인 충동을 억제하기 위한 지속적인 노력을 하지 않았기 때문이라는 것을 알 수 있다.

⑤ B는 C보다, '정직'이라는 도덕적 범주를 자아와 통합한 정도가 더 높을 수 있겠군.
(B는 C와 달리 정직하게 살겠다는 자신과의 약속을 실천에 옮김.)

[4문단 3문장] 이때 도덕성이 자아의 중심이 되는 정도, 즉 도덕적 통합의 정도는 사람마다 다를 수 있다.
[6문단 5문장] 자아의 여러 특징들 중 선(善), 정의, 공평 등과 같은 도덕적 범주를 자아의 중심에 둘 때, ~

도덕적 자아 모델에서는 사람마다 도덕적 통합의 정도가 다를 수 있다고 했다. 〈보기〉에서 B는 정직하게 살겠다는 자신과의 약속을 반드시 지켜야 할 의무로 생각하고 실천했다. 이와 달리 C는 정직하게 살겠다는 다짐을 지키려는 노력을 지속하지 못하고 본능적으로 거짓말을 반복했다. 이때 〈보기〉의 '정직'은 '선, 정의, 공평 등'과 같은 도덕적 범주라고 볼 수 있다. 따라서 B는 C보다 '정직'이라는 도덕적 범주를 자아와 통합한 정도가 더 높다고 볼 수 있다.

26 정답 ② ＊ 어휘의 의미 파악하기 ························ [정답률 87%]

문맥상 ⓐ~ⓔ와 바꾸어 쓰기에 적절하지 <u>않은</u> 것은?

＞왜 정답 ?

② ⓑ: **넘보며** — '어떤 것을 욕심내어 마음에 두다.'라는 의미임.
'추구하며' – '목적을 이룰 때까지 뒤좇아 구하다.'라는 의미임.

＞왜 오답 ?

① ⓐ: **억누르려는** — '어떤 감정이나 심리 현상 따위가 일어나거나 나타나지 아니하도록 스스로 참다.'라는 의미임.
'억제하려는' – '감정이나 욕망, 충동적 행동 따위를 내리 눌러서 그치게 하다.'라는 의미임.

③ ⓒ: **주어지는** — '일, 환경, 조건 따위가 갖추어지거나 제시되다.'라는 의미임.
'부여되는' – '사람에게 권리·명예·임무 따위가 주어지다.'라는 의미임.

④ ⓓ: **말미암은** — '어떤 현상이나 사물 따위가 원인이나 이유가 되다.'라는 의미임.
'의한' – '무엇에 의거하거나 기초하다. 또는 무엇으로 말미암다.'라는 의미임.

⑤ ⓔ: **뜻하기** — '어떤 의미를 가지다.'라는 의미임.
'의미하기' – '행위나 현상이 무엇을 뜻하다.'라는 의미임.

27~30 ＊ **구조물 설계 시 하중의 중요성과 계산 방법** ─

＃ 출제　◯ 글 전체 핵심어　▭ 글 전체 중심 문장

① **구조물**은 부재를 바탕으로 구성되는데, 외부에서 작용하는 힘인 하중을 받는다. **구조물은 하중에 의해 파손되어 영구적으로 변형될 수 있으므로, 구조물을 설계할 때는 부재에 가해질 하중과 부재의 허용하중을 계산해야 한다.** 허용하중은 구조물의 안전을 위해 부재에 허용되는 하중의 최댓값인데, 구조물의 안전을 위해서는 부재에 가해질 하중보다 부재의 허용하중을 더 크게 설계해야 한다.
＃ 하중의 정의
＃ 구조물 설계 시 부재에 가해질 하중과 허용하중을 계산해야 하는 이유
＃ 구조물 설계 시 필수적으로 계산해야 할 요소
＃ 허용하중의 정의
＃ 구조물의 안전을 위한 조건

부재: 구조물의 뼈대를 이루는 데 중요한 요소가 되는 여러 가지 재료
하중: 물체에 작용하는 외부의 힘 또는 무게

＊① 문단 요약 : 구조물 설계 시 계산해야 할 요소

② 하중에는 부재의 단면에 수직 방향으로 작용하는 수직하중이 있다. 수직하중은 부재를 수축시키는 방향으로 작용하는 힘과 부재를 늘리는 방향으로 작용하는 힘을 말하며, 이를 각각 압축하중과 인장하중이라고 한다. 일반적으로 부재는 압축하중보다 인장하중에 더 취약한 경우가 많다. 따라서 구조물을 설계할 때 인장하중에 대한 허용하중은 중요한 요소로 다뤄진다. [인장하중에 대한 허용하중을 계산하기 위해서는 부재의 단면에 작용하는 허용응력을 먼저 계산해야 한다.] 응력은 하중에 의해 부재의 단면에 나타나는 힘으로, 하중을 단면의 면적으로 나누어 구한다. 허용응력은 부재의 안전을 위해 부재에 허용되는 응력의 최댓값으로, 인장하중에 대한 허용응력을 구할 때는 부재를 구성하는 재료의 다양한 물리적 성질을 파악해야 한다. 이를 위해 인장 시험을 시행한다. 인장 시험은 [시편＊에 가하는 인장하중을 일정 크기만큼 점진적으로 늘리는 방식으로 진행하는데, 인장하중의 변화에 따라 시편의 늘어난 길이를 측정한다.]
＃ 수직하중의 정의
＃ 수직하중의 종류 ① 압축하중
＃ 수직하중의 종류 ② 인장하중
＃ 구조물 설계 시 인장하중에 대한 허용하중이 중요한 요소로 다뤄지는 이유
= 부재에 허용되는 인장하중의 최댓값
[ ]: 허용하중은 부재의 단면 면적에 허용응력을 곱해야 산출되므로
＃ 응력의 정의
＃ 응력을 계산하는 방법
＃ 허용응력의 정의
＃ 인장 시험을 시행하는 이유
[ ]: 인장시험의 방법

단면: 물체의 잘라 낸 면
인장: 어떤 힘이 물체의 중심축에 평행하게 바깥 방향으로 작용할 때 물체가 늘어나는 현상

＊② 문단 요약 : 인장하중에 대한 허용하중 계산에 필요한 요소

③ 구조물에 널리 사용되는 금속인 연강을 대상으로 인장 시험을 한다고 해 보자. 시편에 인장하중이 점진적으로 가해지면 시편의 단면에는 인장하중에 의한 응력이 나타나고, 시편의 최초 길이에 대해 늘어난 길이의 비율인 변형률을 구할 수 있다. 연강의 응력과 변형률의 관계에서는 크게 탄성 구간, 소성변형 구간, 변형경화 구간, 네킹 구간이 나타나는 것이 일반적이다. 먼저 탄성 구간에서는 인장하중을 점진적으로 증가시킬 때 응력이 증가함에 따라 시편의 변형률이 증가하며, 응력과 시편의 변형률은 비례 관계이다. 이 구간은 재료의 탄성이 작용하는 구간이므로, 만약 이 구간에서 시편에 가해진 인장하중을 제거한다고 가정하면, 시편은 탄성에 의해 원래의 길이로 되돌아가게 된다. 탄성의 정도는 탄성계수로 나타낸다. 탄성계수는 재료마다 다른 고유한 값으로 탄성계수가 작은 재료일수록 탄성이 크다. 이후 탄성 구간을 넘어서는 인장하중이 가해지면 소성변형 구간이 시작된다. 소성변형 구간이 시작되는 지점에서 시편은 탄성을 잃는다. 이는 소성변형 구간에서 시편의 결정 구조 및 원자의 결합 상태에 변형이 일어나, 시편에 영구적인 변형이 생겼음을 의미한다. 소성변형 구간이 시작되는 지점의 응력을 항복응력이라고 하며, 소성변형 구간에서는 시편의 변형률이 급격히 증가한다. 소성변형 구간이 끝나면 변형경화 구간이 나타난다. 이 구간에서는 응력이 증가함에 따라 시편의 변형률이 증가하고, 응력이 계속 증가하여 극한응력을 넘으면 네킹 구간에 진입한다. 네킹 구간에서는 시편의 변형률이 계속 증가하다가 시편이 완전히 끊어지는 파단 현상이 발생한다.
＃ 시편에 인장하중이 가해질 때 시편의 단면에서 나타나는 변화
변형률 = 늘어난 길이 / 시편의 최초 길이
연강의 인장 시험에서 나타나는 네 구간
＃ 탄성 구간의 특징 ① 인장하중↑ → 응력↑ → 시편의 변형률↑
＃ 탄성 구간의 특징 ②
＃ 탄성 구간의 특징 ③
탄성의 정도를 수치화한 값
＃ 탄성계수의 특징 ①
＃ 탄성계수의 특징 ② 탄성계수↓ → 재료의 탄성↑
소성변형 구간이 시작될 조건
소성변형 구간의 특징 ①
소성변형 구간에서 시편이 탄성을 잃는 것의 의미
＃ 항복응력의 정의
소성변형 구간의 특징 ②
＃ 변형경화 구간의 특징: 응력↑ → 시편의 변형률↑
네킹 구간의 진입 조건
＃ 네킹 구간의 특징: 시편의 변형률↑ → 파단 현상 발생

연강: 탄소 함유량이 비교적 적은 강철. 흔히 철(鐵)이라 이르며, 가단성과 인성(靭性)이 커서 가공하기에 알맞다. 리벳, 철골(鐵骨), 철근 따위로 많이 쓴다.
경화: 1. 물건이나 몸의 조직 따위가 단단하게 굳어짐. 2. 금속 재료에 가공이나 열처리를 하여 재료를 단단하게 만드는 일
영구적: 오래도록 변하지 아니하는 것
파단: 재료가 파괴되거나 잘록하여져서 둘 이상의 부분으로 떨어져 나가는 일

＊③ 문단 요약 : 연강의 인장 시험에서 나타나는 네 구간의 특징

④ 이처럼 연강의 인장 시험에서는 네 개의 구간과 항복응력 및 극한응력이 뚜렷하게 나타난다. 이는 인장하중이 가해졌을 때, 연강이 가늘고 길게 늘어나는 성질을 가진 재료인 연성 재료이기 때문이다. 반면에, 취성 재료는 [가늘고 길게 늘어나는 성질이 거의 없어, 탄성 구간을 넘어서는 인장하중이 가해졌을 때 거의 늘어나지 않고 끊어지는 재료]이다. 취성 재료는 항복응력과 소성변형 구간이 뚜렷하지 않고 대체로 극한응력이 뚜렷하다. 유리는 대표적인 취성 재료로, 연성이 거의 없어서 탄성 구간을 넘어서는 인장하중이 가해졌을 때 거의 늘어나지 않고 파단되어 영구적 변형이 일어난다.
연강의 인장 시험에서 나타나는 특징
연성 재료의 특징
[ ]: 취성 재료의 특징 ①
＃ 취성 재료의 특징 ②
＃ 취성 재료의 예시
＃ 유리에 탄성 구간을 넘어서는 인장하중이 가해졌을 때 일어나는 일

연성: 물질이 탄성 한계 이상의 힘을 받아도 부서지지 아니하고 가늘고 길게 늘어나는 성질
취성: 외부에서 힘을 받았을 때 물체가 소성 변형을 거의 보이지 아니하고 파괴되는 현상

＊④ 문단 요약 : 연성 재료와 취성 재료의 특징

⑤ 부재가 하중에 의해 파손되어 영구적으로 변형되는 것을 예방하기
위해, 재료의 특성에 따라 먼저 허용응력을 산출해야 한다. 일반적
으로 연성 재료는 항복응력을, 취성 재료는 극한응력을 각각 안전계수로
나누어 허용응력을 구한다. 이때 안전계수는 부재가 하중에 의해
파손되어 영구적으로 변형되지 않도록 하는 역할을 한다. 안전계수는
허용응력을 항복응력이나 극한응력보다 낮추기 위해 1을 초과하는
값으로 결정되며 ㉠ 안전계수가 클수록 허용응력은 낮아진다.
허용응력을 구한 후에는 허용응력에 부재의 단면의 면적을 곱하여
허용하중을 산출할 수 있다. 이는 부재의 단면의 면적에 따라 허용
하중이 달라질 수 있음을 의미한다.

〔산출하다: 계산하여 내다.

＊⑤문단 요약: 허용응력과 허용하중의 산출 방법

* 시편: 역학적 시험을 하기 위하여 만든 일정한 형상과 치수의 재료

■ 전체 지문 이해도

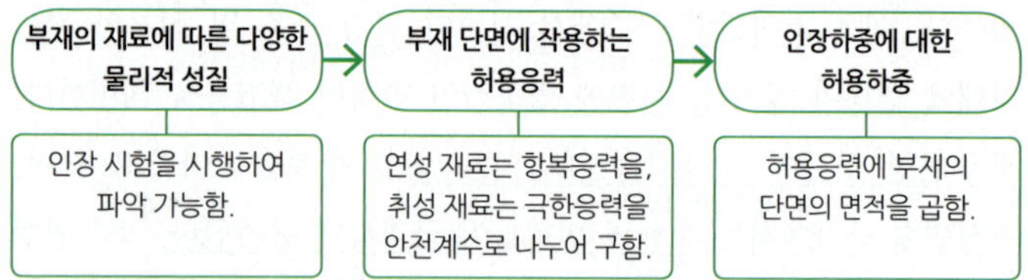

■ 지문 내용과 구조

①문단	구조물 설계 시 계산해야 할 요소 ① 부재에 가해질 하중 ② 부재의 허용하중 → 구조물의 안전을 위해서는 부재에 가해질 하중보다 부재의 허용하중을 더 크게 설계해야 함.

②문단

· 수직 하중의 종류

압축하중	인장하중
부재를 수축시키는 방향으로 작용하는 힘	부재를 늘리는 방향으로 작용하는 힘

· 인장하중에 대한 허용하중의 계산에 필요한 요소
① 부재의 단면에 작용하는 허용응력
② 부재 재료의 다양한 물리적 성질 → 인장 시험을 통해 파악함.

③문단

연강의 인장 시험에서 나타나는 네 구간의 특징

구간	특징
탄성 구간	① 인장하중↑ → 응력↑ → 시편의 변형률↑ ② 응력과 시편의 변형률은 비례 관계 ③ 시편에 가해진 인장하중을 제거하면, 시편은 탄성에 의해 원래의 길이로 되돌아감.
소성변형 구간	① 소성변형 구간이 시작되는 지점에서 시편은 탄성을 잃음. ② 시편의 변형률이 급격하게 증가함.
변형경화 구간	응력↑ → 시편의 변형률↑
네킹 구간	시편의 변형률↑ → 파단 현상 발생

④문단

연성 재료와 취성 재료의 특징

재료	특징
연성 재료	① 인장 시험에서 탄성 구간, 소성변형 구간, 변형경화 구간, 네킹 구간, 항복응력 및 극한응력이 뚜렷하게 나타남. ② 인장하중이 가해졌을 때, 가늘고 길게 늘어남.
취성 재료	① 가늘고 길게 늘어나는 성질이 거의 없어, 탄성 구간을 넘어서는 인장하중이 가해졌을 때 거의 늘어나지 않고 끊어짐.

⑤문단

허용응력과 허용하중의 산출 방법
· 허용응력을 산출하는 이유: 부재가 하중에 의해 파손되어 영구적으로 변형되는 것을 예방하기 위해서임.
· 산출 방법

허용응력	허용하중
연성 재료는 항복응력을, 취성 재료는 극한응력을 각각 안전계수로 나누어 산출함.	허용응력에 부재의 단면의 면적을 곱하여 산출함.

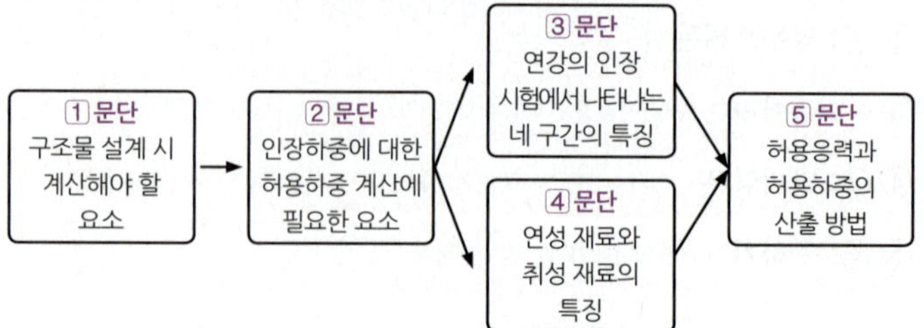

■ 주제: 구조물의 안전을 위해 고려해야 하는 하중과 그 계산 방법

27 정답 ⑤ ＊ 내용 파악하기 ······················· [정답률 72%]

윗글을 이해한 내용으로 적절하지 않은 것은?

▷**왜 정답?**

⑤ 부재는 ~~인장~~하중보다 ~~압축~~하중에 취약한 경우가 많으므로 인장
하중은 구조물 설계 시 중요하게 고려되는 요소이다.
（압축 / 인장）

② 문단 ❸, ❹ 문장 일반적으로 부재는 압축하중보다 인장하중에 더 취약한 경우가 많다. 따라서 구조물을 설계할 때 인장하중에 대한 허용하중은 중요한 요소로 다뤄진다.

▷**왜 오답?**

① 유리는 탄성 구간을 넘어서는 인장하중이 가해졌을 때 거의 늘어 나지 않는다.
（취성 재료）
취성 재료는 가늘고 길게 늘어나는 성질이 거의 없기 때문임.

④ 문단 ❺ 문장 유리는 대표적인 취성 재료로, 연성이 거의 없어서 탄성 구간을 넘어서는 인장하중이 가해졌을 때 거의 늘어나지 않고 파단되어 영구적 변형이 일어난다.

② 구조물을 설계할 때는 부재에 가해질 하중과 허용하중을 계산할 필요가 있다.
구조물이 하중에 의해 파손되어 영구적으로 변형될 수 있기 때문임.

① 문단 ❷ 문장 구조물은 하중에 의해 파손되어 영구적으로 변형될 수 있으므로, 구조물을 설계할 때는 부재에 가해질 하중과 부재의 허용하중을 계산해야 한다.

③ 탄성계수는 재료마다 다른 고유한 값이며, 탄성계수가 작은 재료 일수록 탄성이 크다.
탄성의 정도를 수치화한 값

③ 문단 ❼ 문장 탄성계수는 재료마다 다른 고유한 값으로 탄성계수가 작은 재료일수록 탄성이 크다.

④ 수직하중은 부재의 단면에 수직 방향으로 작용하는 힘으로, 압축하중과 인장하중으로 구분된다.
부재를 수축시키는 방향으로 작용하는 힘과 부재를 늘리는 방향으로 작용하는 힘

② 문단 ❶, ❷ 문장 하중에는 부재의 단면에 수직 방향으로 작용하는 수직하중이 있다. 수직하중은 부재를 수축시키는 방향으로 작용하는 힘과 부재를 늘리는 방향으로 작용하는 힘을 말하며, 이를 각각 압축하중과 인장하중이라고 한다.

28 정답 ④ * 내용 파악하기 ······························ [정답률 66%]

〈보기〉는 인장 시험에 대해 학생이 정리한 내용이다. ⓐ~ⓔ에 들어갈 내용으로 적절하지 <u>않은</u> 것은?

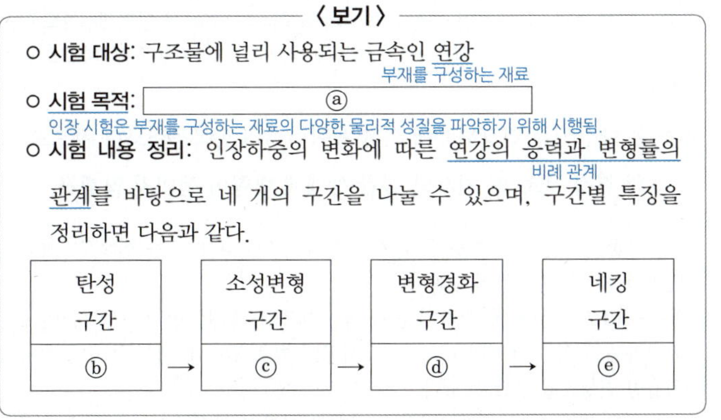

탄성 구간(ⓑ)	① 인장하중↑ → 응력↑ → 시편의 변형률↑ ② 응력과 시편의 변형률은 비례 관계 ③ 시편에 가해진 인장하중을 제거하면, 시편은 탄성에 의해 원래의 길이로 되돌아감.
소성변형 구간(ⓒ)	① 소성변형 구간이 시작되는 지점에서 시편은 탄성을 잃음. ② 시편의 변형률이 급격하게 증가함.
변형경화 구간(ⓓ)	응력↑ → 시편의 변형률↑
네킹 구간(ⓔ)	극한응력을 넘은 후 시편의 변형률↑ → 파단 현상 발생

﹥왜 정답 ?

④ ⓓ: 응력이 증가하여 ~~연강 시편에 파단 현상이 발생한다.~~
시편의 변형률이 증가함.

[③문단 ⓬, ⓭문장 소성변형 구간이 끝나면 변형경화 구간(ⓓ)이 나타난다. 이 구간에서는 응력이 증가함에 따라 시편의 변형률이 증가하고, ~

ⓓ '변형경화 구간'의 특징은 응력이 증가함에 따라 시편이 변형률이 증가한다는 것이다. 시편에 파단 현상이 발생하는 것은 ⓔ '네킹 구간'의 특징이다.

﹥왜 오답 ?

① ⓐ: <u>연강의 다양한 물리적 성질을 파악한다.</u>
인장 시험의 목적

[②문단 ❼, ❽문장 허용응력은 부재의 안전을 위해 부재에 허용되는 응력의 최댓값으로, 인장하중에 대한 허용응력을 구할 때는 부재를 구성하는 재료의 다양한 물리적 성질을 파악해야 한다. 이를 위해 인장 시험을 시행한다.

인장 시험은 부재를 구성하는 재료의 다양한 물리적 성질을 파악하기 위해 시행하는 것이다. 〈보기〉에서 인장 시험의 대상은 연강이므로, ⓐ에는 '연강의 다양한 물리적 성질을 파악한다.'라는 내용이 들어가야 적절하다.

② ⓑ: <u>연강 시편에 가해진 인장하중을 제거한다면 시편의 길이가 원래의 길이로 되돌아가게 된다.</u>
시편의 길이는 탄성에 의해 원래의 길이로 되돌아감.

[③문단 ❹, ❺문장 ~ 탄성 구간(ⓑ)에서는 ~ 재료의 탄성이 작용하는 구간이므로, 만약 이 구간에서 시편에 가해진 인장하중을 제거한다고 가정하면, 시편은 탄성에 의해 원래의 길이로 되돌아가게 된다.

인장 시험의 ⓑ '탄성 구간'은 재료의 탄성이 작용하는 구간이므로, 이 구간에서 시편에 가해진 인장하중을 제거한다면 시편은 탄성에 의해 원래 길이로 되돌아가게 된다.

③ ⓒ: <u>연강 시편이 탄성을 잃으며 시편의 변형률은 급격하게 증가한다.</u>
시편의 결정 구조 및 원자의 결합 상태에 변형이 일어나, 영구적인 변형이 생겼다는 의미

[③문단 ❾~⓫문장 소성변형 구간(ⓒ)이 시작되는 지점에서 시편은 탄성을 잃는다. ~ 소성변형 구간이 시작되는 지점의 응력을 항복응력이라고 하며, 소성변형 구간에서는 시편의 변형률이 급격하게 증가한다.

인장 시험의 ⓒ '소성변형 구간'은 시편이 탄성을 잃고 변형률이 급격하게 증가하는 구간이다.

---

⑤ ⓔ: <u>연강 시편의 변형률이 계속 증가하다가 시편이 완전히 끊어진다.</u>
파단 현상이 일어남.

[③문단 ⓮문장 네킹 구간(ⓔ)에서는 시편의 변형률이 계속 증가하다가 시편이 완전히 끊어지는 파단 현상이 발생한다.

29 정답 ③ * 내용 파악 + 추론하기 ················ [정답률 62%]

㉠의 이유로 가장 적절한 것은?
'안전계수가 클수록 허용응력은 낮아진다.'

﹥왜 정답 ?

③ 허용응력은 항복응력이나 극한응력을 안전계수로 나눈 값이기
허용응력 = 항복응력 또는 극한응력 ÷ 안전계수
때문이다.

[⑤문단 ❷문장 일반적으로 연성 재료는 항복응력을, 취성 재료는 극한응력을 각각 안전계수로 나누어 허용응력을 구한다.

연성 재료는 항복응력을, 취성 재료는 극한응력을 각각 안전계수로 나누어 허용응력을 구한다. 그러므로 연성 재료이든, 취성 재료이든 나누는 값인 안전계수가 커질수록 각 재료의 허용응력의 값은 낮아진다는 것(㉠)을 추론할 수 있다.

﹥왜 오답 ?

① 안전계수가 항복응력이나 극한응력보다 <u>커야 하기</u> 때문이다.
허용응력을 구할 때 항복응력이나 극한응력을 각각 안전계수로 나누어 구하기

* 근거: ⑤문단 ❷문장

안전계수가 클수록 허용응력이 낮아지는 것은 허용응력을 구할 때 항복응력이나 극한응력을 안전계수로 나누어 구하기 때문이지, 안전계수가 항복응력이나 극한응력보다 커야 하기 때문은 아니다.

② 항복응력이나 극한응력이 <u>커질수록 안전계수는 작아지기</u> 때문이다.
작아진다고 볼 수 없음.

[⑤문단 ❹문장 안전계수는 허용응력을 항복응력이나 극한응력보다 낮추기 위해 1을 초과하는 값으로 결정되며 ~

허용응력을 구할 때, 안전계수는 허용응력을 항복응력이나 극한응력보다 낮추기 위해 1을 초과하는 값으로 결정된다고 했다. 따라서 항복응력이나 극한응력이 커질수록 안전계수가 작아진다고 보기는 어렵다.

④ 항복응력이나 극한응력에 따라 안전계수를 다르게 계산할 수 <u>있기</u>
없기
때문이다.

* 근거: ⑤문단 ❷, ❹문장

허용응력의 산출에서 안전계수는 1을 초과하는 특정 값으로 결정되는 것이다. 즉, 항복응력이나 극한응력에 따라 안전계수를 다르게 계산할 수 있지 않다.

⑤ <u>허용응력과 항복응력을 안전계수로 나눈 값이 극한응력과 비례</u>
극한응력이나   허용응력이기
하기 때문이다.

* 근거: ⑤문단 ❷문장

〈보기〉는 윗글의 내용을 이해하기 위한 학습 자료의 일부이다. 학생의 반응으로 적절하지 <u>않은</u> 것은? [3점]

〈 보기 〉

❶ 항복응력이 140㎫＊, 극한응력이 150㎫인 연성 재료 A와 항복응력이
  연성 재료는 인장 시험에서 항복응력과 극한응력이 뚜렷하게 나타남.
뚜렷하지 않고 극한응력이 100㎫인 취성 재료 B가 있다. 갑은 부재 ㄱ의
  취성 재료는 항복응력이 뚜렷하지 않고 대체로 극한응력이 뚜렷하게 나타남.
❸ 제작에 재료 A를, 부재 ㄴ의 제작에 재료 B를 사용하는 설계 시안을
다음과 같이 구성하였다. 이때 현재 시점에서 ㄱ, ㄴ에 가해질 것으로
예상되는 인장하중은 300N이며, ㄱ, ㄴ의 허용응력 계산에는 안전계수
2를 사용한다.
❹ (단, A, B는 ㄱ, ㄴ의 제작에 모두 사용 가능하며, ㄱ, ㄴ은 각각 단일
  ❺
재료로 제작한다. 다른 상황은 고려하지 않는다.)

항복응력 또는 극한응력÷안전계수   허용응력×부재의 단면 면적

부재	허용응력(㎫)	단면의 면적(㎟)	허용하중(N)
ㄱ	70	10	700
ㄴ	50	5	250

＊㎫: 응력의 단위

단서+발상

(단서) – 부재 ㄴ에 가해질 것으로 예상되는 인장하중 = 300N
    – 인장하중보다 허용하중을 더 크게 설계해야 안전함. ➡ ㄴ의 단면 면적을 변경하지 않고 재료를 A로 교체할 것임.
(발상) – ㄱ, ㄴ의 허용응력 계산에 사용될 안전계수는 2임.
    – 연성 재료 A의 허용응력 = 140㎫÷2=70㎫, 부재 ㄴ의 단면의 면적 = 5㎟
    ➡ 재료를 A로 교체한 부재 ㄴ의 허용하중 = 허용응력×단면의 면적 = 70㎫×5㎟ = 350N
(해결) 재료를 A로 교체한 부재 ㄴ의 허용하중(350N)이 인장하중(300N)보다 큼. ➡ 안전을 담보할 수 있음.

왜 정답?

④ ㄴ은 단면의 면적을 변경하지 않고 재료를 A로 교체하면, 허용하중이
  연성 재료 A의 허용응력 = 140㎫÷2 =70㎫ 350N
인장하중보다 <del>작아</del>지므로 안전을 담보할 수 <del>없</del>겠군.
  300N   커   있

[1]문단 ❸문장 허용하중은 구조물의 안전을 위해 부재에 허용되는 하중의 최댓값인데, 구조물의 안전을 위해서는 부재에 가해질 하중보다 부재의 허용하중을 더 크게 설계해야 한다.
[5]문단 ❷~❺문장 일반적으로 연성 재료는 항복응력을, 취성 재료는 극한응력을 각각 안전계수로 나누어 허용응력을 구한다. ~ 허용응력을 구한 후에는 허용응력에 부재의 단면의 면적을 곱하여 허용하중을 산출할 수 있다.
〈보기〉❶~❸문장 항복응력이 140㎫, 극한응력이 150㎫인 연성 재료 A와 ~ 이때 현재 시점에서 ㄱ, ㄴ에 가해질 것으로 예상되는 인장하중은 300N이며, ㄱ, ㄴ의 허용응력 계산에는 안전계수 2를 사용한다.

재료 A의 허용응력은 항복응력 140㎫를 안전계수 2로 나눈 70㎫에 해당한다. 또한 허용하중은 허용응력에 부재의 단면 면적을 곱하여 산출한다. 그러므로 A로 교체된 부재 ㄴ의 단면 면적을 변경하지 않으면, 그 허용하중은 재료 A의 허용응력 70㎫에 단면의 면적 5㎟를 곱하여 350N이 된다. 즉 재료 A로 교체된 부재 ㄴ의 허용하중(350N)이 인장하중(300N)보다 커지므로 안전을 담보할 수 있다.

왜 오답?

① ㄱ은 ㄴ보다 부재에 허용되는 하중의 최댓값이 크게 설계되어 있군.
  허용하중   ㄱ:700N, ㄴ:250N

＊근거: [1]문단 ❸문장

허용하중은 부재에 허용되는 하중의 최댓값이다. 〈보기〉에서 부재 ㄱ의 허용하중은 700N이고 부재 ㄴ의 허용하중은 250N이므로, ㄱ이 ㄴ보다 부재에 허용되는 하중의 최댓값이 크게 설계되어 있다는 설명은 적절하다.

② ㄱ과 ㄴ의 허용응력을 구하기 위해 A는 항복응력을, B는 극한응력을
  연성 재료 140㎫   취성 재료 100㎫
안전계수로 나누었군.
  2

＊근거: [5]문단 ❷문장, 〈보기〉❶, ❸문장

연성 재료는 항복응력을, 취성 재료는 극한응력을 안전계수로 나누어 허용응력을 구한다. 부재 ㄱ의 허용응력은 연성 재료 A의 항복응력 140㎫을 안전계수 2로 나눈 70㎫이고, 부재 ㄴ의 허용응력은 취성 재료 B의 극한응력 100㎫을 안전계수 2로 나눈 50㎫이다.

③ ㄱ은 예상되는 인장하중에 의한 응력이 A의 항복응력보다 작으므로,
  300N   30㎫   140㎫
ㄱ의 결정 구조 및 원자의 결합 상태에 변형이 생기지 않겠군.
  소성변형 구간으로 볼 수 없으므로 적절함.

[2]문단 ❻문장 응력은 하중에 의해 부재의 단면에 나타나는 힘으로, 하중을 단면의 면적으로 나누어 구한다.
[3]문단 ❷문장 시편에 인장하중이 점진적으로 가해지면 시편의 단면에는 인장하중에 의한 응력이 나타나고, 시편의 최초 길이에 대해 늘어난 길이의 비율인 변형률을 구할 수 있다.
[3]문단 ❿, ⓫문장 이는 소성변형 구간에서 시편의 결정 구조 및 원자의 결합 상태에 변형이 일어나, 시편에 영구적인 변형이 생겼음을 의미한다. 소성변형 구간이 시작되는 지점의 응력을 항복응력이라고 하며, 소성변형 구간에서는 시편의 변형률이 급격하게 증가한다.

응력은 하중을 단면의 면적으로 나누어 구하는 것이고, 인장하중이 점진적으로 가해지면 시편의 단면에는 인장하중에 의한 응력이 나타난다고 하였다. 이에 따르면 ㄱ에 예상되는 인장하중 300N이 가해지면 인장하중에 의한 응력은 인장하중 300N을 ㄱ의 단면 면적인 10㎟로 나눈 30㎫가 된다.

한편 소성변형 구간에서 시편의 결정 구조 및 원자의 결합 상태에 변형이 일어나는데, 이러한 소성변형 구간이 시작되는 지점의 응력이 항복응력이라고 했다. 이에 따르면 ㄱ은 예상되는 인장하중에 의한 응력인 30㎫가 A의 항복응력인 140㎫보다 작으므로 아직 소성변형 구간에 진입했다고 볼 수 없다. 따라서 ㄱ의 결정 구조 및 원자의 결합 상태에 변형이 생긴다고 볼 수 없다.

매력 오답 예상되는 인장하중에 의한 응력이 A의 항복응력보다 작다는 것이 무슨 의미인지 정확히 이해하지 못한 학생들이 많았다. 윗글에서는 항복응력을 소성변형 구간이 시작되는 지점의 응력이라고 정의했다. 따라서, 부재 ㄱ에 가해질 것으로 예상되는 인장하중에 의한 응력인 30㎫가 재료 A의 항복응력인 140㎫보다 작다는 것을 보고, 부재 ㄱ이 아직 소성변형 구간에 진입하지 않았다는 것을 추론할 수 있어야 했다.

⑤ ㄱ과 ㄴ에 가해질 인장하중이 예상보다 2배로 커질 경우, ㄱ은 ㄴ과
  600N
달리 단면의 면적을 늘리지 않더라도 영구적 변형이 일어나지 않겠군.
  ㄱ: 허용하중 700N > 인장하중 600N ➡ 단면의 면적을 늘리지 않더라도 변형 ✕
  ㄴ: 허용하중 250N < 인장하중 600N ➡ 단면의 면적을 늘려야 변형을 막을 수 있음.

[1]문단 ❷문장 구조물은 하중에 의해 파손되어 영구적으로 변형될 수 있으므로, 구조물을 설계할 때는 부재에 가해질 하중과 부재의 허용하중을 계산해야 한다.
[5]문단 ❺, ❻문장 허용응력을 구한 후에는 허용응력에 부재의 단면의 면적을 곱하여 허용하중을 산출할 수 있다. 이는 부재의 단면의 면적에 따라 허용하중이 달라질 수 있음을 의미한다.

구조물의 안전을 위해서는 부재에 가해질 하중보다 부재의 허용하중을 더 크게 설계해야 한다. 또 허용하중을 구할 때 허용응력에 부재의 단면 면적을 곱한다고 했으므로 부재의 단면 면적에 따라 허용하중이 달라질 수 있다. 이에 따르면 ㄱ과 ㄴ에 예상보다 2배 큰 인장하중 600N이 가해질 경우, ㄱ은 허용하중인 700N이 인장하중인 600N보다 크므로 단면의 면적을 늘리지 않더라도 영구적 변형이 일어나지 않는다. 반면 ㄴ은 허용하중인 250N이 인장하중인 600N보다 작으므로 단면의 면적을 늘려야 영구적 변형을 막을 수 있다.

(가) 박두진, 〈낙엽송(落葉松)〉

 # 출제 ❶ 화자, 중심 대상 ❷ 상황, 정서, 태도 ❸ 표현상 특징

❸ 시적 허용(한글 맞춤법에 어긋나는 표현을 일부러 사용하는 표현법)을 사용하여 의미를 강조함.

1 [가지마다 파아란 하늘을
　　　　　새순
바뜰었다.
받들었다.
❷ 중심 대상 ❸ 태도: 새순의 생명력을 예찬함.
파릇한 새순이 꽃보다 고웁다.]
　　　　　# ❸ 색채 이미지를 활용하여 새순을 시각적으로 표현함.

[ ]: ❷ 상황 – 낙엽송의 가지에 돋아나는 새순을 바라보고 있음.

＊1연 요약 : 낙엽송 가지에 돋은 새순의 생명력

2 청송(靑松)이래도 가을 되면
　　푸른 소나무
홀 홀 낙엽(落葉) 진다 하느니,
❸ 소멸의 이미지와 음성 상징어를 사용해 낙엽이 지는 모습을 표현함.

❸ 계절의 변화에 따라 시상을 전개함.
낙엽이 지는 계절 → 소멸과 죽음의 시간

＊2연 요약 : 가을이 되면 낙엽이 지는 청송

3 봄마다 새로 젊은
❷# 생성의 이미지를 통해 새순이 탄생하는 모습을 표현함.
자랑이 사랑웁다.
　　새순
❷ 정서: 봄마다 돋아나는 새순에 애정을 느낌.

＊3연 요약 : 봄마다 새로 돋는 새순

4 낮에 햇볕 입고
❸ 추상적 관념을 구체화하여 햇볕을 감각적으로 표현함.
밤에 별이 소올솔 내리는
❸ 음성 상징어를 사용하여 별의 모습을 생동감 있게 표현함.
이슬 마시고,
□: 새순을 성장하게 하는 자연물을 통해 생명이 성장하는 과정을 나타냄.

＊4연 요약 : 새순의 성장 과정

5 파릇한 새 순이
❷# ❸ 색채 이미지와 띄어쓰기를 활용하여 의미를 강조함.
여름으로 자란다.
계절의 변화에 따라 달라지는 새순의 모습을 표현함.

＊5연 요약 : 여름에 파릇하게 자라나는 새순

⭐ (가) 독해 공식

❶ 화자: 드러나지 않음, **중심 대상**: 새순
❷ 상황: 낙엽송의 가지에 돋아나는 새순을 바라보고 있음.
　정서: 봄마다 돋아나는 새순에 애정을 느낌.
　태도: 새순의 생명력을 예찬함.
❸ 표현상 특징
• 시적 허용을 사용하여 의미를 강조함.
• 색채 이미지를 활용하여 새순을 시각적으로 표현함.
• 계절의 변화에 따라 시상을 전개함.
• 소멸의 이미지를 사용해 낙엽이 지는 모습을 표현함.
• 생성의 이미지를 통해 새순이 탄생하는 모습을 표현함.
• 추상적 관념을 구체화하여 햇볕을 감각적으로 표현함.
• 음성 상징어를 사용해 낙엽과 별의 모습을 표현함.
• 띄어쓰기를 활용하여 새순의 의미를 강조함.

■ 갈래: 현대시
■ 제목의 의미: 소나무는 일반적으로 사계절 내내 푸르다. 이와 달리 낙엽송은 가을에 낙엽이 졌다가 봄에 새순이 돋아난다. 이러한 낙엽송의 특징을 통해 소멸이 생성으로 이어진다는 인식을 드러내고 있다.
■ 글쓴이: 박두진(1916~1998). 1939년 정지용의 추천으로 《문장》에 〈향현〉, 〈묘지송〉 등을 발표하며 등단하였다. 박목월, 조지훈과 함께 청록파 시인으로 활동한 이후, 자연과 신의 영원한 참신성을 노래한 30여 권의 시집과 평론·수필·시평 등을 통해 문학사에 큰 발자취를 남겼다. 대표작으로 〈해〉, 〈어서 너는 오너라〉 등이 있다.
■ **(가) 주제**: 자연의 생명력에 대한 예찬

■ **이것이 핵심!**: 계절의 변화에 따른 낙엽송의 모습

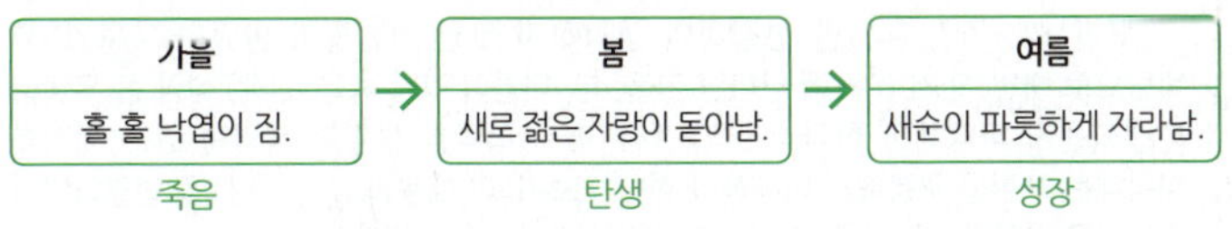

(나) 박남수, 〈소등(消燈)〉

 # 출제 ❶ 화자, 중심 대상 ❷ 상황, 정서, 태도 ❸ 표현상 특징

1
1 ❶ 화자
나는 불을 끈다.
❶ 중심 대상
❸ 동일한 시구를 반복하여 의미를 강조함.
꿈꾸는 시간을 위해 나는 불을 끈다.
❸ 화자가 바라는 시간 = 생명력이 회복된 시간
메마른 껍질로 둘러진 현실의 울타리 안에는
❷ 상황: 각박한 현실에 처해 있음.
한 포기 풀도 자라지 못하는 가뭄의 뜰이 있고,
　　[A]

＊1연 요약 : 각박한 현실에 처한 화자

2 불모(不毛)의 뜰에서는 뿌리도 타는 목마름과
　= 가뭄의 뜰　　# 뿌리가 메말라 가는 극한의 상황
비틀어진 가지에 마른 나뭇잎들이 보스라지고 있다.]
[ ]: ❸ 부정적인 상황을 구체적으로 형상화함.
나는 불을 끈다.
꿈꾸는 시간을 위하여 나는 불을 끈다.
화자가 불을 끄는 이유
　　[B]

[불모: 땅이 거칠고 메말라 식물이 나거나 자라지 아니함.

＊2연 요약 : 부정적 현실에서 꿈을 꾸기 위해 불을 끔.

2
3 불을 끈 시간의 끝에서
　꿈속의 시간
가뭄에 마른 현실의 시체에 꽃이 달리는
　　　　　　　　　　생명력의 회복
찬란한 화재(火災)를 위해 지피는 불길은
　생명력이 넘치는 상황
거인(巨人)처럼 치솟아 꿈 속을 밝힌다.
❸ 직유법을 사용하여 불길의 크기를 형상화함.
△ ↔ ○: ❸ 생명력이 없는 현실과 생명력이 있는 꿈속을 대조함.
❷ 정서: 현실도 꿈속처럼 생명력이 넘치기를 바람.
　　[C]

[찬란하다: 빛이 번쩍거리거나 수많은 불빛이 빛나는 상태이다. 또는 그 빛이 매우 밝고 강렬하다.
[화재: 불이 나는 재앙. 또는 불로 인한 재난

＊3연 요약 : 꿈속에서 지피는 불길의 생명력

불길을 지피는 행위의 결과
4 요원(遙遠)의 그슬린 검은 잿더미 위에서
푸른 바다가 번져가고
❸ 색채 이미지의 대비를 통해 소멸과 생성을 시각적으로 표현함.
싱그러운 냄새가 뿜어 삼월(三月)의 뜰을 만드는
❹ ❸ 후각적 이미지
화자가 지향하는 생명력 있는 세계
삼월의 사상(思想)을 위하여.
　　[D]

[요원: 아득히 멂.
[그슬리다: 불에 겉만 약간 타다.
[사상: 어떠한 사물에 대하여 가지고 있는 구체적인 사고나 생각

＊4연 요약 : 생명력이 넘치는 삼월의 뜰

3
5 나는 불을 끈다.
꿈꾸는 시간을 위해 나는 지하층계를 딛고 내려간다.
생명력을 회복하고자 함.
가는 물줄기는 어느 샘에 뿌리를 박고
　　　생명력이 있는 공간
질적질적 땅을 적시고 있다.
❸ 음성 상징어　생명력이 회복되고 있음.
　　[E]

＊5연 요약 : 땅에 생명력을 불어넣는 물줄기

6 마른 뿌리는 가는 물줄기에 주둥이를 박고
지금 목을 축이고 있다.
❸ 의인법을 활용해 뿌리가 생명력을 회복해 가는 모습을 표현함.
나는 불을 끈다.
불을 켜는 시간을 위해 나는 불을 끈다.
❷ 정서: 부정적인 현실이 긍정적으로 바뀌기를 바람.
❸ 역설법을 사용해 화자의 바람을 강조함.
　　[F]

＊6연 요약 : 불을 켜는 시간을 위해 불을 끔.

2024.10 / 10회

🌟 (나) 독해 공식
❶ 화자: '나', 중심 대상: 꿈꾸는 시간
❷ 상황: 각박한 현실에 처해 있음.
  정서: 부정적인 현실이 꿈속처럼 생명력이 넘치는 곳으로 바뀌기를 바람.
❸ 표현상 특징
• 동일한 시구를 반복하여 의미를 강조함.
• 부정적인 상황을 구체적으로 형상화함.
• 생명력이 없는 현실과 생명력이 있는 꿈속을 대조함.
• 직유법을 사용해 불길의 크기를 형상화함.
• 색채 이미지의 대비를 통해 소멸과 생성을 시각적으로 표현함.
• 후각적 이미지, 음성 상징어, 의인법을 사용해 꿈속의 생명력 넘치는 모습을 표현함.
• 역설법을 사용해 화자의 바람을 강조함.

■ 갈래: 현대시
■ 제목의 의미: '소등'은 불을 끈다는 의미로, 화자는 불을 끔으로써 생명력이 있는 꿈속으로 가고자 한다.
■ 글쓴이: 박남수(1918~1994). 1939년 정지용의 추천으로 《문장》에 〈심야(深夜)〉, 〈마을〉 등을 발표하며 본격적으로 작품 활동을 시작하였다. 빛과 어둠, 삶과 죽음이라는 대립적 이미지를 시각적·청각적으로 선명하게 묘사하였다. 그리고 어둠과 죽음에 대한 극복 의지를 '새'로 형상화하여 '새의 시인'이라고도 불린다. 대표작으로 〈새 1〉, 〈할머니, 꽃씨를 받으시다〉 등이 있다.
■ (나) 주제: 생명력 회복에 대한 소망
■ 이것이 핵심!: 부정적 현실과 생명력 있는 시간의 대비

부정적 현실	생명력 있는 시간
– 메마른 껍질로 둘러진 현실의 울타리 – 풀 한 포기 자라지 못하는 가뭄의 뜰 – 불모의 뜰 – 보스라지고 있는 마른 나뭇잎들 – 가뭄에 마른 현실의 시체	– 찬란한 화재를 위해 지피는 불길 – 푸른 바다 – 삼월의 뜰 – 땅을 적시는 가는 물줄기

■ 왜 두 작품?
• 공통점: (가)와 (나) 모두 소멸 이후에 생성이 이어진다는 인식이 드러난다.
• 차이점: (가)에는 계절의 변화에 따라 생명이 죽음, 탄생, 성장을 반복하는 모습이 나타나고, (나)에는 척박한 현실이 생명력 있는 세계로 전환되는 모습을 통해 생명력 회복에 대한 바람이 드러난다.

31 정답 ④ ＊작품 비교하기 ·································· [정답률 89%]

(가)와 (나)의 공통점으로 가장 적절한 것은?

> 왜 정답?

④ 색채 이미지를 활용하여 대상을 감각적으로 나타내고 있다.
  (가): 파릇한, (나): 검은, 푸른

[(가) ❶연 ❸행 파릇한 새순이 꽃보다 곱다.
  (나) ❹연 ❶, ❷행 요원(遼遠)의 그슬린 검은 잿더미 위에서 / 푸른 바다가 번져가고

(가)에서는 '파릇한'이라는 색채 이미지를 통해 새순의 생명력을 감각적으로 나타내고 있고, (나)에서는 '검은'과 '푸른'의 색채 이미지를 통해 척박한 현실과 강한 생명력의 이미지를 감각적으로 나타내고 있다.

> 왜 오답?
      슬프거나 가슴 아파하는 정서
① 감탄사를 사용하여 애상적 정서를 표현하고 있다.
  (가), (나) 모두 사용하지 않음. 생명력을 예찬함.

② 동일한 연을 반복하여 주제 의식을 강조하고 있다.
        시구
＊근거: (가) ❶연 ❸행, ❺연 ❶행, (나) ❶연 ❶, ❷행, ❷연 ❸, ❹행, ❺연 ❶행, ❻연 ❸, ❹행

(가)에서는 '파릇한 새순'이라는 시구를, (나)에서는 '나는 불을 끈다.'라는 시구를 반복하여 주제를 강조하고 있다. 동일한 연을 반복하고 있지는 않다.

③ 명령형 어조를 사용하여 시적 분위기를 고조시키고 있다.
  (가), (나) 모두 사용하지 않음.

⑤ 경어체를 사용하여 대상에 대한 예찬적 태도를 드러내고 있다.
  (가), (나) 모두 사용하지 않음.

32 정답 ④ ＊시어 및 구절의 의미 파악하기 ·········· [정답률 75%]

[A]~[F]에 대한 이해로 적절하지 않은 것은?

> 왜 정답?
                                        다른 대상에게
④ [E]에서 다른 대상과 상생하는 '물줄기'는, [F]에서 ~~다른 대상에게~~ 의지하지 않음.
    ~~의지~~하는 '물줄기'로 전환된다.

  [F]에서 '물줄기'는 주둥이를 박고 목을 축이고 있는 '마른 뿌리'에게 생명력을 제공한다. 이는 다른 대상에게 의지하는 모습으로 볼 수 없다.

> 왜 오답?

① [A]에서 '울타리 안'의 상황은, [B]에서 '나뭇잎들이 보스라지'는
    메마르고 척박한 현실   말라 비틀어짐.
    모습으로 구체화된다.

[(나) ❶연 ❸, ❹행 [A] 메마른 껍질로 둘러진 현실의 울타리 안에는 / 한 포기 풀도 자라지 못하는 가뭄의 뜰이 있고,
  (나) ❷연 ❶, ❷행 [B] 불모(不毛)의 뜰에서는 뿌리도 타는 목마름과 / 비틀어진 가지에 마른 나뭇잎들이 보스라지고 있다.

[A]에서 '메마른 껍질로 둘러진' '울타리 안'은 각박한 현실을 나타낸다. 그곳에는 '가뭄의 뜰'이 있는데, 그 뜰의 모습은 [B]에서 '비틀어진 가지에 마른 나뭇잎들이 보스라지'는 모습으로 구체화된다.

② [B]에서 '불을 끈다'는 화자의 행위에는, [C]에서 '불을 끈 시간의
      꿈꾸는 시간을 위한 것   생명력이 넘치는 시간
    끝'에서의 상황을 마주하려는 의도가 담겨 있다.

[(나) ❷연 ❹행 [B] 꿈꾸는 시간을 위하여 나는 불을 끈다.
  (나) ❸연 [C] 불을 끈 시간의 끝에서 ~ 찬란한 화재(火災)를 위해 지피는 불길은 / 거인(巨人)처럼 치솟아 꿈 속을 밝힌다.

[B]에서 화자는 '꿈꾸는 시간을 위하여' 불을 끈다. 그리고 [C]에서 '불을 끈 시간의 끝', 즉 '꿈 속의 상황을 마주한다. 결국 [B]에서 불을 끈 행위에는 [C]에서 꿈속의 상황을 마주하려는 의도가 담겨 있음을 알 수 있다.

③ [D]에서 '그슬린' 대상은, [C]의 불을 '지피는' 행위와 관련된다.
              불에 타고 남은 것

[(나) ❸연 ❸행 [C] 찬란한 화재(火災)를 위해 지피는 불길은
  (나) ❹연 ❶행 [D] 요원(遼遠)의 그슬린 검은 잿더미 위에서

[C]에서 화자가 '지피는 불길'에 타고 남은 것이 [D]의 '그슬린 검은 잿더미'라고 할 수 있다.

⑤ [F]에 나타난 '뿌리'의 모습은, [B]에서 '뿌리'가 처한 상황과 대비된다.
      물줄기에 주둥이를 박고 목을 축임.   타는 목마름에 메말라 감.

[(나) ❷연 ❶행 [B] 불모(不毛)의 뜰에서는 뿌리도 타는 목마름과
  (나) ❻연 ❶, ❷행 [F] 마른 뿌리는 가는 물줄기에 주둥이를 박고 / 지금 목을 축이고 있다.

33 정답 ② ＊〈보기〉를 바탕으로 감상하기 ★1등급 대비

[① 5% ② 58% ③ 6% ④ 10% ⑤ 19%]

〈보기〉를 바탕으로 (가), (나)를 감상한 내용으로 적절하지 않은 것은? [3점]

> ── 〈 보기 〉 ──
❶ (가)와 (나)에는 모두 소멸이 생성으로 이어진다는 인식이 드러난다.
    (가): 계절의 변화에 따른 소멸과 생성, (나): 불을 끄는 행위에 따른 소멸과 생성
❷ (가)의 화자는 계절의 변화라는 자연의 질서에 따라 죽음, 탄생, 성장을
    가을 → 봄 → 여름
  반복하는 생명의 모습을 드러낸다. ❸ (나)의 화자는 척박한 현실이 생명력
  있는 세계로 전환되기를 소망하며, 생명력 회복에 대한 지향을 드러낸다.
    '가뭄의 뜰', '검은 잿더미' → '푸른 바다'

> 왜 틀렸나?
  〈보기〉와 (가), (나)를 연결하여 생각하지 못한 학생들이 많았다. 〈보기〉를 바탕으로 하면, 먼저 (가)에 나타난 가을, 봄, 여름이 각각 죽음, 탄생, 성장 중 무엇과 연결되는지 파악해야 한다. 그리고 (나)에서 척박한 현실과 생명력 있는 세계를 나타내는 표현을 구분해서 이해해야 한다. 〈보기〉의 내용과 (가), (나)를 연결하면서 차근차근 정답과 오답을 가려내는 연습을 많이 해 두어야 한다.

② (나)의 '가뭄에 마른 현실'에 '불길'이 '거인처럼 치솟'는다는 것에

화자가 **현실의 척박함을 인식하게 된 계기**가 나타나 있군.
척박한 현실이 생명력 있는 세계로 전환되기를 바라는 소망

[(나) ③연 ❷~❹행 가뭄에 마른 현실의 시체에 꽃이 달리는 / 찬란한
화재(火災)를 위해 지피는 불길은 / 거인(巨人)처럼 치솟아 꿈 속을 밝힌다.

(나)의 '가뭄에 마른 현실'에 '불길'이 '거인처럼 치솟'음으로써 꿈 속을 밝히게 되고,
이로 인해 '검은 잿더미' 위에 '푸른 바다'가 번져감으로써 생명력 넘치는 '삼월의 뜰'을
만들 수 있게 된다. 이처럼 화자는 척박한 현실이 생명력 있는 세계로 바뀌기를
소망하고 있다. 이때 화자가 현실의 척박함을 인식하게 된 계기는 나타나지 않는다.

① (가)의 '파릇한 새 순'이 '여름으로 자란다'는 것에 계절의 변화에
가을 – 봄 – 여름
따라 달라지는 생명의 모습이 드러나 있군.

* 근거: (가) ③연 ❶행, ⑤연 ❶, ❷행

(가)에서 봄에 돋아난 '파릇한 새 순'은 '여름으로 자란다'. 이는 봄에서 여름으로
계절이 변화함에 따라 달라지는 새순의 모습을 드러낸다.

③ (나)의 '싱그러운 냄새가 뿜어' 만드는 '삼월의 뜰'에 화자가 지향하는
강한 생명력을 지닌 '푸른 바다'가 번지는 곳
생명력 있는 세계가 형상화되어 있군.

* 근거: (나) ④연 ❸, ❹행

(나)의 '삼월의 뜰'은 '검은 잿더미' 위에 '푸른 바다'가 번져 만들어진 곳이다. 화자는
이러한 '삼월의 뜰'을 만드는 삼월의 사상'을 위한다고 했으므로, '삼월의 뜰'은 화자가
지향하는 생명력 있는 세계라고 할 수 있다.

④ (가)의 '홀 홀 낙엽'지는 청송이 '봄마다 새로 젊'다는 것에, (나)의
소멸   생성
'검은 잿더미 위'에 '푸른 바다가 번져'간다는 것에 모두 소멸 이후
소멸   생성
생성이 이어진다는 인식이 드러나 있군.

* 근거: (가) ②연 ❷행, ③연 ❶행, (나) ④연 ❶, ❷행

(가)의 '홀 홀 낙엽진다'는 것에서 가을에 낙엽이 떨어지는 청송의 모습이 드러나고,
'봄마다 새로 젊'다는 것에서 봄마다 새순이 새롭게 돋아나는 모습이 드러난다. 잎이
소멸한 뒤에 생성이 이어지는 것이다.

(나)의 '검은 잿더미'는 생명력이 소멸된 척박한 현실이지만, '푸른 바다'는 생명력이
넘치는 세계이다. 불길에 소멸되었던 잿더미가 생명력이 넘치는 바다로 이어지는
것이다.

⑤ (가)의 '햇볕'을 입고 '이슬'을 마시는 것에 생명의 성장을 위한 과정이,
밤낮으로 새순이 성장하는 과정
(나)의 '지하층계'를 내려가 '어느 샘'을 인식하는 것에 화자의
꿈꾸는 시간을 위해 내려감.
의식에 내재된 생명력 회복에 대한 바람이 드러나 있군.

* 근거: (가) ④연, (나) ⑤연 ❷, ❸행

(가)에서 봄에 새로 돋아난 새순은 '햇볕'을 입고 '이슬'을 마시며 '여름으로 자란다'.
즉, 새순이 '햇볕'을 입고 '이슬'을 마시는 것은 새순이 성장하기 위한 과정이다.

(나)의 화자는 꿈꾸는 시간을 위해 '지하층계'를 내려가 '어느 샘'을 인식한다. '어느
샘'의 '가는 물줄기'는 땅을 적시며 생명력을 회복시킬 수 있다. 즉, 화자가 '지하층계'를
내려가 '어느 샘'을 마주하는 것에는 화자가 꿈꾸는 시간인 생명력이 회복된 시간에
대한 바람이 담겨 있다.

매력
오답
<보기>에서 '생명의 성장을 위한 과정'이 무엇인지 자세히 설명하지 않아
선택지의 옳고 그름을 판단하기 어려웠을 것이다. <보기> ❷문장에서 (가)는 계절의
변화에 따라 생명이 죽음, 탄생, 성장을 반복한다고 했다. 즉, 가을(②연)에 죽었던
생명은 봄(③연)에 새로 태어나고, 여름(⑤연)에 성장한다. 이를 통해 봄에서 여름으로
이어지는 ④연에서 햇볕을 입고 이슬을 마시는 것은 성장을 위한 과정이라고 볼 수
있다.

<보기>에서 직접적으로 제시되지 않은 내용이라도 지문과 선택지를 연결하며 옳고
그름을 판단할 수 있어야 한다.

34~37

(가) 정해정, 〈민농가〉

출제　❶ 화자, 중심 대상　❷ 상황, 정서, 태도　❸ 표현상 특징　[시 해석]

❶ 화자: '나'

①　㉠ 저기 가는 저 노농(老農)아 이내 농가(農歌) 살펴 들소
 # ❸ 화자가 청자(노농)에게 말을 건넴.
➡ 저기 가는 저 노농아 이내 농가를 살펴 들으시오

❷ 나라의 믿는 근본 우리 백성 그 아니며
➡ 나라가 믿는 근본은 우리 백성이며

❸ 우리 백성 믿는 근본 이내 **농사** 아니겠나]
❶ 중심 대상
[ ]: ❸ 대구법과 설의법을 사용해 농사의 중요성을 강조함.
➡ 우리 백성이 믿는 근본은 농사가 아니겠는가

❹ [크고도 저 큰 사업 **천하 대본** 이뿐이라] [ ]: ❷ 태도 – 농사를 중요시 여김.
농사를 크고 중요한 근본으로 여김. 농사
➡ 크고도 저 큰 사업 천하의 큰 근본은 이(농사)뿐이라

❺ 밭이랑에 좋은 씨앗 일궈 묵힐 자리 살펴
➡ 밭이랑에 좋은 씨앗을 일구고 묵힐 자리를 살펴

❻ 농사 준비 이 **모춘(暮春)**에 때 지키기 급선무라
시기에 맞게 농부가 해야 할 일을 하라고 당부함.
➡ 농사 준비 이 늦봄에 때를 지키는 것이 급선무라

노농: ① 농사를 짓는 늙은 사람 ② 농사일에 경험이 많은 사람
농가: 농부들이 즐겨 부르는 노동요. 일할 때에 한 사람의 앞소리를 받아 여러
사람이 되풀이하면서 부른다. 황해도의 '김매기', 평안도의 '호미타령', 경상도의
'옹헤야', 전라도의 '농부가' 따위가 있다.
일구다: 논밭을 만들기 위하여 땅을 파서 일으키다.
모춘: 늦은 봄　　　　**급선무**: 무엇보다도 먼저 서둘러 해야 할 일

***① 요약 : 노농에게 농사의 중요성을 강조함.**

(중략)

② 묻노라 나라 조세 하은주(夏殷周)*와 어떠한고
❸ 의문형 어미를 사용하여 나라 조세와 중국 조세를 비교하고자 함.
➡ (관리들에게) 묻노라 나라의 조세가 하, 은, 주의 조세와 비교하면 어떠한가

❷ [공법(貢法) 조법(助法) 조세제는 하은(夏殷) 때에 끼친 법이라
[ ]: 중국의 조세 제도
➡ 공법 조법 조세 제도는 하와 은 때에 끼친 법이라

❸ 주 나라 철법(徹法)은 십일지세(什一之稅) 그 아닌가]
수입의 10분의 1을 세금으로 거두어들임.
➡ 주나라의 철법은 수입의 십분의 일을 세금으로 내는 것 아닌가

❹ 이렇듯 끼친 제도 역대 성조 본을 받아
➡ 이렇듯 끼친 제도 역대 성조의 본을 받아

❺ 가볍게 부과함은 이웃까지 좋을시고
세금을 가볍게 부과하면 백성들의 부담이 줄어듦.
➡ 세금을 가볍게 부과하면 이웃까지 좋을시고

❻ 어찌하여 권세를 부려 세금 고하 못 정하니
현제 조세 제도의 문제점
➡ 어찌하여 권세를 부려 세금의 높고 낮음을 못 정하니

 # ❷ 태도: 가혹한 세금
제도에 대해 비판적 태도
를 보임.
❷ 정서: 백성의 고통을
안타까워함.

❼ 더할 세금 무슨 일인고 가렴(苛斂)은 어이 할꼬
 # ❸ 설의법을 이용해 세금 때문에 어려움을 겪는 농부의 삶에 대한 화자의 인식을 드러냄.
➡ 더할 세금은 무슨 일인가 가혹한 세금은 어떻게 할까

❽ 여러 나라 어디인고 길쌈 허탕 오늘이라
❸ 문답법을 이용해 고생해서 일해도 남는 게 없는 상황을 강조함.
➡ 여러 나라 어디인가 길쌈 허탕 오늘이다

❾ 봄엔 새 실 먼저 팔고 여름 곡식 다시 내니
가혹하게 세금을 걷는 모습
➡ 봄엔 새 실을 먼저 팔고 여름엔 곡식을 다시 내니

❿ 중엄하다 저 조세를 어찌 아니 두려울까
 # ❸ 설의법을 사용하여 백성이 겪는 삶의 어려움에 대한 인식을 드러냄.
➡ 중엄하다 저 조세를 어떻게 두려워 하지 않을까

⑪ [아아 농부들아 농사 때를 놓치게 되면
\# [ ]: ❸ 화자가 청자(노농)에게 말을 건넴.
➡ 아아 농부들아 농사의 때를 놓치게 되면

⑫ 이내 중세(重稅) 어이 할꼬 번거롭다 사양 마오]
➡ 무겁게 매긴 세금을 어떻게 할까 번거롭다고 사양하지 마오

조세: 국가 또는 지방 공공 단체가 필요한 경비로 사용하기 위하여 국민이나
주민으로부터 강제로 거두어들이는 금전. 국세와 지방세가 있다.
공법: 세종 26년에 실시한 지세(토지에 대하여 물리던 세금) 제도. 종래의 답험
손실법의 폐해를 바로잡고자 전국 각 도(道)를 토질에 따라 나누고, 모두 27종의
전등(田等)에 따라 각각 다른 세율로써 조세를 거두어들임.
조법: 선조(먼 윗대의 조상)가 시작한 법   성조: 임금의 지위를 높여 이르는 말
길쌈: 실을 내어 옷감을 짜는 모든 일을 통틀어 이르는 말
허탕: 어떤 일을 시도하였다가 아무 소득이 없이 일을 끝냄. 또는 그렇게 끝낸 일
가렴: 세금 따위를 가혹하게 거두어들임.   중세: 무겁게 매긴 세금

② 요약 : 가혹한 세금 제도를 비판함.

\# : 화자가 부정적으로 여기는 자연물
③ 이 사이 저 사이에 섞어 핀 저 악초(惡草)를
❸ 탐관오리를 악초에 비유함.
➡ 이 사이 저 사이에 섞어 핀 저 악초(나쁜 풀)를
❷ 태도: 부정적 현실을 개혁하고자 함.

❷ 어찌하여 용서할까 모든 뿌리 제거하세
❸ 설의법을 이용하여 악초(탐관오리)를 용서할 수 없음을 강조함.
➡ 어찌하여 용서할까 모든 뿌리 제거하세

❸ 제거 못 하면 어이 하리 송인 알묘(宋人揠苗) 이 때문이라
❸ 어리석은 송나라 사람이 벼가 더디게 자란다고 벼를 뽑아 올려서 벼가 다 죽어버렸다는 고사를
인용함. → 악초를 제거해야 함을 강조함.
➡ 제거 못 하면 어떻게 할까 송나라 사람이 벼를 죽인 것은 이 때문이라

❹ 상한 새싹 물론이요 뿌린 씨와 자라는 씨에 가정(苛政)이라
가혹한 정치
➡ (악초는) 상한 새싹은 물론이요 뿌린 씨와 자라는 씨에 가혹하다

❺ 금년에 못 다 하면 명년 제초 누가 할꼬
➡ 올해에 다 못 하면 내년에는 누가 악초를 제거할까
❸ 설의법을 사용하여 농사가 안 되는 이유를 악초의 탓으로 표현함.

❻ 새싹 나와도 안 여무니 악초의 탓 그 아닌가
➡ 새싹이 나와도 여물지를 않으니 이는 악초의 탓이 아닌가

❼ 묘(苗) 논에 있는 가라지 간신과 어떠하며
❸ 간신을 강아지풀(잡풀)에 비유함.
➡ 묘 논에 있는 가라지는 간신과 어떠하며

❽ 조 밭에 있는 쭉정이 오랑캐와 어떠한고
➡ 조 밭에 있는 쭉정이는 오랑캐와 어떠한가

❾ ㉡ 풍우 뒤에 저 황충(蝗虫)* 도적떼처럼 생기는구나
\# ❸ 곡식을 해치우는 메뚜기를 도적떼에 비유함.
➡ 바람과 비가 몰아친 뒤에 저 메뚜기가 도적떼처럼 생기는구나

가정: 가혹한 정치   명년: 올해의 다음
가라지: 볏과의 한해살이풀. 줄기와 잎은 조와 비슷하고 이삭은 강아지풀과
비슷하다. 밭에서 자란다.
쭉정이: 껍질만 있고 속에 알맹이가 들지 아니한 곡식이나 과일 따위의 열매

③ 요약 : 악초를 제거하지 않으면 생기는 문제점을 이야기함.

④ 빼어난 저 큰 벼는 군자처럼 곤고(困苦)하다*
❸ 직유법을 사용하여 '빼어난 큰 벼'와 '군자'를 찾아보기 어려운 상황임을 나타냄.
➡ 빼어난 저 큰 벼는 군자처럼 딱하고 어렵다

❷ 이내 농부 아니라면 우리 군자 기를손가
❸ 설의법을 사용하여 농부가 농사를 지어야 군자도 길러질 수 있다는 인식을 드러냄.
➡ 농사가 나라의 근본이라는 중농주의가 드러남.
➡ 농부가 아니라면 (누가) 군자를 기를 것인가

❸ 하자꾸나 이내 농사 더욱 바삐 하자꾸나
❸ 동일한 시구를 반복하여 농사를 권장함.
➡ 하자꾸나 농사를 더욱 바쁘게 하자꾸나

❹ 세금도 내려니와 현인 보필 않을 손가
➡ 세금도 내려니와 현인을 보필해야 하지 않겠는가

❺ 소인 쫓고 군자 등용 왕실의 큰 정치라
왕실이 해야 할 일: 소인을 쫓고 군자를 등용하는 것
➡ 소인을 쫓고 군자를 등용하는 것이 왕실의 큰 정치이다
\# ❷ 태도: 현재의 정치적 상황을 비판함.
❸ 정치적 현실을 농사 상황에 빗대어 표현함.

❻ 악초 제거 좋은 벼 재배 전가(田家)의 급무로다
농가에서 해야 할 일: 악초를 제거하고 좋은 벼를 기르는 것
➡ 악초를 제거하고 좋은 벼를 재배하는 것이 전가의 급무이다

❼ 아아 저 농부야 다시 힘써 하자꾸나
❸ 영탄법 ❸ 말을 건네는 어투
➡ 아아 저 농부야 다시 힘써 (농사를) 하자꾸나

군자: 행실이 점잖고 어질며 덕과 학식이 높은 사람
현인: ① 어질고 총명하여 성인에 다음가는 사람 ② 덕이 현저히 나타난 사람
보필: 윗사람의 일을 도움.   소인: 도량이 좁고 간사한 사람
전가: 농사를 본업으로 하는 사람의 집

④ 요약 : 농사일을 열심히 할 것을 당부함.

* 하은주: 고대 중국의 세 국가인 하, 은, 주를 일컫는 말
* 황충: 메뚜기
* 곤고하다: 형편이나 처지 따위가 딱하고 어렵다.

🔖 (가) 독해 공식
❶ 화자: '나', 중심 대상: 농사
❷ 정서: 백성의 고통을 안타까워함.
태도: 농사를 중요시 여김. 가혹한 세금 제도와 현재의 정치적 상황에 대해 비판적 태도
를 보임. 부정적 현실을 개혁하고자 함.
❸ 표현상 특징
• 청자(농부)에게 말을 건네는 어투를 사용함.
• 설의법, 대구법, 문답법, 비유법, 영탄법 등 다양한 표현을 활용하여 의미를 강조함.
• 중국의 고사를 인용함.
• 동일한 시구를 반복하여 청자에게 농사일을 열심히 할 것을 당부함.
• 정치적 현실을 농사 상황에 빗대어 표현함.

■ 갈래: 권농 가사, 현실 비판 가사
■ 글쓴이: 정해정(1850~1923). 정해정이 활동한 조선 후기는 세도 정치와 탐관오리의
횡포, 외세의 침략, 개항과 개화 정책 등으로 매우 혼란한 시기였다. 이에 정해정은
어려운 민생을 걱정하고 어지러운 정치 상황을 비판하는 마음으로 〈석촌별곡〉과
〈민농가〉를 창작하였다.
■ 제목의 의미: '憫(불쌍히 여길 민)' + '農(농부 농)' + '歌(노래 가)'. 농부를 불쌍히 여기는
노래라는 의미이다.
■ (가) 주제: 가혹한 조세 제도에 대한 비판과 농사에 대한 격려
■ 이것이 핵심!: 정치를 농사에 빗댄 표현

정치	농사
간신, 오랑캐, 도적떼	가라지, 쭉정이, 황충
군자 →	빼어난 저 큰 벼
소인 쫓고	악초 제거
군자 등용	좋은 벼 재배

(나) 유희, 〈박장대(剝匠對)〉

\# 출제 ❶ 중심 대상 ❷ 글쓴이의 생각, 태도 ❸ 서술상 특징

① 비옹(否翁)이 정원을 거닐고 있는데, 패랭이를 쓰고 동달이를 입은
\# 무두장이를 무시하는 인물 → 위선적인 사대부의 모습을 나타냄.
어떤 사람이 지나가고 있었다. ❷ 걸음을 멈추고 그와 이야기를
어떤 사람 = 무두장이 거복
나누었는데, 갑자기 어떤 ⓐ 객이 이르러 깜짝 놀라 말했다.
\# 무두장이를 무시하는 인물
❸ "이 사람은 광주(廣州)의 무두장이 거복(巨福)입니다. 그대는
❶ 중심 대상   글쓴이의 생각을 드러내는 인물
어찌하여 이 사람과 마주 앉아 있습니까?"
\# 양반이 천한 무두장이와 마주 앉는 것을 문제 삼음.
그러자 거복이 발끈 노하여 말했다.
❺ 무두장이와 사대부의 삶이 다르지 않다고 말하는 인물 → 사대부의 위선을 비판함.
"무두장이도 사람일 뿐입니다. ㉢ 어찌하여 마주 앉지 못한단 말입니까?"
\# 거복이 자신을 무시하는 객에게 화를 냄.

❻ 비웅이 말했다.　# : ❸ 거복과 비웅의 문답 형식의 대화를 통해 주제 의식을 드러냄.

❼ "무두장이는 살생을 업으로 삼으니, 군자가 무두장이를 어질게
(비웅이 무두장이를 천하게 생각하는 이유)
여기지 않는다."

❽ 거복이 말했다.

❾ "사냥하여 사슴 잡는 것을 호방하게 여기는 것, 낚시질하여 물고기
(사대부가 하는 일 ①)
잡는 것을 고아(高雅)하게 여기는 것, 벼슬하여 사람을 죽여
(사대부가 하는 일 ③)
영예로워지는 것, 도축하여 소를 죽여 배불리 먹는 것, 이 모두
(무두장이가 하는 일)
살생한다는 점은 똑같습니다."
❷ 글쓴이의 태도: 사대부의 위선적 태도를 비판함.

패랭이: 댓개비로 엮어 만든 갓으로, 조선 시대의 신분이 낮은 사람이 씀.
동달이: 검은 두루마기에 붉은 안을 받치고 붉은 소매를 달며 뒤 솔기를 길게 터서 지은 군복
무두장이: 짐승의 날가죽에서 털과 기름을 뽑아 가죽을 부드럽게 만드는 일을 직업으로 하는 사람
살생: 사람이나 짐승 따위의 생물을 죽임.
호방하다: 의기가 장하여 작은 일에 거리낌이 없다.
고아하다: 뜻이나 품격 따위가 높고 우아하다.

*① 요약: 무두장이를 천하게 여기는 양반에 대한 거복의 반론

❶ 비웅이 또한 발끈 노하여 말했다.

❷ "네가 감히 벼슬아치가 되고자 하느냐? [사냥하고 낚시하고 벼슬
무두장이와 군자는 다르다는 인식이 드러남.
하면서 죽이는 것은 모두 자기의 뜻으로 살생하는 것이다. 너는
[ ]: 자기의 뜻으로 살생하는 벼슬아치와 남의 지시를 받아 살생하는 무두장이는 서로 다르다고 주장함.
남의 지시를 받아 도축하여 가축을 괴롭혀서 돈을 구하면서도
오히려 비루하지 않다고 여기느냐?]"

❸ 거복이 피식 웃으며 말했다.
❹ (비웅의 꾸짖음에 대한 냉소적 태도)
"소인은 어리석고 우둔하니, 벼슬하는 일을 어디에서 들었겠
(거복)
습니까? [소인이 일찍이 재상과 이웃이 되어 재상을 뵈었습니다.
[ ]: 무두장이가 과거의 경험을 바탕으로 비웅의 말에 반박함.
어떤 ⓑ 객이 왔는데, 재상의 키가 작은데도 그 객은 키가 크다고
: 재상에게 아첨하는 인물
말했으며, 재상의 허리가 굽었는데도 그 객은 곧다고 말했습니다.
이 객이 가고 나서 얼마 지나지 않아 다시 왔는데, 객의 이름이
이미 황지(黃紙)*에 적혀 있었습니다. 한편, 재상의 키가 작은데
(아첨을 통해 벼슬을 얻음.)
다른 ⓒ 객은 키가 작다고 말했고, 재상의 허리가 굽었는데 그 객은
: 재상에게 진실을 말한 인물
굽었다고 말했습니다. 그 객이 가고 난 뒤, 재상은 이전에 왔던
객을 급히 불러와 귀에 대고 속삭였습니다. 얼마 지나지 않아 '키가
작다', '허리가 굽었다'라고 말했던 객은 이미 형벌을 받아 죽었다는
말이 들렸고, 귓속말을 들었던 객이 다시 왔는데 이미 관복을 입고
재상이 진실을 말하는 자는 죽이고 아첨하는 자에게는 벼슬을 내림.
있었습니다.] 그러니 다른 이의 지시를 받는 것도 똑같고, 다른
이를 죽여서 무언가를 구하는 것도 똑같습니다. 다만 작은 것을
(무두장이와 사대부의 공통점)
작다 하고 굽은 것을 굽었다고 말한 사람을 가축을 괴롭히는 것에
(진실을 말하는 사람)
비견할 수는 없겠으나, 높은 벼슬과 많은 재물이 서로 얼마만큼
(아첨하던 사대부가 구하는 것)　(무두장이가 살생하여 얻는 것)
거리가 있는지는 잘 모르겠습니다."

비루하다: 행동이나 성질이 너절하고 더럽다.
우둔하다: 어리석고 둔하다.　비견하다: 서로 비슷한 위치에서 견주다.

*② 요약: 양반의 위선을 비판하는 거복

❸ 비웅이 멍해져 억지로 응답했다.
❷ "네가 비교한 것에는 여전히 차이점이 있다. ⓓ 너는 손으로 흉기를
잡아 똥이 신발을 더럽히고 피가 옷소매를 적신다. 벼슬하는 자의
무두장이와 벼슬아치의 차이점을 드러내기 위해 거복의 상황을 문제 삼음.
경우엔 이런 것이 있느냐?"

❸ 거복이 또 피식 웃으며 말했다.
(냉소적 태도)
❹ "옹께서 분간하시는 것이 과연 이처럼 보잘것없군요. 남의 작은
키를 크다고 하고 남의 굽은 허리를 곧다고 하여 이름이 적힌
(아첨하여 벼슬을 얻는 것)
종이를 누렇게 물들이는 것이 똥에 더럽혀진 신발에 가깝지
(무두장이의 모습)
않습니까. 또 작은 키를 작다 하고 굽은 허리를 굽었다고 한 사람을
(진실을 말한 자를 죽이는 것)
죽여, 입은 옷을 붉게 물들이는 것이 어찌 피에 젖은 옷소매와
(무두장이의 모습)
다르겠습니까. 법을 교묘히 엮고 형벌을 멋대로 사용하는 것은 또
❷ 글쓴이의 태도 – 백성을 괴롭히는 권력자의 위선을 비판함.
어떻습니까. 저는 저의 도끼를 휘두르는 자이니, 소인의 어리석음과
우둔함은 단지 고향 이웃들에게만 알려질 뿐입니다. 옹께서는
선비이신데, [사실의 정밀함을 궁구하지 않은 채 단지 대략적인
[ ]: ❷ 글쓴이의 태도 – 사대부들의 부정적 행동을 외면하는 비웅을 비판함.
것만 논하고, 마음보의 세밀함은 살피지 않은 채 단지 드러난
현상만 갖고 말씀하시어,] ⓔ 낡은 풍속에 부화뇌동해서 세상
사람이 두려워하는 자를 두려워하고 세상 사람이 업신여기는 자를
❷ 글쓴이의 태도 – 남의 의견에 휘둘리는 비웅의 태도를 지적함.
업신여기시는군요. 아, 개탄스럽지 않겠습니까."
❸ 물음의 형식을 이용해 못마땅한 감정을 드러냄.
❺ 비웅이 이에 말문이 막혀 조용히 인사하고, 읍하고 문에서 전송해
(비웅이 무두장이의 말에 반박을 하지 못하고 받아들임.)
주었다.

교묘하다: 솜씨나 재주 따위가 재치 있게 약삭빠르고 묘하다.
궁구하다: 속속들이 파고들어 깊게 연구하다.
부화뇌동하다: 줏대 없이 남의 의견에 따라 움직이다.
업신여기다: 교만한 마음에서 남을 낮추어 보거나 하찮게 여기다.
개탄스럽다: 분하거나 못마땅하게 여길 만한 데가 있다.
읍하다: 두 손을 맞잡아 얼굴 앞으로 들어 올리고 허리를 앞으로 공손히 구부렸다가 몸을 펴면서 손을 내리다. 인사하는 예(禮)의 하나이다.

*③ 요약: 사대부의 부정적 행동에 대한 거복의 비판

* 황지: 과거 급제자의 성명을 기록하는 데 사용된 누런색 종이

★ (나) 독해 공식
❶ 중심 대상: 무두장이
❷ 글쓴이의 생각, 태도: 사대부의 위선적 태도를 비판함. 백성을 괴롭히는 권력자의 위선을 비판함. 사대부들의 부정적 행동을 외면하는 비웅을 비판함. 남의 의견에 휘둘리는 비웅의 태도를 지적함.
❸ 서술상 특징
• 거복과 비웅의 문답 형식의 대화를 통해 주제 의식을 드러냄.
• 물음의 형식을 이용해 못마땅한 감정을 드러냄.

■ 갈래: 고전 수필
■ 제목의 의미: '剝(벗길 박)' + '匠(장인 장)' + '對(대할 대)'. 벗기는 장인, 즉 무두장이를 대하는 이야기라는 의미이다.
■ (나) 주제: 사대부의 위선에 대한 비판
■ 이것이 핵심! : 비웅과 거복의 주장

비웅(사대부)	↔	거복(무두장이)
1. 무두장이는 살생을 업으로 삼으므로 벼슬아치와 달리 신분이 천함. 2. 무두장이의 살생은 사대부의 살생과 다르게 더럽고 직접적임.		1. 벼슬아치가 사람을 죽이는 일과 무두장이가 도축하는 일은 본질적으로 다르지 않음. 2. 권력을 남용하는 사대부의 위선은 무두장이의 살생만큼이나 더러움.

■ 왜 두 작품?
• 공통점: (가)와 (나) 모두 사회 문제에 대한 사대부 작가의 인식이 드러난다.
• 차이점: (가)의 화자인 사대부는 비판의 주체로, 농부의 삶을 긍정하면서 정치 현실을 비판한다. (나)의 등장인물인 사대부는 위선적인 인물로, 사대부의 부정적인 행동을 외면하여 비판의 대상이 된다.

(가)와 (나)에 대한 설명으로 가장 적절한 것은?

＞왜 정답?

④ (가)와 (나)는 모두 **물음의 형식**을 통해 상황에 대한 판단을 드러내고
있다.
　　(가): '두려울까', (나): '않겠습니까'

┌ (가)②-❿행 중엄하다 저 조세를 어찌 아니 두려울까
└ (나)③-❹ "~ 아, 개탄스럽지 않겠습니까."

　(가)의 화자는 '중엄하다 저 조세를 어찌 아니 두려울까'에서 물음의 형식을 통해
세금 때문에 백성이 어려움을 겪는 상황에 대한 판단을 하고 있다.
　(나)의 '거복'은 '아, 개탄스럽지 않겠습니까.'에서 물음의 형식을 통해 사대부의
위선적 행동에 대한 판단을 드러내고 있다.

＞왜 오답?

① (가)와 달리 (나)는 사물에 **인격을 부여**하여 대상을 생동감 있게
　　　　　　　　　　　부여하지 않음.
표현하고 있다.

② (나)와 달리 (가)는 **음성 상징어**를 활용하여 대상의 속성을 드러
내고 있다.　　　　　활용하지 않음.

③ (나)와 달리 (가)는 **열거와 연쇄의 방식**을 통해 자신의 주장을
　　　　　　　　　　　드러나지 않음.
뒷받침하고 있다.

⑤ (가)와 (나)는 모두 **원경**에서 **근경**으로 시선을 옮기며 심리 변화를
　　　　　　　　　　시선의 변화가 드러나지 않음.
드러내고 있다.

㉠~㉤에 대한 이해로 적절하지 <u>않은</u> 것은?

＞왜 정답?

④ ㉣: 상대의 처지가 **자신처럼 열악하다는 인식**이 드러난다.
　　　　　　　　자신과 달리 더럽다는 인식

┌ (나)③-❷ "네가 비교한 것에는 여전히 차이점이 있다. ㉣ 너는 손으로
│ 흙기를 잡아 똥이 신발을 더럽히고 피가 옷소매를 적신다. 벼슬하는 자의
└ 경우엔 이런 것이 있느냐?"

　㉣에서 '비옹'이 '똥이 신발을 더럽히고 피가 옷소매를 적'시는 '거복'의 처지를
언급한 것은 자신과 무두장이의 차이점을 드러내기 위해서이다. 상대의 처지가
자신처럼 열악하다는 인식을 드러내는 것이 아니다.

＞왜 오답?

① ㉠: **청자를 부르며** 말을 건네는 모습이 드러난다.
　　　노농　　　　'저기 가는 저 노농아'

＊근거: (가)①-❶행

② ㉡: **부정적 상황을 유발하는 자연물**이 드러난다.
　　　　　　　　　　　　황충(메뚜기)

＊근거: (가)③-❾행

③ ㉢: 자신을 **무시하는 상대의 발언**에 대한 분한 감정이 드러난다.
　　　객이 비옹에게 어찌하여 거복과 마주 앉아 있느냐고 물은 것

＊근거: (나)①-❸,❺

⑤ ㉤: **남에게 동조하는 상대의 태도**를 지적하는 모습이 드러난다.
　　　비옹이 부화뇌동하며 남의 의견에 휘둘리는 것

＊근거: (나)③-❹

ⓐ~ⓒ에 대한 이해로 가장 적절한 것은?
ⓐ '객'(비옹이 무두장이와 대화하는 것을 보고 놀라서 물어보는 인물)
ⓑ '객'(재상의 키가 크고 허리가 곧다고 아첨한 인물)
ⓒ '객'(재상의 키가 작고 허리가 굽었다고 사실대로 말한 인물)

＞왜 정답?

⑤ ⓑ와 ⓒ는 동일한 대상에 대한 상반된 평가를 함으로써 서로 다른
　　　　　　　　재상　　　　　　　　　ⓑ: 벼슬아치가 됨. / ⓒ: 형벌을 받아 죽음.
상황에 처한다.

┌ (나)②-❹ ~ 어떤 ⓑ 객이 왔는데, 재상의 키가 작은데도 그 객은 키가
│ 크다고 말했으며, 재상의 허리가 굽었는데도 그 객은 곧다고 말했습니다. 이
│ 객이 가고 나서 얼마 지나지 않아 다시 왔는데, 객의 이름이 이미 황지(黃紙)에
│ 적혀 있었습니다. 한편, 재상의 키가 작은데 다른 ⓒ 객은 키가 작다고 말했고,
│ 재상의 허리가 굽었는데 그 객은 굽었다고 말했습니다. ~ 얼마 지나지 않아
│ '키가 작다', '허리가 굽었다'라고 말했던 객은 이미 형벌을 받아 죽었다는 말이
└ 들렸고, ~

　거복이 들려준 일화에서 재상은 키가 작고 허리가 굽은 인물이었는데, 이에 대해
ⓑ '객'은 키가 작지 않고 허리도 굽지 않았다고 아첨하여 벼슬아치가 되었다. 반면
ⓒ '객'은 재상에게 키도 작고 허리도 굽었다고 진실을 말한 결과 형벌을 받아 죽었다.

＞왜 오답?

① ⓐ는 ⓒ로 인하여 **예상하지 못한 상황**에 처하게 된다.
　　　　　　　　　　　　처하지 않음.

＊근거: (나)②-❹

② ⓑ는 ⓒ의 기대에 부합하는 행동을 하려고 노력한다.
　　　　　재상

＊근거: (나)②-❹

　ⓑ는 자신이 원하는 벼슬을 얻기 위해 재상에게 아첨하며 재상의 기대에 부합하는
행동을 하려고 노력하고 있다.

③ ⓒ는 ⓑ를 **이용**하여 자신의 목적을 달성하려고 한다.
　　　　　　이용하지 않음.

＊근거: (나)②-❹

④ ⓐ와 ⓑ는 자신이 처한 상황을 **모면하기 위해** 다른 인물의 행동을
　　　　　　　　　　　　드러나지 않음.
지지한다.

＊근거: (나)②-❹

[① 7% ② 9% ③ 13% ④ 22% ⑤ 46%]

〈보기〉를 바탕으로 (가), (나)를 감상한 내용으로 적절하지 <u>않은</u> 것은? [3점]

┌──────────────〈 보기 〉──────────────┐
│ ❶ (가)와 (나)는 비판의 주체 또는 대상으로 등장하는 사대부를 통해,
│ 　 (가)의 화자: 세금 제도와 정치 현실을 비판함. (나)의 비옹: 위선적인 태도를 보임.
│ 조선 후기 사회의 문제 상황을 바라보는 사대부 작가의 의식 세계를
│ 형상화하고 있다. ❷ (가)의 화자인 사대부는 농부의 삶을 가치 있게
│ 바라보며 농부가 해야 할 일을 강조함과 동시에 정치 현실을 농사의
│ 　　　　　　　　　　　시기에 맞게 농사를 지어야 함.
│ 상황에 빗대어 비판하는 주체로 나타난다. ❸ (나)의 등장인물인 사대부는
│ 　　　　　　　　　　소인을 쫓고 군자를 등용하는 것을 악초를 제거하고 좋은 벼를 재배하는 것에 비유함.
│ 무두장이의 삶을 낮추어 보는 위선적 태도를 보여 주는 인물로 그려져
│ 　　　　　　　　　　　　　　비옹
│ 비판의 대상이 된다.
└─────────────────────────────────┘

＞왜 틀렸나?

┌ 〈보기〉의 내용을 바탕으로 (가)와 (나)에 드러난 사대부 작가의 의식 세계를 파악할
│ 수 있어야 했다. 〈보기〉에서 (가)의 화자인 사대부는 비판의 주체이고, (나)의
│ 등장인물인 사대부는 비판의 대상이라고 했다. 즉, (가)의 화자가 사회 문제를 어떻게
│ 바라보고 있는지, (나)의 화자는 어떤 문제를 가지고 있어서 비판의 대상이 되는지를
└ 지문에서 찾아낼 수 있어야 한다.

⑤ (가)의 화자인 사대부가 '농사'를 '천하 대본'이라고 하는 것에서
농부의 삶을 가치 있게 보는 모습을, (나)의 등장인물인 사대부가
'네가 감히 벼슬아치가 되고자 하느냐'고 하는 것에서 ~~신분 상승을 꾀하는 무두장이의 삶을 낮추어 보는 모습을~~ 확인할 수 있군.

* 근거: (가) ①-❸,❹행, (나) ①-❾, ②-❷

(가)의 화자가 '농사'를 '천하 대본', 즉 세상에서 가장 크고 중요한 근본이라고 하는 것에서 농부의 삶을 가치 있게 보고 있음을 알 수 있다.

(나)의 사대부('비옹')가 '네가 감히 벼슬아치가 되고자 하느냐'라고 한 것은 앞서 '거복'이 군자와 무두장이의 살생이 같다고 한 것에 분노했기 때문이다. (나)에서 '거복'이 신분 상승을 꾀하고 있지는 않다.

① (가)의 '밭이랑에 좋은 씨앗 일궈 묵힐 자리 살'피고 '모춘'에 '때'를 '지키'라는 것에서 시기에 맞게 농부가 해야 할 일을 강조하는 화자인 사대부의 모습을 확인할 수 있군.

* 근거: (가) ①-❺,❻행

(가)의 화자인 사대부는 청자인 농부에게 늦은 봄(모춘)에 때를 맞춰 농사 준비를 하라고 당부하고 있다.

② (가)의 농부에게 '악초'를 '제거'하는 것과 '소인'을 '쫓'는 '정치'의 필요성을 함께 말하는 것에서 농사의 상황에 빗대어 정치 현실을 비판하는 화자인 사대부의 태도를 확인할 수 있군.

* 근거: (가) ④-❺,❻행

(가)의 사대부 화자는 '소인 쫓고 군자 등용'하는 것이 왕실에서 해야 할 일이라고 말함과 동시에 '악초 제거 좋은 벼 재배'는 '전가의 급무'라고 하고 있다. 이를 통해 농사의 상황에 빗대어 정치 현실을 비판하는 화자의 태도를 확인할 수 있다.

③ (나)의 '무두장이는 살생을 업으로 삼'는다는 비옹의 말에 대해 '모두 살생한다는 점'에서 '똑같'다고 거복이 반론하는 것에서 등장인물인 사대부의 위선적 태도를 비판하는 사대부 작가의 의식을 확인할 수 있군.

* 근거: (나) ①-❼,❾

(나)의 거복은 '사냥하여 사슴 잡는 것을 호방하게 여기는 것', '낚시질하여 물고기 잡는 것을 고아하게 여기는 것', '벼슬하여 사람을 죽여 영예로워지는 것' 등의 사대부의 살생과 '도축하여 소를 죽여 배불리 먹는 것'인 무두장이의 살생이 똑같다고 반론하고 있다. 이를 통해 사대부가 무두장이와는 다르다고 주장하는 사대부의 위선에 대한 비판적 태도가 드러난다.

④ (가)의 화자인 사대부가 '더할 세금 무슨 일'이냐고 하는 것과, (나)에서 거복이 '법을 교묘히 엮고 형벌을 멋대로 사용하는 것'에 대해 등장인물인 사대부에게 말하는 것에서 당대 백성들의 어려움에 대한 사대부 작가의 인식을 확인할 수 있군.

* 근거: (가) ②-❼행, (나) ③-❹

(가)의 화자인 사대부는 '더할 세금 무슨 일인고 가렴은 어이 할꼬'라고 하며 가혹한 세금 제도로 인해 백성들이 삶에 어려움을 겪는 현실을 비판하고 있다.

(나)의 '거복'은 등장인물인 사대부('비옹')에게 '법을 교묘히 엮고 형벌을 멋대로 사용'하며 권력으로 백성을 괴롭히는 사대부들의 위선을 지적하고 있다.

매력 오답 (가)는 화자가 사대부이므로 비교적 쉽게 사대부 작가의 인식을 확인할 수 있다. 반면 (나)는 사대부 작가가 무두장이 '거복'의 입을 빌려 사대부를 비판하고 있다. 즉, (나)에시는 사대부가 비판의 대상이고 사대부가 아닌 부누상이가 비판의 주체이다. 이처럼 (가)와 (나)에서 사대부의 역할이 다르기 때문에 헷갈리기 쉬웠다. <보기>의 내용을 꼼꼼히 읽고, 이를 지문과 연결했어야 한다.

38~41 * 박완서, 〈서글픈 순방(巡房)〉

출제 ❶ 중심인물, 배경 ❷ 중심 사건, 갈등 ❸ 서술상 특징

① ❶ "아니, 작은 것 한 장도 못 되는 돈 갖고 이 바닥에서 독채 전세를 얻겠다고?"

❷ 그러더니 다시 한바탕 해소라도 발작한 것같이 급하게 웃었다.
❸ 거금 구십만원을 작은 것 한 장도 안 된다니, 이 노인이 귀가 좀
구십만원에 대한 '나'와 노인의 인식 차이
어두운가 해서 나는 다시 목청을 돋우어 구십만원을 강조했다.
❹ 그래도 노인은 탁하고 급한 웃음을 멎을 척도 안 했다. ❺ 사무실 앞에
승용차가 나란히 두 대가 멎더니 부인들과 신사들이 섞인 한 떼가
안으로 들이닥쳤다. ❻ 이곳도 결코 파리 날리는 한가한 곳이 아니었던 것이다.

❼ "사모님, [지금 보신 그 땅 눈 꽉 감고 잡아놓으십시다. 글쎄 문제
[ ]: 땅을 사면 큰돈을 벌 수 있다고 부인들을 설득함.
없다니까요. 중도금 치르기 전에 평당 오천원 띠기는 누워서 떡
먹기라니까요.]"

❽ 젊은 신사들이 부인들을 꾀고 노인도 합세했다.
'신사들'과 노인이 합세하여 부인들에게 투기를 부추김.
❾ "우리하고 손잡고 이 바닥에서 큰돈 잡은 사모님네들 숱합니다,
부동산으로 부를 축적하던 시대적 현실이 드러남.
숱해."

❿ 나는 그들에게 완전히 잊혀졌다. ⓫ 영아 기저귀를 갈아주고 다시
업고 나올 때까지 아무도 거들떠보지 않았다. ⓬ 나는 다시 버스를 타고
이 아름다운 신흥 주택가에 앙심을 품고 떠났다.]
[ ]: ❷ 사건 - 경제적 여유가 없는 '나'는 복덕방에서 원하는 집을 구하지 못하고 돌아옴.
⓭ 그 다음날은 수유리 쪽으로, 그 다음날은 망우리 쪽으로, 그 다음날은 갈현동 쪽으로 다녀봤지만 어디서고 구십만원짜리 독채 전세는 구경도 못 하고 다만 구십만원의 가치를 좀더 분명히 알아온 데 불과했다.
독채 전셋집을 구하기에는 구십만원이 적은 돈임을 깨달음.

독채: 다른 세대와 함께 쓰지 아니하고 한 세대가 전체를 사용하는 집
해소: '해수'로, 기침을 한방에서 이르는 말
중도금: 계약금을 치르고 나서 마지막 잔금을 치르기 전에 지불하는 돈
앙심: 원한을 품고 앙갚음하려고 벼르는 마음

* ① 요약: '나'의 가족이 전셋집 구하기에 실패함.

② ❶ [결국 우린 의논을 다시 해서 독채는 아니더라도 안집으로부터 뚝
[ ]: 구십만원이 적은 돈임을 깨닫고 구하는 집의 조건을 바꿈.
떨어진 부엌도 따로 있고 출입문도 따로 있어 독립된 오붓한 생활을 할 수 있는 전세방을 구하기로 합의했다.] ❷ 어차피 전셋집도 못 되는 전세방을 구할 바에야 구태여 교통이 불편한 변두리로 갈 게 뭐냐고 도심에 가까운 주택가를 돌기 시작했다. ❸ 구십만원짜리 전세방을
구한단 소리에 복덕방 영감의 반응은 괜찮았다. ❹ 사뭇 굽실대기까지
'나'와 계약을 하기 위해서임.
했다. ❺ 그 바람에 나도 좀 배짱을 부렸다. ❻ [방이 깨끗하고 널찍해야
된다느니, 부엌에 상하수도 시설이 갖춰져야 한다느니, 그리고 남편이 하던 소리도 했다. ❼ 정원이 있는 양옥집이어야 하고 주인집에 전화가 있어야 한다고 말이다.] ❽ 나는 남편이 나한테 그런 소리를 했을 때 그
[ ]: ❸ '나'가 원하는 전세방의 조건을 나열함.
철딱서니 없음이 딱하고 한심해 대꾸도 안 했었는데 거드름을 부리고 싶은 나머지 ㉠ 그 소리까지 했다.
집을 구하는 과정에서 '나'의 인식이 변함.
❾ 그런데 재수 나쁘게도 첫번째 본 집에서 등에 업힌 영아를 트집 잡았다. ❿ 아무리 뚝 떨어진 방이지만 갓난애가 딸린 집은 싫다는
주인여자가 갓난애(영아)를 이유로 집 계약을 거부함. → 각박한 현실을 드러냄.

⑪ 거였다. 주인여자는 외눈 하나 까딱 안 하고 ⓛ <u>그런 소리를 하며</u> 우리 영아를 냉랭하게 쏘아보았다. ⑫ 세상에 이럴 수가– 나는 그 여자의 시선에 못된 주술이라도 걸려 있어 우리 영아가 곧 어떻게 되는 것 같아 허둥지둥 그 집을 뛰쳐나왔다. ⑬ 세상에, [겨우 생후 일 년밖에 안 된 천사 같은 것을 그런 독사 같은 눈으로 노려보다니, 정말 재수 옴 붙은 날이었다.]
\# 갓난애가 딸린 집은 싫다는 것
[ ]: ❸ 작품 내부의 서술자가 자신이 겪은 사건에 대해 주관적으로 판단함.

⑭ 애는 무조건 싫다니, 그럼 **셋방살이 신세가 무슨 대역죄**라고 단종수술이라도 하란 말인가.
\# 아이를 거부하는 현실이 부당하다고 느끼며 반발함.

⑮ 그러나 그 다음에 본 집도, 또 그 다음에 본 집도 아이를 꺼리기는 마찬가지였다.
⑯ 사건: 집주인들이 아이가 있는 부부에게 전세방을 주지 않으려 함.
[마당에 기저귀 널어놓는 것 보기 싫다는 둥, 걸음마 타면 잔디를 망쳐놓 거라는 둥, 꽃을 딸 거라는 둥, 멋대로 트집들을 잡았다.] 어떤 점잖은 중년 부인은
[ ]: ❸ 아이 있는 부부와 전세방을 계약하지 않으려는 이유를 나열함.

"쯧쯧, 미련도 하지. 아이는 집 장만부터 하고 낳아야지 어쩌자고 아이부터 낳았수?"

⑱ ⓒ 그 여자 말을 들으니 집 장만하기 전에 아기를 낳는다는 일이 사생아를 낳는 일보다 훨씬 더 부끄러운 일로 여겨졌다. ⑲ 나는 수치심으로 온몸이 불화로처럼 달아올랐다.
\# '나'는 자신이 처한 상황에 수치심을 느낌.

오붓하다: 홀가분하면서 아늑하고 정답다.
변두리: 어떤 지역의 가장자리가 되는 곳
철딱서니: '철(사리를 분별할 수 있는 힘)'을 속되게 이르는 말
거드름: 거만스러운 태도   **냉랭하다**: 태도가 정답지 않고 매우 차다.
대역죄: 국가와 사회의 질서를 어지럽히는 일을 저지른 죄. 왕권을 범하거나 임금이나 부모를 죽이는 일 따위이다.
단종수술: 단종할 목적으로, 유전성 환자의 생식 기능을 없애는 수술
사생아: 법률적으로 부부가 아닌 남녀 사이에서 태어난 아이

*② 요약: '나'의 가족이 아이가 있다는 이유로 전세방마저 구하지 못함.

[중략 줄거리] 복덕방 영감은 애를 데리고 다니면 집을 얻기 힘들 것이라고 하고, 남편은 친정에 영아를 맡기고 둘이서 집을 알아보자고 한다.

③ "잔디 밟지 마세요." 주인여자가 맑고 차가운 목소리로 주의를 주고 먼저 현관으로 들어가더니 뒤란으로 난 **셋방**의 부엌문을 안에서 열어주었다. ❸ 부엌도 방도 넓고 정결하고 밝았다. ❹ 방의 벽지도 고급이었고 부엌의 상하수도 시설도 갖추어져 있었다. ❺ 여자가 다시 식구를 물었다. ❻ 남편이 **냉큼 두 내외뿐**이라고 하자 여자는,
전세방의 만족스러운 환경 → 주인여자는 경제적으로 여유가 있음.
\# 전세방을 얻기 위해 거짓말을 함. → 아이를 받아주는 곳이 아닌 물질적으로 만족스러운 곳을 선택함.
"젊은 두 내외 믿을 수 있나요. 언제 애가 생길지. 그렇지만 어린애가 생기면 방은 당장 옮기실 각오하셔야 돼요."
❼ 하고 못을 박았다. 나는 가슴이 마구 두방망이질하는 걸 느꼈다.
❽ 영아도 영아였지만 <u>나는 지금 몸에 이상을 느끼고 있는 중이었다.</u>
'나'는 둘째를 임신하고 있음.
❾ 어머니의 해몽에 의하면 아들이 틀림없다는 용꿈까지 꾼 뒤였고, 나도 낳는 김에 아주 아들 하나 더 낳고 그만둘 셈이었다. ❿ <u>그런데 이 여자는</u> **남의 배까지 흘끔흘끔** 보며 이런 **야박한 소리**를 거침없이 하는 것이었다. ⑪ 나는 집에 대한 정나미까지 뚝 떨어지고 말았다. 그래도
\# '나'에게 아이가 생기면 방에서 나가라고 함. → '나'의 삶에 간섭하는 모습
'나'는 주인여자의 태도에 불만을 느낌.
남편은 이 집을 얻기를 고집했고, 언제나 그렇듯이 일은 남편 고집대로 되고 말았다.
남편의 고집대로 전세방을 계약함.
⑬ 영아는 이사 가는 날 내가 당당히 안고 들어갈 테니 당신은 조금도 걱정 말라구. 제년이 어쩔 거야, 내 새끼 내가 끼고 들어 가는데."
\# 주인여자에게 영아의 존재를 숨기지 않을 것이라는 남편의 허세

⑭ [이렇게 ② <u>큰소리를 탕탕 치고는</u> 정작 이사 가는 날은 딴소리를 했다.
⑮ "여보, 장모님 기력도 예전 같으시잖은데 이삿짐 거들어주십사기도 뭣하니, 여보, 집에서 편히 영아나 좀 봐주십사고 합시다."
\# 남편이 주인여자에게 영아의 존재를 숨기고자 함. → 돈에 의해 삶의 방식이 간섭받음.
⑯ 이삿짐을 대충 정리하고 밤에 영아를 데리러 나서려는데 남편은 또 ⓜ 딴소리를 했다.
\# 남편과 달리 '나'는 영아를 전세방에 데리고 오려고 함.
⑰ "여보, 이 다음 공일까지만 영아를 외할머니한테 두어둡시다. 이 기회에 아주 젖을 떼게. 돌이 넘도록 젖을 빨린다는 건 무식하고 야만적이야. 더군다나 임신 초기에 젖을 그대로 빨린다는 건 애에게도 해롭고 모체에게도 해롭고 태아에게도 해롭고 그야말로 백해무익이라는 거야."
'영아'의 존재를 숨기려는 남편의 핑계
⑱ 고대하던 다음 일요일, 나는 일찍부터 **친정 나들이**를 서둘렀다. ⑲ 남편도 순순히 따라나섰다. ⑳ 집을 비우려면 뒤란으로 난 부엌문을 안에서 잠그고 <u>주인집 마루를 지나 현관으로 나가야 한다.</u> ㉑ 주인여자가
주인집과 전세방이 독립된 공간은 아님.
괜히 샐쭉하며 동부인해서 정답게 어디를 가느냐고 했다.
㉒ <u>"네, 이 사람 외식도 좀 시키고 쇼핑도 좀 하려구요."</u>
'영아'를 데리러 간다는 것을 숨김.
㉓ "어머머, 재미가 깨가 쏟아지셔."
㉔ "그럼요, 아이 없을 때 실컷 재미 봐야지 언제 봅니까."
㉕ 오늘은 꼭 영아를 데려오고야 말겠다던 남편의 수작이 이랬다.
㉖ [ ]: ❷ 사건 – '나'는 아이와 함께 살고 싶어 하지만 남편은 원하는 방에 살기 위해 아이를 숨기고자 함.
나는 가슴이 막히는 듯한 **절망감을 느꼈다.**]
㉗ 일 주일 동안에 영아는 많이 여위었다.
㉘ 목이 상큼하고 눈은 더 크고 슬퍼 보였다. ㉙ 어머니도 많이 수척해지신 것 같았다. ㉚ 올케의 기색도 안 좋았다.

뒤란: 집 뒤 울타리의 안   **정결하다**: 매우 깨끗하고 깔끔하다.
두방망이질하다: ① 두 손에 방망이를 하나씩 들고 서로 바꾸어 가며 방망이질하다. ② (비유적으로) 가슴이 매우 크게 두근거리다.
해몽: 꿈에 나타난 일을 풀어서 좋고 나쁨을 판단함.
야박하다: 야멸치고 인정이 없다.   **정나미**: 어떤 대상에 대하여 애착을 느끼는 마음
공일: 일을 하지 않고 쉬는 날   **백해무익**: 해롭기만 하고 하나도 이로운 바가 없음.
샐쭉하다: 어떤 감적을 나타내면서 입이나 눈이 한족으로 약간 샐그러지게 움직이다.   **동부인하다**: 아내와 함께 동행하다.
수작: 남의 말이나 행동, 계획을 낮잡아 이르는 말

*③ 요약: '나'와 남편이 전세방을 구하는 과정에서 아이의 존재를 숨김.

📖 독해 공식

❶ **중심인물**: '나'
❷ **중심 사건**: 경제적 여유가 없는 '나'는 부동산에서 원하는 집을 구하지 못하고 돌아옴. 집주인들이 아이가 있는 부부에게 전세방을 주지 않으려 함. '나'는 아이와 함께 살고 싶어 하지만 남편은 원하는 방에 살기 위해 아이를 숨기고자 함.
❸ **서술상 특징**
· **서술자**: 1인칭 서술자, **시점**: 1인칭 주인공 시점
· 인물의 행동을 통해 인물의 심리를 드러냄.
· 나열을 통해 인물의 생각을 드러냄.
· 작품 내부의 서술자가 자신이 겪은 사건에 대해 주관적으로 판단함.

■ **갈래**: 현대 소설, 세태 소설
■ **글쓴이**: 박완서(1931~2011). 초기 작품에서는 전쟁의 체험과 분단의 상황을 다루다가, 1980년대 이후 작품에서는 여성이 겪는 억압과 비참한 생활상을 주로 다루었다. 주요 작품으로는 〈엄마의 말뚝〉, 〈나목〉 등이 있다.
■ **제목의 의미**: '巡(돌 순)' + '房(방 방)'. '순방'은 여러 방을 돌아다니며 살핀다는 의미로, '서글픈 순방'은 작품 속의 인물들이 살 곳을 구하기 위해 순방하는 과정에서 경험한 현실의 부당함과 그로 인해 느낀 서글픔을 나타낸다.

■ 인물 관계도

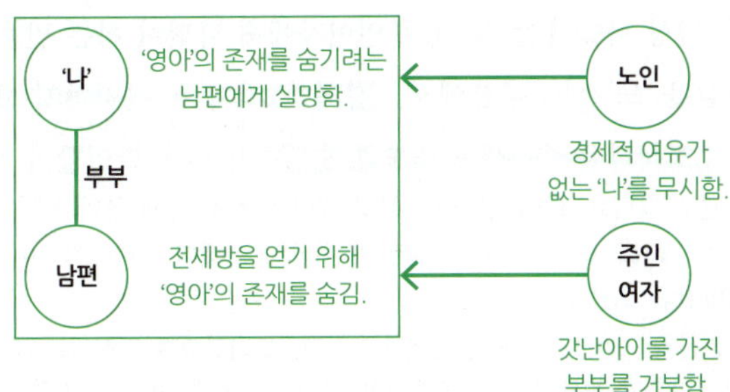

■ **주제**: 물질적 사고가 만연한 현대 사회에 대한 비판

■ **이것이 핵심!**: **주거 공간의 의미**

주거 공간

정착의 수단: '나'와 가족들이 찾는 삶의 터전

부의 축적 수단: 큰돈을 벌고자 하는 이들이 물질적으로 욕망하는 대상

■ **전체 줄거리**

'나'는 자신들만 어렵게 사는 것 같다며 나를 원망하는 남편 때문에 속상해한다. 이러한 남편의 원망은 셋방살이에서 비롯된 것이다. 주인집과 분리되지 않은 전세방 생활을 하며 사생활을 침해당하기 일쑤였고, 주인 내외의 행패를 보며 '나' 또한 모욕감을 느껴왔다.

'나'는 열심히 모은 돈을 가지고 독채 전셋집을 구하기 위해 복덕방을 찾는다. '나'는 노인에게 구십만원짜리 전셋집을 구한다고 했지만, 노인은 전셋집을 구하기에는 터무니없이 적다며 비웃기까지 했다. 다른 손님들에게 밀려 소외된 '나'는 구십만원으로는 전셋집을 구할 수 없다는 것을 깨닫고 현실에 맞추어 전세방을 구하기 시작한다.

그러나 전세방을 놓은 주인집마다 갓난아이가 있는 부부를 거부하였고, '나'는 이러한 현실에 분노한다. 결국 남편은 전세방을 구하기 위해 '영아'를 친정에 맡기고 아이가 없는 부부 행세를 하자고 제안한다. 어렵사리 구한 전세방의 주인여자 역시 갓난아이가 없기를 당부하였고, 이러한 주인여자의 태도에 곧 '영아'를 데려오자던 남편은 자꾸만 딴소리를 한다. '영아'를 데리러 친정집에 가는 날, '나'는 주인여자에게 여전히 '영아'의 존재를 숨기는 남편의 태도에 실망을 하게 된다. 오랜만에 본 '영아'가 아이답지 않게 구는 모습이 안쓰러운데도 남편은 친정어머니에게 '나'가 입덧을 하니 '영아'를 조금 더 맡아달라고 한다. 이러한 남편의 비열함에 '나'는 실제로 입덧이 없었음에도 헛구역질을 하며 눈물을 흘린다.　　　　　　　　　　　　　　　　　　　　　　　(▮ : 수록 부분 줄거리)

38　정답 ④　＊ 서술상 특징 파악하기 ……………………… [정답률 81%]

윗글에 대한 설명으로 가장 적절한 것은?

> **왜 정답?**

④ 작품 내부의 서술자가 자신이 겪은 사건을 진술하며 주관적 판단을
　　_{전셋집의 주인여자가 갓난애가 딸린 집을 거부한 사건}
　　드러내고 있다.

[2]-⓭ 세상에, 겨우 생후 일 년밖에 안 된 천사 같은 것을 그런 독사 같은 눈으로 노려보다니, 정말 재수 옴 붙은 날이었다.

작품의 서술자는 중심인물인 '나'이다. '나'는 전세방을 알아보러 다니다가 갓난애가 딸린 집을 거부하는 주인여자의 차가운 시선을 보고 '독사 같은 눈으로 노려'봤다며 주관적 판단을 드러내고 있다.

> **왜 오답?**

① 여러 인물의 내적 독백을 나열하여 주제를 드러내고 있다.
　　_{'나'의 내면 심리만 드러남.}

② 과거와 현재를 반복적으로 교차하여 갈등 해소의 실마리를 제시하고
　　_{교차하지 않음.}　　　　　　_{제시하지 않음.}
　　있다.

윗글은 부동산 노인에게 무시당한 사건, 전세방을 알아보러 다니는데 갓난애가 있다는 이유로 거부당한 사건, 주인여자에게 영아의 존재를 들키지 않기 위해 영아를 친정에 맡긴 사건 등을 시간의 흐름에 따라 제시하고 있다.

③ 외부 이야기 속에 내부 이야기를 삽입하여 이야기의 신뢰도를 높이고
　　_{삽입하지 않음.}
　　있다.

⑤ 인물의 표정 변화와 내면 변화를 반대로 서술하여 그 인물의 특성을
　　_{드러나지 않음.}
　　부각하고 있다.

39　정답 ②　＊ 사건과 갈등 파악하기 ………………………… [정답률 86%]

㉠~㉤에 대한 이해로 적절하지 <u>않은</u> 것은?

> **왜 정답?**

② ㉡은 '나'의 상황에 '주인여자'가 공감한다는 내용을 담고 있다.
　　　　　　　　　　　　　　　　　_{공감하지 않음.}

[2]-⓾, ⓫ 아무리 뚝 떨어진 방이지만 갓난애가 딸린 집은 싫다는 거였다. 주인여자는 외눈 하나 까딱 안 하고 ㉡ 그런 소리를 하며 우리 영아를 냉랭하게 쏘아보았다.

'주인여자'가 '우리 영아를 냉랭하게 쏘아보았다'고 하는 것으로 보아 갓난애를 데리고 전세방을 알아보는 '나'의 상황에 공감하지 않고 있음을 알 수 있다.

> **왜 오답?**

① ㉠은 '나'의 태도가 과거와 달라졌음을 보여 준다.
　　_{남편의 말이 철딱서니 없다고 느낌. ➡ 남편의 말에 동의함.}

＊ 근거: [2]-❻~❽

㉠ '그 소리'는 남편이 하던 소리로, 원하는 전세방의 조건으로 정원이 있는 양옥집이어야 하고 주인집에 전화가 있어야 한다고 말한 것을 가리킨다. '나'는 이것이 철딱서니 없다고 생각했지만 지금은 거드름을 부리기 위해 이러한 집을 구해 달라고 부동산에 요구한다.

③ ㉢은 '나'가 자신의 상황을 돌아보며 수치심을 느끼게 한다.
　　　　_{집을 장만하기 전에 아이를 낳은 일}

＊ 근거: [2]-⓱~⓳

㉢ '그 여자의 말'은 집 장만부터 하고 아이를 낳았어야지 어쩌자고 아이부터 낳았냐는 '중년 부인'의 말로, 이 말을 들은 '나'는 '아기를 낳는다는 일이 사생아를 낳는 일보다 훨씬 더 부끄러운 일로 여겨'져 수치심을 느꼈다.

④ ㉣은 '나'의 걱정과 관련해 '남편'이 앞으로 무엇을 하겠다는 것인
　　　　　　　　　　　　　　　　_{이사 가는 날 당당히 '영아'를 안고 들어가는 것}
　　지를 언급한다.

＊ 근거: [3]-⓭, ⓮

'나'는 영아의 존재를 주인여자에게 숨기는 것에 대해 걱정한다. 이에 남편은 '영아는 이사 가는 날 내가 당당히 안고 들어갈 테니 당신은 조금도 걱정 말라구.'라고 ㉣ '큰소리'를 치며 자신의 계획을 밝히고 있다.

⑤ ㉤은 '나'의 바람과 '남편'의 생각이 다름을 보여 준다.
　　_{영아를 전세방에 데려가는 것　'영아'를 외할머니에게 맡기는 것}

＊ 근거: [3]-⓰, ⓱

'나'는 이사를 마친 후 영아를 전세방으로 데려오려고 하지만, 남편은 '영아를 외할머니한테 두'자면서 ㉤ '딴소리'를 한다.

40　정답 ②　＊ 〈보기〉를 바탕으로 감상하기 ………… [정답률 69%]

〈보기〉에 따라 윗글을 이해한 내용으로 가장 적절한 것은?

> ─────── 〈 보기 〉 ───────
>
> **선생님**: 이 작품에는 ❶'구십만원'을 둘러싼 인물들의 다양한 행동이 드러나
> 　　　　　　　　_{❷'나'가 가지고 있는 돈}
> 있습니다. 행동의 이유에 주목하여 작품을 읽어 봅시다.

> **왜 정답?**

② '나'가 '남편'과 의논하여 구하는 집의 조건을 변경한 이유는
　　　　　　　　　　　　　_{독채 전셋집에서 전세방으로 바꿈.}
　　'구십만원'의 가치에 대한 인식이 바뀌었기 때문이에요.
　　_{'구십만원'이 독채 전셋집을 구하기에는 적은 돈임을 깨달음.}

[1]-⓭ ~ 어디서고 구십만원짜리 독채 전세는 구경도 못 하고 다만 구십만원의 가치를 좀더 분명히 알아온 데 불과했다.

[2]-❶ 결국 우린 의논을 다시 해서 독채는 아니더라도 안집으로부터 뚝 떨어진 부엌도 따로 있고 출입문도 따로 있어 독립된 오붓한 생활을 할 수 있는 전세방을 구하기로 합의했다.

'나'와 남편은 원래 독채 전셋집을 구하려고 했으나 전세방을 구하는 것으로 조건을 변경한다. 이는 '구십만원'으로는 독채 전셋집을 구할 수 없다는 것을 인지했기 때문이다.

① '복덕방 영감'이 '나'에게 굽실거리는 이유는 '복덕방 영감'이 '구십만원'의 가치에 대해 오해를 하고 있었기 때문이에요.
오해하지 않음.

└ ②-❸,❹ 구십만원짜리 전세방을 구한단 소리에 복덕방 영감의 반응은 괜찮았다. 사뭇 굽실대기까지 했다.

'나'가 가지고 있는 '구십만원'은 독채 전셋집은 못 구하지만 전세방은 구할 수 있는 돈이다. 이에 복덕방 영감은 '나'와 부동산 계약을 하기 위해 '나'에게 굽실거린다.

③ '노인'이 웃음을 터뜨린 이유는 '구십만원'의 가치에 대한 '나'의 인식을 이용하여 이득을 볼 수 있으리라 생각했기 때문이에요.
독채 전세를 얻기에 '구십만원'이 적기 때문

└ ①-❶,❷ "아니, 작은 것 한 장도 못 되는 돈 갖고 이 바닥에서 독채 전세를 얻겠다고? / 그러더니 다시 한바탕 해소라도 발작한 것같이 급하게 웃었다.

'노인'이 웃음을 터뜨린 이유는 독채 전세를 얻기에 '구십만원'은 너무 적은 돈인데, 이를 알지 못한 채 집을 구하러 다니는 '나'의 모습이 우스워 보였기 때문이다.

④ '나'가 '노인'에게 '목청을 돋우어' '구십만원'을 강조한 이유는 '구십만원'의 가치에 대한 생각이 서로 일치함을 확인했기 때문이에요.
'노인'이 귀가 어두워 자신의 말을 알아듣지 못했다고 생각했기 때문

└ ①-❸ 거금 구십만원을 작은 것 한 장도 안 된다니, 이 노인이 귀가 좀 어두운가 해서 나는 다시 목청을 돋우어 구십만원을 강조했다.

노인이 웃자 '나'는 '목청을 돋우어' '구십만원'을 강조한다. 그 이유는 '구십만원'의 가치를 높이 평가하고 있는 '나'의 말을 노인이 비웃었다고 생각하지 못하고 단순히 노인이 귀가 어두워 잘 못 들었을 것이라 생각했기 때문이다.

⑤ '나'가 '신흥 주택가'를 떠나 사흘 동안 세 지역을 다닌 이유는 '복덕방 영감'으로부터 '구십만원'의 가치라면 전세방을 구할 수 있다는 말을 들었기 때문이에요.
듣지 못함.

└ ①-⓬,⓭ 나는 다시 버스를 타고 이 아름다운 신흥 주택가에 양심을 품고 떠났다. / 그 다음날은 수유리 쪽으로, 그 다음날은 망우리 쪽으로, 그 다음날은 갈현동 쪽으로 다녀봤지만 ~

'나'가 '신흥 주택가'를 떠나 사흘 동안 수유리, 망우리, 갈현동의 세 지역을 다닌 이유는 신흥 주택가가 아닌 다른 곳에서라도 '구십만원'으로 독채 전세를 구하기 위해서였다. 하지만 '나'는 결국 독채 전세를 구하는 데 실패하고, '구십만원'이 자신의 생각보다 적은 돈이었음을 깨닫는 데에서 그치고 만다.

41 정답 ⑤ ＊〈보기〉를 바탕으로 감상하기 ············ [정답률 65%]

〈보기〉를 참고하여 윗글을 감상한 내용으로 적절하지 않은 것은? [3점]

─────────〈 보기 〉─────────
❶ 이 작품에서는 주거 공간이 정착의 수단이자 물질주의적 욕망의 대상으로 그려지고 있다. 부동산으로 부(富)를 축적하던 1970년대의
'나'의 관점   복덕방의 젊은 신사들과 부인들의 관점 ❷
세태 속에서 가족의 터전을 찾는 인물들은 경제적 여유를 지닌 이들에
의해 삶의 방식을 간섭받는다. 이 과정에서 경제적 격차를 실감하며
❸ 주인여자
현실의 부당함을 인식하게 되는 인물들은 부에 가치를 두는 정도에 따라
갓난아이가 있다는 이유로 전세방을 구하지 못함.
각기 다른 현실 대응 방식을 보여 준다.

⑤ '나'가 '친정 나들이'를 갈 때 주인여자에게 남편이 하는 말을 듣고 '절망감을 느끼'는 부분에서, 경제적 격차를 인지하지 못하고
남편의 수작에 실망한 모습
가족의 정착만을 중시했던 태도를 후회하는 것을 확인할 수 있군.

└ ③-㉔~㉖ "그럼요, 아이 없을 때 실컷 재미 봐야지 언제 봅니까." / 오늘은 꼭 영아를 데려오고야 말겠다던 남편의 수작이 이랬다. 나는 가슴이 막히는 듯한 절망감을 느꼈다.

'나'가 절망감을 느낀 것은 아이를 전세방으로 데려오려고 하는 자신과는 달리, '아이 없을 때 실컷 재미'를 보겠다고 거짓말을 하며 주인여자에게 아이의 존재를 숨기려고 하는 남편의 수작을 보고 실망했기 때문이다.

① '승용차가 나란히 두 대가 멎'은 후 거기서 내린 젊은 신사들이 '그 땅'에 대해 말하는 부분에서, 부동산을 부의 축적 수단으로 인식하던
큰돈을 벌 수 있으니 땅을 사라고 함.
세태를 짐작할 수 있군.

└ ①-❺~❼ 사무실 앞에 승용차가 나란히 두 대가 멎더니 부인들과 신사들이 섞인 한 떼가 안으로 들이닥쳤다. ~ / "사모님, 지금 보신 그 땅 눈 꽉 감고 잡아놓으십시다. 글쎄 문제없다니까요. 중도금 치르기 전에 평당 오천원 띄기는 누워서 떡 먹기라니까요."

승용차에서 내린 젊은 신사들은 부인들에게 큰돈을 벌 수 있으니 '그 땅'을 사라고 설득하고 있다. 이를 통해 부동산으로 부를 축적하던 당시의 세태를 짐작할 수 있다.

② '나'가 '첫번째 본 집'을 나와서 '셋방살이 신세가 무슨 대역죄'냐고 생각하는 부분에서, 주거 공간을 얻는 과정에서 마주한 현실이
전세방의 주인들이 갓난아이가 있는 부부를 거부하는 현실에 반발함.
부당하다고 느끼는 것을 짐작할 수 있군.

└ ②-⓮ 애는 무조건 싫다니, 그럼 셋방살이 신세가 무슨 대역죄라고 단종수술이라도 하란 말인가.

'첫번째 본 집'의 주인여자는 영아, 즉 갓난아이가 있다는 이유로 전세방 계약을 거부한다. '나'는 이러한 주인여자의 태도를 보고 갓난아이가 있다는 이유만으로 계약을 거부당하는 현실이 부당하다고 느낀다.

③ 주인여자가 '배까지 흘끔흘끔' 보면서 하는 말을 '나'가 '야박한
어린애가 생기면 방을 옮겨야 한다는 말
소리'라고 생각하는 부분에서, 경제적 여유를 지닌 이들에 의해
집주인들
삶의 방식을 간섭받는 모습을 확인할 수 있군.

└ ③-❻~❿ 남편이 냉큼 두 내외뿐이라고 하자 여자는, / 젊은 두 내외 믿을 수 있나요. 언제 애가 생길지. 그렇지만 어린애가 생기면 방은 당장 옮기실 각오하셔야 돼요." ~ 이 여자는 남의 배까지 흘끔흘끔 보며 이런 야박한 소리를 거침없이 하는 것이었다.

주인여자는 넓고 정결한 방과 부엌, 고급 벽지, 상하수도 시설을 갖춘 집을 가지고 있을 정도로 경제적 여유가 있다. 그런 주인여자가 전세방을 구하려는 '나'와 남편에게 어린애가 생기면 당장 방을 옮겨야 한다고 말하며 '배까지 흘끔흘끔'거리자, '나'는 이를 야박한 소리라고 여긴다. 이를 통해 경제적 여유를 지닌 주인여자에 의해 '나'와 남편의 삶의 방식이 간섭받는 모습을 확인할 수 있다.

④ 남편이 '셋방'의 상태와 시설을 보고 주인여자의 말에 '냉큼 두
물질적 조건을 위해 거짓말함.
내외뿐'이라고 하는 부분에서, 대상의 물질적 조건을 고려하여 살
영아를 받아주는 집이 아닌 물질적 조건이 만족스러운 집을 선택함.
곳을 선택하는 현실 대응 방식을 확인할 수 있군.

＊ 근거: ③-❻

남편은 물질적 조건이 만족스러운 전세방에 들어가기 위해 주인여자에게 영아의 존재를 숨긴다. 이를 통해 남편이 살 곳을 선택하는 데에 있어 물질적 조건을 우선시하고 있음을 알 수 있다.

출제　❶ 중심인물, 배경　❷ 중심 사건, 갈등　❸ 서술상 특징

[앞부분 줄거리] 정 소저는 계모 박 씨의 모함을 의심 없이 받아들인 아버지 정공 때문에 위기에 처하고, 집에서 나와 숨어 다니던 중 도적을 만나 강물에 몸을 던진다.
　❶ 중심인물　❷ 갈등: 계모 박 씨와 정 소저의 외적 갈등
　❷ 사건: 계모 박 씨의 모함으로 정 소저가 집을 나옴.
이때, [정혼자 조무(용홍)와 동생 조성이 정 소저를 우연히 발견하여 구출한다.]
　❶ 중심인물
　❸ 사건 전개에서 우연성이 나타남.
　[ ]: ❷ 사건 – 위기에 처한 정 소저를 조무와 조성이 구출함.

[1] ❶소저가 매우 놀라며 말하였다.
　정 소저

❷ "내가 외가로 가지 않고 구차하게 길가에서 분주하게 다닌 것은 조숙모에게 부끄럽고, 아버지의 허물을 드러내고 싶지 않아서였다.
　# 집을 나온 정 소저가 외가로 가지 않고 길가를 떠돌던 이유
뜻밖에 저 공자들을 만나니 내가 차마 사실을 말하여 부끄러움을 더하겠는가? 은인의 덕이 산과 바다 같으나 차마 근본을 아뢰게 되어 저 집에서 우리 집의 허물을 알게 되면 매우 부끄럽게 될
　# 가족의 허물을 알리게 될까 봐 자신의 근본을 밝히기를 꺼려 함.
것이다. 모름지기 너는 다만 대답하기를 내가 타향에서 떠돌아다니다가
　시녀(벽난, 춘앵)
서울의 친척을 찾으러 왔다가 도적을 만나 물에 빠져 죽을 뻔했다고 말하여라. 조 공자가 이미 우리가 여자인 줄을 알았으니
　조무, 조성
남녀는 구별이 있는 것이다. 생명을 구해준 은혜에 몸소 사례하지
　남녀의 구별을 지키기 위함.
못함을 아뢰어라."

구차하다: ① 살림이 몹시 가난하다. ② 말이나 행동이 떳떳하거나 버젓하지 못하다.
사례하다: 언행이나 선물 따위로 상대에게 고마운 뜻을 나타내다.

＊[1] 요약: 정 소저가 조무와 조성에게 가족의 허물을 숨기려 함.

[2] ❶벽난과 춘앵이 굳이 근본을 이르지 말라는 소저의 말을 듣고
　정 소저의 시녀들
나와서 상의하여 말하였다.

❷ "이제 하늘이 도와주셔서 조 공자를 만났으나 어찌 차마 좋은 기회를 놓치게 되면 우리 주인과 노비는 어디에 의지하며 소저의
　정 소저와 조무의 만남
백년가약을 어느 날 이루겠는가? 우리들이 가만히 사실을 아뢰어 조 공자가 일을 처리하는 것을 보아야겠구나."
　❸ 소저의 명령을 어기고 사실을 밝히려 함 → 정 소저와 조무의 혼인이 이루어지기를 바라기 때문임.
❸이에 조 공자의 안전에 나가 말하였다.

❹ "우리 소저께서는 타향에서 떠돌아다니시다 친척을 찾으러 왔다가
　정 소저가 시키는 대로 이야기함.
도적을 만나 물에 빠져 죽게 되었습니다. 은인께서 생명을 구해준 은혜를 입어 남은 목숨을 회생하게 되었습니다. 우리 소저께서
　[A]
은혜는 태산 같사오나 몸소 사례치 못함을 아뢰라 하셨습니다."
　# [A]: 과거에 정 소저에게 일어난 일을 언급함.
❺ 조 공자들이 크게 아쉬워하고 섭섭해 하며 어떻게 일을 처리할까를 마음속 깊이 생각하고 주저하고 있었다. ❻두 명의 시비가 다시 머리를
　❸ 인물의 심리를 직접적으로 제시함.
조아리며 말하였다.

❼ "소저께서 차마 상공께 근본을 바로 고하지 못하여 이리 하였습니다만, 저희들이야 상공을 만나 사실대로 고하지 아니하겠습니까? 더욱 대공자는 저희들의 주군(主君)이시고 은인이시니 어찌 숨기는 죄를
　두 시비가 모시는 정 소저의 남편이 될 사람이기 때문임.
하겠습니까? 더하며 주인의 평생을 매몰되게 하겠습니까? [저희의 주인은
　[ ]: ❷ 사건 – 벽난과 춘앵이 조무와 조성에게 사실을 이야기함.
정참정의 딸로 외가에서 조 공자와 정혼하였습니다. 그러나 소저가
　# 정 소저가 조 공자와 정혼한 인물임을 밝힘.
본댁으로 돌아오신 후에 가내에 어질지 못한 사람이 있어서 수많은
　계모 박 씨 → 정 소저의 고난은 친정에서 비롯되었음.
방법으로 정참정을 보채고 소저를 개천에 빠지게 하였습니다.
　정 소저의 아버지(정공)
마침내는 소저를 정참정 부인의 사촌인 박수관의 후실로 위협하고
　계모 박 씨
명령하여 시집보내려 하였습니다. 그래서 소저가 외가로 가시고자
　# 정 소저가 집을 나오게 된 계기

하나 석공 어르신께서 성품이 엄숙하셔서 반드시 정공과 더불어 큰
　정 소저의 외할아버지
사단을 일으키실 것이라 생각하였습니다. [일의 형세가 매우
　[ ]: ❸ 사건을 요약적으로 제시함.
난처하여 남장으로 바꿔 입고 강가의 이평장 부인은 소저의 고모
　❸ 남장 모티프가 나타남.
이신데, 그 분을 찾아가 의지하고자 하셨습니다. 그러나 이평장 부인이 이사를 가신 지 수일이 지났고 가신 곳을 모르기 때문에 강변에서 방황하시다가 따르는 도적을 만나서 소저께서 억울하고 원통하게도 강물에 몸을 던졌습니다.]] 상공께서 저희의 목숨을 살려주신 은혜를 만나 주인과 노비 세 사람이 살아나니 이 은덕은
　정 소저
분골쇄신하더라도 다 갚지 못할 것입니다."

❽두 공자가 이 말을 들으니 참혹함은 말할 것도 없고 정 소저의 굳은
　조무, 조성
절개와 아름다운 행동은 깊이 사람을 감동시킬 만하였다. [또한 그
　# 정 소저는 당대에 요구되던 여성의 덕목을 갖춘 인물임.
계모 박 씨가 자애롭지 못해 이 변을 일으킴을 짐작하고 사람의
　[ ]: ❸ 두 공자의 생각과 심리에 초점을 맞추어 서술함.
마음이 자연스럽게 측은하였다. ❿정 소저의 절행에 빼어나 자기를
　조무(정 소저의 정혼자)
위하여 온갖 고생이 이 지경에 미쳤음에 감복하고 하물며 평생 아름다운 배필과 하늘이 정한 연분이 심상치 않다는 것을 알았다.]

❶❶용홍 공자의 두 눈에는 가을 물처럼 고운 광채가 어리었다. ❶❷용홍이
　❶ 중심인물: 조무　# ❸ 비유법을 사용하여 인물의 외양을 묘사함.
말하였다.

❶❸ "소저의 수많은 고초와 슬픈 한이 이 조생을 위함이니 어찌 감사하지
　조무(정 소저의 정혼자)
않겠는가? 너희들은 우리가 집에 들어가 일을 처리할 사이에
　# 벽난과 춘앵에게 정 소저를 보호할 것을 명령함.
소저를 보호하라."

백년가약: 젊은 남녀가 부부가 되어 평생을 같이 지낼 것을 굳게 다짐하는 아름다운 언약
타향: 자기 고향이 아닌 고장　매몰되다: 보이지 아니하게 파묻히다.
정혼하다: 혼인을 정하다.
가내: 가족을 구성원으로 하여 살림을 꾸려 나가는 공동체
재해: 재앙으로 말미암아 받는 피해. 지진, 태풍, 홍수, 가뭄, 해일, 화재, 전염병 따위에 의하여 받게 되는 피해를 이른다.
후실: 남의 후처(다시 혼인하여 맞은 아내를 이르는 말)를 높여 이르는 말
엄숙하다: 말이나 태도 따위가 위엄이 있고 정중하다.
분골쇄신하다: 정성으로 노력하다. 또는 그렇게 하여 뼈가 가루가 되고 몸이 부서지다. 뼈를 가루로 만들고 몸을 부순다는 뜻에서 나온 말이다.
자애롭다: 자애를 베푸는 사랑과 정이 깊다.　절행: 절개를 지키는 행실
감복하다: 감동하여 충심으로 탄복하다(매우 감탄하여 마음으로 따르다).
배필: 부부로서의 짝　연분: 서로 관계를 맺게 되는 인연
고초: 괴로움과 어려움을 아울러 이르는 말

＊[2] 요약: 조무가 정 소저의 정체와 그간의 고초를 알게 됨.

(중략)

[3] ❶석공이 소저의 얼굴을 쓰다듬으며 길게 탄식하며 말하였다.
　정 소저의 외할아버지
❷ "일이 이미 여기에 이르렀으니 설마 어찌하겠느냐? 손녀가 어린
　아버지 정공
나이에 효성과 절개와 지혜가 모두 갖추어졌으니 완고한 아비와
　계모 박 씨
어리석은 어미의 흉계에서 벗어나 목숨을 보전하여 명철보신
　❸ 정 소저에게 있었던 일을 요약적으로 제시함.
(明哲保身)한 것이다. 부모가 낳아준 몸을 보전하고 죽은 어미의
　정절을 지키는 것
남긴 가르침을 이으니 네 아비가 흙과 나무 같은 마음을 지니고 [B]
　# [B]: 과거에 정 소저에게 일어난 일을 언급함.
있다고 하더라도 성혼한 후에 서로 만나서 부녀가 상봉하는 즐거움을 얻는다면 어찌 너를 책망하며 혼인을 한 것을 그르다고 하겠느냐? 모든 일에는 원래의 계획을 변경할 때와 임기응변의 방법이 있다. 이제 조 상국이 밖에 와서는 너와의 혼인을 완전하게
　조무의 아버지

정하고 너의 뜻을 알려고 하니 어찌 고상하지 못한 모습으로
사양하느냐? 내가 네 부모를 대신하여 혼인을 관장할 것이다.
　　　정 소저의 외할아버지가 부모 대신 혼인을 진행시키고자 함.
너에게 혼인을 묻는 말이 아니니 너는 다시 이상한 말을 내지
마라."
❸ 소저가 조 상국이 왔다는 말을 듣고 더욱 불안하고 놀라며 부끄러워
옥 같은 얼굴이 발그스레해졌다. 눈썹을 나직하게 낮추고 또 아뢰었다.
❺ ❸ 비유법을 사용하여 인물의 외양을 묘사함.
　"소녀의 도리로 차마 아버지를 속이고 혼인을 못 하겠습니다. 조
　　　# 정 소저가 자식으로서의 도리를 지키고자 혼인을 거부함.
상국은 당세(當世)의 군자이십니다. 원컨대 조부께서는 손녀의
보잘 것 없는 마음을 살피시어 뜻을 이루게 해 주십시오."
❻ 그런 후에 조모와 삼촌의 안부와 동생의 무사함을 묻고는 슬프고
참혹하여 눈물을 흘릴 뿐이었다. ❼ 석공이 밖으로 나와 조공을 보고
손녀와 묻고 대답한 말을 일일이 전하고는 탄식하며 말하였다.
❽ "손녀의 마음이 금석(金石)같아서 저의 용렬하고 어리석은 말로
알아듣도록 타이를 방법이 없으니 어찌하겠습니까?"
❾ 조공이 무릎을 치며 몹시 탄복하고 칭찬하며 말하였다.
　　　정 소저의 곧은 인품에 감탄함.
❿ "정 소저의 일과 행동은 여자 중에 군자입니다. 이것은 다 현형(賢兄)의
　　　　　　　　　　　　　　　　　　정 소저의 외할아버지(석공)
높은 교훈에 힘입은 것입니다. 제가 이와 같은 며느리를 얻으니
어찌 아버지의 어질지 못함을 한탄하겠습니까? 이것은 신부와
정 소저의 인품이 뛰어나니 굳이 아버지인 정공의 행동을 탓하지 않을 것임.
의논할 말이 아니니 현형이 혼인을 관장하십시오."
정 소저에게는 혼인을 주관할 권리가 없다고 생각하여 석공에게 혼인을 관장할 것을 부탁함.
⓫ 석공이 이 말을 옳게 여겨 다시 소저에게 묻지 않고 혼례를 준비
　　　　　　　　　　❷ 사건: 석공과 조 상국이 정 소저와 조무의 혼인을 주관함.
하였다. ⓬ 석 학사 부인이 나오고 석공 부인이 정 공자와 함께 나와
　　　　　　　　　　　　　　　　　　　　　정 소저의 동생
소저를 보았는데 서로 붙들고 매우 오열함을 이기지 못하였다. ⓭ 소저는
그리워하던 아우를 만나니 반갑고 기쁜 뜻이 서로 뒤섞여 일어났다.
　정 공자

┌ **탄식하다**: 한탄하여 한숨을 쉬다. 　　　　**흉계**: 흉악한 계략
│ **명철보신하다**: 총명하고 사리에 밝아 일을 잘 처리하여 자기 몸을 보존하다.
│ **성혼하다**: 혼인이 이루어지다. 또는 혼인을 하다. 　　**상봉하다**: 서로 만나다.
│ **임기응변**: 그때그때 처한 사태에 맞추어 즉각 그 자리에서 결정하거나 처리함.
│ **관장하다**: 일을 맡아서 주관한다.
│ **금석**: 쇠붙이와 돌이라는 뜻으로, 매우 굳고 단단한 것을 비유적으로 이르는 말
│ **용렬하다**: 용맹스럽고 장렬하다(의기가 씩씩하고 열렬하다).
└ **탄복하다**: 매우 감탄하여 마음으로 따르다.

　　　　*❸ **요약**: 석공과 조 상국이 정 소저와 조무를 혼인시키고자 함.

독해 공식
❶ **중심인물**: 정 소저, 조무, 조성
❷ **사건**: 계모 박 씨의 모함으로 정 소저가 집을 나옴. 위기에 처한 정 소저를 조무와 조성
　이 구출함. 벽난과 춘앵이 조무와 조성에게 사실을 이야기함. 석공과 조 상국이 정 소저
　와 조무의 혼인을 주관함.
　갈등: 계모 박 씨와 정 소저의 외적 갈등
❸ **서술상 특징**
• **서술자**: 3인칭 서술자, **시점**: 전지적 작가 시점
• 사건 전개에서 우연성이 나타남.
• 인물의 심리를 직접적으로 제시함.
• 사건을 요약적으로 제시함.
• 남장 모티프가 나타남.
• 서술자가 초점 인물의 입장에서 생각과 심리를 서술함.
• 비유법을 사용하여 인물의 외양을 묘사함.

■ **갈래**: 고전 소설, 가정소설, 영웅소설
■ **이 작품은?**: 쌍둥이 영웅인 조무와 조성 형제의 부부 관계와 국가적 활약을 그린
　소설이다. 전반부에서는 조무와 조성의 부부 갈등을 통해 가부장제에서 추구하는
　이상적인 부부 관계를 보여 주고, 후반부에서는 조무와 조성이 외세의 침략으로부터
　국가를 구해내는 영웅담을 그리고 있다.

■ **인물 관계도**

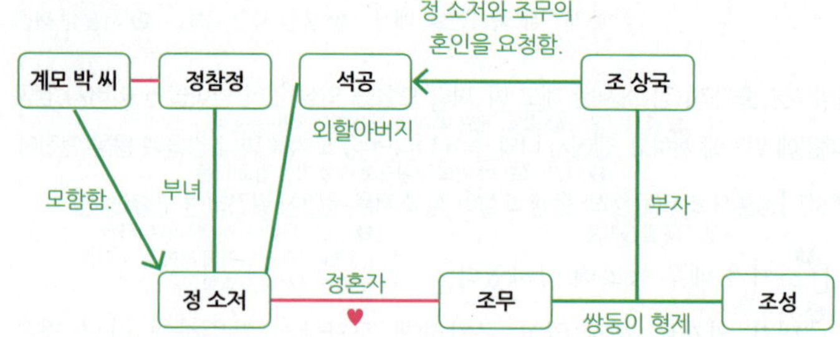

■ **주제**: 쌍둥이 형제의 부부의 인연과 영웅적 활약

■ **이것이 핵심!**: 〈현몽쌍룡기〉를 통해 알 수 있는 가부장적 사회 속 여성의 삶

〈현몽쌍룡기〉의 정 소저	가부장적 사회 속 여성
정혼자가 아닌 이와의 강제 혼인을 피해 도망침.	지조와 절개가 요구됨.
가족의 허물을 숨김.	친정 가문의 일원으로서 소속감을 지님.
아버지를 속이고 혼인을 못 하겠다고 함.	자식으로서의 도리를 지킴.(효성)
혼인을 거절하는 뜻이 받아들여지지 않음.	혼사를 주관할 권리가 없음.

■ **전체 줄거리**
　송나라 때 승상 조숙의 부인 위 씨는 쌍룡이 나타나는 태몽을 꾸고 쌍둥이 조무와
조성을 낳는다. 형제가 자라나 조무는 정참정의 딸(정 소저)과 정혼한다. 정 소저는 계모
박 씨의 모함으로 위기에 처하지만 조무와 조성의 도움으로 위기에서 벗어나 조무와
혼인한다. 조성은 양태사의 딸(양 부인)과 혼인하고, 이후 조무와 조성 모두 과거에
장원급제하여 벼슬에 오른다.
　한편 황제는 조무를 박 귀비의 딸인 금선공주의 부마로 삼는다. 이후 금선공주는 정
부인(정 소저)을 모해한다. 양 부인 역시 박 귀비의 동생 박수관과 친정 오빠인 양세의
작당 때문에 고초를 겪는다. 결국 위기에 처한 정 부인과 양 부인은 모두 집을 떠나
피신하게 된다. 그러던 중 조성이 박 귀비 남매의 무고로 위기를 맞게 되자, 양 부인이
혈서를 올려 그를 구한다. 이후 양 부인은 조성에게 윤 상서의 딸을 아내로 삼을 것을
요청한다.
　조무가 거란군의 침략을 막으러 출전한 사이, 금선공주는 조성을 유혹하려다 실패한다.
이에 금선공주는 박 귀비와 합심하여 조성을 죽이려 한다. 그사이 양세가 반역을 꾀하자,
조성이 이를 막는다. 이후 반역을 일으킨 양세와 음모를 꾸몄던 박 귀비는 그간의 죄가
밝혀져 처형되고, 금선공주는 유배를 가게 된다.
　거란군을 물리치고 돌아온 조무는 정 부인과 재회한다. 그리고 운남이 반란을 일으켰을
때 이를 막아내고는 그 공을 인정받아 진국공에 임명된다. 조무는 이후 유배지에서 돌아와
개과천선한 금선공주를 다시 아내로 맞아들이고, 조씨 가문은 화목하게 영화를 누린다.
　　　　　　　　　　　　　　　　　　　　　　　　　(□ : 수록 부분 줄거리)

42　정답 ②　* 서술상 특징 파악하기　　⭐1등급 대비

[① 14%　② 53%　③ 15%　④ 5%　⑤ 11%]

윗글에 대한 설명으로 가장 적절한 것은?

왜 틀렸나?
　지문이 길어서 선택지에서 언급한 서술상의 특징이 나타났는지 파악하기 어려웠을
것이다. 서술상의 특징을 묻는 문제가 있다면 선택지를 먼저 읽은 다음 지문을 읽는
것이 좋다. 그렇게 하면 선택지에서 언급한 내용이 지문에 나타나 있는지를 파악하기
훨씬 수월하기 때문이다.

왜 정답?
② **비유법을 사용하여 인물의 외양을 표현하고 있다.**
　'가을 물처럼', '옥 같은'
[2]-⓫ 용흥 공자의 두 눈에는 가을 물처럼 고운 광채가 어리었다.
[3]-❸ 소저가 조 상국이 왔다는 말을 듣고 더욱 불안하고 놀라며 부끄러워
옥 같은 얼굴이 발그스레해졌다.
　정 소저의 사정을 들은 조무의 눈에 눈물이 맺히는 장면에서 조무의 눈물을 '가을
물'에 비유하며 외양을 표현하였다. 그리고 정 소저가 조 상국이 왔다는 소식을 듣고
놀라는 장면에서 정 소저의 얼굴을 '옥'에 비유하며 외양을 표현하였다.

>왜 오답?

① 과장된 상황을 설정하여 해학성을 유발하고 있다.
　　드러나지 않음.　　　　　　　드러나지 않음.

③ 배경 묘사를 통해 인물의 성격 변화를 암시하고 있다.
　　드러나지 않음.　　　　　드러나지 않음.

> **매력 오답**　배경 묘사의 개념을 정확히 알지 못해 틀린 학생들이 많았다. 배경 묘사는 작품에서 인물이 활동하거나 사건이 벌어지고 있는 구체적인 시간 또는 공간적 배경을 마치 그림을 그리듯이 표현하는 것을 말한다. 하지만 윗글은 시간이나 공간적 배경을 특정하는 구체적 언급 없이, 인물 간 대화 중심으로 이야기가 전개되고 있다.
> 　기출문제에서 자주 등장하는 문학 개념어는 예시를 중심으로 그 정확한 의미를 잘 알아 두어야 한다.

④ 꿈과 현실을 교차하여 사건을 입체적으로 구성하고 있다.
　　드러나지 않음.

⑤ 전기적 요소를 활용하여 비현실적인 장면을 부각하고 있다.
　　드러나지 않음.　　　　　　드러나지 않음.

43　정답 ②　＊ 사건과 갈등 파악하기　★1등급 대비

[① 14% ② 45% ③ 16% ④ 15% ⑤ 8%]

윗글의 내용에 대한 이해로 적절하지 <u>않은</u> 것은?

>왜 틀렸나?

작품의 세부적인 줄거리를 이해해야 풀 수 있는 문제이다. 많은 인물이 등장하는 데다 인물을 가리키는 표현이 계속 달라져서 줄거리를 이해하기 어려워한 학생들이 많았다. 고전소설을 읽을 때에는 인물을 가리키는 표현에 집중하며 어떤 인물이 무슨 행동을 했는지, 인물 사이의 관계는 어떠한지 등을 정리하며 읽어야 한다.

>왜 정답?

② 정 소저는 이평장 부인이 이사해 살고 있는 곳으로 ~~찾아갔다.~~
　　　　　　　이사한 지 오래되어 이평장 부인이 어디로 갔는지 모름.

[②-⑦ "~ 그러나 이평장 부인이 이사를 가신 지 수일이 지났고 가신 곳을 모르기 때문에 강변에서 방황하시다가 따르는 도적을 만나서 소저께서 억울하고 원통하게도 강물에 몸을 던졌습니다. ~ "]

정 소저가 계모 박 씨의 위협을 피해 이평장 부인을 찾아간 것은 맞다. 하지만 이평장 부인은 이사를 간 상태였고, 어디로 이사를 갔는지는 알 수 없었기 때문에 정 소저는 강변에서 방황하게 된다. 따라서 정 소저가 이평장 부인이 이사해서 살고 있는 곳을 찾아간 것은 아니다.

>왜 오답?

① 벽난과 춘앵은 정 소저가 조 공자와 정혼한 인물임을 밝혔다.

[②-⑦ "~ 저희의 주인은 정참정의 딸로 외가에서 조 공자와 정혼하였 습니다. ~"]
　　　　　정 소저

③ 조 공자는 정 소저를 보호할 것을 명령했다.
　　　　　　　　　벽난과 춘앵에게 말함.

→ [②-⑬ "~ 너희들은 우리 집에 들어가 일을 처리할 사이에 소저를 보호하라."]
　　　벽난과 춘앵　　조무(조 공자)와 조성　　　　　　정 소저

> **매력 오답**　'조 공자'와 '용흥 공자'가 정 소저의 정혼자인 '조무'를 가리키는 다른 말임을 파악하지 못한 학생들이 많았다. 하지만 [앞부분의 줄거리]에서 '정혼자 조무(용흥)'라고 언급했으므로, 이를 참고하여 '소저를 보호하라.'라고 말한 이가 누군지 파악할 수 있었다.
> 　고전소설에서는 인물을 가리키는 표현이 다양하게 나타난다. 따라서 앞부분 · 중략 부분의 줄거리 등을 포함해 특정 인물에 대한 호칭의 실마리를 얻을 수 있는 부분은 반드시 유의해서 살펴 보아야 한다.

④ 석공은 조 상국이 정 소저의 뜻을 알려고 한다고 말했다.
　　　　　　　　　조무와의 혼인에 대한 뜻

[③-❷ "~ 이제 조 상국이 밖에 와서는 너와의 혼인을 완전하게 정하고 너의 뜻을 알려고 하니 어찌 고상하지 못한 모습으로 사양하느냐? ~ "]

⑤ 석공 부인이 정 공자와 함께 나와 정 소저를 보았다.
　　　　　　　　정 소저의 동생

[③-⑫ 석 학사 부인이 나오고 석공 부인이 정 공자와 함께 나와 소저를 보았는데 서로 붙들고 매우 오열함을 이기지 못하였다.]

44　정답 ⑤　＊ 인물의 심리와 태도 파악하기　★1등급 대비

[① 9% ② 8% ③ 9% ④ 17% ⑤ 55%]

[A]와 [B]에 대한 이해로 가장 적절한 것은?

>왜 틀렸나?

[A]와 [B]에 공통적으로 드러난 특징을 찾지 못한 학생들이 많았다. 이런 유형의 문제는 [A]와 [B]를 쪼개서 읽어야 한다. 즉, [A]를 읽은 뒤 적절하지 않은 선지를 소거하고, [B]를 읽은 뒤 적절하지 않은 선지를 소거하는 것이다. 이렇게 하면 보다 쉽고 빠르게 정답을 찾을 수 있다.

>왜 정답?

⑤ [A]와 [B]는 모두 과거에 일어난 일을 상대에게 언급하고 있다.
　　[A]: 벽난, 춘앵이 조무에게 이야기함. [B]: 석공이 정 소저에게 이야기함.

[②-❹ "우리 소저께서는 타향에서 떠돌아다니시다 친척을 찾으러 왔다가 도적을 만나 물에 빠져 죽게 되었습니다. ~ "]

[③-❷ "~ 손녀가 어린 나이에 효성과 절개와 지혜가 모두 갖추어졌으니 완고한 아비와 어리석은 어미의 흉계에서 벗어나 목숨을 보전하여 명철보신(明哲保身)한 것이다. ~ "]

[A]에서 벽난과 춘앵은 조무에게 정 소저가 '친척을 찾으러 왔다가 도적을 만나 물에 빠져 죽게 되었'다는 과거의 일을 언급하고 있다.

[B]에서 석공은 정 소저에게 '완고한 아비와 어리석은 어미의 흉계에서 벗어나 목숨을 보전'했던 과거의 일을 언급하고 있다.

>왜 오답?

① [A]는 [B]와 달리 상대의 행동에 변화를 촉구하고 있다.
　　[A]와 [B] 모두　　　　　　　　　　　촉구하지 않음.

② [B]는 [A]와 달리 상대에게 다른 인물의 말을 전하고 있다.
　　[A]　　　　[B]

[②-❹ "~ 우리 소저께서 은혜는 태산 같사오나 몸소 사례치 못함을 아뢰라 하셨습니다."]

[A]에서 벽난과 춘앵은 조무에게 은혜에 몸소 사례치 못한다는 정 소저의 말을 전하고 있다. 그러나 [B]에서는 다른 인물의 말을 전하고 있지 않다.

③ [A]와 [B]는 모두 상대의 의도에 의문을 제기하고 있다.
　　[A]는 제기하지 않음.

[③-❷ "~ 이제 조 상국이 밖에 와서는 너와의 혼인을 완전하게 정하고 너의 뜻을 알려고 하니 어찌 고상하지 못한 모습으로 사양하느냐? ~ "]

[B]에서는 석공이 혼인을 사양하는 정 소저의 의도에 의문을 제기하고 있다. 그러나 [A]에서는 상대의 의도에 의문을 제기하고 있지 않다.

④ [A]와 [B]는 모두 상대가 처한 어려움에 대해 공감하고 ~~있다.~~
　　　　　　　　　　　　　　　　　공감하고 있지 않음.

[A]에는 상대인 조무와 조성이 처한 어려움이 나타나 있지 않으며, 벽난과 춘앵의 공감도 드러나지 않는다. [B]에는 상대인 정 소저가 처한 어려움이 나타나 있으나 이에 대해 석공이 공감하고 있지는 않다.

45　정답 ⑤　＊ 〈보기〉를 바탕으로 감상하기　★1등급 대비

[① 14% ② 10% ③ 1% ④ 6% ⑤ 57%]

〈보기〉를 참고하여 윗글을 감상한 내용으로 적절하지 <u>않은</u> 것은? [3점]

> ━━━━━ 〈 보기 〉 ━━━━━
>
> ❶ 〈현몽쌍룡기〉는 가부장적 사회를 살아가는 여성의 삶을 담고 있다. 이 ❷
> 　　　　　　　　　　　　정 소저
> 작품 속 여성 인물은 친정 식구들로 인해 혼사가 지연되는 등의 고난을
> 　　　　　　　　　계모 박 씨의 모함으로 집을 나가 위기에 처함.
> 겪음에도 당대 여성에게 요구되던 덕목을 지킬 뿐 아니라 자식으로서의
> 　　　　　　　　절개와 헌절　　　　　　　아버지를 속이는 혼냇블 서무함.
> 도리를 지키고, 친정 가문의 일원으로서의 소속감을 유지하기 위해
> 　　　　　　　　　　　　　친정의 허물을 감추고자 함.
> 애쓴다. ❸ 이러한 점에서 이 작품은 당시 여성 독자층의 큰 공감을 얻을 수 있었다는 의의를 지닌다.

 단서 + 발상

(단서) 〈보기〉	(적용) 〈현몽쌍룡기〉
가부장적 사회를 살아가는 여성	정 소저
친정 식구들로 인한 고난	계모 박 씨의 모함으로 위기에 처함.
당대 여성에게 요구되던 덕목	효성과 절개와 지혜를 갖추는 것
자식으로서의 도리	아버지를 속인 채로는 혼인을 하지 않겠다고 함.
친정 가문의 일원으로서의 소속감	친정의 허물을 숨김.

〉왜 정답 ?

⑤ 조공이 정 소저를 군자라고 칭하며 혼인을 진행하려는 것에서 정 소저가 가부장적 사회에서도 ~~혼사를 주관할 수 있는 권리를 인정받았음을~~ 알 수 있군.
조공(조 상국)이 혼사는 신부(정 소저)와 의논할 일이 아니라며 석공이 관장할 것을 요청함.

[3] - ❾, ❿ 조공이 무릎을 치며 몹시 탄복하고 칭찬하며 말하였다. / "정 소저의 일과 행동은 여자 중에 군자입니다. ~ 이것은 신부와 의논할 말이 아니니 현형이 혼인을 관장하십시오."

조공은 정 소저를 군자라고 칭한다. 그러나 혼인 문제는 신부와 의논할 말이 아니라며 석공이 혼인을 관장할 것을 요청한다. 따라서 정 소저가 혼사를 주관할 수 있는 권리를 인정받았다고 볼 수 없다.

〉왜 오답 ?

① 정 소저가 친정 가문의 허물을 조 공자가 알게 되면 부끄러울
계모 박 씨가 정소저를 모함하여 정 소저가 집을 나온 것
것이라고 생각하는 것에서 친정 가문의 일원으로서 소속감을
친정 가문의 허물을 남에게 들키고 싶지 않아 함.
지니고 있음을 알 수 있군.

[1] - ❷ " ~ 은인의 덕이 산과 바다 같으나 차마 근본을 아뢰게 되어 저 집에서 우리 집의 허물을 알게 되면 매우 부끄럽게 될 것이다. ~ "

정 소저는 자신이 아버지와 계모로부터 모함을 받고 집을 나온 것을 '우리 집의 허물'로 여기면서도 조무가 이를 알게 될 것을 부끄러워하고 있다. 이를 통해 친정 가문을 떠나서도 그 일원으로서 소속감을 가지고 있음을 알 수 있다.

> **매력 오답**
> 정 소저가 계모로부터 모함을 받았고 정 소저의 아버지도 모함에 동조했기에 정 소저에게 가문에 대한 소속감이 없다고 생각할 수 있다. 하지만 〈보기〉에서 정 소저가 친정 가문의 일원으로서 소속감을 유지하기 위해 애쓴다고 했다. 실제로 정 소저는 가문 사람이 아닌 조무에게 이러한 허물을 들키고 싶지 않아 한다. 이는 가문을 떠나서도 여전히 소속감을 가지고 있기 때문이다.
> 〈보기〉를 바탕으로 감상하는 문제는 자의적인 추론이 아닌 〈보기〉를 기준으로 선택지의 옳고 그름을 판단해야 한다.

② 가내의 어질지 못한 인물로 인해 정 소저가 죽을 위기를 겪었다는
계모 박 씨
것에서 고난이 친정 식구로부터 비롯되었음을 알 수 있군.

[2] - ❼ " ~ 그러나 소저가 본댁으로 돌아오신 후에 가내에 어질지 못한
계모 박 씨
사람이 있어서 수많은 방법으로 정참정을 보채고 소저를 재해에 빠지게 하였습니다. ~ "

정 소저가 재해에 빠져 죽을 위기를 겪은 것은 가내의 어질지 못한 인물, 즉 계모 박 씨 때문이다. 이를 통해 정 소저의 고난이 친정 식구로부터 비롯되었음을 알 수 있다.

③ 두 공자가 정 소저의 사연을 듣고 굳은 절개에 감동받았다는
것에서 정 소저가 당대에 요구되던 여성의 덕목을 갖춘 인물임을
절개와 정절
알 수 있군.

[2] - ❽ 두 공자가 이 말을 들으니 참혹함은 말할 것도 없고 정 소저의 굳은 절개와 아름다운 행동은 깊이 사람을 감동시킬 만하였다.

④ 정 소저가 아버지를 속인 채로는 혼인하지 못하겠다는 것에서
자식으로서의 도리를 따르고자 함을 알 수 있군.
아버지를 속이지 않으려 함.

[3] - ❺ "소녀의 도리로 차마 아버지를 속이고 혼인을 못 하겠습니다. 조 상국은 당세(當世)의 군자이십니다. 원컨대 조부께서는 손녀의 보잘 것 없는 마음을 살피시어 뜻을 이루게 해 주십시오."

---

01 정답 ④ ＊높임 표현 파악하기

밑줄 친 부분 중 ㉠에 의한 높임 표현이 나타나지 **않은** 것은?

> 주체 높임법은 서술의 주체에 해당하는 문장의 주어를 높이는
> 주체 높임법의 개념
> 방법이고, 객체 높임법은 서술의 객체에 해당하는 목적어나 부사어가
> 객체 높임법의 개념
> 지시하는 대상을 높이는 방법이다. 이러한 높임을 실현하기 위해서는
> 선어말 어미, 조사, ㉠ 특수 어휘를 사용한다.
> '주무시다', '드리다' 등

〉왜 정답 ?

④ 제사를 ~~모시는~~ 것은 힘든 일이다.
높임 표현이 아님.

'모시는'의 기본형인 '모시다'는 '제사 등을 지내다.'를 의미하며, 높임 표현이 아니다. '모시다'가 '어머니를 모시고 시장에 갔다.'에서처럼 '데리다'의 높임 말로 쓰일 때는 객체를 높이는 특수 어휘로 볼 수 있다.

〉왜 오답 ?

① 아버지께서 일찍 주무신다.
주체 높임의 특수 어휘

'주무신다'의 기본형인 '주무시다'는 '자다'의 높임말로, 문장의 주체인 '아버지'를 높이는 특수 어휘이다.

② 어머니께서 고기를 잡수신다.
주체 높임의 특수 어휘

'잡수신다'의 기본형인 '잡수다'는 '먹다'의 높임말로, 문장의 주체인 '어머니'를 높이는 특수 어휘이다.

③ 우리 할머니께 선물을 드리자.
객체 높임의 특수 어휘

'드리자'의 기본형인 '드리다'는 '주다'의 높임말로, 문장의 객체인 '할머니'를 높이는 특수 어휘이다.

⑤ 우리 할머니께서는 고향에 계신다.
주체 높임의 특수 어휘

'계신다'의 기본형인 '계시다'는 '있다'의 높임말로, 문장의 주체인 '할머니'를 높이는 특수 어휘이다.

02 정답 ③ ＊시간 표현 파악하기

〈보기〉의 ㉠~㉢을 이해한 내용으로 적절하지 **않은** 것은?

> ─────── 〈 보기 〉 ───────
> ㉠ 어제 눈이 많이 내렸다. → 과거 시제
> 부사   '내리-'+'-었-'+'-다'
> ㉡ 수연이는 교내 백일장 대회에 참가할 것이다. → 미래 시제
> '참가하-'+'-ㄹ 것'
> ㉢ 지금 떠나면 저녁이 되어서야 도착하겠다. → 추측을 나타냄.

〉왜 정답 ?

③ ㉡의 시제는 ~~사건시와 발화시가 일치한다.~~
사건시가 발화시보다 나중임.

사건시와 발화시가 일치하는 시제는 현재 시제이다. 한편 미래 시제는 사건시가 발화시보다 나중인 시제로, 선어말 어미 '-겠-', 관형사형 어미 '-(으)ㄹ', 관형사형 어미와 의존 명사 '것'이 결합된 '-(으)ㄹ 것'을 통해서 실현된다. 또한 '내일' 등과 같은 부사어를 사용하기도 한다.

㉡ '수연이는 교내 백일장 대회에 참가할 것이다.'에서는 관형사형 어미 '-(으)ㄹ'과 의존 명사 '것'이 결합된 '-(으)ㄹ 것'을 활용하여 미래 시제를 나타내고 있다.

>**왜** 오답?

① ⊙은 선어말 어미 '-었-'을 활용하고 있다.
'내리-' + '-었-' + '-다' → '내리었다' → '내렸다'

 과거 시제는 사건시가 발화시보다 앞서는 시제로, 주로 선어말 어미 '-았-/-었-', 동사 어간에 붙는 관형사형 어미 '-(으)ㄴ'과 용언의 어간이나 서술격 조사에 붙는 '-던', '어제'와 같은 부사어를 통해 실현된다.

 ⊙ '어제 눈이 많이 내렸다.'에서는 동사 '내리다'의 어간 '내리-'에 선어말 어미 '-었-'을 활용하여 '내렸다'라고 표현함으로써 과거 시제를 나타내고 있다.

② ⊙은 사건시가 발화시보다 앞서는 시제이다.
 과거 시제

④ ⓒ은 관형사형 어미 '-(으)ㄹ'과 의존 명사 '것'을 결합하여 활용하고
'참가하-' + '-(으)ㄹ 것' → '참가할 것'
 있다.

⑤ ⓒ은 추측을 나타내고 있다.
 선어말 어미 '-겠-'

 선어말 어미 '-겠-'은 주로 미래 시제를 표현하는 데 사용되지만 추측을 나타내는 경우에 쓰이기도 한다.

 ⓒ '지금 떠나면 저녁이 되어서야 도착하겠다.'에서는 선어말 어미 '-겠-'을 활용하여 추측을 나타내고 있다.

---

03 정답 ⑤ ＊중세 국어의 특징 파악하기

〈보기〉의 ⊙~ⓜ을 탐구한 내용으로 적절하지 <u>않은</u> 것은?

〈 보기 〉

海東(해동) 六龍(육룡)이 ⊙ ᄂᆞᄅᆞ샤 일마다 天福(천복)이시니
 주체 높임 선어말 어미 '-샤-'가 사용됨.
ⓛ 古聖(고성)이 同符(동부)ᄒᆞ시니   〈제1장〉
 '이'가 부사격 조사로 쓰임.

불휘 기픈 남ᄀᆞ ᄇᆞᄅᆞ매 아니 ⓒ 뮐씨 곶 됴코 여름 하ᄂᆞ니
 어간 '뮈-' + 연결 어미 '-ㄹ씨'
ᄉᆡ미 ⓓ 기픈 므른 ᄀᆞᄆᆞ래 아니 그츨씨 내히 이러 ⓜ바ᄅᆞ래 가ᄂᆞ니   〈제2장〉
 어간 '깊-' + 관형사형 어미 '-은'   체언 '바ᄅᆞᆯ + 조사 '애'

[현대어 풀이]
 해동의 여섯 용이 나(飛)시어 일마다 하늘의 복을 받으시니,
 중국의 옛 성왕과 딱 들어맞으시니.   〈제1장〉

 뿌리 깊은 나무는 바람에 아니 움직이므로, 꽃이 좋고 열매가 많으니.
 샘이 깊은 물은 가뭄에 그치지 아니하므로, 내가 이루어져 바다에 가느니.   〈제2장〉

>**왜** 정답?

탐구 대상	비교 대상	탐구한 내용
⑤	ⓜ의 '래'	'바다에'의 '에'	**'래'**는 앞말이 진행 방향의 부사어임을 나타내는 조사이다.

（표에서: ⑤ | ⓜ의 '래' | '바다에'의 '에' | '래'는 앞말이 진행 방향의 '애' 부사어임을 나타내는 조사이다.）

 ⓜ '바ᄅᆞ래'는 현대어 '바다'에 해당하는 명사 '바ᄅᆞᆯ'과 부사격 조사 '애'가 결합한 말이다. 중세 국어에서는 앞 음절이 자음으로 끝나고 뒤 음절이 모음으로 시작하면 앞 음절의 받침을 다음 음절의 초성으로 옮겨 적는 이어적기를 하였다. '바ᄅᆞ래' 역시 '바ᄅᆞᆯ'과 '애'가 결합할 때 'ᄅᆞᆯ'의 받침 'ㄹ'을 다음 음절의 초성으로 이어 적은 것이다.

>**왜** 오답?

①	⊙의 '-샤-'	'나(飛)시어'의 '-시-'	'-샤-'는 문장의 주체를 높이는 선어말 어미이다.

（① | ⊙의 '-샤-' | '나(飛)시어'의 '-시-' | '-샤-'는 문장의 주체를 해동 육룡 높이는 선어말 어미이다.）

 ⊙ 'ᄂᆞᄅᆞ샤'를 현대어로 풀이하면 '나시어'이다. '나시어'는 어간 '날-'과 주체 높임 선어말 어미 '-시-', 연결 어미 '-어'가 결합한 말이다. 이를 통해 '-샤-'가 현대 국어의 '-시-'와 같이 주체인 六龍(육룡)을 높이는 선어말 어미로 쓰였음을 알 수 있다.

---

②	ⓛ의 '이'	'성왕과'의 '과'	'이'는 앞말이 다른 것과 부사격 조사 비교하는 대상임을 표시하는 조사이다.

 ⓛ '古聖(고성)이'를 현대어로 풀이하면 '옛 성왕과'이다. 이를 통해 '이'가 현대 국어의 '과'와 같이 다른 것과 비교하거나 기준으로 삼는 대상임을 나타내는 격 조사로 쓰였음을 알 수 있다.

---

③	ⓒ의 '-ㄹ씨'	'움직이므로'의 '-므로'	'-ㄹ씨'는 앞말이 뒤에 오는 연결 어미 내용과 인과관계로 연결됨을 나타낸다.

 ⓒ '뮐씨'는 어간 '뮈-'와 어미 '-ㄹ씨'가 결합한 말로, '-ㄹ씨'는 '움직이므로'의 '-므로'에 해당한다. 이를 통해 '-ㄹ씨'가 현대 국어 '-므로'와 같이 까닭이나 근거를 나타내는 연결 어미로 쓰였음을 알 수 있다.

---

④	ⓓ의 '-은'	'깊은'의 '-은'	'-은'은 앞말이 뒤에 오는 관형사형 어미 말을 수식함을 나타낸다.

 ⓓ '기픈'은 어간 '깊-'과 어미 '-은'이 결합한 말로, 뒤에 오는 '믈'을 수식하고 있다. 이를 통해 '-은'이 현대 국어의 '-은'과 같이 앞말이 뒤에 오는 체언을 수식하는 기능을 하게 만드는 관형사형 어미로 쓰였음을 알 수 있다.

---

04 정답 ④ ＊어휘의 의미 파악하기

ⓐ~ⓔ의 사전적 의미로 적절하지 <u>않은</u> 것은?

 구조물은 부재를 바탕으로 ⓐ 구성되는데, 외부에서 ⓑ 작용하는 힘인 하중을 받는다. 구조물은 하중에 의해 ⓒ 파손되어 ⓓ 영구적으로 ⓔ 변형될 수 있으므로, 구조물을 설계할 때는 부재에 가해질 하중과 부재의 허용하중을 계산해야 한다.

>**왜** 정답?

④ ⓓ: 일정한 기간에 한정되어 있는 것 - '한시적'의 의미임.
 '영구적' - '오래도록 변하지 아니하는 것'이라는 의미임.

>**왜** 오답?

① ⓐ: 몇 가지 부분이나 요소들을 모아서 일정한 전체를 짜 이룸.
 '구성'

② ⓑ: 어떠한 물리적 원인이나 대상이 다른 대상이나 원인에 기여함.
 '작용'

③ ⓒ: 깨어져 못 쓰게 됨. 또는 깨뜨려 못 쓰게 함.
 '파손'

⑤ ⓔ: 모양이나 형태가 달라지거나 달라지게 함.
 '변형'

01~03

\# 출제   중심 내용

1 안녕하세요? 생활 속 과학 원리에 대한 발표를 맡은 ○○○입니다.
3 : 발표자가 활용한 자료
(사진 제시) 이 사진 기억나시나요? 지난 체험 학습 단체 사진인데요,
\# 경사제 방파제의 실제 모습이 담긴 사진 → 청중의 관심을 유발함.
혹시 뒤에 보이는 곳이 경사제 방파제라는 것을 알고 계셨나요? **5** 저는
오늘 이 경사제 방파제에 대해 소개하고자 합니다.
발표 화제

* **1** 요약 : 발표 화제(경사제 방파제) 소개

2 얼마 전 과학 시간에 파도에 대해 배웠던 것 기억나시나요? 파도는
청중과 공유하는 배경지식을 환기함.
바람이나 조석 간만의 차 등의 원인으로 발생합니다. (영상 제시)
\# 파도의 움직임이 담긴 영상 → 경사제 방파제의 필요성을 강조함.
보시는 것처럼 바람이 많이 불어 바닷물에 계속 에너지가 전달되어
만들어진 큰 파도는 수심이 얕은 해안에 가까워질수록 더 높아집니다.
4 그래서 방파제를 설치하여 파도로부터 내항을 보호합니다. (그림
\# 경사제 방파제의 단면을 도식화한 그림 → 구조에 대한 이해를 도움.
제시) 이 그림은 경사제 방파제의 단면을 도식화한 것인데요, 지반
위에 사다리꼴로 사석을 놓고 그 위에 콘크리트 둑을 올려 외항과
내항을 분리한 것이 보이시죠? **6** 아까 보신 영상에서처럼 파도가
밀려오면 경사제 방파제가 내항을 보호할 수 있습니다.

[조석: 달, 태양 따위의 인력에 의하여 해면이 주기적으로 높아졌다 낮아졌다 하는
현상. 보통 12시간 25분의 간격으로 하루에 두 번 일어난다.
간만: 간조(바다에서 조수가 빠져나가 해수면이 가장 낮아진 상태)와 만조(밀물이
가장 높은 해면까지 꽉 차게 들어오는 현상. 또는 그런 때)를 아울러 이르는 말

* **2** 요약 : 방파제를 설치하는 이유

3 (그림의 왼쪽 부분을 가리키며) 주목할 만한 점은 내항과 달리
\# 내항과 달리 외항 쪽 경사면에는 테트라포드가 있다는 것을 강조함.
여기 외항 쪽 경사면에는 여러 개의 블록들이 쌓여 있다는 것입니다.
경사제 방파제의 특징
2 이 블록은 테트라포드로, 이 테트라포드들을 방파제 경사면에 쌓으면
방파제만 있을 때보다 방파제로 들이치는 파도 에너지를 분산시킬 수
테트라포드의 기능
있습니다. (표 제시) 테트라포드가 있으면 없을 때보다 파도의 높이가
\# 테트라포드의 유무에 따른 파도의 높이를 비교한 표 → 테트라포드의 기능을 나타냄.
반으로 줄어드는 것을 표에서 확인할 수 있는데요, 그렇다면 이렇게
테트라포드가 파도 에너지를 분산시킬 수 있는 이유는 무엇일까요?

[분산시키다: 갈라져 흩어지게 하다.

* **3** 요약 : 테트라포드의 기능

4 그 답은 바로 테트라포드의 구조에 있습니다. 아까 보여 드렸던
그림을 다시 보며 설명드리겠습니다. (그림 제시) 테트라포드는 네
'경사제 방파제의 단면을 도식화한 것'
개의 다리라는 의미인데요, 그림의 오른쪽 아래에 있는 테트라포드를
보시면 다리가 4개인 것을 확인하실 수 있습니다. **5** 뒤에 있는 분들도
테트라포드의 특징 ①   질문을 활용하여 청중과 상호 작용함.
잘 보이시나요? (청중의 대답을 듣고) 네, 그러면 확대해 드리겠습니다.
6 (그림을 확대하며) 이제는 잘 보이시죠? **7** 이 테트라포드의 다리 사이의
\# 그림이 잘 보이지 않는 청중을 위해 그림을 확대함.
각은 어디를 재더라도 약 109.5도로 동일합니다. **8** 그래서
테트라포드의 특징 ②
테트라포드의 다리를 맞물려 경사면에 쉽게 쌓을 수 있는데요, 이렇게
테트라포드를 맞물려 쌓으면 경사면에 굴곡이 생기는데 여기에
부딪힌 파도는 부서지고, 부서진 파도는 맞물린 테트라포드 사이의
테트라포드가 파도의 에너지를 분산시키는 원리
틈새로 흐르게 되면서 방파제를 치는 파도의 에너지가 분산됩니다.

* **4** 요약 : 테트라포드의 구조적 특징

---

5 파도 에너지를 분산시키는 방파제의 종류는 많지만, 경사제
방파제는 약한 지반에도 설치가 용이하다는 장점이 있어 가장 흔히
경사제 방파제의 장점
사용되고 있습니다. **2** 하지만 경사제 방파제에 쌓인 테트라포드 사이의
틈새는 꽤 크고 깊어 매우 위험합니다. **3** 그래서 테트라포드 위에
경사제 방파제의 유의점
올라가는 것은 금지되어 있으니 이 점에 유의하시기 바랍니다.
\# 발표자의 당부
4 이상으로 발표를 마치겠습니다.

[지반: 땅의 표면   용이하다: 어렵지 아니하고 매우 쉽다.

* **5** 요약 : 경사제 방파제의 장점과 유의할 점

---

01 정답 ② * 말하기 방식 파악하기 .... [정답률 70%]

위 발표자의 말하기 방식에 대한 설명으로 가장 적절한 것은?

> **왜 정답** ?

② 청중에게 바라는 바를 언급하며 발표를 마무리하고 있다.
테트라포드 위에 올라가지 말 것

[**5**-**3** 그래서 테트라포드 위에 올라가는 것은 금지되어 있으니 이 점에
유의하시기 바랍니다.

> **왜 오답** ?

① 발표를 하게 된 소감을 밝히며 발표를 시작하고 있다.
화제와 관련된 사진을 제시하며 발표를 시작함.
→ **1**-**3** (사진 제시) 이 사진 기억나시나요?

③ 자료의 출처를 언급하여 발표 내용의 신뢰성을 높이고 있다.
언급하지 않음.

④ 발표 중간에 청중의 질문을 받으며 청중과 상호 작용하고 있다.
발표자가 청중에게 질문을 함.

[**1**-**3** (사진 제시) 이 사진 기억나시나요?
4-**4**-**6** 뒤에 있는 분들도 잘 보이시나요? ~ (그림을 확대하며) 이제는 잘
보이시죠?

⑤ 청중의 이해 정도를 확인한 후 이어질 발표 순서를 안내하고 있다.
확인하지 않음.   안내하지 않음.

02 정답 ③ * 자료 활용의 적절성 파악하기 ⭐1등급 대비

[① 18% ② 17% ③ 47% ④ 8% ⑤ 7%]

다음은 발표자가 발표를 준비하며 참고한 '그림' 자료이다. 발표자의 자료 활용에
대한 계획 중 발표에 반영된 것으로 적절하지 않은 것은?

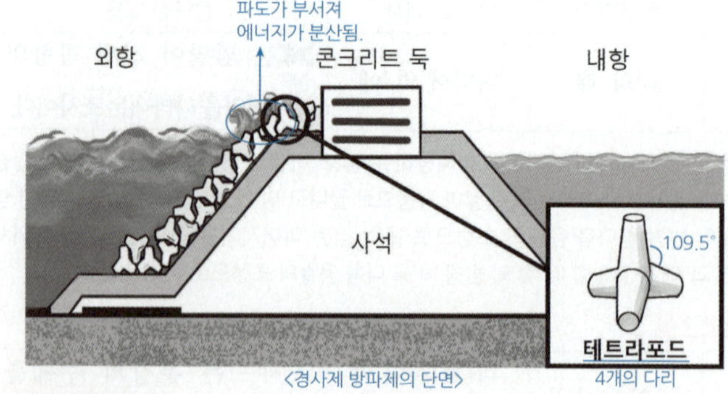

> **왜 틀렸나** ?

발표자가 활용한 자료의 내용과 그 자료를 활용한 목적을 연결하는 것을 어려워한
학생들이 많았다.
발표자가 활용한 자료가 어떤 내용인지 먼저 확인하고, 그 자료를 제시한 목적이나
효과는 무엇인지 파악해야 한다.

③ 경사제 방파제의 **설치 용이성**을 설명하기 위해 경사제 방파제의
외항 쪽 경사면에 테트라포드를 쌓는다는 것
단면을 도식화한 그림의 특정 부분을 가리키며 제시해야겠어.

┌ ③-❶ (그림의 왼쪽 부분을 가리키며) 주목할 만한 점은 <u>내항과 달리 여기</u>
└ <u>외항 쪽 경사면에는 여러 개의 블록들이 쌓여 있다</u>는 것입니다.

발표자가 그림의 왼쪽 부분을 가리킨 이유는 경사제 방파제의 설치 용이성이 아닌,
테트라포드를 쌓는 위치를 설명하기 위함이다.

① 경사제 방파제에 대한 관심을 유발하기 위해 청중이 경사제
방파제의 **실제 모습**을 환기할 수 있는 사진을 추가로 제시해야겠어.
경사제 방파제 앞에서 찍은 '지난 체험 학습 단체 사진'

┌ ①-❸, ❹ (사진 제시) 이 사진 기억나시나요? 지난 체험 학습 단체
└ 사진인데요, 혹시 뒤에 보이는 곳이 경사제 방파제라는 것을 알고 계셨나요?

매력 오답 보통 발표 초반에는 청중의 관심이나 흥미를 환기할 수 있는 사진 자료를
제시하고, 이를 활용한 문제가 출제된다. 따라서 윗글에서 발표자가 경사제 방파제에
대한 관심을 유발하기 위해 제시한 '지난 체험 학습 단체 사진'이 '방파제의 실제 모습'이
아니라 방파제에 대한 청중의 관심이나 흥미를 환기한다고 판단한 학생들이 많았다.
그러나 이 발표에서 해당 자료를 제시한 이유는 당시 경사제 방파제를 실제로
보았던 경험을 환기하기 위해서이다.

② 경사제 방파제의 **필요성**을 강조하기 위해 해안으로 가까워질수록
파도로부터 내항을 보호함.
높아지는 파도의 움직임이 담긴 영상을 추가로 제시해야겠어.
파도는 수심이 얕은 해안에 가까워질수록 더 높아짐.

┌ ②-❸, ❹ (영상 제시) 보시는 것처럼 바람이 많이 불어 바닷물에 계속
│ 에너지가 전달되어 만들어진 큰 파도는 수심이 얕은 해안에 가까워질수록 더
└ 높아집니다. 그래서 방파제를 설치하여 파도로부터 내항을 보호합니다.

④ 테트라포드의 기능을 효과적으로 보여 주기 위해 **테트라포드의**
방파제로 들이치는 파도 에너지를 분산시킴.
유무에 따른 파도 높이 차를 비교한 표를 추가로 제시해야겠어.
테트라포드가 있으면 없을 때보다 파도의 높이가 반으로 줄어듦.

┌ ③-❷, ❸ ~ 이 테트라포드들을 방파제 경사면에 쌓으면 방파제만 있을
│ 때보다 방파제로 들이치는 파도 에너지를 분산시킬 수 있습니다. (표 제시)
│ 테트라포드가 있으면 없을 때보다 파도의 높이가 반으로 줄어드는 것을
└ 표에서 확인할 수 있는데요, ~

⑤ 테트라포드의 구조가 잘 보이지 않을 수 있는 청중을 위해 **그림의**
그림의 크기를 키움.
크기를 조절하여 제시해야겠어.

┌ ④-❺, ❻ (청중의 대답을 듣고) 네, 그러면 확대해 드리겠습니다. (그림을
└ 확대하며) 이제는 잘 보이시죠?

03 정답 ④ ＊ 반응의 적절성 파악하기 .... [정답률 93%]

〈보기〉는 위 발표를 들은 학생들의 반응이다. 학생의 반응을 이해한 내용으로
가장 적절한 것은?

─────〈 보기 〉─────
학생 1: ❶<u>지난 주말에 가족들과 간 바닷가에서 봤던 테트라포드는 조금</u>
발표 화제와 관련된 경험
<u>다른 모습이었는데, 테트라포드에도 여러 종류가 있는지 궁금해졌어.</u>
발표를 듣고 생긴 궁금증
❷<u>더 조사해 봐야겠어.</u>
추가적인 정보를 탐색하려 함.
학생 2: ❶<u>테트라포드 위에서 낚시하는 사람들이 많다고 들었는데,</u>
<u>테트라포드에 올라가면 안 된다는 정보는 생활에 유익한 정보라서</u>
발표 내용의 유용성에 대한 긍정적 평가
<u>좋았어.</u>
학생 3: ❶<u>테트라포드 이름의 의미를 알려 줘서 좋았는데, 다리 사이의</u>
발표 내용에 대한 긍정적 평가
<u>각도가 약 109.5도인 이유에 대해서는 알려 주지 않아 아쉬웠어.</u>
발표 내용에 대한 부정적 평가
❷<u>숨겨진 과학적 원리가 있는지 알아봐야겠어.</u>
추가적인 정보를 탐색하려 함.
─────────────────

④ **학생 1과 학생 3은 모두, 발표 내용과 관련하여 추가적인 정보를**
학생 1: 테트라포드의 종류, 학생 3: 테트라포드의 다리 각도에 숨겨진 과학적 원리
탐색하려 하고 있다.

┌ 〈보기〉 학생 1-❷ 더 조사해 봐야겠어.
└ 〈보기〉 학생 3-❷ 숨겨진 과학적 원리가 있는지 알아봐야겠어.

① 학생 1은 평소에 가지고 있던 **궁금증**이 해소되었다는 점에서 발표
드러나지 않음.
내용을 긍정적으로 평가하고 있다.

② 학생 2는 자신이 알고 있던 사실과 발표 내용을 비교하며 발표에서
테트라포드 위에서 낚시하는 사람들이 많음. 테트라포드에 올라가면 안 됨.
다룬 정보의 **문제점**을 제시하고 있다.
유용성

③ **학생 1**과 학생 2는 모두, 자신의 경험을 바탕으로 발표 내용의
자신의 경험을 바탕으로 새로운 의문을 갖게 됨.
유용성을 점검하고 있다.

⑤ 학생 2와 학생 3은 모두, 발표에서 직접적으로 언급되지 않은
내용을 **추론**하고 있다.
드러나지 않음.

04~07

출제 ▬ 중심 내용

(가) ❶학생 1: ㉠ <u>지난 시간에 교지에 실을 글의 주제에 대해 찾아보기로</u>
지난 활동에서 글의 주제를 찾아보기로 한 것을 환기함.
<u>했잖아.</u> 의견을 공유해 볼까?

❷학생 2: 우리 학교 학생들이 관심을 가질 만한 사회 문제를 다루기로
했지?

❸학생 3: 이분법적 사고에 대해 다루어 보는 건 어때? 얼마 전에   [A]
이분법적 사고에 대한 글을 쓰자는 의견을 제시함.
<u>이분법적 사고가 사회 갈등을 부추긴다는 기사를 읽었는데</u>
이분법적 사고와 관련된 자신의 경험을 제시함.
<u>인상적이었어.</u>

❹학생 1: ㉡ 이분법적 사고? 좀 더 자세히 이야기해 줄래?
학생 3이 말한 '이분법적 사고'에 대해 추가 설명을 요청함.
❺학생 3: 이분법적 사고는 어떤 대상이나 현상을 둘로만 나누어
이분법적 사고의 정의
한정하여 사고한다는 뜻이래. 이러한 사고방식이 <u>누군가를</u>
<u>배제하거나 차별하게 만들 수도 있다고 하더라고.</u>
이분법적 사고의 문제점
❻학생 2: 그래? 이분법적 사고가 차별을 만드는 구체적인 상황을
이야기해 주면 좋겠어.

❼학생 3: 요즘 성격 유형 검사가 유행이잖아. 특정 성격 유형에 대한
성격 유형 검사와 관련된 사회적 현상   이분법적 사고의 예 ①
<u>편견 때문에 차별받는다고 느끼는 사람들이 많아졌대.</u>
❽학생 1: 혹시 성격을 내향형이나 외향형같이 둘로 나누는 것이   [B]
문제가 되는 거야? 그게 꼭 나쁜 점만 있는 건 아니잖아.
학생 3의 발언에 대한 반대 의견을 제시함.
❾학생 3: 성격 유형을 나누는 것 자체는 문제가 아니야. 서로를 더 잘
이해하기 위한 하나의 방법이니까. 하지만 사람의 성격을 둘 중의
하나로만 보고 특정 유형에 대해 가치판단을 내리거나 차별하는
것은 문제인 거지.
❿학생 2: 상황에 따라 외향성과 내향성이 드러나는 정도가 다를 수
있는데, 둘 중 하나의 성격만 가진 것으로 판단하고 차별하는 것이
질문을 통해 자신이 이해한 내용이 적절한지 확인함.
<u>문제라는 거지?</u> 이런 현상을 보여 주는 예가 더 있을까? ㉢ <u>우리</u>
<u>에게 익숙한 것 위주로 이야기해 보자.</u>
대화 내용을 '우리에게 익숙한 것'으로 한정함.

⑪ 학생 1: 성공 아니면 실패, 두 가지 극단적인 방향으로만 삶을
평가하는 것이 대표적인 예라고 생각해.
이분법적 사고의 예 ②

⑫ 학생 3: 그것뿐 아니라 세대나 이념 등 우리 사회의 많은 부분에서
이런 현상을 찾아볼 수 있어.

⑬ 학생 2: 맞아. 단순히 나이만을 기준으로 세대를 나누고, 한 세대의
특징을 일반화해서 개인을 판단하고 희화화하는 모습이 많이
이분법적 사고의 예 ③
보이더라. ㉣ 그럼 오늘 이야기한 내용을 바탕으로 글을 한번 써 볼까?
이분법적 사고에 대한 글을 쓸 것을 제안함.

⑭ 학생 3: 좋아. ㉤ 다음 시간에는 개요를 작성해야 하니 필요한 자료를
다음 활동(개요 작성)을 예고하고 준비 사항(자료 수집)을 안내함.
각자 수집해 오자. 그러면 내가 개요를 바탕으로 초고를 써 볼게.
검토 부탁해.

⑮ 학생 1, 2: 알았어.

> **배제하다**: 받아들이지 아니하고 물리쳐 제외하다.
> **가치판단**: 판단하는 사람의 가치관이 개입되는 판단. 주로 진, 선, 미 따위의 가치
> 일반의 문제와 관련되기 때문에 객관적인 진위의 판별이 쉽지 않다.
> **극단적**: 중용(지나치거나 모자라지 아니하고 한쪽으로 치우치지도 아니한, 떳떳하며
> 변함이 없는 상태나 정도)을 잃고 한쪽으로 크게 치우치는 것
> **희화화하다**: 어떤 인물의 외모나 성격, 또는 사건을 의도적으로 우스꽝스럽게 묘사
> 하거나 풍자하다.

(나)
출제 ▨ 글 전체 중심 문장

① 요즘 성격 유형 검사에 대한 사람들의 관심이 높아지면서 성격
성격 유형 검사와 관련된 사회적 현상 ②
유형 검사에 과몰입하는 사람이 늘고 있다. ❸ 이들은 성격 유형의
지표에 따라 성격을 양분하여 일반화하기도 하는데, 이러한 이분법적
사고 방식은 바람직하지 않다. ❸ 이분법적 사고란, 어떤 대상이나
현상을 둘로만 나누어 한정하여 사고하는 것을 말한다. ❹ 이러한
이분법적 사고의 개념
이분법적 사고에 매몰되면 다양한 사회 문제가 나타날 수 있다.

> **양분하다**: 둘로 가르거나 나누다. **매몰되다**: 보이지 아니하게 파묻히다.

＊ ① 문단 요약 : 이분법적 사고의 사례와 개념

② 이분법적 사고에 매몰되면 첫째, 자기가 속한 집단에 대한 인식이
자신의 자아상에 부정적인 영향을 미칠 수 있다. ❷ 사회 심리학자 헨리
이분법적 사고가 개인에게 미치는 부정적 영향   # 전문가의 견해를 인용함.
타이펠은 인간의 사회적 정체성은 자기 인식에 지대한 영향을
미친다고 보았다. ❸ 이는 이분법적 사고에 의해 형성된, 특정 집단에
대한 고정관념이 자기 자신에게로 향하여 본인의 역량에 영향을 미칠
수 있다는 말이다. ❹ 예를 들어, '저는 내향형이라 발표를 못해요.', '저는
외향형이라 집중하는 게 힘들어요.'와 같이 자신의 성격 유형을
일종의 행동 양식으로 받아들이고 스스로 한계를 정하여 성장하고
발전할 수 있는 기회를 놓칠 수도 있는 것이다.

> **지대하다**: 더할 수 없이 크다. **역량**: 어떤 일을 해낼 수 있는 힘

＊ ② 문단 요약 : 이분법적 사고의 문제점 ① 개인적 차원

③ 둘째, 다른 집단에 대한 편견과 고정관념이 사회적 갈등으로
이분법적 사고가 사회에 미치는 부정적 영향
이어질 수 있다. ❷ 즉, 자신이 속하지 않은 다른 집단을 자신과 경계
짓고 '틀린' 것으로 판단하는 편협한 생각이 그 집단에 대한 차별과
혐오로 이어질 수 있다는 것이다. ❸ 예를 들어 [특정 세대를, 조직에 잘
[ ]: 다른 집단에 대한 편견과 고정관념의 사례
융화되지 못하고 본인의 주관만 내세우며 사회성이 결여된 주체로

묘사하여 희화화하는 경우]가 있다. ❹ 이는 개인의 특성을 집단 전체의
특성으로 단순화하고 특정 세대에 대한 부정적인 감정을 부추기는
것이다.

> **편협하다**: 한쪽으로 치우쳐 도량이 좁고 너그럽지 못하다.
> **융화되다**: 서로 어울려 갈등이 없이 화목하게 되다.
> **주관**: 자기만의 견해나 관점
> **결여되다**: 마땅히 있어야 할 것이 빠져서 없거나 모자라다.

＊ ③ 문단 요약 : 이분법적 사고의 문제점 ② 사회적 차원

④ 인간은 누구나 대상을 양분해서 사고하는 경향을 어느 정도
가지고 있다. ❷ 하지만 선이 아니면 악, 아름다움이 아니면 추함 등 두
이분법적 사고의 새로운 예시
가지 극단적인 방향으로만 세상을 판단하는 것은 다양성을 추구하는
사회가 지향할 방식으로 바람직하지 않다. ❸ 따라서 우리는 이러한
이분법적 사고를 경계하고, 다름을 인정하는 자세를 가져야 한다.
글쓴이의 주장

> **지향하다**: 어떤 목표로 뜻이 쏠리어 향하다.

＊ ④ 문단 요약 : 이분법적 사고를 경계해야 한다는 글쓴이의 주장

---

04 정답 ④ ＊ 담화의 내용 파악하기 ·················· [정답률 91%]

대화의 흐름을 고려할 때, ㉠~㉤에 대한 이해로 적절하지 <u>않은</u> 것은?

> **왜 정답 ?**

④ ㉣ : 대화 참여자에게 자신이 제안한 내용에 대한 동의 여부를 <s>재차</s>
확인하고 있다.
드러나지 않음.

→ (가) - ⑬ 학생 2: ~ ㉣ 그럼 오늘 이야기한 내용을 바탕으로 글을 한번 써 볼까?

㉣은 학생 2가 이분법적 사고에 대해 이야기한 내용을 바탕으로 글을 써 볼 것을
제안하고, 그에 대한 동의 여부를 확인하는 발화이다.

그러나 이분법적 사고에 대해 글을 쓸 것을 처음 제안한 것은 학생 3이므로 자신이
제안한 내용에 대한 동의 여부를 재차 확인하는 것은 아니다.

> **재차**: 거듭하여 다시

> **왜 오답 ?**

① ㉠ : 대화 참여자에게 지난 활동의 대화 내용을 환기하고 있다.
교지에 실을 글의 주제를 찾아보기로 함.

> (가) - ❶ 학생 1: ㉠ 지난 시간에 교지에 실을 글의 주제에 대해 찾아보기로
> 했잖아. 의견을 공유해 볼까?

② ㉡ : 대화 참여자에게 발언 내용에 대해 추가 설명을 요청하고
학생 3   이분법적 사고
있다.

> (가) - ❸ 학생 3: 이분법적 사고에 대해 다루어 보는 건 어때? ~
> (가) - ❹ 학생 1: ㉡ 이분법적 사고? 좀 더 자세히 이야기해 줄래?

③ ㉢ : 대화 참여자에게 앞으로 진행될 대화 내용의 범위를 한정하고
'우리에게 익숙한 것'
있다.

> (가) - ⑩ 학생 2: ~ 이런 현상을 보여 주는 예가 더 있을까? ㉢ 우리에게
> 익숙한 것 위주로 이야기해 보자.

⑤ ㉤ : 대화 참여자에게 다음 활동을 예고하며 준비 사항을 안내하고
개요 작성   필요한 자료 수집
있다.

> (가) - ⑭ 학생 3: 좋아. ㉤ 다음 시간에는 개요를 작성해야 하니 필요한 자료를
> 각자 수집해 오자. ~

05 정답 ② ＊담화의 내용 파악하기 ⋯⋯⋯⋯⋯⋯⋯ [정답률 78%]

[A], [B]에 대한 설명으로 가장 적절한 것은?

＞왜 정답？

② [A]의 학생 3은 대화 상대가 발언한 내용과 관련하여 자신의
이분법적 사고에 관련된 기사를 읽음.
경험을 제시하고 있다.

┌ (가) - ❷ 학생 2: 우리 학교 학생들이 관심을 가질 만한 사회 문제를
다루기로 했지?
│ (가) - ❸ 학생 3: 이분법적 사고에 대해 다루어 보는 건 어때? 얼마 전에   [A]
└ 이분법적 사고가 사회 갈등을 부추긴다는 기사를 읽었는데 인상적이었어.

[A]의 학생 2는 교지에 실을 글의 주제에 대해 우리 학교 학생들이 관심을 가질 만한 사회 문제를 다루기로 했다는 것을 언급하고 있다.

이와 관련하여 학생 3은 자신이 신문 기사를 읽었던 경험을 제시하여 이분법적 사고에 대해 다루어 보자고 제안하고 있다.

＞왜 오답？

① [A]의 학생 2는 대화 상대에게 자신의 의견을 여러 개 제시한 후
의견을 제시하지 않음.
선택을 요구하고 있다.

＊근거: (가) - ❷, ❸

③ [B]의 학생 3은 대화 상대에게 사회적 통념을 제시하며 공감을
제시하지 않음.   유도하지 않음.
유도하고 있다.

┌ (가) - ❼ 학생 3: 요즘 성격 유형 검사가 유행이잖아. 특정 성격 유형에 대한
편견 때문에 차별받는다고 느끼는 사람들이 많아졌대.
│ (가) - ❽ 학생 1: 혹시 성격을 내향형이나 외향형같이 둘로 나누는 것이   [B]
└ 문제가 되는 거야? 그게 꼭 나쁜 점만 있는 건 아니잖아.

[B]의 학생 3은 이분법적 사고와 관련된 사회적 현상을 제시하면서 이분법적 사고가 차별을 만드는 예를 제시했다. 학생 1은 이러한 학생 3의 의견에 대해 반대 의견을 제시했다.

학생 3은 대화 상대에게 사회적 통념을 제시하지 않았으며, 공감을 유도하고 있지도 않다.

④ [B]의 학생 1은 대화 상대가 제기한 의문을 해소하기 위한 방안을
제안하지 않음.
제안하고 있다.

＊근거: (가) - ❼, ❽

⑤ [A]의 학생 3과 [B]의 학생 1은 모두, 대화 상대의 의견을 수용하여
자신의 견해를 수정하고 있다.
수정하지 않음.

＊근거: (가) - ❷, ❸, ❼, ❽

〔수용하다: 어떠한 것을 받아들이다.

06 정답 ④ ＊작문 계획의 적절성 파악하기 ⋯⋯⋯⋯ [정답률 62%]

다음은 '학생 3'이 (가)를 바탕으로 세운 글쓰기 계획이다. (나)에 반영된 내용으로 적절하지 않은 것은? [3점]

＞왜 정답？

④ 3문단: (가)에서 언급한, 세대를 나누는 기준을 제시하여 이분법적
(나)에서는 제시하지 않음.
사고의 문제점을 부각해야겠어.

┌ (가) - ⓭ 학생 2: 맞아. 단순히 나이만을 기준으로 세대를 나누고, ~
│ (나) ③문단 ❸, ❹문장 예를 들어 특정 세대를, 소식에 잘 동화되지 못하고 ~
└ 이는 개인의 특성을 집단 전체의 특성으로 단순화하고 ~

(나)에서는 예시를 활용하여 이분법적 사고의 문제점을 부각했다. 하지만 세대를 나누는 기준을 제시하지는 않았다.

＞왜 오답？

① 1문단: (가)에서 언급한, 성격 유형 검사와 관련된 사회 현상을
성격 유형 검사의 유행
보여준 후 우리의 입장을 제시해야겠어.
이분법적 사고 방식이 바람직하지 않다고 여김.

┌ (가) - ❼ 학생 3: 요즘 성격 유형 검사가 유행이잖아. ~
│ (나) ①문단 ❶, ❷문장 ~ 성격 유형 검사에 과몰입하는 사람이 늘고 있다.
│ 이들은 성격 유형의 지표에 따라 성격을 양분하여 일반화하기도 하는데,
└ 이러한 이분법적 사고 방식은 바람직하지 않다.

② 1문단: (가)에서 언급한, 이분법적 사고의 개념을 제시하고
어떤 대상이나 현상을 둘로만 나누어 한정하여 사고하는 것
이분법적 사고로 인해 다양한 사회 문제가 발생할 수 있음을 밝혀야겠어.

┌ (가) - ❺ 학생 3: 이분법적 사고는 어떤 대상이나 현상을 둘로만 나누어
한정하여 사고한다는 뜻이래. ~
│ (나) ①문단 ❸, ❹문장 이분법적 사고란, 어떤 대상이나 현상을 둘로만 나누어
│ 한정하여 사고하는 것을 말한다. 이러한 이분법적 사고에 매몰되면 다양한
└ 사회 문제가 나타날 수 있다.

③ 2문단: (가)에서 언급하지 않은, 전문가의 견해를 추가하여
사회 심리학자 헨리 타이펠의 견해를 제시함.
이분법적 사고가 개인에게 미치는 영향을 부각해야겠어.
본인의 역량에 영향을 미칠 수 있음.

┌ (나) ②문단 ❷문장 사회 심리학자 헨리 타이펠은 인간의 사회적 정체성은 자기
└ 인식에 지대한 영향을 미친다고 보았다.

⑤ 4문단: (가)에서 언급하지 않은, 이분법적 사고에 대한 새로운
선과 악, 아름다움과 추함
예를 제시한 후 우리의 입장을 한 번 더 강조하여 마무리해야겠어.
이분법적 사고는 바람직하지 않음.

┌ (나) ④문단 ❷문장 하지만 선이 아니면 악, 아름다움이 아니면 추함 등 두 가지
│ 극단적인 방향으로만 세상을 판단하는 것은 다양성을 추구하는 사회가 지향할
└ 방식으로 바람직하지 않다.

07 정답 ⑤ ＊조건에 따라 내용 생성하기 ⋯⋯⋯⋯ [정답률 88%]

〈보기〉에 제시된 학생들의 조언에 따라 (나)의 제목을 작성한 것으로 가장 적절한 것은?

┌───────── 〈 보기 〉 ─────────
학생 1: 제재의 특성을 드러내는 표제와 부제를 붙여보자.
이분법적 사고
학생 2: 부제에는 친구들의 관심을 끌 수 있도록 비유적인 표현을
부제에 포함되어야 하는 표현법
사용하는 게 좋겠어.

＞왜 정답？

⑤ 편견과 차별을 만드는 이분법적 사고 - 표제
이분법적 사고의 특성

　 - 흑 아니면 백으로만 칠해지는 세상 - 부제
대상을 양분해서 사고하는 현상을 비유적으로 표현함.

＞왜 오답？

① 두 개의 틀 안에 갇힌 사람들

　 - 이분법적 사고로 인한 부정적인 자아상
비유적인 표현을 사용하지 않음.

② 성격 유형 검사의 장점과 단점
이분법적 사고의 특성이 드러나지 않음.

　 - 색안경을 벗으면 사람이 보입니다
편견에 얽매여 좋지 않게 보는 태도를 비유적으로 표현함.

③ 세대 차이로 빚어진 사회적 갈등
이분법적 사고의 특성이 드러나지 않음.

　 - '우리'와 '그들', 서로에게 붙이는 또 다른 이름표
이분법적 사고로 인한 고정관념을 비유적으로 표현함.

④ 이분법적 사고, 무엇이 문제인가
이분법적 사고의 특성이 드러나지 않음.

　 - '내가 평가하는 나'와 '남이 평가하는 나'
비유적인 표현을 사용하지 않음.

왜 정답 분석

 # 출제 ▬ 글 전체 중심 문장

[작문 상황]

• 지역 신문에 우리 지역의 생활체육 활성화를 주장하는 글을 쓰고자 함.
글쓰기 목적

[학생의 초고]

[1] ❶생활체육이란 개인이 자발적으로 여가를 이용해 건강 증진 등의
목적으로 참여하는 체육 활동을 말한다. **# 생활체육의 개념** ❷최근 통계에 따르면 우리나라
국민들의 생활체육 참여율은 꾸준히 증가하고 있다. ❸우리 지역의
생활체육 참여율도 꾸준히 증가하고 있지만, 우리나라 국민의
생활체육 참여율에 비해서는 여전히 생활체육 참여가 활성화되지
못하고 있다.
우리나라의 생활체육 참여율에 비해 우리 지역의 생활체육 참여율이 저조함.

┌ **자발적:** 남이 시키거나 요청하지 아니하여도 자기 스스로 나아가 행하는 것
└ **활성화되다:** 사회나 조직 등의 기능이 활발해지다.

*[1]문단 요약: 생활체육의 개념과
우리 지역의 생활체육 참여가 활성화되지 못하는 문제 상황

[2] ❶우리 지역에서 주민들의 생활체육 참여가 활성화되지 못한
원인으로는 먼저, 주민들 대다수가 쉽게 이용할 수 있는 공공 체육
시설이 부족하다는 것이다. ❷**# 우리 지역의 생활체육 참여가 활성화되지 못한 원인 ①** 우리 지역에는 공공 체육 시설이 있지만
생활 근거지와 멀리 떨어진 외곽에 위치하여 대다수의 주민들에게
접근성이 떨어진다. ❸다음으로 주민들의 참여를 유도할 수 있는
프로그램 수가 부족하다는 것이다. ❹우리 지역 공공 체육 시설에서
 # 우리 지역의 생활체육 참여가 활성화되지 못한 원인 ② 운영하는 프로그램은 탁구와 축구 강좌 외에는 없으며, 운영 시간도
낮 시간대에 한정되어 있다. ❺마지막으로, 우리 지역은 생활체육을
활성화하기 위한 실질적인 홍보가 이루어지지 못하고 있다는 것이다.
❻**# 우리 지역의 생활체육 참여가 활성화되지 못한 원인 ③** 생활체육 시설 이용 방법이나 프로그램 정보는 주로 공공 체육 시설
누리집으로만 홍보되고 있고, 그마저도 관리가 잘 안 되고 있다.

┌ **근거지:** 활동의 근거로 삼는 곳   **외곽:** 바깥 테두리
└ **유도하다:** 사람이나 물건을 목적한 장소나 방향으로 이끌다.

*[2]문단 요약: 우리 지역의 생활체육 참여가 활성화되지 못한 원인

[3] ❶그렇다면 우리 지역 주민들의 생활체육 참여를 활성화하기
 # [ ]: 생활체육 참여 활성화 방안을 스스로 묻고 스스로 대답하는 방식으로 제시함. 위해서는 어떻게 해야 할까? ❷첫째, 주민들의 접근성을 높일 수 있는
 # : 순서를 나타내는 표지 체육 시설을 확충해야 한다. ❸생활 근거지 주변에 공공 체육 시설을
우리 지역의 생활체육 참여를 활성화하는 방안 ①
증설하거나 주민들이 이전에 이용하지 못했던 시설을 생활체육
시설로 개방하면 기존 시설 이용에 제한받던 주민들의 생활체육
참여를 확대할 수 있다. ❹둘째, 주민들의 수요를 조사하여 그에 맞는
우리 지역의 생활체육 참여를 활성화하는 방안 ②
다양한 프로그램을 개설하여 주민들에게 생활체육 참여 기회를
제공해야 한다. ❺마지막으로, 주민들의 생활체육 참여를 끌어낼 수
있도록 효과적인 홍보 활동을 실시해야 한다. ❻주민들의 연령층을
우리 지역의 생활체육 참여를 활성화하는 방안 ③
고려해 지역 신문이나 누리 소통망 등 여러 매체를 활용하여 생활체육
관련 정보를 다양하게 접할 수 있도록 해야 한다.]

┌ **확충하다:** 늘리고 넓혀 충실하게 하다.   **증설하다:** 더 늘려 설치하다.
└ **수요:** 어떤 재화나 용역을 일정한 가격으로 사려고 하는 욕구

*[3]문단 요약: 우리 지역의 생활체육 참여를 활성화하는 방안

[A]

---

08 정답 ③   * 글쓰기 방법 파악하기 ················· [정답률 93%]

학생의 초고에 활용된 글쓰기 전략으로 적절하지 <u>않은</u> 것은?

>왜 정답?

③ 예상되는 독자의 반론에 대한 답변을 미리 제시한다.
드러나지 않음.

>왜 오답?

① 주요 개념에 대한 정의를 제시한다.
생활체육
* 근거: [1]문단 ❶문장

② 문제의 원인을 다양한 측면에서 제시한다.
공공 체육 시설, 프로그램, 홍보 측면에서 제시함.
* 근거: [2]문단 ❶, ❸, ❺문장

④ 자문자답의 방식을 통해 문제의 해결 방안을 제시한다.
생활체육 참여 활성화 방안을 스스로 묻고 스스로 대답함.
* 근거: [3]문단

⑤ 순서를 나타내는 표지를 사용하여 문제의 해결 방안을 제시한다.
'첫째', '둘째', '마지막으로'
* 근거: [3]문단 ❷, ❹, ❺문장

09 정답 ⑤   * 자료 활용의 적절성 파악하기   ⭐1등급 대비

[① 2% ② 1% ③ 9% ④ 45% ⑤ 40%]

〈보기〉는 초고를 보완하기 위해 추가로 수집한 자료이다. 자료의 활용 방안으로
적절하지 <u>않은</u> 것은? [3점]

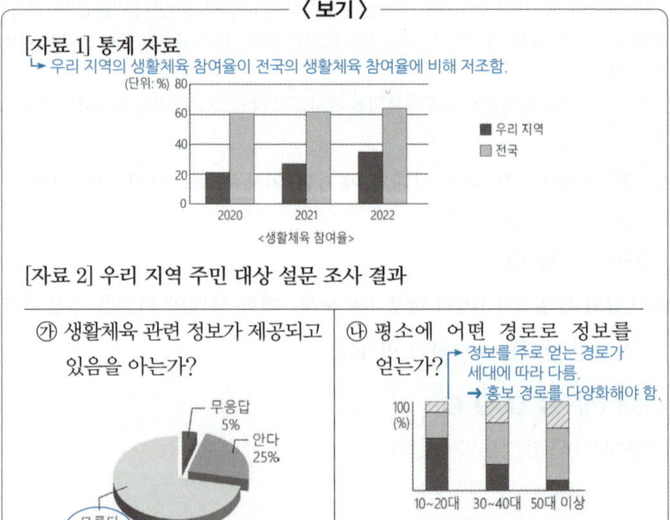

[자료 3] 다른 지역 신문 기사

❶○○시는 최근 선수 훈련용 경기장을 지역 주민에게 개방하면서
주민들이 이전에 이용하지 못했던 시설을 개방하여 주민들의 생활체육 참여를 활성화한 사례
주민들의 큰 호응을 얻고 있다. ❷특히 [○○시는 누리 소통망을 통해
경기장 이용 인증 사진 올리기 이벤트를 함께 진행하여 누리 소통망
[ ]: 효과적인 홍보 활동을 통해 주민들의 생활체육 참여를 이끌어낸 사례
사용에 익숙한 청소년층의 생활체육 참여율을 높였다.] ❸△△△교수는
"시민들의 생활체육 참여율이 증가하는 추세를 유지하기 위해서는
다양한 종목을 개설하는 동시에 프로그램의 운영 시간대도 확대해야
초고에서 제시하지 않은 생활체육 참여 활성화 방안
한다."라고 말했다.

왜 틀렸나?
┌ 〈보기〉의 자료와 초고를 적절하게 연결하지 못한 학생들이 많았다.
│ 초고를 꼼꼼히 이해하고, 〈보기〉의 자료가 초고의 내용 중 무엇과 관련이 있는지
└ 정확하게 연결할 수 있어야 한다.

⑤ [자료 2-㉯]와 [자료 3]을 활용하여 누리 소통망을 활용한 경기장
10~20대는 주로 누리 소통망을 이용해 정보를 얻음.
이용 인증 이벤트를 주민 수요에 맞는 ~~다양한 프로그램~~을 개설한
생활체육 참여를 효과적으로 홍보한 사례임.
사례로 제시한다.

[자료 2-㉯]에서는 10~20대가 정보를 얻는 경로 중에서 누리 소통망의 비중이 가장 높다는 것을 알 수 있다. [자료 3]에서는 누리 소통망을 통한 이벤트가 청소년층에게 효과적인 홍보 방법이었음을 확인할 수 있다.

따라서 [자료 2-㉯]와 [자료 3]을 활용하면 주민들의 연령층을 고려해 효과적인 홍보 활동이 필요하다는 내용을 뒷받침하는 근거로 사용할 수 있다. 그러나 주민 수요에 맞는 다양한 프로그램을 개설한 사례에 해당하지는 않는다.

① [자료 1]을 활용하여 우리나라 국민의 생활체육 참여율에 비해
우리 지역과 전국의 생활체육 참여율의 구체적 수치가 드러남.
지역 주민들의 생활체육 참여가 활성화되지 못하고 있다는 사실에
우리 지역 주민들의 생활체육 참여율이 낮음.
대한 구체적 근거로 제시한다.

[초고] ①문단 ❸문장 우리 지역의 생활체육 참여율도 꾸준히 증가하고 있지만, 우리나라 국민의 생활체육 참여율에 비해서는 여전히 생활체육 참여가 활성화되지 못하고 있다.

② [자료 2-㉮]를 활용하여 생활체육을 활성화하기 위한 실질적인
지역 주민의 70%가 생활체육 관련 정보가 제공되고 있음을 모름.
홍보가 이루어지지 못하고 있다는 내용을 뒷받침하는 근거로 제시한다.

[초고] ②문단 ❺문장 마지막으로, 우리 지역은 생활체육을 활성화하기 위한 실질적인 홍보가 이루어지지 못하고 있다는 것이다.

③ [자료 3]을 활용하여 선수 훈련용 경기장을 주민에게 개방한 다른
최근 선수 훈련용 경기장을 지역 주민에게 개방한 ○○시의 사례
지역의 사례를 주민들이 이전에 이용하지 못했던 시설을 생활체육 시설로 개방한 사례로 제시한다.

[초고] ③문단 ❸문장 ~ 주민들이 이전에 이용하지 못했던 시설을 생활체육 시설로 개방하면 기존 시설 이용에 제한받던 주민들의 생활체육 참여를 확대할 수 있다.

〈보기〉 [자료 3] - ❶ ○○시는 최근 선수 훈련용 경기장을 지역 주민에게 개방하면서 주민들의 큰 호응을 얻고 있다.

④ [자료 1]과 [자료 3]을 활용하여 주민들의 생활체육 참여율의 증가
2020년부터 2022년까지 지속적으로 증가하고 있음만
추세를 유지하기 위해서는 다양한 프로그램을 개설하는 것뿐만 아니라 프로그램 운영 시간대도 확대해야 한다는 내용을 추가로
△△△교수가 주장한 생활체육 참여 활성화 방안
제시한다.

[초고] ③문단 ❹문장 둘째, 주민들의 수요를 조사하여 그에 맞는 다양한 프로그램을 개설하여 ~
〈보기〉 [자료 3] - ❸ △△△교수는 "시민들의 생활체육 참여율이 증가하는 추세를 유지하기 위해서는 다양한 종목을 개설하는 동시에 프로그램의 운영 시간대도 확대해야 한다."라고 말했다.

[자료 1]에서는 우리 지역의 생활체육 참여율이 계속 증가하고 있음을 알 수 있다. [자료 3]에서는 △△△교수가 주장한 생활체육 참여 활성화 방안을 확인할 수 있다. 그 중 다양한 프로그램을 개설하는 방안은 초고에서 제시하였으나, 프로그램의 운영 시간대를 확대하는 방안은 초고에서 제시하지 않았다.

따라서 [자료 1]과 [자료 3]을 활용하면 생활체육 참여 활성화를 위해 프로그램 운영 시간대를 확대하는 방안을 초고에 추가할 수 있다.

매력 오답 [초고]와 [자료]에서 모두 프로그램 운영 시간대를 언급하였기 때문에 선지의 '추가로 제시한다'는 부분이 틀렸다고 생각한 학생들이 많았다.
[초고]의 ③문단에서는 프로그램의 운영 시간이 낮 시간대에 한정된 것이 생활체육 참여가 저조한 문제의 원인 중 하나라고 지적하였다. [자료]에서는 프로그램의 운영 시간을 확대하는 것을 생활체육 참여 활성화 방안으로 제시하였다. [초고]와 [자료]를 꼼꼼히 비교하고 선지의 적절성을 판단하여야 한다.

---

10 정답 ④ * 내용 생성의 적절성 파악하기 ············ [정답률 94%]

〈보기〉는 선생님의 조언에 따라 [A]를 작성한 것이다. [A]를 작성할 때 반영한 선생님의 조언으로 가장 적절한 것은?

―――――〈 보기 〉―――――

생활체육의 활성화는 지역 주민과 지역 사회 모두에게 가치가 있다. 지역 주민 개개인은 삶의 질을 높일 수 있고, 지역 사회는 스포츠 산업의
생활체육 활성화에 따른 기대 효과 – 개인적 차원
발달로 지역 경제 활성화가 가능하다는 점에서 가치가 있다.
생활체육 활성화에 따른 기대 효과 – 사회적 차원

④ 생활체육의 참여를 통해 얻을 수 있는 기대 효과를 개인과 사회
개인: 삶의 질이 높아짐. 사회: 지역 경제가 활성화됨.
차원으로 나눠 제시하며 글을 마무리하자.

① 생활체육 활성화를 위해 ~~해야 할 일~~을 주체별로 제시하며 글을
드러나지 않음.
마무리하자.

② 생활체육에 참여할 때 ~~유의할 점~~과 올바른 생활체육 ~~참여 방법~~을
드러나지 않음. 드러나지 않음.
언급하며 글을 마무리하자.

③ 생활체육의 ~~유래~~를 제시하고 앞으로 변화하게 될 생활체육의
드러나지 않음.
~~미래~~를 언급하며 글을 마무리하자.
드러나지 않음.
〔유래: 사물이나 일이 생겨남. 또는 그 사물이나 일이 생겨난 바

⑤ 생활체육의 활성화가 갖는 사회적 의의를 나타내고 생활체육
스포츠 산업이 발달하여 지역 경제가 활성화됨.
참여의 ~~장애 요인~~을 언급하며 글을 마무리하자.
드러나지 않음.

11~12 * 표준어를 한글로 올바르게 적는 방법 ―――――

 # 출제

① 한글 맞춤법 총칙 제1항은 '한글 맞춤법은 표준어를 소리대로 적되, 어법에 맞도록 함을 원칙으로 한다.'이다. 이는 한글 맞춤법의
한글 맞춤법의 대원칙
대원칙을 밝히는 조항으로, 한글 맞춤법은 이 조항에 따라 표준어를 표음 문자인 한글로 올바르게 적는 방법이다.

〔총칙: 전체를 포괄하는 규칙이나 법칙   어법: 말의 일정한 법칙

* ①문단 요약: 한글 맞춤법 총칙 제1항 소개

② 먼저 '표준어를 소리대로 적는다'는 원칙은 한글 맞춤법이 표준어를 대상으로 한다는 뜻이 담겨 있다. 그리고 '소리대로' 적는다는 것은 표준어를 적을 때 발음에 따라 적는다는 뜻이다. 이는 자음이나 모음과 같은 음소를 조합하여 다양한 말소리를 그대로
표음 문자인 한글의 특징
기호로 나타낼 수 있는 표음 문자인 한글의 기본 기능에 충실한 원칙이다. 이를테면 [나무]라고 소리 나는 표준어는 'ㄴ'과 'ㅏ'로 조합된 한 음절과 'ㅁ'과 'ㅜ'로 조합된 한 음절을 그대로 '나무'로 적는
'표준어를 소리대로 적는다'는 원칙을 따른 사례
것이다.

〔음소: 더 이상 작게 나눌 수 없는 음운론상의 최소 단위. 하나 이상의 음소가 모여서 음절을 이룬다.

* ②문단 요약: 표준어를 소리대로 적다'는 원칙의 의미

③ 그런데 '표준어를 소리대로 적는다'는 원칙만으로 충분하지 않은 경우가 있다. 그래서 '어법에 맞도록 한다'는 원칙을 제시한다. 예를 들어 체언 '빛'에 다양한 조사가 결합한 형태를 소리 나는 대로 적으면, '비치', '빋또', '빈만' 등이 된다. 하지만 이렇게 적으면 '빛'이라는 하나의 말이 여러 가지로 표기되어 실질 형태소의 본 모양과 형식 형태소의 본 모양이 무엇인지, 둘의 경계가 어디인지를 알아보기가 어렵다. 이와 달리 실질 형태소와 형식 형태소를 구분해서 어법에 맞도록 '빛이', '빛도', '빛만' 등으로 적으면 의미와 기능을 나타내는 각각의 형태소의 모양이 일관되게 고정되어서 뜻을 파악하기가 쉽고 독서의 능률도 향상된다. 이렇게 체언과 조사를 구분해서 표준어를 표기하는 원칙은 한글 맞춤법 제14항에서 자세히 밝히고 있는데, 이는 용언의 어간 뒤에 어미가 결합할 때도 동일하게 적용되는 경우가 있다. 한글 맞춤법 제15항에 따르면, '먹어서'는 [머거서]로 발음되지만 실질 형태소인 어간 '먹-'과 형식 형태소인 어미 '-어서'를 구별하여 적는다.

표기되다: 문자 또는 음성 기호로 언어가 표시되다.

실질 형태소: 구체적인 대상이나 동작, 상태를 표시하는 형태소. '철수가 책을 읽었다.'에서 '철수', '책', '읽' 따위이다.

형식 형태소: 실질 형태소에 붙어 주로 말과 말 사이의 관계를 표시하는 형태소. 조사, 어미 따위가 있다.

어간: 활용어가 활용할 때에 변하지 않는 부분. '보다', '보니', '보고'에서 '보-'와 '먹다', '먹니', '먹고'에서 '먹-' 따위이다.

어미: 용언 및 서술격 조사가 활용하여 변하는 부분. '점잖다', '점잖으며', '점잖고'에서 '다', '으며', '고' 따위이다.

＊③문단 요약 : 표준어를 '어법에 맞도록 한다'는 원칙의 의미

④ 한편 한글 맞춤법에서는 단어의 일부분이 줄어든 준말의 표기 방법을 따로 규정하고 있다. 한글 맞춤법 제32항에서는 어근이나 어간에서 끝음절의 모음이 줄어들고 자음만 남는 경우 자음을 앞 음절의 받침으로 적는다는 것을 다루고 있다. 그 예로 '어제저녁'이 줄어들어 '엊저녁'으로도 적는 경우를 들 수 있다. '어제저녁'의 준말의 발음인 [얻쩌녁]을 소리 나는 대로 적으면 그 원래 뜻을 파악하기 어렵다. 그래서 '어제저녁'과의 형태적 연관성이 드러나도록 '엊저녁'으로 표기하는 것이다. 이는 표준어를 소리대로 적는다는 원칙만으로 충분하지 않은 경우, 어법에 맞도록 표기한 것이라 할 수 있다.

준말: 단어의 일부분이 줄어든 것

어근: 단어를 분석할 때, 실질적 의미를 나타내는 중심이 되는 부분. '덮개'의 '덮-', '어른스럽다'의 '어른' 따위이다.

＊④문단 요약 : 준말의 표기 방법

---

①문단	한글 맞춤법 총칙 제 1항 '한글 맞춤법은 표준어를 소리대로 적되, 어법에 맞도록 함을 원칙으로 한다.' → 표준어를 표음 문자인 한글로 올바르게 적는 방법인 한글 맞춤법의 대원칙
②문단	'표준어를 소리대로 적는다'는 원칙 – 한글 맞춤법이 표준어를 대상으로 한다는 것을 밝힘. – 표준어를 적을 때 발음에 따라 적는다는 것을 밝힘. – 다양한 말소리를 그대로 기호로 나타낼 수 있는 표음 문자인 한글의 기본 기능에 충실한 원칙
③문단	'어법에 맞도록 한다'는 원칙 ① – 표준어를 소리대로 적으면 뜻을 파악하기 어려운 경우가 생김. → '어법에 맞도록 한다'는 원칙을 제시함. – 실질 형태소와 형식 형태소를 구분해서 적음. 예 체언과 조사를 구분해서 적음: '빛이[비치]', '빛도[빋또]', '빛만[빈만]' 예 용언의 어간과 어미를 구분해서 적음: '먹어서[머거서]'
④문단	'어법에 맞도록 한다'는 원칙 ② – 준말의 표기 방법: 어근이나 어간에서 끝음절의 모음이 줄어들고 자음만 남는 경우 자음을 앞 음절의 받침으로 적음. 예 '어제저녁'의 준말을 '엊저녁[얻쩌녁]'으로 적음.

11 정답 ① ＊ 한글 맞춤법 파악하기 ·········· [정답률 88%]

윗글을 이해한 내용으로 적절하지 <u>않은</u> 것은?

＞외 정답 ？

① '부엌'은 각 음절을 ~~소리 나는 대로~~ 표기한 경우이다.
（어법에 맞게）

'부엌[부억]'을 소리 나는 대로 표기하면 '부억'으로 표기해야 한다.

＞외 오답 ？

② 한글은 음소를 조합하여 다양한 말소리를 기호로 나타낼 수 있다.
（표음 문자인 한글의 특징）

[②문단 ❸문장] 이는 자음이나 모음과 같은 음소를 조합하여 다양한 말소리를 그대로 기호로 나타낼 수 있는 표음 문자인 한글의 기본 기능에 충실한 원칙이다.

③ '모이'는 'ㅁ'과 'ㅗ'로 조합된 한 음절과 'ㅣ'로 된 한 음절을 소리 나는 대로 적은 것이다.
（'ㅁ'＋'ㅗ' → '모[모]'＋'ㅣ' → '이[이]'）

[②문단 ❹문장] 이를테면 [나무]라고 소리 나는 표준어는 'ㄴ'과 'ㅏ'로 조합된 한 음절과 'ㅁ'과 'ㅜ'로 조합된 음절을 그대로 '나무'로 적는 것이다.

'모이'는 'ㅁ'과 'ㅗ'로 조합된 한 음절 '모[모]'와 'ㅣ'로 된 한 음절 '이[이]'를 소리 나는 대로 적은 것이다.

④ '웃으면'은 실질 형태소와 형식 형태소의 경계가 드러나도록 어법에 맞게 표기한 경우이다.
（용언의 어간 '웃-' ＋ 어미 '-으면' → '웃으면[우스면]'）

[③문단 ❼문장] 한글 맞춤법 제15항에 따르면, '먹어서'는 [머거서]로 발음되지만 실질 형태소인 어간 '먹-'과 형식 형태소인 어미 '-어서'를 구별하여 적는다.

'웃으면[우스면]'은 실질 형태소인 용언의 어간 '웃-'과 형식 형태소인 어미 '-으면'의 경계가 드러나도록 어법에 맞게 표기한 경우이다. 소리대로 표기한다면 '우스면'으로 표기해야 한다.

⑤ '갈비탕을 시켜 먹었다'와 '갈비탕을 식혀 먹었다'를 소리 나는 대로 적으면 의미의 구별이 어려운 경우가 생길 수 있다.
（[시켜]）（[시켜]）
'시켜[시켜]'와 '식혀[시켜]'를 모두 소리 나는 대로 '시켜'로 적으면 의미 구별이 어려움.

[③문단 ❺문장] 이와 달리 실질 형태소와 형식 형태소를 구분해서 어법에 맞도록 '빛이', '빛도', '빛만' 등으로 적으면 의미와 기능을 나타내는 각각의 형태소의 모양이 일관되게 고정되어서 뜻을 파악하기가 쉽고 독서의 능률도 향상된다.

'시켜'와 '식혀'는 발음이 [시켜]로 동일하다. 이를 모두 소리 나는 대로 '시켜'로 적으면 의미의 구별이 어려운 경우가 생길 수 있다.

---

12 정답 ② ＊한글 맞춤법 파악하기 ·· [정답률 68%]

윗글을 바탕으로 〈보기〉의 ㉠∼㉤을 '탐구 과정'에 따라 분류할 때, [A]에 들어갈 예만을 고른 것은? [3점]

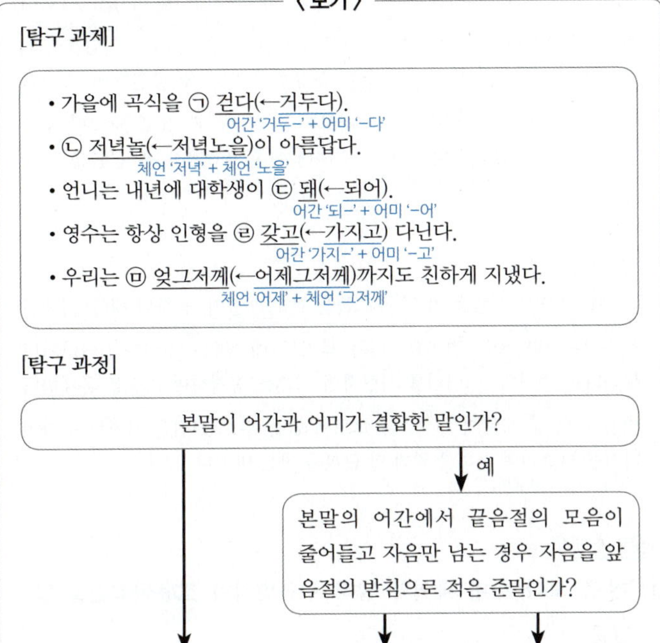

＞왜 정답 ?

② ㉠, ㉣

┌ ❸문단 ❺, ❻문장 이와 달리 실질 형태소와 형식 형태소를 구분해서 어법에 맞도록 ～ 적으면 ～ 뜻을 파악하기가 쉽고 독서의 능률도 향상된다. ～ 이는 용언의 어간 뒤에 어미가 결합할 때도 동일하게 적용되는 경우가 있다.
└ ❹문단 ❷문장 한글 맞춤법 제32항에서는 어근이나 어간에서 끝음절의 모음이 줄어들고 자음만 남는 경우 자음을 앞 음절의 받침으로 적는다는 것을 다루고 있다.

㉠: 걷다

㉠ '걷다'는 실질 형태소인 용언의 어간 '거두-'와 형식 형태소인 어미 '-다'가 결합한 '거두다'의 준말이다. 이때 '거두다'의 어간 '거두-'의 끝음절 모음 'ㅜ'가 줄어들고 남은 자음 'ㄷ'을 앞 음절 '거'의 받침으로 적어 '걷다'가 된 것이므로 [A]에 들어갈 예로 적절하다.

㉣: 갖고

㉣ '갖고'는 실질 형태소인 용언의 어간 '가지-'와 어미 '-고'가 결합한 '가지고'의 준말이다. 이때 '갖고'는 어간 '가지-'의 끝음절 모음 'ㅣ'가 줄어들고 남은 자음 'ㅈ'을 앞 음절 '가'의 받침으로 적어 '갖고'가 된 것이므로 [A]에 들어갈 예로 적절하다.

＞왜 오답 ?

㉡: 저녁놀

㉡ '저녁놀'은 실질 형태소인 체언 '저녁'과 체언 '노을'이 결합한 '저녁노을'의 준말이다. 이는 어간과 어미가 결합한 말이 아니므로 [A]에 해당하지 않는다.

㉢: 돼

㉢ '돼'는 실질 형태소인 용언의 어간 '되-'와 어미 '-어'가 결합한 '되어'의 준말이다. 이때 어간 '되-'의 끝음절 모음 'ㅣ'와 어미의 모음 'ㅓ'를 합쳐 'ㅐ'로 적어 '돼'가 된다.
이는 어간에서 끝음절의 모음이 줄어들고 자음만 남는 경우 자음을 앞 음절의 받침으로 적은 준말이 아니므로 [A]에 해당하지 않는다.

㉤: 엊그저께

㉤ '엊그저께'는 실질 형태소인 체언 '어제'와 체언 '그저께'가 결합한 '어제그저께'의 준말이다. 이는 어간과 어미가 결합한 말이 아니므로 [A]에 해당하지 않는다.

---

13 정답 ④ ＊음운 변동 파악하기 ·· [정답률 67%]

〈보기〉를 바탕으로 음운 변동을 바르게 분석한 것은?

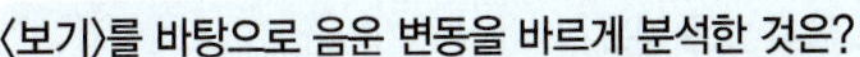

＞왜 정답 ?

	단어	음운 변동 종류	음운 개수 변화
④	해맑다[해막따]	교체, 탈락 된소리되기 자음군 단순화	줄어듦 8개 → 7개

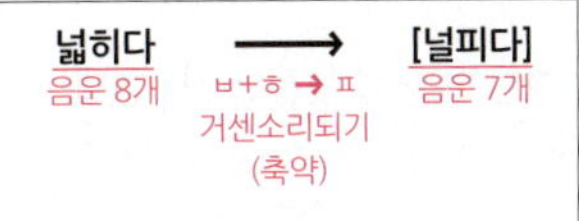

＞왜 오답 ?

	단어	음운 변동 종류	음운 개수 변화
①	샅샅이[삳싸치]	교체, ~~탈락~~ 일어나지 않음.	~~늘어남~~ 변화 없음.

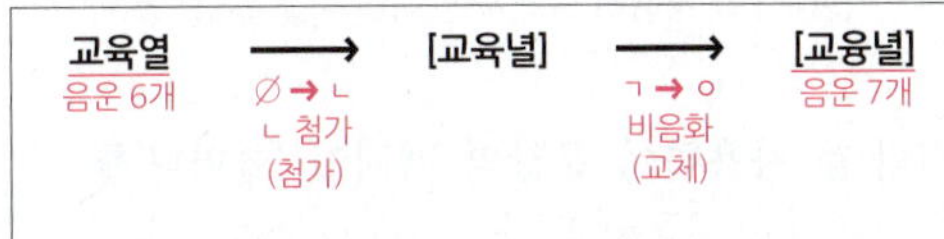

	단어	음운 변동 종류	음운 개수 변화
②	넓히다[널피다]	~~탈락~~, 첨가 축약	~~늘어남~~ 줄어듦.

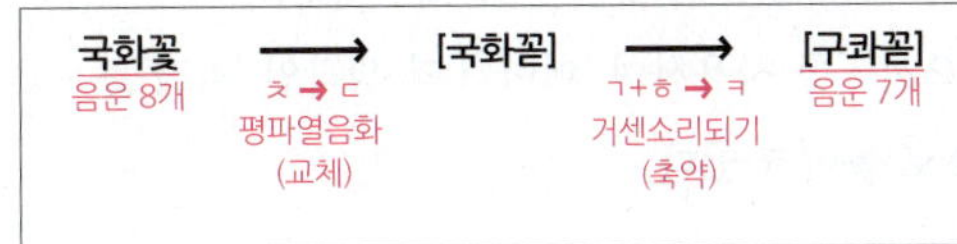

	단어	음운 변동 종류	음운 개수 변화
③	교육열[교:융녈]	교체, 첨가 비음화 ㄴ 첨가	~~줄어듦~~ 늘어남.

	단어	음운 변동 종류	음운 개수 변화
⑤	국화꽃[구콰꼳]	~~탈락~~, 축약 교체	줄어듦

〈보기〉의 ㄱ~ㄷ에 대한 설명으로 옳지 <u>않은</u> 것은?

─── 〈 보기 〉 ───

❶ <u>주체 높임</u>은 문장의 주체를 높이는 것으로, <u>선어말 어미나 조사, 특수</u>
　　주체 높임의 대상　　　　　　　　주체 높임의 실현 ①
<u>어휘 등을 통해 실현된다.</u> ❷또한 주체의 신체 부분, 소유물, 생각 등을
높여 주체를 간접적으로 높이기도 한다. ❸ 그리고 <u>객체 높임</u>은 목적어나
　　　　주체 높임의 실현 ②
부사어가 지시하는 대상, 즉 문장의 객체를 높이는 것으로, <u>조사나 특수</u>
　객체 높임의 대상　　　　　　　　　　　　　객체 높임의 실현
<u>어휘를 통해 실현된다.</u> ❹또한 <u>상대 높임</u>은 청자를 높이거나 낮추는
　　　　　　　　　　　　　　상대 높임의 대상
것으로, 주로 <u>종결 어미를 통해 실현된다.</u>
　　　　　　상대 높임의 실현

: 주체　: 객체　: 청자

ㄱ. (어머니가 아들에게) 범서야, <u>할아버지</u>께 과일 좀 갖다 드려라.
　　　　　　　　　　　　　　　　격 조사 '께'를 사용하여 객체 높임을 실현함.
　　　　　　　　　　　　　　　특수 어휘 '드리다'를 활용하여 객체 높임을 실현함.

　　　　　　　　　　　　　　　종결 어미 '-어라'를 사용하여 청자를 낮춤.

ㄴ. (아들이 아버지에게) 아버지, <u>할머니</u>는 제가 모시러 가겠습니다.
　　　　　　　　　　　　　　　　종결 어미를 '-습니다'를 사용하여 상대 높임을 실현함.

ㄷ. (동생이 언니에게) 언니, 어머니가 우리에 대한 걱정이 많으셔.
　　　　　　　　　　　　　　　주체의 생각 '걱정'을 높여 주체 '어머니'를 간접적으로 높임.

> **왜 정답 ?**

② ㄱ은 격 조사 '께'를 사용하여 문장의 <u>주체</u>인 '할아버지'를 높이고
　　　　　　　　　　　　　　　　　　　객체
있다.

＊ 근거 : 〈보기〉 ❸문장

'할아버지'는 문장의 부사어가 지시하는 대상으로서 문장의 객체이다.
ㄱ은 격 조사 '께'를 사용하여 문장의 객체인 '할아버지'를 높이고 있다.

> **왜 오답 ?**

① ㄱ은 종결 어미 '-어라'를 사용하여 청자인 '범서'를 낮추고 있다.
　　　　　　　　　　　　　　　'드려라'

＊ 근거 : 〈보기〉 ❹문장

'ㄱ'의 '드려라'는 종결 어미 '-어라'를 사용하여 청자인 '범서'를 낮춤으로써 상대
높임을 실현하고 있다.

③ ㄴ은 종결 어미 '-습니다'를 사용하여 청자인 '아버지'를 높이고
　　　　　　　　　　　'가겠습니다'
있다.

＊ 근거 : 〈보기〉 ❹문장

ㄴ의 '가겠습니다'는 종결 어미 '-습니다'를 사용하여 청자인 '아버지'를 높임으로써
상대 높임을 실현하고 있다.

④ ㄴ은 특수 어휘 '모시다'를 사용하여 문장의 객체인 '할머니'를
　　　　　　　　　　　　　　　　　　　　　　목적어
높이고 있다.

＊ 근거 : 〈보기〉 ❸문장

ㄴ의 '할머니'는 서술어 '모시다'의 대상인 목적어로서 문장의 객체에 해당한다.
ㄴ은 '데리다'의 높인말인 '모시러'를 사용하여 문장의 객체인 '할머니'를 높이고 있다.

⑤ ㄷ은 선어말 어미 '-으시-'를 사용하여 '어머니'의 생각인 '걱정'을
　　　　　　　　　　　　　　　　　　　　　　　　'어머니'의 생각
높여 주체를 간접적으로 높이고 있다.

＊ 근거 : 〈보기〉 ❶문장

ㄷ의 '걱정'은 문장의 주체인 '어머니'의 생각에 해당한다.
ㄷ은 선어말 어미 '-으시-'를 사용하여 어머니의 '걱정'을 높임으로써 주체인
'어머니'를 간접적으로 높이고 있다.

〈보기〉를 바탕으로 중세 국어의 특징을 탐구한 내용으로 적절하지 <u>않은</u> 것은?

─── 〈 보기 〉 ───

녜 小學(쇼학)애 사룸표 フ루츄딕 믈 쓰리고 쁠며 應(응)호며
　두음 법칙 ×　　　　　　　　초성에 서로 다른 두 개의 자음이 쓰임. 'ㅅ', 'ㅄ'
對(딕)호며【應(응)은 블러든 딕답홈이오 對(딕)는 무러든 딕답홈이라】
나ㅇ며 므르는 절ᄎ와 <u>어버이를 ᄉ랑ᄒ며</u> 얼운을 공경ᄒ며 스승을
　　　　　　　　　　목적격 조사 '를'　''、'' 사용
존딕ᄒ며 벋을 親(친)히 홀 道(도)로써 ᄒ니 다 뼈 몸표 닷ᄀ며 집을
フ죽기 ᄒ며 <u>나라홀</u> 다ᄉ리며 天下(텬하)를 平(평)히 홀 근본을 ᄒ논
　　　　　　ㅎ 종성 체언이 나타남. '나라ㅎ'+'올'
배니

[현대어 풀이]

옛날 소학에 사람을 가르치되, 물을 뿌리고 쓸며, 응하며 대하며【응은
　　'녜'의 현대어 풀이　　　　　　　　'쓰리고 쁠며'의 현대어 풀이
부르거든 대답하는 것이요, 대는 묻거든 대답하는 것이다.】 나아가며
물러나는 절차와, 어버이를 사랑하며 어른을 공경하며 스승을 존대하며
　　　　　　　　　　'어버이를'의 현대어 풀이　'ᄉ랑ᄒ며'의 현대어 풀이
벗을 친히 할 도로써 하니, 다 그로써 몸을 닦으며 집을 가지런히 하며
나라를 다스리며 천하를 평히 할 근본을 하는 바이니
'나라홀'의 현대어 풀이

> **왜 정답 ?**

① '녜'를 보니 현대 국어와 달리 두음법칙이 <u>적용되었음</u>을 알 수
　'옛날'　　　　　　　　　　　　　　　　적용되지 않았음.
있군.

두음 법칙이란 한자음 중 'ㄴ'이나 'ㄹ'이 단어 첫머리에 올 때 'ㄴ'은 'ㅇ'으로 'ㄹ'은
'ㅇ'이나 'ㄴ'으로 바꾸어 적는 법칙이다. '녜'의 'ㄴ'이 단어 첫음절에서 'ㅇ'으로 바뀌지
않고 그대로 쓰이는 것을 통해 두음 법칙이 적용되지 않았음을 알 수 있다.

> **왜 오답 ?**

② '쓰리고'와 '쁠며'를 보니 현대 국어와 달리 초성에 서로 다른 두
　　'뿌리고'　'쓸며'　　　　　　　　　　　　　　　　'ᄲ', 'ᄡ'
개의 자음이 함께 쓰였음을 알 수 있군.

'쓰리고'의 '쓰'의 초성 'ᄡ'에는 서로 다른 두 개의 자음 'ㅅ'과 'ㅂ'이 함께 쓰였다.
'쁠며'의 '쁠'의 초성 'ᄲ'에는 서로 다른 두 개의 자음 'ㅂ'과 'ㅅ'이 함께 쓰였다.

③ '어버이를'을 보니 현대 국어와 달리 목적격 조사 '를'이 쓰였음을
　'어버이를'　　　　　　목적격 조사 '를'이 쓰임.
알 수 있군.

'어버이를'은 '어버이 + 를'이 결합한 것이다. 현대 국어 '어버이를'과 비교했을 때
중세 국어에서는 현대 국어의 목적격 조사 '를'과 다른 목적격 조사 '룰'이 쓰였음을 알
수 있다.

④ 'ᄉ랑ᄒ며'를 보니 현대 국어와 달리 '、'가 표기에 사용되었음을 알
　'사랑하며'
수 있군.

'ᄉ랑ᄒ며'의 현대어 풀이는 '사랑하며'이다. 이를 통해 중세 국어에서는 현대 국어와
달리 '、'가 표기에 사용되었음을 알 수 있다.

⑤ '나라홀'을 보니 현대 국어와 달리 'ㅎ'을 끝소리로 가진 체언이
　'나라를'　　　　　　　　　　　　　'나라ㅎ + 올' ➔ '나라홀'
있었음을 알 수 있군.

'나라홀'은 'ㅎ'을 끝소리로 가진 체언 '나라ㅎ'에 목적격 조사 '올'이 결합한 것이다.
이와 달리 현대 국어의 '나라를'은 체언 '나라'에 목적격 조사 '를'이 결합한 것이다.

(가) 모더니즘 시기 건축에 대한 관점과 특성

출제   ◯ 글 전체 핵심어   ▨ 글 전체 중심 문장

1 18세기 말 산업 혁명 이후 과학과 기술의 진보로 똑같은 물건을
[ ]: 모더니즘 건축이 등장하게 된 배경
대량으로 생산하는 것이 가능해졌다. 이에 따라 건축에서도 철근과
콘크리트를 활용하여 기둥과 벽을 최소화하면서 건축물을 대량
생산할 수 있다는 인식이 생기게 되었다. 이 시기의 건축가들은 이전
시대와 달리 장식적인 요소가 제거된 합리적이고 기능적인 건축물에
가치를 부여하게 되었다. 이러한 변화는 건축의 활동 영역을 도시
                               모더니즘 건축의 특징
계획 디자인, 산업 디자인 등으로 확대시키며, 모더니즘 건축의
건축의 영역에 도시 계획 디자인, 산업 디자인을 포함함.
형성에 영향을 미쳤다.

진보: 정도나 수준이 나아지거나 높아짐.   합리적: 이론이나 이치에 합당한 것
부여하다: 사람에게 권리·명예·임무 따위를 지니도록 해 주거나, 사물이나 일에
가치·의의 따위를 붙여 주다.

*1문단 요약 : 모더니즘 건축의 등장 배경 – 산업 혁명

2 모더니즘 건축가 미스 반데어로에는 건축이 본연의 모습을 잃고
현 시대에 어울리지 않는 형태를 ⓐ 답습하는 것에 대해 비판하며
⊙ "간결한 것이 풍부하다."라고 주장했다. 그는 기능적으로 필요한 공간
합리적이고 기능적인 건축물을 긍정적으로 인식함.
이외에는 불필요하다고 생각했기 때문에 장식과 기능을 철저하게
미스 반데어로에의 건축에 대한 관점 ①
분리하고 장식을 공간 구성에서 원칙적으로 배제해야 한다고 말한다.
          미스 반데어로에의 건축에 대한 관점 ②
또한 그는 폐쇄적인 구조를 지양하고 공간을 기능적으로 활용할 수
장식을 배제하고 기능을 중시하는 공간을 구축함.
있도록 칸막이를 자유롭게 이동할 수 있게 하여 유연성 있는 공간을
                      미스 반데어로에의 건축에 대한 관점 ③
구축하였다.

본연: 본디 생긴 그대로의 타고난 상태   간결하다: 간단하고 깔끔하다.
배제하다: 받아들이지 아니하고 물리쳐 제외하다.
지양하다: 더 높은 단계로 오르기 위하여 어떠한 것을 하지 아니하다.
구축하다: 체제, 체계 따위의 기초를 닦아 세우다.

*2문단 요약 : 미스 반데어로에의 건축에 대한 관점

3 또 다른 건축가 르코르뷔지에는 기능적인 것은 그 자체로 미적인
                      르코르뷔지에의 건축에 대한 관점 ①
것이라고 주장하며, 주택을 거주를 위한 기계라고 정의하였다. 그는
항공 기능의 최적화를 실현한 비행기 디자인처럼 건축물도 그 목적에
ⓑ 부합하도록 기능적으로 최적화되어야 하며 현란한 장식이나
        르코르뷔지에의 건축에 대한 관점 ②
예술적 감상을 위한 건축물을 지양해야 한다고 말한다. 또한 도시를
계획하는 일에도 관심이 많았던 그는 사람보다는 자동차를 중심으로
도시 공간을 구획해야 한다고 주장했다. 이는 격자 구조의 도로망으로
격자 구조의 도로망으로 도시를 구획한 이유
도시 공간을 구획하면 치안과 위생이라는 도시의 기능을 이상적으로
          격자 구조의 도로망으로 구획된 도시 공간에 대한 르코르뷔지에의 관점
ⓒ 구현하면서 동시에 미적으로 이상적인 도시가 된다고 생각했기
때문이다. 그에게 있어 근대화란 효율적인 교통 체계를 위해 도시를
인위적으로 정돈하는 것을 의미한다.

격자: 바둑판처럼 가로세로를 일정한 간격으로 직각이 되게 짠 구조나 물건. 또는
그런 형식.   구획하다: 토지 따위를 경계를 지어 가르다.
효율적: 들인 노력에 비하여 얻는 결과가 큰 것
인위적: 자연의 힘이 아닌 사람의 힘으로 이루어지는 것

*3문단 요약 : 르코르뷔지에의 건축에 대한 관점

■ (가) 전체 지문 이해도
모더니즘 건축의 등장 배경과 모더니즘 건축가들의 관점

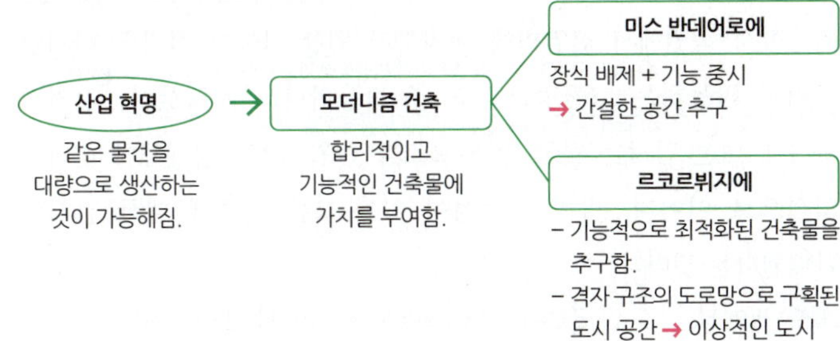

■ (가) 지문 내용과 구조

1문단	**모더니즘 건축의 등장 배경** 18세기 말 산업 혁명 → 똑같은 물건을 대량 생산하는 것이 가능해짐. → 철근과 콘크리트를 활용하여 건축물을 대량 생산할 수 있게 됨. → 합리적이고 기능적인 건축물에 가치를 부여하게 됨. → 모더니즘 건축의 형성
2문단	**미스 반데어로에의 건축에 대한 관점** "간결한 것이 풍부하다." → 기능적으로 필요한 공간 이외에는 불필요하게 여김. → 폐쇄적인 구조 지양, 유연성 있는 공간을 구축함.
3문단	**르코르뷔지에의 건축에 대한 관점** 기능적인 것은 그 자체로 미적인 것이라고 봄. → 건축물도 그 목적에 부합하도록 기능적으로 최적화되어야 함. → 격자 구조의 도로망으로 구획된 도시 = 치안과 위생이라는 도시의 기능을 이상적으로 구현하는 동시에 미적으로도 이상적인 도시

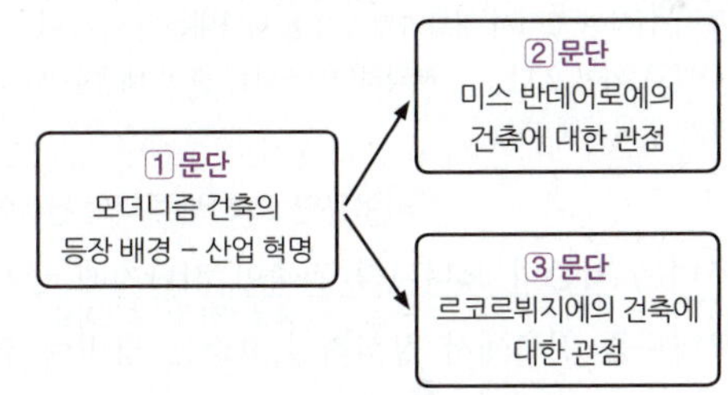

■ (가) 주제 : 합리성과 기능을 중시하는 모더니즘의 건축

(나) 포스트모더니즘 시기 건축에 대한 관점과 특성

출제   ◯ 글 전체 핵심어   ▨ 글 전체 중심 문장

1 20세기 초에는 이성적 존재인 인간이 모든 문제를 합리적으로
해결할 수 있다는 모더니즘이 지배적이었다. 그러나 [합리성에는
[ ]: 포스트모더니즘 건축이 등장하게 된 배경
한계가 있음이 곧 밝혀졌고, 이로부터 벗어나야 한다는 생각]이
포스트모더니즘으로 발전하게 되었다. 이에 영향을 받은 푸코,
벤투리, 추미 등은 합리성과 효율성을 우선시하는 기존의 시스템을
비판하고, 기계적이고 무미건조한 양식 대신에 개별성과 자율성을
모더니즘 건축: 합리성, 효율성 중시 ↔ 포스트모더니즘: 개별성, 자율성 중시
중시하는 모습을 보였다.

우선시하다: 다른 것보다 중요하게 보거나 일차적인 것으로 여기다.
기계적: 인간적인 감정이나 창의성이 없이 맹목적·수동적으로 하는 것
무미건조하다: 재미나 멋이 없이 메마르다.
개별성: 사물이나 사람 또는 어떤 상황이나 현상이 각각 따로 지니고 있는 특성
자율성: 자기 스스로의 원칙에 따라 어떤 일을 하거나 자기 스스로 자신을 통제하여
절제하는 성질이나 특성

*1문단 요약 : 모더니즘에 대한 비판에서 시작된 포스트모더니즘

②❶ 철학자 (푸코)는 근대화로 인한 도시의 구획을 권력과 관련지어
푸코의 건축에 대한 관점
비판했다. ❷그는 18세기부터 형성되기 시작한 격자 구조의 도시 공간은
위생학적 측면에서 전염병에 대처하기 위한 기능을 하기도 하지만
격자 구조의 도시 공간이 가진 위생학적 기능을 인정함.
권력이 작동하는 그물망으로도 ⓓ 작용한다고 주장했다. ❸전염병
격자 구조의 도시 공간이 가진 부정적 기능
환자에 대한 감시는 결국 발병 요소를 근원적으로 통제해야 한다는
의식으로 이어져, 발병 가능성이 있는 모든 존재에 대한 감시로
확대된다는 것이다.

⌈ 발병: 병이 남.　　　근원적: 사물이 비롯되는 근본이나 원인이 되는 것

＊②문단 요약 : 푸코의 건축에 대한 관점

③❶ 포스트모더니즘 건축가 (벤투리)는 ⓛ "간결한 것은 지루하다."라며
기계적이고 무미건조한 모더니즘 건축을 부정적으로 인식함.
모더니즘 건축의 흐름에 저항했다. ❷모더니즘 건축이 명료성을
내세웠다면 그는 모호성을 새로운 기준으로 제시하며 형태를 기능에
모더니즘 건축: 명료성 추구 ⟷ 포스트모더니즘: 모호성 추구
가두는 것을 거부했다. ❸그는 [건축물의 모든 부분이 단일한 기능으로
[ ]: 벤투리의 건축에 대한 관점
명료하게 설명될 수 없으며, 오히려 다양한 측면에서 설명될 수도
있어 그 기능이 매우 모호할 수 있다]고 주장했다. ❹벤투리에게
모더니즘 건축은 미적인 것을 기능적인 것에 제약하는 것에 불과했다.
❺그래서 그는 모더니즘의 공간에서는 공간의 미적 차원이 소멸되어
기능적인 것만을 추구한 모더니즘 공간에 대한 벤투리의 견해
획일적인 공간만이 남게 된다고 주장했다.

⌈ 명료성: 뚜렷하고 분명한 성질
│ 모호성: 여러 뜻이 뒤섞여 있어서 정확하게 무엇을 나타내는지 알기 어려운 말의 성질
│ 단일하다: 단 하나로 되어 있다.　　제약하다: 조건을 붙여 내용을 제한하다.
⌊ 소멸되다: 사라져 없어지게 되다.

＊③문단 요약 : 벤투리의 건축에 대한 관점

④❶ 건축가 (추미)는 기존의 모더니즘 건축이 지나치게 금욕적이라고
모더니즘 건축을 비판적으로 인식함.
비판했다. ❷모더니즘 건축에서 장식적인 요소는 낭비로 취급받으며
무의미한 부분으로 간주된다. ❸하지만 추미는 이렇게 무의미하다고
생각되는 낭비야말로 모더니즘 건축의 획일화로부터 ⓔ 해방될 수
있는 탈출구라고 주장했다. ❹추미는 모더니즘 건축의 금욕주의에서
벗어나는 방법을, 시각적 화려함을 추구하는 낭비의 부활에서 찾았다.
모더니즘 건축을 비판적으로 인식함.
❺그에게 있어 포스트모더니즘의 건축은 낭비의 미덕을 실현하는
시각적 화려함 추구, 장식적인 요소 배치 → 낭비의 미덕 실현
유희의 건축이다.

⌈ 간주되다: 상태, 모양, 성질 따위가 그와 같다고 여겨지다.
│ 미덕: 아름답고 갸륵한 덕행
⌊ 유희: 즐겁게 놀며 장난함. 또는 그런 행위

＊④문단 요약 : 추미의 건축에 대한 관점

■ (나) 전체 지문 이해도
포스트모더니즘 건축의 등장 배경과 포스트모더니즘 철학자와 건축가들의 관점

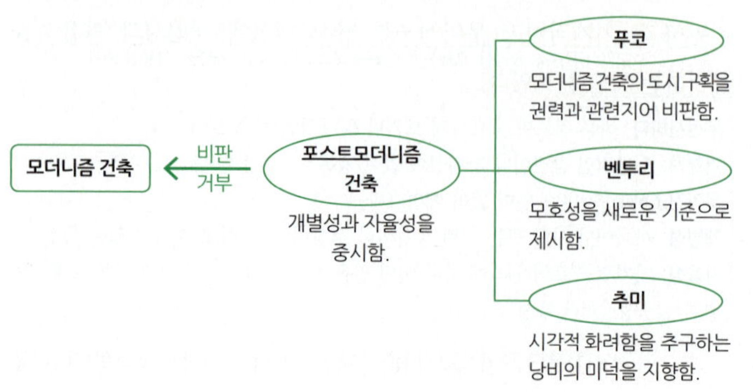

■ (나) 지문 내용과 구조

①문단	**모더니즘에 대한 비판에서 시작된 포스트모더니즘**: 모더니즘이 추구한 합리성에는 한계가 있다는 인식 → 개별성과 자율성을 중시한 포스트모더니즘
②문단	**푸코의 건축에 대한 관점**: 도시의 구획을 권력과 관련지어 비판함. → 격자 구조의 도시 공간은 권력이 작동하는 그물망으로도 작용한다고 봄.
③문단	**벤투리의 건축에 대한 관점**: "간결한 것은 지루하다." → 건축물의 기능은 다양한 측면에서 설명될 수도 있으므로 모호할 수 있다고 주장함. → 미적인 것을 기능적인 것에 제약한 모더니즘 건축을 거부함.
④문단	**추미의 건축에 대한 관점**: 포스트모더니즘의 건축은 낭비의 미덕을 실현하는 유희의 건축이라고 인식함. → 시각적 화려함을 추구하여 모더니즘 건축에서 벗어나고자 함.

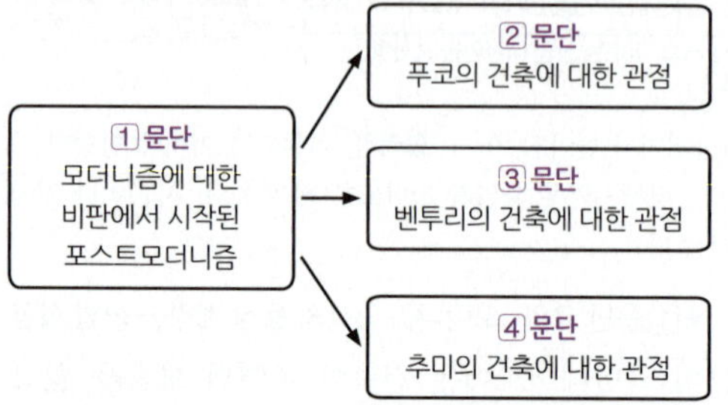

■ (나) 주제: 개별성과 자율성을 중시하는 포스트모더니즘의 건축

16 정답 ④　＊ 내용 전개 방식 파악하기 ⋯⋯⋯⋯⋯⋯ [정답률 87%]

(가)와 (나)에 대한 설명으로 가장 적절한 것은?

➤ 왜 정답 ?

④ (가)와 (나)는 모두, 특정 시기의 건축에 대한 관점을 소개하며 각
(가): 모더니즘 시기, (나): 포스트모더니즘 시기
관점이 지닌 특성을 설명하고 있다.

＊ 근거: (가) ①~③문단, (나) ①~④문단
　(가)는 모더니즘 건축가인 '미스 반데로어'와 '르코르뷔지에'의 견해를 제시하며 모더니즘 시기의 건축에 대한 관점과 각 관점이 지닌 특성을 설명하고 있다.
　(나)는 철학자 '푸코'와 포스트모더니즘 건축가 '벤투리', '추미'의 견해를 제시하며 포스트모더니즘 시기의 건축에 대한 관점과 각 관점이 지닌 특성을 설명하고 있다.

➤ 왜 오답 ?

① (가)와 달리 (나)는 특정 시기의 건축에 대한 상반된 관점을
제시하지 않음.
제시하여 절충 방안을 모색하고 있다.

⌈ 상반되다: 서로 반대되거나 어긋나게 되다.
│ 절충: 서로 다른 사물이나 의견, 관점 따위를 알맞게 조절하여 서로 잘 어울리게 함.
⌊ 모색하다: 일이나 사건 따위를 해결할 수 있는 방법이나 실마리를 더듬어 찾다.

② (나)와 달리 (가)는 특정 시기의 건축에 대한 관점이 기술의 발전에
제시하지 않음.
미친 영향을 인과적으로 밝히고 있다.

⌈ 인과적: 원인과 결과 관계를 파악하는 것

③ (가)와 (나)는 모두, 특정 시기의 건축에 대한 관점을 시대순으로
나열하지 않음.
나열하여 한계를 도출하고 있다.
제시하지 않음.
⌈ 한계: 사물이나 능력, 책임 따위가 실제 작용할 수 있는 범위. 또는 그런 범위를 나타내는 선
⌊ 도출하다: 판단이나 결론 따위를 이끌어 내다.

⑤ (가)와 (나)는 모두, 특정 시기의 건축에 대한 관점을 유형별로
나누지 않음.
나누면서 그 분류 기준의 문제점을 설명하고 있다.
제시하지 않음.

17 정답 ③ ＊ 내용 파악하기 ·········· [정답률 90%]

윗글에 대한 이해로 가장 적절한 것은?

＞왜 정답？

③ 모더니즘 건축은 명료성을 추구하는 반면 포스트모더니즘 건축은
  _{명료성을 내세움.}　_{모호성을 새로운 기준으로 제시함.}
모호성을 추구한다.

┌ (나) ③문단 ❷문장 모더니즘 건축이 명료성을 내세웠다면 그(포스트모더니즘
│ 건축가 벤투리)는 모호성을 새로운 기준으로 제시하며 형태를 기능에 가두는
└ 것을 거부했다.

＞왜 오답？

① 포스트모더니즘 건축과 달리 모더니즘 건축은 개별성을 중시한다.
  _{모더니즘}　　_{포스트모더니즘}

┌ (가) ①문단 ❸문장 이 시기의 건축가들은 이전 시대와 달리 장식적인 요소가
│ _{모더니즘}
│ 제거된 합리적이고 기능적인 건축물에 가치를 부여하게 되었다.
│ (나) ①문단 ❸문장 이에 영향을 받은 푸코, 벤투리, 추미 등은 ~ 기계적이고
│ _{포스트모더니즘}
└ 무미건조한 양식 대신에 개별성과 자율성을 중시하는 모습을 보였다.

② 포스트모더니즘 건축은 효율성의 중시를 통해 합리성의 문제를
  _{개별성과 자율성}　　_{합리성에는 한계가 있다고 봄.}
해결하려 한다.

┌ (나) ①문단 ❷,❸문장 그러나 합리성에는 한계가 있음이 곧 밝혀졌고, 이로부터
│ 벗어나야 한다는 생각이 포스트모더니즘으로 발전하게 되었다. ~ 합리성과
│ 효율성을 우선시하는 기존의 시스템을 비판하고, 기계적이고 무미건조한 양식
└ 대신에 개별성과 자율성을 중시하는 모습을 보였다.

④ 모더니즘 건축은 건축의 영역에서 도시 계획 디자인과 산업
디자인의 영역을 제외한다.
  _{포함}

┌ (가) ①문단 ❹문장 이러한 변화는 건축의 활동 영역을 도시 계획 디자인, 산업
└ 디자인 등으로 확대시키며, 모더니즘 건축의 형성에 영향을 미쳤다.

  _{모더니즘 건축에서 철근과 콘크리트를 주로 사용함.}
⑤ 모더니즘 건축과 달리 포스트모더니즘 건축은 철근과 콘크리트
  _{주로 사용한 재료가 제시되지 않음.}
등의 재료를 주로 사용한다.

┌ (가) ①문단 ❷문장 이에 따라 건축에서도 철근과 콘크리트를 활용하여 기둥과
└ 벽을 최소화하면서 건축물을 대량 생산할 수 있다는 인식이 생기게 되었다.

18~19 윗글과 〈보기〉를 바탕으로 18번과 19번의 물음에 답하시오.

─────〈 보기 〉─────

[자료 1]
❶○○시는 인구 밀도가 높아 거리가 혼잡하고 비위생적이었다. ❷건축가
　　　　　　　　　　　　　　　_{르코르뷔지에와 유사한 관점을 보임.}
A는 [○○시의 위생 환경을 개선하기 위하여 교통 체계 중심의 ㉮ 격자
구조의 도로망을 연결하고 주거 지역과 업무 지역을 멀리 떨어뜨려
_{사람보다는 차를 중심으로 공간화한 구조}
구분하는 도시 설계안]을 구안했다.
[ ]: (가) 모더니즘 건축가 르코르뷔지에가 이상적으로 보는 도시의 구조와 유사함.

[자료 2]
❸건축가 B는 기능과 상관없는 구조물이나 장식적인 것들을 배제하고
_{미스 반데어로에와 유사한 관점을 보임.}
실내에는 이동 가능한 칸막이가 설치된 주택을 설계했다. ❹하지만 건축가
_{(가) 모더니즘 건축가 미스 반데어로에가 구축한 공간과 유사함.}　　_{추미와 유사한 관점을 보임.}
C는 이러한 주택을 주거 기능과 경제적 효율성만 추구한 ㉯ 단순한
_{합리성과 효율성을 우선시함.}
형태의 건물이라고 비판했다.❺이에 그는 벽 장식이나 화려한 마감재와
　　　　　　　　　　　　　_{시각적 화려함을 추구하는 낭비의 부활}
같이 건축가의 미적 가치가 반영된 주택을 설계했다.

┈┈┈┈┈┈┈┈┈┈┈┈┈┈┈┈┈┈

구안하다: 초안 따위를 작성하다.

---

18 정답 ① ＊ 구체적 사례나 상황에 적용하기 ········ [정답률 80%]

다음은 윗글을 읽은 학생이 〈보기〉를 이해한 내용을 정리한 것이다. 적절하지
않은 것은?

＞왜 정답？

① [자료 1]: 푸코는 격자 구조의 도시 공간에는 위생학적 기능이
없다고 생각하므로, 건축가 A의 도시 설계안을 부정적으로
_{위생학적 기능은 인정함.}　　_{권력이 작동하는 그물망으로 작용한다고 주장함.}
바라보겠군.

┌ (나) ②문단 ❷문장 그(푸코)는 18세기부터 형성되기 시작한 격자 구조의 도시
│ 공간은 위생학적 측면에서 전염병에 대처하기 위한 기능을 하기도 하지만
└ 권력이 작동하는 그물망으로도 작용한다고 주장했다.

　푸코는 격자 구조의 도시 공간이 권력이 작동하는 그물망으로 작용한다고 주장하며
부정적으로 바라보았다. 그러나 이와 동시에 격자 구조의 도시 공간이 위생학적
기능을 하기도 한다고 보았다.

＞왜 오답？

② [자료 1]: 르코르뷔지에는 사람보다는 차를 중심으로 도시를
　　　　　　　_{교통 체계 중심의 격자 구조의 도로망을 연결함.}
공간화해야 한다고 생각하므로, 건축가 A의 도시 설계안을
긍정적으로 바라보겠군.
  _{이상적인 도시가 된다고 봄.}

┌ (가) ③문단 ❸, ❹문장 또한 도시를 계획하는 일에도 관심이 많았던
│ 그(르코르뷔지에)는 사람보다는 자동차를 중심으로 도시 공간을 구획해야
│ 한다고 주장했다. 이는 격자 구조의 도로망으로 ~ 이상적인 도시가 된다고
│ 생각했기 때문이다.
│ 〈보기〉 - ❷ 건축가 A는 ○○시의 위생 환경을 개선하기 위하여 교통 체계
└ 중심의 격자 구조의 도로망을 연결하고 ~

③ [자료 2]: 벤투리는 모더니즘 건축의 흐름에 저항하므로, 건축가
　　　　　　　　　　_{포스트모더니즘에 영향을 받음.}
B가 설계한 주택을 부정적으로 바라보겠군.
  _{모더니즘 건축의 간결성, 명료성을 부정적으로 바라봄.}

┌ (나) ③문단 ❶문장 포스트모더니즘 건축가 벤투리는 "간결한 것은
│ 지루하다."라며 모더니즘 건축의 흐름에 저항했다.
│ 〈보기〉 - ❸ 건축가 B는 기능과 상관없는 구조물이나 장식적인 것들을
└ 배제하고 실내에는 이동 가능한 칸막이가 설치된 주택을 설계했다.

　〈보기〉의 건축가 B가 설계한 주택은 장식적인 것들은 배제되고 기능적인 것에
중점을 둔 주택이다.
　벤투리는 장식적인 요소가 제거된 합리적이고 기능적인 모더니즘 건축을
부정적으로 보았다. 따라서 벤투리는 건축가 B가 설계한 주택을 부정적으로 볼
것이다.

④ [자료 2]:미스 반데어로에는 폐쇄적인 구조를 지양하고 공간을
　　　　　　　　_{칸막이를 자유롭게 이동할 수 있게 하여 유연성 있는 공간을 구축함.}
기능적으로 활용해야 한다고 생각하므로, 건축가 B가 설계한
주택을 긍정적으로 바라보겠군.
  _{미스 반데어로에가 구축한 공간과 유사함.}

┌ (가) ②문단 ❸문장 또한 그(미스 반데어로에)는 폐쇄적인 구조를 지양하고
│ 공간을 기능적으로 활용할 수 있도록 칸막이를 자유롭게 이동할 수 있게 하여
│ 유연성 있는 공간을 구축하였다.
│ 〈보기〉 - ❸ 건축가 B는 기능과 상관없는 구조물이나 장식적인 것들을
└ 배제하고 실내에는 이동 가능한 칸막이가 설치된 주택을 설계했다.

⑤ [자료 2]: 추미는 시각적 화려함을 추구하는 낭비의 미덕을
　　　　　　　_{모더니즘 건축의 금욕주의에서 벗어나는 방법}
중시하므로, 건축가 C가 설계한 주택을 긍정적으로 바라보겠군.
　　　　　　　　　　　　　　　_{시각적 화려함을 추구했으므로}

┌ (나) ④문단 ❹문장 추미는 모더니즘 건축의 금욕주의에서 벗어나는 방법을,
│ 시각적 화려함을 추구하는 낭비의 부활에서 찾았다.
│ 〈보기〉 - ❺ 이에 그는 벽 장식이나 화려한 마감재와 같이 건축가의 미적
└ 가치가 반영된 주택을 설계했다.

19 정답 ⑤ ★ 반응의 적절성 파악하기 ·················· [정답률 80%]

윗글을 바탕으로 〈보기〉에 대해 보인 반응으로 적절하지 <u>않은</u> 것은? [3점]

[자료 1]의 ㉮ '격자 구조의 도로망'	위생 환경을 개선하기 위하여 교통 체계 중심으로 연결한 도로망
[자료 2]의 ㉯ '단순한 형태의 건물'	기능과 상관없는 구조물이나 장식적인 것들을 배제함. + 실내에 이동 가능한 칸막이를 설치함 → 주거 기능과 경제적 효율성을 추구한 건물

〉왜 정답 ?

⑤ 추미는 [자료 2]의 ㉯가 금욕주의에서 **벗어난** 유희의 건축이
　　　　'단순한 형태의 건물'　　　　벗어나지 못함.
실현되었다고 판단하겠군.
실현되지 않았다고 판단할 것임.

┌ (나) ④문단 ❹, ❺문장 추미는 모더니즘 건축의 금욕주의에서 벗어나는 방법을,
│ 시각적 화려함을 추구하는 낭비의 부활에서 찾았다. 그에게 있어
│ 포스트모더니즘의 건축은 낭비의 미덕을 실현하는 유희의 건축이다.
│ 〈보기〉 - ❸　건축가 B는 기능과 상관없는 구조물이나 장식적인 것들을
└ 배제하고 실내에는 이동 가능한 칸막이가 설치된 주택을 설계했다.
　　　　　　　　　　　　　　　　　　　　㉯ '단순한 형태의 건물'

[자료 2]의 ㉯ '단순한 형태의 건물'은 기능과 상관없는 것들을 배제하고 주거
기능과 경제적 효율성만 추구한 단순한 형태의 건물이다.

한편 추미가 추구하는 유희의 건축은 기능적인 것보다 시각적 화려함을 추구하는
건축이다.

따라서 추미는 ㉯ '단순한 형태의 건물'이 모더니즘 건축의 금욕주의에서 벗어나지
못했으며, 유희의 건축이 실현되지 않았다고 판단할 것이다.

〉왜 오답 ?

① 미스 반데어로에는 [자료 2]의 ㉯가 장식과 기능을 분리하여
　　　　　　　　　　'단순한 형태의 건물'　　기능과 상관없는 것들은 배제됨.
불필요한 부분을 배제한 건물이라고 생각하겠군.

┌ (가) ②문단 ❷문장 그(미스 반데어로에)는 기능적으로 필요한 공간 이외에는
│ 불필요하다고 생각했기 때문에 장식과 기능을 철저하게 분리하고 장식을 공간
│ 구성에서 원칙적으로 배제해야 한다고 말한다.
│ 〈보기〉 - ❸　건축가 B는 기능과 상관없는 구조물이나 장식적인 것들을
└ 배제하고 실내에는 이동 가능한 칸막이가 설치된 주택을 설계했다.
　　　　　　　　　　　　　　　　　　　　㉯ '단순한 형태의 건물'

② 르코르뷔지에는 [자료 1]의 ㉮가 도시의 기능적 측면과 미적인
　　　　　　　　　　　　'격자 구조의 도로망'
측면을 모두 이상적으로 구현할 수 있다고 판단하겠군.
치안과 위생이라는 도시의 기능을 이상적으로 구현함. + 미적으로 이상적임.

┌ (가) ③문단 ❹문장 이는 (르코르뷔지에가) 격자 구조의 도로망으로 도시 공간을
│ 구획하면 치안과 위생이라는 도시의 기능을 이상적으로 구현하면서 동시에
│ 미적으로 이상적인 도시가 된다고 생각했기 때문이다.
│ 〈보기〉 - ❷　건축가 A는 ~ 교통 체계 중심의 ㉮ 격자 구조의 도로망을
└ 연결하고 ~ 도시 설계안을 구안했다.

③ 푸코는 [자료 1]의 ㉮가 권력이 작동하는 그물망으로 작용할 수
　　　　　　　'격자 구조의 도로망'　　푸코가 격자 구조의 도시 공간을 부정적으로 본 이유
있다고 주장하겠군.

┌ (나) ②문단 ❷문장 그(푸코)는 18세기부터 형성되기 시작한 격자 구조의 도시
│ 공간은 ~ 권력이 작동하는 그물망으로도 작용한다고 주장했다.
│ 〈보기〉 - ❷　건축가 A는 ~ 교통 체계 중심의 ㉮ 격자 구조의 도로망을
└ 연결하고 ~ 도시 설계안을 구안했다.

④ 벤투리는 [자료 2]의 ㉯가 미적 차원이 소멸되어 획일적인 공간만
　　　　　　　　　　'단순한 형태의 건물'　　미적인 것이 기능적인 것에 제약되어 미적 차원이 소멸됨.
남았다고 판단하겠군.

┌ (나) ③문단 ❹, ❺문장 벤투리에게 모더니즘 건축은 미적인 것을 기능적인 것에
│ 제약하는 것에 불과했다. 그래서 그는 모더니즘의 공간에서는 공간의 미적
│ 차원이 소멸되어 획일적인 공간만이 남게 된다고 주장했다.
│ 〈보기〉 - ❸　건축가 B는 기능과 상관없는 구조물이나 장식적인 것들을
└ 배제하고 실내에는 이동 가능한 칸막이가 설치된 주택을 설계했다.
　　　　　　　　　　　　　　　　　　　　㉯ '단순한 형태의 건물'

20 정답 ③ ★ 내용 파악 + 추론하기 ·················· [정답률 86%]

"간결한 것은 지루하다." – 포스트모더니즘 건축가 벤투리의 말
㉠과 ㉡에 담긴 의미를 추론한 내용으로 가장 적절한 것은?
"간결한 것이 풍부하다." – 모더니즘 건축가 미스 반데어로에의 말

〉왜 정답 ?

③ ㉠에는 합리적이고 기능적인 건축물에 가치를 부여하는 태도가,
　　　　　　　　　　　모더니즘 시기 건축가들의 태도
㉡에는 기계적이고 무미건조한 건축물을 거부하는 태도가 담겨
　　　　　　　　　　　포스트모더니즘 시기 건축가들의 태도
있다.

┌ (가) ①문단 ❸문장 이 시기의 건축가들(모더니즘 건축가들)은 이전 시대와 달리
│ 장식적인 요소가 제거된 합리적이고 기능적인 건축물에 가치를 부여하게
│ 되었다.
│ (가) ②문단 ❶, ❷문장 모더니즘 건축가 미스 반데어로에는 ~ ㉠ "간결한 것이
│ 풍부하다."라고 주장했다. 그는 기능적으로 필요한 공간 이외에는
│ 불필요하다고 생각했기 때문에 ~
│ (나) ①문단 ❸문장 이(포스트모더니즘)에 영향을 받은 푸코, 벤투리, 추미 등은
│ 합리성과 효율성을 우선시하는 기존의 시스템을 비판하고, 기계적이고
│ 무미건조한 양식 대신에 개별성과 자율성을 중시하는 모습을 보였다.
│ (나) ③문단 ❶문장 포스트모더니즘 건축가 벤투리는 ㉡ "간결한 것은
└ 지루하다."라며 모더니즘 건축의 흐름에 저항했다.

㉠ "간결한 것이 풍부하다."는 모더니즘 건축가 미스 반데어로에의 말이다. 미스
반데어로에는 기능적으로 필요한 공간 이외에는 불필요하다고 보았으며, 건축이
본연의 모습을 잃는 것을 비판적으로 바라보았다. 이는 모더니즘 시기 건축가들이
장식적인 요소가 제거된 합리적이고 기능적인 건축물에 가치를 부여하는 태도가
반영된 것이다.

㉡ "간결한 것은 지루하다."는 포스트모더니즘 건축가 벤투리의 말이다. 벤투리는
모더니즘 건축의 흐름에 저항한 건축가로, 포스트모더니즘에 영향을 받아 기계적이고
무미건조한 모더니즘 시기의 건축물을 거부하는 태도를 보였다.

〉왜 오답 ?

① ㉠에는 본연의 모습에서 벗어난 공간에 대한 **긍정**이, ㉡에는
　　　　　　　　　　　　　　　　　　　　　　　부정이 담겨 있음.
공간의 본질이 변화하는 것에 대한 **부정**이 담겨 있다.
　　　　　　　　　　　　　　드러나지 않음.

★ 근거: (가) ②문단 ❶, ❷문장

㉠ "간결한 것이 풍부하다."는 모더니즘 건축가 미스 반데어로에의 말이다. 미스
반데어로에는 건축이 본연의 모습을 잃은 것을 비판하며 건축이 간결성을 추구해야
한다고 보았다. 따라서 ㉠에는 본연의 모습에서 벗어난 공간에 대한 부정이 담겨 있다.

㉡ "간결한 것은 지루하다."는 포스트모더니즘 건축가 벤투리의 말이다. 벤투리는
공간의 본질적인 목적에 따라 기능만을 추구하는 모더니즘 건축의 간결성을
부정적으로 보았다. 그러나 공간의 본질이 변화하는 것에 대한 인식은 드러나지
않는다.

② ㉠에는 공간의 **독립성**을 강조하고자 하는 건축가의 판단이,
　　　　　　　　공간의 개별성을 강조함.
㉡에는 공간의 **보편성**을 강조하고자 하는 건축가의 판단이 담겨
　　　　　　　　드러나지 않음.
있다.

★ 근거: (나) ①문단 ❸문장, ③문단 ❶문장

㉠ "간결한 것이 풍부하다."는 모더니즘 건축가 미스 반데어로에의 말이다. 미스
반데어로에가 공간의 독립성을 강조하고자 했는지는 윗글에 제시되지 않았다.

㉡ "간결한 것은 지루하다."는 포스트모더니즘 건축가 벤투리의 말로, 벤투리는
건축의 개별성과 자율성을 중시하는 태도를 보인다.

④ ㉠에는 시대와 상관없는 **절대적** 공간을 추구해야 한다는 의미가,
　　　　　　　　　　　　　　　드러나지 않음.
㉡에는 시대의 **요구를 충족**하는 공간을 추구해야 한다는 의미가
　　　　　　　　드러나지 않음.
담겨 있다.

⑤ ㉠에는 공간이 공간 그 자체로서 **심미적 가치**를 보존할 수 있다는
　　　　　　　　　　　　　　　　　드러나지 않음.
인식이, ㉡에는 공간이 그 자체로서 **효율적 가치**를 보존할 수
　　　　　　　　　　　　　　　　　드러나지 않음.
있다는 인식이 담겨 있다.

21 정답 ② ＊ 어휘의 의미 파악하기 ·················· [정답률 92%]

ⓐ~ⓔ의 사전적 의미로 적절하지 않은 것은?

⟩왜 정답？

② ⓑ: 둘 이상의 조직이나 기구 따위를 하나로 합침.
→ '통합'의 사전적 의미임.
'부합' – '부신이 꼭 들어맞듯 사물이나 현상이 서로 꼭 들어맞음.'이라는 의미임.

⟩왜 오답？

① ⓐ: 예로부터 해 오던 방식이나 수법을 좇아 그대로 행함.
'답습'

③ ⓒ: 어떤 내용을 구체적인 사실로 나타나게 함.
'구현'

④ ⓓ: 어떠한 현상을 일으키거나 영향을 미침.
'작용'

⑤ ⓔ: 구속이나 억압, 부담 따위에서 벗어나게 함.
'해방'

22~25 ＊ 해양 온도차 발전의 개념과 원리

\# 출제 ⬭ 글 전체 핵심어 ▨ 글 전체 중심 문장

① 최근 해양에서 얻을 수 있는 재생 에너지원에 대한 관심이 커지면서 해양 온도차 발전이 주목받고 있다. ② 해양에서는 태양열을 흡수한 정도에 따라, 수심이 얕은 표층수와 수심이 깊은 심층수 사이에 온도 차이가 발생한다. ③ 일반적으로 해양 온도차 발전은 [약 20℃를 유지하는 표층수로 냉매를 가열하고, 약 4℃를 유지하는 심층수로 냉매를 냉각하는 과정을 반복하여 전력을 생산]한다. ④ 이 과정에서 냉매는 발전 설비를 순환하면서 열전달을 통해 기화와 액화를 반복한다. ⑤ 이때 열전달이란 고온부의 열에너지가 저온부로 전달되는 현상으로, 열전달량은 열을 전달하는 면적과 온도 차이에 비례한다.
\# 최근 주목받고 있는 해양 온도차 발전
\# 수심이 얕은 표층수는 수온이 높고, 수심이 깊은 심층수는 수온이 낮음.
[ ]: 해양 온도차 발전의 원리 – 수심에 따른 해양의 온도차를 활용함.
\# 열을 전달하는 면적 ↑, 온도 차이 ↑ → 열전달량 ↑ → 발전 효율 ↑

냉매: 냉동기 따위에서, 저온 물체로부터 고온 물체로 열을 끌어가는 매체
냉각하다: 식혀서 차게 하다.
순환하다: 주기적으로 자꾸 되풀이하여 돌다.
기화: 액체가 기체로 변함. 또는 그런 현상
액화: 기체가 냉각·압축되어 액체로 변하는 현상. 또는 그렇게 만드는 일
비례하다: 한쪽의 양이나 수가 증가하는 만큼 그와 관련 있는 다른 쪽의 양이나 수도 증가하다.

＊① 문단 요약 : 해양 온도차 발전의 개념과 원리

① 발전 설비는 냉매 펌프, 기화기, 터빈, 응축기 등의 기기로 구성된다. ② 이 기기들은 냉매가 이동할 수 있는 배관으로 연결되어 있고, 냉매는 이 배관을 따라 기기들을 순차적으로 지나며 순환한다. ③ 냉매 펌프는 배관에 일정한 압력을 가하여 액체 상태의 냉매를 기화기 입구 쪽으로 이동시킨다. ④ 기화기의 내부에는 냉매가 이동하는 다수의 배관이 있으며, 기화기 양옆에는 표층수가 이동하는 취수관과 배수관이 있다. ⑤ 기화기 입구로 들어온 냉매가 다수의 배관을 따라 기화기 내부를 이동할 때, 취수관을 통해 기화기 내부로 유입된 고온의 표층수와 열전달이 일어난다. ⑥ 이때 열전달을 마친 표층수는 배수관을 통해 바깥으로 배출되며, 냉매는 가열되어 액체와 기체가 혼합된 상태로 기화기 출구 쪽에 설치된 노즐로 이동한다. ⑦ 노즐은 좁은 구멍을 통해,
\# 냉매 펌프의 역할
\# 취수관과 배수관을 통해 표층수가 드나듦.
\# 고온의 표층수가 냉매를 가열함.

기화기 출구에서 터빈으로 이어진 배관으로 냉매를 내뿜는 역할을 한다. ⑧ 냉매는 노즐을 통과할 때 속도가 증가하여 냉매의 내부 압력은 감소한다. ⑨ 내부 압력이 감소한 냉매는 끓는점이 낮아져 모두 기체 상태가 되어 배관을 따라 터빈으로 이동한다.
\# 노즐의 역할

순차적: 순서를 따라 차례대로 하는 것
유입되다: 액체나 기체, 열 따위가 어떤 곳으로 흘러들게 되다.
혼합되다: 두 가지 이상의 물질이 화학적인 결합을 하지 아니하고 섞이다.

＊② 문단 요약 : 해양 온도차 발전의 과정 ①(냉매 펌프~기화기~노즐)

① 터빈은 회전식 기계 장치로, 회전하는 날개가 회전축에 부착되어 있다. ② 배관을 이동한 [냉매가 터빈의 내부 공간으로 유입될 때 냉매는 열에너지가 운동 에너지로 전환되면서 부피가 급격히 팽창하며 회전 날개를 움직인다.] ③ 이때 [냉매가 회전 날개를 움직이며 발생한 회전 날개의 운동 에너지는 회전축과 연결된 발전기를 구동시키면서 전기 에너지를 생산]한다. ④ 이 과정에서 회전 날개를 움직이며 기체 상태를 유지할 에너지를 상실한 냉매는 온도가 떨어져 액체와 기체가 혼합된 상태가 되어 배관을 통해 응축기로 이동한다.
\# [ ]: 터빈 내부에서 이루어지는 과정
\# [ ]: 발전기에서 전기 에너지가 생산되는 원리

부착되다: 떨어지지 아니하게 붙다.

＊③ 문단 요약 : 해양 온도차 발전의 과정 ②(터빈)

① 응축기의 내부에는 기화기와 마찬가지로 냉매가 이동하는 다수의 배관이 있으며, 응축기 양옆에는 심층수가 이동하는 취수관과 배수관이 있다. ② 응축기 입구로 들어온 냉매가 다수의 배관을 따라 응축기 내부를 이동할 때, 취수관을 통해 응축기 내부로 유입된 저온의 심층수와 열전달이 일어난다. ③ 이때 열전달을 마친 심층수는 배수관을 통해 바깥으로 배출되며, 냉매는 냉각되어 액체 상태로 노즐이 없는 응축기 출구를 지나, 냉매 펌프를 거쳐 다시 기화기로 이동한다.
\# 취수관과 배수관을 통해 심층수가 드나듦.
\# 저온의 심층수가 냉매를 냉각시킴.

배출되다: 안에서 밖으로 밀려 내보내지다.

＊④ 문단 요약 : 해양 온도차 발전의 과정 ③(응축기~냉매 펌프~기화기)

① 해양 온도차 발전은 바닷물의 온도 차이를 이용하므로 환경 오염을 일으키지 않으며, 재생 에너지원 중 경제적 가치가 높은 것으로 평가받고 있다. ② 특히, 우리나라 동해는 수심이 깊고 난류가 흘러들어서 해양 온도차 발전에 유리하다고 평가받기 때문에 앞으로 우리나라 전력 수급의 한 축을 담당할 수 있을 것으로 기대된다.
해양 온도차 발전의 장점 ①
해양 온도차 발전의 장점 ②
\# 우리나라 동해가 해양 온도차 발전에 유리하다고 평가받는 이유

난류: 적도 부근의 저위도 지역에서 고위도 지역으로 흐르는 따뜻한 해류

＊⑤ 문단 요약 : 해양 온도차 발전의 장점과 긍정적 전망

■ 전체 지문 이해도
해양 온도차 발전에서 에너지를 생산하는 과정

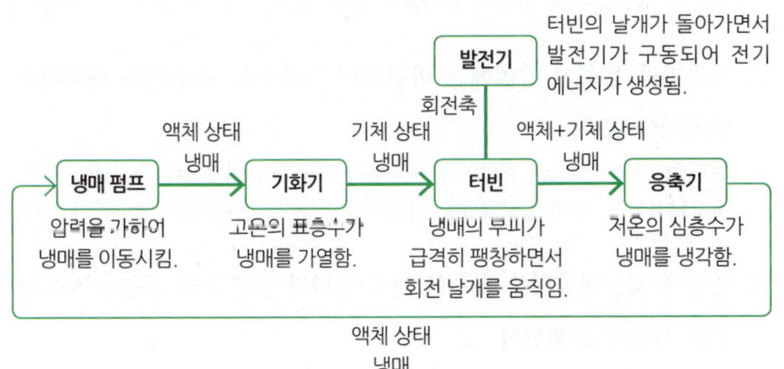

■ 지문 내용과 구조

1문단	해양 온도차 발전: 표층수로 냉매를 가열하고, 심층수로 냉매를 냉각하는 과정을 반복하여 전력을 생산함.	
2문단	**해양 온도차 발전의 과정 ①**	
	발전 설비	역할
	냉매 펌프	배관에 압력을 가하여 냉매를 기화기 입구로 이동시킴.
	기화기	– 취수관을 통해 유입된 고온의 표층수와 냉매 사이의 열전달이 일어남. – 가열된 냉매는 노즐로 이동함.
	노즐	– 좁은 구멍을 통해 터빈으로 냉매를 내뿜음. – 속도가 증가하여 냉매 내부의 압력이 감소함.
3문단	**해양 온도차 발전의 과정 ②**	
	발전 설비	역할
	터빈	냉매가 터빈 내부로 유입될 때 냉매의 열에너지가 운동 에너지로 전환됨. → 부피가 팽창하며 회전 날개가 움직임. → 발전기를 구동시켜 전기 에너지를 생산함. → 냉매는 에너지를 상실하여 온도가 떨어진 채로 응축기로 이동함.
4문단	**해양 온도차 발전의 과정 ③**	
	발전 설비	역할
	응축기	– 취수관을 통해 유입된 저온의 심층수와 냉매 사이의 열전달이 일어남. – 냉각된 냉매는 냉매 펌프를 거쳐 다시 기화기로 이동함.
5문단	**해양 온도차 발전의 장점과 긍정적 전망** – 장점 ①: 환경오염을 일으키지 않음. – 장점 ②: 재생 에너지원 중 경제적 가치가 높음.	

```
                    ┌ 2문단 ──→ 3문단 ──→ 4문단
  1문단              │ 발전 과정 ①   발전 과정 ②   발전 과정 ③
  해양 온도차 발전의  ┤
  개념과 원리        │
                    └ 5문단
                      해양 온도차 발전의 장점과 전망
```

■ **주제**: 해양 온도차 발전의 개념과 원리 및 전망

22 정답 ② ＊내용 파악하기 ·························· [정답률 93%]

윗글의 내용과 일치하지 <u>않는</u> 것은?

＞왜 정답 ?

② 노즐은 냉매가 좁은 공간으로 지나가게 하여 속도를 <u>감소</u>시키는 (증가)
역할을 한다.

[2문단 ❼, ❽문장 노즐은 좁은 구멍을 통해, ~ 냉매는 노즐을 통과할 때 속도가 증가하여 ~

＞왜 오답 ?

① 해양 온도차 발전은 재생 에너지원의 하나로 최근 주목받고 있다.

[1문단 ❶문장 최근 해양에서 얻을 수 있는 재생 에너지원에 대한 관심이 커지면서 해양 온도차 발전이 주목받고 있다.

③ 기화기와 응축기 양옆에는 바닷물이 드나드는 취수관과 배수관이 연결되어 있다.
(심층수가 이동하는 취수관과 배수관이 연결되어 있음.)
(표층수가 이동하는 취수관과 배수관이 연결되어 있음.)

[2문단 ❹문장 ~ 기화기 양옆에는 표층수가 이동하는 취수관과 배수관이 있다.
[4문단 ❶문장 ~ 응축기 양옆에는 심층수가 이동하는 취수관과 배수관이 있다.

④ 해양에서는 태양열을 흡수한 정도에 따라 표층수와 심층수 사이에 온도 차이가 발생한다.
(수심이 깊은 심층수 – 수온이 낮음.)
(수심이 얕은 표층수 – 수온이 높음.)

[1문단 ❷문장 해양에서는 태양열을 흡수한 정도에 따라, 수심이 얕은 표층수와 수심이 깊은 심층수 사이에 온도 차이가 발생한다.

⑤ 우리나라 동해는 수심이 깊고 난류가 흘러들어서 해양 온도차 발전에 유리하다고 평가받는다.

[5문단 ❷문장 특히, 우리나라 동해는 수심이 깊고 난류가 흘러들어서 해양 온도차 발전에 유리하다고 평가받기 때문에 ~

23~24 〈보기〉는 윗글의 내용을 냉매의 이동을 중심으로 도식화한 것이다. 윗글을 참고하여 23번과 24번의 물음에 답하시오.

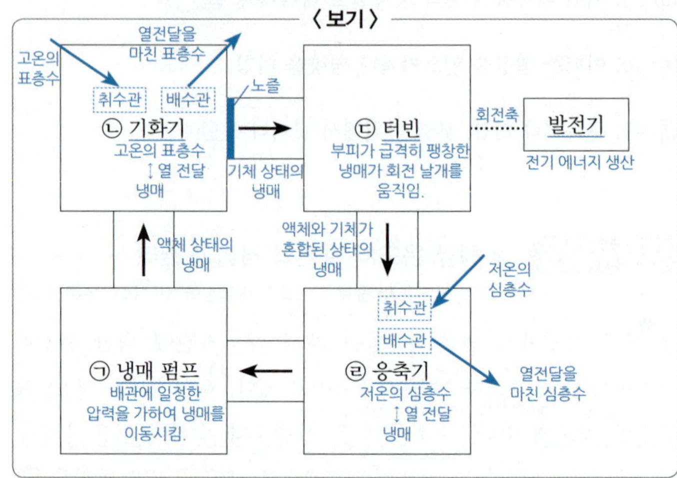

23 정답 ② ＊내용 파악하기 ·························· [정답률 83%]

윗글을 참고하여 〈보기〉의 ㉠~㉣에 대해 이해한 내용으로 적절하지 <u>않은</u> 것은? [3점]

＞왜 정답 ?

② ㉡의 취수관을 통해 들어오는 해수의 온도는 ㉣의 취수관을 통해 들어오는 해수의 온도보다 <u>낮다</u>. (높음.)
(㉣ '응축기'의 취수관을 통해 들어오는 해수: 저온의 심층수)
(㉡ '기화기'의 취수관을 통해 들어오는 해수: 고온의 표층수)

[2문단 ❺문장 ~ 취수관을 통해 기화기 내부로 유입된 고온의 표층수와 ~
[4문단 ❷문장 ~ 취수관을 통해 응축기 내부로 유입된 저온의 심층수와 ~

＞왜 오답 ?

① ㉠은 배관에 일정한 압력을 가하여 냉매를 ㉡으로 이동시킨다.
('냉매 펌프') ('기화기')

[2문단 ❸문장 냉매 펌프는 배관에 일정한 압력을 가하여 액체 상태의 냉매를 기화기 입구 쪽으로 이동시킨다.

③ ㉢의 내부 공간으로 유입될 때 냉매는 부피가 급격히 팽창한다.
('터빈') (열에너지가 운동 에너지로 전환되면서 부피가 급격히 팽창함.)

[3문단 ❷문장 배관을 이동한 냉매가 터빈의 내부 공간으로 유입될 때 냉매는 열에너지가 운동 에너지로 전환되면서 부피가 급격히 팽창하며 ~

④ ㉢의 회전 날개에서 발생한 운동 에너지는 발전기를 구동시켜 전기 에너지를 생산한다.
('터빈') (회전축과 연결된 발전기를 구동시켜 전기 에너지를 생상함.)

[3문단 ❸문장 이때 냉매가 회전 날개를 움직이며 발생한 회전 날개의 운동 에너지는 회전축과 연결된 발전기를 구동시키면서 전기 에너지를 생산한다.

⑤ ㉣과 달리 ㉡은 냉매가 이동하는 출구 쪽에 노즐이 설치되어 있다.
('기화기') ('응축기')

[2문단 ❻문장 ~ 냉매는 ~ 기화기 출구쪽에 설치된 노즐로 이동한다.
[4문단 ❸문장 ~ 냉매는 ~ 노즐이 없는 응축기 출구를 지나, ~

24 정답 ③ ✳ 반응의 적절성 파악하기 ····················· [정답률 71%]

윗글을 바탕으로 〈보기〉에 대해 보인 반응으로 적절하지 <u>않은</u> 것은?

〉왜 정답?

③ ⓛ으로 유입되는 냉매의 온도는 ⓒ으로 유입되는 냉매의 온도보다
'기화기'   '터빈'
더 높겠군.
  낮음.

┌ ②문단 ❻, ❼문장 ~ 냉매는 가열되어 액체와 기체가 혼합된 상태로 기화기
│ 출구 쪽에 설치된 노즐로 이동한다. 노즐은 좁은 구멍을 통해, 기화기
│ 출구에서 터빈으로 이어진 배관으로 냉매를 내뿜는 역할을 한다.
│   가열된 냉매가 ⓒ'터빈'으로 유입됨.
└ ④문단 ❸문장 ~ 냉매는 냉각되어 액체 상태로 노즐이 없는 응축기 출구를
  지나, 냉매 펌프를 거쳐 다시 기화기로 이동한다.
    냉각된 냉매가 ⓛ '기화기'로 유입됨.

ⓛ '기화기' 내부로 유입된 고온의 표층수와 열전달을 마친 냉매는 가열되어
ⓒ '터빈'으로 유입된다.

ⓒ '터빈'으로 유입된 냉매는 급격히 팽창하며 회전 날개를 움직이고, 에너지를
상실하여 액체와 기체가 혼합된 상태로 응축기로 이동한다. 응축기에서 저온의
심층수와 열전달을 마친 냉매는 냉각되어 냉각 펌프를 거쳐 ⓛ '기화기'로 유입된다.

따라서 ⓛ '기화기'로 유입되는 냉매의 온도는 ⓒ '터빈'으로 유입되는 냉매의
온도보다 더 낮다.

〉왜 오답?

① ㉠을 지나는 냉매는 액체 상태이겠군.
  '냉매 펌프'   액체 상태로 기화기로 이동함.

┌ ②문단 ❸문장 냉매 펌프는 배관에 일정한 압력을 가하여 액체 상태의 냉매를
└ 기화기 입구 쪽으로 이동시킨다.
                    ㉠

② ⓛ을 나와 ⓒ으로 이동하는 냉매는 기체 상태이겠군.
  '기화기'   '터빈'   내부 압력이 감소하여 기체 상태가 되어 ⓒ '터빈'으로 이동함.

┌ ②문단 ❾문장 내부 압력이 감소한 냉매는 끓는점이 낮아져 모두 기체 상태가
└ 되어 배관을 따라 터빈으로 이동한다.
                      ⓒ

④ ⓒ에서 나갈 때 냉매는 액체와 기체가 혼합된 상태이겠군.
  '터빈'   기체 상태를 유지할 에너지를 상실하여 온도가 떨어짐.

┌ ③문단 ❹문장 ~ 냉매는 온도가 떨어져 액체와 기체가 혼합된 상태가 되어
└ 배관을 통해 응축기로 이동한다.

⑤ ⓔ로 들어올 때보다 나갈 때의 냉매의 온도가 더 낮겠군.
  '응축기'   저온의 심층수와 열전달이 일어나 냉각됨.

┌ ④문단 ❷, ❸문장 응축기 입구로 들어온 냉매가 ~ 저온의 심층수와 열전달이
└ 일어난다. ~ 냉매는 냉각되어 액체 상태로 노즐이 없는 응축기 출구를 지나, ~

25 정답 ① ✳ 내용 파악+추론하기 ························ [정답률 88%]

윗글을 읽은 학생이 〈보기〉와 같이 메모했을 때, ㉮~㉰에 들어갈 말로 적절한 것은?

┌──────────────〈 보기 〉──────────────┐
│ 해양 온도차 발전 설비에서는 해수와 냉매 사이의 온도 차이가
│   해수와 냉매 사이의 열을 전달하는 면적과 열 전달량, 발전 효율의 관계
│ (㉮   ) 해수와 냉매 사이의 열을 전달하는 면적이 (㉯   )
│   해수와 냉매 사이의 온도 차이와 열 전달량, 발전 효율의 관계
│ 열 전달량이 (㉰   ), 발전 효율은 높아진다.
│   열 전달량과 발전 효율의 관계
└──────────────────────────────────┘

〉왜 정답 · 오답?

	㉮	㉯	㉰
①	클수록	넓을수록	많아지고

┌ ①문단 ❸~❺문장 일반적으로 해양 온도차 발전은 약 20℃를 유지하는
│ 표층수로 냉매를 가열하고, 약 4℃를 유지하는 심층수로 냉매를 냉각하는
│ 과정을 반복하여 전력을 생산한다. 이 과정에서 냉매는 ~ 열전달을 통해
│ 기화와 액화를 반복한다. 이때 열전달이란 고온부의 열에너지가 저온부로
└ 전달되는 현상으로, 열전달량은 열을 전달하는 면적과 온도 차이에 비례한다.

해양 온도차 발전은 고온의 표층수로 냉매를 가열하고 저온의 심층수로 냉매를
냉각하는 열전달 과정을 통해 전력을 생산한다.

이때 열전달량은 열을 전달하는 면적과 온도 차이에 비례하고, 열전달량이
많아질수록 전력 생산량도 많아질 것이므로 발전 효율이 높아진다.

따라서 ㉮에 들어갈 말은 '클수록', ㉯에 들어갈 말은 '넓을수록', ㉰에 들어갈 말은
'많아지고'이다.

26~30 ✳ 원가회계의 개념과 원가 분류 ─────────

✳ # 출제 ⊜ 글 전체 핵심어 ▮ 글 전체 중심 문장

❶ 1 **원가회계**란 정확한 원가나 수익을 측정하고 분석하는 경영 관리
활동 중 하나이다. ❷ 여기서 원가란 [기업이 제품을 만들기 위해 재료를
     # 원가회계의 개념   # [ ] : 원가의 개념
구입하거나 서비스를 얻기 위해 소비된 경제적 가치를 화폐액으로
측정한 것]으로, 기업의 입장에서는 [원가가 항목별로 얼마나
                              # [ ] : 원가에 대한 정보의 필요성
소비되었는지를 알아야 기업을 경영하는 데 필요한 의사 결정을 할 수
있다]. ❸ 그래서 기업은 원가를 항목별로 분류하여 집계하고 분석하기
위해 원가회계를 활용한다.
기업이 원가회계를 활용하는 이유

측정하다: 일정한 양을 기준으로 하여 같은 종류의 다른 양의 크기를 재다.
분석하다: 얽혀 있거나 복잡한 것을 풀어서 개별적인 요소나 성질로 나누다.
분류하다: 종류에 따라서 가르다.
집계하다: 따로따로 계산된 것들을 한데 모아서 계산하다.

✳ 1 문단 요약 : 원가회계와 원가의 개념과 기업이 원가회계를 활용하는 이유

❶ 2 먼저 원가회계에서는 원가를 크게 제조원가와 비제조원가로
나눈다. ❷ **제조원가**는 재료비, 인건비, 기계 설비 대여비, 공장 임차료
                    # 제조원가의 예
등과 같이, 기업이 재료를 구입하고 제품을 만드는 활동에서 소요된
모든 비용이다. ❸ **비제조원가**는 광고비나 운반비 등과 같이, 생산된
    # 제조원가의 개념   # 비제조원가의 예
제품을 판매하고 관리하는 활동에서 소요된 모든 비용으로,
                  # 비제조원가의 개념
제조원가를 제외한 모든 원가이다. ❹ 일반적으로 제조원가와
                              # 기업이 판매가격을 책정할 때 고려하는 요소
비제조원가의 합에 예상 수익을 더한 것이 판매가격이 된다.
❺ 원가회계에서는 제조원가를 계산할 때 단위당 제조원가를 기준으로
한다. ❻ 여기서 단위당 제조원가는 특정 기간에 생산된 제품 한 개의
    # 제조원가를 계산할 때 활용하는 기준
제조원가를 의미하는 것으로, 발생한 제조원가의 총액을 총생산량으로
    단위당 제조원가 = 발생한 제조원가의 총액 / 총생산량
ⓐ 나누어 구한다.
✳ 2 문단 요약 : 제조원가와 비제조원가의 개념과 예

┌─ 2문단 지문 이해도 ─────────────────────┐
│ | | 기업이 재료를 구입하고 제품을 만드는 활동에서 소요된 모든
│ | 제조원가 | 비용 재료비, 인건비, 기계 설비 대여비, 공장 임차료 등
│ 원가 |──────────|──────────────────────────────
│ | 비제조원가 | 기업이 생산된 제품을 판매하고 관리하는 활동에서 소요된
│ | | 모든 비용(제조원가를 제외한 모든 원가) 광고비, 운반비 등
│─────────────────────────────────────
│ 제조원가 + 비제조원가 + 예상 수익 ➡ 판매가격
└─────────────────────────────────────┘

③ 한편 원가회계에서는 원가행태에 따라 원가를 분류하기도 한다. **②** 원가행태란 조업도의 변화에 따라, 발생한 원가의 총액이 일정한 방식으로 변화하는 움직임을 의미한다. **③** 이때 조업도란 기업이 자원을 최대한 투입하여 생산할 수 있는 규모에서, 현재 어느 정도를 # 조업도의 개념 생산하고 있는가를 의미하는 것이다. **④** 조업도는 주로 생산량으로 조업도 ≒ 생산량 나타낼 수 있는데, 예를 들어 조업도가 80%라면, 기업이 최대로 생산할 수 있는 총생산량의 80%를 생산하고 있다는 뜻이다. **⑤** 일반적으로 조업도와 기업의 수익은 비례할 것이라 예측하기 쉽지만, 경우에 따라서는 비용이 추가로 지출될 수 있어 오히려 단위당 # 원가회계에서 조업도의 범위를 임의로 정하는 이유 제조원가의 변화를 예측하기 어려울 수 있다. **⑥** 그래서 원가회계에서는 조업도의 변화에 따른 원가의 움직임을 유효하게 적용할 수 있는 조업도의 범위를 임의로 정하고, 그 범위 안의 원가행태를 분석한다.

비례하다: 한쪽의 양이나 수가 증가하는 만큼 그와 관련 있는 다른 쪽의 양이나 수도 증가하다.
지출되다: 어떤 목적을 위하여 돈이 지급되다. **유효하다**: 보람이나 효과가 있다.

* ③문단 요약 : 원가행태와 조업도의 개념

④ 이러한 원가행태에 따라 원가를 분류하면 고정원가, 변동원가, # 원가를 고정원가, 변동원가, 혼합원가로 나누는 기준 혼합원가로 나눌 수 있다. **②** 먼저 고정원가는 조업도의 변화와 상관없이 # 고정원가의 개념 원가의 총액이 일정하게 발생하는 것으로, 기계 설비 대여비, 공장 고정원가의 예 임차료 등을 들 수 있다. **③** 예를 들어 제과점이 빵을 만들기 위해 일정 금액을 지불하고 공장을 1년간 빌렸다면, 임차료로 발생한 원가의 총액은 빵을 생산하지 않아도 일정하다. **④** 또한 빵 생산량이 늘거나 # 고정원가는 조업도와 관련 없이 일정함. 줄어도 임차료로 발생한 원가의 총액은 항상 일정하다. **⑤** 따라서 빵 하나를 생산하는 데 필요한 단위당 임차료는 조업도가 증가할수록 임차료의 총액 / 총생산량 오히려 감소한다. 임차료의 총액은 동일한데 총생산량이 증가함.

일정하다: 어떤 것의 양, 성질, 상태, 계획 따위가 달라지지 아니하고 한결같다.
임차료: 남의 물건을 빌려 쓰는 대가로 내는 돈

* ④문단 요약 : 고정원가의 개념과 예

⑤ 다음으로 변동원가는 조업도의 변화에 따라 원가의 총액이 # 변동원가의 개념 비례적으로 증가하거나 감소하는 것으로, 대표적인 예로 제품의 # 조업도↑ → 변동원가의 총액↑ # 변동원가의 대표적인 예 재료비를 들 수 있다. **②** 가령 제과점에서 빵 생산량을 늘리면 그만큼 밀가루 구입비도 늘어나므로, 밀가루 구입비로 발생한 원가의 총액은 조업도의 증가에 따라 비례하여 증가한다. **③** 따라서 빵 하나를 생산하는 데 필요한 단위당 밀가루 구입비는 조업도의 증감과 상관없이 동일하다.

증감: 많아지거나 적어짐. 또는 늘거나 줄임.

* ⑤문단 요약 : 변동원가의 개념과 예

⑥ 마지막으로 혼합원가는 고정원가와 변동원가의 합으로, 전기 # 혼합원가의 개념 요금이 대표적인 예이다. **②** 전기 요금은 사용량과 관계없이 발생하는 # 혼합원가의 예 변동원가의 특성 기본요금과 사용량에 따라 발생하는 추가 요금으로 이루어져 있어 고정원가의 특성 고정원가와 변동원가의 특성을 모두 가진다. **③** 그래서 전기 요금으로 발생한 원가의 총액은 조업도의 증가에 따라 비례하여 증가하고, # 조업도↑ → 전기 요금으로 발생한 원가의 총액↑ 단위당 전기 요금은 조업도가 증가할수록 감소한다. # 조업도↑ → 단위당 전기 요금↓

* ⑥문단 요약 : 혼합원가의 개념과 예

4~6문단 지문 이해도

원가	고정원가	조업도의 변화와 상관없이 원가의 총액이 일정하게 발생하는 것 ⑩ 기계 설비 대여비, 공장 임차료 등
	변동원가	조업도의 변화에 따라 원가의 총액이 비례적으로 증가하거나 감소하는 것 ⑩ 제품의 재료비
	혼합원가	고정원가와 변동원가의 합 ⑩ 전기 요금

⑦ 이러한 고정원가, 변동원가, 혼합원가를 활용하여 기업은 효율적으로 경영 관리 활동을 할 수 있다. **②** 가령 ㉠ 기계 설비 대여비에 # 원가 정보를 파악하여 기업이 얻을 수 있는 효과 투자한 비용이 커서 고정원가 비중이 변동원가보다 높은 기업은 # 조업도↑ → 단위당 기계 설비 대여비↓ → 기업의 수익↑ 조업도를 높이는 데 집중하면 기업의 수익을 높이는 데 효과적이다.

* ⑦문단 요약 : 원가 정보를 활용한 효율적인 경영 관리 활동

■ **지문 내용과 구조**

①문단	**원가회계와 원가의 개념 및 필요성** – 원가회계: 정확한 원가나 수익을 측정하고 분석하는 경영 관리 활동 중 하나 – 원가: 기업이 제품을 만들기 위해 재료를 구입하거나 서비스를 얻기 위해 소비된 경제적 가치를 화폐액으로 측정한 것 → 원가의 항목별 소비를 알아야 기업 경영에 필요한 의사결정을 할 수 있음.
②문단	**제조원가와 비제조원가의 개념과 예** – 제조원가: 기업이 재료를 구입하고 제품을 만드는 활동에서 소요된 모든 비용 → 단위당 제조원가를 기준으로 함. ⑩ 재료비, 인건비, 기계 설비 대여비, 공장 임차료 등 – 비제조원가: 기업이 생산된 제품을 판매하고 관리하는 활동에서 소요된 모든 비용(제조원가를 제외한 모든 원가) ⑩ 광고비, 운반비 등
③문단	**원가행태와 조업도의 개념** – 원가행태: 조업도의 변화에 따라, 발생한 원가의 총액이 일정한 방식으로 변화하는 움직임 – 조업도: 기업이 자원을 최대한 투입하여 생산할 수 있는 규모에서, 현재 어느 정도를 생산하고 있는가를 의미함. → 주로 생산량으로 나타냄.
④문단	**고정원가**: 조업도의 변화와 상관없이 원가의 총액이 일정하게 발생하는 것 → 단위당 고정원가는 조업도가 증가할수록 감소함. ⑩ 기계 설비 대여비, 공장 임차료 등
⑤문단	**변동원가**: 조업도의 변화에 따라 원가의 총액이 비례적으로 증가하거나 감소하는 것 → 단위당 변동원가는 조업도의 증감과 상관없이 동일함. ⑩ 재료비
⑥문단	**혼합원가**: 고정원가와 변동원가의 합 → 총액은 조업도의 증가에 따라 비례함. ⑩ 전기 요금
⑦문단	**원가 정보를 활용한 효율적인 경영 관리 활동**: 효율적인 경영 관리 활동을 위해 고정원가, 변동원가, 혼합원가를 활용함.

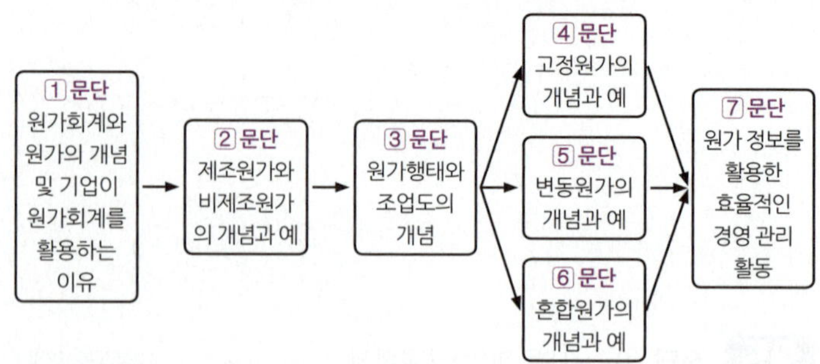

■ **주제**: 원가회계의 개념과 원가 분류

26 정답 ③ ＊내용 파악하기 ·································· [정답률 90%]

윗글을 읽고, 답을 찾을 수 <u>없는</u> 질문은?

> **왜** 정답 ?

③ 비제조원가를 <u>줄일 수 있는</u> 구체적인 방법은 무엇인가?
　　　　　　윗글에 제시되지 않음.

> **왜** 오답 ?

① 원가의 개념은 무엇인가?

[①문단 ②문장] 여기서 원가란 기업이 제품을 만들기 위해 재료를 구입하거나 서비스를 얻기 위해 소비된 경제적 가치를 화폐액으로 측정한 것으로, ~

② 변동원가의 예로 들 수 있는 것은 무엇인가?
　　　　제품의 재료비

[⑤문단 ①문장] 다음으로 변동원가는 ~ 대표적인 예로 제품의 재료비를 들 수 있다.

④ 기업이 원가 정보를 파악하여 얻을 수 있는 효과는 무엇인가?
　　　효율적인 경영 관리 활동을 할 수 있음.

[⑦문단 ①문장] 이러한 고정원가, 변동원가, 혼합원가를 활용하여 기업은 효율적으로 경영 관리 활동을 할 수 있다.

⑤ 기업이 판매가격을 책정하는 데 고려할 수 있는 요소는 무엇인가?
　　제조원가, 비제조원가, 예상 수익

[②문단 ④문장] 일반적으로 제조원가와 비제조원가의 합에 예상 수익을 더한 것이 판매가격이 된다.

[고려하다: 생각하고 헤아려 보다.]

---

27 정답 ② ＊내용 파악하기 ·································· [정답률 71%]

[원가회계]에 대한 설명으로 적절하지 <u>않은</u> 것은?

> **왜** 정답 ?

② 원가회계에서는 원가를 원가행태에 따라 <u>제조원가와 비제조원가</u>로 나눈다.
　　　　　　　　　　고정원가, 변동원가, 혼합원가

[④문단 ❶문장] 이러한 원가행태에 따라 원가를 분류하면 고정원가, 변동원가, 혼합원가로 나눌 수 있다.

> **왜** 오답 ?

① 원가회계에서는 단위당 제조원가를 기준으로 제조원가를 계산한다.

[②문단 ❺문장] 원가회계에서는 제조원가를 계산할 때 단위당 제조원가를 기준으로 한다.

③ 기업은 원가를 항목별로 분류하여 집계하고 분석하기 위해 원가회계를 활용한다.

[①문단 ❸문장] 그래서 기업은 원가를 항목별로 분류하여 집계하고 분석하기 위해 원가회계를 활용한다.

④ 원가회계는 정확한 원가나 수익을 측정하고 분석하는 경영 관리 활동 중 하나이다.

[①문단 ❶문장] 원가회계란 정확한 원가나 수익을 측정하고 분석하는 경영 관리 활동 중 하나이다.

⑤ 원가회계는 조업도의 변화에 따른 원가의 움직임을 유효하게 적용할 수 있는 조업도의 범위를 임의로 정한다.

[③문단 ❻문장] 그래서 원가회계에서는 조업도의 변화에 따른 원가의 움직임을 유효하게 적용할 수 있는 조업도의 범위를 임의로 정하고, ~

---

28 정답 ③ ＊구체적 사례나 상황에 적용하기 ★1등급 대비

[① 5%　② 14%　③ 44%　④ 28%　⑤ 7%]

〈보기〉는 윗글을 이해하기 위한 학습지의 일부이다. 윗글을 바탕으로 〈보기〉에 대해 보인 반응으로 적절하지 <u>않은</u> 것은? [3점]

〈 보기 〉

❶ A 회사는 나무 의자 제조를 위해 무인 자동화 기계 설비를 대여하고 2023년 1월부터 1년간 공장을 임차하여 근로자 없이 공장을 가동하였다. ❷ 이 회사는 2023년 1월부터 3월까지 의자를 1200개 생산하였고, 지역 신문에 광고를 실어 매달 생산한 의자를 모두 해당 월에 판매하였다. ❸ 다음은 이 회사의 2023년 1월부터 3월까지의 원가 분석 자료이다.

항목 ＼ 월	1월	2월	3월
의자 생산량 조업도	200개	400개	600개
목재 구입비(개당) 변동원가	5만 원 총 목재 구입비: 200×5만 원 =1,000만 원	5만 원 총 목재 구입비: 400×5만 원 =2,000만 원	5만 원 총 목재 구입비: 600×5만 원 =3,000만 원
공장 임차료 고정원가	100만 원	100만 원	100만 원
기계 설비 대여비 고정원가	10만 원	10만 원	10만 원
공장 전기 요금 혼합원가	15만 원	25만 원	35만 원
광고비 비제조원가	1만 원	1만 원	1만 원

❹ (단, 제시된 항목 외에 다른 비용은 발생하지 않았고, 조업도는 생산량으로 나타냄.)

임차하다: 돈을 내고 남의 물건을 빌려 쓰다.
가동하다: 사람이나 기계 따위가 움직여 일하다. 또는 사람이나 기계 따위를 움직여 일하게 하다.

단서+발상

[단서] 〈보기〉는 A 회사의 원가 분석 자료로, 윗글을 바탕으로 〈보기〉에 대해 보인 반응을 묻고 있다.

[발상] 〈보기〉에 적용할 윗글의 내용을 정리한다.
→ 비제조원가, 조업도, 고정원가, 변동원가, 혼합원가의 개념

[적용] 윗글의 내용을 〈보기〉에 적용한다.

비제조원가	생산된 제품을 판매하고 관리하는 활동에서 소요된 모든 비용 → 〈보기〉 A 회사의 광고비		
조업도	생산량 → 〈보기〉 A 회사의 의자 생산량		
고정원가	조업도의 변화와 상관없이 원가의 총액이 일정하게 발생하는 것 → 〈보기〉 A 회사의 공장 임차료, 기계 설비 대여비		
변동원가	조업도의 변화에 따라 원가의 총액이 비례적으로 증가하거나 감소하는 것 → 〈보기〉 A 회사의 월별 총 목재 구입비(월별 의자 생산량 × 목재 구입비)		
	1월	2월	3월
	1,000만 원	3,000만 원	3,000만 원
혼합원가	고정원가와 변동원가의 합. 조업도가 증가할수록 단위당 전기 요금이 감소함. → 〈보기〉 A 회사의 공장 전기 요금		

[해결] 2월에 비하여 3월에 조업도가 증가함. → 2월에 비하여 3월에 단위당 전기 요금이 감소함.

③ 단위당 공장 전기 요금은 2월에 비하여 3월에 <s>증가</s>하는군.
　　　　　　　　　　　　　　　　　　　　　감소함.

[6]문단 ❸문장 그래서 전기 요금으로 발생한 원가의 총액은 조업도의 증가에 따라 비례하여 증가하고, 단위당 전기 요금은 조업도가 증가할수록 감소한다.

　혼합원가인 전기 요금의 총액은 조업도의 증가에 따라 비례하여 증가한다. 반면, 단위당 전기 요금은 조업도가 증가할수록 감소한다.
　〈보기〉의 조업도, 즉 의자 생산량이 2월에 비하여 3월에 증가하였으므로, 단위당 전기 요금은 2월에 비하여 3월에 감소한다.

≯왜 오답 ?

① 1월부터 3월까지 비제조원가는 매달 동일하군.
　　　　　　　　　　　1만 원으로 매달 동일함.

[2]문단 ❸문장 비제조원가는 광고비나 운반비 등과 같이, 생산된 제품을 판매하고 관리하는 활동에서 소요된 모든 비용으로, ~

　A 회사의 광고비가 비제조원가에 해당한다. A 회사의 광고비는 1월부터 3월까지 1만 원으로 매달 동일하다.

② 목재 구입비로 발생한 원가의 총액은 3월이 가장 높군.
　　　　1월 = 1,000만 원 / 2월 = 2,000만 원 / 3월 = 3,000만 원

[5]문단 ❷문장 ~ 밀가루 구입비로 발생한 원가의 총액은 조업도의 증가에 따라 비례하여 증가한다.

　A 회사의 목재 구입비는 변동원가로, 목재 구입비로 발생한 원가의 총액은 조업도의 증가에 따라 비례하여 증가한다. 따라서 의자 생산량이 가장 많이 증가한 3월에 목재 구입비로 발생한 원가의 총액도 가장 높다.

④ 1월부터 3월까지 발생한 변동원가의 비중은 고정원가의 비중보다 높군.
　　　　　총 목재 구입비 > 공장 임차료, 기계 설비 대여료

[4]문단 ❷문장 먼저 고정원가는 조업도의 변화와 상관없이 원가의 총액이 일정하게 발생하는 것으로, 기계 설비 대여비, 공장 임차료 등을 들 수 있다.
[5]문단 ❶문장 다음으로 변동원가는 조업도의 변화에 따라 원가의 총액이 비례적으로 증가하거나 감소하는 것으로, 대표적인 예로 제품의 재료비를 들 수 있다.

　A 회사의 목재 구입비가 변동원가이며, 공장 임차료, 기계 설비 대여료가 고정원가이다.
　1월부터 3월까지 발생한 목재 구입비의 총액은 6,000만 원(1,000만 원 + 2,000만 원 + 3,000만 원) 이다. 한편 1월부터 3월까지 발생한 공장 임차료, 기계 설비 대여료의 총액은 330만 원이다.
　따라서 1월부터 3월까지 발생한 변동원가의 비중이 고정원가의 비중보다 높다.

> **매력 오답**　목재 구입비의 총액이 변동원가임을 파악하지 못해 틀린 학생들이 많았다. 표에 제시된 목재 구입비는 단위당 목재 구입비로, 변동원가를 계산하기 위해서는 월별 목재 구입비의 총액(의자 생산량 X 목재 구입비)을 활용해야 한다.

⑤ 4월에 생산량이 없더라도 공장 임차료로 발생한 원가의 총액은 변하지 않겠군.
　　　　　　　　　생산량에 영향을 받지 않고 고정되어 있음.

[4]문단 ❹문장 또한 빵 생산량이 늘거나 줄어도 임차료로 발생한 원가의 총액은 항상 일정하다.

　A 회사의 공장 임차료는 고정 원가로, 생산량에 영향을 받지 않고 고정되어 있다. 따라서 4월에 생산량이 없더라도 공장 임차료로 발생한 원가의 총액은 변하지 않는다.

29　정답 ③　＊ 내용 파악＋추론하기 ·························· [정답률 72%]

㉠의 이유를 추론한 내용으로 가장 적절한 것은?
'기계 설비 대여비에 투자한 비용이 커서 고정원가 비중이 변동원가보다 높은 기업은 조업도를 높이는 데 집중하면 기업의 수익을 높이는 데 효과적이다.'

≯왜 정답 ?

③ 조업도를 높이면 단위당 기계 설비 대여비가 감소하여 기업의
　　　　　　　　　　　총 기계 설비 대여비 / 생산량
　수익을 높이는 데 효과적이기 때문이겠군.
　　제조 원가가 감소한 만큼 예상 수익을 높일 수 있음.

[2]문단 ❹문장 일반적으로 제조원가와 비제조원가의 합에 예상 수익을 더한 것이 판매가격이 된다.
[4]문단 ❷문장 먼저 고정원가는 조업도의 변화와 상관없이 원가의 총액이 일정하게 발생하는 것으로, 기계 설비 대여비, 공장 임차료 등을 들 수 있다.
[4]문단 ❺문장 따라서 빵 하나를 생산하는 데 필요한 단위당 임차료는 조업도가 증가할수록 오히려 감소한다.

　㉠의 '기계 설비 대여비'는 고정원가이므로, 조업도가 증가할수록 단위당 고정원가가 감소한다. 조업도가 증가해도 기계 설비 대여비는 일정하기 때문이다.
　'판매가격 = 제조원가 + 비제조원가 + 예상 수익'이므로, 기업이 조업도를 높여 단위당 제조원가를 감소시키면 그만큼 예상 수익을 늘릴 수 있다.

≯왜 오답 ?

① 기계 설비 대여비 원가의 총액이 제품의 생산량이 늘어날수록
　<s>줄어들기</s> 때문이겠군.
　일정하기 때문임.

[4]문단 ❹문장 또한 빵 생산량이 늘거나 줄어도 임차료로 발생한 원가의 총액은 항상 일정하다.

　㉠의 '기계 설비 대여비'는 제품의 생산량이 늘어나도 일정하기 때문에, 제품의 생산량을 늘릴수록 단위당 기계 설비 대여비가 줄어들게 된다.

② 기계 설비 대여비 원가의 총액이 <s>단계별로 증가해야</s> 기업의
　　　　　　　　　　　　　　　　드러나지 않음.
　수익을 높일 수 있기 때문이겠군.

④ 단위당 기계 설비 대여비가 <s>증가함에 따라</s> 조업도가 증가하여
　　　　　　　　　　　　　　드러나지 않음.
　판매 가격을 올리는 데 효과적이기 때문이겠군.

⑤ 조업도를 높이면 기계 설비 대여비 원가의 총액이 비례적으로
　<s>증가</s>해서 제품의 판매가격이 <s>오르기</s> 때문이겠군.
　일정　　　　　　　　　　　　　알 수 없음.

＊ 근거: [2]문단 ❹문장, [4]문단 ❹문장
　㉠의 '기계 설비 대여비'는 제품의 생산량(조업도)이 늘어나도 일정하며, 조업도를 늘릴수록 단위당 기계 설비 대여비가 줄어들게 된다. 제품의 판매가격은 일반적으로 '제조원가 + 비제조원가 + 예상 수익'을 따른다. 이때 제품의 판매가격은 기업의 의사 결정에 따른 것으로, 조업도를 높일 때 제품의 판매가격이 오른다고 볼 수 없다.

30　정답 ①　＊ 어휘의 의미 파악하기 ·························· [정답률 90%]

밑줄 친 부분의 문맥적 의미가 ⓐ와 가장 유사한 것은?
'나누어' – '나눗셈을 하다.'라는 의미임.

≯왜 정답 ?

① 20을 5로 나누면 4가 된다.
　'나눗셈을 하다.'라는 의미임.

≯왜 오답 ?

② 나와 내 동생은 피를 나눈 형제이다.
　　　　　　　　'같은 핏줄을 타고나다.'라는 의미임.

③ 나는 고향 친구와 이야기를 나누었다.
　　　　　　　'말이나 이야기, 인사 따위를 주고받다.'라는 의미임.

④ 나는 아내와 모든 즐거움을 나누며 살았다.
　　　　　　　'즐거움이나 고통, 고생 따위를 함께하다.'라는 의미임.

⑤ 그들은 물건을 불량품과 정품으로 나누는 작업을 한다.
　　　　　　　'여러 가지가 섞인 것을 구분하여 분류하다.'라는 의미임.

31~34 * 전광용, 〈흑산도〉

출제   ❶ 중심인물, 배경   ❷ 중심 사건, 갈등   ❸ 서술상 특징

❸ 실제 지명을 활용하여 사실감과 현실성을 높임.(까막개 = 흑산도의 옛 이름)

1 까막개[黑浦]의 밤은 추위도 모르고 깊어만 갔다.

❶ 공간적 배경   ❶ 시간적 배경

[북술이는 동무들과 맞잡고 둥당의 노래를 부를 때는 아무 시름도

❶ 중심인물

없이 즐겁기만 했다.] 그러나 혼자서 이 노래를 읊조리면 얼굴

[ ]: ❸ 시점 – 전지적 작가 시점. 작품 밖의 서술자가 등장인물의 행동과 심리를 서술함.

모습조차 기억 속에 더듬기 어려운 어머니의 옛이야기처럼 서러움이

❸ 직유법을 통해 서러움을 비유적으로 표현함.   ❶ 공간적 배경

꿀컥 치밀었다. 둘레를 돌면서도 북술이의 눈은 이따금 ㉠ 갯가로

용바우를 떠올리는 공간

옮겨졌고, 그럴 때마다 용바우의 믿음직한 목소리가 귓전을 어루만져

❶ 중심인물   북술이가 용바우에게 의지하고 있음이 드러남.

슬픔을 가라앉히곤 했다.

갯가에서는 막걸리를 나누는 참이었는지 한참 잦았던 징소리가

어느 지방이나 산맥 가운데 가장 높은 봉우리

이번에는 더 세차게 마을을 스쳐서는 뒷주봉에 메아리를 울렸다.

= 할아버지

'한아부지가 기다릴라.'

❷ 중심 사건: 할아버지가 기다릴 것이라는 생각에 북술이가 아쉬움을 뒤로하고 집으로 향함.

아쉬운 생각도 없지 않았지만 노래 중간에서 뺑소니를 쳐 나온

북술이의 걸음은 집에 가까울수록 무거워만졌다.

둥당: 북, 장구, 가야금 따위를 두드리거나 타는 소리

한아부지: '할아버지'의 방언

*1 요약: 북술이가 갯가에서 빠져나와 집으로 향함.

2 당산 밑 낭떠러지에 등을 대고 다가붙은 갯집 큰방에는 불빛도

보이지 않았다. 정지와 큰방과 마루를 둘러싼 앞마당은 그대로

행길이자 갯가였다.

'이제서'의 방언

"인자사 와……."

❸ 방언(사투리)을 사용하여 작품의 향토적 분위기와 현장감을 느끼게 해줌.

굴뚝 뒤로 우거진 동백(冬柏)나무 그림자에서 불쑥 튀어나오는

소리였다.

"아이고 놀랐재라우, 누고……."

"나야, 나."

❷ 중심 사건: 북술이가 집으로 돌아오던 중 용바우와 만남.

용바우의 크고 벌어진 어깨가 북술이 앞으로 다가왔다.

❸ 용바우의 외양을 묘사하여 인물의 특징을 드러냄.

"난 또 누구라고, 갯가에서 벌써 왔는지라우."

= 용왕제(龍王祭)

"안 갔재라, 내일이 유왕님[龍王] 고사 모시는 날이랑이께."

용바우가 갯가에 가지 않은 이유

"응, 그랴."

'그래'의 방언

북술이는 깜빡 잊었던 용왕제(龍王祭)가 생각났다.

"그렇께로 술도 고기도 못 먹고 정히 한다이께."

용왕제를 지내려면 몸을 깨끗이 해야 하기 때문에 갯가에 가지 않음.

행길: '한길(차나 사람이 많이 다니는 큰길)'의 방언

용왕제(龍王祭): 음력 정월 14일에 배의 주인이 제주가 되어 뱃사공들이 지내는 제사

정히: 맑고 깨끗하게

*2 요약: 북술이가 집으로 가는 길에 용바우를 만남.

3 [까막개 사람들은 바다와 싸우면서 바다를 의지하고 살아왔다.

바다에 대해 양면적인 태도를 보이는 까막개 사람들

폭풍우를 만나면 바다가 △적이었고, 고요하게 잠자는 날이면 바다보다

△: 바다에 대한 까막개 사람들의 부정적 인식

다사로운 ○벗은 없었다.

○: 바다에 대한 까막개 사람들의 긍정적 인식

이 섬에서는 일 년의 넉 달은 농사가 살려 주고 나머지 여덟 달은

바다가 키워 주어 미역과 자반과 생선으로 목숨을 이었다.

바다에 의지해 생계를 유지하는 까막개 사람들(삶의 터전으로서의 바다)

그들은 바다에서 나서 바다에서 죽었다. 용바우 아버지도 그랬고,

바다로 인해 목숨을 잃기도 함.(시련의 공간으로서의 바다)

북술이 아버지도 그러했다. 원수인 바다에 끝없는 저주를 보내면서

바다에 대한 지성은 그들의 신앙이었다.

바다에 대한 숭배 ➡ 용왕제를 지냄.

그러기에 가장 허물없고 깨끗한 젊은이들이 해마다 정초에는

용왕제 집사(執事)로 뽑혔다. 용바우도 금년에는 이 정성스러운 일에

(올해)

한몫 들었다.] ❸ [ ] – 까막개 사람들의 생활을 요약적으로 제시함.

지성: 지극한 정성   정초: 정월의 초승. 또는 그해의 맨 처음

집사(執事): 제사를 주관하는 사람

*3 요약: 까막개 사람들의 생활과 바다에 대한 인식

4 [용바우는 열다섯에 첫 배를 탔다. 털보영감으로 통하는 안선달과

[ ]: ❸ 용바우가 뱃일을 해온 내력을 요약적으로 제시함.

두 살 맏이이지만 알이 작기에 대추씨라는 별명을 가진 두칠이 틈에

끼여 북술이 할아버지 박영감과 함께 칠산(七山) 바다에서 연평(延坪)

= 북술이의 할아버지

앞개까지 올리훑는 조기잡이로 시작된 뱃길이 어느새 십 년이 흘렀다.]

용바우는 15살 때부터 10년 동안 배를 타며 고기잡이를 했으며, 현재 25살임.

세월은 박영감의 등에서 살점을 앗아 가고, 머리빛을 갈아 내고,

❸ 박영감의 외양 묘사를 통해 세월이 많이 흘렀음을 드러냄.

이마에 밭이랑 같은 주름을 박아 가는 사이에 용바우는 제법 소금섬

두 가마씩을 단숨에 지고 발판을 나는 듯이 뱃전으로 오르내리게

되었다. 간물에 절은 검붉은 얼굴은 윤기를 띠었고 이글이글 타는

❸ 용바우의 외양을 묘사하여 인물의 특징을 드러냄.

화경 같은 눈동자는 박영감의 가슴속 빈 구석을 채워 주었다.

용바우에게 북술이는 거리낌도 수줍음도 없었다. 나이야 먹어가든

북술이는 용바우를 거리낌 없이 대해 왔음.

말든 그대로 장난이요 반말이었다. 그러던 북술이가 어느덧 용바우

앞에서 옷고름을 물지 않으면 앞섶을 만지작거리는 버릇이 생겼다.

북술이가 용바우 앞에서 수줍어함.(용바우에 대해 호감을 가짐.)

박영감은 박영감대로 용바우에 대한 속셈을 했고 용바우는 어느새

용바우를 손녀사윗감으로 생각함.

북술이가 제 물건처럼 소중해졌다. 북술이도 노상 용바우가 싫지는

북술이와 용바우가 서로 좋아하는 사이가 됨.

않았다.

올리훑다: 아래에서 위로 올라가면서 훑다.

가마: (수량을 나타내는 말 뒤에 쓰여) 곡식이나 소금 따위를 '가마니'에 담아 그 분량을 세는 단위   뱃전: 배의 양쪽 가장자리 부분   간물: 소금기가 섞인 물

화경: 햇빛을 비추면 불을 일으키는 거울이라는 뜻으로, '볼록 렌즈'를 이르는 말

노상: 언제나 변함없이 한 모양으로 줄곧(=늘, 항상)

*4 요약: 용바우가 뱃일을 해온 내력과 용바우와 북술이의 관계

[중략 부분 줄거리] 출어를 나간 용바우는 돌아오지 않고, 북술은 곱슬머리 청년의

물고기를 잡으러 배가 나감.   ❶ 중심인물

구애를 받는다.

5 새벽에 진통이 시작하였다는 인실이 어머니가 해 질 무렵에

북술이가 육지에 나가려는 마음을 먹게 된 계기: 인실이 어머니의 죽음

어린애가 걸린 대로 죽었다는 소문이 온 마을에 퍼졌다. 다물도(多勿島)에

❸ 실제 지명을 활용하여 사실성과 현실성을 높임.

배를 가지고 갔던 인실이 아버지가 의사를 모시고 돌아온 것은 이미

다른 섬에서 의사를 모셔 와야 하는 까막개 사람들의 열악한 섬 생활

운명한 뒤였다.

북술이는 송기 벗기러 갔을 때의 손가락 자리가 종시 솟아나지

송기 벗기러 갔을 때의 인실이 어머니 모습이 자꾸 떠오름.

않던 인실이 어머니의 다리가 자꾸만 눈앞에 어른거렸다. 나도 시집을

출산을 하다 목숨을 잃은 인실이 어머니의 모습을 떠올림.

가면 저러랴 싶으니 등골이 오싹했다.

북술이는 인실이 어머니의 죽음을 접하며 두려움을 느낌.

'의사가 있는 육지에 가 살아야지.'

❷ 중심 사건: 인실이 어머니의 죽음을 계기로 북술이는 섬에서 벗어나 육지로 나가고자 함.

북술이의 마음은 자꾸만 육지로 줄달음쳤다.

다물도(多勿島): 전라남도 신안군 흑산면 다촌리에 속하는 섬

운명하다: 사람의 목숨이 끊어지다.(=숨지다, 죽다)

송기: 소나무의 속껍질   종시: 끝까지 내내   줄달음치다: 단숨에 내처 달리다.

*5 요약: 인실이 어머니의 죽음에 대한 소문과 육지를 향한 북술이의 동경

❻ 곱슬머리가 사흘째 찾아왔다.
    ❷ 건착망으로 고기를 잡는 배
    ["긴차쿠가 내일 저녁 목포로 떠나, 꼭 같이 가지?"
    ❸ [ ]: ❷ 중심 사건 - 곱슬머리가 북술이에게 함께 육지로 갈 것을 제안하고 북술이가 받아들임.
    "그라재라우!"]
❹ 북술이의 눈망울은 안개보다 깊었다.
    ❺ ❸ 북술이의 외양 묘사를 통해 복잡한 내면을 보여줌.
    "내일 저녁 해 떨어지문 곧……."
    ❻ "야."
    ❼ '네'의 방언
    "까막바위로 와." / ❽ "가지라우."
곱슬머리에게 승낙을 하고 난 북술이의 마음은 한곬으로 정해졌다.
                                                = 한쪽 방향(육지로 떠나는 것)
❿ 육지에 가서 자리만 잡으면 할아버지도 모시자는 곱슬머리의 눈동자에는
진정이 고였다고 생각되었다.
    ⓫ 자기를 아껴 주는 사람이면 다 고마웠다. ⓬ 북술이의 머리에는
언제인가 한 번 보았던 육지의 화려한 모습이 그물코처럼 연달아
떠올랐다. ⓭ 기차를 타고 자꾸자꾸 가고만 싶었다. 곱게 생겼다는 어머니의
          육지에 대한 북술이의 간절함과 동경
얼굴도 그려 보았다. ⓮ 그럴수록 북술이의 머릿속은 엉클어져 뜬눈으로
밤을 새웠다.
    ❸ 북술이의 내적 갈등을 간접적으로 나타냄.

긴차쿠: '건착선(건착망으로 고기를 잡는 배)'을 가리키는 말
그물코: 그물에 뚫려 있는 구멍

            *❻ 요약: 북술이는 곱슬머리의 제안을 받아들여 육지로 떠나기로 함.

❼ 집을 나선 북술이는 끝내 까막바위로 나갔다.
    ❷ ❶ 공간적 배경
    해는 수평선에 가라앉았다. ❸ 어둠이 밀물처럼 스며들었다.
                    ❶ 시간적 배경(밤)
    ❹ 뎀마*가 까막바위에 와 닿았다. ❺ [그러나 북술이는 보이지 않았다.
    ❻ 곱슬머리는 북술이가 자기를 놀라게 하려고 숨었나 싶었다. ❼ 몇 차례나
    ❸ 서술자가 특정 인물(곱슬머리)의 시각에서 이야기를 서술함.
바위를 돌았다. ❽ 아무리 돌아도 북술이의 모습은 찾을 길 없었다.
    ❾ 곱슬머리는 뎀마를 나루터로 돌렸다. ❿ 그러나 마을 어느 구석에도
북술이의 그림자는 찾아볼 수 없었다. ⓫ 건착선에서는 연달아 고동이
울려 왔다. ⓬ 뎀마가 갯가에서 사라진 후 얼마 안 되어 건착선은 앞개를
떠났다.] [ ]: ❷ 중심 사건: 곱슬머리와 함께 육지로 떠나기로 한 북술이가 까막바위에 나타나지 않음.
    ⓭ ㉢ 까막바위에 선 북술이의 눈앞에는 고래등 같은 용바우가
가로막고 섰다. ⓮ 할아버지의 꿀대를 파고 솟구치는 가래침 소리가
            #[ ]: 북술이가 육지로 떠나기를 포기한 이유
목덜미를 잡았다. 다음 용왕당과 나루터와 갯벌이 머릿속이 비좁게
감돌았다.
    ⓯ '그랴문 씨집도 안 가구 큰애기로 늙으라제.'
    ⓰ 북술이를 붙잡는 용바우의 목소리를 상상함.
    용바우의 황소 같은 목소리가 어깻죽지를 붙잡았다.
    ⓱ 뎀마의 물 가르는 소리가 점점 까막바위로 가까워 왔다.
    ⓲ 북술이는 갑자기 마을 쪽으로 쏜살같이 달아났다. ⓳ 용바우가 내일
    [ ]: ❷ 중심 사건: 북술이는 육지로 떠나기를 포기하고, 섬사람으로서의 운명에 순응함.
틀림없이 연락선으로 돌아올 것만 같았다.]
    ❸ 서술자가 특정 인물(북술이)의 시각에서 이야기를 서술함.
    ⓴ 까막개의 아낙네들은 그리다가 목마르고, 기다리다 지쳐서 쓰러지면서도
바다와 더불어 살았다.

나루터: 나룻배가 닿고 떠나는 일정한 곳
고동: 신호를 위하여 비교적 길게 내는 기적 따위의 소리
씨집: '시집'의 방언

            *❼ 요약: 끝내 육지로 떠나지 않고 마을로 돌아오는 북술이

* 뎀마: 돛이 없는 작은 배

✚ 독해 공식

❶ 중심인물: 북술이, 용바우, 곱슬머리
  공간적 배경: 까막개, 갯가, 까막바위
  시간적 배경: 밤, 어둠(밤)
❷ 중심 사건:
• 할아버지가 기다릴 것이라는 생각에 북술이가 아쉬움을 뒤로하고 집으로 향함.
• 북술이가 집으로 돌아오던 중 용바우와 만남.
• 인실이 어머니의 죽음을 계기로 북술이는 섬에서 벗어나 육지로 나가고자 함.
• 곱슬머리가 북술이에게 함께 육지로 갈 것을 제안하고 북술이가 받아들임.
• 곱슬머리와 함께 육지로 떠나기로 한 북술이가 까막바위에 나타나지 않음.
• 북술이는 육지로 떠나기를 포기하고, 섬사람으로서의 운명에 순응함.
갈등: 북술이의 내적 갈등
❸ 서술상 특징
• 서술자: 3인칭 서술자, 시점: 전지적 작가 시점
• 작품 밖의 서술자가 등장인물의 행동과 심리를 서술함.
• 서술자가 일부 부분에서 특정 인물(곱슬머리, 북술이)의 시각에서 이야기를 서술함.
• 인물의 과거와 생활에 대해 요약적으로 서술함.
• 인물(용바우, 북술이, 박영감 등)에 대한 외양 묘사를 통해 인물의 모습을 생생하게 드러
  내고 심리를 보여줌.
• 실제 지명과 방언(사투리)을 사용하여 작품의 향토적 분위기와 현장감을 느끼게 해줌.
• 비유적 표현(직유법)을 통해 인물의 행동과 심리를 비유적으로 표현함.

■ 갈래: 현대 소설
■ 글쓴이: 전광용(1919~1988). 학자로서 역할이 컸던 소설가 겸 국문학자이다. 전광용의
  작품들은 전후 현실의 모순과 어두운 인간의 삶을 치밀하게 묘사하는 특징이 있다. 주요
  작품으로 〈흑산도〉, 〈꺼삐딴 리〉, 〈나신〉 등이 있다. 단편 소설 〈꺼삐딴 리〉는 출세를
  중시하는 세속적 인물을 풍자한 작품으로, 동인문학상(東仁文學賞)을 받기도 했다.
■ 이 작품은? 이 작품은 작가가 흑산도에 대한 학술조사를 위해 흑산도를 여행했던 경험을
  바탕으로 이 섬에 운명적으로 매달려 있는 어민들의 생태를 그린 작품이다. 북술이라는
  처녀와 용바우라는 청년 사이의 사랑을 중심으로 섬 주민들의 생활고와 그 속에 숨어
  있는 심리적 갈등을 드러냈다.
■ 인물 관계도

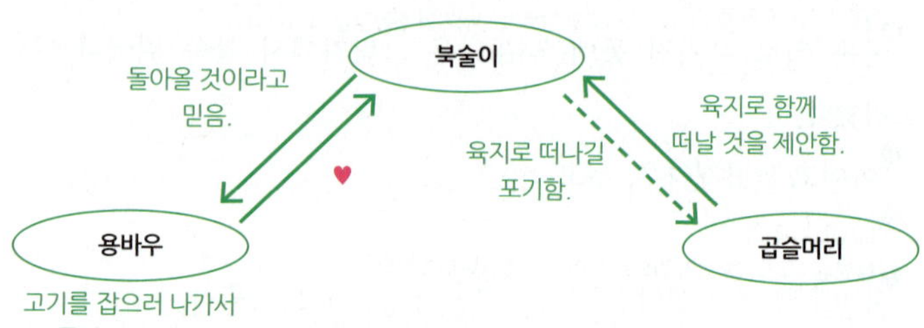

■ 주제: 섬사람들의 애환과 숙명적 삶
■ 이것이 핵심!: 공간적 배경의 의미

배경＼의미	시련	의지
바다	• 바다에서 목숨을 잃음.(용바우 아버지, 북술이 아버지) • 바다에 끝없는 저주를 보냄. → 저주의 대상	• 바다에서 나는 미역, 자반, 생선으로 목숨을 이어감. • 바다에 용왕제를 올림. → 생계 유지의 수단, 숭배의 대상
섬	• 다른 섬에서 의사를 모셔 와야 함. • 북술이가 섬을 떠나고 싶어 함. → 열악한 환경	• 까막개의 아낙네들이 바다와 더불어 살아감. → 서로 의지하며 운명에 순응하는 공간

↓

섬사람들의 삶에 절대적 영향을 미침.

31 정답 ① ★ 서술상 특징 파악하기 ············ [정답률 74%]

윗글의 서술상 특징으로 가장 적절한 것은?

왜 정답?

① 서술자가 인물의 내면을 드러내어 독자의 이해를 돕고 있다.
전지적 시점의 서술자가 인물의 생각과 정서를 드러냄.

⎡ **1**-**2**~**4** 북술이는 동무들과 맞잡고 둥당의 노래를 부를 때는 아무 시름도
없이 즐겁기만 했다. 그러나 혼자서 이 노래를 읊조리면 ~ 서러움이 꿀걱
치밀었다. ~ 슬픔을 가라앉히곤 했다.
⎣ **4**-**5** 용바우에게 북술이는 거리낌도 수줍음도 없었다.

윗글의 서술자는 작품 바깥에서 인물의 내면을 서술하여 독자들이 인물의 정서와
심리를 이해할 수 있도록 도움을 주고 있다.

왜 오답?

② 서술자가 관찰자의 입장에서 사건을 전달함으로써 객관성을 높이고 있다.
인물의 행동과 심리를 모두 서술하는 전지적 작가 시점임.

③ 서술자가 사건을 이야기 속에서 전달하다가 이야기 밖에서 전달하고 있다.
이야기 밖에서 사건을 서술함.

④ 시간의 흐름에 따라 서술자를 달리하여 사건에 대한 다양한 관점을
제시하고 있다.
서술자를 달리하지 않음.   제시하지 않음.

⑤ 등장인물로 설정된 서술자가 자신의 관점에서 다른 인물들에 대한
견해를 제시하고 있다.
등장인물로 설정되지 않음.

32 정답 ④ ★ 사건과 갈등 파악하기   ✪ 1등급 대비
[① 1% ② 18% ③ 3% ④ 50% ⑤ 27%]

윗글에 대한 이해로 적절하지 <u>않은</u> 것은?

왜 틀렸나?

⎡ 윗글은 방언을 활용하여 향토적 분위기와 현장감을 생생하게 드러내고 있다. 이때
윗글에서 활용한 방언의 의미를 파악하지 못한 학생들이 많았다. 방언의 정확한 의미를
⎣ 모르더라도 문맥을 활용하여 선택지의 적절성 여부를 판단할 수 있어야 한다.

왜 정답?

④ 용바우는 북술이를 보기 위해 고사도 가지 않고 그녀를 기다렸다.
용바우는 '내일' 고사를 모셔야 함.

→ **2**-**9** "안 갔재라, 내일이 유왕님[龍王] 고사 모시는 날이랑께."

용바우는 '내일' '유왕님 고사'를 지내야 하기 때문에 갯가에 가지 않았다. 즉 고사는
아직 시작되지 않았으므로 용바우가 고사도 가지 않고 복순이를 기다린 것이 아니다.

왜 오답?

① 용바우는 열다섯 살에 첫 배를 탔다.

→ **4**-**1** 용바우는 열다섯에 첫 배를 탔다.

② 북술이는 인실이 어머니와 송기를 벗기러 갔었다.

⎡ **5**-**3** 북술이는 송기 벗기러 갔을 때의 손가락 자리가 종시 솟아나지 않던
⎣ 인실이 어머니의 다리가 자꾸만 눈앞에 어른거렸다.

③ 박영감은 용바우와 함께 바다로 나가 조기잡이를 했다.

⎡ **4**-**2** ~ (용바우는) 북술이 할아버지 박영감과 함께 칠산(七山) 바다에서
⎣ 연평(延坪) 앞개까지 올리훑는 조기잡이로 시작된 뱃길이 어느새 십 년이 흘렀다.

⑤ 북술이는 할아버지가 자신을 기다릴 것이라는 생각에 아쉬움을
뒤로 하고 집으로 향했다.

⎡ **1**-**6**, **7** '한아부지가 기다릴라.' / 아쉬운 생각도 없지 않았지만 노래
⎣ 중간에서 뺑소니를 쳐 나온 북술이의 걸음은 집에 가까울수록 무거워만졌다.

> **매력 오답** '한아부지'가 '할아버지'의 방언임을 알지 못해 틀린 학생들이 많았다. 북술이는
> '한아부지'가 걱정할까봐 집으로 향하고 있으므로 '한아부지'가 북술이와 함께 사는
> 가족임을 알 수 있다.
> '북술이 할아버지 박영감'에 대한 서술이 나오므로 '한아부지'가 북술이의
> '할아버지'를 의미한다는 것을 파악할 수 있다.

33 정답 ⑤ ★ 소재 및 배경의 의미 파악하기 ············ [정답률 75%]

㉠과 ㉡에 대한 이해로 가장 적절한 것은?
'갯가' '까막바위'

왜 정답?

⑤ ㉠과 ㉡은 모두, 인물이 자신을 소중하게 생각하는 대상을 떠올리는
공간이다.   '용바우'

⎡ **1**-**4** 둘레를 돌면서도 북술이의 눈은 이따금 ㉠ 갯가로 옮겨졌고, 그럴
때마다 용바우의 믿음직한 목소리가 귓전을 어루만져 슬픔을 가라앉히곤 했다.
⎢ **4**-**8**~**9** 박영감은 박영감대로 용바우에 대한 속셈을 했고 용바우는 어느새
북술이가 제 물건처럼 소중해졌다. 북술이도 노상 용바우가 싫지는 않았다.
⎣ **7**-**13** ㉡ 까막바위에 선 북술이의 눈앞에는 고래등 같은 용바우가 가로막고 섰다.

북술이와 용바우는 서로 호감을 가지고 있으며 용바우는 북술이를 소중하게
생각하고 있다.
북술이는 ㉠ '갯가'를 바라보며 용바우의 목소리를 떠올리며 슬픔을 가라앉히고,
㉡ '까막바위'에서 '용바우'를 떠올리며 섬에 남을 것을 결심하게 된다.

왜 오답?

① ㉠은 인물이 기억을 잃는, ㉡은 인물이 기억을 되찾는 공간이다.
기억을 잃지 않음.   기억을 되찾지 않음.

② ㉠은 ㉡과 달리, 인물이 대상의 부재 이유를 깨닫는 공간이다.
깨닫지 않음.

③ ㉡은 ㉠과 달리, 인물이 예상치 못한 타인과 마주치는 공간이다.
마주치지 않음.

④ ㉠과 ㉡은 모두, 인물이 타인을 관찰하기 위해 몸을 숨긴 공간이다.
타인을 관찰하기 위한 공간이 아님.   몸을 숨기고 있다고 보기 어려움.

2023.12
11회

34 정답 ④ ★ 〈보기〉를 바탕으로 감상하기   ✪ 1등급 대비
[① 2% ② 4% ③ 8% ④ 57% ⑤ 26%]

〈보기〉를 참고하여 윗글을 감상한 내용으로 적절하지 <u>않은</u> 것은? [3점]

> ───〈 보기 〉───
> ❶ 이 작품에서 바다와 섬은 섬사람들의 삶에 절대적 영향을 미친다.
> 〈흑산도〉의 공간적 배경
> ❷ 섬사람들은 바다와 섬에 대해 양면적인 태도를 보이는데, 그들은 삶의
> 바다: 대립 ↔ 숭배, 섬: 탈출 ↔ 순응
> 터전이자 시련을 주는 바다와 대립하면서도 바다를 숭배한다. ❸또한
> 바다에 대한 섬사람들의 양면적인 태도
> 열악한 환경인 섬에서 벗어나고 싶어 하면서도, 그 안에서 서로를
> 섬에 대한 섬사람들의 양면적인 태도
> 의지하며 섬사람의 운명에 순응하는 삶을 이어가고자 한다.

💡 단서＋발상

단서 윗글에 적용할 〈보기〉의 내용을 정리한다.

발상 〈보기〉는 바다와 섬에 대한 섬사람들의 양면적인 태도를 제시했다.

적용 〈보기〉의 내용을 윗글에 적용한다.

바다	〈보기〉의 내용	윗글
공간의 속성	삶의 터전이자 시련을 주는 공간	목숨을 이어가게 하면서 목숨을 잃게 하기도 함.
긍정적 인식	숭배함.	용왕제를 올림.
부정적 인식	대립함.	끝없는 저주를 함.

섬	〈보기〉의 내용	윗글
공간의 속성	열악한 환경	의사를 다른 섬에서 모셔 와야 함.
긍정적 인식	서로를 의지하며 운명에 순응함.	북술이가 섬을 떠나는 것을 포기함.
부정적 인식	벗어나고 싶어 함.	북술이가 섬을 떠나고자 함.

해결 곱슬머리가 섬을 떠나 육지에 가서 자리를 잡으면 할아버지를 모시고자 한 제안
→ 북술이가 섬을 떠나고자 마음먹게 함.

④ 북술이가 곱슬머리가 할아버지를 모시자고 한 제안에 진정성을 느끼는
   (곱슬머리의 눈동자에 진정이 고였다고 생각함.)
   것에서, 섬 안에서 서로 의지하며 살아가는 섬사람들의 모습을
   (곱슬머리는 북술이에게 섬을 떠나 목포로 함께 가자고 제안한 인물임.)
   확인할 수 있군.

┌ ⑥ - ⑩ 육지에 가서 자리만 잡으면 할아버지도 모시자는 곱슬머리의
└ 눈동자에는 진정이 고였다고 생각되었다.

  곱슬머리가 육지로 함께 가서 자리만 잡으면 할아버지도 모시자는 말에 북술이는
  진정성을 느끼고 있다.

  그러나 곱슬머리는 북술이에게 섬을 떠나 육지에서 살자고 제안하는 인물이므로,
  북술이가 곱슬머리의 말에 진정성을 느끼는 것이 섬 안에서 서로 의지하며 살아가는
  섬사람들의 모습이라고 보기 어렵다.

① 까막개 사람들이 바다에서 나는 것들로 목숨을 이어가면서도 바다로
   (바다에서 나는 미역, 자반, 생선으로 목숨을 이어감. → 삶의 터전인 바다)
   인하여 목숨을 잃게 되는 것에서, 삶의 터전이자 시련의 공간인
   (용바우 아버지와 북술이 아버지가 바다에서 목숨을 잃음. → 시련의 공간인 바다)
   바다의 모습을 확인할 수 있군.

┌ ③ - ③ - ⑤ 이 섬에서는 일 년의 넉 달은 농사가 살려 주고 나머지 여덟 달은
│ 바다가 키워 주어 미역과 자반과 생선으로 목숨을 이었다. / 그들은 바다에서
│ 나서 바다에서 죽었다. 용바우 아버지도 그랬고, 북술이 아버지도 그러했다.
│ 〈보기〉 ② 문장 섬사람들은 바다와 섬에 대해 양면적인 태도를 보이는데, 그들은
└ 삶의 터전이자 시련을 주는 바다와 대립하면서도 바다를 숭배한다.

  까막개 사람들이 일년의 여덟 달은 바다에서 나는 미역, 자반, 생선으로 목숨을
  이어가는 것은 삶의 터전인 바다의 모습을 보여준다. 반면 까막개 사람들이 바다에서
  목숨을 잃기도 하는 것은 시련의 공간인 바다의 모습을 보여준다.

② 까막개 사람들이 바다를 저주하면서도 허물없고 깨끗한 젊은이들을
   (바다에 끝없는 저주를 보냄. → 바다와 대립함.)
   뽑아 용왕제를 준비하는 것에서, 바다와 대립하면서도 바다를
   (매년 용왕제를 올림. → 바다를 숭배함.)
   숭배하는 섬사람들의 모습을 확인할 수 있군.

┌ ③ - ⑥ - ⑧ 원수인 바다에 끝없는 저주를 보내면서 바다에 대한 지성은
│ 그들의 신앙이었다. / 그러기에 가장 허물없고 깨끗한 젊은이들이 해마다
│ 정초에는 용왕제 집사(執事)로 뽑혔다. 용바우도 금년에는 이 정성스러운 일에
└ 한몫 들었다.

  까막개 사람들이 사람들의 목숨을 잃게 하는 바다에 끝없는 저주를 보내는 것은
  바다와 대립하는 섬사람들의 모습을 보여준다. 반면 바다를 저주하면서도 매년
  허물없고 깨끗한 젊은이들을 집사로 뽑아 용왕제를 준비하는 것은 바다를 숭배하는
  섬사람들의 모습을 보여준다.

> **매력 오답** 섬사람들이 바다를 숭배하기 때문에 용왕제를 올린다는 것을 파악하지 못한
> 학생들이 많았다.
>   섬사람들은 바다를 저주하기도 하지만, 일년에 한 번 깨끗한 젊은이들을 뽑아
> 용왕에게 제사를 올리면서 정성을 다한다. 이는 바다를 숭배하는 섬사람들의 모습을
> 보여준다.

③ 북술이가 인실이 어머니의 죽음에 대한 소문을 듣고 의사가 있는
   (새벽에 진통이 시작된 인실이 어머니가 해 질 무렵 어린애가 걸린 대로 죽었다는 소문)
   육지에서 살고 싶어 하는 것에서, 열악한 환경인 섬에서 벗어나고
   (다른 섬에서 의사를 모셔 와야 하는 섬을 벗어나 의사가 있는 육지에서 살고자 함.)
   싶어하는 섬사람의 모습을 확인할 수 있군.

┌ ⑤ - ① - ⑥ 새벽에 진통이 시작하였다는 인실이 어머니가 해 질 무렵에
│ 어린애가 걸린 대로 죽었다는 소문이 온 마을에 퍼졌다. 다물도(多物島)에
│ 배를 가지고 갔던 인실이 아버지가 의사를 모시고 돌아온 것은 이미 운명한
│ 뒤였다. ~ / 나도 시집을 가면 저러랴 싶으니 등골이 오싹했다. / '의사가 있는
└ 육지에 가 살아야지.' / 북술이의 마음은 자꾸만 육지로 줄달음쳤다.

  인실이 어머니는 인실이 아버지가 다른 섬에서 의사를 모시고 돌아오기 전에 출산을
  하다가 목숨을 잃는다. 이에 대한 소문을 들은 북술이는 두려움을 느끼며 '의사가 있는
  육지'에 가서 살겠다고 생각한다.

  다른 섬에서 의사를 모셔 와야 한다는 것에서 흑산도의 열악한 환경이 드러나며,
  두려움을 느끼며 육지에 가 살고자 하는 북술이를 통해 열악한 환경인 섬(흑산도)에서
  벗어나고 싶어하는 섬사람의 모습을 확인할 수 있다.

⑤ 북술이가 용바우가 돌아올 것만 같다고 느끼며 마을로 향하는
   (북술이는 용바우를 포함한 섬 사람들을 떠올리며 육지로 떠나기를 포기함.)
   것에서, 섬사람의 운명에 순응하는 삶을 선택한 섬사람의 모습을
   확인할 수 있군.

* 근거: ⑦ - ⑬, ⑲

  북술이는 곱슬머리를 따라 섬을 떠나기로 약속하고 까막바위에서 곱슬머리를
  만나기로 한다. 그러나 용바우, 할아버지, 용왕당, 나루터, 갯벌을 떠올리다가 뎃마가
  가까워지는 소리에 마을 쪽으로 달아나면서 용바우가 돌아올 것만 같다고 느낀다.

  이는 북술이가 섬을 떠나 육지로 가는 것을 포기하고, 섬사람의 운명에 순응하는
  삶을 선택한 모습을 보여준다.

> **매력 오답** 북술이가 육지로 떠나지 않기로 한 것을 〈보기〉 ③ 문장의 '섬사람의 운명에
> 순응하는 삶과 연관 짓지 못한 학생들이 많았다.
>   복술이는 섬에서 벗어나고 싶어 했지만, 결국 마을로 향함으로써 섬을 벗어나지
> 않기로 결정했다. 이는 복술이 섬에서 살아가야 하는 자신의 운명에 순응한 것이다.

35~38

(가) 순천 김 씨, 〈노부탄(老婦歎)〉

\# 출제　❶ 화자, 중심 대상　❷ 상황, 정서, 태도　❸ 표현상 특징　〔시 해석〕

[1] 산 너머 저 부자님 곡식 두고 자랑마오
  ➡ 산 너머에 사는 저 부자님, 곡식 많다고 자랑하지 마시오.
    = 그 무엇도 관계없다.

[2] 입고 벗고 먹고 굶기 그 무엇이 관계(關係)한가
    ❸ 설의법을 활용하여 화자의 정서를 강조함.
  ➡ (옷을) 입는 것과 벗는 것, (음식을) 먹는 것과 굶는 것에 그 무엇이 중요한가.
    = 과거 시험밖에 없다.

[3] 부세(浮世)에 좋은 영광 과거(科擧)밖에 또 있는가
    ❷ 태도: 다른 모든 것은 중요하지 않으며, 과거 급제가 가장 중요하다고 인식함.
  ➡ 덧없는 세상에 좋은 영광이 과거 합격 말고 또 있는가

[4] 하물며 모인 사람 한결같이 하는 말이
  ➡ 하물며 모여 있는 사람들이 한결같이 하는 말이
    = 다 할 수 있다.

[5] 일 년에 대소과(大小科)는 평생 끽착(喫着)* 못 다 하리
    (모여 있는 사람들이 한결같이 하는 말의 내용)
  ➡ 일 년에 과거 시험에 합격하면 평생의 의복과 음식을 다 할 수 있다(평생 먹고
    사는 일에 문제가 없을 것이다).

[6] 규중(閨中)에 어리석은 부녀(婦女) 그 말을 믿었더니
    ❶ 화자(='나'='노부(老婦)')
  ➡ 집 안에 어리석은 부녀자가 그 말을 믿었더니

[7] 벼슬길에 못 올라서 귀향은 무슨 일인가
    ❷ 정서: 남편이 출세하지 못하고 고향에 돌아온 것을 탄식함.
  ➡ 벼슬길에 오르지 못하고 고향에 돌아오는 것은 무슨 일인가

[8] 지은 죄 없건마는 노하시니 천은(天恩)일세
    (남편이 출세하지 못한 상황을 하늘이 내린 운명으로 받아들임.)
  ➡ 죄 지은 것은 없지만 (하늘이) 노하시니 이 또한 하늘의 은덕일세.

[9] 머나먼 변방 길에 가네 오네 빚이로다
    ❷ 상황: 남편이 출세하고자 변방을 왔다 갔다 하면서 빚만 생겨남.
  ➡ 멀고 먼 나라의 변두리에 가고 오느라 빚이 있구나.

[10] 팔고 남은 적은 밭을 또 한 자리 판단 말인가
    빚을 갚기 위해 밭을 팔아야 함.(이미 밭을 팔아와서 남아 있는 밭이 적음.)
  ➡ 팔고 남은 적은 밭을 또 한 구역을 판단 말인가.

[11] 이제는 남은 전지(田地) 역농(力農)이나 하자 하니
    ❷ 태도: 궁핍한 처지에서도 남은 논밭으로 농사를 지으려는 현실적 태도
  ➡ 이제는 남은 논밭으로 힘써 농사를 짓자고 하니

[12] ❶ 시적 대상(=화자의 남편)　❶ 화자(='나')
  어릴 때 엇나간 임을 내 어이 길들이리
    젊을 때부터 글만 읽고 쓰며 농사일을 해보지 않은 남편 때문에 농사를 짓기 어려움.
  ➡ 젊었을 때 엇나간 임을 내가 어찌 길들이겠는가.(= 길들일 수 없다)

부세(浮世): 덧없는 세상

대소과(大小科): 과거 시험의 대과(大科)와 소과(小科)를 아울러 이르는 말

규중(閨中): 부녀자가 거처하는 곳　　**천은(天恩):** ① 하늘의 은혜 ② 임금의 은덕

변방: 나라의 경계가 되는 변두리의 땅　**전지(田地):** 논과 밭을 아울러 이르는 말

역농(力農): 힘써 농사를 지음.

*[1] 요약 : 남편이 과거 급제에 실패하여 빚이 생김.

*설의법: 쉽게 판단할 수 있는 사실을 의문의 형식으로 표현하여 표현에 변화를 주고 화자의 생각을 강조하는 표현법

(중략)

❷ 아무 마을 아무 댁은 자기 가장(家長) 자랑 말이
➡ 어떤 마을의 어떤 아낙네는 자기 남편을 자랑하는 말이

아기 때 스승 따라 천자문과 유합(類合)을 배우더니
[ ]: ❸ '아무 마을 아무 댁'이 자기 남편을 자랑한 말을 인용하여 제시함.
➡ 아기 때 스승을 따라서 천자문과 유합(한문 학습서)을 배우더니

❸ 가난에 놀랐는지 책을 묶어 시렁에 얹고
➡ 가난에 놀랐는지 책을 묶어서 시렁에 얹어

❹ 괭이 메고 호미 쥐어 논 매고 밭을 가꿔
아무 마을 아무 댁의 남편은 가난하여 학업을 포기하고 농사일을 함.
➡ 괭이를 메고 호미를 쥐어(농기구를 가지고) 논을 매고 밭을 가꿔(농사일을 하여)

❺ 여름에 수고하여 가을에 타작하니
➡ 여름에 열심히 일하고 가을에 추수하니

❻ 집안 식구 배 불리고 환곡 세금 걱정없네
➡ 집안의 식구들 배부르게 하고 나라에 내는 세금 걱정이 없네.

농사일로 배불리 먹고 사는 삶이 신선과 다름없으며, 과거 시험을 준비할 필요가 없음.
❼ 이 아니 신선인가 과거(科擧)하여 무엇하리
농사를 지어 집안 식구들이 걱정 없이 살게 된 상황에 대한 '아무 댁'의 만족감
➡ 이것이 신선이 아닌가 과거 시험을 봐서 무엇하겠는가

'아무 마을 아무 댁의 말('아기 때 ~ 과거하여 무엇하리')
❽ 나도 ㉠ 그 말 들어 갑자기 깨달으니
＃ 화자가 '그 말'을 듣고 상대를 부러워하며 자신의 지난날을 되돌아봄.
➡ 나도 그 말을 들어 갑자기 깨달으니

❾ 글공부 하던 허비(虛費) 과거 보던 이 비용을
➡ 글공부를 하느라 헛되게 쓴 비용, 과거를 보기 위해 쓴 이 비용을

❿ 다 두어 전지(田地)사고 부경부엽(夫耕婦饁)*하였다면
➡ 다 두어서 논과 밭을 사고 남편은 밭을 갈고, 아내는 점심을 내어갔다면(부부가 함께 농사일에 힘을 썼다면)

⓫ = '아무 댁'과 그 남편
저 부인 저 남편을 설마한들 못 미치겠는가]
[ ]: ❷ 정서 – 남편의 과거 준비로 헛된 비용을 쓴 것을 후회함.
➡ 저 부인('아무 댁')과 남편에 설마 못 미치겠는가

가장(家長): '남편'을 달리 이르는 말. 한 가정을 이끌어 나가는 사람
유합(類合): 조선 성종 때에, 서거정이 지은 한문 학습서
시렁: 물건을 얹어 놓기 위하여 방이나 마루 벽에 두 개의 긴 나무를 가로질러 선반처럼 만든 것　　**타작하다:** 곡식의 이삭을 떨어서 낟알을 거두다.
환곡: 조선 시대에, 곡식을 저장하였다가 백성들에게 봄에 꾸어 주고 가을에 이자를 붙여 거두던 일　　**허비(虛費):** 헛되이 씀. 또는 그렇게 쓰는 비용

*❷ 요약 : 아무 마을 아무 댁의 말을 듣고 과거를 후회함.

(중략)

❸ ❶ 부질없는 이 말씀을 시원히 하자한들
'글공부 하던 ~ 못 미치겠는가'
➡ 쓸데없는 이 말을 (남편에게) 시원하게 하려고 한들

❷ 있느니 없는 말씀 들으시기 싫으신지
➡ 하나마나 한 말을 듣기 싫으신지

❸ 마루 위 문 안으로 들이시지 않으시니
➡ 마루 위 문 안으로 (남편이) 들어오지 않으시니

❹ 초당의 손님 가고 고요히 계실 때에
➡ 초당에 있던 손님이 떠나시고 조용히 계실 때

❺ 손자딸 옆에 끼고 부엌 웃문(門)을 여니
➡ 손녀딸을 옆에 데리고 부엌의 윗문을 여니

*반어적 표현: 실제와 반대되는 뜻으로 나타내는 표현

＝가장(家長) ＝남편
❻ 천황씨(天皇氏) 벗님 가장(家長) 찬 장판 위에 앉아
❸ 남편을 전설상의 제왕의 벗이라고 표현함으로써 남편의 무능력함을 반어적으로 보여줌.(반어적 표현)
➡ 천황씨의 벗인 남편이 차가운 장판 위에 앉아서

❼ 무슨 사업(事業) 또 하시려 책장을 펴 씨름 하네
손님이 떠난 후 화자의 남편은 다시 학업을 하고 있음.
➡ 무슨 사업을 또 하시려고 책장을 펴고 씨름하네.

❽ 문 밖에 권농차사(勸農差使)* 문관이라 두려웠는지
➡ 문 밖에 있는 권농차사가 (남편이) 문관이라 두려웠는지

❾ 차지(次知)*는 두고 가오 내일 부디 바치소서
❸ 권농차사의 말을 인용하여 제시함.
➡ "세금 통지서는 두고 갑니다. 내일 부디 세금을 내시옵소서."(권농차사의 말)

❿ ＝ 화자의 남편
그는 좋게 마감하나 저 아이 소리 듣소
➡ 그(권농차사)는 좋게 마무리했으나 저 아이(남편)가 소리를 듣겠는가

⓫ 어제 아침 먹은 후에 다시 입을 못 데우니
❷ 상황: 어제 아침 이후 아무것도 먹지 못했을 정도로 궁핍함.
➡ 어제 아침식사를 한 후에 다시 먹은 것이 없으니

⓬ 분별없는 제 마음에 두고 아니 주는 듯이
➡ 세상 물정 모르는 제 마음에 두고 아니 주는 듯이

⓭ 저런 일 생각하니 그 누구 탓이 된다 하리
➡ 저런 일을 생각하니 그 누구 탓이라 하겠는가.

⓮ 책 덮고 돌아앉아 나에게 하는 말씀
뒤에 그 내용이 이어짐.('인황씨 몇 ~ 무록인을 내었을까')
➡ 책을 덮고 돌아 앉아 (남편이) 나에게 하는 말씀은

⓯ 인황씨(人皇氏) 몇 대 손자 수인씨(燧人氏)*되었던지
[ ]: ❸ 남편의 말을 인용하여 제시함.
➡ 인황씨의 몇 대 손자가 수인씨 되었던지

⓰ 절로 맺은 나무 열매 먹고 좋게 살던 것을
➡ 저절로 맺은 나무 열매를 먹고 좋게 살았던 것을

⓱ 수인씨(燧人氏) 다사(多事)하여 교인화식(敎人火食)*하였구나
나무의 열매나 먹으며 살아가도 되는 것을, 수인씨가 불로 음식을 조리하여 먹게 함.
➡ 수인씨가 일이 많아 사람을 가르쳐서 불로 음식을 조리하는 방법을 가르쳐 주었구나.

⓲ ＝ 수인씨가 불로 음식을 조리하는 방법을 가르친 탓
우리 부부 굶는 일은 그 탓이 수인씨(燧人氏)요
남편이 가난한 처지가 된 원인을 수인씨 탓으로 돌림.
➡ 우리 부부가 굶는 것은 그 탓이 수인씨 탓이요

⓳ 구만리 높은 위에 옥황상제 앉아 계셔
➡ 구만 리 높은 자리에 옥황상제가 앉아 계셔서

⓴ 천하 사람 부귀 빈천 마련하여 주었으니
➡ 하늘 아래 온 세상 사람 부유하고 지위가 높음과 가난함과 천함을 마련하였으니

㉑ 굶는 탓 물으련들 어이하여 올라가리
➡ (옥황상제에게) 굶은 탓을 물어보려 한들 어떻게 올라가겠는가

㉒ 탓 물어 무엇하리 하늘만 기다리오
하늘의 처분을 따를 수밖에 없음.(가난을 운명으로 인식하고 수용하는 남편)
➡ (옥황상제에게) 까닭을 물어서 무엇하겠는가. 하늘만 기다릴 뿐이다.

㉓ ＝ 남편
구태여 저 상제님이 무록인(無祿人)*을 내었을까]
화자의 남편은 과거에 급제하여 벼슬을 받기는 했지만, 출세하지 못하여 녹봉을 받지 못함.
➡ 일부러 저 옥황상제님이 애써 녹봉이 없는 벼슬아치를 만들었을까.

부질없다: 대수롭지 아니하거나 쓸모가 없다.
초당: 억새나 짚 따위로 지붕을 인 조그마한 집채
천황씨(天皇氏): 중국 고대 전설상의 제왕 중 하나
문관: 문과(文科) 출신의 벼슬아치
분별없다: 세상 물정에 대하여 옳고 그른 것을 판단할 만한 능력이 없다.
인황씨(人皇氏): 중국 고대 전설상의 제왕 중 하나
다사(多事)하다: 일이 많다.
옥황상제: 흔히 도가(道家)에서, '하느님'을 이르는 말
부귀: 재산이 많고 지위가 높음.
빈천: 가난하고 천함.　　**구태여:** 일부러 애써

*❸ 요약 : 궁핍한 처지에 대한 남편의 말(한탄)

'인황씨 몇 ~ 무록인을 내었을까'

④ ❶ 나도 ㉠ 이 말 듣고 말하여 무익하오
　　　　❷ 태도: 남편의 말을 듣고 남편과의 대화를 단념하며 체념함.
➡ 나도 이 말(남편의 말)을 듣고 말해 무엇하겠는가.

❷ 문 닫고 돌이켜 생각하니 오냐 어이하리
　　　❷ 태도: 기대가 좌절된 현실을 수용함.
➡ 문을 닫고 돌이켜서 생각하니 오냐 어찌하겠는가.

❸ [세상에 굶고 벗고 글 하다가
➡ 세상에 굶주리고 헐벗고 글(글공부)을 하다가

❹ 과거(科擧)도 못한 사람 많으니라]
[ ]: 굶주리고 헐벗은 채로 글공부를 하다가 과거 급제도 못해본 사람이 많음.
➡ 과거 시험에도 합격하지 못한 사람 많으니라.

〔무익하다: 이롭거나 도움이 될 만한 것이 없다.

*④ 요약: 남편의 말을 듣고 자신의 처지를 체념함.

* 꾀착: 의복과 음식을 아울러 이르는 말
* 부경부엽: 남편은 밭 갈고, 아내는 점심을 내감.
* 권농차사: 조선 시대에 농사를 장려하던 직책
* 차지: 세금 통지서
* 수인씨: 중국 전설상의 황제
* 교인화식: 불로 음식을 조리하는 방법을 가르침.
* 무록인: 녹봉이 없던 벼슬아치

★ (가) 독해 공식
❶ 화자: '나'('노부(老婦)'), 중심 대상: '임'(화자의 남편)
❷ 상황: 남편이 출세하고자 변방을 왔다 갔다 하면서 빚만 생겨남. 어제 아침 이후 아무것도 먹지 못했을 정도로 궁핍함.
　　정서: 남편이 출세하지 못하고 고향에 돌아온 것을 탄식함. 남편의 과거 준비로 헛된 비용을 쓴 것을 후회함.
　　태도: 다른 모든 것은 중요하지 않으며, 과거 급제가 가장 중요하다고 인식함. 궁핍한 처지에서도 남은 논밭으로 농사를 지으려는 현실적 태도. 남편의 말을 듣고 남편과의 대화를 단념하며 체념함. 기대가 좌절된 현실을 수용함.
❸ 표현상 특징
• 설의법을 활용하여 화자의 정서를 강조하고 대상에 대한 태도를 드러냄.
• 반어적 표현을 통해 대상(남편)의 무능력함을 드러냄.
• 여러 인물(아무 댁, 권농차사, 남편)의 말을 인용하여 제시함.

■ 갈래: 내방 가사
■ 제목의 의미: '늙을 로(노)(老) + 며느리(아내) 부(婦) + 탄식할 탄(歎)', '노부탄'은 '늙은 아내의 한탄하는 노래'라는 뜻이다.
■ 이 작품은? 조선 후기 영남 양반가에서 유행한 내방가사 중 지은이와 창작 연대가 분명한 작품에 해당한다. 이 작품에는 사대부가 여인의 일생이 녹아있으며 특히 조선 후기 사대부 여인의 삶이 사실적으로 드러난다.
■ 주제: 남편의 출세 실패와 이로 인한 가난한 처지에 대한 아내의 한탄

■ 이것이 핵심!: 부정적 상황에 대한 화자의 대응

상황	화자의 대응	화자의 태도
'벼슬길에 못 올라서 귀향이 무슨 일인가'	'지은 죄 없건마는 노하시니 천은(天恩)일세'	운명적 태도
남편의 과거 급제로 영화를 얻으려던 기대가 좌절됨.	하늘의 운명으로 받아들임.	
'팔고 남은 적은 밭을 또 한 자리 판단 말인가'	'이제는 남은 전지(田地) 역농(力農)이나 하자 하니'	현실적 태도
화자는 남편의 과거 준비로 인한 빚이 생겨 궁핍한 처지에 있음.	남은 적은 논밭으로 농사를 짓고자 함.	
'인황씨(人皇氏) 몇 대 손자 ~ 무록인(無祿人)을 내었을까'	'문 닫고 돌이켜 생각하니 오냐 어이하리'	체념적 태도
몹시 가난한 처지에 대한 남편의 한탄	기대가 좌절된 현실을 받아들임.	

(나) 이인로, 〈청학동기(靑鶴洞記)〉

＃ 출제　❶ 중심 대상　❷ 글쓴이의 생각, 태도　❸ 서술상 특징

① 지리산은 혹 두류산이라고도 부른다. ❷ 지리산의 발단이 북쪽의
지리산의 별칭(백두산의 맥이 흘러 내려왔다고 하여 붙은 별칭)
백두산에서부터 시작되는데 꽃봉오리 같은 산봉우리와 꽃받침같이
　　　　❸ 직유법을 활용하여 지리산의 빼어난 아름다움을 묘사함.
아름다운 계곡이 끊어지 않고 이어져 내려와 대방군에까지 이르게 된다.
지리산의 아름다움
ⓐ 그 산이 수 천리에 이었고 십여 고을에 걸쳐 있으므로 한 달
정도를 돌아다녀야 그 끝간 데를 알 수 있다. 옛 노인들 사이에 서로
＃ 북쪽 백두산에서부터 이어져 수 천리, 십여 고을에 걸쳐 있는 지리산의 광대한 범위
전해오는 얘기에 "지리산 안에 청학동이 있는데 [그곳으로 가는 길이
　　　　　　❶ 중심 대상
매우 좁아서 겨우 한 사람이 다닐 만하다. 머리를 숙이고 엎드려서 몇 리쯤
[ ]: 청학동에 가는 방법 – 가는 길이 쉽지 않음.
가다 보면 이내 확 트인 넓은 땅]을 만나게 되는데 사방의 땅이 모두
기름져서 곡식을 뿌리고 심어서 기르기에 알맞다. 그러나 ⓑ 그곳에는
오직 청학(靑鶴)만이 살고 있기 때문에 청학동이라 부르게 된 것이다.
＃ '청학동'이라는 이름의 유래
그곳은 옛날에 속세를 등진 사람이 살았던 곳이라서 아직도
'청학동'이 옛날에는 사람이 살았던 곳임을 보여주는 말
가시덤불로 덮인 빈터에 허물어진 담장과 구덩이가 남아 있다."라는
말이 있다.
*① 요약: 청학동의 특징과 명칭의 유래

〔발단: 어떤 일이 처음으로 벌어짐. 또는 그 일이 처음으로 시작됨.

② ❶ 옛날에 내가 당형(堂兄)인 최 상국(相國)과 함께 옷을 걷어 부치고
　　❶ 글쓴이('나')
속세를 떠나 평생 은둔하려는 데 뜻을 두고 있었다. ❷ 그래서 둘이서 이
글쓴이는 속세를 떠나 청학동에서 평생 은둔하고자 함.　　　　　= 글쓴이와 최 상국
골짜기를 찾아가기로 약속하고는 대통발에 송아지 두세 마리를 싣고
청학동으로 들어가 살며 속세와 절연하고자 했다. ❸ 드디어 화엄사에서
＃ ❷ 글쓴이의 생각: 속세를 떠나 청학동으로 들어가 살고자 함.
출발하여 화개현에 이르러 신흥사에서 묵었는데, 지나는 곳마다
❸ 글쓴이의 여정이 제시되는 기행문적인 특징이 나타남.
선경이 아닌 곳이 없었다. ❹ [바위들이 아름다움을 자랑하고 골짜기마다
[ ]: 글쓴이가 이동하면서 본 '선경'
물이 다투어 흐르며 대나무 울타리와 띠로 이은 집들이 복숭아꽃과
살구꽃 사이로 어른거리니] ⓒ 마치 인간 세상이 아닌 듯했다. ❺ 그러나
＃ ❷ 글쓴이의 태도: 청학동을 찾아가는 중에 마주한 자연 풍경에 대해 감탄함.
사람들이 말하는 청학동은 끝내 찾을 수가 없어서 다음과 같은 시를
글쓴이와 '최 상국'은 청학동을 찾지 못했음.
바위에 남겨두었다.
＃ 청학동을 찾는 것을 실패하고 시를 남겨둠.

〔당형(堂兄): 사촌 형　　　　　은둔하다: 세상일을 피하여 숨다.
대통발: 댓조각을 엮어서 통같이 만든 고기잡이 기구
절연하다: 인연이나 관계를 완전히 끊다.
선경: 경치가 신비스럽고 그윽한 곳을 비유적으로 이르는 말

*② 요약: '나'와 '최 상국'은 청학동에 들어가 살고자 했으나 청학동을 찾지 못함.

(중략)

③ ❶ 어제 서재에서 우연히 오류선생(五柳先生)의 문집을 보게
〈도화원기〉. '이상향'을 비유적으로 의미하는 무릉도원의 고사가 실려 있는 책
되었는데 그 안에 〈도원기(桃源記)〉가 있기에 그것을 반복해서
읽었다. ❷ 그 글의 내용은 대략 이러했다. ❸ [ⓓ 진(秦)나라 사람들이 전란을
싫어해서 처자식을 이끌고 지세가 깊고 험준한 곳을 찾아들었다가
＃ 진(秦)나라 사람들이 '도원'을 발견한 계기
산이 겹겹이 쌓여 있고, 시내가 어지럽게 흘러내려 나무꾼들조차도
찾을 수 없는 산골을 발견하여 거기에서 살았다. ❹ 진(晉)나라 태원
연간에 한 어부가 요행히 그곳에 찾아들었다가 갑자기 돌아가는 길을
잊어버리고 다시는 되돌아가지 못하였다.]
[ ]: ❸ 중국 고사를 활용하여 중심 대상과 관련된 특성을 드러냄.
〔오류선생(五柳先生): 중국 진(晉)나라의 도연명이 그의 집에 버드나무 다섯 그루를
심어 놓고 스스로 이르던 호(號)　　　　문집: 시나 문장을 모아 엮은 책
전란: 전쟁으로 인한 난리　　　　　　지세: 땅의 생긴 모양이나 형세
험준하다: 지세가 험하며 높고 가파르다.
연간: 어느 왕이 왕위에 있는 동안　　요행히: 뜻밖으로 운수가 좋게

*③ 요약: 서재에서 우연히 본 〈도원기〉의 주요 내용

◆ 훗날에 그곳의 경치를 채색으로 그리고 노래를 지어 그곳의
= 진나라 사람들이 찾은 산골 = 도화
아름다움을 전하여 도원을 신선 세계라 여기게 되었다. 그러므로
그곳은 신선의 마차를 타고 다니며 장수하는 사람들이 영원히 살아갈
❷ 글쓴이의 생각: 도원을 신선 세계로 여기며 이상향의 공간으로 여김.
만한 곳이었다. ❸아마도 내가 도원기를 미숙하게 읽었기 때문일 것이니

ⓔ 실제로는 청학동과 다름이 없는 곳이리라.
#❷ 글쓴이의 태도: 〈도원기〉를 읽고 청학동을 그리워함.

＊④ 요약: 청학동과 같이 이상향적 공간으로서의 도원

⑤[어떻게 하면 유자기(劉子驥)＊와 같은 고상한 선비를 만나 나도
❸❷ 글쓴이의 태도: 이상 세계를 동경함.
한번 그곳을 찾을 수 있을까?]
[ ]: ❸ 물음의 방식을 통해 대상('청학동')에 대한 동경의 태도를 드러냄.

＊⑤ 요약 : 청학동에 찾아가보고 싶은 마음

＊ 보료: 바닥에 까는 두툼한 요
＊ 유자기: 진나라 남양의 선비, 도원을 찾으려 했지만 결국 찾지 못했다고 함.

🌀 (나) 독해 공식
❶ 화자: '나'(글쓴이), 중심 대상: 청학동(이상적 세계)
❷ 글쓴이의 생각: 속세를 떠나 청학동으로 들어가 살고자 함. 도원을 신선 세계로 여기며
이상향의 공간으로 여김.
　 글쓴이의 태도: 청학동을 찾아가는 중에 마주한 자연 풍경에 대해 감탄함. 〈도원기〉를
읽고 청학동을 그리워함. 이상 세계를 동경함.
❸ 표현상 특징
　• 직유법을 활용하여 지리산의 빼어난 아름다움을 묘사함.
　• 글쓴이의 여정이 제시되는 기행문적인 특징이 나타남.
　• 중국 고사를 활용하여 중심 대상과 관련된 특성을 드러냄.
　• 물음의 방식을 통해 대상('청학동')에 대한 동경의 태도를 드러냄.

■ 갈래: 고전 수필, 기행 수필
■ 제목의 의미: '푸를 청(靑) + 학 학(鶴) + 골짜기 동(洞) + 기록할 기(記)', '청학동기'는
'청학동(靑鶴洞)'을 찾아갔던 체험을 기록(記)한 글'이라는 뜻이다.
■ 주제: 이상 세계에 대한 동경
■ 이것이 핵심!: '청학동'의 상징적 의미

청학동의 특징	글쓴이의 태도
• 청학동으로 가는 길이 매우 좁아 겨우 한 사람이 다닐 만함. • 사방의 땅이 모두 기름져서 곡식을 뿌리고 심어서 기르기에 알맞음. • 옛날에 속세를 등진 사람이 살았던 곳이라는 말이 전해짐.	기대

↓

청학동을 찾아가고자 함.	기대의 좌절
• 여정: 화엄사 ➡ 화개현 ➡ 신흥사 • 청학동을 끝내 찾지 못하고 돌아옴.	

↓

오류선생의 〈도원기〉를 읽음.	이상향 추구가 계속됨.
• 〈도원기〉를 읽고 청학동을 그리워함.	

▼

'청학동'
이상향(이상적 공간), (선인들의) 동경의 대상

■ 왜 두 작품?
• 공통점: (가)와 (나) 모두 화자(글쓴이)가 부정적 상황에 대응하고 있으며, 그 과정에서
기대가 좌절된 작가의 경험이 작품에 형상화되어 있다.
• 차이점: (가)의 화자는 중심 대상인 남편의 출세 실패와 그로 인한 궁핍해진 처지라는
부정적 상황에서 남편에 대한 설득이 실패하자 이러한 현실을 받아들이고 있다. 반면
(나)의 글쓴이는 이상 세계를 찾고자 했으나 이에 실패한 상황이다. 그러나 이러한
부정적 상황에서도 지속적으로 이상 세계에 대한 기대를 포기하지 않고 계속적으로
추구하는 모습을 보여준다.

35 정답 ⑤　＊ 표현상 특징 파악하기 ······················ [정답률 66%]

(가)와 (나)의 공통점으로 가장 적절한 것은?

〉왜 정답 ?

⑤ 물음의 방식을 통해 대상에 대한 태도를 드러내고 있다.
(가): 남편에 대한 화자의 한탄 / (나): 이상적 세계에 대한 글쓴이의 동경

[(가) ①-⑪, ⑫　이제는 남은 전지(田地) 역농(力農)이나 하자 하니 / 어릴 때
엇나간 임을 내 어이 길들이리
　(나) ⑤-❶　어떻게 하면 유자기(劉子驥)와 같은 고상한 선비를 만나 나도 한번
그곳을 찾을 수 있을까?]

(가)에서 화자는 자신의 남편이 출세에 실패하고 이로 인해 가난한 처지가 된
상황에서 물음의 방식을 활용하여 남편에 대한 한탄을 드러내고 있다.
또한 (나)에서 글쓴이는 물음의 방식을 활용하여 '청학동'에 가고 싶은 마음을
표현하면서 이상적 세계에 대한 동경을 드러내고 있다.

〉왜 오답 ?
밝은 것과 어두운 것을 서로 맞대어 비교하여
① 명암의 대비를 통해 대상에 대한 인식을 드러내고 있다.
(가) ×, (나) ×

명암: 밝음과 어두움을 통틀어 이르는 말
대비: 두 가지의 차이를 밝히기 위하여 서로 맞대어 비교함. 또는 그런 비교

실제와 반대되는 표현을 활용하여
② 반어적 표현을 통해 대상에 대한 감정을 드러내고 있다.
(가) ○, (나) ×　　　　(가)의 화자가 남편의 무능함을 반어적으로 표현함.
➡ (가) ③-❻　천황씨(天皇氏) 벗님 가장(家長) 찬 장판 위에 앉아

(가)에서는 남편을 전설상의 제왕인 '천황씨'의 벗이라고 표현함으로써 남편의
무능력함을 반어적으로 보여주었다. 반면 (나)에서는 반어적 표현이 드러나지 않는다.

③ 연쇄의 방식을 통해 공간의 변화 과정을 드러내고 있다.
(가) ×, (나) ×　　　　공간의 변화는 (나)에만 나타남.

연쇄: 앞 구절의 끝 어구를 다음 구절의 앞 구절에 이어받아 이미지나 심상을 강조
하는 수사법

④ 명령형 어미를 통해 상황에 대한 정서를 드러내고 있다.
(가) ×, (나) ×

36 정답 ⑤　＊ 시어 및 구절의 의미 파악하기 ············ [정답률 61%]
'이 말'
㉠과 ㉡에 대한 이해로 가장 적절한 것은?
'그 말'

㉠ '그 말' ((가) ② -❷~❼)	'아무 댁'의 남편이 어릴 때는 공부하다가 가난함 때문에 학업을 그만두고 논을 매고 밭을 가꿈. ➡ 집안 식구를 배불리 먹이고 세금을 걱정할 필요가 없을 만큼 풍족하게 살아감. ➡ ㉠ '그 말'을 듣고 화자가 자신의 지난날을 되돌아 봄. ➡ 남편이 공부하느라 헛되게 쓴 돈을 논과 밭을 사서 농사 짓는 일에 썼다면 '아무 댁'만큼 살 수 있었을 거라 생각함.
㉡ '이 말' ((가) ③ -⑮~㉓)	화자의 남편이 우리가 가난한 것은 하늘이 정한 운명이라고 말함. ➡ ㉡ '이 말'을 듣고 화자가 더 이상 말해도 이로울 것이 없다고 생각하며 대화를 단념함.

〉왜 정답 ?

⑤ ㉠은 시적 화자가 자신의 지난날을 되돌아 보는 계기로, ㉡은 시적
㉠ '그 말'을 듣고 갑자기 깨달아 자신의 지난날을 되돌아 봄.
화자가 상대와의 대화를 단념하는 계기로 작용하고 있다.
㉡ '이 말'을 듣고 말해도 이로울 것이 없다고 생각하며 대화를 단념함.

[(가) ②-❽~⑪　나도 ㉠ 그 말 들어 갑자기 깨달으니 / 글공부 하던 허비(虛費)
과거 보던 이 비용을 / 다 두어 전지(田地)사고 부경부엽(夫耕婦饁)하였다면 /
저 부인 저 남편을 설마한들 못 미치겠는가
　(가) ④-❶, ❷　나도 ㉡ 이 말 듣고 말하여 무익하오 / 문 닫고 돌이켜
생각하니 오냐 어이하리]

(가)의 시적 화자는 '아무 댁'이 말한 ㉠ '그 말'을 듣고 지난날 남편의 글공부와 과거
시험을 준비한 일을 되돌아보고 있다. 그리고 남편의 과거 시험 준비로 허비한 비용을
부부가 함께 농사일하는 데 썼다면 굶지 않았을 것이라며 후회하고 있다.
한편 (가)의 시적 화자는 가난한 처지가 된 원인을 운명으로 인식하는 남편의 ㉡ '이
말'을 듣고 대화를 단념한다. 그리고 문을 닫고 돌아와 홀로 생각하고 있다.

① ㉠과 ㉡은 모두, 시적 화자가 ~~자신감을 얻는~~ 계기로 작용하고 있다.
㉠×, ㉡×　　　　　　자신감을 얻지 않음.

* 근거: (가) ②-❽~⓫, ④-❶, ❷

② ㉠과 ~~㉡~~은 모두, 시적 화자가 상대의 ~~행동을 오해하는~~ 계기로
㉠×, ㉡×　　　　　　　상대의 행동을 오해하지 않음.
작용하고 있다.

* 근거: (가) ②-❽~⓫, ④-❶, ❷

③ ㉠과 ~~㉡~~은 모두, 시적 화자가 상대에 대한 ~~신뢰를 회복~~하는 계기로
㉠×, ㉡×　　　　　　상대에 대한 신뢰를 잃지 않았으며, 신뢰를 회복하지도 않음.
작용하고 있다.

* 근거: (가) ②-❽~⓫, ④-❶, ❷

④ ㉠은 시적 화자가 상대를 부러워하는 계기로, ㉡은 시적 화자가
학업을 그만두고 농사를 지어 풍족하게 사는 '아무 댁'을 부러워한다고 볼 수 있음.
~~상대를 위로~~하는 계기로 작용하고 있다.
남편을 위로하지 않음.

* 근거: (가) ②-❽~⓫, ④-❶, ❷

　(가)의 시적 화자는 남편이 공부를 그만 두고 농사를 지으면서 풍족하게 살고 있는 '아무 댁'의 ㉠ '그 말'을 듣고 화자의 남편이 공부를 하느라 허비한 비용을 농사일에 썼다면 굶지 않았을 것이라고 생각한다. 따라서 ㉠ '그 말'은 가난한 처지인 (가)의 시적 화자가 풍족하게 살고 있는 '아무 댁'을 부러워하는 계기로 작용한다고 볼 수 있다.
　그러나 (가)의 시적 화자는 남편의 ㉡ '이 말'을 듣고 남편과 대화하기를 단념하고 있으므로, ㉡ '이 말'이 상대를 위로하는 계기로 작용했다고 볼 수 없다.

37　정답 ④　* 글쓴이의 생각과 태도 파악하기 ·········· [정답률 66%]

ⓐ~ⓔ에 대한 설명으로 적절하지 <u>않은</u> 것은?

④ ⓓ: 진나라 사람들이 ~~청학동~~에 살게 된 이유를 확인할 수 있다.
'도원'

(나) ③-❸　ⓓ 진(秦)나라 사람들이 전란을 싫어해서 처자식을 이끌고 지세가 깊고 험준한 곳을 찾아들었다가 산이 겹겹이 쌓여 있고, 시내가 어지럽게 흘러내려 나무꾼들조차도 찾을 수 없는 산골을 발견하여 거기에서 살았다.
(나) ④-❶　훗날에 그곳의 경치를 채색으로 그리고 노래를 지어 그곳의 아름다움을 전하여 '도원'을 신선 세계라 여기게 되었다.

　(나)의 ⓓ는 글쓴이가 우연히 읽은 〈도원기〉의 주요 내용을 요약한 내용으로, 진나라 사람들이 도원에 들어가 살게 된 이유를 밝힌 부분이다.

① ⓐ: 북쪽 백두산에서부터 시작되어 이어진 지리산의 광대한 범위를
한 달 정도를 돌아다녀야 그 끝을 알 수 있음.
확인할 수 있다.

(나) ①-❷, ❸　지리산의 발단이 북쪽의 백두산에서부터 시작되는데 ~ 이어져 내려와 대방군에까지 이르게 된다. ⓐ 그 산이 수 천리에 이었고 십여 고을에 걸쳐 있으므로 한 달 정도를 돌아다녀야 그 끝간 데를 알 수 있다.

　(나)의 글쓴이는 지리산이 북쪽의 백두산부터 시작되어 아름다운 계곡이 끊이지 않고 대방군에까지 이어져 내려온다고 설명하고 있다. ⓐ는 이러한 지리산이 '한 달 정도를 돌아다녀야 그 끝'을 알 수 있다고 하면서 지리산의 광대한 범위를 밝히고 있다.

〔**광대하다**: 크고 넓다.

② ⓑ: 청학동이라는 이름으로 불리게 된 유래를 알 수 있다.
오직 청학(靑鶴)만이 살고 있음.

(나) ①-❹　옛 노인들 사이에 서로 전해오는 얘기에 "지리산 안에 청학동이 있는데 ~ ⓑ 그곳에는 오직 청학(靑鶴)만이 살고 있기 때문에 청학동이라 부르게 된 것이다. ~"라는 말이 있다.

　(나)의 글쓴이는 ⓑ에서 옛 노인들 사이에 전해오는 말을 인용하여 '청학(靑鶴)'만이 살고 있기 때문에 붙은 청학동의 이름의 유래를 밝히고 있다.

〔**유래**: 사물이나 일이 생겨남. 또는 그 사물이나 일이 생겨난 바

③ ⓒ: 청학동을 찾아가는 중에 마주한 자연 풍경에 대한 감상을 확인할
인간 세상이 아닌 듯하다며 감탄함.
수 있다.

(나) ②-❸, ❹　드디어 화엄사에서 출발하여 화개현에 이르러 신흥사에서 묵었는데, 지나는 곳마다 선경이 아닌 곳이 없었다. 바위들이 아름다움을 자랑하고 골짜기마다 물이 다투어 흐르며 대나무 울타리와 띠로 이은 집들이 복숭아꽃과 살구꽃 사이로 어른거리니 ⓒ 마치 인간 세상이 아닌 듯했다.

　(나)의 글쓴이는 청학동을 찾아가기 위한 여정을 보여주고 있다. ⓒ에서 글쓴이는 청학동을 찾아가면서 마주하게 된 자연 풍경을 보며 이에 대해 '인간 세상이 아닌 듯'하다며 자연 풍경에 대한 감상을 밝히고 있다.

⑤ ⓔ: 도원과 청학동을 동일한 성격의 공간으로 인식하고 있음을 알
도원이 청학동과 다름이 없는 곳이라고 인식함.
수 있다.

(나) ④-❶~❸　훗날에 그곳의 경치를 채색으로 그리고 노래를 지어 그곳의 아름다움을 전하여 도원을 신선 세계라 여기게 되었다. ~ 아마도 내가 도원기를 미숙하게 읽었기 때문일 것이니 ⓔ 실제로는 청학동과 다름이 없는 곳이리라.

　(나)의 글쓴이는 〈도원기〉를 읽고 도원을 신선 세계라고 여기고 있다. 그리고 ⓔ에서 도원이 청학동과 다름없다고 하면서 도원과 청학동을 동일한 성격의 공간으로 바라보는 인식을 드러내고 있다.

38　정답 ④　* 〈보기〉를 바탕으로 감상하기 ·········· [정답률 61%]

〈보기〉를 바탕으로 (가)와 (나)를 감상한 내용으로 적절하지 <u>않은</u> 것은? [3점]

┌─── 〈 보기 〉 ───
　❶ (가)와 (나)는 부정적 상황에 대응하는 과정에서 기대가 좌절되었던 작가의 경험이 서로 다른 모습으로 형상화되고 있다. (가)에는 ❷ 남편의
남편이 출세하지 못하고 빚만 늘어남.
출세로 영화를 얻으려던 기대가 좌절되자 무능한 남편을 설득하다 실패한
공부를 그만 두고 농사를 짓자고 설득하지만 실패함.
작가가 현실을 수용했던 경험이, ❸ (나)에는 속세와 단절된 이상적 공간을
청학동이 살고자 했으나 찾지 못함.
찾는 데 실패한 작가가 좌절된 기대를 포기하지 않았던 경험이 나타난다.
청학동을 찾아가고자 하는 마음을 단념하지 않음.
└───────────────

	(가)	(나)
공통점	부정적 상황에 대응하는 과정에서 기대가 좌절된 경험이 있음.	
	남편의 출세로 영화를 얻으려던 기대 좌절 → 무능한 남편 설득 실패	속세와 단절된 이상적 공간 ('청학동')을 찾음 → 실패
차이점	부정적 상황에 대한 대응 방식	
	현실 수용	좌절된 기대를 포기하지 않음.

④ (가)의 '규중에 어리석은 부녀 그 말을 믿었더니'에서 ~~남편을~~
과거에 급제하여 출세하는 게 가장 좋은 영광이라는 말을 믿었음.
~~설득하는 데 실패한 작가의 모습~~을, (나)의 '시를 바위에 남기는
관련 없음.
모습'에서 이상적 공간을 찾는 데 실패한 작가의 모습을 엿볼 수 있군.
청학동을 끝내 찾지 못하고 바위에 시를 남기고 돌아옴.

(가) ①-❹~❻　하물며 모인 사람 한결같이 하는 말이 / 일 년에 대소과(大小科)는 평생 끽착(喫着) 못 다 하리 / 규중(閨中)에 어리석은 부녀(婦女) 그 말을 믿었더니

(나) ②-❺　그러나 사람들이 말하는 청학동은 끝내 찾을 수가 없어서 다음과 같은 시를 바위에 남겨두었다.

　(가)의 '규중에 어리석은 부녀 그 말을 믿었더니'는 과거에 급제하여 출세하는 게 가장 좋은 영광이라는 사람들의 말을 믿었다는 말이다. (가)의 화자는 이 말을 믿음으로써 남편의 출세로 영화를 얻으려고 했던 기대와 좌절이 나타난다. 남편을 설득하는 데 실패한 모습은 드러나지 않는다.
　한편 (나)의 '시'는 청학동을 찾는 데 실패한 작가가 바위에 남긴 것으로 이를 통해 이상적 공간을 찾는 데 실패한 작가의 모습을 엿볼 수 있다.

① (가)의 '벼슬길에 못 올라서 귀향은 무슨 일인가'에서 남편의 출세로
영화를 얻으려던 기대가 좌절된 작가의 경험을 엿볼 수 있군.
남편이 출세하지 못하고 고향으로 돌아옴.

→ (가) ① - ❼ 벼슬길에 못 올라서 귀향은 무슨 일인가

(가)의 화자는 과거에 급제하여 출세하는 게 가장 좋은 영광이라는 사람들의 말을
믿고 남편의 출세로 영화를 얻고자 하는 기대를 가진다. 그러나 남편은 벼슬길에
오르지 못하고 귀향하는데, <보기>에 따르면 이는 남편의 출세로 영화를 얻으려던
기대가 좌절된 작가의 경험이 드러난 부분이다.

② (가)의 '머나먼 변방 길에 가네 오네 빚이'라며 '남은 전지 역농이나 하자
하'는 것에서 부정적 상황에 대응하는 작가의 경험을 엿볼 수 있군.
남은 논밭으로 농사를 지어 살아가고자 함.

[(가) ① - ❾ - ⓫ 머나먼 변방 길에 가네 오네 빚이로다 / 팔고 남은 적은 밭을
또 한 자리 판단 말인가 / 이제는 남은 전지(田地) 역농(力農)이나 하자 하니

(가)의 화자는 출세하고자 머나먼 길을 다녔던 남편으로 인해 빚이 생겨 남은 밭을
팔아야 하는 상황이다. 화자는 이러한 상황을 남은 논밭으로 농사를 지어 살아가면서
대응하고자 한다. <보기>에 따르면 이는 부정적 상황에 대응하는 작가의 경험이
드러나는 부분이다.

③ (나)의 '청학동으로 들어가 살'고자 '화엄사에서 출발'한 것에서 속세와
단절된 이상적 공간을 찾으려 했던 작가의 경험을 엿볼 수 있군.
속세와 절연하고 청학동으로 들어가 은둔하고자 함.

[(나) ② - ❶ - ❸ 옛날에 내가 당형(堂兄)인 최 상국(相國)과 함께 ~ 속세를 떠나
평생 은둔하려는 데 뜻을 두고 있었다. ~ 청학동으로 들어가 살며 속세와
절연하고자 했다. 드디어 화엄사에서 출발하여 ~

(나)의 작가는 속세와 절연하고 '청학동으로 들어가 살'고자 한다. 또한 '청학동'을
도원과 같은 이상적 공간으로 인식하고 있다. <보기>에 따르면 이는 속세와 단절된
이상적 공간을 찾으려 했던 작가의 경험이 드러나는 부분이다.

⑤ (가)의 '문 닫고 돌이켜 생각하니 오냐 어이하리'에서 기대가 좌절된
가난한 운명으로 인식하는 남편의 말을 듣고 대화를 단념하고 체념함.
현실을 수용하는 작가의 모습을, (나)의 '어떻게 하면' '그곳을 찾을
수 있을'지 생각하는 것에서 기대를 포기하지 않는 작가의 모습을
청학동을 찾는 것을 포기하지 않음.
엿볼 수 있군.

[(가) ④ - ❷ 문 닫고 돌이켜 생각하니 오냐 어이하리
[(나) ⑤ - ❶ 어떻게 하면 유자기(劉子驥)와 같은 고상한 선비를 만나 나도 한번
그곳을 찾을 수 있을까?
청학동

(가)의 화자는 가난한 처지의 원인을 수인씨 탓으로 돌리며 운명으로 인식하는
남편의 말을 듣고 남편과의 대화를 단념한다. 그리고 '오냐 어이하리'라며 이러한
현실을 수용하고 체념하고 있다. <보기>에 따르면 이는 기대가 좌절된 현실을
수용하는 작가의 모습이 드러나는 부분이다.
한편 (나)의 글쓴이는 '청학동'을 찾지 못해 기대가 좌절된 상황에서도 청학동을
찾는 것을 포기하지 않는다. <보기>에 따르면 이는 기대를 포기하지 않는 작가의
모습이 드러나는 부분이다.

39~41

(가) 신석정, <청산백운도>

출제   ❶ 화자, 중심 대상   ❷ 상황, 정서, 태도   ❸ 표현상 특징
○: 화자가 긍정적으로 인식하는 대상

❶ # [ ]: ❷ 상황 - 화자가 푸른 산을 바라보고 있음.
① ㉠ 이 투박한 대지에 발은 붙였어도
❷ ❸ 밭과 하늘을 대조하여 '산'이 지향하는 공간인 하늘을 강조함.
흰 구름 이는 머리는 항상 하늘을 향하고 사는 산
산이 지향하는 대상   ❶ 중심 대상

[투박하다: 생김새가 볼품없이 둔하고 튼튼하기만 하다.
[이다: (비유적으로) 머리 위쪽에 지니거나 두다.

*①연 요약 : 하늘을 향하고 사는 산의 모습

② ❶ 언제나 숭고할 수 있는 푸른 산이
❷ # 언제나 숭고할 수 있는 '푸른 산'의 불변성
그 푸른 산이 오늘은 무척 부러워]
[ ]: ❷ 태도 – 푸른 산에 대한 예찬적 태도
정서 – 푸른 산을 동경함.

[숭고하다: 뜻이 높고 고상하다.

❸ 어구를 반복하여 대상에 대한
정서를 강조함.
❸ 색채 이미지를 활용하여 대상을
생동감 있게 드러냄.
*색채 이미지: 색채를 연상시키는
이미지

*②연 요약 : 푸른 산을 동경함.

③ ❶ ㉡ 하늘과 땅이 비롯하던 날 그 아득한 날 밤부터
❷ 저 산맥 위로는 푸른 별이 넘나들었고
푸른 별이 산을 넘나드는 움직임이 오래전부터 지속되어 왔음.

[비롯하다: 어떤 사물이 처음 생기거나 시작하다.
[아득하다: 까마득히 오래되다.

*③연 요약 : 푸른 산과 별의 교감

④ ❶ ❸ 색채 이미지를 활용하여 대상을 생동감 있게 드러냄.
골짝에는 양 떼처럼 흰 구름이 몰려오고 가고
❷ ❸ 비유적 표현(직유법)을 활용하여 흰 구름의 모습을 효과적으로 드러냄.
때로는 늙은 산 수려한 이마를 쓰다듬거니
❸ 의인법을 활용하여 '늙은 산'의 속성을 제시함.

[골짝: '골짜기'의 준말
[수려하다: 빼어나게 아름답다.

*④연 요약 : 푸른 산과 구름의 교감

⑤ ❶ 고산식물들을 품에 안고 길러낸다는 너그러운 산
'푸른 산'의 너그러운 포용력
❷ 정초한 꽃그늘에 자고 또 이는 구름과 구름

[정초하다: 맑고 아름답다.

*⑤연 요약 : 포용력이 있는 산

⑥ ❶ ❶ 화자: '나'
[내 몸이 가벼이 흰 구름이 되는 날은
❷ 화자가 자연과 동화되는 날
강 너머 저 푸른 산 이마를 어루만지리 ……]
❸ 말줄임표를 통해 시상을 마무리함으로써 여운을 남김.
[ ]: ❷ 정서 – 자연과 동화되어 어우러지고 싶은 화자의 소망

*⑥연 요약 : 푸른 산과 교감하기를 소망함.

⭐ (가) 독해 공식

❶ 화자: '내(나)', 중심 대상: '(푸른) 산'
❷ 상황: 화자가 푸른 산을 바라보고 있음.
정서: 푸른 산을 동경함. 자연과 동화되어 어우러지고 싶은 화자의 소망
태도: 푸른 산에 대한 예찬적 태도
❸ 표현상 특징
• 대조적 이미지의 시어를 통해 시적 대상을 강조함.
• 특정 어구를 반복하여 대상에 대한 화자의 정서를 강조함.
• 색채 이미지를 활용하여 대상을 생동감 있게 드러냄.
• 다양한 비유법(직유법, 의인법)을 활용하여 화자가 지향하는 대상을 드러냄.
• 말줄임표를 통해 시상을 마무리함으로써 여운을 남김.

■ 갈래: 현대시
■ 제목의 의미: '푸를 청(靑) + 뫼 산(山) + 흰 백(白) + 구름 운(雲) + 그림 도(圖)',
'청산백운도'는 푸른 산과 흰 구름을 그린 그림을 의미한다.
■ 글쓴이: 신석정(1907~1974). 전형적인 자연 시인이라 불리는 그의 작품은 자연에 대한
숭배가 주로 나타난다. 특히 산을 즐기고 산에서 배우며, 산을 사유하면서 자연을
노래한 소박하고 간결한 형식이 많았는데, 후기에 와서는 인생과 현실을 비판하기도
하였다. 대표작으로 <꽃덤불>, <들길에 서서>, <아직 촛불을 켤때가 아닙니다> 등이 있다.
■ 주제: 푸른 산에 대한 예찬과 푸른 산과의 교감에 대한 소망
■ 이것이 핵심!: 화자가 지향하는 삶의 모습

구절	의미	
'언제나 숭고할 수 있는 푸른 산', '너그러운 산'	산에 대한 예찬	푸른 산에 대한 예찬과 교감에 대한 소망
'오늘은 무척 부러워'	산에 대한 동경	
'푸른 산 이마를 어루만지리'	산과 교감하고자 하는 태도	

2023.12
11회

(나) 문정희, 〈새 옷 입는 법〉

\# 출제　❶ 화자, 중심 대상　❷ 상황, 정서, 태도　❸ 표현상 특징

❶ \#❷ 태도: 자연을 모성을 지닌 존재로 인식함.

① 새로 핀 꽃에서 어머니를 만나네
　❷ ❶중심 대상　모성을 지닌 존재('새로 핀 꽃'과 동일시되는 존재)
나에게는 어린아이가 많다네
　❸ ❶화자
꽃들이 옷 입는 법을　[blue]: 자연으로부터 배우는 삶의 방식　[red]: 화자에게 깨달음을 주는 대상(의인법)
　❹ [새로 가르쳐 주면
　❺ \#❸ 음성상징어(의태어)를 통해 시적 의미를 강조함.
새 옷 입고 사운사운 시를 쓰겠네]
　❸ 새로 배운 깨달음을 '새 옷'에 비유함.
\# [ ]: ❷태도 – '꽃들'(자연)로부터 삶에 대한 가르침을 배우고 실천하고자 함.

〔사운사운: '살랑살랑'의 방언

*음성상징어: 소리를 흉내 내는 말인 의성어나 모양을 흉내내는 말인 의태어를 아울러 이르는 말

*①연 요약 : 자연으로부터 삶에 대한 가르침을 배우고자 함.

❶ \# [ ]: ❸은유법을 활용하여 대상의 속성을 나타냄.

② [이 도시가 악어들의 이빨로 가득해도
　❷ ❷상황: 고향을 떠나 도시에 있으며, 도시를 부정적으로 인식함.
이만하면 살 만하다네
　❸ ❷태도: 부정적 현실('도시')을 긍정적으로 받아들임.
㉢ 우리는 모두 고향을 버리고 온 새
　❹ \#'나'에서 '우리'로 범위를 확대하여 '우리'의 상황이 동일함을 드러냄.
그래도 혼자가 아니라네
　❺ '우리'를 고독한 존재가 아닌 공동체적 존재로 인식함.
㉣ 아침이 또 찾아왔잖아
　❻ \#아침이 밝아 새로 하루를 시작함.
새 길이 내 앞에 누워 있잖아
　❼ 고통과 쓸쓸함이 따라다니지만
　❽ 고향을 떠나온 우리가 겪는 고통과 쓸쓸함
부드러운 비가 어깨를 감싸 주는 날도 있지
　❾ \#자연으로부터 위안과 위로를 받음.
[새로 또 꽃은 피어
　❿ \# [ ]: ❷태도 – 자연으로부터 삶의 태도를 배움.
눈부시게 옷 입는 법을 가르쳐 주고
　⓫ ❶중심 대상
새들은 풀잎 같은 혀로 시 짓는 법을 들려주네
　⓬ \#❸청각적 이미지를 활용하여 대상의 특성을 드러냄.
나무들은 몸으로 춤을 보여 주네]
　❶중심 대상

*은유법: 어떤 형상이나 사물을 비슷한 형상, 사물에 빗대어서 'A는 B이다'의 형식으로 대상을 비유하는 방법

□: 고향을 떠난 도시인

[green]: ❸동일한 종결 어미(~네, ~잖아)를 반복하여 운율을 형성함.

△: 부정적 상황 인식

*②연 요약 : 부정적인 현실에서 자연의 모습을 통해 삶의 방식을 배움.

❶ \# [ ]: ❷태도–자연으로부터 배운 삶의 방식을 험난한 현실에서 실현하기를 희망함.

③ [아무래도 나는 사랑을 앓고 있는 것 같네
　❷ ❷정서: '도시'라는 공간에 대한 사랑
㉤ 악어들이 검은 입을 벌린 이 도시
　❸ \#❸색채 이미지('검은')를 통해 대상('도시')에 대한 부정적 인식을 드러냄.
[왜 자꾸 새 옷을 차려입고 싶은지
　❹ 음성상징어(의태어)를 통해 시적 의미를 강조함.
왜 자꾸 사운사운 시를 짓고 싶은지]]
\# [ ]: ❸유사한 문장 구조의 반복을 통해 시상을 마무리함.

*③연 요약 : 삶에 대해 긍정적인 인식을 지니고 살아가고자 함.

⭐ (나) 독해 공식

❶ 화자: '나', 중심 대상: '꽃', '새', '나무' (자연물)

❷ 상황: 고향을 떠나 도시에 있으며, 도시를 부정적으로 인식함.

　정서 및 태도: 자연을 모성을 지닌 존재로 인식함. 자연으로부터 삶에 대한 가르침을 배우고 실천하고자 함. 부정적 현실을 긍정적으로 받아들임. 자연으로부터 삶의 태도를 배움. '도시'라는 공간에 대한 사랑

❸ 표현상 특징
- 음성상징어를 활용하여 시적 의미를 강조함.
- 다양한 비유법을 활용하여 대상을 생동감 있게 드러냄.
- 동일한 종결 어미를 반복하여 운율을 형성함.
- 청각적 이미지를 활용하여 대상의 특성을 드러냄.
- 색채 이미지를 통해 대상에 대한 부정적 인식을 드러냄.
- 유사한 문장 구조의 반복을 통해 시상을 마무리함.

■ 갈래: 현대시

■ 주제: 자연으로부터 배운 가르침을 통해 부정적인 상황에서 긍정적으로 살아가고자 하는 삶의 태도

■ 이것이 핵심! : 삶에 대한 화자의 인식 변화 과정

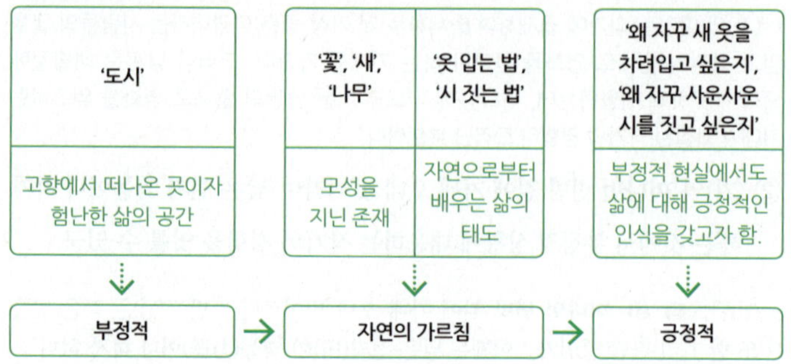

■ 왜 두 작품? (가)와 (나)는 모두 화자가 자연을 긍정적으로 인식하고 지향하는 대상으로 설정하여 시상을 전개하고 있다.

(가)의 화자는 자연을 변하지 않으며 포용력을 지닌 존재로 인식하며, 자연과 동화되는 날을 희망한다.

(나)의 화자는 자연을 모성을 지닌 존재로 인식하며, 자연으로부터 삶의 방식을 배우고 이러한 삶의 방식을 실천하면서 살아가기를 희망한다.

39　정답 ③　*표현상 특징 파악하기　　　[정답률 75%]

(가)와 (나)에 대한 설명으로 가장 적절한 것은?

〉왜 정답?

③ (나)는 (가)와 달리, 유사한 문장 구조의 반복을 통해 시상을 마무리하고 있다.
'왜 자꾸 ~을 ~고 싶은지'의 문장 구조를 반복함.

[(나) ③연 ❸·❹행 왜 자꾸 새 옷을 차려입고 싶은지 / 왜 자꾸 사운사운 시를 짓고 싶은지

(가)는 유사한 문장 구조의 반복을 활용하지 않았다.

이와 달리 (나)는 '왜 자꾸 ~을 ~고 싶은지'라는 유사한 문장 구조의 반복을 통해 화자가 부정적 상황에서도 자연을 통해 배운 삶의 자세를 실천하고자 하는 희망을 보여 주며 시상을 마무리하고 있다.

〉왜 오답?

① (가)는 (나)와 달리, 음성상징어를 통해 시적 의미를 강조하고 있다.
(나)는 (가)와 달리　　　(나)는 음성상징어 '사운사운'을 통해 시적 의미를 강조함.

[(나) ①연 ❸~❺행 꽃들이 옷 입는 법을 / 새로 가르쳐 주면 / 새 옷 입고 사운사운 시를 쓰겠네
(나) ③연 ❹행 왜 자꾸 사운사운 시를 짓고 싶은지

(가)에는 음성상징어가 나타나지 않는다.

반면 (나)는 '사운사운'이라는 음성상징어를 활용하여 자연에서 배운 삶의 방식을 실천하고자 하는 화자의 태도를 강조하고 있다.

겉보기에는 모순된 것 같으나 그 속에는 중요한 진리가 함축되어 있는 표현
② (나)는 (가)와 달리, 역설적인 표현을 통해 주제 의식을 부각하고 있다.
(가)와 (나)는 모두 역설적인 표현을 활용하지 않음.

귀로 듣는 듯한 느낌을 주는 이미지
④ (가)와 (나)는 모두, 청각적 심상을 통해 대상의 특성을 드러내고 있다.
(나)는 (가)와 달리,

→ (나) ②연 ⓫행 새들은 풀잎 같은 혀로 시 짓는 법을 들려주네

(가)에는 청각적 심상이 드러나지 않는다.

반면 (나)는 '새들은 ~ 들려주네'에서 청각적 심상을 활용하여 화자에게 깨달음을 주는 '새'의 특성을 감각적으로 드러내고 있다.

⑤ (가)와 (나)는 모두, 말을 건네는 방식을 통해 청자에 대한 친근감을
(가)와 (나)는 모두 말을 건네는 방식을 활용하지 않음.　(가)와 (나)는 모두 청자를 설정하지 않음.
표현하고 있다.

40 정답 ④ ＊시어 및 구절의 의미 파악하기 ··········· [정답률 74%]

㉠～㉥의 의미로 적절하지 <u>않은</u> 것은?

> **왜** 정답 ?

④ ㉣: '또'를 통해 '아침'이 와도 ~~변하지 않는 일상의 한계~~를 보여 준다.
아침이 찾아온 상황을 보여 줌.

→ (나) ②연 ❺, ❻행 ㉣ <u>아침이 또 찾아왔잖아</u> / 새 길이 내 앞에 누워 있잖아

(나)의 화자는 자신이 있는 부정적 공간을 긍정적으로 받아들이고자 하는 태도를 보이고 있다. 이때 ㉣에서는 희망의 이미지가 담긴 '아침'이 '또 찾아왔'다고 하면서 아침이 밝아 새로 하루를 시작하는 화자의 인식을 드러내고 있다.

즉 맥락을 고려할 때 ㉣은 '또'를 통해 아침이 와도 변하지 않는 일상의 한계를 보여 주고 있지는 않다.

> **왜** 오답 ?

① ㉠: '머리'와 '발'의 대비를 통해 '산'이 지향하는 공간을 보여 준다.
'발'은 '대지'에 붙였지만 '머리'는 '하늘'을 향함.   '하늘'을 지향함.

[(가) ①연 ❶, ❷행 ㉠ 이 투박한 대지에 발은 붙였어도 / <u>흰 구름 이는 머리는
항상 하늘을 향하고 사는 산</u>

(가)의 화자는 '산'을 바라보고 있다. 이때 화자가 바라보는 산은 '발'은 대지에 붙였지만 '머리'는 흰 구름을 이고 하늘을 향하고 산다. 화자는 이러한 '머리'와 '발'의 대비를 통해 '산'이 '하늘'을 지향하고 있음을 보여 주고 있다.

[**대비**: 두 가지의 차이를 밝히기 위하여 서로 맞대어 비교함. 또는 그런 비교
 지향하다: 어떤 목표로 뜻이 쏠리어 향하다.

② ㉡: '아득한'을 통해 '푸른 별'이 넘나드는 움직임이 오래전부터
까마득히 오래된 날 밤부터 지속되어 왔음.
지속되었음을 보여 준다.

[(가) ③연 ❶, ❷행 ㉡ 하늘과 땅이 비롯하던 날 그 <u>아득한</u> 날 밤부터 / 저 산맥
위로는 푸른 별이 넘나들었고

(가)의 ㉡은 까마득히 오래되었다는 뜻의 '아득한'을 활용하여 '산맥 위로' '푸른 별'이 넘나드는 움직임이 오래전부터 지속되었음을 보여 주고 있다.

③ ㉢: '모두'를 통해 '우리'의 상황이 동일함을 드러낸다.
'우리' 모두가 고향을 떠나온 상황임.

[(나) ②연 ❶～❹행 이 도시가 악어들의 이빨로 가득해도 / 이만하면 살
 만하다네 / ㉢ <u>우리는 모두 고향을 버리고 온 새</u> / 그래도 혼자가 아니라네

(나)의 화자는 '모두'라는 시어를 통해 화자 자신을 포함한 '우리' 모두 고향을 떠나온 '새'임을 표현하고 있다. 이를 통해 화자를 포함한 모두가 동일한 상황임을 드러내고 있다.

⑤ ㉥: '검은'을 통해 '도시'에 대한 부정적 인식을 드러낸다.
'도시'를 '악어들이 검은 입을 벌린' 공간으로 인식함.

→ (나) ③연 ❷행 ㉥ <u>악어들이 검은 입을 벌린 이 도시</u>

(나)의 화자는 시적 공간인 '도시'를 악어들이 입을 벌리고 있는 부정적인 공간으로 인식하고 있다. 이때 '검은'이라는 색채 이미지를 활용하여 부정적 이미지를 강조하고 있다.

41 정답 ④ ＊〈보기〉를 바탕으로 감상하기 ············· [정답률 81%]

〈보기〉를 바탕으로 (가)와 (나)를 감상한 내용으로 적절하지 <u>않은</u> 것은? [3점]

───〈 보기 〉───

❶ 시에서는 화자가 자연을 긍정적으로 인식하고 지향하는 모습이
언제나 숭고할 수 있는 존재임.
다양하게 형상화된다. ❷ (가)에서 화자는 자연을 불변성과 포용력을 지닌
'푸른 산'   고산식물들을 너그러이 길러냄.
존재로 인식하며, 동경하는 자연과 어우러지는 날을 희망한다. ❸ (나)에서
자신의 몸이 흰 구름이 되어 푸른 산의 이마를 어루만지는 날을 희망함.
화자는 자연을 모성을 지닌 존재로 인식하며, 이러한 자연으로부터 배운
꽃들, 새들, 나무들   꽃에서 어머니를 만난다고 표현함.
삶의 방식을 험난한 현실에서 실현하기를 희망한다.
험난한 도시에서 자연으로부터 배운 대로 '새 옷을 차려입고' '시를 짓고' 싶어 함.

─────────────

불변성: 변하지 아니하는 성질
포용력: 남을 너그럽게 감싸 주거나 받아들이는 힘
형상화되다: 형체로는 분명히 나타나 있지 않은 것이 어떤 방법이나 매체를 통하여 구체적이고 명확한 형상으로 나타나다.
어우러지다: 여럿이 조화되어 한 덩어리나 한판을 크게 이루게 되다.
험난하다: 험하여 고생스럽다.

> **왜** 정답 ?

④ (나)에서는 '새들'이 '시 짓는 법을 들려주'는 것과 '나무들'이 '몸으로 춤을 보여 주'는 것에서 자연으로부터 배운 삶의 방식을 ~~험난한 현실에서 실현~~하고 있는 화자의 모습을 확인할 수 있군.
자연이 화자에게 삶의 방식을 알려주고 있는 모습임.

[(나) ②연 ⓫～⓬행 새들은 풀잎 같은 혀로 <u>시 짓는 법을 들려주</u>네 / 나무들은
<u>몸으로 춤을 보여 주</u>네
 〈보기〉 ❸문장 (나)에서 화자는 ～ 자연으로부터 배운 삶의 방식을 험난한
 현실에서 실현하기를 희망한다.

〈보기〉에 따르면 (나)에서 자연은 화자에게 삶의 방식을 가르쳐주는 존재로, 화자는 자연으로부터 배운 삶의 방식을 실현하기를 희망한다.

이에 따르면 '새들'이 '시 짓는 법을 들려주'는 것과 '나무들'이 '몸으로 춤을 보여 주'는 것은 자연이 화자에게 삶의 방식을 가르쳐주는 모습이다.

또한 (나)의 화자는 자연으로부터 배운 삶의 방식을 험난한 현실에서 실현하기를 희망할 뿐, 이를 실현하고 있는 모습은 드러나지 않는다.

> **왜** 오답 ?

① (가)에서는 '언제나 숭고할 수 있는 푸른 산'이 '고산식물들을 품에 안고 길러낸다'는 것에서 자연을 불변성과 포용력을 지닌 존재로
'산'의 불변성   '산'의 포용성
여기는 화자의 인식을 확인할 수 있군.

[(가) ②연 ❶행 <u>언제나 숭고할 수 있는 푸른 산</u>이
 (가) ⑤연 ❶행 <u>고산식물들을 품에 안고 길러낸다</u>는 너그러운 산
 〈보기〉 ❷문장 (가)에서 화자는 자연을 불변성과 포용력을 지닌 존재로
 인식하며, ～

〈보기〉에 따르면 (가)의 화자는 자연을 불변성과 포용력을 지닌 존재로 인식한다.

이에 따르면 '언제나 숭고할 수 있는 푸른 산'에서는 산을 언제나 숭고한 불변성을 가진 존재로, '고산식물들을 품에 안고 길러낸다'는 것에서 산을 식물을 안고 길러내는 너그러운 포용력을 지닌 존재로 여기는 화자의 인식을 보여 준다.

② (가)에서는 '푸른 산'을 '부러워'하는 '내'가 '흰 구름이 되는 날'에
'푸른 산'의 불변성을 동경함.   자연과 어우러지고 싶은 희망이 드러남.
'푸른 산'의 '이마를 어루만지'겠다는 것에서 동경하는 자연과 어우러지고 싶은 화자의 희망을 확인할 수 있군.

[(가) ②연 ❷행 그 <u>푸른 산</u>이 오늘은 무척 <u>부러워</u>
 (가) ⑥연 ❶, ❷행 <u>내 몸이 가벼이 흰 구름이 되는 날</u>은 / 강 너머 저 <u>푸른 산
 이마를 어루만지</u>리……
 〈보기〉 ❷문장 (가)에서 화자는 ～ 동경하는 자연과 어우러지는 날을 희망한다.

〈보기〉에 따르면 (가)의 화자는 동경하는 자연과 어우러지는 날을 희망한다.

이에 따르면 (가)에서 화자가 '푸른 산'을 부러워하는 것에서 화자의 동경이 나타난다고 볼 수 있다. 또한 (가)의 화자가 자신의 몸이 '흰 구름이 되는 날' '푸른 산'의 '이마를 어루만지'겠다고 말하는 것은 자연과 어우러지고 싶은 희망을 드러낸다고 볼 수 있다.

[**동경하다**: 어떤 것을 간절히 그리워하여 그것만을 생각하다.

③ (나)에서는 '새로 핀 꽃에서 어머니를 만'난다는 것에서 자연을
꽃을 어머니 즉, 모성을 지닌 존재로 인식함.
모성을 지닌 존재로 여기는 화자의 인식을 확인할 수 있군.

[(나) ①연 ❶행 <u>새로 핀 꽃에서 어머니를 만나</u>네
 〈보기〉 ❸문장 (나)에서 화자는 자연을 모성을 지닌 존재로 인식하며, ～

〈보기〉에 따르면 (나)의 화자는 자연을 모성을 지닌 존재로 인식한다.

이는 (나)의 화자가 '새로 핀 꽃에서 어머니를 만'난다고 하여 '새로 핀 꽃'을 모성을 지닌 존재인 어머니로 인식하는 것에서 드러난다.

⑤ (가)에서는 '흰 구름'이 '쓰다듬'는 '늙은 산'의 '이마'를 '수려'하다고 한
것에서, (나)에서는 '어깨를 감싸 주는' '비'를 '부드'럽다고 한 것에서
자연을 긍정적으로 인식하는 화자의 모습을 확인할 수 있군.

'늙은 산'의 '이마'를 빼어나게 아름답다고 인식함.
화자를 부드럽게 위로하고 위안을 건넴.

(가) ④연 ❶, ❷행 골짝에는 양 떼처럼 흰 구름이 몰려오고 가고 / 때로는 늙은
산 수려한 이마를 쓰다듬거니
(나) ②연 ❼, ❽행 고통과 쓸쓸함이 따라다니지만 / 부드러운 비가 어깨를 감싸
주는 날도 있지
<보기> ❶문장 시에서는 화자가 자연을 긍정적으로 인식하고 지향하는 모습이
다양하게 형상화된다.

<보기>에 따르면 (가)와 (나)는 화자가 자연을 긍정적으로 인식하고 지향하는
모습이 다양하게 형상화된 작품이다.

이에 따르면 (가)에서 '늙은 산'의 '이마'를 빼어나게 아름답다는 의미인 '수려'하다고
표현한 것에서 자연에 대한 화자의 긍정적 인식을 확인할 수 있다.

또한 (나)에서 '비'가 '어깨를 감싸 주는' '부드러운' 존재로 표현한 점에서 화자에게
위로를 건네는 자연에 대한 긍정적 인식을 확인할 수 있다.

42~45 ＊작자 미상, 〈임호은전〉

\# 출제 ❶ 중심인물, 배경 ❷ 중심 사건, 갈등 ❸ 서술상 특징

＿＿: '임호은'을 지칭하는 말
❶ 이날 부마가 장신부적을 써서 부모와 승상 부부와 육개 처첩과
임금의 사위(=임호은)   여섯 명의 아내와 첩
비복 등을 각각 한 장씩 맡겨 옷깃 속에 감추어 어려운 일을 면하게
하고 외당에 거하여 천명을 기다리더라.
❶❶ 시간적 배경
[이튿날 양처상과 사일보 등이 위조 서간을 만들어 천자께 드려 왈,
\# △ : 임호은을 모함하는 간신들
❸ "신 등이 임호은의 간정을 잡았사오니 폐하는 바삐 호은의 부자를
❶ 중심인물(부마=임호은)
잡게 하소서."
❹ 상이 그 서간을 보시니, 임호은의 글씨와 박지근의 필적이라. ❺ 글의
❶ 중심인물(=천자)   양처상과 사일보 등이 임호은과 박지근의 필적을 위조하여 모함함.
사연이 나라를 비방하여 찬역코자 하는 글이어늘, 상이 남필에
서간의 내용: 반역을 일으키고자 하는 내용을 담고 있음.
익노하사 왈,
= 상이 서간을 끝까지 읽어 보기를 마치고 성을 내며 말하기를,
❻ "바삐 준일 부자를 잡아들여라."
= 임준일(아버지)과 임호은(아들)
❼ 하시니, 양처상 등이 수명하고 우림장군(羽林將軍) 호연수(胡連洙)를
불러 왈,
❽ "그대는 우림군 삼백을 거느려 임호은의 집을 둘러싸고 호은의
머리를 베어 오라."] [ ]: ❷ 중심 사건 - 양처상과 사일보가 위조 서간을 만들어 임호은을
\# 황명을 받은 양처상이 호연수에게 임호은을 죽이라고 명령함.   모함하고 임호은은 죽을 위기에 처하게 됨.

부마: 임금의 사위   비복: 계집종과 사내종을 아울러 이르는 말
외당: 집의 안채와 떨어져 있는, 바깥주인이 거처하며 손님을 접대하는 곳
거하다: 사람이 일정한 곳에 머물러 살다.
천명: 하늘의 명령   서간: 안부, 소식, 용무 따위를 적어 보내는 글
천자: 군주 국가의 최고 통치자를 이르는 말. 우리나라에서는 임금 또는 왕(王)이라고
하였다.
간정: 간사한 마음
필적: 글씨의 모양이나 솜씨   찬역하다: 임금의 자리를 빼앗으려고 반역하다.
남필: 끝까지 읽어 보기를 마침.   익노하다: 더욱 성이 나거나 성을 내다.
수명하다: 명령을 받다.

  ＊❶ 요약 : 간신의 모함에 속은 천자가 임호은 부자를 잡아오라고 명함.

❷ 호연수가 청령하고 갑옷을 갖추고 군사를 거느려 임부를 둘러싸고
중국 명나라 때에, '재상'(宰相)을 이르던 말   ❶ 공간적 배경
연수가 큰 칼을 들고 바로 각로 부자에게 달려들어 베고자 하였더니,
= 준일 부자 = 임준일(아버지)과 임호은(아들)
[홀연 공중에서 철갑 입은 신장이 내려와 방천극을 들어 칼을 막으며
언월도(偃月刀)나 창 모양으로 만든 옛날 중국 무기의 하나
꾸짖어 왈,
❷ "군명이 아무리 엄혹한들 네 어찌 이렇듯 방자하리오. 각로 부자는
[ ]: ❸ 전기적, 비현실적 요소를 활용하여 인물의 비범함을 드러냄.
송국 출신이어늘 네 감히 충신을 해치려 하는다."
송(宋)나라
❸ 언파에 연수를 잡아 문밖에 내치고 문득 간 데 없는지라.] ❹ 연수가
\# 호연수가 공중에서 내려온 신장에 의해 문밖으로 내쳐짐.
황급하여 칼을 던지고 땅에 엎드려 애걸 왈,
❺ "황명이 급하오니 바라건대 각로 부자는 어명을 순종하소서."
호연수가 임호은 부자에게 어명을 따라줄 것을 애걸함.
❻ 각로 부자가 왈,
❼ "신자가 되어 어찌 군명을 거역하리오. 그대는 우리 부자의 몸을
[A] \# [A]: 임호은 부자는 죄를 짓지 않았음에도 신하의 도리로 군명을 받아들임.
결박하라." 중심 사건: 임호은 부자가 군명을 받아들이고 자신들의 몸을 결박하게 함.

청령하다: 명령을 주의 깊게 듣다.   철갑: 쇠붙이를 겉에 붙여 지은 갑옷
신장: 신병(신이 보낸 군사라는 뜻으로, 신출귀몰하여 적이 도저히 맞싸울 수 없는
강한 군사를 비유적으로 이르는 말)을 거느리는 장수
군명: 군사상의 명령. 임금의 명령   엄혹하다: 매우 엄하고 모질다.
방자하다: 어려워하거나 조심스러워하는 태도가 없이 무례하고 건방지다.
언파: 말을 끝냄.   황명: 황제의 명령   어명: 임금의 명령
신자: 임금을 섬기어 벼슬하는 사람

  ＊❷ 요약 : 임호은 부자가 군명을 받아들임.

❸ [연수가 바야흐로 각로 부자를 결박하여 돌아와 황상께 임준일
= 임호은의 아버지
잡아 온 사연을 주달하온데, 천자가 승정전(承政殿)에 어좌하시고
❶ 공간적 배경   = 자리에 나와 앉으시고
형구를 갖춘 후 각로 부자를 잡아들여 계하에 꿇리고 수죄 왈,
❶ "짐이 너의 부자를 박대함이 없거늘 무엇이 부족하여 찬역을
짐: 임금이 자기를 가리키는 일인칭 대명사
도모하느뇨. 이실직고(以實直告)하라."
❸ 임 부마가 고두 주 왈,
❹ "신의 부자가 다만 군상만 아옵고 충성을 다하여 성은을 만분지일이나
= 신하가 임금을 상대하여 자기를 가리키는 일인칭 대명사(임호은이 자신을 가리키는 말)
갚고자 하였더니, 이렇듯 죄상이 나타났사오니 무슨 말씀을
임호은 부자는 신하로서 충성을 다하고자 했음을 이야기함.
주달하오리까."
❺ 상이 크게 꾸짖어 가라사대,
❻ "가난한 도적이 무엇을 발명코자 하느뇨."
❼ 하시고, 좌우를 호령하여 각로 부자를 올려 매고 치라 하신데,
❷ 중심 사건: 임호은 부자가 천자에게 형벌을 받음.
[집장무사(執杖武士)가 힘을 다하여 칠새, 삼백여 장을 치되 각로
부자는 조금도 상하는 곳이 없고 형장 소리만 산천이 뒤덮는 듯하니,
: ❸ 비유적 표현을 활용하여 인물이 처한 상황을 드러냄.
상이 더욱 대로하사 집장을 갈아 엄히 칠새, 팔백여 장에 이르도록
집장 소리만 날 뿐이요, 각로 부자는 조금도 상하는 데 없는지라.]
[ ]: ❸ 전기적, 비현실적 요소로, 임호은 부자의 비범함이 드러남.

주달하다: 임금에게 아뢰다(말씀드려 알리다).
형구: 형벌을 가하거나 고문을 하는 데에 쓰는 여러 가지 기구
계하: 섬돌이나 층계의 아래   수죄: 범죄 행위를 들추어 세어 냄.
박대하다: 인정 없이 모질게 대하다. 정성을 들이지 않고 아무렇게나 대접을 하다.
이실직고하다: 사실 그대로 고하다.   고두: 공경하는 뜻으로 머리를 땅에 조아림.
군상: 군주 국가에서 나라를 다스리는 우두머리
만분지일: 만으로 나눈 것의 하나라는 뜻으로, 아주 적은 경우를 이르는 말
죄상: 범죄의 구체적인 사실   발명하다: 죄나 잘못이 없음을 말하여 밝히다.
호령하다: 부하나 동물 따위를 지휘하여 명령하다.
집장무사: 곤장을 잡은 무사   형장: 예전에, 죄인을 신문할 때에 쓰던 몽둥이
대로하다: 크게 화를 내다.

  ＊❸ 요약 : 임호은 부자가 천자에게 심문을 당하고 벌을 받음.

[중략 부분 줄거리] 절도에 유배된 임호은은 천기를 살펴 천자에게 향하던 중 금화산 유수 선생에게 갑옷과 보검 등을 얻는다.
(금화산 유수 선생: 임호은의 조력자)

절도: 육지에서 아주 멀리 떨어져 있는 외딴섬
천기: 하늘에 나타난 조짐   **보검**: 보배로운 칼

❹ 임 부마가 정신을 차려 동정을 살펴보니, 호진 장졸이 모두 연석에 향하였으니, 부마가 들어오는 줄 알지 못하고 풍류소리와 살벌지성(殺罰之聲)*이 낭자하더라.
(❶ 공간적 배경)
(△: 호왕과 호왕 측 세력)
(# 호진 장졸들은 임호은이 성에 침입한 것을 눈치채지 못함.)

❷ 부마가 몸을 솟아 연석에 들어가니, 천자가 호왕과 빈주 분좌하시고 호왕의 등 뒤에 여덟 장수가 창검을 들고 섰으니, 살기가 등등하고 천자를 모신 세 장수는 얼굴이 백지장 같아 병기를 잡지 못하였으며, 황상의 용안이 사상이 되어 일신을 안정치 못하시거늘,
(❸ 전기적, 비현실적 요소를 활용하여 인물의 비범함을 드러냄.)
(= 천자)
(호왕의 여덟 장수와 달리 얼굴이 창백하고 무기를 잡지 못함.)
(호왕에게 잡히와 검에 질려 불안해하는 천자의 모습)

부마가 바로 짓치고자 하다가 적의 동정을 보려 하고 몸을 날려 천자 뒤에 은신하고 살피니, 이윽고 달세통과 장운잔이 여복을 장속하고 각각 비수를 들고 들어와 호왕께 검무를 청하거늘, 호왕이 쾌히 허하니 양장이 연석에서 검무하는지라.

[임 부마가 벽력도를 들고 급히 내달아 달세통, 장운간을 각각 발길로 차서 던지니, 양인이 비수를 던지고 거꾸러져 피를 토하거늘,]
(❸ 두 장수(달세통, 장운간))
(❸ 전기적, 비현실적 요소를 활용하여 인물의 비범함을 드러냄.)
(= 두 사람(달세통, 장운간))

부마가 전포로 천자를 가리우며 봉안을 높이 떠 호왕을 보며 꾸짖어 왈,

❹ "무도한 오랑캐 감히 만승천자를 해코자 하니 어찌 살려 하느뇨."

❺ 하고, 벽력도를 한 번 들어 치니, 한 줄 화광이 일어나며 호왕의 시위(侍衛) 팔장(八將)의 머리 일시에 내려지는지라.
(❸ 전기적, 비현실적 요소를 활용하여 인물의 비범함을 드러냄.)

❻ 호왕이 천자를 해하려 하더니 불의에 신장이 내려와 양장을 차서 거꾸러뜨리고, 팔장의 머리 베임을 보고 혼비백산(魂飛魄散)하여 면색(面色)이 여토(如土)하여 동인 듯이 앉았거늘, [부마가 호왕을 베고자 하나 행여 천자의 옥체 상할까 하여 천자를 옆에 끼고 몸을 날려 나올새, 벽력도를 들고 좌우충돌하니 칼이 이는 곳에 호진 장졸의 머리 추풍낙엽 같으니, 감히 막을 자가 없는지라.]
(신장: 자신의 여덟 장수가 임호은에게 죽임을 당하는 것을 보고 몹시 놀람.)
(# 임호은이 천자의 몸이 상할까 걱정하여 호왕을 베지 않음.)
(❸ 전기적, 비현실적 요소를 활용하여 인물의 비범함을 드러냄.)
[ ]: ❷ 중심 사건 – 임호은이 영웅적 능력을 발휘하여 위험에 처한 천자를 구함.

동정: 일이나 현상이 벌어지고 있는 낌새
장졸: 오랑캐 장수와 병졸을 아울러 이르던 말   **연석**: 잔치를 베푸는 자리
낭자하다: 왁자지껄하고 시끄럽다.   **빈주**: 손님과 주인을 아울러 이르는 말
분좌하다: 자리를 나누어 앉다.
등등하다: 기세가 무서울 만큼 높다.
병기: 전쟁에 쓰는 기구를 통틀어 이르는 말
용안: 임금의 얼굴을 높여 이르는 말
사상: 거의 다 죽게 된 상. 또는 죽을 조짐이 나타난 상
일신: 자기 한 몸. 몸 전체
짓치다: 함부로 마구 치다.
여복: 여자들이 입는 옷
장속하다: 입고 매고 하여 몸차림을 든든히 갖추어 꾸미다.
비수: 날이 예리하고 짧은 칼   **검무**: 칼을 들고 추는 춤
허하다: 다른 사람이 하고자 하는 일을 하게 하다(허락하다).
전포: 장수가 입던 긴 웃옷
봉안: 봉황의 눈같이 가늘고 길며 눈초리가 위로 째지고 붉은 기운이 있는 눈
무도하다: 말이나 행동이 인간으로서 지켜야 할 도리에 어긋나서 막되다.
만승천자: '천자'를 높여 이르는 말   **화광**: 타는 불의 빛
시위: 임금이나 어떤 모임의 우두머리를 모시어 호위함. 또는 그런 사람
면색: 얼굴에 나타나는 표정이나 빛깔   **여토**: 흙과 같음.
동이다: 끈이나 실 따위로 감거나 둘러 묶다.   **옥체**: 임금의 몸

*❹ 요약: 임호은이 호진의 장수들을 죽이고 천자를 구함.

---

⑤ ❶ 부마가 천자를 옆에 끼고 성을 넘어와 마상에 뫼시고 복지 통곡 왈,
(❷ 신하가 임금을 상대하여 자기를 낮추어 이르던 일인칭 대명사(임호은이 자신을 가리키는 말))

"폐하는 용체를 진중하소서. 소신 임호은이 이에 왔나이다."
(임호은이 천자에게 자신의 정체를 밝히며 안심시킴.)

❸ 천자가 호왕의 간계에 빠져 사지에 들었으매 죽기만 바라시더니, 뜻밖에 신장이 내려와 호장 벰을 보시매 아무런 줄 모르시더니, 임호은 삼자를 들으시고 경희하여 반향이나 어린 듯하시다가 정신을 진정하사 왈,
(# 천자는 임호은이 자신을 구하는 순간에도 임호은을 알아보지 못함.)

❹ "짐이 지금 호진에 있느냐. 아까 짐을 옆에 끼고 나온 장수 진실로 경이렷다."
(❺ 임금이 이품 이상의 신하를 가리키던 이인칭 대명사(=임호은))

언흘에 통곡하시거늘, 부마가 돈수 통곡 왈,
(❻ = 말을 끝내고 소리를 높여 슬피 우시거늘)

"소신 임호은이 불충하와 폐하 이렇듯 욕을 당하심이로소이다."
(임호은이 천자가 위험에 처한 이유를 자신의 탓으로 돌림.)

❼ 천자가 부마의 손을 잡으시고 낙루 왈,

❽ "짐이 불명하여 경의 충성을 알지 못하고 간신의 꾀에 빠져 경으로 하여금 해외에 고초하게 하니, 이제 백번 뉘우치나 미치지 못하는지라. 어찌 용히 짐의 위태함을 알아 이렇듯 짐의 목숨을 구하뇨."
(= 양처상, 사일보 등)
(천자가 간신의 꾀에 넘어가 임호은을 유배 보낸 자신의 잘못을 뉘우침.)

❾ 부마가 천자를 위로 왈,

❿ "폐하는 옥체를 진중하옵소서. 신이 적소에서 천기를 보온즉 폐하의 주성이 운무에 싸였기로 주야 배도하여* 이르렀삽더니, 폐하의 이렇듯 하심은 신의 불충이로소이다. 그러나 신이 죄인으로 폐하의 부르시는 명이 없사오니, 신의 죄가 더욱 중하여이다."
(천자의 별이 구름과 안개에 싸임. → 위태로운 천자의 상황)
(# 임호은은 천기를 읽어 천자가 위험에 빠졌다는 것을 예측하고 구하러 옴.)

⓫ 상이 위유하사 왈,

⓬ "짐이 불명하여* 간신의 참언을 살피지 못하니, 어찌 하늘이 벌하지 아니시리오. 용담호구에 들었거늘 경의 충성으로 독행만리(獨行萬里)하여 사지에 있던 임금을 구하니, 경의 충성은 고금에 쌍이 없으리로다."
[B] (# [B]: 천자가 자신의 행동을 후회하며 임호은을 높이 평가함.)
(임호은의 충성스러운 행동을 높이 평가함.)

⓭ 하시며 추회(追悔)하시거늘*, 부마가 다시 주 왈,

⓮ "이는 간신의 무리 폐하의 성총을 가리움이요, 또한 신의 운명이오니 어찌 폐하의 과실이리까. 신하가 되어 군부의 위급함을 구함은 상사이옵거늘, 어찌 과도히 응대하시나이까."
(천자의 잘못이 아니며, 신하의 의무를 다하지 못한 자신의 잘못임을 강조함.)

⓯ 인하여 황상을 모셔 대진으로 돌아올새, 일진 장졸이 부마의 용맹함을 보고 희열 왈,
(❶ 공간적 배경)

⓰ "임 부마가 와 계시니, 아 등의 성명은 보전하리라."
(= 우리)

⓱ 하고 만세를 부르니, 그 소리 원근에 진동하더라.]
(# 임호은이 영웅으로 인정받음.)
[ ]: ❷ 중심 사건 – 임호은이 천자로부터 신하로서의 명예를 회복하고 사람들에게 영웅으로 인정받음.

마상: 말의 등 위   **복지**: 땅에 엎드림.   **용체**: 임금의 몸
진중하다: 아주 소중히 여기다.   **간계**: 간사한 꾀
사지: 죽을 지경의 매우 위험하고 위태한 곳
경희하다: 뜻밖의 좋은 일에 몹시 놀라며 기뻐하다.   **반향**: 한나절의 반
어리다: 도취되거나 상심이 되어 얼떨떨하다.   **언흘**: 말을 끝냄.
돈수: 구배(九拜)의 하나. 머리가 땅에 닿도록 하는 절이다.
욕: 부끄럽고 치욕적이고 불명예스러운 일   **낙루**: 눈물을 흘림.
고초하다: 괴로움과 어려움을 겪다.   **용히**: 기특하고 장하게. 매우 다행스럽게
적소: 귀양살이하는 곳   **주성**: 쌍성(雙星)에서 동반성(同伴星)보다 밝은 별
운무: 구름과 안개를 아울러 이르는 말   **위유하다**: 위로하고 타일러 달래다.
참언: 거짓으로 꾸며서 남을 헐뜯어 윗사람에게 고하여 바침. 또는 그런 말
성총: 임금의 은총   **군부**: 임금을 아버지에 비유하여 이르는 말
상사: 보통 있는 일   **대진**: 많은 군사로 이루어진 진영
일진: 한 무리의 군사로 친 진   **성명**: '목숨'이나 '생명'을 달리 이르는 말

*⑤ 요약: 천자가 간신의 모함에 속았던 자신의 잘못을 뉘우침.

*살벌지성: 음악의 곡조가 거칠고 급하여 무시무시한 느낌을 주는 소리
*배도하다: 이틀에 갈 길을 하루에 걷다.
*불명하다: 사리에 어둡다.　　*추회하다: 지나간 일을 후회하다.

✦ 독해 공식
❶ 중심인물: 임호은, 천자
　공간적 배경: 임부, 승정전(천자가 있는 궁궐), 연석, 대진
　시간적 배경: 이튿날
❷ 중심 사건
- 양처상과 사일보가 위조 서간을 만들어 임호은을 모함하고 임호은은 죽을 위기에 처하게 됨.
- 임호은 부자가 군명을 받아들이고 자신들의 몸을 결박하게 함.
- 임호은 부자가 천자에게 형벌을 받음.
- 임호은이 영웅적 능력을 발휘하여 위험에 처한 천자를 구함.
- 임호은이 천자로부터 신하로서의 명예를 회복하고 사람들에게 영웅으로 인정받음.
　갈등: 임호은과 부정적 인물들(양처상과 사일보, 달세통과 장운간, 호왕 등) 간의 외적 갈등
❸ 서술상 특징
- **서술자**: 3인칭 서술자, **시점**: 전지적 작가 시점
- 전기적, 비현실적 요소를 활용하여 인물의 비범함을 드러냄.
- 인물의 영웅적 능력을 부각시켜 드러냄.
- 비유적 표현(직유법), 과장법 등을 사용하여 인물이 처한 상황을 드러냄.

■ **갈래**: 고전 소설, 영웅 소설, 전기(傳奇) 소설, 군담 소설, 애정 소설
■ **이 작품은?**: 중국 송나라 소주를 배경으로 하여 임호은이 네 명의 처와 두 명의 첩과 결연하는 과정 및 간신과 외적을 퇴치하는 군담을 담은 작품이다. 임호은이 6명의 여인과 결연하고 혼인하는 데 있어 크고 작은 갈등이 서사화된다. 또한 대내적으로는 충신과 간신의 갈등이 첨예화되며, 대외적으로는 오랑캐국과의 갈등이 표출된다. 전대에 창작된 소설들의 여러 모티프를 빌려 애정소설의 요소와 영웅소설의 요소를 두루 갖추고 있다.
■ **인물 관계도**

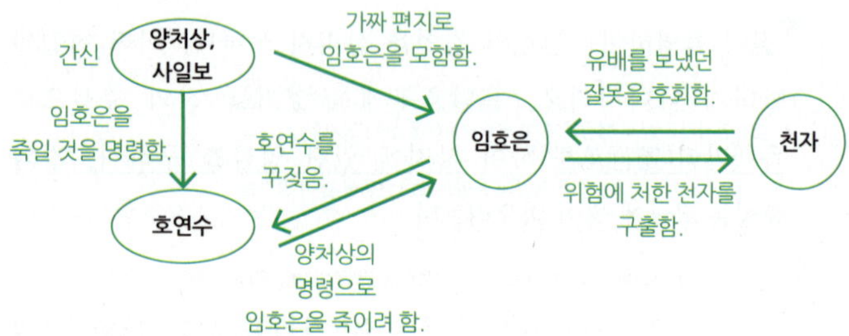

■ **주제**: 임호은의 영웅적 활약
■ **이것이 핵심!**: 인물의 영웅적 활약을 통한 위기 극복 과정

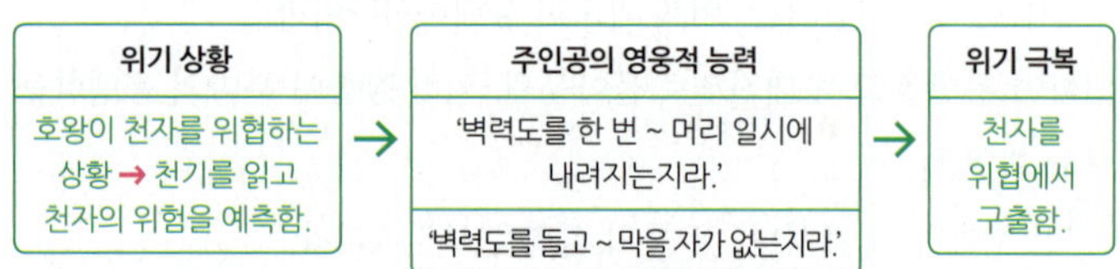

■ **전체 줄거리**
　중국 송나라 시절에 소주 백학촌에 사는 임준일이 서천 천축국 화주승에게 시주하고 발원하여 천상 두우성(斗牛星)이 적강한 영웅인 아들을 얻어 호은이라 이름한다. 호은이 8세 때 내란으로 부모와 이별하고 기녀 유랑과 그 어미 밑에서 수학하다가 3년 뒤 부모를 찾아 떠나나 찾지 못하고 금차산 도승(道僧) 유수 선생의 제자가 된다.
　3년 뒤 하산하여 귀졸(鬼卒)에게 부모를 잃은 장선옥을 만나 가연을 맺은 후 후일을 기약하고, 영은사에 불공을 드리러 온 이승상의 딸 정옥에게 반하여 그와도 신물을 주고받아 결연하고, 황룡사에서 기녀 미애를 만나 가연을 맺고 그 집에 머무른다.
　이때 나라에서 과거를 열자 응시하여 문무 양과에 장원으로 급제한다. 병부상서가 되어 순무하던 중 조처사의 딸 윤옥과 가연을 맺고, 선옥을 찾아가게 되는데 뜻밖에도 선옥과 함께 기거하고 있는 자신의 부모와도 상봉한다. 이후 계모의 학대를 못이겨 투신자살하려는 계화를 구출하여 가연을 맺고 돌아와 인연을 맺었던 여인들과 혼례를 치른다. 천자가 호은에게 저택을 지어주고 부마로 삼는 등 은총이 대단하니 간신들이 시기하여 호은 부자를 사형에 처하도록 모함한다.
　그러나 기적으로 인해 죽음을 면하고 절도로 유배된다. 이때 중원을 엿보던 여진이 호국과 결탁 침공하여 천자의 목숨이 위태롭게 되자 유수 선생에게 갑주와 보검과 용마를 얻은 호은이 호군을 무찌르고 천자를 구출한다. 이 공으로 다시 높은 벼슬을 받고 여섯 부인과 재회하여 부귀공명을 누리다가 부부가 함께 승천한다. 　　　(▨ : 지문 수록 부분)

42　정답 ⑤　*서술상 특징 파악하기　　🔴1등급 대비

[① 6% ② 15% ③ 7% ④ 11% ⑤ 59%]

윗글에 대한 설명으로 가장 적절한 것은?

왜 틀렸나?
선택지에서 제시한 서술상의 특징이 드러나는 부분을 찾지 못해 틀리거나 또는 서술상의 특징을 찾았음에도 그에 따른 효과를 올바르게 파악하지 못해 틀린 학생들이 많았다.
윗글에서 비유적 표현을 활용하여 인물의 상황을 구체적으로 보여주고 있다는 점을 파악해야 한다.

왜 정답?
⑤ 비유적 표현을 사용하여 인물이 처한 상황을 드러내고 있다.
　직유법, 은유법을 활용하여 인물이 처한 상황을 효과적으로 드러냄.

- ③ - ❼ ~ 형장 소리만 산천이 뒤덮는 듯하니,
- ④ - ❷ ~ 천자를 모신 세 장수는 얼굴이 백지장 같아 병기를 잡지 못하였으며, 황상의 용안이 사상이 되어 일신을 안정치 못하시거늘, ~
- ④ - ❻ 호왕이 ~ 혼비백산(魂飛魄散)하여 면색(面色)이 여토(如土)하여 동인 듯이 앉았거늘, ~ 호진 장졸의 머리 추풍낙엽 같으니, 감히 막을 자가 없는지라.
- ⑤ - ❶ "짐이 불명하여 간신의 참언을 살피지 못하니, 어찌 하늘이 벌하지 아니하리오. 용담호구에 들었거늘 ~"

윗글은 임호은이 형장을 맞는 장면, 호왕의 장수와 천자의 세 장수를 대조하는 장면, 임호은이 천자를 구출하는 장면 등에서 비유적 표현을 활용하고 있으며 이를 통해 각 장면의 인물이 처한 상황을 표현하고 있다.

왜 오답?
① 언어유희를 통해 인물의 성격을 비판하고 있다.
　사용하지 않음.　　　　　　　　비판하지 않음.
언어유희: 말이나 글자를 소재로 하는 놀이. 말 잇기 놀이, 어려운 말 외우기, 새말 만들기 따위가 있다.

② 인물의 희화화를 통해 해학성을 드러내고 있다.
　인물을 우스꽝스럽게 묘사하여 웃음을 유발하는 부분은 드러나지 않음.
희화: 어떤 인물의 외모나 성격, 또는 사건이 의도적으로 우스꽝스럽게 묘사되거나 풍자됨. 또는 그렇게 만듦.
해학성: 해학적(익살스럽고도 품위가 있는 말이나 행동이 있는 것)인 성질. 또는 그런 특성

> **매력 오답** 인물의 희화화를 통해 해학성을 드러내는 것은 고전소설에서 흔히 쓰이는 방식이기 때문에 헷갈린 학생들이 많았다. 윗글에서 특정 인물을 우스꽝스럽게 표현하는 부분이 없다는 것을 파악하면 쉽게 풀 수 있다.

③ 꿈과 현실을 교차 서술하여 사건의 실마리를 밝히고 있다.
　꿈에 대한 서술은 드러나지 않음.

④ 시간의 역전을 통해 사건을 새로운 국면으로 전환하고 있다.
　시간의 흐름에 따라 사건이 구성됨.
시간의 역전: 과거-현재-미래의 일반적인 시간의 순서를 따르지 않고 시간의 흐름을 바꾸어 사건을 구성하는 방식을 의미함. 역순행적 구성과 의미가 유사함.
국면: 어떤 일이 벌어진 장면이나 형편

43 정답 ③　＊ 사건과 갈등 파악하기　　　★ 1등급 대비

[① 12% ② 10% ③ 46% ④ 18% ⑤ 12%]

윗글에 대한 이해로 적절하지 <u>않은</u> 것은?

왜 틀렸나?

　윗글은 같은 인물을 다양하게 지칭하고 있으며, 옛 어휘가 많이 쓰여 내용을 이해하지 못해 틀린 학생들이 많았다.
　내용의 흐름에 주목하여 같은 인물을 지칭하는 다른 표현들을 파악해야 하며, 문맥을 활용하여 옛 어휘의 의미를 파악해야 한다.

왜 정답?

③ 임호은은 천자의 몸이 상할까 걱정하며 호왕을 ~~베었다~~
　　　　　　　　　　　　　　　　　　　　　　베지 않음.

[4-⑥] ~ 부마가 호왕을 베고자 하나 행여 천자의 옥체 상할까 하여 천자를 옆에 끼고 몸을 날려 나올새, 벽력도를 들고 좌우충돌하니 칼이 이는 곳에 호진 장졸의 머리 추풍낙엽 같으니, 감히 막을 자가 없는지라.

　임호은은 천자를 위협하는 호왕의 여덟 장수의 머리를 베고, 호왕도 베려고 하였다. 그러나 천자의 몸이 상할까 걱정하여 호왕을 베지 않고 천자를 데리고 몸을 날려 호진을 벗어난다.

왜 오답?

① 임호은은 천기를 읽어 천자의 위험을 예측했다.
　　천자의 별이 구름과 안개에 싸인 것을 보고 천자의 위험을 예측함.

[5-⑩] "폐하는 옥체를 진중하옵소서. 신이 적소에서 천기를 보온즉 폐하의 주성이 운무에 싸였기로 주야 배도하여 이르렀삽더니, ~

　임호은은 유배 중 천기 즉, 하늘의 기운을 읽어 천자의 별(폐하의 주성)이 구름과 안개(운무)에 싸인 것을 보고 천자가 위협에 빠졌음을 알게 된다.

② 양처상은 호연수에게 임호은을 죽이라고 명령했다.
　　　　　　　호연수에게 임호은의 머리를 베어 오라고 명함.

[①-⑤-⑧] ~ 상이 남필에 익노하사 왈, / "바삐 준일 부자를 잡아들여라." / 하시니, 양처상 등이 수명하고 우림장군(羽林將軍) 호연수(胡連洙)를 불러 왈, / "그대는 ~ 호은의 머리를 베어 오라."

　양처상은 거짓 서간으로 임호은을 모함하고, 이에 대노한 천자가 양처상에게 임호은 부자를 잡아들일 것을 명령한다. 이후 양처상은 호연수를 불러 임호은을 죽이라고 명령하고 있다.

④ 호연수는 공중에서 내려온 신장에 의해 문밖으로 내쳐졌다.
　　　　　공중에서 내려온 신장이 연수를 잡아 문밖에 내침.

[②-①-③] 호연수가 청령하고 ~ 각로 부자에게 달려들어 베고자 하였더니, 홀연 공중에서 철갑 입은 신장이 내려와 ~ 연수를 잡아 문밖에 내치고 문득 간 데 없는지라.

　양처상의 명령을 받은 호연수는 임호은의 머리를 베고자 하였으나 갑자기 공중에서 철갑옷을 입은 신장이 내려와 방천극이라는 무기로 호연수의 칼을 막고 있다. 이어서 양처상에 대한 꾸짖음이 끝난 후 호연수를 문밖에 내치면서 양처상이 임호은 부자를 죽이지 못하게 막고 사라진다.

매력 오답　호연수와 신장이 대립하는 장면을 찾지 못해 틀린 학생들이 많았다. 호연수가 양처상의 명을 따라 각로 부자(임준일과 임호은)를 베려고 할 때 공중에서 신장이 내려와 이를 막아서는 장면을 정확하게 파악해야 한다.

⑤ 호진의 장졸들은 임호은이 성에 침입한 것을 눈치채지 못했다.
　　　　　　　　　임호은이 침입한 것을 알지 못하고 연석에서 놀고 즐김.

[4-①] 임 부마가 정신을 차려 동정을 살펴보니, 호진 장졸이 모두 연석에 향하였으니, 부마가 들어오는 줄 알지 못하고 풍류소리와 살벌지성(殺罰之聲)이 낭자하더라.

　임호은은 잔치가 벌어지는 오랑캐 진영에 침입한다. 그러나 호진의 장졸들은 임호은이 들어온 것을 눈치채지 못하고 연석에서 놀고 즐기고 있다.

44 정답 ⑤　＊ 인물의 심리와 태도 파악하기 ………… [정답률 73%]

[A]와 [B]에 대한 설명으로 가장 적절한 것은?

왜 정답?

⑤ [A]는 복종의 당위성을 인정하며 상대의 요구를 수용하고 있고,
　신자로서 군명을 거역할 수 없다고 말하며 자신과 아버지의 몸을 결박하는 것을 수용함.
　[B]는 자신의 행동을 후회하며 상대의 능력을 인정하고 있다.
　간신이 거짓으로 한 모함을 알아보지 못한 것을 후회하며 임호은의 능력을 인정함.

[②-⑦] "신자가 되어 어찌 군명을 거역하리오. 그대는 우리 부자의 몸을 결박하라."　[A]

[⑤-⑫] "짐이 불명하여 간신의 참언을 살피지 못하니, 어찌 하늘이 벌하지 아니리오. 용담호구에 들었거늘 경의 충성으로 독행만리(獨行萬里)하여 사지에 있던 임금을 구하니, 경의 충성은 고금에 쌍이 없으리로다."　[B]

　[A]에서 임호은은 자신이 비록 죄가 없음에도 신하의 의무를 다하기 위해 왕의 명을 거역할 수 없다고 말하고 있다. 즉, 신하의 의무라는 복종의 당위성을 인정하며 자신과 자신의 아버지의 몸을 결박하려는 호연수의 요구를 수용하고 있다.
　[B]에서 천자는 자신이 위기에 처한 것을 간신이 거짓으로 꾸며 임호은을 모함한 말을 살피지 못해 벌을 받는 것이라 말하며 자신의 행동을 후회하고 있다. 또한 위기에 처한 자신을 구해준 임호은의 충성심과 능력을 인정하고 있다.

[당위성: 마땅히 그렇게 하거나 되어야 할 성질]

왜 오답?

① [A]는 자신의 신념을 밝히며 상대에게 ~~조언~~하고 있고, [B]는
　　신하로서의 도리　　　　　　　　　　조언하지 않음.
　자신의 ~~잘못을 변명~~하며 ~~상대를 탓~~하고 있다.
　변명하지 않고 인정함.　　자신을 탓함.

＊ 근거: ②-⑦, ⑤-⑫

② [A]는 미래를 ~~예측~~하여 상대의 ~~배려를 기대~~하고 있고, [B]는
　간신의 참언을 살피지 못한 일　예측하지 않음.　기대하지 않음.
　과거를 회상하며 ~~상대의 용서를 바라~~고 있다.
　　　　　　　　　상대의 용서를 바라지 않음.

＊ 근거: ②-⑦, ⑤-⑫

③ [A]는 ~~상대의 능력을 무시~~하며 ~~상대를 비난~~하고 있고, [B]는
　　　　무시하지 않음.　　　　　　비난하지 않음.
　~~자신의 능력을 과시~~하며 ~~상대의 문제를 해결~~하고 있다.
　　과시하지 않음.　　　　　해결하지 않음.

＊ 근거: ②-⑦, ⑤-⑫

[과시하다: 자랑하여 보이다.]

④ [A]는 ~~자신이 입을 피해를 언급~~하며 ~~상대를 설득~~하고 있고, [B]는
　　　　언급하지 않음.　　　　　　설득하지 않음.
　~~자신이 얻을 이익을 설명~~하며 ~~상대의 이해를 구~~하고 있다.
　　설명하지 않음.　　　　　상대의 이해를 구하지 않음.

＊ 근거: ②-⑦, ⑤-⑫

45 정답 ④　＊ 〈보기〉를 바탕으로 감상하기 ………… [정답률 66%]

〈보기〉를 바탕으로 윗글을 감상한 내용으로 적절하지 <u>않은</u> 것은? [3점]

─── 〈 보기 〉 ───

❶ 이 작품은 천상계에서 하강한 주인공이 고난과 행운을 반복적으로
　임호은 → 천상계에서 하강한 인물(적강 모티프)로 설정됨.
경험하며 유교적 가치를 실현하는 영웅 소설이다. ❷ 주인공은 윤리적으로
　　　　　임호은이 천자에 대한 충성을 실현함.　　임호은을 모함한 간신들(양처상, 사일보 등)
타락한 신하들의 모함으로 겪는 고난을 비범한 능력으로 견디며 충신의
　　　　　　　　　　　　　　　　　　　형벌을 받아도 몸이 상하지 않음.
소임을 다한다. ❸ 이후 주인공은 국가적 위기 상황을 절대적인 힘을
　죄가 없지만 천명을 따름.　　호왕으로 인해 위기에 빠진 천자
사용하여 해결하며, 천자로부터 신하로서의 명예를 회복하고 사람들에게
　호왕 세력을 무찌르고 천자를 구함.　천자가 자신의 잘못을 뉘우치고 임호은의 충성심을 인정함.
영웅으로 인정받는다.
일진 장졸들이 임호은의 용맹함에 만세를 크게 외침.

　하강하다: 신선이 속계로 내려오거나 웃어른이 아랫자리로 내려오다.

　실현하다: 꿈, 기대 따위를 실제로 이루다.

　비범하다: 보통 수준보다 훨씬 뛰어나다.　　**소임**: 맡은 바 직책이나 임무

2023.12
11회

④ 임 부마가 달세통과 장운간을 물리치고 전포로 천자를 가리며 호왕을 꾸짖는 것에서, 천자로부터 신하로서의 ~~명예를 회복한~~ 인물의 모습을 확인할 수 있겠군.
　　천자는 자신을 구한 인물이 임호은임을 모르고 있음.

[4]-❸, ❹ 임 부마가 ~ 달세통, 장운간을 각각 발길로 차서 던지니, ~ 거꾸러져 피를 토하거늘, 부마가 전포로 천자를 가리우며 봉안을 높이 떠 호왕을 보며 꾸짖어 왈, / "무도한 오랑캐 감히 만승천자를 해코자 하니 어찌 살려 하느뇨."

[5]-❸ 천자가 호왕의 간계에 빠져 사지에 들었으매 죽기만 바라시더니, 뜻밖에 신장이 내려와 호장 범을 보시매 아무런 줄 모르시더니, 임호은 삼자를 들으시고 경희하여 ~

　임 부마(임호은)는 벽력도로 달세통과 장운간을 물리친 후 호왕을 꾸짖는다. 이후 천자를 데리고 성을 넘어 호진을 벗어나 천자에게 자신이 임호은임을 밝힌다. 이때 천자는 임호은이 자신의 이름을 말한 후에야 자신을 구한 이가 임호은임을 알아본다.

　따라서 호왕을 꾸짖는 장면에서는 천자가 아직 임호은의 정체를 알지 못하므로, 임호은이 천자로부터 신하로서의 명예를 회복한다고 볼 수 없다.

>왜 오답 ?

① 양처상과 사일보가 천자께 드리는 서간을 위조한 점에서, 윤리적으로 타락한 인물의 모습을 확인할 수 있겠군.
　　　　서간을 위조하여 임호은을 모함함.

[1]-❷, ❸ 이튿날 양처상과 사일보 등이 위조 서간을 만들어 천자께 드려 왈, / "신 등이 임호은의 간정을 잡았사오니 폐하는 바삐 호은의 부자를 잡게 하소서."

<보기> ❷문장 주인공은 윤리적으로 타락한 신하들의 모함으로 겪는 고난을 ~

　양처상과 사일보 등은 천자께 드리는 서간을 위조하여 임호은이 반역을 꾸미고 있다고 모함한다.

　이는 <보기>에서 설명한 윤리적으로 타락한 인물의 모습이 드러나는 부분이다.

[윤리적: 윤리에 관련되거나 윤리를 따르는 것

② 임 부마가 집장무사가 힘을 다해 치는 장을 맞고도 조금도 상하는 곳이 없다는 점에서, 비범한 능력으로 고난을 견디는 인물의 모습을 확인할 수 있겠군.
　　　　　　　힘을 다하여 치는 형장을 몸이 상하지 않고 견딤.

[3]-❼ ~ 집장무사(執杖武士)가 힘을 다하여 칠새, 삼백여 장을 치되 각로 부자는 조금도 상하는 곳이 없고 ~ 팔백여 장에 이르도록 집장 소리만 날 뿐이요, 각로 부자는 조금도 상하는 데 없는지라.

<보기> ❷문장 주인공은 ~ 고난을 비범한 능력으로 견디며 충신의 소임을 다한다.

　임 부마(임호은)는 양처상과 사일보 등의 모함으로 인해 형장을 맞는 고난을 겪는다. 그러나 힘을 다하여 치는 팔백여 장의 형장을 몸이 조금도 상하지 않고 견딘다.

　이는 <보기>에서 설명한 비범한 능력으로 고난을 견디는 인물의 모습이 드러나는 부분이다.

[고난: 괴로움과 어려움을 아울러 이르는 말

③ 임 부마가 한 번 들어 치면 화광이 일어나는 벽력도로 적들을 물리치며 천자를 구하는 것에서, 국가적 위기 상황에서 절대적인 힘을 발휘하는 인물의 모습을 확인할 수 있겠군.
　　　　　　　　　　　　　　　　호왕 세력을 무찌르고 천자를 위기에서 구함.

[4]-❻ 호왕이 천자를 해하려 하더니 ~ (임호은이) 벽력도를 들고 좌우충돌하니 칼이 이는 곳에 호진 장졸의 머리 추풍낙엽 같으니, 감히 막을 자가 없는지라.

<보기> ❸문장 이후 주인공은 국가적 위기 상황을 절대적인 힘을 사용하여 해결하며, ~

　임 부마(임호은)는 홀로 호진에 들어가 벽력도로 적들을 물리치며 위기에 처한 천자를 구한다.

　이는 <보기>에서 설명한 천자가 죽을 위기에 처한 국가적 위기 상황에서 임호은이 절대적인 힘을 발휘하는 모습이 드러나는 부분이다.

---

⑤ 일진 장졸이 부마의 용맹함을 보고 희열하며 만세를 부르는 것에서, 사람들에게 영웅으로 인정받는 인물의 모습을 확인할 수 있겠군.
　　　　　일진 장졸들이 임호은의 용맹함과 능력을 인정함.

[4]-⑮~⑰ ~ 황상을 모셔 대진으로 돌아올새, 일진 장졸이 부마의 용맹함을 보고 희열 왈, ~ / 하고 만세를 부르니, 그 소리 원근에 진동하더라.

<보기> ❸문장 이후 주인공은 ~ 사람들에게 영웅으로 인정받는다.

　임호은(부마)이 천자를 구해 돌아온 것을 본 일진 장졸들은 임호은의 용맹함을 보고 희열하며 만세를 부른다. 이는 <보기>에서 설명한 인물이 사람들에게 영웅으로 인정받는 모습이 드러나는 부분이다.

⑪회 문법·어휘 완성 TEST

01 정답 ④ ＊한글 맞춤법 총칙 파악하기

<보기 1>을 참고하여 <보기 2>를 탐구한 내용으로 적절하지 않은 것은?

< 보기1 >

❶한글 맞춤법 총칙 제1항은 '한글 맞춤법은 표준어를 소리대로 적되, 어법에 맞도록 함을 원칙으로 한다.'이다. ❷'소리대로' 적는다는 것은 표준어를 적을 때 발음에 따라 적는다는 뜻이다. ❸그런데 체언 '빛'에
　　　　한글 맞춤법 총칙 제1항의 '소리대로 적되'의 의미
다양한 조사가 결합한 형태를 소리 나는 대로 적으면 '비치', '빋또', '빈만'
　　　　　　　　　　'빛'이라는 하나의 말이 여러 형태로 적혀 본래 의미를 파악하기 어려움.
등이 된다. 이처럼 '표준어를 소리대로 적는다'는 원칙만으로 충분하지 않은 경우가 있다. ❹그래서 '어법에 맞도록 한다'는 원칙을 제시한다. ❺체언에 조사가 결합하거나 용언의 어간 뒤에 어미가 결합하는 경우 등에서 실질 형태소와 형식 형태소를 구분해서 적는 것이다. ❻어법에
　　　　　　체언, 용언의 어간　　　조사, 어미　　　　　　　　　　　　　　　　어법에
맞도록 적으면 단어의 뜻을 파악하기가 쉬워진다.
각 형태소를 구분해서 적는 것

< 보기2 >

떡＋볶＋-＋이
오늘은 아버지께서 맛있는 떡볶이를 만들어 주셨다.
오늘＋은　　　　맛＋있＋-＋는　　　　만들＋-＋어

>왜 정답 ?

④ '떡볶이'는 각 음절을 ~~소리 나는 대로~~ 표기한 경우이다.
　　　　　　　　　　어법에 맞도록 표기함.

　'떡볶이'는 체언 '떡'과 용언 '볶다'의 어간 '볶-', 명사 파생 접미사 '-이'가 결합한 말로, 각 형태소의 원래 형태를 밝혀 적은 것이다. '떡볶이'를 소리 나는 대로 표기하면 '떡뽀끼'가 된다.

>왜 오답 ?

① '오늘은'은 소리대로 적은 형태와 어법에 맞게 적은 형태가 다르다.
　　　　　　'오느른'　　　　　　　　　　　'오늘은'

　'오늘은'은 체언 '오늘'과 조사 '은'이 결합한 말이다. 소리대로 적으면 '오느른'이 되지만, 어법에 맞게 체언 '오늘'과 조사 '은'을 구분하여 적으면 '오늘은'이 된다.

② '아버지'는 표음 문자인 한글의 기본 기능에 따라 적은 경우이다.
　　　　　　　　　　　　　　　소리대로 적음.

[<보기> ❶, ❷문장 '소리대로' 적는다는 것은 ~ 표음 문자인 한글의 기본 기능에 충실한 원칙이다.

③ '맛있는'을 어법에 맞게 표기한 이유는 의미를 쉽게 파악할 수 있도록 하기 위함이다.
　　　　　　　　　　　　　　어법에 맞도록 적으면 단어의 뜻을 파악하기가 쉬움.

→ <보기> ❻문장 어법에 맞도록 적으면 단어의 뜻을 파악하기가 쉬워진다.

⑤ '만들어'는 실질 형태소와 형식 형태소의 경계가 드러나도록 표기한 경우이다.
　　　　　　　　　　　　　　　　　　어법에 맞도록 표기함.

　'만들어'는 용언 '만들다'의 어간 '만들-'과 어미 '-어'가 결합한 말로, 각 형태소의 경계가 드러나도록 어법에 맞게 적었다.

〈보기〉를 참고하여 음운의 변동에 대해 이해한 내용으로 적절하지 <u>않은</u> 것은?

〈 보기 〉

음운의 변동에는 [한 음운이 다른 음운으로 바뀌는 '교체', 원래 있던
[ ]: 음운 변동의 종류
음운이 없어지는 '탈락', 두 개의 음운이 하나로 합쳐지는 '축약', 없던
음운이 새로 생기는 '첨가']가 있다.

왜 정답?

② '감다[감:따]'는 <u>첨가</u>가 일어난 것이군.
　　　'ㄷ'이 'ㄸ'으로 바뀌는 교체가 일어남.

　'감다[감:따]'는 'ㄷ'이 'ㄸ'으로 바뀌는 교체가 일어나 [감:따]로 발음된다. 따라서
첨가가 아니라 교체가 일어난 것이다.

왜 오답?

① '법학[버팍]'은 축약이 일어난 것이군.
　　　'ㅂ+ㅎ'→'ㅍ'

　'법학'은 'ㅂ'과 'ㅎ'이 결합하여 'ㅍ'이 되는 축약이 일어나 [버팍]으로 발음된다.

③ '놓치다[논치다]'는 교체가 일어난 것이군.
　　　'ㅎ'→'ㄷ'

　'놓치다'는 'ㅎ'이 'ㄷ'으로 바뀌는 교체가 일어나 [논치다]로 발음된다.

④ '여닫이[여:다지]'는 교체가 일어난 것이군.
　　　'ㄷ'→'ㅈ'

　'여닫이'는 'ㄷ'이 'ㅈ'으로 교체되어(구개음화) [여:다지]로 발음된다.

⑤ '직행열차[지캥녈차]'는 축약과 첨가가 일어난 것이군.
　　　'ㄱ+ㅎ'→'ㅋ'　'ㄴ' 첨가

　'직행열차[지캥녈차]'는 'ㄱ'과 'ㅎ'이 만나 'ㅋ'으로 축약되어 [지캥열차]가 되고, 'ㄴ'이
'첨가'되어 [지캥녈차]로 발음된다.

---

03 정답 ③ ＊높임 표현 파악하기

〈보기〉의 ㉮, ㉯에 들어갈 말로 적절한 것은?

　높임 표현은 서술의 주체를 높이는 주체 높임, 청자를 높이거나
낮추는 상대 높임, 서술의 객체를 높이는 객체 높임으로 나뉘는데, 어휘,
조사, 선어말 어미, 종결 어미 등으로 실현된다.
　　　　　　　　　　　　　　　특수 어휘 '모시다'
ㄱ. (언니가 동생에게) 지수야, 가서 아빠 좀 모시고 와.　　　　　■ : 주체 높임
　　　　　　　　　　　　　　　　　　　　　　　　　　　　■ : 객체 높임
　　　　　　　　　　　　　선어말 어미　　　　　　　　　　■ : 상대 높임
　　　　　　　　　　　　　'-시-'
ㄴ. (아들이 어머니에게) 어머니, 할머니께서 부르십니다.
　　　　　　　　　　　주격 조사　　　　　종결 어미 '-ㅂ니다'
ㄷ. (선생님이 학생에게) 성적표는 부모님께 꼭 드리십시오.
　　　　　　　　　　　특수 어휘 '드리다'　종결 어미 '-십시오'
　ㄱ과 ㄷ은 모두 (　㉮　)를 사용하여 문장의 객체를 높이고
있고, ㄴ과 ㄷ은 모두 (　㉯　)를 사용하여 청자를 높이고 있다.

왜 정답 · 오답?

　　㉮　　　　㉯
③　특수 어휘　　종결 어미

㉮: 특수 어휘
　ㄱ. 특수 어휘 '모시다'를 사용하여 문장의 객체 '아빠'를 높이고 있다.
　ㄷ. 부사격 조사 '께'와 특수 어휘 '드리다'를 사용하여 문장의 객체 '부모님'을 높이고
있다.

㉯: 종결 어미
　ㄴ. 종결 어미 '-ㅂ니다'를 사용하여 청자인 '어머니'를 높이고 있다.
　ㄷ. 종결 어미 '-십시오'를 사용하여 청자인 '학생'을 높이고 있다.

---

04 정답 ⑤ ＊어휘의 문맥상의 의미 파악하기

문맥상 의미가 ㉠과 가장 유사한 것은?
'일어난다': '자연이나 인간 따위에게 어떤 현상이 발생하다.'라는 의미임.

　기화기 입구로 들어온 냉매가 다수의 배관을 따라 기화기 내부를
이동할 때, 취수관을 통해 기화기 내부로 유입된 고온의 표층수와
열전달이 ㉠ 일어난다. 이때 열전달을 마친 표층수는 배수관을 통해
바깥으로 배출되며, 냉매는 가열되어 액체와 기체가 혼합된 상태로
기화기 출구 쪽에 설치된 노즐로 이동한다.

왜 정답?

⑤ 건조한 봄철에는 산불이 자주 일어난다.
　　　'자연이나 인간 따위에게 어떤 현상이 발생하다.'라는 의미임.

왜 오답?

① 나는 언제나 아침 일찍 일어난다.
　　　'잠에서 깨어나다.'라는 의미임.

② 꺼져 가던 불꽃이 다시 일어난다.
　　　'약하거나 희미하던 것이 성하여지다.'라는 의미임.

③ 학생들이 축제 문제를 들고 일어난다.
　　　'몸과 마음을 모아 나서다.'라는 의미임.

④ 큰 소리에 나도 모르게 벌떡 일어난다.
　　　'누웠다가 앉거나 앉았다가 서다.'라는 의미임.

배경지식

과학 지문에 자주 출제되는 어휘

질량 [質 바탕 질 量 헤아리다 량] 〔명〕
물체의 고유한 역학적 기본량 〔물리〕
　예 태양의 질량은 지구의 질량보다 약 33만배 크다.

본질 [本 근본 본 質 바탕 질] 〔명〕
본디부터 가지고 있는 사물 자체의 성질이나 모습

입자 [粒 낟알 립 子 아들 자] 〔명〕
⑴ 물질을 구성하는 미세한 크기의 물체. 소립자, 원자, 분자, 콜로이드
　따위를 이른다. 〔물리〕
⑵ 물질의 일부로서, 구성하는 물질과 같은 종류의 매우 작은 물체
　예 밀가루의 입자가 매우 곱다.

열원 [熱 덥다 열 源 근원 원] 〔명〕
열이 생기는 근원 〔물리〕
　예 요즘에는 열원을 각 방마다 따로 설치하여 덥히는 난방법이 유행이다.

방출하다 [放 놓다 방 出 나다 출] 〔동〕
【…을 …에】【…을 …으로】
⑴ 비축하여 놓은 것을 내놓다.
　예 왕이 굶주리는 백성들을 위해 창고의 곡식을 방출하였다.
⑵ 입자나 전자기파의 형태로 에너지를 내보내다. 〔물리〕
　예 은하는 태양계에 빛을 방출한다.

추정하다 [推 옮길 추 定 정할 정 —] 〔동〕 미루어 생각하여 판정하다.

다루다 〔동〕
⑴ 기계나 기구 따위를 사용하다.
　예 그는 기타를 능숙하게 다룬다.
⑵ 어떤 것을 소재나 대상으로 삼다.
　예 회의에서 물가 안정을 당면 과제로 다루었다.

행하다 [行 다니다 행] 〔동〕
【…을】어떤 일을 실제로 해 나가다.
　예 보물을 찾겠다는 생각을 갖고 모험을 행하다.

01~03

출제　🟨 중심 내용

[1] 안녕하세요? 식품 안전 연구소의 ○○○입니다. 여러분은 식품을 구매할 때 식품 포장지에서 어떤 정보를 주로 보시나요? (청중의 대답을 듣고) 네, 주로 영양 성분을 보시는군요. 하지만 식품 포장지에는 영양 성분 외에도 유익한 정보가 많이 있습니다. 오늘은 식품 포장지의 표시사항에 대해 알려드리겠습니다.

　# 질문을 활용하여 청중의 주의를 환기함.
　청중과의 상호 작용　식품 포장지에서 일반적으로 확인하는 정보
　강연에서 다룰 내용을 소개함.

[**유익하다**: 이롭거나 도움이 될 만한 것이 있다.

＊[1] 요약 : 강연의 화제인 식품 포장지의 표시사항을 언급함.

[2] (㉠ 자료 제시) 지금 보시는 화면은 식품을 구매할 때 통상적으로 보게 되는 주표시면입니다. 이렇게 주표시면에는 제품명과 내용량 및 열량, 그리고 상표 등이 표시돼 있습니다. 특히 여기에서 눈여겨볼 부분이 있는데요. 제품명에 '향' 자가 보이시나요? 제품명에 특정 맛이나 향이 표시되어 있고 그 맛이나 향을 내기 위한 원재료로 합성 향료만을 사용했기 때문에 보시는 것처럼 '복숭아향'이라고 적혀 있습니다. 그리고 합성 향료가 첨가되었다는 문구도 제품명 주위에서 확인할 수 있습니다.

　주표시면에 표시되어 있는 정보
　# 질문을 활용하여 청중의 주의를 환기함.
　'향' 자를 쓰는 이유
　합성 향료만을 사용했을 때 표시해야 하는 문구

[**통상적**: 특별하지 아니하고 예사로운 것
[**첨가되다**: 이미 있는 것에 덧붙여지거나 보태어지다.

＊[2] 요약 : 주표시면을 통해 알 수 있는 정보 ①

[3] 그럼 다음 화면을 보시죠. (㉡ 자료 제시) 이 화면은 다른 식품의 주표시면인데, 여기에서는 어떤 정보를 알 수 있을까요? 제품명을 보고 소고기만으로 만든 식품이라고 생각하시는 분들이 많을 텐데요. 아래쪽을 보시면, 소고기와 함께 돼지고기도 일부 포함되어 있음을 알 수 있습니다. 이 식품과 같이 식육 가공품은 가장 많이 사용한 식육의 종류를 제품명으로 사용할 수 있는데요. 이런 경우에는 식품에 포함된 모든 식육의 종류와 함량이 주표시면에 표시되어 있으니 꼭 확인해 보세요.

　# 질문을 활용하여 청중의 주의를 환기함.
　제품명에 표시된 식육만 쓰인 제품이 아닐 수 있음.

[**식육**: 쇠고기, 돼지고기, 닭고기 따위와 같이 음식으로 먹는 고기
[**가공**: 원자재나 반제품을 인공적으로 처리하여 만들어 낸 물품

＊[3] 요약 : 주표시면을 통해 알 수 있는 정보 ②

[4] (㉢ 자료 제시) 이 화면은 앞서 보신 식품 포장지의 다른 면을 확대한 것입니다. 여기에는 식품 유형, 원재료명, 유통기한, 주의사항 등 다양한 정보가 있는데요. 이렇게 표시사항을 한데 모아 표시한 면을 정보 표시면이라고 합니다. 이 중 일부만 살펴보겠습니다. 여기 바탕색과 다르게 표시된 부분이 보이시죠? 이곳은 알레르기 표시란인데요. 알레르기 유발물질의 양과 관계없이 원재료로 사용된 모든 알레르기 유발물질이 표시됩니다. 또한 식품에 사용된 원재료가 아니어도 알레르기 유발물질이 식품을 제조하는 과정에서 불가피하게 섞여 들어갈 우려가 있을 수 있습니다. 이 경우에는 화면에서 보시는

　주표시면이 아닌 다른 면
　정보 표시면의 개념
　# 질문을 활용하여 청중의 주의를 환기함.
　알레르기 표시란에 표시되는 정보

것처럼 알레르기 유발 물질이 혼입될 수 있다는 의미의 주의사항 문구가 쓰여 있으니 특정 알레르기가 있는 분들은 유의해서 살펴보시기 바랍니다.

　# 식품을 제조하는 과정에서 알레르기 유발물질이 혼입될 수 있을 때 표기해야 하는 문구

＊[4] 요약 : 정보 표시면을 통해 알 수 있는 정보

[5] 마지막으로 날짜 표시에 대해 알려드리겠습니다. 여기 원재료명 아래 유통기한이 표시되어 있는데요. 관련 법률이 개정되어 앞으로는 식품을 유통할 수 있는 기한인 유통기한 대신 소비기한이 표시됩니다. 소비기한은 식품에 표시된 보관 방법을 준수했을 때 식품을 섭취해도 안전에 이상이 없는 기한을 말합니다. 그러니 식품에 표시된 보관 방법에 신경 쓰시면 도움이 될 것입니다.

　앞으로 식품 포장지에 표시되는 날짜
　소비기한의 개념

[**개정되다**: 이미 정하였던 것이 고쳐져 다시 정해지다.

＊[5] 요약 : 날짜 표시를 통해 알 수 있는 정보

[6] 여러분, 건강하고 안전한 식생활을 위해 식품 포장지의 정보를 꼼꼼히 확인하여 자신에게 적합한 식품을 잘 구매하시기 바랍니다. 이상으로 강연을 마치겠습니다.

　청중에게 식품 포장지를 꼼꼼히 확인할 것을 제안함.

＊[6] 요약 : 식품 포장지 정보를 확인하라고 제안함.

01　정답 ③　＊ 말하기 방식 파악하기 ·················· [정답률 83%]

위 강연자의 말하기 방식으로 가장 적절한 것은?

> **왜 정답?**

③ 강연 내용과 관련된 질문을 하여 청중의 주의를 환기하고 있다.
　　　　　　　　　　　　　　　불러일으키고 있다.
　식품 포장지의 표시사항과 관련된 질문을 함.

＊ 근거 : [1]-❸, [2]-❹, [3]-❷, [4]-❺

윗글의 강연자는 '~ 식품 포장지에서 어떤 정보를 주로 보시나요?', '제품명에 '향' 자가 보이시나요?' 등 강연 내용과 관련된 질문을 통해 청중의 주의를 환기하고 있다.

> **왜 오답?**

① 강연을 하게 된 소감을 밝히며 강연을 시작하고 있다.
　　　　　　　　　밝히지 않음.

② 강연 내용을 요약하여 마무리하며 주제를 강조하고 있다.
　　요약하지 않음.

④ 강연에 사용한 자료의 출처를 언급하여 신뢰성을 확보하고 있다.
　　　　　　　　　언급하지 않음.

⑤ 강연 순서를 처음에 안내하여 청중이 내용을 예측하게 하고 있다.
　　　　　　　드러나지 않음.

02　정답 ④　＊ 자료 활용의 적절성 파악하기　⭐1등급 대비

[① 7%　② 21%　③ 30%　④ 15%　⑤ 8%]

다음은 위 강연자가 제시한 자료이다. 강연자의 자료 활용에 대한 설명으로 적절하지 않은 것은?

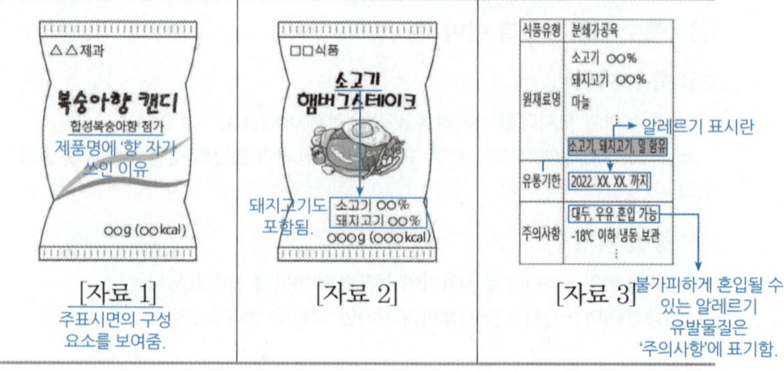

(단서) '식품 제조 과정에서 불가피하게 혼입될 수 있는 알레르기 유발물질'의 표시 방식을 파악해야 한다.

(발상) 알레르기 표시란에는 제품의 원재료로 사용된 알레르기 유발물질만 표시된다.

(해결) 식품의 원재료가 아니라 식품 제조 과정에서 불가피하게 혼입될 수 있는 알레르기 유발 물질은 '알레르기 표시란'이 아니라 '주의사항'에 문구로 표시된다.

왜 정답 ?

④ 식품 제조 과정에서 불가피하게 혼입될 수 있는 알레르기 유발물질이 ~~알레르기 표시란~~을 통해 표시되는 방식을 설명하기 위해 ㉢에
알레르기 표시란에 표시되지 않음. → 주의사항 문구로 따로 표시됨.
[자료 3]을 활용하였다.

> ④-❽, ❾ 또한 식품에 사용된 원재료가 아니어도 알레르기 유발물질이 식품을 제조하는 과정에서 불가피하게 섞여 들어갈 우려가 있을 수 있습니다. 이 경우에는 화면에서 보시는 것처럼 알레르기 유발 물질이 혼입될 수 있다는 의미의 주의사항 문구가 쓰여 있으니 ~

식품 제조 과정에서 불가피하게 혼입될 수 있는 알레르기 유발물질은 주의사항 문구로 적힌다. 따라서 알레르기 표시란을 통해 표시되지 않는다. 이는 [자료 3] '주의사항'에 '대두, 우유 혼입 가능'이라고 적힌 문구를 통해서도 확인할 수 있다.

왜 오답 ?

① 주표시면을 구성하고 있는 요소를 보여 주기 위해 ㉠에 [자료 1]을
제품명 '복숭아향 캔디', 내용량 '○○g', 열량 '○○kcal', 상표 '△△제과'
활용하였다.

> ②-❷ 이렇게 주표시면에는 제품명과 내용량 및 열량, 그리고 상표 등이 표시돼 있습니다.

② 제품명에 특정 글자가 사용된 이유를 설명하기 위해 ㉠에 [자료 1]을
제품명에 '복숭아'가 표시됨. + 합성복숭아향만 사용함. → '복숭아향' 자가 사용됨.
활용하였다.

> ②-❹, ❺ 제품명에 '향' 자가 보이시나요? 제품명에 특정 맛이나 향이 표시되어 있고 그 맛이나 향을 내기 위한 원재료로 합성 향료만을 사용했기 때문에 보시는 것처럼 '복숭아향'이라고 적혀 있습니다.

③ 식육가공품에서 제품명에 원재료명이 포함된 경우 주표시면에
'소고기 햄버그스테이크'의 '소고기'
추가로 표시되는 요소를 보여 주기 위해 ㉡에 [자료 2]를 활용하였다.
식품에 포함된 모든 식육의 종류와 함량

> ③-❺, ❻ ~ 식육 가공품은 가장 많이 사용한 식육의 종류를 제품명으로 사용할 수 있는데요. 식품에 포함된 모든 식육의 종류와 함량이 주표시면에 표시되어 있으니 ~

[자료 2]에 제시된 제품명은 '소고기 햄버그 스테이크'로 원재료명 '소고기'를 포함하고 있다. 이러한 제품은 주표시면 아래쪽에 식품에 포함된 모든 식육의 종류와 함량을 추가로 표시하여 제품이 포함한 모든 식육의 종류와 함량을 밝혀 준다.

> (매력오답) '제품명', '원재료명', '추가로 표시되는 요소'를 [자료 2]에서 각각 파악하지 못하면 틀리기 쉬운 선택지이다.
> '제품명', '원재료명', '추가로 표시되는 요소'를 [자료 2]에서 정확히 찾고, 각각 어디에 표시되어 있는지 파악해야 한다.

⑤ 식품 포장지에 표기되는 날짜 표시와 관련된 정보를 제공하기
유통기한
위해 ㉢에 [자료 3]을 활용하였다.

> ⑤-❶, ❷ 마지막으로 날짜 표시에 대해 알려 드리겠습니다. 여기 원재료명 아래 유통기한이 표시되어 있는데요.

---

03 정답 ③ ＊반응의 적절성 파악하기 ·················· [정답률 92%]

다음은 위 강연을 들은 청중의 반응이다. 강연의 내용을 고려하여 청중의 반응을 이해한 내용으로 적절하지 않은 것은?

> • 청자 1: ❶지난번에 어떤 식품을 샀는데 보관 방법 표시가 눈에 잘 띄지
> 강연 내용과 관련된 경험을 떠올림.
> 않았어. ❷식품에 따라 보관 방법이 어떻게 표시되는지 자세히 설명해
> 강연에서 구체적으로 설명하지 않은 내용
> 주지 않아서 아쉬웠어.
> 강연에 대한 부정적 평가
> • 청자 2: ❶그동안 열량만 보고 식품을 구매했었는데, 다른 중요한
> 강연 내용과 관련된 경험을 떠올림.
> 정보들도 많이 있다는 것을 알게 되어 유익했어. ❷동생에게 알려 주기
> 강연에서 알게 된 정보를 긍정적으로 평가함.
> 위해 오늘 배운 내용을 잘 정리해 봐야겠어.
> 추가적인 활동을 계획함.
> • 청자 3: ❶수업 시간에 식품 표시사항을 점자로 표시하는 경우도 있다는
> 기존의 지식
> 것을 배웠어. ❷오늘 알게 된 내용이 점자로 어떻게 표시되어 있는지 사례를
> 추가적인 활동을 계획함.
> 조사해 봐야겠어.

왜 정답 ?

③ 청자 3은 강연의 내용을 통해 기존의 지식을 ~~수정~~하고 있다.
수정하지 않음.

청자 3은 강연의 내용을 통해 기존의 지식을 수정하지 않았다.
기존의 지식(식품 표시사항 점자 표시)과 관련하여 강연에서 알게 된 내용을 추가적으로 탐구할 계획을 세우고 있다.

왜 오답 ?

① 청자 1은 강연에서 구체적으로 설명하지 않은 정보가 있는 것에
식품에 따른 보관 방법 표시
대해 부정적으로 평가하고 있다.
아쉬워함.

＊근거: 청자 1-❷

② 청자 2는 강연에서 새롭게 알게 된 정보를 긍정적으로 수용하고
열량 말고 다른 중요한 정보들도 많이 표시되어 있음.   유익하다고 평가함.
있다.

＊근거: 청자 2-❶

④ 청자 1과 청자 2는 모두 강연 내용과 관련된 자신의 경험을
청자 1: 지난번에 식품을 샀던 경험, 청자 2: 그동안 식품을 구매했던 경험
떠올리고 있다.

＊근거: 청자 1-❶, 청자 2-❷

⑤ 청자 2와 청자 3은 모두 강연 내용을 바탕으로 추가적인 활동을
청자 2: 오늘 배운 내용을 정리함. 청자 3: 점자 표시 사례를 조사함.
계획하고 있다.

＊근거: 청자 2-❷, 청자 3-❷

04~07

#출제 ▬ 중심 내용

(가) ❶학생 1: 우리 동아리가 학교 축제 마지막 날 오후에 행사를 진행하게
토의의 배경
됐잖아. ==그래서 오늘은 그 행사를 어떻게 진행할지 토의하려고 해.==
#토의의 주제를 제시함.
자유롭게 의견을 말해 줘.

❷학생 2: 지난번에 우리 동아리원끼리 피구 시합했었잖아. 그때 친하지
#동아리원들과 공유한 경험
않았던 동아리 친구들이랑 친해져서 좋았어. 그거랑 비슷하게
[A]
이번 축제에서는 학급 대항 축구 대회를 열면 학급 단합도 되고
학교 축제에서 진행할 행사에 대한 자신의 의견을 제시함.
좋지 않을까?
[A]: 학교 축제에서 진행할 행사에 대한 '학생 2'와 '학생 3'의 의견

학생 3: 그래도 그건 학급 간에 경쟁을 유발하기도 하고, 참여할 수 있는 인원이 제한적이잖아. 이번에는 많은 친구들이 제한 없이 참여할 수 있는 활동이 좋을 것 같아. 예전에 우리 동아리에서 운영했다던 마라톤 행사는 어때?
_{'학생 2'가 제안한 학급 대항 축구 대회의 단점을 제시함.}
_{학교 축제에서 진행할 행사에 대한 자신의 의견을 제시함.}

❹ 학생 2: 나도 많은 학생들이 참여할 수 있는 활동이면 좋겠는데. 마라톤은 체력적으로 너무 부담스러워. 나 같은 생각을 하는 학생들은 참여를 꺼리지 않을까? 게다가 기록에 따라 순위가 결정되니까 그것도 경쟁을 유발할 것 같아.
_{# '학생 3'의 의견을 일부 인정함.}

❺ 학생 3: 음……. 그럼, 플로깅 행사는 어때? 얼마 전에 기사에서 봤는데 운동 효과가 있으면서도 많은 친구들이 참여할 수 있을 것 같아.
_{# 학교 축제에서 진행할 행사를 새롭게 제안함.}

❻ 학생 1: 플로깅이 뭐야? 처음 들어 보는 말이라 낯설어.

❼ 학생 3: 쉽게 말하자면 달리면서 쓰레기를 줍는 활동이야. 정해진 코스를 달리면서 쓰레기도 줍다 보니 운동 효과가 크다고 하더라고.
_{# 플로깅 행사의 개념을 소개함.}

❽ 학생 2: 그거 좋겠다. 플로깅 행사를 통해 마을 쓰레기가 줄어들면 우리 지역 사회에도 도움이 될 거야. 그리고 운동뿐만 아니라 환경 문제에 관심 있는 친구들도 많이 참여하지 않을까?

❾ 학생 1: 그럼 다들 플로깅 행사를 진행하는 데 동의하니까 이제 코스에 대해 이야기해 보자.
_{# 토의 참여자의 반응을 확인하고 토의를 이어감.}

❿ 학생 3: 학교 근처에 ○○천 둘레길이 있으니까 거기를 코스로 하면 좋겠어.

⓫ 학생 2: 그런데 참여 인원이 많아지면 코스가 하나로는 부족해. 많은 인원이 달리다 보면 안전 관리가 어려울 거야.

⓬ 학생 1: 네 말이 맞겠다. 주민들도 불편함을 겪을 거야.
_{# '학생 2'의 말에 동의하며 자신의 의견을 덧붙임.}
⓭ 학생 3: 그럼 학교 근처에서 지저분해지기 쉬운 장소를 중심으로 코스를 짜 보자.

⓮ 학생 2: 좋은 생각이야. 친구들이 자기 체력에 맞게 코스를 선택할 수 있도록 다양한 코스를 짜서 홍보하면 학생들이 더 많이 참여할 것 같아.

⓯ 학생 1: 네 말은 친구들이 각자 체력에 맞게 코스를 선택할 수 있도록 다양한 코스를 짜면 학생들의 참여도가 더 높아질 거라는 거지? 내가 우선 코스를 짜 볼게.
_{# '학생 2'의 발언을 재진술하며 '학생 2'의 의견을 확인함.}

⓰ 학생 2: 응, 고마워. 참가 신청은 학생들이 쉽게 할 수 있도록 인터넷 사이트를 이용해서 받자. 신청 기간은 일주일이면 넉넉하겠지?

⓱ 학생 1: 좋아. 그럼 내가 오늘 토의한 내용을 바탕으로 안내문을 써서 공유할게.

┌ **유발하다**: 어떤 것이 다른 일을 일어나게 하다.
├ **참여하다**: 어떤 일에 끼어들어 관계하다.
└ **제한적**: 일정한 한도를 정하거나 그 한도를 넘지 못하게 막는 것

(나)　　　　　**플로깅 행사 개최 안내**

1 안녕하세요. ○○고등학교 학생 여러분. 운동 동아리 '건강 더하기'에서 여러분을 위해 축제 마지막 날에 우리 학교 학생 누구나 참여할 수 있는 플로깅 행사를 개최하고자 합니다.
_{# 학교 축제 마지막 날에 동아리에서 주최하는 행사를 안내함.}

┌ **개최하다**: 모임이나 회의 따위를 주최하여 열다.

＊1문단 요약 : 학교 축제에서 개최하는 플로깅 행사

---

2 '플로깅'은 이삭줍기를 의미하는 스웨덴어 '플로카 업(plocka upp)'과 영어 '조깅(jogging)'이 합쳐진 말로 환경을 지키자는 움직임에서 시작되었습니다. 달리면서 쓰레기를 줍는 활동으로 건강과 환경을 모두 지키는 일석이조의 효과가 있습니다.
_{# '플로깅'을 풀어서 설명함.}

＊2문단 요약 : '플로깅'의 명칭의 뜻과 플로깅의 효과

3 플로깅 행사는 자신의 체력에 맞게 선택할 수 있도록 난이도에 따라 학교 주변을 중심으로 세 가지 코스로 운영될 예정입니다. 이번 행사에 참여하면 건강을 지키면서 지역 사회의 환경도 깨끗하게 만들 수 있습니다.

（　　　　　　　　㉠　　　　　　　　）

＊3문단 요약 : 플로깅 행사의 진행 방법과 행사 참여 효과

4 ・**일시**: 2022년 12월 ××일(금) 15:00 ~ 17:00
・**대상**: 우리 학교 학생 누구나
_{# 행사 참여에 제한이 없음.}
・**코스** – _{# 행사 코스의 거리와 난이도를 제시함.}

코스명	코스	거리	난이도
1코스	학교 운동장 – ○○천 – 영화관(반환 지점)	약 2km	하
2코스	학교 운동장 – 슈퍼마켓 – 공원(반환 지점)	약 3km	중
3코스	학교 운동장 – 도서관 – 전망대(반환 지점)	약 3.5km	상

・**신청 기간**: 2022년 11월 ××일 ~ 11월 ××일 / 7일간
・**신청 방법**: 참여 링크 https://www.□□.com에서 신청
_{# 신청 참여 링크를 제시함.}

＊4문단 요약 : 플로깅 행사 안내

04　**정답 ④**　＊ 말하기 방식 파악하기 ·····················[정답률 94%]

'학생 1'의 말하기 방식에 대한 설명으로 적절하지 <u>않은</u> 것은?

⟩왜 정답 ?

④ 토의 흐름에 따라 다음에 발언할 토의 참여자를 ~~지정~~하고 있다.
_{지정하지 않음.}

⟩왜 오답 ?

① 토의의 배경을 언급하며 토의 주제를 제시하고 있다.
_{동아리가 학교 축제에서 행사를 진행함.　　행사 진행 방향}

> (가) - ❶ 학생 1: 우리 동아리가 학교 축제 마지막 날 오후에 행사를 진행하게 됐잖아. ~ 오늘은 그 행사를 어떻게 진행할지 토의하려고 해. ~

② 토의 참여자의 반응을 확인하고 논의를 이어가고 있다.
_{동의하는지 확인함.　　구체적 방안을 논의할 것을 제안함.}

> (가) - ❾ 학생 1: 그럼 다들 플로깅 행사를 진행하는 데 동의하니까 이제 코스에 대해 이야기해 보자.

'학생 1'은 토의 참여자인 '학생 2'와 '학생 3'이 플로깅 행사를 진행하는지를 살피며 토의 참여자의 반응을 확인하고 있다. 이어서 플로깅 행사를 진행하는 구체적 방안인 플로깅 행사의 코스에 대한 논의를 이어가고 있다.

③ 토의 참여자의 발언에 동의하며 자신의 의견을 덧붙이고 있다.
‘학생 2’의 발언에 동의함.   주민들이 불편을 겪을 것이라는 의견을 덧붙임.

> (가) - ⑪ 학생 2: 그런데 참여 인원이 많아지면 코스가 하나로는 부족해. 많은 인원이 달리다 보면 안전 관리가 어려울 거야.
> (가) - ⑫ 학생 1: 네 말이 맞겠다. 주민들도 불편함을 겪을 거야.

⑤ 토의 참여자의 발언을 재진술하며 상대의 의견을 확인하고 있다.
‘학생 2’의 발언을 재진술하여 ‘학생 2’의 의견을 확인함.

> (가) - ⑭ 학생 2: ~ 친구들이 자기 체력에 맞게 코스를 선택할 수 있도록 다양한 코스를 짜서 홍보하면 학생들이 더 많이 참여할 거야.
> (가) - ⑮ 학생 1: 네 말은 친구들이 각자 체력에 맞게 코스를 선택할 수 있도록 다양한 코스를 짜면 학생들의 참여도가 더 높아질 거라는 거지? ~

05 정답 ② ★ 말하기 방식 파악하기 ·················· [정답률 83%]

[A]에 대한 설명으로 가장 적절한 것은?

＞왜 정답 ？

② ‘학생 2’는 상대방과 공유하는 경험을 활용하여 자신의 의견을
동아리원끼리 피구 시합을 했던 경험
제시하고 있다.
피구 시합과 비슷한 학급 대항 축구 대회를 제안함.

> (가) - ❷ 학생 2: 지난번에 우리 동아리원끼리 피구 시합했었잖아. 그때 친하지 않았던 동아리 친구들이랑 친해져서 좋았어. 그거랑 비슷하게 이번 축제에서는 학급 대항 축구 대회를 열면 학급 단합도 되고 좋지 않을까?

＞왜 오답 ？

① ‘학생 2’는 상대방의 의견을 일부 인정하며 자신의 의견을 수정하고
많은 학생들이 참여할 수 있어야 한다는 점에 동의함.   수정하지 않음.
있다.

> (가) - ❷ 학생 2: ~ 이번 축제에서는 학급 대항 축구 대회를 열면 학급 단합도 되고 좋지 않을까?
> (가) - ❸ 학생 3: ~ 많은 친구들이 제한 없이 참여할 수 있는 활동이 좋을 것 같아. ~ 마라톤 행사는 어때?
> (가) - ❹ 학생 2: 나도 많은 학생들이 참여할 수 있는 활동이면 좋겠는데, 마라톤은 체력적으로 너무 부담스러워. ~
> ‘학생 3’의 의견을 일부 인정함.
> 자신의 의견을 수정하지 않음.

③ ‘학생 2’는 자신의 의견을 여러 개 제시한 후 상대방에게 선택을
여러 개 제시하지 않음.
요구하고 있다

★ 근거: (가) - ❷
　[A]에서 ‘학생 2’는 학교 축제에서 동아리가 진행할 행사에 대한 의견으로 ‘학급 대항 축구 대회’ 한 가지만을 제시했다.

④ ‘학생 3’은 상대방이 제시한 방안의 장점을 언급하고 있다.
언급하지 않음.

★ 근거: (가) - ❸
　[A]에서 ‘학생 3’은 ‘학생 2’가 제시한 방안인 학급 대항 축구 대회의 장점을 언급하고 있지 않다.

⑤ ‘학생 3’은 자신의 의문을 해소하기 위해서 상대방에게 보충 설명을
의문을 가지지 않음.
요청하고 있다.
요청하지 않음.

★ 근거: (가) - ❸
　‘학생 3’은 ‘예전에 우리 동아리에서 운영했던 마라톤 행사는 어때?’에서 질문의 형식을 활용하여 자신의 의견을 제시하고 있다. 그러나 의문을 가지고 있지는 않으며 의문을 해소하기 위해서 상대방에게 보충 설명을 요청하고 있지도 않다.

06 정답 ⑤ ★ 작문 계획의 적절성 파악하기 ·············· [정답률 91%]

‘학생 1’이 (가)의 토의 내용을 바탕으로 (나)를 작성할 때, (나)에 반영된 내용으로 적절하지 않은 것은? [3점]

＞왜 정답 ？

⑤ (가)에서 이번 행사가 지역 사회에 도움이 될 수 있다는 의견에
마을 쓰레기가 줄어듦.
따라 지역 사회 주민과 연계하여 진행됨을 밝혀야겠어.
연계하여 진행되지 않음.

> (가) - ❽ 학생 2: 그거 좋겠다. 플로깅 행사를 통해 마을 쓰레기가 줄어들면 우리 지역 사회에도 도움이 될 거야. ~
> (나) ③문단 ❷문장 이번 행사에 참여하면 건강을 지키면서 지역 사회의 환경도 깨끗하게 만들 수 있습니다.

　(가)에서 ‘학생 2’는 플로깅 행사가 지역 사회에 도움이 될 수 있다는 의견을 제시했다. 그러나 플로깅 행사가 지역 주민과 연계하여 진행된다는 내용은 (나)에 제시되지 않았다.

〔연계하다: 어떤 일이나 사람과 관련하여 관계를 맺다.

＞왜 오답 ？

① (가)에서 용어가 낯설다는 의견에 따라 학생들이 이해하기 쉽도록
처음 들어 보는 말이라 낯설다고 함.
용어를 풀어서 설명해야겠어.
‘플로깅’의 의미를 풀어서 설명함.

> (가) - ❻ 학생 1: 플로깅이 뭐야? 처음 들어 보는 말이라 낯설어.
> (나) ②문단 ❶문장 ‘플로깅’은 이삭줍기를 의미하는 스웨덴어 ‘플로카 업(plocka upp)’과 영어 ‘조깅(jogging)’이 합쳐진 말로 환경을 지키자는 움직임에서 시작되었습니다.

② (가)에서 학생들이 쉽게 신청할 수 있도록 인터넷 사이트를
인터넷 사이트를 이용해서 참가 신청을 받고 제안함.
이용하자는 의견에 따라 참여 링크를 제시해야겠어.
‘신청 방법’에 참여 링크를 제시함.

> (가) - ⑯ 학생 2: 응, 고마워. 참가 신청은 학생들이 쉽게 할 수 있도록 인터넷 사이트를 이용해서 받자. ~
> (나) ④문단 ❺문장 • 신청 방법: 참여 링크 https://www.□□.com에서 신청

③ (가)에서 체력에 맞게 코스를 선택할 수 있도록 하자는 의견에
체력에 따라 선택할 수 있는 다양한 코스를 짜자고 제안함.
따라 행사 코스의 거리와 난이도를 제시해야겠어.
‘코스’에 코스별 거리와 난이도를 제시함.

> (가) - ⑭ 학생 2: ~ 친구들이 자기 체력에 맞게 코스를 선택할 수 있도록 다양한 코스를 짜서 홍보하면 학생들이 더 많이 참여할 것 같아.
> (나) ④문단 ❺문장 • 코스

　(가)의 ‘학생 2’는 각자의 체력에 맞게 코스를 선택할 수 있도록 하자는 의견을 제시했다. 이에 따라 (나)의 ‘코스’에서 플로깅 행사의 코스별 거리와 난이도를 제시하고 있다.

④ (가)에서 참여에 제한이 없는 활동이면 좋겠다는 의견에 따라 우리
많은 학생들이 제한 없이 참여할 수 있는 활동이 좋겠다고 함.
학교 학생 누구나 참여할 수 있음을 밝혀야겠어.
플로깅 행사에 누구나 참여할 수 있음.

> (가) - ❸ 학생 3: ~ 많은 친구들이 제한 없이 참여할 수 있는 활동이 좋을 것 같아. ~
> (가) - ❹ 학생 2: 나도 많은 학생들이 참여할 수 있는 활동이면 좋겠는데, ~
> (나) ①문단 ❸문장 ~ 우리 학교 학생 누구나 참여할 수 있는 플로깅 행사를 개최하고자 합니다.

07 정답 ③ ＊조건에 따라 내용 생성하기 ·············· [정답률 92%]

〈조건〉에 따라 (나)의 ㉠에 추가할 내용으로 가장 적절한 것은?

〈 조건 〉
- 건강과 환경 측면에서의 기대 효과를 고려하여 작성할 것
  조건 Ⓐ   조건 Ⓑ
- 비유적 표현을 활용할 것
  조건 Ⓒ

왜 정답?

③ 플로깅 행사 참여, 아직도 망설이시나요? 여러분의 건강도 지키고
                                        조건 Ⓐ 충족
지역 환경도 살리는 보석 같은 시간을 만들어 보세요.
조건 Ⓑ 충족   조건 Ⓒ 충족

'건강도 지키고'에서 플로깅 행사의 건강 측면의 기대 효과를, '지역 환경도 살리는'에서 환경 측면에서의 기대 효과를 제시했다. 또한 '보석 같은 시간'에서 비유적 표현을 활용하고 있다. 즉 〈조건〉을 모두 충족하여 플로깅 행사에 참여할 것을 권유하고 있다.

왜 오답?

① 열심히 공부하느라 몸을 돌볼 시간이 없으셨나요? 바쁜 일상
속에서 플로깅에 참여하여 건강을 지켜 보세요. – 조건 Ⓑ, Ⓒ 충족 ✕
                                    조건 Ⓐ 충족

② 달리며 쓰레기를 줍는 단순한 행동을 통해 지구가 깨끗해질 수
있어요. 플로깅 행사에 적극적인 참여 기대합니다. – 조건 Ⓐ, Ⓒ 충족 ✕
                    조건 Ⓑ 충족

④ 기후 위기를 막는 도전, 함께 시작해 봅시다. 오늘 우리가 투자한
하루가 유리같이 깨끗한 지역 사회를 만들 수 있습니다. – 조건 Ⓐ 충족 ✕
조건 Ⓒ 충족   조건 Ⓑ 충족

⑤ 플로깅은 지구력 향상에 도움이 된다고 합니다. 원하는 코스를
선택하여 플로깅 행사에 참여하면 여러분의 건강을 지킬 수 있습니다.
                                    조건 Ⓐ 충족
                            – 조건 Ⓑ, Ⓒ 충족 ✕

08~10

출제 ▬ 중심 내용

- **작문 상황:** 지역 신문의 독자 기고란에 그린워싱과 관련해 주장하는
  예상 독자 = 지역 신문의 독자
  글을 쓰려고 함.

- **초고**

① 최근 친환경 제품에 대한 소비자의 관심이 높아지면서 친환경
   # 그린워싱에 대한 소비자의 관심이 높아지고 있는 상황
제품 소비가 활성화되고 있는데 이 과정에서 그린워싱이 증가하고
                # 그린워싱이 증가하고 있는 상황을 제시함.
있다. ② 그린워싱(greenwashing)이란 기업이 소비자로 하여금
제품이나 제품 생산 과정 등을 친환경적인 것으로 오해하도록 하는
경우를 말한다. ③ 이는 소비자가 정확한 정보를 제공받을 권리를
        # 그린워싱의 개념
            # 그린워싱이 미치는 부정적인 영향 ① – 소비자 측면
침해하고, 친환경 제품 생산 업체에 피해를 주어 친환경 제품 시장의
        # 그린워싱이 미치는 부정적인 영향 ② – 생산 업체 측면
공정한 경쟁 질서를 저해할 수 있다.
            ＊①문단 요약 : 그린워싱의 개념과 부정적 영향

② ① 그린워싱이 증가하는 원인은 무엇일까? ② 우선 기업이 환경 문제에
        # 문답의 형식을 활용함.
대한 소비자의 관심을 단순히 마케팅의 수단으로 이용하기 때문이다.
③ 더불어 제도적 측면에서 친환경을 평가할 수 있는 법률적 기준이
    그린워싱 증가 원인 ① 기업 측면
                그린워싱 증가 원인 ② 제도적 측면
빠르게 변화하는 시장 상황에 대처할 수 있을 정도로 구체화되어
마련되지 않았기 때문이다. ④ 또한 소비자는 친환경적인 소비에 관심은
                    그린워싱 증가 원인 ③ 소비자 측면
있으나 상대적으로 환경마크를 비롯한 친환경 제품과 관련된 정보에
대해 잘 알지 못해 친환경 제품을 제대로 선별하여 구매하지 못하는
경우가 많기 때문이다.   ＊②문단 요약 : 그린워싱이 증가하는 원인

---

③ ① 그린워싱을 해결하기 위해서는 무엇보다 기업은 기업 윤리를
재정립하고 소비자가 환경과 관련된 제품 정보를 오해하지 않도록
        # 그린워싱 해결 방안 ① 기업 측면
정보를 투명하게 공개해야 한다. ② 정부는 시장 상황을 고려해 친환경과
                # 그린워싱 해결 방안 ② 정부(제도적) 측면
관련된 법률적 기준을 보완함으로써 소비자들이 그린워싱을 명확히
인식할 수 있도록 지원해야 한다. ③ 소비자는 그린워싱 여부를 판단할
                # 그린워싱 해결 방안 ③ 소비자 측면
수 있도록 친환경 제품에 대한 정확한 정보를 찾아보는 태도를 지녀야
한다.

＊③문단 요약 : 그린워싱을 해결하기 위한 방안

④ ① 기업 성장과 발전은 국가 경제를 이끌어 가는 원동력이다.
                기업 성장과 발전의 의의
[A] ② 그린워싱은 소비자를 기만하는 행위이다. ③ 그러므로 사회 구성원
                그린워싱을 해결해야 하는 이유
모두가 협력하여 그린워싱을 해결해야 한다.

＊④문단 요약 : 그린워싱을 해결해야 하는 이유

---

08 정답 ① ＊작문 계획의 적절성 파악하기 ·········· [정답률 75%]

다음은 초고를 작성하기 전에 학생이 떠올린 생각이다. ⓐ~ⓔ 중 학생의 초고에 반영되지 않은 것은?

왜 정답?

① ⓐ: 공정한 경쟁 질서에 대한 소비자와 기업의 입장을 대조하여
                                        대조하지 않음.
제시해야겠어.

초고에서는 공정한 경쟁 질서에 대한 소비자와 기업의 입장을 대조하지 않았다. 초고에서는 '그린워싱이 증가하는 원인'과 '그린워싱을 해결하기 위한 방법'을 소비자와 기업의 측면으로 나누어 제시했다.

왜 오답?

② ⓑ: 문답의 방식을 활용해 그린워싱의 증가 원인을 제시해야겠어.
        질문하고 답변하는 방식을 활용함.

＊근거: 초고 ②문단

초고의 2문단에서 '그린워싱이 증가하는 원인이 무엇일까?'라고 질문한 후, 이에 답변하는 방식을 활용하여 그린워싱의 증가 원인을 제시하고 있다.

③ ⓒ: 예상 독자의 이해를 돕기 위해 그린워싱의 개념을 제시해야겠어.
        지역 신문의 독자

＊근거: 작문 상황 ①, 초고 ①문단 ②문장

'작문 상황'을 통해 예상 독자는 지역 신문을 읽는 지역 주민임을 알 수 있다. 일반 지역 주민은 그린워싱이 생소하게 느껴질 수 있으므로, 이해를 돕기 위해 초고의 1문단에서 그린워싱의 개념을 제시하고 있다.

④ ⓓ: 그린워싱이 미치는 부정적인 영향을 소비자와 생산 업체의
        소비자: 정확한 정보를 제공받을 권리가 침해됨. 생산 업체: 피해를 받아 경쟁 질서가 저해됨.
측면에서 제시해야겠어.

＊근거: 초고 ①문단 ③문장

초고의 1문단에서 그린워싱이 미치는 부정적인 영향을 소비자와 생산 업체의 측면으로 나누어 설명했다. 초고의 1문단에 따르면 그린워싱으로 인해 소비자는 '정확한 정보를 제공받을 권리'를 침해받고, 친환경 제품 생산 업체는 피해를 받아 '친환경 제품 시장의 공정한 경쟁 질서'가 저해된다.

⑤ ⓔ: 그린워싱의 해결 방안을 기업, 정부, 소비자의 측면으로
        기업: 정보 공개, 정부: 법률적 기준 보완, 소비자: 정보를 찾아보는 태도
나누어 체계적으로 제시해야겠어.

＊근거: 초고 ③문단

초고의 3문단에서 그린워싱의 해결 방안을 기업의 측면, 정부의 측면, 소비자의 측면으로 나누어 체계적으로 제시하고 있다. 초고의 3문단에 따르면 그린워싱을 해결하기 위해 기업은 '기업 윤리를 재정립하고' '정보를 투명하게 공개해야' 하며, 정부는 '친환경과 관련된 법률적 기준을 보완'해야 하며, 소비자는 '친환경 제품에 대한 정확한 정보를 찾아보는 태도를 지녀야 한다'고 설명했다.

09 정답 ⑤ ★ 자료 활용의 적절성 파악하기 ············· [정답률 75%]

〈보기〉는 학생이 초고를 보완하기 위해 추가로 수집한 자료이다. 자료의 활용 방안으로 적절하지 <u>않은</u> 것은? [3점]

〈 보기 〉

[자료 1] 통계 자료

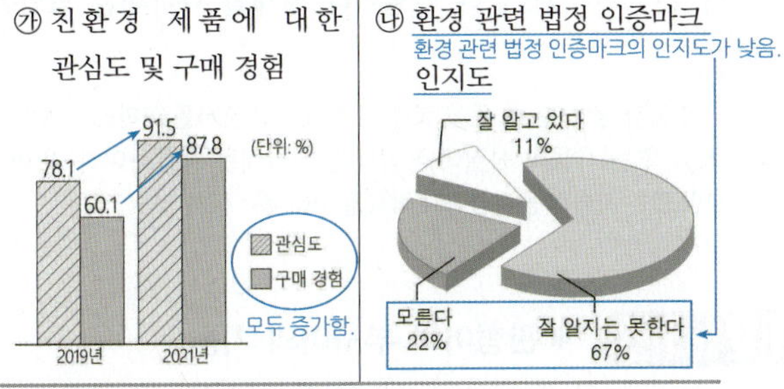

[자료 2] 신문 기사

❶○○기업은 재생 플라스틱으로 제품 용기를 제작했다는 표시로 자체
환경 관련 법정 인증마크와 유사한 스티커
제작한 스티커를 붙이고 친환경적 특성을 홍보하여 소비자에게 큰
환경 문제에 대한 소비자의 관심을 마케팅의 수단으로 이용함.
호응을 얻었다. 그런데 해당 스티커가 환경 관련 법정 인증마크와 유사해
소비자가 해당 스티커를 법정 인증마크로 혼동하여 제품을 구매하는
제품을 친환경적인 것으로 오해하게 함. → 그린워싱에 해당함.
사례가 많았고, 한 시민 단체가 조사한 결과 제품 용기의 소재도 재생
플라스틱이 아님이 밝혀졌다.❸이를 계기로 환경마크 등에 대한 정확한
친환경 제품에 대한 소비자의 관심이 높아지고 있음.
정보를 알고자 하는 소비자들이 늘고 있으나, 관련 정보들이 통합적으로
제공되지 않아 소비자들이 불편을 겪고 있다.
소비자들이 친환경 관련 제품 정보를 제대로 알기 어려움.

[자료 3] 전문가 인터뷰

❶외국에서는 친환경이라는 용어를 쓸 때 체크리스트와 같은 객관적
지표를 바탕으로 적합성 평가 기관을 통해 인증을 받는 제도가 시행되고
친환경 제품 인증 지표에 대한 해외 사례
있습니다.❷우리나라도 객관적인 지표를 좀 더 구체적으로 제시하여
법률적 기준 보완의 필요성
법률을 보완해 나간다면 소비자 보호에 도움이 될 것입니다.❸한편 친환경
제품의 인증과 관련된 정보를 여러 기관에서 다루고 있는데, 이러한
정보가 통합적으로 제공되면 소비자가 그린워싱에 쉽게 대처할 수 있을
소비자가 그린워싱에 쉽게 대처하기 위해 보완되어야 할 점
것입니다.

〉왜 정답?

⑤ [자료 2]와 [자료 3]을 활용하여 기업이 자체적으로 환경마크를 평
객관적인 지표가 필요함.
가할 수 있는 제도를 마련하는 것을 기업 윤리를 재정립하기 위한
관련 없음.
구체적 방안으로 제시한다.

★ 근거: 초고 ③문단 ❷문장, [자료 2] ❶, ❷, [자료 3] ❶, ❷

[자료 2]는 기업이 자체적으로 만든 환경마크를 이용한 그린워싱의 사례이다. 따라서 이를 통해 기업이 자체적으로 환경마크를 평가할 수 있는 제도를 마련해야 한다고 제시할 수 없다.

한편 [자료 3]에서는 정부가 친환경과 관련하여 객관적인 지표를 구체적으로 제시할 수 있도록 법률을 보완해야 한다고 했다. 이는 정부 차원에서 친환경과 관련된 법률적 기준을 보완하기 위한 구체적 방안으로 제시할 수 있다.

〉왜 오답?

① [자료 1-㉮]를 활용하여 친환경 제품에 대한 소비자의 관심이
친환경 제품에 대한 관심도와 구매 경험이 모두 증가함.
높아지고 있다는 내용을 뒷받침하는 자료로 제시한다.

★ 근거: 초고 ①문단 ❶문장, [자료 1-㉮]

[자료 1-㉮]는 친환경 제품에 대한 관심도와 구매 경험이 모두 2019년에 비해 2021년에 늘어났음을 보여준다. 이를 활용하면 초고의 1문단에 제시된 친환경 제품에 대한 소비자의 관심이 높아지고 있다는 내용을 뒷받침할 수 있다.

② [자료 2]를 활용하여 기업이 환경 문제에 대한 소비자의 관심을
친환경적 특성을 홍보하여 소비자의 호응을 얻음.
마케팅의 수단으로 이용하고 있다는 내용에 대한 구체적 사례로
제시한다.

★ 근거: 초고 ②문단 ❷문장, [자료 2] – ❶

[자료 2]는 기업이 자체적으로 환경마크를 만들어서 친환경적이지 않은 제품을 친환경적 제품으로 마케팅하여 소비자의 호응을 얻은 사례이다. 이를 활용하면 초고의 2문단에 제시된 기업이 환경 문제에 대한 소비자의 관심을 단순히 마케팅의 수단으로 이용하고 있다는 내용을 뒷받침할 수 있다.

③ [자료 3]을 활용하여 객관적 지표를 마련한 해외 사례를 친환경과
객관적 지표를 바탕으로 인증을 받는 제도를 시행함.
관련된 법률적 기준을 보완하자는 주장에 대한 근거로 제시한다.

★ 근거: 초고 ③문단 ❷문장, [자료 3]

[자료 3]은 친환경 제품을 판단할 때 객관적 지표를 바탕으로 친환경 제품임을 인증하고 있는 외국의 사례를 제시했다. 이를 활용하면 초고의 3문단에 제시된 친환경과 관련된 법률적 기준을 보완해야 한다는 내용을 뒷받침할 수 있다.

④ [자료 1-㉯]와 [자료 2]를 활용하여 소비자가 친환경 관련 제품
환경 관련 법정 인증마크에 대한 인지도가 낮음.
정보를 잘 알지 못해 제품을 제대로 선별하여 구매하지 못한다는
기업이 자체 제작한 스티커를 법정 인증마크로 혼동함.
내용을 구체화하기 위한 자료로 제시한다.

★ 근거: 초고 ②문단 ❹문장, [자료 1-㉯], [자료 2]

[자료 1-㉯]는 환경 관련 법정 인증마크에 대한 소비자의 인지도가 낮다는 것을 보여주며, [자료 2]는 소비자가 환경 관련 법정 인증마크에 대해 정확히 알지 못한다는 것을 보여준다. 이를 활용하면 초고의 2문단에 제시된 소비자가 친환경 제품과 관련된 정보에 대해 잘 알지 못해 친환경 제품을 제대로 선별하여 구매하지 못한다는 내용을 뒷받침할 수 있다.

2022. 11
12회

10 정답 ① ★ 고쳐쓰기의 적절성 파악하기 ············· [정답률 92%]

〈보기〉는 [A]를 쓴 학생이 친구에게 보낸 이메일이다. ㉠에 들어갈 내용으로 가장 적절한 것은?

〈 보기 〉

네가 준 의견 중 (㉠)해 보라는 말을 고려해 초고의 마지막 문단을 아래와 같이 수정해 봤어. 확인해 줄래?

❶그린워싱은 소비자를 기만하는 행위이다.❷그러므로 사회 구성원 모두가 협력하여 그린워싱을 해결해야 한다.❸그린워싱을 해결하면 사회가 지향하는 친환경적 가치를 실현할 수 있을 것이다.
추가된 문장 → 그린워싱 해결의 의의

〉왜 정답?

① 기업 성장과 발전의 의의는 삭제하고, 그린워싱 해결의 의의는
초고 3문단의 첫 번째 문장이 삭제됨.
추가
〈보기〉의 마지막 문장이 추가됨.

④문단 ❶문장 기업 성장과 발전은 국가 경제를 이끌어 가는 원동력이다.
삭제된 문장 → 기업 성장과 발전의 의의
〈보기〉 ❸문장 그린워싱을 해결하면 사회가 지향하는 친환경적 가치를
추가된 문장 → 그린워싱 해결의 의의
실현할 수 있을 것이다.

〉왜 오답?

② 기업 성장과 발전의 의의는 삭제하고, 환경 문제가 인간에게
적절함.
미치는 영향은 추가
추가된 내용이 아님.

③ 기업 성장과 발전의 의의는 삭제하고, 그린워싱 해결을 위한 경제적

    <u>적절함.</u>

   <del>지원 방안</del>은 추가

    추가된 내용이 아님.

④ 친환경 기업이 지켜야 할 윤리적 가치는 <del>삭제하고</del>, <u>그린워싱 해결의</u>

    [A]에 없는 내용임.   적절함.

   <u>의의는 추가</u>

⑤ 친환경 기업이 지켜야 할 윤리적 가치는 <del>삭제하고</del>, 그린워싱 해결을

    [A]에 없는 내용임.

   위한 경제적 <del>지원 방안</del>은 추가

    추가된 내용이 아님.

---

11 정답 ①   ✱ 사전 활용하기 ·················· [정답률 85%]

〈보기〉는 '사전 활용하기' 학습 활동을 위한 자료이다. 이에 대해 탐구한 내용으로 적절하지 **않은** 것은?

〈 보기 〉

> 쓰다³ [통]
>
> 다의어 품사 '동사': 사람 또는 사물의 움직임이나 작용 등을 나타냄.
>
> [1]【…에 …을】어떤 일을 하는 데에 재료나 도구, 수단을 이용하다.
>   부사어 목적어
>
> ¶ 수염을 깎는 데 <u>전기면도기를</u> 쓴다.
>   부사어   목적어
>
> [2]【…에/에게 …을】
>   부사어   목적어
>
> 「1」 다른 사람에게 베풀거나 내다.
>
> ¶ 그는 취직 기념으로 <u>친구들에게</u> <u>한턱을</u> 썼다.
>   부사어   목적어
>
> 「2」 어떤 일에 마음이나 관심을 기울이다.
>
> ¶ 선생님, 일부러 제게 <u>마음을</u> 쓰지 않으셔도 됩니다.
>   부사어 목적어
>
> 쓰다⁶ [형]
>
> 다의어 품사 '형용사': 사람 또는 사물의 성질이나 상태를 나타냄.
>
> [1] 혀로 느끼는 맛이 한약이나 소태, 씀바귀의 맛과 같다.
>
> [2] 나물이 쓰다.
>
> 「2」【…이】몸이 좋지 않아서 입맛이 없다.
>
> ¶ 며칠을 앓았더니 입맛이 써서 맛있는 게 없다.

왜 정답 ?

① '쓰다³ [2] <del>「1」</del>'의 용례로 '그는 들려오는 소문에 신경을 <u>썼다</u>.'를
    「2」   들려오는 소문에 마음이나 관심을 기울였다는 의미임.
추가할 수 있군.

'그는 들려오는 소문에 신경을 썼다.'에서 '썼다.'의 기본형 '쓰다'는 '어떤 일에 마음이나 관심을 기울이다.'라는 의미로 쓰였다. 따라서 '그는 ~ 썼다.'는 '쓰다³ [2] 「2」'의 용례로 추가할 수 있다.

왜 오답 ?

② '쓰다³ [1]'과 '쓰다³ [2]'는 모두 문형 정보와 용례로 보아 <u>목적어</u>와
               【…을】
어울려 써야 함을 알 수 있군.

'쓰다³ [1]'의 문형 정보【…에 …을】, '쓰다³ [2]'의 문형 정보【…에/에게 …을】에서 '…을'을 통해 두 단어 모두 서술어로 쓰일 때 서술의 대상이 되는 목적어를 필요로 함을 알 수 있다.

'쓰다³ [1]'의 용례 '~ 전기면도기를 쓴다.'에서는 '전기면도기를'이, '쓰다³ [2]-「1」'의 용례 '~ 한턱을 썼다.'에서는 '한턱을'이, '쓰다³ [2]-「2」'의 용례 '~ 마음을 쓰지~'에서는 '마음을'이 목적어로 '쓰다'와 어울리고 있다.

③ '쓰다³'과 '쓰다⁶'은 별개의 표제어로 기술되어 있으므로 <u>동음이의</u>
                 소리는 같지만 뜻이 다름.
<u>관계</u>임을 알 수 있군.

'쓰다³'과 '쓰다⁶'은 별개의 표제어로 기술되어 있다. 이는 두 단어가 소리는 같지만 뜻이 다른 동음이의의 관계임을 나타낸다.

---

④ '쓰다³'과 '쓰다⁶'은 각각 하나의 표제어 아래 여러 뜻을 지니고
    쓰다⁶ [1], [2]
있으므로 다의어라고 볼 수 있군.
    쓰다³ [1], [2]「1」, [2]「2」

'쓰다³'는 [1] '어떤 ~ 이용하다.', [2]-「1」 '다른 ~ 내다.', [2]-「2」 '어떤 ~ 기울이다.'와 같이 여러 뜻을 지니고 있는 다의어이다.

'쓰다⁶' 또한 [1] '혀로 ~ 같다.', [2] '몸이 ~ 없다.'와 같이 여러 뜻을 지니고 있는 다의어이다.

⑤ '쓰다⁶'은 '쓰다³'과 달리 <u>성질이나 상태를 나타내는 말</u>임을 알 수
    [형]→형용사 [통]→동사   형용사
있군.

표제어 옆 품사 정보 [통], [형] 등을 통해 각 표제어의 품사를 파악할 수 있다. '쓰다⁶'의 품사는 사람 또는 사물의 성질이나 상태를 나타내는 형용사이다. 반면 '쓰다³'의 품사는 사람 또는 사물의 움직임이나 작용을 나타내는 동사이다.

12~13   ✱ 관형어와 부사어의 기능

출제   중심 내용

             다른 말을 꾸며 뜻을 더해줌.

[1] ❶관형어와 부사어는 <u>다른 말을 수식하는 문장 성분</u>이다. ❷관형어는
  명사, 대명사, 수사   동사, 형용사
<u>체언을 수식</u>하고 부사어는 ❸<u>주로 용언을 수식</u>한다. 관형어나 부사어가
  관형어의 기능   부사어의 기능
실현되는 방법은 주로 다음과 같다.

(가) <u>저</u> 바다로 <u>어서</u> 떠나자.
    관형사 체언(명사) 부사 용언(동사)

(나) <u>찬</u> 공기가 <u>따뜻하게</u> 변했다.
    관형어 체언(명사) 부사어 용언(동사)
    차- + -ㄴ   따뜻하- + -게
    [어간] [전성 어미] [어간] [전성 어미]

(다) <u>민지의</u> 동생이 <u>학교에</u> 갔다.
    관형어 체언(명사) 부사어 용언(동사)
    민지 + 의   학교 + 에
    [체언] [격 조사] [체언] [격 조사]

※   : 관형어   : 부사어

✱[1]문단 요약 : 관형어와 부사어의 기능

[2] ❶(가)의 '저'와 '어서'처럼 관형사와 부사가 그 자체로 각각 관형어와
           ❷품사의 종류   문장 성분의 종류
부사어로 쓰일 수 있다. 또한 (나)의 '찬'과 '따뜻하게'처럼 용언의
  문장 성분의 종류   어간 '찬-' + 관형사형 전성 어미 '-(으)ㄴ' 어간 '따뜻하-' + 부사형 전성 어미 '-게'
어간에 전성 어미가 결합하거나, (다)의 '민지의'와 '학교에'처럼
            명사 '민지' + 관형격 조사 '의'   명사 '학교' + 부사격 조사 '에'
체언에 격 조사가 결합하여 쓰일 수도 있다.

✱[2]문단 요약 : 관형어와 부사어의 실현 방법

[3] ❶관형어와 부사어는 문장에서 필수적인 성분이 아니므로 일반적으로
            주어, 서술어, 목적어, 보어
생략이 가능하다. ❷다만, ㉠ 의존 명사를 수식하는 관형어나 ㉡ 서술어가
        의존 명사: 관형어의 수식에 의존하는 명사(것, 수, 리, 바, 데, 뿐 등)
필수적으로 요구하는 부사어는 생략할 수 없다. ❸또한 관형어와
부사어는 각각 여러 개를 겹쳐서 사용할 수 있다.
    #중복하여 사용 가능

✱[3]문단 요약 : 관형어와 부사어의 생략 가능 여부

[4] ❶중세 국어의 관형어와 부사어도 현대 국어와 전반적으로 유사한 양상을 보였으나 격 조사가 쓰일 때 차이를 보였다. ❷관형격 조사의 경우, 사람이나 동물과 같은 <u>유정 체언</u> 중 높임의 대상이 아닌 것과
            사람이나 동물을 가리키는 명사, 대명사, 수사
결합할 때는 '이/의'가 쓰였다. ❸그리고 무정 체언이나 높임의 대상이
  모음 조화에 따른 두가지 형태   사람이나 동물을 제외한 모든 사물을 가리키는 명사, 대명사, 수사
되는 유정 체언과 결합할 때는 'ㅅ'이 쓰였다. ❹부사격 조사의 경우,
결합하는 체언의 끝음절 모음이 양성 모음이면 '애', 음성 모음이면
'에', 'ㅣ'나 반모음 'ㅣ'이면 '예'가 쓰였는데 특정 체언 뒤에서는
'이/의'가 쓰이기도 했다.

✱[4]문단 요약 : 중세 국어의 관형어와 부사어의 형태

■ 이것이 핵심!

		관형어	부사어
①~③ 문단	관형어와 부사어의 기능과 특징		
	기능(①문단)	체언을 수식함.	주로 용언을 수식함.
	실현 방법(형태) (②문단)	① 관형사 ② 용언 어간 + 전성 어미 ③ 체언 + 격 조사	① 부사 ② 용언 어간 + 전성 어미 ③ 체언 + 격 조사
	생략할 수 없는 경우 (③문단)	의존 명사를 수식하는 경우	서술어가 필수적으로 요구하는 문장 성분인 경우

중세 국어의 관형격 조사

결합하는 체언	관형격 조사
무정 체언	ㅅ
높임의 대상이 되는 유정 체언	
높임의 대상이 아닌 유정 체언	이/의

중세 국어의 부사격 조사

결합하는 체언의 끝음절 모음	부사격 조사
양성 모음	애
음성 모음	에
'ㅣ', 반모음 'ㅣ'	예

(표 왼쪽 ④문단)

12 정답 ④ ＊중세 국어의 관형어, 부사어 파악하기 [정답률 67%]

윗글을 바탕으로 〈보기〉의 중세 국어 자료를 이해한 내용으로 적절하지 <u>않은</u> 것은? [3점]

─〈보기〉─

· 불휘 **기픈** 남ᄀᆞᆫ **ᄇᆞᄅᆞ매 아니** 뮐씨
　　관형어　　　　부사어　부사어
(뿌리가 깊은 나무는 바람에 아니 흔들리므로)　　　　　－〈용비어천가〉

· **員(원)의 지븨** 가샤 避仇(피구)ᄒᆞᆶ **소니** 마리
　관형어　　부사어　　　　　　　　관형어
(원의 집에 가셔서 피구할 손의 말이)　　　　　－〈용비어천가〉

· 뎌 **부텻** 行(행)과 願(원)과 工巧(공교)ᄒᆞ신 方便(방편)은
　　관형어
(저 부처의 행과 원과 공교하신 방편은)　　　　　－〈석보상절〉

> 왜 정답?

④ '**員(원)의 지븨**'를 보니 현대 국어와 마찬가지로 <u>관형어가 여러 개</u>
　관형어　　부사어　　　　　　　　　　　　관형어와 부사어가 함께 쓰임.
겹쳐서 사용되었음을 알 수 있군.

③문단❸문장　또한 관형어와 부사어는 각각 여러 개를 겹쳐서 사용할 수 있다.
④문단❷문장　관형격 조사의 경우, 사람이나 동물과 같은 유정 체언 중 높임의 대상이 아닌 것과 결합할 때는 '이/의'가 쓰였다.
④문단❹문장　부사격 조사의 경우, ~ 특정 체언 뒤에서는 '이/의'가 쓰이기도 했다.

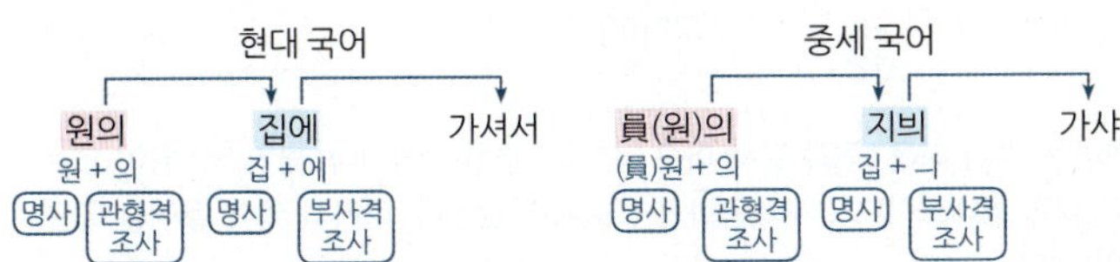

'員(원)의 지븨 가샤'의 현대어 풀이는 '원의 집에 가셔서'로 이때 '員(원)의'는 높임의 대상이 아닌 유정 체언 '員(원)'에 관형격 조사 '의'가 결합하여 뒤에 오는 체언 '집'을 수식하는 관형어이다.

또한 '지븨'는 '집'에 부사격 조사 'ㅢ'가 결합하여 뒤에 오는 서술어 '가샤'를 수식하는 부사어이다.

> 왜 오답?

① '**기픈**'을 보니 현대 국어와 마찬가지로 용언 어간에 전성 어미가
　　　　　　　　　　　　　'용언 어간(깊ㅡ)' + '관형사형 전성 어미(ㅡ은)'
결합한 형태의 관형어가 사용되었음을 알 수 있군.

②문단❷문장　또한 (나)의 '찬'과 '따뜻하게'처럼 용언의 어간에 전성 어미가 결합하거나, ~

'기픈'의 현대어 풀이는 '깊은'으로 이때 '기픈'은 용언의 어간 '깊ㅡ'에 관형사형 전성 어미 'ㅡ은'이 결합하여 뒤에 오는 체언 '남ㄱ(나무)'을 수식하는 관형어이다.

② '**ᄇᆞᄅᆞ매**'를 보니 현대 국어와 달리 끝음절 모음이 양성 모음인
　　　　　　체언 '바람' + 부사격 조사 '에'
체언과 결합할 때는 부사격 조사 '애'가 사용되었음을 알 수 있군.
　　　　　　끝음절 모음이 'ㆍ'로 양성 모음 ➜ 부사격 조사 '애'와 결합함.

④문단❹문장　부사격 조사의 경우, 결합하는 체언의 끝음절 모음이 양성 모음이면 '애', ~

'ᄇᆞᄅᆞ매'의 현대어 풀이는 '바람에'로, 이때 'ᄇᆞᄅᆞ매'는 양성 모음으로 끝난 체언 'ᄇᆞᄅᆞ' 뒤에 부사격 조사 '애'가 결합하여 뒤에 오는 서술어 '뮐씨(흔들리므로)'를 수식하는 부사어로 쓰였다. 반면 현대 국어의 '바람에'는 양성 모음으로 끝난 체언 '바람' 뒤에 부사격 조사 '에'가 결합하여 부사어로 쓰였다.

③ '**아니**'를 보니 현대 국어와 마찬가지로 부사 자체가 부사어로
　　　　　　　　　　　　　　　　　　　부사 '아니'가 부사어로 쓰임.
사용되었음을 알 수 있군.

②문단❶문장　(가)의 ~ '어서'처럼 ~ 부사가 그 자체로 ~ 부사어로 쓰일 수 있다.

'아니'의 현대어 풀이는 '아니'로, 중세 국어와 현대 국어에서 모두 부사 '아니'가 뒤에 오는 서술어 '뮐씨(흔들리므로)'를 수식하는 부사어로 사용되었다.

⑤ '**부텻**'을 보니 현대 국어와 달리 높임의 대상이 되는 유정 체언과
결합할 때는 관형격 조사 'ㅅ'이 사용되었음을 알 수 있군.
　　　　　　　'부텨' + 관형격 조사 'ㅅ'

④문단❸문장　~ 높임의 대상이 되는 유정 체언과 결합할 때는 'ㅅ'이 쓰였다.

'부텻'의 현대어 풀이는 '부처의'로 이때 '부텻(부처)'은 높임의 대상이자 유정 체언인 '부텨'에 관형격 조사 'ㅅ'이 결합하여 뒤에 오는 체언 '行(행)'을 수식하는 관형어이다.

2022. 11
12회

┄┄┄┄┄ 배경지식

〈관형사와 관형어〉

관형사는 품사, 관형어는 문장 성분의 하나이다. 관형사는 모두 관형어이나, 관형어가 모두 관형사인 것은 아니다.

관형어	관형사 <예> 새, 이, 한 등
	용언 어간 + 관형사형 어미 <예> <u>아름다운</u> 바다
	체언 + 관형격 조사 '의' <예> <u>철수의</u> 책상

'서술어가 필수적으로 요구하는 부사어'

밑줄 친 부분이 ㉠, ㉡에 해당하는 예로 적절한 것은?

'의존 명사를 수식하는 관형어'

>**왜** 정답 ?

⑤ ㉠: 그는 노력한 만큼 좋은 결과를 얻었다.
노력하-+-ㄴ 의존 명사
(어간) (관형사형어미)

'노력한 만큼'에서 '만큼'은 '앞의 내용에 상당한 수량이나 정도임.'을 나타내는 의존 명사이다. 이때 '노력한'은 어간 '노력하-'에 관형사형 전성 어미 '-ㄴ'이 결합하여 의존 명사 '만큼'을 수식하는 관형어(㉠)이다.

㉡: 나는 꽃꽂이를 취미로 삼았다.
필수적 부사어

'나는 꽃꽂이를 취미로 삼았다.'에서 '삼다'는 '무엇을 무엇이 되게 하거나 여기다.'란 뜻으로 주어 외에 '무엇을'에 해당하는 목적어와 '무엇으로'에 해당하는 부사어를 필요로 한다. 이때 '취미로'를 생략하면 '나는 꽃꽂이를 삼았다.'와 같이 문장이 성립하지 않으므로 '취미로'는 서술어가 필수적으로 요구하는 부사어(㉡)이다.

>**왜** 오답 ?

① ㉠: 작은 것이 아름답다.
작-+-은 의존 명사
(어간) (관형사형
어미)

'작은 것'에서 '것'은 '사물, 일, 현상 따위를 추상적으로 이르는 말.'을 나타내는 의존 명사이다. 이때 '작은'은 어간 '작-'에 관형사형 전성 어미 '-은'이 결합하여 의존 명사 '것'을 수식하는 관형어(㉠)이다.

㉡: 내가 회장으로 그 회의를 주재하였다.
필수적 부사어가 아님.

'내가 회장으로 그 회의를 주재하였다.'에서 '주재하다'는 '어떤 일을 중심이 되어 맡아 처리하다.'란 뜻으로 '무엇을'에 해당하는 목적어를 필요로 한다. 이때 '회장으로'를 생략해도 '내가 그 회의를 주재하였다.'와 같이 문장이 성립하므로, '회장으로'는 서술어가 필수적으로 요구하는 부사어(㉡)가 아니다.

② ㉠: 그 집은 주변 풍경과 잘 어울린다.
관형사 일반 명사

'그 집은'에서 '그'는 관형사가 그 자체로 관형어로 쓰여 일반 명사 '집'을 수식한다. 따라서 의존 명사를 수식하는 관형어는 아니다.

㉡: 이 그림은 가짜인데도 진짜와 똑같다.
필수적 부사어

'이 그림은 ~ 진짜와 똑같다.'에서 '똑같다'는 '모양, 성질, 분량 따위가 조금도 다른 데가 없다.'란 뜻으로 주어 외에 '무엇과'에 해당하는 부사어를 필요로 한다. 이때 '진짜와'를 생략하면 '이 그림은 가짜인데도 똑같다'와 같이 문장이 성립하지 않으므로 '진짜와'는 서술어가 필수적으로 요구하는 부사어(㉡)이다.

③ ㉠: 친구에게 책을 한 권 선물 받았다.
관형사 의존 명사

'한 권'에서 '권'은 '책을 세는 단위'를 나타내는 의존 명사이다. 이때 '한'은 의존 명사 '권'을 수식하는 관형어(㉠)에 해당한다.

㉡: 강아지들이 마당에서 뛰논다.
필수적 부사어가 아님.

'강아지들이 마당에서 뛰논다.'에서 '뛰놀다'는 '이리저리 뛰어다니며 놀다.'란 뜻으로 주어만 필요로 한다. 이때 '마당에서'를 생략해도 '강아지들이 뛰논다.'와 같이 문장이 성립하므로, '마당에서'는 서술어가 필수적으로 요구하는 부사어(㉡)가 아니다.

④ ㉠: 자라나는 어린이들은 나라의 보배이다.
관형사 일반 명사

'나라의'는 체언 '나라'에 관형격 조사 '의'가 결합하여 일반 명사 '보배'를 수식하는 관형어이다. 따라서 의존 명사를 수식하는 관형어는 아니다.

㉡: 이삿짐을 바닥에 가지런히 놓았다.
필수적 부사어

'이삿짐을 바닥에 가지런히 놓았다.'에서 '놓았다'는 '잡거나 쥐고 있던 물체를 일정한 곳에 두다.'란 뜻으로 주어 외에 '무엇에'에 해당하는 부사어를 필요로 한다. 이때 '바닥에'를 생략하면 '이삿짐을 가지런히 놓았다'와 같이 문장이 성립하지 않으므로 '바닥에'는 서술어가 필수적으로 요구하는 부사어(㉡)이다.

---

14 정답 ③ * 구개음화 파악하기 ··················· [정답률 70%]

다음은 문법 학습지의 일부이다. ⓐ~ⓒ에 들어갈 내용으로 적절한 것은?

> • 구개음화: 받침의 'ㄷ', 'ㅌ'이 'ㅣ'나 반모음 'ㅣ'로 시작하는 형식
> 형태소와 만나 [ㅈ], [ㅊ]으로 발음되는 현상
> ㄷ + ㅣ,ㅣ → ㅈ + ㅣ,ㅣ
> ㅌ   ㅊ
>
> 1. '끝인사'의 표준 발음이 [끄딘사]인 이유를 알아보자.
>   '끝인사'에서 '끝'의 받침 'ㅌ' 뒤에 'ㅣ'로 시작하는 (ⓐ)가
>   오기 때문에 [끄딘사]로 발음된다.
>   구개음화가 일어나지 않음.
>
> 2. '곧이'와 '곧이어'의 표준 발음은 무엇인지 알아보자.
>   '곧이'의 '-이'는 부사를 만들어 주는 접사이다. 따라서 '곧이'의 표준
>   형식 형태소
>   발음은 (ⓑ)이다. '곧이어'의 '이어'는 '앞의 말이나 행동 따위에
>   구개음화가 일어남.
>   잇대어'라는 뜻을 지닌 부사이다. 따라서 '곧이어'의 표준 발음은
>   실질 형태소   구개음화가 일어나지 않음.
>   (ⓒ)이다.

>**왜** 정답 · 오답 ?

	ⓐ	ⓑ	ⓒ
③	실질 형태소	[고지]	[고디어]

문제에서 제시한 '끝인사', '곧이', '곧이어'를 분석하면 다음과 같다.

단어	형태소 분석	받침 'ㄷ', 'ㅌ' 뒤에 오는 형태소의 종류	구개음화 여부	표준 발음
끝인사	끝 + 인사 명사 명사	실질 형태소	×	[끄딘사]
곧이	곧 + -이 부사 접사	형식 형태소	○	[고지]
곧이어	곧 + 이어 부사 부사	실질 형태소	×	[고디어]

ⓐ: 실질 형태소

끝+인사 → [끝인사] → [끄딘사]
ㅌ→ㄷ   연음
음절의 끝소리 규칙

'끝인사'는 명사 어근 '끝'과 명사 어근 '인사'가 결합한 말이다. 받침 'ㅌ' 뒤에 오는 '인사'가 실질 형태소이므로 구개음화가 일어나지 않는다. 이때 받침 'ㅌ'은 음절의 끝소리 규칙에 따라 대표음 [ㄷ]으로 바뀌고 뒤 음절 첫소리로 연음된다. 따라서 ⓐ에 들어갈 말은 **실질 형태소**이다.

ⓑ: [고지]

곧 + -이 → [고디] → [고지]
연음   구개음화

'곧이'는 부사 어근 '곧'과 접사 '-이'가 결합한 말이다. 받침 'ㄷ' 뒤에 오는 '-이'가 형식 형태소이므로 구개음화가 일어나 '곧'의 'ㄷ'이 [ㅈ]으로 발음된다. 따라서 ⓑ에 들어갈 말은 **[고지]**이다.

ⓒ: [고디어]

곧 + 이어 → [고디어]
연음

'곧이어'는 부사 어근 '곧'과 부사 어근 '이어'가 결합한 말이다. 받침 'ㄷ' 뒤에 오는 '이어'가 실질 형태소이므로 구개음화가 일어나지 않는다. 따라서 ⓒ에 들어갈 말은 **[고디어]**이다.

15 정답 ④ ＊피동 표현 파악하기 ·························· [정답률 76%]

다음은 문법 수업의 내용을 정리한 학생의 노트이다. 이를 바탕으로 〈보기〉의 ㉠～㉤을 이해한 내용으로 적절하지 <u>않은</u> 것은?

1. 피동의 개념
  주어가 다른 주체에 의해 어떤 동작을 당하거나 영향을 받는 것
2. 피동 표현의 실현
  • '-이-, -히-, -리-, -기-'와 같은 피동 접사에 의해 단형 피동으로
    피동 접사
    실현되거나 '-아/-어지다' 등에 의해 장형 피동으로 실현됨.
  • 피동 접사와 '-아/-어지다'를 같이 쓰는 이중 피동 표현은 잘못된
    '-이-', '-히-', '-리-', '-기-' + '-아/-어지다'
    표현임.

〈 보기 〉
• 그녀의 손등이 고양이에게 ㉠ 긁혔다.
   긁- + -히- + -었- + -다
• 형이 동생에게 아끼던 인형을 ㉡ 빼앗겼다.
   빼앗- + -기- + -었- + -다
• 비가 내려서 운동장에 천막이 ㉢ 세워졌다.
   세우- + -어지- + -었- + -다
• 도화지의 질이 좋아서 그림이 잘 ㉣ 그려졌다.
   그리- + -어지- + -었- + -다
• 커다란 빵이 순식간에 여러 조각으로 ㉤ 나뉘었다.
   나누- + -이- + -었- + -다

〉왜 정답 ？

④ ㉣은 접사 '-리-'와 함께 '-어지다'가 결합한 이중 피동 표현이군.
   어간 '그리-'에 '-어지다'가 결합함.   '-리-'는 접사가 아니므로 이중 피동 표현이 아님.

㉣의 '그려졌다'는 '그리다'의 어간 '그리-'에 피동의 의미를 나타내는 '-어지다'가 결합한 말로, 피동 접사는 결합하지 않았다.

〉왜 오답 ？

① ㉠은 '긁-'에 접사 '-히-'가 결합하여 피동의 의미를 나타내는군.
   '긁-'에 피동 접사 '-히-'가 결합함. ➜ 단형 피동

㉠의 '긁혔다'는 '긁히다'의 어간 '긁-'에 피동 접사 '-히-'가 결합한 말로, 피동의 의미를 나타내는 단형 피동 표현이다.

② ㉡은 주어인 '형'이 '동생'에 의해 행위를 당하는 것을 표현하고 있군.
   어간 '빼앗-' + 피동 접사 '-기-' ➜ 단형 피동   빼앗기는 행위를 당함.

㉡의 '빼앗겼다'는 '빼앗다'의 어간 '빼앗-'에 피동 접사 '-기-'가 결합한 말로, 피동의 의미를 나타내는 단형 피동 표현이다.

③ ㉢은 '세우-'에 '-어지다'가 결합하여 장형 피동으로 실현되었군.
   어간 '세우-' + '-어지다' ➜ 장형 피동

㉢의 '세워졌다'는 '세우다'의 어간 '세우-'에 피동의 의미를 나타내는 '-어지다'가 결합한 말로, 장형 피동 표현이다.

⑤ ㉤은 '나누-'에 접사 '-이-'가 결합하여 줄어든 형태가 나타난 피동 표현이군.
   어간 '나누-' + 접사 '-이-' ➜ 단형 피동

㉤의 '나뉘었다'는 '나누다'의 어간 '나누-'에 피동 접사 '-이-'가 결합한 말로, 피동의 의미를 나타내는 단형 피동 표현이다.

16~21

(가) 국가의 통치 방법에 대한 관중의 견해

＃ 출제 ◉ 글 전체 핵심어 ▭ 글 전체 중심 문장

1 관중은 춘추 시대 제(齊)나라의 재상으로 군주인 환공을 도와 약소국이던 제나라를 부강한 국가로 성장시켰다. 관중이 생각한 이상적인 국가의 모습과 국가를 통치하는 방법은 《관자》를 통해 살펴볼 수 있다. 그는 자신이 살던 현실의 문제에 실리적으로 ⓐ 대처하고 정치적인 분열을 적극적으로 막아 나라의 부강과 백성의 평안을 이루고자 하였다.
관중이 생각한 통치의 방법
관중이 생각한 통치의 목적

실리적: 실제로 이익이 되는

＊**1**문단 요약 : 관중이 생각한 통치 방법과 목적

2 관중은 백성이 국가 경제의 근본이라는 경제적 관점을 바탕으로 법의 필요성을 강조하였다. 그에 따르면, 군주는 법을 만들 수 있는 자격을 천부적으로 지닌 사람이다. 하지만 [군주가 마음대로 법을 만들면 백성의 삶이 ⓑ 피폐해질 수 있으므로 군주는 이익을 추구하는 백성의 본성을 고려해 백성의 삶이 윤택해질 수 있는 법을 만들어야 한다]고 보았다. 이때 관중이 강조한 백성의 윤택한 삶은 도덕적 교화와 같은 목적을 위한 것이 아닌, 부강한 나라의 실현을 위한 것이라는 실리적 관점에서 이해할 수 있다.
군주에 대한 관중의 관점
＃ [ ]: 군주의 법 제정에 대한 관중의 생각
＃ 백성들의 삶이 윤택해져야 하는 이유

천부적: 태어날 때부터 지닌 것   윤택하다: 살림이 풍부하다.
교화: 가르치고 이끌어서 좋은 방향으로 나아가게 함.

＊**2**문단 요약 : 실리적 관점에서 법의 필요성을 강조한 관중

3 또한 관중은 군주가 자신에 대해서는 존귀하게 여기지 않는 것을 패(覇)라고 ⓒ 규정하였는데, 이를 바탕으로 군주도 법의 적용에서 예외가 되지 않아야 한다고 주장하였다. 그에 따르면 군주는 '권세'를 지녀야 국가를 다스릴 수 있는데, 이때 군주가 패를 실천해야 백성이 권세를 인정하게 된다. ㉠ 결국 군주가 법을 존중하는 것은 백성이 군주를 존중하는 것으로 이어지게 되는 것이다.
＃ '패(覇)'의 개념
＃ 군주가 자신에게도 법 적용에 예외를 두지 않음으로써 권세를 인정받게 됨.

존귀하다: 지위나 신분이 높고 귀하다.

＊**3**문단 요약 : 군주가 '패(覇)'를 실천해야 하는 이유에 대한 관중의 생각

4 관중은 권세를 가진 군주는 부강한 나라를 이루는 통치, 즉 패업(覇業)을 위한 통치를 펼쳐야 한다고 주장하고, 법을 통한 통치의 중요성을 강조하였다. 이때 군주는 [능력 있는 신하를 공정하게 등용하되 신하들이 군주의 권세를 넘보거나 법질서를 혼란스럽게 하지 못하도록 자신의 권세를 신하에게 위임하지 말아야 하며 백성의 경제적 안정을 위한 정책들을 시행해야 한다]고 보았다. 이러한 관중의 사상은 [백성들의 경제적 안정을 기반으로 부강한 나라를 이루기 위해 법을 통한 통치를 도모한 것으로 평가]할 수 있다.
'패업(覇業)'을 위한 통치의 개념
＃ [ ]: 군주의 통치술에 대한 관중의 견해
＃ [ ]: 관중이 주장하는 군주의 통치술이 갖는 의의

등용하다: 인재를 뽑아서 쓰다.
도모하다: 어떤 일을 이루기 위하여 대책과 방법을 세우다.

＊**4**문단 요약 : 국가의 통치 방법에 대한 관중의 견해와 그 의의

■ (가) 지문 내용과 구조

1문단	**관중이 생각한 통치 방법과 목적** 현실 문제의 실리적 해결 ➜ 나라의 부강과 백성의 평안
2문단	**실리적 관점에서 법의 필요성을 강조한 관중** – 백성: 국가 경제의 근본, 군주: 법을 만들 수 있는 천부적 자격을 지님. – 법의 목적: 백성들의 윤택한 삶 ➜ 부강한 나라의 실현

③문단	**군주가 '패(覇)'를 실천해야 하는 이유:** 군주가 '패'를 실천함. → 백성들이 군주의 권세를 인정하게 됨. → 군주가 국가를 다스릴 수 있음.
④문단	**국가의 통치 방법에 대한 관중의 견해와 그 의의** - 군주는 패업을 위한 통치(= 부강한 나라를 이루는 통치)를 펼쳐야 함. - 의의: 백성들의 경제적 안정을 기반으로 부강한 나라를 이루고자 법을 위한 통치를 도모함.

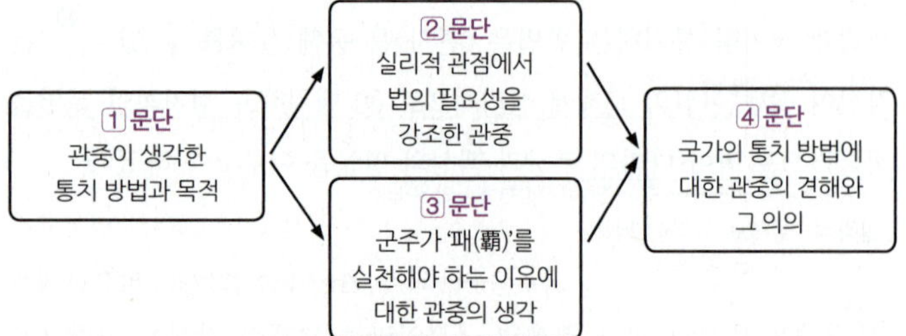

■ **(가) 주제:** 국가의 통치 방법에 대한 관중의 견해와 그 의의

(나) 바람직한 군주상에 대한 율곡의 견해

\# 출제 ⊂⊃ 글 전체 핵심어 ▬ 글 전체 중심 문장

① 율곡은 유학적 사상을 기반으로, 자신이 생각하는 군주상을 제시하였다. 그는 《성학집요》에서 개인의 수양을 통해 앎을 늘리고 인격을
군주는 앎을 늘리는 것뿐 아니라 앎을 실천하는 것도 중요함.
완성하는 것을 군주의 자격으로 보았다. 율곡은 군주가 인격을 완성하고
\# 율곡은 백성의 본성을 선한 것으로 인식함.
아는 것을 실천하면 백성의 선한 본성을 회복하는 도덕적 교화가
가능해진다고 본 것이다. 율곡은 자신이 이상적으로 생각하는 왕도정치가
실현되기 위해서는 군주가 신하를 통해 백성을 다스려야 한다고 생각했는데,
만약 군주가 포악한 정치를 펼쳐 신하들의 지지를 얻지 못하거나 민심을
잃으면 교체될 수 있다고 여겼다.
율곡은 군주를 교체될 수 있는 존재로 봄.

＊①**문단 요약:** 율곡이 생각하는 군주상

② 율곡은 군주의 통치에 따라 태평한 시대인 치세와 혼란스러운
시대인 난세가 구분된다고 보고, 이를 중심으로 군주의 유형과 통치
방법을 나누어 설명했다. 치세를 만드는 군주는 재능과 지식이 출중해
신하를 능력에 맞게 발탁하여 일을 분배할 줄 알거나, 재능과 지식은
\# 치세를 만드는 군주의 특징
ⓓ 부족하지만 현명한 신하를 분별하여 그에게 나라의 일을 맡길
줄 안다. 이들의 통치 방법은 '왕도(王道)'와 '패도(覇道)'로 나뉜다.
= 치세를 만드는 군주
왕도는 군주의 인격 완성을 통해 백성의 도덕적 교화까지 이루어 내는
것이고, 패도는 군주의 인격이 완성되지 않아 백성의 도덕적 교화까지는
[A]: 치세와 난세를 중심으로 나눈 군주의 유형과 통치 방법
이루어지지 않았지만 백성의 경제적 안정은 이루어 내는 것이다. [A]

＊②**문단 요약:** 치세를 만드는 군주의 특징

③ 난세를 만드는 군주는 [자신의 총명만을 믿고 신하를 불신하거나,
[ ]: 난세를 만드는 군주의 특징
간신의 말을 믿고 의지하여 눈과 귀가 가려진 군주]이다. 이들은
백성을 괴롭히고 충언을 받아들이지 않아 스스로 멸망에 이르는
폭군, 간사한 자를 분별하지 못하고 총명함이 없으며 무능력한 혼군,
나약하여 자신의 뜻을 세우지 못하고 우유부단한 용군으로 분류된다.
이들의 통치 방법은 포악한 정치를 의미하는 '무도(無道)'이므로
율곡의 관점에서 무도를 행하는 군주는 교체되어야 할 존재이다.
포악한 정치를 펼치는 군주는 교체될 수 있음.

⌐ **우유부단하다:** 어물어물 망설이기만 하고 결단성이 없다.
└ **포악하다:** 사납고 악하다.

＊③**문단 요약:** 난세를 만드는 군주의 특징

④ 율곡은 백성의 도덕적 교화를 이루는 왕도정치를 위해서는 백성들의
삶이 경제적으로 편안한 것이 전제되어야 한다고 보았다. 이는 군주의
\# 백성들의 도덕적 교화를 위해선 경제적 안정이 먼저 이루어져야 함.
존재 근거가 백성이라고 보는 민본관에 의한 것으로, 조세 부담을 줄이는
\# 왕도정치를 실현하기 위해서는 군주가 자신의 존재 근거를 백성으로 보아야 함.
등 백성의 경제적 기반을 유지할 수 있는 정책을 펼쳐야 함을 ⓔ 역설한
것이다. 이처럼 율곡의 사상은 왕도정치를 실현하는 과정에서 백성의
율곡의 사상의 의의
현실적 삶에 주목하려는 시도로 볼 수 있다.

＊④**문단 요약:** 바람직한 군주상에 대한 율곡의 사상의 의의

■ **(나) 지문 내용과 구조**

①문단	**율곡이 생각하는 군주의 자격** 인격 완성 + 아는 것을 실천 → 백성의 도덕적 교화

②문단	**치세를 만드는 군주의 특징과 통치 방법**

구분	백성의 경제적 안정	군주의 인격 완성	백성의 도덕적 교화
왕도	O	O	O
패도	O	X	X

③문단	**난세를 만드는 군주의 특징** 신하를 불신하고 간신을 의지함. → 무도를 행함. → 교체되어야 함.

④문단	**바람직한 군주상에 대한 율곡의 사상과 그 의의** - 왕도정치를 위해서는 백성들의 삶이 경제적으로 편안해야 함. - 의의: 왕도정치를 실현하는 과정에서 백성의 현실적 삶에 주목하려는 시도

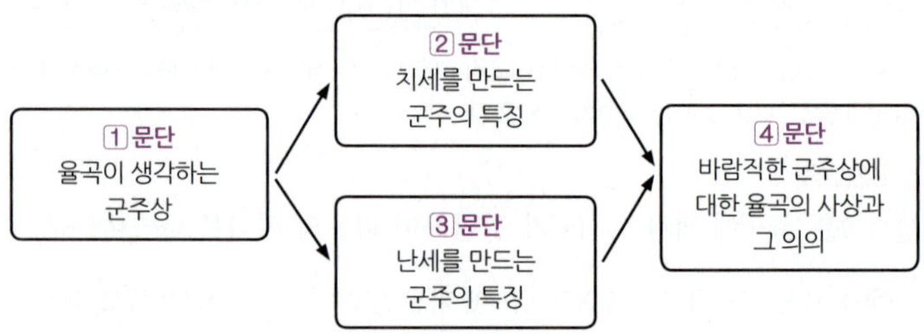

■ **(나) 주제:** 바람직한 군주상에 대한 율곡의 사상과 그 의의

■ **(가), (나) 지문 이해도**

바람직한 군주의 통치 방법에 대한 (가)관중과 (나)율곡의 견해

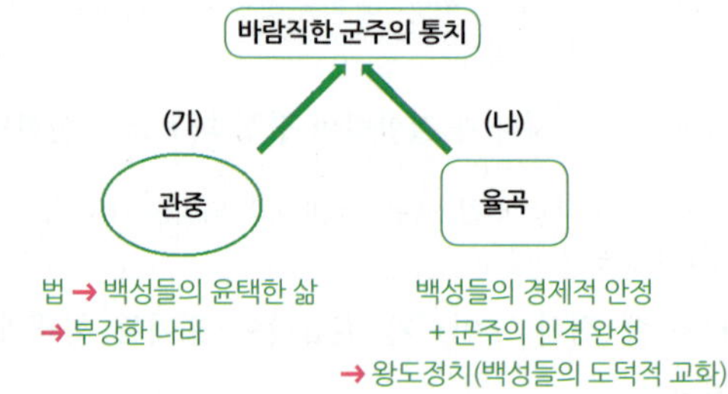

16 정답 ② ＊ 내용 전개 방식 파악하기 ·················· [정답률 88%]

(가)와 (나)에 대한 설명으로 가장 적절한 것은?

＞왜 정답?

② **(가)와 (나)는 모두 특정한 사상가가 주장하는 군주의 통치술에 담긴**
관중   율곡
내용을 중심으로 그 의의를 밝히고 있다.

(가)는 1~3문단에서 '관중'이 주장하는 군주의 통치술에 관한 내용을 설명한 후
4문단에서 그 의의를 밝히고 있다.

(나)는 1~3문단에서 군주의 통치술에 대한 율곡의 사상을 설명한 후 4문단에서 그
의의를 밝히고 있다.

① (가)와 (나)는 모두 특정한 사상가가 주장하는 군주의 통치술의
　　　　　　　　　　　　　　(가): 관중, (나): 율곡
변화 과정을 소개하고 있다.
제시하지 않음.

③ (가)와 달리 (나)는 특정한 사상가가 주장하는 군주의 통치술이 갖는
한계를 드러내고 **새로운 통치술**을 제안하고 있다.
제시하지 않음.　　　　　제시하지 않음.

④ (나)와 달리 **(가)는** 특정한 사상가가 주장하는 군주의 통치술을 군주의
(가)와 달리 (나)는　　　　　　　　　　　(나) 3문단: 폭군, 혼군, 용군
유형에 따라 범주화하여 제시하고 있다.

⑤ (나)와 달리 (가)는 특정한 사상가가 주장하는 군주의 통치술에 대한
상반된 입장을 제시하고 **장단점**을 비교하고 있다.
제시하지 않음.　　　　　제시하지 않음.

17　정답 ④　＊ 내용 파악+추론하기 ························· [정답률 87%]

⊙의 이유로 가장 적절한 것은?
'결국 군주가 법을 존중하는 것은 백성이 군주를 존중하는 것으로 이어지게 되는 것이다.'

>왜 정답 ?

④ 군주가 자신에게도 법 적용에 예외를 두지 **않음으로써** 권세를 인정받게
　　　　　　　　　　　　　　　　　　패를 실천하여 백성에게 권세를 인정받음.
되기 때문이다.

> (가) ③문단 ❶, ❷문장　또한 관중은 군주가 자신에 대해서는 존귀하게 여기지
> 않는 것을 '패(霸)'라고 규정하였는데, 이를 바탕으로 <u>군주도 법의 적용에서</u>
> <u>예외가 되지 않아야 한다고 주장하였다.</u> 그에 따르면 ~ <u>군주가 패를 실천해야</u>
> <u>백성이 권세를 인정하게 된다.</u>

관중에 따르면 군주가 자신에게도 법 적용에 예외를 두지 않음으로써 패를
실천하면, 백성에게 권세를 인정받게 된다. 즉, 군주 자신에게도 백성에게 하는 것과
똑같이 법을 적용하면 백성 또한 군주의 권세를 인정하게 되는 것이다.

>왜 오답 ?

① 군주가 **마음대로** 법을 만들 수 있는 **패를 실천**할 수 있기 때문이다.
　 백성의 삶이 윤택해질 수 있는 법을 만들어야 함.　　관련 없음.

> (가) ②문단 ❸문장　하지만 군주가 마음대로 법을 만들면 백성의 삶이 피폐해질
> 수 있으므로 <u>군주는 이익을 추구하는 백성의 본성을 고려해 백성의 삶이</u>
> <u>윤택해질 수 있는 법을 만들어야 한다고 보았다.</u>

관중은 군주가 마음대로 법을 만드는 것이 아니라 백성의 삶이 윤택해질 수 있는
법을 만들어야 한다고 하였으며, 이는 패를 실천하는 것과는 관계가 없다.

② 군주가 법을 존중하면 법을 제정할 수 있는 **기회**를 얻을 수 있기
　　　　　　　　　　　　　군주는 법을 제정할 수 있는 천부적 자격을 가짐.
때문이다.

> (가) ②문단 ❷문장　그에 따르면, 군주는 법을 만들 수 있는 자격을 천부적으로
> 지닌 사람이다.　　　　　　　　　　　　태어날 때부터 지님.

③ 군주가 법의 필요성을 **인식해야** 백성을 국가의 근본으로 여기게
　　　　　　　　백성이 국가의 근본이라는 관점을 바탕으로 법의 필요성을 강조함.
되기 때문이다.

> (가) ②문단 ❶문장　관중은 백성이 국가 경제의 근본이라는 경제적 관점을
> 바탕으로 법의 필요성을 강조하였다.

⑤ 군주가 백성의 본성을 고려하지 **않고** 나라의 부강을 우선시하는
　　　　　　　　　　　　이익을 추구함.　　　　고려해야 함.
법을 만들어야 하기 때문이다.

＊ 근거: (가) ②문단 ❸, ❹문장
관중에 따르면 백성은 이익을 추구하는 본성을 가지고, 군주는 이러한 '백성의
본성을 고려해 백성의 삶이 윤택해질 수 있는 법을 만들어야' 한다. 그리고 군주가 법을
통해 백성의 삶을 윤택하게 만들면 부강한 나라를 실현할 수 있다.

18　정답 ④　＊ 내용 파악하기 ······························· [정답률 75%]

(나)에서 알 수 있는 '율곡'의 견해로 적절하지 **않은** 것은?

>왜 정답 ?

④ 백성의 도덕적 교화가 **이루어져야** 백성의 삶이 경제적으로 편안해질
　　　　　　　　　도덕적 교화가 이루어지지 않아도 경제적 안정은 이루어 낼 수 있음.
수 있다.

> (나) ②문단 ❹문장　~ 패도는 군주의 인격이 완성되지 않아 <u>백성의 도덕적</u>
> <u>교화까지는 이루어지지 않았지만 백성의 경제적 안정은 이루어 내는 것</u>이다.

>왜 오답 ?

① 군주는 앎을 늘리는 것뿐 아니라 앎을 실천하는 것도 중요하다.
　　　　　　　　　　　　　아는 것을 실천해야 도덕적 교화가 가능해짐.

> (나) ①문단 ❷, ❸문장　그는 《성학집요》에서 개인의 수양을 통해 앎을 늘리고
> 인격을 완성하는 것을 군주의 자격으로 보았다. 율곡은 군주가 인격을
> 완성하고 <u>아는 것을 실천하면 백성의 선한 본성을 회복하는 도덕적 교화가</u>
> <u>가능해진다고 본 것이다.</u>

율곡의 견해에 따르면 군주는 앎을 늘리고 인격을 완성하는 것뿐 아니라 아는 것을
실천하는 것도 중요하다. 인격을 완성하고 아는 것을 실천해야 백성의 도덕적 교화가
가능하기 때문이다.

② 군주는 포악한 정치를 펼쳐 신하들에게 지지를 얻지 못하면 교체될
　　　　　　　　　　　　　　　　　'무도(無道)'를 행하는 군주는 교체되어야 함.
수 있다.

> (나) ③문단 ❸문장　이들의 통치 방법은 포악한 정치를 의미하는 '무도(無道)'이므로
> 율곡의 관점에서 <u>무도를 행하는 군주는 교체되어야 할 존재이다.</u>

③ 군주는 왕도정치를 실현하기 위해 자신의 존재 근거를 백성으로
　　　　　　　　　　　　　　　　군주의 존재 근거를 백성이라고 보는 '민본관'에 의함.
보아야 한다.

> (나) ④문단 ❶, ❷문장　율곡은 백성의 도덕적 교화를 이루는 왕도정치를 위해서는
> 백성들의 삶이 경제적으로 편안한 것이 전제되어야 한다고 보았다. <u>이는 군주의</u>
> <u>존재 근거가 백성이라고 보는 민본관에 의한 것으로,</u> ~

⑤ 백성의 조세 부담을 줄이는 것은 백성의 경제적 기반을 유지할 수
　　　백성이 경제적 기반을 유지할 수 있는 정책임.
있는 방법 중 하나이다.

> (나) ④문단 ❷문장　~ 조세 부담을 줄이는 등 백성의 경제적 기반을 유지할 수
> 있는 정책을 펼쳐야 함을 역설한 것이다.

19　정답 ⑤　＊ 내용 파악 + 추론하기 ···················· [정답률 73%]
관중의 관점
(가)의 관점에서 [A]를 판단한 것으로 가장 적절한 것은?
처세와 난세를 중심으로 나눈 군주의 유형과 통치 방법

>왜 정답 ?

⑤ [A]에서 군주가 신하를 능력에 맞게 발탁하여 일을 분배한 것은,
　　　　　　　　　　능력 있는 신하를 공정하게 등용한 것
능력에 따라 신하를 공정하게 등용한 것이므로 패업을 위한
통치의 방법으로 볼 수 있다.

> (가) ④문단 ❶, ❷문장　관중은 권세를 가진 군주는 부강한 나라를 이루는 통치,
> 즉 '패업(霸業)'을 위한 통치를 펼쳐야 한다고 주장하고, 법을 통한 통치의
> 중요성을 강조하였다. 이때 <u>군주는 능력 있는 신하를 공정하게 등용하되</u> ~

(가)의 관점에서는 군주가 신하를 능력에 맞게 발탁하여 일을 분배한 것을 패업을
위한 통치의 방법으로 볼 것이다. [A]에서 신하를 능력에 맞게 발탁하여 일을
분배하는 것은 능력 있는 신하를 공정하게 등용한 것이기 때문이다.

① [A]에서 <u>눈과 귀가 가려진 군주</u>는, 정치적 분열을 막아 백성을
난세를 만드는 군주
평안하게 하므로 패업을 이룰 수 <s>있는</s> 존재로 볼 수 있다.
없음.

＊근거: (나) ③문단 ❶문장
　눈과 귀가 가려진 군주는 난세를 만드는 군주이다. 이러한 군주는 정치적 분열을 막을 수 없으며 백성들을 평안하게 만들지 못하므로 패업 또한 이룰 수 없다.

② [A]에서 군주가 <u>충언을 받아들이지 않는 것</u>은, 법을 만들 수 있는
난세를 만드는 군주 중 '폭군'
자격을 <s>천부적</s>으로 지닌 것이므로 패업으로 볼 수 <s>있다</s>.
무관함.　　　　　　　　　　　　　　　　없음.

＊근거: (나) ③문단 ❷문장
　[A]에서 충언을 받아들이지 않는 군주는 난세를 만드는 군주 중 '폭군'에 해당하는 것으로 교체되어야 할 존재이다. 그러므로 '충언을 받아들이지 않는 것'은 부강한 나라를 이루는 통치를 뜻하는 '패업'으로 볼 수 없다.

③ [A]에서 <u>군주가 자신의 총명을 믿고 신하를 불신하는 것</u>은, 백성의
난세를 만드는 군주의 특징
삶을 <s>윤택하게</s> 하려는 것이므로 패업으로 볼 수 <s>있다</s>.
없음.

＊근거: (나) ③문단 ❶문장
　[A]에서 군주가 자신의 총명을 믿고 신하를 불신하는 것은 난세를 만드는 군주의 특징에 해당하는 것이므로 '패업'으로 볼 수 없다.

④ [A]에서 <u>군주가 자신의 뜻을 세우지 못하는 것</u>은, 자신을 존귀하게
난세를 만드는 군주 중 '용군'
여기지 <s>않은 것</s>이므로 패업을 위한 통치의 방법으로 볼 수 <s>있다</s>.
무관함.　　　　　　　　　　　　　　없음.

＊근거: (나) ③문단 ❷문장
　[A]에서 군주가 자신의 뜻을 세우지 못하는 것은 난세를 만드는 '용군'에 해당하는 것으로, '패업'으로 볼 수 없다. 또한 (가)에서 군주가 자신을 존귀하게 여기지 않는 것은 '패(覇)'를 의미하는 것으로 법의 적용에서 예외를 두지 않는 것을 의미하는 것으로 '용군'과는 관계가 없다.

20　정답 ④　＊정보 간 관계 파악하기　★1등급 대비

[① 6%　② 18%　③ 15%　④ 49%　⑤ 10%]

〈보기〉는 동서양 사상가들의 견해이다. 〈보기〉와 (가), (나)를 읽은 학생이 보인 반응으로 적절하지 <u>않은</u> 것은? [3점]

──〈 보기 〉──

㉮❶군주는 권력을 얻기 전까지는 수단과 방법을 가리지 않는 것이 오히려 백성을 위한 것입니다. ❷하지만 권력을 얻은 후에는 <u>법을 통해 통치함으로써 자신의 권력을 유지</u>할 수 있습니다.
❶법의 필요성을 강조함.
㉯군주에 따라 치세와 난세가 되는 것을 지양하기 위해 법을 제정하고 기준을 세우는 것이 필요합니다. ❷그리고 법을 통해 통치할 수 있는 권한은 군주만이 갖고 있어야 권력을 유지할 수 있습니다.
법의 필요성을 강조함.
㉰❶군주는 타락한 현실에 의해 잃어버린 인간의 선한 본성인 도덕성을 회복시켜야 합니다. ❷이때 군주는 <u>도덕성의 회복을 목적으로 백성의 기본적인 경제적 욕구를 충족시키고</u> 인간다운 교육을 실시해야 합니다.
경제적 욕구가 충족되어야 도덕성을 회복시킬 수 있음.

단서＋해결

(단서) 율곡은 치세를 만드는 군주와 난세를 만드는 군주의 유형과 통치 방법을 나누어 설명했다.

(발상)・왕도: 군주의 인격 완성 ➜ 백성의 도덕적 교화를 이루어 냄.
・패도: 군주의 인격이 완성되지 않음. ➜ 백성의 도덕적 교화를 이루어 내지 못함.
・왕도와 패도는 태평한 시대인 치세를 만드는 통치 방법이다.

(해결) 율곡은 군주의 인격 완성 여부에 따라 군주의 통치 방법이 왕도와 패도로 구분된다고 보았다.

④ 율곡은 ㉯와 달리 군주의 인격 완성 여부에 따라 <u>치세와 난세</u>가 구분된다고 보았군.
'왕도'와 '패도'가 구분됨.

(나) ②문단 ❹문장　왕도는 <u>군주의 인격 완성을 통해 백성의 도덕적 교화</u>까지 이루어 내는 것이고, 패도는 <u>군주의 인격이 완성되지 않아 백성의 도덕적 교화까지는 이루어지지 않았지만 백성의 경제적 안정은 이루어 내는 것</u>이다.

　율곡은 군주의 유형을 크게 치세를 만드는 군주와 난세를 만드는 군주로 나누었고, 그 중 치세를 만드는 군주의 통치 방법을 군주의 인격 완성 여부에 따라 '왕도'와 '패도'로 구분하였다.

① 관중과 ㉮는 모두 법을 통한 통치의 중요성을 인식했다고 볼 수 있겠군.
법을 통한 통치를 중시함.

(가) ④문단 ❶문장　관중은 ~ 법을 통한 통치의 중요성을 강조하였다.
〈보기〉 ㉮-❷문장　하지만 권력을 얻은 후에는 <u>법을 통해 통치함으로써 자신의 권력을 유지</u>할 수 있습니다.

② 관중과 ㉯는 모두 국가를 다스릴 수 있는 권한이 오로지 군주에게 있어야 함을 강조했다고 볼 수 있겠군.
권세를 신하에게 위임하면 안 된다고 봄.　군주만이 권한을 가져야 함.

(가) ④문단 ❷문장　이때 군주는 ~ 자신의 권세를 신하에게 위임하지 말아야 하며 ~
〈보기〉 ㉯-❷문장　그리고 법을 통해 통치할 수 있는 권한은 <u>군주만이 갖고 있어야</u> 권력을 유지할 수 있습니다.

　㉯에서는 법을 위해 통치할 수 있는 권한은 오직 군주만이 갖고 있어야 한다고 했고, 관중 또한 국가를 다스릴 수 있는 권한인 권세가 군주에게 있어야 함을 강조했다고 볼 수 있다.

(매력 오답)　선택지의 표현과 (가)의 표현이 달라 헷갈린 학생들이 많았다. (가)에서 관중은 '군주는' '자신의 권세를 신하에게 위임하지 말아야' 한다고 보았다고 했다. 이는 '국가를 다스릴 수 있는 권한이 오로지 군주에게 있어야' 한다는 것이다.

③ 관중은 ㉰와 달리 백성의 경제적 안정의 목적이 도덕성 회복이 아니라고 보았군.
부강한 나라의 실현을 목적으로 함.

(가) ②문단 ❹문장　이때 관중이 강조한 백성의 윤택한 삶은 <u>도덕적 교화와 같은 목적을 위한 것이 아닌</u>, 부강한 나라의 실현을 위한 것이라는 실리적 관점에서 이해할 수 있다.
〈보기〉 ㉰-❷문장　이때 군주는 도덕성의 회복을 목적으로 백성의 기본적인 경제적 욕구를 충족시키고 인간다운 교육을 실시해야 합니다.

　㉰에서는 백성의 경제적 안정이 도덕성 회복을 목적으로 한다고 하였다. 반면 관중은 백성의 경제적 안정의 목적이 '도덕성 회복'이 아니라 부강한 나라의 실현을 위한 것으로 보았다.

⑤ 율곡과 ㉰는 모두 백성의 본성을 선한 것으로 인식했다고 볼 수 있군.
인간이 선한 본성을 가진다고 봄.

(나) ①문단 ❸문장　율곡은 군주가 인격을 완성하고 아는 것을 실천하면 <u>백성의 선한 본성을 회복</u>하는 도덕적 교화가 가능해진다고 본 것이다.
〈보기〉 ㉰-❶문장　군주는 타락한 현실에 의해 잃어버린 <u>인간의 선한 본성</u>인 도덕성을 회복시켜야 합니다.

　율곡과 ㉰ 모두 백성의 본성을 선한 것으로 본다.

20번 관련 어휘
통치하다: 나라나 지역을 도맡아 다스리다.
지양하다: 더 높은 단계로 오르기 위하여 어떠한 것을 하지 아니하다.
제정하다: 제도나 법률 따위를 만들어서 정하다.

21 정답 ③ ＊어휘의 의미 파악하기 ·················· [정답률 92%]

ⓐ~ⓔ의 사전적 의미로 적절하지 <u>않은</u> 것은?

＞왜 정답?

③ ⓒ: 바로잡아 고침. — '수정'의 의미임.
'규정(規定)' – '내용이나 성격, 의미 따위를 밝혀 정함.'이라는 의미임.
'바로잡아 고침'은 '수정(修正)'의 사전적 의미이다.

＞왜 오답?

① ⓐ: 어떤 정세나 사건에 대하여 알맞은 조치를 취함.
'대처(對處)'

② ⓑ: 지치고 쇠약해짐.
'피폐(疲弊)'

④ ⓓ: 필요한 양이나 기준에 미치지 못해 충분하지 아니함.
'부족(不足)'

⑤ ⓔ: 자신의 뜻을 힘주어 말함.
'역설(力說)'

22~24

(가) 김광섭, 〈봄〉

＃ 출제 ❶ 화자, 중심 대상 ❷ 상황, 정서, 태도 ❸ 표현상 특징

1 ❶ 얼음을 등에 지고 가는 듯
'겨울'에서 '봄'까지의 거리감
봄은 멀다
❸❶ 중심 대상
먼저 든 햇빛에
❹ '봄'을 오게 하는 힘
❺ 개나리 보실보실 피어서
❸ 음성상징어를 사용하여 대상을 생생하게 나타냄.
처음 노란 빛에 정이 들었다.
❷ 상황: 화자가 겨울이 지나 봄이 다가오는 모습을 관찰하고 있음.
＃ ❸ 색채어를 활용하여 대상의 속성을 드러냄.

＊음성상징어: 소리를 흉내 내는 말인 의성어나
모양을 흉내내는 말인 의태어를 아울러 이르는 말
＊색채어: 빛깔을 나타내는 말

〔지다: 물건을 짊어서 등에 얹다.〕

＊**1**연 요약: 멀었던 봄이 오면서 개나리가 피어남.

2 ❶ [차츰 지붕이 겨울 짐을 부릴 때도 되고 ← ❸ 현재형 시제를 사용하여
지붕에 쌓인 눈이 녹을 때가 됨. 시적 상황을 현장감 있게 제시함.
❷ 집 사이에 쌓은 울타리를 헐 때도 된다.]
❸ ＃ [ ]: ❸ 유사한 문장 구조를 반복하여 봄이 다가오고 있는 상황을 강조함.
사람들이 그 이야기를
봄을 기다리는 마음
가장 먼 데서부터 시작할 때도 온다.
겨울
〔부리다: 사람의 등에 지거나 자동차나 배 따위에 실었던 것을 내려놓다.〕
〔헐다: 집 따위의 축조물이나 쌓아 놓은 물건을 무너뜨리다.〕

＊**2**연 요약: 봄이 다가오고 있는 상황

3 ❶ 그래서 봄은 사랑의 계절
❷ 울타리가 헐리고 거리가 풀려서 서로 화합하는 계절
모든 거리(距離)가 풀리면서
멀리 간 것이 다 돌아온다.
❹ 겨우내 죽어 있던 것들이 다시 살아나는 모습
서운하게 갈라진 것까지도 돌아온다.
모든 것이 소생하고 화합하는 봄의 모습
모든 처음이 그 근원에서 돌아선다.
〔풀리다: 춥던 날씨가 누그러지다.〕
〔근원: 사물이 비롯되는 근본이나 원인〕

＊**3**연 요약: 모든 것들이 소생하는 봄

4 ❶ 나무는 나무로
❷ 꽃은 꽃으로
버들강아지는 버들가지로
사람은 사람에게로
❺ ＃ 자연현상을 인간의 삶과 관련지어 인식함.
산은 산으로
죽은 것과 산 것이 서로 돌아서서
❼ ＃ 서로 다른 것이 하나되어 화합함. ➜ 화자가 지향하는 가치
그 근원에서 상견례(相見禮)를 이룬다.
〔상견례: 공식적으로 서로 만나 보는 예〕

＊**4**연 요약: 죽은 것과 산 것이 화합하는 봄

5 ❶ 꽃은 짧은 가을 해에
어디쯤 갔다가
❸ 가을날 생명력을 잃은 꽃의 모습
노루 꼬리만큼
❸ 비유적 표현을 통해 대상의 특징을 강조함.
길어지는 봄 해를 따라
짧은 가을 해와 길어지는 봄 해의 대조

＊**5**연 요약: 가을날 사라진 꽃

6 ❶ 몇 천리나 와서
❷ 오늘의 어느 주변에서
❸ 찬란한 꽃밭을 이루는가
❷ 태도: 봄날 꽃들이 만발한 모습을 예찬함.

＊**6**연 요약: 꽃이 다시 피어나는 봄

7 ❶ 다락에서 묵은 빨래뭉치도 풀려서
봄빛을 따라나와
❸ 봄이 되어 다락에서 세상으로 나오는 빨래뭉치의 모습
산골짜기에서 겨울 산 뼈를 씻으며
졸졸 흐르는 시냇가로 간다.
봄이 되어 시냇가에서 묵은 빨래를 함.
〔묵다: 일정한 때를 지나서 오래된 상태가 되다.〕

＊**7**연 요약: 묵은 빨래를 하는 봄

★ **(가) 독해 공식**

❶ 화자: 나타나지 않음.
중심 대상: 봄
❷ 상황: 화자가 겨울이 지나 봄이 다가오는 모습을 관찰하고 있음.
정서 및 태도
• 봄날 꽃들이 만발한 모습을 예찬하고 있음.
• 겨우내 죽어 있던 자연이 다시 살아나는 모습에 긍정적 태도를 취함.
❸ 표현상 특징
• 현재형 시제를 사용하여 시적 상황을 현장감 있게 제시함.
• 색채어를 활용하여 대상의 속성을 드러냄.
• 음성상징어를 사용하여 대상을 생생하게 나타냄.
• 비유적 표현을 통해 대상의 특징을 강조함.
• 유사한 문장 구조를 반복하여 내용을 강조함.

■ 갈래: 현대시
■ 글쓴이: 김광섭(1905~1977). 국권침탈기 지식인의 고뇌와 민족의식을 관념적으로 읊다가 차츰 구체적인 현실을 노래했다. 1965년 고혈압으로 쓰러진 후에는 주로 자연·인생·문명에 대해 통찰하고 이를 읊은 시를 썼는데, 〈봄〉은 이 시기에 창작된 작품이다.
■ 이 작품은? 이 작품은 '봄'이라는 계절이 가진 특성을 바탕으로, 자연의 순환적 질서와 화합하는 삶의 가치를 노래하고 있다.
■ 주제: 생명력을 회복하는 봄
■ 이것이 핵심!: '봄'을 통해 화자가 지향하는 가치

다시 살아나는 '소생'	서로 다른 것의 '화합'
① 가을에 사라졌던 꽃이 봄에 찬란한 꽃밭을 이룸. ② 빨래뭉치가 풀려 시냇가로 감.	① 집 사이에 쌓은 울타리를 헐 때가 됨. ② 죽은 것과 산 것이 서로 상견례를 이룸.

➜ '봄'의 계절적 특성을 통해 '소생'과 '화합'이라는 가치를 드러냄.

(나) 허형만, 〈겨울 들판을 거닐며〉 ──────────

　　　　# 출제 ❶ 화자, 중심 대상 　❷ 상황, 정서, 태도 　❸ 표현상 특징

❶
가까이 다가서기 전에는
❷ 겨울 들판을 제대로 알기 전
[아무것도 가진 것 없어 보이는
아무것도 피울 수 없을 것처럼 보이는]
❹ # [ ]: ❸ 유사한 문장 구조를 반복하여 시적 의미를 강조함.
겨울 들판을 거닐며
❺ ● 중심 대상
매운 바람 끝자락도 맞을 만치 맞으면
❻ 겨울의 매서운 바람
오히려 더욱 따사로움을 알았다
　# 자연의 순환적 질서에 따라 겨울을 소생의 가능성이 있는 계절로 인식함.
〔따사롭다: 따뜻한 기운이 조금 있다.

　　　　* ❶~❻행 요약 : 겨울 들판을 거닐며 따사로움을 깨닫는 화자

❼
듬성듬성 아직은 덜 녹은 눈발이
❽ ❸ 음성 상징어를 사용하여 대상을 묘사함.
땅의 품안으로 녹아들기를 꿈꾸며 뒤척이고
　# 자연의 순환적 질서에 대한 화자의 인식
❾ 논두렁 밭두렁 사이사이
　　　* 의인법: 사람이 아닌 것을 사람처럼 표현하는 방법
　　　❸ 의인법과 의태어를 활용하여 대상의 모습을 드러냄.
❿ 초록빛 싱싱한 키 작은 ⓛ 들풀 또한 고만고만 모여 앉아
⓫ # ❸ 색채어를 사용하여 대상의 속성을 나타냄.
저만치 밀려오는 햇살을 기다리고 있었다

　　　　* ❼~⓫행 요약 : 봄을 기다리고 있는 겨울 들판의 싱싱한 풀

⓬
신발 아래 질척거리며 달라붙는
⓭ 흙의 무게가 삶의 무게만큼 힘겨웠지만
　　삶의 무게로 힘겨움.
⓮ 여기서만은 우리가 알고 있는
⓯ 아픔이란 아픔은 모두 편히 쉬고 있음도 알았다
　　겨울 들판은 아픔도 편히 쉬는 공간임.
〔질척거리다: 진흙이나 반죽 따위가 물기가 매우 많아 차지고 진 느낌이 자꾸 들다.

　　　　* ⓬~⓯행 요약 : 아픔 없이 편히 쉬고 있는 겨울 들판

⓰
겨울 들판을 거닐며
⓱ 겨울 들판이나 사람이나
⓲ # 자연현상을 인간의 삶과 연관지어 인식함.
가까이 다가서지도 않으면서
⓳ 아무것도 가진 것 없을 거라고
⓴ 겨울 들판이 가진 것: 아픔마저 편히 쉴 수 있는 곳임.
아무것도 키울 수 없을 거라고
㉑ 겨울 들판이 키울 수 있는 것: 봄을 꿈꾸는 눈발과 봄을 기다리는 초록빛 싱싱한 들풀
함부로 말하지 않기로 했다
❷ 태도: 대상을 함부로 단정 짓지 않겠다는 태도를 나타냄.
❸ 대상에 대한 화자의 태도 변화가 나타남.

　　　　* ⓰~㉑행 요약 : 대상을 함부로 단정 짓지 않겠다는 화자의 다짐

■ (나) 독해 공식 ──────────
❶ 화자 : 나타나지 않음.
　중심 대상 : 겨울 들판
❷ 상황 : 화자가 겨울 들판을 거닐며 초록색 풀을 발견함.
　정서 및 태도
　• 겨울 들판에 자라나 있는 들풀에 대해 긍정적 태도를 취함.
　• 대상을 함부로 단정 짓지 않겠다는 태도를 나타냄.
❸ 표현상 특징
　• 음성 상징어를 사용하여 대상을 묘사함.
　• 색채어를 사용하여 대상의 모습을 시각적으로 나타냄.
　• 유사한 문장 구조를 반복하여 시적 의미를 강조함.
　• 의인법을 통해 대상에 대한 긍정적 시각을 드러냄.
　• 대상에 대한 화자의 태도 변화가 나타남.

■ 갈래 : 현대시
■ 이 작품은? 이 작품은 화자가 겨울 들판에서 발견한 새로운 삶의 의미를 눈발, 초록빛 들풀 등을 통해 시각적으로 형상화하고 있다.
■ 주제 : 겨울 들판을 거닐며 얻은 깨달음
■ 이것이 핵심!: 겨울 들판에서 얻은 화자의 깨달음

겨울 들판에 대한 고정관념	겨울 들판에서 발견한 대상
• 아무것도 가진 것 없어 보임. • 아무것도 피울 수 없을 것처럼 보임.	① 땅의 품으로 녹아들기를 꿈꾸는 눈발 ② 햇살을 기다리는 초록빛 싱싱한 들풀 ③ 아픔도 편히 쉬는 공간

→ '겨울 들판'이 가진 생명력과 잠재력을 발견하고, 가까이 다가가지 않은 대상에 대해 함부로 단정 짓지 말아야 함을 깨달음.

■ 왜 두 작품? (가)와 (나)는 모두 계절적 배경을 중심으로 시상을 전개하고 있다. (가)는 다가오는 봄을 중심으로 봄의 생명력을 노래하고 있으며, (나)는 겨울을 중심으로 겨울이 지닌 생명력과 잠재력을 노래하고 있다.

22　정답 ④　* 작품 비교하기 ································· [정답률 77%]

(가), (나)의 표현상 특징으로 가장 적절한 것은?

> 왜 정답 ?

④ (가)와 (나)는 모두 유사한 문장 구조를 반복하여 시적 의미를 강조하고 있다.
　(가) '~ 때도 되고 ~ 때도 된다.' (나) '아무것도 ~ 없어 보이는 아무것도 ~ 없을 것처럼'

> (가) ❷연 ❶, ❷행　차츰 지붕이 겨울 짐을 부릴 때도 되고 / 집 사이에 쌓은 울타리를 헐 때도 된다.
> (나) ❷, ❸행　아무것도 가진 것 없어 보이는 / 아무것도 피울 수 없을 것처럼 보이는
> (나) ⓳, ⓴행　아무것도 가진 것 없을 거라고 / 아무것도 키울 수 없을 거라고

　(가)는 '~ 때도 되고 ~ 때도 된다.'에서 유사한 문장 구조를 반복하고 있으며, 이를 통해 봄이 되어 나타나는 변화의 모습을 강조하고 있다.
　(나)는 '아무것도~ 없어 보이는 아무것도 ~ 없을 것처럼 보이는'과 '아무것도 ~ 없을 거라고 아무것도 ~ 없을 거라고'에서 유사한 문장 구조를 반복하고 있다. 그리고 이를 통해 각각 겨울 들판과 사람에 대한 화자의 인식을 강조하고 있다.

> 왜 오답 ?

① (가)는 명사로 시상을 마무리하여 시적 여운을 드러내고 있다.
　동사로 시상을 마무리함.

> (가) ❼연 ❹행　졸졸 흐르는 시냇가로 간다.
> 　　　　　　　　　　　　　　동사

　처음과 끝을 같거나 비슷하게 하여 서로 관련을 맺음. 또는 그렇게 만든 구성
② (가)는 수미상관의 방식을 활용하여 구조적 안정감을 얻고 있다.
　나타나지 않음.

③ (나)는 청유형 어미를 활용하여 화자의 태도 변화를 드러내고 있다.
　평서형 어미

* 근거: (나) ㉑행
　(나)의 화자의 태도 변화는 '함부로 말하지 않기로 했다.'에서 나타난다. 이는 청유형 어미라 아니라 평서형 어미를 활용한 것이다.

⑤ (가)와 (나)는 모두 청자를 명시적으로 설정하여 화자의 상황을 구체화하고 있다.
　(가)와 (나) 모두 청자를 명시적으로 설정하지 않음.

　(가)와 (나) 둘 다 화자의 내적 독백을 통해 시상을 전개하고 있다. 구체적인 청자를 설정하여 명시적으로 나타내고 있지 않다.
　또한 '봄'이나 '겨울'이라는 계절의 모습만 구체적으로 나타날 뿐, 화자의 상황은 구체적으로 나타나지 않는다.

〔명시적: 내용이나 뜻을 분명하게 드러내 보이는 것

23 정답 ④ ★ 시어 및 구절의 의미 파악하기 ············ [정답률 87%]

㉠과 ㉡에 대한 이해로 가장 적절한 것은?

> **왜 정답?**

④ ㉠은 '노란 빛'과, ㉡은 '초록빛'과 조응하여 생명성을 환기한다.

> (가) ①연 ❸~❺행 먼저 든 햇빛에 / 개나리 보실보실 피어서 / 처음 노란 빛에 정이 들었다.
>
> (나) ①연 ❾~⓫행 논두렁 밭두렁 사이사이 / 초록빛 싱싱한 키 작은 ㉡들풀 또한 고만고만 모여 앉아 / 저만치 밀려오는 햇살을 기다리고 있었다

(가)에서 ㉠ '개나리'는 '노란 빛'과 조응하여 꽃이 노랗게 피어 있는 모습을 생생하게 나타냄으로써 생명성을 환기한다.

(나)에서 ㉡ '들풀'은 '초록빛'과 조응하여 풀이 초록빛으로 싱싱하게 자라 있는 모습을 나타냄으로써 생명성을 환기한다.

> **왜 오답?**

① ㉠은 '햇빛'과, ㉡은 '햇살'과 대비되어 평화로운 분위기를 조성한다.

② ㉠은 '처음'과, ㉡은 '저만치'와 어울려 근원적 외로움을 상징한다.

③ ㉠은 '보실보실'과, ㉡은 '고만고만'과 어울려 숭고한 희생을 드러낸다.

⑤ ㉠은 '피어서'와, ㉡은 '모여 앉아'와 조응하여 상실감을 부각한다.

24 정답 ③ ★ 〈보기〉를 바탕으로 감상하기 ············ [정답률 77%]

〈보기〉를 바탕으로 (가)와 (나)를 감상한 내용으로 적절하지 <u>않은</u> 것은? [3점]

───── 〈 보기 〉 ─────

❶ 시에서 계절은 중요한 요소로 작용하는 경우가 많은데, 화자는 계절적 특성에 대한 인식을 바탕으로 다양한 의미를 이끌어 낸다. ❷ 화자는 계절의 변화에 내포된 자연의 순환적 질서를 인식하고, 소멸했던 것이 소생하는 모습에서 희망의 이미지를 발견하기도 한다. ❸ 또 계절의 변화로 인한 자연현상을 인간의 삶과 관련지어 인식함으로써 화자가 지향하는 가치나 태도를 드러내기도 한다.

순환적: 어떤 현상이나 과정이 주기적으로 자꾸 되풀이하여 도는

소생하다: 거의 죽어 가다가 다시 살아나다.

> **왜 정답?**

③ (가)에서는 '묵은 빨래뭉치'가 '봄빛을 따라나'온다는 것에서, (나)에서는 '흙의 무게'가 '삶의 무게'처럼 느껴진다는 것에서 화자가 계절의 변화에서 발견한 희망의 이미지를 엿볼 수 있군.

> ★ 근거: (가) ⑦연 ❶, ❷행, (나) ⓬~⓯행, 〈보기〉 ❷문장

(가)에서 '묵은 빨래뭉치'는 '풀려서' '봄빛을 따라나'오고 있다. 이는 겨울에서 봄으로 계절이 변화하면서 빨래뭉치가 소생하는 모습으로, (가)의 화자가 계절의 변화에서 발견한 희망의 이미지를 보여준다.

반면 (나)에서 화자가 '신발 아래' '달라붙는' '흙의 무게가 삶의 무게만큼 힘겨웠'다는 것은, 삶의 무게로 인해 힘겨웠던 화자의 상황을 보여 주는 것이다. 희망의 이미지는 드러나지 않는다.

> **왜 오답?**

① (가)에서는 '멀리 간 것이 다 돌아온다'는 것에서 화자가 봄을 소생의 계절로 인식했음을, (나)에서는 '매운 바람'도 '맞을 만치 맞으면' '오히려 더욱 따사로움을 알게 되었다는 것에서 화자가 겨울을 소생의 가능성이 내재된 계절로 인식했음을 엿볼 수 있군.

> ★ 근거: (가) ③연 ❶~❸행, (나) ④~❻행, 〈보기〉 ❷문장

(가)에서 화자는 '봄'은 '사랑의 계절'로 '멀리 간 것이 다 돌아온다'고 했다. 이는 겨울이 되면서 사라졌던 것들이 돌아온다는 것으로, 화자가 봄을 부재하던 것이 다시 돌아오는 소생의 계절로 인식했음을 보여준다.

또한 (나)에서 화자는 '매운 바람'도 '맞을 만치 맞으면' '오히려 더욱 따사로움을 알게 되었다고 했다. 이는 '겨울' 뒤에 소생의 계절인 '봄'이 따라온다는 것으로 화자가 '겨울'을 '봄'이라는 소생의 가능성이 내재된 계절로 인식했음을 보여준다.

> 내재되다: 어떤 사물이나 범위의 안에 들어 있다.

② (가)에서는 '가을 해에 어디쯤 갔던 꽃이 '봄 해를 따라'와 '꽃밭을 이루'는 것에서, (나)에서는 '덜 녹은 눈발'이 봄이 되어 '땅의 품 안으로 녹아들기를 꿈'꾼다는 것에서 순환하는 자연의 질서에 대한 화자의 인식을 엿볼 수 있군.

> ★ 근거: (가) ⑤연 ❶~❹행, ⑥연 ❸행, (나) ❼~❽행, 〈보기〉 ❷문장

(가)에서 '가을 해'에 '어디쯤 갔던 꽃'이 '봄 해를 따라'와 꽃밭을 이루었다고 했다. 이는 가을에 떠났던 꽃이 봄이 되어 다시 돌아오는 모습으로 순환하는 자연의 질서에 대한 (가)의 화자의 인식을 보여준다.

(나)에서 '덜 녹은 눈발'이 봄이 되어 '땅의 품 안으로 녹아들기를 꿈'꾼다고 했다. 이는 겨울의 눈발이 봄이 오자 땅속으로 들어간다는 것으로 순환하는 자연의 질서에 대한 (나)의 화자의 인식을 보여준다.

④ (가)에서는 '버들강아지는 버들가지로'와 '사람은 사람에게로'를 연결한 것에서, (나)에서는 '겨울 들판'과 '사람'을 연결한 것에서 자연현상을 인간의 삶과 관련짓고 있는 화자의 인식을 엿볼 수 있군.

> ★ 근거: (가) ④연 ❸~❼행, (나) ⓱~㉑행, 〈보기〉 ❸문장

(가)에서 '버들강아지는 버들가지로'와 '사람은 사람에게로'는 봄이 되어 겨우내 떨어져 있던 것들이 서로 이어진다는 것을 나타낸다. 이를 통해 봄이 오면서 나타나는 버드나무의 자연현상을 인간의 삶과 관련짓고 있는 (가)의 화자의 인식이 나타난다.

또한 (나)에서 화자는 '겨울 들판'과 '사람'에 대해 '가까이 다가서지도 않은 상태에서 대상에 대해 함부로 말하지 않겠다는 다짐을 나타내고 있다. 이는 겨울 들판이나 사람 모두 함부로 단정 지을 수 없는 존재임을 의미하는 것으로, 겨울 들판이라는 자연현상을 인간의 삶과 관련짓고 있는 (나)의 화자의 인식을 보여준다.

⑤ (가)에서는 '죽은 것과 산 것이' '상견례를 이룬다'는 것에서 화자가 지향하는 화합의 가치를, (나)에서는 '가까이 다가서지도 않으면서' '함부로 말하지 않'겠다는 것에서 화자가 지향하는 태도를 엿볼 수 있군.

> ★ 근거: (가) ④연 ❻, ❼행, (나) ⓱~㉑행, 〈보기〉 ❸문장

(가)에서 '죽은 것과 산 것이 서로 돌아서서' '상견례(相見禮)'를 한다고 했다. 이는 서로 다른 존재가 화합하는 모습으로, 이를 통해 (가)의 화자가 지향하는 '화합'의 가치를 보여준다.

(나)에서 화자는 '겨울 들판이나 사람'에 '가까이 다가서지도 않으면서' '함부로 말하지 않'겠다고 했다. 이는 잘 모르는 대상에 대해 함부로 단정 짓지 않으려는 태도로, 이를 통해 (나)의 화자가 지향하는 태도를 보여준다.

> 지향하다: 어떤 목표로 뜻이 쏠리어 향하다.
> 화합: 화목하게 어울림.

\# 출제 ◯ 글 전체 핵심어 ▭ 글 전체 중심 문장

[1] 수학자 힐베르트는 [어떤 1차 논리의 논리식이 주어졌을 경우 이 논리식이 타당한지 여부를 결정하는 알고리즘이 존재하느냐하는 문제를 제기했다.] \# [ ]: 튜링 기계의 등장 배경 튜링은 이 문제에 대한 답을 얻는 과정에서 가상의 기계 장치인 '튜링 기계'를 ⓐ 고안하게 된다.]

* [1]문단 요약 : 튜링 기계의 등장 배경

[2] 튜링 기계는 [사람이 계산할 때 일어나는 사고 과정을 응용한 가상의 기계로 ㉠ 테이프, ㉡ 헤드, ㉢ 상태 기록기 등의 부품으로 ⓑ 구성된다.] [ ]: 튜링 기계의 개념과 구성 요소 테이프는 좌우 양방향으로 무한히 많은 칸을 갖고 있다고 가정하며, \# 튜링 기계가 가상의 장치라는 것을 보여줌. 각 칸은 비어 있거나 한 개의 기호가 기록되어 있다. 헤드는 [테이프에 기록된 기호를 읽거나 기호를 기록하는 장치인데, 테이프 위를 좌우로 [ ]: 헤드의 정의와 작동 방식 한 칸씩 움직일 수 있다.] 상태 기록기는 튜링 기계의 상태를 나타낸다.] \# 상태 기록기의 역할

* [2]문단 요약 : 튜링 기계의 개념과 구성 요소

[3] 튜링 기계는 작동규칙이 주어지면 튜링 기계의 상태와 헤드로 판독한 기호에 따라 작동되는데, \# : 튜링 기계의 작동 조건 작동규칙은 예를 들면 (A, 1, P0, R, B)와 같이 표시할 수 있으며 이와 같은 형식을 5순서열이라고 한다. 5순서열의 첫 번째 자리와 다섯 번째 자리에는 A, B, C 등의 임의의 \# [ ]: 튜링 기계의 작동규칙 – 5순서열 기호가 사용되어 튜링 기계의 상태를 나타낸다. (A, 1, P0, R, B)에서 'A'는 튜링 기계의 현재 상태를, 'B'는 튜링 기계의 다음 상태를 나타낸다. 이렇게 현재 상태를 나타내는 기호와 다음 상태를 나타내는 기호가 다르면 A≠B ➡ B로 바뀜. 기계는 다음 상태로 바뀌고, 이와 달리 두 기호가 같으면 현재 상태가 A=A ➡ A가 유지됨. 유지된다. 5순서열의 두 번째 자리와 세 번째 자리에는 0, 1, □ 등의 기호가 사용되는데, □는 빈칸을 의미한다. (A, 1, P0, R, B)에서 '1'은 헤드가 읽는 기호 헤드가 기록할 기호를 나타냄. 헤드가 읽는 기호를 나타내며, 'P0'은 기호를 읽은 칸에 0을 기록하라는 것을 나타낸다. 만약 P□가 사용되면 이는 □를 기록하라는 뜻으로 테이프에 기록된 기호가 있을 경우에는 이를 지우게 된다. 튜링 기계는 헤드가 읽는 기호와 테이프에 기록된 기호가 서로 같으면 주어진 5순서열을 5순서열의 수행 조건 수행하게 되지만, 다르면 주어진 5순서열을 수행하지 않게 된다. 5순서열의 네 번째 자리에는 헤드의 위치 변경을 지시하는 기호로 L, R, N이 사용되는데, L은 헤드를 왼쪽으로 한 칸, R은 헤드를 오른쪽으로 한 칸 이동하는 것을 나타내며, N은 헤드의 위치를 이동하지 않는 것을 나타낸다.]

* [3]문단 요약 : 튜링 기계의 작동규칙 – '5순서열'을 표기하는 방법

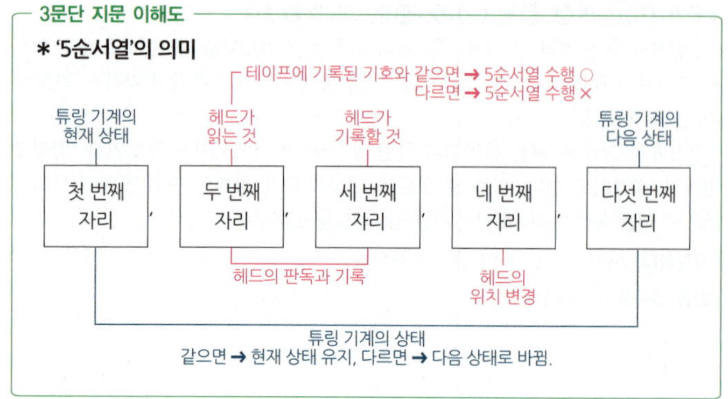

[4] 튜링 기계를 결정하는 5순서열은 여러 개가 모여 5순서열의 모임을 이룰 수도 있는데 이때는 세미콜론(;)을 사용해 나타낼 수 있다. 튜링 기계는 [테이프의 시작 모습, 기계의 시작 상태, 그리고 테이프에서 [ ]: 튜링 기계가 작동되기 위해 필요한 조건 헤드의 시작 위치가 정해지면 주어진 5순서열의 모임 중 수행 가능한 5순서열이 있을 경우,] 이에 따라 작동하게 된다. 헤드가 읽는 기호와 테이프에 기록된 기호가 같은 경우 그러나 수행 가능한 5순서열이 없을 경우에는 작동을 멈추게 된다. [〈그림〉은 테이프의 시작 [ ]: 튜링 기계 작동규칙을 보여주는 예 모습이 모두 빈칸이고, 기계의 시작 상태는 A이며, 헤드의 시작 위치는 화살표의 위치일 때, 5순서열의 모임 (A, □, P0, R, B) ; (B, □, P1, R, A)가 하나의 테이프에서 작동하는 상황을 단계별로 도식화한 것이다. 먼저 튜링 기계의 현재 상태가 A이고 테이프가 빈칸이므로, (A, □, P0, R, B)에 따라 그 칸에 0을 'P0' 기록하고 오른쪽으로 헤드를 한 칸 이동한 후 상태를 B로 'R' 변경한다. 다음으로 튜링 기계의 'B' 현재 상태가 B이고 테이프가 빈칸이므로, (B, □, P1, R, A)에 따라 그 칸에 1을 기록하고 오른쪽으로 헤드를 한 칸 이동한 후 상태를 A로 'P1' 'R' 'A' 변경한다. 그러면 다시 (A, □, P0, R, B)에 따라 작동하게 되어 결국 튜링 기계는 테이프에 0과 1을 무한히 반복하며 기록하게 된다.]

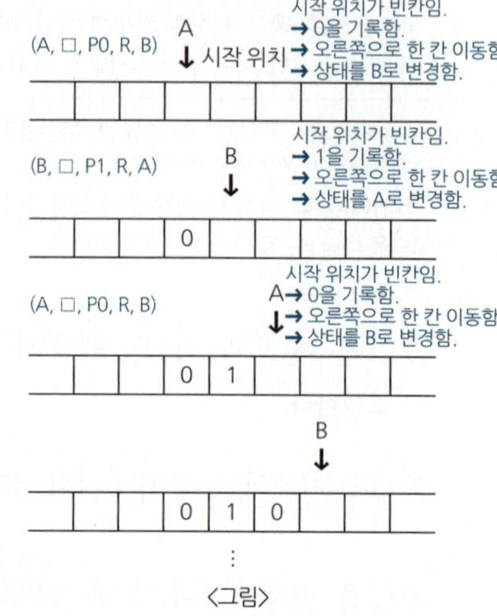

(도식화 : 사물의 구조, 관계, 변화 상태 따위를 그림이나 양식으로 만듦.

* [4]문단 요약 : 무한히 반복되는 5순서열의 작동 사례 제시

[5] 튜링은 위와 같이 무한히 반복되는 5순서열의 모임뿐만 아니라 사칙연산과 같은 유한한 계산을 수행하는 5순서열의 모임을 제시하며 5순서열을 어떻게 ⓒ 조합하느냐에 따라 다양한 튜링 기계의 알고리즘을 만들 수 있다고 말한다. 나아가 테이프 한 칸에 튜링 기계의 알고리즘 하나하나가 들어가는 '보편 튜링 기계'라는 것을 제시하며, 아무리 복잡한 보편 튜링 기계의 개념 알고리즘도 간단한 단위로 ⓓ 분해해서 처리할 수 있다고 주장한다. \# 보편 튜링 기계와 현대 컴퓨터의 공통점 현대의 컴퓨터 역시, 용량이 크고 속도가 빠를 뿐 결국 복잡한 알고리즘을 아주 간단한 단위로 분해해서 수행하는 것이다. 이런 면에서 튜링 기계는 현대 컴퓨터 발명의 기본적인 착상을 제공하는 데 크게 ⓔ 공헌한 것으로 평가받고 있다.

(사칙연산 : 덧셈, 뺄셈, 곱셈, 나눗셈을 이용하여 하는 셈
(착상 : 어떤 일이나 창작의 실마리가 되는 생각이나 구상 따위를 잡음. 또는 그 생각이나 구상

* [5]문단 요약 : 튜링 기계의 의의

■ 지문 내용과 구조

[1]문단	**튜링 기계의 등장 배경**: 논리식이 타당한지 여부를 결정하는 알고리즘이 존재하느냐하는 문제 제기에 대한 답을 얻는 과정
[2]문단	**튜링 기계의 개념과 구성 요소** – 개념: 사람이 계산할 때 일어나는 사고 과정을 응용한 가상의 기계 – 구성 요소: 테이프, 헤드, 상태 기록기
[3]문단	**튜링 기계의 작동 규칙**: 5순서열 (A, 1, P0, R, B)와 같이 표시됨.

	무한히 반복되는 5순서열의 작동 사례 제시
4문단	5순서열의 모임 (A, □, P0, R, B) ; (B, □, P1, R, A)가 하나의 테이프에서 작동하는 상황 - (A, □, P0, R, B): 현재 상태가 A이고, 시작 위치가 빈칸임. → 0을 기록함. → 오른쪽으로 한 칸 이동함. → 상태를 B로 변경함. - (B, □, P1, R, A): 현재 상태가 B이고, 시작 위치가 빈칸임. → 1을 기록함. → 오른쪽으로 한 칸 이동함. → 상태를 A로 변경함.
5문단	튜링 기계의 의의 - 5순서열을 조합하는 방법에 따라 다양한 튜링 기계의 알고리즘을 만들 수 있음. - 보편 튜링 기계: 복잡한 알고리즘도 간단한 단위로 분해해서 처리할 수 있음. → 현대 컴퓨터 발명의 기본적인 착상 제공

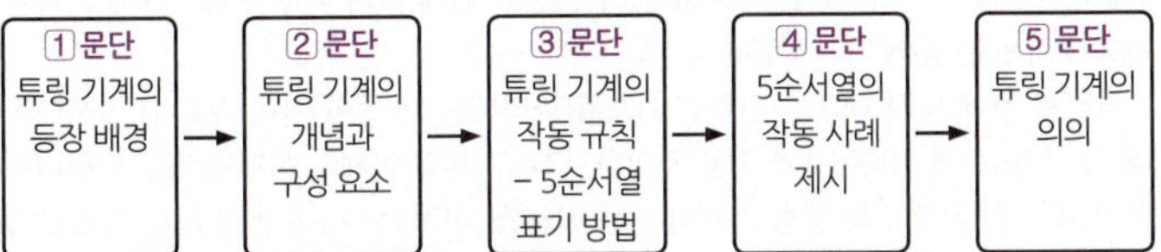

■ 주제: 튜링 기계의 작동 원리와 의의

---

25 정답 ⑤ ＊ 내용 파악하기 ························ [정답률 84%]

윗글에서 답을 찾을 수 있는 질문에 해당하지 <u>않는</u> 것은?

＞왜 정답？

⑤ 보편 튜링 기계가 처리하지 ~~못하는~~ 알고리즘의 종류는 무엇인가?
제시되어 있지 않음.

5문단에 복잡한 알고리즘을 간단한 단위로 분해하여 처리한다는 보편 튜링 기계의 특징이 제시되어 있다. 그러나 보편 튜링 기계가 처리할 수 없는 알고리즘에 대해서는 언급하고 있지 않다.

＞왜 오답？

① 튜링 기계가 등장하게 된 배경은 무엇인가?
1차 논리의 논리식이 타당한지 결정하는 알고리즘의 존재 여부를 확인하기 위해서 고안됨.

1문단 ❶, ❷문장 수학자 힐베르트는 어떤 1차 논리의 논리식이 주어졌을 경우 이 논리식이 타당한지 여부를 결정하는 알고리즘이 존재하느냐하는 문제를 제기했다. 튜링은 이 문제에 대한 답을 얻는 과정에서 가상의 기계 장치인 '튜링 기계'를 고안하게 된다.

② 튜링 기계의 작동규칙을 표시하는 형식은 무엇인가?
5순서열

3문단 ❶문장 ~ 작동규칙은 예를 들면 (A, 1, P0, R, B)와 같이 표시할 수 있으며 이와 같은 형식을 '5순서열'이라고 한다.

③ 보편 튜링 기계와 현대 컴퓨터의 공통점은 무엇인가?
복잡한 알고리즘을 간단한 단위로 분해해서 처리함.

5문단 ❷, ❸문장 ~ '보편 튜링 기계'라는 것을 제시하며, 아무리 복잡한 알고리즘도 간단한 단위로 분해해서 처리할 수 있다고 주장한다. 현대의 컴퓨터 역시, ~ 복잡한 알고리즘을 아주 간단한 단위로 분해해서 수행하는 것이다.

④ 튜링 기계가 작동되기 위해 필요한 조건들은 무엇인가?
작동규칙, 테이프의 시작 모습, 기계의 시작 상태, 헤드의 시작 위치

3문단 ❶문장 튜링 기계는 작동규칙이 주어지면 튜링 기계의 상태와 헤드로 판독한 기호에 따라 작동되는데,
4문단 ❷문장 튜링 기계는 테이프의 시작 모습, 기계의 시작 상태, 그리고 테이프에서 헤드의 시작 위치가 정해지면 주어진 5순서열의 모임 중 수행 가능한 5순서열이 있을 경우, 이에 따라 작동하게 된다.

---

26 정답 ① ＊ 내용 파악 + 추론하기 ❂1등급 대비

[① 45% ② 11% ③16% ④ 17% ⑤ 9%]

㉠~㉢을 이해한 내용으로 가장 적절한 것은?
㉠ '테이프', ㉡ '헤드', ㉢ '상태 기록기'

왜 틀렸나？

㉠~㉢의 특징과 역할을 윗글의 전체적인 내용을 통해 파악해야 하기 때문에 틀린 학생들이 많았다. ㉠~㉢이 제시된 2문단의 내용과 함께 튜링 기계의 작동 규칙과 작동 사례를 설명한 3, 4문단의 내용도 꼼꼼하게 파악해야 한다.

＞왜 정답？

① ㉠의 길이를 무한으로 가정한 것은 튜링 기계가 가상의 장치라는
'테이프' 길이가 무한한 테이프는 물리적으로 불가능함.
것을 보여 주는 것이겠군.

1문단 ❷문장 튜링은 이 문제에 대한 답을 얻는 과정에서 가상의 기계 장치인 '튜링 기계'를 고안하게 된다.
2문단 ❷문장 테이프는 좌우 양방향으로 무한히 많은 칸을 갖고 있다고 가정하며, ~
테이프의 길이가 무한히 길어지는 것은 현실에서 불가능함.

＞왜 오답？

② ㉢이 한 번에 판독할 수 있는 기호의 개수는 항상 동일하게
기호를 판독하는 것은 ㉡ '헤드'의 역할임.
유지되겠군.

2문단 ❸, ❹문장 헤드는 테이프에 기록된 기호를 읽거나 기호를 기록하는 장치인데, ~ 상태 기록기는 튜링 기계의 상태를 나타낸다.

③ ㉠의 시작 모습은 ㉡의 위치 변경을 지시하는 기호에 따라 결정되겠군.
'테이프' '헤드' 무관함.

2문단 ❷문장 테이프는 ~ 각 칸은 비어 있거나 한 개의 기호가 기록되어 있다.
4문단 ❷문장 튜링 기계는 테이프의 시작 모습, ~ 정해지면 ~

㉠ '테이프'의 시작 모습은 튜링 기계가 작동하기 전 각 칸에 기호가 기록되어 있거나 비어있는 테이프의 모습을 말한다. 이는 튜링 기계와 상관없이 정해지는 것이며, ㉡ '헤드'의 위치 변경을 지시하는 기호인 L, R, N과는 무관하다.

④ ㉡의 시작 위치가 정해지는 것은 ㉢이 나타내는 튜링 기계의 상태와
'헤드' '상태 기록기'
관련이 있겠군.
무관함.

＊ 근거: 4문단 ❷문장
㉡ '헤드'의 시작 위치는 ㉢ '상태 기록기'가 나타내는 튜링 기계의 상태와 상관없이 정해진다.

매력 오답

윗글에서 ㉡ '헤드'의 시작 위치가 정해지는 방식을 직접적으로 설명하지 않았기 때문에 헷갈린 학생들이 많았다. ㉢ '상태 기록기'는 튜링 기계의 상태(5순서열의 첫 번째 자리)를 기록할 뿐, ㉡ '헤드'의 시작 위치와는 관련이 없다.

⑤ ㉢에 임의의 기호가 사용된다는 것은 ㉠에 기록된 기호의 종류가
'상태 기록기' '테이프'
항상 달라진다는 것을 의미하는 것이겠군.
달라지지 않을 수도 있음.

㉢ '상태 기록기'는 튜링 기계의 상태를 나타내는데, 튜링 기계의 상태는 임의의 기호로 나타낸다. 따라서 튜링 기계의 상태를 나타내는 임의의 기호는 ㉠ '테이프'에 기록된 기호와는 관련이 없다. 또한 ㉠ '테이프'에 기록된 기호는 달라질 수도, 달라지지 않을 수도 있다.

[1진법의 덧셈을 하는 튜링 기계의 알고리즘]
_{5순서열에 따름.}
㉮ (X, 1, P1, R, X) ; ㉯ (X, □, P1, R, Y) ; ㉰ (Y, 1, P1, R, Y)
; ㉱ (Y, □, P□, L, Z) ; ㉲ (Z, 1, P□, N, Z)

[1진법의 덧셈을 하는 튜링 기계의 시작 모습]

아래는 1진법의 덧셈을 하는 튜링 기계의 시작 모습을 도식화한 것이다. 튜링 기계의 시작 상태는 'X'이며, 헤드의 시작 위치는 화살표의 위치이다. 테이프에는 1진법에서 2를 의미하는 '11'과 3을 의미하는 '111'이 기록되어 있으며, '11'과 '111'을 구분하기 위해 사이에 빈칸이 하나 삽입되어 있다.

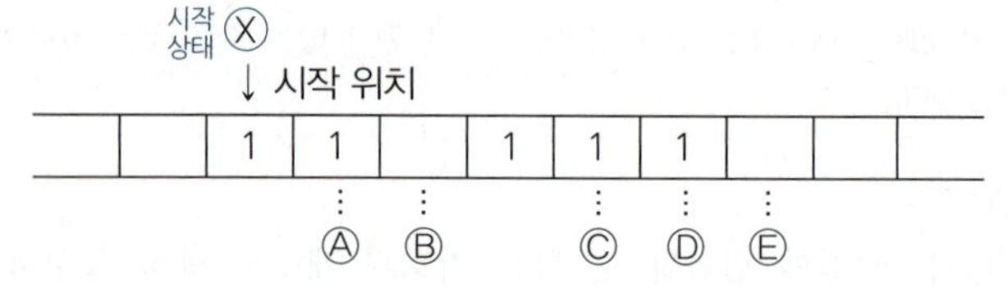

---

27 정답 ④ ＊ 구체적 사례나 상황에 적용하기 ……… [정답률 57%]

윗글을 바탕으로 ㉮~㉲에 대해 이해한 내용으로 적절한 것은?

⟩왜 정답 ?

④ ㉯와 ㉱는 튜링 기계의 헤드가 기록할 기호가 다르게 지정되어 있다.

㉯와 ㉱는 튜링 기계의 헤드가 기록할 기호가 다르다. 5순서열의 세 번째 자리에 있는 'P( )'가 헤드가 기록할 기호를 나타내는 것인데, ㉯의 세번째 자리는 'P1'이므로 '1'을 기록해야 하고, ㉱의 세 번째 자리는 'P□'이므로 '□'를 기록해야 하기 때문이다.

⟩왜 오답 ?

① ㉮는 튜링 기계의 현재 상태와 다음 상태가 다르게 지정되어 있다.

㉮는 튜링 기계의 현재 상태와 다음 상태가 'X'로 동일하게 지정되어 있다. 5순서열의 첫 번째 자리와 다섯 번째 자리는 각각 튜링 기계의 현재 상태와 다음 상태를 나타내는데, ㉮의 첫 번째 자리와 다섯 번째 자리는 모두 'X'이다.

② ㉲는 튜링 기계의 헤드가 읽는 기호와 기록할 기호가 동일하게 지정되어 있다.

㉲는 튜링 기계의 헤드가 읽는 기호와 기록할 기호가 다르게 지정되어 있다. 5순서열의 두 번째 자리와 세 번째 자리는 각각 튜링 기계의 헤드가 읽는 기호와 기록할 기호를 나타낸다. ㉲의 두 번째 자리는 '1'이므로 헤드가 읽는 기호는 '1'이고 세 번째 자리는 'P□'이므로 헤드가 기록할 기호는 '□'이다.

③ ㉮와 ㉯는 튜링 기계의 헤드가 읽는 기호가 동일하게 지정되어 있다.

㉮와 ㉯는 튜링 기계의 헤드가 읽는 기호가 다르게 지정되어 있다. 5순서열의 두 번째 자리는 튜링 기계의 헤드가 읽는 기호를 나타낸다. ㉮의 두 번째 자리는 '1'이고 ㉯의 두 번째 자리는 '□'이다.

⑤ ㉰와 ㉱는 튜링 기계의 헤드가 이동할 방향이 동일하게 지정되어 있다.

㉰와 ㉱는 튜링 기계의 헤드가 이동할 방향이 다르게 지정되어 있다. 5순서열의 네 번째 자리는 튜링 기계의 헤드가 이동할 방향을 나타낸다. ㉰의 네 번째 자리는 'R'이므로 헤드는 오른쪽으로 이동하고, ㉱의 네 번째 자리는 'L'이므로 왼쪽으로 이동한다.

---

28 정답 ④ ＊ 구체적 사례나 상황에 적용하기 ……… [정답률 51%]

윗글과 [1진법의 덧셈을 하는 튜링 기계의 시작 모습]을 바탕으로 Ⓐ~Ⓔ에 대해 이해한 내용으로 적절하지 않은 것은? [3점]

⟩왜 정답 ?

④ Ⓓ에서 튜링 기계의 상태가 Z일 때, ㉲에 따라 헤드는 테이프에 기록된 1을 지우고 기계는 상태를 바꾸게 되겠군.

Ⓓ에서 튜링 기계의 상태가 Z라면, 튜링 기계의 현재 상태를 나타내는 첫 번째 자리 기호가 'Z'이고, 헤드가 읽을 기호를 나타내는 두 번째 자리 기호가 테이프에 기록된 기호 '1'과 같은 ㉲에 따라 작동한다.

따라서 ㉲에 따라 헤드가 기록할 기호를 나타내는 세 번째 자리 기호 'P□'에 따라 헤드는 테이프에 기록된 1을 지울 것이다. 그리고 튜링 기계의 현재 상태를 나타내는 첫 번째 자리 기호 'Z'와 튜링 기계의 다음 상태를 나타내는 다섯 번째 자리 기호 'Z'가 동일하므로 기계는 상태를 유지할 것이다.

⟩왜 오답 ?

① Ⓐ에서 튜링 기계의 상태가 X일 때, ㉮에 따라 헤드는 오른쪽으로 한 칸 이동하고 기계는 상태를 유지하게 되겠군. ＊ 근거:③문단, 〈보기〉㉮

Ⓐ에서 튜링 기계의 상태가 X라면, 튜링 기계의 현재 상태를 나타내는 첫 번째 자리 기호가 'X'이고, 헤드가 읽을 기호를 나타내는 두 번째 자리 기호가 테이프에 기록된 기호 '1'과 같은 ㉮에 따라 작동한다.

헤드의 위치 변경을 지시하는 네 번째 자리 기호 'R'에 따라 헤드는 오른쪽으로 한 칸 이동할 것이다. 그리고 튜링 기계의 현재 상태를 나타내는 첫 번째 자리 기호 'X'와 튜링 기계의 다음 상태를 나타내는 다섯 번째 자리 기호 'X'가 동일하므로 기계는 상태를 유지할 것이다.

② Ⓑ에서 튜링 기계의 상태가 X일 때, ㉯에 따라 헤드는 빈칸에 1을 기록하고 기계는 상태를 바꾸게 되겠군. ＊ 근거:③문단, 〈보기〉㉯

Ⓑ에서 튜링 기계의 상태가 X라면, 튜링 기계의 현재 상태를 나타내는 첫 번째 자리 기호가 'X'이고, 헤드가 읽을 기호를 나타내는 두 번째 자리 기호가 테이프와 같이 빈칸 '□'인 ㉯에 따라 작동한다.

헤드가 기록할 기호를 나타내는 세 번째 자리 기호 'P1'에 따라 헤드는 1을 기록할 것이다. 그리고 튜링 기계의 현재 상태를 나타내는 첫 번째 자리 기호 'X'와 튜링 기계의 다음 상태를 나타내는 다섯 번째 자리 기호 'Y'가 다르므로 기계는 상태를 바꾸게 될 것이다.

③ Ⓒ에서 튜링 기계의 상태가 Y일 때, ㉰에 따라 헤드는 오른쪽으로 한 칸 이동하고 기계는 상태를 유지하게 되겠군.

＊ 근거:③문단, 〈보기〉㉰

Ⓒ에서 튜링 기계의 상태가 Y라면, 튜링 기계의 현재 상태를 나타내는 첫 번째 자리 기호가 'Y'이고, 헤드가 읽을 기호를 나타내는 두 번째 자리 기호가 테이프에 기록된 기호 '1'과 같은 ㉰에 따라 작동한다.

헤드의 위치 변경을 지시하는 네 번째 자리 기호 'R'에 따라 헤드는 오른쪽으로 한 칸 이동할 것이다. 그리고 튜링 기계의 현재 상태를 나타내는 첫 번째 자리 기호 'Y'와 튜링 기계의 다음 상태를 나타내는 다섯 번째 자리 기호 'Y'가 동일하므로 기계는 상태를 유지할 것이다.

⑤ Ⓔ에서 튜링 기계의 상태가 Y일 때, ㉱에 따라 헤드는 왼쪽으로 한칸 이동하고 기계는 상태를 바꾸게 되겠군. ＊ 근거:③문단, 〈보기〉㉱

Ⓔ에서 튜링 기계의 상태가 Y라면, 튜링 기계의 현재 상태를 나타내는 첫 번째 자리 기호가 'Y'이고, 헤드가 읽을 기호를 나타내는 두 번째 자리 기호가 테이프와 같이 빈칸 '□'인 ㉱에 따라 작동한다.

헤드의 위치 변경을 지시하는 네 번째 자리 기호 'L'에 따라 헤드는 왼쪽으로 한 칸 이동할 것이다. 그리고 튜링 기계의 현재 상태를 나타내는 첫 번째 자리 기호 'Y'와 튜링 기계의 다음 상태를 나타내는 다섯 번째 자리 기호 'Z'가 다르므로 기계는 상태를 바꾸게 될 것이다.

29 정답 ④ * 어휘의 의미 파악하기 ·························· [정답률 92%]

ⓐ~ⓔ의 바꾸어 쓰기에 적절하지 <u>않은</u> 것은?

왜 정답?

④ ⓓ: **퍼뜨려서** — '퍼뜨리다': (소문 등을) 널리 퍼지게 하다.'라는 의미임.
'분해해서' – '분해하다: 여러 부분이 결합되어 이루어진 것을 그 낱낱으로 나누다.'라는 의미임.

'분해하다'는 '여러 부분이 결합되어 이루어진 것을 그 낱낱으로 나누다.'라는 의미이다.
'퍼뜨리다'는 '(소문 등을) 널리 퍼지게 하다.'라는 의미이므로 ⓓ '분해해서'를
'퍼뜨려서'로 바꾸어 쓰는 것은 적절하지 않다.

왜 오답?

① ⓐ: **생각해 내게**
'고안하게' – '고안하다: 연구하여 새로운 안을 생각해 내다.'라는 의미임.

② ⓑ: **이루어진다**
'구성된다' – '구성되다: 몇 가지 부분이나 요소들이 모여 일정한 전체가 짜여 이루어지다.'라는 의미임.

④ ⓒ: **짜느냐에**
'조합하느냐에' – '조합하다: 여럿을 한데 모아 한 덩어리로 짜다.'라는 의미임.

⑤ ⓔ: **이바지한**
'공헌한' – '공헌하다: 힘을 써 이바지하다.'라는 의미임.

30~33 * 송기숙, 〈몽기미 풍경〉

출제 ❶ 중심인물, 배경 ❷ 중심 사건, 갈등 ❸ 서술상 특징
: ❸ 공간의 이동에 따라 이야기가 전개됨.

[1] ❶멀리서 안타깝게 손만 흔들던 그 연락선이 드디어 몽기미에
그동안 연락선이 몽기미 섬에 들어오지 않았음을 알 수 있음.
닿았다. ❷몽기미 생기고 처음이었다. ❸ⓐ 연락선에 올라간 아이들은
❶ 공간적 배경 # 인물(아이들, 순자, 남분)들을 목포로 이동시켜 줌.
모두 이층으로 우르르 올라가 난간을 붙잡고 먼 데 바다를 건너다보고
있었다. ❹[멀리 까맣게만 보이던 섬들이 차츰 가까워지며 동네가
[ ]: ❸ 연락선의 이동에 따라 육지의 모습이 나타나는 것을 감각적으로 묘사함.
나타나고, 더 멀리 회색으로만 보이던 섬들도 차츰 가까워지며 포구
모습이 드러났다.]

❺"와, 기와집이다."

❻연락선을 대는 포구에 말로만 듣던 까만 기와집도 있었고, 크고
아이들이 기대했던 육지의 모습을 실제로 확인하고 있음.
작은 배들이 스무 남은 척이나 몰려 있었다.

[A]
❼목포에 닿자 아이들은 멍청하게 입만 벌렸다. ❽[크고 작은 배들이
❶ 공간적 배경 # [ ]: 아이들이 연락선을 타고 목포에 와서 경험해 보지 못한 새로운 세상을 체험함.
수백 척 부두를 가득 메우고 있었고, 크고 작은 건물들이 빼곡히 차
있었으며, 큰길에는 사람들이 엄청나게 북적거리고 자동차가 빵빵
경적을 울리며 내달았다.] ❾[색색으로 예쁘게 꾸며놓은 간판 아래
[ ]: ❸ 이야기 외부의 서술자가 인물의 심리를 나타냄.
수많은 상점과, 거기 빼곡히 쌓여 있는 갖가지 상품들이며, 모두가
[A]: ❸ 감각적 묘사를 통해 아이들 눈에 비친 목포의 모습을 생생하게 전달함.
꿈에도 보지 못했던 광경이었다. ❿몽기미 아이들은 밤에 꾸는 꿈도
기껏 연락선을 탄다거나 벼랑에서 바다로 곤두박이는 따위였지,
이런 엄청난 세상은 꿈속에도 나타난 적이 없었다.]
⓫ 목포의 광경은 아이들이 꿈속에서 상상할 수도 없을 만큼 생전 처음 보는 광경임.
⓫"야, 저 비단 좀 봐."

⓬순자의 손을 잡고 가던 두 학년 아래 남분이가 걸음을 멈추며
❶ 중심인물 ❶ 중심인물
손가락질을 했다. ⓭길가 포목전에서 주인이 손님 앞에다 비단을 활짝 펼친
것이다. ⓮가게 벽에는 그런 비단이 천장이 닿게 차곡차곡 쌓여 있었다.
⓯남분이는 그 비단에서 눈을 떼지 못했다.
도시의 물질적 대상을 욕망하는 남분이의 모습

⓰[도시의 모든 것이 꿈만 같았고, 더구나 서울의 며칠 동안은 무슨
❷ [ ]: 중심 사건 - 몽기미 섬의 아이들이 연락선을 타고 목포를 거쳐 서울을 구경함.
동화 속의 세상을 헤매는 것만 같았다. ⓱돌아오는 ⓑ 기차에서
남분이는 어째서 우리는 이런 세상을 놔두고 그 작은 섬에서 살아야
인물(남분)이 자신의 현실을 인식하는 공간
하는지 내내 그 생각뿐이었다.
남분이가 목포, 서울에서의 경험을 바탕으로 자신의 현실을 인식함.

연락선: 비교적 가까운 거리의 해협이나 해안, 큰 호수 따위의 수로를 횡단하면서
양쪽 육상 교통을 이어 주기 위하여 다니는 배
포구: 배가 드나드는 개의 어귀
곤두박이다: 높은 데서 거꾸로 내리박다.

* [1] 요약: 남분이가 서울을 경험하고 돌아오며 자신의 현실을 인식함.

[2] ❶순자는 바로 그 서울에 다시 와서 지금까지 오 년을 살았다. ❷[그 오
❶ 공간적 배경 시간의 흐름이 드러남.
년이라는 세월은 그 동화 같던 서울에 대한 소녀의 꿈이 뼈마디가
[ ]: 중심 사건 - 순자가 서울에서 5년 동안 고되게 일함.
저미는 고통으로 조각조각 조각이 나는 기간이었고, 그 조각난 꿈을
딛고 살벌한 현실에 뼈마디를 부딪치며 자신을 추슬러온 기간이었다.]
❸ # 고된 노동을 하며 살아가야 하는 서울의 힘든 현실
어려서 왔을 때는 따뜻하게만 웃어주는 것 같던 그 서울이 제 발로
들어오자 너무도 싸늘하고 매정스럽게 돌아앉아 있었다.

❹그때마다 순자는 자기 집에서 기르던 돼지 새끼 무녀리가 떠올랐다.
어머니가 돌봐주지 않는 존재
❺다른 새끼들은 어미 젖꼭지를 두 개 세 개씩 차지하고 걸퍼지게
빨아대지만, 그 무녀리는 힘센 녀석들이 거세게 내두르는 주둥이에 깩깩
베돌기만 할 뿐 젖은 한 모금도 빨지 못했다. ❻그렇지만 그런 새끼들은
다른 새끼들과 달리 소외되고 있는 무녀리의 모습
거들떠보지도 않고 널퍼덕 퍼질러 누워 젖꼭지만 내맡기고 있는
무녀리를 돌봐주지 않는 어미에 대해 분노함.
어미가 얼마나 미웠던지 모른다. ❼저러니까 잡아먹는 짐승이겠지
싶었다. ❽서울에 온 자기는 바로 그 무녀리가 되어 있었고, 어미 돼지처럼
순자가 자신과 동일시하는 대상
누구 하나 돌봐주는 사람이 없었다.
❾ ❸ 비유적 표현을 통해 인물이 느끼는 소외감을 효과적으로 드러냄.
❾순자는 그 무녀리처럼 이 공장 저 공장 떠돌다가 지금 다니는
[ ]: 요약적 서술을 통해 순자의 삶을 압축적으로 나타냄.
장난감 공장에 자리를 잡았고, 이제는 숙련공으로 월급도 사만 원이나
받고 있다. ❿그 사이 그럭저럭 오 년이 흘러갔다.] ⓫그동안 순자는 하루도
고향을 떠올리지 않는 날이 없었다. ⓬모두가 가난하게는 살지만 깔보는
순자가 힘든 도시 생활에서 고향을 그리워함.
사람도 없고 쳐다볼 사람도 없으며, 무엇에 쫓기는 절박감도 없었다.
각박한 도시의 모습과 대조되는 고향 몽기미의 모습
⓭무엇보다 몽기미의 그 포근한 인정이 그리웠다.
❸ 이야기 외부의 서술자가 인물의 심리를 나타냄.
숙련공: 기술이 능숙한 기술자나 노동자

* [2] 요약: 순자가 서울에서 소외감을 느끼고, 고향 몽기미를 그리워함.

[중략 줄거리] ❶순자는 상경한 이후 처음으로 고향으로 가는 중에, 기차 안에서 우연
히 남분이를 만나 몽기미 소식을 듣는다.
❶ 공간적 배경

[3] ❶섬을 산다는 것은 근처 무인도의 일 년간 해초 채취권을 사는 것을
말한다. ❷그해에 갯것이 잘 자라면 상당히 재미를 보는 수도 있지만,
요행수를 바라다가 몹시 애를 태움을 비유적으로 이르는 말
흉작일 때는 본전도 못 건지기 일쑤였다. ❸들보기장사 애 말라 죽는다고,
그런 투기를 한 사람들은 이른 봄부터 미역은 포자가 제대로 붙나
무슨 일을 저질러 놓고 마음이 놓이지 아니하여 안절부절못하는 모양을 비유적으로 이르는 말
톳은 제대로 자라나, 부등가리 안 옆 조이듯 가슴을 조이며 날이면
투기를 한 사람들이 해초가 제대로 자라지 않아 손해를 볼까 불안해하는 모습
날마다 그 섬을 들락거렸다. ❹순자는 몽기미 집집마다 굴쩍처럼
❸ 경제적으로 낙후된 몽기미 섬의 가난한 모습을 비유적으로 나타냄.
니딜니딜 덜라붙은 그 가난이 새삼스레 가슴을 후볐다.

갯것: 바닷물이 드나드는 곳에서 나는 물건
톳: 갈조류 모자반과의 해조   굴쩍: 굴을 딸 때 까 낸 살에 섞여 든 굴 껍데기

* [3] 요약: 순자가 고향 몽기미 섬의 가난을 새삼 인식함.

2022.11
12회

❹ "나는 작년에 우리 집에 삼십만 원 송금했어. 그러고도 또 그만치
　　　(남분이가 자신이 돈을 많이 벌었음을 순자에게 자랑함.)
저축은 저축대로 따로 했거든. ㉠ 언니, 우리 동네 한 집 일 년
　　　　　　　　　　　　　　= 순자
수입이 통틀어 얼만 줄 알아? 어촌계에서 갯것을 똑같이 나누니까
　　# 자신의 상황을 자랑하고 싶어 함.
뻔한데, 미역·톳·우뭇가사리·돌김, 이런 것들을 상회에 넘긴
값을 촘촘히 계산해 보니까, 일 년 수입이 꼭 십만 원이야. 내 한
　　　　　　　　　　　　　　# 몽기미의 수입과 비교하여 자신의 수입을 자랑함.
달 벌이도 못 되더라고. 깔깔."

❷ 남분이는 은근히 자기 자랑을 하며 큰소리로 깔깔거렸다. **❸** 시골뜨기
계집아이가 한 달 수입이 십만 원이 넘는다면 이것은 자랑할 정도가
　　　　　　　　　　　　　남분이의 수입이 지나치게 많은 상황
아니었다.

❹ "지금 뭘 하고 있는데 벌이가 그렇게 좋아?"

❺ ㉡ "히히, 언니 실망하지 않을래?"

❻ 남분이는 야살스럽게* 히들거렸다.
❼ # 남분이가 순자를 놀리는 것처럼 얄밉게 웃음.
"실망하긴?"

❽ "운전하고 있어. 히히."

❾ "운전? 아니, 계집애가 어떻게 운전을 다 배웠어?"

❿ "히히. 기술이 별로 필요 없는 운전이야?"

⓫ "기술이 필요 없는 운전?"

⓬ "주전자 운전 있잖아?" / "주전자 운전이라니?" ⓭

⓮ 순자는 눈을 더 크게 뜨고 도무지 어리둥절하기만 한 표정이었다.

⓯ "어이구, 칵 막혔구먼. 서울 헛살았어. 깔깔."
⓰ # 순자가 세상 물정을 잘 모르고 있음을 나타냄.
㉢ "아니, 무슨 소리를 하고 있는 거야?"
　　# 남분이의 말을 이해하지 못하는 순자의 모습
⓱ "손에다 쥐어 모셔야 알겠구먼. 술 주전자 운전이란 말이야. 술
　　　　　　　　　　　　술집 종업원으로 일하고 있음을 의미함.
주전자! 깔깔."

⓲ ㉣ "그러니까……."
⓳ # 남분이의 직업을 어렴풋이 짐작하게 됨.
순자는 그제야 웃물이 도는 듯* 눈을 거슴츠레하게 떴다.

⓴ "어때? 서울서야 돈만 벌면 그만이잖아. 지금 서울에 주전자 운전사가
　　　　　# 물질적 가치를 중시하는 남분이의 태도
몇 만 명인 줄 알아? ㉤ 그것도 당당한 직업이야. 그사이에 **식순이**
　　　　　　　　　　　　　# 자신의 직업을 떳떳하게 여김.
공순이 다 해봤지만, 그건 남의 **종살이**밖에 안되더라고. 몸뚱이
　　식순이, 공순이를 남의 종살이에 빗대어 비하함.
도사리고 더런 새끼들한테 구박받으며 붙박여 하루 종일 뼛골
빼봐야 하루 벌이가 그게 얼마야? 서울서 사람값은 하나도 돈이고
둘도 돈이야. 국장이 과장보다 월급이 많고 서기가 급사보다
월급이 많은 건, 그만치 층하 가려 사람대접을 달리 하는 게 아니고
뭐야?"
　　　　# 물질적 가치를 중시하던 당시의 세태를 나타냄.

㉑ 남분이는 조금도 스스럼이 없었다. ㉒ 그러니까 십만 원 넘게 번다는
❷ [ ]: 중심 사건 - 순자와 남분이의 대화를 통해 남분이의 직업과 가치관이 드러남.
자기가 과장이라면 공순이들은 급사 턱이나 된다는 본새였다.]

히들거리다:	입을 볼썽사납게 벌리며 웃음을 참지 못하고 싱겁게 자꾸 웃다
식순이:	남의 집에 고용되어 주로 부엌일을 맡아 하는 여자를 낮잡아 이르는 말
공순이:	공장에서 일하는 여자를 낮잡아 이르는 말
급사:	관청이나 회사, 가게 따위에서 잔심부름을 시키기 위하여 부리는 사람
층하:	다른 것보다 낮잡아 보아 소홀히 대접함. 또는 그런 차별
본새:	어떠한 동작이나 버릇의 됨됨이

*❹ 요약 : 남분이가 자신의 직업을 밝히며
　　　　　물질적 가치가 중요한 세상임을 강조함.

* 야살스럽게: 얄밉고 되바라지게

* 웃물이 도는 듯: 알 것 같은 실마리가 잡히는 듯

---

❶ 중심인물: 순자, 남분
　공간적 배경: 몽기미, 목포, 서울, 기차 안
❷ 중심 사건:
　• 몽기미 섬의 아이들이 연락선을 타고 목포를 거쳐 서울을 구경함.
　• 순자가 서울에서 5년 동안 고되게 노동함.
　• 순자와 남분이의 대화를 통해 남분이의 물질적 가치를 중시하는 태도가 드러남.
　갈등: 도시의 삶에서 소외감을 느끼는 '순자'의 내적 갈등
❸ 서술상 특징
　• **서술자:** 3인칭 서술자, **시점:** 전지적 작가 시점
　• 이야기 외부의 서술자가 인물의 심리를 나타내고 있음.
　• 감각적 묘사를 통해 대상의 모습을 생생하게 전달하고 있음.
　• 비유적 표현을 통해 인물이 느끼는 소외감을 효과적으로 드러내고 있음.
　• 요약적 서술을 통해 인물의 삶을 압축적으로 나타내고 있음.

■ **갈래**: 현대 소설
■ **이 작품은?** 1970년대 서울로 상경한 수많은 사람들을 '순자'와 '남분'이로 대표하여
　나타냄으로써, 그들이 겪은 삶의 고통과 가치관의 혼란을 깊이 있게 고찰한 소설이다.
■ **인물 관계도**

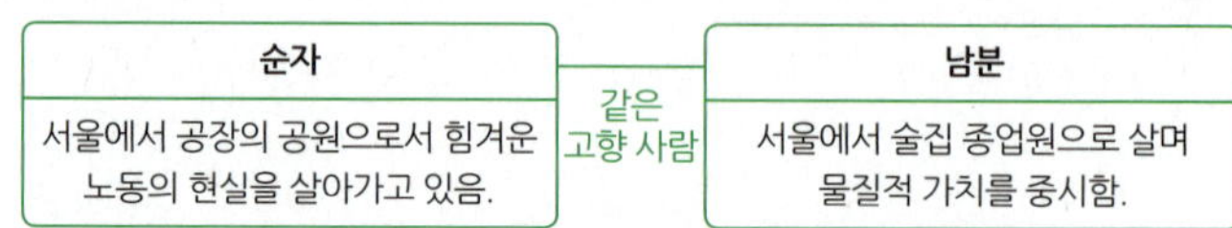

순자	같은 고향 사람	남분
서울에서 공장의 공원으로서 힘겨운 노동의 현실을 살아가고 있음.		서울에서 술집 종업원으로 살며 물질적 가치를 중시함.

■ **주제**: 산업화 시대에 도시로 상경한 이들의 고된 삶과 가치관의 변화
■ **이것이 핵심!** : 산업화 시대 '도시'와 '어촌 마을'의 현실

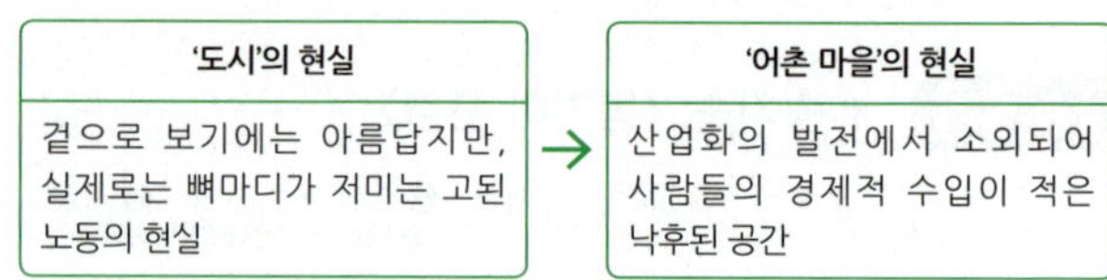

'도시'의 현실		'어촌 마을'의 현실
겉으로 보기에는 아름답지만, 실제로는 뼈마디가 저미는 고된 노동의 현실	→	산업화의 발전에서 소외되어 사람들의 경제적 수입이 적은 낙후된 공간

→ '몽기미'라는 어촌 마을에서 서울로 상경한 순자와 남분의 삶을 통해,
　　도시와 어촌 마을의 상반된 모습을 대조적으로 보여주고 있음.

■ **전체 줄거리**
　순자는 장난감 공장에 다니는 공원이다. 순자는 텔레비전에서 명절날 고향으로 가려고
서울역에 모여 있는 사람들을 보다가, 갑자기 고향에 가고 싶은 마음이 들어 기차를 탄다.
목포로 가는 기차에서 순자는 어렸을 때의 기억을 떠올린다. 그것은 서울 구경을 하기
위해 아이들과 함께 연락선을 타고 목포에 왔던 기억인데, 그 당시 순자를 비롯한
아이들은 목포의 온갖 구경거리에 놀라고 특히 남분이는 포목전의 비단을 보고 크게
놀랐었다.
　서울 구경을 한 이후 순자는 큰 꿈을 안고 서울에 올라오지만 고되고 힘든 서울살이에
5년이 지나서야 겨우 자리를 잡는다. 그동안 순자는 고향 몽기미를 그리워했지만 자신을
좋아했던 명식이와 만나고 싶지 않아 5년 동안 고향에 가지 않았었다.
　어렸을 때의 기억을 떠올리던 순자는 기차에서 같은 고향 사람인 남분이를 만나게 되고,
남분이가 술집 종업원의 삶을 살고 있지만 자신이 공순이보다 나은 삶을 살고 있다고
자부하는 것을 듣는다. 그리고 남분이를 통해 명식이의 자살 소식, 자기를 도와준 언니에
대해 이야기를 듣다가 문득 혜선 언니를 떠올린다. 정읍이 고향인 혜선 언니는 노동조합을
결성하려다 쫓겨났는데, 순자는 평소 자신에게 도움을 주었던 혜선 언니를 도와주지
못했다.
순자와 남분이는 목포에서 기차를 내려 여인숙에서 하룻밤을 보내고 다음 날 아침에
연락선을 타고 몽기미로 가려 하지만, 파도로 인해 연락선이 결항되고 남분이는 엽서에
사연을 써서 방송국에 보낸다.
　다음날 남분이는 예정대로 몽기미에 가지만, 순자는 혜선 언니의 고향인 정읍으로 가는
기차를 탄다. 옆자리에 틀어놓은 라디오에서 남분이가 보낸 사연이 방송되는 것을 들으며,
순자는 남분이가 좋아하겠다고 생각한다. 그리고 순자는 비로소 제자리를 찾아가는
기분이 든다.

(　: 지문 수록 부분)

---

30 정답 ⑤ ＊서술상 특징 파악하기 ························· [정답률 89%]

[A]의 서술상 특징으로 가장 적절한 것은?

> **왜 정답 ?**

⑤ 감각적인 묘사를 사용하여 관찰 대상을 실감 나게 드러내고 있다.
　　　　　　　　　　　　　　　　　목포

> ①-❽, ❾ 크고 작은 배들이 수백 척 부두를 가득 메우고 있었고, 크고 작은 건물들이 빼곡히 차 있었으며, 큰길에는 사람들이 엄청나게 북적거리고 자동차가 빵빵 경적을 울리며 내달았다. 색색으로 예쁘게 꾸며놓은 간판 아래 수많은 상점과, 거기 빼곡히 쌓여 있는 갖가지 상품들이며, 모두가 꿈에도 보지 못했던 광경이었다.

[A]에서는 인물이 목포에 도착해서 보게 된 부두, 건물들, 큰길, 사람들, 자동차, 상점 등의 모습을 시각적, 청각적으로 묘사하고 있다. 이를 통해 관찰 대상인 '목포'를 실감 나게 드러내고 있다.

> **왜 오답 ?**

① 이야기 <s>내부</s>의 서술자가 인물의 <s>내력</s>을 제시하고 있다.
　　　　　외부　　　　　　　　　　심리

＊근거: ①-❼ ~ ❿ ＊
[A]에서는 이야기 외부의 서술자가 인물들의 모습과 심리를 제시하고 있다. 또한 인물의 내력을 제시하는 부분은 나타나지 않는다.

② 인물의 행위를 제시하여 <s>긴박한</s> 분위기를 조성하고 있다.
　아이들이 입만 벌리는 행위　아이들이 놀라는 모습을 나타냄.

＊근거: ①-❼
[A]에서는 목포에 도착한 아이들이 멍청하게 입만 벌리는 행위를 제시하여 생전 처음 본 목포의 모습에 놀라는 아이들의 모습을 묘사했다. 긴박한 분위기는 드러나지 않는다.

③ <s>요약적</s> 서술을 통해 <s>갈등이 해소되는</s> 과정을 제시하고 있다.
　제시하지 않음.　　　　　제시하지 않음.

④ <s>추측하는</s> 표현을 통해 일어날 사건에 대한 <s>예상</s>을 드러내고 있다.
　제시하지 않음.　　　　　　　　　　　　드러나지 않음.

---

31 정답 ⑤ ＊소재의 의미 파악하기 ························· [정답률 88%]
　　　　　　'기차'
ⓐ와 ⓑ에 대한 이해로 가장 적절한 것은?
'연락선'

> **왜 정답 ?**

⑤ ⓐ는 인물이 경험해 보지 못한 세상을 체험하게 하는 소재이고,
　　　　　　　'목포'라는 도시의 세상
ⓑ는 인물이 경험을 바탕으로 자신의 현실을 인식하는 공간이다.
　　　　도시의 세상을 누리지 못하고 작은 섬에서 살고 있다는 현실

> ①-❸~❾ ⓐ 연락선에 올라간 아이들은 모두 이층으로 우르르 올라가 난간을 붙잡고 먼 데 바다를 건너다보고 있었다. / ～ / 목포에 닿자 아이들은 멍청하게 입만 벌렸다. / ～ / 이런 엄청난 세상은 꿈속에도 나타난 적이 없었다.
> ①-⑯, ⑰문장 도시의 모든 것이 꿈만 같았고, 더구나 서울의 며칠 동안은 무슨 동화 속의 세상을 헤매는 것만 같았다. 돌아오는 ⓑ 기차에서 남분이는 어째서 우리는 이런 세상을 놔두고 그 작은 섬에서 살아야 하는지 내내 그 생각뿐이었다.

윗글에서 몽기미 아이들은 연락선을 타고 목포로 가서 꿈에도 보지 못한 광경을 보게 된다. 따라서 ⓐ '연락선'은 아이들이 한번도 경험해 보지 못한 '목포'라는 세상을 체험하게 하는 소재이다.

또한 남분이는 며칠 동안 서울을 구경하고 돌아오는 ⓑ '기차'에서 이런 세상을 놔두고 작은 섬에서 살아야 하는 자신의 현실을 생각하고 있다. 따라서 ⓑ '기차'는 남분이라는 인물이 서울에서의 경험을 바탕으로 자신이 도시의 세상을 누리지 못하고 몽기미라는 작은 섬에서 살고 있다는 현실을 인식하는 공간이다.

> **왜 오답 ?**

① ⓐ는 인물이 기대했던 바를 실제로 확인하게 하는 소재이고, ⓑ는
　　　　　　　　　까만 기와집
인물의 욕망이 충족되는 공간이다.
　　　　　　충족되지 않음.

> ①-❻ 연락선을 대는 포구에 말로만 듣던 까만 기와집도 있었고, ～
> ①-⑯, ⑰ 도시의 모든 것이 꿈만 같았고, 더구나 서울의 며칠 동안은 무슨 동화 속의 세상을 헤매는 것만 같았다. 돌아오는 ⓑ 기차에서 남분이는 어째서 우리는 이런 세상을 놔두고 그 작은 섬에서 살아야 하는지 내내 그 생각뿐이었다.

윗글에서 몽기미 아이들은 목포에서 말로만 듣던 까만 기와집을 실제로 구경하고 있다. 따라서 ⓐ '연락선'은 아이들이 기대했던 바를 실제로 확인하게 하는 소재이다.

반면 남분이는 ⓑ '기차'에서 자신이 도시의 세상을 누리지 못하고 몽기미라는 작은 섬에서 살고 있다는 현실을 인식한다. 따라서 인물의 욕망이 충족되는 공간은 ⓑ가 아니라 '서울'이다.

② ⓐ는 인물이 사회의 문제를 <s>해결</s>하게 하는 소재이고, ⓑ는 인물이
　　　　　　　　　　　　　　　　　나타나지 않음.
자신을 타인과 비교하는 공간이다.
　서울에 살고 있는 사람들과 비교함.

윗글에서 몽기미 아이들은 연락선을 타고 목포로 가서 말로만 듣던 것들을 실제로 확인하고 있을 뿐, 사회의 문제를 해결하고 있지 않다. 따라서 ⓐ '연락선'은 인물이 사회의 문제를 해결하게 하는 소재가 아니다.

한편 남분이는 돌아오는 기차 안에서 우리는 왜 이런 세상을 놔두고 몽기미라는 작은 섬에서 살아야 하는지를 생각하고 있다. 따라서 ⓑ '기차'는 남분이라는 인물이 자신을 서울에 살고 있는 사람들과 비교하는 공간이라고 할 수 있다.

③ ⓐ는 인물이 타인과의 <s>단절</s>을 유발하는 소재이고, ⓑ는 인물이
　　　　　　　　　　　나타나지 않음.
타인과 <s>소통</s>하는 원인이 되는 공간이다.
　서울로 상경하게 되는 원인이 됨.

ⓐ '연락선'은 인물들이 목포로 이동하는 교통수단일 뿐 타인과의 단절을 유발하는 소재가 아니다.

또한 ⓑ '기차'는 인물이 타인과 소통하는 원인이 되는 공간이 아니라 인물이 서울로 이동하게 되는 원인이 되는 공간이다. 남분이는 돌아오는 기차 안에서 자신의 현실을 인식하고, 이후 서울로 상경해서 물질적 가치를 지향하며 살게 된다.

④ ⓐ는 인물이 거부해 오던 운명을 적극적으로 <s>수용</s>하게 하는 소재이고, ⓑ는 인물이 자신의 운명을 <s>개척</s>하는 공간이다.
　　　　　　　　　　　　　　　　나타나지 않음.　　　　　　나타나지 않음.

ⓐ '연락선'은 몽기미 아이들이 목포라는 새로운 세계를 구경하게 해 주는 수단일 뿐, 인물이 거부해 오던 운명을 적극적으로 수용하게 하고 있지 않다.

또한 '기차(ⓑ)'도 남분이가 자신의 현실을 깨닫게 하는 공간으로 나타나고 있을 뿐, 인물이 자신의 운명을 개척하는 공간은 아니다.

---

32 정답 ② ＊인물의 심리 파악하기 ························· [정답률 85%]

㉠~㉤에 대한 설명으로 적절하지 <u>않은</u> 것은?

> **왜 정답 ?**

② ㉡: 순자의 마음이 상할 것을 <s>걱정</s>하여 조심스러워하는 남분이의
　　　　　　　　　　　　　순자를 놀라게 하기 위해 한 말임.
태도가 드러나 있다.

> ④-❺~❽ ㉡ "히히, 언니 실망하지 않을래?" / 남분이는 야살스럽게 히들거렸다. / "실망하긴?" / "운전하고 있어. 히히."

남분이가 ㉡을 말하면서 '야살스럽게 히들거리'는 것을 통해 남분이가 순자의 마음이 상할 것을 걱정하는 것이 아님을 알 수 있다. 남분이는 자신이 하는 일을 밝히면서 순자를 놀라게 하고 있다.

① ㉠: 고향의 상황과 비교하여 자신의 상황을 자랑하고 싶어 하는
고향 사람들에 비해 엄청나게 많은 돈을 벌고 있는 상황
남분이의 심정이 드러나 있다.

> ④-❶ "~ ㉠언니, 우리 동네 한 집 일 년 수입이 통틀어 얼만 줄 알아? ~
> 일 년 수입이 꼭 십이만 원이야. 내 한 달 벌이도 못 되더라고. 깔깔."
> 자신의 상황을 자랑함.

㉠은 남분이가 고향 사람들에 비해 엄청나게 많은 돈을 벌고 있는 자신의 상황을
자랑하고 싶어서 한 말이다.

㉠에서 남분이는 순자에게 '우리 동네 한 집 일 년 수입'이 얼만지 질문을 던지고,
이를 자신이 대답하면서 고향 사람들의 일 년 수입이 자신의 한 달 벌이도 못 된다고
말하고 있다.

③ ㉢: 남분이가 하는 말의 의미를 제대로 이해하지 못해 어리둥절해
'주전자 운전'의 의미를 이해하지 못함.
하는 순자의 모습이 드러나 있다.

> ④-⓬~⓱ "주전자 운전 있잖아?" / "주전자 운전이라니?" / 순자는 눈을
> 더 크게 뜨고 도무지 어리둥절하기만 한 표정이었다. ~ ㉢ "아니, 무슨
> 소리를 하고 있는 거야?" / "~ 술 주전자 운전이란 말이야. 술 주전자!
> 깔깔."

㉢은 순자가 남분이가 한 '주전자 운전'이라는 말의 의미를 이해하지 못해서
남분이에게 되물어 본 말이다. 따라서 ㉢에는 남분이가 하는 말의 의미를 제대로
이해하지 못해 어리둥절해 하는 순자의 모습이 드러나 있다.

④ ㉣: 남분이가 하고 있는 일이 무엇인지 어렴풋이 짐작하고 있는
남분이가 '술집 종업원'을 하고 있음을 어렴풋이 짐작함.
순자의 모습이 드러나 있다.

> ④-⓱~⓳ "손에다 쥐어 모셔야 알겠구먼. 술 주전자 운전이란 말이야. 술
> 주전자! 깔깔." / ㉣ "그러니까……." / 순자는 그제야 웃물이 도는 듯 눈을
> 거슴츠레하게 떴다.

㉣은 남분이가 '술 주전자 운전'을 한다는 말에 순자가 실마리가 잡히는 듯 눈을
거슴츠레하게 뜨면서 하는 말이다. 즉 남분이가 '술집 종업원'을 하고 있음을 어렴풋이
짐작하는 순자의 모습이 드러나 있다.

⑤ ㉤: 자신의 직업에 대해 부끄럼 없이 떳떳하게 여기는 남분이의
술집 종업원
태도가 드러나 있다.

> ④-⓴ "~ ㉤ 그것도 당당한 직업이야. 그사이에 식순이 공순이 다
> 해봤지만, 그건 남의 종살이밖에 안되더라고. ~"

㉤은 남분이가 한 말로, 남분이는 자신이 하는 일이 당당한 직업이라고 분명하게
말하고 있다. 따라서 술집 종업원이라는 자신의 직업에 대해 부끄럼 없이 떳떳하게
여기는 남분이의 태도가 드러나 있다.

33 정답 ③ * <보기>를 바탕으로 감상하기 ············ [정답률 80%]

<보기>를 바탕으로 윗글을 감상한 내용으로 적절하지 <u>않은</u> 것은? [3점]

< 보 기 >
---

❶이 작품은 급속한 산업 발전이 이루어지던 1970년대를 배경으로 하고
작품의 시대적 배경
있다. ❷어촌 마을에서 도시로 상경한 인물들을 중심으로, 물질적 가치를
'순자', '남분'   술집 종업원으로 일하며 큰 돈을 버는 '남분'
중시하는 모습과 고된 노동의 현실을 통해 당시의 세태를 사실적으로
뼈마디가 저미게 일하는 '순자'
드러낸다. ❸이러한 상황 속에서 어촌 마을은 경제적 발전에서 낙후된
'몽기미' 마을
공간이자, 도시의 삶에서 소외감을 느끼는 이들에게 그리움의 공간으로
마을의 모든 집이 가난에서 벗어나지 못함.
나타나 있다.
몽기미를 그리워하는 순자

③ '본전도 못 건지'며 '가슴을 조이'는 사람들이 '날이면 날마다 그
무인도의 일 년간 해초 채취권을 사서 투기를 한 사람들
섬을 들락거렸다'는 것에서, 도시로 상경한 인물들에게 어촌
경제적 이익을 걱정하는 모습
마을은 그리움의 공간임을 짐작할 수 있군.
관련 없음.

> ③-❶~❸ 섬을 산다는 것은 근처 무인도의 일 년간 해초 채취권을 사는
> 것을 말한다. 그해에 갯것이 잘 자라면 상당히 재미를 보는 수도 있지만,
> 흉작일 때는 본전도 못 건지기 일쑤였다. 듣보기장사 애 말라 죽는다고,
> 그런 투기를 한 사람들은 이른 봄부터 미역은 포자가 제대로 붙나 톳은
> 제대로 자라나, 부등가리 안 옆 조이듯 가슴을 조이며 날이면 날마다 그
> 섬을 들락거렸다.

윗글에서 '흉작일 때는 본전도 못 건지기 일쑤'이고, '가슴을 조이며 날이면 날마다
그 섬을 들락거'린 사람들은 무인도의 일 년간 해초 채취권을 사서 투기를 한
사람들이다. 따라서 이들의 모습을 통해 도시로 상경한 인물들에게 어촌 마을이
그리움의 공간임을 짐작할 수 있다는 것은 적절하지 않다.

도시로 상경한 인물들에게 어촌 마을이 그리움의 공간임은 서울에서 고된 노동을
하며 고향 몽기미 마을을 그리워하는 순자의 모습을 통해 드러난다.

① '뼈마디가 저미는 고통'을 느끼며 '살벌한 현실'을 살고 있는 순자의
모습에서, 고된 삶을 살고 있는 노동자의 현실을 짐작할 수 있군.
큰 고통을 느끼며 힘든 현실을 살아가는 모습

* 근거: ②-❶~❸, <보기>❷문장

윗글에서 순자는 서울에 와서 오 년을 살았는데, 소녀의 꿈이 뼈마디가 저미는
고통으로 조각 나는 기간이었고 살벌한 현실을 살았던 기간이라고 했다. 즉 그만큼 큰
고통을 느끼며 힘든 삶을 살았다는 것이다. 따라서 뼈마디가 저미는 고통을 느끼며
살벌한 현실을 살고 있는 순자의 모습에서 힘들고 고된 삶을 살고 있는 노동자의
현실을 짐작할 수 있다.

② '누구 하나 돌봐주는 사람' 없이 생활하는 자신을 '무녀리'와
동일시하는 순자의 모습에서, 도시 생활에서 느끼는 소외감을
짐작할 수 있군.
서울이라는 도시에서 자신은 혼자라고 생각하며 소외감을 느낌.

* 근거: ②-❹~❽, <보기>❸문장

윗글에서 순자는 서울에 온 자신은 돼지 새끼 무녀리처럼 누구 하나 돌봐주는
사람이 없는 존재가 되었다고 생각한다. 이를 통해 서울이라는 도시에서 자신은
혼자라고 생각하며 느끼는 순자의 소외감이 드러난다.

④ '몽기미 집집마다' '달라붙은 그 가난'이 '가슴을 후볐다'는 것에서,
경제적 발전에서 낙후된 어촌 마을의 현실을 짐작할 수 있군.
'몽기미'라는 어촌 마을이 가난에서 벗어나지 못하는 모습

* 근거: ③-❹, <보기>❸문장

윗글에서 '몽기미 집집마다 굴쩍처럼 너덜너덜 달라붙은' 가난이 순자의 가슴을
후비고 있는데, 이는 몽기미 마을이 가난에서 벗어나지 못하고 있음을 보여준다.
따라서 이를 통해 경제적 발전에서 낙후되어 가난에서 벗어나지 못하는 어촌 마을의
현실을 짐작할 수 있다.

⑤ '식순이 공순이'는 '종살이' 취급밖에 받지 못한다며 돈을 쉽게 버는
일을 선택한 남분이의 모습에서, 물질적 가치를 우선시하는 세태를
짐작할 수 있군.
식순이와 공순이를 무시하며 돈을 많이 버는 것을 우선시하는 남분이의 모습

* 근거: ④-❿, <보기>❷문장

윗글에서 남분이는 식순이와 공순이는 남의 종살이밖에 안 된다고 하며, 십만 원
넘게 버는 자신이 그들보다 더 우위에 있다고 말한다. 식순이와 공순이를 무시하며
돈을 쉽게 버는 일을 선택한 남분이의 모습에서, 물질적 가치를 우선시하는 당시의
세태를 짐작할 수 있다.

33번 관련 어휘

세태: 사람들의 일상생활, 풍습 따위에서 보이는 세상의 상태나 형편
낙후되다: 기술이나 문화, 생활 따위의 수준이 일정한 기준에 미치지 못하고
뒤떨어지게 되다.   **짐작하다**: 사정이나 형편 따위를 어림잡아 헤아리다.
동일시하다: 둘 이상의 것을 똑같은 것으로 보다.

(가) 윤이후, 〈일민가(逸民歌)〉

 # 출제 ❶ 화자, 중심 대상 ❷ 상황, 정서, 태도 ❸ 표현상 특징 　[시 해석]

[ ]: ❷ 상황 - 화자가 속세에서 자연으로 돌아와 자연을 즐기는 삶을 살아감.
❸ 대비되는 시어를 활용하여 내용을 전개함.
□: 속세를 나타내는 시어 　○: 자연을 나타내는 시어

❶ 이몸이 늦게 나서 세상에 할 일 없어
❶ 화자
➡ 이몸이 늦게 태어나 세상에 할 일(이) 없어

❷ 강호의 임자 되야 풍월로 늙어가니]
➡ 자연의 주인이 되어 풍월을 (벗하며) 늙어가니

❸ 물외청복(物外淸福)이 없다야 하랴마는
세상 밖의 좋은 복 = 자연 속에서 즐기는 복
➡ 속세 밖의 좋은 복이 없다고 하겠냐만

❹ 돌이켜 생각하니 애달픈 일 하고 많다
❷ 정서: 속세에 나아갔다가 돌아온 과정에 대해 애달픔을 느낌.
➡ 돌이켜 생각하니 애달픈 일(이) 많기도 많구나.

*❶~❹행 요약: 자연으로 돌아온 화자가
속세에서의 일을 떠올리며 애달픔을 느낌.

❺ 만물의 귀한 것이 사람이 으뜸인데
➡ 만물 중에 귀한 것이 사람이 최고인데

❻ 그중의 남자 되야 이목총명(耳目聰明) 갖춰 삼겨
생겨, 태어나
➡ 그중에서 남자(가) 되어 밝은 눈과 귀를 갖고 태어났지만

❼ 평생의 먹은 뜻이 일신부귀 아니러니
부귀에 뜻이 없었던 화자
➡ 평생 마음먹은 뜻이 이 한 몸의 부귀가 아니다 보니

❽ 세월이 훌쩍 가고 지업(志業)에 때를 놓쳐
학업의 때를 놓침.
➡ 세월이 빠르게 가고 학업의 때를 놓쳐

❾ 백수공명(白首功名)을 겨우 굴어 이뤄내니
학업의 때를 놓쳐 머리가 하얗게 센 늙은 나이에 관직을 구함.
➡ 늙어서 관직을 겨우 구해 이루어내니

❿ 종적이 저어하고 세로(世路)도 기구하야
➡ 종적이 서툴고 세상살이가 만만치 않아

⓫ 수년(數年) 낮은 벼슬로 남 따라 다니다가
오랫동안 출세하지 못함.
➡ 수년 동안 낮은 벼슬로 남 따라 다니다가

⓬ 봄날의 빛
삼춘휘(三春暉) 쉬이 가니 촌초심*이 그지없어
봄날이 빨리 사라지는 모습을 보며 부모님께 효를 다해야겠다는 마음을 가짐.
➡ 봄날이 금방 가버리니 부모에 대한 효의 마음이 끝이 없어

⓭ 동장(銅章)을 빌어 차고 오마(五馬)를 바삐 몰아
➡ (신분을 증명할) 관인을 빌어 차고 다섯 마리의 말을 바쁘게 몰아

⓮ 남주(南州) 백리지(百里地)에 여민휴식(與民休息)* 하랴터니
'함평'에서 관리로서 백성을 다스리려 하는 모습
➡ 남쪽 지방 백 리의 땅(함평)에서 백성과 함께 지내며 다스리려 했는데

*은유법: 'A는 B이다'의 형태로 빗대어 사물의
상태나 움직임을 암시적으로 나타내는 표현 방법
⓯ 이마 흰 모진 범이 어디서 나타났는고
'여민휴식'의 방해물 ❸ 비유적 표현(은유법)을 활용하여 시적 상황을 제시함.
➡ 이마 흰 모진 범(이인엽)이 어디서 나타났는가?
❸ 관용적 표현을 통해 자신이 처한 상황을 효과적으로 나타냄.

⓰ 가뜩이나 엷은 환정(宦情)* 하루아침에 재 되거다
방해물('이마 흰 모진 범')로 인해 벼슬살이를 하고 싶은 마음이 사라짐.
➡ 가뜩이나 벼슬하고 싶은 마음이 적었는데 하루아침에 재가 되었다.

이목총명: 귀와 눈의 감각과 기억력이 좋음.
지업: 학업에 뜻을 둠.
저어하다: 익숙하지 아니하여 서름서름하다.
세로: 세상을 살아가는 길 　**동장**: 구리로 만든 도장

*❺~⓰행 요약: 화자가 늦은 나이에 벼슬길에 올랐다가
다시 자연으로 돌아옴.

⓱ 젖은 옷 벗어놓고 황관(黃冠)*으로 갈아 쓰고
[ ]: ❷ 상황: 화자가 벼슬에서 물러나 다시 자연으로 돌아옴.
➡ (벼슬살이에) 젖은 옷(을) 벗어놓고 평민들이 쓰는 관으로 갈아 쓰고

⓲ 채 하나 떨쳐 쥐고 호연히 돌아오니]
➡ (말을 타고) 채찍 하나를 떨쳐 쥐고 (마음) 후련하게 돌아오니

⓳ 산천이 의구하고 송죽이 반기는 듯
수시로 변하는 인간과 달리 변함없이 유구한 자연의 모습
➡ 산천은 예전과 다름이 없고 소나무와 대나무가 (나를) 반기는 듯 (하다.)

⓴ 시비(柴扉)를 찾아들어 삼경(三逕)을 다스리니
은자가 사는 곳
➡ 사립문을 열고 들어와서 삼경을 다스리니

㉑ 금서일실(琴書一室)*이 이 아니 내 분인가
❷ 태도: 자연의 소박한 삶에 만족감을 느낌.
❸ 설의적 표현을 통해 의미를 강조함(설의법).
➡ 거문고와 책이 있는 방이 내 분이 아니겠는가?

*설의적 표현: 쉽게 판단할 수 있는
사실을 의문의 형식으로 표현하여
상대편이 스스로 판단하게 하는
표현

㉒ 앞내에 고기 낚고 뒷뫼에 약을 캐야
❸ 대구적 표현을 통해 자연에서의 삶을 나타냄.
➡ 앞 시냇물에서 고기 낚고 뒷산에서 약을 캐어

*대구적 표현: 비슷한 어조나
어세를 가진 어구를 짝 지은 표현

㉓ 손을 써서 하는 일
수업(手業)을 일로 삼아 여년(餘年)을 보내노니
❷ 상황: 화자는 관직에 나아갔다가 자연에 돌아와 은거하며 살고 있음.
➡ 손을 써서 일을 하며 남은 인생을 보내니

㉔ 인생지락(人生至樂)이 이밖에 또 없도다
자연에서 사는 삶을 통해 지극한 즐거움을 느낌.
➡ 인생의 지극한 즐거움이 이밖에 또 없도다.

송죽: 소나무와 대나무를 아울러 이르는 말 　**시비**: 사립짝을 달아서 만든 문
삼경: 은자(隱者)의 문안에 있는 뜰. 또는 은자가 사는 곳

*⓱~㉔행 요약: 화자가 다시 돌아온 자연에서 만족감을 느낌.

(중략)

㉕ 박잔에 술을 부어 알맞게 먹은 후에
➡ 박으로 만든 술잔에 술을 부어 알맞게 먹은 후에

㉖ 수조가(水調歌)를 길이 읊고 혼자 서서 흔들대니
❸ 청각적 이미지를 활용하여 화자의 정서를 드러냄.
➡ 수조가를 깊이 읊고 혼자 서서 몸을 흔드니

㉗ 호탕한 미친 흥을 행여 아니 남이 알겠는가
❸ 설의적 표현을 통해 의미를 강조함.
➡ 호탕하고 억누를 수 없는 흥을 행여 남이 알겠는가?

㉘ 하마 저물었느냐 먼 뫼에 달 오른다
시간적 배경. 화자의 행동 변화가 일어남.
➡ 벌써 (해가) 저물었느냐? 먼 산에 달(이) 오른다.

㉙ 그만하야 쉬어보자 바위에 배 매어라
배에 타서 수조를 읊고 있었음.
➡ 그만하고 쉬어보자. 바위에 배(를) 매어라.

㉚ 패랭이 빗기쓰고 오죽장(烏竹杖) 흩어 짚어
➡ 패랭이(모자)를 비스듬히 쓰고 지팡이를 흩어 짚으며

㉛ 모래 둑을 돌아들어 석경(石逕)으로 올라가니
➡ 모래 둑을 돌아들어 돌길로 올라가니

㉜ 오류댁(五柳宅)* 소쇄한데 경물이 새로워라
❷ 태도: 자연의 맑고 깨끗한 경치를 예찬함.
➡ 오류댁은 맑고 깨끗한데 경치가 새롭구나.

㉝ 산책하며
솔 그늘에 훗걸으며 원근을 바라보니
자연의 멀고 가까운 곳의 아름다운 경치
➡ 소나무 그늘을 산책하며 멀고 가까운 곳을 바라보니

㉞ 수월(水月)이 영롱하야 선곤이 제각기인 듯
돌길을 걸으며 자연의 경치를 즐김.
➡ 물 위에 비친 달이 영롱하여 하늘과 땅이 제각각인 듯

㉟ 희희호호(熙熙皡皡)하야 신세를 다 잊겠구나
❷ 정서: 자연에서의 삶에 즐거움과 행복을 느낌.
➡ 생활이 매우 즐겁고 평화로워 신세를 다 잊겠구나.

2022.11
12회

석경: 돌이 많은 좁은 길   **소쇄하다**: 기운이 맑고 깨끗하다.

훗걷다: '산책하다(휴식을 취하거나 건강을 위해서 천천히 걷다.)'의 옛말

희희호호: 백성의 생활이 매우 즐겁고 평화로움.

㉕~㉟행 요약 : 화자가 자연에서 풍류를 즐기며 생활함.

㊱ 이 중에 맺힌 마음 <u>북궐(北闕)</u>에 달렸으니
　　　궁궐. 임금이 있는 공간
　# 자연을 즐기면서도 임금에 대한 마음을 놓지 못함. 속세에 대한 미련이 나타남.
　➡ 이 중에 맺힌 마음 (임금이 계신) 궁궐에 달렸으니

㊲ 사안(謝安)의 사죽도사(絲竹陶寫)* 옛일이 오늘일세
　❸ 옛 선인들의 일화를 통해 자연에서의 삶을 강조함.
　➡ 사안이 음악으로 마음을 달랬던 옛일이 오늘이네.

㊳ <u>내 근심 무익(無益)한 줄 모르지</u> 아니하되
　　자연 속에서 임금을 걱정해도 달라지는 것은 없음.
　➡ 내 근심 무익한 줄 모르지 않지만

㊴ <u>천성(天性)을 못 변하니 진실로 가소롭다</u>
　# [ ] 태도 : 번민을 떨치지 못하는 자신에 대해 자조적 태도를 보임.
　➡ 천성을 못 바꾸니 진실로 우습구나.

㊵ 두어라 <u>강호(江湖)의 일민(逸民)</u>*이 되야 축성수(祝聖壽)*나 하리라
　　　　　　강호에 있으면서도 임금의 장수를 기원함.
　➡ 두어라, 자연에 묻혀 사는 사람이 되어 임금님의 장수를 빌어보리라.

㊱~㊵행 요약 : 화자가 임금의 장수를 기원함.

* **촌초심**: 부모의 은혜와 사랑에 보답하려는 마음

* **여민휴식**: 백성과 함께 지내는 마음으로 다스림.

* **환정**: 벼슬을 하고 싶어 하는 마음

* **황관**: 풀로 만든 관으로 평민이 씀.

* **금서일실**: 거문고와 책이 있는 방

* **오류댁**: 진나라 시인 도연명의 집으로 은거하는 집을 일컬음.

* **사안의 사죽도사**: 진나라 사람 사안이 음악으로 시름을 달래며 지냈다고 함.

* **일민**: 학식과 덕행이 있으면서도 세상에 나서지 않고 묻혀 지내는 사람

* **축성수**: 임금의 장수를 빎.

⭐ (가) 독해 공식

❶ **화자**: '나', **중심 대상**: 세상(속세), 강호(자연)

❷ **상황**: 화자는 관직에 나아갔다가 자연에 돌아와 은거하며 살고 있음.

　정서 및 태도:
　· 관직에 나아갔다가 돌아온 과정에 대해 애달픔을 느낌.
　· 자연에서의 삶에 즐거움과 행복을 느낌.
　· 자연의 소박한 삶에 만족감을 느낌.
　· 강호에 있으면서도 임금의 장수를 기원함.
　· 자연의 맑고 깨끗한 경치를 예찬함.
　· 번민을 떨치지 못하는 자신에 대해 자조적 태도를 보임.

❸ **표현상 특징**
　· 설의적 표현을 통해 의미를 강조함.
　· 비유적 표현을 통해 시적 상황을 드러냄.
　· 관용적 표현을 통해 자신이 처한 상황을 효과적으로 드러냄.
　· 대구의 방식을 통해 자연에서의 삶을 나타냄.
　· 옛 선인들의 일화를 통해 자연에서의 삶을 강조함.

■ **갈래**: 가사

■ **창작 시기**: 조선 숙종 24(1698)

■ **글쓴이**: 윤이후(1636~1699). 할아버지가 고산 윤선도이다. 1691년 함평현감으로 부임했지만 서인의 득세로 1년 만에 벼슬을 버리고 고향으로 돌아왔다. 조선시대 양반 사회의 일상을 엿볼 수 있는 《지암일기》를 남겼으며, 〈일민가〉가 수록되어 있다.

■ **제목의 의미**: '잃을 일(逸) + 백성 민(民) + 노래 가(歌)'. '일민가'의 '일민(逸民)'은 '학식과 덕행이 있으면서도 세상에 나서지 않고 묻혀 지내는 사람'이라는 뜻으로 작가인 '윤이후'를 상징한다.

■ **이 작품은?** 조선 숙종 때의 문신 윤이후가 지은 가사로 국한문혼용체로 이루어져 있다. 속세를 떠나 자연에 몰입한 경지와 연군의 정이 나타나 있는데, 당시 파당에 밀려 자연에 묻혀 살던 이들의 마음을 대변한 것으로 볼 수 있다.

■ **주제**: 자연에서 풍류를 즐기는 삶과 임금의 장수 기원

■ 이것이 핵심! : 자연에서 살아가는 화자의 번민

구분	내용
화자의 상황	관직에 나아갔다가 다시 자연으로 돌아옴. ➜ 속세에서 갈등을 겪고 은거하고 있음.
화자의 번민	자연 속에서 위안을 얻지만 세상에 대한 번민도 있음.
화자의 기원	임금이 장수하기를 기원함.

➜ 자연에서 풍류를 즐기며 행복하게 살아가지만 임금에 대한 걱정을 떨치지 못함.

(나) 이효석, 〈화춘의장(花春意匠)〉

출제　❶ 중심 대상　❷ 글쓴이의 생각, 태도　❸ 서술상 특징

1 [붉은 튤립의 열(列) 옆으로 나무장미의 만발한 이랑이 늘어서고
　# [ ]:❸ 색채 이미지를 통해 풍경을 생생하게 묘사함.
달리아가 장성하며 한편에는 <u>우방(芋蒡)의 활엽(闊葉)</u>이 온통 빈틈없는 푸른
　　　　　　　　　　　　　　　　　오른쪽
보료*를 편다.] ㉠ <u>가구(街區)*</u>에서는 좀체 얻어 볼 수 없는 귀한
경물이니 아침저녁으로 손쉽게 그것을 바라볼 수 있는 나는 자신을
　# 손쉽게 꽃밭을 볼 수 있는 것에 대한 글쓴이의 행복감.
행복스럽게 여긴다.❸ <u>그 한 조각의 밭을 다스려 아름다운 꽃을 보이는</u>
사람은 놀라운 재인(才人)도 장정도 아니라 별사람 아닌 <u>한 사람의</u>
　　　　　　　　　　　　　　　　　　　　　　꽃밭을 가꾸는 사람
<u>육십을 넘은 노인</u>인 것이다. ❹ 봄에 씨를 뿌려 꽃을 피우고 가을에
　❶ 중심 대상　　[ ]: 봄부터 가을까지 모든 일을 혼자서 다 하는 육십 옹에 대한 감탄
뒷거둠을 마치고 다시 갈아엎을 때까지 그 밭을 만지는 사람은 참으로
그 육십 옹 단 한 사람인 것이다.] ❺ 씨를 뿌리기 시작한 날부터는 하루도
　# [ ]:❸ 특정 대상을 관찰한 내용을 중심으로 서술함.
번기는 날이 없이 <u>아침</u>만 되면 육십 옹은 보에 쟁기를 싸가지고
　　　　　　　　　　　　김을 매어 두둑 사이의 흙을 부드럽게 하는 일과 거름을 주는 일
어디선지 나타난다.] ❻ <u>살수(撒水) 중경 시비(中耕施肥)</u> 제초 배토 —
　　　　　　　　　　# [ ]:❸ 열거를 통해 꽃을 키우는 과정을 상세하게 설명함.
그때그때를 따라 일과에는 조금의 소홀도 없으며, 일정한 필요의
과정이 오십 평의 구석구석까지 알뜰히 미쳐 이윽고 제때에 아름다운
　　　　　　　　　　　　　　　　　　　　　　　　　　꽃과 신록(초록잎)
성과를 맺게 한다. ❼㉡ <u>옹은 허리가 휘고 기력이 부실하나 서두르는</u>
　　　　　　　　# [ ]:❷ 글쓴이의 태도 - 묵묵히 꽃밭을 가꾸는 육십 옹을 예찬함.
<u>법 없이 지치는 법 없이 말하는 법 없이 날이 맞도록 묵묵히 일하며</u>
　　　　　　　　　　　　　　　　　　　　　　마치도록
그의 장기(匠器)가 미치는 뒷자취는 나날이 면목이 새롭고
　　　　　장인(匠人)이 쓰는 도구
아름다워진다. ❽ 침착하게 움직이는 그의 양을 바라볼 때 거기에는
　　　　　　　　　　　　　　고된 노동
<u>고로(苦勞)의 의식의 표정</u>은 조금도 눈에 띄지 않으며 도리어 한 이랑
　　고된 노동으로 인해 힘들어하는 표정은 보이지 않음.
한 이랑의 흙을 아끼고 사랑하는 그 거동에는 <u>만신(滿身)</u>의 희열이
　　　　　　　　　　　　　　　　　　　　노동에서 희열을 느끼는 육십 옹의 모습
드러나 보인다. ❾㉢ 때때로 얼굴이 마주칠 때의 아이같이 방긋 웃어
보이는 동심의 표정을 읽으면 그는 괴롭게 노동하고 있는 것이 아니라
　# 육십 옹의 모습에서 괴로운 노동이 아니라 천진한 예술의 모습을 발견함. ➜ 노동을 예술로 승화하고 있는 육십 옹
그 오십 평 속에서 천진하게 장난하고 예술하고 있는 것이라고
번역된다. ❿ 참으로 오십 평 속에서의 그의 생활은 싫은 노역이 아니라
　　　　　　　　　　　　　　　　　오십 평의 꽃밭을 가꾸는 생활
즐거운 예술이라고 보여진다. ⓫ 근로와 예술을 동시에 가진 생활 —
생활의 미화, 노동의 예술화 — 진부한 어투인지는 모르나 **노동의**
참된 경지를 그 구체적 실례를 나는 그 육십 옹에게 보는 것이다.
　# ❷ 글쓴이의 생각 : 육십 옹의 모습이 근로와 예술이 조화를 이룬 노동의 참된 경지라고 생각함.

재인: 재주가 있는 사람　　옹: 남자 노인을 높여 이르는 삼인칭 대명사
고로: 괴로움과 수고로움　　만신: 몸 전체

1 요약 : 묵묵히 꽃밭을 가꾸는 육십 옹을 발견함.

2 ❶ 생산만이 아니라 미를 겸했으며 미만이 있는 것이 아니라 생산의
　　　　　　　　　　　　　　❷ 육십 옹의 모습은 '생산'과 '미'를 함께 겸비하고 있음.
열매가 아울러 온다. 반드시 <u>꽃밭</u>을 가꾸게 됨으로써의 미를 일컬음이
　　　　　　　　　　　　꽃밭의 아름다움
아니라 만족스런 노동의 표정의 미를 말함이다.
　　　　　노동의 참된 경지에 이른 모습

2 요약 : 육십 옹의 모습에서 발견한 노동의 참된 경지

(중략)

③ ❶[한편 그의 착실한 자태를 바라볼 때 나는 그 허리 굽은 **육십 옹**의
　　# [ ]: ❸ 글쓴이가 특정 대상과 자신을 비교하여 자신의 삶을 성찰함.
여일한 **생활의식에 비겨** 자신의 그것이 때때로 월등 저하되고
소침(消沈)됨을 **깨닫고 부끄러**운 생각을 마지 못한다.]❷[주기적으로
　　자신을 성찰하고 부끄러움을 느낌.
생활의욕이 급거히 저락되고 침체된 일종의 플래토*의 지대에
[ ]: 무기력하게 살아가고 있는 화자의 모습
다다르게 될 때 주위가 어둡고 진퇴가 귀치않고 우울, 저미(低迷)되어
　　　　　　　　　　　귀찮지 않고
결과는 생활력조차 감퇴하여 버린다.]❸욕심이 없고 희망이 없는
탓이라면 육십 옹의 앞에 너무도 보람 없고 비굴하여 얼굴이 붉어질
지경이나, ㉣ 솔직하게 말하여 그 대체 희망이라는 것이 어떤 내용
　　　　# 희망을 구체화하지 못하는 것에 대한 안타까움을 나타냄.
어느 정도 어느 거리의 것인가를 생각할 때 역시 답답해지는 것이
　　　❸ 글쓴이의 내적 독백을 통해 내용을 서술함.
당연하며 뜻 없는 명랑은 도리어 천치의 소위로밖에는 생각되지
　　　　의미 없는 희망이나 명랑함을 어리석은 행동으로 봄.
않는다. ❹같은 세대의 젊은이들에게 그대는 생활의 신조를 어떻게
　　　　생활방식에 대해 고민하며 번민하는 글쓴이의 모습
세웠느냐고 묻고 싶은 때조차 있다.❺빈틈없는 이론으로 든든히 무장을
　　　　　　　　　　# ❸ 설의적 표현을 통해 의미를 강조함.
해본다 하더라도 행동이 없는 이상 갑을흑백을 어떻게 가린단 말인가.
❻참으로 웃을 수 있는 사람은 웃어 보라고 다시 청해 보고 싶다. ❼우울을
말할 때가 아닐는지는 모르나 때때의 생활의식의 저조에는 너무도
　　　　　　　　　　　# 글쓴이의 현재 상태
절실함이 있다.

여일하다: 처음부터 끝까지 한결같다.
소침하다: 의기나 기세 따위가 사그라지고 까라지다.
저락되다: 물가나 등급, 가치 따위가 낮게 떨어지다.
신조: 굳게 믿어 지키고 있는 생각
무장: 어떤 일에 필요한 마음이나 사상, 기술이나 장비 따위를 단단히 갖춤을
비유적으로 이르는 말
저조: 활동이나 감정이 왕성하지 못하고 침체함.

＊③ 요약 : 육십 옹과 자신을 비교하는 '나'의 성찰

④ ㉤ 할 바를 모르는 것이 아니라 길이 없는 것이다. ❷여기에 좀체
　　　　# 자신의 현재 상태의 원인에 대한 글쓴이의 판단
구하기 어려운 저미의 근인(根因)*이 있기는 있는 것이나 그러나
그렇다고 허구한 날 **상을 찌푸리고만 지낼 수도** 없는 노릇이니 가까운
　　　　글쓴이가 무기력을 극복하고자 하는 이유
손잡이를 잡고 억지로라도 플래토를 정복하고 [식물 이하의
무기력에서 식물 이상의 **행(行)의** 생활로 애써 솟아올라야 할 것이다.]
　　　# [ ]: ❷ 태도 – 무기력을 극복하고 적극적이고 희망적인 생활로 나아가고자 함.

좀체: (주로 부정적인 의미를 가진 단어와 호응하여) 여간하여서는 = 좀처럼
저미: 저미하다(기운이 빠져 활동이 둔하고 흐미하다.)의 어근
허구하다: 날, 세월 따위가 매우 오래다.

＊④ 요약 : 무기력을 극복하고 행(行)의 생활로 나아가려는 '나'

* **보료**: 바닥에 까는 두툼한 요　　＊ **가구**: 거리의 구역
* **플래토**: 정체기　　＊ **근인**: 근본이 되는 원인

■ (나) 독해 공식
❶ **중심 대상**: 육십 옹
❷ **글쓴이의 생각**: 웃으며 일하는 육십 옹의 모습이 근로와 예술이 조화를 이룬 노동의
참된 경지라고 생각함.
　태도: 묵묵히 꽃밭을 가꾸는 육십 옹을 예찬함. 무기력을 극복하고 적극적이고 희망적인
생활로 나아가고자 함.
❸ **서술상 특징**
• 색채 이미지를 통해 풍경을 생생하게 묘사함.
• 특정 대상을 관찰한 내용을 중심으로 서술함.
• 열거를 통해 꽃을 키우는 과정을 상세하게 설명함.
• 글쓴이가 특정 대상과 자신을 비교하여 자신의 삶을 성찰함.
• 글쓴이의 내적 독백을 통해 내용을 서술함.
• 설의적 표현을 통해 의미를 강조함.

■ **갈래**: 현대 수필
■ **제목의 의미**: '화춘의장(花春意匠)'에서 '의장(意匠)'은 시각을 통하여 미감을 일으킨다는
것으로, '화춘의장(花春意匠)'은 '꽃을 통하여 미감(美感)을 일으킨다.'라는 뜻이다.
■ **주제**: 육십 옹을 통해 깨달은 삶의 가치와 무기력한 삶을 극복하려는 의지
■ **이것이 핵심!**: '육십 옹'을 통해 글쓴이가 깨달은 것

'육십 옹'의 모습	글쓴이의 생각
• 묵묵히 성실하게 일함. • 괴롭게 노동하는 것이 아니라 천진하게 장난하며 예술을 함.	근로와 예술을 동시에 가진 모습을 보며, 노동의 참된 경지라고 생각함.

→ 육십 옹의 '만족스러운 노동의 표정의 미'를 통해 글쓴이는 자신을 성찰하고,
무기력에서 벗어나고자 함.

■ **왜 두 작품?**
• 공통점: (가)와 (나)는 모두 자신이 처해 있는 현실에 대한 고민이 드러난 작품이다.
(가)의 화자는 자연에 묻혀 지내면서 임금을 걱정하며, (나)의 글쓴이는 육십 옹의
행동하는 아름다움을 통해 자신의 생활방식을 반성하고 있다.
• 차이점: (가)의 화자는 자신의 고민에 대해 임금의 장수를 기원하면서 소극적 태도를
보인다. 반면 (나)의 글쓴이는 무기력한 생활을 '행(行)의 생활'로 바꿔야 한다며
무기력을 극복하려는 적극적 태도를 보인다.

34　정답 ①　＊ 서술상 특징 파악하기　　★1등급 대비

[① 38% ② 12% ③ 8% ④ 18% ⑤ 21%]

(가)와 (나)의 공통점으로 가장 적절한 것은?

왜 틀렸나?
　(가)와 (나)에서 설의적 표현이 쓰인 부분을 파악하지 못하여 틀린 학생들이
많았다. 설의적 표현이란 '쉽게 판단할 수 있는 사실을 의문의 형식으로 표현하여
상대편이 스스로 판단하게 하는 표현'을 의미한다. 따라서 의문형 문장을 찾으면
설의적 표현을 쉽게 찾을 수 있다.

왜 정답?

① **설의적 표현을 활용하여 의미를 강조하고 있다.**
　(가): 소박한 삶에 대한 만족감, (나): 이론보다 행동의 중요함.

> (가) ㉑행　금서일실(琴書一室)이 이 아니 내 분인가
> (가) ㉗행　호탕한 미친 흥을 행여 아니 남이 알겠는가
> (나) ③-❺　빈틈없는 이론으로 든든히 무장을 해본다 하더라도 행동이 없는
> 이상 갑을흑백을 어떻게 가린단 말인가.

　(가)는 '금서일실이 ~ 내 분인가', '호탕한 ~ 남이 알겠는가'에서 설의적 표현을
활용하여 자연의 소박한 삶에 대한 만족감과 자신이 느끼고 있는 흥을 강조하고 있다.
　(나)는 '빈틈없는 이론으로 ~ 가린단 말인가'에서 설의적 표현을 활용하여, 빈틈없는
이론보다 행동이 더 중요함을 강조하고 있다.

왜 오답?

② 구체적 지명을 활용하여 현장감을 드러내고 있다.
　(가) ×, (나) ×　　　　(가) ×, (나) ×

　(가)는 구체적 지명을 활용하지 않았으며 현장감을 드러내고 있지 않다. '남주
백리지'라는 표현이 나오지만 이는 남쪽 지방 백 리의 땅이라는 뜻이므로 구체적
지명이 아니다.
　또한 (나) 역시 구체적 지명을 활용하지 않았으며 현장감을 드러내고 있지 않다.

③ 청각적 이미지를 통해 대상의 특성을 강조하고 있다.
　(가) ○, (나) ×　　　　(가) ×, (나) ×

> (가) ㉖행　수조가(水調歌)를 길이 읊고 혼자 서서 흔들대니

　(가)는 '수조가(水調歌)를 길이 읊고'에서 청각적 이미지를 활용하여 자연에서
느끼는 화자의 흥취를 드러내고 있다. 그러나 이를 통해 대상의 특성을 강조한 것은
아니다.
　또한 (나)는 청각적 이미지를 활용하지 않았다.

④ 연쇄의 방식을 사용하여 상황의 심각성을 표현하고 있다.
(가) ✕, (나) ✕   (가) ✕, (나) ✕

(가)는 연쇄의 방식을 사용하지 않았으며 상황의 심각성을 표현하지도 않았다.

또한 (나) 역시 연쇄의 방식을 사용하지 않았으며 상황의 심각성을 표현하지도 않았다.

매력 오답 '연쇄의 방식'은 '고인도 날 못 보고 나도 고인 못 뵈 / 고인을 못 뵈도 예던 길 앞에 있네.'와 같이 앞 구절의 끝 어구를 다음 구절의 앞 구절에 이어받아 표현하는 방식을 말한다. (가)와 (나)에서는 연쇄의 방식을 사용한 부분을 찾을 수 없다.

⑤ 언어유희를 통해 현실에 대한 태도를 간접적으로 드러내고 있다.
(가) ✕, (나) ✕   (가) ✕, (나) ✕

(가)는 언어유희를 활용하지 않았으며, '인생지락이 이밖에 또 없도다'와 같이 현실에 대한 태도를 직접적으로 드러내고 있다.

또한 (나) 역시 언어유희를 활용하지 않았으며, '무기력에서 ~ 행(行)의 생활로 애써 솟아올라야 할 것이다.'와 같이 자신의 다짐을 직접적으로 드러내고 있다.

매력 오답 (가)의 화자가 세상에 대한 자신의 마음을 나타내는 부분이 있어 현실에 대한 태도를 드러낸 것으로 생각했을 수 있다.

하지만 (가)와 (나)에 모두 언어유희가 나타나지 않은 점을 확인하면 답을 쉽게 찾을 수 있다. 언어유희는 "어 추워라, 문 들어온다, 바람 닫아라 물 마른다, 목 들여라."와 같이 '말이나 글자를 소재로 하는 놀이'를 의미한다.

---

35 정답 ② ＊글쓴이의 생각과 태도 파악하기 ·········· [정답률 76%]

㉠~㉤에 대한 설명으로 적절하지 <u>않은</u> 것은?

＞왜 정답 ?

② ㉡: 대상에 대한 ~~의혹이 해소되어 가는~~ 데 대한 글쓴이의 인식이
'육십 옹'으로 인해 꽃밭의 모습이 날로 새롭고 아름다워진다는 인식이 드러남.
드러나 있다.

> (나) ①-❼ ㉡ 옹은 허리가 휘고 기력이 부실하나 서두르는 법 없이 지치는 법 없이 말하는 법 없이 날이 맞도록 묵묵히 일하며 그의 장기(匠器)가 미치는 뒷자취는 나날이 면목이 새롭고 아름다워진다.

㉡에서 글쓴이는 '육십 옹'이 일하는 모습을 구체적으로 묘사하면서 그로 인해 꽃밭이 나날이 '새롭고 아름다워진다'고 했다. 따라서 ㉡에는 대상('육십 옹')으로 인해 꽃밭의 모습이 날로 새롭고 아름다워진다는 글쓴이의 인식이 드러나 있다. 글쓴이는 대상('육십 옹')에 대해 의혹을 보이지 않으며, 따라서 의혹이 해소되어 가는 데 대한 인식도 드러나지 않는다.

＞왜 오답 ?

① ㉠: 풍경의 가치를 인식하며 이를 수시로 감상할 수 있는 데 따른
'붉은 튤립', '나무장미', '달리아'가 핀 꽃밭의 풍경을 귀하다고 인식함.
글쓴이의 심정이 드러나 있다.
행복감

> (나) ①-❶, ❷ 붉은 튤립의 열(列) 옆으로 나무장미의 만발한 이랑이 늘어서고 달리아가 장성하며 한편에는 우방의 활엽(闊葉)이 온통 빈틈없는 푸른 보료를 편다. ㉠ 가구(街區)＊에서는 좀체 얻어 볼 수 없는 귀한 경물이니 아침저녁으로 손쉽게 그것을 바라볼 수 있는 나는 자신을 행복스럽게 여긴다.

㉠에서 글쓴이는 자신이 바라보고 있는 꽃이 핀 풍경을 '좀체 얻어 볼 수 없는 귀한 경물'이라고 말하면서 이를 '손쉽게' '바라볼 수 있는' '자신을 행복'하게 여긴다. 따라서 ㉠에는 '꽃밭'이라는 풍경의 가치를 인식하며 이를 수시로 감상할 수 있는 데 따른 글쓴이의 행복한 심정이 드러나 있다.

---

③ ㉢: 주의 깊게 살펴본 대상의 면모를 주관적으로 해석하는 글쓴이의
꽃밭을 가꾸는 '육십 옹'   괴로운 '노동'이 아니라 즐거운 '예술'을 하고 있음.
인식이 드러나 있다.

> (나) ①-❾ ㉢ 때때로 얼굴이 마주칠 때의 아이같이 방긋 웃어 보이는 동심의 표정을 읽으면 그는 괴롭게 노동하고 있는 것이 아니라 그 오십 평 속에서 천진하게 장난하고 예술하고 있는 것이라고 번역된다.

㉢에서 글쓴이는 꽃밭을 가꾸는 '육십 옹'을 주의 깊게 살펴보고, '육십 옹'의 면모를 '괴롭게 노동하고 있는 것이 아니라' '천진하게 장난하고 예술하고 있는 것'이라며 주관적으로 해석하고 있다.

④ ㉣: 희망의 의미를 구체화하지 못하는 것에 대한 글쓴이의 심정이
희망의 내용, 정도, 거리를 생각하여 정하는 것   답답함
드러나 있다.

> (나) ③-❸ ~ ㉣ 솔직하게 말하여 그 대체 희망이라는 것이 어떤 내용 어느 정도 어느 거리의 것인가를 생각할 때 역시 답답해지는 것이 당연하며 뜻 없는 명랑은 도리어 천치의 소위로밖에는 생각되지 않는다.

㉣에서 글쓴이는 '희망'이 '어떤 내용', '어느 정도', '어느 거리의 것'인지를 구체화하지 못하여 이를 '답답해' 하고 있다.

⑤ ㉤: 자신이 현재 상태에 이르게 된 근본적 원인에 대한 글쓴이의
생활의식이 저조한 상태   자신에게 길이 없는 것
판단이 드러나 있다.

> (나) ③-❼ 우울을 말할 때가 아닐는지는 모르나 때때의 생활의식의 저조에는 너무도 절실함이 있다.
> (나) ④-❶ ㉤ 할 바를 모르는 것이 아니라 길이 없는 것이다.

㉤에서 글쓴이는 생활의식이 저조한 자신의 현재 상태를 인식하고 그 원인을 어떻게 '할 바를 모르는 것이 아니라 길이 없기 때문이라고 말하고 있다.

---

36 정답 ④ ＊작품 비교하기 ································· [정답률 64%]

(가)와 (나)를 비교하여 이해한 내용으로 가장 적절한 것은?

＞왜 정답 ?

④ (가)의 '달'은 화자의 행동 변화가 일어나는 시간적 배경을 나타내는
수조가를 읊조리던 행동 → 지팡이를 짚고 돌길을 올라가는 행동
소재이고, (나)의 '아침'은 글쓴이가 관찰한 대상의 일관된 행동이
'육십 옹'이 매일 아침 보에 쟁기를 싸서 나타나는 행동
나타나는 시간적 배경이다.

> (가) ㉕~㉛행 박잔에 술을 부어 알맞게 먹은 후에 / 수조가(水調歌)를 길이 읊고 혼자 서서 흔들대니 / ~ / 하마 저물었느냐 먼 뫼에 `달` 오른다 / 그만하야 쉬어보자 바위에 배 매어라 / ~ / 모래 둑을 돌아들어 석경(石逕)으로 올라가니
> (가) ①-❺ 씨를 뿌리기 시작한 날부터는 하루도 번기는 날이 없이 `아침`만 되면 육십 옹은 보에 쟁기를 싸가지고 어디선지 나타난다.

(가)에서 화자는 '술'을 먹고 '수조가를 읊조리'다가, '달'이 뜨자 지팡이를 짚고 돌길을 올라간다. 따라서 (가)의 '달'은 화자의 행동 변화가 일어나는 시간적 배경을 나타내는 소재이다.

(나)에서 글쓴이는 '육십 옹'이 하루도 빠지지 않고 아침민 되면 보에 쟁기를 싸서 나타난다고 말하고 있는데, 이는 매일 아침 일관된 행동을 보이는 '육십 옹'의 모습을 글쓴이가 관찰하여 서술한 것이다. 따라서 (나)의 '아침'은 글쓴이가 관찰한 대상인 '육십 옹'의 일관된 행동이 나타나는 시간적 배경이다.

구분	(가)의 화자	(나)의 글쓴이
현재 모습	자기 성찰을 함. 현실에 대한 고민을 가지고 있음.	
현실 상황	속세에서 갈등을 겪고 은거하는 삶을 살고 있음.	무기력한 삶을 살고 있음.
대상과의 관계	대상(자연)을 통해 위안도 얻고 번민에 빠진 자신을 인식함. → 자기성찰	대상(육십 옹)을 통해 자신을 돌아봄. → 자기성찰
삶의 태도	자연에서의 삶에서도 세상(속세)을 향한 마음을 드러냄.	무기력한 삶을 극복하고자 하는 의지를 드러냄.

왜 오답?

① (가)의 '오마'는 화자를 과거에 ~~억압~~하던 대상이고, (나)의 '꽃'은 글쓴이가 관찰한 대상이 자신의 ~~이상~~을 펼치도록 돕는 소재이다.
[화자가 남주를 다스리러 갈 때 이용하는 대상]
['육십 옹' 노동을 통해 만들어내는 존재]

＊ 근거: (가) ⑬, ⑭행, (나) ①-❸, ⑪

(가)에서 화자는 '오마(五馬)를 바삐 몰아' '남주(南州) 백리지(百里地)에 와서' 백성과 함께 지내는 마음으로 다스린다고 했다. 따라서 (가)의 '오마'는 화자를 과거에 억압하던 대상이 아니라, 화자가 남주를 다스리기 위해 갈 때 이용하는 수단이다.

또한 (나)에서 글쓴이가 관찰한 대상은 '육십 옹'으로, '꽃'은 '육십 옹'이 노동을 통해 만들어내는 존재일 뿐, '육십 옹'의 이상을 펼치도록 돕는 소재가 아니다.

② (가)의 '옷'은 화자가 자연 풍경에 대한 ~~감탄~~을 자아내게 하는 소재이고, (나)의 '손잡이'는 글쓴이가 이를 사용하는 ~~인물의 능력~~에 대해 감탄을 자아내는 소재이다.
[화자의 벼슬살이를 의미하는 소재]
[글쓴이가 무기력을 극복하는 데 도움을 주는 소재]

＊ 근거: (가) ⑮~⑱행, (나) ④-❷

(가)의 '옷'은 화자의 벼슬살이를 의미하는 소재이다. (가)의 화자는 '이마 흰 모진 범' 때문에 '환정(宦情)' 즉 벼슬을 하고 싶은 마음이 사라져 '옷'을 '벗어놓고' 자연으로 돌아온다.

(나)의 '손잡이'는 글쓴이가 무기력에서 벗어나기 위해 사용하는 도구이다. (나)의 글쓴이는 '손잡이를 잡고' '무기력에서' '행(行)의 생활로' '솟아올라야 할 것이'라고 말하고 있다.

③ (가)의 '송죽'은 화자가 ~~새로운 공간~~으로 돌아와서 만난 소재이고, (나)의 '튤립'은 글쓴이가 ~~벗어나고자~~ 하는 공간의 특징을 나타내는 소재이다.
[자연]
[글쓴이를 행복하게 하는 공간]

＊ 근거: (가) ⑰~⑲행, (나) ①-❶, ❷

(가)의 '송죽'은 화자가 '자연'이라는 새로운 공간으로 돌아와서 만난 소재이다. (가)의 화자는 벼슬살이에서 물러나 자연으로 돌아오고 있으며, 자연에서 만난 송죽이 반기는 것 같다고 했다.

(나)의 '튤립'은 글쓴이를 행복하게 하는 공간의 특징을 나타내는 소재이다. 글쓴이는 붉은 튤립, 나무장미, 달리아 등의 꽃을 손쉽게 바라볼 수 있는 자신을 행복스럽게 여긴다고 했다.

⑤ (가)의 '오류댁'은 화자가 ~~동경~~하는 행위가 드러나는 공간이고, (나)의 '꽃밭'은 글쓴이가 ~~경계~~하는 행위가 드러나는 공간이다.
[화자의 행복과 만족감이 드러나는 공간]
[글쓴이가 추구하는 모습이 드러나는 공간]

＊ 근거: (가) ㉚~㉜행, (나) ②-❶, ❷

(가)의 '오류댁'은 화자의 행복과 만족감이 드러나는 공간이다. (가)의 '오류댁'은 시인 도연명이 은거하던 집인데, 화자는 자신이 있는 곳을 '오류댁'이라고 칭하며 맑고 깨끗하다고 말하면서 행복과 만족감을 드러내고 있다.

(나)의 '꽃밭'은 글쓴이가 추구하는 모습이 드러나는 공간이다. (나)에서 글쓴이는 '꽃밭'을 '미'와 '생산의 열매'가 함께 있는 곳이라고 말하고 있다. 이는 미와 생산이 조화를 이룬 것으로 글쓴이가 추구하는 모습이다.

---

37 정답 ③ ＊<보기>를 바탕으로 감상하기 ·············· [정답률 62%]

<보기>를 바탕으로 (가), (나)를 감상한 내용으로 적절하지 <u>않은</u> 것은? [3점]

> ───── 〈 보기 〉 ─────
>
> ❶(가)와 (나)는 자기 성찰과 현실에 대한 고민이 드러나 있는 작품이다.
> [(가)의 화자와 (나)의 글쓴이의 공통점]
> ❷(가)의 화자는 속세에서 갈등을 겪고 은거하는 삶을 살고 있다. ❸이때
> [관직에 나아갔다가 벼슬을 그만둠.]
> 화자는 자연을 통해 위안을 얻기도 하지만 번민을 떨치지 못하는 자신을
> [자연에서의 삶을 통해 지극한 즐거움을 얻음. 천성 때문에 무익한 근심을 버리지 못함.]
> 인식하며 자연에서의 삶에서도 세상을 향한 마음을 드러낸다. ❹(나)의
> [임금의 상수를 기원함.]
> 글쓴이는 자신과 대조적인 삶을 살고 있는 대상을 통해 자신의 삶을
> [열심히 꽃밭을 가꾸는 육십 옹   무기력한 삶]
> 돌아보게 된다. ❺이러한 과정에서 글쓴이는 가치 있는 삶의 모습을 깨닫고
> [노동과 예술이 조화를 이루는 삶]
> 무기력한 삶을 극복하고자 하는 의지를 드러낸다.

왜 정답?

③ (가)의 '금서일실'을 '내 분'으로 여긴다는 것에서 화자가 ~~속세로 돌아가고~~ 싶어 하는 고민이 드러나 있음을, (나)의 '소침됨을 깨닫고' '생활의욕이 급거히 저락되'었다는 것에서 글쓴이가 해결하고 싶어 하는 고민이 드러나 있음을 알 수 있군.
[자연의 소박한 삶에 대한 만족감]
[무기력한 삶에 대한 고민]

＊ 근거: (가) ㉑행, (나) ③-❶, ❷, <보기> ❷문장

(가)의 화자는 '금서일실(琴書一室)' 즉 거문고와 책이 있는 방 한 칸을 자신의 분수라고 말하고 있는데, 이는 자신의 소박한 삶에 대한 만족감을 드러낸 것이다. 속세로 돌아가고 싶은 고민을 드러낸 것이 아니다.

반면 (나)의 글쓴이는 자신의 '생활의식'이 '저하되고 소침(消沈)'되었으며, '주기적으로 생활의욕이 급격히 저락'된다고 말하고 있다. 이는 자신의 무기력한 삶에 대한 글쓴이의 고민이 드러난 것이다.

왜 오답?

① (가)의 '앞내에 고기 낚고 뒷뫼에 약을 캐'며 '인생지락'을 느끼는 것에서 화자가 자연에서의 삶 속에서 위안을 얻고 있음을 알 수 있군.
[자연에 은거하면서 즐거움, 만족감을 느낌.]

＊ 근거: (가) ㉒~㉔행, <보기> ❸문장

(가)의 화자가 '앞내에 고기 낚고 뒷뫼에 약을 캐'는 것은 자연에서 은거하는 삶의 모습이다. 화자는 이러한 삶을 '인생지락' 즉 인생의 지극한 즐거움이라고 말하고 있는데, 이는 화자가 자연에서의 삶 속에서 위안을 얻고 있음을 보여준다.

② (나)의 '근로와 예술을 동시에 가진 생활'이 '노동의 참된 경지'라는 것에서 글쓴이가 깨달은 가치 있는 삶의 모습이 드러나고 있음을 알 수 있군.
[노동과 예술이 조화를 이루는 삶]

＊ 근거: (나) ①-⑪, <보기> ❺문장

(나)의 글쓴이는 '육십 옹'의 모습을 보며 '노동의 참된 경지'라고 말하고 있는데, 이는 노동과 예술이 조화를 이루는 삶이 가치 있는 삶이라는 깨달음을 나타낸 것이다.

따라서 (나)의 글쓴이는 '근로와 예술을 동시에 가진 생활'을 '노동의 참된 경지'라고 말함으로써 자신이 깨달은 가치 있는 삶, 즉 노동과 예술의 조화를 이루는 삶의 모습을 드러내고 있음을 알 수 있다.

④ (가)의 '내 근심 무익한 줄 모르지' 않지만 '천성을 못 변'해 '가소롭다'는 것에서 화자가 번민을 떨치지 못하는 자신을 성찰하고 있음을, (나)의 '육십 옹'의 '생활의식에 비겨' 보며 '부끄러'워 한 것에서 글쓴이가 타인과 대조하며 자신을 성찰하고 있음을 알 수 있군.
[천성 때문에 무익한 근심을 떨치지 못하는 자신을 성찰함.]
[육십 옹이라는 타인의 생활의식과 대조하여 자신을 성찰함.]

＊ 근거: (가) ㊳, ㊴행, (나) ③-❶, <보기> ❶, ❸, ❹문장

(가)의 화자는 자신의 '근심'이 '무익(無益)'하지만 '천성(天性)' 때문에 근심을 버리지 못하는 것을 '가소롭다'고 말한다. 이를 통해 (가)의 화자가 근심을 버리지 못하는 자신의 모습을 성찰하고 있음을 알 수 있다.

(나)의 글쓴이는 '육십 옹의' '생활의식에 비겨' 자신의 생활의식이 때때로 '월등'하게 '저하'된다면서 부끄럽다는 생각을 드러내고 있다. 이를 통해 (나)의 글쓴이가 육십 옹과 자신의 차이점을 비교하며 스스로를 성찰하고 있음을 알 수 있다.

> **매력 오답** (가)의 화자와 (나)의 글쓴이가 자신을 성찰하는 모습이 나타나는 부분을 파악하지 못해 헷갈린 학생들이 많았다. '성찰'의 뜻은 '자기의 마음을 반성하고 살핌.'으로, 화자와 글쓴이가 자신의 현재 상태를 인식하고 돌아보는 부분을 찾으면 된다.

⑤ (가)의 '강호의 일민이 되야 축성수나 하리라'에서 화자가 은거하면서도

세상을 향한 마음을 드러내고 있음을, (나)의 '상을 찌푸리고만 지낼
임금의 장수를 기원하는 마음

수' 없다며 '행의 생활'을 다짐하는 것에서 글쓴이가 무기력한 삶을

극복하고자 하는 의지를 드러내고 있음을 알 수 있군.
무기력한 삶을 극복하고 적극적으로 움직이는 삶을 살고자 하는 의지

★ 근거: (가) ⑩행, (나) ④ - ②, 〈보기〉 ②~⑤문장

　(가)의 화자는 '강호(江湖)'의 일민(逸民)이 되'어 '축성수(祝聖壽)' 즉 임금의 장수를
기원하겠다는 마음을 나타내고 있다. 이때 임금의 장수를 기원하는 것은 세상을
향해서 화자가 드러내고 싶은 마음이다.

　(나)의 글쓴이는 '상을 찌푸리고만 지낼 수는 없으니 '식물 이하의 무기력에서 식물
이상의 행(行)의 생활'로 '솟아올라야' 한다고 말하고 있다. 이때 '행(行)'의 생활이란
적극적으로 움직이는 생동감 있는 삶으로, (나)의 글쓴이는 무기력한 삶을 극복하고
적극적인 삶을 살고자 하는 의지를 드러내고 있다.

38~41 　★ 양면시장의 가격구조

　# 출제　◯ 글 전체 핵심어　▢ 글 전체 중심 문장

① 양면시장은 [플랫폼 사업자가 서로 구분되는 두 개의 이용자 집단에
[ ]: 양면시장의 개념
플랫폼을 제공하고 이용자들은 플랫폼을 통해 상대 집단과 거래하면서
경제적 가치나 편익을 창출하는 시장]을 의미한다. ② 이때 플랫폼이란
플랫폼 사업자는 플랫폼 이용자들에게 경제적 가치를 창출하는 환경을 제공함.
양쪽 이용자 집단의 연결 고리 역할을 하는 물리적, 가상적, 제도적
환경을 일컫는다. ③ 이용자 집단은 플랫폼을 통해 거래가 이루어지기
까지의 시간이나 노력 등과 같은 거래비용을 절감하여 상대 집단과
이용자 집단이 플랫폼을 이용하는 이유
거래하게 된다. ④ 대표적인 플랫폼으로 신용 카드 회사가 제공하는 카드
결제 시스템을 들 수 있다. ⑤ 플랫폼의 한쪽에는 카드로 결제하는 회원들이
플랫폼의 대표적인 사례　　　　　　　　　　　　　카드
있고, 플랫폼의 반대쪽에는 그것을 지불 수단으로 받는 가맹점들이 있다.
△, ▽: 카드 결제 시스템을 이용하는 양면시장의 두 이용자 집단
⑥ 플랫폼 사업자인 신용 카드 회사 입장에서는 양쪽 이용자 집단인 카드
회원들과 가맹점들 모두가 고객이 된다.
카드 회원과 가맹점들 모두가 신용 카드 회사의 고객임.

| 편익: 재화나 용역을 사용해서 얻을 수 있는 주관적인 만족
| 창출하다: 전에 없던 것을 처음으로 생각하여 지어내거나 만들어 내다.
| 절감하다: 아끼어 줄이다.　가맹점: 어떤 조직의 동맹이나 연맹에 든 가게나 상점

★ ① 문단 요약 : 양면시장과 플랫폼

② 플랫폼을 통해 연결되는 양쪽 이용자 집단의 관계는 '네트워크
외부성'을 통해 설명할 수 있다. ② 네트워크 외부성은 어떤 제품이나
서비스를 사용하는 이용자의 규모가 이용자의 효용에 영향을 미치는
것으로 직접 네트워크 외부성과 간접 네트워크 외부성으로 구분된다.
③ 직접 네트워크 외부성이란 동일 집단 내에서 발생하는 것으로, 동일
집단에 속한 이용자의 규모가 커지면 집단 내 개별 이용자의 효용이
직접 네트워크 외부성의 특성: 규모 ↑→ 효용 ↑
증가하는 특성이다. ④ 이와 달리 간접 네트워크 외부성이란 서로 다른
집단 간에 발생하는 것으로, [한쪽 이용자 집단의 규모가 커지면 반대쪽
[ ]: 간접 네트워크 외부성의 특성: 한쪽 규모 ↑→ 다른 쪽 효용 ↑
이용자 집단의 효용이 증가하고, 한쪽 이용자 집단의 규모가 작아지면
한쪽 규모 ↓→ 다른 쪽 효용 ↓
반대쪽 이용자 집단의 효용이 감소]하게 된다. ⑤ 양면시장에서는 간접
네트워크 외부성이 필수적으로 작용하므로 양쪽 이용자 집단이 서로
양면시장의 특성: 한쪽 집단의 규모 변화가 반대쪽 집단의 효용에 영향을 미침.
긴밀하게 영향을 주고받는다.

| 효용: 인간의 욕망을 만족시킬 수 있는 재화의 효능
| 작용하다: 어떠한 현상을 일으키거나 영향을 미치다.
| 긴밀하다: 서로의 관계가 매우 가까워 빈틈이 없다.

★ ② 문단 요약 : 네트워트 외부성

---

① 간접 네트워크 외부성
③ 이를 바탕으로 플랫폼 사업자는 플랫폼 이용료를 통해 수익을 창출
이용자 집단의 규모가 달라짐에 따라 반대쪽 이용자 집단의 효용도 달라짐.
하기 때문에 양쪽 이용자 집단 모두를 플랫폼에 참여하도록 유도할 수
있는 가격구조를 결정하게 된다. ② 이때 가격구조란 플랫폼 이용료를
가격구조의 개념
각각의 이용자 집단에 어떻게 부과하느냐를 의미한다. ③ 플랫폼 사업자는
수익을 극대화할 수 있는 전략으로 양쪽 이용자 집단에 차별적인 가격을
부과하는 것이 일반적인데, 한쪽 이용자 집단의 플랫폼 이용료를 아주
플랫폼 사업자가 차별적인 가격을 부과하는 방법 ①
낮게 책정하거나 한쪽 이용자 집단에 보조금을 지급하는 경우도 있다.
방법 ②

★ ③ 문단 요약 : 플랫폼 사업자가 플랫폼 이용료를 부과하는 방식

④ 위에서 언급된 카드 결제 시스템을 바탕으로 간접 네트워크 외부성이
한쪽 이용자 집단
가격구조에 미치는 영향을 살펴보면 다음과 같다. [카드 회원들이
[ ]: 플랫폼 사업자(카드 회사)가 차별적인 가격구조를 결정하는 예
가맹점에 미치는 간접 네트워크 외부성이 클수록, 카드 회사는 카드
다른쪽 이용자 집단
회원 수를 늘리기 위해 낮은 연회비를 부과할 수 있다. 이에 따라 카드
한쪽 이용자 집단(카드 회원)에 낮은 플랫폼 이용료(연회비)를 책정함.
회원 수가 늘어나면 가맹점들의 효용이 증가하기 때문에 가맹점은 높은
결제 건당 수수료를 지불하더라도 카드 결제 시스템을 이용하게 된다.]
④ 다른 쪽 이용자 집단(가맹점)에 높은 플랫폼 이용료(결제 수수료)를 책정함.
이는 가맹점이 카드 회원들에게 미치는 간접 네트워크 외부성이 큰
결제 수수료 ↓→ 가맹점 수 ↑→ 카드 회원들 효용 ↑→ 높은 연회비에도 카드 가입
경우에도 마찬가지로 적용된다.

★ ④ 문단 요약 : 간접 네트워크 외부성이 가격구조에 미치는 영향

⑤ 한편 가격구조는 수요의 가격탄력성에도 영향을 받는다. ② 수요의
가격탄력성이란 가격이 오르거나 내릴 때 수요량이 얼마나 변동하느냐를
수요의 가격탄력성이 높음: 가격의 변화에 따라 수요가 크게 변동함.
의미하는 것으로, 양면시장에서 양쪽 이용자 집단 각각은 플랫폼 이용료의
변동에 따라 이용자 수나 서비스 이용량과 같은 수요량에 영향을 받게
된다. ③ 카드 회원의 수요의 가격탄력성이 높은 경우에는 연회비가 오를 때
연회비 변화에 따라 카드 회원 수가 크게 변동함.
카드 회원 수가 크게 감소하고, 수요의 가격탄력성이 낮은 경우에는
변동이 크지 않다. ④ 따라서 플랫폼 사업자는 자신의 수익을 극대화하기
연회비가 변해도 카드 회원 수가 크게 변동하지 않음.
위해 양쪽 이용자 집단의 특성을 파악하여 각 집단에 최적의 이용료를
부과하게 된다. ⑤ 일반적으로 플랫폼 사업자는 수요의 가격탄력성이 높은
집단에 낮은 이용료를 부과하여 해당 집단의 이용자 수를 늘리려고
수요의 가격탄력성 ↑: 이용료 ↓→ 해당 집단 이용자 수 ↑
한다.

★ ⑤ 문단 요약 : 수요의 가격탄력성이 가격구조에 미치는 영향

　5문단 지문 이해도

★ 가격구조에 영향을 끼치는 요소

간접 네트워크 외부성	– 서로 다른 집단 간에 발생함. – 한쪽 이용자 집단의 규모 ↑→ 다른 쪽 이용자 집단의 효용 ↑
수요의 가격탄력성	– 가격이 오르거나 내릴 때 수요량이 얼마나 변동하느냐를 의미함. – 수요의 가격탄력성이 크다 = 가격이 오르거나 내릴 때 수요량이 크게 변동함.

⑥ 플랫폼 사업자가 수익을 창출하기 위해 사용하는 대표적인 전략으로
공짜 미끼와 프리미엄(free-mium) 등이 있다. ② 공짜 미끼 전략은 무료
서비스를 통해 한쪽 집단의 이용자 수를 늘리면서 반대쪽 집단 이용자의
한쪽 집단에게 무료 서비스 제공 → 한쪽 집단의 이용자 수 ↑→ 다른 집단의 이용자 수 ↑
플랫폼 참여를 유인하는 것이다. ③ 프리미엄 전략은 기본적 기능은 무료로
제공하지만 추가적인 기능은 유료로 제공하는 것으로, 무료에서 유료로
전환한 이용자의 긍정적 경험이 무료 이용자에게 전파되어 그 중 일부가
'무료 → 유료' 이용의 긍정적 경험 전파 → '무료 → 유료' 이용자 확산
유료 이용자로 전환되도록 하는 것이다.

★ ⑥ 문단 요약 : 플랫폼 사업자가 수익 창출을 위해 사용하는 대표적인 전략

■ 전체 지문 이해도
플랫폼 사용자의 가격 결정의 예

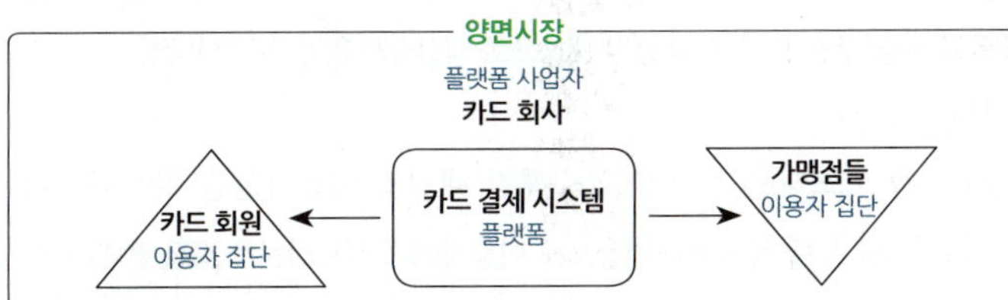

■ 지문 내용과 구조

1문단	**양면시장과 플랫폼의 개념** – 양면시장: 두 개의 이용자 집단이 플랫폼을 통해 거래하면서 경제적 가치나 편익을 창출하는 시장 – 플랫폼: 양쪽 이용자 집단의 연결 고리 역할을 하는 물리적, 가상적, 제도적 환경

네트워크 외부성

2문단	직접 네트워크 외부성	동일 집단 내 발생	집단 이용자의 규모 ↑ → 집단 내 개별 이용자 효용 ↑
	간접 네트워크 외부성	서로 다른 집단 간 발생	한쪽 이용자 집단 규모 ↑ → 반대쪽 이용자 집단 효용 ↑

3문단	**플랫폼 사업자가 플랫폼 이용료를 부과하는 방식** 수익을 극대화하기 위해 양쪽 이용자 집단에 차별적인 가격 부과 ① 한쪽 이용자 집단의 플랫폼 이용료를 아주 낮게 책정 ② 한쪽 이용자 집단에 보조금 지급
4문단	**간접 네트워크 외부성이 가격구조에 미치는 영향 - 카드 결제 시스템의 경우** 카드 회원들이 가맹점에 미치는 간접 네트워크 외부성 클 때: 낮은 연회비 부과 → 카드 회원 수 늘어남. → 가맹점들의 효용 증가 → 가맹점이 높은 결제 수수료를 감수함.
5문단	**수요의 가격탄력성이 가격구조에 미치는 영향** 이용 집단의 수요의 가격탄력성 높을 때: 플랫폼 이용료 ↓ → 해당 집단의 이용자 수 ↑
6문단	**플랫폼 사업자가 수익 창출을 위해 사용하는 대표적인 전략** ① 공짜 미끼 ② 프리미엄

1문단 양면 시장과 플랫폼	**2문단** 네트워크 외부성	**3문단** 플랫폼 사업자가 플랫폼 이용료를 부과하는방식	**4문단** 간접 네트워크 외부성 **5문단** 수요의 가격 탄력성	**6문단** 플랫폼 사업자의 수익 창출을 위한 대표 전략

■ **주제**: 양면시장의 개념과 플랫폼 이용료의 결정 방식

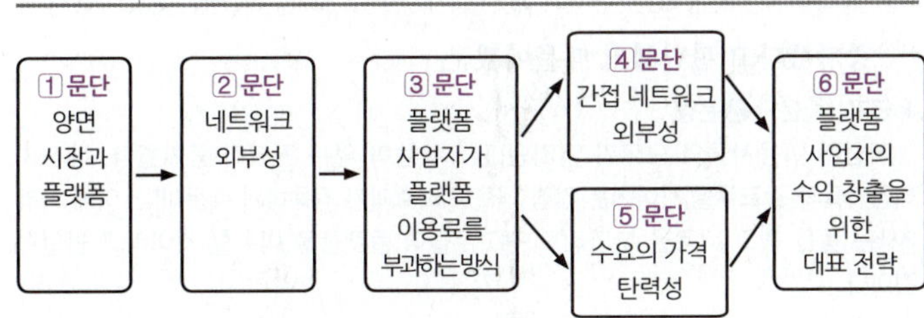

---

38 정답 ② ★ 내용 파악하기 ······················ [정답률 54%]

윗글을 이해한 내용으로 적절하지 않은 것은?

> **왜** 정답 ?

② 양면시장에서는 ~~신용 카드 회사~~와 카드 회원 모두가 ~~가맹점~~의 고객이
　　　　　　　　　　가맹점　　　　　　　　　　　신용 카드 회사
된다.

> 1문단 **⑥**문장　플랫폼 사업자인 신용 카드 회사 입장에서는 양쪽 이용자 집단인 카드 회원들과 가맹점들 모두가 고객이 된다.

신용카드 회사가 플랫폼 사업자이며, 카드 회원과 가맹점이 신용카드 회사의 고객이 된다.

> **왜** 오답 ?

① 카드 결제 시스템은 카드 회원들과 카드 가맹점을 연결하는 플랫폼이다.
　　　　　　　　　　　　　　　　　신용 카드 회사가 제공하는 플랫폼임.

> 1문단 **④**, **⑤**문장　대표적인 플랫폼으로 신용 카드 회사가 제공하는 카드 결제 시스템을 들 수 있다. 플랫폼의 한쪽에는 카드로 결제하는 회원들이 있고, 플랫폼의 반대쪽에는 그것을 지불 수단으로 받는 가맹점들이 있다.

③ 플랫폼 사업자는 이용자 집단이 플랫폼에 참여하도록 보조금을
　　　　　　　　　　　　　　　　이용자 집단이 유인되도록 유도함.
지급할 수 있다.

> 3문단 **❸**문장　플랫폼 사업자는 수익을 극대화할 수 있는 전략으로 ~ 한쪽 이용자 집단에 보조금을 지급하는 경우도 있다.

④ 플랫폼 사업자는 플랫폼 이용자들에게 경제적 가치를 창출하는
　　　　　　　　　　　　　　　　　　　플랫폼을 제공함.
환경을 제공한다.

> 1문단 **❶**문장　양면시장은 플랫폼 사업자가 서로 구분되는 두 개의 이용자 집단에 플랫폼을 제공하고 이용자들은 플랫폼을 통해 상대 집단과 거래하면서 경제적 가치나 편익을 창출하는 시장을 의미한다.

이용자들은 플랫폼 사업자가 제공한 플랫폼을 통해 상대 집단과 거래하면서 경제적 가치나 편익을 창출한다.

⑤ 프리미엄 전략은 유료로 전환한 이용자들이 무료 이용자들의 유료화에
　　　　　　　　　　　　　　　　　　　유료 전환 이용자들의 긍정적 경험이 전파됨.
영향을 미치는 것이다.

> 6문단 **❸**문장　프리미엄 전략은 ~ 무료에서 유료로 전환한 이용자의 긍정적 경험이 무료 이용자에게 전파되어 그 중 일부가 유료 이용자로 전환되도록 하는 것이다.

---

39 정답 ① ★ 내용 파악 + 추론하기 ·············· [정답률 76%]

가격구조에 대한 설명으로 가장 적절한 것은?

> **왜** 정답 ?

① 플랫폼 사업자가 수익을 극대화하기 위해 고려하는 것이다.
　　　　　　　　　양쪽 이용자 집단에 차별적인 가격을 부과하여 수익을 극대화함.

> 3문단 **❷**, **❸**문장　이때 가격구조란 플랫폼 이용료를 각각의 이용자 집단에 어떻게 부과하느냐를 의미한다. 플랫폼 사업자는 수익을 극대화할 수 있는 전략으로 양쪽 이용자 집단에 차별적인 가격을 부과하는 것이 일반적인데, ~

플랫폼 사업자는 각각의 이용자 집단에 차별적인 가격을 부과하여 수익을 극대화하고자 한다. 즉 수익을 극대화하기 위해 가격구조를 고려한다.

② 양쪽 이용자 집단의 이용료 지불 수단을 결정하는 방법이다.

* 근거 : ③문단 ❷문장

　가격구조는 양쪽 이용자 집단의 이용료 지불 수단과는 관련이 없다. 가격구조는 플랫폼 이용료를 얼마 부과할 것인가를 책정하는 것이다.

③ 양쪽 이용자 집단에 ~~동일한~~ 이용료를 부과하기 위한 원칙이다.
차별적인

> ③문단 ❸문장　플랫폼 사업자는 수익을 극대화할 수 있는 전략으로 양쪽 이용자 집단에 차별적인 가격을 부과하는 것이 일반적인데, ~

④ 양쪽 이용자 집단의 규모가 ~~항상 고정되어~~ 있음을 전제로 하는 것이다.
변동될 수

* 근거 : ④문단 ❷문장, ⑤문단 ❶문장

　4, 5문단에 따르면, 양면시장의 가격구조는 간접 네트워크 외부성과 수요의 가격탄력성에 영향을 받는다.

　즉 같은 플랫폼을 이용하는 두 이용자 집단의 규모는 플랫폼 이용료에 따라서 달라진다.

⑤ 플랫폼 사업자가 규모가 큰 이용자 집단에는 이용료를 부과하지 ~~못한다.~~
최적의 이용료를 책정하여 해당 집단의 이용자 규모를 변동시킬 수 있음.

> ⑤문단 ❹문장　따라서 플랫폼 사업자는 자신의 수익을 극대화하기 위해 양쪽 이용자 집단의 특성을 파악하여 각 집단에 최적의 이용료를 부과하게 된다.

　플랫폼 사업자는 이용자 집단의 특성을 고려한 최적의 이용료를 책정함으로써 해당 집단의 이용자 규모를 변동시킬 수 있다. 이용자 규모가 크다고 해서 이용료를 부과하지 못하는 것이 아니다.

40~41　윗글과 다음을 참고하여 40번과 41번의 두 물음에 답하시오.

――――〈 보기 〉――――

❶　P사가 개발한 메신저 프로그램은 이용자끼리 무료로 메시지를 주고
플랫폼 사업자　　플랫폼
받을 수 있어서 ㉠메신저 이용자들이 빠르게 증가했고, 메신저 이용자들끼리
플랫폼 이용자 집단
서로 편하게 연락을 주고받을 수 있게 되었다. 그러자 광고 효과를 기대하고
집단 내부의 직접 네트워크 외부성이 커짐　　　간접 네트워크 외부성의 효과
P사와 계약한 ㉡광고주들이 크게 늘어났고, P사는 모든 광고주들에게
플랫폼 이용자 집단
원래보다 높은 광고 비용을 부과했다. 이후 P사는 더 많은 메신저 이용자들을 ❸
플랫폼 이용료를 차별적으로 부과함.
확보하기 위해 메신저에서 사용할 수 있는 무료 이모티콘을 배포하였고,
공짜 미끼
이를 통해 ㉢이모티콘 사용에 익숙해진 이용자를 많이 확보할 수 있었다.
㉣'이모티콘 공급 업체의 플랫폼 참여 유인' ❹
이모티콘을 사용하는 이용자들이 점점 많아지자 P사는 메신저를 통해
㉤이모티콘 공급 업체들이 유료 이모티콘을 판매할 수 있도록 하였다.
플랫폼 이용자 집단
　P사가 높은 판매 수수료를 부과했음에도 불구하고 이용자들에게 이모티콘을
메신저 이용자 수 ↑ → 이모티콘 공급 업체들의 효용 ↑ 때문임.
판매하고자 하는 업체들이 모여들게 되었다.

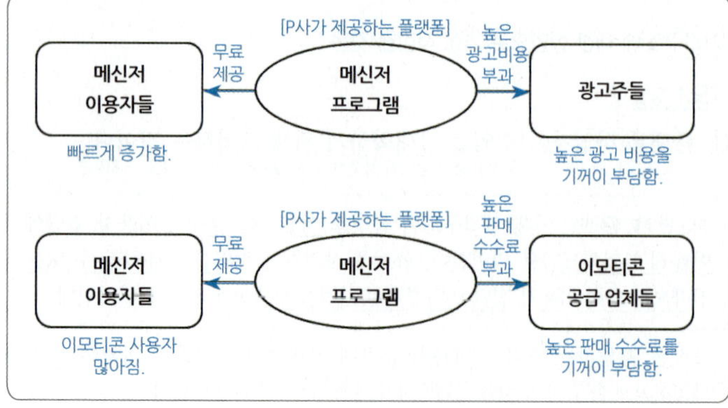

40　정답 ②　* 구체적 사례나 상황에 적용하기 ……… [정답률 59%]

윗글을 바탕으로 〈보기〉를 이해한 내용으로 적절하지 <u>않은</u> 것은? [3점]

>**왜 정답** ?

② P사가 이모티콘 사용에 익숙해진 메신저 이용자들을 확보한 것은 메신저를 통해 적은 거래비용으로 이용자에게 이모티콘을 직접 판매하고자 하는 목적이겠군.
P사가 직접 판매하지 않음.

> ⑥문단 ❷문장　공짜 미끼 전략은 무료 서비스를 통해 한쪽 집단의 이용자 수를 늘리면서 반대쪽 집단 이용자의 플랫폼 참여를 유인하는 것이다.
> 〈보기〉 ❹문장　~ P사는 메신저를 통해 이모티콘 공급 업체들이 유료 이모티콘을 판매할 수 있도록 하였다.

　P사는 무료 이모티콘을 배포하여 이모티콘 사용에 익숙해진 메신저 이용자들을 확보하였다. 이는 '공짜 미끼 전략'으로 한쪽 집단 즉, 메신저 이용자들의 수를 늘리면서 반대쪽 집단, 즉 이모티콘 공급 업체들의 참여를 유인하는 것이다. 또한 P사는 플랫폼 사업자로 이용자에게 이모티콘을 직접 판매하지는 않는다.

>**왜 오답** ?

① P사가 메신저 이용자들에게 무료 이모티콘을 배포한 것은 무료 서비스를 통해 더 많은 메신저 이용자들을 플랫폼으로 유도하기
무료 서비스를 통해 한쪽 집단의 이용자 수를 늘림.
위한 공짜 미끼 전략이겠군.

> ⑥문단 ❷문장　공짜 미끼 전략은 무료 서비스를 통해 한쪽 집단의 이용자 수를 늘리면서 반대쪽 집단 이용자의 플랫폼 참여를 유인하는 것이다.
> 〈보기〉 ❸문장　이후 P사는 더 많은 메신저 이용자들을 확보하기 위해 메신저에서 사용할 수 있는 무료 이모티콘을 배포하였고, ~

③ P사가 광고주들에게 부과한 광고 비용과 이모티콘 공급 업체에게
P사의 수익 창출 수단
부과한 판매 수수료는 P사의 수익 창출을 위한 플랫폼 이용료에
P사의 수익 창출 수단
해당하겠군.

* 근거 : ③문단 ❶문장

　플랫폼 사업자는 플랫폼 이용료를 통해 수익을 창출한다. 광고주들에게 부과한 광고 비용과 이모티콘 공급 업체에 부과한 판매 수수료 모두 플랫폼 이용료에 해당한다.

④ P사가 모든 광고주들에게 원래보다 높은 광고 비용을 부과한 것은 메신저 이용자들의 수가 늘어남에 따라 광고주들이 얻는 편익이
간접 네트워크 외부성이 커짐.
증가했다고 판단했기 때문이겠군.

* 근거 : ④문단 ❸문장

　메신저 이용자들의 규모가 커지면 광고주들이 얻는 편익이 증가한다. 메신저 이용자들과 광고주들 사이에는 간접 네트워크 효과가 작용하기 때문이다. 이에 따라 P사는 높은 광고 비용을 부과해도 광고주들이 플랫폼을 이용할 것이라고 판단한 것이다.

⑤ P사가 개발한 메신저의 이용자 수가 많아져 이용자들끼리 더 편하게 연락을 주고받을 수 있게 된 것은 메신저 이용자들 사이에 직접
동일 집단 내에서 이용자들끼리 효용이 증가함.
네트워크 외부성이 존재하는 것이겠군.

> ②문단 ❸문장　직접 네트워크 외부성이란 동일 집단 내에서 발생하는 것으로, 동일 집단에 속한 이용자의 규모가 커지면 집단 내 개별 이용자의 효용이 증가하는 특성이다.

> **매력 오답**　윗글에서 '직접 네트워크 외부성'이 중요하게 다뤄지지 않으므로, '직접 네트워크 외부성'의 개념을 제대로 파악하지 못해 틀린 학생들이 많았다.
> 　'P사가 개발한 메신저의 이용자'는 하나의 집단이고, 이 집단의 규모가 커지면서 서로 편하게 연락을 주고받을 수 있게 된 것은 동일 집단의 규모가 커지면서 집단 내 이용자의 효용이 증가한 사례이다.

41 정답 ⑤ ＊ 내용 파악 + 추론하기 🔴 1등급 대비

[① 14% ② 5% ③ 30% ④ 5% ⑤ 45%]

다음은 윗글과 〈보기〉를 읽은 학생이 보인 반응이다. A~C에 들어갈 내용으로 적절한 것은?

〈 보기 〉

㉠의 수요의 가격탄력성이 높고, ㉠이 ㉡에 미치는 간접 네트워크
메신저 이용자들(플랫폼 이용자 집단) 광고주들(플랫폼 이용자 집단)
외부성이 클 때, P사가 무료이던 메신저 이용료를 유료로 전환한다고
가정하면, ㉠의 수는 (A)하고 ㉡의 효용은 크게 (B)할 것이다. 한편 ㉢
이모티콘 공급 업체들(플랫폼 이용자 집단)
이 ㉣에 미치는 간접 네트워크 외부성이 크다고 가정하면, P사가 ㉣에
이모티콘 사용에 익숙해진 이용자
부과하는 판매 수수료는 (C)할 것이다.

💡 **단서+해결**

단서 ㉠의 수요의 가격탄력성이 높고, ㉠이 ㉡에 미치는 간접 네트워크 외부성이
크다.

발상 ㉠의 수요는 가격에 크게 영향을 받고, ㉠의 규모에 ㉡의 규모가 크게 영향을
받을 것이다.

해결 무료이던 메신저 이용료가 유료가 되면, ㉠의 수요는 크게 줄어들 것이고, 이에
따라 ㉡의 효용이 감소한다.

❓ **정답·오답?**

⑤ A   B   C
   감소   감소   하락

A: 감소

⑤문단 ❸문장 카드 회원의 수요의 가격탄력성이 높은 경우에는 연회비가
오를 때 카드 회원 수가 크게 감소하고, 수요의 가격탄력성이 낮은 경우에는
변동이 크지 않다.

㉠ '메신저 이용자들'의 수요의 가격탄력성이 높으면, 가격 변동에 민감하게 반응한다는
것이다. 즉, 가격이 높아지면 수요가 크게 감소한다.

따라서 P사가 무료이던 메신저 이용료를 유료로 전환하면, ㉠ '메신저 이용자들'의
수는 **감소**한다.

B: 감소

②문단 ❹문장 ~ 간접 네트워크 외부성이란 서로 다른 집단 간에 발생하는
것으로, ~ 한쪽 이용자 집단의 규모가 작아지면 반대쪽 이용자 집단의
효용이 감소하게 된다.

㉠ '메신저 이용자들'이 ㉡ '광고주들'에 미치는 간접 네트워크 외부성이 크다면,
㉠ '메신저 이용자들'의 수에 ㉡ '광고주들'의 효용이 크게 영향을 받는다.

따라서 ㉠ '메신저 이용자들'의 수가 감소하면(A 해설 참고) ㉡ '광고주들'의 효용은
크게 **감소**할 것이다.

C: 하락

④문단 ❷문장 카드 회원들이 가맹점에 미치는 간접 네트워크 외부성이 클수록,
카드 회사는 카드 회원 수를 늘리기 위해 낮은 연회비를 부과할 수 있다.

㉢ '이모티콘 공급 업체'가 ㉣ '이모티콘 사용에 익숙해진 이용자'에 미치는 간접
네트워크 외부성이 크다면, ㉢ '이모티콘 공급 업체'의 수에 따라 ㉣ '이모티콘 사용에
익숙해진 이용자'의 효용이 받는 영향은 크다.

따라서 P사는 ㉣ '이모티콘 공급 업체'의 수를 늘리기 위해 판매 수수료를 내릴 것이다.
따라서 판매 수수료는 **하락**할 것이다.

42~45 ＊ 작자 미상, 〈화산기봉(華山奇逢)〉

\# 출제 ❶ 중심인물, 배경 ❷ 중심 사건, 갈등 ❸ 서술상 특징

1 ❶ 계모 장씨는 이성이 왕실의 한 사람이 되어 그 권세가 가볍지
[ ]: ❷ 갈등 – 집안 내 권력을 둘러싼 장씨와 이성의 외적 갈등
않음을 알고 늘상 혜랑과 신광 법사에게 의논하였다.] 그러던 차에
이성과 화양 공주가 화목하지 않음을 알아챈 혜랑이 말하였다.
❸ "이러한 기회는 두 번 다시 오지 않습니다. 부인께서 뜻을 이루실
❶중심인물
이성과 화양 공주가 화목하지 않은 상황   계모 장씨
때입니다."
❹ "무슨 말이냐?"
❺ 혜랑이 헤헤헤 웃으며 말하였다.
❻❶중심인물
"이렇게 저렇게 하면 묘하지 않겠습니까?"
이성을 해칠 계략을 말함.
❼ 장씨가 잠시 동안 생각하더니 말하였다.
❽❶중심인물
"이는 정말 중요한 일이니 다른 꾀를 생각해 보아라."
❾ 혜랑이 신광 법사를 돌아보며 말하였다.
❿ "부인께서 이처럼 약하시니 어떻게 소원을 이루겠습니까?"
⓫ 다른 방법을 생각하라는 장씨를 설득하여 원래대로 계획을 실행하려 함.
신광 법사가 말하였다.
⓬ "이때가 정말 좋으니 부인은 의심하거나 걱정하지 마십시오."
⓭ ❸ 인물 간의 대화를 통해 사건을 진행시킴.
그러고는 비밀스럽게 계교를 행하였다.

권세: 권력과 세력을 아울러 이르는 말
계교: 요리조리 헤아려 보고 생각해 낸 꾀

＊1 요약 : 장씨와 혜랑이 이성을 해칠 계략을 세움.

2 ❶ 한편 보모 정 상궁은 이성이 화양 공주를 박대하자 통한히 여기고
❶중심인물
말하였다.
"공주께서는 임금님의 아주 귀한 딸입니다. 더욱이 임금님께서
특별히 부탁하신 혼인인데 부마께서 이렇게 매몰차시니 어찌
이성이 화양 공주를 박대하는 것을 근거로 이성을 원망함.
분하지 않겠습니까?"
❸ 화양이 그 말을 듣고는 볼을 붉히며 말하였다.
❹ 화를 내며
"이 무슨 말인가? 서방님이 드러나게 나를 박대함이 없고 도리어
나의 불초함을 예로 대한다. 이로 인해 내가 항시 조심하고 있거늘
네가 주인을 원망하며 권세를 운운하니 어찌 한심하지 않겠는가?"
화양 공주가 이성을 원망하는 정 상궁을 꾸짖음.
❺ 말의 기운이 엄숙하니 정 상궁이 두려워하며 물러났다. ❻ 그때
: ❶ 공간적 배경, ❸ 이야기가 전개되면서 공간의 이동이 나타남.
갑자기 신발 소리가 나며 이성이 ㉠ 방으로 들어왔다. 화양이 물러
내려서며 이성을 맞은 후 자리를 잡고 앉았다. ❽ 이성이 화양의 기색을
살펴보니 조금도 방자함이 보이지 않았고, 잘난 척하는 마음이 조금도
화양 공주가 이성에게 겸손한 태도를 보임.
얼굴에 드러나지 않았다. ❾ 이에 화양을 지극히 후대하며 정이 점점
\# 이성이 화양 공주의 태도를 보고 긍정적 감정을 느낌.
솟아났다. ❿ 한밤중 동안 그곳에 있다가 부모가 있는 곳으로 가 문안
인사를 정성껏 올렸다.

부마: 임금의 사위   불초하다: 못나고 어리석다.

＊2 요약 : 화양 공주와 이성이 관계를 회복함.

3 ❶ 혜랑은 장씨와 매일 화양을 해칠 계교를 짜는 한편, 신광 법사에게는
[ ]: ❷ 중심 사건 – 장씨가 화양을 해칠 계교를 짬.
이렇게 저렇게 하되 비밀이 탄로나지 않게 하라고 당부하고 보냈다.]
❷ 혜랑의 가르침을 들은 신광 법사는 개용단＊으로 이성의 모습을 한 채
비현실적 소재
㉡ 명월루에 숨었다.] 밤이 깊어 인적이 고요해지자, 바로 ㉢ 화양
\# [ ]: 신광 법사가 혜랑의 지시를 이행하기 위해 명월루로 이동함.
공주의 방으로 뛰어 들어가 칼을 빼어 즉시 화양을 찌르려고 하였다.

④ 때마침 방 밖에 시비들의 소리가 시끄럽게 들리자 마음이 급해진
#[ ]: 신광 법사가 외부적인 요인으로 인해 조급히 행동함.
신광 법사는 엉겁결에 비껴 찌르고 도망갔다.] ⑤ 비명소리를 들은
시비들이 놀라 들어와 시신이 침상 위에 놓여 있는 것을 보고, 목놓아
울며 말하였다.
⑥ "이 무슨 일이란 말인가?"
⑦ 발을 구르고 ㉤ 외당에 사실을 알리며 우왕좌왕하였다.
[시비: 곁에서 시중을 드는 계집종

*③ 요약: 신광 법사가 이성의 모습을 한 채 화양 공주를 칼로 찌름.

④ ① 이성이 미처 나오지 못한 사이에 이영준이 이성을 급히 불렀다.
② 이성이 나와 보니 명월루에 울음소리가 진동하였다. ③ 시비들은 급히
뜻하지 않은 재앙이 화양의 몸에 미쳤다고 전하였다. ④ 이성은 크게
(화양의 신상에 문제가 발생했음을 전달하고 있음.)
놀라면서도 얼굴빛을 태연히 하였다. ⑤ 이성이 화양을 찔렀다는 소식을
(신광 법사가 이성으로 변신했기 때문에 퍼진 소식)
들은 이영준은 보자마자 어디에 있었는지 물었다. ⑥ 이성이 정당에
있었다고 답하자, [이영준은 장씨를 의심하면서도 여러 시녀들이
#[ ]: 이영준이 이성과 함께 명월루로 가서 사실을 확인하고자 함.
이성이 찔렀다고 하는 말을 듣고는 정신없이 이성과 함께 명월루로
갔다.] ⑦ 시비들이 울부짖으며 어찌할 바를 모르다가 이영준과 이성을
보고 놀랐다. ⑧ 이영준이 휘장 밖에 서서는 이성에게 들어가 보라고
하였다. # 이성이 화양 공주의 남편이므로 이성에게 확인시킴.
⑨ 화양은 침상 아래 거꾸러진 채로 유혈이 낭자하니 그 모습이
매우 잔혹하였다. ⑩ 왕실의 금지옥엽으로 이런 일을 당하였고, 그
#[ ]: 화양 공주의 죽음이 이씨 가문의 존속에 큰 영향을 끼칠 수 있음을 의미함.
누명이 이성에게 미칠 수 있으니 어찌 멸문지화*를 면할 수
있겠는가? ⑪ 그럼에도 얼굴빛이 전혀 흔들리지 않고 천천히 나아가
(침착하고 의연한 태도에서 이성의 영웅적 면모가 나타남.)
공주를 살폈다. ⑫ 두 눈이 감긴 채 두 뺨에는 혈기가 없고 손과 발은
⑬ #[ ]: 외양 묘사를 통해 인물의 상태를 독자에게 전달함.
얼음처럼 차가웠다. 살 방도가 전혀 없어 보였으나 비단 저고리를
걷고 자세히 보니 눈같이 흰 피부에 붉은 피가 가득하되 약간의
생기가 있었다.] ⑭ 주머니에서 침을 내어 기를 통하게 할 곳을 짚어
찔렀다. ⑮ 이성의 침법이 원래 신이하였기에 얼마 지나지 않아 얼굴에
#[ ]: ❷ 중심 사건 – 이성이 비범한 능력을 발휘하여 화양 공주를 위기에서 구함.
붉은빛이 통하고 생기가 돌았다.] ⑯ 약을 주자 잠시 후 화양이 숨을
(이성의 침술을 통해 화양 공주가 소생함.)
쉬더니 소스라치게 놀라며 깨어났다.

[정당: 한 구획 내에 지은 여러 채의 집 가운데 가장 주된 집채
[금지옥엽: 금으로 된 가지와 옥으로 된 잎이라는 뜻으로, 임금의 가족을 높여
이르는 말

*④ 요약: 이성이 신이한 침술을 이용해 죽을 뻔한 화양 공주를 소생시킴.

[중략 줄거리] ① 누명을 쓰고 유배되었던 이성은 외적이 쳐들어오자 풀려나 전장에서
(화양 공주를 소생시켰음에도 불구하고 이성은 유배를 가게 됨.)
활약하고, 반역의 무리를 제압하는 과정에서 누명을 벗는다.

⑤ ① 그때 사신이 이르렀다는 전갈이 오자 이영준이 이상하게 여겨
즉시 당에서 내려가 임금의 교지를 받았다. ② 보니 장씨의 허물이 적지
(장씨의 허물이 담겨 있는 것으로, 이를 통해 이영준이 장씨의 소행을 모두 알게 됨.)
않게 들어 있었다. ③ 궁궐에서 자기 집의 허물이 드러나 모든 관리에게
(이영준은 이씨 가문의 명예가 실추된 것을 부끄럽게 여김.)
파다하게 알려진 사실이 부끄러운 한편 장씨의 심술에 통분하였다.
④ 이에 노비를 호령하여 장씨를 모시던 시녀와 유모 혜랑을 잡아들이게
한 후 실상을 파헤쳤다. [혜랑이 비록 크게 간악하지만 일이 이 지경에
(장씨와 혜랑이 실행한 계교들) #[ ]: ❸ 서술자가 개입하여 주관적인 판단을 드러냄.
이르렀으니 어찌 속일 수 있겠는가?] ⑤ 처음에 자객을 보내어 이성을
(장씨와 혜랑이 한 일 ①)
해하려고 한 일부터 화양을 해쳐 그 죄를 이성에게 뒤집어씌운 일까지
(장씨와 혜랑이 한 일 ②)
바로 자백하였다.

⑦ '장씨가 마음이 좁은 여자여서 이미 짐작은 하고 있었지만 간교함이
이 정도일 줄은 생각도 하지 못하였다.'
*서술자 개입: 서술자가 작품에 직접 끼어들어 자신의 목소리를 내거나 의견을 표출하는 서술 방법
⑧ 생각이 이에 미치자 소리를 높여 꾸짖었다.
⑨ "너의 간악한 꾀로 명공의 집안에 화란을 짓고, 요악한 도사와
(신광 법사)
결탁하여 그 화가 국가에까지 미쳤다. 또한 너의 주인을 아주 못된
(장씨의 잘못을 혜랑에게 책임을 전가시키고 있음.)
아녀자로 만들었으니 어찌 죽음을 면하겠느냐?"
⑩ 말을 마치고는 노비를 명하여 지져 죽이는 형벌을 더해 죽였다.
⑪ #[ ]: ❷ 중심 사건 – 이성의 부친이 화양 공주를 죽이려 했던 혜랑과 장씨를 처벌함.
장씨는 아들의 얼굴을 보아 ㉥ 후원 냉옥에 가두었다가 개과천선하기를
(장씨가 자신의 행위를 반성하기를 기다림.)
기다린 후 다시 처치하고자 하였다.] ⑫ 이때 장씨는 자기 허물이 온
(장씨가 자신의 행위를 부끄럽게 여김.)
나라에 시끄럽게 드러나자 크게 부끄러워하며 사람을 멀리하였다.

[교지: 승정원의 담당 승지를 통하여 전달되는 왕명서(王命書)
[통분하다: 원통하고 분하다.   간악하다: 간사하고 악독하다.
[화란: 재앙과 난리를 통틀어 이르는 말

*⑤ 요약: 이영준이 혜랑을 죽이고 장씨를 옥에 가둠.

⑥ ① 한편 열한 살인 이무는 모든 일에 어른처럼 노련하였다. ② 이 일을
(장씨의 아들)
당하니 마치 벼락에 온몸이 부서지는 듯하였다. ③ [어머니 장씨의
[ ]: 어머니의 죄를 자신의 잘못인 것처럼 부끄럽게 여기는 모습이 나타남.
허물이 이처럼 심한 것에 새롭게 놀라며 부끄러워 죽고 싶은 마음이
들었다.] ④ 그러나 죄를 받은 어머니를 보살필 사람이 없음을 알고 목숨을
(이무가 죽지 않고 목숨을 부지한 이유)
유지하다가 아버지 이영준의 분노가 조금 가라앉자 이성과 함께 나아가
울며 말하였다.
(이무, 이성)
⑤ "소자들은 천륜의 죄인입니다. [엎드려 바라오니 아버님께서는
[ ]: 이무와 이성이 이영준에게 어머니 장씨에게 선처를 베풀어 줄 것을 간곡하게 청함.
어머니의 망극한 죄를 더하지 마시어 불초한 저희들로 하여금
만고의 죄인이 되지 않게 해 주십시오."
⑥ 말을 하며 눈물을 비처럼 흘리니 그 효성스러운 거동이 사람의 분한
#❸ 서술자가 개입하여 주관적인 판단을 드러냄.
마음을 봄눈 녹듯이 사라지게 할 정도였다.

[소자: 아들이 부모를 상대하여 자기를 낮추어 이르는 일인칭 대명사
[천륜: 부모와 자식 간에 하늘의 인연으로 정하여져 있는 사회적 관계나 혈연적 관계
[망극하다: 어버이나 임금에게 상서롭지 못한 일이 생기게 되어 지극히 슬프다.
[불초하다: 못나고 어리석다.   만고: 아주 오랜 세월 동안
[효성스럽다: 마음을 다하여 부모를 섬기는 태도가 있다.
[거동: 몸을 움직임. 또는 그런 짓이나 태도

*⑥ 요약: 이무와 이성이 이영준에게 장씨의 선처를 간청함.

* 개용단: 마음 먹은 대로 모습을 바꿔 주는 묘약
* 멸문지화: 한 집안이 다 죽임을 당하는 끔찍한 재앙

🔖 독해 공식
❶ 중심인물: 이성, 화양 공주, 장씨, 혜랑
공간적 배경: 화양 공주의 방, 명월루, 외당, 후원 냉옥
❷ 중심 사건:
• 장씨가 자신의 아들(이무)을 위해 이성을 해칠 계교를 실행함.
• 이성이 비범한 능력을 발휘하여 화양 공주를 위기에서 구함.
• 이성의 부친이 화양 공주를 죽이려 했던 혜랑과 장씨를 처벌함.
갈등: 집안 내 권력을 둘러싼 장씨와 이성의 외적 갈등
❸ 서술상 특징
• 서술자: 3인칭 서술자, 시점: 전지적 작가 시점
• 서술자가 개입하여 주관적인 판단을 드러냄.
• 인물 간의 대화를 통해 사건을 진행시킴.
• 서술자가 인물의 심리를 직접적으로 나타냄.
• 외양 묘사를 통해 인물의 상태를 독자에게 전달함.

■ 갈래: 고전 소설
■ 인물 관계도

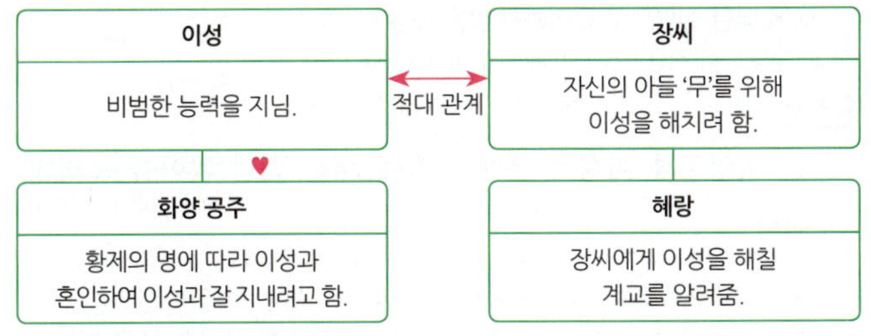

■ 주제: 궁궐의 암투와 이성의 영웅담

■ 이것이 핵심!: 장씨와 혜랑의 계교와 이에 대한 처벌

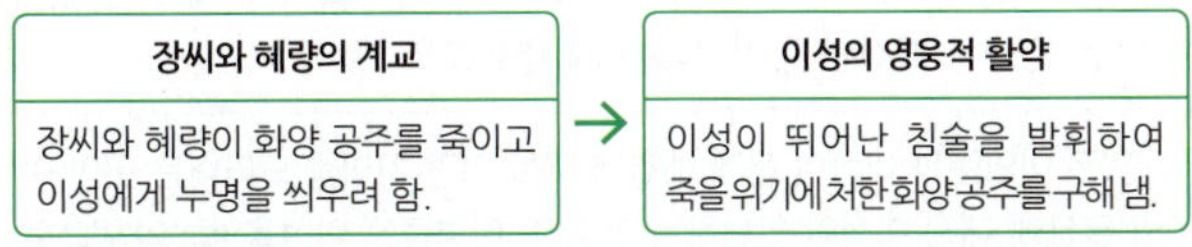

→ 가족 구성원인 장씨는 옥에 갇히지만 이무와 이성이 효심으로 선처를 간청하고,
가족 구성원이 아닌 혜랑은 모든 책임을 뒤집어 쓰고 잔혹하게 죽임을 당함.

■ 전체 줄거리

당나라 태종 연간에 예주 취련동에 사는 이영준은 아들을 낳아 이름을 '성'이라고
지었다. 하지만 성이 9살이 되던 해 아내가 병으로 죽어 장씨와 재혼한다.

장씨는 아들을 낳아 이름을 '무'라고 지었는데, 자신의 아들인 '무'를 위해 성을 없애려고
성을 산사에 보낸 후 자객을 보내 죽이려 하지만 실패한다. 성은 산사에서 자하동인을
만나 며칠 만에 무예와 병서를 익히고 집으로 돌아오고, 강진모의 딸인 강소저와 혼인하여
금슬 좋은 부부가 된다.

이후 성은 문무 양과에 장원급제하여 이름을 떨치는데 황제의 총비 설귀비의 계략에
의해 어쩔 수 없이 강부인을 쫓아내고 화양 공주와 결혼한다. 하지만 성은 화양 공주와
금슬이 좋지 않고 쫓겨난 강부인만 생각하고, 장씨는 법사를 시켜 이성의 모습을 한 채
화양 공주와 정 상궁을 죽이게 한다.

급히 달려온 이성으로 인해 공주의 목숨을 구하지만 정 상궁은 끝내 죽고, 이성은
누명을 쓰고 유배되는데 반역의 무리를 제압하는 과정에서 누명을 벗는다. 또한
영주산으로 피신해 있던 화양 공주는 우연히 강에 투신자살하려던 강부인을 구하게 된다.

한편 설귀비에게 매수당했던 법사가 설귀비의 모든 죄상을 황제에게 자백한다. 황제의
교지를 통해 장씨의 허물을 알게 된 이성의 부친은 장씨를 옥에 가두는데, 장씨는 이성과
아들 무의 지극한 효성을 보며 후회한다. 이때 여러 지방의 절도사들이 역모할 기미가
있어 황제는 이성으로 하여금 이들을 다스리게 한다. 이성은 여러 지방의 절도사들을 잘
다스린 후 공주와 강부인과 함께 행복하게 산다. (▨ : 지문 수록 부분)

42 정답 ⑤ * 인물의 심리와 태도 파악하기 ★1등급 대비

[① 8% ② 8% ③ 16% ④ 9% ⑤ 57%]

윗글에 대한 이해로 가장 적절한 것은?

왜 틀렸나?

윗글에는 이영준, 장씨, 이성, 화양, 혜랑, 신광 법사 등 여러 인물이 등장하므로,
인물들 간의 관계를 정확하게 파악하기 어려웠을 것이다. 고전 소설을 읽을 때에는
등장 인물들의 관계를 정확히 파악하면서 글을 읽어나가는 것이 중요하다.

왜 정답?

⑤ 혜랑은 이성과 화양의 불화가 자신의 계획에 유리하게 작용한다고
판단했다.
　　　　이성을 몰아내고 장씨가 권세를 잡도록 할 계획

① - ❶ ~ ❸ 계모 장씨는 이성이 왕실의 한 사람이 되어 그 권세가 가볍지
않음을 알고 늘상 혜랑과 신광 법사에게 의논하였다. 그러던 차에 이성과
화양 공주가 화목하지 않음을 알아챈 혜랑이 말하였다. / "이러한 기회는
두 번 다시 오지 않습니다. 부인께서 뜻을 이루실 때입니다."

혜랑은 이성과 화양 공주가 화목하지 않음을 알아챈 후, 이성을 경계하는 장씨에게
'이러한 기회는 두 번 다시 오지 않'는다고 말한다. 이는 이성과 화양 공주의 불화를
이성을 몰아낼 좋은 기회로 여기는 것이다. 따라서 혜랑이 이성과 화양의 불화가
자신의 계획에 유리하게 작용한다고 판단했다고 할 수 있다.

왜 오답?

① 이영준은 ~~직접~~ 화양의 상태를 확인하고 ~~이성~~을 의심했다.
　　화양의 상태를 확인한 것은 이성임.　　　　　　장씨

④ - ❻ - ❾ ~ 이영준은 장씨를 의심하면서도 ~ 이영준이 휘장 밖에
서서는 이성에게 들어가 보라고 하였다.

화양의 상태를 확인한 것은 이영준이 아니라 이성이며, 이영준이 의심한 대상은
이성이 아니라 장씨이다.

② 장씨는 자신의 잘못이 드러났음에도 끝까지 ~~결백~~을 주장했다.
　　　　　　　　　　　　　　　크게 부끄러워하며 사람을 멀리함.

⑤ - ⓬ 이때 장씨는 자기 허물이 온 나라에 시끄럽게 드러나자 크게
부끄러워하며 사람을 멀리하였다.

장씨는 자신의 허물이 온 나라에 드러나자 크게 부끄러워하며 사람을 멀리하였다.
자신의 결백을 끝까지 주장하는 모습은 드러나지 않는다.

③ 이영준은 혜랑이 자백하는 ~~척~~하며 장씨를 ~~모함~~한 것을 꾸짖었다.
　　　　　　　　　　　　　자백을 함.　　장씨를 부추긴 것을 꾸짖음.

⑤ - ❺ ~ ❾ 혜랑이 ~ 처음에 자객을 보내어 이성을 해하려고 한 일부터
화양을 해쳐 그 죄를 이성에게 뒤집어씌운 일까지 바로 자백하였다. /
생각이 이에 미치자 소리를 높여 꾸짖었다. / "~ 또한 너의 주인을 아주
못된 아녀자로 만들었으니 어찌 죽음을 면하겠느냐?"

이영준은 혜랑이 '너의 주인(장씨)을' '못된 아녀자로 만들었'음을 꾸짖었다. 또한
혜랑은 자신이 한 일을 사실 그대로 모두 자백하였다. 따라서 혜랑이 자백하는 척하며
장씨를 모함했다는 것은 적절하지 않다.

> **매력 오답** 이영준이 혜랑을 소리 높여 꾸짖고, 혜랑이 간악한 꾀로 장씨를 부추기는
> 장면이 나타나기 때문에 적절하다고 판단할 수 있다. 하지만 혜랑은 자백하는 척을 한
> 것이 아니라 실제로 자백을 했으며, 자백 과정에서 장씨를 모함하지 않았다는 것을
> 파악하면 적절하지 않은 내용임을 판단할 수 있다.

④ 이성은 화양이 습격을 당할 것을 ~~예상~~하고 미리 그녀에게 ~~주의~~를
주었다.
　　습격을 예상하지 못함.　　　　　　주의를 주지 않음.

이성이 화양에게 습격을 대비해 주의를 주는 내용은 나타나지 않는다.

43 정답 ⑤ * 서술상 특징 파악하기 ★1등급 대비

[① 10% ② 8% ③ 6% ④ 20% ⑤ 54%]

윗글의 서술상 특징으로 가장 적절한 것은?

왜 틀렸나?

각 장면 간에 시간과 장소의 이동이 많이 나타나고, 내용이 전개되면서 서술자의
개입, 비현실적인 소재 등 다양한 특징이 나타나고 있어, 서술상의 특징을 파악하기
어려웠을 것이다. 따라서 각 장면 간의 유기적 관계를 잘 확인하면서 서술상의
특징을 파악하는 것이 필요하다.

왜 정답?

서술자가 작품에 직접 끼어들어
⑤ 서술자가 개입하여 사건에 대한 주관적 판단을 드러내고 있다.
　　혜랑의 자백과 이무의 행동

⑤ - ❺ 혜랑이 비록 크게 간악하지만 일이 이 지경에 이르렀으니 어찌
속일 수 있겠는가?

⑥ - ❻ 말을 하며 눈물을 비처럼 흘리니 그 효성스러운 기운이 사람의
분한 마음을 봄눈 녹듯이 사라지게 할 정도였다.

윗글에서는 서술자가 개입하여 혜랑이 사실대로 자백할 수밖에 없는 심경과 이무의
효성스러운 행동이 감동을 이끌어내는 모습을 보여 주고 있다.

인물의 외모나 성격, 또는 사건을 의도적으로 우스꽝스럽게 묘사하거나 풍자하고

① 외양을 세밀하게 묘사하여 인물을 희화화하고 있다.

인물의 현재 몸 상태를 독자에게 전달하고 있음.

> ④-⑫~⑬ 두 눈이 감긴 채 두 뺨에는 혈기가 없고 손과 발은 얼음처럼 차가웠다. 살 방도가 전혀 없어 보였으나 비단 저고리를 걷고 자세히 보니 눈같이 흰 피부에 붉은 피가 가득하되 약간의 생기가 있었다.

윗글은 화양 공주의 외양을 세밀하게 묘사하여, 화양 공주의 상태를 드러내고 있지만 희화화하고 있지는 않다.

'두 뺨에' '혈기가 없다'는 묘사를 통해서는 화양 공주의 생명이 위태한 상태를 전달하고 있으며, '피부에 붉은 피가 가득하'고 '약간의 생기가 있다'는 묘사를 통해서 화양 공주가 살아 있음을 전달하고 있다.

② 꿈과 현실의 교차를 통해 사건의 진상을 밝히고 있다.

꿈속 장면은 나타나지 않음. '임금의 교지'와 혜랑의 자백을 통해 밝힘.

> ⑤-①~⑤ ~ 이영준이 ~ 임금의 교지를 받았다. 보니 장씨의 허물이 적지 않게 들어 있었다. ~ 이에 노비를 호령하여 장씨를 모시던 시녀와 유모 혜랑을 잡아들이게 한 후 실상을 파헤쳤다. 혜랑이 ~ 자백하였다.

윗글은 특정한 소재와 인물을 통해 사건의 진상을 밝히고 있다. 이영준은 임금의 교지를 받은 후 장씨의 허물을 파악하고, 이후 장씨를 모시던 시녀와 유모 혜랑을 잡아들여 실상을 파악하고 있다.

③ 대화와 삽입된 노래를 통해 인물들의 심회를 드러내고 있다.

나타나지 않음.

윗글은 서술자가 인물의 심리를 직접 서술하거나 인물 간의 대화를 통해 인물의 심회를 드러내고 있다. 윗글에 노래를 삽입하여 인물들의 심회를 드러낸 부분은 나타나지 않는다.

〔심회: 마음속에 품고 있는 생각이나 느낌

④ 비현실적인 소재를 활용하여 낭만적 분위기를 형성하고 있다.

무섭고 공포스러운

> ③-②~③ 혜랑의 가르침을 들은 신광 법사는 개용단으로 이성의 모습을 한 채 ~ 화양을 찌르려고 하였다.

윗글은 신광 법사가 비현실적인 소재인 '개용단'으로 이성의 모습으로 변신한 후 화양을 죽이려 한다. 따라서 비현실적인 소재를 활용하여 낭만적 분위기를 형성하지 않는다.

> **매력 오답** 신광 법사가 비현실적인 소재인 '개용단'을 활용하여 이성의 모습으로 변신하므로, 적절하다고 판단했을 것이다. 그러나 신광 법사가 이성의 모습으로 변신한 후 화양을 죽이려 했다는 것만 파악하면 낭만적 분위기를 형성하고 있다는 것은 잘못된 내용임을 파악할 수 있다.

---

44 정답 ④ ＊배경의 의미 파악하기 ·························· [정답률 67%]

㉠~㉤에 대한 설명으로 적절하지 않은 것은?

㉠ '방', ㉡ '명월루', ㉢ '화양 공주의 방', ㉣ '외당', ㉤ '후원 냉옥'

>왜 정답 ?

④ ㉣은 이영준과 이성이 문제 해결에 대한 의견 차이를 드러내는
'외당'   질문하고 답변하는 공간임.
곳이다.

> ③-⑦ 발을 구르고 ㉣ 외당에 사실을 알리며 우왕좌왕하였다.
> ④-①~⑥ 이성이 미처 나오지 못한 사이에 이영준이 이성을 급히 불렀다. ~ 이영준은 보자마자 어디에 있었는지 물었다. 이성이 정당에 있었다고 답하자, 이영준은 장씨를 의심하면서도 여러 시녀들이 이성이 찔렸다고 하는 말을 듣고는 정신없이 이성과 함께 명월루로 갔다.

㉣ '외당'은 이영준과 이성이 문제 해결에 대한 의견 차이를 드러내는 곳이 아니라, 이영준의 질문에 대해 이성이 답변하는 곳이다. 이영준은 이성을 ㉣ '외당'으로 급히 불러 어디에 있었는지를 묻자 이성은 정당에 있었다고 답하고 있다.

>왜 오답 ?

① ㉠은 이성이 화양의 태도를 확인하고 화양에게 긍정적 감정을
'방'   겸손한 태도   사랑의 감정
느끼는 곳이다.

> ②-⑧~⑨ 이성이 화양의 기색을 살펴보니 조금도 방자함이 보이지 않았고, 잘난 척하는 마음이 조금도 얼굴에 드러나지 않았다. 이에 화양을 지극히 후대하며 정이 점점 솟아났다.

㉠ '방'은 이성이 화양의 겸손한 태도를 확인하고 긍정적 감정을 느끼는 곳이다. 이성은 화양 공주의 ㉠ '방'에 들어가 화양이 방자함이나 잘난 척하는 마음을 드러내지 않음을 확인하고, 화양을 지극히 후대하며 정이 점점 솟아나고 있다.

② ㉡은 신광 법사가 혜랑의 지시를 이행하기 위해 이동한 곳이다.
'명월루'   화양을 해치는 것

> ③-①~③ 혜랑은 장씨와 매일 화양을 해칠 계교를 짜는 한편, 신광 법사에게는 이렇게 저렇게 하되 비밀이 탄로나지 않게 하라고 당부하고 보냈다. 혜랑의 가르침을 들은 신광 법사는 개용단으로 이성의 모습을 한 채 ㉡ 명월루에 숨었다. ~

혜랑은 화양을 해칠 계교를 짠 후 신광 법사에게 여러 가지를 당부하고 있으며, 신광 법사는 화양을 칼로 해치기 위해 ㉡ '명월루'로 숨어든다.

③ ㉢은 신광 법사가 외부적인 요인으로 인해 조급히 행동하는
'화양 공주의 방'   시비들의 소리
곳이다.

> ③-③~④ 밤이 깊어 인적이 고요해지자, 바로 ㉢ 화양 공주의 방으로 뛰어 들어가 칼을 빼어 즉시 화양을 찌르려고 하였다. 때마침 방 밖에 시비들의 소리가 시끄럽게 들리자 마음이 급해진 신광 법사는 엉겁결에 비껴 찌르고 도망갔다.

㉢ '화양 공주의 방'에서 신광 법사는 '시비들의 소리'라는 외부적인 요인으로 인해 조급히 행동하면서 화양을 비껴 찌르고 도망가게 간다.

⑤ ㉤은 장씨가 자신의 행위를 반성하도록 이영준에 의해 보내진
'후원 냉옥'   이영준은 장씨가 개과천선하기를 기다린 후 처치하고자 함.
곳이다.

> ⑤-⑪ 장씨는 아들의 얼굴을 보아 ㉤ 후원 냉옥에 가두었다가 개과천선하기를 기다린 후 다시 처치하고자 하였다.

이영준은 장씨가 개과천선하기를 기다리며 장씨를 ㉤ '후원 냉옥'에 가둔다. 따라서 ㉤ '후원 냉옥'은 장씨가 자신의 행위를 반성하여 올바른 사람이 될 수 있도록 이영준에 의해 보내진 곳이다.

[① 7% ② 57% ③ 13% ④ 8% ⑤ 13%]

〈보기〉를 참고하여 윗글을 감상한 내용으로 적절하지 않은 것은? [3점]

───〈 보기 〉───

❶ 〈화산기봉〉에서 주인공의 혼인은 계모와의 갈등이 심화되는 계기가
　　　　　　　　　　　이성과 화양 공주의 혼인　장씨
된다. 이로 인해 가문 전체에 위협이 되는 사건이 초래되지만, 주인공은
　　　　　　이성이 누명을 쓰게 되는 사건　❸
비범한 능력을 발휘하여 위기에 대응한다. 한편 이러한 갈등의 해결
신이한 침술 능력
과정에서 가족 외 인물은 갈등 유발의 책임이 전가되어 처벌되는 반면,
　　　　　혜랑　　　　　　　　　　　　　　　　　　　❹
가족 내 인물은 유교적 윤리를 바탕으로 포용의 대상이 된다. 이를 통해
장씨　　　　　　효(孝)
가문의 안정을 지향하는 사대부의 면모를 보여 주고 있다.

갈등 심화 계기		이성과 화양 공주의 혼인 → 장씨와 이성의 갈등이 심화됨.
가문 전체에 위협이 되 는 사건		화양 공주가 죽을 위기에 처함. 이성이 화양 공주를 죽인 누명을 쓰게 됨.
위기에 대응		이성이 신이한 침술 능력을 발휘해 화양 공주를 살림.
갈등 해결 과정	가족 외 인물(혜랑)	갈등 유발의 책임이 전가되어 처형당함.
	가족 내 인물(장씨)	유교적 윤리 '효'를 바탕으로 포용의 대상이 됨.

왜 틀렸나?

윗글에 나타난 특정 사건이 가문 전체에 위협이 되고, 특정 인물의 행동이 가문의 안정을 도모하기 위한 것임을 파악하는 것이 어려웠다. 따라서 〈보기〉에 나타난 내용을 중심으로 인물의 행동이나 사건 뒤에 있는 의미를 명확히 파악해야 한다.

＞왜 정답 ?

② 화양이 이성을 원망하는 정 상궁을 질책하는 것을 보니, 가족 내
갈등이 유발된 책임을 가족 외 인물에게 돌리고 있는 상황을
　　　　　　　　　책임을 가족 외 인물에게 돌리고 있는 상황이 아님.
확인할 수 있군.

②-❷~❹ "～ 임금님께서 특별히 부탁하신 혼인인데 부마께서 이렇게 매몰차시니 어찌 분하지 않겠습니까?" ～ "이 무슨 말인가? ～ 네가 주인을 원망하며 권세를 운운하니 어찌 한심하지 않겠는가?"

윗글에서 화양은 이성을 원망하는 정 상궁을 질책하고 있다. 하지만 이는 정 상궁의 잘못된 생각을 바로잡으며 질책하는 것으로, 가족 내 갈등이 유발된 책임을 정 상궁에게 돌리고 있는 상황은 아니다.

원망하다: 못마땅하게 여기어 탓하거나 불평을 품고 미워하다.
질책하다: 꾸짖어 나무라다.
유발되다: 어떤 것에 이끌려 다른 일이 일어나다.

＞왜 오답 ?

① 장씨가 왕실의 사람이 된 이성을 경계하여 계교를 꾸미는 것을 보니,
주인공의 혼인으로 인해 계모와 주인공 사이의 갈등이 심화되고
주인공인 이성이 화양과의 결혼으로 인해 권세를 가지게 되었기 때문임.
있음을 엿볼 수 있군.

①-❶ 계모 장씨는 이성이 왕실의 한 사람이 되어 그 권세가 가볍지 않음을 알고 늘상 혜랑과 신광 법사에게 의논하였다.
③-❶ 혜랑은 장씨와 매일 화양을 해칠 계교를 짜는 한편, ～
〈보기〉❶문장 〈화산기봉〉에서 주인공의 혼인은 계모와의 갈등이 심화되는 계기가 된다.

윗글에서 계모 장씨는 이성이 화양과 혼인하여 왕실의 사람이 됨으로써 권세를 가지게 되자 이성을 경계하여 계교를 꾸민다. 이는 주인공의 혼인으로 인해 계모와 주인공 사이의 갈등이 심화되고 있음을 보여준다.

계교: 요리조리 헤아려 보고 생각해 낸 꾀
심화되다: 정도나 경지가 점점 깊어지다.

③ 장씨와 혜랑에 의해 이성이 누명을 쓰는 일이 멸문지화로 이어질
　　　　　　　　　　왕실의 금지옥엽인 화양을 살해했다는 누명
수 있다는 것을 보니, 계모가 일으킨 사건이 가문의 존속을 위협할
　　　　　　　　　　　　　　　한 집안이 다 죽임을 당하는 멸문지화로 이어질 수 있음.
수 있음을 짐작할 수 있군.

④-❿ 왕실의 금지옥엽으로 이런 일을 당하였고, 그 누명이 이성에게 미칠 수 있으니 어찌 멸문지화를 면할 수 있겠는가?
〈보기〉❷문장 이로 인해 가문 전체에 위협이 되는 사건이 초래되지만, 주인공은 비범한 능력을 발휘하여 위기에 대응한다.

윗글에서 장씨와 혜랑은 화양을 해칠 계교를 세워 실행한다. 이에 대해 서술자는 '그 누명이 이성에게 미치면 한 집안이 다 죽임을 당하는 '멸문지화를 면할 수' 없다고 말하고 있다. 이는 장씨와 혜랑에 의해 이성이 화양을 죽였다는 누명을 쓰면, 이성의 가문의 존속을 위협할 수 있음을 보여준다.

매력 오답 '멸문지화'의 의미를 정확히 파악했어야 한다. '멸문지화'는 '한집안이 다 죽임을 당하는 끔찍한 재앙'이라는 의미로, 지문 어휘 풀이로 제시되어 있다. 지문에 풀이된 어휘는 그 뜻을 반드시 확인해야 한다.

④ 이성이 신이한 침술로 목숨이 위태로운 화양을 소생시키는 것을
보니, 주인공이 비범한 능력을 통해 급박한 상황에 대응하고 있음을
　　　　　　신이한 침술　　　　화양이 죽을 위기에 처한 상황
확인할 수 있군.

④-⓯⓰ 이성의 침법이 원래 신이하였기에 얼마 지나지 않아 얼굴에 붉은빛이 통하고 생기가 돌았다. 약을 주자 잠시 후 화양이 숨을 쉬더니 소스라치게 놀라며 깨어났다.
〈보기〉❷문장 이로 인해 가문 전체에 위협이 되는 사건이 초래되지만, 주인공은 비범한 능력을 발휘하여 위기에 대응한다.

윗글에서 이성은 신이한 침술로 화양의 목숨을 살려내고 있는데, 이는 비범한 능력을 발휘한 것이다. 따라서 이성이 목숨이 위태로운 화양을 다시 살려내는 것을 통해, 주인공이 '신이한 침술'이라는 비범한 능력으로 화양이 죽을 위기에 처한 급박한 상황에 대응하고 있음을 확인할 수 있다.

⑤ 이무와 이성이 장씨를 용서해 달라고 간청하는 것을 보니, 효라는
유교적 윤리를 바탕으로 악행을 저지른 가족 내 인물을 포용하려는
자신들이 죄인임을 자처하며 어머니의 죄를 용서해 달라고 간천함.
모습을 엿볼 수 있군.

⑤-❺~❻ "～ 아버님께서는 어머니의 망극한 죄를 더하지 마시어 불초한 저희들로 하여금 만고의 죄인이 되지 않게 해 주십시오." / 말을 하며 눈물을 비처럼 흘리니 그 효성스러운 거동이 사람의 분한 마음을 봄눈 녹듯이 사라지게 할 정도였다.
〈보기〉❸문장 한편 이러한 갈등의 해결 과정에서 가족 외 인물은 갈등 유발의 책임이 전가되어 처벌되는 반면, 가족 내 인물은 유교적 윤리를 바탕으로 포용의 대상이 된다.

윗글에서 장씨의 아들인 이무와 이성은 자신들이 죄인임을 자처하며 어머니의 죄를 용서해 달라고 간청하고 있는데, 이는 부모에 대한 '효'를 바탕으로 한다. 따라서 이무와 이성의 간청을 통해, '효'라는 유교적 윤리를 바탕으로 가족 내 인물인 '장씨'를 포용하려는 모습을 엿볼 수 있다.

매력 오답 〈보기〉에서는 '효'를 직접적으로 언급하고 있지 않기 때문에 이무와 이성의 행동이 '효'라는 유교적 윤리를 바탕으로 한 일임을 파악하는 일이 어려울 수 있다. 하지만 이무와 이성이 살리려는 대상이 모친임을 생각한다면, '효'라는 유교적 윤리를 찾아낼 수 있다.

01 정답 ④ ＊관형어와 부사어 파악하기

밑줄 친 부분이 〈보기〉의 ㉠, ㉡에 해당하는 예로 적절하지 <u>않은</u> 것은?

〈 보기 〉

관형어는 체언을 수식하고 부사어는 주로 용언을 수식한다. 관형어와 부사어는 문장에서 필수적인 성분이 아니므로 일반적으로 생략이 가능하다. 다만, ㉠ 의존 명사를 수식하는 관형어나 ㉡ 서술어가 필수적으로 요구하는 부사어는 생략할 수 없다.
(의미가 형식적이어서 다른 말 아래에 기대어 쓰이는 명사)
(→ ㉠, ㉡은 생략할 수 없음.)

＞왜 정답?

④ ㉠: 저기 **있는** 사람이 제 친구입니다.
（있-＋ -는）（어간）（관형사형 어미）（일반 명사）

'있는'은 어간 '있-'에 관형사형 전성 어미 '-는'이 결합하여 일반 명사 '사람'을 수식한다.

㉡: 거리에서 수상한 사람을 보면 신고하세요.
（필수적 부사어가 아님.）

'거리에서 수상한 사람을 보면 신고하세요.'에서 '신고하다'는 '국민이 법령의 규정에 따라 행정 관청에 일정한 사실을 진술·보고하다.'란 뜻으로 주어 외에 '무엇을'에 해당하는 목적어를 필요로 한다. 이때 '거리에서'를 생략해도 '수상한 사람을 보면 신고하세요.'와 같이 문장이 성립하므로, '거리에서'는 서술어가 필수적으로 요구하는 부사어가 아니다.

＞왜 오답?

① ㉠: 그 모든 순간에 열심히 할 **뿐**이야.
（하-＋ -ㄹ）（어간）（관형사형 어미）（의존 명사）

'할 뿐'에서 '뿐'은 '다만 어떠하거나 어찌할 따름이라는 뜻을 나타내는 말'을 나타내는 의존 명사이다. 이때 '할'은 어간 '하-'에 관형사형 전성 어미 '-ㄹ'이 결합하여 의존 명사 '뿐'을 수식하는 관형어(㉠)이다.

㉡: 큰아버지는 **할아버지와** 많이 닮았다.
（필수적 부사어）

'큰아버지는 할아버지와 많이 닮았다.'에서 '닮다'는 '사람 또는 사물이 서로 비슷한 생김새나 성질을 지니다.'란 뜻으로 주어 외에 '무엇과'에 해당하는 부사어를 필요로 한다. 이때 '할아버지와'를 생략하면 '큰아버지는 많이 닮았다.'와 같이 문장이 성립하지 않으므로 '할아버지와'는 서술어가 필수적으로 요구하는 부사어(㉡)이다.

② ㉠: 사람이 몇 **명** 왔는지 세어 보렴.
（관형사）（의존 명사）

'몇 명'에서 '명'은 '사람을 세는 단위'를 나타내는 의존 명사이다. 이때 '몇'은 관형사가 그 자체로 관형어로 쓰여 의존 명사 '명'을 수식한다(㉠).

㉡: **군자와** 소인은 다르다.
（필수적 부사어）

'군자와 소인은 다르다.'에서 '다르다'는 '비교가 되는 두 대상이 서로 같지 아니하다.'란 뜻으로 주어 외에 '무엇과'에 해당하는 부사어를 필요로 한다. 이때 '군자와'를 생략하면 '소인은 다르다.'와 같이 문장이 성립하지 않으므로 '군자와'는 서술어가 필수적으로 요구하는 부사어(㉡)이다.

③ ㉠: 말하는 **대로** 이루어지게 될 거야.
（의존 명사）（말하-＋ -는）（어간）（관형사형 어미）

'말하는 대로'에서 '대로'는 '어떤 모양이나 상태와 같이'를 나타내는 의존 명사이다. 이때 '말하는'은 어간 '말하-'에 관형사형 전성 어미 '-는'이 결합하여 의존 명사 '대로'를 수식하는 관형어(㉠)이다.

㉡: 나는 **너에게** 3일의 시간을 주겠다.
（필수적 부사어）

'너에게 3일의 시간을 주겠다.'에서 '주다'는 '시간 따위를 남에게 허락하여 가지거나 누리게 하다.'란 뜻으로 주어 외에 '누구에게'에 해당하는 부사어를 필요로 한다. 이때 '너에게'를 생략하면 '나는 3일의 시간을 주겠다.'와 같이 문장이 성립하지 않으므로 '너에게'는 서술어가 필수적으로 요구하는 부사어(㉡)이다.

⑤ ㉠: 그를 만난 **지가** 벌써 1년이 지났다.
（의존 명사）（만나-＋ -ㄴ）（어간）（관형사형 어미）

'만난 지'에서 '지'는 '어떤 일이 있었던 때로부터 지금까지의 동안을 나타내는 말'을 나타내는 의존 명사이다. 이때 '만난'은 어간 '만나-'에 관형사형 전성 어미 '-ㄴ'이 결합하여 의존 명사 '지'를 수식하는 관형어(㉠)이다.

㉡: **쌀가마를** 창고에 두었다.
（필수적 부사어）

'쌀가마를 창고에 두었다.'에서 '두다'는 '일정한 곳에 놓다.'란 뜻으로 주어 외에 '어디에'에 해당하는 부사어를 필요로 한다. 이때 '창고에'를 생략하면 '쌀가마를 두었다.'와 같이 문장이 성립하지 않으므로 '창고에'는 서술어가 필수적으로 요구하는 부사어(㉡)이다.

02 정답 ② ＊구개음화 파악하기

다음은 문법 학습지의 일부이다. ⓐ～ⓒ에 들어갈 내용으로 적절한 것은?

• **구개음화**: 받침의 'ㄷ', 'ㅌ'이 'ㅣ'나 반모음 'ㅣ'로 시작하는 형식 형태소와 만나 [ㅈ], [ㅊ]으로 발음되는 현상
ㄷ, ㅌ ＋ ㅣ, ㅣ → ㅈ, ㅊ ＋ ㅣ, ㅣ

1. '볕이'의 표준 발음이 (ⓐ)인 이유를 알아보자.
'볕이'에서 '볕'의 받침 'ㅌ' 뒤에 'ㅣ'로 시작하는 형식 형태소가 오기 때문에 (ⓐ)로 발음된다.
（구개음화가 일어남.）

2. '끝이'와 '끝을'의 표준 발음은 무엇인지 알아보자.
'끝이'의 '이'는 체언에 주어의 자격을 부여하는 **주격 조사**이다. （형식 형태소）
따라서 '끝이'의 표준 발음은 (ⓑ)이다. '끝을'의 '을'은 체언에 （구개음화가 일어남.）
목적어의 자격을 부여하는 **목적격 조사**이다. 따라서 '끝을'의 표준 （형식 형태소）
발음은 [끄틀]이며, 이때의 '을'은 (ⓒ)이기는 하지만 'ㅣ'로 시작하는 (ⓒ)가 아니므로 구개음화가 일어나지 않음을 알 수 있다.

＞왜 정답·오답?

	ⓐ	ⓑ	ⓒ
②	[벼치]	[끄치]	형식 형태소

문제에서 제시한 '볕이', '끝이', '끝을'을 분석하면 다음과 같다.

볕이[벼치]		
볕	＋	이
체언		주격 조사

끝이[끄치]		
끝	＋	이
체언		주격 조사

끝을[끄틀]		
끝	＋	을
체언		목적격 조사

이를 구개음화의 조건에 맞추어 정리하면 다음과 같다.

제시어	형태소 분석	'ㄷ', 'ㅌ' 뒤에 오는 형태소의 종류	구개음화 적용 여부	표준 발음
볕이	볕 ＋ 이 체언 주격 조사	'ㅣ'로 시작하는 형식 형태소	○	[벼치]
끝이	끝 ＋ 이 체언 주격 조사	'ㅣ'로 시작하는 형식 형태소	○	[끄치]
끝을	끝 ＋ 을 체언 목적격 조사	'ㅣ'로 시작하지 않는 형식 형태소	×	[끄틀]

따라서 ⓐ에 들어갈 말은 '[**벼치**]', ⓑ에 들어갈 말은 '[**끄치**]', ⓒ에 들어갈 말은 '**형식 형태소**'이다.

〈보기〉는 수업 장면의 일부이다. ㉠의 예로 적절하지 **않은** 것은?

― 〈 보기 〉 ―

> **선생님:** 주어가 스스로 행동하지 않고 다른 주체에 의해 어떤 동작을
> 〔피동의 개념〕
> 당하거나 영향을 받는 것을 피동이라고 합니다. 피동문을 만들 때는 ㉠
> 능동사의 어근에 피동 접미사 '−이−, −히−, −리−, −기−'를 붙여서
> 짧은 피동을 만들거나, '−아/−어지다'와 같은 표현을 사용하여 긴
> 피동을 만듭니다.

＞왜 정답？

⑤ **입이 다물어지지 않을 정도로 놀랐다.**
'−어지다'가 결합한 긴 피동

'입'이라는 주체가 '다물다'라는 행위를 당하고 있으며, 능동사 '다물다'의 어근인
'다물−'에 '−어지다−'가 결합하여 긴 피동을 만들고 있다. 따라서 ㉠에 해당하는 예가
아니다.

＞왜 오답？

① **과일이 깎여 있다.**
피동 접미사 '−이−'가 결합한 짧은 피동

능동사 '깎다'의 어근인 '깎−'에 피동 접미사 '−이−'가 결합한 짧은 피동이다.

② **낙엽이 깔려 있다.**
피동 접미사 '−리−'가 결합한 짧은 피동

능동사 '깔다'의 어근인 '깔−'에 피동 접미사 '−리−'가 결합한 짧은 피동이다.

③ **칼에 고기가 썰리다.**
피동 접미사 '−리−'가 결합한 짧은 피동

능동사 '썰다'의 어근인 '썰−'에 피동 접미사 '−리−'가 결합한 짧은 피동이다.

④ **아기가 어머니께 안겼다.**
피동 접미사 '−기−'가 결합한 짧은 피동

능동사 '안다'의 어근인 '안−'에 피동 접미사 '−기−'가 결합한 짧은 피동이다.

〈보기〉의 ㉠～㉤이 쓰인 문장으로 적절하지 **않은** 것은?

― 〈 보기 〉 ―

> 관중은 춘추 시대 제(齊)나라의 재상으로 군주인 환공을 도와
> 약소국이던 제나라를 부강한 국가로 ㉠ 성장시켰다. 관중이 생각한
> '사물의 규모나 세력 따위가 점점 커짐.'이라는 의미임.
> 이상적인 국가의 모습과 국가를 통치하는 방법은 관자를 통해 살펴볼 수
> 있다. 그는 자신이 살던 현실의 문제에 실리적으로 대처하고 정치적인
> 분열을 적극적으로 막아 나라의 부강과 백성의 평안을 이루고자 하였다.
> 관중은 백성이 국가 경제의 ㉡ 근본이라는 경제적 관점을 바탕으로
> '사물의 본질이나 본바탕'이라는 의미임.
> 법의 필요성을 강조하였다. 그에 따르면, 군주는 법을 만들 수 있는
> 자격을 ㉢ 천부적으로 지닌 사람이다. 하지만 군주가 마음대로 법을
> '태어날 때부터 지닌 것'이라는 의미임.
> 만들면 백성의 삶이 ㉣ 피폐해질 수 있으므로 군주는 이익을 추구하는
> '지치고 쇠약하여짐.'이라는 의미임.
> 백성의 본성을 고려해 백성의 삶이 윤택해질 수 있는 법을 만들어야
> 한다고 보았다. 이때 관중이 강조한 백성의 ㉤ 윤택한 삶은 도덕적
> '살림이 풍부함.'이라는 의미임.
> 교화와 같은 목적을 위한 것이 아닌, 부강한 나라의 실현을 위한
> 것이라는 실리적 관점에서 이해할 수 있다.

＞왜 정답？

① ㉠: **신체뿐 아니라 정신의 성장도 필요하다.**
'몸과 마음이 자라서 어른스럽게 됨.'이라는 의미임.

＞왜 오답？

② ㉡: **우리 경제의 불황이 주가 하락의 근본 원인이다.**
'사물의 본질이나 본바탕'이라는 의미임.

③ ㉢: **그 사람은 남을 웃기는 데에 천부적인 재능을 지녔다.**
'태어날 때부터 지닌 것'이라는 의미임.

④ ㉣: **우리의 자연이 얼마나 피폐해 있는가를 보여줬다.**
'지치고 쇠약하여짐.'이라는 의미임.

⑤ ㉤: **그는 윤택한 가정에서 자랐다.**
'살림이 풍부함.'이라는 의미임.

01~03

출제　　중심 내용

[1] 안녕하세요? 지난 시간에 언어의 공공성에 대해 배운 것
지난 시간에 배운 내용을 환기하며 발표 주제를 연관지음.
기억하시나요? 발표나 토론 같은 공식적인 담화에 참여하거나 매체를
통해 불특정 다수와 소통하는 상황에서는 언어의 공공성에 유의해야
한다는 것을 배웠습니다. 상황에 적절한 어휘나 문장 표현 등을
　　　　　　　　　　　　　　　　　　　　표현의 적절성
사용하는 것은 언어의 공공성을 갖추는 데 도움을 주는데요, 이는
화자가 의미를 제대로 전달하고 청자가 화자를 믿을 만한 사람으로
인식하는 데 영향을 주기 때문입니다. 저는 이러한 표현의 적절성에
　　　　　　　　　　　　　　　　　　　　　　　　　발표 화제
대해 조사한 내용을 발표하겠습니다.

[공공성: 한 개인이나 단체가 아닌 일반 사회 구성원 전체에 두루 관련되는 성질

*[1] 요약: 발표 화제로 '표현의 적절성'을 제시함.

[2] 지금부터 어휘와 문장 차원으로 나누어 설명하겠습니다.
'표현의 적절성'을 두 가지 차원으로 나누어 제시함.
(목소리를 가다듬고) 어휘는 베리 시그니피컨트합니다. (반응을
살피며) 조금 의아해하시네요. 그럼 이렇게 말씀드려 볼게요. (느린
청중의 반응을 살핌.　　　　　　　　　　 말의 속도를 조절하여 의미를 강조함.
속도로) 어휘는 매우 중요합니다. 어떤 표현이 더 잘 이해되세요?
: 대비되는 발화를 실연하여 청중의 관심을 유도함.
(고개를 끄덕이며) 네, 다들 후자라고 하시네요. 외국어를 불필요하게
청중에게 질문을 던지고 답하는 방식으로 호응을 유도함.
사용하면 의사소통 상황에서 청자에게 의미를 제대로 전달하기
어렵습니다. 한편, 제가 이 자리에서 '뻥치다' 같은 비속어나 '레알'
같은 유행어를 사용하는 것도 적절하지 않을 것입니다. 왜냐하면
다수를 대상으로 하는 발표에서 격식에 맞지 않는 가벼운 표현을
사용하면 여러분이 저를 신뢰하기 어려운 사람으로 여길 수 있기
때문입니다.

[비속어: 격이 낮고 속된 말
[격식: 격에 맞는 일정한 방식

*[2] 요약: 어휘 차원의 표현의 적절성을 설명함.

[3] 어휘뿐 아니라 문장에서도 상황에 적절한 표현이 중요합니다.
[저는 토론 수업에서 '안전이 편의보다 중요할 것 같아 보입니다.'라고
[ ]: 실제 경험을 예로 들어 설명하며 '표현의 적절성'이 청중과 관련이 있음을 제시함.
말했다가, 입장이 명확하지 않고 자신감이 없어 보여 설득력이
떨어진다는 동료 평가를 받은 적이 있습니다.] 그래서 ⊙ 말하는
내용에 대한 확신의 정도를 드러내는 표현들을 찾아보니, 제가 사용한
'-ㄹ 것 같다'와 '-아 보이다'가 모두 확신의 정도가 낮은 표현들
확신의 정도가 낮은 표현들은 주장을 밝히는 데 적합하지 않음.
이었습니다. 그러다 보니 주장을 밝히는 데에 다소 적합하지 않았던
것입니다. 사실 저는 지나치게 단정적인 표현을 피함으로써 상대를
존중하는 태도를 나타내고 싶었지만, 토론에서는 이런 표현이
적절하지 않을 수도 있음을 알게 되었습니다. 여러분도 일상에서
다수와 소통하는 담화에 참여하고 있으니, 상황에 적절한 문장을
사용할 필요가 있습니다.

[단정적: 딱 잘라서 판단하고 결정하는 것

*[3] 요약: 문장 차원의 표현의 적절성을 설명함.

[4] [지금까지 표현의 적절성을 어휘 차원과 문장 차원으로 나누어
[ ]: 발표의 내용을 요약함.
살펴보았습니다.] (목소리를 높여) 상황에 적절한 표현은 의미를
명확하게 전달하고, 화자에 대한 신뢰도를 높인다는 점에서
중요합니다.] 발표를 들은 여러분이 표현의 적절성에 관심을 갖고
청중에게 '표현의 적절성'과 관련하여 바라는 바를 언급함.
원활하게 소통하는 화자가 되기를 바랍니다. 감사합니다.

*[4] 요약: 상황에 적절한 표현을 사용하는 것의 중요성

01　정답 ①　* 말하기 방식 파악하기

위 발표자의 말하기 방식으로 가장 적절한 것은?

> 왜 정답 ?

① 대비되는 발화를 실연하여 청중의 관심을 유도하고 있다.
'시그니피컨트'와 '중요하다'와 같이 언어적으로 대비되는 발화를 실연함.

[②-❷ (목소리를 가다듬고) 어휘는 베리 시그니피컨트합니다.
[②-❻ (느린 속도로) 어휘는 매우 중요합니다.

[실연하다: 실제로 하여 보이다.

> 왜 오답 ?

② 비언어적 표현을 사용하여 발표의 절차를 안내하고 있다.
　 고개를 끄덕이며 청중의 답변에 반응함.　　　　　　안내하지 않음.

* 근거: ②-❼

③ 정보의 출처를 언급하여 청중의 궁금증을 해소하고 있다.
　　　　　　언급하지 않음.

④ 같은 내용을 거듭 질문하여 청중의 답변을 끌어내고 있다.
　　　　　　거듭 질문하지 않음.

⑤ 구체적인 통계를 제시하여 발표의 필요성을 부각하고 있다.
　　　　　　제시하지 않음.

02　정답 ③　* 말하기 계획의 적절성 파악하기

다음은 위 발표를 하기 위해 학생이 세운 계획이다. 발표에 반영되지 않은 것은?

> 왜 정답 ?

③ '표현의 적절성'의 개념이 변하는 양상을 그와 관련된 예를 들어
　　　　　　　　　　개념이 변하는 양상을 제시하지 않음.
분석해야겠어.

> 왜 오답 ?

① 지난 시간에 배운 내용을 환기하고, 발표의 화제가 '표현의
　　　　　　　　언어의 공공성
적절성'임을 소개해야겠어.

[①-❷,❸ 지난 시간에 언어의 공공성에 대해 배운 것 기억하시나요? 발표나
토론 같은 공식적인 담화에 참여하거나 매체를 통해 불특정 다수와 소통하는
상황에서는 언어의 공공성에 유의해야 한다는 것을 배웠습니다.
[①-❺ 저는 이러한 표현의 적절성에 대해 조사한 내용을 발표하겠습니다.

② '표현의 적절성'을 두 가지 차원으로 나누어 예를 중심으로
　　　　　　　　　　　　　　　　　　　어휘와 문장 차원
설명해야겠어.

→ ②-❶ 지금부터 어휘와 문장 차원으로 나누어 설명하겠습니다.

④ 실제 경험을 예로 들며 '표현의 적절성'이 발표를 듣는 학생들과
토론 수업에서 '- 것 같아 보입니다.'라고 말했다가 설득력이 떨어진다는 평가를 받은 경험
관련이 있음을 제시해야겠어.

[③-❷ 저는 토론 수업에서 '안전이 편의보다 중요할 것 같아 보입니다.'라고
말했다가, 입장이 명확하지 않고 자신감이 없어 보여 설득력이 떨어진다는
[동료 평가를 받은 적이 있습니다.

⑤ 발표의 내용을 요약하고, 발표를 듣는 학생들에게 '표현의
표현의 적절성을 어휘와 문장 차원에서 살펴보았다고 요약함.
적절성'과 관련하여 바라는 바를 언급해야겠어.
표현의 적절성에 관심을 갖는 것

④ - ❶ ~ ❸ 지금까지 표현의 적절성을 어휘와 문법 차원으로 나누어 살펴보았습니다. ~ 발표를 들은 여러분이 표현의 적절성에 관심을 갖고 원활하게 소통하는 화자가 되기를 바랍니다.

03 정답 ① ＊담화의 내용 파악하기

〈보기〉는 위 발표 후 이어진 수업 내용의 일부이다. ㉠과 관련해 [A]에 들어갈 학생의 말로 적절하지 않은 것은?

─────〈 보기 〉─────

선생님: ❶ 발표 잘 들었어요. ❷ 발표 내용 중, 말하는 내용에 대한 확신의 정도를 드러내는 표현에 대해 궁금해할 것 같네요. ❸ 확신의 정도를 드러내기 위해 동사, 부사, 의존 명사, 보조 용언, 인용절 등을 사용할 수 있는데, 상황에 따라 어휘나 문법 요소를 적절하게 선택할 수 있습니다. ❹ 화면은 '안전이 편의보다 중요하다'라는 내용에, 앞서 언급된 표현을 더해 확신의 정도에 변화를 준 문장들입니다. ❺ 확신의 정도와 관련된 표현을 찾아 설명해 볼까요?

ⓐ 저에게는 안전이 편의보다 중요한 듯 이해되고 있습니다.
ⓑ 저는 안전이 편의보다 중요하다고 믿게 됐습니다.
ⓒ 저는 대체로 안전이 편의보다 중요하다고 봅니다.
ⓓ 분명히 안전이 편의보다 중요한 법입니다.

학생: ________________________ [A]

＞왜 정답?

① ⓐ는 ⓑ와 달리 보조 용언을 써서 확신의 정도를 드러냈어요.
모두

ⓐ는 '-고 있다'와 같이 보조 용언 구성을 사용하여 확신의 정도를 드러내고 있다. 그러나 ⓑ 역시 '게 되다'와 같은 보조 용언 구성을 사용하고 있다.

＞왜 오답?

② ⓐ는 ⓒ와 달리 피동 접사가 있는 동사를 써서 확신의 정도를 드러냈어요.
피동 접사 '−되다'가 있는 '이해되다'를 사용함.

ⓐ의 '이해되고'에서 피동 접사 '−되다'가 결합한 동사 '이해되다'가 사용되고 있음을 확인할 수 있다. 반면 ⓒ의 동사 '봅니다'에는 피동 접사가 결합하지 않았다.

③ ⓐ와 ⓓ는 모두 의존 명사를 썼는데, 의존 명사가 나타내는 확신의 정도는 ⓓ가 더 높아요.
'듯'   '법'

ⓐ에 사용된 의존 명사 '듯'은 짐작이나 추측을 나타낸다. 한편 ⓓ에 사용된 의존 명사 '법'은 앞말의 동작이나 상태가 당연함을 나타내기 때문에 ⓐ의 '듯'보다 확신의 정도가 더 높다.

④ ⓑ와 ⓒ는 인용절을 썼다는 점은 같지만, 인용절 바로 뒤의 동사가 나타내는 확신의 정도는 ⓑ가 더 높아요.
'안전이 편의보다 중요하다'

ⓑ와 ⓒ 모두 '안전이 편의보다 중요하다'는 인용절을 썼다는 점은 같다. 그러나 인용절 뒤에 '보다'가 오는 ⓒ보다 '믿게 되다'가 오는 ⓑ가 동사가 나타내는 확신의 정도가 더 높다고 할 수 있다. 왜냐하면 '믿다'가 '어떤 사실이나 말을 꼭 그렇게 될 것이라고 생각하거나 그렇다고 여기다.'라는 뜻을 지닌 반면, '보다'는 '대상을 어떠하다고 평가하다.'라는 뜻을 지녔기 때문이다.

⑤ ⓒ와 ⓓ는 모두 부사를 썼는데, 부사가 나타내는 확신의 정도는 ⓓ가 더 높아요.
'대체로' '분명히'

ⓒ에서는 부사 '대체로', ⓓ에서는 부사 '분명히'를 사용했다. '대체로'는 '전체로 보아서, 일반적으로'의 뜻을 가지고 있고, '분명히'는 '어떤 사실이 틀림이 없이 확실하게'의 뜻을 가지고 있으므로 부사가 나타내는 확신의 정도는 ⓓ가 더 높다.

04~06

출제   ▨ 중심 내용

❶ 사회자: 아시다시피, 지난달 후문 계단에서 학생들이 미끄러지거나 넘어지는 사고가 4건이 일어나 이 문제를 해결하기 위해 학교에서 대책 회의를 연다고 합니다.
토의를 하게 된 배경을 설명함.
우리 학생회에서도 해결책을 마련하여 학교에 건의하려고 합니다.
토의 결과를 활용할 계획을 밝힘.
그래서 오늘은 지난번에 예고한 것처럼 '후문 계단에서 발생하는 안전사고를 줄이기 위한 방법은 무엇인가?'라는 주제로 토의하겠습니다.
토의의 주제를 제시함.
적극적으로 의견을 말씀해 주십시오.
토의 참여자들의 적극적 참여를 독려함.

❷ 학생 1: 후문을 나서서 내려가는 계단은 경사가 가파르고 폭과 단너비가 좁아 보행이 불편합니다. [학생들에게 조사해 보니, 학생들 역시 단너비가 좁은 계단의 구조를 사고의 원인으로 꼽았습니다.
[ ]: 조사한 내용을 바탕으로 의견을 제시함.
따라서 경사가 완만하고 단너비가 넓게 계단을 다시 만들 것을 제안합니다.]

❸ 사회자: 단너비가 무엇인가요?
질문을 통해 용어의 개념을 확인함.

❹ 학생 1: 계단을 측면에서 볼 때 각 디딤판의 너비입니다.

❺ 학생 2: 계단을 다시 만드는 것이 본질적인 해결책이지만, 가능할지 의문입니다.
'학생 1'이 제시한 대안의 현실적 어려움을 지적함.
후문 계단을 내려오면 바로 주택가입니다. 경사를 완만히 하려면 계단의 전체 길이가 지금보다 길어져야 하는데
'학생 1'의 대안이 현실적으로 어려운 이유 ①
그럴 만한 공간이 없습니다. 더구나 계단을 다시 만들려면 시간이 오래 걸리고, 그 기간에는 정문만 이용해야 하므로
'학생 1'의 대안이 현실적으로 어려운 이유 ②
후문으로 등하교하는 학생들이 불편해질 것입니다. 그래서 저는 지금 있는 계단에 미끄럼 방지 패드를 부착할 것을 제안합니다. [A]

❻ 학생 3: 이왕이면 미끄럼 방지 패드가 눈에 잘 띄면 좋겠습니다. 토의를 준비하며 자료를 찾던 중, 눈에 잘 띄는 색깔의 미끄럼 방지 패드가 있다는 것을 알았습니다.
토의를 준비하면서 알게 된 정보
이런 미끄럼 방지 패드를 활용한다면 계단 끝이 식별되지 않아 넘어지는 문제도 함께 해결할 수 있을 것입니다.
토의 준비 과정에서 찾은 정보로 '학생 2'의 대안을 보충함.

❼ 학생 2: 오, 그러면 패드 부착 효과가 더 커지겠네요.

❽ 학생 4: 저는 아까 나왔던, 계단을 다시 만들자는 말씀의 취지에 동의합니다. 다만 공간상 문제로 계단 재시공이 어려우니,
'학생 4'의 의견에 동의하지만, 현실적 어려움을 들어 자신의 대안을 제시함.
현재의 난간을 보수하는 것은 어떨까요? 현장을 살펴보니, 난간이 낡아서 안전 장치로서의 기능을 제대로 못하고 있었습니다.

❾ 학생 1: 좋은 의견입니다. 노력과 비용이 적게 들면서도 문제를 개선할 수 있는 방법이네요.
'학생 4'의 의견에 동조함.

❿ 사회자: 네, 지금까지 계단 재시공, 미끄럼 방지 패드 부착, 난간 보수 이렇게 세 가지 의견이 제시되었습니다.
지금까지의 토의 내용을 정리함.
이어서 각자 준비한 의견을 계속 말씀해 주시겠습니까?

⓫ 학생 3: [[가]]

⓬ 학생 4: 소음과 관련하여, 예상되는 문제점까지 생각하셨네요.

완만하다: 경사가 급하지 않다.   디딤판: 발로 디디게 되어 있는 판
식별되다: 분별이 되어 알아보아지다.
취지: 어떤 일의 근본이 되는 목적이나 긴요한 뜻

04 정답 ③ ＊말하기 방식 파악하기

위 토의에 나타난 '사회자'의 역할로 적절하지 않은 것은?

왜 정답?

③ 토의자들의 발언 순서를 ~~조정~~하여 발언 기회를 ~~분배~~한다.
　　　　　　　　　　조정하지 않음.　　　　　　분배하지 않음.

왜 오답?

후문 계단에서 발생하는 안전사고를 줄이기 위한 방법
① 토의의 배경과 주제를 제시하며 토의를 시작한다.
후문 계단에서 사고가 발생함.

❶ 사회자: 아시다시피, 지난달 후문 계단에서 학생들이 미끄러지거나 넘어지는 사고가 4건이 일어나 이 문제를 해결하기 위해 학교에서 대책 회의를 연다고 합니다. ~ 오늘은 지난번에 예고한 것처럼 '후문 계단에서 발생하는 안전사고를 줄이기 위한 방법은 무엇인가?'라는 주제로 토의하겠습니다. 적극적으로 의견을 말씀해 주십시오.

② 토의자들의 발언 내용을 정리하며 토의를 이어 간다.
토의자들이 제시한 해결 방안을 정리함.

❿ 사회자: 네, 지금까지 계단 재시공, 미끄럼 방지 패드 부착, 난간 보수 이렇게 세 가지 의견이 나왔습니다. ~

④ 토의 결과를 활용할 계획을 밝히고 토의 참여를 독려한다.
해결책을 마련하여 학교에 건의함.

❶ 사회자: ~ 우리 학생회에서도 해결책을 마련하여 학교에 건의하려고 합니다. ~

⑤ 토의자에게 질문하여 발언에 사용된 용어의 개념을 확인한다.
단너비
➜ ❸ 사회자: 단너비가 무엇인가요?

05 정답 ④ ＊담화의 내용 파악하기

[A]를 이해한 내용으로 적절하지 않은 것은?

왜 정답?

④ '학생 4'는 '학생 1'이 제시한 대안의 실행 가능성이 ~~높다는~~ 점에
　　　　　　　　　　　　　　　　　공간상 문제로 실행 가능성이 낮음을 지적함.
공감하며 자신의 대안을 제시하고 있다.

❽ 학생 4: 저는 아까 나왔던, 계단을 다시 만들자는 말씀의 취지에 동의합니다. 다만 공간상 문제로 계단 재시공이 어려우니, 현재의 난간을 보수하는 것은 어떨까요?

'학생 4'는 '학생 1'이 말했던 계단을 다시 만들자는 말의 취지에는 공감하고 있다. 그러나 공간상 문제로 계단 재시공이 어렵다는 현실적 문제를 들고 있으므로 '학생 1'이 제시한 대안의 실행 가능성이 높다는 점에 공감하고 있지는 않다.

왜 오답?

① '학생 1'은 대안을 제시할 때 조사 내용을 근거로 삼아 자신의
　　　　　　　　　　　　　　　　　학생들이 사고의 원인으로 꼽은 점
의견을 피력하고 있다.

❷ 학생 1: ~ 학생들에게 조사해 보니, 학생들 역시 단너비가 좁은 계단의 구조를 사고의 원인으로 꼽았습니다. ~

② '학생 2'는 '학생 1'이 제시한 대안이 지닌 현실적 어려움을
　　　　　　　　　　　　　　　　　공간적 문제, 시간적 문제를 지적함.
지적하고 있다.

❺ 학생 2: 계단을 다시 만드는 것이 본질적인 해결책이지만, 가능할지 의문입니다. ~ 경사를 완만히 하려면 계단의 전체 길이가 지금보다 길어져야 하는데 그럴 만한 공간이 없습니다. 더구나 계단을 다시 만들려면 시간이 오래 걸리고, 그 기간에는 정문만 이용해야 하므로 후문으로 등하교하는 학생들이 불편해질 것입니다.

06 정답 ⑤ ＊자료 활용의 적절성 파악하기

〈보기〉는 '학생 3'이 토의를 준비하며 수집한 자료이다. 자료를 모두 활용하여 [가]에 제시할 의견으로 가장 적절한 것은? [3점]

〈 보기 〉

[자료 1] 후문 계단 안전사고 실태 파악을 위해 정리한 표

연번	사고 발생 일시 날짜	사고 발생 일시 시간 일몰 후(하교 시간)	해당 일 일출	해당 일 일몰
1 겨울철—	12.03.	20 : 40	07 : 30	17 : 19
2	12.11.	21 : 10	07 : 38	17 : 18
3	12.23.	18 : 30	07 : 47	17 : 14
4	12.27.	07 : 25	07 : 44	17 : 21

→ 계단 안전사고가 주로 겨울철 일출 전, 일몰 후에 일어남을 알 수 있음.　　　일출 전(등교 시간)

[자료 2] 인터넷에서 '조명'을 검색하여 정리한 메모

❶ − 가로등: 통행 및 보행 안정을 위해 길가를 따라 설치
❷ − 센서등: 움직임을 감지하여 자동으로 켜짐. 상시 조명이 필요
사람이 지나갈 때만 켜짐.
없는 곳에 설치
❸ − 잔디등: 상가 거리, 광장 주변 녹지에 설치. 야간 보행 안전 및 미관을 위해 설치

[자료 3] 조명과 관련된 정보를 검색하다가 읽게 된 신문 기사

❶ ○○시에 따르면, 지난해에 빛 공해 관련 민원이 모두 227건 접수됐다. 특히 A 아파트에 대한 민원이 지속적으로 제기되고 있다.
❸ 인근 주민 B 씨는 "A 아파트의 외부 조명으로 인해 저녁부터
조명 공해로 인해 피해를 입고 있음.
새벽까지 내내 집 안이 환해서 너무 힘듭니다."라며 "A 아파트가 준공되고 나서 지금까지 조명이 꺼진 적이 단 한 번도 없습니다."라고 말했다.

왜 정답?

⑤ 겨울철 어두울 때 후문 계단에서 안전사고가 발생하니 조명을
[자료 1] 겨울철의 일출 전, 일몰 후 어두운 시간대에 안전사고가 발생함.
설치하되 후문 주택가 주민들의 빛 공해 문제를 고려해 센서등을
　　　　　　　　　　　　　　[자료 3]　　　　　　　　　　　　　　[자료 2]
설치하면 좋겠습니다.

[자료 1]을 통해 후문 계단 안전사고가 발생하는 시간대가 주로 일출 전, 일몰 후와 같이 어두운 시간임을 알 수 있다. 이를 방지하기 위해 조명을 설치하되, [자료 3]과 같이 외부 조명으로 인해 집 안이 환해져서 힘들다는 민원이 제기될 수 있음을 고려하여 [자료 2]의 조명 종류 중 움직임이 없을 때는 꺼지는 센서등을 설치할 것을 제안할 수 있다.

---

③ '학생 3'은 토의 준비 과정에서 알게 된 정보를 바탕으로 '학생 2'의
눈에 잘 띄는 색깔의 미끄럼 방지 패드가 있다는 것
대안을 보강하고 있다.

❻ 학생 3: ~ 토의를 준비하며 자료를 찾던 중, 눈에 잘 띄는 색깔의 미끄럼 방지 패드가 있다는 것을 알았습니다. 이런 미끄럼 방지 패드를 활용한다면 계단 끝이 식별되지 않아 넘어지는 문제도 함께 해결할 수 있을 것입니다.

⑤ '학생 1'은 '학생 4'가 제시한 대안에 대해 효율성의 측면에서
현재의 난간을 보수하자는 대안
긍정적으로 평가하고 있다.

❾ 학생 1: 좋은 의견입니다. 노력과 비용이 적게 들면서도 문제를 개선할 수 있는 방법이네요.

① 후문 주택가 주민들이 빛 공해 문제를 겪지 않도록 학교 주변에 설치된 가로등의 조도를 낮추어 주는 것이 좋겠습니다.
[자료 3]
[자료 1]을 반영하지 않음.

후문 주택가 주민들의 빛 공해 문제를 고려한 것은 [자료 3]을 반영한 것으로 적절하다. 그러나 학교 주변에 설치된 가로등의 조도를 낮추는 것은 [자료 1]에서 주로 어두운 시간대에 후문 계단 안전사고가 발생한다는 결과를 무시한 결론이므로 적절하지 않다. 또한 [자료 2]를 활용하지 않았다.

② 후문 계단이 낡아서 주변이 낙후된 느낌이니 잔디등을 설치하여 미관을 개선하면 후문으로 등하교하는 학생이 늘어날 것입니다.
설치 장소가 적절하지 않음.

[자료 2]에 따르면 잔디등은 '상가 거리, 광장 주변 녹지'에 설치하는 등으로, 후문 계단에 설치하는 것은 장소가 적절하지 않다. 또한 [자료 1]과 [자료 3]에 대한 내용이 반영되지 않았다.

③ 등교 시간에 안전사고가 주로 발생하므로 센서등을 설치하면 안전사고를 줄이면서 이른 아침에 인근 주민에게 피해도 주지 않을 것입니다.
일몰 후인 하교 시간에 주로 사고가 발생함.
[자료 2] 반영
[자료 3] 반영

인근 주민의 피해를 고려하여 센서등을 설치하는 것은 [자료 2]와 [자료 3]의 내용을 반영한 내용이라고 할 수 있다. 그러나 등교 시간에 안전사고가 주로 발생한다는 것은 [자료 1]의 내용과 상반된다. [자료 1]에 따르면 안전사고는 주로 일몰 후인 하교 시간에 발생한다.

④ 후문 계단에 가로등을 설치하고 일몰부터 일출까지 켜 두면 학생들도 안전하게 등하교할 수 있고 인근 주민들의 안전에도 도움이 될 것입니다.
[자료 3]을 반영하지 않음.
[자료 1] 반영

가로등을 어두운 시간대인 일몰부터 일출까지 켜 둔다는 것은 [자료 1]을 반영한 것이라 할 수 있다. 그러나 [자료 2], [자료 3]에 따르면 가로등은 길가를 따라 설치되어 내내 켜 둔 상태로 있게 된다면 인근 주민들에게 빛 공해를 일으킬 수 있으므로 적절하지 않다.

07 정답 ③ ＊단어의 의미 관계 파악하기

〈보기〉를 바탕으로 〈자료〉를 이해한 내용으로 적절한 것은? [3점]

〈 보기 〉

❶ 두 단어가 보이는 의미 관계에는 ㉠ 유의 관계(예 : 샛별−금성), ㉡
말소리는 다르지만 서로 비슷한 의미를 가지고 있는 관계
반의 관계(예 : 앞−뒤), ㉢ 상하 관계(예 : 학교−중학교)가 있다. 한편,
서로 대립되는 의미를 가진   단어의 한쪽이 다른 쪽을 포함하는 관계
단어들 간의 관계
'과일−채소'처럼 ㉣ 유의 관계, 반의 관계, 상하 관계 중 어떤 관계도 맺지 않는 단어 쌍도 있다.
❸ 일반적으로는 반의 관계를 맺지 않는 단어 쌍이 담화 맥락에서는 마치 반의 관계처럼 대립하는 경우도 있다. 예컨대, '문−벽'은 어떤 의미
❹
관계에도 해당하지 않는 단어 쌍이지만 "스마트폰, 누군가에게는 소통의 문이지만 누군가에게는 소통의 벽입니다."와 같은 담화 맥락에서는 반의
담화 맥락에서 '소통이 가능함'을 나타냄. 담화 맥락에서 '소통이 불가능함'을 나타냄.
관계처럼 대립하고 있다. ❺ 또한 일반적으로는 반의 관계를 맺는 단어 쌍들이, 담화 맥락에서 함께 쓰일 때 그 대립이 사라지는 경우도 있다.
❻ 예컨대, '소년−소녀'는 일반적으로는 반의 관계를 맺는 단어 쌍이지만,
원래 반의 관계에 있는 단어 쌍임.
"우리 모두는 소년, 소녀이던 시절이 있었다."와 같은 담화 맥락에서는 '나이 어린 사람'이라는 의미를 나타낼 뿐 대립하지 않는다.
담화 맥락에서 '소년', '소녀'가 동일하게 '나이 어린 사람'을 뜻하기 때문임.

〈 자료 〉

(하교 후 함께 밥을 먹기로 한 친구 사이의 대화)
담화 맥락상 '승균의 어머니'를 지시함.
❶ 승균: 오늘 엄마 생신이어서 **엄마**가 좋아하시는 **반찬** 위주로 아침밥을
담화 맥락상 의미: 밥에 곁들어 먹는 음식 ➜ 부식
차려 드렸어.
❷ 담화 맥락상 '승균의 어머니'를 지시함.
현서: **어머니**께서 좋아하셨겠네. 근데, 우리 이제 **밥** 먹을까?
담화 맥락상 의미: 끼니로 먹는 음식
❸ 승균: 나는 저녁은 **고기** 먹고 싶어. 엄마가 채소 좋아하셔서 **풀**만
담화 맥락상 의미: 육류로 만든 음식   담화 맥락상 의미: 육류 없이 채소로 만든 음식
먹었거든. **아침, 저녁**을 두 끼나 풀만 먹고 싶진 않아.
아침: 담화 맥락상 '아침에 끼니로 먹는 음식'을 뜻함.
저녁: 담화 맥락상 '저녁에 끼니로 먹는 음식'을 뜻함.
❹ 현서: 알겠어. 그럼, 저기 앞에 있는 치킨 가게 어때? 오래 서 있어서
무릎이 아프니까 우리 가까운 데로 가자.
❺ 담화 맥락상 의미: 넓적다리와 정강이의 사이에 앞쪽으로 둥글게 튀어나온 부분
승균: 넌 **무릎**이 아프니? 난 **발**이 아픈데.
❻ 담화 맥락상 의미: 사람이나 동물의 다리 맨 끝부분
현서: 그래, 그러니까 빨리 밥 먹으러 가자.

③ '고기−풀'은 ㉣에 해당하고, 담화 맥락에서 '육류로 만든 음식'과
유의·반의·상하 관계 X   '고기'
'육류 없이 채소로 만든 음식'의 의미로 쓰여 마치 반의 관계처럼
'풀'   육류로 만든 음식 ↔ 육류 없이 채소로 만든 음식
대립하는 경우로 볼 수 있다.

〈보기〉 ❷문장 ~ '과일−채소'처럼 ㉣ 유의 관계, 반의 관계, 상하 관계 중 어떤 관계도 맺지 않는 단어 쌍도 있다.
〈자료〉 ❸ 승균: 나는 저녁은 **고기** 먹고 싶어. 엄마가 채소 좋아하셔서 **풀**만 먹었거든. ~

사전적 의미상 '고기'는 '식용하는 온갖 동물의 살'을, '풀'은 '초본 식물을 통틀어 이르는 말'을 의미한다. 따라서 '고기−풀'은 ㉣ '유의 관계, 반의 관계, 상하 관계 중 어떤 관계도 맺지 않는 단어 쌍'에 해당한다. 그러나 담화에서 '승균'의 대화 맥락을 보면 '고기'는 '육류로 만든 음식'을 의미하고, '풀'은 '육류 없이 채소로 만든 음식'을 의미한다. 따라서 담화 맥락상 두 단어는 마치 반의 관계처럼 대립한다.

① '엄마−어머니'는 ㉠에 해당하고, 담화 맥락에서 같은 인물을
유의 관계 ○   승균의 어머니
지시함으로써 대립이 사라진 경우로 볼 수 있다.
애초에 반의 관계 X

〈보기〉 ❶문장 두 단어가 보이는 의미 관계에는 ㉠ 유의 관계(예 : 샛별−금성), ㉡ 반의 관계(예 : 앞−뒤), ㉢ 상하 관계(예 : 학교−중학교)가 있다.
〈자료〉 ❶ 승균: 오늘 엄마 생신이어서 **엄마**가 좋아하시는 반찬 위주로 아침밥을 차려 드렸어.
〈자료〉 ❷ 현서: **어머니**께서 좋아하셨겠네. 근데, 우리 이제 밥 먹을까?

'엄마'는 사전적 의미상 '격식을 갖추지 않아도 되는 상황에서, 어머니를 이르거나 부르는 말'을, '어머니'는 '자기를 낳아 준 여자를 이르거나 부르는 말'을 뜻하므로 ㉠ '유의 관계'에 해당한다. 이처럼 '엄마'와 '어머니'는 유의 관계이므로 애초에 대립을 이루지 않았기 때문에 담화 맥락에서 같은 인물(승균의 어머니)을 지시함으로써 대립이 사라진 경우라고 볼 수 없다.

② '반찬−밥'은 ㉡에 해당하고, 담화 맥락에서 두 단어가 모두
해당하지 않음.   '반찬'은 '부식'이라는 의미로 쓰임.
'주식'이라는 의미로 쓰여 '부식'과 '주식'의 대립이 사라진 경우로 볼 수 있다.
애초에 반의 관계 X

＊ 근거: 〈보기〉 ❶, ❷문장, 〈자료〉 ❶, ❷

'반찬'은 사전적 의미상 '밥에 곁들여 먹는 음식을 통틀어 이르는 말'로, '끼니로 먹는 음식'을 뜻하는 '밥'과 대립을 이루지 않는다. 또한 〈자료〉의 담화 맥락에서 '반찬'은 단어의 사전적 의미 그대로 쓰였으므로 '주식'이 아닌 '부식'의 의미로 사용되었다. 따라서 담화 맥락에서 '반찬'과 '밥' 두 단어가 모두 '주식'이라는 의미로 쓰였다는 설명은 적절하지 않다.

④ '아침-저녁'은 ⓒ에 해당하고, 담화 맥락에서 '시간'의 의미로 쓰여
　[반의 관계 ○]　　　　　　　　　　　　　　　　[식사]
'식사'의 의미가 자라짐으로써 마치 반의 관계처럼 대립하는
　　　　　　　[사라지지 않음.]
경우로 볼 수 있다.

＊ 근거: 〈보기〉 ❶문장, 〈자료〉 ❸

　사전적 의미상 '아침'은 '날이 새면서 오전 반나절쯤까지의 동안에 끼니로 먹는 음식'을, '저녁'은 '해가 질 무렵부터 밤이 되기까지의 사이에 끼니로 먹는 음식'을 뜻하므로 ⓒ에 해당한다. 또한 〈자료〉의 담화 맥락에서 '아침'은 '아침에 끼니로 먹는 음식'을, '저녁'은 '저녁에 끼니로 먹는 음식'이라는 의미를 가진다. 따라서 담화 맥락에서 '아침-저녁'이 '시간'의 의미로 쓰여 '식사'의 의미가 사라진다는 설명은 적절하지 않다.

⑤ '무릎-발'은 ⓒ에 해당하고, 담화 맥락에서 '종아리'를 기준으로
　　　　　　　　[해당하지 않음.]
'위'와 '아래'의 의미로 쓰여 마치 반의 관계처럼 대립하는 경우로
　　　　　　　　　　　　　　　　　[대립하지 않음.]
볼 수 있다.

> 〈자료〉 ❹ 현서: 알겠어. 그럼, 저기 앞에 있는 치킨 가게 어때? 오래 서 있어서 **무릎**이 아프니까 우리 가까운 데로 가자.
> 〈자료〉 ❺ 승균: 넌 **무릎**이 아프니? 난 **발**이 아픈데.

　사전적 의미상 '무릎'은 '넓적다리와 정강이의 사이에 앞쪽으로 둥글게 튀어나온 부분'을 뜻하고, '발'은 '사람이나 동물의 다리 맨 끝부분'을 뜻한다. '무릎'과 '발' 모두 신체의 일부로서 어느 것 하나가 다른 하나에 포함되지 않으므로 ⓒ에 해당한다고 볼 수 없다. 또한 〈자료〉의 담화 맥락에서 '무릎'이 아프거나 '발'이 아프다는 것은 해당 신체 부위가 통증을 느낀다는 것을 뜻하는 것이다. 따라서 '무릎-발'이 담화 맥락에서 '종아리'를 기준으로 '위'와 '아래'의 의미로 쓰여 마치 반의 관계처럼 대립한다는 설명은 적절하지 않다.

08 　정답 ①　＊ 중세 국어의 특징 파악하기

〈보기〉의 ㉠~㉢에 대한 이해로 적절한 것은?

> ─── 〈 보기 〉 ───
>
> 　현대 국어와 마찬가지로, 중세 국어에서도 체언이나 체언 구실을
> 　　　　　　　　　　　　　　　　　[격조사, 접속 조사, 보조사]　　　　　[명사, 대명사, 수사]
> 하는 구에 조사가 붙은 문장 성분과, 체언이나 체언 구실을 하는 구에
> [예] '그딋 아바니미 잇ᄂᆞ닛가'에서 '그딋 아바니미'　　'우리는 다 부텻 아ᄃᆞᆯ 곧ᄒᆞ니'에서 '아ᄃᆞᆯ'
> 조사가 붙지 않은 문장 성분이 모두 있었고, 서술어에 따라 부사어를
> [필수적 부사어 예] '나랏 말ᄊᆞ미 中國에 달아'에서 '中國에'
> 필수 성분으로 요구하는 경우도 있었다.
>
> 　　　　　　　　　　　　　　　　　　　　　[체언('아ᄃᆞᆯ') + ∅]
> ㉠ 우리는(우리+는) 다 부텻(부텨+ㅅ) 아ᄃᆞᆯ 곧ᄒᆞ니
> 　[체언('우리') + 보조사('는')]　[체언('부텨') + 관형격 조사('ㅅ')]
> 　[우리는 다 부처의 아들과 같으니]
>
> ㉡ 그딋(그듸+ㅅ) 아바니미(아바님+이) 잇ᄂᆞ닛가
> 　[체언('그듸') + 관형격 조사('ㅅ')]　[체언('아바님') + 주격 조사('이')]
> 　[당신의 아버님이 있습니까?]
>
> 　　　　　　　　　　　　[체언('말ᄊᆞᆷ') + 주격 조사('이')]
> ㉢ 나랏(나라+ㅅ) 말ᄊᆞ미(말ᄊᆞᆷ+이) 中國에(中國+에) 달아
> 　[체언('나라') + 관형격 조사('ㅅ')]　　[체언('中國') + 부사격 조사('에')]
> 　[나라의 말이 중국(中國)과 달라]

왜 정답 ?

① ㉠의 '부텻 아ᄃᆞᆯ'은 서술어가 요구하는 필수 성분이군.
　[서술어 '곧ᄒᆞ니'(같으니)가 꼭 필요로 하는 부사어임.]

　㉠의 '부텻 아ᄃᆞᆯ'을 생략하면 '우리는 다 곧ᄒᆞ니(우리는 다 같으니)'와 같이 성립하지 않는 문장이 된다. 따라서 '부텻 아ᄃᆞᆯ'은 서술어가 요구하는 필수 성분이다.

왜 오답 ?

② ㉡의 '그딋 아바니미'는 체언 구실을 하는 구에 조사가 붙은
　　　　　　　　　　　　　　　[그딋 아바님'(당신의 아버님)]　　['이'(주격 조사)]
것으로, 서술어가 요구하는 필수 성분이 아니군.
　　　　　　　　　　　　　　　[필수 성분임.]

　㉡의 '그딋 아바니미'는 체언 구실을 하는 구인 '그딋 아바님'에 주격 조사 '이'가 붙은 형태로 문장에서 주어의 역할을 한다. 주어는 서술어가 요구하는 필수 성분이다.

③ ㉢의 '中國에'는 서술어가 요구하는 필수 성분이 아니군.
　　　　　　　　　　　　　　　　　　　[필수 성분임.]

　㉢의 '中國에'는 명사 '中國'에 부사격 조사 '에'가 결합한 형태로 문장에서 부사어 역할을 한다. '中國에'를 생략하면 '나랏 말ᄊᆞ미 달아(나라의 말이 달라)'와 같이 성립하지 않는 문장이 되므로 '中國에'는 서술어가 요구하는 필수 성분이다.

④ ㉠의 '우리는'과 ㉡의 '그딋'은 체언에 조사가 붙은 것으로, 문장
　　　[주어]　　　　　[관형어]　　　㉠: 체언('우리') + 보조사('는')
성분이 서로 같군.　　　　　　　　　　㉡: 체언('그듸') + 관형격 조사('ㅅ')
　　　　　[다르군.]

　㉠의 '우리는'은 체언 '우리'에 보조사 '는'이 결합한 것으로 문장 성분은 주어이다. ㉡의 '그딋'은 체언 '그듸'에 관형격 조사 'ㅅ'이 결합한 것으로 문장 성분은 관형어이다. 즉, ㉠과 ㉡의 문장 성분은 서로 다르다.

⑤ ㉠의 '부텻'과 ㉢의 '나랏'은 체언에 조사가 붙은 것으로, 문장
　　　[관형어]　　　　[관형어]　　　㉠: 체언('부텨') + 관형격 조사('ㅅ')
성분이 서로 다르군.　　　　　　　　　㉢: 체언('나라') + 관형격 조사('ㅅ')
　　　　　[같군.]

　㉠의 '부텻'은 체언 '부텨'에 관형격 조사 'ㅅ'이 붙은 것이고, ㉢의 '나랏'은 체언 '나라'에 관형격 조사 'ㅅ'이 붙은 것이다. 따라서 ㉠과 ㉢의 문장 성분은 관형어로 서로 같다.

09 　정답 ④　＊ 단어의 짜임 파악하기

〈보기〉의 ㉠에 들어갈 말로 적절한 것은?

> ─── 〈 보기 〉 ───
>
> 　새말을 만들 때는 어근, 접사, 어미 등을 사용하는데, 이들은 다양한
> 　　　　　　　　　　　　[새말을 형성할 때 활용하는 요소]
> 방식으로 결합된다. 가령 '에어컨의 차가운 바람이 사람에게 바로 오는
> 것을 막는 도구'를 가리키기 위한 새말로 '추운바람막개'를 만들었고, 이
> 새말의 직접 구성 성분이 '추운바람'과 '막개'로 분석된다고 하자. 이때
> 　　　　　　　[둘 이상의 형태소로 이루어진 단어를 일차적으로 나누었을 때 나뉘어 나온 각각의 요소]
> 　　　　　　　　　　　　　　　　　　　　　[막+-개]
> '추운바람'과 '막개'는 각각 어미 '-ㄴ'과 접사 '-개'를 포함하고 있다. 이를
> [추운(춥-+-ㄴ)+바람]
> 고려하면 아래의 ⟦ ㉠ ⟧는 점이 '추운바람막개'와 같다.
>
> | 대상 | 용도 | 새말 |
> |---|---|---|
> | 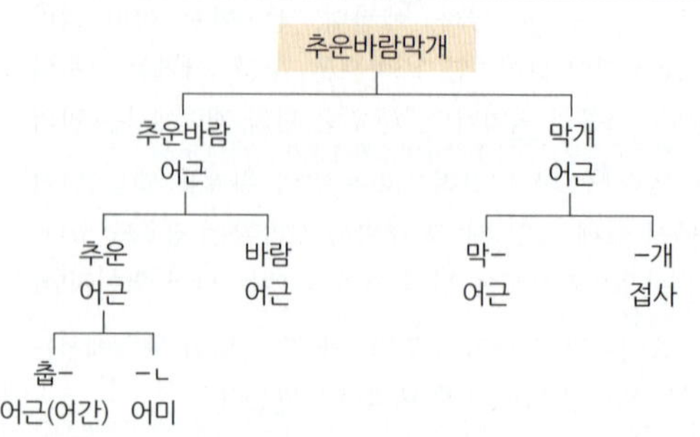 | 종이컵을 보관하면서 하나씩 뽑아 쓸 수 있게 하는 통 | ⓐ 긴종이컵통(긴-종이컵통)
ⓑ 새컵뽑이통(새컵뽑이-통)
ⓒ 컵뽑는긴통(컵뽑는-긴통) |
>
> (ⓐ~ⓒ 옆의 괄호 안의 붙임표(-)는 직접 구성 성분의 경계임.)
>
> ───
>
> **어근:** 단어에서 실질적인 의미를 나타내는, 의미의 중심 부분
> **접사:** 단독으로 쓰이지 못하고 항상 어근의 앞이나 뒤에 붙어서 뜻을 더하거나 제한하는, 의미의 주변 부분
> **어미:** 용언이 활용할 때 변하는 부분

추운바람막개

추운바람 (어근)		막개 (어근)	
추운 (어근)	바람 (어근)	막- (어근)	-개 (접사)
춥- (어근(어간))　-ㄴ (어미)			

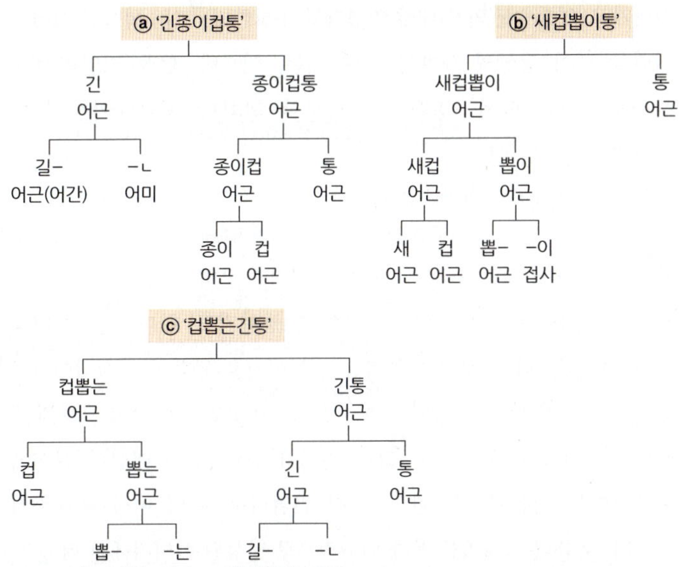

＞왜 정답？

④ ⓐ와 ⓑ는 모두, 어미를 포함하지 않는 직접 구성 성분이 있다

ⓐ '긴종이컵통'은 직접 구성 성분이 '긴'과 '종이컵통'으로 분석되고, '긴'은 다시 어근 '길-'과 어미 '-ㄴ'으로 분석된다. '종이컵통'은 '종이컵'과 '통'으로 분석된 뒤, '종이컵'은 다시 '종이'와 '컵'으로 분석될 수 있다. 이때 '긴'은 어미 '-ㄴ'을 포함하지만, '종이컵통'은 어미를 포함하지 않는다.

ⓑ '새컵뽑이통'은 먼저 직접 구성 성분이 '새컵뽑이'와 '통'으로 분석되는데, '새컵뽑이'는 다시 '새컵'과 '뽑이'로 분석되고 이는 각각 어근 '새'와 어근 '컵', 어근 '뽑-'과 접사 '-이'로 분석된다. 따라서 직접 구성 성분인 '새컵뽑이'와 '통' 모두 어미를 포함하지 않는다.

'추운바람막개'의 직접 구성 성분인 '추운바람'과 '막개' 중 '추운바람'은 어미 '-ㄴ'을 포함하지만 '막개'는 포함하지 않으므로 ㉠에 들어갈 말로 적절하다.

＞왜 오답？

① ⓐ는 접사를 사용하여 만들었다

ⓐ '긴종이컵통'의 직접 구성 성분은 '긴'과 '종이컵통'인데, 이때 어떠한 직접 구성 성분도 접사를 포함하지 않는다. 반면 '추운바람막개'는 직접 구성 성분인 '추운바람'과 '막개' 중 '막개'에 접사 '-개'가 사용되었다.

② ⓑ는 더 이상 분석되지 않는 직접 구성 성분이 있다

ⓑ '새컵뽑이통'의 직접 구성 성분은 '새컵뽑이'와 '통'이다. 이때 '통'은 더 이상 분석되지 않는 직접 구성 성분이다. 그러나 '추운바람막개'의 직접 구성 성분인 '추운바람'과 '막개'는 각각 '추운'과 '바람', '막-'과 '-개'로 분석되므로 ⓑ와 차이가 있다.

③ ⓒ는 직접 구성 성분이 모두 어미를 포함한다

ⓒ '컵뽑는긴통'의 직접 구성 성분은 '컵뽑는'과 '긴통'이고, '컵뽑는'은 어미 '-는'을, '긴통'은 어미 '-ㄴ'을 포함한다. 그러나 '추운바람막개'의 직접 구성 성분인 '추운바람'과 '막개'에서 '추운바람'은 어미 '-ㄴ'을 포함하지만, '막개'는 접사 '-개'만 포함할 뿐 어미를 포함하지는 않으므로 직접 구성 성분이 모두 어미를 포함한다고 할 수 없다.

⑤ ⓑ와 ⓒ는 모두, 접사를 사용하여 만들었다

'추운바람막개'의 직접 구성 성분은 '추운바람'과 '막개'인데, '막개'에서 접사 '-개'가 사용되었다. ⓑ '새컵뽑이통'의 직접 구성 성분은 '새컵뽑이'와 '통'인데, 이때 '새컵뽑이'에서 접사 '-이'가 사용되었다. 그러나 ⓒ '컵뽑는긴통'의 직접 구성 성분은 '컵뽑는'과 '긴통'인데, 이중 어느 직접 구성 성분에도 접사가 사용되지 않았다.

⓾ 정답 ④ ＊ 표준 발음법 파악하기

〈학습 활동〉을 수행한 결과로 적절하지 **않은** 것은?

> **〈 학습 활동 〉**
>
> ❶ 표준 발음법에는 교체, 탈락, 축약 등과 같은 음운 변동과 관련된 현상이 포함되어 있다. ❷ 예컨대 제9항, 제23항에서는 교체가 [음절의 끝소리 규칙] [된소리되기], 제11항에서는 탈락이, 제12항에서는 축약이 일어나는 환경과 변동 [자음군 단순화] [거센소리되기] 결과를 확인할 수 있다. ❸ [자료]의 ㉠, ㉡에 나타난 음운 변동의 유형을 [표준 발음법]에서 확인해 보자.
>
> **[자료]**
>
> 　내일부터 이곳의 ㉠ 겉흙하고[거트카고] 모래층을 파낼 거야. 그 일에는 네가 해야 할 ㉡ 몫도[목또] 있어.
>
> **[표준 발음법]**
> ○ 제9항 받침 'ㄲ, ㅋ', 'ㅅ, ㅆ, ㅈ, ㅊ, ㅌ', 'ㅍ'은 어말 또는 자음 앞에서 ⟦ㄱ⟧ ⟦ㄷ⟧ ⟦ㅂ⟧ 각각 대표음 [ㄱ, ㄷ, ㅂ]으로 발음한다. ⋯⋯⋯⋯⋯⋯⋯⋯⋯⋯ⓐ
> ○ 제11항 겹받침 'ㄺ, ㄻ, ㄿ'은 어말 또는 자음 앞에서 각각 [ㄱ, ㅁ, [겹받침의 앞 자음과 뒤 자음 중 뒤 자음이 소리 남. 예 흙[흑]] ㅂ]으로 발음한다. ⋯⋯⋯⋯⋯⋯⋯⋯⋯⋯⋯⋯⋯⋯⋯⋯ⓑ
> ○ 제12항 받침 'ㅎ'의 발음은 다음과 같다.
> 1. 'ㅎ(ㄶ, ㅀ)' 뒤에 'ㄱ, ㄷ, ㅈ'이 결합되는 경우에는, 뒤 음절 첫소리와 합쳐서 [ㅋ, ㅌ, ㅊ]으로 발음한다. 예 않던[안턴]
> 　[붙임 1] 받침 'ㄱ(ㄹㄱ), ㄷ, ㅂ(ㄹㅂ), ㅈ(ㄴㅈ)'이 뒤 음절 첫소리 'ㅎ'과 결합되는 경우에도, 역시 두 음을 합쳐서 [ㅋ, ㅌ, ㅍ, ㅊ]으로 발음한다. 예 밟히다[발피다] ⋯⋯⋯⋯⋯⋯⋯ⓒ
> 　[붙임 2] 규정에 따라 'ㄷ'으로 발음되는 'ㅅ, ㅈ, ㅊ, ㅌ'의 경우에도 [음절의 끝소리 규칙] 예 옷 한 벌 [온한벌] → [오탄벌] 이에 준한다. ⋯⋯⋯⋯⋯⋯⋯⋯⋯⋯⋯⋯⋯⋯⋯⋯⋯ⓓ
> ○ 제23항 받침 'ㄱ(ㄲ, ㅋ, ㄳ, ㄺ), ㄷ(ㅅ, ㅆ, ㅈ, ㅊ, ㅌ), ㅂ(ㅍ, ㄼ, ㄿ, ㅄ)' 뒤에 연결되는 'ㄱ, ㄷ, ㅂ, ㅅ, ㅈ'은 된소리로 발음한다. ⋯⋯⋯ⓔ 예 낯설다 → [낟설다] → [낟썰다]

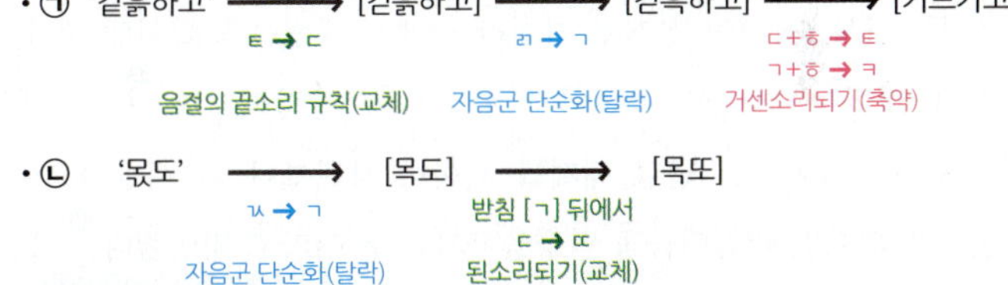

＞왜 정답？

④ ㉡에는 ⓑ에서 확인되는 환경에서의 탈락이 ~~일어났군~~
[겹받침 'ㄺ, ㄻ, ㄿ'의 자음군 단순화] [일어나지 않음.]

㉡ '몫도'에는 겹받침 'ㄳ' 중 뒤 자음인 'ㅅ'이 탈락하는 자음군 단순화가 일어났다. 그러나 ⓑ에는 겹받침 'ㄺ, ㄻ, ㄿ'이 어말 또는 자음 앞에서 각각 [ㄱ, ㅁ, ㅂ]으로 발음되는 자음군 단순화만 다루고 있다. 따라서 ㉡에는 ⓑ에서 확인되는 환경에서의 탈락이 일어나지 않았다.

＞왜 오답？

① ㉠에는 ⓐ에서 확인되는 환경에서의 교체가 일어났군.
[어말 또는 자음 앞에서 받침 'ㄲ, ㅋ' ➡ [ㄱ] 'ㅅ, ㅆ, ㅈ, ㅊ, ㅌ' ➡ [ㄷ], 'ㅍ' ➡ [ㅂ]]

㉠ '겉흙하고'에서 '겉'의 받침 'ㅌ'이 자음 앞에서 대표음 [ㄷ]로 바뀐다. 따라서 ⓐ에서 확인되는 환경에서의 교체가 일어났다고 할 수 있다.

② ㉠에는 ⓒ에서 확인되는 환경에서의 축약이 일어났군.
[받침 'ㄱ(ㄹㄱ), ㄷ, ㅂ(ㄹㅂ), ㅈ(ㄴㅈ) + ㅎ ➡ [ㅋ, ㅌ, ㅍ, ㅊ]]

㉠ '겉흙하고'는 음절의 끝소리 규칙과 자음군 단순화에 의해 [걷흑하고]로 발음된다. 이어서 '겉[걷]'의 끝소리 [ㄷ]과 '흙[흑]'의 끝소리 [ㄱ]이 뒤에 오는 'ㅎ'과 결합하여, 각각 [ㅌ], [ㅋ]으로 발음되어 [거트카고]가 된다. 따라서 ⓒ에서 확인되는 환경에서의 축약이 일어났다고 할 수 있다.

③ ㉠에는 ⓓ에서 확인되는 환경에서의 축약이 일어났군.
'ㅅ, ㅈ, ㅊ, ㅌ'([ㄷ])+'ㅎ'→[ㅌ]

　㉠'겉흙하고'는 음절의 끝소리 규칙과 자음군 단순화에 의해 [걷흑하고]가 된다. 이어서 '겉[걷]'의 끝소리 [ㄷ]이 뒤에 오는 'ㅎ'과 결합하여 [ㅌ]으로 축약되고 흙[흑]의 끝소리 [ㄱ]이 뒤에 오는 'ㅎ'과 결합하여 [ㅋ]으로 축약되므로 [거트카고]가 된다. 따라서 ⓓ에서 확인되는 환경에서의 축약이 일어났다고 할 수 있다.

⑤ ㉡에는 ⓔ에서 확인되는 환경에서의 교체가 일어났군.
받침'ㄱ(ㄲ, ㅋ, ㄳ, ㄺ), ㄷ(ㅅ, ㅆ, ㅈ, ㅊ, ㅌ), ㅂ(ㅍ, ㄼ, ㄿ, ㅄ)'뒤의'ㄱ, ㄷ, ㅂ, ㅅ, ㅈ'은 된소리로 발음함.

　㉡'몫도'에서 겹받침 'ㄳ' 중 'ㅅ'이 탈락하는 자음군 단순화에 의해 [목도]가 된 후, '몫[목]'의 끝소리 [ㄱ] 뒤에 연결되는 'ㄷ'이 된소리 [ㄸ]으로 교체되어 [목또]로 발음된다. 따라서 ⓔ에서 확인되는 환경에서의 교체가 일어났다고 할 수 있다.

11~13 　* 디지털 영상 기술과 영화의 리얼리즘

　# 출제 ⬭ 글 전체 핵심어　▬ 글 전체 중심 문장

1 21세기 들어 보편화된 디지털 영상 기술은 영화 미학, 영화 창작 방식, 관객의 영화 체험 등 영화 전반에 걸쳐 큰 변화를 초래했다. 특히 컴퓨터를 이용해 이미지를 가공하는 '디지털 후반작업'이 통상적 제작 과정으로 자리 잡으면서 영화는 현실을 사실적으로 재현하는 리얼리즘적 매체라는 오랜 믿음이 흔들리기 시작했다.
　컴퓨터를 이용해 현실의 이미지를 가공할 수 있게 되었기 때문임.

보편화되다: 널리 일반인에게 퍼지다.
통상적: 특별하지 아니하고 예사로운
재현하다: 다시 나타나다. 또는 다시 나타내다.

1문단 요약: 영화 전반에 영향을 미친 디지털 영상 기술의 발전

2 영화는 처음 발명되었을 때부터 놀라운 현실 재현 능력으로 주목받았다. 카메라의 셔터가 작동하면 피사체의 이미지가 필름에 새겨진다.
　　　　　　　　　　　필름 영화의 특징
필름 표면에 각인된 이미지는 영화가 촬영되는 순간에 영화 속 인물, 사물, 공간이 실제로 카메라 앞에 존재했음을 확인해 준다.
　# 영화가 현실의 모습을 그대로 반영함.
따라서 영화는 하나의 기록이자 증언으로 인식되었다. ㉠ 지가
　# 영화의 이미지와 현실 사이에 실제적인 연관성이 존재한다고 여김.
베르토프는 역동적인 현실 세계를 회화나 사진보다 더 사실적으로 재현하는 영화의 리얼리즘적 역량을 '영화-눈'이라고 명명했다. 그는
　# : 영화의 현실 재현 능력에 주목함.
'영화-눈'이 인간의 지각을 확장하여 현실에 대한 정확하고 총체적인 인식을 제공한다고 생각했다.

피사체: 사진을 찍는 대상이 되는 물체
각인되다: 머릿속에 새겨 넣듯 깊이 기억되다.
명명하다: 사람, 사물, 사건 따위의 대상에 이름을 지어 붙이다.
총체적: 있는 것들을 모두 하나로 합치거나 묶은 것

2문단 요약: 영화의 리얼리즘에 대한 관점 ① '영화-눈'

3 필름 영화와 달리 디지털 영화에서는 현실과 영화 이미지 사이의 연관성이 매우 느슨하거나, 아예 존재하지 않는다. 디지털 영화에서
　# 디지털 영화의 특징
이미지는 0과 1의 이산적인 전자 정보로 저장되며, 이 정보들은 디지털 후반작업 과정에서 변형되기 때문이다. 더 나아가 여러 개의
디지털 영화에서 현실과 영화 이미지 사이의 연관성이 느슨해지는 이유
이미지를 합성하거나, 카메라를 사용하지 않고 컴퓨터 그래픽만으로 가상의 인물과 공간을 만들어 내는 것도 가능해졌다. ㉡ 레프 마노비치는 디지털 기술의 도입으로 인해 '영화-눈'의 시대가
　# : 영화가 그려 내는 상상의 세계에 주목함.

지나가고 '영화-붓'의 시대가 열렸다고 주장한다. 그는 현실의 사실적 재현을 넘어 상상의 세계를 그려 내는, 이른바 '합성 리얼리즘'의 시대로 진입하면서, 영화는 사진보다 회화나 애니메이션에 더 가까워졌다고 말한다.
　# 컴퓨터 그래픽의 영향으로 영화가 현실보다 상상의 세계에 더 가까워짐.
〔도입: 기술, 방법, 물자 따위를 끌어 들임.

3문단 요약: 영화의 리얼리즘에 대한 관점 ② '영화-붓'

4 그런데 변형되고 가공된 디지털 이미지가 오히려 영화의 사실적인 느낌을 강화하는 역설적인 현상이 발생하기도 한다. ㉢ 스티븐
　# 디지털 기술이 영화의 사실성을 강화하기도 함.
프린스는 컴퓨터 그래픽으로 가공된 이미지를 관객이 사실적이라고
　# : '트루 라이즈' 현상을 경험하는 관객의 심리에 주목함.
인식하는 '트루 라이즈', 즉 '진짜 거짓말' 현상을 '지각적 리얼리즘'이라고 정의한다.
　# 지각적 리얼리즘의 개념
그는 영화가 보여 주는 대상이 현실에 존재한다는 믿음에 기반한 '사진적 리얼리즘'은 더 이상 유효하지 않으며, 컴퓨터 그래픽을 통해 인위적으로 변형된 이미지에서 더 강한 사실감을 느끼는 관객의 심리에 대해 주목해야 한다고 주장한다.
　# 지각적 리얼리즘에서 중요하게 여기는 것
디지털 영화에서 관객이 보는 것은 0과 1로 이루어진 정보가 아니라, 지각 가능한 형태로 전환되어 스크린에 투사된 이미지이다. 따라서
　# 지각적 리얼리즘에 기반한 디지털 영화의 모습
필름 영화의 이미지와는 다른 관점에서 디지털 이미지의 실재성 문제를 고찰할 필요가 있다.
　# 컴퓨터 그래픽으로 만들어 낸 인위적인 이미지이지만, 관객은 필름 영화를 볼 때보다 더 큰 사실감을 느끼기 때문임.

역설적: 어떤 주장이나 이론이 겉보기에는 모순되는 것 같으나 그 속에 중요한 진리가 함축되어 있는 것
유효하다: 보람이나 효과가 있다.
전환되다: 다른 방향이나 상태로 바뀌다.
투사되다: 하나의 매질(媒質) 속을 지나가는 소리나 빛의 파동이 다른 매질의 경계면에 이르게 되다.
실재성: 현실적 사물로 존재하는 성질. 또는 실재의 특성
고찰하다: 어떤 것을 깊이 생각하고 연구하다.

4문단 요약: 영화의 리얼리즘에 대한 관점 ③ 지각적 리얼리즘

■ 지문 전체 이해도
*영화의 리얼리즘에 대한 관점 변화

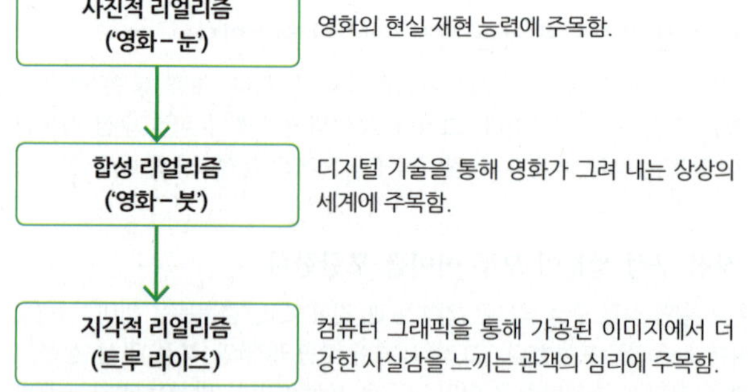

■ 지문 내용과 구조

1문단	**영화 전반에 영향을 미친 디지털 영상 기술의 발전**: 디지털 영상 기술이 발전함에 따라 영화가 리얼리즘적 매체라는 인식이 흔들리기 시작함.
2문단	**영화의 리얼리즘에 대한 관점 ① '영화-눈'**: 지가 베르토프는 현실 세계를 회화나 사진보다 더 사실적으로 재현하는 영화의 리얼리즘적 역량을 '영화-눈'이라고 명명함.
3문단	**영화의 리얼리즘에 대한 관점 ② '영화-붓'**: 레프 마노비치는 디지털 기술이 도입되면서 영화가 컴퓨터 그래픽을 활용해 상상의 세계를 그려 내는 '영화-붓'의 시대로 진입했다고 주장함.
4문단	**영화의 리얼리즘에 대한 관점 ③ 지각적 리얼리즘**: 스티븐 프린스는 컴퓨터 그래픽으로 가공된 이미지를 관객이 현실보다 더 사실적으로 인식한다는 '트루 라이즈' 현상을 주장하며, 이를 지각적 리얼리즘으로 정의함.

[1]문단
영화 전반에 영향을 미친 디지털 영상 기술의 발전

→ [2]문단
영화의 리얼리즘에 대한 관점 ① '영화-눈'

→ [3]문단
영화의 리얼리즘에 대한 관점 ② '영화-붓'

→ [4]문단
영화의 리얼리즘에 대한 관점 ③ 지각적 리얼리즘

■ **주제**: 디지털 영상 기술의 발전에 따른 영화의 리얼리즘에 대한 관점 변화

11 정답 ⑤ ＊ 내용 파악하기

윗글을 읽고 이해한 내용으로 적절하지 <u>않은</u> 것은?

> **왜 정답 ?**

⑤ 디지털 영화에서 이미지는 <u>0과 1의 정보로 투사되며</u> 관객은 이
  지각 가능한 형태로 전환되어 투사됨.
  정보를 <u>인지 가능한 형태로 전환하여 받아들인다.</u>
  관객은 이미 전환되어 스크린에 투사된 이미지를 받아들임.

[[4]문단 **4**문장 디지털 영화에서 관객이 보는 것은 0과 1로 이루어진 정보가
아니라, 지각 가능한 형태로 전환되어 스크린에 투사된 이미지이다.

디지털 영화에서 이미지는 0과 1의 정보로 이루어지는데, 이것이 지각 가능한
형태로 전환되어 스크린에 투사된다고 했다. 따라서 0과 1의 정보로 투사된 이미지를
관객이 인지 가능한 형태로 전환하여 받아들인다는 설명은 그 순서를 잘못 파악한
것이다.

> **왜 오답 ?**

① 필름 영화와 디지털 영화는 이미지의 실재성 측면에서 차이가
  있다.
  현실과 영화 이미지 사이의 연관성이 서로 다름.

[[3]문단 **1**문장 필름 영화와 달리 디지털 영화에서는 <u>현실과 영화 이미지 사이의
연관성이 매우 느슨하거나, 아예 존재하지 않는다.</u>
[4]문단 **5**문장 따라서 필름 영화의 이미지와는 다른 관점에서 디지털 이미지의
실재성 문제를 고찰할 필요가 있다.

필름 영화는 현실을 그대로 담아내므로 이미지의 실재성이 높다. 하지만 디지털
영화는 컴퓨터를 이용해 변형하고 가공한 디지털 이미지를 사용하기 때문에 이미지의
실재성이 낮다.

② 디지털 영화는 영화의 리얼리즘적 속성에 대한 인식의 전환을
  초래했다.
  '영화-눈(사진적 리얼리즘)' → '영화-붓(합성 리얼리즘)'

[[3]문단 **4**, **5**문장 레프 마노비치는 디지털 기술의 도입으로 인해 '영화-눈'의
시대가 지나가고 '영화-붓'의 시대가 열렸다고 주장한다. 그는 <u>현실의 사실적
재현을 넘어 상상의 세계를 그려 내는, 이른바 '합성 리얼리즘'의 시대로</u>
진입하면서, 영화는 사진보다 회화나 애니메이션에 더 가까워졌다고 말한다.

디지털 영화는 현실 세계를 사실적으로 재현하는 필름 영화의 리얼리즘적 역량에
주목하는 '영화-눈'에서 영화가 그려 내는 상상의 세계에 주목하는 '영화-붓'으로의
인식 전환을 초래했다.

③ '트루 라이즈'는 인위적으로 가공된 디지털 이미지에서 관객이
  컴퓨터 그래픽으로 가공된 이미지
  사실적인 느낌을 받는 현상을 말한다.

[[4]문단 **2**문장 스티븐 프린스는 컴퓨터 그래픽으로 가공된 이미지를 관객이
사실적이라고 인식하는 '트루 라이즈', 즉 '진짜 거짓말' 현상을 '지각적
리얼리즘'이라고 정의한다.

④ 영화가 기록이자 증언이라는 주장은 영화의 이미지와 현실 사이에
  영화가 촬영되던 순간의 현실이 영화 이미지에 그대로 각인됨.
  실제적인 연관성이 존재한다는 의미이다.

[[2]문단 **3**, **4**문장 필름 표면에 각인된 이미지는 영화가 촬영되는 순간에 영화
속 인물, 사물, 공간이 실제로 카메라 앞에 존재했음을 확인해 준다. <u>따라서
영화는 하나의 기록이자 증언으로 인식되었다.</u>

12 정답 ② ＊ 정보 간 관계 파악하기

㉠~㉢의 관점에 대해 파악한 내용으로 가장 적절한 것은?
㉠ '지가 베르토프', ㉡ '레프 마노비치', ㉢ '스티븐 프린스'

> **왜 정답 ?**

② ㉠은 영화의 현실 재현 능력을, ㉢은 영화를 보는 관객의 인식을
  영화의 리얼리즘적 역량　　인위적인 디지털 이미지에서 더 강한 사실감을 느낌.
  중요하게 생각하겠군.

[[2]문단 **5**문장 ㉠ 지가 베르토프는 역동적인 현실 세계를 회화나 사진보다 더
사실적으로 재현하는 영화의 리얼리즘적 역량을 '영화-눈'이라고 명명했다.
[4]문단 **3**문장 그(㉢ '스티븐 프린스')는 ~ 컴퓨터 그래픽을 통해 인위적으로
변형된 이미지에서 더 강한 사실감을 느끼는 관객의 심리에 대해 주목해야
한다고 주장한다.

㉠ '지가 베르토프'는 현실을 사실적으로 재현하는 영화의 리얼리즘적 역량에
주목하며 이를 '영화-눈'이라고 명명했다.

한편 ㉢ '스티븐 프린스'는 컴퓨터 그래픽으로 가공된 이미지를 관객이
사실적이라고 인식하는 '트루 라이즈' 현상을 '지각적 리얼리즘'으로 정의하며, 그러한
현상을 경험하는 관객의 심리에 주목해야 한다고 주장했다.

> **왜 오답 ?**

① ㉠은 회화에 대한 영화의 우위를, ㉡은 영화에 대한 회화의
  영화가 현실 세계를 회화보다 더 사실적으로 재현한다고 봄.
  우위를 주장하고 있군.
  영화가 회화에 가까워졌다고 했을 뿐, 회화의 우위를 주장하지는 않음.

[[2]문단 **5**문장 ㉠ 지가 베르토프는 역동적인 현실 세계를 회화나 사진보다 더
사실적으로 재현하는 영화의 리얼리즘적 역량을 '영화-눈'이라고 명명했다.
[3]문단 **4**, **5**문장 ㉡ 레프 마노비치는 디지털 기술의 도입으로 인해 '영화-
눈'의 시대가 지나가고 '영화-붓'의 시대가 열렸다고 주장한다. 그는 ~ 이른바
'합성 리얼리즘'의 시대로 진입하면서, 영화는 사진보다 회화나 애니메이션에
더 가까워졌다고 말한다.

③ ㉡은 카메라가 대상을 포착하는 역량을, ㉠은 영화 이미지가
  ㉠　　　　　　　　　　　　　　　　　　　㉡
  가상의 세계를 구현하는 역량을 중요하게 생각하겠군.

[[2]문단 **2**, **3**문장 카메라의 셔터가 작동하면 피사체의 이미지가 필름에
새겨진다. 필름 표면에 각인된 이미지는 영화가 촬영되는 순간에 영화 속
인물, 사물, 공간이 실제로 카메라 앞에 존재했음을 확인해 준다.
[3]문단 **3**문장 더 나아가 ~ 카메라를 사용하지 않고 컴퓨터 그래픽만으로
가상의 인물과 공간을 만들어 내는 것도 가능해졌다.

카메라가 대상을 포착하는 역량을 중요하게 생각하는 것은 ㉡ '레프 마노비치'가
아니라 영화의 리얼리즘적 역량에 주목한 ㉠ '지가 베르토프'이다.

한편 영화 이미지가 가상의 세계를 구현하는 역량을 중요하게 생각하는 것은 ㉢
'스티븐 프린스'가 아니라 영화가 그려내는 상상의 세계에 주목한 ㉡ '레프 마노비치'
이다.

④ ㉠과 ㉢은 모두 영화에서 '지각적 리얼리즘'을 중요하게
  사진적 리얼리즘을 중시함.
  생각하겠군.

[[4]문단 **2**, **3**문장 ㉢ 스티븐 프린스는 컴퓨터 그래픽으로 가공된 이미지를
관객이 사실적이라고 인식하는 '트루 라이즈', 즉 '진짜 거짓말' 현상을 '지각적
리얼리즘'이라고 정의한다. 그는 영화가 보여 주는 대상이 현실에 존재한다는
믿음에 기반한 '사진적 리얼리즘'은 더 이상 유효하지 않으며, ~

㉠ '지가 베르토프'는 지각적 리얼리즘이 아니라, 영화의 이미지가 현실에
존재한다는 믿음에 기반한 사진적 리얼리즘을 중요하게 생각할 것이다.

⑤ ㉡과 ㉢은 모두 ㉠의 리얼리즘 개념이 디지털 영화의 시대에도
  여전히 유효하다고 생각하겠군.
  생각하지 않음.

＊ 근거: [3]문단 **4**문장, [4]문단 **3**문장
㉡ '레프 마노비치'는 디지털 기술이 도입되면서 ㉠ '지가 베르토프'가 주장한
리얼리즘 개념인 '영화-눈'의 시대가 지나가고 '영화-붓'의 시대가 열렸다고 주장했다.
㉢ '스티븐 프린스' 역시 디지털 영화의 시대에서 '사진적 리얼리즘'은 더 이상
유효하지 않다고 하였다.

다음은 영화감독 A의 인터뷰이다. 윗글과 인터뷰를 바탕으로 ㉮, ㉯에 대한 비평문을 작성한다고 할 때, 떠올린 내용으로 적절하지 **않은** 것은? [3점]

2020○○년 ○월 ○○일 　　　　　　　　　　　　　□□일보

기자: 감독님께서는 ㉮ 이전 영화들에서 필름 작업만을 고집하다가 ㉯
　　　　　　　　　 필름 영화　　　　　　　　　　　　　사진적 리얼리즘을 중시함.
　　　이번 작품에는 디지털 기술도 사용하셨는데, 특별한 의도가 있나요?
　　　디지털 영화
A: 제가 디지털 영화에 대해 부정적으로 생각했던 것은 사실입니다.
　　　컴퓨터 그래픽으로 가상 세계를 표현한 영화가 유행하고 있지만,
　　　시각적 쾌감을 제공하는 데 그치고 있다고 생각해요. 저는 제 영화가
　　　언제나 현실과 밀접한 관계를 맺고 있기를 원했고, 삶의 다양한
　　　　　　　　　 A가 필름 영화를 고집해 온 이유
　　　양상들이 제 영화에 드러나기를 원했습니다. 지금도 같은 생각이에요.
　　　그렇지만 이번에는 역사적 사건의 현실성을 높이는 목적으로만 컴퓨터
　　　　　　　　　 이번 작품에서 디지털 기술을 사용한 목적
　　　그래픽을 최소한도로 사용해 보았습니다. 다행히 많은 관객이 실제
　　　　　　　　　　　　　　　 컴퓨터 그래픽으로 가공된 이미지에서 사실감을 느낌.
　　　현장에 있는 듯한 느낌을 받았다고 해서 기뻤습니다.

＞왜 정답 ?

③ A가 자신의 영화가 현실과 밀접한 관련을 맺고 있기를 바란다는
　것을 통해 ㉯에 대한 비평에서 A가 **영화-붓**과 **합성 리얼리즘**을
　　　　　　　　　　　　　　　　　　영화-눈　　　사진적 리얼리즘
　중시한다는 점을 이야기할 수 있겠군.

[2문단 ⑤문장] 지가 베르토프는 역동적인 **현실 세계**를 회화나 사진보다 더
사실적으로 재현하는 영화의 리얼리즘적 역량을 '영화-눈'이라고 명명했다.
[4문단 ❸문장] ~ 영화가 보여주는 대상이 현실에 존재한다는 믿음에 기반한
'사진적 리얼리즘'은 ~

A는 자신의 영화가 현실과 밀접한 관련을 맺고 있기를 바란다고 했다. 이는 영화의
현실 재현 능력에 주목한 관점이므로, ㉯ '이번 영화'에 대한 비평에서는 A가 '영화-
눈'과 '사진적 리얼리즘'을 중시한다는 점을 이야기할 수 있다.

＞왜 오답 ?

① A가 필름 작업을 고집했던 것을 통해 ㉮에 대한 비평에서 A가
　자신이 현실과 밀접한 관련을 맺기를 원했기 때문임.
　영화에서 현실의 역동적 양상을 포착하려고 노력했다는 것을
　이야기할 수 있겠군. ＊근거: 2문단 ⑤문장

A는 자신의 영화가 현실과 밀접한 관계를 맺고 있기를 원하며 삶의 다양한
양상이 영화에 드러나기를 원했다고 밝혔다. 이는 영화의 현실 재현 능력에 주목한
관점이므로, ㉮ '이전 영화들'에 대한 비평에서는 A가 영화에서 현실의 역동적 양상을
포착하려고 노력했음을 이야기할 수 있다.

② A가 삶의 다양한 양상들이 자신의 영화에 드러나기를 원했다는
　것을 통해 ㉮에 대한 비평에서 A가 **현실의 총체적 인식**을
　　　　　　　　　　　　　　　　'영화-눈'이 제공하는 것
　중요하게 생각하고 있다는 것을 이야기할 수 있겠군.

[2문단 ❻문장] 그는 '영화-눈'이 인간의 지각을 확장하여 현실에 대한 정확하고
총체적인 인식을 제공한다고 생각했다.

A는 삶의 다양한 양상들을 자신의 영화에 재현하기를 원했다. 이는 영화의 현실
재현 능력에 주목한 관점이므로, ㉮ '이전 영화들'에 대한 비평에서는 A가 '영화-눈'이
제공하는 현실의 총체적인 인식을 중요하게 생각하고 있음을 이야기할 수 있다.

④ A가 컴퓨터 그래픽을 사용하면서도 최소화하려는 것을 통해 ㉯에
　　　　디지털 기술보다 영화의 현실 재현 능력을 더 가치 있게 여김.
　대한 비평에서 A가 '영화-눈'의 가치를 여전히 중요하게 생각하고
　있다는 것을 이야기할 수 있겠군. ＊근거: 2문단 ⑤문장

A는 자신의 영화가 언제나 현실과 밀접한 관계를 맺고 있기를 원하기 때문에 ㉯
'이번 작품'에서도 역사적 사건의 현실성을 높이는 목적으로만 최소한으로 컴퓨터
그래픽을 사용했다고 밝혔다. 따라서 ㉯ '이번 작품'에 대한 비평에서는 A가 영화의
현실 재현 능력을 가리키는 '영화-눈'의 가치를 여전히 중요하게 생각하고 있음을
이야기할 수 있다.

---

⑤ A가 컴퓨터 그래픽에 대한 관객들의 반응을 긍정적으로 평가하는
　　　　　　　　　　　　　　실제 현장에 있는 듯한 느낌을 받았다고 함.
　것을 통해 ㉯에 대한 비평에서 A가 '지각적 리얼리즘'을 의도하고
　연출했다는 것을 이야기할 수 있겠군.

[4문단 ❷문장] ~ 컴퓨터 그래픽으로 가공된 이미지를 관객이 사실적이라고
인식하는 '트루 라이즈', 즉 '진짜 거짓말' 현상을 '지각적 리얼리즘'이라고
정의한다.

A는 ㉯ '이번 작품'에서 역사적 사건의 현실성을 높이는 목적으로 컴퓨터 그래픽을
사용했다고 밝혔다. 그리고 이에 대해 관객들이 실제 현장에 있는 듯한 느낌을
받았다고 해서 기뻤다고 긍정적인 평가를 했다. 따라서 ㉯ '이번 작품'에 대한
비평에서는 A가 컴퓨터 그래픽으로 가공된 이미지에서 더 큰 사실감을 느끼는 지각적
리얼리즘을 의도하고 연출했음을 이야기할 수 있다.

＃출제 　◯ 글 전체 핵심어 　▬ 글 전체 중심 문장

1 정보 시스템에 대한 '접근'이란 시스템 자원을 사용하기 위해
시스템과 상호 작용하는 작업을 의미한다. 이때 정보의 '객체'는
＃정보 시스템에 대한 '접근'의 개념
접근의 대상이 되는 시스템 또는 시스템 자원을, 정보의 '주체'는
　　　　　　　　　　　　　　　　　　정보의 '객체'
접근을 통해 특정 목적을 달성하고자 하는 사람 또는 프로그램 등을
　　　　　　　　　　　　　　　　　　정보의 '주체'
의미한다. ◯접근제어는 적절한 권한을 가진 정보 주체만이 정보
　　　　　　　　　　　　　　　　　＃'접근제어'의 개념
객체에 접근할 수 있도록 통제하는 기술이다.

[통제하다: 일정한 방침이나 목적에 따라 행위를 제한하거나 제약하다.]

＊1문단 요약: 정보 시스템에 대한 '접근'과 '접근제어'의 개념

2 접근제어에서는 보안등급에 따라 접근 권한이 관리되는데, 이때
'보안등급'은 정보 주체와 객체에 부여된 중요도 또는 신뢰도를
　　　　　　　　　　　　　　　＃보안등급의 개념
나타낸다. 인터넷 카페에서 등급에 따라 읽기 또는 쓰기 권한을 주는
　　　　　　　　　　 보안등급의 예시
것은 이러한 예에 해당한다. 접근제어에서 관리하는 권한은
접근제어행렬, 접근제어목록 등으로 표현될 수 있다. 접근제어행렬
　　　　　　　　　　　　　　　　　　　　　　　　　＃'접근제어행렬'
은 정보 주체를 행으로, 정보 객체를 열로 구성한 테이블로서, 객체에
　　　　　　　＃접근제어행렬의 개념
대한 주체의 접근 권한은 해당 주체의 행과 해당 객체의 열이 만나는
셀에 기록된다. 접근제어목록은 특정 객체에 대한 접근 권한을 갖는
　　　　　　　　　　　　　　　　　　＃접근제어목록의 개념
주체가 나열된 목록이다.

[부여되다: 사람에게 권리·명예·임무 따위가 주어지거나, 사물이나 일에
가치·의의 따위가 붙여지다.
나열되다: 죽 벌여 있다.]

＊2문단 요약: 접근제어에서 접근 권한을 표현하는 방식

3 접근제어에는 임의적 접근제어, 강제적 접근제어 등이 있다. ㉠
　　　　　　　　　 접근제어의 종류
'임의적 접근제어'에서는 정보 객체의 소유자가 해당 객체에 대한
　　　　　　　　　　　　＃임의적 접근제어의 특징 ①
보안등급을 부여한다. 또한 객체에 대한 주체의 접근 권한 역시 해당
　　　　　　　　　　　　　＃임의적 접근제어의 특징 ②
정보 객체의 소유자가 결정한다. 따라서 임의적 접근제어에서 접근
권한을 표현할 때는 접근제어목록이 주로 사용된다. 임의적
　　　＃임의적 접근제어의 특징 ③
접근제어는 구현이 쉽고 권한 관리가 유연한 방식이지만, 정보 객체의
　　　　　　　　　　＃임의적 접근제어의 장점
소유자가 접근 권한을 임의로 변경할 수 있어서 접근 권한의 일률적
　　　　　　　　　　　　　　　　　　　　　＃임의적 접근제어의 단점
통제가 어렵다는 문제가 있다. ㉡'강제적 접근제어'에서는 보안등급

부여와 접근 권한의 관리가 중앙화된 방식으로 수행된다. ^❼ 따라서 접근

권한을 일률적으로 통제할 수 있다는 장점이 있다. ^❽ 강제적
강제적 접근제어의 특징   # 강제적 접근제어의 장점
접근제어에는 벨라파둘라 모델과 비바 모델 등이 있는데, ㉮

[벨라파둘라 모델은 기밀 정보의 유출 방지에 적합하고, 비바 모델은
[ ]: 벨라파둘라 모델과 비바 모델의 특징
정보의 신뢰도 유지에 적합하다.]

구현: 어떤 내용이 구체적인 사실로 나타나게 함.
임의: 정해진 기준이나 원칙이 없이 내키는 대로의 생각이나 마음
일률적: 태도나 방식 따위가 한결같은 것
유출: 귀중한 물품이나 정보 따위가 불법적으로 나라나 조직의 밖으로 나가 버림.
또는 그것을 내보냄.
방지: 어떤 일이나 현상이 일어나지 못하게 막음.

＊③문단 요약: 접근제어의 유형과 각 유형의 특징

④ 정보 객체가 문서이고 정보 주체가 객체에 대한 읽기와 쓰기

권한을 갖는다고 가정했을 때, [벨라파둘라 모델에서 정보 주체는

자신보다 높은 등급의 문서를 읽는 것이 금지되지만, 등급이 같거나
[ ]: 벨라파둘라 모델이 기밀 정보의 유출 방지에 적합한 이유
낮은 문서에 대해서는 읽는 것이 가능하다. ^❷또한 정보 주체는

자신보다 낮은 등급의 문서에 쓰는 것이 금지되지만, 등급이 같거나

높은 문서에 쓰는 것은 허용된다.] ^❸[비바 모델에서 정보 주체는

자신보다 높은 등급의 문서에 대해서는 쓰기 권한이 없지만, 등급이
[ ]: 비바 모델이 정보의 신뢰도 유지에 적합한 이유
같거나 낮은 문서에 대해서는 쓰기가 가능하다. ^❹또한 정보 주체는

자신보다 낮은 등급의 문서에 대해서는 읽기 권한이 없지만, 등급이

같거나 높은 문서를 읽는 것이 허용된다.] ^❺정보 주체는 자신보다 낮은

등급의 문서에 포함된 신뢰도가 낮은 정보를 참조함으로써 자신이

보유한 정보의 신뢰도를 떨어뜨릴 수 있는데, 비바 모델에서는 이를
                                    # 정보 주체가 자신보다 낮은 등급의 문서는 읽지 못하기 때문임.
방지할 수 있다.

〔**참조하다**: 참고로 비교하고 대조하여 보다.〕

＊④문단 요약: 벨라파둘라 모델과 비바 모델의 특징

■ 지문 전체 이해도

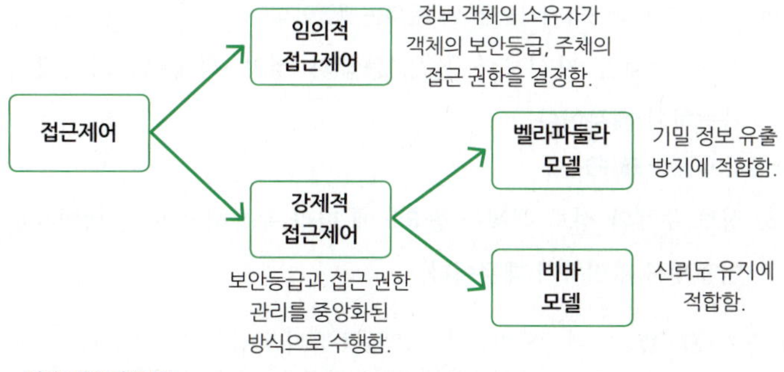

■ 지문 내용과 구조

①문단	**정보 시스템에 대한 '접근'과 '접근제어'의 개념** – 접근: 시스템 자원을 사용하기 위해 시스템과 상호 작용하는 작업 – 접근제어: 적절한 권한을 가진 정보 주체만이 정보 객체에 접근할 수 있도록 통제하는 기술
②문단	**접근제어에서 접근 권한을 표현하는 방식** – 접근제어행렬: 정보 주체를 행, 정보 객체를 열로 구성한 테이블. 객체에 대한 주체의 접근 권한은 해당 주체의 행과 열이 만나는 셀에 기록됨. – 접근제어목록: 특정 객체에 대한 접근 권한을 갖는 주체가 나열된 목록
③문단	**접근제어의 유형과 각 유형의 특징** – 임의적 접근제어: 정보 객체의 소유자가 해당 객체에 대한 보안등급과 주체의 접근 권한을 관리함. 접근제어목록이 주로 사용됨. – 강제적 접근제어: 보안등급 부여와 접근 권한 관리가 중앙화된 방식으로 수행됨. 벨라파둘라 모델과 비바 모델 등이 있음.

	벨라파둘라 모델과 비바 모델의 특징 – 모델별로 정보 주체가 정보 객체(문서)에 대해 가지는 권한		
		읽기 권한	쓰기 권한
④문단	벨라파둘라 모델		
	자신보다 높은 등급의 문서	×	○
	자신과 같은 등급의 문서	○	○
	자신보다 낮은 등급의 문서	○	×
	비바 모델		
	자신보다 높은 등급의 문서	○	×
	자신과 같은 등급의 문서	○	○
	자신보다 낮은 등급의 문서	×	○

①문단 정보 시스템에 대한 '접근'과 '접근제어의 개념'	→	②문단 접근제어에서 접근 권한을 표현하는 방식	→	③문단 접근제어의 유형과 각 유형의 특징	→	④문단 벨라파둘라 모델과 비바 모델의 특징

■ **주제**: 접근제어의 개념과 유형별 특징

14 정답 ⑤ ＊ 내용 파악하기

윗글의 내용과 일치하지 <u>않는</u> 것은?

> **오** 정답 ?

⑤ 접근제어목록은 특정 정보 ~~주체가~~(객체에) 접근할 수 있는 정보 ~~객체를~~(주체를)
목록화하여 관리하기 위해 사용된다.

[②문단 ❺문장 '접근제어목록'은 특정 객체에 대한 접근 권한을 갖는 주체가 나열된 목록이다.

> **오** 오답 ?

① 접근제어행렬은 접근 권한을 나타내는 테이블이다.
　　　　　　　　객체에 대한 주체의 접근 권한이 셀에 기록됨.

[②문단 ❸, ❹문장 접근제어에서 관리하는 권한은 접근제어행렬, ~ 등으로 표현될 수 있다. '접근제어행렬'은 정보 주체를 행으로, 정보 객체를 열로 구성한 테이블로서, 객체에 대한 주체의 접근 권한은 해당 주체의 행과 해당 객체의 열이 만나는 셀에 기록된다.

접근제어에서 관리하는 접근 권한은 접근제어행렬로 표현할 수 있다. 이때 접근제어행렬은 객체에 대한 주체의 접근 권한을 나타내는 테이블이다.

② 임의적 접근제어의 접근 권한 표현에는 접근제어목록이 주로
　　　　　　　　　　　정보 객체의 소유자가 주체의 접근 권한을 결정하기 때문임.
사용된다.

[③문단 ❹문장 따라서 임의적 접근제어에서 접근 권한을 표현할 때는 접근제어목록이 주로 사용된다.

③ 접근은 시스템과의 상호 작용을 통해 시스템 자원을 사용하는
　　　　　시스템 자원을 사용하기 위해 시스템과 상호 작용함.
것을 목적으로 한다.

[①문단 ❶문장 정보 시스템에 대한 '접근'이란 시스템 자원을 사용하기 위해 시스템과 상호 작용하는 작업을 의미한다.

④ 접근제어에서는 정보 주체와 정보 객체에 부여된 중요도나
　　　　　　　　　　　　　　　　　보안등급
신뢰도에 따라 접근 권한이 관리된다.

[②문단 ❶문장 접근제어에서는 보안등급에 따라 접근 권한이 관리되는데, 이때 '보안등급'은 정보 주체와 객체에 부여된 중요도 또는 신뢰도를 나타낸다.

㉠과 ㉡에 대한 이해로 적절하지 <u>않은</u> 것은?
㉠ '임의적 접근제어' ㉡ '강제적 접근제어'

> **왜** 정답?

② ㉠과 달리 ㉡은 정보 객체의 소유자 외의 정보 주체가 해당
객체를 ~~변경하는 것을 방지~~하기 위해 사용되는 방식이다.
　　　　　　변경할 수 있음.

┌ ③문단 ❺ ~ ❼문장 임의적 접근제어(㉠)는 ~ 정보 객체의 소유자가 접근
│ 권한을 임의로 변경할 수 있어서 접근 권한의 일률적 통제가 어렵다는 문제가
│ 있다. ㉡ '강제적 접근제어'에서는 보안등급 부여와 접근 권한의 관리가
│ 중앙화된 방식으로 수행된다. 따라서 접근 권한을 일률적으로 통제할 수
└ 있다는 장점이 있다.

　㉠ '임의적 접근제어'는 정보 객체의 소유자가 해당 객체에 대한 접근 권한을 임의로
변경할 수 있다. 따라서 ㉠에서는 정보 객체의 소유자가 부여한 접근 권한에 따라 정보
주체가 해당 객체를 변경할 수도, 변경하지 못할 수도 있다.

　한편 ㉡ '강제적 접근제어'는 중앙화된 방식으로 보안등급이 부여되고 접근 권한을
일률적으로 통제한다. 따라서 ㉡에서는 정보 주체가 자신의 등급에 따라 특정 등급의
정보 객체를 변경할 수 있다.

> **왜** 오답?

① ㉠과 달리 ㉡은 중앙화된 방식으로 접근 권한을 통제하기 때문에
일률적인 권한 관리가 가능하다는 특징이 있다.
　　접근 권한을 일률적으로 통제할 수 있음.

＊ 근거: ③문단 ❻, ❼문장

③ ㉡과 달리 ㉠은 정보 객체의 소유자가 접근 권한을 관리하기
　　　　　　　객체에 대한 주체의 접근 권한을 결정함.
때문에 권한 관리가 유연한 방식이다.

┌ ③문단 ❸ ~ ❻문장 또한 (㉠ '임의적 접근제어'에서는) 객체에 대한 주체의 접근
│ 권한 역시 해당 정보 객체의 소유자가 결정한다. ~ 임의적 접근제어는 구현이
│ 쉽고 권한 관리가 유연한 방식이지만, ~ ㉡ '강제적 접근제어'에서는 보안등급
└ 부여와 접근 권한의 관리가 중앙화된 방식으로 수행된다.

　㉠ '임의적 접근제어'는 정보 객체의 소유자가 해당 객체에 대한 주체의 접근 권한을
결정하며 권한 관리가 유연한 방식이다.

　㉡ '강제적 접근제어'는 중앙화된 방식으로 보안등급 부여와 접근 권한의 관리가
이루어지며 권한 관리가 일률적이다.

④ ㉠과 ㉡은 모두 권한을 부여하고 관리하기 위해 사용된다.
　　객체와 주체에 대한 보안등급 부여, 접근 권한 관리를 위해 사용함.

┌ ①문단 ❸문장 접근제어는 적절한 권한을 가진 정보 주체만이 정보 객체에
│ 접근할 수 있도록 통제하는 기술이다.
│ ③문단 ❶문장 접근제어에는 임의적 접근제어(㉠), 강제적 접근제어(㉡) 등이
└ 있다.

　접근제어는 적절한 권한을 가진 정보 주체만이 정보 객체에 접근할 수 있도록
관리하는 기술이다. ㉠ '임의적 접근제어'와 ㉡ '강제적 접근제어'는 이러한 접근제어의
한 유형이므로, 모두 정보 주체와 객체에 적절한 권한을 부여하고 관리하기 위해
사용된다고 할 수 있다.

⑤ ㉠과 ㉡은 모두 접근제어행렬을 이용한 접근 권한 표현이 가능한
　　　　정보 주체를 행, 정보 객체를 열로 구성한 테이블
방식이다.

┌ ②문단 ❹문장 '접근제어행렬'은 정보 주체를 행으로, 정보 객체를 열로 구성한
│ 테이블로서, 객체에 대한 주체의 접근 권한은 해당 주체의 행과 해당 객체의
└ 열이 만나는 셀에 기록된다.

　접근제어행렬은 접근 권한의 표현 방식 중 하나로, 객체에 대한 주체의 접근 권한을
기록하는 것이다. ㉠ '임의적 접근제어'와 ㉡ '강제적 접근제어'는 모두 정보 객체에
대한 주체의 접근 권한을 다루고 있으므로, 접근제어행렬을 이용한 접근 권한 표현이
가능하다.

㉮의 이유로 가장 적절한 것은?
'벨라파둘라 모델은 기밀 정보의 유출 방지에 적합'

> **왜** 정답?

③ 정보 주체가 자신보다 낮은 등급의 정보 객체에 쓰는 것이
　　　높은 등급의 주체가 지닌 정보가 낮은 등급의 주체에게 유출될 가능성이 줄어듦.
금지되기 때문이다.

┌ ④문단 ❶, ❷문장 정보 객체가 문서이고 정보 주체가 객체에 대한 읽기와 쓰기
│ 권한을 갖는다고 가정했을 때, 벨라파둘라 모델에서 정보 주체는 자신보다
│ 높은 등급의 문서를 읽는 것이 금지되지만, 등급이 같거나 낮은 문서에
│ 대해서는 읽는 것이 가능하다. 또한 정보 주체는 자신보다 낮은 등급의 문서에
└ 쓰는 것은 금지되지만, 등급이 같거나 높은 문서에 쓰는 것은 허용된다.

　벨라파둘라 모델에서는 정보 주체가 자신보다 높은 등급의 정보 객체를 읽거나
자신보다 낮은 등급의 정보 객체에 쓰는 것이 금지된다. 이를 통해 높은 등급의 정보
주체가 가지고 있는 기밀 정보가 그보다 낮은 등급의 문서와 이를 읽을 수 있는 낮은
등급의 다른 주체에게 유출되는 것을 막을 수 있다.

> **왜** 오답?

① 정보 객체의 정보가, 같은 등급의 정보 주체로 전달되지 <u>않기</u>
　　　　　　　　　　　　　　　　　　전달 가능함.
때문이다.

＊ 근거: ④문단 ❶, ❷문장

　벨라파둘라 모델에서는 정보 주체가 자신과 등급이 같거나 낮은 문서를 읽는 것이
가능하고, 자신과 등급이 같거나 높은 문서에 쓰는 것이 가능하다. 따라서 정보 객체의
정보가 같은 등급의 정보 주체로 전달되는 것이 가능하다.

② 정보 주체와 정보 객체의 보안등급이 ~~중앙화된 방식으로 관리되기~~
　　　　　　　　　　　　　　　　　　㉮의 이유와 관련 없음.
때문이다.

┌ ③문단 ❻ ~ ❽문장 '강제적 접근제어'에서는 보안등급 부여와 접근 권한의
│ 관리가 중앙화된 방식으로 수행된다. ~ 강제적 접근제어에는 벨라파둘라
│ 모델과 비바 모델 등이 있는데, ㉮ 벨라파둘라 모델은 기밀 정보의 유출
└ 방지에 적합하고, 비바 모델은 정보의 신뢰도 유지에 적합하다.

　강제적 접근제어에서는 보안등급 부여와 접근 권한의 관리가 중앙화된 방식으로
수행된다. 이러한 강제적 접근제어에는 벨라파둘라 모델과 비바 모델 등이 있는데,
그중 기밀 정보의 유출 방지에 적합한 것으로는 벨라파둘라 모델만이 언급되고 있다.
따라서 중앙화된 방식의 관리는 ㉮의 이유와는 관련이 없다.

④ 정보 주체가 자신보다 ~~높은 등급의 정보 객체에 쓰는 것이~~
　　　　　　　　　　　　㉮의 이유와 관련 없음.
가능하기 때문이다.

＊ 근거: ④문단 ❶, ❷문장

⑤ 정보 주체와 정보 객체를 중요도에 따라 분류하고 이를 ~~테이블을~~
　　　　　　　　보안등급에 대한 설명임.
~~이용해서 관리~~하기 때문이다.
㉮의 이유와 관련 없음.

┌ ②문단 ❶ ~ ❹문장 접근제어에서는 보안등급에 따라 접근 권한이 관리되는데,
│ 이때 '보안등급'은 정보 주체와 객체에 부여된 중요도 또는 신뢰도를 나타낸다.
│ ~ 접근제어에서 관리하는 권한은 접근제어행렬 ~ 등으로 표현될 수 있다.
└ '접근제어행렬'은 정보 주체를 행으로, 정보 객체를 열로 구성한 테이블로서, ~

　정보 주체와 정보 객체를 중요도에 따라 분류하는 것은 '보안등급'과, 이를 테이블을
이용해 관리하는 것은 '접근제어행렬'과 관련이 있다. 그러나 이는 벨라파둘라 모델이
속한 강제적 접근제어뿐 아니라, 임의적 접근제어에도 해당될 수 있는 내용이다.
따라서 ㉮의 이유와는 관련이 없다.

17 정답 ② ＊구체적 사례나 상황에 적용하기

윗글을 바탕으로 〈보기〉를 이해한 내용으로 적절하지 않은 것은? [3점]

───────〈보기〉───────

❶다음은 비바 모델 접근제어를 사용하는 ○○ 회사의 접근제어
　신뢰도 유지에 적합한 모델
행렬이다. ❷이 회사에는 갑, 을, 병이라는 정보 주체와 A, B, C라는 정보
　　　　　　❸
객체가 있다. 이 회사는 모든 정보 주체 및 객체를 1등급, 2등급, 3등급의
　　　　　　　　　　　　　　❹
보안등급으로 분류하고 있다. 테이블에서 r은 읽기 권한을, w는 쓰기
권한을 의미한다.

주체 ＼ 객체	A 2등급	B 3등급	C 1등급
갑 B와 등급이 같음.	[ ]	rw 읽기O, 쓰기O	r 읽기O
을 A와 등급이 같음.	rw 읽기O, 쓰기O	w 쓰기O	r 읽기O
병 C와 등급이 같음.	w 쓰기O	w 쓰기O	rw 읽기O, 쓰기O

 **단서+해결**

（단서）〈보기〉에 제시된 표는 '비바 모델'을 사용하는 회사의 접근제어행렬임.

（발상）비바 모델에서 정보 주체는 자신과 등급이 같거나 높은 문서를 읽는 것이
허용됨. 또한 자신과 등급이 같거나 낮은 문서에 쓰는 것이 가능함.

（해결）정보 주체는 자신과 같은 등급의 문서에 대해서는 읽고 쓰는 행위가 모두
가능함. → 각 정보 주체의 등급을 유추하고 비교할 수 있음.

⟩**왜 정답 ?**

② 을은 병에 비해 **읽기 권한**이 많다는 점을 고려할 때, 보안 등급은
　정보 주체와 등급이 같거나 정보 주체보다 등급이 높은 문서만 읽을 수 있음.
을이 병보다 높겠군.
　　　　　　낮음.

⎡④문단 ❸, ❹문장 비바 모델에서 정보 주체는 자신보다 높은 등급의 문서에
｜대해서는 쓰기 권한이 없지만, 등급이 같거나 낮은 문서에 대해서는 쓰기가
｜가능하다. 또한 정보 주체는 자신보다 낮은 등급의 문서에 대해서는 읽기
⎣권한이 없지만, 등급이 같거나 높은 문서를 읽는 것이 허용된다.

비바 모델에서 정보 주체는 보안등급이 높을수록 읽기 권한을 적게 가진다.
〈보기〉에서 을이 병에 비해 읽기 권한이 많다는 점을 고려하면, 을이 병보다
보안등급이 낮다는 것을 알 수 있다.

⟩**왜 오답 ?**

① 모든 주체가 B에 대한 쓰기 권한을, C에 대한 읽기 권한을 가지고
　B가 가장 낮은 3등급임.　　　C가 가장 높은 1등급임.
있음을 고려할 때, 갑은 A에 대한 읽기 권한을 가지고 있겠군.
　　　　　　　　　　　　3등급 2등급

＊근거:④문단 ❸, ❹문장

비바 모델에서 정보 주체는 자신보다 높은 등급의 문서에 대해서는 쓰기 권한이
없지만, 등급이 같거나 낮은 문서에 쓰는 것은 허용된다. 〈보기〉에서 모든 주체가 B에
대해 쓰기 권한을 가지고 있다는 것은, 모든 주체가 B와 등급이 같거나 B보다 높다는
의미이다. 따라서 B의 보안등급은 3등급이고, B와 등급이 같은 갑 또한 3등급임을 알
수 있다.

한편 비바 모델에서 정보 주체는 자신보다 낮은 등급의 문서에 대해서는 읽기
권한이 없지만, 등급이 같거나 높은 문서를 읽는 것은 허용된다. 〈보기〉에서 모든
주체가 C에 대해 읽기 권한을 가지고 있다는 것은, 모든 주체가 C와 등급이 같거나
C보다 낮다는 것을 의미한다. 따라서 C의 보안등급은 1등급이고, C와 등급이 같은 병
또한 1등급임을 알 수 있다.

이를 고려할 때 을과 A의 보안등급은 2등급이 된다. 즉 A는 2등급이므로 3등급인
갑은 자신보다 등급이 높은 문서인 A에 대한 읽기 권한을 가진다.

③ 을은 A에 대한 읽기 권한과 쓰기 권한을 모두 가지고 있음을
　A는 을과 같거나 높은 등급임.　A는 을과 같거나 높은 등급임.
고려할 때, 을과 A의 보안등급은 같겠군. ＊근거:④문단 ❸, ❹문장

〈보기〉의 표는 비바 모델을 사용하는 회사의 접근제어행렬이다. 따라서 을이 A에
대한 읽기 권한과 쓰기 권한을 모두 가지고 있다는 것은 을과 A의 보안등급이 같음을
의미한다.

④ 을은 C에 대한 읽기 권한이 있으므로 C보다 보안등급이 낮은
　　　　　　읽기 권한만을 가지므로, 을은 C보다 보안등급이 낮음.
을에게 C의 중요 정보가 유출될 수 있겠군. ＊근거:④문단 ❸, ❹문장

을이 C에 대한 읽기 권한이 있다는 것은 C가 을과 등급이 같거나 을보다 등급이
높음을 의미한다. 그런데 을에게 C에 대한 쓰기 권한은 없으므로, C의 보안등급이
을보다 높음을 알 수 있다.

즉 등급이 높은 C의 정보를 등급이 낮은 을이 읽을 수 있으므로, C의 중요 정보가
C보다 보안등급이 낮은 을에게 유출될 수 있다.

⑤ 병이 A와 B에 대한 읽기 권한이 없는 것은 병이 보유한 정보의
　　　　병이 A와 B보다 보안등급이 높음.
신뢰도 하락을 막기 위한 것이겠군.
　신뢰도가 낮은 정보를 참조함으로써 자신이 보유한 정보의 신뢰도를 떨어뜨리는 것을 막음.

⎡④문단 ❺문장 정보 주체는 자신보다 낮은 등급의 문서에 포함된 신뢰도가 낮은
｜정보를 참조함으로써 자신이 보유한 정보의 신뢰도를 떨어뜨릴 수 있는데,
⎣비바 모델에서는 이를 방지할 수 있다.

병이 A와 B에 대한 읽기 권한이 없는 것은 A와 B가 병보다 등급이 낮기 때문이다.
따라서 병이 자신보다 낮은 등급의 문서인 A, B에 포함된 신뢰도가 낮은 정보를
읽음으로써 자신이 가진 정보의 신뢰도를 떨어뜨리는 것을 방지할 수 있다.

18~23 ＊(가) 표현의 자유와 관련한 변화 ──────

＃ 출제　◯글 전체 핵심어　▭ 글 전체 중심 문장

①❶(표현의 자유)는 개인의 인격 발현과 민주주의의 유지 발전을 위해
필수적이다. ❷표현의 자유가 보장되지 않으면 다양한 사상과 의견이
　　　　　　＃표현의 자유가 개인의 인격 발현과 민주주의의 유지 발전에 필요한 이유
공론의 장에 진입하지 못한다. ❸표현의 자유가 보장되기 위해서는
⊙ '사전억제의 금지원칙'과 '과잉금지원칙'의 적용이 필요하다.
❹사전억제의 금지원칙은 표현하려는 내용을 사전에 심사하여
　　　　　　　　　　　　　　　　　　　　　　'사전억제의 금지원칙'의 개념
억제해서는 안 된다는 것이다. ❺과잉금지원칙이란, [기본권을 제한하는
법률은 '목적의 정당성', '수단의 적절성', '침해의 최소성' 그리고
'법익의 균형성'을 모두 충족해야 한다는 것이다.] ❻이들 원칙은 표현의
　　　　　　＃[ ]: '과잉금지원칙'의 개념
자유의 본질을 침해하는 것을 막는 데 기여한다.

｜**발현**: 속에 있거나 숨은 것이 밖으로 나타나거나 그렇게 나타나게 함. 또는 그런 결과
｜**공론**: 여럿이 의논함. 또는 그런 의논
｜**법익**: 어떤 법의 규정이 보호하려고 하는 이익

＊①문단 요약: 표현의 자유를 보장하는 원칙

②❶이러한 원칙을 반영하여 표현의 자유를 제한하는 방식, 범위,
　　사전억제의 금지원칙, 과잉금지원칙　　　　　　　　　　❷
대상에 의미 있는 변화가 있었다. ❷우선 표현을 규제하는 방식이
　　　　　　　　　　　　　　　＃표현의 자유와 관련한 변화 ①
변했다. ❸헌법재판소는 방송 광고 등 상업적 표현물과 일반 영상물에
대한 사전심의제도가 행정 기관이 주체가 되어 운영된다는 점에서,
　표현의 자유를 제한하던 기존 제도　＃사전심의제도가 검열에 해당한다고 판단한 이유
우리 헌법이 금지하는 검열에 해당한다고 결정했다. ❹이들 영역의
심의는 법적인 사후심의나 자율적인 사전심의로 대체되었다.
　　　　　　表현의 자유를 보장하는 제도로 대체됨.

｜**규제**: 규칙이나 규정에 의하여 일정한 한도를 정하거나 정한 한도를 넘지 못하게 막음.
｜**검열**: 언론, 출판, 보도, 연극, 영화, 우편물 따위의 내용을 사전에 심사하여 그
｜발표를 통제하는 일

＊②문단 요약: 표현을 규제하는 방식의 변화

③ 또한 익명 표현의 범위가 확대되었다. ② 인터넷 게시판에 글을
표현의 자유와 관련한 변화 ②
쓰려는 사람들이 사전에 요구 받았던 본인확인제를 헌법재판소는
위헌으로 결정했다. ③ 헌법재판소는 인터넷에서 건전한 정보의 유통을
          표현의 자유를 제한하던 기존 제도
추구하려는 이 제도가 가진 목적의 정당성을 인정하였다. ④ 또 본인
     본인확인제   '과잉금지원칙'에서 요구하는 '목적의 정당성'을 충족함.
확인이 목적 달성에 기여한다는 점에서 수단의 적절성도 인정하였다.
                              '과잉금지원칙'에서 요구하는 '수단의 적절성'을 충족함.
⑤ 그러나 [본인확인제는 익명 표현의 장점까지 포괄적으로 제한하므로
         [ ]: 본인확인제를 위헌으로 결정한 이유
침해의 최소성은 인정하지 않았다. ⑥ 또한 표현의 자유를 제한하여 얻는
이익에 비해 달성되는 공익이 크지 않다는 점에서 법익의 균형성도
인정하지 않았다.]

익명: 이름을 숨김. 또는 숨긴 이름이나 그 대신 쓰는 이름.
위헌: 법률 또는 명령, 규칙, 처분 따위가 헌법의 조항이나 정신에 위배되는 일
공익: 사회 전체의 이익. 공동의 이익

*③문단 요약: 익명 표현의 범위 확대

④ 또 일부 대상에 대한 명예훼손 책임이 완화되었다. ② 2002년
표현의 자유와 관련한 변화 ③
대법원은 '공적 인물·공적 사안의 법리'를 도입했다. ③ 공적 인물이나
공적 사안에 대한 언론 보도와 사적 인물이나 사적 사안에 대한 언론
보도의 명예훼손 책임을 달리 취급해야 한다는 것이다. ④ 후자의 경우
                                            사적 인물이나 사적 사안에 대한 명예훼손 책임
인격권의 보호가 우선할 수 있으나, 전자의 경우 언론 보도의 법적
                              공적 인물이나 공적 사안에 대한 언론 보도의 명예훼손 책임
책임이 완화되어야 한다는 이 법리는 법원의 명예훼손 재판 기준으로
유지되고 있다. ⑤ 법원은 공직자나 정치인 등의 도덕성이나 업무 처리에
                              # '공적 인물·공적 사안의 법리'의 내용
대한 비판적 보도로 인해 생길 수 있는 언론의 법적 책임을 완화하고
있다. ⑥ 공론의 장에 나선 공적 인물의 명예나 초상권 등의 인격권은
                        # 공적 인물이나 공적 사안에 대해서는 표현의 자유를 우선시함.
표현의 자유를 위해 한발 물러서야 한다는 것이다.

완화되다: 긴장된 상태나 급박한 것이 느슨하게 되다.
법리: 법률의 원리
초상권: 자기의 초상에 대한 독점권

*④문단 요약: 공적 인물이나 공적 사안에 대한 명예훼손의 책임 완화

■ (가) 전체 지문 이해도

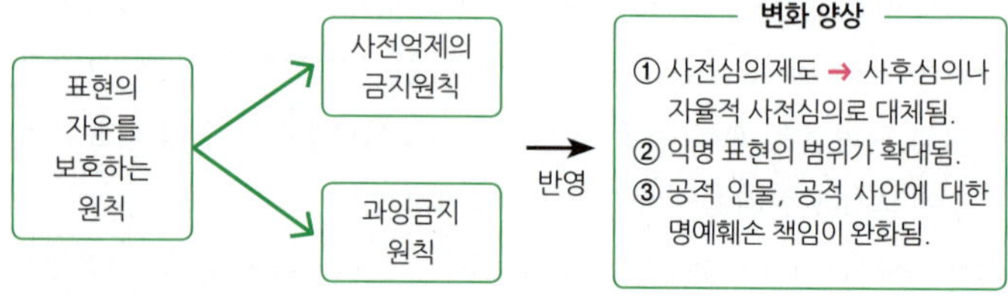

■ (가) 지문 내용과 구조

	표현의 자유를 보장하는 원칙
①문단	– 사전억제의 금지원칙: 표현하려는 내용을 사전에 심사하여 억제해서는 안 됨. – 과잉금지원칙: 기본권을 제한하는 법률은 '목적의 정당성', '수단의 적절성', '침해의 최소성', '법익의 균형성'을 모두 충족해야 함.
②문단	표현을 규제하던 방식의 변화: 사전심의제도가 법적인 사후심의나 자율적 사전심의로 대체됨.
③문단	익명 표현의 범위 확대: 본인확인제를 위헌으로 결정하며 익명 표현의 범위가 확대됨.
④문단	공적 인물이나 공적 사안에 대한 명예훼손의 책임 완화: 공직자나 정치인 등의 도덕성이나 업무 처리에 대한 비판적 보도로 생길 수 있는 언론의 법적 책임을 완화함.

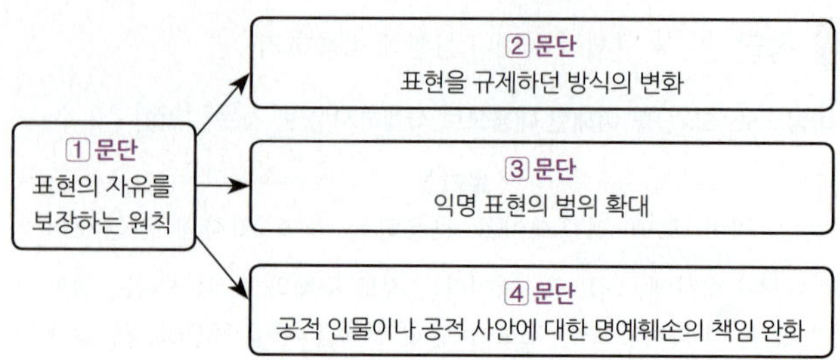

■ (가) 주제: 표현의 자유를 보호하기 위해 나타난 다양한 변화

✱ (나) 인격권 침해에 대응하는 방법

① 디지털 공간에서는 개인의 인격권을 침해하는 정보가 쉽게
확산된다. ② 자신의 인격권을 침해하는 정보가 인터넷에서 공유되고, 그
내용이 언론을 통해 공론화되고 있는 상황을 가정해보자. ③ 어떻게
대응할 수 있을까?

공론화되다: 여럿이 의논하는 대상이 되다.

*①문단 요약: 디지털 공간에서의 개인의 인격권 침해 문제

② 개인의 사생활을 침해하거나 명예를 훼손하는 정보는 법적 절차를
통해 삭제가 가능하다. ② 일반 이용자가 작성한 게시물이나 댓글의
                          # [ ]: 게시물, 댓글을 통한 인격권 침해에 대응하는 방법
경우, '정보통신망법'에 의거 [정보통신서비스 제공자에게 피해 사실을
개인의 인격권을 침해하는 게시물, 댓글을 삭제 요청할 수 있는 법적 근거
ⓐ 소명하고, 삭제를 요청]할 수 있다. ③ 삭제 요청을 받은 서비스
제공자는 해당 게시물을 ⓑ 지체 없이 삭제해야 한다. ④ 만약 언론의
보도 기사에 의해 인격권이 침해되고 있다면, 법원 혹은
언론중재위원회를 통한 기사삭제청구권의 행사를 고려해 볼 수 있다.
                  # 언론의 보도 기사를 통한 인격권 침해에 대응하는 방법
⑤ 기사삭제청구권은 법률에 규정은 없지만, 법원은 그 기사가 허위이며
                                # 기사삭제청구권의 특징 ①
중대하고 ⓒ 현저한 침해가 계속되는 경우 기사 삭제의 청구를 판례를
통해 인정하고 있다. ⑥ 이때 기사의 허위성은 피해자가 입증해야 한다.
                              # 기사삭제청구권의 특징 ②

의거: 어떤 사실이나 원리 따위에 근거함.
소명하다: 까닭이나 이유를 밝혀 설명하다.
입증하다: 어떤 증거 따위를 내세워 증명하다.
행사: 부려서 씀.

*②문단 요약: 게시물, 댓글, 언론 보도 기사를 통한 인격권 침해에 대응하는 방법

③ 언론의 보도 기사에 대해서는 언론사, 언론중재위원회 또는
법원에 정정보도나 반론보도, 추후보도를 청구할 수도 있다.
② '언론중재법'은 언론 보도가 진실하지 않을 때 진실에 부합하게 고쳐
                                          # 정정보도청구권의 개념
달라고 요구할 수 있는 정정보도청구권, 언론 보도의 진실 여부와
관계없이 그에 대립되는 반박적 주장을 보도해 달라고 요구하는
                        # 반론보도청구권의 개념
반론보도청구권을 규정하고 있다. ③ 또 [범죄 혐의가 있다거나 형사상의
조치를 받았다고 언론이 보도했으나 무죄 확정판결 또는
                    # [ ]: 추후보도청구권의 개념
혐의없음으로 사건이 종결되었을 때 이를 보도해달라고 요구할] 수
있는 추후보도청구권을 규정하고 있다.

부합하다: 사물이나 현상이 서로 꼭 들어맞다.
혐의: 범죄를 저질렀을 가능성이 있다고 봄. 또는 그 가능성
종결되다: 일이 끝나다.

*③문단 요약: 언론 보도 기사를 통한 인격권 침해에 대응하는 또 다른 방법

④ 자신에 대한 허위 정보가 시사 보도 프로그램을 통해 방송될

예정이라면, 법원에 방영금지가처분을 신청해 그 내용이 방송되지

않도록 할 수도 있다. **②** 방송될 내용이 진실이 아니고 피해자에게 회복하기
방송을 통한 인격권 침해를 막기 위한 법적 절차

어려운 중대하고 현저한 손해를 입힐 수 있는 경우 법원의 판단하에
방영금지가처분이 인용되기 위한 조건

방영금지가처분 신청이 ⓓ 인용될 수 있다. **③** ⓛ 방영금지가처분제도가
'사전억제금지의 원칙'과 '과잉금지원칙'에 위배된다고 봄.

위헌이라는 주장이 있지만 헌법재판소는 방영금지가처분이

과잉금지원칙에 위배되지 않는다고 판단했다. **④** 또한 검열에
목적의 정당성, 수단의 적절성, 침해의 최소성, 법익의 균형성을 모두 충족한다고 봄.

해당한다는 점도 ⓔ 부인했다.
사전억제금지의 원칙에 위배되지 않음.

[**위배되다**: 법률, 명령, 약속 따위가 지켜지지 않고 어긋나다.

***④문단 요약: 방송을 통한 인격권 침해에 대응하는 방법**

■ **(나) 전체 지문 이해도**

인격권을 침해한 주체와 방식	대응 방법
일반 이용자가 쓴 게시물, 댓글	정보통신망법에 의거해 정보통신서비스 제공자에게 게시글, 댓글을 삭제 요청함.
언론의 보도 기사	– 법원, 언론중재위원회를 통해 기사삭제청구권을 행사함. – 언론사, 언론중재위원회, 법원에 정정보도/반론보도/ 추후보도를 청구함.
언론의 방송 프로그램	법원에 방영금지가처분을 신청함.

■ **(나) 지문 내용과 구조**

①문단	**디지털 공간에서의 개인의 인격권 침해 문제:** 개인의 인격권을 침해하는 정보가 인터넷에서 쉽게 확산되고, 그 내용이 언론을 통해 공론화될 수 있음.
②문단	**게시물, 댓글, 언론 보도 기사를 통한 인격권 침해에 대응하는 방법** – 게시물, 댓글: 정보통신망법에 의거해 서비스 제공자에게 정보 삭제를 요청함. – 언론 보도 기사: 법원, 언론중재위원회를 통해 기사삭제청구권을 행사함.
③문단	**언론 보도 기사를 통한 인격권 침해에 대응하는 또 다른 방법** – 정정보도청구권: 언론 보도가 진실하지 않을 때 진실에 부합하게 수정을 요청함. – 반론보도청구권: 언론 보도의 진실 여부와 관계없이 그에 대립되는 반박적 주장을 보도해달라고 요청함. – 추후보도청구권: 범죄 혐의·형사상 조치의 보도에 대해 무죄 확정판결 또는 혐의없음으로 사건이 종결되었을 때, 이를 보도해달라고 요청함.
④문단	**방송을 통한 인격권 침해에 대응하는 방법:** 방송될 내용이 진실이 아니고 피해자에게 회복하기 어려운 손해를 입힐 수 있는 경우 → 법원에 방영금지가처분을 신청함.

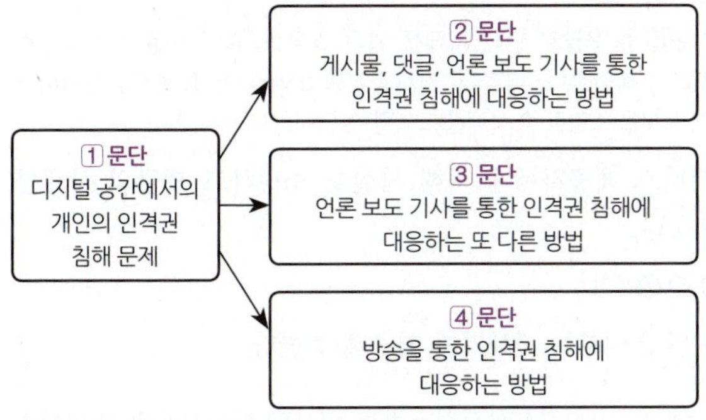

■ **(나) 주제:** 개인의 인격권 침해 문제에 대응하는 다양한 방법

---

18 정답 ② ＊ 내용 전개 방식 파악하기

(가), (나)에 대한 설명으로 가장 적절한 것은?

＞왜 정답？

② **(가)는 표현의 자유가 확장된 양상을, (나)는 인격권 침해에 대한**
표현의 자유를 규제하는 방식, 범위, 대상에서 나타난 변화를 소개함.

구제 방법을 소개하고 있다.
정보통신망법에 의거한 삭제 요청, 다양한 청구권 행사, 방영금지가처분 신청

＊ 근거: (가), (나)

(가)는 1문단에서 표현의 자유를 보호하는 데 기여하는 두 가지 원칙을 소개한 뒤,
2문단에서는 그러한 원칙을 반영한 결과 표현의 자유를 제한하던 방식, 범위, 대상에
변화가 일어났음을 언급했다. 그런 뒤 2~4문단에서 각각의 변화 양상을 구체적으로
설명했다.

(나)는 1문단에서 개인의 인격권을 침해하는 정보가 쉽게 확산되는 디지털 공간의
특징을 언급하며, 이에 어떻게 대응할 수 있는지 질문을 던지고 있다. 이후
2~4문단에서는 인격권을 침해하는 주체나 방식에 따른 구체적인 대응 방법을
소개하고 있다.

[**양상**: 사물이나 현상의 모양이나 상태

구제: 자연적인 재해나 사회적인 피해를 당하여 어려운 처지에 있는 사람을
도와줌.

＞왜 오답？

① **(가)는 표현의 자유를 보호하는 절차를, (나)는 인격권의 필요성을**
설명하지 않음.　　　　　　언급하지 않음.

설명하고 있다.

③ **(가)는 표현의 자유가 강조된 배경을, (나)는 인격권의 정의에**
개인의 인격 발현+민주주의의 유지 발전

대한 다양한 시각을 제시하고 있다.
제시하지 않음.

[**(가) ①문단 ①, ②문장** 표현의 자유는 개인의 인격 발현과 민주주의의 유지
발전을 위해 필수적이다. 표현의 자유가 보장되지 않으면 다양한 사상과
의견이 공론의 장에 진입하지 못한다.

(가)에서는 표현의 자유가 개인의 인격 발현과 민주주의의 유지 발전을 위해
필수적이라고 했으므로, 표현의 자유가 강조된 배경을 제시했다고 볼 수 있다. 그러나
(나)에서는 인격권의 정의와 이에 대한 다양한 시각을 제시하지 않았다.

④ **(가)는 표현의 자유에 관한 상반되는 의견을, (나)는 인격권에**
제시하지 않음.

관한 절충적인 의견을 제시하고 있다.
제시하지 않음.

⑤ **(가)와 (나)는 모두 표현의 자유와 관련하여 대립되는 학자들의**
제시하지 않음.

이론을 비교하여 설명하고 있다.

19 정답 ③ ＊ 내용 파악하기

(가)에 대한 이해로 가장 적절한 것은?

〉왜 정답 ?

③ 공적 인물에 대한 인격권과 표현의 자유가 대립할 때는 표현의
자유를 우위에 둔다.
　　　　명예훼손에 대한 언론의 법적 책임을 완화함.

[(가) ④문단 ❺, ❻문장 법원은 공직자나 정치인 등의 도덕성이나 업무 처리에
대한 비판적 보도로 인해 생길 수 있는 언론의 법적 책임을 완화하고 있다.
공론의 장에 나선 공적 인물의 명예나 초상권 등의 인격권은 표현의 자유를
위해 한발 물러서야 한다는 것이다.]

　'공적 인물·공적 사안의 법리'는 공론의 장에 나선 공적 인물의 명예나 초상권 등의
인격권이 표현의 자유를 위해 한발 물러서야 한다는 내용을 담고 있다. 따라서 공적
인물에 대한 인격권과 표현의 자유가 대립할 때는 인격권보다 표현의 자유를 우위에
둔다는 점을 알 수 있다.

〉왜 오답 ?

① 상업적 광고에 대한 심의는 <del>사후에만 허용된다.</del>
　　　　　　　　　　자율적 사전심의도 가능함.

[(가) ②문단 ❸, ❹문장 헌법재판소는 방송 광고 등 상업적 표현물과 일반
영상물에 대한 사전심의제도가 행정 기관이 주체가 되어 운영된다는 점에서,
우리 헌법이 금지하는 검열에 해당한다고 결정했다. 이들 영역의 심의는
법적인 사후심의나 자율적인 사전심의로 대체되었다.]

　사전심의제도는 법적인 사후심의나 자율적인 사전심의로 대체되었다. 따라서
상업적 광고에 대한 심의가 사후에만 허용된다고 이해하는 것은 적절하지 않다.

② 표현의 자유를 보장하는 이유는 <del>개인의 명예 보호</del>와 민주주의
　　　　　　　　　　　　　　　　개인의 인격 발현
발전을 위해서이다.

[(가) ①문단 ❶, ❷문장 표현의 자유는 개인의 인격 발현과 민주주의의 유지
발전을 위해 필수적이다. 표현의 자유가 보장되지 않으면 다양한 사상과
의견이 공론의 장에 진입하지 못한다.]

　표현의 자유를 보장하는 이유는 그것이 개인의 인격 발현과 민주주의의 유지 발전에
필수적인 요소이기 때문이다. 이때 개인의 인격 발현과 개인의 명예 보호가 서로 다른
개념이므로, 표현의 자유를 보장하는 것이 개인의 명예 보호를 위해서라는 설명은
적절하지 않다.

④ 공적 사안에 대한 언론의 <del>무분별한 보도를 방지하기</del> 위해 '공적
　　　　　　　　　　　　명예훼손 책임을 완화
인물·공적 사안의 법리'가 채택되었다.

[(가) ④문단 ❷~❹문장 2002년 대법원은 '공적 인물·공적 사안의 법리'를
도입했다. ~ 전자(공적 인물과 공적 사안)의 경우 언론 보도의 법적 책임이
완화되어야 한다는 이 법리는 법원의 명예훼손 재판 기준으로 유지되고 있다.]

⑤ 영상물에 대한 심의가 검열이라고 판단된 것은 <del>심의 시기와 관련
　　　　　　　　　　　　　　　　　　　　심의 시기도 고려한 판단임.
없이</del> 행정 기관이 주체가 되어 진행되었기 때문이다.

[(가) ②문단 ❸, ❹문장 헌법재판소는 방송 광고 등 상업적 표현물과 일반
영상물에 대한 사전심의제도가 행정 기관이 주체가 되어 운영된다는 점에서,
우리 헌법이 금지하는 검열에 해당한다고 결정했다. 이들 영역의 심의는
법적인 사후심의나 자율적인 사전심의로 대체되었다.]

　영상물에 대한 심의가 검열이라고 판단된 것은 사전심의제도가 행정 기관이 주체가
되어 운영되었기 때문이다. 이러한 사전심의제도가 법적인 사후심의로 대체된 것을
볼 때, 심의를 하더라도 그 시기가 사후라면 검열에 해당하지 않음을 알 수 있다.
따라서 영상물에 대한 심의가 검열이라는 판단에 심의 시기는 관련이 없다는 설명은
적절하지 않다.

---

20 정답 ① ＊ 내용 파악하기

다음은 학생이 작성한 학습 활동지이다. (나)를 바탕으로 할 때, 적절하지 <u>않은</u>
것은?

◇ 다음 질문들에 대한 답을 작성해 봅시다.

> **질문 1** 언론의 보도 기사로 인해 명예가 훼손되었을 경우, 피해자가
> 활용할 수 있는 방법은 무엇이 있을까?
> 기사삭제청구권, 정정보도청구권, 반론보도청구권, 추후보도청구권

• 법률에 규정된 기사삭제청구권을 사용할 수 있다. ……………… ①
• 보도 내용 중 일부가 진실이 아닌 경우 언론중재위원회에 기사의
　정정을 청구할 수 있다. ……………………………………………… ②

> **질문 2** 인터넷 댓글로 인해 인격권 침해를 받았을 경우, 피해자가
> 활용할 수 있는 방법은 무엇이 있을까?
> 정보통신서비스 제공자에게 삭제를 요청함.

• '정보통신망법'에 근거해 삭제를 요청할 수 있다. ……………… ③
• 인터넷 서비스 제공자에게 피해 사실을 소명하고 댓글의 삭제를
　요청할 수 있다. ……………………………………………………… ④

> **질문 3** 보도 기사의 허위성이 문제가 될 경우, 입증 책임은 누구에게
> 있을까?

• 기사의 허위성 여부는 피해자가 입증해야 한다. ………………… ⑤

〉왜 정답 ?

① 법률에 <del>규정된</del> 기사삭제청구권을 사용할 수 있다.
　　　　규정되지 않음.

[(나) ②문단 ❺문장 기사삭제청구권은 법률에 규정은 없지만, 법원은 그 기사가
허위이며 중대하고 현저한 침해가 계속되는 경우 기사 삭제의 청구를 판례를
통해 인정하고 있다.]

〉왜 오답 ?

② 보도 내용 중 일부가 진실이 아닌 경우 언론중재위원회에 기사의
정정을 청구할 수 있다.
　정정보도청구권

[(나) ③문단 ❷문장 '언론중재법'은 언론 보도가 진실하지 않을 때 진실에
부합하게 고쳐 달라고 요구할 수 있는 정정보도청구권, ~ 규정하고 있다.]

③ '정보통신망법'에 근거해 삭제를 요청할 수 있다.
　인터넷 댓글에 해당하기 때문임.

[(나) ②문단 ❷문장 일반 이용자가 작성한 게시물이나 댓글의 경우,
'정보통신망법'에 의거 정보통신서비스 제공자에게 피해 사실을 소명하고,
삭제를 요청할 수 있다.]

　'질문 2'에서 인터넷 댓글로 인해 피해를 입은 경우는 '일반 이용자가 작성한
게시물이나 댓글'에 해당한다. 따라서 '정보통신망법'에 의거해 정보통신서비스
제공자에게 피해 사실을 소명한 후 삭제를 요청할 수 있다.

④ 인터넷 서비스 제공자에게 피해 사실을 소명하고 댓글의 삭제를
　정보통신서비스 제공자
요청할 수 있다.

＊ 근거: (나) ②문단 ❷문장

⑤ 기사의 허위성 여부는 피해자가 입증해야 한다.
　　　　　　　기사삭제청구권에 의함.

[(나) ②문단 ❻문장 이때(기사삭제청구권을 행사할 때) 기사의 허위성은
피해자가 입증해야 한다.]

21 정답 ⑤ ✱ 정보 간 관계 파악하기

⊙을 바탕으로 ⓛ을 비판한 내용으로 적절하지 **않은** 것은?
⊙ "'사전억제의 금지원칙'과 '과잉금지원칙'의 적용이 필요하다.'
ⓛ '방영금지가처분제도가 위헌이라는 주장'

﹥왜 정답 ?

⑤ 허위 사실의 방송을 금지함으로써 얻는 이익보다, 표현의 자유를
제한함으로써 발생하는 불이익이 크다는 면에서 '법익의 균형성'을
~~충족한다.~~
충족하지 않음. = ⓛ과 같은 입장임.

- (가) ①문단 ❸ ~ ❺문장 표현의 자유가 보장되기 위해서는 ⊙ '사전억제의
금지원칙'과 '과잉금지원칙'의 적용이 필요하다. ~ 과잉금지원칙이란,
기본권을 제한하는 법률은 '목적의 정당성', '수단의 적절성', '침해의 최소성'
그리고 '법익의 균형성'을 모두 충족해야 한다는 것이다.
- (가) ③문단 ❻문장 또한 표현의 자유를 제한하여 얻는 이익에 비해 달성되는
공익이 크지 않다는 점에서 법익의 균형성도 인정하지 않았다.
- (나) ④문단 ❸문장 ⓛ 방영금지가처분제도가 위헌이라는 주장이 있지만
헌법재판소는 방영금지가처분이 과잉금지원칙에 위배되지 않는다고
판단했다.

허위 사실의 방송을 금지함으로써 얻는 이익보다, 표현의 자유를 제한함으로써
발생하는 불이익이 더 크다면 '법익의 균형성'을 충족하지 못한다.

또한 '법익의 균형성'을 충족하지 못한다면 '과잉금지 원칙'에 위배된 것이다. 따라서
이는 ⓛ '방영금지가처분제도가 위헌이라는 주장'과 같은 입장으로, ⓛ을 비판하는
내용으로는 적절하지 않다.

﹥왜 오답 ?

① 행정 기관이 주체가 되어 심사하는 것이 아니므로 '사전억제의
금지원칙'에 위반되지 않는다.
행정 기관이 아닌 법원이 심사의 주체임.

- (가) ①문단 ❹문장 사전억제의 금지원칙은 표현하려는 내용을 사전에 심사하여
억제해서는 안 된다는 것이다.
- (가) ②문단 ❸문장 헌법재판소는 방송 광고 등 상업적 표현물과 일반 영상물에
대한 사전심의제도가 행정 기관이 주체가 되어 운영된다는 점에서, 우리
헌법이 금지하는 검열에 해당한다고 결정했다.
- (나) ④문단 ❶문장 자신에 대한 허위 정보가 시사 보도 프로그램을 통해 방송될
예정이라면, 법원에 방영금지가처분을 신청해 그 내용이 방송되지 않도록 할
수도 있다.

헌법재판소는 사전심의제도가 행정 기관이 주체가 되어 운영된다는 점에서 검열에
해당한다고 보았다. 그러나 방영금지가처분은 법원이 결정하는 것이다. 그러므로
ⓛ에 대해 방영금지가처분제도는 행정 기관이 주체가 아니라는 점에서 '사전억제의
금지원칙'을 위반하지 않는다고 비판할 수 있다.

② 방송으로 인해 훼손된 인격은 다시 회복되기 어려우므로 이를
예방한다는 '목적의 정당성'이 인정된다.
개인의 인격에 대한 중대하고 현저한 훼손을 예방한다는 목적이 정당함.

- (나) ④문단 ❷문장 방송될 내용이 진실이 아니고 피해자에게 회복하기 어려운
중대하고 현저한 손해를 입힐 수 있는 경우 법원의 판단하에 방영금지가처분
신청이 인용될 수 있다.

방영금지가처분제도는 방송으로 인해 개인의 인격권이 훼손되어 다시 회복하기
어려워지는 상황을 예방할 목적으로 인용된다. 따라서 ⓛ에 대해 방영금지
가처분제도는 '과잉금지원칙'에서 요구하는 '목적의 정당성'을 충족한다고 비판할 수
있다.

③ 인격권을 손상할 것이 명백한 방송이라면, 이를 사전에 금지하는
것이 불가피하므로 '수단의 적절성'이 인정된다.
인격권을 훼손할 방송을 방영금지가처분제도라는 수단을 통해 막음.

✱ 근거: (가) ①문단 ❺문장, (나) ④문단 ❷문장
방영금지가처분제도는 개인의 인격권을 현저하게 손상할 것이 명백한 내용이
방송되지 않도록 하는 것이다. 이는 인격권 보호를 위한 불가피한 일이라고 할 수
있다. 따라서 ⓛ에 대해 방영금지가처분제도는 '과잉금지원칙'에서 요구하는 '수단의
적절성'을 충족한다고 비판할 수 있다.

---

④ 현저하게 피해가 예상되는 경우에만 제한적으로 허용한다는
피해자가 회복하기 어려운 중대하고 현저한 손해를 입을 것이 예상되는 경우
점에서 '침해의 최소성'이 인정된다.

✱ 근거: (가) ①문단 ❺문장, (나) ④문단 ❷문장
방영금지가처분은 피해자에게 회복하기 어려운 중대하고 현저한 손해를 입힐 수
있는 방송 내용에 대해서만 제한적으로 허용된다. 따라서 ⓛ에 대해 방영금지
가처분제도는 '과잉금지원칙'에서 요구하는 '침해의 최소성'을 충족한다고 비판할 수
있다.

22 정답 ② ✱ 어휘의 의미 파악하기

ⓐ ~ ⓔ의 문맥상 의미를 파악한 것으로 적절하지 **않은** 것은?

﹥왜 정답 ?

② ⓑ: 게시물을 ~~충분히 검토하여 '착오가 없이'~~라는 의미이다.
'지체 없이' 때를 늦추거나 질질 끄는 것 없이 바로 삭제해야 한다는 의미임.

'지체'는 '때를 늦추거나 질질 끎.'이라는 의미이다. '착오'는 '착각을 하여 잘못함.'
이라는 의미이므로, 삭제 요청을 받은 게시물을 삭제할 때 충분히 검토하여 착오가
없이 한다는 것은 ⓑ의 문맥상 의미로 적절하지 않다.

﹥왜 오답 ?

① ⓐ: 근거를 갖추어 피해 사실을 '밝혀 설명하고'라는 의미이다.
'소명하다' – '까닭이나 이유를 밝혀 설명하다.'라는 의미임.

③ ⓒ: 피해 사실이 '분명하게 드러나 있는'이라는 의미이다.
'현저하다' – '뚜렷이 드러나 있다.'라는 의미임.

④ ⓓ: 신청이 '인정되고 받아들여질'이라는 의미이다.
'인용되다' – '인정되어 용납되다.'라는 의미임.

⑤ ⓔ: 검열이라는 주장을 '받아들이지 않았다'라는 의미이다.
'부인하다' – '어떤 내용이나 사실을 옳거나 그러하다고 인정하지 아니하다.'라는 의미임.

23 정답 ① ✱ 구체적 사례나 상황에 적용하기

(가)와 (나)를 참고하여 〈보기〉를 이해한 내용으로 적절하지 **않은** 것은? [3점]

> ━━━━ 〈보기〉 ━━━━
> ❶ '갑' 신문사는 공적 인물인 A가 불법 거래로 부당한 이익을 얻은
> 공적 인물에 대해서는 언론의 명예훼손 책임이 완화됨.
> 의혹이 있다는 기사를 내보냈다. ❷ 일반인 B는 포털 게시판에, 보도된 의혹
> 일반 이용자가 작성한 게시물
> 외에 A가 추가로 부당 이익을 얻은 적이 있다는 글을 익명으로 올렸다.
> 정보통신망법에 의해 삭제를 요청할 수 있음.
> ❸ 사건이 커지자 '을' 방송사는 A의 부당 이익 수취에 대한 의혹을 다룬
> 시사 보도 프로그램을 1주일 후 방영하겠다고 방송에서 예고했다. ❹ A는
> 방영금지가처분을 신청했다.

💡 단서 + 해결

ⓢ 단서 '갑' 신문사는 공적 인물인 A가 불법 거래로 부당한 이익을 얻은 의혹이 있다는
기사를 내보냄.

ⓟ 발상 '갑' 신문사의 언론 보도 기사에 대해, A는 언론중재법에 의거해 정정보도
청구권, 반론보도청구권, 추후보도청구권 중 자신의 상황에 맞는 청구권을
행사할 수 있음.

ⓗ 해결 반박보도청구권은 언론 보도의 진실 여부와는 관계 없이 신청할 수 있으므로,
A는 '갑' 신문사의 기사에 대해 반박보도청구권을 요청할 수 있음.

① A에 대한 의혹이 진실이라면, A는 '갑' 신문사의 기사를 반박하는
내용을 보도해 달라고 청구할 수 없겠군.
   반론보도청구권
   ~~없겠~~ 있음.

┌ (나) ③문단 ❷문장 '언론중재법'은 언론 보도가 진실하지 않을 때 진실에
│ 부합하게 고쳐 달라고 요구할 수 있는 정정보도청구권, 언론 보도의 진실
│ 여부와 관계없이 그에 대립되는 반박적 주장을 보도해 달라고 요구하는
└ 반론보도청구권을 규정하고 있다.

A가 '갑' 신문사의 기사를 반박하는 내용을 보도해 달라고 청구한다면, 이는
반론보도청구권을 행사한 것이다. 반론보도는 언론 보도의 진실 여부와 관계없이
요구할 수 있다. 따라서 '갑' 신문사가 보도한 A에 대한 의혹이 진실이더라도, A는 이를
반박하는 내용을 보도해 달라고 청구할 수 있다.

② A의 혐의가 무죄로 종결되고 A의 청구가 있다면, 법원은 '을'
   혐의가 무죄로 종결된 것과 관련해 추후보도청구권을 행사할 수 있음.
방송사에 해당 사실을 보도하라고 판결하겠군.

┌ (나) ③문단 ❸문장 또 범죄 혐의가 있다거나 형사상의 조치를 받았다고 언론이
│ 보도했으나 무죄 확정판결 또는 혐의없음으로 사건이 종결되었을 때 이를
└ 보도해달라고 요구할 수 있는 추후보도청구권을 규정하고 있다.

A의 혐의가 무죄로 종결된다면, A는 추후보도청구권을 행사하여 이 사실을 보도해
달라고 요구할 수 있다. A가 추후보도청구권을 행사하면, 법원은 언론중재법에
의거해 해당 사실을 보도하라고 판결할 것이다.

③ B가 게시한 A에 대한 의혹이 진실이 아니며 A의 삭제 요청이
있었다면, 포털의 서비스 제공자는 게시물을 삭제해야겠군.
   삭제 요청을 받은 정보통신서비스 제공자

┌ (나) ②문단 ❷, ❸문장 일반 이용자가 작성한 게시물이나 댓글의 경우,
│ '정보통신망법'에 의거 정보통신서비스 제공자에게 피해 사실을 소명하고,
│ 삭제를 요청할 수 있다. 삭제 요청을 받은 서비스 제공자는 해당 게시물을
└ 지체 없이 삭제해야 한다.

일반인인 B가 포털 게시판에 올린 글에 대해 A는 해당 포털 서비스 제공자에게 그
글로 인한 피해 사실을 소명하면서 삭제를 요청할 수 있다. A가 삭제를 요청하면, 포털
서비스 제공자는 정보통신망법에 의거해 해당 게시물을 삭제해야 한다.

④ A가 명예훼손 책임을 '갑' 신문사에게 묻는다면, 법원은 A가 사적
인물이 아니라는 점을 고려하여 언론의 책임을 완화하겠군.
   '공적 인물·공적 사안의 법리'

┌ (가) ④문단 ❺문장 법원은 공직자나 정치인 등의 도덕성이나 업무 처리에 대한
└ 비판적 보도로 인해 생길 수 있는 언론의 법적 책임을 완화하고 있다.

A는 공적 인물이다. 따라서 A가 '갑' 신문사의 기사와 관련해 명예훼손 책임을
묻는다면, 법원은 '공적 인물 · 공적 사안의 법리'에 의거해 판단할 것이다. 즉 A에
대한 '갑' 신문사의 보도는 공직자의 도덕성에 대한 비판적 보도에 해당하므로 이로
인해 생길 수 있는 명예훼손에 있어서는 언론의 법적 책임을 완화할 것이다.

⑤ 법원이 방영금지가처분 신청을 기각했다면, '을' 방송사가
   방영금지를 인정할만한 내용이 아니라고 판단함.
방송하려는 내용이 진실이거나 A의 인격권을 중대하고 현저하게
침해하지 않는다고 판단했겠군.

┌ (나) ④문단 ❷문장 방송될 내용이 진실이 아니고 피해자에게 회복되기 어려운
│ 중대하고 현저한 손해를 입힐 수 있는 경우 법원의 판단하에 방영금지가처분
└ 신청이 인용될 수 있다.

방영금지가처분 신청이 인용되려면 방송될 내용이 진실이 아니고 피해자에게
회복되기 어려운 중대하고 현저한 손해를 입힐 수 있는 경우여야 한다. 따라서 법원이
'을' 방송사가 방영하려는 시사 보도 프로그램에 대한 방영금지가처분 신청을
기각했다면, 이는 방송하려는 내용이 진실이거나 그것이 A의 인격권을 중대하고
현저하게 침해하지 않는다고 판단했기 때문이다.

24~27 * (가) 합리적 선택과 기회비용에 대한 고려

출제 ◯ 글 전체 핵심어   ▭ 글 전체 중심 문장

❶ 주어진 자원이 한정적인 상황에서는 합리적 선택이 중요하다.
❷ 합리적 선택을 위해서는 선택으로 얻게 되는 만족과 기회비용을 함께
   # 합리적 선택 = 만족 + 기회비용
판단해야 한다. ❸ 기회비용은 어떤 선택을 함으로써 포기하는 것의
                     # 기회비용의 개념
가치가 무엇인지를 따지는 개념이다. ❹ 기회비용은 대안을
선택함으로써 실제 지출하는 비용과 다른 대안을 선택했다면 얻을 수
   # 기회비용을 산출할 때 고려해야 할 사항 ①   # 기회비용을 산출할 때 고려해야 할 사항 ②
있었던 가치를 함께 고려하여 구한다.

[대안: 어떤 일에 대처할 방안

*❶문단 요약: 기회비용의 개념과 구성

❷ 일요일에 도서관에서 책을 읽으려고 했는데, 친구가 공연 관람을
가자고 한다. ❷ 만약 공연 관람을 선택한다면 공연 관람료가 실제
                      대안 선택   대안을 선택함으로써 실제 지출하는 비용
지출하는 비용이고, 도서관에서 책을 읽을 수 있는 만족이
                   다른 대안을 선택했다면 얻을 수 있었던 가치
공연 관람으로 포기한 것의 가치에 해당한다. ❸ 기회비용을 구할 때,
                                    기회 비용
공연 관람료처럼 대안을 선택함으로써 실제 지출하는 비용을
고려하지 못하는 경우가 종종 있다. ❹ 하지만 그 비용은 다른 곳에
사용했다면 얻을 수 있는 만족을 포기한 것이기 때문에 기회비용에
   # 대안 선택 시의 실제 지출 비용이 기회비용에 포함되는 이유
포함되어야 한다.   *❷문단 요약: 기회비용 산출의 사례

❸ 합리적 선택을 할 때 고려할 필요가 없는 비용도 있다. ❷ 바로 매몰
비용이다. ❸ 매몰 비용이란 이미 투입되어 다시 회수할 수 없는
                                        # 매몰 비용의 개념
비용으로, 의사 결정 시 고려해서는 안 된다. ❹ 가령 공연이 시시하여
관람을 계속할지 말지를 선택하는 경우 관람료가 아까워 계속
관람하는 것은 비합리적 선택이다. ❺ 그러므로 되돌릴 수 없는 매몰
   # 매몰 비용을 의사 결정 시 고려함. → 비합리적 선택
비용이 아니라 앞으로의 선택이 가져올 기회비용을 산출하는 것이
합리적 선택을 위한 효과적인 전략이다.

[회수하다: 도로 거두어들이다.
[산출하다: 계산하여 내다.

*❸문단 요약: 비합리적 선택의 요인이 되는 매몰 비용

■ (가) 전체 지문 이해도
*합리적 선택을 하기 위해 고려해야 하는 것

┌────────┐   ┌────────┐
│ 선택으로 │   │   │
│ 얻게 되는│   +   │ 기회 비용│
│ 만족   │   │   │
└────────┘   └────────┘

→ 이미 투입되어 다시 회수할 수 없는 '매몰 비용'은 의사 결정 시 고려해서는 안 됨.
■ (가) 지문 내용과 구조

❶문단	**기회비용의 개념과 구성**	
	– 개념: 어떤 선택을 함으로써 포기하는 것의 가치	
	– 구성: 대안을 선택함으로써 실제 지출하는 비용 + 다른 대안을 선택했다면 얻을 수 있었던 가치	
❸문단	**기회비용 산출의 사례**	
	일요일에 할 일을 선택하는 상황	
	– 도서관에서 책을 읽음. vs. 친구와 공연을 관람함. → 공연 관람을 선택(대안 선택)	
	→ 기회비용: 공연 관람료 + 도서관에서 책을 읽는다면 얻을 수 있는 만족	
❺문단	**비합리적 선택의 요인이 되는 매몰 비용**	
	– 매몰 비용: 이미 투입되어 다시 회수할 수 없는 비용. 의사 결정 시 고려해서는 안 됨.	

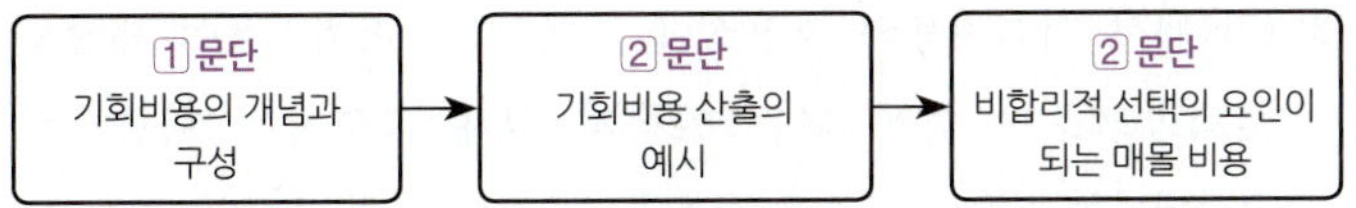

■ (가) 주제: 합리적 선택을 위해 필요한 기회비용 산출

✱ (나) 정책 영역에서 일어나는 딜레마에서의 의사 결정

1 정책 영역에서는 정보가 충분한 경우 대안이 가져올 결과를 서로 비교 가능하다고 본다. **②** 그런데 가치가 충돌하는 공공사업의 경우 가치의 우선순위를 정하기 어려운 상황에서 의사 결정이 이루어지는 때가 많다. **③** 이러한 현실 정책 상황으로 인해 딜레마에서의 의사 결정이 주목받고 있다. **④** 이때 딜레마란 [두 개의 배타적 대안이 존재하고, 두 대안이 가져올 결과가 상충적이며, 각 대안을 지지하는 행위자들이 서로 대립하고 있지만, 주어진 시간 내에 결정을 내려야 하는 문제 상황]으로 정의할 수 있다.

딜레마에서의 의사 결정 상황
[ ]: 정책 의사 결정 과정에서의 '딜레마'의 개념

배타적: 남을 배척하는
상충적: 맞지 아니하고 서로 어긋나는 것
지지하다: 어떤 사람이나 단체 따위의 주의·정책·의견 따위에 찬동하여 이를 위하여 힘을 쓴다.

✱**1문단 요약: 현실 정책 상황에서 주목받는 딜레마에서의 의사 결정**

2 **①** 한편, 딜레마와 유사해 보이지만 딜레마와는 구별되는 상황이 있다. **②** 정보의 불확실성으로 인해 결정이 곤란한 상황이나 정책의 모호성으로 인해 결정이 곤란한 상황 등이다. **③** 불확실성은 정보를 추가적으로 탐색하여 해소할 수 있고 모호성은 정책의 의미를 보다 분명하게 제시하여 해소할 수 있기 때문에 이러한 상황들은 딜레마로 보기 어렵다.

딜레마와 유사해 보이지만 딜레마와는 구별되는 상황
딜레마로 보기 어려운 이유 ①
딜레마로 보기 어려운 이유 ②

모호성: 여러 뜻이 뒤섞여 있어서 정확하게 무엇을 나타내는지 알기 어려운 말의 성질
해소하다: 어려운 일이나 문제가 되는 상태를 해결하여 없애 버리다.

✱**2문단 요약: 딜레마와 유사해 보이지만 딜레마와는 구별되는 상황**

3 **①** 딜레마에서의 의사 결정에 관한 논의의 함의는 대안을 평가할 정보를 충분히 갖고 있다고 할지라도 대안을 비교하기가 어렵다는 것이다. **②** 딜레마에서의 의사 결정에는 가치가 개입되고 그 가치들이 서로 충돌하는 상황에서 의사 결정이 이루어질 수밖에 없다.

딜레마 상황에서 의사 결정을 내리기 힘든 이유

함의: 말이나 글 속에 어떠한 뜻이 들어 있음.
개입되다: 자신과 직접적인 관계가 없는 일에 끼어들게 되다.

✱**3문단 요약: 딜레마 상황에서 의사 결정을 내리기 힘든 이유**

■ (나) 전체 지문 이해도

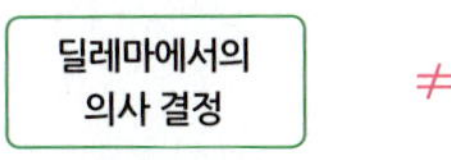

■ (나) 지문 내용과 구조

1문단	**현실 정책 상황에서 주목받는 딜레마에서의 의사 결정**: 가치가 충돌하는 공공사업의 경우 가치의 우선순위를 정하기 어려운 상황에서 의사 결정이 이루어지기 때문임.
2문단	**딜레마와 유사해 보이지만 딜레마와는 구별되는 상황** ① 정보의 불확실성으로 인해 결정이 곤란한 상황 → 정보를 추가 탐색해 해소할 수 있음. ② 정책의 모호성으로 인해 결정이 곤란한 상황 → 정책의 의미를 분명하게 제시해 해소할 수 있음.
3문단	**딜레마 상황에서 의사 결정을 내리기 힘든 이유**: 대안을 평가할 정보를 충분히 갖고 있어도 대안을 비교하는 게 어렵기 때문임.

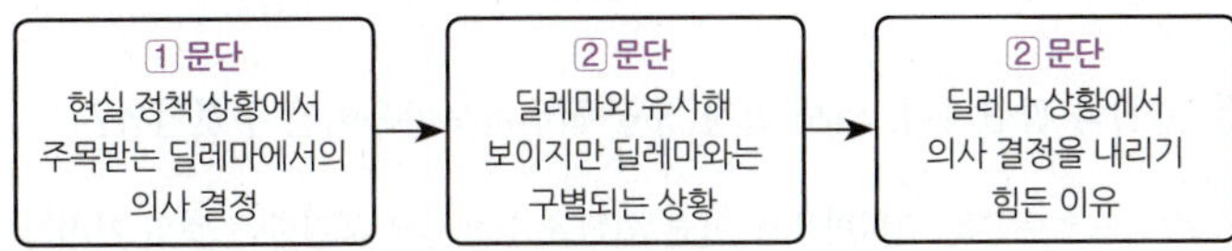

■ (나) 주제: 정책 결정을 어렵게 하는 딜레마에서의 의사 결정 상황

✱ (다) 하수 처리 시설 유치를 주장하는 글

1 **①** 우리 지역의 ○○ 부지에 하수 처리 시설 유치 여부를 연말까지 결정해야 하는 상황에서 사람들의 찬반 논쟁이 첨예하게 벌어지고 있다. **②** 나는 하수 처리 시설을 유치해야 한다고 생각한다. **③** 우리에게 주어진 자원이 한정적인 상황에서 하수 처리 시설을 유치하는 것이 합리적 선택이기 때문이다.

쟁점
글쓴이의 주장
하수 처리 시설을 유치해야 한다고 주장하는 이유

부지: 건물을 세우거나 도로를 만들기 위하여 마련한 땅
하수: 빗물이나 집, 공장, 병원 따위에서 쓰고 버리는 더러운 물
유치하다: 행사나 사업 따위를 이끌어 들이다.
첨예하다: 상황이나 사태 따위가 날카롭고 격하다.

✱**1문단 요약: 하수 처리 시설 유치에 관한 글쓴이의 입장**

2 **①** 그 근거로 우선 지역 주민 소득 증가 효과를 들 수 있다. **②** 시설을 유치할 경우 시설 구축 비용뿐만 아니라 보조금이 정부에서 지급될 예정이다. **③** 이를 활용하여 지역 경제 활성화 프로그램을 시행할 수 있다. **④** △△ 기관 연구 보고서에 따르면 지방 자치 단체의 경제 활성화 프로그램이 지역 주민의 소득 증가에 유의미한 영향을 미치는 것으로 조사되었다.

주장에 대한 근거 ①
객관적 근거인 통계 자료를 활용하여 주장을 뒷받침함.

✱**2문단 요약: 하수 처리 시설을 유치해야 한다는 주장의 근거 ①**

구축: 어떤 시설물을 쌓아 올려 만듦.

3 **①** 또한, 지역민의 정서적 만족도를 높일 수 있다. **②** 지하에 구축될 하수 처리 시설의 지상에는 공원이 들어설 예정이다. **③** 도시 계획 전문가 이ㅁㅁ에 따르면 여가와 휴식 공간이 있는 곳에 거주하는 지역민은 그렇지 않은 지역민보다 정서적 만족도가 1.5배가량 높다고 한다.

주장과 이유에 대한 근거 ②
전문가의 의견을 인용하여 신뢰성을 높임.

✱**3문단 요약: 하수 처리 시설을 유치해야 한다는 주장의 근거 ②**

4 **①** 물론, 이에 대해 해당 부지의 환경적 가치가 중요하다며 하수 처리 시설 유치를 반대할 수도 있다. **②** 하지만 현재 산출한 기회비용은 해당 부지의 환경적 가치는 물론, 부지의 다른 가치도 모두 포함한 것이다.

글쓴이의 주장에 예상되는 반론
예상되는 반론에 대한 글쓴이의 반박
[A]

✱**4문단 요약: 예상되는 반론과 이에 대한 반박**

5 **①** 그러므로 현재 우리에게 주어진 조건 속에서는 하수 처리 시설을 유치하는 것이 가장 합리적 선택이다.

✱**5문단 요약: 하수 처리 시설 유치의 주장 강조**

24 정답 ⑤ ＊내용 파악하기

다음은 학생이 글을 읽는 과정에서 작성한 질문이다. (가), (나)에서 답을 확인할 수 없는 것은?

왜 정답 ?

⑤ (나)와 관련하여, 대안을 선택하기 어려운 상황에서 대안을 평가하는 방법은 무엇일까?
　제시하지 않음.

　(나)는 의사 결정 과정에 가치가 개입되고, 그 가치들이 서로 충돌하기 때문에 대안을 선택하기 어려운 딜레마에서의 의사 결정 상황을 설명하였다. 하지만 그러한 상황에서 대안을 평가하는 방법은 언급하지 않았다.

왜 오답 ?

① (가)와 관련하여, 의사 결정 상황에서 기회비용이란 무엇일까?
　　기회비용의 개념

┌ (가) ①문단 ❸문장　기회비용은 어떤 선택을 함으로써 포기하는 것의 가치가
└ 무엇인지를 따지는 개념이다.

② (가)와 관련하여, 대안을 선택함으로써 실제 지출하는 비용이 기회비용에 포함되는 이유는 무엇일까?
　해당 비용을 다른 곳에 사용하여 얻을 수 있는 만족을 포기했기 때문임.

┌ (가) ②문단 ❸, ❹문장　기회비용을 구할 때, 공연 관람료처럼 대안을
│ 선택함으로써 실제 지출하는 비용을 고려하지 못하는 경우가 종종 있다.
│ 하지만 그 비용은 다른 곳에 사용했다면 얻을 수 있는 만족을 포기한 것이기
└ 때문에 기회비용에 포함되어야 한다.

③ (나)와 관련하여, 정책 의사 결정 과정에서의 딜레마란 무엇일까?
　　　딜레마의 개념

┌ (나) ①문단 ❹문장　이때 딜레마란 '두 개의 배타적 대안이 존재하고, 두 대안이
│ 가져올 결과가 상충적이며, 각 대안을 지지하는 행위자들이 서로 대립하고
│ 있지만, 주어진 시간 내에 결정을 내려야 하는 문제 상황'으로 정의할 수 있다.

④ (나)와 관련하여, 딜레마와 유사하지만 딜레마가 아닌 상황과 딜레마의 차이는 무엇일까?
　　　정보의 불확실성, 정책의 모호성으로 결정이 곤란한 상황

┌ (나) ②문단 ❷, ❸문장　정보의 불확실성으로 인해 결정이 곤란한 상황이나
│ 정책의 모호성으로 인해 결정이 곤란한 상황 등이다. 불확실성은 정보를
│ 추가적으로 탐색하여 해소할 수 있고 모호성은 정책의 의미를 보다 분명하게
└ 제시하여 해소할 수 있기 때문에 이러한 상황들은 딜레마로 보기 어렵다.

25 정답 ② ＊정보 간 관계 파악하기

(다)를 작성하기 위해 (가), (나)를 읽은 방법으로 가장 적절한 것은?

왜 정답 ?

② (가)에서 기회비용의 중요성에 주목하고, 선택하지 않은 대안의
　　합리적 선택을 위해 고려해야 함.
　가치도 고려해야 합리적 선택이 가능하다는 것을 확인하며
　선택으로 얻게 되는 만족 외에 기회비용도 함께 고려해야 함.
　읽었다.

┌ (가) ①문단 ❷, ❸문장　합리적 선택을 위해서는 선택으로 얻게 되는 만족과
│ 기회비용을 함께 판단해야 한다. 기회비용은 어떤 선택을 함으로써 포기하는
└ 것의 가치가 무엇인지를 따지는 개념이다.

왜 오답 ?

① (가)에서 매몰 비용의 개념에 주목하고, 의사 결정 시 매몰 비용
　이미 투입되어 다시 회수할 수 없는 비용
　산출이 선행되어야 한다는 것을 확인하며 읽었다.
　　매몰 비용은 고려하지 않아야 함.

┌ (가) ③문단 ❶~❸문장　합리적 선택을 할 때 고려할 필요가 없는 비용도 있다.
│ 바로 매몰비용이다. 매몰 비용이란 이미 투입되어 다시 회수할 수 없는
└ 비용으로, 의사 결정 시 고려해서는 안 된다.

③ (가)에서 기회비용의 효용성에 주목하고, 기회비용이 대안을
　　　합리적 선택에 효과적임.
　선택함으로써 얻게 되는 만족과 실제 지출하는 비용으로
　구성된다는 것을 확인하며 읽었다.

┌ (가) ①문단 ❹문장　기회비용은 대안을 선택함으로써 실제 지출하는 비용과 다른
│ 대안을 선택했다면 얻을 수 있었던 가치를 함께 고려하여 구한다.
┌ (가) ③문단 ❺문장　~ 앞으로의 선택이 가져올 기회비용을 산출하는 것이 합리적
└ 선택을 위한 효과적인 전략이다.

④ (나)에서 딜레마에서의 선택에 가치가 개입된다는 점에 주목하고,
　가치의 우선순위를 확정하는 것이 필요하다는 점을 확인하며
　　가치의 우선순위를 정하기 어려운 상황에서 의사 결정이 이루어짐.
　읽었다.

┌ (나) ①문단 ❷, ❸문장　그런데 가치가 충돌하는 공공사업의 경우 가치의
│ 우선순위를 정하기 어려운 상황에서 의사 결정이 이루어지는 때가 많다.
│ 이러한 현실 정책 상황으로 인해 딜레마에서의 의사 결정이 주목받고 있다.
┌ (나) ③문단 ❷문장　딜레마에서의 의사 결정에는 가치가 개입되고 그 가치들이
└ 서로 충돌하는 상황에서 의사 결정이 이루어질 수밖에 없다.

⑤ (나)에서 딜레마에서의 선택에 정보가 영향을 미친다는 점에
　주목하고, 정보가 충분할수록 의사 결정이 수월할 수 있다는 점을
　　　정보가 충분하더라도 대안 비교가 어려움.
　확인하며 읽었다.

┌ (나) ③문단 ❶문장　딜레마에서의 의사 결정에 관한 논의의 함의는 대안을
│ 평가할 정보를 충분히 갖고 있다고 할지라도 대안을 비교하기가 어렵다는
└ 것이다.

26 정답 ② ＊작문 계획의 적절성 파악하기

〈보기〉를 참고할 때, (다)를 작성하기 위해 세운 글쓰기 계획으로 적절하지 않은 것은?

> ───〈 보기 〉───　　☐ 논증 요소
> ❶　　　　　　　　　　　　　　　　❷
> 　논증은 자신의 주장이 옳음을 입증하는 과정이다. 논증 요소는 주장과
> 왜 그러한 주장을 하는지에 관한 주관적 생각인 이유, 주장이나 이유를
> 뒷받침하는 객관적 자료인 근거, 예상되는 반론과 이에 대한 반박 등이
> 있다.

왜 정답 ?

② 자원이 한정적인 상황에서 발생한 논쟁이 첨예하여 갈등 해결의 시급하다는 내용을 이유로 제시한다.
　제시되지 않음.

┌ (다) ①문단 ❷, ❸문장　나는 하수 처리 시설을 유치해야 한다고 생각한다.
│ 우리에게 주어진 자원이 한정적인 상황에서 하수 처리 시설을 유치하는 것이
└ 합리적 선택이기 때문이다.

　(다)의 글쓴이는 '하수 처리 시설을 유치해야 한다'는 주장의 이유로 그것이 합리적인 선택이기 때문이라는 점을 들었다. 갈등 해결이 시급하다는 점을 주장에 관한 이유로 제시하지는 않았다.

왜 오답 ?

① 하수 처리 시설 유치 쟁점에서 찬성 입장을 주장으로 제시한다.
　　하수 처리 시설을 유치해야 한다고 주장함.

＊ 근거: (다) ①문단 ❷문장

③ 지역 경제 활성화 프로그램 시행으로 주민 소득이 증가한다는 연구 보고서 내용을 근거로 제시한다.
　　△△ 기관 연구 보고서

┌ (다) ②문단 ❹문장　△△ 기관 연구 보고서에 따르면 지방 자치 단체의 경제
│ 활성화 프로그램이 지역 주민의 소득 증가에 유의미한 영향을 미치는 것으로
└ 조사되었다.

④ 해당 부지의 환경적 가치가 중요하다는 내용을 예상 반론으로
제시한다.
하수 처리 시설 유치를 반대하는 측에서 중요시하는 가치

[(다) ④문단 ❶문장 물론, 이에 대해 해당 부지의 환경적 가치가 중요하다며 하수
처리 시설 유치를 반대할 수도 있다.

⑤ 고려할 수 있는 해당 부지의 모든 가치를 기회비용에 포함하였다는
내용을 반박으로 제시한다.
해당 부지의 환경적 가치 + 부지의 다른 가치

[(다) ④문단 ❷문장 하지만 현재 산출한 기회비용은 해당 부지의 환경적 가치는
물론, 부지의 다른 가치도 모두 포함한 것이다.

27 정답 ⑤ ＊자료 활용의 적절성 파악하기

〈보기〉는 (다)를 작성한 후 추가로 수집한 자료이다. 〈보기〉를 (가), (나)와 연결
지어 (다)의 [A]를 구체화하는 방안으로 가장 적절한 것은? [3점]

> ─── 〈보기〉 ───
> ❶ 합리적 선택을 할 때, 정보나 지식이 충분하더라도 대안을 비교하기
> 딜레마에서의 의사 결정 상황
> ❷
> 어려운 경우가 있다. 이런 상황에 대한 적극적인 대응으로 절차적 합리성이
> 딜레마에서의 의사 결정 상황에 대응하는 방법
> ❸
> 제안될 수 있다. 이는 내용적으로 어느 것이 더 합리적인지 판단하기
> 절차적 합리성의 개념
> 어려울 때, 일정한 형식적 절차를 거쳐서 나온 결과는 내용적으로도
> 합리적인 것으로 간주할 수 있다는 의미이다.
> ─ ◇◇ 학회 논문 자료 ─

＞왜 정답？

⑤ 〈보기〉를 (나)와 연결 지어, 가치 충돌 상황에서 의사 결정이
하수 처리 시설 유치에 따른 경제적, 정서적 가치 ↔ 환경적 가치
요구됨을 제시하고 현재 산출한 기회비용이 절차적 합리성을
내용적으로도 합리적이라고 간주할 수 있음.
확보하고 있다는 내용으로 반박을 구체화해야겠어.

[(나) ①문단 ❷문장 그런데 가치가 충돌하는 공공사업의 경우 가치의 우선순위를
정하기 어려운 상황에서 의사 결정이 이루어지는 때가 많다.
(다) ①문단 ❶문장 우리 지역의 ○○ 부지에 하수 처리 시설 유치 여부를
연말까지 결정해야 하는 상황에서 사람들의 찬반 논쟁이 첨예하게 벌어지고
있다.
(다) ④문단 ❶, ❷문장 물론, 이에 대해 해당 부지의 환경적 가치가 중요하다며
하수 처리 시설 유치를 반대할 수도 있다. 하지만 현재 산출한 기회비용은
해당 부지의 환경적 가치는 물론, 부지의 다른 가치도 모두 포함한 것이다.

(다)를 보면, '우리 지역의 ○○ 부지에 하수 처리 시설'을 유치하는 문제를 놓고
찬성과 반대 측이 서로 팽팽하게 대립하는 상황에서 이에 대한 의사 결정이 요구되고
있다.

(나)에 따르면 이는 서로 충돌하는 가치 간에 우선순위를 정하기 어렵지만 그럼에도
의사 결정이 이루어져야 하는 딜레마에서의 의사 결정 상황이다. 〈보기〉에서는
이러한 상황에 대한 대응으로 절차적 합리성을 제시하였다.

따라서 (다)의 글쓴이가 현재 산출한 기회비용이 절차적 합리성을 확보하고 있다는
내용으로 [A]를 구체화하면, 반박의 논지를 더욱 강화할 수 있다.

＞왜 오답？

① 〈보기〉를 (가)와 연결 지어, 대안의 가치를 비교하여 합리적
〈보기〉의 내용과 관련 없음.
선택이 가능함을 제시하고 절차적 합리성을 확보하면 대안의
대립이 해소될 수 있다는 내용으로 예상 반론을 구체화해야겠어.
예상 반론의 구체화와 관련 없음.

[〈보기〉 ❶, ❷문장 합리적 선택을 할 때, 정보나 지식이 충분하더라도 대안을
비교하기 어려운 경우가 있다. 이런 상황에 대한 적극적인 대응으로 절차적
합리성이 제안될 수 있다.

〈보기〉에서 설명한 절차적 합리성은 대안을 비교하기 어려운 상황을 전제로 한다.
따라서 대안의 가치를 비교하여 합리적 선택이 가능함을 제시한다는 것은 〈보기〉를
(가)와 연결 지은 내용으로 적절하지 않다.

② 〈보기〉를 (가)와 연결 지어, 정보가 충분하면 대안의 가치를
〈보기〉의 내용과 관련 없음.
정확히 측정할 수 있음을 제시하고 형식적 절차를 위해 추가
정보가 필요하다는 내용으로 반박을 구체화해야겠어.
〈보기〉의 내용과 관련 없음.

＊ 근거: 〈보기〉 ❶문장

〈보기〉에서 설명한 절차적 합리성은 정보나 지식이 충분하더라도 대안을 비교하기
어려운 경우를 전제로 한다. 따라서 정보가 충분하면 대안의 가치를 정확히 측정할 수
있다는 것과 형식적 절차를 위해 추가 정보가 필요하다는 것은 〈보기〉를 (가)와 연결
지은 내용으로 적절하지 않다.

③ 〈보기〉를 (나)와 연결 지어, 배타적 대안이 상충된 결과를 초래할
수 있음을 제시하고 형식적 절차를 거치더라도 기회비용 산출이
〈보기〉의 내용과 관련 없음.
어렵다는 내용으로 예상 반론을 구체화해야겠어.
예상 반론의 구체화와 관련 없음.

[(나) ①문단 ❹문장 이때 딜레마란 '두 개의 배타적 대안이 존재하고, 두 대안이
가져올 결과가 상충적이며, 각 대안을 지지하는 행위자들이 서로 대립하고
있지만, 주어진 시간 내에 결정을 내려야 하는 문제 상황'으로 정의할 수 있다.

〈보기〉에서 설명한 절차적 합리성은 일정한 형식적 절차를 거쳐서 나온 결과는
내용적으로도 합리적인 것으로 간주할 수 있다는 것이다. 따라서 형식적 절차를
거치더라도 기회비용을 산출하기 어렵다는 것은 〈보기〉를 (나)와 연결 지은 내용으로
적절하지 않다.

④ 〈보기〉를 (나)와 연결 지어, 딜레마에서 가치를 정확히 산출하는
것이 필수적임을 제시하고 형식적 절차에 따라 만족의 크기를
〈보기〉, (나)의 내용과 관련 없음.
비교해야 한다는 내용으로 예상 반론을 구체화해야겠어.
예상 반론의 구체화와 관련 없음.

＊ 근거: (나) ①문단 ❷문장, 〈보기〉 ❸문장

(나)에 설명한 딜레마에서의 의사 결정과 〈보기〉에서 설명한 절차적 합리성은 모두
가치가 서로 충돌하기 때문에 대안을 비교하기 어려운 상황과 관련이 있다. 따라서
딜레마에서 가치를 정확히 산출하는 것이 필수적이라는 것은 〈보기〉를 (나)와 연결
지은 내용으로 적절하지 않다.

28~30

○ 작문 상황

소리 요법 체험 프로그램에 참여하고 기록한 체험 일지를 바탕으로
소감문을 작성하여 교지에 실으려 함.

○ 초고　　　　　　　　　　＃ 출제　▭ 글 전체 중심 문장

① 바쁜 일상에 몸도 마음도 지쳐 쉬고 싶다는 생각을 하던 중, 소리
＃ 소리 요법 체험 프로그램에 참여하게 된 계기
요법 체험 프로그램이 방학에 열린다는 것을 알게 되었다. ❷ 소리
요법이 마음에 휴식을 준다는 학교 게시판의 소개 내용에 이끌려
프로그램에 참여하였다.

[요법: 병을 고치는 방법

＊ ①문단 요약: 소리 요법 체험 프로그램에 참여하게 된 계기

② ❶ 체험 프로그램은 소리 요법에 대한 선생님의 설명으로 시작되었다.
❷
소리 요법은 특정 주파수 대역의 소리 혹은 일정한 주파수들로 구성된
＃ 소리 요법의 효과 ❸
소리를 이용해 정신적 안정, 집중력 향상을 돕는다고 한다. 소리만으로
그러한 효과를 얻을 수 있다는 사실이 퍽 흥미로웠다.

[대역: 어떤 폭으로써 정해진 범위. 최대 주파수에서 최저 주파수까지의 구역을
말한다.

＊ ②문단 요약: 소리 요법의 효과

❸ 다양한 종류의 소리 요법을 체험할 수 있었는데, 그중 소리 그릇
요법이 가장 기억에 남는다. ❷ 소리 그릇 요법 체험은 나무막대를
사용하여 금속 재질의 소리 그릇을 두드리거나 문질러서 낸 소리를
듣는 것으로 진행되었다. ❸ 편히 누워서 눈을 감고 소리 그릇에서 나는
소리를 들으니 마음이 평온해졌다. ❹ 그 소리에 익숙해질 때쯤 선생님의
안내에 따라 소리 그릇을 몸 위에 올려 보았다. ❺ 소리 그릇의 울림이
온몸으로 전해져 몸과 마음이 천천히 이완되었다. ❻ 몸과 마음을
부드럽게 안아 주는 것 같은 편안한 느낌이 참 좋았다.

〔 이완되다: 바짝 조였던 정신이 풀려 늦추어지게 되다.

*❸문단 요약: 소리 그릇 요법 체험의 소감

❹ ❶ 기억에 남는 또 다른 체험은 백색 소음 요법이다. ❷ 백색 소음은
폭포, 파도 등과 같은 자연이나 선풍기, 공기 청정기 등과 같은
가전제품에서 들을 수 있는 소리이다. ❸ [여러 색의 빛이 합쳐져 투명한
빛, 백색광이 되듯 여러 주파수 범위의 소리가 합쳐져 귀에 거슬리지
않고 자연스럽게 들리는 소리이기 때문에] 백색 소음이라고 한다.
❹ 백색 소음 요법을 체험하기 위해 공기 청정기를 켜 놓고 독서를
했는데 집중이 더 잘되는 느낌이었다. ❺ 이런 이유에 대해 과학적
원리를 찾아보고 싶다는 생각이 들었다. ❻ [백색 소음 요법은 주변에서
쉽게 접할 수 있는 소리를 활용하고, 소리 그릇 요법과는 달리 별도의
도구를 준비하지 않아도 된다는 점도 매력적이었다.]

*❹문단 요약: 백색 소음 요법 체험의 소감

❺ ❶ 일상에서 소리는 늘 우리와 함께하는데, 지나친 소음은 하는 일에
대한 집중력을 떨어뜨리고 사람을 지치게 만든다. ❷ 소리 요법 체험
프로그램은 다음 방학에도 학교에서 운영된다고 하니, 친구들에게
추천하고 싶다.

*❺문단 요약: 소리 요법 체험의 추천

28　정답 ⑤　＊내용 생성의 적절성 파악하기

다음은 체험 일지의 일부이다. ㉠~㉤이 '초고'에 반영되었다고 할 때, 이에
대한 설명으로 적절하지 않은 것은?

> 〈소리 요법 체험 일지〉
>
> 1월 10일
> — 지친 나를 위해 휴식이 필요하다는 생각을 함. ·················· ㉠
>
> 1월 17일
> — 소리 요법이 무엇인지에 대한 설명을 들었음. ·················· ㉡
> — 소리 그릇을 사용하여 소리 그릇 요법을 체험함.
> — 소리 그릇을 몸 위에 올려 보았음.
> 　 └ 울림이 전해져 마음이 평온해졌어. ·················· ㉢
>
> 1월 18일
> — 백색 소음 요법을 체험함.
> 　 └ 근데 왜 '백색 소음'인 걸까? 조사해 봐야지. ·················· ㉣
> — 공기 청정기 소리를 들으며 독서를 함.
> 　 └ 집중이 더 잘되던데 왜 그런 걸까? ·················· ㉤

> 왜 정답?

⑤ ㉤을 반영하여, 백색 소음과 집중력 간의 상관관계를 확인하여
언급하였다.

┌ ④문단 ❹, ❺문장　백색 소음 요법을 체험하기 위해 공기 청정기를 켜 놓고
│ 독서를 했는데 집중이 더 잘되는 느낌이었다. 이런 이유에 대해 과학적 원리를
└ 찾아 보고 싶다는 생각이 들었다.

4문단에서 ㉤을 반영하여 '공기 청정기를 켜 놓고 독서를 했는데 집중이 더 잘되는
느낌이었다.'라고 감상을 이야기하였다. 그러나 공기 청정기를 켜 놓고 독서를 했을 때
더 집중이 잘되는 현상의 과학적 원리를 '찾아보고 싶다는 생각이 들었다'고 했을 뿐,
실제로 그 원리를 확인하여 언급하지는 않았다.

> 왜 오답?

① ㉠을 반영하여, 소리 요법 체험에 참여하게 된 계기를 제시하였다.

┌ ①문단 ❶문장　바쁜 일상에 몸도 마음도 지쳐 쉬고 싶다는 생각을 하던 중, 소리
└ 요법 체험 프로그램이 방학에 열린다는 것을 알게 되었다.

② ㉡을 반영하여, 소리 요법에 대한 설명을 정리하고 그에 대한
자신의 생각을 덧붙였다.

┌ ②문단 ❷, ❸문장　소리 요법은 특정 주파수 대역의 소리 혹은 일정한
│ 주파수들로 구성된 소리를 이용해 정신적 안정, 집중력 향상을 돕는다고 한다.
└ 소리만으로 그러한 효과를 얻을 수 있다는 사실이 퍽 흥미로웠다.

2문단에서 ㉡을 반영하여 소리 요법이 정신적 안정, 집중력 향상을 돕는다는 설명을
정리하고, 소리만으로 그러한 효과를 얻을 수 있다는 사실이 흥미로웠다는 자신의
생각을 덧붙이고 있다.

③ ㉢을 반영하여, 소리 그릇의 울림이 몸에 전해졌을 때의 느낌을
구체화하였다.

┌ ③문단 ❺, ❻문장　소리 그릇의 울림이 온몸으로 전해져 몸과 마음이 천천히
│ 이완되었다. 몸과 마음을 부드럽게 안아 주는 것 같은 편안한 느낌이 참
└ 좋았다.

3문단에서 ㉢을 반영하여 '몸과 마음을 부드럽게 안아 주는 것 같은 편안한 느낌'이
들었다며 소리 그릇의 울림이 몸에 전해졌을 때의 느낌을 구체화하고 있다.

④ ㉣을 반영하여, 백색 소음이라는 용어에 대해 조사한 정보를
추가하였다.

┌ ④문단 ❷, ❸문장　백색 소음은 폭포, 파도 등과 같은 자연이나 선풍기, 공기
│ 청정기 등과 같은 가전제품에서 들을 수 있는 소리이다. 여러 색의 빛이
│ 합쳐져 투명한 빛, 백색광이 되듯 여러 주파수 범위의 소리가 합쳐져 귀에
└ 거슬리지 않고 자연스럽게 들리는 소리이기 때문에 백색 소음이라고 한다.

29　정답 ④　＊글쓰기 방법 파악하기

'초고'의 글쓰기 방식으로 가장 적절한 것은?

> 왜 정답?

④ 4문단에서는 다른 요법과 견주어 백색 소음 요법의 장점을
서술하였다.

┌ ④문단 ❻문장　백색 소음 요법은 주변에서 쉽게 접할 수 있는 소리를 활용하고,
│ 소리 그릇 요법과는 달리 별도 도구를 준비하지 않아도 된다는 점도
└ 매력적이었다.

4문단에서는 소리 그릇 요법과 견주어 백색 소음 요법의 장점을 서술하고 있다.

> 왜 오답?

① 2문단에서는 소리 요법 체험의 유의점을 인과 관계에 따라
서술하였다.

2문단에 소리 요법의 체험의 유의점이 서술되지 않았다.

② 3문단에서는 소리를 내는 방법을 중심으로 **소리 그릇 요법의 유래**를 서술하였다.
서술하지 않음.

[③문단 ❷문장] 소리 그릇 요법 체험은 나무막대를 사용하여 금속 재질의 소리 그릇을 두드리거나 문질러서 낸 소리를 듣는 것으로 진행되었다.

3문단에서 소리 그릇 요법에서 소리를 내는 방법을 소개하였으나, 소리 그릇 요법의 유래를 서술하지는 않았다.

③ 3문단에서는 다양한 종류의 소리 요법을 일정한 기준에 따라 **분류하여** 서술하였다.
분류하지 않음.

3문단에서 다양한 종류의 소리 요법을 소개하고 있지 않다.

⑤ 4문단에서는 백색 소음 요법의 체험 과정을 **시간의 순서에 따라** 서술하였다.
서술하지 않음.

4문단에서 백색 소음 요법을 체험한 감상을 밝히고 있으나, 그 과정을 시간의 순서에 따라 서술하고 있지는 않다.

30 정답 ① ＊고쳐쓰기의 적절성 파악하기

다음은 '초고'를 쓴 학생이 교지 편집부장과 사회 관계망 서비스에서 나눈 대화이다. ⓐ, ⓑ에 들어갈 내용으로 가장 적절한 것은?

편집부장 ― 초고 잘 읽었어. 편집부에서 함께 검토해 봤는데, 마지막 문단을 고쳐 써 줄 수 있을까?

편집부장 ― ⓐ 내용을 삭제하고, 소리 요법 ⓑ 추가하면 좋겠어.

응. 마지막 문단만 수정해서 보낼게.

일상에서 소리는 늘 우리와 함께하는데, 소리 요법이라는 새로운 체험을 통해 마음이 평온해졌고, 하고 싶은 일에 몰두할 수 있는 방법을 알게 되었다. 다음 방학에도 학교에서 소리 요법 체험 프로그램을 운영한다고 하니, 친구들에게 추천하고 싶다.
추가된 내용

이렇게 수정했는데 어때?

편집부장 ― 훨씬 좋네! 고마워.

왜 정답·오답?

	ⓐ	ⓑ
①	글의 흐름에서 벗어난	체험의 효과를

[⑤문단 ❶문장] 일상에서 소리는 늘 우리와 함께하는데, 지나친 소음은 하는 일에 대한 집중력을 떨어트리고 사람을 지치게 만든다.

5문단에서 '지나친 소음은 하는 일에 대한 집중력을 떨어트리고 사람을 지치게 만든다.'와 같이 소리 요법과 관련이 없는, **글의 흐름에서 벗어난** 부분을 삭제하였다. 또한 '소리 요법이라는 새로운 체험을 통해 마음이 평온해졌고, 하고 싶은 일에 몰두할 수 있는 방법을 알게 되었다.'처럼 소리 요법 **체험의 효과를** 추가했다.

31~33 ＊ 남영로, 〈옥루몽〉

＃ 출제 ❶ 중심인물, 배경　❷ 중심 사건, 갈등　❸ 서술상 특징

❸ 　　 : 설의적 표현을 활용하여 인물의 생각을 표현함.
❸ 서술자: 3인칭 서술자, 시점: 전지적 작가 시점

[1] 홍 낭자가 양창곡의 뜻을 보고자 하여 **선비로 남장해** 묻길,
❷❶ 중심인물　❶ 중심인물　❸ 남장 모티프가 나타남.

"나는 저 사람의 마음을 아나 저 사람은 내 마음을 모른다면, 이
＃ 홍 낭자가 자신의 정체를 숨기고 양창곡의 사람됨과 생각을 시험함.
또한 '지기'라 할 수 있으리오?"
❸ ❷ [ ]: 중심 사건 – '지기'에 대한 가치관 차이를 두고 양창곡과 홍 낭자가 의견을 주고받음.

[양 공자가 웃으며,
❹ ❸ [ ]: 고사를 인용하여 말하고자 하는 바를 드러냄.

["백아가 거문고를 연주하여야 종자기가 있거늘, 사람이 지조를
백아가 거문고를 타면 종자기가 그 뜻을 알아차린다는 중국 고사
닦아 마음속에 간직했다가 밖으로 드러내면, 구름이 용을 따르고 바람이 호랑이를 따르듯, **같은 소리로 서로 응하며 같은 기운으로**
같은 기운을 가진 자들이 서로 끌리게 되어 있음.
서로 구하리니, 어찌 모를 리가 있으리오?"]
＃ 진심은 통하게 되어 있으니 참된 마음을 품는다면 반드시 알아줄 이가 있다는 의미임.

❺선비가 말하길,
❻ =남장한 홍 낭자

"세간에 신의 없은 지 오래되어 곤궁한 처지였을 때 사귄 정을 부귀한 후 잊는 자들이 흔히 있더이다. ❼부귀와 궁달에 있어서 **처음과 끝이 한결같은 자를 볼 수 있으리오?"**
뜻이 맞아도 상황이 바뀌면 금세 변질될 수 있다는 회의감을 드러냄.

❽양 공자가 웃으며,

❾"옛말에 이르되 '가난하고 천할 때의 친구는 잊어서는 안 되고, 지게미와 쌀겨를 먹으며 고생한 아내는 집에서 내보내서는 안 된다.' 하니, 부귀와 궁달에 따라 친소를 달리하면 이는 경박한 일이라. ❿어찌 이 때문에 세상을 의심하리오?"
의리와 신의를 지키는 태도를 보임.

⓫선비가 웃으며,

⓬"형은 충직한 사람이로다. ⓭저는 본디 지조가 없는 사람이라. ⓮신하가
=양창곡
임금을 섬기고 선비가 친구를 사귐에, 그 명망을 닦고 예절을 지켜 도리에 부합해 사귐을 하는 사람도 있으며, 그 재주를 드러내면서 형편에 따른 방도로써 사귐을 하는 사람도 있소. ⓯형은 어떻게 생각하시오?"
처지에 따라 현실적으로 사귀는 사람도 있지 않냐고 문제를 제기함.

⓰양 공자가 답하길,

⓱"사람의 나아가고 물러남을 어찌 가벼이 논하리오? ⓲성인에게도 공명정대한 원칙과 형편에 따른 방도가 있나니, 군신과 붕우 사이에 마음 한구석을 비춰 볼 따름이라. ⓳나 역시 과거에 응시하려는 선비로, 덕을 닦아 이름을 드날리지 못하고 문장 찌꺼기로 망령되이 **임금의 은혜**를 얻고자 하니, 이 어찌 규중
＃ 과거로 출세하고 싶지만 아직 실력이 부족한 자신의 처지를 자조적으로 말함.
처녀가 얼굴을 가리고 스스로 짝을 구함과 다르리오? ⓴이로써 보건대 나아가고 물러남이 정대하고 깨끗하여 옛사람에게 부끄럽지
처세에는 원칙과 현실적 처신이 공존해야 하고, 그보다 중요한 것은 부끄럽지 않은 길을 가는 것임.
않은 자가 몇이나 있는고?"]

㉑선비가 미소하고 몸을 일으키며, / ㉒"밤이 깊었고 여행 중에 잠을 못 자는 것이 몸을 보살피는 도리가 아니니, 무궁무진한 정담은 내일을 기약할지라." / ㉓양 공자가 차마 떠나지 못해 하더라.

지기: 자기의 속마음을 참되게 알아주는 친구
지조: 원칙과 신념을 굽히지 아니하고 끝까지 지켜 나가는 꿋꿋한 의지. 또는 그런 기개
세간: 세상 일반　　곤궁하다: 가난하여 살림이 구차하다.
궁달: 빈궁과 영달을 아울러 이르는 말
지게미: 재강에 물을 타서 모주를 짜내고 남은 찌꺼기
친소: 친함과 친하지 아니함.
경박하다: 언행이 신중하지 못하고 가볍다.　　충직하다: 충성스럽고 정직하다.

공명정대하다: 하는 일이나 태도가 사사로움이나 그릇됨이 없이 아주 정당하고
떳떳하다.
군신: 임금과 신하를 아울러 이르는 말
붕우: 비슷한 또래로서 서로 친하게 사귀는 사람
정대하다: 의지나 언행 따위가 올바르고 당당하다.
정담: 정답게 주고받는 이야기

★ 1 요약: 양창곡의 우정과 처세에 대한 홍 낭자의 시험

[중략 부분의 줄거리] 홍 낭자는 양창곡과 이별한 후 오랑캐 장수가 되었다가,
명나라 원수가 된 양창곡과 다시 만나 그의 군영에서 사마라는 직책을 받고 축융
❶ 시간적 배경(명나라 시대)
왕의 항복을 받아 낸다.

2 일지련이 부친 축융 왕을 모시고 막사로 돌아가 가만히 생각하길,
　　　❷ 중심인물　　　　　　　　　　❶ 공간적 배경
[[내가 아무리 사람 보는 안목이 없다 해도 홍 장군은 분명 남자가
　　　　　　　　　　　　　　홍 장군(홍 낭자)이 여자임을 의심함.
❸
아닐지라. 만약 여자라면 누구를 위해 만 리 밖에서 종군했으리오?
❹양 원수의 용모와 풍채를 보건대 비범한 장수요, 또 홍 장군의 기색과
언사를 살피건대 자못 조심해 무례한 뜻을 드러내지 않으나 은근한
정을 띤 듯하니, 이 어찌 지기를 따르려고 남자로 변복해 종군한 것이
홍 장군이 양창곡(양 원수)을 따르기 위해 남장하고 군에 들어온 것이 아닐까 의심함.
아니리오?]
❺ ❸[ ]: 인물의 내적 독백을 제시하여 서술자가 인물의 생각과 감정을 간접적으로 설명함.
또 의심하길,
❻
'여자의 질투는 세상 부녀자의 일반적인 정이라. ❼남자가 아니라면
❷[ ]: 중심 사건 – 일지련이 홍 장군의 정체에 대해 의심함.
홍 장군은 어째서 이처럼 나를 사랑하는고?]
홍 장군이 여자라면 자신을 질투해야 하는데 그렇지 않고 자신을 아끼는 것을 의아해함.

막사: 군인들이 주둔할 수 있도록 만든 건물
종군하다: 군대를 따라 전쟁터로 나가다.
풍채: 드러나 보이는 사람의 겉모양
기색: 마음의 작용으로 얼굴에 드러나는 빛
언사: 말이나 말씨
변복하다: 남이 알아보지 못하도록 평소와 다르게 옷을 차려입다.

★ 2 요약: 홍 장군(홍 낭자)의 정체에 대한 일지련의 의심

3 끝내 깨닫지 못하고, 총명하고 지혜로운 마음에 조급한 심정을
참지 못해 홍 사마의 본색을 알고자 조용히 그의 막사로 가거늘, 마침
홍 사마가 고요히 홀로 앉아 있더라. ❷일지련이 앞으로 나아가 아뢰길,
❸
"제가 장군께서 살려 주신 은덕을 입어 휘하에서 모시며 정성을
다하고자 하였으나, [다시 생각건대 제 처지가 남자와 다르고
군중에 여자가 있는 것은 예로부터 꺼리는 바라, 저의 부친이 이미
[ ]: 대의명분을 앞세워 군에서 물러나겠다는 뜻을 밝히며 홍 장군의 정체를 간접적으로 떠봄.
군중에 계시니 저는 마땅히 본국으로 돌아가 행동이 어그러짐을
면할까 하나이다.]"
❹
홍 사마가 웃으며,
❺
"낭자의 말이 지나치도다. ❻옛날 목란은 그의 아버지를 대신해 만
리 밖에서 종군했으나 일찍이 그녀를 비판하는 사람이 없었거늘, [A]
여자라도 충효를 위해 종군할 수 있으며, 그것은 비난받을 일이 아니라고 말함.
낭자만 어찌 이에 구애되리오?"
❼
일지련이 눈길을 흘려 홍 사마를 보고 웃으며,
❽
"제가 오랑캐 땅에서 자라 예법을 배우지 못했으나, 남자와 여자가
같은 자리에 앉으면 안 된다는 것은 성인의 밝은 가르침이라. 만약
군중에 처한즉 어찌 남자와 어깨를 나란히 하고 자리를 함께하지
않을 수 있으리이까? 그러므로 목란이 충효는 극진하나 규방의
아녀자가 지켜야 하는 단정한 행실은 부족했던 것으로
아버지를 대신해 종군한 목란의 충효는 훌륭하지만, 규방 여성이 지켜야 할 행실이 부족함을 꼬집음.
❾
생각하나이다."

---

❿ 홍 사마가 이 말을 듣고 눈을 들어 일지련을 보며 양 볼에 홍조
❷ 갈등: 충효를 지키는 것과 아녀자로서의 예법을 지키는 것 사이에서 고민하는 홍 낭자의 내적 갈등
만발하여 오랫동안 말이 없더니 자신의 본색을 알고자 함인 줄
일지련이 자신의 정체를 꿰뚫었음을 눈치챔.
짐작하고 자기 행장을 수습하여 길게 탄식해,
⓫
"세상에 한결같이 단정해 규방 예절을 어기지 않은 여자가
몇이나 되리오? ⓬혹은 환난을 당해 어쩔 수 없이 어기는 자도
있고, 혹은 지기를 좇아 예절을 돌아보지 못하는 자도 있으니, [B]
자신이 단순한 욕망이 아닌, 진정한 지기를 좇아 군에 들어왔음을 은근히 고백함.
어찌 한 가지로 논할 수 있으리오?"
⓭
[일지련이 사례하고 돌아와 마음속으로 웃으며,
⓮ ❷[ ]: 중심 사건 – 일지련은 홍 장군이 여인인 것을 눈치 채고, 홍 장군을 평생 따를 것을 다짐함.
'나의 안목이 과연 틀리지 않았도다.⓯홍 사마가 어떠한 여자로서
종군한 것인지 모르나, 그의 말과 의로운 기상을 보건대 분명히 내
평생을 저버리지 않으리라. ⓰내가 맹세코 번화한 명나라를
홍 장군의 기개와 인품에 반해 함께 명나라로 갈 것을 다짐함.
구경하리라.' 하더라.]

은덕: 은혜와 덕. 또는 은혜로운 덕
휘하: 장군의 지휘 아래
극진하다: 어떤 대상에 대하여 정성을 다하는 태도가 있다.
행장: 몸가짐과 품행을 통틀어 이르는 말
환난: 근심과 재난을 통틀어 이르는 말

★ 3 요약: 홍 장군의 은근한 고백과 일지련의 다짐

📖 독해 공식

❶ 중심인물: '홍 낭자(=홍 장군, 홍 사마)', '양창곡(=양 원수)', '일지련'
　공간적 배경: '막사'
　시간적 배경: 명나라 시대
❷ 중심 사건: '지기'에 대한 가치관 차이를 두고 양창곡과 홍 낭자가 의견을 주고받음. 일
지련이 홍 장군의 정체에 대해 의심함. 일지련은 홍 장군이 여인인 것을 눈치 채고 홍
장군을 평생 따를 것을 다짐함.
　갈등: 충효를 지키는 것과 아녀자로서의 예법을 지키는 것 사이에서 고민하는 홍 낭자
의 내적 갈등
❸ 서술상 특징
　서술자: 3인칭 서술자, **시점**: 전지적 작가 시점
　・ 남장 모티프가 나타남.
　・ 설의적 표현을 활용하여 인물의 생각을 표현함.
　・ 고사를 인용하여 말하고자 하는 바를 드러냄.
　・ 인물의 내적 독백을 제시하여 서술자가 인물의 생각과 감정을 간접적으로 설명함.

■ **갈래**: 고전 소설, 군담 소설(주인공이 전쟁을 통하여 영웅적 활약을 전개하는 이야기를
담은 소설), 영웅 소설(주인공의 영웅적 일대기를 기본 골격으로 하는 소설)
■ **인물 관계도**

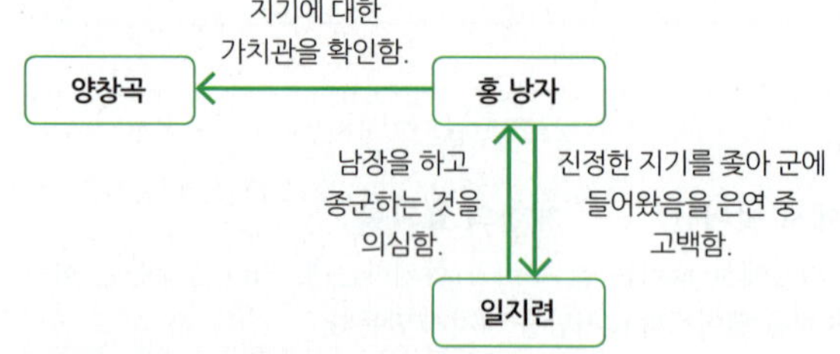

■ **주제**: 양창곡의 영웅적 일대기
■ **이것이 핵심!**: 인물의 가치관 차이
★ '지기'에 대한 가치관

홍 낭자	지기를 알아보기 위해 남장하여 선비로서 양창곡과 교류함. ➜ 진심과 공감 중심의 인간관계 중시
양창곡	군신, 친구 간에도 형식과 명분, 도리를 중시함. ➜ 현실적, 유교적 관계 관념 중시

★ '여인의 삶'에 대한 가치관

일지련	여인은 남성과 같은 자리에 있어서 안 된다는 유교적 예법 중시
홍 장군	여성이지만 지기를 위해 군대를 종군함. ➜ 예법보다 충의와 지조를 우선함.

■ **전체 줄거리**: 명나라의 선비 양창곡은 학문과 인품을 두루 갖춘 인물로, 꿈속에서 이상적인 여성들과의 인연을 맺는다. 그는 현실에서 계섬월, 채봉, 홍몽영 세 여인을 만나 혼인을 약속하지만, 난세 속 전쟁과 유랑으로 이별을 겪는다. 이후 과거에 급제하여 벼슬에 올라 전란을 수습하고 다시 이들을 찾아 나선다. 한편, 홍몽영은 양창곡의 뜻을 알아보기 위해 남장을 하고 '선비'로서 접근한다. 두 사람은 '지기'란 무엇인가를 두고 문답하며 서로의 마음을 확인한다. 그 후 이별한 홍몽영은 북방에서 장수가 되고, 양창곡이 명나라 원수로 출정하자 군영에서 '홍 사마'로 재회한다. 이 과정에서 오랑캐 공주 일지련이 양창곡과 홍 사마 사이의 깊은 관계를 의심하고, 홍 사마의 정체가 여인임을 간파하려 한다. 일지련은 예법과 충효를 들어 군영을 떠나겠다는 명분으로 홍 사마에게 떠보지만, 홍 사마는 목란의 이야기를 인용하며 충절 앞에서는 남녀의 예법도 상대적인 것이라 말한다. 그 말을 들은 일지련은 홍 사마가 여인임을 확신하고, 그녀의 기개와 정절에 감탄하며 양창곡과의 인연을 감지한다. 이후 양창곡은 세 여인과 다시 재회하여 진실한 사랑과 의리를 지키며 가정과 국가의 이상을 함께 이룬다.

(▨ : 수록 부분 줄거리)

31 정답 ③ ＊인물의 심리와 태도 파악하기

윗글의 내용에 대한 이해로 가장 적절한 것은?

＞왜 정답 ？

③ 일지련은 홍 장군이 양 원수를 대하는 태도를 보고 <u>두 사람의 관계에 대한 호기심</u>을 가졌다.
　　　　　　　　　　　　　　　　　은근한 정을 띤 듯함.
홍 장군이 양 원수를 따르려고 남자로 변복해 종군한 것이 아닐까 호기심을 가짐.

②-④ 양 원수의 용모와 풍채를 보건대 비범한 장수요, 또 홍 장군의 기색과 언사를 살피건대 자못 조심하고 무례한 뜻을 드러내지 않으나 은근한 정을 띤 듯하니, 이 어찌 지기를 따르려고 남자로 변복해 종군한 것이 아니리오?

일지련은 홍 장군이 양 원수를 대할 때 무례한 뜻을 드러내지 않고 은근한 정을 띤 것 같다고 생각하며 두 사람의 관계에 대해 호기심을 드러내고 있다.

＞왜 오답 ？

① 홍 낭자는 양 공자가 자신의 속마음을 알아주지 않는 점에 ~~서운함을 느꼈다.~~
　　　　　　　　　　　　　　　　　　　느끼지 않음.

①-㉑, ㉒ 선비가 미소하고 몸을 일으키며, / "밤이 깊었고 여행 중에 잠을 못 자는 것이 몸을 보살피는 도리가 아니니, 무궁무진한 정담은 내일을 기약할지라."

홍 낭자(선비)는 양 공자와의 대화에서 만족을 느껴 웃으며 몸을 일으키고 있으므로 서운함을 느꼈다는 설명은 적절하지 않다.

② 양 공자는 선비와의 이별을 아쉬워하며 선비로부터 ~~다시 만날 약속을 받아 냈다.~~
　　　　　　　　　　　　　　　　　　　받아내지 않음.

→①-㉓ 양 공자가 차마 떠나지 못해 하더라.

양 공자가 선비와의 이별을 아쉬워하며 차마 떠나지 못하지만, 선비로부터 다시 만날 약속을 받아 냈다는 부분은 드러나 있지 않다.

④ 일지련은 양 원수의 비범함을 눈치채고 ~~그의 휘하에~~ 장수로 들어가고자 하였다.
　　　　　　　　　　　　　　　　홍 장군의 휘하에 있음.

③-⑧ "제가 장군께서 살려 주신 은덕을 입어 휘하에서 모시며 정성을 다하고자 하였으나, ~"

일지련은 양 원수가 아닌 홍 장군의 휘하에 있고, 양 원수의 비범함을 눈치챈 부분은 드러나 있지 않다.

⑤ 홍 사마는 일지련의 말을 듣고 ~~조급한 성정을 꾸짖기 위해~~ 오랫동안 침묵하였다.
　　　　　　　　　　　　　　자신의 본색을 알고자 함인 줄 눈치채고 갈등함.

③-⑭ 홍 사마가 이 말을 듣고 눈을 들어 일지련을 보며 양 볼에 홍조 만발하여 오랫동안 말이 없더니 자신의 본색을 알고자 함인 줄 짐작하고 자기 행장을 수습하여 길게 탄식해.

홍 사마는 일지련이 자신의 정체를 눈치채고 그 의중을 떠보고 있음을 알아챘기 때문에 침묵을 한 것이지, 일지련의 조급한 성정을 꾸짖기 위해 침묵한 것이 아니다.

32 정답 ⑤ ＊사건과 갈등 파악하기

[A], [B]를 이해한 내용으로 가장 적절한 것은?

＞왜 정답 ？

⑤ [A]에서는 여인이 지켜야 할 행동에 대한 일지련의 의견이 과도하다고 평하고, [B]에서는 당위적 윤리 규범을 내세우는 일지련의 생각을 바꾸도록 설득하고 있다.
여자도 충효를 위해 종군할 수 있다고 평함.
여자도 어떤 이유로 인해 규방 예절을 어길 수 있음을 말함.

③-⑤, ⑥ "낭자의 말이 지나치도다. 옛날 목란은 그의 아버지를 대신해 만리 밖에서 종군했으나 일찍이 그녀를 비판하는 사람이 없었거늘, 낭자만 어찌 이에 구애되리오?"

③-⑪, ⑫ "세상에 한결같이 단정해 규방 예절을 어기지 않은 여자가 몇이나 되리오? 혹은 환난을 당해 어쩔 수 없이 어기는 자도 있고, 혹은 지기를 좇아 예절을 돌아보지 못하는 자도 있으니, 어찌 한 가지로 논할 수 있으리오?"

[A]에서 홍 사마는 목란의 예를 들며 군에 여자가 있는 것이 예로부터 꺼리는 행동임을 들면서 본국으로 돌아가겠다는 일지련의 의견이 과도하다고 평가하고 있다.

[B]에서는 홍 사마가 여자는 단정히 규방 예절을 지켜야 한다는 일지련의 생각에 대해 환난을 당해 어쩔 수 없이 예절을 어기는 자도 있고, 지기를 좇아 예절을 돌아보지 못하는 자도 있음을 들어 생각을 바꾸도록 설득하고 있다.

＞왜 오답 ？

① [A]에서는 목란의 고사에 나타난 옛날의 일과 일지련의 상황은 서로 ~~다르다고~~ 설명하고 있다.
　　　　　　　　　　　　　　다르지 않다고 설명함.

＊근거: ③-⑤, ⑥
[A]에서 홍 사마는 목란이 아버지를 대신하여 종군한 것을 예로 들며 아버지를 따라 군에 있다가 여자의 도리를 이유로 집으로 돌아간다고 하는 일지련의 행동이 과도하다고 하고 있다. 따라서 목란의 고사에 나타난 옛날의 일과 일지련의 상황이 서로 다르지 않음을 설명하고 있다고 할 수 있다.

② [B]에서는 사례를 들어 여인이 군중에 머무를 때 발생할 수 있는 문제를 일지련에게 ~~알려 주고 있다.~~
　　　　　　　　　　　　　　　　알려 주고 있지 않음.

＊근거: ③-⑪, ⑫
[B]에서 홍 사마는 환난을 당해 어쩔 수 없이 규방 예절을 어기는 자, 지기를 좇아 예절을 돌아보지 못하는 자의 예를 들어 규방 예절을 어기지 않기가 쉽지 않음을 설명하고 있을 뿐, 여인이 군중에 머무를 때 발생할 수 있는 문제를 일지련에게 알려 주고 있지는 않다.

③ [A]에서는 군중에 머무는 것은 잘못된 행동이라는 일지련의 걱정을 ~~위로하고,~~ [B]에서는 군중에 머무를 수 있는 현실적인 방안을 ~~제시하고 있다.~~
　　　　위로하지 않음.　　　　　　　　　　　　　제시하지 않음.

＊근거: ③-⑤, ⑥, ③-⑪, ⑫
[A]에서 홍 사마는 여자가 종군하는 것이 잘못된 일이 아님을 언급할 뿐, 군중에 머무는 것이 잘못된 행동이라는 일지련의 걱정을 위로하고 있지는 않다.

[B]에서 홍 사마는 사례를 통해 규방 예절을 지키는 것이 쉽지 않은 일임을 설명할 뿐, 여인의 몸으로 군중에 머무를 수 있는 현실적인 방안을 제시하고 있지는 않다.

④ [A]에서는 본국으로 돌아가려는 일지련의 계획을 ~~실현 불가능성을~~ 이유로 들어 만류하고, [B]에서는 그 계획을 ~~시기의 문제를~~ 이유로 들어 만류하고 있다.
　　　　　　　　　　　　　언급하지 않음.　　　　　　　언급하지 않음.

＊근거: ③-⑤, ⑥, ③-⑪, ⑫
[A]에서 홍 사마는 일지련이 여성이 지켜야 할 도리에 지나치게 구애받고 있음을 지적할 뿐, 본국으로 돌아가려는 일지련의 계획이 실현 불가능하다고 언급하지는 않았다.

[B]에서 홍 사마는 여성이 규방 예절을 지키는 것이 쉽지 않음을 언급할 뿐, 일지련이 본국으로 돌아가려는 계획의 시기가 문제 있음을 지적하고 있지는 않다.

33 정답 ⑤ * 〈보기〉를 바탕으로 감상하기

〈보기〉를 참고하여 윗글을 감상한 내용으로 적절하지 **않은** 것은? [3점]

> ─────〈 보기 〉─────
> ❶ 〈옥루몽〉에서는 다양한 지기 관계 형성을 중심으로 서사가 진행된다.
> 홍 낭자와 양창곡, 홍 낭자(홍 사마)와 일지련
> ❷ 지기란 서로 마음을 알아주고 뜻을 함께하는 사람으로, 인물들은
> 이상적인 인물과의 지기 관계를 추구한다. 인물들은 자신의 의도를
> 우회적으로 드러내면서, 상대의 의중을 탐색하는 대화를 통해 성별과
> 신분, 처지에서 비롯된 사회적 제약을 뛰어넘는 관계를 모색한다. ❹ 이러한
> 지기 관계의 양상을 통해 유교적 질서를 존중하면서도 개인적 욕망을
> 양창곡: 덕이 모자란 데도 임금의 은혜를 얻고 싶은 것, 일지련: 홍 사마와 명나라로 가고 싶은 것
> 인정하는 작가의 인식을 엿볼 수 있다.

왜 정답?

⑤ 양 공자가 덕이 모자란데도 '**임금의 은혜**'를 얻겠다는 것과
  임금의 은혜를 얻고자 하는 개인적 욕망의 추구
  일지련이 '**명나라**' 구경을 결심하는 데서, 지기 관계에서 ~~유교적~~
  홍 사마와 지기가 되고자 하는 개인적 욕망의 추구　　　　　관련 없음.
  ~~질서와 개인적 욕망의 추구가 동시에 인정됨~~을 알 수 있군.

┌ ①-⑲ 나 역시 과거에 응시하려는 선비로, 덕을 닦아 이름을 드날리지 못하고
│ 문장 찌꺼기로 망령되이 **임금의 은혜**를 얻고자 하니, 이 어찌 규중 처녀가
└ 얼굴을 가리고 스스로 짝을 구함과 다르리오?

┌ ③-⑭~⑯ '나의 안목이 과연 틀리지 않았도다. 홍 사마가 어떠한 여자로서
│ 종군한 것인지 모르나, 그의 말과 의로운 기상을 보건대 분명히 내 평생을
└ 저버리지 않으리라. 내가 맹세코 번화한 **명나라**를 구경하리라.' 하더라.

양 공자가 덕을 닦아 이름을 드날리지 못했음에도 임금의 은혜를 얻겠다고 한 것은 자신의 과거 응시 목적이 개인적 욕망임을 밝힌 것으로, 양 공자는 이를 부끄럽게 여기고 있다.

또한 일지련이 홍 사마와 함께 명나라로 가 구경할 것을 결심하는 것은 개인적 욕망에 해당한다.

따라서 두 경우 모두 개인적 욕망에만 해당할 뿐, 유교적 질서는 찾을 수 없다.

왜 오답?

① 홍 낭자가 '선비로 남장해' 양 공자의 뜻을 확인하는 데서, 지기
  관계 형성에서 성별이 사회적 제약이 될 수 있음을 알 수 있군.
  남녀가 지기가 되는 어려움.

┌ ①-❶,❷ 홍 낭자가 양창곡의 뜻을 보고자 하여 **선비로 남장해** 묻길, / "나는
│ 저 사람의 마음을 아나 저 사람은 내 마음을 모른다면, 이 또한 '지기'라 할 수
└ 있으리오?"

홍 낭자가 선비로 남장한 것은 남녀가 지기의 관계를 형성하기 어렵다는 사회적 제약을 반영한 행동이라고 볼 수 있다.

② 양 공자가 지기는 '같은 소리로 서로 응하며 같은 기운으로 서로
  구하리'라고 하는 데서, 지기 관계는 일방적인 것이 아니라
  쌍방적인 것이라고 여김을 알 수 있군.
  서로 응하고 서로 구해야 함.

┌ ①-❹ "백아가 거문고를 연주하여야 종자기가 있거늘, 사람이 지조를 닦아
│ 마음속에 간직했다가 밖으로 드러내면, 구름이 용을 따르고 바람이 호랑이를
│ 따르듯, 같은 소리로 서로 응하며 같은 기운으로 서로 구하리니, 어찌 모를
└ 리가 있으리오?"

'지기'에 대해 묻는 홍 낭자의 물음에 양창곡은 같은 소리로 서로 응하며 같은 기운으로 서로 구해야 한다고 답하며, 지기란 일방적이 아닌 서로 응해야 하는 쌍방적 관계라는 자신의 생각을 드러내고 있다.

③ 일지련이 홍 사마가 '어째서 이처럼' 자신을 아끼는지 알고자
  하면서도 예법에 대해 문답하는 데서, 지기 관계 형성을 위한 탐색
  여자의 몸으로 군중에 있는 것
  과정에서 인물이 의도를 우회적으로 드러냄을 알 수 있군.

┌ ②-❻,❼ '여자의 질투는 세상 부녀자의 일반적인 정이라. 남자가 아니라면
└ 홍 장군은 **어째서 이처럼** 나를 사랑하는고?'

일지련은 홍 사마가 어째서 이처럼 자신을 아끼는지 알고자 하면서도 자신의 본색을 숨기고 여인의 몸으로 군중에 있는 것이 옳지 않아 집으로 돌아가려 한다는 얘기를 꺼내며 우회적으로 자신의 의도를 드러내고 있다.

④ 홍 낭자가 양 공자에게 '처음과 끝이 한결같은 자'에 대해 묻는
  홍 낭자가 중시하는 도덕성
  것과 일지련이 홍 사마의 '의로운 기상'을 믿는 데서, 인물들이
  일지련이 중시하는 도덕성
  지기 관계에서 상대방의 도덕성을 중시함을 알 수 있군.

┌ ①-❺~❼ 선비가 말하길, / "세간에 신의 없은 지 오래되어 곤궁한 처지였을
│ 때 사귄 정을 부귀한 후 잊은 자들이 흔히 있더이다. 부귀와 궁달에 있어서
│ **처음과 끝이 한결같은 자**를 볼 수 있으리오?"

┌ ③-⑭~⑯ '나의 안목이 과연 틀리지 않았도다. 홍 사마가 어떠한 여자로서
│ 종군한 것인지 모르나, 그의 말과 **의로운 기상**을 보건대 분명히 내 평생을
└ 저버리지 않으리라. 내가 맹세코 번화한 **명나라**를 구경하리라.' 하더라.

홍 낭자는 양창곡과의 지기 관계를 형성하기 위한 대화에서 처음과 끝이 한결같은 자를 추구함을 드러내고 있다. 이를 통해 홍 낭자가 지기 관계에서 상대방의 도덕성을 중시함을 알 수 있다.

또한 일지련은 홍 사마와 지기가 되어 명나라를 구경하고 싶어 하는 이유를 홍 사마의 의로운 기상이라고 말한 것으로 보아, 일지련이 상대방의 도덕성을 중시하는 인물임을 알 수 있다.

34~38

(가) 이운영, 〈착정가〉

출제 ❶ 화자, 중심 대상　❷ 상황, 정서, 태도　❸ 표현상 특징

❸ [ ]: 구체적 청자에게 말을 건네는 방식으로 시상을 전개함.

❶화자
[1] ❶[그대는 속객(俗客)이라 내 이름 어이 알까]
❷ 청자　세속적인 사람이라는 뜻으로, 화자가 자신을 고귀한 존재로 내세움.
[오늘날 **내 이름**을 그대에게 이르려니
❸ ❷[ ]: 상황 – 화자가 청자에게 자신을 소개함.
비늘 가진 동물 중에 머리 있는 **용이로세**]
❹　　　　　　　　　　　　　❶화자
조선이 천명을 받아 성현이 나셨도다
❺ ❷태도: 조선 왕조의 건국과 그 정당성을 찬양함.
삼한을 어루만져 한양에 도읍하니
❻　　　한양을 수도로 정함.
인물이 번성하고 인가(人家)가 가득하다
❼　　# 국가가 번창함.
아, 옥황상제 건천문을 여시고
❽
중국 땅을 바라보고 하토를 굽어보시어
❾　　　조선을 특별히 보살피는 옥황상제(신)
한 폭 조서(詔書)를 ㉠ 수국(水國)에 전하시되
❿　　　조선을 의미함.
동문 밖 십 리 땅은 청룡이 네가 지키고 ┐
⓫
남문 밖 십 리 땅은 적룡이 네가 지키고 │
⓬
서문 밖 십 리 땅은 백룡이 네가 지키고 │[A]
⓭
북문 밖 십 리 땅은 흑룡이 네가 지키고 │
⓮
왕성 안 십 리 땅은 황룡이 네가 지키어 │
⓯
우물의 물을 뿜어 백성을 이롭게 하라 ┘

[A]: '한 폭 조서'의 내용. 사방의 문을 지켜 우물물로 백성을 이롭게 하라는 명령이 담겨 있음.

┌ **천명**: 하늘의 명령
│ **성현**: 성인(지혜와 덕이 매우 뛰어나 길이 우러러 본받을 만한 사람)과
│ 현인(어질고 총명하여 성인에 다음가는 사람)을 아울러 이르는 말
│ **도읍하다**: 그 나라의 수도를 정하다.
│ **번성하다**: 한창 성하게 일어나 퍼지다.
└ **조서**: 임금의 명령을 일반에게 알릴 목적으로 적은 문서

*[1] 요약: 조선 백성을 이롭게 하는 용

[2] ❶우리는 백룡이라 서쪽을 주관하여
❶ 화자
❷반송방 노첨정계* ㉡ 팔각정 내린 맥에
❸ 구체적 지명을 제시하여 사실성을 부각함.
❸자리를 점지하여 삼백 년 걸쳐 있어
오랫동안 이 지역을 지켜왔음을 강조함.
❹[꼬리를 한 번 치면 감천이 솟아나니
❺ # ❸ 백룡의 신비한 능력을 환상적으로 표현함.
이러하여 세상 사람 이르기를 ㉢ 초리우물]
=물의 근원   ❶ 중심 대상
❷[ ]: 상황 – 용이 꼬리를 쳐 초리우물을 만듦.
❻그러나 **수근(水根)은 유한하고 먹을 이도 많**구나
사용할 사람은 많은데 물이 부족한 현실을 인식함.
❼아침이야 저녁이야 새벽이야 밤중이야
❽재상의 집 선비의 집 무반의 집 한량의 집
❸ 물을 필요로 하는 다양한 계층과 장소를 나열하여 상황을 실감나게 묘사함.
❾국숫집 팥죽집 떡집이며 엿집이라
❿통이로세 물동이로세 장군이야 항아리야
⓫긷거니 푸거니 이 우물에 모여드니
⓬ # 우물 하나에 수많은 사람들이 붐비는 상황
두레박도 빠지고 쪽박도 깨지고
⓭ 아수라장이 된 우물 상황
[아이구야 사람 죽네 싸움으로 시끌하고
❷[ ]: 상황 – 우물에 모여든 사람들끼리 싸움이 남.
⓮워그적워그적 휩쓸려 붐비는 게 더욱 심해]
❸ 음성 상징어를 활용하여 어수선한 분위기를 표현함.
⓯쌀을 씻고 팥을 간들 물 없이 밥이 되며
⓰미역과 찐 다시마는 바리바리 쌓여 있고
⓱채소와 대하 꾸러미 아무리 쌓였던들
⓲이 물이 없게 되면 국이 어이 되겠는가
❸ : 설의법을 활용하여 화자의 생각을 강조함.

[B]: 여러 집에서 나온 사람들이 물을 긷기 위해 '초리우물'에 모여드는 상황

[C]: # 물의 절대적 필요성을 강조하며 우물 문제의 심각성을 부각함.

주관하다: 어떤 일을 책임을 지고 맡아 관리하다.
점지하다: 무엇이 생기는 것을 미리 지시해 주다.
감천: 물맛이 좋은 샘
유한하다: 수(數), 양(量), 공간, 시간 따위에 일정한 한도나 한계가 있다.
재상: 임금을 돕고 모든 관원을 지휘하고 감독하는 일을 맡아보던 이품 이상의 벼슬
무반: 무관의 반열
한량: 일정한 직사(職事)가 없이 놀고먹던 말단 양반 계층
장군: 물, 술, 간장 따위의 액체를 담아서 옮길 때에 쓰는 그릇

*[2] 요약: 초리우물의 물이 부족한 현실

[3] ❶서문 밖 천만 집에 ㉣ 물싸움 심하더니
❷그대는 슬기로워 여인 중에 호걸이라
❸ # ❷ 태도: 문제 해결 능력이 뛰어난 인물을 찬양함.
가만히 생각하니 새 물 어이 못 파리오
❹ # 새로운 우물 개발이라는 해결책을 제시함.
오른손에 자를 들고 뒤뜰로 들어가서
❺지맥을 헤아리고 사방을 둘러보아
❻여종에게 분부하되 이곳을 깊이 파라
❼정성이 극진하니 내 마음 감동하여
❽ # ❷ 정서: 여인의 정성과 슬기로움에 감동함.
[넓은 바다에 쌓인 물을 머금어 뿜어내니
환상적 요소
❾그대네 북창 아래 ㉤ 감로수가 절로 난다]
❷[ ]: 상황 – '그대'가 새로운 우물을 팜.

[D]: # '그대'가 주체적으로 새로운 우물을 찾는 과정
[E]: # 신이한 힘에 의해 우물에서 물이 솟아나게 된 상황

호걸: 지혜와 용기가 뛰어나고 기개와 풍모가 있는 사람
지맥: 풍수지리에서, 땅속의 정기가 순환한다는 줄
감로수: 맛이 썩 좋은 물

*[3] 요약: 한 여인의 지혜와 정성으로 새로 생겨난 우물

*반송방 노첨정계: 한양 서대문 밖에 있던 지명

⭐ (가) 독해 공식

❶ **화자**: '나(백룡)', **중심 대상**: '초리우물'
❷ **상황**: 화자가 청자에게 자신을 소개함. 용이 꼬리를 쳐 초리우물을 만듦. 우물에 모여든 사람들끼리 싸움이 남. '그대'가 새로운 우물을 팜.
　정서: 여인의 정성과 슬기로움에 감동함.
　태도: 조선 왕조의 건국과 그 정당성을 찬양함. 문제 해결 능력이 뛰어난 인물을 찬양함.
❸ **표현상 특징**
　• 구체적 청자에게 말을 건네는 방식으로 시상을 전개함.
　• 구체적 지명을 제시하여 사실성을 부각함.
　• 백룡의 신비한 능력을 환상적으로 표현함.
　• 물을 필요로 하는 다양한 계층과 장소를 나열하여 상황을 실감나게 묘사함.
　• 음성 상징어를 활용하여 어수선한 분위기를 표현함.
　• 설의법을 활용하여 화자의 생각을 강조함.

■ **갈래**: 가사
■ **제목의 의미**: '뚫을 착(鑿) + 우물 정(井) + 노래 가(歌)', '착정가'는 '우물을 뚫는 노래'라는 의미이다.
■ **주제**: '초리우물'의 작명 유래와 물의 소중함
■ **이것이 핵심!**: 초리우물을 둘러싼 문제의 해결

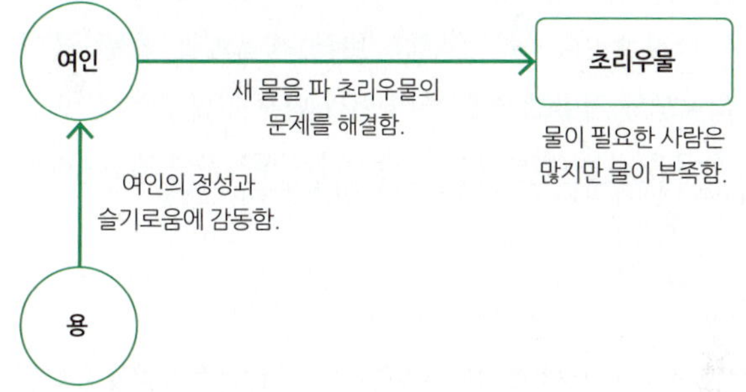

(나) 박장원, 〈치정설〉

출제　❶ 중심 대상　❷ 글쓴이의 생각, 태도　❸ 표현상 특징

[1] ❶'풍속 중에 청명일에 우물을 쳐낸다[俗以淸明日淘井]'라는 글이 있어, 운서(韻書)에서 '도(淘)' 자의 의미를 찾아봤지만 없었다. ❸'씻어서 깨끗이 한다'라는 뜻인 듯했지만, 사실 정확하지는 않았다. 그래서 의문이 남았지만 그냥 내버려두었다.
❶ 중심 대상
'도'의 의미에 대해 의문을 남김.

풍속: 옛날부터 그 사회에 전해 오는 생활 전반에 걸친 습관 따위를 이르는 말
청명: 이십사절기의 하나. 춘분(春分)과 곡우(穀雨)의 사이에 들며, 4월 5일 무렵이다.
치다: 논이나 물길 따위를 만들기 위하여 땅을 파내거나 고르다.
운서: 한자(漢字)의 운(韻)을 분류하여 일정한 순서로 배열한 서적을 통틀어 이르는 말

*[1] 요약: '도(淘)' 자의 의미에 대한 의문을 남김.

[2] ❶바닷가에 와서 거처를 세 번 옮겼다. … (중략) … ❷그곳 땅이 본래 낮아 습한데 내가 거처한 마지막 집은 더욱 심했다. ❸다른 집보다 좋은 점은 우물이 있는 것이었다. ❹우물은 울안 동남쪽에 있었는데, 지세가 낮은 중에도 낮았다. ❺우물 곁 연못에 부들과 피가 자랐고, 그 옆 마구간에서 소와 말을 길렀다. ❻실로 모두가 꺼리는 것이 모여 있었다. ❼집을 옮기자마자 종들에게 그릇을 도르래에 묶어 물을 긷게 하여 우물을 쳐냈다. ❽마침 겨울이라 힘을 적게 쓰고도 효과는 컸다. ❾봄이 지나고 또 우물을 쳐냈는데, 그릇이 우물 안 물에 닿으니 그 깊이가 거의 두 길이었다. ❿그러나 깨끗이 쳐내도 물은 맑아지지 않고 쳐내기 전과 같았다. ⓫이것이 어찌 물의 성질 때문이랴? ⓬물의 맑고 탁함과 많고 적음은 땅의 높낮이와 춥고 더움에 관계가 있을 뿐이다. ⓭그래도 소동파가 새집을 지으며 사십 척이나 파고서야 물을 얻은 일보다는 나았다.

우물의 위치와 지형적 특징
우물 곁에 모두가 꺼리는 것이 모여 있음.
겨울이라 물의 양이 적었기 때문임.
우물 쳐내기가 실패함.
❸ : 설의적 표현을 활용하여 글쓴이의 생각을 강조함.
물의 맑고 탁함과 양의 많고 적음은 환경적 문제임.
❸ 고사를 인용하여 자신의 상황을 위로함.

거처: 일정하게 자리를 잡고 사는 일. 또는 그 장소
지세: 땅의 생긴 모양이나 형세
부들: 부들과의 여러해살이풀
피: 볏과의 한해살이풀
척: 길이의 단위. 1척은 한 치의 열 배로 약 30.3cm에 해당한다.

★ ② 요약: 물이 맑지 않은 우물의 상태를 관찰하고 원인을 분석함.

③ **사람에게도 어찌 본성이 없겠는가?** 기질에 얽매이고 욕망에 빠질
#❸ 인간의 본성을 우물에 비유함.
뿐이니, 또한 이 우물이 낮은 곳에 있는 것과 같다. 맑고 쾌활한
사람도 기질과 욕망에 지배되면 이 우물처럼 낮고 탁한 상태에 빠짐.
본성은 비록 하늘로부터 받은 것이나, 맑게 다스리는 노력 또한
현명한 스승과 어진 벗이 이끌어 주고 도와주는 것에 달려 있지
#② 글쓴이의 생각: 맑은 본성을 유지하려면 교육과 인간관계의 도움이 필요함.(유교적 세계관)
않겠는가? **성현이 이르지 않았는가?** "생각하는 것은 슬기로운
성현의 말을 인용하여 자신의 생각을 드러냄.
것이고, 슬기로운 이가 성인이 된다."라고 했듯이 생각하기를 우물
처내듯 하면, 처음에는 흐린 물이 있겠지만 **오래도록 끌어 올리면**
#② 글쓴이의 생각: 생각도 우물을 퍼내는 것처럼 반복해야 맑아짐. → 지속성 강조
차츰 맑은 물이 나오는 법이다. 사람의 생각도 처음에는 혼탁하지만
오래 할수록 명쾌해진다. **이 우물도 비록 처음에는 흐린 물이
나오더라도 오래도록 쳐내면 맑은 물이 어찌 나오지 않겠는가?** 또한
이는 사람이 학문을 하는 것과 같으니, 생각하고 생각하면 귀신이라도
② 글쓴이의 생각: 지속적으로 사유해야 학문도 일정한 경지에 이르게 됨.
통하게 해 주는 것이다.

기질: 기량과 타고난 성질
혼탁하다: 불순물이 섞이어 깨끗하지 못하고 흐리다.

★ ③ 요약: 우물과 사람의 본성을 연결하여 맑게 다스리는 노력을 강조함.

④ 내가 오늘 우물 쳐낸 일을 보고, 생각을 지극히 해서 **성인이 되는
노력**을 깨달았다. [이에 노비에게 물이 맑아지기를 기다려 마시게
#② [ ]: 글쓴이의 태도 – '도'를 실천하겠다는 의지
하고, 항상 노력하고 경계하는 뜻을 마음에 새겨 응당 청명일을
기다려 다시 우물을 쳐내고자 한다.]

응당: 행동이나 대상 따위가 일정한 조건이나 가치에 꼭 알맞게

★ ④ 요약: 우물 치기를 통해 깨달음을 얻고 지속적 수양 의지를 다짐함.

✸ (나) 독해 공식
❶ 중심 대상: '우물'
❷ 글쓴이의 생각: 맑은 본성을 유지하려면 교육과 인간관계의 도움이 필요함. 생각도 우물을 퍼내는 것처럼 반복해야 맑아짐. 지속적으로 사유해야 학문도 일정한 경지에 이르게 됨.
글쓴이의 태도: '도'를 실천하겠다는 의지
❸ 서술상 특징
• 비유를 활용하여 우물 치기라는 일상 경험에 담긴 의미를 확장함.
• 설의적 표현을 활용하여 글쓴이의 생각을 강조함.
• 고사와 성현의 말을 인용하여 자신의 상황을 위로하고 생각을 드러냄.

■ **갈래**: 고전 수필
■ **주제**: 본성 회복을 위한 끊임없는 성찰과 노력의 중요성
■ **이것이 핵심!**: 우물을 쳐내는 것과 학문을 대하는 자세의 비유

실제 대상	비유된 대상
우물	사람의 마음이나 본성
우물의 탁한 물	사람의 혼탁한 생각, 욕망
우물 쳐내기	공부, 자기 성찰
맑은 물	맑아진 마음, 깨달음

✸ 왜 두 작품?
• **공통점?** (가)와 (나)는 모두 '우물'을 중심 대상으로 하여, 우물을 둘러싼 일상의 상황이나 경험에 대한 작가의 인식을 드러내고 있다.
• **차이점?** (가)는 '용'을 화자로 내세워 우물물을 둘러싼 문제 상황과 이를 해결해 나가는 모습을 그려내고 있다. (나)는 사대부 작가가 우물을 쳐내는 일상의 경험에서 깨달음을 얻고, 이를 인간의 본성에 대한 성찰적 자세로 이어 나가는 모습을 그려내고 있다.

---

34 정답 ④ ＊ 작품 비교하기

(가)와 (나)의 공통점으로 가장 적절한 것은?

〉왜 정답?

④ **의문형 어미를 활용하여 전달하고자 하는 의미가 당연한 것임을**
설의적 표현을 활용하여 말하고자 하는 의미가 당연한 것임을 드러내고 강조함.
강조하고 있다.

[(가)②-⓲ 이 물이 없게 되면 국이 어이 되겠는가
(가)③-❸ 가만히 생각하니 새 물 어이 못 **파리오**
(나)②-⓫ 이것이 어찌 물의 성질 때문이랴?
(나)③-❶ 사람에게도 어찌 본성이 없겠는가?
(나)③-❹ 성현이 이르지 않았는가?
(나)③-❼ 이 우물도 비록 처음에는 흐린 물이 나오더라도 오래도록 쳐내면
맑은 물이 어찌 나오지 않겠는가?

〉왜 오답?

① ~~음성 상징어~~를 활용하여 어수선한 분위기를 표출하고 있다.
(가) ○, (나) ×

→ (가)②-⓮ 워그적워그적 휩쓸려 붐비는 게 더욱 심해

(가)에서 '워그적워그적'이라는 음성 상징어를 활용하여 물을 긷기 위해 모여든 사람들로 우물이 붐비고, 이들이 서로 싸우는 어수선한 분위기를 드러내고 있다.
그러나 (나)에는 음성 상징어가 사용되지 않았다.

② 구체적 수치를 활용하여 ~~대상의 정도 차이~~를 제시하고 있다.
(가) ○, (나) ○　　　　　(가) ×, (나) ×

[(가)①-⓾~⓮ 동문 밖 십 리 땅은 청룡이 네가 지키고 ~ 왕성 안 십 리 땅은
황룡이 네가 지키어
(나)②-❶ 바닷가에 와서 거처를 세 번 옮겼다.

(가)에서 '한 폭 조서'의 내용을 보면 청룡이 지키는 범위를 '십 리 땅'과 같이 구체적 수치를 활용하여 제시하고 있으나, 대상의 정도 차이를 의미하는 것은 아니다.
(나)에서 글쓴이가 이사한 횟수를 '세 번'과 같이 정확한 수치를 활용하여 제시하고 있으나, 대상의 정도 차이를 의미하는 것은 아니다.

③ ~~대구 표현~~을 활용하여 긴장감이 강해지는 양상을 형상화하고
(가) ○, (나) ×
있다.

[(가)②-❼~⓭ 아침이야 저녁이야 새벽이야 밤중이야 ~ 아이구야 사람 죽네
싸움으로 시끌하고

(가)에서 대구 표현을 활용하여 물을 필요로 하는 다양한 계층과 장소를 나열하며 물이 부족한 상황을 묘사하고 있고, 이를 통해 긴장감이 강해지는 양상을 형상화하고 있다.
그러나 (나)에는 대구 표현이 드러나지 않는다.

⑤ 계절적 배경이 드러나는 표현을 활용하여 대상의 변화에 대한
(가) ×, (나) ○
~~기대감~~을 나타내고 있다.
(가) ×, (나) ×

→ (나)②-❽~⓾ 마침 겨울이라 힘을 적게 쓰고도 효과는 컸다. 봄이 지나고 또 우물을 쳐냈는데, ~ 물은 맑아지지 않고 쳐내기 전과 같았다.

(나)에는 '겨울'과 '봄'이라는 계절적 배경이 드러난다. 하지만 이는 겨울에는 물의 양이 적어 힘을 적게 쓰고도 우물을 쳐내는 효과가 컸지만, 봄에는 그렇지 않았음을 설명하면서 쓰인 것일 뿐, 대상의 변화에 대한 기대감을 드러내지는 않는다.
(가)에는 계절적 배경이 드러나지 않는다.

35 정답 ② ＊시어 및 구절의 의미 파악하기

[A]~[E]에 대한 이해로 적절하지 않은 것은?

>왜 정답?

② [B]: 우물을 사용하려는 사람들의 모습을 열거하여 우물을 ~독점하려는~ 욕망을 비판하고 있다.
독점하려고 하지는 않음.

[(가)②-❼~⓫ 아침이야 저녁이야 새벽이야 밤중이야 / 재상의 집 선비의 집 무반의 집 한량의 집 / 국숫집 팥죽집 떡집이며 엿집이라 / 통이로세 [B] 물동이로세 장군이야 항아리야 / 긷거니 푸거니 이 우물에 모여드니]

[B]에는 우물을 사용하려는 사람들의 모습이 열거되어 있는데, 수많은 사람들이 모여들어 우물 주위가 붐빌 뿐 우물을 독점하려는 욕망을 드러내고 있지는 않다.

>왜 오답?

① [A]: 옥황상제의 조서라는 형식을 빌려 우물에도 백성에 대한 하늘의 뜻이 담겨 있음을 암시하고 있다.
하늘(옥황상제)이 용에게 조서를 내려 우물의 물을 뿜고 땅을 다스리게 함.

[(가)①-❿~⓯ 동문 밖 십 리 땅은 청룡이 네가 지키고 / 남문 밖 십 리 땅은 적룡이 네가 지키고 / 서문 밖 십 리 땅은 백룡이 네가 지키고 / 북문 밖 십 리 땅은 흑룡이 네가 지키고 / 왕성 안 십 리 땅은 황룡이 네가 지키어 / 우물의 물을 뿜어 백성을 이롭게 하라] [A]

옥황상제가 내린 '한 폭 조서'는 청룡, 적룡, 백룡, 흑룡, 황룡이 각각 영역을 지켜 백성을 이롭게 하라는 내용으로, 이를 통해 우물에도 백성에 대한 하늘의 뜻이 담겨 있음을 드러내고 있다.

③ [C]: 식생활에 관련된 소재를 활용하여 살아가는 데 있어서 우물의 중요성을 강조하고 있다.
쌀, 팥, 미역, 다시마, 채소, 대하 꾸러미
물이 없으면 밥과 국을 만들 수 없음.

[(가)②-⓯~⓲ 쌀을 씻고 팥을 갈든 물 없이 밥이 되며 / 미역과 찐 다시마는 바리바리 쌓여 있고 / 채소와 대하 꾸러미 아무리 쌓였던들 / 이 [C] 물이 없게 되면 국이 어이 되겠는가]

쌀, 팥, 미역, 다시마, 채소, 대하 꾸러미 등 식생활에 관련된 소재를 활용하여 물이 없으면 이러한 것들로 밥과 국을 만들 수 없음을 들어 우물의 중요성을 강조하고 있다.

④ [D]: 여성의 주체적인 행위를 묘사하여 새로운 우물을 찾는 과정을 드러내고 있다.
지맥을 헤아리고 사방을 둘러본 후 물을 파게 함.

[(가)③-❷~❻ 그대는 슬기로워 여인 중에 호걸이라 / 가만히 생각하니 새 물 어이 못 파리오 / 오른손에 자를 들고 뒤뜰로 들어가서 / 지맥을 [D] 헤아리고 사방을 둘러보아 / 여종에게 분부하되 이곳을 깊이 파라]

여인은 '오른손에 자를 들고' '지맥을 헤아리고 사방을 둘러보'면서 여종에게 우물을 팔 곳을 지정하고 있다. 이러한 여성의 주체적인 행위를 묘사하면서 새로운 우물을 찾는 과정을 드러내고 있다.

⑤ [E]: 신이한 힘이라는 환상적 요소를 도입하여 우물에서 물이 솟아나게 된 상황을 극적으로 표현하고 있다.
넓은 바다에 쌓인 물을 뿜음.

[(가)③-❼,❽ 정성이 극진하니 내 마음 감동하여 / 넓은 바다에 쌓인 물을 [E] 머금어 뿜어내니]

넓은 바다에 쌓인 물을 머금어 뿜는다는 것은 용이 신이한 힘을 발휘한 환상적 요소로, 이를 통해 우물에서 물이 솟아나게 된 상황을 표현하고 있다.

36 정답 ③ ＊시어 및 구절의 의미 파악하기

㉠~㉤을 중심으로 (가)를 이해한 내용으로 가장 적절한 것은?

>왜 정답?

③ ㉢에 마을 사람들이 북적이는 현상으로 인해 ㉣이 발생했다고 판단하고 있다.
'초리우물' 물은 유한한데 필요로 하는 사람은 많음. '물싸움'

[(가)②-❺,❻ 이러하여 세상 사람 이르기를 ㉢ 초리우물 / 그러나 수근(水根)은 유한하고 먹을 이도 많구나]
[(가)③-❶ 서문 밖 천만 집에 ㉣ 물싸움 심하더니]

㉢ '초리우물'에 물을 길러 온 사람들이 모여들어 북적이는데, 물을 필요로 하는 사람은 많지만 우물의 수근은 유한하므로 ㉣ '물싸움'이 발생했다고 판단하고 있다.

>왜 오답?

① ㉡의 근원이 ㉠에 있는 것으로 제시하여 우물이 ~소망을 기원하는~ 장소임을 보여 주고 있다.
'팔각정 내린 맥' '수국(水國)' 소망을 기원하는 장소가 아님.

[(가)①-❾ 한 폭 조서(詔書)를 ㉠ 수국(水國)에 전하시되]
[(가)②-❶~❹ 우리는 백룡이라 서쪽을 주관하여 / 반송방 노첨정계 ㉡ 팔각정 내린 맥에 / 자리를 점지하여 삼백 년 걸쳐 있어 / 꼬리를 한 번 치면 감천이 솟아나니]

옥황상제가 내린 조서를 볼 때 ㉡ '팔각정 내린 맥'이 ㉠ '수국(水國)'에 있는 것으로 볼 수 있으나, 우물이 소망을 기원하는 장소라는 내용을 찾을 수 없다.

② ㉢의 작명 유래를 설명하여 우물에 대해 세상 사람들이 느끼는 ~위압감을 해소~하고 있다.
'초리우물' 위압감을 느끼지 않음.

[(가)②-❹,❺ 꼬리를 한 번 치면 감천이 솟아나니 / 이러하여 세상 사람 이르기를 ㉢ 초리우물]

(가)에서 용이 꼬리를 한 번 쳐서 감천이 솟아난 곳에 만든 우물을 '초리우물'이라 한다고 하여 작명 유래를 설명하고 있다. 그러나 이러한 설명이 우물에 대해 세상 사람들이 느끼는 위압감을 해소하기 위함은 아니다.

④ ㉢과 ㉤의 자리를 찾는 데에 ~마을 사람들의 역할이 중요함~을 밝히고 있다.
'초리우물' '감로수' 언급되지 않음.

[(가)②-❶~❺ 우리는 백룡이라 서쪽을 주관하여 / 반송방 노첨정계 팔각정 내린 맥에 / 자리를 점지하여 삼백 년 걸쳐 있어 / 꼬리를 한 번 치면 감천이 솟아나니 / 이러하여 세상 사람 이르기를 ㉢ 초리우물]
[(가)③-❷~❾ 그대는 슬기로워 여인 중에 호걸이라 ~ 지맥을 헤아리고 사방을 둘러보아 / 여종에게 분부하되 이곳을 깊이 파라 / 그대네 북창 아래 ㉤ 감로수가 절로 난다.]

㉢ '초리우물'은 '백룡'이 점지하여 자리를 찾았고, ㉤ '감로수'는 '그대'가 지맥을 헤아려 자리를 찾았다. ㉢ '초리우물'과 ㉤ '감로수'의 자리를 찾는 데에 마을 사람들이 역할을 하지는 않는다.

⑤ ㉣로 인한 불편을 해소하기 위해 외부의 도움을 받은 결과물인 ㉤을 ~부정적으로~ 바라보고 있다.
'물싸움' '감로수' 긍정적으로 바라봄.

＊근거: (가)③-❶~❾

㉤ '감로수'는 ㉣ '물싸움'을 해소하기 위해 '그대'가 적극적으로 행동한 결과물이라고 볼 수 있다. 따라서 ㉤ '감로수'를 긍정적으로 바라보고 있음을 알 수 있다.

37 정답 ④ * 글쓴이의 생각과 태도 파악하기

다음은 학생이 (나)를 읽고 작성한 감상문의 일부이다. ⓐ~ⓔ 중 적절하지 않은 것은?

> **왜 정답 ?**

④ ⓓ: 주변 사람의 ~~영향에서 벗어나서~~ 혼자 끊임없이 생각해야
　　 다른 사람들의 도움을 받아야 함.
　　 슬기로워질 수 있음

> (나)❸-❸ 맑고 쾌활한 본성은 비록 하늘로부터 받은 것이나, 맑게 다스리는
> 노력 또한 현명한 스승과 어진 벗이 이끌어 주고 도와주는 것에 달려 있지
> 않겠는가?

(나)의 글쓴이는 '맑게 다스리는 노력 또한 현명한 스승과 어진 벗이 이끌어 주고
도와주는 것에 달려 있다'고 하였다. 이를 통해 '도'를 실천하기 위해서는 주변
사람들의 도움을 받아야 한다는 생각을 드러내고 있다.

> **왜 오답 ?**

① ⓐ: 한자 '도(淘)'의 의미에 대한 의문을 가졌다.
　　　 '도' 자의 의미를 찾아봄.

> (나)❶-❶, ❷ '풍속 중에 청명일에 우물을 쳐낸다'라는 글이 있어, 운서에서
> '도' 자의 의미를 찾아봤지만 없었다. '씻어서 깨끗이 한다'라는 뜻인 듯했지만,
> 사실 정확하지는 않았다.

(나)의 글쓴이는 한자 '도'의 의미에 의문을 가지고 운서에서 '도' 자의 의미를
찾아보고 있다.

② ⓑ: 맑은 물을 얻기 위해 우물을 쳐낸 일이었다.
　　　 종들을 시켜 우물을 쳐냄.

> (나)❷-❼, ❽ 집을 옮기자마자 종들에게 그릇을 도르래에 묶어 물을 긷게
> 하여 우물을 쳐냈다. 마침 겨울이라 힘을 적게 쓰고도 효과는 컸다.

③ ⓒ: 인간의 심성을 맑게 다스리기 위해 필요한 노력이 '도(淘)'의
　　　 우물을 쳐내 물을 맑게 하듯이 인간의 심성도 맑게 하도록 노력해야 함.
　　　 또 다른 의미라고 사유한다.

> (나)❸-❺~❼ 생각하기를 우물 쳐내듯 하면, 처음에는 흐린 물이 있겠지만
> 오래도록 끌어 올리면 차츰 맑은 물이 나오는 법이다. 사람의 생각도 처음에는
> 혼탁하지만 오래 할수록 명쾌해진다. 이 우물도 비록 처음에는 흐린 물이
> 나오더라도 오래도록 쳐내면 맑은 물이 어찌 나오지 않겠는가?

(나)의 글쓴이는 우물을 맑게 하려고 우물을 쳐내는 경험을 통해 사람의 심성 또한
지속하여 맑게 하도록 노력해야 한다는 깨달음을 얻고 있다.

⑤ ⓔ: 앞으로 '도(淘)'를 실천하겠다는 의지를 드러냈다.
　　　 항상 노력하고 경계하는 뜻을 마음에 새김.

> (나)❹-❶, ❷ 내가 오늘 우물 쳐낸 일을 보고, 생각을 지극히 해서 성인이
> 되는 노력을 깨달았다. 이에 노비에게 물이 맑아지기를 기다려 마시게 하고,
> 항상 노력하고 경계하는 뜻을 마음에 새겨 응당 청명일을 기다려 다시 우물을
> 쳐내고자 한다.

(나)의 글쓴이는 4문단에서 '항상 노력하고 경계하는 뜻을 마음에 새겨 응당
청명일을 기다려 다시 우물을 쳐내고자 한다'고 하였으므로 '도'를 실천하겠다는 실천
의지를 드러낸다고 할 수 있다.

38 정답 ② * 〈보기〉를 바탕으로 감상하기

〈보기〉를 참고하여 (가), (나)를 감상한 내용으로 적절하지 않은 것은? [3점]

> ───────── 〈 보기 〉 ─────────
> ❶ (가)와 (나)는 모두 조선 후기 사대부가 겪은 결핍의 상황에 대한
> 　　　　　　　　　　　　　　　　　　(가): 물이 모자란 상황, (나): 우물물이 탁한 상황
> 관찰을 바탕으로 창작한 작품이다. ❷작품에서 재구성된 일상은 대상을
> 　　　　　　　　　　　　　　　　　❸
> 재현하고 작가의 의식을 투영한다. (가)는 공동체에 대한 작가의 관심을
> 바탕으로, 초현실적 존재를 화자로 설정하여 일상을 묘사함으로써
> 　　　　　용　　　　　　　　　　　　 사람들이 물을 긷고자 우물로 모여드는 모습
> 대상에 대한 작가의 참신한 발상을 보여 준다. ❹(나)는 개인의 수양에 대한
> 작가의 관심을 바탕으로, 유배 생활의 경험을 통해 사고를 확장함으로써
> 　　　　　　　　　　　　　 우물을 쳐냈던 경험
> 인간의 본성에 대한 작가의 성찰적 태도를 보여 준다.

> **왜 정답 ?**

② (나)에서 우물에 '실로 모두가 꺼리는 것이 모여 있'다고 주목한
　 데서 공간적 여건으로 인해 ~~개인의 수양이 가로막힐~~ 수 있음을
　　　　　　　　　　　　　　　　　　　관련 없음.
　 드러내려는 작가의 의도를 알 수 있군.

> (나)❷-❺, ❻ 우물 곁 연못에 부들과 피가 자랐고, 그 옆 마구간에서 소와
> 말을 길렀다. 실로 모두가 꺼리는 것이 모여 있었다.

(나)에서 '실로 모두가 꺼리는 것이 모여 있'다고 한 것은 우물의 물이 탁해지는
원인을 제공하는 것들이 우물 주변에 모여 있는 것에 대한 염려로 볼 수 있다. 그러나
이러한 염려가 공간적 여건으로 인해 개인의 수양이 가로막힐 수 있다는 의도를
드러내지는 않는다.

> **왜 오답 ?**

① (가)에서 '그대'에게 '내 이름'을 '용이로세'라고 하면서 말을 이어
　 가는 설정에서 초현실적 존재의 입장으로 일상의 문제에
　　　　　　　　　　　　　　　　　　용　　　　　　　물이 부족한 상황
　 접근하려는 작가의 참신한 발상을 엿볼 수 있군.

> (가)❶-❶~❸ 그대는 속객이라 내 이름 어이 알까 / 오늘날 내 이름을
> 그대에게 이르려니 / 비늘 가진 동물 중에 머리 있는 용이로세

(가)에서 화자이자 초현실적 존재인 용은 청자인 '그대'에게 '내 이름'은
'용이로세'라고 하면서 자신의 정체를 밝히고 있다.

③ (나)에서 우물을 '깨끗이 쳐'내면서 '오래도록 끌어 올리'는 행위를
　　　　　　　　　　　우물을 쳐내는 행위
　 '성인이 되는 노력'에 빗댄 데서 작가가 유배 중의 경험을 통해
　 인간의 심성을 맑게 다스리려는 노력
　 사고를 확장하고 있음을 알 수 있군.

> (나)❹-❶, ❷ 내가 오늘 우물 쳐낸 일을 보고, 생각을 지극히 해서 성인이
> 되는 노력을 깨달았다. 이에 노비에게 물이 맑아지기를 기다려 마시게 하고,
> 항상 노력하고 경계하는 뜻을 마음에 새겨 응당 청명일을 기다려 다시 우물을
> 쳐내고자 한다.

(나)의 글쓴이는 우물을 깨끗이 쳐내는 경험을 통해 인간의 심성 또한 지속적으로
맑게 다스리려는 노력을 기울여야 한다는 깨달음을 얻는다. 따라서 글쓴이가
유배지에서 우물을 쳐내며 느낀 경험을 통해 사고를 확장하여 인간의 본성에 대해
성찰하고 있다고 할 수 있다.

④ (가)에서 '수근은 유한하고 먹을 이도 많'다는 것과 (나)에서
　　　　　　우물의 물이 부족함.
　 우물이 '쳐내기 전과 같았다'는 것에서 작가가 관찰을 통해 확인한
　　　　　　　　　　　우물물이 탁함.
　 결핍의 양상을 알 수 있군.

> (가)❷-❺, ❻ 이러하여 세상 사람 이르기를 초리우물 / 그러나 수근은
> 유한하고 먹을 이도 많구나
> (나)❷-❿ 그러나 깨끗이 쳐내도 물은 맑아지지 않고 쳐내기 전과 같았다.

(가)의 '수근은 유한하고 먹을 이도 많'다는 것은 초리우물을 사용하는 마을
사람들을 관찰하면서 확인한 물 부족의 양상이다. (나)의 '그러나 깨끗이 쳐내도 물은
맑아지지 않고 쳐내기 전과 같았다'는 것은 깨끗이 청소해도 맑아지지 않는 우물을
관찰하면서 확인한 결핍의 양상이라고 할 수 있다.

⑤ (가)에서 '인물이 번성하고 인가가 가득하다'라고 한 데서 공동체의
　　　　　　　　　　　　　　　　　　　　　　　　　　　한양
　 번영에 대한, (나)에서 '물의 성질'과 '사람'의 '본성'을 연결한 데서
　 개인의 성찰에 대한 작가의 관심을 엿볼 수 있군.
　 개인의 심성을 맑게 다스리는 것

> (가)❶-❺, ❻ 삼한을 어루만져 한양에 도읍하니 / 인물이 번성하고 인가가
> 가득하다
> (나)❷-⓫ 이것이 어찌 물의 성질 때문이랴?
> (나)❸-❶ 사람에게도 어찌 본성이 없겠는가?

(가)의 작가는 한양에 대해 '인물이 번성하고 인가가 가득하다'라고 표현하며 공동체
번영에 대한 관심을 드러내고 있다. (나)의 작가는 우물을 쳐내는 과정에서 관찰한
물의 성질과 사람의 본성을 연결하며 개인의 성찰에 대한 관심을 드러내고 있다.

39~42 ✳ 김원일, 〈도요새에 관한 명상〉

출제 ❶ 중심인물, 배경 ❷ 중심 사건, 갈등 ❸ 서술상 특징

❶ ❷[ ]: 중심 사건 – B 공단 성창비료 석교공장의 노무과장과 장정 셋이 '나'의 집으로 와 김병국을 찾음.

[1] [작년, 더위가 찔 무렵이었다. ❷B 공단 성창비료 석교공장의
❶ 시간적 배경(여름). 불쾌하고 폭력적인 사건의 분위기를 암시함.
노무과장이 장정 셋을 거느리고 집에 들이닥친 일이 있었다. 그날은
❶ 공간적 배경
종옥이가 시장에 나가 홀로 집을 지키던 참이었다.
❶ 중심인물
㉠ "김병국이란 작자가 누구요? 어떤 위인인가 상판 좀 봅시다."
장정들의 말투에서 노골적인 위협과 폭력성이 드러남.
힘꼴깨나 써 보이는 한 장정이 기세등등하게 말했다.]
❶ 중심인물
㉡ "내 아들놈인데 다, 당신네는 누, 누구요?" 기세에 눌려 내
장정의 말투에 위축되어 말을 더 더듬게 됨.
목소리가 더 더듬거렸다.
❸ 서술자: 1인칭 서술자, 시점: 1인칭 주인공 시점
㉢ "그렇담 마빡 새파란 놈이겠군. 그 새끼 좀 봅시다!" 다른 장정이
'아들'이라는 말에 '김병국'이 어린 사람일 것이라고 추측함.
윽박질렀다. 아들은 집에 없소. 무, 무슨 일인데 이러오?"

"그 자식 당장 작살낼 테야. 암모니아 가스가 아니라 진짜 똥물을
병국의 고발이 기업에 큰 타격을 입혔고, 그에 대한 보복의 정도가 얼마나 거셀지 드러냄.
아가리에 퍼 넣어야 정신 차릴 개새끼!" 또 다른 장정이 방문 열린
큰방과 건넌방을 기웃거렸다.
㉣ "소란 피워 죄송합니다만, 병국이란 자제분을 만날 수
정중한 말투이지만, 대화의 본질이 '압박'이라는 점에서 장정들과 다르지 않음.
없겠습니까?" 마흔쯤 된 노무과장이란 자가 내게 정중하게 말했다.
"마루에라도 앉아요." 노무과장을 상대로 내가 말했다. "병국이를
차, 찾자면 힘들겠네요. 늘 자정쯤 돌아오니, 난들 그놈 행선지를
모르오."
"사실을 말씀드리자면……" 노무과장이 병국이를 찾아온 이유를
설명했다. ㉤ "선생 자제분이 우리 회사를 상대로 관계 요로에 진정설
병국이 기업의 환경 범죄를 고발하여 노무과장과 장정들이 찾아옴.
냈습니다. 여기 시 보건과에서 접수한 진정서 사본을 보십시오."

장정: 나이가 젊고 기운이 좋은 남자
상판: '얼굴'을 속되게 이르는 말
요로: 영향력이 있는 중요한 자리나 지위. 또는 그 자리나 지위에 있는 사람
진정서: 실정이나 사정을 진술하여 적은 글. 주로 문제 해결을 위하여 관공서나 공공 기관 등에 낸다.

✳ [1] 요약: 병국을 찾아 집에 온 노무과장과 장정들

[2] ❶마루에 걸터앉은 노무과장이 복사판 서류를 꺼냈다. 방으로
들어가 돋보기안경을 찾아 낄 틈도 없이 어릿어릿한 글자를 대충
훑어보았다.
[ ]: 진정서 사본의 내용. 공장이 가스를 배출하여 주민들에게 피해를 입힘.
[[……성창비료 석교공장은 연간 40억 규모의 흑자를 내면 서도
❸ [ ]: 인물이 쓴 글을 삽입하여 사건의 전말을 드러냄.
폐기 처리 과정에 근본적 개선책이 전무함이 입증되었다. 8월 4일
새벽 2시 20분, 당 공장은 야음을 틈타 암모니아 가스를 다량으로
배출해, 가스가 폐수천(석교천)을 따라 안개처럼 덮쳐 동진강 하류로
❸ 비유적 표현을 활용하여 문제 상황을 제시함.
확산된 바 있다. 이로 인해 새벽 4시 10분 동진강 하류에서
오징어잡이 나가던 어민 18명이 심한 두통과 구토증으로 실신한
사건이 있었다. 당사는 기계의 밸브가 고장 나서 가스가 샜다고
변명하지만 이런 일이 일주일을 주기로 수십 차례 반복되었음을
입증하며(관계 자료 별첨), 이로 미루어 당사는 고의로 밸브를 틀어
야밤에 가스를 배출함이 객관적으로 입증됨으로써……]]
공장이 고의로 가스를 배출했다는 사실을 고발함.

"정신병자 놈이 쓴 낙서는 더 읽을 필요가 없소." 장정이 진정서를
=김병국이 쓴 진정서
낚아챘다.

["아, 아들놈이 낸 진정서가 틀림없습니까?" 노무과장에게 물었다.]
❷[ ]: 중심 사건 – 김병국이 낸 진정서를 보고 '나'가 당황함.
"분명합니다. 뒷조사해 보니 자제분은 이 방면에 **상습범**이더군요.
환경 운동가를 범죄자로 취급함.
6월에는 풍천화학을 상대로 진정서를 낸 바 있었습니다. 풍천화학도
야음에 카드뮴과 수은 등 중금속 물질을 배출시켜 동진강 하류 삼각주
지대에 서식하는 각종 새 3백여 마리와 물고기가 떼죽음을
당했다나요. 사람이 아닌, 한갓 새나 물고기가 말입니다." 노무과장이
동물의 생명을 하찮게 여김. 생명을 경시하는 태도가 드러남.
'새나 물고기'란 말을 강조했다. 그는 이어, "**국민 소득 1천 달러**
달성에, 오늘날 **조국 근대화**가 무엇으로 이루어졌는지는 선생도 잘
공해 문제를 덮기 위해 국익과 근대화라는 거대 담론을 내세움.
알지요?" 했다.
"사람이 아닌, 한갓 **새와 물고기**가 죽었다구 진정을 내? ⓐ 빈대
국익과 근대화   환경 보호
잡겠다고 초가삼간 태우겠다는 미친놈 짓거리를 이번에는 아예 뿌릴
'환경 보호'라는 작은 목표를 좇다가 국익과 근대화에 손해를 끼칠 수 있음을 강조함.
뽑아야 해!" 한 장정이 주먹을 내두르며 소리쳤다.
❷ 갈등: 병국과 성창비료 공장 사람들의 갈등(외적 갈등)

어릿어릿하다: 눈앞에 어려 오는 것이 자꾸 또는 매우 어렴풋하다.
전무하다: 전혀 없다.
야음: 밤의 어둠. 또는 그때
입증하다: 어떤 증거 따위를 내세워 증명하다.
별첨: 서류 따위를 따로 덧붙임.
서식하다: 생물 따위가 일정한 곳에 자리를 잡고 살다.
빈대 잡으려고 초가삼간 태운다: 손해를 크게 볼 것을 생각지 아니하고 자기에게
마땅치 아니한 것을 없애려고 그저 덤비기만 하는 경우를 비유적으로 이르는 말

✳ [2] 요약: 공해 오염을 일으킨 성창비료 공장을 상대로 진정서를 낸
병국과 이에 대해 분노하는 공장 직원들

28 수능 예시
13회

(중략)

[3] "요즘 제 딴에는 조류와 **공해 문제**를 여, 연구한답시고…… 모르긴
하지만 그 일 때문에 시, 심려를 끼치지 않았나……."
"자제분은 군 통제 구역 출입이 어떤 처벌을 받는지 알 만한 식견이
병국이 환경을 보호하기 위해 군 통제 구역을 출입하다가 적발됨.
있음에도 무모한 행동을 했어요. 설령 그 일이 정당해도 사전에
부대의 양해를 구해야지요."
"야영하다 자신도 모르는 사이에 워, 월경했겠죠. 부대장님의 선처를
바랍니다. 내보내 주시면 **아비 된 제가 단단히 주의를 주겠습니다**."
윤 소령이 당번병을 불러 차를 내오라고 일렀다. 그리고 1968년 11월
울진·삼척 지구의 무장 공비 출현과 그들이 저지른 만행을 예로 들었다.
"……야음을 틈타 쾌속정을 이용해서 동해안 따라 남하했던
겁니다." 아울러 국내 유수의 공업 단지 보안과 경비의 중요성을
강조했다. "우리는 실전이 없달 뿐 지금도 전쟁 중입니다. 국민이
평안을 원한다면, 그 평안을 확보하기 위해 한시도 경각심을 늦출 수
없어요. 국민 복지의 향상과 제반 산업의 발전도 **안보의 확립**
안보의 중요성을 내세우며 김병국의 행동이 잘못되었음을 주장함.
위에서만 가능합니다."
[차를 마시고 나자 소령은 당번병에게, 김병국 군을 데려오라고
❷[ ]: 중심 사건 – '나'가 군 통제 구역에 출입하여 잡힌 아들 '김병국'을 만남.
말했다. 한참 뒤, 아들이 중위와 함께 파견 대장실로 왔다.]
❶ 공간적 배경
[A] 쑥대머리에 땟국 앉은 꾀죄죄한 아들놈 몰골이 중병 든 환자
❸ 인물의 외양을 묘사하여 환경 운동가로서의 고단한 현실을 표현함.
꼴이었다. 점퍼와 검정 바지도 뻘투성이여서 하수도 공사라도 하다
나온 듯했다. 꺼진 눈자위에 번들거리는 눈만이 살아, 나를 보았다.
❸ 인물의 외양을 묘사하여 심리를 표현함.

"넌 도대체 어, 어떻게 돼먹은 놈인가! 통금 시간에 허가증 없이는 해안 일대에 모, 못 다니는 줄 알면서." 내가 노기를 띠며 말했다.

"본의는 아니었어요. 사나흘 사이에 동진강 하구 삼각주에서 갑자기 새들이 집단으로 죽기에, 이유를 좀 캐내 보려던 게……."

<u>김병국이 군 통제 구역에 출입한 이유</u>

병국이는 머리를 떨구었다.

- **식견**: 학식과 견문이라는 뜻으로, 사물을 분별할 수 있는 능력을 이르는 말
- **월경하다**: 국경이나 경계선을 넘다.
- **공비**: 공산당의 유격대 **남하하다**: 남쪽으로 내려가다.
- **평안**: 걱정이나 탈이 없음. 또는 무사히 잘 있음.
- **경각심**: 정신을 차리고 주의 깊게 살피어 경계하는 마음
- **쑥대머리**: 머리털이 마구 흐트러져 어지럽게 된 머리
- **중병**: 목숨이 위태로울 정도로 몹시 않는 병
- **노기**: 성난 얼굴빛. 또는 그런 기색이나 기세

＊③ 요약: 환경 보호를 위해 군 통제 구역을 출입하다가 적발된 병국

■ 독해 공식

❶ 중심인물: '나', '김병국'
　공간적 배경: '집', '파견 대장실', **시간적 배경**: '더위가 찔 무렵(여름)'
❷ 중심 사건: B 공단 성창비료 석교공장의 노무과장과 장정 셋이 '나'의 집으로 와 김병국을 찾음. 김병국이 낸 진정서를 보고 '나'가 당황함. '나'가 군 통제 구역에 출입하여 잡힌 아들 '김병국'을 만남.
　갈등: 병국과 성창비료 공장 사람들의 갈등(외적 갈등)
❸ 서술상 특징:
　서술자: 1인칭 서술자, **시점**: 1인칭 주인공 시점
　• 인물이 쓴 글을 삽입하여 사건의 전말을 드러냄.
　• 비유적 표현을 활용하여 문제 상황을 제시함.
　• 인물의 외양을 묘사하여 인물이 처한 상황과 심리를 표현함.

■ 갈래: 현대 소설
■ 주제: 산업화로 인한 환경 파괴와 상처 입고 방황하는 이들의 삶
■ 인물 관계도

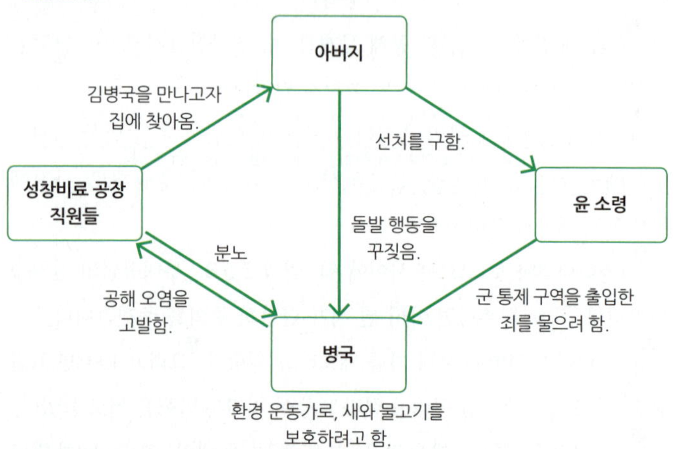

■ 이것이 핵심!: 환경 문제를 둘러싼 인물 간 갈등

갈등 주체	갈등의 양상
병국 vs 성창비료 공장 직원들	성창비료 공장의 무분별한 공해 오염을 막고 환경을 보호하고자 진정서를 제출함.
	성창비료 공장을 상대로 시 보건과에 진정서를 접수한 병국의 행동에 대해 '한갓 새나 물고기'를 보호하기 위해 경제 발전이라는 대의를 희생시켰다고 분노함.
병국 vs 윤 소령	새 떼를 보호하기 위해 군 통제 구역을 넘음.
	새 떼를 보호하기 위해 군 통제 구역을 넘은 병국의 행동이 안보를 위협하는 행동이라며 비판함.

■ 전체 줄거리: 북한에서 재력있는 수산업자의 아들로 태어난 아버지는 6.25 전쟁에 인민군으로 참전하여 포로로 국군에 전향한 후 부상을 입고 대위로 예편한 사람이다. 그는 학교 서무과장을 지내면서 아내의 강요에 못 이겨 공금을 유용하다가 실직하게 된다. 51살의 실직자인 그는 북에 두고 온 애인에 대한 그리움을 버리지 못한 소극적인 인물이며 현실에 무관심하다. 그런데 그의 아내는 생활력이 강하고 적극적이며, 모든 일들을 맡아서 처리하나 무식하고 직선적이다. 그들은 단지 자식들을 매개로 부부 관계를 유지할 뿐 각자 별개의 생활로 서로 무관심하다.

큰아들 병국은 서울의 일류 대학에 다니던 촉망받는 인재였으나, 시국 사건에 뛰어들어 퇴학을 당하고 낙향을 한다. 그는 환경 문제에 대한 새로운 도전으로 조류와 동진강의 오염에 젊음에 불태운다. 둘째 병식은 재수생으로 무기력하고 줏대없는 행동의 소유자로서 용돈을 위해서 철새들을 박제하는 일에 협조하기도 한다.

병국은 도요새를 노리는 밀렵꾼의 생태, 새들이 집단으로 죽어가는 원인과 동진강의 오염 상태 등을 추적하다가 군인들에게 붙잡힌다. 이후 풀려난 병국은 새들의 죽음에 병식이가 관련되었다는 단서를 잡고 추궁한다. 그러나 병식은 아무런 가책도 느끼지 못하면서 그런 문제에 열중하는 형을 경멸하고 무시해 버린다. 병국은 모든 공장들이 동진강 오염의 주범이라는 인식을 확고히 하면서 언젠가는 자신의 힘으로 동진강을 예전처럼 철새의 낙원으로 되살리겠다고 결심한다.

（ **□** : 수록 부분 줄거리）

39 정답 ③ ＊서술상 특징 파악하기

[A]의 서술상 특징으로 가장 적절한 것은?

＞왜 정답?

③ **인물의 외양을 묘사하여 그 인물의 심리를 간접적으로 제시하고 있다.**
'쑥대머리에 땟국 앉은 꾀죄죄한 아들놈 몰골이 중병 든 환자 꼴' 등

③ - ⑭ ~ ⑱ 차를 마시고 나자 소령은 당번병에게, 김병국 군을 데려오라고 말했다. 한참 뒤, 아들이 중위와 함께 파견 대장실로 왔다. 쑥대머리에 땟국 앉은 꾀죄죄한 아들놈 몰골이 중병 든 환자 꼴이었다. 점퍼와 검정 바지도 뻘투성이어서 <u>하수도 공사라도 하다 나온 듯했다</u>. <u>꺼진 눈자위에 번들거리는 눈만이 살아, 나를 보았다</u>. [A]

김병국의 외양을 '쑥대머리에 땟국 앉은 꾀죄죄한' 몰골, '중병 든 환자 꼴', '하수도 공사라도 하다 나온' 모습이지만 그럼에도 '번들거리는 눈'만은 살아 있다고 묘사하여 환경 보호 활동 때문에 고생하는 와중에도 자신의 뜻을 굽히지 않겠다는 병국의 심리를 간접적으로 제시하고 있다.

＞왜 오답?

① 공간적 배경을 비유적으로 표현하여 갈등의 원인을 암시하고 있다. ＊근거: ③ - ⑭ ~ ⑱
　드러나지 않음.
'파견 대장실'이라는 공간적 배경이 드러나기는 하지만, 이를 통해 갈등의 원인을 암시하고 있지는 않다.

② 사건에 대한 인물의 판단을 그 판단에 대한 논평과 함께 제시하고 있다. ＊근거: ③ - ⑭ ~ ⑱
　제시되지 않음. 제시되지 않음.

④ 시간 표지를 통해 시간의 순서를 뒤바꾸며 인물의 사연을 전하고 있다. ＊근거: ③ - ⑭ ~ ⑱
　'한참 뒤' 뒤바꾸지 않음.
'한참 뒤'라는 시간 표지가 있으나, 시간의 순서를 뒤바꾸지는 않았다.

⑤ 여러 인물의 시선에 의존하며 사건에 대한 상반된 입장을 드러내고 있다. ＊근거: ③ - ⑭ ~ ⑱
　의존하지 않음. 드러내지 않음.

40 정답 ④ ＊사건과 갈등 파악하기

⑤～⑩에 대한 이해로 적절하지 <u>않은</u> 것은?

〉왜 정답 ?

④ ㉣은 ㉤에서 드러나는 인물의 행적에 대해 <u>존중의 태도</u>를
　드러내는 말이다.
　　대화의 본질은 '압박'임.

　⑴-⑰ ㉣ "소란 피워 죄송합니다만, 병국이란 자제분을 만날 수
　없겠습니까?"
　⑴-㉕, ㉖ "선생 자제분이 우리 회사를 상대로 관계 요로에 진정서
　냈습니다. 여기 시 보건과에서 접수한 진정서 사본을 보십시오."

㉤에는 회사를 상대로 김병국이 시 보건과에 진정서를 제출한 행적이 드러나 있다.
이와 관련해 ㉣은 겉으로는 정중한 말투이지만, 대화의 본질이 '압박'이라는 점에서
존중의 태도가 드러나 있다고 보기 어렵다.

〉왜 오답 ?

① ㉠은 ㉡의 말투에서 나타나는 증상이 더 심해지게 한 말이다.
　　　　　　　말을 더듬는 증상

　⑴-④~⑦ ㉠ "김병국이란 작자가 누구요? 어떤 위인가 상판 좀 봅시다."
　힘꼴깨나 써 보이는 한 장정이 기세등등하게 말했다. / ㉡ "내 아들놈인데 다,
　당신네는 누, 누구요?"

㉠에서 노골적인 위협과 폭력성이 드러나는데, 이로 인해 ㉡의 말투에서 나타나는
말을 더듬는 증상이 더 심해지고 있다.

② ㉢은 ㉡에 담긴 정보를 추측의 단서로 활용하면서도 '나'의 질문은
　　　　　　　　'내 아들놈인데'　　　　　　　　　'다, 당신네는 누, 누구요?'
　무시하는 말이다.

　⑴-⑦~⑩ ㉡ "내 아들놈인데 다, 당신네는 누, 누구요?" ~ ㉢ "그렇담 마빡
　새파란 놈이겠군. 그 새끼 좀 봅시다!"

㉡에서 '나'가 장정들을 향해 '누구'냐며 질문했지만, 그들은 이 질문을 무시한 채
㉡의 '아들놈'이란 정보를 추측의 단서로 활용하여 김병국을 '마빡 새파란 놈'으로
추측하고 있다.

③ ㉣은 ㉢으로 인해 <u>고조되는 상황의 긴장감</u>을 일시적으로
　　　　　　　　　폭력적인 분위기
　완화하는 계기가 되는 말이다.

　⑴-⑨, ⑩ ㉢ "그렇담 마빡 새파란 놈이겠군. 그 새끼 좀 봅시다!"
　⑴-⑰ ㉣ "소란 피워 죄송합니다만, 병국이란 자제분을 만날 수
　없겠습니까?"

㉢은 비속어를 쓰며 폭력적인 분위기로 상황의 긴장감을 끌어 올리고 있다. 한편
㉣은 노무과장의 말로, 정중한 표현을 사용함으로써 격한 분위기를 일시적으로
완화하고 있다.

⑤ ㉤은 ㉠에서 드러나는 분위기의 이유를 짐작할 수 있는 말이다.
　　　　　　　위협적이고 험악한 분위기

　⑴-④, ⑤ ㉠ "김병국이란 작자가 누구요? 어떤 위인가 상판 좀 봅시다."
　⑴-㉕, ㉖ ㉤ "선생 자제분이 우리 회사를 상대로 관계 요로에 진정서
　냈습니다. 여기 시 보건과에서 접수한 진정서 사본을 보십시오."

㉤은 김병국이 성창비료 공장을 상대로 진정서를 접수한 상황을 보여주고 있다.
이러한 병국의 행위로 인해 회사 관계자인 노무과장과 장정들이 ㉠에서 험악한
분위기를 조성한 것이라고 할 수 있다.

41 정답 ① ＊인물의 심리와 태도 파악하기

'한 장정'이 @를 인용하여 전하려는 의도로 가장 적절한 것은?
'빈대 잡겠다고 초가삼간 태우겠다'

〉왜 정답 ?

① 작은 목표에 집착하다가 큰 손해를 끼치는 어리석음을 탓하고자
　　　　환경 보호　　　　　　　　회사에 손해를 입히는 것
　한다.

　⑵-⑱, ⑲ "사람이 아닌, 한갓 새와 물고기가 죽었다구 진정을 내? @ 빈대
　잡겠다고 초가삼간 태우겠다는 미친놈 짓거리를 이번에는 아예 뿌릴 뽑아야 해!"

'빈대 잡겠다고 초가삼간 태운다'는 속담은 '손해를 크게 볼 것을 생각하지 않고
자기에게 마땅치 아니한 것을 없애려고 그저 덤비기만 하는 경우'를 비유적으로
이르는 것이다. 장정은 새와 물고기를 보호하는 것을 빈대 잡는 것과 같이 작은
행동으로 보고, 이를 위해 국익 증진과 조국 근대화와 같은 큰 목표를 놓치고 회사에
큰 손해를 끼치는 것이 어리석음을 탓하고 있다.

〉왜 오답 ?

② <u>의로운 목표</u>를 정당하지 못한 방법으로 이루려는 위선을 탓하고자
　장정은 병국의 행동이 의롭다고 생각하지 않음.
　한다.

＊근거: ⑵-⑱, ⑲

③ <u>목표는 설정하지 않으면서</u> 섣부르게 행동만 앞서는 무모함을
　장정의 의도와 관련 없음.
　탓하고자 한다.

＊근거: ⑵-⑱, ⑲

④ 목표는 거창하면서도 성취할 방법은 잘 알지 못하는 미숙함을
　~~탓하고자 한다.~~
　탓한다고 볼 수 없음.

＊근거: ⑵-⑱, ⑲

⑤ 당면한 목표를 달성하는 데 있어 꼭 해야 할 일을 미루는 <u>나태함</u>을
　~~탓하고자 한다.~~
　추론할 수 없음.

＊근거: ⑵-⑱, ⑲

42 정답 ④ ＊〈보기〉를 바탕으로 감상하기

다음은 윗글을 읽고 진행한 교과 융합 수업의 〈학습 활동〉이다. 〈학습 활동〉의
결과로 적절하지 <u>않은</u> 것은? [3점]

> **〈 학습 활동 〉**
>
> ❶ 다음은 '인간과 자연의 관계'에 관한 글이다. ❷ 이를 바탕으로 작품에서
> 확인할 수 있는 작가의 인식을 정리해 보자.
>
> > ❸ 사회 생태주의는 환경오염에 대한 생태주의의 인식을 사회적
> > 차원으로 확장한다. ❹ 생태주의는 자연의 가치를 인정하고 공존을
> > 모색하는 등 인간과 자연의 관계를 재정립하는 데 초점이 있다.
> > 　　　　　　　생태주의의 목표
> > ❺ 사회 생태주의는 환경오염이 자연의 훼손이면서 사회적 문제라는
> > 점에서, 이러한 재정립이 사회적 담론에 대한 비판에 기반해야
> > 한다고 본다. ❻ 한 사회의 지배 담론은 특정 가치나 필요에 따라
> > 자연의 훼손을 당연시하고 이를 해결하기 위한 노력을 무가치한
> > 인간과 자연의 관계 재정립이 사회적 담론에 대한 비판에 기반해야 한다고 보는 이유
> > 것으로 왜곡할 수 있기 때문이다. ❼ 사회 생태주의는 근대화, 경제
> > 개발, 권위주의, 안보 위기 등 생태주의와 충돌할 수 있는 우리
> > 사회의 지배 담론에 주목하면서 이에 대한 비판과 대응을 촉구한다.

〉왜 정답 ?

④ 병국이 <u>공해 문제</u>를 연구하지 못하도록 '아비 된 제가 단단히
　　　　　　　　　군 통제 구역에 드나들지 않도록
　주의를 주겠'다고 '나'가 말하는 설정에서, 권위주의 담론이 자연의
　훼손을 당연시한다는 인식을 <u>확인</u>할 수 있다.
　　　　　　　　　　　확인할 수 없음.

　⑶-❺, ❻ "~ 부대장님의 선처를 바랍니다. 내보내 주시면 아비 된 제가
　단단히 주의를 주겠습니다."

'나'가 '아비 된 제가 단단히 주의를 주겠'다고 한 것은 병국이 공해 문제를 연구하지
못하도록 하겠다는 의미가 아니라, 군 통제 구역에 드나들지 않도록 하겠다는
의미이다. 또한 '나'의 말에서 권위주의 담론이 자연의 훼손을 당연시한다는 인식을
확인할 수 있지도 않다.

① 공장의 오염 물질이 '새와 물고기'뿐 아니라 어민의 삶도 위태롭게 한다는 설정에서, 환경오염을 자연에 대한 훼손으로 보는 관점을 넘어 사회적 문제로 확장하는 인식을 확인할 수 있다.
    └ ②-❺ 이로 인해 새벽 4시 10분 동진강 하류에서 오징어잡이 나가던 어민 18명이 심한 두통과 구토증으로 실신한 사건이 있었다.

병국이 쓴 진정서에 따르면 공장의 공해 오염으로 인해 어민이 심한 두통과 구토증으로 실신하였다. 이는 환경오염이 자연 문제를 넘어 주민의 삶까지 영향을 끼친 것으로 사회적 문제로 확장하는 인식을 확인할 수 있다.

② 공장 관계자가 병국을 '상습범'으로 폄훼하며 '국민 소득 1천 달러 달성'을 언급하는 설정에서, 환경오염의 해결 노력이 경제 개발 담론에 의해 왜곡될 수 있다는 인식을 확인할 수 있다.
    └ ②-⓫-⓱ "분명합니다. 뒷조사해 보니 자제분은 이 방면에 상습범이더군요." ~ 그는 이어, "국민 소득 1천 달러 달성에, 오늘날 조국 근대화가 무엇으로 이루어졌는지는 선생도 잘 알지요?" 했다.

노무과장은 환경을 보호하려고 공장을 상대로 진정서를 제출한 김병국을 '상습범'으로 폄훼하며, 그의 행위가 '국민 소득 1천 달러 달성'과 같은 일에 방해가 되는 것처럼 이야기하고 있다. 이러한 내용은 환경오염을 해결하려는 노력이 경제 개발 담론에 의해 왜곡되는 상황을 드러낸다고 할 수 있다.

③ 공장 관계자가 환경오염의 피해를 무시하며 '조국 근대화'를 강조하는 설정에서, 환경오염의 해결을 위해 우리 사회의 지배 담론에 비판적으로 접근해야 한다는 인식을 확인할 수 있다.
    └ ②-⓯-⓱ "~ 사람이 아닌, 한갓 새나 물고기가 말입니다." ~ 그는 이어, "국민 소득 1천 달러 달성에, 오늘날 조국 근대화가 무엇으로 이루어졌는지는 선생도 잘 알지요?" 했다.

공장 관계자인 노무과장은 환경오염의 피해를 '사람이 아닌, 한갓 새나 물고기'라고 표현하며 무시하고 '조국 근대화'를 강조하고 있다. 이는 경제 개발이라는 사회의 지배적 담론으로 볼 수 있으며, 따라서 환경오염의 해결을 위해 우리 사회의 지배 담론에 비판적으로 접근해야 한다는 인식을 확인할 수 있다.

⑤ 새 떼를 조사하다 통제 구역을 넘은 병국을 두고 윤 소령이 '안보의 확립'을 강조하는 설정에서, 환경오염의 해결 노력이 안보 위기 담론과 부딪칠 수 있다는 인식을 확인할 수 있다.
    └ ③-⓭ "~ 국민 복지의 향상과 제반 산업의 발전도 안보의 확립 위에서만 가능합니다."

윤 소령은 병국에게 '안보의 확립'을 강조하며 새 떼를 조사하다 군 통제 구역을 넘은 병국의 행위를 비판하고 있다. 이러한 내용은 환경오염의 해결 노력이 안보 위기 담론과 부딪칠 수 있다는 인식을 드러낸다고 볼 수 있다.

43~45

(가) 시의 시간과 공간

출제 ⟵ 글 전체 핵심어 ▭ 글 전체 중심 문장

❶ 시에서 ⟨시간과 공간⟩은 화자의 경험이나 기억이 감각적 이미지를 통해 형상화되는 배경으로 기능한다. ❷ 이때 시간과 공간은 화자의 과거 경험과 현재 상황을 잇는 ⟨회상 형식⟩이나, 상징적 공간과 화자가 처한 현실의 동일시 등을 통해 ⟨현재 시점⟩으로 표현되기도 한다. ❸ 화자의 경험이나 기억은 실제로 존재하는 것이든 내면에서 떠올린 것이든, ⟨ㄱ⟩ 시간과 공간의 감각적 이미지화를 통해 화자가 직면한 현실로 받아들여져 독자의 공감을 유도하는 시적 장치로 구조화된다.

(나) 김기림, 〈길〉

출제 ❶ 화자, 중심 대상 ❷ 상황, 정서, 태도 ❸ 표현상 특징

1 나의 소년 시절은 은빛 바다가 엿보이는 그 긴 언덕길을 어머니의 상여와 함께 꼬부라져 돌아갔다.
❶ 화자 # ❸ 감각적 이미지를 사용하여 시적 배경을 형상화함. / 어머니의 죽음 / ❸ 과거형 종결어미를 사용함. / *1연 요약: 어머니를 여읜 언덕길

〔상여: 사람의 시체를 실어서 묘지까지 나르는 도구〕

2 내 첫사랑도 그 길 위에서 조약돌처럼 집었다가 조약돌처럼 잃어버렸다.
❶ 중심 대상 # ❸ 첫사랑과의 이별을 비유적으로 표현함. / *2연 요약: 첫사랑과 이별한 길

3 그래서 나는 푸른 하늘빛에 호저 때 없이 그 길을 넘어 강가로 내려갔다가도 노을에 함북 자줏빛으로 젖어서 돌아오곤 했다.
=혼자 / 슬픔과 상실을 이겨내기 위한 행동 / # ❸ 공감각적 이미지를 활용하여 슬픔의 정서를 부각함. / *3연 요약: 슬픔을 달래러 찾은 강가

4 그 강가에는 봄이, 여름이, 가을이, 겨울이 나의 나이와 함께 여러 번 댕겨갔다. 까마귀도 날아가고 두루미도 떠나간 다음에는 누런 모래둔과 그리고 어두운 내 마음이 남아서 몸서리쳤다. ⓐ 그런 날은 항용 감기를 만나서 돌아와 앓았다.
❷ / 시간이 흘렀음을 나타냄. / # ❷ 정서: 상실로 인한 슬픔과 고통 / ❸ / # 성장을 위해 견뎌야 하는 고통
〔항용: 흔히 늘〕 / *4연 요약: 상실과 슬픔 속에서 보낸 시간들
: 과거의 기억을 현재로 끌어오는 소재

5 [할아버지도 언제 난지를 모른다는 동구 밖 그 늙은 버드나무 밑에서 나는 지금도 돌아오지 않는 어머니, 돌아오지 않는 계집애, 돌아오지 않는 이야기가 돌아올 것만 같애 멍하니 기다려 본다.]
❶ / ❷ 상황: 늙은 버드나무 밑에서 과거를 회상함. / 화자에게 상실의 감정을 불러일으키는 대상
❷ 그러면 어느새 어둠이 기어와서 내 뺨의 얼룩을 씻어준다.
❷ 태도: 과거에 상실한 것들을 그리워함.
❸ 활유법을 활용하여 화자의 정서를 표현함.
*5연 요약: 과거에 상실한 것들에 대한 애틋한 마음

🌟 (나) 독해 공식
❶ 화자: '나', 중심 대상: '길', 과거에 잃어버린 것들
❷ 상황: 늙은 버드나무 밑에서 과거를 회상함.
    정서: 상실로 인한 슬픔과 고통
    태도: 과거에 상실한 것들을 그리워함.
❸ 표현상 특징
    • 감각적 이미지를 사용하여 시적 배경을 형상화함.
    • 과거형 종결어미를 사용함.
    • 첫사랑과의 이별을 조약돌로 비유적으로 표현함.
    • 공감각적 이미지를 활용하여 슬픔의 정서를 부각함.
    • 활유법을 활용하여 상실감과 기다림에 지친 화자의 모습을 형상화함.

■ 갈래: 현대시
■ 주제: 길 위에서 여읜 사람들에 대한 상실감과 그로 인한 고통
■ 이것이 핵심!: 시간과 공간에 따른 화자의 심리 전개

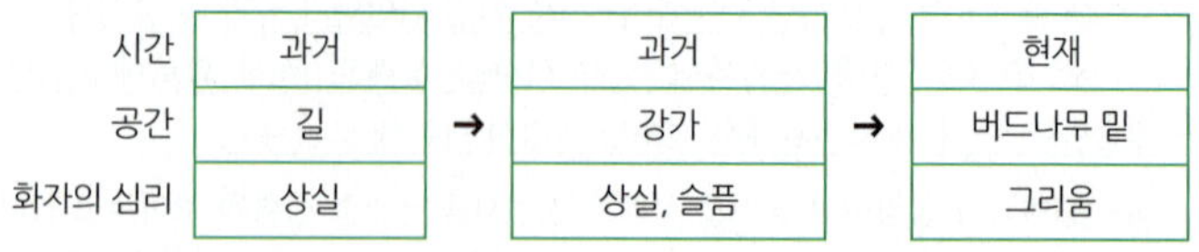

	시간	과거		과거		현재
	공간	길	→	강가	→	버드나무 밑
	화자의 심리	상실		상실, 슬픔		그리움

(다) 천양희, 〈한계〉

출제 ❶ 화자, 중심 대상 ❷ 상황, 정서, 태도 ❸ 표현상 특징

❶ # ❷ [ ]: 상황 – 한밤중에 혼자 깨어 내면의 고독을 느낌.
1 [한밤중에 혼자
    # 시간적 배경
2 깨어 있으면
3 세상의
4 온도가 내려간다]
    물리적 온도이자 삶의 온기를 의미함.
❸ 내면의 독백 형식으로 시상이 전개됨.
*1연 요약: 한밤중 고독 속에서 느껴지는 내면의 추위

2 **ⓑ 간간이**
불규칙하고 예기치 않게 찾아오는 추위·고통
②늑골 사이로

③~~추위가 몰려온다~~　　　　　＊**2**연 요약: 신체적으로 느껴지는 정서적 고통
△: 삶의 무게, 외로움

3 **❶등산도 하지 않고**　┐ 실제 고행이 아닌 정신적 고행임을 알 수 있음.
②땀 한번 안 흘리고

③내 속에서 마주치는
❶화자
~~한계령 바람 소리~~　　　　　＊**3**연 요약: 정서적 고통 속에서 부딪힌
#**②** 정서: 내면의 한계에 부딪혀 고독과 외로움을 느낌.　　　내면의 한계에 부딪힘.

4 **❶다 불어버려**
②갈 곳이 없다
존재의 방향성을 상실함.
③머물지도 떠나지도 못한다
#**②** 정서: 고립된 상태로 인한 무력감과 불안감을 느낌.
④언 몸 그대로
⑤눈보라 속에 놓인다.　　　　　＊**4**연 요약: 방향의 상실과 고립
❸극한의 감정 상태를 자연물을 활용해 표현함.

⭐ (다) 독해 공식
❶화자: '내'(나), **중심 대상**: 화자가 부딪힌 한계 상황
❷상황: 한밤중에 혼자 깨어 내면의 고독을 느낌.
　정서·태도: 내면의 한계에 부딪혀 고독과 외로움을 느낌. 고립된 상태로 인한 무력감과
　불안감을 느낌.
❸표현상 특징
　• 내면의 독백 형식으로 시상이 전개됨.
　• 극한의 감정 상태를 자연물로 표현함.

■ 갈래: 현대시
■ 주제: 존재의 한계와 마주친 인간의 내면 풍경
■ **이것이 핵심!** : 제목의 중의적 의미

한계(寒溪)	눈보라 치고 강한 바람이 부는 한계령 언덕
한계(限界)	한계에 다다른 화자의 내면 심리

→ 한계에 부딪혀 정신적 고통을 겪고 있는 화자의 내면 세계를 '한계령'이라는 구체적인
　공간에 빗대어 표현함.

⭐ 왜 두 작품?
• **공통점?** (가)와 (나)는 모두 중심 대상과 관련하여 화자가 경험한 내면의 아픔을
　구체적으로 드러내고 있다.
• **차이점?** (가)의 화자는 과거에 경험한 상실의 아픔을 현재 시점에서 회상하는 방식을
　통해, (나)의 화자는 한계령이라는 상징적 공간을 설정하고 이를 내면의 고통을 겪고
　있는 자신의 현재 상황과 동일시하는 방식을 통해 정서를 드러내고 있다.

43　정답 ②　＊표현상 특징 파악하기

㉠을 중심으로 (나), (다)를 이해한 내용으로 가장 적절한 것은?
'시간과 공간의 감각적 이미지화'

＞왜 정답?

② (나)는 공감각적 이미지를 활용하여 자연물이 형성하는 시적
'함북 자줏빛으로 젖어서'
분위기로 화자의 내면을 드러내고 있다.

┌ **(가)❸문장** 화자의 경험이나 기억은 실제로 존재하는 것이든 내면에서 떠올린
│ 것이든, ㉠ 시간과 공간의 감각적 이미지화를 통해 화자가 직면한 현실로
│ 받아들여져 독자의 공감을 유도하는 시적 장치로 구조화된다.
│ **(나)❸연 ❶** 그래서 나는 푸른 하늘빛에 호져 때 없이 그 길을 넘어 강가로
└ 내려갔다가도 노을에 함북 자줏빛으로 젖어서 돌아오곤 했다.

　(나)는 3연의 '함북 자줏빛으로 젖어서'에서 시각의 촉각화, 즉 공감각적 이미지를
활용하여 '노을'이라는 자연물이 형성하는 시적 분위기로 화자의 그리움과 쓸쓸한
내면을 드러내고 있다.

＞왜 오답?

① (나)는 색채 이미지를 활용하여 자연물에 대한 화자의 심리적
'은빛 바다', '푸른 하늘빛', '자줏빛'
~~거리감을~~ 표현하고 있다.
드러나지 않음.

┌ **(나)❶연 ❶** 나의 소년 시절은 은빛 바다가 엿보이는 그 긴 언덕길을 어머니의
│ 상여와 함께 꼬부라져 돌아갔다.
│ **(나)❸연 ❶** 그래서 나는 푸른 하늘빛에 호져 때 없이 그 길을 넘어 강가로
└ 내려갔다가도 노을에 함북 자줏빛으로 젖어서 돌아오곤 했다.

　(나)에서는 '은빛 바다', '푸른 하늘빛' 등에서 색채 이미지를 활용하고 있는데, 이를
통해 화자의 어린 시절 경험 속 자연의 모습을 드러낼 뿐, 자연물에 대한 화자의
심리적 거리감이 드러나지는 않는다.

③ (다)는 하강의 이미지를 통해 주변 상황의 변화를 ~~아쉬워하는~~
드러나지 않음.
화자의 마음을 드러내고 있다.

→ **(다)❶연 ❸,❹행** 세상의 / 온도가 내려간다.

　(다)의 1연에서 '세상의 / 온도가 내려간다.'와 같이 하강의 이미지가 나타나는데,
이를 통해 화자의 괴로운 마음이 드러날 뿐, 주변 상황의 변화를 아쉬워하는 마음은
드러나지 않는다.

④ (다)는 청각적 이미지를 활용하여 동적 대상을 정적 대상으로
수용하려는 화자의 인식을 ~~드러내고 있다.~~
드러나지 않음.

→ **(다)❸연 ❸,❹행** 내 속에서 마주치는 / 한계령 바람 소리

　(다)의 3연에 드러나는 청각적 이미지인 '한계령 바람 소리'는 화자가 겪는 고통을
동적인 대상으로 나타낸 것일 뿐, 동적 대상을 정적 대상으로 수용하려는 화자의
인식이 드러나지는 않는다.

⑤ (나)와 (다)는 모두 밝음과 어둠의 이미지를 대비하여 화자가
드러나 있지 않음.
지향하는 세계를 제시하고 있다.
제시하지 않음.

┌ **(나)❶연 ❶** 나의 소년 시절은 은빛 바다가 엿보이는 그 긴 언덕길을 어머니의
│ 상여와 함께 꼬부라져 돌아갔다.
│ **(나)❹연 ❷** 까마귀도 날아가고 두루미도 떠나간 다음에는 누런 모래둔과
└ 그리고 어두운 내 마음이 남아서 몸서리쳤다.

　(나)에서는 1연의 '은빛 바다', 4연의 '어두운 내 마음'과 같이 밝음과 어둠의
이미지가 대비된다. 그러나 이것이 화자가 지향하는 세계를 제시하고 있지는 않다.
(다)에서는 밝음과 어둠의 이미지 대비가 드러나지 않는다.

44　정답 ④　＊시어 및 구절의 의미 파악하기

ⓐ, ⓑ에 대한 이해로 가장 적절한 것은?

＞왜 정답?

④ ⓐ와 ⓑ는 화자가 심리적 고통을 신체적 반응과 연결하여
'어두운 내 마음', 화자 내면의 고통　　'감기', '추위'
인지하고 있음을 드러낸다.

┌ **(나)❹연 ❷,❸** 까마귀도 날아가고 두루미도 떠나간 다음에는 누런 모래둔과
│ 그리고 어두운 내 마음이 남아서 몸서리쳤다. ⓐ 그런 날은 항용 감기를
│ 만나서 돌아와 앓았다.
└ **(다)②연 ❶~❸행** ⓑ 간간이 / 늑골 사이로 / 추위가 몰려온다

　ⓐ에서 감기를 앓는 이유는 '어두운 내 마음이 남아서 몸서리쳤'기 때문이다. 따라서
화자의 심리적 고통이 감기라는 신체적 반응과 연결되었음을 알 수 있다.
　ⓑ에서 화자는 '늑골 사이로' '추위가 몰려온다'고 했는데, 이를 통해 내면의 고통이
'추위'를 느끼는 신체적 반응으로 연결되었음을 알 수 있다.

왜 오답?

① ⓐ는 화자가 내면의 괴로움에 맞서려 하는 태도를 ~~드러낸다.~~
　　　　　　　　　　　　　　　　　　　　드러내지 않음.
* 근거: (나) ④연 ❷, ❸

　ⓐ는 화자가 '어두운 내 마음'으로 인한 심리적 고통으로 괴로워했음을 드러낼 뿐,
화자가 내면의 괴로움에 맞서려 하는 태도를 드러내지는 않는다.

② ⓑ는 화자가 자신이 느낀 고통을 회피하려는 것을 ~~드러낸다.~~
　　　　　　　　　　　　　　　　　　　　　드러내지 않음.
* 근거: (다) ②연 ❶ ~ ❸행

　ⓑ는 화자의 내면적 고통이 '늑골 사이로 추위가 몰려'오는 것 같은 신체적 고통으로
다가오는 것을 드러낼 뿐, 화자가 이러한 고통을 회피한다고 할 수 없다.

③ ⓐ와 ⓑ는 화자에게 고통을 더할 새로운 갈등 상황이 발생했음을

　~~드러낸다.~~
　드러내지 않음.
* 근거: (나) ④연 ❷, ❸, (다) ②연 ❶ ~ ❸행

　ⓐ와 ⓑ는 각 화자에게 닥친 시련, 즉 '어두운 내 마음'과 '추위'로 인해 고통받는
상태를 보여줄 뿐, 새로운 갈등 상황이 발생했음을 드러내지는 않는다.

⑤ ⓐ는 화자의 아픔이 ~~반복적으로~~ 찾아오는 것임을, ⓑ는 화자의
　　　　　　　　　　　　'항용'
　아픔이 ~~끊임이 없이~~ 이어지는 것임을 드러낸다.
　　　　　이따금 찾아옴.
* 근거: (나) ④연 ❷, ❸, (다) ②연 ❶ ~ ❸행

　ⓐ에서 화자는 '항용' 감기를 앓았다고 하여 화자의 아픔이 반복적으로 찾아옴을 알
수 있다. 그러나 ⓑ의 '간간이'는 '이따금씩'이라는 의미를 가지므로, ⓑ는 화자의
아픔이 이따금 찾아오는 것임을 드러낸다.

45　정답 ④　＊작품 비교하기

(가)를 참고하여 (나), (다)를 감상한 내용으로 적절하지 <u>않은</u> 것은? [3점]

왜 정답 ?

④ ~~(나)~~는 '까마귀'와 '두루미'가 떠난 '강가'에서 계절이 바뀜을 통해,
　현재 화자가 처한 현실과 동일시되는 않음.
　(다)는 '세상'에서 '바람 소리'와 마주침을 통해 상징적 공간이 현재

　화자가 처한 현실과 동일시됨을 보여 주는군.

[　(나) ④연 ❶, ❷　그 강가에는 봄이, 여름이, 가을이, 겨울이 나의 나이와 함께
　여러 번 뎅겨갔다. 까마귀도 날아가고 두루미도 떠나간 다음에는 누런
　모래둔과 그리고 어두운 내 마음이 남아서 몸서리쳤다.
[　(다) ③연 ❸, ❹행　내 속에서 마주치는 / 한계령 바람 소리

　(나)의 4연에서 '까마귀'와 '두루미'가 떠난 '강가'에 '봄이, 여름이, 가을이, 겨울이'
지나갔다고 하는 것으로 보아 계절이 바뀌었음을 알 수 있다. 이를 통해 화자가 상실과
슬픔 속에서 많은 시간을 보냈음이 드러날 뿐, 해당 공간이 현재 화자가 처한 현실과
동일시되지는 않는다.
　반면 (다)의 화자는 내면에서 '바람 소리'와 마주치는데, 이는 극한의 공간임을
상징하는 '한계령'이 현재 화자가 처한 절망적 현실과 동일시됨을 보여준다.

왜 오답 ?

① (나)는 '어머니의 상여'에 대한 경험을 '늙은 버드나무 밑'에서

　떠올리는 것으로 표현하여, 회상 형식을 통해 화자의 현재 상황과

　이어지는 과거의 상실감을 그려내는군.
　　　　현재에서 과거를 회상함.

[　(나) ①연 ❶　나의 소년 시절은 은빛 바다가 엿보이는 그 긴 언덕길을 어머니의
　상여와 함께 꼬부라져 돌아갔다.
[　(나) ⑤연 ❶　할아버지도 언제 난지를 모른다는 동구 밖 그 늙은 버드나무
　밑에서 나는 지금도 돌아오지 않는 어머니, 돌아오지 않는 계집애, 돌아오지
　않는 이야기가 돌아올 것만 같애 멍하니 기다려 본다.

　(나)의 화자는 현재 '버드나무 밑'에서 '돌아오지 않는 어머니', 즉 과거에 돌아가신
어머니를 떠올리며 그리워하고 있다. 따라서 회상의 방식으로 화자의 현재 상황과
이어지는 어머니에 대한 상실감을 드러내고 있다고 할 수 있다.

---

② (나)는 '조약돌처럼' 잃어버린 대상을 '동구 밖'에서 여전히 '기다려

　본다'라고 하는 것을 통해, 과거에 함께했던 대상에 대한 그리움을
　　　　　　　　　　　　　　　　　'돌아오지 않는 계집애'
　현재 시점으로 표현하는군.

[　(나) ②연 ❶　내 첫사랑도 그 길 위에서 조약돌처럼 집었다가 조약돌처럼
　잃어버렸다.
[　(나) ⑤연 ❶　할아버지도 언제 난지를 모른다는 동구 밖 그 늙은 버드나무
　밑에서 나는 지금도 돌아오지 않는 어머니, 돌아오지 않는 계집애, 돌아오지
　않는 이야기가 돌아올 것만 같애 멍하니 기다려 본다.

　(나)의 '동구 밖'은 과거에 조약돌을 잃어버린 것처럼 '돌아오지 않는 계집애'를
기다리는 장소로, 과거에 함께했던 대상인 '계집애'에 대한 그리움을 현재 시점에서
표현하고 있다고 볼 수 있다.

③ (다)는 '머물지도 떠나지도 못'하는 상황을 '눈보라 속에 놓인'

　모습으로 표현하여, 현재 화자가 처한 한계 상황을 형상화하는군.
　　　　　　　　　　존재의 한계에 부딪힌 상황

→ (다) ④연 ❶ ~ ❸행　다 불어버려 / 갈 곳이 없다 / 머물지도 떠나지도 못한다

　(다)의 '머물지도 떠나지도 못'하는 상황은 화자가 현재 처한 상황에 해당한다. 이를
통해 존재의 한계에 부딪힌 화자의 한계 상황을 형상화하고 있다.

⑤ (나)는 떠나간 대상을 기다리는 상황이 '지금도' 계속됨을 통해,
　　　　　어머니, 계집애
　(다)는 '한밤중' 깨어 있는 상황이 '내 속'에서 떠올린 '한계령'으로

　연결됨을 통해 화자가 직면한 현재를 보여 주는군.

[　(나) ⑤연 ❶　할아버지도 언제 난지를 모른다는 동구 밖 그 늙은 버드나무
　밑에서 나는 지금도 돌아오지 않는 어머니, 돌아오지 않는 계집애, 돌아오지
　않는 이야기가 돌아올 것만 같애 멍하니 기다려 본다.
[　(다) ①연 ❶, ❷행　한밤중에 혼자 / 깨어 있으면
[　(다) ③연 ❸, ❹행　내 속에서 마주치는 / 한계령 바람 소리

　(나)에서 화자는 '지금도 돌아오지 않는 어머니, 돌아오지 않는 계집애, 돌아오지
않는 이야기'가 돌아올 것만 같아 기다리고 있다고 했다.
　(다)의 화자는 '한밤중'에 깨어 '추위'를 경험하는데, 이것이 '내 속'에서 떠올린
'한계령'과 연결됨으로써 화자가 현재 극한의 상황에 놓여 있음을 나타낸다.

01　정답 ③　＊문장 성분 파악하기

〈보기〉를 바탕으로 ㄱ~ㅁ을 설명한 것으로 적절한 것은?

> ─〈 보기 〉─
>
> 　문장 성분은 주성분, 부속 성분, 독립 성분으로 나뉜다. 주성분에는
> 주어, 목적어, 보어, 서술어가 있는데 이것들은 문장을 구성하는 필수
> 　　　　　　　　　문장을 구성하는 필수 성분인 주성분
> 성분이다. 부속 성분에는 관형어, 부사어가 있으며, 독립 성분에는
> 　　　　　　　　　　　　　　부속 성분
> 독립어가 있다. 일반적으로 관형어나 부사어는 생략할 수 있지만, 없으면
> 독립 성분
> 경우에 따라 필수적일 수 있다.
> 관형어나 부사어를 생략할 수 없는 경우가 있음.
>
> ㄱ. 우리는 공원에서 선생님을 만났습니다.
> ㄴ. 철수가 반장이 되었다.
> ㄷ. 나는 바쁜 것이 좋다.
> ㄹ. 우리도 언제 시작될지 모른다.
> ㅁ. 할아버지께서 우리들에게 세뱃돈을 주셨다.

왜 정답 ?

③ 관형어는 일반적으로 생략될 수 있지만 ㄷ에서처럼 필수적인
　　　　　　　　　　　　　　　관형어 '바쁜'을 생략하면 문장이 성립되지 않음.
　경우도 있어.

　ㄷ의 관형어 '바쁜'을 생략하면 '나는 것이 좋다'와 같이 성립하지 않는 문장이 된다.
따라서 관형어는 ㄷ에서처럼 필수적인 경우도 있다.

왜 오답?

① ㄱ을 보면 **부사어도 필수적인** 문장 성분이 될 수 있어.
부사어 '공원에서'는 생략할 수 있음.

ㄱ의 부사어 '공원에서'는 문장에서 생략될 수 있는 부속 성분이다.

② ㄴ에서 필수적인 문장 성분은 **주어와 서술어야.**
주어, 보어, 서술어

ㄴ의 필수적인 문장 성분은 주어인 '철수가'와 보어인 '반장이'와 서술어인 '되었다'이다.

④ ㄹ은 필수적 문장 성분이 빠졌으니 **서술어 '모른다'의 주어를**
'시작될지'의 주어를 보충해야 함.
보충해야 해.

⑤ ㅁ에서 필수적인 문장 성분은 **3개야.**
4개

ㅁ에서 필수적인 문장 성분은 주어, 부사어, 목적어, 서술어로 4개이다.

---

02 정답 ① ＊ 직접 구성 요소 파악하기

〈보기〉에 따라 탐구한 내용으로 적절하지 **않은** 것은?

> ── 〈 보기 〉 ──
>
> '놀이터'와 같이 세 개의 구성 요소로 이루어진 단어의 직접 구성 요소
> 어떤 말을 둘로 나누었을 때 나누어진 두 구성 요소 각각을 일컫는 말
> 분석은 두 단계를 통해 이루어진다. 첫 번째 단계에서는 어근 '놀이'와
> 놀이(어근) + 터(어근)
> 어근 '터'로 나눌 수 있고, 두 번째 단계에서는 '놀이'를 어근 '놀–'과 접사
> [놀–(어근)＋–이(접사)]＋터(어근)
> '–이'로 나눌 수 있다.

왜 정답?

① '새우튀김'은 먼저 ~~어근과 접사로~~ 분석되고, 이후 어근과 접사로
어근 '새우' + 어근 '튀김'   새우 + [튀기–+–ㅁ]
분석된다.

'새우튀김'은 먼저 어근 '새우'와 어근 '튀김'으로 분석된다. 이후 '튀김'은 다시 어근 '튀기–'와 명사를 만드는 접사 '–ㅁ'으로 분석된다.

왜 오답?

② '코웃음'은 먼저 어근과 어근으로 분석되고, 이후 어근과 접사로
코 + 웃음   코 + [웃–+–(으)ㅁ]
분석된다.

'코웃음'은 '콧소리를 내거나 코끝으로 가볍게 웃는 비난조의 웃음'이라는 의미이므로 먼저 어근 '코'와 어근 '웃음'으로 분석된다. 이후 '웃음'은 다시 어근 '웃–'과 명사를 만드는 접사 '–(으)ㅁ'으로 분석된다.

③ '감자볶음'은 먼저 어근과 어근으로 분석되고, 이후 어근과 접사로
감자 + 볶음   감자 + [볶–+–(으)ㅁ]
분석된다.

'감자볶음'은 먼저 어근 '감자'와 어근 '볶음'으로 분석된다. 이후 '볶음'은 다시 어근 '볶–'과 명사를 만드는 접사 '–(으)ㅁ'으로 분석된다.

④ '울음소리'는 먼저 어근과 어근으로 분석되고, 이후 어근과 접사로
울음 + 소리   [울–+–(으)ㅁ] + 소리
분석된다.

'울음소리'는 '우는 소리'라는 의미이므로 먼저 어근 '울음'과 어근 '소리'로 분석된다. 이후 '울음'은 다시 어근 '울–'과 명사를 만드는 접사 '–(으)ㅁ'으로 분석된다.

⑤ '살얼음'은 먼저 접사와 어근으로 분석되고, 이후 어근과 접사로
살 + 얼음   살–+[얼–+–(으)ㄴ]
분석된다.

'살얼음'은 '얇게 살짝 언 얼음'이라는 의미이므로 먼저 접사 '살–'과 어근 '얼음'으로 분석된다. 이때 '살–'은 온전하지 못함의 뜻을 더하는 접두사이다. 이후 '얼음'은 다시 어근 '얼–'과 명사를 만드는 접사 '–(으)ㅁ'으로 분석된다.

---

03 정답 ⑤ ＊ 표준 발음법 파악하기

〈보기〉를 바탕으로 할 때 다음 중 밑줄 친 부분의 발음이 적절한 것은?

> ── 〈 보기 〉 ──
>
> [표준 발음법]
> 제8항 받침소리로는 'ㄱ, ㄴ, ㄷ, ㄹ, ㅁ, ㅂ, ㅇ'의 7개 자음만 발음한다.
> 제9항 받침 'ㄲ, ㅋ', 'ㅅ, ㅆ, ㅈ, ㅊ, ㅌ', 'ㅍ'은 어말 또는 자음 앞에서 각각 대표음 [ㄱ, ㄷ, ㅂ]으로 발음한다.
> 제13항 홑받침이나 쌍받침이 모음으로 시작된 형식 형태소와 결합되는 경우에는, 제 음가대로 뒤 음절 첫소리로 옮겨 발음한다.

왜 정답?

⑤ 우리 가족은 설에 윷으로 추억을 쌓았다. → [유츠로]
표준 발음법 제13항에 따라 [유츠로]로 발음함.

'윷으로'는 '윷'이 모음으로 시작된 형식 형태소 '으로'와 결합되는 경우이므로 표준발음법 제13항에 따라 [유츠로]로 발음한다.

왜 오답?

① 축구를 하다가 <u>무릎이</u> 까졌다. → **[무르비]**
[무르피]

'무릎이'는 홑받침이 모음으로 시작하는 형식 형태소를 만난 경우이므로 13항에 의거하여 [무르피]라고 발음해야 한다.

② 창문으로 들어오는 빛에 눈이 떠졌다. → **[비세]**
[비체]

'빛에'는 홑받침이 모음으로 시작하는 형식 형태소를 만난 경우이므로 13항에 의거하여 [비체]라고 발음해야 한다.

③ 배나무 아래서 <u>갓끈을</u> 고쳐 매지 마라. → **[갓끄늘]**
[갇끄늘]

'갓끈을'의 경우 첫 음절 홑받침 뒤가 자음으로 시작하므로 9항을 적용해야 하며, 두 번째 음절은 뒤가 모음으로 시작하는 형식 형태소이므로 13항을 적용해야 한다. 따라서 [갇끄늘]로 발음해야 한다.

④ 자라 보고 놀란 가슴 <u>솥뚜껑</u> 보고 놀랐다. → **[소뚜껑]**
[솓뚜껑]

'솥뚜껑'은 첫 음절 홑받침 뒤가 자음으로 시작하므로 9항을 적용해 [솓뚜껑]으로 발음해야 한다.

---

04 정답 ② ＊ 어휘의 의미 파악하기

㉠～㉣의 사전적 의미로 적절하지 **않은** 것은?

왜 정답?

② ㉡: 둘 이상의 것을 합쳐서 하나를 이룸. – '합성'의 사전적 의미임.
'변형' – '모양이나 형태가 달라지거나 달라지게 함. 또는 그 달라진 형태'라는 의미임.

왜 오답?

① ㉠: 기초가 되는 바탕. 또는 사물의 토대
'기반'

③ ㉢: 감각 기관을 통하여 대상을 인식함. 또는 그런 작용
'지각'

④ ㉣: 다른 방향이나 상태로 바뀌거나 바꿈.
'전환'

⑤ ㉤: 어떤 것을 깊이 생각하고 연구함.
'고찰'

memo

memo